★

CODICE TRIBUTARIO

CODICE TRIBUTARIO

CON LE NORME SUL PROCESSO TRIBUTARIO

a cura di
FRANCESCO TUNDO

28ª Edizione

LaTribuna

La Tribuna Srl | www.latribuna.it
29121 Piacenza – Via Campo della Fiera, 4
Tel. 0523.46311

PRESENTAZIONE

Sin dalla prima edizione, con l'Editore abbiamo inteso dest questo Codice agli studenti, ai Giudici, ai professionisti del D Tributario, all'Amministrazione.

Nel 2022 giunge alla *ventottesima edizione*. Anche qu come di consueto, è aggiornata ai provvedimenti più recenti stata ulteriormente arricchita nei contenuti.

L'auspicio è che possa continuare a costituire uno strume agevole nella consultazione e sempre più completo nelle font che possa sempre trovare l'apprezzamento e i consensi degli u lizzatori, come è accaduto in tutti questi anni.

Un ringraziamento speciale è dovuto al prof. Roberto Babo e agli avvocati Giuseppe de Petris e Italo Andrea Marsili, perch lo straordinario successo di questo Codice è ascrivibile principa mente a loro.

prof. Francesco Tundo
(francesco.tundo@studiotundo.com)

AVVERTENZA

Come si sa, la legislazione è in continua, perenne evoluzione. Può, quindi, essere avvenuto che, nelle more di stampa di questo volume, siano intervenuti ulteriori provvedimenti legislativi. In questo caso essi sono stati riprodotti in fondo all'Opera, in seno alla voce "Modifiche intervenute in corso di stampa", alla quale si rimanda il lettore.

L'elaborazione redazionale e tipografica di una raccolta normativa può comportare errori, inesattezze od omissioni.

L'Autore e l'Editore ringraziano fin d'ora i lettori che provvederanno a segnalare eventuali manchevolezze riscontrate all'interno dell'Opera.

I suggerimenti possono essere trasmessi al seguente indirizzo:
Casa Editrice La Tribuna, Via Campo della Fiera, 4
29121 Piacenza
oppure all'indirizzo di posta elettronica *redazione@latribuna.it*

ABBREVIAZIONI

art., artt.	= articolo, articoli
att.	= disposizioni di attuazione
c.c.	= codice civile
circ.	= circolare
c.n.	= codice della navigazione
C.C.N.L.	= contratto collettivo nazionale di lavoro
CEE	= Comunità Economica Europea
conv.	= convenzione
coord.	= disposizioni di coordinamento
Cost.	= Costituzione
c.p.	= codice penale
c.p.c.	= codice di procedura civile
c.p.m.g.	= codice penale militare di guerra
c.p.m.p.	= codice penale militare di pace
c.p.p.	= codice di procedura penale
c.s.	= codice della strada
Delib. C.C./D.C.C.	= Deliberazione Corte costituzionale
Delib.C.D./D.C.D.	= Deliberazione Camera dei deputati
D.C.G.	= decreto del Capo del governo
D.C.P.S.	= decrcto del Capo provvisorio dello Stato
D.Dirig.	= decreto dirigenziale
decis.	= decisione
delib.	= deliberazione
dir.	= direttiva
D.D.L.	= disegno di legge
D.L.	= decreto legge
D.Lgt.	= decreto luogotenenziale
D.L.Lgt.	= decreto legge luogotenenziale
D.L.vo C.P.S./D.L.C.P.S.	= decreto legislativo del Capo provvisorio dello Stato
D.L.vo/D.L.G.	= decreto legislativo
D.L.vo Lgt.	= decreto legislativo luogotenenziale
D.L.vo Pres./D.L.P.	= decreto legislativo presidenziale
D.M.	= decreto ministeriale
D.P.C.M.	= decreto del presidente del Consiglio dei ministri

D.P.C.C.	=	decreto del presidente della Corte dei conti
D.P.R.	=	decreto del presidente della Repubblica
Delib.S.R.	=	deliberazione del Senato della Repubblica
Dir.P.C.M.	=	direttiva del presidente del Consiglio dei ministri
G.U.	=	Gazzetta Ufficiale
L.	=	legge
l. ass.	=	legge sugli assegni
L.C./L. cost.	=	legge costituzionale
l. camb.	=	legge cambiaria
l. fall.	=	legge fallimentare
L.P. (+ località)	=	legge provinciale
L.R. (+ località)	=	legge regionale
min.	=	ministeriale
n., nn.	=	numero, numeri
O.M.	=	ordinanza ministeriale
ord.	=	ordinanza
P.G.	=	polizia giudiziaria
P.M.	=	pubblico ministero
prel.	=	disposizioni sulla legge in generale (preleggi)
P.S.	=	pubblica sicurezza
Reg. C.C.	=	regolamento della Corte costituzionale
R.D.	=	regio decreto
R.D.L.	=	regio decreto legge
R.D.L.vo	=	regio decreto legislativo
reg.	=	regolamento
ris.	=	risoluzione
R.M.	=	risoluzione ministeriale
ss.	=	seguenti
tel.	=	telegramma
trans.	=	disposizioni transitorie
T.U.	=	testo unico
T.U. di P.S.	=	testo unico di pubblica sicurezza

N.B. – Nell'articolato di ciascun codice, i numeri tra parentesi richiamano articoli del medesimo testo di legge. Qualora siano richiamati articoli di testi di legge diversi, al numero si accompagna la relativa abbreviazione. Il numero esponente indica il comma dell'articolo cui è apposto.

INDICE SOMMARIO

INDICE SOMMARIO

Rendite finanziarie

Finanza locale

Accertamento

Studi di settore e parametri

Interpelli

Processo Tributario

Diritto comunitario e internazionale

Modifiche intervenute in corso di stampa

CODICE TRIBUTARIO

1.

Delib.ne Assemblea Costituente 22 dicembre 1947. Costituzione della Repubblica Italiana (*Gazzetta Ufficiale* n. 298 del 27 dicembre 1947), entrata in vigore il 1° gennaio 1948.

(*Estratto*)

Parte I

Diritti e doveri dei cittadini

Titolo I

Rapporti civili

20. Il carattere ecclesiastico e il fine di religione o di culto d'una associazione od istituzione non possono essere causa di speciali limitazioni legislative, né di speciali gravami fiscali per la sua costituzione, capacità giuridica e ogni forma di attività.

23. Nessuna prestazione personale o patrimoniale può essere imposta se non in base alla legge.

Titolo IV

Rapporti politici

53. Tutti sono tenuti a concorrere alle spese pubbliche in ragione della loro capacità contributiva.

Il sistema tributario è informato a criteri di progressività.

Parte II
Ordinamento
della Repubblica

Titolo I
Il Parlamento

Sezione II
La formazione delle leggi

77. Il Governo non può, senza delegazione delle Camere, emanare decreti che abbiano valore di legge ordinaria.

Quando, in casi straordinari di necessità e d'urgenza, il Governo adotta, sotto la sua responsabilità, provvedimenti provvisori con forza di legge, deve il giorno stesso presentarli per la conversione alle Camere che, anche se sciolte, sono appositamente convocate e si riuniscono entro cinque giorni.

I decreti perdono efficacia sin dall'inizio, se non sono convertiti in legge entro sessanta giorni dalla loro pubblicazione. Le Camere possono tuttavia regolare con legge i rapporti giuridici sorti sulla base dei decreti non convertiti.

81. (1) Lo Stato assicura l'equilibrio tra le entrate e le spese del proprio bilancio, tenendo conto delle fasi avverse e delle fasi favorevoli del ciclo economico.

Il ricorso all'indebitamento è consentito solo al fine di considerare gli effetti del ciclo economico e, previa autorizzazione delle Camere adottata a maggioranza assoluta dei rispettivi componenti, al verificarsi di eventi eccezionali.

Ogni legge che importi nuovi o maggiori oneri provvede ai mezzi per farvi fronte.

Le Camere ogni anno approvano con legge il bilancio e il rendiconto consuntivo presentati dal Governo.

L'esercizio provvisorio del bilancio non può essere concesso se non per legge e per periodi non superiori complessivamente a quattro mesi.

Il contenuto della legge di bilancio, le norme fondamentali e i criteri volti ad assicurare l'equilibrio tra le entrate e le spese dei bilanci e la sostenibilità del debito del complesso delle pubbliche amministrazioni sono stabiliti con legge approvata a maggioranza assoluta dei componenti di ciascuna Camera, nel rispetto dei principi definiti con legge costituzionale (2).

(1) *Questo articolo è stato così sostituito dall'art. 1 della L. cost. 20 aprile 2012, n. 1.*

A norma dell'art. 6 della medesima legge tali disposizioni si applicano a decorrere dall'esercizio finanziario relativo all'anno 2014.

Si riporta il testo previgente:

«Le Camere approvano ogni anno i bilanci e il rendiconto consuntivo presentati dal Governo.

L'esercizio provvisorio del bilancio non può essere concesso se non per legge e per periodi non superiori complessivamente a quattro mesi.

Con la legge di approvazione del bilancio non si possono stabilire nuovi tributi e nuove spese.

Ogni altra legge che importi nuove e maggiori spese deve indicare i mezzi per farvi fronte.».

(2) *Si veda la L. 24 dicembre 2012, n. 243, recante attuazione del principio del pareggio di bilancio. Tali disposizioni si applicano a decorrere dal 1° gennaio 2014, ad eccezione del capo IV e dell'articolo 15, che si applicano a decorrere dal 1° gennaio 2016.*

Titolo III
Il Governo

Sezione II
La Pubblica Amministrazione

97. Le pubbliche amministrazioni, in coerenza con l'ordinamento dell'Unione europea, assicurano l'equilibrio dei bilanci e la sostenibilità del debito pubblico (1).

I pubblici uffici sono organizzati secondo disposizioni di legge, in modo che siano assicurati il buon andamento e l'imparzialità dell'amministrazione.

Nell'ordinamento degli uffici sono determinate le sfere di competenza, le attribuzioni e le responsabilità proprie dei funzionari.

Agli impieghi nelle pubbliche amministrazioni si accede mediante concorso, salvo i casi stabiliti dalla legge.

(1) *Questo comma è stato premesso dall'art. 2 della L. cost. 20 aprile 2012, n. 1. A norma dell'art. 6 della medesima legge tali disposizioni si applicano a decorrere dall'esercizio finanziario relativo all'anno 2014.*

Titolo V
Le Regioni, le Province, i Comuni (1)

(1) *Si veda la L. 5 giugno 2003, n. 131. Disposizioni per l'adeguamento dell'ordinamento della Repubblica alla legge costituzionale 18 ottobre 2001, n. 3.*

114. (1) La Repubblica è costituita dai Comuni, dalle Province, dalle Città metropolitane, dalle Regioni e dallo Stato.

I Comuni, le Province, le Città metropolitane e le Regioni sono enti autonomi con propri statuti, poteri e funzioni secondo i principi fissati dalla Costituzione.

Roma è la capitale della Repubblica. La legge dello Stato disciplina il suo ordinamento.

(1) *Questo articolo è stato così sostituito dall'art. 1 della L. cost. 18 ottobre 2001, n. 3.*

117. (1) La potestà legislativa è esercitata dallo Stato e dalle Regioni nel rispetto della Costituzione, nonché dei vincoli derivanti dall'ordinamento comunitario e dagli obblighi internazionali.

Lo Stato ha legislazione esclusiva nelle seguenti materie:

a) politica estera e rapporti internazionali dello Stato; rapporti dello Stato con l'Unione europea; diritto di asilo e condizione giuridica dei cittadini di Stati non appartenenti all'Unione europea;

b) immigrazione;

c) rapporti tra la Repubblica e le confessioni religiose;

d) difesa e Forze armate; sicurezza dello Stato; armi, munizioni ed esplosivi;

e) moneta, tutela del risparmio e mercati finanziari; tutela della concorrenza; sistema valutario; sistema tributario e contabile dello Stato; armonizzazione dei bilanci pubblici; (2) perequazione delle risorse finanziarie;

f) organi dello Stato e relative leggi elettorali; referendum statali; elezione del Parlamento europeo;

g) ordinamento e organizzazione amministrativa dello Stato e degli enti pubblici nazionali;

h) ordine pubblico e sicurezza, ad esclusione della polizia amministrativa locale;

i) cittadinanza, stato civile e anagrafi;

l) giurisdizione e norme processuali; ordinamento civile e penale; giustizia amministrativa;

m) determinazione dei livelli essenziali delle prestazioni concernenti i diritti civili e sociali che devono essere garantiti su tutto il territorio nazionale;

n) norme generali sull'istruzione;

o) previdenza sociale;

p) legislazione elettorale, organi di governo e funzioni fondamentali di Comuni, Province e Città metropolitane;

q) dogane, protezione dei confini nazionali e profilassi internazionale;

r) pesi, misure e determinazione del tempo; coordinamento informativo statistico e informatico dei dati dell'amministrazione statale, regionale e locale; opere dell'ingegno;

s) tutela dell'ambiente, dell'ecosistema e dei beni culturali.

Sono materie di legislazione concorrente quelle relative a: rapporti internazionali e con l'Unione europea delle Regioni; commercio con l'estero; tutela e sicurezza del lavoro; istruzione, salva l'autonomia delle istituzioni scolastiche e con esclusione della istruzione e della formazione professionale; professioni; ricerca scientifica e tecnologica e sostegno all'innovazione per i settori produttivi; tutela della salute; alimentazione; ordinamento sportivo; protezione civile; governo del territorio; porti e aeroporti civili; grandi reti di trasporto e di navigazione; ordinamento della comunicazione; produzione, trasporto e distribuzione nazionale dell'energia; previdenza complementare e integrativa; [armonizzazione dei bilanci pubblici e] (3) coordinamento della finanza pubblica e del sistema tributario; valorizzazione dei beni culturali e ambientali e promozione e organizzazione di attività culturali; casse di risparmio, casse rurali, aziende di credito a carattere regionale; enti di credito fondiario e agrario a carattere regionale. Nelle materie di legislazione concorrente spetta alle Regioni la potestà legislativa, salvo che per la determinazione dei principi fondamentali, riservata alla legislazione dello Stato.

Spetta alle Regioni la potestà legislativa in riferimento ad ogni materia non espressamente riservata alla legislazione dello Stato.

Le Regioni e le Province autonome di Trento e di Bolzano, nelle materie di loro competenza, partecipano alle decisioni dirette alla formazione degli atti normativi comunitari e provvedono all'attuazione e all'esecuzione degli accordi internazionali e degli atti dell'Unione europea, nel rispetto delle norme di procedura stabilite da legge dello Stato, che disciplina le modalità di esercizio del potere sostitutivo in caso di inadempienza.

La potestà regolamentare spetta allo Stato nelle materie di legislazione esclusiva, salva delega alle Regioni. La potestà regolamentare spetta alle Regioni in ogni altra materia. I Comuni, le Province e le Città metropolitane hanno potestà regolamentare in ordine alla disciplina dell'organizzazione e dello svolgimento delle funzioni loro attribuite.

Le leggi regionali rimuovono ogni ostacolo che impedisce la piena parità degli uomini e delle donne nella vita sociale, culturale ed economica e promuovono la parità di accesso tra donne e uomini alle cariche elettive.

La legge regionale ratifica le intese della Regione con altre Regioni per il migliore esercizio delle proprie funzioni, anche con individuazione di organi comuni.

Nelle materie di sua competenza la Regione può concludere accordi con Stati e intese con enti territoriali interni ad altro Stato, nei casi e con le forme disciplinati da leggi dello Stato.

(1) *Questo articolo è stato così sostituito dall'art. 3 della L. cost. 18 ottobre 2001, n. 3.*

(2) *Le parole: «armonizzazione dei bilanci pubblici;» sono state inserite dall'art. 3, comma 1, lett.* a), *della L. cost. 20 aprile 2012, n. 1. A norma dell'art. 6 della medesima legge tali disposizioni si applicano a decorrere dall'esercizio finanziario relativo all'anno 2014.*

(3) *Le parole fra parentesi quadrate sono state soppresse dall'art. 3, comma 1, lett.* b), *della L. cost. 20 aprile 2012, n. 1. A norma dell'art. 6 della medesima legge tali disposizioni si applicano a decorrere dall'esercizio finanziario relativo all'anno 2014.*

119. (1) I Comuni, le Province, le Città metropolitane e le Regioni hanno autonomia finanziaria di entrata e di spesa, nel rispetto dell'equilibrio dei relativi bilanci, e concorrono ad assicurare l'osservanza dei vincoli economici e finanziari derivanti dall'ordinamento dell'Unione europea (2).

I Comuni, le Province, le Città metropolitane e le Regioni hanno risorse autonome. Stabiliscono e applicano tributi ed entrate propri, in armonia con la Costituzione e secondo i principi di coordinamento della finanza pubblica e del sistema tributario. Dispongono di compartecipazioni al gettito di tributi erariali riferibile al loro territorio.

La legge dello Stato istituisce un fondo perequativo, senza vincoli di destinazione, per i territori con minore capacità fiscale per abitante.

Le risorse derivanti dalle fonti di cui ai commi precedenti consentono ai Comuni, alle Province, alle Città metropolitane e alle Regioni di finanziare integralmente le funzioni pubbliche loro attribuite.

Per promuovere lo sviluppo economico, la coesione e la solidarietà sociale, per rimuovere gli squilibri economici e sociali, per favorire l'effettivo esercizio dei diritti della persona, o per provvedere a scopi diversi dal normale esercizio delle loro funzioni, lo Stato destina risorse aggiuntive ed effettua interventi speciali in favore di determinati Comuni, Province, Città metropolitane e Regioni.

I Comuni, le Province, le Città metropolitane e le Regioni hanno un proprio patrimonio, attribuito secondo i principi generali determinati dalla legge dello Stato. Possono ricorrere all'indebitamento solo per finanziare spese di investimento, con la contestuale definizione di piani di ammortamento e a condizione che per il complesso degli enti di ciascuna Regione sia rispettato l'equilibrio di bilancio ([3]). È esclusa ogni garanzia dello Stato sui prestiti dagli stessi contratti.

([1]) *Questo articolo è stato così sostituito dall'art. 5 della L. cost. 18 ottobre 2001, n. 3.*

([2]) *Le parole: «, nel rispetto dell'equilibrio dei relativi bilanci, e concorrono ad assicurare l'osservanza dei vincoli economici e finanziari derivanti dall'ordinamento dell'Unione europea» sono state aggiunte dall'art. 4, comma 1, lett.* a), *della L. cost. 20 aprile 2012, n. 1. A norma dell'art. 6 della medesima legge tali disposizioni si applicano a decorrere dall'esercizio finanziario relativo all'anno 2014.*

([3]) *Le parole: «, con la contestuale definizione di piani di ammortamento e a condizione che per il complesso degli enti di ciascuna Regione sia rispettato l'equilibrio di bilancio» sono state aggiunte dall'art. 4, comma 1, lett.* b), *della L. cost. 20 aprile 2012, n. 1. A norma dell'art. 6 della medesima legge tali disposizioni si applicano a decorrere dall'esercizio finanziario relativo all'anno 2014.*

120. ([1]) La Regione non può istituire dazi di importazione o esportazione o transito tra le Regioni, né adottare provvedimenti che ostacolino in qualsiasi modo la libera circolazione delle persone e delle cose tra le Regioni, né limitare l'esercizio del diritto al lavoro in qualunque parte del territorio nazionale.

Il Governo può sostituirsi a organi delle Regioni, delle Città metropolitane, delle Province e dei Comuni nel caso di mancato rispetto di norme e trattati internazionali o della normativa comunitaria oppure di pericolo grave per l'incolumità e la sicurezza pubblica, ovvero quando lo richiedono la tutela dell'unità giuridica o dell'unità economica e in particolare la tutela dei livelli essenziali delle prestazioni concernenti i diritti civili e sociali, prescindendo dai confini territoriali dei governi locali. La legge definisce le procedure atte a garantire che i poteri sostitutivi siano esercitati nel rispetto del principio di sussidiarietà e del principio di leale collaborazione.

([1]) *Questo articolo è stato così sostituito dall'art. 6 della L. cost. 18 ottobre 2001, n. 3.*

131. Sono costituite le seguenti Regioni: Piemonte; Valle d'Aosta; Lombardia; Trentino-Alto Adige; Veneto; Friuli-Venezia Giulia; Liguria; Emilia-Romagna; Toscana; Umbria; Marche; Lazio; Abruzzi; Molise; Campania; Puglia; Basilicata; Calabria; Sicilia; Sardegna.

2.

L. 27 luglio 2000, n. 212. Disposizioni in materia di statuto dei diritti del contribuente (*Gazzetta Ufficiale* Serie gen. - n. 177 del 31 luglio 2000).

1. ([1]) **Principi generali.** – 1. Le disposizioni della presente legge, in attuazione degli articoli 3, 23, 53 e 97 della Costituzione, costituiscono principi generali dell'ordinamento tributario e possono essere derogate o modificate solo espressamente e mai da leggi speciali.

2. L'adozione di norme interpretative in materia tributaria può essere disposta soltanto in casi eccezionali e con legge ordinaria, qualificando come tali le disposizioni di interpretazione autentica ([2]) ([3]).

3. Le regioni a statuto ordinario regolano le materie disciplinate dalla presente legge in attuazione delle disposizioni in essa contenute; le regioni a statuto speciale e le province autonome di Trento e Bolzano provvedono, entro un anno dalla data di entrata in vigore della presente legge, ad adeguare i rispettivi ordinamenti alle norme fondamentali contenute nella medesima legge.

4. Gli enti locali provvedono, entro sei mesi dalla data di entrata in vigore della presente legge, ad adeguare i rispettivi statuti e gli atti normativi ad essi emanati ai principi dettati dalla presente legge.

([1]) *Si veda l'art. 1, comma 265, della L. 24 dicembre 2007, n. 244, di cui si riporta il testo*:

«In deroga all'articolo 1, comma 2, della legge 27 luglio 2000, n. 212, per gli atti formati anteriormente al 4 luglio 2006 deve intendersi che le presunzioni di cui all'articolo 35, commi 2, 3 e 23 bis, *del decreto legge 4 luglio 2006, n. 223, convertito, con modificazioni, dalla legge 4 agosto 2006, n. 248, valgano, agli effetti tributari, come presunzioni semplici».*

([2]) *A norma dell'art. 32* quinquies, *del D.L. 26 ottobre 2019, n. 124, convertito, con modificazioni, nella L. 19 dicembre 2019, n. 157, ai sensi e per gli effetti di cui a questo comma, non si considerano corrispettivi rilevanti ai fini dell'imposta sul valore aggiunto i contributi di cui all'articolo 87, comma 9, della legge provinciale della provincia autonoma di Bolzano 17 dicembre 1998, n. 13, erogati dalla provincia per l'esecuzione delle opere di urbanizzazione primaria e di allacciamento da parte degli assegnatari di aree destinate all'edilizia abitativa agevolata in attuazione delle convenzioni di cui all'articolo 131 della medesima legge provinciale n. 13 del 1998.*

([3]) *A norma dell'art. 78* bis, *comma 3, del D.L. 14 agosto 2020, n. 104, convertito, con modificazioni, nella L. 13 ottobre 2020, n. 126, le disposizioni in materia di imposta municipale propria si interpretano, ai sensi e per gli effetti di questo comma, nel senso che si considerano coltivatori diretti e imprenditori agricoli professionali anche i pensionati che, continuando a svolgere attività in agricoltura, mantengono l'iscrizione nella relativa gestione previdenziale e assistenziale agricola.*

2. Chiarezza e trasparenza delle disposizioni tributarie. – 1. Le leggi e gli altri atti aventi forza di legge che contengono disposizioni tributarie devono menzionarne l'oggetto nel titolo; la rubrica delle partizioni interne e dei singoli articoli deve menzionare l'oggetto delle disposizioni ivi contenute.

2. Le leggi e gli atti aventi forza di legge che non hanno un oggetto tributario non possono contenere disposizioni di carattere tributario, fatte salve quelle strettamente inerenti all'oggetto della legge medesima.

3. I richiami di altre disposizioni contenuti nei provvedimenti normativi in materia tributaria si fanno indicando anche il contenuto sintetico della disposizione alla quale si intende fare rinvio.

4. Le disposizioni modificative di leggi tributarie debbono essere introdotte riportando il testo conseguentemente modificato.

3. (1) (2) (3) **Efficacia temporale delle norme tributarie.** – 1. Salvo quanto previsto dall'articolo 1, comma 2, le disposizioni tributarie non hanno effetto retroattivo. Relativamente ai tributi periodici le modificazioni introdotte si applicano solo a partire dal periodo d'imposta successivo a quello in corso alla data di entrata in vigore delle disposizioni che le prevedono (4) (5).

2. In ogni caso, le disposizioni tributarie non possono prevedere adempimenti a carico dei contribuenti la cui scadenza sia fissata anteriormente al sessantesimo giorno dalla data della loro entrata in vigore o dell'adozione dei provvedimenti di attuazione in esse espressamente previsti.

3. I termini di prescrizione e di decadenza per gli accertamenti di imposta non possono essere prorogati (6) (7).

(1) *Si veda l'art. 2, comma 59, del D.L. 29 dicembre 2010, n. 225, convertito, con modificazioni, nella L. 26 febbraio 2011, n. 10, che si riporta: «59. Nel comma 10 dell'articolo 15 del decreto legge 29 novembre 2008, n. 185, convertito, con modificazioni, dalla legge 28 gennaio 2009, n. 2, al penultimo periodo, le parole: «non superiore ad un nono» sono sostituite dalle seguenti: «non superiore ad un decimo». In deroga all'articolo 3 della legge 27 luglio 2000, n. 212, le disposizioni del presente comma articolo si applicano a decorrere dal periodo d'imposta in corso alla data di entrata in vigore della legge di conversione del presente decreto e rilevano ai fini del versamento in acconto delle imposte sui redditi e dell'imposta regionale sulle attività produttive per il medesimo periodo d'imposta.».*

(2) *A norma dell'art. 8, comma 2, del D.L. 12 luglio 2018, n. 87, convertito, con modificazioni, nella L. 9 agosto 2018, n. 96, in deroga a questo articolo, la disposizione del comma 1 del medesimo art. 8, si applica a decorrere dal periodo d'imposta in corso alla data di entrata in vigore del citato decreto, anche in relazione al calcolo dei costi ammissibili imputabili ai periodi d'imposta rilevanti per la determinazione della media di raffronto. Per gli acquisti derivanti da operazioni infragruppo intervenute nel corso dei periodi d'imposta precedenti a quello in corso alla data di entrata in vigore del D.L. 87/2018, resta comunque ferma l'esclusione dai costi ammissibili della parte del costo di*

acquisto corrispondente ai costi già attributi in precedenza all'impresa italiana in ragione della partecipazione ai progetti di ricerca e sviluppo relativi ai beni oggetto di acquisto.

(3) *A norma dell'art. 157, comma 1, del D.L. 19 maggio 2020, n. 34, convertito, con modificazioni, nella L. 17 luglio 2020, n. 77, in deroga a quanto previsto dal presente articolo, gli atti di accertamento, di contestazione, di irrogazione delle sanzioni, di recupero dei crediti di imposta, di liquidazione e di rettifica e liquidazione, per i quali i termini di decadenza, calcolati senza tener conto del periodo di sospensione di cui all'art. 67, comma 1, del D.L. 17 marzo 2020, n. 18, convertito, con modificazioni, nella L. 24 aprile 2020, n. 27, scadono tra l'8 marzo 2020 ed il 31 dicembre 2020, sono emessi entro il 31 dicembre 2020 e sono notificati nel periodo compreso tra il 1° gennaio e il 31 dicembre 2021, salvo casi di indifferibilità e urgenza, o al fine del perfezionamento degli adempimenti fiscali che richiedono il contestuale versamento di tributi.*

(4) *A norma dell'art. 9, comma 6, del D.L. 23 ottobre 2018, n. 119, convertito, con modificazioni, nella L. 17 dicembre 2018, n. 136, in deroga a questo comma, con riferimento alle violazioni commesse fino al 31 dicembre 2015, oggetto del processo verbale di constatazione, i termini di cui all'articolo 20, comma 1, del D.L.vo 18 dicembre 1997, n. 472, sono prorogati di due anni.*

(5) *A norma dell'art. 1, comma 24, della L. 30 dicembre 2018, n. 145, in deroga a questo comma, le disposizioni di cui all'art. 1, comma 23 della predetta legge n. 145/2018, si applicano a decorrere dal periodo d'imposta successivo a quello in corso al 31 dicembre 2017.*

(6) *A norma dell'art. 160, comma 1, del D.L. 19 maggio 2020, n. 34, convertito, con modificazioni, nella L. 17 luglio 2020, n. 77, in deroga alle disposizioni di cui al presente comma, per i fabbricati ubicati nei comuni di cui agli allegati 1, 2 e 2* bis *al D.L. 17 ottobre 2016, n. 189, convertito, con modificazioni, nella L. 15 dicembre 2016, n. 229, il termine per la contestazione delle sanzioni previste, per il caso di inottemperanza da parte del soggetto obbligato, dal comma 14* quater *dell'art. 13 del D.L. 6 dicembre 2011, n. 201, convertito, con modificazioni, nella L. 22 dicembre 2011 n. 214, è prorogato al 31 dicembre 2021.*

(7) *A norma dell'art. 68, comma 4* bis, *del D.L. 17 marzo 2020, n. 18, convertito, con modificazioni, nella L. 24 aprile 2020, n. 27, così come modificato dall'art. 4, comma 1, lett.* d), *del D.L. 22 marzo 2021, n. 41, convertito, con modificazioni, nella L. 21 maggio 2021, n. 69, con riferimento ai carichi, relativi alle entrate tributarie e non tributarie, affidati all'agente della riscossione durante il periodo di sospensione di cui ai commi 1 e 2* bis *e, successivamente, fino alla data del 31 dicembre 2021, nonché, anche se affidati dopo lo stesso 31 dicembre 2021, a quelli relativi alle dichiarazioni di cui all'articolo 157, comma 3, lettere* a), b), *e* c), *del decreto legge 19 maggio 2020, n. 34, convertito, con modificazioni, dalla legge 17 luglio 2020, n. 77, i termini di decadenza e prescrizione relativi alle stesse entrate sono prorogati di ventiquattro mesi, anche in deroga alle disposizioni di cui a questo comma.*

4. Utilizzo del decreto legge in materia tributaria. – 1. Non si può disporre con decreto-legge l'istituzione di nuovi tributi né prevedere l'applicazione di tributi esistenti ad altre categorie di soggetti.

5. Informazione del contribuente. – 1. L'amministrazione finanziaria deve assumere idonee iniziative volte a consentire la completa e agevole conoscenza delle disposizioni legislative e amministrative vigenti in materia tributaria, anche curando la predisposizione di testi coordinati e mettendo gli stessi a disposizione dei contribuenti presso ogni ufficio impositore. L'amministrazione finanziaria deve altresì assumere idonee iniziative di informazione elettronica, tale da consentire aggiornamenti in tempo reale, ponendola a disposizione gratuita dei contribuenti.

2. L'amministrazione finanziaria deve portare a conoscenza dei contribuenti tempestivamente e con i mezzi idonei tutte le circolari e le risoluzioni da essa emanate, nonché ogni altro atto o decreto che dispone sulla organizzazione, sulle funzioni e sui procedimenti.

6. Conoscenza degli atti e semplificazione. – 1. L'amministrazione finanziaria deve assicurare l'effettiva conoscenza da parte del contribuente degli atti a lui destinati. A tale fine essa provvede comunque a comunicarli nel luogo di effettivo domicilio del contribuente, quale desumibile dalle informazioni in possesso della stessa amministrazione o di altre amministrazioni pubbliche indicate dal contribuente, ovvero nel luogo ove il contribuente ha eletto il domicilio speciale ai fini dello specifico procedimento cui si riferiscono gli atti da comunicare. Gli atti sono in ogni caso comunicati con modalità idonee a garantire che il loro contenuto non sia conosciuto da soggetti diversi dal loro destinatario. Restano ferme le disposizioni in materia di notifica degli atti tributari.

2. L'amministrazione deve informare il contribuente di ogni fatto o circostanza a sua conoscenza dai quali possa derivare il mancato riconoscimento di un credito ovvero l'irrogazione di una sanzione, richiedendogli di integrare o correggere gli atti prodotti che impediscono il riconoscimento, seppure parziale, di un credito.

3. L'amministrazione finanziaria assume iniziative volte a garantire che i modelli di dichiarazione, le relative istruzioni, i servizi telematici, la modulistica e i documenti di prassi amministrativa siano messi a disposizione del contribuente, con idonee modalità di comunicazione e di pubblicità, almeno sessanta giorni prima del termine assegnato al contribuente per l'adempimento al quale si riferiscono ([1]).

3 *bis*. I modelli e le relative istruzioni devono essere comprensibili anche ai contribuenti sforniti di conoscenze in materia tributaria. L'amministrazione finanziaria assicura che il contribuente possa ottemperare agli obblighi tributari con il minor numero di adempimenti e nelle forme meno costose e più agevoli ([2]).

3 *ter*. Le amministrazioni interessate provvedono alle attività relative all'attuazione dei commi 3 e 3 *bis* nell'ambito delle risorse umane, finanzia-

rie e strumentali disponibili a legislazione vigente e, comunque, senza nuovi o maggiori oneri per la finanza pubblica (2).

4. Al contribuente non possono, in ogni caso, essere richiesti documenti ed informazioni già in possesso dell'amministrazione finanziaria o di altre amministrazioni pubbliche indicate dal contribuente. Tali documenti ed informazioni sono acquisiti ai sensi dell'articolo 18, commi 2 e 3, della legge 7 agosto 1990, n. 241, relativi ai casi di accertamento d'ufficio di fatti, stati e qualità del soggetto interessato dalla azione amministrativa.

5. Prima di procedere alle iscrizioni a ruolo derivanti dalla liquidazione di tributi risultanti da dichiarazioni, qualora sussistano incertezze su aspetti rilevanti della dichiarazione, l'amministrazione finanziaria deve invitare il contribuente, a mezzo del servizio postale o con mezzi telematici, a fornire i chiarimenti necessari o a produrre i documenti mancanti entro un termine congruo e comunque non inferiore a trenta giorni dalla ricezione della richiesta. La disposizione si applica anche qualora, a seguito della liquidazione, emerga la spettanza di un minore rimborso di imposta rispetto a quello richiesto. La disposizione non si applica nell'ipotesi di iscrizione a ruolo di tributi per i quali il contribuente non è tenuto ad effettuare il versamento diretto. Sono nulli i provvedimenti emessi in violazione delle disposizioni di cui al presente comma.

(1) *Questo comma è stato così sostituito dall'art. 4* septies, *comma 1, lett.* a), *del D.L. 30 aprile 2019, n. 34, convertito, con modificazioni, nella L. 28 giugno 2019, n. 58, a decorrere dal 30 giugno 2019.*

(2) *Questo comma è stato inserito dall'art. 4* septies, *comma 1, lett.* b), *del D.L. 30 aprile 2019, n. 34, convertito, con modificazioni, nella L. 28 giugno 2019, n. 58, a decorrere dal 30 giugno 2019.*

7. Chiarezza e motivazione degli atti. – 1. Gli atti dell'amministrazione finanziaria sono motivati secondo quanto prescritto dall'articolo 3 della legge 7 agosto 1990, n. 241, concernente la motivazione dei provvedimenti amministrativi, indicando i presupposti di fatto e le ragioni giuridiche che determinano la decisione dell'amministrazione. Se nella motivazione si fa riferimento ad un altro atto, questo deve essere allegato all'atto che lo richiama.

2. Gli atti dell'amministrazione finanziaria e dei concessionari della riscossione devono tassativamente indicare:

a) l'ufficio presso il quale è possibile ottenere informazioni complete in merito all'atto notificato o comunicato e il responsabile del procedimento;

b) l'organo o l'autorità amministrativa presso i quali è possibile promuovere un riesame anche nel merito dell'atto in sede di autotutela;

c) le modalità, il termine, l'organo giurisdizionale o l'autorità amministrativa cui è possibile ricorrere in caso di atti impugnabili.

3. Sul titolo esecutivo va riportato il riferimento all'eventuale precedente atto di accertamento ovvero, in mancanza, la motivazione della pretesa tributaria.

4. La natura tributaria dell'atto non preclude il ricorso agli organi di giustizia amministrativa, quando ne ricorrano i presupposti.

8. Tutela dell'integrità patrimoniale. – 1. L'obbligazione tributaria può essere estinta anche per compensazione.

2. È ammesso l'accollo del debito d'imposta altrui senza liberazione del contribuente originario ([1]).

3. Le disposizioni tributarie non possono stabilire né prorogare termini di prescrizione oltre il limite ordinario stabilito dal codice civile.

4. L'amministrazione finanziaria è tenuta a rimborsare il costo delle fideiussioni che il contribuente ha dovuto richiedere per ottenere la sospensione del pagamento o la rateizzazione o il rimborso dei tributi. Il rimborso va effettuato quando sia stato definitivamente accertato che l'imposta non era dovuta o era dovuta in misura minore rispetto a quella accertata.

5. L'obbligo di conservazione di atti e documenti, stabilito a soli effetti tributari, non può eccedere il termine di dieci anni dalla loro emanazione o dalla loro formazione.

6. Con decreto del Ministro delle finanze, adottato ai sensi dell'articolo 17, comma 3, della legge 23 agosto 1988, n. 400, relativo ai poteri regolamentari dei Ministri nelle materie di loro competenza, sono emanate le disposizioni di attuazione del presente articolo.

7. La pubblicazione e ogni informazione relative ai redditi tassati, anche previste dall'articolo 15 della legge 5 luglio 1982, n. 441, sia nelle forme previste dalla stessa legge sia da parte di altri soggetti, deve sempre comprendere l'indicazione dei redditi anche al netto delle relative imposte.

8. Ferme restando, in via transitoria, le disposizioni vigenti in materia di compensazione, con regolamenti emanati ai sensi dell'articolo 17, comma 2, della legge 23 agosto 1988, n. 400, è disciplinata l'estinzione dell'obbligazione tributaria mediante compensazione, estendendo, a decorrere dall'anno d'imposta 2002, l'applicazione di tale istituto anche a tributi per i quali attualmente non è previsto.

([1]) *Si veda l'art. 1 del D.L. 26 ottobre 2019, n. 124, convertito, con modificazioni, nella L. 19 dicembre 2019, n. 157, di cui si riporta il testo:*

«1. Accollo del debito d'imposta altrui e divieto di compensazione - *1. Chiunque, ai sensi dell'articolo 8, comma 2, della legge 27 luglio 2000, n. 212, si accolli il debito d'im-*

posta altrui, procede al relativo pagamento secondo le modalità previste dalle diverse disposizioni normative vigenti.

2. Per il pagamento, in ogni caso, è escluso l'utilizzo in compensazione di crediti dell'accollante.

3. I versamenti in violazione del comma 2 si considerano come non avvenuti a tutti gli effetti di legge. In tale eventualità, ferme restando le ulteriori conseguenze previste dalle disposizioni normative vigenti, si applicano le sanzioni di cui all'articolo 13 del decreto legislativo 18 dicembre 1997, n. 471.

4. Con atti di recupero da notificare, a pena di decadenza, entro il 31 dicembre dell'ottavo anno successivo a quello in cui è stata presentatala delega di pagamento, sono irrogate:

a) *all'accollante le sanzioni di cui all'articolo 13, commi 4 o 5, del decreto legislativo 18 dicembre 1997, n. 471;*

b) *all'accollato la sanzione di cui all'articolo 13, comma 1, del decreto legislativo 18 dicembre 1997, n. 471, recuperando l'importo di cui al comma 3 del presente articolo e i relativi interessi. Per l'importo di cui al comma 3 e per gli interessi l'accollante è coobbligato in solido.*

5. Con provvedimento del Direttore dell'Agenzia delle entrate sono adottate le modalità tecniche necessarie per attuare il presente articolo.».

9. Rimessione in termini. – 1. Il Ministro delle finanze, con decreto da pubblicare nella *Gazzetta Ufficiale*, rimette in termini i contribuenti interessati, nel caso in cui il tempestivo adempimento di obblighi tributari è impedito da cause di forza maggiore. Qualora la rimessione in termini concerna il versamento di tributi, il decreto è adottato dal Ministro delle finanze di concerto con il Ministro del tesoro, del bilancio e della programmazione economica.

2. Con proprio decreto il Ministro delle finanze, sentito il Ministro del tesoro, del bilancio e della programmazione economica, può sospendere o differire il termine per l'adempimento degli obblighi tributari a favore dei contribuenti interessati da eventi eccezionali ed imprevedibili ([1]).

2 *bis*. La ripresa dei versamenti dei tributi sospesi o differiti, ai sensi del comma 2, avviene, senza applicazione di sanzioni, interessi e oneri accessori, relativi al periodo di sospensione, anche mediante rateizzazione fino a un massimo di diciotto rate mensili di pari importo, a decorrere dal mese successivo alla data di scadenza della sospensione. Con decreto del Ministro dell'economia e delle finanze sono definiti le modalità e i termini della ripresa dei versamenti, tenendo anche conto della durata del periodo di sospensione, nei limiti delle risorse preordinate allo scopo dal fondo previsto dall'articolo 1, comma 430, della legge 28 dicembre 2015, n. 208. I versamenti dei tributi oggetto di sospensione sono versati all'entrata del bilancio dello Stato per essere destinati al predetto fondo ([2]) ([3]).

[2 *ter*. Per i tributi non sospesi né differiti ai sensi del comma 2, nei limiti delle risorse preordinate allo scopo, i contribuenti residenti o aventi sede legale o sede operativa nei territori colpiti da eventi calamitosi con danni riconducibili all'evento e individuati con la medesima ordinanza della Presidenza del Consiglio dei ministri con la quale è dichiarato lo stato di emergenza possono chiedere la rateizzazione, fino a un massimo di diciotto rate mensili di pari importo, dei tributi che scadono nei sei mesi successivi alla dichiarazione dello stato di emergenza, con istanza da presentare al competente ufficio, secondo modalità e termini stabiliti con decreto del Ministro dell'economia e delle finanze, da adottare entro novanta giorni dalla data di entrata in vigore della presente disposizione] ([4]).

([1]) *Si vedano: il D.M. 12 luglio 2001* (G.U. *Serie gen. - n. 173 del 27 luglio 2001*) *ed i DD.MM. 14 novembre 2002* (G.U. *Serie gen. - n. 270 del 18 novembre 2002*).

([2]) *Questo comma è stato così sostituito dall'art. 48, comma 15, lett.* a), *del D.L. 17 ottobre 2016, n. 189, convertito, con modificazioni, nella L. 15 dicembre 2016, n. 229.*

([3]) *Questo comma è stato aggiunto dall'art. 1, comma 429, della L. 28 dicembre 2015, n. 208.*

([4]) *Questo comma, aggiunto dall'art. 1, comma 429, della L. 28 dicembre 2015, n. 208, è stato abrogato dall'art. 48, comma 15, lett.* b), *del D.L. 17 ottobre 2016, n. 189, convertito, con modificazioni, nella L. 15 dicembre 2016, n. 229.*

10. Tutela dell'affidamento e della buona fede. Errori del contribuente. – 1. I rapporti tra contribuente e amministrazione finanziaria sono improntati al principio della collaborazione e della buona fede.

2. Non sono irrogate sanzioni né richiesti interessi moratori al contribuente, qualora egli si sia conformato a indicazioni contenute in atti dell'amministrazione finanziaria, ancorché successivamente modificate dall'amministrazione medesima, o qualora il suo comportamento risulti posto in essere a seguito di fatti direttamente conseguenti a ritardi, omissioni od errori dell'amministrazione stessa.

3. Le sanzioni non sono comunque irrogate quando la violazione dipende da obiettive condizioni di incertezza sulla portata e sull'ambito di applicazione della norma tributaria o quando si traduce in una mera violazione formale senza alcun debito di imposta; in ogni caso non determina obiettiva condizione di incertezza la pendenza di un giudizio in ordine alla legittimità della norma tributaria ([1]). Le violazioni di disposizioni di rilievo esclusivamente tributario non possono essere causa di nullità del contratto.

([1]) *Le parole da: «; in ogni caso non determina ...» fino a: «... della norma tributaria» sono state inserite dall'art. 1, comma 1, del D.L. 17 giugno 2005, n. 106, convertito, con modificazioni, nella L. 31 luglio 2005, n. 156.*

10 *bis*. ([1]) **Disciplina dell'abuso del diritto o elusione fiscale.** – 1. Configurano abuso del diritto una o più operazioni prive di sostanza economica che, pur nel rispetto formale delle norme fiscali, realizzano essenzialmente vantaggi fiscali indebiti. Tali operazioni non sono opponibili all'amministrazione finanziaria, che ne disconosce i vantaggi determinando i tributi sulla base delle norme e dei principi elusi e tenuto conto di quanto versato dal contribuente per effetto di dette operazioni.

2. Ai fini del comma 1 si considerano:

a) operazioni prive di sostanza economica i fatti, gli atti e i contratti, anche tra loro collegati, inidonei a produrre effetti significativi diversi dai vantaggi fiscali. Sono indici di mancanza di sostanza economica, in particolare, la non coerenza della qualificazione delle singole operazioni con il fondamento giuridico del loro insieme e la non conformità dell'utilizzo degli strumenti giuridici a normali logiche di mercato;

b) vantaggi fiscali indebiti i benefici, anche non immediati, realizzati in contrasto con le finalità delle norme fiscali o con i principi dell'ordinamento tributario.

3. Non si considerano abusive, in ogni caso, le operazioni giustificate da valide ragioni extrafiscali, non marginali, anche di ordine organizzativo o gestionale, che rispondono a finalità di miglioramento strutturale o funzionale dell'impresa ovvero dell'attività professionale del contribuente.

4. Resta ferma la libertà di scelta del contribuente tra regimi opzionali diversi offerti dalla legge e tra operazioni comportanti un diverso carico fiscale.

5. Il contribuente può proporre interpello ai sensi dell'articolo 11, comma 1, lettera *c*), per conoscere se le operazioni costituiscano fattispecie di abuso del diritto ([2]).

6. Senza pregiudizio dell'ulteriore azione accertatrice nei termini stabiliti per i singoli tributi, l'abuso del diritto è accertato con apposito atto, preceduto, a pena di nullità, dalla notifica al contribuente di una richiesta di chiarimenti da fornire entro il termine di sessanta giorni, in cui sono indicati i motivi per i quali si ritiene configurabile un abuso del diritto ([3]).

7. La richiesta di chiarimenti è notificata dall'amministrazione finanziaria ai sensi dell'articolo 60 del decreto del Presidente della Repubblica 29 settembre 1973, n. 600, e successive modificazioni, entro il termine di decadenza previsto per la notificazione dell'atto impositivo. Tra la data di ricevimento dei chiarimenti ovvero di inutile decorso del termine assegnato al contribuente per rispondere alla richiesta e quella di decadenza dell'amministrazione dal potere di notificazione dell'atto impositivo intercorrono non meno di sessanta giorni. In difetto, il termine di decadenza per la notifica-

zione dell'atto impositivo è automaticamente prorogato, in deroga a quello ordinario, fino a concorrenza dei sessanta giorni ([3]).

8. Fermo quanto disposto per i singoli tributi, l'atto impositivo è specificamente motivato, a pena di nullità, in relazione alla condotta abusiva, alle norme o ai principi elusi, agli indebiti vantaggi fiscali realizzati, nonché ai chiarimenti forniti dal contribuente nel termine di cui al comma 6 ([3]).

9. L'amministrazione finanziaria ha l'onere di dimostrare la sussistenza della condotta abusiva, non rilevabile d'ufficio, in relazione agli elementi di cui ai commi 1 e 2. Il contribuente ha l'onere di dimostrare l'esistenza delle ragioni extrafiscali di cui al comma 3 ([3]).

10. In caso di ricorso, i tributi o i maggiori tributi accertati, unitamente ai relativi interessi, sono posti in riscossione, ai sensi dell'articolo 68 del decreto legislativo 31 dicembre 1992, n. 546, e, successive modificazioni, e dell'articolo 19, comma 1, del decreto legislativo 18 dicembre 1997, n. 472 ([3]).

11. I soggetti diversi da quelli cui sono applicate le disposizioni del presente articolo possono chiedere il rimborso delle imposte pagate a seguito delle operazioni abusive i cui vantaggi fiscali sono stati disconosciuti dall'amministrazione finanziaria, inoltrando a tal fine, entro un anno dal giorno in cui l'accertamento è divenuto definitivo ovvero è stato definito mediante adesione o conciliazione giudiziale, istanza all'Agenzia delle entrate, che provvede nei limiti dell'imposta e degli interessi effettivamente riscossi a seguito di tali procedure ([3]).

12. In sede di accertamento l'abuso del diritto può essere configurato solo se i vantaggi fiscali non possono essere disconosciuti contestando la violazione di specifiche disposizioni tributarie.

13. Le operazioni abusive non danno luogo a fatti punibili ai sensi delle leggi penali tributarie. Resta ferma l'applicazione delle sanzioni amministrative tributarie.

([1]) *Questo articolo è stato inserito dall'art. 1, comma 1, del D.L.vo 5 agosto 2015, n. 128. A norma dell'art. 1, comma 5, del medesimo provvedimento, le disposizioni di questo articolo hanno efficacia a decorrere dal primo giorno del mese successivo alla data di entrata in vigore del presente decreto* (G.U. *Serie gen. - n. 190 del 18 agosto 2015*) *e si applicano anche alle operazioni poste in essere in data anteriore alla loro efficacia per le quali, alla stessa data, non sia stato notificato il relativo atto impositivo.*

([2]) *Questo comma è stato così sostituito dall'art. 7, comma 15, del D.L.vo 24 settembre 2015, n. 156.*

A norma dell'art. 12, comma 1, le disposizioni del predetto decreto entrano in vigore a decorrere dal 1° gennaio 2016.

Si riporta il testo previgente:

«5. Il contribuente può proporre interpello secondo la procedura e con gli effetti dell'articolo 11 della presente legge per conoscere se le operazioni che intende realiz-

zare, o che siano state realizzate, costituiscano fattispecie di abuso del diritto. L'istanza è presentata prima della scadenza dei termini per la presentazione della dichiarazione o per l'assolvimento di altri obblighi tributari connessi alla fattispecie cui si riferisce l'istanza medesima (*).».

(*) A norma dell'art. 1, comma 4, del D.L.vo 5 agosto 2015, n. 128, i commi da 5 a 11, di questo articolo, non si applicano agli accertamenti e ai controlli aventi ad oggetto i diritti doganali di cui all'articolo 34 del decreto del Presidente della Repubblica 23 gennaio 1973, n. 43, che restano disciplinati dalle disposizioni degli articoli 8 e 11 del decreto legislativo 8 novembre 1990, n. 374, e successive modificazioni, nonché dalla normativa doganale dell'Unione europea.

[3] A norma dell'art. 1, comma 4, del D.L.vo 5 agosto 2015, n. 128, i commi da 5 a 11, di questo articolo, non si applicano agli accertamenti e ai controlli aventi ad oggetto i diritti doganali di cui all'articolo 34 del decreto del Presidente della Repubblica 23 gennaio 1973, n. 43, che restano disciplinati dalle disposizioni degli articoli 8 e 11 del decreto legislativo 8 novembre 1990, n. 374, e successive modificazioni, nonché dalla normativa doganale dell'Unione europea.

11. [1] [2] [3] **Diritto di interpello.** – 1. Il contribuente può interpellare l'amministrazione per ottenere una risposta riguardante fattispecie concrete e personali relativamente a:

a) l'applicazione delle disposizioni tributarie, quando vi sono condizioni di obiettiva incertezza sulla corretta interpretazione di tali disposizioni e la corretta qualificazione di fattispecie alla luce delle disposizioni tributarie applicabili alle medesime, ove ricorrano condizioni di obiettiva incertezza e non siano comunque attivabili le procedure di cui all'articolo 31 *ter* del decreto del Presidente della Repubblica 29 settembre 1973, n. 600, introdotto dall'articolo 1 del decreto legislativo 14 settembre 2015, n. 147 e di cui all'articolo 2 del medesimo decreto legislativo 14 settembre 2015, n. 147;

b) la sussistenza delle condizioni e la valutazione della idoneità degli elementi probatori richiesti dalla legge per l'adozione di specifici regimi fiscali nei casi espressamente previsti;

c) l'applicazione della disciplina sull'abuso del diritto ad una specifica fattispecie.

2. Il contribuente interpella l'amministrazione finanziaria per la disapplicazione di norme tributarie che, allo scopo di contrastare comportamenti elusivi, limitano deduzioni, detrazioni, crediti d'imposta, o altre posizioni soggettive del soggetto passivo altrimenti ammesse dall'ordinamento tributario, fornendo la dimostrazione che nella particolare fattispecie tali effetti elusivi non possono verificarsi. Nei casi in cui non sia stata resa risposta favorevole, resta comunque ferma la possibilità per il contribuente di fornire la dimostrazione di cui al periodo precedente anche ai fini dell'accertamento in sede amministrativa e contenziosa.

3. L'amministrazione risponde alle istanze di cui alla lettera *a*) del comma 1 nel termine di novanta giorni e a quelle di cui alle lettere *b*) e *c*) del medesimo comma 1 ed a quelle di cui al comma 2 nel termine di centoventi giorni. La risposta, scritta e motivata, vincola ogni organo della amministrazione con esclusivo riferimento alla questione oggetto dell'istanza e limitatamente al richiedente. Quando la risposta non è comunicata al contribuente entro il termine previsto, il silenzio equivale a condivisione, da parte dell'amministrazione, della soluzione prospettata dal contribuente. Gli atti, anche a contenuto impositivo o sanzionatorio difformi dalla risposta, espressa o tacita, sono nulli. Tale efficacia si estende ai comportamenti successivi del contribuente riconducibili alla fattispecie oggetto di interpello, salvo rettifica della soluzione interpretativa da parte dell'amministrazione con valenza esclusivamente per gli eventuali comportamenti futuri dell'istante.

4. Non ricorrono condizioni di obiettiva incertezza quando l'amministrazione ha compiutamente fornito la soluzione per fattispecie corrispondenti a quella rappresentata dal contribuente mediante atti pubblicati ai sensi dell'articolo 5, comma 2.

5. La presentazione delle istanze di cui ai commi 1 e 2 non ha effetto sulle scadenze previste dalle norme tributarie, né sulla decorrenza dei termini di decadenza e non comporta interruzione o sospensione dei termini di prescrizione.

6. L'amministrazione provvede alla pubblicazione mediante la forma di circolare o di risoluzione delle risposte rese nei casi in cui un numero elevato di contribuenti abbia presentato istanze aventi ad oggetto la stessa questione o questioni analoghe fra loro, nei casi in cui il parere sia reso in relazione a norme di recente approvazione o per le quali non siano stati resi chiarimenti ufficiali, nei casi in cui siano segnalati comportamenti non uniformi da parte degli uffici, nonché in ogni altro caso in cui ritenga di interesse generale il chiarimento fornito. Resta ferma, in ogni caso, la comunicazione della risposta ai singoli istanti.

(¹) *Questo articolo è stato così sostituito dall'art. 1, comma 1, del D.L.vo 24 settembre 2015, n. 156.*

A norma dell'art. 12, comma 1, le disposizioni del predetto decreto entrano in vigore a decorrere dal 1° gennaio 2016.

Si riporta il testo previgente:

«Art. 11. Interpello del contribuente. - 1. Ciascun contribuente può inoltrare per iscritto all'amministrazione finanziaria, che risponde entro centoventi giorni, circostanziate e specifiche istanze di interpello concernenti l'applicazione delle disposizioni tributarie a casi concreti e personali, qualora vi siano obiettive condizioni di incertezza sulla corret-

ta interpretazione delle disposizioni stesse. La presentazione dell'istanza non ha effetto sulle scadenze previste dalla disciplina tributaria.

2. La risposta dell'amministrazione finanziaria, scritta e motivata, vincola con esclusivo riferimento alla questione oggetto dell'istanza di interpello, e limitatamente al richiedente. Qualora essa non pervenga al contribuente entro il termine di cui al comma 1, si intende che l'amministrazione concordi con l'interpretazione o il comportamento prospettato dal richiedente. Qualsiasi atto, anche a contenuto impositivo o sanzionatorio, emanato in difformità della risposta, anche se desunta ai sensi del periodo precedente, è nullo.».

3. Limitatamente alla questione in oggetto dell'istanza di interpello, non possono essere irrogate sanzioni nei confronti del contribuente che non abbia ricevuto risposta dall'amministrazione finanziaria entro il termine di cui al comma 1.

4. Nel caso in cui l'istanza di interpello formulata da un numero elevato di contribuenti concerna la stessa questione o questioni analoghe fra loro, l'amministrazione finanziaria può rispondere collettivamente, attraverso una circolare o una risoluzione tempestivamente pubblicata ai sensi dell'articolo 5, comma 2.

5. Con decreto del Ministro delle finanze, adottato ai sensi dell'articolo 17, comma 3, della legge 23 agosto 1988, n. 400, relativo ai poteri regolamentari dei Ministri nelle materie di loro competenza, sono determinati gli organi, le procedure e le modalità di esercizio dell'interpello e dell'obbligo di risposta da parte dell'amministrazione finanziaria (*) (**).

6. Resta fermo quanto previsto dall'articolo 21 della legge 30 dicembre 1991, n. 413, relativo all'interpello della amministrazione finanziaria da parte dei contribuenti.».

(*) *Si veda il D.M. 26 aprile 2001, n. 209.*

(**) *Ai sensi dell'art. 27, comma 12, D.L. 29 novembre 2008, n. 185, convertito con modificazioni, dalla L. 28 gennaio 2009, n. 2, con effetto dal 29 novembre 2008, le istanze di interpello proposte dalle imprese individuate dall'art. 27, comma 10, della medesima disposizione sono presentate secondo le modalità di cui al D.M. 13 giugno 1997, n. 195. Il rispetto della soluzione interpretativa oggetto della risposta viene verificato nell'ambito del controllo di cui all'art. 27, comma 9, della medesima disposizione.*

([2]) *A norma dell'art. 2, comma 1, del D.L.vo 24 settembre 2015, n. 156, possono presentare istanza di interpello ai sensi di questo articolo, recante lo Statuto dei diritti del contribuente, i contribuenti, anche non residenti, e i soggetti che in base alla legge sono obbligati a porre in essere gli adempimenti tributari per conto dei contribuenti o sono tenuti insieme con questi o in loro luogo all'adempimento di obbligazioni tributarie.*

L'istanza di cui al predetto comma 1, deve essere presentata prima della scadenza dei termini previsti dalla legge per la presentazione della dichiarazione o per l'assolvimento di altri obblighi tributari aventi ad oggetto o comunque connessi alla fattispecie cui si riferisce l'istanza medesima senza che, a tali fini, assumano valenza i termini concessi all'amministrazione per rendere la propria risposta.

([3]) *A norma dell'art. 67, comma 1, del D.L. 17 marzo 2020, n. 18, convertito, con modificazioni, nella L. 24 aprile 2020, n. 27, sono sospesi dall'8 marzo al 31 maggio 2020 i termini relativi alle attività di liquidazione, di controllo, di accertamento, di riscossione e di contenzioso, da parte degli uffici degli enti impositori. Sono, altresì, sospesi, i termini per fornire risposta alle istanze di interpello, ivi comprese quelle da rendere a seguito della presentazione della documentazione integrativa, di cui a questo articolo.*

12. ([1]) **Diritti e garanzie del contribuente sottoposto a verifiche fiscali. –** 1. Tutti gli accessi, ispezioni e verifiche fiscali nei locali destinati all'esercizio di attività commerciali, industriali, agricole, artistiche o professionali sono effettuati sulla base di esigenze effettive di indagine e controllo sul luogo. Essi si svolgono, salvo casi eccezionali e urgenti adeguatamente documentati, durante l'orario ordinario di esercizio delle attività e con modalità tali da arrecare la minima turbativa possibile allo svolgimento delle attività stesse nonché alle relazioni commerciali o professionali del contribuente.

2. Quando viene iniziata la verifica, il contribuente ha diritto di essere informato delle ragioni che l'abbiano giustificata e dell'oggetto che la riguarda, della facoltà di farsi assistere da un professionista abilitato alla difesa dinanzi agli organi di giustizia tributaria, nonché dei diritti e degli obblighi che vanno riconosciuti al contribuente in occasione delle verifiche.

3. Su richiesta del contribuente, l'esame dei documenti amministrativi e contabili può essere effettuato nell'ufficio dei verificatori o presso il professionista che lo assiste o rappresenta.

4. Delle osservazioni e dei rilievi del contribuente e del professionista, che eventualmente lo assista, deve darsi atto nel processo verbale delle operazioni di verifica.

5. La permanenza degli operatori civili o militari dell'amministrazione finanziaria, dovuta a verifiche presso la sede del contribuente, non può superare i trenta giorni lavorativi, prorogabili per ulteriori trenta giorni nei casi di particolare complessità dell'indagine individuati e motivati dal dirigente dell'ufficio. Gli operatori possono ritornare nella sede del contribuente, decorso tale periodo, per esaminare le osservazioni e le richieste eventualmente presentate dal contribuente dopo la conclusione delle operazioni di verifica ovvero, previo assenso motivato del dirigente dell'ufficio, per specifiche ragioni. Il periodo di permanenza presso la sede del contribuente di cui al primo periodo, così come l'eventuale proroga ivi prevista, non può essere superiore a quindici giorni lavorativi contenuti nell'arco di non più di un trimestre, in tutti i casi in cui la verifica sia svolta presso la sede di imprese in contabilità semplificata e lavoratori autonomi ([2]). In entrambi i casi, ai fini del computo dei giorni lavorativi, devono essere considerati i giorni di effettiva presenza degli operatori civili o militari dell'Amministrazione finanziaria presso la sede del contribuente ([2]).

6. Il contribuente, nel caso ritenga che i verificatori procedono con modalità non conformi alla legge, può rivolgersi anche al Garante del contribuente, secondo quanto previsto dall'articolo 13.

7. Nel rispetto del principio di cooperazione tra amministrazione e contribuente, dopo il rilascio della copia del processo verbale di chiusura delle operazioni da parte degli organi di controllo, il contribuente può comunicare entro sessanta giorni osservazioni e richieste che sono valutate dagli uffici impositori. L'avviso di accertamento non può essere emanato prima della scadenza del predetto termine, salvo casi di particolare e motivata urgenza. Per gli accertamenti e le verifiche aventi ad oggetto i diritti doganali di cui all'articolo 34 del testo unico delle disposizioni legislative in materia doganale approvato con il decreto del Presidente della Repubblica 23 gennaio 1973, n. 43, si applicano le disposizioni dell'articolo 11 del decreto legislativo 8 novembre 1990, n. 374 (3).

(1) *A norma dell'art. 7, comma 2, lett.* d), *del D.L. 13 maggio 2011, n. 70, convertito, con modificazioni, nella L. 12 luglio 2011, n. 106, le disposizioni di questo articolo si applicano anche nelle ipotesi di attività ispettive o di controllo effettuate dagli enti di previdenza e assistenza obbligatoria.*

(2) *Questo periodo è stato aggiunto dall'art. 7, comma 2, lett.* c), *del del D.L. 13 maggio 2011, n. 70, convertito, con modificazioni, nella L. 12 luglio 2011, n. 106.*

(3) *Questo periodo è stato aggiunto dall'art. 92, comma 2, del D.L. 24 gennaio 2012, n. 1, convertito, con modificazioni, nella L. 24 marzo 2012, n. 27.*

13. Garante del contribuente. – 1. Presso ogni direzione regionale delle entrate e direzione delle entrate delle province autonome è istituito il Garante del contribuente.

2. Il Garante del contribuente, operante in piena autonomia, è organo monocratico scelto e nominato dal presidente della commissione tributaria regionale o sua sezione distaccata nella cui circoscrizione è compresa la direzione regionale dell'Agenzia delle entrate, tra gli appartenenti alle seguenti categorie (1):

a) magistrati, professori universitari di materie giuridiche ed economiche, notai, sia a riposo sia in attività di servizio;

[*b*) dirigenti dell'amministrazione finanziaria e ufficiali generali e superiori della Guardia di finanza, a riposo da almeno due anni, scelti in una terna formata, per ciascuna direzione regionale delle entrate, rispettivamente, per i primi, dal direttore generale del Dipartimento delle entrate e, per i secondi, dal Comandante generale della Guardia di finanza] (2);

c) avvocati, dottori commercialisti e ragionieri collegiati, pensionati, scelti in una terna formata, per ciascuna direzione regionale delle entrate, dai rispettivi ordini di appartenenza.

3. L'incarico ha durata quadriennale ed è rinnovabile tenendo presenti professionalità, produttività ed attività già svolta (3). [Le funzioni del Presi-

dente sono svolte dal componente scelto nell'ambito delle categorie di cui alla lettera *a*) del comma 2] ([4]). [Gli altri due componenti sono scelti uno nell'ambito delle categorie di cui alla lettera *b*) e l'altro nell'ambito delle categorie di cui alla lettera *c*) del comma 2] ([4]).

4. Per ogni Garante il compenso mensile lordo è fissato in euro 2.788,87. Al Garante del contribuente che risiede in un comune diverso da quello in cui ha sede l'organo compete il rimborso delle spese di trasferta previsto dalle norme vigenti per la partecipazione alle relative sedute. Analogo trattamento compete per gli accessi in uffici finanziari situati in comuni diversi da quelli in cui ha la residenza il Garante ([5]).

5. Le funzioni di segreteria e tecniche sono assicurate al Garante del contribuente dagli uffici delle direzioni regionali delle entrate presso le quali lo stesso è istituito.

6. Il Garante del contribuente, anche sulla base di segnalazioni inoltrate per iscritto dal contribuente o da qualsiasi altro soggetto interessato che lamenti disfunzioni, irregolarità, scorretezze, prassi amministrative anomale o irragionevoli o qualunque altro comportamento suscettibile di incrinare il rapporto di fiducia tra cittadini e amministrazione finanziaria, rivolge richieste di documenti o chiarimenti agli uffici competenti, i quali rispondono entro trenta giorni, e attiva le procedure di autotutela nei confronti di atti amministrativi di accertamento o di riscossione notificati al contribuente. Il Garante del contribuente comunica l'esito dell'attività svolta alla direzione regionale o compartimentale o al comando di zona della Guardia di finanza competente nonché agli organi di controllo, informandone l'autore della segnalazione.

7. Il Garante del contribuente rivolge raccomandazioni ai dirigenti degli uffici ai fini della tutela del contribuente e della migliore organizzazione dei servizi.

8. Il Garante del contribuente ha il potere di accedere agli uffici finanziari e di controllare la funzionalità dei servizi di assistenza e di informazione al contribuente nonché l'agibilità degli spazi aperti al pubblico.

9. Il Garante del contribuente richiama gli uffici al rispetto di quanto previsto dagli articoli 5 e 12 della presente legge.

10. Il Garante del contribuente richiama gli uffici al rispetto dei termini previsti per il rimborso d'imposta.

11. Il Garante del contribuente individua i casi di particolare rilevanza in cui le disposizioni in vigore ovvero i comportamenti dell'amministrazione determinano un pregiudizio dei contribuenti o conseguenze negative nei loro rapporti con l'amministrazione, segnalandoli al direttore-regionale o compartimentale o al comandante di zona della Guardia di finanza compe-

tente e all'ufficio centrale per l'informazione del contribuente, al fine di un eventuale avvio del procedimento disciplinare. Prospetta al Ministro delle finanze i casi in cui possono essere esercitati i poteri di rimessione in termini previsti dall'articolo 9.

12. Ogni sei mesi il Garante del contribuente presenta una relazione sull'attività svolta al Ministro delle finanze, al direttore regionale delle entrate, ai direttori compartimentali delle dogane e del territorio nonché al comandante di zona della Guardia di finanza, individuando gli aspetti critici più rilevanti e prospettando le relative soluzioni.

13. Il Ministro delle finanze riferisce annualmente alle competenti Commissioni parlamentari in ordine al funzionamento del Garante del contribuente, all'efficacia dell'azione da esso svolta ed alla natura delle questioni segnalate nonché ai provvedimenti adottati a seguito delle segnalazioni del Garante stesso.

13 *bis*. Con relazione annuale, il Garante fornisce al Governo ed al Parlamento dati e notizie sullo stato dei rapporti tra fisco e contribuenti nel campo della politica fiscale ([6]).

([1]) *L'alinea è stato così sostituita dall'art. 4, comma 36, lett.* a), *n. 1), della L. 12 novembre 2011, n. 183, a decorrere dal 1° gennaio 2012. A norma dell'art. 4, comma 37, della medesima legge, dal 1° gennaio 2012 decadono gli organi collegiali operanti alla data di entrata in vigore della presente legge.*

([2]) *Questa lettera è stata abrogata dall'art. 4, comma 36, lett.* a), *n. 2), della L. 12 novembre 2011, n. 183, a decorrere dal 1° gennaio 2012. A norma dell'art. 4, comma 37, della medesima legge, dal 1° gennaio 2012 decadono gli organi collegiali operanti alla data di entrata in vigore della presente legge.*

([3]) *Il primo periodo di questo comma è stato così sostituito dall'art. 94, comma 7, della L. 27 dicembre 2002, n. 289.*

([4]) *Questo periodo è stato soppresso dall'art. 4, comma 36, lett.* b), *della L. 12 novembre 2011, n. 183, a decorrere dal 1° gennaio 2012. A norma dell'art. 4, comma 37, della medesima legge, dal 1° gennaio 2012 decadono gli organi collegiali operanti alla data di entrata in vigore della presente legge.*

([5]) *Questo comma è stato così sostituito dall'art. 19* septies, *comma 1, lett.* b), *del D.L. 16 ottobre 2017, n. 148, convertito, con modificazioni, nella L. 4 dicembre 2017, n. 172, a decorrere dal 1° gennaio 2018.*

([6]) *Questo comma è stato aggiunto dall'art. 94, comma 8, della L. 27 dicembre 2002, n. 289.*

14. Contribuenti non residenti. – 1. Al contribuente residente all'estero sono assicurate le informazioni sulle modalità di applicazione delle imposte, la utilizzazione di moduli semplificati nonché agevolazioni relativamente all'attribuzione del codice fiscale e alle modalità di presentazione delle dichiarazioni e di pagamento delle imposte.

2. Con decreto del Ministro delle finanze, adottato ai sensi dell'articolo 17, comma 3, della legge 23 agosto 1988, n. 400, relativo ai poteri regolamentari dei Ministri nelle materie di loro competenza, sono emanate le disposizioni di attuazione del presente articolo ([1]).

([1]) *Si veda il D.M. 17 maggio 2001, n. 281.*

15. Codice di comportamento per il personale addetto alle verifiche tributarie. – 1. Il Ministro delle finanze, sentiti i direttori generali del Ministero delle finanze ed il Comandante generale della Guardia di finanza, emana un codice di comportamento che regoli le attività del personale addetto alle verifiche tributarie, aggiornandolo eventualmente anche in base alle segnalazioni delle disfunzioni operate annualmente dal Garante del contribuente.

16. Coordinamento normativo. – 1. Il Governo è delegato ad emanare, entro centottanta giorni dalla data di entrata in vigore della presente legge, previo parere delle competenti Commissioni parlamentari, uno o più decreti legislativi recanti le disposizioni correttive delle leggi tributarie vigenti strettamente necessarie a garantirne la coerenza con i principi desumibili dalle disposizioni della presente legge.

2. Entro il termine di cui comma 1 il Governo provvede ad abrogare le norme regolamentari incompatibili con la presente legge.

17. Concessionari della riscossione. – 1. Le disposizioni della presente legge si applicano anche nei confronti dei soggetti che rivestono la qualifica dei concessionari e di organi indiretti dell'amministrazione finanziaria, ivi compresi i soggetti che esercitano l'attività di accertamento, liquidazione e riscossione di tributi di qualunque natura.

18. Disposizioni di attuazione. – 1. I decreti previsti dagli articoli 8 e 11 devono essere emanati entro centottanta giorni dalla data di entrata in vigore della presente legge.

2. Entro il termine di cui al comma 1 sono nominati i componenti del Garante del contribuente di cui all'articolo 13.

19. Attuazione del diritto di interpello del contribuente. – 1. L'amministrazione finanziaria, nel quadro dell'attuazione del decreto legislativo 30 luglio 1999, n. 300, adotta ogni opportuno adeguamento della struttura organizzativa ed individua l'occorrente riallocazione delle risorse umane, allo scopo di assicurare la piena operatività delle disposizioni dell'articolo 11 della presente legge.

2. Per le finalità di cui comma 1 il Ministro delle finanze è altresì autorizzato ad adottare gli opportuni provvedimenti per la riqualificazione del personale in servizio.

20. Copertura finanziaria. – (*Omissis*).

21. Entrata in vigore. – 1. La presente legge entra in vigore il giorno successivo a quello della sua pubblicazione nella *Gazzetta Ufficiale*.

1.

D.P.R. 22 dicembre 1986, n. 917. Approvazione del testo unico delle imposte sui redditi (Suppl. ord. alla *Gazzetta Ufficiale* Serie gen. - n. 302 del 31 dicembre 1986).

Titolo I

Imposta sul reddito delle persone fisiche

Capo I

Disposizioni generali

1. Presupposto dell'imposta. – 1. Presupposto dell'imposta sul reddito delle persone fisiche è il possesso di redditi in denaro o in natura rientranti nelle categorie indicate nell'art. 6.

2. ([1]) **Soggetti passivi.** – 1. Soggetti passivi dell'imposta sono le persone fisiche, residenti e non residenti nel territorio dello Stato.

2. Ai fini delle imposte sui redditi si considerano residenti le persone che per la maggior parte del periodo di imposta sono iscritte nelle anagrafi della popolazione residente o hanno nel territorio dello Stato il domicilio o la residenza ai sensi del codice civile.

2 *bis*. Si considerano altresì residenti, salvo prova contraria, i cittadini italiani cancellati dalle anagrafi della popolazione residente e trasferiti in Stati o territori diversi da quelli individuati con decreto del Ministro dell'economia e delle finanze, da pubblicare nella *Gazzetta Ufficiale* ([2]).

([1]) *A norma dell'art. 1, comma 151, della L. 11 dicembre 2016, n. 232, le disposizioni di cui all'art. 1, comma 150, lett.* a), *n.* 2), *del medesimo provvedimento, si applicano, per i periodi d'imposta dal 2017 al 2020, anche ai lavoratori dipendenti che nell'anno 2016 hanno trasferito la residenza nel territorio dello Stato ai sensi del presente articolo.*

A norma dell'art. 1, comma 159, del medesimo provvedimento, tali disposizioni si applicano per la prima volta con riferimento alle dichiarazioni dei redditi relative al periodo d'imposta in corso alla data di entrata in vigore della presente legge.

([2]) *Questo comma è stato così sostituito dall'art. 1, comma 83, lett. a),della L. 24 dicembre 2007, n. 244. Ai sensi dell'art. 1, comma 89, L. 24 dicembre 2007, n. 244, tale modifica ha effetto a partire dal periodo d'imposta successivo a quello di pubblicazione nella* Gazzetta Ufficiale *del decreto ivi previsto. Fino al periodo d'imposta precedente, il comma 2* bis *continua ad applicarsi nella versione vigente al 31 dicembre 2007: «Si considerano altresì residenti, salvo prova contraria, i cittadini italiani cancellati dalle anagrafi della popolazione residente ed emigrati in Stati o territori aventi un regime fiscale privilegiato, individuati con decreto del Ministro delle finanze da pubblicare in* Gazzetta Ufficiale». *Si veda il D.M. 4 maggio 1999, pubblicato* infra, *alla voce "*Diritto comunitario e internazionale*".*

3. Base imponibile. – 1. L'imposta si applica sul reddito complessivo del soggetto, formato per i residenti da tutti i redditi posseduti al netto degli oneri deducibili indicati nell'articolo 10 [, nonché delle deduzioni effettivamente spettanti ai sensi degli articoli 11 e 12] ([1]), e per i non residenti soltanto da quelli prodotti nel territorio dello Stato ([2]).

2. In deroga al comma 1 l'imposta si applica separatamente sui redditi elencati nell'art. 16 (N.d.R.: *ora art. 17*), salvo quanto stabilito nei commi 2 e 3 dello stesso articolo.

3. Sono in ogni caso esclusi dalla base imponibile:

a) i redditi esenti dall'imposta e quelli soggetti a ritenuta alla fonte a titolo di imposta o ad imposta sostitutiva;

b) gli assegni periodici destinati al mantenimento dei figli spettanti al coniuge in conseguenza di separazione legale ed effettiva o di annullamento, scioglimento o cessazione degli effetti civili del matrimonio, nella misura in cui risultano da provvedimenti dell'autorità giudiziaria;

c) (*Omissis*);

d) gli assegni familiari e l'assegno per il nucleo familiare, nonché, con gli stessi limiti e alle medesime condizioni, gli emolumenti per carichi di famiglia comunque denominati, erogati nei casi consentiti dalla legge;

d bis) la maggiorazione sociale dei trattamenti pensionistici prevista dall'articolo 1 della legge 29 dicembre 1988, n. 544;

d ter) le somme corrisposte a titolo di borsa di studio dal Governo italiano a cittadini stranieri in forza di accordi e intese internazionali ([3]).

([1]) *Le parole fra parentesi quadrate sono state soppresse dall'art. 1, comma 6, lett.* a), *della L. 27 dicembre 2006, n. 296.*

([2]) *Questo comma è stato così sostituito dall'art. 36, comma 22, lett.* a), *del D.L. 4 luglio 2006, n. 223, convertito, con modificazioni, nella L. 4 agosto 2006, n. 248. A norma dell'art. 2, comma 24, del D.L. 3 ottobre 2006, n. 262, convertito, con modificazioni, nella L. 24 novembre 2006, n. 286, per l'anno 2006, questo comma si applica nel testo vigente alla data del 3 luglio 2006, che si riporta:*

«1. L'imposta si applica sul reddito complessivo del soggetto, formato per i residenti da tutti i redditi posseduti e per i non residenti soltanto da quelli prodotti nel territorio dello Stato, al netto degli oneri deducibili indicati nell'art. 10, nonché delle deduzioni effettivamente spettanti ai sensi degli articoli 11 e 12».

(3) *Questa lettera è stata aggiunta dall'art. 1, comma 336, della L. 27 dicembre 2006, n. 296.*

4. Coniugi e figli minori. – 1. Ai fini della determinazione del reddito complessivo o della tassazione separata:

a) i redditi dei beni che formano oggetto della comunione legale di cui agli artt. 177 e seguenti del codice civile sono imputati a ciascuno dei coniugi per metà del loro ammontare netto o per la diversa quota stabilita ai sensi dell'art. 210 dello stesso codice. I proventi dell'attività separata di ciascun coniuge sono a lui imputati in ogni caso per l'intero ammontare;

b) i redditi dei beni che formano oggetto del fondo patrimoniale di cui agli artt. 167 e seguenti del codice civile sono imputati per metà del loro ammontare netto a ciascuno dei coniugi. Nelle ipotesi previste nell'art. 171 del detto codice i redditi dei beni che rimangano destinati al fondo sono imputati per l'intero ammontare al coniuge superstite o al coniuge cui sia stata esclusivamente attribuita l'amministrazione del fondo;

c) i redditi dei beni dei figli minori soggetti all'usufrutto legale dei genitori sono imputati per metà del loro ammontare netto a ciascun genitore. Se vi è un solo genitore o se l'usufrutto legale spetta ad un solo genitore i redditi gli sono imputati per l'intero ammontare.

5. Redditi prodotti in forma associata. – 1. I redditi delle società semplici, in nome collettivo e in accomandita semplice residenti nel territorio dello Stato sono imputati a ciascun socio, indipendentemente dalla percezione, proporzionalmente alla sua quota di partecipazione agli utili.

2. Le quote di partecipazione agli utili si presumono proporzionate al valore dei conferimenti dei soci se non risultano determinate diversamente dall'atto pubblico o dalla scrittura privata autenticata di costituzione o da altro atto pubblico o scrittura autenticata di data anteriore all'inizio del periodo d'imposta; se il valore dei conferimenti non risulta determinato, le quote si presumono uguali.

3. Ai fini delle imposte sui redditi:

a) le società di armamento sono equiparate alle società in nome collettivo o alle società in accomandita semplice secondo che siano state costituite all'unanimità o a maggioranza;

b) le società di fatto sono equiparate alle società in nome collettivo o alle società semplici secondo che abbiano o non abbiano per oggetto l'esercizio di attività commerciali;

c) le associazioni senza personalità giuridica costituite fra persone fisiche per l'esercizio in forma associata di arti e professioni sono equiparate alle società semplici, ma l'atto o la scrittura di cui al comma 2 può essere redatto fino alla presentazione della dichiarazione dei redditi dell'associazione;

d) si considerano residenti le società e le associazioni che per la maggior parte del periodo di imposta hanno la sede legale o la sede dell'amministrazione o l'oggetto principale nel territorio dello Stato. L'oggetto principale è determinato in base all'atto costitutivo, se esistente in forma di atto pubblico o di scrittura privata autenticata, e, in mancanza, in base all'attività effettivamente esercitata.

4. I redditi delle imprese familiari di cui all'art. 230 *bis* del codice civile, limitatamente al 49 per cento dell'ammontare risultante dalla dichiarazione dei redditi dell'imprenditore, sono imputati a ciascun familiare, che abbia prestato in modo continuativo e prevalente la sua attività di lavoro nell'impresa, proporzionalmente alla sua quota di partecipazione agli utili. La presente disposizione si applica a condizione:

a) che i familiari partecipanti all'impresa risultino nominativamente, con l'indicazione del rapporto di parentela o di affinità con l'imprenditore, da atto pubblico o da scrittura privata autenticata anteriore all'inizio del periodo di imposta, recante la sottoscrizione dell'imprenditore e dei familiari partecipanti;

b) che la dichiarazione dei redditi dell'imprenditore rechi l'indicazione delle quote di partecipazione agli utili spettanti ai familiari e l'attestazione che le quote stesse sono proporzionate alla qualità e quantità del lavoro effettivamente prestato nell'impresa, in modo continuativo e prevalente, nel periodo di imposta;

c) che ciascun familiare attesti, nella propria dichiarazione dei redditi, di aver prestato la sua attività di lavoro nell'impresa in modo continuativo e prevalente ([1]).

5. Si intendono per familiare, ai fini delle imposte sui redditi, il coniuge, i parenti entro il terzo grado e gli affini entro il secondo grado.

([1]) *A norma dell'art. 1, comma 117, della L. 24 dicembre 2007, n. 244, l'acconto è dovuto dal titolare anche per la quota imputabile ai collaboratori dell'impresa familiare.*

6. Classificazione dei redditi. – 1. I singoli redditi sono classificati nelle seguenti categorie:

a) redditi fondiari;

b) redditi di capitale;
c) redditi di lavoro dipendente;
d) redditi di lavoro autonomo;
e) redditi di impresa;
f) redditi diversi.

2. I proventi conseguiti in sostituzione di redditi, anche per effetto di cessione dei relativi crediti, e le indennità conseguite, anche in forma assicurativa, a titolo di risarcimento di danni consistenti nella perdita di redditi, esclusi quelli dipendenti da invalidità permanente o da morte, costituiscono redditi della stessa categoria di quelli sostituiti o perduti. Gli interessi moratori e gli interessi per dilazione di pagamento costituiscono redditi della stessa categoria di quelli da cui derivano i crediti su cui tali interessi sono maturati.

3. I redditi delle società in nome collettivo e in accomandita semplice, da qualsiasi fonte provengano e quale che sia l'oggetto sociale, sono considerati redditi di impresa e sono determinati unitariamente secondo le norme relative a tali redditi.

7. Periodo di imposta. – 1. L'imposta è dovuta per anni solari, a ciascuno dei quali corrisponde un'obbligazione tributaria autonoma, salvo quanto stabilito nel comma 3 dell'art. 8 e nel secondo periodo del comma 3 dell'art. 11 (N.d.R.: *ora art. 12*).

2. L'imputazione dei redditi al periodo di imposta è regolata dalle norme relative alla categoria nella quale rientrano.

3. In caso di morte dell'avente diritto i redditi che secondo le disposizioni relative alla categoria di appartenenza sono imputabili al periodo di imposta in cui sono percepiti, determinati a norma delle disposizioni stesse, sono tassati separatamente a norma degli artt. 17 e 18 (N.d.R.: *ora artt. 19 e 21*), salvo il disposto del comma 3 dell'art. 16 (N.d.R.: *ora art. 17*), anche se non rientrano tra i redditi indicati nello stesso art. 16 (N.d.R.: *ora art. 17*), nei confronti degli eredi e dei legatari che li hanno percepiti.

8. (1) **Determinazione del reddito complessivo.** – 1. Il reddito complessivo si determina sommando i redditi di ogni categoria che concorrono a formarlo e sottraendo le perdite [derivanti dall'esercizio di imprese commerciali di cui all'articolo 66 e quelle] (2) derivanti dall'esercizio di arti e professioni. Non concorrono a formare il reddito complessivo dei percipienti i compensi non ammessi in deduzione ai sensi dell'articolo 60 (3).

2. Le perdite delle società in nome collettivo ed in accomandita semplice di cui all'articolo 5, nonché quelle delle società semplici e delle associazioni di cui allo stesso articolo derivanti dall'esercizio di arti e professioni, si sot-

traggono per ciascun socio o associato nella proporzione stabilita dall'articolo 5. Per le perdite della società in accomandita semplice che eccedono l'ammontare del capitale sociale la presente disposizione si applica nei soli confronti dei soci accomandatari.

3. Le perdite derivanti dall'esercizio di imprese commerciali e quelle derivanti dalla partecipazione in società in nome collettivo e in accomandita semplice sono computate in diminuzione dei relativi redditi conseguiti nei periodi d'imposta e, per la differenza, nei successivi, in misura non superiore all'80 per cento dei relativi redditi conseguiti in detti periodi d'imposta e per l'intero importo che trova capienza in essi (4) (5). Si applicano le disposizioni dell'articolo 84, comma 2, e, limitatamente alle società in nome collettivo ed in accomandita semplice, quelle di cui al comma 3 del medesimo articolo 84.

(1) *Questo articolo è stato, da ultimo, così sostituito dall'art. 1, comma 29, della L. 24 dicembre 2007, n. 244, con decorrenza dal periodo di imposta in corso al 1° gennaio 2008.*

(2) *Le parole fra parentesi quadrate sono state soppresse dall'art. 1, comma 23, lett.* a*), n. 1), della L. 30 dicembre 2018, n. 145.*

Tali disposizioni si applicano a decorrere dal periodo d'imposta successivo a quello in corso al 31 dicembre 2017.

(3) *Si veda l'art. 1, comma 26, della L. 30 dicembre 2018, n. 145, che si riporta:*

«26. Le perdite del periodo d'imposta 2017, per la parte non compensata ai sensi dell'articolo 8, comma 1, del testo unico delle imposte sui redditi, di cui al decreto del Presidente della Repubblica 22 dicembre 1986, n. 917, nel testo vigente prima della data di entrata in vigore della presente legge, sono computate in diminuzione dei relativi redditi conseguiti:

a*) nei periodi d'imposta 2018 e 2019, in misura non superiore al 40 per cento dei medesimi redditi e per l'intero importo che trova capienza in essi;*

b*) nel periodo d'imposta 2020, in misura non superiore al 60 per cento dei medesimi redditi e per l'intero importo che trova capienza in essi».*

(4) *I precedenti primo e secondo periodo sono stati così sostituiti dall'attuale primo periodo dall'art. 1, comma 23, lett.* a*), n. 2), della L. 30 dicembre 2018, n. 145.*

Tali disposizioni si applicano a decorrere dal periodo d'imposta successivo a quello in corso al 31 dicembre 2017.

(5) *Si veda l'art. 1, comma 25, della L. 30 dicembre 2018, n. 145, che si riporta:*

«25. In deroga al primo periodo del comma 3 dell'articolo 8 del testo unico delle imposte sui redditi, di cui al decreto del Presidente della Repubblica 22 dicembre 1986, n. 917, come modificato dal comma 23 del presente articolo, le perdite derivanti dall'esercizio di imprese commerciali di cui all'articolo 66 del medesimo testo unico:

a*) del periodo d'imposta 2018 sono computate in diminuzione dei relativi redditi conseguiti nei periodi d'imposta 2019 e 2020 in misura non superiore, rispettivamente, al 40 per cento e al 60 per cento dei medesimi redditi e per l'intero importo che trova capienza in essi;*

b*) del periodo d'imposta 2019 sono computate in diminuzione dei relativi redditi conseguiti nel periodo d'imposta 2020 in misura non superiore al 60 per cento dei medesimi redditi e per l'intero importo che trova capienza in essi.».*

9. Determinazione dei redditi e delle perdite. – 1. I redditi e le perdite che concorrono a formare il reddito complessivo sono determinati distintamente per ciascuna categoria, secondo le disposizioni dei successivi capi, in base al risultato complessivo netto di tutti i cespiti che rientrano nella stessa categoria.

2. Per la determinazione dei redditi e delle perdite i corrispettivi, i proventi, le spese e gli oneri in valuta estera sono valutati secondo il cambio del giorno in cui sono stati percepiti o sostenuti o del giorno antecedente più prossimo e, in mancanza, secondo il cambio del mese in cui sono stati percepiti o sostenuti; quelli in natura sono valutati in base al valore normale dei beni e dei servizi da cui sono costituiti. In caso di conferimenti o apporti in società o in altri enti si considera corrispettivo conseguito il valore normale dei beni e dei crediti conferiti. Se le azioni o i titoli ricevuti sono negoziati in mercati regolamentati italiani o esteri e il conferimento o l'apporto è proporzionale, il corrispettivo non può essere inferiore al valore normale determinato a norma del successivo comma 4, lettera *a*).

3. Per valore normale, salvo quanto stabilito nel comma 4 per i beni ivi considerati, si intende il prezzo o corrispettivo mediamente praticato per i beni e i servizi della stessa specie o similari, in condizioni di libera concorrenza e al medesimo stadio di commercializzazione, nel tempo e nel luogo in cui i beni o servizi sono stati acquisiti o prestati, e, in mancanza, nel tempo e nel luogo più prossimi. Per la determinazione del valore normale si fa riferimento, in quanto possibile, ai listini o alle tariffe del soggetto che ha fornito i beni o i servizi e, in mancanza, alle mercuriali e ai listini delle camere di commercio e alle tariffe professionali, tenendo conto degli sconti d'uso. Per i beni e i servizi soggetti a disciplina dei prezzi si fa riferimento ai provvedimenti in vigore (1).

4. Il valore normale è determinato:

a) per le azioni, obbligazioni e altri titoli negoziati in mercati regolamentati italiani o esteri, in base alla media aritmetica dei prezzi rilevati nell'ultimo mese;

b) per le altre azioni, per le quote di società non azionarie e per i titoli o quote di partecipazione al capitale di enti diversi dalle società, in proporzione al valore del patrimonio netto della società o ente ovvero, per le società o enti di nuova costituzione, all'ammontare complessivo dei conferimenti;

c) per le obbligazioni e gli altri titoli diversi da quelli indicati alle lettere *a*) e *b*), comparativamente al valore normale dei titoli aventi analoghe caratteristiche negoziati in mercati regolamentati italiani o esteri e, in mancanza, in base ad altri elementi determinabili in modo obiettivo.

5. Ai fini delle imposte sui redditi le disposizioni relative alle cessioni a titolo oneroso valgono anche per gli atti a titolo oneroso che importano co-

stituzione o trasferimento di diritti reali di godimento e per i conferimenti in società.

(1) *Si veda il provvedimento del Direttore dell'Agenzia delle Entrate 27 luglio 2007 in tema di valore normale degli immobili* (G.U. *n. 182 del 7 agosto 2007*).

10. Oneri deducibili. – 1. Dal reddito complessivo si deducono, se non sono deducibili nella determinazione dei singoli redditi che concorrono a formarlo, i seguenti oneri sostenuti dal contribuente:

a) i canoni, livelli, censi ed altri oneri gravanti sui redditi degli immobili che concorrono a formare il reddito complessivo, compresi i contributi ai consorzi obbligatori per legge o in dipendenza di provvedimenti della pubblica amministrazione; sono in ogni caso esclusi i contributi agricoli unificati;

b) le spese mediche e quelle di assistenza specifica necessarie nei casi di grave e permanente invalidità o menomazione, sostenute dai soggetti indicati nell'art. 3 della L. 5 febbraio 1992, n. 104. Ai fini della deduzione la spesa sanitaria relativa all'acquisto di medicinali deve essere certificata da fattura o da scontrino fiscale contenente la specificazione della natura, qualità e quantità dei beni e l'indicazione del codice fiscale del destinatario ([1]). Si considerano rimaste a carico del contribuente anche le spese rimborsate per effetto di contributi o di premi di assicurazione da lui versati e per i quali non spetta la detrazione d'imposta o che non sono deducibili dal suo reddito complessivo né dai redditi che concorrono a formarlo; si considerano, altresì, rimaste a carico del contribuente le spese rimborsate per effetto di contributi o premi che, pur essendo versati da altri, concorrono a formare il suo reddito;

c) gli assegni periodici corrisposti al coniuge, ad esclusione di quelli destinati al mantenimento dei figli, in conseguenza di separazione legale ed effettiva, di scioglimento o annullamento del matrimonio o di cessazione dei suoi effetti civili, nella misura in cui risultano da provvedimenti dell'autorità giudiziaria;

d) gli assegni periodici corrisposti in forza di testamento o di donazione modale e, nella misura in cui risultano da provvedimenti dell'autorità giudiziaria, gli assegni alimentari corrisposti a persone indicate nell'art. 433 c.c.;

d bis) le somme restituite al soggetto erogatore, se assoggettate a tassazione in anni precedenti. L'ammontare, in tutto o in parte, non dedotto nel periodo d'imposta di restituzione può essere portato in deduzione dal reddito complessivo dei periodi d'imposta successivi; in alternativa, il contribuente può chiedere il rimborso dell'imposta corrispondente all'importo non dedotto secondo modalità definite con decreto del Ministro dell'economia e delle finanze ([2]);

e) i contributi previdenziali ed assistenziali versati in ottemperanza a disposizioni di legge, nonché quelli versati facoltativamente alla gestione della forma pensionistica obbligatoria, di appartenenza, ivi compresi quelli per la ricongiunzione di periodi assicurativi. Sono altresì deducibili i contributi versati al fondo di cui all'articolo 1 del decreto legislativo 16 settembre 1996, n. 565. I contributi di cui all'art. 30, comma 2, della L. 8 marzo 1989, n. 101, sono deducibili alle condizioni e nei limiti ivi stabiliti ([3]);

e bis) i contributi versati alle forme pensionistiche complementari di cui al decreto legislativo 5 dicembre 2005, n. 252, alle condizioni e nei limiti previsti dall'articolo 8 del medesimo decreto. Alle medesime condizioni ed entro gli stessi limiti sono deducibili i contributi versati alle forme pensionistiche complementari istituite negli Stati membri dell'Unione europea e negli Stati aderenti all'Accordo sullo spazio economico europeo che sono inclusi nella lista di cui al decreto del Ministro dell'economia e delle finanze emanato ai sensi dell'art. 168 *bis* ([4]) ([5]);

e ter) i contributi versati, fino ad un massimo di euro 3.615,20, ai fondi integrativi del Servizio sanitario nazionale istituiti o adeguati ai sensi dell'articolo 9 del decreto legislativo 30 dicembre 1992, n. 502, e successive modificazioni, che erogano prestazioni negli ambiti di intervento stabiliti con decreto del Ministro della salute da emanare entro sessanta giorni dalla data di entrata in vigore della presente disposizione. Ai fini del calcolo del predetto limite si tiene conto anche dei contributi di assistenza sanitaria versati ai sensi dell'articolo 51, comma 2, lettera *a*). Per i contributi versati nell'interesse delle persone indicate nell'articolo 12, che si trovino nelle condizioni ivi previste, la deduzione spetta per l'ammontare non dedotto dalle persone stesse, fermo restando l'importo complessivamente stabilito ([6]);

f) le somme corrisposte ai dipendenti, chiamati ad adempiere funzioni presso gli uffici elettorali, in ottemperanza alle disposizioni dell'art. 119 del D.P.R. 30 marzo 1957, n. 361, e dell'art. 1 della L. 30 aprile 1981, n. 178;

g) i contributi, le donazioni e le oblazioni erogati in favore delle organizzazioni non governative idonee ai sensi dell'art. 28 della L. 26 febbraio 1987, n. 49, per un importo non superiore al 2 per cento del reddito complessivo dichiarato ([7]);

h) le indennità per perdita dell'avviamento corrisposte per disposizioni di legge al conduttore in caso di cessazione della locazione di immobili urbani adibiti ad usi diversi da quello di abitazione;

i) le erogazioni liberali in denaro, fino all'importo di € 1.032,91, a favore dell'Istituto centrale per il sostentamento del clero della Chiesa cattolica italiana;

l) le erogazioni liberali in denaro di cui all'art. 29, comma 2, della L. 22 novembre 1988, n. 516, all'art. 21, comma 1, della L. 22 novembre 1988, n. 517, e all'art. 3, comma 2, della L. 5 ottobre 1993, n. 409, nei limiti e alle condizioni ivi previsti;

l bis) il cinquanta per cento delle spese sostenute dai genitori adottivi per l'espletamento della procedura di adozione disciplinata dalle disposizioni contenute nel Capo I del Titolo III della legge 4 maggio 1983, n. 184;

l ter) le erogazioni liberali in denaro per il pagamento degli oneri difensivi dei soggetti ammessi al patrocinio a spese dello Stato, anche quando siano eseguite da persone fisiche;

l quater) le erogazioni liberali in denaro effettuate a favore di università, fondazioni universitarie di cui all'articolo 59, comma 3, della legge 23 dicembre 2000, n. 388, del Fondo per il merito degli studenti universitari ([8]) e di istituzioni universitarie pubbliche, degli enti di ricerca pubblici, ovvero degli enti di ricerca vigilati dal Ministero dell'istruzione, dell'università e della ricerca, ivi compresi l'Istituto superiore di sanità e l'Istituto superiore per la prevenzione e la sicurezza del lavoro, nonché degli enti parco regionali e nazionali ([9]).

2. Le spese di cui alla lettera *b*) del comma 1 sono deducibili anche se sono state sostenute per le persone indicate nell'articolo 433 del codice civile. Tale disposizione si applica altresì per gli oneri di cui alla lettera *e*) del comma 1 relativamente alle persone indicate nel medesimo articolo 433 del codice civile se fiscalmente a carico. Sono altresì deducibili, fino all'importo di € 1.549,37, i medesimi oneri versati per gli addetti ai servizi domestici e all'assistenza personale o familiare. [Per gli oneri di cui alla lettera *e bis*) del comma 1, sostenuti nell'interesse delle persone indicate nell'articolo 12 (N.d.R.: *ora art. 13*) che si trovino nelle condizioni ivi previste, spetta la deduzione per l'ammontare non dedotto dalle persone stesse, fermo restando l'importo complessivamente stabilito] ([10]).

2 *bis*. Le somme di cui alla lettera *d bis*) del comma 1, se assoggettate a ritenuta, sono restituite al netto della ritenuta subita e non costituiscono oneri deducibili ([11]).

3. Gli oneri di cui alle lett. *f*), *g*) e *h*) del comma 1 sostenuti dalle società semplici di cui all'art. 5 si deducono dal reddito complessivo dei singoli soci nella stessa proporzione prevista nel medesimo art. 5 ai fini della imputazione del reddito. Nella stessa proporzione è deducibile, per quote costanti nel periodo di imposta in cui avviene il pagamento e nei quattro successivi, l'imposta di cui all'art. 3 del D.P.R. 26 ottobre 1972, n. 643, corrisposta dalle società stesse.

3 *bis*. Se alla formazione del reddito complessivo concorrono il reddito dell'unità immobiliare adibita ad abitazione principale e quello delle relative pertinenze, si deduce un importo fino all'ammontare della rendita catastale

dell'unità immobiliare stessa e delle relative pertinenze rapportato al periodo dell'anno durante il quale sussiste tale destinazione ed in proporzione alla quota di possesso di detta unità immobiliare. Sono pertinenze le cose immobili di cui all'articolo 817 del codice civile, classificate o classificabili in categorie diverse da quelle ad uso abitativo, destinate ed effettivamente utilizzate in modo durevole a servizio delle unità immobiliari adibite ad abitazione principale delle persone fisiche. Per abitazione principale si intende quella nella quale la persona fisica, che la possiede a titolo di proprietà o altro diritto reale, o i suoi familiari dimorano abitualmente. Non si tiene conto della variazione della dimora abituale se dipendente da ricovero permanente in istituti di ricovero o sanitari, a condizione che l'unità immobiliare non risulti locata.

(1) *Questo periodo è stato inserito dall'art. 1, comma 28, lett.* a), *della L. 27 dicembre 2006, n. 296, a decorrere dal 1° luglio 2007.*

(2) *Questa lettera è stata così sostituita dall'art. 1, comma 174, della L. 27 dicembre 2013, n. 147. A norma del medesimo comma 174, tale disposizione si applica a decorrere dal periodo di imposta in corso al 31 dicembre 2013.*

(3) *A norma dell'art. 4, comma 76, della L. 28 giugno 2012, n. 92, il contributo di cui all'articolo 334 del codice delle assicurazioni private di cui al decreto legislativo 7 settembre 2005, n. 209, applicato sui premi delle assicurazioni per la responsabilità civile per i danni causati dalla circolazione dei veicoli a motore e dei natanti, per il quale l'impresa di assicurazione ha esercitato il diritto di rivalsa nei confronti del contraente, è deducibile, a norma di questa lettera, dal reddito complessivo del contraente medesimo per la parte che eccede 40 euro. La disposizione di cui al presente comma si applica a decorrere dall'anno 2012.*

(4) *Questa lettera è stata così sostituita dall'art. 21, comma 2, del D.L.vo 5 dicembre 2005, n. 252, così come modificato dall'art. 1, comma 314, della L. 27 dicembre 2006, n. 296, a decorrere dal 1° gennaio 2007.*

(5) *Le parole: «e negli Stati aderenti all'Accordo sullo spazio economico europeo che sono inclusi nella lista di cui al decreto del Ministro delle finanze 4 settembre 1996, pubblicato nella* Gazzetta Ufficiale *n. 220 del 19 settembre 1996, e successive modificazioni, emanato in attuazione dell'articolo 11, comma 4, lettera* c), *del decreto legislativo 1° aprile 1996, n. 239» sono state così sostituite dalle attuali: «e negli Stati aderenti all'Accordo sullo spazio economico europeo che sono inclusi nella lista di cui al decreto del Ministro dell'economia e delle finanze emanato ai sensi dell'articolo 168* bis*» dall'art. 1, comma 83, lett.* b), *della L. 24 dicembre 2007, n. 244.*

A norma dell'art. 1, comma 88, della medesima legge tali disposizioni si applicano a decorrere dal periodo di imposta che inizia successivamente alla data di pubblicazione nella Gazzetta Ufficiale *del decreto del Ministro dell'economia e delle finanze emanato ai sensi dell'articolo 168* bis *del citato testo unico di cui al decreto del Presidente della Repubblica 22 dicembre 1986, n. 917. Fino al periodo d'imposta precedente la lettera e* bis) *continua ad applicarsi nella versione vigente al 31 dicembre 2007. Per l'applicazione della presente disposizione, si veda altresì l'art. 1, comma 90, L. 24 dicembre 2007, n. 244.*

(6) *Questa lettera è stata così sostituita dall'art. 1, comma 197, lett.* a), *della L. 24 dicembre 2007, n. 244. A norma dell'art. 1, comma 198, della medesima legge, sino all'entrata in vigore del D.M. del Ministro della salute di cui a questa lettera è prorogata l'efficacia di quanto stabilito dall'art. 1, comma 399, della L. 27 dicembre 2006, n. 296.*

(7) *A norma dell'art. 89, comma 12, del D.L.vo 3 luglio 2017, n. 117, la deducibilità dal reddito imponibile delle erogazioni liberali prevista da questa lettera è consentita a condizione che per le medesime erogazioni il soggetto erogante non usufruisca delle detrazioni d'imposta di cui all'articolo 15, comma 1.1, del medesimo testo unico.*

(8) *Le parole: «del Fondo per il merito degli studenti universitari» sono state inserite dall'art. 4, comma 10, della L. 30 dicembre 2010, n. 240.*

(9) *Questa lettera è stata aggiunta dall'art. 14, comma 7, lett.* a), *del D.L. 14 marzo 2005, n. 35, convertito, con modificazioni, nella L. 14 maggio 2005, n. 80.*

(10) *Questo periodo è stato abrogato dall'art. 21, comma 3, lett.* a), *del D.L.vo 5 dicembre 2005, n. 252, a decorrere dal 1° gennaio 2007.*

(11) *Questo comma è stato inserito dall'art. 150, comma 1, del D.L. 19 maggio 2020, n. 34, convertito, con modificazioni, nella L. 17 luglio 2020, n. 77.*

A norma dell'art. 150, comma 3, del medesimo provvedimento, tali disposizioni si applicano alle somme restituite dal 1° gennaio 2020.

A norma dell'art. 150, comma 2, del medesimo provvedimento, ai sostituti d'imposta di cui all'articolo 23, comma 1 e all'articolo 29, comma 3, del decreto del Presidente della Repubblica 29 settembre 1973, n. 600, ai quali siano restituite, ai sensi di questo comma, le somme al netto delle ritenute operate e versate, spetta un credito d'imposta pari al 30 per cento delle somme ricevute, utilizzabile senza limite di importo in compensazione ai sensi dell'articolo 17 del decreto legislativo 9 luglio 1997, n. 241.

11. (1) **Determinazione dell'imposta.** – 1. L'imposta lorda è determinata applicando al reddito complessivo, al netto degli oneri deducibili indicati nell'articolo 10, le seguenti aliquote per scaglioni di reddito:

a) fino a 15.000 euro, 23 per cento;

b) oltre 15.000 euro e fino a 28.000 euro, 25 per cento;

c) oltre 28.000 euro e fino a 50.000 euro, 35 per cento;

d) oltre 50.000 euro, 43 per cento (2).

2. Se alla formazione del reddito complessivo concorrono soltanto redditi di pensione non superiori a 7.500 euro, goduti per l'intero anno, redditi di terreni per un importo non superiore a 185,92 euro e il reddito dell'unità immobiliare adibita ad abitazione principale e delle relative pertinenze, l'imposta non è dovuta.

2 *bis*. Se alla formazione del reddito complessivo concorrono soltanto redditi fondiari di cui all'articolo 25 di importo complessivo non superiore a 500 euro, l'imposta non è dovuta (3).

3. L'imposta netta è determinata operando sull'imposta lorda, fino alla concorrenza del suo ammontare, le detrazioni previste negli articoli 12, 13, 15, 16 e 16 *bis* (4) nonché in altre disposizioni di legge.

4. Dall'imposta netta si detrae l'ammontare dei crediti d'imposta spettanti al contribuente a norma dell'articolo 165. Se l'ammontare dei crediti d'imposta è superiore a quello dell'imposta netta il contribuente ha diritto, a sua scelta, di computare l'eccedenza in diminuzione dell'imposta relativa al periodo d'imposta successivo o di chiederne il rimborso in sede di dichiarazione dei redditi.

(1) *Questo articolo è stato così sostituito dall'art. 1, comma 6, lett.* b)*, della L. 27 dicembre 2006, n. 296.*

(2) *Questo comma è stato così sostituito dall'art. 1, comma 2, lett.* a)*, della L. 30 dicembre 2021, n. 234, a decorrere dal 1° gennaio 2022.*

(3) *Questo comma è stato inserito dall'art. 1, comma 13, della L. 24 dicembre 2007, n. 244, a decorrere dal periodo di imposta in corso al 31 dicembre 2007.*

(4) *Le parole: «15 e 16» sono state così sostituite dalle attuali: «15, 16 e 16* bis*» dall'art. 4, comma 1, lett.* a)*, del D.L. 6 dicembre 2011, n. 201, convertito, con modificazioni, nella L. 22 dicembre 2011, n. 214, a decorrere dal 1° gennaio 2012.*

12. (1) **Detrazioni per carichi di famiglia.** – 1. Dall'imposta lorda si detraggono per carichi di famiglia i seguenti importi:

a) per il coniuge non legalmente ed effettivamente separato:

1) 800 euro, diminuiti del prodotto tra 110 euro e l'importo corrispondente al rapporto fra reddito complessivo e 15.000 euro, se il reddito complessivo non supera 15.000 euro;

2) 690 euro, se il reddito complessivo è superiore a 15.000 euro ma non a 40.000 euro;

3) 690 euro, se il reddito complessivo è superiore a 40.000 euro ma non a 80.000 euro. La detrazione spetta per la parte corrispondente al rapporto tra l'importo di 80.000 euro, diminuito del reddito complessivo, e 40.000 euro;

b) la detrazione spettante ai sensi della lettera *a*) è aumentata di un importo pari a:

1) 10 euro, se il reddito complessivo è superiore a 29.000 euro ma non a 29.200 euro;

2) 20 euro, se il reddito complessivo è superiore a 29.200 euro ma non a 34.700 euro;

3) 30 euro, se il reddito complessivo è superiore a 34.700 euro ma non a 35.000 euro;

4) 20 euro, se il reddito complessivo è superiore a 35.000 euro ma non a 35.100 euro;

5) 10 euro, se il reddito complessivo è superiore a 35.100 euro ma non a 35.200 euro;

c) 950 euro per ciascun figlio, compresi i figli nati fuori del matrimonio (2) riconosciuti, i figli adottivi o affidati, di età pari o superiore a 21 anni (3). [La detrazione è aumentata a 1.220 euro per ciascun figlio di età inferiore a tre anni (4). Le predette detrazioni sono aumentate di un importo pari a 400 euro per ogni figlio portatore di handicap (5) ai sensi dell'articolo 3 della legge 5 febbraio 1992, n. 104 (4). Per i contribuenti con più di tre figli a carico la detrazione è aumentata di 200 euro per ciascun figlio a partire dal primo] (4). La detrazione spetta per la parte corrispondente al rapporto tra l'importo di 95.000 euro, diminuito del reddito complessivo, e 95.000 euro. In presenza di più figli che danno diritto alla detrazione (6), l'importo di 95.000 euro è aumentato per tutti di 15.000 euro per ogni figlio successivo al primo. La detrazione è ripartita nella misura del 50 per cento tra i genitori non legalmente ed effettivamente separati ovvero, previo accordo tra gli stessi, spetta al genitore che possiede un reddito complessivo di ammontare più elevato. In caso di separazione legale ed effettiva o di annullamento, scioglimento o cessazione degli effetti civili del matrimonio, la detrazione spetta, in mancanza di accordo, al genitore affidatario. Nel caso di affidamento congiunto o condiviso la detrazione è ripartita, in mancanza di accordo, nella misura del 50 per cento tra i genitori. Ove il genitore affidatario ovvero, in caso di affidamento congiunto, uno dei genitori affidatari non possa usufruire in tutto o in parte della detrazione, per limiti di reddito, la detrazione è assegnata per intero al secondo genitore. Quest'ultimo, salvo diverso accordo tra le parti, è tenuto a riversare all'altro genitore affidatario un importo pari all'intera detrazione ovvero, in caso di affidamento congiunto, pari al 50 per cento della detrazione stessa. In caso di coniuge fiscalmente a carico dell'altro, la detrazione compete a quest'ultimo per l'intero importo. Se l'altro genitore manca o non ha riconosciuto i figli nati fuori del matrimonio (2) e il contribuente non è coniugato o, se coniugato, si è successivamente legalmente ed effettivamente separato, ovvero se vi sono figli adottivi, affidati o affiliati del solo contribuente e questi non è coniugato o, se coniugato, si è successivamente legalmente ed effettivamente separato, per il primo figlio si applicano, se più convenienti, le detrazioni previste alla lettera *a*);

d) 750 euro, da ripartire pro quota tra coloro che hanno diritto alla detrazione, per ogni altra persona indicata nell'articolo 433 del codice civile che conviva con il contribuente o percepisca assegni alimentari non risultanti da provvedimenti dell'autorità giudiziaria. La detrazione spetta per la parte corrispondente al rapporto tra l'importo di 80.000 euro, diminuito del reddito complessivo, e 80.000 euro.

[1 *bis*. In presenza di almeno quattro figli a carico, ai genitori è riconosciuta un'ulteriore detrazione di importo pari a 1.200 euro. La detrazione è ripartita nella misura del 50 per cento tra i genitori non legalmente ed effettivamente separati. In caso di separazione legale ed effettiva o di annullamento, scioglimento o cessazione degli effetti civili del matrimonio, la detrazione spetta ai genitori in proporzione agli affidamenti stabiliti dal giudice. Nel caso di coniuge fiscalmente a carico dell'altro, la detrazione compete a quest'ultimo per l'intero importo] ([7]) ([8]).

2. Le detrazioni di cui al comma 1 ([9]) ([10]) spettano a condizione che le persone alle quali si riferiscono possiedano un reddito complessivo, computando anche le retribuzioni corrisposte da enti e organismi internazionali, rappresentanze diplomatiche e consolari e missioni, nonché quelle corrisposte dalla Santa Sede, dagli enti gestiti direttamente da essa e dagli enti centrali della Chiesa cattolica, non superiore a 2.840,51 euro, al lordo degli oneri deducibili. Per i figli di età non superiore a ventiquattro anni il limite di reddito complessivo di cui al primo periodo è elevato a 4.000 euro ([11]).

3. Le detrazioni per carichi di famiglia sono rapportate a mese e competono dal mese in cui si sono verificate a quello in cui sono cessate le condizioni richieste. [Qualora la detrazione di cui al comma 1 *bis* sia di ammontare superiore all'imposta lorda, diminuita delle detrazioni di cui al comma 1 del presente articolo nonché agli articoli 13, 15, 16 e 16 *bis* ([12]), nonché delle detrazioni previste da altre disposizioni normative, è riconosciuto un credito di ammontare pari alla quota di detrazione che non ha trovato capienza nella predetta imposta ([13])] ([14]). [Con decreto del Ministro dell'economia e delle finanze, di concerto con il Ministro delle politiche per la famiglia, sono definite le modalità di erogazione del predetto ammontare ([13])] ([14]).

4. Se il rapporto di cui al comma 1, lettera *a*), numero 1), è uguale a uno, la detrazione compete nella misura di 690 euro. Se i rapporti di cui al comma 1, lettera *a*), numeri 1) e 3), sono uguali a zero, la detrazione non compete. Se i rapporti di cui al comma 1, lettere *c*) e *d*), sono pari a zero, minori di zero o uguali a uno, le detrazioni non competono. Negli altri casi, il risultato dei predetti rapporti si assume nelle prime quattro cifre decimali.

4 *bis*. Ai fini del comma 1 il reddito complessivo è assunto al netto del reddito dell'unità immobiliare adibita ad abitazione principale e di quello delle relative pertinenze di cui all'articolo 10, comma 3 *bis* ([15]).

([1]) *Questo articolo è stato così sostituito dall'art. 1, comma 6, lett.* c), *della L. 27 dicembre 2006, n. 296.*

([2]) *Le parole*: *«figli naturali» sono state così sostituite dalle seguenti*: *«figli nati fuori del matrimonio» dall'art. 105, comma 3, del D.L.vo 28 dicembre 2013, n. 154, a decorrere dal trentesimo giorno successivo a quello della sua pubblicazione nella* Gazzetta Ufficiale (G.U. *n. 5 dell'8 gennaio 2014*).

([3]) *Le parole: «di età pari o superiore a 21 anni» sono state aggiunte dall'art. 10, comma 4, lett.* a), *del D.L.vo 21 dicembre 2021, n. 230, a decorrere dal 1° marzo 2022.*

([4]) *Questo periodo è stato abrogato dall'art. 10, comma 4, lett.* b), *del D.L.vo 21 dicembre 2021, n. 230, a decorrere dal 1° marzo 2022.*

([5]) Le parole: «800 euro per ciascun figlio, compresi i figli naturali riconosciuti, i figli adottivi e gli affidati o affiliati. La detrazione è aumentata a 900 euro per ciascun figlio di età inferiore a tre anni. Le predette detrazioni sono aumentate di un importo pari a 220 euro per ogni figlio portatore di handicap» sono state così sostituite dalle attuali: «950 euro per ciascun figlio, compresi i figli naturali riconosciuti, i figli adottivi o affidati. La detrazione è aumentata a 1.220 euro per ciascun figlio di età inferiore a tre anni. Le predette detrazioni sono aumentate di un importo pari a 400 euro per ogni figlio portatore di handicap» dall'art. 1, comma 483, della L. 24 dicembre 2012, n. 228, a decorrere dal 1° gennaio 2013.

([6]) Le parole: «che danno diritto alla detrazione» sono state aggiunte dall'art. 10, comma 4, lett. c)*, del D.L.vo 21 dicembre 2021, n. 230, a decorrere dal 1° marzo 2022.*

([7]) Questo comma è stato inserito dall'art. 1, comma 15, lett. a)*, n.* 1)*, della L. 24 dicembre 2007, n. 244, a decorrere dal periodo di imposta in corso al 31 dicembre 2007.*

([8]) Questo comma è stato abrogato dall'art. 10, comma 4, lett. d)*, del D.L.vo 21 dicembre 2021, n. 230, a decorrere dal 1° marzo 2022.*

([9]) Le parole: «Le detrazioni di cui ai commi 1 e 1 bis*» sono state così sostituite dalle attuali: «Le detrazioni di cui al comma 1» dall'art. 10, comma 4, lett.* e)*, del D.L.vo 21 dicembre 2021, n. 230, a decorrere dal 1° marzo 2022.*

([10]) Le parole: «al comma 1» sono state così sostituite dalle attuali: «ai commi 1 e 1 bis*» dall'art. 1, comma 15, lett.* a)*, n.* 2)*, della della L. 24 dicembre 2007, n. 244, a decorrere dal periodo di imposta in corso al 31 dicembre 2007.*

([11]) Questo periodo è stato aggiunto dall'art. 1, comma 252, della L. 27 dicembre 2017, n. 205.

A norma dell'art. 1, comma 253, del medesimo provvedimento, tale disposizione acquista efficacia a decorrere dal 1° gennaio 2019.

([12]) Le parole: «15 e 16» sono state così sostituite dalle attuali: «15, 16 e 16 bis*» dall'art. 4, comma 1, lett.* b)*, del D.L. 6 dicembre 2011, n. 201, convertito, con modificazioni, nella L. 22 dicembre 2011, n. 214, a decorrere dal 1° gennaio 2012.*

([13]) Questo periodo è stato aggiunto dall'art. 1, comma 15, lett. a)*, n.* 3)*, della L. 24 dicembre 2007, n. 244, a decorrere dal periodo di imposta in corso al 31 dicembre 2007.*

([14]) Questo periodo è stato abrogato dall'art. 10, comma 4, lett. f)*, del D.L.vo 21 dicembre 2021, n. 230, a decorrere dal 1° marzo 2022.*

([15]) Questo comma è stato aggiunto dall'art. 1, comma 15, lett. a)*, n.* 4)*, della L. 24 dicembre 2007, n. 244, a decorrere dal periodo di imposta in corso al 31 dicembre 2007.*

13. ([1]) **Altre detrazioni.** – 1. Se alla formazione del reddito complessivo concorrono uno o più redditi di cui agli articoli 49, con esclusione di quelli indicati nel comma 2, lettera *a*), e 50, comma 1, lettere *a*), *b*), *c*), *c bis*), *d*), *h bis*) e *l*), spetta una detrazione dall'imposta lorda, rapportata al periodo di lavoro nell'anno, pari a:

a) 1.880 euro, se il reddito complessivo non supera 15.000 euro. L'ammontare della detrazione effettivamente spettante non può essere inferiore a 690 euro. Per i rapporti di lavoro a tempo determinato, l'ammontare della detrazione effettivamente spettante non può essere inferiore a 1.380 euro ([2]);

b) 1.910 euro, aumentata del prodotto tra 1.190 euro e l'importo corrispondente al rapporto tra 28.000 euro, diminuito del reddito complessivo, e 13.000 euro, se l'ammontare del reddito complessivo è superiore a 15.000 euro ma non a 28.000 euro (2);

c) 1.910 euro, se il reddito complessivo è superiore a 28.000 euro ma non a 50.000 euro; la detrazione spetta per la parte corrispondente al rapporto tra l'importo di 50.000 euro, diminuito del reddito complessivo, e l'importo di 22.000 euro (2).

1.1. La detrazione spettante ai sensi del comma 1 è aumentata di un importo pari a 65 euro, se il reddito complessivo è superiore a 25.000 euro ma non a 35.000 euro (3).

[1 *bis*. Qualora l'imposta lorda determinata sui redditi di cui agli articoli 49, con esclusione di quelli indicati nel comma 2, lettera *a*), e 50, comma 1, lettere *a*), *b*), *c*), *c bis*), *d*), *h bis*) e *l*), sia di importo superiore a quello della detrazione spettante ai sensi del comma 1, compete un credito rapportato al periodo di lavoro nell'anno, che non concorre alla formazione del reddito, di importo pari a:

1) 960 euro, se il reddito complessivo non è superiore a 24.600 euro (4);

2) 960 euro, se il reddito complessivo è superiore a 24.600 euro (4) ma non a 26.600 euro (5). Il credito spetta per la parte corrispondente al rapporto tra l'importo di 26.600 euro (5), diminuito del reddito complessivo, e l'importo di 2.000 euro] (6) (7) (8) (9).

[2. La detrazione spettante ai sensi del comma 1, lettera *c*), è aumentata di un importo pari a:

a) 10 euro, se l'ammontare del reddito complessivo è superiore a 23.000 euro ma non a 24.000 euro;

b) 20 euro, se l'ammontare del reddito complessivo è superiore a 24.000 euro ma non a 25.000 euro;

c) 30 euro, se l'ammontare del reddito complessivo è superiore a 25.000 euro ma non a 26.000 euro;

d) 40 euro, se l'ammontare del reddito complessivo è superiore a 26.000 euro ma non a 27.700 euro;

e) 25 euro, se l'ammontare del reddito complessivo è superiore a 27.700 euro ma non a 28.000 euro] (10).

3. Se alla formazione del reddito complessivo concorrono uno o più redditi di pensione di cui all'articolo 49, comma 2, lettera *a*), spetta una detrazione dall'imposta lorda, non cumulabile con quella prevista al comma 1 del presente articolo, rapportata al periodo di pensione nell'anno, pari a:

a) 1.955 euro, se il reddito complessivo non supera 8.500 euro. L'ammontare della detrazione effettivamente spettante non può essere inferiore a 713 euro (11);

b) 700 euro, aumentata del prodotto fra 1.255 euro e l'importo corrispondente al rapporto fra 28.000 euro, diminuito del reddito complessivo, e 19.500 euro, se l'ammontare del reddito complessivo è superiore a 8.500 euro ma non a 28.000 euro ([11]);

c) 700 euro, se il reddito complessivo è superiore a 28.000 euro ma non a 50.000 euro. La detrazione spetta per la parte corrispondente al rapporto tra l'importo di 50.000 euro, diminuito del reddito complessivo, e l'importo di 22.000 euro ([11]) ([12]).

3 *bis*. La detrazione spettante ai sensi del comma 3 è aumentata di un importo pari a 50 euro, se il reddito complessivo è superiore a 25.000 euro ma non a 29.000 euro ([13]).

[4. Se alla formazione del reddito complessivo dei soggetti di età non inferiore a 75 anni concorrono uno o più redditi di pensione di cui all'articolo 49, comma 2, lettera *a*), spetta una detrazione dall'imposta lorda, in luogo di quella di cui al comma 3 del presente articolo, rapportata al periodo di pensione nell'anno e non cumulabile con quella prevista al comma 1, pari a:

a) 1.880 euro ([14]), se il reddito complessivo non supera 8.000 euro ([15]). L'ammontare della detrazione effettivamente spettante non può essere inferiore a 713 euro;

b) 1.297 euro, aumentata del prodotto fra 583 euro e l'importo corrispondente al rapporto fra 15.000 euro, diminuito del reddito complessivo, e 7.000 euro, se l'ammontare del reddito complessivo è superiore a 8.000 euro ma non a 15.000 euro ([16]);

c) 1.297 euro, se il reddito complessivo è superiore a 15.000 euro ma non a 55.000 euro. La detrazione spetta per la parte corrispondente al rapporto tra l'importo di 55.000 euro, diminuito del reddito complessivo, e l'importo di 40.000 euro] ([12]).

5. Se alla formazione del reddito complessivo concorrono uno o più redditi di cui agli articoli 50, comma 1, lettere *e*), *f*), *g*), *h*) e *i*), ad esclusione di quelli derivanti dagli assegni periodici indicati nell'articolo 10, comma 1, lettera *c*), fra gli oneri deducibili, ([17]) 53, 66 e 67, comma 1, lettere *i*) e *l*), spetta una detrazione dall'imposta lorda, non cumulabile con quelle previste ai commi 1, 2, 3 e 4 del presente articolo, pari a:

a) 1.265 euro, se il reddito complessivo non supera 5.500 euro ([18]);

b) 500 euro, aumentata del prodotto fra 765 euro e l'importo corrispondente al rapporto fra 28.000 euro, diminuito del reddito complessivo, e 22.500 euro, se l'ammontare del reddito complessivo è superiore a 5.500 euro ma non a 28.000 euro ([18]);

b bis) 500 euro, se il reddito complessivo è superiore a 28.000 euro ma non a 50.000 euro. La detrazione spetta per la parte corrispondente al rapporto tra l'importo di 50.000 euro, diminuito del reddito complessivo, e l'importo di 22.000 euro ([18]).

5 *bis*. Se alla formazione del reddito complessivo concorrono redditi derivanti dagli assegni periodici indicati fra gli oneri deducibili nell'articolo 10, comma 1, lettera *c*), spetta una detrazione dall'imposta lorda, non cumulabile con quelle previste dai commi 1, 2, 3, 4 e 5, in misura pari a quelle di cui al comma 3, non rapportate ad alcun periodo nell'anno ([19]).

5 *ter*. La detrazione spettante ai sensi del comma 5 è aumentata di un importo pari a 50 euro, se il reddito complessivo è superiore a 11.000 euro ma non a 17.000 euro ([20]).

6. Se il risultato dei rapporti indicati nei commi 1, 3, 4 e 5 è maggiore di zero, lo stesso si assume nelle prime quattro cifre decimali.

6 *bis*. Ai fini del presente articolo il reddito complessivo è assunto al netto del reddito dell'unità immobiliare adibita ad abitazione principale e di quello delle relative pertinenze di cui all'articolo 10, comma 3 *bis* ([21]).

([1]) *Questo articolo è stato così sostituito dall'art. 1, comma 6, lett.* d), *della L. 27 dicembre 2006, n. 296.*

([2]) *Le precedenti lettere* a), b) *e* c) *sono state, da ultimo, così sostituite dalle attuali dall'art. 1, comma 2, lett.* b), *n. 1), della L. 30 dicembre 2021, n. 234, a decorrere dal 1° gennaio 2022.*

([3]) *Questo comma è stato inserito dall'art. 1, comma 2, lett.* b), *n. 2), della L. 30 dicembre 2021, n. 234, a decorrere dal 1° gennaio 2022.*

([4]) *Le parole: «24.000 euro» sono state così sostituite dalle seguenti: «24.600 euro» dall'art. 1, comma 132, della L. 27 dicembre 2017, n. 205, a decorrere dal 1° gennaio 2018.*

([5]) *Le parole: «26.000 euro» sono state così sostituite dalle seguenti: «26.600 euro» dall'art. 1, comma 132, della L. 27 dicembre 2017, n. 205, a decorrere dal 1° gennaio 2018.*

([6]) *Questo comma, precedentemente inserito dall'art. 1, comma 1, del D.L. 24 aprile 2014, n. 66, convertito, con modificazioni, nella L. 23 giugno 2014, n. 89 è stato, da ultimo, così sostituito dall'art. 1, comma 12, della L. 23 dicembre 2014, n. 190.*

A norma dell'art. 1, comma 13, del medesimo provvedimento, ai fini della determinazione del reddito complessivo, non si applicano le disposizioni di cui all'articolo 3, comma 1, della legge 30 dicembre 2010, n. 238, all'articolo 17, comma 1, del decreto legge 29 novembre 2008, n. 185, convertito, con modificazioni, dalla legge 28 gennaio 2009, n. 2, e all'articolo 44, comma 1, del decreto legge 31 maggio 2010, n. 78, convertito, con modificazioni, dalla legge 30 luglio 2010, n. 122, come modificato dal comma 14 del presente articolo. A norma dell'art. 1, comma 15, della L. 23 dicembre 2014, n. 190, il credito eventualmente spettante ai sensi di questo comma, è riconosciuto in via automatica dai sostituti d'imposta di cui agli articoli 23 e 29 del decreto del Presidente della Repubblica 29 settembre 1973, n. 600, e successive modificazioni, sugli emolumenti corrisposti in ciascun periodo di paga, rapportandolo al periodo stesso. Le somme erogate ai sensi del comma 12 sono recuperate dal sostituto d'imposta mediante l'istituto della compensazione di cui all'articolo 17 del decreto legislativo 9 luglio 1997, n. 241, e successive modificazioni.

Gli enti pubblici e le amministrazioni dello Stato possono recuperare le somme erogate ai sensi del comma 12 anche mediante riduzione dei versamenti delle ritenute e, per l'eventuale eccedenza, dei contributi previdenziali. In quest'ultimo caso l'Istituto nazionale della previdenza sociale (INPS) e gli altri enti gestori di forme di previdenza obbligatoria interessati recuperano i contributi non versati alle gestioni previdenziali rivalendosi sulle ritenute da versare mensilmente all'erario. Con riferimento alla riduzione dei versamenti dei contributi previdenziali conseguente all'applicazione di quanto previsto dal presente comma, restano in ogni caso ferme le aliquote di computo delle prestazioni. L'importo del credito riconosciuto è indicato nella certificazione unica dei redditi di lavoro dipendente e assimilati (CUD). A norma dell'art. 1, comma 129, della medesima legge n. 190/2014, ai fini della verifica dei limiti di reddito complessivo di cui a questo comma, non si tiene conto delle somme erogate ai sensi dei commi 125 e 126 dell'art. 1 della citata L. n. 190/2014.

([7]) *A norma dell'art. 1, comma 27, della L. 23 dicembre 2014, n. 190, ai soli fini della verifica dei limiti di reddito complessivo di cui a questo comma, non si tiene conto delle somme erogate a titolo di parte integrativa della retribuzione di cui all'articolo 1, comma 756 bis, della legge 27 dicembre 2006, n. 296.*

([8]) *Questo comma è stato abrogato dall'art. 3, comma 1, del D.L. 5 febbraio 2020, n. 3, convertito, con modificazioni, nella L. 2 aprile 2020, n. 21, dal 1° luglio 2020.*

([9]) *Si veda l'art. 128 del D.L. 19 maggio 2020, n. 34, convertito, con modificazioni, nella L. 17 luglio 2020, n. 77, che si riporta:*

«Art. 128 (Salvaguardia del credito di cui all'articolo 13, comma 1 bis, del Tuir, ovvero del trattamento integrativo di cui all'articolo 1 della legge 2 aprile 2020, n. 21). *1. Al fine di contenere gli effetti negativi derivanti dalle misure di prevenzione e contenimento connesse all'emergenza epidemiologica da COVID -19, per l'anno 2020 il credito di cui all'articolo 13, comma 1* bis, *del testo unico delle imposte sui redditi, approvato con decreto del Presidente della Repubblica 22 dicembre 1986, n. 917 e il trattamento integrativo di cui all'articolo 1 del decreto legge 5 febbraio 2020, n. 3, convertito, con modificazioni, dalla legge 2 aprile 2020, n. 21, spettano anche se l'imposta lorda calcolata sui redditi di cui all'articolo 49, con esclusione di quelli indicati nel comma 2, lettera* a), *del citato testo unico, sia di importo inferiore alla detrazione spettante ai sensi dell'articolo 13, comma 1, del medesimo testo unico, per effetto delle misure a sostegno del lavoro contenute negli articoli 19, 20, 21, 22, 23 e 25 del decreto legge 17 marzo 2020, n. 18, convertito, con modificazioni, dalla legge 24 aprile 2020, n. 27.*

2. Il credito di cui all'articolo 13, comma 1 bis, *del citato testo unico, non attribuito nei mesi in cui il lavoratore fruisce delle misure a sostegno del lavoro di cui agli articoli da 19 a 22 del decreto legge n. 18 del 2020 è riconosciuto dal sostituto d'imposta a decorrere dalla prima retribuzione utile e comunque entro i termini di effettuazione delle operazioni di conguaglio».*

([10]) *Questo comma è stato abrogato dall'art. 1, comma 127, lett. c), della L. 27 dicembre 2013, n. 147.*

([11]) *Le precedenti lettere* a), b) *e* c) *sono state così sostituite dalle attuali dall'art. 1, comma 2, lett.* b), *n. 3), della L. 30 dicembre 2021, n. 234, a decorrere dal 1° gennaio 2022.*

([12]) *Gli originari commi 3 e 4 sono stati così sostituiti dall'attuale comma 3 dall'art. 1, comma 210, della L. 11 dicembre 2016, n. 232.*

([13]) *Questo comma è stato inserito dall'art. 1, comma 2, lett.* b), *n. 4), della L. 30 dicembre 2021, n. 234, a decorrere dal 1° gennaio 2022.*

([14]) *Le parole: «1.783 euro» sono state così sostituite dalle parole: «1.880 euro» dall'art. 1, comma 290, lett.* b), *n. 1), della L. 28 dicembre 2015, n. 208.*

([15]) *Le parole: «7.750 euro» sono state così sostituite dalle parole: «8.000 euro» dall'art. 1, comma 290, lett.* b), *n. 1), della L. 28 dicembre 2015, n. 208.*

([16]) *Questa lettera è stata così sostituita dall'attuale, dall'art. 1, comma 290, lett.* b), *n. 2), della L. 28 dicembre 2015, n. 208.*

([17]) *Le parole: «ad esclusione di quelli derivanti dagli assegni periodici indicati nell'articolo 10, comma 1, lettera* c), *fra gli oneri deducibili,» sono state inserite dall'art. 1, comma 11, lett.* a), *della L. 24 dicembre 2007, n. 244, a decorrere dal periodo d'imposta in corso al 31 dicembre 2007.*

([18]) *Le precedenti lettere* a) *e* b) *sono state così sostituite dalle attuali lettere* a), b), b bis), *dall'art. 1, comma 2, lett.* b), *n. 5), della L. 30 dicembre 2021, n. 234, a decorrere dal 1° gennaio 2022.*

([19]) *Questo comma è stato inserito dall'art. 1, comma 11, lett.* b), *della L. 24 dicembre 2007, n. 244, a decorrere dal periodo d'imposta in corso al 31 dicembre 2007.*

([20]) *Questo comma è stato inserito dall'art. 1, comma 2, lett.* b), *n. 6), della L. 30 dicembre 2021, n. 234, a decorrere dal 1° gennaio 2022.*

([21]) *Questo comma è stato aggiunto dall'art. 1, comma 15, lett.* b), *della L. 24 dicembre 2007, n. 244, a decorrere dal periodo di imposta in corso al 31 dicembre 2007.*

14. [**Altre detrazioni.** – (*Omissis*)] ([1]).

([1]) *Questo articolo è stato abrogato dall'art. 1, comma 349, lett.* d), *della L. 30 dicembre 2004, n. 311.*

15. ([1]) **Detrazioni per oneri.** – 1. Dall'imposta lorda si detrae un importo pari al 19 per cento dei seguenti oneri sostenuti dal contribuente, se non deducibili nella determinazione dei singoli redditi che concorrono a formare il reddito complessivo:

a) gli interessi passivi e relativi oneri accessori, nonché le quote di rivalutazione dipendenti da clausole di indicizzazione, pagati a soggetti residenti nel territorio dello Stato o di uno Stato membro della Comunità europea ovvero a stabili organizzazioni nel territorio dello Stato di soggetti non residenti in dipendenza di prestiti o mutui agrari di ogni specie, nei limiti dei redditi dei terreni dichiarati;

b) gli interessi passivi, e relativi oneri accessori, nonché le quote di rivalutazione dipendenti da clausole di indicizzazione pagati a soggetti residenti nel territorio dello Stato o di uno Stato membro della Comunità europea ovvero a stabili organizzazioni nel territorio dello Stato di soggetti non residenti in dipendenza di mutui garantiti da ipoteca su immobili contratti per l'acquisto dell'unità immobiliare da adibire ad abitazione principale entro un anno dall'acquisto stesso, per un importo non superiore a 4.000 euro (2). L'acquisto della unità immobiliare deve essere effettuato nell'anno precedente o successivo alla data della stipulazione del contratto di mutuo. Non si tiene conto del suddetto periodo nel caso in cui l'originario contratto è estinto e ne viene stipulato uno nuovo di importo non superiore alla residua quota di capitale da rimborsare, maggiorata delle spese e degli oneri correlati. In caso di acquisto di unità immobiliare locata, la detrazione spetta a condizione che entro tre mesi dall'acquisto sia stato notificato al locatario l'atto di intimazione di licenza o di sfratto per finita locazione e che entro un anno dal rilascio l'unità immobiliare sia adibita ad abitazione principale. Per abitazione principale si intende quella nella quale il contribuente o i suoi familiari dimorano abitualmente. La detrazione spetta non oltre il periodo d'imposta nel corso del quale è variata la dimora abituale; non si tiene conto delle variazioni dipendenti da trasferimenti per motivi di lavoro. Non si tiene conto, altresì, delle variazioni dipendenti da ricoveri permanenti in istituti di ricovero o sanitari, a condizione che l'unità immobiliare non risulti locata. Nel caso l'immobile acquistato sia oggetto di lavori di ristrutturazione edilizia, comprovata dalla relativa concessione edilizia o atto equivalente, la detrazione spetta a decorrere dalla data in cui l'unità immobiliare è adibita a dimora abituale, e comunque entro due anni dall'acquisto. In caso di contitolarità del contratto di mutuo o di più contratti di mutuo il limite di 4.000 euro (2) è riferito all'ammontare complessivo degli interessi, oneri accessori e quote di rivalutazione sostenuti. La detrazione spetta, nello stesso limite complessivo e alle stesse condizioni, anche con riferimento alle somme corrisposte dagli assegnatari di alloggi di cooperative e dagli acquirenti di unità immobiliari di nuova costruzione, alla cooperativa o all'impresa costruttrice a titolo di rimborso degli interessi passivi, oneri accessori e quote di rivalutazione relativi ai mutui ipotecari contratti dalla stessa e ancora indivisi. Se il mutuo è intestato ad entrambi i coniugi, ciascuno di essi può fruire della detrazione unicamente per la propria quota di interessi; in caso di coniuge fiscalmente a carico dell'altro la detrazione spetta a quest'ultimo per entrambe le quote (3);

b bis) dal 1° gennaio 2007 i compensi comunque denominati pagati a soggetti di intermediazione immobiliare in dipendenza dell'acquisto dell'unità immobiliare da adibire ad abitazione principale per un importo non superiore ad euro 1.000 per ciascuna annualità (4);

c) le spese sanitarie, per la parte che eccede € 129,11. Dette spese sono costituite esclusivamente dalle spese mediche e di assistenza specifica, diverse da quelle indicate nell'articolo 10, comma 1, lettera *b*), e dalle spese chirurgiche, per prestazioni specialistiche e per protesi dentarie e sanitarie in genere, nonché dalle spese sostenute per l'acquisto di alimenti a fini medici speciali, inseriti nella sezione A1 del Registro nazionale di cui all'articolo 7 del decreto del Ministro della sanità 8 giugno 2001, pubblicato nella *Gazzetta Ufficiale* n. 154 del 5 luglio 2001, con l'esclusione di quelli destinati ai lattanti ([5]). Ai fini della detrazione la spesa sanitaria relativa all'acquisto di medicinali deve essere certificata da fattura o da scontrino fiscale contenente la specificazione della natura, qualità e quantità dei beni e l'indicazione del codice fiscale del destinatario ([6]). Le spese riguardanti i mezzi necessari all'accompagnamento, alla deambulazione, alla locomozione e al sollevamento e per sussidi tecnici e informatici rivolti a facilitare l'autosufficienza e le possibilità di integrazione dei soggetti di cui all'articolo 3 della legge 5 febbraio 1992, n. 104, si assumono integralmente. Tra i mezzi necessari per la locomozione dei soggetti indicati nel precedente periodo, con ridotte o impedite capacità motorie permanenti, si comprendono i motoveicoli e gli autoveicoli di cui, rispettivamente, agli articoli 53, comma 1, lettere *b*), *c*) ed *f*), e 54, comma 1, lettere *a*), *c*), *f*) ed *m*), del decreto legislativo 30 aprile 1992, n. 285, anche se prodotti in serie e adattati in funzione delle suddette limitazioni permanenti delle capacità motorie. Tra i veicoli adattati alla guida sono compresi anche quelli dotati di solo cambio automatico, purché prescritto dalla commissione medica locale di cui all'articolo 119 del decreto legislativo 30 aprile 1992, n. 285. Tra i mezzi necessari per la locomozione dei non vedenti sono compresi i cani guida e gli autoveicoli rispondenti alle caratteristiche da stabilire con decreto del Ministro delle finanze. Tra i mezzi necessari per la locomozione dei sordomuti sono compresi gli autoveicoli rispondenti alle caratteristiche da stabilire con decreto del Ministro delle finanze. La detrazione spetta una sola volta in un periodo di quattro anni, salvo i casi in cui dal Pubblico registro automobilistico risulti che il suddetto veicolo sia stato cancellato da detto registro, e con riferimento a un solo veicolo, nei limiti della spesa di € 18.075,99 o, nei casi in cui risultasse che il suddetto veicolo sia stato rubato e non ritrovato, nei limiti della spesa massima di € 18.075,99 da cui va detratto l'eventuale rimborso assicurativo. È consentito, alternativamente, di ripartire la predetta detrazione in quattro quote annuali costanti e di pari importo. La medesima ripartizione della detrazione in quattro quote annuali di pari importo è consentita, con riferimento alle altre spese di cui alla presente lettera, nel caso in cui queste ultime eccedano, complessivamente, il limite di € 15.493,71 annui. Si considerano rimaste a carico del contribuente anche le spese rimborsate per effetto di contributi o premi di assicurazione da lui versati e per i quali non spetta la detrazione d'imposta o che non sono deducibili dal suo reddito complessivo né dai redditi che concorrono a formarlo. Si considerano, altresì, rimaste a carico del contribuente le spese rimborsate per effetto di contributi o premi che, pur essendo versati da altri, concorrono a formare il suo reddito, salvo che il datore di lavoro ne abbia riconosciuto la detrazione in sede di ritenuta;

c bis) le spese veterinarie, fino all'importo di euro 550 ([7]), limitatamente alla parte che eccede euro 129,11 ([8]). Con decreto del Ministero delle finanze sono individuate le tipologie di animali per le quali spetta la detraibilità delle predette spese;

c ter) le spese sostenute per i servizi di interpretariato dai soggetti riconosciuti sordomuti, ai sensi della legge 26 maggio 1970, n. 381;

d) le spese funebri sostenute in dipendenza della morte di persone, per importo non superiore a euro 1.550 per ciascuna di esse ([9]);

e) le spese per frequenza di corsi di istruzione universitaria presso università statali e non statali, in misura non superiore, per le università non statali, a quella stabilita annualmente per ciascuna facoltà universitaria con decreto del Ministero dell'istruzione, dell'università e della ricerca da emanare entro il 31 dicembre, tenendo conto degli importi medi delle tasse e contributi dovuti alle università statali ([10]);

e bis) le spese per la frequenza di scuole dell'infanzia del primo ciclo di istruzione e della scuola secondaria di secondo grado del sistema nazionale di istruzione di cui all'articolo 1 della legge 10 marzo 2000, n. 62, e successive modificazioni, per un importo annuo non superiore a 564 euro per l'anno 2016, a 717 euro per l'anno 2017, a 786 euro per l'anno 2018 e a 800 euro a decorrere dall'anno 2019 ([11]) per alunno o studente. Per le erogazioni liberali alle istituzioni scolastiche per l'ampliamento dell'offerta formativa rimane fermo il beneficio di cui alla lettera *i octies*), che non è cumulabile con quello di cui alla presente lettera ([12]);

e ter) le spese sostenute in favore dei minori o di maggiorenni, con diagnosi di disturbo specifico dell'apprendimento (DSA) fino al completamento della scuola secondaria di secondo grado, per l'acquisto di strumenti compensativi e di sussidi tecnici e informatici, di cui alla legge 8 ottobre 2010, n. 170, necessari all'apprendimento, nonché per l'uso di strumenti compensativi che favoriscano la comunicazione verbale e che assicurino ritmi graduali di apprendimento delle lingue straniere, in presenza di un certificato medico che attesti il collegamento funzionale tra i sussidi e gli strumenti acquistati e il tipo di disturbo dell'apprendimento diagnosticato ([13]);

e quater) le spese, per un importo non superiore a 1.000 euro, sostenute da contribuenti con reddito complessivo non superiore a 36.000 euro per l'iscrizione annuale e l'abbonamento di ragazzi di età compresa tra 5 e 18 anni a conservatori di musica, a istituzioni di alta formazione artistica, musicale e coreutica (AFAM) legalmente riconosciute ai sensi della legge 21 dicembre 1999, n. 508, a scuole di musica iscritte nei registri regionali nonché a cori, bande e scuole di musica riconosciuti da una pubblica amministrazione, per lo studio e la pratica della musica ([14]);

f) i premi per assicurazioni aventi per oggetto il rischio di morte o di invalidità permanente non inferiore al 5 per cento da qualsiasi causa derivante, ovvero di non autosufficienza nel compimento degli atti della vita quotidiana, se l'impresa di assicurazione non ha facoltà di recesso del contratto, per un importo complessivamente non superiore a euro 630 per il periodo d'imposta in corso alla data del 31 dicembre 2013, nonché a euro 530 a decorrere dal periodo d'imposta in corso al 31 dicembre 2014 e, a decorrere dallo stesso periodo d'imposta, a euro 1.291,14, limitatamente ai premi per assicurazioni aventi per oggetto il rischio di non autosufficienza nel compimento degli atti della vita quotidiana, al netto dei predetti premi aventi per oggetto il rischio di morte o di invalidità permanente ([15]). A decorrere dal periodo d'imposta in corso al 31 dicembre 2016, l'importo di euro 530 è elevato a euro 750 relativamente ai premi per assicurazioni aventi per oggetto il rischio di morte finalizzate alla tutela delle persone con disabilità grave come definita dall'articolo 3, comma 3, della legge 5 febbraio 1992, n. 104, accertata con le modalità di cui all'articolo 4 della medesima legge ([16]). Con decreto del Ministero delle finanze, sentito l'Istituto per la vigilanza sulle assicurazioni private (ISVAP), sono stabilite le caratteristiche alle quali devono rispondere i contratti che assicurano il rischio di non autosufficienza. Per i percettori di redditi di lavoro dipendente e assimilato, si tiene conto, ai fini del predetto limite, anche dei premi di assicurazione in relazione ai quali il datore di lavoro ha effettuato la detrazione in sede di ritenuta;

f bis) i premi per assicurazioni aventi per oggetto il rischio di eventi calamitosi stipulate relativamente a unità immobiliari ad uso abitativo ([17]);

g) le spese sostenute dai soggetti obbligati alla manutenzione, protezione o restauro delle cose vincolate ai sensi della L. 1 giugno 1939, n. 1089, e del D.P.R. 30 settembre 1963, n. 1409, nella misura effettivamente rimasta a carico. La necessità delle spese, quando non siano obbligatorie per legge, deve risultare da apposita certificazione rilasciata dalla competente soprintendenza del Ministero per i beni culturali e ambientali, previo accertamento della loro congruità effettuato d'intesa con il competente ufficio del territorio del Ministero delle finanze. La detrazione non spetta in caso di mutamento di destinazione dei beni senza la preventiva autorizzazione dell'Amministrazione per i beni culturali e ambientali, di mancato assolvimento degli obblighi di legge per consentire l'esercizio del diritto di prelazione dello Stato sui beni immobili e mobili vincolati e di tentata esportazione non autorizzata di questi ultimi. L'Amministrazione per i beni culturali ed ambientali dà immediata comunicazione al competente ufficio delle entrate del Ministero delle finanze delle violazioni che comportano la perdita del diritto alla detrazione; dalla data di ricevimento della comunicazione inizia a decorrere il termine per la rettifica della dichiarazione dei redditi;

h) le erogazioni liberali in denaro a favore dello Stato, delle regioni, degli enti locali territoriali, di enti o istituzioni pubbliche, di comitati organizzatori appositamente istituiti con decreto del Ministro per i beni culturali e ambientali, di fondazioni e associazioni legalmente riconosciute senza scopo di lucro, che svolgono o promuovono attività di studio, di ricerca e di documentazione di rilevante valore culturale e artistico o che organizzano e realizzano attività culturali, effettuate in base ad apposita convenzione, per l'acquisto, la manutenzione, la protezione o il restauro delle cose indicate nell'articolo 1 della legge 1° giugno 1939, n. 1089, e nel decreto del Presidente della Repubblica 30 settembre 1963, n. 1409, ivi comprese le erogazioni effettuate per l'organizzazione in Italia e all'estero di mostre e di esposizioni di rilevante interesse scientifico-culturale delle cose anzidette, e per gli studi e le ricerche eventualmente a tal fine necessari, nonché per ogni altra manifestazione di rilevante interesse scientifico-culturale anche ai fini didattico-promozionali, ivi compresi gli studi, le ricerche, la documentazione e la catalogazione, e le pubblicazioni relative ai beni culturali. Le iniziative culturali devono essere autorizzate, previo parere del competente comitato di settore del Consiglio nazionale per i beni cultura e ambientali, che deve approvare la previsione di spesa ed il conto consuntivo. Il Ministero per i beni culturali e ambientali stabilisce i tempi necessari affinché le erogazioni liberali fatte a favore delle associazioni legalmente riconosciute, delle istituzioni e delle fondazioni siano utilizzate per gli scopi indicati nella presente lettera e controlla l'impiego delle erogazioni stesse. Detti termini possono, per causa non imputabile al donatario, essere prorogati una sola volta. Le erogazioni liberali non integralmente utilizzate nei termini assegnati affluiscono all'entrata del bilancio dello Stato, o delle regioni e degli enti locali territoriali, nel caso di attività o manifestazioni in cui essi siano direttamente coinvolti, e sono destinate ad un fondo da utilizzare per le attività culturali previste per l'anno successivo. Il Ministero per i beni culturali e ambientali comunica, entro il 31 marzo di ciascun anno, al centro informativo del Dipartimento delle entrate del Ministero delle finanze l'elenco nominativo dei soggetti erogatori, nonché l'ammontare delle erogazioni effettuate entro il 31 dicembre dell'anno precedente ([18]) ([19]) ([20]) ([21]);

h bis) il costo specifico o, in mancanza, il valore normale dei beni ceduti gratuitamente, in base ad apposita convenzione, ai soggetti e per le attività di cui alla lettera *h*);

i) le erogazioni liberali in denaro, per importo non superiore al 2 per cento del reddito complessivo dichiarato, a favore di enti o istituzioni pubbliche, fondazioni e associazioni legalmente riconosciute che senza scopo di lucro svolgono esclusivamente attività nello spettacolo, effettuate per la realizzazione di nuove strutture, per il restauro ed il potenziamento delle strutture esistenti, nonché per la produzione nei vari settori dello spettacolo. Le erogazioni non utilizzate per tali finalità dal percipiente entro il termine di due anni dalla data del ricevimento affluiscono, nella loro totalità, all'entrata dello Stato ([18]) ([19]) ([20]) ([21]);

[*i bis*) [le erogazioni liberali in denaro, per importo non superiore a € 2.065,83, a favore delle organizzazioni non lucrative di utilità sociale (ONLUS) delle iniziative umanitarie, religiose o laiche, gestite da fondazioni, associazioni, comitati ed enti individuati con decreto del Presidente del Consiglio dei ministri, nei Paesi non appartenenti all'Organizzazione per la cooperazione e lo sviluppo economico (OCSE), nonché] ([22]) i contributi associativi, per importo non superiore a € 1.291,14, versati dai soci alle società di mutuo soccorso che operano esclusivamente nei settori di cui all'articolo 1 della legge 15 aprile 1886, n. 3818, al fine di assicurare ai soci un sussidio nei casi di malattia, di impotenza al lavoro o di vecchiaia, ovvero, in caso di decesso, un aiuto alle loro famiglie. La detrazione è consentita a condizione che il versamento di tali [erogazioni e] ([23]) contributi sia eseguito tramite banca o ufficio postale ovvero mediante gli altri sistemi di pagamento previsti dall'articolo 23 del decreto legislativo 9 luglio 1997, n. 241, e secondo ulteriori modalità idonee a consentire all'Amministrazione finanziaria lo svolgimento di efficaci controlli, che possono essere stabilite con decreto del Ministro delle finanze da emanarsi ai sensi dell'articolo 17, comma 3, della legge 23 agosto 1988, n. 400] ([24]);

i ter) le erogazioni liberali in denaro per un importo complessivo in ciascun periodo d'imposta non superiore a 1.500 euro, in favore delle società e associazioni sportive dilettantistiche, a condizione che il versamento di tali erogazioni sia eseguito tramite banca o ufficio postale ovvero secondo altre modalità stabilite con decreto del Ministro dell'economia e delle finanze, da adottare ai sensi dell'articolo 17, comma 3, della legge 23 agosto 1988, n. 400;

[*i quater*) le erogazioni liberali in denaro, per importo non superiore a € 2.065,83, a favore delle associazioni di promozione sociale iscritte nei registri previsti dalle vigenti disposizioni di legge. Si applica l'ultimo periodo della lettera *i bis*)] ([25]);

i quinquies) le spese, per un importo non superiore a 210 euro, sostenute per l'iscrizione annuale e l'abbonamento, per i ragazzi di età compresa tra 5 e 18 anni, ad associazioni sportive, palestre, piscine ed altre strutture ed impianti sportivi destinati alla pratica sportiva dilettantistica rispondenti alle caratteristiche individuate con decreto del Presidente del Consiglio dei ministri, o Ministro delegato, di concerto con il Ministro dell'economia e delle finanze, e le attività sportive ([26]);

i sexies) i canoni di locazione derivanti dai contratti di locazione stipulati o rinnovati ai sensi della legge 9 dicembre 1998, n. 431, e successive modificazioni, i canoni relativi ai contratti di ospitalità, nonché agli atti di assegnazione in godimento o locazione, stipulati con enti per il diritto allo studio, università, collegi universitari legalmente riconosciuti, enti senza fine di lucro e cooperative, ([27]) dagli studenti iscritti ad un corso di laurea presso una università ubicata in un comune diverso da quello di residenza, distante da quest'ultimo almeno 100 chilometri e comunque in una provincia diversa, ([28]) [e comunque in una provincia diversa,] ([29]) per unità immobiliari situate nello stesso comune in cui ha sede l'università o in comuni limitrofi, per un importo non superiore a 2.633 euro ([26]). [La disposizione di cui al periodo precedente si applica limitatamente ai periodi d'imposta in corso al 31 dicembre 2017 e al 31 dicembre 2018] ([30]). Alle medesime condizioni ed entro lo stesso limite, la detrazione spetta per i canoni derivanti da contratti di locazione e di ospitalità ovvero da atti di assegnazione in godimento stipulati, ai sensi della normativa vigente nello Stato in cui l'immobile è situato, dagli studenti iscritti a un corso di laurea presso un'università ubicata nel territorio di uno Stato membro dell'Unione europea o in uno degli Stati aderenti all'Accordo sullo spazio economico europeo che sono inclusi nella lista di cui al decreto del Ministro dell'economia e delle finanze emanato ai sensi dell'articolo 168 *bis* ([31]);

i sexies01) limitatamente ai periodi d'imposta in corso al 31 dicembre 2017 e al 31 dicembre 2018, il requisito della distanza di cui alla lettera i *sexies*) si intende rispettato anche all'interno della stessa provincia ed è ridotto a 50 chilometri per gli studenti residenti in zone montane o disagiate ([32]).

i sexies1) i canoni, e i relativi oneri accessori, per un importo non superiore a 8.000 euro, e il costo di acquisto a fronte dell'esercizio dell'opzione finale, per un importo non superiore a 20.000 euro, derivanti da contratti di locazione finanziaria su unità immobiliari, anche da costruire, da adibire ad abitazione principale entro un anno dalla consegna, sostenuti da giovani di età inferiore a 35 anni con un reddito complessivo non superiore a 55.000 euro all'atto della stipula del contratto di locazione finanziaria che non sono titolari di diritti di proprietà su immobili a destinazione abitativa; la detrazione spetta alle condizioni di cui alla lettera *b*) ([33]);

i sexies2) le spese di cui alla lettera i *sexies*.1), alle condizioni ivi indicate e per importi non superiori alla metà di quelli ivi indicati, sostenute da soggetti di età non inferiore a 35 anni con un reddito complessivo non superiore a 55.000 euro all'atto della stipula del contratto di locazione finanziaria che non sono titolari di diritti di proprietà su immobili a destinazione abitativa ([33]);

i septies) le spese, per un importo non superiore a 2.100 euro, sostenute per gli addetti all'assistenza personale nei casi di non autosufficienza nel compimento degli atti della vita quotidiana, se il reddito complessivo non supera 40.000 euro ([26]);

i octies) le erogazioni liberali a favore degli istituti scolastici di ogni ordine e grado, statali e paritari senza scopo di lucro appartenenti al sistema nazionale di istruzione di cui alla legge 10 marzo 2000, n. 62, e successive modificazioni, nonché a favore degli istituti tecnici superiori di cui al decreto del Presidente del Consiglio dei ministri 25 gennaio 2008, pubblicato nella *Gazzetta Ufficiale* n. 86 dell'11 aprile 2008, ([34]) delle istituzioni dell'alta formazione artistica, musicale e coreutica e delle università ([35]) finalizzate all'innovazione tecnologica, all'edilizia scolastica e universitaria ([36]) e all'ampliamento dell'offerta formativa; la detrazione spetta a condizione che il versamento di tali erogazioni sia eseguito tramite banca o ufficio postale ovvero mediante gli altri sistemi di pagamento previsti dall'articolo 23 del decreto legislativo 9 luglio 1997, n. 241 ([37]) ([38]);

i novies) le erogazioni liberali in denaro al Fondo per l'ammortamento dei titoli di Stato, di cui all'articolo 45, comma 1, lettera *e*), del testo unico di cui al decreto del Presidente della Repubblica 30 dicembre 2003, n. 398, effettuate mediante versamento bancario o postale ovvero secondo altre modalità stabilite con apposito decreto del Ministro dell'economia e delle finanze ([39]) ([40]);

i decies) le spese sostenute per l'acquisto degli abbonamenti ai servizi di trasporto pubblico locale, regionale e interregionale per un importo non superiore a 250 euro ([41]).

1.1. Dall'imposta lorda si detrae un importo pari al 24 per cento, per l'anno 2013, e al 26 per cento, a decorrere dall'anno 2014, per le erogazioni liberali in denaro, per importo non superiore a 30.000 euro annui ([42]), a favore delle organizzazioni non lucrative di utilità sociale (ONLUS), delle iniziative umanitarie, religiose o laiche, gestite da fondazioni, associazioni, comitati ed enti individuati con decreto del Presidente del Consiglio dei ministri, nei Paesi non appartenenti all'Organizzazione per la cooperazione e lo sviluppo economico (OCSE). La detrazione è consentita a condizione che il versamento di tali erogazioni sia eseguito tramite banca o ufficio postale ovvero mediante gli altri sistemi di pagamento previsti dall'articolo 23 del decreto legislativo 9 luglio 1997, n. 241, e secondo ulteriori modalità idonee a consentire all'Amministrazione finanziaria lo svolgimento di efficaci controlli, che possono essere stabilite con decreto del Ministro dell'economia e delle finanze da emanare ai sensi dell'articolo 17, comma 3, della legge 23 agosto 1988, n. 400 ([43]).

[1 *bis*. Dall'imposta lorda si detrae un importo pari al 24 per cento, per l'anno 2013, e al 26 per cento, a decorrere dall'anno 2014, delle erogazioni liberali in denaro in favore dei partiti e dei movimenti politici che abbiano presentato liste o candidature elettorali alle elezioni per il rinnovo della Camera dei deputati o del Senato della Repubblica o dei membri del Parlamento europeo spettanti all'Italia, oppure che abbiano almeno un rappresentante eletto a un consiglio regionale o ai consigli delle province autonome di Trento e di Bolzano, per importi compresi fra 50 e 10.000 euro annui, a condizione che siano effettuate mediante versamento bancario o postale] ([44]).

1 *ter*. Ai fini dell'imposta sul reddito delle persone fisiche, si detrae dall'imposta lorda, e fino alla concorrenza del suo ammontare, un importo pari al 19 per cento dell'ammontare complessivo non superiore ad € 2.582,28 degli interessi passivi e relativi oneri accessori, nonché delle quote di rivalutazione dipendenti da clausole di indicizzazione pagati a soggetti residenti nel territorio dello Stato o di uno Stato membro delle Comunità europee, ovvero a stabili organizzazione nel territorio dello Stato di soggetti non residenti, in dipendenza di mutui contratti, a partire dal 1° gennaio 1998 e garantiti da ipoteca, per la costruzione dell'unità immobiliare da adibire ad abitazione principale. La detrazione è ammessa a condizione che la stipula del contratto di mutuo da parte del soggetto possessore a titolo di proprietà o altro diritto reale dell'unità immobiliare avvenga nei sei mesi antecedenti, ovvero nei diciotto mesi successivi all'inizio dei lavori di costruzione ([45]). Con decreto del Ministro delle finanze sono stabilite le modalità e le condizioni alle quali è subordinata la detrazione di cui al presente comma.

1 *quater*. Dall'imposta lorda si detrae, nella misura forfetaria di euro 1.000 e nel limite di spesa di 510.000 euro per l'anno 2020 e di 290.000 euro annui a decorrere dall'anno 2021, la spesa sostenuta dai non vedenti per il mantenimento dei cani guida ([46]).

2. Per gli oneri indicati alle lett. *c*), *e*), *e bis*) ([47]), *e ter*) ([48]), *e quater)* ([49]), *f*), *i quinquies*), i *sexies*) e i *decies*) ([50]) ([51]) del comma 1 la detrazione spetta anche se sono stati sostenuti nell'interesse delle persone indicate nell'art. 12 (N.d.R.: *ora art. 13*) che si trovino nelle condizioni ivi previste, fermo restando, per gli oneri di cui alle lettere *f*) e i *decies*), i limiti complessivi ivi stabiliti ([52]). Per gli oneri di cui alla lettera *c*) del medesimo comma 1 sostenuti nell'interesse delle persone indicate nell'articolo 12 (N.d.R.: *ora art. 13*) che non si trovino nelle condizioni previste dal comma 2 ([53]) del medesimo articolo, affette da patologie che danno diritto all'esenzione dalla partecipazione alla spesa sanitaria, la detrazione spetta per la parte che non trova capienza nell'imposta da esse dovuta, relativamente alle sole spese sanitarie riguardanti tali patologie, ed entro il limite annuo di € 6.197,48. Per le spese di cui alla lettera *i septies*) del citato comma 1, la detrazione spetta, alle condizioni ivi stabilite, anche se sono state sostenute per le persone indicate

nell'articolo 12 ancorché non si trovino nelle condizioni previste dal comma 2 del medesimo articolo ([54]).

3. Per gli oneri di cui alle lett. *a*), *g*), *h*), *h bis*), *i*), *i bis*) e *i quater*) del comma 1 sostenuti dalle società semplici di cui all'art. 5 la detrazione spetta ai singoli soci nella stessa proporzione prevista nel menzionato art. 5 ai fini della imputazione del reddito.

3 *bis*. La detrazione di cui al presente articolo spetta:

a) per l'intero importo qualora il reddito complessivo non ecceda 120.000 euro;

b) per la parte corrispondente al rapporto tra l'importo di 240.000 euro, diminuito del reddito complessivo, e 120.000 euro, qualora il reddito complessivo sia superiore a 120.000 euro ([55]).

3 *ter*. Ai fini del comma 3 *bis*, il reddito complessivo è assunto al netto del reddito dell'unità immobiliare adibita ad abitazione principale e di quello delle relative pertinenze di cui all'articolo 10, comma 3 *bis* ([55]).

3 *quater*. La detrazione compete per l'intero importo, a prescindere dall'ammontare del reddito complessivo, per gli oneri di cui al comma 1, lettere *a*) e *b*), e al comma 1 *ter*, nonché per le spese sanitarie di cui al comma 1, lettera *c*) ([55]).

([1]) *A norma dell'art. 1, comma 679, della L. 27 dicembre 2019, n. 160, a decorrere dal 1° gennaio 2020, ai fini dell'imposta sul reddito delle persone fisiche, la detrazione dall'imposta lorda nella misura del 19 per cento degli oneri indicati nel presente articolo e in altre disposizioni normative spetta a condizione che l'onere sia sostenuto con versamento bancario o postale ovvero mediante altri sistemi di pagamento previsti dall'articolo 23 del decreto legislativo 9 luglio 1997, n. 241.*

A norma dell'art. 1, comma 680 del medesimo provvedimento, tale disposizione non si applica alle detrazioni spettanti in relazione alle spese sostenute per l'acquisto di medicinali e di dispositivi medici, nonché alle detrazioni per prestazioni sanitarie rese dalle strutture pubbliche o da strutture private accreditate al Servizio sanitario nazionale.

([2]) *Le parole*: «*7 milioni di lire (N.d.R. € 3.615,20)*» *sono state così sostituite dalle attuali:* «*4.000 euro*» *dall'art. 1, comma 202, della L. 24 dicembre 2007, n. 244.*

([3]) *A norma dell'art. 1, comma 9* quinquies, *del D.L. 12 maggio 2014, n. 74, convertito, con modificazioni, nella L. 27 giugno 2014, n. 93., i termini previsti da questa lettera sono prorogati fino al termine di un anno dalla data di entrata in vigore della legge di conversione del presente decreto. Tale disposizione si applica ai contribuenti proprietari di immobili situati nei comuni interessati dagli eventi sismici elencati nel decreto legge 6 giugno 2012, n. 74, convertito, con modificazioni, dalla legge 1° agosto 2012, n. 122.*

([4]) *Questa lettera è stata aggiunta dall'art. 35, comma 22* bis, *del D.L. 4 luglio 2006, n. 223, convertito, con modificazioni, nella L. 4 agosto 2006, n. 248.*

([5]) *Le parole*: «*, nonché dalle spese sostenute per l'acquisto di alimenti a fini medici speciali, inseriti nella sezione A1 del Registro nazionale di cui all'articolo 7 del decreto del Ministro della sanità 8 giugno 2001, pubblicato nella* Gazzetta Ufficiale *n. 154 del 5* *luglio 2001, con l'esclusione di quelli destinati ai lattanti» sono state inserite dall'art. 5* quinquies, *comma 1, del D.L. 16 ottobre 2017, n. 148, convertito, con modificazioni, nella L. 4 dicembre 2017, n. 172.*

Tale disposizione si applica limitatamente ai periodi di imposta in corso al 31 dicembre 2017 e al 31 dicembre 2018.

([6]) *Questo periodo è stato inserito dall'art. 1, comma 28, lett.* b), *della L. 27 dicembre 2006, n. 296, a decorrere dal 1° luglio 2007. A norma dell'art. 1, comma 29, della medesima legge, fino al 31 dicembre 2007, nel caso in cui l'acquirente non sia il destinatario del farmaco, non ne conosca il codice fiscale o non abbia con sé la tessera sanitaria, l'indicazione del codice fiscale può essere riportata a mano sullo scontrino fiscale direttamente dal destinatario, fatte salve le disposizioni di cui all'articolo 50 del decreto legge 30 settembre 2003, n. 269, convertito, con modificazioni, dalla legge 24 novembre 2003, n. 326, e successive modificazioni, in materia di obbligo di rilevazione del codice fiscale da parte del farmacista.*

([7]) *Le parole: «di euro 500» sono state così sostituite dalle attuali: «di euro 550» dall'art. 1, comma 333, della L. 30 dicembre 2020, n. 178, a decorrere dal 1° gennaio 2021.*

([8]) *Questo periodo è stato così sostituito dall'art. 1, comma 361, della L. 27 dicembre 2019, n. 160, a decorrere dal 1° gennaio 2020.*

([9]) *Questa lettera è stata così sostituita dall'art. 1, comma 954, lett.* a), *della L. 28 dicembre 2015, n. 208. Tali disposizioni si applicano a partire dall'anno di imposta 2015.*

([10]) *Questa lettera, sostituita dall'art. 1, comma 151, lett.* a), *della L. 13 luglio 2015, n. 107, è stata, da ultimo, così sostituita dall'art. 1, comma 954, lett.* b), *della L. 28 dicembre 2015, n. 208. Tali disposizioni si applicano a partire dall'anno di imposta 2015. Per il primo anno di applicazione, il decreto di cui alla presente lettera è adottato entro il 31 gennaio 2016.*

([11]) *Le parole: «400 euro» sono state così sostituite dalle seguenti: «564 euro per l'anno 2016, a 717 euro per l'anno 2017, a 786 euro per l'anno 2018 e a 800 euro a decorrere dall'anno 2019» dall'art. 1, comma 617, della L. 11 dicembre 2016, n. 232.*

([12]) *Questa lettera è stata inserita dall'art. 1, comma 151, lett.* b), *della L. 13 luglio 2015, n. 107.*

([13]) *Questa lettera è stata inserita dall'art. 1, comma 665, lett.* a), *della L. 27 dicembre 2017, n. 205, a decorrere dal 1° gennaio 2018. A norma dell'art. 1, comma 666, della medesima legge, tali disposizioni si applicano alle spese sostenute dall'anno di imposta in corso al 31 dicembre 2018.*

([14]) *Questa lettera è stata inserita dall'art. 1, comma 346, lett.* a), *della L. 27 dicembre 2019, n. 160, a decorrere dal 1° gennaio 2020.*

A norma dell'art. 1, comma 347, della medesima L. n. 160/2019, la detrazione di cui a questa lettera, al fine di sostenere le attività di contrasto alla povertà educativa minorile, spetta a decorrere dal periodo d'imposta in corso alla data del 1° gennaio 2021.

([15]) *Le parole: «lire due milioni e 500 mila* (NDR € 1.291,14)*» sono state così sostituite dalle attuali: «euro 630 per il periodo d'imposta in corso alla data del 31 dicembre 2013, nonché a euro 530 a decorrere dal periodo d'imposta in corso al 31 dicembre 2014 e, a decorrere dallo stesso periodo d'imposta, a euro 1.291,14, limitatamente ai premi per assicurazioni aventi per oggetto il rischio di non autosufficienza nel compimento degli atti della vita quotidiana, al netto dei predetti premi aventi per oggetto il rischio di morte o di invalidità permanente» dall'art. 12, comma 1, del D.L. 31 agosto 2013, n. 102, convertito,* *con modificazioni, nella L. 28 ottobre 2013, n. 124. A norma dell'art. 12, commi 2 e 2* bis, *del medesimo D.L. n. 102/2013, nel limite di euro 630 per il periodo d'imposta in corso alla data del 31 dicembre 2013, nonché di euro 530 a decorrere dal periodo d'imposta in corso al 31 dicembre 2014, sono compresi i premi versati per i contratti di assicurazione sulla vita e contro gli infortuni stipulati o rinnovati entro il periodo d'imposta 2000. A decorrere dal periodo d'imposta in corso alla data del 31 dicembre 2014, il contributo previsto nell'articolo 334 del codice delle assicurazioni private, di cui al decreto legislativo 7 settembre 2005, n. 209, è indeducibile ai fini delle imposte sui redditi e dell'imposta regionale sulle attività produttive. A decorrere dal medesimo periodo d'imposta cessa l'applicazione delle disposizioni del comma 76 dell'articolo 4 della legge 28 giugno 2012, n. 92.*

([16]) *Questo periodo è stato inserito dall'art. 5 della L. 22 giugno 2016, n. 112.*

([17]) *Questa lettera è stata inserita dall'art. 1, comma 768, della L. 27 dicembre 2017, n. 205, a decorrere dal 1° gennaio 2018.*

A norma dell'art. 1, comma 770, della predetta L. n. 2017/205, tali disposizioni si applicano esclusivamente per le polizze stipulate a decorrere dalla data di entrata in vigore della presente legge.

([18]) *A norma dell'art. 1, comma 1, del D.L. 31 maggio 2014, n. 83, convertito, con modificazioni, nella L. 29 luglio 2014, n. 106, per le erogazioni liberali in denaro effettuate nei tre periodi d'imposta successivi a quello in corso al 31 dicembre 2013, per interventi di manutenzione, protezione e restauro di beni culturali pubblici, per il sostegno degli istituti e dei luoghi della cultura di appartenenza pubblica e per la realizzazione di nuove strutture, il restauro e il potenziamento di quelle esistenti delle fondazioni lirico-sinfoniche o di enti o istituzioni pubbliche che, senza scopo di lucro, svolgono esclusivamente attività nello spettacolo, non si applicano le disposizioni di cui alla presente lettera e spetta un credito d'imposta nella misura del:*

a) *65 per cento delle erogazioni liberali effettuate in ciascuno dei due periodi d'imposta successivi a quello in corso al 31 dicembre 2013;*

b) *50 per cento delle erogazioni liberali effettuate nel periodo d'imposta successivo a quello in corso al 31 dicembre 2015.*

([19]) *A norma dell'art. 1, comma 2, del D.L. 31 maggio 2014, n. 83, convertito, con modificazioni, nella L. 29 luglio 2014, n. 106, il credito d'imposta spettante ai sensi del comma 1 del medesimo provvedimento è riconosciuto alle persone fisiche e agli enti non commerciali nei limiti del 15 per cento del reddito imponibile, ai soggetti titolari di reddito d'impresa nei limiti del 5 per mille dei ricavi annui. Il credito d'imposta spettante ai sensi del comma 1 del suddetto provvedimento è altresì riconosciuto qualora le erogazioni liberali in denaro effettuate per interventi di manutenzione, protezione e restauro di beni culturali pubblici siano destinate ai soggetti concessionari o affidatari dei beni oggetto di tali interventi. Il credito d'imposta è ripartito in tre quote annuali di pari importo. Si applicano le disposizioni di cui agli articoli 40, comma 9, e 42, comma 9, del decreto legge 6 dicembre 2011, n. 201, convertito, con modificazioni, dalla legge 22 dicembre 2011, n. 214.*

([20]) *A norma dell'art. 1, comma 3, del D.L. 31 maggio 2014, n. 83, convertito, con modificazioni, nella L. 29 luglio 2014, n. 106, ferma restando la ripartizione in tre quote annuali di pari importo, per i soggetti titolari di reddito d'impresa il credito di imposta è utilizzabile tramite compensazione ai sensi dell'articolo 17 del decreto legislativo 9 lu-*

glio 1997, n. 241, e successive modificazioni, e non rileva ai fini delle imposte sui redditi e dell'imposta regionale sulle attività produttive.

([21]) *A norma dell'art. 1, comma 5, del D.L. 31 maggio 2014, n. 83, convertito, con modificazioni, nella L. 29 luglio 2014, n. 106, i soggetti beneficiari delle erogazioni liberali di cui al comma 1 del medesimo provvedimento, ivi inclusi i soggetti concessionari o affidatari di beni culturali pubblici destinatari di erogazioni liberali in denaro effettuate per la realizzazione di interventi di manutenzione, protezione e restauro dei beni stessi, comunicano mensilmente al Ministero dei beni e delle attività culturali e del turismo l'ammontare delle erogazioni liberali ricevute nel mese di riferimento; provvedono altresì a dare pubblica comunicazione di tale ammontare, nonché della destinazione e dell'utilizzo delle erogazioni stesse, tramite il proprio sito* web *istituzionale, nell'ambito di una pagina dedicata e facilmente individuabile, e in un apposito portale, gestito dal medesimo Ministero, in cui ai soggetti destinatari delle erogazioni liberali sono associati tutte le informazioni relative allo stato di conservazione del bene, gli interventi di ristrutturazione o riqualificazione eventualmente in atto, i fondi pubblici assegnati per l'anno in corso, l'ente responsabile del bene, nonché le informazioni relative alla fruizione. Sono fatte salve le disposizioni del Codice in materia di protezione dei dati personali, di cui al decreto legislativo 30 giugno 2003, n. 196. Il Ministero dei beni e delle attività culturali e del turismo provvede all'attuazione del presente comma nell'ambito delle risorse umane, strumentali e finanziarie disponibili a legislazione vigente e, comunque, senza nuovi o maggiori oneri per il bilancio dello Stato.*

([22]) *A norma dell'art. 15, comma 2, della L. 6 luglio 2012, n. 96, le parole da: «le erogazioni liberali ...» fino a: «... nonché» sono soppresse a decorrere dal 1° gennaio 2013.*

([23]) *A norma dell'art. 15, comma 2, della L. 6 luglio 2012, n. 96, le parole: «erogazioni e» sono soppresse a decorrere dal 1° gennaio 2013.*

([24]) *Questa lettera è stata abrogata dall'art. 102, comma 1, lett.* g)*, del D.L.vo 3 luglio 2017, n. 117. A norma dell'art. 104, comma 1, del medesimo decreto, tali disposizioni si applicano in via transitoria a decorrere dal periodo di imposta successivo a quello in corso al 31 dicembre 2017 e fino al periodo d'imposta di entrata in vigore delle disposizioni di cui al titolo X secondo quanto indicato al comma 2, alle Organizzazioni non lucrative di utilità sociale di cui all'articolo 10, del decreto legislativo 4 dicembre 1997, n. 460 iscritte negli appositi registri, alle organizzazioni di volontariato iscritte nei registri di cui alla legge 11 agosto 1991, n. 266, e alle associazioni di promozione sociale iscritte nei registri nazionali, regionali e delle provincie autonome di Trento e Bolzano previsti dall'articolo 7 della legge 7 dicembre 2000, n. 383.*

([25]) *Questa lettera è stata abrogata dall'art. 102, comma 1, lett.* f)*, del D.L.vo 3 luglio 2017, n. 117. A norma dell'art. 104, comma 1, del medesimo decreto, tali disposizioni si applicano in via transitoria a decorrere dal periodo di imposta successivo a quello in corso al 31 dicembre 2017 e fino al periodo d'imposta di entrata in vigore delle disposizioni di cui al titolo X secondo quanto indicato al comma 2, alle Organizzazioni non lucrative di utilità sociale di cui all'articolo 10, del decreto legislativo 4 dicembre 1997, n. 460 iscritte negli appositi registri, alle organizzazioni di volontariato iscritte nei registri di cui alla legge 11 agosto 1991, n. 266, e alle associazioni di promozione sociale iscritte nei registri nazionali, regionali e delle provincie autonome di Trento e Bolzano previsti dall'articolo 7 della legge 7 dicembre 2000, n. 383.*

(26) *Questa lettera è stata aggiunta dall'art. 1, comma 319, lett.* a), *della L. 27 dicembre 2006, n. 296.*

(27) *Le parole da: «i canoni relativi ai contratti ...» fino a: «... senza fine di lucro e cooperative,» sono state inserite dall'art. 1, comma 208, della L. 24 dicembre 2007, n. 244.*

(28) *Le parole: «, o 50 chilometri per gli studenti residenti in zone montane o disagiate,» sono state inserite dall'art. 20, comma 8* bis, *lett.* a), *del D.L. 16 ottobre 2017, n. 148, convertito, con modificazioni, nella L. 4 dicembre 2017, n. 172 e poi così sostituite dalle parole: «e comunque in una provincia diversa» dall'art. 1, comma 23, lett.* a), *della L. 27 dicembre 2017, n. 205, a decorrere dal 1° gennaio 2018.*

(29) *Le parole fra parentesi quadrate sono state soppresse dall'art. 20, comma 8* bis, *lett.* b), *del D.L. 16 ottobre 2017, n. 148, convertito, con modificazioni, nella L. 4 dicembre 2017, n. 172.*

(30) *Questo periodo inserito dall'art. 20, comma 8* bis, *lett.* c), *del D.L. 16 ottobre 2017, n. 148, convertito, con modificazioni, nella L. 4 dicembre 2017, n. 172 è stato, da ultimo, soppresso dall'art. 1, comma 23, lett.* a), *della L. 27 dicembre 2017, n. 205, a decorrere dal 1° gennaio 2018.*

(31) *Le parole: «. Alle medesime condizioni ed entro lo stesso limite, la detrazione spetta per i canoni derivanti da contratti di locazione e di ospitalità ovvero da atti di assegnazione in godimento stipulati, ai sensi della normativa vigente nello Stato in cui l'immobile è situato, dagli studenti iscritti a un corso di laurea presso un'università ubicata nel territorio di uno Stato membro dell'Unione europea o in uno degli Stati aderenti all'Accordo sullo spazio economico europeo che sono inclusi nella lista di cui al decreto del Ministro dell'economia e delle finanze emanato ai sensi dell'articolo 168* bis», *sono state aggiunte dall'art. 16, comma 1, della L. 15 dicembre 2011, n. 217, a decorrere dal periodo di imposta in corso alla data del 1° gennaio 2012.*

(32) *Questa lettera è stata inserita dall'art. 1, comma 23, lett.* b), *della L. 27 dicembre 2017, n. 205, a decorrere dal 1° gennaio 2018.*

(33) *Questa lettera è stata inserita dall'art. 1, comma 82, della L. 28 dicembre 2015, n. 208. A norma dell'art. 1, comma 84, della medesima legge tali disposizioni si applicano dal 1° gennaio 2016 al 31 dicembre 2020.*

(34) *Le parole: «degli istituti tecnici superiori di cui al decreto del Presidente del Consiglio dei ministri 25 gennaio 2008, pubblicato nella* Gazzetta Ufficiale *n. 86 dell'11 aprile 2008,» sono state inserite dall'art. 1, comma 294, lett.* a), *della L. 11 dicembre 2016, n. 232.*

(35) *Le parole: «nonché a favore delle istituzioni dell'alta formazione artistica, musicale e coreutica e delle università» sono state inserite dall'art. 10, comma 3, del D.L. 12 settembre 2013, n. 104, convertito, con modificazioni, nella L. 8 novembre 2013, n. 128.*

(36) *Le parole: «e universitaria» sono state inserite dall'art. 10, comma 3, del D.L. 12 settembre 2013, n. 104, convertito, con modificazioni, nella L. 8 novembre 2013, n. 128.*

(37) *Questa lettera è stata aggiunta dall'art. 13, comma 3, lett.* a), *del D.L. 31 gennaio 2007, n. 7, convertito, con modificazioni, nella L. 2 aprile 2007, n. 40. Ai sensi del comma 8 dello stesso articolo, questa disposizione ha effetto a decorrere dal periodo di imposta in corso dal 1° gennaio 2007.*

([38]) *Si veda il D.M. 10 agosto 2020, in tema di trasmissione telematica all'Agenzia delle entrate dei dati riguardanti le spese di istruttoria scolastica, ai fini dell'elaborazione della dichiarazione dei redditi precompilata.*

([39]) *Questa lettera è stata aggiunta dall'art. 1, comma 524, lett.* a), *della L. 24 dicembre 2012, n. 228.*

([40]) *A norma dell'art. 1, comma 576, della L. 27 dicembre 2013, n. 147, qualora entro il 31 gennaio 2014, non siano adottati i provvedimenti normativi di razionalizzazione delle detrazioni per oneri, di cui al comma 575, anche in deroga all'articolo 3 della legge 27 luglio 2000, n. 212, la misura della detrazione prevista da questo comma è ridotta al 18 per cento per il periodo d'imposta in corso al 31 dicembre 2013 e al 17 per cento a decorrere dal periodo d'imposta in corso al 31 dicembre 2014. La presente disposizione trova applicazione anche con riferimento agli oneri e alle spese la cui detraibilità dall'imposta lorda è riconducibile a questo comma.*

([41]) *Questa lettera è stata aggiunta dall'art. 1, comma 28, lett.* a), *n. 1), della L. 27 dicembre 2017, n. 205, a decorrere dal 1° gennaio 2018.*

([42]) *Le parole:* «per importo non superiore a 2.065 euro annui» *sono state così sostituite dalle attuali:* «per importo non superiore a 30.000 euro annui», *dall'art. 1, comma 137, lett.* a), *della L. 23 dicembre 2014, n. 190.*

Le disposizioni del predetto comma, si applicano a decorrere dal periodo di imposta successivo a quello in corso al 31 dicembre 2014.

([43]) *Questo comma è stato inserito dall'art. 15, comma 3, della L. 6 luglio 2012, n. 96.*

([44]) *Questo comma, così sostituito dall'art. 7, comma 1, della L. 6 luglio 2012, n. 96, a decorrere dal 2013, è stato abrogato dall'art. 14, comma 5, del D.L. 23 dicembre 2013, n. 149, convertito, con modificazioni, nella L. 21 febbraio 2014, n. 13, a decorrere dal 1° gennaio 2014.*

([45]) *Questo periodo è stato inserito dall'art. 44, comma 4* ter, *del D.L. 1 ottobre 2007, n. 159, convertito, con modificazioni, nella L. 29 novembre 2007, n. 222.*

([46]) *Questo comma è stato così sostituito dall'art. 1, comma 27, della L. 30 dicembre 2018, n. 145, a decorrere dal 1° gennaio 2019.*

([47]) *Le parole:* «e bis),» *sono state inserite dall'art. 1, comma 151, lett.* c), *della L. 13 luglio 2015, n. 107.*

([48]) *Le parole:* «e ter» *sono state inserite dall'art. 1, comma 665, lett.* b), *della L. 27 dicembre 2017, n. 205, a decorrere dal 1° gennaio 2018. A norma dell'art. 1, comma 666, della medesima legge, tali disposizioni si applicano alle spese sostenute dall'anno di imposta in corso al 31 dicembre 2018.*

([49]) *Le parole:* «, e quater)» *sono state così inserite dall'art. 1, comma 346, lett.* b), *della L. 27 dicembre 2019, n. 160, a decorrere dal 1° gennaio 2020.*

([50]) *Le parole:* «e i sexies)» *sono state così sostituite dalle seguenti:* «, i sexies) e i decies)» *dall'art. 1, comma 28, lett.* a), *n. 2), della L. 27 dicembre 2017, n. 205, a decorrere dal 1° gennaio 2018.*

([51]) *Le parole:* «e) e f)» *sono state così sostituite dalle attuali:* «e), f), i quinquies) e i sexies)» *dall'art. 1, comma 319, lett.* b), *della L. 27 dicembre 2006, n. 296.*

([52]) *Le parole:* «per gli oneri di cui alla lettera f), il limite complessivo ivi stabilito» *sono state così sostituite dalle seguenti:* «per gli oneri di cui alle lettere f) e i decies), i limiti complessivi ivi stabiliti» *dall'art. 1, comma 28, lett.* a), *n. 2), della L. 27 dicembre 2017, n. 205, a decorrere dal 1° gennaio 2018.*

([53]) *Le parole: «dal comma 3» sono state così sostituite dalle attuali: «dal comma 2» dall'art. 1, comma 319, lett.* b), *della L. 27 dicembre 2006, n. 296.*

([54]) *Questo periodo è stato aggiunto dall'art. 1, comma 319, lett.* b), *della L. 27 dicembre 2006, n. 296.*

([55]) *Questo comma è stato aggiunto dall'art. 1, comma 629, della L. 27 dicembre 2019, n. 160, a decorrere dal 1° gennaio 2020.*

16. Detrazioni per canoni di locazione. – 01. Ai soggetti titolari di contratti di locazione di unità immobiliari adibite ad abitazione principale, stipulati o rinnovati ai sensi della legge 9 dicembre 1998, n. 431, spetta una detrazione complessivamente pari a:

a) € 300, se il reddito complessivo non supera euro 15.493,71;

b) € 150, se il reddito complessivo supera euro 15.493,71 ma non euro 30.987,41 ([1]) ([2]) ([3]).

1. Ai soggetti titolari di contratti di locazione di unità immobiliari adibite ad abitazione principale degli stessi, stipulati o rinnovati a norma degli articoli 2, comma 3, e 4, commi 2 e 3, della legge 9 dicembre 1998, n. 431, spetta una detrazione, complessivamente pari a ([4]) ([2]):

a) € 495,80, se il reddito complessivo non supera € 15.493,71;

b) € 247,90, se il reddito complessivo supera € 15.493,71 ma non € 30.987,41.

1 *bis*. Ai ([5]) ([2]) lavoratori dipendenti che hanno trasferito o trasferiscono la propria residenza nel comune di lavoro o in uno di quelli limitrofi nei tre anni antecedenti quello di richiesta della detrazione, e siano titolari di contratti ([6]) ([2]) di locazione di unità immobiliari adibite ad abitazione principale degli stessi e situate nel nuovo comune di residenza, a non meno di 100 chilometri di distanza dal precedente e comunque al di fuori della propria regione, spetta una detrazione, per i primi tre anni, complessivamente pari a ([7]) ([2]):

a) € 991.60, se il reddito complessivo non supera € 15.493,71;

b) € 495,80, se il reddito complessivo supera € 15.493,71 ma non € 30.987,41.

1 *ter*. Ai giovani di età compresa fra i 20 e i 31 anni non compiuti, con un reddito complessivo non superiore a 15.493,71 euro, che stipulano un contratto di locazione ai sensi della legge 9 dicembre 1998, n. 431, per l'intera unità immobiliare o porzione di essa, da destinare a propria residenza, sempre che la stessa sia diversa dall'abitazione principale dei genitori o di coloro cui sono affidati dagli organi competenti ai sensi di legge, spetta, per i primi quattro anni di durata contrattuale, una detrazione dall'imposta lorda pari a euro 991,60, ovvero, se superiore, pari al 20 per cento dell'ammontare del canone di locazione e comunque entro il limite massimo di euro 2.000 ([8]) ([2]).

1 *quater*. Le detrazioni di cui ai commi da 01 a 1 *ter*, da ripartire tra gli aventi diritto, non sono tra loro cumulabili e il contribuente ha diritto, a sua scelta, di fruire della detrazione più favorevole ([8]) ([2]).

1 *quinquies*. Le detrazioni di cui ai commi da 01 a 1 *ter* sono rapportate al periodo dell'anno durante il quale l'unità immobiliare locata è adibita ad abitazione principale. Per abitazione principale si intende quella nella quale il soggetto titolare del contratto di locazione o i suoi familiari dimorano abitualmente ([8]) ([2]).

1 *quinquies*.1. Ai coltivatori diretti e agli imprenditori agricoli professionali iscritti nella previdenza agricola di età inferiore ai trentacinque anni, spetta, nel rispetto della regola *de minimis* di cui al regolamento (UE) n. 1408/2013 della Commissione, del 18 dicembre 2013, relativo all'applicazione degli articoli 107 e 108 del trattato sul funzionamento dell'Unione europea agli aiuti «*de minimis*» nel settore agricolo, una detrazione del 19 per cento delle spese sostenute per i canoni di affitto dei terreni agricoli diversi da quelli di proprietà dei genitori, entro il limite di euro 80 per ciascun ettaro preso in affitto e fino a un massimo di euro 1.200 annui. A tal fine, il contratto di affitto deve essere redatto in forma scritta ([9]).

1 *sexies*. Qualora la detrazione spettante ai sensi del presente articolo ([10]) sia di ammontare superiore all'imposta lorda diminuita, nell'ordine, delle detrazioni di cui agli articoli 12 e 13, è riconosciuto un ammontare pari alla quota di detrazione che non ha trovato capienza nella predetta imposta. Con decreto del Ministro dell'economia e delle finanze sono stabilite le modalità per l'attribuzione del predetto ammontare ([8]) ([2]).

([1]) *Questo comma è stato premesso al comma 1, dall'art. 1, comma 9, lett.* a), *della L. 24 dicembre 2007, n. 244.*

([2]) *A norma dell'art. 1, comma 10, della L. 24 dicembre 2007, n. 244, queste disposizioni producono effetti a decorrere dal periodo di imposta in corso al 31 dicembre 2007.*

([3]) *A norma dell'art. 7, comma 1, del D.L. 28 marzo 2014, n. 47, convertito, con modificazioni, nella L. 23 maggio 2014, n. 80, per il triennio 2014 - 2016, ai soggetti titolari di contratti di locazione di alloggi sociali, come definiti dal decreto ministeriale in attuazione dell'articolo 5 della legge 8 febbraio 2007, n. 9, adibita a propria abitazione principale, spetta una detrazione complessivamente pari a:*

a) *900 euro, se il reddito complessivo non supera euro 15.493,71;*

b) *450 euro, se il reddito complessivo supera euro 15.493,71 ma non euro 30.987,41.*

A norma dell'art. 7, comma 2, del medesimo D.L. n. 47/2014, alla detrazione di cui sopra si applica il D.M. 11 febbraio 2008 recante «Modalità di attribuzione, ai sensi dell'articolo 16, comma 1 sexies, del testo unico delle imposte sui redditi (TUIR) di cui al decreto del Presidente della Repubblica 22 dicembre 1986, n. 917, della detrazione di cui al citato articolo 16 eccedente l'imposta lorda diminuita delle detrazioni di cui agli articoli 12 e 13 del medesimo TUIR», pubblicato nella Gazzetta Ufficiale *n. 52 del 1° marzo 2008.*

(4) *Le parole: «, rapportata al periodo dell'anno durante il quale sussiste tale destinazione, nei seguenti importi:» sono state così sostituite dalle attuali: «complessivamente pari a:» dall'art. 1, comma 9, lett.* b), *della L. 24 dicembre 2007, n. 244.*

(5) *Le parole: «A favore dei» sono state così sostituite dalla attuale: «Ai» dall'art. 1, comma 9, lett.* c), *n. 1), della L. 24 dicembre 2007, n. 244.*

(6) *Le parole: «qualunque tipo di contratto» sono state così sostituite dalla attuale: «contratti» dall'art. 1, comma 9, lett.* c), *n. 2), della L. 24 dicembre 2007, n. 244.*

(7) *Le parole: «, rapportata al periodo dell'anno durante il quale sussiste tale destinazione, nei seguenti importi:» sono state così sostituite dalle attuali: «complessivamente pari a:» dall'art. 1, comma 9, lett.* c), *n. 3), della L. 24 dicembre 2007, n. 244.*

(8) *Questo comma, aggiunto dall'art. 1, comma 9, lett.* d), *della L. 24 dicembre 2007, n. 244, è stato così sostituito dall'art. 1, comma 155, della L. 30 dicembre 2021, n. 234, a decorrere dal 1° gennaio 2022.*

(9) *Questo comma è stato inserito dall'art. 7, comma 1, lett.* a), *del D.L. 24 giugno 2014, n. 91, convertito, con modificazioni, nella L. 11 agosto 2014, n. 116. Tale disposizione si applica a decorrere dal periodo d'imposta 2014, per il medesimo periodo d'imposta l'acconto relativo all'imposta sul reddito delle persone fisiche è calcolato senza tenere conto di tale disposizione.*

(10) *Le parole: «ai sensi del presente articolo» sono state inserite dall'art. 7, comma 1, lett.* b), *del D.L. 24 giugno 2014, n. 91, convertito, con modificazioni, nella L. 11 agosto 2014, n. 116. Tale disposizione si applica a decorrere dal periodo d'imposta 2014, per il medesimo periodo d'imposta l'acconto relativo all'imposta sul reddito delle persone fisiche è calcolato senza tenere conto di tale disposizione.*

16 *bis*. (1) (2) Detrazione delle spese per interventi di recupero del patrimonio edilizio e di riqualificazione energetica degli edifici. – 1. Dall'imposta lorda si detrae un importo pari al 36 per cento delle spese documentate, fino ad un ammontare complessivo delle stesse non superiore a 48.000 euro per unità immobiliare, sostenute ed effettivamente rimaste a carico dei contribuenti che possiedono o detengono, sulla base di un titolo idoneo, l'immobile sul quale sono effettuati gli interventi:

a) di cui alle lett. *a*), *b*), *c*) e *d*) dell'articolo 3 del decreto del Presidente della Repubblica 6 giugno 2001, n. 380, effettuati sulle parti comuni di edificio residenziale di cui all'articolo 1117 del codice civile;

b) di cui alle lettere *b*), *c*) e *d*) dell'articolo 3 del decreto del Presidente della Repubblica 6 giugno 2001, n. 380, effettuati sulle singole unità immobiliari residenziali di qualsiasi categoria catastale, anche rurali, e sulle loro pertinenze;

c) necessari alla ricostruzione o al ripristino dell'immobile danneggiato a seguito di eventi calamitosi, ancorché non rientranti nelle categorie di cui alle lettere *a*) e *b*) del presente comma, sempreché sia stato dichiarato lo stato di emergenza, anche anteriormente alla data di entrata in vigore della presente disposizione;

d) relativi alla realizzazione di autorimesse o posti auto pertinenziali anche a proprietà comune;

e) finalizzati alla eliminazione delle barriere architettoniche, aventi ad oggetto ascensori e montacarichi, alla realizzazione di ogni strumento che, attraverso la comunicazione, la robotica e ogni altro mezzo di tecnologia più avanzata, sia adatto a favorire la mobilità interna ed esterna all'abitazione per le persone portatrici di handicap in situazione di gravità, ai sensi dell'articolo 3, comma 3, della legge 5 febbraio 1992, n. 104;

f) relativi all'adozione di misure finalizzate a prevenire il rischio del compimento di atti illeciti da parte di terzi;

g) relativi alla realizzazione di opere finalizzate alla cablatura degli edifici, al contenimento dell'inquinamento acustico;

h) relativi alla realizzazione di opere finalizzate al conseguimento di risparmi energetici con particolare riguardo all'installazione di impianti basati sull'impiego delle fonti rinnovabili di energia. Le predette opere possono essere realizzate anche in assenza di opere edilizie propriamente dette, acquisendo idonea documentazione attestante il conseguimento di risparmi energetici in applicazione della normativa vigente in materia ([3]);

i) relativi all'adozione di misure antisismiche con particolare riguardo all'esecuzione di opere per la messa in sicurezza statica, in particolare sulle parti strutturali, per la redazione della documentazione obbligatoria atta a comprovare la sicurezza statica del patrimonio edilizio, nonché per la realizzazione degli interventi necessari al rilascio della suddetta documentazione. Gli interventi relativi all'adozione di misure antisismiche e all'esecuzione di opere per la messa in sicurezza statica devono essere realizzati sulle parti strutturali degli edifici o complessi di edifici collegati strutturalmente e comprendere interi edifici e, ove riguardino i centri storici, devono essere eseguiti sulla base di progetti unitari e non su singole unità immobiliari;

l) di bonifica dall'amianto e di esecuzione di opere volte ad evitare gli infortuni domestici.

2. Tra le spese sostenute di cui al comma 1 sono comprese quelle di progettazione e per prestazioni professionali connesse all'esecuzione delle opere edilizie e alla messa a norma degli edifici ai sensi della legislazione vigente in materia.

3. La detrazione di cui al comma 1 spetta anche nel caso di interventi di restauro e risanamento conservativo e di ristrutturazione edilizia di cui alle lettere *c*) e *d*) del comma 1 dell'articolo 3 del decreto del Presidente della Repubblica 6 giugno 2001, n. 380, riguardanti interi fabbricati, eseguiti da imprese di costruzione o ristrutturazione immobiliare e da cooperative edilizie, che provvedano entro diciotto mesi ([4]) dalla data di termine dei la-

vori alla successiva alienazione o assegnazione dell'immobile. La detrazione spetta al successivo acquirente o assegnatario delle singole unità immobiliari, in ragione di un'aliquota del 36 per cento del valore degli interventi eseguiti, che si assume in misura pari al 25 per cento del prezzo dell'unità immobiliare risultante nell'atto pubblico di compravendita o di assegnazione e, comunque, entro l'importo massimo di 48.000 euro.

3 *bis*. La detrazione di cui al comma 1 spetta, nella misura del 50 per cento, anche per interventi di sostituzione del gruppo elettrogeno di emergenza esistente con generatori di emergenza a gas di ultima generazione ([5]).

4. Nel caso in cui gli interventi di cui al comma 1 realizzati in ciascun anno consistano nella mera prosecuzione di interventi iniziati in anni precedenti, ai fini del computo del limite massimo delle spese ammesse a fruire della detrazione si tiene conto anche delle spese sostenute negli stessi anni.

5. Se gli interventi di cui al comma 1 sono realizzati su unità immobiliari residenziali adibite promiscuamente all'esercizio dell'arte o della professione, ovvero all'esercizio dell'attività commerciale, la detrazione spettante è ridotta al 50 per cento.

6. La detrazione è cumulabile con le agevolazioni già previste sugli immobili oggetto di vincolo ai sensi del decreto legislativo 22 gennaio 2004, n. 42, ridotte nella misura del 50 per cento.

7. La detrazione è ripartita in dieci quote annuali costanti e di pari importo nell'anno di sostenimento delle spese e in quelli successivi.

8. In caso di vendita dell'unità immobiliare sulla quale sono stati realizzati gli interventi di cui al comma 1 la detrazione non utilizzata in tutto o in parte è trasferita per i rimanenti periodi di imposta, salvo diverso accordo delle parti, all'acquirente persona fisica dell'unità immobiliare. In caso di decesso dell'avente diritto, la fruizione del beneficio fiscale si trasmette, per intero, esclusivamente all'erede che conservi la detenzione materiale e diretta del bene.

9. Si applicano le disposizioni di cui al decreto del Ministro delle finanze di concerto con il Ministro dei lavori pubblici 18 febbraio 1998, n. 41, pubblicato nella *Gazzetta Ufficiale* 13 marzo 1998, n. 60, con il quale è stato adottato il "Regolamento recante norme di attuazione e procedure di controllo di cui all'articolo 1 della L. 27 dicembre 1997, n. 449, in materia di detrazioni per le spese di ristrutturazione edilizia

10. Con successivo decreto del Ministro dell'economia e delle finanze possono essere stabilite ulteriori modalità di attuazione delle disposizioni di cui al presente articolo.

([1]) *Questo articolo è stato aggiunto dall'art. 4, comma 1, lett.* c)*, del D.L. 6 dicembre 2011, n. 201, convertito, con modificazioni, nella L. 22 dicembre 2011, n. 214, a decorrere dal 1° gennaio 2012.*

([2]) *A norma dell'art. 119, comma 3, del D.L. 19 maggio 2020, n. 34, convertito, con modificazioni, nella L. 17 luglio 2020, n. 77, così come modificato dall'art. 33* bis, *comma 1, lett.* a), *del D.L. 31 maggio 2021, n. 77, convertito, con modificazioni, nella L. 29 luglio 2021, n. 108, gli interventi di dimensionamento del cappotto termico e del cordolo sismico non concorrono al conteggio della distanza e dell'altezza, in deroga alle distanze minime riportate all'articolo 873 del codice civile, per gli interventi di cui a questo articolo e al medesimo articolo 119.*

([3]) *A norma dell'art. 10, comma 3* ter, *del D.L. 30 aprile 2019, n. 34, convertito, con modificazioni, nella L. 28 giugno 2019, n. 58, a decorrere dal 30 giugno 2019, per gli interventi di cui alla presente lettera, i soggetti beneficiari della detrazione possono optare per la cessione del corrispondente credito in favore dei fornitori dei beni e servizi necessari alla realizzazione degli interventi. Il fornitore dell'intervento ha a sua volta facoltà di cedere il credito d'imposta ai propri fornitori di beni e servizi, con esclusione della possibilità di ulteriori cessioni da parte di questi ultimi. Rimane in ogni caso esclusa la cessione ad istituti di credito e ad intermediari finanziari. La suddetta disposizione è stata abrogata dall'art. 1, comma 176, della L. 27 dicembre 2019, n. 160, a decorrere dal 1° gennaio 2020.*

([4]) *Le parole: «entro sei mesi» sono state così sostituite dalle attuali: «entro diciotto mesi» dall'art. 1, comma 48, della L. 23 dicembre 2014, n. 190.*

([5]) *Questo comma è stato inserito dall'art. 1, comma 60, della L. 30 dicembre 2020, n. 178, a decorrere dal 1° gennaio 2021.*

17. Tassazione separata. – 1. L'imposta si applica separatamente sui seguenti redditi:

a) trattamento di fine rapporto di cui all'art. 2120 del codice civile e indennità equipollenti, comunque denominate, commisurate alla durata dei rapporti di lavoro dipendente, compresi quelli contemplati alle lettere *a*), *d*) e *g*) del comma 1 dell'art. 47 (N.d.R.: *ora art. 50*), anche nelle ipotesi di cui all'art. 2122 del codice civile; altre indennità e somme percepite una volta tanto in dipendenza della cessazione dei predetti rapporti, comprese l'indennità di preavviso, le somme risultanti dalla capitalizzazione di pensioni e quelle attribuite a fronte dell'obbligo di non concorrenza ai sensi dell'art. 2125 del codice civile nonché le somme e i valori comunque percepiti, al netto delle spese legali sostenute, anche se a titolo risarcitorio o nel contesto di procedure esecutive, a seguito di provvedimenti dell'autorità giudiziaria o di transazioni relativi alla risoluzione del rapporto di lavoro;

[*a bis*) le prestazioni pensionistiche di cui alla lettera *h bis*) del comma 1 dell'articolo 47 (N.d.R.: *ora art. 50*), erogate in forma di capitale, ad esclusione del riscatto della posizione individuale ai sensi dell'articolo 10, comma 1, lettera *c*), del decreto legislativo 21 aprile 1993, n. 124, diverso da quello esercitato a seguito di pensionamento o di cessazione del rapporto di lavoro per mobilità o per altre cause non dipendenti dalla volontà delle parti] ([1]);

b) emolumenti arretrati per prestazioni di lavoro dipendente riferibili ad anni precedenti, percepiti per effetto di leggi, di contratti collettivi, di sentenze o di atti amministrativi sopravvenuti o per altre cause non dipendenti dalla volontà delle parti, compresi i compensi e le indennità di cui al comma 1 dell'art. 47 (N.d.R.: *ora art. 50*) e al comma 2 dell'art. 46 (N.d.R.: *ora art. 48*) ([2]);

c) indennità percepite per la cessazione dei rapporti di collaborazione coordinata e continuativa, di cui al comma 2 dell'art. 49 (N.d.R.: *ora art. 53*), se il diritto all'indennità risulta da atto di data certa anteriore all'inizio del rapporto nonché, in ogni caso, le somme e i valori comunque percepiti, al netto delle spese legali sostenute, anche se a titolo risarcitorio o nel contesto di procedure esecutive, a seguito di provvedimenti dell'autorità giudiziaria o di transazioni relativi alla risoluzione dei rapporti di collaborazione coordinata e continuativa;

c bis) indennità di modalità di cui all'art. 7, comma 5, della L. 23 luglio 1991, n. 223, e trattamento di integrazione salariale di cui all'art. 1 *bis* del D.L. 10 giugno 1994, n. 357, convertito, con modificazioni, dalla L. 8 agosto 1994, n. 489, corrisposti anticipatamente;

d) indennità per la cessazione di rapporti di agenzia delle persone fisiche e delle società di persone;

e) indennità percepite per la cessazione da funzioni notarili;

f) indennità percepite dai lavoratori subordinati sportivi al termine dell'attività sportiva ai sensi dell'articolo 26, comma 4, del decreto legislativo attuativo della delega di cui all'articolo 5 della legge 8 agosto 2019, n. 86 ([3]), se non rientranti tra le indennità indicate alla lettera *a*);

g) plusvalenze, compreso il valore di avviamento, realizzate mediante cessione a titolo oneroso di aziende possedute da più di cinque anni e redditi conseguiti in dipendenza di liquidazione, anche concorsuale, di imprese commerciali esercitate da più di cinque anni;

g bis) plusvalenze di cui alla lettera *b*) del comma 1 dell'art. 81 (N.d.R.: *ora art. 67*) realizzate a seguito di cessioni a titolo oneroso di terreni suscettibili di utilizzazione edificatoria secondo gli strumenti urbanistici vigenti al momento della cessione;

g ter) corrispettivi di cui all'articolo 54, comma 1 *quater*, se percepiti in unica soluzione ([4]);

h) indennità per perdita dell'avviamento spettanti al conduttore in caso di cessazione della locazione di immobili urbani adibiti ad usi diversi da quello di abitazione e indennità di avviamento delle farmacie spettanti al precedente titolare;

i) indennità spettanti a titolo di risarcimento, anche in forma assicurativa, dei danni consistenti nella perdita di redditi relativi a più anni;

l) redditi compresi nelle somme attribuite o nel valore normale dei beni assegnati ai soci delle società indicate nell'art. 5 nei casi di recesso, esclusione e riduzione del capitale o agli eredi in caso di morte del socio, e redditi imputati ai soci in dipendenza di liquidazione, anche concorsuale, delle società stesse, se il periodo di tempo intercorso tra la costituzione della società e la comunicazione del recesso o dell'esclusione, la deliberazione di riduzione del capitale, la morte del socio o l'inizio della liquidazione è superiore a cinque anni;

m) (*Omissis*);

n) redditi compresi nelle somme o nel valore normale dei beni attribuiti alla scadenza dei contratti e dei titoli di cui alle lettere *a*), *b*), *f*) e *g*) del comma 1 dell'art. 41 (N.d.R.: *ora art. 44*), quando non sono soggetti a ritenuta alla fonte a titolo di imposta o ad imposta sostitutiva, se il periodo di durata del contratto o del titolo è superiore a cinque anni;

n bis) somme conseguite a titolo di rimborso di imposte o di oneri dedotti dal reddito complessivo o per i quali si è fruito della detrazione in periodi di imposta precedenti. La presente disposizione non si applica alle spese rimborsate di cui all'art. 13 *bis*, comma 1, lett. *c*), quinto e sesto periodo (N.d.R.: *ora art. 15*).

2. I redditi indicati alle lettere da *g*) a *n*) del comma 1 sono esclusi dalla tassazione separata se conseguiti da società in nome collettivo o in accomandita semplice; se conseguiti da persone fisiche nell'esercizio di imprese commerciali, sono tassati separatamente a condizione che ne sia fatta richiesta nella dichiarazione dei redditi relativa al periodo di imposta al quale sarebbero imputabili come componenti del reddito di impresa.

3. Per i redditi indicati alle lettere da *d*) a *f*) del comma 1 e per quelli indicati alle lettere da *g*) a *n bis*) non conseguiti nell'esercizio di imprese commerciali il contribuente ha facoltà di non avvalersi della tassazione separata facendolo constare espressamente nella dichiarazione dei redditi relativa al periodo di imposta in cui è avvenuta o ha avuto inizio la percezione. Per i redditi indicati alle lett. *a*), *b*), *c*) e *c bis*) del comma 1 gli uffici provvedono a iscrivere a ruolo le maggiori imposte dovute con le modalità stabilite negli artt. 17 (N.d.R.: *ora art. 19*) e 18 (N.d.R.: *ora art. 21*) ovvero facendo concorrere i redditi stessi alla formazione del reddito complessivo dell'anno in cui sono percepiti, se ciò risulta più favorevole per il contribuente.

(1) *Questa lettera è stata abrogata dall'art. 21, comma 3, lett.* b), *del D.L.vo 5 dicembre 2005, n. 252, a decorrere dal 1° gennaio 2007.*

(2) *La Corte costituzionale, con sentenza n. 287 del 22 luglio 1996, ha dichiarato l'illegittimità costituzionale di questa lettera nella parte in cui non ricomprende tra i redditi ammessi a tassazione separata l'indennità di disoccupazione.*

(3) *Le parole: «indennità percepite da sportivi professionisti al termine dell'attività sportiva ai sensi del settimo comma dell'articolo 4 della legge 23 marzo 1981, n. 91» sono state così sostituite dalle attuali: «indennità percepite dai lavoratori subordinati sportivi al termine dell'attività sportiva ai sensi dell'articolo 26, comma 4, del decreto legislativo attuativo della delega di cui all'articolo 5 della legge 8 agosto 2019, n. 86» dall'art. 51, comma 2, lett.* a), *del D.L.vo 28 febbraio 2021, n. 36, a decorrere dal 1° gennaio 2022, così come modificato dall'art. 30, comma 7, del D.L. 22 marzo 2021, n. 41, convertito, con modificazioni, nella L. 21 maggio 2021, n. 69.*

(4) *Questa lettera è stata inserita dall'art. 36, comma 29, lett.* b), *del D.L. 4 luglio 2006, n. 223, convertito, con modificazioni, nella L. 4 agosto 2006, n. 248.*

18. Imposizione sostitutiva dei redditi di capitale di fonte estera. – 1. I redditi di capitale corrisposti da soggetti non residenti a soggetti residenti nei cui confronti in Italia si applica la ritenuta a titolo di imposta o l'imposta sostitutiva di cui all'articolo 2, comma 1 *bis* (1), del decreto legislativo 1° aprile 1996, n. 239, sono soggetti ad imposizione sostitutiva delle imposte sui redditi con la stessa aliquota della ritenuta a titolo d'imposta. Il contribuente ha la facoltà di non avvalersi del regime di imposizione sostitutiva ed in tal caso compete il credito d'imposta per i redditi prodotti all'estero. La disposizione di cui al periodo precedente non si applica alle distribuzioni di utili di cui all'articolo 27, quarto comma, del decreto del Presidente della Repubblica 29 settembre 1973, n. 600.

2. Si considerano corrisposti da soggetti non residenti anche gli interessi ed altri proventi delle obbligazioni e degli altri titoli di cui all'articolo 31 del decreto del Presidente della Repubblica 29 settembre 1973, n. 601, nonché di quelli con regime fiscale equiparato, emessi all'estero a decorrere dal 10 settembre 1992.

(1) *Le parole*: «*commi 1* bis *e 1* ter» *sono state così sostituite dalle attuali*: «*comma 1* bis» *dall'art. 2, comma 15, lett.* a), *del D.L. 13 agosto 2011, n. 138, convertito, con modificazioni, nella L. 14 settembre 2011, n. 148. A norma dell'art. 2, comma 24, del medesimo D.L., tali disposizioni esplicano effetto a decorrere dal 1° gennaio 2012.*

19. Indennità di fine rapporto. – 1. Il trattamento di fine rapporto costituisce reddito per un importo che si determina riducendo il suo ammontare delle rivalutazioni già assoggettate ad imposta sostitutiva. L'imposta è applicata con l'aliquota determinata con riferimento all'anno in cui è maturato il diritto alla percezione, corrispondente all'importo che risulta dividendo il suo ammontare, aumentato delle somme destinate alle forme pensionistiche di cui al decreto legislativo 21 aprile 1993, n. 124 e al netto delle rivalutazioni già assoggettate ad imposta sostitutiva, per il numero degli anni e frazione di anno preso a base di commisurazione, e moltiplicando il risultato per dodici.

Gli uffici finanziari provvedono a riliquidare l'imposta in base all'aliquota media di tassazione dei cinque anni precedenti a quello in cui è maturato il diritto alla percezione, iscrivendo a ruolo le maggiori imposte dovute ovvero rimborsando quelle spettanti ([1]).

1 *bis*. Se in uno o più degli anni indicati al comma 1 non vi è stato reddito imponibile, l'aliquota media si calcola con riferimento agli anni in cui vi è stato reddito imponibile; se non vi è stato reddito imponibile in alcuno di tali anni, si applica l'aliquota stabilita dall'articolo 11 (N.d.R.: *ora art. 12*) per il primo scaglione di reddito ([1]).

1 *ter*. Qualora il trattamento di fine rapporto sia relativo a rapporti di lavoro a tempo determinato, di durata effettiva non superiore a due anni, l'imposta determinata ai sensi del comma 1 è diminuita di un importo pari ad € 61,97 per ciascun anno; per i periodi inferiori ad un anno, tale importo è rapportato a mese. Se il rapporto si svolge per un numero di ore inferiore a quello ordinario previsto dai contratti collettivi nazionali di lavoro, la somma è proporzionalmente ridotta ([1]).

2. Le altre indennità e somme indicate alla lettera a) del comma 1 dell'articolo 16 (N.d.R.: *ora art. 17*), anche se commisurate alla durata del rapporto di lavoro e anche se corrisposte da soggetti diversi dal datore di lavoro, sono imponibili per il loro ammontare complessivo, al netto dei contributi obbligatori dovuti per legge, con l'aliquota determinata agli effetti del comma 1. Tali indennità e somme, se corrisposte a titolo definitivo e in relazione ad un presupposto non connesso alla cessazione del rapporto di lavoro che ha generato il trattamento di fine rapporto, sono imponibili per il loro ammontare netto con l'aliquota determinata con i criteri di cui al comma 1 ([1]).

2 *bis*. Le indennità equipollenti, comunque denominate, commisurate alla durata dei rapporti di lavoro dipendente di cui alla lettera *a*), del comma 1, dell'articolo 16 (N.d.R.: *ora art. 17*), sono imponibili per un importo che si determina riducendo il loro ammontare netto di una somma pari ad € 309,87 per ciascun anno preso a base di commisurazione, con esclusione dei periodi di anzianità convenzionale; per i periodi inferiori all'anno la riduzione è rapportata a mese. Se il rapporto si svolge per un numero di ore inferiore a quello ordinario previsto dai contratti collettivi nazionali di lavoro, la somma è proporzionalmente ridotta. L'imposta è applicata con l'aliquota determinata con riferimento all'anno in cui è maturato il diritto alla percezione, corrispondente all'importo che risulta dividendo il suo ammontare netto, aumentato delle somme destinate alle forme pensionistiche di cui al decreto legislativo 21 aprile 1993, n. 124, per il numero degli anni e frazione di anno preso a base di commisurazione, e moltiplicando il risultato per dodici. L'ammontare netto delle indennità, alla cui formazione concorrono contributi

previdenziali posti a carico dei lavoratori dipendenti e assimilati, è computato previa detrazione di una somma pari alla percentuale di tali indennità corrispondente al rapporto, alla data del collocamento a riposo o alla data in cui è maturato il diritto alla percezione, fra l'aliquota del contributo previdenziale posto a carico dei lavoratori dipendenti e assimilati e l'aliquota complessiva del contributo stesso versato all'ente, cassa o fondo di previdenza ([1]).

3. Se per il lavoro prestato anteriormente alla data di entrata in vigore della L. 29 maggio 1982, n. 297, il trattamento di fine rapporto risulta calcolato in misura superiore ad una mensilità della retribuzione annua per ogni anno preso a base di commisurazione, ai fini della determinazione dell'aliquota ai sensi del comma 1 non si tiene conto dell'eccedenza.

4. Salvo conguaglio all'atto della liquidazione definitiva, sulle anticipazioni e sugli acconti relativi al trattamento di fine rapporto e alle indennità equipollenti, nonché sulle anticipazioni relative alle altre indennità e somme, si applica l'aliquota determinata, rispettivamente, a norma dei commi 1, 2 e 2 *bis*, considerando l'importo accantonato, aumentato dalle anticipazioni e degli acconti complessivamente erogati e al netto delle rivalutazioni già assoggettate ad imposta sostitutiva. Non si considerano anticipazioni le somme e i valori destinati alle forme pensionistiche di cui al decreto legislativo 21 aprile 1993, n. 124.

[4 *bis*. Per le somme corrisposte in occasione della cessazione del rapporto al fine di incentivare l'esodo dei lavoratori che abbiano superato l'età di 50 anni se donne e di 55 anni se uomini, di cui all'articolo 16, comma 1, lettera *a*) (N.d.R.: *ora art. 17*), l'imposta si applica con l'aliquota pari alla metà di quella applicata per la tassazione del trattamento di fine rapporto e delle altre indennità e somme indicate alla richiamata lettera *a*) del comma 1 dell'articolo 16 (N.d.R.: *ora art. 17*)] ([2]).

5. Nell'ipotesi di cui all'art. 2122 del codice civile e nell'ipotesi di cui al comma 3 dell'art. 7 l'imposta, determinata a norma del presente articolo, è dovuta dagli aventi diritto proporzionalmente all'ammontare percepito da ciascuno; nella seconda ipotesi la quota dell'imposta sulle successioni proporzionale al credito indicato nella relativa dichiarazione è ammessa in deduzione dell'ammontare imponibile di cui ai precedenti commi.

6. Con decreti del Ministro delle finanze sono stabiliti i criteri e le modalità per lo scambio delle informazioni occorrenti ai fini dell'applicazione del comma 2 tra i soggetti tenuti alla corresponsione delle indennità e delle altre somme in dipendenza della cessazione del medesimo rapporto di lavoro.

([1]) *Le parole*: *«iscrivendo a ruolo o rimborsando le maggiori o le minori imposte entro il 31 dicembre del terzo anno successivo a quello di presentazione della dichiarazione del sostituto d'imposta» sono state così sostituite dalle attuali parole*: *«iscrivendo a ruolo le maggiori imposte dovute ovvero rimborsando quelle spettanti» dall'art. 37, comma 41, del D.L. 4 luglio 2006, n. 223, convertito, con modificazioni, nella L. 4 agosto 2006, n. 248.*

(2) *Questo comma è stato abrogato dall'art. 36, comma 23, del D.L. 4 luglio 2006, n. 223, convertito, con modificazioni, nella L. 4 agosto 2006, n. 248. A norma dello stesso art. 36, comma 23, la disciplina di cui a questo comma continua ad applicarsi con riferimento alle somme corrisposte in relazione a rapporti di lavoro cessati prima della data di entrata in vigore del presente decreto, nonché con riferimento alle somme corrisposte in relazione a rapporti di lavoro cessati in attuazione di atti o accordi, aventi data certa, anteriori alla data di entrata in vigore dello stesso decreto legge, avvenuta il giorno della sua pubblicazione (Suppl. ord. alla* Gazzetta Ufficiale *Serie gen. - n. 186 dell'11 agosto 2006).*

20. (1) [**Prestazioni pensionistiche.** – (*Omissis*)].

(1) *Questo articolo è stato abrogato dall'art. 21, comma 3, lett. c), del D.L.vo 5 dicembre 2005, n. 252, a decorrere dal 1° gennaio 2007.*

20 *bis*. (1) **Redditi dei soci delle società personali in caso di recesso, esclusione, riduzione del capitale e liquidazione.** – 1. Ai fini della determinazione dei redditi di partecipazione compresi nelle somme attribuite o nei beni assegnati ai soci o agli eredi, di cui all'articolo 17, comma 1, lettera *l*), si applicano, in quanto compatibili, le disposizioni dell'articolo 47, comma 7, indipendentemente dall'applicabilità della tassazione separata.

(1) *Questo articolo è stato inserito dall'art. 1, comma 1, del D.L.vo 18 novembre 2005, n. 247.*

21. Determinazione dell'imposta per gli altri redditi tassati separatamente. – 1. Per gli altri redditi tassati separatamente, ad esclusione di quelli in cui alla lettera *g*) del comma 1 dell'articolo 17 (N.d.R.: *ora art. 19*) e di quelli imputati ai soci in dipendenza di liquidazione, anche concorsuale, di cui alla lettera *l*) del medesimo comma 1 dell'articolo 17 (N.d.R.: *ora art. 19*), l'imposta è determinata applicando all'ammontare percepito, l'aliquota corrispondente alla metà del reddito complessivo netto del contribuente nel biennio anteriore all'anno in cui è sorto il diritto alla loro percezione ovvero, per i redditi e le somme indicati, rispettivamente, nelle lettere *b*), *c bis*) e *n bis*) del comma 1 dell'articolo 17 (N.d.R.: *ora art. 19*), all'anno in cui sono percepiti. Per i redditi di cui alla lettera *g*) del comma 1 dell'articolo 17 (N.d.R.: *ora art. 19*) e per quelli imputati ai soci in dipendenza di liquidazione, anche concorsuale, di cui alla lettera *l*) del medesimo comma 1 dell'articolo 17 (N.d.R.: *ora art. 19*), l'imposta è determinata applicando all'ammontare conseguito o imputato, l'aliquota corrispondente alla metà del reddito complessivo netto del contribuente nel biennio anteriore all'anno in cui i redditi sono stati rispettivamente conseguiti o imputati. Se per le somme conseguite a titolo di rimborso di cui alla lettera *n bis*) del comma 1 dell'articolo 17

(N.d.R.: *ora art. 19*) è stata riconosciuta la detrazione, l'imposta è determinata applicando un'aliquota non superiore al 27 per cento.

2. Nell'ipotesi di cui al comma 3 dell'art. 7 si procede alla tassazione separata nei confronti degli eredi e dei legatari; l'imposta dovuta da ciascuno di essi è determinata applicando all'ammontare percepito, diminuito della quota dell'imposta sulle successioni proporzionale al credito indicato nella relativa dichiarazione, l'aliquota corrispondente alla metà del suo reddito complessivo netto nel biennio anteriore all'anno in cui si è aperta la successione.

3. Se in uno dei due anni anteriori non vi è stato reddito imponibile si applica l'aliquota corrispondente alla metà del reddito complessivo netto dell'altro anno; se non vi è stato reddito imponibile in alcuno dei due anni si applica l'aliquota stabilita all'art. 11 (N.d.R.: *ora art. 12*) per il primo scaglione di reddito.

4. Per gli emolumenti arretrati di cui alla lettera *b*) del comma 1 dell'art. 16 (N.d.R.: *ora art. 17*) l'imposta determinata ai sensi dei precedenti commi è ridotta di un importo pari a quello delle detrazioni previste nell'art. 12 (N.d.R.: *ora art. 13*) e nei commi 1 e 2 dell'art. 13 (N.d.R.: *ora art. 14*) se e nella misura in cui non siano state fruite per ciascuno degli anni cui gli arretrati si riferiscono. Gli aventi diritto agli arretrati devono dichiarare al soggetto che li corrisponde l'ammontare delle detrazioni fruite per ciascuno degli anni cui si riferiscono.

5. Per i periodi indicati alle lettere *c*), *d*), *e*) ed *f*) del comma 1 dell'art. 16 (N.d.R.: *ora art. 17*) l'imposta si applica anche sulle eventuali anticipazioni salvo conguaglio.

22. Scomputo degli acconti. – 1. Dall'imposta determinata a norma dei precedenti articoli si scomputano nell'ordine:

a) l'ammontare dei crediti per le imposte pagate all'estero secondo le modalità di cui all'articolo 165;

b) i versamenti eseguiti dal contribuente in acconto dell'imposta;

c) le ritenute alla fonte a titolo di acconto operate sui redditi che concorrono a formare il reddito complessivo e su quelli tassati separatamente. Le ritenute operate nell'anno successivo a quello di competenza dei redditi e anteriormente alla presentazione della dichiarazione dei redditi possono essere scomputate dall'imposta relativa al periodo d'imposta di competenza dei redditi o, alternativamente, dall'imposta relativa al periodo d'imposta nel quale sono state operate. Le ritenute operate dopo la presentazione della dichiarazione dei redditi si scomputano dall'imposta relativa al periodo d'imposta nel quale sono state operate. Le ritenute operate sui redditi delle società, associazioni e imprese indicate nell'articolo 5 si scomputano, nella proporzione ivi stabilita, dalle imposte dovute dai singoli soci, associati o partecipanti ([1]).

2. Se l'ammontare complessivo dei crediti di imposta, dei versamenti e delle ritenute, è superiore a quello dell'imposta netta sul reddito complessivo, il contribuente ha diritto, a sua scelta, di computare l'eccedenza in diminuzione dell'imposta del periodo d'imposta successiva o di chiederne il rimborso in sede di dichiarazione dei redditi. Per i redditi tassati separatamente, se l'ammontare delle ritenute, dei versamenti e dei crediti è superiore a quello dell'imposta netta di cui agli articoli 19 e 21, il contribuente ha diritto al rimborso dell'eccedenza.

([1]) *Questa lettera è stata così sostituita dall'art. 5, comma 2* bis, *del D.L. 22 ottobre 2016, n. 193, convertito, con modificazioni, nella L. 1° dicembre 2016, n. 225.*

23. Applicazione dell'imposta ai non residenti. – 1. Ai fini dell'applicazione dell'imposta nei confronti dei non residenti si considerano prodotti nel territorio dello Stato:

a) i redditi fondiari;

b) i redditi di capitale corrisposti dallo Stato, da soggetti residenti nel territorio dello Stato o da stabili organizzazioni nel territorio stesso di soggetti non residenti, con esclusione degli interessi e altri proventi derivanti da depositi e conti correnti bancari e postali;

c) i redditi di lavoro dipendente prestato nel territorio dello Stato, compresi i redditi assimilati a quelli di lavoro dipendente di cui alle lettere *a*) e *b*) del comma 1 dell'articolo 50;

d) i redditi di lavoro autonomo derivanti da attività esercitate nel territorio dello Stato;

e) i redditi d'impresa derivanti da attività esercitate nel territorio dello Stato mediante stabili organizzazioni;

f) i redditi diversi derivanti da attività svolte nel territorio dello Stato e da beni che si trovano nel territorio stesso, nonché le plusvalenze derivanti dalla cessione a titolo oneroso di partecipazioni in società residenti, con esclusione:

1) delle plusvalenze di cui alla lettera *c bis*) del comma 1, dell'articolo 67, derivanti da cessione a titolo oneroso di partecipazioni in società residenti negoziate in mercati regolamentati, ovunque detenute;

2) delle plusvalenze di cui alla lettera *c ter*) del medesimo articolo derivanti da cessione a titolo oneroso ovvero da rimborso di titoli non rappresentativi di merci e di certificati di massa negoziati in mercati regolamentati, nonché da cessione o da prelievo di valute estere rivenienti da depositi e conti correnti;

3) dei redditi di cui alle lettere *c quater*) e *c quinquies*) del medesimo articolo derivanti da contratti conclusi, anche attraverso l'intervento d'intermediari, in mercati regolamentati;

g) i redditi di cui agli articoli 5, 115 e 116 imputabili a soci, associati o partecipanti non residenti [, nonché quelli di cui all'articolo 55 *bis*, comma 1, secondo periodo] (1).

2. Indipendentemente dalle condizioni di cui alle lettere *c*), *d*), *e*) e *f*) del comma 1 si considerano prodotti nel territorio dello Stato, se corrisposti dallo Stato, da soggetti residenti nel territorio dello Stato o da stabili organizzazioni nel territorio stesso di soggetti non residenti:

a) le pensioni, gli assegni ad esse assimilati e le indennità di fine rapporto di cui alle lettere *a*), *c*), *d*), *e*) e *f*) del comma 1 dell'art. 16 (N.d.R.: *ora art. 17*);

b) i redditi assimilati a quelli di lavoro dipendente di cui alle lettere *c*), *c bis*), *f*), *h*), *h bis*), *i*) e *l*) del comma 1 dell'articolo 47 (N.d.R.: *ora art. 50*);

c) i compensi per l'utilizzazione di opere dell'ingegno, di brevetti industriali e di marchi d'impresa nonché di processi, formule e informazioni relativi ad esperienze acquisite nel campo industriale, commerciale o scientifico;

d) i compensi conseguiti da imprese, società o enti non residenti per prestazioni artistiche o professionali effettuate per loro conto nel territorio dello Stato.

(1) *Le parole: «, nonché quelli di cui all'articolo 55* bis*, comma 1, secondo periodo» aggiunte dall'art. 1, comma 547, lett.* a)*, della L. 11 dicembre 2016, n. 232, a decorrere dal 1° gennaio 2018, sono state soppresse dall'art. 1, comma 1055, lett.* a)*, n. 1), della L. 30 dicembre 2018, n. 145, a decorrere dal 1° gennaio 2019.*

24. Determinazione dell'imposta dovuta dai non residenti. – 1. Nei confronti dei non residenti l'imposta si applica sul reddito complessivo e sui redditi tassati separatamente a norma dei precedenti articoli, salvo il disposto dei commi 2 e 3.

2. Dal reddito complessivo sono deducibili soltanto gli oneri di cui alle lettere *a*), *g*), *h*), *i*) e *l*) del comma 1 dell'art. 10.

3. Dall'imposta lorda si scomputano le detrazioni di cui all'articolo 13 nonché quelle di cui all'articolo 15, comma 1, lettere *a*), *b*), *g*), *h*), *h bis*) e *i*), e dell'articolo 16 *bis* (1). Le detrazioni per carichi di famiglia non competono (2).

3 *bis*. In deroga alle disposizioni contenute nel comma 1, nei confronti dei soggetti non residenti nel territorio italiano (3) che assicuri un adeguato scambio di informazioni, l'imposta dovuta è determinata sulla base delle disposizioni contenute negli articoli da 1 a 23, a condizione che il reddito

prodotto dal soggetto nel territorio dello Stato italiano sia pari almeno al 75 per cento del reddito dallo stesso complessivamente prodotto e che il soggetto non goda di agevolazioni fiscali analoghe nello Stato di residenza. Con decreto di natura non regolamentare del Ministro dell'economia e delle finanze sono adottate le disposizioni di attuazione del presente comma (4).

(1) *Le parole: «, e dell'articolo 16* bis*» sono state aggiunte dall'art. 4, comma 1, lett.* d)*, del D.L. 6 dicembre 2011, n. 201, convertito, con modificazioni, nella L. 22 dicembre 2011, n. 214, a decorrere dal 1° gennaio 2012.*

(2) *Questo comma è stato così sostituito dall'art. 1, comma 6, lett.* e)*, della L. 27 dicembre 2006, n. 296.*

(3) *Le parole: «nei confronti dei soggetti residenti in uno degli Stati membri dell'Unione europea o in uno Stato aderente all'Accordo sullo Spazio economico europeo» sono state così sostituite dalle seguenti: «nei confronti dei soggetti non residenti nel territorio italiano» dall'art. 1, comma 954, lett.* c)*, della L. 28 dicembre 2015, n. 208.*

(4) *Questo comma è stato aggiunto dall'art. 7, comma 1, della L. 30 ottobre 2014, n. 161. Tali disposizioni si applicano a decorrere dal periodo di imposta in corso al 31 dicembre 2014. Si veda il D.M. 21 settembre 2015* (G.U. *Serie gen. - n. 231 del 5 ottobre 2015).*

24 *bis*. (1) (2) (3) (4) Opzione per l'imposta sostitutiva sui redditi prodotti all'estero realizzati da persone fisiche che trasferiscono la propria residenza fiscale in Italia. – 1. Le persone fisiche che trasferiscono la propria residenza in Italia ai sensi dell'articolo 2, comma 2, possono optare per l'assoggettamento all'imposta sostitutiva, di cui al comma 2 del presente articolo, dei redditi prodotti all'estero individuati secondo i criteri di cui all'articolo 165, comma 2, a condizione che non siano state fiscalmente residenti in Italia, ai sensi dell'articolo 2, comma 2, per un tempo almeno pari a nove periodi d'imposta nel corso dei dieci precedenti l'inizio del periodo di validità dell'opzione. L'imposta sostitutiva non si applica ai redditi di cui all'articolo 67, comma 1, lettera *c*), realizzati nei primi cinque periodi d'imposta di validità dell'opzione, che rimangono soggetti al regime ordinario di imposizione di cui all'articolo 68, comma 3 (5).

2. Per effetto dell'esercizio dell'opzione di cui al comma 1, relativamente ai redditi prodotti all'estero di cui al comma 1 è dovuta un'imposta sostitutiva dell'imposta sui redditi delle persone fisiche calcolata in via forfetaria, a prescindere dall'importo dei redditi percepiti, nella misura di euro 100.000 per ciascun periodo d'imposta in cui è valida la predetta opzione. Tale importo è ridotto a euro 25.000 per ciascun periodo d'imposta per ciascuno dei familiari di cui al comma 6. L'imposta è versata in un'unica soluzione entro la data prevista per il versamento del saldo delle imposte sui redditi. Per l'accertamento, la riscossione, il contenzioso e le sanzioni si applicano, in quanto

compatibili, le disposizioni previste per l'imposta sul reddito delle persone fisiche. L'imposta non è deducibile da nessun'altra imposta o contributo ([5]).

3. L'opzione di cui al comma 1 deve essere esercitata dopo aver ottenuto risposta favorevole a specifica istanza di interpello presentata all'Agenzia delle entrate, ai sensi dell'articolo 11, comma 1, lettera *b*), della legge 27 luglio 2000, n. 212, entro il termine per la presentazione della dichiarazione relativa al periodo d'imposta in cui viene trasferita la residenza in Italia ai sensi del comma 1 del presente articolo ed è efficace a decorrere da tale periodo d'imposta. Le persone fisiche di cui al comma 1 indicano nell'opzione la giurisdizione o le giurisdizioni in cui hanno avuto l'ultima residenza fiscale prima dell'esercizio di validità dell'opzione. L'Agenzia delle entrate trasmette tali informazioni, attraverso gli idonei strumenti di cooperazione amministrativa, alle autorità fiscali delle giurisdizioni indicate come luogo di ultima residenza fiscale prima dell'esercizio di validità dell'opzione.

4. L'opzione di cui al comma 1 è revocabile e comunque cessa di produrre effetti decorsi quindici anni dal primo periodo d'imposta di validità dell'opzione. Gli effetti dell'opzione cessano in ogni caso in ipotesi di omesso o parziale versamento, in tutto o in parte, dell'imposta sostitutiva di cui al comma 2 nella misura e nei termini previsti dalle vigenti disposizioni di legge. Sono fatti salvi gli effetti prodotti nei periodi d'imposta precedenti. La revoca o la decadenza dal regime precludono l'esercizio di una nuova opzione.

5. Le persone fisiche di cui al comma 1, per sé o per uno o più dei familiari di cui al comma 6, possono manifestare la facoltà di non avvalersi dell'applicazione dell'imposta sostitutiva con riferimento ai redditi prodotti in uno o più Stati o territori esteri, dandone specifica indicazione in sede di esercizio dell'opzione ovvero con successiva modifica della stessa. Soltanto in tal caso, per i redditi prodotti nei suddetti Stati o territori esteri si applica il regime ordinario e compete il credito d'imposta per i redditi prodotti all'estero. Ai fini dell'individuazione dello Stato o territorio estero in cui sono prodotti i redditi si applicano i medesimi criteri di cui all'articolo 23.

6. Su richiesta del soggetto che esercita l'opzione di cui al comma 1, l'opzione ivi prevista può essere estesa nel corso di tutto il periodo dell'opzione a uno o più dei familiari di cui all'articolo 433 del codice civile, purché soddisfino le condizioni di cui al comma 1. In tal caso, il soggetto che esercita l'opzione indica la giurisdizione o le giurisdizioni in cui i familiari a cui si estende il regime avevano l'ultima residenza prima dell'esercizio di validità dell'opzione. L'estensione dell'opzione può essere revocata in relazione a uno o più familiari di cui al periodo precedente. La revoca dall'opzione o la decadenza dal regime del soggetto che esercita l'opzione si estendono anche ai familiari. La decadenza dal regime di uno o più dei familiari per omesso o

parziale versamento dell'imposta sostitutiva loro riferita non comporta decadenza dal regime per le persone fisiche di cui al comma 1.

(1) *Questo articolo è stato aggiunto dall'art. 1, comma 152, della L. 11 dicembre 2016, n. 232.*

A norma dell'art. 1, comma 159, del medesimo provvedimento, tali disposizioni si applicano per la prima volta con riferimento alle dichiarazioni dei redditi relative al periodo d'imposta in corso alla data di entrata in vigore della presente legge.

(2) *A norma dell'art. 1, comma 153, della L. 11 dicembre 2016, n. 232, i soggetti che esercitano l'opzione di cui al presente articolo, per i periodi d'imposta di validità dell'opzione ivi prevista, non sono tenuti agli obblighi di dichiarazione di cui all'articolo 4 del D.L. 28 giugno 1990, n. 167, convertito, con modificazioni, dalla L. 4 agosto 1990, n. 227, e sono esenti dalle imposte previste dall'articolo 19, commi 13 e 18, del D.L. 6 dicembre 2011, n. 201, convertito, con modificazioni, dalla L. 22 dicembre 2011, n. 214. La presente disposizione si applica anche ai familiari di cui al comma 6 del presente articolo.*

A norma dell'art. 1, comma 159, del medesimo provvedimento, tali disposizioni si applicano per la prima volta con riferimento alle dichiarazioni dei redditi relative al periodo d'imposta in corso alla data di entrata in vigore della presente legge.

(3) *A norma dell'art. 1, comma 154, della L. 11 dicembre 2016, n. 232, gli effetti dell'opzione di cui al presente articolo non sono cumulabili con quelli previsti dall'articolo 44 del D.L. 31 maggio 2010, n. 78, convertito, con modificazioni, dalla L. 30 luglio 2010, n. 122, e dall'articolo 16 del D.L.vo 14 settembre 2015, n. 147.*

A norma dell'art. 1, comma 159, del medesimo provvedimento, tali disposizioni si applicano per la prima volta con riferimento alle dichiarazioni dei redditi relative al periodo d'imposta in corso alla data di entrata in vigore della presente legge.

(4) *A norma dell'art. 1, comma 158, della L. 11 dicembre 2016, n. 232, per le successioni aperte e le donazioni effettuate nei periodi d'imposta di validità dell'opzione esercitata dal dante causa, ai sensi del presente articolo, l'imposta sulle successioni e donazioni di cui al testo unico delle disposizioni concernenti l'imposta sulle successioni e donazioni, di cui al D.L.vo 31 ottobre 1990, n. 346, è dovuta limitatamente ai beni e ai diritti esistenti nello Stato al momento della successione o della donazione.*

A norma dell'art. 1, comma 159, del medesimo provvedimento, tali disposizioni si applicano per la prima volta con riferimento alle dichiarazioni dei redditi relative al periodo d'imposta in corso alla data di entrata in vigore della presente legge.

(5) *Si veda l'art. 1, comma 157, della L. 11 dicembre 2016, n. 232, che si riporta:*

«157. Le modalità applicative per l'esercizio, la modifica o la revoca dell'opzione di cui al comma 1 dell'articolo 24 bis *del testo unico delle imposte sui redditi, di cui al decreto del Presidente della Repubblica 22 dicembre 1986, n. 917, introdotto dal comma 152 del presente articolo, e per il versamento dell'imposta sostitutiva di cui al comma 2 del medesimo articolo 24* bis *sono individuate con provvedimento del direttore dell'Agenzia delle entrate, da adottare entro novanta giorni dalla data di entrata in vigore della presente legge».*

A norma dell'art. 1, comma 159, del medesimo provvedimento, tali disposizioni si applicano per la prima volta con riferimento alle dichiarazioni dei redditi relative al periodo d'imposta in corso alla data di entrata in vigore della presente legge.

24 *ter*. (1) (2) Opzione per l'imposta sostitutiva sui redditi delle persone fisiche titolari di redditi da pensione di fonte estera che trasferiscono la propria residenza fiscale nel Mezzogiorno. – 1. Fatte salve le disposizioni dell'articolo 24 *bis*, le persone fisiche, titolari dei redditi da pensione di cui all'articolo 49, comma 2, lettera *a*), erogati da soggetti esteri, che trasferiscono in Italia la propria residenza ai sensi dell'articolo 2, comma 2, in uno dei comuni appartenenti al territorio delle regioni Sicilia, Calabria, Sardegna, Campania, Basilicata, Abruzzo, Molise e Puglia, con popolazione non superiore a 20.000 abitanti, e in uno dei comuni con popolazione non superiore a 3.000 abitanti compresi negli allegati 1, 2 e 2 *bis* al decreto legge 17 ottobre 2016, n. 189, convertito, con modificazioni, dalla legge 15 dicembre 2016, n. 229, (3) possono optare per l'assoggettamento dei redditi di qualunque categoria, [percepiti da fonte estera o] (4) prodotti all'estero, individuati secondo i criteri di cui all'articolo 165, comma 2, a un'imposta sostitutiva, calcolata in via forfettaria, con aliquota del 7 per cento per ciascuno dei periodi di imposta di validità dell'opzione.

2. L'opzione di cui al comma 1 è esercitata dalle persone fisiche che non siano state fiscalmente residenti in Italia ai sensi dell'articolo 2, comma 2, nei cinque periodi d'imposta precedenti a quello in cui l'opzione diviene efficace ai sensi del comma 5. Possono esercitare l'opzione di cui al comma 1 le persone fisiche che trasferiscono la residenza da Paesi con i quali sono in vigore accordi di cooperazione amministrativa.

3. Le persone fisiche di cui al comma 1 indicano la giurisdizione o le giurisdizioni in cui hanno avuto l'ultima residenza fiscale prima dell'esercizio di validità dell'opzione. L'Agenzia delle entrate trasmette tali informazioni, attraverso gli idonei strumenti di cooperazione amministrativa, alle autorità fiscali delle giurisdizioni indicate come luogo di ultima residenza fiscale prima dell'esercizio di validità dell'opzione.

4. L'opzione di cui al comma 1 è valida per i primi nove (5) periodi d'imposta successivi a quello in cui diviene efficace ai sensi del comma 5.

5. L'opzione di cui al comma 1 è esercitata nella dichiarazione dei redditi relativa al periodo d'imposta in cui viene trasferita la residenza in Italia ai sensi del comma 1 ed è efficace a decorrere da tale periodo d'imposta.

6. L'imposta è versata in unica soluzione entro il termine previsto per il versamento del saldo delle imposte sui redditi. Per l'accertamento, la riscossione, il contenzioso e le sanzioni si applicano, in quanto compatibili, le disposizioni previste per l'imposta sui redditi. L'imposta non è deducibile da nessun'altra imposta o contributo.

7. L'opzione è revocabile dal contribuente. Nel caso di revoca da parte del contribuente sono fatti salvi gli effetti prodotti nei periodi d'imposta precedenti. Gli effetti dell'opzione non si producono laddove sia accertata l'insussistenza dei requisiti previsti dal presente articolo, ovvero cessano al venir meno dei medesimi requisiti. Gli effetti dell'opzione cessano, altresì, in caso di omesso o parziale versamento dell'imposta sostitutiva di cui al comma 1 nella misura e nel termine previsti, salvo che il versamento dell'imposta sostitutiva venga effettuato entro la data di scadenza del pagamento del saldo relativo al periodo d'imposta successivo a quello a cui l'omissione si riferisce. Resta fermo il pagamento delle sanzioni di cui all'articolo 13, comma 1, del decreto legislativo 18 dicembre 1997, n. 471, e degli interessi. La revoca o la decadenza dal regime precludono l'esercizio di una nuova opzione (6).

8. Le persone fisiche di cui al comma 1 possono manifestare la facoltà di non avvalersi dell'applicazione dell'imposta sostitutiva con riferimento ai redditi prodotti in uno o più Stati o territori esteri, dandone specifica indicazione in sede di esercizio dell'opzione ovvero con successiva modifica della stessa. Soltanto in tal caso, per i redditi prodotti nei suddetti Stati o territori esteri si applica il regime ordinario e compete il credito d'imposta per i redditi prodotti all'estero. Ai fini dell'individuazione dello Stato o territorio estero in cui sono prodotti i redditi si applicano i medesimi criteri di cui all'articolo 23.

8 *bis*. Con provvedimento del direttore dell'Agenzia delle entrate sono stabilite le modalità del regime di cui al presente articolo (7).

(1) *Questo articolo è stato aggiunto dall'art. 1, comma 273, della L. 30 dicembre 2018, n. 145, a decorrere dal 1° gennaio 2019.*

(2) *A norma dell'art. 1, comma 274, della L. 30 dicembre 2018, n. 145, i soggetti che esercitano l'opzione di cui a questo articolo, per i periodi d'imposta di validità dell'opzione ivi prevista, non sono tenuti agli obblighi di dichiarazione di cui all'articolo 4 del decreto legge 28 giugno 1990, n. 167, convertito, con modificazioni, dalla legge 4 agosto 1990, n. 227, e sono esenti dalle imposte previste dall'articolo 19, commi 13 e 18, del decreto legge 6 dicembre 2011, n. 201, convertito, con modificazioni, dalla legge 22 dicembre 2011, n. 214.*

(3) *Le parole: «e in uno dei comuni con popolazione non superiore a 3.000 abitanti compresi negli allegati 1, 2 e 2* bis *al decreto legge 17 ottobre 2016, n. 189, convertito, con modificazioni, dalla legge 15 dicembre 2016, n. 229,» sono state inserite dall'art. 9* ter *del D.L. 24 ottobre 2019, n. 123, convertito, con modificazioni, nella L. 12 dicembre 2019, n. 156.*

(4) *Le parole tra parentesi quadrate sono state soppresse dall'art. 5* bis*, comma 1, lett.* a)*, del D.L. 30 aprile 2019, n. 34, convertito, con modificazioni, nella L. 28 giugno 2019, n. 58, a decorrere dal 30 giugno 2019.*

(5) *La parola: «cinque» è stata così sostituita dalla attuale: «nove» dall'art. 5* bis*, comma 1, lett.* b)*, del D.L. 30 aprile 2019, n. 34, convertito, con modificazioni, nella L. 28 giugno 2019, n. 58, a decorrere dal 30 giugno 2019.*

([6]) *Questo comma è stato così sostituito dall'art. 5* bis, *comma 1, lett.* c), *del D.L. 30 aprile 2019, n. 34, convertito, con modificazioni, nella L. 28 giugno 2019, n. 58, a decorrere dal 30 giugno 2019.*

([7]) *Questo comma è stato aggiunto dall'art. 5* bis, *comma 1, lett.* d), *del D.L. 30 aprile 2019, n. 34, convertito, con modificazioni, nella L. 28 giugno 2019, n. 58, a decorrere dal 30 giugno 2019.*

Capo II
Redditi fondiari

25. Redditi fondiari. – 1. Sono redditi fondiari quelli inerenti ai terreni e ai fabbricati situati nel territorio dello Stato che sono o devono essere iscritti, con attribuzione di rendita, nel catasto dei terreni o nel catasto edilizio urbano.

2. I redditi fondiari si distinguono in redditi dominicali dei terreni, redditi agrari e redditi dei fabbricati.

26. Imputazione dei redditi fondiari. – 1. I redditi fondiari concorrono, indipendentemente dalla percezione, a formare il reddito complessivo dei soggetti che possiedono gli immobili a titolo di proprietà, enfiteusi, usufrutto o altro diritto reale, salvo quanto stabilito dall'art. 30 (N.d.R.: *ora art. 33*), per il periodo di imposta in cui si è verificato il possesso. I redditi derivanti da contratti di locazione di immobili ad uso abitativo, se non percepiti, non concorrono a formare il reddito, purché la mancata percezione sia comprovata dall'intimazione di sfratto per morosità o dall'ingiunzione di pagamento. Ai canoni non riscossi dal locatore nei periodi d'imposta di riferimento e percepiti in periodi d'imposta successivi si applica l'articolo 21 in relazione ai redditi di cui all'articolo 17, comma 1, lettera n *bis*) ([1]). Per le imposte versate sui canoni venuti a scadenza e non percepiti come da accertamento avvenuto nell'ambito del procedimento giurisprudenziale di convalida di sfratto per morosità è riconosciuto un credito di imposta di pari ammontare ([2]).

2. Nei casi di contitolarità della proprietà o altro diritto reale sull'immobile o di coesistenza di più diritti reali su di esso il reddito fondiario concorre a formare il reddito complessivo di ciascun soggetto per la parte corrispondente al suo diritto.

3. Se il possesso dell'immobile è stato trasferito, in tutto o in parte, nel corso del periodo di imposta, il reddito fondiario concorre a formare il reddito complessivo di ciascun soggetto proporzionalmente alla durata del suo possesso.

([1]) *Le parole: «dal momento della conclusione del procedimento giurisdizionale di convalida di sfratto per morosità del conduttore» sono state così sostituite dalle attuali: «, purché la mancata percezione sia comprovata dall'intimazione di sfratto per morosità o dall'ingiunzione di pagamento. Ai canoni non riscossi dal locatore nei periodi d'imposta di riferimento e percepiti in periodi d'imposta successivi si applica l'articolo 21 in relazione ai redditi di cui all'articolo 17, comma 1, lettera* n bis*)» dall'art. 3* quinquies*, comma 1, del D.L. 30 aprile 2019, n. 34, convertito, con modificazioni, nella L. 28 giugno 2019, n. 58, a decorrere dal 30 giugno 2019.*

Le disposizioni di cui al comma 1 dell'art. 3 quinquies *del D.L. 30 aprile 2019, n. 34, convertito, con modificazioni, nella L. 28 giugno 2019, n. 58 hanno effetto per i contratti stipulati a decorrere dal 1° gennaio 2020. Per i contratti stipulati prima della data di entrata in vigore delle disposizioni di cui al presente articolo resta fermo, per le imposte versate sui canoni venuti a scadenza e non percepiti come da accertamento avvenuto nell'ambito del procedimento giurisdizionale di convalida di sfratto per morosità, il riconoscimento di un credito di imposta di pari ammontare.*

(2) *A norma dell'art. 6* septies*, comma 2, del D.L. 22 marzo 2021, n. 41, convertito, con modificazioni, nella L. 21 maggio 2021, n. 69, le disposizioni cui a questo comma hanno effetto per i canoni derivanti dai contratti di locazione di immobili non percepiti a decorrere dal 1° gennaio 2020.*

27. Reddito dominicale dei terreni. – 1. Il reddito dominicale è costituito dalla parte dominicale del reddito medio ordinario ritraibile dal terreno attraverso l'esercizio delle attività agricole di cui all'art. 29 (N.d.R.: *ora art. 32*).

2. Non si considerano produttivi di reddito dominicale i terreni che costituiscono pertinenze di fabbricati urbani, quelli dati in affitto per usi non agricoli, nonché quelli produttivi di reddito di impresa di cui alla lettera *c*) del comma 2 dell'art. 51 (N.d.R.: *ora art. 55*).

28. Determinazione del reddito dominicale. – 1. Il reddito dominicale è determinato mediante l'applicazione di tariffe d'estimo stabilite, secondo le norme della legge catastale, per ciascuna qualità e classe di terreno.

2. Le tariffe d'estimo sono sottoposte a revisione quando se ne manifesti l'esigenza per sopravvenute variazioni nelle quantità e nei prezzi dei prodotti e dei mezzi di produzione o nell'organizzazione e strutturazione aziendale, e comunque ogni dieci anni.

3. La revisione è disposta con decreto del Ministro delle finanze, previo parere della Commissione censuraria centrale e può essere effettuata, d'ufficio o su richiesta dei comuni interessati, anche per singole zone censuarie e per singole qualità e classi di terreni. Prima di procedervi gli uffici tecnici erariali devono sentire i comuni interessati.

4. Le modificazioni derivanti dalla revisione hanno effetto dall'anno successivo a quello di pubblicazione nella *Gazzetta Ufficiale* del nuovo prospetto delle tariffe d'estimo.

4 *bis*. Il reddito dominicale delle superfici adibite alle colture prodotte in serra o alla funghicoltura, in mancanza della corrispondente qualità nel qua-

dro di qualificazione catastale, è determinato mediante l'applicazione della tariffa d'estimo più alta in vigore nella provincia.

29. Variazioni del reddito dominicale. – 1. Dà luogo a variazioni del reddito dominicale in aumento la sostituzione della qualità di coltura allibrata in catasto con altra di maggiore reddito.

2. Danno luogo a variazioni del reddito dominicale in diminuzione: *a*) la sostituzione della qualità di coltura allibrata in catasto con altra di minore reddito; *b*) la diminuzione della capacità produttiva del terreno per naturale esaurimento o per altra causa di forza maggiore, anche se non vi è stato cambiamento di coltura, ovvero per eventi fitopatologici o entomologici interessanti le piantagioni.

3. Non si tiene conto delle variazioni dipendenti da deterioramenti internazionali o da circostanze transitorie.

4. Le variazioni indicate nei commi 1 e 2 danno luogo a revisione del classamento dei terreni cui si riferiscono. Se a tali terreni non si possono attribuire qualità o classi già esistenti nel comune o nella sezione censuaria, si applicano le tariffe più prossime per ammontare fra quelle attribuite a terreni della stessa qualità di coltura ubicati in altri comuni o sezioni censuarie, purché in condizioni agrologicamente equiparabili. Tuttavia se detti terreni risultano di rilevante estensione o se la loro redditività diverge sensibilmente dalle tariffe applicate nel comune o nella sezione censuaria, si istituiscono per essi apposite qualità e classi, secondo le norme della legge catastale.

5. Quando si verificano variazioni a carattere permanente nello stato delle colture e in determinati comuni o sezioni censuarie, può essere in ogni tempo disposta con decreto del Ministro delle finanze, su richiesta della Commissione censuaria distrettuale o d'ufficio e in ogni caso previo parere della Commissione censuaria centrale, l'istituzione di nuove qualità e classi in sostituzione di quelle esistenti.

30. ([1]) **Denuncia e decorrenza delle variazioni.** – 1. Le variazioni del reddito dominicale contemplate dai commi 1 e 2 dell'art. 26 (N.d.R.: *ora art. 29*) devono essere denunciate dal contribuente all'ufficio tecnico erariale. Nella denuncia devono essere indicate la partita catastale e le particelle cui le variazioni si riferiscono; se queste riguardano porzioni di particelle deve essere unita la dimostrazione grafica del frazionamento.

2. Le variazioni in aumento devono essere denunciate entro il 31 gennaio dell'anno successivo a quello in cui si sono verificati i fatti indicati nel comma 1 dell'art. 26 (N.d.R.: *ora art. 29*) ed hanno effetto da tale anno.

3. Le variazioni in diminuzione hanno effetto dall'anno in cui si sono verificati i fatti indicati nel comma 2 dell'art. 26 (N.d.R.: *ora art. 29*) se la denuncia è stata presentata entro il 31 gennaio dell'anno successivo; se la denuncia è stata presentata dopo, dall'anno in cui è stata presentata.

4. Le variazioni del reddito dominicale contemplate dal comma 5 dell'art. 26 (N.d.R.: *ora art. 29*) hanno effetto dall'anno successivo a quello di pubblicazione del decreto nella *Gazzetta Ufficiale*.

(1) *Si veda l'art. 2, comma 33, del D.L. 3 ottobre 2006, n. 262, convertito, con modificazioni, nella L. 24 novembre 2006, n. 286.*

31. Perdite per mancata coltivazione e per eventi naturali. – [1. Se un fondo rustico costituito per almeno due terzi da terreni qualificati come coltivabili a prodotti annuali non sia stato coltivato, neppure in parte, per un'intera annata agraria e per cause non dipendenti dalla tecnica agraria, il reddito dominicale, per l'anno in cui si è chiusa l'annata agraria, si considera pari al 30 per cento di quello determinato a norma dei precedenti articoli] (1).

2. In caso di perdita, per eventi naturali, di almeno il 30 per cento del prodotto ordinario del fondo rustico preso a base per la formazione delle tariffe d'estimo, il reddito dominicale, per l'anno in cui si è verificata la perdita, si considera inesistente. L'evento dannoso deve essere denunciato dal possessore danneggiato entro tre mesi dalla data in cui si è verificato ovvero, se la data non sia esattamente determinabile, almeno quindici giorni prima dell'inizio del raccolto. La denuncia deve essere presentata all'ufficio tecnico erariale, che provvede all'accertamento della diminuzione del prodotto, sentito l'ispettorato provinciale dell'agricoltura, e la trasmette all'ufficio delle imposte.

3. Se l'evento dannoso interessa una pluralità di fondi rustici gli uffici tecnici erariali, su richiesta dei sindaci dei comuni interessati o di altri soggetti nell'interesse dei possessori danneggiati, sentiti gli ispettorati provinciali dell'agricoltura, provvedono alla delimitazione delle zone danneggiate e all'accertamento della diminuzione dei prodotti e trasmettono agli uffici delle imposte nel cui distretto sono situati i fondi le corografie relative alle zone delimitate, indicando le ditte catastali comprese in detta zona e il reddito dominicale relativo a ciascuna di esse.

4. Ai fini del presente articolo il fondo rustico deve essere costituito da particelle catastali riportate in una stessa partita e contigue l'una all'altra in modo da formare un unico appezzamento. La continuità non si considera interrotta da strade, ferrovie e corsi di acqua naturali o artificiali eventualmente interposti.

(1) *Questo comma è stato abrogato dall'art. 7, comma 3, del D.L. 24 giugno 2014, n. 91, convertito, con modificazioni, nella L. 11 agosto 2014, n. 116.*

32. ([1]) **Reddito agrario.** – 1. Il reddito agrario è costituito dalla parte del reddito medio ordinario dei terreni imputabile al capitale d'esercizio e al lavoro di organizzazione impiegati, nei limiti della potenzialità del terreno, nell'esercizio di attività agricole su di esso.

2. Sono considerate attività agricole:

a) le attività dirette alla coltivazione del terreno e alla silvicoltura;

b) l'allevamento di animali con mangimi ottenibili per almeno un quarto dal terreno e le attività dirette alla produzione di vegetali tramite l'utilizzo di strutture fisse o mobili, anche provvisorie, se la superficie adibita alla produzione non eccede il doppio di quella del terreno su cui la produzione stessa insiste;

c) le attività di cui al terzo comma dell'articolo 2135 del codice civile, dirette alla manipolazione, conservazione, trasformazione, commercializzazione e valorizzazione, ancorché non svolte sul terreno, di prodotti ottenuti prevalentemente dalla coltivazione del fondo o del bosco o dall'allevamento di animali, con riferimento ai beni individuati, ogni due anni e tenuto conto dei criteri di cui al comma 1, con decreto del Ministro dell'economia e delle finanze su proposta del Ministro delle politiche agricole e forestali ([2]).

3. Con decreto del Ministro delle finanze, di concerto con il Ministro dell'agricoltura e delle foreste, è stabilito per ciascuna specie animale il numero dei capi che rientra nei limiti di cui alla lettera *b*) del comma 2, tenuto conto della potenzialità produttiva dei terreni e delle unità foraggere occorrenti a seconda della specie allevata.

4. Non si considerano produttivi di reddito agrario i terreni indicati nel comma 2 dell'art. 24.

([1]) *A norma dell'art. 1, comma 3, del D.L. 22 marzo 2021, n. 41, convertito, con modificazioni, nella L. 21 maggio 2021, n. 69, il contributo spetta esclusivamente ai soggetti titolari di reddito agrario di cui a questo articolo non superiori a 10 milioni di euro nel secondo periodo d'imposta antecedente a quello in corso alla data di entrata in vigore del presente decreto.*

([2]) *Questa lettera è stata così sostituita dall'art. 2, comma 6, lett.* a), *della L. 24 dicembre 2003, n. 350, così come modificato dall'art. 15, comma 2, lett.* a), *del D.L.vo 29 marzo 2004, n. 99.*

33. Imputazione del reddito agrario. – 1. Se il terreno è dato in affitto per uso agricolo, il reddito agrario concorre a formare il reddito complessivo dell'affittuario, anziché quello del possessore, a partire dalla data in cui ha effetto il contratto.

2. Nei casi di conduzione associata, salvo il disposto dell'art. 5, il reddito agrario concorre a formare il reddito complessivo di ciascun associato per la

quota di sua spettanza. Il possessore del terreno o l'affittuario deve allegare alla dichiarazione dei redditi un atto sottoscritto da tutti gli associati dal quale risultino la quota del reddito agrario spettante a ciascuno e la decorrenza del contratto. Mancando la sottoscrizione anche di un solo associato o l'indicazione della ripartizione del reddito si presume che questo sia ripartito in parti uguali.

2 *bis*. Sono considerate produttive di reddito agrario anche le attività di coltivazione di prodotti vegetali per conto terzi svolte nei limiti di cui all'articolo 32, comma 2, lettera *b*) ([1]).

([1]) *Questo comma è stato aggiunto dall'art. 1, comma 176, della L. 24 dicembre 2007, n. 244.*

34. Determinazione del reddito agrario. – 1. Il reddito agrario è determinato mediante l'applicazione di tariffe d'estimo stabilite per ciascuna qualità e classe secondo le norme della legge catastale ([1]).

2. Le tariffe d'estimo sono sottoposte a revisione secondo le disposizioni dell'art. 25 (N.d.R.: *ora art. 28*). Alle revisioni si procede contemporaneamente a quelle previste nel detto articolo agli effetti del reddito dominicale.

3. Le revisioni del classamento disposte ai sensi degli artt. 26 (N.d.R.: *ora art. 29*) e 27 (N.d.R.: *ora art. 30*) valgono anche per i redditi agrari. Per i terreni condotti in affitto o in forma associata le denunce di cui all'art. 27 (N.d.R.: *ora art. 30*) possono essere presentate anche dall'affittuario o da uno degli associati.

4. Per la determinazione del reddito agrario delle superfici adibite alle colture prodotte in serra o alla funghicoltura si applica la disposizione del comma 4 *bis* dell'art. 25 (N.d.R.: *ora art. 28*).

([1]) *Si veda anche quanto disposto dall'art. 31 della L. 23 dicembre 1994, n. 724 e dall'art. 3, comma 50-52, della L. 23 dicembre 1996, n. 662.*

35. Perdite per mancata coltivazione e per eventi naturali. – 1. Nelle ipotesi previste dall'art. 28 (N.d.R.: *ora art. 31*) il reddito agrario si considera inesistente.

36. Reddito dei fabbricati. – 1. Il reddito dei fabbricati è costituito dal reddito medio ordinario ritraibile da ciascuna unità immobiliare urbana.

2. Per unità immobiliari urbane si intendono i fabbricati e le altre costruzioni stabili o le loro porzioni suscettibili di reddito autonomo. Le aree occupate dalle costruzioni e quelle che ne costituiscono pertinenze si considerano parti integranti delle unità immobiliari.

42. Costruzioni rurali. – 1. Non si considerano produttive di reddito di fabbricati le costruzioni o porzioni di costruzioni rurali, e relative pertinenze, appartenenti al possessore o all'affittuario dei terreni cui servono e destinate:

a) alla abitazione delle persone addette alla coltivazione della terra, alla custodia dei fondi, del bestiame e degli edifici rurali e alla vigilanza dei lavoratori agricoli, nonché dei familiari conviventi a loro carico, sempre che le caratteristiche dell'immobile siano rispondenti alle esigenze delle attività esercitate;

b) al ricovero degli animali di cui alla lettera *b*) del comma 2 dell'art. 29 (N.d.R.: *ora art. 32*) e di quelli occorrenti per la coltivazione;

c) alla custodia delle macchine, degli attrezzi e delle scorte occorrenti per la coltivazione;

d) alla protezione delle piante, alla conservazione dei prodotti agricoli e alle attività di manipolazione e trasformazione di cui alla lettera *c*) del comma 2 dell'art. 29 (N.d.R.: *ora art. 32*).

43. Immobili non produttivi di reddito fondiario. – 1. Non si considerano produttivi di reddito fondiario gli immobili relativi ad imprese commerciali e quelli che costituiscono beni strumentali per l'esercizio di arti e professioni.

2. Ai fini delle imposte sui redditi si considerano strumentali gli immobili utilizzati esclusivamente per l'esercizio dell'arte o professione o dell'impresa commerciale da parte del possessore. Gli immobili relativi ad imprese commerciali che per le loro caratteristiche non sono suscettibili di diversa utilizzazione senza radicali trasformazioni si considerano strumentali anche se non utilizzati o anche se dati in locazione o comodato salvo quanto disposto nell'art. 77, comma 1 (N.d.R.: *ora art. 65*). Si considerano, altresì, strumentali gli immobili di cui all'ultimo periodo del comma 1 *bis* dell'articolo 62 (N.d.R.: *ora art. 60*) per il medesimo periodo temporale ivi indicato.

Capo III
Redditi di capitale

44. (1) **Redditi di capitale.** – 1. Sono redditi di capitale:

a) gli interessi e altri proventi derivanti da mutui, depositi e conti correnti;

b) gli interessi e gli altri proventi delle obbligazioni e titoli similari, degli altri titoli diversi dalle azioni e titoli similari, nonché dei certificati di massa;

c) le rendite perpetue e le prestazioni annue perpetue di cui agli articoli 1861 e 1869 del codice civile;

d) i compensi per prestazioni di fideiussione o di altra garanzia;

d bis) i proventi derivanti da prestiti erogati per il tramite di piattaforme di prestiti per soggetti finanziatori non professionali (piattaforme di Peer to Peer Lending) gestite da società iscritte all'albo degli intermediari finanziari di cui all'articolo 106 del testo unico delle leggi in materia bancaria e creditizia, di cui al decreto legislativo 1° settembre 1993, n. 385, o da istituti di pagamento rientranti nell'ambito di applicazione dell'articolo 114 del medesimo testo unico di cui al decreto legislativo n. 385 del 1993, autorizzati dalla Banca d'Italia (2).

e) gli utili derivanti dalla partecipazione al capitale o al patrimonio di società ed enti soggetti all'imposta sul reddito delle società, salvo il disposto della lettera *d*) del comma 2 dell'articolo 53; è ricompresa tra gli utili la remunerazione dei finanziamenti eccedenti di cui all'articolo 98 direttamente erogati dal socio o dalle sue parti correlate, anche in sede di accertamento;

f) gli utili derivanti da associazioni in partecipazione e dai contratti indicati nel primo comma dell'articolo 2554 del codice civile, salvo il disposto della lettera *c*) del comma 2 dell'articolo 53;

g) i proventi derivanti dalla gestione, nell'interesse collettivo di pluralità di soggetti, di masse patrimoniali costituite con somme di denaro e beni affidati da terzi o provenienti dai relativi investimenti (3);

g bis) i proventi derivanti da riporti e pronti contro termine su titoli e valute (4);

g ter) i proventi derivanti dal mutuo di titoli garantito;

g quater) i redditi compresi nei capitali corrisposti in dipendenza di contratti di assicurazione sulla vita e di capitalizzazione (5);

g quinquies) i redditi derivanti dai rendimenti delle prestazioni pensionistiche di cui alla lettera *h bis*) del comma 1 dell'articolo 50 erogate in forma periodica e delle rendite vitalizie aventi funzione previdenziale (5);

g sexies) i redditi imputati al beneficiario di trust ai sensi dell'articolo 73, comma 2, anche se non residenti, nonché i redditi corrisposti a residenti italiani da trust e istituti aventi analogo contenuto, stabiliti in Stati e territori che con riferimento al trattamento dei redditi prodotti dal trust si considerano a fiscalità privilegiata ai sensi dell'articolo 47 *bis*, anche qualora i percipienti residenti non possano essere considerati beneficiari individuati ai sensi dell'articolo 73 (6) (7);

h) gli interessi e gli altri proventi derivanti da altri rapporti aventi per oggetto l'impiego del capitale, esclusi i rapporti attraverso cui possono essere realizzati differenziali positivi e negativi in dipendenza di un evento incerto.

2. Ai fini delle imposte sui redditi:

a) si considerano similari alle azioni, i titoli e gli strumenti finanziari emessi da società ed enti di cui all'articolo 73, comma 1, lettere *a*), *b*) e *d*), la cui remunerazione è costituita totalmente dalla partecipazione ai risultati economici della società emittente o di altre società appartenenti allo stesso gruppo o dell'affare in relazione al quale i titoli e gli strumenti finanziari sono stati emessi. Le partecipazioni al capitale o al patrimonio, nonché i titoli e gli strumenti finanziari di cui al periodo precedente emessi da società ed enti di cui all'articolo 73, comma 1, lettera *d*), si considerano similari alle azioni a condizione che la relativa remunerazione sia totalmente indeducibile nella determinazione del reddito nello Stato estero di residenza del soggetto emittente; a tale fine l'indeducibilità deve risultare da una dichiarazione dell'emittente stesso o da altri elementi certi e precisi ([8]) ([9]);

[*b*) le partecipazioni al capitale o al patrimonio delle società e degli enti di cui all'articolo 73, comma 1, lettera *d*), rappresentate e non rappresentate da titoli, si considerano similari rispettivamente alle azioni o alle quote di società a responsabilità limitata nel caso in cui la relativa remunerazione se corrisposta da una società residente sarebbe stata totalmente indeducibile nella determinazione del reddito d'impresa per effetto di quanto previsto dall'articolo 109, comma 9] ([10]);

c) si considerano similari alle obbligazioni:

1) i buoni fruttiferi emessi da società esercenti la vendita a rate di autoveicoli, autorizzate ai sensi dell'articolo 29 del regio decreto legge 15 marzo 1927, n. 436, convertito nella legge 19 febbraio 1928, n. 510;

2) i titoli di massa che contengono l'obbligazione incondizionata di pagare alla scadenza una somma non inferiore a quella in essi indicata, con o senza la corresponsione di proventi periodici, e che non attribuiscono ai possessori alcun diritto di partecipazione diretta o indiretta alla gestione dell'impresa emittente o dell'affare in relazione al quale siano stati emessi, né di controllo sulla gestione stessa.

([1]) *A norma dell'art. 3, comma 2, del D.L. 24 aprile 2014, n. 66, convertito, con modificazioni, nella L. 23 giugno 2014, n. 89, l'aliquota del 26 per cento, prevista dall'art. 3, comma 1, del suddetto D.L., non si applica sugli interessi, premi e ogni altro provento di cui al presente articolo e sui redditi diversi di cui all'art. 67, comma 1, lett.* c ter), *relativi a: obbligazioni e altri titoli di cui all'articolo 31 del decreto del Presidente della Repubblica 29 settembre 1973, n. 601 ed equiparati; obbligazioni emesse dagli Stati inclusi nella lista di cui al decreto emanato ai sensi dell'articolo 168* bis, *comma 1 del presente provvedimento, e obbligazioni emesse da enti territoriali dei suddetti Stati; titoli di risparmio per l'economia meridionale di cui all'articolo 8, comma 4, del decreto legge 13 maggio 2011, n. 70, convertito, con modificazioni, dalla legge 12 luglio 2011, n. 106, a decorrere dal 1° luglio 2014.*

A norma dell'art. 1, comma 622, della L. 23 dicembre 2014, n. 190, tali redditi concorrono alla formazione della base imponibile dell'imposta prevista dall'articolo 17, comma 1, del decreto legislativo 5 dicembre 2005, n. 252, e successive modificazioni, in base al rapporto tra l'aliquota prevista dalle disposizioni vigenti e l'aliquota stabilita dal medesimo articolo 17, comma 1, come modificato dal comma 621 del presente articolo.

Tali disposizioni si applicano dal periodo d'imposta successivo a quello in corso al 31 dicembre 2014.

(2) *Questa lettera è stata inserita dall'art. 1, comma 43, della L. 27 dicembre 2017, n. 205, a decorrere dal 1° gennaio 2018.*

A norma dell'art. 1, comma 44, della predetta L. n. 205/2017, i gestori di cui a questa lettera, operano una ritenuta alla fonte a titolo di imposta sui redditi di capitale corrisposti a persone fisiche con l'aliquota prevista dall'articolo 26, comma 1, del decreto del Presidente della Repubblica 29 settembre 1973, n. 600.

(3) *A norma dell'art. 13, comma 2, del D.L.vo 4 marzo 2014, n. 44, sui proventi di cui alla presente lettera, derivanti dalla partecipazione ad organismi di investimento collettivo del risparmio immobiliari di diritto estero, i soggetti residenti incaricati del pagamento dei proventi medesimi, del riacquisto o della negoziazione delle quote o azioni, operano una ritenuta del 20 per cento. La ritenuta si applica sui proventi distribuiti in costanza di partecipazione all'organismo di investimento e su quelli compresi nella differenza tra il valore di riscatto o di liquidazione delle quote o azioni ed il costo medio ponderato di sottoscrizione o di acquisto delle quote o azioni medesime. Il costo di sottoscrizione o di acquisto è documentato dal partecipante. In mancanza della documentazione il costo è documentato con una dichiarazione sostitutiva.*

A norma dell'art. 3, comma 12, del D.L. 24 aprile 2014, n. 66, convertito, con modificazioni, nella L. 23 giugno 2014, n. 89, per i proventi di cui alla presente lettera e per i redditi diversi di cui all'articolo 67, comma 1, lettera c ter), *del medesimo provvedimento derivanti dalla partecipazione ad organismi di investimento collettivo del risparmio, la misura dell'aliquota del 26 per cento, prevista dall'art. 3, comma 1, del suddetto D.L., si applica sui proventi realizzati a decorrere dal 1° luglio 2014, in sede di rimborso, cessione o liquidazione delle quote o azioni. Sui proventi realizzati a decorrere dal 1° luglio 2014 e riferibili ad importi maturati al 30 giugno 2014 si applica l'aliquota in vigore fino al 30 giugno 2014, a decorrere dal 1° luglio 2014.*

(4) *A norma dell'art. 3, comma 10, del D.L. 24 aprile 2014, n. 66, convertito, con modificazioni, nella L. 23 giugno 2014, n. 89, la misura dell'aliquota del 26 per cento, prevista dall'art. 3, comma 1, del suddetto D.L., si applica, relativamente ai redditi di cui alla presente lettera, dal giorno successivo alla data di scadenza del contratto di pronti contro termine stipulato anteriormente al 1° luglio 2014 e avente durata non superiore a 12 mesi, a decorrere dal 1° luglio 2014.*

(5) *A norma dell'art. 3, comma 11, del D.L. 24 aprile 2014, n. 66, convertito, con modificazioni, nella L. 23 giugno 2014, n. 89, per i redditi di cui alla presente lettera, derivanti da contratti sottoscritti fino al 30 giugno 2014, la misura dell'aliquota del 26 per cento, prevista dall'art. 3, comma 1, del suddetto D.L., si applica sulla parte dei suddetti redditi maturati a decorrere dal 1 luglio 2014. A norma dell'art. 4, comma 1, del suddetto D.L., queste disposizioni hanno effetto a decorrere dal 1° luglio 2014.*

(6) *Le parole: «, nonché i redditi corrisposti a residenti italiani da trust e istituti aventi analogo contenuto, stabiliti in Stati e territori che con riferimento al trattamento dei redditi prodotti dal trust si considerano a fiscalità privilegiata ai sensi dell'articolo 47 bis, anche qualora i percipienti residenti non possano essere considerati beneficiari individuati ai sensi dell'articolo 73» sono state aggiunte dall'art. 13, comma 1, lett. a), del D.L. 26 ottobre 2019, n. 124, convertito, con modificazioni, nella L. 19 dicembre 2019, n. 157.*

([7]) *Questa lettera è stata inserita dall'art. 1, comma 75, della L. 27 dicembre 2006, n. 296.*

([8]) *Questa lettera è stata così sostituita dall'art. 2, comma 1, lett.* a), *del D.L.vo 18 novembre 2005, n. 247.*

([9]) *Le disposizioni relative all'ultimo periodo di questa lettera hanno effetto per i periodi di imposta che iniziano a decorrere dal 1° gennaio 2006, per effetto dell'art. 2, comma 3, del D.L.vo 18 novembre 2005, n. 247.*

([10]) *Questa lettera è stata soppressa dall'art. 2, comma 1, lett.* b), *del D.L.vo 18 novembre 2005, n. 247.*

45. Determinazione del reddito di capitale. – 1. Il reddito di capitale è costituito dall'ammontare degli interessi, utili o altri proventi percepiti nel periodo di imposta, senza alcuna deduzione. Nei redditi di cui alle lettere *a*), *b*), *f*), e *g*) del comma 1 dell'articolo 41 (N.d.R.: *ora art. 44*) è compresa anche la differenza tra la somma percepita o il valore normale dei beni ricevuti alla scadenza e il prezzo di emissione o la somma impiegata, apportata o affidata in gestione, ovvero il valore normale dei beni impiegati, apportati od affidati in gestione. I proventi di cui alla lettera *g*) del comma 1 dell'articolo 41 (N.d.R.: *ora art. 44*) sono determinati valutando le somme impiegate, apportate o affidate in gestione nonché le somme percepite o il valore normale dei beni ricevuti, rispettivamente, secondo il cambio del giorno in cui le somme o i valori sono impiegati o incassati. Qualora la differenza tra la somma percepita od il valore normale dei beni ricevuti alla scadenza e il prezzo di emissione dei titoli o certificati indicati nella lettera *b*) del comma 1 dell'articolo 41 (N.d.R.: *ora art. 44*) sia determinabile in tutto od in parte in funzione di eventi o di parametri non ancora certi o determinati alla data di emissione dei titoli o certificati, la parte di detto importo, proporzionalmente riferibile al periodo di tempo intercorrente fra la data di emissione e quella in cui l'evento od il parametro assumono rilevanza ai fini della determinazione della differenza, si considera interamente maturata in capo al possessore a tale ultima data. I proventi di cui alla lettera *g bis*) del comma 1 dell'articolo 41 (N.d.R.: *ora art. 44*) sono costituiti dalla differenza positiva tra i corrispettivi globali di trasferimento dei titoli e delle valute. Da tale differenza si scomputano gli interessi e gli altri proventi dei titoli, non rappresentativi di partecipazioni, maturati nel periodo di durata del rapporto, con esclusione dei redditi esenti dalle imposte sui redditi. I corrispettivi a pronti e a termine espressi in valuta estera sono valutati, rispettivamente, secondo il cambio del giorno in cui sono pagati o incassati. Nei proventi di cui alla lettera *g ter*) si comprende, oltre al compenso per il mutuo, anche il controvalore degli interessi e degli altri proventi dei titoli, non rappresentativi di partecipazioni, maturati nel periodo di durata del rapporto.

2. Per i capitali dati a mutuo gli interessi, salvo prova contraria, si presumono percepiti alle scadenze e nella misura pattuite per iscritto. Se le

scadenze non sono stabilite per iscritto gli interessi si presumono percepiti nell'ammontare maturato nel periodo di imposta. Se la misura non è determinata per iscritto gli interessi si computano al saggio legale.

3. Per i contratti di conto corrente e per le operazioni bancarie regolate in conto corrente si considerano percepiti anche gli interessi compensati a norma di legge o di contratto.

4. I capitali corrisposti in dipendenza di contratti di assicurazione sulla vita e di capitalizzazione costituiscono reddito per la parte corrispondente alla differenza tra l'ammontare percepito e quello dei premi pagati. Si considera corrisposto anche il capitale convertito in rendita a seguito di opzione. La predetta disposizione non si applica in ogni caso alle prestazioni erogate in forma di capitale ai sensi del decreto legislativo 21 aprile 1993, n. 124, e successive modificazioni ed integrazioni.

[4 *bis*. Le somme od il valore normale dei beni distribuiti, anche in sede di riscatto o di liquidazione, dagli organismi d'investimento collettivo mobiliari, nonché le somme od il valore normale dei beni percepiti in sede di cessione delle partecipazioni ai predetti organismi costituiscono proventi per un importo corrispondente alla differenza positiva tra l'incremento di valore delle azioni o quote rilevato alla data della distribuzione, riscatto, liquidazione o cessione e l'incremento di valore delle azioni o quote rilevato alla data di sottoscrizione od acquisto. L'incremento di valore delle azioni o quote è rilevato dall'ultimo prospetto predisposto dalla società di gestione] ([1]).

4 *ter*. I redditi di cui alla lettera *g quinquies*) del comma 1 dell'articolo 41 (N.d.R.: *ora art. 44*) sono costituiti dalla differenza tra l'importo di ciascuna rata di rendita o di prestazione pensionistica erogata e quello della corrispondente rata calcolata senza tener conto dei rendimenti finanziari.

4 *quater*. Qualora in relazione alle attribuzioni di trust esteri, nonché di istituti aventi analogo contenuto, a beneficiari residenti in Italia, non sia possibile distinguere tra redditi e patrimonio, l'intero ammontare percepito costituisce reddito ([2]).

([1]) *Questo comma è stato abrogato dall'art. 2, comma 79, lett.* d), *del D.L. 29 dicembre 2010, n. 225, convertito, con modificazioni, nella L. 26 febbraio 2011, n. 10, a decorrere dal 1° luglio 2011.*

([2]) *Questo comma è stato aggiunto dall'art. 13, comma 1, lett.* b), *del D.L. 26 ottobre 2019, n. 124, convertito, con modificazioni, nella L. 19 dicembre 2019, n. 157.*

46. Versamenti dei soci. – 1. Le somme versate alle società commerciali e agli enti di cui all'articolo 73, comma 1, lettera *b*), dai loro soci o partecipanti si considerano date a mutuo se dai bilanci o dai rendiconti di tali soggetti non risulta che il versamento è stato fatto ad altro titolo.

2. La disposizione del comma 1 vale anche per le somme versate alle associazioni e ai consorzi dai loro associati o partecipanti.

47. Utili da partecipazione. – 1. [Salvi i casi di cui all'articolo 3, comma 3, lettera *a*), gli utili distribuiti in qualsiasi forma e sotto qualsiasi denominazione dalle società o dagli enti indicati nell'articolo 73, anche in occasione della liquidazione, concorrono alla formazione del reddito imponibile complessivo limitatamente al 40 per cento del loro ammontare] (1) (2). Indipendentemente dalla delibera assembleare, si presumono prioritariamente distribuiti l'utile dell'esercizio e le riserve diverse da quelle del comma 5 per la quota di esse non accantonata in sospensione di imposta.

2. Nel caso di contratti di cui all'articolo 109, comma 9, lettera *b*), se l'associante determina il reddito in base alle disposizioni di cui all'articolo 66, gli utili concorrono alla formazione del reddito imponibile complessivo dell'associato nella misura del 58,14 per cento, qualora l'apporto sia superiore al 25 per cento della somma delle rimanenze finali di cui agli articoli 92 e 93 e del costo complessivo dei beni ammortizzabili determinato con i criteri di cui all'articolo 110 al netto dei relativi ammortamenti. Per i contratti stipulati con associanti non residenti, la disposizione del periodo precedente si applica nel rispetto delle condizioni indicate nell'articolo 44, comma 2, lettera *a*), ultimo periodo; ove tali condizioni non siano rispettate le remunerazioni concorrono alla formazione del reddito per il loro intero ammontare (3).

3. Nel caso di distribuzione di utili in natura, il valore imponibile è determinato in relazione al valore normale degli stessi alla data individuata dalla lettera *a*) del comma 2 dell'articolo 109.

4. Nonostante quanto previsto dai commi precedenti, concorrono integralmente alla formazione del reddito imponibile gli utili provenienti da imprese o enti residenti o localizzati in Stati o territori a regime fiscale privilegiato individuati in base ai criteri di cui all'articolo 47 *bis*, comma 1; a tali fini, si considerano provenienti da imprese o enti residenti o localizzati in Stati o territori a regime privilegiato gli utili relativi al possesso di partecipazioni dirette in tali soggetti o di partecipazioni di controllo, ai sensi del comma 2 dell'articolo 167, in società residenti all'estero che conseguono utili dalla partecipazione in imprese o enti residenti o localizzati in Stati o territori a regime privilegiato e nei limiti di tali utili. Le disposizioni di cui al periodo precedente non si applicano nel caso in cui gli stessi utili siano già stati imputati al socio ai sensi del comma 6 dell'articolo 167 o sia dimostrato, anche a seguito dell'esercizio dell'interpello di cui al comma 3 dell'articolo 47 *bis*, il rispetto, sin dal primo periodo di possesso della partecipazione, della condizione di cui al comma 2, lettera *b*), del medesimo articolo. Ove la dimostrazione operi in applicazione

della lettera *a*) del comma 2 del medesimo articolo 47 *bis*, per gli utili di cui ai periodi precedenti, è riconosciuto al soggetto controllante, ai sensi del comma 2 dell'articolo 167, residente nel territorio dello Stato, ovvero alle sue controllate residenti percipienti gli utili, un credito d'imposta ai sensi dell'articolo 165 in ragione delle imposte assolte dall'impresa o ente partecipato sugli utili maturati durante il periodo di possesso della partecipazione, in proporzione degli utili conseguiti e nei limiti dell'imposta italiana relativa a tali utili. Ai soli fini dell'applicazione dell'imposta, l'ammontare del credito d'imposta di cui al periodo precedente è computato in aumento del reddito complessivo. Se nella dichiarazione è stato omesso soltanto il computo del credito d'imposta in aumento del reddito complessivo, si può procedere di ufficio alla correzione anche in sede di liquidazione dell'imposta dovuta in base alla dichiarazione dei redditi. Qualora il contribuente intenda far valere la sussistenza, sin dal primo periodo di possesso della partecipazione, della condizione indicata nella lettera *b*) del comma 2 dell'articolo 47 *bis* ma non abbia presentato l'istanza di interpello prevista dal comma 3 del medesimo articolo ovvero, avendola presentata, non abbia ricevuto risposta favorevole, la percezione di utili provenienti da partecipazioni in imprese o enti residenti o localizzati in Stati o territori a regime fiscale privilegiato individuati in base ai criteri di cui all'articolo 47 *bis*, comma 1, deve essere segnalata nella dichiarazione dei redditi da parte del socio residente; nei casi di mancata o incompleta indicazione nella dichiarazione dei redditi si applica la sanzione amministrativa prevista dall'articolo 8, comma 3 *ter*, del decreto legislativo 18 dicembre 1997, n. 471. Le disposizioni di cui al periodo precedente si applicano anche alle remunerazioni di cui all'articolo 109, comma 9, lettera *b*), relative a contratti stipulati con associanti residenti nei predetti Paesi o territori ([4]).

5. Non costituiscono utili le somme e i beni ricevuti dai soci delle società soggette all'imposta sul reddito delle società a titolo di ripartizione di riserve o altri fondi costituiti con sopraprezzi di emissione delle azioni o quote, con interessi di conguaglio versati dai sottoscrittori di nuove azioni o quote, con versamenti fatti dai soci a fondo perduto o in conto capitale e con saldi di rivalutazione monetaria esenti da imposta; tuttavia le somme o il valore normale dei beni ricevuti riducono il costo fiscalmente riconosciuto delle azioni o quote possedute.

6. In caso di aumento del capitale sociale mediante passaggio di riserve o altri fondi a capitale le azioni gratuite di nuova emissione e l'aumento gratuito del valore nominale delle azioni o quote già emesse non costituiscono utili per i soci. Tuttavia se e nella misura in cui l'aumento è avvenuto mediante passaggio a capitale di riserve o fondi diversi da quelli indicati nel comma 5, la riduzione del capitale esuberante successivamente deliberata è

considerata distribuzione di utili; la riduzione si imputa con precedenza alla parte dell'aumento complessivo di capitale derivante dai passaggi a capitale di riserve o fondi diversi da quelli indicati nel comma 5, a partire dal meno recente, ferme restando le norme delle leggi in materia di rivalutazione monetaria che dispongono diversamente.

7. Le somme o il valore normale dei beni ricevuti dai soci in caso di recesso, di esclusione, di riscatto e di riduzione del capitale esuberante o di liquidazione anche concorsuale delle società ed enti costituiscono utile per la parte che eccede il prezzo pagato per l'acquisto o la sottoscrizione delle azioni o quote annullate.

8. Le disposizioni del presente articolo valgono, in quanto applicabili, anche per gli utili derivanti dalla partecipazione in enti, diversi dalle società, soggetti all'imposta di cui al titolo II.

([1]) *Questo periodo è stato soppresso dall'art. 1, comma 1004, lett.* a), *della L. 27 dicembre 2017, n. 205.*

A norma dell'art. 1, comma 1005, del medesimo provvedimento, tali disposizioni si applicano ai redditi di capitale percepiti a partire dal 1° gennaio 2018 ed ai redditi diversi realizzati a decorrere dal 1° gennaio 2019.

A norma dell'art. 1, comma 1006, del medesimo provvedimento, in deroga a tali disposizioni, alle distribuzioni di utili derivanti da partecipazioni qualificate in società ed enti soggetti all'imposta sul reddito delle società formatesi con utili prodotti fino all'esercizio in corso al 31 dicembre 2017, deliberate dal 1° gennaio 2018 al 31 dicembre 2022, continuano ad applicarsi le disposizioni di cui al decreto del Ministro dell'economia e delle finanze 26 maggio 2017, pubblicato nella Gazzetta Ufficiale *n. 160 dell'11 luglio 2017.*

([2]) *La percentuale imponibile è oggi del 58,14%, così come indicato nell'art. 1 del D.M. 26 maggio 2017, per gli utili prodotti a partire dall'esercizio successivo a quello in corso al 31 dicembre 2016.*

([3]) *Questo comma è stato così sostituito dall'art. 1, comma 1004, della L. 27 dicembre 2017, n. 205.*

A norma dell'art. 1, comma 1005, del medesimo provvedimento, tali disposizioni si applicano ai redditi di capitale percepiti a partire dal 1° gennaio 2018 ed ai redditi diversi realizzati a decorrere dal 1° gennaio 2019.

A norma dell'art. 1, comma 1006, del medesimo provvedimento, in deroga a tali disposizioni, alle distribuzioni di utili derivanti da partecipazioni qualificate in società ed enti soggetti all'imposta sul reddito delle società formatesi con utili prodotti fino all'esercizio in corso al 31 dicembre 2017, deliberate dal 1° gennaio 2018 al 31 dicembre 2022, continuano ad applicarsi le disposizioni di cui al decreto del Ministro dell'economia e delle finanze 26 maggio 2017, pubblicato nella Gazzetta Ufficiale *n. 160 dell'11 luglio 2017.*

([4]) *Questo comma è stato così sostituito dall'art. 5, comma 1, lett.* a), *del D.L.vo 29 novembre 2018, n. 142. A norma dell'art. 13, comma 6, del medesimo provvedimento, tali disposizioni si applicano a decorrere dal periodo di imposta successivo a quello in corso al 31 dicembre 2018, nonché agli utili percepiti e alle plusvalenze realizzate a decorrere dal medesimo periodo di imposta.*

47 *bis*. (1) **Disposizioni in materia di regimi fiscali privilegiati.** – 1. I regimi fiscali di Stati o territori, diversi da quelli appartenenti all'Unione europea ovvero da quelli aderenti allo Spazio economico europeo con i quali l'Italia abbia stipulato un accordo che assicuri un effettivo scambio di informazioni, si considerano privilegiati:

a) nel caso in cui l'impresa o l'ente non residente o non localizzato in Italia sia sottoposto a controllo ai sensi dell'articolo 167, comma 2, da parte di un partecipante residente o localizzato in Italia, laddove si verifichi la condizione di cui al comma 4, lettera *a*), del medesimo articolo 167;

b) in mancanza del requisito del controllo di cui alla lettera *a*), laddove il livello nominale di tassazione risulti inferiore al 50 per cento di quello applicabile in Italia. A tali fini, tuttavia, si tiene conto anche di regimi speciali che non siano applicabili strutturalmente alla generalità dei soggetti svolgenti analoga attività dell'impresa o dell'ente partecipato, che risultino fruibili soltanto in funzione delle specifiche caratteristiche soggettive o temporali del beneficiario e che, pur non incidendo direttamente sull'aliquota, prevedano esenzioni o altre riduzioni della base imponibile idonee a ridurre il prelievo nominale al di sotto del predetto limite e sempreché, nel caso in cui il regime speciale riguardi solo particolari aspetti dell'attività economica complessivamente svolta dal soggetto estero, l'attività ricompresa nell'ambito di applicazione del regime speciale risulti prevalente, in termini di ricavi ordinari, rispetto alle altre attività svolte dal citato soggetto.

2. Ai fini dell'applicazione delle disposizioni del presente testo unico che fanno riferimento ai regimi fiscali privilegiati di cui al comma 1, il soggetto residente o localizzato nel territorio dello Stato che detenga, direttamente o indirettamente, partecipazioni di un'impresa o altro ente, residente o localizzato in Stati o territori a regime fiscale privilegiato individuati in base ai criteri di cui al comma 1, può dimostrare che:

a) il soggetto non residente svolga un'attività economica effettiva, mediante l'impiego di personale, attrezzature, attivi e locali;

b) dalle partecipazioni non consegua l'effetto di localizzare i redditi in Stati o territori a regime fiscale privilegiato di cui al comma 1.

3. Ai fini del comma 2, il contribuente può interpellare l'amministrazione ai sensi dell'articolo 11, comma 1, lettera *b*), della legge 27 luglio 2000, n. 212.

(1) *Questo articolo è stato inserito dall'art. 5, comma 1, lett.* b), *del D.L.vo 29 novembre 2018, n. 142. A norma dell'art. 13, comma 6, del medesimo provvedimento, tali disposizioni si applicano a decorrere dal periodo di imposta successivo a quello in corso al 31 dicembre 2018, nonché agli utili percepiti e alle plusvalenze realizzate a decorrere dal medesimo periodo di imposta.*

48. Redditi imponibili ad altro titolo. – 1. Non costituiscono redditi di capitale gli interessi, gli utili e gli altri proventi di cui ai precedenti articoli conseguiti dalle società e dagli enti di cui all'articolo 73, comma 1, lettere *a*) e *b*), e dalle stabili organizzazioni dei soggetti di cui alla lettera *d*) del medesimo comma, nonché quelli conseguiti nell'esercizio di imprese commerciali.

2. I proventi di cui al comma 1, quando non sono soggetti a ritenuta alla fonte a titolo di imposta o ad imposta sostitutiva, concorrono a formare il reddito complessivo come componenti del reddito d'impresa.

Capo IV
Redditi di lavoro dipendente

49. Redditi di lavoro dipendente. – 1. Sono redditi di lavoro dipendente quelli che derivano da rapporti aventi per oggetto la prestazione di lavoro, con qualsiasi qualifica, alle dipendenze e sotto la direzione di altri, compreso il lavoro a domicilio quando è considerato lavoro dipendente secondo le norme della legislazione sul lavoro.

2. Costituiscono, altresì, redditi di lavoro dipendente:

a) le pensioni di ogni genere e gli assegni ad esse equiparati;

b) le somme di cui all'art. 429, ultimo comma, del codice di procedura civile.

50. Redditi assimilati a quelli di lavoro dipendente. – 1. Sono assimilati ai redditi di lavoro dipendente:

a) i compensi percepiti, entro i limiti dei salari correnti maggiorati del 20 per cento, dai lavoratori soci delle cooperative di produzione e lavoro, delle cooperative di servizi, delle cooperative agricole e di prima trasformazione dei prodotti agricoli e delle cooperative della piccola pesca;

b) le indennità e i compensi percepiti a carico di terzi dai prestatori di lavoro dipendente per incarichi svolti in relazione a tale qualità, ad esclusione di quelli che per clausola contrattuale devono essere riversati al datore di lavoro e di quelli che per legge devono essere riversati allo Stato;

c) le somme da chiunque corrisposte a titolo di borsa di studio o di assegno, premio o sussidio per fini di studio o di addestramento professionale, se il beneficiario non è legato da rapporti di lavoro dipendente nei confronti del soggetto erogante;

c bis) le somme e i valori in genere, a qualunque titolo percepiti nel periodo d'imposta, anche sotto forma di erogazioni liberali, in relazione agli uffici di amministratore, sindaco o revisore di società, associazioni e altri enti con o senza personalità giuridica, alla collaborazione a giornali, riviste, enciclopedie e simili, alla partecipazione a collegi e commissioni, nonché quelli percepiti in relazione ad altri rapporti di collaborazione aventi per oggetto la prestazione di attività svolte senza vincolo di subordinazione a favore di un determinato soggetto nel quadro di un rapporto unitario e continuativo senza impiego di mezzi organizzati e con retribuzione periodica prestabilita, sempreché gli uffici o le collaborazioni non rientrino nei compiti istituzionali compresi nell'attività di lavoro dipendente di cui all'articolo 46, comma 1 (N.d.R.: *ora art. 49*), concernente redditi di lavoro dipendente, o nell'oggetto dell'arte o professione di cui all'articolo 49, comma 1 (N.d.R.: *ora art. 53*), concernente redditi di lavoro autonomo, esercitate dal contribuente;

d) le remunerazioni dei sacerdoti, di cui agli artt. 24, 33, lettera *a*) e 34 della L. 20 maggio 1985, n. 222, nonché le congrue e i supplementi di congrua di cui all'art. 33, primo comma, della L. 26 luglio 1974, n. 343;

e) i compensi per l'attività libero professionale intramuraria del personale dipendente del Servizio sanitario nazionale, del personale di cui all'articolo 102 del decreto del Presidente della Repubblica 11 luglio 1980, n. 382 e del personale di cui all'articolo 6, comma 5, del decreto legislativo 30 dicembre 1992, n. 502 e successive modificazioni, nei limiti e alle condizioni di cui all'articolo 1, comma 7, della legge 23 dicembre 1996, n. 662;

f) le indennità, i gettoni di presenza e gli altri compensi corrisposti dallo Stato, dalle regioni, dalle province e dai comuni per l'esercizio di pubbliche funzioni, sempreché le prestazioni non siano rese da soggetti che esercitano un'arte o professione di cui all'articolo 49, comma 1 (N.d.R.: *ora art. 53*), e non siano state effettuate nell'esercizio di impresa commerciale, nonché i compensi corrisposti ai membri delle commissioni tributarie, [ai giudici di pace e] ([1]) agli esperti del tribunale di sorveglianza, ad esclusione di quelli che per legge devono essere riversati allo Stato;

g) le indennità di cui all'art. 1 della L. 31 ottobre 1965, n. 1261, e all'art. 1 della L. 13 agosto 1979, n. 384, percepite dai membri del Parlamento nazionale e del Parlamento europeo e le indennità, comunque denominate, percepite per le cariche elettive e per le funzioni di cui agli artt. 114 e 135 della Costituzione e alla L. 27 dicembre 1985, n. 816 nonché i conseguenti assegni vitalizi percepiti in dipendenza dalla cessazione delle suddette cariche elettive e funzioni e l'assegno del Presidente della Repubblica;

h) le rendite vitalizie e le rendite a tempo determinato, costituite a titolo oneroso, diverse da quelle aventi funzione previdenziale. Le rendite aventi funzione previdenziale sono quelle derivanti da contratti di assicurazione sulla vita stipulati con imprese autorizzate dall'Istituto per la vigilanza sulle assicurazioni private (ISVAP) ad operare nel territorio dello Stato, o quivi operanti in regime di stabilimento o di prestazioni di servizi, che non consentano il riscatto della rendita successivamente all'inizio dell'erogazione;

h bis) le prestazioni pensionistiche di cui al decreto legislativo 21 aprile 1993, n. 124, comunque erogate;

i) gli altri assegni periodici, comunque denominati, alla cui produzione non concorrono attualmente né capitale né lavoro, compresi quelli indicati alle lettere *c*) e *d*) del comma 1 dell'art. 10 tra gli oneri deducibili ed esclusi quelli indicati alla lettera *c*) del comma 1 dell'art. 41 (N.d.R.: *ora art. 44*);

l) i compensi percepiti dai soggetti impegnati in lavori socialmente utili in conformità a specifiche disposizioni normative.

2. I redditi di cui alla lettera *a*) del comma 1 sono assimilati ai redditi di lavoro dipendente a condizione che la cooperativa sia iscritta nel registro prefettizio o nello schedario generale della cooperazione, che nel suo statuto siano inderogabilmente indicati i principi della mutualità stabiliti dalla legge e che tali principi siano effettivamente osservati.

3. Per i redditi indicati alle lettere *e*), *f*), *g*), *h*) e *i*) del comma 1 l'assimilazione ai redditi di lavoro dipendente non comporta le detrazioni previste dall'art. 13 (N.d.R.: *ora art. 14*).

(¹) *Le parole fra parentesi quadrate sono state soppresse dall'art. 26, comma 1, lett.* a), *del D.L.vo 13 luglio 2017, n. 116.*

51. Determinazione del reddito di lavoro dipendente. – 1. Il reddito di lavoro dipendente è costituito da tutte le somme e i valori in genere, a qualunque titolo percepiti nel periodo d'imposta, anche sotto forma di erogazioni liberali, in relazione al rapporto di lavoro. Si considerano percepiti nel periodo d'imposta anche le somme e i valori in genere, corrisposti dai datori di lavoro entro il giorno 12 del mese di gennaio del periodo d'imposta successivo a quello cui si riferiscono.

2. Non concorrono a formare il reddito:

a) i contributi previdenziali e assistenziali versati dal datore di lavoro o dal lavoratore in ottemperanza a disposizioni di legge; i contributi di assistenza sanitaria versati dal datore di lavoro o dal lavoratore ad enti o casse aventi esclusivamente fine assistenziale in conformità a disposizioni di contratto o di accordo o di regolamento aziendale, che operino negli ambiti di intervento stabiliti con il decreto del Ministro della salute di cui all'articolo 10, comma 1, lettera e *ter*), per un importo non superiore complessivamente ad euro 3.615,20. Ai fini del calcolo del predetto limite si tiene conto anche dei contributi di assistenza sanitaria versati ai sensi dell'articolo 10, comma 1, lettera e *ter*) (¹);

[*b*) le erogazioni liberali concesse in occasione di festività o ricorrenze alla generalità o a categorie di dipendenti non superiori nel periodo d'imposta a € 258,23, nonché i sussidi occasionali concessi in occasione di rilevanti esigenze personali o familiari del dipendente e quelli corrisposti a dipendenti vittime dell'usura ai sensi della legge 7 marzo 1996, n. 108, o ammessi a fruire delle erogazioni pecuniarie a ristoro dei danni conseguenti a rifiuto opposto a richieste estorsive ai sensi del decreto legge 31 dicembre 1991, n. 419, convertito, con modificazioni, dalla legge 18 febbraio 1992, n. 172] (2);

c) le somministrazioni di vitto da parte del datore di lavoro nonché quelle in mense organizzate direttamente dal datore di lavoro o gestite da terzi; le prestazioni sostitutive delle somministrazioni di vitto fino all'importo complessivo giornaliero di euro 4, aumentato a euro 8 nel caso in cui le stesse siano rese in forma elettronica; le indennità sostitutive delle somministrazioni di vitto corrisposte agli addetti ai cantieri edili, ad altre strutture lavorative a carattere temporaneo o ad unità produttive ubicate in zone dove manchino strutture o servizi di ristorazione fino all'importo complessivo giornaliero di euro 5,29 (3);

d) le prestazioni di servizi di trasporto collettivo alla generalità o a categorie di dipendenti; anche se affidate a terzi ivi compresi gli esercenti servizi pubblici;

d bis) le somme erogate o rimborsate alla generalità o a categorie di dipendenti dal datore di lavoro o le spese da quest'ultimo direttamente sostenute, volontariamente o in conformità a disposizioni di contratto, di accordo o di regolamento aziendale, per l'acquisto degli abbonamenti per il trasporto pubblico locale, regionale e interregionale del dipendente e dei familiari indicati nell'articolo 12 che si trovano nelle condizioni previste nel comma 2 del medesimo articolo 12 (4);

e) i compensi reversibili di cui alle lettere *b*) ed *f*) del comma 1 dell'articolo 47 (N.d.R.: *ora art. 50*);

f) l'utilizzazione delle opere e dei servizi riconosciuti dal datore di lavoro volontariamente o in conformità a disposizioni di contratto o di accordo o di regolamento aziendale, offerti alla generalità dei dipendenti o a categorie di dipendenti e ai familiari indicati nell'articolo 12 per le finalità di cui al comma 1 dell'articolo 100 (5);

f bis) le somme, i servizi e le prestazioni erogati dal datore di lavoro alla generalità dei dipendenti o a categorie di dipendenti per la fruizione, da parte dei familiari indicati nell'articolo 12, dei servizi di educazione e istruzione anche in età prescolare, compresi i servizi integrativi e di mensa ad essi connessi, nonché per la frequenza di ludoteche e di centri estivi e invernali e per borse di studio a favore dei medesimi familiari (6);

f ter) le somme e le prestazioni erogate dal datore di lavoro alla generalità dei dipendenti o a categorie di dipendenti per la fruizione dei servizi di assistenza ai familiari anziani o non autosufficienti indicati nell'articolo 12 (7);

f quater) i contributi e i premi versati dal datore di lavoro a favore della generalità dei dipendenti o di categorie di dipendenti per prestazioni, anche in forma assicurativa, aventi per oggetto il rischio di non autosufficienza nel compimento degli atti della vita quotidiana, le cui caratteristiche sono definite dall'articolo 2, comma 2, lettera *d*), numeri 1) e 2), del decreto del Ministro del lavoro, della salute e delle politiche sociali 27 ottobre 2009, pubblicato nella *Gazzetta Ufficiale* n. 12 del 16 gennaio 2010, o aventi per oggetto il rischio di gravi patologie ([8]);

g) il valore delle azioni offerte alla generalità dei dipendenti per un importo non superiore complessivamente nel periodo d'imposta ad € 2.065,83, a condizione che non siano riacquistate dalla società emittente o dal datore di lavoro o comunque cedute prima che siano trascorsi almeno tre anni dalla percezione; qualora le azioni siano cedute prima del predetto termine, l'importo che non ha concorso a formare il reddito al momento dell'acquisto è assoggettato a tassazione nel periodo d'imposta in cui avviene la cessione;

[*g bis*) la differenza tra il valore delle azioni al momento dell'assegnazione e l'ammontare corrisposto dal dipendente, a condizione che il predetto ammontare sia almeno pari al valore delle azioni stesse alla data dell'offerta; se le partecipazioni, i titoli o i diritti posseduti dal dipendente rappresentano una percentuale di diritti di voto esercitabili nell'assemblea ordinaria o di partecipazione al capitale o al patrimonio superiore al 10 per cento, la predetta differenza concorre in ogni caso interamente a formare il reddito] ([9]);

h) le somme trattenute al dipendente per oneri di cui all'articolo 10 e alle condizioni ivi previste, nonché le erogazioni effettuate dal datore di lavoro in conformità a contratti collettivi o ad accordi e regolamenti aziendali a fronte delle spese sanitarie di cui allo stesso articolo 10, comma 1, lettera *b*). Gli importi delle predette somme ed erogazioni devono essere attestate dal datore di lavoro;

i) le mance percepite dagli impiegati tecnici delle case da gioco (*croupiers*) direttamente o per effetto del riparto a cura di appositi organismi costituiti all'interno dell'impresa nella misura del 25 per cento dell'ammontare percepito nel periodo d'imposta;

i bis) le quote di retribuzione derivanti dall'esercizio, da parte del lavoratore, della facoltà di rinuncia all'accredito contributivo presso l'assicurazione generale obbligatoria per l'invalidità, la vecchiaia ed i superstiti dei lavoratori dipendenti e le forme sostitutive della medesima, per il periodo successivo alla prima scadenza utile per il pensionamento di anzianità, dopo aver maturato i requisiti minimi secondo la vigente normativa ([10]).

2 *bis*. Le disposizioni di cui alle lettere *g*) e *g bis*) del comma 2 si applicano esclusivamente alle azioni emesse dall'impresa con la quale il contribuente intrattiene il rapporto di lavoro, nonché a quelle emesse da società che direttamente o indirettamente, controllano la medesima impresa, ne so-

no controllate o sono controllate dalla stessa società che controlla l'impresa. La disposizione di cui alla lettera *g bis*) del comma 2 si rende applicabile esclusivamente quando ricorrano congiuntamente le seguenti condizioni:

a) che l'opzione sia esercitabile non prima che siano scaduti tre anni dalla sua attribuzione;

b) che, al momento in cui l'opzione è esercitabile, la società risulti quotata in mercati regolamentati;

c) che il beneficiario mantenga per almeno i cinque anni successivi all'esercizio dell'opzione un investimento nei titoli oggetto di opzione non inferiore alla differenza tra il valore delle azioni al momento dell'assegnazione e l'ammontare corrisposto dal dipendente ([11]). Qualora detti titoli oggetto di investimento siano ceduti o dati in garanzia prima che siano trascorsi cinque anni dalla loro assegnazione, l'importo che non ha concorso a formare il reddito di lavoro dipendente al momento dell'assegnazione è assoggettato a tassazione nel periodo d'imposta in cui avviene la cessione ovvero la costituzione in garanzia ([11]).

3. Ai fini della determinazione in denaro dei valori di cui al comma 1, compresi quelli dei beni ceduti e dei servizi prestati al coniuge del dipendente o a familiari indicati nell'articolo 12 (N.d.R.: *ora art. 13*), o il diritto di ottenerli da terzi, si applicano le disposizioni relative alla determinazione del valore normale dei beni e dei servizi contenute nell'articolo 9. Il valore normale dei generi in natura prodotti dall'azienda e ceduti ai dipendenti è determinato in misura pari al prezzo mediamente praticato dalla stessa azienda nelle cessioni al grossista. Non concorre a formare il reddito il valore dei beni ceduti e dei servizi prestati se complessivamente di importo non superiore nel periodo d'imposta ad € 258,23; se il predetto valore è superiore al citato limite, lo stesso concorre interamente a formare il reddito ([12]).

3 *bis*. Ai fini dell'applicazione dei commi 2 e 3, l'erogazione di beni, prestazioni, opere e servizi da parte del datore di lavoro può avvenire mediante documenti di legittimazione, in formato cartaceo o elettronico, riportanti un valore nominale ([13]).

4. Ai fini dell'applicazione del comma 3:

a) per gli autoveicoli indicati nell'articolo 54, comma 1, lettere *a*), *c*) e *m*), del codice della strada, di cui al decreto legislativo 30 aprile 1992, n. 285, i motocicli e i ciclomotori di nuova immatricolazione, con valori di emissione di anidride carbonica non superiori a grammi 60 per chilometro (g/km di CO_2), concessi in uso promiscuo con contratti stipulati a decorrere dal 1° luglio 2020, si assume il 25 per cento dell'importo corrispondente ad una percorrenza convenzionale di 15.000 chilometri calcolato sulla base del costo chilometrico di esercizio desumibile dalle tabelle nazionali che l'Automobile club d'Italia deve elaborare entro il 30 novembre di ciascun anno e comunicare al Ministero dell'economia e delle finanze, che provvede alla pubblicazione entro il 31 dicembre, con effetto dal periodo d'imposta successivo, al netto degli ammontari eventualmente trattenuti al dipendente. La predetta percentuale è elevata al 30 per cento per i veicoli con valori di emissione di anidride carbonica superiori a 60 g/km ma non a 160 g/km. Qualora i valori di emissione dei suindicati veicoli siano superiori a 160 g/km ma non a 190 g/km, la predetta percentuale è elevata al 40 per cento per l'anno 2020 e al 50 per cento a decorrere dall'anno 2021. Per i veicoli con valori di emissione di anidride carbonica superiori a 190 g/km, la predetta percentuale è pari al 50 per cento per l'anno 2020 e al 60 per cento a decorrere dall'anno 2021 ([14]);

b) in caso di concessione di prestiti si assume il 50 per cento della differenza tra l'importo degli interessi calcolato al tasso ufficiale di sconto vigente al termine di ciascun anno e l'importo degli interessi calcolato al tasso applicato sugli stessi. Tale disposizione non si applica per i prestiti stipulati anteriormente al 1° gennaio 1997, per quelli di durata inferiore ai dodici mesi concessi, a seguito di accordi aziendali, dal datore di lavoro ai dipendenti in contratto di solidarietà o in cassa integrazione guadagni o a dipendenti vittime dell'usura ai sensi della legge 7 marzo 1996, n. 108, o ammessi a fruire delle erogazioni pecuniarie a ristoro dei danni conseguenti a rifiuto opposto a richieste estorsive ai sensi del decreto legge 31 dicembre 1991, n. 419, convertito con modificazioni, dalla legge 18 febbraio 1992, n. 172;

c) per i fabbricati concessi in locazione, in uso o in comodato, si assume la differenza tra la rendita catastale del fabbricato aumentata di tutte le spese inerenti il fabbricato stesso, comprese le utenze non a carico dell'utilizzatore e quanto corrisposto per il godimento del fabbricato stesso. Per i fabbricati concessi in connessione all'obbligo di dimorare nell'alloggio stesso, si assume il 30 per cento della predetta differenza. Per i fabbricati che non devono essere iscritti nel catasto si assume la differenza tra il valore del canone di locazione determinato in regime vincolistico o, in mancanza, quello determinato in regime di libero mercato, e quanto corrisposto per il godimento del fabbricato;

c bis) per i servizi di trasporto ferroviario di persone prestati gratuitamente, si assume, al netto degli ammontari eventualmente trattenuti, l'importo corrispondente all'introito medio per passeggero/chilometro, desunto dal Conto nazionale dei trasporti e stabilito con decreto del Ministro delle infrastrutture e dei trasporti, per una percorrenza media convenzionale, riferita complessivamente ai soggetti di cui al comma 3, di 2.600 chilometri. Il decreto del Ministro delle infrastrutture e dei trasporti è emanato entro il

31 dicembre di ogni anno ed ha effetto dal periodo di imposta successivo a quello in corso alla data della sua emanazione.

[4 *bis*. Ai fini della determinazione dei valori di cui al comma 1, per gli atleti professionisti si considera altresì il costo dell'attività di assistenza sostenuto dalle società sportive professionistiche nell'ambito delle trattative aventi ad oggetto le prestazioni sportive degli atleti professionisti medesimi, nella misura del 15 per cento, al netto delle somme versate dall'atleta professionista ai propri agenti per l'attività di assistenza nelle medesime trattative] ([15]).

5. Le indennità percepite per le trasferte o le missioni fuori del territorio comunale concorrono a formare il reddito per la parte eccedente € 46,48 al giorno, elevate a € 77,47 per le trasferte all'estero, al netto delle spese di viaggio e di trasporti; in caso di rimborso delle spese di alloggio, ovvero di quelle di vitto, o di alloggio o vitto fornito gratuitamente il limite è ridotto di un terzo. Il limite è ridotto di due terzi in caso di rimborso sia delle spese di alloggio che di quelle di vitto. In caso di rimborso analitico delle spese per trasferte o missioni fuori del territorio comunale non concorrono a formare il reddito i rimborsi di spese documentate relative al vitto, all'alloggio, al viaggio e al trasporto, nonché i rimborsi di altre spese, anche non documentabili, eventualmente sostenute dal dipendente, sempre in occasione di dette trasferte o missioni, fino all'importo massimo giornaliero di € 15,49, elevate ad € 25,82 per le trasferte all'estero. Le indennità o i rimborsi di spese per le trasferte nell'ambito del territorio comunale, tranne i rimborsi di spese di trasporto comprovate da documenti provenienti dal vettore, concorrono a formare il reddito.

6. Le indennità e le maggiorazioni di retribuzione spettanti ai lavoratori tenuti per contratto all'espletamento delle attività lavorative in luoghi sempre variabili e diversi, anche se corrisposte con carattere di continuità, le indennità di navigazione e di volo previste dalla legge o dal contratto collettivo, i premi agli ufficiali piloti dell'Esercito italiano, della Marina militare e dell'Aeronautica militare di cui all'articolo 1803 del codice dell'ordinamento militare, i premi agli ufficiali piloti del Corpo della Guardia di finanza di cui all'articolo 2161 del citato codice, ([16]) ([17]) nonché le indennità di cui all'articolo 133 del decreto del Presidente della Repubblica 15 dicembre 1959, n. 1229 concorrono a formare il reddito nella misura del 50 per cento del loro ammontare. Con decreto del Ministro delle finanze, di concerto con il Ministro del lavoro e della previdenza sociale, possono essere individuate categorie di lavoratori e condizioni di applicabilità della presente disposizione ([18]).

7. Le indennità di trasferimento, quelle di prima sistemazione e quelle equipollenti, non concorrono a formare il reddito nella misura del 50 per cento del loro ammontare per un importo complessivo annuo non superiore ad € 1.549,37 per i trasferimenti all'interno del territorio nazionale e € 4.648,11 per

quelli fuori dal territorio nazionale o a destinazione in quest'ultimo. Se le indennità in questione, con riferimento allo stesso trasferimento, sono corrisposte per più anni, la presente disposizione si applica solo per le indennità corrisposte per il primo anno. Le spese di viaggio, ivi comprese quelle dei familiari fiscalmente a carico ai sensi dell'articolo 12 (N.d.R.: *ora art. 13*), e di trasporto delle cose, nonché le spese e gli oneri sostenuti dal dipendente in qualità di conduttore, per recesso dal contratto di locazione in dipendenza dell'avvenuto trasferimento della sede di lavoro, se rimborsate dal datore di lavoro e analiticamente documentate, non concorrono a formare il reddito anche se in caso di contemporanea erogazione delle suddette indennità.

8. Gli assegni di sede e le altre indennità percepite per servizi prestati all'estero costituiscono reddito nella misura del 50 per cento ([19]). Se per i servizi prestati all'estero dai dipendenti delle amministrazioni statali la legge prevede la corresponsione di una indennità base e di maggiorazioni ad esse collegate concorre a formare il reddito la sola indennità base nella misura del 50 per cento nonché il 50 per cento delle maggiorazioni percepite fino alla concorrenza di ottantasette quarantesimi dell'indennità base o, limitatamente alle indennità di cui all'articolo 1808, comma 1, lettera *b*), del codice dell'ordinamento militare, di cui al decreto legislativo 15 marzo 2010, n. 66, due volte l'indennità base ([20]) ([21]). Qualora l'indennità per servizi prestati all'estero comprenda emolumenti spettanti anche con riferimento all'attività prestata nel territorio nazionale, la riduzione compete solo sulla parte eccedente gli emolumenti predetti. L'applicazione di questa disposizione esclude l'applicabilità di quella di cui al comma 5.

8 *bis*. In deroga alle disposizioni dei commi da 1 a 8, il reddito di lavoro dipendente, prestato all'estero in via continuativa e come oggetto esclusivo del rapporto da dipendenti che nell'arco di dodici mesi soggiornano nello Stato estero per un periodo superiore a 183 giorni, è determinato sulla base delle retribuzioni convenzionali definite annualmente con il decreto del Ministro del lavoro e della previdenza sociale di cui all'articolo 4, comma 1, del decreto legge 31 luglio 1987, n. 317, convertito, con modificazioni, dalla legge 3 ottobre 1987, n. 398.

9. Gli ammontari degli importi che ai sensi del presente articolo non concorrono a formare il reddito di lavoro dipendente possono essere rivalutati con decreto del Presidente del Consiglio dei Ministri, previa deliberazione del Consiglio dei Ministri, quando la variazione percentuale del valore medio dell'indice dei prezzi al consumo per le famiglie di operai e impiegati relativo al periodo di dodici mesi terminante al 31 agosto supera il 2 per cento rispetto al valore medio del medesimo indice rilevato con riferimento allo stesso periodo dell'anno 1998. A tal fine, entro il 30 settembre, si prov-

vede alla ricognizione della predetta percentuale di variazione. Nella legge finanziaria relativa all'anno per il quale ha effetto il suddetto decreto si farà fronte all'onere derivante dall'applicazione del medesimo decreto.

(1) *Questa lettera è stata così sostituita dall'art. 1, comma 197, lett.* b), *della L. 24 dicembre 2007, n. 244.*

(2) *Questa lettera è stata soppressa dall'art. 2, comma 6, del D.L. 27 maggio 2008, n. 93, convertito con modificazioni, nella L. 24 luglio 2008, n. 126.*

(3) *Questa lettera è stata così sostituita dall'art. 1, comma 677, della L. 27 dicembre 2019, n. 160, a decorrere dal 1° gennaio 2020.*

(4) *Questa lettera è stata inserita dall'art. 1, comma 28, lett.* b), *della L. 27 dicembre 2017, n. 205, a decorrere dal 1° gennaio 2018.*

(5) *Questa lettera è stata così sostituita dall'attuale dall'art. 1, comma 190, lett.* a), *n. 1), della L. 28 dicembre 2015, n. 208.*

A norma dell'art. 1, comma 162, della L. 11 dicembre 2016, n. 232, le disposizioni di cui a questa lettera si interpretano nel senso che le stesse si applicano anche alle opere e servizi riconosciuti dal datore di lavoro, del settore privato o pubblico, in conformità a disposizioni di contratto collettivo nazionale di lavoro, di accordo interconfederale o di contratto collettivo territoriale.

(6) *Questa lettera, sostituita dall'art. 3, comma 6* bis, *del D.L. 2 marzo 2012, n. 16, convertito, con modificazioni, nella L. 26 aprile 2012, n. 44, è stata, da ultimo, così sostituita, dall'art. 1, comma 190, lett.* a), *n. 2), della L. 28 dicembre 2015, n. 208.*

(7) *Questa lettera è stata inserita dall'art. 1, comma 190, lett.* a), *n. 3), della L. 28 dicembre 2015, n. 208.*

(8) *Questa lettera è stata inserita dall'art. 1, comma 161, della L. 11 dicembre 2016, n. 232.*

(9) *Questa lettera è stata abrogata dall'art. 82, comma 23, del D.L. 25 giugno 2008, n. 112, convertito, con modificazioni, nella L. 6 agosto 2008, n. 133. A norma dell'art. 82, comma 24, dello stesso D.L., tale disposizione si applica in relazione alle azioni assegnate ai dipendenti a decorrere dalla data di entrata in vigore del presente decreto.*

(10) *Questa lettera è stata aggiunta dall'art. 1, comma 14, della L. 23 agosto 2004, n. 243.*

(11) *Il secondo, terzo e quarto periodo, aggiunti dall'art. 36, comma 25, del D.L. 4 luglio 2006, n. 223, convertito, con modificazioni, nella L. 4 agosto 2006, n. 248, sono stati così sostituiti dagli attuali secondo e terzo periodo dall'art. 2, comma 29, del D.L. 3 ottobre 2006, n. 262, convertito, con modificazioni, nella L. 24 novembre 2006, n. 286.*

(12) *A norma dell'art. 112 del D.L. 14 agosto 2020, n. 104, convertito, con modificazioni, nella L. 13 ottobre 2020, n. 126, limitatamente al periodo d'imposta 2020, l'importo del valore dei beni ceduti e dei servizi prestati dall'azienda ai lavoratori dipendenti che non concorre alla formazione del reddito ai sensi di questo comma, è elevato ad euro 516,46.*

(13) *Questo comma è stato inserito dall'art. 1, comma 190, lett.* b), *della L. 28 dicembre 2015, n. 208.*

(14) *Questa lettera è stata così sostituita dall'art. 1, comma 632, della L. 27 dicembre 2019, n. 160, a decorrere dal 1° gennaio 2020.*

A norma dell'art. 1, comma 633, del medesimo provvedimento, resta ferma l'applicazione della disciplina dettata dalla presente lettera nel testo vigente al 31 dicembre 2019, per i veicoli concessi in uso promiscuo con contratti stipulati entro il 30 giugno 2020.

Si riporta il testo precedente:

«a) per gli autoveicoli indicati nell'articolo 54, comma 1, lettere a), c) e m), *del decreto legislativo 30 aprile 1992, n. 285, i motocicli e i ciclomotori concessi in uso promiscuo, si assume il 30 per cento dell'importo corrispondente ad una percorrenza convenzionale di 15 mila chilometri calcolato sulla base del costo chilometrico di esercizio desumibile dalle tabelle nazionali che l'Automobile club d'Italia deve elaborare entro il 30 novembre di ciascun anno e comunicare al Ministero delle finanze che provvede alla pubblicazione entro il 31 dicembre, con effetto dal periodo d'imposta successivo, al netto degli ammontari eventualmente trattenuti al dipendente».*

([15]) *Questo comma, inserito dall'art. 1, comma 160, lett. a), della L. 24 dicembre 2013, n. 147, è stato abrogato dall'art. 1, comma 8, della L. 28 dicembre 2015, n. 208.*

([16]) *Le parole: «i premi agli ufficiali piloti dell'Esercito italiano, della Marina militare e dell'Aeronautica militare di cui all'articolo 1803 del codice dell'ordinamento militare, i premi agli ufficiali piloti del Corpo della Guardia di finanza di cui all'art. 3 della legge 28 febbraio 2000, n. 42» sono state inserite dall'art. 2162, comma 1, del D.L.vo 15 marzo 2010, n. 66, a decorrere dal 9 ottobre 2010.*

([17]) *Le parole: «art. 3 della legge 28 febbraio 2000, n. 42» sono state così sostituite dalle seguenti: «articolo 2161 del citato codice,» dall'art. 10, comma 5, del D.L.vo 31 dicembre 2012, n. 248.*

([18]) *A norma dell'art. 7* quinquies, *comma 1, del D.L. 22 ottobre 2016, n. 193, convertito, con modificazioni, nella L. 1° dicembre 2016, n. 225, questo comma si interpreta nel senso che i lavoratori rientranti nella disciplina ivi stabilita sono quelli per i quali sussistono contestualmente le seguenti condizioni:*

a) *la mancata indicazione, nel contratto o nella lettera di assunzione, della sede di lavoro;*

b) *lo svolgimento di un'attività lavorativa che richiede la continua mobilità del dipendente;*

c) *la corresponsione al dipendente, in relazione allo svolgimento dell'attività lavorativa in luoghi sempre variabili e diversi, di un'indennità o maggiorazione di retribuzione in misura fissa, attribuite senza distinguere se il dipendente si è effettivamente recato in trasferta e dove la stessa si è svolta.*

A norma dell'art. 7 quinquies, *comma 2, del medesimo provvedimento, ai lavoratori ai quali, a seguito della mancata contestuale esistenza delle condizioni di cui al comma 1 del predetto articolo 7* quinquies, *non è applicabile la disposizione di cui a questo comma è riconosciuto il trattamento previsto per le indennità di trasferta di cui al comma 5, dell'articolo 51 del presente provvedimento.*

([19]) *Ai sensi dall'art. 1, comma 271, della L. 27 dicembre 2017, n. 205, questo periodo si interpreta nel senso che le retribuzioni del personale di cui all'articolo 152 del decreto del Presidente della Repubblica 5 gennaio 1967, n. 18, e agli articoli da 31 a 33 del decreto legislativo 13 aprile 2017, n. 64, costituiscono reddito nella misura del 50 per cento, anche ai fini della determinazione dei contributi e dei premi previdenziali dovuti ai sensi dell'articolo 158, primo e secondo comma, del decreto del Presidente della Repubblica 5 gennaio 1967, n. 18, e fermo restando quanto disposto dall'articolo 2, comma 3, del decreto legislativo 7 aprile 2000, n. 103.*

([20]) *Le parole: «nonché il 50 per cento delle maggiorazioni percepite fino alla concorrenza di due volte l'indennità base» sono state aggiunte dall'art. 1, comma 319, della L. 23 dicembre 2014, n. 190 con effetto dal 1 luglio 2015.*

([21]) *Le parole: «due volte l'indennità base» sono state così sostituite dalle attuali: «ottantasette quarantesimi dell'indennità base o, limitatamente alle indennità di cui all'articolo 1808, comma 1, lettera* b)*, del codice dell'ordinamento militare, di cui al decreto legislativo 15 marzo 2010, n. 66, due volte l'indennità base» dall'art. 5* bis*, comma 1, del D.L. 21 ottobre 2021, n. 146, convertito, con modificazioni, nella L. 17 dicembre 2021, n. 215, a decorrere dal 1° gennaio 2022 e con riferimento alle anzianità contributive maturate a decorrere dalla predetta data.*

52. Determinazione dei redditi assimilati a quelli di lavoro dipendente. – 1. Ai fini della determinazione dei redditi assimilati a quelli di lavoro dipendente si applicano le disposizioni dell'articolo 48 (N.d.R.: *ora art. 51*) salvo quanto di seguito specificato:

a) (*Omissis*);

a bis) ai fini della determinazione del reddito di cui alla lettera *e*) del comma 1 dell'articolo 47 (N.d.R.: *ora art. 50*), i compensi percepiti dal personale dipendente del Servizio sanitario nazionale per l'attività libero-professionale intramuraria, esercitata presso studi professionali privati a seguito di autorizzazione del direttore generale dell'azienda sanitaria, costituiscono reddito nella misura del 75 per cento;

b) ai fini della determinazione delle indennità di cui alla lettera *g*) del comma 1 dell'articolo 47 (N.d.R.: *ora art. 50*), non concorrono, altresì, a formare il reddito le somme erogate ai titolari di cariche elettive pubbliche, nonché a coloro che esercitano le funzioni di cui agli articoli 114 e 135 della Costituzione, a titolo di rimborso di spese, purché l'erogazione di tali somme e i relativi criteri siano disposti dagli organi competenti a determinare i trattamenti dei soggetti stessi. Gli assegni vitalizi di cui alla predetta lettera *g*) del comma 1 dell'articolo 47 (N.d.R.: *ora art. 50*), sono assoggettati a tassazione per la quota parte che non deriva da fonti riferibili a trattenute effettuate al percettore già assoggettate a ritenute fiscali. Detta quota parte è determinata, per ciascun periodo d'imposta, in misura corrispondente al rapporto complessivo delle trattenute effettuate, assoggettate a ritenute fiscali, e la spesa complessiva per assegni vitalizi. Il rapporto va effettuato separatamente dai distinti soggetti erogatori degli assegni stessi, prendendo a base ciascuno i propri elementi;

c) per le rendite e gli assegni indicati alle lettere *h*) e *i*) del comma 1 dell'articolo 47 (N.d.R.: *ora art. 50*) non si applicano le disposizioni del predetto articolo 48 (N.d.R.: *ora art. 51*). Le predette rendite e assegni si presumono percepiti, salvo prova contraria, nella misura e alle scadenze risultanti dai relativi titoli;

d) per le prestazioni pensionistiche di cui alla lettera *h bis*) del comma 1 dell'articolo 50, comunque erogate, si applicano le disposizioni dell'articolo 11 e quelle di cui all'articolo 23, comma 6, del decreto legislativo 5 dicembre 2005, n. 252 ([1]);

d bis) per le prestazioni pensionistiche di cui alla lettera *h bis*) del comma 1, dell'articolo 47 (N.d.R.: *ora art. 50*), erogate in forma capitale a seguito di riscatto della posizione individuale ai sensi dell'articolo 10, comma 1, lettera *c*), del decreto legislativo 21 aprile 1993, n. 124, diverso da quello esercitato a seguito di pensionamento o di cessazione del rapporto di lavoro per mobilità o per altre cause non dipendenti dalla volontà delle parti non si applicano le disposizioni del richiamato articolo 48 (N.d.R.: *ora art. 51*). Le stesse assumono al netto dei redditi già assoggettati ad imposta, se determinabili.

([1]) Questa lettera è stata così sostituita dall'art. 21, comma 1, del D.L.vo 5 dicembre 2005, n. 252, a decorrere dal 1° gennaio 2007.

Capo V
Redditi di lavoro autonomo

53. Redditi di lavoro autonomo. – 1. Sono redditi di lavoro autonomo quelli che derivano dall'esercizio di arti e professioni. Per esercizio di arti e professioni si intende l'esercizio per professione abituale, ancorché non esclusiva, di attività di lavoro autonomo diverse da quelle considerate nel capo VI, compreso l'esercizio in forma associata di cui alla lettera *c*) del comma 3 dell'art. 5.

2. Sono inoltre redditi di lavoro autonomo:

a) i redditi derivanti dalle prestazioni sportive professionistiche non occasionali, oggetto di contratto di lavoro non subordinato, ai sensi del decreto legislativo attuativo della delega di cui all'articolo 5 della legge 8 agosto 2019, n. 86 ([1]);

b) i redditi derivanti dalla utilizzazione economica, da parte dell'autore o inventore, di opere dell'ingegno, di brevetti industriali e di processi, formule o informazioni relativi ad esperienze acquisite in campo industriale, commerciale o scientifico, se non sono conseguiti nell'esercizio di imprese commerciali;

c) le partecipazioni agli utili di cui alla lettera *f*) del comma 1 dell'art. 41 (N.d.R.: *ora art. 44*) quando l'apporto è costituito esclusivamente dalla prestazione di lavoro;

d) le partecipazioni agli utili spettanti ai promotori e ai soci fondatori di società per azioni, in accomandita per azioni e a responsabilità limitata;

e) le indennità per la cessazione di rapporti di agenzia;

f) i redditi derivanti dall'attività di levata dei protesti esercitata dai segretari comunali ai sensi della legge 12 giugno 1973, n. 349;

f bis) le indennità corrisposte ai giudici onorari di pace e ai vice procuratori onorari ([2]).

[3. Per i redditi derivanti dalle prestazioni sportive oggetto di contratto di lavoro autonomo, di cui alla L. 23 marzo 1981, n. 91, si applicano le disposizioni relative ai redditi indicati alla lettera *a*) del comma 2] ([3]).

([1]) *Questa lettera è stata così sostituita dall'art. 51, comma 1, lett.* b), *del D.L.vo 28 febbraio 2021, n. 36, a decorrere dal 1° gennaio 2022, così come modificato dall'art. 30, comma 7, del D.L. 22 marzo 2021, n. 41, convertito, con modificazioni, nella L. 21 maggio 2021, n. 69.*

([2]) *Questa lettera è stata aggiunta dall'art. 26, comma 1, lett.* b), *del D.L.vo 13 luglio 2017, n. 116.*

([3]) *Questo comma è stato soppresso dall'art. 51, comma 1, lett.* c), *del D.L.vo 28 febbraio 2021, n. 36, a decorrere dal 1° gennaio 2022, così come modificato dall'art. 30, comma 7, del D.L. 22 marzo 2021, n. 41, convertito, con modificazioni, nella L. 21 maggio 2021, n. 69.*

54. ([1]) **Determinazione del reddito di lavoro autonomo.** – 1. Il reddito derivante dall'esercizio di arti e professioni è costituito dalla differenza tra l'ammontare dei compensi in denaro o in natura percepiti nel periodo di imposta, anche sotto forma di partecipazione agli utili, e quello delle spese sostenute nel periodo stesso nell'esercizio dell'arte o della professione, salvo quanto stabilito nei successivi commi. I compensi sono computati al netto dei contributi previdenziali e assistenziali stabiliti dalla legge a carico del soggetto che li corrisponde ([2]).

1 *bis*. Concorrono a formare il reddito le plusvalenze [e le minusvalenze] ([3]) dei beni strumentali, esclusi [gli immobili e] ([3]) gli oggetti d'arte, di antiquariato o da collezione di cui al comma 5 ([4]), se:

a) sono realizzate mediante cessione a titolo oneroso;

b) sono realizzate mediante il risarcimento, anche in forma assicurativa, per la perdita o il danneggiamento dei beni;

c) i beni vengono destinati al consumo personale o familiare dell'esercente l'arte o la professione o a finalità estranee all'arte o professione ([5]).

1 *bis*.1. Le minusvalenze dei beni strumentali di cui al comma 1 *bis* sono deducibili se sono realizzate ai sensi delle lettere *a*) e *b*) del medesimo comma 1 *bis* ([6]).

1 *ter*. Si considerano plusvalenza o minusvalenza la differenza, positiva o negativa, tra il corrispettivo o l'indennità percepiti e il costo non ammortizzato ovvero, in assenza di corrispettivo, la differenza tra il valore normale del bene e il costo non ammortizzato ([5]).

1 *quater*. Concorrono a formare il reddito i corrispettivi percepiti a seguito di cessione della clientela o di elementi immateriali comunque riferibili all'attività artistica o professionale ([5]).

2. Per i beni strumentali per l'esercizio dell'arte o della professione, esclusi gli oggetti d'arte, di antiquariato o da collezione di cui al comma 5, sono ammesse in deduzione quote annuali di ammortamento non superiori a quelle risultanti dall'applicazione al costo dei beni dei coefficienti stabiliti, per categorie di beni omogenei, con decreto del Ministro dell'economia e delle finanze. È tuttavia consentita la deduzione integrale, nel periodo d'imposta in cui sono state sostenute, delle spese di acquisizione di beni strumentali il cui costo unitario non sia superiore a euro 516,4. La deduzione dei canoni di locazione finanziaria di beni strumentali è ammessa per un periodo non ([7]) inferiore alla metà del periodo di ammortamento corrispondente al coefficiente stabilito nel predetto decreto; in caso di beni immobili, la deduzione è ammessa per un periodo non inferiore a dodici anni ([8]). Ai fini del calcolo delle quote di ammortamento deducibili dei beni immobili strumentali, si applica l'articolo 36, commi 7 e 7 *bis*, del decreto legge 4 luglio 2006, n. 223, convertito, con modificazioni, dalla legge 4 agosto 2006, n. 248. Per i beni di cui all'articolo 164, comma 1, lettera *b*), la deducibilità dei canoni di locazione finanziaria è ammessa aper un periodo non ([9]) inferiore al periodo di ammortamento corrispondente al coefficiente stabilito a norma del primo periodo. I canoni di locazione finanziaria dei beni strumentali sono deducibili nel periodo d'imposta in cui maturano. Le spese relative all'ammodernamento, alla ristrutturazione e alla manutenzione di immobili utilizzati nell'esercizio di arti e professioni, che per le loro caratteristiche non sono imputabili ad incremento del costo dei beni ai quali si riferiscono, sono deducibili, nel periodo d'imposta di sostenimento, nel limite del 5 per cento del costo complessivo di tutti i beni materiali ammortizzabili, quale risulta all'inizio del periodo d'imposta dal registro di cui all'articolo 19 del decreto del Presidente della Repubblica 29 settembre 1973, n. 600, e successive modificazioni; l'eccedenza è deducibile in quote costanti nei cinque periodo d'imposta successivi ([10]).

3. Le spese relative all'acquisto di beni mobili diversi da quelli indicati nel comma 4 adibiti promiscuamente all'esercizio dell'arte o professione e all'uso personale o familiare del contribuente sono ammortizzabili, o deducibili se il costo unitario non è superiore a € 516,46, nella misura del 50 per cento; nella stessa misura sono deducibili i canoni di locazione anche finanziaria e di noleggio e le spese relativi all'impiego di tali beni. Per gli immobili utilizzati promiscuamente, a condizione che il contribuente non disponga nel medesimo comune di altro immobile adibito esclusivamente

all'esercizio dell'arte o professione, è deducibile una somma pari al 50 per cento della rendita ovvero, in caso di immobili acquisiti mediante locazione, anche finanziaria, un importo pari al 50 per cento del relativo canone ([11]). Nella stessa misura sono deducibili le spese per i servizi relativi a tali immobili nonché quelle relative all'ammodernamento, ristrutturazione e manutenzione degli immobili utilizzati, che per le loro caratteristiche non sono imputabili ad incremento del costo dei beni ai quali si riferiscono ([11]).

3 *bis*. Le quote d'ammortamento, i canoni di locazione anche finanziaria o di noleggio e le spese di impiego e manutenzione relativi ad apparecchiature terminali per servizi di comunicazione elettronica ad uso pubblico di cui alla lettera gg) del comma 1 dell'articolo 1 del codice delle comunicazioni elettroniche, di cui al decreto legislativo 1° agosto 2003, n. 259, sono deducibili nella misura dell'80 per cento ([12]).

4. (*Omissis*).

5. Le spese relative a prestazioni alberghiere e a somministrazioni di alimenti e bevande sono deducibili nella misura del 75 per cento e, in ogni caso, per un importo complessivamente non superiore al 2 per cento dell'ammontare dei compensi percepiti nel periodo di imposta ([13]). I limiti di cui al periodo precedente non si applicano alle spese relative a prestazioni alberghiere e di somministrazione di alimenti e bevande sostenute dall'esercente arte o professione per l'esecuzione di un incarico e addebitate analiticamente in capo al committente ([14]). Tutte le spese relative all'esecuzione di un incarico conferito e sostenute direttamente dal committente non costituiscono compensi in natura per il professionista ([14]). Le spese di rappresentanza sono deducibili nei limiti dell'1 per cento dei compensi percepiti nel periodo di imposta. Sono comprese nelle spese di rappresentanza anche quelle sostenute per l'acquisto o l'importazione di oggetti di arte, di antiquariato da collezione, anche se utilizzati come beni strumentali per l'esercizio dell'arte o professione; nonché quelle sostenute per l'acquisto o l'importazione di beni destinati a essere ceduti a titolo gratuito. Sono integralmente deducibili, entro il limite annuo di 10.000 euro, le spese per l'iscrizione a master e a corsi di formazione o di aggiornamento professionale nonché le spese di iscrizione a convegni e congressi, comprese quelle di viaggio e soggiorno. Sono integralmente deducibili, entro il limite annuo di 5.000 euro, le spese sostenute per i servizi personalizzati di certificazione delle competenze, orientamento, ricerca e sostegno all'auto-imprenditorialità, mirate a sbocchi occupazionali effettivamente esistenti e appropriati in relazione alle condizioni del mercato del lavoro, erogati dagli organismi accreditati ai sensi della disciplina vigente. Sono altresì integralmente deducibili gli oneri sostenuti

per la garanzia contro il mancato pagamento delle prestazioni di lavoro autonomo fornita da forme assicurative o di solidarietà ([15]).

6. Tra le spese per prestazioni di lavoro deducibili si comprendono, salvo il disposto di cui al comma 6 *bis*, anche le quote delle indennità di cui alle lettere *a*) e *c*) del comma 1 dell'art. 16 (N.d.R.: *ora art. 17*) maturate nel periodo di imposta. Le spese di vitto e alloggio sostenute per le trasferte effettuate fuori dal territorio comunale dai lavoratori dipendenti degli esercenti arti e professioni sono deducibili nelle misure previste dal comma 1*ter* dell'art. 62 (N.d.R.: *ora art. 95, comma 3*).

6 *bis*. Non sono ammesse deduzioni per i compensi al coniuge, ai figli, affidati o affiliati, minori di età o permanentemente inabili al lavoro, nonché agli ascendenti dell'artista o professionista ovvero dei soci o associati per il lavoro prestato o l'opera svolta nei confronti dell'artista o professionista ovvero della società o associazione. I compensi non ammessi in deduzione non concorrono a formare il reddito complessivo dei percipienti.

7. (*Omissis*).

8. (*Omissis*). I redditi indicati alla lettera *b*) del comma 2 dell'articolo 49 (N.d.R.: *ora art. 53*) sono costituiti dall'ammontare dei proventi in denaro o in natura percepiti nel periodo di imposta, anche sotto forma di partecipazione agli utili, ridotto del 25 per cento a titolo di deduzione forfetaria delle spese, ovvero del 40 per cento se i relativi compensi sono percepiti da soggetti di età inferiore a 35 anni ([16]); le partecipazioni agli utili e le indennità di cui alle lettere *c*), *d*) ed *e*) costituiscono reddito per l'intero ammontare percepito nel periodo di imposta. I redditi indicati alla lettera *f*) dello stesso comma sono costituiti dall'ammontare dei compensi in denaro o in natura percepiti nel periodo di imposta, ridotto del 15 per cento a titolo di deduzione forfetaria delle spese. I redditi indicati alla lettera *f bis*) del comma 2 dell'articolo 53 sono costituiti dall'ammontare delle indennità in denaro o in natura percepite nel periodo di imposta ([17]).

8 *bis*. In deroga al principio della determinazione analitica del reddito, la base imponibile per i rapporti di cooperazione dei volontari e dei cooperanti è determinata sulla base dei compensi convenzionali fissati annualmente con decreto del Ministero degli affari esteri di concerto con il Ministero del lavoro e delle politiche sociali, indipendentemente dalla durata temporale e dalla natura del contratto purché stipulato da organizzazione non governativa riconosciuta idonea ai sensi dell'articolo 28 della legge 26 febbraio 1987, n. 49.

([1]) *Per gli esercenti arti e professioni che si sono avvalsi del regime forfetario di cui al D.L. n. 853/84, convertito nella L. n. 17/85, si veda l'art. 6, D.M. 27 settembre 1989, n. 352.*

([2]) *A norma dell'art. 1, comma 3, del D.L. 22 marzo 2021, n. 41, convertito, con modificazioni, nella L. 21 maggio 2021, n. 69, il contributo spetta esclusivamente ai soggetti con compensi di cui a questo comma, non superiori a 10 milioni di euro nel secondo periodo d'imposta antecedente a quello in corso alla data di entrata in vigore del presente decreto.*

(3) *Le parole fra parentesi quadrate sono state soppresse dall'art. 1, comma 334, lett.* a), *della L. 27 dicembre 2006, n. 296.*

(4) *Le parole: «di cui al comma 5» sono state inserite dall'art. 1, comma 334, lett.* a), *della L. 27 dicembre 2006, n. 296.*

(5) *Questo comma è stato inserito dall'art. 36, comma 29, lett.* a), *n. 1), del D.L. 4 luglio 2006, n. 223, convertito, con modificazioni, nella L. 4 agosto 2006, n. 248.*

(6) *Questo comma è stato inserito dall'art. 1, comma 334, lett.* b), *della L. 27 dicembre 2006, n. 296.*

(7) *Le parole: «a condizione che la durata del contratto non sia» sono state così sostituite dalle parole: «per un periodo non» dall'art. 4* bis, *comma 1, lett.* a), *n. 1), del D.L. 2 marzo 2012, n. 16, convertito, con modificazioni, nella L. 26 aprile 2012, n. 44. A norma del comma 2 dello stesso articolo, questa disposizione si applica ai contratti stipulati a decorrere dalla data di entrata in vigore della legge di conversione del medesimo decreto legge.*

(8) *Le parole: «e comunque con un minimo di otto anni e un massimo di quindici se lo stesso ha per oggetto beni immobili» sono state così sostituite dalle seguenti: «; in caso di beni immobili, la deduzione è ammessa per un periodo non inferiore a dodici anni» dall'art. 1, comma 162, lett.* a), *della L. 27 dicembre 2013, n. 147. A norma del comma 163 dello stesso articolo, tali disposizioni si applicano ai contratti di locazione finanziaria stipulati a decorrere dalla data di entrata in vigore della suddetta legge.*

(9) *Le parole: «a condizione che la durata del contratto non sia» sono state così sostituite dalle parole: «per un periodo non» dall'art. 4* bis, *comma 1, lett.* a), *n. 2), del D.L. 2 marzo 2012, n. 16, convertito, con modificazioni, nella L. 26 aprile 2012, n. 44. A norma del comma 2 dello stesso articolo, questa disposizione si applica ai contratti stipulati a decorrere dalla data di entrata in vigore della legge di conversione del medesimo decreto legge.*

(10) *Questo comma è stato così sostituito dall'art. 1, comma 334, lett.* c), *della L. 27 dicembre 2006, n. 296.*

(11) *Questo periodo è stato così sostituito dall'art. 1, comma 334, lett.* d), *della L. 27 dicembre 2006, n. 296.*

(12) *Questo comma è stato così sostituito dall'art. 1, comma 402, della L. 27 dicembre 2006, n. 296. A norma dell'art. 1, comma 403, della medesima legge, queste disposizioni si applicano a decorrere dal periodo d'imposta successivo a quello in corso al 31 dicembre 2006; per il medesimo periodo d'imposta, nella determinazione dell'acconto dovuto ai fini delle imposte sul reddito e dell'imposta regionale sulle attività produttive, si assume quale imposta del periodo precedente quella che si sarebbe determinata tenendo conto delle disposizioni dei predetti commi 401 e 402.*

(13) *Questo periodo è stato così sostituito dall'art. 83, comma 28* quater, *lett.* b), *del D.L. 25 giugno 2008, n. 112, convertito, con modificazioni, nella L. 6 agosto 2008, n. 133, a decorrere dal periodo d'imposta successivo a quello in corso al 31 dicembre 2008. Nella determinazione degli acconti dovuti per il medesimo periodo d'imposta, l'imposta del periodo precedente è determinata applicando le disposizioni del comma 28* quater.

([14]) *Il secondo periodo di questo comma: «Le prestazioni alberghiere e di somministrazione di alimenti e bevande, nonché le prestazioni di viaggio e trasporto, acquistate direttamente dal committente non costituiscono compensi in natura per il professionista» è stato così sostituito dagli attuali periodi secondo e terzo, dall'art. 8, comma 1, della L. 22 maggio 2017, n. 81. Tali disposizioni si applicano a decorrere dal periodo d'imposta in corso al 31 dicembre 2017.*

([15]) *Le parole: «; le spese di partecipazione a convegni, congressi e simili o a corsi di aggiornamento professionale, incluse quelle di viaggio e soggiorno sono deducibili nella misura del 50 per cento del loro ammontare» sono state così dalle seguenti: «. Sono integralmente deducibili, entro il limite annuo di 10.000 euro, le spese per l'iscrizione a master e a corsi di formazione o di aggiornamento professionale nonché le spese di iscrizione a convegni e congressi, comprese quelle di viaggio e soggiorno. Sono integralmente deducibili, entro il limite annuo di 5.000 euro, le spese sostenute per i servizi personalizzati di certificazione delle competenze, orientamento, ricerca e sostegno all'auto-imprenditorialità, mirate a sbocchi occupazionali effettivamente esistenti e appropriati in relazione alle condizioni del mercato del lavoro, erogati dagli organismi accreditati ai sensi della disciplina vigente. Sono altresì integralmente deducibili gli oneri sostenuti per la garanzia contro il mancato pagamento delle prestazioni di lavoro autonomo fornita da forme assicurative o di solidarietà» dall'art. 9, comma 1, della L. 22 maggio 2017, n. 81. Tali disposizioni si applicano a decorrere dal periodo d'imposta in corso al 31 dicembre 2017.*

([16]) *Le parole: «, ovvero del 40 per cento se i relativi compensi sono percepiti da soggetti di età inferiore a 35 anni» sono state inserite dall'art. 1, comma 318, della L. 27 dicembre 2006, n. 296.*

([17]) *Questo periodo è stato aggiunto dall'art. 26, comma 1, lett. c), del D.L.vo 13 luglio 2017, n. 116.*

Capo VI
Redditi di impresa

55. Redditi d'impresa. – 1. Sono redditi d'impresa quelli che derivano dall'esercizio di imprese commerciali. Per esercizio di imprese commerciali si intende l'esercizio per professione abituale, ancorché non esclusiva, delle attività indicate nell'art. 2195 c.c., e delle attività indicate alle lettere *b*) e *c*) del comma 2 dell'art. 32 che eccedono i limiti ivi stabiliti, anche se non organizzate in forma d'impresa.

2. Sono inoltre considerati redditi d'impresa:

a) i redditi derivanti dall'esercizio di attività organizzate in forma d'impresa dirette alla prestazione di servizi che non rientrano nell'art. 2195 c.c.;

b) i redditi derivanti dall'attività di sfruttamento di miniere, cave, torbiere, saline, laghi, stagni e altre acque interne;

c) i redditi dei terreni, per la parte derivante dall'esercizio delle attività agricole di cui all'articolo 32, pur se nei limiti ivi stabiliti, ove spettino alle società in nome collettivo e in accomandita semplice nonché alle stabili organizzazioni di persone fisiche non residenti esercenti attività di impresa.

3. Le disposizioni in materia di imposte sui redditi che fanno riferimento alle attività commerciali si applicano, se non risulta diversamente, a tutte le attività indicate nel presente articolo.

55 *bis*. ([1]) [**Imposta sul reddito d'impresa.** – 1. Il reddito d'impresa degli imprenditori individuali e delle società in nome collettivo e in accomandita semplice in regime di contabilità ordinaria, determinato ai sensi del presente capo, è escluso dalla formazione del reddito complessivo e assoggettato a tassazione separata con l'aliquota prevista dall'articolo 77. Dal reddito d'impresa sono ammesse in deduzione le somme prelevate, a carico dell'utile di esercizio e delle riserve di utili, nei limiti del reddito del periodo d'imposta e dei periodi d'imposta precedenti assoggettati a tassazione separata al netto delle perdite residue computabili in diminuzione dei redditi dei periodi d'imposta successivi, a favore dell'imprenditore, dei collaboratori familiari o dei soci.

2. In deroga all'articolo 8, comma 3, le perdite maturate nei periodi d'imposta di applicazione delle disposizioni di cui al comma 1 del presente articolo sono computate in diminuzione del reddito dei periodi d'imposta successivi per l'intero importo che trova capienza in essi. Le perdite non ancora utilizzate al momento di fuoriuscita dal regime di cui al presente articolo sono computabili in diminuzione dai redditi ai sensi dell'articolo 8, comma 3, considerando l'ultimo anno di permanenza nel regime come anno di maturazione delle stesse. Nel caso di società in nome collettivo e in accomandita semplice tali perdite sono imputate a ciascun socio proporzionalmente alla sua quota di partecipazione agli utili.

3. Le somme prelevate a carico dell'utile dell'esercizio e delle riserve di utili, nei limiti del reddito dell'esercizio e dei periodi d'imposta precedenti assoggettati a tassazione separata e non ancora prelevati, a favore dell'imprenditore, dei collaboratori familiari o dei soci costituiscono reddito d'impresa e concorrono integralmente a formare il reddito complessivo dell'imprenditore, dei collaboratori familiari o dei soci.

4. Gli imprenditori e le società in nome collettivo e in accomandita semplice in regime di contabilità ordinaria possono optare per l'applicazione delle disposizioni di cui al presente articolo. L'opzione ha durata pari a cinque periodi d'imposta, è rinnovabile e deve essere esercitata nella dichiarazione dei redditi, con effetto dal periodo d'imposta cui è riferita la dichiarazione.

5. L'applicazione del presente articolo esclude quella dell'articolo 5 limitatamente all'imputazione e alla tassazione del reddito indipendentemente dalla sua percezione.

6. Le disposizioni del presente articolo non si applicano alle somme prelevate a carico delle riserve formate con utili dei periodi d'imposta precedenti a quello dal quale ha effetto tale articolo; le riserve da cui sono prelevate le somme si considerano formate prioritariamente con utili di tali periodi d'imposta.

6 *bis*. In caso di fuoriuscita dal regime di cui al presente articolo anche a seguito di cessazione dell'attività, le somme prelevate a carico delle riserve di utili formate nei periodi d'imposta di applicazione delle disposizioni del presente articolo, nei limiti in cui le stesse sono state assoggettate a tassazione separata, concorrono a formare il reddito complessivo dell'imprenditore, dei collaboratori o dei soci; ai medesimi soggetti è riconosciuto un credito d'imposta in misura pari all'imposta di cui al comma 1, primo periodo] (2).

(1) *Questo articolo, aggiunto dall'art. 1, comma 547, lett.* b)*, della L. 11 dicembre 2016, n. 232, a decorrere dal 1° gennaio 2018, è stato abrogato dall'art. 1, comma 1055, lett.* a)*, n. 2), della L. 30 dicembre 2018, n. 145, a decorrere dal 1° gennaio 2019.*

(2) *Questo comma è stato aggiunto dall'art. 58 del D.L. 24 aprile 2017, n. 50, convertito, con modificazioni, nella L. 21 giugno 2017, n. 96.*

56. Determinazione del reddito d'impresa. – 1. Il reddito d'impresa è determinato secondo le disposizioni della sezione I del capo II del titolo II, salvo quanto stabilito nel presente capo. Le disposizioni della predetta sezione I e del capo VI del titolo II (1) relative alle società e agli enti di cui all'articolo 73, comma 1, lettere *a*) e *b*), valgono anche per le società in nome collettivo e in accomandita semplice.

2. Se dall'applicazione del comma 1 risulta una perdita, questa, al netto dei proventi esenti dall'imposta per la parte del loro ammontare che eccede i componenti negativi non dedotti ai sensi degli articoli 61 e 109, comma 5 (2) (3), è computata in diminuzione del reddito [complessivo] (4) a norma dell'articolo 8. Per le perdite derivanti dalla partecipazione in società in nome collettivo e in accomandita semplice si applicano le disposizioni del comma 2 dell'articolo 8 (5) (3).

3. Oltre ai proventi di cui alle lettere *a*) e *b*) dell'articolo 91, non concorrono alla formazione del reddito:

a) le indennità per la cessazione di rapporti di agenzia delle persone fisiche e delle società di persone;

b) le plusvalenze, le indennità e gli altri redditi indicati alle lettere da *g*) a *n*) del comma 1 dell'articolo 17, quando ne è richiesta la tassazione separata a norma del comma 2 dello stesso articolo.

4. Ai fini dell'applicazione del comma 2 non rileva la quota esente dei proventi di cui all'articolo 87, determinata secondo quanto previsto nel presente capo.

5. Nei confronti dei soggetti che esercitano attività di allevamento di animali oltre il limite di cui alla lettera *b*) del comma 2 dell'articolo 32 il reddito relativo alla parte eccedente concorre a formare il reddito d'impresa nell'ammontare determinato attribuendo a ciascun capo un reddito pari al valore medio del reddito agrario riferibile a ciascun capo allevato entro il limite medesimo, moltiplicato per un coefficiente idoneo a tener conto delle diverse incidenze dei costi. Le relative spese e gli altri componenti negativi non sono ammessi in deduzione. Il valore medio e il coefficiente di cui al primo periodo sono stabiliti ogni due anni con decreto del Ministro dell'economia e delle finanze, di concerto con il Ministro delle politiche agricole e forestali. Le disposizioni del presente comma non si applicano nei confronti dei redditi di cui all'articolo 55, comma 2, lettera *c*). Il coefficiente moltiplicatore non si applica agli allevatori che si avvalgono esclusivamente dell'opera di propri familiari quando, per la natura del rapporto, non si configuri l'impresa familiare. Il contribuente ha facoltà, in sede di dichiarazione dei redditi, di non avvalersi delle disposizioni del presente comma. Ai fini del rapporto di cui all'articolo 96, i proventi dell'allevamento di animali di cui al presente comma, si computano nell'ammontare ivi stabilito. Se il periodo d'imposta è superiore o inferiore a dodici mesi, i redditi di cui al presente comma sono ragguagliati alla durata di esso ([6]).

([1]) *Le parole: «e del capo VI del titolo II» sono state inserite dall'art. 2, comma 217, della L. 24 dicembre 2007, n. 244.*

([2]) *Le parole: «non dedotti ai sensi degli articoli 96 e 109, commi 5 e 6» sono state così sostituite dalle attuali: «non dedotti ai sensi degli articoli 61 e 109, comma 5» dall'art. 1, comma 33, lett.* a), *della L. 24 dicembre 2007, n. 244.*

([3]) *A norma dell'art. 1, comma 34, della L. 24 dicembre 2007, n. 244, queste disposizioni si applicano a decorrere dal periodo d'imposta successivo a quello in corso al 31 dicembre 2007.*

([4]) *La parola fra parentesi quadrata è stata soppressa dall'art. 1, comma 23, lett.* b), *della L. 30 dicembre 2018, n. 145.*

Tali disposizioni si applicano a decorrere dal periodo d'imposta successivo a quello in corso al 31 dicembre 2017.

([5]) *Questo periodo è stato aggiunto dall'art. 1, comma 33, lett.* a), *della L. 24 dicembre 2007, n. 244.*

([6]) *Questo periodo è stato aggiunto dall'art. 3, comma 1, del D.L.vo 18 novembre 2005, n. 247. A norma dell'art. 3, comma 4, dello stesso provvedimento, queste disposizioni hanno effetto per i periodi di imposta che iniziano a decorrere dal 1° gennaio 2004.*

56 *bis*. (1) **Altre attività agricole.** – 1. Per le attività dirette alla produzione di vegetali esercitate oltre il limite di cui all'articolo 32 (2), comma 2, lettera *b*), il reddito relativo alla parte eccedente concorre a formare il reddito di impresa nell'ammontare corrispondente al reddito agrario relativo alla superficie sulla quale la produzione insiste in proporzione alla superficie eccedente.

2. Per le attività dirette alla manipolazione, conservazione, trasformazione, valorizzazione e commercializzazione di prodotti diversi da quelli indicati nell'articolo 32 (2), comma 2, lettera *c*), ottenuti prevalentemente dalla coltivazione del fondo o del bosco o dall'allevamento di animali, il reddito è determinato applicando all'ammontare dei corrispettivi delle operazioni registrate o soggette a registrazione agli effetti dell'imposta sul valore aggiunto, conseguiti con tali attività, il coefficiente di redditività del 15 per cento.

3. Per le attività dirette alla fornitura di servizi di cui al terzo comma dell'articolo 2135 del codice civile, il reddito è determinato applicando all'ammontare dei corrispettivi delle operazioni registrate o soggette a registrazione agli effetti dell'imposta sul valore aggiunto, conseguiti con tali attività, il coefficiente di redditività del 25 per cento.

3 *bis*. Per le attività dirette alla commercializzazione di piante vive e prodotti della floricoltura acquistate da imprenditori agricoli florovivaistici di cui all'articolo 2135 del codice civile, nei limiti del 10 per cento del volume di affari, da altri imprenditori agricoli florovivaistici, il reddito è determinato applicando all'ammontare dei corrispettivi delle operazioni registrate o soggette a registrazione agli effetti dell'imposta sul valore aggiunto il coefficiente di redditività del 5 per cento (3).

4. Le disposizioni di cui ai commi 1, 2 e 3 non si applicano ai soggetti di cui all'articolo 73 (4), comma 1, lettere *a*), *b*) e *d*), nonché alle società in nome collettivo ed in accomandita semplice.

5. Il contribuente ha facoltà di non avvalersi delle disposizioni di cui al presente articolo. In tal caso l'opzione o la revoca per la determinazione del reddito nel modo normale si esercitano con le modalità stabilite dal regolamento recante norme per il riordino della disciplina delle opzioni in materia di imposta sul valore aggiunto e di imposte dirette, di cui al decreto del Presidente della Repubblica 10 novembre 1997, n. 442, e successive modificazioni.

(1) *Questo articolo è stato inserito dall'art. 2, comma 6, lett.* b), *della L. 24 dicembre 2003, n. 350, così come modificato dall'art. 15, comma 2, del D.L.vo 29 marzo 2004, n. 99.*

(2) *Le parole: «articolo 29» sono state così sostituite dalle attuali: «articolo 32» dall'art. 15, comma 2, lett.* b), *del D.L.vo 29 marzo 2004, n. 99.*

(3) *Questo comma è stato inserito dall'art. 1, comma 225, della L. 27 dicembre 2019, n. 160, a decorrere dal 1° gennaio 2020.*

([4]) *Le parole: «articolo 87» sono state così sostituite dalle attuali: «articolo 73» dall'art. 15, comma 2, lett.* b)*, n. 4), del D.L.vo 29 marzo 2004, n. 99.*

57. Ricavi. – 1. Si comprende tra i ricavi di cui all'articolo 85 anche il valore normale dei beni ivi indicati destinati al consumo personale o familiare dell'imprenditore.

58. ([1]) **Plusvalenze.** – 1. Per le plusvalenze derivanti da cessione delle aziende, le disposizioni del comma 4 dell'articolo 86 non si applicano quando è richiesta la tassazione separata a norma del comma 2 dell'articolo 17. Il trasferimento di azienda per causa di morte o per atto gratuito non costituisce realizzo di plusvalenze dell'azienda stessa; l'azienda è assunta ai medesimi valori fiscalmente riconosciuti nei confronti del dante causa. I criteri di cui al periodo precedente si applicano anche qualora, a seguito dello scioglimento, entro cinque anni dall'apertura della successione, della società esistente tra gli eredi, la predetta azienda resti acquisita da uno solo di essi.

2. Le plusvalenze di cui all'articolo 87 non concorrono alla formazione del reddito imponibile in quanto esenti limitatamente al 60 per cento del loro ammontare.

3. Le plusvalenze dei beni relativi all'impresa concorrono a formare il reddito anche se i beni vengono destinati al consumo personale o familiare dell'imprenditore o a finalità estranee all'esercizio dell'impresa.

([1]) *A norma dell'art. 5, comma 3, del D.L.vo 14 settembre 2015, n. 147, questo articolo si interpreta nel senso che per le cessioni di immobili e di aziende nonché per la costituzione e il trasferimento di diritti reali sugli stessi, l'esistenza di un maggior corrispettivo non è presumibile soltanto sulla base del valore anche se dichiarato, accertato o definito ai fini dell'imposta di registro di cui al decreto del Presidente della Repubblica 26 aprile 1986, n. 131, ovvero delle imposte ipotecaria e catastale di cui al decreto legislativo 31 ottobre 1990, n. 347.*

59. Dividendi. – 1. Gli utili relativi alla partecipazione al capitale o al patrimonio delle società e degli enti di cui all'articolo 73, nonché quelli relativi ai titoli e agli strumenti finanziari di cui all'articolo 44, comma 2, lettera *a*), e le remunerazioni relative ai contratti di cui all'articolo 109, comma 9, lettera *b*), concorrono alla formazione del reddito complessivo, nella misura del 40 per cento del loro ammontare, nell'esercizio in cui sono percepiti ([1]). Si applica l'articolo 47, per quanto non diversamente previsto dal periodo precedente ([2]) ([3]).

[2. Gli utili derivanti dai contratti di cui alla lettera *f*) del comma 1 dell'articolo 44 non concorrono alla formazione del reddito complessivo dell'esercizio in cui sono percepiti, in quanto esclusi, limitatamente al 60 per cento del loro ammontare] (4) (3).

(1) *La percentuale imponibile è oggi del 58,14%, così come indicato nell'art. 1 del D.M. 26 maggio 2017, per gli utili prodotti a partire dall'esercizio successivo a quello in corso al 31 dicembre 2016.*

(2) *Questo comma è stato così sostituito dall'art. 3, comma 2, lett.* a), *del D.L.vo 18 novembre 2005, n. 247.*

(3) *A norma dell'art. 3, comma 4, del D.L.vo 18 novembre 2005, n. 247, queste disposizioni hanno effetto per i periodi di imposta che iniziano a decorrere dal 1° gennaio 2004, salvo quelle dell'articolo 47, richiamate dall'articolo 59, che hanno una diversa decorrenza ai sensi dell'articolo 2, comma 3, del presente decreto.*

(4) *Questo comma è stato abrogato dall'art. 3, comma 2, lett.* b), *del D.L.vo 18 novembre 2005, n. 247.*

60. Spese per prestazioni di lavoro. – 1. Non sono ammesse in deduzione a titolo di compenso del lavoro prestato o dell'opera svolta dall'imprenditore, dal coniuge, dai figli, affidati o affiliati minori di età o permanentemente inabili al lavoro e dagli ascendenti, nonché dai familiari partecipanti all'impresa di cui al comma 4 dell'articolo 5.

61. (1) (2) (3) (4) (5) **Interessi passivi.** – 1. Gli interessi passivi inerenti all'esercizio d'impresa sono deducibili per la parte corrispondente al rapporto tra l'ammontare dei ricavi e altri proventi che concorrono a formare il reddito d'impresa o che non vi concorrono in quanto esclusi e l'ammontare complessivo di tutti i ricavi e proventi.

2. La parte di interessi passivi non deducibile ai sensi del comma 1 del presente articolo non dà diritto alla detrazione dall'imposta prevista alle lettere *a*) e *b*) del comma 1 dell'articolo 15.

(1) *Questo articolo è stato così sostituito dall'art. 1, comma 33, lett.* b), *della L. 24 dicembre 2007, n. 244. A norma dell'art. 1, comma 34, della medesima legge, tali disposizioni si applicano a decorrere dal periodo d'imposta successivo a quello in corso al 31 dicembre 2007.*

(2) *Si vedano gli artt. 10* bis, *comma 1 e 19* septies, *comma 3, del D.L. 28 ottobre 2020, n. 137, convertito, con modificazioni, nella L. 18 dicembre 2020, n. 176.*

(3) *A norma dell'art. 1, comma 7, del D.L. 22 marzo 2021, n. 41, convertito, con modificazioni, nella L. 21 maggio 2021, n. 69, il contributo di cui al medesimo articolo non concorre alla formazione della base imponibile delle imposte sui redditi, non rileva altresì ai fini del rapporto di cui a questo articolo.*

(4) *A norma dell'art. 48* bis, *comma 3, del D.L. 25 maggio 2021, n. 73, convertito, con modificazioni, nella L. 23 luglio 2021, n. 106, il credito d'imposta di cui al medesimo articolo non concorre alla formazione del reddito, né della base imponibile dell'imposta regionale sulle attività produttive, non rileva ai fini del rapporto di cui a questo articolo.*

([5]) *A norma dell'art. 5, comma 2, del D.M. 6 ottobre 2021, il credito d'imposta di cui al medesimo decreto non concorre alla formazione del reddito né alla base imponibile dell'imposta regionale sulle attività produttive e non rileva ai fini del rapporto di cui a questo articolo.*

62 - 63. (*Omissis*) ([1]).

([1]) *Questi articoli sono stati abrogati dall'art. 1, comma 33, lett.* c), *della L. 24 dicembre 2007, n. 244. A norma dell'art. 1, comma 34, della medesima legge, tali disposizioni si applicano a decorrere dal periodo d'imposta successivo a quello in corso al 31 dicembre 2007.*

64. Norme generali sulle componenti del reddito d'impresa. – 1. Le minusvalenze realizzate relative a partecipazioni con i requisiti di cui all'articolo 87, comma 1, lettere *b*), *c*) e *d*), possedute ininterrottamente dal primo giorno del dodicesimo mese precedente quello dell'avvenuta cessione, considerando cedute per prime le azioni o quote acquisite in data più recente, ed i costi specificamente inerenti al realizzo di tali partecipazioni, sono indeducibili in misura corrispondente alla percentuale di cui all'articolo 58, comma 2 ([1]).

2. Le spese relative all'acquisto di beni mobili adibiti promiscuamente all'esercizio dell'impresa e all'uso personale o familiare dell'imprenditore sono ammortizzabili, o deducibili nell'ipotesi di cui al comma 5 dell'articolo 102, nella misura del 50 per cento; nella stessa misura sono deducibili i canoni di locazione, anche finanziaria e di noleggio e le spese relativi all'impiego di tali beni. Per gli immobili utilizzati promiscuamente è deducibile una somma pari al 50 per cento della rendita catastale o del canone di locazione, anche finanziaria, a condizione che il contribuente non disponga di altro immobile adibito esclusivamente all'esercizio dell'impresa.

([1]) *Questo comma è stato così sostituito dall'art. 5, comma 1, lett.* a), *del D.L. 30 settembre 2005, n. 203, convertito, con modificazioni, nella L. 2 dicembre 2005, n. 248. A norma dell'art. 5, comma 3, dello stesso provvedimento, le disposizioni di questo comma hanno effetto per le cessioni effettuate a decorrere dalla data di entrata in vigore del presente decreto.*

65. Beni relativi all'impresa. – 1. Per le imprese individuali, ai fini delle imposte sui redditi, si considerano relativi all'impresa, oltre ai beni indicati alle lettere *a*) e *b*) del comma 1 dell'articolo 85, a quelli strumentali per l'esercizio dell'impresa stessa ed ai crediti acquisiti nell'esercizio dell'impresa stessa, i beni appartenenti all'imprenditore che siano indicati tra le attività relative all'impresa nell'inventario tenuto a norma dell'articolo 2217 del codice civile. Gli immobili di cui al comma 2 dell'articolo 43 si considerano relativi all'impresa solo se indicati nell'inventario; per i soggetti indicati nell'articolo 66, tale indicazione può essere effettuata nel registro dei beni ammortizzabili ovvero secondo le modalità di cui all'articolo 13 del decreto del Presidente della Repubblica 7 dicembre 2001, n. 435, e dell'articolo 2, comma 1, del decreto del Presidente della Repubblica 21 dicembre 1996, n. 695.

2. Per le società in nome collettivo e in accomandita semplice si considerano relativi all'impresa tutti i beni ad esse appartenenti, salvo quanto stabilito nel comma 3 per le società di fatto.

3. Per le società di fatto si considerano relativi all'impresa i beni indicati alle lettere *a*) e *b*) del comma 1 dell'art. 53 (N.d.R.: *ora art. 57*), i crediti acquisiti nell'esercizio dell'impresa e i beni strumentali per l'esercizio dell'impresa, compresi quelli iscritti in pubblici registri a nome dei soci utilizzati esclusivamente come strumenti per l'esercizio dell'impresa.

3 *bis*. Per i beni strumentali dell'impresa individuale provenienti dal patrimonio personale dell'imprenditore è riconosciuto, ai fini fiscali, il costo determinato in base alle disposizioni di cui al D.P.R. 23 dicembre 1974, n. 689, da iscrivere tra le attività relative all'impresa nell'inventario di cui all'articolo 2217 del codice civile ovvero, per le imprese di cui all'articolo 79 (N.d.R.: *ora art. 66*), nel registro dei cespiti ammortizzabili. Le relative quote di ammortamento sono calcolate a decorrere dall'esercizio in corso alla data dell'iscrizione.

66. ([1]) **Imprese minori.** – 1. Il reddito d'impresa dei soggetti che, secondo le disposizioni del decreto del Presidente della Repubblica 29 settembre 1973, n. 600, applicano il regime di contabilità semplificata, è costituito dalla differenza tra l'ammontare dei ricavi di cui all'articolo 85 e degli altri proventi di cui all'articolo 89 percepiti nel periodo d'imposta e quello delle spese sostenute nel periodo stesso nell'esercizio dell'attività d'impresa. La differenza è aumentata dei ricavi di cui all'articolo 57, dei proventi di cui all'articolo 90, comma 1, delle plusvalenze realizzate ai sensi dell'articolo 86 e delle sopravvenienze attive di cui all'articolo 88 e diminuita delle minusvalenze e sopravvenienze passive di cui all'articolo 101 ([2]).

2. Le quote di ammortamento sono ammesse in deduzione, secondo le disposizioni degli articoli 64, comma 2, 102 e 103, a condizione che sia tenuto il registro dei beni ammortizzabili. L'indicazione di tali quote può essere effettuata anche secondo le modalità dell'articolo 13 del decreto del Presidente della Repubblica 7 dicembre 2001, n. 435, e dell'articolo 2, comma 1, del decreto del Presidente della Repubblica 21 dicembre 1996, n. 695. Le perdite di beni strumentali e le perdite su crediti sono deducibili a norma dell'articolo 101. Non è ammessa alcuna deduzione a titolo di accantonamento; tuttavia gli accantonamenti di cui all'articolo 105 sono deducibili a condizione che risultino iscritti nei registri di cui all'articolo 18 del decreto indicato al comma 1.

3. Si applicano, oltre a quelle richiamate nei precedenti commi, le disposizioni di cui agli articoli 56, comma 5, 65, 91, 95, [96,] ([3]) 100, 108, 90, comma 2, 99, commi 1 e 3, 109, commi 5, 7 e 9, lettera *b*), ([4]) e 110, commi 1, 2, 5, 6 e 8. Si applica inoltre, con riferimento ai ricavi ed alle plusvalenze che concorrono a formare il reddito di impresa pur non risultando dalle registrazioni ed annotazioni nei registri di cui all'articolo 18 del decreto indicato nel comma 1, la disposizione dell'ultimo periodo del comma 4 dell'articolo 109. [I costi, concernenti contratti a corrispettivi periodici, relativi a spese di competenza di due periodi d'imposta, in deroga all'articolo 109, comma 2, lettera *b*), possono essere dedotti nell'esercizio nel quale è stato registrato il documento probatorio] ([5]). [Tale disposizione si applica solo nel caso in cui l'importo del costo indicato dal documento di spesa non sia superiore a euro 1.000] ([5]).

4. Per gli intermediari e i rappresentanti di commercio e per gli esercenti le attività indicate al primo comma dell'articolo 1 del decreto del Ministro delle finanze 13 ottobre 1979, pubblicato nella *Gazzetta Ufficiale* n. 288 del 22 ottobre 1979, il reddito d'impresa determinato a norma dei precedenti commi è ridotto, a titolo di deduzione forfetaria delle spese non documentate, di un importo pari alle seguenti percentuali dell'ammontare dei ricavi: 3 per cento dei ricavi fino a euro 6.197,48; 1 per cento dei ricavi oltre euro 6.197,48 e fino a euro 77.468,53; 0,50 per cento dei ricavi oltre euro 77.468,53 e fino a euro 92.962,24.

5. Per le imprese autorizzate all'autotrasporto di merci per conto di terzi il reddito determinato a norma dei precedenti commi è ridotto, a titolo di deduzione forfetaria di spese non documentate, di euro 7,75 per i trasporti personalmente effettuati dall'imprenditore oltre il comune in cui ha sede l'impresa ma nell'ambito della regione o delle regioni confinanti e di euro 15,49 per quelli effettuati oltre tale ambito. Per le medesime imprese compete, altresì, una deduzione forfetaria annua di euro 154,94 per ciascun motoveicolo e autoveicolo avente massa complessiva a pieno carico non superiore a 3.500 chilogrammi. La deduzione spetta una sola volta per ogni giorno di effettuazione del trasporto, indipendentemente dal numero dei viaggi. Il contribuente deve predisporre e conservare un prospetto recante l'indicazione dei viaggi effettuati e della loro durata e località di destinazione nonché degli estremi dei relativi documenti di trasporto delle merci o, delle fatture o delle lettere di vettura di cui all'articolo 56 della legge 6 giugno 1974, n. 298; i documenti di trasporto, le fatture e le lettere di vettura devono essere conservate fino alla scadenza del termine per l'accertamento.

([1]) *Si veda l'art. 1, commi 18 e 19, della L. 11 dicembre 2016, n. 232, di cui si riporta il testo*:

«18. Il reddito del periodo d'imposta in cui si applicano le disposizioni dell'articolo 66 del testo unico delle imposte sui redditi, di cui al decreto del Presidente della Repub-

blica 22 dicembre 1986, n. 917, come modificato dal comma 17 del presente articolo, è ridotto dell'importo delle rimanenze finali che hanno concorso a formare il reddito dell'esercizio precedente secondo il principio della competenza.

19. Al fine di evitare salti o duplicazioni di imposizione, nel caso di passaggio da un periodo d'imposta soggetto alla determinazione del reddito delle imprese minori ai sensi dell'articolo 66 del testo unico delle imposte sui redditi, di cui al decreto del Presidente della Repubblica 22 dicembre 1986, n. 917, a un periodo d'imposta soggetto a regime ordinario, e viceversa, i ricavi, i compensi e le spese che hanno già concorso alla formazione del reddito, in base alle regole del regime di determinazione del reddito d'impresa adottato, non assumono rilevanza nella determinazione del reddito degli anni successivi».

A norma dell'art. 1, comma 23, del medesimo provvedimento, le disposizioni di cui ai commi da 17 a 22 si applicano a decorrere dal periodo d'imposta successivo a quello in corso al 31 dicembre 2016. Con decreto del Ministro dell'economia e delle finanze, entro trenta giorni dalla data di entrata in vigore della presente legge, possono essere adottate disposizioni per l'attuazione dei predetti commi.

(2) *Questo comma è stato così sostituito dall'art. 1, comma 17, lett.* a)*, della L. 11 dicembre 2016, n. 232.*

A norma dell'art. 1, comma 23, del medesimo provvedimento, le disposizioni di cui ai commi da 17 a 22 si applicano a decorrere dal periodo d'imposta successivo a quello in corso al 31 dicembre 2016. Con decreto del Ministro dell'economia e delle finanze, entro trenta giorni dalla data di entrata in vigore della presente legge, possono essere adottate disposizioni per l'attuazione dei predetti commi.

(3) *La parola fra parentesi quadrate è stata soppressa dall'art. 1, comma 33, lett.* d)*, della L. 24 dicembre 2007, n. 244. A norma dell'art. 1, comma 34, della medesima legge, tali disposizioni si applicano a decorrere dal periodo d'imposta successivo a quello in corso al 31 dicembre 2007.*

(4) *Le parole: «109, commi 1, 2, 5, 7 e 9, lettera* b)*» sono state così sostituite dalle seguenti: «109, commi 5, 7 e 9, lettera* b)*,», dall'art. 1, comma 17, lett.* b)*, n. 1), della L. 11 dicembre 2016, n. 232.*

A norma dell'art. 1, comma 23, del medesimo provvedimento, le disposizioni di cui ai commi da 17 a 22 si applicano a decorrere dal periodo d'imposta successivo a quello in corso al 31 dicembre 2016. Con decreto del Ministro dell'economia e delle finanze, entro trenta giorni dalla data di entrata in vigore della presente legge, possono essere adottate disposizioni per l'attuazione dei predetti commi.

(5) *Questo periodo è stato soppresso dall'art. 1, comma 17, lett.* b)*, n. 2), della L. 11 dicembre 2016, n. 232.*

A norma dell'art. 1, comma 23, del medesimo provvedimento, le disposizioni di cui ai commi da 17 a 22 si applicano a decorrere dal periodo d'imposta successivo a quello in corso al 31 dicembre 2016. Con decreto del Ministro dell'economia e delle finanze, entro trenta giorni dalla data di entrata in vigore della presente legge, possono essere adottate disposizioni per l'attuazione dei predetti commi.

Capo VII
Redditi diversi

67. Redditi diversi. – 1. Sono redditi diversi se non costituiscono redditi di capitale ovvero se non sono conseguiti nell'esercizio di arti e professioni o di imprese commerciali o da società in nome collettivo e in accomandita semplice, né in relazione alla qualità di lavoratore dipendente:

a) le plusvalenze realizzate mediante la lottizzazione di terreni, o l'esecuzione di opere intese a renderli edificabili, e la successiva vendita, anche parziale, dei terreni e degli edifici;

b) le plusvalenze realizzate mediante cessione a titolo oneroso di beni immobili acquistati o costruiti da non più di cinque anni, esclusi quelli acquisiti per successione [o donazione] ([1]) e le unità immobiliari urbane che per la maggior parte del periodo intercorso tra l'acquisto o la costruzione e la cessione sono state adibite ad abitazione principale del cedente o dei suoi familiari, nonché, in ogni caso, le plusvalenze realizzate a seguito di cessioni a titolo oneroso di terreni suscettibili di utilizzazione edificatoria secondo gli strumenti urbanistici vigenti al momento della cessione. In caso di cessione a titolo oneroso di immobili ricevuti per donazione, il predetto periodo di cinque anni decorre dalla data di acquisto da parte del donante ([2]);

c) le plusvalenze realizzate mediante cessione a titolo oneroso di partecipazioni qualificate. Costituisce cessione di partecipazioni qualificate la cessione di azioni, diverse dalle azioni di risparmio, e di ogni altra partecipazione al capitale od al patrimonio delle società di cui all'articolo 5, escluse le associazioni di cui al comma 3, lettera *c*), e dei soggetti di cui all'articolo 73, comma 1, lettere *a*), *b*) e *d*), nonché la cessione di diritti o titoli attraverso cui possono essere acquisite le predette partecipazioni, qualora le partecipazioni, i diritti o titoli ceduti rappresentino, complessivamente, una percentuale di diritti di voto esercitabili nell'assemblea ordinaria superiore al 2 o al 20 per cento ovvero una partecipazione al capitale od al patrimonio superiore al 5 o al 25 per cento, secondo che si tratti di titoli negoziati in mercati regolamentati o di altre partecipazioni. Per i diritti o titoli attraverso cui possono essere acquisite partecipazioni si tiene conto delle percentuali potenzialmente ricollegabili alle predette partecipazioni. La percentuale di diritti di voto e di partecipazione è determinata tenendo conto di tutte le cessioni effettuate nel corso di dodici mesi, ancorché nei confronti di soggetti diversi. Tale disposizione si applica dalla data in cui le partecipazioni, i titoli ed i diritti posseduti rappresentano una percentuale di diritti di voto o di partecipazione superiore alle percentuali suindicate.

Sono assimilate alle plusvalenze di cui alla presente lettera quelle realizzate mediante:

1) cessione di strumenti finanziari di cui alla lettera *a*) del comma 2 dell'articolo 44 quando non rappresentano una partecipazione al patrimonio;

2) cessione dei contratti di cui all'articolo 109, comma 9, lettera *b*), qualora il valore dell'apporto sia superiore al 5 per cento o al 25 per cento del valore del patrimonio netto contabile risultante dall'ultimo bilancio approvato prima della data di stipula del contratto secondo che si tratti di società i cui titoli sono negoziati in mercati regolamentati o di altre partecipazioni ([3]). Per le plusvalenze realizzate mediante la cessione dei contratti stipulati con associanti non residenti che non soddisfano le condizioni di cui all'articolo 44, comma 2, lettera *a*), ultimo periodo, l'assimilazione opera a prescindere dal valore dell'apporto ([4]) ([5]);

3) cessione dei contratti di cui al numero precedente qualora il valore dell'apporto sia superiore al 25 per cento dell'ammontare dei beni dell'associante determinati in base alle disposizioni previste del comma 2 dell'articolo 47 del citato testo unico;

c bis) le plusvalenze, diverse da quelle imponibili ai sensi della lettera *c*), realizzate mediante cessione a titolo oneroso di azioni e di ogni altra partecipazione al capitale o al patrimonio di società di cui all'articolo 5, escluse le associazioni di cui al comma 3, lettera *c*), e dei soggetti di cui all'articolo 73, nonché di diritti o titoli attraverso cui possono essere acquisite le predette partecipazioni. Sono assimilate alle plusvalenze di cui alla presente lettera quelle realizzate mediante:

1) cessione dei contratti di cui all'articolo 109, comma 9, lettera *b*), ([6]) ([7]) qualora il valore dell'apporto sia non superiore al 5 per cento o al 25 per cento del valore del patrimonio netto contabile risultante dall'ultimo bilancio approvato prima della data di stipula del contratto secondo che ([8]) ([7]) si tratti di società i cui titoli sono negoziati in mercati regolamentati o di altre partecipazioni;

2) cessione dei contratti di cui alla lettera precedente qualora il valore dell'apporto sia non superiore al 25 per cento dell'ammontare dei beni dell'associante determinati in base alle disposizioni previste dal comma 2 dell'articolo 47 ([9]) ([10]) ([11]) ([12]);

c ter) le plusvalenze, diverse da quelle di cui alle lettere *c*) e *c bis*), realizzate mediante cessione a titolo oneroso ovvero rimborso di titoli non rappresentativi di merci, di certificati di massa, di valute estere, oggetto di cessione a termine o rivenienti da depositi o conti correnti, di metalli preziosi, sempreché siano allo stato grezzo o monetato, e di quote di partecipazione ad organismi d'investimento collettivo. Agli effetti dell'applicazione della presente lettera si considera cessione a titolo oneroso anche il prelievo delle valute estere dal deposito o conto corrente (9) (13) (10) (11) (12);

c quater) i redditi, diversi da quelli precedentemente indicati, comunque realizzati mediante rapporti da cui deriva il diritto o l'obbligo di cedere od acquistare a termine strumenti finanziari, valute, metalli preziosi o merci ovvero di ricevere o effettuare a termine uno o più pagamenti collegati a tassi di interesse, a quotazioni o valori di strumenti finanziari, di valute estere, di metalli preziosi o di merci e ad ogni altro parametro di natura finanziaria. Agli effetti dell'applicazione della presente lettera sono considerati strumenti finanziari anche i predetti rapporti (9) (10) (11) (12);

c quinquies) le plusvalenze ed altri proventi, diversi da quelli precedentemente indicati, realizzati mediante cessione a titolo oneroso ovvero chiusura di rapporti produttivi di redditi di capitale e mediante cessione a titolo oneroso ovvero rimborso di crediti pecuniari o di strumenti finanziari, nonché quelli realizzati mediante rapporti attraverso cui possono essere conseguiti differenziali positivi e negativi in dipendenza di un evento incerto (9) (11) (12);

d) le vincite delle lotterie, dei concorsi a premio, dei giochi e delle scommesse organizzati per il pubblico e i premi derivanti da prove di abilità o dalla sorte nonché quelli attribuiti in riconoscimento di particolari meriti artistici, scientifici o sociali;

e) i redditi di natura fondiaria non determinabili catastalmente, compresi quelli dei terreni dati in affitto per usi non agricoli;

f) i redditi di beni immobili situati all'estero;

g) i redditi derivanti dall'utilizzazione economica di opere dell'ingegno, di brevetti industriali e di processi, formule e informazioni relativi ad esperienze acquisite in campo industriale, commerciale o scientifico, salvo il disposto della lettera *b*) del comma 2 dell'articolo 53;

h) i redditi derivanti dalla concessione in usufrutto e dalla sublocazione di beni immobili, dall'affitto, locazione, noleggio o concessione in uso di veicoli, macchine e altri beni mobili, dall'affitto e dalla concessione in usufrutto di aziende; l'affitto e la concessione in usufrutto dell'unica azienda da parte dell'imprenditore non si considerano fatti nell'esercizio dell'impresa, ma in caso di successiva vendita totale o parziale le plusvalenze realizzate concorrono a formare il reddito complessivo come redditi diversi;

h bis) e plusvalenze realizzate in caso di successiva cessione, anche parziale, delle aziende acquisite ai sensi dell'articolo 58;

h ter) la differenza tra il valore di mercato e il corrispettivo annuo per la concessione in godimento di beni dell'impresa a soci o familiari dell'imprenditore (14);

i) i redditi derivanti da attività commerciali non esercitate abitualmente;

l) i redditi derivanti da attività di lavoro autonomo non esercitate abitualmente o dalla assunzione di obblighi di fare, non fare o permettere;

m) le indennità di trasferta, i rimborsi forfetari di spesa, i premi e i compensi erogati ai direttori artistici ed ai collaboratori tecnici per prestazioni di natura non professionale da parte di cori, bande musicali e filodrammatiche che perseguono finalità dilettantistiche, e quelli erogati ([15]) nell'esercizio diretto di attività sportive dilettantistiche [e di cori, bande e filodrammatiche da parte del direttore e dei collaboratori tecnici] ([16]) dal CONI, dalla società Sport e salute Spa, ([17]) dalle Federazioni sportive nazionali, dall'Unione Nazionale per l'Incremento delle Razze Equine (UNIRE), dagli enti di promozione sportiva, dagli enti VSS (Verband der Südtiroler Sportvereine – Federazione delle associazioni sportive della Provincia autonoma di Bolzano) e USSA (Unione delle società sportive altoatesine) operanti prevalentemente nella provincia autonoma di Bolzano ([18]) e da qualunque organismo, comunque denominato, che persegua finalità sportive dilettantistiche e che da essi sia riconosciuto. Tale disposizione si applica anche ai rapporti di collaborazione coordinata e continuativa di carattere amministrativo-gestionale di natura non professionale resi in favore di società e associazioni sportive dilettantistiche;

n) le plusvalenze realizzate a seguito di trasformazione eterogenea di cui all'articolo 171, comma 2, ove ricorrono i presupposti di tassazione di cui alle lettere precedenti.

1 *bis*. Agli effetti dell'applicazione delle lettere *c*), *c bis*) e *c ter*) del comma 1, si considerano cedute per prime le partecipazioni, i titoli, gli strumenti finanziari, i contratti, ([7]) ([19]) i certificati e diritti, nonché le valute ed i metalli preziosi acquisiti in data più recente; in caso di chiusura o di cessione dei rapporti di cui alla lettera *c quater*) si considerano chiusi o ceduti per primi i rapporti sottoscritti od acquisiti in data più recente.

1 *ter*. Le plusvalenze derivanti dalla cessione a titolo oneroso di valute estere rivenienti da depositi e conti correnti concorrono a formare il reddito a condizione che nel periodo d'imposta la giacenza dei depositi e conti correnti complessivamente intrattenuti dal contribuente, calcolata secondo il cambio vigente all'inizio del periodo di riferimento sia superiore a € 51.645,69 per almeno sette giorni lavorativi continui.

1 *quater*. Fra le plusvalenze e i redditi di cui alle lettere c *ter*), *c quater*) e *c quinquies*) si comprendono anche quelli realizzati mediante rimborso o chiusura delle attività finanziarie o dei rapporti ivi indicati, sottoscritti all'emissione comunque non acquistati da terzi per effetto di cessione a titolo oneroso. Fra le plusvalenze di cui alla lettera c *ter*) si comprendono anche quelle di rimborso delle quote o azioni di organismi di investimento collet-

tivo del risparmio realizzate mediante conversione di quote o azioni da un comparto ad altro comparto del medesimo organismo di investimento collettivo ([20]).

([1]) *Le parole: «o donazione» sono state soppresse dall'art. 37, comma 38, lett.* a), *del D.L. 4 luglio 2006, n. 223, convertito, con modificazioni, nella L. 4 agosto 2006, n. 248.*

([2]) *Questo periodo è stato aggiunto dall'art. 37, comma 38, lett.* b), *del D.L. 4 luglio 2006, n. 223, convertito, con modificazioni, nella L. 4 agosto 2006, n. 248.*

([3]) *A norma dell'art. 4, comma 3, del D.L.vo 18 novembre 2005, n. 247, le disposizioni di cui a questo periodo hanno effetto per i periodi di imposta che iniziano a decorrere dal 1° gennaio 2004.*

([4]) *Questo numero è stato così sostituito dall'art. 4, comma 1, lett.* a), *del D.L.vo 18 novembre 2005, n. 247.*

([5]) *A norma dell'art. 4, comma 3, del D.L.vo 18 novembre 2005, n. 247, queste disposizioni hanno effetto per i periodi di imposta che iniziano a decorrere dal 1° gennaio 2006.*

([6]) *Le parole: «di cui alla lettera* f) *dell'articolo 44» sono state così sostituite dalle attuali: «di cui all'articolo 109, comma 9, lettera* b),*» dall'art. 4, comma 1, lett.* b), *del D.L.vo 18 novembre 2005, n. 247.*

([7]) *A norma dell'art. 4, comma 3, del D.L.vo 18 novembre 2005, n. 247, queste disposizioni hanno effetto per i periodi di imposta che iniziano a decorrere dal 1° gennaio 2004.*

([8]) *Le parole: «alla data di stipula del contratto secondo che» sono state così sostituite dalle attuali: «risultante dall'ultimo bilancio approvato prima della data di stipula del contratto secondo che» dall'art. 4, comma 1, lett.* b), *del D.L.vo 18 novembre 2005, n. 247.*

([9]) *A norma dell'art. 2, comma 6, del D.L. 13 agosto 2011, n. 138, convertito, con modificazioni, nella L. 14 settembre 2011, n. 148, le ritenute, le imposte sostitutive sugli interessi, premi e ogni altro provento di cui all'art. 44 e di cui alla presente lettera, ovunque ricorrano, sono stabilite nella misura del 20 per cento.*

A norma dell'art. 3, comma 1, del D.L. 24 aprile 2014, n. 66, convertito, con modificazioni, nella L. 23 giugno 2014, n. 89, le ritenute e le imposte sostitutive sugli interessi, premi e ogni altro provento di cui all'art. 44 e sui redditi diversi di cui alla presente lettera, ovunque ricorrano, sono stabilite nella misura del 26 per cento. A norma dell'art. 3, comma 6, del medesimo decreto, la misura dell'aliquota del 26 per cento, prevista dall'art. 3, comma 1, del suddetto D.L., si applica agli interessi, ai premi e ad ogni altro provento di cui all'art. 44 del presente provvedimento divenuti esigibili e ai redditi diversi di cui alla presente lettera, realizzati a decorrere dal 1° luglio 2014. A norma dell'art. 3, comma 12, del medesimo decreto, per i proventi di cui all'art. 44, comma 1, lett. g) *del presente provvedimento, e per i redditi diversi di cui alla presente lettera, derivanti dalla partecipazione ad organismi di investimento collettivo del risparmio, la misura dell'aliquota del 26 per cento, prevista dall'art. 3, comma 1, del suddetto D.L., si applica sui proventi realizzati a decorrere dal 1° luglio 2014, in sede di rimborso, cessione o liquidazione delle quote o azioni. Sui proventi realizzati a decorrere dal 1° luglio 2014 e riferibili ad importi maturati al 30 giugno 2014 si applica l'aliquota in vigore fino al 30 giugno 2014, a decorrere dal 1° luglio 2014.*

([10]) *A norma dell'art. 3, comma 13, del D.L. 24 aprile 2014, n. 66, convertito, con modificazioni, nella L. 23 giugno 2014, n. 89, le minusvalenze, perdite e differenziali negativi di cui alla presente lettera sono portati in deduzione dalle plusvalenze e dagli altri redditi diversi di cui alle lettere da* c bis) *a* c quinquies)*, realizzati successivamente alla data del 30 giugno 2014, con le seguenti modalità: per una quota pari al 48,08 per cento, se sono realizzati fino alla data del 31 dicembre 2011; per una quota pari al 76,92 per cento, se sono realizzati dal 1° gennaio 2012 al 30 giugno 2014. Restano fermi i limiti temporali di deduzione previsti dagli articoli 68, comma 5, del presente provvedimento e 6, comma 5, del decreto legislativo 21 novembre 1997, n. 461, a decorrere dal 1° luglio 2014.*

(11) *A norma dell'art. 3, comma 15, del D.L. 24 aprile 2014, n. 66, convertito, con modificazioni, nella L. 23 giugno 2014, n. 89, a decorrere dal 1° luglio 2014, agli effetti della determinazione delle plusvalenze e minusvalenze di cui alla presente lettera in luogo del costo o valore di acquisto, o del valore determinato ai sensi dell'articolo 14, commi 6 e seguenti, del decreto legislativo 21 novembre 1997, n. 461 o dell'articolo 2, commi 29 e seguenti, del decreto legge 13 agosto 2011, n. 138, convertito, con modificazioni, dalla legge 14 settembre 2011 n. 148, può essere assunto il valore dei titoli, quote, diritti, valute estere, metalli preziosi allo stato grezzo o monetato, strumenti finanziari, rapporti e crediti alla data del 30 giugno 2014, a condizione che il contribuente: opti per la determinazione, alla stessa data, delle plusvalenze, delle minusvalenze relative ai predetti titoli, strumenti finanziari, rapporti e crediti, escluse quelle derivanti dalla partecipazione ad organismi di investimento collettivo del risparmio di cui alla lettera* c ter) *del presente articolo; provveda al versamento dell'imposta sostitutiva eventualmente dovuta nella misura del 20 per cento, secondo i criteri stabiliti nel comma 16, a decorrere dal 1° luglio 2014.*

(12) *A norma dell'art. 3, comma 17, del D.L. 24 aprile 2014, n. 66, convertito, con modificazioni, nella L. 23 giugno 2014, n. 89, le minusvalenze, perdite e differenziali negativi di cui alla presente lettera, derivanti dall'esercizio delle opzioni di cui ai commi 15 e 16, sono portati in deduzione dalle plusvalenze e dagli altri redditi diversi di cui alle lettere da* c bis) *a* c quinquies)*, realizzati successivamente al 30 giugno 2014, per una quota pari al 76,92 per cento del loro ammontare, ovvero per una quota pari al 48,08 per cento qualora si tratti di minusvalenze, perdite e differenziali negativi realizzati fino alla data del 31 dicembre 2011 e non compensate in sede di applicazione dell'imposta dovuta a seguito dell'esercizio delle suindicate opzioni, a decorrere dal 1° luglio 2014.*

(13) *A norma dell'art. 3, comma 2, del D.L. 24 aprile 2014, n. 66, convertito, con modificazioni, nella L. 23 giugno 2014, n. 89, l'aliquota del 26 per cento, prevista dall'art. 3, comma 1, del suddetto D.L., non si applica sugli interessi, premi e ogni altro provento di cui all'articolo 44 e sui redditi diversi di cui alla presente lettera, relativi a: obbligazioni e altri titoli di cui all'articolo 31 del decreto del Presidente della Repubblica 29 settembre 1973, n. 601 ed equiparati; obbligazioni emesse dagli Stati inclusi nella lista di cui al decreto emanato ai sensi dell'articolo 168* bis*, comma 1 del presente provvedimento, e obbligazioni emesse da enti territoriali dei suddetti Stati; titoli di risparmio per l'economia meridionale di cui all'articolo 8, comma 4, del decreto legge 13 maggio 2011, n. 70, convertito, con modificazioni, dalla legge 12 luglio 2011, n. 106, a decorrere dal 1° luglio 2014.*

(14) *Questa lettera è stata inserita dall'art. 2, comma 36* terdecies*, del D.L. 13 agosto 2011, n. 138, convertito, con modificazioni, nella L. 14 settembre 2011, n. 148.*

(15) *Le parole da: «ai direttori artistici ed ai collaboratori tecnici...» fino a: «...e quelli erogati» sono state inserite dall'art. 1, comma 299, della L. 27 dicembre 2006, n. 296.*

([16]) *Le parole da: «e di cori, bande ...» fino a: «... collaboratori tecnici» sono state inserite dall'art. 1, comma 253, della L. 30 dicembre 2004, n. 311 e poi soppresse dall'art. 1, comma 289, lett.* b), *della L. 27 dicembre 2006, n. 296.*

([17]) *Le parole: «dalla società Sport e salute Spa,» sono state inserite dall'art. 1, comma 1121, della L. 30 dicembre 2020, n. 178, a decorrere dal 1° gennaio 2021.*

([18]) *Le parole: «, dagli enti VSS (Verband der Südtiroler Sportvereine - Federazione delle associazioni sportive della Provincia autonoma di Bolzano) e USSA (Unione delle società sportive altoatesine) operanti prevalentemente nella provincia autonoma di Bolzano» sono state inserite dall'art. 1, comma 1006, della L. 30 dicembre 2021, n. 234, a decorrere dal 1° gennaio 2022.*

([19]) *Le parole: «gli strumenti finanziari, i contratti,» sono state inserite dall'art. 4, comma 1, lett.* c), *del D.L.vo 18 novembre 2005, n. 247.*

([20]) *Questo periodo è stato aggiunto dall'art. 4 del D.L.vo 16 aprile 2012, n. 47.*

68. ([1]) **Plusvalenze.** – 1. Le plusvalenze di cui alle lettere *a*) e *b*) del comma 1 dell'articolo 67 sono costituite dalla differenza tra i corrispettivi percepiti nel periodo di imposta e il prezzo di acquisto o il costo di costruzione del bene ceduto, aumentato di ogni altro costo inerente al bene medesimo. Per gli immobili di cui alla lettera *b*) del comma 1 dell'articolo 67 acquisiti per donazione si assume come prezzo di acquisto o costo di costruzione quello sostenuto dal donante ([2]).

2. Per i terreni di cui alla lettera *a*) comma 1 dell'articolo 67 acquistati oltre cinque anni prima dell'inizio della lottizzazione o delle opere si assume come prezzo di acquisto il valore normale nel quinto anno anteriore. Il costo dei terreni stessi acquisiti gratuitamente e quello dei fabbricati costruiti su terreni acquisiti gratuitamente sono determinati tenendo conto del valore normale del terreno alla data di inizio della lottizzazione o delle opere ovvero a quella di inizio della costruzione. Il costo dei terreni suscettibili d'utilizzazione edificatoria di cui alla lettera *b*) del comma 1 dell'articolo 67 è costituito dal prezzo di acquisto aumentato di ogni altro costo inerente, rivalutato in base alla variazione dell'indice dei prezzi al consumo per le famiglie di operai e impiegati nonché dell'imposta comunale sull'incremento di valore degli immobili. Per i terreni acquistati per effetto di successione o donazione si assume come prezzo di acquisto il valore dichiarato nelle relative denunce ed atti registrati, od in seguito definito e liquidato, aumentato di ogni altro costo successivo inerente, nonché dell'imposta comunale sull'incremento di valore degli immobili e di successione.

[3. Le plusvalenze di cui alla lettera *c*) del comma 1 dell'articolo 67, diverse da quelle di cui al comma 4 del presente articolo, per il 40 per cento del loro ammontare, sono sommate algebricamente alla corrispondente quota delle relative minusvalenze; se le minusvalenze sono superiori alle plusvalenze l'eccedenza è riportata in deduzione, fino a concorrenza del 40 per cento dell'ammontare delle plusvalenze dei periodi successivi, ma non oltre il quarto, a condizione che sia indicata nella dichiarazione dei redditi relativa al periodo d'imposta nel quale le minusvalenze sono state realizzate] (3).

4. Le plusvalenze realizzate mediante la cessione dei contratti stipulati con associanti non residenti che non soddisfano le condizioni di cui all'articolo 44, comma 2, lettera *a*), ultimo periodo, nonché le plusvalenze di cui alle lettere *c*) e c *bis*) del comma 1 dell'articolo 67 realizzate mediante la cessione di partecipazioni al capitale o al patrimonio, titoli e strumenti finanziari di cui all'articolo 44, comma 2, lettera *a*), e contratti di cui all'articolo 109, comma 9, lettera *b*), emessi o stipulati da imprese o enti residenti o localizzati in Stati o territori a regime fiscale privilegiato individuati in base ai criteri di cui all'articolo 47 *bis*, comma 1, salvo la dimostrazione, anche a seguito dell'esercizio dell'interpello secondo le modalità del comma 3 dello stesso articolo 47 *bis*, del rispetto della condizione indicata nella lettera *b*) del comma 2 del medesimo articolo, concorrono a formare il reddito per il loro intero ammontare (4). La disposizione del periodo precedente non si applica alle partecipazioni, ai titoli e agli strumenti finanziari [di cui alla citata lettera c *bis*), del comma 1, dell'articolo 67,] (5) emessi da società i cui titoli sono negoziati nei mercati regolamentati. Le plusvalenze di cui ai periodi precedenti sono sommate algebricamente alle relative minusvalenze; se le minusvalenze sono superiori alle plusvalenze l'eccedenza è riportata in deduzione integralmente dall'ammontare delle plusvalenze dei periodi successivi, ma non oltre il quarto, a condizione che sia indicata nella dichiarazione dei redditi relativa al periodo d'imposta nel quale le minusvalenze sono state realizzate. Qualora il contribuente intenda far valere la sussistenza della condizione indicata nella lettera *b*) del comma 2 dell'articolo 47 *bis*, ma non abbia presentato l'istanza di interpello prevista dal comma 3 del medesimo articolo ovvero, avendola presentata, non abbia ricevuto risposta favorevole, la percezione di plusvalenze derivanti dalla cessione di partecipazioni in imprese o enti residenti o localizzati in Stati o territori a regime fiscale privilegiato individuati in base ai criteri di cui all'articolo 47 *bis*, comma 1, deve essere segnalata nella dichiarazione dei redditi da parte del socio residente; nei casi di mancata o incompleta indicazione nella dichiarazione dei redditi si applica la sanzione amministrativa prevista dall'articolo 8, comma 3 *ter*, del decreto legislativo 18 dicembre 1997, n. 471 (6). Ai fini del presente comma, la condizione indicata nell'articolo 47 *bis*, comma 2, lettera *b*), deve sussistere, ininterrottamente, sin dal primo periodo di possesso; tuttavia, per i rapporti detenuti da più di cinque periodi di imposta e oggetto di realizzo con controparti non appartenenti allo stesso gruppo del dante causa, è suf-

ficiente che tale condizione sussista, ininterrottamente, per i cinque periodi d'imposta anteriori al realizzo stesso ([6]). Ai fini del precedente periodo si considerano appartenenti allo stesso gruppo i soggetti residenti o non residenti nel territorio dello Stato tra i quali sussiste un rapporto di controllo ai sensi del comma 2 dell'articolo 167 ovvero che, ai sensi del medesimo comma 2, sono sottoposti al comune controllo da parte di altro soggetto residente o non residente nel territorio dello Stato ([6]) ([7]).

4 *bis*. Per le plusvalenze realizzate su partecipazioni in imprese o enti residenti o localizzati in Stati o territori a regime fiscale privilegiato individuati in base ai criteri di cui all'articolo 47 *bis*, comma 1, per i quali sussiste la condizione di cui al comma 2, lettera *a*), del medesimo articolo, al cedente controllante, ai sensi del comma 2 dell'articolo 167, residente nel territorio dello Stato, ovvero alle cedenti residenti sue controllate, spetta un credito d'imposta ai sensi dell'articolo 165 in ragione delle imposte assolte dall'impresa o ente partecipato sugli utili maturati durante il periodo di possesso della partecipazione, in proporzione delle partecipazioni cedute e nei limiti dell'imposta italiana relativa a tali plusvalenze ([8]). La detrazione del credito d'imposta di cui al periodo precedente spetta per l'ammontare dello stesso non utilizzato dal cedente ai sensi dell'articolo 47, comma 4; tale ammontare, ai soli fini dell'applicazione dell'imposta, è computato in aumento del reddito complessivo. Se nella dichiarazione è stato omesso soltanto il computo del credito d'imposta in aumento del reddito complessivo, si può procedere di ufficio alla correzione anche in sede di liquidazione dell'imposta dovuta in base alla dichiarazione dei redditi ([9]).

5. Le plusvalenze di cui alle lettere *c*) e *c bis*) ([10]), diverse da quelle di cui al comma 4, ([11]) e *c ter*) del comma 1 dell'articolo 67 sono sommate algebricamente alle relative minusvalenze, nonché ai redditi ed alle perdite di cui alla lettera *c quater*) e alle plusvalenze ed altri proventi di cui alla lettera *c quinquies*) del comma 1 dello stesso articolo 67; se l'ammontare complessivo delle minusvalenze e delle perdite è superiore all'ammontare complessivo delle plusvalenze e degli altri redditi, l'eccedenza può essere portata in deduzione, fino a concorrenza, dalle plusvalenze e dagli altri redditi dei periodi d'imposta successivi ma non oltre il quarto, a condizione che sia indicata nella dichiarazione dei redditi relativa al periodo d'imposta nel quale le minusvalenze e le perdite sono state realizzate.

6. Le plusvalenze indicate nelle lettere *c*), *c bis*) e *c ter*) del comma 1 dell'articolo 67 sono costituite dalla differenza tra il corrispettivo percepito ovvero la somma od il valore normale dei beni rimborsati ed il costo od il valore di acquisto assoggettato a tassazione, aumentato di ogni onere inerente alla loro produzione, compresa l'imposta di successione e donazione, con esclusio-

ne degli interessi passivi. Nel caso di acquisto per successione, si assume come costo il valore definito o, in mancanza, quello dichiarato agli effetti dell'imposta di successione, nonché, per i titoli esenti da tale imposta, il valore normale alla data di apertura della successione. Nel caso di acquisto per donazione si assume come costo il costo del donante. Per le azioni, quote o altre partecipazioni acquisite sulla base di aumento gratuito del capitale il costo unitario è determinato ripartendo il costo originario sul numero complessivo delle azioni, quote o partecipazioni di compendio. Per le partecipazioni nelle società indicate dall'articolo 5, il costo è aumentato o diminuito dei redditi e delle perdite imputate al socio e dal costo si scomputano, fino a concorrenza dei redditi già imputati, gli utili distribuiti al socio. Per le valute estere cedute a termine si assume come costo il valore della valuta al cambio a pronti vigente alla data di stipula del contratto di cessione. Il costo o valore di acquisto è documentato a cura del contribuente. Per le valute estere prelevate da depositi e conti correnti, in mancanza della documentazione del costo, si assume come costo il valore della valuta al minore dei cambi mensili accertati ai sensi dell'articolo 110, comma 9, nel periodo d'imposta in cui la plusvalenza è realizzata. Le minusvalenze sono determinate con gli stessi criteri stabiliti per le plusvalenze.

6 *bis*. Le plusvalenze di cui alle lettere *c*) e *c bis*) del comma 1, dell'articolo 67 derivanti dalla cessione di partecipazioni al capitale in società di cui all'articolo 5, escluse le società semplici e gli enti ad esse equiparati, e all'articolo 73, comma 1, lettera *a*), costituite da non più di sette anni, possedute da almeno tre anni, ovvero dalla cessione degli strumenti finanziari e dei contratti indicati nelle disposizioni di cui alle lettere *c*) e *c bis*) relativi alle medesime società, rispettivamente posseduti e stipulati da almeno tre anni, non concorrono alla formazione del reddito imponibile in quanto esenti qualora e nella misura in cui, entro due anni dal loro conseguimento, siano reinvestite in società di cui all'articolo 5 e all'articolo 73, comma 1, lettera *a*), che svolgono la medesima attività, mediante la sottoscrizione del capitale sociale o l'acquisto di partecipazioni al capitale delle medesime, sempreché si tratti di società costituite da non più di tre anni ([12]) ([13]).

6 *ter*. L'importo dell'esenzione prevista dal comma 6 *bis* non può in ogni caso eccedere il quintuplo del costo sostenuto dalla società le cui partecipazioni sono oggetto di cessione, nei cinque anni anteriori alla cessione, per l'acquisizione o la realizzazione di beni materiali ammortizzabili, diversi dagli immobili, e di beni immateriali ammortizzabili, nonché per spese di ricerca e sviluppo ([12]) ([13]).

7. Agli effetti della determinazione delle plusvalenze e minusvalenze:

a) dal corrispettivo percepito o dalla somma rimborsata, nonché dal costo o valore di acquisto si scomputano i redditi di capitale maturati ma non riscossi, diversi da quelli derivanti dalla partecipazione in società ed enti soggetti all'imposta sul reddito delle società e dagli utili relativi ai titoli ed agli strumenti finanziari di cui all'articolo 44, comma 2, lettera *a*), e ai contratti di cui all'articolo 109, comma 9, lettera *b*) ([14]);

[*b*) qualora vengano superate le percentuali di diritti di voto o di partecipazione indicate nella lettera *c*) del comma 1 dell'articolo 67, i corrispettivi percepiti anteriormente al periodo d'imposta nel quale si è verificato il superamento delle percentuali si considerano percepiti in tale periodo] ([15]);

c) per le valute estere prelevate da depositi e conti correnti si assume come corrispettivo il valore normale della valuta alla data di effettuazione del prelievo;

d) per le cessioni di metalli preziosi, in mancanza della documentazione del costo di acquisto, le plusvalenze sono determinate in misura pari al 25 per cento del corrispettivo della cessione;

e) per le cessioni a titolo oneroso poste in essere in dipendenza dei rapporti indicati nella lettera *c quater*), del comma 1 dell'articolo 67, il corrispettivo è costituito dal prezzo di cessione, eventualmente aumentato o diminuito dei premi pagati o riscossi su opzioni;

f) nei casi di dilazione o rateazione del pagamento del corrispettivo la plusvalenza è determinata con riferimento alla parte del costo o valore di acquisto proporzionalmente corrispondente alle somme percepite nel periodo d'imposta.

8. I redditi di cui alla lettera *c quater*) del comma 1 dell'articolo 67, sono costituiti dalla somma algebrica dei differenziali positivi o negativi, nonché degli altri proventi od oneri, percepiti o sostenuti, in relazione a ciascuno dei rapporti ivi indicati. Per la determinazione delle plusvalenze, minusvalenze e degli altri redditi derivanti da tali rapporti si applicano i commi 6 e 7. I premi pagati e riscossi su opzioni, salvo che l'opzione non sia stata chiusa anticipatamente o ceduta, concorrono a formare il reddito nel periodo d'imposta in cui l'opzione è esercitata ovvero scade il termine stabilito per il suo esercizio. Qualora a seguito dell'esercizio dell'opzione siano cedute le attività di cui alle lettere *c*), *c bis*) o *c ter*), dell'articolo 67, i premi pagati o riscossi concorrono alla determinazione delle plusvalenze o minusvalenze, ai sensi della lettera *e*) del comma 7. Le plusvalenze e minusvalenze derivanti dalla cessione a titolo oneroso di merci non concorrono a formare il reddito, anche se la cessione è posta in essere in dipendenza dei rapporti indicati nella lettera *c quater*) del comma 1 dell'articolo 67.

9. Le plusvalenze e gli altri proventi di cui alla lettera *c quinquies*) del comma 1 dell'articolo 67, sono costituiti dalla differenza positiva tra i corrispettivi percepiti ovvero le somme od il valore normale dei beni rimborsa-

ti ed i corrispettivi pagati ovvero le somme corrisposte, aumentate di ogni onere inerente alla loro produzione, con esclusione degli interessi passivi. Dal corrispettivo percepito e dalla somma rimborsata si scomputano i redditi di capitale derivanti dal rapporto ceduto maturati ma non riscossi nonché i redditi di capitale maturati a favore del creditore originario ma non riscossi. Si applicano le disposizioni della lettera *f*) del comma 7.

(1) *A norma dell'art. 5, comma 3, del D.L.vo 14 settembre 2015, n. 147, questo articolo si interpreta nel senso che per le cessioni di immobili e di aziende nonché per la costituzione e il trasferimento di diritti reali sugli stessi, l'esistenza di un maggior corrispettivo non è presumibile soltanto sulla base del valore anche se dichiarato, accertato o definito ai fini dell'imposta di registro di cui al decreto del Presidente della Repubblica 26 aprile 1986, n. 131, ovvero delle imposte ipotecaria e catastale di cui al decreto legislativo 31 ottobre 1990, n. 347.*

(2) *Questo periodo è stato aggiunto dall'art. 37, comma 39, del D.L. 4 luglio 2006, n. 223, convertito, con modificazioni, nella L. 4 agosto 2006, n. 248.*

(3) *Questo comma è stato abrogato dall'art. 1, comma 999, lett.* a), *della L. 27 dicembre 2017, n. 205.*

A norma dell'art. 1, comma 1005, del medesimo provvedimento, tali disposizioni si applicano ai redditi di capitale percepiti a partire dal 1° gennaio 2018 ed ai redditi diversi realizzati a decorrere dal 1° gennaio 2019.

A norma dell'art. 1, comma 1006, del medesimo provvedimento, in deroga a tali disposizioni, alle distribuzioni di utili derivanti da partecipazioni qualificate in società ed enti soggetti all'imposta sul reddito delle società formatesi con utili prodotti fino all'esercizio in corso al 31 dicembre 2017, deliberate dal 1° gennaio 2018 al 31 dicembre 2022, continuano ad applicarsi le disposizioni di cui al decreto del Ministro dell'economia e delle finanze 26 maggio 2017, pubblicato nella Gazzetta Ufficiale *n. 160 dell'11 luglio 2017.*

(4) *Questo periodo è stato così sostituito dall'art. 5, comma 1, lett.* c), *n. 1), del D.L.vo 29 novembre 2018, n. 142. A norma dell'art. 13, comma 6, del medesimo provvedimento, tali disposizioni si applicano a decorrere dal periodo di imposta successivo a quello in corso al 31 dicembre 2018, nonché agli utili percepiti e alle plusvalenze realizzate a decorrere dal medesimo periodo di imposta.*

(5) *Le parole fra parentesi quadrate sono state soppresse dall'art. 5, comma 1, lett. c), n. 2), del D.L.vo 29 novembre 2018, n. 142. A norma dell'art. 13, comma 6, del medesimo provvedimento, tali disposizioni si applicano a decorrere dal periodo di imposta successivo a quello in corso al 31 dicembre 2018, nonché agli utili percepiti e alle plusvalenze realizzate a decorrere dal medesimo periodo di imposta.*

(6) *Il quarto periodo di questo comma è stato aggiunto dall'art. 3, comma 1, lett.* b), *n. 1), del D.L.vo 14 settembre 2015, n. 147, e poi così sostituito dagli attuali quarto, quinto e sesto periodo dall'art. 5, comma 1, lett.* c), *n. 3), del D.L.vo 29 novembre 2018, n. 142. A norma dell'art. 13, comma 6, del medesimo provvedimento, tali disposizioni si applicano a decorrere dal periodo di imposta successivo a quello in corso al 31 dicembre 2018, nonché agli utili percepiti e alle plusvalenze realizzate a decorrere dal medesimo periodo di imposta.*

([7]) *Questo comma è stato così sostituito dall'art. 4, comma 2, lett.* b), *del D.lvo 18 novembre 2005, n. 247.*

([8]) *Questo periodo è stato così sostituito dall'art. 5, comma 1, lett.* d), *del D.L.vo 29 novembre 2018, n. 142. A norma dell'art. 13, comma 6, del medesimo provvedimento, tali disposizioni si applicano a decorrere dal periodo di imposta successivo a quello in corso al 31 dicembre 2018, nonché agli utili percepiti e alle plusvalenze realizzate a decorrere dal medesimo periodo di imposta.*

([9]) *Questo comma è stato inserito dall'art. 3, comma 1, lett.* b), *n.* 2), *del D.L.vo 14 settembre 2015, n. 147.*

A norma dell'art. 3, comma 4, del medesimo provvedimento, tali disposizioni si applicano a decorrere dal periodo di imposta in corso alla data di entrata in vigore del suddetto decreto, nonché agli utili distribuiti ed alle plusvalenze realizzate a decorrere dal medesimo periodo di imposta. Per tali utili e plusvalenze il credito d'imposta previsto dal presente articolo è riconosciuto per le imposte pagate dalla società controllata a partire dal quinto periodo d'imposta precedente a quello in corso alla data di entrata in vigore del suddetto decreto.

([10]) *Le parole*: «*Le plusvalenze di cui alle lettere* c bis)» *sono state così sostituite dalle seguenti*: «*Le plusvalenze di cui alle lettere* c) *e* c bis)» *dall'art. 1, comma 999, lett.* b), *della L. 27 dicembre 2017, n. 205.*

A norma dell'art. 1, comma 1005, del medesimo provvedimento, tali disposizioni si applicano ai redditi di capitale percepiti a partire dal 1º gennaio 2018 ed ai redditi diversi realizzati a decorrere dal 1º gennaio 2019.

A norma dell'art. 1, comma 1006, del medesimo provvedimento, in deroga a tali disposizioni, alle distribuzioni di utili derivanti da partecipazioni qualificate in società ed enti soggetti all'imposta sul reddito delle società formatesi con utili prodotti fino all'esercizio in corso al 31 dicembre 2017, deliberate dal 1º gennaio 2018 al 31 dicembre 2022, continuano ad applicarsi le disposizioni di cui al decreto del Ministro dell'economia e delle finanze 26 maggio 2017, pubblicato nella Gazzetta Ufficiale *n. 160 dell'11 luglio 2017.*

([11]) *Le parole*: «, *diverse da quelle di cui al comma 4,*» *sono state inserite dall'art. 4, comma 2, lett.* c), *del D.lvo 18 novembre 2005, n. 247.*

([12]) *Questo comma è stato aggiunto dall'art. 3, comma 1, del D.L. 25 giugno 2008, n. 112, convertito, con modificazioni, nella L. 6 agosto 2008, n. 133.*

([13]) *A norma dell'art. 1, comma 583, della L. 27 dicembre 2013, n. 147, a partire dall'anno d'imposta 2014, sono abrogati le agevolazioni fiscali e i crediti di imposta, con la conseguente cancellazione dei relativi stanziamenti iscritti in bilancio, di cui a questo comma.*

([14]) *Le parole da*: «*e dagli utili relativi ai titoli ...*» *fino alla fine della lettera sono state aggiunte dall'art. 4, comma 2, lett.* d), *del D.lvo 18 novembre 2005, n. 247.*

([15]) *Questa lettera è stata abrogata dall'art. 1, comma 999, lett.* c), *della L. 27 dicembre 2017, n. 205.*

A norma dell'art. 1, comma 1005, del medesimo provvedimento, tali disposizioni si applicano ai redditi di capitale percepiti a partire dal 1º gennaio 2018 ed ai redditi diversi realizzati a decorrere dal 1º gennaio 2019.

A norma dell'art. 1, comma 1006, del medesimo provvedimento, in deroga a tali disposizioni, alle distribuzioni di utili derivanti da partecipazioni qualificate in società ed enti soggetti all'imposta sul reddito delle società formatesi con utili prodotti fino all'e-

sercizio in corso al 31 dicembre 2017, deliberate dal 1° gennaio 2018 al 31 dicembre 2022, continuano ad applicarsi le disposizioni di cui al decreto del Ministro dell'economia e delle finanze 26 maggio 2017, pubblicato nella Gazzetta Ufficiale *n. 160 dell'11 luglio 2017.*

69. Premi, vincite e indennità. – 1. Fatte salve le disposizioni di cui al comma 1 *bis*, i premi e le vincite di cui alla lettera *d*) del comma 1 dell'articolo 67 costituiscono reddito per l'intero ammontare percepito nel periodo di imposta, senza alcuna deduzione ([1]).

1 *bis*. Le vincite corrisposte da case da gioco autorizzate nello Stato o negli altri Stati membri dell'Unione europea o in uno Stato aderente all'Accordo sullo Spazio economico europeo non concorrono a formare il reddito per l'intero ammontare percepito nel periodo di imposta ([1]).

2. Le indennità, i rimborsi forfettari, i premi e i compensi di cui alla lettera *m*) del comma 1 dell'articolo 67 ([2]) non concorrono a formare il reddito per un importo non superiore complessivamente nel periodo d'imposta a 10.000 euro ([3]). Non concorrono, altresì, a formare il reddito i rimborsi di spese documentate relative al vitto, all'alloggio, al viaggio e al trasporto sostenute in occasione di prestazioni effettuate fuori dal territorio comunale.

([1]) *L'originario comma 1, è stato così sostituito dagli attuali commi 1 e 1* bis, *dall'art. 6, comma 1, della L. 7 luglio 2016, n. 122.*

([2]) *Le parole: «di cui alla lettera* m) *del comma 1 dell'articolo 81» sono state così sostituite dalle attuali: «di cui alla lettera* m) *del comma 1 dell'articolo 67» dall'art. 1, comma 367, lett.* a), *della L. 27 dicembre 2017, n. 205, a decorrere dal 1° gennaio 2018.*

([3]) *Le parole: «7.500 euro» sono state così sostituite dalle attuali: «10.000 euro» dall'art. 1, comma 367, lett.* b), *della L. 27 dicembre 2017, n. 205, a decorrere dal 1° gennaio 2018.*

70. Redditi di natura fondiaria. – 1. I censi, le decime, i quartesi e gli altri redditi di natura fondiaria non determinabili catastalmente, ancorché consistenti in prodotti del fondo o commisurati ad essi, e i redditi dei beni immobili situati nel territorio dello Stato che non sono e non devono essere iscritti in catasto con attribuzione di rendita, concorrono a formare il reddito complessivo nell'ammontare e per il periodo di imposta in cui sono percepiti.

2. I redditi dei terreni e dei fabbricati situati all'estero concorrono alla formazione del reddito complessivo nell'ammontare netto risultante dalla valutazione effettuata nello Stato estero per il corrispondente periodo di imposta o, in caso di difformità dei periodi di imposizione, per il periodo di imposizione estero che scade nel corso di quello italiano. I redditi dei fabbricati non soggetti ad imposte sui redditi nello Stato estero concorrono a formare il reddito complessivo per l'ammontare percepito nel periodo di imposta, ridotto del 15 per cento a titolo di deduzione forfettaria delle spese.

71. Altri redditi. – 1. I redditi di cui alla lettera *g*) del comma 1 dell'art. 67 (1) costituiscono reddito per l'ammontare percepito nel periodo di imposta, ridotto del 25 per cento se i diritti dalla cui utilizzazione derivano sono stati acquistati a titolo oneroso.

2. I redditi di cui alle lettere *h*), *i*) e *l*) del comma 1 dell'art. 81 (N.d.R.: *ora art. 67*) sono costituiti dalla differenza tra l'ammontare percepito nel periodo di imposta e le spese specificamente inerenti alla loro produzione. Le plusvalenze indicate alle lettere *h*) e *h* bis) del predetto articolo 81 (N.d.R.: *ora art. 67*) sono determinate a norma dell'art. 54 (N.d.R.: *ora art. 58*).

2 *bis*. In deroga alla disposizione di cui al comma 2, per le operazioni di cui all'articolo 81 (N.d.R.: *ora art. 67*), comma 1, lettera *i*), poste in essere dai soggetti che svolgono le attività di cui all'articolo 29 (N.d.R.: *ora art. 32*), eccedenti i limiti di cui al comma 2, lettera *c*), del predetto articolo, si applicano le percentuali di redditività di cui ai commi 2 e 3 dell'articolo 56 *bis* (2). Le disposizioni del presente comma non incidono sull'esercizio della delega legislativa di cui alla legge 7 aprile 2003, n. 80 (3).

(1) *Le parole: «articolo 81» sono state così sostituite dalle attuali dall'art. 2, comma 6, lett.* c), *della L. 24 dicembre 2003, n. 350, così come modificato dall'art. 15, comma 2, lett.* c), *n. 2), del D.L.vo 29 marzo 2004, n. 99.*

(2) *Le parole: «dell'articolo 78* bis» *sono state così sostituite dalle attuali dall'art. 2, comma 6, lett.* c), *della L. 24 dicembre 2003, n. 350, così come modificato dall'art. 15, comma 2, lett.* c), *n. 2), del D.L.vo 29 marzo 2004, n. 99.*

(3) *Questo comma è stato aggiunto dall'art. 2, comma 6, lett.* c), *della L. 24 dicembre 2003, n. 350, così come modificato dall'art. 15, comma 2, lett.* c), *n. 1), del D.L.vo 29 marzo 2004, n. 99.*

Titolo II
Imposta sul reddito delle società

Capo I
Soggetti passivi e disposizioni generali

72. Presupposto dell'imposta. – 1. Presupposto dell'imposta sul reddito delle società è il possesso dei redditi in denaro o in natura rientranti nelle categorie indicate nell'articolo 6.

73. Soggetti passivi. – 1. Sono soggetti all'imposta sul reddito delle società:

a) le società per azioni e in accomandita per azioni, le società a responsabilità limitata, le società cooperative e le società di mutua assicurazione, nonché le società europee di cui al regolamento (CE) n. 2157/2001 e le società cooperative europee di cui al regolamento (CE) n. 1435/2003 (1) residenti nel territorio dello Stato (2) (3) (4) (5) (6);

b) gli enti pubblici e privati diversi dalle società, nonché i trust, residenti nel territorio dello Stato, che hanno per oggetto esclusivo o principale l'esercizio di attività commerciali (2) (3) (5) (6);

c) gli enti pubblici e privati diversi dalle società, i trust che non hanno per oggetto esclusivo o principale l'esercizio di attività commerciale nonché gli organismi di investimento collettivo del risparmio, residenti nel territorio dello Stato (7);

d) le società e gli enti di ogni tipo, compresi i trust, (8) con o senza personalità giuridica, non residenti nel territorio dello Stato.

2. Tra gli enti diversi dalle società, di cui alle lettere *b*) e *c*) del comma 1, si comprendono, oltre alle persone giuridiche, le associazioni non riconosciute, i consorzi e le altre organizzazioni non appartenenti ad altri soggetti passivi, nei confronti delle quali il presupposto dell'imposta si verifica in modo unitario e autonomo. Tra le società e gli enti di cui alla lettera *d*) del comma 1 sono comprese anche le società e le associazioni indicate nell'articolo 5. Nei casi in cui i beneficiari del trust siano individuati, i redditi conseguiti dal trust sono imputati in ogni caso ai beneficiari in proporzione alla quota di partecipazione individuata nell'atto di costituzione del trust o in altri documenti successivi ovvero, in mancanza, in parti uguali (9).

3. Ai fini delle imposte sui redditi si considerano residenti le società e gli enti che per la maggior parte del periodo di imposta hanno la sede legale o la sede dell'amministrazione o l'oggetto principale nel territorio dello Stato. Si considerano altresì residenti nel territorio dello Stato gli organismi di investimento collettivo del risparmio istituiti in Italia e (10), salvo prova contraria, i trust e gli istituti aventi analogo contenuto istituiti in Stati o territori diversi da quelli di cui al decreto del Ministro dell'economia e delle finanze emanato ai sensi dell'articolo 168 *bis*, (11) (12) in cui almeno uno dei disponenti ed almeno uno dei beneficiari del trust siano fiscalmente residenti nel territorio dello Stato (13). Si considerano, inoltre, residenti nel territorio dello Stato i trust istituiti in uno Stato diverso da quelli di cui al decreto del Ministro dell'economia e delle finanze emanato ai sensi dell'articolo 168 *bis*, quando, successivamente alla loro costituzione, un soggetto residente nel territorio dello Stato effettui in favore del trust un'attribuzione che importi il trasferimento di proprietà di beni immobili o la costituzione o il trasferimento di diritti reali immobiliari, anche per quote, nonché vincoli di destinazione sugli stessi (13).

4. L'oggetto esclusivo o principale dell'ente residente è determinato in base alla legge, all'atto costitutivo o allo statuto, se esistenti in forma di atto pubblico o di scrittura privata autenticata o registrata. Per oggetto principa-

le si intende l'attività essenziale per realizzare direttamente gli scopi primari indicati dalla legge, dall'atto costitutivo o dallo statuto.

5. In mancanza dell'atto costitutivo o dello statuto nelle predette forme, l'oggetto principale dell'ente residente è determinato in base all'attività effettivamente esercitata nel territorio dello Stato; tale disposizione si applica in ogni caso agli enti non residenti.

5 *bis*. Salvo prova contraria, si considera esistente nel territorio dello Stato la sede dell'amministrazione di società ed enti, che detengono partecipazioni di controllo, ai sensi dell'articolo 2359, primo comma, del codice civile, nei soggetti di cui alle lettere *a*) e *b*) del comma 1, se, in alternativa:

a) sono controllati, anche indirettamente, ai sensi dell'articolo 2359, primo comma, del codice civile, da soggetti residenti nel territorio dello Stato;

b) sono amministrati da un consiglio di amministrazione, o altro organo equivalente di gestione, composto in prevalenza di consiglieri residenti nel territorio dello Stato ([14]).

5 *ter*. Ai fini della verifica della sussistenza del controllo di cui al comma 5 *bis*, rileva la situazione esistente alla data di chiusura dell'esercizio o periodo di gestione del soggetto estero controllato. Ai medesimi fini, per le persone fisiche si tiene conto anche dei voti spettanti ai familiari di cui all'articolo 5, comma 5 ([14]).

5 *quater*. Salvo prova contraria, si considerano residenti nel territorio dello Stato le società o enti il cui patrimonio sia investito in misura prevalente in quote o azioni di organismi di investimento collettivo del risparmio immobiliari ([15]), e siano controllati direttamente o indirettamente, per il tramite di società fiduciarie o per interposta persona, da soggetti residenti in Italia. Il controllo è individuato ai sensi dell'articolo 2359, commi primo e secondo, del codice civile, anche per partecipazioni possedute da soggetti diversi dalle società ([16]).

5 *quinquies*. I redditi degli organismi di investimento collettivo del risparmio istituiti in Italia, diversi dagli organismi di investimento collettivo del risparmio immobiliari ([17]), e di quelli con sede in Lussemburgo, già autorizzati al collocamento nel territorio dello Stato, di cui all'articolo 11 *bis* del decreto legge 30 settembre 1983, n. 512, convertito, con modificazioni, dalla legge 25 novembre 1983, n. 649, e successive modificazioni, sono esenti dalle imposte sui redditi purché il fondo o il soggetto incaricato della gestione sia sottoposto a forme di vigilanza prudenziale. Le ritenute operate sui redditi di capitale sono a titolo definitivo. Non si applicano le ritenute previste dai commi 2 e 3 dell'articolo 26 del D.P.R. 29 settembre 1973, n. 600 e successive modificazioni, sugli interessi ed altri proventi dei conti correnti e depositi bancari, e le ritenute previste dai commi 3 *bis* e 5 del medesimo articolo 26

e dall'articolo 26 *quinquies* del predetto decreto nonché dall'articolo 10 *ter* della legge 23 marzo 1983, n. 77, e successive modificazioni ([18]).

([1]) Le parole: «, nonché le società europee di cui al regolamento (CE) n. 2157/2001 e le società cooperative europee di cui al regolamento (CE) n. 1435/2003», sono state aggiunte dall'art. 1, comma 1, lett. a)*, del D.L.vo 6 novembre 2007, n. 199. A norma dell'art. 2, comma 1, dello stesso provvedimento, questa disposizione si applica ai trasferimenti effettuati a partire dal 1° gennaio 2008.*

([2]) A norma dell'art. 1, comma 140, della L. 27 dicembre 2013, n. 147, i soggetti di cui alla presente lettera che non adottano i principi contabili internazionali nella redazione del bilancio, possono, anche in deroga all'articolo 2426 del codice civile e ad ogni altra disposizione di legge vigente in materia, rivalutare i beni d'impresa e le partecipazioni di cui alla sezione II del capo I della L. 21 novembre 2000, n. 342, e successive modificazioni, ad esclusione degli immobili alla cui produzione o al cui scambio è diretta l'attività di impresa, risultanti dal bilancio dell'esercizio in corso al 31 dicembre 2012.

([3]) A norma dell'art. 1, comma 556, della L. 11 dicembre 2016, n. 232, i soggetti indicati in questa lettera, che non adottano i princìpi contabili internazionali nella redazione del bilancio, possono, anche in deroga all'articolo 2426 del codice civile e ad ogni altra disposizione di legge vigente in materia, rivalutare i beni di impresa e le partecipazioni di cui alla sezione II del capo I della legge 21 novembre 2000, n. 342, ad esclusione degli immobili alla cui produzione o al cui scambio è diretta l'attività di impresa, risultanti dal bilancio dell'esercizio in corso al 31 dicembre 2015.

([4]) A norma dell'art. 11, comma 1, del D.L. 30 aprile 2019, n. 34, convertito, con modificazioni, nella L. 28 giugno 2019, n. 58, a decorrere dal 30 giugno 2019, per i soggetti indicati nella presente lettera, che risultano da operazioni di aggregazione aziendale, realizzate attraverso fusione o scissione effettuate a decorrere dalla data di entrata in vigore del presente decreto fino al 31 dicembre 2022, si considerano riconosciuti, ai fini fiscali, il valore di avviamento e quello attribuito ai beni strumentali materiali e immateriali, per effetto della imputazione su tali poste di bilancio del disavanzo da concambio, per un ammontare complessivo non eccedente l'importo di 5 milioni di euro.

Ai sensi dell'art. 11, comma 3, del medesimo provvedimento, tali disposizioni si applicano qualora alle operazioni di aggregazione aziendale partecipino esclusivamente imprese operative da almeno due anni, mentre non si applicano qualora le imprese che partecipano alle predette operazioni facciano parte dello stesso gruppo societario. Sono in ogni caso esclusi i soggetti legati tra loro da un rapporto di partecipazione superiore al 20 per cento ovvero controllati anche indirettamente dallo stesso soggetto ai sensi dell'articolo 2359, primo comma, n. 1), del codice civile. Il maggior valore attribuito ai beni ai sensi dei commi precedenti è riconosciuto ai fini delle imposte sui redditi e dell'imposta regionale sulle attività produttive a decorrere dall'esercizio successivo a quello in cui ha avuto luogo l'operazione di aggregazione aziendale.

Ai sensi dell'art. 11, comma 4, del medesimo provvedimento, le disposizioni di cui sopra si applicano qualora le imprese interessate dalle operazioni di aggregazione aziendale si trovino o si siano trovate ininterrottamente, nei due anni precedenti l'operazione, nelle condizioni che consentono il riconoscimento fiscale di cui ai commi 1 e 2.

([5]) *A norma dell'art. 6* bis, *comma 1, del D.L. 8 aprile 2020, n. 23, convertito, con modificazioni, nella L. 6 giugno 2020, n. 40, al fine di sostenere i settori alberghiero e termale, i soggetti indicati da questa lettera, operanti nei settori alberghiero e termale che non adottano i principi contabili internazionali nella redazione del bilancio possono, anche in deroga all'articolo 2426 del codice civile e ad ogni altra disposizione di legge vigente in materia, rivalutare i beni di impresa e le partecipazioni di cui alla sezione II del capo I della legge 21 novembre 2000, n. 342, ad esclusione degli immobili alla cui produzione o al cui scambio è diretta l'attività di impresa, risultanti dal bilancio dell'esercizio in corso al 31 dicembre 2019.*

([6]) *A norma dell'art. 110, comma 1, del D.L. 14 agosto 2020, n. 104, convertito, con modificazioni, nella L. 13 ottobre 2020, n. 126, i soggetti di cui a questa lettera che non adottano i principi contabili internazionali nella redazione del bilancio, possono, anche in deroga all'articolo 2426 del codice civile e ad ogni altra disposizione di legge vigente in materia, rivalutare i beni d'impresa e le partecipazioni di cui alla sezione II del capo I della legge 21 novembre 2000, n. 342, ad esclusione degli immobili alla cui produzione o al cui scambio è diretta l'attività di impresa, risultanti dal bilancio dell'esercizio in corso al 31 dicembre 2019.*

([7]) *Questa lettera è stata così sostituita dall'art. 96, comma 1, lett.* a), *del D.L. 24 gennaio 2012, n. 1, convertito, con modificazioni, nella L. 24 marzo 2012, n. 27.*

([8]) *Le parole: «compresi i trust,» sono state inserite dall'art. 1, comma 74, lett.* a), *n.* 2), *della L. 27 dicembre 2006, n. 296.*

([9]) *Questo periodo è stato aggiunto dall'art. 1, comma 74, lett.* b), *della L. 27 dicembre 2006, n. 296.*

([10]) *Le parole: «gli organismi di investimento collettivo del risparmio istituiti in Italia e» sono state aggiunte dall'art. 96, comma 1, lett.* b), *del D.L. 24 gennaio 2012, n. 1, convertito, con modificazioni, nella L. 24 marzo 2012, n. 27.*

([11]) *Le parole: «istituiti in Paesi diversi da quelli indicati nel decreto del Ministro delle finanze 4 settembre 1996, pubblicato nella* Gazzetta Ufficiale *n. 220 del 19 settembre 1996, e successive modificazioni,» sono state così sostituite dalle attuali da: «istituiti in Stati o territori diversi...» fino a: «...emanato ai sensi dell'articolo 168* bis,*», dall'art. 1, comma 83, lett.* e), *n.* 1), *della L. 24 dicembre 2007, n. 244.*

([12]) *Le parole: «istituiti in Paesi diversi da quelli indicati nel decreto del Ministro delle finanze 4 settembre 1996, pubblicato nella* Gazzetta Ufficiale *n. 220 del 19 settembre 1996, e successive modificazioni,» sono state così sostituite dalle attuali da: «istituiti in Stati o territori diversi...fino a: «...emanato ai sensi dell'articolo 168* bis,*», dall'art. 1, comma 83, lett.* e), *n.* 1), *della L. 24 dicembre 2007, n. 244. A norma dell'art. 1, comma 88, della medesima legge tali disposizioni si applicano a decorrere dal periodo d'imposta che inizia successivamente alla data di pubblicazione nella* Gazzetta Ufficiale *del decreto del Ministro dell'economia e delle finanze emanato ai sensi dell'art. 168* bis *del D.P.R. 22 dicembre 1986, n. 917. Fino al periodo d'imposta precedente, il comma 3, secondo periodo, continua ad applicarsi nella versione vigente al 31 dicembre 2007. Per l'applicazione della presente disposizione, si veda altresì l'art. 1, comma 90, L. 24 dicembre 2007, n. 244.*

([13]) *Questo periodo è stato aggiunto dall'art. 1, comma 74, lett.* c), *della L. 27 dicembre 2006, n. 296.*

ne, imputazione temporale e classificazione in bilancio previsti dai rispettivi principi contabili ([5]) ([6]).

1 *bis*. Ai fini del comma 1, ai soggetti, diversi dalle micro-imprese di cui all'articolo 2435 *ter* del codice civile, che redigono il bilancio in conformità alle disposizioni del codice civile, si applicano, in quanto compatibili, le disposizioni emanate in attuazione del comma 60 dell'articolo 1 della legge 24 dicembre 2007, n. 244, e del comma 7 *quater* dell'articolo 4 del decreto legislativo 28 febbraio 2005, n. 38 ([7]) ([8]).

([1]) *Le parole tra parentesi quadrate erano state inserite dall'art. 11, comma 1, lett.* a), *del D.L.vo 28 febbraio 2005, n. 38, e poi soppresse dall'art. 1, comma 58, lett.* a), *della L. 24 dicembre 2007, n. 244, a decorrere dal periodo d'imposta successivo a quello in corso al 31 dicembre 2007.*

([2]) *Questo periodo è stato aggiunto dall'art. 1, comma 33, lett.* f), *della L. 24 dicembre 2007, n. 244, a decorrere dal periodo d'imposta successivo a quello in corso al 31 dicembre 2007.*

([3]) *Le parole: «anche nella formulazione derivante dalla procedura prevista dall'articolo 4, comma 7* ter, *del decreto legislativo 28 febbraio 2005, n. 38,» sono state inserite dall'art. 2, comma 27, del D.L. 29 dicembre 2010, n. 225, convertito, con modificazioni, nella L. 26 febbraio 2011, n. 10. A norma dell'art. 2, comma 25, dello stesso decreto legge, la disciplina normativa vigente alla data di entrata in vigore della legge di conversione, nelle materie di cui ai commi da 26 a 28, si applica fino all'entrata in vigore delle disposizioni previste dal comma 26.*

([4]) *Le parole: «e per i soggetti, diversi dalle micro-imprese di cui all'articolo 2435 ter del codice civile, che redigono il bilancio in conformità alle disposizioni del codice civile,» sono state inserite dall'art. 13* bis, *comma 2, lett.* a), *n. 1), del D.L. 30 dicembre 2016, n. 244, convertito, con modificazioni, nella L. 27 febbraio 2017, n. 19.*

([5]) *Le parole: «da detti principi contabili» sono state così sostituite dalle seguenti: «dai rispettivi principi contabili» dall'art. 13* bis, *comma 2, lett.* a), *n. 1), del D.L. 30 dicembre 2016, n. 244, convertito, con modificazioni, nella L. 27 febbraio 2017, n. 19.*

([6]) *Questo periodo è stato aggiunto dall'art. 1, comma 58, lett.* a), *della L. 24 dicembre 2007, n. 244, a decorrere dal periodo d'imposta successivo a quello in corso al 31 dicembre 2007.*

([7]) *Questo comma è stato aggiunto dall'art. 13* bis, *comma 2, lett.* a), *n. 2), del D.L. 30 dicembre 2016, n. 244, convertito, con modificazioni, nella L. 27 febbraio 2017, n. 19. A norma dell'art. 13* bis, *comma 1, del medesimo decreto, per i soggetti di cui a questo comma, relativamente al periodo d'imposta nel quale vanno dichiarati i componenti reddituali e patrimoniali rilevati in bilancio a decorrere dall'esercizio successivo a quello in corso al 31 dicembre 2015, il termine di cui al comma 2 dell'articolo 2 del regolamento di cui al decreto del Presidente della Repubblica 22 luglio 1998, n. 322, per la presentazione delle dichiarazioni in materia di imposte sui redditi e di IRAP, è prorogato di quindici giorni al fine di agevolare la prima applicazione delle disposizioni introdotte dal decreto legislativo 18 agosto 2015, n. 139, e delle disposizioni di coordinamento contenute nei commi seguenti.*

([8]) *Si veda l'art. 2, comma 1, del D.M. 3 agosto 2017 (G.U. Serie gen. - n. 187 del 11 agosto 2017).*

84. ([1]) ([2]) **Riporto delle perdite.** – 1. La perdita di un periodo d'imposta, determinata con le stesse norme valevoli per la determinazione del reddito, può essere computata in diminuzione del reddito dei periodi d'imposta successivi in misura non superiore all'ottanta per cento del reddito imponibile di ciascuno di essi e per l'intero importo che trova capienza in tale ammontare. Per i soggetti che fruiscono di un regime di esenzione dell'utile la perdita è riportabile per l'ammontare che eccede l'utile che non ha concorso alla formazione del reddito negli esercizi precedenti. La perdita è diminuita dei proventi esenti dall'imposta diversi da quelli di cui all'articolo 87, per la parte del loro ammontare che eccede i componenti negativi non dedotti ai sensi dell'articolo 109, comma 5. Detta differenza potrà tuttavia essere computata in diminuzione del reddito complessivo in misura tale che l'imposta corrispondente al reddito imponibile risulti compensata da eventuali crediti di imposta, ritenute alla fonte a titolo di acconto, versamenti in acconto, e dalle eccedenze di cui all'articolo 80 ([3]).

2. Le perdite realizzate nei primi tre periodi d'imposta dalla data di costituzione possono, con le modalità previste al comma 1, essere computate in diminuzione del reddito complessivo dei periodi d'imposta successivi entro il limite del reddito imponibile di ciascuno di essi e per l'intero importo che trova capienza nel reddito imponibile di ciascuno di essi a condizione che si riferiscano ad una nuova attività produttiva ([3]).

3. Le disposizioni del comma 1 non si applicano nel caso in cui la maggioranza delle partecipazioni aventi diritto di voto nelle assemblee ordinarie del soggetto che riporta le perdite venga trasferita o comunque acquisita da terzi, anche a titolo temporaneo e, inoltre, venga modificata l'attività principale in fatto esercitata nei periodi d'imposta in cui le perdite sono state realizzate. La modifica dell'attività assume rilevanza se interviene nel periodo d'imposta in corso al momento del trasferimento od acquisizione ovvero nei due successivi od anteriori. La limitazione si applica anche alle eccedenze oggetto di riporto in avanti di cui al comma 5 dell'articolo 96 ([4]), relativamente agli interessi indeducibili, nonché a quelle di cui all'articolo 1, comma 4, del decreto legge 6 dicembre 2011, n. 201, convertito, con modificazioni, dalla legge 22 dicembre 2011, n. 214, relativamente all'aiuto alla crescita economica ([5]). La limitazione non si applica qualora:

[*a*) le partecipazioni siano acquisite da società controllate dallo stesso soggetto che controlla il soggetto che riporta le perdite ovvero dal soggetto che controlla il controllante di questi] ([6]);

b) le partecipazioni siano relative a società che nel biennio precedente a quello di trasferimento hanno avuto un numero di dipendenti mai inferiore alle dieci unità e per le quali dal conto economico relativo all'esercizio precedente a quello di trasferimento risultino un ammontare di ricavi e proventi dell'attività caratteristica, e un ammontare delle spese per prestazioni di lavoro subordinato e relativi contributi, di cui all'articolo 2425 del codice civile, superiore al 40 per cento di quello risultante dalla media degli ultimi due esercizi anteriori.

Al fine di disapplicare le disposizioni del presente comma il contribuente interpella l'amministrazione ai sensi dell'articolo 11, comma 2, della legge 27 luglio 2000, n. 212, recante lo Statuto dei diritti del contribuente ([7]).

([1]) *A norma dell'art. 15, comma 2, secondo periodo, del D.L. 14 febbraio 2016, n. 18, convertito, con modificazioni, nella L. 8 aprile 2016, n. 49, le perdite di cui al presente articolo dell'ente sottoposto a risoluzione sono portate in diminuzione del reddito dell'ente-ponte.*

([2]) *A norma dell'art. 1, comma 76, della L. 11 dicembre 2016, n. 232, per le società fra le quali intercorre un rapporto di partecipazione che preveda una percentuale del diritto di voto esercitabile nell'assemblea ordinaria e di partecipazione agli utili non inferiore al 20 per cento è ammessa la possibilità di cedere le perdite fiscali di cui a questo articolo, con le stesse modalità previste per la cessione dei crediti d'imposta di cui all'articolo 43* bis *del decreto del Presidente della Repubblica 29 settembre 1973, n. 602, a condizione che le azioni della società cessionaria, o della società che controlla direttamente o indirettamente la società cessionaria, siano negoziate in un mercato regolamentato o in un sistema multilaterale di negoziazione di uno degli Stati membri dell'Unione europea e degli Stati aderenti all'Accordo sullo Spazio economico europeo con il quale l'Italia abbia stipulato un accordo che assicuri un effettivo scambio di informazioni e che la società cedente non svolga in via prevalente attività immobiliare. La cessione deve riguardare l'intero ammontare delle perdite fiscali.*

Si veda, altresì, l'art. 1, commi da 77 a 80 del medesimo provvedimento.

([3]) *Questo comma è stato così sostituito dall'art. 23, comma 9, del D.L. 6 luglio 2011, n. 98, convertito, con modificazioni, nella L. 15 luglio 2011, n. 111.*

([4]) *Le parole: «di cui al comma 4 dell'articolo 96» sono state così sostituite dalle attuali: «di cui al comma 5 dell'articolo 96» dall'art. 1, comma 2, del D.L.vo 29 novembre 2018, n. 142. A norma dell'art. 13, comma 1, del medesimo provvedimento, tali disposizioni si applicano a decorrere dal periodo d'imposta successivo a quello in corso al 31 dicembre 2018.*

([5]) *Questo periodo è stato inserito dall'art. 1, comma 549, lett.* a*), della L. 11 dicembre 2016, n. 232.*

L'art. 1, comma 549, della L. 11 dicembre 2016, n. 232, è stato poi abrogato dall'art. 1, comma 1080, della L. 30 dicembre 2018, n. 145, a decorrere dal 1° gennaio 2019.

([6]) *Questa lettera è stata abrogata dall'art. 36, comma 12, lett.* b*), del D.L. 4 luglio 2006, n. 223, convertito, con modificazioni, nella L. 4 agosto 2006, n. 248. A norma dello stesso articolo, comma 14, queste disposizioni si applicano ai soggetti le cui partecipa-*

zioni sono acquisite da terzi a decorrere dalla data di entrata in vigore del decreto stesso, avvenuta il giorno della sua pubblicazione (Suppl. ord. alla Gazzetta Ufficiale *Serie gen. - n. 186 dell'11 agosto 2006).*

(7) *Questo periodo è stato aggiunto dall'art. 7, comma 9, del D.L.vo 24 settembre 2015, n. 156.*

A norma dell'art. 12, comma 1, le disposizioni del predetto decreto entrano in vigore a decorrere dal 1° gennaio 2016.

85. (1) **Ricavi.** – 1. Sono considerati ricavi:

a) i corrispettivi delle cessioni di beni e delle prestazioni di servizi alla cui produzione o al cui scambio è diretta l'attività dell'impresa (2);

b) i corrispettivi delle cessioni di materie prime e sussidiarie, di semilavorati e di altri beni mobili, esclusi quelli strumentali, acquistati o prodotti per essere impiegati nella produzione (2);

c) i corrispettivi delle cessioni di azioni o quote di partecipazioni, anche non rappresentate da titoli, al capitale di società ed enti di cui all'articolo 73, che non costituiscono immobilizzazioni finanziarie, diverse da quelle cui si applica l'esenzione di cui all'articolo 87, anche se non rientrano fra i beni al cui scambio è diretta l'attività dell'impresa. Se le partecipazioni sono nelle società o enti di cui all'articolo 73, comma 1, lettera *d*), si applica il comma 2 dell'articolo 44;

d) i corrispettivi delle cessioni di strumenti finanziari similari alle azioni ai sensi dell'articolo 44 emessi da società ed enti di cui all'articolo 73, che non costituiscono immobilizzazioni finanziarie, diversi da quelli cui si applica l'esenzione di cui all'articolo 87, anche se non rientrano fra i beni al cui scambio è diretta l'attività dell'impresa;

e) i corrispettivi delle cessioni di obbligazioni e di altri titoli in serie o di massa diversi da quelli di cui alla lettere *c*) e *d*) precedenti che non costituiscono immobilizzazioni finanziarie, anche se non rientrano fra i beni al cui scambio è diretta l'attività dell'impresa;

f) le indennità conseguite a titolo di risarcimento, anche in forma assicurativa, per la perdita o il danneggiamento di beni di cui alle precedenti lettere;

g) i contributi in denaro, o il valore normale di quelli, in natura, spettanti sotto qualsiasi denominazione in base a contratto;

h) i contributi spettanti esclusivamente in conto esercizio a norma di legge.

2. Si comprende inoltre tra i ricavi il valore normale dei beni di cui al comma 1 assegnati ai soci o destinati a finalità estranee all'esercizio dell'impresa (3).

3. I beni di cui alle lettere *c*), *d*) ed *e*) del comma 1 costituiscono immobilizzazioni finanziarie se sono iscritti come tali nel bilancio ([4]).

3 *bis*. In deroga al comma 3, per i soggetti che redigono il bilancio in base ai princìpi contabili internazionali di cui al regolamento (CE) n. 1606/2002 del Parlamento europeo e del Consiglio, del 19 luglio 2002, si considerano immobilizzazioni finanziarie gli strumenti finanziari diversi da quelli detenuti per la negoziazione ([4]).

([1]) *A norma dell'art. 5, comma 3, del D.L.vo 14 settembre 2015, n. 147, questo articolo si interpreta nel senso che per le cessioni di immobili e di aziende nonché per la costituzione e il trasferimento di diritti reali sugli stessi, l'esistenza di un maggior corrispettivo non è presumibile soltanto sulla base del valore anche se dichiarato, accertato o definito ai fini dell'imposta di registro di cui al decreto del Presidente della Repubblica 26 aprile 1986, n. 131, ovvero delle imposte ipotecaria e catastale di cui al decreto legislativo 31 ottobre 1990, n. 347.*

([2]) *A norma dell'art. 1, comma 3, del D.L. 22 marzo 2021, n. 41, convertito, con modificazioni, nella L. 21 maggio 2021, n. 69, il contributo spetta esclusivamente ai soggetti con ricavi di cui a questo lettera, non superiori a 10 milioni di euro nel secondo periodo d'imposta antecedente a quello in corso alla data di entrata in vigore del presente decreto.*

([3]) *A norma dell'art. 27, comma 2, del D.L. 8 aprile 2020, n. 23, convertito, con modificazioni, nella L. 6 giugno 2020, n. 40, i farmaci nell'ambito dei programmi ad uso compassionevole, individuati dal decreto del Ministro della salute 7 settembre 2017, pubblicato nella* Gazzetta Ufficiale *2 novembre 2017, n. 256, non si considerano destinati a finalità estranee all'esercizio dell'impresa ai sensi di questo comma.*

([4]) *L'originario comma 3 è stato così sostituito dagli attuali commi 3 e 3* bis, *dall'art. 1, comma 58, lett.* b), *della L. 24 dicembre 2007, n. 244, a decorrere dal periodo d'imposta successivo a quello in corso al 31 dicembre 2007.*

86. ([1]) **Plusvalenze patrimoniali.** – 1. Le plusvalenze dei beni relativi all'impresa, diversi da quelli indicati nel comma 1 dell'articolo 85, concorrono a formare il reddito:

a) se sono realizzate mediante cessione a titolo oneroso;

b) se sono realizzate mediante il risarcimento, anche in forma assicurativa, per la perdita o il danneggiamento dei beni;

c) se i beni vengono assegnati ai soci o destinati a finalità estranee all'esercizio dell'impresa.

2. Nelle ipotesi di cui alle lettere *a*) e *b*) del comma 1 la plusvalenza è costituita dalla differenza fra il corrispettivo o l'indennizzo conseguito, al netto degli oneri accessori di diretta imputazione, e il costo non ammortizzato. Concorrono alla formazione del reddito anche le plusvalenze delle aziende, compreso il valore di avviamento, realizzate unitariamente mediante cessione a titolo oneroso. Se il corrispettivo della cessione è costituito esclusivamente da beni ammortizzabili, anche se costituenti un complesso o ramo

aziendale, e questi vengono complessivamente iscritti in bilancio allo stesso valore al quale vi erano iscritti i beni ceduti, si considera plusvalenza soltanto il conguaglio in denaro eventualmente pattuito.

3. Nell'ipotesi di cui alla lettera *c*) del comma 1, la plusvalenza è costituita dalla differenza tra il valore normale e il costo non ammortizzato dei beni.

4. Le plusvalenze realizzate, diverse da quelle di cui al successivo articolo 87, determinate a norma del comma 2, concorrono a formare il reddito, per l'intero ammontare nell'esercizio in cui sono state realizzate ovvero, se i beni sono stati posseduti per un periodo non inferiore a tre anni, o a un anno per le società sportive professionistiche, a scelta del contribuente, in quote costanti nell'esercizio stesso e nei successivi, ma non oltre il quarto. La predetta scelta deve risultare dalla dichiarazione dei redditi; se questa non è presentata la plusvalenza concorre a formare il reddito per l'intero ammontare nell'esercizio in cui è stata realizzata. Per i beni che costituiscono immobilizzazioni finanziarie, diverse da quelle di cui al successivo articolo 87, le disposizioni dei periodi precedenti si applicano per quelli iscritti come tali negli ultimi tre bilanci; si considerano ceduti per primi i beni acquisiti in data più recente.

4 *bis*. Per le plusvalenze realizzate su partecipazioni in imprese o enti residenti o localizzati in Stati o territori a regime fiscale privilegiato individuati in base ai criteri di cui all'articolo 47 *bis*, comma 1, per i quali sussiste la condizione di cui al comma 2, lettera *a*), del medesimo articolo, al cedente controllante, ai sensi del comma 2 dell'articolo 167, residente nel territorio dello Stato, ovvero alle cedenti residenti sue controllate, spetta un credito d'imposta ai sensi dell'articolo 165 in ragione delle imposte assolte dall'impresa o ente partecipato sugli utili maturati durante il periodo di possesso della partecipazione, in proporzione delle partecipazioni cedute e nei limiti dell'imposta italiana relativa a tali plusvalenze ([2]). La detrazione del credito d'imposta di cui al periodo precedente spetta per l'ammontare dello stesso non utilizzato dal cedente ai sensi dell'articolo 89, comma 3; tale ammontare, ai soli fini dell'applicazione dell'imposta, è computato in aumento del reddito complessivo. Se nella dichiarazione è stato omesso soltanto il computo del credito d'imposta in aumento del reddito complessivo, si può procedere di ufficio alla correzione anche in sede di liquidazione dell'imposta dovuta in base alla dichiarazione dei redditi ([3]).

5. La cessione dei beni ai creditori in sede di concordato preventivo non costituisce realizzo delle plusvalenze e minusvalenze dei beni, comprese quelle relative alle rimanenze e il valore di avviamento.

5 *bis*. Nelle ipotesi dell'articolo 47, commi 5 e 7, costituiscono plusvalenze le somme o il valore normale dei beni ricevuti a titolo di ripartizione del ca-

pitale e delle riserve di capitale per la parte che eccede il valore fiscalmente riconosciuto delle partecipazioni (4) (5).

(1) *A norma dell'art. 5, comma 3, del D.L.vo 14 settembre 2015, n. 147, questo articolo si interpreta nel senso che per le cessioni di immobili e di aziende nonché per la costituzione e il trasferimento di diritti reali sugli stessi, l'esistenza di un maggior corrispettivo non è presumibile soltanto sulla base del valore anche se dichiarato, accertato o definito ai fini dell'imposta di registro di cui al decreto del Presidente della Repubblica 26 aprile 1986, n. 131, ovvero delle imposte ipotecaria e catastale di cui al decreto legislativo 31 ottobre 1990, n. 347.*

(2) *Questo periodo è stato così sostituito dall'art. 5, comma 1, lett.* e), *del D.L.vo 29 novembre 2018, n. 142. A norma dell'art. 13, comma 6, del medesimo provvedimento, tali disposizioni si applicano a decorrere dal periodo di imposta successivo a quello in corso al 31 dicembre 2018, nonché agli utili percepiti e alle plusvalenze realizzate a decorrere dal medesimo periodo di imposta.*

(3) *Questo comma è stato inserito dall'art. 3, comma 1, lett.* c), *del D.L.vo 14 settembre 2015, n. 147.*

A norma dell'art. 3, comma 4, del medesimo provvedimento, tali disposizioni si applicano a decorrere dal periodo di imposta in corso alla data di entrata in vigore del suddetto decreto, nonché agli utili distribuiti ed alle plusvalenze realizzate a decorrere dal medesimo periodo di imposta. Per tali utili e plusvalenze il credito d'imposta previsto dal presente articolo è riconosciuto per le imposte pagate dalla società controllata a partire dal quinto periodo d'imposta precedente a quello in corso alla data di entrata in vigore del suddetto decreto.

(4) *Questo comma è stato aggiunto dall'art. 6, comma 1, del D.L.vo 18 novembre 2005, n. 247.*

(5) *A norma dell'art. 6, comma 13, del D.L.vo 18 novembre 2005, n. 247, le disposizioni di cui a questo comma hanno effetto per i periodi di imposta che iniziano a decorrere dal 1° gennaio 2004.*

87. Plusvalenze esenti. – 1. Non concorrono alla formazione del reddito imponibile in quanto esenti nella misura del 95 per cento (1) le plusvalenze realizzate e determinate ai sensi dell'articolo 86, commi 1, 2 e 3, relativamente ad azioni o quote di partecipazioni in società ed enti indicati nell'articolo 5, escluse le società semplici e gli enti alle stesse equiparate, e nell'articolo 73, comprese quelle non rappresentate da titoli, con i seguenti requisiti:

a) ininterrotto possesso dal primo giorno del dodicesimo (2) mese precedente quello dell'avvenuta cessione considerando cedute per prime le azioni o quote acquisite in data più recente;

b) classificazione nella categoria delle immobilizzazioni finanziarie nel primo bilancio chiuso durante il periodo di possesso;

c) residenza fiscale o localizzazione dell'impresa o ente partecipato in Stati o territori diversi da quelli a regime fiscale privilegiato individuati in base ai criteri di cui all'articolo 47 *bis*, comma 1, o, alternativamente, la dimostrazione, anche a seguito dell'esercizio dell'interpello di cui allo stesso articolo 47 *bis*, comma 3, della sussistenza della condizione di cui al comma 2, lettera *b*), del medesimo articolo. Qualora il contribuente intenda far valere la sussistenza di tale ultima condizione ma non abbia presentato la predetta istanza di interpello ovvero, avendola presentata, non abbia ricevuto risposta favorevole, la percezione di plusvalenze derivanti dalla cessione di partecipazioni in imprese o enti residenti o localizzati in Stati o territori a regime fiscale privilegiato individuati in base ai criteri di cui all'articolo 47 *bis*, comma 1, deve essere segnalata nella dichiarazione dei redditi da parte del socio residente; nei casi di mancata o incompleta indicazione nella dichiarazione dei redditi si applica la sanzione amministrativa prevista dall'articolo 8, comma 3 *ter*, del decreto legislativo 18 dicembre 1997, n. 471. Ai fini della presente lettera, la condizione indicata nell'articolo 47 *bis*, comma 2, lettera *b*), deve sussistere, ininterrottamente, sin dal primo periodo di possesso; tuttavia, per i rapporti detenuti da più di cinque periodi di imposta e oggetto di realizzo con controparti non appartenenti allo stesso gruppo del dante causa, è sufficiente che tale condizione sussista, ininterrottamente, per i cinque periodi d'imposta anteriori al realizzo stesso. Ai fini del precedente periodo si considerano appartenenti allo stesso gruppo i soggetti residenti o meno nel territorio dello Stato tra i quali sussiste un rapporto di controllo ai sensi del comma 2 dell'articolo 167 ovvero che, ai sensi del medesimo comma 2, sono sottoposti al comune controllo da parte di altro soggetto residente o meno nel territorio dello Stato ([3]);

d) esercizio da parte della società partecipata di un'impresa commerciale secondo la definizione di cui all'articolo 55. Senza possibilità di prova contraria si presume che questo requisito non sussista relativamente alle partecipazioni in società il cui valore del patrimonio è prevalentemente costituito da beni immobili diversi dagli immobili alla cui produzione o al cui scambio è effettivamente diretta l'attività dell'impresa, dagli impianti e dai fabbricati utilizzati direttamente nell'esercizio d'impresa. Si considerano direttamente utilizzati nell'esercizio d'impresa gli immobili concessi in locazione finanziaria e i terreni su cui la società partecipata svolge l'attività agricola.

1 *bis*. Le cessioni delle azioni o quote appartenenti alla categoria delle immobilizzazioni finanziarie e di quelle appartenenti alla categoria dell'attivo circolante vanno considerate separatamente con riferimento a ciascuna categoria ([4]).

2. Il requisito di cui al comma 1, lettera *c*), deve sussistere, ininterrottamente, sin dal primo periodo di possesso; tuttavia, per i rapporti detenuti da più di cinque periodi di imposta e oggetto di realizzo con controparti non

appartenenti allo stesso gruppo del dante causa, è sufficiente che tale condizione sussista, ininterrottamente, per i cinque periodi d'imposta anteriori al realizzo stesso. Ai fini del precedente periodo si considerano appartenenti allo stesso gruppo i soggetti residenti o meno nel territorio dello Stato tra i quali sussiste un rapporto di controllo ai sensi del comma 2 dell'articolo 167 ovvero che, ai sensi del medesimo comma 2, sono sottoposti al comune controllo da parte di altro soggetto residente o non residente nel territorio dello Stato. Il requisito di cui al comma 1, lettera *d*), deve sussistere ininterrottamente, al momento del realizzo, almeno dall'inizio del terzo periodo d'imposta anteriore al realizzo stesso ([5]).

3. L'esenzione di cui al comma 1 si applica, alle stesse condizioni ivi previste, alle plusvalenze realizzate e determinate ai sensi dell'articolo 86, commi 1, 2 e 3, relativamente alle partecipazioni al capitale o al patrimonio, ai titoli e agli strumenti finanziari similari alle azioni ai sensi dell'articolo 44, comma 2, lettera *a*) ed ai contratti di cui all'articolo 109, comma 9, lettera *b*). Concorrono in ogni caso alla formazione del reddito per il loro intero ammontare gli utili relativi ai contratti di cui all'articolo 109, comma 9, lettera *b*), che non soddisfano le condizioni di cui all'articolo 44, comma 2, lettera *a*), ultimo periodo ([6]).

4. Fermi rimanendo quelli di cui alle lettere *a*), *b*) e *c*), il requisito di cui alla lettera *d*) del comma 1 non rileva per le partecipazioni in società i cui titoli sono negoziati nei mercati regolamentati. Alle plusvalenze realizzate mediante offerte pubbliche di vendita si applica l'esenzione di cui ai commi 1 e 3 indipendentemente dal verificarsi del requisito di cui alla predetta lettera *d*).

5. Per le partecipazioni in società la cui attività consiste in via esclusiva o prevalente nell'assunzione di partecipazioni, i requisiti di cui alle lettere *c*) e *d*) del comma 1 si riferiscono alle società indirettamente partecipate e si verificano quando tali requisiti sussistono nei confronti delle partecipate che rappresentano la maggior parte del valore del patrimonio sociale della partecipante.

6. Le disposizioni del presente articolo si applicano anche alle plusvalenze di cui all'articolo 86, comma 5 *bis* ([7]).

[7. Nei casi di cui all'articolo 47, comma 7, l'esenzione di cui al presente articolo si applica, alle stesse condizioni di cui ai commi precedenti, alla differenza tra le somme o il valore normale dei beni ricevuti a titolo di ripartizione del capitale e delle riserve di cui all'articolo 47, comma 5, e il valore fiscalmente riconosciuto della partecipazione] ([8]).

([1]) *Le parole*: *«nella misura del 91 per cento, e dell'84 per cento a decorrere dal 2007» sono state inserite dall'art. 5, comma 1, lett.* b), *del D.L. 30 settembre 2005, n. 203, convertito, con modificazioni, nella L. 2 dicembre 2005, n. 248, e poi così sosti-*

tuite dalle attuali: «del 95 per cento», a norma dell'art. 1, comma 33, lett. h), della L. 24 dicembre 2007, n. 244. A norma dell'art. 1, comma 34, della medesima legge, tale disposizione ha effetto per le plusvalenze realizzate a decorrere dal periodo d'imposta successivo a quello in corso al 31 dicembre 2007; resta ferma l'esenzione in misura pari all'84 per cento per le plusvalenze realizzate dalla predetta data fino a concorrenza delle svalutazioni dedotte ai fini fiscali nei periodi d'imposta anteriori a quello in corso al 1° gennaio 2004.

(2) *La parola: «dodicesimo» era stata così sostituita dalle parole: «diciottesimo» dall'art. 5, comma 1, lett. b), del D.L. 30 settembre 2005, n. 203, convertito, con modificazioni, nella L. 2 dicembre 2005, n. 248, per le cessioni effettuate a decorrere dalla data di entrata in vigore del medesimo decreto. L'art. 1, comma 58, lett. c), della L. 24 dicembre 2007, n. 244, ha di nuovo sostituito la parola: «diciottesimo» con l'attuale: «dodicesimo», a decorrere dal periodo d'imposta successivo a quello in corso al 31 dicembre 2007.*

(3) *Questa lettera è stata così, da ultimo, sostituita dall'art. 5, comma 1, lett. f), n. 1) del D.L.vo 29 novembre 2018, n. 142. A norma dell'art. 13, comma 6, del medesimo provvedimento, tali disposizioni si applicano a decorrere dal periodo di imposta successivo a quello in corso al 31 dicembre 2018, nonché agli utili percepiti e alle plusvalenze realizzate a decorrere dal medesimo periodo di imposta.*

(4) *Questo comma è stato inserito dall'art. 6, comma 2, lett. a), del D.L.vo 18 novembre 2005, n. 247.*

(5) *Questo comma è stato così sostituito dall'art. 5, comma 1, lett. f), n. 2) del D.L.vo 29 novembre 2018, n. 142. A norma dell'art. 13, comma 6, del medesimo provvedimento, tali disposizioni si applicano a decorrere dal periodo di imposta successivo a quello in corso al 31 dicembre 2018, nonché agli utili percepiti e alle plusvalenze realizzate a decorrere dal medesimo periodo di imposta.*

(6) *Questo comma è stato così sostituito dall'art. 6, comma 2, lett. b), del D.L.vo 18 novembre 2005, n. 247.*

(7) *Questo comma è stato così sostituito dall'art. 6, comma 2, lett. c), del D.L.vo 18 novembre 2005, n. 247.*

(8) *Questo comma è stato abrogato dall'art. 6, comma 2, lett. d), del D.L.vo 18 novembre 2005, n. 247.*

88. Sopravvenienze attive. – 1. Si considerano sopravvenienze attive i ricavi o altri proventi conseguiti a fronte di spese, perdite od oneri dedotti o di passività iscritte in bilancio in precedenti esercizi e i ricavi o altri proventi conseguiti per ammontare superiore a quello che ha concorso a formare il reddito in precedenti esercizi, nonché la sopravvenuta insussistenza di spese, perdite od oneri dedotti o di passività iscritte in bilancio in precedenti esercizi.

2. Se le indennità di cui alla lettera *b*) del comma 1 dell'articolo 86 vengono conseguite per ammontare superiore a quello che ha concorso a formare il reddito in precedenti esercizi, l'eccedenza concorre a formare il reddito a norma del comma 4 del detto articolo.

3. Sono inoltre considerati sopravvenienze attive:

a) le indennità conseguite a titolo di risarcimento, anche in forma assicurativa, di danni diversi da quelli considerati alla lettera *f*) del comma 1 dell'articolo 85 e alla lettera *b*) del comma 1 dell'articolo 86 ([1]);

b) i proventi in denaro o in natura conseguiti a titolo di contributo o di liberalità, esclusi i contributi di cui alle lettere *g*) e *h*) del comma 1 dell'articolo 85 e quelli per l'acquisto di beni ammortizzabili indipendentemente dal tipo di finanziamento adottato. Tali proventi concorrono a formare il reddito nell'esercizio in cui sono stati incassati o in quote costanti nell'esercizio in cui sono stati incassati e nei successivi ma non oltre il quarto. Sono fatte salve le agevolazioni connesse alla realizzazione di investimenti produttivi concesse nei territori montani di cui alla legge 31 gennaio 1994, n. 97, nonché quelle concesse ai sensi del testo unico delle leggi sugli interventi nel Mezzogiorno, approvato con decreto del Presidente della Repubblica 6 marzo 1978, n. 218, per la decorrenza prevista al momento della concessione delle stesse. Non si considerano contributi o liberalità i finanziamenti erogati dallo Stato, dalle Regioni e dalle Province autonome per la costruzione, ristrutturazione e manutenzione straordinaria ed ordinaria di immobili di edilizia residenziale pubblica concessi agli Istituti autonomi per le case popolari, comunque denominati, e agli enti aventi le stesse finalità sociali dei predetti Istituti, istituiti nella forma di società che rispondono ai requisiti della legislazione dell'Unione europea in materia di "in house providing" e che siano costituiti e operanti alla data del 31 dicembre 2013, ([2]) nonché quelli erogati alle cooperative edilizie a proprietà indivisa e di abitazione per la costruzione, ristrutturazione e manutenzione ordinaria e straordinaria di immobili destinati all'assegnazione in godimento o locazione.

3 *bis*. Non costituiscono sopravvenienze attive, in quanto esclusi, i contributi percepiti a titolo di liberalità dai soggetti sottoposti alle procedure concorsuali previste dal Regio decreto 16 marzo 1942, n. 267, dal decreto legislativo 8 luglio 1999, n. 270, dal decreto legge 23 dicembre 2003, n. 347, convertito, con modificazioni, dalla legge 18 febbraio 2004, n. 39, ovvero alle procedure di crisi di cui all'articolo 20 del decreto legislativo 16 novembre 2015, n. 180 nonché alla procedura di amministrazione straordinaria di cui agli articoli 70 e seguenti del decreto legislativo 1° settembre 1993, n. 385, ad esclusione di quelli provenienti da società controllate dall'impresa o controllate dalla stessa società che controlla l'impresa. Le disposizioni del precedente periodo si applicano anche ai contributi percepiti nei ventiquattro mesi successivi alla chiusura delle predette procedure ([3]).

4. Non si considerano sopravvenienze attive i versamenti in denaro o in natura fatti a fondo perduto o in conto capitale alle società e agli enti di cui

all'articolo 73, comma 1, lettere *a*) e *b*), dai propri soci, né gli apporti effettuati dai possessori di strumenti similari alle azioni ([4]).

4 *bis*. La rinuncia dei soci ai crediti si considera sopravvenienza attiva per la parte che eccede il relativo valore fiscale. A tal fine, il socio, con dichiarazione sostitutiva di atto notorio, comunica alla partecipata tale valore; in assenza di tale comunicazione, il valore fiscale del credito è assunto pari a zero. Nei casi di operazioni di conversione del credito in partecipazioni si applicano le disposizioni dei periodi precedenti e il valore fiscale delle medesime partecipazioni viene assunto in un importo pari al valore fiscale del credito oggetto di conversione, al netto delle perdite sui crediti eventualmente deducibili per il creditore per effetto della conversione stessa ([4]).

4 *ter*. Non si considerano, altresì, sopravvenienze attive le riduzioni dei debiti dell'impresa in sede di concordato fallimentare o preventivo liquidatorio o di procedure estere equivalenti, previste in Stati o territori con i quali esiste un adeguato scambio di informazioni, o per effetto della partecipazione delle perdite da parte dell'associato in partecipazione. In caso di concordato di risanamento, di accordo di ristrutturazione dei debiti omologato ai sensi dell'articolo 182 *bis* del regio decreto 16 marzo 1942, n. 267, ovvero di un piano attestato ai sensi dell'articolo 67, terzo comma, lettera *d*), del citato regio decreto n. 267 del 1942, pubblicato nel registro delle imprese, o di procedure estere a queste equivalenti, la riduzione dei debiti dell'impresa non costituisce sopravvenienza attiva per la parte che eccede le perdite, pregresse e di periodo, di cui all'articolo 84, senza considerare il limite dell'ottanta per cento, la deduzione di periodo e l'eccedenza relativa all'aiuto alla crescita economica di cui all'articolo 1, comma 4, del decreto legge 6 dicembre 2011, n. 201, convertito, con modificazioni, dalla legge 22 dicembre 2011, n. 214, e gli interessi passivi e gli oneri finanziari assimilati di cui al comma 4 dell'articolo 96 del presente testo unico ([5]). Ai fini del presente comma rilevano anche le perdite trasferite al consolidato nazionale di cui all'articolo 117 e non ancora utilizzate. Le disposizioni del presente comma si applicano anche per le operazioni di cui al comma 4 *bis* ([4]).

5. In caso di cessione del contratto di locazione finanziaria il valore normale del bene costituisce sopravvenienza attiva.

([1]) *A norma dell'art. 1, comma 431, della L. 27 dicembre 2019, n. 160, a decorrere dal 1° gennaio 2020, per assicurare la corretta esecuzione in ambito nazionale delle sentenze di condanna della Corte europea dei diritti dell'uomo, dei regolamenti amichevoli e delle dichiarazioni unilaterali definiti ai sensi degli articoli 62 e 62A del regolamento della predetta Corte seguiti da decisioni di radiazione delle cause dal ruolo, sulle somme corrisposte in esecuzione di tali sentenze, regolamenti amichevoli e dichiarazioni unilaterali non sono dovute imposte qualora sia prevista la clausola di esenzione da imposizione fiscale. Conseguentemente, questa lettera si interpreta nel senso che non sono considerate indennità tassabili le somme indicate nel periodo precedente.*

([2]) *Le parole: «e agli enti aventi le stesse finalità sociali dei predetti Istituti, istituiti nella forma di società che rispondono ai requisiti della legislazione dell'Unione europea in materia di* "in house providing" *e che siano costituiti e operanti alla data del 31 dicembre 2013,» sono state inserite dall'art. 1, comma 90, della L. 28 dicembre 2015, n. 208.*

([3]) *Questo comma è stato inserito dall'art. 14, comma 1, del D.L. 14 febbraio 2016, n. 18, convertito, con modificazioni, nella L. 8 aprile 2016, n. 49.*

A norma dell'art. 14, comma 2, del medesimo provvedimento, tali disposizioni si applicano ai contributi percepiti a partire dal periodo di imposta in corso alla data di entrata in vigore del presente decreto legge. Limitatamente ai contributi percepiti nel periodo d'imposta in corso alla data di entrata in vigore del presente decreto, l'esclusione di cui al comma 3 bis *dell'articolo 88 del testo unico delle imposte sui redditi, di cui al decreto del Presidente della Repubblica 22 dicembre 1986, n. 917, è riconosciuta mediante una deduzione dal reddito ripartita in cinque quote costanti da effettuare nelle dichiarazioni dei redditi relative ai cinque periodi d'imposta successivi, sempre che tali proventi concorrano integralmente a formare il reddito nell'esercizio in cui sono stati incassati.*

A norma dell'art. 14, comma 3, del medesimo provvedimento, la determinazione dell'acconto dovuto per i periodi d'imposta per i quali è operata la deduzione di cui al comma 2 è effettuata considerando, quale imposta del periodo precedente, quella che si sarebbe determinata in assenza delle disposizioni del presente articolo.

([4]) *Questo comma è stato così sostituito dagli attuali commi 4, 4* bis *e 4* ter*, dall'art. 13, comma 1, lett.* a)*, del D.L.vo 14 settembre 2015, n. 147. A norma dell'art. 13, comma 2, del medesimo provvedimento, tali disposizioni si applicano a decorrere dal periodo di imposta successivo a quello di entrata in vigore del suddetto decreto.*

([5]) *Questo periodo è stato così sostituito dall'art. 1, comma 549, lett.* b)*, della L. 11 dicembre 2016, n. 232.*

L'art. 1, comma 549, della L. 11 dicembre 2016, n. 232, è stato poi abrogato dall'art. 1, comma 1080, della L. 30 dicembre 2018, n. 145, a decorrere dal 1° gennaio 2019.

89. Dividendi ed interessi. – 1. Per gli utili derivanti dalla partecipazione in società semplici, in nome collettivo e in accomandita semplice residenti nel territorio dello Stato si applicano le disposizioni dell'articolo 5.

2. Gli utili distribuiti, in qualsiasi forma e sotto qualsiasi denominazione, anche nei casi di cui all'articolo 47, comma 7, dalle società ed enti di cui all'articolo 73, comma 1, lettere *a*), *b*) e *c*) ([1]), non concorrono a formare il reddito dell'esercizio in cui sono percepiti in quanto esclusi dalla formazione del reddito della società o dell'ente ricevente per il 95 per cento del loro ammontare. La stessa esclusione si applica alla remunerazione corrisposta relativamente ai contratti di cui all'articolo 109, comma 9, lettera *b*), e alla remunerazione dei finanziamenti eccedenti di cui all'articolo 98 direttamente erogati dal socio o dalle sue parti correlate, anche in sede di accertamento.

2 *bis*. In deroga al comma 2, per i soggetti che redigono il bilancio in base ai princìpi contabili internazionali di cui al regolamento (CE) n. 1606/2002 del Parlamento europeo e del Consiglio, del 19 luglio 2002, gli utili distribuiti relativi ad azioni, quote e strumenti finanziari similari alle azioni detenuti per la negoziazione concorrono per il loro intero ammontare alla formazione del reddito nell'esercizio in cui sono percepiti ([2]).

3. Verificandosi la condizione dell'articolo 44, comma 2, lettera *a*), ultimo periodo, l'esclusione del comma 2 si applica agli utili provenienti da soggetti di cui all'articolo 73, comma 1, lettera *d*), e alle remunerazioni derivanti da contratti di cui all'articolo 109, comma 9, lettera *b*), stipulati con tali soggetti, se diversi da quelli residenti o localizzati in Stati o territori a regime fiscale privilegiato individuati in base ai criteri di cui all'articolo 47 *bis*, comma 1, o, se ivi residenti o localizzati, sia dimostrato, anche a seguito dell'esercizio dell'interpello di cui al medesimo articolo 47 *bis*, comma 3, il rispetto, sin dal primo periodo di possesso della partecipazione, della condizione indicata nel medesimo articolo, comma 2, lettera *b*). Gli utili provenienti dai soggetti di cui all'articolo 73, comma 1, lettera *d*), residenti o localizzati in Stati o territori a regime fiscale privilegiato individuati in base ai criteri di cui all'articolo 47 *bis*, comma 1, e le remunerazioni derivanti dai contratti di cui all'articolo 109, comma 9, lettera *b*), stipulati con tali soggetti, non concorrono a formare il reddito dell'esercizio in cui sono percepiti in quanto esclusi dalla formazione del reddito dell'impresa o dell'ente ricevente per il 50 per cento del loro ammontare, a condizione che sia dimostrata, anche a seguito dell'esercizio dell'interpello di cui all'articolo 47 *bis*, comma 3, la sussistenza della condizione di cui al comma 2, lettera *a*), del medesimo articolo; in tal caso, è riconosciuto al soggetto controllante, ai sensi del comma 2 dell'articolo 167, residente nel territorio dello Stato, ovvero alle sue controllate residenti percipienti gli utili, un credito d'imposta ai sensi dell'articolo 165 in ragione delle imposte assolte dall'impresa o ente partecipato sugli utili maturati durante il periodo di possesso della partecipazione, in proporzione alla quota imponibile degli utili conseguiti e nei limiti dell'imposta italiana relativa a tali utili. Ai soli fini dell'applicazione dell'imposta, l'ammontare del credito d'imposta di cui al periodo precedente è computato in aumento del reddito complessivo. Se nella dichiarazione è stato omesso soltanto il computo del credito d'imposta in aumento del reddito complessivo, si può procedere di ufficio alla correzione anche in sede di liquidazione dell'imposta dovuta in base alla dichiarazione dei redditi. Ai fini del presente comma, si considerano provenienti da imprese o enti residenti o localizzati in Stati o territori a regime privilegiato gli utili relativi al possesso di partecipazioni dirette in tali soggetti o di partecipazioni di controllo, ai sensi del comma

2 dell'articolo 167, in società residenti all'estero che conseguono utili dalla partecipazione in imprese o enti residenti o localizzati in Stati o territori a regime privilegiato e nei limiti di tali utili. Qualora il contribuente intenda far valere la sussistenza, sin dal primo periodo di possesso della partecipazione, della condizione indicata nella lettera *b*) del comma 2 dell'articolo 47 *bis* ma non abbia presentato l'istanza di interpello prevista dal comma 3 del medesimo articolo ovvero, avendola presentata, non abbia ricevuto risposta favorevole, la percezione di utili provenienti da partecipazioni in imprese o enti residenti o localizzati in Stati o territori a regime fiscale privilegiato individuati in base ai criteri di cui all'articolo 47 *bis*, comma 1, deve essere segnalata nella dichiarazione dei redditi da parte del socio residente; nei casi di mancata o incompleta indicazione nella dichiarazione dei redditi si applica la sanzione amministrativa prevista dall'articolo 8, comma 3 *ter*, del decreto legislativo 18 dicembre 1997, n. 471. Concorrono in ogni caso alla formazione del reddito per il loro intero ammontare gli utili relativi ai contratti di cui all'articolo 109, comma 9, lettera *b*), che non soddisfano le condizioni di cui all'articolo 44, comma 2, lettera *a*), ultimo periodo ([3]).

3 *bis*. L'esclusione di cui al comma 2 si applica anche:

a) alle remunerazioni sui titoli, strumenti finanziari e contratti indicati dall'articolo 109, comma 9, lettere *a*) e *b*), limitatamente al 95 per cento della quota di esse non deducibile ai sensi dello stesso articolo 109;

b) alle remunerazioni delle partecipazioni al capitale o al patrimonio e a quelle dei titoli e degli strumenti finanziari di cui all'articolo 44, provenienti dai soggetti che hanno i requisiti individuati nel comma 3 *ter* del presente articolo, limitatamente al 95 per cento della quota di esse non deducibile nella determinazione del reddito del soggetto erogante ([4]).

3 *ter*. La disposizione di cui alla lettera *b*) del comma 3 *bis* si applica limitatamente alle remunerazioni provenienti da una società che riveste una delle forme previste dall'allegato I, parte A, della direttiva 2011/96/UE del Consiglio, del 30 novembre 2011, nella quale è detenuta una partecipazione diretta nel capitale non inferiore al 10 per cento, ininterrottamente per almeno un anno, e che:

a) risiede ai fini fiscali in uno Stato membro dell'Unione europea, senza essere considerata, ai sensi di una convenzione in materia di doppia imposizione sui redditi con uno Stato terzo, residente al di fuori dell'Unione europea;

b) è soggetta, nello Stato di residenza, senza possibilità di fruire di regimi di opzione o di esonero che non siano territorialmente o temporalmente limitati, a una delle imposte elencate nell'allegato I, parte B, della citata direttiva o a qualsiasi altra imposta che sostituisca una delle imposte indicate ([4]).

4. Si applicano le disposizioni di cui agli articoli 46 e 47, ove compatibili.

5. Se la misura non è determinata per iscritto gli interessi si computano al saggio legale.

6. Gli interessi derivanti da titoli acquisiti in base a contratti «pronti contro termine» che prevedono l'obbligo di rivendita a termine dei titoli, concorrono a formare il reddito del cessionario per l'ammontare maturato nel periodo di durata del contratto. La differenza positiva o negativa tra il corrispettivo a pronti e quello a termine, al netto degli interessi maturati sulle attività oggetto dell'operazione nel periodo di durata del contratto, concorre a formare il reddito per la quota maturata nell'esercizio.

7. Per i contratti di conto corrente e per le operazioni bancarie regolate in conto corrente, compresi i conti correnti reciproci per servizi resi intrattenuti tra aziende e istituti di credito, si considerano maturati anche gli interessi compensati a norma di legge o di contratto.

(1) *Le parole: «lettere* a) *e* b)*» sono state così sostituite dalle attuali: «lettere* a), b) *e* c)*» dall'art. 6, comma 4, lett.* a)*, del D.L.vo 18 novembre 2005, n. 247.*

(2) *Questo comma è stato inserito dall'art. 1, comma 58, lett.* d)*, della L. 24 dicembre 2007, n. 244, a decorrere dal periodo d'imposta successivo a quello in corso al 31 dicembre 2007.*

(3) *Questo comma è stato così, da ultimo, sostituito dall'art. 5, comma 1, lett.* g)*, del D.L.vo 29 novembre 2018, n. 142. A norma dell'art. 13, comma 6, del medesimo provvedimento, tali disposizioni si applicano a decorrere dal periodo di imposta successivo a quello in corso al 31 dicembre 2018, nonché agli utili percepiti e alle plusvalenze realizzate a decorrere dal medesimo periodo di imposta.*

(4) *Questo comma è stato inserito dall'art. 26, comma 1, della L. 7 luglio 2016, n. 122. A norma dell'art. 26, comma 3, le disposizioni di cui a questo comma si applicano alle remunerazioni corrisposte dal 1° gennaio 2016.*

90. Proventi immobiliari. – 1. I redditi degli immobili che non costituiscono beni strumentali per l'esercizio dell'impresa, né beni alla cui produzione o al cui scambio è diretta l'attività dell'impresa, concorrono a formare il reddito nell'ammontare determinato secondo le disposizioni del capo II del titolo I per gli immobili situati nel territorio dello Stato e a norma dell'articolo 70 per quelli situati all'estero. Tale disposizione non si applica per i redditi, dominicali e agrari, dei terreni derivanti dall'esercizio delle attività agricole di cui all'articolo 32, pur se nei limiti ivi stabiliti. Per gli immobili riconosciuti di interesse storico o artistico, ai sensi dell'articolo 10 del codice di cui al decreto legislativo 22 gennaio 2004, n. 42, il reddito medio ordinario di cui all'articolo 37, comma 1, è ridotto del 50 per cento e non si applica comunque l'articolo 41 (1). In caso di immobili locati, qualora il canone risultante dal contratto di locazione ridotto, fino ad un massimo del 15 per cento del canone medesimo, dell'importo delle spese documentate sostenute ed effettivamente rimaste a carico per la realizzazione degli interventi di cui alla lettera *a*) del comma 1 dell'articolo 3 del decreto del Presidente della Repubblica 6 giugno 2001, n. 380, risulti superiore al reddito medio ordinario dell'unità immobiliare, il reddito è determinato in misura pari a quella del canone di locazione al netto di tale riduzione ([2]). Per gli immobili locati riconosciuti di interesse storico o artistico, ai sensi dell'articolo 10 del codice di cui al decreto legislativo 22 gennaio 2004, n. 42, qualora il canone risultante dal contratto di locazione ridotto del 35 per cento risulti superiore al reddito medio ordinario dell'unità immobiliare, il reddito è determinato in misura pari a quella del canone di locazione al netto di tale riduzione ([3]).

2. Le spese e gli altri componenti negativi relativi ai beni immobili indicati nel comma 1 non sono ammessi in deduzione ([4]).

([1]) *Questo periodo è stato inserito dall'art. 4, comma 5* sexies, *lett.* b), *n. 1), del D.L. 2 marzo 2012, n. 16, convertito, con modificazioni, nella L. 26 aprile 2012, n. 44, a decorrere dal periodo di imposta successivo a quello in corso al 31 dicembre 2011. Nella determinazione degli acconti dovuti per il medesimo periodo di imposta si assume, quale imposta del periodo precedente, quella che si sarebbe determinata applicando le disposizioni di cui al comma 5* sexies.

([2]) *Questo periodo è stato aggiunto dall'art. 7, comma 1, lett.* a), *del D.L. 30 settembre 2005, n. 203, convertito, con modificazioni, nella L. 2 dicembre 2005, n. 248, a decorrere dal periodo d'imposta in corso alla data di entrata in vigore del presente decreto.*

([3]) *Questo periodo è stato inserito dall'art. 4, comma 5* sexies, *lett.* b), *n. 2), del D.L. 2 marzo 2012, n. 16, convertito, con modificazioni, nella L. 26 aprile 2012, n. 44, a decorrere dal periodo di imposta successivo a quello in corso al 31 dicembre 2011. Nella determinazione degli acconti dovuti per il medesimo periodo di imposta si assume, quale imposta del periodo precedente, quella che si sarebbe determinata applicando le disposizioni di cui al comma 5* sexies.

([4]) *A norma dell'art. 1, comma 35, della L. 24 dicembre 2007, n. 244, tra le spese e gli altri componenti negativi indeducibili di cui a questo comma, non si comprendono gli interessi passivi relativi a finanziamenti contratti per l'acquisizione degli immobili indicati al comma 1 dello stesso articolo 90. La disposizione del periodo precedente costituisce norma di interpretazione autentica.*

91. Proventi e oneri non computabili nella determinazione del reddito. – 1. Non concorrono alla formazione del reddito:

a) i proventi dei cespiti che fruiscono di esenzione dall'imposta;

b) i proventi soggetti a ritenuta alla fonte a titolo di imposta o ad imposta sostitutiva;

c) in caso di riduzione del capitale sociale mediante annullamento di azioni proprie, acquistate in attuazione della relativa deliberazione o precedentemente, la differenza positiva o negativa tra il costo delle azioni annullate e la corrispondente quota del patrimonio netto;

d) i sopraprezzi di emissione delle azioni o quote e gli interessi di conguaglio versati dai sottoscrittori di nuove azioni o quote.

92. Variazioni delle rimanenze. – 1. Le variazioni delle rimanenze finali dei beni indicati all'articolo 85, comma 1, lettere *a*) e *b*), rispetto alle esistenze iniziali, concorrono a formare il reddito dell'esercizio. A tal fine le rimanenze finali, la cui valutazione non sia effettuata a costi specifici o a norma dell'articolo 93, sono assunte per un valore non inferiore a quello che risulta raggruppando i beni in categorie omogenee per natura e per valore e attribuendo a ciascun gruppo un valore non inferiore a quello determinato a norma delle disposizioni che seguono.

2. Nel primo esercizio in cui si verificano, le rimanenze sono valutate attribuendo ad ogni unità il valore risultante dalla divisione del costo complessivo dei beni prodotti e acquistati nell'esercizio stesso per la loro quantità.

3. Negli esercizi successivi, se la quantità delle rimanenze è aumentata rispetto all'esercizio precedente, le maggiori quantità, valutate a norma del comma 2, costituiscono voci distinte per esercizi di formazione. Se la quantità è diminuita, la diminuzione si imputa agli incrementi formati nei precedenti esercizi, a partire dal più recente.

4. Per le imprese che valutano in bilancio le rimanenze finali con il metodo della media ponderata o del «primo entrato, primo uscito» o con varianti di quello di cui al comma 3, le rimanenze finali sono assunte per il valore che risulta dall'applicazione del metodo adottato.

5. Se in un esercizio il valore unitario medio dei beni, determinato a norma dei commi 2, 3 e 4, è superiore al valore normale medio di essi nell'ultimo mese dell'esercizio, il valore minimo di cui al comma 1, è determinato moltiplicando l'intera quantità dei beni, indipendentemente dall'esercizio di formazione, per il valore normale. Per le valute estere si assume come valore normale il valore secondo il cambio alla data di chiusura dell'esercizio. Il minor valore attribuito alle rimanenze in conformità alle disposizioni del presente comma vale anche per gli esercizi successivi sempre che le rimanenze non risultino iscritte nello stato patrimoniale per un valore superiore.

6. I prodotti in corso di lavorazione e i servizi in corso di esecuzione al termine dell'esercizio sono valutati in base alle spese sostenute nell'esercizio stesso, salvo quanto stabilito nell'articolo 93 per le opere, le forniture e i servizi di durata ultrannuale.

7. Le rimanenze finali di un esercizio nell'ammontare indicato dal contribuente costituiscono le esistenze iniziali dell'esercizio successivo.

8. Per gli esercenti attività di commercio al minuto che valutano le rimanenze delle merci con il metodo del prezzo al dettaglio si tiene conto del valore così determinato anche in deroga alla disposizione del comma 1, a condizione che nella dichiarazione dei redditi o in apposito allegato siano illustrati i criteri e le modalità di applicazione del detto metodo, con riferimento all'oggetto e alla struttura organizzativa dell'impresa.

92 *bis*. (1) **Valutazione delle rimanenze di alcune categorie di imprese.** – 1. La valutazione delle rimanenze finali dei beni indicati all'articolo 85, comma 1, lettere *a*) e *b*) è effettuata secondo il metodo della media ponderata o del «primo entrato primo uscito», anche se non adottati in bilancio, dalle imprese il cui volume di ricavi supera le soglie previste per l'applicazione degli studi di settore, esercenti le attività di:

a) ricerca e coltivazione di idrocarburi liquidi e gassosi;

b) raffinazione petrolio, produzione o commercializzazione di benzine, petroli, gasoli per usi vari, oli lubrificanti e residuati, di gas di petrolio liquefatto e di gas naturale.

2. La disposizione di cui al comma 1 si applica anche ai soggetti che redigono il bilancio in base ai princìpi contabili internazionali di cui al regolamento (CE) n. 1606/2002 del Parlamento europeo e del Consiglio, del 19 luglio 2002, ed anche a quelli che abbiano esercitato, relativamente alla valutazione dei beni fungibili, l'opzione di cui all'articolo 13, comma 4, del decreto legislativo 28 febbraio 2005, n. 38.

3. Per quanto non diversamente disposto dal presente articolo si applicano le disposizioni dei commi 1, 5 e 7, dell'articolo 92.

(1) *Questo articolo è stato aggiunto dall'art. 81, comma 19, del D.L. 25 giugno 2008, n. 112, convertito, con modificazioni, nella L. 6 agosto 2008, n. 133, a decorrere dal periodo d'imposta in corso alla data di entrata in vigore dello stesso decreto.*

93. Opere, forniture e servizi di durata ultrannuale. – 1. Le variazioni delle rimanenze finali delle opere, forniture e servizi pattuiti come oggetto unitario e con tempo di esecuzione ultrannuale, rispetto alle esistenze iniziali, concorrono a formare il reddito dell'esercizio. A tal fine le rimanenze finali, che costituiscono esistenze iniziali dell'esercizio successivo, sono assunte per il valore complessivo determinato a norma delle disposizioni che seguono per la parte eseguita fin dall'inizio dell'esecuzione del contratto, salvo il disposto del comma 4.

2. La valutazione è fatta sulla base dei corrispettivi pattuiti. Delle maggiorazioni di prezzo richieste in applicazione di disposizioni di legge o di clausole contrattuali si tiene conto, finché non siano state definitivamente

stabilite, in misura non inferiore al 50 per cento. Per la parte di opere, forniture e servizi coperta da stati di avanzamento la valutazione è fatta in base ai corrispettivi liquidati.

[3. Il valore determinato a norma del comma 2 può essere ridotto per rischio contrattuale, a giudizio del contribuente, in misura non superiore al 2 per cento. Per le opere, le forniture ed i servizi eseguiti all'estero, se i corrispettivi sono dovuti da soggetti non residenti, la misura massima della riduzione è elevata al 4 per cento] ([1]).

4. I corrispettivi liquidati a titolo definitivo dal committente si comprendono tra i ricavi e la valutazione tra le rimanenze, in caso di liquidazione parziale, è limitata alla parte non ancora liquidata. Ogni successiva variazione dei corrispettivi è imputata al reddito dell'esercizio in cui è stata definitivamente stabilita.

[5. In deroga alle disposizioni dei commi da 1 a 4, le imprese che contabilizzano in bilancio le opere, forniture e servizi, valutando le rimanenze al costo e imputando i corrispettivi all'esercizio nel quale sono consegnate le opere o ultimati i servizi e le forniture, possono essere autorizzate dall'ufficio dell'Agenzia delle entrate ad applicare lo stesso metodo anche ai fini della determinazione del reddito. La richiesta dell'autorizzazione è presentata all'ufficio dell'Agenzia delle entrate e s'intende accolta se l'ufficio non notifica avviso contrario entro tre mesi. L'autorizzazione ha effetto a partire dall'esercizio in corso alla data in cui è rilasciata. L'autorizzazione ha effetto a condizione che il contribuente adotti il metodo contabile previsto nel presente comma per tutte le opere, forniture e servizi] ([2]).

6. Alla dichiarazione dei redditi deve essere allegato, distintamente per ciascuna opera, fornitura o servizio, un prospetto recante l'indicazione degli estremi del contratto, delle generalità e della residenza del committente, della scadenza prevista, degli elementi tenuti a base per la valutazione e della collocazione di tali elementi nei conti dell'impresa.

[7. Per i contratti di cui al presente articolo i corrispettivi pattuiti in valuta estera non ancora riscossi si considerano come crediti ancorché non risultanti in bilancio] ([3]) ([4]).

([1]) *Questo comma è stato abrogato dall'art. 36, comma 20, del D.L. 4 luglio 2006, n. 223, convertito, con modificazioni, nella L. 4 agosto 2006, n. 248, a decorrere dal periodo di imposta in corso alla data di entrata in vigore dello stesso decreto legge, avvenuta il giorno della sua pubblicazione* (*Suppl. ord. alla* Gazzetta Ufficiale *Serie gen. - n. 186 dell'11 agosto 2006*).

([2]) *Questo comma, così sostituito dall'art. 6, comma 5, lett.* a), *del D.L.vo 18 novembre 2005, n. 247, è stato abrogato dall'art. 1, comma 70, della L. 27 dicembre 2006, n. 296. A norma dello stesso comma, la disposizione del periodo precedente si applica alle opere, forniture e servizi di durata ultrannuale la cui esecuzione ha inizio a decorrere dal periodo d'imposta successivo a quello in corso alla data del 31 dicembre 2006.*

(3) *Questo comma è stato abrogato dall'art. 6, comma 5, lett.* b), *del D.L.vo 18 novembre 2005, n. 247.*

(4) *A norma dell'art. 6, comma 13, del D.L.vo 18 novembre 2005, n. 247, queste disposizioni hanno effetto per i periodi di imposta che iniziano a decorrere dal 1° gennaio 2005.*

94. Valutazione dei titoli. – 1. I titoli indicati nell'articolo 85, comma 1, lettere *c*), *d*), ed *e*), esistenti al termine di un esercizio, sono valutati applicando le disposizioni dell'articolo 92, commi 1, 2, 3, 4, 5 e 7 salvo quanto stabilito nei seguenti commi.

2. Le cessioni di titoli, derivanti da contratti di riporto o di «pronti contro termine» che prevedono per il cessionario l'obbligo di rivendita a termine dei titoli, non determinano variazioni delle rimanenze dei titoli.

3. Ai fini del raggruppamento in categorie omogenee non si tiene conto del valore e si considerano della stessa natura i titoli emessi dallo stesso soggetto ed aventi uguali caratteristiche.

4. Le disposizioni dell'articolo 92, comma 5, si applicano solo per la valutazione dei titoli di cui all'articolo 85, comma 1, lettera *e*); a tal fine il valore minimo è determinato:

a) per i titoli negoziati in mercati regolamentati, in base ai prezzi rilevati nell'ultimo giorno dell'esercizio ovvero in base alla media aritmetica dei prezzi rilevati nell'ultimo mese. Non si applica, comunque, l'articolo 109, comma 4, lettera *b*), secondo periodo;

b) per gli altri titoli, secondo le disposizioni dell'articolo 9, comma 4, lettera *c*).

4 *bis*. In deroga al comma 4, per i soggetti che redigono il bilancio in base ai princìpi contabili internazionali di cui al regolamento (CE) n. 1606/2002 del Parlamento europeo e del Consiglio, del 19 luglio 2002, la valutazione dei beni indicati nell'articolo 85, comma 1, lettere *c*), *d*) ed *e*), operata in base alla corretta applicazione di tali princìpi assume rilievo anche ai fini fiscali (1).

5. In caso di aumento del capitale della società emittente mediante passaggio di riserve a capitale il numero delle azioni ricevute gratuitamente si aggiunge al numero di quelle già possedute in proporzione alle quantità delle singole voci della corrispondente categoria e il valore unitario si determina, per ciascuna voce, dividendo il costo complessivo delle azioni già possedute per il numero complessivo delle azioni.

6. L'ammontare dei versamenti fatti a fondo perduto o in conto capitale alla società dai propri soci o della rinuncia ai crediti nei confronti della società dagli stessi soci nei limiti del valore fiscale del credito oggetto di rinuncia (2), si aggiunge al costo dei titoli e delle quote di cui all'articolo 85,

comma 1, lettera *c*), in proporzione alla quantità delle singole voci della corrispondente categoria; la stessa disposizione vale relativamente agli apporti effettuati dei detentori di strumenti finanziari assimilati alle azioni.

7. Le disposizioni dei commi precedenti si applicano anche per la valutazione delle quote di partecipazione in società ed enti non rappresentate da titoli, indicati nell'articolo 85, comma 1, lettera *c*).

(1) *Questo comma è stato inserito dall'art. 1, comma 58, lett.* e), *della L. 24 dicembre 2007, n. 244, a decorrere dal periodo d'imposta successivo a quello in corso al 31 dicembre 2007.*

(2) *Le parole: «nei limiti del valore fiscale del credito oggetto di rinuncia» sono state aggiunte dall'art. 13, comma 1, lett.* b), *del D.L.vo 14 settembre 2015, n. 147. A norma dell'art. 13, comma 2, del medesimo provvedimento, tali disposizioni si applicano a decorrere dal periodo di imposta successivo a quello di entrata in vigore del suddetto decreto.*

95. Spese per prestazioni di lavoro. – 1. Le spese per prestazioni di lavoro dipendente deducibili nella determinazione del reddito comprendono anche quelle sostenute in denaro o in natura a titolo di liberalità a favore dei lavoratori, salvo il disposto dell'articolo 100, comma 1.

2. Non sono deducibili i canoni di locazione anche finanziaria e le spese relative al funzionamento di strutture recettive, salvo quelle relative a servizi di mensa destinati alla generalità dei dipendenti o a servizi di alloggio destinati a dipendenti in trasferta temporanea. I canoni di locazione anche finanziaria e le spese di manutenzione dei fabbricati concessi in uso ai dipendenti sono deducibili per un importo non superiore a quello che costituisce reddito per i dipendenti stessi a norma dell'articolo 51, comma 4, lettera *c*). Qualora i fabbricati di cui al secondo (1) (2) periodo siano concessi in uso a dipendenti che abbiano trasferito la loro residenza anagrafica per esigenze di lavoro nel comune in cui prestano l'attività, per il periodo d'imposta in cui si verifica il trasferimento e nei due periodi successivi, i predetti canoni e spese sono integralmente deducibili.

3. Le spese di vitto e alloggio sostenute per le trasferte effettuate fuori dal territorio comunale dai lavoratori dipendenti e dai titolari di rapporti di collaborazione coordinata e continuativa sono ammesse in deduzione per un ammontare giornaliero non superiore ad euro 180,76; il predetto limite è elevato ad euro 258,23 per le trasferte all'estero. Se il dipendente o il titolare dei predetti rapporti sia stato autorizzato ad utilizzare un autoveicolo di sua proprietà ovvero noleggiato al fine di essere utilizzato per una specifica trasferta, la spesa deducibile è limitata, rispettivamente, al costo di percorrenza o alle tariffe di noleggio relative ad autoveicoli di potenza non superiore a 17 cavalli fiscali, ovvero 20 se con motore diesel.

4. Le imprese autorizzate all'autotrasporto di merci, in luogo della deduzione, anche analitica, delle spese sostenute in relazione alle trasferte effettuate dal proprio dipendente fuori del territorio comunale, possono dedurre un importo pari a euro 59,65 al giorno, elevate a euro 95,80 per le trasferte all'estero, al netto delle spese di viaggio e di trasporto.

5. I compensi spettanti agli amministratori delle società ed enti di cui all'articolo 73 (3) (2), comma 1, sono deducibili nell'esercizio in cui sono corrisposti; quelli erogati sotto forma di partecipazione agli utili, anche spettanti ai promotori e soci fondatori, sono deducibili anche se non imputati al conto economico.

6. Fermo restando quanto disposto dall'articolo 109, comma 9, lettera *b*) le partecipazioni agli utili spettanti ai lavoratori dipendenti, e agli associati in partecipazione sono computate in diminuzione del reddito dell'esercizio di competenza, indipendentemente dalla imputazione al conto economico.

(1) *La parola*: *«primo» è stata così sostituita dall'attuale dall'art. 6, comma 6, lett.* a), *del D.L.vo 18 novembre 2005, n. 247.*

(2) *A norma dell'art. 6, comma 13, del D.L.vo 18 novembre 2005, n. 247, tali disposizioni hanno effetto per i periodi di imposta che iniziano a decorrere dal 1° gennaio 2004.*

(3) *Le parole*: *«di cui all'articolo 72» sono state così sostituite dalle attuali dall'art. 6, comma 6, lett.* b), *del D.L.vo 18 novembre 2005, n. 247.*

96. (1) **Interessi passivi.** – 1. Gli interessi passivi e gli oneri finanziari assimilati, compresi quelli inclusi nel costo dei beni ai sensi dell'articolo 110, comma 1, lettera *b*), sono deducibili in ciascun periodo d'imposta fino a concorrenza dell'ammontare complessivo:

a) degli interessi attivi e proventi finanziari assimilati di competenza del periodo d'imposta;

b) degli interessi attivi e proventi finanziari assimilati riportati da periodi d'imposta precedenti ai sensi del comma 6.

2. L'eccedenza degli interessi passivi e degli oneri finanziari assimilati rispetto all'ammontare complessivo degli interessi attivi e proventi finanziari assimilati di cui alle lettere *a*) e *b*) del comma 1 è deducibile nel limite dell'ammontare risultante dalla somma tra il 30 per cento del risultato operativo lordo della gestione caratteristica del periodo d'imposta e il 30 per cento del risultato operativo lordo della gestione caratteristica riportato da periodi d'imposta precedenti ai sensi del comma 7. A tal fine si utilizza prioritariamente il 30 per cento del risultato operativo lordo della gestione caratteristica del periodo d'imposta e, successivamente, il 30 per cento del risultato operativo lordo della gestione caratteristica riportato da periodi d'imposta precedenti, a partire da quello relativo al periodo d'imposta meno recente.

3. La disciplina del presente articolo si applica agli interessi passivi e agli interessi attivi, nonché agli oneri finanziari e ai proventi finanziari ad essi assimilati, che sono qualificati come tali dai principi contabili adottati dall'impresa, e per i quali tale qualificazione è confermata dalle disposizioni emanate in attuazione dell'articolo 1, comma 60, della legge 24 dicembre 2007, n. 244, dell'articolo 4, commi 7 *quater* e 7 *quinquies*, del decreto legislativo 28 febbraio 2005, n. 38, e dell'articolo 13 *bis*, comma 11, del decreto legge 30 dicembre 2016, n. 244, convertito, con modificazioni, dalla legge 27 febbraio 2017, n. 19, e che derivano da un'operazione o da un rapporto contrattuale aventi causa finanziaria o da un rapporto contrattuale contenente una componente di finanziamento significativa. Ai fini del presente articolo gli interessi attivi, come individuati ai sensi del primo periodo, assumono rilevanza nella misura in cui sono imponibili; assumono rilevanza come interessi attivi o interessi passivi anche i proventi e gli oneri che, pur derivando da strumenti finanziari che, in base alla corretta applicazione dei principi contabili adottati, sono qualificati come strumenti rappresentativi di capitale, sono imponibili o deducibili in capo, rispettivamente, al percettore o all'erogante. Nei confronti dei soggetti operanti con la pubblica amministrazione, ai fini del presente articolo, si considerano interessi attivi rilevanti anche gli interessi legali di mora calcolati ai sensi dell'articolo 5 del decreto legislativo 9 ottobre 2002, n. 231.

4. Per risultato operativo lordo della gestione caratteristica si intende la differenza tra il valore e i costi della produzione di cui all'articolo 2425 del codice civile, lettere *A*) e *B*), con esclusione delle voci di cui al numero 10), lettere *a*) e *b*), e dei canoni di locazione finanziaria di beni strumentali, assunti nella misura risultante dall'applicazione delle disposizioni volte alla determinazione del reddito di impresa. Per i soggetti che redigono il bilancio in base ai principi contabili internazionali si assumono le voci di conto economico corrispondenti ([2]).

5. Gli interessi passivi e gli oneri finanziari assimilati, che per effetto delle disposizioni dei commi 1 e 2 risultano indeducibili in un determinato periodo d'imposta, sono dedotti dal reddito dei successivi periodi d'imposta, per un ammontare pari all'eventuale differenza positiva tra:

a) la somma degli interessi attivi e dei proventi finanziari assimilati di competenza del periodo d'imposta e del 30 per cento del risultato operativo lordo della gestione caratteristica;

b) gli interessi passivi e gli oneri finanziari assimilati di competenza del periodo d'imposta ([3]).

6. Qualora in un periodo d'imposta l'importo degli interessi attivi e dei proventi finanziari assimilati di competenza sia superiore alla somma tra gli interessi passivi e gli oneri finanziari assimilati di competenza e gli interessi

passivi e gli oneri finanziari assimilati riportati da periodi d'imposta precedenti ai sensi del comma 5, l'eccedenza può essere riportata nei periodi d'imposta successivi.

7. Qualora in un periodo d'imposta il 30 per cento del risultato operativo lordo della gestione caratteristica sia superiore alla somma tra l'eccedenza di cui al comma 2 e l'importo degli interessi passivi e degli oneri finanziari assimilati riportati da periodi d'imposta precedenti ai sensi del comma 5, la quota eccedente può essere portata ad incremento del risultato operativo lordo dei successivi cinque periodi d'imposta.

8. Le disposizioni dei commi da 1 a 7 non si applicano in relazione agli interessi passivi e agli oneri finanziari assimilati che presentano tutte le seguenti caratteristiche:

a) sono relativi a prestiti, utilizzati per finanziare un progetto infrastrutturale pubblico a lungo termine, che non sono garantiti né da beni appartenenti al gestore del progetto infrastrutturale pubblico diversi da quelli afferenti al progetto infrastrutturale stesso né da soggetti diversi dal gestore del progetto infrastrutturale pubblico;

b) il soggetto gestore del progetto infrastrutturale pubblico a lungo termine è residente, ai fini fiscali, in uno Stato dell'Unione europea;

c) i beni utilizzati per la realizzazione del progetto infrastrutturale pubblico a lungo termine e quelli la cui realizzazione, miglioramento, mantenimento costituiscono oggetto del progetto si trovano in uno Stato dell'Unione europea.

9. Se il progetto infrastrutturale pubblico a lungo termine è caratterizzato da un regime di segregazione patrimoniale rispetto alle altre attività e passività del gestore o il prestito utilizzato per finanziare tale progetto è rimborsato esclusivamente con i flussi finanziari attivi generati dal progetto stesso, gli interessi passivi e oneri finanziari assimilati di cui al comma 8 sono quelli che maturano sui prestiti oggetto di segregazione patrimoniale o su quelli destinati esclusivamente al finanziamento del progetto e rimborsati solo con i flussi generati da esso. Negli altri casi, gli interessi passivi e oneri finanziari assimilati di cui al comma 8 sono determinati moltiplicando l'ammontare complessivo degli interessi passivi e oneri finanziari assimilati per il rapporto tra l'ammontare di ricavi o l'ammontare di incremento delle rimanenze di lavori in corso su ordinazione derivante dalla realizzazione del progetto infrastrutturale pubblico a lungo termine e l'ammontare complessivo di ricavi o di incremento delle rimanenze.

10. Qualora si applichi il comma 8, il risultato operativo lordo della gestione caratteristica è determinato senza tenere conto del valore e dei costi della produzione afferenti al progetto infrastrutturale pubblico a lungo termine.

11. Ai fini dei commi da 8 a 10:

a) per progetto infrastrutturale pubblico a lungo termine si intende il progetto rientrante tra quelli cui si applicano le disposizioni della Parte V del decreto legislativo 18 aprile 2016, n. 50;

b) nel caso di costituzione di una società di progetto strumentale alla segregazione patrimoniale rispetto ad attività e passività non afferenti al progetto infrastrutturale medesimo sono integralmente deducibili gli interessi passivi e oneri finanziari relativi ai prestiti stipulati dalla società di progetto anche qualora assistiti da garanzie diverse da quelle di cui al comma 8, lettera *a*) utilizzati per finanziare progetti infrastrutturali pubblici di cui alle Parti III, IV e V, del decreto legislativo 18 aprile 2016, n. 50 ([4]).

12. Le disposizioni dei commi da 1 a 7 non si applicano agli intermediari finanziari, alle imprese di assicurazione nonché alle società capogruppo di gruppi assicurativi.

13. Gli interessi passivi sostenuti dalle imprese di assicurazione e dalle società capogruppo di gruppi assicurativi, nonché dalle società di gestione dei fondi comuni d'investimento e dalle società di intermediazione mobiliare di cui al decreto legislativo 24 febbraio 1998, n. 58, sono deducibili nei limiti del 96 per cento del loro ammontare. Nell'ambito del consolidato nazionale di cui agli articoli da 117 a 129, l'ammontare complessivo degli interessi passivi maturati in capo a soggetti partecipanti al consolidato a favore di altri soggetti partecipanti è integralmente deducibile sino a concorrenza dell'ammontare complessivo degli interessi passivi maturati in capo ai soggetti di cui al primo periodo partecipanti a favore di soggetti estranei al consolidato. La società o ente controllante opera la deduzione integrale degli interessi passivi di cui al secondo periodo nella dichiarazione dei redditi del consolidato di cui all'articolo 122, apportando la relativa variazione in diminuzione della somma algebrica dei redditi complessivi netti dei soggetti partecipanti.

14. In caso di partecipazione al consolidato nazionale di cui agli articoli da 117 a 129, l'eventuale eccedenza di interessi passivi ed oneri assimilati indeducibili generatasi in capo a un soggetto, ad esclusione di quella generatasi in periodi d'imposta anteriori all'ingresso nel consolidato nazionale, può essere portata in abbattimento del reddito complessivo di gruppo se e nei limiti in cui altri soggetti partecipanti al consolidato presentino, per lo stesso periodo d'imposta:

a) una quota eccedente di cui al comma 7, anche riportata da periodi d'imposta precedenti, purché non anteriori all'ingresso nel consolidato nazionale;

b) una eccedenza di interessi attivi e proventi finanziari assimilati di cui al comma 1, lettere *a*) e *b*), purché nel secondo caso si tratti di eccedenza di interessi attivi e proventi finanziari assimilati riportata da periodi d'imposta non anteriori all'ingresso nel consolidato nazionale.

15. Resta ferma l'applicazione prioritaria delle regole di indeducibilità assoluta previste dall'articolo 90, comma 2, e dall'articolo 110, comma 7, del presente testo unico e dall'articolo 1, comma 465, della legge 30 dicembre 2004, n. 311, in materia di interessi sui prestiti dei soci delle società cooperative.

(1) *Questo articolo è stato, da ultimo, così sostituito dall'art. 1, comma 1, del D.L.vo 29 novembre 2018, n. 142. A norma dell'art. 13, comma 1, del medesimo provvedimento, tali disposizioni si applicano a decorrere dal periodo d'imposta successivo a quello in corso al 31 dicembre 2018.*

(2) *Si veda l'art. 13, comma 3, del D.L.vo 29 novembre 2018, n. 142, che si riporta:*

«Per la determinazione del risultato operativo lordo della gestione caratteristica di cui a questo comma, come modificato dall'articolo 1 del medesimo provvedimento:

a) *non si tiene conto dei proventi e degli oneri rilevati all'interno del valore e dei costi della produzione nel conto economico dell'esercizio in corso al 31 dicembre 2018 o degli esercizi precedenti e per i quali sussistono tutte le seguenti condizioni: ai fini dell'articolo 96, nel testo vigente anteriormente alle modifiche apportate dall'articolo 1, hanno concorso alla formazione del risultato operativo lordo dell'esercizio in cui sono stati rilevati contabilmente; al termine dell'esercizio in corso al 31 dicembre 2018 non hanno ancora assunto, in tutto o in parte, rilevanza fiscale e assumono rilevanza fiscale negli esercizi successivi;*

b) *le voci del valore e dei costi della produzione rilevate nei conti economici degli esercizi successivi a quello in corso al 31 dicembre 2018 che rappresentano una rettifica con segno opposto di voci del valore e dei costi della produzione rilevate nel conto economico dell'esercizio in corso al 31 dicembre 2018 o degli esercizi precedenti sono assunte per il loro valore contabile, indipendentemente dal valore, eventualmente diverso, risultante dall'applicazione delle disposizioni volte alla determinazione del reddito di impresa.».*

(3) *A norma dell'art. 13, comma 2, del D.L.vo 29 novembre 2018, n. 142, questo comma, come modificato dall'articolo 1 del medesimo provvedimento, si applica anche agli interessi passivi e oneri finanziari assimilati che al termine del periodo d'imposta in corso al 31 dicembre 2018 non sono stati dedotti per effetto della disciplina contenuta nell'articolo 96 del testo unico delle imposte sui redditi nella formulazione vigente anteriormente alle modifiche apportate con il medesimo articolo 1.*

Si riporta il testo vigente al periodo di imposta fino al 31 dicembre 2018:

«Le disposizioni dei commi precedenti non si applicano agli intermediari finanziari, alle imprese di assicurazione nonché alle società capogruppo di gruppi assicurativi (*). Le disposizioni dei commi precedenti non si applicano, inoltre, alle società consortili costituite per l'esecuzione unitaria, totale o parziale, dei lavori, ai sensi dell'articolo 96 del regolamento di cui al decreto del Presidente della Repubblica 21 dicembre 1999, n. 554, alle società di progetto costituite ai sensi dell'articolo 156 del codice dei contratti pubblici relativi a lavori, servizi e forniture, di cui al decreto legislativo 12 aprile 2006, n. 163, e alle società costituite per la realizzazione e l'esercizio di interporti di cui alla legge

4 agosto 1990, n. 240, e successive modificazioni [, nonché alle società il cui capitale sociale è sottoscritto prevalentemente da enti pubblici, che costruiscono o gestiscono impianti per la fornitura di acqua, energia e teleriscaldamento, nonché impianti per lo smaltimento e la depurazione]»

(*) *Questo periodo è stato così sostituito dall'art. 12, comma 1, lett.* a), *del D.L.vo 29 novembre 2018, n. 142. A norma dell'art. 13, comma 9, del medesimo provvedimento, tali disposizioni si applicano a decorrere dal periodo d'imposta in corso al 31 dicembre 2018; con riferimento ai periodi d'imposta precedenti ai quali si applicano le disposizioni di cui al decreto legislativo 18 agosto 2015, n. 136, per i quali i termini per il versamento a saldo delle imposte sui redditi sono scaduti anteriormente alla medesima data, sono fatti salvi gli effetti sulla determinazione del reddito complessivo ai fini delle imposte sui redditi e del valore della produzione netta ai fini dell'imposta regionale sulle attività produttive, relativi ai medesimi periodi d'imposta, derivanti dall'applicazione delle disposizioni vigenti in tali periodi, anche se non coerenti con le disposizioni di cui ai commi 2 e 3 dell'articolo 162* bis *del testo unico delle imposte sui redditi, di cui al decreto del Presidente della Repubblica 22 dicembre 1986, n. 917, introdotto dalla lettera* d) *del comma 1 dell'articolo 12. Ai fini del presente comma gli effetti sulla determinazione del reddito complessivo e del valore della produzione netta sono fatti salvi purché prodotti da comportamenti tra loro coerenti manifestati entro l'8 agosto 2018.*

([4]) *Questo comma è stato così sostituito dall'art. 35, comma 1, del D.L. 26 ottobre 2019, n. 124, convertito, con modificazioni, nella L. 19 dicembre 2019, n. 157.*

97 - 98. (*Omissis*) ([1]).

([1]) *Questi articoli sono stati abrogati dall'art. 1, comma 33, lett.* l), *della L. 24 dicembre 2007, n. 244.*

99. ([1]) **Oneri fiscali e contributivi.** – 1. Le imposte sui redditi e quelle per le quali è prevista la rivalsa, anche facoltativa, non sono ammesse in deduzione. Le altre imposte sono deducibili nell'esercizio in cui avviene il pagamento.

2. Gli accantonamenti per imposte non ancora definitivamente accertate sono deducibili nei limiti dell'ammontare corrispondente alle dichiarazioni presentate, agli accertamenti o provvedimenti degli uffici e alle decisioni delle commissioni tributarie.

3. I contributi ad associazioni sindacali e di categoria sono deducibili nell'esercizio in cui sono corrisposti, se e nella misura in cui sono dovuti, in base a formale deliberazione dell'associazione.

([1]) *Per l'applicazione della presente disposizione all'IRAP, si vedano l'art. 6 del D.L. 29 novembre 2008, n. 185, convertito, con modificazioni, nella L. 28 gennaio 2009, n. 2 e l'art. 2 del D.L. 6 dicembre 2011, n. 201, convertito, con modificazioni, nella L. 22 dicembre 2011, n. 214.*

100. Oneri di utilità sociale. – 1. Le spese relative ad opere o servizi utilizzabili dalla generalità dei dipendenti o categorie di dipendenti volontariamente sostenute per specifiche finalità di educazione, istruzione, ricreazione, assistenza sociale e sanitaria o culto, sono deducibili per un ammontare complessivo non superiore al 5 per mille dell'ammontare delle spese per prestazioni di lavoro dipendente risultante dalla dichiarazione dei redditi.

2. Sono inoltre deducibili:

a) le erogazioni liberali fatte a favore di persone giuridiche che perseguono esclusivamente finalità comprese fra quelle indicate nel comma 1 o finalità di ricerca scientifica, nonché i contributi, le donazioni e le oblazioni di cui all'articolo 10, comma 1, lettera *g*), per un ammontare complessivamente non superiore al 2 per cento del reddito d'impresa dichiarato ([1]);

b) le erogazioni liberali fatte a favore di persone giuridiche aventi sede nel Mezzogiorno che perseguono esclusivamente finalità di ricerca scientifica, per un ammontare complessivamente non superiore al 2 per cento del reddito d'impresa dichiarato ([1]);

[*c*) le erogazioni liberali a favore di università, fondazioni universitarie di cui all'articolo 59, comma 3, della legge 23 dicembre 2000, n. 388, e di istituzioni universitarie pubbliche, degli enti di ricerca pubblici, delle fondazioni e delle associazioni regolarmente riconosciute a norma del regolamento di cui al decreto del Presidente della Repubblica 10 febbraio 2000, n. 361, aventi per oggetto statutario lo svolgimento o la promozione di attività di ricerca scientifica, individuate con decreto del Presidente del Consiglio dei ministri, adottato su proposta del Ministro dell'economia e delle finanze e del Ministro dell'istruzione, dell'università e della ricerca, ovvero degli enti di ricerca vigilati dal Ministero dell'istruzione, dell'università e della ricerca, ivi compresi l'Istituto superiore di sanità e l'Istituto superiore per la prevenzione e la sicurezza del lavoro, nonché degli enti parco regionali e nazionali] ([2]);

d) le erogazioni liberali a favore dei concessionari privati per la radiodiffusione sonora a carattere comunitario per un ammontare complessivo non superiore all'1 per cento del reddito imponibile del soggetto che effettua l'erogazione stessa;

e) le spese sostenute dai soggetti obbligati alla manutenzione, protezione o restauro delle cose vincolate ai sensi del decreto legislativo 29 ottobre 1999, n. 490 e del decreto del Presidente della Repubblica 30 settembre 1963, n. 1409, nella misura effettivamente rimasta a carico. La necessità delle spese, quando non siano obbligatorie per legge, deve risultare da apposita certificazione rilasciata dalla competente soprintendenza del Ministero per i beni e le attività culturali e per il turismo, previo accertamento della loro congruità effettuato d'intesa con il competente ufficio dell'Agenzia del territorio. La deduzione non spetta in caso di mutamento di destinazione dei beni senza la preventiva autorizzazione dell'Amministrazione per i beni e le attività culturali, di mancato assolvimento degli obblighi di legge per consentire l'esercizio del diritto di prelazione dello Stato sui beni immobili e mobili vincolati e di tentata esportazione non autorizzata di questi ultimi. L'Amministrazione per i beni e le attività culturali dà immediata comunicazione al competente ufficio dell'Agenzia delle entrate delle violazioni che comportano la indeducibilità e dalla data di ricevimento della comunicazione inizia a decorrere il termine per la rettifica della dichiarazione dei redditi;

f) le erogazioni liberali in denaro a favore dello Stato, di enti o istituzioni pubbliche, di fondazioni e di associazioni legalmente riconosciute che senza scopo di lucro svolgono o promuovono attività di studio, di ricerca e di documentazione di rilevante valore culturale e artistico, effettuate per l'acquisto, la manutenzione, la protezione o il restauro delle cose indicate nell'articolo 2 del decreto legislativo 29 ottobre 1999, n. 490, e nel decreto del Presidente della Repubblica 30 settembre 1963, n. 1409, ivi comprese le erogazioni effettuate per l'organizzazione di mostre e di esposizioni, che siano di rilevante interesse scientifico o culturale, delle cose anzidette, e per gli studi e le ricerche eventualmente a tal fine necessari. Le mostre, le esposizioni, gli studi e le ricerche devono essere autorizzati, previo parere del competente comitato di settore del Consiglio nazionale per i beni culturali e ambientali, dal Ministero per i beni e le attività culturali e per il turismo, che dovrà approvare la previsione di spesa ed il conto consuntivo. Il Ministero per i beni culturali e ambientali stabilisce i tempi necessari affinché le erogazioni fatte a favore delle associazioni legalmente riconosciute, delle istituzioni e delle fondazioni siano utilizzate per gli scopi preindicati, e controlla l'impiego delle erogazioni stesse. Detti termini possono, per causa non imputabile al donatario, essere prorogati una sola volta. Le erogazioni liberali non integralmente utilizzate nei termini assegnati, ovvero utilizzate non in conformità alla destinazione, affluiscono, nella loro totalità, all'entrata dello Stato ([3]) ([4]) ([5]) ([6]);

g) le erogazioni liberali in denaro, per importo non superiore al 2 per cento del reddito d'impresa dichiarato, a favore di enti o istituzioni pubbliche, fondazioni e associazioni legalmente riconosciute che senza scopo di lucro svolgono esclusivamente attività nello spettacolo, effettuate per la realizzazione di nuove strutture, per il restauro ed il potenziamento delle strutture esistenti, nonché per la produzione nei vari settori dello spettacolo. Le erogazioni non utilizzate per tali finalità dal percipiente entro il termine di due anni dalla data del ricevimento affluiscono, nella loro totalità, all'entrata dello Stato ([3]) ([4]) ([5]) ([6]);

h) le erogazioni liberali in denaro, per importo non superiore a 30.000 euro ([7]) o al 2 per cento del reddito d'impresa dichiarato, a favore delle ONLUS, nonché le iniziative umanitarie, religiose o laiche, gestite da fondazioni, associazioni, comitati ed enti individuati con decreto del Presidente del Consiglio dei Ministri ai sensi dell'articolo 15, comma 1, lettera i *bis*), nei Paesi non appartenenti all'OCSE;

i) le spese relative all'impiego di lavoratori dipendenti, assunti a tempo indeterminato, utilizzati per prestazioni di servizi erogate a favore di ONLUS, nel limite del cinque per mille dell'ammontare complessivo delle spese per prestazioni di lavoro dipendente, così come risultano dalla dichiarazione dei redditi;

[*l*) le erogazioni liberali in denaro, per importo non superiore a 1.549,37 euro o al 2 per cento del reddito di impresa dichiarato, a favore di associazioni di promozione sociale iscritte nei registri previsti dalle vigenti disposizioni di legge] (8);

m) le erogazioni liberali in denaro a favore dello Stato, delle regioni, degli enti locali territoriali, di enti o istituzioni pubbliche, di fondazioni e di associazioni legalmente riconosciute, per lo svolgimento dei loro compiti istituzionali e per la realizzazione di programmi culturali nei settori dei beni culturali e dello spettacolo. Il Ministro per i beni e le attività culturali individua con proprio decreto periodicamente, sulla base di criteri che saranno definiti sentita la Conferenza unificata di cui all'articolo 8 del decreto legislativo 28 agosto 1997, n. 281, i soggetti e le categorie di soggetti che possono beneficiare delle predette erogazioni liberali; determina, a valere sulla somma allo scopo indicata, le quote assegnate a ciascun ente o soggetto beneficiario; definisce gli obblighi di informazione da parte dei soggetti erogatori e dei soggetti beneficiari; vigila sull'impiego delle erogazioni e comunica, entro il 31 marzo dell'anno successivo a quello di riferimento all'Agenzia delle entrate, l'elenco dei soggetti erogatori e l'ammontare delle erogazioni liberali da essi effettuate. Nel caso che, in un dato anno, le somme complessivamente erogate abbiano superato la somma allo scopo indicata o determinata, i singoli soggetti beneficiari che abbiano ricevuto somme di importo maggiore della quota assegnata dal Ministero per i beni e le attività culturali e per il turismo versano all'entrata dello Stato un importo pari al 37 per cento della differenza;

m bis) le erogazioni liberali in denaro a favore dello Stato e dei comuni, per contributi volontari versati in seguito ad eventi sismici o calamitosi che hanno colpito l'ente in favore del quale si effettua il versamento. Il Ministro dell'economia e delle finanze, con proprio decreto, in seguito ad eventi sismici o calamitosi, sulla base di criteri da definire sentita la Conferenza unificata di cui all'articolo 8 del decreto legislativo 28 agosto 1997, n. 281, individua gli enti che possono beneficiare delle predette erogazioni liberali; determina, a valere sulla somma allo scopo indicata, le quote assegnate a ciascun ente o soggetto beneficiario; definisce gli obblighi di informazione da parte dei soggetti erogatori e dei soggetti beneficiari; vigila sull'impiego delle erogazioni e comunica, entro il 31 marzo dell'anno successivo a quello di riferimento, all'Agenzia delle entrate l'elenco dei soggetti erogatori e l'ammontare delle erogazioni liberali da essi effettuate (9);

n) le erogazioni liberali in denaro a favore di organismi di gestione di parchi e riserve naturali, terrestri e marittimi, statali e regionali, e di ogni altra zona di tutela speciale paesistico-ambientale come individuata dalla vigente disciplina, statale e regionale, nonché gestita dalle associazioni e fondazioni private indicate nell'articolo 154, comma 4, lettera *a*), effettuate per sostenere attività di conservazione, valorizzazione, studio, ricerca e sviluppo dirette al conseguimento delle finalità di interesse generale cui corrispondono tali ambiti protetti. Il Ministro dell'ambiente e della tutela del territorio individua con proprio decreto, periodicamente, i soggetti e le categorie di soggetti che possono beneficiare delle predette erogazioni liberali; determina, a valere sulla somma allo scopo indicata, le quote assegnate a ciascun ente o soggetto beneficiario. Nel caso che in un dato anno le somme complessivamente erogate abbiano superato la somma allo scopo indicata o determinata i singoli soggetti beneficiari che abbiano ricevuto somme di importo maggiore della quota assegnata dal Ministero dell'ambiente e della tutela del territorio, versano all'entrata dello Stato un importo pari al 37 per cento della differenza;

o) le erogazioni liberali in denaro a favore dello Stato, delle regioni, degli enti territoriali, di enti o istituzioni pubbliche, di fondazioni e di associazioni legalmente riconosciute, per la realizzazione di programmi di ricerca scientifica nel settore della sanità autorizzate dal Ministro della salute con apposito decreto che individua annualmente, sulla base di criteri che saranno definiti sentita la Conferenza unificata di cui all'articolo 8 del decreto legislativo 28 agosto 1997, n. 281, i soggetti che possono beneficiare delle predette erogazioni liberali. Il predetto decreto determina altresì, fino a concorrenza delle somme allo scopo indicate, l'ammontare delle erogazioni deducibili per ciascun soggetto erogatore, nonché definisce gli obblighi di informazione da parte dei soggetti erogatori e dei soggetti beneficiari. Il Ministero della salute vigila sull'impiego delle erogazioni e comunica, entro il 31 marzo dell'anno successivo a quello di riferimento, all'Agenzia delle entrate, l'elenco dei soggetti erogatori e l'ammontare delle erogazioni liberali deducibili da essi effettuate;

o bis) le erogazioni liberali a favore degli istituti scolastici di ogni ordine e grado, statali e paritari senza scopo di lucro appartenenti al sistema nazionale di istruzione di cui alla legge 10 marzo 2000, n. 62, e successive modificazioni, nonché a favore degli istituti tecnici superiori di cui al decreto del Presidente del Consiglio dei ministri 25 gennaio 2008, pubblicato nella

Gazzetta Ufficiale n. 86 dell'11 aprile 2008, ([10]) finalizzate all'innovazione tecnologica, all'edilizia scolastica e all'ampliamento dell'offerta formativa, nel limite del 2 per cento del reddito d'impresa dichiarato e comunque nella misura massima di 70.000 euro annui; la deduzione spetta a condizione che il versamento di tali erogazioni sia eseguito tramite banca o ufficio postale ovvero mediante gli altri sistemi di pagamento previsti dall'articolo 23 del decreto legislativo 9 luglio 1997, n. 241 ([11]).

o ter) le somme corrisposte, anche su base volontaria al fondo istituito, con mandato senza rappresentanza, presso uno dei consorzi cui le imprese aderiscono in ottemperanza a obblighi di legge, in conformità alle disposizioni di legge o contrattuali, indipendentemente dal trattamento contabile ad esse applicato, a condizione che siano utilizzate in conformità agli scopi di tali consorzi ([12]).

3. Alle erogazioni liberali in denaro di enti o di istituzioni pubbliche, di fondazioni o di associazioni legalmente riconosciute, effettuate per il pagamento delle spese di difesa dei soggetti ammessi al patrocinio a spese dello Stato, non si applica il limite di cui al comma 1, anche quando il soggetto erogatore non abbia le finalità statutarie istituzionali di cui al medesimo comma 1.

4. Le erogazioni liberali diverse da quelle considerate nei precedenti commi e nel comma 1 dell'articolo 95 non sono ammesse in deduzione.

([1]) *A norma dell'art. 89, comma 13, del D.L.vo 3 luglio 2017, n. 117, la deducibilità dal reddito imponibile delle erogazioni liberali previste da questa lettera è consentita a condizione che per le medesime erogazioni liberali il soggetto erogante non usufruisca delle deduzioni previste dalla lettera* h) *del medesimo articolo 100, comma 2.*

([2]) *Questa lettera, dapprima sostituita dall'art. 14, comma 7, lett.* b)*, del D.L. 14 marzo 2005, n. 35, convertito, con modificazioni, nella L. 14 maggio 2005, n. 80, è stata poi abrogata dall'art. 1, comma 355, della L. 23 dicembre 2005, n. 266.*

([3]) *A norma dell'art. 1, comma 1, del D.L. 31 maggio 2014, n. 83, convertito, con modificazioni, nella L. 29 luglio 2014, n. 106, per le erogazioni liberali in denaro effettuate nei tre periodi d'imposta successivi a quello in corso al 31 dicembre 2013, per interventi di manutenzione, protezione e restauro di beni culturali pubblici, per il sostegno degli istituti e dei luoghi della cultura di appartenenza pubblica e per la realizzazione di nuove strutture, il restauro e il potenziamento di quelle esistenti delle fondazioni lirico-sinfoniche o di enti o istituzioni pubbliche che, senza scopo di lucro, svolgono esclusivamente attività nello spettacolo, non si applicano le disposizioni di cui alla presente lettera e spetta un credito d'imposta nella misura del:*

a) *65 per cento delle erogazioni liberali effettuate in ciascuno dei due periodi d'imposta successivi a quello in corso al 31 dicembre 2013;*

b) *50 per cento delle erogazioni liberali effettuate nel periodo d'imposta successivo a quello in corso al 31 dicembre 2015.*

([4]) *A norma dell'art. 1, comma 2, del D.L. 31 maggio 2014, n. 83, convertito, con modificazioni, nella L. 29 luglio 2014, n. 106, il credito d'imposta spettante ai sensi del comma*

1 del medesimo provvedimento è riconosciuto alle persone fisiche e agli enti non commerciali nei limiti del 15 per cento del reddito imponibile, ai soggetti titolari di reddito d'impresa nei limiti del 5 per mille dei ricavi annui. Il credito d'imposta spettante ai sensi del comma 1 del suddetto provvedimento è altresì riconosciuto qualora le erogazioni liberali in denaro effettuate per interventi di manutenzione, protezione e restauro di beni culturali pubblici siano destinate ai soggetti concessionari o affidatari dei beni oggetto di tali interventi. Il credito d'imposta è ripartito in tre quote annuali di pari importo. Si applicano le disposizioni di cui agli articoli 40, comma 9, e 42, comma 9, del decreto legge 6 dicembre 2011, n. 201, convertito, con modificazioni, dalla legge 22 dicembre 2011, n. 214.

(5) *A norma dell'art. 1, comma 3, del D.L. 31 maggio 2014, n. 83, convertito, con modificazioni, nella L. 29 luglio 2014, n. 106, ferma restando la ripartizione in tre quote annuali di pari importo, per i soggetti titolari di reddito d'impresa il credito di imposta è utilizzabile tramite compensazione ai sensi dell'articolo 17 del decreto legislativo 9 luglio 1997, n. 241, e successive modificazioni, e non rileva ai fini delle imposte sui redditi e dell'imposta regionale sulle attività produttive.*

(6) *A norma dell'art. 1, comma 5, del D.L. 31 maggio 2014, n. 83, convertito, con modificazioni, nella L. 29 luglio 2014, n. 106, i soggetti beneficiari delle erogazioni liberali di cui al comma 1 del medesimo provvedimento, ivi inclusi i soggetti concessionari o affidatari di beni culturali pubblici destinatari di erogazioni liberali in denaro effettuate per la realizzazione di interventi di manutenzione, protezione e restauro dei beni stessi, comunicano mensilmente al Ministero dei beni e delle attività culturali e del turismo l'ammontare delle erogazioni liberali ricevute nel mese di riferimento; provvedono altresì a dare pubblica comunicazione di tale ammontare, nonché della destinazione e dell'utilizzo delle erogazioni stesse, tramite il proprio sito* web *istituzionale, nell'ambito di una pagina dedicata e facilmente individuabile, e in un apposito portale, gestito dal medesimo Ministero, in cui ai soggetti destinatari delle erogazioni liberali sono associati tutte le informazioni relative allo stato di conservazione del bene, gli interventi di ristrutturazione o riqualificazione eventualmente in atto, i fondi pubblici assegnati per l'anno in corso, l'ente responsabile del bene, nonché le informazioni relative alla fruizione. Sono fatte salve le disposizioni del Codice in materia di protezione dei dati personali, di cui al decreto legislativo 30 giugno 2003, n. 196. Il Ministero dei beni e delle attività culturali e del turismo provvede all'attuazione del presente comma nell'ambito delle risorse umane, strumentali e finanziarie disponibili a legislazione vigente e, comunque, senza nuovi o maggiori oneri per il bilancio dello Stato.*

(7) *Le parole: «per importo non superiore a 2.065,83 euro» sono state così sostituite dalle attuali: «per importo non superiore a 30.000 euro», dall'art. 1, comma 137, lett.* b), *della L. 23 dicembre 2014, n. 190.*

Le disposizioni del predetto comma, si applicano a decorrere dal periodo di imposta successivo a quello in corso al 31 dicembre 2014.

(8) *Questa lettera è stata abrogata dall'art. 102, comma 1, lett. e), del D.L.vo 3 luglio 2017, n. 117. A norma dell'art. 104, comma 1, del medesimo decreto, tali disposizioni si applicano in via transitoria a decorrere dal periodo di imposta successivo a quello in corso al 31 dicembre 2017 e fino al periodo d'imposta di entrata in vigore delle disposizioni di cui al titolo X secondo quanto indicato al comma 2, alle Organizzazioni non lucrative di utilità sociale di cui all'articolo 10, del decreto legislativo 4 dicembre 1997, n. 460 iscritte*

negli appositi registri, alle organizzazioni di volontariato iscritte nei registri di cui alla legge 11 agosto 1991, n. 266, e alle associazioni di promozione sociale iscritte nei registri nazionali, regionali e delle provincie autonome di Trento e Bolzano previsti dall'articolo 7 della legge 7 dicembre 2000, n. 383.

(9) *Questa lettera è stata inserita dall'art. 17* bis *del D.L. 17 ottobre 2016, n. 189, convertito, con modificazioni, nella L. 15 dicembre 2016, n. 229.*

(10) *Le parole: «nonché a favore degli istituti tecnici superiori di cui al decreto del Presidente del Consiglio dei ministri 25 gennaio 2008, pubblicato nella* Gazzetta Ufficiale *n. 86 dell'11 aprile 2008,» sono state inserite dall'art. 1, comma 294, lett.* b)*, della L. 11 dicembre 2016, n. 232.*

(11) *Questa lettera è stata aggiunta dall'art. 13, comma 3, lett.* b)*, del D.L. 31 gennaio 2007, n. 7, convertito, con modificazioni, nella L. 2 aprile 2007, n. 40. Ai sensi del comma 8 dello stesso articolo, questa disposizione ha effetto a decorrere dal periodo di imposta in corso dal 1° gennaio 2007.*

(12) *Questa lettera è stata aggiunta dall'art. 1, comma 987, della L. 28 dicembre 2015, n. 208. Tali disposizioni si applicano a decorrere dall'esercizio in corso al 31 dicembre 2015.*

101. Minusvalenze patrimoniali, sopravvenienze passive e perdite. – 1. Le minusvalenze dei beni relativi all'impresa, diversi da quelli indicati negli articoli 85, comma 1, e 87, determinate con gli stessi criteri stabiliti per la determinazione delle plusvalenze, sono deducibili se sono realizzate ai sensi dell'articolo 86, commi 1, lettere *a*) e *b*), (1) e 2.

[1 *bis*. Per i beni di cui all'articolo 87, fermi restando i requisiti ivi previsti al comma 1, lettere *b*), *c*) e *d*), l'applicazione del comma 1 del presente articolo è subordinata all'ininterrotto possesso dal primo giorno del dodicesimo mese precedente quello dell'avvenuta cessione, considerando cedute per prime le azioni o quote acquisite in data più recente] (2).

2. Per la valutazione dei beni indicati nell'articolo 85, comma 1, lettere *c*), *d*) ed *e*), che costituiscono immobilizzazioni finanziarie si applicano le disposizioni dell'articolo 94; tuttavia, per i titoli di cui alla citata lettera *e*) negoziati nei mercati regolamentati italiani o esteri, le minusvalenze sono deducibili in misura non eccedente la differenza tra il valore fiscalmente riconosciuto e quello determinato in base alla media aritmetica dei prezzi rilevati nell'ultimo semestre (3).

2 *bis*. In deroga al comma 2, per i soggetti che redigono il bilancio in base ai princìpi contabili internazionali di cui al regolamento (CE) n. 1606/2002 del Parlamento europeo e del Consiglio, del 19 luglio 2002, la valutazione dei beni indicati nell'articolo 85, comma 1, lettere *c*), *d*) ed *e*), che si considerano immobilizzazioni finanziarie ai sensi dell'articolo 85, comma 3 *bis*, rileva secondo le disposizioni dell'articolo 110, comma 1 *bis* (4).

3. Per le immobilizzazioni finanziarie costituite da partecipazioni in imprese controllate o collegate, iscritte in bilancio a norma dell'articolo 2426,

n. 4), del codice civile o di leggi speciali, non è deducibile, anche a titolo di ammortamento, la parte del costo di acquisto eccedente il valore corrispondente alla frazione di patrimonio netto risultante dall'ultimo bilancio dell'impresa partecipata.

4. Si considerano sopravvenienze passive il mancato conseguimento di ricavi o altri proventi che hanno concorso a formare il reddito in precedenti esercizi, il sostenimento di spese, perdite od oneri a fronte di ricavi o altri proventi che hanno concorso a formare il reddito in precedenti esercizi e la sopravvenuta insussistenza di attività iscritte in bilancio in precedenti esercizi diverse da quelle di cui all'articolo 87.

5. Le perdite di beni di cui al comma 1, commisurate al costo non ammortizzato di essi, e le perdite su crediti, diverse da quelle deducibili ai sensi del comma 3 dell'articolo 106, ([5]) sono deducibili se risultano da elementi certi e precisi e in ogni caso, per le perdite su crediti, se il debitore è assoggettato a procedure concorsuali o ha concluso un accordo di ristrutturazione dei debiti omologato ai sensi dell'articolo 182 *bis* del regio decreto 16 marzo 1942, n. 267 o un piano attestato ai sensi dell'articolo 67, terzo comma, lettera *d*), del Regio decreto 16 marzo 1942, n. 267 o è assoggettato a procedure estere equivalenti, previste in Stati o territori con i quali esiste un adeguato scambio di informazioni ([6]). Ai fini del presente comma, il debitore si considera assoggettato a procedura concorsuale dalla data della sentenza dichiarativa del fallimento o del provvedimento che ordina la liquidazione coatta amministrativa o del decreto di ammissione alla procedura di concordato preventivo o del decreto di omologazione dell'accordo di ristrutturazione o del decreto che dispone la procedura di amministrazione straordinaria delle grandi imprese in crisi o, per le procedure estere equivalenti, dalla data di ammissione ovvero, per i predetti piani attestati, dalla data di iscrizione nel registro delle imprese ([7]). Gli elementi certi e precisi sussistono in ogni caso quando il credito sia di modesta entità e sia decorso un periodo di sei mesi dalla scadenza di pagamento del credito stesso. Il credito si considera di modesta entità quando ammonta ad un importo non superiore a 5.000 euro per le imprese di più rilevante dimensione di cui all'articolo 27, comma 10, del decreto legge 29 novembre 2008, n. 185, convertito, con modificazioni, dalla legge 28 gennaio 2009, n. 2, e non superiore a 2.500 euro per le altre imprese. Gli elementi certi e precisi sussistono inoltre quando il diritto alla riscossione del credito è prescritto. Gli elementi certi e precisi sussistono inoltre in caso di cancellazione dei crediti dal bilancio operata in applicazione dei principi contabili ([8]) ([9]) ([10]).

5 *bis*. Per i crediti di modesta entità e per quelli vantati nei confronti di debitori che siano assoggettati a procedure concorsuali o a procedure estere equivalenti ovvero abbiano concluso un accordo di ristrutturazione dei de-

biti o un piano attestato di risanamento, la deduzione della perdita su crediti è ammessa, ai sensi del comma 5, nel periodo di imputazione in bilancio, anche quando detta imputazione avvenga in un periodo di imposta successivo a quello in cui, ai sensi del predetto comma, sussistono gli elementi certi e precisi ovvero il debitore si considera assoggettato a procedura concorsuale, sempreché l'imputazione non avvenga in un periodo di imposta successivo a quello in cui, secondo la corretta applicazione dei principi contabili, si sarebbe dovuto procedere alla cancellazione del credito dal bilancio ([11]).

6. Le perdite attribuite per trasparenza dalle società in nome collettivo e in accomandita semplice sono utilizzabili solo in abbattimento degli utili attribuiti per trasparenza [nei successivi cinque periodi d'imposta] ([12]) dalla stessa società che ha generato le perdite ([13]).

7. I versamenti in denaro o in natura fatti a fondo perduto o in conto capitale alle società indicate al comma 6 dai propri soci e la rinuncia degli stessi soci ai crediti non sono ammessi in deduzione ed il relativo ammontare, nei limiti del valore fiscale del credito oggetto di rinuncia, ([14]) si aggiunge al costo della partecipazione.

([1]) *Le parole*: «*lettere* a), b) *e* c),» *sono state così sostituite dalle attuali*: «*lettere* a) *e* b),» *dall'art. 36, comma 18, del D.L. 4 luglio 2006, n. 223, convertito, con modificazioni, nella L. 4 agosto 2006, n. 248. A norma del successivo comma 19, queste disposizioni si applicano a decorrere dal periodo di imposta in corso alla data di entrata in vigore del presente decreto.*

([2]) *Questo comma, inserito dall'art. 5, comma 1, lett.* d), *del D.L. 30 settembre 2005, n. 203, convertito, con modificazioni, nella L. 2 dicembre 2005, n. 248, è stato abrogato dall'art. 1, comma 58, lett.* f), *n.* 1), *della L. 24 dicembre 2007, n. 244, a decorrere dal periodo d'imposta successivo a quello in corso al 31 dicembre 2007.*

([3]) *Questo comma è stato così sostituito dall'art. 6, comma 8, del D.L.vo 18 novembre 2005, n. 247.*

([4]) *Questo comma è stato inserito dall'art. 1, comma 58, lett.* f), *n.* 2, *della L. 24 dicembre 2007, n. 244, a decorrere dal periodo d'imposta successivo a quello in corso al 31 dicembre 2007.*

([5]) *Le parole*: «*, diverse da quelle deducibili ai sensi del comma 3 dell'articolo 106,*» *sono state inserite dall'art. 1, comma 160, lett. b), della L. 27 dicembre 2013, n. 147. A norma del comma 161 dello stesso articolo, tali disposizioni si applicano dal periodo di imposta in corso al 31 dicembre 2013. Resta ferma l'applicazione delle previgenti disposizioni fiscali alle rettifiche di valore e alle variazioni della riserva sinistri relativa ai contratti di assicurazione dei rami danni iscritte in bilancio nei periodi di imposta precedenti.*

([6]) *Le parole*: «*o un piano attestato ai sensi dell'articolo 67, terzo comma, lettera* d), *del Regio decreto 16 marzo 1942, n. 267 o è assoggettato a procedure estere equivalenti, previste in Stati o territori con i quali esiste un adeguato scambio di informazioni*» *sono state aggiunte dall'art. 13, comma 1, lett.* c), *del D.L.vo 14 settembre 2015, n. 147. A norma dell'art. 13, comma 2, del medesimo provvedimento, tali disposizioni si applicano a decorrere dal periodo di imposta in corso alla data di entrata in vigore del suddetto decreto.*

(7) *Le parole: «o, per le procedure estere equivalenti, dalla data di ammissione ovvero, per i predetti piani attestati, dalla data di iscrizione nel registro delle imprese» sono state aggiunte dall'art. 13, comma 1, lett.* c), *del D.L.vo 14 settembre 2015, n. 147. A norma dell'art. 13, comma 2, del medesimo provvedimento, tali disposizioni si applicano a decorrere dal periodo di imposta in corso alla data di entrata in vigore del suddetto decreto.*

(8) *Questo comma è stato così sostituito dall'art. 33, comma 5, del D.L. 22 giugno 2012, n. 83, convertito, con modificazioni, nella L. 7 agosto 2012, n. 134.*

(9) *L'ultimo periodo di questo comma è stato così sostituito dall'attuale dall'art. 1, comma 160, lett. b), della L. 27 dicembre 2013, n. 147. A norma del comma 161 dello stesso articolo, tali disposizioni si applicano dal periodo di imposta in corso al 31 dicembre 2013. Resta ferma l'applicazione delle previgenti disposizioni fiscali alle rettifiche di valore e alle variazioni della riserva sinistri relativa ai contratti di assicurazione dei rami danni iscritte in bilancio nei periodi di imposta precedenti.*

(10) *A norma dell'art. 13, comma 3, del D.L.vo 14 settembre 2015, n. 147, questo comma si interpreta nel senso che le svalutazioni contabili dei crediti di modesta entità e di quelli vantati nei confronti di debitori che siano assoggettati a procedure concorsuali o a procedure estere equivalenti ovvero abbiano concluso un accordo di ristrutturazione dei debiti o un piano attestato di risanamento, deducibili a decorrere dai periodi di imposta in cui sussistono elementi certi e precisi ovvero il debitore si considera assoggettato a procedura concorsuale ed eventualmente non dedotte in tali periodi, sono deducibili nell'esercizio in cui si provvede alla cancellazione del credito dal bilancio in applicazione dei principi contabili.*

(11) *Questo comma è stato aggiunto dall'art. 13, comma 1, lett.* d), *del D.L.vo 14 settembre 2015, n. 147. A norma dell'art. 13, comma 2, del medesimo provvedimento, tali disposizioni si applicano a decorrere dal periodo di imposta in corso alla data di entrata in vigore del suddetto decreto.*

(12) *Le parole fra parentesi quadrate sono state soppresse dall'art. 1, comma 23, lett.* c), *della L. 30 dicembre 2018, n. 145.*

Tali disposizioni si applicano a decorrere dal periodo d'imposta successivo a quello in corso al 31 dicembre 2017.

(13) *Questo comma è stato così sostituito dall'art. 1, comma 33, lett.* m), *della L. 24 dicembre 2007, n. 244, a decorrere dal periodo d'imposta successivo a quello in corso al 31 dicembre 2007.*

(14) *Le parole: «, nei limiti del valore fiscale del credito oggetto di rinuncia,» sono state aggiunte dall'art. 13, comma 1, lett.* e), *del D.L.vo 14 settembre 2015, n. 147. A norma dell'art. 13, comma 2, del medesimo provvedimento, tali disposizioni si applicano a decorrere dal periodo di imposta successivo a quello di entrata in vigore del suddetto decreto.*

102. Ammortamento dei beni materiali. – 1. Le quote di ammortamento del costo dei beni materiali strumentali per l'esercizio dell'impresa sono deducibili a partire dall'esercizio di entrata in funzione del bene.

2. La deduzione è ammessa in misura non superiore a quella risultante dall'applicazione al costo dei beni dei coefficienti stabiliti con decreto del Ministro dell'economia e delle finanze pubblicato nella *Gazzetta Ufficiale*, ridotti alla metà per il primo esercizio. I coefficienti sono stabiliti per categorie di beni omogenei in base al normale periodo di deperimento e consumo nei vari settori produttivi.

[3. La misura massima indicata nel comma 2 può essere superata in proporzione alla più intensa utilizzazione dei beni rispetto a quella normale del settore. Fatta eccezione per i beni di cui all'articolo 164, comma 1, lettera *b*), la misura stessa può essere elevata fino a due volte per ammortamento anticipato nell'esercizio in cui i beni sono entrati in funzione e nei due successivi; nell'ipotesi di beni già utilizzati da parte di altri soggetti, l'ammortamento anticipato può essere eseguito dal nuovo utilizzatore soltanto nell'esercizio in cui i beni sono entrati in funzione. Con decreto del Ministro dell'economia e delle finanze, la indicata misura massima può essere variata, in aumento o in diminuzione, nei limiti di un quarto, in relazione al periodo di utilizzabilità dei beni in particolari processi produttivi] (1).

4. In caso di eliminazione di beni non ancora completamente ammortizzati dal complesso produttivo, il costo residuo è ammesso in deduzione.

5. Per i beni il cui costo unitario non è superiore a 516,46 euro è consentita la deduzione integrale delle spese di acquisizione nell'esercizio in cui sono state sostenute.

6. Le spese di manutenzione, riparazione, ammodernamento e trasformazione, che dal bilancio non risultino imputate ad incremento del costo dei beni ai quali si riferiscono, sono deducibili nel limite del 5 per cento del costo complessivo di tutti i beni materiali ammortizzabili quale risulta all'inizio dell'esercizio dal registro dei beni ammortizzabili; per le imprese di nuova costituzione il limite percentuale si calcola, per il primo esercizio, sul costo complessivo quale risulta alla fine dell'esercizio [; per i beni ceduti, nonché per quelli acquisiti nel corso dell'esercizio, compresi quelli costruiti o fatti costruire, la deduzione spetta in proporzione alla durata del possesso ed è commisurata, per il cessionario, al costo di acquisizione] (2). L'eccedenza è deducibile per quote costanti nei cinque esercizi successivi. Per specifici settori produttivi possono essere stabiliti, con decreto del Ministro dell'economia e delle finanze, diversi criteri e modalità di deduzione. Resta ferma la deducibilità nell'esercizio di competenza dei compensi periodici dovuti contrattualmente a terzi per la manutenzione di determinati beni, del cui costo non si tiene conto nella determinazione del limite percentuale sopra indicato.

7. Per i beni concessi in locazione finanziaria l'impresa concedente che imputa a conto economico i relativi canoni deduce quote di ammortamento

determinate in ciascun esercizio nella misura risultante dal relativo piano di ammortamento finanziario. Per l'impresa utilizzatrice che imputa a conto economico i canoni di locazione finanziaria, a prescindere dalla durata contrattuale prevista, la deduzione è ammessa per un periodo non inferiore alla metà (3) del periodo di ammortamento corrispondente al coefficiente stabilito a norma del comma 2, in relazione all'attività esercitata dall'impresa stessa; in caso di beni immobili, la deduzione è ammessa per un periodo non inferiore a dodici anni (4). Per i beni di cui all'articolo 164, comma 1, lettera *b*), la deducibilità dei canoni di locazione finanziaria è ammessa per un periodo non inferiore al periodo di ammortamento corrispondente al coefficiente stabilito a norma del comma 2. La quota di interessi impliciti desunta dal contratto è soggetta alle regole dell'articolo 96 (5).

8. Per le aziende date in affitto o in usufrutto le quote di ammortamento sono deducibili nella determinazione del reddito dell'affittuario o dell'usufruttuario. Le quote di ammortamento sono commisurate al costo originario dei beni quale risulta dalla contabilità del concedente e sono deducibili fino a concorrenza del costo non ancora ammortizzato ovvero, se il concedente non ha tenuto regolarmente il registro dei beni ammortizzabili o altro libro o registro secondo le modalità di cui all'articolo 13 del decreto del Presidente della Repubblica 7 dicembre 2001, n. 435, e dell'articolo 2, comma 1, del decreto del Presidente della Repubblica 21 dicembre 1996, n. 695, considerando già dedotte, per il 50 per cento del loro ammontare, le quote relative al periodo di ammortamento già decorso (6). Le disposizioni di cui al presente comma non si applicano nei casi di deroga convenzionale alle norme dell'articolo 2561 del codice civile, concernenti l'obbligo di conservazione dell'efficienza dei beni ammortizzabili (6).

9. Le quote d'ammortamento, i canoni di locazione anche finanziaria o di noleggio e le spese di impiego e manutenzione relativi ad apparecchiature terminali per servizi di comunicazione elettronica ad uso pubblico di cui alla lettera *gg*) del comma 1 dell'articolo 1 del codice delle comunicazioni elettroniche, di cui al decreto legislativo 1° agosto 2003, n. 259, sono deducibili nella misura dell'80 per cento. La percentuale di cui al precedente periodo è elevata al 100 per cento per gli oneri relativi ad impianti di telefonia dei veicoli utilizzati per il trasporto di merci da parte di imprese di autotrasporto limitatamente ad un solo impianto per ciascun veicolo (7).

(1) *Questo comma è stato abrogato dall'art. 1, comma 33, lett.* n), *n. 1), della L. 24 dicembre 2007, n. 244. A norma dell'art. 1, comma 34, della medesima legge questa disposizione si applica a decorrere dal periodo d'imposta successivo a quello in corso al 31 dicembre 2007.*

([2]) *Le parole tra parentesi quadrate sono state soppresse dall'art. 3, comma 16* quater, *del D.L. 2 marzo 2012, n. 16, convertito, con modificazioni, nella L. 26 aprile 2012, n. 44, a decorrere dal periodo d'imposta in corso alla data di entrata in vigore della legge di conversione del medesimo decreto legge.*

([3]) *Le parole: «ai due terzi» sono state così sostituite dalle seguenti: «alla metà» dall'art. 1, comma 162, lett. b), della L. 27 dicembre 2013, n. 147. A norma del comma 163 dello stesso articolo, tali disposizioni si applicano ai contratti di locazione finanziaria stipulati a decorrere dalla data di entrata in vigore della suddetta legge.*

([4]) *Le parole: «in caso di beni immobili, qualora l'applicazione della regola di cui al periodo precedente determini un risultato inferiore a undici anni ovvero superiore a diciotto anni, la deduzione è ammessa per un periodo, rispettivamente, non inferiore a undici anni ovvero pari almeno a diciotto anni» sono state così sostituite dalle seguenti: «in caso di beni immobili, la deduzione è ammessa per un periodo non inferiore a dodici anni», dall'art. 1, comma 162, lett. b), della L. 27 dicembre 2013, n. 147. A norma del comma 163 dello stesso articolo, tali disposizioni si applicano ai contratti di locazione finanziaria stipulati a decorrere dalla data di entrata in vigore della suddetta legge.*

([5]) *Questo comma, già sostituito dall'art. 1, comma 33, lett.* n), *n.* 2), *della L. 24 dicembre 2007, n. 244, a decorrere dai contratti stipulati a partire dal 1° gennaio 2008, è stato da ultimo così sostituito dall'art. 4* bis, *comma 1, lett.* b), *del D.L. 2 marzo 2012, n. 16, convertito, con modificazioni, nella L. 26 aprile 2012, n. 44. A norma del comma 2 dello stesso articolo, le disposizioni di cui al comma 1 si applicano ai contratti stipulati a decorrere dalla data di entrata in vigore della legge di conversione del medesimo decreto legge.*

([6]) *Questo periodo è stato aggiunto dall'art. 6, comma 9, lett.* b), *del D.L.vo 18 novembre 2005, n. 247.*

([7]) *Questo comma è stato così sostituito dall'art. 1, comma 401, della L. 27 dicembre 2006, n. 296. A norma dell'art. 1, comma 403, della medesima legge, queste disposizioni si applicano a decorrere dal periodo d'imposta successivo a quello in corso al 31 dicembre 2006; per il medesimo periodo d'imposta, nella determinazione dell'acconto dovuto ai fini delle imposte sul reddito e dell'imposta regionale sulle attività produttive, si assume quale imposta del periodo precedente quella che si sarebbe determinata tenendo conto delle disposizioni dei predetti commi 401 e 402.*

102 *bis*. ([1]) Ammortamento dei beni materiali strumentali per l'esercizio di alcune attività regolate. – 1. Le quote di ammortamento dei beni materiali strumentali per l'esercizio delle seguenti attività regolate sono deducibili nella misura determinata dalle disposizioni del presente articolo, ferma restando, per quanto non diversamente stabilito, la disciplina dell'articolo 102:

a) distribuzione e trasporto di gas naturale di cui all'articolo 2, comma 1, lettere *n*) e *ii*), del decreto legislativo 23 maggio 2000, n. 164, di attuazione della direttiva 98/30/CE relativa a norme comuni per il mercato interno del gas;

b) distribuzione di energia elettrica e gestione della rete di trasmissione nazionale dell'energia elettrica di cui all'articolo 2, commi 14 e 20, del decreto legislativo 16 marzo 1999, n. 79, di attuazione della direttiva 96/92/CE recante norme comuni per il mercato interno dell'energia elettrica.

2. Le quote di ammortamento del costo dei beni materiali strumentali per l'esercizio delle attività regolate di cui al comma 1 sono deducibili in misura non superiore a quella che si ottiene dividendo il costo dei beni per la durata delle rispettive vite utili così come determinate ai fini tariffari dall'Autorità per l'energia elettrica e il gas, e riducendo il risultato del 20 per cento:

a) nelle tabelle 1 e 2, rubricate «durata convenzionale tariffaria delle infrastrutture» ed allegate alle delibere 29 luglio 2005, n. 166, e 29 settembre 2004, n. 170, prorogata con delibera 30 settembre 2005, n. 206, rispettivamente per l'attività di trasporto e distribuzione di gas naturale. Per i fabbricati iscritti in bilancio entro l'esercizio in corso al 31 dicembre 2004 si assume una vita utile pari a 50 anni;

b) nell'appendice 1 della relazione tecnica alla delibera 30 gennaio 2004, n. 5, per l'attività di trasmissione e distribuzione di energia elettrica, rubricata «capitale investito riconosciuto e vita utile dei cespiti».

3. Per i beni di cui al comma 1, la vita utile cui fare riferimento ai fini di cui al comma 2 decorre dall'esercizio di entrata in funzione, anche se avvenuta presso precedenti soggetti utilizzatori, e non si modifica per effetto di eventuali successivi trasferimenti. Le quote di ammortamento del costo dei beni di cui al comma 1 sono deducibili a partire dall'esercizio di entrata in funzione del bene e, per i beni ceduti o devoluti all'ente concessionario, fino al periodo d'imposta in cui avviene il trasferimento e in proporzione alla durata del possesso.

[4. Non è ammessa alcuna ulteriore deduzione per ammortamento anticipato o per una più intensa utilizzazione dei beni rispetto a quella normale del settore] (2).

5. Le eventuali modifiche delle vite utili di cui al comma 2, deliberate ai fini tariffari dall'Autorità per l'energia elettrica e il gas successivamente all'entrata in vigore della presente disposizione, rilevano anche ai fini della determinazione delle quote di ammortamento deducibili.

6. In caso di beni utilizzati in locazione finanziaria, indipendentemente dai criteri di contabilizzazione, la deduzione delle quote di ammortamento compete all'impresa utilizzatrice; alla formazione del reddito imponibile di quella concedente concorrono esclusivamente i proventi finanziari impliciti nei canoni di locazione finanziaria determinati in ciascun esercizio nella misura risultante dal piano di ammortamento finanziario.

7. Le disposizioni del presente articolo si applicano esclusivamente ai beni classificabili nelle categorie omogenee individuate dall'Autorità per l'e-

nergia elettrica e il gas. Per i beni non classificabili in tali categorie continua ad applicarsi l'articolo 102.

8. Per i costi incrementativi capitalizzati successivamente all'entrata in funzione dei beni di cui al comma 1 le quote di ammortamento sono determinate in base alla vita utile residua dei beni.

(1) *Questo articolo è stato inserito dall'art. 1, comma 325, della L. 23 dicembre 2005, n. 266. A norma dell'art. 1, comma 327, della medesima legge, queste disposizioni si applicano a decorrere dal periodo d'imposta successivo a quello in corso al 31 dicembre 2005, ad eccezione di quelle del comma 6 dello stesso articolo 102* bis*, che si applicano ai contratti di locazione finanziaria la cui esecuzione inizia successivamente alla data di entrata in vigore della medesima legge. A norma dell'art. 2, comma 4, del D.L. 29 dicembre 2010, n. 225, convertito, con modificazioni, nella L. 26 febbraio 2011, n. 10, a decorrere dal 1° gennaio 2011, le disposizioni previste da questo comma sono prorogate fino al 31 dicembre 2013.*

(2) *Questo comma è stato abrogato dall'art. 1, comma 33, lett.* o)*, della L. 24 dicembre 2007, n. 244. A norma dell'art. 1, comma 34, della medesima legge, tale disposizione si applica a decorrere dal periodo d'imposta successivo a quello in corso al 31 dicembre 2007.*

103. Ammortamento dei beni immateriali. – 1. Le quote di ammortamento del costo dei diritti di utilizzazione di opere dell'ingegno, dei brevetti industriali, dei processi, formule e informazioni relativi ad esperienze acquisite in campo industriale, commerciale o scientifico sono deducibili in misura non superiore al 50 per cento del costo (1); quelle relative al costo dei marchi d'impresa sono deducibili in misura non superiore ad un diciottesimo del costo (2).

2. Le quote di ammortamento del costo dei diritti di concessione e degli altri diritti iscritti nell'attivo del bilancio sono deducibili in misura corrispondente alla durata di utilizzazione prevista dal contratto o dalla legge.

3. Le quote di ammortamento del valore di avviamento iscritto nell'attivo del bilancio sono deducibili in misura non superiore a un diciottesimo (3) del valore stesso.

3 *bis*. Per i soggetti che redigono il bilancio in base ai princìpi contabili internazionali di cui al regolamento (CE) n. 1606/2002 del Parlamento europeo e del Consiglio, del 19 luglio 2002, la deduzione del costo dei marchi d'impresa e dell'avviamento è ammessa alle stesse condizioni e con gli stessi limiti annuali previsti dai commi 1 e 3, a prescindere dall'imputazione al conto economico (4).

4. Si applica la disposizione del comma 8 dell'articolo 102.

(1) *Le parole: «a un terzo del costo» sono state così sostituite dalle attuali parole: «al 50 per cento del costo» dall'art. 37, comma 45, lett.* a)*, del D.L. 4 luglio 2006, n. 223, convertito, con modificazioni, nella L. 4 agosto 2006, n. 248, a decorrere dal periodo d'impo-*

sta in corso alla data di entrata in vigore dello stesso decreto legge, anche per le quote di ammortamento relative ai costi sostenuti nel corso dei periodi di imposta precedenti.

(2) *Le parole: «un decimo del costo» sono state così sostituite dalle attuali parole: «un diciottesimo del costo» dall'art. 37, comma 45, lett.* b), *del D.L. 4 luglio 2006, n. 223, convertito, con modificazioni, nella L. 4 agosto 2006, n. 248, a decorrere dal periodo d'imposta in corso alla data di entrata in vigore dello stesso decreto legge, anche per le quote di ammortamento relative ai costi sostenuti nel corso dei periodi di imposta precedenti.*

(3) *Le parole: «un decimo» sono state così sostituite dalle parole: «un ventesimo» dall'art. 5* bis, *comma 1, del D.L. 30 settembre 2005, n. 203, convertito, con modificazioni, nella L. 2 dicembre 2005, n. 248. A norma dell'art. 5* bis, *comma 2, dello stesso provvedimento, la disposizione del comma 1 si applica a decorrere dal periodo d'imposta in corso alla data di entrata in vigore della legge di conversione del presente decreto, anche con riferimento alle residue quote di ammortamento del valore di avviamento iscritto in periodi di imposta precedenti. L'art. 1, comma 521, della L. 23 dicembre 2005, n. 266, ha poi di nuovo così sostituito le parole: «un ventesimo» con le attuali: «un diciottesimo».*

(4) *Questo comma è stato inserito dall'art. 1, comma 58, lett.* g), *della L. 24 dicembre 2007, n. 244, a decorrere dal periodo d'imposta successivo a quello in corso al 31 dicembre 2007.*

Per i periodi d'imposta precedenti, sono fatti salvi gli effetti sulla determinazione dell'imposta prodotti dai comportamenti adottati sulla base della corretta applicazione dei princìpi contabili internazionali, purché coerenti con quelli che sarebbero derivati dall'applicazione delle disposizioni introdotte dal comma 58. Per l'applicazione della presente disposizione, si veda anche l'art. 15, D.L. 29 novembre 2008, n. 185, convertito, con modificazioni, in L. 28 gennaio 2009, n. 2.

104. Ammortamento finanziario dei beni gratuitamente devolvibili. – 1. Per i beni gratuitamente devolvibili alla scadenza di una concessione è consentita, in luogo dell'ammortamento di cui agli articoli 102 e 103, la deduzione di quote costanti di ammortamento finanziario.

2. La quota di ammortamento finanziario deducibile è determinata dividendo il costo dei beni, diminuito degli eventuali contributi del concedente, per il numero degli anni di durata della concessione, considerando tali anche le frazioni. In caso di modifica della durata della concessione, la quota deducibile è proporzionalmente ridotta o aumentata a partire dall'esercizio in cui la modifica è stata convenuta.

3. In caso di incremento o di decremento del costo dei beni, per effetto di sostituzione a costi superiori o inferiori, di ampliamenti, ammodernamenti o trasformazioni, di perdite e di ogni altra causa, la quota di ammortamento finanziario deducibile è rispettivamente aumentata o diminuita, a partire dall'esercizio in cui si è verificato l'incremento o il decremento, in misura pari al relativo ammontare diviso per il numero dei residui anni di durata della concessione.

4. Per le concessioni relative alla costruzione e all'esercizio di opere pubbliche sono ammesse in deduzione quote di ammortamento finanziario differenziate da calcolare sull'investimento complessivo realizzato. Le quote di ammortamento sono determinate nei singoli casi [con decreto del Ministro dell'economia e delle finanze] (1) in rapporto proporzionale alle quote previste nel piano economico-finanziario della concessione, includendo nel costo ammortizzabile gli interessi passivi anche in deroga alle disposizioni del comma 1 dell'articolo 110.

(1) *Le parole fra parentesi quadrate sono state soppresse dall'art. 26 del D.L.vo 21 novembre 2014, n. 175.*

105. Accantonamenti di quiescenza e previdenza. – 1. Gli accantonamenti ai fondi per le indennità di fine rapporto e ai fondi di previdenza del personale dipendente istituiti ai sensi dell'articolo 2117 del codice civile, se costituiti in conti individuali dei singoli dipendenti, sono deducibili nei limiti delle quote maturate nell'esercizio in conformità alle disposizioni legislative e contrattuali che regolano il rapporto di lavoro dei dipendenti stessi.

2. I maggiori accantonamenti necessari per adeguare i fondi a sopravvenute modificazioni normative e retributive sono deducibili nell'esercizio dal quale hanno effetto le modificazioni o per quote costanti nell'esercizio stesso e nei due successivi.

3. L'ammontare del TFR annualmente destinato a forme pensionistiche complementari è deducibile nella misura prevista dall'articolo 10, comma 1, del decreto legislativo 5 dicembre 2005, n. 252 (1).

4. Le disposizioni dei commi 1 e 2 valgono anche per gli accantonamenti relativi alle indennità di fine rapporto di cui all'articolo 17, comma 1, lettere *c*), *d*) e *f*).

(1) *Questo comma è stato così sostituito dall'art. 21, comma 4, del D.L.vo 5 dicembre 2005, n. 252, a decorrere dal 1° gennaio 2007.*

106. (1) **Svalutazione dei crediti e accantonamenti per rischi su crediti.** – 1. Le svalutazioni dei crediti risultanti in bilancio, per l'importo non coperto da garanzia assicurativa, che derivano dalle cessioni di beni e dalle prestazioni di servizi indicate nel comma 1 dell'articolo 85, sono deducibili in ciascun esercizio nel limite dello 0,50 per cento del valore nominale o di acquisizione dei crediti stessi. Nel computo del limite si tiene conto anche di accantonamenti per rischi su crediti. La deduzione non è più ammessa quando l'ammontare complessivo delle svalutazioni e degli accantonamenti ha raggiunto il 5 per cento del valore nominale o di acquisizione dei crediti risultanti in bilancio alla fine dell'esercizio.

2. Le perdite sui crediti di cui al comma 1, determinate con riferimento al valore nominale o di acquisizione dei crediti stessi, sono deducibili a norma dell'articolo 101, limitatamente alla parte che eccede l'ammontare complessivo delle svalutazioni e degli accantonamenti dedotti nei precedenti esercizi. Se in un esercizio l'ammontare complessivo delle svalutazioni e degli accantonamenti dedotti eccede il 5 per cento del valore nominale o di acquisizione dei crediti, l'eccedenza concorre a formare il reddito dell'esercizio stesso.

3. Per gli intermediari finanziari (2), le svalutazioni e le perdite su crediti verso la clientela iscritti in bilancio a tale titolo e le perdite realizzate mediante cessione a titolo oneroso sono deducibili integralmente nell'esercizio in cui sono rilevate in bilancio. Ai fini del presente comma le svalutazioni e le perdite diverse da quelle realizzate mediante cessione a titolo oneroso si assumono al netto delle rivalutazioni dei crediti risultanti in bilancio (3) (4).

[3 *bis*. Per i nuovi crediti di cui al comma 3 erogati a decorrere dall'esercizio successivo a quello in corso al 31 dicembre 2009, limitatamente all'ammontare che eccede la media dei crediti erogati nei due periodi d'imposta precedenti, diversi da quelli assistiti da garanzia o da misure agevolative in qualsiasi forma concesse dallo Stato, da enti pubblici e da altri enti controllati direttamente o indirettamente dallo Stato, le percentuali di cui allo stesso comma sono elevate allo 0,50 per cento. L'ammontare delle svalutazioni eccedenti il detto limite è deducibile in quote costanti nei nove esercizi successivi] (5).

4. Per gli intermediari finanziari (6) nell'ammontare dei crediti rilevanti ai fini del presente articolo (7) si comprendono anche quelli impliciti nei contratti di locazione finanziaria [nonché la rivalutazione delle operazioni «fuori bilancio» iscritte nell'attivo in applicazione dei criteri di cui all'articolo 112] (8).

[5. Le perdite sui crediti di cui al comma 3 e di cui al comma 3 *bis*, determinate con riferimento al valore di bilancio dei crediti, sono deducibili, ai sensi dell'articolo 101, limitatamente alla parte che eccede l'ammontare dell'accantonamento per rischi su crediti dedotto nei precedenti esercizi. Se in un esercizio l'ammontare del predetto accantonamento eccede il 5 per cento del valore dei crediti risultanti in bilancio, l'eccedenza concorre a formare il reddito dell'esercizio stesso] (5).

(1) *Si veda l'art. 1, comma 1056, della L. 30 dicembre 2018, n. 145, che si riporta: «La deduzione della quota del 10 per cento dell'ammontare dei componenti negativi, prevista, ai fini dell'imposta sul reddito delle società e dell'imposta regionale sulle attività produttive, rispettivamente dai commi 4 e 9 dell'articolo 16 del decreto legge 27 giugno 2015, n. 83, convertito, con modificazioni, dalla legge 6 agosto 2015, n. 132, per il periodo d'imposta in corso al 31 dicembre 2018, è differita al periodo d'imposta in corso al 31 dicembre 2026.».*

(2) *Le parole: «enti creditizi e finanziari di cui al decreto legislativo 27 gennaio 1992, n. 87» sono state così sostituite dalle attuali: «intermediari finanziari» dall'art. 12, comma*

1, lett. b)*, n. 1), del D.L.vo 29 novembre 2018, n. 142. A norma dell'art. 13, comma 9, del medesimo provvedimento, tali disposizioni si applicano a decorrere dal periodo d'imposta in corso al 31 dicembre 2018; con riferimento ai periodi d'imposta precedenti ai quali si applicano le disposizioni di cui al decreto legislativo 18 agosto 2015, n. 136, per i quali i termini per il versamento a saldo delle imposte sui redditi sono scaduti anteriormente alla medesima data, sono fatti salvi gli effetti sulla determinazione del reddito complessivo ai fini delle imposte sui redditi e del valore della produzione netta ai fini dell'imposta regionale sulle attività produttive, relativi ai medesimi periodi d'imposta, derivanti dall'applicazione delle disposizioni vigenti in tali periodi, anche se non coerenti con le disposizioni di cui ai commi 2 e 3 dell'articolo 162* bis *del testo unico delle imposte sui redditi, di cui al decreto del Presidente della Repubblica 22 dicembre 1986, n. 917, introdotto dalla lettera* d) *del comma 1 dell'articolo 12. Ai fini del presente comma gli effetti sulla determinazione del reddito complessivo e del valore della produzione netta sono fatti salvi purché prodotti da comportamenti tra loro coerenti manifestati entro l'8 agosto 2018.*

(3) *Questo comma è stato così sostituito dall'art. 16, comma 1, del D.L. 27 giugno 2015, n. 83, convertito, con modificazioni, nella L. 6 agosto 2015, n. 132.*

Si riporta il testo previgente:

«3. Per gli enti creditizi e finanziari di cui al decreto legislativo 27 gennaio 1992, n. 87, le svalutazioni e le perdite su crediti verso la clientela iscritti in bilancio a tale titolo, diverse da quelle realizzate mediante cessione a titolo oneroso, sono deducibili in quote costanti nell'esercizio in cui sono contabilizzate e nei quattro successivi. Le perdite su crediti realizzate mediante cessione a titolo oneroso sono deducibili integralmente nell'esercizio in cui sono rilevate in bilancio. Ai fini del presente comma le svalutazioni e le perdite deducibili in quinti si assumono al netto delle rivalutazioni dei crediti risultanti in bilancio.».

A norma del comma 2 del suddetto articolo 16, tali disposizioni si applicano dal periodo di imposta in corso al 31 dicembre 2015. A norma del comma 3 dello stesso articolo, in via transitoria, per il primo periodo di applicazione le svalutazioni e le perdite di cui al presente comma diverse dalle perdite realizzate mediante cessione a titolo oneroso sono deducibili nei limiti del 75 per cento del loro ammontare. L'eccedenza è deducibile secondo le modalità stabilite al comma 4 dello stesso articolo 16.

A norma dell'art. 16, comma 4, del D.L. 27 giugno 2015, n. 83, convertito, con modificazioni, nella L. 6 agosto 2015, n. 132, l'eccedenza e le svalutazioni e le perdite su crediti di cui al presente comma iscritte in bilancio fino all'esercizio in corso al 31 dicembre 2014 e non ancora dedotte ai sensi del comma 3 del presente articolo nel testo previgente sono deducibili per il 5 per cento del loro ammontare nel periodo d'imposta in corso al 31 dicembre 2016, per l'8 per cento nel periodo d'imposta in corso al 31 dicembre 2017, per il 10 per cento nel periodo d'imposta in corso al 31 dicembre 2018, per il 12 per cento nel periodo d'imposta in corso al 31 dicembre 2019 e fino al periodo d'imposta in corso al 31 dicembre 2024, e per il 5 per cento nel periodo d'imposta in corso al 31 dicembre 2025.

A norma dell'art. 16, comma 5, dello stesso D.L. n. 83/2015, ai fini della determinazione dell'acconto dell'imposta sul reddito delle società dovuto per il periodo d'imposta in corso al 31 dicembre 2015 e per i due periodi d'imposta successivi non si tiene conto delle modifiche operate dai commi da 1 a 4 del suddetto articolo 16.

(4) *A norma dell'art. 1, comma 1067, della L. 30 dicembre 2018, n. 145, per i soggetti che applicano le disposizioni di cui a questo comma, i componenti reddituali derivan-*

ti esclusivamente dall'adozione del modello di rilevazione del fondo a copertura delle perdite per perdite attese su crediti di cui al paragrafo 5.5 dell'International financial reporting standard (IFRS) 9, iscritti in bilancio in sede di prima adozione del medesimo IFRS 9, nei confronti della clientela, sono deducibili dalla base imponibile dell'imposta sul reddito delle società per il 10 per cento del loro ammontare nel periodo d'imposta di prima adozione dell'IFRS 9 e per il restante 90 per cento in quote costanti nei nove periodi d'imposta successivi. A norma dell'art. 1, comma 1069, della medesima legge, le disposizioni di cui ai commi 1067 e 1068 si applicano in sede di prima adozione dell'IFRS 9 anche se effettuata in periodi d'imposta precedenti a quello di entrata in vigore della presente legge.

(5) *Questo comma è stato abrogato dall'art. 1, comma 160, lett. c), n. 2), della L. 27 dicembre 2013, n. 147. A norma del comma 161 dello stesso articolo, tali disposizioni si applicano dal periodo di imposta in corso al 31 dicembre 2013. Resta ferma l'applicazione delle previgenti disposizioni fiscali alle rettifiche di valore e alle variazioni della riserva sinistri relativa ai contratti di assicurazione dei rami danni iscritte in bilancio nei periodi di imposta precedenti.*

(6) *Le parole: «enti creditizi e finanziari» sono state così sostituite dalle attuali: «intermediari finanziari» dall'art. 12, comma 1, lett.* b)*, n. 2), del D.L.vo 29 novembre 2018, n. 142. A norma dell'art. 13, comma 9, del medesimo provvedimento, tali disposizioni si applicano a decorrere dal periodo d'imposta in corso al 31 dicembre 2018; con riferimento ai periodi d'imposta precedenti ai quali si applicano le disposizioni di cui al decreto legislativo 18 agosto 2015, n. 136, per i quali i termini per il versamento a saldo delle imposte sui redditi sono scaduti anteriormente alla medesima data, sono fatti salvi gli effetti sulla determinazione del reddito complessivo ai fini delle imposte sui redditi e del valore della produzione netta ai fini dell'imposta regionale sulle attività produttive, relativi ai medesimi periodi d'imposta, derivanti dall'applicazione delle disposizioni vigenti in tali periodi, anche se non coerenti con le disposizioni di cui ai commi 2 e 3 dell'articolo 162* bis *del testo unico delle imposte sui redditi, di cui al decreto del Presidente della Repubblica 22 dicembre 1986, n. 917, introdotto dalla lettera* d) *del comma 1 dell'articolo 12. Ai fini del presente comma gli effetti sulla determinazione del reddito complessivo e del valore della produzione netta sono fatti salvi purché prodotti da comportamenti tra loro coerenti manifestati entro l'8 agosto 2018.*

(7) *Le parole: «rilevanti ai fini del presente articolo» sono state inserite dall'art. 1, comma 160, lett. c), n. 3), della L. 27 dicembre 2013, n. 147. A norma del comma 161 dello stesso articolo, tali disposizioni si applicano dal periodo di imposta in corso al 31 dicembre 2013. Resta ferma l'applicazione delle previgenti disposizioni fiscali alle rettifiche di valore e alle variazioni della riserva sinistri relativa ai contratti di assicurazione dei rami danni iscritte in bilancio nei periodi di imposta precedenti.*

(8) *Le parole tra parentesi quadrate sono state soppresse dall'art. 1, comma 160, lett. c), n. 3), della L. 27 dicembre 2013, n. 147. A norma del comma 161 dello stesso articolo, tali disposizioni si applicano dal periodo di imposta in corso al 31 dicembre 2013. Resta ferma l'applicazione delle previgenti disposizioni fiscali alle rettifiche di valore e alle variazioni della riserva sinistri relativa ai contratti di assicurazione dei rami danni iscritte in bilancio nei periodi di imposta precedenti.*

107. Altri accantonamenti. – 1. Gli accantonamenti a fronte delle spese per lavori ciclici di manutenzione e revisione delle navi e degli aeromobili sono deducibili nei limiti del 5 per cento del costo di ciascuna nave o aeromobile quale risulta all'inizio dell'esercizio dal registro dei beni ammortizzabili. La differenza tra l'ammontare complessivamente dedotto e la spesa complessivamente sostenuta concorre a formare il reddito, o è deducibile se negativa, nell'esercizio in cui ha termine il ciclo.

2. Per le imprese concessionarie della costruzione e dell'esercizio di opere pubbliche e le imprese subconcessionarie di queste sono deducibili gli accantonamenti a fronte delle spese di ripristino o di sostituzione dei beni gratuitamente devolvibili allo scadere della concessione e delle altre spese di cui al comma 6 dell'articolo 102. La deduzione è ammessa, per ciascun bene, nel limite massimo del cinque per cento del costo e non è più ammessa quando il fondo ha raggiunto l'ammontare complessivo delle spese relative al bene medesimo sostenute negli ultimi due esercizi. Per le imprese concessionarie di costruzione e gestione di autostrade e trafori la percentuale di cui al periodo precedente è pari all'1 per cento ([1]). Se le spese sostenute in un esercizio sono superiori all'ammontare del fondo l'eccedenza è deducibile in quote costanti nell'esercizio stesso e nei cinque successivi ([2]). L'ammontare degli accantonamenti non utilizzati concorre a formare il reddito dell'esercizio in cui avviene la devoluzione.

3. Gli accantonamenti a fronte degli oneri derivanti da operazioni a premio e da concorsi a premio sono deducibili in misura non superiore, rispettivamente, al 30 per cento e al 70 per cento dell'ammontare degli impegni assunti nell'esercizio, a condizione che siano distinti per esercizio di formazione. L'utilizzo a copertura degli oneri relativi ai singoli esercizi deve essere effettuato a carico dei corrispondenti accantonamenti sulla base del valore unitario di formazione degli stessi e le eventuali differenze rispetto a tale valore costituiscono sopravvenienze attive o passive. L'ammontare dei fondi non utilizzato al termine del terzo esercizio successivo a quello di formazione concorre a formare il reddito dell'esercizio stesso.

4. Non sono ammesse deduzioni per accantonamenti diversi da quelli espressamente considerati dalle disposizioni del presente capo.

([1]) *Questo periodo è stato aggiunto dall'art. 23, comma 10, del D.L. 6 luglio 2011, n. 98, convertito, con modificazioni, nella L. 15 luglio 2011, n. 111, a decorrere dal periodo d'imposta in corso alla data di entrata in vigore del medesimo D.L. n. 98/2011.*

([2]) *Le parole: «nell'esercizio stesso e nei successivi ma non oltre il quinto» sono state così sostituite dalle attuali: «in quote costanti nell'esercizio stesso e nei cinque successivi» dall'art. 1, comma 71, della L. 27 dicembre 2006, n. 296.*

108. Spese relative a più esercizi. – 1. Le spese relative a più esercizi sono deducibili nel limite della quota imputabile a ciascun esercizio ([1]).

2. [Le spese di pubblicità e di propaganda sono deducibili nell'esercizio in cui sono state sostenute o in quote costanti nell'esercizio stesso e nei quattro successivi] ([2]). Le spese di rappresentanza sono deducibili nel periodo di imposta di sostenimento se rispondenti ai requisiti di inerenza stabiliti con decreto del Ministro dell'economia e delle finanze, anche in funzione della natura e della destinazione delle stesse. Le spese del periodo precedente sono commisurate all'ammontare dei ricavi e proventi della gestione caratteristica dell'impresa risultanti dalla dichiarazione dei redditi relativa allo stesso periodo in misura pari: *a*) all'1,5 per cento dei ricavi e altri proventi fino a euro 10 milioni; *b*) allo 0,6 per cento dei ricavi e altri proventi per la parte eccedente euro 10 milioni e fino a 50 milioni; *c*) allo 0,4 per cento dei ricavi e altri proventi per la parte eccedente euro 50 milioni ([3]). Sono comunque deducibili le spese relative a beni distribuiti gratuitamente di valore unitario non superiore a euro 50.

3. Le quote di ammortamento dei beni acquisiti in esito agli studi e alle ricerche sono calcolate sul costo degli stessi diminuito dell'importo già dedotto. Per i contributi corrisposti a norma di legge dallo Stato o da altri enti pubblici a fronte dei costi relativi a studi e ricerche si applica l'articolo 88, comma 3 ([4]).

4. Le spese di cui al presente articolo sostenute dalle imprese di nuova costituzione, comprese le spese di impianto, sono deducibili secondo le disposizioni dei commi 1 e 2 ([5]) a partire dall'esercizio in cui sono conseguiti i primi ricavi.

4 *bis*. Ai fini dell'applicazione delle disposizioni di cui al comma 2, il contribuente può interpellare l'amministrazione, ai sensi dell'articolo 11, comma 1, lettera *a*), in ordine alla qualificazione di determinate spese, sostenute dal contribuente, tra quelle di pubblicità e di propaganda ovvero tra quelle di rappresentanza ([6]).

([1]) *Questo comma è stato così sostituito dall'art. 13* bis, *comma 2, lett.* c), *n. 1), del D.L. 30 dicembre 2016, n. 244, convertito, con modificazioni, nella L. 27 febbraio 2017, n. 19.*

([2]) *Questo periodo è stato soppresso dall'art. 13* bis, *comma 2, lett.* c), *n. 2), del D.L. 30 dicembre 2016, n. 244, convertito, con modificazioni, nella L. 27 febbraio 2017, n. 19.*

([3]) *Il secondo periodo di questo comma è stato così sostituito dagli attuali periodi secondo e terzo, dall'art. 9, comma 1, del D.L.vo 14 settembre 2015, n. 147. A norma dell'art. 9, comma 3, del medesimo provvedimento, tali disposizioni si applicano a decorrere dal periodo di imposta successivo a quello in corso alla data di entrata in vigore del suddetto decreto.*

([4]) *Questo comma è stato, da ultimo, così sostituito dall'art. 13* bis, *comma 2, lett.* c), *n. 3), del D.L. 30 dicembre 2016, n. 244, convertito, con modificazioni, nella L. 27 febbraio 2017, n. 19.*

([5]) *Le parole: «1, 2 e 3» sono state così sostituite dalle seguenti: «1 e 2» dall'art. 13* bis, *comma 2, lett.* c), *n. 4), del D.L. 30 dicembre 2016, n. 244, convertito, con modificazioni, nella L. 27 febbraio 2017, n. 19.*

([6]) *Questo comma è stato inserito dall'art. 7, comma 8, del D.L.vo 24 settembre 2015, n. 156.*

A norma dell'art. 12, comma 1, le disposizioni del predetto decreto entrano in vigore a decorrere dal 1° gennaio 2016.

109. Norme generali sui componenti del reddito d'impresa. – 1. I ricavi, le spese e gli altri componenti positivi e negativi, per i quali le precedenti norme della presente Sezione non dispongono diversamente, concorrono a formare il reddito nell'esercizio di competenza; tuttavia i ricavi, le spese e gli altri componenti di cui nell'esercizio di competenza non sia ancora certa l'esistenza o determinabile in modo obiettivo l'ammontare concorrono a formarlo nell'esercizio in cui si verificano tali condizioni.

2. Ai fini della determinazione dell'esercizio di competenza:

a) i corrispettivi delle cessioni si considerano conseguiti, e le spese di acquisizione dei beni si considerano sostenute, alla data della consegna o spedizione per i beni mobili e della stipulazione dell'atto per gli immobili e per le aziende, ovvero, se diversa e successiva, alla data in cui si verifica l'effetto traslativo o costitutivo della proprietà o di altro diritto reale. Non si tiene conto delle clausole di riserva della proprietà. La locazione con clausola di trasferimento della proprietà vincolante per ambedue le parti è assimilata alla vendita con riserva di proprietà;

b) i corrispettivi delle prestazioni di servizi si considerano conseguiti, e le spese di acquisizione dei servizi si considerano sostenute, alla data in cui le prestazioni sono ultimate, ovvero, per quelle dipendenti da contratti di locazione, mutuo, assicurazione e altri contratti da cui derivano corrispettivi periodici, alla data di maturazione dei corrispettivi;

c) per le società e gli enti che hanno emesso obbligazioni o titoli similari la differenza tra le somme dovute alla scadenza e quelle ricevute in dipendenza dell'emissione è deducibile in ciascun periodo di imposta per una quota determinata in conformità al piano di ammortamento del prestito.

3. I ricavi, gli altri proventi di ogni genere e le rimanenze concorrono a formare il reddito anche se non risultano imputati al conto economico.

3 *bis*. Le minusvalenze realizzate ai sensi dell'articolo 101 sulle azioni, quote e strumenti finanziari similari alle azioni che non possiedono i requisiti di cui all'articolo 87 non rilevano fino a concorrenza dell'importo non imponibile dei dividendi, ovvero dei loro acconti, percepiti nei trentasei mesi precedenti il realizzo. Tale disposizione si applica anche alle differenze

negative tra i ricavi dei beni di cui all'articolo 85, comma 1, lettere *c*) e *d*), e i relativi costi ([1]).

3 *ter*. Le disposizioni del comma 3 *bis* si applicano con riferimento alle azioni, quote e strumenti finanziari similari alle azioni acquisite nei trentasei mesi precedenti il realizzo, sempre che soddisfino i requisiti per l'esenzione di cui alle lettere *c*) e *d*) del comma 1 dell'articolo 87 ([1]).

3 *quater*. Resta ferma l'applicazione dell'articolo 37 *bis* del decreto del Presidente della Repubblica 29 settembre 1973, n. 600, anche con riferimento ai differenziali negativi di natura finanziaria derivanti da operazioni iniziate nel periodo d'imposta o in quello precedente sulle azioni, quote e strumenti finanziari similari alle azioni di cui al comma 3 *bis* ([1]).

3 *quinquies*. I commi 3 *bis*, 3 *ter* e 3 *quater* non si applicano ai soggetti che redigono il bilancio in base ai princìpi contabili internazionali di cui al regolamento (CE) n. 1606/2002 del Parlamento europeo e del Consiglio, del 19 luglio 2002 ([2]).

3 *sexies*. Al fine di disapplicare le disposizioni di cui ai commi 3 *bis* e 3 *ter* il contribuente interpella l'amministrazione ai sensi dell'articolo 11, comma 2, della legge 27 luglio 2000, n. 212, recante lo Statuto dei diritti del contribuente ([3]).

4. Le spese e gli altri componenti negativi non sono ammessi in deduzione se e nella misura in cui non risultano imputati al conto economico relativo all'esercizio di competenza. Si considerano imputati a conto economico i componenti imputati direttamente a patrimonio per effetto dei principi contabili adottati dall'impresa ([4]) ([5]). Sono tuttavia deducibili:

a) quelli imputati al conto economico di un esercizio precedente, se la deduzione è stata rinviata in conformità alle precedenti norme della presente sezione che dispongono o consentono il rinvio. Si considerano imputati a conto economico i componenti imputati direttamente a patrimonio per effetto dei principi contabili internazionali ([6]);

b) quelli che pur non essendo imputabili al conto economico, sono deducibili per disposizione di legge. [Gli ammortamenti dei beni materiali e immateriali, le altre rettifiche di valore, gli accantonamenti, le spese relative a studi e ricerche di sviluppo e le differenze tra i canoni di locazione finanziaria di cui all'articolo 102, comma 7, e la somma degli ammortamenti dei beni acquisiti in locazione finanziaria e degli interessi passivi che derivano dai relativi contratti imputati a conto economico sono deducibili se in un apposito prospetto della dichiarazione dei redditi è indicato il loro importo complessivo, i valori civili e fiscali dei beni, delle spese di cui all'articolo 108, comma 1, e dei fondi. In caso di distribuzione, le riserve di patrimonio netto e gli utili d'esercizio, anche se conseguiti successivamente al periodo d'imposta cui si riferisce la deduzione, concorrono a formare il reddito se e nella misura in cui l'ammontare delle restanti riserve di patrimonio netto, diverse dalla riserva legale, ([7]) e dei restanti utili portati a nuovo risulti inferiore all'eccedenza degli ammortamenti, delle rettifiche di valore e degli accantonamenti dedotti rispetto a quelli imputati a conto economico, al netto del fondo imposte differite correlato agli importi dedotti. La parte delle riserve e degli utili di esercizio distribuiti che concorre a formare il reddito ai sensi del precedente periodo è aumentata delle imposte differite ad essa corrispondenti. L'ammontare dell'eccedenza è ridotto degli ammortamenti, delle plusvalenze o minusvalenze, delle rettifiche di valore relativi agli stessi beni e degli accantonamenti, nonché delle riserve di patrimonio netto e degli utili d'esercizio distribuiti, che hanno concorso alla formazione del reddito] ([8]). Le spese e gli oneri specificamente afferenti i ricavi e gli altri proventi, che pur non risultando imputati al conto economico concorrono a formare il reddito, sono ammessi in deduzione se e nella misura in cui risultano da elementi certi e precisi.

5. Le spese e gli altri componenti negativi diversi dagli interessi passivi, tranne gli oneri fiscali, contributivi e di utilità sociale, sono deducibili se e nella misura in cui si riferiscono ad attività o beni da cui derivano ricavi o altri proventi che concorrono a formare il reddito o che non vi concorrono in quanto esclusi. Se si riferiscono indistintamente ad attività o beni produttivi di proventi computabili e ad attività o beni produttivi di proventi non computabili in quanto esenti nella determinazione del reddito sono deducibili per la parte corrispondente al rapporto tra l'ammontare dei ricavi e altri proventi che concorrono a formare il reddito d'impresa o che non vi concorrono in quanto esclusi e l'ammontare complessivo di tutti i ricavi e proventi ([9]). Le plusvalenze di cui all'articolo 87, non rilevano ai fini dell'applicazione del periodo precedente. Fermo restando quanto previsto dai periodi precedenti, le spese relative a prestazioni alberghiere e a somministrazioni di alimenti e bevande, diverse da quelle di cui al comma 3 dell'articolo 95, sono deducibili nella misura del 75 per cento ([10]) ([11]) ([12]) ([13]) ([14]).

[6. Qualora nell'esercizio siano stati conseguiti gli interessi e i proventi di cui al comma 3 dell'articolo 1996 che eccedono l'ammontare degli interessi passivi, fino a concorrenza di tale eccedenza non sono deducibili le spese e gli altri componenti negativi di cui al secondo periodo del precedente comma e, ai fini del rapporto previsto dal predetto articolo 96, non si tiene conto di un ammontare corrispondente a quello non ammesso in deduzione] ([15]).

7. In deroga al comma 1 gli interessi di mora concorrono alla formazione del reddito nell'esercizio in cui sono percepiti o corrisposti.

8. In deroga al comma 5 non è deducibile il costo sostenuto per l'acquisto del diritto d'usufrutto o altro diritto analogo relativamente ad una partecipazione societaria da cui derivino utili esclusi ai sensi dell'articolo 89.

9. Non è deducibile ogni tipo di remunerazione dovuta:

a) su titoli, strumenti finanziari comunque denominati, di cui all'articolo 44, per la quota di essa che direttamente o indirettamente comporti la partecipazione ai risultati economici della società emittente o di altre società appartenenti allo stesso gruppo o dell'affare in relazione al quale gli strumenti finanziari sono stati emessi;

b) relativamente ai contratti di associazione in partecipazione ed a quelli di cui all'articolo 2554 del codice civile allorché sia previsto un apporto diverso da quello di opere e servizi.

(1) *Questo comma è stato inserito dall'art. 5* quinquies, *comma 1, del D.L. 30 settembre 2005, n. 203, convertito, con modificazioni, nella L. 2 dicembre 2005, n. 248. A norma dell'art. 5* quinquies, *comma 2, dello stesso decreto, tali disposizioni si applicano alle minusvalenze e alle differenze negative realizzate a decorrere dal 1° gennaio 2006.*

(2) *Questo comma è stato inserito dall'art. 1, comma 58, lett.* h), *della L. 24 dicembre 2007, n. 244, a decorrere dal periodo d'imposta successivo a quello in corso al 31 dicembre 2007.*

(3) *Questo comma è stato aggiunto dall'art. 7, comma 11, del D.L.vo 24 settembre 2015, n. 156.*

A norma dell'art. 12, comma 1, le disposizioni del predetto decreto entrano in vigore a decorrere dal 1° gennaio 2016.

(4) *La parola: «internazionali» è stata così sostituita dalle seguenti: «adottati dall'impresa» dall'art. 13* bis, *comma 2, lett.* d), *del D.L. 30 dicembre 2016, n. 244, convertito, con modificazioni, nella L. 27 febbraio 2017, n. 19.*

(5) *Questo periodo è stato aggiunto dall'art. 11, comma 1, lett. d), n. 1), del D.L.vo 28 febbraio 2005 n. 38.*

(6) *Questo periodo è stato inserito dall'art. 11, comma 1, lett.* d), *n. 1), del D.L.vo 28 febbraio 2005, n. 38.*

(7) *Le parole: «, diverse dalla riserva legale» erano state soppresse dall'art. 6, comma 10, lett.* a), *del D.L.vo 18 novembre 2005, n. 247.*

(8) *Le parole da: «Gli ammortamenti ...» fino a: «..., che hanno concorso alla formazione del reddito» sono state soppresse dall'art. 1, comma 33, lett.* q), *n. 1), della L. 24 dicembre 2007, n. 244. A norma dell'art. 1, comma 34, della medesima legge, tale disposizione ha effetto dal periodo d'imposta successivo a quello in corso al 31 dicembre 2007, ferma restando l'applicazione in via transitoria delle disposizioni dell'articolo 109, comma 4, lettera* b), *terzo, quarto e quinto periodo, del citato testo unico di cui al decreto del Presidente della Repubblica n. 917 del 1986, nel testo previgente alle modifiche apportate dalla presente legge, per il recupero delle eccedenze risultanti alla fine del periodo d'imposta in corso al 31 dicembre 2007.*

(9) *Le parole: «per la parte corrispondente al rapporto di cui ai commi 1, 2, e 3 dell'articolo 96» sono state così sostituite dalle attuali da: «per la parte corrispondente ...»*

fino a: «... complessivo di tutti i ricavi e proventi» dall'art. 1, comma 33, lett. q), *n.* 2), *della L. 24 dicembre 2007, n. 244. A norma dell'art. 1, comma 34, della medesima legge, tali disposizioni si applicano a decorrere dal periodo d'imposta successivo a quello in corso al 31 dicembre 2007.*

([10]) *Questo periodo è stato aggiunto dall'art. 83, comma 28* quater, *lett.* a), *del D.L. 25 giugno 2008, n. 112, convertito, con modificazioni, nella L. 6 agosto 2008, n. 133, a decorrere dal periodo d'imposta successivo a quello in corso al 31 dicembre 2008.*

([11]) *Si vedano gli artt. 10* bis, *comma 1 e 19* septies, *comma 3, del D.L. 28 ottobre 2020, n. 137, convertito, con modificazioni, nella L. 18 dicembre 2020, n. 176.*

([12]) *A norma dell'art. 1, comma 7, del D.L. 22 marzo 2021, n. 41, convertito, con modificazioni, nella L. 21 maggio 2021, n. 69, il contributo di cui al medesimo articolo non concorre alla formazione della base imponibile delle imposte sui redditi, non rileva altresì ai fini del rapporto di cui a questo comma.*

([13]) *A norma dell'art. 48* bis, *comma 3, del D.L. 25 maggio 2021, n. 73, convertito, con modificazioni, nella L. 23 luglio 2021, n. 106, il credito d'imposta di cui al medesimo articolo non concorre alla formazione del reddito, né della base imponibile dell'imposta regionale sulle attività produttive, non rileva ai fini del rapporto di cui a questo articolo.*

([14]) *A norma dell'art. 5, comma 2, del D.M. 6 ottobre 2021, il credito d'imposta di cui al medesimo decreto non concorre alla formazione del reddito né alla base imponibile dell'imposta regionale sulle attività produttive e non rileva ai fini del rapporto di cui a questo comma.*

([15]) *Questo comma è stato abrogato dall'art. 1, comma 33, lett.* q), *n.* 3), *della L. 24 dicembre 2007, n. 244.*

110. Norme generali sulle valutazioni. – 1. Agli effetti delle norme del presente capo che fanno riferimento al costo dei beni senza disporre diversamente:

a) il costo è assunto al lordo delle quote di ammortamento già dedotte;

b) si comprendono nel costo anche gli oneri accessori di diretta imputazione, esclusi gli interessi passivi e le spese generali. Tuttavia per i beni materiali e immateriali strumentali per l'esercizio dell'impresa si comprendono nel costo gli interessi passivi iscritti in bilancio ad aumento del costo stesso per effetto di disposizioni di legge ([1]). Nel costo di fabbricazione si possono aggiungere con gli stessi criteri anche i costi diversi da quelli direttamente imputabili al prodotto; per gli immobili alla cui produzione è diretta l'attività dell'impresa si comprendono nel costo gli interessi passivi sui prestiti contratti per la loro costruzione o ristrutturazione;

c) il costo dei beni rivalutati, diversi da quelli di cui all'articolo 85, comma 1, lettere *a*), *b*) ed *e*), non si intende comprensivo delle plusvalenze iscritte, ad esclusione di quelle che per disposizione di legge non concorrono a formare il reddito. Per i beni indicati nella citata lettera *e*) che costituiscono immobilizzazioni finanziarie le plusvalenze iscritte non concorrono a formare il reddito per la parte eccedente le minusvalenze dedotte ([2]);

d) il costo delle azioni, delle quote e degli strumenti finanziari similari alle azioni si intende non comprensivo dei maggiori o minori valori iscritti i quali conseguentemente non concorrono alla formazione del reddito, né alla determinazione del valore fiscalmente riconosciuto delle rimanenze di tali azioni, quote o strumenti;

e) per i titoli a reddito fisso, che costituiscono immobilizzazioni finanziarie e sono iscritti come tali in bilancio, la differenza positiva o negativa tra il costo d'acquisto e il valore di rimborso concorre a formare il reddito per la quota maturata nell'esercizio.

1 *bis*. In deroga alle disposizioni delle lettere *c*), *d*) ed *e*) del comma 1, per i soggetti che redigono il bilancio in base ai princìpi contabili internazionali di cui al regolamento (CE) n. 1606/2002 del Parlamento europeo e del Consiglio, del 19 luglio 2002:

a) i maggiori o i minori valori dei beni indicati nell'articolo 85, comma 1, lettera *e*), che si considerano immobilizzazioni finanziarie ai sensi del comma 3 *bis* dello stesso articolo, imputati a conto economico in base alla corretta applicazione di tali princìpi, assumono rilievo anche ai fini fiscali;

b) la lettera *d*) del comma 1 si applica solo per le azioni, le quote e gli strumenti finanziari similari alle azioni che si considerano immobilizzazioni finanziarie ai sensi dell'articolo 85, comma 3 *bis*;

c) per le azioni, le quote e gli strumenti finanziari similari alle azioni, posseduti per un periodo inferiore a quello indicato nell'articolo 87, comma 1, lettera *a*), aventi gli altri requisiti previsti al comma 1 del medesimo articolo 87, il costo è ridotto dei relativi utili percepiti durante il periodo di possesso per la quota esclusa dalla formazione del reddito ([3]).

1 *ter*. Per i soggetti che redigono il bilancio in base ai princìpi contabili internazionali di cui al citato regolamento (CE) n. 1606/2002, i componenti positivi e negativi che derivano dalla valutazione, operata in base alla corretta applicazione di tali princìpi, delle passività assumono rilievo anche ai fini fiscali ([3]).

2. Per la determinazione del valore normale dei beni e dei servizi e, con riferimento alla data in cui si considerano conseguiti o sostenuti, per la valutazione dei corrispettivi, proventi, spese e oneri in natura o in valuta estera, si applicano, quando non è diversamente disposto, le disposizioni dell'articolo 9; tuttavia i corrispettivi, i proventi, le spese e gli oneri in valuta estera, percepiti o effettivamente sostenuti in data precedente, si valutano con riferimento a tale data. La conversione in euro dei saldi di conto delle stabili organizzazioni all'estero si effettua secondo il cambio utilizzato nel bilancio in base ai corretti principi contabili e le differenze rispetto ai saldi di conto dell'esercizio precedente non concorrono alla formazione del reddito

([4]). Per le imprese che intrattengono in modo sistematico rapporti in valuta estera è consentita la tenuta della contabilità plurimonetaria con l'applicazione del cambio utilizzato nel bilancio in base ai corretti principi contabili ai saldi dei relativi conti ([4]).

3. La valutazione secondo il cambio alla data di chiusura dell'esercizio dei crediti e debiti in valuta, anche sotto forma di obbligazioni, di titoli cui si applica la disciplina delle obbligazioni ai sensi del codice civile o di altre leggi o di titoli assimilati, non assume rilevanza. Si tiene conto della valutazione al cambio della data di chiusura dell'esercizio delle attività e delle passività per le quali il rischio di cambio è coperto, qualora i contratti di copertura siano anche essi valutati in modo coerente secondo il cambio di chiusura dell'esercizio ([5]).

[4. Le minusvalenze relative ai singoli crediti ed ai singoli debiti in valuta estera, anche sotto forma di obbligazioni, i titoli cui si applica la disciplina della obbligazioni ai sensi del codice civile o di altre leggi o titoli assimilati alle obbligazioni, iscritti fra le immobilizzazioni sono deducibili per un importo non superiore alla differenza tra la valutazione di ciascun credito e di ciascun debito secondo il cambio alla data di chiusura dell'esercizio e la valutazione dello stesso debito o credito secondo il cambio del giorno in cui è sorto o del giorno antecedente più prossimo e in mancanza secondo il cambio del mese in cui è sorto. Non sono deducibili le minusvalenze relative a crediti o debiti per i quali esiste la copertura del rischio di cambio, salvo che il contratto di copertura non sia valutato in modo coerente. La minusvalenza dedotta concorre alla formazione del reddito imponibile quando per due esercizi consecutivi il cambio medio risulta più favorevole di quello utilizzato per la determinazione della minusvalenza dedotta. Ai fini della determinazione dell'importo da assoggettare a tassazione si tiene conto del cambio meno favorevole rilevato alla fine dei due esercizi considerati] ([6]).

5. I proventi determinati a norma dell'articolo 90 e i componenti negativi di cui ai commi 1 e 6 dell'articolo 102, agli articoli 104 e 106 e ai commi 1 e 2 dell'articolo 107 sono ragguagliati alla durata dell'esercizio se questa è inferiore o superiore a dodici mesi.

6. In caso di mutamento totale o parziale dei criteri di valutazione adottati nei precedenti esercizi il contribuente deve darne comunicazione all'agenzia delle entrate nella dichiarazione dei redditi o in apposito allegato.

7. I componenti del reddito derivanti da operazioni con società non residenti nel territorio dello Stato, che direttamente o indirettamente controllano l'impresa, ne sono controllate o sono controllate dalla stessa società che controlla l'impresa, sono determinati con riferimento alle condizioni e ai prezzi che sarebbero stati pattuiti tra soggetti indipendenti operanti in

condizioni di libera concorrenza e in circostanze comparabili, se ne deriva un aumento del reddito. La medesima disposizione si applica anche se ne deriva una diminuzione del reddito, secondo le modalità e alle condizioni di cui all'articolo 31 *quater* del decreto del Presidente della Repubblica 29 settembre 1973, n. 600. Con decreto del Ministro dell'economia e delle finanze, possono essere determinate, sulla base delle migliori pratiche internazionali, le linee guida per l'applicazione del presente comma (7).

8. La rettifica da parte dell'ufficio delle valutazioni fatte dal contribuente in un esercizio ha effetto anche per gli esercizi successivi. L'ufficio tiene conto direttamente delle rettifiche operate e deve procedere a rettificare le valutazioni relative anche agli esercizi successivi.

9. Agli effetti delle norme del presente titolo che vi fanno riferimento il cambio delle valute estere in ciascun mese è accertato, su conforme parere dell'Ufficio italiano dei cambi, con provvedimento dell'Agenzia delle entrate, pubblicato nella *Gazzetta Ufficiale* entro il mese successivo. Sono tuttavia applicabili i tassi di cambio alternativi forniti da operatori internazionali indipendenti utilizzati dall'impresa nella contabilizzazione delle operazioni in valuta, purché la relativa quotazione sia resa disponibile attraverso fonti di informazione pubbliche e verificabili (8).

[10. Le spese e gli altri componenti negativi derivanti da operazioni, che hanno avuto concreta esecuzione, intercorse con imprese residenti ovvero localizzate in Stati o territori aventi regimi fiscali privilegiati sono ammessi in deduzione nei limiti del loro valore normale, determinato ai sensi dell'articolo 9. Si considerano privilegiati i regimi fiscali di Stati o territori individuati con decreto del Ministro dell'economia e delle finanze, in ragione della mancanza di un adeguato scambio di informazioni] (9).

[11. Le disposizioni di cui al comma 10 non si applicano quando le imprese residenti in Italia forniscano la prova che le imprese estere svolgono prevalentemente un'attività commerciale effettiva, ovvero che (10) le operazioni poste in essere rispondono ad un effettivo interesse economico e che le stesse hanno avuto concreta esecuzione. Le spese e gli altri componenti negativi deducibili ai sensi del primo periodo del presente comma e ai sensi del comma 10 sono separatamente indicati nella dichiarazione dei redditi. L'Amministrazione, prima di procedere all'emissione dell'avviso di accertamento d'imposta o di maggiore imposta, deve notificare all'interessato un apposito avviso con il quale viene concessa al medesimo la possibilità di fornire, nel termine di novanta giorni, le prove predette. Ove l'Amministrazione non ritenga idonee le prove addotte, dovrà darne specifica motivazione nell'avviso di accertamento. La deduzione delle spese e degli altri componenti negativi di cui al comma 10 è comunque subordinata alla separata indicazione nella dichiarazione dei redditi dei relativi ammontari dedotti ([11]). A tal fine il contribuente può interpellare l'amministrazione ai sensi dell'articolo 11, comma 1, lettera *b*), della legge 27 luglio 2000, n. 212, recante lo Statuto dei diritti del contribuente] ([12]).

[12. Le disposizioni di cui ai commi 10 e 11 non si applicano per le operazioni intercorse con soggetti non residenti cui risulti applicabile gli articoli 167 o 168 ([13]), concernente disposizioni in materia di imprese estere partecipate] ([12]).

[12 *bis*. Le disposizioni dei commi 10 e 11 si applicano anche alle prestazioni di servizi rese dai professionisti domiciliati in Stati o territori individuati con il decreto di cui al comma 10] ([14]).

([1]) *Questo periodo è stato così sostituito dall'art. 11, comma 1, lett.* e), *n. 1), lett.* a), *del D.L.vo 28 febbraio 2005, n. 38.*

([2]) *Questa lettera è stata così sostituita dall'art. 11, comma 1, lett.* e), *n. 1), lett.* b), *del D.L.vo 28 febbraio 2005, n. 38.*

([3]) *Questo comma è stato inserito dall'art. 1, comma 58, lett.* i), *della L. 24 dicembre 2007, n. 244, a decorrere dal periodo d'imposta successivo a quello in corso al 31 dicembre 2007.*

Per i periodi d'imposta precedenti, sono fatti salvi gli effetti sulla determinazione dell'imposta prodotti dai comportamenti adottati sulla base della corretta applicazione dei princìpi contabili internazionali, purché coerenti con quelli che sarebbero derivati dall'applicazione delle disposizioni introdotte dal comma 58. Per l'applicazione della presente disposizione, si veda anche l'art. 15, D.L. 29 novembre 2008, n. 185, convertito, con modificazioni, in L. 28 gennaio 2009, n. 2.

([4]) *Gli originali secondo e terzo periodo del presente comma*: «*La conversione in euro dei saldi di conto delle stabili organizzazioni all'estero si effettua secondo il cambio alla data di chiusura dell'esercizio e le differenze rispetto ai saldi di conto dell'esercizio precedente non concorrono alla formazione del reddito. Per le imprese che intrattengono in modo sistematico rapporti in valuta estera è consentita la tenuta della contabilità plurimonetaria con l'applicazione del cambio di fine esercizio ai saldi dei relativi conti.*» *sono stati così sostituiti dagli attuali secondo e terzo periodo, dall'art. 7* quater, *comma 2, del D.L. 22 ottobre 2016, n. 193, convertito, con modificazioni, nella L. 1 dicembre 2016, n. 225.*

Tali disposizioni si applicano a partire dal periodo d'imposta successivo a quello in corso al 31 dicembre 2016. Sono fatti salvi i comportamenti pregressi posti in essere in conformità alle disposizioni introdotte dal comma 2.

([5]) *Questo comma è stato così sostituito dall'art. 11, comma 1, lett.* e), *n. 2), del D.L.vo 28 febbraio 2005, n. 38.*

([6]) *Questo comma è stato abrogato dall'art. 11, comma 1, lett.* e), *n. 3), del D.L.vo 28 febbraio 2005, n. 38.*

([7]) *Questo comma è stato così sostituito dall'art. 59, comma 1, del D.L. 24 aprile 2017, n. 50, convertito, con modificazioni, nella L. 21 giugno 2017, n. 96.*

([8]) *Questo periodo è stato aggiunto dall'art. 13* bis, *comma 2, lett.* e), *del D.L. 30 dicembre 2016, n. 244, convertito, con modificazioni, nella L. 27 febbraio 2017, n. 19.*

(9) *Questo comma, così sostituito dall'art. 5, comma 1, lett.* a), *del D.L.vo 14 settembre 2015, n. 147, è stato abrogato dall'art. 1, comma 142, lett.* a), *della L 28 dicembre 2015, n. 208. A norma dell'art. 1, comma 144, della medesima legge, tali disposizioni si applicano a decorrere dal periodo d'imposta successivo a quello in corso al 31 dicembre 2015.*

(10) *Le parole: «le imprese estere svolgono prevalentemente un'attività commerciale effettiva, ovvero che» sono state soppresse dall'art. 5, comma 1, lett.* b), *del D.L.vo 14 settembre 2015, n. 147. A norma dell'art. 5, comma 4, del medesimo provvedimento, tali disposizioni si applicano a decorrere dal periodo di imposta in corso alla data di entrata in vigore del suddetto decreto.*

(11) *Questo periodo è stato soppresso dall'art. 1, comma 301, lett.* b), *della L. 27 dicembre 2006, n. 296.*

(12) *Questo comma è stato abrogato dall'art. 1, comma 142, lett.* a), *della L 28 dicembre 2015, n. 208. A norma dell'art. 1, comma 144, della medesima legge, tali disposizioni si applicano a decorrere dal periodo d'imposta successivo a quello in corso al 31 dicembre 2015.*

(13) *Le parole: «o 168» sono state soppresse dall'art. 8, comma 3, del D.L.vo 14 settembre 2015, n. 147.*

A norma dell'art. 8, comma 4, primo periodo, del medesimo provvedimento, tali disposizioni si applicano a decorrere dal periodo di imposta in corso alla data di entrata in vigore del suddetto decreto.

A norma dell'art. 8, comma 4, secondo e terzo periodo, del medesimo provvedimento, per gli utili distribuiti dal soggetto non residente a decorrere dal periodo di imposta in corso alla data di entrata in vigore del suddetto decreto continuano ad applicarsi le disposizioni dell'articolo 3, commi 3 e 4, del decreto del Ministro dell'economia e delle finanze 7 agosto 2006, n. 268. Ai soli fini del precedente periodo, gli utili distribuiti dal soggetto non residente si presumono prioritariamente formati con quelli assoggettati a tassazione separata.

(14) *Questo comma, aggiunto dall'art. 1, comma 6, del D.L. 3 ottobre 2006, n. 262, convertito, con modificazioni, nella L. 24 novembre 2006, n. 286, è stato abrogato dall'art. 1, comma 142, lett.* a), *della L 28 dicembre 2015, n. 208. A norma dell'art. 1, comma 144, della medesima legge, tali disposizioni si applicano a decorrere dal periodo d'imposta successivo a quello in corso al 31 dicembre 2015.*

111. Imprese di assicurazioni. – 1. Nella determinazione del reddito delle società e degli enti che esercitano attività assicurative concorre a formare il reddito dell'esercizio la variazione delle riserve tecniche obbligatorie fino alla misura massima stabilita a norma di legge, salvo quanto stabilito nei commi successivi.

1 *bis*. La variazione delle riserve tecniche obbligatorie relative al ramo vita concorre a formare il reddito dell'esercizio per la parte corrispondente al rapporto tra l'ammontare dei ricavi e degli altri proventi che concorrono a formare il reddito d'impresa e l'ammontare complessivo di tutti i ricavi e i proventi, anche se esenti o esclusi, ivi compresa la quota non imponibile dei

a) per i contratti uniformi a termine negoziati in mercati regolamentari italiani o esteri, l'ultima quotazione rilevata entro la chiusura dell'esercizio;

b) per i contratti di compravendita di titoli il valore determinato ai sensi delle lettere *a*) e *b*) del comma 4 dell'articolo 94;

c) per i contratti di compravendita di valute, il tasso di cambio a pronti, corrente alla data di chiusura dell'esercizio, se si tratta di operazioni a pronti non ancora regolate, il tasso di cambio a termine corrente alla suddetta data per scadenze corrispondenti a quelle delle operazioni oggetto di valutazione, se si tratta di operazioni a termine;

d) in tutti gli altri casi, il valore determinato secondo i criteri di cui alla lettera *c*) del comma 4 dell'articolo 9.

3 *bis*. In deroga al comma 3, per i soggetti che redigono il bilancio in base ai princìpi contabili internazionali di cui al regolamento (CE) n. 1606/2002 del Parlamento europeo e del Consiglio, del 19 luglio 2002, e per i soggetti, diversi dalle micro-imprese di cui all'articolo 2435 *ter* del codice civile, che redigono il bilancio in conformità alle disposizioni del codice civile, ([5]) i componenti negativi imputati al conto economico in base alla corretta applicazione di tali princìpi assumono rilievo anche ai fini fiscali ([6]).

4. Se gli strumenti finanziari derivati di cui al comma 2 sono iscritti in bilancio ([7]) con finalità di copertura di attività o passività, ovvero sono coperte da attività o passività, i relativi componenti positivi e negativi derivanti da valutazione o da realizzo concorrono a formare il reddito secondo le medesime disposizioni che disciplinano i componenti positivi e negativi, derivanti da valutazione o da realizzo, delle attività o passività rispettivamente coperte o di copertura.

5. Se gli strumenti finanziari derivati di cui al comma 2 sono iscritti in bilancio ([8]) con finalità di copertura dei rischi relativi ad attività e passività produttive di interessi, i relativi componenti positivi e negativi concorrono a formare il reddito, secondo lo stesso criterio di imputazione degli interessi, se le operazioni hanno finalità di copertura di rischi connessi a specifiche attività e passività, ovvero secondo la durata del contratto, se le operazioni hanno finalità di copertura di rischi connessi ad insiemi di attività e passività.

6. Ai fini del presente articolo lo strumento finanziario derivato si considera con finalità di copertura in base alla corretta applicazione dei principi contabili adottati dall'impresa ([9]).

([1]) *Questo articolo è stato così sostituito dall'art. 11, comma 1, lett.* f), *del D.L.vo 28 febbraio 2005, n. 38.*

([2]) *L'originaria rubrica è stata così sostituita dall'attuale dall'art. 13* bis, *comma 2, lett.* f), *n. 7), del D.L. 30 dicembre 2016, n. 244, convertito, con modificazioni, nella L. 27 febbraio 2017, n. 19.*

([3]) *Questo comma è stato abrogato dall'art. 13* bis, *comma 2, lett.* f), *n. 1), del D.L. 30 dicembre 2016, n. 244, convertito, con modificazioni, nella L. 27 febbraio 2017, n. 19.*

([4]) *Le parole: «delle operazioni "fuori bilancio" in corso» sono state così sostituite dalle seguenti: «degli strumenti finanziari derivati» dall'art. 13* bis, *comma 2, lett.* f), *n. 2), del D.L. 30 dicembre 2016, n. 244, convertito, con modificazioni, nella L. 27 febbraio 2017, n. 19.*

([5]) *Le parole: «e per i soggetti, diversi dalle micro-imprese di cui all'articolo 2435* ter *del codice civile, che redigono il bilancio in conformità alle disposizioni del codice civile,» sono state inserite dall'art. 13* bis, *comma 2, lett.* f), *n. 3), del D.L. 30 dicembre 2016, n. 244, convertito, con modificazioni, nella L. 27 febbraio 2017, n. 19.*

([6]) *Questo comma è stato inserito dall'art. 1, comma 58, lett.* l), *della L. 24 dicembre 2007, n. 244, a decorrere dal periodo d'imposta successivo a quello in corso al 31 dicembre 2007.*

([7]) *Le parole: «le operazioni di cui al comma 1 sono poste in essere» sono state così sostituite dalle seguenti: «gli strumenti finanziari derivati di cui al comma 2 sono iscritti in bilancio» dall'art. 13* bis, *comma 2, lett.* f), *n. 4), del D.L. 30 dicembre 2016, n. 244, convertito, con modificazioni, nella L. 27 febbraio 2017, n. 19.*

([8]) *Le parole: «le operazioni di cui al comma 2 sono poste in essere» sono state così sostituite dalle seguenti: «gli strumenti finanziari derivati di cui al comma 2 sono iscritti in bilancio» dall'art. 13* bis, *comma 2, lett.* f), *n. 5), del D.L. 30 dicembre 2016, n. 244, convertito, con modificazioni, nella L. 27 febbraio 2017, n. 19.*

([9]) *Questo comma è stato così sostituito dall'art. 13* bis, *comma 2, lett.* f), *n. 6), del D.L. 30 dicembre 2016, n. 244, convertito, con modificazioni, nella L. 27 febbraio 2017, n. 19.*

113. ([1]) **Partecipazioni acquisite per il recupero di crediti bancari.** – 1. Gli intermediari finanziari ([2]) possono optare per la non applicazione del regime di cui all'articolo 87 alle partecipazioni acquisite nell'ambito degli interventi finalizzati al recupero di crediti o derivanti dalla conversione in azioni di nuova emissione dei crediti verso imprese in temporanea difficoltà finanziaria, nel rispetto delle disposizioni di vigilanza per le banche emanate da parte di Banca d'Italia ai sensi dell'articolo 23 della legge 28 dicembre 2005 n. 262.

2. L'opzione di cui al comma 1 può essere esercitata quando sussistono:

a) nel caso di acquisizione di partecipazioni per il recupero dei crediti, i motivi di convenienza rispetto ad altre forme alternative di recupero dei crediti, le modalità ed i tempi previsti per il recupero e, ove si tratti di partecipazioni dirette nella società debitrice, che l'operatività di quest'ultima sarà limitata agli atti connessi con il realizzo e la valorizzazione del patrimonio;

b) nel caso di conversione di crediti, gli elementi che inducono a ritenere temporanea la situazione di difficoltà finanziaria del debitore, ragionevoli le prospettive di riequilibrio economico e finanziario nel medio periodo ed economicamente conveniente la conversione rispetto ad altre forme alternative di recupero dei crediti; inoltre il piano di risanamento deve essere predisposto da più intermediari finanziari ([3]) rappresentanti una quota elevata dell'esposizione debitoria dell'impresa in difficoltà.

3. L'opzione di cui al comma 1 comporta, nei confronti della società di cui si acquisisce la partecipazione, la rinuncia ad avvalersi delle opzioni di cui alle sezioni II e III del presente capo e della facoltà prevista dall'articolo 115 fino all'esercizio in cui mantenga il possesso delle partecipazioni di cui sopra.

4. Ove sussistano le condizioni di cui ai commi 1, 2 e 3, l'opzione di cui al comma 1 comporta, ai fini dell'applicazione degli articoli 101, comma 5, e 106, da parte degli originari creditori, l'equiparazione ai crediti estinti o convertiti delle partecipazioni acquisite e delle quote di partecipazioni successivamente sottoscritte per effetto dell'esercizio del relativo diritto d'opzione, a condizione che il valore dei crediti convertiti sia trasferito alle azioni ricevute.

5. Gli intermediari finanziari ([2]) possono interpellare l'amministrazione ai sensi dell'articolo 11, comma 1, lettera *b*), della legge 27 luglio 2000, n. 212, recante lo Statuto dei diritti del contribuente. La relativa istanza deve indicare le condizioni di cui ai commi 2 e 3.

6. L'intermediario finanziario ([4]) che non intende applicare il regime di cui all'articolo 87 ma non ha presentato l'istanza di interpello prevista dal comma 5, ovvero, avendola presentata, non ha ricevuto risposta positiva deve segnalare nella dichiarazione del redditi gli elementi conoscitivi essenziali indicati con provvedimento del Direttore dell'Agenzia delle entrate.

([1]) *Questo articolo è stato così sostituito dall'art. 7, comma 1, del D.L.vo 24 settembre 2015, n. 156.*

A norma dell'art. 12, comma 1, le disposizioni del predetto decreto entrano in vigore a decorrere dal 1° gennaio 2016.

Si riporta il testo previgente:

«Art. 113. (Partecipazioni acquisite per il recupero di crediti bancari). - 1. Gli enti creditizi possono chiedere all'Agenzia delle entrate, secondo la procedura di cui all'articolo 11 della legge 27 luglio 2000, n. 212, recante lo statuto dei diritti del contribuente, che il regime di cui all'articolo 87 non si applichi alle partecipazioni acquisite nell'ambito degli interventi finalizzati al recupero di crediti o derivanti dalla conversione in azioni di nuova emissione dei crediti verso imprese in temporanea difficoltà finanziaria, di cui all'articolo 4, comma 3, del decreto del Ministro del tesoro 22 giugno 1993, n. 242632.

2. L'istanza all'Agenzia delle entrate deve contenere:

a*) nel caso di acquisizioni di partecipazioni per recupero di crediti, l'indicazione dei motivi di convenienza di tale procedura rispetto ad altre forme alternative di recupero dei crediti, delle modalità e dei tempi previsti per il recupero e, ove si tratti di partecipazioni dirette nella società debitrice, la precisazione che l'operatività di quest'ultima sarà limitata agli atti connessi con il realizzo e la valorizzazione del patrimonio;*

b*) nel caso di conversione di crediti, l'indicazione degli elementi che inducono a ritenere temporanea la situazione di difficoltà finanziaria del debitore, ragionevoli le prospettive di riequilibrio economico e finanziario nel medio periodo ed economicamente* *conveniente la conversione rispetto a forme alternative di recupero dei crediti; inoltre devono essere indicate le caratteristiche del piano di risanamento, che deve essere predisposto da più enti creditizi o finanziari rappresentanti una quota elevata dell'esposizione debitoria dell'impresa in difficoltà;*

c) la rinuncia, in caso di accoglimento dell'istanza, ad avvalersi, nei confronti della società in cui si acquisisce la partecipazione, delle opzioni di cui alle sezioni II e III del presente capo e della facoltà prevista dall'articolo 115 fino all'esercizio in cui mantenga il possesso delle partecipazioni di cui sopra.

3. L'accoglimento dell'istanza di cui al comma 1 comporta, ai fini dell'applicazione degli articoli 101, comma 5, e 106, da parte degli originari creditori, l'equiparazione ai crediti estinti o convertiti delle partecipazioni acquisite e delle quote di partecipazioni successivamente sottoscritte per effetto dell'esercizio del relativo diritto d'opzione, a condizione che il valore dei crediti convertiti sia trasferito alle azioni ricevute.».

(2) *Le parole: «enti creditizi» sono state così sostituite dalle attuali: «intermediari finanziari» dall'art. 12, comma 1, lett.* c), *n. 1), del D.L.vo 29 novembre 2018, n. 142. A norma dell'art. 13, comma 9, del medesimo provvedimento, tali disposizioni si applicano a decorrere dal periodo d'imposta in corso al 31 dicembre 2018; con riferimento ai periodi d'imposta precedenti ai quali si applicano le disposizioni di cui al decreto legislativo 18 agosto 2015, n. 136, per i quali i termini per il versamento a saldo delle imposte sui redditi sono scaduti anteriormente alla medesima data, sono fatti salvi gli effetti sulla determinazione del reddito complessivo ai fini delle imposte sui redditi e del valore della produzione netta ai fini dell'imposta regionale sulle attività produttive, relativi ai medesimi periodi d'imposta, derivanti dall'applicazione delle disposizioni vigenti in tali periodi, anche se non coerenti con le disposizioni di cui ai commi 2 e 3 dell'articolo 162* bis *del testo unico delle imposte sui redditi, di cui al decreto del Presidente della Repubblica 22 dicembre 1986, n. 917, introdotto dalla lettera* d) *del comma 1 dell'articolo 12. Ai fini del presente comma gli effetti sulla determinazione del reddito complessivo e del valore della produzione netta sono fatti salvi purché prodotti da comportamenti tra loro coerenti manifestati entro l'8 agosto 2018.*

(3) *Le parole: «enti creditizi o finanziari» sono state così sostituite dalle attuali: «intermediari finanziari» dall'art. 12, comma 1, lett.* c), *n. 2), del D.L.vo 29 novembre 2018, n. 142. A norma dell'art. 13, comma 9, del medesimo provvedimento, tali disposizioni si applicano a decorrere dal periodo d'imposta in corso al 31 dicembre 2018; con riferimento ai periodi d'imposta precedenti ai quali si applicano le disposizioni di cui al decreto legislativo 18 agosto 2015, n. 136, per i quali i termini per il versamento a saldo delle imposte sui redditi sono scaduti anteriormente alla medesima data, sono fatti salvi gli effetti sulla determinazione del reddito complessivo ai fini delle imposte sui redditi e del valore della produzione netta ai fini dell'imposta regionale sulle attività produttive, relativi ai medesimi periodi d'imposta, derivanti dall'applicazione delle disposizioni vigenti in tali periodi, anche se non coerenti con le disposizioni di cui ai commi 2 e 3 dell'articolo 162* bis *del testo unico delle imposte sui redditi, di cui al decreto del Presidente della Repubblica 22 dicembre 1986, n. 917, introdotto dalla lettera* d) *del comma 1 dell'articolo 12. Ai fini del presente comma gli effetti sulla determinazione del reddito complessivo e del valore della produzione netta sono fatti salvi purché prodotti da comportamenti tra loro coerenti manifestati entro l'8 agosto 2018.*

(4) *Le parole: «ente creditizio» sono state così sostituite dalle attuali: «intermediario finanziario» dall'art. 12, comma 1, lett.* c), *n. 3), del D.L.vo 29 novembre 2018, n. 142. A norma*

dell'art. 13, comma 9, del medesimo provvedimento, tali disposizioni si applicano a decorrere dal periodo d'imposta in corso al 31 dicembre 2018; con riferimento ai periodi d'imposta precedenti ai quali si applicano le disposizioni di cui al decreto legislativo 18 agosto 2015, n. 136, per i quali i termini per il versamento a saldo delle imposte sui redditi sono scaduti anteriormente alla medesima data, sono fatti salvi gli effetti sulla determinazione del reddito complessivo ai fini delle imposte sui redditi e del valore della produzione netta ai fini dell'imposta regionale sulle attività produttive, relativi ai medesimi periodi d'imposta, derivanti dall'applicazione delle disposizioni vigenti in tali periodi, anche se non coerenti con le disposizioni di cui ai commi 2 e 3 dell'articolo 162 bis *del testo unico delle imposte sui redditi, di cui al decreto del Presidente della Repubblica 22 dicembre 1986, n. 917, introdotto dalla lettera* d) *del comma 1 dell'articolo 12. Ai fini del presente comma gli effetti sulla determinazione del reddito complessivo e del valore della produzione netta sono fatti salvi purché prodotti da comportamenti tra loro coerenti manifestati entro l'8 agosto 2018.*

114. (1) **Banca d'Italia e Ufficio italiano dei cambi.** – 1. Nella determinazione del reddito della Banca d'Italia e dell'Ufficio italiano dei cambi assumono rilevanza i bilanci compilati in conformità ai criteri di rilevazione e di redazione adottati dalla Banca Centrale Europea ai sensi dello Statuto del SEBC e alle raccomandazioni dalla stessa formulate in materia, e non si tiene conto degli utili e dei proventi da versare allo Stato in ottemperanza a disposizioni legislative, regolamentari, statutarie, a deliberazioni del Comitato interministeriale per il credito e il risparmio o a convenzioni con il Ministero dell'economia e delle finanze.

2. Salvo quanto previsto al comma 1, si applicano le disposizioni di cui agli articoli 110, comma 2, terzo periodo, 106 commi 3, 4 e 5, e 112.

(1) *Questo articolo è stato così sostituito dall'art. 6, comma 12, del D.L.vo 18 novembre 2005, n. 247. A norma dell'art. 6, comma 13, dello stesso provvedimento, tali disposizioni hanno effetto per i periodi di imposta che iniziano a decorrere dal 1° gennaio 2005.*

115. Opzione per la trasparenza fiscale. – 1. Esercitando l'opzione di cui al comma 4, il reddito imponibile dei soggetti di cui all'articolo 73, comma 1, lettera *a*), al cui capitale sociale partecipano esclusivamente soggetti di cui allo stesso articolo 73, comma 1, lettera *a*), ciascuno con una percentuale del diritto di voto esercitabile nell'assemblea generale, richiamata dall'articolo 2346 del codice civile, e di partecipazione agli utili non inferiore al 10 per cento e non superiore al 50 per cento, è imputato a ciascun socio, indipendentemente dall'effettiva percezione, proporzionalmente alla sua quota di partecipazione agli utili. Ai soli fini dell'ammissione al regime di cui al presente articolo, nella percentuale di partecipazione agli utili di cui al periodo precedente non si considerano le azioni prive del predetto diritto di voto e la quota di utili delle azioni di cui all'articolo 2350, secondo comma, primo periodo, del codice civile, si assume pari alla quota di partecipazione al capitale delle azioni medesime. I requisiti di cui al primo periodo devono sussistere a partire dal primo giorno del periodo d'imposta della partecipata in cui si esercita l'opzione e permanere ininterrottamente sino al termine del periodo di opzione. L'esercizio dell'opzione non è consentito nel caso in cui:

a) i soci partecipanti fruiscano della riduzione dell'aliquota dell'imposta sul reddito delle società;

b) la società partecipata eserciti l'opzione di cui agli articoli 117 e 130 ([1]).

2. Nel caso in cui i soci con i requisiti di cui al comma 1 non siano residenti nel territorio dello Stato l'esercizio dell'opzione è consentito a condizione che non vi sia obbligo di ritenuta alla fonte sugli utili distribuiti.

3. L'imputazione del reddito avviene nei periodi d'imposta delle società partecipanti in corso alla data di chiusura dell'esercizio della società partecipata. Le ritenute operate a titolo d'acconto sui redditi di tale società, i relativi crediti d'imposta e gli acconti versati si scomputano dalle imposte dovute dai singoli soci secondo la percentuale di partecipazione agli utili di ciascuno. Le perdite fiscali della società partecipata relative a periodi in cui è efficace l'opzione sono imputate ai soci in proporzione alle rispettive quote di partecipazione ed entro il limite della propria quota del patrimonio netto contabile della società partecipata. Le perdite fiscali dei soci relative agli esercizi anteriori all'inizio della tassazione per trasparenza non possono essere utilizzate per compensare i redditi imputati dalle società partecipate ([2]).

4. L'opzione è irrevocabile per tre esercizi sociali della società partecipata e deve essere esercitata da tutte le società e comunicata all'Amministrazione finanziaria, con la dichiarazione presentata nel periodo d'imposta a decorrere dal quale si intende esercitare l'opzione ([3]). Al termine del triennio l'opzione si intende tacitamente rinnovata per un altro triennio a meno che non sia revocata, secondo le modalità e i termini previsti per la comunicazione dell'opzione ([4]). La disposizione di cui al periodo precedente si applica al termine di ciascun triennio ([4]).

5. L'esercizio dell'opzione di cui al comma 4 non modifica il regime fiscale in capo ai soci di quanto distribuito dalla società partecipata utilizzando riserve costituite con utili di precedenti esercizi o riserve di cui all'articolo 47, comma 5. Ai fini dell'applicazione del presente comma, durante i periodi di validità dell'opzione, salva una diversa esplicita volontà assembleare, si considerano prioritariamente distribuiti gli utili imputati ai soci ai sensi del comma 1. In caso di coperture di perdite, si considerano prioritariamente utilizzati gli utili imputati ai soci ai sensi del comma 1.

6. Nel caso vengano meno le condizioni per l'esercizio dell'opzione, l'efficacia della stessa cessa dall'inizio dell'esercizio sociale in corso della società partecipata. Gli effetti dell'opzione non vengono meno nel caso di muta-

mento della compagine sociale della società partecipata mediante l'ingresso di nuovi soci con i requisiti di cui al comma 1 o 2.

7. Nel primo esercizio di efficacia dell'opzione gli obblighi di acconto permangono anche in capo alla partecipata. Per la determinazione degli obblighi di acconto della partecipata stessa e dei suoi soci nel caso venga meno l'efficacia dell'opzione, si applica quanto previsto dall'articolo 124, comma 2. Nel caso di revoca ([5]) dell'opzione, gli obblighi di acconto si determinano senza considerare gli effetti dell'opzione sia per la società partecipata, sia per i soci.

8. La società partecipata è solidalmente responsabile con ciascun socio per l'imposta, le sanzioni e gli interessi conseguenti all'obbligo di imputazione del reddito.

9. Le disposizioni applicative della presente norma sono stabilite dallo stesso decreto ministeriale di cui all'articolo 129.

10. Ai soggetti di cui al comma 1 si applicano le disposizioni di cui all'articolo 40, secondo comma, del decreto del Presidente della Repubblica 29 settembre 1973, n. 600.

11. Il socio ridetermina il reddito imponibile oggetto di imputazione rettificando i valori patrimoniali della società partecipata secondo le modalità previste dall'articolo 128, fino a concorrenza delle svalutazioni determinatesi per effetto di rettifiche di valore ed accantonamenti fiscalmente non riconosciuti, al netto delle rivalutazioni assoggettate a tassazione, dedotte dal socio medesimo nel periodo d'imposta antecedente a quello dal quale ha effetto l'opzione di cui al comma 4 e nei nove precedenti.

12. Per le partecipazioni in società indicate nel comma 1 il relativo costo è aumentato o diminuito, rispettivamente, dei redditi e delle perdite imputati ai soci ed è altresì diminuito, fino a concorrenza dei redditi imputati, degli utili distribuiti ai soci.

([1]) *Questo comma è stato così sostituito dall'art. 7, comma 1, del D.L.vo 18 novembre 2005, n. 247. A norma dell'art. 7, comma 2, dello stesso provvedimento, queste disposizioni hanno effetto per i periodi di imposta che iniziano a decorrere dal 1° gennaio 2005.*

([2]) *Questo periodo è stato aggiunto dall'art. 36, comma 9, del D.L. 4 luglio 2006, n. 223, convertito, con modificazioni, nella L. 4 agosto 2006, n. 248.*

([3]) *Le parole: «entro il primo dei tre esercizi sociali predetti, secondo le modalità indicate in un provvedimento del Direttore dell'Agenzia delle entrate» sono state così sostituite dalle attuali: «con la dichiarazione presentata nel periodo d'imposta a decorrere dal quale si intende esercitare l'opzione» dall'art. 16, comma 1, del D.L.vo 21 novembre 2014, n. 175. Tali disposizioni si applicano a decorrere dal periodo d'imposta successivo a quello in corso al 31 dicembre 2014.*

([4]) *Questo periodo è stato aggiunto dall'art. 7* quater*, comma 27, lett.* b)*, del D.L. 22 ottobre 2016, n. 193, convertito, con modificazioni, nella L. 1 dicembre 2016, n. 225.*

Tali disposizioni si applicano a decorrere dal periodo d'imposta successivo a quello in corso al 31 dicembre 2016.

([5]) *La parole*: «*mancato rinnovo*» *sono state così sostituite dalla seguente*: «*revoca*» *dall'art. 7* quater, *comma 27, lett.* a), *del D.L. 22 ottobre 2016, n. 193, convertito, con modificazioni, nella L. 1 dicembre 2016, n. 225.*

Tali disposizioni si applicano a decorrere dal periodo d'imposta successivo a quello in corso al 31 dicembre 2016.

116. Opzione per la trasparenza fiscale delle società a ristretta base proprietaria ([1]). – 1. L'opzione di cui all'articolo 115 può essere esercitata con le stesse modalità ed alle stesse condizioni, ad esclusione di quelle indicate nel comma 1 del medesimo articolo 115, dalle società a responsabilità limitata il cui volume di ricavi non supera le soglie previste per l'applicazione degli studi di settore e con una compagine sociale composta esclusivamente da persone fisiche in numero non superiore a 10 o a 20 nel caso di società cooperativa. [L'opzione non può essere esercitata, o se esercitata perde efficacia, nel caso di possesso o di acquisto di una partecipazione con i requisiti di cui all'articolo 87] ([2]).

2. Si applicano le disposizioni del terzo e del quarto ([3]) periodo del comma 3 dell'articolo 115 e quelle [del primo e terzo periodo] ([4]) del comma 3 dell'articolo 8. Le plusvalenze di cui all'articolo 87 e gli utili di cui all'articolo 89, commi 2 e 3, concorrono a formare il reddito imponibile nella misura indicata, rispettivamente, nell'articolo 58, comma 2, e nell'articolo 59 ([5]).

[2 *bis*. In alternativa a quanto disposto dai commi 1 e 2, le società ivi previste possono esercitare l'opzione per l'applicazione del regime di cui all'articolo 55 *bis*. Gli utili di esercizio e le riserve di utili derivanti dalle partecipazioni nelle società che esercitano l'opzione di cui all'articolo 55 *bis* si considerano equiparati alle somme di cui al comma 3 dello stesso articolo. Si applicano le disposizioni dell'articolo 84, comma 3 ([6]). Per i soggetti che fruiscono di un regime di esenzione dell'utile, la perdita è riportabile nei limiti di cui all'articolo 84, comma 1, secondo periodo] ([6]) ([7]).

([1]) *L'originaria rubrica* «Opzione per la trasparenza fiscale delle società a ristretta base proprietaria» *era stata sostituita dalla seguente:* «Opzioni per le società a ristretta base proprietaria» *dall'art. 1, comma 547, lett.* c), *n.* 1), *della L. 11 dicembre 2016, n. 232, a decorrere dal 1° gennaio 2018 e poi così ripristinata dall'art. 1, comma 1055, lett.* a), *n.* 3.2), *della L. 30 dicembre 2018, n. 145, a decorrere dal 1° gennaio 2019.*

([2]) *Questo periodo è stato soppresso dall'art. 36, comma 16, lett.* a), *del D.L. 4 luglio 2006, n. 223, convertito, con modificazioni, nella L. 4 agosto 2006, n. 248, a decorrere dal periodo di imposta in corso alla data di entrata in vigore dello stesso decreto legge, avvenuta il giorno della sua pubblicazione* (*Suppl. ord. alla* Gazzetta Ufficiale *Serie gen. - n. 186 dell'11 agosto 2006*).

([3]) *Le parole*: «*e del quarto*» *sono state inserite dall'art. 36, comma 10, del D.L. 4 luglio 2006, n. 223, convertito, con modificazioni, nella L. 4 agosto 2006, n. 248. A norma dell'art. 36, comma 11, dello stesso D.L., come sostituito dall'art. 2, comma 23, del D.L. 3 ottobre 2006, n. 262, convertito, con modificazioni, nella L. 24 novembre 2006, n. 286, tali disposizioni hanno effetto con riferimento ai redditi delle società partecipate relativi a periodi d'imposta che iniziano successivamente alla data di entrata in vigore del presente decreto. Per i redditi delle società partecipate relativi a periodi d'imposta precedenti alla predetta data resta ferma l'applicazione delle disposizioni di cui all'articolo 37* bis *del decreto del Presidente della Repubblica 29 settembre 1973, n. 600.*

(4) *Le parole fra parentesi quadrate sono state soppresse dall'art. 1, comma 23, lett.* d*), n. 1), della L. 30 dicembre 2018, n. 145.*

Tali disposizioni si applicano a decorrere dal periodo d'imposta successivo a quello in corso al 31 dicembre 2017.

(5) *Questo periodo è stato aggiunto dall'art. 36, comma 16, lett.* b*), del D.L. 4 luglio 2006, n. 223, convertito, con modificazioni, nella L. 4 agosto 2006, n. 248, a decorrere dal periodo di imposta in corso alla data di entrata in vigore dello stesso decreto legge, avvenuta il giorno della sua pubblicazione (Suppl. ord. alla* Gazzetta Ufficiale *Serie gen. - n. 186 dell'11 agosto 2006).*

(6) *Questo periodo è stato aggiunto dall'art. 1, comma 23, lett.* d*), n. 2), della L. 30 dicembre 2018, n. 145.*

Tali disposizioni si applicano a decorrere dal periodo d'imposta successivo a quello in corso al 31 dicembre 2017.

(7) *Questo comma, aggiunto dall'art. 1, comma 547, lett.* c*), n. 2), della L. 11 dicembre 2016, n. 232, a decorrere dal 1° gennaio 2018, è stato abrogato dall'art. 1, comma 1055, lett.* a*), n. 3.1), della L. 30 dicembre 2018, n. 145. Tali disposizioni si applicano a decorrere dal periodo d'imposta successivo a quello in corso al 31 dicembre 2017.*

Sezione II
Consolidato nazionale

117. (1) **Soggetti ammessi alla tassazione di gruppo di imprese controllate residenti.** – 1. La società o l'ente controllante e ciascuna società controllata rientranti fra i soggetti di cui all'articolo 73, comma 1, lettere *a*) e *b*), fra i quali sussiste il rapporto di controllo di cui all'articolo 2359, comma 1, numero 1), del codice civile, con i requisiti di cui all'articolo 120, possono congiuntamente esercitare l'opzione per la tassazione di gruppo.

2. I soggetti di cui all'articolo 73, comma 1, lettera *d*), possono esercitare l'opzione di cui al comma 1 [precedente] (2) (3) [solo] (4) in qualità di controllanti ed a condizione:

a) di essere residenti in Paesi con i quali è in vigore un accordo per evitare la doppia imposizione;

b) di esercitare nel territorio dello Stato un'attività d'impresa, come definita dall'articolo 55, mediante una stabile organizzazione, come definita dall'articolo 162, che assume la qualifica di consolidante (5) (3) (6).

2 *bis*. I soggetti di cui all'articolo 73, comma 1, lettera *d*), privi del requisito di cui alla lettera *b*) del comma 2, residenti in Stati appartenenti all'Unione europea ovvero in Stati aderenti all'Accordo sullo Spazio economico europeo con il quale l'Italia abbia stipulato un accordo che assicuri un effettivo scambio di informazioni, che rivestono una forma giuridica analoga a quelle previste dall'articolo 73, comma 1, lettere *a*) e *b*), possono designare una società residente nel territorio dello Stato o non residente di cui al comma 2 *ter*, controllata ai sensi dell'articolo 2359, comma 1, numero 1), del codice civile con i requisiti di cui all'articolo 120, ad esercitare l'opzione per la tassazione di gruppo congiuntamente con ciascuna società residente o non residente di cui al comma 2 *ter*, su cui parimenti essi esercitano il controllo ai sensi dell'articolo 2359, comma 1, numero 1), del codice civile con i requisiti di cui all'articolo 120. La controllata designata non può esercitare l'opzione con le società da cui è partecipata. Agli effetti del presente comma:

a) la controllata designata, in qualità di consolidante, acquisisce tutti i diritti, obblighi ed oneri previsti dagli articoli da 117 a 127 per le società o enti controllanti;

b) i requisiti del controllo di cui al comma 1 devono essere verificati in capo al soggetto controllante non residente;

c) l'efficacia dell'opzione è subordinata alla condizione che il soggetto controllante non residente designi la controllata residente assumendo, in via sussidiaria, le responsabilità previste dall'articolo 127 per le società o enti controllanti;

d) in ipotesi di interruzione della tassazione di gruppo prima del compimento del triennio o di revoca (7) dell'opzione, le perdite fiscali risultanti dalla dichiarazione di cui all'articolo 122 sono attribuite esclusivamente alle controllate che le hanno prodotte, al netto di quelle utilizzate, e nei cui confronti viene meno il requisito del controllo secondo i criteri stabiliti dai soggetti interessati;

e) se il requisito del controllo nei confronti della controllata designata cessa per qualsiasi motivo prima del compimento del triennio, il soggetto controllante non residente può designare, tra le controllate appartenenti al medesimo consolidato, un'altra controllata residente avente le caratteristiche di cui al presente comma senza che si interrompa la tassazione di gruppo. La nuova controllata designata assume le responsabilità previste dall'articolo 127 per le società o enti controllanti relativamente ai precedenti periodi d'imposta di validità della tassazione di gruppo, in solido con la società designata nei cui confronti cessa il requisito del controllo (8) (9).

2 *ter*. I soggetti di cui all'articolo 73, comma 1, lettera *d*), controllati ai sensi dell'articolo 2359, comma 1, numero 1), del codice civile, possono eser-

citare l'opzione di cui al comma 1 in qualità di controllata mediante una stabile organizzazione come definita dal comma 1 *bis* dell'articolo 120 ([8]).

3. Permanendo il requisito del controllo di cui al comma 1 ([10]) ([3]), l'opzione ha durata per tre esercizi sociali ed è irrevocabile. Al termine del triennio l'opzione si intende tacitamente rinnovata per un altro triennio a meno che non sia revocata, secondo le modalità e i termini previsti per la comunicazione dell'opzione ([11]). La disposizione di cui al periodo precedente si applica al termine di ciascun triennio ([11]). In caso di rinnovo tacito dell'opzione la società o ente controllante può modificare il criterio utilizzato, ai sensi dell'articolo 124, comma 4, per l'eventuale attribuzione delle perdite residue, in caso di interruzione anticipata della tassazione di gruppo o di revoca dell'opzione, alle società che le hanno prodotte, nella dichiarazione dei redditi presentata nel periodo d'imposta a decorrere dal quale si intende rinnovare l'opzione ([11]). Nel caso venga meno il requisito del controllo di cui al comma 1 si determinano le conseguenze di cui all'articolo 124 ([11]).

([1]) *A norma del secondo periodo dell'art. 6, comma 4, del D.L.vo 14 settembre 2015, n. 147, il medesimo provvedimento disciplina l'applicazione della disposizione di cui al presente articolo alle opzioni per la tassazione di gruppo già in corso alla data di entrata in vigore delle stesse, attenendosi al criterio di consentire, sussistendone i presupposti di legge, l'eventuale inclusione nel regime di tassazione di gruppo delle stabili organizzazioni o delle controllate di soggetti esteri senza interruzione dei consolidati esistenti.*

([2]) *La parola: «precedente» è stata soppressa dall'art. 8, comma 1, lett.* a), *n. 1), del D.L.vo 18 novembre 2005, n. 247.*

([3]) *A norma dell'art. 8, comma 7, del D.L.vo 18 novembre 2005, n. 247, tali disposizioni hanno effetto per i periodi di imposta che iniziano a decorrere dal 1° gennaio 2004.*

([4]) *La parola tra parentesi quadrate è stata soppressa dall'art. 6, comma 1, lett.* a), *n. 1), del D.L.vo 14 settembre 2015, n. 147. A norma dell'art. 6, comma 3, del medesimo provvedimento, tali disposizioni si applicano a decorrere dal periodo di imposta in corso alla data di entrata in vigore del presente decreto.*

([5]) *Questa lettera è stata così sostituita dall'art. 8, comma 1, lett.* a), *n. 2), del D.L.vo 18 novembre 2005, n. 247.*

([6]) *Le parole: «nel cui patrimonio sia compresa la partecipazione in ciascuna società controllata» sono state così sostituite dalle seguenti: «che assume la qualifica di consolidante» dall'art. 6, comma 1, lett.* a), *n. 2), del D.L.vo 14 settembre 2015, n. 147. A norma dell'art. 6, comma 3, del medesimo provvedimento, tali disposizioni si applicano a decorrere dal periodo di imposta in corso alla data di entrata in vigore del presente decreto.*

([7]) *La parole: «mancato rinnovo» sono state così sostituite dalla seguente: «revoca» dall'art. 7* quater, *comma 27, lett.* a), *del D.L. 22 ottobre 2016, n. 193, convertito, con modificazioni, nella L. 1 dicembre 2016, n. 225.*

Tali disposizioni si applicano a decorrere dal periodo d'imposta successivo a quello in corso al 31 dicembre 2016.

([8]) *Questo comma è stato aggiunto dall'art. 6, comma 1, lett.* b), *del D.L.vo 14 settembre 2015, n. 147. A norma dell'art. 6, comma 3, del medesimo provvedimento, tali disposizioni si applicano a decorrere dal periodo di imposta in corso alla data di entrata in vigore del presente decreto.*

([9]) *A norma dell'art. 6, comma 4, del D.L.vo 14 settembre 2015, n. 147, con provvedimento del Direttore dell'Agenzia delle entrate, da emanarsi entro trenta giorni dalla data di entrata in vigore del suddetto decreto, sono stabiliti i contenuti e le modalità per la designazione della controllata di cui al presente comma.*

([10]) *Le parole: «all'art. 120» sono state così sostituite dalle attuali dall'art. 8, comma 1, lett.* b), *del D.L.vo 18 novembre 2005, n. 247.*

([11]) *L'ultimo periodo di questo comma: «Nel caso venga meno tale requisito si determinano le conseguenze di cui all'articolo 124» è stato così sostituito dagli attuali periodi, dall'art. 7* quater, *comma 27, lett.* c), *del D.L. 22 ottobre 2016, n. 193, convertito, con modificazioni, nella L. 1 dicembre 2016, n. 225.*

Tali disposizioni si applicano a decorrere dal periodo d'imposta successivo a quello in corso al 31 dicembre 2016.

118. Effetti dell'esercizio dell'opzione. – 1. L'esercizio dell'opzione per la tassazione di gruppo di cui all'articolo 117 comporta la determinazione di un reddito complessivo globale corrispondente alla somma algebrica dei redditi complessivi netti da considerare, quanto alle società controllate, per l'intero importo indipendentemente dalla quota di partecipazione riferibile al soggetto controllante. Al soggetto controllante compete il riporto a nuovo della eventuale perdita risultante dalla somma algebrica degli imponibili, la liquidazione dell'unica imposta dovuta o dell'unica eccedenza rimborsabile o riportabile a nuovo.

1 *bis*. Ai fini della determinazione del credito d'imposta per i redditi prodotti all'estero di cui all'articolo 165:

a) per reddito complessivo deve intendersi il reddito complessivo globale;

b) la quota di imposta italiana fino a concorrenza della quale è accreditabile l'imposta estera è calcolata separatamente per ciascuno dei soggetti partecipanti al consolidato, e per ciascuno Stato;

c) nelle ipotesi di interruzione della tassazione di gruppo prima del compimento del triennio o di revoca ([1]) dell'opzione il diritto al riporto in avanti e all'indietro dell'eccedenza di cui all'articolo 165, comma 6, compete ai soggetti che hanno prodotto i redditi all'estero ([2]) ([3]).

2. Le perdite fiscali relative agli esercizi anteriori all'inizio della tassazione di gruppo di cui alla presente sezione possono essere utilizzate solo dalle società cui si riferiscono. Le eccedenze d'imposta riportate a nuovo relative agli stessi esercizi possono essere utilizzate dalla società o ente controllante o alternativamente dalle società cui competono. Resta ferma l'applicabilità

delle disposizioni di cui all'articolo 43 *ter* del decreto del Presidente della Repubblica 29 settembre 1973, n. 602.

3. Gli obblighi di versamento a saldo ed in acconto competono esclusivamente alla controllante. L'acconto dovuto è determinato sulla base dell'imposta relativa al periodo precedente, al netto delle detrazioni e dei crediti d'imposta e delle ritenute d'acconto, come indicata nella dichiarazione dei redditi, presentata ai sensi dell'articolo 122. Per il primo esercizio la determinazione dell'acconto dovuto dalla controllante è effettuata sulla base dell'imposta, al netto delle detrazioni, dei crediti d'imposta e delle ritenute d'acconto, corrispondente alla somma algebrica dei redditi relativi al periodo precedente come indicati nelle dichiarazioni dei redditi presentate per il periodo stesso dalle società singolarmente considerate. Si applicano, in ogni caso, le disposizioni di cui all'articolo 4 del decreto legge 2 marzo 1989, n. 69, convertito, con modificazioni, dalla legge 27 aprile 1989, n. 154.

4. Non concorrono alla formazione del reddito imponibile in quanto escluse le somme percepite o versate tra le società di cui al comma 1 in contropartita dei vantaggi fiscali ricevuti o attribuiti.

(1) *La parole: «mancato rinnovo» sono state così sostituite dalla seguente: «revoca» dall'art. 7* quater, *comma 27, lett.* a), *del D.L. 22 ottobre 2016, n. 193, convertito, con modificazioni, nella L. 1 dicembre 2016, n. 225.*

Tali disposizioni si applicano a decorrere dal periodo d'imposta successivo a quello in corso al 31 dicembre 2016.

(2) *Questo comma è stato inserito dall'art. 8, comma 2, del D.L.vo 18 novembre 2005, n. 247.*

(3) *A norma dell'art. 8, comma 7, del D.L.vo 18 novembre 2005, n. 247, le disposizioni di questo comma hanno effetto per i periodi di imposta che iniziano a decorrere dal 1° gennaio 2005.*

119. Condizioni per l'efficacia dell'opzione. – 1. L'opzione può essere esercitata da ciascuna entità legale solo in qualità di controllante o solo in qualità di controllata e la sua efficacia è subordinata al verificarsi delle seguenti condizioni:

a) identità dell'esercizio sociale di ciascuna società controllata con quello della società o ente controllante;

b) esercizio congiunto dell'opzione da parte di ciascuna controllata e dell'ente o società controllante;

c) elezione di domicilio da parte di ciascuna controllata presso la società o ente controllante ai fini della notifica degli atti e provvedimenti relativi ai periodi d'imposta per i quali è esercitata l'opzione prevista dall'articolo 117. L'elezione di domicilio è irrevocabile fino al termine del periodo di decadenza dell'azione di accertamento o di irrogazione delle sanzioni relative all'ultimo esercizio il cui reddito è stato incluso nella dichiarazione di cui all'articolo 122;

d) l'avvenuto esercizio congiunto dell'opzione deve essere comunicato all'Agenzia delle entrate con la dichiarazione presentata nel periodo d'imposta a decorrere dal quale si intende esercitare l'opzione ([1]).

2. Non viene meno l'efficacia dell'opzione nel caso in cui per effetto di operazioni di fusione, di scissione e di liquidazione volontaria si determinano all'interno dello stesso esercizio più periodi d'imposta. Il decreto di cui all'articolo 129 stabilisce le modalità e gli adempimenti formali da porre in essere per pervenire alla determinazione del reddito complessivo globale.

([1]) *Le parole: «entro il sedicesimo giorno del sesto mese successivo alla chiusura del periodo d'imposta precedente al primo esercizio cui si riferisce l'esercizio dell'opzione stessa secondo le modalità previste dal decreto di cui all'articolo 129» sono state così sostituite dalle attuali: «con la dichiarazione presentata nel periodo d'imposta a decorrere dal quale si intende esercitare l'opzione» dall'art. 16, comma 2, del D.L.vo 21 novembre 2014, n. 175. Tali disposizioni si applicano a decorrere dal periodo d'imposta successivo a quello in corso al 31 dicembre 2014.*

120. Definizione del requisito di controllo. – 1. Agli effetti della presente sezione si considerano controllate le società per azioni, in accomandita per azioni, a responsabilità limitata:

a) al cui capitale sociale la società o l'ente controllante partecipa direttamente o indirettamente per una percentuale superiore al 50 per cento, da determinarsi relativamente all'ente o società controllante tenendo conto della eventuale demoltiplicazione prodotta dalla catena societaria di controllo, senza considerare le azioni prive del diritto di voto esercitabile nell'assemblea generale richiamata dall'articolo 2346 del codice civile;

b) al cui utile di bilancio la società o l'ente controllante partecipa direttamente o indirettamente per una percentuale superiore al 50 per cento da determinarsi relativamente all'ente o società controllante, tenendo conto della eventuale demoltiplicazione prodotta dalla catena societaria di controllo e senza considerare la quota di utile di competenza delle azioni prive del diritto di voto esercitabile nell'assemblea generale richiamata dall'articolo 2346 del codice civile.

1 *bis*. Si considerano altresì controllate le stabili organizzazioni nel territorio dello Stato, come definite dall'articolo 162, dei soggetti di cui all'articolo 73, comma 1, lettera *d*), residenti in Stati appartenenti all'Unione europea ovvero in Stati aderenti all'Accordo sullo Spazio economico europeo con il quale l'Italia abbia stipulato un accordo che assicuri un effettivo scambio di

informazioni, che rivestono una forma giuridica analoga a quelle di cui al comma 1, con i requisiti di cui al medesimo comma (1).

2. Il requisito del controllo di cui all'articolo 117, comma 1 deve sussistere sin dall'inizio di ogni esercizio relativamente al quale la società o ente controllante e la società controllata si avvalgono dell'esercizio dell'opzione.

(1) *Questo comma è stato aggiunto dall'art. 6, comma 2, del D.L.vo 14 settembre 2015, n. 147. A norma dell'art. 6, comma 3, del medesimo provvedimento, tali disposizioni si applicano a decorrere dal periodo di imposta in corso alla data di entrata in vigore del presente decreto.*

121. Obblighi delle società controllate. – 1. Per effetto dell'esercizio congiunto dell'opzione di cui all'articolo 117, ciascuna società controllata, secondo quanto previsto dal decreto di cui all'articolo 129, deve:

a) compilare il modello della dichiarazione dei redditi al fine di comunicare alla società o ente controllante la determinazione del proprio reddito complessivo, delle ritenute subite, delle detrazioni e dei crediti d'imposta spettanti, compresi quelli compensabili ai sensi dell'articolo 17 del decreto legislativo 9 luglio 1997, n. 241, e degli acconti autonomamente versati. Al modello deve essere allegato il prospetto di cui all'articolo 109, comma 4, lettera *b*), con le indicazioni richieste relative ai componenti negativi di reddito dedotti;

b) fornire alla società controllante i dati relativi ai beni ceduti ed acquistati secondo il regime di neutralità fiscale di cui all'articolo 123, specificando la differenza residua tra valore di libro e valore fiscale riconosciuto;

c) fornire ogni necessaria collaborazione alla società controllante per consentire a quest'ultima l'adempimento degli obblighi che le competono nei confronti dell'Amministrazione finanziaria anche successivamente al periodo di validità dell'opzione.

122. (1) **Obblighi della società o ente controllante.** – 1. La società o ente controllante presenta la dichiarazione dei redditi del consolidato, calcolando il reddito complessivo globale risultante dalla somma algebrica dei redditi complessivi netti dichiarati da ciascuna delle società partecipanti al regime del consolidato e procedendo alla liquidazione dell'imposta di gruppo secondo le disposizioni attuative contenute nel decreto ministeriale di cui all'articolo 129 e in quello di approvazione del modello annuale di dichiarazione dei redditi.

(1) *Questo articolo è stato così sostituito dall'art. 1, comma 33, lett.* s), *della L. 24 dicembre 2007, n. 244. Ai sensi dell'art. 1, comma 34, L. 24 dicembre 2007, n. 244, l'eliminazione della rettifica di consolidamento concernente la quota imponibile dei dividendi distribuiti dalle società controllate, conseguente alle modifiche recate dalle lettere* s) *e* t) *del comma 33, ha effetto dalle delibere di distribuzione adottate a partire dal 1° settem-*

bre 2007, esclusa la delibera riguardante la distribuzione dell'utile relativo all'esercizio anteriore a quello in corso al 31 dicembre 2007.

123. ([1]) [**Regime di neutralità per i trasferimenti infragruppo.** – 1. Fra le società che hanno esercitato l'opzione di cui alla presente sezione, le cessioni di beni diversi da quelli di cui agli articoli 85 e 87, possono avvenire in regime di continuità di valori fiscali riconosciuti su opzione congiunta della società cedente e cessionaria risultante dal relativo contratto stipulato in forma scritta ed a condizione che dalla dichiarazione dei redditi di cui all'articolo 122 risulti la differenza tra il valore di libro ed il valore fiscale riconosciuto del bene trasferito.

2. Salvo l'accoglimento dell'istanza di cui al comma 8 dell'articolo 37 *bis* del decreto del Presidente della Repubblica 29 settembre 1973, n. 600, le perdite fiscali di cui all'articolo 118, comma 2, non possono essere utilizzate per compensare le plusvalenze realizzate dal cessionario con la successiva cessione o il successivo conferimento dei beni trasferiti secondo il regime di neutralità fiscale di cui al comma 1.

2 *bis*. Le perdite fiscali di cui all'articolo 118, comma 2, non possono essere utilizzate per compensare le plusvalenze realizzate dal cedente a seguito del trasferimento dei beni effettuato secondo il regime di neutralità fiscale di cui al comma 1].

([1]) *Questo articolo è stato abrogato dall'art. 1, comma 33, lett.* v), *della L. 24 dicembre 2007, n. 244.*

124. Interruzione della tassazione di gruppo prima del compimento del triennio. – 1. Se il requisito del controllo, così come definito dall'articolo 117, cessa per qualsiasi motivo prima del compimento del triennio, il reddito della società o dell'ente controllante, per il periodo d'imposta in cui viene meno tale requisito, viene aumentato o diminuito ([1]) ([2]) per un importo corrispondente:

a) agli interessi passivi dedotti o non dedotti ([3]) ([2]) nei precedenti esercizi del triennio per effetto di quanto previsto dall'articolo 97, comma 2;

b) alla residua differenza tra il valore di libro e quello fiscale riconosciuto dei beni acquisiti dalla stessa società o ente controllante o da altra società controllata secondo il regime di neutralità fiscale di cui all'articolo 123. Il periodo precedente si applica nel caso in cui il requisito del controllo venga meno anche nei confronti della sola società cedente o della sola società cessionaria.

2. Nel caso di cui al comma 1 entro trenta giorni dal venir meno del requisito del controllo:

a) la società o l'ente controllante deve integrare quanto versato a titolo d'acconto se il versamento complessivamente effettuato è inferiore a quello dovuto relativamente alle società per le quali continua la validità dell'opzione;

([3]) *Questo comma è stato così sostituito dall'art. 8, comma 6, lett.* b), *del D.L.vo 18 novembre 2005, n. 247.*

([4]) *Questo comma è stato abrogato dall'art. 8, comma 6, lett.* c), *del D.L.vo 18 novembre 2005, n. 247.*

128. Norma transitoria. – 1. Fino a concorrenza delle svalutazioni determinatesi per effetto di rettifiche di valore ed accantonamenti fiscalmente non riconosciuti, al netto delle rivalutazioni assoggettate a tassazione, dedotte nel periodo d'imposta antecedente a quello dal quale ha effetto l'opzione di cui all'articolo 117 e nei nove precedenti dalla società o ente controllante o da altra società controllata, anche se non esercente l'opzione di cui all'articolo 117, i valori fiscali degli elementi dell'attivo e del passivo della società partecipata se, rispettivamente, superiori o inferiori a quelli contabili sono ridotti o aumentati dell'importo delle predette svalutazioni in proporzione ai rapporti tra la differenza dei valori contabili e fiscali dell'attivo e del passivo e l'ammontare complessivo di tali differenze.

129. Disposizioni applicative. – 1. Con decreto di natura non regolamentare del Ministro dell'economia e delle finanze sono adottate le disposizioni applicative della presente sezione.

Sezione III
Consolidato mondiale

130. Soggetti ammessi alla determinazione della unica base imponibile per il gruppo di imprese non residenti. – 1. Le società e gli enti di cui all'articolo 73, comma 1, lettere *a*) e *b*), possono esercitare l'opzione per includere proporzionalmente nella propria base imponibile, indipendentemente dalla distribuzione, i redditi conseguiti da tutte le proprie società controllate ai sensi dell'articolo 2359, primo comma, numero 1), del codice civile non residenti e rientranti nella definizione di cui all'articolo 133.

2. L'esercizio dell'opzione di cui al comma 1 è consentito alle società ed agli enti:

a) i cui titoli sono negoziati nei mercati regolamentati;

b) controllati ai sensi dell'articolo 2359, comma 1, n. 1) del codice civile esclusivamente dallo Stato o da altri enti pubblici, da persone fisiche residenti che non si qualifichino a loro volta, tenendo conto delle partecipazioni possedute da loro parti correlate, quali soggetti controllanti ai sensi dell'articolo 2359, comma 1, numeri 1) e 2), del codice civile di altra società o ente commerciale residente o non residente.

3. Per la verifica della condizione di cui alla lettera *b*) del comma 2, le partecipazioni possedute dai familiari di cui all'articolo 5, comma 5, si cumulano fra loro.

4. La società controllante che si qualifica per l'esercizio dell'opzione di cui al comma 1 non può quale controllata esercitare anche l'opzione di cui alla sezione precedente.

131. Effetti dell'esercizio dell'opzione. – 1. L'esercizio dell'opzione consente di imputare al soggetto controllante indipendentemente dalla distribuzione i redditi e le perdite prodotti dalle controllate non residenti di cui all'articolo 133 per la quota parte corrispondente alla quota di partecipazione agli utili dello stesso soggetto controllante e delle società controllate residenti di cui al comma 2, tenendo conto della demoltiplicazione determinata dalla catena societaria di controllo.

2. Nel caso in cui la partecipazione in una controllata non residente sia detenuta in tutto o in parte per il tramite di una o più controllate residenti, per la validità dell'opzione di cui all'articolo 130 è necessario che la società controllante e ciascuna di tali controllate residenti esercitino l'opzione di cui alla sezione II. In tal caso la quota di reddito della controllata non residente da includere nella base imponibile del gruppo corrisponde alla somma delle quote di partecipazione di ciascuna società residente di cui al presente comma.

3. L'imputazione di cui al comma 1 avviene nel periodo d'imposta del soggetto controllante e delle società controllate di cui al comma 2 in corso alla data di chiusura dell'esercizio della società non residente. Nel caso in cui quest'ultima non abbia l'obbligo della redazione annuale del bilancio d'esercizio, l'imputazione avviene l'ultimo giorno del periodo cui si riferisce il bilancio volontario di cui all'articolo 132, comma 2.

4. Ai fini del comma 3 si considera la quota di partecipazione agli utili alla data di chiusura dell'esercizio della società non residente o se maggiore quella alla data di approvazione o revisione del relativo bilancio.

5. Gli obblighi di versamento a saldo ed in acconto competono alla controllante. L'acconto dovuto è determinato sulla base dell'imposta relativa al periodo precedente, al netto delle detrazioni e dei crediti d'imposta e delle ritenute d'acconto, come indicata nella dichiarazione dei redditi presentata ai sensi dell'articolo 130. Per il primo esercizio la determinazione dell'acconto dovuto dalla controllante è effettuata sulla base dell'imposta, al netto delle detrazioni, dei crediti d'imposta e delle ritenute d'acconto, corrispondente alla somma algebrica degli imponibili relativi al periodo precedente, come indicati nelle dichiarazioni dei redditi presentate per il periodo stesso dalle società residenti singolarmente considerate. Si applicano, in ogni caso,

le disposizioni di cui all'articolo 4 del decreto legge 2 marzo 1989, n. 69, convertito, con modificazioni, dalla legge 27 aprile 1989, n. 154.

132. Condizioni per l'efficacia dell'opzione. – 1. Permanendo il requisito del controllo, come definito nell'articolo 133, l'opzione di cui all'articolo 131 ha durata per cinque esercizi del soggetto controllante ed è irrevocabile. Al termine del quinquennio l'opzione si intende tacitamente rinnovata per il successivo triennio a meno che non sia revocata, secondo le modalità e i termini previsti per la comunicazione dell'opzione. La disposizione di cui al periodo precedente si applica al termine di ciascun triennio ([1]).

2. L'efficacia dell'opzione è altresì subordinata al verificarsi delle seguenti condizioni:

a) il suo esercizio deve avvenire relativamente a tutte le controllate non residenti, così, come definite dall'articolo 133;

b) identità dell'esercizio sociale di ciascuna società controllata con quello della società o ente controllante, salvo nel caso in cui questa coincidenza non sia consentita dalle legislazioni locali;

c) revisione dei bilanci del soggetto controllante residente e delle controllate residenti di cui all'articolo 131, comma 2, e di quelle non residenti di cui all'articolo 133, da parte dei soggetti iscritti all'albo Consob previsto dal decreto legislativo 24 febbraio 1998, n. 58, o, per quanto riguarda le controllate non residenti, anche da altri soggetti a condizione che il revisore del soggetto controllante utilizzi gli esiti della revisione contabile dagli stessi soggetti effettuata ai fini del giudizio sul bilancio annuale o consolidato. Nel caso in cui la controllata non abbia l'obbligo della redazione annuale del bilancio, redazione a cura dell'organo sociale cui compete l'amministrazione della società di un bilancio volontario riferito ad un periodo di tempo corrispondente al periodo d'imposta della controllante, comunque soggetto alla revisione di cui al primo periodo;

d) attestazione rilasciata da ciascuna società controllata non residente secondo le modalità previste dal decreto di cui all'articolo 142 dalla quale risulti:

1) il consenso alla revisione del proprio bilancio di cui alla lettera *c*);

2) l'impegno a fornire al soggetto controllante la collaborazione necessaria per la determinazione dell'imponibile e per adempiere entro un periodo non superiore a 60 giorni dalla loro notifica alle richieste dell'Amministrazione finanziaria;

[*d bis*) l'esercizio dell'opzione è comunicato all'Agenzia delle entrate, secondo le modalità previste dal decreto di cui all'articolo 142, entro il mese successivo a quello di scadenza del termine previsto per la comunicazione della risposta all'interpello di cui al comma 3] ([2]).

3. Al ricorrere delle condizioni previste dagli articoli 130 e seguenti, la società controllante accede al regime previsto dalla presente sezione; la medesima società controllante può interpellare l'amministrazione ai sensi dell'articolo 11, comma 1, lettera *b*), della legge 27 luglio 2000, n. 212, recante lo Statuto dei diritti del contribuente, al fine di verificare la sussistenza dei requisiti per il valido esercizio dell'opzione ([3]). In particolare dall'istanza di interpello dovrà risultare:

a) la qualificazione soggettiva del soggetto controllante all'esercizio dell'opzione ai sensi dell'articolo 130, comma 2;

b) la puntuale descrizione della struttura societaria estera del gruppo con l'indicazione di tutte le società controllate;

c) la denominazione, la sede sociale, l'attività svolta, l'ultimo bilancio disponibile di tutte le controllate non residenti nonché la quota di partecipazione agli utili riferita alla controllante ed alle controllate di cui all'articolo 131, comma 2, l'eventuale diversa durata dell'esercizio sociale e le ragioni che richiedono tale diversità;

d) la denominazione dei soggetti cui è stato attribuito l'incarico per la revisione dei bilanci e le conferme dell'avvenuta accettazione di tali incarichi;

e) l'elenco delle imposte relativamente alle quali verrà presumibilmente richiesto il credito di cui all'articolo 165.

4. La risposta positiva dell'Agenzia delle entrate può essere subordinata all'assunzione da parte del soggetto controllante dell'obbligo ad altri adempimenti finalizzati ad una maggiore tutela degli interessi erariali. Con lo stesso interpello di cui al comma 3 il soggetto controllante può a sua volta richiedere, oltre a quelle già previste, ulteriori semplificazioni per la determinazione del reddito imponibile fra le quali anche l'esclusione delle società controllate di dimensioni non rilevanti residenti negli Stati o territori di cui al decreto del Ministro dell'economia e delle finanze emanato ai sensi dell'articolo 168 *bis* ([4]).

5. Le variazioni dei dati di cui al comma 3 possono essere ([5]) comunicate all'Agenzia delle entrate con le modalità previste dallo stesso comma 3 entro il mese successivo alla fine del periodo d'imposta durante il quale si sono verificate. La società o ente controllante che intende accedere al regime previsto dalla presente sezione ma non ha presentato l'istanza di interpello prevista dal comma 3 ovvero, avendola presentata, non ha ricevuto risposta positiva deve segnalare detta circostanza nella dichiarazione dei redditi ([6]).

([1]) *Questo comma è stato così sostituito dall'art. 7* quater, *comma 27, lett.* f), *del D.L. 22 ottobre 2016, n. 193, convertito, con modificazioni, nella L. 1 dicembre 2016, n. 225.*

Tali disposizioni si applicano a decorrere dal periodo d'imposta successivo a quello in corso al 31 dicembre 2016.

(²) *Questa lettera, aggiunta dall'art. 9, comma 1, del D.L.vo 18 novembre 2005, n. 247 è stata, da ultimo, abrogata dall'art. 7, comma 3, lett.* a)*, del D.L.vo 24 settembre 2015, n. 156.*

A norma dell'art. 12, comma 1, le disposizioni del predetto decreto entrano in vigore a decorrere dal 1° gennaio 2016.

(³) *Questo periodo è stato così sostituito dall'attuale dall'art. 7, comma 3, lett.* b)*, del D.L.vo 24 settembre 2015, n. 156.*

A norma dell'art. 12, comma 1, le disposizioni del predetto decreto entrano in vigore a decorrere dal 1° gennaio 2016.

Si riporta il testo previgente:

«Entro il primo esercizio di cui al comma 1 la società controllante interpella l'Agenzia delle entrate ai sensi dell'articolo 11 della legge 27 agosto 2000, n. 212, recante lo statuto dei diritti del contribuente, al fine di verificare la sussistenza dei requisiti per il valido esercizio dell'opzione.».

(⁴) *Le parole: «residenti in uno Stato o territori diversi da quelli a regime fiscale privilegiato di cui al decreto ministeriale emanato ai sensi dell'articolo 167, comma 4 sono state così sostituite dalle attuali da: «residenti negli Stati o territori...» fino a: «...emanato ai sensi dell'articolo 168* bis *dall'art. 1, comma 83, lett.* i)*, della L. 24 dicembre 2007, n. 244. A norma dell'art. 1, comma 88, della medesima legge tali disposizioni si applicano a decorrere dal periodo d'imposta che inizia successivamente alla data di pubblicazione nella* Gazzetta Ufficiale *del decreto del Ministro dell'economia e delle finanze emanato ai sensi dell'art. 168* bis *del D.P.R. 22 dicembre 1986, n. 917. Fino al periodo d'imposta precedente, il comma 4, continua ad applicarsi nella versione vigente al 31 dicembre 2007. Per l'applicazione della presente disposizione, si veda altresì l'art. 1, comma 90, L. 24 dicembre 2007, n. 244.*

(⁵) *La parola: «sono» è stata così sostituita dalle parole: «possono essere» dall'art. 7, comma 3, lett.* c)*, del D.L.vo 24 settembre 2015, n. 156.*

A norma dell'art. 12, comma 1, del medesimo provvedimento, le disposizioni del predetto decreto entrano in vigore a decorrere dal 1° gennaio 2016.

(⁶) *Questo periodo è stato aggiunto dall'art. 7, comma 3, lett.* c)*, del D.L.vo 24 settembre 2015, n. 156.*

A norma dell'art. 12, comma 1, le disposizioni del predetto decreto entrano in vigore a decorrere dal 1° gennaio 2016.

133. Definizione del requisito di controllo. – 1. Agli effetti della presente sezione, si considerano controllate le società e gli enti di ogni tipo con o senza personalità giuridica non residenti nel territorio dello Stato le cui azioni, quote, diritti di voto e di partecipazione agli utili sono posseduti direttamente o indirettamente dalla società o ente controllante per una percentuale superiore al 50 per cento da determinarsi relativamente alla società controllante ed alle società controllate residenti di cui all'articolo 131, comma

2, tenendo conto della eventuale demoltiplicazione prodotta dalla catena societaria di controllo.

2. Le partecipazioni di cui al comma 1 devono sussistere alla fine dell'esercizio del soggetto controllante. Tuttavia i redditi e le perdite prodotti (1) (2) dalle società cui tali partecipazioni si riferiscono sono esclusi (3) (2) dalla formazione della base imponibile di gruppo nel caso in cui il requisito del controllo di cui al comma precedente si sia verificato entro i sei mesi precedenti la fine dell'esercizio della società controllante.

(1) *Le parole: «il reddito prodotto» sono state così sostituite dalle attuali: «i redditi e le perdite prodotti» dall'art. 9, comma 2, del D.L.vo 18 novembre 2005, n. 247.*

(2) *A norma dell'art. 9, comma 6, del D.L.vo 18 novembre 2005, n. 247, tali disposizioni hanno effetto per i periodi di imposta che iniziano a decorrere dal 1° gennaio 2004.*

(3) *Le parole: «è escluso» sono state così sostituite dalle attuali dall'art. 9, comma 2, del D.L.vo 18 novembre 2005, n. 247.*

134. Obblighi della società od ente controllante e rettifiche di consolidamento. – 1. L'ente o la società controllante provvede a calcolare il reddito imponibile di ciascuna controllata estera. A tale scopo il reddito risultante dai bilanci revisionati viene rideterminato secondo le norme di cui alla sezione I del presente capo e del titolo III in quanto compatibili con quelle di cui alla presente sezione e con le rettifiche di seguito previste:

[*a*) esclusione della quota imponibile del dividendo distribuito da società incluse nella tassazione di gruppo anche se provenienti da utili di esercizi precedenti a quello di inizio dell'opzione di cui all'articolo 130] (1);

b) indipendentemente dai criteri adottati per la redazione dei singoli bilanci revisionati, adozione di un trattamento uniforme dei componenti positivi e negativi di reddito dagli stessi risultanti secondo i criteri di cui alla predetta sezione I, consentendo nell'esercizio di competenza la deducibilità dei componenti negativi non solo se imputati al conto economico di un esercizio precedente, ma anche successivo;

c) i valori risultanti dal bilancio relativo all'esercizio o periodo di gestione anteriore al primo cui si applicano le disposizioni della presente sezione sono riconosciuti ai fini dell'imposta sulle società a condizione che siano conformi a quelli derivanti dall'applicazione dei criteri contabili adottati nei precedenti esercizi e che siano adempiuti gli obblighi formali eventualmente previsti dal decreto di cui all'articolo 142 salvo quanto di seguito previsto:

1) i fondi per rischi ed oneri risultanti dal predetto bilancio istituiti con finalità analoghe a quelli previsti nella sezione I di questo capo si considerano riconosciuti ai fini dell'imposta sul reddito fino a concorrenza dell'importo massimo per gli stessi previsto;

2) qualora le norme della sezione I di questo capo non prevedano un importo massimo, gli stessi si considerano fiscalmente riconosciuti per intero o nel minor ammontare corrispondente agli accantonamenti che sarebbero stati deducibili secondo le norme della predetta sezione I a condizione che tale minore ammontare sia rideterminato dal soggetto controllante;

3) i fondi per rischi ed oneri risultanti dal predetto bilancio istituiti con finalità diverse da ([2]) quelli previsti dalla stessa sezione I non si considerano fiscalmente riconosciuti;

4) il valore delle rimanenze finali dei beni indicati alle lettere *a*) e *b*) del comma 1 dell'articolo 85 si considera fiscalmente riconosciuto in misura non superiore al valore normale di cui all'articolo 92, comma 5;

d) esclusione dal reddito imponibile degli utili e delle perdite di cambio relativi a finanziamenti attivi e passivi di durata superiore a diciotto mesi stipulati fra le società non residenti o fra queste e quelle residenti incluse nella determinazione dell'unica base imponibile di cui alla presente sezione se denominati nella valuta utilizzata dal debitore o in quella utilizzata dal creditore per la redazione del proprio bilancio di cui all'articolo 132, comma 2;

e) i redditi rideterminati secondo i criteri di cui ai punti precedenti concorrono alla formazione dell'imponibile convertiti secondo il cambio del giorno di chiusura dell'esercizio o periodo di gestione della società non residente;

f) inapplicabilità delle norme di cui agli articoli 95, commi 2, 3 e 5, 98, 99, comma 1, secondo periodo, 100, 102, commi 6 e 9, 108, comma 2, secondo periodo e 164;

g) relativamente al reddito imponibile delle controllate estere l'art. 109, comma 4, lettera *b*) si applica nei limiti in cui analoghe deduzioni dal reddito imponibile sono riconosciute dalle legislazioni locali. In tal caso, è ammessa la deducibilità dei componenti negativi ivi previsti fino a concorrenza del minor importo tra la misura prevista dalla legislazione nazionale e quanto effettivamente dedotto dalla controllata estera secondo le modalità ed alle condizioni di cui al decreto previsto dall'articolo 142; in mancanza della predetta previsione nella legislazione locale e fermo restando quanto previsto dalla precedente lettera *b*), non sono deducibili dal reddito complessivo del gruppo i componenti negativi di reddito di cui al predetto articolo non imputati al conto economico della controllata estera cui si riferiscono.

2. Non rilevano le perdite delle controllate non residenti relative agli esercizi precedenti l'esercizio dell'opzione di cui all'articolo 130.

([1]) *Questa lettera è stata abrogata dall'art. 1, comma 33, lett.* t), *della L. 24 dicembre 2007, n. 244.*

([2]) *La parola: «a» è stata così sostituita dall'attuale: «da» dall'art. 9, comma 3, del D.L.vo 18 novembre 2005, n. 247. A norma dell'art. 9, comma 6, dello stesso provvedimento, tali disposizioni hanno effetto per i periodi di imposta che iniziano a decorrere dal 1° gennaio 2004.*

135. [Determinazione delle plusvalenze per i trasferimenti infragruppo. – (*Omissis*)] ([1]).

([1]) *Questo articolo è stato abrogato dall'art. 1, comma 33, lett.* v)*, della L. 24 dicembre 2007, n. 244.*

136. Determinazione dell'imposta dovuta. – 1. La società controllante, effettuando la somma algebrica del proprio imponibile e di quelli delle controllate estere determinati secondo i criteri di cui gli articoli precedenti ([1]) ([2]), determina il reddito imponibile complessivo relativamente al quale calcola l'imposta corrispondente.

2. Dall'imposta determinata secondo il comma 1, oltre alle detrazioni, alle ritenute ed ai crediti d'imposta relativi al soggetto controllante, sono ammesse in detrazione le imposte sul reddito pagate all'estero a titolo definitivo secondo i criteri di cui all'articolo 165 e ai commi da 3 a 6.

3. Al fine di determinare la quota di imposta italiana relativa al reddito estero oggetto di imputazione alla formazione del reddito imponibile complessivo di cui al comma 1, concorrono prioritariamente i redditi prodotti dalle controllate estere, e la quota di imposta italiana fino a concorrenza della quale è accreditabile l'imposta estera è calcolata con riferimento a ciascuna controllata estera. L'eventuale eccedenza dell'imposta estera è utilizzabile nei periodi d'imposta precedenti o successivi secondo le disposizioni di cui all'articolo 165.

4. Fino a concorrenza della quota d'imposta italiana relativa al reddito prodotto da ciascuna controllata estera successivamente all'esercizio dell'opzione, il credito per imposte pagate all'estero viene riliquidato negli esercizi in cui avviene il pagamento a titolo definitivo di ulteriori imposte estere sullo stesso reddito anche se ([3]) ([2]) distribuito.

5. Ai fini dell'applicazione del comma 4, si considerano prioritariamente distribuiti i redditi prodotti negli esercizi più recenti.

6. Nel caso in cui nello stesso Paese estero siano presenti più società controllate e la legislazione locale preveda una forma di tassazione di gruppo analoga a quella di cui alla precedente sezione se, ricorrendone in concreto le condizioni, le società controllate non si avvalgono di tale forma di tassazione di gruppo nel Paese estero, ai fini dell'applicazione dell'articolo 165 si assume come imposta estera quella che sarebbe stata dovuta se tali società si fossero avvalse del consolidato. Le società ammesse alla tassazio-

ne di gruppo in tale Paese costituiscono, ai fini del presente articolo, una o più società a seconda che la compensazione dei singoli imponibili nel Paese estero sia consentita in modo totale o parziale (4) (5).

(1) *Le parole: «di cui all'articolo precedente» sono state così sostituite dalle attuali: «di cui agli articoli precedenti» dall'art. 9, comma 5, lett.* a), *del D.L.vo 18 novembre 2005, n. 247.*

(2) *A norma dell'art. 9, comma 6, del D.L.vo 18 novembre 2005, n. 247, tali disposizioni hanno effetto per i periodi di imposta che iniziano a decorrere dal 1° gennaio 2004.*

(3) *La parola: «perché» è stata così sostituita dall'attuale: «se» dall'art. 9, comma 5, lett.* b), *del D.L.vo 18 novembre 2005, n. 247.*

(4) *Questo comma è stato così sostituito dall'attuale dall'art. 9, comma 5, lett.* c), *del D.L.vo 18 novembre 2005, n. 247.*

(5) *A norma dell'art. 9, comma 6, del D.L.vo 18 novembre 2005, n. 247, tali disposizioni hanno effetto per i periodi di imposta che iniziano a decorrere dal 1° gennaio 2005.*

137. Interruzione della tassazione di gruppo prima del compimento del periodo di validità dell'opzione. – 1. Nel caso in cui, prima del compimento del periodo di cui all'articolo 132, comma 1, venga meno la qualificazione soggettiva della società o ente controllante di cui all'articolo 130, comma 2, gli effetti dell'opzione esercitata cessano con effetto dal periodo d'imposta del soggetto controllante successivo a quello in corso al momento del venir meno della qualificazione soggettiva predetta. Il periodo precedente non si applica nel caso in cui il nuovo soggetto controllante abbia a sua volta esercitato l'opzione di cui alla presente sezione.

2. Nel caso di cui al comma 1, primo periodo, le perdite del soggetto controllante di cui all'articolo 84 non utilizzate alla fine del periodo d'imposta in cui viene meno la qualificazione soggettiva si riducono della misura corrispondente al rapporto tra le perdite prodotte nel periodo di validità dell'opzione da tutte le società non residenti il cui reddito ha concorso alla formazione dell'unico imponibile e quelle prodotte nello stesso periodo da tutte le società.

138. Interruzione della tassazione di gruppo limitatamente ad una o più controllate non residenti. – 1. Salvo quanto previsto nel comma 2, nel caso in cui il requisito del controllo venga meno relativamente ad una o più società controllate non residenti prima del compimento del periodo di cui all'articolo 132, comma 1, il reddito complessivo viene aumentato in misura corrispondente agli interessi passivi dedotti per effetto della disposizione di cui all'articolo 97, comma 2, nei due esercizi precedenti rientranti nel periodo di cui allo stesso art. 132, comma 1.

2. Nel caso in cui il requisito del controllo venga meno relativamente ad oltre due terzi delle società controllate non residenti oltre a quello di cui

al comma 1 si verifica l'effetto di cui all'articolo 137, comma 2, da calcolare proporzionalmente alle perdite fiscali delle società non residenti di cui al presente comma.

139. Revoca ([1]) **dell'opzione.** – 1. Nel caso di revoca ([1]) dell'opzione si verifica l'effetto di cui al comma 2 dell'articolo 137.

([1]) *Le parole: «mancato rinnovo» sono state così sostituite dalla seguente: «revoca» dall'art. 7* quater, *comma 27, lett.* a), *del D.L. 22 ottobre 2016, n. 193, convertito, con modificazioni, nella L. 1 dicembre 2016, n. 225.*

Tali disposizioni si applicano a decorrere dal periodo d'imposta successivo a quello in corso al 31 dicembre 2016.

139 *bis*. ([1]) **Recupero delle perdite compensate.** – 1. Nell'ipotesi di interruzione o di revoca ([2]) del consolidato mondiale, i dividendi o le plusvalenze derivanti dal possesso o dal realizzo delle partecipazioni nelle società consolidate, percepiti o realizzate dall'ente o società consolidante dal periodo d'imposta successivo all'ultimo periodo di consolidamento, per la parte esclusa o esente in base alle ordinarie regole, concorrono a formare il reddito, fino a concorrenza della differenza tra le perdite della società estera che si considerano dedotte e i redditi della stessa società inclusi nel consolidato. La stessa regola si applica durante il periodo di consolidamento in caso di riduzione della percentuale di possesso senza il venir meno del rapporto di controllo.

2. Con il decreto di cui all'articolo 142 sono stabilite le disposizioni attuative del comma 1 del presente articolo, anche per il coordinamento con gli articoli 137 e 138.

([1]) *Questo articolo è stato inserito dall'art. 1, comma 33, lett.* z), *della L. 24 dicembre 2007, n. 244.*

([2]) *Le parole: «mancato rinnovo» sono state così sostituite dalla seguente: «revoca» dall'art. 7* quater, *comma 27, lett.* a), *del D.L. 22 ottobre 2016, n. 193, convertito, con modificazioni, nella L. 1 dicembre 2016, n. 225.*

Tali disposizioni si applicano a decorrere dal periodo d'imposta successivo a quello in corso al 31 dicembre 2016.

140. Coordinamento con l'articolo 167. – 1. Le disposizioni di cui all'articolo 167 non si applicano relativamente alle controllate estere il cui imponibile viene incluso in quello della società controllante per effetto dell'opzione di cui all'articolo 130.

141. Norma transitoria. – 1. Fino a concorrenza delle svalutazioni determinatesi per effetto di rettifiche di valore ed accantonamenti fiscalmente non riconosciuti, al netto delle rivalutazioni assoggettate a tassazione, dedotte nel periodo d'imposta antecedente a quello dal quale ha effetto l'opzione di cui all'articolo 130 e nei nove precedenti dalla società o ente controllante o da altra società controllata, anche se non esercente l'opzione di cui all'articolo 130, i valori fiscali degli elementi dell'attivo e del passivo della società partecipata se, rispettivamente, superiori o inferiori a quelli contabili sono ridotti o aumentati dell'importo delle predette svalutazioni in proporzione ai rapporti tra la differenza dei valori contabili e fiscali dell'attivo e del passivo e l'ammontare complessivo di tali differenze.

142. Disposizioni applicative. – 1. Con decreto di natura non regolamentare del Ministro dell'economia e delle finanze sono adottate le disposizioni applicative della presente sezione.

2. Con il medesimo decreto di cui al comma 1, possono essere stabiliti i criteri per consentire la rivalutazione degli ammortamenti deducibili ai fini del calcolo del reddito delle società controllate residenti in Paesi ad alta inflazione. A questo scopo, saranno considerati tali quelli in cui la variazione dell'indice dei prezzi al consumo è superiore di almeno 10 punti percentuali allo stesso indice rilevato dall'ISTAT.

3. Fino all'emanazione dei criteri di cui al comma 2 non si applica quanto previsto dall'articolo 134, comma 1, lettera *d*).

Capo III
Enti non commerciali residenti

143. Reddito complessivo. – 1. Il reddito complessivo degli enti non commerciali di cui alla lettera *c*) del comma 1 dell'articolo 73 è formato dai redditi fondiari, di capitale, di impresa e diversi, ovunque prodotti e quale ne sia la destinazione, ad esclusione di quelli esenti dall'imposta e di quelli soggetti a ritenuta alla fonte a titolo di imposta o ad imposta sostitutiva. Per i medesimi enti non si considerano attività commerciali le prestazioni di servizi non rientranti nell'articolo 2195 del codice civile rese in conformità alle finalità istituzionali dell'ente senza specifica organizzazione e verso pagamento di corrispettivi che non eccedono i costi di diretta imputazione.

2. Il reddito complessivo è determinato secondo le disposizioni dell'articolo 8.

3. Non concorrono in ogni caso alla formazione del reddito degli enti non commerciali di cui alla lettera *c*) del comma 1 dell'articolo 73:

a) i fondi pervenuti ai predetti enti a seguito di raccolte pubbliche effettuate occasionalmente, anche mediante offerte di beni di modico valore o di servizi ai sovventori, in concomitanza di celebrazioni, ricorrenze o campagne di sensibilizzazione;

b) i contributi corrisposti da Amministrazioni pubbliche ai predetti enti per lo svolgimento convenzionato o in regime di accreditamento di cui all'articolo 8, comma 7, del decreto legislativo 30 dicembre 1992, n. 502, come sostituito dall'articolo 9, comma 1, lettera *g*), del decreto legislativo 7 dicembre 1993, n. 517, di attività aventi finalità sociali esercitate in conformità ai fini istituzionali degli enti stessi.

144. Determinazione dei redditi. – 1. I redditi e le perdite che concorrono a formare il reddito complessivo degli enti non commerciali sono determinati distintamente per ciascuna categoria in base al risultato complessivo di tutti i cespiti che vi rientrano. Si applicano, se nel presente capo non è diversamente stabilito, le disposizioni del titolo I relative ai redditi delle varie categorie. Per gli immobili riconosciuti di interesse storico o artistico, ai sensi dell'articolo 10 del codice di cui al decreto legislativo 22 gennaio 2004, n. 42, il reddito medio ordinario di cui all'articolo 37, comma 1, è ridotto del 50 per cento e non si applica comunque l'articolo 41 ([1]). Per i redditi derivanti da immobili locati non relativi all'impresa si applicano comunque le disposizioni dell'articolo 90, comma 1, quarto e quinto periodo ([2]) ([3]).

2. Per l'attività commerciale esercitata gli enti non commerciali hanno l'obbligo di tenere la contabilità separata.

3. Per l'individuazione dei beni relativi all'impresa si applicano le disposizioni di cui all'articolo 65, commi 1 e 3 *bis*.

4. Le spese e gli altri componenti negativi relativi a beni e servizi adibiti promiscuamente all'esercizio di attività commerciali e di altre attività, sono deducibili per la parte del loro importo che corrisponde al rapporto tra l'ammontare dei ricavi e altri proventi che concorrono a formare il reddito d'impresa e l'ammontare complessivo di tutti i ricavi e proventi; per gli immobili utilizzati promiscuamente è deducibile la rendita catastale o il canone di locazione anche finanziaria per la parte del loro ammontare che corrisponde al predetto rapporto.

5. Per gli enti religiosi di cui all'articolo 26 della legge 20 maggio 1985, n. 222, che esercitano attività commerciali, le spese relative all'opera prestata in via continuativa dai loro membri sono determinate con i criteri ivi previsti.

6. Gli enti soggetti alle disposizioni in materia di contabilità pubblica sono esonerati dall'obbligo di tenere la contabilità separata qualora siano osservate le modalità previste per la contabilità pubblica obbligatoria tenuta a norma di legge dagli stessi enti.

([1]) *Questo periodo è stato inserito dall'art. 4, comma 5* sexies, *lett.* c), *n. 1), del D.L. 2 marzo 2012, n. 16, convertito, con modificazioni, nella L. 26 aprile 2012, n. 44, a decorrere dal periodo di imposta successivo a quello in corso al 31 dicembre 2011. Nella de-*

terminazione degli acconti dovuti per il medesimo periodo di imposta si assume, quale imposta del periodo precedente, quella che si sarebbe determinata applicando le disposizioni di cui al comma 5 sexies.

(2) *Le parole: «ultimo periodo» sono state così sostituite dalle parole: «quarto e quinto periodo» dall'art. 4, comma 5* sexies, *lett.* c), *n. 2), del D.L. 2 marzo 2012, n. 16, convertito, con modificazioni, nella L. 26 aprile 2012, n. 44, a decorrere dal periodo di imposta successivo a quello in corso al 31 dicembre 2011. Nella determinazione degli acconti dovuti per il medesimo periodo di imposta si assume, quale imposta del periodo precedente, quella che si sarebbe determinata applicando le disposizioni di cui al comma 5* sexies.

(3) *Questo periodo è stato aggiunto dall'art. 7, comma 1, lett.* b), *del D.L. 30 settembre 2005, n. 203, convertito, con modificazioni, nella L. 2 dicembre 2005, n. 248, a decorrere dal periodo d'imposta in corso alla data di entrata in vigore del presente decreto.*

145. Regime forfetario degli enti non commerciali. – 1. Fatto salvo quanto previsto, per le associazioni sportive dilettantistiche, dalla legge 16 dicembre 1991, n. 398, e, per le associazioni senza scopo di lucro e per le pro-loco, dall'articolo 9 *bis* del decreto legge 30 dicembre 1991, n. 417, convertito, con modificazioni, dalla legge 6 febbraio 1992, n. 66, gli enti non commerciali ammessi alla contabilità semplificata ai sensi dell'articolo 18 del decreto del Presidente della Repubblica 29 settembre 1973, n. 600, possono optare per la determinazione forfetaria del reddito d'impresa, applicando all'ammontare dei ricavi conseguiti nell'esercizio di attività commerciali il coefficiente di redditività corrispondente alla classe di appartenenza secondo la tabella seguente ed aggiungendo l'ammontare dei componenti positivi del reddito di cui agli articoli 54 (N.d.R.: *ora art. 58*), 55, 56 (N.d.R.: *ora art. 59*) e 57:

a) attività di prestazioni di servizi;

1) fino a € 15.493,71, coefficiente 15 per cento;

2) da € 15.493,72 a € 185.924,48 (1), coefficiente 25 per cento;

b) altre attività:

1) fino a € 25.822,84, coefficiente 10 per cento;

2) da € 25.822,85 a € 516.456,90, coefficiente 15 per cento.

2. Per i contribuenti che esercitano contemporaneamente prestazioni di servizi ed altre attività il coefficiente si determina con riferimento all'ammontare dei ricavi relativi all'attività prevalente. In mancanza della distinta annotazione dei ricavi si considerano prevalenti le attività di prestazioni di servizi.

3. Il regime forfetario previsto nel presente articolo si estende di anno in anno qualora i limiti indicati al comma 1 non vengano superati.

4. L'opzione è esercitata nella dichiarazione annuale dei redditi ed ha effetto dall'inizio del periodo d'imposta nel corso del quale è esercitata fino

a quando non è revocata e comunque per un triennio. La revoca dell'opzione è effettuata nella dichiarazione annuale dei redditi ed ha effetto dall'inizio del periodo d'imposta nel corso del quale la dichiarazione stessa è presentata.

5. Gli enti che intraprendono l'esercizio d'impresa commerciale esercitano l'opzione nella dichiarazione da presentare ai sensi dell'articolo 35 del decreto del Presidente della Repubblica 26 ottobre 1972, n. 633, e successive modificazioni.

(¹) *A norma dell'art. 4 del D.P.R. 12 aprile 2001, n. 222, il limite di € 185.924,48, previsto da questo numero, relativo al coefficiente di redditività che gli enti non commerciali che effettuano prestazioni di servizi adottano qualora optino per la determinazione forfetaria del reddito, per effetto dell'articolo 1, si intende elevato a € 309.874,14.*

146. Oneri deducibili. – 1. Dal reddito complessivo si deducono, se non sono deducibili nella determinazione del reddito d'impresa che concorre a formarlo, gli oneri indicati alle lettere *a*), *f*) e *g*) del comma 1 dell'articolo 10. In caso di rimborso degli oneri dedotti ai sensi del presente articolo, le somme corrispondenti concorrono a formare il reddito complessivo del periodo di imposta nel quale l'ente ha conseguito il rimborso.

147. Detrazione d'imposta per oneri. – 1. Dall'imposta lorda si detrae, fino alla concorrenza del suo ammontare, un importo pari al 22 per cento degli oneri indicati alle lett. *a*), *g*), *h*), *h bis*), *i*), *i bis*), *i quater*) e *i octies*) (¹) del comma 1 dell'art. 13 *bis* (N.d.R.: *ora art. 15*). La detrazione spetta a condizione che i predetti oneri non siano deducibili nella determinazione dei singoli redditi che concorrono a formare il reddito complessivo. In caso di rimborso degli oneri per i quali si è fruito della detrazione l'imposta dovuta per il periodo nel quale l'ente ha conseguito il rimborso è aumentata di un importo pari al 22 per cento dell'onere rimborsato.

(¹) *Le parole*: «e i quater)» *sono state così sostituite dalle attuali parole*: «, i quater) e i octies)» *dall'art. 13, comma 3, lett.* c), *del D.L. 31 gennaio 2007, n. 7, convertito, con modificazioni, nella L. 2 aprile 2007, n. 40. Ai sensi del comma 8 dello stesso articolo, questa disposizione ha effetto a decorrere dal periodo di imposta in corso dal 1° gennaio 2007.*

148. Enti di tipo associativo. – 1. Non è considerata commerciale l'attività svolta nei confronti degli associati o partecipanti, in conformità alle finalità istituzionali, dalle associazioni, dai consorzi e dagli altri enti non commerciali di tipo associativo. Le somme versate dagli associati o partecipanti a titolo di quote o contributi associativi non concorrono a formare il reddito complessivo.

2. Si considerano tuttavia effettuate nell'esercizio di attività commerciali, salvo il disposto del secondo periodo del comma 1 dell'articolo 143, le cessioni di beni e le prestazioni di servizi agli associati o partecipanti verso pagamento di corrispettivi specifici, compresi i contributi e le quote supplementari determinati in funzione delle maggiori o diverse prestazioni alle quali danno diritto. Detti corrispettivi concorrono alla formazione del reddito complessivo come componenti del reddito di impresa o come redditi diversi secondo che le relative operazioni abbiano carattere di abitualità o di occasionalità.

3. Per le associazioni politiche, sindacali e di categoria, religiose, assistenziali, culturali, sportive dilettantistiche, di promozione sociale e di formazione extra-scolastica della persona, nonché per le strutture periferiche di natura privatistica necessarie agli enti pubblici non economici per attuare la funzione di preposto a servizi di pubblico interesse, non si considerano commerciali ([1]) le attività svolte in diretta attuazione degli scopi istituzionali, effettuate verso pagamento di corrispettivi specifici nei confronti degli iscritti, associati o partecipanti, di altre associazioni che svolgono la medesima attività e che per legge, regolamento, atto costitutivo o statuto fanno parte di un'unica organizzazione locale o nazionale, dei rispettivi associati o partecipanti e dei tesserati dalle rispettive organizzazioni nazionali, nonché le cessioni anche a terzi di proprie pubblicazioni cedute prevalentemente agli associati.

4. La disposizione del comma 3 non si applica per le cessioni di beni nuovi prodotti per la vendita, per le somministrazioni di pasti, per le erogazioni di acqua, gas, energia elettrica e vapore, per le prestazioni alberghiere, di alloggio, di trasporto e di deposito e per le prestazioni di servizi portuali e aeroportuali né per le prestazioni effettuate nell'esercizio delle seguenti attività:

a) gestione di spacci aziendali e di mense;

b) organizzazione di viaggi e soggiorni turistici;

c) gestione di fiere ed esposizioni a carattere commerciale;

d) pubblicità commerciale;

e) telecomunicazioni e radiodiffusioni circolari.

5. Per le associazioni di promozione sociale ricomprese tra gli enti di cui all'articolo 3, comma 6, lettera *e*), della legge 25 agosto 1991, n. 287, le cui finalità assistenziali siano riconosciute dal Ministero dell'interno, non si considerano commerciali, anche se effettuate verso pagamento di corrispettivi specifici, la somministrazione di alimenti e bevande effettuata, presso le sedi in cui viene svolta l'attività istituzionale, da bar ed esercizi similari e l'organizzazione di viaggi e soggiorni turistici, sempreché le predette atti-

vità siano strettamente complementari a quelle svolte in diretta attuazione degli scopi istituzionali e siano effettuate nei confronti degli stessi soggetti indicati nel comma 3.

6. L'organizzazione di viaggi e soggiorni turistici di cui al comma 5 non è considerata commerciale anche se effettuata da associazioni politiche, sindacali e di categoria, nonché da associazioni riconosciute dalle confessioni religiose con le quali lo Stato ha stipulato patti, accordi o intese, sempreché sia effettuata nei confronti degli stessi soggetti indicati nel comma 3.

7. Per le organizzazioni sindacali e di categoria non si considerano effettuate nell'esercizio di attività commerciali le cessioni delle pubblicazioni, anche in deroga al limite di cui al comma 3, riguardanti i contratti collettivi di lavoro, nonché l'assistenza prestata prevalentemente agli iscritti, associati o partecipanti in materia di applicazione degli stessi contratti e di legislazione sul lavoro, effettuate verso pagamento di corrispettivi che in entrambi i casi non eccedano i costi di diretta imputazione.

8. Le disposizioni di cui ai commi 3, 5, 6 e 7 si applicano a condizione che le associazioni interessate si conformino alle seguenti clausole, da inserire nei relativi atti costitutivi o statuti redatti nella forma dell'atto pubblico o della scrittura privata autenticata o registrata:

a) divieto di distribuire anche in modo indiretto, utili o avanzi di gestione nonché fondi, riserve o capitale durante la vita dell'associazione, salvo che la destinazione o la distribuzione non siano imposte dalla legge;

b) obbligo di devolvere il patrimonio dell'ente, in caso di suo scioglimento per qualunque causa, ad altra associazione con finalità analoghe o ai fini di pubblica utilità, sentito l'organismo di controllo di cui all'articolo 3, comma 190, della legge 23 dicembre 1996, n. 662, e salvo diversa destinazione imposta dalla legge;

c) disciplina uniforme del rapporto associativo e delle modalità associative volte a garantire l'effettività del rapporto medesimo, escludendo espressamente la temporaneità della partecipazione alla vita associativa e prevedendo per gli associati o partecipanti maggiori d'età il diritto di voto per l'approvazione e le modificazioni dello statuto e dei regolamenti e per la nomina degli organi direttivi dell'associazione;

d) obbligo di redigere e di approvare annualmente un rendiconto economico e finanziario secondo le disposizioni statutarie;

e) eleggibilità libera degli organi amministrativi, principio del voto singolo di cui all'articolo 2532, comma 2, del codice civile, sovranità dell'assemblea dei soci, associati o partecipanti e i criteri di loro ammissione ed esclusione, criteri e idonee forme di pubblicità delle convocazioni assembleari, delle relative deliberazioni, dei bilanci o rendiconti; è ammesso il voto per corrispondenza per le associazioni il cui atto costitutivo, anteriore al 1° gennaio 1997, preveda tale modalità di voto ai sensi dell'articolo 2532, ultimo comma, del codice civile e sempreché le stesse abbiano rilevanza a livello nazionale e siano prive di organizzazione a livello locale;

f) intrasmissibilità della quota o contributo associativo ad eccezione dei trasferimenti a causa di morte e non rivalutabilità della stessa.

9. Le disposizioni di cui alle lettere *c*) ed *e*) del comma 8 non si applicano alle associazioni religiose riconosciute dalle confessioni con le quali lo Stato ha stipulato patti, accordi o intese, nonché alle associazioni politiche, sindacali e di categoria.

(¹) *Le parole: «Per le associazioni politiche, sindacali e di categoria, religiose, sportive dilettantistiche non si considerano commerciali» sono state, da ultimo, così sostituite dalle seguenti: «Per le associazioni politiche, sindacali e di categoria, religiose, sportive dilettantistiche, nonché per le strutture periferiche di natura privatistica necessarie agli enti pubblici non economici per attuare la funzione di preposto a servizi di pubblico interesse, non si considerano commerciali» dall'art. 1, comma 1022, della L. 30 dicembre 2018, n. 145, a decorrere dal 1° gennaio 2019, e poi così sostituite dalle attuali: «Per le associazioni politiche, sindacali e di categoria, religiose, assistenziali, culturali, sportive dilettantistiche, di promozione sociale e di formazione extra-scolastica della persona, nonché per le strutture periferiche di natura privatistica necessarie agli enti pubblici non economici per attuare la funzione di preposto a servizi di pubblico interesse, non si considerano commerciali» dall'art. 14, comma 1, del D.L. 30 aprile 2019, n. 34, convertito, con modificazioni, nella L. 28 giugno 2019, n. 58, a decorrere dal 30 giugno 2019.*

149. Perdita della qualifica di ente non commerciale. – 1. Indipendentemente dalle previsioni statutarie, l'ente perde la qualifica di ente non commerciale qualora eserciti prevalentemente attività commerciale per un intero periodo d'imposta.

2. Ai fini della qualificazione commerciale dell'ente si tiene conto anche dei seguenti parametri:

a) prevalenza delle immobilizzazioni relative all'attività commerciale, al netto degli ammortamenti, rispetto alle restanti attività;

b) prevalenza dei ricavi derivanti da attività commerciali rispetto al valore normale delle cessioni o prestazioni afferenti le attività istituzionali;

c) prevalenza dei redditi derivanti da attività commerciali rispetto alle entrate istituzionali, intendendo per queste ultime i contributi, le sovvenzioni, le liberalità e le quote associative;

d) prevalenza delle componenti negative inerenti all'attività commerciale rispetto alle restanti spese.

3. Il mutamento di qualifica opera a partire dal periodo d'imposta in cui vengono meno le condizioni che legittimano le agevolazioni e comporta

l'obbligo di comprendere tutti i beni facenti parte del patrimonio dell'ente nell'inventario di cui all'articolo 15 del decreto del Presidente della Repubblica 29 settembre 1973, n. 600. L'iscrizione nell'inventario deve essere effettuata entro sessanta giorni dall'inizio del periodo di imposta in cui ha effetto il mutamento di qualifica secondo i criteri di cui al decreto del Presidente della Repubblica 23 dicembre 1974, n. 689.

4. Le disposizioni di cui ai commi 1 e 2 non si applicano agli enti ecclesiastici riconosciuti come persone giuridiche agli effetti civili ed alle associazioni sportive dilettantistiche.

150. ([1]) [**Organizzazioni non lucrative di utilità sociale.** – 1. Per le organizzazioni non lucrative di utilità sociale (ONLUS), ad eccezione delle società cooperative, non costituisce esercizio di attività commerciale lo svolgimento delle attività istituzionali nel perseguimento di esclusive finalità di solidarietà sociale.

2. I proventi derivanti dall'esercizio delle attività direttamente connesse non concorrono alla formazione del reddito imponibile].

([1]) *Questo articolo è stato abrogato dall'art. 102, comma 2, lett. c), del D.L.vo 3 luglio 2017, n. 117. A norma dell'art. 104, comma 2, del medesimo decreto, tali disposizioni si applicano agli enti iscritti nel Registro unico nazionale del Terzo settore a decorrere dal periodo di imposta successivo all'autorizzazione della Commissione europea di cui all'articolo 101, comma 10, e, comunque, non prima del periodo di imposta successivo di operatività del predetto Registro.*

Capo IV
Società ed enti commerciali non residenti

151. ([1]) **Reddito complessivo delle società e degli enti commerciali non residenti.** – 1. Il reddito complessivo delle società e degli enti commerciali non residenti di cui alla lettera *d*) del comma 1 dell'articolo 73 è formato soltanto dai redditi prodotti nel territorio dello Stato, ad esclusione di quelli esenti da imposta e di quelli soggetti a ritenuta alla fonte a titolo di imposta o ad imposta sostitutiva.

2. Si considerano prodotti nel territorio dello Stato i redditi indicati nell'articolo 23.

3. Tali redditi, ad eccezione dei redditi d'impresa di cui all'articolo 23, comma 1, lettera *e*), ai quali si applicano le disposizioni di cui al successivo articolo 152, concorrono a formare il reddito complessivo e sono determinati secondo le disposizioni del Titolo I, relative alle categorie nelle quali rientrano. Dal reddito complessivo si deducono gli oneri indicati all'articolo 10, comma 1, lettere *a*) e *g*). In caso di rimborso degli oneri dedotti ai sensi del

presente articolo, le somme corrispondenti concorrono a formare il reddito complessivo del periodo di imposta nel quale l'ente ha conseguito il rimborso. Si applicano le disposizioni dell'articolo 101, comma 6.

4. Dall'imposta lorda si detrae fino alla concorrenza del suo ammontare un importo pari al diciannove per cento degli oneri indicati alle lettere *a*), *g*), *h*), h *bis*), *i*), i *bis*), e i *quater*) del comma 1, dell'articolo 15. In caso di rimborso di oneri per i quali si è fruito della detrazione l'imposta dovuta, per il periodo nel quale la società o l'ente ha conseguito il rimborso è aumentata di un importo pari al diciannove per cento dell'onere rimborsato.

5. Per le società commerciali di tipo diverso da quelli regolati nel codice civile si applicano le disposizioni di cui al commi 1, 2 e 3.

(1) *Questo articolo è stato così sostituito dall'art. 7, comma 1, lett.* a), *del D.L.vo 14 settembre 2015, n. 147. A norma dell'art. 7, comma 4, del medesimo provvedimento, tali disposizioni si applicano a decorrere dal periodo di imposta successivo a quello in corso alla data di entrata in vigore del suddetto decreto.*

152. (1) **Reddito di società ed enti commerciali non residenti derivante da attività svolte nel territorio dello Stato mediante stabile organizzazione. –** 1. Per le società e gli enti commerciali con stabile organizzazione nel territorio dello Stato, il reddito della stabile organizzazione è determinato in base agli utili e alle perdite ad essa riferibili, e secondo le disposizioni della Sezione I, del Capo II, del Titolo II, sulla base di un apposito rendiconto economico e patrimoniale, da redigersi secondo i principi contabili previsti per i soggetti residenti aventi le medesime caratteristiche, salva quella della emissione di strumenti finanziari ammessi alla negoziazione in mercati regolamentati di qualsiasi Stato membro dell'Unione europea ovvero diffusi tra il pubblico di cui all'articolo 116 testo unico delle disposizioni in materia di intermediazione finanziaria, di cui al decreto legislativo 24 febbraio 1998, n. 58.

2. Ai fini del comma 1, la stabile organizzazione si considera entità separata e indipendente, svolgente le medesime o analoghe attività, in condizioni identiche o similari, tenendo conto delle funzioni svolte, dei rischi assunti e dei beni utilizzati. Il fondo di dotazione alla stessa riferibile è determinato in piena conformità ai criteri definiti in sede OCSE, tenendo conto delle funzioni svolte, dei rischi assunti e dei beni utilizzati (2).

3. I componenti di reddito attribuibili alle stabili organizzazioni relativamente alle transazioni e alle operazioni tra la stabile organizzazione e l'entità cui la medesima appartiene sono determinati ai sensi dell'articolo 110, comma 7.

4. Le disposizioni del presente articolo si applicano anche alle società commerciali di tipo diverso da quelli regolati nel codice civile.

([1]) *Questo articolo è stato così sostituito dall'art. 7, comma 1, lett.* b), *del D.L.vo 14 settembre 2015, n. 147. A norma dell'art. 7, comma 4, del medesimo provvedimento, tali disposizioni si applicano a decorrere dal periodo di imposta successivo a quello in corso alla data di entrata in vigore del suddetto decreto.*

([2]) *A norma dell'art. 7, comma 3, del D.L.vo 14 settembre 2015, n. 147, ai fini della disposizione di cui al presente comma, i metodi di calcolo del fondo di dotazione sono individuati con uno o più provvedimenti del Direttore dell'Agenzia delle entrate, il primo dei quali da emanarsi entro novanta giorni dalla data di entrata in vigore del suddetto decreto. Relativamente ai periodi di imposta iniziati prima dell'emanazione del provvedimento riguardante lo specifico settore di appartenenza, l'eventuale rettifica in aumento del reddito imponibile o del valore della produzione netta conseguente alla valutazione della congruità del fondo di dotazione ai sensi del presente articolo, non dà luogo all'applicazione di sanzioni.*

Capo V
Enti non commerciali non residenti

153. ([1]) **Reddito complessivo degli enti non commerciali non residenti.** – 1. Il reddito complessivo delle società e degli enti non commerciali non residenti di cui all'articolo 73, comma 1, lettera *d*), è formato soltanto dai redditi prodotti nel territorio dello Stato, ad esclusione di quelli esenti da imposta e di quelli soggetti a ritenuta alla fonte a titolo di imposta o ad imposta sostitutiva.

2. Si considerano prodotti nel territorio dello Stato i redditi indicati nell'articolo 23.

3. Il reddito complessivo degli enti non commerciali è determinato secondo le disposizioni del Titolo I, ad eccezione dei redditi d'impresa di cui all'articolo 23, comma 1, lettera *e*), ai quali si applicano le disposizioni dell'articolo 152. Dal reddito complessivo si deducono, se non sono deducibili nella determinazione del reddito d'impresa che concorre a formarlo, gli oneri indicati all'articolo 10, comma 1, lettere *a*) e *g*). Si applica la disposizione dell'articolo 146, comma 1, secondo periodo.

4. Dall'imposta lorda si detrae, fino alla concorrenza del suo ammontare, un importo pari al diciannove per cento degli oneri indicati all'articolo 15, comma 1, lettere *a*), *g*), *h*), h *bis*), *i*), i *bis*) e i *quater*). La detrazione spetta a condizione che i predetti oneri non siano deducibili nella determinazione del reddito d'impresa che concorre a formare il reddito complessivo. Si applica la disposizione dell'articolo 147, comma 1, terzo periodo.

5. Agli enti non commerciali che esercitano attività commerciali mediante stabili organizzazioni nel territorio dello Stato, si applicano l'articolo 144, comma 5, e l'articolo 152.

6. Sono altresì deducibili:

a) le erogazioni liberali in denaro a favore dello Stato, di altri enti pubblici e di associazioni e di fondazioni private legalmente riconosciute, le quali, senza scopo di lucro, svolgono o promuovono attività dirette alla tutela del patrimonio ambientale, effettuate per l'acquisto, la tutela e la valorizzazione delle cose indicate all'articolo 139, comma 1, lettere *a*) e *b*), del decreto legislativo 29 ottobre 1999, n. 490, facenti parte degli elenchi di cui all'articolo 140, comma 1, del medesimo decreto legislativo o assoggettati al vincolo della inedificabilità in base ai piani di cui all'articolo 149 dello stesso decreto legislativo e al decreto legge 27 giugno 1985, n. 312, convertito, con modificazioni, dalla legge 8 agosto 1985, n. 431, ivi comprese le erogazioni destinate all'organizzazione di mostre e di esposizioni, nonché allo svolgimento di studi e ricerche aventi ad oggetto le cose anzidette; il mutamento di destinazione degli immobili indicati alla lettera *c*) del presente comma, senza la preventiva autorizzazione del Ministro dell'ambiente, e della tutela del territorio, come pure il mancato assolvimento degli obblighi di legge per consentire l'esercizio del diritto di prelazione dello Stato sui beni immobili vincolati, determina la indeducibilità delle spese dal reddito. Il Ministro dell'ambiente e della tutela del territorio dà immediata comunicazione ai competenti uffici tributari delle violazioni che comportano la decadenza dalle agevolazioni; dalla data di ricevimento della comunicazione iniziano a decorrere i termini per il pagamento dell'imposta e dei relativi accessori (2);

b) le erogazioni liberali in denaro a favore di organismi di gestione di parchi e riserve naturali, terrestri e marittimi, statali e regionali, e di ogni altra zona di tutela speciale paesistico-ambientale come individuata dalla vigente disciplina, statale e regionale, nonché gestita dalle associazioni e fondazioni private indicate alla lettera *a*), effettuate per sostenere attività di conservazione, valorizzazione, studio, ricerca e sviluppo dirette al conseguimento delle finalità di interesse generale cui corrispondono tali ambiti protetti (2);

c) le spese sostenute dai soggetti obbligati alla manutenzione e alla protezione degli immobili vincolati ai sensi del decreto legislativo 29 ottobre 1999, n. 490, facenti parte degli elenchi di cui all'articolo 140, comma 1 del medesimo decreto legislativo o assoggettati al vincolo della inedificabilità in base ai piani di cui all'articolo 149 dello stesso decreto legislativo, e al decreto legge 27 giugno 1985, n. 312, convertito, con modificazioni, dalla legge 8 agosto 1985, n. 431.

7. Il Ministro dell'ambiente e la tutela del territorio e la regione, secondo le rispettive attribuzioni e competenze, vigilano sull'impiego delle erogazioni di cui alle lettere *a*), *b*) e *c*) del comma 6 del presente articolo effettuate a

favore di soggetti privati, affinché siano perseguiti gli scopi per i quali le erogazioni stesse sono state accettate dai beneficiari e siano rispettati i termini per l'utilizzazione concordati con gli autori delle erogazioni. Detti termini possono essere prorogati una sola volta dall'autorità di vigilanza, per motivi non imputabili ai beneficiari.

(1) *Questo articolo è stato così sostituito dall'art. 7, comma 1, lett.* c), *del D.L.vo 14 settembre 2015, n. 147. A norma dell'art. 7, comma 4, del medesimo provvedimento, tali disposizioni si applicano a decorrere dal periodo di imposta successivo a quello in corso alla data di entrata in vigore del suddetto decreto.*

(2) *A norma dell'art. 89, comma 14, del D.L.vo 3 luglio 2017, n. 117, la deducibilità dal reddito imponibile delle erogazioni liberali previste da questa lettera, è consentita a condizione che per le medesime erogazioni liberali il soggetto erogante non usufruisca delle detrazioni d'imposta previste dal comma 3 del medesimo articolo 153.*

154. (1) [**Determinazione del reddito complessivo.** – 1. Il reddito complessivo degli enti non commerciali è determinato secondo le disposizioni del Titolo I. Dal reddito complessivo si deducono, se non sono deducibili nella determinazione del reddito d'impresa che concorre a formarlo, gli oneri indicati alle lettere *a*) e *g*) del comma 1 dell'articolo 10. Si applica la disposizione dell'articolo 146, comma 1, secondo periodo.

2. Dall'imposta lorda si detrae, fino alla concorrenza del suo ammontare, un importo pari al 19 per cento degli oneri indicati alle lettere *a*), *g*), *h*), *h bis*), *i*), *i bis*) e *i quater*) del comma 1 dell'articolo 15. La detrazione spetta a condizione che i predetti oneri non siano deducibili nella determinazione del reddito d'impresa che concorre a formare il reddito complessivo. Si applica la disposizione dell'articolo 147, comma 1, terzo periodo.

3. Agli enti non commerciali che hanno esercitato attività commerciali mediante stabili organizzazioni nel territorio dello Stato, si applicano le disposizioni dei commi 2, 3 e 5 dell'articolo 144.

4. Sono altresì deducibili:

a) le erogazioni liberali in denaro a favore dello Stato, di altri enti pubblici e di associazioni e di fondazioni private legalmente riconosciute, le quali, senza scopo di lucro, svolgono o promuovono attività dirette alla tutela del patrimonio ambientale, effettuate per l'acquisto, la tutela e la valorizzazione delle cose indicate alle lettere *a*) e *b*), del comma 1, dell'articolo 139 del decreto legislativo 29 ottobre 1999, n. 490, facenti parte degli elenchi di cui al comma 1 dell'articolo 140 del medesimo decreto legislativo o assoggettati al vincolo della inedificabilità in base ai piani di cui all'articolo 149 dello stesso decreto legislativo e al decreto legge 27 giugno 1985, n. 312, convertito, con modificazioni, dalla legge 8 agosto 1985, n. 431, ivi comprese le erogazioni de-

(2) *Le parole: «entro tre mesi dall'inizio del periodo d'imposta a partire dal quale intende fruirne con le modalità di cui al decreto previsto dall'articolo 161» sono state così sostituite dalle attuali: «con la dichiarazione presentata nel periodo d'imposta a decorrere dal quale si intende esercitare l'opzione» dall'art. 16, comma 3, del D.L.vo 21 novembre 2014, n. 175. Tali disposizioni si applicano a decorrere dal periodo d'imposta successivo a quello in corso al 31 dicembre 2014.*

(3) *Questo periodo è stato così sostituito dall'art. 11* quaterdecies, *comma 19, del D.L. 30 settembre 2005, n. 203, convertito, con modificazioni, nella L. 2 dicembre 2005, n. 248.*

(4) *Il secondo periodo di questo comma: «L'opzione è irrevocabile per dieci esercizi sociali» è stato così sostituito dagli attuali secondo, terzo e quarto periodo, dall'art. 7* quater, *comma 27, lett.* g), *del D.L. 22 ottobre 2016, n. 193, convertito, con modificazioni, nella L. 1 dicembre 2016, n. 225.*

Tali disposizioni si applicano a decorrere dal periodo d'imposta successivo a quello in corso al 31 dicembre 2016.

(5) *Questo periodo è stato così sostituito dall'art. 6, comma 1, del D.L.vo 29 ottobre 2016, n. 221. A norma dell'art. 6, comma 4, del medesimo provvedimento tali disposizioni si applicano a decorrere dal periodo di imposta successivo all'entrata in vigore del presente decreto.*

Si riporta il testo previgente:

«L'opzione è irrevocabile per dieci esercizi sociali e può essere rinnovata.».

A norma dell'art. 6, comma 3, del medesimo provvedimento, per l'esercizio delle opzioni che sono comunicate con la dichiarazione dei redditi da presentarsi nel corso del primo periodo di valenza del regime opzionale, resta fermo quanto stabilito dall'articolo 2, comma 1, del decreto legge 2 marzo 2012, n. 16, convertito, con modificazioni, dalla legge 26 aprile 2012, n. 44.

Si veda altresì l'art. 7 del citato D.L.vo n. 221/2016 che si riporta:

«*Art. 7 – Ambito* di operatività dell'opzione di cui all'articolo 155 del decreto del Presidente della Repubblica 22 dicembre 1986, n. 917 - *1. L'opzione di cui all'articolo 155, comma 1, del decreto del Presidente della Repubblica 22 dicembre 1986, n. 917, non è efficace per le navi traghetto ro-ro e ro-ro pax, iscritte nel registro internazionale adibite a traffici commerciali tra porti appartenenti al territorio nazionale, continentale e insulare, anche per viaggi a seguito o in precedenza di un viaggio proveniente da o diretto verso un altro Stato, sulle navi, che non imbarcano esclusivamente personale italiano o comunitario.*

2. Resta fermo il calcolo del reddito imponibile dell'armatore in riferimento alle navi che non incorrono nel divieto di cui al comma.».

156. Determinazione del reddito imponibile. – 1. Il reddito imponibile, determinato in via forfetaria ed unitaria sulla base del reddito giornaliero di ciascuna nave con i requisiti predetti, è calcolato sulla base degli importi in cifra fissa previsti per i seguenti scaglioni di tonnellaggio netto:

a) da 0 a 1.000 tonnellate di stazza netta: 0,0090 euro per tonnellata;

b) da 1.001 a 10.000 tonnellate di stazza netta: 0,0070 euro per tonnellata;

c) da 10.001 a 25.000 tonnellate di stazza netta: 0,0040 euro per tonnellata;

d) da 25.001 tonnellate di stazza netta: 0,0020 euro per tonnellata ([1]).

2. Agli effetti del comma precedente, non sono computati i giorni di mancata utilizzazione a causa di operazioni di manutenzione, riparazione ordinaria o straordinaria, ammodernamento e trasformazione della nave; sono altresì esclusi dal computo dei giorni di operatività quelli nei quali la nave è in disarmo temporaneo.

3. Dall'imponibile determinato secondo quanto previsto dai commi precedenti non è ammessa alcuna deduzione. Resta ferma l'applicazione dell'articolo 84.

([1]) *Questo comma è stato così sostituito dall'art. 10, comma 1, del D.L.vo 18 novembre 2005, n. 247. A norma dell'art. 10, comma 4, dello stesso provvedimento, queste disposizioni hanno effetto per i periodi di imposta indicati all'articolo 4, comma 1, lettera* e)*, del decreto legislativo 12 dicembre 2003, n. 344.*

157. Limiti all'esercizio dell'opzione ed alla sua efficacia. – 1. L'opzione di cui all'articolo 155 non può essere esercitata e se esercitata viene meno con effetto dal periodo d'imposta in corso nel caso in cui oltre la metà delle navi complessivamente utilizzate viene locato dal contribuente a scafo nudo per un periodo di tempo superiore, per ciascuna unità, al 50 per cento dei giorni di effettiva navigazione per ciascun esercizio sociale.

2. In ogni caso l'opzione di cui all'articolo 155 non rileva per la determinazione del reddito delle navi relativamente ai giorni in cui le stesse sono locate a scafo nudo, da determinarsi in modo analitico per quanto attiene ai costi specifici, e secondo la proporzione di cui all'articolo 159 per quanto attiene quelli non suscettibili di diretta imputazione.

3. L'opzione di cui all'articolo 155 viene meno, altresì, nel caso di mancato rispetto dell'obbligo di formazione dei cadetti secondo le modalità stabilite nel decreto di cui all'articolo 161.

4. L'ammontare determinato ai sensi dell'articolo 156 non comprende i ricavi e qualsiasi altro componente positivo non derivante in via esclusiva dall'esercizio delle navi di cui all'articolo 155 e delle attività di cui al comma 2 dello stesso articolo.

5. Qualora per qualsiasi motivo venga meno l'efficacia dell'opzione esercitata, il nuovo esercizio della stessa non può avvenire prima del decorso del decennio originariamente previsto e, comunque, non prima del quinto periodo d'imposta successivo a quello in cui è venuta meno l'opzione di cui all'articolo 155 ([1]).

([1]) *Le parole: «e, comunque, non prima del quinto periodo d'imposta successivo a quello in cui è venuta meno l'opzione di cui all'articolo 155» sono state aggiunte dall'art. 24, comma 1, lett.* a)*, della L. 7 luglio 2016, n. 122.*

A norma dell'art. 24, comma 2, queste disposizioni si applicano per le cause di decadenza verificatesi a decorrere dal periodo d'imposta in corso alla data di entrata in vigore della presente legge.

158. Plusvalenze e minusvalenze. – 1. Nel caso di cessione a titolo oneroso di una o più navi relativamente alle quali è efficace l'opzione di cui all'articolo 155, l'imponibile determinato ai sensi dell'articolo 156 comprende anche la plusvalenza o minusvalenza realizzata. Tuttavia, qualora la cessione abbia ad oggetto un'unità già in proprietà dell'utilizzatore in un periodo d'imposta precedente a quello nel quale è esercitata l'opzione per l'applicazione del presente regime, all'imponibile determinato ai sensi dell'articolo 156 deve essere aggiunto un ammontare pari al minore importo tra la plusvalenza latente, data dalla differenza tra il valore normale della nave e il costo non ammortizzato della stessa rilevati nell'ultimo giorno dell'esercizio precedente a quello in cui l'opzione è esercitata, e la plusvalenza realizzata ai sensi dell'articolo 86, e, comunque, non inferiore alla plusvalenza latente diminuita dei redditi relativi alla nave oggetto di cessione determinati ai sensi del presente capo in ciascun periodo d'imposta di efficacia dell'opzione fino a concorrenza della stessa plusvalenza latente. Ai fini della determinazione della plusvalenza realizzata ai sensi dell'articolo 86, il costo non ammortizzato è determinato secondo i valori fiscali individuati sulla base delle disposizioni vigenti in assenza dell'esercizio dell'opzione di cui all'articolo 155 (1).

2. Nel caso in cui nel periodo d'imposta precedente quello di prima applicazione del regime di determinazione dell'imponibile previsto dalla presente sezione, al reddito prodotto dalla nave ceduta si rendeva applicabile l'agevolazione di cui all'articolo 145, comma 66, della legge 23 dicembre 2000, n. 388, l'importo determinato ai sensi del comma 1, secondo periodo, è aggiunto (2) all'imponibile limitatamente al 20 per cento del suo ammontare.

3. Nel caso in cui le navi cedute costituiscano un complesso aziendale, per l'applicazione del comma 1 è necessario che tali navi rappresentino l'80 per cento del valore dell'azienda al lordo dei debiti finanziari.

(1) *Le parole da: «; tuttavia, qualora ...» fino a: «... dalla presente sezione» sono state così sostituite dalle parole: «. Tuttavia, qualora la cessione abbia ad oggetto un'unità già in proprietà dell'utilizzatore in un periodo d'imposta precedente a quello nel quale è esercitata l'opzione per l'applicazione del presente regime, all'imponibile determinato ai sensi dell'articolo 156 deve essere aggiunto un ammontare pari al minore importo tra la plusvalenza latente, data dalla differenza tra il valore normale della nave e il costo non ammortizzato della stessa rilevati nell'ultimo giorno dell'esercizio precedente a quello in cui l'opzione è esercitata, e la plusvalenza realizzata ai sensi dell'articolo 86, e, comunque, non inferiore alla plusvalenza latente diminuita dei redditi relativi alla nave oggetto di cessione determinati ai sensi del presente capo in ciascun periodo d'imposta*

di efficacia dell'opzione fino a concorrenza della stessa plusvalenza latente. Ai fini della determinazione della plusvalenza realizzata ai sensi dell'articolo 86, il costo non ammortizzato è determinato secondo i valori fiscali individuati sulla base delle disposizioni vigenti in assenza dell'esercizio dell'opzione di cui all'articolo 155» dall'art. 24, comma 1 lett. b)*, n. 1), della L. 7 luglio 2016, n. 122.*

A norma dell'art. 24, comma 3, le disposizioni di cui a questo comma si applicano con riferimento alle opzioni esercitate a decorrere dal periodo d'imposta in corso alla data di entrata in vigore della medesima legge; a tale fine non rilevano i rinnovi delle opzioni esercitate nei periodi d'imposta precedenti a quello in corso alla data di entrata in vigore della predetta L. n. 122/2016.

(2) *Le parole: «la differenza di cui al comma precedente è aggiunta» sono state così sostituite dalle seguenti: «l'importo determinato ai sensi del comma 1, secondo periodo, è aggiunto» dall'art. 24, comma 1, lett.* b)*, n. 2), della L. 7 luglio 2016, n. 122.*

A norma dell'art. 24, comma 3, le disposizioni di cui a questo comma si applicano con riferimento alle opzioni esercitate a decorrere dal periodo d'imposta in corso alla data di entrata in vigore della medesima legge; a tale fine non rilevano i rinnovi delle opzioni esercitate nei periodi d'imposta precedenti a quello in corso alla data di entrata in vigore della predetta L. n. 122/2016.

159. Obblighi contabili. – 1. Il reddito derivante dal contemporaneo svolgimento di attività imprenditoriali diverse da quelle indicate nell'articolo 155 non è ricompreso nell'imponibile determinato ai sensi dell'articolo 156 e deve essere determinato secondo le disposizioni contenute nella sezione I del capo II.

2. Agli effetti del comma 1 le spese e gli altri componenti negativi assumono rilievo se e nella misura in cui si riferiscano ad attività o beni da cui derivano ricavi ed altri proventi diversi da quelli ricompresi nella determinazione dell'imponibile, secondo i criteri di cui all'articolo 156; a tal fine è tenuta una contabilità separata secondo le modalità stabilite con il decreto di cui all'articolo 161.

3. Le spese e gli altri componenti negativi che si riferiscono indistintamente a componenti positivi di reddito ricompresi e non ricompresi nell'imponibile determinato ai sensi dell'articolo 156 sono deducibili per la parte corrispondente al rapporto tra l'ammontare complessivo dei ricavi ed altri proventi non ricompresi nell'imponibile determinato ai sensi dell'articolo 156 e l'ammontare complessivo di tutti i ricavi e proventi.

160. Ulteriori effetti dell'esercizio dell'opzione. – 1. I soggetti che esercitano l'opzione di cui all'articolo 155 non possono esercitare quella di cui alle sezioni II e III del titolo II né in qualità di controllanti, né in qualità di controllati.

2. Alle cessioni di beni ed alle prestazioni di servizi fra le società il cui reddito è determinato anche parzialmente ai sensi dell'articolo 156 e le altre imprese, anche se residenti nel territorio dello Stato, (1) si applica, ricorrendone le altre condizioni, la disciplina del valore normale prevista dall'articolo 110, comma 7. Resta ferma l'applicazione dell'articolo 156 (2).

(1) Le parole: «, anche se residenti nel territorio dello Stato,» sono state inserite dall'art. 10, comma 2, del D.L.vo 18 novembre 2005, n. 247. A norma dell'art. 10, comma 4, dello stesso provvedimento, tali disposizioni hanno effetto per i periodi di imposta indicati all'articolo 4, comma 1, lettera e)*, del decreto legislativo 12 dicembre 2003, n. 344.*

(2) Questo periodo è stato aggiunto dall'art. 10, comma 2, del D.L.vo 18 novembre 2005, n. 247. A norma dell'art. 10, comma 4, dello stesso provvedimento, tali disposizioni hanno effetto per i periodi di imposta indicati all'articolo 4, comma 1, lettera e)*, del decreto legislativo 12 dicembre 2003, n. 344.*

161. Disposizioni applicative. – 1. Con decreto di natura non regolamentare del Ministro dell'economia e delle finanze sono adottate le disposizioni applicative della presente sezione.

2. Per tutto quanto non disciplinato nella presente sezione si applicano le disposizioni di cui alla sezione I.

Titolo III
Disposizioni comuni

Capo I
Disposizioni generali

162. Stabile organizzazione. – 1. Fermo restando quanto previsto dall'articolo 169, ai fini delle imposte sui redditi e dell'imposta regionale sulle attività produttive di cui al decreto legislativo 15 dicembre 1997, n. 446, l'espressione «stabile organizzazione» designa una sede fissa di affari per mezzo della quale l'impresa non residente esercita in tutto o in parte la sua attività sul territorio dello Stato.

2. L'espressione «stabile organizzazione» comprende in particolare:

a) una sede di direzione;

b) una succursale;

c) un ufficio;

d) un'officina;

e) un laboratorio;

f) una miniera, un giacimento petrolifero o di gas naturale, una cava o altro luogo di estrazione di risorse naturali, anche in zone situate al di fuori delle acque territoriali in cui, in conformità al diritto internazionale consuetudinario ed alla legislazione nazionale relativa all'esplorazione ed allo sfruttamento di risorse naturali, lo Stato può esercitare diritti relativi al fondo del mare, al suo sottosuolo ed alle risorse naturali;

f bis) una significativa e continuativa presenza economica nel territorio dello Stato costruita in modo tale da non fare risultare una sua consistenza fisica nel territorio stesso ([1]).

3. Un cantiere di costruzione o di montaggio o di installazione, ovvero l'esercizio di attività di supervisione ad esso connesse, è considerato «stabile organizzazione» soltanto se tale cantiere, progetto o attività abbia una durata superiore a tre mesi.

4. Fermi restando i commi da 1 a 3, la dizione "stabile organizzazione" non comprende:

a) l'uso di una installazione ai soli fini di deposito, di esposizione o di consegna di beni o merci appartenenti all'impresa;

b) la disponibilità di beni o merci appartenenti all'impresa immagazzinati ai soli fini di deposito, di esposizione o di consegna;

c) la disponibilità di beni o merci appartenenti all'impresa immagazzinati ai soli fini della trasformazione da parte di un'altra impresa;

d) la disponibilità di una sede fissa di affari utilizzata ai soli fini di acquistare beni o merci o di raccogliere informazioni per l'impresa;

e) la disponibilità di una sede fissa di affari utilizzata ai soli fini dello svolgimento, per l'impresa, di ogni altra attività;

f) la disponibilità di una sede fissa di affari utilizzata ai soli fini dell'esercizio combinato delle attività menzionate nelle lettere da *a*) ad *e*) ([2]).

4 *bis*. Le disposizioni del comma 4 si applicano a condizione che le attività di cui alle lettere da *a*) a *e*) o, nei casi di cui alla lettera *f*), l'attività complessiva della sede fissa d'affari siano di carattere preparatorio o ausiliario ([2]).

5. Il comma 4 non si applica ad una sede fissa d'affari che sia utilizzata o gestita da un'impresa se la stessa impresa o un'impresa strettamente correlata svolge la sua attività nello stesso luogo o in un altro luogo nel territorio dello Stato e lo stesso luogo o l'altro luogo costituisce una stabile organizzazione per l'impresa o per l'impresa strettamente correlata in base alle previsioni del presente articolo, ovvero l'attività complessiva risultante dalla combinazione delle attività svolte dalle due imprese nello stesso luogo, o dalla stessa impresa o da imprese strettamente correlate nei due luoghi, non sia di carattere preparatorio o ausiliario, purché le attività svolte dalle due imprese nello stesso luogo, o dalla stessa impresa, o dalle imprese strettamente correlate nei due luoghi, costituiscano funzioni complementari che siano parte di un complesso unitario di operazioni d'impresa ([2]).

6. Ferme le disposizioni dei commi 1 e 2 e salvo quanto previsto dal comma 7, se un soggetto agisce nel territorio dello Stato per conto di un'impresa non residente e abitualmente conclude contratti o opera ai fini della conclusione di contratti senza modifiche sostanziali da parte dell'impresa e detti contratti sono in nome dell'impresa, oppure relativi al trasferimento della proprietà, o per la concessione del diritto di utilizzo, di beni di tale impresa o che l'impresa ha il diritto di utilizzare, oppure relativi alla fornitura di servizi da parte di tale impresa, si considera che tale impresa abbia una stabile organizzazione nel territorio dello Stato in relazione a ogni attività svolta dal suddetto soggetto per conto dell'impresa, a meno che le attività di tale soggetto siano limitate allo svolgimento delle attività di cui al comma 4 le quali, se esercitate per mezzo di una sede fissa di affari, non permetterebbero di considerare questa sede fissa una stabile organizzazione ai sensi delle disposizioni del medesimo comma 4 ([2]).

7. Il comma 6 non si applica quando il soggetto, che opera nel territorio dello Stato per conto di un'impresa non residente, svolge la propria attività in qualità di agente indipendente e agisce per l'impresa nell'ambito della propria ordinaria attività. Tuttavia, quando un soggetto opera esclusivamente o quasi esclusivamente per conto di una o più imprese alle quali è strettamente correlato, tale soggetto non è considerato un agente indipendente, ai sensi del presente comma, in relazione a ciascuna di tali imprese ([2]).

7 *bis*. Ai soli fini del presente articolo, un soggetto è strettamente correlato ad un'impresa se, tenuto conto di tutti i fatti e di tutte le circostanze rilevanti, l'uno ha il controllo dell'altra ovvero entrambi sono controllati da uno stesso soggetto. In ogni caso, un soggetto è considerato strettamente correlato ad un'impresa se l'uno possiede direttamente o indirettamente più del 50 per cento della partecipazione dell'altra o, nel caso di una società, più del 50 per cento del totale dei diritti di voto e del capitale sociale, o se entrambi sono partecipati da un altro soggetto, direttamente o indirettamente, per più del 50 per cento della partecipazione, o, nel caso di una società, per più del 50 per cento del totale dei diritti di voto e del capitale sociale ([2]).

8. Nonostante quanto previsto dal comma 7 ([3]), non costituisce stabile organizzazione dell'impresa il solo fatto che la stessa eserciti nel territorio dello Stato la propria attività per mezzo di un raccomandatario marittimo di cui alla legge 4 aprile 1977, n. 135, o di un mediatore marittimo di cui alla legge 12 marzo 1968, n. 478, che abbia i poteri per la gestione commerciale o operativa delle navi dell'impresa, anche in via continuativa.

9. Il fatto che un'impresa non residente con o senza stabile organizzazione nel territorio dello Stato controlli un'impresa residente, ne sia controllata, o che entrambe le imprese siano controllate da un terzo soggetto esercente

o no attività d'impresa non costituisce di per sé motivo sufficiente per considerare una qualsiasi di dette imprese una stabile organizzazione dell'altra.

(1) *Questa lettera è stata aggiunta dall'art. 1, comma 1010, lett.* a)*, della L. 27 dicembre 2017, n. 205, a decorrere dal 1° gennaio 2018.*

(2) *Gli originari commi da 4 a 7 sono stati così sostituiti dagli attuali commi 4, 4* bis*, 5, 6, 7 e 7* bis*, dall'art. 1, comma 1010, lett.* b)*, della L. 27 dicembre 2017, n. 205, a decorrere dal 1° gennaio 2018.*

(3) *Le parole: «dal comma precedente» sono state così sostituite dalle seguenti: «dal comma 7» dall'art. 1, comma 1010, lett.* c)*, della L. 27 dicembre 2017, n. 205, a decorrere dal 1° gennaio 2018.*

162 *bis*. (1) (2) Intermediari finanziari e società di partecipazione. – 1. Ai fini delle imposte sui redditi e dell'imposta regionale sulle attività produttive di cui al decreto legislativo 15 dicembre 1997, n. 446, si definiscono:

a) intermediari finanziari:

1) i soggetti indicati nell'articolo 2, comma 1, lettera *c*), del decreto legislativo 28 febbraio 2005, n. 38, e i soggetti con stabile organizzazione nel territorio dello Stato aventi le medesime caratteristiche;

2) i confidi iscritti nell'elenco di cui all'articolo 112 *bis* del decreto legislativo 1° settembre 1993, n. 385;

3) gli operatori del microcredito iscritti nell'elenco di cui all'articolo 111 del decreto legislativo 1° settembre 1993, n. 385;

4) i soggetti che esercitano in via esclusiva o prevalente l'attività di assunzione di partecipazioni in intermediari finanziari, diversi da quelli di cui al numero 1);

b) società di partecipazione finanziaria: i soggetti che esercitano in via esclusiva o prevalente l'attività di assunzione di partecipazioni in intermediari finanziari;

c) società di partecipazione non finanziaria e assimilati:

1) i soggetti che esercitano in via esclusiva o prevalente l'attività di assunzione di partecipazioni in soggetti diversi dagli intermediari finanziari (3);

2) i soggetti che svolgono attività non nei confronti del pubblico di cui al comma 2 dell'articolo 3 del regolamento emanato in materia di intermediari finanziari in attuazione degli articoli 106, comma 3, 112, comma 3 e 114 del decreto legislativo 1° settembre 1993, n. 385, nonché dell'articolo 7 *ter*, comma 1 *bis*, della legge 30 aprile 1999, n. 130.

2. Ai fini del comma 1, l'esercizio in via prevalente di attività di assunzione di partecipazioni in intermediari finanziari sussiste, quando, in base ai dati del bilancio approvato relativo all'ultimo esercizio chiuso, l'ammontare complessivo delle partecipazioni in detti intermediari finanziari e altri ele-

menti patrimoniali intercorrenti con gli stessi, unitariamente considerati, inclusi gli impegni ad erogare fondi e le garanzie rilasciate, sia superiore al 50 per cento del totale dell'attivo patrimoniale, inclusi gli impegni ad erogare fondi e le garanzie rilasciate.

3. Ai fini del comma 1, l'esercizio in via prevalente di attività di assunzione di partecipazioni in soggetti diversi dagli intermediari finanziari sussiste, quando, in base ai dati del bilancio approvato relativo all'ultimo esercizio chiuso, l'ammontare complessivo delle partecipazioni in detti soggetti e altri elementi patrimoniali intercorrenti con i medesimi, unitariamente considerati, sia superiore al 50 per cento del totale dell'attivo patrimoniale.

(1) *Questo articolo è stato inserito dall'art. 12, comma 1, lett.* d)*, del D.L.vo 29 novembre 2018, n. 142. A norma dell'art. 13, comma 9, del medesimo provvedimento, tali disposizioni si applicano a decorrere dal periodo d'imposta in corso al 31 dicembre 2018; con riferimento ai periodi d'imposta precedenti ai quali si applicano le disposizioni di cui al decreto legislativo 18 agosto 2015, n. 136, per i quali i termini per il versamento a saldo delle imposte sui redditi sono scaduti anteriormente alla medesima data, sono fatti salvi gli effetti sulla determinazione del reddito complessivo ai fini delle imposte sui redditi e del valore della produzione netta ai fini dell'imposta regionale sulle attività produttive, relativi ai medesimi periodi d'imposta, derivanti dall'applicazione delle disposizioni vigenti in tali periodi, anche se non coerenti con le disposizioni di cui ai commi 2 e 3 dell'articolo 162* bis *del testo unico delle imposte sui redditi, di cui al decreto del Presidente della Repubblica 22 dicembre 1986, n. 917, introdotto dalla lettera* d) *del comma 1 dell'articolo 12. Ai fini del presente comma gli effetti sulla determinazione del reddito complessivo e del valore della produzione netta sono fatti salvi purché prodotti da comportamenti tra loro coerenti manifestati entro l'8 agosto 2018.*

(2) *A norma dell'art. 1, comma 2, del D.L. 22 marzo 2021, n. 41, convertito, con modificazioni, nella L. 21 maggio 2021, n. 69, il contributo a fondo perduto di cui al comma 1, del medesimo decreto, non spetta, in ogni caso, ai soggetti la cui attività risulti cessata alla data di entrata in vigore del presente decreto, ai soggetti che hanno attivato la partita IVA dopo l'entrata in vigore del presente decreto, nonché ai soggetti di cui a questo articolo.*

(3) *A norma dell'art. 13, comma 10, del D.L.vo 29 novembre 2018, n. 142, per i soggetti di cui a questo numero, con riferimento ai periodi d'imposta a decorrere da quello in corso alla data di entrata in vigore del decreto legislativo 13 agosto 2010, n. 141, e precedenti a quello in corso al 31 dicembre 2018, per i quali i termini per il versamento a saldo delle imposte sui redditi sono scaduti anteriormente alla medesima data, sono fatti salvi gli effetti sulla determinazione del reddito complessivo ai fini delle imposte sui redditi e del valore della produzione netta ai fini dell'imposta regionale sulle attività produttive, relativi ai medesimi periodi d'imposta, derivanti dall'applicazione delle disposizioni vigenti in tali periodi, anche se non coerenti con le disposizioni di cui al comma 3 del predetto articolo 162* bis*. Ai fini del presente comma gli effetti sulla determinazione del reddito complessivo e del valore della produzione netta sono fatti salvi purché prodotti da comportamenti tra loro coerenti manifestati entro l'8 agosto 2018.*

163. Divieto della doppia imposizione. – 1. La stessa imposta non può essere applicata più volte in dipendenza dello stesso presupposto, neppure nei confronti di soggetti diversi.

164. Limiti di deduzione delle spese e degli altri componenti negativi relativi a taluni mezzi di trasporto a motore, utilizzati nell'esercizio di imprese, arti e professioni. – 1. Le spese e gli altri componenti negativi relativi ai mezzi di trasporto a motore indicati nel presente articolo, utilizzati nell'esercizio di imprese, arti e professioni, ai fini della determinazione dei relativi redditi sono deducibili solo se rientranti in una delle fattispecie previste nelle successive lettere *a*), *b*) e *b bis*) ([1]):

a) per l'intero ammontare relativamente:

1) agli aeromobili da turismo, alle navi e imbarcazioni da diporto, alle autovetture ed *autocaravan*, di cui alle lettere *a*) e *m*) del comma 1 dell'articolo 54 del decreto legislativo 30 aprile 1992, n. 285, ai ciclomotori e motocicli destinati ad essere utilizzati esclusivamente come beni strumentali nell'attività propria dell'impresa;

2) ai veicoli adibiti ad uso pubblico [o dati in uso promiscuo ai dipendenti per la maggior parte del periodo d'imposta] ([2]);

b) nella misura del 20 per cento ([3]) relativamente alle autovetture e autocaravan, di cui alle citate lettere dell'art. 54 del citato decreto legislativo n. 285 del 1992, ai ciclomotori e motocicli il cui utilizzo è diverso da quello indicato alla lettera *a*), numero 1). Tale percentuale è elevata all'80 per cento per i veicoli utilizzati dai soggetti esercenti attività di agenzia o di rappresentanza di commercio ([4]). Nel caso di esercizio di arti e professioni in forma individuale, la deducibilità è ammessa, nella suddetta misura del 20 per cento ([5]) limitatamente ad un solo veicolo, se l'attività è svolta da società semplici e da associazioni di cui all'articolo 5, la deducibilità è consentita soltanto per un veicolo per ogni socio o associato. Non si tiene conto: della parte del costo di acquisizione che eccede € 18.075,99 per le autovetture e gli *autocaravan*, € 4.131,66 per i motocicli, € 2.065,83 per i ciclomotori; dell'ammontare dei canoni proporzionalmente corrispondente al costo di detti veicoli che eccede i limiti indicati, se i beni medesimi sono utilizzati in locazione finanziaria; dell'ammontare dei costi di locazione e di noleggio che eccede € 3.615,20 per le autovetture e gli *autocaravan*, € 774,69 per i motocicli, € 413,17 per i ciclomotori. Nel caso di esercizio delle predette attività svolte da società semplici e associazioni di cui al citato articolo 5, i suddetti limiti sono riferiti a ciascun socio o associato. I limiti predetti, che con riferimento al valore dei contratti di locazione anche finanziaria o di noleggio vanno ragguagliati ad anno, possono essere variati, tenendo anche conto delle variazioni dell'indice dei prezzi al consumo per le famiglie di operai e di impiegati verificatesi nell'anno precedente, con decreto del Ministro delle finanze, di concerto con il Ministro dell'industria, del commercio e dell'artigianato. I predetti limiti di 35 milioni di lire e di 7 milioni di lire sono elevati rispettivamente a euro 25.822,84 e a euro 5.164,57 per gli autoveicoli utilizzati da agenti o rappresentanti di commercio ([6]);

b bis) nella misura del 70 per cento ([7]) per i veicoli dati in uso promiscuo ai dipendenti per la maggior parte del periodo d'imposta ([8]).

1 *bis*. Le spese per carburante per autotrazione sono deducibili nella misura di cui al comma 1 se effettuate esclusivamente mediante carte di credito, carte di debito o carte prepagate emesse da operatori finanziari soggetti all'obbligo di comunicazione previsto dall'articolo 7, sesto comma, del decreto del Presidente della Repubblica 29 settembre 1973, n. 605 ([9]).

2. Ai fini della determinazione del reddito d'impresa, le plusvalenze e le minusvalenze patrimoniali rilevano nella stessa proporzione esistente tra l'ammontare dell'ammortamento fiscalmente dedotto e quello complessivamente effettuato.

3. Ai fini della applicazione del comma 7 dell'articolo 67 ([10]), il costo dei beni di cui al comma 1, lettera *b*), si assume nei limiti rilevanti ai fini della deduzione delle relative quote di ammortamento.

([1]) *Le parole*: «*secondo i seguenti criteri*» *sono state così sostituite dalle attuali da*: «*solo se rientranti ...*» *fino a*: «*... lettere* a), b) *e* b bis)» *dall'art. 2, comma 71, lett.* b), *n. 1), del D.L. 3 ottobre 2006, n. 262, convertito, con modificazioni, nella L. 24 novembre 2006, n. 286.*

([2]) *Le parole fra parentesi quadrate sono state soppresse dall'art. 2, comma 71, lett.* b), *n. 2), del D.L. 3 ottobre 2006, n. 262, convertito, con modificazioni, nella L. 24 novembre 2006, n. 286.*

([3]) *Le parole*: «*nella misura del 40 per cento*» *sono state sostituite dalle parole*: «*nella misura del 27,5 per cento*» *dall'art. 4, comma 72, lett.* a), *della L. 28 giugno 2012, n. 92 e poi da ultimo così sostituite dalle attuali*: «*nella misura del 20 per cento*» *dall'art. 1, comma 501, della L. 24 dicembre 2012, n. 228, che ha altresì confermato le previsioni dell'art. 4, comma 73, della L. 28 giugno 2012, n. 92. A norma dell'art. 4, comma 73, della citata legge n. 92/2012, le disposizioni di cui al comma 72 si applicano a decorrere dal periodo d'imposta successivo a quello in corso alla data di entrata in vigore della suddetta legge. Nella determinazione degli acconti dovuti per il periodo di imposta di prima applicazione si assume, quale imposta del periodo precedente, quella che si sarebbe determinata applicando le disposizioni di cui al comma 72.*

([4]) *Il primo periodo di questa lettera è stato così sostituito dagli attuali due periodi, dall'art. 15* bis, *comma 7, lett.* b), *n.* 1), *del D.L. 2 luglio 2007, n. 81, convertito, con modificazioni, nella L. 3 agosto 2007, n. 127, a decorrere dal periodo d'imposta in corso alla data del 27 giugno 2007.*

([5]) *Le parole: «nella suddetta misura del 25 per cento» sono state sostituite dalle parole: «nella suddetta misura del 40 per cento» dall'art. 15* bis, *comma 7, lett.* b), *n. 2), del D.L. 2 luglio 2007, n. 81, convertito, con modificazioni, nella L. 3 agosto 2007, n. 127, a decorrere dal periodo d'imposta in corso alla data del 27 giugno 2007. Le parole: «nella suddetta misura del 40 per cento» sono state poi sostituite dalle attuali: «nella misura del 27,5 per cento» dall'art. 4, comma 72, lett.* a), *della L. 28 giugno 2012, n. 92. Le parole: «nella misura del 27,5 per cento» sono state infine così sostituite dalle attuali: «nella misura del 20 per cento» dall'art. 1, comma 501, della L. 24 dicembre 2012, n. 228. Resta fermo quanto previsto dal comma 73 del citato articolo 4 della L. n. 92 del 2012, che stabilisce che le disposizioni di cui al comma 72 si applicano a decorrere dal periodo d'imposta successivo a quello in corso alla data di entrata in vigore della suddetta legge. Nella determinazione degli acconti dovuti per il periodo di imposta di prima applicazione si assume, quale imposta del periodo precedente, quella che si sarebbe determinata applicando le disposizioni di cui al comma 72.*

([6]) *L'ultimo periodo di questa lettera è stato così sostituito dall'attuale dall'art. 1, comma 37, della L. 11 dicembre 2016, n. 232.*

([7]) *Le parole: «nella misura del 90 per cento» sono state così sostituite dalle attuali: «nella misura del 70 per cento» dall'art. 4, comma 72, lett.* b), *della L. 28 giugno 2012, n. 92. A norma dell'art. 4, comma 73, della medesima legge, le disposizioni di cui al comma 72 si applicano a decorrere dal periodo d'imposta successivo a quello in corso alla data di entrata in vigore della suddetta legge. Nella determinazione degli acconti dovuti per il periodo di imposta di prima applicazione si assume, quale imposta del periodo precedente, quella che si sarebbe determinata applicando le disposizioni di cui al comma 72.*

([8]) *Questa lettera, aggiunta dall'art. 2, comma 71, lett.* b), *n. 4), del D.L. 3 ottobre 2006, n. 262, convertito, con modificazioni, nella L. 24 novembre 2006, n. 286, è stata così sostituita dall'art. 15* bis, *comma 7, lett.* c), *del D.L. 2 luglio 2007, n. 81, convertito, con modificazioni, nella L. 3 agosto 2007, n. 127, a decorrere dal periodo d'imposta in corso alla data del 27 giugno 2007.*

([9]) *Questo comma è stato inserito dall'art. 1, comma 922, della L. 27 dicembre 2017, n. 205.*

A norma dell'art. 1, comma 927, della L. 27 dicembre 2017, n. 205, così come modificato dall'art. 11 bis, *comma 1, lett.* b), *del D.L. 12 luglio 2018, n. 87, convertito, con modificazioni, nella L. 9 agosto 2018, n. 96, tali disposizioni si applicano a partire dal 1° luglio 2018.*

A norma dell'art. 1, comma 916, della L. 27 dicembre 2017, n. 205, tali disposizioni si applicano alle fatture emesse a partire dal 1° gennaio 2019.

A norma dell'art. 1, comma 917, della L. 27 dicembre 2017, n. 205, fermo restando quanto previsto al predetto comma 916, della L. n. 205/2017, tali disposizioni si applicano alle fatture emesse a partire dal 1° luglio 2018 relative a:

a) *cessioni di benzina o di gasolio destinati ad essere utilizzati come carburanti per motori, ad eccezione delle cessioni di carburante per autotrazione presso gli impianti stradali di distribuzione, per le quali il comma 920 si applica dal 1° gennaio 2019;*

b) *prestazioni rese da soggetti subappaltatori e subcontraenti della filiera delle imprese nel quadro di un contratto di appalto di lavori, servizi o forniture stipulato con un'amministrazione pubblica. Ai fini della presente lettera, per filiera delle imprese si intende l'insieme dei soggetti, destinatari della normativa di cui all'articolo 3 della legge 13 agosto 2010, n. 136, che intervengono a qualunque titolo nel ciclo di realizzazione del contratto, anche con noli e forniture di beni e prestazioni di servizi, ivi compresi quelli di natura intellettuale, qualunque sia l'importo dei relativi contratti o dei subcontratti. Le fatture elettroniche emesse ai sensi della presente lettera riportano gli stessi codici CUP e CIG di cui all'articolo 25, comma 2, del decreto legge 24 aprile 2014, n. 66, convertito, con modificazioni, dalla legge 23 giugno 2014, n. 89, riportati nelle fatture emesse dall'impresa capofila nei confronti dell'amministrazione pubblica.*

([10]) *Questo articolo non ha corrispondenza nel nuovo T.U. Si vedano agli artt. 55 - 71.*

Capo II
Disposizioni relative ai redditi prodotti all'estero ed ai rapporti internazionali

165. ([1]) **Credito d'imposta per i redditi prodotti all'estero.** – 1. Se alla formazione del reddito complessivo concorrono redditi prodotti all'estero, le imposte ivi pagate a titolo definitivo su tali redditi sono ammesse in detrazione dall'imposta netta dovuta fino alla concorrenza della quota d'imposta corrispondente al rapporto tra i redditi prodotti all'estero ed il reddito complessivo al netto delle perdite di precedenti periodi d'imposta ammesse in diminuzione ([2]).

2. I redditi si considerano prodotti all'estero sulla base di criteri reciproci a quelli previsti dall'articolo 23 per individuare quelli prodotti nel territorio dello Stato.

3. [Salvo quanto previsto dal comma 6, ultimo periodo, e dall'articolo 136, commi 3 e 6,] ([3]) se concorrono redditi prodotti in più Stati esteri, la detrazione si applica separatamente per ciascuno Stato.

4. La detrazione di cui al comma 1 deve essere calcolata nella dichiarazione relativa al periodo d'imposta cui appartiene il reddito prodotto all'estero al quale si riferisce l'imposta di cui allo stesso comma 1, a condizione che il pagamento a titolo definitivo avvenga prima della sua presentazione. Nel caso in cui il pagamento a titolo definitivo avvenga successivamente si applica quanto previsto dal comma 7.

5. [Per i redditi d'impresa prodotti all'estero mediante stabile organizzazione o da società controllate di cui alla sezione III del capo II del Titolo II,] ([4]) la detrazione di cui al comma 1 ([5]) può essere calcolata dall'imposta del periodo di competenza anche se il pagamento a titolo definitivo avviene entro il termine di presentazione della dichiarazione relativa al primo periodo d'imposta successivo. L'esercizio della facoltà di cui al periodo precedente è condizionato all'indicazione, nelle dichiarazioni dei redditi, delle imposte estere detratte per le quali ancora non è avvenuto il pagamento a titolo definitivo.

6. L'imposta estera pagata a titolo definitivo su redditi prodotti nello stesso Stato estero eccedente la quota di imposta italiana relativa ai medesimi redditi esteri ([6]), costituisce un credito d'imposta fino a concorrenza della eccedenza della quota d'imposta italiana rispetto a quella estera pagata a titolo definitivo in relazione allo stesso reddito estero, verificatasi negli esercizi precedenti fino all'ottavo. Nel caso in cui negli esercizi precedenti non si sia verificata tale eccedenza, l'eccedenza dell'imposta estera può essere riportata a nuovo fino all'ottavo esercizio successivo ed essere utilizzata quale credito d'imposta nel caso in cui si produca l'eccedenza della quota di imposta italiana rispetto a quella estera relativa allo stesso reddito di cui al primo periodo del presente comma. Le disposizioni di cui al presente comma relative al riporto in avanti e all'indietro dell'eccedenza si applicano anche ai redditi d'impresa prodotti all'estero dalle singole società partecipanti al consolidato nazionale e mondiale, anche se residenti nello stesso paese, salvo quanto previsto dall'articolo 136, comma 6 ([7]).

7. Se l'imposta dovuta in Italia per il periodo d'imposta nel quale il reddito estero ha concorso a formare l'imponibile è stata già liquidata, si procede a nuova liquidazione tenendo conto anche dell'eventuale maggior reddito estero, e la detrazione si opera dall'imposta dovuta per il periodo d'imposta cui si riferisce la dichiarazione nella quale è stata richiesta. Se è già decorso il termine per l'accertamento, la detrazione è limitata alla quota dell'imposta estera proporzionale all'ammontare del reddito prodotto all'estero acquisito a tassazione in Italia.

8. La detrazione non spetta in caso di omessa presentazione della dichiarazione o di omessa indicazione dei redditi prodotti all'estero nella dichiarazione presentata.

9. Per le imposte pagate all'estero dalle società, associazioni e imprese di cui all'articolo 5 e dalle società ([8]) che hanno esercitato l'opzione di cui agli articoli 115 e 116 la detrazione spetta ai singoli soci nella proporzione ivi stabilita.

10. Nel caso in cui il reddito prodotto all'estero concorra parzialmente alla formazione del reddito complessivo, anche l'imposta estera va ridotta in misura corrispondente.

([1]) *Ai sensi dell'art. 14, comma 4, del D.L.vo 14 settembre 2015, n. 147, ai fini dell'applicazione delle disposizioni di cui al presente articolo, l'impresa residente nel territorio dello Stato può interpellare l'Agenzia delle entrate ai sensi dell'articolo 11 della legge 27 luglio 2000, n. 212, in merito alla sussistenza di una stabile organizzazione all'estero, da valutarsi anche in base ai criteri previsti da accordi internazionali contro le doppie imposizioni, ove in vigore.*

([2]) *A norma dell'art. 15, comma 2, del D.L.vo 14 settembre 2015, n. 147, questo comma si interpreta nel senso che sono ammesse in detrazione sia le imposte estere oggetto di una convenzione contro le doppie imposizioni in vigore tra l'Italia e lo Stato estero in cui il reddito che concorre alla formazione dell'imponibile è prodotto sia le altre imposte o gli altri tributi esteri sul reddito. Nel caso in cui sussistano obiettive condizioni di incertezza in merito alla natura di un tributo estero non oggetto delle anzidette convenzioni, il contribuente può inoltrare all'amministrazione finanziaria istanza d'interpello ai sensi e per gli effetti dell'articolo 11, della legge 27 luglio 2000, n. 212.*

([3]) *Le parole fra parentesi quadrate sono state soppresse dall'art. 11, comma 1, lett.* a), *del D.L.vo 18 novembre 2005, n. 247. A norma dell'art. 11, comma 3, dello stesso provvedimento, tali disposizioni hanno effetto per i periodi di imposta che iniziano a decorrere dal 1° gennaio 2004.*

([4]) *Le parole tra parentesi quadrate sono state soppresse dall'art. 15, comma 1, lett.* a), *del D.L.vo 14 settembre 2015, n. 147. A norma dell'art. 15, comma 3, del medesimo provvedimento, tali disposizioni si applicano a decorrere dal periodo di imposta in corso alla data di entrata in vigore del suddetto decreto.*

([5]) *Le parole: «di cui al comma 1» sono state aggiunte dall'art. 15, comma 1, lett.* a), *del D.L.vo 14 settembre 2015, n. 147. A norma dell'art. 15, comma 3, del medesimo provvedimento, tali disposizioni si applicano a decorrere dal periodo di imposta in corso alla data di entrata in vigore del suddetto decreto.*

([6]) *Le parole: «Nel caso di reddito d'impresa prodotto, da imprese residenti, nello stesso Paese estero, l'imposta estera ivi pagata a titolo definitivo su tale reddito eccedente la quota d'imposta italiana relativa al medesimo reddito estero» sono state così sostituite dalle seguenti: «L'imposta estera pagata a titolo definitivo su redditi prodotti nello stesso Stato estero eccedente la quota di imposta italiana relativa ai medesimi redditi esteri», dall'art. 15, comma 1, lett.* b), *del D.L.vo 14 settembre 2015, n. 147. A norma dell'art. 15, comma 3, del medesimo provvedimento, tali disposizioni si applicano a decorrere dal periodo di imposta in corso alla data di entrata in vigore del suddetto decreto.*

([7]) *L'ultimo periodo di questo comma è stato così sostituito dall'art. 11, comma 1, lett.* b), *del D.L.vo 18 novembre 2005, n. 247. A norma dell'art. 11, comma 3, dello stesso provvedimento, tali disposizioni hanno effetto per i periodi di imposta che iniziano a decorrere dal 1° gennaio 2005.*

([8]) *Le parole: «, associazioni e imprese di cui all'articolo 5 e dalle società» sono state inserite dall'art. 11, comma 1, lett.* c), *del D.L.vo 18 novembre 2005, n. 247. A norma dell'art. 11, comma 3, dello stesso provvedimento, tali disposizioni hanno effetto per i periodi di imposta che iniziano a decorrere dal 1° gennaio 2004.*

166. ([1]) **Imposizione in uscita.** – 1. Le disposizioni del presente articolo si applicano ai soggetti che esercitano imprese commerciali qualora si verifichi una delle seguenti ipotesi:

a) sono fiscalmente residenti nel territorio dello Stato e trasferiscono all'estero la propria residenza fiscale;

b) sono fiscalmente residenti nel territorio dello Stato e trasferiscono attivi ad una loro stabile organizzazione situata all'estero con riferimento alla quale si applica l'esenzione degli utili e delle perdite di cui all'articolo 168 *ter*;

c) sono fiscalmente residenti all'estero, possiedono una stabile organizzazione situata nel territorio dello Stato e trasferiscono l'intera stabile organizzazione alla sede centrale o ad altra stabile organizzazione situata all'estero;

d) sono fiscalmente residenti all'estero, possiedono una stabile organizzazione situata nel territorio dello Stato e trasferiscono attivi facenti parte del patrimonio di tale stabile organizzazione alla sede centrale o ad altra stabile organizzazione situata all'estero;

e) sono fiscalmente residenti nel territorio dello Stato e sono stati oggetto di incorporazione da parte di una società fiscalmente non residente oppure hanno effettuato una scissione a favore di una o più beneficiarie non residenti oppure hanno effettuato il conferimento di una stabile organizzazione o di un ramo di essa situati all'estero a favore di un soggetto fiscalmente residente all'estero.

2. Ai fini delle lettere *b*) e *d*) del comma 1, il trasferimento di attivi a una stabile organizzazione o da una stabile organizzazione si intende effettuato quando, in applicazione dei criteri definiti dall'OCSE, considerando la stabile organizzazione un'entità separata e indipendente, che svolge le medesime o analoghe attività, in condizioni identiche o similari, e tenendo conto delle funzioni svolte, dei rischi assunti e dei beni utilizzati, tali attività si considerano rispettivamente entrate nel patrimonio o uscite dal patrimonio di tale stabile organizzazione.

3. Nelle ipotesi di cui al comma 1 sono imponibili i seguenti redditi:

a) nel caso di cui alla lettera *a*) del comma 1 la plusvalenza, unitariamente determinata, pari alla differenza tra il valore di mercato complessivo e il corrispondente costo fiscalmente riconosciuto delle attività e passività del soggetto che trasferisce la residenza fiscale che non sono confluite nel patrimonio di una stabile organizzazione di tale soggetto situata nel territorio dello Stato;

b) nel caso di cui alla lettera *b*) del comma 1 la differenza tra il valore di mercato e il corrispondente costo fiscalmente riconosciuto degli attivi trasferiti alla stabile organizzazione situata all'estero;

c) nel caso di cui alla lettera *c*) del comma 1 la plusvalenza, unitariamente determinata, pari alla differenza tra il valore di mercato e il corrispondente costo fiscalmente riconosciuto delle attività e passività facenti parte del patrimonio della stabile organizzazione trasferita alla sede centrale o alla stabile organizzazione situata all'estero;

d) nel caso di cui alla lettera *d*) del comma 1 la differenza tra il valore di mercato e il corrispondente costo fiscalmente riconosciuto degli attivi trasferiti alla sede centrale o alla stabile organizzazione situata all'estero;

e) nel caso di cui alla lettera *e*) del comma 1 la plusvalenza, unitariamente determinata, pari alla differenza tra il valore di mercato complessivo e il corrispondente costo fiscalmente riconosciuto delle attività e passività che prima del perfezionamento dell'operazione facevano parte del patrimonio di un soggetto fiscalmente residente nel territorio dello Stato e che, successivamente a tale perfezionamento, non confluiscono nel patrimonio di una stabile organizzazione di un soggetto non residente situata nel territorio dello Stato.

4. Il valore di mercato di cui al comma 3 è determinato con riferimento alle condizioni e ai prezzi che sarebbero stati pattuiti tra soggetti indipendenti operanti in condizioni di libera concorrenza e in circostanze comparabili tenendo conto, qualora si tratti di valore riferibile a un complesso aziendale o a un ramo di azienda, del valore dell'avviamento, calcolato tenendo conto delle funzioni e dei rischi trasferiti. Ai fini della determinazione del valore di mercato si tiene conto delle indicazioni contenute nel decreto del Ministro dell'economia e delle finanze emanato ai sensi del comma 7 dell'articolo 110.

5. Nei casi di cui al comma 1, lettere *a*) ed *e*), sono altresì assoggettate alle imposte sui redditi le riserve in sospensione d'imposta, incluse quelle tassabili solo in caso di distribuzione, che risultano iscritte in bilancio al termine dell'ultimo periodo d'imposta di residenza o prima del perfezionamento dell'operazione se, e nella misura in cui, non sono ricostituite nel patrimonio contabile di una stabile organizzazione situata nel territorio dello Stato. Nel caso di cui alla lettera *c*) sono altresì assoggettate alle imposte sui redditi le riserve in sospensione d'imposta, incluse quelle tassabili solo in caso di distribuzione, che risultano iscritte nel rendiconto economico e patrimoniale di cui all'articolo 152, comma 1, nel momento in cui si considera effettuato il trasferimento dell'intera stabile organizzazione.

6. Nel caso di cui al comma 1, lettera *a*), qualora, successivamente al trasferimento di residenza, non rimanga nel territorio dello Stato una stabile organizzazione, le perdite realizzate fino al termine dell'ultimo periodo d'imposta di residenza sono in primo luogo compensate, senza applicazione del limite di cui all'articolo 84, comma 1, con il reddito di tale periodo d'imposta e, per la parte eventualmente eccedente, sono computate in diminuzione della plusvalenza di cui al comma 3, lettera *a*), senza applicazione del limite di cui al comma 1 dell'articolo 84. Nel caso di cui al comma 1, lettera *a*), qualora, successivamente al trasferimento di residenza, rimanga nel territorio dello Stato una stabile organizzazione, le perdite realizzate

fino al termine dell'ultimo periodo d'imposta di residenza sono in primo luogo compensate, con applicazione del limite di cui all'articolo 84, comma 1, con il reddito di tale periodo d'imposta e, per la parte eventualmente eccedente, al netto della quota, determinata ai sensi dell'articolo 181 senza applicazione delle condizioni e del limite di cui all'articolo 172, riferibile alla stabile organizzazione, sono computate in diminuzione della plusvalenza di cui al comma 3, lettera *a*), senza applicazione del limite di cui all'articolo 84, comma 1. Nel caso di cui al comma 1, lettera *c*), le perdite realizzate fino al termine dell'ultimo periodo d'imposta di esistenza in Italia della stabile organizzazione sono in primo luogo compensate, senza applicazione del limite di cui all'articolo 84, comma 1, con il reddito di tale periodo d'imposta e, per la parte eventualmente eccedente, sono computate in diminuzione della plusvalenza di cui al comma 3, lettera *c*), senza applicazione del limite di cui all'articolo 84, comma 1. Qualora sia trasferito un ramo della stabile organizzazione le perdite realizzate fino al termine del periodo d'imposta precedente quello in cui si verifica il trasferimento sono in primo luogo compensate, con applicazione del limite di cui all'articolo 84, comma 1, con il reddito realizzato dalla stabile organizzazione nel periodo d'imposta in cui si verifica il trasferimento e, per la parte eventualmente eccedente, al netto della quota, determinata ai sensi dell'articolo 181 senza applicazione delle condizioni e del limite di cui all'articolo 172, riferibile alla stabile organizzazione, sono computate in diminuzione della plusvalenza di cui alla lettera *c*) del comma 3, senza applicazione del limite di cui all'articolo 84, comma 1. Nel caso di cui al comma 1, lettera *e*), qualora sia realizzata una delle operazioni di cui al comma 1, lettere *a*), *b*) e b *bis*), dell'articolo 178 e, successivamente al perfezionamento dell'operazione, non rimanga nel territorio dello Stato una stabile organizzazione, le perdite realizzate fino al termine dell'ultimo periodo d'imposta prima del perfezionamento dell'operazione sono in primo luogo compensate, senza applicazione del limite di cui all'articolo 84, comma 1, con il reddito di tale periodo d'imposta e, per la parte eventualmente eccedente, sono computate in diminuzione della plusvalenza di cui, al comma 3, lettera *e*), senza applicazione del limite di cui all'articolo 84, comma 1. Nel caso di cui al comma 1, lettera *e*), qualora sia realizzata una delle operazioni di cui al comma 1, lettere *a*), *b*) e b *bis*) dell'articolo 178 e, successivamente al perfezionamento dell'operazione, rimanga nel territorio dello Stato una stabile organizzazione, le perdite realizzate fino al termine dell'ultimo periodo d'imposta prima del perfezionamento dell'operazione sono in primo luogo compensate, con applicazione del limite di cui all'articolo 84, comma 1, con il reddito di tale periodo d'imposta e, per la parte eventualmente eccedente, al netto della quota, determinata ai sensi dell'articolo 181, riferibile alla stabile organizzazione, sono computate in diminuzione della plusvalenza di cui al comma 3, lettera *e*), senza applicazione del limite di cui all'articolo 84, comma 1.

7. I redditi di cui al comma 3 sono determinati in via definitiva:

a) nel caso di cui alla lettera *a*), alla fine dell'ultimo periodo d'imposta di residenza fiscale in Italia;

b) nel caso di cui alla lettera *b*), nel momento in cui si considera effettuato il trasferimento alla stabile organizzazione situata all'estero;

c) nel caso di cui alla lettera *c*), nel momento in cui si considera effettuato il trasferimento dell'intera stabile organizzazione;

d) nel caso di cui alla lettera *d*), nel momento in cui si considera effettuato il trasferimento alla sede centrale o alla stabile organizzazione situata all'estero;

e) nel caso di cui alla lettera *e*), nel momento in cui ha effetto l'operazione.

8. Ai fini del comma 7, non si tiene conto delle minusvalenze o delle plusvalenze realizzate successivamente al momento in cui sono determinati in via definitiva i redditi ivi indicati.

9. L'imposta determinata sui redditi di cui al comma 3, diminuiti delle perdite di cui al comma 6, previa opzione e subordinatamente alla prestazione di eventuali garanzie, può essere versata in cinque rate annuali di pari importo se:

a) nel caso di cui comma 1, lettera *a*), la residenza fiscale è trasferita in uno Stato appartenente all'Unione europea oppure in uno Stato aderente all'Accordo sullo Spazio Economico Europeo incluso nella lista, prevista dall'articolo 11, comma 4, lettera *c*), del decreto legislativo 1° aprile 1996, n. 239, degli Stati che consentono un adeguato scambio di informazioni e con il quale l'Italia ha stipulato un accordo sulla reciproca assistenza in materia di riscossione dei crediti tributari comparabile a quella assicurata dalla direttiva 2010/24/UE;

b) nel caso di cui al comma 1, lettera *b*), gli attivi sono trasferiti a una stabile organizzazione situata in uno Stato di cui alla lettera *a*);

c) nel caso di cui al comma 1, lettera *c*), la stabile organizzazione è trasferita in uno Stato di cui alla lettera *a*);

d) nel caso di cui al comma 1, lettera *d*), gli attivi sono trasferiti alla sede centrale o a una stabile organizzazione situate in uno Stato di cui alla lettera *a*);

e) nel caso di cui al comma 1, lettera *e*), se la società incorporante, la società beneficiaria o la società conferitaria della stabile organizzazione sia fiscalmente residente in uno Stato di cui alla lettera *a*).

10. L'opzione di cui al comma 9 riguarda necessariamente l'intera imposta sui redditi di cui al comma 3, unitariamente determinata.

11. Nel caso si opti per la rateizzazione ai sensi del comma 9, sulle rate successive alla prima sono dovuti gli interessi nella misura prevista dall'articolo 20 del decreto legislativo 9 luglio 1997, n. 241.

12. Costituiscono ipotesi di decadenza dalla rateizzazione, e pertanto, comportano il versamento dell'imposta residua entro il termine previsto per il successivo versamento:

a) nel caso di cui al comma 9, lettera *a*), il successivo trasferimento della residenza fiscale in uno Stato diverso da quelli previsti da tale lettera;

b) nel caso di cui al comma 9, lettera *b*), il successivo trasferimento degli attivi a una stabile organizzazione situata in uno Stato diverso da quelli previsti dalla lettera *a*) del citato comma 9;

c) nel caso di cui al comma 9, lettera *c*), il successivo trasferimento della stabile organizzazione in uno Stato diverso da quelli previsti dalla lettera *a*) del citato comma 9;

d) nel caso di cui al comma 9, lettera *d*), il successivo trasferimento della sede centrale in uno Stato diverso da quelli previsti dalla lettera *a*) del citato comma 9 o il successivo trasferimento degli attivi a una stabile organizzazione situata in uno Stato diverso da quelli previsti dalla medesima lettera *a*);

e) nel caso di cui al comma 9, lettera *e*), il successivo trasferimento della residenza fiscale della società incorporante, della società beneficiaria o della società conferitaria della stabile organizzazione in uno Stato diverso da quelli previsti dalla lettera *a*) di tale comma;

f) la fusione, la scissione o il conferimento di azienda che comportano il trasferimento ad un soggetto residente in uno Stato diverso da quelli previsti dal comma 9, lettera *a*), delle attività e passività il cui valore di mercato ha concorso a formare la plusvalenza di cui al comma 3;

g) la cessione a terzi degli attivi il cui valore di mercato ha concorso a formare la plusvalenza di cui al comma 3, incluse le operazioni assimilate alla cessione ai sensi dell'articolo 9, il realizzo di tali attivi ai sensi dell'articolo 86, comma 1, lettera *b*), o il loro assoggettamento a una delle operazioni di cui al comma 1, lettera *c*);

h) la dichiarazione di fallimento o l'estinzione del soggetto che ha optato per la rateizzazione;

i) l mancato versamento di una rata che non sia regolarizzato entro 5 mesi dalla data di scadenza;

l) a cessione delle quote da parte dei soci delle società di cui all'articolo 5.

13. Per le imprese individuali e le società di persone si applica l'articolo 17, comma 1, lettere *g*) e *l*).

14. Il trasferimento all'estero della residenza fiscale di una società di capitali non comporta di per sé alcuna imposizione dei soci di tale società.

15. Con uno o più provvedimenti del Direttore dell'Agenzia delle Entrate possono essere emanate disposizioni di attuazione del presente articolo, finalizzate a individuare le modalità di esercizio dell'opzione di cui al comma 9, le circostanze in cui l'efficacia di tale opzione può essere subordinata alla prestazione di garanzie e l'entità e la forma tecnica di tali garanzie, nonché le modalità di monitoraggio dell'eventuale verificarsi delle ipotesi di decadenza dalla rateazione di cui al comma 12.

([1]) *Questo articolo è stato così sostituito dall'art. 2, comma 1, del D.L.vo 29 novembre 2018, n. 142. A norma dell'art. 13, comma 1, del medesimo provvedimento, tali disposizioni si applicano a decorrere dal periodo d'imposta successivo a quello in corso al 31 dicembre 2018.*

A norma dell'art. 2, comma 2, del citato D.L.vo n. 142/2018, ai fini di questo articolo, come modificato dal comma 1, restano fermi i provvedimenti del Direttore dell'Agenzia delle Entrate, ove compatibili, emanati in attuazione del decreto del Ministro dell'economia e delle finanze 2 luglio 2014, pubblicato nella Gazzetta Ufficiale *dell'8 luglio 2014, n. 156, adottato in attuazione dell'articolo 166 del testo unico delle imposte sui redditi, nella formulazione vigente anteriormente alle modifiche apportate dal comma 1.*

166 *bis*. ([1]) **Valori fiscali in ingresso.** – 1. Le disposizioni del presente articolo si applicano alle seguenti ipotesi:

a) un soggetto che esercita un'impresa commerciale trasferisce nel territorio dello Stato la propria residenza fiscale;

b) un soggetto fiscalmente residente all'estero trasferisce attivi a una propria stabile organizzazione situata nel territorio dello Stato;

c) un soggetto fiscalmente residente all'estero trasferisce nel territorio dello Stato un complesso aziendale;

d) un soggetto fiscalmente residente nel territorio dello Stato che possiede una stabile organizzazione situata all'estero con riferimento alla quale si applica l'esenzione degli utili e delle perdite di cui all'articolo 168 *ter* trasferisce alla sede centrale attivi facenti parte del patrimonio di tale stabile organizzazione;

e) un soggetto fiscalmente residente all'estero che esercita un'impresa commerciale è oggetto di incorporazione da parte di un soggetto fiscalmente residente nel territorio dello Stato, effettua una scissione a favore di uno o più beneficiari residenti nel territorio dello Stato oppure effettua il conferimento di una stabile organizzazione situata al di fuori del territorio dello Stato a favore di un soggetto fiscalmente residente nel territorio dello Stato.

2. Ai fini del comma 1, lettere *b*) e *d*), il trasferimento di attivi a una stabile organizzazione o da una stabile organizzazione si intende effettuato

quando, in applicazione dei criteri definiti dall'OCSE, considerando la stabile organizzazione un'entità separata e indipendente, che svolge le medesime o analoghe attività, in condizioni identiche o similari, e tenendo conto delle funzioni svolte, dei rischi assunti e dei beni utilizzati, tali attivi si considerano rispettivamente entrati nel patrimonio o usciti dal patrimonio di tale stabile organizzazione.

3. Nelle ipotesi di cui al comma 1, le attività e le passività facenti parte del patrimonio del soggetto che ha trasferito la propria residenza fiscale nel territorio dello Stato, quelle facenti parte del patrimonio del soggetto incorporato, di quello del soggetto scisso o della stabile organizzazione oggetto di conferimento, gli attivi trasferiti alla stabile organizzazione situata nel territorio dello Stato del soggetto non residente e quelli trasferiti dalla stabile organizzazione situata all'estero alla sede centrale situata in Italia, assumono quale valore fiscale il loro valore di mercato se:

a) il soggetto di cui al comma 1, lettera *a*), prima del trasferimento di residenza aveva la propria residenza fiscale in uno Stato appartenente all'Unione europea oppure in uno Stato incluso nella lista, prevista dall'articolo 11, comma 4, lettera *c*), del decreto legislativo 1° aprile 1996, n. 239, degli Stati che consentono un adeguato scambio di informazioni;

b) il soggetto di cui al comma 1, lettera *b*), ha la propria residenza fiscale in uno Stato di cui alla lettera *a*);

c) il soggetto di cui al comma 1, lettera *c*), ha la propria residenza fiscale in uno Stato di cui alla lettera *a*);

d) lo Stato sul cui territorio si trova la stabile organizzazione di cui alla lettera *d*) del comma 1 è uno di quelli previsti dalla lettera *a*);

e) il soggetto di cui al comma 1, lettera *e*), ha la propria residenza fiscale in uno Stato di cui alla lettera *a*).

4. Il valore di mercato di cui al comma 3 è determinato con riferimento alle condizioni e ai prezzi che sarebbero stati pattuiti tra soggetti indipendenti operanti in condizioni di libera concorrenza e in circostanze comparabili tenendo conto, qualora si tratti di valore riferibile a un complesso aziendale o a un ramo di azienda, del valore dell'avviamento, calcolato tenendo conto delle funzioni e dei rischi trasferiti. Ai fini della determinazione del valore di mercato si tiene conto delle indicazioni contenute nel decreto del Ministro dell'economia e delle finanze emanato ai sensi dell'articolo 110, comma 7.

5. Nelle ipotesi di cui al comma 1, se non sono rispettate le condizioni di cui al comma 3, le attività e le passività facenti parte del patrimonio del soggetto che ha trasferito la propria residenza fiscale nel territorio dello Stato, quelle facenti parte del patrimonio del soggetto incorporato, di quello del soggetto scisso o della stabile organizzazione oggetto di conferimento, gli at-

tivi trasferiti alla stabile organizzazione situata nel territorio dello Stato del soggetto non residente e quelli trasferiti dalla stabile organizzazione situata all'estero alla sede centrale situata in Italia, assumono quale valore fiscale il loro valore di mercato, quale determinato in esito all'accordo preventivo di cui all'articolo 31 *ter* del decreto del Presidente della Repubblica 29 settembre 1973, n. 600. In assenza di tale accordo, il valore fiscale delle attività e delle passività è assunto, per le prime, in misura pari al minore tra il costo di acquisto, il valore di bilancio e il valore di mercato determinato ai sensi del comma 4, mentre per le seconde, in misura pari al maggiore tra questi.

6. Con provvedimento del Direttore dell'Agenzia delle Entrate sono stabilite le modalità di segnalazione dei valori delle attività e delle passività di cui ai commi 3 e 5. In caso di omessa o incompleta segnalazione, si applica la sanzione amministrativa prevista dall'articolo 8, comma 3 *bis*, del decreto legislativo 18 dicembre 1997, n. 471.

([1]) Questo articolo, aggiunto dall'art. 12, comma 1, del D.L.vo 14 settembre 2015, n. 147, è stato poi così sostituito dall'art. 3 del D.L.vo 29 novembre 2018, n. 142.

A norma dell'art. 13, comma 1, del medesimo provvedimento, tali disposizioni si applicano a decorrere dal periodo d'imposta successivo a quello in corso al 31 dicembre 2018.

167. ([1]) **Disposizioni in materia di imprese estere controllate.** – 1. Le disposizioni del presente articolo si applicano alle persone fisiche e ai soggetti di cui agli articoli 5 e 73, comma 1, lettere *a*), *b*) e *c*), nonché, relativamente alle loro stabili organizzazioni italiane, ai soggetti di cui all'articolo 73, comma 1, lettera *d*), che controllano soggetti non residenti, come definiti ai commi 2 e 3.

2. Ai fini del presente articolo si considerano soggetti controllati non residenti le imprese, le società e gli enti non residenti nel territorio dello Stato, per i quali si verifica almeno una delle seguenti condizioni:

a) sono controllati direttamente o indirettamente, anche tramite società fiduciaria o interposta persona, ai sensi dell'articolo 2359 del codice civile, da parte di un soggetto di cui al comma 1;

b) oltre il 50 per cento della partecipazione ai loro utili è detenuto, direttamente o indirettamente, mediante una o più società controllate ai sensi dell'articolo 2359 del codice civile o tramite società fiduciaria o interposta persona, da un soggetto di cui al comma 1.

3. Ai fini del presente articolo, si considerano altresì soggetti controllati non residenti:

a) le stabili organizzazioni all'estero dei soggetti di cui al comma 2;

b) le stabili organizzazioni all'estero di soggetti residenti che abbiano optato per il regime di cui all'articolo 168 *ter*.

4. La disciplina del presente articolo si applica se i soggetti controllati non residenti integrano congiuntamente le seguenti condizioni:

a) sono assoggettati a tassazione effettiva inferiore alla metà di quella a cui sarebbero stati soggetti qualora residenti in Italia. Con provvedimento del Direttore dell'Agenzia delle entrate sono indicati i criteri per effettuare, con modalità semplificate, la verifica della presente condizione, tra i quali quello dell'irrilevanza delle variazioni non permanenti della base imponibile;

b) oltre un terzo dei proventi da essi realizzati rientra in una o più delle seguenti categorie:

1) interessi o qualsiasi altro reddito generato da attivi finanziari;

2) canoni o qualsiasi altro reddito generato da proprietà intellettuale;

3) dividendi e redditi derivanti dalla cessione di partecipazioni;

4) redditi da leasing finanziario;

5) redditi da attività assicurativa, bancaria e altre attività finanziarie;

6) proventi derivanti da operazioni di compravendita di beni con valore economico aggiunto scarso o nullo, effettuate con soggetti che, direttamente o indirettamente, controllano il soggetto controllato non residente, ne sono controllati o sono controllati dallo stesso soggetto che controlla il soggetto non residente;

7) proventi derivanti da prestazioni di servizi, con valore economico aggiunto scarso o nullo, effettuate a favore di soggetti che, direttamente o indirettamente, controllano il soggetto controllato non residente, ne sono controllati o sono controllati dallo stesso soggetto che controlla il soggetto non residente; ai fini dell'individuazione dei servizi con valore economico aggiunto scarso o nullo si tiene conto delle indicazioni contenute nel decreto del Ministro dell'economia e delle finanze emanato ai sensi del comma 7 dell'articolo 110.

5. Le disposizioni del presente articolo non si applicano se il soggetto di cui al comma 1 dimostra che il soggetto controllato non residente svolge un'attività economica effettiva, mediante l'impiego di personale, attrezzature, attivi e locali. Ai fini del presente comma, il contribuente può interpellare l'Agenzia delle Entrate ai sensi dell'articolo 11, comma 1, lettera *b*), della legge 27 luglio 2000, n. 212. Per i contribuenti che aderiscono al regime dell'adempimento collaborativo di cui all'articolo 3 del decreto legislativo 5 maggio 2015, n. 128, l'istanza di interpello di cui al secondo periodo può essere presentata indipendentemente dalla verifica delle condizioni di cui al comma 4, lettere *a*) e *b*).

6. Ricorrendo le condizioni di applicabilità della disciplina del presente articolo, il reddito realizzato dal soggetto controllato non residente è imputato ai soggetti di cui al comma 1, nel periodo d'imposta di questi ultimi in corso alla data di chiusura dell'esercizio o periodo di gestione del soggetto controllato non residente, in proporzione alla quota di partecipazione agli

utili del soggetto controllato non residente da essi detenuta, direttamente o indirettamente. In caso di partecipazione indiretta per il tramite di soggetti residenti o di stabili organizzazioni nel territorio dello Stato di soggetti non residenti, i redditi sono imputati a questi ultimi soggetti in proporzione alle rispettive quote di partecipazione.

7. Ai fini del comma 6, i redditi del soggetto controllato non residente sono determinati a seconda delle sue caratteristiche, in base alle disposizioni valevoli ai fini dell'imposta sul reddito delle società per i soggetti di cui all'articolo 73, fatta eccezione per le disposizioni di cui agli articoli 30 della legge 23 dicembre 1994, n. 724, 2, comma 36 *decies*, del decreto legge 13 agosto 2011, n. 138, convertito, con modificazioni, dalla legge 14 settembre 2011, n. 148, 62 *sexies* del decreto legge 30 agosto 1993, n. 331, convertito, con modificazioni, dalla legge 29 ottobre 1993, n. 427, 1 del decreto legge 6 dicembre 2011, n. 201, convertito, con modificazioni, dalla legge 22 dicembre 2011, n. 214, e 86, comma 4, del presente testo unico.

8. I redditi imputati e determinati ai sensi dei commi 6 e 7 sono assoggettati a tassazione separata con l'aliquota media applicata sul reddito del soggetto cui sono imputati e, comunque, non inferiore all'aliquota ordinaria dell'imposta sul reddito delle società.

9. Dall'imposta determinata ai sensi del comma 8 sono ammesse in detrazione, con le modalità e nei limiti di cui all'articolo 165, le imposte sui redditi pagate all'estero a titolo definitivo dal soggetto non residente.

10. Gli utili distribuiti, in qualsiasi forma, dai soggetti controllati non residenti non concorrono alla formazione del reddito dei soggetti di cui al comma 1 fino a concorrenza dei redditi assoggettati a tassazione ai sensi del comma 8, anche nei periodi d'imposta precedenti. La previsione del precedente periodo non si applica con riguardo a un organismo di investimento collettivo del risparmio non residente. In questo caso, tuttavia, le imposte pagate in Italia dai soggetti di cui al comma 1 si aggiungono al costo fiscalmente riconosciuto delle quote del predetto organismo. Le imposte pagate all'estero sugli utili che non concorrono alla formazione del reddito ai sensi del primo periodo sono ammesse in detrazione, con le modalità e nei limiti di cui all'articolo 165, fino a concorrenza dell'imposta determinata ai sensi del comma 8, diminuita degli importi ammessi in detrazione ai sensi del comma 9.

11. L'Agenzia delle Entrate, prima di procedere all'emissione dell'avviso di accertamento d'imposta o di maggiore imposta, deve notificare all'interessato un apposito avviso con il quale viene concessa al medesimo la possibilità di fornire, nel termine di novanta giorni, le prove per la disapplicazione delle disposizioni del presente articolo in base al comma 5. Qualora l'Agenzia delle Entrate non ritenga idonee le prove addotte dovrà darne specifica

motivazione nell'avviso di accertamento. Fatti salvi i casi in cui la disciplina del presente articolo sia stata applicata oppure non lo sia stata per effetto dell'ottenimento di una risposta favorevole all'interpello di cui al comma 5, il soggetto di cui al comma 1 deve segnalare nella dichiarazione dei redditi la detenzione di partecipazioni in soggetti controllati non residenti di cui ai commi 2 e 3, al ricorrere delle condizioni di cui al comma 4, lettere *a*) e *b*).

12. L'esimente prevista nel comma 5 non deve essere dimostrata in sede di controllo qualora il contribuente abbia ottenuto risposta positiva al relativo interpello, fermo restando il potere dell'Agenzia delle entrate di controllare la veridicità e completezza delle informazioni e degli elementi di prova forniti in tale sede.

13. Con decreto del Ministro dell'economia e delle finanze, possono essere adottate ai sensi dell'articolo 17, comma 3, della legge 23 agosto 1988, n. 400, disposizioni attuative del presente articolo.

(1) *Questo articolo è stato così sostituito dall'art. 4 del D.L.vo 29 novembre 2018, n. 142. A norma dell'art. 13, comma 1, del medesimo provvedimento, tali disposizioni si applicano a decorrere dal periodo d'imposta successivo a quello in corso al 31 dicembre 2018.*

A norma dell'art. 13, comma 7, del citato D.L.vo n. 142/2018, restano applicabili, ove compatibili, le disposizioni del decreto del Ministro dell'economia e delle finanze 21 novembre 2001, n. 429, adottato in attuazione del comma 8 dell'articolo 167 del testo unico delle imposte sui redditi, di cui al decreto del Presidente della Repubblica 22 dicembre 1986, n. 917, nella formulazione vigente anteriormente alle modifiche apportate dal comma 1 dell'articolo 4.

168. (1) [**Disposizioni in materia di imprese estere collegate.** – 1. Salvo quanto diversamente disposto dal presente articolo, la norma di cui all'articolo 167, con l'esclusione di quanto disposto al comma 8 *bis* si applica anche nel caso in cui il soggetto residente in Italia detiene, direttamente o indirettamente, anche tramite società fiduciarie o per interposta persona, una partecipazione non inferiore al 20 per cento agli utili di un'impresa, di una società o di altro ente, residente o localizzato in Stati o territori diversi da quelli di cui al decreto del Ministro dell'economia e delle finanze emanato ai sensi dell'articolo 168 *bis*; tale percentuale è ridotta al 10 per cento nel caso di partecipazione agli utili di società quotate in borsa. La norma di cui al presente comma non si applica per le partecipazioni in soggetti residenti negli Stati o territori di cui al citato decreto relativamente ai redditi derivanti da loro stabili organizzazioni situate in Stati o territori diversi da quelli di cui al medesimo decreto.

2. I redditi del soggetto non residente oggetto di imputazione sono determinati per un importo corrispondente al maggiore fra:

a) l'utile prima delle imposte risultante dal bilancio redatto dalla partecipata estera anche in assenza di un obbligo di legge;

b) un reddito induttivamente determinato sulla base dei coefficienti di rendimento riferiti alle categorie di beni che compongono l'attivo patrimoniale di cui al successivo comma 3.

3. Per la determinazione forfettaria di cui al comma 2 si applicano i seguenti coefficienti:

a) l'1 per cento sul valore dei beni indicati nell'articolo 85, comma 1, lettere *c*), *d*) ed *e*), anche se costituiscono immobilizzazioni finanziarie, aumentato del valore dei crediti;

b) il 4 per cento sul valore delle immobilizzazioni costituite da beni immobili e da beni indicati nell'articolo 8 *bis*, comma 1, lettera *a*), del decreto del Presidente della Repubblica 26 ottobre 1972, n. 633, e successive modificazioni, anche in locazione finanziaria;

c) il 15 per cento sul valore delle altre immobilizzazioni, anche in locazione finanziaria.

4. Con decreto del Ministro dell'economia e delle finanze, da emanare ai sensi dell'articolo 17, comma 3, della legge 23 agosto 1988, n. 400, sono stabilite le disposizioni attuative del presente articolo].

(1) *Questo articolo è stato abrogato dall'art. 8, comma 3, del D.L.vo 14 settembre 2015, n. 147.*

A norma dell'art. 8, comma 4, primo periodo, del medesimo provvedimento, tali disposizioni si applicano a decorrere dal periodo di imposta in corso alla data di entrata in vigore del suddetto decreto.

A norma dell'art. 8, comma 4, secondo e terzo periodo, del medesimo provvedimento, per gli utili distribuiti dal soggetto non residente a decorrere dal periodo di imposta in corso alla data di entrata in vigore del suddetto decreto continuano ad applicarsi le disposizioni dell'articolo 3, commi 3 e 4, del decreto del Ministro dell'economia e delle finanze 7 agosto 2006, n. 268. Ai soli fini del precedente periodo, gli utili distribuiti dal soggetto non residente si presumono prioritariamente formati con quelli assoggettati a tassazione separata.

168 *bis*. (1) **[Paesi e territori che consentono un adeguato scambio di informazioni. –** 1. Con decreto del Ministro dell'economia e delle finanze sono individuati gli Stati e territori che consentono un adeguato scambio di informazioni, ai fini dell'applicazione delle disposizioni contenute negli articoli 10, comma 1, lettera *e bis*), 73, comma 3, e 110, commi 10 e 12 *bis*, del presente testo unico, nell'articolo 26, commi 1 e 5, nonché nell'articolo 27, comma 3 *ter*, del decreto del Presidente della Repubblica 29 settembre 1973, n. 600, e successive modificazioni, nell'articolo 10 *ter*, commi 1 e 9, della legge 23 marzo 1983, n. 77, e successive modificazioni, negli articoli 1, comma 1, e 6, comma 1, del decreto legislativo 1° aprile 1996, n. 239, e successive modificazioni, nell'articolo 2, comma 5, del decreto legge 25 settembre 2001, n. 351, convertito, con modificazioni, dalla legge 23 novembre 2001, n. 410.

2. Con lo stesso decreto di cui al comma 1 sono individuati gli Stati e territori che consentono un adeguato scambio di informazioni e nei quali il livello di tassazione non è sensibilmente inferiore a quello applicato in Italia, ai fini dell'applicazione delle disposizioni contenute negli articoli 47, comma 4, 68, comma 4, 87, comma 1, 89, comma 3, 132, comma 4, 167, commi 1 e 5, e 168, comma 1, del presente testo unico, nonché negli articoli 27, comma 4, e 37 *bis*, comma 3, del decreto del Presidente della Repubblica 29 settembre 1973, n. 600, e successive modificazioni].

(1) *Questo articolo è stato abrogato dall'art. 10, comma 1, del D.L.vo 14 settembre 2015, n. 147. A norma dell'art. 10, comma 5, del medesimo provvedimento, tali disposizioni si applicano a decorrere dal periodo di imposta in corso alla data di entrata in vigore del suddetto decreto.*

168 *ter*. (1) (2) **Esenzione degli utili e delle perdite delle stabili organizzazioni di imprese residenti.** – 1. Un'impresa residente nel territorio dello Stato può optare per l'esenzione degli utili e delle perdite attribuibili a tutte le proprie stabili organizzazioni all'estero.

2. L'opzione è irrevocabile ed è esercitata al momento di costituzione della stabile organizzazione, con effetto dal medesimo periodo d'imposta.

3. Quando la stabile organizzazione soddisfa le condizioni di cui al comma 4 dell'articolo 167, l'opzione di cui al comma 1 si esercita, relativamente a tali stabili organizzazioni, a condizione che ricorra l'esimente di cui al comma 5 del citato articolo 167 (3).

4. Le imprese che esercitano l'opzione di cui al comma 1 applicano alle proprie stabili organizzazioni, in assenza dell'esimente richiamata (4) nel comma 3, le disposizioni dell'articolo 167.

5. Nel caso di esercizio dell'opzione di cui al comma 1 con riferimento alle stabili organizzazioni per le quali risulti integrato il requisito del comma 1 dell'articolo 47 *bis* e non si siano rese applicabili (5) le disposizioni di cui all'articolo 167, si applicano, sussistendone le condizioni, le disposizioni degli articoli 47, comma 4, e 89, comma 3.

6. Per le stabili organizzazioni già esistenti, l'opzione di cui al comma 1 può essere esercitata entro il secondo periodo d'imposta successivo a quello in corso alla data di entrata in vigore delle presenti disposizioni, con effetto dal periodo d'imposta in corso a quello di esercizio della stessa. L'esercizio dell'opzione non determina in sé alcun realizzo di plusvalenze e minusvalenze.

7. Ai fini del comma 6, l'impresa indica separatamente nella dichiarazione dei redditi relativa al periodo d'imposta di esercizio dell'opzione, gli utili e le perdite attribuibili a ciascuna stabile organizzazione nei cinque periodi d'imposta antecedenti a quello di effetto dell'opzione. Se ne deriva una per-

dita fiscale netta, gli utili successivamente realizzati dalla stabile organizzazione sono imponibili fino a concorrenza della stessa. Dall'imposta dovuta si scomputano le eventuali eccedenze positive di imposta estera riportabili ai sensi dell'articolo 165, comma 6.

8. Le disposizioni del comma 7 relative al recupero delle perdite fiscali pregresse della stabile organizzazione si applicano anche quando venga trasferita a qualsiasi titolo la stabile organizzazione o parte della stessa ad altra impresa del gruppo che fruisca dell'opzione di cui al comma 1.

9. L'impresa cedente indica nell'atto di trasferimento della stabile organizzazione o di parte della stessa l'ammontare dell'eventuale perdita netta realizzata dalla medesima stabile organizzazione nei cinque periodi d'imposta precedenti al trasferimento.

10. In caso di esercizio dell'opzione, il reddito della stabile organizzazione va separatamente indicato nella dichiarazione dei redditi dell'impresa e ai fini della sua determinazione valgono i criteri di cui all'articolo 152, anche con riferimento alle transazioni intercorse tra l'impresa e la medesima stabile organizzazione, nonché tra quest'ultima e le altre imprese del medesimo gruppo. Si applicano le disposizioni dell'articolo 26 del decreto legge 31 maggio 2010, n. 78, convertito, con modificazioni, dalla legge 30 luglio 2000, n. 122.

11. Nel rispetto dei principi di trasparenza, correttezza e collaborazione cui deve essere improntato il rapporto con il contribuente, l'Agenzia delle entrate provvede a pubblicare a titolo esemplificativo sul proprio sito le fattispecie ritenute elusive delle precedenti disposizioni, da aggiornarsi periodicamente.

(1) *Questo articolo è stato inserito dall'art. 14, comma 1, del D.L.vo 14 settembre 2015, n. 147. A norma dell'art. 14, comma 2, del medesimo provvedimento, tali disposizioni si applicano a decorrere dal periodo di imposta successivo a quello in corso alla data di entrata in vigore del suddetto decreto.*

A norma dell'art. 14, comma 3, del medesimo provvedimento, con provvedimento del Direttore dell'Agenzia delle entrate, da emanarsi entro novanta giorni dalla data di entrata in vigore del suddetto decreto, sono disciplinate le relative modalità applicative.

(2) *Ai sensi dell'art. 14, comma 4, del D.L.vo 14 settembre 2015, n. 147, ai fini dell'applicazione delle disposizioni di cui al presente articolo, l'impresa residente nel territorio dello Stato può interpellare l'Agenzia delle entrate ai sensi dell'articolo 11 della legge 27 luglio 2000, n. 212, in merito alla sussistenza di una stabile organizzazione all'estero, da valutarsi anche in base ai criteri previsti da accordi internazionali contro le doppie imposizioni, ove in vigore.*

(3) *Questo comma è stato così sostituito dall'art. 5, comma 1, lett.* h), *n. 1), del D.L.vo 29 novembre 2018, n. 142. A norma dell'art. 13, comma 6, del medesimo provvedimento, tali disposizioni si applicano a decorrere dal periodo di imposta successivo a quello in corso al 31 dicembre 2018, nonché agli utili percepiti e alle plusvalenze realizzate a decorrere dal medesimo periodo di imposta.*

([4]) *Le parole: «delle esimenti richiamate» sono state così sostituite dalle attuali: «dell'esimente richiamata» dall'art. 5, comma 1, lett.* h), *n. 2), del D.L.vo 29 novembre 2018, n. 142. A norma dell'art. 13, comma 6, del medesimo provvedimento, tali disposizioni si applicano a decorrere dal periodo di imposta successivo a quello in corso al 31 dicembre 2018, nonché agli utili percepiti e alle plusvalenze realizzate a decorrere dal medesimo periodo di imposta.*

([5]) *Le parole: «sono state disapplicate» sono state così sostituite dalle attuali: «risulti integrato il requisito del comma 1 dell'articolo 47* bis *e non si siano rese applicabili» dall'art. 5, comma 1, lett.* h), *n. 3), del D.L.vo 29 novembre 2018, n. 142. A norma dell'art. 13, comma 6, del medesimo provvedimento, tali disposizioni si applicano a decorrere dal periodo di imposta successivo a quello in corso al 31 dicembre 2018, nonché agli utili percepiti e alle plusvalenze realizzate a decorrere dal medesimo periodo di imposta.*

169. Accordi internazionali. – 1. Le disposizioni del presente testo unico si applicano, se più favorevoli al contribuente, anche in deroga agli accordi internazionali contro la doppia imposizione.

Capo III
Operazioni straordinarie

170. Trasformazione della società. – 1. La trasformazione della società non costituisce realizzo né distribuzione delle plusvalenze e minusvalenze dei beni, comprese quelle relative alle rimanenze e il valore di avviamento.

2. In caso di trasformazione di una società soggetta all'imposta di cui al Titolo II in società non soggetta a tale imposta, o viceversa, il reddito del periodo compreso tra l'inizio del periodo di imposta e la data in cui ha effetto la trasformazione è determinato secondo le disposizioni applicabili prima della trasformazione in base alle risultanze di apposito conto economico.

3. Nel caso di trasformazione di una società non soggetta all'imposta di cui al Titolo II in società soggetta a tale imposta le riserve costituite prima della trasformazione con utili imputati ai soci a norma dell'articolo 5, se dopo la trasformazione siano state iscritte in bilancio con indicazione della loro origine, non concorrono a formare il reddito dei soci in caso di distribuzione e l'imputazione di esse a capitale non comporta l'applicazione del comma 6 dell'articolo 47.

4. Nel caso di trasformazione di una società soggetta all'imposta di cui al titolo II in società non soggetta a tale imposta le riserve costituite prima della trasformazione, escluse quelle di cui al comma 5 dell'articolo 47, sono imputate ai soci, a norma dell'articolo 5:

a) nel periodo di imposta in cui vengono distribuite o utilizzate per scopi diversi dalla copertura di perdite d'esercizio, se dopo la trasformazione siano iscritte in bilancio con indicazione della loro origine;

b) nel periodo di imposta successivo alla trasformazione, se non siano iscritte in bilancio o vi siano iscritte senza la detta indicazione.

5. Le riserve di cui al comma 4 sono assoggettate ad imposta secondo il regime applicabile alla distribuzione delle riserve delle società di cui all'articolo 73.

171. Trasformazione eterogenea. – 1. In caso di trasformazione, effettuata ai sensi dell'articolo 2500 *septies* del codice civile, di una società soggetta all'imposta di cui al Titolo II in ente non commerciale, i beni della società si considerano realizzati in base al valore normale, salvo che non siano confluiti nell'azienda o complesso aziendale dell'ente stesso. Le riserve costituite prima della trasformazione, escluse quelle di cui al comma 5 dell'articolo 47, sono assoggettate a tassazione nei confronti dei soci o associati:

a) nel periodo di imposta in cui vengono distribuite o utilizzate per scopi diversi dalla copertura di perdite d'esercizio, se dopo la trasformazione sono iscritte in bilancio con indicazione della loro origine;

b) nel periodo d'imposta successivo alla trasformazione, se non iscritte in bilancio ovvero iscritte senza la detta indicazione. In caso di trasformazione in comunione di azienda si applicano le disposizioni dell'articolo 67, comma 1, lettera *h*). Si applicano le disposizioni del comma 5 dell'articolo 170.

2. La trasformazione, effettuata ai sensi dell'articolo 2500 *octies* del codice civile, di un ente non commerciale in società soggetta all'imposta di cui al Titolo II si considera conferimento limitatamente ai beni diversi da quelli già compresi nell'azienda o complesso aziendale dell'ente stesso.

172. Fusione di società. – 1. La fusione tra più società non costituisce realizzo né distribuzione delle plusvalenze e minusvalenze dei beni delle società fuse o incorporate, comprese quelle relative alle rimanenze e il valore di avviamento.

2. Nella determinazione del reddito della società risultante dalla fusione o incorporante non si tiene conto dell'avanzo o disavanzo iscritto in bilancio per effetto del rapporto di cambio delle azioni o quote o dell'annullamento delle azioni o quote di alcuna delle società fuse possedute da altre. I maggiori valori iscritti in bilancio per effetto dell'eventuale imputazione del disavanzo derivante dall'annullamento o dal concambio di una partecipazione, con riferimento ad elementi patrimoniali della società incorporata o fusa, non sono imponibili nei confronti dell'incorporante o della società risultante dalla fusione. Tuttavia i beni ricevuti sono valutati fiscalmente in base all'ultimo valore riconosciuto ai fini delle imposte sui redditi, facendo risultare da apposito prospetto di riconciliazione della dichiarazione dei redditi i dati esposti in bilancio ed i valori fiscalmente riconosciuti.

3. Il cambio delle partecipazioni originarie non costituisce né realizzo né distribuzione di plusvalenze o di minusvalenze né conseguimento di ricavi per i soci della società incorporata o fusa ([1]), fatta salva l'applicazione, in caso di conguaglio, dell'articolo 47, comma 7 e, ricorrendone le condizioni, degli articoli 58 e 87.

4. Dalla data in cui ha effetto la fusione la società risultante dalla fusione o incorporante subentra negli obblighi e nei diritti delle società fuse o incorporate relativi alle imposte sui redditi, salvo quanto stabilito nei commi 5 e 7.

5. Le riserve in sospensione di imposta, iscritte nell'ultimo bilancio delle società fuse o incorporate concorrono a formare il reddito della società risultante dalla fusione o incorporante se e nella misura in cui non siano state ricostituite nel suo bilancio prioritariamente utilizzando l'eventuale avanzo da fusione. Questa disposizione non si applica per le riserve tassabili solo in caso di distribuzione le quali, se e nel limite in cui vi sia avanzo di fusione o aumento di capitale per un ammontare superiore al capitale complessivo delle società partecipanti alla fusione al netto delle quote del capitale di ciascuna di esse già possedute dalla stessa o da altre, concorrono a formare il reddito della società risultante dalla fusione o incorporante in caso di distribuzione dell'avanzo o di distribuzione del capitale ai soci; quelle che anteriormente alla fusione sono state imputate al capitale delle società fuse o incorporate si intendono trasferite nel capitale della società risultante dalla fusione o incorporante e concorrono a formarne il reddito in caso di riduzione del capitale per esuberanza.

6. All'aumento di capitale, all'avanzo da annullamento o da concambio che eccedono la ricostituzione e l'attribuzione delle riserve di cui al comma 5 si applica il regime fiscale del capitale e delle riserve della società incorporata o fusa, diverse da quelle già attribuite o ricostituite ai sensi del comma 5 che hanno proporzionalmente concorso alla sua formazione. Si considerano non concorrenti alla formazione dell'avanzo da annullamento il capitale e le riserve di capitale fino a concorrenza del valore della partecipazione annullata ([2]).

7. Le perdite delle società che partecipano alla fusione, compresa la società incorporante, possono essere portate in diminuzione del reddito della società risultante dalla fusione o incorporante per la parte del loro ammontare che non eccede l'ammontare del rispettivo patrimonio netto quale risulta dall'ultimo bilancio o, se inferiore, dalla situazione patrimoniale di cui all'articolo 2501 *quater* del codice civile, senza tener conto dei conferimenti e versamenti fatti negli ultimi ventiquattro mesi anteriori alla data cui si riferisce la situazione stessa, e sempre che dal conto economico della società le cui perdite sono riportabili, relativo all'esercizio precedente a quello in cui la fusione è stata deliberata, risulti un ammontare di ricavi e proventi dell'attività caratteristica, e un ammontare delle spese per prestazioni di la-

voro subordinato e relativi contributi, di cui all'articolo 2425 del codice civile, superiore al 40 per cento di quello risultante dalla media degli ultimi due esercizi anteriori. Tra i predetti versamenti non si comprendono i contributi erogati a norma di legge dallo Stato a da altri enti pubblici. Se le azioni o quote della società la cui perdita è riportabile erano possedute dalla società incorporante o da altra società partecipante alla fusione, la perdita non è comunque ammessa in diminuzione fino a concorrenza dell'ammontare complessivo della svalutazione di tali azioni o quote effettuata ai fini della determinazione del reddito dalla società partecipante o dall'impresa che le ha ad essa cedute dopo l'esercizio al quale si riferisce la perdita e prima dell'atto di fusione. In caso di retrodatazione degli effetti fiscali della fusione ai sensi del comma 9, le limitazioni del presente comma si applicano anche al risultato negativo, determinabile applicando le regole ordinarie, che si sarebbe generato in modo autonomo in capo ai soggetti che partecipano alla fusione in relazione al periodo che intercorre tra l'inizio del periodo d'imposta e la data antecedente a quella di efficacia giuridica della fusione ([3]). Le disposizioni del presente comma si applicano anche agli interessi indeducibili oggetto di riporto in avanti di cui al comma 5 dell'articolo 96 ([4]) del presente testo unico, nonché all'eccedenza relativa all'aiuto alla crescita economica di cui all'articolo 1, comma 4, del decreto legge 6 dicembre 2011, n. 201, convertito, con modificazioni, dalla legge 22 dicembre 2011, n. 214 ([5]). Al fine di disapplicare le disposizioni del presente comma il contribuente interpella l'amministrazione ai sensi dell'articolo 11, comma 2, della legge 27 luglio 2000, n. 212, recante lo Statuto dei diritti del contribuente ([6]).

8. Il reddito delle società fuse o incorporate relativo al periodo compreso tra l'inizio del periodo di imposta e la data in cui ha effetto la fusione è determinato, secondo le disposizioni applicabili in relazione al tipo di società, in base alle risultanze di apposito conto economico.

9. L'atto di fusione può stabilire che ai fini delle imposte sui redditi gli effetti della fusione decorrano da una data non anteriore a quella in cui si è chiuso l'ultimo esercizio di ciascuna delle società fuse o incorporate o a quella, se più prossima, in cui si è chiuso l'ultimo esercizio della società incorporante.

10. Nelle operazioni di fusione, gli obblighi di versamento, inclusi quelli relativi agli acconti d'imposta ed alle ritenute operate su redditi altrui, dei soggetti che si estinguono per effetto delle operazioni medesime, sono adempiuti dagli stessi soggetti fino alla data di efficacia della fusione ai sensi dell'articolo 2504 *bis*, comma 2, del codice civile; successivamente a tale data, i predetti obblighi si intendono a tutti gli effetti trasferiti alla società incorporante o comunque risultante dalla fusione.

10 *bis*. Il regime dell'imposta sostitutiva di cui al comma 2 *ter* dell'articolo 176 può essere applicato, con le modalità, le condizioni e i termini ivi stabiliti, anche dalla società incorporante o risultante dalla fusione per ottenere il riconoscimento fiscale dei maggiori valori iscritti in bilancio a seguito di tali operazioni ([7]).

([1]) *Le parole: «per i soci della società risultante dalla fusione o incorporante» sono state così sostituite dalle attuali: «per i soci della società incorporata o fusa» dall'art. 12, comma 1, lett.* a), *del D.L.vo 18 novembre 2005, n. 247.*

([2]) *Questo comma è stato così sostituito dall'art. 12, comma 1, lett.* b), *del D.L.vo 18 novembre 2005, n. 247.*

([3]) *Questo periodo è stato aggiunto dall'art. 35, comma 17, del D.L. 4 luglio 2006, n. 223, convertito, con modificazioni, nella L. 4 agosto 2006, n. 248*

([4]) *Le parole: «di cui al comma 4 dell'articolo 96» sono state così sostituite dalle attuali: «di cui al comma 5 dell'articolo 96» dall'art. 1, comma 2, del D.L.vo 29 novembre 2018, n. 142. A norma dell'art. 13, comma 1, del medesimo provvedimento, tali disposizioni si applicano a decorrere dal periodo d'imposta successivo a quello in corso al 31 dicembre 2018.*

([5]) *Questo periodo, aggiunto dall'art. 1, comma 33, lett.* aa), *della L. 24 dicembre 2007, n. 244, è stato da ultimo così sostituito dall'art. 1, comma 549, lett.* c), *della L. 11 dicembre 2016, n. 232.*

L'art. 1, comma 549, della L. 11 dicembre 2016, n. 232, è stato poi abrogato dall'art. 1, comma 1080, della L. 30 dicembre 2018, n. 145, a decorrere dal 1° gennaio 2019.

([6]) *Questo periodo è stato aggiunto dall'art. 7, comma 10, del D.L.vo 24 settembre 2015, n. 156.*

A norma dell'art. 12, comma 1, le disposizioni del predetto decreto entrano in vigore a decorrere dal 1° gennaio 2016.

([7]) *Questo comma è stato aggiunto dall'art. 1, comma 46, lett.* a), *della L. 24 dicembre 2007, n. 244. A norma dell'art. 1, comma 47 della medesima legge, tali disposizioni si applicano alle operazioni effettuate a partire dal periodo d'imposta successivo a quello in corso al 31 dicembre 2007.*

173. Scissione di società. – 1. La scissione totale o parziale di una società in altre preesistenti o di nuova costituzione non dà luogo a realizzo né a distribuzione di plusvalenze e minusvalenze dei beni della società scissa, comprese quelle relative alle rimanenze e al valore di avviamento.

2. Nella determinazione del reddito delle società partecipanti alla scissione non si tiene conto dell'avanzo o del disavanzo conseguenti al rapporto di cambio delle azioni o quote ovvero all'annullamento di azioni o quote a norma dell'articolo 2506 *ter* del codice civile. In quest'ultima ipotesi i maggiori valori iscritti per effetto dell'eventuale imputazione del disavanzo riferibile all'annullamento o al concambio di una partecipazione, con riferimento ad elementi patrimoniali della società scissa, non sono imponibili nei

confronti della beneficiaria. Tuttavia i beni ricevuti sono valutati fiscalmente in base all'ultimo valore riconosciuto ai fini delle imposte sui redditi, facendo risultare da apposito prospetto di riconciliazione della dichiarazione dei redditi, i dati esposti in bilancio ed i valori fiscalmente riconosciuti.

3. Il cambio delle partecipazioni originarie non costituisce né realizzo né distribuzione di plusvalenze o di minusvalenze né conseguimento di ricavi per i soci della società scissa, fatta salva l'applicazione, in caso di conguaglio, dell'articolo 47, comma 7, e, ricorrendone le condizioni, degli articoli 58 e 87.

4. Dalla data in cui la scissione ha effetto, a norma del comma 11, le posizioni soggettive della società scissa, ivi compresa quella indicata nell'articolo 86, comma 4, e i relativi obblighi strumentali sono attribuiti alle beneficiarie e, in caso di scissione parziale, alla stessa società scissa, in proporzione delle rispettive quote del patrimonio netto contabile trasferite o rimaste, salvo che trattisi di posizioni soggettive connesse specificamente o per insiemi agli elementi del patrimonio scisso, nel qual caso seguono tali elementi presso i rispettivi titolari.

5. Gli obblighi di versamento degli acconti relativi sia alle imposte proprie sia alle ritenute sui redditi altrui, restano in capo alla società scissa, in caso di scissione parziale, ovvero si trasferiscono alle società beneficiarie in caso di scissione totale, in relazione alle quote di patrimonio netto imputabile proporzionalmente a ciascuna di esse.

6. Il valore fiscalmente riconosciuto dei fondi di accantonamento della società scissa si considera già dedotto dalle beneficiarie, oltre che, in caso di scissione parziale, dalla suddetta società, per importi proporzionali alle quote in cui risultano attribuiti gli elementi del patrimonio ai quali, specificamente o per insiemi, hanno riguardo le norme tributarie che disciplinano il valore stesso.

7. Se gli effetti della scissione sono fatti retroagire a norma del comma 11, per i beni di cui agli articoli 92 e 94 le disposizioni del precedente comma 4 trovano applicazione sommando proporzionalmente le voci individuate per periodo di formazione in capo alla società scissa all'inizio del periodo d'imposta alle corrispondenti voci, ove esistano, all'inizio del periodo medesimo presso le società beneficiarie.

8. In caso di scissione parziale e in caso di scissione non retroattiva in società preesistente i costi fiscalmente riconosciuti si assumono nella misura risultante alla data in cui ha effetto la scissione. In particolare:

a) i beni di cui al comma 7 ricevuti da ciascuna beneficiaria si presumono, in proporzione alle quantità rispettivamente ricevute, provenienti proporzionalmente dalle voci delle esistenze iniziali, distinte per esercizio di formazione, della società scissa e dalla eventuale eccedenza formatasi nel periodo d'imposta fino alla data in cui ha effetto la scissione;

b) le quote di ammortamento dei beni materiali e immateriali nonché le spese di cui all'articolo 102, comma 6, relative ai beni trasferiti vanno ragguagliate alla durata del possesso dei beni medesimi da parte della società scissa e delle società beneficiarie; detto criterio è altresì applicabile alle spese relative a più esercizi e agli accantonamenti.

9. Le riserve in sospensione d'imposta iscritte nell'ultimo bilancio della società scissa debbono essere ricostituite dalle beneficiarie secondo le quote proporzionali indicate al comma 4. In caso di scissione parziale, le riserve della società scissa si riducono in corrispondenza. Se la sospensione d'imposta dipende da eventi che riguardano specifici elementi patrimoniali della società scissa, le riserve debbono essere ricostituite dalle beneficiarie che acquisiscono tali elementi. Nei riguardi della beneficiaria ai fini della ricostituzione delle riserve in sospensione d'imposta e delle altre riserve si applicano, per le rispettive quote, le disposizioni dettate per le fusioni dai commi 5 e 6 dell'articolo 172 per la società incorporante o risultante dalla fusione.

10. Alle perdite fiscali, agli interessi indeducibili oggetto di riporto in avanti di cui al comma 5 dell'articolo 96 (1) del presente testo unico, nonché all'eccedenza relativa all'aiuto alla crescita economica di cui all'articolo 1, comma 4, del decreto legge 6 dicembre 2011, n. 201, convertito, con modificazioni, dalla legge 22 dicembre 2011, n. 214 (2) delle società che partecipano alla scissione si applicano le disposizioni del comma 7 dell'articolo 172, riferendosi alla società scissa le disposizioni riguardanti le società fuse o incorporate e alle beneficiarie quelle riguardanti la società risultante dalla fusione o incorporante ed avendo riguardo all'ammontare del patrimonio netto quale risulta dall'ultimo bilancio o, se inferiore, dal progetto di scissione di cui all'articolo 2506 *bis* del codice civile, ovvero dalla situazione patrimoniale di cui all'articolo 2506 *ter* del codice civile.

11. Ai fini delle imposte sui redditi, la decorrenza degli effetti della scissione è regolata secondo le disposizioni del comma 1 dell'articolo 2506 *quater* del codice civile, ma la retrodatazione degli effetti, ai sensi dell'articolo 2501 *ter*, numeri 5) e 6), dello stesso codice, opera limitatamente ai casi di scissione totale ed a condizione che vi sia coincidenza tra la chiusura dell'ultimo periodo di imposta della società scissa e delle beneficiarie e per la fase posteriore a tale periodo.

12. Gli obblighi tributari della società scissa riferibili a periodi di imposta anteriori alla data dalla quale l'operazione ha effetto sono adempiuti in caso di scissione parziale dalla stessa società scissa o trasferiti, in caso di

scissione totale, alla società beneficiaria appositamente designata nell'atto di scissione.

13. I controlli, gli accertamenti e ogni altro procedimento relativo ai suddetti obblighi sono svolti nei confronti della società scissa o, nel caso di scissione totale, di quella appositamente designata, ferma restando la competenza dell'ufficio dell'Agenzia delle entrate della società scissa. Se la designazione è omessa, si considera designata la beneficiaria nominata per prima nell'atto di scissione. Le altre società beneficiarie sono responsabili in solido per le imposte, le sanzioni pecuniarie, gli interessi e ogni altro debito e anche nei loro confronti possono essere adottati i provvedimenti cautelari previsti dalla legge. Le società coobbligate hanno facoltà di partecipare ai suddetti procedimenti e di prendere cognizione dei relativi atti, senza oneri di avvisi o di altri adempimenti per l'Amministrazione.

14. Ai fini dei suddetti procedimenti la società scissa o quella designata debbono indicare, a richiesta degli organi dell'Amministrazione finanziaria, i soggetti e i luoghi presso i quali sono conservate, qualora non le conservi presso la propria sede legale, le scritture contabili e la documentazione amministrativa e contabile relative alla gestione della società scissa, con riferimento a ciascuna delle parti del suo patrimonio trasferite o rimaste. In caso di conservazione presso terzi estranei alla operazione deve essere inoltre esibita l'attestazione di cui all'articolo 52, comma 10, del decreto del Presidente della Repubblica 26 ottobre 1972, n. 633. Se la società scissa o quella designata non adempiono a tali obblighi o i soggetti da essa indicati si oppongono all'accesso o non esibiscono in tutto o in parte quanto ad essi richiesto, si applicano le disposizioni del comma 5 del suddetto articolo.

15. Nei confronti della società soggetta all'imposta sulle società beneficiaria della scissione di una società non soggetta a tale imposta e nei confronti della società del secondo tipo beneficiaria della scissione di una società del primo tipo si applicano anche, in quanto compatibili, i commi 3, 4 e 5 dell'articolo 170 ([3]), considerando a tal fine la società scissa come trasformata per la quota di patrimonio netto trasferita alla beneficiaria.

15 *bis*. Il regime dell'imposta sostitutiva di cui al comma 2 *ter* dell'articolo 176 può essere applicato, con le modalità, le condizioni e i termini ivi stabiliti, anche dalla società beneficiaria dell'operazione di scissione per ottenere il riconoscimento fiscale dei maggiori valori iscritti in bilancio a seguito di tali operazioni ([4]).

([1]) *Le parole: «di cui al comma 4 dell'articolo 96» sono state così sostituite dalle attuali: «di cui al comma 5 dell'articolo 96» dall'art. 1, comma 2, del D.L.vo 29 novembre 2018, n. 142. A norma dell'art. 13, comma 1, del medesimo provvedimento, tali disposi-*

zioni si applicano a decorrere dal periodo d'imposta successivo a quello in corso al 31 dicembre 2018.

(2) *Le parole: «, agli interessi indeducibili oggetto di riporto in avanti di cui al comma 4 dell'articolo 96 del presente testo unico, nonché all'eccedenza relativa all'aiuto alla crescita economica di cui all'articolo 1, comma 4, del decreto legge 6 dicembre 2011, n. 201, convertito, con modificazioni, dalla legge 22 dicembre 2011, n. 214» sono state inserite dall'art. 1, comma 549, lett.* d), *della L. 11 dicembre 2016, n. 232.*

L'art. 1, comma 549, della L. 11 dicembre 2016, n. 232, è stato poi abrogato dall'art. 1, comma 1080, della L. 30 dicembre 2018, n. 145, a decorrere dal 1° gennaio 2019.

(3) *Le parole: «dell'articolo 171» sono state così sostituite dalle attuali dall'art. 12, comma 2, del D.L.vo 18 novembre 2005, n. 247. A norma dell'art. 12, comma 8, dello stesso provvedimento, tali disposizioni hanno effetto per i periodi di imposta che iniziano a decorrere dal 1° gennaio 2004.*

(4) *Questo comma è stato aggiunto dall'art. 1, comma 46, lett.* b), *della L. 24 dicembre 2007, n. 244.*

174. Applicazione analogica. – 1. Le disposizioni degli articoli 172 e 173 valgono, in quanto applicabili, anche nei casi di fusione e scissione di enti diversi dalle società.

175. Conferimenti di partecipazioni di controllo o di collegamento (1). – 1. Ai fini dell'applicazione delle disposizioni di cui all'articolo 86, fatti salvi i casi di esenzione di cui all'articolo 87, per i conferimenti [di aziende e] (2) di partecipazioni di controllo o di collegamento ai sensi dell'articolo 2359 del codice civile, contenente disposizioni in materia di società controllate e collegate, effettuati tra soggetti residenti in Italia nell'esercizio di imprese commerciali, si considera valore di realizzo quello attribuito alle partecipazioni, ricevute in cambio dell'oggetto conferito, nelle scritture contabili del soggetto conferente ovvero, se superiore, quello attribuito [all'azienda o] (2) alle partecipazioni conferite nelle scritture contabili del soggetto conferitario.

2. Le disposizioni del comma 1 non si applicano ed il valore di realizzo è determinato ai sensi dell'articolo 9 nel caso di conferimento di partecipazioni di controllo o di collegamento prive dei requisiti per l'esenzione di cui all'articolo 87 se le partecipazioni ricevute non sono anch'esse prive dei requisiti predetti, senza considerare quello di cui alla lettera *a*) del comma 1 del medesimo articolo 87.

[3. Per i conferimenti di aziende situate nel territorio dello Stato, le disposizioni del comma 1 si applicano anche se il conferente o il conferitario è un soggetto non residente nel territorio stesso] (3).

[4. Qualora il conferimento abbia ad oggetto l'unica azienda dell'imprenditore individuale, la successiva cessione delle partecipazioni ricevute a seguito del conferimento, è disciplinata dagli articoli 67, comma 1, lettera *c*) e

68 assumendo come costo delle partecipazioni il valore attribuito alle stesse ai sensi del presente articolo] ([3]).

([1]) *La precedente rubrica*: «Conferimenti di aziende o di partecipazioni di controllo o di collegamento» *è stata così sostituita dall'attuale dall'art. 1, comma 46, lett.* c), *n.* 3), *della L. 24 dicembre 2007, n. 244.*

([2]) *Le parole fra parentesi quadrate sono state soppresse dall'art. 1, comma 46, lett.* c), *n.* 1), *della L. 24 dicembre 2007, n. 244.*

([3]) *Questo comma è stato abrogato dall'art. 1, comma 46, lett.* c), *n.* 2), *della L. 24 dicembre 2007, n. 244.*

176. ([1]) **Regimi fiscali del soggetto conferente e del soggetto conferitario.** – 1. I conferimenti di aziende effettuati tra soggetti residenti nel territorio dello Stato nell'esercizio di imprese commerciali, non costituiscono realizzo di plusvalenze o minusvalenze [a condizione che il soggetto conferitario rientri fra quelli di cui all'articolo 73, comma 1, lettere *a*) e *b*)] ([2]). Tuttavia il soggetto conferente deve assumere, quale valore delle partecipazioni ricevute, l'ultimo valore fiscalmente riconosciuto dell'azienda conferita e il soggetto conferitario subentra nella posizione di quello conferente in ordine agli elementi dell'attivo e del passivo dell'azienda stessa, facendo risultare da apposito prospetto di riconciliazione della dichiarazione dei redditi i dati esposti in bilancio e i valori fiscalmente riconosciuti.

2. Le disposizioni di cui al comma 1 si applicano anche se il conferente o il conferitario è un soggetto non residente, qualora il conferimento abbia ad oggetto aziende situate nel territorio dello Stato ([3]).

2 *bis*. In caso di conferimento dell'unica azienda dell'imprenditore individuale, la successiva cessione delle partecipazioni ricevute a seguito del conferimento è disciplinata dagli articoli 67, comma 1, lettera *c*), e 68, assumendo come costo delle stesse l'ultimo valore fiscale dell'azienda conferita ([4]).

2 *ter*. In luogo dell'applicazione delle disposizioni dei commi 1, 2 e 2 *bis*, la società conferitaria può optare, nella dichiarazione dei redditi relativa all'esercizio nel corso del quale è stata posta in essere l'operazione o, al più tardi, in quella del periodo d'imposta successivo, per l'applicazione, in tutto o in parte, sui maggiori valori attribuiti in bilancio agli elementi dell'attivo costituenti immobilizzazioni materiali e immateriali relativi all'azienda ricevuta, di un'imposta sostitutiva dell'imposta sul reddito delle persone fisiche, dell'imposta sul reddito delle società e dell'imposta regionale sulle attività produttive, con aliquota del 12 per cento sulla parte dei maggiori valori ricompresi nel limite di 5 milioni di euro, del 14 per cento sulla parte dei maggiori valori che eccede 5 milioni di euro e fino a 10 milioni di euro e del 16 per cento sulla parte dei maggiori valori che eccede i 10 milioni di euro. I

maggiori valori assoggettati a imposta sostitutiva si considerano riconosciuti ai fini dell'ammortamento a partire dal periodo d'imposta nel corso del quale è esercitata l'opzione; in caso di realizzo dei beni anteriormente al quarto periodo d'imposta successivo a quello dell'opzione, il costo fiscale è ridotto dei maggiori valori assoggettati a imposta sostitutiva e dell'eventuale maggior ammortamento dedotto e l'imposta sostitutiva versata è scomputata dall'imposta sui redditi ai sensi degli articoli 22 e 79 ([4]).

3. Non rileva ai fini dell'articolo 37 *bis* del decreto del Presidente della Repubblica 29 settembre 1973, n. 600, il conferimento dell'azienda secondo i regimi di continuità dei valori fiscali riconosciuti o di imposizione sostitutiva ([5]) di cui al presente articolo e la successiva cessione della partecipazione ricevuta per usufruire dell'esenzione [totale] ([6]) di cui all'articolo 87, o di quella [parziale] ([6]) di cui agli articoli 58 e 68, comma 3 ([7]).

4. Le aziende acquisite in dipendenza di conferimenti effettuati con il regime di cui al presente articolo si considerano possedute dal soggetto conferitario anche per il periodo di possesso del soggetto conferente. Le partecipazioni ricevute dai soggetti che hanno effettuato i conferimenti di cui al periodo precedente o le operazioni di cui all'articolo 178, in regime di neutralità fiscale, si considerano iscritte come immobilizzazioni finanziarie nei bilanci in cui risultavano iscritti i beni dell'azienda conferita o in cui risultavano iscritte, come immobilizzazioni, le partecipazioni date in cambio.

5. Nelle ipotesi di cui ai commi 1, 2 e 2 *bis* ([8]) l'eccedenza in sospensione di imposta, ai sensi dell'articolo 109, comma 4, lettera *b*), relativa all'azienda conferita non concorre alla formazione del reddito del soggetto conferente e si trasferisce al soggetto conferitario a condizione che questi istituisca il vincolo di sospensione d'imposta previsto dalla norma predetta.

[6. Quando il conferimento abbia ad oggetto l'unica azienda dell'imprenditore individuale si applica l'ultimo comma dell'articolo 175] ([9]).

([1]) *A norma dell'art. 11, comma 2, del D.L. 30 aprile 2019, n. 34, convertito, con modificazioni, nella L. 28 giugno 2019, n. 58, a decorrere dal 30 giugno 2019, nel caso di operazioni di conferimento di azienda effettuate ai sensi del presente articolo, a decorrere dalla data di entrata in vigore del presente decreto fino al 31 dicembre 2022, si considerano riconosciuti, ai fini fiscali, i maggiori valori iscritti dal soggetto conferitario di cui al comma 1 a titolo di avviamento o sui beni strumentali materiali e immateriali, per un ammontare complessivo non eccedente l'importo di 5 milioni di euro.*

Ai sensi dell'art. 11, comma 3, del medesimo provvedimento, tali disposizioni si applicano qualora alle operazioni di aggregazione aziendale partecipino esclusivamente imprese operative da almeno due anni, mentre non si applicano qualora le imprese che partecipano alle predette operazioni facciano parte dello stesso gruppo societario. Sono in ogni caso esclusi i soggetti legati tra loro da un rapporto di partecipazione superiore al 20 per cento ovvero controllati anche indirettamente dallo stesso soggetto ai sensi dell'articolo 2359, primo comma, n. 1), del codice civile. Il maggior valore attribuito ai beni ai sensi dei commi precedenti è riconosciuto ai fini delle imposte sui redditi e dell'imposta regionale sulle attività produttive a decorrere dall'esercizio successivo a quello in cui ha avuto luogo l'operazione di aggregazione aziendale.

Ai sensi dell'art. 11, comma 4, del medesimo provvedimento, le disposizioni di cui sopra si applicano qualora le imprese interessate dalle operazioni di aggregazione aziendale si trovino o si siano trovate ininterrottamente, nei due anni precedenti l'operazione, nelle condizioni che consentono il riconoscimento fiscale di cui ai commi 1 e 2.

(2) *Le parole fra parentesi quadrate sono state soppresse dall'art. 1, comma 46, lett.* d), *n.* 1), *della L. 24 dicembre 2007, n. 244.*

(3) *Questo comma è stato così sostituito dall'art. 1, comma 46, lett.* d), *n.* 2), *della L. 24 dicembre 2007, n. 244.*

(4) *Questo comma è stato inserito dall'art. 1, comma 46, lett.* d), *n.* 3), *della L. 24 dicembre 2007, n. 244.*

(5) *Le parole: «Il regime di continuità dei valori fiscali riconosciuti», sono state così sostituite dalle attuali: «i regimi di continuità dei valori fiscali riconosciuti o di imposizione sostitutiva» dall'art. 1, comma 46, lett.* d), *n.* 4), *della L. 24 dicembre 2007, n. 244.*

(6) *La parola fra parentesi quadrate è stata soppressa dall'art. 1, comma 46, lett.* d), *n.* 4), *della L. 24 dicembre 2007, n. 244.*

(7) *Le parole: «67, comma 1, lettera* c) *sono state così sostituite dalle attuali: «68, comma 3» dall'art. 12, comma 3, del D.L.vo 18 novembre 2005, n. 247.*

(8) *Le parole: «nelle ipotesi di cui ai commi 1, 2 e 2* bis*», sono state premesse a questo comma, dall'art. 1, comma 46, lett.* d), *n.* 5), *della L. 24 dicembre 2007, n. 244.*

(9) *Questo comma è stato abrogato dall'art. 1, comma 46, lett.* d), *n.* 6), *della L. 24 dicembre 2007, n. 244.*

177. Scambi di partecipazioni. – 1. La permuta, mediante la quale uno dei soggetti indicati nell'articolo 73, comma 1, lettere *a*) e *b*), acquista o integra una partecipazione di controllo ai sensi dell'articolo 2359, comma 1, n. 1), del codice civile, contenente disposizioni in materia di società controllate e collegate ovvero incrementa, in virtù di un obbligo legale o di un vincolo statutario, la percentuale di controllo (1), in altro soggetto indicato nelle medesime lettere *a*) e *b*), attribuendo ai soci di quest'ultimo proprie azioni [o quote] (2) (3), non dà luogo a componenti positivi o negativi del reddito imponibile a condizione che il costo delle azioni o quote date in permuta sia attribuito alle azioni o quote ricevute in cambio. L'eventuale conguaglio in denaro concorre a formare il reddito del percipiente ferma rimanendo, ricorrendone le condizioni, l'esenzione totale di cui all'articolo 87 e quella parziale di cui agli articoli 58 e 68, comma 3 (4) (3).

2. Le azioni o quote ricevute a seguito di conferimenti in società, mediante i quali la società conferitaria acquisisce il controllo di una società ai sensi dell'articolo 2359, primo comma, n. 1), del codice civile ovvero incrementa, in virtù di un obbligo legale o di un vincolo statutario, la percentuale

di controllo ([1]), sono valutate, ai fini della determinazione del reddito del conferente ([5]), in base alla corrispondente quota delle voci di patrimonio netto formato dalla società conferitaria per effetto del conferimento.

2 *bis*. Quando la società conferitaria non acquisisce il controllo di una società, ai sensi dell'articolo 2359, primo comma, numero 1), del codice civile, né incrementa, in virtù di un obbligo legale o di un vincolo statutario, la percentuale di controllo, la disposizione di cui al comma 2 del presente articolo trova comunque applicazione ove ricorrano, congiuntamente, le seguenti condizioni:

a) le partecipazioni conferite rappresentano, complessivamente, una percentuale di diritti di voto esercitabili nell'assemblea ordinaria superiore al 2 o al 20 per cento ovvero una partecipazione al capitale o al patrimonio superiore al 5 o al 25 per cento, secondo che si tratti di titoli negoziati in mercati regolamentati o di altre partecipazioni;

b) le partecipazioni sono conferite in società, esistenti o di nuova costituzione, interamente partecipate dal conferente. Per i conferimenti di partecipazioni detenute in società la cui attività consiste in via esclusiva o prevalente nell'assunzione di partecipazioni, le percentuali di cui alla lettera *a*) del precedente periodo si riferiscono a tutte le società indirettamente partecipate che esercitano un'impresa commerciale, secondo la definizione di cui all'articolo 55, e si determinano, relativamente al conferente, tenendo conto della eventuale demoltiplicazione prodotta dalla catena partecipativa. Il termine di cui all'articolo 87, comma 1, lettera *a*), è esteso fino al sessantesimo mese precedente quello dell'avvenuta cessione delle partecipazioni conferite con le modalità di cui al presente comma ([6]).

3. Si applicano le disposizioni dell'articolo 175, comma 2.

([1]) *Le parole*: *«ovvero incrementa, in virtù di un obbligo legale o di un vincolo statutario, la percentuale di controllo», sono state aggiunte dall'art. 1, comma 1, del D.L.vo 6 novembre 2007, n. 199. A norma dell'art. 2, dello stesso provvedimento tali disposizioni, concernenti il recepimento dell'articolo 2, paragrafo 2, della direttiva 2005/19/CE, si applicano alle operazioni di fusione, scissione, conferimento di attivo e scambio di partecipazioni effettuate a partire dal 1° gennaio 2007.*

([2]) *Le parole fra parentesi quadrate sono state soppresse dall'art. 12, comma 4, lett.* a), *del D.L.vo 18 novembre 2005, n. 247.*

([3]) *A norma dell'art. 12, comma 8, del D.L.vo 18 novembre 2005, n. 247, tali disposizioni hanno effetto per i periodi di imposta che iniziano a decorrere dal 1° gennaio 2004.*

([4]) *Le parole*: *«67, comma 1, lettera* c)*» sono state così sostituite dalle attuali*: *«articolo 68, comma 3» dall'art. 12, comma 4, lett.* a), *del D.L.vo 18 novembre 2005, n. 247.*

([5]) *Le parole*: *«ai fini della determinazione del reddito dell'impresa conferente» sono state così sostituite dalle attuali*: *«ai fini della determinazione del reddito del conferente» dall'art. 12, comma 4, lett.* b), *del D.L.vo 18 novembre 2005, n. 247. A norma dell'art.*

12, comma 8, del D.L.vo 18 novembre 2005, n. 247, tali disposizioni hanno effetto per i periodi di imposta che iniziano a decorrere dal 1° gennaio 2005.

(6) *Questo comma è stato inserito dall'art. 11* bis *del D.L. 30 aprile 2019, n. 34, convertito, con modificazioni, nella L. 28 giugno 2019, n. 58, a decorrere dal 30 giugno 2019.*

Capo IV
Operazioni straordinarie fra soggetti residenti in Stati membri diversi dell'Unione europea

178. Fusioni, scissioni, conferimenti di attivo, scambi di azioni concernenti società di Stati membri diversi. – 1. Le disposizioni del presente capo si applicano:

a) alle fusioni tra società per azioni, in accomandita per azioni, a responsabilità limitata, cooperative e di mutua assicurazione, enti pubblici e privati aventi per oggetto esclusivo o principale l'esercizio di attività commerciali, residenti nel territorio dello Stato, e soggetti residenti in altri Stati membri della Comunità economica europea, purché non si considerino, per convenzione in materia di doppia imposizione con Stati terzi, residenti fuori della Comunità, che appartengano alle categorie indicate nella tabella A allegata al presente testo unico, da considerare automaticamente aggiornata in conformità con eventuali modifiche dell'allegato alla direttiva del Consiglio delle Comunità europee n. 90/434 del 23 luglio 1990, e siano sottoposti a una delle imposte indicate nella tabella B allegata al presente testo unico o ad altra che in futuro la sostituisca, senza possibilità di opzione, sempre che nel concambio l'eventuale conguaglio in danaro ai partecipanti dei soggetti fusi o incorporati non superi il 10% del valore nominale della partecipazione ricevuta;

b) alle scissioni attuate mediante trasferimento dell'intero patrimonio di uno dei soggetti indicati nella lettera *a*) a due o più soggetti indicati nella stessa lettera, preesistenti o di nuova costituzione, alcuno dei quali sia residente in uno Stato della Comunità diverso da quello del primo, e limitatamente alla parte corrispondente dell'operazione, con assegnazione ai partecipanti delle azioni o quote di ciascuno dei soggetti beneficiari in misura proporzionale alle rispettive partecipazioni nel soggetto scisso, sempre che quest'ultimo o almeno uno dei beneficiari siano residenti nel territorio dello Stato, che la quota di patrimonio trasferita a ciascun beneficiario sia costituita da aziende o complessi aziendali relativi a singoli rami dell'impresa del conferente e che nel concambio l'eventuale conguaglio in danaro ai partecipanti della società scissa non superi il 10 per cento del valore nominale della partecipazione ricevuta;

b bis) alle scissioni parziali mediante le quali uno dei soggetti indicati nella lettera *a*) trasferisce, senza essere sciolto, mantenendo almeno un'azienda o un complesso aziendale, una o più aziende o uno più complessi aziendali a uno o più soggetti indicati nella stessa lettera, preesistenti o di nuova costituzione, alcuno dei quali sia residente in uno Stato della Comunità diverso da quello del primo, e limitatamente alla parte corrispondente dell'operazione, con assegnazione ai propri partecipanti, secondo un criterio proporzionale, delle azioni o quote del soggetto o dei soggetti beneficiari, sempre che il soggetto scisso o uno dei beneficiari sia residente nel territorio dello Stato e che l'eventuale conguaglio in danaro ai partecipanti del soggetto scisso non superi il dieci per cento del valore nominale della partecipazione ricevuta in concambio ([1]);

c) ai conferimenti di aziende o di complessi aziendali relativi a singoli rami dell'impresa da uno ad altro dei soggetti indicati nella lettera *a*), residenti in Stati diversi della Comunità, sempre che uno dei due sia residente nel territorio dello Stato;

d) alle operazioni indicate nelle lettere precedenti tra soggetti di cui alla lettera *a*) non residenti nel territorio dello Stato, con riguardo alle stabili organizzazioni nel territorio dello Stato oggetto delle operazioni stesse;

e) alle permute e ai conferimenti di azioni o quote, mediante i quali uno dei soggetti indicati nella lettera *a*) acquisti o integri una partecipazione di controllo, ai sensi dell'articolo 2359, comma 1, n. 1), del codice civile ovvero incrementi, in virtù di un obbligo legale o di un vincolo statutario, la percentuale di controllo ([2]), in uno dei soggetti indicati nella stessa lettera, residente in uno Stato della Comunità diverso da quello del primo, attribuendo ai partecipanti proprie azioni o quote in cambio di quelle ricevute in permuta o conferimento ed un eventuale conguaglio in danaro non superiore al 10% del valore nominale delle suddette azioni o quote, sempre che alcuno dei partecipanti che effettuano lo scambio sia residente nel territorio dello Stato ovvero la partecipazione scambiata sia relativa ad una stabile organizzazione nel territorio dello Stato di un soggetto indicato nella lettera *a*).

([1]) *Questa lettera è stata inserita dall'art. 1, comma 1, lett.* d), *n.* 1), *del D.L.vo 6 novembre 2007, n. 199. A norma dell'art. 2 dello stesso provvedimento, tali disposizioni, concernenti il recepimento dell'articolo 2, paragrafo 2, della direttiva 2005/19/CE, si applicano alle operazioni di fusione, scissione, conferimento di attivo e scambio di partecipazioni effettuate a partire dal 1° gennaio 2007.*

([2]) *Le parole: «ovvero incrementi, in virtù di un obbligo legale o di un vincolo statutario, la percentuale di controllo», sono state aggiunte dall'art. 1, comma 1, lett.* d), *n.* 2), *del D.L.vo 6 novembre 2007, n. 199. A norma dell'art. 2 dello stesso provvedimento, tali disposizioni, concernenti il recepimento dell'articolo 2, paragrafo 2, della direttiva 2005/19/CE, si applicano alle operazioni di fusione, scissione, conferimento di attivo e scambio di partecipazioni effettuate a partire dal 1° gennaio 2007.*

179. Regime di neutralità fiscale. – 1. Alle operazioni indicate nelle lettere *a*), *b*) e *b bis*) (1) dell'articolo 178 si applicano le disposizioni di cui agli articoli 172 e 173.

2. Ai conferimenti di cui alla lettera *c*) del comma 1 dell'articolo 178 si applica l'articolo 176. Le disposizioni del comma 1 si applicano anche nei confronti del beneficiario non residente con riferimento alla stabile organizzazione nello Stato italiano, limitatamente agli elementi patrimoniali del conferente residente o, nell'ipotesi di cui alla lettera *d*) del comma 1 dell'articolo 178, non residente, in essa effettivamente confluiti.

3. Nelle operazioni indicate al comma 1, le plusvalenze della stabile organizzazione del conferente residente sono imponibili a titolo di realizzo al valore normale, con deduzione dalla relativa imposta, fino al suo totale assorbimento, dell'ammontare della imposta che lo Stato, dove è situata la stabile organizzazione, avrebbe effettivamente prelevato in assenza delle norme della direttiva comunitaria 23 luglio 1990, n. 90/434. Il beneficiario non residente subentra al conferente residente per tutti i diritti e gli obblighi tributari. Regole analoghe a quelle previste dai periodi precedenti si applicano nel caso in cui una società residente in Italia trasferisca la propria residenza fiscale in un altro Stato membro, assumendo, quale valore su cui calcolare la tassazione virtuale della stabile organizzazione all'estero, il valore normale che l'altro Stato membro avrebbe determinato in caso di realizzo al valore normale di detta stabile organizzazione (2).

4. Le operazioni di fusione, scissione e scambio di partecipazioni mediante permuta o conferimento, indicate nell'articolo 178, non comportano realizzo di plusvalenze né di minusvalenze sulle azioni o quote date in cambio, il cui valore fiscale viene assunto dalle azioni o quote ricevute, ripartendosi tra tutte in proporzione dei valori alle stesse attribuiti ai fini della determinazione del rapporto di cambio. Gli eventuali conguagli concorrono a formare il reddito dei soci della società incorporata o fusa o dei soci della società scissa, fatta salva l'applicazione dell'articolo 47, comma 7, e, ricorrendone le condizioni, degli articoli 58 e 87, e dei percipienti nelle operazioni di scambio di partecipazioni mediante permuta o conferimento, ferma rimanendo, ricorrendone le condizioni, l'esenzione totale di cui all'articolo 87 e quella parziale di cui agli articoli 58 e 68, comma 3 (3).

5. Se è stata conferita da un soggetto una stabile organizzazione situata in un altro Stato membro, le relative plusvalenze sono imponibili nei confronti del conferente residente a titolo di realizzo al valore normale, con deduzione dalla relativa imposta, fino al suo totale assorbimento, dell'ammontare dell'imposta che lo Stato dove è situata la stabile organizzazione

avrebbe prelevato in assenza delle norme della direttiva comunitaria 23 luglio 1990 n. 90/434. In tal caso la partecipazione ricevuta è valutata fiscalmente in base all'ultimo valore riconosciuto ai fini delle imposte sui redditi degli elementi patrimoniali conferiti, aumentato, agli effetti della disposizione di cui al precedente comma, di un importo pari all'imponibile corrispondente all'imposta dovuta a saldo.

[6. Si considerano realizzati al valore normale i componenti dell'azienda o del complesso aziendale che abbiano formato oggetto delle operazioni indicate alle lettere da *a*) a *d*) del comma 1 dell'articolo 178, non confluiti in seguito a tali operazioni in una stabile organizzazione situata nel territorio dello Stato. La stessa disposizione si applica se successivamente alle predette operazioni i componenti conferiti nella stabile organizzazione situata nel territorio dello Stato ne vengano distolti. Si applicano, ove compatibili, le disposizioni dell'articolo 166, commi 2 *quater* e seguenti, anche ad operazioni verso Stati aderenti all'Accordo sullo Spazio economico europeo] (4).

(1) *Le parole*: «*nelle lettere* a) *e* b)» *sono state così sostituite dalle attuali*: «*nelle lettere* a), b) *e* b bis)» *dall'art. 1, comma 1, lett.* e), *n.* 1), *del D.L.vo 6 novembre 2007, n. 199. A norma dell'art. 2 dello stesso provvedimento, tali disposizioni, concernenti il recepimento dell'articolo 2, paragrafo 2, della direttiva 2005/19/CE, si applicano alle operazioni di fusione, scissione, conferimento di attivo e scambio di partecipazioni effettuate a partire dal 1° gennaio 2007.*

(2) *Questo periodo è stato aggiunto dall'art. 1, comma 1, lett.* e), *n.* 2), *del D.L.vo 6 novembre 2007, n. 199. A norma dell'art. 2 dello stesso provvedimento, tali disposizioni, concernenti il recepimento dell'articolo 2, paragrafo 2, della direttiva 2005/19/CE, si applicano alle operazioni di fusione, scissione, conferimento di attivo e scambio di partecipazioni effettuate a partire dal 1° gennaio 2007. Resta ferma l'applicazione delle disposizioni concernenti il recepimento delle disposizioni indicate al paragrafo 1 dell'articolo 2 della direttiva 2005/19/CE, a fare data dal 1° gennaio 2006.*

(3) *Questo periodo è stato così sostituito dall'art. 12, comma 5, del D.L.vo 18 novembre 2005, n. 247. A norma dell'art. 12, comma 8, del D.L.vo 18 novembre 2005, n. 247, tali disposizioni hanno effetto per i periodi di imposta che iniziano a decorrere dal 1° gennaio 2004.*

(4) *Questo comma, aggiunto dall'art. 11, comma 1, lett.* b), *del D.L.vo 14 settembre 2015, n. 147, è stato abrogato dall'art. 14, comma 1, del D.L.vo 29 novembre 2018, n. 142, con effetto dal periodo d'imposta successivo a quello in corso al 31 dicembre 2018.*

180. Riserve in sospensione d'imposta. – 1. Nelle fusioni, nelle scissioni e nei conferimenti di cui all'articolo 178 i fondi in sospensione di imposta iscritti nell'ultimo bilancio del conferente residente concorrono a formare il reddito della stabile organizzazione nel territorio dello Stato del soggetto non residente beneficiario nella misura in cui non siano stati ricostituiti nelle scritture contabili della stabile organizzazione.

181. Perdite fiscali. – 1. Nelle operazioni di cui alle lettere *a*) e *b*), del comma 1, dell'articolo 178 ([1]), le perdite fiscali, l'eccedenza di interessi indeducibili oggetto di riporto in avanti di cui al comma 5 dell'articolo 96 ([2]) del presente testo unico, nonché l'eccedenza relativa all'aiuto alla crescita economica di cui all'articolo 1, comma 4, del decreto-legge 6 dicembre 2011, n. 201, convertito, con modificazioni, dalla legge 22 dicembre 2011, n. 214, ([3]) sono ammesse in deduzione da parte del soggetto non residente alle condizioni e nei limiti di cui all'articolo 172, comma 7, proporzionalmente alla differenza tra gli elementi dell'attivo e del passivo effettivamente connessi alla stabile organizzazione sita nel territorio dello Stato risultante dall'operazione e nei limiti di detta differenza.

([1]) *Le parole: «dell'articolo 181» sono state così sostituite dalle attuali dall'art. 12, comma 6, del D.L.vo 18 novembre 2005, n. 247. A norma dell'art. 12, comma 8, del D.L.vo 18 novembre 2005, n. 247, tali disposizioni hanno effetto per i periodi di imposta che iniziano a decorrere dal 1° gennaio 2004.*

([2]) *Le parole: «di cui al comma 4 dell'articolo 96» sono state così sostituite dalle attuali: «di cui al comma 5 dell'articolo 96» dall'art. 1, comma 2, del D.L.vo 29 novembre 2018, n. 142. A norma dell'art. 13, comma 1, del medesimo provvedimento, tali disposizioni si applicano a decorrere dal periodo d'imposta successivo a quello in corso al 31 dicembre 2018.*

([3]) *Le parole: «, l'eccedenza di interessi indeducibili oggetto di riporto in avanti di cui al comma 4 dell'articolo 96 del presente testo unico, nonché l'eccedenza relativa all'aiuto alla crescita economica di cui all'articolo 1, comma 4, del decreto-legge 6 dicembre 2011, n. 201, convertito, con modificazioni, dalla legge 22 dicembre 2011, n. 214,» sono state inserite dall'art. 1, comma 549, lett.* e), *della L. 11 dicembre 2016, n. 232.*

L'art. 1, comma 549, della L. 11 dicembre 2016, n. 232, è stato poi abrogato dall'art. 1, comma 1080, della L. 30 dicembre 2018, n. 145, a decorrere dal 1° gennaio 2019.

Capo V
Liquidazione volontaria e procedure concorsuali

182. Liquidazione ordinaria. – 1. In caso di liquidazione dell'impresa o della società il reddito di impresa relativo al periodo compreso tra l'inizio dell'esercizio e l'inizio della liquidazione è determinato in base ad apposito conto economico, ovvero a norma dell'articolo 66 o dell'articolo 3, comma 177, della legge 23 dicembre 1996, n. 662, se ne ricorrono i presupposti; il conto economico deve essere redatto, per le società, in conformità alle risultanze del conto della gestione prescritto dall'articolo 2277 del codice civile. Per le imprese individuali la data di inizio della liquidazione, ai fini delle imposte sui redditi, è quella indicata nella dichiarazione di cui all'articolo 35 del decreto del Presidente della Repubblica 26 ottobre 1972, n. 633.

2. Per le imprese individuali e per le società in nome collettivo e in accomandita semplice il reddito di impresa relativo al periodo compreso tra l'i-

nizio e la chiusura della liquidazione è determinato in base al bilancio finale, che deve essere redatto anche nei casi di cui all'articolo 66. Se la liquidazione si protrae oltre l'esercizio in cui ha avuto inizio, il reddito relativo alla residua frazione di tale esercizio e a ciascun successivo esercizio intermedio è determinato in via provvisoria in base al rispettivo bilancio, ovvero a norma dell'articolo 66 se ne ricorrono i presupposti, salvo conguaglio in base al bilancio finale. Se la liquidazione si protrae per più di tre esercizi, compreso quello in cui ha avuto inizio, nonché in caso di omessa presentazione del bilancio finale, i redditi così determinati, ancorché già tassati separatamente a norma degli articoli 17 e 21, si considerano definitivi e ai fini dell'imposta sul reddito delle persone fisiche concorrono a formare il reddito complessivo dell'imprenditore, dei familiari partecipanti all'impresa o dei soci per i periodi di imposta di competenza. Se la liquidazione si chiude in perdita si applicano le disposizioni dell'articolo 8.

3. Per le società soggette all'imposta di cui al titolo II, il reddito relativo al periodo compreso tra l'inizio e la chiusura della liquidazione è determinato in base al bilancio finale. Se la liquidazione si protrae oltre l'esercizio in cui ha avuto inizio il reddito relativo alla residua frazione di tale esercizio e ciascun successivo esercizio intermedio è determinato in via provvisoria in base al rispettivo bilancio, liquidando la relativa imposta salvo conguaglio in base al bilancio finale; le perdite di esercizio anteriori all'inizio della liquidazione non compensate nel corso di questa ai sensi dell'articolo 84 sono ammesse in diminuzione in sede di conguaglio. Se la liquidazione si protrae per più di cinque esercizi, compreso quello in cui ha avuto inizio, nonché in caso di omessa presentazione del bilancio finale, i redditi determinati in via provvisoria si considerano definitivi e ai fini dell'imposta sul reddito delle persone fisiche i redditi compresi nelle somme percepite o nei beni ricevuti dai soci, ancorché già tassati separatamente a norma degli articoli 17 e 21, concorrono a formarne il reddito complessivo per i periodi di imposta di competenza.

183. Fallimento e liquidazione coatta. – 1. Nei casi di fallimento e di liquidazione coatta amministrativa il reddito di impresa relativo al periodo compreso tra l'inizio dell'esercizio e la dichiarazione di fallimento o il provvedimento che ordina la liquidazione è determinato in base al bilancio redatto dal curatore o dal commissario liquidatore. Per le imprese individuali e per le società in nome collettivo e in accomandita semplice il detto reddito concorre a formare il reddito complessivo dell'imprenditore, dei familiari partecipanti all'impresa o dei soci relativo al periodo di imposta in corso alla data della dichiarazione di fallimento o del provvedimento che ordina la liquidazione.

2. Il reddito di impresa relativo al periodo compreso tra l'inizio e la chiusura del procedimento concorsuale, quale che sia la durata di questo ed anche se vi è stato esercizio provvisorio, è costituito dalla differenza tra il residuo attivo e il patrimonio netto dell'impresa o della società all'inizio del procedimento, determinato in base ai valori fiscalmente riconosciuti. Il patrimonio netto dell'impresa o della società all'inizio del procedimento concorsuale è determinato mediante il confronto secondo i valori riconosciuti ai fini delle imposte sui redditi, tra le attività e le passività risultanti dal bilancio di cui al comma 1, redatto e allegato alla dichiarazione iniziale del curatore o dal commissario liquidatore ([1]). Il patrimonio netto è considerato nullo se l'ammontare delle passività è pari o superiore a quello delle attività ([1]).

3. Per le imprese individuali e per le società in nome collettivo e in accomandita semplice la differenza di cui al comma 2 è diminuita dei corrispettivi delle cessioni di beni personali dell'imprenditore o dei soci compresi nel fallimento o nella liquidazione ed è aumentata dei debiti personali dell'imprenditore o dei soci pagati dal curatore o dal commissario liquidatore. Ai fini dell'imposta sul reddito delle persone fisiche il reddito che ne risulta, al netto dell'imposta locale sui redditi, è imputato all'imprenditore, ai familiari partecipanti all'impresa o ai soci nel periodo di imposta in cui si è chiuso il procedimento; se questo si chiude in perdita si applicano le disposizioni dell'art. 8. Per i redditi relativi ai beni e diritti non compresi nel fallimento o nella liquidazione a norma dell'art. 46 del R.D. 16 marzo 1942, n. 267, restano fermi, in ciascun periodo di imposta, gli obblighi tributari dell'imprenditore o dei soci.

4. L'imposta locale sui redditi afferente il reddito di impresa relativo al periodo di durata del procedimento è commisurata alla differenza di cui ai commi 2 e 3 ed è prelevata sulla stessa. Per i redditi di ciascuno degli immobili di cui all'art. 57, comma 1, e di quelli personali dell'imprenditore o dei soci compresi nel fallimento o nella liquidazione l'imposta è dovuta per ciascun anno di possesso rientrante nel periodo di durata del procedimento ed è prelevata, nel complessivo ammontare, sul prezzo ricavato dalla vendita.

([1]) *Questo periodo è stato aggiunto dall'art. 12, comma 7, del D.L.vo 18 novembre 2005, n. 247.*

184. Applicazione analogica. – 1. Le disposizioni degli articoli 182 e 183 valgono, in quanto applicabili, anche nei casi di liquidazione e fallimento di enti diversi dalle società.

185. Terreni e fabbricati soggetti a regimi vincolistici. – 1. Per i terreni dati in affitto per uso agricolo, se per effetto di regimi legali di determinazione del canone questo risulta inferiore per oltre un quinto alla rendita catastale, il reddito dominicale è determinato in misura pari a quella del canone in affitto.

2. In deroga all'art. 37 ([1]), per i fabbricati dati in locazione in regime legale di determinazione del canone, il reddito imponibile è determinato in misura pari al canone di locazione ridotto del 15 per cento. Per i fabbricati siti nella città di Venezia centro e nelle isole della Giudecca, di Murano e di Burano, la riduzione è elevata al 25 per cento.

([1]) *Le parole: «all'articolo 34» sono state così sostituite dalle attuali dall'art. 13, comma 1, del D.L.vo 18 novembre 2005, n. 247. A norma dello stesso articolo 13, comma 2, tali disposizioni hanno effetto per i periodi di imposta che iniziano a decorrere dal 1° gennaio 2004.*

186. Società civili. – 1. Ai fini delle imposte sui redditi le società civili esistenti alla data di entrata in vigore del codice civile, di cui all'art. 204, commi primo e secondo, del R.D. 30 marzo 1942, n. 318, sono equiparate alle società in nome collettivo o alle società semplici secondo che abbiano o non abbiano per oggetto l'esercizio di attività commerciali. Alle società civili costituite in forma di società per azioni, di cui al terzo comma del predetto art. 204, si applicano le disposizioni del presente testo unico relative a questo tipo di società.

187. Eredità giacente. – 1. Se la giacenza dell'eredità si protrae oltre il periodo di imposta nel corso del quale si è aperta la successione, il reddito dei cespiti ereditari è determinato in via provvisoria secondo le disposizioni del titolo I, sezione I, se il chiamato all'eredità è persona fisica, o non è noto, e secondo quelle del titolo II, capo III, se il chiamato è un soggetto diverso. Dopo l'accettazione dell'eredità il reddito di tali cespiti concorre a formare il reddito complessivo dell'erede per ciascun periodo di imposta, compreso quello in cui si è aperta la successione, e si procede alla liquidazione definitiva delle relative imposte. I redditi di cui all'articolo 7, comma 3, se il chiamato all'eredità è persona fisica o non è noto, sono in via provvisoria tassati separatamente con l'aliquota stabilita dall'articolo 12 per il primo scaglione di reddito, salvo conguaglio dopo l'accettazione dell'eredità.

2. Le disposizioni del comma 1 si applicano anche nei casi di delazione dell'eredità sotto condizione sospensiva o in favore di un nascituro non ancora concepito.

188. ([1]) **Campione d'Italia.** – 1. Ai fini dell'imposta sul reddito delle persone fisiche, i redditi delle persone fisiche iscritte nei registri anagrafici del comune di Campione d'Italia prodotti in franchi svizzeri nel territorio dello stesso comune per un importo complessivo non superiore a 200.000 franchi sono computati in euro, in deroga alle disposizioni dell'articolo 9, sulla base di un tasso convenzionale di cambio stabilito ogni tre anni con decreto del Ministro dell'economia e delle finanze, tenuto conto anche della variazione dei prezzi al consumo nelle zone limitrofe intervenuta nel triennio.

2. I soggetti di cui al presente articolo assolvono il loro debito d'imposta in euro.

3. Ai fini del presente articolo, si considerano iscritte nei registri anagrafici del comune di Campione d'Italia anche le persone fisiche aventi domicilio fiscale nel medesimo comune le quali, già residenti nel comune di Campione d'Italia, sono iscritte all'anagrafe degli italiani residenti all'estero (AIRE) dello stesso comune e residenti nel Canton Ticino della Confederazione elvetica.

(1) *Questo articolo, abrogato dall'art. 36, comma 31, del D.L. 4 luglio 2006, n. 223, convertito, con modificazioni, nella L. 4 agosto 2006, n. 248, è tornato in vigore stante l'abrogazione dell'art. 36, comma 31, del D.L. 4 luglio 2006, n. 223, convertito, con modificazioni, dalla legge 4 agosto 2006, n. 248, a norma dell'art. 2, comma 27, del D.L. 3 ottobre 2006, n. 262, convertito, con modificazioni, nella L. 24 novembre 2006, n. 286. A norma dell'art. 2, comma 26, del D.L. 3 ottobre 2006, n. 262, convertito, con modificazioni, nella L. 24 novembre 2006, n. 286, per l'anno 2006, si applicano le disposizioni di questo articolo nel testo vigente alla data del 3 luglio 2006.*

188 *bis*. (1) **Campione d'Italia.** – 1. Ai fini dell'imposta sul reddito delle persone fisiche, i redditi, diversi da quelli d'impresa, delle persone fisiche iscritte nei registri anagrafici del comune di Campione d'Italia, nonché i redditi di lavoro autonomo di professionisti e con studi nel comune di Campione d'Italia, prodotti in franchi svizzeri nel territorio dello stesso comune, e/o in Svizzera, sono computati in euro sulla base del cambio di cui all'articolo 9, comma 2, ridotto forfetariamente del 30 per cento.

2. I redditi d'impresa realizzati dalle imprese individuali, dalle società di persone e da società ed enti di cui all'articolo 73, [comma 1, lettere *a*), *b*) e *c*),] (2) iscritti alla Camera di commercio, industria, artigianato e agricoltura di Como e aventi la sede sociale operativa, o un'unità locale, nel comune di Campione d'Italia, prodotti in franchi svizzeri nel comune di Campione d'Italia, sono computati in euro sulla base del cambio di cui all'articolo 9, comma 2, ridotto forfetariamente del 30 per cento. Nel caso in cui l'attività sia svolta anche al di fuori del territorio del comune di Campione d'Italia, ai fini della determinazione del reddito per cui è possibile beneficiare delle agevolazioni di cui al primo periodo sussiste l'obbligo in capo all'impresa di tenere un'apposita contabilità separata. Le spese e gli altri componenti negativi relativi a beni e servizi adibiti promiscuamente all'esercizio dell'atti-

vità svolta nel comune di Campione d'Italia e al di fuori di esso concorrono alla formazione del reddito prodotto nel citato comune per la parte del loro importo che corrisponde al rapporto tra l'ammontare dei ricavi o compensi e altri proventi che concorrono a formare il reddito prodotto dall'impresa nel territorio del comune di Campione d'Italia e l'ammontare complessivo dei ricavi o compensi e degli altri proventi.

3. I soggetti di cui al presente articolo assolvono il loro debito d'imposta in euro.

4. Ai fini del presente articolo si considerano iscritte nei registri anagrafici del comune di Campione d'Italia anche le persone fisiche aventi domicilio fiscale nel medesimo comune le quali, già residenti nel comune di Campione d'Italia, sono iscritte nell'anagrafe degli italiani residenti all'estero (AIRE) dello stesso comune e residenti nel Canton Ticino della Confederazione elvetica.

5. Tutti i redditi prodotti in euro dai soggetti di cui al presente articolo concorrono a formare il reddito complessivo al netto di una riduzione pari alla percentuale di abbattimento calcolata per i redditi in franchi svizzeri, in base a quanto previsto ai commi 1 e 2, con un abbattimento minimo di euro 26.000. Ai fini della determinazione dei redditi d'impresa in euro prodotti nel comune di Campione d'Italia si applicano le disposizioni di cui al comma 2, secondo e terzo periodo.

6. Le agevolazioni di cui al presente articolo si applicano ai sensi e nei limiti del regolamento (UE) n. 1407/2013 della Commissione, del 18 dicembre 2013, relativo all'applicazione degli articoli 107 e 108 del Trattato sul funzionamento dell'Unione europea agli aiuti *"de minimis"*, del regolamento (UE) n. 1408/2013 della Commissione, del 18 dicembre 2013, relativo all'applicazione degli articoli 107 e 108 del Trattato sul funzionamento dell'Unione europea agli aiuti "*de minimis*" nel settore agricolo, e del regolamento (UE) n. 717/ 2014 della Commissione, del 27 giugno 2014, relativo all'applicazione degli articoli 107 e 108 del Trattato sul funzionamento dell'Unione europea agli aiuti "*de minimis*" nel settore della pesca e dell'acquacoltura (3).

(1) *Questo articolo è stato così sostituito dall'art.* 25 octies, *comma 4, del D.L. 23 ottobre 2018, n. 119, convertito, con modificazioni, nella L. 17 dicembre 2018, n. 136.*

(2) *Le parole fra parentesi quadrate sono state soppresse dall'art. 1, comma 580, lett. a), della L. 27 dicembre 2019, n. 160, a decorrere dal 1° gennaio 2020.*

(3) *Le parole: «e del regolamento (UE) n. 1408/2013 della Commissione, del 18 dicembre 2013, relativo all'applicazione degli articoli 107 e 108 del Trattato sul funzionamento dell'Unione europea agli aiuti* "de minimis" *nel settore agricolo» sono state così sostituite dalle seguenti: «del regolamento (UE) n. 1408/2013 della Commissione, del 18 dicembre 2013, relativo all'applicazione degli articoli 107 e 108 del Trattato sul funzio-*

namento dell'Unione europea agli aiuti "de minimis" *nel settore agricolo, e del regolamento (UE) n. 717/ 2014 della Commissione, del 27 giugno 2014, relativo all'applicazione degli articoli 107 e 108 del Trattato sul funzionamento dell'Unione europea agli aiuti* "de minimis" *nel settore della pesca e dell'acquacoltura» dall'art. 1, comma 580, lett.* b)*, della L. 27 dicembre 2019, n. 160, a decorrere dal 1° gennaio 2020.*

189. Riferimenti legislativi ad imposte abolite. – 1. Il riferimento contenuto nelle norme vigenti a redditi, o a determinati ammontari di reddito, assoggettati ad imposte abolite dall'1 gennaio 1974 va inteso come fatto agli stessi redditi nell'ammontare netto determinato ai fini delle singole categorie di reddito previste dall'imposta sul reddito delle persone fisiche.

2. Se il riferimento è fatto alla non assoggettabilità all'imposta complementare progressiva sul reddito complessivo, la condizione si considera soddisfatta quando il reddito complessivo netto determinato ai fini dell'imposta sul reddito delle persone fisiche, aumentato dei redditi esenti da tale imposta, diversi da quelli indicati nei primi tre commi dell'art. 34 del D.P.R. 29 settembre 1973, n. 601, o assoggettati a ritenuta a titolo di imposta, non supera € 495,80. Quando alla formazione del reddito complessivo concorrono redditi di lavoro dipendente di cui agli artt. 46 (N.d.R.: *ora art. 49*) e 47, lettere *a*) e *b*) (N.d.R.: *ora art. 50*), il predetto ammontare viene elevato di € 185,92 per ogni reddito di lavoro dipendente considerato.

3. Se il riferimento è fatto ad un reddito complessivo netto agli effetti dell'imposta complementare progressiva sul reddito complessivo non superiore ad un determinato ammontare indicato nella legge, la condizione si considera soddisfatta quando il reddito complessivo netto determinato ai fini dell'imposta sul reddito delle persone fisiche, aumentato dei redditi esenti da tale imposta, diversi da quelli indicati nei primi tre commi dell'art. 34 del D.P.R. 29 settembre 1973, n. 601, o assoggettati a ritenuta a titolo di imposta, non supera l'ammontare indicato nella legge stessa, aumentato come previsto nel comma 2 quando alla formazione del reddito complessivo concorrono redditi di lavoro dipendente.

4. Se il riferimento è fatto ad un ammontare dell'imponibile dell'imposta complementare progressiva sul reddito complessivo iscritto a ruolo, la condizione si considera soddisfatta se il reddito complessivo, determinato ai fini dell'imposta sul reddito delle persone fisiche, aumentato dei redditi esenti da tale imposta, diversi da quelli indicati nei primi tre commi dell'art. 34 del D.P.R. 29 settembre 1973, n. 601, o assoggettati a ritenuta a titolo di imposta, non supera la somma indicata dalla legge, aumentata di € 123,95 per il contribuente, di € 51,65 per ciascun componente la famiglia che risulti

a carico del contribuente al 31 dicembre dell'anno per il quale l'imposta è dovuta e di € 185,92 per ogni reddito di lavoro dipendente.

5. Se il riferimento è fatto alla quota esente dall'imposta complementare progressiva sul reddito o ad un suo multiplo, tale ammontare è determinato in € 123,95 o nel rispettivo multiplo.

6. Se il riferimento è fatto ad una quota o ad un determinato ammontare del reddito imponibile di una o più categorie dell'imposta di ricchezza mobile, il riferimento stesso va fatto per le categorie B e C/1 ai redditi netti di lavoro autonomo e di impresa determinati ai sensi del titolo I, capi V e VI, diminuiti di € 185,92, e per la categoria C/2 ai redditi di lavoro dipendente ed assimilati determinati ai sensi dello stesso titolo I, capo IV, diminuiti di € 433,82. Nelle ipotesi di cui all'art. 5 il riferimento va fatto alla quota del reddito di impresa o di lavoro autonomo della società o associazione, diminuito di € 185,92, imputabile all'interessato.

7. Se il riferimento è fatto alla non iscrizione nei ruoli dell'imposta sui redditi di ricchezza mobile, la condizione si intende soddisfatta se il contribuente non possiede redditi di impresa o redditi di lavoro autonomo di ammontare superiore a € 185,92 ovvero redditi derivanti da capitali dati a mutuo o redditi diversi.

8. Se i benefici conseguiti consistono in somme che concorrono alla formazione del reddito complessivo ai fini dell'imposta sul reddito delle persone fisiche di esse somme non si tiene conto agli effetti della verifica dei limiti stabiliti dalle singole leggi per la concessione dei benefici medesimi.

9. Nelle domande agli uffici delle imposte svolte ad ottenere certificati da cui risultino le condizioni previste nel presente articolo, il richiedente deve dichiarare se ed in quale misura possiede redditi assoggettati a ritenuta a titolo di imposta e redditi esenti dall'imposta sul reddito delle persone fisiche, diversi da quelli indicati nei primi tre commi dell'art. 34 del D.P.R. 29 gennaio 1973, n. 601.

10. Gli uffici delle imposte rilasciano i certificati di cui al comma 9 anche in base a dichiarazione attestante i fatti oggetto della certificazione, resa dall'interessato ad un funzionario dell'ufficio competente. Alla dichiarazione si applicano le disposizioni della L. 4 gennaio 1968, n. 15. Per il rilascio dei certificati sono in ogni caso dovuti i diritti previsti nei numeri 1) e 4) della tabella allegato *A* al D.P.R. 26 ottobre 1972, n. 648.

11. Le disposizioni di cui al comma 10 si applicano altresì per il rilascio di certificati concernenti la presentazione della dichiarazione dei redditi e la situazione reddituale da essa risultante.

190. Redditi dei fabbricati. – 1. Per i periodi di imposta anteriori a quello in cui avranno effetto le modificazioni derivanti dalla prima revisione effettuata ai sensi del comma 2 dell'art. 34 (N.d.R.: *ora art. 37*) le rendite catastali dei fabbricati saranno aggiornate mediante l'applicazione di coefficienti stabiliti annualmente, per singole categorie di unità immobiliari urbane, con decreto del Ministro delle finanze su conforme parere della Commissione censuaria centrale.

2. Fino al termine di cui al comma 1, qualora il canone risultante dal contratto di locazione ridotto di un quarto sia superiore alla rendita catastale aggiornata per oltre un quinto di questa, il reddito è determinato in misura pari a quella del canone di locazione ridotto di un quarto. Per i fabbricati siti nella città di Venezia centro e nelle isole della Giudecca, di Murano e di Burano la presente disposizione si applica con riferimento al canone di locazione ridotto di due quinti anziché di un quarto; per i fabbricati strumentali non suscettibili di diversa destinazione senza radicali trasformazioni, la presente disposizione si applica con riferimento al canone di locazione ridotto di un terzo, salvo il disposto del comma 2 dell'art. 40 (N.d.R.: *ora art. 43*). Fino al termine medesimo le disposizioni del comma 2 dell'art. 129 (N.d.R.: *ora art. 185*) si applicano con riferimento alla rendita catastale aggiornata.

3. L'aggiornamento delle rendite catastali degli immobili riconosciuti di interesse storico o artistico, ai sensi della L. 1 giugno 1939, n. 1089, e successive modificazioni e integrazioni, è effettuato mediante l'applicazione del minore tra i coefficienti previsti per i fabbricati. Qualora i predetti immobili risultino allibrati al catasto terreni, la relativa rendita catastale è ridotta a metà ai fini dell'applicazione delle imposte sui redditi. Il mutamento di destinazione degli immobili medesimi senza la preventiva autorizzazione dell'Amministrazione per i beni culturali e ambientali e il mancato assolvimento degli obblighi di legge per consentire l'esercizio del diritto di prelazione dello Stato sugli immobili vincolati determinano la decadenza dall'agevolazione tributaria, ferma restando ogni altra sanzione. L'Amministrazione per i beni culturali e ambientali ne dà al competente ufficio delle imposte immediata comunicazione, dal ricevimento della quale inizia a decorrere il termine per la rettifica della dichiarazione dei redditi.

191. Disposizioni in materia di agevolazioni tributarie. – 1. Restano ferme le agevolazioni tributarie previste dal decreto del Presidente della Repubblica 29 settembre 1973, n. 601, e successive modificazioni, e da leggi speciali.

2.

D.M. 23 aprile 2004. Disposizioni applicative del regime di tassazione per trasparenza nell'ambito delle società di capitali, di cui agli articoli 115 e 116 del testo unico delle imposte sui redditi (*Gazzetta Ufficiale* Serie gen. - n. 101 del 30 aprile 2004).

1. Soggetti che possono optare per la trasparenza fiscale. – 1. L'opzione per la trasparenza fiscale prevista dall'art. 115 del testo unico delle imposte sui redditi, di cui al decreto del Presidente della Repubblica 22 dicembre 1986, n. 917, nel presente decreto di seguito denominato testo unico, può essere esercitata a condizione che la società partecipata e tutti i soci rientrino tra i soggetti indicati nell'art. 73, comma 1, lettera *a*), del testo unico e siano rispettate le percentuali del diritto di voto esercitabile nell'assemblea generale richiamata dall'art. 2346 del codice civile e di partecipazione agli utili previste nel medesimo art. 115.

2. L'opzione può essere esercitata, in qualità di soci, anche dai soggetti indicati nell'art. 73, comma 1, lettera *d*), del testo unico, a condizione che per gli utili distribuiti dalla società partecipata non vi sia obbligo di ritenuta fiscale ovvero la ritenuta, se applicata, sia suscettibile di integrale rimborso.

3. L'opzione può essere esercitata dai soci anche se gli stessi optino in qualità di soggetti controllanti o controllati per la tassazione di gruppo di cui agli articoli 117 e 130 del testo unico.

2. Limiti all'esercizio dell'opzione per la trasparenza fiscale. – 1. L'opzione non può essere esercitata qualora la società partecipata:

a) abbia emesso strumenti finanziari di cui all'art. 2346, ultimo comma, del codice civile;

b) ha optato, in qualità di società controllante o controllata, per la tassazione di gruppo di cui agli articoli 117 e 130 del testo unico;

c) è assoggettata a procedure concorsuali di cui all'art. 101, comma 5, del testo unico.

3. Percentuali di partecipazione. – 1. Le percentuali di partecipazione previste nel comma 1 dell'art. 115 del testo unico sono determinate avendo riguardo esclusivamente alla partecipazione detenuta direttamente nella società partecipata.

2. La percentuale dei diritti di voto prevista dal comma 1 dell'art. 115 del testo unico è riferibile alle assemblee previste dagli articoli 2364, 2364 *bis* e 2479 *bis* del codice civile.

4. Esercizio dell'opzione per la trasparenza fiscale. – 1. L'opzione deve essere esercitata, oltre che dalla società partecipata, anche da tutti i soci che devono comunicarla alla società partecipata mediante raccomandata con ricevuta di ritorno. L'opzione si considera perfezionata quando viene trasmessa dalla società partecipata all'Agenzia delle entrate entro il primo dei tre periodi di imposta di sua efficacia con le modalità indicate con provvedimento del Direttore dell'Agenzia stessa.

2. Nell'ipotesi di mutamento della compagine sociale ovvero di modificazione delle percentuali di partecipazione agli utili o dei diritti di voto nelle assemblee indicate nel comma 2 dell'art. 3, che comportino la perdita di efficacia dell'opzione ai sensi del successivo art. 6, la società partecipata effettua, entro i successivi trenta giorni, le relative comunicazioni all'Agenzia delle entrate secondo le modalità indicate nel provvedimento del direttore dell'Agenzia.

5. Rinnovo dell'opzione per la trasparenza fiscale. – 1. L'opzione è irrevocabile per tre periodi d'imposta della società partecipata ed è rinnovabile, con le stesse modalità di cui all'art. 4, entro il primo periodo d'imposta successivo al triennio di efficacia dell'opzione.

6. Perdita di efficacia dell'opzione per la trasparenza fiscale. – 1. L'opzione perde efficacia:

a) se vengono meno i requisiti indicati nell'art. 115, commi 1 e 2, del testo unico ovvero se la società partecipata emette strumenti finanziari di cui all'art. 2346, ultimo comma, del codice civile, con decorrenza dall'inizio del periodo d'imposta della società partecipata in cui sono venuti meno i predetti requisiti ovvero sono emessi i suddetti strumenti finanziari;

b) nei casi previsti nell'art. 10, commi 1, 2 e 4, a partire dalla data ivi indicata.

2. L'opzione non perde efficacia qualora si modifichino le percentuali di diritto di voto o di partecipazione agli utili o muti la compagine sociale, purché permangano i requisiti di cui ai commi 1 e 2 dell'art. 115 del testo unico. In caso di cessione di una partecipazione, il socio cedente deve comunicare, contestualmente alla cessione stessa, al socio cessionario l'avvenuto esercizio dell'opzione; in caso di aumento del capitale sociale con ingresso di nuovi soci, tale obbligo di informazione compete alla società partecipata.

7. Imputazione del reddito e delle perdite. – 1. Il reddito della società partecipata è imputato ai soci nel periodo d'imposta in corso alla data di chiusura del periodo d'imposta della medesima società in proporzione alle rispettive quote di partecipazione agli utili in essere alla predetta data.

2. Le perdite fiscali della società partecipata sono imputate ai soci nel periodo d'imposta indicato nel comma 1 in proporzione alle quote di partecipazione alle perdite dell'esercizio entro il limite delle rispettive quote del patrimonio netto contabile della società partecipata, determinato senza considerare la perdita dell'esercizio e tenendo conto dei conferimenti effettuati entro la data di approvazione del relativo bilancio. Le perdite fiscali eccedenti il limite di cui al periodo precedente e quelle relative ai periodi d'imposta antecedenti all'opzione si computano in diminuzione del reddito della società partecipata nei limiti previsti dall'art. 84 del testo unico.

3. Gli oneri per i quali spetta la detrazione d'imposta di cui all'art. 78 del testo unico e i crediti di imposta fruibili nei limiti dell'imposta sul reddito della società liquidata sono interamente attribuiti ai soci in proporzione alle rispettive quote di partecipazione agli utili.

8. Distribuzione degli utili e delle riserve. – 1. Gli utili e le riserve di utili formatesi nei periodi in cui è efficace l'opzione, ove distribuiti, non concorrono a formare il reddito dei soci. Tale disposizione si applica anche nel caso in cui le predette distribuzioni avvengano successivamente ai periodi di efficacia dell'opzione o i soci siano diversi da quelli cui sono stati imputati i redditi, a condizione che rientrino tra i soggetti di cui ai commi 1 e 2 dell'art. 1. Le disposizioni del comma 12 dell'art. 115 del testo unico si applicano anche nell'ipotesi di distribuzione degli utili di cui al periodo precedente.

2. Il regime di trasparenza dell'art. 115 del testo unico non modifica la disciplina fiscale di cui all'art. 89 del testo unico relativamente alla distribuzione di riserve costituite con utili di precedenti esercizi ovvero quella delle riserve di cui all'art. 47, comma 5, del testo unico.

3. Nei confronti della società partecipata resta ferma, nelle ipotesi indicate nei commi 1 e 2 del presente articolo, l'applicazione dell'art. 109, comma 4, lettera *b*), del testo unico.

4. Salva diversa esplicita volontà assembleare, si considerano prioritariamente distribuiti gli utili e le riserve di utile realizzati nel periodo di efficacia dell'opzione; tale presunzione si applica anche se gli utili e le riserve sono distribuiti in periodi diversi da quelli in cui è efficace l'opzione.

5. In caso di esplicita volontà assembleare di distribuzione di riserve di cui all'art. 47, comma 5, del testo unico, la presunzione indicata nell'art. 47, comma 1, secondo periodo, del medesimo testo unico si applica solo con riguardo alle riserve costituite con utili di periodi d'imposta nei quali non ha operato la tassazione per trasparenza; tale disposizione si applica anche nelle ipotesi indicate nel comma 1.

2. A partire dalle delibere di distribuzione successive a quella avente ad oggetto l'utile dell'esercizio in corso al 31 dicembre 2007, agli effetti della tassazione del soggetto partecipante, i dividendi distribuiti si considerano prioritariamente formati con utili prodotti dalla società o ente partecipato fino a tale esercizio.

3. L'ammontare complessivo delle riserve formate con utili prodotti dalla società o ente partecipato fino all'esercizio in corso al 31 dicembre 2007, che in caso di distribuzione concorrono a formare il reddito complessivo del percipiente, ai sensi dei citati articoli 47 e 59 del Tuir, in misura pari al 40 per cento del loro importo, e i decrementi di tale ammontare complessivo conseguenti alle delibere di distribuzione sono indicati nel «Prospetto del capitale e delle riserve» del quadro RF del modello di dichiarazione dei redditi delle società di capitali. Nella certificazione relativa agli utili e agli altri proventi equiparati di cui all'art. 4, comma 6 *quater*, del decreto del Presidente della Repubblica 22 luglio 1998, n. 322, deve essere data separata indicazione degli utili che concorrono a formare il reddito complessivo nella misura del 40 per cento e degli utili e proventi equiparati che concorrono a formare il reddito complessivo nella misura del 49,72 per cento.

4. Le disposizioni dei commi 2 e 3 si applicano, in quanto compatibili, anche ai proventi derivanti da titoli e strumenti finanziari assimilati alle azioni di cui al citato art. 44, comma 2, lettera *a*), del Tuir e alle remunerazioni dei contratti di cui al citato art. 109, comma 9, lettera *b*), dello stesso Tuir.

5. In caso di utili e proventi equiparati nonché di remunerazioni erogate da società o enti non residenti, i dati e gli elementi indicati nel comma 3 sono forniti dal soggetto partecipante residente, previa attestazione da parte della società o dell'ente estero, all'intermediario che interviene nella distribuzione degli utili e dei proventi.

2. Plusvalenze e minusvalenze. – 1. Agli effetti dell'applicazione dell'art. 58, comma 2, del Tuir, le plusvalenze realizzate a decorrere dal 1° gennaio 2009 non concorrono alla formazione del reddito imponibile, in quanto esenti, limitatamente al 50,28 per cento del loro ammontare. La stessa percentuale si applica per la determinazione della quota delle corrispondenti minusvalenze non deducibile dal reddito imponibile.

2. Agli effetti dell'applicazione dell'art. 68, comma 3, del Tuir, le plusvalenze e le minusvalenze realizzate a decorrere dal 1° gennaio 2009 concorrono alla formazione del reddito imponibile per il 49,72 per cento del loro ammontare. Resta ferma la misura del 40 per cento per le plusvalenze e le minusvalenze derivanti da atti di realizzo posti in essere anteriormente al 1° gennaio 2009, ma i cui corrispettivi siano in tutto o in parte percepiti a decorrere dalla stessa data.

4.

D.L. 25 giugno 2008, n. 112. Disposizioni urgenti per lo sviluppo economico, la semplificazione, la competitività, la stabilizzazione della finanza pubblica e la perequazione tributaria (Suppl. ord. alla *Gazzetta Ufficiale* Serie gen. - n. 147 del 25 giugno 2008), convertito, con modificazioni, nella L. 6 agosto 2008, n. **133** (Suppl. ord alla *Gazzetta Ufficiale* Serie gen. - n. 195 del 21 agosto 2008).

(*Estratto*)

Titolo IV
Perequazione tributaria

Capo I
Misure fiscali perequazione tributaria

81. Settori petrolifero e del gas. – 1. - 15. *Soppressi dalla legge di conversione*

16. In dipendenza dell'andamento dell'economia e dell'impatto sociale dell'aumento dei prezzi e delle tariffe del settore energetico, l'aliquota dell'imposta sul reddito delle società di cui all'articolo 75 del testo unico delle imposte sui redditi, approvato con decreto del Presidente della Repubblica 22 dicembre 1986, n. 917, e successive modificazioni, è applicata con una addizionale di 6,5 punti percentuali (1) per i soggetti che abbiano conseguito nel periodo di imposta precedente un volume di ricavi superiore a 3 milioni di euro e un reddito imponibile superiore a 300 mila euro (2) (3) e che operano nei settori di seguito indicati:

a) ricerca e coltivazione di idrocarburi liquidi e gassosi;

b) raffinazione petrolio, produzione o commercializzazione di benzine, petroli, gasoli per usi vari, oli lubrificanti e residuati, gas di petrolio liquefatto e gas naturale;

c) produzione, trasmissione e dispacciamento, distribuzione o commercializzazione dell'energia elettrica (4);

c bis) trasporto o distribuzione del gas naturale (4).

Nel caso di soggetti operanti anche in settori diversi da quelli di cui alle lettere *a*), *b*) e *c*), la disposizione del primo periodo si applica qualora i ricavi relativi ad attività riconducibili ai predetti settori siano prevalenti rispetto all'ammontare complessivo dei ricavi conseguiti. [La medesima disposizione non si applica ai soggetti che producono energia elettrica mediante l'impiego prevalente di biomasse e di fonte solare-fotovoltaica o eolica] (5) (6).

16 *bis*. I soggetti indicati nel comma 16 che abbiano esercitato l'opzione per la tassazione di gruppo di cui all'articolo 117 del testo unico delle im-

poste sui redditi, approvato con decreto del Presidente della Repubblica 22 dicembre 1986, n. 917, e successive modificazioni, assoggettano autonomamente il proprio reddito imponibile all'addizionale prevista dal medesimo comma 16 e provvedono al relativo versamento.

16 *ter*. I soggetti indicati nel comma 16 che abbiano esercitato, in qualità di partecipati, l'opzione per la trasparenza fiscale di cui all'articolo 115 del testo unico delle imposte sui redditi, approvato con decreto del Presidente della Repubblica 22 dicembre 1986, n. 917, e successive modificazioni, assoggettano autonomamente il proprio reddito imponibile all'addizionale prevista dal medesimo comma 16 e provvedono al relativo versamento. I soggetti indicati nel comma 16 che abbiano esercitato, in qualità di partecipanti, l'opzione per la trasparenza fiscale di cui al citato articolo 115 del testo unico delle imposte sui redditi assoggettano il proprio reddito imponibile all'addizionale prevista dal medesimo comma 16 senza tener conto del reddito imputato dalla società partecipata.

17. In deroga all'articolo 3 della legge 27 luglio 2000, n. 212, la disposizione di cui al comma 16 si applica a decorrere dal periodo di imposta successivo a quello in corso al 31 dicembre 2007 ([6]).

18. È fatto divieto agli operatori economici dei settori richiamati al comma 16 di traslare l'onere della maggiorazione d'imposta sui prezzi al consumo. L'Autorità per l'energia elettrica e il gas vigila sulla puntuale osservanza della disposizione di cui al precedente periodo e dispone per l'adozione di meccanismi volti a semplificare sostanzialmente gli adempimenti cui sono chiamate le imprese con fatturato inferiore a quello previsto dall'articolo 16, comma 1, prima ipotesi, della legge 10 ottobre 1990, n. 287 ([7]). L'Autorità per l'energia elettrica e il gas presenta, entro il 31 dicembre 2008, una relazione al Parlamento relativa agli effetti delle disposizioni di cui al comma 16. La vigilanza dell'Autorità per l'energia elettrica e il gas si svolge mediante accertamenti a campione e si esercita nei confronti dei soli soggetti il cui fatturato è superiore al fatturato totale previsto dall'articolo 16, comma 1, prima ipotesi, della legge 10 ottobre 1990, n. 287 ([8]) ([6]).

19. - 20. (*Omissis*).

21. Il maggior valore delle rimanenze finali che si determina per effetto della prima applicazione dell'articolo 92 *bis* del testo unico delle imposte sui redditi approvato con decreto del Presidente della Repubblica del 22 dicembre 1986, n. 917, anche per le imprese che si sono avvalse dell'opzione di cui all'articolo 13, commi 2 e 4, del decreto legislativo 28 febbraio 2005, n. 38, non concorre alla formazione del reddito in quanto escluso ed è soggetto ad un'imposta sostitutiva dell'imposta sul reddito delle persone fisiche,

dell'imposta sul reddito delle società e dell'imposta regionale sulle attività produttive con l'aliquota del 16 per cento.

22. L'imposta sostitutiva dovuta è versata in un'unica soluzione contestualmente al saldo dell'imposta personale dovuta per l'esercizio di prima applicazione dell'articolo 92 *bis* del testo unico delle imposte sui redditi approvato con decreto del Presidente della Repubblica n. 917, del 1986. Alternativamente, su opzione del contribuente può essere versata in tre rate di eguale importo contestualmente al saldo delle imposte sul reddito relative all'esercizio di prima applicazione dell'articolo 92 *bis* del testo unico delle imposte sui redditi approvato con decreto del Presidente della Repubblica n. 917, del 1986 e dei due esercizi successivi. Sulla seconda e terza rata maturano interessi al tasso annuo semplice del 3 per cento.

23. Il maggior valore assoggettato ad imposta sostitutiva si considera fiscalmente riconosciuto dall'esercizio successivo a quello di prima applicazione dell'articolo 92 *bis* del testo unico delle imposte sui redditi approvato con decreto del Presidente della Repubblica n. 917, del 1986; tuttavia fino al terzo esercizio successivo:

a) le svalutazioni determinate in base all'articolo 92, comma 5, del testo unico delle imposte sui redditi approvato con decreto del Presidente della Repubblica n. 917, del 1986, fino a concorrenza del maggior valore assoggettato ad imposta sostitutiva non concorrono alla formazione del reddito ai fini delle imposte personali e dell'imposta regionale sulle attività produttive, ma determinano la riliquidazione della stessa imposta sostitutiva. In tal caso l'importo corrispondente al 16 per cento di tali svalutazioni è computato in diminuzione delle rate di eguale importo ancora da versare; l'eccedenza è compensabile a valere sui versamenti a saldo ed in acconto dell'imposta personale sul reddito;

a bis) se la quantità delle rimanenze finali è inferiore a quella esistente al termine del periodo d'imposta di prima applicazione dell'articolo 92 *bis* del testo unico delle imposte sui redditi approvato con decreto del Presidente della Repubblica n. 917 del 1986, il valore fiscalmente riconosciuto delle quantità vendute è ridotto del maggior valore assoggettato ad imposta sostitutiva. In tal caso l'importo corrispondente dell'imposta sostitutiva è computato in diminuzione delle rate di eguale importo ancora da versare; l'eccedenza è compensabile a valere sui versamenti a saldo e in acconto dell'imposta personale sul reddito;

b) nel caso di conferimento dell'azienda comprensiva di tutte o parte delle rimanenze di cui all'articolo 92 *bis* del testo unico delle imposte sui redditi approvato con decreto del Presidente della Repubblica n. 917, del 1986, il diritto alla riliquidazione e l'obbligo di versamento dell'imposta sostitutiva si trasferiscono sul conferitario, solo nel caso in cui quest'ultimo non eserciti prima del conferimento le attività di cui al predetto articolo 92 *bis* e adotti lo stesso metodo di valutazione del conferente. In caso contrario, si rende definitiva l'imposta sostitutiva in misura corrispondente al maggior valore delle rimanenze conferite così come risultante dall'ultima riliquidazione effettuata dal conferente; fino a concorrenza di tale maggiore valore le svalutazioni determinate dal conferitario in base all'articolo 92, comma 5, del testo unico delle imposte sui redditi approvato con decreto del Presidente della Repubblica n. 917, del 1986, concorrono alla formazione del reddito per il 50 per cento del loro ammontare fino all'esercizio in corso al 31 dicembre 2011.

24. Fino al termine dell'esercizio in corso al 31 dicembre 2011, nel caso di cessione dell'azienda comprensiva di tutte o parte delle rimanenze di cui all'articolo 92 *bis* del testo unico delle imposte sui redditi approvato con decreto del Presidente della Repubblica n. 917 del 1986, l'imposta sostitutiva in misura corrispondente al maggior valore delle rimanenze cedute così come risultante dall'ultima riliquidazione effettuata dal cedente si ridetermina con l'aliquota del 27,5 per cento.

25. L'applicazione dell'articolo 92 *bis* del testo unico delle imposte sui redditi approvato con decreto del Presidente della Repubblica n. 917 del 1986, come introdotto dal comma 19, costituisce deroga ai sensi dell'articolo 2423 *bis* del codice civile.

26. - 38 *ter*. (*Omissis*).

(1) *Le parole: «5,5 punti percentuali» sono state così sostituite dalle attuali: «6,5 punti percentuali» dall'art. 56, comma 3, della L. 23 luglio 2009, n. 99.*

(2) *Le parole: «superiore a 25 milioni di euro» sono state così sostituite dalle parole: «superiore a 10 milioni di euro e un reddito imponibile superiore a 1 milione di euro» dall'art. 7, comma 1, lett.* a)*, del D.L. 13 agosto 2011, n. 138, convertito, con modificazioni, nella L. 14 settembre 2011, n. 148.*

(3) *Le parole: «volume di ricavi superiore a 10 milioni di euro e un reddito imponibile superiore a 1 milione di euro» sono state così sostituite dalle seguenti: «volume di ricavi superiore a 3 milioni di euro e un reddito imponibile superiore a 300 mila euro» dall'art. 5, comma 1, del D.L. 21 giugno 2013, n. 69, convertito, con modificazioni, nella L. 9 agosto 2013, n. 98.*

(4) *L'originaria lettera* c) *è stata così sostituita dalle lettere* c) e c bis)*, dall'art. 7, comma 1, lett.* b)*, del D.L. 13 agosto 2011, n. 138, convertito, con modificazioni, nella L. 14 settembre 2011, n. 148.*

(5) *Le parole tra parentesi quadrate sono state soppresse dall'art. 7, comma 1, lett.* c)*, del D.L. 13 agosto 2011, n. 138, convertito, con modificazioni, nella L. 14 settembre 2011, n. 148.*

(6) *La Corte costituzionale, con sentenza n. 10 dell'11 febbraio 2015, ha dichiarato l'illegittimità costituzionale di questo comma, a decorrere dal 12 febbraio 2015.*

([7]) *Le parole: «e dispone per l'adozione di meccanismi volti a semplificare sostanzialmente gli adempimenti cui sono chiamate le imprese con fatturato inferiore a quello previsto dall'articolo 16, comma 1, prima ipotesi, della legge 10 ottobre 1990, n. 287» sono state aggiunte dall'art. 27, comma 15, della L. 23 luglio 2009, n. 99.*

([8]) *Questo periodo è stato aggiunto dall'art. 11, comma 14, del D.L. 31 agosto 2013, n. 101, convertito, con modificazioni, nella L. 30 ottobre 2013, n. 125.*

82. Banche, assicurazioni, fondi di investimento immobiliari «familiari» e cooperative. – 1. - 4. (*Omissis*).

5. Nella determinazione degli acconti dovuti ai fini dell'imposta sul reddito delle società e dell'imposta regionale sulle attività produttive per il medesimo periodo d'imposta successivo a quello in corso al 31 dicembre 2007, in sede di versamento della seconda o unica rata, si assume, quale imposta del periodo precedente, quella che si sarebbe determinata applicando le disposizioni dei commi precedenti.

6. - 14. (*Omissis*).

15. Con provvedimento del direttore dell'Agenzia delle entrate sono stabiliti le modalità e i termini degli adempimenti e del versamento dell'imposta commisurata ai canoni di locazione maturati a decorrere dalla data di entrata in vigore del presente decreto per i contratti di locazione in corso alla medesima data e per quelli stipulati successivamente.

16. - 29. (*Omissis*).

Titolo V
Disposizioni finanziarie e finali

85. Entrata in vigore. – 1. Il presente decreto entra in vigore il giorno stesso della sua pubblicazione nella *Gazzetta Ufficiale* della Repubblica italiana e sarà presentato alle Camere per la conversione in legge.

5.

D.M. 25 luglio 2008. Imposta sostitutiva in materia di conferimenti di azienda, fusioni e scissioni, in applicazione dell'articolo 1, commi 46 e 47, della legge 24 dicembre 2007, n. 244 (*Gazzetta Ufficiale* Serie gen. - n. 188 del 12 agosto 2008).

1. Conferimenti di azienda. – 1. Agli effetti dell'applicazione del regime dell'imposta sostitutiva di cui all'art. 176, comma 2 *ter*, del testo unico delle imposte sui redditi, approvato con decreto del Presidente della Repubblica 22 dicembre 1986, n. 917 (Tuir), assumono rilievo le differenze residue tra il valore d'iscrizione in bilancio dei beni ricevuti in occasione di operazioni di conferimento di azienda, ramo o complesso aziendale, classificati dal soggetto conferitario tra le immobilizzazioni materiali e immateriali, incluso l'avviamento, e l'ultimo valore fiscalmente riconosciuto dei beni stessi presso il soggetto conferente.

2. Le differenze tra il valore civile e il valore fiscale indicate al comma 1 possono essere assoggettate a imposta sostitutiva anche in misura parziale; tuttavia, l'applicazione dell'imposta sostitutiva deve essere richiesta per categorie omogenee di immobilizzazioni. A tal fine, i beni immobili sono distinti nelle seguenti categorie: *a*) aree fabbricabili aventi medesima destinazione urbanistica; *b*) aree non fabbricabili; *c*) fabbricati strumentali ai sensi dell'art. 43, comma 2, primo periodo, del Tuir; *d*) fabbricati strumentali ai sensi dell'art. 43, comma 2, secondo periodo, del citato Tuir; *e*) fabbricati di cui all'art. 90 del Tuir. I beni mobili, inclusi gli impianti e i macchinari ancorché infissi al suolo, sono raggruppati in categorie omogenee per anno di acquisizione e coefficiente di ammortamento. Per le immobilizzazioni immateriali, incluso l'avviamento, l'imposta sostitutiva può essere applicata anche distintamente su ciascuna di esse.

3. Per la parte delle differenze tra valori civili e valori fiscali originatasi presso il soggetto conferente per effetto delle deduzioni extracontabili risultanti dal quadro EC della dichiarazione dei redditi e trasferita al soggetto conferitario ai sensi del comma 5 del citato art. 176 del Tuir, deve essere prioritariamente applicato il regime dell'imposta sostitutiva previsto dall'art. 1, comma 48, della legge 24 dicembre 2007, n. 244, e dalle relative disposizioni di attuazione recate dal decreto 3 marzo 2008 del Ministro dell'economia e delle finanze.

4. L'opzione per il regime dell'imposta sostitutiva è esercitata, distintamente in relazione a ciascuna operazione di conferimento, nel primo o, al più tardi, nel secondo periodo d'imposta successivo a quello dell'operazione stessa e si considera perfezionata con il versamento della prima delle tre rate dell'imposta dovuta. L'applicazione dell'imposta sostitutiva può essere richiesta

in entrambi i periodi di esercitabilità dell'opzione anche in relazione alla medesima categoria omogenea di immobilizzazioni indicate nel comma 2.

5. L'imposta sostitutiva si applica con l'aliquota del 12 per cento sulla parte dei maggiori valori assoggettati a tassazione complessivamente ricompresi nel limite di 5 milioni di euro; con l'aliquota del 14 per cento sulla parte che eccede 5 milioni e fino a 10 milioni di euro e con l'aliquota del 16 per cento sulla parte superiore a 10 milioni di euro. Nel caso in cui, in relazione alla medesima operazione di conferimento, il soggetto conferitario si avvalga del regime dell'imposta sostitutiva in entrambi i periodi di esercitabilità dell'opzione, ai fini della determinazione dell'aliquota applicabile nel secondo dei suddetti periodi, assumono rilevanza anche le differenze di valore assoggettate a imposta sostitutiva nel primo periodo.

6. In deroga al comma 2, le differenze tra i valori civili e fiscali relative alle immobilizzazioni cedute nel corso dello stesso periodo d'imposta di esercizio dell'opzione, anteriormente al versamento della prima rata dovuta, sono escluse dalla base imponibile dell'imposta sostitutiva.

7. I maggiori valori assoggettati a imposta sostitutiva si considerano riconosciuti ai fini dell'imposta sul reddito e dell'Irap a partire dal periodo d'imposta nel corso del quale è esercitata l'opzione.

8. Il versamento dell'imposta sostitutiva deve avvenire obbligatoriamente in tre rate; la prima, pari al 30 per cento dell'importo complessivamente dovuto, entro il termine per il versamento a saldo dell'imposta sul reddito e dell'Irap relative al periodo d'imposta dell'operazione di conferimento ovvero, in caso di opzione ritardata o reiterata, a quello successivo; la seconda, pari al 40 per cento, e la terza, pari al 30 per cento, entro il termine per il versamento a saldo dell'imposta sul reddito e dell'Irap relative, rispettivamente, al primo e al secondo ovvero al secondo e al terzo periodo successivi a quello dell'operazione. Sulla seconda e sulla terza rata sono dovuti gli interessi nella misura del 2,5 per cento annuali. Si applicano le norme in materia di liquidazione, accertamento, riscossione, contenzioso e sanzioni previste ai fini delle imposte sui redditi.

9. In apposito prospetto della dichiarazione dei redditi e della dichiarazione Irap, deve essere data indicazione, per ciascuna operazione di conferimento in relazione alla quale si è proceduto all'applicazione dell'imposta sostitutiva, dei valori fiscali riconosciuti presso il soggetto conferente, dei valori di iscrizione nel bilancio del soggetto conferitario, delle differenze assoggettate a imposta sostitutiva, dei nuovi valori fiscali e di tutti gli altri elementi necessari ai fini dell'attività di controllo e di accertamento sulla corretta applicazione della disciplina dell'imposta sostitutiva.

10. L'applicazione dell'imposta sostitutiva può essere richiesta, secondo le regole dettate nei precedenti commi, anche per le operazioni di conferimento effettuate entro il periodo d'imposta in corso al 31 dicembre 2007; in tal caso, l'opzione è esercitata nel primo o, al più tardi, nel secondo periodo d'imposta successivo a detto periodo. Nel caso di esercizio dell'opzione nel primo periodo d'imposta successivo a quello in corso al 31 dicembre 2007 il versamento della prima rata è effettuato entro il termine di presentazione della dichiarazione in cui è esercitata l'opzione.

2. Fusioni e scissioni. – 1. Le disposizioni dell'art. 1 valgono anche agli effetti dell'applicazione dell'imposta sostituiva sulle differenze tra il valore d'iscrizione in bilancio dei beni ricevuti in occasione di operazioni di fusione e di scissione e classificati tra le immobilizzazioni materiali e immateriali, incluso l'avviamento, e l'ultimo valore fiscalmente riconosciuto dei beni stessi presso il soggetto incorporato, fuso o scisso.

6.

D.M. 19 novembre 2008. Disposizioni attuative dell'articolo 108, comma 2, del testo unico delle imposte sui redditi, di cui al decreto del Presidente della Repubblica 22 dicembre 1986, n. 917, in materia di spese di rappresentanza (*Gazzetta Ufficiale* Serie gen. - n. 11 del 15 gennaio 2009).

1. Nuovi criteri e limiti di deducibilità delle spese di rappresentanza. – 1. Agli effetti dell'applicazione dell'art. 108, comma 2, secondo periodo, del testo unico delle imposte sui redditi, approvato con decreto del Presidente della Repubblica 22 dicembre 1986, n. 917 (Tuir), come modificato dall'art. 1, comma 33, lettera *p*), della legge 24 dicembre 2007, n. 244, si considerano inerenti, sempreché effettivamente sostenute e documentate, le spese per erogazioni a titolo gratuito di beni e servizi, effettuate con finalità promozionali o di pubbliche relazioni e il cui sostenimento risponda a criteri di ragionevolezza in funzione dell'obiettivo di generare anche potenzialmente benefici economici per l'impresa ovvero sia coerente con pratiche commerciali di settore. Costituiscono, in particolare, spese di rappresentanza:

a) le spese per viaggi turistici in occasione dei quali siano programmate e in concreto svolte significative attività promozionali dei beni o dei servizi la cui produzione o il cui scambio costituisce oggetto dell'attività caratteristica dell'impresa;

b) le spese per feste, ricevimenti e altri eventi di intrattenimento organizzati in occasione di ricorrenze aziendali o di festività nazionali o religiose;

c) le spese per feste, ricevimenti e altri eventi di intrattenimento organizzati in occasione dell'inaugurazione di nuove sedi, uffici o stabilimenti dell'impresa;

d) le spese per feste, ricevimenti e altri eventi di intrattenimento organizzati in occasione di mostre, fiere, ed eventi simili in cui sono esposti i beni e i servizi prodotti dall'impresa;

e) ogni altra spesa per beni e servizi distribuiti o erogati gratuitamente, ivi inclusi i contributi erogati gratuitamente per convegni, seminari e manifestazioni simili il cui sostenimento risponda ai criteri di inerenza indicati nel presente comma.

2. Le spese indicate nel comma 1, deducibili nel periodo d'imposta di sostenimento, sono commisurate all'ammontare dei ricavi e proventi della gestione caratteristica dell'impresa risultanti dalla dichiarazione dei redditi relativa allo stesso periodo in misura pari:

a) all'1,3 per cento dei ricavi e altri proventi fino a euro 10 milioni;

b) allo 0,5 per cento dei ricavi e altri proventi per la parte eccedente euro 10 milioni e fino a 50 milioni;

c) allo 0,1 per cento dei ricavi e altri proventi per la parte eccedente euro 50 milioni.

3. Per le imprese di nuova costituzione, le spese sostenute nei periodi d'imposta anteriori a quello in cui sono conseguiti i primi ricavi, possono essere portate in deduzione dal reddito dello stesso periodo e di quello successivo se e nella misura in cui le spese sostenute in tali periodi siano inferiori all'importo deducibile.

4. Ai fini della determinazione dell'importo deducibile di cui al comma 2, non si tiene conto delle spese relative a beni distribuiti gratuitamente di valore unitario non superiore a 50 euro, deducibili per il loro intero ammontare ai sensi del terzo periodo del comma 2 del citato art. 108 del Tuir.

5. Non costituiscono spese di rappresentanza e non sono, pertanto, soggette ai limiti previsti dal presente decreto, le spese di viaggio, vitto e alloggio sostenute per ospitare clienti, anche potenziali, in occasione di mostre, fiere, esposizioni ed eventi simili in cui sono esposti i beni e i servizi prodotti dall'impresa o in occasione di visite a sedi, stabilimenti o unità produttive dell'impresa. Per le imprese la cui attività caratteristica consiste nell'organizzazione di manifestazioni fieristiche e altri eventi simili, non costituiscono spese di rappresentanza e non sono, pertanto, soggette ai limiti previsti dal presente decreto, le spese di viaggio, vitto e alloggio sostenute per ospitare clienti, anche potenziali, sostenute nell'ambito di iniziative finalizzate alla promozione di specifiche manifestazioni espositive o altri eventi simili. Non sono soggette altresì ai predetti limiti le spese di viaggio, vitto e alloggio so-

stenute direttamente dall'imprenditore individuale in occasione di trasferte effettuate per la partecipazione a mostre, fiere, ed eventi simili in cui sono esposti beni e servizi prodotti dall'impresa o attinenti all'attività caratteristica della stessa. La deducibilità delle erogazioni e delle spese indicate nel presente comma è, tuttavia, subordinata alla tenuta di un'apposita documentazione dalla quale risultino anche le generalità dei soggetti ospitati, la durata e il luogo di svolgimento della manifestazione e la natura dei costi sostenuti.

6. L'Agenzia delle entrate e gli organi di controllo competenti possono invitare i contribuenti a fornire indicazione, per ciascuna delle fattispecie indicate nel comma 1, dell'ammontare complessivo, distinto per natura, delle erogazioni effettuate nel periodo d'imposta e dell'ammontare dei ricavi e proventi derivanti dalla gestione caratteristica dell'impresa assunti a base di calcolo della percentuale di deducibilità indicata nel comma 2. L'invito può riguardare anche l'ammontare complessivo delle spese relative ai beni distribuiti gratuitamente di valore unitario non superiore a 50 euro e l'ammontare complessivo delle spese indicate nel comma 5.

7. Le disposizioni del presente decreto si applicano alle spese sostenute a decorrere dal periodo d'imposta successivo a quello in corso al 31 dicembre 2007.

7.

D.L. 29 novembre 2008, n. 185. Misure urgenti per il sostegno a famiglie, lavoro, occupazione e impresa e per ridisegnare in funzione anti-crisi il quadro strategico nazionale (Suppl. ord. alla *Gazzetta Ufficiale* Serie gen. - n. 280 del 29 novembre 2008), convertito, con modificazioni, nella L. 28 gennaio 2009, n. **2** (Suppl. ord. alla *Gazzetta Ufficiale* Serie gen. - n. 22 del 28 gennaio 2009).

(*Estratto*)

Titolo II

Sostegno all'economia

5. Detassazione contratti di produttività. – 1. Per il periodo dal 1° gennaio 2009 al 31 dicembre 2011 (1) sono prorogate le misure sperimentali per l'incremento della produttività del lavoro, previste dall'articolo 2, comma 1, lettera *c*), del decreto legge 27 maggio 2008, n. 93, convertito, con modificazioni, dalla legge 24 luglio 2008, n. 126. Tali misure trovano applicazione, entro il limite di importo complessivo di 6.000 euro lordi, con esclusivo riferimento al settore privato e per i titolari di reddito di lavoro dipendente non superiore, nell'anno 2008, a 35.000 euro, al lordo delle somme assoggettate nel 2008 all'imposta sostitutiva di cui all'articolo 2 del citato decreto legge. Se il sostituto d'imposta tenuto ad applicare l'imposta sostitutiva in tale periodo non è lo stesso che ha rilasciato la certificazione unica dei redditi per il 2008, il beneficiario attesta per iscritto l'importo del reddito di lavoro dipendente conseguito nel medesimo anno 2008.

(1) *Le originarie parole: «31 dicembre 2009» erano state sostituite dalle parole: «31 dicembre 2010» dall'art. 2, comma 156, lett.* b)*, della L. 23 dicembre 2009, n. 191. A norma dell'art. 2, comma 157, della medesima legge, ai fini dell'applicazione del comma 156, i limiti di reddito indicati nelle disposizioni richiamate nel predetto comma dovevano essere riferite all'anno 2009. Successivamente, le parole: «31 dicembre 2010» sono state così sostituite dalle attuali parole: «31 dicembre 2011» dall'art. 1, comma 47, della L. 13 dicembre 2010, n. 220. A norma dello stesso comma, per il periodo dal 1º gennaio 2011 al 31 dicembre 2011, l'art. 53, comma 1, del decreto legge 31 maggio 2010, n. 78, convertito, con modificazioni, nella L. 30 luglio 2010, n. 122, si applica ai titolari di reddito di lavoro dipendente non superiore, nell'anno 2010, a 40.000 euro. L'annualità indicata nei periodi secondo e terzo del comma 1 dell'articolo 5 del citato decreto legge n. 185 del 2008, convertito, con modificazioni, dalla legge n. 2 del 2009, e successive modificazioni, si considera riferita all'anno 2010. Lo sgravio dei contributi dovuti dal lavoratore e dal datore di lavoro previsto dall'articolo 53, comma 2, del decreto legge 31 maggio 2010, n. 78, convertito, con modificazioni, dalla legge 30 luglio 2010, n. 122, è concesso per il periodo dal 1º gennaio al 31 dicembre 2011, con i criteri e le modalità di cui all'articolo 1, commi 67 e 68, della legge 24 dicembre 2007, n. 247, nei limiti delle risorse stanziate a tal fine per il medesimo anno 2011 ai sensi del quarto periodo dell'articolo 1, comma 68, della citata legge n. 247 del 2007.*

6. Deduzione dall'IRES e dall'IRPEF della quota di IRAP relativa al costo del lavoro e degli interessi. – 1. A decorrere dal periodo d'imposta in corso al 31 dicembre 2008, è ammesso in deduzione ai sensi dell'articolo 99, comma 1, del testo unico delle imposte sui redditi, approvato con il D.P.R. 22 dicembre 1986, n. 917 e successive modificazioni, un importo pari al 10 per cento dell'imposta regionale sulle attività produttive determinata ai sensi degli articoli 5, 5 *bis*, 6, 7 e 8 del decreto legislativo 15 dicembre 1997, n. 446, forfetariamente riferita all'imposta dovuta sulla quota imponibile degli interessi passivi e oneri assimilati al netto degli interessi attivi e proventi assimilati [ovvero delle spese per il personale dipendente e assimilato al netto delle deduzioni spettanti ai sensi dell'articolo 11, commi 1, lettera *a*), 1 *bis*, 4 *bis*, 4 *bis*.1 del medesimo decreto legislativo n. 446 del 1997] (1).

2. In relazione ai periodi d'imposta anteriori a quello in corso al 31 dicembre 2008, per i quali è stata comunque presentata, entro il termine di cui all'articolo 38 del decreto del Presidente della Repubblica 29 settembre 1973, n. 602, istanza per il rimborso della quota delle imposte sui redditi corrispondente alla quota dell'IRAP riferita agli interessi passivi ed oneri assimilati ovvero alle spese per il personale dipendente e assimilato, i con-

tribuenti hanno diritto, con le modalità e nei limiti stabiliti al comma 4, al rimborso per una somma fino ad un massimo del 10 per cento dell'IRAP dell'anno di competenza, riferita forfetariamente ai suddetti interessi e spese per il personale, come determinata ai sensi del comma 1.

3. I contribuenti che alla data di entrata in vigore del presente decreto non hanno presentato domanda hanno diritto al rimborso previa presentazione di istanza all'Agenzia delle entrate, esclusivamente in via telematica, qualora sia ancora pendente il termine di cui all'articolo 38 del decreto del Presidente della Repubblica 29 settembre 1973, n. 602.

4. Il rimborso di cui al comma 2 è eseguito secondo l'ordine cronologico di presentazione delle istanze di cui ai commi 2 e 3, nel rispetto dei limiti di spesa pari a 100 milioni di euro per l'anno 2009, 500 milioni di euro per il 2010 e a 400 milioni di euro per l'anno 2011. Ai fini dell'eventuale completamento dei rimborsi, si provvederà all'integrazione delle risorse con successivi provvedimenti legislativi. Con provvedimento del Direttore dell'Agenzia delle entrate sono stabilite le modalità di presentazione delle istanze ed ogni altra disposizione di attuazione del presente articolo ([2]).

4 *bis*. Le disposizioni recate dall'articolo 3 del decreto legge 23 ottobre 2008, n. 162, convertito, con modificazioni, dalla legge 22 dicembre 2008, n. 201, si applicano altresì per tutti i soggetti residenti o aventi domicilio nei territori maggiormente colpiti dagli eventi sismici del 31 ottobre 2002 e individuati con decreti del Ministero dell'economia e delle finanze del 14 e 15 novembre 2002 e del 9 gennaio 2003, pubblicati, rispettivamente, nella *Gazzetta Ufficiale* n. 270 del 18 novembre 2002, n. 272 del 20 novembre 2002 e n. 16 del 21 gennaio 2003. A tal fine è autorizzata la spesa di 59,4 milioni di euro per l'anno 2009, di 32 milioni di euro per l'anno 2010, di 7 milioni di euro per l'anno 2011 e di 4 milioni di euro per ciascuno degli anni dal 2012 al 2019. Le risorse di cui al periodo precedente sono iscritte in un apposito fondo istituito presso il Ministero dell'economia e delle finanze.

([1]) *Le parole fra parentesi quadrate sono state soppresse dall'art. 2, comma 1* bis, *del D.L. 6 dicembre 2011, n. 201, convertito, con modificazioni, nella L. 22 dicembre 2011, n. 214, a decorrere dal periodo di imposta in corso al 31 dicembre 2012.*

([2]) *Per il modello di istanza di rimborso, si veda il provvedimento del direttore dell'Agenzia delle entrate 12 giugno 2009, prot. n. 2009/91125.*

10. Riduzione dell'acconto IRES ed IRAP. – 1. La misura dell'acconto dell'imposta sul reddito delle società e dell'imposta regionale sulle attività produttive dovuto, per il periodo di imposta in corso alla data di entrata in vigore del presente decreto, dai soggetti di cui all'articolo 73, comma 1, del testo unico delle imposte sui redditi, di cui al decreto del Presidente della Repubblica 22 dicembre 1986, n. 917, è ridotta di 3 punti percentuali.

2. Ai contribuenti che alla data di entrata in vigore del presente decreto hanno già provveduto per intero al pagamento dell'acconto compete un credito di imposta in misura corrispondente alla riduzione prevista al comma 1, da utilizzare in compensazione ai sensi dell'articolo 17 del decreto legislativo 9 luglio 1997, n. 241.

3. Con decreto del Presidente del Consiglio dei Ministri sono stabiliti le modalità ed il termine del versamento dell'importo non corrisposto in applicazione del comma 1, da effettuare entro il corrente anno, tenendo conto degli andamenti della finanza pubblica ([1]).

([1]) *Il termine per l'adozione del decreto di cui al presente comma è stato prorogato al 31 marzo 2009 dall'art. 42, comma 6, del D.L. 30 dicembre 2008, n. 207, convertito, con modificazioni, nella L. 27 febbraio 2009, n. 14.*

15. ([1]) **Riallineamento e rivalutazione volontari di valori contabili.** – 1. Le modifiche introdotte dall'articolo 1, commi 58, 59, 60 e 62, della legge 24 dicembre 2007, n. 244, al regime impositivo ai fini dell'IRES dei soggetti che redigono il bilancio in base ai principi contabili internazionali di cui al regolamento (CE) n. 1606/2002 del Parlamento europeo e del Consiglio del 19 luglio 2002, esplicano efficacia, salvo quanto stabilito dal comma 61, secondo periodo, del medesimo articolo 1, con riguardo ai componenti reddituali e patrimoniali rilevati in bilancio a decorrere dall'esercizio successivo a quello in corso al 31 dicembre 2007. Tuttavia, continuano ad essere assoggettati alla disciplina fiscale previgente gli effetti reddituali e patrimoniali sul bilancio di tale esercizio e di quelli successivi delle operazioni pregresse che risultino diversamente qualificate, classificate, valutate e imputate temporalmente ai fini fiscali rispetto alle qualificazioni, classificazioni, valutazioni e imputazioni temporali risultanti dal bilancio dell'esercizio in corso al 31 dicembre 2007. Le disposizioni dei periodi precedenti valgono anche ai fini della determinazione della base imponibile dell'IRAP, come modificata dall'articolo 1, comma 50, della citata legge n. 244 del 2007.

2. I contribuenti possono riallineare, ai fini dell'IRES, dell'IRAP e di eventuali addizionali, secondo le disposizioni dei successivi commi, le divergenze di cui al comma 1, esistenti all'inizio del secondo periodo d'imposta successivo a quello in corso al 31 dicembre 2007, con effetto a partire da tale inizio.

3. Il riallineamento può essere richiesto distintamente per le divergenze che derivano:

a) dall'adozione degli IAS/IFRS e che non si sarebbero manifestate se le modifiche apportate agli articoli 83 e seguenti del testo unico delle imposte sui redditi, di cui al decreto del Presidente della Repubblica 22 dicembre 1986, n. 917, dall'articolo 1, comma 58, della legge n. 244 del 2007 avessero trovato applicazione sin dal bilancio del primo esercizio di adozione dei principi contabili internazionali. Sono esclusi i disallineamenti emersi in sede di prima applicazione dei principi contabili internazionali dalla valutazione dei beni fungibili e dall'eliminazione di ammortamenti, di rettifiche di valore e di fondi di accantonamento, per effetto dei commi 2, 5 e 6 dell'articolo 13 del decreto legislativo 28 febbraio 2005, n. 38, nonché quelli che sono derivati dalle deduzioni extracontabili operate per effetto della soppressa disposizione della lettera *b*) dell'articolo 109, comma 4, del citato testo unico e quelli che si sarebbero, comunque, determinati anche a seguito dell'applicazione delle disposizioni dello stesso testo unico, così come modificate dall'articolo 1, comma 58, della legge n. 244 del 2007;

b) dalla valutazione dei beni fungibili e dall'eliminazione di ammortamenti, di rettifiche di valore e di fondi di accantonamento, per effetto dei commi 2, 5 e 6 dell'articolo 13 del decreto legislativo 28 febbraio 2005, n. 38.

4. Il riallineamento delle divergenze di cui al comma 3, lettera *a*), può essere attuato sulla totalità delle differenze positive e negative e, a tal fine, l'opzione è esercitata nella dichiarazione dei redditi relativa all'esercizio successivo a quello in corso al 31 dicembre 2007. In tal caso, la somma algebrica delle differenze stesse, se positiva, va assoggettata a tassazione con aliquota ordinaria, ed eventuali maggiorazioni, rispettivamente, dell'IRES e dell'IRAP, separatamente dall'imponibile complessivo. L'imposta è versata in unica soluzione entro il termine di versamento a saldo delle imposte relative all'esercizio successivo a quello in corso al 31 dicembre 2007. Se il saldo è negativo, la relativa deduzione concorre, per quote costanti, alla formazione dell'imponibile del secondo esercizio successivo a quello in corso al 31 dicembre 2007 e dei 4 successivi.

5. Il riallineamento delle divergenze di cui al comma 3, lettera *a*), può essere attuato, tramite opzione esercitata nella dichiarazione dei redditi relativa all'esercizio successivo a quello in corso al 31 dicembre 2007, anche con riguardo a singole fattispecie. Per singole fattispecie si intendono i componenti reddituali e patrimoniali delle operazioni aventi la medesima natura ai fini delle qualificazioni di bilancio e dei relativi rapporti di copertura. Ciascun saldo oggetto di riallineamento è assoggettato ad imposta sostitutiva dell'IRES, dell'IRAP e di eventuali addizionali, con aliquota del 16 per cento del relativo importo. Il saldo negativo non è comunque deducibile. L'imposta sostitutiva è versata in unica soluzione entro il termine di versamento a saldo delle imposte relative all'esercizio successivo a quello in corso al 31 dicembre 2007.

6. Se nell'esercizio successivo a quello in corso al 31 dicembre 2007 sono intervenute aggregazioni aziendali disciplinate dagli articoli 172, 173 e 176 del citato testo unico, come modificati dalla legge n. 244 del 2007, tra soggetti che redigono il bilancio in base ai principi contabili internazionali, il soggetto beneficiario di tali operazioni può applicare le disposizioni dei commi 4 o 5, in modo autonomo con riferimento ai disallineamenti riferibili a ciascuno dei soggetti interessati all'aggregazione.

7. Il riallineamento delle divergenze di cui al comma 3, lettera *b*), può essere attuato tramite opzione esercitata nella dichiarazione dei redditi relativa all'esercizio successivo a quello in corso al 31 dicembre 2007. In tal caso si applicano le disposizioni dell'articolo 1, comma 48, della legge n. 244 del 2007. L'imposta sostitutiva è versata in unica soluzione entro il termine di versamento a saldo delle imposte relative all'esercizio successivo a quello in corso al 31 dicembre 2007. Limitatamente al riallineamento delle divergenze derivanti dall'applicazione dell'articolo 13, comma 2, del decreto legislativo n. 38 del 2005, si applicano le disposizioni dell'articolo 81, commi 21, 23 e 24, del decreto legge 25 giugno 2008, n. 112, convertito, con modificazioni, dalla legge 6 agosto 2008, n. 133.

7 *bis*. Per l'applicazione delle disposizioni dei commi da 1 a 7 si assumono i disallineamenti rilevanti ai fini dell'IRES.

8. Le disposizioni dei commi precedenti si applicano, in quanto compatibili, anche in caso di:

a) variazioni che intervengono nei principi contabili IAS/IFRS adottati, rispetto ai valori e alle qualificazioni che avevano in precedenza assunto rilevanza fiscale;

b) variazioni registrate in sede di prima applicazione dei principi contabili effettuata successivamente al periodo d'imposta in corso al 31 dicembre 2007.

8 *bis*. Con decreto di natura non regolamentare del Ministro dell'economia e delle finanze sono adottate le disposizioni per l'attuazione del comma 8.

9. Si applicano le norme in materia di liquidazione, accertamento, riscossione, contenzioso e sanzioni previste ai fini delle imposte sui redditi.

10. In deroga alle disposizioni del comma 2 *ter* introdotto nell'articolo 176 del testo unico delle imposte sui redditi, approvato con decreto del Presidente della Repubblica 22 dicembre 1986, n. 917, dall'articolo 1, comma 46, della legge 24 dicembre 2007, n. 244, e del relativo decreto di attuazione, i contribuenti possono assoggettare, in tutto o in parte, i maggiori valori attribuiti in bilancio all'avviamento, ai marchi d'impresa e alle altre attività immateriali all'imposta sostitutiva di cui al medesimo comma 2 *ter*, con l'aliquota del 16 per cento, versando in unica soluzione l'importo dovuto entro il termine di versamento a saldo delle imposte relative all'esercizio nel

corso del quale è stata posta in essere l'operazione. I maggiori valori assoggettati ad imposta sostitutiva si considerano riconosciuti fiscalmente a partire dall'inizio del periodo d'imposta nel corso del quale è versata l'imposta sostitutiva. La deduzione di cui all'articolo 103 del citato testo unico e agli articoli 5, 6 e 7 del decreto legislativo 15 dicembre 1997, n. 446, del maggior valore dell'avviamento e dei marchi d'impresa può essere effettuata in misura non superiore ad un quinto ([2]), a prescindere dall'imputazione al conto economico a decorrere dal periodo di imposta successivo a quello nel corso del quale è versata l'imposta sostitutiva. A partire dal medesimo periodo di imposta sono deducibili le quote di ammortamento del maggior valore delle altre attività immateriali nel limite della quota imputata a conto economico.

10 *bis*. Le previsioni del comma 10 sono applicabili anche ai maggiori valori delle partecipazioni di controllo in società residenti e non residenti anche prive di stabile organizzazione in Italia ([3]), iscritti in bilancio a seguito dell'operazione a titolo di avviamento, marchi d'impresa e altre attività immateriali. Per partecipazioni di controllo si intendono quelle incluse nel consolidamento ai sensi del capo III del decreto legislativo 9 aprile 1991, n. 127. Per le imprese tenute ad applicare i principi contabili internazionali di cui al regolamento n. 1606/2002 del Parlamento europeo e del Consiglio, del 19 luglio 2002, per partecipazioni di controllo si intendono quelle incluse nel consolidamento ai sensi delle relative previsioni. L'importo assoggettato ad imposta sostitutiva non rileva ai fini del valore fiscale della partecipazione stessa ([4]) ([5]).

10 *ter*. Le previsioni del comma 10 sono applicabili anche ai maggiori valori – attribuiti ad avviamenti, marchi di impresa e altre attività immateriali nel bilancio consolidato – delle partecipazioni di controllo acquisite nell'ambito di operazioni di cessione di azienda ovvero di partecipazioni in società residenti e non residenti anche prive di stabile organizzazione in Italia ([6]) ([4]) ([5]).

11. Le disposizioni del comma 10 sono applicabili anche per riallineare i valori fiscali ai maggiori valori attribuiti in bilancio ad attività diverse da quelle indicate nell'articolo 176, comma 2 *ter*, del testo unico delle imposte sui redditi, approvato con decreto del Presidente della Repubblica 22 dicembre 1986, n. 917. In questo caso tali maggiori valori sono assoggettati a tassazione con aliquota ordinaria, ed eventuali maggiorazioni, rispettivamente, dell'IRPEF, dell'IRES e dell'IRAP, separatamente dall'imponibile complessivo, versando in unica soluzione l'importo dovuto. Se i maggiori valori sono relativi ai crediti si applica l'imposta sostitutiva di cui al comma 10 nella misura del 20 per cento. L'opzione può essere esercitata anche con riguardo a singole fattispecie, come definite dal comma 5.

12. Le disposizioni dei commi 10 e 11 si applicano alle operazioni effettuate a partire dal periodo d'imposta successivo a quello in corso al 31

dicembre 2007, nonché a quelle effettuate entro il periodo d'imposta in corso al 31 dicembre 2007. Qualora alla data di entrata in vigore del presente decreto, per tali operazioni sia stata già esercitata l'opzione prevista dall'articolo 1, comma 47, della legge n. 244 del 2007, il contribuente procede a riliquidare l'imposta sostitutiva dovuta versando la differenza entro il termine di versamento a saldo delle imposte relative al periodo d'imposta successivo a quello in corso al 31 dicembre 2007.

12 *bis*. L'opzione di cui all'articolo 1, comma 48, della legge 24 dicembre 2007, n. 244, si considera validamente esercitata anche per riallineare i valori fiscali ai maggiori valori contabili emersi per effetto dell'articolo 13, commi 2, 5 e 6, del decreto legislativo 28 febbraio 2005, n. 38, se identificati nel quadro EC della dichiarazione dei redditi.

13. Considerata l'eccezionale situazione di turbolenza nei mercati finanziari, i soggetti che non adottano i principi contabili internazionali, diversi dalle imprese di cui all'articolo 91, comma 2, del codice delle assicurazioni private, di cui al decreto legislativo 7 settembre 2005, n. 209, (7) nell'esercizio in corso alla data di entrata in vigore del presente decreto, possono valutare i titoli non destinati a permanere durevolmente nel loro patrimonio in base al loro valore di iscrizione così come risultante dall'ultimo bilancio o, ove disponibile, dall'ultima relazione semestrale regolarmente approvati anziché al valore di realizzazione desumibile dall'andamento del mercato, fatta eccezione per le perdite di carattere durevole. Tale misura, in relazione all'evoluzione della situazione di turbolenza dei mercati finanziari, può essere reiterata (8) con decreto del Ministro dell'economia e delle finanze (9).

14. - 15 *ter*. (*Omissis*).

15 *quater*. Considerata l'eccezionale e prolungata situazione di turbolenza nei mercati finanziari, le imprese di cui all'articolo 91, comma 2, del codice delle assicurazioni private, di cui al decreto legislativo 7 settembre 2005, n. 209, a partire dall'esercizio 2012 e fino all'entrata in vigore delle disposizioni di attuazione della direttiva 2009/138/CE del Parlamento europeo e del Consiglio, del 25 novembre 2009, in materia di accesso ed esercizio delle attività di assicurazione e riassicurazione, possono valutare i titoli di debito emessi o garantiti da Stati dell'Unione europea non destinati a permanere durevolmente nel proprio patrimonio in base al valore di iscrizione così come risultante dall'ultimo bilancio o, ove disponibile, dall'ultima relazione semestrale regolarmente approvati anziché al valore desumibile dall'andamento del mercato, fatta eccezione per le perdite di carattere durevole. Le imprese applicano le disposizioni di cui al presente comma previa verifica della coerenza con la struttura degli impegni finanziari connessi al proprio portafoglio assicurativo (10).

15 *quinquies*. Le imprese di cui all'articolo 91, comma 2, del codice delle assicurazioni private, di cui al decreto legislativo 7 settembre 2005, n. 209, che si avvalgono della facoltà di cui al comma 15 *quater*, destinano a una riserva indisponibile utili di ammontare corrispondente alla differenza tra i valori registrati in applicazione delle disposizioni di cui al comma 15 *quater*, e i valori di mercato alla data di chiusura dell'esercizio, al netto del relativo onere fiscale. In caso di utili di importo inferiore a quello della citata differenza, la riserva è integrata utilizzando riserve di utili disponibili o, in mancanza, mediante utili di esercizi successivi ([10]).

15 *sexies*. Ferme restando le disposizioni di cui ai commi 15 *quater* e 15 *quinquies*, le imprese di cui all'articolo 210, commi 1 e 2, del codice delle assicurazioni private, di cui al decreto legislativo 7 settembre 2005, n. 209, ai fini della verifica della solvibilità corretta di cui al capo IV del titolo XV del medesimo codice, a partire dall'esercizio 2012 e fino all'entrata in vigore delle disposizioni di attuazione della citata direttiva 2009/138/CE del Parlamento europeo e del Consiglio, del 25 novembre 2009, possono tener conto del valore di iscrizione nel bilancio individuale delle imprese di assicurazione italiane dei titoli di debito emessi o garantiti da Stati dell'Unione europea destinati a permanere durevolmente nel proprio patrimonio. Gli effetti derivanti dall'applicazione del presente comma non sono duplicabili con altri benefici che direttamente o indirettamente incidono sul calcolo della solvibilità corretta ([10]).

15 *septies*. Le imprese di cui all'articolo 210, commi 1 e 2, del codice delle assicurazioni private, di cui al decreto legislativo 7 settembre 2005, n. 209, assicurano la permanenza nel gruppo di risorse finanziarie corrispondenti alla differenza di valutazione conseguente all'applicazione del comma 15 *sexies* ([10]).

15 *octies*. L'ISVAP disciplina con regolamento modalità e condizioni di attuazione delle disposizioni di cui ai commi 15 *quater*, 15 *quinquies*, 15 *sexies* e 15 *septies*. Fermi restando gli effetti conseguenti all'esercizio delle opzioni di cui ai commi 15 *quater* e 15 *sexies*, l'ISVAP, ove ravvisi un possibile pregiudizio per la solvibilità dell'impresa che si avvale delle citate opzioni avuto riguardo alle caratteristiche specifiche degli impegni del portafoglio assicurativo dell'impresa stessa oppure alla struttura dei flussi di cassa attesi, può comunque attivare gli strumenti di vigilanza di cui ai titoli XIV, XV e XVI del citato codice di cui al decreto legislativo 7 settembre 2005, n. 209, nonché emanare, a fini di stabilità, disposizioni di carattere particolare aventi ad oggetto il governo societario, i requisiti generali di organizzazione, i sistemi di remunerazione e, ove la situazione lo richieda, adottare provvedimenti restrittivi o limitativi concernenti la distribuzione degli utili o di altri elementi del patrimonio ([10]).

16. I soggetti indicati nell'articolo 73, comma 1, lettere *a*) e *b*), del testo unico delle imposte sui redditi, approvato con decreto del Presidente della

Repubblica 22 dicembre 1986, n. 917, nonché le società in nome collettivo, in accomandita semplice ed equiparate, che non adottano i principi contabili internazionali nella redazione del bilancio, possono, anche in deroga all'articolo 2426 del codice civile e ad ogni altra disposizione di legge vigente in materia, rivalutare i beni immobili, ad esclusione delle aree fabbricabili e degli immobili alla cui produzione o al cui scambio è diretta l'attività di impresa, risultanti dal bilancio in corso al 31 dicembre 2007.

17. La rivalutazione deve essere eseguita nel bilancio o rendiconto dell'esercizio successivo a quello in corso al 31 dicembre 2007, per il quale il termine di approvazione scade successivamente alla data di entrata in vigore del presente decreto, deve riguardare tutti i beni appartenenti alla stessa categoria omogenea e deve essere annotata nel relativo inventario e nella nota integrativa. A tal fine si intendono compresi in due distinte categorie gli immobili ammortizzabili e quelli non ammortizzabili.

18. Il saldo attivo risultante dalle rivalutazioni eseguite deve essere imputato al capitale o accantonato in una speciale riserva designata con riferimento al presente decreto, con esclusione di ogni diversa utilizzazione, che ai fini fiscali costituisce riserva in sospensione di imposta.

19. Il saldo attivo della rivalutazione può essere affrancato con l'applicazione in capo alla società di una imposta sostitutiva dell'imposta sul reddito delle persone fisiche, dell'imposta sul reddito delle società, dell'imposta regionale sulle attività produttive e di eventuali addizionali nella misura del 10 per cento da versare con le modalità indicate al comma 23.

20. Il maggior valore attribuito ai beni in sede di rivalutazione può essere riconosciuto ai fini delle imposte sui redditi e dell'imposta regionale sulle attività produttive a decorrere dal quinto esercizio successivo a quello con riferimento al quale la rivalutazione è stata eseguita, con il versamento di un'imposta sostitutiva dell'imposta sul reddito delle persone fisiche, dell'imposta sul reddito delle società, dell'imposta regionale sulle attività produttive e di eventuali addizionali con la misura del 3 per cento per gli immobili ammortizzabili e dell'1,5 per cento relativamente agli immobili non ammortizzabili ([11]), da computare in diminuzione del saldo attivo della rivalutazione.

21. Nel caso di cessione a titolo oneroso, di assegnazione ai soci, di destinazione a finalità estranee all'esercizio dell'impresa ovvero al consumo personale o familiare dell'imprenditore dei beni rivalutati in data anteriore a quella di inizio del sesto esercizio successivo a quello nel cui bilancio la rivalutazione è stata eseguita, ai fini della determinazione delle plusvalenze o minusvalenze si ha riguardo al costo del bene prima della rivalutazione.

22. Le imposte sostitutive di cui ai commi 19 e 20 devono essere versate, a scelta, in un'unica soluzione entro il termine di versamento del saldo delle

imposte sui redditi dovute per il periodo di imposta con riferimento al quale la rivalutazione è eseguita, ovvero in tre rate di cui la prima con la medesima scadenza di cui sopra e le altre con scadenza entro il termine rispettivamente previsto per il versamento a saldo delle imposte sui redditi relative ai periodi d'imposta successivi. In caso di versamento rateale sulle rate successive alla prima sono dovuti gli interessi legali con la misura del 3 per cento annuo da versarsi contestualmente al versamento di ciascuna rata. Gli importi da versare possono essere compensati ai sensi del decreto legislativo 9 luglio 1997, n. 241.

23. Si applicano, in quanto compatibili, le disposizioni degli articoli 11, 13 e 15 della legge 21 novembre 2000, n. 342, quelle del decreto del Ministro delle finanze 13 aprile 2001, n. 162 e del decreto del Ministro dell'Economia e delle finanze 19 aprile 2002, n. 86.

(1) *Per l'applicazione della presente disposizione, si vedano i D.D.M.M. 31 marzo 2009, 1 aprile 2009, n. 48, 24 luglio 2009 e 30 luglio 2009.*

(2) *Le parole: «non superiore ad un nono» sono state così sostituite dalle seguenti: «non superiore ad un decimo» dall'art. 2, comma 59, del D.L. 29 dicembre 2010, n. 225, convertito, con modificazioni, nella L. 26 febbraio 2011, n. 10. Le parole: «non superiore ad un decimo» sono state così sostituite dalle attuali: «non superiore ad un quinto», dall'art. 1, comma 95, della L. 28 dicembre 2015, n. 208. A norma dell'art. 1, comma 96, della medesima legge, tale disposizione si applica alle operazioni di aggregazione aziendale poste in essere a decorrere dall'esercizio successivo a quello in corso al 31 dicembre 2015.*

(3) *Le parole: «in società residenti e non residenti anche prive di stabile organizzazione in Italia» sono state inserite dall'art. 1, comma 81, lett. a), della L. 27 dicembre 2017, n. 205, a decorrere dal 1° gennaio 2018.*

Tali disposizioni si applicano con riferimento agli acquisti di partecipazioni di controllo perfezionati a partire dal periodo di imposta anteriore a quello in corso alla data di entrata in vigore della presente legge, nei limiti dei disallineamenti ancora esistenti alla chiusura di detto periodo.

(4) *Questo comma è stato inserito dall'art. 23, comma 12, del D.L. 6 luglio 2011, n. 98, convertito, con modificazioni, nella L. 15 luglio 2011, n. 111. A norma dell'art. 23, comma 13, del medesimo decreto legge, questa disposizione si applica alle operazioni effettuate sia nel periodo di imposta in corso al 31 dicembre 2010 sia in quelli precedenti. Nel caso di operazioni effettuate in periodi d'imposta anteriori a quello in corso al 1° gennaio 2011, il versamento dell'imposta sostitutiva è dovuto in un'unica soluzione entro il 30 novembre 2011. A norma del successivo comma 14, così come da ultimo modificato dall'art. 1, comma 502, della L. 24 dicembre 2012, n. 228, gli effetti del riallineamento di cui al comma 12 decorrono dal periodo d'imposta successivo a quello in corso al 31 dicembre 2017.*

A norma dell'art. 1, comma 150, della L. 27 dicembre 2013, n. 147, le disposizioni di cui al presente comma si applicano anche alle operazioni effettuate a decorrere dal periodo di imposta in corso al 31 dicembre 2012. Il versamento dell'imposta sostitutiva è dovuto in un'unica rata da versare entro il termine di scadenza del saldo delle imposte sui redditi dovute per il periodo di imposta in riferimento al quale l'operazione è effettuata. L'imposta sostitutiva dovuta per le operazioni effettuate nel periodo di imposta in corso al 31 dicembre 2012 è versata entro il termine di scadenza del saldo delle imposte sui redditi dovute per il periodo di imposta in corso al 31 dicembre 2013.

([5]) *Si veda l'art. 20 del D.L. 6 dicembre 2011, n. 201, convertito, con modificazioni, nella L. 22 dicembre 2011, n. 214, così come da ultimo modificato dall'art. 1, commi 503, 504 e 505, della L. 24 dicembre 2012, n. 228, che si riporta*: «1. *La disposizione del comma 12 dell'articolo 23 del decreto legge 6 luglio 2011, n. 98, convertito, con modificazioni, dalla legge 15 luglio 2011, n. 111, si applica anche alle operazioni effettuate nel periodo di imposta in corso al 31 dicembre 2011. Il versamento dell'imposta sostitutiva è dovuto in un'unica rata da versare entro il termine di scadenza dei versamenti del saldo delle imposte sui redditi dovute per il periodo d'imposta 2012.*

«1 bis. *Il termine di versamento di cui al comma 1 si applica anche alle operazioni effettuate nel periodo d'imposta in corso al 31 dicembre 2010 e in quelli precedenti. In tal caso, a decorrere dal 1° dicembre 2011,* [*su ciascuna rata*] *sono dovuti interessi nella misura pari al saggio legale.*

«2. *Gli effetti del riallineamento di cui al comma 1 decorrono dal periodo d'imposta successivo a quello in corso al 31 dicembre 2019.*

«3. *Si applicano, ove compatibili, le modalità di attuazione dei commi da 12 a 14 dell'articolo 23 del decreto legge 6 luglio 2011, n. 98, convertito, con modificazioni, dalla legge 15 luglio 2011, n. 111, disposte con provvedimento del Direttore dell'Agenzia delle entrate del 22 novembre 2011.»*

([6]) *Le parole: «in società residenti e non residenti anche prive di stabile organizzazione in Italia» sono state aggiunte dall'art. 1, comma 81, lett.* b)*, della L. 27 dicembre 2017, n. 205, a decorrere dal 1° gennaio 2018.*

Tali disposizioni si applicano con riferimento agli acquisti di partecipazioni di controllo perfezionati a partire dal periodo di imposta anteriore a quello in corso alla data di entrata in vigore della presente legge, nei limiti dei disallineamenti ancora esistenti alla chiusura di detto periodo.

([7]) *Le parole: «diversi dalle imprese di cui all'articolo 91, comma 2, del codice delle assicurazioni private, di cui al decreto legislativo 7 settembre 2005, n. 209,» sono state inserite dall'art. 29, comma 16* terdecies, *lett.* a), *del D.L. 29 dicembre 2011, n. 216, convertito, con modificazioni, nella L. 24 febbraio 2012, n. 14.*

([8]) *Le parole: «può essere estesa all'esercizio successivo» sono state così sostituite dalle attuali: «può essere reiterata» dall'art. 2, comma 17* terdecies, *del D.L. 29 dicembre 2010, n. 225, convertito, con modificazioni, nella L. 26 febbraio 2011, n. 10.*

([9]) *A norma dell'art. 52, comma 1 bis, del D.L. 31 maggio 2010, n. 78, convertito, con modificazioni, nella L. 30 luglio 2010, n. 122, le norme previste da questo comma si applicano anche per l'esercizio in corso alla data di entrata in vigore del medesimo decreto. Da ultimo l'art. 1 del D.M. 18 dicembre 2012 ha esteso le disposizioni di questo comma per tutto l'esercizio 2012.*

([10]) *Questo comma è stato inserito dall'art. 29, comma 16* terdecies, *lett.* c), *del D.L. 29 dicembre 2011, n. 216, convertito, con modificazioni, nella L. 24 febbraio 2012, n. 14.*

([11]) *Le parole: «con la misura del 7 per cento per gli immobili ammortizzabili e del 4 per cento relativamente agli immobili non ammortizzabili» sono state così sostituite dalle parole: «con la misura del 3 per cento per gli immobili ammortizzabili e dell'1,5 per cento relativamente agli immobili non ammortizzabili» dall'art. 5, comma 1, del D.L. 10 febbraio 2009, n. 5, convertito, con modificazioni, nella L. 9 aprile 2009, n. 33.*

16 *bis*. Misure di semplificazione per le famiglie e per le imprese. – 1. A decorrere dalla data di entrata in vigore del decreto di cui al comma 3 e secondo le modalità ivi previste, i cittadini comunicano il trasferimento della propria residenza e gli altri eventi anagrafici e di stato civile all'ufficio competente. Entro ventiquattro ore dalla conclusione del procedimento amministrativo anagrafico, l'ufficio di anagrafe trasmette le variazioni all'indice nazionale delle anagrafi, di cui all'articolo 1, quarto comma, della legge 24 dicembre 1954, n. 1228, e successive modificazioni, che provvede a renderle accessibili alle altre amministrazioni pubbliche. In caso di ritardo nella trasmissione all'Indice nazionale delle anagrafi, il responsabile del procedimento ne risponde a titolo disciplinare e, ove ne derivi pregiudizio, anche a titolo di danno erariale ([1]).

2. La richiesta al cittadino di produrre dichiarazioni o documenti al di fuori di quelli indispensabili per la formazione e le annotazioni degli atti di stato civile e di anagrafe costituisce violazione dei doveri d'ufficio, ai fini della responsabilità disciplinare.

3. Con uno o più decreti del Ministro per la pubblica amministrazione e l'innovazione e del Ministro dell'interno, sentita la Conferenza unificata di cui all'articolo 8 del decreto legislativo 28 agosto 1997, n. 281, e successive modificazioni, sono stabilite le modalità per l'attuazione del comma 1.

([1]) *Questo periodo è stato aggiunto dall'art. 10, comma 6, del D.L. 13 maggio 2011, n. 70, convertito, con modificazioni, nella L. 12 luglio 2011, n. 106.*

Titolo V
Disposizioni finanziarie

29. Meccanismi di controllo per assicurare la trasparenza e l'effettiva copertura delle agevolazioni fiscali. – 1. - 6. (*Omissis*)

7. Nell'ambito del monitoraggio di cui al comma 1 sull'effettivo utilizzo dei crediti di imposta previsti dagli articoli 7 e 8 della legge 23 dicembre 2000, n. 388, e successive modificazioni, l'Agenzia delle entrate effettua, nell'anno 2009, verifiche mirate volte ad accertare l'esistenza di risorse formalmente impegnate ma non utilizzate o non utilizzabili. In relazione a quanto previsto dal primo periodo del presente comma in considerazione dell'effettivo utilizzo dei predetti crediti di imposta, le risorse finanziarie a tale fine preordinate, nonché altre risorse complessivamente disponibili relative a rimborsi e compensazioni di crediti di imposta, esistenti presso la contabilità speciale 1778 – Fondi di bilancio, sono ridotte di 1.155,6 milioni di euro. Le predette risorse sono versate al bilancio dello Stato nella misura

di 286,3 milioni di euro per l'anno 2009, di 263,1 milioni di euro per l'anno 2010, di 341,8 milioni di euro per l'anno 2011 e di 264,4 milioni di euro per l'anno 2013.

8.

D.L. 31 maggio 2010, n. 78. Misure urgenti in materia di stabilizzazione finanziaria e di competitività economica (Suppl. ord. alla *Gazzetta Ufficiale* Serie gen. - n. 125 del 31 maggio 2010), convertito, con modificazioni, nella L. 30 luglio 2010, n. **122** (Suppl. ord. alla *Gazzetta Ufficiale* Serie gen. - n. 176 del 30 luglio 2010).

(*Estratto*)

Titolo II

Contrasto all'evasione fiscale e contributiva

32. Riorganizzazione della disciplina fiscale dei fondi immobiliari chiusi. – 1. A seguito dei controlli effettuati dall'Autorità di vigilanza, al decreto legislativo 24 febbraio 1998, n. 58 (Testo unico delle disposizioni in materia di intermediazione finanziaria), sono apportate le seguenti modifiche:

a) all'articolo 1, comma 1, la lett. *j*) è sostituita dalla seguente: "j) 'fondo comune di investimento: il patrimonio autonomo raccolto, mediante una o più emissione di quote, tra una pluralità di investitori con la finalità di investire lo stesso sulla base di una predeterminata politica di investimento; suddiviso in quote di pertinenza di una pluralità di partecipanti; gestito in monte, nell'interesse dei partecipanti e in autonomia dai medesimi;";

b) all'articolo 36, comma 6, dopo le parole: "nonché da ogni altro patrimonio gestito dalla medesima società", sono inserite le seguenti: "; delle obbligazioni contratte per suo conto, il fondo comune di investimento risponde esclusivamente con il proprio patrimonio.";

c) all'articolo 37, comma 2, lettera b *bis*), dopo le parole: "all'esperienza professionale degli investitori;" sono inserite le seguenti: "a tali fondi non si applicano gli articoli 36, comma 3, ultimo periodo, e comma 7, e l'articolo 39, comma 3."

[2. Il Ministro dell'Economia e delle finanze emana, ai sensi dell'articolo 37 del decreto legislativo 24 febbraio 1998, n. 58, le disposizioni di attuazione del comma 1 entro trenta giorni dalla data di entrata in vigore della legge di conversione del presente decreto] ([1]).

3. Le disposizioni degli articoli 6, 8 e 9 del decreto legge 25 settembre 2001, n. 351, convertito, con modificazioni, dalla legge 23 novembre 2001, n.

410, trovano applicazione, in ogni caso, per i fondi partecipati esclusivamente da uno o più dei seguenti partecipanti:

a) Stato o ente pubblico;

b) Organismi d'investimento collettivo del risparmio;

c) Forme di previdenza complementare nonché enti di previdenza obbligatoria;

d) Imprese di assicurazione, limitatamente agli investimenti destinati alla copertura delle riserve tecniche;

e) Intermediari bancari e finanziari assoggettati a forme di vigilanza prudenziale;

f) Soggetti e patrimoni indicati nelle precedenti lettere costituiti all'estero in paesi o territori che consentano uno scambio d'informazioni finalizzato ad individuare i beneficiari effettivi del reddito o del risultato della gestione e sempreché siano indicati nel decreto del Ministro dell'economia e delle finanze di cui all'articolo 168 *bis*, comma 1, del Testo unico delle imposte sui redditi di cui al decreto del Presidente della Repubblica 22 dicembre 1986, n. 917;

g) enti privati residenti in Italia che perseguano esclusivamente le finalità indicate nell'articolo 1, comma 1, lett. *c bis*) del d.l.vo 17 maggio 1999, n. 153 nonché società residenti in Italia che perseguano esclusivamente finalità mutualistiche;

h) veicoli costituiti in forma societaria o contrattuale partecipati in misura superiore al 50 per cento dai soggetti indicati nelle precedenti lettere (2).

3 *bis*. Ferma restando l'applicazione degli articoli 6, 8 e 9 del decreto legge 25 settembre 2001, n. 351, convertito, con modificazioni, dalla legge 23 novembre 2001, n. 410, ai fondi diversi da quelli di cui al comma 3, i redditi conseguiti dal fondo e rilevati nei rendiconti di gestione sono imputati per trasparenza ai partecipanti, diversi dai soggetti indicati nel comma 3, che possiedono quote di partecipazione in misura superiore al 5 per cento del patrimonio del fondo. La percentuale di partecipazione al fondo è rilevata al termine del periodo d'imposta o, se inferiore, al termine del periodo di gestione del fondo, in proporzione alle quote di partecipazione da essi detenute. Ai fini della verifica della percentuale di partecipazione nel fondo si tiene conto delle partecipazioni detenute direttamente o indirettamente per il tramite di società controllate, di società fiduciarie o per interposta persona. Il controllo societario è individuato ai sensi dell'articolo 2359, commi primo e secondo, del codice civile anche per le partecipazioni possedute da soggetti diversi dalle società. Si tiene altresì conto delle partecipazioni imputate ai familiari indicati nell'articolo 5, comma 5, del Testo unico delle imposte sui redditi di cui al decreto del Presidente della Repubblica 22 dicembre 1986, n. 917. Il partecipante è tenuto ad attestare alla società di gestione del risparmio la per-

centuale di possesso di quote di partecipazioni detenute ai sensi del presente comma. Per i soggetti che possiedono quote di partecipazione in misura non superiore al 5 per cento, individuate con i criteri di cui al presente comma, nonché per i soggetti elencati nel comma 3, resta fermo il regime di imposizione dei proventi di cui all'articolo 7 del decreto legge 25 settembre 2001, n. 351 convertito, con modificazioni, dalla legge 23 novembre 2001, n. 410 (2).

4. I redditi dei fondi imputati ai sensi del comma 3 *bis* concorrono alla formazione del reddito complessivo del partecipante indipendentemente dalla percezione e proporzionalmente alla sua quota di partecipazione. I medesimi redditi, se conseguiti da soggetti non residenti, sono soggetti in ogni caso ad una ritenuta a titolo d'imposta del 20 per cento, con le modalità di cui all'articolo 7 del decreto legge 25 settembre 2001, n. 351, convertito, con modificazioni, dalla legge 23 novembre 2001, n. 410, al momento della loro corresponsione. In caso di cessione, le quote di partecipazione indicate nel comma 3 *bis* sono assimilate alle quote di partecipazione in società ed enti commerciali indicati nell'articolo 5 del testo unico delle imposte sui redditi di cui al decreto del Presidente della Repubblica 22 dicembre 1986, n. 917. Ai fini della determinazione dei redditi diversi di natura finanziaria si applicano le disposizioni dell'articolo 68, comma 3, del citato testo unico. In caso di cessione, il costo è aumentato o diminuito, rispettivamente, dei redditi e delle perdite imputati ai partecipanti ed è altresì diminuito, fino a concorrenza dei risultati di gestione imputati, dei proventi distribuiti ai partecipanti. Relativamente ai redditi imputati ai soggetti residenti ai sensi del presente comma non si applica la ritenuta di cui all'articolo 7 del decreto legge 25 settembre 2001, n. 351 convertito con modificazioni nella legge 23 novembre 2001, n. 410 (3).

4 *bis*. I partecipanti, diversi da quelli indicati nel comma 3, che alla data del 31 dicembre 2010 detenevano una quota di partecipazione al fondo superiore al 5 per cento, determinata con i criteri di cui al comma 3 *bis*, sono tenuti a corrispondere un'imposta sostitutiva delle imposte sui redditi nella misura del 5 per cento del valore medio delle quote possedute nel periodo d'imposta risultante dai prospetti periodici redatti nel periodo d'imposta 2010. Il costo di sottoscrizione o di acquisto delle quote è riconosciuto fino a concorrenza dei valori che hanno concorso alla formazione della base imponibile per l'applicazione dell'imposta sostitutiva. Eventuali minusvalenze realizzate non sono fiscalmente rilevanti. L'imposta è versata dal partecipante con le modalità e nei termini previsti per il versamento a saldo delle imposte risultanti dalla dichiarazione dei redditi relativa al periodo d'imposta 2011. L'imposta può essere versata a cura della società di gestione del risparmio o dell'intermediario depositario delle quote in due rate di pari importo, rispettivamente, entro il 16 dicembre 2011 ed entro il 16 giugno

2012. A tal fine il partecipante è tenuto a fornire la provvista. In mancanza, la società di gestione del risparmio può effettuare la liquidazione parziale della quota per l'ammontare necessario al versamento dell'imposta ([3]).

5. Previa deliberazione dell'assemblea dei partecipanti, per i fondi che alla data del 31 dicembre 2010 presentavano un assetto partecipativo diverso da quello indicato nel comma 3 e nei quali almeno un partecipante deteneva quote per un ammontare superiore alla percentuale indicata nel comma 3 *bis*, la società di gestione del risparmio può altresì deliberare entro il 31 dicembre 2011 la liquidazione del fondo comune d'investimento. In tal caso la società di gestione del risparmio preleva, a titolo di imposta sostitutiva delle imposte sui redditi, un ammontare pari al 7 per cento del valore netto del fondo risultante dal prospetto redatto al 31 dicembre 2010. L'imposta è versata dalla società di gestione del risparmio nella misura del 40 per cento entro il 31 marzo 2012 e, per la restante parte, in due rate di pari importo da versarsi, la prima entro il 31 marzo 2013 e la seconda entro il 31 marzo 2014. La liquidazione deve essere conclusa nel termine massimo di cinque anni. Sui risultati conseguiti dal 1° gennaio 2011 e fino alla conclusione della liquidazione la società di gestione del risparmio applica un'imposta sostitutiva delle imposte sui redditi e dell'IRAP nella misura del 7 per cento. Non si applicano le disposizioni dei commi 3 *bis* e 4 *bis*. L'imposta sostitutiva è versata dalla società di gestione del risparmio entro il 16 febbraio dell'anno successivo rispetto a ciascun anno di durata della liquidazione ([4]).

5 *bis*. Nell'ipotesi indicata nel comma 5 non si applica la ritenuta di cui all'articolo 7 del decreto legge 25 settembre 2001, n. 351, convertito, con modificazioni, dalla legge 23 novembre 2001, n. 410, e successive modificazioni e i proventi non sono imponibili fino a concorrenza dell'ammontare assoggettato all'imposta sostitutiva di cui al comma 5, secondo periodo ([5]). Il costo di sottoscrizione o di acquisto delle quote è riconosciuto fino a concorrenza dei valori che hanno concorso alla formazione della base imponibile per l'applicazione dell'imposta sostitutiva. Eventuali minusvalenze realizzate non sono fiscalmente rilevanti.

5 *ter*. Gli atti di liquidazione del patrimonio immobiliare sono soggetti alle imposte fissa di registro, ipotecaria e catastale.

5 *quater*. Alle cessioni di immobili effettuate nella fase di liquidazione di cui al comma 5 si applica l'articolo 17, quinto comma, del decreto del Presidente della Repubblica 26 ottobre 1972, n. 633. L'efficacia della disposizione di cui al periodo precedente è subordinata alla preventiva approvazione da parte del Consiglio dell'Unione europea ai sensi dell'articolo 395 della direttiva 2006/112/CE del Consiglio, del 28 novembre 2006. Ai conferimenti in società di pluralità di immobili, effettuati nella fase di liquidazione di cui al

comma 5, si applica l'articolo 2, terzo comma, lettera *b*), del decreto del Presidente della Repubblica 26 ottobre 1972, n. 633. I predetti conferimenti si considerano compresi, agli effetti delle imposte di registro, ipotecaria e catastale, fra gli atti previsti nell'articolo 4, comma 1, lettera *a*), numero 3), della tariffa, parte I, allegata al testo unico delle disposizioni concernenti l'imposta di registro di cui al decreto del Presidente della Repubblica 26 aprile 1986, n. 131, nell'articolo 10, comma 2, del testo unico delle disposizioni concernenti le imposte ipotecaria e catastale di cui al decreto legislativo 31 ottobre 1990, n. 347, e nell'articolo 4 della tariffa allegata al medesimo decreto legislativo n. 347 del 1990. Le cessioni di azioni o quote effettuate nella fase di liquidazione di cui al comma 5 si considerano, ai fini dell'articolo 19 *bis*, comma 2, del decreto del Presidente della Repubblica 26 ottobre 1972, n. 633, operazioni che non formano oggetto dell'attività propria del soggetto passivo.

6. Per l'accertamento delle modalità di determinazione e versamento dell'imposta di cui ai commi precedenti, si applicano le disposizioni del titolo IV del decreto del Presidente della Repubblica 29 settembre 1973, n. 600.

7. (*Omissis*).

7 *bis*. Le disposizioni di cui al comma 7 hanno effetto per i proventi percepiti a decorrere dalla data di entrata in vigore del presente decreto sempre che riferiti a periodi di attività dei fondi che hanno inizio successivamente al 31 dicembre 2009. Per i proventi percepiti a decorrere dalla data di entrata in vigore del presente decreto e riferiti a periodi di attività del fondo chiusi fino al 31 dicembre 2009, continuano ad applicarsi le disposizioni dell'articolo 7 del decreto legge 25 settembre 2001, n. 351, convertito, con modificazioni, dalla legge 23 novembre 2001, n. 410, nel testo in vigore alla predetta data.

8. Sono abrogati i commi da 17 a 20 dell'articolo 82 del decreto legge 25 giugno 2008, n. 112, convertito, con modificazioni, dalla legge 6 agosto 2008, n. 133.

9. Con provvedimento del Direttore dell'Agenzia delle Entrate sono definite le modalità di attuazione delle disposizioni contenute nei commi 3 *bis*, 4, 4 *bis* e 5 ([6]).

([1]) *Questo comma è stato abrogato dall'art. 8, comma 9, lett.* a), *del D.L. 13 maggio 2011, n. 70, convertito, con modificazioni, nella L. 12 luglio 2011, n. 106.*

([2]) *L'originario comma 3, è stato così sostituito dagli attuali commi 3 e 3* bis), *dall'art. 8, comma 9, lett.* b), *del D.L. 13 maggio 2011, n. 70, convertito, con modificazioni, nella L. 12 luglio 2011, n. 106.*

([3]) *L'originario comma 4, è stato così sostituito dagli attuali commi 4 e 4* bis), *dall'art. 8, comma 9, lett.* c), *del D.L. 13 maggio 2011, n. 70, convertito, con modificazioni, nella L. 12 luglio 2011, n. 106.*

([4]) *Questo comma è stato così sostituito dall'art. 8, comma 9, lett.* d), *del D.L. 13 maggio 2011, n. 70, convertito, con modificazioni, nella L. 12 luglio 2011, n. 106.*

([5]) *Questo periodo è stato così sostituito dall'art. 8, comma 9, lett.* e), *del D.L. 13 maggio 2011, n. 70, convertito, con modificazioni, nella L. 12 luglio 2011, n. 106.*

([6]) *Questo comma è stato così sostituito dall'art. 8, comma 9, lett.* f), *del D.L. 13 maggio 2011, n. 70, convertito, con modificazioni, nella L. 12 luglio 2011, n. 106.*

33. *Stock options* ed emolumenti variabili. – 1. In dipendenza delle decisioni assunte in sede di G20 e in considerazione degli effetti economici potenzialmente distorsivi propri delle forme di remunerazione operate sotto forma di *bonus* e *stock options*, sui compensi a questo titolo, che eccedono il triplo della parte fissa della retribuzione, attribuiti ai dipendenti che rivestono la qualifica di dirigenti nel settore finanziario nonché ai titolari di rapporti di collaborazione coordinata e continuativa nello stesso settore è applicata una aliquota addizionale del 10 per cento.

2. L'addizionale è trattenuta dal sostituto d'imposta al momento di erogazione dei suddetti emolumenti e, per l'accertamento, la riscossione, le sanzioni e il contenzioso, è disciplinata dalle ordinarie disposizioni in materia di imposte sul reddito.

2 *bis*. Per i compensi di cui al comma 1, le disposizioni di cui ai commi precedenti si applicano sull'ammontare che eccede l'importo corrispondente alla parte fissa della retribuzione ([1]).

([1]) *Questo comma è stato aggiunto dall'art. 23, comma 50* bis, *del D.L. 6 luglio 2011, n. 98, convertito, con modificazioni, nella L. 15 luglio 2011, n. 111. A norma dell'art. 23, comma 50* ter, *la disposizione di cui al presente comma, si applica ai compensi corrisposti a decorrere dalla data di entrata in vigore della legge di conversione dello stesso D.L. n. 98/2011.*

Titolo III
Sviluppo ed infrastrutture

56. Entrata in vigore. – 1. Il presente decreto entra in vigore il giorno stesso della sua pubblicazione nella *Gazzetta Ufficiale* della Repubblica italiana e sarà presentato alle Camere per la conversione in legge.

9.

D.L. 6 luglio 2011, n. 98. Disposizioni urgenti per la stabilizzazione finanziaria (*Gazzetta Ufficiale* Serie gen. - n. 155 del 6 luglio 2011), convertito, con modificazioni, nella L. 15 luglio 2011, n. **111** (*Gazzetta Ufficiale* Serie gen. - n. 164 del 16 luglio 2011) ed *errata corrige* in *Gazzetta Ufficiale* Serie gen. - n. 190 del 17 agosto 2011.

(*Estratto*)

Titolo I
Disposizioni per il controllo
e la riduzione della spesa pubblica,
nonché in materia di entrate

Capo V
Disposizioni in materia di entrate

23. Norme in materia tributaria. – 1. - 45. (*Omissis*)

46. A decorrere dall'anno finanziario 2012, tra le finalità alle quali può essere destinata, a scelta del contribuente, una quota pari al cinque per mille dell'imposta sul reddito delle persone fisiche è inserita, altresì, quella del finanziamento delle attività di tutela, promozione e valorizzazione dei beni culturali e paesaggistici. Con decreto di natura non regolamentare del Presidente del Consiglio dei Ministri, su proposta del Ministro per i beni e le attività culturali, di concerto con il Ministro dell'economia e delle finanze, sono stabilite le modalità di richiesta, le liste dei soggetti ammessi al riparto e le modalità di riparto delle somme.

47. In attesa della riforma fiscale, a decorrere dal periodo di imposta successivo a quello in corso al 31 dicembre 2012, con regolamento da emanare ai sensi dell'articolo 17, comma 2, della legge 23 agosto 1988, n. 400, è rivista la disciplina del regime fiscale degli ammortamenti dei beni materiali e immateriali sulla base di criteri di sostanziale semplificazione che individuino attività ammortizzabili individualmente in base alla vita utile e a quote costanti e attività ammortizzabili cumulativamente con aliquota unica di ammortamento.

48. - 50 *quater*. (*Omissis*).

Titolo II
Disposizioni per lo sviluppo

27. ([1]) [**Regime fiscale di vantaggio per l'imprenditoria giovanile e lavoratori in mobilità.** – 1. Per favorire la costituzione di nuove imprese da parte di giovani ovvero di coloro che perdono il lavoro e, inoltre, per favorire la costituzione di nuove imprese, gli attuali regimi forfettari sono riformati e concentrati in funzione di questi obiettivi. Conseguentemente, a partire dal 1° gennaio 2012, il regime di cui all'articolo 1, commi da 96 a 117, della legge 24 dicembre 2007, n. 244, si applica, per il periodo d'imposta in cui l'attività è iniziata e per i quattro successivi, esclusivamente alle persone fisiche:

a) che intraprendono un'attività d'impresa, arte o professione;

b) che l'hanno intrapresa successivamente al 31 dicembre 2007.

L'imposta sostitutiva dell'imposta sui redditi e delle addizionali regionali e comunali prevista dal comma 105 dell'articolo 1 della legge n. 244 del 24 dicembre 2007 è ridotta al 5 per cento. Il regime di cui ai periodi

precedenti è applicabile anche oltre il quarto periodo di imposta successivo a quello di inizio dell'attività ma non oltre il periodo di imposta di compimento del trentacinquesimo anno di età ([2]).

2. Il beneficio di cui al comma 1 è riconosciuto a condizione che:

a) il contribuente non abbia esercitato, nei tre anni precedenti l'inizio dell'attività di cui al comma 1, attività artistica, professionale ovvero d'impresa, anche in forma associata o familiare;

b) l'attività da esercitare non costituisca, in nessun modo, mera prosecuzione di altra attività precedentemente svolta sotto forma di lavoro dipendente o autonomo, escluso il caso in cui l'attività precedentemente svolta consista nel periodo di pratica obbligatoria ai fini dell'esercizio di arti o professioni;

c) qualora venga proseguita un'attività d'impresa svolta in precedenza da altro soggetto, l'ammontare dei relativi ricavi, realizzati nel periodo d'imposta precedente quello di riconoscimento del predetto beneficio, non sia superiore a 30.000 euro ([2]).

3. Coloro che, per effetto delle disposizioni di cui al comma 1, pur avendo le caratteristiche di cui ai commi 96 e 99 dell'articolo 1 della legge 24 dicembre 2007, n. 244, non possono beneficiare del regime semplificato per i contribuenti minimi ovvero ne fuoriescono, fermi restando l'obbligo di conservare, ai sensi dell'articolo 22 del decreto del Presidente della Repubblica 29 settembre 1973, n. 600, e successive modificazioni, i documenti ricevuti ed emessi e, se prescritti, gli obblighi di fatturazione e di certificazione dei corrispettivi, sono esonerati dagli obblighi di registrazione e di tenuta del-

le scritture contabili, rilevanti ai fini delle imposte dirette e dell'imposta sul valore aggiunto, nonché dalle liquidazioni e dai versamenti periodici rilevanti ai fini dell'IVA previsti dal decreto del Presidente della Repubblica 23 marzo 1998, n. 100. I soggetti di cui al periodo precedente sono altresì esenti dall'imposta regionale sulle attività produttive di cui al decreto legislativo 15 dicembre 1997, n. 446.

4. Il regime di cui al comma 3 cessa di avere applicazione dall'anno successivo a quello in cui viene meno una della condizioni di cui al comma 96 ovvero si verifica una delle fattispecie indicate al comma 99 dell'articolo 1 della legge 24 dicembre 2007, n. 244.

5. I soggetti di cui al comma 3 possono optare per l'applicazione del regime contabile ordinario. L'opzione, valida per almeno un triennio, è comunicata con la prima dichiarazione annuale da presentare successivamente alla scelta operata. Trascorso il periodo minimo di permanenza nel regime ordinario, l'opzione resta valida per ciascun anno successivo, fino a quando permane la concreta applicazione della scelta operata.

6. Con uno o più provvedimenti del direttore dell'Agenzia delle entrate sono dettate le disposizioni necessarie per l'attuazione dei commi precedenti.

7. Il primo e il secondo periodo del comma 117 dell'articolo 1 della legge 24 dicembre 2007, n. 244, sono soppressi. Al terzo periodo le parole: "Ai fini dell'applicazione delle disposizioni del periodo precedente," sono soppresse] (2).

(1) *Questo articolo è stato abrogato dall'art. 1, comma 85, lett.* b), *della L. 23 dicembre 2014, n. 190, salvo quanto previsto dal comma 88 che si riporta:*

«I soggetti che nel periodo di imposta in corso al 31 dicembre 2014 si avvalgono del regime fiscale di vantaggio di cui all'articolo 27, commi 1 e 2, del decreto legge 6 luglio 2011, n. 98, convertito, con modificazioni, dalla legge 15 luglio 2011, n. 111, possono continuare ad avvalersene per il periodo che residua al completamento del quinquennio agevolato e comunque fino al compimento del trentacinquesimo anno di età.».

Ai sensi del comma 89 del medesimo provvedimento, le disposizioni dei commi da 54 a 88 si applicano a decorrere dal periodo di imposta successivo a quello in corso al 31 dicembre 2014.

(2) *A norma dell'art. 10, comma 12* undecies, *del D.L. 31 dicembre 2014, n. 192, convertito, con modificazioni, nella L. 27 febbraio 2015, n. 11, in deroga a quanto previsto dall'art. 1, comma 85, lett.* b), *della L. 23 dicembre 2014, n. 190, sono prorogate le disposizioni previste dai commi 1, 2 e 7 del presente articolo, per i soggetti che, avendone i requisiti, decidono di avvalersene, consentendone la relativa scelta nel corso dell'anno 2015.*

10.

D.L. 6 dicembre 2011, n. 201. Disposizioni urgenti per la crescita, l'equità e il consolidamento dei conti pubblici (Suppl. ord. alla *Gazzetta Ufficiale* Serie gen. - n. 284 del 6 dicembre 2011), convertito, con modificazioni, nella L. 22 dicembre 2011, n. **214** (Suppl. ord. alla *Gazzetta Ufficiale* Serie gen. - n. 300 del 27 dicembre 2011) e comunicato di rettifica in *Gazzetta Ufficiale* Serie gen. - n. 10 del 13 gennaio 2012.

(*Estratto*)

Titolo I

Sviluppo ed equità

1. ([1]) **[Aiuto alla crescita economica (Ace)].** – (*Omissis*).

([1]) *Questo articolo è stato abrogato dall'art. 1, comma 1080, della L. 30 dicembre 2018, n. 145, così come modificato dall'art. 1, comma 287, lett.* b), *della L. 27 dicembre 2019, n. 160, a decorrere dal periodo di imposta successivo a quello in corso al 31 dicembre 2018. A norma dell'art. 1, comma 287, lett.* b), *della medesima legge si applicano le disposizioni di cui a questo articolo, e ai commi da 549 a 552 dell'articolo 1 della legge 11 dicembre 2016, n. 232, con l'aliquota percentuale per il calcolo del rendimento nozionale del nuovo capitale proprio fissata all'1,3 per cento.*

Titolo III

Consolidamento dei conti pubblici

Capo II

Disposizioni in materia di maggiori entrate

17. Canone RAI. – 1. Le imprese e le società, ai sensi di quanto previsto dal decreto del Presidente della Repubblica 22 dicembre 1986, n. 917, nella relativa dichiarazione dei redditi, devono indicare il numero di abbonamento speciale alla radio o alla televisione la categoria di appartenenza ai fini dell'applicazione della tariffa di abbonamento radiotelevisivo speciale, nonché gli altri elementi che saranno eventualmente indicati nel provvedimento di approvazione del modello per la dichiarazione dei redditi, ai fini della verifica del pagamento del canone di abbonamento radiotelevisivo speciale.

20. Riallineamento partecipazioni. – 1. La disposizione del comma 12 dell'articolo 23 del decreto legge 6 luglio 2011, n. 98, convertito, con modificazioni, dalla legge 15 luglio 2011, n. 111, si applica anche alle operazioni effettuate nel periodo di imposta in corso al 31 dicembre 2011. Il versamento dell'imposta sostitutiva è dovuto in un'unica rata da versare entro il termine di scadenza dei versamenti del saldo delle imposte sui redditi dovute per il periodo d'imposta 2012 ([1]).

1 *bis*. Il termine di versamento di cui al comma 1 si applica ([2]) anche alle operazioni effettuate nel periodo d'imposta in corso al 31 dicembre 2010 e in quelli precedenti. In tal caso, a decorrere dal 1° dicembre 2011, [su ciascuna rata] ([3]) sono dovuti interessi nella misura pari al saggio legale.

2. Gli effetti del riallineamento di cui al comma 1 decorrono dal periodo d'imposta successivo a quello in corso al 31 dicembre 2019 ([4]).

3. Si applicano, ove compatibili, le modalità di attuazione dei commi da 12 a 14 dell'articolo 23 del decreto legge 6 luglio 2011, n. 98, convertito, con modificazioni, dalla legge 15 luglio 2011, n. 111, disposte con provvedimento del Direttore dell'Agenzia delle entrate del 22 novembre 2011.

([1]) *Le parole*: «*in tre rate di pari importo da versare*: a) *la prima, entro il termine di scadenza dei versamenti del saldo delle imposte sui redditi dovute per il periodo d'imposta 2012*; b) *la seconda e la terza entro il termine di scadenza dei versamenti, rispettivamente, della prima e della seconda o unica rata di acconto delle imposte sui redditi dovute per il periodo di imposta 2014» sono state così sostituite dalle attuali: «in un'unica rata da versare entro il termine di scadenza dei versamenti del saldo delle imposte sui redditi dovute per il periodo d'imposta 2012» dall'art. 1, comma 504, della L. 24 dicembre 2012, n. 228.*

([2]) *Le parole*: *«I termini di versamento di cui al comma 1 si applicano» sono state così sostituite dalle attuali*: *«Il termine di versamento di cui al comma 1 si applica» dall'art. 1, comma 505, della L. 24 dicembre 2012, n. 228.*

([3]) *Le parole*: *«su ciascuna rata» sono state soppresse dall'art. 1, comma 505, della L. 24 dicembre 2012, n. 228.*

([4]) *Le parole*: *«al 31 dicembre 2014» sono state così sostituite dalle attuali*: *«al 31 dicembre 2019» dall'art. 1, comma 503, della L. 24 dicembre 2012, n. 228.*

11.

D.L. 2 marzo 2012, n. 16. Disposizioni urgenti in materia di semplificazioni tributarie, di efficientamento e potenziamento delle procedure di accertamento (*Gazzetta Ufficiale* Serie gen. - n. 52 del 2 marzo 2012), convertito, con modificazioni, nella L. 26 aprile 2012, n. **44** (Suppl. ord. alla *Gazzetta Ufficiale* Serie gen. n. 99 del 28 aprile 2012).

(*Estratto*)

Titolo I
Semplificazioni in materia tributaria

2. Comunicazioni e adempimenti formali. – 1. La fruizione di benefici di natura fiscale o l'accesso a regimi fiscali opzionali, subordinati all'obbligo di preventiva comunicazione ovvero ad altro adempimento di natura formale non tempestivamente eseguiti, non è preclusa, sempre che la violazione non sia stata constatata o non siano iniziati accessi, ispezioni, verifiche o altre attività amministrative di accertamento delle quali l'autore dell'inadempimento abbia avuto formale conoscenza, laddove il contribuente:

a) abbia i requisiti sostanziali richiesti dalle norme di riferimento;

b) effettui la comunicazione ovvero esegua l'adempimento richiesto entro il termine di presentazione della prima dichiarazione utile;

c) versi contestualmente l'importo pari alla misura minima della sanzione stabilita dall'articolo 11, comma 1, del decreto legislativo 18 dicembre 1997, n. 471, secondo le modalità stabilite dall'articolo 17 del decreto legislativo 9 luglio 1997, n. 241, e successive modificazioni, esclusa la compensazione ivi prevista.

2. A decorrere dall'esercizio finanziario 2012 possono partecipare al riparto del 5 per mille dell'imposta sul reddito delle persone fisiche gli enti che pur non avendo assolto in tutto o in parte, entro i termini di scadenza, agli adempimenti richiesti per l'ammissione al contributo:

a) abbiano i requisiti sostanziali richiesti dalle norme di riferimento;

b) presentino le domande di iscrizione e provvedano alle successive integrazioni documentali entro il 30 settembre;

c) versino contestualmente l'importo pari alla misura minima della sanzione stabilita dall'articolo 11, comma 1, del decreto legislativo 18 dicembre 1997, n. 471, secondo le modalità stabilite dall'articolo 17 del decreto legislativo 9 luglio 1997, n. 241, e successive modificazioni, esclusa la compensazione ivi prevista.

3. - 13 *quater*. (*Omissis*)

12.

L. 23 dicembre 2014, n. 190. Disposizioni per la formazione del bilancio annuale e pluriennale dello Stato (legge di stabilità 2015) (Suppl. ord. alla *Gazzetta Ufficiale* Serie gen. - n. 300 del 29 dicembre 2014).

1. 1. - 36. (*Omissis*).

37. I soggetti titolari di reddito d'impresa possono optare per l'applicazione delle disposizioni di cui ai commi da 38 a 45. L'opzione ha durata per cinque esercizi sociali ed è irrevocabile e rinnovabile (1) (2) (3).

38. I soggetti di cui all'articolo 73, comma 1, lettera *d*), del testo unico di cui al decreto del Presidente della Repubblica 22 dicembre 1986, n. 917, e successive modificazioni, possono esercitare l'opzione di cui al comma 37 del presente articolo a condizione di essere residenti in Paesi con i quali sia in vigore un accordo per evitare la doppia imposizione e con i quali lo scambio di informazioni sia effettivo (2) (3).

39. I redditi dei soggetti indicati al comma 37 derivanti dall'utilizzo di software protetto da copyright, da brevetti industriali, da disegni e modelli, nonché da processi, formule e informazioni relativi ad esperienze acquisite nel campo industriale, commerciale o scientifico giuridicamente tutelabili, non concorrono a formare il reddito complessivo, in quanto esclusi per il 50 per cento del relativo ammontare (4). Le disposizioni del presente comma si applicano anche ai redditi derivanti dall'utilizzo congiunto di beni immateriali, collegati tra loro da vincoli di complementarità, ai fini della realizzazione di un prodotto o di una famiglia di prodotti o di un processo o di un gruppo di processi, sempre che tra i beni immateriali utilizzati congiuntamente siano compresi unicamente quelli indicati nel primo periodo (4). In caso di utilizzo diretto dei beni indicati, il contributo economico di tali beni alla produzione del reddito complessivo beneficia dell'esclusione di cui al presente comma a condizione che lo stesso sia determinato sulla base di un apposito accordo conforme a quanto previsto dall'articolo 8 del decreto legge 30 settembre 2003, n. 269, convertito, con modificazioni, dalla legge 24 novembre 2003, n. 326, e successive modificazioni. In tali ipotesi la procedura di *ruling* ha ad oggetto la determinazione, in via preventiva e in contraddittorio con l'Agenzia delle entrate, dell'ammontare dei componenti positivi di reddito impliciti e dei criteri per l'individuazione dei componenti negativi riferibili ai predetti componenti positivi. Nel caso in cui i redditi siano realizzati nell'ambito di operazioni intercorse con società che direttamente o indirettamente controllano l'impresa, ne sono controllate o sono controllate dalla stessa società che controlla l'impresa, gli stessi possono essere determinati sulla base di un apposito accordo conforme a quanto previsto dall'articolo

8 del decreto legge 30 settembre 2003, n. 269, convertito, con modificazioni, dalla legge 24 novembre 2003, n. 326, e successive modificazioni (5) (2) (3).

40. Non concorrono a formare il reddito complessivo in quanto escluse dalla formazione del reddito le plusvalenze derivanti dalla cessione dei beni di cui al comma 39, a condizione che almeno il 90 per cento del corrispettivo derivante dalla cessione dei predetti beni sia reinvestito, prima della chiusura del secondo periodo di imposta successivo a quello nel quale si è verificata la cessione, nella manutenzione o nello sviluppo di altri beni immateriali di cui al comma 39. Si applicano le disposizioni relative al *ruling* previste dal quarto (6) periodo del comma 39 (2) (3).

41. Le disposizioni dei commi da 37 a 40 si applicano a condizione che i soggetti che esercitano l'opzione di cui al comma 37 svolgano le attività di ricerca e sviluppo, anche mediante contratti di ricerca stipulati con società diverse da quelle che direttamente o indirettamente controllano l'impresa, ne sono controllate o sono controllate dalla stessa società che controlla l'impresa ovvero con (7) università o enti di ricerca e organismi equiparati, finalizzate alla produzione dei beni di cui al comma 39 (2) (3).

42. La quota di reddito agevolabile è determinata sulla base del rapporto tra:

a) i costi di attività di ricerca e sviluppo, rilevanti ai fini fiscali, sostenuti per il mantenimento, l'accrescimento e lo sviluppo del bene immateriale di cui al comma 39;

b) i costi complessivi, rilevanti ai fini fiscali, sostenuti per produrre tale bene (8) (2) (3).

42 *bis*. L'ammontare di cui alla lettera *a*) del comma 42 è aumentato di un importo corrispondente ai costi sostenuti per l'acquisizione del bene immateriale o per contratti di ricerca, relativi allo stesso bene, stipulati con società che direttamente o indirettamente controllano l'impresa, ne sono controllate o sono controllate dalla stessa società che controlla l'impresa fino a concorrenza del trenta per cento del medesimo ammontare di cui alla predetta lettera *a*) (9) (2) (3).

42 *ter*. Qualora più beni tra quelli di cui al comma 39, appartenenti a un medesimo soggetto, siano collegati da vincoli di complementarietà e vengano utilizzati congiuntamente ai fini della realizzazione di un prodotto o di una famiglia di prodotti o di un processo o di un gruppo di processi, tali beni possono costituire un solo bene immateriale ai fini delle disposizioni dei commi da 37 a 42 *bis* (10).

43. L'esercizio dell'opzione di cui al comma 37 rileva anche ai fini della determinazione del valore della produzione netta di cui al decreto legislativo 15 dicembre 1997, n. 446 (2) (3).

44. Con decreto di natura non regolamentare del Ministero dello sviluppo economico, di concerto con il Ministero dell'economia e delle finanze, sono adottate le disposizioni attuative dei commi da 37 a 43, anche al fine [di individuare le tipologie di marchi escluse dall'ambito di applicazione del comma 39 e] ([11]) di definire gli elementi del rapporto di cui al comma 42 ([3]).

45. Le disposizioni di cui ai commi da 37 a 44 si applicano a decorrere dal periodo d'imposta successivo a quello in corso al 31 dicembre 2014. Per tale periodo d'imposta e per quello successivo, la percentuale di esclusione dal concorso alla formazione del reddito complessivo di cui al comma 39 è fissata, rispettivamente, in misura pari al 30 e al 40 per cento ([3]).

46. - 53. (Omissis)

54. I contribuenti persone fisiche esercenti attività d'impresa, arti o professioni applicano il regime forfetario di cui al presente comma e ai commi da 55 a 89 del presente articolo se, al contempo, nell'anno precedente:

a) hanno conseguito ricavi ovvero hanno percepito compensi, ragguagliati ad anno, non superiori a euro 65.000;

b) hanno sostenuto spese per un ammontare complessivamente non superiore ad euro 20.000 lordi per lavoro accessorio di cui all'articolo 70 del decreto legislativo 10 settembre 2003, n. 276, per lavoratori dipendenti e per collaboratori di cui all'articolo 50, comma 1, lettere *c*) *e* c *bis*), del testo unico delle imposte sui redditi, di cui al decreto del Presidente della Repubblica 22 dicembre 1986, n. 917, anche assunti secondo la modalità riconducibile a un progetto ai sensi degli articoli 61 e seguenti del citato decreto legislativo n. 276 del 2003, comprese le somme erogate sotto forma di utili da partecipazione agli associati di cui all'articolo 53, comma 2, lettera c), e le spese per prestazioni di lavoro di cui all'articolo 60 del citato testo unico di cui al decreto del Presidente della Repubblica n. 917 del 1986 ([12]).

55. Ai fini della verifica della sussistenza del requisito per l'accesso al regime forfetario di cui al comma 54, lettera *a*) ([13]):

a) non rilevano gli ulteriori componenti positivi indicati nelle dichiarazioni fiscali ai sensi del comma 9 dell'articolo 9 *bis* del decreto legge 24 aprile 2017, n. 50, convertito, con modificazioni, dalla legge 21 giugno 2017, n. 96;

b) nel caso di esercizio contemporaneo di attività contraddistinte da differenti codici ATECO, si assume la somma dei ricavi e dei compensi relativi alle diverse attività esercitate.

56. Le persone fisiche che intraprendono l'esercizio di imprese, arti o professioni possono avvalersi del regime forfetario comunicando, nella dichiarazione di inizio di attività di cui all'articolo 35 del decreto del Presidente della Repubblica 26 ottobre 1972, n. 633, e successive modificazioni, di presumere la sussistenza dei requisiti ([14]) di cui al comma 54 del presente articolo.

quisiti reddituali, si tiene comunque conto anche del reddito assoggettato al regime forfetario ([29]).

76. I soggetti di cui al comma 54 esercenti attività d'impresa possono applicare, ai fini contributivi, il regime agevolato di cui ai commi da 77 a 84.

77. Il reddito forfettario determinato ai sensi dei precedenti commi costituisce base imponibile ai sensi dell'articolo 1 della legge 2 agosto 1990, n. 233. Su tale reddito si applica la contribuzione dovuta ai fini previdenziali, ridotta del 35 per cento. Si applica, per l'accredito della contribuzione, la disposizione di cui all'articolo 2, comma 29, della legge 8 agosto 1995, n. 335 ([30]).

78. Nel caso in cui siano presenti coadiuvanti o coadiutori, il soggetto di cui al comma 76 del presente articolo può indicare la quota di reddito di spettanza dei singoli collaboratori, fino a un massimo, complessivamente, del 49 per cento. Per tali soggetti, il reddito imponibile sul quale calcolare la contribuzione dovuta si determina ai sensi dell'articolo 3 *bis* del decreto legge 19 settembre 1992, n. 384, convertito, con modificazioni, dalla legge 14 novembre 1992, n. 438, e successive modificazioni.

79. I versamenti a saldo e in acconto dei contributi dovuti agli enti previdenziali da parte dei soggetti di cui al comma 76 sono effettuati entro gli stessi termini previsti per il versamento delle somme dovute in base alla dichiarazione dei redditi.

80. Ai soggetti di cui al comma 76 del presente articolo e ai loro familiari collaboratori, già pensionati presso le gestioni dell'INPS e con più di 65 anni di età, non si applicano le disposizioni di cui all'articolo 59, comma 15, della legge 27 dicembre 1997, n. 449.

81. Ai familiari collaboratori dei soggetti di cui al comma 54 del presente articolo non si applica la riduzione contributiva di tre punti percentuali, prevista dall'articolo 1, comma 2, della legge 2 agosto 1990, n. 233.

82. Il regime contributivo agevolato cessa di avere applicazione a partire dall'anno successivo a quello in cui viene meno taluna delle condizioni ([31]) di cui al comma 54 ovvero si verifica taluna delle fattispecie di cui al comma 57. La cessazione determina, ai fini previdenziali, l'applicazione del regime ordinario di determinazione e di versamento del contributo dovuto. Il passaggio al regime previdenziale ordinario, in ogni caso, determina l'impossibilità di fruire nuovamente del regime contributivo agevolato, anche laddove sussistano le condizioni ([32]) di cui al comma 54. Non possono accedere al regime contributivo agevolato neanche i soggetti che ne facciano richiesta, ma per i quali si verifichi il mancato rispetto delle condizioni ([33]) di cui al comma 54 nell'anno della richiesta stessa.

83. Al fine di fruire del regime contributivo agevolato, i soggetti di cui al comma 54 che intraprendono l'esercizio di un'attività d'impresa presentano,

mediante comunicazione telematica, apposita dichiarazione messa a disposizione dall'INPS; i soggetti già esercenti attività d'impresa presentano, entro il termine di decadenza del 28 febbraio di ciascun anno, la medesima dichiarazione. Ove la dichiarazione sia presentata oltre il termine stabilito, nelle modalità indicate, l'accesso al regime agevolato può avvenire a decorrere dall'anno successivo, presentando nuovamente la dichiarazione stessa entro il termine stabilito, ferma restando la permanenza delle condizioni ([34]) di cui al comma 54.

84. Entro sessanta giorni dalla data di entrata in vigore della presente legge l'Agenzia delle entrate e l'INPS stabiliscono le modalità operative e i termini per la trasmissione dei dati necessari all'attuazione del regime contributivo agevolato.

85. Sono abrogati, salvo quanto previsto dal comma 88:

a) l'articolo 13 della legge 23 dicembre 2000, n. 388;

b) l'articolo 27 del decreto legge 6 luglio 2011, n. 98, convertito, con modificazioni, dalla legge 15 luglio 2011, n. 111;

c) l'articolo 1, commi da 96 a 115 e 117, della legge 24 dicembre 2007, n. 244, e successive modificazioni.

86. I soggetti che nel periodo d'imposta in corso al 31 dicembre 2014 si avvalgono del regime fiscale agevolato di cui all'articolo 13 della legge 23 dicembre 2000, n. 388, del regime fiscale di vantaggio di cui all'articolo 27, commi 1 e 2, del decreto legge 6 luglio 2011, n. 98, convertito, con modificazioni, dalla legge 15 luglio 2011, n. 111, o del regime contabile agevolato di cui all'articolo 27, comma 3, del medesimo decreto legge n. 98 del 2011, in possesso dei requisiti previsti dal comma 54 del presente articolo, applicano il regime forfetario, salva opzione per l'applicazione dell'imposta sul valore aggiunto e delle imposte sul reddito nei modi ordinari.

87. I soggetti che nel periodo d'imposta in corso al 31 dicembre 2014 si avvalgono del regime fiscale agevolato di cui all'articolo 13 della legge 23 dicembre 2000, n. 388, o del regime fiscale di vantaggio di cui all'articolo 27, commi 1 e 2, del decreto legge 6 luglio 2011, n. 98, convertito, con modificazioni, dalla legge 15 luglio 2011, n. 111, possono applicare, laddove in possesso dei requisiti previsti dalla legge, il regime di cui al comma 65 del presente articolo per i soli periodi d'imposta che residuano al completamento del quinquennio ([35]) agevolato.

88. I soggetti che nel periodo di imposta in corso al 31 dicembre 2014 si avvalgono del regime fiscale di vantaggio di cui all'articolo 27, commi 1 e 2, del decreto legge 6 luglio 2011, n. 98, convertito, con modificazioni, dalla legge 15 luglio 2011, n. 111, possono continuare ad avvalersene per il periodo che residua al completamento del quinquennio agevolato e comunque fino al compimento del trentacinquesimo anno di età.

89. [Le disposizioni dei commi da 54 a 88 si applicano a decorrere dal periodo di imposta successivo a quello in corso al 31 dicembre 2014] ([36]). Con decreti di natura non regolamentare del Ministro dell'economia e delle finanze possono essere dettate le disposizioni necessarie per l'attuazione dei commi da 54 a 88. Con provvedimenti del direttore dell'Agenzia delle entrate sono stabilite le relative modalità applicative.

90. La quota di compartecipazione all'imposta sul valore aggiunto di cui all'articolo 2 *ter*, comma 6, del decreto legge 7 ottobre 2008, n. 154, convertito, con modificazioni, dalla legge 4 dicembre 2008, n. 189, è incrementata di ulteriori 5 milioni di euro per ciascuno degli anni 2015 e 2016.

[91. A decorrere dal periodo d'imposta 2015, agli enti di previdenza obbligatoria di cui al decreto legislativo 30 giugno 1994, n. 509, e al decreto legislativo 10 febbraio 1996, n. 103, è riconosciuto un credito d'imposta pari alla differenza tra l'ammontare delle ritenute e imposte sostitutive applicate nella misura del 26 per cento sui redditi di natura finanziaria dichiarate e certificate dai soggetti intermediari o dichiarate dagli enti medesimi e l'ammontare di tali ritenute e imposte sostitutive computate nella misura del 20 per cento a condizione che i proventi assoggettati alle ritenute e imposte sostitutive siano investiti in attività di carattere finanziario a medio o lungo termine individuate con apposito decreto del Ministro dell'economia e delle finanze. Il credito d'imposta va indicato nella dichiarazione dei redditi relativa a ciascun periodo d'imposta, non concorre alla formazione del reddito ai fini delle imposte sui redditi e del valore della produzione ai fini dell'imposta regionale sulle attività produttive. Non rileva ai fini del rapporto di cui agli articoli 61 e 109, comma 5, del testo unico delle imposte sui redditi, di cui al decreto del Presidente della Repubblica 22 dicembre 1986, n. 917. Il credito d'imposta può essere utilizzato, a decorrere dal periodo d'imposta successivo a quello di effettuazione del citato investimento, esclusivamente in compensazione, ai sensi dell'articolo 17 del decreto legislativo 9 luglio 1997, n. 241, nei limiti dello stanziamento di cui al comma 94 del presente articolo. Al credito d'imposta non si applicano i limiti di cui all'articolo 1, comma 53, della legge 24 dicembre 2007, n. 244, e all'articolo 34 della legge 23 dicembre 2000, n. 388] ([37]).

[92. A decorrere dal periodo d'imposta 2015, alle forme di previdenza complementare di cui al decreto legislativo 5 dicembre 2005, n. 252, è riconosciuto un credito d'imposta pari al 9 per cento del risultato netto maturato, assoggettato all'imposta sostitutiva di cui all'articolo 17 di tale decreto applicata in ciascun periodo d'imposta, a condizione che un ammontare corrispondente al risultato netto maturato assoggettato alla citata imposta sostitutiva sia investito in attività di carattere finanziario a medio o lungo termine, individuate con il decreto del Ministro dell'economia e delle finanze di cui al comma 91 del presente articolo. Il credito d'imposta, che non concorre alla formazione del risultato netto maturato e che, ai fini della formazione delle prestazioni pensionistiche, incrementa la parte corrispondente ai redditi già assoggettati ad imposta, va indicato nella dichiarazione dei redditi relativa a ciascun periodo d'imposta e può essere utilizzato a decorrere dal periodo d'imposta successivo a quello di effettuazione del citato investimento, esclusivamente in compensazione, ai sensi dell'articolo 17 del decreto legislativo 9 luglio 1997, n. 241, nei limiti dello stanziamento di cui al comma 94 del presente articolo. Al credito d'imposta non si applicano i limiti di cui all'articolo 1, comma 53, della legge 24 dicembre 2007, n. 244, e all'articolo 34 della legge 23 dicembre 2000, n. 388] ([37]).

[93. Con il decreto di cui al comma 91 sono stabiliti le condizioni, i termini e le modalità di applicazione riguardo alla fruizione del credito d'imposta, al fine del rispetto del limite di spesa di cui al comma 94 e del relativo monitoraggio] ([37]).

94. - 735. (*Omissis*).

([1]) *Le parole: «e rinnovabile» sono state aggiunte dall'art. 5, comma 1, lett.* 0a), *del D.L. 24 gennaio 2015, n. 3, convertito, con modificazioni, nella L. 24 marzo 2015, n. 33.*

([2]) *A norma dell'art. 67, comma 1, del D.L. 17 marzo 2020, n. 18, convertito, con modificazioni, nella L. 24 aprile 2020, n. 27, sono sospesi dall'8 marzo al 31 maggio 2020 i termini previsti relativi alle procedure di cui a questo comma.*

([3]) *A norma dell'art. 6, comma 10, del D.L. 21 ottobre 2021, n. 146, convertito, con modificazioni, nella L. 17 dicembre 2021, n. 215, così come sostituito dall'art. 1, comma 10, lett.* d), *della L. 30 dicembre 2021, n. 234, con riferimento al periodo d'imposta in corso alla data di entrata in vigore del suddetto decreto e ai successivi periodi d'imposta, non sono più esercitabili le opzioni previste da questo comma, e dall'articolo 4 del decreto legge 30 aprile 2019, n. 34, convertito, con modificazioni, dalla legge 28 giugno 2019, n. 58. I soggetti di cui ai commi 1 e 2, del medesimo decreto, che abbiano esercitato o che esercitino opzioni ai sensi di questo comma, afferenti ai periodi d'imposta antecedenti a quello in corso alla data di entrata in vigore del presente decreto possono scegliere, in alternativa al regime opzionato, di aderire al regime agevolativo di cui al presente articolo, previa comunicazione da inviare secondo le modalità stabilite con provvedimento del direttore dell'Agenzia delle entrate. Sono esclusi dalla previsione di cui al secondo periodo coloro che abbiano presentato istanza di accesso alla procedura di cui all'articolo 31* ter *del decreto del Presidente della Repubblica 29 settembre 1973, n. 600, ovvero presentato istanza di rinnovo, e abbiano sottoscritto un accordo preventivo con l'Agenzia delle entrate a conclusione di dette procedure, nonché i soggetti che abbiano aderito al regime di cui all'articolo 4 del decreto legge 30 aprile 2019, n. 34, convertito, con modificazioni, dalla legge 28 giugno 2019, n. 58.*

([4]) *Il primo periodo di questo comma: «I redditi dei soggetti indicati al comma 37 derivanti dall'utilizzo di software protetto da* copyright*, da brevetti industriali, da marchi d'impresa, da disegni e modelli, nonché da processi, formule e informazioni relativi ad* *esperienze acquisite nel campo industriale, commerciale o scientifico giuridicamente tutelabili, non concorrono a formare il reddito complessivo in quanto esclusi per il 50 per cento del relativo ammontare» è stato così sostituito dagli attuali periodi primo e secondo, dall'art. 56, comma 1, lett.* a)*, del D.L. 24 aprile 2017, n. 50, convertito, con modificazioni, nella L. 21 giugno 2017, n. 96.*

A norma dell'art. 56, comma 2, lett. a) *e* b)*, del medesimo provvedimento, tali disposizioni si applicano per i soggetti con esercizio coincidente con l'anno solare, per i periodi d'imposta per i quali le opzioni, di cui al comma 37 dell'articolo 1 della legge 23 dicembre 2014, n. 190, sono esercitate successivamente al 31 dicembre 2016 e per i soggetti con esercizio non coincidente con l'anno solare, a decorrere dal terzo periodo d'imposta successivo a quello in corso al 31 dicembre 2014, relativamente al quale le opzioni, di cui al comma 37 dell'articolo 1 della legge 23 dicembre 2014, n. 190, sono esercitate successivamente al 31 dicembre 2016.*

A norma dell'art. 56, comma 3, del medesimo provvedimento, le disposizioni vigenti anteriormente alle modifiche operate dal comma 1 continuano ad applicarsi, comunque non oltre il 30 giugno 2021, relativamente alle opzioni esercitate per i primi due periodi d'imposta successivi a quelli in corso al 31 dicembre 2014.

([5]) *Questo periodo è stato così sostituito dall'art. 5, comma 1, lett.* a)*, del D.L. 24 gennaio 2015, n. 3, convertito, con modificazioni, nella L. 24 marzo 2015, n. 33.*

([6]) *La parola: «terzo» è stata così sostituita dalla seguente: «quarto», dall'art. 56, comma 1, lett.* b)*, del D.L. 24 aprile 2017, n. 50, convertito, con modificazioni, nella L. 21 giugno 2017, n. 96.*

A norma dell'art. 56, comma 2, lett. a) *e* b)*, del medesimo provvedimento, tali disposizioni si applicano per i soggetti con esercizio coincidente con l'anno solare, per i periodi d'imposta per i quali le opzioni, di cui al comma 37 dell'articolo 1 della legge 23 dicembre 2014, n. 190, sono esercitate successivamente al 31 dicembre 2016 e per i soggetti con esercizio non coincidente con l'anno solare, a decorrere dal terzo periodo d'imposta successivo a quello in corso al 31 dicembre 2014, relativamente al quale le opzioni, di cui al comma 37 dell'articolo 1 della legge 23 dicembre 2014, n. 190, sono esercitate successivamente al 31 dicembre 2016.*

A norma dell'art. 56, comma 3, del medesimo provvedimento, le disposizioni vigenti anteriormente alle modifiche operate dal comma 1 continuano ad applicarsi, comunque non oltre il 30 giugno 2021, relativamente alle opzioni esercitate per i primi due periodi d'imposta successivi a quelli in corso al 31 dicembre 2014.

([7]) *Le parole: «società diverse da quelle che direttamente o indirettamente controllano l'impresa, ne sono controllate o sono controllate dalla stessa società che controlla l'impresa ovvero con» sono state inserite dall'art. 5, comma 1, lett.* b)*, del D.L. 24 gennaio 2015, n. 3, convertito, con modificazioni, nella L. 24 marzo 2015, n. 33.*

([8]) *Questo comma è stato così sostituito dall'art. 5, comma 1, lett.* c)*, del D.L. 24 gennaio 2015, n. 3, convertito, con modificazioni, nella L. 24 marzo 2015, n. 33.*

([9]) *Questo comma è stato inserito dall'art. 5, comma 1, lett.* d)*, del D.L. 24 gennaio 2015, n. 3, convertito, con modificazioni, nella L. 24 marzo 2015, n. 33.*

([10]) *Questo comma, inserito dall'art. 1, comma 148, lett.* b)*, della L. 28 dicembre 2015, n. 208, è stato abrogato dall'art. 56, comma 1, lett.* c)*, del D.L. 24 aprile 2017, n. 50, convertito, con modificazioni, nella L. 21 giugno 2017, n. 96.*

A norma dell'art. 56, comma 2, lett. a) *e* b)*, del medesimo provvedimento, tali disposizioni si applicano per i soggetti con esercizio coincidente con l'anno solare, per i periodi d'imposta per i quali le opzioni, di cui al comma 37 dell'articolo 1 della legge 23 dicembre 2014, n. 190, sono esercitate successivamente al 31 dicembre 2016 e per i soggetti con esercizio non coincidente con l'anno solare, a decorrere dal terzo periodo d'imposta successivo a quello in corso al 31 dicembre 2014, relativamente al quale le opzioni, di cui al comma 37 dell'articolo 1 della legge 23 dicembre 2014, n. 190, sono esercitate successivamente al 31 dicembre 2016.*

A norma dell'art. 56, comma 3, del medesimo provvedimento, le disposizioni vigenti anteriormente alle modifiche operate dal comma 1 continuano ad applicarsi, comunque non oltre il 30 giugno 2021, relativamente alle opzioni esercitate per i primi due periodi d'imposta successivi a quelli in corso al 31 dicembre 2014.

([11]) *Le parole tra parentesi quadrate sono state soppresse dall'art. 5, comma 1, lett.* e)*, del D.L. 24 gennaio 2015, n. 3, convertito, con modificazioni, nella L. 24 marzo 2015, n. 33.*

([12]) *Questo comma è stato così sostituito dall'art. 1, comma 692, lett.* a)*, della L. 27 dicembre 2019, n. 160, a decorrere dal 1° gennaio 2020.*

([13]) *Le parole: «comma 54» sono state così sostituite dalle seguenti: «comma 54, lettera* a)*» dall'art. 1, comma 692, lett.* b)*, della L. 27 dicembre 2019, n. 160, a decorrere dal 1° gennaio 2020.*

([14]) *Le parole: «dei requisiti» sono state così sostituite dalle seguenti: «del requisito» dall'art. 1, comma 9, lett.* b)*, della L. 30 dicembre 2018, n. 145, a decorrere dal 1° gennaio 2019.*

Le parole: «del requisito» sono state così sostituite dalle seguenti: «dei requisiti» dall'art. 1, comma 692, lett. c)*, della L. 27 dicembre 2019, n. 160, a decorrere dal 1° gennaio 2020.*

([15]) *Questa lettera è stata così sostituita dall'art. 1, comma 9, lett.* c)*, della L. 30 dicembre 2018, n. 145, a decorrere dal 1° gennaio 2019.*

([16]) *Le parole: «, ad esclusione dei soggetti che iniziano una nuova attività dopo aver svolto il periodo di pratica obbligatoria ai fini dell'esercizio di arti o professioni» sono state aggiunte dall'art. 1* bis*, comma 3, del D.L. 14 dicembre 2018, n. 135, convertito, con modificazioni, nella L. 11 febbraio 2019, n. 12.*

([17]) *Questa lettera è stata aggiunta dall'art. 1, comma 111, lett.* b)*, della L. 28 dicembre 2015, n. 208 e, da ultimo, è stata così sostituita dall'art. 1, comma 9, lett.* c)*, della L. 30 dicembre 2018, n. 145, a decorrere dal 1° gennaio 2019.*

([18]) *Questa lettera è stata aggiunta dall'art. 1, comma 692, lett.* d)*, della L. 27 dicembre 2019, n. 160, a decorrere dal 1° gennaio 2020.*

([19]) *Questo periodo, aggiunto dall'art. 7* sexies*, comma 1, del D.L. 22 ottobre 2016, n. 193, convertito, con modificazioni, nella L. 1° dicembre 2016, n. 225, è stato soppresso dall'art. 1, comma 132* ter*, della L. 11 dicembre 2016, n. 232, così come modificato dall'art. 44* bis*, comma 1, lett.* a)*, del D.L. 6 novembre 2021, n. 152, convertito, con modificazioni, nella L. 29 dicembre 2021, n. 233.*

A norma dell'art. 7 sexies*, comma 2, del medesimo provvedimento, il decreto di cui a questo periodo, così come introdotto dal predetto D.L. 193/2016, è emanato entro novanta giorni dalla data di entrata in vigore della legge di conversione del presente decreto.*

([20]) *A norma dell'art. 5, comma 15* quinquies *del D.L. 21 ottobre 2021, n. 146, convertito, con modificazioni, nella L. 17 dicembre 2021, n. 215, in attesa della piena operatività delle disposizioni del titolo X del codice del Terzo settore, di cui al decreto legislativo 3 luglio 2017, n. 117, le organizzazioni di volontariato e le associazioni di promozione sociale che hanno conseguito ricavi, ragguagliati ad anno, non superiori a euro 65.000 applicano, ai soli fini dell'imposta sul valore aggiunto, il regime speciale previsto dai commi da 58 a 63 di cui a questo articolo.*

([21]) *Le parole: «e per i due successivi, il reddito determinato ai sensi del comma 64 è ridotto di un terzo» sono state così sostituite dalle attuali: «e per i quattro successivi, l'aliquota di cui al comma 64 è stabilita nella misura del 5 per cento» dall'art. 1, comma 111, lett.* c)*, della L. 28 dicembre 2015, n. 208. A norma dell'art. 1, comma 113, della medesima legge tali disposizioni si applicano, per gli anni 2016, 2017, 2018 e 2019, anche ai soggetti che nel 2015 hanno iniziato una nuova attività, avvalendosi delle disposizioni di cui all'articolo 1, comma 65, della citata legge n. 190 del 2014, vigente anteriormente alle modifiche di cui alla lettera* c) *del comma 111.*

([22]) *Le parole: «ai limiti» sono state così sostituite dalle seguenti: «al limite» dall'art. 1, comma 9, lett.* d)*, della L. 30 dicembre 2018, n. 145, a decorrere dal 1° gennaio 2019.*

([23]) *Le parole: «, ad eccezione delle ritenute di cui agli articoli 23 e 24 del medesimo decreto» sono state inserite dall'art. 6, comma 1, del D.L. 30 aprile 2019, n. 34, convertito, con modificazione, nella L. 28 giugno 2019, n. 58, a decorrere dal 1° gennaio 2019.*

([24]) *Le parole: «taluna delle condizioni» sono state così sostituite dalle seguenti: «il requisito» dall'art. 1, comma 9, lett.* e)*, della L. 30 dicembre 2018, n. 145, a decorrere dal 1° gennaio 2019.*

Le parole: «il requisito» sono state così sostituite dalle seguenti: «taluna delle condizioni» dall'art. 1, comma 692, lett. e)*, della L. 27 dicembre 2019, n. 160, a decorrere dal 1° gennaio 2020.*

([25]) *Questo periodo è stato soppresso dall'art. 1, comma 9, lett.* f)*, della L. 30 dicembre 2018, n. 145, a decorrere dal 1° gennaio 2019.*

([26]) *Questo periodo è stato aggiunto dall'art. 6* bis*, comma 1, del D.L. 30 aprile 2019, n. 34, convertito, con modificazioni, nella L. 28 giugno 2019, n. 58, a decorrere dal 30 giugno 2019.*

([27]) *Le parole: «; per i contribuenti che hanno un fatturato annuo costituito esclusivamente da fatture elettroniche, il termine di decadenza di cui all'articolo 43, comma 1, del decreto del Presidente della Repubblica 29 settembre 1973, n. 600, è ridotto di un anno» sono state inserite dall'art. 1, comma 692, lett.* f)*, n. 1), della L. 27 dicembre 2019, n. 160, a decorrere dal 1° gennaio 2020.*

([28]) *Le parole: «taluna delle condizioni» sono state così sostituite dalle seguenti: «la condizione» dall'art. 1, comma 9, lett.* g)*, della L. 30 dicembre 2018, n. 145, a decorrere dal 1° gennaio 2019.*

Le parole: «la condizione» sono state così sostituite dalle seguenti: «taluna delle condizioni» dall'art. 1, comma 692, lett. f)*, n. 2), della L. 27 dicembre 2019, n. 160, a decorrere dal 1° gennaio 2020.*

([29]) *Questo comma è stato così sostituito dall'art. 1, comma 692, lett.* g)*, della L. 27 dicembre 2019, n. 160, a decorrere dal 1° gennaio 2020.*

([30]) *Questo comma è stato così sostituito dall'art. 1, comma 111, lett.* d), *della L. 28 dicembre 2015, n. 208.*

([31]) *Le parole: «taluna delle condizioni» sono state così sostituite dalle seguenti: «la condizione» dall'art. 1, comma 9, lett.* h*), n. 1), della L. 30 dicembre 2018, n. 145, a decorrere dal 1° gennaio 2019.*

Le parole: «la condizione» sono state così sostituite dalle seguenti: «taluna delle condizioni» dall'art. 1, comma 692, lett. h*), n.* 1*), della L. 27 dicembre 2019, n. 160, a decorrere dal 1° gennaio 2020.*

([32]) *Le parole: «sussistano le condizioni» sono state così sostituite dalle seguenti: «sussista la condizione» dall'art. 1, comma 9, lett.* h*), n. 2), della L. 30 dicembre 2018, n. 145, a decorrere dal 1° gennaio 2019.*

Le parole: «sussista la condizione» sono state così sostituite dalle seguenti: «sussistano le condizioni» dall'art. 1, comma 692, lett. h*), n.* 2*), della L. 27 dicembre 2019, n. 160, a decorrere dal 1° gennaio 2020.*

([33]) *Le parole: «delle condizioni» sono state così sostituite dalle seguenti: «della condizione» dall'art. 1, comma 9, lett.* h*), n. 3), della L. 30 dicembre 2018, n. 145, a decorrere dal 1° gennaio 2019.*

Le parole: «della condizione» sono state così sostituite dalle seguenti: «delle condizioni» dall'art. 1, comma 692, lett. h*), n.* 3*), della L. 27 dicembre 2019, n. 160, a decorrere dal 1° gennaio 2020.*

([34]) *Le parole: «delle condizioni» sono state così sostituite dalle seguenti: «della condizione» dall'art. 1, comma 9, lett.* i*), della L. 30 dicembre 2018, n. 145, a decorrere dal 1° gennaio 2019.*

Le parole: «della condizione» sono state così sostituite dalle seguenti: «delle condizioni» dall'art. 1, comma 692, lett. i*), della L. 27 dicembre 2019, n. 160, a decorrere dal 1° gennaio 2020.*

([35]) *La parola: «triennio» è stata così sostituita dalla seguente: «quinquennio» dall'art. 1, comma 9, lett.* l*), della L. 30 dicembre 2018, n. 145, a decorrere dal 1° gennaio 2019.*

([36]) *Questo periodo è stato soppresso dall'art. 1, comma 692, lett.* l*), della L. 27 dicembre 2019, n. 160, a decorrere dal 1° gennaio 2020.*

([37]) *Questo comma è stato abrogato dall'art. 1, comma 96, della L. 11 dicembre 2016, n. 232.*

13.

L. 28 dicembre 2015, n. 208. Disposizioni per la formazione del bilancio annuale e pluriennale dello Stato (legge di stabilità 2016) (Suppl. ord. alla *Gazzetta Ufficiale* Serie gen. - n. 302 del 30 dicembre 2015).

1. 1. - 65. (*Omissis*).

66. I soggetti che hanno esercitato l'opzione per la tassazione di gruppo di cui all'articolo 117 del testo unico delle imposte sui redditi, di cui al decreto del Presidente della Repubblica 22 dicembre 1986, n. 917, e i soggetti che hanno esercitato, in qualità di partecipati, l'opzione per la trasparenza fiscale di cui all'articolo 115 del citato testo unico assoggettano autonomamente il proprio reddito imponibile all'addizionale prevista dal comma 65 del presente articolo e provvedono al relativo versamento; i soggetti che hanno esercitato, in qualità di partecipanti, l'opzione per la trasparenza fiscale di cui al citato articolo 115 del medesimo testo unico assoggettano il proprio reddito imponibile all'addizionale prevista dal comma 65 del presente articolo senza tener conto del reddito imputato dalla società partecipata.

67. - 90. (*Omissis*).

91. Ai fini delle imposte sui redditi, per i soggetti titolari di reddito d'impresa e per gli esercenti arti e professioni che effettuano investimenti in beni materiali strumentali nuovi dal 15 ottobre 2015 al 31 dicembre 2016, con esclusivo riferimento alla determinazione delle quote di ammortamento e dei canoni di locazione finanziaria, il costo di acquisizione è maggiorato del 40 per cento ([1]).

92. - 999. (*Omissis*).

([1]) *A norma dell'art. 1, comma 8, della L. 11 dicembre 2016, n. 232, le disposizioni di questo comma si applicano anche agli investimenti in beni materiali strumentali nuovi, esclusi i veicoli e gli altri mezzi di trasporto di cui all'articolo 164, comma 1, lettere* b) *e* b bis)*, del testo unico delle imposte sui redditi, di cui al decreto del Presidente della Repubblica 22 dicembre 1986, n. 917, effettuati entro il 31 dicembre 2017, ovvero entro il 30 giugno 2018 a condizione che entro la data del 31 dicembre 2017 il relativo ordine risulti accettato dal venditore e sia avvenuto il pagamento di acconti in misura almeno pari al 20 per cento del costo di acquisizione.*

14.

D.M. 5 aprile 2016. Modalità di richiesta di rimborso delle somme, assoggettate a tassazione in anni precedenti, restituite al soggetto erogatore e non dedotte dal reddito complessivo (*Gazzetta Ufficiale* Serie gen. - n. 88 del 15 aprile 2016).

1. Riconoscimento delle somme non dedotte dal reddito complessivo. – 1. Le somme restituite al soggetto erogatore assoggettate a tassazione in anni precedenti, di cui all'art. 10, comma 1, lettera d *bis*), del testo unico delle imposte sui redditi, approvato con decreto del Presidente della Repubblica 22 dicembre 1986, n. 917 (TUIR), che non sono state dedotte, in tutto o in parte, nel periodo d'imposta di restituzione sono deducibili negli anni successivi fino a capienza dei relativi redditi.

2. A decorrere dal periodo d'imposta 2016, i sostituti d'imposta di cui agli articoli 23 e 29 del decreto del Presidente della Repubblica 29 settembre 1973, n. 600, riconoscono la non concorrenza alla formazione del reddito di lavoro dipendente delle somme di cui al citato art. 10, comma 1, lettera d *bis*), non dedotte nel periodo d'imposta in cui sono state restituite, previa comunicazione resa dai sostituti in ordine all'ammontare delle predette somme non dedotte.

Nell'ipotesi in cui il sostituto d'imposta sia diverso da quello al quale sono state restituite le somme assoggettate a tassazione in anni precedenti, la comunicazione deve essere corredata della certificazione unica o delle certificazioni uniche nelle quali sono evidenziati i dati relativi all'ammontare delle somme restituite e di quelle eventualmente già dedotte.

3. Nella certificazione unica (CU) di cui all'art. 4, comma 6 *ter*, del decreto del Presidente della Repubblica 22 luglio 1998, n. 322, e nella dichiarazione dei redditi di cui all'art. 1 del medesimo decreto n. 322 del 1998 sono evidenziati i dati utili al monitoraggio del corretto utilizzo della predetta deduzione.

4. In alternativa alla deducibilità dal reddito complessivo dei periodi d'imposta successivi, il contribuente può chiedere, entro il termine di cui all'art. 2, comma 1, il rimborso dell'importo determinato applicando all'intero ammontare delle somme non dedotte l'aliquota corrispondente al primo scaglione di reddito di cui all'art. 11 del citato TUIR. La richiesta di rimborso è irrevocabile.

2. Modalità di richiesta del rimborso. – 1. L'istanza di rimborso di cui all'art. 1, comma 4, è presentata in carta libera agli uffici territoriali dell'Agenzia delle entrate nel termine biennale indicato nell'art. 21, comma 2, del decreto legislativo 31 dicembre 1992, n. 546, decorrente dalla data di scadenza del termine di presentazione della dichiarazione dei redditi relativa al periodo di imposta nel quale sono state restituite le somme.

2. Per i contribuenti non obbligati alla presentazione della dichiarazione dei redditi il termine biennale di presentazione dell'istanza di rimborso di cui al comma 1 decorre dalla data di scadenza del termine di presentazione della dichiarazione dei redditi relativa al periodo d'imposta nel quale è avvenuta la restituzione, ancorché l'importo restituito non sia stato prioritariamente dedotto dal reddito complessivo.

3. Periodo transitorio. – 1. I contribuenti che negli anni 2013 e 2014 hanno restituito al soggetto erogatore somme assoggettate a tassazione in anni precedenti e che per le stesse somme non hanno fruito, in tutto o in parte, della deduzione dal reddito complessivo possono presentare l'istanza di rimborso di cui all'art. 2, comma 1, dell'importo determinato applicando alle somme non dedotte l'aliquota corrispondente al primo scaglione di reddito di cui all'art. 11 del citato TUIR. In tal caso, il termine biennale di cui all'art. 21, comma 2, del citato decreto legislativo n. 546 del 1992 decorre dalla data di entrata in vigore del presente decreto.

4. Entrata in vigore e pubblicazione. – 1. Il presente decreto è pubblicato nella *Gazzetta Ufficiale* della Repubblica italiana ed entra in vigore il primo giorno successivo a quello della sua pubblicazione.

15.

D.L. 3 maggio 2016, n. 59. Disposizioni urgenti in materia di procedure esecutive e concorsuali, nonché a favore degli investitori in banche in liquidazione (*Gazzetta Ufficiale* Serie gen. - n. 102 del 3 maggio 2016), convertito, con modificazioni, nella L. 30 giugno 2016, n. **119** (*Gazzetta Ufficiale* Serie gen. - n. 153 del 2 luglio 2016).

(*Estratto*)

Capo III

Altre disposizioni finanziarie

11. Attività per imposte anticipate. – 1. Le imprese interessate dalle disposizioni di cui all'articolo 2, commi da 55 a 57, del decreto legge 29 dicembre 2010, n. 225, convertito, con modificazioni, dalla legge 26 febbraio 2011, n. 10, come successivamente integrato dal decreto legge 6 dicembre 2011, n. 201, convertito, con modificazioni, dalla legge 22 dicembre 2011, n. 214, possono optare, con riferimento all'ammontare di attività per imposte anticipate pari alla differenza di cui al successivo comma 2, per il mantenimento dell'applicazione delle predette disposizioni al ricorrere delle condizioni ivi previste.

L'opzione è esercitata con efficacia a valere dal 1° gennaio 2016 con il primo versamento di cui al comma 7, è irrevocabile e comporta l'applicazione della disciplina di cui al presente articolo a decorrere dall'esercizio in corso al 31 dicembre 2016 fino all'esercizio in corso al 31 dicembre 2030, con l'obbligo del pagamento di un canone annuo ([1]). Il canone è deducibile ai fini delle imposte sui redditi e dell'IRAP nell'esercizio in cui avviene il pagamento.

2. Il canone è determinato per ciascun esercizio di applicazione della disciplina ([2]) applicando l'aliquota dell'1,5 per cento alla differenza tra l'ammontare delle attività per imposte anticipate e le imposte versate come risultante alla data di chiusura dell'esercizio precedente ([3]).

3. L'ammontare delle attività per imposte anticipate di cui al comma 2 è determinato ogni anno sommando algebricamente:

a) la differenza, positiva o negativa, tra le attività per imposte anticipate cui si applicano i commi da 55 a 57 del citato articolo 2 del decreto legge n. 225 del 2010, iscritte in bilancio alla fine dell'esercizio e quelle iscritte alla fine dell'esercizio in corso al 31 dicembre 2007;

b) le attività per imposte anticipate trasformate in credito d'imposta ai sensi delle disposizioni di cui ai predetti commi da 55 a 57 dell'articolo 2 del citato decreto legge n. 225 del 2010.

4. Ai fini della determinazione delle imposte versate di cui al comma 2 si tiene conto dell'IRES, comprese le relative addizionali, versata con riferimento al periodo d'imposta in corso al 31 dicembre 2008 e ai successivi, e dell'IRAP versata con riferimento ai periodi d'imposta in corso al 31 dicembre 2013 e ai successivi. Si tiene altresì conto dell'imposta sostitutiva di cui all'articolo 15, commi 10, 10 *bis* e 10 *ter* del decreto legge 29 novembre 2008, n. 185, convertito, con modificazioni, dalla legge 28 gennaio 2009, n. 2, e dell'imposta sostitutiva di cui all'articolo 176, comma 2 *ter*, del testo unico delle imposte sui redditi, approvato con decreto del Presidente della Repubblica 22 dicembre 1986, n. 917, versate con riferimento al periodo d'imposta in corso al 31 dicembre 2008 e successivi, fino al periodo d'imposta in corso al 31 dicembre 2014.

5. Se le imposte versate di cui al comma 4 superano le attività per imposte anticipate di cui al comma 3, il canone non è dovuto.

6. In caso di partecipazione delle imprese di cui al comma 1 al consolidato nazionale di cui agli articoli 117 e seguenti del predetto testo unico delle imposte sui redditi, ai fini della determinazione della differenza di cui al comma 2, per imposte versate si intendono l'IRES versata in proprio o in qualità di consolidanti, le addizionali all'IRES, l'IRAP e le imposte sostitutive di cui al comma 4 versate dai soggetti partecipanti al consolidato che rientrano tra le imprese di cui al comma 1; l'ammontare delle attività per imposte anticipate di cui al comma 3 è dato dalla somma dell'ammontare

delle attività per imposte anticipate di cui al comma 3 delle singole imprese di cui al comma 1 partecipanti al consolidato.

7. Il versamento del canone è effettuato per ciascun esercizio entro il termine per il versamento a saldo delle imposte sui redditi relativo al periodo d'imposta precedente; per il primo periodo di applicazione della disciplina di cui al presente articolo, il versamento è invece effettuato, in ogni caso, entro il 31 luglio 2016 senza l'applicazione dell'articolo 17, comma 2, del regolamento di cui al decreto del Presidente della Repubblica 7 dicembre 2001, n. 435 ([4]). In caso di partecipazione delle imprese di cui al comma 1 al consolidato nazionale di cui agli articoli 117 e seguenti del citato testo unico delle imposte sui redditi, il versamento è effettuato dalla consolidante.

8. Qualora a partire dall'esercizio in corso al 31 dicembre 2008 le imprese di cui al comma 1 abbiano incrementato le attività per imposte anticipate cui si applicano i commi da 55 a 57 dell'articolo 2 del citato decreto legge n. 225 del 2010, in qualità di società incorporante o risultante da una o più fusioni o in qualità di beneficiaria di una o più scissioni, ai fini della determinazione dell'ammontare delle attività per imposte anticipate di cui al comma 3, si tiene conto anche delle attività per imposte anticipate iscritte alla fine dell'esercizio in corso al 31 dicembre 2007 nei bilanci delle società incorporate, fuse o scisse e delle attività per imposte anticipate trasformate in credito d'imposta dalle società incorporate, fuse o scisse; ai fini della determinazione delle imposte versate di cui al comma 4 si tiene conto anche delle imposte versate dalle società incorporate, fuse o scisse.

9. A partire dall'esercizio successivo a quello in corso al 31 dicembre 2015, le imprese interessate dalle disposizioni di cui all'articolo 2, commi da 55 a 57, del citato decreto legge n. 225 del 2010, che non abbiano esercitato l'opzione entro i termini di cui al comma 7 e che incorporino o risultino da una o più fusioni di altre imprese, oppure siano beneficiarie di una o più scissioni possono esercitare l'opzione di cui al medesimo comma 1 entro un mese dalla chiusura dell'esercizio in corso alla data in cui ha effetto la fusione o la scissione.

10. Se non è effettuata l'opzione di cui al comma 1, i commi da 55 a 57 dell'articolo 2 del citato decreto legge n. 225 del 2010, si applicano all'ammontare delle attività per imposte anticipate iscritte in bilancio diminuite della differenza, se positiva, di cui al comma 2. In caso di partecipazione al consolidato fiscale, la predetta differenza viene attribuita alle società partecipanti in proporzione alle attività per imposte anticipate di cui ai citati commi da 55 a 57 detenute da ciascuna di esse.

11. Ai fini dell'accertamento, delle sanzioni e della riscossione del canone di cui al comma 1, nonché per il relativo contenzioso, si applicano le disposizioni in materia di imposte sui redditi.

12. Con provvedimento del Direttore dell'Agenzia delle entrate sono stabilite le disposizioni attuative del presente articolo.

13. Le maggiori entrate derivanti dal presente articolo valutate in 224,3 milioni di euro per l'anno 2016, in 101,7 milioni di euro per l'anno 2017, in 128 milioni di euro per l'anno 2018, in 104,8 milioni di euro per l'anno 2019, in 80,7 milioni di euro per l'anno 2020, in 58,6 milioni di euro per l'anno 2021, in 39,1 milioni di euro per l'anno 2022, in 32,2 milioni di euro per l'anno 2023, in 22 milioni di euro per l'anno 2024, in 17,6 milioni di euro per l'anno 2025, in 15,8 milioni di euro per l'anno 2026, in 14,8 milioni di euro per l'anno 2027 e in 3,8 milioni di euro per l'anno 2028, sono destinate:

a) quanto a 124,3 milioni di euro per l'anno 2016, al Fondo di cui all'articolo 1, comma 1240, della legge 27 dicembre 2006, n. 296, e successive modificazioni;

b) quanto a 100 milioni di euro per l'anno 2016, al Fondo di cui all'articolo 1, comma 200, della legge 23 dicembre 2014, n. 190, come rifinanziato ai sensi dell'articolo 1, comma 639, della legge 28 dicembre 2015, n. 208;

c) quanto a 101,7 milioni di euro per l'anno 2017, in 128 milioni di euro per l'anno 2018, in 104,8 milioni di euro per l'anno 2019, in 80,7 milioni di euro per l'anno 2020, in 58,6 milioni di euro per l'anno 2021, in 39,1 milioni di euro per l'anno 2022, in 32,2 milioni di euro per l'anno 2023, in 22 milioni di euro per l'anno 2024, in 17,6 milioni di euro per l'anno 2025, in 15,8 milioni di euro per l'anno 2026, in 14,8 milioni di euro per l'anno 2027 e in 3,8 milioni di euro per l'anno 2028, al Fondo per interventi strutturali di politica economica di cui all'articolo 10, comma 5, del decreto legge 29 novembre 2004, n. 282, convertito, con modificazioni, dalla legge 27 dicembre 2004, n. 307.

14. Il Ministro dell'economia e delle finanze è autorizzato ad apportare, con propri decreti, le occorrenti variazioni di bilancio.

(1) *Il secondo periodo di questo comma: «L'opzione è irrevocabile, comporta l'obbligo del pagamento di un canone annuo fino all'esercizio in corso al 31 dicembre 2029 e si considera esercitata con il versamento di cui al comma 7» è stato così sostituito dall'attuale secondo periodo dall'art. 26* bis, *comma 4, lett.* a), *del D.L. 23 dicembre 2016, n. 237, convertito, con modificazioni, nella L. 17 febbraio 2017, n. 15.*

(2) *La parola: «annualmente» è stata così sostituita dalle seguenti: «per ciascun esercizio di applicazione della disciplina» dall'art. 26* bis, *comma 4, lett.* b), *del D.L. 23 dicembre 2016, n. 237, convertito, con modificazioni, nella L. 17 febbraio 2017, n. 15.*

(3) *Le parole: «come risultante alla data di chiusura dell'esercizio precedente» sono state aggiunte dall'art. 26* bis, *comma 4, lett.* b), *del D.L. 23 dicembre 2016, n. 237, convertito, con modificazioni, nella L. 17 febbraio 2017, n. 15.*

(4) *Il primo e secondo periodo di questo comma: «Il versamento del canone è effettuato per ciascun esercizio entro il termine per il versamento a saldo delle imposte sui redditi a decorrere dal periodo d'imposta in corso al 31 dicembre 2016. Per il periodo di*

imposta in corso al 31 dicembre 2015 il versamento è effettuato, in ogni caso, entro il 31 luglio 2016 senza applicazione dell'articolo 17, comma 2, del regolamento di cui al decreto del Presidente della Repubblica 7 dicembre 2001, n. 435» sono stati così sostituiti dall'attuale primo periodo dall'art. 26 bis*, comma 4, lett.* c)*, del D.L. 23 dicembre 2016, n. 237, convertito, con modificazioni, nella L. 17 febbraio 2017, n. 15.*

16.

D.L. 22 ottobre 2016, n. 193. Disposizioni urgenti in materia fiscale e per il finanziamento di esigenze indifferibili (*Gazzetta Ufficiale* Serie gen. - n. 249 del 24 ottobre 2016), convertito, con modificazioni, nella L. 1 dicembre 2016, n. **225** (Suppl. ord. alla *Gazzetta Ufficiale* Serie gen. - n. 282 del 2 dicembre 2016), ed avviso di rettifica in *Gazzetta Ufficiale* Serie gen. - n. 250 del 25 ottobre 2016.

(*Estratto*)

Capo I

Misure urgenti in materia di riscossione

7 *quater*. Disposizioni in materia di semplificazione fiscale. – 1. - 3. (*Omissis*).

4. L'importo della riserva di traduzione, risultante dal bilancio relativo al periodo d'imposta in corso al 31 dicembre 2016, che abbia concorso alla formazione del reddito imponibile, è riassorbito in cinque quote costanti a decorrere dal periodo d'imposta successivo a quello in corso al 31 dicembre 2016.

5. - 48. (*Omissis*).

17.

L. 11 dicembre 2016, n. 232. Bilancio di previsione dello Stato per l'anno finanziario 2017 e bilancio pluriennale per il triennio 2017-2019 (Suppl. ord. alla *Gazzetta Ufficiale* Serie gen. - n. 297 del 21 dicembre 2016) e avviso di rettifica in *Gazzetta Ufficiale* Serie gen. - n. 298 del 22 dicembre 2016.

(*Estratto*)

Parte I

Sezione I
Misure quantitative per la realizzazione degli obiettivi programmatici

1. Risultati differenziali. Norme in materia di entrata e di spesa e altre disposizioni. Fondi speciali. – 1. - 7. (*Omissis*)

8. Le disposizioni dell'articolo 1, comma 91, della legge 28 dicembre 2015, n. 208, si applicano anche agli investimenti in beni materiali strumentali nuovi, esclusi i veicoli e gli altri mezzi di trasporto di cui all'articolo 164, comma 1, lettere *b*) e b *bis*), del testo unico delle imposte sui redditi, di cui al decreto del Presidente della Repubblica 22 dicembre 1986, n. 917, effettuati entro il 31 dicembre 2017, ovvero entro il 30 giugno 2018 a condizione che entro la data del 31 dicembre 2017 il relativo ordine risulti accettato dal venditore e sia avvenuto il pagamento di acconti in misura almeno pari al 20 per cento del costo di acquisizione.

9. Al fine di favorire processi di trasformazione tecnologica e digitale secondo il modello «Industria 4.0», per gli investimenti [, effettuati nel periodo indicato al comma 8,] ([1]) in beni materiali strumentali nuovi compresi nell'elenco di cui all'allegato A annesso alla presente legge, il costo di acquisizione è maggiorato del 150 per cento. La disposizione di cui al presente comma si applica agli investimenti effettuati entro il 31 dicembre 2017, ovvero entro il 30 settembre 2018, a condizione che entro la data del 31 dicembre 2017 il relativo ordine risulti accettato dal venditore e sia avvenuto il pagamento di acconti in misura almeno pari al 20 per cento del costo di acquisizione ([2]) ([3]).

10. Per i soggetti che beneficiano della maggiorazione di cui al comma 9 e che, nel periodo indicato al comma 8, effettuano investimenti in beni immateriali strumentali compresi nell'elenco di cui all'allegato B annesso alla presente legge, il costo di acquisizione di tali beni è maggiorato del 40 per cento ([4]).

11. Per la fruizione dei benefici di cui ai commi 9 e 10, l'impresa è tenuta a produrre una dichiarazione resa dal legale rappresentante ai sensi del testo unico delle disposizioni legislative e regolamentari in materia di docu-

mentazione amministrativa, di cui al decreto del Presidente della Repubblica 28 dicembre 2000, n. 445, ovvero, per i beni aventi ciascuno un costo di acquisizione superiore a 500.000 euro, una perizia tecnica giurata rilasciata da un ingegnere o da un perito industriale iscritti nei rispettivi albi professionali ovvero un attestato di conformità rilasciato da un ente di certificazione accreditato, attestanti ([5]) che il bene possiede caratteristiche tecniche tali da includerlo negli elenchi di cui all'allegato A o all'allegato B annessi alla presente legge ed è interconnesso al sistema aziendale di gestione della produzione o alla rete di fornitura.

12. La determinazione degli acconti dovuti per il periodo d'imposta in corso al 31 dicembre 2017 e per quello successivo è effettuata considerando quale imposta del periodo precedente quella che si sarebbe determinata in assenza delle disposizioni di cui ai commi 8, 9 e 10.

13. Resta ferma l'applicazione delle disposizioni di cui all'articolo 1, commi 93 e 97, della legge 28 dicembre 2015, n. 208.

14. - 17. (*Omissis*).

18. Il reddito del periodo d'imposta in cui si applicano le disposizioni dell'articolo 66 del testo unico delle imposte sui redditi, di cui al decreto del Presidente della Repubblica 22 dicembre 1986, n. 917, come modificato dal comma 17 del presente articolo, è ridotto dell'importo delle rimanenze finali che hanno concorso a formare il reddito dell'esercizio precedente secondo il principio della competenza.

19. Al fine di evitare salti o duplicazioni di imposizione, nel caso di passaggio da un periodo d'imposta soggetto alla determinazione del reddito delle imprese minori ai sensi dell'articolo 66 del testo unico delle imposte sui redditi, di cui al decreto del Presidente della Repubblica 22 dicembre 1986, n. 917, a un periodo d'imposta soggetto a regime ordinario, e viceversa, i ricavi, i compensi e le spese che hanno già concorso alla formazione del reddito, in base alle regole del regime di determinazione del reddito d'impresa adottato, non assumono rilevanza nella determinazione del reddito degli anni successivi.

20. - 22. (*Omissis*).

23. Le disposizioni di cui ai commi da 17 a 22 si applicano a decorrere dal periodo d'imposta successivo a quello in corso al 31 dicembre 2016. Con decreto del Ministro dell'economia e delle finanze, entro trenta giorni dalla data di entrata in vigore della presente legge, possono essere adottate disposizioni per l'attuazione dei predetti commi.

24. - 43. (*Omissis*).

44. Per gli anni 2017, 2018, 2019, 2020, 2021 e 2022, ([6]) i redditi dominicali e agrari non concorrono alla formazione della base imponibile ai fini dell'im-

posta sul reddito delle persone fisiche dei coltivatori diretti e degli imprenditori agricoli professionali di cui all'articolo 1 del decreto legislativo 29 marzo 2004, n. 99, iscritti nella previdenza agricola. [Per l'anno 2021, i redditi dominicali e agrari dei soggetti indicati nel periodo precedente, iscritti nella previdenza agricola, concorrono alla formazione della base imponibile ai fini dell'imposta sul reddito delle persone fisiche nella misura del 50 per cento] (7).

45. - 58. (*Omissis*)

59. Ai soggetti di cui all'articolo 1, comma 1, della legge 25 giugno 2003, n. 155, come sostituito dall'articolo 13, comma 1, della legge 19 agosto 2016, n. 166, che acquistano in Italia, anche in locazione finanziaria, beni mobili strumentali utilizzati direttamente ed esclusivamente per le finalità di cui alla medesima legge n. 155 del 2003, è riconosciuto un contributo fino al 15 per cento del prezzo di acquisto, per un massimo di 3.500 euro annui, nel limite delle risorse di cui al comma 63 del presente articolo per gli anni 2017 e 2018.

60. Il contributo è corrisposto dal venditore mediante compensazione con il prezzo di acquisto.

61. Le imprese costruttrici o importatrici dei beni mobili di cui al comma 59 rimborsano al venditore l'importo del contributo e recuperano tale importo quale credito d'imposta per il versamento delle ritenute dell'imposta sul reddito delle persone fisiche operate in qualità di sostituto d'imposta sui redditi da lavoro dipendente, dell'imposta sul reddito delle persone fisiche, dell'imposta sul reddito delle società e dell'imposta sul valore aggiunto dovute, anche in acconto, per l'esercizio in cui è effettuato l'acquisto.

62. Fino al 31 dicembre del quinto anno successivo a quello in cui è stata emessa la fattura di vendita, le imprese costruttrici o importatrici conservano la copia della fattura di vendita e dell'atto di acquisto che deve essere ad esse trasmessa dal venditore.

63. - 75. (*Omissis*)

76. Per le società fra le quali intercorre un rapporto di partecipazione che preveda una percentuale del diritto di voto esercitabile nell'assemblea ordinaria e di partecipazione agli utili non inferiore al 20 per cento è ammessa la possibilità di cedere le perdite fiscali di cui all'articolo 84 del testo unico delle imposte sui redditi, di cui al decreto del Presidente della Repubblica 22 dicembre 1986, n. 917, con le stesse modalità previste per la cessione dei crediti d'imposta di cui all'articolo 43 *bis* del decreto del Presidente della Repubblica 29 settembre 1973, n. 602, a condizione che le azioni della società cessionaria, o della società che controlla direttamente o indirettamente la società cessionaria, siano negoziate in un mercato regolamentato o in un sistema multilaterale di negoziazione di uno degli Stati membri dell'Unione europea e degli Stati aderenti all'Accordo sullo Spazio economico europeo con il quale l'Italia

abbia stipulato un accordo che assicuri un effettivo scambio di informazioni e che la società cedente non svolga in via prevalente attività immobiliare. La cessione deve riguardare l'intero ammontare delle perdite fiscali.

77. Le perdite fiscali trasferibili sono solo quelle realizzate nei primi tre esercizi della società cedente, subordinatamente al verificarsi delle seguenti ulteriori condizioni:

a) sussistenza di identità dell'esercizio sociale della società cedente e della società cessionaria;

b) sussistenza del requisito partecipativo del 20 per cento al termine del periodo d'imposta relativamente al quale le società si avvalgono della possibilità di cui al comma 76;

c) perfezionamento della cessione entro il termine di presentazione della dichiarazione dei redditi.

78. Le perdite di cui al comma 76 relative a un periodo d'imposta sono computate dalla società cessionaria in diminuzione del reddito complessivo dello stesso periodo d'imposta e, per la differenza, nei successivi entro il limite del reddito imponibile di ciascuno di essi e per l'intero importo che trova capienza nel reddito imponibile di ciascuno di essi a condizione che le suddette perdite si riferiscano a una nuova attività produttiva ai sensi dell'articolo 84, comma 2, del testo unico delle imposte sui redditi, di cui al decreto del Presidente della Repubblica 22 dicembre 1986, n. 917.

79. La società cessionaria è obbligata a remunerare la società cedente del vantaggio fiscale ricevuto, determinato, in ogni caso, mediante applicazione, all'ammontare delle perdite acquisite, dell'aliquota dell'imposta sul reddito delle società di cui all'articolo 77 del testo unico delle imposte sui redditi, di cui al decreto del Presidente della Repubblica 22 dicembre 1986, n. 917, relativa al periodo d'imposta in cui le perdite sono state conseguite dalla società cedente, entro trenta giorni dal termine per il versamento del saldo relativo allo stesso periodo d'imposta. Non concorrono alla formazione del reddito imponibile, in quanto escluse, le somme percepite o versate tra le società di cui al comma 76 del presente articolo in contropartita dei vantaggi fiscali ricevuti o attribuiti.

80. La società cedente non può optare per i regimi di cui agli articoli 115, 117 e 130 del testo unico delle imposte sui redditi, di cui al decreto del Presidente della Repubblica 22 dicembre 1986, n. 917, in relazione ai periodi d'imposta nei quali ha conseguito le perdite fiscali cedute ai sensi dei commi da 76 a 79 del presente articolo.

81. - 89. (*Omissis*).

90. I redditi, diversi da quelli relativi a partecipazioni qualificate di cui all'articolo 67, comma 1, lettera *c*), del testo unico delle imposte sui redditi,

di cui al decreto del Presidente della Repubblica 22 dicembre 1986, n. 917, generati dagli investimenti qualificati indicati al comma 89 del presente articolo, sono esenti ai fini dell'imposta sul reddito.

91. Gli strumenti finanziari oggetto di investimento qualificato ai sensi del comma 88 devono essere detenuti per almeno cinque anni. In caso di cessione degli strumenti finanziari oggetto di investimento agevolato prima dei cinque anni, i redditi realizzati attraverso la cessione e quelli percepiti durante il periodo minimo di investimento sono soggetti ad imposta sostitutiva in misura corrispondente a quella prevista dalle norme ordinarie, ([8]) unitamente agli interessi, senza applicazione di sanzioni, e il relativo versamento deve essere effettuato dai soggetti di cui al comma 88 entro il giorno 16 del secondo mese successivo alla cessione. In caso di rimborso o di scadenza dei titoli oggetto di investimento prima dei cinque anni, le somme conseguite devono essere reinvestite negli strumenti finanziari di cui al comma 89 entro novanta giorni.

92. Le forme di previdenza complementare di cui al decreto legislativo 5 dicembre 2005, n. 252, possono destinare somme, fino al 10 per cento dell'attivo patrimoniale ([9]) risultante dal rendiconto dell'esercizio precedente, agli investimenti qualificati indicati al comma 89 del presente articolo nonché ai piani di risparmio a lungo termine di cui al comma 100 del presente articolo ([10]). Agli enti gestori delle forme di previdenza di cui al presente comma non si applica il comma 112, primo periodo ([11]).

93. Gli strumenti finanziari oggetto di investimento qualificato ai sensi del comma 92 devono essere detenuti per almeno cinque anni.

94. I redditi [, diversi da quelli relativi a partecipazioni qualificate di cui all'articolo 67, comma 1, lettera *c*), del testo unico delle imposte sui redditi, di cui al decreto del Presidente della Repubblica 22 dicembre 1986, n. 917,] ([12]) derivanti dagli investimenti di cui al comma 92 del presente articolo sono esenti ai fini dell'imposta sul reddito e pertanto non concorrono alla formazione della base imponibile dell'imposta prevista dall'articolo 17 del decreto legislativo 5 dicembre 2005, n. 252. Ai fini della formazione delle prestazioni pensionistiche erogate dalle forme di previdenza complementare i redditi derivanti dagli investimenti di cui al comma 92 del presente articolo incrementano la parte corrispondente ai redditi già assoggettati ad imposta. In caso di cessione degli strumenti finanziari oggetto di investimento prima dei cinque anni, i redditi realizzati attraverso la cessione e quelli che non hanno concorso alla formazione della predetta base imponibile ai sensi del primo periodo durante il periodo minimo di investimento, sono soggetti a imposta sostitutiva delle imposte sui redditi con aliquota pari a quella di cui al citato articolo 17 del decreto legislativo n. 252 del 2005, senza

applicazione di sanzioni, e il relativo versamento, unitamente agli interessi, deve essere effettuato dai soggetti di cui al comma 8 del medesimo articolo 17 entro il giorno 16 del secondo mese successivo alla cessione. In caso di rimborso o di scadenza degli strumenti finanziari oggetto di investimento prima del quinquennio, il controvalore conseguito deve essere reinvestito negli strumenti finanziari di cui al comma 89 del presente articolo entro novanta giorni dal rimborso.

95. La ritenuta di cui all'articolo 27 del decreto del Presidente della Repubblica 29 settembre 1973, n. 600, e l'imposta sostitutiva di cui all'articolo 27 *ter* del medesimo decreto non si applicano agli utili corrisposti ai soggetti indicati al secondo periodo del comma 3 del citato articolo 27 derivanti dagli investimenti qualificati di cui al comma 89 del presente articolo fino al 10 per cento dell'attivo patrimoniale ([13]) risultante dal rendiconto dell'esercizio precedente nel rispetto della condizione di cui al comma 93 del presente articolo. Ai fini dell'applicazione delle disposizioni di cui al primo periodo, il soggetto non residente beneficiario effettivo degli utili deve produrre una dichiarazione dalla quale risultino i dati identificativi del soggetto medesimo e la sussistenza di tutte le condizioni alle quali è subordinata l'agevolazione di cui ai commi da 88 a 114 del presente articolo, nonché l'impegno a detenere gli strumenti finanziari oggetto dell'investimento qualificato per il periodo di tempo richiesto dalla legge. Il predetto soggetto non residente deve fornire, altresì, copia dei prospetti contabili che consentano di verificare l'osservanza delle predette condizioni. I soggetti indicati agli articoli 27 e 27 *ter* del citato decreto del Presidente della Repubblica n. 600 del 1973 che corrispondono utili ai soggetti non residenti di cui al medesimo articolo 27, comma 3, secondo periodo, sono obbligati a comunicare annualmente all'amministrazione finanziaria i dati relativi alle operazioni compiute nell'anno precedente.

96. - 99. (*Omissis*)

100. Non sono soggetti a imposizione i redditi di capitale di cui all'articolo 44 del testo unico delle imposte sui redditi, di cui al decreto del Presidente della Repubblica 22 dicembre 1986, n. 917, diversi da quelli relativi a partecipazioni qualificate e i redditi diversi di cui all'articolo 67, comma 1, lettere c *bis*), c *ter*), c *quater*) e c *quinquies*), del medesimo testo unico, conseguiti, al di fuori dell'esercizio di impresa commerciale, da persone fisiche residenti nel territorio dello Stato, derivanti dagli investimenti nei piani di risparmio a lungo termine, con l'esclusione di quelli che concorrono alla formazione del reddito complessivo imponibile. Ai fini del presente comma e dei commi da 101 a 113 del presente articolo si considerano qualificati le partecipazioni e i diritti o titoli di cui alla lettera *c*) del comma 1 dell'articolo

67 del citato testo unico, tenendo conto anche delle percentuali di partecipazione o di diritti di voto possedute dai familiari della persona fisica di cui al comma 5 dell'articolo 5 del medesimo testo unico e delle società o enti da loro direttamente o indirettamente controllati ai sensi dei numeri 1) e 2) del primo comma dell'articolo 2359 del codice civile ([14]).

101. Il piano di risparmio a lungo termine si costituisce con la destinazione di somme o valori per un importo non superiore, in ciascun anno solare, a 40.000 euro ed entro un limite complessivo non superiore a 200.000 euro ([15]), agli investimenti qualificati indicati al comma 102 ([16]) del presente articolo, attraverso l'apertura di un rapporto di custodia o amministrazione o di gestione di portafogli o altro stabile rapporto con esercizio dell'opzione per l'applicazione del regime del risparmio amministrato di cui all'articolo 6 del decreto legislativo 21 novembre 1997, n. 461, o di un contratto di assicurazione sulla vita o di capitalizzazione, avvalendosi di intermediari abilitati o imprese di assicurazione residenti, ovvero non residenti operanti nel territorio dello Stato tramite stabile organizzazione o in regime di libera prestazione di servizi con nomina di un rappresentante fiscale in Italia scelto tra i predetti soggetti. Il rappresentante fiscale adempie negli stessi termini e con le stesse modalità previsti per i suindicati soggetti residenti. Il conferimento di valori nel piano di risparmio si considera cessione a titolo oneroso e l'intermediario applica l'imposta secondo le disposizioni del citato articolo 6 del decreto legislativo n. 461 del 1997. Per i piani di risparmio a lungo termine di cui all'articolo 13 *bis*, comma 2 *bis*, del decreto legge 26 ottobre 2019, n. 124, convertito, con modificazioni, dalla legge 19 dicembre 2019, n. 157, gli investitori possono destinare somme o valori per un importo non superiore a 300.000 euro all'anno e a 1.500.000 euro complessivi ([17]). Ai soggetti di cui ai commi 88 e 92 non si applicano i limiti di cui al presente comma ([14]) ([17]).

102. In ciascun anno solare di durata del piano, per almeno i due terzi dell'anno stesso, le somme o i valori destinati nel piano di risparmio a lungo termine devono essere investiti per almeno il 70 per cento del valore complessivo in strumenti finanziari, anche non negoziati nei mercati regolamentati o nei sistemi multilaterali di negoziazione, emessi o stipulati con imprese [che svolgono attività diverse da quella immobiliare,] ([18]) residenti nel territorio dello Stato ai sensi dell'articolo 73 del testo unico delle imposte sui redditi, di cui al decreto del Presidente della Repubblica 22 dicembre 1986, n. 917, o in Stati membri dell'Unione europea o in Stati aderenti all'Accordo sullo Spazio economico europeo con stabili organizzazioni nel territorio medesimo; la predetta quota del 70 per cento deve essere investita per almeno il 30 per cento del valore complessivo in strumenti finanziari di imprese diverse da quelle inserite nell'indice FTSE MIB della Borsa italiana o in indici

equivalenti di altri mercati regolamentati. [Ai fini dei commi da 100 a 113 del presente articolo si presume, senza possibilità di prova contraria, impresa che svolge attività immobiliare quella il cui patrimonio è prevalentemente costituito da beni immobili diversi da quelli alla cui produzione o al cui scambio è effettivamente diretta l'attività di impresa, dagli impianti e dai fabbricati utilizzati direttamente nell'esercizio di impresa] ([19]). [Si considerano direttamente utilizzati nell'esercizio di impresa gli immobili concessi in locazione finanziaria e i terreni su cui l'impresa svolge l'attività agricola] ([19]) ([14]).

103. Le somme o i valori destinati nel piano non possono essere investiti per una quota superiore al 10 per cento del totale in strumenti finanziari di uno stesso emittente o stipulati con la stessa controparte o con altra società appartenente al medesimo gruppo dell'emittente o della controparte o in depositi e conti correnti ([14]).

104. Sono considerati investimenti qualificati anche le quote o azioni di organismi di investimento collettivo del risparmio residenti nel territorio dello Stato, ai sensi dell'articolo 73 del testo unico delle imposte sui redditi, di cui al decreto del Presidente della Repubblica 22 dicembre 1986, n. 917, o in Stati membri dell'Unione europea o in Stati aderenti all'Accordo sullo Spazio economico europeo, che investono per almeno il 70 per cento dell'attivo in strumenti finanziari indicati al comma 102 del presente articolo nel rispetto delle condizioni di cui al comma 103 ([14]).

105. Le somme o valori destinati nel piano non possono essere investiti in strumenti finanziari emessi o stipulati con soggetti residenti in Stati o territori diversi da quelli che consentono un adeguato scambio di informazioni ([14]).

106. Gli strumenti finanziari in cui è investito il piano devono essere detenuti per almeno cinque anni. In caso di cessione degli strumenti finanziari oggetto di investimento prima dei cinque anni, i redditi realizzati attraverso la cessione e quelli percepiti durante il periodo minimo di investimento del piano sono soggetti a imposizione secondo le regole ordinarie, unitamente agli interessi, senza applicazione di sanzioni, e il relativo versamento deve essere effettuato dai soggetti di cui al comma 101 entro il giorno 16 del secondo mese successivo alla cessione. I soggetti di cui al comma 101 recuperano le imposte dovute attraverso adeguati disinvestimenti o chiedendone la provvista al titolare. In caso di rimborso degli strumenti finanziari oggetto di investimento prima del quinquennio, il controvalore conseguito deve essere reinvestito in strumenti finanziari indicati ai commi 102 e 104 entro novanta giorni ([20]) dal rimborso ([14]).

107. Il venire meno delle condizioni di cui ai commi 102, 103 e 104 comporta la decadenza dal beneficio fiscale relativamente ai redditi degli stru-

menti finanziari detenuti nel piano stesso, diversi da quelli investiti nel medesimo piano nel rispetto delle suddette condizioni per il periodo di tempo indicato al comma 106, e l'obbligo di corrispondere le imposte non pagate, unitamente agli interessi, senza applicazione di sanzioni, secondo quanto previsto al comma 106 ([14]).

108. Le ritenute alla fonte e le imposte sostitutive eventualmente applicate e non dovute fanno sorgere in capo al titolare del piano il diritto a ricevere una somma corrispondente. I soggetti di cui al comma 101 presso i quali è costituito il piano provvedono al pagamento della predetta somma, computandola in diminuzione dal versamento delle ritenute e delle imposte dovute dai medesimi soggetti. Ai fini del predetto computo non si applicano i limiti di cui all'articolo 1, comma 53, della legge 24 dicembre 2007, n. 244, e di cui all'articolo 34 della legge 23 dicembre 2000, n. 388 ([14]).

109. Le minusvalenze, le perdite e i differenziali negativi realizzati mediante cessione a titolo oneroso ovvero rimborso degli strumenti finanziari nei quali è investito il piano sono deducibili dalle plusvalenze, differenziali positivi o proventi realizzati nelle successive operazioni poste in essere nell'ambito del medesimo piano e sottoposti a tassazione ai sensi dei commi 106 e 107 nello stesso periodo d'imposta e nei successivi ma non oltre il quarto. Alla chiusura del piano le minusvalenze, perdite o differenziali negativi possono essere portati in deduzione non oltre il quarto periodo d'imposta successivo a quello del realizzo dalle plusvalenze, proventi e differenziali positivi realizzati nell'ambito di altro rapporto con esercizio dell'opzione ai sensi dell'articolo 6 del decreto legislativo 21 novembre 1997, n. 461, intestato allo stesso titolare del piano, ovvero portati in deduzione ai sensi del comma 5 dell'articolo 68 del testo unico delle imposte sui redditi, di cui al decreto del Presidente della Repubblica 22 dicembre 1986, n. 917 ([14]).

110. In caso di strumenti finanziari appartenenti alla medesima categoria omogenea, si considerano ceduti per primi i titoli acquistati per primi e si considera come costo quello medio ponderato dell'anno di acquisto ([14]).

111. Il trasferimento del piano di risparmio a lungo termine dall'intermediario o dall'impresa di assicurazione presso il quale è stato costituito ad altro soggetto di cui al comma 101 non rileva ai fini del computo dei cinque anni di detenzione degli strumenti finanziari ([14]).

112. Ciascuna persona fisica di cui al comma 100 può essere titolare di un solo piano di risparmio a lungo termine costituito ai sensi del comma 101, e di un solo piano di risparmio costituito ai sensi del comma 2 *bis* dell'articolo 13 *bis* del decreto legge 26 ottobre 2019, n. 124, convertito, con modificazioni, dalla legge 19 dicembre 2019, n. 157; ciascun piano di risparmio a lungo termine non può avere più di un titolare. L'intermediario o l'impresa

di assicurazioni presso il quale sono costituiti i piani, all'atto dell'incarico acquisisce dal titolare un'autocertificazione con la quale lo stesso dichiara di non essere titolare di un altro piano di risparmio a lungo termine costituito ai sensi del comma 101, o di un altro piano costituito ai sensi del predetto articolo 13 *bis*, comma 2 *bis*, del decreto legge 26 ottobre 2019, n. 124, convertito, con modificazioni, dalla legge 19 dicembre 2019, n. 157 ([14]) ([21]).

113. L'intermediario o l'impresa di assicurazioni presso il quale è costituito il piano di risparmio a lungo termine tiene separata evidenza delle somme destinate nel piano in anni differenti, nonché degli investimenti qualificati effettuati ([22]) ([14]).

114. Il trasferimento a causa di morte degli strumenti finanziari detenuti nel piano non è soggetto all'imposta sulle successioni e donazioni di cui al testo unico delle disposizioni concernenti l'imposta sulle successioni e donazioni, di cui al decreto legislativo 31 ottobre 1990, n. 346 ([14]).

115. - 152. (*Omissis*)

153. I soggetti che esercitano l'opzione di cui all'articolo 24 *bis* del testo unico delle imposte sui redditi, di cui al decreto del Presidente della Repubblica 22 dicembre 1986, n. 917, introdotto dal comma 152 del presente articolo, per i periodi d'imposta di validità dell'opzione ivi prevista, non sono tenuti agli obblighi di dichiarazione di cui all'articolo 4 del decreto legge 28 giugno 1990, n. 167, convertito, con modificazioni, dalla legge 4 agosto 1990, n. 227, e sono esenti dalle imposte previste dall'articolo 19, commi 13 e 18, del decreto legge 6 dicembre 2011, n. 201, convertito, con modificazioni, dalla legge 22 dicembre 2011, n. 214. La presente disposizione si applica anche ai familiari di cui al comma 6 del citato articolo 24 *bis* del testo unico di cui al decreto del Presidente della Repubblica n. 917 del 1986.

154. Gli effetti dell'opzione di cui all'articolo 24 *bis* del testo unico delle imposte sui redditi, di cui al decreto del Presidente della Repubblica 22 dicembre 1986, n. 917, introdotto dal comma 152 del presente articolo, non sono cumulabili con quelli previsti dall'articolo 44 del decreto legge 31 maggio 2010, n. 78, convertito, con modificazioni, dalla legge 30 luglio 2010, n. 122, e dall'articolo 16 del decreto legislativo 14 settembre 2015, n. 147.

155. Al fine di favorire l'ingresso di significativi investimenti in Italia, anche preordinati ad accrescere i livelli occupazionali, con decreto del Ministro degli affari esteri e della cooperazione internazionale, di concerto con il Ministro dell'interno, sono individuate forme di agevolazione nella trattazione delle domande di visto di ingresso e di permesso di soggiorno applicabili a chi trasferisce la propria residenza fiscale in Italia ai sensi dell'articolo 24 *bis* del testo unico delle imposte sui redditi, di cui al decreto del Presi-

dente della Repubblica 22 dicembre 1986, n. 917, introdotto dal comma 152 del presente articolo.

156. Con decreto del Ministro degli affari esteri e della cooperazione internazionale, di concerto con il Ministro dell'interno, sono individuate, nel rispetto della normativa vigente nazionale ed europea, forme di agevolazione nella trattazione delle domande di visto di ingresso e di permesso di soggiorno connesse con start-up innovative, con iniziative d'investimento, di formazione avanzata, di ricerca o di mecenatismo, da realizzare anche in partenariato con imprese, università, enti di ricerca e altri soggetti pubblici o privati italiani.

157. Le modalità applicative per l'esercizio, la modifica o la revoca dell'opzione di cui al comma 1 dell'articolo 24 *bis* del testo unico delle imposte sui redditi, di cui al decreto del Presidente della Repubblica 22 dicembre 1986, n. 917, introdotto dal comma 152 del presente articolo, e per il versamento dell'imposta sostitutiva di cui al comma 2 del medesimo articolo 24 *bis* sono individuate con provvedimento del direttore dell'Agenzia delle entrate, da adottare entro novanta giorni dalla data di entrata in vigore della presente legge.

158. Per le successioni aperte e le donazioni effettuate nei periodi d'imposta di validità dell'opzione esercitata dal dante causa, ai sensi dell'articolo 24 *bis* del testo unico delle imposte sui redditi, di cui al decreto del Presidente della Repubblica 22 dicembre 1986, n. 917, introdotto dal comma 152 del presente articolo, l'imposta sulle successioni e donazioni di cui al testo unico delle disposizioni concernenti l'imposta sulle successioni e donazioni, di cui al decreto legislativo 31 ottobre 1990, n. 346, è dovuta limitatamente ai beni e ai diritti esistenti nello Stato al momento della successione o della donazione.

159. Le disposizioni di cui ai commi da 148 a 158 si applicano per la prima volta con riferimento alle dichiarazioni dei redditi relative al periodo d'imposta in corso alla data di entrata in vigore della presente legge.

160. - 187. (*Omissis*)

[188. A decorrere dal 1° maggio 2017, in via sperimentale fino al 31 dicembre 2018, per i lavoratori in possesso dei requisiti di età, contributivi e di maturazione del diritto a pensione di vecchiaia di cui al comma 167 del presente articolo e in possesso della certificazione di cui al comma 168 del presente articolo, a seguito della cessazione del rapporto di lavoro, le prestazioni delle forme pensionistiche complementari di cui al decreto legislativo 5 dicembre 2005, n. 252, con esclusione di quelle in regime di prestazione definita, possono essere erogate, in tutto o in parte, su richiesta dell'aderente, in forma di rendita temporanea, denominata «Rendita integrativa temporanea anticipata» (RITA), decorrente dal momento dell'accettazione della richiesta fino al conseguimento dei predetti requisiti di accesso alle prestazioni nel regime obbligatorio e consistente nell'erogazione frazionata, per il periodo considerato, del montante accumulato richiesto] ([23]).

[189. La parte imponibile della rendita di cui al comma 188, determinata secondo le disposizioni vigenti nei periodi di maturazione della prestazione pensionistica complementare, è assoggettata alla ritenuta a titolo d'imposta con l'aliquota del 15 per cento ridotta di una quota pari a 0,30 punti percentuali per ogni anno eccedente il quindicesimo anno di partecipazione a forme pensionistiche complementari con un limite massimo di riduzione di 6 punti percentuali. A tal fine, se la data di iscrizione alla forma di previdenza complementare è anteriore al 1° gennaio 2007, gli anni di iscrizione prima del 2007 sono computati fino a un massimo di 15] ([23]).

[190. Le somme erogate a titolo di RITA sono imputate, ai fini della determinazione del relativo imponibile, prioritariamente agli importi della prestazione medesima maturati fino al 31 dicembre 2000 e, per la parte eccedente, prima a quelli maturati dal 1° gennaio 2001 al 31 dicembre 2006 e successivamente a quelli maturati dal 1° gennaio 2007] ([23]).

[191. Le disposizioni di cui ai commi 188, 189 e 190 si applicano anche ai dipendenti pubblici che hanno aderito alle forme pensionistiche complementari loro destinate] ([23]).

192. - 210. (*Omissis*)

211. A decorrere dalla data di entrata in vigore della presente legge, ai trattamenti pensionistici spettanti alle vittime del dovere e ai loro familiari superstiti, di cui alla legge 13 agosto 1980, n. 466, alla legge 20 ottobre 1990, n. 302, e all'articolo 1, commi 563 e 564, della legge 23 dicembre 2005, n. 266, si applicano i benefici fiscali di cui all'articolo 2, commi 5 e 6, della legge 23 novembre 1998, n. 407, e dell'articolo 3, comma 2, della legge 3 agosto 2004, n. 206, in materia di esenzione dall'imposta sui redditi.

212. A seguito dell'attività di monitoraggio e verifica relativa alle misure di salvaguardia previste dall'articolo 24, comma 14, del decreto legge 6 dicembre 2011, n. 201, convertito, con modificazioni, dalla legge 22 dicembre 2011, n. 214, dall'articolo 22 del decreto legge 6 luglio 2012, n. 95, convertito, con modificazioni, dalla legge 7 agosto 2012, n. 135, dall'articolo 1, commi da 231 a 234, della legge 24 dicembre 2012, n. 228, dagli articoli 11 e 11 *bis* del decreto legge 31 agosto 2013, n. 102, convertito, con modificazioni, dalla legge 28 ottobre 2013, n. 124, dall'articolo 1, commi da 194 a 198, della legge 27 dicembre 2013, n. 147, dall'articolo 2 della legge 10 ottobre 2014, n. 147, e dai relativi decreti attuativi del Ministro del lavoro e delle politiche sociali 1° giugno 2012, 8 ottobre 2012, 22 aprile 2013 e 14 febbraio 2014, pubblicati, rispettivamente, nella *Gazzetta Ufficiale* n. 171 del 24 luglio 2012, n. 17 del 21 gennaio 2013, n. 123 del 28 maggio 2013 e n. 89 del 16 aprile 2014, nonché

dall'articolo 1, commi da 265 a 276, della legge 28 dicembre 2015, n. 208, resa possibile in relazione alle misure per le quali la certificazione del diritto al beneficio è da ritenere conclusa nonché a quanto stabilito dal comma 213 del presente articolo, i complessivi importi indicati al quarto periodo del comma 235 dell'articolo 1 della legge n. 228 del 2012 sono rideterminati in 243,4 milioni di euro per l'anno 2013, 908,9 milioni di euro per l'anno 2014, 1.618,5 milioni di euro per l'anno 2015, 2.000,4 milioni di euro per l'anno 2016, 1.796,2 milioni di euro per l'anno 2017, 1.270,6 milioni di euro per l'anno 2018, 734,8 milioni di euro per l'anno 2019, 388,1 milioni di euro per l'anno 2020, 194,8 milioni di euro per l'anno 2021, 103,5 milioni di euro per l'anno 2022 e 9,9 milioni di euro per l'anno 2023, cui corrisponde la rideterminazione del limite numerico massimo in 137.095 soggetti. La ripartizione dei complessivi limiti di spesa e numerici di cui al primo periodo del presente comma è effettuata ai sensi dell'articolo 1, comma 193, della legge n. 147 del 2013. Ai sensi di quanto stabilito dall'articolo 1, comma 235, della legge n. 228 del 2012, l'autorizzazione di spesa di cui al primo periodo del predetto comma 235 è incrementata di 641,85 milioni di euro per l'anno 2017, di 405,7 milioni di euro per l'anno 2018, di 106,54 milioni di euro per l'anno 2019, di 76,97 milioni di euro per l'anno 2020, di 50,22 milioni di euro per l'anno 2021, di 10,48 milioni di euro per l'anno 2022 e di 2 milioni di euro per l'anno 2023.

213. In considerazione del limitato utilizzo, come anche accertato ai sensi dell'articolo 1, comma 263, della legge 28 dicembre 2015, n. 208, ai fini dell'accesso al pensionamento secondo i requisiti e le decorrenze vigenti prima della data di entrata in vigore dell'articolo 24 del decreto legge 6 dicembre 2011, n. 201, convertito, con modificazioni, dalla legge 22 dicembre 2011, n. 214, della salvaguardia di cui all'articolo 22, comma 1, lettera *a*), del decreto legge 6 luglio 2012, n. 95, convertito, con modificazioni, dalla legge 7 agosto 2012, n. 135, nonché della circostanza che risultano trascorsi i termini decadenziali di comunicazione degli elenchi nominativi di cui all'articolo 3 del decreto del Ministro del lavoro e delle politiche sociali 8 ottobre 2012, pubblicato nella *Gazzetta Ufficiale* n. 17 del 21 gennaio 2013, all'articolo 22, comma 1, alinea, del citato decreto legge n. 95 del 2012, convertito, con modificazioni, dalla legge n. 135 del 2012, le parole: «ulteriori 35.000 soggetti» sono sostituite dalle seguenti: «ulteriori 19.741 soggetti».

214. Le disposizioni in materia di requisiti di accesso e di regime delle decorrenze vigenti prima della data di entrata in vigore dell'articolo 24 del decreto legge 6 dicembre 2011, n. 201, convertito, con modificazioni, dalla legge 22 dicembre 2011, n. 214, ferme restando, nei limiti definiti ai sensi del comma 212 del presente articolo, le salvaguardie ivi indicate, continuano ad

applicarsi ai seguenti soggetti che maturano i requisiti per il pensionamento successivamente al 31 dicembre 2011:

a) nel limite di 11.000 soggetti, ai lavoratori collocati in mobilità o in trattamento speciale edile ai sensi degli articoli 4, 11 e 24 della legge 23 luglio 1991, n. 223, o ai sensi dell'articolo 3 del decreto legge 16 maggio 1994, n. 299, convertito, con modificazioni, dalla legge 19 luglio 1994, n. 451, a seguito di accordi governativi o non governativi, stipulati entro il 31 dicembre 2011, ovvero da aziende cessate o interessate dall'attivazione, precedente alla data di licenziamento, delle vigenti procedure concorsuali quali il fallimento, il concordato preventivo, la liquidazione coatta amministrativa, l'amministrazione straordinaria o l'amministrazione straordinaria speciale, previa esibizione della documentazione attestante la data di avvio della procedura concorsuale, anche in mancanza dei predetti accordi, cessati dall'attività lavorativa entro il 31 dicembre 2014 e che perfezionano, anche mediante il versamento di contributi volontari, entro trentasei mesi dalla fine del periodo di fruizione dell'indennità di mobilità o del trattamento speciale edile, i requisiti vigenti prima della data di entrata in vigore del decreto legge 6 dicembre 2011, n. 201, convertito, con modificazioni, dalla legge 22 dicembre 2011, n. 214. Il versamento volontario di cui alla presente lettera, anche in deroga alle disposizioni dell'articolo 6, comma 1, del decreto legislativo 30 aprile 1997, n. 184, può riguardare anche periodi eccedenti i sei mesi precedenti la domanda di autorizzazione stessa e può comunque essere effettuato solo con riferimento ai trentasei mesi successivi al termine di fruizione dell'indennità di mobilità o del trattamento speciale edile indicato dalla presente lettera. Eventuali periodi di sospensione dell'indennità di mobilità, ai sensi dell'articolo 8, commi 6 e 7, della legge n. 223 del 1991 e dell'articolo 3 del decreto legge n. 299 del 1994, convertito, con modificazioni, dalla legge n. 451 del 1994, intervenuti entro la data di entrata in vigore della presente legge per svolgere attività di lavoro subordinato, a tempo parziale, a tempo determinato, ovvero di lavoro parasubordinato mantenendo l'iscrizione nella lista, si considerano rilevanti ai fini del prolungamento del periodo di fruizione dell'indennità stessa e non comportano l'esclusione dall'accesso alle salvaguardie di cui al presente comma;

b) nel limite di 9.200 soggetti, ai lavoratori di cui all'articolo 1, comma 194, lettera *a*), della legge 27 dicembre 2013, n. 147, i quali perfezionano i requisiti utili a comportare la decorrenza del trattamento pensionistico, secondo la disciplina vigente prima della data di entrata in vigore del decreto legge 6 dicembre 2011, n. 201, convertito, con modificazioni, dalla legge 22 dicembre 2011, n. 214, entro l'ottantaquattresimo mese successivo alla data di entrata in vigore del medesimo decreto legge n. 201 del 2011;

c) nel limite di 1.200 soggetti, ai lavoratori di cui all'articolo 1, comma 194, lettera *f*), della legge 27 dicembre 2013, n. 147, i quali perfezionano i requisiti utili a comportare la decorrenza del trattamento pensionistico, secondo la disciplina vigente prima della data di entrata in vigore del decreto legge 6 dicembre 2011, n. 201, convertito, con modificazioni, dalla legge 22 dicembre 2011, n. 214, entro il settantaduesimo mese successivo alla data di entrata in vigore del medesimo decreto legge n. 201 del 2011;

d) nel limite di 7.800 soggetti, ai lavoratori di cui all'articolo 1, comma 194, lettere *b*), *c*) e *d*), della legge 27 dicembre 2013, n. 147, i quali perfezionano i requisiti utili a comportare la decorrenza del trattamento pensionistico, secondo la disciplina vigente prima della data di entrata in vigore del decreto legge 6 dicembre 2011, n. 201, convertito, con modificazioni, dalla legge 22 dicembre 2011, n. 214, entro l'ottantaquattresimo mese successivo alla data di entrata in vigore del medesimo decreto legge n. 201 del 2011;

e) nel limite di 700 soggetti, ai lavoratori di cui all'articolo 24, comma 14, lettera e *ter*), del decreto legge 6 dicembre 2011, n. 201, convertito, con modificazioni, dalla legge 22 dicembre 2011, n. 214, limitatamente ai lavoratori in congedo per assistere figli con disabilità grave ai sensi dell'articolo 42, comma 5, del testo unico delle disposizioni legislative in materia di tutela e sostegno della maternità e della paternità, di cui al decreto legislativo 26 marzo 2001, n. 151, i quali perfezionano i requisiti utili a comportare la decorrenza del trattamento pensionistico, secondo la disciplina vigente prima della data di entrata in vigore del decreto legge n. 201 del 2011, entro l'ottantaquattresimo mese successivo alla data di entrata in vigore del medesimo decreto legge n. 201 del 2011;

f) nel limite di 800 soggetti, con esclusione del settore agricolo e dei lavoratori con qualifica di stagionali, ai lavoratori con contratto di lavoro a tempo determinato e ai lavoratori in somministrazione con contratto a tempo determinato, cessati dal lavoro tra il 1° gennaio 2007 e il 31 dicembre 2011, non rioccupati a tempo indeterminato, i quali perfezionano i requisiti utili a comportare la decorrenza del trattamento pensionistico, secondo la disciplina vigente prima della data di entrata in vigore del decreto legge 6 dicembre 2011, n. 201, convertito, con modificazioni, dalla legge 22 dicembre 2011, n. 214, entro il settantaduesimo mese successivo alla data di entrata in vigore del medesimo decreto legge n. 201 del 2011.

215. Per i lavoratori di cui al comma 214, lettera *a*), che siano già stati autorizzati ai versamenti volontari in data antecedente a quella di entrata in vigore della presente legge e per i quali siano decorsi i termini di pagamento, sono riaperti a domanda i termini dei versamenti relativi ai trentasei

mesi successivi alla fine del periodo di fruizione dell'indennità di mobilità o del trattamento speciale edile come specificato nel medesimo comma 214.

216. - 248. (*Omissis*).

249. Le pensioni a favore dei superstiti di assicurato e pensionato, nell'ambito del regime dell'assicurazione generale obbligatoria e delle forme esclusive o sostitutive di tale regime, nonché della Gestione separata di cui all'articolo 2, comma 26, della legge 8 agosto 1995, n. 335, limitatamente a quelle percepite dagli orfani, concorrono alla formazione del reddito complessivo di cui all'articolo 8 del testo unico delle imposte sui redditi, di cui al decreto del Presidente della Repubblica 22 dicembre 1986, n. 917, per l'importo eccedente euro 1.000.

250. - 352. (*Omissis*)

[353. A decorrere dal 1° gennaio 2017 è riconosciuto un premio alla nascita o all'adozione di minore dell'importo di 800 euro. Il premio, che non concorre alla formazione del reddito complessivo di cui all'articolo 8 del testo unico delle imposte sui redditi, di cui al decreto del Presidente della Repubblica 22 dicembre 1986, n. 917, è corrisposto dall'INPS in unica soluzione, su domanda della futura madre, al compimento del settimo mese di gravidanza o all'atto dell'adozione] ([24]).

354. - 554. (*Omissis*)

555. Sui valori di acquisto delle partecipazioni non negoziate in mercati regolamentati e dei terreni, edificabili o con destinazione agricola, rideterminati con le modalità e nei termini indicati dal comma 2 dell'articolo 2 del decreto legge 24 dicembre 2002, n. 282, convertito, con modificazioni, dalla legge 21 febbraio 2003, n. 27, come modificato dal comma 554 del presente articolo, le aliquote delle imposte sostitutive di cui all'articolo 5, comma 2, della legge 28 dicembre 2001, n. 448, sono pari entrambe all'8 per cento e l'aliquota di cui all'articolo 7, comma 2, della medesima legge è raddoppiata.

556. I soggetti indicati nell'articolo 73, comma 1, lettere *a*) e *b*), del testo unico delle imposte sui redditi, di cui al decreto del Presidente della Repubblica 22 dicembre 1986, n. 917, che non adottano i principi contabili internazionali nella redazione del bilancio, possono, anche in deroga all'articolo 2426 del codice civile e ad ogni altra disposizione di legge vigente in materia, rivalutare i beni di impresa e le partecipazioni di cui alla sezione II del capo I della legge 21 novembre 2000, n. 342, ad esclusione degli immobili alla cui produzione o al cui scambio è diretta l'attività di impresa, risultanti dal bilancio dell'esercizio in corso al 31 dicembre 2015.

557. La rivalutazione deve essere eseguita nel bilancio o rendiconto dell'esercizio successivo a quello di cui al comma 556, per il quale il termine di approvazione scade successivamente alla data di entrata in vigore della presente

legge, deve riguardare tutti i beni appartenenti alla stessa categoria omogenea e deve essere annotata nel relativo inventario e nella nota integrativa.

558. Il saldo attivo della rivalutazione può essere affrancato, in tutto o in parte, con l'applicazione in capo alla società di un'imposta sostitutiva delle imposte sui redditi, dell'imposta regionale sulle attività produttive e di eventuali addizionali nella misura del 10 per cento da versare con le modalità indicate al comma 561.

559. Il maggior valore attribuito ai beni in sede di rivalutazione si considera riconosciuto ai fini delle imposte sui redditi e dell'imposta regionale sulle attività produttive a decorrere dal terzo esercizio successivo a quello con riferimento al quale la rivalutazione è stata eseguita, mediante il versamento di un'imposta sostitutiva delle imposte sui redditi e dell'imposta regionale sulle attività produttive e di eventuali addizionali nella misura del 16 per cento per i beni ammortizzabili e del 12 per cento per i beni non ammortizzabili.

560. Nel caso di cessione a titolo oneroso, di assegnazione ai soci, di destinazione a finalità estranee all'esercizio dell'impresa ovvero al consumo personale o familiare dell'imprenditore dei beni rivalutati in data anteriore a quella di inizio del quarto esercizio successivo a quello nel cui bilancio la rivalutazione è stata eseguita, ai fini della determinazione delle plusvalenze o minusvalenze si ha riguardo al costo del bene prima della rivalutazione.

561. Le imposte sostitutive di cui ai commi 558 e 559 sono versate in un'unica rata entro il termine di versamento del saldo delle imposte sui redditi dovute per il periodo d'imposta con riferimento al quale la rivalutazione è eseguita. Gli importi da versare possono essere compensati ai sensi del decreto legislativo 9 luglio 1997, n. 241.

562. Si applicano, in quanto compatibili, le disposizioni degli articoli 11, 13, 14 e 15 della legge 21 novembre 2000, n. 342, quelle del regolamento di cui al decreto del Ministro delle finanze 13 aprile 2001, n. 162, nonché le disposizioni del regolamento di cui al decreto del Ministro dell'economia e delle finanze 19 aprile 2002, n. 86, e dei commi 475, 477 e 478 dell'articolo 1 della legge 30 dicembre 2004, n. 311.

563. Limitatamente ai beni immobili, i maggiori valori iscritti in bilancio ai sensi dell'articolo 14 della legge 21 novembre 2000, n. 342, si considerano riconosciuti con effetto dal periodo d'imposta in corso alla data del 1° dicembre 2018.

564. Le previsioni di cui all'articolo 14, comma 1, della legge 21 novembre 2000, n. 342, si applicano anche ai soggetti che redigono il bilancio in base ai principi contabili internazionali di cui al regolamento (CE) n. 1606/2002 del Parlamento europeo e del Consiglio, del 19 luglio 2002, anche con riferimento alle partecipazioni, in società ed enti, costituenti immobiliz-

zazioni finanziarie ai sensi dell'articolo 85, comma 3 bis, del testo unico delle imposte sui redditi, di cui al decreto del Presidente della Repubblica 22 dicembre 1986, n. 917. Per tali soggetti, per l'importo corrispondente ai maggiori valori oggetto di riallineamento, al netto dell'imposta sostitutiva di cui al comma 559, è vincolata una riserva in sospensione d'imposta ai fini fiscali che può essere affrancata ai sensi del comma 558.

565. Le disposizioni dell'articolo 1, commi da 115 a 120, della legge 28 dicembre 2015, n. 208, si applicano anche alle assegnazioni, trasformazioni e cessioni poste in essere successivamente al 30 settembre 2016 ed entro il 30 settembre 2017. I versamenti rateali dell'imposta sostitutiva di cui al comma 120 del citato articolo 1 della legge n. 208 del 2015 sono effettuati, rispettivamente, entro il 30 novembre 2017 ed entro il 16 giugno 2018.

566. Le disposizioni dell'articolo 1, comma 121, della legge 28 dicembre 2015, n. 208, si applicano anche alle esclusioni dal patrimonio dell'impresa dei beni ivi indicati, posseduti alla data del 31 ottobre 2016, poste in essere dal 1° gennaio 2017 al 31 maggio2017. I versamenti rateali dell'imposta sostitutiva di cui al comma 121 del citato articolo 1 della legge n. 208 del 2015 sono effettuati, rispettivamente, entro il 30 novembre 2017 e il 16 giugno 2018. Per i soggetti che si avvalgono della presente disposizione gli effetti dell'estromissione decorrono dal 1° gennaio 2017.

567. - 638. (*Omissis*)

(1) *Le parole fra parentesi quadrate sono state soppresse dall'art. 14, comma 1, lett.* a), *del D.L. 20 giugno 2017, n. 91, convertito, con modificazioni, nella L. 3 agosto 2017, n. 123.*

(2) *Le parole: «La disposizione di cui al presente comma si applica agli investimenti effettuati entro il 31 dicembre 2017, ovvero entro il 30 settembre 2018, a condizione che entro la data del 31 dicembre 2017 il relativo ordine risulti accettato dal venditore e sia avvenuto il pagamento di acconti in misura almeno pari al 20 per cento del costo di acquisizione.» sono state aggiunte dall'art. 14, comma 1, lett.* b), *del D.L. 20 giugno 2017, n. 91, convertito, con modificazioni, nella L. 3 agosto 2017, n. 123.*

(3) *A norma dell'art. 1, comma 30, della L. 27 dicembre 2017, n. 205, le disposizioni di cui a questo comma si applicano anche agli investimenti in beni materiali strumentali nuovi effettuati entro il 31 dicembre 2018, ovvero entro il 31 dicembre 2019, a condizione che entro la data del 31 dicembre 2018 il relativo ordine risulti accettato dal venditore e sia avvenuto il pagamento di acconti in misura almeno pari al 20 per cento del costo di acquisizione.*

(4) *A norma dell'art. 1, comma 229, della L. 30 dicembre 2018, n. 145, la disciplina di cui a questo comma si interpreta nel senso che si considerano agevolabili anche i costi sostenuti a titolo di canone per l'accesso, mediante soluzioni di cloudcomputing, a beni immateriali di cui all'allegato B della medesima legge, limitatamente alla quota del canone di competenza del singolo periodo d'imposta di vigenza della disciplina agevolativa, a decorrere dal 1° gennaio 2019.*

(5) *Le parole: «o da un ente di certificazione accreditato, attestante» sono state così sostituite dalle seguenti: «ovvero un attestato di conformità rilasciato da un ente di certi-*

ficazione accreditato, attestanti» dall'art. 7 novies, *comma 1, lett.* a), *del D.L. 29 dicembre 2016, n. 243, convertito, con modificazioni, nella L. 27 febbraio 2017, n. 18.*

(6) *Le parole: «Per gli anni 2017, 2018, 2019, 2020 e 2021,» sono state così sostituite dalle attuali: «Per gli anni 2017, 2018, 2019, 2020, 2021 e 2022,» dall'art. 1, comma 25, della L. 30 dicembre 2021, n. 234, a decorrere dal 1° gennaio 2022.*

(7) *Questo periodo, aggiunto dall'art. 1, comma 183, lett.* b), *della L. 27 dicembre 2019, n. 160, a decorrere dal 1° gennaio 2020, è stato soppresso dall'art. 1, comma 38, lett.* b), *della L. 30 dicembre 2020, n. 178, a decorrere dal 1° gennaio 2021.*

(8) *Le parole: «sono soggetti a imposizione secondo le regole ordinarie,» sono state così sostituite dalle seguenti: «sono soggetti ad imposta sostitutiva in misura corrispondente a quella prevista dalle norme ordinarie,» dall'art. 57, comma 2, lett.* a), *del D.L. 24 aprile 2017, n. 50, convertito, con modificazioni, nella L. 21 giugno 2017, n. 96.*

(9) *Le parole: «fino al 5 per cento dell'attivo patrimoniale» sono state così sostituite dalle seguenti: «fino al 10 per cento dell'attivo patrimoniale» dall'art. 1, comma 210, lett.* c), *della L. 30 dicembre 2018, n. 145, a decorrere dal 1° gennaio 2019.*

(10) *Le parole: «nonché ai piani di risparmio a lungo termine di cui al comma 100 del presente articolo» sono state aggiunte dall'art. 57, comma 2, lett.* a bis), *del D.L. 24 aprile 2017, n. 50, convertito, con modificazioni, nella L. 21 giugno 2017, n. 96.*

(11) *Questo periodo è stato aggiunto dall'art. 13* bis, *comma 3, lett.* b), *del D.L. 26 ottobre 2019, n. 124, convertito, con modificazioni, nella L. 19 dicembre 2019, n. 157.*

(12) *Le parole tra parentesi quadrate sono state soppresse dall'art. 57, comma 2, lett.* b), *del D.L. 24 aprile 2017, n. 50, convertito, con modificazioni, nella L. 21 giugno 2017, n. 96.*

(13) *Le parole: «fino al 5 per cento dell'attivo patrimoniale» sono state così sostituite dalle seguenti: «fino al 10 per cento dell'attivo patrimoniale» dall'art. 1, comma 210, lett.* d), *della L. 30 dicembre 2018, n. 145, a decorrere dal 1° gennaio 2019.*

(14) *Per i piani di risparmio a lungo termine di cui a questo comma costituiti a decorrere dal 1° gennaio 2020, si applicano le disposizioni di cui ai commi da 2 a 4 dell'art. 13* bis *del D.L. 26 ottobre 2019, n. 124, convertito, con modificazioni, nella L. 19 dicembre 2019, n. 157.*

(15) *Le parole: «a 30.000 euro ed entro un limite complessivo non superiore a 150.000 euro» sono state così sostituite dalle seguenti: «a 40.000 euro ed entro un limite complessivo non superiore a 200.000 euro» dall'art. 1, comma 26, della L. 30 dicembre 2021, n. 234, a decorrere dal 1° gennaio 2022.*

(16) *Le parole: «comma 90» sono state così sostituite dalle seguenti: «comma 102», dall'art. 57, comma 2, lett.* d), *del D.L. 24 aprile 2017, n. 50, convertito, con modificazioni, nella L. 21 giugno 2017, n. 96.*

(17) *Il penultimo e l'ultimo periodo del presente comma, aggiunto dall'art. 57, comma 2, lett.* d), *del D.L. 24 aprile 2017, n. 50, convertito, con modificazioni, nella L. 21 giugno 2017, n. 96, sono stati, da ultimo, così sostituiti dagli attuali ultimi due periodi dall'art. 68, comma 1, del D.L. 14 agosto 2020, n. 104, convertito, con modificazioni, nella L. 13 ottobre 2020, n. 126, così come modificato dall'art. 1, comma 226, della L. 30 dicembre 2020, n. 178, a decorrere dal 1° gennaio 2021.*

(18) *Le parole fra parentesi quadrate sono state soppresse dall'art. 1, comma 80, lett.* a), *della L. 27 dicembre 2017, n. 205, a decorrere dal 1° gennaio 2018.*

([19]) *Questo periodo è stato soppresso dall'art. 1, comma 80, lett.* b), *della L. 27 dicembre 2017, n. 205, a decorrere dal 1° gennaio 2018.*

([20]) *Le parole: «entro trenta giorni» sono state così sostituite dalle seguenti: «entro novanta giorni» dall'art. 57, comma 2, lett.* e), *del D.L. 24 aprile 2017, n. 50, convertito, con modificazioni, nella L. 21 giugno 2017, n. 96.*

([21]) *Questo comma è stato così sostituito dall'art. 136, comma 2, lett.* b), *del D.L. 19 maggio 2020, n. 34, convertito, con modificazioni, nella L. 17 luglio 2020, n. 77.*

([22]) *Questo comma è stato così sostituito dall'art. 57, comma 2, lett.* f), *del D.L. 24 aprile 2017, n. 50, convertito, con modificazioni, nella L. 21 giugno 2017, n. 96.*

([23]) *Questo comma è stato abrogato dall'art. 1, comma 169, lett.* a), *della L. 27 dicembre 2017, n. 205, a decorrere dal 1° gennaio 2018.*

([24]) *Questo comma è stato abrogato dall'art. 10, comma 1, del D.L.vo 29 dicembre 2021, n. 230, con effetto dal 1° gennaio 2022.*

18.

D.L. 30 dicembre 2016, n. 244. Proroga e definizione di termini (*Gazzetta Ufficiale* Serie gen. - n. 304 del 30 dicembre 2016), convertito, con modificazioni, nella L. 27 febbraio 2017, n. **19** (Suppl. ord. alla *Gazzetta Ufficiale* Serie gen. - n. 49 del 28 febbraio 2017) ed *errata corrige* in *Gazzetta Ufficiale* Serie gen. - n. 72 del 27 marzo 2017.

(*Estratto*)

13 *bis*. Coordinamento della disciplina in materia di IRES e IRAP con il decreto legislativo n. 139 del 2015. – 1. - 3. (*Omissis*).

4. Il riferimento contenuto nelle norme vigenti di natura fiscale ai componenti positivi o negativi di cui alle lettere A) e B) dell'articolo 2425 del codice civile va inteso come riferito ai medesimi componenti assunti al netto dei componenti positivi e negativi di natura straordinaria derivanti da trasferimenti di azienda o di rami di azienda.

5. - 13. (*Omissis*).

19.

D.M. 3 agosto 2017. Disposizioni di coordinamento per la determinazione della base imponibile dell'IRES e dell'IRAP dei soggetti ITA GAAP e dei soggetti IAS adopter, ai sensi dell'art. 13 *bis* del decreto legge 30 dicembre 2016, n. 244, convertito con modificazioni, dalla legge 27 febbraio 2017, n. 19 (*Gazzetta Ufficiale* Serie gen. - n. 187 dell'11 agosto 2017).

1. Revisione DM 8 giugno 2011. – (*Omissis*).

2. Disposizioni compatibili per i soggetti che redigono il bilancio in base a codice civile, diverse dalle micro-imprese di cui all'articolo 2435 *ter* del codice civile. – 1. Per i soggetti di cui al comma 1 *bis* dell'art. 83 del testo unico delle imposte sui redditi si applicano le disposizioni di cui:

a) al decreto del Ministro dell'economia e delle finanze 1° aprile 2009, n. 48 contenute nei seguenti articoli:

1) art. 2, commi 1, 2 e 3;

2) art. 3:

i. commi 1, 3 e 4;

ii. comma 2, primo periodo, anche alle operazioni intercorse tra le micro-imprese di cui all'art. 2435 *ter* del codice civile e soggetti di cui al comma 1 *bis* dell'art. 83 del testo unico delle imposte sui redditi e, secondo periodo, alle operazioni intercorse tra i soggetti di cui al comma 1 *bis* dell'art. 83 del testo unico delle imposte sui redditi;

b) al decreto del Ministro dell'economia e delle finanze 8 giugno 2011 contenute nei seguenti articoli:

1) art. 2, comma 2;

2) art. 3, comma 1, per gli immobili di cui al principio contabile OIC 16;

3) art. 5;

4) art. 7, commi 2, 3 e 4;

5) art. 9, per le passività di scadenza o ammontare incerti che presentano i requisiti di cui all'OIC 31.

3. Clausola di salvaguardia per comportamenti non coerenti. – 1. Con riferimento ai periodi di imposta precedenti a quello in corso alla data di entrata in vigore del presente decreto, per i quali i termini per il versamento a saldo delle imposte dirette sono scaduti anteriormente alla medesima data, sono fatti salvi gli effetti sulla determinazione della base imponibile generati dall'applicazione delle norme fiscali, ai fini IRES e IRAP, anche non coerenti con le disposizioni di cui al presente decreto.

20.

D.M. 3 agosto 2017. Revisione delle disposizioni attuative in materia di aiuto alla crescita economica (ACE) (*Gazzetta Ufficiale* Serie gen. - n. 187 dell'11 agosto 2017).

1. Aiuto alla crescita economica (Ace). – 1. Il presente decreto reca le disposizioni di attuazione dell'art. 1 del decreto legge 6 dicembre 2011, n. 201, convertito, con modificazioni, dalla legge 22 dicembre 2011, n. 214, e successive modificazioni, concernente l'aiuto alla crescita economica disposto per le imprese che rafforzano la propria struttura patrimoniale.

Capo I
Soggetti IRES

2. Soggetti beneficiari. – 1. Per le società e gli enti indicati nell'art. 73, comma 1, lettere *a*) e *b*), del Testo unico delle imposte sui redditi (di seguito: TUIR), di cui al decreto del Presidente della Repubblica 22 dicembre 1986, n. 917, è ammesso in deduzione dal reddito complessivo netto dichiarato, determinato ai sensi dell'art. 75 del TUIR, l'importo corrispondente al rendimento nozionale della variazione in aumento del capitale proprio rispetto a quello esistente alla chiusura dell'esercizio in corso al 31 dicembre 2010. Se il periodo di imposta è superiore o inferiore a un anno, la variazione in aumento va ragguagliata alla durata del periodo stesso.

2. Per le società e gli enti commerciali non residenti di cui all'art. 73, comma 1, lettera *d*), del TUIR, le disposizioni del presente decreto si applicano alle stabili organizzazioni nel territorio dello Stato con riguardo alla variazione in aumento del fondo di dotazione rispetto a quello esistente alla chiusura dell'esercizio in corso al 31 dicembre 2010.

3. Rendimento nozionale. – 1. Il rendimento nozionale del nuovo capitale proprio è determinato mediante applicazione dell'aliquota percentuale stabilita dal comma 3 dell'art. 1 del decreto legge 6 dicembre 2011, n. 201.

2. L'importo del rendimento nozionale che supera il reddito complessivo netto dichiarato può essere computato in aumento dell'importo deducibile, ai fini del presente decreto, dal reddito complessivo netto dei periodi d'imposta successivi ovvero utilizzato ai sensi del comma 3 ([1]).

3. In luogo della deduzione dal reddito complessivo netto dei periodi d'imposta successivi, l'eccedenza di cui al comma 2 può essere utilizzata in compensazione dell'imposta regionale sulle attività produttive sotto forma di credito d'imposta determinato applicando alla suddetta eccedenza le aliquote di cui agli articoli 11 e 77 del TUIR. Il credito va ripartito in cinque

quote annuali di pari importo fino a concorrenza dell'imposta regionale sulle attività produttive del periodo.

(¹) *L'articolo 1 del decreto legge 6 dicembre 2011, n. 201, convertito, con modificazioni, dalla legge 22 dicembre 2011, n. 214, è stato abrogato dall'art. 1, comma 1080, della L. 30 dicembre 2018, n. 145, a decorrere dal 1° gennaio 2019.*

Tuttavia, a norma del medesimo comma, continuano ad applicarsi le disposizioni di cui a questo comma, emanato in attuazione del citato articolo 1 del decreto legge n. 201 del 2011, relativamente all'importo del rendimento nozionale eccedente il reddito complessivo netto del periodo d'imposta in corso al 31 dicembre 2018.

4. Patrimonio netto. – 1. Il capitale proprio esistente alla data di chiusura dell'esercizio in corso al 31 dicembre 2010 è costituito dal patrimonio netto risultante dal relativo bilancio, senza tener conto dell'utile del medesimo esercizio.

5. Variazioni del capitale proprio. – 1. La variazione in aumento del capitale proprio rispetto a quello esistente alla chiusura dell'esercizio in corso al 31 dicembre 2010 è costituita dalla somma algebrica, se positiva, tra gli elementi indicati ai successivi commi 2 e 3.

2. Rilevano come elementi positivi della variazione del capitale proprio di cui al comma 1:

a) i conferimenti in denaro versati dai soci o partecipanti nonché quelli versati per acquisire la qualificazione di soci o partecipanti; si considera conferimento in denaro la rinuncia incondizionata dei soci al diritto alla restituzione dei crediti verso la società nonché la compensazione dei crediti in sede di sottoscrizione di aumenti del capitale. I conferimenti di cui alla presente lettera eseguiti in attuazione di una delibera di aumento di capitale rilevano se tale delibera è assunta successivamente all'esercizio in corso al 31 dicembre 2010;

b) gli utili accantonati a riserva, ad esclusione di quelli destinati a riserve non disponibili.

3. Per i soggetti diversi da quelli che svolgono attività finanziarie ed assicurative di cui alla sezione K dell'ATECOFIN 2007, ad eccezione delle holding non finanziarie, la variazione in aumento del capitale proprio non ha effetto fino a concorrenza dell'incremento delle consistenze dei titoli e dei valori mobiliari, diversi dalle partecipazioni, rispetto a quelli risultanti dal bilancio relativo all'esercizio in corso al 31 dicembre 2010. Per titoli e valori mobiliari deve farsi riferimento alla nozione recata dall'art. 1, comma 1 *bis*, del decreto legislativo 24 febbraio 1998, n. 58 (T.U.F.), includendo altresì le quote di OICR.

4. Rilevano come elementi negativi della variazione del capitale proprio di cui al comma 1 le riduzioni del patrimonio netto con attribuzione, a

qualsiasi titolo, ai soci o partecipanti, compresa la riduzione del patrimonio netto conseguente all'acquisto di azioni proprie effettuato ai sensi dell'art. 2357 *bis* del codice civile. La riduzione del patrimonio netto conseguente all'acquisto di azioni proprie effettuato ai sensi dell'art. 2357 del codice civile rileva nei limiti della variazione in aumento formata dagli utili di cui alla lettera *b*) del comma 2. Negli stessi limiti rilevano gli incrementi del patrimonio netto a seguito di cessione di tali azioni; in tal caso, l'incremento di patrimonio netto che eccede il costo di acquisto delle stesse rileva come variazione in aumento di cui alla lettera *a*) del comma 2.

5. Gli incrementi derivanti da conferimenti in denaro rilevano a partire dalla data del versamento; quelli derivanti dalla rinuncia ai crediti dalla data dell'atto di rinuncia; quelli derivanti dalla compensazione dei crediti in sede di sottoscrizione di aumenti del capitale sociale dalla data in cui assume effetto la compensazione; quelli derivanti dall'accantonamento di utili a partire dall'inizio dell'esercizio in cui le relative riserve sono formate. L'incremento di patrimonio derivante dall'emissione di diritti di opzione (warrant) e di obbligazioni convertibili rileva dall'esercizio in cui viene esercitata l'opzione. L'incremento di patrimonio netto derivante da finanziamenti infruttiferi o a tasso diverso da quello di mercato erogati dai soci a favore delle società di cui all'art. 2 non assume rilevanza ai fini della determinazione della variazione in aumento di cui alla lettera *a*) del comma 2. I decrementi rilevano a partire dall'inizio dell'esercizio in cui si sono verificati.

6. Ai fini del comma 2 si considerano riserve di utili non disponibili le riserve formate con utili diversi da quelli realmente conseguiti ai sensi dell'art. 2433 del codice civile in quanto derivanti da processi di valutazione nonché quelle formate con utili realmente conseguiti che, per disposizioni di legge, sono o divengono non distribuibili né utilizzabili ad aumento del capitale sociale né a copertura di perdite; nell'esercizio in cui viene meno la condizione dell'indisponibilità, assumono rilevanza anche le riserve non disponibili formate successivamente all'esercizio in corso al 31 dicembre 2010.

7. Ai fini della determinazione della variazione in aumento di cui alla lettera *b*) del comma 2 sono rilevanti le seguenti ipotesi di rettifiche operate in sede di prima adozione dei principi contabili:

a) eliminazione di costi di ricerca e pubblicità non più capitalizzabili;

b) utilizzo del criterio del costo ammortizzato.

8. Non assumono rilevanza ai fini della determinazione della variazione in aumento di cui alla lettera *b*) del comma 2 le riserve formate con utili:

a) derivanti dalla valutazione al fair value degli strumenti finanziari derivati;

b) derivanti da plusvalenze iscritte per effetto di conferimenti d'azienda o di rami d'azienda.

9. Per le imprese e le stabili organizzazioni di imprese non residenti le rettifiche fiscali effettuate in dichiarazione al fine di adeguare il fondo di dotazione al valore fiscalmente congruo ai sensi dell'art. 152 comma 2 del TUIR rilevano esclusivamente nel limite di tale valore e solo per il periodo d'imposta in cui le stesse vengono operate.

10. Per le imprese e le stabili organizzazioni di imprese non residenti costituite successivamente al 31 dicembre 2010 si assume come incremento anche il patrimonio di costituzione o il fondo di dotazione, per l'ammontare derivante da conferimenti in denaro.

6. Soggetti aderenti al regime di consolidamento fiscale. – 1. Per le società e per gli enti indicati nell'art. 73, comma 1, lettere *a*), *b*) e *d*), del TUIR, che partecipano al consolidato nazionale di cui agli articoli da 117 a 129 del TUIR, l'importo corrispondente al rendimento nozionale determinato ai sensi dell'art. 3 che supera il reddito complessivo netto dichiarato è ammesso in deduzione dal reddito complessivo globale netto di gruppo dichiarato fino a concorrenza dello stesso. L'eccedenza che non trova capienza è computata in aumento del rendimento nozionale dell'esercizio successivo da ciascuna società o ente ed è ammessa in deduzione ai sensi del presente comma ovvero è utilizzata, in alternativa, dalla stessa società o ente, ai sensi dell'art. 3, comma 3. Le eccedenze di rendimento nozionale generatesi anteriormente all'opzione per il consolidato non sono attribuibili al consolidato e sono ammesse in deduzione dal reddito complessivo netto dichiarato delle singole società.

2. Le disposizioni del presente articolo si applicano anche all'importo del rendimento nozionale delle società e degli enti indicati nell'art. 73, comma 1, lettere *a*) e *b*), del TUIR che esercitano l'opzione per il consolidato mondiale di cui agli articoli da 130 a 142 del TUIR.

7. Trasparenza fiscale. – 1. In caso di opzione per la trasparenza fiscale di cui all'art. 115 del TUIR l'importo corrispondente al rendimento nozionale della società partecipata determinato ai sensi dell'art. 3 che supera il reddito complessivo netto dichiarato è attribuito a ciascun socio in misura proporzionale alla sua quota di partecipazione agli utili ovvero è utilizzato, in alternativa, dalla stessa società, ai sensi dell'art. 3, comma 3. La quota attribuita a ciascun socio concorre a formare il rendimento nozionale del socio stesso ammesso in deduzione dal reddito complessivo netto dichiarato ai sensi dell'art. 2 ovvero è utilizzata, in alternativa, dallo stesso socio, ai sensi dell'art.

3, comma 3. Le eccedenze di rendimento nozionale generatesi presso la partecipata anteriormente all'opzione per la trasparenza non sono attribuibili ai soci e sono ammesse in deduzione dal reddito complessivo netto dichiarato dalla stessa.

2. In caso di opzione per la trasparenza fiscale di cui all'art. 116, comma 1, del TUIR l'importo corrispondente al rendimento nozionale della società partecipata determinato ai sensi dell'art. 3 che supera il reddito complessivo netto dichiarato è attribuito a ciascun socio in misura proporzionale alla sua quota di partecipazione agli utili ovvero è utilizzato, in alternativa, dalla stessa società, ai sensi dell'art. 3, comma 3. La quota attribuita a ciascun socio concorre a formare il rendimento nozionale del socio stesso ammesso in deduzione dal reddito d'impresa ovvero è utilizzata, in alternativa, dallo stesso socio, ai sensi dell'art. 3, comma 3. Le eccedenze di rendimento nozionale generatesi presso la partecipata anteriormente all'opzione per la trasparenza non sono attribuibili ai soci e sono ammesse in deduzione dal reddito complessivo netto dichiarato dalla stessa.

Capo II
Soggetti IRPEF

8. Soggetti beneficiari. – 1. Le disposizioni del presente decreto si applicano, in quanto compatibili, e secondo i criteri indicati nel presente articolo, anche alle persone fisiche e alle società in nome collettivo e in accomandita semplice in regime di contabilità ordinaria.

2. La variazione in aumento di capitale proprio effettuata negli esercizi di applicazione del regime di contabilità ordinaria, è costituita dalla somma algebrica, se positiva, tra i seguenti elementi:

a) la differenza positiva tra il patrimonio netto al 31 dicembre 2015 e il patrimonio netto al 31 dicembre 2010;

b) gli elementi positivi e negativi di cui all'art. 5 rilevati negli esercizi in regime di contabilità ordinaria a decorrere dal periodo d'imposta successivo a quello in corso al 31 dicembre 2015.

3. Gli incrementi di capitale proprio derivanti dall'accantonamento di utili rilevano nell'esercizio di maturazione dell'utile medesimo, al netto dei prelevamenti in conto utile del medesimo esercizio. Il patrimonio netto di cui alla lettera *a*) del comma 2 include l'utile d'esercizio.

4. Per i soggetti in regime di contabilità semplificata nell'anno 2010 e, eventualmente, in taluni degli anni successivi, in luogo del comma 2, lettera *a*) è computata la differenza positiva o negativa tra il patrimonio netto dell'ultimo esercizio del quinquennio dal 2011 al 2015 in regime di contabi-

lità ordinaria e il patrimonio netto desumibile dal prospetto redatto ai sensi del decreto del Presidente della Repubblica 23 dicembre 1974, n. 689, relativo all'esercizio di prima applicazione, in detto quinquennio, del regime di contabilità ordinaria.

5. Per le imprese di cui al comma 1 costituite successivamente al 31 dicembre 2010 si assume, comunque, in luogo della differenza di cui al comma 2, lettera *a*), il patrimonio netto dell'ultimo esercizio del quinquennio dal 2011 al 2015 in regime di contabilità ordinaria.

6. Se i soggetti di cui al comma 1 applicano in uno o più anni il regime di contabilità semplificata, la variazione di capitale proprio di cui al comma 2, lettera *b*) rilevante al termine dell'esercizio in cui è ripristinato il regime di contabilità ordinaria è ridotta della eventuale differenza negativa tra il patrimonio netto desumibile dal prospetto redatto ai sensi del decreto del Presidente della Repubblica 23 dicembre 1974, n. 689, relativo allo stesso esercizio e il patrimonio netto dell'ultimo esercizio in regime di contabilità ordinaria.

7. Per le persone fisiche, l'importo del rendimento nozionale che supera il reddito d'impresa, al netto delle perdite, può essere computato in aumento dell'importo deducibile determinato, ai fini del presente decreto, per i periodi d'imposta successivi ovvero può essere utilizzato come credito d'imposta ai sensi dell'art. 3, comma 3. Per le imprese familiari e le aziende coniugali l'importo corrispondente al rendimento nozionale che supera il reddito d'impresa è attribuito all'imprenditore e ai collaboratori familiari ovvero al coniuge dell'azienda coniugale in proporzione alle rispettive quote di partecipazione al reddito. Per le società in nome collettivo e in accomandita semplice si applicano le disposizioni di cui all'art. 7, comma 2.

8. Ai fini della determinazione dell'imposta ai sensi dell'art. 11 del TUIR nonché delle detrazioni spettanti ai sensi dei successivi articoli 12, 13, 15 e 16, la quota dedotta dal reddito d'impresa concorre alla formazione del reddito complessivo delle persone fisiche e dei soci delle società partecipate beneficiarie della deduzione. L'aliquota di cui all'art. 11 si determina applicando alla quota di eccedenza di rendimento nozionale trasformata in credito d'imposta, ai sensi dell'art. 3, comma 3, le aliquote corrispondenti agli scaglioni di reddito previste dall'art. 11 del TUIR.

Capo III
Disposizioni comuni

9. Soggetti esclusi. – 1. Il beneficio di cui al presente decreto non si applica alle società:

a) assoggettate alle procedure di fallimento dall'inizio dell'esercizio in cui interviene la dichiarazione di fallimento;

b) assoggettate alle procedure di liquidazione coatta dall'inizio dell'esercizio in cui interviene il provvedimento che ordina la liquidazione;

c) assoggettate alle procedure di amministrazione straordinaria delle grandi imprese in crisi dall'inizio dell'esercizio in cui interviene il decreto motivato che dichiara l'apertura della procedura di amministrazione straordinaria sulla base del programma di cessione dei complessi aziendali di cui all'art. 54 del decreto legislativo 8 luglio 1999, n. 270;

d) che svolgono come attività prevalente quelle attività per le quali hanno esercitato l'opzione di cui all'art. 155 del TUIR. Per attività prevalente si intende l'attività dalla quale deriva, nel corso del periodo d'imposta, il maggiore ammontare di ricavi;

e) agricole che determinano il reddito ai sensi dell'art. 32 del TUIR.

2. Il beneficio di cui al presente decreto non si applica agli imprenditori:

a) assoggettati alle procedure di fallimento dall'inizio dell'esercizio in cui interviene la dichiarazione di fallimento;

b) agricoli che determinano il reddito ai sensi dell'art. 32 del TUIR.

10. Disposizioni antielusive. – 1. Ai soggetti appartenenti al medesimo gruppo, nell'ambito del quale è presente almeno uno dei soggetti di cui agli articoli 2 e 8, si applicano le disposizioni del presente articolo; si considerano società del gruppo le società controllate, controllanti o controllate da un medesimo soggetto ai sensi dell'art. 2359 del codice civile inclusi i soggetti diversi dalle società di capitali, ad eccezione dello Stato e gli altri enti pubblici. Per le persone fisiche si tiene conto anche delle partecipazioni possedute dai familiari.

2. La variazione in aumento di cui all'art. 5 è ridotta di un importo pari ai conferimenti in denaro effettuati, successivamente alla chiusura dell'esercizio in corso al 31 dicembre 2010, a favore di soggetti del gruppo, ovvero divenuti tali a seguito del conferimento. Ai fini del precedente periodo non assume rilevanza l'incremento di partecipazioni derivante da finanziamenti infruttiferi o a tasso diverso da quello di mercato erogati dai soci a favore delle società del gruppo. La riduzione prescinde dalla persistenza del rapporto di controllo alla data di chiusura dell'esercizio.

3. La variazione in aumento che residua non ha altresì effetto fino a concorrenza:

a) dei corrispettivi per l'acquisizione o l'incremento di partecipazioni in società controllate già appartenenti ai soggetti del gruppo;

b) dei corrispettivi per l'acquisizione di aziende o di rami di aziende già appartenenti ai soggetti del gruppo;

c) dell'incremento, rispetto a quelli risultanti dal bilancio relativo all'esercizio in corso al 31 dicembre 2010, dei crediti di finanziamento nei confronti dei soggetti del gruppo.

4. In deroga al comma 1, la variazione in aumento è ridotta dei conferimenti in denaro provenienti da soggetti diversi da quelli domiciliati in Stati o territori che consentono un adeguato scambio di informazioni, anche se non appartenenti al gruppo. Ai fini del presente comma, l'indagine effettuata dal contribuente sulla provenienza dei conferimenti, in presenza:

a) di una società quotata nella compagine sociale, in relazione ai soci della predetta società quotata, è operata avendo riguardo esclusivamente ai controllanti in base ai requisiti di cui all'art. 2359 del codice civile;

b) di un fondo di investimento regolamentato e localizzato in Stati o territori che consentono un adeguato scambio di informazioni non è operata in relazione ai sottoscrittori del fondo medesimo.

5. Qualora l'indagine di cui al comma 4 abbia evidenziato la provenienza dei conferimenti in denaro da soggetti diversi da quelli domiciliati in Stati o territori che consentono un adeguato scambio di informazioni, la riduzione della variazione di capitale proprio di cui all'art. 5 è ripartita proporzionalmente tra le società conferitarie del gruppo che hanno conseguito una base Ace positiva nel periodo d'imposta.

11. Limite del patrimonio netto. – 1. In ciascun esercizio la variazione in aumento non può comunque eccedere il patrimonio netto risultante dal relativo bilancio, ad esclusione delle riserve per acquisto di azioni proprie.

2. Ai fini della determinazione del patrimonio netto di cui al comma 1, assumono rilevanza le rettifiche operate in sede di prima adozione di nuovi principi contabili ovvero di cambiamento di principi contabili già adottati.

12. Clausola di salvaguardia per comportamenti coerenti e non coerenti. – 1. Con riferimento ai periodi d'imposta precedenti a quello in corso alla data di entrata in vigore del presente decreto, per i quali i termini per il versamento a saldo delle imposte sui redditi sono scaduti anteriormente alla medesima data, sono fatti salvi gli effetti sulla determinazione della variazione del capitale proprio, relativa ai medesimi periodi d'imposta, derivante dall'applicazione delle disposizioni emanate in attuazione dell'art. 13 *bis* del decreto legge 30 dicembre 2016, n. 244, convertito, con modificazioni, dall'art. 1, comma 1, legge 27 febbraio 2017, n. 19, anche se non coerenti con le stesse.

2. Con riferimento ai periodi d'imposta successivi a quello in corso al 31 dicembre 2010 e fino a quello in corso alla data di entrata in vigore del presente decreto sono fatti salvi gli effetti sulla determinazione della variazione del capitale proprio, relativa ai medesimi periodi d'imposta, derivanti dall'applicazione delle disposizioni diverse da quelle emanate in attuazione dell'art. 13 *bis* del decreto legge 30 dicembre 2016, n. 244 convertito, con modificazioni, dall'art. 1, comma 1, legge 27 febbraio 2017, n. 19, anche se non coerenti con le stesse.

13. Abrogazioni. – 1. Il decreto del Ministro dell'economia e delle finanze 14 marzo 2012, pubblicato nella *Gazzetta Ufficiale* n. 66 del 19 marzo 2012, è abrogato.

21.

D.L. 24 aprile 2017, n. 50. Disposizioni urgenti in materia finanziaria, iniziative a favore degli enti territoriali, ulteriori interventi per le zone colpite da eventi sismici e misure per lo sviluppo (Suppl. ord. alla *Gazzetta Ufficiale* Serie gen. - n. 95 del 24 aprile 2017), convertito, con modificazioni, nella L. 21 giugno 2017, n. **96** (*Gazzetta Ufficiale* Serie gen. - n. 144 del 23 giugno 2017).

(*Estratto*)

Titolo I
Disposizioni urgenti in materia
di finanza pubblica

Capo I
Disposizioni in materia di entrate

4. Regime fiscale delle locazioni brevi. – 1. Ai fini del presente articolo, si intendono per locazioni brevi i contratti di locazione di immobili ad uso abitativo di durata non superiore a 30 giorni, ivi inclusi quelli che prevedono la prestazione dei servizi di fornitura di biancheria e di pulizia dei locali, stipulati da persone fisiche, al di fuori dell'esercizio di attività d'impresa, direttamente o tramite soggetti che esercitano attività di intermediazione immobiliare, ovvero soggetti che gestiscono portali telematici, mettendo in contatto persone in cerca di un immobile con persone che dispongono di unità immobiliari da locare.

2. A decorrere dal 1° giugno 2017, ai redditi derivanti dai contratti di locazione breve stipulati a partire da tale data si applicano le disposizioni dell'articolo 3 del decreto legislativo 14 marzo 2011, n. 23, con l'aliquota del 21 per cento in caso di opzione per l'imposta sostitutiva nella forma della cedolare secca ([1]).

3. Le disposizioni del comma 2 si applicano anche ai corrispettivi lordi derivanti dai contratti di sublocazione e dai contratti a titolo oneroso conclusi dal comodatario aventi ad oggetto il godimento dell'immobile da parte di terzi, stipulati alle condizioni di cui al comma 1 ([1]).

[3 *bis*. Con regolamento da emanare entro novanta giorni dalla data di entrata in vigore della legge di conversione del presente decreto, ai sensi dell'articolo 17, comma 1, della legge 23 agosto 1988, n. 400, su proposta del Ministro dell'economia e delle finanze, possono essere definiti, ai fini del presente articolo, i criteri in base ai quali l'attività di locazione di cui al comma 1 del presente articolo si presume svolta in forma imprenditoriale, in coerenza con l'articolo 2082 del codice civile e con la disciplina sui redditi di impresa di cui al testo unico delle imposte sui redditi, di cui al decreto del Presidente della Repubblica 22 dicembre 1986, n. 917, avuto anche riguardo al numero delle unità immobiliari locate e alla durata delle locazioni in un anno solare] ([2]).

4. I soggetti che esercitano attività di intermediazione immobiliare, nonché quelli che gestiscono portali telematici, mettendo in contatto persone in ricerca di un immobile con persone che dispongono di unità immobiliari da locare, trasmettono i dati relativi ai contratti di cui ai commi 1 e 3 conclusi per il loro tramite entro il 30 giugno dell'anno successivo a quello a cui si riferiscono i predetti dati. L'omessa, incompleta o infedele comunicazione dei dati relativi ai contratti di cui al comma 1 e 3 è punita con la sanzione di cui all'articolo 11, comma 1 del decreto legislativo 18 dicembre 1997, n. 471. La sanzione è ridotta alla metà se la trasmissione è effettuata entro i quindici giorni successivi alla scadenza, ovvero se, nel medesimo termine, è effettuata la trasmissione corretta dei dati.

5. I soggetti residenti nel territorio dello Stato che esercitano attività di intermediazione immobiliare, nonché quelli che gestiscono portali telematici, mettendo in contatto persone in ricerca di un immobile con persone che dispongono di unità immobiliari da locare, qualora incassino i canoni o i corrispettivi relativi ai contratti di cui ai commi 1 e 3, ovvero qualora intervengano nel pagamento dei predetti canoni o corrispettivi, operano, in qualità di sostituti d'imposta, una ritenuta del 21 per cento sull'ammontare dei canoni e corrispettivi all'atto del pagamento al beneficiario e provvedono al relativo

versamento con le modalità di cui all'articolo 17 del decreto legislativo 9 luglio 1997, n. 241, e alla relativa certificazione ai sensi dell'articolo 4 del regolamento di cui al decreto del Presidente della Repubblica 22 luglio 1998, n. 322. Nel caso in cui non sia esercitata l'opzione per l'applicazione del regime di cui al comma 2, la ritenuta si considera operata a titolo di acconto.

5 *bis*. I soggetti di cui al comma 5 non residenti in possesso di una stabile organizzazione in Italia, ai sensi dell'articolo 162 del testo unico delle imposte sui redditi, di cui al decreto del Presidente della Repubblica 22 dicembre 1986, n. 917, qualora incassino i canoni o i corrispettivi relativi ai contratti di cui ai commi 1 e 3, ovvero qualora intervengano nel pagamento dei predetti canoni o corrispettivi, adempiono agli obblighi derivanti dal presente articolo tramite la stabile organizzazione. I soggetti non residenti riconosciuti privi di stabile organizzazione in Italia, ai fini dell'adempimento degli obblighi derivanti dal presente articolo, in qualità di responsabili d'imposta, nominano un rappresentante fiscale individuato tra i soggetti indicati nell'articolo 23 del decreto del Presidente della Repubblica 29 settembre 1973, n. 600. In assenza di nomina del rappresentante fiscale, i soggetti residenti nel territorio dello Stato che appartengono allo stesso gruppo dei soggetti di cui al periodo precedente sono solidalmente responsabili con questi ultimi per l'effettuazione e il versamento della ritenuta sull'ammontare dei canoni e corrispettivi relativi ai contratti di cui ai commi 1 e 3 ([3]).

5 *ter*. Il soggetto che incassa il canone o il corrispettivo, ovvero che interviene nel pagamento dei predetti canoni o corrispettivi, è responsabile del pagamento dell'imposta di soggiorno di cui all'articolo 4 del decreto legislativo 14 marzo 2011, n. 23, e del contributo di soggiorno di cui all'articolo 14, comma 16, lettera *e*), del decreto legge 31 maggio 2010, n. 78, convertito, con modificazioni, dalla legge 30 luglio 2010, n. 122, con diritto di rivalsa sui soggetti passivi, della presentazione della dichiarazione, nonché degli ulteriori adempimenti previsti dalla legge e dal regolamento comunale. La dichiarazione deve essere presentata cumulativamente ed esclusivamente in via telematica entro il 30 giugno dell'anno successivo a quello in cui si è verificato il presupposto impositivo, secondo le modalità approvate con decreto del Ministro dell'economia e delle finanze, sentita la Conferenza Stato-città ed autonomie locali, da emanare entro centottanta giorni dalla data di entrata in vigore della presente disposizione. Per l'omessa o infedele presentazione della dichiarazione da parte del responsabile si applica la sanzione amministrativa pecuniaria del pagamento di una somma dal 100 al 200 per cento dell'importo dovuto. Per l'omesso, ritardato o parziale versamento dell'imposta di soggiorno e del contributo di soggiorno si applica la

sanzione amministrativa di cui all'articolo 13 del decreto legislativo 18 dicembre 1997, n. 471 ([4]).

6. Con provvedimento del Direttore dell'Agenzia delle entrate, da emanarsi entro novanta giorni dall'entrata in vigore del presente decreto, sono stabilite le disposizioni di attuazione dei commi 4, 5 e 5 *bis* del presente articolo, incluse quelle relative alla trasmissione e conservazione dei dati da parte dell'intermediario.

7. A decorrere dall'anno 2017 gli enti che hanno facoltà di applicare l'imposta di soggiorno ai sensi dell'articolo 4 del decreto legislativo 14 marzo 2011, n. 23, e il contributo di soggiorno di cui all'articolo 14, comma 16, lettera *e*), del decreto legge 31 maggio 2010, n. 78, convertito, con modificazioni, dalla legge 30 luglio 2010, n. 122, possono, in deroga all'articolo 1, comma 26, della legge 28 dicembre 2015, n. 208, e all'articolo 1, comma 169, della legge 27 dicembre 2006, n. 296, istituire o rimodulare l'imposta di soggiorno e il contributo di soggiorno medesimi.

7 *bis*. Il comma 4 dell'articolo 16 del decreto legislativo 14 settembre 2015, n. 147, si interpreta nel senso che i soggetti che hanno optato, ai sensi del predetto comma 4, per il regime agevolativo previsto per i lavoratori impatriati dal comma 1 del medesimo articolo, decadono dal beneficio fiscale laddove la residenza in Italia non sia mantenuta per almeno due anni. In tal caso, si provvede al recupero dei benefici già fruiti, con applicazione delle relative sanzioni e interessi.

([1]) *A norma dell'art. 1, comma 595, della L. 30 dicembre 2020, n. 178, a decorrere dal 1° gennaio 2021, il regime fiscale delle locazioni brevi di cui a questo comma, con effetto dal periodo d'imposta relativo all'anno 2021, è riconosciuto solo in caso di destinazione alla locazione breve di non più di quattro appartamenti per ciascun periodo d'imposta. Negli altri casi, ai fini della tutela dei consumatori e della concorrenza, l'attività di locazione di cui al presente comma, da chiunque esercitata, si presume svolta in forma imprenditoriale ai sensi dell'articolo 2082 del codice civile. Le disposizioni del presente comma si applicano anche per i contratti stipulati tramite soggetti che esercitano attività di intermediazione immobiliare, ovvero tramite soggetti che gestiscono portali telematici, mettendo in contatto persone in cerca di un immobile con persone che dispongono di appartamenti da condurre in locazione.*

([2]) *Questo comma è stato abrogato dall'art. 1, comma 596, della L. 30 dicembre 2020, n. 178, a decorrere dal 1° gennaio 2021.*

([3]) *Questo periodo è stato aggiunto dall'art. 13* quater, *comma 1, del D.L. 30 aprile 2019, n. 34, convertito, con modificazioni, nella L. 28 giugno 2019, n. 58, a decorrere dal 30 giugno 2019.*

([4]) *Le parole: «nonché degli ulteriori adempimenti previsti dalla legge e dal regolamento comunale» sono state così sostituite dalle parole: «con diritto di rivalsa sui soggetti passivi, della presentazione della dichiarazione, nonché degli ulteriori adem-*

22.

L. 27 dicembre 2017, n. 205. Bilancio di previsione dello Stato per l'anno finanziario 2018 e bilancio pluriennale per il triennio 2018-2020 (Suppl. ord. alla *Gazzetta Ufficiale* Serie gen. - n. 302 del 29 dicembre 2017) ed avviso di rettifica in *Gazzetta Ufficiale* Serie gen. - n. 13 del 17 gennaio 2018, ed avviso di rettifica in *Gazzetta Ufficiale* Serie gen. - n. 21 del 26 gennaio 2018.

(*Estratto*)

Parte I

Sezione I

Misure quantitative per la realizzazione degli obiettivi programmatici

1. 1. - 11. (*Omissis*)

12. Per gli anni 2021, 2022, 2023 e 2024 ([1]), ai fini delle imposte sui redditi delle persone fisiche, dall'imposta lorda si detrae un importo pari al 36 per cento delle spese documentate, fino ad un ammontare complessivo delle stesse non superiore a 5.000 euro per unità immobiliare ad uso abitativo, sostenute ed effettivamente rimaste a carico dei contribuenti che possiedono o detengono, sulla base di un titolo idoneo, l'immobile sul quale sono effettuati gli interventi relativi alla:

a) «sistemazione a verde» di aree scoperte private di edifici esistenti, unità immobiliari, pertinenze o recinzioni, impianti di irrigazione e realizzazione pozzi;

b) realizzazione di coperture a verde e di giardini pensili.

13. La detrazione di cui al comma 12 spetta anche per le spese sostenute per interventi effettuati sulle parti comuni esterne degli edifici condominiali di cui agli articoli 1117 e 1117 *bis* del codice civile, fino ad un importo massimo complessivo di 5.000 euro per unità immobiliare ad uso abitativo. In tale ipotesi la detrazione spetta al singolo condomino nel limite della quota a lui imputabile a condizione che la stessa sia stata effettivamente versata al condominio entro i termini di presentazione della dichiarazione dei redditi.

14. Tra le spese indicate nei commi 12 e 13 sono comprese quelle di progettazione e manutenzione connesse all'esecuzione degli interventi ivi indicati.

15. La detrazione di cui ai commi da 12 a 14 spetta a condizione che i pagamenti siano effettuati con strumenti idonei a consentire la tracciabilità

delle operazioni ed è ripartita in dieci quote annuali costanti e di pari importo nell'anno di sostenimento delle spese e in quelli successivi. Si applicano, in quanto compatibili, le disposizioni contenute nei commi 5, 6 e 8 dell'articolo 16 *bis* del testo unico delle imposte sui redditi, di cui al decreto del Presidente della Repubblica 22 dicembre 1986, n. 917.

16. - 28. (*Omissis*)

29. Ai fini delle imposte sui redditi, per i soggetti titolari di reddito d'impresa e per gli esercenti arti e professioni che effettuano investimenti in beni materiali strumentali nuovi, esclusi i veicoli e gli altri mezzi di trasporto di cui all'articolo 164, comma 1, del testo unico delle imposte sui redditi, di cui al decreto del Presidente della Repubblica 22 dicembre 1986, n. 917, dal 1° gennaio 2018 al 31 dicembre 2018, ovvero entro il 30 giugno 2019, a condizione che entro la data del 31 dicembre 2018 il relativo ordine risulti accettato dal venditore e sia avvenuto il pagamento di acconti in misura almeno pari al 20 per cento del costo di acquisizione, con esclusivo riferimento alla determinazione delle quote di ammortamento e dei canoni di locazione finanziaria, il costo di acquisizione è maggiorato del 30 per cento. La maggiorazione non si applica agli investimenti che beneficiano delle disposizioni di cui all'articolo 1, comma 8, della legge 11 dicembre 2016, n. 232.

30. Le disposizioni dell'articolo 1, comma 9, della legge 11 dicembre 2016, n. 232, si applicano anche agli investimenti in beni materiali strumentali nuovi effettuati entro il 31 dicembre 2018, ovvero entro il 31 dicembre 2019, a condizione che entro la data del 31 dicembre 2018 il relativo ordine risulti accettato dal venditore e sia avvenuto il pagamento di acconti in misura almeno pari al 20 per cento del costo di acquisizione.

31. Per i soggetti che beneficiano della maggiorazione di cui al comma 30, le disposizioni dell'articolo 1, comma 10, della legge 11 dicembre 2016, n. 232, si applicano anche agli investimenti in beni immateriali strumentali effettuati nel periodo di cui al comma 30.

32. (*Omissis*)

33. Ai fini della fruizione dei benefici di cui ai commi 30 e 31, l'impresa è tenuta a produrre la documentazione di cui all'articolo 1, comma 11, della legge 11 dicembre 2016, n. 232.

34. Resta ferma l'applicazione delle disposizioni di cui all'articolo 1, commi 93 e 97, della legge 28 dicembre 2015, n. 208.

35. Ai soli effetti della disciplina di cui al comma 30 e di cui all'articolo 1, comma 9, della legge 11 dicembre 2016, n. 232, se nel corso del periodo di fruizione della maggiorazione del costo si verifica il realizzo a titolo oneroso del bene oggetto dell'agevolazione, non viene meno la fruizione delle resi-

due quote del beneficio, così come originariamente determinate, a condizione che, nello stesso periodo d'imposta del realizzo, l'impresa:

a) sostituisca il bene originario con un bene materiale strumentale nuovo avente caratteristiche tecnologiche analoghe o superiori a quelle previste dall'allegato A alla legge 11 dicembre 2016, n. 232;

b) attesti l'effettuazione dell'investimento sostitutivo, le caratteristiche del nuovo bene e il requisito dell'interconnessione secondo le regole previste dall'articolo 1, comma 11, della legge 11 dicembre 2016, n. 232.

36. Nel caso in cui il costo di acquisizione dell'investimento sostitutivo di cui al comma 35 sia inferiore al costo di acquisizione del bene sostituito e sempre che ricorrano le altre condizioni previste alle lettere *a*) e *b*) del comma 35, la fruizione del beneficio prosegue per le quote residue fino a concorrenza del costo del nuovo investimento.

37. - 45. (*Omissis*).

46. A tutte le imprese, indipendentemente dalla forma giuridica, dal settore economico in cui operano nonché dal regime contabile adottato, che effettuano spese in attività di formazione nel periodo d'imposta successivo a quello in corso al 31 dicembre 2017, è attribuito un credito d'imposta nella misura del 40 per cento delle spese relative al solo costo aziendale del personale dipendente per il periodo in cui è occupato in attività di formazione negli ambiti di cui al comma 48 ([2]).

47. Il credito d'imposta di cui al comma 46 è riconosciuto, fino ad un importo massimo annuale di euro 300.000 per ciascun beneficiario, per le attività di formazione, negli ambiti richiamati al comma 48, pattuite attraverso contratti collettivi aziendali o territoriali ([2]).

48. Sono ammissibili al credito d'imposta solo le attività di formazione svolte per acquisire o consolidare le conoscenze delle tecnologie previste dal Piano nazionale Industria 4.0 quali big data e analisi dei dati, cloud e fog computing, cyber security, sistemi cyber-fisici, prototipazione rapida, sistemi di visualizzazione e realtà aumentata, robotica avanzata e collaborativa, interfaccia uomo macchina, manifattura additiva, internet delle cose e delle macchine e integrazione digitale dei processi aziendali, applicate negli ambiti elencati nell'allegato A ([2]).

49. Non si considerano attività di formazione ammissibili la formazione ordinaria o periodica organizzata dall'impresa per conformarsi alla normativa vigente in materia di salute e sicurezza sul luogo di lavoro, di protezione dell'ambiente e ad ogni altra normativa obbligatoria in materia di formazione ([2]).

50. Il credito d'imposta deve essere indicato nella dichiarazione dei redditi relativa al periodo d'imposta in cui sono state sostenute le spese di cui al

comma 46 e in quelle relative ai periodi d'imposta successivi fino a quando se ne conclude l'utilizzo, non concorre alla formazione del reddito né della base imponibile dell'imposta regionale sulle attività produttive, non rileva ai fini del rapporto di cui agli articoli 61 e 109, comma 5, del testo unico di cui al decreto del Presidente della Repubblica 22 dicembre 1986, n. 917, ed è utilizzabile a decorrere dal periodo d'imposta successivo a quello in cui i costi sono sostenuti esclusivamente in compensazione ai sensi dell'articolo 17 del decreto legislativo 9 luglio 1997, n. 241 (2).

51. Al credito d'imposta di cui ai commi da 46 a 56 non si applicano i limiti di cui all'articolo 1, comma 53, della legge 24 dicembre 2007, n. 244, e di cui all'articolo 34 della legge 23 dicembre 2000, n. 388 (2).

52. L'incentivo si applica nel rispetto dei limiti e delle condizioni previsti dal regolamento (UE) n. 651/2014 della Commissione, del 17 giugno 2014, che dichiara alcune categorie di aiuti compatibili con il mercato interno in applicazione degli articoli 107 e 108 del Trattato sul funzionamento dell'Unione europea, e in particolare dall'articolo 31 del medesimo regolamento, che disciplina gli aiuti alla formazione. Agli adempimenti europei provvede il Ministero dello sviluppo economico (2).

53. Ai fini dell'ammissibilità al credito d'imposta, i costi sono certificati dal soggetto incaricato della revisione legale o da un professionista iscritto nel Registro dei revisori legali, di cui al decreto legislativo 27 gennaio 2010, n. 39. Tale certificazione deve essere allegata al bilancio. Le imprese non soggette a revisione legale dei conti devono comunque avvalersi delle prestazioni di un revisore legale dei conti o di una società di revisione legale dei conti. Il revisore legale dei conti o il professionista responsabile della revisione legale dei conti, nell'assunzione dell'incarico, osserva i principi di indipendenza elaborati ai sensi dell'articolo 10 del citato decreto legislativo n. 39 del 2010 e, in attesa della loro emanazione, quelli previsti dal codice etico dell'International Federation of Accountants (IFAC). Le spese sostenute per l'attività di certificazione contabile da parte delle imprese di cui al terzo periodo sono ammissibili entro il limite massimo di euro 5.000. Le imprese con bilancio revisionato sono esenti dagli obblighi previsti dal presente comma (2).

54. Nei confronti del revisore legale dei conti o del professionista responsabile della revisione legale dei conti che incorre in colpa grave nell'esecuzione degli atti che gli sono richiesti per il rilascio della certificazione di cui al comma 53 si applicano le disposizioni dell'articolo 64 del codice di procedura civile (2).

55. Con decreto del Ministro dello sviluppo economico, di concerto con il Ministro dell'economia e delle finanze e con il Ministro del lavoro e delle

politiche sociali, sono adottate, entro novanta giorni dalla data di entrata in vigore della presente legge, le disposizioni applicative necessarie, con particolare riguardo alla documentazione richiesta, all'effettuazione dei controlli e alle cause di decadenza dal beneficio ([2]).

56. Per l'attuazione delle disposizioni dei commi da 46 a 55 è autorizzata la spesa di 250 milioni di euro per l'anno 2019. Il Ministero dell'economia e delle finanze effettua il monitoraggio delle fruizioni del credito d'imposta di cui ai commi da 46 a 55, ai fini di quanto previsto dall'articolo 17, comma 13, della legge 31 dicembre 2009, n. 196.

57. Nel limite di spesa di 500.000 euro per l'anno 2018 e di un milione di euro per ciascuno degli anni 2019 e 2020, fino ad esaurimento delle risorse disponibili, alle imprese culturali e creative, come definite al secondo periodo, è riconosciuto un credito d'imposta nella misura del 30 per cento dei costi sostenuti per attività di sviluppo, produzione e promozione di prodotti e servizi culturali e creativi secondo le modalità stabilite con il decreto di cui al comma 58. Sono imprese culturali e creative le imprese o i soggetti che svolgono attività stabile e continuativa, con sede in Italia o in uno degli Stati membri dell'Unione europea o in uno degli Stati aderenti all'Accordo sullo Spazio economico europeo, purché siano soggetti passivi di imposta in Italia, che hanno quale oggetto sociale, in via esclusiva o prevalente, l'ideazione, la creazione, la produzione, lo sviluppo, la diffusione, la conservazione, la ricerca e la valorizzazione o la gestione di prodotti culturali, intesi quali beni, servizi e opere dell'ingegno inerenti alla letteratura, alla musica, alle arti figurative, alle arti applicate, allo spettacolo dal vivo, alla cinematografia e all'audiovisivo, agli archivi, alle biblioteche e ai musei nonché al patrimonio culturale e ai processi di innovazione ad esso collegati.

58. Con decreto del Ministro dei beni e delle attività culturali e del turismo, di concerto con il Ministro dello sviluppo economico, da adottare ai sensi dell'articolo 17, comma 3, della legge 23 agosto 1988, n. 400, entro novanta giorni dalla data di entrata in vigore della presente legge, sentite le competenti Commissioni parlamentari, che si pronunciano entro trenta giorni dalla richiesta, e previa intesa in sede di Conferenza permanente per i rapporti tra lo Stato, le regioni e le province autonome di Trento e di Bolzano, tenendo conto delle necessità di coordinamento con le disposizioni del codice del Terzo settore, di cui al decreto legislativo 3 luglio 2017, n. 117, è disciplinata, senza nuovi o maggiori oneri per la finanza pubblica e nell'ambito delle risorse umane, strumentali e finanziarie disponibili a legislazione vigente, la procedura per il riconoscimento della qualifica di impresa culturale e creativa e per la definizione di prodotti e servizi culturali e creativi e sono previste adeguate forme di pubblicità.

59. Le imprese di cui al comma 57 possono accedere al credito d'imposta ivi previsto nel rispetto dei limiti di cui al regolamento (UE) n. 1407/2013 della Commissione, del 18 dicembre 2013, relativo agli aiuti «de minimis». Il credito d'imposta di cui al comma 57 non concorre alla formazione del reddito ai fini delle imposte sui redditi e del valore della produzione ai fini dell'imposta regionale sulle attività produttive, non rileva ai fini del rapporto di cui agli articoli 61 e 109, comma 5, del testo unico delle imposte sui redditi, di cui al decreto del Presidente della Repubblica 22 dicembre 1986, n. 917, ed è utilizzabile esclusivamente in compensazione ai sensi dell'articolo 17 del decreto legislativo 9 luglio 1997, n. 241.

60. Le disposizioni per l'applicazione dei commi 57 e 59, con riferimento, in particolare, al monitoraggio e al rispetto dei limiti di spesa ivi indicati, alle tipologie di spesa ammissibili, alle procedure per l'ammissione al beneficio, ai limiti massimi della spesa ammissibile, ai criteri per la verifica e l'accertamento dell'effettività delle spese sostenute, ai criteri relativi al cumulo con altre agevolazioni aventi ad oggetto gli stessi costi, alle cause di decadenza e revoca del beneficio nonché alle procedure di recupero nei casi di utilizzo illegittimo del credito d'imposta, secondo quanto previsto dall'articolo 1, comma 6, del decreto legge 25 marzo 2010, n. 40, convertito, con modificazioni, dalla legge 22 maggio 2010, n. 73, sono stabilite con decreto del Ministro dei beni e delle attività culturali e del turismo, di concerto con il Ministro dell'economia e delle finanze, sentito il Ministro dello sviluppo economico, da adottare entro novanta giorni dalla data di entrata in vigore della presente legge.

61. - 88. (*Omissis*).

89. Alle piccole e medie imprese, come definite dalla raccomandazione 2003/361/CE della Commissione, del 6 maggio 2003, che successivamente alla data di entrata in vigore della presente legge iniziano una procedura di ammissione alla quotazione in un mercato regolamentato o in sistemi multilaterali di negoziazione di uno Statomembro dell'Unione europea o dello Spazio economico europeo è riconosciuto, nel caso di ottenimento dell'ammissione alla quotazione, un credito d'imposta, fino ad un importo massimo nella misura di 200.000 euro ([3]), del 50 per cento dei costi di consulenza sostenuti fino al 31 dicembre 2022 ([4]), per la predetta finalità.

90. Il credito d'imposta di cui al comma 89 è utilizzabile, nel limite complessivo di 20 milioni di euro per l'anno 2019, di 30 milioni di euro per ciascuno degli anni 2020 e 2021, di 35 milioni di euro per l'anno 2022 e di 5 milioni di euro per l'anno 2023 ([5]) ([6]), esclusivamente in compensazione ai sensi dell'articolo 17 del decreto legislativo 9 luglio 1997, n. 241, a decorrere dal periodo d'imposta successivo a quello in cui è stata ottenuta la quotazione e deve essere indicato nella dichiarazione dei redditi relativa al periodo d'im-

932. Al fine di evitare la sovrapposizione di adempimenti, per gli anni in cui si applicano le disposizioni di cui all'articolo 21 del decreto legge 31 maggio 2010, n. 78, convertito, con modificazioni, dalla legge 30 luglio 2010, n. 122, il termine del 16 settembre di cui al comma 1 dello stesso articolo 21 è fissato al 30 settembre e il termine per la presentazione delle dichiarazioni in materia di imposte sui redditi e di imposta regionale sulle attività produttive dei soggetti indicati nell'articolo 2 del regolamento di cui al decreto del Presidente della Repubblica 22 luglio 1998, n. 322, in scadenza al 30 settembre, è fissato al 31 ottobre.

933. - 997. (*Omissis*).

998. Sui valori di acquisto delle partecipazioni non negoziate in mercati regolamentati e dei terreni edificabili e con destinazione agricola rideterminati con le modalità e nei termini indicati dal comma 2 dell'articolo 2 del decreto legge 24 dicembre 2002, n. 282, convertito, con modificazioni, dalla legge 21 febbraio 2003, n. 27, come modificato dal comma 997 del presente articolo, le aliquote delle imposte sostitutive di cui all'articolo 5, comma 2, della legge 28 dicembre 2001, n. 448, sono pari entrambe all'8 per cento e l'aliquota di cui all'articolo 7, comma 2, della medesima legge n. 448 del 2001 è raddoppiata.

999. - 1005. (*Omissis*).

1006. In deroga alle previsioni di cui ai commi da 999 a 1005, alle distribuzioni di utili derivanti da partecipazioni qualificate in società ed enti soggetti all'imposta sul reddito delle società formatesi con utili prodotti fino all'esercizio in corso al 31 dicembre 2017, deliberate dal 1° gennaio 2018 al 31 dicembre 2022, continuano ad applicarsi le disposizioni di cui al decreto del Ministro dell'economia e delle finanze 26 maggio 2017, pubblicato nella *Gazzetta Ufficiale* n. 160 dell'11 luglio 2017.

1007. Ai fini degli articoli 47, comma 4, e 89, comma 3, del testo unico delle imposte sui redditi, di cui al decreto del Presidente della Repubblica 22 dicembre 1986, n. 917, non si considerano provenienti da imprese o enti residenti o localizzati ([12]) in Stati o territori a regime fiscale privilegiato gli utili percepiti a partire dal periodo d'imposta successivo a quello in corso al 31 dicembre 2014 e maturati in periodi d'imposta precedenti nei quali le società partecipate erano residenti o localizzate in Stati o territori non inclusi nel decreto del Ministro dell'economia e delle finanze 21 novembre 2001, pubblicato nella *Gazzetta Ufficiale* n. 273 del 23 novembre 2001. Le disposizioni del precedente periodo si applicano anche per gli utili maturati in periodi successivi a quello in corso al 31 dicembre 2014 in Stati o territori non a regime privilegiato e, in seguito, percepiti in periodi d'imposta in cui risultino integrate le condizioni per l'applicazione dell'articolo 47 *bis*, comma 1 ([13]), del citato testo unico di cui al decreto del Presidente della Repub-

3. L'opzione per la tassazione di gruppo può essere esercitata dalla società controllata anche a decorrere da un esercizio successivo a quello in cui ha avuto inizio la tassazione di gruppo cui partecipa la controllante.

4. Nei casi di cui ai commi 1 e 2 le società effettuano la comunicazione, ai sensi dell'art. 119, comma 1, lettera *d*), del testo unico, relativa all'esercizio dell'opzione per il consolidato, a mezzo del modello per le «comunicazioni per i regimi di tonnage tax, consolidato, trasparenza e per l'opzione irap» approvato con provvedimento del direttore dell'Agenzia delle entrate del 17 dicembre 2015.

3. Percentuali dei diritti di voto. – 1. La percentuale dei diritti di voto prevista dal comma 1 dell'art. 120 del testo unico è quella riferibile alle assemblee previste dagli articoli 2364, 2364 *bis* e 2479 *bis* del codice civile.

2. Ai fini della determinazione della percentuale di partecipazione agli utili di cui all'art. 120, comma 1, lettera *b*), del testo unico, la quota di utili delle azioni di cui all'art. 2350, secondo comma, primo periodo, del codice civile, si assume pari alla quota di partecipazione al capitale delle azioni medesime.

4. Limiti all'esercizio dell'opzione per la tassazione di gruppo. – 1. L'opzione per la tassazione di gruppo non può essere esercitata dalla società che:

a) ha optato, in qualità di partecipata, per la trasparenza fiscale di cui all'art. 115 del testo unico;

b) è assoggettata alle procedure di fallimento, liquidazione coatta amministrativa ovvero di amministrazione straordinaria delle grandi imprese in stato di insolvenza.

5. Esercizio dell'opzione per la tassazione di gruppo. – 1. L'esercizio congiunto dell'opzione per la tassazione di gruppo è comunicato dalla società controllante all'Agenzia delle entrate con la dichiarazione dei redditi presentata nel periodo d'imposta a decorrere dal quale si intende esercitare l'opzione e deve contenere la denominazione o ragione sociale e il codice fiscale delle società che esercitano l'opzione, la qualità di controllante ovvero di controllata, l'individuazione delle società che hanno eventualmente effettuato il versamento d'acconto in modo separato, il criterio utilizzato per l'eventuale attribuzione delle perdite residue in caso di interruzione anticipata della tassazione di gruppo, o di revoca dell'opzione.

6. Effetti dell'esercizio dell'opzione. – 1. L'esercizio dell'opzione per la tassazione di gruppo, effettuato secondo le modalità di cui all'art. 5, comporta il trasferimento al consolidante degli obblighi di versamento dell'imposta sul reddito delle società, anche a titolo d'acconto. Se gli acconti sono stati versati, in tutto o in parte, separatamente dai soggetti partecipanti alla tassazione di gruppo, le sanzioni sono applicate al consolidante se l'importo dei versamenti complessivamente eseguiti risulta insufficiente in base alle disposizioni di legge.

2. Fermo restando quanto previsto dall'art. 9, comma 6, del decreto del Ministro dello sviluppo economico, di concerto con il Ministro dell'economia e delle finanze, 28 novembre 2017, le disposizioni di cui all'art. 9, comma 4, lettera *b*), del medesimo decreto, si interpretano nel senso che il costo complessivo ivi indicato è considerato al netto dei costi sostenuti dall'impresa per l'acquisizione, anche mediante licenza di concessione in uso, del bene immateriale agevolato già acquisito a titolo originario da società consolidate che detengono, direttamente o indirettamente, la partecipazione totalitaria al capitale di tale impresa o il cui capitale è, direttamente o indirettamente, totalmente detenuto da tale impresa o dalla società che detiene interamente il capitale di tale impresa, sempre che per tali società i requisiti del possesso della partecipazione totalitaria e della tassazione consolidata sussistano ininterrottamente a partire dall'esercizio in cui sono stati sostenuti i costi rilevanti ai sensi del medesimo comma 4.

7. Dichiarazione dei redditi propri di ciascun soggetto partecipante alla tassazione di gruppo. – 1. Per effetto dell'opzione:

a) ciascun soggetto deve presentare all'Agenzia delle entrate la propria dichiarazione dei redditi nei modi e nei termini previsti dal Regolamento approvato con decreto del Presidente della Repubblica 22 luglio 1998, n. 322, senza liquidazione dell'imposta; dal reddito complessivo, determinato secondo le disposizioni dell'art. 83 del testo unico, sono computate in diminuzione le perdite di cui all'art. 84 del testo unico relative agli esercizi anteriori all'inizio della tassazione di gruppo;

b) ciascun soggetto può cedere, ai fini della compensazione con l'imposta sul reddito delle società dovuta dalla consolidante, i crediti utilizzabili in compensazione ai sensi dell'art. 17 del decreto legislativo 9 luglio 1997, n. 241, nel limite previsto dall'art. 25 di tale decreto per l'importo non utilizzato dal medesimo soggetto, nonché le eccedenze di imposta ricevute ai sensi dell'art. 43 *ter* del decreto del Presidente della Repubblica 29 settembre 1973, n. 602;

c) nella dichiarazione dei redditi va indicato il reddito prodotto all'estero e la relativa imposta ivi pagata.

8. Obblighi delle società controllate. – 1. Per effetto dell'opzione, ciascuna consolidata, oltre a quanto indicato nell'art. 121 del testo unico, deve trasmettere al consolidante la copia della dichiarazione dei redditi di cui all'art. 7 del presente decreto.

c) se la liquidazione volontaria di cui al comma 7 del predetto art. 11 è effettuata in corso d'esercizio si applicano, ove compatibili, le disposizioni di cui alla lettera *a*). Se la liquidazione si protrae oltre l'esercizio in cui ha avuto inizio, il reddito o le perdite fiscali di ciascuno degli esercizi compresi nella liquidazione si considerano definitivi, indipendentemente dalla durata della liquidazione o dell'amministrazione straordinaria stessa. Il reddito relativo al periodo d'imposta in cui avviene lo scioglimento della società confluisce, in ogni caso, nella determinazione della tassazione di gruppo.

13. Interruzione della tassazione di gruppo prima del compimento del triennio. – 1. Otre ai casi previsti dagli articoli 124, commi 1 e 5, 126, comma 1, del testo unico, e 4, comma 1, lettera *b*), del presente decreto, l'interruzione della tassazione di gruppo, con gli effetti previsti dall'art. 124 del testo unico, si verifica nel caso di:

a) liquidazione giudiziale;

b) trasformazione di una società soggetta all'imposta di cui al titolo II del testo unico in società non soggetta a tale imposta;

c) trasformazione della consolidata in un soggetto avente natura giuridica diversa da una di quelle indicate nell'art. 120 del testo unico;

d) trasformazione della consolidante in un soggetto avente natura giuridica diversa da una di quelle indicate nell'art. 117 del testo unico;

e) trasferimento all'estero della residenza, ai sensi dell'art. 166 del testo unico, della consolidante o della consolidata se le stesse non rispettano le condizioni di cui, rispettivamente, ai commi 2 e 2 *ter* dell'art. 117 del testo unico;

f) fusione tra consolidata e società non inclusa nella tassazione di gruppo.

2. Nei casi diversi da quelli previsti all'art. 11 e dal precedente comma 1, può essere richiesta la continuazione della tassazione di gruppo da parte della società che effettua l'operazione, mediante l'esercizio dell'interpello ai sensi dell'art. 11 della legge 27 luglio 2000, n. 212.

3. L'opzione perde efficacia con decorrenza dall'inizio dell'esercizio nel corso del quale sono effettuate le operazioni di cui al comma 1, lettere da *a*) a *f*).

4. Se nel corso del periodo di durata dell'opzione per la tassazione di gruppo, la consolidante opta, congiuntamente con altra società, per la tassazione di gruppo in qualità di controllata, si verifica l'interruzione della tassazione di gruppo relativamente al consolidato in cui aderiva in qualità di consolidante con gli effetti previsti dall'art. 124 del testo unico.

5. Nei casi di cui al comma 4, se tutte le altre società aderenti alla tassazione di gruppo in qualità di controllate optano anch'esse con l'ente o

società controllante nel medesimo esercizio, l'interruzione della tassazione di gruppo non produce gli effetti di cui all'art. 124, commi 1, 2 e 3, del testo unico. Alle perdite fiscali di cui al comma 4 del citato art. 124, si applicano in ogni caso le disposizioni previste dall'art. 118, comma 2, del testo unico.

6. Nei casi previsti dal comma 1, entro trenta giorni dalla data in cui si perfeziona l'operazione, indipendentemente dalla eventuale retrodatazione degli effetti fiscali, si applicano le disposizioni dell'art. 124, commi 2 e 3, del testo unico; a tal fine, l'ente o società controllante può attribuire in tutto o in parte i versamenti effettuati per quanto eccedente il proprio obbligo alle società controllate, secondo le modalità previste dall'art. 43 *ter* del decreto del Presidente della Repubblica 29 settembre 1973, n. 602. Nel caso di cui al comma 4, si applicano le disposizioni del precedente periodo; tuttavia, il riferimento contenuto nell'art. 124, comma 2, lettera *a*), del testo unico, alla società controllante si intende effettuato all'ente o società che, in qualità di controllante, ha optato congiuntamente alla società di cui al comma 4 per la tassazione di gruppo.

7. Le perdite fiscali residue risultanti dalla dichiarazione di cui all'art. 9, in alternativa a quanto previsto dall'art. 124, comma 4, primo periodo, del testo unico, sono imputate alle società che le hanno prodotte al netto di quelle utilizzate e nei cui confronti viene meno il requisito del controllo secondo i criteri stabiliti dai soggetti interessati.

8. Entro trenta giorni dal verificarsi dell'evento che ha comportato l'interruzione della tassazione di gruppo ai sensi del presente articolo, la consolidante è tenuta a comunicare all'Agenzia delle entrate la perdita di efficacia dell'opzione, nonché l'importo delle perdite residue attribuito a ciascun soggetto; la comunicazione è effettuata secondo le modalità adottate con provvedimento del Direttore dell'Agenzia delle entrate.

9. Le consolidate per le quali viene meno il requisito del controllo a loro volta controllanti e le società controllate da queste possono esercitare l'opzione per la tassazione di gruppo, secondo le modalità di cui all'art. 5 del presente decreto, sin dall'esercizio in cui è venuto meno il requisito del controllo.

14. Rinnovo o revoca dell'opzione. – 1. Al termine del triennio l'opzione si intende tacitamente rinnovata per un altro triennio a meno che non sia revocata secondo le modalità e i termini di cui all'art. 5 del presente decreto.

2. Le disposizioni dell'art. 13, comma 7, del presente decreto si applicano anche in caso di revoca dell'opzione. In tal caso, la consolidante è tenuta a comunicare all'Agenzia delle entrate l'importo delle perdite residue attribuite a ciascun soggetto con la dichiarazione presentata nel periodo d'imposta a decorrere dal quale si esercita la revoca.

15. Ingresso di società controllate nel consolidato durante il periodo di tassazione di gruppo. – 1. La società che, in qualità di controllata, opta per la tassazione di gruppo, congiuntamente con la controllante, a decorrere da un esercizio successivo a quello in cui ha avuto inizio la tassazione di gruppo cui partecipa la controllante, è tenuta ad adempiere gli obblighi previsti dagli articoli da 117 a 127 del testo unico e dal presente decreto per tre esercizi sociali.

2. Ai fini del comma 1, il reddito complessivo netto della controllata è computato nella dichiarazione del reddito complessivo globale del consolidato secondo le disposizioni dell'art. 9, tenuto conto che le perdite maturate in periodi d'imposta anteriori a quello dal quale ha effetto la tassazione di gruppo ai sensi del comma 1 sono utilizzabili dalla stessa secondo le disposizioni di cui all'art. 84 del testo unico.

16. Disposizioni finali. – 1. Il presente decreto sostituisce ed abroga il decreto del Ministro dell'economia e delle finanze 9 giugno 2004 recante «Disposizioni applicative del regime di tassazione del consolidato nazionale di cui agli articoli da 117 a 128 del testo unico delle imposte sui redditi» emanato in attuazione dell'art. 129 del citato testo unico.

24.

L. 30 dicembre 2018, n. 145. Bilancio di previsione dello Stato per l'anno finanziario 2019 e bilancio pluriennale per il triennio 2019-2021 (Suppl. ord. alla *Gazzetta Ufficiale* Serie gen. - n. 302 del 31 dicembre 2018).

(*Estratto*)

Parte I

Sezione I

Misure quantitative per la realizzazione degli obiettivi programmatici

1. Risultati differenziali. Norme in materia di entrata e di spesa e altre disposizioni. Fondi speciali. – 1. - 16. (*Omissis*).

[17. A decorrere dal 1° gennaio 2020, le persone fisiche esercenti attività d'impresa, arti o professioni, che nel periodo d'imposta precedente a quello per il quale è presentata la dichiarazione hanno conseguito ricavi o percepito compensi compresi tra 65.001 euro e 100.000 euro ragguagliati ad anno, possono applicare al reddito d'impresa o di lavoro autonomo, determinato nei modi ordinari, un'imposta sostitutiva dell'imposta sul reddito, delle addizionali regionali e comunali e dell'imposta regionale sulle attività produttive di cui al decreto legislativo 15 dicembre 1997, n. 446, con l'aliquota del 20 per cento] (1).

[18. Ai fini dell'individuazione del limite dei ricavi e dei compensi di cui al comma 17:

a) non rilevano gli ulteriori componenti positivi indicati nelle dichiarazioni fiscali ai sensi del comma 9 dell'articolo 9 *bis* del decreto legge 24 aprile 2017, n. 50, convertito, con modificazioni, dalla legge 21 giugno 2017, n. 96;

b) nel caso di esercizio contemporaneo di differenti attività, si assume la somma dei ricavi e dei compensi relativi alle diverse attività esercitate] (1).

[19. Non possono applicare l'imposta sostitutiva di cui al comma 17:

a) le persone fisiche che si avvalgono di regimi speciali ai fini dell'imposta sul valore aggiunto o di regimi forfetari di determinazione del reddito;

b) i soggetti non residenti, ad eccezione di quelli che sono residenti in uno degli Stati membri dell'Unione europea o in uno Stato aderente all'Accordo sullo Spazio economico europeo che assicuri un adeguato scambio di informazioni e che producono nel territorio dello Stato italiano redditi che costituiscono almeno il 75 per cento del reddito da essi complessivamente prodotto;

c) i soggetti che, in via esclusiva o prevalente, effettuano cessioni di fabbricati o porzioni di fabbricato, di terreni edificabili di cui all'articolo 10, primo comma, numero 8), del decreto del Presidente della Repubblica 26 ottobre 1972, n. 633, o di mezzi di trasporto nuovi di cui all'articolo 53, comma 1, del decreto legge 30 agosto 1993, n. 331, convertito, con modificazioni, dalla legge 29 ottobre 1993, n. 427;

d) gli esercenti attività d'impresa, arti o professioni che partecipano, contemporaneamente all'esercizio dell'attività, a società di persone, ad associazioni o a imprese familiari di cui all'articolo 5 del testo unico di cui al decreto del Presidente della Repubblica 22 dicembre 1986, n. 917, ovvero che controllano direttamente o indirettamente società a responsabilità limitata o associazioni in partecipazione, le quali esercitano attività economiche direttamente o indirettamente riconducibili a quelle svolte dagli esercenti attività d'impresa, arti o professioni;

e) le persone fisiche la cui attività sia esercitata prevalentemente nei confronti di datori di lavoro con i quali sono in corso rapporti di lavoro o erano intercorsi rapporti di lavoro nei due precedenti periodi d'imposta, ovvero nei confronti di soggetti direttamente o indirettamente riconducibili ai suddetti datori di lavoro] (1).

[20. I ricavi conseguiti e i compensi percepiti dai soggetti che applicano l'imposta sostitutiva di cui al comma 17 non sono assoggettati a ritenuta d'acconto da parte del sostituto d'imposta. A tale fine, i contribuenti rilasciano un'apposita dichiarazione dalla quale risulti che il reddito cui le somme afferiscono è soggetto all'imposta sostitutiva] ([1]).

[21. I contribuenti persone fisiche che applicano l'imposta sostitutiva di cui al comma 17 non sono tenuti a operare le ritenute alla fonte di cui al titolo III del decreto del Presidente della Repubblica 29 settembre 1973, n. 600, ad eccezione delle ritenute di cui all'articolo 23 e 24 del medesimo decreto ([2]); tuttavia, nella dichiarazione dei redditi, i medesimi contribuenti persone fisiche indicano il codice fiscale del percettore dei redditi per i quali all'atto del pagamento degli stessi non è stata operata la ritenuta e l'ammontare dei redditi stessi] ([1]).

[22. I contribuenti persone fisiche che applicano l'imposta sostitutiva di cui al comma 17 sono esonerati dall'applicazione dell'imposta sul valore aggiunto e dai relativi adempimenti ai sensi delle disposizioni relative al regime forfetario di cui all'articolo 1, commi da 54 a 89, della legge 23 dicembre 2014, n. 190, fermo restando l'obbligo di fatturazione elettronica previsto dal decreto legislativo 5 agosto 2015, n. 127] ([1]).

23. (*Omissis*).

24. In deroga all'articolo 3, comma 1, della legge 27 luglio 2000, n. 212, le disposizioni di cui al comma 23 del presente articolo si applicano a decorrere dal periodo d'imposta successivo a quello in corso al 31 dicembre 2017.

25. In deroga al primo periodo del comma 3 dell'articolo 8 del testo unico delle imposte sui redditi, di cui al decreto del Presidente della Repubblica 22 dicembre 1986, n. 917, come modificato dal comma 23 del presente articolo, le perdite derivanti dall'esercizio di imprese commerciali di cui all'articolo 66 del medesimo testo unico:

a) del periodo d'imposta 2018 sono computate in diminuzione dei relativi redditi conseguiti nei periodi d'imposta 2019 e 2020 in misura non superiore, rispettivamente, al 40 per cento e al 60 per cento dei medesimi redditi e per l'intero importo che trova capienza in essi;

b) del periodo d'imposta 2019 sono computate in diminuzione dei relativi redditi conseguiti nel periodo d'imposta 2020 in misura non superiore al 60 per cento dei medesimi redditi e per l'intero importo che trova capienza in essi.

26. Le perdite del periodo d'imposta 2017, per la parte non compensata ai sensi dell'articolo 8, comma 1, del testo unico delle imposte sui redditi, di cui al decreto del Presidente della Repubblica 22 dicembre 1986, n. 917, nel testo vigente prima della data di entrata in vigore della presente legge, sono computate in diminuzione dei relativi redditi conseguiti:

a) nei periodi d'imposta 2018 e 2019, in misura non superiore al 40 per cento dei medesimi redditi e per l'intero importo che trova capienza in essi;

b) nel periodo d'imposta 2020, in misura non superiore al 60 per cento dei medesimi redditi e per l'intero importo che trova capienza in essi.

27. (*Omissis*).

[28. A decorrere dal periodo d'imposta successivo a quello in corso al 31 dicembre 2018, il reddito complessivo netto dichiarato dalle società e dagli enti indicati nell'articolo 73 del testo unico delle imposte sui redditi, di cui al decreto del Presidente della Repubblica 22 dicembre 1986, n. 917, può essere assoggettato all'aliquota di cui all'articolo 77 del medesimo testo unico, ridotta di nove punti percentuali, per la parte corrispondente agli utili del periodo d'imposta precedente a quello per il quale è presentata la dichiarazione, conseguiti nell'esercizio di attività commerciali, accantonati a riserve diverse da quelle di utili non disponibili, nei limiti dell'importo corrispondente alla somma:

a) degli investimenti effettuati in beni strumentali materiali nuovi di cui all'articolo 102 del citato testo unico;

b) del costo del personale dipendente assunto con contratto di lavoro a tempo determinato o indeterminato] (3).

[29. Ai fini del comma 28:

a) si considerano riserve di utili non disponibili le riserve formate con utili diversi da quelli realmente conseguiti ai sensi dell'articolo 2433 del codice civile in quanto derivanti da processi di valutazione. Rilevano gli utili realizzati a decorrere dal periodo d'imposta in corso al 31 dicembre 2018 e accantonati a riserva, ad esclusione di quelli destinati a riserve non disponibili, al netto delle riduzioni del patrimonio netto con attribuzione, a qualsiasi titolo, ai soci o partecipanti;

b) per investimento si intendono la realizzazione di nuovi impianti nel territorio dello Stato, il completamento di opere sospese, l'ampliamento, la riattivazione, l'ammodernamento di impianti esistenti e l'acquisto di beni strumentali materiali nuovi, anche mediante contratti di locazione finanziaria, destinati a strutture situate nel territorio dello Stato. Sono esclusi gli investimenti in immobili e in veicoli di cui all'articolo 164, comma 1, lettera *b bis*), del testo unico delle imposte sui redditi, di cui al citato decreto del Presidente della Repubblica n. 917 del 1986. Per ciascun periodo d'imposta, l'ammontare degli investimenti è determinato in base all'importo degli ammortamenti dei beni strumentali materiali, acquisiti a decorrere dal periodo d'imposta successivo a quello in corso al 31 dicembre 2018, deducibili a norma dell'articolo 102 del testo unico delle imposte sui redditi, di cui al citato decreto del Presidente della Repubblica n. 917 del 1986, nei limiti dell'incremento del costo complessivo fiscalmente riconosciuto di tutti i beni strumentali materiali, ad eccezione di quelli di cui al periodo precedente, assunto al lordo delle quote di ammortamento dei beni strumentali materiali nuovi dedotte nell'esercizio, rispetto al costo complessivo fiscalmente riconosciuto di tutti i beni strumentali materiali, ad eccezione di quelli di cui al periodo precedente, assunto al netto delle relative quote di ammortamento dedotte, del periodo d'imposta in corso al 31 dicembre 2018;

c) il costo del personale dipendente rileva in ciascun periodo d'imposta, a condizione che tale personale sia destinato per la maggior parte del periodo d'imposta a strutture produttive localizzate nel territorio dello Stato e che si verifichi l'incremento del numero complessivo medio dei lavoratori dipendenti impiegati nell'esercizio di attività commerciali rispetto al numero dei lavoratori dipendenti assunti al 30 settembre 2018, nel limite dell'incremento complessivo del costo del personale classificabile nelle voci di cui all'articolo 2425, primo comma, lettera B), numeri 9) e 14), del codice civile rispetto a quello del periodo d'imposta in corso al 31 dicembre 2018. L'incremento è considerato, limitatamente al personale impiegato per la maggior parte del periodo d'imposta nelle strutture produttive localizzate nel territorio dello Stato, al netto delle diminuzioni occupazionali verificatesi in società controllate o collegate ai sensi dell'articolo 2359 del codice civile o facenti capo, anche per interposta persona, allo stesso soggetto; a tal fine, per i soggetti di cui all'articolo 73, comma 1, lettera *c*), del testo unico delle imposte sui redditi, di cui al citato decreto del Presidente della Repubblica n. 917 del 1986, la base occupazionale è individuata con riferimento al personale dipendente impiegato nell'attività commerciale e il beneficio spetta solo con riferimento all'incremento dei lavoratori utilizzati nell'esercizio di tale attività. In caso di lavoratori impiegati anche nell'esercizio di attività istituzionale si considera, sia ai fini dell'individuazione della base occupazionale di riferimento e del suo incremento, sia ai fini della rilevazione del costo, il solo personale dipendente riferibile all'attività commerciale, individuato in base al rapporto tra l'ammontare dei ricavi e degli altri proventi relativi all'attività commerciale e l'ammontare complessivo di tutti i ricavi e proventi. Per i soggetti che assumono la qualifica di datore di lavoro a decorrere dal 1° ottobre 2018, ogni lavoratore dipendente assunto costituisce incremento della base occupazionale. Nel caso di impresa subentrante ad altra nella gestione di un servizio pubblico, anche gestito da privati, comunque assegnata, il beneficio spetta limitatamente al numero dei lavoratori assunti in più rispetto a quello dell'impresa sostituita. I datori di lavoro possono usufruire dell'aliquota ridotta solo se rispettano, anche con riferimento alle unità lavorative che non danno diritto all'agevolazione, le prescrizioni dei contratti collettivi nazionali di lavoro e delle norme in materia di salute e sicurezza dei lavoratori previste dalle vigenti disposizioni. I lavoratori dipendenti con contratto di lavoro a tempo parziale sono computati nella base occupazionale in misura proporzionale alle ore di lavoro prestate rispetto a quelle previste dal contratto collettivo nazionale. I soci lavoratori di società cooperative sono equiparati ai lavoratori dipendenti] ([3]).

[30. Ai fini dei commi 28 e 29, per ciascun periodo d'imposta, alternativamente:

a) la parte degli utili accantonati a riserva e dell'importo corrispondente alla somma degli investimenti in beni strumentali e del costo del personale di cui al comma 28 che eccede l'ammontare del reddito complessivo netto dichiarato è computata in aumento, rispettivamente, degli utili accantonati a riserva e dell'importo corrispondente alla somma degli investimenti in beni strumentali e del costo del personale di cui al comma 28 dell'esercizio successivo;

b) la parte degli utili accantonati a riserva di cui al comma 28 che eccede l'importo corrispondente alla somma degli investimenti in beni strumentali e del costo del personale di cui allo stesso comma 28 è computata in aumento degli utili accantonati a riserva di cui al comma 28 dell'esercizio successivo;

c) la parte dell'importo corrispondente alla somma degli investimenti in beni strumentali e del costo del personale di cui al comma 28 che eccede gli utili accantonati a riserva di cui allo stesso comma 28 è computata in aumento dell'importo corrispondente alla somma degli investimenti in beni strumentali e del costo del personale di cui al comma 28 dell'esercizio successivo] ([3]).

[31. Per le società e per gli enti indicati nell'articolo 73, comma 1, lettere *a*), *b*) e *d*), del testo unico delle imposte sui redditi, di cui al citato decreto del Presidente della Repubblica n. 917 del 1986, che partecipano al consolidato nazionale di cui agli articoli da 117 a 129 del medesimo testo unico, l'importo su cui spetta l'applicazione dell'aliquota ridotta, determinato ai sensi dei commi da 28 a 30 del presente articolo da ciascun soggetto partecipante al consolidato, è utilizzato dalla società o ente controllante, ai fini della liquidazione dell'imposta dovuta, fino a concorrenza del reddito eccedente le perdite computate in diminuzione. Le disposizioni del presente comma si applicano anche all'importo determinato dalle società e dagli enti indicati nell'articolo 73, comma 1, lettere *a*) e *b*), del testo unico delle imposte sui redditi, di cui al citato decreto del Presidente della Repubblica n. 917 del 1986, che esercitano l'opzione per il consolidato mondiale di cui agli articoli da 130 a 142 del medesimo testo unico] ([3]).

[32. In caso di opzione per la trasparenza fiscale, ai sensi dell'articolo 115 del testo unico delle imposte sui redditi, di cui al citato decreto del Presidente della Repubblica n. 917 del 1986, l'importo su cui spetta l'applicazione dell'aliquota ridotta, determinato dalla società partecipata ai sensi dei commi da 28 a 30 del presente articolo, è attribuito a ciascun socio in misura proporzionale alla sua quota di partecipazione agli utili. La quota attribuita non utilizzata dal socio è computata in aumento dell'importo su cui spetta l'aliquota ridotta dell'esercizio successivo, determinato ai sensi del presente comma e dei commi da 28 a 30] (3).

[33. Le disposizioni dei commi da 28 a 32 sono applicabili, anche ai fini dell'imposta sul reddito delle persone fisiche, al reddito d'impresa dichiarato dagli imprenditori individuali e dalle società in nome collettivo e in accomandita semplice in regime di contabilità ordinaria; se i predetti soggetti operano in regime di contabilità semplificata, le disposizioni stesse si applicano a condizione che le scritture contabili previste dall'articolo 2217, secondo comma, del codice civile siano integrate con apposito prospetto da cui risultino la destinazione a riserva dell'utile di esercizio e le vicende della riserva. L'imposta sul reddito delle persone fisiche è determinata applicando alla quota parte del reddito complessivo attribuibile al reddito d'impresa le aliquote di cui all'articolo 11 del testo unico delle imposte sui redditi, di cui al citato decreto del Presidente della Repubblica n. 917 del 1986, ridotte di nove punti percentuali a partire da quella più elevata] (3).

[34. Le agevolazioni previste dai commi da 28 a 33 sono cumulabili con altri benefici eventualmente concessi, ad eccezione di quelli che prevedono regimi forfetari di determinazione del reddito e di quelli di cui all'articolo 6 del decreto del Presidente della Repubblica 29 settembre 1973, n. 601] (4) (3).

35. - 59. (*Omissis*).

60. Al fine di favorire processi di trasformazione tecnologica e digitale secondo il modello «Industria 4.0», le disposizioni dell'articolo 1, comma 9, della legge 11 dicembre 2016, n. 232, si applicano, nelle misure previste al comma 61 del presente articolo, anche agli investimenti in beni materiali strumentali nuovi, destinati a strutture produttive situate nel territorio dello Stato, effettuati entro il 31 dicembre 2019, ovvero entro il 31 dicembre 2020 a condizione che entro la data del 31 dicembre 2019 il relativo ordine risulti accettato dal venditore e sia avvenuto il pagamento di acconti in misura almeno pari al 20 per cento del costo di acquisizione.

61. La maggiorazione del costo di acquisizione degli investimenti si applica nella misura del 170 per cento per gli investimenti fino a 2,5 milioni di euro; nella misura del 100 per cento per gli investimenti oltre 2,5 milioni di euro e fino a 10 milioni di euro e nella misura del 50 per cento per gli investimenti oltre 10 milioni di euro e fino a 20 milioni di euro. La maggiorazione del costo non si applica sulla parte di investimenti complessivi eccedente il limite di 20 milioni di euro. La maggiorazione non si applica agli investi-

menti che beneficiano delle disposizioni di cui all'articolo 1, comma 30, della legge 27 dicembre 2017, n. 205.

62. Per i soggetti che beneficiano della maggiorazione di cui al comma 60 e che, nel periodo indicato al medesimo comma 60, effettuano investimenti in beni immateriali strumentali compresi nell'elenco di cui all'allegato B annesso alla legge 11 dicembre 2016, n. 232, come integrato dall'articolo 1, comma 32, della legge 27 dicembre 2017, n. 205, il costo di acquisizione è maggiorato del 40 per cento.

63. Ai fini della fruizione dei benefici di cui ai commi 60 e 62, l'impresa è tenuta a produrre la documentazione di cui all'articolo 1, comma 11, della legge 11 dicembre 2016, n. 232.

64. Resta ferma l'applicazione della disposizione di cui all'articolo 1, comma 93, della legge 28 dicembre 2015, n. 208. Resta ferma, inoltre, l'applicazione delle disposizioni in materia di investimenti sostitutivi previste dall'articolo 1, commi 35 e 36, della legge 27 dicembre 2017, n. 205.

65. La determinazione degli acconti dovuti per il periodo d'imposta in corso al 31 dicembre 2019 e per quello successivo è effettuata considerando quale imposta del periodo precedente quella che si sarebbe determinata in assenza delle disposizioni di cui ai commi 60 e 62.

66. - 228. (*Omissis*).

229. La disciplina di cui all'articolo 1, comma 10, della legge 11 dicembre 2016, n. 232, si interpreta nel senso che si considerano agevolabili anche i costi sostenuti a titolo di canone per l'accesso, mediante soluzioni di cloudcomputing, a beni immateriali di cui all'allegato B della medesima legge, limitatamente alla quota del canone di competenza del singolo periodo d'imposta di vigenza della disciplina agevolativa.

230. - 620. (*Omissis*).

621. Per le erogazioni liberali in denaro effettuate da privati nel corso dell'anno solare 2019 per interventi di manutenzione e restauro di impianti sportivi pubblici e per la realizzazione di nuove strutture sportive pubbliche spetta un credito d'imposta in misura pari al 65 per cento delle erogazioni effettuate, anche nel caso in cui le stesse siano destinate ai soggetti concessionari o affidatari degli impianti medesimi ([5]) ([6]).

622. Il credito d'imposta spettante ai sensi del comma 621 è riconosciuto alle persone fisiche e agli enti non commerciali nel limite del 20 per cento del reddito imponibile e ai soggetti titolari di reddito d'impresa nel limite del 10 per mille dei ricavi annui ed è ripartito in tre quote annuali di pari importo ([5]) ([6]).

623. Ferma restando la ripartizione in tre quote annuali di pari importo, per i soggetti titolari di reddito d'impresa il credito d'imposta è utilizzabile, nel

limite complessivo di 13,2 milioni di euro, tramite compensazione ai sensi dell'articolo 17 del decreto legislativo 9 luglio 1997, n. 241, e non rileva ai fini delle imposte sui redditi e dell'imposta regionale sulle attività produttive ([5]) ([6]).

624. Non si applicano i limiti di cui all'articolo 1, comma 53, della legge 24 dicembre 2007, n. 244, e di cui all'articolo 34 della legge 23 dicembre 2000, n. 388 ([5]) ([6]).

625. I soggetti che effettuano erogazioni liberali ai sensi dei commi da 621 a 627 non possono cumulare il credito d'imposta con altra agevolazione fiscale prevista da altre disposizioni di legge a fronte delle medesime erogazioni ([5]) ([6]).

626. I soggetti beneficiari delle erogazioni liberali comunicano immediatamente all'Ufficio per lo sport presso la Presidenza del Consiglio dei ministri l'ammontare delle somme ricevute e la loro destinazione, provvedendo contestualmente a darne adeguata pubblicità attraverso l'utilizzo di mezzi informatici. Entro il 30 giugno di ogni anno successivo a quello dell'erogazione e fino all'ultimazione dei lavori di manutenzione, restauro o realizzazione di nuove strutture, i soggetti beneficiari delle erogazioni comunicano altresì all'Ufficio per lo sport presso la Presidenza del Consiglio dei ministri lo stato di avanzamento dei lavori, anche mediante una rendicontazione delle modalità di utilizzo delle somme erogate. L'Ufficio per lo sport presso la Presidenza del Consiglio dei ministri provvede all'attuazione del presente comma nell'ambito delle risorse umane, strumentali e finanziarie disponibili a legislazione vigente e, comunque, senza nuovi o maggiori oneri per il bilancio dello Stato ([5]) ([6]).

627. Con decreto del Presidente del Consiglio dei ministri, di concerto con il Ministro dell'economia e delle finanze, da adottare entro novanta giorni dalla data di entrata in vigore della presente legge, sono individuate le disposizioni necessarie per l'attuazione dei commi da 621 a 626 ([6]).

628. - 805. (*Omissis*).

806. Per gli anni 2019 e 2020, agli esercenti attività commerciali che operano esclusivamente nel settore della vendita al dettaglio di giornali, riviste e periodici è riconosciuto, nel limite di spesa di 13 milioni di euro per l'anno 2019 e di 17 milioni di euro per l'anno 2020, un credito d'imposta parametrato agli importi pagati a titolo di IMU, TASI, Cosap e TARI con riferimento ai locali dove si svolge la medesima attività di vendita di giornali, riviste e periodici al dettaglio, nonché ad altre eventuali spese di locazione o ad altre spese individuate con il decreto di cui al comma 808, anche in relazione all'assenza di punti vendita della stampa nel territorio comunale. Il credito d'imposta di cui al presente comma è stabilito nella misura massima di 2.000 euro per l'anno 2019 e di e 4.000 euro per l'anno 2020 ([7]). L'agevolazione si estende anche agli esercenti attività commerciali non esclusivi, come individuati dall'articolo 2, comma 3, del decreto legislativo 24 aprile 2001, n. 170, a condizio-

ne che la predetta attività commerciale rappresenti l'unico punto vendita al dettaglio di giornali, riviste e periodici nel comune di riferimento. Per l'anno 2020, il credito d'imposta è esteso alle imprese di distribuzione della stampa che riforniscono giornali quotidiani e/o periodici a rivendite situate nei comuni con una popolazione inferiore a 5.000 abitanti e nei comuni con un solo punto vendita e può essere, altresì, parametrato agli importi spesi per i servizi di fornitura di energia elettrica, i servizi telefonici e di collegamento a Internet, nonché per i servizi di consegna a domicilio delle copie di giornali ([8]).

807. Gli esercizi di cui al comma 806 possono accedere al credito d'imposta nel rispetto dei limiti di cui al regolamento (UE) n. 1407/2013 della Commissione, del 18 dicembre 2013, relativo all'applicazione degli articoli 107 e 108 del Trattato sul funzionamento dell'Unione europea agli aiuti «de minimis». Il credito d'imposta è utilizzabile esclusivamente in compensazione ai sensi dell'articolo 17 del decreto legislativo 9 luglio 1997, n. 241, mediante modello F24.

808. Con decreto della Presidenza del Consiglio dei ministri, di concerto con il Ministro dell'economia e delle finanze, da adottare entro sessanta giorni dalla data di entrata in vigore della presente legge, sono stabilite le disposizioni applicative dei commi 806 e 807 anche con riferimento al monitoraggio ed al rispetto dei limiti di spesa ivi previsti.

809. - 939. (*Omissis*).

940. I soggetti indicati nell'articolo 73, comma 1, lettere *a*) e *b*), del testo unico delle imposte sui redditi, di cui al decreto del Presidente della Repubblica 22 dicembre 1986, n. 917, che non adottano i princìpi contabili internazionali nella redazione del bilancio, possono, anche in deroga all'articolo 2426 del codice civile e ad ogni altra disposizione di legge vigente in materia, rivalutare i beni di impresa e le partecipazioni di cui alla sezione II del capo I della legge 21 novembre 2000, n. 342, ad esclusione degli immobili alla cui produzione o al cui scambio è diretta l'attività di impresa, risultanti dal bilancio dell'esercizio in corso al 31 dicembre 2017.

941. La rivalutazione deve essere eseguita nel bilancio o rendiconto dell'esercizio successivo a quello di cui al comma 940, per il quale il termine di approvazione scade successivamente alla data di entrata in vigore della presente legge, deve riguardare tutti i beni appartenenti alla stessa categoria omogenea e deve essere annotata nel relativo inventario e nella nota integrativa.

942. Il saldo attivo della rivalutazione può essere affrancato, in tutto o in parte, con l'applicazione in capo alla società di un'imposta sostitutiva delle imposte sui redditi, dell'imposta regionale sulle attività produttive e di eventuali addizionali nella misura del 10 per cento, da versare con le modalità indicate al comma 945.

943. Il maggior valore attribuito ai beni in sede di rivalutazione si considera riconosciuto ai fini delle imposte sui redditi e dell'imposta regionale sulle attività produttive a decorrere dal terzo esercizio successivo a quello con riferimento al quale la rivalutazione è stata eseguita, mediante il versamento di un'imposta sostitutiva delle imposte sui redditi e dell'imposta regionale sulle attività produttive e di eventuali addizionali nella misura del 16 per cento per i beni ammortizzabili e del 12 per cento per i beni non ammortizzabili.

944. Nel caso di cessione a titolo oneroso, di assegnazione ai soci o di destinazione a finalità estranee all'esercizio dell'impresa ovvero al consumo personale o familiare dell'imprenditore dei beni rivalutati in data anteriore a quella di inizio del quarto esercizio successivo a quello nel cui bilancio la rivalutazione è stata eseguita, ai fini della determinazione delle plusvalenze o minusvalenze si ha riguardo al costo del bene prima della rivalutazione.

945. Le imposte sostitutive di cui ai commi 942 e 943 sono versate in un'unica rata entro il termine di versamento del saldo delle imposte sui redditi dovute per il periodo d'imposta con riferimento al quale la rivalutazione è eseguita. Gli importi da versare possono essere compensati ai sensi della sezione I del capo III del decreto legislativo 9 luglio 1997, n. 241.

946. Si applicano, in quanto compatibili, le disposizioni degli articoli 11, 13, 14 e 15 della legge 21 novembre 2000, n. 342, quelle del regolamento di cui al decreto del Ministro delle finanze 13 aprile 2001, n. 162, nonché quelle del regolamento di cui al decreto del Ministro dell'economia e delle finanze 19 aprile 2002, n. 86, e dei commi 475, 477 e 478 dell'articolo 1 della legge 30 dicembre 2004, n. 311.

947. Limitatamente ai beni immobili, i maggiori valori iscritti in bilancio ai sensi dell'articolo 14 della legge 21 novembre 2000, n. 342, si considerano riconosciuti con effetto dal periodo d'imposta in corso alla data del 1° dicembre 2020.

948. Le previsioni di cui all'articolo 14, comma 1, della legge 21 novembre 2000, n. 342, si applicano anche ai soggetti che redigono il bilancio in base ai princìpi contabili internazionali di cui al regolamento (CE) n. 1606/2002 del Parlamento europeo e del Consiglio, del 19 luglio 2002, anche con riferimento alle partecipazioni, in società ed enti, costituenti immobilizzazioni finanziarie ai sensi dell'articolo 85, comma 3 *bis*, del testo unico delle imposte sui redditi, di cui al decreto del Presidente della Repubblica 22 dicembre 1986, n. 917. Per tali soggetti, per l'importo corrispondente ai maggiori valori oggetto di riallineamento, al netto dell'imposta sostitutiva di cui al comma 943, è vincolata una riserva in sospensione d'imposta ai fini fiscali che può essere affrancata ai sensi del comma 942.

949. - 1053. (*Omissis*).

1054. Sui valori di acquisto delle partecipazioni non negoziate in mercati regolamentati e dei terreni edificabili e con destinazione agricola rideterminati con le modalità e nei termini indicati dal comma 2 dell'articolo 2 del decreto legge 24 dicembre 2002, n. 282, convertito, con modificazioni, dalla legge 21 febbraio 2003, n. 27, come da ultimo modificato dal comma 1053 del presente articolo, le aliquote delle imposte sostitutive di cui all'articolo 5, comma 2, della legge 28 dicembre 2001, n. 448, sono pari all'11 per cento per le partecipazioni che risultano qualificate, ai sensi dell'articolo 67, comma 1, lettera *c*), del testo unico delle imposte sui redditi, alla data del 1° gennaio 2019, e al 10 per cento per le partecipazioni che, alla medesima data, non risultano qualificate e l'aliquota di cui all'articolo 7, comma 2, della medesima legge è aumentata al 10 per cento.

1055. - 1066. (*Omissis*).

1067. Per i soggetti che applicano le disposizioni di cui all'articolo 106, comma 3, del testo unico delle imposte sui redditi, di cui al decreto del Presidente della Repubblica 22 dicembre 1986, n. 917, i componenti reddituali derivanti esclusivamente dall'adozione del modello di rilevazione del fondo a copertura delle perdite per perdite attese su crediti di cui al paragrafo 5.5 dell'International financial reporting standard (IFRS) 9, iscritti in bilancio in sede di prima adozione del medesimo IFRS 9, nei confronti della clientela, sono deducibili dalla base imponibile dell'imposta sul reddito delle società per il 10 per cento del loro ammontare nel periodo d'imposta di prima adozione dell'IFRS 9 e per il restante 90 per cento in quote costanti nei nove periodi d'imposta successivi.

1068. Per i soggetti di cui agli articoli 6 e 7 del decreto legislativo 15 dicembre 1997, n. 446, i componenti di cui al comma 1067 del presente articolo relativi ai crediti verso la clientela sono deducibili dalla base imponibile ai fini dell'imposta regionale sulle attività produttive per il 10 per cento del loro ammontare nel periodo d'imposta di prima adozione dell'IFRS 9 e per il restante 90 per cento in quote costanti nei nove periodi d'imposta successivi.

1069. In deroga all'articolo 3 della legge 27 luglio 2000, n. 212, le disposizioni di cui ai commi 1067 e 1068 si applicano in sede di prima adozione dell'IFRS 9 anche se effettuata in periodi d'imposta precedenti a quello di entrata in vigore della presente legge.

1070. - 1143. (*Omissis*).

(1) *Questo comma è stato abrogato dall'art. 1, comma 691, della L. 27 dicembre 2019, n. 160, a decorrere dal 1° gennaio 2020.*

(2) *Le parole: «, ad eccezione delle ritenute di cui all'articolo 23 e 24 del medesimo decreto» sono state aggiunte dall'art. 6, comma 3, del D.L. 30 aprile 2019, n. 34, convertito, con modificazioni, nella L. 28 giugno 2019, n. 58, a decorrere dal 30 giugno 2019.*

(3) *Questo comma è stato abrogato dall'art. 2, comma 9, del D.L. 30 aprile 2019, n. 34, convertito, con modificazioni, nella L. 28 giugno 2019, n. 58, a decorrere dal 30 giugno 2019.*

(4) *Le parole: «e di quelli di cui all'articolo 6 del decreto del Presidente della Repubblica 29 settembre 1973, n. 601» sono state aggiunte dall'art. 1, comma 8* bis, *lett.* a), *del D.L. 14 dicembre 2018, n. 135, convertito, con modificazioni, nella L. 11 febbraio 2019, n. 12.*

(5) *A norma dell'art. 1, comma 177, della L. 27 dicembre 2019, n. 160, la disciplina del credito d'imposta per le erogazioni liberali per interventi di manutenzione e restauro di impianti sportivi pubblici e per la realizzazione di nuove strutture sportive pubbliche, di cui a questo comma, si applica anche per l'anno 2020.*

(6) *A norma dell'art. 1, comma 190, della L. 30 dicembre 2021, n. 234, la disciplina del credito d'imposta per le erogazioni liberali per interventi di manutenzione e restauro di impianti sportivi pubblici e per la realizzazione di nuove strutture sportive pubbliche, di a questo comma, si applica, limitatamente a favore dei soggetti titolari di reddito d'impresa, anche per l'anno 2022, nel limite complessivo di 13,2 milioni di euro e secondo le modalità di cui al comma 623 di questo stesso articolo. Ai fini attuativi, si applicano, in quanto compatibili, le disposizioni di cui al decreto del Presidente del Consiglio dei ministri 30 aprile 2019, pubblicato nella Gazzetta Ufficiale n. 124 del 29 maggio 2019.*

(7) *Le parole: «2.000 euro» sono state così sostituite dalle attuali: «2.000 euro per l'anno 2019 e di e 4.000 euro per l'anno 2020» dall'art. 98, comma 2, lett.* a), *del D.L. 17 marzo 2020, n. 18, convertito, con modificazioni, nella L. 24 aprile 2020, n. 27.*

(8) *Questo periodo è stato aggiunto dall'art. 98, comma 2, lett.* b), *del D.L. 17 marzo 2020, n. 18, convertito, con modificazioni, nella L. 24 aprile 2020, n. 27.*

25.

D.L. 30 aprile 2019, n. 34. Misure urgenti di crescita economica e per la risoluzione di specifiche situazioni di crisi (*Gazzetta Ufficiale* Serie gen. - n. 100 del 30 aprile 2019), convertito, con modificazioni, nella L. 28 giugno 2019, n. **58** (Suppl. ord. alla *Gazzetta Ufficiale* Serie gen. - n. 151 del 29 giugno 2019).

(*Estratto*)

Capo I
Misure fiscali per la crescita economica

1. Maggiorazione dell'ammortamento per i beni strumentali nuovi. – 1. Ai fini delle imposte sui redditi, per i soggetti titolari di reddito d'impresa e per gli esercenti arti e professioni che effettuano investimenti in beni materiali strumentali nuovi, esclusi i veicoli e gli altri mezzi di trasporto di cui all'articolo 164, comma 1, del testo unico delle imposte sui redditi, di cui al decreto del Presidente della Repubblica 22 dicembre 1986, n. 917, dal 1° aprile 2019 al 31 dicembre 2019, ovvero entro il 30 giugno 2020 (1), a condizione che entro la data del 31 dicembre 2019 il relativo ordine risulti accettato dal venditore e sia avvenuto il pagamento di acconti in misura almeno pari al 20 per cento del costo di acquisizione, con esclusivo riferimento alla determinazione delle quote di ammortamento e dei canoni di locazione finanziaria, il costo di acquisizione è maggiorato del 30 per cento. La maggiorazione del costo non si applica sulla parte di investimenti complessivi eccedente il limite di 2,5 milioni di euro. Resta ferma l'applicazione delle disposizioni di cui all'articolo 1, commi 93 e 97, della legge 28 dicembre 2015, n. 208.

(1) *A norma dell'art. 50, comma 1, del D.L. 19 maggio 2020, n. 34, convertito, con modificazioni, nella L. 17 luglio 2020, n. 77, il termine del 30 giugno 2020 è prorogato al 31 dicembre 2020.*

3. (1) **Deducibilità dell'imposta municipale propria relativa agli immobili strumentali.** – 1. Per il periodo d'imposta successivo a quello in corso al 31 dicembre 2018, l'imposta municipale propria relativa agli immobili strumentali è deducibile ai fini della determinazione del reddito di impresa e del reddito derivante dall'esercizio di arti e professioni nella misura del 50 per cento.

(1) *Questo articolo è stato così sostituito dall'art. 1, comma 4, della L. 27 dicembre 2019, n. 160, a decorrere dal 1° gennaio 2020. A norma dell'art. 1, comma 5, della medesima legge, tali disposizioni si applicano anche all'imposta municipale immobiliare (IMI) della provincia autonoma di Bolzano, istituita con legge provinciale 23 aprile 2014, n. 3, e all'imposta immobiliare semplice (IMIS) della provincia autonoma di Trento, istituita con legge provinciale 30 dicembre 2014, n. 14.*

4. (1) **Modifiche alla disciplina del Patent box.** – 1. A decorrere dal periodo di imposta in corso alla data di entrata in vigore del presente decreto, i soggetti titolari di reddito di impresa che optano per il regime agevolativo di cui all'articolo 1, commi da 37 a 45, della legge 23 dicembre 2014, n. 190, possono scegliere, in alternativa alla procedura di cui articolo 31 *ter* del decreto del Presidente della Repubblica 29 settembre 1973, n. 600, ove applicabile, di determinare e dichiarare il reddito agevolabile, indicando le informazioni necessarie alla predetta determinazione in idonea documentazione predisposta secondo quanto previsto da un provvedimento del Direttore dell'Agenzia delle entrate da emanare entro novanta giorni dalla data di entrata in vigore del presente decreto, con il quale sono, altresì, definite le ulteriori disposizioni attuative del presente articolo. I soggetti che esercitano l'opzione prevista dal presente comma ripartiscono la variazione in diminuzione in tre quote annuali di pari importo da indicare nella dichiarazione dei redditi e dell'imposta regionale sulle attività produttive relativa al periodo di imposta in cui viene esercitata tale opzione e in quelle relative ai due periodi d'imposta successivi.

2. In caso di rettifica del reddito escluso dal concorso alla formazione del reddito d'impresa ai sensi del regime agevolativo di cui al comma 1, determinato direttamente dai soggetti ivi indicati, da cui derivi una maggiore imposta o una differenza del credito, la sanzione di cui all'articolo 1, comma 2, del decreto legislativo 18 dicembre 1997, n. 471 non si applica qualora, nel corso di accessi, ispezioni, verifiche o di altra attività istruttoria, il contribuente consegni all'Amministrazione finanziaria la documentazione indicata nel provvedimento del Direttore dell'Agenzia delle entrate di cui al comma 1 idonea a consentire il riscontro della corretta determinazione della quota di reddito escluso, sia con riferimento all'ammontare dei componenti positivi di reddito, ivi inclusi quelli impliciti derivanti dall'utilizzo diretto dei beni indicati, sia con riferimento ai criteri e alla individuazione dei componenti negativi riferibili ai predetti componenti positivi.

3. Il contribuente che detiene la documentazione prevista dal provvedimento, di cui al comma 1, deve darne comunicazione all'Amministrazione finanziaria nella dichiarazione relativa al periodo d'imposta per il quale beneficia dell'agevolazione.

4. Le disposizioni di cui al presente articolo si applicano anche in caso di attivazione delle procedure previste dall'articolo 31 *ter* del decreto del Presidente della Repubblica 29 settembre 1973, n. 600, a condizione che non sia stato concluso il relativo accordo, previa comunicazione all'Agenzia delle entrate dell'espressa volontà di rinuncia alla medesima procedura. I soggetti che esercitano l'opzione prevista dal presente comma ripartiscono la somma delle variazioni in diminuzione, relative ai periodi di imposta di applicazione dell'agevolazione, in tre quote annuali di pari importo da indicare nella dichiarazione dei redditi e dell'imposta regionale sulle attività produttive relativa al periodo di imposta in cui viene esercitata tale opzione e in quelle relative ai due periodi d'imposta successivi.

5. Resta ferma la facoltà, per tutti i soggetti che intendano beneficiare dell'agevolazione, di applicare le disposizioni previste nel comma 2, mediante la presentazione di una dichiarazione integrativa ai sensi dell'articolo 2, comma 8, del decreto del Presidente della Repubblica 22 luglio 1998, n. 322, nella quale deve essere data indicazione del possesso della documentazione idonea di cui al comma 1 per ciascun periodo d'imposta oggetto di integrazione, purché tale dichiarazione integrativa sia presentata prima della formale conoscenza dell'inizio di qualunque attività di controllo relativa al regime previsto dai commi da 37 a 45 dell'articolo 1 della legge 23 dicembre 2014, n. 190.

6. In assenza, nei casi previsti dal presente articolo, della comunicazione attestante il possesso della documentazione idonea di cui al comma 1, in

caso di rettifica del reddito ai sensi del comma 2, si applica la sanzione di cui all'articolo 1, comma 2, del decreto legislativo 18 dicembre 1997, n. 471.

([1]) *A norma dell'art. 6, comma 10, del D.L. 21 ottobre 2021, n. 146, convertito, con modificazioni, nella L. 17 dicembre 2021, n. 215, così come sostituito dall'art. 1, comma 10, lett.* d), *della L. 30 dicembre 2021, n. 234, con riferimento al periodo d'imposta in corso alla data di entrata in vigore del presente decreto e ai successivi periodi d'imposta, non sono più esercitabili le opzioni previste dall'articolo 1, commi da 37 a 45, della legge 23 dicembre 2014, n. 190, e da questo articolo. I soggetti di cui ai commi 1 e 2, del medesimo decreto, che abbiano esercitato o che esercitino opzioni ai sensi dell'articolo 1, commi da 37 a 45, della legge 23 dicembre 2014, n. 190, afferenti ai periodi d'imposta antecedenti a quello in corso alla data di entrata in vigore del presente decreto possono scegliere, in alternativa al regime opzionato, di aderire al regime agevolativo di cui al medesimo articolo, previa comunicazione da inviare secondo le modalità stabilite con provvedimento del direttore dell'Agenzia delle entrate. Sono esclusi dalla previsione di cui al secondo periodo coloro che abbiano presentato istanza di accesso alla procedura di cui all'articolo 31* ter *del decreto del Presidente della Repubblica 29 settembre 1973, n. 600, ovvero presentato istanza di rinnovo, e abbiano sottoscritto un accordo preventivo con l'Agenzia delle entrate a conclusione di dette procedure, nonché i soggetti che abbiano aderito al regime di cui a questo articolo.*

9. Trattamento fiscale di strumenti finanziari convertibili. – 1. I maggiori o minori valori che derivano dall'attuazione di specifiche previsioni contrattuali che governano gli strumenti finanziari, diversi da azioni e titoli similari, con le caratteristiche indicate al comma 2 non concorrono alla formazione del reddito imponibile degli emittenti ai fini dell'imposta sul reddito delle società e del valore della produzione netta.

2. Ai fini del comma 1, gli strumenti finanziari devono presentare le seguenti caratteristiche:

a) gli strumenti sono stati emessi ed il corrispettivo è stato integralmente versato;

b) gli strumenti non sono stati sottoscritti o acquistati né dalla società emittente né da società da essa controllate o nelle quali essa detenga almeno il 20 per cento dei diritti di voto o del capitale;

c) l'acquisto degli strumenti non è stato finanziato, né direttamente né indirettamente, dalla società emittente;

d) nell'ordine di distribuzione delle somme ricavate dalla liquidazione dell'attivo gli strumenti hanno lo stesso rango, o un rango superiore, rispetto alle azioni e sono subordinati alla soddisfazione dei diritti di tutti gli altri creditori;

e) gli strumenti non sono oggetto di alcuna disposizione, contrattuale o di altra natura, che ne migliori il grado di subordinazione rispetto agli altri creditori in caso di risoluzione, assoggettamento a procedura concorsuale o liquidazione;

f) gli strumenti sono perpetui e le disposizioni che li governano non prevedono alcun incentivo al rimborso per l'emittente;

g) gli strumenti non possono essere rimborsati o riacquistati dall'emittente prima di cinque anni dalla data di emissione;

h) se le disposizioni che governano gli strumenti includono una o più opzioni di rimborso anticipato o di riacquisto, l'opzione può essere esercitata unicamente dall'emittente;

i) le disposizioni che governano gli strumenti non contengono indicazioni, né esplicite né implicite, che gli strumenti saranno rimborsati, anche anticipatamente, o riacquistati, o che l'emittente intende rimborsarli, anche anticipatamente, o riacquistarli, ad eccezione dei seguenti casi:

1) liquidazione della società;

2) operazioni discrezionali di riacquisto degli strumenti;

l) le disposizioni che governano gli strumenti prevedono che la società emittente abbia la piena discrezionalità, in qualsiasi momento, di annullare le distribuzioni relative agli strumenti. Le distribuzioni annullate non sono cumulabili e l'annullamento delle distribuzioni non costituisce un caso di insolvenza da parte della società emittente;

m) le disposizioni che governano gli strumenti prescrivono, alternativamente, che al verificarsi di un determinato evento connesso al livello di patrimonializzazione della società:

1) il valore nominale degli strumenti sia svalutato in via permanente o temporanea;

2) gli strumenti siano convertiti in azioni;

3) si attivi un meccanismo che produca effetti equivalenti a quelli di cui ai numeri 1) e 2).

3. Le disposizioni del comma 1 si applicano a condizione che gli emittenti indichino di aver emesso gli strumenti finanziari di cui al comma 2 nella dichiarazione dei redditi relativa al periodo d'imposta in cui è avvenuta l'emissione e forniscano separata evidenza, nella relativa dichiarazione dei redditi, dei maggiori o minori valori che ai sensi del comma 1 non concorrono alla formazione del reddito imponibile degli emittenti ai fini dell'imposta sul reddito delle società e del valore della produzione netta al fine di consentire l'accertamento della conformità dell'operazione con le disposizioni dell'articolo 10 *bis* della legge 27 luglio 2000, n. 212.

4. (*Omissis*).

26.

D.L. 26 ottobre 2019, n. 124. Disposizioni urgenti in materia fiscale e per esigenze indifferibili (*Gazzetta Ufficiale* Serie gen. - n. 252 del 26 ottobre 2019), convertito, con modificazioni, nella L. 19 dicembre 2019, n. **157** (*Gazzetta Ufficiale* Serie gen. - n. 301 del 24 dicembre 2019).

(*Estratto*)

Capo III

Ulteriori disposizioni fiscali

32 *quater*. Modifiche al regime fiscale degli utili distribuiti a società semplici. – 1. I dividendi corrisposti alla società semplice si intendono percepiti per trasparenza dai rispettivi soci con conseguente applicazione del corrispondente regime fiscale. Gli utili distribuiti alle società semplici, in qualsiasi forma e sotto qualsiasi denominazione, anche nei casi di cui all'articolo 47, comma 7, del testo unico delle imposte sui redditi, di cui al decreto del Presidente della Repubblica 22 dicembre 1986, n. 917, dalle società e dagli enti di cui all'articolo 73, comma 1, lettere *a*), *b*), *c*) e *d*), ([1]) del medesimo testo unico:

a) per la quota imputabile a soggetti tenuti all'applicazione dell'articolo 89 del citato testo unico di cui al decreto del Presidente della Repubblica n. 917 del 1986, sono esclusi dalla formazione del reddito complessivo per il 95 per cento del loro ammontare;

b) per la quota imputabile a soggetti tenuti all'applicazione dell'articolo 59 del citato testo unico di cui al decreto del Presidente della Repubblica n. 917 del 1986, sono esclusi dalla formazione del reddito complessivo, nella misura del 41,86 per cento del loro ammontare, nell'esercizio in cui sono percepiti;

c) per la quota imputabile alle persone fisiche residenti in relazione a partecipazioni, qualificate e non qualificate, non relative all'impresa ai sensi dell'articolo 65 del citato testo unico di cui al decreto del Presidente della Repubblica n. 917 del 1986, sono soggetti a tassazione con applicazione della ritenuta di cui all'articolo 27 del decreto del Presidente della Repubblica 29 settembre 1973, n. 600, con la stessa aliquota e alle stesse condizioni previste nel medesimo articolo 27 ([2]);

c bis) per la quota imputabile ai soggetti di cui all'articolo 73, comma 1, lettera c) del citato testo unico di cui al decreto del Presidente della Repubblica n. 917 del 1986, concorrono alla formazione del reddito complessivo per l'intero ammontare ([3]);

c ter) per la quota imputabile a soggetti non residenti nel territorio dello Stato, sono soggetti a tassazione con applicazione di una ritenuta nella misura prevista dal medesimo articolo 27 del decreto del Presidente della Repubblica 29 settembre 1973, n. 600; per i soggetti non residenti indicati nel comma 3 *ter* del citato articolo 27 la misura della predetta ritenuta è pari a quella stabilita dal medesimo comma 3 *ter* (3).

1 *bis*. Resta fermo il regime fiscale applicabile agli utili provenienti da imprese o enti residenti o localizzati in Stati o tenitori a regime fiscale privilegiato individuati ai sensi dell'articolo 47 *bis*, comma 1, del testo unico delle imposte sui redditi di cui al decreto del Presidente della Repubblica 22 dicembre 1986, n. 917 (4).

2. Sugli utili derivanti dalle azioni e dagli strumenti finanziari similari alle azioni, immessi nel sistema di deposito accentrato gestito da una società di gestione accentrata, è applicata, in luogo della ritenuta di cui al comma 1, l'imposta sostitutiva di cui all'articolo 27 *ter* del decreto del Presidente della Repubblica 29 settembre 1973, n. 600, con la stessa aliquota e alle stesse condizioni previste nel medesimo articolo 27 *ter*. Le ritenute di cui al comma 1 del presente articolo e l'imposta sostitutiva di cui al periodo precedente sono operate sulla base delle informazioni fornite dalla società semplice (5).

2 *bis*. Le disposizioni di cui al presente articolo si applicano ai dividendi percepiti a partire dal 1° gennaio 2020. In deroga alle disposizioni di cui al periodo precedente, alle distribuzioni di utili derivanti da partecipazioni in società ed enti soggetti all'imposta sul reddito delle società, formatesi con utili prodotti fino all'esercizio in corso al 31 dicembre 2019, deliberate entro il 31 dicembre 2022, continua ad applicarsi la disciplina previgente a quella prevista dall'articolo 1, commi da 999 a 1006, della legge 27 dicembre 2017, n. 205 (6).

(1) *Le parole: «dalle società e dagli enti residenti di cui all'articolo 73, comma 1, lettere* a), b) *e* c),*» sono state così sostituite dalle attuali: «dalle società e dagli enti di cui all'articolo 73, comma 1, lettere* a), b), c) *e* d),*» dall'art. 28, comma 1, lett.* a), *del D.L. 8 aprile 2020, n. 23, convertito, con modificazioni, nella L. 6 giugno 2020, n. 40.*

(2) *Le parole: «di una ritenuta a titolo d'imposta nella misura prevista dall'articolo 27, comma 1, del decreto del Presidente della Repubblica 29 settembre 1973, n. 600» sono state così sostituite dalle attuali: «della ritenuta di cui all'aiticolo 27, del decreto del Presidente della Repubblica 29 settembre 1973, n. 600, con la stessa aliquota e alle stesse condizioni previste nel medesimo articolo 27» dall'art. 28, comma 1, lett.* b), *del D.L. 8 aprile 2020, n. 23, convertito, con modificazioni, nella L. 6 giugno 2020, n. 40.*

(3) *Questa lettera è stata inserita dall'art. 28, comma 1, lett.* c), *del D.L. 8 aprile 2020, n. 23, convertito, con modificazioni, nella L. 6 giugno 2020, n. 40.*

(4) *Questo comma è stato inserito dall'art. 28, comma 1, lett.* d), *del D.L. 8 aprile 2020, n. 23, convertito, con modificazioni, nella L. 6 giugno 2020, n. 40.*

([5]) *Questo comma è stato così sostituito dall'art. 28, comma 1, lett.* e), *del D.L. 8 aprile 2020, n. 23, convertito, con modificazioni, nella L. 6 giugno 2020, n. 40.*

([6]) *Questo comma è stato inserito dall'art. 28, comma 1, lett.* f), *del D.L. 8 aprile 2020, n. 23, convertito, con modificazioni, nella L. 6 giugno 2020, n. 40.*

Capo V
Ulteriori disposizioni per esigenze indifferibili

58. Quota versamenti in acconto. – 1. A decorrere dalla data di entrata in vigore del presente decreto per i soggetti di cui all'articolo 12 *quinquies*, commi 3 e 4, del decreto legge 30 aprile 2019, n. 34, convertito, con modificazioni, dalla legge 28 giugno 2019, n. 58, i versamenti di acconto dell'imposta sul reddito delle persone fisiche e dell'imposta sul reddito delle società, nonché quelli relativi all'imposta regionale sulle attività produttive sono effettuati, ai sensi dell'articolo 17 del decreto del Presidente della Repubblica 7 dicembre 2001, n. 435, in due rate ciascuna nella misura del 50 per cento, fatto salvo quanto eventualmente già versato per l'esercizio in corso con la prima rata di acconto con corrispondente rideterminazione della misura dell'acconto dovuto in caso di versamento unico.

27.

L. 27 dicembre 2019, n. 160. Bilancio di previsione dello Stato per l'anno finanziario 2020 e bilancio pluriennale per il triennio 2020-2022 (Suppl. ord. alla *Gazzetta Ufficiale* Serie gen. - n. 304 del 30 dicembre 2019).

(*Estratto*)

Sezione I
Misure quantitative per la realizzazione degli obiettivi programmatici

1. ([1]) 1. - 197. (*Omissis*).

198. Per gli investimenti in ricerca e sviluppo, in transizione ecologica, in innovazione tecnologica 4.0 e in altre attività innovative, è riconosciuto un credito d'imposta alle condizioni e nelle misure di cui ai commi da 199 a 206 ([2]).

199. Possono accedere al credito d'imposta tutte le imprese residenti nel territorio dello Stato, incluse le stabili organizzazioni di soggetti non residenti, indipendentemente dalla forma giuridica, dal settore economico di appartenenza, dalla dimensione e dal regime fiscale di determinazione del reddito dell'impresa ([3]), che effettuano investimenti in una delle attività ammissibili definite nei commi 200, 201 e 202. Sono escluse le imprese in stato di liquidazione volontaria, fallimento, liquidazione coatta amministrativa,

concordato preventivo senza continuità aziendale, altra procedura concorsuale prevista dal regio decreto 16 marzo 1942, n. 267, dal codice di cui al decreto legislativo 12 gennaio 2019, n. 14, o da altre leggi speciali o che abbiano in corso un procedimento per la dichiarazione di una di tali situazioni. Sono, inoltre, escluse le imprese destinatarie di sanzioni interdittive ai sensi dell'articolo 9, comma 2, del decreto legislativo 8 giugno 2001, n. 231. Per le imprese ammesse al credito d'imposta, la fruizione del beneficio spettante è comunque subordinata alla condizione del rispetto delle normative sulla sicurezza nei luoghi di lavoro applicabili in ciascun settore e al corretto adempimento degli obblighi di versamento dei contributi previdenziali e assistenziali a favore dei lavoratori.

200. Sono considerate attività di ricerca e sviluppo ammissibili al credito d'imposta le attività di ricerca fondamentale, di ricerca industriale e sviluppo sperimentale in campo scientifico o tecnologico, come definite, rispettivamente, alle lettere *m*), *q*) e *j*) del punto 15 del paragrafo 1.3 della comunicazione della Commissione (2014/C 198/01) del 27 giugno 2014, concernente disciplina degli aiuti di Stato a favore di ricerca, sviluppo e innovazione. Con decreto del Ministro dello sviluppo economico, da pubblicare entro sessanta giorni dalla data di entrata in vigore della presente legge, sono dettati i criteri per la corretta applicazione di tali definizioni, tenendo conto dei princìpi generali e dei criteri contenuti nel Manuale di Frascati dell'Organizzazione per la cooperazione e lo sviluppo economico (OCSE). Ai fini della determinazione della base di calcolo del credito d'imposta, sono considerate ammissibili, nel rispetto delle regole generali di effettività, pertinenza e congruità:

a) le spese di personale relative ai ricercatori e ai tecnici titolari di rapporto di lavoro subordinato o di lavoro autonomo o altro rapporto diverso dal lavoro subordinato, direttamente impiegati nelle operazioni di ricerca e sviluppo svolte internamente all'impresa, nei limiti del loro effettivo impiego in tali operazioni. Le spese di personale relative a soggetti di età non superiore a trentacinque anni, al primo impiego, in possesso di un titolo di dottore di ricerca o iscritti a un ciclo di dottorato presso un'università italiana o estera o in possesso di una laurea magistrale in discipline di ambito tecnico o scientifico secondo la classificazione internazionale standard dell'educazione (Isced) dell'UNESCO, assunti dall'impresa con contratto di lavoro subordinato a tempo indeterminato e impiegati esclusivamente nei lavori di ricerca e sviluppo, concorrono a formare la base di calcolo del credito d'imposta per un importo pari al 150 per cento del loro ammontare;

b) le quote di ammortamento, i canoni di locazione finanziaria o di locazione semplice e le altre spese relative ai beni materiali mobili e ai software utilizzati nei progetti di ricerca e sviluppo anche per la realizzazione di prototipi o impianti pilota, per l'importo ordinariamente deducibile ai fini della determinazione del reddito d'impresa relativo al periodo d'imposta di utilizzo e nel limite massimo complessivo pari al 30 per cento delle spese di personale indicate alla lettera a). Nel caso in cui i suddetti beni siano utilizzati anche per le ordinarie attività produttive dell'impresa, si assume la parte delle quote di ammortamento e delle altre spese imputabile alle sole attività di ricerca e sviluppo;

c) le spese per contratti di ricerca extra muros aventi ad oggetto il diretto svolgimento da parte del soggetto commissionario delle attività di ricerca e sviluppo ammissibili al credito d'imposta. Nel caso di contratti di ricerca extra muros stipulati con università e istituti di ricerca nonché con start-up innovative, di cui all'articolo 25 del decreto legge 18 ottobre 2012, n. 179, convertito, con modificazioni, dalla legge 17 dicembre 2012, n. 221 ([4]) aventi sede nel territorio dello Stato, le spese concorrono a formare la base di calcolo del credito d'imposta per un importo pari al 150 per cento del loro ammontare. Nel caso in cui i contratti siano stipulati con imprese o soggetti appartenenti al medesimo gruppo dell'impresa committente, si applicano le stesse regole applicabili nel caso di attività di ricerca e sviluppo svolte internamente all'impresa. Si considerano appartenenti allo stesso gruppo le imprese controllate da un medesimo soggetto, controllanti o collegate ai sensi dell'articolo 2359 del codice civile, inclusi i soggetti diversi dalle società di capitali. La maggiorazione per le spese di personale prevista dal secondo periodo della lettera a) si applica solo nel caso in cui i soggetti neoassunti qualificati siano impiegati in laboratori e altre strutture di ricerca situati nel territorio dello Stato. Le spese previste dalla presente lettera, nel caso di contratti stipulati con soggetti esteri, ([5]) sono ammissibili a condizione che i soggetti cui vengono commissionati i progetti relativi alle attività di ricerca e sviluppo ammissibili al credito d'imposta, anche se appartenenti allo stesso gruppo dell'impresa committente, siano fiscalmente residenti o localizzati in altri Stati membri dell'Unione europea o in Stati aderenti all'accordo sullo Spazio economico europeo o in Stati compresi nell'elenco di cui al decreto del Ministro delle finanze 4 settembre 1996, pubblicato nella *Gazzetta Ufficiale* n. 220 del 19 settembre 1996;

d) le quote di ammortamento relative all'acquisto da terzi, anche in licenza d'uso, di privative industriali relative a un'invenzione industriale o biotecnologica, a una topografia di prodotto a semiconduttori o a una nuova varietà vegetale, nel limite massimo complessivo di 1.000.000 di euro e a condizione che siano utilizzate direttamente ed esclusivamente per lo svolgimento delle attività inerenti ai progetti di ricerca e sviluppo ammissibili al credito d'imposta. Le spese previste dalla presente lettera sono ammissibili a condizione che derivino da contratti di acquisto o licenza stipulati con soggetti terzi residenti nel territorio dello Stato o (6) fiscalmente residenti o localizzati in altri Stati membri dell'Unione europea o in Stati aderenti all'accordo sullo Spazio economico europeo o in Stati compresi nell'elenco di cui al citato decreto del Ministro delle finanze 4 settembre 1996. Non si considerano comunque ammissibili le spese per l'acquisto, anche in licenza d'uso, dei suddetti beni immateriali derivanti da operazioni intercorse con imprese appartenenti allo stesso gruppo dell'impresa acquirente. Si considerano appartenenti allo stesso gruppo le imprese controllate da un medesimo soggetto, controllanti o collegate ai sensi dell'articolo 2359 del codice civile, inclusi i soggetti diversi dalle società di capitali;

e) le spese per servizi di consulenza e servizi equivalenti inerenti alle attività di ricerca e sviluppo ammissibili al credito d'imposta, nel limite massimo complessivo pari al 20 per cento delle spese di personale ammissibili indicate alla lettera a) ovvero delle spese ammissibili indicate alla lettera c), senza tenere conto della maggiorazione ivi prevista (7), a condizione che i relativi contratti siano stipulati con soggetti residenti nel territorio dello Stato o con soggetti fiscalmente residenti o localizzati in altri Stati membri dell'Unione europea o in Stati aderenti all'accordo sullo Spazio economico europeo o in Stati compresi nell'elenco di cui al citato decreto del Ministro delle finanze 4 settembre 1996;

f) le spese per materiali, forniture e altri prodotti analoghi impiegati nei progetti di ricerca e sviluppo ammissibili al credito d'imposta svolti internamente dall'impresa anche per la realizzazione di prototipi o impianti pilota, nel limite massimo del 30 per cento delle spese di personale indicate alla lettera a) ovvero, nel caso di ricerca extra muros, del 30 per cento dei costi dei contratti indicati alla lettera c) (8).

201. Sono considerate attività di innovazione tecnologica ammissibili al credito d'imposta le attività, diverse da quelle indicate nel comma 200, finalizzate alla realizzazione di prodotti o processi di produzione nuovi o sostanzialmente migliorati. Per prodotto o processo di produzione nuovo o sostanzialmente migliorato si intende un bene materiale o immateriale o un servizio o un processo che si differenzia, rispetto a quelli già realizzati o applicati dall'impresa, sul piano delle caratteristiche tecnologiche o delle prestazioni o dell'ecocompatibilità o dell'ergonomia o per altri elementi sostanziali rilevanti nei diversi settori produttivi. Non sono considerate attività di innovazione tecnologica ammissibili al credito d'imposta le attività di routine per il miglioramento della qualità dei prodotti e in generale le attività volte a differenziare i prodotti dell'impresa da quelli simili, presenti sullo stesso mercato concorrenziale, per elementi estetici o secondari, le at-

tività per l'adeguamento di un prodotto esistente alle specifiche richieste di un cliente nonché le attività per il controllo di qualità e la standardizzazione dei prodotti. Con il decreto del Ministro dello sviluppo economico previsto dal comma 200, sono dettati i criteri per la corretta applicazione di tali definizioni, tenendo conto dei princìpi generali e dei criteri contenuti nel Manuale di Oslo dell'OCSE. Ai fini della determinazione della base di calcolo del credito d'imposta, sono considerate ammissibili, nel rispetto delle regole generali di effettività, pertinenza e congruità:

a) le spese per il personale titolare di rapporto di lavoro subordinato o di lavoro autonomo o altro rapporto diverso dal lavoro subordinato, direttamente impiegato nelle operazioni di innovazione tecnologica svolte internamente all'impresa, nei limiti dell'effettivo impiego in tali operazioni. Le spese di personale relative a soggetti di età non superiore a trentacinque anni, al primo impiego, in possesso di un titolo di dottore di ricerca o iscritti a un ciclo di dottorato presso un'università italiana o estera o in possesso di una laurea magistrale in discipline di ambito tecnico o scientifico secondo la classificazione Isced dell'UNESCO, assunti dall'impresa con contratto di lavoro subordinato a tempo indeterminato e impiegati esclusivamente nei lavori di innovazione tecnologica, concorrono a formare la base di calcolo del credito d'imposta per un importo pari al 150 per cento del loro ammontare;

b) le quote di ammortamento, i canoni di locazione finanziaria o di locazione semplice e le altre spese relative ai beni materiali mobili e ai software utilizzati nei progetti di innovazione tecnologica anche per la realizzazione di prototipi o impianti pilota, per l'importo ordinariamente deducibile ai fini della determinazione del reddito d'impresa e nel limite massimo complessivo pari al 30 per cento delle spese di personale indicate alla lettera a). Nel caso in cui i suddetti beni siano utilizzati anche per le ordinarie attività produttive dell'impresa, si assume la parte delle quote di ammortamento e delle altre spese imputabile alle sole attività di innovazione tecnologica;

c) le spese per contratti aventi ad oggetto il diretto svolgimento da parte del soggetto commissionario delle attività di innovazione tecnologica ammissibili al credito d'imposta. Nel caso in cui i contratti siano stipulati con imprese o soggetti appartenenti al medesimo gruppo dell'impresa committente, si applicano le stesse regole applicabili nel caso di attività di innovazione tecnologica svolte internamente all'impresa. Si considerano appartenenti allo stesso gruppo le imprese controllate da un medesimo soggetto, controllanti o collegate ai sensi dell'articolo 2359 del codice civile, inclusi i soggetti diversi dalle società di capitali. La maggiorazione per le spese di personale prevista dal secondo periodo della lettera a) si applica solo nel caso in cui i soggetti neo-assunti qualificati siano impiegati in laboratori e altre strutture di ricerca situati nel territorio dello Stato. Le spese previste dalla presente lettera, nel caso di contratti stipulati con soggetti esteri, (9) sono ammissibili a condizione che i soggetti cui vengono commissionati i progetti relativi alle attività di innovazione tecnologica ammissibili al credito d'imposta, anche se appartenenti allo stesso gruppo dell'impresa committente, siano fiscalmente residenti o localizzati in altri Stati membri dell'Unione europea o in Stati aderenti all'accordo sullo Spazio economico europeo o in Stati compresi nell'elenco di cui al citato decreto del Ministro delle finanze 4 settembre 1996;

d) le spese per servizi di consulenza e servizi equivalenti inerenti alle attività di innovazione tecnologica ammissibili al credito d'imposta, nel limite massimo complessivo pari al 20 per cento delle spese di personale indicate alla lettera *a*) ovvero delle spese ammissibili indicate alla lettera *c*) (10), a condizione che i relativi contratti siano stipulati con soggetti residenti nel territorio dello Stato o con soggetti fiscalmente residenti o localizzati in altri Stati membri dell'Unione europea o in Stati aderenti all'accordo sullo Spazio economico europeo o in Stati compresi nell'elenco di cui al citato decreto del Ministro delle finanze 4 settembre 1996;

e) le spese per materiali, forniture e altri prodotti analoghi impiegati nelle attività di innovazione tecnologica ammissibili al credito d'imposta anche per la realizzazione di prototipi o impianti pilota, nel limite massimo del 30 per cento delle spese di personale indicate alla lettera *a*), ovvero del 30 per cento delle spese per i contratti indicati alla lettera *c*) (11).

202. Sono considerate attività innovative ammissibili al credito d'imposta le attività di design e ideazione estetica svolte dalle imprese operanti nei settori tessile e della moda, calzaturiero, dell'occhialeria, orafo, del mobile e dell'arredo e della ceramica, per la concezione e realizzazione dei nuovi prodotti e campionari. Con il decreto del Ministro dello sviluppo economico previsto dal comma 200, sono dettati i criteri per la corretta applicazione del presente comma anche in relazione alle medesime attività svolte in settori diversi da quelli sopraindicati. Ai fini della determinazione della base di calcolo del credito d'imposta per le attività di design e ideazione estetica, si considerano ammissibili, nel rispetto delle regole generali di effettività, pertinenza e congruità:

a) le spese per il personale titolare di rapporto di lavoro subordinato o di lavoro autonomo o altro rapporto diverso dal lavoro subordinato, direttamente impiegato presso le strutture produttive dell'impresa nello svolgimento delle attività di design e ideazione estetica ammissibili al credito d'imposta, nei limiti dell'effettivo impiego in tali attività. Le spese di personale relative a soggetti di età non superiore a trentacinque anni, al primo impiego, in possesso di una laurea in design o altri titoli equiparabili, assunti dall'impresa con contratto di lavoro subordinato a tempo indeterminato e impiegati esclusivamente nei lavori di design e innovazione estetica, concorrono a formare la base di calcolo del credito d'imposta per un importo pari al 150 per cento del loro ammontare;

b) le quote di ammortamento, i canoni di locazione finanziaria o di locazione semplice e le altre spese relative ai beni materiali mobili e ai software ([12]) utilizzati nelle attività di design e innovazione estetica ammissibili al credito d'imposta, compresa la progettazione e realizzazione dei campionari, per l'importo ordinariamente deducibile ai fini della determinazione del reddito d'impresa e nel limite massimo complessivo pari al 30 per cento delle spese di personale indicate alla lettera *a*). Nel caso in cui i suddetti beni siano utilizzati anche per le ordinarie attività produttive dell'impresa, si assume la parte delle quote di ammortamento e delle altre spese imputabile alle sole attività di design e ideazione estetica;

c) le spese per contratti aventi ad oggetto il diretto svolgimento da parte del soggetto commissionario delle attività di design e ideazione estetica ammissibili al credito d'imposta, stipulati con professionisti o studi professionali o altre imprese. Nel caso in cui i contratti siano stipulati con imprese o soggetti appartenenti allo stesso gruppo dell'impresa committente, si applicano le stesse regole applicabili nel caso di attività di design e ideazione estetica svolte internamente all'impresa. Si considerano appartenenti allo stesso gruppo le imprese controllate da un medesimo soggetto, controllanti o collegate ai sensi dell'articolo 2359 del codice civile, inclusi i soggetti diversi dalle società di capitali. La maggiorazione per le spese di personale prevista dal secondo periodo della lettera a) si applica solo nel caso in cui i soggetti neo-assunti qualificati siano impiegati in laboratori e altre strutture di ricerca situati nel territorio dello Stato. Le spese previste dalla presente lettera, nel caso di contratti stipulati con soggetti esteri, ([13]) sono ammissibili a condizione che i soggetti cui vengono commissionati i progetti relativi alle attività di design e ideazione estetica ammissibili al credito d'imposta, anche se appartenenti allo stesso gruppo dell'impresa committente, siano fiscalmente residenti o localizzati in altri Stati membri dell'Unione europea o in Stati aderenti all'accordo sullo Spazio economico europeo o in Stati compresi nell'elenco di cui al citato decreto del Ministro delle finanze 4 settembre 1996;

d) le spese per servizi di consulenza e servizi equivalenti utilizzati esclusivamente per lo svolgimento delle altre attività innovative ammissibili al credito d'imposta, nel limite massimo complessivo pari al 20 per cento delle spese di personale indicate alla lettera *a*) ovvero alla lettera *c*). Le spese previste dalla presente lettera, nel caso di contratti stipulati con soggetti esteri, sono ammissibili a condizione che tali soggetti ([14]) cui sono commissionati i progetti relativi alle attività di design e ideazione estetica ammissibili al credito d'imposta, anche se appartenenti allo stesso gruppo dell'impresa committente, siano fiscalmente residenti o localizzati in altri Stati membri dell'Unione europea o in Stati aderenti all'accordo sullo Spazio economico europeo o in Stati compresi nell'elenco di cui al citato decreto del Ministro delle finanze 4 settembre 1996;

e) le spese per materiali, forniture e altri prodotti analoghi impiegati nelle attività di design e ideazione estetica ammissibili al credito d'imposta, nel limite massimo pari al 30 per cento delle spese di personale indicate alla lettera a) ovvero delle spese per i contratti di cui alla lettera *c*) ([15]).

203. Per le attività di ricerca e sviluppo previste dal comma 200, il credito d'imposta è riconosciuto, fino al periodo d'imposta in corso al 31 dicembre 2022, in misura pari al 20 per cento della relativa base di calcolo, assunta al netto delle altre sovvenzioni o dei contributi a qualunque titolo ricevuti per le stesse spese ammissibili, nel limite massimo annuale di 4 milioni di euro, ragguagliato ad anno in caso di periodo d'imposta di durata inferiore o superiore a dodici mesi. Per le attività di innovazione tecnologica previste dal comma 201, il credito d'imposta è riconosciuto, fino al periodo d'imposta in corso al 31 dicembre 2023, in misura pari al 10 per cento della relativa base di calcolo, assunta al netto delle altre sovvenzioni o dei contributi a qualunque titolo ricevuti sulle stesse spese ammissibili, nel limite massimo annuale di 2 milioni di euro, ragguagliato ad anno in caso di periodo d'imposta di durata inferiore o superiore a dodici mesi. Per le attività di design e ideazione estetica previste dal comma 202, il credito d'imposta è riconosciuto, fino al periodo d'imposta in corso al 31 dicembre 2023, in misura pari al 10 per cento della relativa base di calcolo, assunta al netto delle altre sovvenzioni o dei contributi a qualunque titolo ricevuti sulle stesse spese ammissibili, nel limite massimo annuale di 2 milioni di euro, ragguagliato ad anno in caso di periodo d'imposta di durata inferiore o superiore a dodici mesi. Per le attività di innovazione tecnologica previste dal comma 201 finalizzate alla realizzazione di prodotti o processi di produzione nuovi o sostanzialmente migliorati per il raggiungimento di un obiettivo di transizione ecologica o di innovazione digitale 4.0, individuati con il decreto del Ministro dello sviluppo economico previsto dal comma 200, il credito d'imposta è riconosciuto, fino al periodo d'imposta in corso al 31 dicembre 2022, in misura pari al 15 per cento della relativa base di calcolo, assunta al netto delle altre sovvenzioni o dei contributi a qualunque titolo ricevuti sulle stesse spese ammissibili, nel limite massimo annuale di 2 milioni di euro, ragguagliato ad anno in caso di periodo d'imposta di durata inferiore o superiore a dodici mesi. Nel

rispetto dei massimali indicati e a condizione della separazione analitica dei progetti e delle spese ammissibili pertinenti alle diverse tipologie di attività, è possibile applicare il beneficio anche per più attività ammissibili nello stesso periodo d'imposta ([16]).

204. Il credito d'imposta spettante è utilizzabile esclusivamente in compensazione, ai sensi dell'articolo 17 del decreto legislativo 9 luglio 1997, n. 241, in tre quote annuali di pari importo, a decorrere dal periodo d'imposta successivo a quello di maturazione, subordinatamente all'avvenuto adempimento degli obblighi di certificazione previsti dal comma 205. Al solo fine di consentire al Ministero dello sviluppo economico di acquisire le informazioni necessarie per valutare l'andamento, la diffusione e l'efficacia delle misure agevolative disciplinate dai commi da 198 a 207, anche in funzione del perseguimento degli obiettivi generali indicati al comma 184, le imprese che si avvalgono di tali misure effettuano una comunicazione al Ministero dello sviluppo economico. Con apposito decreto direttoriale del Ministero dello sviluppo economico sono stabiliti il modello, il contenuto, le modalità e i termini di invio della comunicazione. Il credito d'imposta non può formare oggetto di cessione o trasferimento neanche all'interno del consolidato fiscale. Non si applicano i limiti di cui all'articolo 1, comma 53, della legge 24 dicembre 2007, n. 244, e di cui all'articolo 34 della legge 23 dicembre 2000, n. 388. Il credito d'imposta non concorre alla formazione del reddito d'impresa né della base imponibile dell'imposta regionale sulle attività produttive e non rileva ai fini del rapporto di cui agli articoli 61 e 109, comma 5, del testo unico di cui al decreto del Presidente della Repubblica 22 dicembre 1986, n. 917. Il credito d'imposta è cumulabile con altre agevolazioni che abbiano ad oggetto i medesimi costi, a condizione che tale cumulo, tenuto conto anche della non concorrenza alla formazione del reddito e della base imponibile dell'imposta regionale sulle attività produttive di cui al periodo precedente, non porti al superamento del costo sostenuto.

205. Ai fini del riconoscimento del credito d'imposta, l'effettivo sostenimento delle spese ammissibili e la corrispondenza delle stesse alla documentazione contabile predisposta dall'impresa devono risultare da apposita certificazione rilasciata dal soggetto incaricato della revisione legale dei conti. Per le imprese non obbligate per legge alla revisione legale dei conti, la certificazione è rilasciata da un revisore legale dei conti o da una società di revisione legale dei conti, iscritti nella sezione A del registro di cui all'articolo 8 del decreto legislativo 27 gennaio 2010, n. 39. Nell'assunzione di tale incarico, il revisore legale dei conti o la società di revisione legale dei conti osservano i princìpi di indipendenza elaborati ai sensi dell'articolo 10 del citato decreto legislativo n. 39 del 2010 e, in attesa della loro adozione,

697. La rivalutazione deve essere eseguita nel bilancio o rendiconto dell'esercizio successivo a quello di cui al comma 696, per il quale il termine di approvazione scade successivamente alla data di entrata in vigore della presente legge, deve riguardare tutti i beni appartenenti alla stessa categoria omogenea e deve essere annotata nel relativo inventario e nella nota integrativa.

698. Il saldo attivo della rivalutazione può essere affrancato, in tutto o in parte, con l'applicazione in capo alla società di un'imposta sostitutiva delle imposte sui redditi, dell'imposta regionale sulle attività produttive e di eventuali addizionali nella misura del 10 per cento, da versare con le modalità indicate al comma 701.

699. Il maggior valore attribuito ai beni in sede di rivalutazione si considera riconosciuto ai fini delle imposte sui redditi e dell'imposta regionale sulle attività produttive a decorrere dal terzo esercizio successivo a quello con riferimento al quale la rivalutazione è stata eseguita, mediante il versamento di un'imposta sostitutiva delle imposte sui redditi e dell'imposta regionale sulle attività produttive e di eventuali addizionali nella misura del 12 per cento per i beni ammortizzabili e del 10 per cento per i beni non ammortizzabili.

700. Nel caso di cessione a titolo oneroso, di assegnazione ai soci o di destinazione a finalità estranee all'esercizio del l'impresa ovvero al consumo personale o familiare dell'imprenditore dei beni rivalutati in data anteriore a quella di inizio del quarto esercizio successivo a quello nel cui bilancio la rivalutazione è stata eseguita, ai fini della determinazione delle plusvalenze o minusvalenze si ha riguardo al costo del bene prima della rivalutazione.

701. Le imposte sostitutive di cui ai commi 698 e 699 sono versate: per importi complessivi fino a 3.000.000 di euro in un massimo di tre rate di pari importo di cui la prima con scadenza entro il termine previsto per il versamento a saldo delle imposte sui redditi relative al periodo d'imposta con riferimento al quale la rivalutazione è eseguita, le altre con scadenza entro il termine rispettivamente previsto per il versamento a saldo delle imposte sui redditi relative ai periodi d'imposta successivi; per importi complessivi superiori a 3.000.000 di euro in un massimo di sei rate di pari importo, di cui la prima con scadenza entro il termine previsto per il versamento a saldo delle imposte sui redditi relative al periodo d'imposta con riferimento al quale la rivalutazione è eseguita, la seconda entro il termine previsto per il versamento della seconda o unica rata di acconto delle imposte sui redditi relativa al periodo d'imposta successivo, le altre con scadenza, rispettivamente, entro il termine previsto per il versamento a saldo delle imposte sui redditi e il termine previsto per il versamento della seconda o unica rata di

acconto delle imposte sui redditi, per i periodi d'imposta successivi. Gli importi da versare possono essere compensati ai sensi della sezione I del capo III del decreto legislativo 9 luglio 1997, n. 241.

702. Si applicano, in quanto compatibili, le disposizioni degli articoli 11, 13, 14 e 15 della legge 21 novembre 2000, n. 342, quelle del regolamento di cui al decreto del Ministro delle finanze 13 aprile 2001, n. 162, nonché quelle del regolamento di cui al decreto del Ministro dell'economia e delle finanze 19 aprile 2002, n. 86, e dei commi 475, 477 e 478 dell'articolo 1 della legge 30 dicembre 2004, n. 311.

703. Limitatamente ai beni immobili, i maggiori valori iscritti in bilancio ai sensi dell'articolo 14 della legge 21 novembre 2000, n. 342, si considerano riconosciuti con effetto dal periodo d'imposta in corso alla data del 1° dicembre 2021.

704. Le previsioni di cui all'articolo 14, comma 1, della legge 21 novembre 2000, n. 342, si applicano anche ai soggetti che redigono il bilancio in base ai princìpi contabili internazionali di cui al regolamento (CE) n. 1606/2002 del Parlamento europeo e del Consiglio, del 19 luglio 2002, anche con riferimento alle partecipazioni, in società ed enti, costituenti immobilizzazioni finanziarie ai sensi dell'articolo 85, comma 3 *bis*, del testo unico delle imposte sui redditi, di cui al decreto del Presidente della Repubblica 22 dicembre 1986, n. 917. Per tali soggetti, per l'importo corrispondente ai maggiori valori oggetto di riallineamento, al netto dell'imposta sostitutiva di cui al comma 699, è vincolata una riserva in sospensione d'imposta ai fini fiscali che può essere affrancata ai sensi del comma 698.

705. - 715. (*Omissis*).

716. Al fine di realizzare interventi volti al miglioramento della rete infrastrutturale e dei trasporti, per i periodi d'imposta 2019, 2020 e 2021, l'aliquota prevista dall'articolo 77 del testo unico delle imposte sui redditi, di cui al decreto del Presidente della Repubblica 22 dicembre 1986, n. 917, è maggiorata di 3,5 punti percentuali sul reddito derivante da attività svolte sulla base di:

a) concessioni autostradali;

b) concessioni di gestione aeroportuale;

c) autorizzazioni e concessioni portuali rilasciate ai sensi degli articoli 16 e 18 della legge 28 gennaio 1994, n. 84;

d) concessioni ferroviarie.

717. I soggetti che hanno esercitato l'opzione per la tassazione di gruppo di cui all'articolo 117 del testo unico delle imposte sui redditi, di cui al decreto del Presidente della Repubblica 22 dicembre 1986, n. 917, e i soggetti che hanno esercitato, in qualità di partecipati, l'opzione per la trasparenza

svolti nell'ambito delle attività di ricerca e sviluppo e di innovazione tecnologica indicate nei precedenti articoli 2 e 3 del presente decreto, svolti nel periodo d'imposta successivo a quello in corso al 31 dicembre 2019, anche in relazione a progetti avviati in periodi d'imposta precedenti, finalizzati ad innovare in modo significativo i prodotti dell'impresa sul piano della forma e di altri elementi non tecnici o funzionali; quali, ad esempio, le caratteristiche delle linee, dei contorni, dei colori, della struttura superficiale, degli ornamenti. A questi effetti, per prodotto si intende qualsiasi oggetto industriale o artigianale, compresi i componenti di prodotti complessi, gli imballaggi, le presentazioni, i simboli grafici e caratteri tipografici.

([16]) *Questo comma è stato così sostituito dall'art. 1, comma 45, lett.* b)*, della L. 30 dicembre 2021, n. 234, a decorrere dal 1° gennaio 2022.*

([17]) *Le parole: «al comma 203» sono state così sostituite dalle seguenti: «ai commi da 203 a 203* sexies*» dall'art. 1, comma 45, lett.* d)*, della L. 30 dicembre 2021, n. 234, a decorrere dal 1° gennaio 2022.*

([18]) *A norma dell'art. 6, comma 1, del D.M. 26 maggio 2020* (G.U. *Serie gen. - n. 182 del 21 luglio 2020) ai soli effetti dell'individuazione del periodo d'imposta a decorrere dal quale è possibile l'utilizzo in compensazione del credito d'imposta, le spese per la certificazione della documentazione contabile ammissibili ai sensi di cui a questo comma, si considerano imputabili allo stesso periodo d'imposta di effettuazione degli investimenti nelle attività ammissibili.*

([19]) *La parola: «asseverata» è stata inserita dall'art. 1, comma 1064, lett.* g)*, della L. 30 dicembre 2020, n. 178, a decorrere dal 1° gennaio 2021.*

([20]) *A norma dell'art. 5, comma 3 del D.M. 26 maggio 2020* (G.U. *Serie gen. - n. 182 del 21 luglio 2020) in caso di applicazione della maggiorazione dell'aliquota del credito d'imposta, nella relazione tecnica richiesta di cui a questo comma devono essere fornite specifiche informazioni sugli obiettivi di innovazione digitale 4.0 e/o di transizione ecologica perseguiti o implementati attraverso i progetti intrapresi, con la descrizione dello stato di fatto iniziale e degli elementi pertinenti alla definizione e comprensione del progetto di innovazione, della situazione futura che verrà a determinarsi tramite lo sviluppo delle attività di progetto e dei criteri qualitativi/quantitativi rilevanti per la valutazione del concreto conseguimento degli obiettivi di innovazione attesi.*

([21]) *Questo periodo è stato aggiunto dall'art. 1, comma 1064, lett.* h)*, della L. 30 dicembre 2020, n. 178, a decorrere dal 1° gennaio 2021.*

28.

D.L. 5 febbraio 2020, n. 3. Misure urgenti per la riduzione della pressione fiscale sul lavoro dipendente (*Gazzetta Ufficiale* Serie gen. - n. 29 del 5 febbraio 2020), convertito, con modificazioni, nella L. 2 aprile 2020, n. 21 (*Gazzetta Ufficiale* Serie gen. - n. 90 del 4 aprile 2020).

(*Estratto*)

1. (1) **Trattamento integrativo dei redditi di lavoro dipendente e assimilati. –** 1. Nelle more di una revisione degli strumenti di sostegno al reddito, qualora l'imposta lorda determinata sui redditi di cui agli articoli 49, con esclusione di quelli indicati nel comma 2, lettera *a*), e 50, comma 1, lettere *a*), *b*), *c*), *c bis*), *d*), *h bis*) e *l*), del testo unico delle imposte sui redditi, di cui al decreto del Presidente della Repubblica 22 dicembre 1986, n. 917, sia di importo superiore a quello della detrazione spettante ai sensi dell'articolo 13, comma 1, del citato testo unico, è riconosciuta una somma a titolo di trattamento integrativo, che non concorre alla formazione del reddito, di importo pari a 600 euro per l'anno 2020 e a 1.200 euro a decorrere dall'anno 2021, se il reddito complessivo non è superiore a 15.000 euro (2). Il trattamento integrativo è riconosciuto anche se il reddito complessivo è superiore a 15.000 euro ma non a 28.000 euro, a condizione che la somma delle detrazioni di cui agli articoli 12 e 13, comma 1, del testo unico delle imposte sui redditi, di cui al decreto del Presidente della Repubblica 22 dicembre 1986, n. 917, delle detrazioni di cui all'articolo 15, comma 1, lettere *a*) e *b*), e comma 1 *ter*, dello stesso testo unico, limitatamente agli oneri sostenuti in dipendenza di prestiti o mutui contratti fino al 31 dicembre 2021, e delle rate relative alle detrazioni di cui agli articoli 15, comma 1, lettera *c*), e 16 *bis* del citato testo unico nonché di quelle relative alle detrazioni previste da altre disposizioni normative, per spese sostenute fino al 31 dicembre 2021, sia di ammontare superiore all'imposta lorda (3). Nel caso in cui ricorrano le condizioni previste dal secondo periodo, il trattamento integrativo è riconosciuto per un ammontare, comunque non superiore a 1.200 euro, determinato in misura pari alla differenza tra la somma delle detrazioni ivi elencate e l'imposta lorda (3).

2. Il trattamento integrativo di cui al comma 1 è rapportato al periodo di lavoro e spetta per le prestazioni rese dal 1° luglio 2020.

3. I sostituti d'imposta di cui agli articoli 23 e 29 del decreto del Presidente della Repubblica 29 settembre 1973, n. 600, riconoscono in via automatica il trattamento integrativo di cui al comma 1 ripartendolo fra le retribuzioni erogate a decorrere dal 1° luglio 2020 e verificano in sede di conguaglio la spettanza dello stesso. Qualora in tale sede il trattamento integrativo di cui

al comma 1 si riveli non spettante, i medesimi sostituti d'imposta provvedono al recupero del relativo importo [, tenendo conto dell'eventuale diritto all'ulteriore detrazione di cui all'articolo 2] ([4]). Nel caso in cui il predetto importo superi 60 euro, il recupero dello stesso è effettuato in otto rate di pari ammontare a partire dalla retribuzione che sconta gli effetti del conguaglio.

4. I sostituti d'imposta compensano il credito maturato per effetto dell'erogazione del trattamento integrativo di cui al comma 1, mediante l'istituto della compensazione di cui all'articolo 17 del decreto legislativo 9 luglio 1997, n. 241.

([1]) *Si veda l'art. 128 del D.L. 19 maggio 2020, n. 34, convertito, con modificazioni, nella L. 17 luglio 2020, n. 77, che si riporta:*

«Art. 128 (Salvaguardia del credito di cui all'articolo 13, comma 1 bis, del Tuir, ovvero del trattamento integrativo di cui all'articolo 1 della legge 2 aprile 2020, n. 21). *1. Al fine di contenere gli effetti negativi derivanti dalle misure di prevenzione e contenimento connesse all'emergenza epidemiologica da COVID -19, per l'anno 2020 il credito di cui all'articolo 13, comma 1* bis, *del testo unico delle imposte sui redditi, approvato con decreto del Presidente della Repubblica 22 dicembre 1986, n. 917 e il trattamento integrativo di cui all'articolo 1 del decreto legge 5 febbraio 2020, n. 3, convertito, con modificazioni, dalla legge 2 aprile 2020, n. 21, spettano anche se l'imposta lorda calcolata sui redditi di cui all'articolo 49, con esclusione di quelli indicati nel comma 2, lettera* a), *del citato testo unico, sia di importo inferiore alla detrazione spettante ai sensi dell'articolo 13, comma 1, del medesimo testo unico, per effetto delle misure a sostegno del lavoro contenute negli articoli 19, 20, 21, 22, 23 e 25 del decreto legge 17 marzo 2020, n. 18, convertito, con modificazioni, dalla legge 24 aprile 2020, n. 27.*

2. Il credito di cui all'articolo 13, comma 1 bis, *del citato testo unico, non attribuito nei mesi in cui il lavoratore fruisce delle misure a sostegno del lavoro di cui agli articoli da 19 a 22 del decreto legge n. 18 del 2020 è riconosciuto dal sostituto d'imposta a decorrere dalla prima retribuzione utile e comunque entro i termini di effettuazione delle operazioni di conguaglio».*

([2]) *Le parole: «28.000 euro» sono state così sostituite dalle attuali: «15.000 euro» dall'art. 1, comma 3, lett.* a), *n. 1), della L. 30 dicembre 2021, n. 234, a decorrere dal 1° gennaio 2022.*

([3]) *Questo periodo è stato aggiunto dall'art. 1, comma 3, lett.* a), *n. 1), della L. 30 dicembre 2021, n. 234, a decorrere dal 1° gennaio 2022.*

([4]) *Le parole fra parentesi quadrate sono state soppresse dall'art. 1, comma 3, lett.* a), *n. 2), della L. 30 dicembre 2021, n. 234, a decorrere dal 1° gennaio 2022.*

2. ([1]) [**Ulteriore detrazione fiscale per redditi di lavoro dipendente e assimilati.** – 1. In vista di una revisione strutturale del sistema delle detrazioni fiscali, ai titolari dei redditi di cui agli articoli 49, con esclusione di quelli indicati nel comma 2, lettera *a*), e 50, comma 1, lettere *a*), *b*), *c*), *c bis*), *d*), *h bis*) e *l*), del testo unico delle imposte sui redditi, approvato con decreto del Presidente della Repubblica 22 dicembre 1986, n. 917, spetta, per le prestazioni rese dal 1° luglio 2020 al 31 dicembre 2020, ([2]) una ulteriore detrazione dall'imposta lorda, rapportata al periodo di lavoro, di importo pari a:

a) 480 euro, aumentata del prodotto tra 120 euro e l'importo corrispondente al rapporto tra 35.000 euro, diminuito del reddito complessivo, e 7.000 euro, se l'ammontare del reddito complessivo è superiore a 28.000 euro ma non a 35.000 euro;

b) 480 euro, se il reddito complessivo è superiore a 35.000 euro ma non a 40.000 euro; la detrazione spetta per la parte corrispondente al rapporto tra l'importo di 40.000 euro, diminuito del reddito complessivo, e l'importo di 5.000 euro.

2. In vista di una revisione strutturale del sistema delle detrazioni fiscali, l'ulteriore detrazione di cui al comma 1 spetta, per le prestazioni rese dal 1° gennaio 2021, nei seguenti importi:

a) 960 euro, aumentata del prodotto tra 240 euro e l'importo corrispondente al rapporto tra 35.000 euro, diminuito del reddito complessivo, e 7.000 euro, se l'ammontare del reddito complessivo è superiore a 28.000 euro ma non a 35.000 euro;

b) 960 euro, se il reddito complessivo è superiore a 35.000 euro ma non a 40.000 euro; la detrazione spetta per la parte corrispondente al rapporto tra l'importo di 40.000 euro, diminuito del reddito complessivo, e l'importo di 5.000 euro ([3]).

3. I sostituti d'imposta di cui agli articoli 23 e 29 del decreto del Presidente della Repubblica 29 settembre 1973, n. 600, riconoscono l'ulteriore detrazione di cui ai commi 1 e 2 ([4]) ripartendola fra le retribuzioni erogate a decorrere dal 1° luglio 2020 e verificano in sede di conguaglio la spettanza della stessa. Qualora in tale sede l'ulteriore detrazione di cui ai commi 1 e 2 ([4]) si riveli non spettante, i medesimi sostituti d'imposta provvedono al recupero del relativo importo. Nel caso in cui il predetto importo superi 60 euro, il recupero dell'ulteriore detrazione non spettante è effettuato in dieci rate di pari ammontare ([5]) a partire dalla retribuzione che sconta gli effetti del conguaglio].

([1]) *Questo articolo è stato abrogato dall'art. 1, comma 3, lett.* b), *della L. 30 dicembre 2021, n. 234, a decorrere dal 1° gennaio 2022.*

([2]) *Le parole: «, per le prestazioni rese dal 1° luglio 2020 al 31 dicembre 2020,» sono state inserite dall'art. 1, comma 8, della L. 30 dicembre 2020, n. 178, così come sostituito dall'art. 22* sexies *del D.L. 31 dicembre 2020, n. 183, convertito, con modificazioni, nella L. 26 febbraio 2021, n. 21.*

([3]) *Questo comma è stato così sostituito dall'art. 1, comma 8, della L. 30 dicembre 2020, n. 178, così come sostituito dall'art. 22* sexies *del D.L. 31 dicembre 2020, n. 183, convertito, con modificazioni, nella L. 26 febbraio 2021, n. 21.*

(4) *Le parole: «di cui al comma 1» sono state così sostituite dalle attuali: «di cui ai commi 1 e 2» dall'art. 1, comma 8, della L. 30 dicembre 2020, n. 178, così come sostituito dall'art. 22* sexies *del D.L. 31 dicembre 2020, n. 183, convertito, con modificazioni, nella L. 26 febbraio 2021, n. 21.*

(5) *Le parole: «in otto rate di pari ammontare» sono state così sostituie dalle attuali: «in dieci rate di pari ammontare» dall'art. 1, comma 8, della L. 30 dicembre 2020, n. 178, così come sostituito dall'art. 22* sexies *del D.L. 31 dicembre 2020, n. 183, convertito, con modificazioni, nella L. 26 febbraio 2021, n. 21.*

3. Disposizioni di coordinamento e finanziarie. – 1. Il comma 1 *bis* dell'articolo 13 del testo unico delle imposte sui redditi, di cui al decreto del Presidente della Repubblica 22 dicembre 1986, n. 917, è abrogato dal 1° luglio 2020.

2. Ai fini della determinazione del reddito complessivo di cui agli articoli 1 e 2 del presente decreto legge, rileva anche la quota esente dei redditi agevolati ai sensi dell'articolo 44, comma 1, del decreto legge 31 maggio 2010, n. 78, convertito, con modificazioni, dalla legge 30 luglio 2010, n. 122, e dell'articolo 16 del decreto legislativo 14 settembre 2015, n. 147. Il medesimo reddito complessivo è assunto al netto del reddito dell'unità immobiliare adibita ad abitazione principale e di quello delle relative pertinenze di cui all'articolo 10, comma 3 *bis*, del testo unico delle imposte sui redditi, di cui al decreto del Presidente della Repubblica 22 dicembre 1986, n. 917.

3. È istituito il Fondo per esigenze indifferibili connesse ad interventi non aventi effetti sull'indebitamento netto delle PA, con una dotazione di 589 milioni di euro per l'anno 2020.

5. Entrata in vigore. – 1. Il presente decreto entra in vigore il giorno successivo a quello della sua pubblicazione nella *Gazzetta Ufficiale* della Repubblica italiana e sarà presentato alle Camere per la conversione in legge.

29.

D.L. 19 maggio 2020, n. 34. Misure urgenti in materia di salute, sostegno al lavoro e all'economia, nonché di politiche sociali connesse all'emergenza epidemiologica da COVID-19 (Suppl. ord. alla *Gazzetta Ufficiale* Serie gen. - n. 128 del 19 maggio 2020) ed *avviso di rettifica* in *Gazzetta Ufficiale* Serie gen. - n. 129 del 20 maggio 2020, convertito, con modificazioni, nella L. 17 luglio 2020, n. **77** (*Gazzetta Ufficiale* Serie gen. - n. 180 del 18 luglio 2020) ed *avviso di rettifica* in *Gazzetta Ufficiale* Serie gen. - n. 262 del 22 ottobre 2020, ed *errata corrige* in *Gazzetta Ufficiale* Serie gen. - n. 262 del 22 ottobre 2020.

(*Estratto*)

Titolo II
Sostegno alle imprese e all'economia

Capo I
Misure di sostegno

25. ([1]) **Contributo a fondo perduto.** – 1. Al fine di sostenere i soggetti colpiti dall'emergenza epidemiologica "Covid-19", è riconosciuto un contributo a fondo perduto a favore dei soggetti esercenti attività d'impresa e di lavoro autonomo e di reddito agrario, titolari di partita IVA, di cui al testo unico delle imposte sui redditi approvato con decreto del Presidente della Repubblica 22 dicembre 1986, n. 917, di seguito testo unico delle imposte sui redditi.

2. Il contributo a fondo perduto di cui al comma 1 non spetta, in ogni caso, ai soggetti la cui attività risulti cessata alla data di presentazione dell'istanza di cui al comma 8, agli enti pubblici di cui all'articolo 74, ai soggetti di cui all'articolo 162 *bis* del testo unico delle imposte sui redditi e ai contribuenti che hanno diritto alla percezione delle indennità previste dagli articoli 27, e 38 del decreto legge 17 marzo 2020, n. 18, convertito, con modificazioni, dalla legge 24 aprile 2020, n. 27, nonché ai lavoratori dipendenti e ai professionisti iscritti agli enti di diritto privato di previdenza obbligatoria di cui ai decreti legislativi 30 giugno 1994, n. 509 e 10 febbraio 1996, n. 103.

3. Il contributo spetta esclusivamente ai titolari di reddito agrario di cui all'articolo 32 del citato testo unico delle imposte sui redditi, nonché ai soggetti con ricavi di cui all'articolo 85, comma 1, lettere *a*) e *b*), del medesimo testo unico delle imposte sui redditi, o compensi di cui all'articolo 54, comma 1, del medesimo testo unico delle imposte sui redditi non superiori a 5 milioni di euro nel periodo d'imposta precedente a quello in corso alla data di entrata in vigore del presente decreto.

4. Il contributo a fondo perduto spetta a condizione che l'ammontare del fatturato e dei corrispettivi del mese di aprile 2020 sia inferiore ai due terzi dell'ammontare del fatturato e dei corrispettivi del mese di aprile 2019. Al fine di determinare correttamente i predetti importi, si fa riferimento alla data di effettuazione dell'operazione di cessione di beni o di prestazione dei servizi. Il predetto contributo spetta anche in assenza dei requisiti di cui al presente comma ai soggetti che hanno iniziato l'attività a partire dal 1° gennaio 2019 nonché ai soggetti che, a far data dall'insorgenza dell'evento calamitoso, hanno il domicilio fiscale o la sede operativa nel territorio di comuni colpiti dai predetti eventi i cui stati di emergenza erano ancora in atto alla data di dichiarazione dello stato di emergenza Covid-19.

5. L'ammontare del contributo a fondo perduto è determinato applicando una percentuale alla differenza tra l'ammontare del fatturato e dei corrispettivi del mese di aprile 2020 e l'ammontare del fatturato e dei corrispettivi del mese di aprile 2019 come segue:

a) venti per cento per i soggetti con ricavi o compensi indicati al comma 3 non superiori a quattrocentomila euro nel periodo d'imposta precedente a quello in corso alla data di entrata in vigore del presente decreto;

b) quindici per cento per i soggetti con ricavi o compensi indicati al comma 3 superiori a quattrocentomila euro e fino a un milione di euro nel periodo d'imposta precedente a quello in corso alla data di entrata in vigore del presente decreto;

c) dieci per cento per i soggetti con ricavi o compensi indicati al comma 3 superiori a un milione di euro e fino a cinque milioni di euro nel periodo d'imposta precedente a quello in corso alla data di entrata in vigore del presente decreto.

6. L'ammontare del contributo a fondo perduto è riconosciuto, comunque, ai soggetti di cui al comma 1, beneficiari del contributo ai sensi dei commi 3 e 4, per un importo non inferiore a mille euro per le persone fisiche e a duemila euro per i soggetti diversi dalle persone fisiche.

7. Il contributo di cui al presente articolo non concorre alla formazione della base imponibile delle imposte sui redditi, non rileva altresì ai fini del rapporto di cui agli articoli 61 e 109, comma 5, del testo unico delle imposte sui redditi, e non concorre alla formazione del valore della produzione netta, di cui al decreto legislativo 15 dicembre 1997, n. 446.

8. Al fine di ottenere il contributo a fondo perduto, i soggetti interessati presentano, esclusivamente in via telematica, una istanza all'Agenzia delle entrate con l'indicazione della sussistenza dei requisiti definiti dai precedenti commi. L'istanza può essere presentata, per conto del soggetto interessato, anche da un intermediario di cui all'articolo 3, comma 3, del decreto del Pre-

sidente della Repubblica 22 luglio 1998, n. 322 delegato al servizio del cassetto fiscale dell'Agenzia delle entrate o ai servizi per la fatturazione elettronica. L'istanza deve essere presentata entro sessanta giorni dalla data di avvio della procedura telematica per la presentazione della stessa, come definita con il provvedimento del direttore dell'Agenzia delle entrate, di cui al comma 10.

9. L'istanza di cui al comma 8 contiene anche l'autocertificazione che i soggetti richiedenti, nonché i soggetti di cui all'articolo 85, commi 1 e 2, del decreto legislativo 6 settembre 2011, n. 159, non si trovano nelle condizioni ostative di cui all'articolo 67 del medesimo decreto legislativo n. 159 del 2011. Per la prevenzione dei tentativi di infiltrazioni criminali, con protocollo d'intesa sottoscritto tra il Ministero dell'interno, il Ministero dell'economia e delle finanze e l'Agenzia delle entrate sono disciplinati i controlli di cui al libro II del decreto legislativo n. 159 del 2011 anche attraverso procedure semplificate ferma restando, ai fini dell'erogazione del contributo di cui al presente articolo, l'applicabilità dell'art. 92 commi 3 e seguenti del citato decreto legislativo n. 159 del 2011, in considerazione dell'urgenza connessa alla situazione emergenziale. Qualora dai riscontri di cui al periodo precedente emerga la sussistenza di cause ostative, l'Agenzia delle entrate procede alle attività di recupero del contributo ai sensi del successivo comma 12. Colui che ha rilasciato l'autocertificazione di regolarità antimafia è punito con la reclusione da due anni a sei anni. In caso di avvenuta erogazione del contributo, si applica l'articolo 322 *ter* del codice penale. L'Agenzia delle entrate e il Corpo della Guardia di finanza stipulano apposito protocollo volto a regolare la trasmissione, con procedure informatizzate, dei dati e delle informazioni di cui al comma 8, nonché di quelli relativi ai contributi erogati, per le autonome attività di polizia economico-finanziaria di cui al decreto legislativo n. 68 del 2001 ([2]).

10. Le modalità di presentazione dell'istanza, il suo contenuto informativo, i termini di presentazione della stessa e ogni altro elemento necessario all'attuazione delle disposizioni del presente articolo sono definiti con provvedimento del Direttore dell'Agenzia delle entrate.

11. Sulla base delle informazioni contenute nell'istanza di cui al comma 8, il contributo a fondo perduto è corrisposto dall'Agenzia delle entrate mediante accreditamento diretto in conto corrente bancario o postale intestato al soggetto beneficiario. I fondi con cui elargire i contributi sono accreditati sulla contabilità speciale intestata all'Agenzia delle entrate n. 1778 "Fondi di Bilancio". L'Agenzia delle entrate provvede al monitoraggio delle domande presentate ai sensi del comma 8 e dell'ammontare complessivo dei contributi a fondo perduto richiesti e ne dà comunicazione con cadenza settimanale al Dipartimento della Ragioneria generale dello Stato.

12. Per le successive attività di controllo dei dati dichiarati si applicano gli articoli 31 e seguenti del decreto del Presidente della Repubblica 29 settembre 1973, n. 600. Qualora il contributo sia in tutto o in parte non spettante, anche a seguito del mancato superamento della verifica antimafia, l'Agenzia delle entrate recupera il contributo non spettante, irrogando le sanzioni in misura corrispondente a quelle previste dall'articolo 13, comma 5, del decreto legislativo 18 dicembre 1997, n. 471, e applicando gli interessi dovuti ai sensi dell'articolo 20 del decreto del Presidente della Repubblica 29 settembre 1973, n. 602, in base alle disposizioni di cui all'articolo 1, commi da 421 a 423, della legge 30 dicembre 2004, n. 311. Si applicano le disposizioni di cui all'articolo 27, comma 16, del decreto legge 29 novembre 2008, n. 185, convertito, con modificazioni, dalla legge 28 gennaio 2009, n. 2, nonché, per quanto compatibili, anche quelle di cui all'articolo 28 del decreto legge 31 maggio 2010, n. 78, convertito, con modificazioni, dalla legge 30 luglio 2010, n. 122. Per le controversie relative all'atto di recupero si applicano le disposizioni previste dal decreto legislativo 31 dicembre 1992, n. 546.

13. Qualora successivamente all'erogazione del contributo, l'attività d'impresa o di lavoro autonomo cessi o le società e gli altri enti percettori cessino l'attività, il soggetto firmatario dell'istanza inviata in via telematica all'Agenzia delle entrate ai sensi del comma 8 è tenuto a conservare tutti gli elementi giustificativi del contributo spettante e a esibirli a richiesta agli organi istruttori dell'amministrazione finanziaria. In questi casi, l'eventuale atto di recupero di cui al comma 12 è emanato nei confronti del soggetto firmatario dell'istanza.

14. Nei casi di percezione del contributo in tutto o in parte non spettante si applica l'articolo 316 *ter* del codice penale.

15. Agli oneri di cui al presente articolo, valutati in 6.192 milioni di euro per l'anno 2020, si provvede ai sensi dell'articolo 265.

(1) *A norma dell'art. 1, comma 13, lett. a), del D.L. 22 marzo 2021, n. 41, convertito, con modificazioni, nella L. 21 maggio 2021, n. 69, le disposizioni del medesimo comma e dei commi da 14 a 17 si applicano alle misure di agevolazione contenute nelle seguenti disposizioni, per le quali rilevano le condizioni e i limiti previsti dalle Sezioni 3.1 «Aiuti di importo limitato» e 3.12 «Aiuti sotto forma di sostegno a costi fissi non coperti» della Comunicazione della Commissione europea del 19 marzo 2020 C(2020) 1863 final «Quadro temporaneo per le misure di aiuto di Stato a sostegno dell'economia nell'attuale emergenza del COVID-19», e successive modificazioni di cui a questo articolo.*

(2) *A norma dall'art. 1* sexies*, comma 1, del D.L. 28 ottobre 2020, n. 137, convertito, con modificazioni, nella L. 18 dicembre 2020, n. 176, le previsioni del protocollo d'intesa di cui a questo comma, si applicano anche in relazione ai contributi a fondo perduto disciplinati dal presente decreto.*

26. Rafforzamento patrimoniale delle imprese di medie dimensioni. – 1. Le misure previste dal presente articolo si applicano, in conformità a tutti i criteri e le condizioni ivi previsti, agli aumenti di capitale delle società per azioni, società in accomandita per azioni, società a responsabilità limitata, anche semplificata, società cooperative, -società europee di cui al regolamento (CE) n. 2157/2001 e società cooperative europee di cui al regolamento (CE) n. 1435/2003, aventi sede legale in Italia, escluse quelle di cui all'articolo 162 *bis* del testo unico delle imposte sui redditi approvato con decreto del Presidente della Repubblica 22 dicembre 1986, n. 917 e quelle che esercitano attività assicurative, qualora la società regolarmente costituita e iscritta nel registro delle imprese, soddisfi le seguenti condizioni:

a) presenti un ammontare di ricavi di cui all'articolo 85, comma 1, lettere a) e b), del testo unico delle imposte sui redditi approvato con decreto del Presidente della Repubblica 22 dicembre 1986, n. 917 relativo al periodo d'imposta 2019, superiore a cinque milioni di euro, ovvero dieci milioni di euro nel caso della misura prevista al comma 12, e fino a cinquanta milioni di euro; nel caso in cui la società appartenga ad un gruppo, si fa riferimento al valore dei citati ricavi su base consolidata, al più elevato grado di consolidamento, non tenendo conto dei ricavi conseguiti all'interno del gruppo;

b) abbia subito, a causa dell'emergenza epidemiologica da COVID-19 nei mesi di marzo e aprile 2020, una riduzione complessiva dell'ammontare dei ricavi di cui all'articolo 85, comma 1, lettere *a*) e *b*), del testo unico delle imposte sui redditi approvato con decreto del Presidente della Repubblica 22 dicembre 1986, n. 917, rispetto allo stesso periodo dell'anno precedente in misura non inferiore al 33%; nel caso in cui la società appartenga ad un gruppo, si fa riferimento al valore dei citati ricavi su base consolidata, al più elevato grado di consolidamento, non tenendo conto dei ricavi conseguiti all'interno del gruppo;

c) abbia deliberato ed eseguito dopo l'entrata in vigore del presente decreto legge ed entro il 31 dicembre 2020, ovvero, limitatamente all'accesso alle misure previste dai commi 8 e 12, entro il 30 giugno 2021, ([1]) un aumento di capitale a pagamento e integralmente versato; per l'accesso alla misura prevista dal comma 12 l'aumento di capitale non è inferiore a 250.000 euro.

2. Ai fini delle misure previste ai commi 8 e 12 la società soddisfa altresì le seguenti condizioni:

a) non è sottoposta o ammessa a procedura concorsuale ovvero non è stata presentata o depositata, nei confronti di essa o da essa stessa, istanza volta a far dichiarare lo stato di insolvenza o l'avvio di una procedura fallimentare o altra procedura concorsuale e, comunque, alla data del 31 dicembre 2019 non rientrava nella categoria delle imprese in difficoltà ai sensi del regolamento (UE) n. 651/2014, del 17 giugno 2014, del regolamento (UE) n. 702/2014, del 25 giugno 2014, e del regolamento (UE) n. 1388/2014, del 16 dicembre 2014 ([2]);

b) si trova in situazione di regolarità contributiva e fiscale;

c) si trova in regola con le disposizioni vigenti in materia di normativa edilizia ed urbanistica, del lavoro, della prevenzione degli infortuni e della salvaguardia dell'ambiente;

d) non rientra tra le società che hanno ricevuto e, successivamente, non rimborsato o depositato in un conto bloccato gli aiuti ritenuti illegali o incompatibili dalla Commissione europea;

e) non si trova nelle condizioni ostative di cui all'articolo 67 del decreto legislativo 6 settembre 2011, n. 159;

f) nei confronti degli amministratori, dei soci e del titolare effettivo non è intervenuta condanna definitiva, negli ultimi cinque anni, per reati commessi in violazione delle norme per la repressione dell'evasione in materia di imposte sui redditi e sul valore aggiunto nei casi in cui sia stata applicata la pena accessoria di cui all'articolo 12, comma 2, del decreto legislativo 10 marzo 2000, n. 74.

g) solo nel caso di accesso alla misura di cui al comma 12, il numero di occupati è inferiore a 250 persone.

2 *bis*. Le misure di cui ai commi 8 e 12 si applicano anche alle imprese, non in difficoltà alla data del 31 dicembre 2019, ammesse successivamente a tale data al concordato preventivo con continuità aziendale purché il decreto di omologa sia stato già adottato alla data di presentazione dell'istanza di cui al comma 17 ovvero alla data di approvazione del bilancio di cui al comma 8 e che si trovano in situazione di regolarità contributiva e fiscale all'interno dei piani di rientro e rateizzazione ([3]).

3. L'efficacia delle misure previste dal presente articolo è subordinata, ai sensi dell'articolo 108, paragrafo 3, del Trattato sul funzionamento dell'Unione europea, all'autorizzazione della Commissione europea.

4. Ai soggetti che effettuano conferimenti in denaro, in una o più società, in esecuzione dell'aumento del capitale sociale di cui al comma 1, lettera c), spetta un credito d'imposta pari al 20 per cento ([4]).

5. L'investimento massimo del conferimento in denaro sul quale calcolare il credito d'imposta non può eccedere euro 2.000.000. La partecipazione riveniente dal conferimento deve essere posseduta fino al 31 dicembre 2023. La distribuzione di riserve, di qualsiasi tipo, prima di tale data da parte della società oggetto del conferimento in denaro comporta la decadenza dal beneficio e l'obbligo del contribuente di restituire l'ammontare detratto,

unitamente agli interessi legali. L'agevolazione spetta all'investitore che ha una certificazione della società conferitaria che attesti di non aver superato il limite dell'importo complessivo agevolabile di cui al comma 20 ovvero, se superato, l'importo per il quale spetta il credito d'imposta. Non possono beneficiare del credito d'imposta le società che controllano direttamente o indirettamente la società conferitaria, sono sottoposte a comune controllo o sono collegate con la stessa ovvero sono da questa controllate.

6. I commi 4 e 5 si applicano anche agli investimenti effettuati in stabili organizzazioni in Italia di imprese con sede in Stati membri dell'Unione europea o in Paesi appartenenti allo Spazio economico europeo, nel rispetto di quanto previsto al comma 1. I commi 4 e 5 si applicano altresì quando l'investimento avviene attraverso quote o azioni di organismi di investimento collettivo del risparmio residenti nel territorio dello Stato, ai sensi dell'articolo 73 del testo unico delle imposte sui redditi di cui al decreto del Presidente della Repubblica 22 dicembre 1986, n. 917, o in Stati membri dell'Unione europea o in Stati aderenti all'Accordo sullo spazio economico europeo, che investono in misura superiore al 50% nel capitale sociale delle imprese di cui al presente articolo.

7. Il credito d'imposta di cui al comma 4 è utilizzabile nella dichiarazione dei redditi relativa al periodo d'imposta di effettuazione dell'investimento e in quelle successive fino a quando non se ne conclude l'utilizzo nonché, a partire dal decimo giorno successivo a quello di presentazione della dichiarazione relativa al periodo di effettuazione dell'investimento, anche in compensazione, ai sensi dell'articolo 17 del decreto legislativo 9 luglio 1997, n. 241. Non si applicano i limiti di cui all'articolo 1, comma 53, della legge 24 dicembre 2007, n. 244, e di cui all'articolo 34 della legge 23 dicembre 2000, n. 388. Il credito d'imposta non concorre alla formazione del reddito ai fini delle imposte sui redditi e del valore della produzione ai fini dell'imposta regionale sulle attività produttive e non rileva ai fini del rapporto di cui agli articoli 61 e 109, comma 5, del testo unico di cui al decreto del Presidente della Repubblica 22 dicembre 1986, n. 917.

8. Alle società di cui al comma 1, che soddisfano le condizioni di cui al comma 2, è riconosciuto, a seguito dell'approvazione del bilancio per l'esercizio 2020, un credito d'imposta pari al 50% delle perdite eccedenti il 10 per cento del patrimonio netto, al lordo delle perdite stesse, fino a concorrenza del 30 per cento dell'aumento di capitale di cui al comma 1, lettera *c*), e comunque nei limiti previsti dal comma 20. La percentuale di cui al periodo precedente è aumentata dal 30 al 50 per cento per gli aumenti di capitale deliberati ed eseguiti nel primo semestre del 2021 ([5]). La distribuzione di qualsiasi tipo di riserve prima del 1° gennaio 2024, ovvero del 1° gennaio 2025 nel caso in cui l'aumento di capitale sia deliberato ed eseguito nel primo semestre del-

l'esercizio 2021, (6) da parte della società ne comporta la decadenza dal beneficio e l'obbligo di restituire l'importo, unitamente agli interessi legali (4).

9. Il credito d'imposta di cui al comma 8 è utilizzabile esclusivamente in compensazione, ai sensi dell'articolo 17 del decreto legislativo 9 luglio 1997, n. 241, a partire dal decimo giorno successivo a quello di effettuazione dell'investimento, successivamente all'approvazione del bilancio per l'esercizio 2020 ed entro la data del 30 novembre 2021 (7). Non si applicano i limiti di cui all'articolo 1, comma 53, della legge 24 dicembre 2007, n. 244, e di cui all'articolo 34 della legge 23 dicembre 2000, n. 388. Il credito d'imposta non concorre alla formazione del reddito ai fini delle imposte sui redditi e del valore della produzione ai fini dell'imposta regionale sulle attività produttive e non rileva ai fini del rapporto di cui agli articoli 61 e 109, comma 5, del testo unico di cui al decreto del Presidente della Repubblica 22 dicembre 1986, n. 917.

10. Per la fruizione dei crediti di imposta previsti dal presente articolo è autorizzata la spesa nel limite complessivo massimo di 2 miliardi di euro per l'anno 2021. A tal fine, nello stato di previsione del Ministero dell'economia e delle finanze è istituito, per il medesimo anno, un apposito Fondo.

11. Con decreto del Ministro dell'economia e delle finanze, da adottare entro trenta giorni dalla data di entrata in vigore del presente decreto legge, sono stabiliti i criteri e le modalità di applicazione e di fruizione del credito d'imposta anche al fine di assicurare il rispetto del limite di spesa di cui al precedente comma 10.

12. Ai fini del sostegno e rilancio del sistema economico-produttivo italiano, è istituito il fondo denominato «Fondo Patrimonio PMI"» (di seguito anche il "Fondo"), finalizzato a sottoscrivere entro il 30 giugno 2021 (8), entro i limiti della dotazione del Fondo e nel limite massimo di 1 miliardo di euro per le sottoscrizioni da effettuare nell'anno 2021 (9), obbligazioni o titoli di debito di nuova emissione, con le caratteristiche indicate ai commi 14 e 16 (di seguito "gli strumenti finanziari"), emessi dalle società di cui al comma 1, che soddisfano le condizioni di cui al comma 2, per un ammontare massimo pari al minore importo tra tre volte l'ammontare dell'aumento di capitale di cui al comma 1, lettera c), e il 12,5 per cento dell'ammontare dei ricavi di cui al comma 1, lettera a). Qualora la società sia beneficiaria di finanziamenti assistiti da garanzia pubblica in attuazione di un regime di aiuto ai sensi del paragrafo 3.2 della Comunicazione della Commissione europea recante un "Quadro temporaneo per le misure di aiuto di Stato a sostegno dell'economia nell'attuale emergenza del COVID-19", ovvero di aiuti sotto forma di tassi d'interesse agevolati in attuazione di un regime di aiuto ai sensi del paragrafo 3.3 della stessa Comunicazione, la somma degli importi garantiti, dei prestiti agevolati e dell'ammontare degli Strumenti Fi-

nanziari sottoscritti non può superare il maggiore valore tra: il 25 per cento dell'ammontare dei ricavi di cui al comma 1, lettera *a*), e il doppio dei costi del personale della società relativi al 2019, come risultanti dal bilancio ovvero da dati certificati se l'impresa non ha approvato il bilancio ([10]). Gli Strumenti Finanziari possono essere emessi in deroga ai limiti di cui all'articolo 2412, primo comma, del codice civile ([11]).

13. La gestione del Fondo è affidata all'Agenzia nazionale per l'attrazione degli investimenti e lo sviluppo di impresa Spa – Invitalia, o a società da questa interamente controllata (di seguito anche "il Gestore").

14. Gli Strumenti Finanziari sono rimborsati decorsi sei anni dalla sottoscrizione. La società emittente può rimborsare i titoli in via anticipata decorsi tre anni dalla sottoscrizione. Gli Strumenti Finanziari sono immediatamente rimborsati in caso di informazione antimafia interdittiva. Nel caso in cui la società emittente sia assoggettata a fallimento o altra procedura concorsuale, i crediti del Fondo per il rimborso del capitale e il pagamento degli interessi sono soddisfatti dopo i crediti chirografari e prima di quelli previsti dall'articolo 2467 del codice civile.

15. La società emittente assume l'impegno di:

a) non deliberare o effettuare, dalla data dell'istanza e fino all'integrale rimborso degli Strumenti Finanziari, distribuzioni di riserve e acquisti di azioni proprie o quote e di non procedere al rimborso di finanziamenti dei soci;

b) destinare il finanziamento a sostenere costi di personale, investimenti o capitale circolante impiegati in stabilimenti produttivi e attività imprenditoriali che siano localizzati in Italia;

c) fornire al Gestore un rendiconto periodico, con i contenuti, la cadenza e le modalità da quest'ultimo indicati, al fine di consentire la verifica degli impegni assunti ai sensi del presente comma e definiti ai sensi del decreto di cui al comma 16.

16. Con decreto del Ministro dell'economia e delle finanze, di concerto con il Ministro dello sviluppo economico, sono definite caratteristiche, condizioni e modalità del finanziamento e degli Strumenti Finanziari. [Gli interessi maturano con periodicità annuale e sono corrisposti in unica soluzione alla data di rimborso] ([12]). Nel decreto sono altresì indicati gli obiettivi al cui conseguimento può essere accordata una riduzione del valore di rimborso degli Strumenti Finanziari.

17. L'istanza è trasmessa al Gestore secondo il modello uniforme da questo reso disponibile sul proprio sito Internet, corredata della documentazione ivi indicata. Il Gestore può prevedere ai fini della verifica della sussistenza dei requisiti di cui ai commi 1 e 2 la presentazione di dichiarazioni sostitutive dell'atto di notorietà ai sensi dell'articolo 47 del decreto del Presidente

della Repubblica 28 dicembre 2000, n. 445. Qualora il rilascio dell'informativa antimafia non sia immediatamente conseguente alla consultazione della banca dati unica prevista dall'articolo 96 del decreto legislativo 6 settembre 2011, n. 159, ferma restando la richiesta di informativa antimafia da parte del Gestore, le istanze di accesso agli interventi del Fondo sono integrate da una dichiarazione sostitutiva dell'atto di notorietà ai sensi dell'articolo 47 del decreto del Presidente della Repubblica 28 dicembre 2000, n. 445, con la quale il legale rappresentante attesta, sotto la propria responsabilità, di non trovarsi nelle condizioni ostative di cui all'articolo 67 del decreto legislativo 6 settembre 2011, n. 159. Il Gestore, tenuto conto dello stato di emergenza sanitaria, può procedere alla attuazione di quanto previsto dal presente articolo anche prima dei termini previsti dal decreto legislativo 6 settembre 2011, n. 159. Il Gestore procede, secondo l'ordine cronologico di presentazione delle istanze.

18. Il Gestore, verificata la sussistenza dei requisiti di cui ai commi 1 e 2, l'esecuzione dell'aumento di capitale di cui al comma 1, lettera c), la conformità della deliberazione di emissione degli Strumenti Finanziari a quanto previsto dal presente articolo e al decreto di cui al comma 16, e l'assunzione degli impegni di cui al comma 15, procede, entro i limiti della dotazione del Fondo, alla sottoscrizione degli stessi e al versamento del relativo apporto entro il 30 giugno 2021, fermo restando il limite massimo di cui al comma 12, primo periodo ([13]).

19. Il Fondo ha una dotazione iniziale pari a 4 miliardi di euro per l'anno 2020. Per la gestione del Fondo è autorizzata l'apertura di apposita contabilità speciale. Il Gestore è autorizzato a trattenere dalle disponibilità del Fondo un importo massimo per operazione pari, nell'anno 2020 e nell'anno 2021, allo 0,4 per cento del valore nominale degli Strumenti Finanziari sottoscritti e, negli anni successivi e fino all'esaurimento delle procedure di recupero dei crediti vantati verso le società emittenti, allo 0,2 per cento del valore nominale degli Strumenti Finanziari non rimborsati, con oneri valutati in 9,6 milioni di euro per l'anno 2020, in 4,8 milioni di euro annui per ciascuno degli anni dal 2021 al 2023 e in 3,8 milioni di euro annui a decorrere dall'anno 2024 ([14]).

19 *bis*. In considerazione delle peculiarità normative delle imprese a carattere mutualistico e senza fine di speculazione privata e della loro funzione sociale, il Gestore può avvalersi, mediante utilizzo delle risorse di cui al secondo periodo del comma 19, delle società finanziarie partecipate e vigilate dal Ministero dello sviluppo economico costituite per il perseguimento di una specifica missione di interesse pubblico ai sensi dell'articolo 17, commi 2 e 4, della legge 27 febbraio 1985, n. 49, le quali assolvono, limitatamente alle società cooperative, le funzioni attribuite al soggetto gestore ai sensi del presente articolo, se-

condo le condizioni e con le modalità definite con decreto del Ministero dell'economia e delle finanze, di concerto con il Ministero dello sviluppo economico.

20. I benefici previsti ai commi 4 e 8 sono cumulabili tra loro e con eventuali altre misure di aiuto, da qualunque soggetto erogate, di cui la società ha beneficiato ai sensi del paragrafo 3.1 della Comunicazione della Commissione europea recante un "Quadro temporaneo per le misure di aiuto di Stato a sostegno dell'economia nell'attuale emergenza del COVID-19". L'importo complessivo lordo delle suddette misure di aiuto non eccede per ciascuna società di cui al comma 1 l'ammontare di 800.000 euro, ovvero 120.000 euro per le imprese operanti nel settore della pesca e dell'acquacoltura o 100.000 euro per le imprese operanti nel settore della produzione primaria di prodotti agricoli. Non si tiene conto di eventuali misure di cui la società abbia beneficiato ai sensi del regolamento della Commissione n. 1407/2013, del regolamento (UE) della Commissione n. 1408/2013 e del regolamento (UE) della Commissione n. 717/2014 ovvero ai sensi del regolamento (UE) n. 651/2014, del regolamento (UE) n. 702/2014 del 25 giugno 2014 e del regolamento (UE) n. 1388/2014 del 16 dicembre 2014. Ai fini della verifica del rispetto dei suddetti limiti la società ottiene dai soggetti indicati ai commi 4 e 6 secondo periodo, l'attestazione della misura dell'incentivo di cui si è usufruito. La società presenta una dichiarazione sostitutiva dell'atto di notorietà ai sensi dell'articolo 47 del decreto del Presidente della Repubblica 28 dicembre 2000, n. 445, con la quale il legale rappresentante attesta, sotto la propria responsabilità, che le misure previste ai commi 4 e 8, sommate con le misure di aiuto, da qualunque soggetto erogate, di cui la società ha beneficiato, ai sensi del paragrafo 3.1 della Comunicazione della Commissione europea recante un "Quadro temporaneo per le misure di aiuto di Stato a sostegno dell'economia nell'attuale emergenza del COVID-19, non superano i limiti suddetti. Con il medesimo atto il legale rappresentante dichiara, altresì, di essere consapevole che l'aiuto eccedente detti limiti è da ritenersi percepito indebitamente e oggetto di recupero ai sensi della disciplina dell'Unione europea.

21. Agli oneri derivanti dal presente articolo si provvede ai sensi dell'articolo 265.

(1) *Le parole: «, ovvero, limitatamente all'accesso alle misure previste dai commi 8 e 12, entro il 30 giugno 2021,» sono state inserite dall'art. 1, comma 263, lett.* a), *della L. 30 dicembre 2020, n. 178, a decorrere dal 1° gennaio 2021.*

(2) *Questa lettera è stata così sostituita dall'art. 1, comma 263, lett.* b), *della L. 30 dicembre 2020, n. 178, a decorrere dal 1° gennaio 2021.*

(3) *Questo comma è stato così sostituito dall'art. 1, comma 263, lett.* c), *della L. 30 dicembre 2020, n. 178, a decorrere dal 1° gennaio 2021.*

(4) *Si veda il D.M. 10 agosto 2020 (G.U. Serie gen. - n. 210 del 24 agosto 2020).*

(5) *Questo periodo è stato inserito dall'art. 1, comma 263, lett.* d)*, n. 1), della L. 30 dicembre 2020, n. 178, a decorrere dal 1° gennaio 2021.*

(6) *Le parole: «, ovvero del 1° gennaio 2025 nel caso in cui l'aumento di capitale sia deliberato ed eseguito nel primo semestre dell'esercizio 2021,» sono state inserite dall'art. 1, comma 263, lett.* d)*, n. 2), della L. 30 dicembre 2020, n. 178, a decorrere dal 1° gennaio 2021.*

(7) *Questo periodo è stato così sostituito dall'art. 1, comma 263, lett.* e)*, della L. 30 dicembre 2020, n. 178, a decorrere dal 1° gennaio 2021.*

(8) *Le parole: «31 dicembre 2020» sono state così sostituite dalle attuali: «30 giugno 2021» dall'art. 1, comma 263, lett.* f)*, n. 1), della L. 30 dicembre 2020, n. 178, a decorrere dal 1° gennaio 2021.*

(9) *Le parole: «e nel limite massimo di 1 miliardo di euro per le sottoscrizioni da effettuare nell'anno 2021» sono state inserite dall'art. 1, comma 263, lett.* f)*, n. 1), della L. 30 dicembre 2020, n. 178, a decorrere dal 1° gennaio 2021.*

(10) *Le parole da: «lettera* a)*;» fino alla fine del periodo sono state così sostituite dalle attuali: «lettera* a)*, e il doppio dei costi del personale della società relativi al 2019, come risultanti dal bilancio ovvero da dati certificati se l'impresa non ha approvato il bilancio» dall'art. 1, comma 263, lett.* f)*, n. 2), della L. 30 dicembre 2020, n. 178, a decorrere dal 1° gennaio 2021.*

(11) *A norma dell'art. 1, comma 264, della L. 30 dicembre 2020, n. 178, le disposizioni di cui al comma 263 della medesima legge, si applicano alle istanze di accesso alla misura di cui a questo comma, presentate successivamente al 31 dicembre 2020.*

(12) *Questo periodo è stato soppresso dall'art. 1, comma 263, lett.* g)*, della L. 30 dicembre 2020, n. 178, a decorrere dal 1° gennaio 2021.*

(13) *Le parole: «nell'anno 2020» sono state così sostituite dalle attuali: «entro il 30 giugno 2021, fermo restando il limite massimo di cui al comma 12, primo periodo» dall'art. 1, comma 263, lett.* h)*, della L. 30 dicembre 2020, n. 178, a decorrere dal 1° gennaio 2021.*

(14) *Questo periodo è stato così sostituito dall'art. 1, comma 263, lett.* i)*, della L. 30 dicembre 2020, n. 178, a decorrere dal 1° gennaio 2021.*

Capo II
Regime quadro della disciplina degli aiuti

60. Aiuti sotto forma di sovvenzioni per il pagamento dei salari dei dipendenti per evitare i licenziamenti durante la pandemia di COVID-19. – 1. Le Regioni, le Province autonome, anche promuovendo eventuali azioni di coordinamento in sede di Conferenza delle Regioni e delle Province autonome, gli altri enti territoriali, le Camere di commercio possono adottare misure di aiuto, a valere sulle proprie risorse, ai sensi della sezione 3.10 della Comunicazione della Commissione europea C (2020) 1863 final - "Quadro temporaneo per le misure di aiuto di Stato a sostegno dell'economia nell'attuale emergenza del COVID-19 " e successive modifiche e integrazioni nei limiti e alle condizioni di cui alla medesima Comunicazione ed al presente articolo.

2. Gli aiuti di cui al presente articolo sono concessi al fine di contribuire ai costi salariali, ivi comprese le quote contributive e assistenziali, delle imprese, compresi i lavoratori autonomi, e sono destinati ad evitare i licenziamenti durante la pandemia di COVID-19.

3. Gli aiuti di cui al presente articolo sono concessi sotto forma di regimi destinati alle imprese di determinati settori o regioni o di determinate dimensioni, particolarmente colpite dalla pandemia di COVID-19.

4. Gli aiuti individuali nell'ambito del regime di sovvenzioni salariali sono concessi entro il 31 dicembre 2021, per i dipendenti che altrimenti sarebbero stati licenziati a seguito della sospensione o della riduzione delle attività aziendali dovuta alla pandemia di COVID-19 o per i lavoratori autonomi sulle cui attività commerciali la pandemia di COVID-19 ha inciso negativamente, e a condizione che il personale che ne beneficia continui a svolgere in modo continuativo l'attività lavorativa durante tutto il periodo per il quale è concesso l'aiuto, o a condizione che il lavoratore autonomo continui a svolgere la pertinente attività commerciale per tutto il periodo per il quale è concesso l'aiuto. L'imputabilità della sovvenzione per il pagamento dei salari può essere retrodatata al 1° febbraio 2020 (1).

5. La sovvenzione mensile per il pagamento dei salari non supera l'80 % della retribuzione mensile lorda, compresi i contributi previdenziali a carico del datore di lavoro, del personale beneficiario, o l'80 % del reddito mensile medio equivalente al salario del lavoratore autonomo (2).

6. La sovvenzione per il pagamento dei salari può essere combinata con altre misure di sostegno all'occupazione generalmente disponibili o selettive, purché il sostegno combinato non comporti una sovracompensazione dei costi salariali relativi al personale interessato. Le sovvenzioni per il pagamento dei salari possono essere inoltre combinate con i differimenti delle imposte e i differimenti dei pagamenti dei contributi previdenziali.

7. Gli aiuti di cui al presente articolo non possono in alcun caso consistere in trattamenti di integrazione salariale di cui al decreto legislativo 14 settembre 2015, n. 148 e degli artt. da 19 a 22 del decreto legge 17 marzo 2020, n. 18, convertito, con modificazioni, dalla legge 24 aprile 2020, n. 27.

(1) *Questo comma è stato così sostituito dall'art. 28, comma 1, lett.* i), *del D.L. 22 marzo 2021, n. 41, convertito, con modificazioni, nella L. 21 maggio 2021, n. 69.*

(2) *Questo comma è stato così sostituito dall'art. 28, comma 1, lett.* j), *del D.L. 22 marzo 2021, n. 41, convertito, con modificazioni, nella L. 21 maggio 2021, n. 69.*

Titolo VI
Misure fiscali

119. Incentivi per l'efficienza energetica, sisma bonus, fotovoltaico e colonnine di ricarica di veicoli elettrici. – 1. La detrazione di cui all'articolo 14 del decreto legge 4 giugno 2013, n. 63, convertito, con modificazioni, dalla legge 3 agosto 2013, n. 90, si applica nella misura del 110 per cento per le spese documentate e rimaste a carico del contribuente, sostenute dal 1° luglio 2020 fino al 30 giugno 2022 (1), da ripartire tra gli aventi diritto in cinque quote annuali di pari importo e in quattro quote annuali di pari importo per la parte di spese sostenuta dal 1° gennaio 2022 (2) (3), nei seguenti casi:

a) interventi di isolamento termico delle superfici opache verticali, orizzontali e inclinate che interessano l'involucro dell'edificio con un'incidenza superiore al 25 per cento della superficie disperdente lorda dell'edificio o dell'unità immobiliare situata all'interno di edifici plurifamiliari che sia funzionalmente indipendente e disponga di uno o più accessi autonomi dall'esterno. Gli interventi per la coibentazione del tetto rientrano nella disciplina agevolativa, senza limitare il concetto di superficie disperdente al solo locale sottotetto eventualmente esistente (4). La detrazione di cui alla presente lettera è calcolata su un ammontare complessivo delle spese non superiore a euro 50.000 per gli edifici unifamiliari o per le unità immobiliari situate all'interno di edifici plurifamiliari che siano funzionalmente indipendenti e dispongano di uno o più accessi autonomi dall'esterno; a euro 40.000 moltiplicati per il numero delle unità immobiliari che compongono l'edificio per gli edifici composti da due a otto unità immobiliari; a euro 30.000 moltiplicati per il numero delle unità immobiliari che compongono l'edificio per gli edifici composti da più di otto unità immobiliari. I materiali isolanti utilizzati devono rispettare i criteri ambientali minimi di cui al decreto del Ministro dell'ambiente e della tutela del territorio e del mare 11 ottobre 2017, pubblicato nella *Gazzetta Ufficiale* n. 259 del 6 novembre 2017;

b) interventi sulle parti comuni degli edifici per la sostituzione degli impianti di climatizzazione invernale esistenti con impianti centralizzati per il riscaldamento, il raffrescamento o la fornitura di acqua calda sanitaria, a condensazione, con efficienza almeno pari alla classe A di prodotto prevista dal regolamento delegato (UE) n. 811/2013 della Commissione, del 18 febbraio 2013, a pompa di calore, ivi compresi gli impianti ibridi o geotermici, anche abbinati all'installazione di impianti fotovoltaici di cui al comma 5 e relativi sistemi di accumulo di cui al comma 6, ovvero con impianti di microcogenerazione o a collettori solari, nonché, esclusivamente per i comuni montani non interessati dalle procedure europee di infrazione n. 2014/2147 del 10 luglio 2014 o n. 2015/2043 del 28 maggio 2015 per l'inottemperanza dell'Italia agli obblighi previsti dalla direttiva 2008/50/CE, l'allaccio a sistemi di teleriscaldamento efficiente, definiti ai sensi dell'articolo 2, comma 2, lettera tt), del decreto legislativo 4 luglio 2014, n. 102. La detrazione di cui alla presente lettera è calcolata su un ammontare complessivo delle spese non superiore a euro 20.000 moltiplicati per il numero delle unità immobiliari che compongono l'edificio per gli edifici composti fino a otto unità immobiliari ovvero a euro 15.000 moltiplicati per il numero delle unità immobiliari che compongono l'edificio per gli edifici composti da più di otto unità immobiliari ed è riconosciuta anche per le spese relative allo smaltimento e alla bonifica dell'impianto sostituito;

c) interventi sugli edifici unifamiliari o sulle unità immobiliari situate all'interno di edifici plurifamiliari che siano funzionalmente indipendenti e dispongano di uno o più accessi autonomi dall'esterno per la sostituzione degli impianti di climatizzazione invernale esistenti con impianti per il riscaldamento, il raffrescamento o la fornitura di acqua calda sanitaria, a condensazione, con efficienza almeno pari alla classe A di prodotto prevista dal regolamento delegato (UE) n. 811/2013 della Commissione, del 18 febbraio 2013, a pompa di calore, ivi compresi gli impianti ibridi o geotermici, anche abbinati all'installazione di impianti fotovoltaici di cui al comma 5 e relativi sistemi di accumulo di cui al comma 6, ovvero con impianti di microcogenerazione, a collettori solari o, esclusivamente per le aree non metanizzate nei comuni non interessati dalle procedure europee di infrazione n. 2014/2147 del 10 luglio 2014 o n. 2015/2043 del 28 maggio 2015 per l'inottemperanza dell'Italia agli obblighi previsti dalla direttiva 2008/50/CE, con caldaie a biomassa aventi prestazioni emissive con i valori previsti almeno per la classe 5 stelle individuata ai sensi del regolamento di cui al decreto del Ministro dell'ambiente e della tutela del territorio e del mare 7 novembre 2017, n. 186, nonché, esclusivamente per i comuni montani non interessati dalle procedure europee di infrazione n. 2014/2147 del 10 luglio 2014 o n. 2015/2043 del 28 maggio 2015 per l'inottemperanza dell'Italia agli obblighi previsti dalla direttiva 2008/50/CE, l'allaccio a sistemi di teleriscaldamento efficiente, definiti ai sensi dell'articolo 2, comma 2, lettera tt), del decreto legislativo 4 luglio 2014, n. 102. La detrazione di cui alla presente lettera è calcolata su un ammontare complessivo delle spese non superiore a euro 30.000 ed è riconosciuta anche per le spese relative allo smaltimento e alla bonifica dell'impianto sostituito ([5]).

1 *bis*. Ai fini del presente articolo, per "accesso autonomo dall'esterno" si intende un accesso indipendente, non comune ad altre unità immobiliari, chiuso da cancello o portone d'ingresso che consenta l'accesso dalla strada

o da cortile o da giardino anche di proprietà non esclusiva. Un'unità immobiliare può ritenersi "funzionalmente indipendente" qualora sia dotata di almeno tre delle seguenti installazioni o manufatti di proprietà esclusiva: impianti per l'approvvigionamento idrico; impianti per il gas; impianti per l'energia elettrica; impianto di climatizzazione invernale ([6]) ([7]).

1 *ter*. Nei comuni dei territori colpiti da eventi sismici, l'incentivo di cui al comma 1 spetta per l'importo eccedente il contributo previsto per la ricostruzione ([8]).

1 *quater*. Sono compresi fra gli edifici che accedono alle detrazioni di cui al presente articolo anche gli edifici privi di attestato di prestazione energetica perché sprovvisti di copertura, di uno o più muri perimetrali, o di entrambi, purché al termine degli interventi, che devono comprendere anche quelli di cui alla lettera *a*) del comma 1, anche in caso di demolizione e ricostruzione o di ricostruzione su sedime esistente, raggiungano una classe energetica in fascia A ([9]).

2. L'aliquota prevista al comma 1, alinea, del presente articolo si applica anche a tutti gli altri interventi di efficienza energetica di cui all'articolo 14 del decreto legge 4 giugno 2013, n. 63, convertito, con modificazioni, dalla legge 3 agosto 2013, n. 90, nei limiti di spesa previsti, per ciascun intervento di efficienza energetica, dalla legislazione vigente, nonché agli interventi previsti dall'articolo 16 *bis*, comma 1, lettera *e*), del testo unico di cui al decreto del Presidente della Repubblica 22 dicembre 1986, n. 917, anche ove effettuati in favore di persone di età superiore a sessantacinque anni, ([10]) a condizione che siano eseguiti congiuntamente ad almeno uno degli interventi di cui al citato comma 1. Qualora l'edificio sia sottoposto ad almeno uno dei vincoli previsti dal codice dei beni culturali e del paesaggio, di cui al decreto legislativo 22 gennaio 2004, n. 42, o gli interventi di cui al citato comma 1 siano vietati da regolamenti edilizi, urbanistici e ambientali, la detrazione si applica a tutti gli interventi di cui al presente comma, anche se non eseguiti congiuntamente ad almeno uno degli interventi di cui al medesimo comma 1, fermi restando i requisiti di cui al comma 3 ([5]).

3. Ai fini dell'accesso alla detrazione, gli interventi di cui ai commi 1 e 2 del presente articolo devono rispettare i requisiti minimi previsti dai decreti di cui al comma 3 *ter* dell'articolo 14 del decreto legge 4 giugno 2013, n. 63, convertito, con modificazioni, dalla legge 3 agosto 2013, n. 90, e, nel loro complesso, devono assicurare, anche congiuntamente agli interventi di cui ai commi 5 e 6 del presente articolo, il miglioramento di almeno due classi energetiche dell'edificio o delle unità immobiliari situate all'interno di edifici plurifamiliari le quali siano funzionalmente indipendenti e dispongano di uno o più accessi autonomi dall'esterno, ovvero, se ciò non sia possibile,

il conseguimento della classe energetica più alta, da dimostrare mediante l'attestato di prestazione energetica (A.P.E.), di cui all'articolo 6 del decreto legislativo 19 agosto 2005, n. 192, prima e dopo l'intervento, rilasciato da un tecnico abilitato nella forma della dichiarazione asseverata. Nel rispetto dei suddetti requisiti minimi, sono ammessi all'agevolazione, nei limiti stabiliti per gli interventi di cui ai citati commi 1 e 2, anche gli interventi di demolizione e ricostruzione di cui all'articolo 3, comma 1, lettera d), del testo unico delle disposizioni legislative e regolamentari in materia edilizia, di cui al decreto del Presidente della Repubblica 6 giugno 2001, n. 380 ([5]). Gli interventi di dimensionamento del cappotto termico e del cordolo sismico non concorrono al conteggio della distanza e dell'altezza, in deroga alle distanze minime riportate all'articolo 873 del codice civile, per gli interventi di cui all'articolo 16 *bis* del testo unico delle imposte sui redditi, di cui al decreto del Presidente della Repubblica 22 dicembre 1986, n. 917, e al presente articolo ([11]).

3 *bis*. Per gli interventi effettuati dai soggetti di cui al comma 9, lettera *c*), e dalle cooperative di cui al comma 9, lettera *d*), ([12]) le disposizioni dei commi da 1 a 3 si applicano anche alle spese, documentate e rimaste a carico del contribuente, sostenute dal 1° gennaio 2022 al 30 giugno 2023 ([13]). Per le spese sostenute dal 1° luglio 2022 la detrazione è ripartita in quattro quote annuali di pari importo.

4. Per gli interventi di cui ai commi da 1 *bis* a 1 *septies* dell'articolo 16 del decreto legge 4 giugno 2013, n. 63, convertito, con modificazioni, dalla legge 3 agosto 2013, n. 90, l'aliquota delle detrazioni spettanti è elevata al 110 per cento per le spese sostenute dal 1° luglio 2020 al 30 giugno 2022 ([14]). Tale aliquota si applica anche agli interventi previsti dall'articolo 16 bis, comma 1, lettera e), del testo unico di cui al decreto del Presidente della Repubblica 22 dicembre 1986, n. 917, anche ove effettuati in favore di persone di età superiore a sessantacinque anni ed a condizione che siano eseguiti congiuntamente ad almeno uno degli interventi indicati nel primo periodo e che non siano già richiesti ai sensi del comma 2 della presente disposizione ([15]). Per la parte di spese sostenuta dal 1° gennaio 2022 ([3]), la detrazione è ripartita in quattro quote annuali di pari importo ([14]). Per gli interventi di cui al primo periodo, in caso di cessione del corrispondente credito ad un'impresa di assicurazione e di contestuale stipulazione di una polizza che copre il rischio di eventi calamitosi, la detrazione prevista nell'articolo 15, comma 1, lettera f *bis*), del testo unico delle imposte sui redditi, di cui al decreto del Presidente della Repubblica 22 dicembre 1986, n. 917, spetta nella misura del 90 per cento. Le disposizioni del primo e del secondo periodo non si applicano agli edifici ubicati nella zona sismica 4 di cui all'ordinanza del Presidente del

Consiglio dei ministri n. 3274 del 20 marzo 2003, pubblicata nel supplemento ordinario alla *Gazzetta Ufficiale* n. 105 dell'8 maggio 2003.

4 *bis*. La detrazione spettante ai sensi del comma 4 del presente articolo è riconosciuta anche per la realizzazione di sistemi di monitoraggio strutturale continuo a fini antisismici, a condizione che sia eseguita congiuntamente a uno degli interventi di cui ai commi da 1 *bis* a 1 *septies* dell'articolo 16 del decreto legge 4 giugno 2013, n. 63, convertito, con modificazioni, dalla legge 3 agosto 2013, n. 90, nel rispetto dei limiti di spesa previsti dalla legislazione vigente per i medesimi interventi.

4 *ter*. I limiti delle spese ammesse alla fruizione degli incentivi fiscali eco bonus e sisma bonus di cui ai commi precedenti, sostenute entro il 30 giugno 2022 ([16]), sono aumentati del 50 per cento per gli interventi di ricostruzione riguardanti i fabbricati danneggiati dal sisma nei comuni di cui agli elenchi allegati al decreto legge 17 ottobre 2016, n. 189, convertito, con modificazioni, dalla legge 15 dicembre 2016, n. 229, e di cui al decreto legge 28 aprile 2009, n. 39, convertito, con modificazioni, dalla legge 24 giugno 2009, n. 77, nonché nei comuni interessati da tutti gli eventi sismici verificatisi dopo l'anno 2008 dove sia stato dichiarato lo stato di emergenza ([17]). In tal caso, gli incentivi sono alternativi al contributo per la ricostruzione e sono fruibili per tutte le spese necessarie al ripristino dei fabbricati danneggiati, comprese le case diverse dalla prima abitazione, con esclusione degli immobili destinati alle attività produttive ([18]).

4 *quater*. Nei comuni dei territori colpiti da eventi sismici verificatisi a far data dal 1° aprile 2009 dove sia stato dichiarato lo stato di emergenza, gli incentivi di cui al comma 4 spettano per l'importo eccedente il contributo previsto per la ricostruzione ([19]).

5. Per le spese documentate e rimaste a carico del contribuente, sostenute per l'installazione di impianti solari fotovoltaici connessi alla rete elettrica su edifici ai sensi dell'articolo 1, comma 1, lettere *a*), *b*), *c*) e *d*), del regolamento di cui al decreto del Presidente della Repubblica 26 agosto 1993, n. 412, ovvero di impianti solari fotovoltaici su strutture pertinenziali agli edifici, eseguita congiuntamente ad uno degli interventi di cui ai commi 1 e 4 del presente articolo, la detrazione di cui all'articolo 16 *bis*, comma 1, del testo unico di cui al decreto del Presidente della Repubblica 22 dicembre 1986, n. 917, da ripartire tra gli aventi diritto in quattro quote annuali di pari importo, spetta nella misura riconosciuta per gli interventi previsti agli stessi commi 1 e 4 in relazione all'anno di sostenimento della spesa, fino ad un ammontare complessivo delle stesse spese non superiore a euro 48.000 e comunque nel limite di spesa di euro 2.400 per ogni kW di potenza nominale dell'impianto solare fotovoltaico ([20]). In caso di interventi di cui all'articolo

3, comma 1, lettere *d*), *e*) e *f*), del testo unico di cui al decreto del Presidente della Repubblica 6 giugno 2001, n. 380, il predetto limite di spesa è ridotto ad euro 1.600 per ogni kW di potenza nominale.

5 *bis*. Le violazioni meramente formali che non arrecano pregiudizio all'esercizio delle azioni di controllo non comportano la decadenza delle agevolazioni fiscali limitatamente alla irregolarità od omissione riscontrata. Nel caso in cui le violazioni riscontrate nell'ambito dei controlli da parte delle autorità competenti siano rilevanti ai fini dell'erogazione degli incentivi, la decadenza dal beneficio si applica limitatamente al singolo intervento oggetto di irregolarità od omissione ([21]).

6. La detrazione di cui al comma 5 è riconosciuta anche per l'installazione contestuale o successiva di sistemi di accumulo integrati negli impianti solari fotovoltaici agevolati con la detrazione di cui al medesimo comma 5, alle stesse condizioni, negli stessi limiti di importo e ammontare complessivo e comunque nel limite di spesa di euro 1.000 per ogni kWh di capacità di accumulo del sistema di accumulo.

7. La detrazione di cui ai commi 5 e 6 del presente articolo è subordinata alla cessione in favore del Gestore dei servizi energetici (GSE), con le modalità di cui all'articolo 13, comma 3, del decreto legislativo 29 dicembre 2003, n. 387, dell'energia non autoconsumata in sito ovvero non condivisa per l'autoconsumo, ai sensi dell'articolo 42 *bis* del decreto legge 30 dicembre 2019, n. 162, convertito, con modificazioni, dalla legge 28 febbraio 2020, n. 8, e non è cumulabile con altri incentivi pubblici o altre forme di agevolazione di qualsiasi natura previste dalla normativa europea, nazionale e regionale, compresi i fondi di garanzia e di rotazione di cui all'articolo 11, comma 4, del decreto legislativo 3 marzo 2011, n. 28, e gli incentivi per lo scambio sul posto di cui all'articolo 25 *bis* del decreto legge 24 giugno 2014, n. 91, convertito, con modificazioni, dalla legge 11 agosto 2014, n. 116. Con il decreto di cui al comma 9 del citato articolo 42 *bis* del decreto legge n. 162 del 2019, il Ministro dello sviluppo economico individua i limiti e le modalità relativi all'utilizzo e alla valorizzazione dell'energia condivisa prodotta da impianti incentivati ai sensi del presente comma.

8. Per le spese documentate e rimaste a carico del contribuente, sostenute per gli interventi di installazione di infrastrutture per la ricarica di veicoli elettrici negli edifici di cui all'articolo 16 *ter* del decreto legge 4 giugno 2013, n. 63, convertito, con modificazioni, dalla legge 3 agosto 2013, n. 90, eseguita congiuntamente a uno degli interventi di cui al comma 1 del presente articolo, la detrazione spetta nella misura riconosciuta per gli interventi previsti dallo stesso comma 1 in relazione all'anno di sostenimento della spesa, da ripartire tra gli aventi diritto in quattro quote annuali di pari importo, e

comunque nel rispetto dei seguenti limiti di spesa, fatti salvi gli interventi in corso di esecuzione: euro 2.000 per gli edifici unifamiliari o per le unità immobiliari situate all'interno di edifici plurifamiliari che siano funzionalmente indipendenti e dispongano di uno più accessi autonomi dall'esterno secondo la definizione di cui al comma 1 *bis* del presente articolo; euro 1.500 per gli edifici plurifamiliari o i condomini che installino un numero massimo di 8 colonnine; euro 1.200 per gli edifici plurifamiliari o i condomini che installino un numero superiore a 8 colonnine ([22]). L'agevolazione si intende riferita a una sola colonnina di ricarica per unità immobiliare ([23]).

8 *bis*. Per gli interventi effettuati dai condomini, dalle persone fisiche di cui al comma 9, lettera *a*), e dai soggetti di cui al comma 9, lettera d *bis*), compresi quelli effettuati dalle persone fisiche sulle singole unità immobiliari all'interno dello stesso condominio o dello stesso edificio, compresi quelli effettuati su edifici oggetto di demolizione e ricostruzione di cui all'articolo 3, comma 1, lettera *d*), del testo unico delle disposizioni legislative e regolamentari in materia edilizia, di cui al decreto del Presidente della Repubblica 6 giugno 2001, n. 380, la detrazione spetta anche per le spese sostenute entro il 31 dicembre 2025, nella misura del 110 per cento per quelle sostenute entro il 31 dicembre 2023, del 70 per cento per quelle sostenute nell'anno 2024 e del 65 per cento per quelle sostenute nell'anno 2025. Per gli interventi effettuati su unità immobiliari dalle persone fisiche di cui al comma 9, lettera *b*), la detrazione del 110 per cento spetta anche per le spese sostenute entro il 31 dicembre 2022, a condizione che alla data del 30 giugno 2022 siano stati effettuati lavori per almeno il 30 per cento dell'intervento complessivo. Per gli interventi effettuati dai soggetti di cui al comma 9, lettera *c*), compresi quelli effettuati dalle persone fisiche sulle singole unità immobiliari all'interno dello stesso edificio, e dalle cooperative di cui al comma 9, lettera *d*), per i quali alla data del 30 giugno 2023 siano stati effettuati lavori per almeno il 60 per cento dell'intervento complessivo, la detrazione del 110 per cento spetta anche per le spese sostenute entro il 31 dicembre 2023 ([24]) ([25]).

8 *ter*. Per gli interventi effettuati nei comuni dei territori colpiti da eventi sismici verificatisi a far data dal 1° aprile 2009 dove sia stato dichiarato lo stato di emergenza, la detrazione per gli incentivi fiscali di cui ai commi 1 *ter*, 4 *ter* e 4 *quater* spetta, in tutti i casi disciplinati dal comma 8 *bis*, per le spese sostenute entro il 31 dicembre 2025, nella misura del 110 per cento ([26]).

8 *quater*. La detrazione spetta nella misura riconosciuta nel comma 8 *bis* anche per le spese sostenute entro i termini previsti nello stesso comma 8 *bis* in relazione agli interventi di cui ai commi 2, 4, secondo periodo, 4 *bis*, 5, 6 e 8 del presente articolo eseguiti congiuntamente agli interventi indicati nel citato comma 8 *bis* ([27]).

9. Le disposizioni contenute nei commi da 1 a 8 si applicano agli interventi effettuati:

a) dai condomini e dalle persone fisiche, al di fuori dell'esercizio di attività di impresa, arte o professione, con riferimento agli interventi su edifici composti da due a quattro unità immobiliari distintamente accatastate, anche se posseduti da un unico proprietario o in comproprietà da più persone fisiche ([28]);

b) dalle persone fisiche, al di fuori dell'esercizio di attività di impresa, arti e professioni, su unità immobiliari, salvo quanto previsto al comma 10;

c) dagli istituti autonomi case popolari (IACP) comunque denominati nonché dagli enti aventi le stesse finalità sociali dei predetti istituti, istituiti nella forma di società che rispondono ai requisiti della legislazione europea in materia di "in house providing" per interventi realizzati su immobili, di loro proprietà ovvero gestiti per conto dei comuni, adibiti ad edilizia residenziale pubblica;

d) dalle cooperative di abitazione a proprietà indivisa, per interventi realizzati su immobili dalle stesse posseduti e assegnati in godimento ai propri soci;

d bis) dalle organizzazioni non lucrative di utilità sociale di cui all'articolo 10 del decreto legislativo 4 dicembre 1997, n. 460, dalle organizzazioni di volontariato iscritte nei registri di cui all'articolo 6 della legge 11 agosto 1991, n. 266, e dalle associazioni di promozione sociale iscritte nel registro nazionale e nei registri regionali e delle province autonome di Trento e di Bolzano previsti dall'articolo 7 della legge 7 dicembre 2000, n. 383;

e) dalle associazioni e società sportive dilettantistiche iscritte nel registro istituito ai sensi dell'articolo 5, comma 2, lettera c), del decreto legislativo 23 luglio 1999, n. 242, limitatamente ai lavori destinati ai soli immobili o parti di immobili adibiti a spogliatoi.

9 *bis*. Le deliberazioni dell'assemblea del condominio aventi per oggetto l'approvazione degli interventi di cui al presente articolo e degli eventuali finanziamenti finalizzati agli stessi, nonché l'adesione all'opzione per la cessione o per lo sconto di cui all'articolo 121, sono valide se approvate con un numero di voti che rappresenti la maggioranza degli intervenuti e almeno un terzo del valore dell'edificio. Le deliberazioni dell'assemblea del condominio, aventi per oggetto l'imputazione a uno o più condomini dell'intera spesa riferita all'intervento deliberato, sono valide se approvate con le stesse modalità di cui al periodo precedente e a condizione che i condomini ai quali sono imputate le spese esprimano parere favorevole ([29]) ([30]).

9 *ter*. L'imposta sul valore aggiunto non detraibile, anche parzialmente, ai sensi degli articoli 19, 19 *bis*, 19 *bis*.1 e 36 *bis* del decreto del Presidente

della Repubblica 26 ottobre 1972, n. 633, dovuta sulle spese rilevanti ai fini degli incentivi previsti dal presente articolo, si considera nel calcolo dell'ammontare complessivo ammesso al beneficio, indipendentemente dalla modalità di rilevazione contabile adottata dal contribuente ([31]).

10. Le persone fisiche di cui al comma 9, lettere *a*) e *b*) ([32]), possono beneficiare delle detrazioni di cui ai commi da 1 a 3 per gli interventi realizzati sul numero massimo di due unità immobiliari, fermo restando il riconoscimento delle detrazioni per gli interventi effettuati sulle parti comuni dell'edificio.

10 *bis*. Il limite di spesa ammesso alle detrazioni di cui al presente articolo, previsto per le singole unità immobiliari, è moltiplicato per il rapporto tra la superficie complessiva dell'immobile oggetto degli interventi di incremento dell'efficienza energetica, di miglioramento o di adeguamento antisismico previsti ai commi 1, 2, 3, 3 *bis*, 4, 4 *bis*, 5, 6, 7 e 8, e la superficie media di una unità abitativa immobiliare, come ricavabile dal Rapporto Immobiliare pubblicato dall'Osservatorio del Mercato Immobiliare dell'Agenzia delle Entrate ai sensi dell'articolo 120 *sexiesdecies* del decreto legislativo 1° settembre 1993, n. 385, per i soggetti di cui al comma 9, lettera d *bis*), che siano in possesso dei seguenti requisiti:

a) svolgano attività di prestazione di servizi socio-sanitari e assistenziali, e i cui membri del Consiglio di Amministrazione non percepiscano alcun compenso o indennità di carica;

b) siano in possesso di immobili rientranti nelle categorie catastali B/1, B/2 e D/4, a titolo di proprietà, nuda proprietà, usufrutto o comodato d'uso gratuito. Il titolo di comodato d'uso gratuito è idoneo all'accesso alle detrazioni di cui al presente articolo, a condizione che il contratto sia regolarmente registrato in data certa anteriore alla data di entrata in vigore della presente disposizione ([33]).

10 ter. Nel caso di acquisto di immobili sottoposti ad uno o più interventi di cui al comma 1, lettere *a*), *b*) e *c*), il termine per stabilire la residenza di cui alla lettera *a*), della nota II *bis*) all'articolo 1 della tariffa, parte prima, allegata al testo unico delle disposizioni concernenti l'imposta di registro, di cui al decreto del Presidente della Repubblica 26 aprile 1986, n. 131, è di trenta mesi dalla data di stipulazione dell'atto di compravendita ([34]).

10 *quater*. Al primo periodo del comma 1 *septies* dell'articolo 16 del decreto legge 4 giugno 2013, n. 63, convertito, con modificazioni, dalla legge 3 agosto 2013, n. 90, le parole: «entro diciotto mesi» sono sostituite dalle seguenti: «entro trenta mesi» ([34]).

11. Ai fini dell'opzione per la cessione o per lo sconto di cui all'articolo 121, nonché in caso di utilizzo della detrazione nella dichiarazione dei redditi,

[35]) il contribuente richiede il visto di conformità dei dati relativi alla documentazione che attesta la sussistenza dei presupposti che danno diritto alla detrazione d'imposta per gli interventi di cui al presente articolo. Il visto di conformità è rilasciato ai sensi dell'articolo 35 del decreto legislativo 9 luglio 1997, n. 241, dai soggetti indicati alle lettere *a*) e *b*) del comma 3 dell'articolo 3 del regolamento di cui al decreto del Presidente della Repubblica 22 luglio 1998, n. 322, e dai responsabili dell'assistenza fiscale dei centri costituiti dai soggetti di cui all'articolo 32 del citato decreto legislativo n. 241 del 1997. In caso di dichiarazione presentata direttamente dal contribuente all'Agenzia delle entrate, ovvero tramite il sostituto d'imposta che presta l'assistenza fiscale, il contribuente, il quale intenda utilizzare la detrazione nella dichiarazione dei redditi, non è tenuto a richiedere il predetto visto di conformità ([36]).

12. I dati relativi all'opzione sono comunicati esclusivamente in via telematica, anche avvalendosi dei soggetti che rilasciano il visto di conformità di cui al comma 11, secondo quanto disposto con provvedimento del direttore dell'Agenzia delle entrate, che definisce anche le modalità attuative del presente articolo, da adottare entro trenta giorni dalla data di entrata in vigore della legge di conversione del presente decreto.

13. Ai fini della detrazione del 110 per cento di cui al presente articolo e dell'opzione per la cessione o per lo sconto di cui all'articolo 121:

a) per gli interventi di cui ai commi 1, 2 e 3 del presente articolo, i tecnici abilitati asseverano il rispetto dei requisiti previsti dai decreti di cui al comma 3 *ter* dell'articolo 14 del decreto legge 4 giugno 2013, n. 63, convertito, con modificazioni, dalla legge 3 agosto 2013, n. 90, e la corrispondente congruità delle spese sostenute in relazione agli interventi agevolati. Una copia dell'asseverazione è trasmessa, esclusivamente per via telematica, all'Agenzia nazionale per le nuove tecnologie, l'energia e lo sviluppo economico sostenibile (ENEA). Con decreto del Ministro dello sviluppo economico, da emanare entro trenta giorni dalla data di entrata in vigore della legge di conversione del presente decreto, sono stabilite le modalità di trasmissione della suddetta asseverazione e le relative modalità attuative;

b) per gli interventi di cui al comma 4, l'efficacia degli stessi al fine della riduzione del rischio sismico è asseverata dai professionisti incaricati della progettazione strutturale, della direzione dei lavori delle strutture e del collaudo statico, secondo le rispettive competenze professionali, iscritti agli ordini o ai collegi professionali di appartenenza, in base alle disposizioni del decreto del Ministro delle infrastrutture e dei trasporti n. 58 del 28 febbraio 2017. I professionisti incaricati attestano altresì la corrispondente congruità delle spese sostenute in relazione agli interventi agevolati. Il soggetto che rilascia il visto di conformità di cui al comma 11 verifica la presenza delle asseverazioni e delle attestazioni rilasciate dai professionisti incaricati.

13 *bis*. L'asseverazione di cui al comma 13, lettere *a*) e *b*), del presente articolo è rilasciata al termine dei lavori o per ogni stato di avanzamento dei lavori sulla base delle condizioni e nei limiti di cui all'articolo 121. L'asseverazione rilasciata dal tecnico abilitato attesta i requisiti tecnici sulla base del progetto e dell'effettiva realizzazione. Ai fini dell'asseverazione della congruità delle spese si fa riferimento ai prezzari individuati dal decreto di cui al comma 13, lettera *a*), nonché ai valori massimi stabiliti, per talune categorie di beni, con decreto del Ministro della transizione ecologica, da emanare entro il 9 febbraio 2022 ([37]). I prezzari individuati nel decreto di cui alla lettera *a*) del comma 13 devono intendersi applicabili anche ai fini della lettera *b*) del medesimo comma e con riferimento agli interventi di cui all'articolo 16, commi da 1 *bis* a 1 *sexies*, del decreto legge 4 giugno 2013, n. 63, convertito, con modificazioni, dalla legge 3 agosto 2013, n. 90, di cui all'articolo 1, commi da 219 a 223, della legge 27 dicembre 2019, n. 160, e di cui all'articolo 16 *bis*, comma 1, del testo unico di cui al decreto del Presidente della Repubblica 22 dicembre 1986, n. 917 ([38]). Nelle more dell'adozione dei predetti decreti ([39]), la congruità delle spese è determinata facendo riferimento ai prezzi riportati nei prezzari predisposti dalle regioni e dalle province autonome, ai listini ufficiali o ai listini delle locali camere di commercio, industria, artigianato e agricoltura ovvero, in difetto, ai prezzi correnti di mercato in base al luogo di effettuazione degli interventi.

13 *ter*. Gli interventi di cui al presente articolo, anche qualora riguardino le parti strutturali degli edifici o i prospetti, con esclusione di quelli comportanti la demolizione e la ricostruzione degli edifici, costituiscono manutenzione straordinaria e sono realizzabili mediante comunicazione di inizio lavori asseverata (CILA). Nella CILA sono attestati gli estremi del titolo abilitativo che ha previsto la costruzione dell'immobile oggetto d'intervento o del provvedimento che ne ha consentito la legittimazione ovvero è attestato che la costruzione è stata completata in data antecedente al 1° settembre 1967. La presentazione della CILA non richiede l'attestazione dello stato legittimo di cui all'articolo 9 *bis*, comma 1 *bis*, del decreto del Presidente della Repubblica 6 giugno 2001, n. 380. Per gli interventi di cui al presente comma, la decadenza del beneficio fiscale previsto dall'articolo 49 del decreto del Presidente della Repubblica n. 380 del 2001 opera esclusivamente nei seguenti casi:

a) mancata presentazione della CILA;

b) interventi realizzati in difformità dalla CILA;

c) assenza dell'attestazione dei dati di cui al secondo periodo;

d) non corrispondenza al vero delle attestazioni ai sensi del comma 14 ([40]).

13 *quater*. Fermo restando quanto previsto al comma 13 *ter*, resta impregiudicata ogni valutazione circa la legittimità dell'immobile oggetto di intervento ([40]).

13 *quinquies*. In caso di opere già classificate come attività di edilizia libera ai sensi dell'articolo 6 del testo unico delle disposizioni legislative e regolamentari in materia edilizia, di cui al decreto del Presidente della Repubblica 6 giugno 2001, n. 380, del decreto del Ministro delle infrastrutture e dei trasporti 2 marzo 2018, pubblicato nella *Gazzetta Ufficiale* n. 81 del 7 aprile 2018, o della normativa regionale, nella CILA è richiesta la sola descrizione dell'intervento. In caso di varianti in corso d'opera, queste sono comunicate alla fine dei lavori e costituiscono integrazione della CILA presentata. Non è richiesta, alla conclusione dei lavori, la segnalazione certificata di inizio attività di cui all'articolo 24 del testo unico di cui al decreto del Presidente della Repubblica 6 giugno 2001, n. 380 ([41]).

14. Ferma restando l'applicazione delle sanzioni penali ove il fatto costituisca reato, ai soggetti che rilasciano attestazioni e asseverazioni infedeli si applica la sanzione amministrativa pecuniaria da euro 2.000 a euro 15.000 per ciascuna attestazione o asseverazione infedele resa. I soggetti di cui al primo periodo stipulano una polizza di assicurazione della responsabilità civile, con massimale adeguato al numero delle attestazioni o asseverazioni rilasciate e agli importi degli interventi oggetto delle predette attestazioni o asseverazioni e, comunque, non inferiore a 500.000 euro, al fine di garantire ai propri clienti e al bilancio dello Stato il risarcimento dei danni eventualmente provocati dall'attività prestata. L'obbligo di sottoscrizione della polizza si considera rispettato qualora i soggetti che rilasciano attestazioni e asseverazioni abbiano già sottoscritto una polizza assicurativa per danni derivanti da attività professionale ai sensi dell'articolo 5 del regolamento di cui al decreto del Presidente della Repubblica 7 agosto 2012, n. 137, purché questa:

a) non preveda esclusioni relative ad attività di asseverazione;

b) preveda un massimale non inferiore a 500.000 euro, specifico per il rischio di asseverazione di cui al presente comma, da integrare a cura del professionista ove si renda necessario;

c) garantisca, se in operatività di claims made, un'ultrattività pari ad almeno cinque anni in caso di cessazione di attività e una retroattività pari anch'essa ad almeno cinque anni a garanzia di asseverazioni effettuate negli anni precedenti. In alternativa il professionista può optare per una polizza dedicata alle attività di cui al presente articolo con un massimale adeguato al numero delle attestazioni o asseverazioni rilasciate e agli importi degli interventi oggetto delle predette attestazioni o asseverazioni e, comunque, non inferiore a 500.000 euro, senza interferenze con la polizza di responsabilità civile di cui alla lettera *a*) ([42]).

La non veridicità delle attestazioni o asseverazioni comporta la decadenza dal beneficio. Si applicano le disposizioni della legge 24 novembre 1981, n. 689. L'organo addetto al controllo sull'osservanza della presente disposizione ai sensi dell'articolo 14 della legge 24 novembre 1981, n. 689, è individuato nel Ministero dello sviluppo economico.

14 *bis*. Per gli interventi di cui al presente articolo, nel cartello esposto presso il cantiere, in un luogo ben visibile e accessibile, deve essere indicata anche la seguente dicitura: "Accesso agli incentivi statali previsti dalla legge 17 luglio 2020, n. 77, superbonus 110 per cento per interventi di efficienza energetica o interventi antisismici" ([43]).

15. Rientrano tra le spese detraibili per gli interventi di cui al presente articolo quelle sostenute per il rilascio delle attestazioni e delle asseverazioni di cui ai commi 3 e 13 e del visto di conformità di cui al comma 11.

15 *bis*. Le disposizioni del presente articolo non si applicano alle unità immobiliari appartenenti alle categorie catastali A/1, A/8, nonché alla categoria catastale A/9 per le unità immobiliari non aperte al pubblico ([44]).

16. Al fine di semplificare l'attuazione delle norme in materia di interventi di efficienza energetica e di coordinare le stesse con le disposizioni dei commi da 1 e 3 del presente articolo, all'articolo 14 del decreto legge 4 giugno 2013, n. 63, convertito, con modificazioni, dalla legge 3 agosto 2013, n. 90, sono apportate le seguenti modificazioni, con efficacia dal 1° gennaio 2020:

a) il secondo, il terzo e il quarto periodo del comma 1 sono soppressi;

b) dopo il comma 2 è inserito il seguente:

"2.1. La detrazione di cui ai commi 1 e 2 è ridotta al 50 per cento per le spese, sostenute dal 1° gennaio 2018, relative agli interventi di acquisto e posa in opera di finestre comprensive di infissi, di schermature solari e di sostituzione di impianti di climatizzazione invernale con impianti dotati di caldaie a condensazione con efficienza almeno pari alla classe A di prodotto prevista dal regolamento delegato (UE) n. 811/2013 della Commissione, del 18 febbraio 2013. Sono esclusi dalla detrazione di cui al presente articolo gli interventi di sostituzione di impianti di climatizzazione invernale con impianti dotati di caldaie a condensazione con efficienza inferiore alla classe di cui al periodo precedente. La detrazione si applica nella misura del 65 per cento per gli interventi di sostituzione di impianti di climatizzazione invernale con impianti dotati di caldaie a condensazione, di efficienza almeno pari alla classe A di prodotto prevista dal citato regolamento delegato (UE) n. 811/2013, e contestuale installazione di sistemi di termoregolazione evoluti, appartenenti alle classi V, VI oppure VIII della comunicazione 2014/C

207/02 della Commissione, o con impianti dotati di apparecchi ibridi, costituiti da pompa di calore integrata con caldaia a condensazione, assemblati in fabbrica ed espressamente concepiti dal fabbricante per funzionare in abbinamento tra loro, o per le spese sostenute per l'acquisto e la posa in opera di generatori d'aria calda a condensazione".

16 *bis*. L'esercizio di impianti fino a 200 kW da parte di comunità energetiche rinnovabili costituite in forma di enti non commerciali o da parte di condomini che aderiscono alle configurazioni di cui all'articolo 42 *bis* del decreto legge 30 dicembre 2019, n. 162, convertito, con modificazioni, dalla legge 28 febbraio 2020, n. 8, non costituisce svolgimento di attività commerciale abituale. La detrazione prevista dall'articolo 16 *bis*, comma 1, lettera *h*), del testo unico di cui al decreto del Presidente della Repubblica 22 dicembre 1986, n. 917, per gli impianti a fonte rinnovabile gestiti da soggetti che aderiscono alle configurazioni di cui al citato articolo 42 *bis* del decreto legge n. 162 del 2019 si applica fino alla soglia di 200 kW e per un ammontare complessivo di spesa non superiore a euro 96.000.

16 *ter*. Le disposizioni del comma 5 si applicano all'installazione degli impianti di cui al comma 16 *bis*. L'aliquota di cui al medesimo comma 5 si applica alla quota di spesa corrispondente alla potenza massima di 20 kW e per la quota di spesa corrispondente alla potenza eccedente 20 kW spetta la detrazione stabilita dall'articolo 16 *bis*, comma 1, lettera h), del testo unico di cui al decreto del Presidente della Repubblica 22 dicembre 1986, n. 917, nel limite massimo di spesa complessivo di euro 96.000 riferito all'intero impianto.

16. - 16 *quater*. (*Omissis*).

(1) *Le parole: «31 dicembre 2021» sono state così sostituite dalle attuali: «30 giugno 2022» dall'art. 1, comma 66, lett.* a), *n. 1), della L. 30 dicembre 2020, n. 178, a decorrere dal 1° gennaio 2021.*

(2) *Le parole: «e in quattro quote annuali di pari importo per la parte di spesa sostenuta nell'anno 2022» sono state inserite dall'art. 1, comma 66, lett.* a), *n. 1), della L. 30 dicembre 2020, n. 178, a decorrere dal 1° gennaio 2021.*

(3) *Le parole: «per la parte di spesa sostenuta nell'anno 2022» sono state così sostituite dalle seguenti: «per la parte di spese sostenuta dal 1° gennaio 2022» dall'art. 1, comma 28, lett.* a), *della L. 30 dicembre 2021, n. 234, a decorrere dal 1° gennaio 2022.*

(4) *Questo periodo è stato inserito dall'art. 1, comma 66, lett.* a), *n. 2), della L. 30 dicembre 2020, n. 178, a decorrere dal 1° gennaio 2021.*

(5) *Si veda il D.M. 6 agosto 2020* (G.U. *Serie gen. n. - 246 del 5 ottobre 2020), in tema di requisiti tecnici per l'accesso alle detrazioni fiscali ed il D.M. 6 agosto 2020* (G.U. *Serie gen. n. - 246 del 5 ottobre 2020), in tema di asseverazioni per l'accesso alle detrazioni fiscali.*

(6) *Questo periodo è stato aggiunto dall'art. 1, comma 66, lett.* b), *della L. 30 dicembre 2020, n. 178, a decorrere dal 1° gennaio 2021.*

(7) *Questo comma è stato inserito dall'art. 51, comma 3* quater, *del D.L. 14 agosto 2020, n. 104, convertito, con modificazioni, nella L. 13 ottobre 2020, n. 126.*

(8) *Questo comma è stato inserito dall'art. 57* bis, *comma 1, lett.* a), *del D.L. 14 agosto 2020, n. 104, convertito, con modificazioni, nella L. 13 ottobre 2020, n. 126.*

(9) *Questo comma è stato inserito dall'art. 1, comma 66, lett.* c), *della L. 30 dicembre 2020, n. 178, a decorrere dal 1° gennaio 2021.*

(10) *Le parole: «nonché agli interventi previsti dall'articolo 16* bis, *comma 1, lettera* e), *del testo unico di cui al decreto del Presidente della Repubblica 22 dicembre 1986, n. 917, anche ove effettuati in favore di persone di età superiore a sessantacinque anni,» sono state inserite dall'art. 1, comma 66, lett.* d), *della L. 30 dicembre 2020, n. 178, a decorrere dal 1° gennaio 2021.*

(11) *Questo periodo è stato aggiunto dall'art. 33* bis, *comma 1, lett.* a), *del D.L. 31 maggio 2021, n. 77, convertito, con modificazioni, nella L. 29 luglio 2021, n. 108.*

(12) *Le parole: «e dalle cooperative di cui al comma 9, lettera* d),*» sono state inserite dall'art. 1, comma 28, lett.* b), *della L. 30 dicembre 2021, n. 234, a decorrere dal 1° gennaio 2022.*

(13) *Le parole: «31 dicembre 2022» sono state così sostituite dalle attuali: «30 giugno 2023» dall'art. 1, comma 3, lett.* a), *del D.L. 6 maggio 2021, n. 59, convertito, con modificazioni, nella L. 1º luglio 2021, n. 101.*

(14) *L'originario primo periodo è stato così sostituito dagli attuali primo e secondo periodo dall'art. 1, comma 66, lett.* f), *della L. 30 dicembre 2020, n. 178, a decorrere dal 1° gennaio 2021.*

(15) *Questo periodo è stato inserito dall'art. 33, comma 1, lett.* a), *del D.L. 31 maggio 2021, n. 77, convertito, con modificazioni, nella L. 29 luglio 2021, n. 108.*

(16) *Le parole: «31 dicembre 2020» sono state così sostituite dalle attuali: «30 giugno 2022» dall'art. 1, comma 66, lett.* g), *della L. 30 dicembre 2020, n. 178, a decorrere dal 1° gennaio 2021.*

(17) *Le parole: «, nonché nei comuni interessati da tutti gli eventi sismici verificatisi dopo l'anno 2008 dove sia stato dichiarato lo stato di emergenza» sono state aggiunte dall'art. 1, comma 66, lett.* g), *della L. 30 dicembre 2020, n. 178, a decorrere dal 1° gennaio 2021.*

(18) *Questo comma è stato inserito dall'art. 57* bis, *comma 1, lett.* b), *del D.L. 14 agosto 2020, n. 104, convertito, con modificazioni, nella L. 13 ottobre 2020, n. 126.*

(19) *Questo comma è stato inserito dall'art. 1, comma 66, lett.* h), *della L. 30 dicembre 2020, n. 178, a decorrere dal 1° gennaio 2021.*

(20) *Questo periodo è stato così sostituito dall'art. 1, comma 28, lett.* c), *della L. 30 dicembre 2021, n. 234, a decorrere dal 1° gennaio 2022.*

(21) *Questo comma è stato inserito dall'art. 33* bis, *comma 1, lett.* b), *del D.L. 31 maggio 2021, n. 77, convertito, con modificazioni, nella L. 29 luglio 2021, n. 108.*

(22) *Questo periodo è stato così sostituito dall'art. 1, comma 28, lett.* d), *della L. 30 dicembre 2021, n. 234, a decorrere dal 1° gennaio 2022.*

(23) *Questo comma è stato così sostituito dall'art. 1, comma 66, lett.* l), *della L. 30 dicembre 2020, n. 178, a decorrere dal 1° gennaio 2021.*

(24) *Questo comma è stato inserito dall'art. 1, comma 66, lett.* m), *della L. 30 dicembre 2020, n. 178, a decorrere dal 1° gennaio 2021.*

([25]) *Questo comma, sostituito dall'art. 1, comma 3, lett.* b), *del D.L. 6 maggio 2021, n. 59, convertito, con modificazioni, nella L. 1º luglio 2021, n. 101, è stato, da ultimo, così sostituito, dall'art. 1, comma 28, lett.* e), *della L. 30 dicembre 2021, n. 234, a decorrere dal 1° gennaio 2022.*

([26]) *Questo comma è stato inserito dall'art. 1, comma 28, lett.* f), *della L. 30 dicembre 2021, n. 234, a decorrere dal 1° gennaio 2022.*

([27]) *Questo comma è stato inserito dall'art. 1, comma 28, lett.* g), *della L. 30 dicembre 2021, n. 234, a decorrere dal 1° gennaio 2022.*

([28]) *Le parole: «e dalle persone fisiche, al di fuori dell'esercizio di attività di impresa, arte o professione, con riferimento agli interventi su edifici composti da due a quattro unità immobiliari distintamente accatastate, anche se posseduti da un unico proprietario o in comproprietà da più persone fisiche» sono state aggiunte dall'art. 1, comma 66, lett.* n), *della L. 30 dicembre 2020, n. 178, a decorrere dal 1° gennaio 2021.*

([29]) *Questo periodo è stato aggiunto dall'art. 1, comma 66, lett.* p), *della L. 30 dicembre 2020, n. 178, a decorrere dal 1° gennaio 2021*

([30]) *Questo comma è stato inserito dall'art. 63, comma 1, del D.L. 14 agosto 2020, n. 104, convertito, con modificazioni, nella L. 13 ottobre 2020, n. 126.*

([31]) *Questo comma è stato inserito dall'art.* 6 bis, *comma 1, del D.L. 22 marzo 2021, n. 41, convertito, con modificazioni, nella L. 21 maggio 2021, n. 69.*

([32]) *Le parole: «I soggetti di cui al comma 9, lettera* b)*» sono state così sostituite dalle attuali: «Le persone fisiche di cui al comma 9, lettere* a) e b)*» dall'art. 1, comma 66, lett.* o), *della L. 30 dicembre 2020, n. 178, a decorrere dal 1° gennaio 2021.*

([33]) *Questo comma è stato inserito dall'art. 33, comma 1, lett.* b), *del D.L. 31 maggio 2021, n. 77, convertito, con modificazioni, nella L. 29 luglio 2021, n. 108.*

([34]) *Questo comma è stato inserito dall'art. 33* bis, *comma 1, lett.* c), *del D.L. 31 maggio 2021, n. 77, convertito, con modificazioni, nella L. 29 luglio 2021, n. 108.*

([35]) *Le parole: «nonché in caso di utilizzo della detrazione nella dichiarazione dei redditi,» sono state inserite dall'art. 1, comma 28, lett.* h), *della L. 30 dicembre 2021, n. 234, a decorrere dal 1° gennaio 2022.*

([36]) *Questo periodo è stato aggiunto dall'art. 1, comma 28, lett.* h), *della L. 30 dicembre 2021, n. 234, a decorrere dal 1° gennaio 2022.*

([37]) *Le parole: «, nonché ai valori massimi stabiliti, per talune categorie di beni, con decreto del Ministro della transizione ecologica, da emanare entro il 9 febbraio 2022» sono state aggiunte dall'art. 1, comm 28, lett.* i), *della L. 30 dicembre 2021, n. 234, a decorrere dal 1° gennaio 2022.*

([38]) *Questo periodo è stato inserito dall'art. 1, comma 28, lett.* l), *della L. 30 dicembre 2021, n. 234, a decorrere dal 1° gennaio 2022.*

([39]) *Le parole: «del predetto decreto» sono state così sostituite dalle seguenti: «dei predetti decreti» dall'art. 1, comma 28, lett.* i), *della L. 30 dicembre 2021, n. 234, a decorrere dal 1° gennaio 2022.*

([40]) *Questo comma, inserito dall'art. 51, comma 3* quinquies, *del D.L. 14 agosto 2020, n. 104, convertito, con modificazioni, nella L. 13 ottobre 2020, n. 126, è stato così sostituito dai attuali commi 13* ter *e 13* quater, *dall'art. 33, comma 1, lett.* c), *del D.L. 31 maggio 2021, n. 77, convertito, con modificazioni, nella L. 29 luglio 2021, n. 108.*

([41]) *Questo comma è stato inserito dall'art. 33* bis, *comma 1, lett.* d), *del D.L. 31 maggio 2021, n. 77, convertito, con modificazioni, nella L. 29 luglio 2021, n. 108.*

([42]) *Questo periodo è stato aggiunto dall'art. 1, comma 66, lett.* q), *della L. 30 dicembre 2020, n. 178, a decorrere dal 1° gennaio 2021*

([43]) *Questo comma è stato inserito dall'art. 1, comma 66, lett.* r), *della L. 30 dicembre 2020, n. 178, a decorrere dal 1° gennaio 2021*

([44]) *Le parole: «appartenenti alle categorie catastali A/1, A/8 e A/9» sono state così sostituite dalle seguenti: «appartenenti alle categorie catastali A/1, A/8, nonché alla categoria catastale A/9 per le unità immobiliari non aperte al pubblico» dall'art. 80, comma 6, del D.L. 14 agosto 2020, n. 104, convertito, con modificazioni, nella L. 13 ottobre 2020, n. 126.*

120. ([1]) ([2]) **Credito d'imposta per l'adeguamento degli ambienti di lavoro.** – 1. Al fine di sostenere ed incentivare l'adozione di misure legate alla necessità di adeguare i processi produttivi e gli ambienti di lavoro, ai soggetti esercenti attività d'impresa, arte o professione in luoghi aperti al pubblico indicati nell'allegato 2, alle associazioni, alle fondazioni e agli altri enti privati, compresi gli enti del Terzo settore, è riconosciuto un credito d'imposta in misura pari al 60 per cento delle spese sostenute nel 2020, per un massimo di 80.000 euro, in relazione agli interventi necessari per far rispettare le prescrizioni sanitarie e le misure di contenimento contro la diffusione del virus COVID-19, ivi compresi quelli edilizi necessari per il rifacimento di spogliatoi e mense, per la realizzazione di spazi medici, ingressi e spazi comuni, per l'acquisto di arredi di sicurezza, nonché in relazione agli investimenti in attività innovative, ivi compresi quelli necessari ad investimenti di carattere innovativo quali lo sviluppo o l'acquisto di strumenti e tecnologie necessarie allo svolgimento dell'attività lavorativa e per l'acquisto di apparecchiature per il controllo della temperatura dei dipendenti e degli utenti.

2. Il credito d'imposta di cui al comma 1 è cumulabile con altre agevolazioni per le medesime spese, comunque nel limite dei costi sostenuti ed è utilizzabile dal 1° gennaio al 30 giugno 2021 ([3]) esclusivamente in compensazione, ai sensi dell'articolo 17 del decreto legislativo 9 luglio 1997, n. 241. Non si applicano i limiti di cui all'articolo 1, comma 53, della legge 24 dicembre 2007, n. 244, e di cui all'articolo 34 della legge 23 dicembre 2000, n. 388.

3. Con uno o più decreti del Ministro dello sviluppo economico, di concerto con il Ministro dell'economia e delle finanze, possono essere individuati le ulteriori spese ammissibili o soggetti aventi diritto oltre quelli indicati al comma 1, nel rispetto del limite di spesa di cui al comma 6.

4. Con provvedimento del Direttore dell'Agenzia delle entrate, da emanare entro 30 giorni dalla data di pubblicazione della legge di conversione del presente decreto legge, sono stabilite le modalità per il monitoraggio

degli utilizzi del credito d'imposta, ai fini di quanto previsto dall'articolo 17, comma 13, della legge 31 dicembre 2009, n. 196.

5. Le disposizioni del presente articolo si applicano nel rispetto dei limiti e delle condizioni previsti dalla Comunicazione della Commissione europea del 19 marzo 2020 C(2020) 1863 final "Quadro temporaneo per le misure di aiuto di Stato a sostegno dell'economia nell'attuale emergenza del COVID-19", e successive modifiche.

6. Agli oneri derivanti dal presente articolo, pari a 2 miliardi di euro, si provvede ai sensi dell'articolo 265.

(1) *A norma dell'art. 1, comma 1099, della L. 30 dicembre 2020, n. 178, i soggetti beneficiari del credito d'imposta per l'adeguamento degli ambienti di lavoro di cui a questo articolo possono optare per la cessione dello stesso, ai sensi dell'articolo 122 di questo stesso provvedimento, fino al 30 giugno 2021.*

(2) *A norma dell'art. 1, comma 13, lett. a), del D.L. 22 marzo 2021, n. 41, convertito, con modificazioni, nella L. 21 maggio 2021, n. 69, le disposizioni del medesimo comma e dei commi da 14 a 17 si applicano alle misure di agevolazione contenute nelle seguenti disposizioni, per le quali rilevano le condizioni e i limiti previsti dalle Sezioni 3.1 «Aiuti di importo limitato» e 3.12 «Aiuti sotto forma di sostegno a costi fissi non coperti» della Comunicazione della Commissione europea del 19 marzo 2020 C(2020) 1863 final «Quadro temporaneo per le misure di aiuto di Stato a sostegno dell'economia nell'attuale emergenza del COVID-19», e successive modificazioni di cui a questo articolo.*

(3) *Le parole: «nell'anno 2021» sono state così sostituite dalle seguenti: «dal 1° gennaio al 30 giugno 2021» dall'art. 1, comma 1098, della L. 30 dicembre 2020, n. 178, a decorrere dal 1° gennaio 2021.*

122. Cessione dei crediti d'imposta riconosciuti da provvedimenti emanati per fronteggiare l'emergenza da COVID-19. – 1. A decorrere dalla data di entrata in vigore del presente decreto e fino al 31 dicembre 2021, i soggetti beneficiari dei crediti d'imposta elencati al successivo comma 2 possono, in luogo dell'utilizzo diretto, optare per la cessione, anche parziale, degli stessi ad altri soggetti, ivi inclusi il locatore o il concedente, a fronte di uno sconto di pari ammontare sul canone da versare, gli istituti di credito e altri intermediari finanziari.

2. Le disposizioni contenute nel presente articolo si applicano alle seguenti misure introdotte per fronteggiare l'emergenza epidemiologica da COVID-19:

a) credito d'imposta per botteghe e negozi di cui all'articolo 65 del decreto legge 17 marzo 2020, n. 18, convertito, con modificazioni, dalla legge 24 aprile 2020, n. 27;

b) credito d'imposta per i canoni di locazione degli immobili a uso non abitativo e affitto d'azienda di cui all'articolo 28;

c) credito d'imposta per l'adeguamento degli ambienti di lavoro di cui all'articolo 120;

d) credito d'imposta per la sanificazione e l'acquisto di dispositivi di protezione di cui all'articolo 125.

3. I cessionari utilizzano il credito ceduto anche in compensazione ai sensi dell'articolo 17 del decreto legislativo 9 luglio 1997, n. 241. Il credito d'imposta è usufruito dal cessionario con le stesse modalità con le quali sarebbe stato utilizzato dal soggetto cedente. La quota di credito non utilizzata nell'anno non può essere utilizzata negli anni successivi, e non può essere richiesta a rimborso. Non si applicano i limiti di cui all'articolo 34 della legge 23 dicembre 2000, n. 388, e all'articolo 1, comma 53, della legge 24 dicembre 2007, n. 244.

4. La cessione del credito non pregiudica i poteri delle competenti Amministrazioni relativi al controllo della spettanza del credito d'imposta e all'accertamento e all'irrogazione delle sanzioni nei confronti dei soggetti beneficiari di cui al comma 1. I soggetti cessionari rispondono solo per l'eventuale utilizzo del credito d'imposta in modo irregolare o in misura maggiore rispetto al credito ricevuto.

5. Con provvedimento del direttore dell'Agenzia delle entrate sono definite le modalità attuative delle disposizioni di cui al presente articolo, comprese quelle relative all'esercizio dell'opzione, da effettuarsi in via telematica.

122 *bis*. ([1]) **Misure di contrasto alle frodi in materia di cessioni dei crediti. Rafforzamento dei controlli preventivi.** – 1. L'Agenzia delle entrate, entro cinque giorni lavorativi dall'invio della comunicazione dell'avvenuta cessione del credito, può sospendere, per un periodo non superiore a trenta giorni, gli effetti delle comunicazioni delle cessioni, anche successive alla prima, e delle opzioni inviate alla stessa Agenzia ai sensi degli articoli 121 e 122 che presentano profili di rischio, ai fini del relativo controllo preventivo. I profili di rischio sono individuati utilizzando criteri relativi alla diversa tipologia dei crediti ceduti e riferiti:

a) alla coerenza e alla regolarità dei dati indicati nelle comunicazioni e nelle opzioni di cui al presente comma con i dati presenti nell'Anagrafe tributaria o comunque in possesso dell'Amministrazione finanziaria;

b) ai dati afferenti ai crediti oggetto di cessione e ai soggetti che intervengono nelle operazioni a cui detti crediti sono correlati, sulla base delle informazioni presenti nell'Anagrafe tributaria o comunque in possesso dell'Amministrazione finanziaria;

c) ad analoghe cessioni effettuate in precedenza dai soggetti indicati nelle comunicazioni e nelle opzioni di cui al presente comma.

2. Se all'esito del controllo risultano confermati i rischi di cui al comma 1, la comunicazione si considera non effettuata e l'esito del controllo è comunicato al soggetto che ha trasmesso la comunicazione. Se, invece, i rischi non risultano confermati, ovvero decorso il periodo di sospensione degli effetti della comunicazione di cui al comma 1, la comunicazione produce gli effetti previsti dalle disposizioni di riferimento.

3. Fermi restando gli ordinari poteri di controllo, l'Amministrazione finanziaria procede in ogni caso al controllo nei termini di legge di tutti i crediti relativi alle cessioni per le quali la comunicazione si considera non avvenuta ai sensi del comma 2.

4. I soggetti obbligati di cui all'articolo 3 del decreto legislativo 21 novembre 2007, n. 231, che intervengono nelle cessioni comunicate ai sensi degli articoli 121 e 122 del presente decreto, non procedono all'acquisizione del credito in tutti i casi in cui ricorrono i presupposti di cui agli articoli 35 e 42 del predetto decreto legislativo n. 231 del 2007, fermi restando gli obblighi ivi previsti.

5. Con provvedimento del direttore dell'Agenzia delle entrate sono stabiliti criteri, modalità e termini per l'attuazione, anche progressiva, delle disposizioni di cui ai commi 1 e 2.

(¹) *Questo articolo è stato inserito dall'art. 1, comma 30, della L. 30 dicembre 2021, n. 234, a decorrere dal 1° gennaio 2022.*

125. (¹) **Credito d'imposta per la sanificazione e l'acquisto di dispositivi di protezione.** – 1. Al fine di favorire l'adozione di misure dirette a contenere e contrastare la diffusione del Covid-19, ai soggetti esercenti attività d'impresa, arti e professioni, agli enti non commerciali, compresi gli enti del Terzo settore e gli enti religiosi civilmente riconosciuti, nonché alle strutture ricettive extra-alberghiere a carattere non imprenditoriale a condizione che siano in possesso del codice identificativo di cui all'articolo 13 *quater*, comma 4, del decreto legge 30 aprile 2019, n. 34, convertito, con modificazioni, dalla legge 28 giugno 2019, n. 58, spetta un credito d'imposta in misura pari al 60 per cento delle spese sostenute nel 2020 per la sanificazione degli ambienti e degli strumenti utilizzati, nonché per l'acquisto di dispositivi di protezione individuale e di altri dispositivi atti a garantire la salute dei lavoratori e degli utenti. Il credito d'imposta spetta fino ad un massimo di 60.000 euro per ciascun beneficiario, nel limite complessivo di 200 milioni di euro per l'anno 2020.

2. Sono ammissibili al credito d'imposta di cui al comma 1 le spese sostenute per:

a) la sanificazione degli ambienti nei quali è esercitata l'attività lavorativa e istituzionale e degli strumenti utilizzati nell'ambito di tali attività;

b) l'acquisto di dispositivi di protezione individuale, quali mascherine, guanti, visiere e occhiali protettivi, tute di protezione e calzari, che siano conformi ai requisiti essenziali di sicurezza previsti dalla normativa europea;

c) l'acquisto di prodotti detergenti e disinfettanti;

d) l'acquisto di dispositivi di sicurezza diversi da quelli di cui alla lettera b), quali termometri, termoscanner, tappeti e vaschette decontaminanti e igienizzanti, che siano conformi ai requisiti essenziali di sicurezza previsti dalla normativa europea, ivi incluse le eventuali spese di installazione;

e) l'acquisto di dispositivi atti a garantire la distanza di sicurezza interpersonale, quali barriere e pannelli protettivi, ivi incluse le eventuali spese di installazione.

3. Il credito d'imposta è utilizzabile nella dichiarazione dei redditi relativa al periodo d'imposta di sostenimento della spesa ovvero in compensazione, ai sensi dell'articolo 17 del decreto legislativo 9 luglio 1997, n. 241. Non si applicano i limiti di cui all'articolo 1, comma 53, della legge 24 dicembre 2007, n. 244, e di cui all'articolo 34 della legge 23 dicembre 2000, n. 388. Il credito d'imposta non concorre alla formazione del reddito ai fini delle imposte sui redditi e del valore della produzione ai fini dell'imposta regionale sulle attività produttive e non rileva ai fini del rapporto di cui agli articoli 61 e 109, comma 5, del testo unico delle imposte sui redditi, di cui al decreto del Presidente della Repubblica 22 dicembre 1986, n. 917

4. Con provvedimento del direttore dell'Agenzia delle entrate, da adottare entro trenta giorni dalla data di entrata in vigore della legge di conversione del presente decreto, sono stabiliti i criteri e le modalità di applicazione e di fruizione del credito d'imposta, al fine del rispetto del limite di spesa di cui al comma 1.

5. L'articolo 64 del decreto legge 17 marzo 2020, n. 18, convertito dalla legge 24 aprile 2020, n. 27, e l'articolo 30 del decreto legge 8 aprile 2020, n. 23, sono abrogati.

6. Agli oneri derivanti dal comma 1, pari a 200 milioni di euro per l'anno 2020 si provvede, per 150 milioni di euro ai sensi dell'articolo 265 e per 50 milioni di euro mediante utilizzo delle risorse rivenienti dall'abrogazione della disposizione di cui al comma 5.

(¹) *A norma dell'art. 31, comma 4* ter, *del D.L. 14 agosto 2020, n. 104, convertito, con modificazioni, nella L. 13 ottobre 2020, n. 126, al fine di rafforzare le misure dirette alla sanificazione degli ambienti di lavoro, le risorse destinate al credito d'imposta per la sanificazione e l'acquisto di dispositivi di protezione di cui di cui a questo articolo, sono incrementate di 403 milioni di euro per l'anno 2020.*

30.

D.L. 14 agosto 2020, n. 104. Misure urgenti per il sostegno e il rilancio dell'economia (Suppl. ord. alla *Gazzetta Ufficiale* Serie gen. - n. 203 del 14 agosto 2020), convertito, con modificazioni, nella L. 13 ottobre 2020, n. **126** (*Gazzetta Ufficiale* Serie gen. - n. 253 del 13 ottobre 2020), ed avviso di rettifica in *Gazzetta Ufficiale* Serie gen. - n. 204 del 17 agosto 2020, ed *errata corrige* in *Gazzetta Ufficiale* Serie gen. - n. 259 del 19 ottobre 2020, ed *avviso di rettifica* in *Gazzetta Ufficiale* Serie gen. - n. 262 del 22 ottobre 2020, ed *errata corrige* in *Gazzetta Ufficiale* Serie gen. - n. 262 del 22 ottobre 2020.

(*Estratto*)

Capo VII

Misure fiscali

110. Rivalutazione generale dei beni d'impresa e delle partecipazioni 2020. – 1. I soggetti indicati nell'articolo 73, comma 1, lettere *a*) e *b*), del testo unico delle imposte sui redditi, di cui al decreto del Presidente della Repubblica 22 dicembre 1986, n. 917, che non adottano i principi contabili internazionali nella redazione del bilancio, possono, anche in deroga all'articolo 2426 del codice civile e ad ogni altra disposizione di legge vigente in materia, rivalutare i beni d'impresa e le partecipazioni di cui alla sezione II del capo I della legge 21 novembre 2000, n. 342, ad esclusione degli immobili alla cui produzione o al cui scambio è diretta l'attività di impresa, risultanti dal bilancio dell'esercizio in corso al 31 dicembre 2019.

2. La rivalutazione deve essere eseguita nel bilancio o rendiconto dell'esercizio successivo a quello di cui al comma 1, può essere effettuata distintamente per ciascun bene e deve essere annotata nel relativo inventario e nella nota integrativa. Le imprese che hanno l'esercizio non coincidente con l'anno solare possono eseguire la rivalutazione nel bilancio o rendiconto relativo all'esercizio in corso al 31 dicembre 2019, se approvato successivamente alla data di entrata in vigore della legge di conversione del presente decreto, a condizione che i beni d'impresa e le partecipazioni di cui al comma 1 risultino dal bilancio dell'esercizio precedente.

3. Il saldo attivo della rivalutazione può essere affrancato, in tutto o in parte, con l'applicazione in capo alla società di un'imposta sostitutiva delle imposte sui redditi, dell'imposta regionale sulle attività produttive e di eventuali addizionali nella misura del 10 per cento, da versare con le modalità indicate al comma 6.

4. Il maggior valore attribuito ai beni in sede di rivalutazione può essere riconosciuto ai fini delle imposte sui redditi e dell'imposta regionale sulle attività produttive a decorrere dall'esercizio successivo a quello con riferimento al quale la rivalutazione è stata eseguita, mediante il versamento di un'imposta sostitutiva delle imposte sui redditi e dell'imposta regionale sulle attività produttive e di eventuali addizionali nella misura del 3 per cento per i beni ammortizzabili e non ammortizzabili.

4 *bis*. La rivalutazione può essere eseguita anche nel bilancio relativo all'esercizio immediatamente successivo a quello di cui al comma 2, con esclusivo riferimento ai beni non rivalutati nel bilancio precedente e senza la possibilità di affrancamento del saldo attivo e di riconoscimento degli effetti a fini fiscali, rispettivamente ai sensi dei commi 3 e 4 del presente articolo ([1]).

5. Nel caso di cessione a titolo oneroso, di assegnazione ai soci o di destinazione a finalità estranee all'esercizio dell'impresa ovvero al consumo personale o familiare dell'imprenditore dei beni rivalutati in data anteriore a quella di inizio del quarto esercizio successivo a quello nel cui bilancio la rivalutazione è stata eseguita, ai fini della determinazione delle plusvalenze o minusvalenze si ha riguardo al costo del bene prima della rivalutazione.

6. Le imposte sostitutive di cui ai commi 3 e 4 sono versate in un massimo di tre rate di pari importo di cui la prima con scadenza entro il termine previsto per il versamento a saldo delle imposte sui redditi relative al periodo d'imposta con riferimento al quale la rivalutazione è eseguita, e le altre con scadenza entro il termine rispettivamente previsto per il versamento a saldo delle imposte sui redditi relative ai periodi d'imposta successivi. Gli importi da versare possono essere compensati ai sensi della sezione I del capo III del decreto legislativo 9 luglio 1997, n. 241 ([2]).

7. Si applicano, in quanto compatibili, le disposizioni degli articoli 11, 13, 14 e 15 della legge 21 novembre 2000, n. 342, quelle del regolamento di cui al decreto del Ministro delle finanze 13 aprile 2001, n. 162, nonché quelle del regolamento di cui al decreto del Ministro dell'economia e delle finanze 19 aprile 2002, n. 86, e dei commi 475, 477 e 478 dell'articolo 1 della legge 30 dicembre 2004, n. 311.

8. Le previsioni di cui all'articolo 14, comma 1, della legge 21 novembre 2000, n. 342, si applicano anche ai soggetti che redigono il bilancio in base ai principi contabili internazionali di cui al regolamento (CE) n. 1606/2002 del Parlamento europeo e del Consiglio, del 19 luglio 2002, anche con riferimento alle partecipazioni, in società ed enti, costituenti immobilizzazioni finanziarie ai sensi dell'articolo 85, comma 3 *bis*, del testo unico delle imposte sui redditi, di cui al decreto del Presidente della Repubblica 22 dicembre 1986, n. 917. Per tali soggetti, per l'importo corrispondente ai maggiori valori

oggetto di riallineamento, al netto dell'imposta sostitutiva di cui al comma 4, è vincolata una riserva in sospensione d'imposta ai fini fiscali che può essere affrancata ai sensi del comma 3.

8 *bis*. Le disposizioni dell'articolo 14 della legge 21 novembre 2000, n. 342, si applicano anche all'avviamento e alle altre attività immateriali risultanti dal bilancio dell'esercizio in corso al 31 dicembre 2019 ([3]).

8 *ter*. La deduzione ai fini delle imposte sui redditi e dell'imposta regionale sulle attività produttive del maggior valore imputato ai sensi dei commi 4, 8 e 8 *bis* alle attività immateriali le cui quote di ammortamento, ai sensi dell'articolo 103 del testo unico delle imposte sui redditi, di cui al decreto del Presidente della Repubblica 22 dicembre 1986, n. 917, sono deducibili in misura non superiore ad un diciottesimo del costo o del valore, è effettuata, in ogni caso, in misura non superiore, per ciascun periodo d'imposta, a un cinquantesimo di detto importo. Nel caso di cessione a titolo oneroso, di assegnazione ai soci o di destinazione a finalità estranee all'esercizio dell'impresa ovvero al consumo personale o familiare dell'imprenditore o nel caso di eliminazione dal complesso produttivo, l'eventuale minusvalenza è deducibile, fino a concorrenza del valore residuo del maggior valore di cui al primo periodo, in quote costanti per il residuo periodo di ammortamento ammortamento come determinato ai sensi dello stesso primo periodo. Per l'avente causa la quota di costo riferibile al residuo valore ammortizzabile del maggior valore di cui al primo periodo, al netto dell'eventuale minusvalenza dedotta dal dante causa ai sensi del secondo periodo, è ammessa in deduzione in quote costanti per il residuo periodo di ammortamento ([4]).

8 *quater*. In deroga alle disposizioni di cui al comma 8 *ter*, è possibile effettuare la deduzione del maggior valore imputato in misura non superiore, per ciascun periodo d'imposta, a un diciottesimo di detto importo, mediante il versamento di un'imposta sostitutiva delle imposte sui redditi e dell'imposta regionale sulle attività produttive e di eventuali addizionali nella misura corrispondente a quella stabilita dall'articolo 176, comma 2 *ter*, del citato testo unico delle imposte sui redditi, di cui al decreto del Presidente della Repubblica n. 917 del 1986, al netto dell'imposta sostitutiva determinata ai sensi del comma 4 del presente articolo, da effettuare in un massimo di due rate di pari importo di cui la prima con scadenza entro il termine previsto per il versamento a saldo delle imposte sui redditi relativo al periodo d'imposta successivo a quello con riferimento al quale la rivalutazione è eseguita e la seconda con scadenza entro il termine previsto per il versamento a saldo delle imposte sui redditi relative al periodo d'imposta successivo ([4]).

9. Agli oneri derivanti dal presente articolo valutati in 74,8 milioni di euro per l'anno 2022, 254,3 milioni di euro per l'anno 2023, 172 milioni di

euro per l'anno 2024 e 176,9 milioni di euro per ciascuno degli anni 2025 e 2026, si provvede ai sensi dell'articolo 114.

(1) *Questo comma è stato inserito dall'art. 1 bis, comma 1, del D.L. 22 marzo 2021, n. 41, convertito, con modificazioni, nella L. 21 maggio 2021, n. 69.*

(2) *A norma dell'art. 1, comma 624, della L. 30 dicembre 2021, n. 234, a decorrere dal 1° gennaio 2022, i soggetti che, alla data di entrata in vigore della citata legge, hanno provveduto al versamento delle imposte sostitutive ai sensi di questo comma, hanno facoltà di revocare, anche parzialmente, l'applicazione della disciplina fiscale di questo articolo, secondo modalità e termini da stabilire con provvedimento del direttore dell'Agenzia delle entrate. La revoca costituisce titolo per il rimborso ovvero per l'utilizzo in compensazione, ai sensi dell'articolo 17 del decreto legislativo 9 luglio 1997, n. 241, dell'importo delle imposte sostitutive versate, secondo modalità e termini da stabilire con il medesimo provvedimento del direttore dell'Agenzia delle entrate di cui al primo periodo.*

(3) *Questo comma è stato inserito dall'art. 1, comma 83, della L. 30 dicembre 2020, n. 178, a decorrere dal 1° gennaio 2021.*

(4) *Questo comma è stato inserito dall'art. 1, comma 622, della L. 30 dicembre 2021, n. 234, a decorrere dal 1° gennaio 2022.*

A norma dell'art. 1, comma 623 del medesimo provvedimento, in deroga all'articolo 3 della legge 27 luglio 2000, n. 212, tali modifiche hanno effetto a decorrere dall'esercizio successivo a quello con riferimento al quale la rivalutazione e il riallineamento sono eseguiti.

31.

L. 30 dicembre 2020, n. 178. Bilancio di previsione dello Stato per l'anno finanziario 2021 e bilancio pluriennale per il triennio 2021-2023 (Suppl. ord. alla *Gazzetta Ufficiale* Serie gen. - n. 322 del 30 dicembre 2020).

Sezione I

Misure quantitative per la realizzazione degli obiettivi programmatici

1. Risultati differenziali. Norme in materia di entrata e di spesa e altre disposizioni. Fondi speciali. – 1. - 43. (*Omissis*)

44. Gli utili percepiti dagli enti non commerciali di cui lettera *c*) del comma 1 dell'articolo 73 del testo unico delle imposte sui redditi, di cui al decreto del Presidente della Repubblica 22 dicembre 1986, n. 917, o da una stabile organizzazione nel territorio dello Stato di enti non commerciali, di cui alla lettera *d*) del comma 1 del medesimo articolo 73, che esercitano, senza scopo di lucro, in via esclusiva o principale, una o più attività di interesse generale per il perseguimento di finalità civiche, solidaristiche e di utilità sociale nei settori indicati al comma 45, non concorrono alla formazione del reddito imponibile nella misura del 50 per cento a decorrere dall'esercizio in corso al 1° gennaio 2021. Sono esclusi gli utili provenienti da partecipazioni in im-

prese o enti residenti o localizzati in Stati o territori a regime fiscale privilegiato di cui all'articolo 47 *bis*, comma 1, del citato testo unico delle imposte sui redditi, di cui al decreto del Presidente della Repubblica n. 917 del 1986.

45. I settori nell'ambito dei quali devono essere svolte le attività di interesse generale di cui al comma 44 sono i seguenti:

a) famiglia e valori connessi; crescita e formazione giovanile; educazione, istruzione e formazione, compreso l'acquisto di prodotti editoriali per la scuola; volontariato, filantropia e beneficenza; religione e sviluppo spirituale; assistenza agli anziani; diritti civili;

b) prevenzione della criminalità e sicurezza pubblica; sicurezza alimentare e agricoltura di qualità; sviluppo locale ed edilizia popolare locale; protezione dei consumatori; protezione civile; salute pubblica, medicina preventiva e riabilitativa; attività sportiva; prevenzione e recupero delle tossicodipendenze; patologia e disturbi psichici e mentali;

c) ricerca scientifica e tecnologica; protezione e qualità dell'ambiente;

d) arte, attività e beni culturali.

46. I soggetti di cui al comma 44 destinano l'imposta sul reddito delle società non dovuta in applicazione della disposizione di cui al medesimo comma 44 al finanziamento delle attività di interesse generale ivi indicate, accantonando l'importo non ancora erogato in una riserva indivisibile e non distribuibile per tutta la durata dell'ente.

47. Le fondazioni di cui al decreto legislativo 17 maggio 1999, n. 153, destinano l'imposta sul reddito non dovuta in applicazione della disposizione di cui al comma 44 al finanziamento delle attività di interesse generale ivi indicate, accantonandola, fino all'erogazione, in un apposito fondo destinato all'attività istituzionale.

48. - 632. (*Omissis*)

633. Non concorrono a formare il reddito le plusvalenze e le minusvalenze di cui alla lettera *c*) del comma 1 dell'articolo 67 del testo unico delle imposte sui redditi, di cui al decreto del Presidente della Repubblica 22 dicembre 1986, n. 917, realizzate, a decorrere dalla data di entrata in vigore della presente legge, da organismi di investimento collettivo del risparmio (OICR) di diritto estero conformi alla direttiva 2009/65/CE del Parlamento europeo e del Consiglio, del 13 luglio 2009, e da OICR, non conformi alla citata direttiva 2009/65/CE, il cui gestore sia soggetto a forme di vigilanza nel Paese estero nel quale è istituito ai sensi della direttiva 2011/61/UE del Parlamento europeo e del Consiglio, dell'8 giugno 2011, istituiti negli Stati membri dell'Unione europea e negli Stati aderenti all'Accordo sullo spazio economico europeo che consentono un adeguato scambio di informazioni.

634. - 1150. (*Omissis*)

32.

D.L. 25 maggio 2021, n. 73. Misure urgenti connesse all'emergenza da COVID-19, per le imprese, il lavoro, i giovani, la salute e i servizi territoriali (*Gazzetta Ufficiale* Serie gen. - n. 123 del 25 maggio 2021), convertito, con modificazioni, nella L. 23 luglio 2021, n. **106** (Suppl. ord. alla *Gazzetta Ufficiale* Serie gen. - n. 176 del 24 luglio 2021) ([1]).

([1]) *A norma dell'art. 1, comma 643, della L. 30 dicembre 2021, n. 234, sono abrogate tutte le disposizioni di cui a questo decreto incompatibili con le disposizioni dei commi da 637 a 644 della predetta L. n. 234/2021.*

(*Estratto*)

Titolo II

Misure per l'accesso al credito
e la liquidità delle imprese

14. Tassazione delle plusvalenze derivanti dalla cessione di partecipazioni in start up innovative. – 1. Le plusvalenze di cui all'articolo 67, comma 1, lettere c) e c *bis*), del testo unico delle imposte sui redditi, di cui al decreto del Presidente della Repubblica 22 dicembre 1986, n. 917, realizzate da persone fisiche, derivanti dalla cessione di partecipazioni al capitale di imprese start up innovative di cui all'articolo 25, comma 2, del decreto legge 18 ottobre 2012, n. 179, convertito, con modificazioni, dalla legge 17 dicembre 2012, n. 221, acquisite mediante sottoscrizione di capitale sociale dal 1° giugno 2021 al 31 dicembre 2025 e possedute per almeno tre anni non sono soggette a imposizione. Al fine dell'esenzione di cui al primo periodo sono agevolati gli investimenti di cui agli articoli 29 e 29 *bis* del decreto legge n. 179 del 2012.

2. Le disposizioni di cui al comma 1 si applicano anche alle plusvalenze, di cui all'articolo 67, comma 1, lettere c) e c *bis*), del testo unico delle imposte sui redditi, di cui al decreto del Presidente della Repubblica 22 dicembre 1986, n. 917, realizzate da persone fisiche, derivanti dalla cessione di partecipazioni al capitale di piccole e medie imprese innovative di cui all'articolo 4 del decreto legge 24 gennaio 2015, n. 3, convertito, con modificazioni, dalla legge 24 marzo 2015, n. 33, acquisite mediante sottoscrizione di capitale sociale dal 1° giugno 2021 al 31 dicembre 2025 e possedute per almeno tre anni. Al fine dell'esenzione di cui al primo periodo sono agevolati gli investimenti di cui all'articolo 4, commi 9 e 9 *ter*, del decreto legge n. 3 del 2015.

3. Non sono soggette a imposizione le plusvalenze di cui all'articolo 67, comma 1, lettere c) e c *bis*), del testo unico delle imposte sui redditi, di cui al decreto del Presidente della Repubblica 22 dicembre 1986, n. 917, realiz-

zate da persone fisiche, derivanti dalla cessione di partecipazioni al capitale in società di cui agli articoli 5, escluse le società semplici e gli enti ad esse equiparati, e 73, comma 1, lettere a) e d), del medesimo testo unico, qualora e nella misura in cui, entro un anno dal loro conseguimento, siano reinvestite in imprese start up innovative di cui all'articolo 25, comma 2, del decreto legge 18 ottobre 2012, n. 179, o in piccole e medie imprese innovative di cui all'articolo 4 del decreto legge 24 gennaio 2015, n. 3, mediante la sottoscrizione del capitale sociale entro il 31 dicembre 2025.

4. L'efficacia delle disposizioni di cui ai commi 1, 2 e 3 è subordinata, ai sensi dell'articolo 108, paragrafo 3, del Trattato sul funzionamento dell'Unione europea, all'autorizzazione della Commissione europea, richiesta a cura del Ministero dello Sviluppo Economico.

5. Alle minori entrate derivanti dal presente articolo valutate in 7,4 milioni di euro per l'anno 2022, 11,8 milioni di euro per l'anno 2023, 9,5 milioni di euro per l'anno 2024, 29,6 milioni di euro per l'anno 2025, 43,9 milioni di euro per l'anno 2026, 29,7 milioni di euro per l'anno 2027 e 34,4 milioni di euro per ciascuno degli anni 2028 e 2029, si provvede ai sensi dell'articolo 77.

19. Proroga degli incentivi per la cessione di crediti e ACE innovativa 2021. – 1. (*Omissis*).

2. Nel periodo d'imposta successivo a quello in corso al 31 dicembre 2020, per la variazione in aumento del capitale proprio rispetto a quello esistente alla chiusura del periodo d'imposta precedente, l'aliquota percentuale di cui alla lettera b) del comma 287 dell'articolo 1 della legge 27 dicembre 2019, n. 160, è pari al 15 per cento. Nel periodo d'imposta successivo a quello in corso al 31 dicembre 2020, gli incrementi del capitale proprio rilevano a partire dal primo giorno del periodo d'imposta. Ai fini del presente comma la variazione in aumento del capitale proprio rileva per un ammontare massimo di 5 milioni di euro indipendentemente dall'importo del patrimonio netto risultante dal bilancio.

3. Per il periodo d'imposta successivo a quello in corso al 31 dicembre 2020, la deduzione del rendimento nozionale di cui all'articolo 1 del decreto legge 6 dicembre 2011, n. 201, convertito, con modificazioni, dalla legge 22 dicembre 2011, n. 214, valutato mediante applicazione dell'aliquota percentuale di cui al comma 2 corrispondente agli incrementi di capitale proprio di cui al medesimo comma 2, può essere alternativamente fruita tramite riconoscimento di un credito d'imposta da calcolarsi applicando al rendimento nozionale sopra individuato, le aliquote di cui agli articoli 11 e 77 del testo unico delle imposte sui redditi, di cui al decreto del Presidente della Repubblica 22 dicembre 1986, n. 917, in vigore nel periodo d'imposta in corso al 31

dicembre 2020. Il credito d'imposta può essere utilizzato, previa comunicazione all'Agenzia delle entrate da effettuarsi ai sensi del comma 7, secondo le modalità stabilite al comma 6, dal giorno successivo a quello dell'avvenuto versamento del conferimento in denaro o dal giorno successivo alla rinuncia o alla compensazione di crediti ovvero dal giorno successivo alla delibera dell'assemblea di destinare, in tutto o in parte, a riserva l'utile di esercizio.

4. Nel caso di applicazione del comma 3, qualora la differenza tra la variazione in aumento del capitale proprio riferita al periodo d'imposta in corso al 31 dicembre 2021 e quella riferita al periodo d'imposta precedente risulti inferiore agli incrementi sui quali si è usufruito del credito d'imposta ai sensi del comma 3, il credito d'imposta è restituito in proporzione a tale minore importo. Qualora nel periodo d'imposta successivo a quello in corso al 31 dicembre 2021 la variazione in aumento del capitale proprio risulti inferiore rispetto a quella del periodo precedente, il credito d'imposta è restituito in proporzione a tale minore importo. Qualora nel secondo periodo d'imposta successivo a quello in corso al 31 dicembre 2021 la variazione in aumento del capitale proprio risulti inferiore rispetto a quella del periodo in corso al 31 dicembre 2021, il credito d'imposta è restituito in proporzione alla differenza tra la variazione in aumento del capitale proprio riferita al secondo periodo d'imposta successivo a quello in corso al 31 dicembre 2021 rispetto a quella riferita al periodo d'imposta in corso al 31 dicembre 2021, al netto dell'eventuale credito d'imposta restituito nel periodo d'imposta precedente. Ai fini della determinazione della variazione in aumento di cui ai periodi precedenti non si tiene conto del limite del patrimonio netto risultante dal bilancio.

5. Nel caso di mancata applicazione del comma 3, qualora la variazione in aumento del capitale proprio del periodo d'imposta successivo a quello in corso al 31 dicembre 2021 risulti inferiore rispetto a quella esistente alla chiusura del periodo d'imposta precedente, il reddito complessivo ai fini dell'imposta sui redditi è aumentato di un ammontare pari al 15 per cento della differenza tra la variazione in aumento del capitale proprio esistente alla chiusura del periodo d'imposta precedente e quella esistente alla chiusura del periodo d'imposta in corso. Qualora nel secondo periodo d'imposta successivo a quello in corso al 31 dicembre 2021 la variazione in aumento del capitale proprio risulti inferiore rispetto a quella del periodo in corso al 31 dicembre 2021, il reddito complessivo ai fini dell'imposta sui redditi è aumentato di un ammontare pari al 15 per cento della differenza tra la variazione in aumento del capitale proprio esistente alla chiusura del periodo d'imposta in corso al 31 dicembre 2021 e quella esistente alla chiusura del periodo d'imposta in corso, al netto dell'eventuale aumento del reddito

complessivo ai fini dell'imposta sui redditi effettuato nel periodo d'imposta precedente. Ai fini della determinazione della variazione in aumento di cui ai periodi precedenti non si tiene conto del limite del patrimonio netto risultante dal bilancio.

6. Il credito d'imposta di cui al comma 3 non è produttivo di interessi. Può essere utilizzato, senza limiti di importo, in compensazione ai sensi dell'articolo 17 del decreto legislativo 9 luglio 1997, n. 241, oppure può essere chiesto a rimborso. In alternativa, il credito d'imposta può essere ceduto, con facoltà di successiva cessione del credito ad altri soggetti, ed è usufruito dal cessionario con le stesse modalità previste per il soggetto cedente. I soggetti cessionari rispondono solo per l'eventuale utilizzo del credito d'imposta in modo irregolare o in misura maggiore rispetto al credito ricevuto. Il credito d'imposta deve essere indicato nella dichiarazione dei redditi, non concorre alla formazione del reddito d'impresa né della base imponibile dell'imposta regionale sulle attività produttive e non rileva ai fini del rapporto di cui all'articolo 109, comma 5, del testo unico delle imposte sui redditi, di cui al decreto del Presidente della Repubblica 22 dicembre 1986, n. 917.

7. I soggetti che intendono avvalersi del credito d'imposta di cui al comma 3 devono presentare apposita comunicazione all'Agenzia delle entrate. Con provvedimento del direttore dell'Agenzia delle entrate, da adottare entro trenta giorni dalla data di entrata in vigore della legge di conversione del presente decreto, sono definiti le modalità, i termini di presentazione e il contenuto della comunicazione nonché le modalità attuative per la cessione del credito.

8. - 9. (*Omissis*).

33.

D.L. 21 ottobre 2021, n. 146. Misure urgenti in materia economica e fiscale, a tutela del lavoro e per esigenze indifferibili (*Gazzetta Ufficiale* Serie gen. - n. 252 del 21 ottobre 2021), convertito, con modificazioni nella L. 17 dicembre 2021, n. **215** *Gazzetta Ufficiale* Serie gen. - n. 301 del 20 dicembre 2021).

(*Estratto*)

Capo I
Misure urgenti in materia fiscale

6. Semplificazione della disciplina del cosiddetto "patent box". – 1. I soggetti titolari di reddito d'impresa possono optare per l'applicazione delle disposizioni di cui al presente articolo. L'opzione ha durata per cinque periodi d'imposta ed è irrevocabile e rinnovabile.

2. I soggetti di cui all'articolo 73, comma 1, lettera *d*), del testo unico delle imposte sui redditi, di cui al decreto del Presidente della Repubblica 22 dicembre 1986, n. 917, possono esercitare l'opzione di cui al comma 1 a condizione di essere residenti in Paesi con i quali sia in vigore un accordo per evitare la doppia imposizione e con i quali lo scambio di informazioni sia effettivo.

3. Ai fini delle imposte sui redditi, i costi di ricerca e sviluppo sostenuti dai soggetti indicati al comma 1 in relazione a software protetto da copyright, brevetti industriali, disegni e modelli, che siano dagli stessi soggetti utilizzati direttamente o indirettamente nello svolgimento della propria attività d'impresa, sono maggiorati del 110 per cento. Con provvedimento del direttore dell'Agenzia delle entrate sono definite le modalità di esercizio dell'opzione di cui al comma 1 ([1]).

4. Le disposizioni dei commi 1, 2 e 3 si applicano a condizione che i soggetti che esercitano l'opzione di cui al comma 1 svolgano le attività di ricerca e sviluppo, anche mediante contratti di ricerca stipulati con società diverse da quelle che direttamente o indirettamente controllano l'impresa, ne sono controllate o sono controllate dalla stessa società che controlla l'impresa ovvero con università o enti di ricerca e organismi equiparati, finalizzate alla creazione e allo sviluppo dei beni di cui al comma 3.

5. L'esercizio dell'opzione di cui al comma 1 rileva anche ai fini della determinazione del valore della produzione netta di cui al decreto legislativo 15 dicembre 1997, n. 446.

6. I soggetti di cui ai commi 1 e 2 che intendano beneficiare della maggiore deducibilità dei costi ai fini fiscali di cui al presente articolo possono

indicare le informazioni necessarie alla determinazione della predetta maggiorazione mediante idonea documentazione predisposta secondo quanto previsto da un provvedimento del direttore dell'Agenzia delle entrate. In caso di rettifica della maggiorazione determinata dai soggetti di cui ai commi 1 e 2, da cui derivi una maggiore imposta o una differenza del credito, la sanzione di cui all'articolo 1, comma 2, del decreto legislativo 18 dicembre 1997, n. 471, non si applica qualora, nel corso di accessi, ispezioni, verifiche o altra attività istruttoria, il contribuente consegni all'Amministrazione finanziaria la documentazione indicata nel medesimo provvedimento del direttore dell'Agenzia delle entrate idonea a consentire il riscontro della corretta maggiorazione. Il contribuente che detiene la documentazione prevista dal provvedimento del direttore dell'Agenzia delle entrate ne dà comunicazione all'Amministrazione finanziaria nella dichiarazione relativa al periodo di imposta per il quale beneficia dell'agevolazione. In assenza della comunicazione attestante il possesso della documentazione idonea, in caso di rettifica della maggiorazione, si applica la sanzione di cui all'articolo 1, comma 2, del decreto legislativo 18 dicembre 1997, n. 471.

7. Con provvedimento del direttore dell'Agenzia delle entrate sono adottate le disposizioni attuative del presente articolo.

8. Le disposizioni di cui al presente articolo si applicano alle opzioni esercitate con riguardo al periodo d'imposta in corso alla data di entrata in vigore del presente decreto e ai successivi periodi d'imposta ([2]).

[9. I soggetti che esercitano l'opzione di cui al comma 1 non possono fruire, per l'intera durata della predetta opzione e in relazione ai medesimi costi, del credito d'imposta per le attività di ricerca e sviluppo di cui ai commi da 198 a 206 dell'articolo 1 della legge 27 dicembre 2019, n. 160] ([3]).

10. Con riferimento al periodo d'imposta in corso alla data di entrata in vigore del presente decreto e ai successivi periodi d'imposta, non sono più esercitabili le opzioni previste dall'articolo 1, commi da 37 a 45, della legge 23 dicembre 2014, n. 190, e dall'articolo 4 del decreto legge 30 aprile 2019, n. 34, convertito, con modificazioni, dalla legge 28 giugno 2019, n. 58. I soggetti di cui ai commi 1 e 2 che abbiano esercitato o che esercitino opzioni ai sensi dell'articolo 1, commi da 37 a 45, della legge 23 dicembre 2014, n. 190, afferenti ai periodi d'imposta antecedenti a quello in corso alla data di entrata in vigore del presente decreto possono scegliere, in alternativa al regime opzionato, di aderire al regime agevolativo di cui al presente articolo, previa comunicazione da inviare secondo le modalità stabilite con provvedimento del direttore dell'Agenzia delle entrate. Sono esclusi dalla previsione di cui al secondo periodo coloro che abbiano presentato istanza di accesso alla procedura di cui all'articolo 31 *ter* del decreto del Presidente della Re-

pubblica 29 settembre 1973, n. 600, ovvero presentato istanza di rinnovo, e abbiano sottoscritto un accordo preventivo con l'Agenzia delle entrate a conclusione di dette procedure, nonché i soggetti che abbiano aderito al regime di cui all'articolo 4 del decreto legge 30 aprile 2019, n. 34, convertito, con modificazioni, dalla legge 28 giugno 2019, n. 58 ([4]).

10 *bis*. Qualora in uno o più periodi d'imposta le spese di cui ai commi 3 e 4 siano sostenute in vista della creazione di una o più immobilizzazioni immateriali rientranti tra quelle di cui al comma 3, il contribuente può usufruire della maggiorazione del 110 per cento di dette spese a decorrere dal periodo d'imposta in cui l'immobilizzazione immateriale ottiene un titolo di privativa industriale. La maggiorazione del 110 per cento non può essere applicata alle spese sostenute prima dell'ottavo periodo d'imposta antecedente a quello nel quale l'immobilizzazione immateriale ottiene un titolo di privativa industriale ([5]).

([1]) *Questo comma è stato così sostituito dall'art. 1, comma 10, lett.* a), *della L. 30 dicembre 2021, n. 234, a decorrere dal 31 dicembre 2021.*

([2]) *Questo comma è stato così sostituito dall'art. 1, comma 10, lett.* b), *della L. 30 dicembre 2021, n. 234, a decorrere dal 31 dicembre 2021.*

([3]) *Questo comma è stato abrogato dall'art. 1, comma 10, lett.* c), *della L. 30 dicembre 2021, n. 234, a decorrere dal 31 dicembre 2021.*

([4]) *Questo comma è stato così sostituito dall'art. 1, comma 10, lett.* d), *della L. 30 dicembre 2021, n. 234, a decorrere dal 31 dicembre 2021.*

([5]) *Questo comma è stato aggiunto dall'art. 1, comma 10, lett.* e), *della L. 30 dicembre 2021, n. 234, a decorrere dal 31 dicembre 2021.*

1.

D.P.R. 29 settembre 1973, n. 601. Disciplina delle agevolazioni tributarie (Suppl. ord. n. 2 alla *Gazzetta Ufficiale* n. 268 del 16 ottobre 1973) ([1]).

([1]) *A norma dell'art. 149, comma 1, lett.* g)*, del D.L. 19 maggio 2020, n. 34, convertito, con modificazioni, nella L. 17 luglio 2020, n. 77, sono prorogati al 16 settembre 2020 i termini di versamento delle somme dovute a seguito dell'imposta sulle donazioni di cui al D.L.vo 31 ottobre 1990, n. 131, dell'imposta sostitutiva sui finanziamenti di cui al presente decreto.*

A norma dell'art. 2 del medesimo decreto, la proroga si applica con riferimento agli atti ivi indicati, i cui termini di versamento scadono nel periodo compreso tra il 9 marzo 2020 e il 31 maggio 2020.

(*Estratto*)

Titolo IV

Agevolazioni per il settore del credito

15. Operazioni di credito a medio e lungo termine. – Le operazioni relative ai finanziamenti a medio e lungo termine e tutti i provvedimenti, atti, contratti e formalità inerenti alle operazioni medesime, alla loro esecuzione, modificazione ed estinzione, alle garanzie di qualunque tipo da chiunque e in qualsiasi momento prestate e alle loro eventuali surroghe, sostituzioni, postergazioni, frazionamenti e cancellazioni anche parziali, ivi comprese le cessioni di credito stipulate in relazione a tali finanziamenti, nonché alle successive cessioni dei relativi contratti o crediti e ai trasferimenti delle garanzie ad essi relativi ([1]) effettuate da aziende e istituti di credito e da loro sezioni o gestioni che esercitano, in conformità a disposizioni legislative, statutarie o amministrative, il credito a medio e lungo termine, e quelle effettuate ai sensi dell'articolo 5, comma 7, lettera *b*), del decreto legge 30 settembre 2003, n. 269, convertito, con modificazioni, dalla legge 24 novembre 2003, n. 326, per le quali è stata esercitata l'opzione di cui all'articolo 17, ([2]) ([3]) sono esenti dall'imposta di registro, dall'imposta di bollo, dalle imposte ipotecarie e catastali e dalle tasse sulle concessioni governative.

In deroga al precedente comma, gli atti giudiziari relativi alle operazioni ivi indicate sono soggetti alle suddette imposte secondo il regime ordinario e le cambiali emesse in relazione alle operazioni stesse sono soggette all'imposta di bollo di lire 100 (*€ 0,052*) per ogni milione (*€ 516,46*) o frazione di milione (*€ 516,46*).

Agli effetti di quest'articolo si considerano a medio e lungo termine le operazioni di finanziamento la cui durata contrattuale sia stabilita in più di diciotto mesi.

([1]) *Le parole: «nonché alle successive cessioni dei relativi contratti o crediti e ai trasferimenti delle garanzie ad essi relativi», sono state inserite dall'art. 22, comma 2, lett.* a), *del D.L. 24 giugno 2014, n. 91, convertito, con modificazioni, nella L. 11 agosto 2014, n. 116.*

([2]) *Le parole: «per le quali è stata esercitata l'opzione di cui all'articolo 17,» sono state inserite dall'art. 12, comma 4, lett.* a), *del D.L. 23 dicembre 2013, n. 145, convertito, con modificazioni, nella L. 21 febbraio 2014, n. 9.*

([3]) *Le parole* da: *«e quelle effettuate ai sensi dell'art. 5, comma 7 ...» fino a: «... legge 24 novembre 2003, n. 326,» sono state inserite dall'art. 1, comma 32, della L. 24 dicembre 2007, n. 244.*

La Corte costituzionale, con sentenza n. 242 del 20 novembre 2017, ha dichiarato l'illegittimità costituzionale di questo comma, nella versione in vigore anteriormente alle modifiche apportate dalla L. 24 dicembre 2007, n. 244, nella parte in cui esclude l'applicabilità dell'agevolazione fiscale ivi prevista alle analoghe operazioni effettuate dagli intermediari finanziari.

16. Altre operazioni di credito. – Le agevolazioni stabilite dall'art. 15 si applicano anche alle operazioni relative ai finanziamenti di qualunque durata, effettuati in conformità a disposizioni legislative, statutarie o amministrative da aziende e istituti di credito e loro sezioni o gestioni, nei seguenti settori:

1) credito per il lavoro italiano all'estero di cui al D.L. 15 dicembre 1923, n. 3148;

2) (*Omissis*) ([1]);

3) credito all'artigianato, di cui al decreto legislativo 15 dicembre 1947, n. 1418, e alla L. 25 luglio 1952, n. 949;

[4) credito alla cooperazione, di cui al decreto legislativo 15 dicembre 1947, n. 1421, e alla L. 12 marzo 1968, n. 386] ([2]);

5) credito cinematografico, di cui alle leggi 4 novembre 1965, n. 1213 e 14 agosto 1971, n. 819;

6) (*Omissis*) ([3]);

7) credito teatrale, di cui alla L. 14 agosto 1967, n. 800;

8) credito di rifinanziamento effettuato a norma degli artt. 17, 18, 33 e 34 della L. 25 luglio 1952, n. 949;

9) credito peschereccio di esercizio ([4]).

([1]) *Questo numero è stato soppresso dall'art. 44, comma 4, del D.L. 23 febbraio 1995, n. 41, conv., con modif., nella L. 22 marzo 1995, n. 85.*

([2]) *Questo numero è stato abrogato dall'art. 7 della L. 8 maggio 1998, n. 146, con effetto per i contratti stipulati dalla data di entrata in vigore della citata legge n. 146/1998.*

([3]) *Numero soppresso dall'art. 44 del D.P.R. 30 dicembre 1980, n. 897, con effetto dall'1 gennaio 1981.*

([4]) *Questo numero è stato aggiunto dall'art. 4, comma 5, della L. 28 agosto 1989, n. 302.*

17. Imposta sostitutiva. – Gli enti che effettuano le operazioni indicate negli artt. 15 e 16, a seguito di specifica opzione, possono ([1]) corrispondere, in luogo delle imposte di registro, di bollo, ipotecarie e catastali e delle tasse sulle concessioni governative, una imposta sostitutiva. L'opzione è esercitata per iscritto nell'atto di finanziamento ([2]).

Per gli istituti di credito costituiti ai sensi dei decreti legge 2 settembre 1919, n. 1627, 15 dicembre 1923, n. 3148, e 20 maggio 1924, n. 731, degli artt. 14 e 18 del D.L. 29 luglio 1927, n. 1509, dei decreti legge 13 novembre 1931, n. 1398 e 2 giugno 1946, n. 491 del decreto legislativo 15 dicembre 1947, n. 1418, della L. 22 giugno 1950, n. 445, dell'art. 17 della L. 25 luglio 1952, n. 949, e delle leggi 12 marzo 1953, n. 208, 11 aprile 1953, n. 298, e 31 luglio 1957, n. 742, nonché per gli istituti autorizzati all'esercizio del credito fondiario in base al T.U. 16 luglio 1905, n. 646, per gli istituti soggetti alla disciplina di cui al decreto legislativo 23 agosto 1946, n. 370, per le sezioni autonome opere pubbliche di cui alle leggi 6 marzo 1950, n. 108, e 11 marzo 1958, n. 238, e per la sezione interventi speciali di cui alle leggi 18 dicembre 1961, n. 1470 e 18 maggio 1973, n. 274, l'imposta sostitutiva comprende anche le imposte di bollo e di registro, le imposte ipotecarie e catastali e le tasse sulle concessioni governative sugli altri atti ed operazioni che detti istituti pongono in essere per il loro funzionamento e per lo svolgimento della loro attività, in conformità alle norme legislative o agli statuti che li reggono, salvo quanto stabilito nel secondo comma dell'art. 15 per gli atti giudiziari e le cambiali.

([1]) *Le parole: «sono tenuti a» sono state così sostituite dalle seguenti: «, a seguito di specifica opzione, possono», dall'art. 12, comma 4, lett.* b)*, del D.L. 23 dicembre 2013, n. 145, convertito, con modificazioni, nella L. 21 febbraio 2014, n. 9.*

([2]) *Questo periodo è stato aggiunto dall'art. 12, comma 4, lett.* b)*, del D.L. 23 dicembre 2013, n. 145, convertito, con modificazioni, nella L. 21 febbraio 2014, n. 9.*

17 *bis*. ([1]) **Altre operazioni ammesse a fruire dell'agevolazione.** – 1. Le disposizioni degli articoli precedenti si applicano altresì alle operazioni di finanziamento la cui durata contrattuale sia stabilita in più di diciotto mesi poste in essere dalle società di cartolarizzazione di cui alla legge 30 aprile 1999, n. 130, nonché da imprese di assicurazione costituite e autorizzate ai sensi di normative emanate da Stati membri dell'Unione europea o organismi di investimento collettivo del risparmio costituiti negli Stati membri dell'Unione europea e negli Stati aderenti all'Accordo sullo spazio economico europeo inclusi nella lista di cui al decreto del Ministro dell'economia e delle finanze emanato ai sensi dell'articolo 168 *bis* del testo unico delle imposte sui redditi, di cui al decreto del Presidente della Repubblica 22 dicembre 1986, n. 917.

(1) *Questo articolo è stato inserito dall'art. 22, comma 2, lett.* b), *del D.L. 24 giugno 2014, n. 91, convertito, con modificazioni, nella L. 11 agosto 2014, n. 116.*

18. Aliquote a base imponibile dell'imposta sostitutiva. – L'imposta sostitutiva si applica in ragione del 0,25 (1) per cento dell'ammontare complessivo dei finanziamenti di cui ai precedenti artt. 15 e 16 erogati in ciascun esercizio. Per i finanziamenti fatti mediante apertura di credito, utilizzati in conto corrente o in qualsiasi altra forma tecnica, si tiene conto dell'ammontare del fido (2).

L'aliquota è ridotta allo 0,75 (3) per cento per i finanziamenti previsti ai nn. 1), 2) (4), 3), 4), [6)] (5), 8) e 9) dell'art. 16 (6).

Qualora il finanziamento stesso non si riferisca all'acquisto della prima casa di abitazione, e delle relative pertinenze, l'aliquota si applica nella misura del 2 per cento dell'ammontare complessivo dei finanziamenti di cui all'articolo 15 erogati in ciascun esercizio (7). La stessa aliquota si applica altresì ai finanziamenti erogati per l'acquisto, la costruzione e la ristrutturazione di immobili ad uso abitativo, e relative pertinenze, per i quali, pur ricorrendo le condizioni di cui alla nota II *bis* all'articolo 1 della tariffa, parte I, annessa al testo unico delle disposizioni concernenti l'imposta di registro, di cui al decreto del Presidente della Repubblica 26 aprile 1986, n. 131, e successive modificazioni, la sussistenza delle stesse non risulti da dichiarazione della parte mutuataria, resa nell'atto di finanziamento o allegata al medesimo (8).

(1) *Aliquota così fissata da ultimo, dall'art. 10, comma 2* bis *del D.L. 14 marzo 1988, n. 70, conv. in L. 13 maggio 1988, n. 154. Per i finanziamenti a medio termine e garantiti da cooperative e consorzi di garanzia collettiva fidi, per effetto della citata disposizione, l'aliquota è fissata nella misura del 1,5%, come in precedenza.*

(2) *Il secondo periodo di questo comma è stato sostituito per effetto dell'art. 14 della L. 2 dicembre 1975, n. 576.*

(3) *Aliquota così fissata da ultimo, dal D.L. 30 dicembre 1982, n. 953, conv. in L. 28 febbraio 1983, n. 53. Per i finanziamenti a medio termine e garantiti da cooperative e consorzi di garanzia collettiva fidi, per effetto della citata disposizione, l'aliquota è fissata nella misura dello 0.50%, come in precedenza.*

(4) *Per i finanziamenti previsti dal n. 2 dell'art. 16, aventi durata fino a dodici mesi ed erogati in base a contratti conclusi a decorrere dal 1° gennaio 1988, l'aliquota è ridotta allo 0,25% per effetto dell'art. 7, L. 11 marzo 1988, n. 67.*

(5) *Questo richiamo è stato soppresso dall'art. 44 del D.P.R. 30 dicembre 1980, n. 897, con effetto dall'1 gennaio 1981.*

(6) *Le parole*: «*e 8) dell'articolo 16*» *sono state così sostituite dalle attuali*: «*8 e 9) dell'articolo 16*» *dall'art. 4, comma 6, della L. 28 agosto 1989, n. 302.*

(7) *Questo comma è stato aggiunto dall'art. 1* bis, *comma 6, del D.L. 12 luglio 2004, n. 168, convertito, con modificazioni, nella L. 30 luglio 2004, n. 191.*

(8) *Questo periodo è stato aggiunto dall'art. 1, comma 160, lett.* a), *della L. 24 dicembre 2007, n. 244.*

19. (1) **Finanziamenti speciali.** – Ferme restando le agevolazioni di cui agli artt. 15, 16 e 17, i finanziamenti effettuati con fondi somministrati o conferiti dallo Stato o dalle regioni o gestiti per conto degli stessi non concorrono a formare la base imponibile dell'imposta sostitutiva.

Non concorrono inoltre a formare la base imponibile dell'imposta sostitutiva:

a) i finanziamenti previsti da leggi speciali recanti provvidenze a favore di zone devastate da catastrofi o da calamità naturali;

b) i finanziamenti fatti ad amministrazioni statali, anche con ordinamento autonomo, a regioni, province e comuni e ad enti pubblici istituiti esclusivamente per l'adempimento di funzioni statali o per l'esercizio diretto di servizi pubblici in regime di monopolio.

L'imposta sostitutiva è ridotta alla metà per i mutui concessi dagli istituti di credito fondiario ad istituti autonomi per le case popolari e a cooperative edilizie in conformità alle disposizioni degli artt. 147 e 148 del testo unico sull'edilizia popolare ed economica approvato con R.D. 28 aprile 1938, n. 1165.

Per le operazioni di finanziamento dei crediti all'esportazione previsti dalla L. 24 maggio 1977, n. 227, di durata superiore ai diciotto mesi l'imposta sostitutiva si applica nella misura di cui al secondo comma dell'art. 18 (2).

Il trattamento previsto agli effetti dell'imposta di bollo dal secondo comma dell'art. 15 è esteso anche agli effetti cambiari e titoli equivalenti indicati nel primo comma dell'art. 32 della legge citata nel precedente comma (2).

(1) *A norma dell'art. 1, comma 660, della L. 23 dicembre 2014, n. 190, la disposizione di cui a questo articolo deve intendersi nel senso che l'imposta sostitutiva sui finanziamenti di cui agli articoli 15, 16 e 17 del medesimo decreto si applica anche ai finanziamenti erogati direttamente dallo Stato o dalle regioni. Ferma restando l'esclusione dalla*

base imponibile dell'imposta sostitutiva, in relazione a tali operazioni non va esercitata l'opzione di cui all'articolo 17 e non devono essere presentate le dichiarazioni di cui all'articolo 20 del medesimo decreto e all'articolo 8, comma 4, del decreto legge 27 aprile 1990, n. 90, convertito, con modificazioni, dalla legge 26 giugno 1990, n. 165.

(2) *Comma aggiunto dall'art. 44 del D.P.R. 30 dicembre 1980, n. 897, con effetto dall'1 gennaio 1981.*

20. Dichiarazione e pagamento dell'imposta sostitutiva. – Gli enti che effettuano le operazioni indicate dagli articoli 15 e 16 presentano, in via telematica, entro quattro mesi dalla chiusura dell'esercizio, una dichiarazione relativa alle operazioni effettuate nel corso dell'esercizio stesso, utilizzando il modello approvato con provvedimento del direttore dell'Agenzia delle entrate (1).

Gli enti di cui al primo comma liquidano l'imposta dovuta ed effettuano, entro il termine di presentazione della dichiarazione, il versamento a saldo dell'imposta liquidata. Gli stessi enti provvedono a versare, a titolo di acconto, una somma pari al 95 per cento dell'imposta sostitutiva che risulta dovuta sulle operazioni effettuate nell'esercizio precedente. L'acconto è versato in due rate, la prima nella misura del 45 per cento e la seconda per il restante importo, rispettivamente entro il termine di presentazione della dichiarazione ed entro il sesto mese successivo a detto termine (1).

Se l'ammontare dei versamenti effettuati a titolo di acconto ai sensi del secondo comma è superiore a quello dell'imposta sostitutiva che risulta dovuta in base alla dichiarazione, l'eccedenza può essere computata in diminuzione dal versamento dell'imposta dovuta, a saldo o in acconto, ovvero può essere chiesta a rimborso (1).

L'ufficio dell'Agenzia delle entrate competente a recuperare le maggiori imposte sull'atto di compravendita della casa di abitazione, acquistata con i benefici di cui all'articolo 1, quinto periodo, della tariffa, parte I, annessa al testo unico delle disposizioni concernenti l'imposta di registro, di cui al decreto del Presidente della Repubblica 26 aprile 1986, n. 131, e successive modificazioni, in caso di decadenza dai benefici stessi per dichiarazione mendace o trasferimento per atto a titolo oneroso o gratuito degli immobili acquistati con i benefici prima del decorso del termine di cinque anni dalla data del loro acquisto, provvede, nel termine decadenziale di tre anni dal verificarsi dell'evento che comporta la revoca dei benefici medesimi, a recuperare nei confronti del mutuatario la differenza tra l'imposta sostitutiva di cui al terzo comma dell'articolo 18 e quella di cui al primo comma dello stesso articolo, nonché a irrogare la sanzione amministrativa nella misura del 30 per cento della differenza medesima (2).

Per la rettifica dell'imponibile, per l'accertamento d'ufficio dei cespiti omessi, per le sanzioni relative all'omissione o infedeltà della dichiarazione, per la riscossione, per il contenzioso e per quanto altro riguarda l'applicazione dell'imposta sostitutiva valgono le norme sull'imposta di registro. L'amministrazione finanziaria, avvalendosi di procedure automatizzate, procede al controllo della regolarità dell'autoliquidazione e dei versamenti dell'imposta e, qualora, sulla base degli elementi desumibili dalla dichiarazione e dai versamenti, risulti dovuta una maggiore imposta o risultino versamenti in tutto o in parte non eseguiti o tardivi, notifica, entro tre anni dalla scadenza del termine previsto per la presentazione della dichiarazione, apposito avviso di liquidazione con l'applicazione degli interessi e delle sanzioni di cui all'articolo 13, comma 1, del decreto legislativo 18 dicembre 1997, n. 471 ([3]).

Con decreto del Ministro per le finanze saranno stabilite le modalità di applicazione delle disposizioni dei commi precedenti.

([1]) *Questo comma è stato così sostituito dall'art. 7* quater, *comma 33, lett.* a), *n.* 1), *del D.L. 22 ottobre 2016, n. 193, convertito, con modificazioni, nella L. 1 dicembre 2016, n. 225.*

Tali disposizioni si applicano a decorrere dalle operazioni effettuate nell'esercizio successivo a quello in corso al 31 dicembre 2016.

([2]) *Questo comma è stato inserito dall'art. 1, comma 160, lett.* b), *della L. 24 dicembre 2007, n. 244.*

([3]) *Questo periodo è stato aggiunto dall'art. 7* quater, *comma 33, lett.* a), *n.* 2), *del D.L. 22 ottobre 2016, n. 193, convertito, con modificazioni, nella L. 1 dicembre 2016, n. 225.*

Tali disposizioni si applicano a decorrere dalle operazioni effettuate nell'esercizio successivo a quello in corso al 31 dicembre 2016.

20 *bis*. ([1]) **Operazioni di finanziamento strutturate.** – 1. Gli articoli da 15 a 20 si applicano anche alle garanzie di qualunque tipo, da chiunque e in qualsiasi momento prestate in relazione alle operazioni di finanziamento strutturate come emissioni di obbligazioni o titoli similari alle obbligazioni di cui all'articolo 44, comma 2, lettera *c*), del Testo unico delle imposte sui redditi, approvato con il decreto del Presidente della Repubblica 22 dicembre 1986, n. 917, da chiunque sottoscritte, alle loro eventuali surroghe, sostituzioni, postergazioni, frazionamenti e cancellazioni anche parziali, ivi comprese le cessioni di credito stipulate in relazione alle stesse, nonché ai trasferimenti di garanzie anche conseguenti alla cessione delle predette obbligazioni, nonché alla modificazione o estinzione di tali operazioni.

2. L'opzione di cui all'articolo 17, primo comma, è esercitata nella deliberazione di emissione o analogo provvedimento autorizzativo.

3. L'imposta sostitutiva è dovuta dagli intermediari finanziari incaricati, ai sensi del decreto legislativo 24 febbraio 1998, n. 58, delle attività di pro-

mozione e collocamento delle operazioni di cui al comma 1, ovvero, nel caso in cui tali intermediari non intervengano, dalle società che emettono le obbligazioni o titoli similari con riferimento ai quali è stata esercitata l'opzione. Il soggetto finanziato risponde in solido con i predetti intermediari per il pagamento dell'imposta.

4. Gli intermediari finanziari e le società emittenti tenute al pagamento dell'imposta sostitutiva dichiarano, secondo le modalità previste dall'articolo 20 del presente decreto e dall'articolo 8, comma 4, del decreto legge 27 aprile 1990, n. 90, convertito, con modificazioni, dalla legge 26 giugno 1990, n. 165, l'ammontare delle obbligazioni collocate.

5. Alle operazioni di cui al presente articolo non si applicano le disposizioni di cui all'articolo 20, secondo comma, secondo e terzo periodo ([2]).

([1]) *Questo articolo è stato inserito dall'art. 12, comma 4, lett.* c), *del D.L. 23 dicembre 2013, n. 145, convertito, con modificazioni, nella L. 21 febbraio 2014, n. 9.*

([2]) *Questo comma è stato così sostituito dall'art. 7* quater, *comma 33, lett.* b), *del D.L. 22 ottobre 2016, n. 193, convertito, con modificazioni, nella L. 1 dicembre 2016, n. 225. Tali disposizioni si applicano a decorrere dalle operazioni effettuate nell'esercizio successivo a quello in corso al 31 dicembre 2016.*

Titolo VI
Agevolazioni varie

31. Interessi delle obbligazioni pubbliche. – Sono esenti dall'imposta sul reddito delle persone fisiche, dall'imposta sul reddito delle persone giuridiche e dall'imposta locale sui redditi gli interessi, i premi e gli altri frutti dei titoli del debito pubblico, dei buoni postali di risparmio, delle cartelle di credito comunale e provinciale emesse dalla Cassa depositi e prestiti e delle altre obbligazioni e titoli similari emessi da amministrazioni statali, anche con ordinamento autonomo, da regioni, province e comuni e da enti pubblici istituiti esclusivamente per l'adempimento di funzioni statali o per l'esercizio diretto di servizi pubblici in regime di monopolio.

34. Altre agevolazioni. – (*Omissis*).

I capitali percepiti in caso di morte in dipendenza di contratti di assicurazione sulla vita, a copertura del rischio demografico, sono esenti dall'imposta sul reddito delle persone fisiche ([1]).

([1]) *Questo comma è stato aggiunto dall'art. 15 della L. 13 aprile 1977, n. 114, con effetto dall'1 gennaio 1974 e ulteriormente così sostituito dall'art. 1, comma 658, della L. 23 dicembre 2014, n. 190, con effetto dal 1° gennaio 2015. A norma dell'art. 1, comma 659, della medesima legge, tale disposizione si applica per i proventi percepiti a decorrere dal 1° gennaio 2015.*

2.

L. 23 marzo 1983, n. 77. Istituzione e disciplina dei fondi comuni d'investimento mobiliare (*Gazzetta Ufficiale* n. 85 del 28 marzo 1983).

(*Estratto*)

Titolo II
Commercializzazione in Italia delle quote di organismi di investimento collettivo in valori mobiliari situati in altri paesi della CEE come modificata dalla direttiva del 22 marzo 1988, n. 88/220 CEE ([1])

([1]) *Questa intitolazione è stata inserita dall'art. 13 del D.L.vo 25 gennaio 1992, n. 83.*

10 *ter*. ([1]) **Disposizioni tributarie sui proventi delle quote o azioni di organismi di investimento collettivo del risparmio di diritto estero** ([2]). – 1. Sui proventi di cui all'articolo 44, comma 1, lettera *g*), del testo unico delle imposte sui redditi, di cui al decreto del Presidente della Repubblica 22 dicembre 1986, n. 917, derivanti dalla partecipazione a organismi di investimento collettivo in valori mobiliari di diritto estero conformi alla direttiva 2009/65/CE del Parlamento europeo e del Consiglio, del 13 luglio 2009, istituiti ([3]) negli Stati membri dell'Unione europea e negli Stati aderenti all'Accordo sullo spazio economico europeo che sono inclusi nella lista di cui al decreto emanato ai sensi dell'articolo 168 *bis* del medesimo testo unico e le cui quote o azioni sono collocate nel territorio dello Stato ai sensi dell'articolo 42 del testo unico delle disposizioni in materia di intermediazione finanziaria, di cui al decreto legislativo 24 febbraio 1998, n. 58, i soggetti residenti incaricati del pagamento dei proventi medesimi, del riacquisto o della negoziazione delle quote o azioni, operano una ritenuta del 20 ([4]) per cento. La ritenuta si applica sui proventi distribuiti in costanza di partecipazione all'organismo di investimento e su quelli compresi nella differenza tra il valore di riscatto, di cessione o di liquidazione delle quote o azioni e il costo medio ponderato ([5]) di sottoscrizione o di acquisto delle quote o azioni medesime. Il costo di acquisto deve essere documentato dal partecipante e, in mancanza della documentazione, il costo è documentato con una dichiarazione sostitutiva ([6]).

2. La ritenuta del 20 per cento è altresì applicata dai medesimi soggetti di cui al comma 1 sui proventi di cui all'articolo 44, comma 1, lettera *g*), del citato testo unico delle imposte sui redditi derivanti dalla partecipazione a organismi di investimento collettivo del risparmio (OICR) di diritto estero, diversi dagli OICR immobiliari, non conformi alla direttiva 2009/65/CE del Parlamento europeo e del Consiglio, del 13 luglio 2009, e il cui gestore sia

soggetto a forme di vigilanza nel Paese estero nel quale è istituito ai sensi della direttiva 2011/61/UE del Parlamento europeo e del Consiglio, dell'8 giugno 2011, istituiti negli Stati membri dell'Unione europea e negli Stati aderenti all'Accordo sullo spazio economico europeo che sono inclusi nella lista di cui al decreto emanato ai sensi dell'articolo 168 *bis* del medesimo testo unico delle imposte sui redditi e le cui quote o azioni sono collocate nel territorio dello Stato ai sensi dell'articolo 42 del testo unico delle disposizioni in materia di intermediazione finanziaria, di cui al decreto legislativo 24 febbraio 1998, n. 58. La ritenuta si applica sui proventi distribuiti in costanza di partecipazione all'organismo di investimento e su quelli compresi nella differenza tra il valore di riscatto, di cessione o di liquidazione delle quote o azioni e il costo medio ponderato di sottoscrizione o di acquisto delle quote o azioni medesime. Il costo di acquisto deve essere documentato dal partecipante e, in mancanza della documentazione, il costo è documentato con una dichiarazione sostitutiva ([7]).

2 *bis*. I proventi di cui ai commi 1 e 2 sono determinati al netto di una quota dei proventi riferibili alle obbligazioni e altri titoli di cui all'articolo 31 del decreto del Presidente della Repubblica 29 settembre 1973, n. 601 ed equiparati e alle obbligazioni emesse dagli Stati inclusi nella lista di cui al decreto emanato ai sensi dell'articolo 168 *bis,* comma 1, del testo unico delle imposte sui redditi approvato con il decreto del Presidente della Repubblica 22 dicembre 1986, n. 917 e alle obbligazioni emesse da enti territoriali dei suddetti Stati ([8]). Con decreto del Ministro dell'economia e delle finanze sono stabilite le modalità di individuazione della quota dei proventi di cui al periodo precedente ([9]).

2 *ter*. Nel caso di società di gestione del risparmio italiana che istituisce e gestisce all'estero organismi di investimento collettivo del risparmio, la ritenuta di cui ai commi 1 e 2 è applicata direttamente dalla società di gestione italiana operante all'estero ai sensi delle direttive 2009/65/CE e 2011/61/UE. In caso di negoziazione, la ritenuta è applicata dai soggetti indicati nell'articolo 23 del decreto del Presidente della Repubblica 29 settembre 1973, n. 600, incaricati della loro negoziazione. Qualora le quote o azioni dei predetti organismi siano immesse in un sistema di deposito accentrato, la ritenuta è applicata dai soggetti di cui all'articolo 23 del predetto decreto presso i quali le quote o azioni sono state depositate, direttamente o indirettamente aderenti al suddetto sistema di deposito accentrato, nonché dai soggetti non residenti aderenti a detto sistema di deposito accentrato ovvero a sistemi esteri di deposito accentrato aderenti al medesimo sistema. I soggetti non residenti nominano quale loro rappresentante fiscale in Italia una banca o una società di intermediazione mobiliare, residente nel territorio dello Sta-

to, una stabile organizzazione in Italia di banche o di imprese di investimento non residenti, ovvero una società di gestione accentrata di strumenti finanziari autorizzata ai sensi dell'articolo 80 del testo unico di cui al decreto legislativo 24 febbraio 1998, n. 58. Il rappresentante fiscale risponde dell'adempimento dei propri compiti negli stessi termini e con le stesse responsabilità previste per i soggetti di cui al comma 1 residenti in Italia e provvede a versare la ritenuta e a fornire, entro quindici giorni dalla richiesta dell'Amministrazione finanziaria, ogni notizia o documento utile per comprovare il corretto assolvimento degli obblighi riguardanti la suddetta ritenuta ([10]).

3. Ai fini dell'applicazione delle ritenute di cui ai commi 1 e 2 si considera cessione anche il trasferimento di quote o azioni a diverso intestatario [, salvo che il trasferimento sia avvenuto per successione o donazione] ([11]). Ai medesimi fini si considera rimborso la conversione di quote o azioni da un comparto ad altro comparto del medesimo organismo di investimento collettivo ([12]). In questi casi ([13]), il contribuente fornisce al soggetto tenuto all'applicazione della ritenuta la necessaria provvista.

4. La ritenuta di cui ai commi 1 e 2 è applicata a titolo di acconto nei confronti di:

a) imprenditori individuali, se le partecipazioni sono relative all'impresa ai sensi dell'articolo 65 del citato testo unico delle imposte sui redditi;

b) società in nome collettivo, in accomandita semplice ed equiparate di cui all'articolo 5 del predetto testo unico;

c) società ed enti di cui alle lettere *a*) e *b*) del comma 1 dell'articolo 73 del medesimo testo unico e stabili organizzazioni nel territorio dello Stato delle società e degli enti di cui alla lettera *d*) del comma 1 del predetto articolo.

Nei confronti di tutti gli altri soggetti, compresi quelli esenti o esclusi dall'imposta sul reddito delle società, la ritenuta è applicata a titolo d'imposta.

4 *bis*. La ritenuta di cui ai commi 1 e 2 non si applica sui proventi spettanti alle imprese di assicurazione e relativi a quote o azioni comprese negli attivi posti a copertura delle riserve matematiche dei rami vita ([14]).

5. Nel caso in cui le quote o azioni di cui ai commi 1 e 2 siano collocate all'estero, o comunque i relativi proventi siano conseguiti all'estero, la ritenuta è applicata dai soggetti di cui all'articolo 23 del decreto del Presidente della Repubblica 29 settembre 1973, n. 600, che intervengono nella loro riscossione.

6. I proventi di cui all'articolo 44, comma 1, lettera *g*), del testo unico delle imposte sui redditi, derivanti dalla partecipazione a organismi di investimento collettivo del risparmio di diritto estero, diversi dagli OICR immobiliari e da quelli di cui ai commi 1 e 2, concorrono a formare il reddito im-

ponibile dei partecipanti, sia che vengano percepiti sotto forma di proventi distribuiti sia che vengano percepiti quale differenza tra il valore di riscatto, cessione o liquidazione delle quote o azioni e il costo medio ponderato di sottoscrizione o acquisto. Il costo di acquisto deve essere documentato dal partecipante e, in mancanza della documentazione, il costo è documentato con una dichiarazione sostitutiva ([15]).

7. Sui proventi di cui al comma 6 i soggetti indicati all'articolo 23 del decreto del Presidente della Repubblica 29 settembre 1973, n. 600, che intervengono nella loro riscossione operano una ritenuta del 20 ([16]) per cento a titolo d'acconto delle imposte sui redditi. Si applicano le disposizioni di cui ai commi 3 e 5 ([17]) ([18]).

8. Gli organismi di investimento collettivo del risparmio ([19]) di diritto estero di cui ai commi 1 e 2 possono, con riguardo agli investimenti effettuati in Italia, avvalersi delle convenzioni stipulate dalla Repubblica italiana per evitare le doppie imposizioni relativamente alla parte dei redditi e proventi proporzionalmente corrispondenti alle loro quote o azioni possedute da soggetti residenti in Paesi con i quali siano in vigore le predette convenzioni ([20]).

9. Le disposizioni di cui al comma 8 si applicano esclusivamente agli organismi aventi sede in uno Stato la cui legislazione riconosca analogo diritto agli organismi di investimento collettivo italiani.

([1]) *Questo articolo è stato inserito dall'art. 13, comma 2, del D.L.vo 25 gennaio 1992, n. 83 e poi così sostituito dall'art. 2, comma 80, del D.L. 29 dicembre 2010, n. 225, convertito, con modificazioni, nella L. 26 febbraio 2011, n. 10. A norma dell'art. 2, comma 83, del medesimo provvedimento, tali disposizioni si applicano ai proventi percepiti a decorrere dal 1° luglio 2011.*

([2]) *La precedente rubrica*: «Disposizioni tributarie sui proventi delle quote di organismi di investimento collettivo in valori mobiliari di diritto estero» *è stata così sostituita dall'attuale, dall'art. 11, comma 1, lett.* a), *del D.L.vo 4 marzo 2014, n. 44.*

([3]) *La parola*: «*situati*» *è stata così sostituita dalla seguente*: «*istituiti*», *dall'art. 11, comma 1, lett.* b), *del D.L.vo 4 marzo 2014, n. 44.*

([4]) *La parola*: «*12,50*» *è stata così sostituita dalla seguente*: «*20*», *dall'art. 11, comma 1, lett.* b), *del D.L.vo 4 marzo 2014, n. 44.*

([5]) *Le parole: «valore medio ponderato» sono state così sostituite dalle attuali: «costo medio ponderato» dall'art. 3, comma 1, lett.* a), *del D.L.vo 16 aprile 2012, n. 47.*

([6]) *Questo periodo è stato così sostituito dall'art. 11, comma 1, lett.* b), *del D.L.vo 4 marzo 2014, n. 44.*

([7]) *Questo comma è stato così sostituito dall'art. 11, comma 1, lett.* c), *del D.L.vo 4 marzo 2014, n. 44.*

([8]) *Le parole*: «*e alle obbligazioni emesse da enti territoriali dei suddetti Stati*» *sono state aggiunte dall'art. 4, comma 9, del D.L. 24 aprile 2014, n. 66, convertito, con modificazioni, nella L. 23 giugno 2014, n. 89.*

([9]) *Questo comma è stato aggiunto dall'art. 2, comma 14, del D.L. 13 agosto 2011, n. 138, convertito, con modificazioni, nella L. 14 settembre 2011, n. 148. A norma dell'art. 2, comma 24, del medesimo D.L., tali disposizioni esplicano effetto a decorrere dal 1° gennaio 2012.*

([10]) *Questo comma è stato inserito dall'art. 11, comma 1, lett.* d), *del D.L.vo 4 marzo 2014, n. 44.*

([11]) *Le parole fra parentesi quadrate sono state soppresse dall'art. 3, comma 1, lett.* f), *del D.L.vo 16 aprile 2012, n. 47.*

([12]) *Questo periodo è stato aggiunto dall'art. 3, comma 1, lett.* g), *del D.L.vo 16 aprile 2012, n. 47.*

([13]) *Le parole*: «*questo caso*» *sono state così sostituite dalle seguenti*: «*questi casi*», *dall'art. 11, comma 1, lett.* e), *del D.L.vo 4 marzo 2014, n. 44.*

([14]) *Questo comma è stato inserito dall'art. 4, comma 5, del D.L. 24 aprile 2014, n. 66, convertito, con modificazioni, nella L. 23 giugno 2014, n. 89.*

([15]) *Questo comma è stato così sostituito dall'art. 11, comma 1, lett.* f), *del D.L.vo 4 marzo 2014, n. 44.*

([16]) *La parola*: «*12,50*» *è stata così sostituita dalla seguente*: «*20*», *dall'art. 11, comma 1, lett.* g), *del D.L.vo 4 marzo 2014, n. 44.*

([17]) *Le parole*: «*al comma 3*» *sono state così sostituite dalle seguenti*: «*ai commi 3 e 5*», *dall'art. 11, comma 1, lett.* g), *del D.L.vo 4 marzo 2014, n. 44.*

([18]) *Questo periodo è stato aggiunto dall'art. 3, comma 1, lett.* l), *del D.L.vo 16 aprile 2012, n. 47.*

([19]) *Le parole*: «*in valori mobiliari*» *sono state così sostituite dalle seguenti*: «*del risparmio*», *dall'art. 11, comma 1, lett.* h), *del D.L.vo 4 marzo 2014, n. 44.*

([20]) *Le parole*: «*non residenti in Italia*» *sono state così sostituite dalle attuali*: «*residenti in Paesi con i quali siano in vigore le predette convenzioni*» *dall'art. 3, comma 1, lett.* m), *del D.L.vo 16 aprile 2012, n. 47.*

3.

D.L.vo 1 aprile 1996, n. 239. Modificazioni al regime fiscale degli interessi, premi ed altri frutti delle obbligazioni e titoli similari, pubblici e privati (*Gazzetta Ufficiale* Serie gen. - n. 102 del 3 maggio 1996).

1. Soppressione della ritenuta alla fonte per talune obbligazioni e titoli similari. – 1. La ritenuta del 20 per cento di cui al comma 1 dell'articolo 26 del decreto del Presidente della Repubblica 29 settembre 1973, n. 600, non si applica sugli interessi ed altri proventi delle obbligazioni, delle cambiali finanziarie e titoli similari, emessi da banche, da società per azioni con azioni negoziate in mercati regolamentati o sistemi multilaterali di negoziazione degli Stati membri dell'Unione europea e degli Stati aderenti all'Accordo sullo spazio economico europeo inclusi nella lista di cui al decreto ministeriale emanato ai sensi dell'articolo 168 *bis* del testo unico delle imposte sui redditi, di cui al decreto del Presidente della Repubblica 22 dicembre 1986, n. 917, e da enti pubblici economici trasformati in società per azioni in base a disposizione di legge, nonché sugli interessi ed altri proventi delle obbligazioni e titoli similari negoziati nei medesimi mercati regolamentati o sistemi multilaterali di negoziazione emessi da società diverse dalle prime o, qualora tali obbligazioni e titoli similari e cambiali finanziarie non siano negoziate, detenuti da uno o più investitori qualificati ai sensi dell'articolo 100 del decreto legislativo 24 febbraio 1998, n. 58 ([1]) ([2]).

2. Per i proventi dei titoli obbligazionari emessi dagli enti territoriali ai sensi degli articoli 35 e 37 della legge 23 dicembre 1994, n. 724, si applica il regime tributario di cui all'articolo 2. Tale imposta spetta agli enti territoriali emittenti ed è agli stessi versata con le modalità di cui al capo III del decreto legislativo 9 luglio 1997, n. 241 ([3]).

3. Le disposizioni incompatibili con la disciplina introdotta dal presente decreto sono soppresse.

([1]) *Le parole: «o, qualora tali obbligazioni e titoli similari e cambiali finanziarie non siano negoziate, detenuti da uno o più investitori qualificati ai sensi dell'articolo 100 del decreto legislativo 24 febbraio 1998, n. 58» sono state aggiunte dall'art. 21, comma 1, del D.L. 24 giugno 2014, n. 91, convertito, con modificazioni, nella L. 11 agosto 2014, n. 116.*

([2]) *Questo comma è stato così sostituito dall'art. 32, comma 9, del D.L. 22 giugno 2012, n. 83, convertito, con modificazioni, nella L. 7 agosto 2012, n. 134.*

([3]) *Questo comma è stato così sostituito dall'art. 1, comma 163, della L. 23 dicembre 2005, n. 266.*

2. Imposta sostitutiva sugli interessi, premi ed altri frutti di talune obbligazioni e titoli similari per i soggetti residenti ([1]). **–** 1. Sono soggetti ad imposta sostitutiva delle imposte sui redditi nella misura del 12,50 per cento, gli interessi ed altri proventi delle obbligazioni e titoli similari di cui all'articolo 1, nonché gli interessi ed altri proventi delle obbligazioni e degli altri titoli di cui all'articolo 31 del decreto del Presidente della Repubblica 29 settembre 1973, n. 601, ed equiparati, emessi in Italia, per la parte maturata nel periodo di possesso, percepiti dai seguenti soggetti residenti nel territorio dello Stato:

a) persone fisiche;

b) soggetti di cui all'articolo 5 del testo unico delle imposte sui redditi, approvato con decreto del Presidente della Repubblica 22 dicembre 1986, n. 917, escluse le società in nome collettivo, in accomandita semplice e quelle ad esse equiparate;

c) enti di cui all'articolo 73, comma 1, lettera *c*), e quelli di cui all'articolo 74 del medesimo testo unico, n. 917 del 1986, esclusi gli organismi di investimento collettivo del risparmio (2);

[*d*) fondi d'investimento immobiliare di cui alla legge 25 gennaio 1994, n. 86] (3);

[*e*) fondi pensione di cui al decreto legislativo 21 aprile 1993, n. 124] (4);

f) soggetti esenti dall'imposta sul reddito delle persone giuridiche (5).

1 *bis*. Sono soggetti ad imposta sostitutiva delle imposte sui redditi nella misura del 12,50 per cento, per la parte maturata nel periodo di possesso, gli interessi ed altri proventi delle obbligazioni e titoli similari dovuti da soggetti non residenti. L'imposta è applicata nella misura del 12,50 per cento anche sugli interessi ed altri proventi delle obbligazioni e degli altri titoli di cui all'articolo 31 del decreto del Presidente della Repubblica 29 settembre 1973, n. 601, nonché di quelli con regime fiscale equiparato, emessi all'estero a decorrere dal 10 settembre 1992, indipendentemente dalla scadenza.

[1 *ter*. L'imposta è applicata nella misura del 27 per cento se la scadenza dei titoli indicati nel primo periodo del comma 1 *bis* è inferiore a diciotto mesi] (6).

1 *quater*. L'imposta di cui al comma 1 *bis* si applica sugli interessi ed altri proventi percepiti dai soggetti indicati al comma 1 (7).

2. L'imposta sostitutiva di cui ai commi 1 e 1 *bis* (8) è applicata dalle banche, dalle società di intermediazione mobiliare, dalle società fiduciarie, dagli agenti di cambio e da altri soggetti espressamente indicati in appositi decreti del Ministro delle finanze di concerto con il Ministro del tesoro, residenti in Italia, che comunque intervengono nella riscossione degli interessi, premi ed altri frutti ovvero, anche in qualità di acquirenti, nei trasferimenti dei titoli di cui ai commi 1 e 1 *bis* (8). Ai fini dell'applicazione dell'imposta sostitutiva, per trasferimento dei titoli si intendono le cessioni e qualunque altro atto, a titolo oneroso o gratuito, che comporta il mutamento della titolarità giuridica dei titoli.

3. Per i buoni postali di risparmio l'imposta sostitutiva è applicata dall'Ente poste italiane conformemente a quanto disposto dall'articolo 5, comma 2. Con decreto del Ministro delle finanze, di concerto con il Ministro del tesoro e con il Ministro delle poste e delle telecomunicazioni su proposta del Consiglio di amministrazione dell'Ente poste italiane, possono essere stabilite particolari modalità applicative della presente disciplina, anche agli effetti dell'articolo 7.

(1) *A norma dell'art. 3, comma 10, del D.L. 24 aprile 2014, n. 66, convertito, con modificazioni, nella L. 23 giugno 2014, n. 89, la misura dell'aliquota del 26 per cento, prevista dall'art. 3, comma 1, del suddetto D.L., si applica, relativamente agli interessi e ad altri proventi delle obbligazioni e dei titoli similari di cui al presente decreto, dal giorno successivo alla data di scadenza del contratto di pronti contro termine stipulato anteriormente al 1° luglio 2014 e avente durata non superiore a 12 mesi, a decorrere dal 1° luglio 2014.*

(2) *Questa lettera è stata così sostituita dall'art. 4, comma 6, del D.L. 24 aprile 2014, n. 66, convertito, con modificazioni, nella L. 23 giugno 2014, n. 89.*

(3) *Questa lettera è stata abrogata dall'art. 9, comma 3, del D.L. 25 settembre 2001, n. 351, convertito, con modificazioni, nella L. 23 novembre 2001, n. 410.*

(4) *Questa lettera è stata soppressa dall'art. 5, comma 2, lett.* a), *del D.L.vo 18 febbraio 2000, n. 47, a decorrere dal 1° gennaio 2001. Tale disposizione ha effetto relativamente ai contributi versati, ai rendimenti maturati, ai contratti stipulati, alle prestazioni maturate, alle rendite erogate a decorrere dal 1° gennaio 2001. A norma dell'art. 5, comma 4, del medesimo provvedimento, tali disposizioni si applicano ai redditi di capitale maturati a decorrere dalla data da cui ha effetto il citato decreto.*

(5) *Questo comma è stato così sostituito dall'art. 12, comma 3, lett.* b), *del D.L.vo 21 novembre 1997, n. 461, a decorrere dal 1° luglio 1998.*

(6) *Questo comma è stato inserito dall'art. 6, comma 1, lett.* a), *del D.L.vo 23 dicembre 1999, n. 505 e poi abrogato dall'art. 2, comma 18, lett.* a), *n. 1), del D.L. 13 agosto 2011, n. 138, convertito, con modificazioni, nella L. 14 settembre 2011, n. 148. A norma dell'art. 2, comma 24, del medesimo D.L. tali disposizioni esplicano effetto a decorrere dal 1° gennaio 2012.*

(7) *Questo comma è stato inserito dall'art. 6, comma 1, lett.* a), *del D.L.vo 23 dicembre 1999, n. 505 e poi così sostituito dall'art. 2, comma 18, lett.* a), *n. 2), del D.L. 13 agosto 2011, n. 138, convertito, con modificazioni, nella L. 14 settembre 2011, n. 148. A norma dell'art. 2, comma 24, del medesimo D.L. tali disposizioni esplicano effetto a decorrere dal 1° gennaio 2012.*

(8) *Le precedenti parole: «commi 1, 1* bis *e 1* ter*» sono state così sostituite dalle attuali: «commi 1 e 1* bis*» dall'art. 2, comma 18, lett.* a), *n. 3), del D.L. 13 agosto 2011, n. 138, convertito, con modificazioni, nella L. 14 settembre 2011, n. 148. A norma dell'art. 2, comma 24, del medesimo D.L. tali disposizioni esplicano effetto a decorrere dal 1° gennaio 2012.*

3. Istituzione di un conto unico presso gli intermediari per la determinazione dell'imposta sostitutiva. – 1. Gli intermediari di cui all'articolo 2, comma 2, istituiscono un «conto unico» destinato ad accogliere le seguenti registrazioni relative a operazioni effettuate per conto o a favore dei soggetti di cui ai commi 1 e 1 *quater* (1) del medesimo articolo:

a) accredito dell'ammontare dell'imposta sostitutiva commisurata all'importo degli interessi, premi o altri frutti scaduti, nonché alla differenza tra la somma corrisposta alla scadenza e il prezzo di emissione dei titoli;

b) accredito dell'ammontare dell'imposta sostitutiva commisurata ai redditi di cui alla lettera *a*) riconosciuti al venditore nel corrispettivo, sia in modo esplicito che implicito;

c) addebito dell'ammontare dell'imposta sostitutiva commisurata ai redditi di cui alla lettera *a*) riconosciuti dall'acquirente nel corrispettivo, sia in modo esplicito che implicito (2).

I medesimi intermediari, provvedono, con pari valuta, all'addebito, nei casi di cui alle lettere *a*) e *b*), ed all'accredito, nel caso di cui alla lettera *c*), dei corrispondenti importi ai soggetti indicati nell'articolo 2, comma 1, per conto o a favore dei quali le operazioni sono effettuate.

2. Ai fini dell'applicazione del comma 1:

a) l'accredito di cui alla lettera *a*) del predetto comma deve essere effettuato con riferimento al giorno di scadenza delle cedole e dei titoli;

b) gli accrediti e gli addebiti di cui alle lettere *b*) e *c*) del predetto comma devono essere effettuati con riferimento alla data di regolamento delle operazioni.

3. Gli accrediti e gli addebiti di cui al comma 1 non vengono operati con riferimento alle operazioni effettuate per conto o a favore degli organismi di investimento e dei fondi di cui all'articolo 2, comma 1, lettera *d*) (3). Alla fine di ciascun mese, la banca depositaria accredita sul «conto unico» l'imposta sostitutiva di cui all'articolo 2 relativa ai seguenti redditi conseguiti nel medesimo mese dall'organismo di investimento o dal fondo e maturati nel periodo di possesso:

a) interessi, premi e altri frutti scaduti;

b) interessi, premi e altri frutti conseguiti, sia in modo esplicito che implicito, a seguito di cessione dei titoli.

La banca depositaria preleva, con pari valuta, le somme corrispondenti all'imposta sostitutiva dal patrimonio dell'organismo di investimento o del fondo. Ai fini dell'applicazione del presente comma si considerano ceduti per primi i titoli acquisiti per ultimi.

4. Se in una operazione intervengono più intermediari di cui all'articolo 2, comma 2, l'imposta sostitutiva relativa a tale operazione è accreditata o addebitata al «conto unico» dell'intermediario presso il quale il soggetto, per conto o a favore del quale l'operazione è stata effettuata, intrattiene il rapporto di deposito o di gestione dei titoli.

5. Il trasferimento a un altro deposito costituito presso il medesimo o altro intermediario, è equiparato ad un'operazione di compravendita agli effetti delle lettere *b*) e *c*) del comma 1, intendendosi per redditi riconosciuti nel corrispettivo quelli maturati fino alla data in cui l'operazione si considera eseguita. Per i titoli indicati nell'articolo 2, comma 1 *bis* ([4]) si considerano cessioni anche i prelievi dai depositi costituiti presso gli intermediari ([5]).

6. Qualora i titoli di cui all'articolo 2, comma 1 ([6]), al di fuori delle ipotesi di trasferimento effettuato con l'intervento di uno dei soggetti intermediari di cui all'articolo 2, comma 2, vengano immessi in un deposito di pertinenza di soggetti diversi da quelli nei cui confronti si applica l'imposta sostitutiva, l'intermediario presso il quale è costituito il deposito accredita il «conto unico» dell'ammontare dell'imposta sostitutiva commisurata ai redditi di cui al comma 1, lettera *a*), maturati fino alla data dell'immissione.

7. Per le operazioni indicate nel presente articolo, che non comportino il pagamento di corrispettivi, il soggetto che dispone l'operazione deve versare all'intermediario l'ammontare dell'imposta sostitutiva da accreditare nel «conto unico». L'intermediario ha la facoltà di non eseguire l'incarico ricevuto o di non effettuare la restituzione materiale dei titoli fino a quando il soggetto interessato non abbia versato l'imposta sostitutiva dovuta ai sensi del presente comma.

8. Il saldo positivo fra gli accrediti e gli addebiti nel «conto unico» risultante alla fine di ciascun mese deve essere versato secondo le modalità e nei termini previsti dall'articolo 4. Il saldo negativo costituisce il primo addebito del mese successivo. Con decreto del Ministro delle finanze di concerto con il Ministro del tesoro sono stabiliti i termini e le modalità per i rimborsi ([7]).

9. Per i titoli senza cedola aventi durata non superiore a 12 mesi, di cui all'ultimo periodo dell'articolo 1, comma 2, del decreto legge 19 settembre 1986, n. 556, convertito, con modificazioni, dalla legge 17 novembre 1986, n. 759, le disposizioni dei commi precedenti si applicano coerentemente con la previsione contenuta nel periodo anzidetto, secondo la quale la differenza tra il valore nominale ed il prezzo di emissione è considerata interesse anticipato.

([1]) *Le parole: «comma 1» sono state così sostituite dalle attuali: «commi 1 e 1* quater*» dall'art. 6, comma 1, lett.* c)*, del D.L.vo 23 dicembre 1999, n. 505.*

([2]) *La disposizione di cui a questo comma, non si applica per i buoni fruttiferi ed i certificati di deposito con scadenza non inferiore a diciotto mesi emessi dalle banche anteriormente alla data del 20 giugno 1996, per effetto dell'art. 7, comma 13* ter*, del D.L. 20 giugno 1996, n. 323, conv., con modif., nella L. 8 agosto 1996, n. 425.*

([3]) *Le parole: «all'articolo 2, comma 1, lettere* d) *ed* e)*» sono state così sostituite dalle attuali: «all'articolo 2, comma 1, lettera* d)*», dall'art. 5, comma 2, lett.* c)*, del D.L.vo 18 febbraio 2000, n. 47, a decorrere dal 1° giugno 2000. Tale disposizione ha effetto relativa-*

mente ai contributi versati, ai rendimenti maturati, ai contratti stipulati, alle prestazioni maturate, alle rendite erogate a decorrere dal 1° gennaio 2001. A norma dell'art. 5, comma 4, del medesimo provvedimento, tali disposizioni si applicano ai redditi di capitale maturati a decorrere dalla data da cui ha effetto il citato decreto.

([4]) *Le parole: «commi 1* bis *e 1* ter*» sono state così sostituite dalle attuali: «comma 1* bis*» dall'art. 2, comma 18, lett.* b), *del D.L. 13 agosto 2011, n. 138, convertito, con modificazioni, nella L. 14 settembre 2011, n. 148. A norma dell'art. 2, comma 24, del medesimo D.L. tali disposizioni esplicano effetto a decorrere dal 1° gennaio 2012.*

([5]) *L'ultimo periodo di questo comma è stato aggiunto dall'art. 6, comma 1, lett.* d), *del D.L.vo 23 dicembre 1999, n. 505.*

([6]) *Le parole: «di cui all'articolo 1» sono state sostituite dalle attuali: «di cui all'articolo 2, comma 1» dall'art. 7, comma 5, lett.* b), *del D.L.vo 16 giugno 1998, n. 201, a decorrere dal 1° luglio 1998.*

([7]) *Si veda il D.M. 3 agosto 1998* (G.U. *Serie gen. n. 205 del 3 settembre 1998*).

4. Disposizioni in tema di versamento, di accertamento e di sanzioni. – 1. I soggetti di cui all'articolo 2, comma 2, provvedono al versamento diretto dell'imposta sostitutiva risultante dal saldo mensile del conto unico di cui all'articolo 3, al concessionario della riscossione ovvero presso la sezione di tesoreria provinciale dello Stato, competenti in ragione del loro domicilio fiscale, entro il quindicesimo giorno del mese successivo a quello di riferimento. Entro il termine previsto dal quarto comma dell'articolo 9 del decreto del Presidente della Repubblica 29 settembre 1973, n. 600, per la presentazione della dichiarazione dei sostituti di imposta, gli stessi soggetti devono comunicare all'Amministrazione finanziaria i dati concernenti i versamenti relativi all'anno solare precedente, con le modalità previste con decreto del Ministro delle finanze da pubblicarsi nella *Gazzetta Ufficiale* entro centottanta giorni dalla data di entrata in vigore del presente decreto.

2. I soggetti di cui all'articolo 2, comma 1, che abbiano percepito nel periodo d'imposta interessi, premi o altri frutti delle obbligazioni e titoli similari ivi indicati ([1]), sui quali non sia stata applicata l'imposta sostitutiva ai sensi degli articoli 2 e 3, devono indicare nella dichiarazione annuale dei redditi la parte degli interessi, premi ed altri frutti maturata nel periodo di possesso ed incassata, in modo esplicito o implicito, nel relativo periodo d'imposta, versando l'imposta sostitutiva con le modalità e nei termini previsti per il versamento a saldo delle imposte sui redditi dovute in base alla dichiarazione.

3. Per la liquidazione, l'accertamento, la riscossione, le sanzioni, i rimborsi e il contenzioso in materia di imposta sostitutiva si applicano le disposizioni previste in materia di imposte sui redditi ([2]).

4. La violazione dell'obbligo di comunicazione di cui al comma 1, è punita con la sanzione amministrativa da € 2.065 a € 20.658 ([3]).

5. Nel caso in cui gli uffici accertino che gli intermediari di cui al comma 2 dell'articolo 2 non abbiano applicato in tutto o in parte l'imposta sostitutiva sugli interessi, premi ed altri frutti, al pagamento della stessa nonché degli interessi di cui all'articolo 9 del decreto del Presidente della Repubblica 29 settembre 1973, n. 602, sono tenuti in solido sia l'intermediario che il contribuente, ferma restando l'applicazione delle sanzioni previste dal comma 4 nei confronti degli intermediari medesimi.

(1) *Le parole*: *«di cui all'articolo 1» sono state così sostituite dall'art. 7, comma 5, lett.* c), *del D.L.vo 16 giugno 1998, n. 201, con effetto dal 1° luglio 1998.*

(2) *Questo comma è stato così sostituito dall'art. 4, comma 5, lett.* a), *n. 1), del D.L.vo 21 luglio 1999, n. 259.*

(3) *Questo comma è stato così sostituito dall'art. 4, comma 5, lett.* a), *n. 2), del D.L.vo 21 luglio 1999, n. 259.*

5. Casi particolari di assolvimento dell'imposta sostitutiva. – 1. Gli interessi, premi ed altri frutti dei titoli di cui all'articolo 2, commi 1 e 1 *bis* (1) conseguiti, anche dai soggetti di cui all'articolo 2, commi 1 e 1 *bis* (1) nell'esercizio di attività commerciali, assoggettati ad imposta sostitutiva di cui all'articolo 2 concorrono, in deroga alle disposizioni di cui agli articoli 3, comma 3, 58, comma 1, lettera *b*) e 108, comma 1, del testo unico delle imposte sui redditi, approvato con decreto del Presidente della Repubblica 22 dicembre 1986, n. 917, a formare il reddito d'impresa e l'imposta sostitutiva assolta si scomputa ai sensi degli articoli 19 e 93 del predetto testo unico.

2. Per i titoli di cui all'articolo 2, commi 1 e 1 *bis* (1) non depositati presso gli intermediari di cui all'articolo 2, comma 2, gli interessi, premi, ed altri frutti, da chiunque percepiti alla scadenza delle cedole o del titolo, sono in ogni caso soggetti all'imposta sostitutiva a cura dell'intermediario che li eroga. Qualora i redditi di cui all'articolo 2, comma 1 (2) siano corrisposti direttamente dal soggetto che ha emesso il titolo, l'imposta sostitutiva è applicata da quest'ultimo soggetto e le disposizioni dell'articolo 3 non si applicano se detto soggetto non rientra fra gli intermediari di cui all'articolo 2, comma 2. Restano fermi i termini e le modalità di versamento, nonché di disposizioni in tema di accertamento e di sanzioni, previsti dall'articolo 4.

(1) *Le parole*: *«all'articolo 2, comma 1,» sono state così sostituite dalle parole*: *«articolo 2, commi 1, 1* bis *e 1* ter,*» dall'art. 6, comma 1, lett.* e), *del D.L.vo 23 dicembre 1999, n. 505. Le parole: «commi 1, 1* bis *e 1* ter*» sono state così sostituite dalle attuali: «commi 1 e 1* bis*» dall'art. 2, comma 18, lett.* c), *del D.L. 13 agosto 2011, n. 138, convertito, con modificazioni, nella L. 14 settembre 2011, n. 148. A norma dell'art. 2, comma 24, del medesimo D.L. tali disposizioni esplicano effetto a decorrere dal 1° gennaio 2012.*

(2) *Le parole*: *«al periodo precedente» sono state così sostituite dalle attuali*: *«all'articolo 2, comma 1» dall'art. 6, comma 1, lett.* e), *n. 2), del D.L.vo 23 dicembre 1999, n. 505.*

6. Regime fiscale per i soggetti non residenti. – 1. Non sono soggetti ad imposizione gli interessi, premi ed altri frutti delle obbligazioni e titoli similari di cui all'articolo 2, comma 1, percepiti da soggetti residenti in Stati e territori che consentono un adeguato scambio di informazioni ([1]) [e che non siano residenti negli Stati o territori di cui all'articolo 76, comma 7 *bis*, del testo unico delle imposte sui redditi, di cui al decreto del Presidente della Repubblica 22 dicembre 1986, n. 917, come individuati dai decreti di cui al medesimo comma 7 *bis*] ([2]). Non sono altresì soggetti ad imposizione gli interessi, premi ed altri frutti delle obbligazioni e titoli similari percepiti da:

a) enti od organismi internazionali costituiti in base ad accordi internazionali resi esecutivi in Italia;

b) gli investitori istituzionali esteri, ancorché privi di soggettività tributaria, costituiti in Paesi di cui al primo periodo;

c) banche centrali o organismi che gestiscono anche le riserve ufficiali dello Stato ([3]) ([4]).

[2. L'imposta sostitutiva di cui all'articolo 2 si applica comunque, secondo le modalità di cui all'articolo 3, nei confronti di:

a) soggetti non residenti diversi da quelli di cui al comma 1;

b) soggetti residenti negli Stati o territori di cui all'articolo 76, comma 7 *bis* del testo unico delle imposte sui redditi, approvato con decreto del Presidente della Repubblica 22 dicembre 1986, n. 917, come individuati dai decreti del Ministro delle finanze di cui al medesimo comma 7 *bis*] ([5]).

([1]) *Le parole: «in Stati o territori inclusi nella lista di cui al decreto ministeriale emanato ai sensi dell'articolo 168* bis *del testo unico delle imposte sui redditi, di cui al decreto del Presidente della Repubblica 22 dicembre 1986, n. 917» sono state così sostituite dalle seguenti: «in Stati e territori che consentono un adeguato scambio di informazioni», dall'art. 10, comma 2, lett.* a)*, del D.L.vo 14 settembre 2015, n. 147. A norma dell'art. 10, comma 5, del medesimo provvedimento, tali disposizioni si applicano a decorrere dal periodo di imposta in corso alla data di entrata in vigore del suddetto decreto.*

([2]) *Le parole fra parentesi quadrate sono state soppresse dall'art. 41, comma 1, lett.* a)*, del D.L. 30 settembre 2003, n. 269, convertito, con modificazioni, nella L. 24 novembre 2003, n. 326, a decorrere dal 10 gennaio 2004. A norma dell'art. 41, comma 2, dello stesso provvedimento, per le banche centrali ed organismi che gestiscono anche le riserve ufficiali dello Stato la disciplina di cui al comma 1, lettera* a)*, si applica anche con riferimento al periodo dal 19 febbraio 2002 al 24 aprile 2002.*

([3]) *Questo comma è stato così sostituito dall'art. 10, comma 1, lett.* a)*, del D.L. 25 settembre 2001, n. 350, conv., con modif., nella L. 23 novembre 2001, n. 409.*

([4]) *Questa lettera è stata così sostituita dall'art. 3* bis*, comma 1, lett.* a)*, del D.L. 22 febbraio 2002, n. 12, convertito, con modificazioni, nella L. 23 aprile 2002, n. 73. Tali disposizioni, a norma dell'art. 3* bis*, comma 2, dello stesso D.L. si applicano ai redditi di capitale dive-*

nuti esigibili nonché alle plusvalenze e agli altri redditi diversi di natura finanziaria realizzati a decorrere dalla data di entrata in vigore della legge di conversione dello stesso decreto.

(5) *Questo comma è stato abrogato dall'art. 10, comma 1, lett.* b), *del D.L. 25 settembre 2001, n. 350, conv., con modif., nella L. 23 novembre 2001, n. 409.*

7. Procedure per la non applicazione dell'imposta sostitutiva nei confronti dei non residenti. – 1. Ai fini dell'applicazione dell'articolo 6, comma 1, i soggetti non residenti ivi indicati devono depositare, direttamente o indirettamente, i titoli presso una banca o una società di intermediazione mobiliare residente, ovvero una stabile organizzazione in Italia di banche o di società di intermediazione mobiliare non residenti, che intrattiene rapporti diretti in via telematica con il Ministero delle finanze – Dipartimento delle entrate.

2. La banca o la società di intermediazione mobiliare cui al comma 1 deve acquisire:

a) un'autocertificazione dell'effettivo beneficiario dei proventi dei titoli che attesti il possesso dei requisiti di cui al comma 1 dell'articolo 6 per la non applicazione dell'imposta. Relativamente agli investitori istituzionali privi di soggettività tributaria, si considera beneficiario effettivo l'investitore istituzionale stesso e l'autocertificazione di cui al primo periodo deve essere resa dal relativo organo di gestione. L'autocertificazione deve essere redatta in conformità a quanto stabilito con uno o più decreti del Ministro dell'economia e delle finanze, da emanare entro il 30 novembre 2001. La predetta autocertificazione produce effetti salvo revoca e non deve essere presentata qualora in precedenza siano state prodotte al medesimo intermediario certificazioni equivalenti per le stesse o altre finalità;

b) i dati identificativi del soggetto non residente effettivo beneficiario dei proventi dei titoli depositati, nonché il codice identificativo del titolo e gli elementi necessari a determinare gli interessi, premi ed altri frutti, non soggetti ad imposta sostitutiva, di sua pertinenza (1).

3. Le informazioni e i documenti di cui al comma 2 possono essere acquisiti anche per il tramite di intermediari che intervengono nel deposito dei titoli indirettamente effettuato presso una banca o una società di intermediazione mobiliare residente.

4. La mancata acquisizione della dichiarazione (2) di cui alla lettera *a*) del comma 2 da parte dei soggetti depositari di cui al comma 1 determina l'applicazione dell'imposta sostitutiva sui proventi spettanti ai soggetti non residenti. La predetta dichiarazione (3) non è acquisita relativamente agli enti od organismi internazionali costituiti in base ad accordi internazionali resi esecutivi in Italia (4).

5. Relativamente ai proventi per i quali non siano state acquisite le informazioni di cui alla lettera *b*) del comma 2 o siano state acquisite informazioni inesatte o non complete, la banca o la società di intermediazione mobiliare provvede al versamento della corrispondente imposta sostitutiva, maggiorata dell'1,5 per cento per ciascun mese, o frazione di mese, di ritardo rispetto a quello in cui il versamento avrebbe dovuto essere effettuato. Il versamento non può in ogni caso essere effettuato oltre il termine di invio delle comunicazioni di cui all'articolo 8, comma 2, relative al periodo al quale i proventi si riferiscono.

(1) *Questo comma è stato così sostituito dall'art. 10, comma 1, lett.* c), *del D.L. 25 settembre 2001, n. 350, conv., con modif., nella L. 23 novembre 2001, n. 409. Tale disposizione si applica ai redditi di capitale divenuti esigibili, nonché alle plusvalenze e agli altri redditi diversi di natura finanziaria realizzati a decorrere dal 1° gennaio 2002.*

(2) *Le parole: «dell'attestazione» sono state così sostituite dalle attuali: «della dichiarazione» dall'art. 10, comma 1, lett.* d), *del D.L. 25 settembre 2001, n. 350, conv., con modif., nella L. 23 novembre 2001, n. 409.*

(3) *Le parole: «La predetta attestazione» sono state così sostituite dalle attuali: «La predetta dichiarazione» dall'art. 10, comma 1, lett.* d), *del D.L. 25 settembre 2001, n. 350, conv., con modif., nella L. 23 novembre 2001, n. 409.*

(4) *Il secondo periodo di questo comma è stato così sostituito dall'art. 12, comma 3, lett.* e), *del D.L.vo 21 novembre 1997, n. 461, a decorrere dal 1° luglio 1998.*

8. Conservazione delle evidenze e comunicazione all'Amministrazione finanziaria. – 1. La banca o la società di intermediazione mobiliare di cui all'articolo 7, comma 1, deve tenere separata evidenza del complesso delle posizioni relative ai percipienti soggetti all'imposta sostitutiva e delle posizioni relative ai soggetti per i quali detta imposta non è applicata ai sensi delle norme del presente decreto. Si applicano le disposizioni previste dall'articolo 3.

2. La banca o la società di intermediazione mobiliare di cui all'articolo 7, comma 1, è tenuta a comunicare all'Amministrazione finanziaria, entro il 31 marzo ed il 30 settembre di ogni anno, secondo le modalità previste dal decreto di cui all'articolo 11, comma 4, gli elementi di cui all'articolo 7, comma 2, lettera *b*), con riferimento ai proventi non assoggettati a imposta sostitutiva percepiti nel semestre solare precedente, implicitamente o esplicitamente:

a) da soggetti non residenti;

b) da soggetti residenti, limitatamente a quelli relativi a titoli detenuti all'estero.

3. Nei casi di omessa, incompleta o inesatta comunicazione di cui al comma 2, da parte della banca e della società di intermediazione di cui all'articolo 7, comma 1, si applica la sanzione amministrativa da € 2.065 a € 20.658 (1).

3 *bis*. Le disposizioni del presente articolo e quelle dell'articolo 7 non si applicano ai proventi dei titoli depositati dalle banche centrali aderenti al Sistema europeo di banche centrali (SEBC) e dalla Banca centrale europea (BCE), direttamente o indirettamente, presso i soggetti indicati dalla BCE nella lista dei sistemi di regolamento dei titoli, idonei per le operazioni di credito del SEBC (2).

3 *ter*. Le disposizioni del presente articolo e quelle dell'articolo 7 non si applicano altresì ai proventi non soggetti ad imposizione in forza dell'articolo 6 quando essi sono percepiti da enti e organismi internazionali costituiti in base ad accordi internazionali resi esecutivi in Italia, da Banche centrali estere o da organismi che gestiscono anche le riserve ufficiali dello Stato (3) (4).

(1) *Questo comma è stato così sostituito dall'art. 4, comma 5, lett.* b), *del D.L.vo 21 luglio 1999, n. 259.*

(2) *Questo comma, aggiunto dall'art. 3, comma 1, lett.* b), *del D.L.vo 16 giugno 1998, n. 201, a decorrere dal 1° luglio 1998, è stato così sostituito dall'art. 25, comma 1, della L. 21 novembre 2000, n. 342.*

(3) *Le parole da: «o da banche ...» fino a: «... ufficiali dello Stato» sono state così sostituite dalle attuali dall'art. 3* bis *del D.L. 22 febbraio 2002, n. 12, convertito, con modificazioni, nella L. 23 aprile 2002, n. 73. A norma dell'art. 3* bis*, comma 2, dello stesso D.L. queste disposizioni si applicano ai redditi di capitale divenuti esigibili nonché alle plusvalenze e agli altri redditi diversi di natura finanziaria realizzati a decorrere dalla data di entrata in vigore della legge di conversione dello stesso decreto.*

(4) *Questo comma è stato aggiunto dall'art. 35, comma 2, della L. 23 dicembre 2000, n. 388.*

9. Intermediari non residenti. – 1. Sono equiparati alle banche e alle società di intermediazione mobiliare di cui all'articolo 7, comma 1, gli enti e le società non residenti che aderiscono a sistemi di amministrazione accentrata dei titoli e intrattengono rapporti diretti con il Ministero delle finanze – Dipartimento delle Entrate.

2. Gli enti e le società di cui al comma 1 devono nominare quali rappresentante ai fini dell'applicazione del presente decreto una banca o una società di intermediazione mobiliare, residente nel territorio dello Stato, una stabile organizzazione in Italia di banche o di società di intermediazione mobiliare estere non residenti ovvero una società di gestione accentrata di strumenti finanziari autorizzata ai sensi dell'articolo 80 del decreto legislativo 24 febbraio 1998, n. 58 (1), che provvede:

a) al versamento dell'imposta sostitutiva per conto dell'ente o della società rappresentata;

b) alla conservazione della documentazione di cui all'articolo 7, comma 2, lettera *a*);

c) a fornire, su richiesta dell'Amministrazione finanziaria, ogni notizia o documento utile per l'individuazione degli interessi, premi e altri frutti corrisposti senza l'applicazione dell'imposta sostitutiva, e dei relativi percettori.

3. Con decreto del Ministro delle finanze, di concerto con il Ministro del tesoro, possono essere stabilite particolari modalità per l'assolvimento, da parte degli enti e delle società non residenti di cui al comma 1, degli adempimenti e degli obblighi previsti dagli articoli 7 e 8.

(1) *Le parole da: «una banca o una società ...» fino a: «... residenti» sono state così sostituite dalle attuali da: «una banca o una società ...» fino a: «... 24 febbraio 1998, n. 58» dall'art. 41, comma 1, lett.* b), *del D.L. 30 settembre 2003, n. 269, convertito, con modificazioni, nella L. 24 novembre 2003, n. 326, a decorrere dal 10 gennaio 2004.*

10. Riduzione delle provvigioni di sottoscrizione per la copertura. – 1. A decorrere dalle emissioni il cui regolamento si effettua a partire dal 1° gennaio 1997, le provvigioni di collocamento dei titoli di Stato a medio e lungo termine sul mercato interno vengono ridotte, rispetto a quelle precedentemente in vigore, nelle seguenti misure:

a) dieci centesimi di punto percentuale per i titoli di durata non superiori ai tre anni e per quelli denominati in ECU;

b) venti centesimi percentuale per tutti gli altri titoli.

11. Altre disposizioni. – 1. La ritenuta di cui all'articolo 26, primo comma, del decreto del Presidente della Repubblica 29 settembre 1973, n. 600, e successive modificazioni ed integrazioni, è applicata a titolo d'imposta nei confronti degli enti di cui all'articolo 87, comma 1, lettera *c*), del testo unico delle imposte sui redditi, approvato con decreto del Presidente della Repubblica 22 dicembre 1986, n. 917. La presente disposizione si applica per gli interessi, premi ed altri frutti maturati a partire dal 1° gennaio 1997.

2. Nel caso di riapertura delle sottoscrizioni delle emissioni delle obbligazioni e titoli similari, ai fini della determinazione della differenza di emissione o di rimborso di cui all'articolo 41, comma 1, lettera *b*), del testo unico delle imposte sui redditi, approvato con decreto del Presidente della Repubblica 22 dicembre 1986, n. 917, e dell'articolo 10 del decreto legge 30 settembre 1983, n. 512, convertito, con modificazioni, dalla legge 25 novembre 1983, n. 649, si considera prezzo di emissione quello di aggiudicazione della «prima» tranche del prestito. Per i titoli diversi da quelli di Stato ed equiparati la disposizione si applica a condizione che la riapertura avvenga entro dodici mesi dalla data di emissione del prestito e che la differenza fra prezzo di emissione delle tranche successive e quello della prima tranche sia

in valore assoluto non superiore all'1% del valore nominale rapportato a ciascun anno di durata del prestito.

3. I riferimenti alle ritenute di cui all'articolo 26, primo comma, del decreto del Presidente della Repubblica 29 settembre 1973, n. 600, contenuti in provvedimenti emanati anteriormente alla data di entrata in vigore del presente decreto si intendono come fatti anche alle imposte sostitutive di cui all'articolo 2.

4. Con uno o più decreti (1), da emanare entro il 30 giugno 1996, il Ministro delle finanze stabilisce:

a) le caratteristiche del modello di attestazione di cui all'articolo 7, comma 2, lettera *a*), nonché le modalità ed i termini di conservazione della stessa;

b) il contenuto e le caratteristiche tecniche di invio delle comunicazioni da effettuare all'Amministrazione finanziaria in via telematica ai sensi degli articoli 7 e 8;

c) l'elenco degli Stati e territori di cui all'articolo 6, comma 1, che consentono un adeguato scambio di informazioni; tale elenco è aggiornato con cadenza semestrale (2).

4 *bis*. Con i decreti di cui al comma 4 sono stabilite le modalità per la rilevazione dei soggetti non residenti che possiedono buoni fruttiferi e certificati di deposito emessi da banche residenti nel territorio dello Stato (3).

5. Le disposizioni recate nei decreti di cui al comma 4 possono essere modificate con successivi decreti del Ministero delle finanze.

(1) *Si vedano i DD.MM. 4 dicembre 1996, n. 632 e 5 dicembre 1997, n. 494.*

(2) *Questa lettera, precedentemente abrogata dall'art. 1, comma 87, lett.* c), *della L. 24 dicembre 2007, n. 244, è stata, da ultimo, così sostituita dall'art. 10, comma 2, lett.* b), *del D.L.vo 14 settembre 2015, n. 147. A norma dell'art. 10, comma 5, del medesimo provvedimento, tali disposizioni si applicano a decorrere dal periodo di imposta in corso alla data di entrata in vigore del suddetto decreto.*

A norma dell'art. 10, comma 3, del medesimo provvedimento, quando leggi, regolamenti, decreti o altre norme o provvedimenti fanno riferimento alla lista di Stati e territori che consentono un adeguato scambio di informazioni di cui al comma 1 dell'articolo 168 bis *del testo unico delle imposte sui redditi approvato con decreto del Presidente della Repubblica 22 dicembre 1986, n. 917, vigente anteriormente alla data di entrata in vigore del suddetto decreto, il riferimento si intende ai decreti emanati in attuazione della presente lettera.*

(3) *Questo comma è stato aggiunto dall'art. 7, comma 13* bis, *del D.L. 20 giugno 1996, n. 323, conv., con modif., nella L. 8 agosto 1996, n. 425.*

12. Decorrenza. – 1. Le disposizioni del presente decreto hanno effetto:

a) per i titoli con cedola, a partire da quella la cui maturazione decorre dal 1° gennaio 1997, ovvero dalla prima cedola successiva a quella in corso di maturazione alla predetta data;

b) per i titoli senza cedola, relativamente agli interessi, premi ed altri frutti che maturano a partire dal 1° gennaio 1997; resta ferma l'applicazione da parte dell'emittente della ritenuta di cui all'articolo 26, primo comma, del decreto del Presidente della Repubblica 29 settembre 1973, n. 600, per la parte maturata fino alla predetta data;

c) per la differenza tra la somma percepita alla scadenza dai possessori dei titoli e il prezzo di emissione relativamente alla parte di tale differenza che matura a partire dalla data in cui inizia la maturazione della cedola di cui al punto *a*); resta ferma l'applicazione da parte dell'emittente della ritenuta di cui all'articolo 26, primo comma, del decreto del Presidente della Repubblica 29 settembre 1973, n. 600, sulla parte maturata antecedentemente a tale data.

2. Per gli interessi, premi ed altri frutti dei titoli senza cedola di cui all'articolo 1 emessi anteriormente al 1° gennaio 1997, aventi una durata non superiore ai dodici mesi, resta ferma la previgente disciplina.

2 *bis*. Per i titoli indicati nell'articolo 2, commi 1 *bis* e 1 *ter*, l'imposta sostitutiva si applica a partire dal 1° luglio 2000. Per i titoli di cui al periodo precedente depositati al 1° luglio 2000 presso gli intermediari di cui all'articolo 2, comma 2, il conto unico è accreditato dell'ammontare dell'imposta sostitutiva commisurata all'importo degli interessi, premi e altri frutti maturati nel periodo di possesso fino al 30 giugno 2000 ed è addebitato dell'ammontare dell'imposta sostitutiva commisurata all'importo degli interessi, premi e altri frutti maturati fino al 30 giugno 2000 dalla data di inizio di maturazione della cedola in corso, nonché dell'imposta commisurata alla differenza maturata fino alla predetta data tra la somma percepita alla scadenza ed il prezzo di emissione (1).

(1) *Questo comma è stato inserito dall'art. 6, comma 3, del D.L.vo 23 dicembre 1999, n. 505.*

13. Disciplina transitoria. – 1. Ai fini della determinazione degli acconti IRPEG dovuti per il periodo d'imposta in corso al 1° aprile 1997 non si tiene conto, nella misura del 60 per cento, delle ritenute sugli interessi, premi ed altri frutti dei titoli di cui all'articolo 1 scomputate per il periodo d'imposta precedente. Per la determinazione degli acconti IRPEG dovuti per i successivi periodi d'imposta non si tiene conto delle predette ritenute, nella misura del 70 per cento dell'ammontare scomputato per il periodo d'imposta precedente.

2. Le disposizioni del comma 1 si applicano anche ai fini della determinazione degli acconti IRPEF dovuti dai soci delle società in nome collettivo, in accomandita semplice ed equiparate.

3. Agli interessi, premi ed altri frutti delle obbligazioni e titoli similari, emessi fino al 31 dicembre 1988, soggetti alla ritenuta alla fonte di cui all'articolo 26, primo comma, del decreto del Presidente della Repubblica 29 settembre 1973, n. 600, in misura diversa dal 12,50 per cento, si applica l'imposta sostitutiva di cui all'articolo 2 con la medesima aliquota prevista per la predetta ritenuta.

4.

D.L.vo 21 novembre 1997, n. 461. Riordino della disciplina tributaria dei redditi di capitale e dei redditi diversi, a norma dell'articolo 3, comma 160, della legge 23 dicembre 1996, n. 662 (Suppl. ord. alla *Gazzetta Ufficiale* Serie gen. - n. 2 del 3 gennaio 1998).

(*Estratto*)

Titolo II

Disciplina dell'imposta sostitutiva sulle plusvalenze e sugli altri redditi

5. Imposta sostitutiva sulle plusvalenze e sugli altri redditi diversi di cui alle lettere da *c* a *c quinquies* del comma 1 dell'articolo 81 del testo unico delle imposte sui redditi, approvato con decreto del Presidente della Repubblica 22 dicembre 1986, n. 917. – [1. Le plusvalenze di cui alla lettera *c*) del comma 1 dell'articolo 81, del testo unico delle imposte sui redditi, approvato con decreto del Presidente della Repubblica 22 dicembre 1986, n. 917, come modificato dall'articolo 3, comma 1, al netto delle relative minusvalenze, determinate secondo i criteri stabiliti dall'articolo 82 del predetto testo unico n. 917 del 1986, sono soggette ad imposta sostitutiva delle imposte sui redditi con l'aliquota del 27 per cento. L'eventuale imposta sostitutiva pagata ([1]), fino al superamento delle percentuali di partecipazione o di diritti di voto indicate nella predetta lettera *c*) del comma 1 dell'articolo 81, è portata in detrazione dall'imposta sostitutiva dovuta ai sensi del presente comma] ([2]).

2. I redditi di cui alle lettere da *c*) a *c quinquies*) ([3]) del comma 1 dell'articolo 81, del testo unico delle imposte sui redditi, approvato con decreto del Presidente della Repubblica 22 dicembre 1986, n. 917, come modificato dall'articolo 3, comma 1, determinati secondo i criteri stabiliti dall'articolo 82 del predetto testo unico, sono soggetti ad imposta sostitutiva delle imposte sui redditi con l'aliquota del 12,50 per cento. L'imposta sostitutiva non si applica alle plusvalenze derivanti dalla cessione di partecipazioni al capitale o al patrimonio, di titoli o strumenti finanziari e di contratti, [non qualificati] ([4]) di cui al comma 4, dell'articolo 68 del testo unico delle imposte sui red-

diti, di cui al decreto del Presidente della Repubblica n. 917 del 1986, salvo la dimostrazione, a seguito di esercizio dell'interpello secondo le modalità del comma 5, lettera *b*), dell'articolo 167, del citato testo unico del rispetto delle condizioni indicate nella lettera *c*) del comma 1 dell'articolo 87 del medesimo testo unico ([5]). Ai fini del presente articolo, i redditi diversi derivanti dalle obbligazioni e dagli altri titoli di cui all'articolo 31 del decreto del Presidente della Repubblica 29 settembre 1973, n. 601 ed equiparati e dalle obbligazioni emesse dagli Stati inclusi nella lista di cui al decreto emanato ai sensi dell'articolo 168 *bis*, comma 1, del medesimo testo unico n. 917 del 1986, e obbligazioni emesse da enti territoriali dei suddetti Stati sono computati nella misura del 48,08 per cento dell'ammontare realizzato ([6]).

3. [Le plusvalenze e gli altri redditi soggetti all'imposta sostitutiva di cui al comma 2 e quelle di cui alla lettera *c*) dell'articolo 67 del testo unico delle imposte sui redditi determinate secondo i criteri di cui all'articolo 68 sono distintamente indicati nella dichiarazione annuale dei redditi] ([7]). Con uno o più decreti del Ministero dell'economia e delle finanze possono essere previsti particolari adempimenti ed oneri di documentazione per la determinazione dei redditi soggetti all'imposta sostitutiva di cui al comma 2 ([8]).

4. L'imposta sostitutiva di cui al comma 2 è corrisposta ([9]) mediante versamento diretto nei termini e nei modi previsti per il versamento delle imposte sui redditi dovute a saldo in base alla dichiarazione. [L'eventuale imposta sostitutiva pagata fino al superamento delle percentuali di partecipazione o di diritti di voto indicati nella lettera c *bis*) del comma 1, dell'articolo 67, è portata in detrazione dalle imposte sui redditi] ([10]).

5. Non concorrono a formare il reddito le plusvalenze e le minusvalenze, nonché i redditi e le perdite di cui alle lettere da *c bis*) a *c quinquies*) del comma 1 dell'articolo 81, del testo unico delle imposte sui redditi, approvato con decreto del Presidente della Repubblica 22 dicembre 1986, n. 917, come modificato dall'articolo 3, comma 1, percepiti o sostenuti da:

a) soggetti residenti all'estero, di cui all'articolo 6, comma 1, del decreto legislativo 1 aprile 1996, n. 239, e successive modificazioni ([11]).

6. Per la liquidazione, l'accertamento, la riscossione, le sanzioni, i rimborsi e il contenzioso in materia di imposta sostitutiva si applicano le disposizioni previste in materia di imposte sui redditi ([12]).

([1]) *Le parole*: «*ai sensi del comma 2*» *sono state soppresse dall'art. 4, comma 2, del D.L.vo 16 giugno 1998, n. 201, con effetto dal 1° luglio 1998.*

([2]) *Questo comma è stato abrogato dall'art. 2, comma 2, lett.* a), *n. 1), del D.L.vo 12 dicembre 2003, n. 344.*

([3]) *Le parole: «I redditi di cui alle lettere da* c bis) *a* c quinquies)» *sono state così sostituite dalle seguenti: «I redditi di cui alle lettere da* c) *a* c quinquies)» *dall'art. 1, comma 1000, lett.* a), *della L. 27 dicembre 2017, n. 205.*

A norma dell'art. 1, comma 1005, del medesimo provvedimento, tali disposizioni si applicano ai redditi di capitale percepiti a partire dal 1º gennaio 2018 ed ai redditi diversi realizzati a decorrere dal 1º gennaio 2019.

A norma dell'art. 1, comma 1006, del medesimo provvedimento, in deroga a tali disposizioni, alle distribuzioni di utili derivanti da partecipazioni qualificate in società ed enti soggetti all'imposta sul reddito delle società formatesi con utili prodotti fino all'esercizio in corso al 31 dicembre 2017, deliberate dal 1º gennaio 2018 al 31 dicembre 2022, continuano ad applicarsi le disposizioni di cui al decreto del Ministro dell'economia e delle finanze 26 maggio 2017, pubblicato nella Gazzetta Ufficiale *n. 160 dell'11 luglio 2017.*

([4]) *Le parole tra parentesi quadrate sono state soppresse dall'art. 1, comma 1000, lett.* b), *della L. 27 dicembre 2017, n. 205.*

A norma dell'art. 1, comma 1005, del medesimo provvedimento, tali disposizioni si applicano ai redditi di capitale percepiti a partire dal 1º gennaio 2018 ed ai redditi diversi realizzati a decorrere dal 1º gennaio 2019.

A norma dell'art. 1, comma 1006, del medesimo provvedimento, in deroga a tali disposizioni, alle distribuzioni di utili derivanti da partecipazioni qualificate in società ed enti soggetti all'imposta sul reddito delle società formatesi con utili prodotti fino all'esercizio in corso al 31 dicembre 2017, deliberate dal 1º gennaio 2018 al 31 dicembre 2022, continuano ad applicarsi le disposizioni di cui al decreto del Ministro dell'economia e delle finanze 26 maggio 2017, pubblicato nella Gazzetta Ufficiale *n. 160 dell'11 luglio 2017.*

([5]) *Questo periodo è stato aggiunto dall'art. 15, comma 1, lett.* a), *del D.L.vo 18 novembre 2005, n. 247. A norma dell'art. 15, comma 2, dello stesso provvedimento, tali disposizioni si applicano alle plusvalenze percepite a decorrere dal periodo di imposta che ha inizio dal 1° gennaio 2006.*

([6]) *L'ultimo periodo di questo comma è stato così sostituito dall'art. 3, comma 5, lett.* a), *del D.L. 24 aprile 2014, n. 66, convertito, con modificazioni, nella L. 23 giugno 2014, n. 89, a decorrere dal 1° luglio 2014.*

([7]) *Questo periodo è stato soppresso dall'art. 1, comma 1000, lett.* c), *della L. 27 dicembre 2017, n. 205.*

A norma dell'art. 1, comma 1005, del medesimo provvedimento, tali disposizioni si applicano ai redditi di capitale percepiti a partire dal 1º gennaio 2018 ed ai redditi diversi realizzati a decorrere dal 1º gennaio 2019.

A norma dell'art. 1, comma 1006, del medesimo provvedimento, in deroga a tali disposizioni, alle distribuzioni di utili derivanti da partecipazioni qualificate in società ed enti soggetti all'imposta sul reddito delle società formatesi con utili prodotti fino all'esercizio in corso al 31 dicembre 2017, deliberate dal 1º gennaio 2018 al 31 dicembre 2022, continuano ad applicarsi le disposizioni di cui al decreto del Ministro dell'economia e delle finanze 26 maggio 2017, pubblicato nella Gazzetta Ufficiale *n. 160 dell'11 luglio 2017.*

([8]) *Questo periodo è stato così sostituito dall'art. 1, comma 1000, lett.* c), *della L. 27 dicembre 2017, n. 205.*

A norma dell'art. 1, comma 1005, del medesimo provvedimento, tali disposizioni si applicano ai redditi di capitale percepiti a partire dal 1° gennaio 2018 ed ai redditi diversi realizzati a decorrere dal 1° gennaio 2019.

A norma dell'art. 1, comma 1006, del medesimo provvedimento, in deroga a tali disposizioni, alle distribuzioni di utili derivanti da partecipazioni qualificate in società ed enti soggetti all'imposta sul reddito delle società formatesi con utili prodotti fino all'esercizio in corso al 31 dicembre 2017, deliberate dal 1° gennaio 2018 al 31 dicembre 2022, continuano ad applicarsi le disposizioni di cui al decreto del Ministro dell'economia e delle finanze 26 maggio 2017, pubblicato nella Gazzetta Ufficiale *n. 160 dell'11 luglio 2017.*

(9) *Le parole: «Le imposte sostitutive di cui ai commi 1 e 2 sono corrisposte» sono state così sostituite dalle attuali: «L'imposta sostitutiva di cui al comma 2 è corrisposta» dall'art. 2, comma 2, lett.* a), *n. 3), del D.L.vo 12 dicembre 2003, n. 344.*

(10) *Questo periodo è stato soppresso dall'art. 1, comma 1000, lett.* d), *della L. 27 dicembre 2017, n. 205.*

A norma dell'art. 1, comma 1005, del medesimo provvedimento, tali disposizioni si applicano ai redditi di capitale percepiti a partire dal 1° gennaio 2018 ed ai redditi diversi realizzati a decorrere dal 1° gennaio 2019.

A norma dell'art. 1, comma 1006, del medesimo provvedimento, in deroga a tali disposizioni, alle distribuzioni di utili derivanti da partecipazioni qualificate in società ed enti soggetti all'imposta sul reddito delle società formatesi con utili prodotti fino all'esercizio in corso al 31 dicembre 2017, deliberate dal 1° gennaio 2018 al 31 dicembre 2022, continuano ad applicarsi le disposizioni di cui al decreto del Ministro dell'economia e delle finanze 26 maggio 2017, pubblicato nella Gazzetta Ufficiale *n. 160 dell'11 luglio 2017.*

(11) *Le originarie lettere* a) e b) *di questo comma sono state così sostituite dall'attuale lettera* a), *dall'art. 10, comma 3, del D.L. 25 settembre 2001, n. 350, conv., con modif., nella L. 23 novembre 2001, n. 409. Tale disposizione si applica ai redditi di capitale divenuti esigibili, nonché alle plusvalenze e agli altri redditi diversi di natura finanziaria realizzati a decorrere dal 1° gennaio 2002.*

(12) *Questo comma è stato così sostituito dall'art. 4, comma 1, lett.* a), *del D.L.vo 21 luglio 1999, n. 259.*

6. Opzione per l'applicazione dell'imposta sostitutiva su ciascuna plusvalenza o altro reddito diverso realizzato. – 1. Il contribuente ha facoltà di optare per l'applicazione dell'imposta sostitutiva di cui all'articolo 5 su ciascuna delle plusvalenze realizzate ai sensi delle lettere *c*), *c bis*) e *c ter*) del comma 1 (1) dell'articolo 81 del testo unico delle imposte sui redditi, approvato con decreto del Presidente della Repubblica 22 dicembre 1986, n. 917, come modificato dall'articolo 3, comma 1, con esclusione di quelle relative a depositi in valuta, a condizione che i titoli, quote o certificati siano in custodia o in amministrazione presso banche e società di intermediazione mobiliare e altri soggetti individuati in appositi decreti del Ministro del tesoro, del bilancio e della programmazione economica, di concerto con il Ministro delle finanze. Per le plusvalenze realizzate mediante cessione a termine di valute estere ai sensi della predetta lettera *c ter*) del comma 1 dell'articolo 81 del testo unico n. 917 del 1986, nonché per i differenziali positivi e gli altri proventi realizzati mediante i rapporti di cui alla lettera *c quater*) del citato comma 1 dell'articolo 81 o i rapporti e le cessioni di cui alla lettera *c quinquies*) dello stesso comma 1, l'opzione può essere esercitata sempreché intervengano nei predetti rapporti o cessioni, come intermediari professionali o come controparti, i soggetti indicati nel precedente periodo del presente comma, con cui siano intrattenuti rapporti di custodia, amministrazione, deposito. Ai fini del presente articolo, i redditi diversi derivanti dalle obbligazioni e dagli altri titoli di cui all'articolo 31 del decreto del Presidente della Repubblica 29 settembre 1973, n. 601 ed equiparati e dalle obbligazioni emesse dagli Stati inclusi nella lista di cui al decreto emanato ai sensi dell'articolo 168 *bis*, comma 1, del medesimo testo unico n. 917 del 1986, e obbligazioni emesse da enti territoriali dei suddetti Stati sono computati nella misura del 48,08 per cento dell'ammontare realizzato (2).

2. L'opzione di cui al comma 1 è esercitata con comunicazione sottoscritta contestualmente al conferimento dell'incarico e dell'apertura del deposito o conto corrente o, per i rapporti in essere, anteriormente all'inizio del periodo d'imposta; per i rapporti di cui alla lettera *c quater*) del comma 1 dell'articolo 81 del testo unico delle imposte sui redditi, approvato con decreto del Presidente della Repubblica 22 dicembre 1986, n. 917, e per i rapporti e le cessioni di cui alla lettera *c quinquies*) del medesimo comma 1 dell'articolo 81, del testo unico n. 917 del 1986, come modificato dall'articolo 3, comma 1, l'opzione può essere esercitata anche all'atto della conclusione del primo contratto nel periodo d'imposta da cui l'intervento dell'intermediario trae origine. L'opzione ha effetto per tutto il periodo d'imposta e può essere revocata entro la scadenza di ciascun anno solare, con effetto per il periodo d'imposta successivo. Con uno o più decreti del Ministro delle finanze, da pubblicare nella *Gazzetta Ufficiale* entro novanta giorni dalla pubblicazione del presente decreto, sono stabilite le modalità per l'esercizio e la revoca dell'opzione di cui al presente articolo. Per i soggetti non residenti nonché per le plusvalenze realizzate mediante cessione a titolo oneroso o rimborso di quote o azioni di organismi di investimento collettivo del risparmio (3) l'imposta sostitutiva di cui al comma 1 è applicata dagli intermediari, anche in mancanza di esercizio dell'opzione, salva la facoltà del contribuente di rinunciare a tale regime con effetto dalla prima operazione successiva. La predetta rinuncia può essere esercitata anche dagli intermediari non residenti relativamente ai rapporti di custodia, amministrazione e deposito ad essi intestati sui quali siano detenute attività finanziarie di terzi; in tal caso gli intermediari non residenti sono tenuti ad assolvere gli obblighi di comu-

nicazione di cui all'articolo 10 e nominano quale rappresentante a detti fini uno degli intermediari di cui al comma 1 (4).

3. I soggetti di cui al comma 1 applicano l'imposta sostitutiva di cui all'articolo 5 su ciascuna plusvalenza, differenziale positivo o provento percepito dal contribuente. Qualora tali soggetti non siano in possesso dei dati e delle informazioni necessarie per l'applicazione dell'imposta sostitutiva di cui al comma 1 sulle plusvalenze e gli altri redditi ivi indicati, devono richiederle al contribuente, anteriormente all'effettuazione delle operazioni; il contribuente comunica al soggetto incaricato dell'applicazione dell'imposta i dati e le informazioni richieste, consegnando, anche in copia, la relativa documentazione, o, in mancanza, una dichiarazione sostitutiva in cui attesti i predetti dati ed informazioni. I soggetti di cui al comma 1 sospendono l'esecuzione delle operazioni a cui sono tenuti in relazione al rapporto, fino a che non ottengono i dati e le informazioni necessarie all'applicazione dell'imposta. Nel caso di inesatta comunicazione, il recupero dell'imposta sostitutiva non applicata o applicata in misura inferiore è effettuato esclusivamente a carico del contribuente con applicazione della sanzione amministrativa dal cento al duecento per cento dell'ammontare della maggiore imposta sostitutiva dovuta (5).

4. Per l'applicazione dell'imposta su ciascuna plusvalenza, differenziale positivo o provento realizzato, escluse quelle realizzate mediante la cessione a termine di valute estere, i soggetti di cui al comma 1, nel caso di pluralità di titoli, quote, certificati o rapporti appartenenti a categorie omogenee, assumono come costo o valore di acquisto il costo o valore medio ponderato relativo a ciascuna categoria dei predetti titoli, quote, certificati o rapporti.

5. Qualora siano realizzate minusvalenze, perdite o differenziali negativi i soggetti di cui al comma 1 computano in deduzione, fino a loro concorrenza, l'importo delle predette minusvalenze, perdite o differenziali negativi dalle plusvalenze, differenziali positivi o proventi realizzati nelle successive operazioni poste in essere nell'ambito del medesimo rapporto, nello stesso periodo d'imposta e nei successivi ma non oltre il quarto. Qualora sia revocata l'opzione o sia chiuso il rapporto di custodia, amministrazione o deposito o siano rimborsate o cedute (6) anche parzialmente le quote o azioni di organismi di investimento collettivo del risparmio, (7) le minusvalenze, perdite o differenziali negativi possono essere portati in deduzione, non oltre il quarto periodo d'imposta successivo a quello del realizzo, dalle plusvalenze, proventi e differenziali positivi realizzati nell'ambito di altro rapporto di cui al comma 1, intestato agli stessi soggetti intestatari del rapporto o deposito di provenienza, ovvero portate in deduzione ai sensi del comma 4 dell'articolo 82 del testo unico delle imposte sui redditi, approvato con decreto del Presidente della Repubblica 22 dicembre 1986, n. 917, come modificato dall'articolo 4, comma

1. I soggetti di cui al comma 1 rilasciano al contribuente apposita certificazione dalla quale risultino i dati e le informazioni necessarie a consentire la deduzione delle predette minusvalenze, perdite o differenziali negativi.

6. Agli effetti del presente articolo si considera cessione a titolo oneroso anche il trasferimento dei titoli, quote, certificati o rapporti di cui al comma 1 a rapporti di custodia o amministrazione di cui al medesimo comma, intestati a soggetti diversi dagli intestatari del rapporto di provenienza, nonché ad un rapporto di gestione di cui all'articolo 7, salvo che il trasferimento non sia avvenuto ([8]) per successione o donazione. In tal caso la plusvalenza, il provento, la minusvalenza o perdita realizzate mediante il trasferimento sono determinate con riferimento al valore, calcolato secondo i criteri previsti dal comma 5 dell'articolo 7, alla data del trasferimento, dei titoli, quote, certificati o rapporti trasferiti ed i soggetti di cui al comma 1, tenuti al versamento dell'imposta, possono sospendere l'esecuzione delle operazioni fino a che non ottengano dal contribuente provvista per il versamento dell'imposta dovuta. Nelle ipotesi di cui al presente comma i soggetti di cui al comma 1 rilasciano al contribuente apposita certificazione dalla quale risulti il valore dei titoli, quote, certificati o rapporti trasferiti.

7. Nel caso di prelievo dei titoli, quote, certificati o rapporti di cui al comma 1 o di loro trasferimento a rapporti di custodia o amministrazione, intestati agli stessi soggetti intestatari dei rapporti di provenienza, e comunque di revoca dell'opzione di cui al comma 2, per il calcolo della plusvalenza, reddito, minusvalenza o perdita, ai fini dell'applicazione dell'imposta sostitutiva di cui al precedente articolo, si assume il costo o valore determinati ai sensi dei commi 3 e 4 e si applica il comma 12, sulla base di apposita certificazione rilasciata dai soggetti di cui al comma 1.

[8. L'opzione non può essere esercitata e, se esercitata, perde effetto, qualora le percentuali di diritti di voto o di partecipazione rappresentate dalle partecipazioni, titoli o diritti complessivamente posseduti dal contribuente, anche nell'ambito dei rapporti di cui al comma 1 o all'articolo 7, siano superiori a quelle indicate nella lettera *c*) del comma 1 dell'articolo 81 del testo unico delle imposte sui redditi, approvato con decreto del Presidente della Repubblica 22 dicembre 1986, n. 917, come modificato dall'articolo 3, comma 1. Se il superamento delle percentuali è avvenuto successivamente all'esercizio dell'opzione, per la determinazione dei redditi da assoggettare ad imposta sostitutiva ai sensi del comma 1 dell'articolo 5 si applica il comma 7. Il contribuente comunica ai soggetti di cui al comma 1 il superamento delle percentuali entro quindici giorni dalla data in cui sia avvenuto o, se precedente, all'atto della prima cessione, ogniqualvolta tali soggetti, sulla base dei dati e delle informazioni in loro possesso, non siano in grado di verificare il superamento. Nel caso di indebito esercizio dell'opzione o di omessa comunicazione si applica la sanzione amministrativa dal 2 al 4 per cento del valore delle partecipazioni, titoli o diritti posseduti alla data della violazione] ([9]).

9. I soggetti di cui al comma 1 provvedono al versamento diretto dell'imposta dovuta dal contribuente al concessionario della riscossione ovvero alla sezione di tesoreria provinciale ([10]) entro il quindicesimo giorno del secondo mese successivo a quello in cui è stata applicata, trattenendone l'importo su ciascun reddito realizzato o ricevendone provvista dal contribuente. Per le operazioni effettuate con l'intervento di intermediari autorizzati ad operare nei mercati regolamentati italiani, l'operazione si considera effettuata, ai fini del versamento, entro il termine previsto per le relative liquidazioni. I soggetti di cui al comma 1 rilasciano al contribuente una attestazione dei versamenti entro il mese di marzo dell'anno successivo ovvero entro 12 giorni dalla richiesta degli interessati ([11]).

10. I soggetti di cui al comma 1 comunicano all'amministrazione finanziaria entro il termine stabilito per la presentazione della dichiarazione dei sostituti d'imposta dal quarto comma dell'articolo 9 del decreto del Presidente della Repubblica 29 settembre 1973, n. 600, l'ammontare complessivo delle plusvalenze e degli altri proventi e quello delle imposte sostitutive applicate nell'anno solare precedente. Con il decreto di approvazione dei modelli di cui all'articolo 8 del decreto del Presidente della Repubblica 29 settembre 1973, n. 600, sono stabilite le modalità di effettuazione di tale comunicazione ([12]).

11. Per la liquidazione, l'accertamento, la riscossione, le sanzioni, i rimborsi e il contenzioso in materia di imposta sostitutiva si applicano le disposizioni previste in materia di imposte sui redditi ([13]).

[12. Ai fini dell'applicazione della disposizione di cui al comma 9 dell'articolo 82 del testo unico delle imposte sui redditi, approvato con decreto del Presidente della Repubblica 22 dicembre 1986, n. 917, introdotto dall'articolo 4, comma 1, sulle plusvalenze, proventi, minusvalenze e perdite derivanti da titoli, quote, certificati o rapporti per i quali è stata esercitata l'opzione di cui al comma 1, si assume come data di acquisto la data media ponderata di acquisto relativa a ciascuna categoria dei predetti titoli, quote, certificati o rapporti] ([14]).

([1]) *Le parole*: *«ai sensi delle lettere* c bis) *e* c ter) *del comma 1» sono state così sostituite dalle seguenti*: *«ai sensi delle lettere* c), c bis) *e* c ter) *del comma 1» dall'art. 1, comma 1001, lett.* a)*, della L. 27 dicembre 2017, n. 205.*

A norma dell'art. 1, comma 1005, del medesimo provvedimento, tali disposizioni si applicano ai redditi di capitale percepiti a partire dal 1° gennaio 2018 ed ai redditi diversi realizzati a decorrere dal 1° gennaio 2019.

A norma dell'art. 1, comma 1006, del medesimo provvedimento, in deroga a tali disposizioni, alle distribuzioni di utili derivanti da partecipazioni qualificate in società ed

enti soggetti all'imposta sul reddito delle società formatesi con utili prodotti fino all'esercizio in corso al 31 dicembre 2017, deliberate dal 1° gennaio 2018 al 31 dicembre 2022, continuano ad applicarsi le disposizioni di cui al decreto del Ministro dell'economia e delle finanze 26 maggio 2017, pubblicato nella Gazzetta Ufficiale *n. 160 dell'11 luglio 2017.*

([2]) *L'ultimo periodo di questo comma è stato così sostituito dall'art. 3, comma 5, lett.* b), *del D.L. 24 aprile 2014, n. 66, convertito, con modificazioni, nella L. 23 giugno 2014, n. 89. Le disposizioni di cui all'articolo 3 del suddetto D.L. hanno effetto a decorrere dal 1° luglio 2014.*

([3]) *Le parole da: «nonché per le plusvalenze ...» fino a: «... del risparmio» sono state inserite dall'art. 2, comma 64, lett.* a), *del D.L. 29 dicembre 2010, n. 225, convertito, con modificazioni, nella L. 26 febbraio 2011, n. 10, con effetto a partire dal 1° luglio 2011.*

([4]) *Gli ultimi due periodi di questo comma sono stati aggiunti dall'art. 2, comma 1, del D.L.vo 16 giugno 1998, n. 201, con effetto dal 1° luglio 1998.*

([5]) *Le parole: «con applicazione delle sanzioni di cui al terzo periodo del comma 11», sono state sostituite dalle attuali dall'art. 4, comma 1, lett.* b), *n. 1), del D.L.vo 21 luglio 1999, n. 259.*

([6]) *Le parole: «o cedute» sono state inserite dall'art. 5 del D.L.vo 16 aprile 2012, n. 47.*

([7]) *Le parole da: «o siano rimborsate ...» fino a: «... del risparmio,» sono state inserite dall'art. 2, comma, 64, lett.* b), *del D.L. 29 dicembre 2010, n. 225, convertito, con modificazioni, nella L. 26 febbraio 2011, n. 10, con effetto a partire dal 1° luglio 2011.*

([8]) *La parola: «avvenuto» è stata sostituita alla originaria: «avenuto» dall'art. 7, comma 1, lett.* b), *del D.L.vo 16 giugno 1998, n. 201, con effetto dal 1° luglio 1998.*

([9]) *Questo comma è stato abrogato dall'art. 1, comma 1001, lett.* b), *della L. 27 dicembre 2017, n. 205.*

A norma dell'art. 1, comma 1005, del medesimo provvedimento, tali disposizioni si applicano ai redditi di capitale percepiti a partire dal 1° gennaio 2018 ed ai redditi diversi realizzati a decorrere dal 1° gennaio 2019.

A norma dell'art. 1, comma 1006, del medesimo provvedimento, in deroga a tali disposizioni, alle distribuzioni di utili derivanti da partecipazioni qualificate in società ed enti soggetti all'imposta sul reddito delle società formatesi con utili prodotti fino all'esercizio in corso al 31 dicembre 2017, deliberate dal 1° gennaio 2018 al 31 dicembre 2022, continuano ad applicarsi le disposizioni di cui al decreto del Ministro dell'economia e delle finanze 26 maggio 2017, pubblicato nella Gazzetta Ufficiale *n. 160 dell'11 luglio 2017.*

([10]) *Le parole: «, competente in ragione del domicilio fiscale del soggetto gestore,» sono state soppresse dall'art. 8, comma 1, lett.* a), *del D.L.vo 16 giugno 1998, n. 201, con effetto dal 1° luglio 1998.*

([11]) *Le parole: «del versamento entro il mese successivo a quello in cui questo è stato effettuato» sono state sostituite dalle attuali da:* «dei versamenti entro il mese di marzo ...» *fino a: «... richiesta degli interessati» dall'art. 5, comma 1, lett.* a), *del D.L.vo 23 dicembre 1999, n. 505. A norma dell'art. 5, comma 2, del medesimo provvedimento tale disposizione si applica con riferimento ai versamenti dell'imposta sostitutiva relativi alle operazioni effettuate a decorrere dal 1° gennaio 2000.*

([12]) *L'ultimo periodo di questo comma è stato così sostituito dall'art. 8, comma 1, lett.* a), *del D.L.vo 16 giugno 1998, n. 201, con effetto dal 1° luglio 1998.*

([13]) *Questo comma è stato così sostituito dall'art. 4, comma 1, lett.* b), *n. 3), del D.L.vo 21 luglio 1999, n. 259.*

([14]) *Questo comma è stato abrogato dall'art. 9, comma 1, lett.* b), *del D.L. 25 settembre 2001, n. 350, conv., con modif., nella L. 23 novembre 2001, n. 409. Tale disposizione ha effetto per la determinazione delle plusvalenze, dei differenziali positivi e dei proventi e delle minusvalenze, differenziali negativi e oneri realizzati a decorrere dal 4 agosto 2001.*

7. Imposta sostitutiva sul risultato maturato delle gestioni individuali di portafoglio. – 1. I soggetti che hanno conferito a un soggetto abilitato ai sensi del decreto legislativo 23 luglio 1996, n. 415, l'incarico di gestire masse patrimoniali costituite da somme di denaro o beni non relativi all'impresa, possono optare, con riferimento ai redditi di capitale e diversi di cui agli articoli 41 e 81, comma 1, lettere da *c*) a *c quinquies*) ([1]), del testo unico delle imposte sui redditi, approvato con decreto del Presidente della Repubblica 22 dicembre 1986, n. 917, come modificati, rispettivamente, dagli articoli 1, comma 3, e 3, comma 1, del presente decreto, che concorrono alla determinazione del risultato della gestione ai sensi del comma 4, per l'applicazione dell'imposta sostitutiva di cui al presente articolo. L'opzione non produce effetto per i redditi derivanti dalle partecipazioni al capitale o al patrimonio, dai titoli o strumenti finanziari e dai contratti, [non qualificati] ([2]) di cui al comma 4 dell'articolo 68 del testo unico delle imposte sui redditi, di cui al decreto del Presidente della Repubblica n. 917 del 1986, salvo la dimostrazione, al momento del conferimento delle suddette partecipazioni, del rispetto delle condizioni indicate nella lettera *c*), del comma 1, dell'articolo 87, del citato testo unico a seguito dell'esercizio dell'interpello secondo le modalità del comma 5, lettera *b*), dello stesso articolo 167, del medesimo testo unico ([3]).

2. Il contribuente può optare per l'applicazione dell'imposta sostitutiva mediante comunicazione sottoscritta rilasciata al soggetto gestore all'atto della stipula del contratto e, nel caso dei rapporti in essere, anteriormente all'inizio del periodo d'imposta. L'opzione ha effetto per il periodo d'imposta e può essere revocata solo entro la scadenza di ciascun anno solare, con effetto per il periodo d'imposta successivo. Con uno o più decreti del Ministro delle finanze, da pubblicare nella *Gazzetta Ufficiale* entro novanta giorni dalla data di pubblicazione del presente decreto, sono stabilite le modalità per l'esercizio e la revoca dell'opzione di cui al presente articolo ([4]).

3. Qualora sia stata esercitata l'opzione di cui al comma 2 i redditi che concorrono a formare il risultato della gestione, determinati secondo i criteri stabiliti dagli articoli 42 e 82 del testo unico delle imposte sui redditi, approvato con decreto del Presidente della Repubblica 22 dicembre 1986, n. 917, non sono soggetti alle imposte sui redditi, nonché all'imposta sostitutiva di cui al

comma 3 all'articolo 5. Sui redditi di capitale derivanti dalle attività finanziarie comprese nella massa patrimoniale affidata in gestione non si applicano:

a) l'imposta sostitutiva di cui all'articolo 2, commi 1 e 1 *bis* ([5]) del decreto legislativo 1° aprile 1996, n. 239;

b) la ritenuta prevista dal comma 2 dell'articolo 26 del D.P.R. 29 settembre 1973, n. 600, sugli interessi ed altri proventi dei conti correnti bancari ([6]);

c) le ritenute [del 12,50 per cento] ([7]) previste dai commi 3 e 3 *bis* dell'articolo 26 e la ritenuta [del 12,50 per cento] ([7]) di cui all'articolo 26 *quinquies* ([8]) del predetto decreto n. 600 del 1973;

d) le ritenute previste dai commi 1 e 4, primo periodo, ([9]) dell'articolo 27 del medesimo decreto [, con esclusione delle ritenute sugli utili derivanti dalle partecipazioni in società estere qualificate ai sensi della lettera *c*) del comma 1 dell'articolo 67 del testo unico delle imposte sui redditi] ([10]) ([11]);

e) la ritenuta prevista dai commi 1, 2 e 5 ([12]) dell'articolo 10 *ter* della legge 23 marzo 1983, n. 77, come modificato dall'articolo 8, comma 5;

e bis) la ritenuta prevista dal comma 1 dell'articolo 7 del decreto legge 25 settembre 2001, n. 351, convertito, con modificazioni, dalla legge 23 novembre 2001, n. 410, e la ritenuta sui proventi derivanti dalla partecipazione ad organismi di investimento collettivo del risparmio immobiliari di diritto estero ([13]).

4. Il risultato maturato della gestione è soggetto ad imposta sostitutiva delle imposte sui redditi con l'aliquota del 12,50 per cento. Il risultato della gestione si determina sottraendo dal valore del patrimonio gestito al termine di ciascun anno solare, al lordo dell'imposta sostitutiva, aumentato dei prelievi e diminuito di conferimenti effettuati nell'anno, i redditi maturati nel periodo e soggetti a ritenuta, i redditi che concorrono a formare il reddito complessivo del contribuente, i redditi esenti o comunque non soggetti ad imposta maturati nel periodo, [i proventi derivanti [da quote di organismi di investimento collettivo mobiliare soggetti all'imposta sostitutiva di cui al successivo articolo 8, nonché] ([14]) dai fondi comuni di investimento immobiliare di cui alla legge 25 gennaio 1994, n. 86, il 60 per cento dei proventi derivanti dalla partecipazione ad organismi di investimento collettivo del risparmio di cui al quarto periodo, del comma 1, dell'articolo 10 *ter*, della legge 23 marzo 1983, n. 77,] ([15]) ed il valore del patrimonio stesso all'inizio dell'anno. Il risultato è computato al netto degli oneri e delle commissioni relative al patrimonio gestito. Ai fini del presente comma, i redditi derivanti dalle obbligazioni e dagli altri titoli di cui all'articolo 31 del decreto del Presidente della Repubblica 29 settembre 1973, n. 601 ed equiparati e dalle obbligazioni emesse dagli Stati inclusi nella lista di cui al decreto emanato ai sensi dell'articolo 168 *bis*, comma 1, del testo unico delle imposte sui redditi, di cui al decreto del Presidente della Repubblica 22 dicembre 1986, n. 917,

e obbligazioni emesse da enti territoriali dei suddetti Stati sono computati nella misura del 48,08 per cento del loro ammontare ([16]).

5. La valutazione del patrimonio gestito all'inizio ed alla fine di ciascun periodo d'imposta è effettuata secondo i criteri stabiliti dai regolamenti emanati dalla Commissione nazionale per le società e la borsa in attuazione del decreto legislativo 23 luglio 1996, n. 415. Tuttavia nel caso dei titoli, quote, partecipazioni, certificati o rapporti non negoziati in mercati regolamentati, il cui valore complessivo medio annuo sia superiore al 10 per cento dell'attivo medio gestito, essi sono valutati secondo il loro valore normale, ferma restando la facoltà del contribuente di revocare l'opzione limitatamente ai predetti titoli, quote, partecipazioni, certificati o rapporti ([17]). Con uno o più decreti del Ministro delle finanze, sentita la Commissione nazionale per le società e la borsa, sono stabilite le modalità e i criteri di attuazione del presente comma.

6. Nel caso di contratti di gestione avviati o conclusi in corso d'anno, in luogo del patrimonio all'inizio dell'anno si assume il patrimonio alla data di stipula del contratto ovvero in luogo del patrimonio al termine dell'anno si assume il patrimonio alla chiusura del contratto.

7. Il conferimento di titoli, quote, certificati o rapporti in una gestione per la quale sia stata esercitata l'opzione di cui al comma 2 si considera cessione a titolo oneroso ed il soggetto gestore applica le disposizioni dei commi 5, 6, 9 e 12 dell'articolo 6. Tuttavia nel caso di conferimento di strumenti finanziari che formavano già oggetto di un contratto di gestione per il quale era stata esercitata l'opzione di cui al comma 2, si assume quale valore di conferimento il valore assegnato ai medesimi ai fini della determinazione del patrimonio alla conclusione del precedente contratto di gestione; nel caso di conferimento di strumenti finanziari per i quali sia stata ([18]) esercitata l'opzione di cui all'articolo 6, si assume quale costo il valore, determinato agli effetti dell'applicazione del comma 6 ([19]) del citato articolo.

8. Nel caso di prelievo di titoli, quote, valute, certificati e rapporti o di loro trasferimento ad altro deposito o rapporto di custodia, amministrazione o gestione di cui all'articolo 6 ed al comma 1 del presente articolo, salvo che il trasferimento non sia avvenuto per successione o per donazione, e comunque di revoca dell'opzione di cui al precedente comma 2, ai fini della determinazione del risultato della gestione nel periodo in cui gli stessi sono stati eseguiti, è considerato il valore dei medesimi il giorno del prelievo, adottando i criteri di valutazione previsti al comma 5.

9. Nelle ipotesi di cui al comma 8, ai fini del calcolo della plusvalenza, reddito, minusvalenza o perdita relativi ai titoli, quote, certificati, valute e rapporti prelevati o trasferiti o con riferimento ai quali sia stata revocata l'opzione, si assume il valore dei titoli, quote, certificati, valute e rapporti che

ha concorso a determinare il risultato della gestione assoggettato ad imposta ai sensi del medesimo comma. In tali ipotesi il soggetto gestore rilascia al mandante apposita certificazione dalla quale risulti il valore dei titoli, quote, certificati, valute e rapporti.

10. Se in un anno il risultato della gestione è negativo, il corrispondente importo è computato in diminuzione del risultato della gestione dei periodi d'imposta successivi ma non oltre il quarto per l'intero importo che trova capienza in essi.

11. L'imposta sostitutiva di cui al comma 4 è prelevata dal soggetto gestore ed è versata al concessionario della riscossione ovvero alla sezione di tesoreria provinciale dello Stato ([20]) entro il 16 febbraio di ciascun anno ovvero entro il sedicesimo giorno del secondo mese successivo ([21]) a quello in cui è stato revocato il mandato di gestione. Il soggetto gestore può effettuare, anche in deroga al regolamento di gestione, i disinvestimenti necessari al versamento dell'imposta, salvo che il contribuente non fornisca direttamente le somme corrispondenti entro il quindicesimo giorno del mese nel quale l'imposta stessa è versata; nelle ipotesi previste al comma 8 il soggetto gestore può sospendere l'esecuzione delle prestazioni fino a che non ottenga dal contribuente provvista per il versamento dell'imposta dovuta.

12. Contestualmente alla presentazione della dichiarazione dei redditi propri il soggetto gestore presenta la dichiarazione relativa alle imposte prelevate sul complesso delle gestioni ([22]). I soggetti diversi dalle società ed enti di cui all'articolo 87, comma 1, lettere *a*) e *d*) del testo unico delle imposte sui redditi, approvato con decreto del Presidente della Repubblica 22 dicembre 1986, n. 917 presentano la predetta dichiarazione entro il termine stabilito per la presentazione della dichiarazione dei sostituti d'imposta ([23]). Le modalità di effettuazione dei versamenti e la presentazione della dichiarazione prevista nel presente comma sono disciplinate dalle disposizioni dei decreti del Presidente della Repubblica 29 settembre 1973, n. 600 e n. 602.

13. Nel caso in cui alla conclusione del contratto il risultato della gestione sia negativo, il soggetto gestore rilascia al mandante apposita certificazione dalla quale risulti l'importo computabile in diminuzione ai sensi del comma 4 dell'articolo 82, del testo unico delle imposte sui redditi, approvato con decreto del Presidente della Repubblica 22 dicembre 1986, n. 917, come sostituito dall'articolo 4, comma 1, lettera *b*), o, nel caso di esistenza od apertura di depositi o rapporti di custodia, amministrazione o gestione di cui all'articolo 6 e al comma 1, intestati al contribuente e per i quali sia esercitata l'opzione di cui alle medesime disposizioni, ai sensi del comma 5 dell'articolo 6 o del comma 10 del presente articolo. Ai fini del computo del periodo

temporale entro cui il risultato negativo è computabile in diminuzione si tiene conto di ciascun periodo d'imposta in cui il risultato negativo è maturato.

[14. L'opzione non può essere esercitata e, se esercitata, perde effetto, qualora le percentuali di diritti di voto o di partecipazione rappresentate dalle partecipazioni, titoli o diritti complessivamente posseduti dal contribuente, anche nell'ambito dei rapporti di cui al comma 1 o all'articolo 6, siano superiori a quelle indicate nella lettera *c*) del comma 1 dell'articolo 81 del testo unico delle imposte sui redditi, approvato con decreto del Presidente della Repubblica 22 dicembre 1986, n. 917, come sostituita dall'articolo 3, comma 1, lettera *a*). Se il superamento delle percentuali è avvenuto successivamente all'esercizio dell'opzione, per la determinazione dei redditi da assoggettare ad imposta sostitutiva ai sensi del comma 1 dell'articolo 5 si applica il comma 9. Il contribuente comunica ai soggetti di cui al comma 1 il superamento delle percentuali entro quindici giorni dalla data in cui sia avvenuto o, se precedente, all'atto della prima cessione, ogniqualvolta tali soggetti, sulla base dei dati e delle informazioni in loro possesso, non siano in grado di verificare il superamento. Nel caso di indebito esercizio dell'opzione o di omessa comunicazione si applica a carico del contribuente la sanzione amministrativa dal 2 al 4 per cento del valore delle partecipazioni, titoli o diritti posseduti alla data della violazione] ([24]).

[15. Nel caso di revoca dell'opzione di cui ai commi 8 e 9, ai fini dell'applicazione della disposizione del comma 9 dell'articolo 82 del testo unico delle imposte sui redditi, approvato con decreto del Presidente della Repubblica 22 dicembre 1986, n. 917, introdotto dall'articolo 4, comma 1, la data di acquisizione dei titoli, quote, certificati, valute e rapporti si considera il 1° gennaio dell'anno in cui ha effetto la revoca; nel caso di chiusura del rapporto in corso d'anno la predetta data è quella di chiusura del rapporto] ([25]).

16. Per la liquidazione, l'accertamento, la riscossione, le sanzioni, i rimborsi e il contenzioso in materia di imposta sostitutiva si applicano le disposizioni previste in materia di imposte sui redditi ([26]).

17. Con il decreto di approvazione dei modelli cui all'articolo 8 del decreto del Presidente della Repubblica 29 settembre 1973, n. 600, è approvato il modello di dichiarazione di cui al comma 12 ([27]).

([1]) *Le parole*: «*lettere da* c bis) *a* c quinquies)» *sono state così sostituite dalle seguenti*: «*lettere da* c) *a* c quinquies)» *dall'art. 1, comma 1002, lett.* a)*, della L. 27 dicembre 2017, n. 205.*

A norma dell'art. 1, comma 1005, del medesimo provvedimento, tali disposizioni si applicano ai redditi di capitale percepiti a partire dal 1° gennaio 2018 ed ai redditi diversi realizzati a decorrere dal 1° gennaio 2019.

A norma dell'art. 1, comma 1006, del medesimo provvedimento, in deroga a tali disposizioni, alle distribuzioni di utili derivanti da partecipazioni qualificate in società ed

enti soggetti all'imposta sul reddito delle società formatesi con utili prodotti fino all'esercizio in corso al 31 dicembre 2017, deliberate dal 1° gennaio 2018 al 31 dicembre 2022, continuano ad applicarsi le disposizioni di cui al decreto del Ministro dell'economia e delle finanze 26 maggio 2017, pubblicato nella Gazzetta Ufficiale *n. 160 dell'11 luglio 2017.*

(²) *Le parole tra parentesi quadrate sono state soppresse dall'art. 1, comma 1002, lett.* a)*, della L. 27 dicembre 2017, n. 205.*

A norma dell'art. 1, comma 1005, del medesimo provvedimento, tali disposizioni si applicano ai redditi di capitale percepiti a partire dal 1° gennaio 2018 ed ai redditi diversi realizzati a decorrere dal 1° gennaio 2019.

A norma dell'art. 1, comma 1006, del medesimo provvedimento, in deroga a tali disposizioni, alle distribuzioni di utili derivanti da partecipazioni qualificate in società ed enti soggetti all'imposta sul reddito delle società formatesi con utili prodotti fino all'esercizio in corso al 31 dicembre 2017, deliberate dal 1° gennaio 2018 al 31 dicembre 2022, continuano ad applicarsi le disposizioni di cui al decreto del Ministro dell'economia e delle finanze 26 maggio 2017, pubblicato nella Gazzetta Ufficiale *n. 160 dell'11 luglio 2017.*

(³) *Questo periodo è stato aggiunto dall'art. 16, comma 1, lett.* a)*, del D.L.vo 18 novembre 2005, n. 247. A norma dell'art. 16, comma 2, dello stesso provvedimento, le disposizioni del presente comma hanno effetto per i periodi di imposta che iniziano a decorrere dal 1° gennaio 2006. Per le partecipazioni già conferite in gestione alla predetta data, l'opzione di cui a questo comma perde efficacia a partire dalla medesima data.*

(⁴) *Si veda il D.M. 22 maggio 1998* (G.U. *Serie gen. - n. 132 del 9 giugno 1998*).

(⁵) *Le parole*: «*all'articolo 2*» *sono state così sostituite dalle attuali*: «*all'articolo 2, commi 1 e 1* bis» *dall'art. 5, comma 1, lett.* b)*, del D.L.vo 23 dicembre 1999, n. 505.*

(⁶) *Questa lettera è stata così sostituita dall'art. 2, comma 19, lett.* c)*, n. 1), del D.L. 13 agosto 2011, n. 138, convertito, con modificazioni, nella L. 14 settembre 2011, n. 148. A norma dell'art. 2, comma 24, del medesimo D.L. tali disposizioni esplicano effetto a decorrere dal 1 gennaio 2012.*

(⁷) *Le parole fra parentesi quadrate sono state soppresse dall'art. 2, comma 19, lett.* c)*, n. 2), del D.L. 13 agosto 2011, n. 138, convertito, con modificazioni, nella L. 14 settembre 2011, n. 148. A norma dell'art. 2, comma 24, del medesimo D.L. tali disposizioni esplicano effetto a decorrere dal 1 gennaio 2012.*

(⁸) *Le parole*: «*e la ritenuta del 12,50 per cento di cui all'articolo 26* quinquies» *sono state inserite dall'art. 2, comma 65, del D.L. 29 dicembre 2010, n. 225, convertito, con modificazioni, nella L. 26 febbraio 2011, n. 10, con effetto a partire dal 1° luglio 2011.*

(⁹) *Le parole*: «*dai commi 1 e 4*» *sono state così sostituite dalle attuali*: «*dai commi 1 e 4, primo periodo,*» *dall'art. 16, comma 1, lett.* b)*, del D.L.vo 18 novembre 2005, n. 247. A norma dell'art. 16, comma 2, dello stesso provvedimento, le disposizioni del presente comma hanno effetto per i periodi di imposta che iniziano a decorrere dal 1° gennaio 2006.*

(¹⁰) *Le parole tra parentesi quadrate sono state soppresse dall'art. 1, comma 1002, lett.* b)*, della L. 27 dicembre 2017, n. 205.*

A norma dell'art. 1, comma 1005, del medesimo provvedimento, tali disposizioni si applicano ai redditi di capitale percepiti a partire dal 1° gennaio 2018 ed ai redditi diversi realizzati a decorrere dal 1° gennaio 2019.

A norma dell'art. 1, comma 1006, del medesimo provvedimento, in deroga a tali disposizioni, alle distribuzioni di utili derivanti da partecipazioni qualificate in società ed

enti soggetti all'imposta sul reddito delle società formatesi con utili prodotti fino all'esercizio in corso al 31 dicembre 2017, deliberate dal 1º gennaio 2018 al 31 dicembre 2022, continuano ad applicarsi le disposizioni di cui al decreto del Ministro dell'economia e delle finanze 26 maggio 2017, pubblicato nella Gazzetta Ufficiale *n. 160 dell'11 luglio 2017.*

(11) *Le parole: «non negoziate in mercati regolamentati» sono state così sostituite dalle attuali da: «qualificate ai sensi della lettera* c) *del comma 1 ...» fino alla fine della lettera, dall'art. 2, comma 2, lett.* b)*, del D.L.vo 12 dicembre 2003, n. 344.*

(12) *Le parole: «dal comma 1» sono state così sostituite dalle attuali: «dai commi 1, 2 e 5» dall'art. 2, comma 81, del D.L. 29 dicembre 2010, n. 225, convertito, con modificazioni, nella L. 26 febbraio 2011, n. 10, a decorrere dal 1° luglio 2011.*

(13) *Questa lettera è stata aggiunta dall'art. 14, comma 1, lett.* a)*, del D.L.vo 4 marzo 2014, n. 44.*

(14) *Le parole da: «da quote ...» fino a: «... nonché» erano state precedentemente abrogate dall'art. 2, comma 79, lett.* f)*, del D.L. 29 dicembre 2010, n. 225, convertito, con modificazioni, nella L. 26 febbraio 2011, n. 10, a decorrere dal 1° luglio 2011.*

(15) *Le parole da: «i proventi derivanti ...» fino a: «... della legge 23 marzo 1983, n. 77,» sono state soppresse dall'art. 14, comma 1, lett.* b)*, del D.L.vo 4 marzo 2014, n. 44.*

(16) *L'ultimo periodo di questo comma è stato così sostituito dall'art. 3, comma 5, lett.* c)*, del D.L. 24 aprile 2014, n. 66, convertito, con modificazioni, nella L. 23 giugno 2014, n. 89, a decorrere dal 1° luglio 2014.*

(17) *Le parole: «a partire dall'anno solare in cui sia superata la predetta percentuale» sono state soppresse dall'art. 1, comma 1, lett.* c)*, n. 1), del D.L.vo 16 giugno 1998, n. 201, con effetto dal 1° luglio 1998.*

(18) *Le parole: «per i quali sia stata» sono state corrette nelle attuali dall'art. 7, comma 1, lett.* c)*, n. 2), del D.L.vo 16 giugno 1998, n. 201, con effetto dal 1° luglio 1998.*

(19) *Le parole: «del comma 7» sono state così sostituite dalle attuali: «del comma 6», dall'art. 7, comma 1, lett.* c)*, n. 2), del D.L.vo 16 giugno 1998, n. 201, con effetto dal 1° luglio 1998.*

(20) *Le parole: «, competente in ragione del domicilio fiscale del soggetto gestore,» sono state soppresse dall'art. 8, comma 1, lett.* b)*, n. 1), del D.L.vo 16 giugno 1998, n. 201, con effetto dal 1° luglio 1998.*

(21) *Le parole: «entro il 28 febbraio di ciascun anno, ovvero entro il secondo mese solare successivo» sono state così sostituite dalle attuali da: «entro il 16 febbraio ...» fino a: «... mese successivo» dall'art. 7, comma 1, del D.L.vo 23 dicembre 1999, n. 505.*

(22) *Le parole: «, allegandovi la copia delle distinte di versamento dell'imposta sostitutiva» sono state soppresse dall'art. 8, comma 1, lett.* b)*, n. 2), del D.L.vo 16 giugno 1998, n. 201, con effetto dal 1° luglio 1998.*

(23) *Il secondo periodo di questo comma è stato inserito dall'art. 5, comma 1, lett.* c)*, del D.L.vo 23 dicembre 1999, n. 505.*

(24) *Questo comma è stato abrogato dall'art. 1, comma 1002, lett.* c)*, della L. 27 dicembre 2017, n. 205.*

A norma dell'art. 1, comma 1005, del medesimo provvedimento, tali disposizioni si applicano ai redditi di capitale percepiti a partire dal 1º gennaio 2018 ed ai redditi diversi realizzati a decorrere dal 1º gennaio 2019.

A norma dell'art. 1, comma 1006, del medesimo provvedimento, in deroga a tali disposizioni, alle distribuzioni di utili derivanti da partecipazioni qualificate in società ed enti soggetti all'imposta sul reddito delle società formatesi con utili prodotti fino all'esercizio in corso al 31 dicembre 2017, deliberate dal 1° gennaio 2018 al 31 dicembre 2022, continuano ad applicarsi le disposizioni di cui al decreto del Ministro dell'economia e delle finanze 26 maggio 2017, pubblicato nella Gazzetta Ufficiale *n. 160 dell'11 luglio 2017.*

([25]) *Questo comma è stato abrogato dall'art. 9, comma 1, lett.* c), *del D.L. 25 settembre 2001, n. 350, conv., con modif., nella L. 23 novembre 2001, n. 409. Tale disposizione ha effetto per la determinazione delle plusvalenze, dei differenziali positivi e dei proventi e delle minusvalenze, differenziali negativi e oneri realizzati a decorrere dal 4 agosto 2001.*

([26]) *Questo comma è stato così sostituito dall'art. 4, comma 1, lett.* c), *n. 2), del D.L.vo 21 luglio 1999, n. 259.*

([27]) *Questo comma è stato così sostituito dall'art. 8, comma 1, lett.* b), *n. 3), del D.L.vo 16 giugno 1998, n. 201, con effetto dal 1° luglio 1998.*

5.

D.L. 25 settembre 2001, n. 351. Disposizioni urgenti in materia di privatizzazione e valorizzazione del patrimonio immobiliare pubblico e di sviluppo dei fondi comuni di investimento immobiliare (*Gazzetta Ufficiale* Serie gen. - n. 224 del 26 settembre 2001), convertito, con modificazioni, nella L. 23 novembre 2001, n. **410** (*Gazzetta Ufficiale* Serie gen. - n. 274 del 24 novembre 2001).

(*Estratto*)

Capo II

Disciplina dei fondi comuni d'investimento immobiliare

5. Disposizioni in materia di fondi comuni d'investimento immobiliare. – 1. - 1 *ter*. (*Omissis*).

2. Entro due mesi dalla data di entrata in vigore della legge di conversione del presente decreto, il Ministro dell'economia e delle finanze, la Banca d'Italia e la CONSOB adottano, ciascuno per quanto di competenza, le modifiche ai regolamenti e ai provvedimenti necessari per dare attuazione a quanto disposto dai commi 1, 1 *bis* e 1 *ter*.

3. Fino all'emanazione dei regolamenti e provvedimenti previsti dal comma 2, alle società di gestione del risparmio continuano ad applicarsi le disposizioni vigenti in quanto compatibili con quanto disposto dai commi 1, 1 *bis*, e 1 *ter*.

4. Le società di gestione del risparmio, relativamente ai fondi già istituiti alla data di entrata in vigore del presente decreto, possono optare per l'ap-

plicazione del regime, ivi incluso quello fiscale, previsto dal presente decreto, dandone comunicazione alle competenti autorità entro sessanta giorni dalla data di entrata in vigore dello stesso.

6. Regime tributario del fondo ai fini delle imposte sui redditi. – 1. I fondi comuni d'investimento immobiliare istituiti ai sensi dell'articolo 37 del testo unico di cui al decreto legislativo 24 febbraio 1998, n. 58, e dell'articolo 14 *bis* della legge 25 gennaio 1994, n. 86, non sono soggetti alle imposte sui redditi e all'imposta regionale sulle attività produttive. Le ritenute operate sui redditi di capitale sono a titolo d'imposta. Non si applicano le ritenute previste dall'articolo 26, commi 2, 3, 3 *bis* e 5, e quella [del 12,50 per cento] (1) di cui all'articolo 26 *quinquies* (2) del decreto del Presidente della Repubblica 29 settembre 1973, n. 600, nonché le ritenute previste dall'articolo 10 *ter* della legge 23 marzo 1983, n. 77.

[2. Sull'ammontare del valore netto contabile del fondo, la società di gestione preleva annualmente un ammontare pari all'1 per cento a titolo di imposta sostitutiva. Il valore netto del fondo deve essere calcolato come media annua dei valori risultanti dai prospetti periodici redatti ai sensi dell'articolo 6, comma 1, lettera *c*), numero 3), del testo unico di cui al decreto legislativo 24 febbraio 1998, n. 58, tenendo anche conto dei mesi in cui il fondo non ha avuto alcun valore perché avviato o cessato in corso d'anno. Ai fini dell'applicazione della presente disposizione non concorre a formare il valore del patrimonio netto l'ammontare dell'imposta sostitutiva dovuta per il periodo d'imposta e accantonata nel passivo] (3).

[3. L'imposta sostitutiva di cui al comma 2 è corrisposta entro il 20 febbraio dell'anno successivo. Per l'accertamento, la riscossione, le sanzioni e i rimborsi dell'imposta sostitutiva si applicano le disposizioni stabilite in materia di imposte sui redditi] (3).

3 *bis*. Alle cessioni ed ai conferimenti ai fondi di investimento immobiliare istituiti ai sensi degli articoli 37 del testo unico delle disposizioni in materia di intermediazione finanziaria, di cui al decreto legislativo 24 febbraio 1998, n. 58, e 14 *bis* della legge 25 gennaio 1994, n. 86, si applica l'articolo 37 *bis* del decreto del Presidente della Repubblica 29 settembre 1973, n. 600. Ai conferimenti di beni ai medesimi fondi non si applicano, in ogni caso, le disposizioni del decreto legislativo 8 ottobre 1997, n. 358 (4).

(1) *Le parole fra parentesi quadrate sono state soppresse dall'art. 2, comma 20, del D.L. 13 agosto 2011, n. 138, convertito, con modificazioni, nella L. 14 settembre 2011, n. 148. A norma dell'art. 2, comma 24, del medesimo D.L. tali disposizioni esplicano effetto a decorrere dal 1 gennaio 2012.*

([2]) *Le parole: «e quella del 12,50 per cento di cui all'articolo 26* quinquies» *sono state inserite dall'art. 2, comma 67, del D.L. 29 dicembre 2010, n. 225, convertito, con modificazioni, nella L. 26 febbraio 2011, n. 10. Tale disposizione esplica i suoi effetti a partire dal 1 luglio 2011.*

([3]) *Questo comma è stato abrogato dall'art. 41* bis*, comma 9, del D.L. 30 settembre 2003, n. 269, convertito, con modificazioni, nella L. 24 novembre 2003, n. 326, a decorrere dal 1° gennaio 2004.*

([4]) *Comma così sostituito dall'art. 9, comma 5, del D.L. 15 aprile 2002, n. 63, convertito, con modificazioni, nella L. 15 giugno 2002, n. 112.*

7. ([1]) **Regime tributario dei partecipanti.** – 1. Sui proventi di cui all'articolo 41, comma 1, lettera *g*), del testo unico delle imposte sui redditi, di cui al decreto del Presidente della Repubblica 22 dicembre 1986, n. 917, derivanti dalla partecipazione a fondi comuni d'investimento immobiliare di cui all'articolo 6, comma 1, la società di gestione del risparmio opera una ritenuta del 20 per cento ([2]). La ritenuta si applica sull'ammontare dei proventi riferibili a ciascuna quota risultanti dai rendiconti periodici redatti ai sensi dell'articolo 6, comma 1, lettera *c*), numero 3), del testo unico di cui al decreto legislativo 24 febbraio 1998, n. 58, distribuiti in costanza di partecipazione nonché sulla differenza tra il valore di riscatto o di liquidazione delle quote ed il costo medio ponderato ([3]) di sottoscrizione o acquisto. Il costo di sottoscrizione o acquisto è documentato dal partecipante. In mancanza della documentazione il costo è documentato con una dichiarazione sostitutiva.

2. La ritenuta di cui al comma 1 è applicata a titolo d'acconto nei confronti di: *a*) imprenditori individuali, se le partecipazioni sono relative all'impresa commerciale; *b*) società in nome collettivo, in accomandita semplice ed equiparate; società ed enti indicati nelle lettere *a*) e *b*) del comma 1 dell'articolo 87 del testo unico delle imposte sui redditi, di cui al decreto del Presidente della Repubblica 22 dicembre 1986, n. 917, e stabili organizzazioni nel territorio dello Stato delle società e degli enti di cui alla lettera *d*) del predetto articolo. Nei confronti di tutti gli altri soggetti, compresi quelli esenti o esclusi da imposta sul reddito delle società, la ritenuta è applicata a titolo d'imposta. La ritenuta non è operata sui proventi percepiti dalle forme di previdenza complementare di cui al decreto legislativo 5 dicembre 2005, n. 252 ([4]), e dagli organismi d'investimento collettivo del risparmio istituiti in Italia e disciplinati dal testo unico di cui al decreto legislativo 24 febbraio 1998, n. 58.

2 *bis*. Qualora le quote dei fondi comuni di investimento immobiliare di cui all'articolo 6, comma 1, siano immesse in un sistema di deposito accentrato gestito da una società autorizzata ai sensi dell'articolo 80 del testo unico di cui al decreto legislativo 24 febbraio 1998, n. 58, la ritenuta di cui al comma 1 è applicata, alle medesime condizioni di cui ai commi precedenti, dai

soggetti residenti presso i quali le quote sono state depositate, direttamente o indirettamente aderenti al suddetto sistema di deposito accentrato nonché dai soggetti non residenti aderenti a detto sistema di deposito accentrato ovvero a sistemi esteri di deposito accentrato aderenti al medesimo sistema (5).

2 *ter*. I soggetti non residenti di cui al comma 2 *bis* nominano quale loro rappresentante fiscale in Italia una banca o una società di intermediazione mobiliare residente nel territorio dello Stato, una stabile organizzazione in Italia di banche o di imprese di investimento non residenti, ovvero una società di gestione accentrata di strumenti finanziari autorizzata ai sensi dell'articolo 80 del testo unico di cui al decreto legislativo 24 febbraio 1998, n. 58. Il rappresentante fiscale risponde dell'adempimento dei propri compiti negli stessi termini e con le stesse responsabilità previste per i soggetti di cui al comma 2 *bis*, residenti in Italia e provvede a:

a) versare la ritenuta di cui al comma 1;

b) fornire, entro quindici giorni dalla richiesta dell'Amministrazione finanziaria, ogni notizia o documento utile per comprovare il corretto assolvimento degli obblighi riguardanti la suddetta ritenuta (5).

2 *quater*. Nel caso di società di gestione del risparmio estera che istituisce e gestisce in Italia organismi di investimento collettivo del risparmio immobiliari, la ritenuta di cui al comma 1 è applicata direttamente dalla società di gestione estera operante nel territorio dello Stato in regime di libera prestazione di servizi ovvero da un rappresentante fiscale scelto tra i soggetti indicati nell'articolo 23 del decreto del Presidente della Repubblica 29 settembre 1973, n. 600, che risponde in solido con l'impresa estera per gli obblighi di determinazione e versamento dell'imposta e provvede alla dichiarazione annuale delle somme. Il percipiente è tenuto a comunicare, ove necessario, i dati e le informazioni utili per la determinazione dei redditi consegnando, anche in copia, la relativa documentazione o, in mancanza, una dichiarazione sostitutiva nella quale attesti i predetti dati e informazioni. Si applicano le disposizioni di cui ai commi 2 *bis* e 2 *ter* (6).

3. La ritenuta non si applica sui proventi percepiti da fondi pensione e organismi di investimento collettivo del risparmio esteri, sempreché istituiti in Stati o territori inclusi nella lista di cui al decreto ministeriale emanato ai sensi dell'articolo 168 *bis* del testo unico delle imposte sui redditi di cui al decreto del Presidente della Repubblica 22 dicembre 1986, n. 917, nonché su quelli percepiti da enti od organismi internazionali costituiti in base ad accordi internazionali resi esecutivi in Italia e da banche centrali o organismi che gestiscono anche le riserve ufficiali dello Stato.

3 *bis*. Per i proventi di cui al comma 1 spettanti a soggetti residenti in Stati con i quali siano in vigore convenzioni per evitare la doppia imposizione

sul reddito, ai fini dell'applicazione della ritenuta nella misura prevista dalla convenzione, i sostituti d'imposta di cui ai commi precedenti acquisiscono:

a) una dichiarazione del soggetto non residente effettivo beneficiario dei proventi, dalla quale risultino i dati identificativi del soggetto medesimo, la sussistenza di tutte le condizioni alle quali è subordinata l'applicazione del regime convenzionale, e gli eventuali elementi necessari a determinare la misura dell'aliquota applicabile ai sensi della convenzione;

b) un'attestazione dell'autorità fiscale competente dello Stato ove l'effettivo beneficiario dei proventi ha la residenza, dalla quale risulti la residenza nello Stato medesimo ai sensi della convenzione. L'attestazione produce effetti fino al 31 marzo dell'anno successivo a quello di presentazione (7).

(1) *Questo articolo è stato così sostituito dall'art. 41* bis, *comma 9, del D.L. 30 settembre 2003, n. 269, convertito, con modificazioni, nella L. 24 novembre 2003, n. 326.*

(2) *Le parole: «una ritenuta del 12,50 per cento» sono state così sostituite dalle parole: «una ritenuta del 20 per cento» dall'art. 82, comma 21, del D.L. 25 giugno 2008, n. 112, convertito, con modificazioni, nella L. 6 agosto 2008, n. 133.*

(3) *Le parole: «medio ponderato» sono state inserite dall'art. 14, comma 2, lett.* a), *del D.L.vo 4 marzo 2014, n. 44.*

(4) *Le parole: «di cui al decreto legislativo 21 aprile 1993, n. 124» sono state così sostituite dalle seguenti: «di cui al decreto legislativo 5 dicembre 2005, n. 252», dall'art. 14, comma 2, lett.* b), *del D.L.vo 4 marzo 2014, n. 44.*

(5) *Questo comma è stato inserito dall'art. 1, comma 481, della L. 23 dicembre 2005, n. 266.*

(6) *Questo comma è stato aggiunto dall'art. 14, comma 2, lett.* c), *del D.L.vo 4 marzo 2014, n. 44.*

(7) *L'originario comma 3 è stato così sostituito dagli attuali commi 3 e 3* bis, *dall'art. 32, comma 7, del D.L. 31 maggio 2010, n. 78, convertito, con modificazioni, nella L. 30 luglio 2010, n. 122.*

8. Regime tributario del fondo ai fini IVA. – 1. La società di gestione è soggetto passivo ai fini dell'imposta sul valore aggiunto per le cessioni di beni e le prestazioni di servizi relative alle operazioni dei fondi immobiliari da essa istituiti. L'imposta sul valore aggiunto è determinata e liquidata separatamente dall'imposta dovuta per l'attività della società secondo le disposizioni previste dal decreto del Presidente della Repubblica 26 ottobre 1972, n. 633, e successive modificazioni, ed è applicata distintamente per ciascun fondo. Al versamento dell'imposta si procede cumulativamente per le somme complessivamente dovute dalla società e dai fondi. Gli acquisti di immobili effettuati dalla società di gestione e imputati ai singoli fondi, nonché le manutenzioni degli stessi, danno diritto alla detrazione dell'imposta ai sensi dell'articolo 19 del citato decreto. Ai fini dell'articolo 38 *bis* del medesimo decreto, gli immobili costituenti patrimonio del fondo e le spese di manutenzione sono considerati beni ammortizzabili ed ai rimborsi d'imposta si provvede entro e non oltre sei mesi, senza presentazione delle garanzie previste dal medesimo articolo.

1 *bis*. Gli apporti ai fondi immobiliari chiusi disciplinati dall'articolo 37 del testo unico delle disposizioni in materia di intermediazione finanziaria, di cui al decreto legislativo 24 febbraio 1998, n. 58, e successive modificazioni, e dall'articolo 4 *bis* della legge 25 gennaio 1994, n. 86, e successive modificazioni, costituiti da una pluralità di immobili prevalentemente locati al momento dell'apporto, si considerano compresi, agli effetti dell'imposta sul valore aggiunto, tra le operazioni di cui all'articolo 2, terzo comma, lettera *b*), del decreto del Presidente della Repubblica 26 ottobre 1972, n. 633, e successive modificazioni, nonché, agli effetti delle imposte di registro, ipotecaria e catastale, fra gli atti previsti nell'articolo 4, comma 1, lettera *a*), numero 3), della tariffa, parte I, allegata al testo unico delle disposizioni concernenti l'imposta di registro, di cui al decreto del Presidente della Repubblica 26 aprile 1986, n. 131, nell'articolo 10, comma 2, del testo unico delle disposizioni concernenti le imposte ipotecaria e catastale, di cui al decreto legislativo 31 ottobre 1990, n. 347, e successive modificazioni, e nell'articolo 4 della tariffa allegata al citato testo unico di cui al decreto legislativo n. 347 del 1990. La disposizione recata dal presente comma ha effetto dal 1° gennaio 2004 ([1]) ([2]).

2. In alternativa alla richiesta di rimborso la società di gestione può computare gli importi, in tutto o in parte, in compensazione delle imposte e dei contributi ai sensi dell'articolo 17 del decreto legislativo 9 luglio 1997, n. 241, anche oltre il limite fissato dall'articolo 25, comma 2, del citato decreto. Può altresì cedere a terzi il credito indicato nella dichiarazione annuale. Si applicano le disposizioni degli articoli 43 *bis* e 43 *ter* del decreto del Presidente della Repubblica 29 settembre 1973, n. 602. Gli atti pubblici o le scritture private autenticate, aventi ad oggetto la cessione del credito, sono soggetti ad imposta di registro nella misura fissa di € 129,11.

3. Con decreto dell'amministrazione finanziaria sono stabilite le modalità di attuazione delle disposizioni dei commi 1 e 2, anche con riguardo al versamento dell'imposta, all'effettuazione delle compensazioni e alle cessioni dei crediti.

([1]) *Questo comma è stato inserito dall'art. 3, comma 122, della L. 24 dicembre 2003, n. 350 e poi così sostituito dall'art. 3* quater *del D.L. 3 agosto 2004, n. 220, convertito, con modificazioni, nella L. 19 ottobre 2004, n. 257.*

([2]) *A norma dell'art. 38, comma 11, del D.L. 31 maggio 2010, n. 78, convertito, con modificazioni, nella L. 30 luglio 2010, n. 122, le disposizioni di questo comma si applicano anche agli apporti effettuati da enti pubblici e privati di previdenza obbligatoria.*

9. Disposizioni di coordinamento. – 1. L'articolo 7 della tabella allegata al testo unico delle disposizioni concernenti l'imposta di registro, di cui al decreto del Presidente della Repubblica 26 aprile 1986, n. 131, deve intendersi applicabile anche ai fondi d'investimento immobiliare disciplinati dall'articolo 37 del testo unico di cui al decreto legislativo 24 febbraio 1998, n. 58, e dall'articolo 14 *bis* della legge 25 gennaio 1994, n. 86.

2. Gli atti comportanti l'alienazione di immobili dello Stato, di enti previdenziali pubblici, di regioni, di enti locali o loro consorzi, nei quali i fondi intervengono come parte acquirente, sono soggetti alle imposte di registro, ipotecarie e catastali nella misura fissa di € 516,46 per ciascuna imposta.

3. Nell'articolo 2, comma 1, del decreto legislativo 1 aprile 1996, n. 239, la lettera *d*) è abrogata.

4. Nell'articolo 27, comma 1, del decreto del Presidente della Repubblica 29 settembre 1973, n. 600, le parole: «nonché sugli utili in qualunque forma corrisposti a fondi d'investimento immobiliare di cui alla legge 25 gennaio 1994, n. 86» sono soppresse.

5. Nell'articolo 14 *bis*, comma 10, della legge 25 gennaio 1994, n. 86, il terzo periodo è soppresso.

6. Nella legge 25 gennaio 1994, n. 86, l'articolo 15 è abrogato, salvo quanto previsto dal comma 4 dell'articolo 5 del presente decreto.

7. Con decreto del Ministro dell'economia e delle finanze, sentita la Conferenza permanente per i rapporti tra lo Stato, le regioni e le province autonome di Trento e di Bolzano, sono determinate le regolazioni contabili degli effetti finanziari per lo Stato e le regioni, conseguenti all'attuazione del presente capo.

10. Norma finale. – 1. Per il periodo d'imposta 2001, l'imposta sostitutiva di cui all'articolo 6 è dovuta proporzionalmente al valore del patrimonio netto del fondo riferito al periodo intercorrente tra la data di entrata in vigore del presente decreto ed il 31 dicembre 2001. Le disposizioni dell'articolo 6, comma 1, si applicano ai redditi di capitale divenuti esigibili dalla data di entrata in vigore del presente decreto.

11. Entrata in vigore. – 1. Il presente decreto entra in vigore il giorno stesso della sua pubblicazione nella *Gazzetta Ufficiale* della Repubblica italiana e sarà presentato alle Camere per la conversione in legge.

6.

D.L. 13 agosto 2011, n. 138. Ulteriori misure urgenti per la stabilizzazione finanziaria e per lo sviluppo (*Gazzetta Ufficiale* Serie gen. - n. 188 del 13 agosto 2011), convertito, con modificazioni, nella L. 14 settembre 2011, n. **148** (*Gazzetta Ufficiale* Serie gen. - n. 216 del 16 settembre 2011).

(*Estratto*)

Titolo I
Disposizioni per la stabilizzazione finanziaria

2. Disposizioni in materia di entrate. – 1. - 5. (*Omissis*).

5 *bis*. L'Agenzia delle entrate e le società del gruppo Equitalia e di Riscossione Sicilia, al fine di recuperare all'entrata del bilancio dello Stato le somme dichiarate e non versate dai contribuenti che si sono avvalsi dei condoni e delle sanatorie di cui alla legge 27 dicembre 2002, n. 289, anche dopo l'iscrizione a ruolo e la notifica delle relative cartelle di pagamento, provvedono all'avvio, entro e non oltre trenta giorni dalla data di entrata in vigore della legge di conversione del presente decreto, di una ricognizione di tali contribuenti. Nei successivi trenta giorni, le società del gruppo Equitalia e quelle di Riscossione Sicilia provvedono, altresì, ad avviare nei confronti di ciascuno dei contribuenti di cui al periodo precedente ogni azione coattiva necessaria al fine dell'integrale recupero delle somme dovute e non corrisposte, maggiorate degli interessi maturati, anche mediante l'invio di un'intimazione a pagare quanto concordato e non versato alla prevista scadenza, inderogabilmente entro il termine ultimo del 31 dicembre 2011.

5 *ter*. In caso di omesso pagamento delle somme dovute e iscritte a ruolo entro il termine di cui al comma 5 *bis*, si applica una sanzione pari al 50 per cento delle predette somme e la posizione del contribuente relativa a tutti i periodi di imposta successivi a quelli condonati, per i quali è ancora in corso il termine per l'accertamento, è sottoposta a controllo da parte dell'Agenzia delle entrate e della Guardia di finanza entro il 31 dicembre 2013 ([1]), anche con riguardo alle attività svolte dal contribuente medesimo con identificativo fiscale diverso da quello indicato nelle dichiarazioni relative al condono. Per i soggetti che hanno aderito al condono di cui alla legge 27 dicembre 2002, n. 289, i termini per l'accertamento ai fini dell'imposta sul valore aggiunto pendenti al 31 dicembre 2011 sono prorogati di un anno.

6. Le ritenute, le imposte sostitutive sugli interessi, premi e ogni altro provento di cui all'articolo 44 del decreto del Presidente della Repubblica 22 dicembre 1986, n. 917 e sui redditi diversi di cui all'articolo 67, comma 1,

lettere da c *bis*) a c *quinquies*) del medesimo decreto, ovunque ricorrano, sono stabilite nella misura del 20 per cento.

7. La disposizione di cui al comma 6 non si applica sugli interessi, premi e ogni altro provento di cui all'articolo 44 del decreto del Presidente della Repubblica 22 dicembre 1986, n. 917 e sui redditi diversi di cui all'articolo 67, comma 1, lettera *c ter*) [, ovvero sui redditi di capitale e sui redditi diversi di natura finanziaria] (2) del medesimo decreto nei seguenti casi:

a) obbligazioni e altri titoli di cui all'articolo 31 del decreto del Presidente della Repubblica 29 settembre 1973, n. 601 ed equiparati;

b) obbligazioni emesse dagli Stati inclusi nella lista di cui al decreto emanato ai sensi dell'articolo 168 *bis*, comma 1, del medesimo decreto del presidente della Repubblica n. 917 del 1986;

c) titoli di risparmio per l'economia meridionale di cui all'articolo 8, comma 4 del decreto legge 13 maggio 2011, n. 70, convertito, con modificazioni, dalla legge 12 luglio 2011, n. 106;

d) piani di risparmio a lungo termine appositamente istituiti.

8. - 36 *vicies quater*. (*Omissis*)

(1) *Le parole*: «*31 dicembre 2012*» *sono state così sostituite dalle parole*: «*31 dicembre 2013*» *dall'art. 11, comma 10* bis, *del D.L. 6 dicembre 2011, n. 201, convertito, con modificazioni, nella L. 22 dicembre 2011, n. 214.*

(2) *Le parole tra parentesi quadrate sono state soppresse dall'art. 95, comma 1, lett.* a), *del D.L. 24 gennaio 2012, n. 1, convertito, con modificazioni, nella L. 24 marzo 2012, n. 27.*

1.

D.P.R. 26 ottobre 1972, n. 633. Istituzione e disciplina dell'imposta sul valore aggiunto (Suppl. ord. alla *Gazzetta Ufficiale* n. 292 dell'11 novembre 1972) (1) (2) (3).

(1) *A norma dell'art. 2, comma 36, del D.L. 4 luglio 2006, n. 223, convertito, con modificazioni, nella L. 4 agosto 2006, n. 248, ai fini dell'applicazione di questo provvedimento, un'area è da considerare fabbricabile se utilizzabile a scopo edificatorio in base allo strumento urbanistico generale adottato dal Comune, indipendentemente dall'approvazione della Regione e dall'adozione di strumenti attuativi del medesimo*

(2) *A norma dell'art. 8, comma 2, lett. o), della L. 15 dicembre 2011, n. 217, tutti i richiami alla «Comunità» o alla «Comunità europea» o alla «Comunità economica europea» ovvero alle «Comunità europee» devono intendersi riferiti all' «Unione europea» e i richiami al «Trattato istitutivo della Comunità europea» devono intendersi riferiti al «Trattato sul funzionamento dell'Unione europea».*

(3) *A norma dell'art. 1, comma 51, della L. 4 agosto 2017, n. 124, gli importi destinati ai beneficiari costituiscono erogazione liberale e pertanto sono esclusi dall'ambito di applicazione dell'imposta sul valore aggiunto, di cui a questo provvedimento.*

Titolo Primo
Disposizioni generali

1. Operazioni imponibili. – L'imposta sul valore aggiunto si applica sulle cessioni di beni e le prestazioni di servizi effettuate nel territorio dello Stato nell'esercizio di imprese o nell'esercizio di arti e professioni e sulle importazioni da chiunque effettuate.

2. Cessioni di beni. – Costituiscono cessioni di beni gli atti a titolo oneroso che importano trasferimento della proprietà ovvero costituzione o trasferimento di diritti reali di godimento su beni di ogni genere.

Costituiscono inoltre cessioni di beni:

1) le vendite con riserva di proprietà;

2) le locazioni con clausola di trasferimento della proprietà vincolante per ambedue le parti;

3) i passaggi dal committente al commissionario o dal commissionario al committente di beni venduti o acquistati in esecuzione di contratti di commissione;

4) le cessioni gratuite di beni ad esclusione di quelli la cui produzione o il cui commercio non rientra nell'attività propria dell'impresa se di costo unitario non superiore ad euro cinquanta (1) e di quelli per i quali non sia stata operata, all'atto dell'acquisto o dell'importazione, la detrazione dell'imposta a norma dell'art. 19, anche se per effetto dell'opzione di cui all'art. 36 *bis* (2);

5) la destinazione di beni all'uso o al consumo personale o familiare dell'imprenditore o di coloro i quali esercitano un'arte o una professione o ad altre finalità estranee all'impresa o all'esercizio dell'arte o della professione, anche se determinata da cessazione dell'attività, con esclusione di quei beni per i quali non è stata operata, all'atto dell'acquisto, la detrazione dell'imposta di cui all'art. 19 (3) (4);

6) le assegnazioni ai soci fatte a qualsiasi titolo da società di ogni tipo e oggetto nonché le assegnazioni o le analoghe operazioni fatte da altri enti privati o pubblici, compresi i consorzi e le associazioni o altre organizzazioni senza personalità giuridica.

Non sono considerate cessioni di beni:

a) le cessioni che hanno per oggetto denaro o crediti in denaro;

b) le cessioni e i conferimenti in società o altri enti, compresi i consorzi e le associazioni o altre organizzazioni, che hanno per oggetto aziende o rami di azienda (5);

c) le cessioni che hanno per oggetto terreni non suscettibili di utilizzazione edificatoria a norma delle vigenti disposizioni. Non costituisce utilizzazione edificatoria la costruzione delle opere indicate nell'art. 9, lettera *a*), della L. 28 gennaio 1977, n. 10;

d) le cessioni di campioni gratuiti di modico valore appositamente contrassegnati;

[*e*) i conferimenti in società e altri enti, compresi i consorzi e le associazioni o altre organizzazioni] (6);

f) i passaggi di beni in dipendenza di fusioni, scissioni o trasformazioni di società e di analoghe operazioni poste in essere da altri enti;

g) (*Omissis*) (7);

[*h*) le cessioni che hanno per oggetto beni acquistati o importati dal cedente senza poter detrarre la relativa imposta per effetto dell'art. 19, secondo comma, lettere da *a*) a *e quater*)] (6);

i) le cessioni di valori bollati e postali, marche assicurative e similari ([8]);

l) le cessioni di paste alimentari (v.d. 19.03); le cessioni di pane, biscotto di mare, e di altri prodotti della panetteria ordinaria, senza aggiunta di zuccheri, miele, uova, materie grasse, formaggio o frutta (v.d. 19.07); le cessioni di latte fresco, non concentrato né zuccherato, destinato al consumo alimentare, confezionato per la vendita al minuto, sottoposto a pastorizzazione o ad alri trattamenti previsti da leggi sanitarie ([9]);

m) le cessioni di beni soggette alla disciplina dei concorsi e delle operazioni a premio di cui al R.D.L. 19 ottobre 1938, n. 1933, convertito nella L. 5 giugno 1939, n. 937, e successive modificazioni ed integrazioni ([10]).

([1]) *Le parole: «a lire cinquantamila» sono state così sostituite dalle attuali: «ad euro cinquanta» dall'art. 30, comma 1, lett.* a), *del D.L.vo 21 novembre 2014, n. 175.*

([2]) *Questo numero è stato così sostituito dall'art. 16* bis *del D.L. 23 febbraio 1995, n. 41, conv., con modif., nella L. 22 marzo 1995, n. 85, con effetto dal 24 marzo 1995.*

([3]) *Questo numero è stato così sostituito dall'art. 1, comma 1, del D.L. 30 dicembre 1991, n. 417, conv., con modif., nella L. 6 febbraio 1992, n. 66.*

([4]) *Si veda anche quanto disposto dall'art. 66, comma 13, del D.L. 30 agosto 1993, n. 331, conv., con modif., nella L. 29 ottobre 1993, n. 427.*

([5]) *Questa lettera è stata così sostituita dall'art. 1, comma 1, del D.L.vo 2 settembre 1997, n. 313, con effetto dal 1° gennaio 1998.*

([6]) *Questa lettera è stata abrogata dall'art. 1, comma 1, del D.L.vo 2 settembre 1997, n. 313, con effetto dal 1° gennaio 1998.*

([7]) *Lettera soppressa dall'art. 34, D.L. 2 marzo 1989, n. 69, conv., con modif., nella L. 27 aprile 1989, n. 154, con decorrenza 1° gennaio 1990.*

([8]) *Lettera così sostituita dall'art. 34, D.L. 2 marzo 1989, n. 69, conv., con modif., nella L. 27 aprile 1989, n. 154, con decorrenza 1° gennaio 1990. Originariamente la lettera comprendeva anche le cessioni di giornali quotidiani. Successivamente la disposizione era stata estesa ai giornali periodici ed ai libri, a far data, per questi ultimi, dal 1° gennaio 1988, in forza dell'art. 22, L. 25 febbraio 1987, n. 67.*

([9]) *Lettera aggiunta dall'art. 2 della L. 22 dicembre 1980, n. 889, con effetto dall'1 gennaio 1981. Le cessioni e le importazioni dei beni previste da questa lettera sono soggette all'imposta del 2% per effetto dell'art. 1 D.L. 19 dicembre 1984, n. 853, convertito nella L. 17 febbraio 1985, n. 17, con decorrenza 1 gennaio 1985.*

([10]) *Lettera aggiunta dall'art. 1 del D.P.R. 30 dicembre 1981, n. 793, con effetto dall'1 aprile 1979.*

2 *bis*. ([1]) **Cessioni di beni facilitate dalle interfacce elettroniche.** – 1. Le seguenti cessioni di beni si considerano effettuate dal soggetto passivo che facilita le stesse tramite l'uso di un'interfaccia elettronica, quale un mercato virtuale, una piattaforma, un portale o mezzi analoghi:

a) le vendite a distanza intracomunitarie di beni di cui all'articolo 38 *bis*, commi 1 e 3, del decreto legge 30 agosto 1993, n. 331, convertito, con modificazioni, dalla legge 29 ottobre 1993, n. 427, e le cessioni di beni con partenza e arrivo della spedizione o del trasporto nel territorio dello stesso Stato membro a destinazione di non soggetti passivi, effettuate da soggetti passivi non stabiliti nell'Unione europea;

b) le vendite a distanza di beni importati da territori terzi o da paesi terzi, di cui all'articolo 38 *bis*, commi 2 e 3, del decreto legge 30 agosto 1993, n. 331, convertito, con modificazioni, dalla legge 29 ottobre 1993, n. 427, in spedizioni di valore intrinseco non superiore a 150 euro.

2. Il soggetto passivo che facilita tramite l'uso di un'interfaccia elettronica le cessioni di beni di cui al comma 1 si considera cessionario e rivenditore di detti beni.

(1) *Questo articolo è stato inserito dall'art. 1, comma 1, lett.* a), *del D.L.vo 25 maggio 2021, n. 83.*

A norma dell'art. 10 dello stesso provvedimento tali disposizioni si applicano alle operazioni effettuate a partire dal 1° luglio 2021.

3. (1) **Prestazioni di servizi.** – Costituiscono prestazioni di servizi le prestazioni verso corrispettivo dipendenti da contratti d'opera, appalto, trasporto, mandato, spedizione, agenzia, mediazione, deposito e in genere da obbligazioni di fare, di non fare e di permettere quale ne sia la fonte.

Costituiscono inoltre prestazioni di servizi, se effettuate verso corrispettivo:

1) le concessioni di beni in locazione, affitto, noleggio e simili;

2) le cessioni, concessioni, licenze e simili relative a diritti d'autore, quelle relative ad invenzioni industriali, modelli, disegni, processi, formule e simili e quelle relative a marchi e insegne, nonché le cessioni, concessioni, licenze e simili relative a diritti o beni similari ai precedenti (2);

3) i prestiti di denaro e di titoli non rappresentativi di merci, comprese le operazioni finanziarie mediante la negoziazione, anche a titolo di cessione *pro-soluto*, di crediti, cambiali o assegni (3). Non sono considerati prestiti i depositi di denaro presso aziende e istituti di credito o presso amministrazioni statali, anche se regolati in conto corrente;

4) le somministrazioni di alimenti e bevande;

5) le cessioni di contratti di ogni tipo e oggetto.

Le prestazioni indicate nei commi primo e secondo sempreché l'imposta afferente agli acquisti di beni e servizi relativi alla loro esecuzione sia detraibile, costituiscono per ogni operazione di valore superiore ad euro cinquanta (4) prestazioni di servizi anche se effettuate per l'uso personale o familiare dell'imprenditore, ovvero a titolo gratuito per altre finalità estranee all'esercizio dell'impresa, ad esclusione delle somministrazioni nelle mense aziendali e delle prestazioni di trasporto, didattiche, educative e ricreative, di assistenza sociale e sanitaria, a favore del personale dipendente, nonché delle operazioni di divulgazione pubblicitaria svolte a beneficio delle attività istituzionali di enti del Terzo settore di natura non commerciale ([5]), e delle diffusioni di messaggi, rappresentazioni, immagini o comunicazioni di pubblico interesse richieste o patrocinate dallo Stato o da enti pubblici ([6]). Le assegnazioni indicate al n. 6) dell'art. 2 sono considerate prestazioni di servizi quando hanno per oggetto cessioni, concessioni o licenze di cui ai nn. 1), 2) e 5) del comma precedente. Le prestazioni di servizi rese o ricevute dai mandatari senza rappresentanza sono considerate prestazioni di servizi anche nei rapporti tra il mandante e il mandatario.

Non sono considerate prestazioni di servizi:

a) le cessioni, concessioni, licenze e simili relative a diritti d'autore effettuate dagli autori e loro eredi o legatari, tranne quelle relative alle opere di cui ai nn. 5) e 6) dell'art. 2 della L. 22 aprile 1941, n. 633, e alle opere di ogni genere utilizzate da imprese a fini di pubblicità commerciale;

b) i prestiti obbligazionari;

c) le cessioni dei contratti di cui alle lettere *a*), *b*) e *c*) del terzo comma dell'art. 2;

d) i conferimenti e i passaggi di cui alle lettere *e*) ed *f*) del terzo comma dell'art. 2;

e) le prestazioni di mandato e di mediazione relative ai diritti d'autore, tranne quelli concernenti opere di cui alla lettera *a*), e le prestazioni relative alla protezione dei diritti d'autore di ogni genere, comprese quelle di intermediazione nella riscossione dei proventi;

f) le prestazioni di mandato e di mediazione relative ai prestiti obbligazionari;

[*g*) (*Omissis*)] ([7]);

h) le prestazioni dei commissionari relative ai passaggi di cui al n. 3) del secondo comma dell'art. 2 e quelle dei mandatari di cui al terzo comma del presente articolo.

Non costituiscono inoltre prestazioni di servizi le prestazioni relative agli spettacoli ed alle altre attività elencati nella tabella *C* allegata al presente decreto, rese ai possessori di titoli di accesso, rilasciati per l'ingresso gratuito di persone, limitatamente al contingente e nel rispetto delle modalità di rilascio e di controllo stabiliti ogni quadriennio con decreto del Ministero delle finanze:

a) dagli organizzatori di spettacoli, nel limite massimo del 5 per cento dei posti del settore, secondo la capienza del locale o del complesso sportivo ufficialmente riconosciuta dalle competenti autorità;

b) dal Comitato olimpico nazionale italiano e Federazioni sportive che di esso fanno parte;

c) dall'Unione nazionale incremento razze equine;

d) dall'Automobile Club d'Italia e da altri enti e associazioni a carattere nazionale ([8]).

Le disposizioni del primo periodo del terzo comma non si applicano in caso di uso personale o familiare dell'imprenditore ovvero di messa a disposizione a titolo gratuito nei confronti dei dipendenti:

a) di veicoli stradali a motore per il cui acquisto, pure sulla base di contratti di locazione, anche finanziaria, e di noleggio, la detrazione dell'imposta è stata operata in funzione della percentuale di cui alla lettera *c*) del comma 1 dell'articolo 19 *bis*1;

b) delle apparecchiature terminali per il servizio radiomobile pubblico terrestre di telecomunicazioni e delle relative prestazioni di gestione, qualora sia stata computata in detrazione una quota dell'imposta relativa all'acquisto delle predette apparecchiature, pure sulla base di contratti di locazione, anche finanziaria, e di noleggio, ovvero alle suddette prestazioni di gestione non superiore alla misura in cui tali beni e servizi sono utilizzati per fini diversi da quelli di cui all'articolo 19, comma 4, secondo periodo ([9]).

([1]) *Si veda l'art. 1, comma 429, della L. 30 dicembre 2004, n. 311.*

([2]) *Le parole da: «, nonché le cessioni» sino a: «precedenti» sono state aggiunte dall'art. 2, comma 1, del D.L. 31 dicembre 1996, n. 669, convertito, con modificazioni, nella L. 28 febbraio 1997, n. 30.*

([3]) *Il primo periodo di questo numero è stato così sostituito dall'art. 4, comma 1, della L. 18 febbraio 1997, n. 28.*

([4]) *Le parole: «a lire cinquantamila» sono state così sostituite dalle attuali: «ad euro cinquanta» dall'art. 30, comma 1, lett.* b), *del D.L.vo 21 novembre 2014, n. 175.*

([5]) *Le parole: «di enti e associazioni che senza scopo di lucro perseguono finalità educative, culturali, sportive, religiose e di assistenza e solidarietà sociale, nonché delle organizzazioni non lucrative di utilità sociale (ONLUS)» sono state così sostituite dalle attuali: «di enti del Terzo settore di natura non commerciale» dall'art. 89, comma 7, lett.* a), *del D.L.vo 3 luglio 2017, n. 117.*

([6]) *Il primo periodo di questo comma è stato inserito dall'art. 16* bis *del D.L. 23 febbraio 1995, n. 41, conv., con modif., nella L. 22 marzo 1995, n. 85, con effetto dal 24 marzo 1995.*

([7]) *Lettera soppressa dall'art. 34, D.L. 2 marzo 1989, n. 69, conv., con modif., nella L. 27 aprile 1989, n. 154, con decorrenza 1° gennaio 1990.*

([8]) *Questo comma è stato inserito dall'art. 19, comma 3, del D.L.vo 26 febbraio 1999, n. 60, a decorrere dal 1° gennaio 2000.*

([9]) *Questo comma è stato aggiunto dall'art. 1, comma 261, lett.* a), *della L. 24 dicembre 2007, n. 244.*

4. Esercizio di imprese. – Per esercizio di imprese si intende l'esercizio per professione abituale, ancorché non esclusiva, delle attività commerciali o agricole di cui agli articoli 2135 e 2195 del codice civile, anche se non organizzate in forma di impresa, nonché l'esercizio di attività, organizzate in forma d'impresa, dirette alla prestazione di servizi che non rientrano nell'articolo 2195 del codice civile (1).

Si considerano in ogni caso effettuate nell'esercizio di imprese:

1) le cessioni di beni e le prestazioni di servizi fatte dalle società in nome collettivo e in accomandita semplice, dalle società per azioni e in accomandita per azioni, dalle società a responsabilità limitata, dalle società cooperative, di mutua assicurazione e di armamento, dalle società estere di cui all'art. 2507 del codice civile e dalle società di fatto;

2) le cessioni di beni e le prestazioni di servizi fatte da altri enti pubblici e privati, compresi i consorzi, le associazioni o altre organizzazioni senza personalità giuridica e le società semplici, che abbiano per oggetto esclusivo o principale l'esercizio di attività commerciali o agricole.

Si considerano effettuate in ogni caso nell'esercizio di imprese, a norma del precedente comma, anche le cessioni di beni e le prestazioni di servizi fatte dalle società e dagli enti ivi indicati ai propri soci, associati o partecipanti.

Per gli enti indicati al n. 2) del secondo comma, che non abbiano per oggetto esclusivo o principale l'esercizio di attività commerciali o agricole, si considerano effettuate nell'esercizio di imprese soltanto le cessioni di beni e le prestazioni di servizi fatte nell'esercizio di attività commerciali o agricole. Si considerano fatte nell'esercizio di attività commerciali anche le cessioni di beni e le prestazioni di servizi ai soci, associati o partecipanti verso pagamento di corrispettivi specifici, o di contributi supplementari determinati in funzione delle maggiori o diverse prestazioni alle quali danno diritto [, ad esclusione di quelle effettuate in conformità alle finalità istituzionali da associazioni politiche, sindacali e di categoria, religiose, assistenziali, culturali sportive dilettantistiche, di promozione sociale e di formazione extra-scolastica della persona (2), anche se rese nei confronti di associazioni che svolgono la medesima attività e che per legge, regolamento o statuto fanno parte di una unica organizzazione locale o nazionale, nonché dei rispettivi soci, associati o partecipanti e dei tesserati dalle rispettive organizzazioni nazionali] (3) (4). [Per le cessioni di beni e le prestazioni di servizio effettuate da associazioni culturali o sportive costituite ai sensi dell'art. 36 del codice civile, la disposizione si applica nei confronti degli associati o partecipanti minori d'età e, per i maggiorenni, a condizione che questi abbiano il diritto di voto per l'approvazione e le modificazioni dello statuto e dei regolamenti e per la nomina degli organi direttivi dell'associazione ed abbiano diritto a ricevere, nei casi di scioglimento della medesima, una quota del patrimonio sociale, se questo non è destinato a finalità di utilità generale] ([5]).

Agli effetti delle disposizioni di questo articolo sono considerate in ogni caso commerciali, ancorché esercitate da enti pubblici, le seguenti attività: *a*) cessioni di beni nuovi prodotti per la vendita [, escluse le pubblicazioni delle associazioni politiche, sindacali e di categoria, religiose, assistenziali, culturali sportive dilettantistiche, di promozione sociale e di formazione extra-scolastica della persona ([2]) cedute prevalentemente ai propri associati] ([6]); *b*) erogazione di acqua e servizi di fognatura e depurazione ([7]), gas, energia elettrica e vapore; *c*) gestione di fiere ed esposizioni a carattere commerciale; *d*) gestione di spacci aziendali, gestione di mense e somministrazione di pasti; *e*) trasporto e deposito di merci; *f*) trasporto di persone; *g*) organizzazione di viaggi e soggiorni turistici; prestazioni alberghiere o di alloggio; *h*) servizi portuali e aeroportuali; *i*) pubblicità commerciale; *l*) telecomunicazioni e radiodiffusioni circolari. Non sono invece considerate attività commerciali ([8]): le operazioni effettuate dallo Stato, dalle regioni, dalle province, dai comuni e dagli altri enti di diritto pubblico nell'ambito di attività di pubblica autorità; ([9]) le operazioni relative all'oro e alle valute estere, compresi i depositi anche in conto corrente, effettuate dalla Banca d'Italia e dall'Ufficio italiano dei cambi ([10]); la gestione, da parte delle amministrazioni militari e dei corpi di polizia, di mense e spacci riservati al proprio personale ed a quello dei Ministeri da cui dipendono, ammesso ad usufruire per particolari motivi inerenti al servizio; la prestazione alle imprese consorziate o socie, da parte di consorzi o cooperative, di garanzie mutualistiche e di servizi concernenti il controllo qualitativo dei prodotti, compresa l'applicazione di marchi di qualità; [le cessioni di beni e le prestazioni di servizi effettuate in occasione di manifestazioni propagandistiche dai partiti politici rappresentati nelle Assemblee nazionali e regionali] ([3]) ([11]); le cessioni di beni e prestazioni di servizi poste in essere dalla Presidenza della Repubblica, dal Senato della Repubblica, dalla Camera dei deputati e dalla Corte costituzionale, nel perseguimento delle proprie finalità istituzionali ([12]); le prestazioni sanitarie soggette al pagamento di quote di partecipazione alla spesa sanitaria erogate dalle Unità sanitarie locali e dalle aziende ospedaliere del Servizio sanitario nazionale. Non sono considerate, inoltre, attività commerciali, anche in deroga al secondo comma: *a*) il possesso e la gestione di unità immobiliari classificate o classificabili nella categoria catastale A e le loro pertinenze, ad esclusione delle unità classificate o classificabili nella categoria catastale A10, di unità da diporto, di aeromobili da turismo o di qualsiasi altro mezzo di trasporto ad uso privato, di complessi sportivi o ricreativi, compresi quelli destinati all'ormeggio, al ricovero e al servizio di unità da diporto, da parte di società o enti, qualora la partecipazione ad essi consenta, gratuitamente o verso un corrispettivo inferiore al valore normale, il godimento, personale, o familiare dei beni e degli impianti stessi, ovvero quando tale godimento sia conseguito indirettamente dai soci o partecipanti, alle suddette condizioni, anche attraverso la partecipazione ad associazioni, enti o altre organizzazioni; *b*) il possesso, non strumentale né accessorio ad altre attività esercitate, di partecipazioni o quote sociali, di obbligazioni o titoli similari, costituenti immobilizzazioni, al fine di percepire dividendi, interessi o altri frutti, senza strutture dirette ad esercitare attività finanziaria, ovvero attività di indirizzo, di coordinamento o altri interventi nella gestione delle società partecipate ([13]).

[Per le associazioni di promozione sociale ricomprese tra gli enti di cui all'articolo 3, comma 6, lettera *e*), della legge 25 agosto 1991, n. 287, le cui finalità assistenziali siano riconosciute dal Ministero dell'interno, non si considera commerciale, anche se effettuata verso pagamento di corrispettivi specifici, la somministrazione di alimenti e bevande effettuata, presso le sedi in cui viene svolta l'attività istituzionale, da bar ed esercizi similari, sempreché tale attività sia strettamente complementare a quelle svolte in diretta attuazione degli scopi istituzionali e sia effettuata nei confronti degli stessi soggetti indicati nel secondo periodo del quarto comma] ([14]).

[Le disposizioni di cui ai commi quarto, secondo periodo, e sesto si applicano a condizione che le associazioni interessate si conformino alle seguenti clausole, da inserire nei relativi atti costitutivi o statuti redatti nella forma dell'atto pubblico o della scrittura privata autenticata o registrata:

a) divieto di distribuire anche in modo indiretto, utili o avanzi di gestione nonché fondi, riserve o capitale durante la vita dell'associazione, salvo che la destinazione o la distribuzione non siano imposte dalla legge;

b) obbligo di devolvere il patrimonio dell'ente, in caso di suo scioglimento per qualunque causa, ad altra associazione con finalità analoghe o ai fini di pubblica utilità, sentito l'organismo di controllo di cui all'articolo 3, comma 190, della legge 23 dicembre 1996, n. 662, e salvo diversa destinazione imposta dalla legge;

c) disciplina uniforme del rapporto associativo e delle modalità associative volte a garantire l'effettività del rapporto medesimo, escludendo espressamente ogni limitazione in funzione della temporaneità della partecipazione alla vita associativa e prevedendo per gli associati o partecipanti maggiori d'età il diritto di voto per l'approvazione e le modificazioni dello statuto e dei regolamenti e per la nomina degli organi direttivi dell'associazione;

d) obbligo di redigere e di approvare annualmente un rendiconto economico e finanziario secondo le disposizioni statutarie;

e) eleggibilità libera degli organi amministrativi, principio del voto singolo di cui all'articolo 2532, secondo comma, del codice civile, sovranità dell'assemblea dei soci, associati o partecipanti e i criteri di loro ammissione ed esclusione, criteri e idonee forme di pubblicità delle convocazioni assembleari, delle relative deliberazioni, dei bilanci e rendiconti; è ammesso il voto per corrispondenza per le associazioni il cui atto costitutivo, anteriore al 1° gennaio 1997, preveda tale modalità di voto ai sensi dell'articolo 2532, ultimo comma, del codice civile e sempreché le stesse abbiano rilevanza a livello nazionale e siano prive di organizzazione a livello locale ([15]);

f) intrasmissibilità della quota o contributo associativo ad eccezione dei trasferimenti a causa di morte e non rivalutabilità della stessa] ([14]).

[Le disposizioni di cui alle lettere *c*) ed *e*) del settimo comma non si applicano alle associazioni religiose riconosciute dalle confessioni con le quali lo Stato ha stipulato patti, accordi o intese, nonché alle associazioni politiche, sindacali e di categoria] ([14]).

Le disposizioni sulla perdita della qualifica di ente non commerciale di cui all'articolo 111 *bis* del testo unico delle imposte sui redditi, approvato con decreto del Presidente della Repubblica 22 dicembre 1986, n. 917, si applicano anche ai fini dell'imposta sul valore aggiunto ([16]).

([1]) *Questo comma è stato così sostituito dall'art. 1, comma 2, del D.L.vo 2 settembre 1997, n. 313, con effetto dal 1° gennaio 1998.*

([2]) *Le parole*: «*e sportive*» *sono state così sostituite dalle attuali da*: «*sportive dilettantistiche ...*» *fino a*: «*... della persona*», *dall'art. 5, comma 2, lett.* a), *del D.L.vo 4 dicembre 1997, n. 460, a decorrere dal 1° gennaio 1998.*

([3]) *Comma così integrato dall'art. 1, D.P.R. 28 dicembre 1982, n. 954, con effetto dall'1 gennaio 1973.*

([4]) *Le parole tra parentesi quadrate sono state soppresse dall'art. 5, comma 15* quater, *lett.* a), *n.* 1), *del D.L. 21 ottobre 2021, n. 146, convertito, con modificazioni, nella L. 17 dicembre 2021, n. 215.*

A norma dell'art. 1, comma 683, della L. 30 dicembre 2021, n. 234, tali disposizioni si applicano a decorrere dal 1° gennaio 2024.

([5]) *L'ultimo periodo di questo comma è stato aggiunto dall'art. 14, comma 8, lett.* a), *della L. 24 dicembre 1993, n. 537, a partire dall'1 gennaio 1994 e poi soppresso dall'art. 5, comma 2, lett.* a), *del D.L.vo 4 dicembre 1997, n. 460, a decorrere dal 1° gennaio 1998.*

([6]) *Le parole tra parentesi quadrate sono state soppresse dall'art. 5, comma 15* quater, *lett.* a), *n.* 2), *del D.L. 21 ottobre 2021, n. 146, convertito, con modificazioni, nella L. 17 dicembre 2021, n. 215.*

A norma dell'art. 1, comma 683, della L. 30 dicembre 2021, n. 234, tali disposizioni si applicano a decorrere dal 1° gennaio 2024.

([7]) *Le parole: «e servizi di fognatura e depurazione», sono state inserite dall'art. 31, comma 30, della L. 23 dicembre 1998, n. 448, con effetto dall'1 gennaio 1999.*

([8]) *A norma dell'art. 36, comma 19* bis, *del D.L. 30 agosto 1993, n. 331, conv., con modif., nella L. 29 ottobre 1993, n. 427, le assegnazioni di aree edificabili acquisite dai comuni in via espropriativa non si considerano operazioni svolte nell'esercizio di attività commerciali.*

([9]) *Le parole: «le operazioni effettuate dallo Stato, dalle regioni, dalle province, dai comuni e dagli altri enti di diritto pubblico nell'ambito di attività di pubblica autorità;» sono state inserite dall'art. 38, comma 2, lett. a), del D.L. 18 ottobre 2012, n. 179, convertito, con modificazioni, nella L. 17 dicembre 2012, n. 221.*

([10]) *Le parole: «di cui siano parti la Banca d'Italia, l'Ufficio italiano dei cambi o le banche agenti» sono state così sostituite dalle attuali dall'art. 3, comma 1, della L. 17 gennaio 2000, n. 7.*

([11]) *Le parole tra parentesi quadrate sono state soppresse dall'art. 5, comma 15* quater, *lett.* a), *n.* 2), *del D.L. 21 ottobre 2021, n. 146, convertito, con modificazioni, nella L. 17 dicembre 2021, n. 215.*

([12]) *L'ultimo periodo è stato aggiunto dall'art. 5 del D.L. 30 dicembre 1982, n. 953, convertito nella L. 28 febbraio 1983, n. 53, con effetto dall'1 gennaio 1973.*

([13]) *L'ultimo periodo di questo comma è stato aggiunto dall'art. 1, comma 2, del D.L.vo 2 settembre 1997, n. 313, con effetto dal 1° gennaio 1998.*

([14]) *Questo comma, aggiunto dall'art. 5, comma 2, lett.* c), *del D.L.vo 4 dicembre 1997, n. 460, a decorrere dal 1° gennaio 1998, è stato abrogato dall'art. 5, comma 15* quater, *lett.* a), *n.* 3), *del D.L. 21 ottobre 2021, n. 146, convertito, con modificazioni, nella L. 17 dicembre 2021, n. 215.*

A norma dell'art. 1, comma 683, della L. 30 dicembre 2021, n. 234, tali disposizioni si applicano a decorrere dal 1° gennaio 2024.

([15]) *Le parole da: «è ammesso il voto» a: «livello locale» sono state aggiunte dall'art. 5, comma 3, del D.L.vo 19 novembre 1998, n. 422.*

([16]) *Questo comma è stato aggiunto dall'art. 6, comma 2, del D.L.vo 4 dicembre 1997, n. 460, a decorrere dal 1° gennaio 1998.*

5. Esercizio di arti e professioni. – Per esercizio di arti e professioni si intende l'esercizio per professione abituale, ancorché non esclusiva, di qualsiasi attività di lavoro autonomo da parte di persone fisiche ovvero da parte di società semplici o di associazioni senza personalità giuridica costituite tra persone fisiche per l'esercizio in forma associata delle attività stesse.

Non si considerano effettuate nell'esercizio di arti e professioni le prestazioni di servizi inerenti ai rapporti di collaborazione coordinata e continuativa di cui all'art. 49 del D.P.R. 29 settembre 1973, n. 597, nonché le prestazioni di lavoro effettuate dagli associati nell'ambito dei contratti di associazione in partecipazione di cui all'articolo 49, comma 2, lettera *c*), del testo unico delle imposte sui redditi, di cui al decreto del Presidente della Repubblica 22 dicembre 1986, n. 917, ([1]) rese da soggetti che non esercitano per professione abituale altre attività di lavoro autonomo. Non si considerano altresì effettuate nell'esercizio di arti e professioni le prestazioni di servizi derivanti dall'attività di levata dei protesti esercitata dai segretari comunali ai sensi della L. 12 giugno 1973, n. 349 ([2]), nonché le prestazioni di vigilanza e custodia rese da guardie giurate di cui al R.D.L. 26 settembre 1935, n. 1952 ([3]).

([1]) *Le parole da: «nonché le prestazioni di lavoro ...» fino a: «... decreto del Presidente della Repubblica 22 dicembre 1986, n. 917,» sono state inserite dall'art. 5, comma 2* bis, *del D.L. 24 dicembre 2002, n. 282, convertito, con modificazioni, nella L. 21 febbraio 2003, n. 27.*

([2]) *Periodo aggiunto dall'art. 4, comma 2, D.L. 14 marzo 1988, n. 70, conv. nella L. 13 maggio 1988, n. 154, con effetto dal 1° gennaio 1973.*

([3]) *Le parole: «, nonché le prestazioni di vigilanza e custodia rese da guardie giurate di cui al R.D.L. 26 settembre 1935, n. 1952» sono state aggiunte dall'art. 2, comma 1, del D.L. 30 dicembre 1993, n. 557, conv., con modif., nella L. 26 febbraio 1994, n. 133, con effetto dal 1° gennaio 1994.*

6. ([1]) **Effettuazione delle operazioni.** – Le cessioni di beni si considerano effettuate nel momento della stipulazione se riguardano beni immobili e nel momento della consegna o spedizione se riguardano beni mobili. Tuttavia le cessioni i cui effetti traslativi o costitutivi si producono posteriormente, tranne quelle indicate ai nn. 1) e 2) dell'art. 2, si considerano effettuate nel momento in cui si producono tali effetti e comunque, se riguardano beni mobili, dopo il decorso di un anno dalla consegna o spedizione.

In deroga al precedente comma l'operazione si considera effettuata:

a) per le cessioni di beni per atto della pubblica autorità e per le cessioni periodiche o continuative di beni in esecuzione di contratti di somministrazione, all'atto del pagamento del corrispettivo;

b) per i passaggi dal committente al commissionario, di cui al n. 3) dell'art. 2, all'atto della vendita dei beni da parte del commissionario;

c) per la destinazione al consumo personale o familiare dell'imprenditore e ad altre finalità estranee all'esercizio dell'impresa, di cui al n. 5) dell'art. 2, all'atto del prelievo dei beni;

d) per le cessioni di beni inerenti a contratti estimatori, all'atto della rivendita a terzi ovvero, per i beni non restituiti, alla scadenza del termine convenuto tra le parti e comunque dopo il decorso di un anno dalla consegna o spedizione;

d bis) ([2]) per le assegnazioni in proprietà di case di abitazione fatte ai soci da cooperative edilizie a proprietà divisa, alla data del rogito notarile;

d ter) (*Omissis*) ([2]).

Le prestazioni di servizi si considerano effettuate all'atto del pagamento del corrispettivo. Quelle indicate nell'articolo 3, terzo comma, primo periodo, si considerano effettuate al momento in cui sono rese, ovvero, se di carattere periodico o continuativo, nel mese successivo a quello in cui sono rese. [In ogni caso le prestazioni di servizi di cui all'articolo 7 *ter*, rese da un soggetto passivo stabilito in un altro Stato membro della Comunità nei confronti di un soggetto passivo stabilito nel territorio dello Stato, effettuate in modo continuativo nell'arco di un periodo superiore ad un anno e che non comportano versamenti di acconti o pagamenti anche parziali nel medesimo periodo, si considerano effettuate al termine di ciascun anno solare fino alla conclusione delle prestazioni medesime] ([3]) ([4]).

Se anteriormente al verificarsi degli eventi indicati nei precedenti commi o indipendentemente da essi sia emessa fattura, o sia pagato in tutto o in parte il corrispettivo, l'operazione si considera effettuata, limitatamente all'importo fatturato o pagato, alla data della fattura o a quella del pagamento [, ad eccezione del caso previsto alla lettera *d bis*) del secondo comma] ([5]).

L'imposta relativa alle cessioni di beni ed alle prestazioni di servizi diviene esigibile nel momento in cui le operazioni si considerano effettuate secondo le disposizioni dei commi precedenti e l'imposta è versata con le modalità e nei termini stabiliti nel titolo secondo. Tuttavia per le cessioni dei prodotti farmaceutici indicati nel numero 114) della terza parte dell'allegata tabella *A* effettuate dai farmacisti, per le cessioni di beni e le prestazioni di servizi ai soci, associati o partecipanti, di cui al quarto comma dell'articolo 4, nonché per quelle fatte allo Stato, agli organi dello Stato ancorché dotati di personalità giuridica, agli enti pubblici territoriali e ai consorzi tra essi costituiti ai sensi dell'articolo 25 della legge 8 giugno 1990, n. 142, alle camere di commercio, industria, artigianato e agricoltura, ([6]) agli istituti universitari, alle unità sanitarie locali, agli enti ospedalieri, agli enti pubblici di ricovero e cura aventi prevalente carattere scientifico, agli enti pubblici di assistenza e beneficenza e a quelli di previdenza, l'imposta diviene esigibile all'atto del pagamento dei relativi corrispettivi, salva la facoltà di applicare le disposizioni del primo periodo. Per le cessioni di beni di cui all'articolo 21, comma 4, terzo periodo, lettera *b*) ([7]), l'imposta diviene esigibile nel mese successivo a quello della loro effettuazione ([8]). Per le prestazioni di servizi effettuate da autotrasportatori di cose per conto di terzi iscritti nell'albo di cui alla legge 6 giugno 1974, n. 298, l'imposta diviene esigibile all'atto del pagamento dei relativi corrispettivi, salva la facoltà di applicare le disposizioni di cui al primo periodo ([9]).

In deroga al primo e al quarto comma, le cessioni di beni da parte di un soggetto passivo che si considera cessionario e rivenditore di detti beni ai sensi dell'articolo 2 *bis*, nonché le cessioni dei medesimi beni nei confronti di detto soggetto passivo, si considerano effettuate e l'imposta diviene esigibile nel momento in cui è accettato il pagamento del corrispettivo ([10]).

In deroga al terzo e al quarto comma, le prestazioni di servizi di cui all'articolo 7 *ter*, rese da un soggetto passivo non stabilito nel territorio dello Stato a un soggetto passivo ivi stabilito, e le prestazioni di servizi diverse da quelle di cui agli articoli 7 *quater* e 7 *quinquies*, rese da un soggetto passivo stabilito nel territorio dello Stato ad un soggetto passivo che non è ivi stabilito, si considerano effettuate nel momento in cui sono ultimate ovvero, se di carattere periodico o continuativo, alla data di maturazione dei corrispettivi. Se anteriormente al verificarsi degli eventi indicati nel primo periodo è pagato in tutto o in parte il corrispettivo, la prestazione di servizi si intende effettuata, limitatamente all'importo pagato, alla data del pagamento. Le stesse prestazioni, se effettuate in modo continuativo nell'arco di un periodo superiore a un anno e se non comportano pagamenti anche parziali nel medesimo periodo, si considerano effettuate al termine di ciascun anno solare fino all'ultimazione delle prestazioni medesime ([11]).

([1]) *L'intero articolo è stato così sostituito dall'art. 2, D.P.R. 30 dicembre 1981, n. 793, in vigore dall'1 gennaio 1982.*

([2]) *Questa lettera è stata aggiunta per effetto dell'art. 3 del D.L. 27 aprile 1990, n. 90, conv., con modif., nella L. 26 giugno 1990, n. 165 e poi soppressa dall'art. 1, comma 2, del D.L. 30 dicembre 1991, n. 417, conv., con modif., nella L. 6 febbraio 1992, n. 66, con effetto dal 1° gennaio 1990.*

([3]) *Questo periodo è stato soppresso dall'art. 8, comma 2, lett.* a), *n. 1), della L. 15 dicembre 2011, n. 217. A norma dell'art. 8, comma 5, della medesima legge, tali disposizioni si applicano alle operazioni effettuate a partire dal sessantesimo giorno successivo a quello dell'entrata in vigore della presente legge* (G.U. *Serie gen. - n. 1 del 2 gennaio 2012*).

([4]) *Questo comma è stato così sostituito dall'art. 1, comma 1, lett.* a), *del D.L.vo 11 febbraio 2010, n. 18. A norma dell'art. 5, comma 1, dello stesso decreto, questa disposizione si applica alle operazioni effettuate dal 1° gennaio 2010.*

([5]) *Le parole*: «*, ad eccezione dei casi previsti alle lettere d* bis) *e d* ter) *del secondo comma*» *sono state soppresse dall'art. 4* ter, *comma 6, del D.L. 1 luglio 2009, n. 78, convertito, con modificazioni, nella L. 3 agosto 2009, n. 102.*

([6]) *Le parole*: «*alle camere di commercio, industria, artigianato e agricoltura*», *sono state inserite dall'art. 1, comma 1, lett.* a), *del D.L.vo 23 marzo 1998, n. 56, con effetto dal 1° gennaio 1998.*

([7]) *Le parole*: «*di cui all'articolo 21, quarto comma, quarto periodo*» *sono state così sostituite dalle attuali*: «*di cui all'articolo 21, comma 4, terzo periodo, lettera b*)» *dall'art. 1, comma 330, lett.* a), *della L. 24 dicembre 2012, n. 228. A norma dell'art. 1, comma 335, della medesima legge tali disposizioni si applicano alle operazioni effettuate a partire dal 1° gennaio 2013.*

([8]) *Questo comma è stato così sostituito dall'art. 1, comma 3, del D.L.vo 2 settembre 1997, n. 313, con effetto dal 1° gennaio 1998.*

([9]) *Questo periodo è stato aggiunto dall'art. 5, comma 1, lett.* a), *della L. 8 maggio 1998, n. 146.*

([10]) *Questo comma è stato aggiunto dall'art. 1, comma 1, lett.* b), *del D.L.vo 25 maggio 2021, n. 83.*

A norma dell'art. 10 dello stesso provvedimento tali disposizioni si applicano alle operazioni effettuate a partire dal 1° luglio 2021.

([11]) *Questo comma è stato aggiunto dall'art. 8, comma 2, lett.* a), *n. 2), della L. 15 dicembre 2011, n. 217. A norma dell'art. 8, comma 5, della medesima legge, tali disposizioni si applicano alle operazioni effettuate a partire dal sessantesimo giorno successivo a quello dell'entrata in vigore della presente legge* (G.U. *Serie gen. - n. 1 del 2 gennaio 2012*).

6 *bis*. ([1]) **Definizione di buono-corrispettivo. –** 1. Ai fini del presente decreto, per buono-corrispettivo si intende uno strumento che contiene l'obbligo di essere accettato come corrispettivo o parziale corrispettivo a fronte di una cessione di beni o di una prestazione di servizi e che indica, sullo strumento medesimo o nella relativa documentazione, i beni o i servizi da cedere o prestare o le identità dei potenziali cedenti o prestatori, ivi incluse le condizioni generali di utilizzo ad esso relative.

([1]) *Questo articolo è stato inserito dall'art. 1, comma 1, lett.* a), *del D.L.vo 29 novembre 2018, n. 141. A norma dell'art. 2 del medesimo provvedimento, tali disposizioni si applicano ai buoni-corrispettivo emessi successivamente al 31 dicembre 2018.*

6 *ter*. ([1]) **Buono-corrispettivo monouso. –** 1. Un buono-corrispettivo di cui all'articolo 6 *bis* si considera monouso se al momento della sua emissione è nota la disciplina applicabile ai fini dell'imposta sul valore aggiunto alla cessione dei beni o alla prestazione dei servizi a cui il buono-corrispettivo dà diritto.

2. Ogni trasferimento di un buono-corrispettivo monouso precedente alla cessione dei beni o alla prestazione dei servizi a cui il buono-corrispettivo dà diritto costituisce effettuazione di detta cessione o prestazione.

3. La cessione di beni o la prestazione di servizi a cui il buono-corrispettivo monouso dà diritto, se effettuata da un soggetto diverso da quello che ha emesso detto buono-corrispettivo, è rilevante ai fini dell'imposta sul valore aggiunto e si considera resa nei confronti del soggetto che ha emesso il buono-corrispettivo.

([1]) *Questo articolo è stato inserito dall'art. 1, comma 1, lett.* a), *del D.L.vo 29 novembre 2018, n. 141. A norma dell'art. 2 del medesimo provvedimento, tali disposizioni si applicano ai buoni-corrispettivo emessi successivamente al 31 dicembre 2018.*

6 *quater*. ([1]) **Buono-corrispettivo multiuso. –** 1. Un buono-corrispettivo di cui all'articolo 6 *bis* si considera multiuso se al momento della sua emissione non è nota la disciplina applicabile ai fini dell'imposta sul valore aggiunto alla cessione dei beni o alla prestazione dei servizi a cui il buono-corrispettivo dà diritto.

2. Ogni trasferimento di un buono-corrispettivo multiuso precedente alla accettazione dello stesso come corrispettivo o parziale corrispettivo della cessione dei beni o della prestazione dei servizi a cui il buono-corrispettivo dà diritto non costituisce effettuazione di detta cessione o prestazione.

3. La cessione di beni o la prestazione di servizi a cui il buono-corrispettivo multiuso dà diritto si considera effettuata al verificarsi degli eventi di cui all'articolo 6 assumendo come pagamento l'accettazione del buono-corrispettivo come corrispettivo o parziale corrispettivo di detti beni o servizi.

4. Per i trasferimenti di un buono-corrispettivo multiuso diversi da quelli che intercorrono tra il soggetto che effettua le operazioni soggette ad imposta ai sensi del comma 3 e i soggetti nei cui confronti tali operazioni sono effettuate, i servizi di distribuzione e simili sono autonomamente rilevanti ai fini dell'imposta.

(1) *Questo articolo è stato inserito dall'art. 1, comma 1, lett.* a), *del D.L.vo 29 novembre 2018, n. 141. A norma dell'art. 2 del medesimo provvedimento, tali disposizioni si applicano ai buoni-corrispettivo emessi successivamente al 31 dicembre 2018.*

7. (1) **Territorialità dell'imposta – Definizioni.** – Agli effetti del presente decreto:

a) per "Stato" o "territorio dello Stato" si intende il territorio della Repubblica italiana, con esclusione dei Comuni di Livigno e di Campione d'Italia e delle acque italiane del lago di Lugano;

b) per "Comunità" o "territorio della Comunità" si intende il territorio corrispondente al campo di applicazione del Trattato sul funzionamento dell'Unione europea (2) con le seguenti esclusioni, oltre quella indicata nella lettera *a*):

1) per la Repubblica ellenica, il Monte Athos;

2) per la Repubblica federale di Germania, l'isola di Helgoland ed il territorio di Büsingen;

3) per la Repubblica francese, i territori francesi di cui all'articolo 349 e all'articolo 355, paragrafo 1, del Trattato sul funzionamento dell'Unione europea (3);

4) per il Regno di Spagna, Ceuta, Melilla e le isole Canarie;

5) per la Repubblica di Finlandia, le isole Åland;

6) le isole Anglo-Normanne;

c) il Principato di Monaco, l'isola di Man e le zone di sovranità del Regno Unito di Akrotiri e Dhekelia si intendono compresi nel territorio rispettivamente della Repubblica francese, del Regno Unito di Gran Bretagna e Irlanda del Nord e della Repubblica di Cipro;

d) per "soggetto passivo stabilito nel territorio dello Stato" si intende un soggetto passivo domiciliato nel territorio dello Stato o ivi residente che non abbia stabilito il domicilio all'estero, ovvero una stabile organizzazione nel territorio dello Stato di soggetto domiciliato e residente all'estero, limitatamente alle operazioni da essa rese o ricevute. Per i soggetti diversi dalle persone fisiche si considera domicilio il luogo in cui si trova la sede legale e residenza quello in cui si trova la sede effettiva;

e) per "parte di un trasporto di passeggeri effettuata all'interno della Comunità", si intende la parte di trasporto che non prevede uno scalo fuori della Comunità tra il luogo di partenza e quello di arrivo del trasporto passeggeri; "luogo di partenza di un trasporto passeggeri", è il primo punto di imbarco di passeggeri previsto nella Comunità, eventualmente dopo uno scalo fuori della Comunità; "luogo di arrivo di un trasporto passeggeri", è l'ultimo punto di sbarco previsto nella Comunità, per passeggeri imbarcati nella Comunità, eventualmente prima di uno scalo fuori della Comunità; per il trasporto andata e ritorno, il percorso di ritorno è considerato come un trasporto distinto;

f) per "trasporto intracomunitario di beni" si intende il trasporto di beni il cui luogo di partenza e il cui luogo di arrivo sono situati nel territorio di due Stati membri diversi. "Luogo di partenza" è il luogo in cui inizia effettivamente il trasporto dei beni, senza tener conto dei tragitti compiuti per recarsi nel luogo in cui si trovano i beni; "luogo di arrivo" è il luogo in cui il trasporto dei beni si conclude effettivamente;

g) per "locazione, anche finanziaria, noleggio e simili, a breve termine di mezzi di trasporto" si intende il possesso o l'uso ininterrotto del mezzo di trasporto per un periodo non superiore a trenta giorni ovvero a novanta giorni per i natanti.

(1) *Questo articolo è stato così sostituito dall'art. 1, comma 1, lett.* b), *del D.L.vo 11 febbraio 2010, n. 18. A norma dell'art. 5, comma 1, dello stesso decreto, questa disposizione si applica alle operazioni effettuate dal 1° gennaio 2010.*

(2) *Le parole: «Trattato istitutivo della Comunità economica europea» sono state così sostituite dalle attuali: «Trattato sul funzionamento dell'Unione europea» dall'art. 8, comma 2, lett.* b), *della L. 15 dicembre 2011, n. 217. A norma dell'art. 8, comma 5, della medesima legge, tali disposizioni si applicano alle operazioni effettuate a partire dal sessantesimo giorno successivo a quello dell'entrata in vigore della presente legge* (G.U. *Serie gen. - n. 1 del 2 gennaio 2012*).

(3) *Questo numero è stato così sostituito dall'art. 12, comma 1, della L. 30 ottobre 2014, n. 161.*

7 *bis*. (1) **Territorialità – Cessioni di beni.** – 1. Le cessioni di beni, diverse da quelle di cui ai commi 2 e 3, si considerano effettuate nel territorio dello Stato se hanno per oggetto beni immobili ovvero beni mobili nazionali, comunitari o vincolati al regime della temporanea importazione, esistenti nel territorio dello stesso ovvero beni mobili spediti da altro Stato membro installati, montati o assiemati nel territorio dello Stato dal fornitore o per suo conto.

2. Le cessioni di beni a bordo di una nave, di un aereo o di un treno nel corso della parte di un trasporto di passeggeri effettuata all'interno della Comunità, si considerano effettuate nel territorio dello Stato se il luogo di partenza del trasporto è ivi situato.

3. Le cessioni di gas attraverso un sistema di gas naturale situato nel territorio dell'Unione o una rete connessa a tale sistema, le cessioni di energia elettrica e le cessioni di calore o di freddo mediante le reti di riscaldamento o di raffreddamento (2) si considerano effettuate nel territorio dello Stato:

a) quando il cessionario è un soggetto passivo-rivenditore stabilito nel territorio dello Stato. Per soggetto passivo-rivenditore si intende un soggetto passivo la cui principale attività in relazione all'acquisto di gas, di energia elettrica, di calore o di freddo (3) è costituita dalla rivendita di detti beni ed il cui consumo personale di detti prodotti è trascurabile;

b) quando il cessionario è un soggetto diverso dal rivenditore, se i beni sono usati o consumati nel territorio dello Stato. Se la totalità o parte dei beni non è di fatto utilizzata dal cessionario, limitatamente alla parte non usata o non consumata, le cessioni anzidette si considerano comunque effettuate nel territorio dello Stato quando sono poste in essere nei confronti di soggetti, compresi quelli che non agiscono nell'esercizio di impresa, arte o professioni, stabiliti nel territorio dello Stato; non si considerano effettuate nel territorio dello Stato le cessioni poste in essere nei confronti di stabili organizzazioni all'estero, per le quali sono effettuati gli acquisti da parte di soggetti domiciliati o residenti in Italia.

(1) *Questo articolo è stato inserito dall'art. 1, comma 1, lett.* c)*, del D.L.vo 11 febbraio 2010, n. 18. A norma dell'art. 5, comma 1, dello stesso decreto, questa disposizione si applica alle operazioni effettuate dal 1° gennaio 2010.*

(2) *Le parole: «Le cessioni di gas mediante sistemi di distribuzione di gas naturale e le cessioni di energia elettrica» sono state così sostituite dalle attuali: «Le cessioni di gas attraverso un sistema di gas naturale situato nel territorio dell'Unione o una rete connessa a tale sistema, le cessioni di energia elettrica e le cessioni di calore o di freddo mediante le reti di riscaldamento o di raffreddamento» dall'art. 8, comma 2, lett.* c)*, n. 1), della L. 15 dicembre 2011, n. 217. A norma dell'art. 8, comma 5, della medesima legge, tali disposizioni si applicano alle operazioni effettuate a partire dal sessantesimo giorno*

successivo a quello dell'entrata in vigore della presente legge (G.U. *Serie gen. - n. 1 del 2 gennaio 2012*).

([3]) *Le parole: «di gas e di elettricità» sono state così sostituite dalle attuali: «di gas, di energia elettrica, di calore o di freddo» dall'art. 8, comma 2, lett.* c), *n. 2), della L. 15 dicembre 2011, n. 217. A norma dell'art. 8, comma 5, della medesima legge, tali disposizioni si applicano alle operazioni effettuate a partire dal sessantesimo giorno successivo a quello dell'entrata in vigore della presente legge* (G.U. *Serie gen. - n. 1 del 2 gennaio 2012*).

7 *ter*. ([1]) **Territorialità – Prestazioni di servizi.** – 1. Le prestazioni di servizi si considerano effettuate nel territorio dello Stato:

a) quando sono rese a soggetti passivi stabiliti nel territorio dello Stato;

b) quando sono rese a committenti non soggetti passivi da soggetti passivi stabiliti nel territorio dello Stato.

2. Ai fini dell'applicazione delle disposizioni relative al luogo di effettuazione delle prestazioni di servizi, si considerano soggetti passivi per le prestazioni di servizi ad essi rese:

a) i soggetti esercenti attività d'impresa, arti o professioni; le persone fisiche si considerano soggetti passivi limitatamente alle prestazioni ricevute quando agiscono nell'esercizio di tali attività;

b) gli enti, le associazioni e le altre organizzazioni di cui all'articolo 4, quarto comma, anche quando agiscono al di fuori delle attività commerciali o agricole;

c) gli enti, le associazioni e le altre organizzazioni, non soggetti passivi, identificati ai fini dell'imposta sul valore aggiunto.

([1]) *Questo articolo è stato inserito dall'art. 1, comma 1, lett.* c), *del D.L.vo 11 febbraio 2010, n. 18. A norma dell'art. 5, comma 1, dello stesso decreto, questa disposizione si applica alle operazioni effettuate dal 1° gennaio 2010.*

7 *quater*. ([1]) **Territorialità – Disposizioni relative a particolari prestazioni di servizi.** – 1. In deroga a quanto stabilito dall'articolo 7 *ter*, comma 1, si considerano effettuate nel territorio dello Stato:

a) le prestazioni di servizi relativi a beni immobili, comprese le perizie, le prestazioni di agenzia, la fornitura di alloggio nel settore alberghiero o in settori con funzioni analoghe, ivi inclusa quella di alloggi in campi di vacanza o in terreni attrezzati per il campeggio, la concessione di diritti di utilizzazione di beni immobili e le prestazioni inerenti alla preparazione e al coordinamento dell'esecuzione dei lavori immobiliari, quando l'immobile è situato nel territorio dello Stato;

b) le prestazioni di trasporto di passeggeri, in proporzione alla distanza percorsa nel territorio dello Stato;

c) le prestazioni di servizi di ristorazione e di *catering* diverse da quelle di cui alla successiva lettera *d*), quando sono materialmente eseguite nel territorio dello Stato;

d) le prestazioni di ristorazione e di *catering* materialmente rese a bordo di una nave, di un aereo o di un treno nel corso della parte di un trasporto di passeggeri effettuata all'interno della Comunità, se il luogo di partenza del trasporto è situato nel territorio dello Stato;

e) le prestazioni di servizi di locazione, anche finanziaria, noleggio e simili, a breve termine, di mezzi di trasporto quando gli stessi sono messi a disposizione del destinatario nel territorio dello Stato e sempre che siano utilizzate all'interno del territorio della Comunità. Le medesime prestazioni si considerano effettuate nel territorio dello Stato quando i mezzi di trasporto sono messi a disposizione del destinatario al di fuori del territorio della Comunità e sono utilizzati nel territorio dello Stato.

(1) *Questo articolo è stato inserito dall'art. 1, comma 1, lett.* c), *del D.L.vo 11 febbraio 2010, n. 18. A norma dell'art. 5, comma 1, dello stesso decreto, questa disposizione si applica alle operazioni effettuate dal 1° gennaio 2010.*

7 *quinquies*. (1) **Territorialità – Disposizioni relative alle prestazioni di servizi culturali, artistici, sportivi, scientifici, educativi, ricreativi e simili.** – 1. In deroga a quanto stabilito dall'articolo 7 *ter*, comma 1:

a) le prestazioni di servizi relativi ad attività culturali, artistiche, sportive, scientifiche, educative, ricreative e simili, ivi comprese fiere ed esposizioni, le prestazioni di servizi degli organizzatori di dette attività, nonché le prestazioni di servizi accessorie alle precedenti rese a committenti non soggetti passivi, si considerano effettuate nel territorio dello Stato quando le medesime attività sono ivi materialmente svolte. La disposizione del periodo precedente si applica anche alle prestazioni di servizi per l'accesso alle manifestazioni culturali, artistiche, sportive, scientifiche, educative, ricreative e simili, nonché alle relative prestazioni accessorie;

b) le prestazioni di servizi per l'accesso a manifestazioni culturali, artistiche, sportive, scientifiche, educative, ricreative e simili, ivi comprese fiere ed esposizioni, nonché le prestazioni di servizi accessorie connesse con l'accesso, rese a committenti soggetti passivi si considerano effettuate nel territorio dello Stato quando ivi si svolgono le manifestazioni stesse.

(1) *Questo articolo, inserito dall'art. 1, comma 1, lett.* c), *del D.L.vo 11 febbraio 2010, n. 18 ed applicabile alle operazioni effettuate dal 1° gennaio 2010, è stato così sostituito dall'art. 3, comma 1, dello stesso D.L.vo n. 18/2010, a decorrere dal 1° gennaio 2011, per le operazioni effettuate da tale data. Si riporta il testo precedente, in vigore fino al 31 dicembre 2010: «1. In deroga a quanto stabilito dall'articolo 7* ter, *comma 1, le prestazioni di*

servizi relativi ad attività culturali, artistiche, sportive, scientifiche, educative, ricreative e simili, ivi comprese fiere ed esposizioni, le prestazioni di servizi degli organizzatori di dette attività, nonché le prestazioni di servizi accessorie alle precedenti si considerano effettuate nel territorio dello Stato quando le medesime attività sono ivi materialmente svolte. La disposizione del periodo precedente si applica anche alle prestazioni di servizi per l'accesso alle manifestazioni culturali, artistiche, sportive, scientifiche, educative, ricreative e simili, nonché alle relative prestazioni accessorie.»

7 *sexies*. ([1]) **Territorialità – Disposizioni speciali relative a talune prestazioni di servizi rese a committenti non soggetti passivi.** – 1. In deroga a quanto stabilito dall'articolo 7 *ter*, comma 1, lettera *b*), si considerano effettuate nel territorio dello Stato se rese a committenti non soggetti passivi:

a) le prestazioni di intermediazione in nome e per conto del cliente, quando le operazioni oggetto dell'intermediazione si considerano effettuate nel territorio dello Stato;

b) le prestazioni di trasporto di beni diverse dal trasporto intracomunitario, in proporzione alla distanza percorsa nel territorio dello Stato;

c) le prestazioni di trasporto intracomunitario di beni, quando la relativa esecuzione ha inizio nel territorio dello Stato;

d) le prestazioni di lavorazione, nonché le perizie, relative a beni mobili materiali e le operazioni rese in attività accessorie ai trasporti, quali quelle di carico, scarico, movimentazione e simili, quando sono eseguite nel territorio dello Stato;

e) le prestazioni di servizi di locazione, anche finanziaria, noleggio e simili, non a breve termine, di mezzi di trasporto, quando sono rese da prestatori stabiliti nel territorio dello Stato e sempre che siano utilizzate nel territorio della Comunità. Le medesime prestazioni se rese da soggetti passivi stabiliti al di fuori del territorio della Comunità si considerano effettuate nel territorio dello Stato quando sono ivi utilizzate ([2]);

e bis) le prestazioni di cui alla lettera *e*) relative ad imbarcazioni da diporto, sempre che l'imbarcazione sia effettivamente messa a disposizione nel territorio dello Stato e la prestazione sia resa da soggetti passivi ivi stabiliti e sia utilizzata nel territorio della Comunità. Le medesime prestazioni, se l'imbarcazione da diporto è messa a disposizione in uno Stato estero fuori della Comunità ed il prestatore è stabilito in quello stesso Stato, si considerano effettuate nel territorio dello Stato quando sono ivi utilizzate. Alle medesime prestazioni, quando l'imbarcazione da diporto è messa a disposizione in uno Stato diverso da quello di stabilimento del prestatore, si applica la lettera *e*) ([3]) ([4]);

[*f*) le prestazioni di servizi rese tramite mezzi elettronici, quando il committente è domiciliato nel territorio dello Stato o ivi residente senza domicilio all'estero] (5) (6);

[*g*) le prestazioni di telecomunicazione e di teleradiodiffusione, quando il committente è domiciliato nel territorio dello Stato o ivi residente senza domicilio all'estero e sempre che siano utilizzate nel territorio dell'Unione europea] (5) (7) (6).

(1) *Questo articolo è stato inserito dall'art. 1, comma 1, lett.* c), *del D.L.vo 11 febbraio 2010, n. 18. A norma dell'art. 5, comma 1, dello stesso decreto, questa disposizione si applica alle operazioni effettuate dal 1° gennaio 2010.*

(2) *L'art. 3, comma 2, lett.* a), *del D.L.vo 11 febbraio 2010, n. 18, ha sostituito questa lettera a decorrere dal 1° gennaio 2013 per le operazioni effettuate a partire da quella data. Si riporta il testo in vigore dal 1° gennaio 2013: «le prestazioni di servizi di locazione, anche finanziaria, noleggio e simili, non a breve termine, di mezzi di trasporto diversi dalle imbarcazioni da diporto, quando il committente è domiciliato nel territorio dello Stato o ivi residente senza domicilio all'estero e sempre che siano utilizzate nel territorio della Comunità. Le medesime prestazioni se rese ad un soggetto domiciliato e residente al di fuori del territorio della Comunità si considerano effettuate nel territorio dello Stato quando sono ivi utilizzate».*

(3) *Questa lettera è stata aggiunta dall'art. 3, comma 2, lett.* b), *del D.L.vo 11 febbraio 2010, n. 18, a decorrere dal 1° gennaio 2013 per le operazioni effettuate a partire da quella data.*

(4) *A norma dell'art. 1, comma 710, della L. 30 dicembre 2020, n. 178, la dichiarazione resa dall'utilizzatore, in relazione all'effettivo utilizzo nel territorio dell'Unione europea delle prestazioni di servizi di locazione anche finanziaria, noleggio e simili non a breve termine di imbarcazioni da diporto, è redatta in conformità al modello approvato con provvedimento del direttore dell'Agenzia delle entrate ed è trasmessa telematicamente all'Agenzia delle entrate, che rilascia apposita ricevuta telematica con indicazione del protocollo di ricezione.*

(5) *Questa lettera è stata così sostituita dall'art. 1, comma 1, lett.* a), *del D.L.vo 31 marzo 2015, n. 42. A norma dell'art. 8 dello stesso provvedimento tali disposizioni si applicano alle operazioni effettuate a partire dal 1° gennaio 2015.*

(6) *Questa lettera è stata soppressa dall'art. 1, comma 1, lett.* a), *del D.L.vo 1 giugno 2020, n. 45.*

(7) *A norma dell'art. 5, comma 3, del D.L.vo 11 febbraio 2010, n. 18, le disposizioni di cui a questo comma si applicano alle operazioni effettuate dal 1° gennaio 2013.*

7 *septies*. (1) Territorialità – Disposizioni relative a talune prestazioni di servizi rese a non soggetti passivi stabiliti fuori della Comunità. – 1. In deroga a quanto stabilito dall'articolo 7 *ter*, comma 1, lettera *b*), non si considerano effettuate nel territorio dello Stato le seguenti prestazioni di servizi, quando sono rese a committenti non soggetti passivi domiciliati e residenti fuori della Comunità:

a) le prestazioni di servizi di cui all'articolo 3, secondo comma, numero 2);

b) le prestazioni pubblicitarie;

c) le prestazioni di consulenza e assistenza tecnica o legale nonché quelle di elaborazione e fornitura di dati e simili;

d) le operazioni bancarie, finanziarie ed assicurative, comprese le operazioni di riassicurazione ed escluse e locazioni di casseforti;

e) la messa a disposizione del personale;

f) le prestazioni derivanti da contratti di locazione, anche finanziaria, noleggio e simili di beni mobili materiali diversi dai mezzi di trasporto;

g) la concessione dell'accesso a un sistema di gas naturale situato nel territorio dell'Unione o a una rete connessa a un tale sistema, al sistema dell'energia elettrica, alle reti di riscaldamento o di raffreddamento, il servizio di trasmissione o distribuzione mediante tali sistemi o reti e la prestazione di altri servizi direttamente collegati (2);

[*h*) i servizi di telecomunicazione e di teleradiodiffusione, esclusi quelli utilizzati nel territorio dello Stato ancorché resi da soggetti che non siano ivi stabiliti] (3);

[*i*) i servizi prestati per via elettronica] (3);

l) le prestazioni di servizi inerenti all'obbligo di non esercitare interamente o parzialmente un'attività o un diritto di cui alle lettere precedenti.

(1) *Questo articolo è stato inserito dall'art. 1, comma 1, lett.* c), *del D.L.vo 11 febbraio 2010, n. 18. A norma dell'art. 5, comma 1, dello stesso decreto, questa disposizione si applica alle operazioni effettuate dal 1° gennaio 2010.*

(2) *Questa lettera è stata così sostituita dall'art. 8, comma 2, lett.* d), *della L. 15 dicembre 2011, n. 217. A norma dell'art. 8, comma 5, della medesima legge, tali disposizioni si applicano alle operazioni effettuate a partire dal sessantesimo giorno successivo a quello dell'entrata in vigore della presente legge* (G.U. *Serie gen. - n. 1 del 2 gennaio 2012*).

(3) *Questa lettera è stata soppressa dall'art. 1, comma 1, lett.* b), *del D.L.vo 31 marzo 2015, n. 42. A norma dell'art. 8 dello stesso provvedimento tali disposizioni si applicano alle operazioni effettuate a partire dal 1° gennaio 2015.*

7 *octies*. (1) **Territorialità – Disposizioni relative alle prestazioni di servizi di telecomunicazione, di teleradiodiffusione ed elettronici rese a committenti non soggetti passivi.** – 1. In deroga a quanto stabilito dall'articolo 7 *ter*, comma 1, lettera *b*), si considerano effettuate nel territorio dello Stato se rese a committenti non soggetti passivi:

a) le prestazioni di servizi rese tramite mezzi elettronici, quando il committente è domiciliato nel territorio dello Stato o ivi residente senza domicilio all'estero;

b) le prestazioni di telecomunicazione e di teleradiodiffusione, quando il committente è domiciliato nel territorio dello Stato o ivi residente senza domicilio all'estero e sempre che siano utilizzate nel territorio dell'Unione europea.

2. Qualora il prestatore sia un soggetto passivo stabilito in un altro Stato membro dell'Unione europea, la disposizione di cui al comma 1 non si applica, per i servizi resi a committenti stabiliti nel territorio dello Stato, ove concorrano unitariamente le seguenti condizioni:

a) il prestatore non è stabilito anche in un altro Stato membro dell'Unione europea;

b) 'ammontare complessivo, al netto dell'imposta sul valore aggiunto, delle prestazioni di servizi nei confronti di committenti non soggetti passivi stabiliti in Stati membri dell'Unione europea diversi da quello di stabilimento del prestatore e delle vendite a distanza intracomunitarie di beni nell'Unione europea, di cui all'articolo 38 *bis*, commi 1 e 3, del decreto legge 30 agosto 1993, n. 331, convertito, con modificazioni, dalla legge 29 ottobre 1993, n. 427 (2), effettuate nell'anno solare precedente, non ha superato 10.000 euro e fino a quando, nell'anno in corso, tale limite non è superato;

c) il prestatore non ha optato per l'applicazione dell'imposta nel territorio dello Stato.

3. Qualora il prestatore sia un soggetto passivo stabilito nel territorio dello Stato, la disposizione di cui al comma 1 non si applica, per i servizi resi a committenti stabiliti in un altro Stato membro dell'Unione europea, ove concorrano unitariamente le seguenti condizioni:

a) il prestatore non è stabilito anche in un altro Stato membro dell'Unione europea;

b) l'ammontare complessivo, al netto dell'imposta sul valore aggiunto, delle prestazioni di servizi nei confronti di committenti non soggetti passivi stabiliti in Stati membri dell'Unione europea diversi dall'Italia e delle vendite a distanza intracomunitarie di beni nell'Unione europea di cui all'articolo 38 *bis*, commi 1 e 3, del decreto legge 30 agosto 1993, n. 331, convertito dalla legge 29 ottobre 1993, n. 427 (3), effettuate nell'anno solare precedente, non ha superato 10.000 euro e fino a quando, nell'anno in corso, tale limite non è superato;

c) il prestatore non ha optato per l'applicazione dell'imposta nell'altro Stato membro.

4. *L'opzione di cui al comma* 3 è comunicata all'ufficio nella dichiarazione relativa all'anno in cui la medesima è stata esercitata e ha effetto fino a quando non sia revocata e comunque per almeno due anni.

(1) *Questo articolo è stato inserito dall'art. 1, comma 1, lett.* b), *del D.L.vo 1 giugno 2020, n. 45.*

(2) *Le parole: «e delle vendite a distanza intracomunitarie di beni nell'Unione europea, di cui all'articolo 38 bis, commi 1 e 3, del decreto legge 30 agosto 1993, n. 331, con-*

vertito, con modificazioni, dalla legge 29 ottobre 1993, n. 427» sono state inserite dall'art. 1, comma 1, lett. c), n. 1), del D.L.vo 25 maggio 2021, n. 83.

A norma dell'art. 10 dello stesso provvedimento tali disposizioni si applicano alle operazioni effettuate a partire dal 1° luglio 2021.

(3) *Le parole: «e delle vendite a distanza intracomunitarie di beni nell'Unione europea di cui all'articolo 38 bis, commi 1 e 3, del decreto legge 30 agosto 1993, n. 331, convertito dalla legge 29 ottobre 1993, n. 427» sono state inserite dall'art. 1, comma 1, lett. c), n. 2), del D.L.vo 25 maggio 2021, n. 83.*

A norma dell'art. 10 dello stesso provvedimento tali disposizioni si applicano alle operazioni effettuate a partire dal 1° luglio 2021.

8. Cessioni all'esportazione. – Costituiscono cessioni all'esportazione non imponibili (1):

a) (2) le cessioni, anche tramite commissionari, eseguite mediante trasporto o spedizione di beni fuori del territorio della Comunità economica europea (3), a cura o a nome dei cedenti o dei commissionari, anche per incarico dei propri cessionari o commissionari di questi. I beni possono essere sottoposti per conto del cessionario, ad opera del cedente stesso o di terzi, a lavorazione, trasformazione, montaggio, assiemaggio o adattamento ad altri beni. La esportazione deve risultare da documento doganale, o da vidimazione apposta dall'ufficio doganale su un esemplare della fattura ovvero su un esemplare della bolla di accompagnamento emessa a norma dell'art. 2 del decreto del Presidente della Repubblica 6 ottobre 1978, n. 627, o, se questa non è prescritta, sul documento di cui all'articolo 21, comma 4, terzo periodo, lettera *a*) (4). Nel caso in cui avvenga tramite servizio postale l'esportazione deve risultare nei modi stabiliti con decreto del Ministro delle finanze, di concerto con il Ministro delle poste e delle telecomunicazioni;

b) le cessioni con trasporto o spedizione fuori del territorio della Comunità economica europea (3) entro novanta giorni dalla consegna, a cura del cessionario non residente o per suo conto, ad eccezione dei beni destinati a dotazione o provvista di bordo di imbarcazioni o navi da diporto, di aeromobili da turismo o di qualsiasi altro mezzo di trasporto ad uso privato e dei beni da trasportarsi nei bagagli personali fuori del territorio della Comunità economica europea (5); l'esportazione deve risultare da vidimazione apposta dall'ufficio doganale o dall'ufficio postale su un esemplare della fattura;

b bis) le cessioni con trasporto o spedizione fuori del territorio dell'Unione europea entro centottanta giorni dalla consegna, a cura del cessionario o per suo conto, effettuate, secondo modalità stabilite con decreto del Ministro dell'economia e delle finanze, nei confronti delle amministrazioni pubbliche e dei soggetti della cooperazione allo sviluppo iscritti nell'elenco di cui all'articolo 26, comma 3, della legge 11 agosto 2014, n. 125, in attuazione di finalità umanitarie, comprese quelle dirette a realizzare programmi di cooperazione allo sviluppo. La prova dell'avvenuta esportazione dei beni è data dalla documentazione doganale (6);

c) le cessioni, anche tramite commissionari, di beni diversi dai fabbricati e dalle aree edificabili, e le prestazioni di servizi rese a soggetti che, avendo effettuato cessioni all'esportazione od operazioni intracomunitarie, si avvalgono della facoltà di acquistare, anche tramite commissionari, o importare beni e servizi senza pagamento dell'imposta.

Le cessioni e le prestazioni di cui alla lettera *c*) sono effettuate senza pagamento dell'imposta ai soggetti indicati nella lettera *a*), se residenti, ed ai soggetti che effettuano le cessioni di cui alla lettera *b*) del precedente comma su loro dichiarazione scritta e sotto la loro responsabilità, nei limiti dell'ammontare complessivo dei corrispettivi delle cessioni di cui alle stesse lettere dai medesimi fatte nel corso dell'anno solare precedente. I cessionari e i commissionari possono avvalersi di tale ammontare integralmente per gli acquisti di beni che siano esportati nello stato originario nei sei mesi successivi alla loro consegna e, nei limiti della differenza tra esso e l'ammontare delle cessioni dei beni effettuate nei loro confronti nello stesso anno ai sensi della lettera *a*), relativamente agli acquisti di altri beni o di servizi. I soggetti che intendono avvalersi della facoltà di acquistare beni o servizi senza pagamento dell'imposta devono darne comunicazione scritta al competente ufficio dell'imposta sul valore aggiunto entro il 31 gennaio ovvero oltre tale data, ma anteriormente al momento di effettuazione della prima operazione, indicando l'ammontare dei corrispettivi delle esportazioni fatte nell'anno solare precedente. Gli stessi soggetti possono optare, dandone comunicazione entro il 31 gennaio, per la facoltà di acquistare beni e servizi senza pagamento dell'imposta assumendo come ammontare di riferimento, in ciascun mese, l'ammontare dei corrispettivi delle esportazioni fatte nei dodici mesi precedenti. L'opzione ha effetto per un triennio solare e, qualora non sia revocata, si estende di triennio in triennio. La revoca deve essere comunicata all'ufficio entro il 31 gennaio successivo a ciascun triennio. I soggetti che iniziano l'attività o non hanno comunque effettuato esportazioni nell'anno solare precedente possono avvalersi per la durata di un triennio solare della facoltà di acquistare beni e servizi senza pagamento dell'imposta, dandone preventiva comunicazione all'ufficio, assumendo come ammontare di riferimento, in ciascun mese, l'ammontare dei corrispettivi delle esportazioni fatte nei dodici mesi precedenti (*).

I contribuenti che si avvalgono della facoltà di acquistare beni e servizi senza pagamento dell'imposta ai sensi del precedente comma devono annotare nei registri di cui agli articoli 23 o 24 ovvero 39, secondo comma, entro ciascun

ma, anche per gli acquisti di beni, diversi dai fabbricati e dalle aree edificabili, ([11]) e di servizi fatti dai soggetti che effettuano le operazioni stesse nell'esercizio dell'attività propria dell'impresa.

Ai fini dell'applicazione del primo comma, una nave si considera adibita alla navigazione in alto mare se ha effettuato nell'anno solare precedente o, in caso di primo utilizzo, effettua nell'anno in corso un numero di viaggi in alto mare superiore al 70 per cento. Per viaggio in alto mare si intende il tragitto compreso tra due punti di approdo durante il quale è superato il limite delle acque territoriali, calcolato in base alla linea di bassa marea, a prescindere dalla rotta seguita. I soggetti che intendono avvalersi della facoltà di effettuare acquisti o importazioni senza pagamento dell'imposta attestano la condizione della navigazione in alto mare mediante apposita dichiarazione. La dichiarazione deve essere redatta in conformità al modello approvato con provvedimento del direttore dell'Agenzia delle entrate e deve essere trasmessa telematicamente all'Agenzia delle entrate, che rilascia apposita ricevuta telematica con indicazione del protocollo di ricezione. La dichiarazione può riguardare anche più operazioni tra le stesse parti. Gli estremi del protocollo di ricezione della dichiarazione devono essere indicati nelle fatture emesse in base ad essa, ovvero devono essere riportati dall'importatore nella dichiarazione doganale. I soggetti che dichiarano una percentuale determinata provvisoriamente, sulla base dell'uso previsto della nave, verificano, a conclusione dell'anno solare, la sussistenza della condizione dell'effettiva navigazione in alto mare ([12]).

([1]) *Le parole: «se non comprese nell'articolo 8» sono state aggiunte dall'art. 2, comma 1, della L. 18 febbraio 1997, n. 28.*

([2]) *Le parole: «adibite alla navigazione in alto mare e» sono state inserite dall'art. 8, comma 2, lett.* e)*, n. 1), della L. 15 dicembre 2011, n. 217.*

([3]) *Le parole: «nonché le cessioni di navi adibite alla pesca costiera» sono state inserite dall'art. 8, comma 2, lett.* e)*, n. 1), della L. 15 dicembre 2011, n. 217.*

([4]) *Questa lettera è stata inserita dall'art. 8, comma 2, lett.* e)*, n. 2), della L. 15 dicembre 2011, n. 217.*

([5]) *Le parole fra parentesi quadrate sono state soppresse dall'art. 8, comma 2, lett.* e)*, n. 3), della L. 15 dicembre 2011, n. 217.*

([6]) *Le parole: «escluso, per le navi adibite alla pesca costiera locale, il vettovagliamento» sono state così sostituite dalle attuali: «escluse, per le navi adibite alla pesca costiera, le provviste di bordo» dall'art. 8, comma 2, lett. e), n. 4), della L. 15 dicembre 2011, n. 217.*

([7]) *Le parole: «di cui alle lettere* a), b) *e* c)*» sono state così sostituite dalle attuali: «di cui alle lettere* a), a bis), b) *e* c)*» dall'art. 8, comma 2, lett.* e)*, n. 5.1), della L. 15 dicembre 2011, n. 217.*

([8]) *Le parole: «di cui alle lettere a) e b)» sono state così sostituite dalle attuali: «di cui alle lettere* a), a bis) e b)» *dall'art. 8, comma 2, lett.* e), *n. 5.2), della L. 15 dicembre 2011, n. 217.*

([9]) *Questa lettera è stata inserita dall'art. 8, comma 2, lett.* e), *n. 6), della L. 15 dicembre 2011, n. 217.*

([10]) *Le parole tra parentesi quadrate sono state soppresse dall'art. 1, comma 1, lett.* e), *del D.L.vo 11 febbraio 2010, n. 18. A norma dell'art. 5, comma 1, dello stesso decreto, questa disposizione si applica alle operazioni effettuate dal 1° gennaio 2010.*

([11]) *Le originarie parole: «non ammortizzabili» sono state così sostituite dall'art. 2, comma 1, della L. 18 febbraio 1997, n. 28.*

([12]) *Questo comma è stato aggiunto dall'art. 1, comma 708, della L. 30 dicembre 2020, n. 178, a decorrere dal 1° gennaio 2021.*

9. Servizi internazionali o connessi agli scambi internazionali. – Costituiscono servizi internazionali o connessi agli scambi internazionali non imponibili ([1]):

1) i trasporti di persone eseguiti in parte nel territorio dello Stato e in parte in territorio estero in dipendenza di unico contratto;

2) i trasporti relativi a beni in esportazione, in transito o in importazione temporanea, nonché i trasporti relativi a beni in importazione i cui corrispettivi sono inclusi nella base imponibile ai sensi ([2]) del primo comma dell'art. 69;

3) i noleggi e le locazioni di navi, aeromobili, autoveicoli, vagoni ferroviari, cabine-letto, containers e carrelli, adibiti ai trasporti di cui al precedente n. 1), ai trasporti di beni in esportazione, in transito o in temporanea importazione nonché a quelli relativi a beni in importazione sempreché i corrispettivi dei noleggi e delle locazioni siano assoggettati all'imposta a norma del primo comma dell'art. 69;

4) i servizi di spedizione relativi ai trasporti di cui al precedente n. 1), ai trasporti di beni in esportazione, in transito o in temporanea importazione nonché ai trasporti di beni in importazione sempreché i corrispettivi dei servizi di spedizione siano inclusi nella base imponibile ai sensi ([3]) del primo comma dell'art. 69; i servizi relativi alle operazioni doganali;

4 *bis*) i servizi accessori relativi alle spedizioni, sempreché i corrispettivi dei servizi accessori abbiano concorso alla formazione della base imponibile ai sensi dell'articolo 69 del presente decreto e ancorché la medesima non sia stata assoggettata all'imposta ([4]);

5) i servizi di carico, scarico, trasbordo, manutenzione, stivaggio, disistivaggio, pesatura, misurazione, controllo, refrigerazione, magazzinaggio, deposito, custodia e simili, relativi ai beni in esportazione, in transito o in importazione temporanea ovvero relativi a beni in importazione sempreché

i corrispettivi dei servizi stessi siano assoggettati ad imposta a norma del primo comma dell'art. 69;

6) i servizi prestati nei porti, autoporti, aeroporti e negli scali ferroviari di confine che riflettono direttamente il funzionamento e la manutenzione degli impianti ovvero il movimento di beni o mezzi di trasporto ([5]), nonché quelli resi dagli agenti marittimi raccomandatari;

7) i servizi di intermediazione relativi a beni in importazione, in esportazione o in transito, a trasporti internazionali di persone o di beni, ai noleggi e alle locazioni di cui al n. 3), nonché quelli relativi ad operazioni effettuate fuori del territorio della Comunità ([6]); le cessioni di licenze all'esportazione;

7 *bis*) i servizi di intermediazione resi in nome e per conto di agenzie di viaggio di cui all'art. 74 *ter*, relativi a prestazioni eseguite fuori del territorio degli Stati membri della Comunità economica europea ([7]);

8) le manipolazioni usuali eseguite nei depositi doganali a norma dell'art. 152, primo comma, del T.U. approvato con D.P.R. 23 gennaio 1973, n. 43;

9) i trattamenti di cui all'art. 176 del testo unico approvato con D. P.R. 23 gennaio 1973, n. 43, eseguiti su beni di provenienza estera non ancora definitivamente importati, nonché su beni nazionali, nazionalizzati o comunitari ([8]) destinati ad essere esportati da o per conto del prestatore del servizio o del committente non residente nel territorio dello Stato;

[10) i servizi relativi alle telecomunicazioni internazionali, con esclusione delle comunicazioni telefoniche in partenza dallo Stato] ([9]);

[11) il transito nei trafori internazionali] ([10]);

[12) le operazioni di cui ai numeri da 1) a 4) dell'art. 10, effettuate nei confronti di soggetti residenti fuori dalla Comunità economica europea o relative a beni destinati ad essere esportati fuori dalla Comunità stessa] ([11]).

Le prestazioni di cui al primo comma, numero 2), non comprendono i servizi di trasporto resi a soggetti diversi dall'esportatore, dal titolare del regime di transito, dall'importatore, dal destinatario dei beni o dal prestatore dei servizi di cui al numero 4) del medesimo primo comma ([12]).

Le disposizioni [dell'ultimo comma dell'art. 7 e quelle] ([13]) del secondo e terzo comma dell'art. 8 si applicano, con riferimento all'ammontare complessivo dei corrispettivi delle operazioni indicate nel precedente comma, anche per gli acquisti di beni, diversi dai fabbricati e dalle aree edificabili, ([14]) e di servizi fatti dai soggetti che effettuano le operazioni stesse nell'esercizio dell'attività propria dell'impresa.

([1]) *Le parole: «non imponibili» sono state aggiunte dall'art. 1, comma 1, lett.* f), *n. 1), del D.L.vo 11 febbraio 2010, n. 18. A norma dell'art. 5, comma 1, dello stesso decreto, questa disposizione si applica alle operazioni effettuate dal 1° gennaio 2010.*

(2) *Le parole: «assoggettati all'imposta a norma» sono state così sostituite dalle attuali: «inclusi nella base imponibile ai sensi» dall'art. 11, comma 1, lett.* a), *della L. 3 maggio 2019, n. 37.*

(3) *Le parole: «assoggettati all'imposta a norma» sono state così sostituite dalle attuali: «inclusi nella base imponibile ai sensi» dall'art. 11, comma 1, lett.* b), *della L. 3 maggio 2019, n. 37.*

(4) *Questo numero è stato così sostituito dall'art. 11, comma 1, lett.* c), *della L. 3 maggio 2019, n. 37.*

(5) *Per le modalità di applicazione dell'IVA relativa alle prestazioni di servizi concernenti l'utilizzo di infrastrutture nei porti, autoporti, aeroporti, e scali ferroviari di confine, si veda il D.M. 19 settembre 1990.*

(6) *Le parole: «, nonché quelli relativi ad operazioni effettuate fuori del territorio della Comunità» sono state aggiunte dall'art. 1, comma 1, lett.* f), *n. 2), del D.L.vo 11 febbraio 2010, n. 18. A norma dell'art. 5, comma 1, dello stesso decreto, questa disposizione si applica alle operazioni effettuate dal 1° gennaio 2010.*

(7) *Questo numero è stato aggiunto dall'art. 57, comma 1, del D.L. 30 agosto 1993, n. 331, conv., con modif., nella L. 29 ottobre 1993, n. 427.*

(8) *Le originarie parole: «o nazionalizzati» sono state sostituite dalle attuali: «nazionalizzati o comunitari», dall'art. 36, comma 18, del D.L. 30 agosto 1993, n. 331, conv., con modif., nella L. 29 ottobre 1993, n. 427.*

(9) *Questo numero è stato abrogato dall'art. 2, comma 1, del D.L. 31 dicembre 1996, n. 669, conv., con modif., nella L. 28 febbraio 1997, n. 30.*

(10) *Questo numero è stato abrogato dall'art. 21, comma 15, della L. 27 dicembre 2002, n. 289 (legge finanziaria 2003).*

(11) *Questo numero è stato abrogato dall'art. 1, comma 1, lett.* f), *n. 3), del D.L.vo 11 febbraio 2010, n. 18. A norma dell'art. 5, comma 1, dello stesso decreto, questa disposizione si applica alle operazioni effettuate dal 1° gennaio 2010.*

(12) *Questo comma è stato aggiunto dall'art. 5* septies, *comma 1, del D.L. 21 ottobre 2021, n. 146, convertito, con modificazioni, nella L. 17 dicembre 2021, n. 215, a decorrere dal 1° gennaio 2022. Sono fatti salvi i comportamenti adottati anteriormente a tale data in conformità alla sentenza della Corte di giustizia dell'Unione europea del 29 giugno 2017, nella causa C-288/16.*

(13) *Le parole tra parentesi quadrate sono state soppresse dall'art. 1, comma 1, lett.* f), *n. 4), del D.L.vo 11 febbraio 2010, n. 18. A norma dell'art. 5, comma 1, dello stesso decreto, questa disposizione si applica alle operazioni effettuate dal 1° gennaio 2010.*

(14) *Le originarie parole: «non ammortizzabili» sono state così sostituite dall'art. 2, comma 1, della L. 18 febbraio 1997, n. 28.*

10. Operazioni esenti dall'imposta. – Sono esenti dall'imposta:

1) le prestazioni di servizi concernenti la concessione e la negoziazione di crediti, la gestione degli stessi da parte dei concedenti e le operazioni di finanziamento; l'assunzione di impegni di natura finanziaria, l'assunzione di fideiussioni e di altre garanzie e la gestione di garanzie di crediti da parte dei concedenti; le dilazioni di pagamento, le operazioni, compresa la ne-

goziazione, relative a depositi di fondi, conti correnti, pagamenti, giroconti, crediti e ad assegni o altri effetti commerciali, ad eccezione del recupero di crediti; la gestione di fondi comuni di investimento e di fondi pensione di cui al decreto legislativo 21 aprile 1993, n. 124 ([1]), le dilazioni di pagamento e le gestioni similari e il servizio bancoposta ([2]);

2) le operazioni di assicurazione, di riassicurazione e di vitalizio;

3) le operazioni relative a valute estere aventi corso legale e a crediti in valute estere, eccettuati i biglietti e le monete da collezione e comprese le operazioni di copertura dei rischi di cambio ([3]);

4) le operazioni relative ad azioni, obbligazioni o altri titoli non rappresentativi di merci e a quote sociali, eccettuati la custodia e l'amministrazione dei titoli nonché il servizio di gestione individuale di portafogli; le operazioni relative a valori mobiliari e a strumenti finanziari diversi dai titoli, incluse le negoziazioni e le opzioni ed eccettuati la custodia e l'amministrazione nonché il servizio di gestione individuale di portafogli ([4]). Si considerano in particolare operazioni relative a valori mobiliari e a strumenti finanziari i contratti a termine fermo su titoli e altri strumenti finanziari e le relative opzioni, comunque regolati; i contratti a termine su tassi di interesse e le relative opzioni; i contratti di scambio di somme di denaro o di valute determinate in funzione di tassi di interesse, di tassi di cambio o di indici finanziari, e relative opzioni; le opzioni su valute, su tassi di interesse o su indici finanziari, comunque regolate ([3]);

5) le operazioni relative ai versamenti di imposte effettuati per conto dei contribuenti, a norma di specifiche disposizioni di legge, da aziende ed istituti di credito ([5]);

6) le operazioni relative all'esercizio del lotto, delle lotterie nazionali, dei giochi di abilità e dei concorsi pronostici riservati allo Stato e agli enti indicati nel decreto legislativo 14 aprile 1948, n. 496, ratificato con legge 22 aprile 1953, n. 342, e successive modificazioni, nonché quelle relative all'esercizio dei totalizzatori e delle scommesse di cui al regolamento approvato con decreto del Ministro per l'agricoltura e per le foreste 16 novembre 1955, pubblicato nella *Gazzetta Ufficiale* n. 273 del 26 novembre 1955, e alla legge 24 marzo 1942, n. 315, e successive modificazioni, ivi comprese le operazioni relative alla raccolta delle giocate ([6]);

7) ([7]) le operazioni relative all'esercizio delle scommesse in occasione di gare, corse, giuochi, concorsi e competizioni di ogni genere, diverse da quelle indicate al numero precedente, nonché quelle relative all'esercizio del giuoco nelle case da giuoco autorizzate e alle operazioni di sorte locali autorizzate;

8) le locazioni e gli affitti, relative cessioni, risoluzioni e proroghe, di terreni e aziende agricole, di aree diverse da quelle destinate a parcheggio di

veicoli, per le quali gli strumenti urbanistici non prevedono la destinazione edificatoria, e di fabbricati, comprese le pertinenze, le scorte e in genere i beni mobili destinati durevolmente al servizio degli immobili locati e affittati, escluse le locazioni, per le quali nel relativo atto il locatore abbia espressamente manifestato l'opzione per l'imposizione, di fabbricati abitativi effettuate dalle imprese costruttrici degli stessi o dalle imprese che vi hanno eseguito, anche tramite imprese appaltatrici, gli interventi di cui all'articolo 3, comma 1, lettere *c*), *d*) ed *f*), del Testo Unico dell'edilizia di cui al decreto del Presidente della Repubblica 6 giugno 2001, n. 380, di fabbricati abitativi destinati ad alloggi sociali come definiti dal decreto del Ministro delle infrastrutture, di concerto con il Ministro della solidarietà sociale, il Ministro delle politiche per la famiglia ed il Ministro per le politiche giovanili e le attività sportive del 22 aprile 2008, e di fabbricati strumentali che per le loro caratteristiche non sono suscettibili di diversa utilizzazione senza radicali trasformazioni ([8]);

8 *bis*) le cessioni di fabbricati o di porzioni di fabbricato diversi da quelli di cui al numero 8 *ter*), escluse quelle effettuate dalle imprese costruttrici degli stessi o dalle imprese che vi hanno eseguito, anche tramite imprese appaltatrici, gli interventi di cui all'articolo 3, comma 1, lettere *c*), *d*) ed *f*), del Testo Unico dell'edilizia di cui al decreto del Presidente della Repubblica 6 giugno 2001, n. 380, entro cinque anni dalla data di ultimazione della costruzione o dell'intervento, ovvero quelle effettuate dalle stesse imprese anche successivamente nel caso in cui nel relativo atto il cedente abbia espressamente manifestato l'opzione per l'imposizione, e le cessioni di fabbricati di civile abitazione destinati ad alloggi sociali, come definiti dal decreto del Ministro delle infrastrutture 22 aprile 2008, pubblicato nella *Gazzetta ufficiale* n. 146 del 24 giugno 2008, per le quali nel relativo atto il cedente abbia espressamente manifestato l'opzione per l'imposizione ([8]);

8 *ter*) le cessioni di fabbricati o di porzioni di fabbricato strumentali che per le loro caratteristiche non sono suscettibili di diversa utilizzazione senza radicali trasformazioni, escluse quelle effettuate dalle imprese costruttrici degli stessi o dalle imprese che vi hanno eseguito, anche tramite imprese appaltatrici, gli interventi di cui all'articolo 3, comma 1, lettere *c*), *d*) ed *f*), del Testo Unico dell'edilizia di cui al decreto del Presidente della Repubblica 6 giugno 2001, n. 380, entro cinque anni dalla data di ultimazione della costruzione o dell'intervento, e quelle per le quali nel relativo atto il cedente abbia espressamente manifestato l'opzione per l'imposizione ([9]);

9) le prestazioni di mandato, mediazione e intermediazione relative alle operazioni di cui ai numeri da 1 a 7, nonché quelle relative all'oro e alle valute estere, compresi i depositi anche in conto corrente, effettuate in relazio-

ne ad operazioni poste in essere dalla Banca d'Italia e dall'Ufficio italiano dei cambi, ai sensi dell'articolo 4, quinto comma, del presente decreto (*);

10) (*Omissis*) (**);

11) le cessioni di oro da investimento, compreso quello rappresentato da certificati in oro, anche non allocato, oppure scambiato su conti metallo, ad esclusione di quelle poste in essere dai soggetti che producono oro da investimento o che trasformano oro in oro da investimento ovvero commerciano oro da investimento, ([10]) i quali abbiano optato, con le modalità ed i termini previsti dal decreto del Presidente della Repubblica 10 novembre 1997, n. 442, anche in relazione a ciascuna cessione, per l'applicazione dell'imposta; le operazioni previste dall'articolo 81, comma 1, lettere *c quater*) e *c quinquies*), del testo unico delle imposte sui redditi, approvato con decreto del Presidente della Repubblica 22 dicembre 1986, n. 917, e successive modificazioni, riferite all'oro da investimento; le intermediazioni relative alle precedenti operazioni. Se il cedente ha optato per l'applicazione dell'imposta, analoga opzione può essere esercitata per le relative prestazioni di intermediazione. Per oro da investimento si intende:

a) l'oro in forma di lingotti o placchette di peso accettato dal mercato dell'oro, ma comunque superiore ad 1 grammo, di purezza pari o superiore a 995 millesimi, rappresentato o meno da titoli;

b) le monete d'oro di purezza pari o superiore a 900 millesimi, coniate dopo il 1800, che hanno o hanno avuto corso legale nel Paese di origine, normalmente vendute a un prezzo che non supera dell'80 per cento il valore sul mercato libero dell'oro in esse contenuto, incluse nell'elenco predisposto dalla Commissione delle Comunità europee ed annualmente pubblicato nella *Gazzetta Ufficiale delle Comunità europee*, serie C, sulla base delle comunicazioni rese dal Ministero del tesoro, del bilancio e della programmazione economica, nonché le monete aventi le medesime caratteristiche, anche se non comprese nel suddetto elenco ([11]);

12) le cessioni di cui al n. 4) dell'art. 2 fatte ad enti pubblici, associazioni riconosciute o fondazioni aventi esclusivamente finalità di assistenza, beneficenza, educazione, istruzione, studio o ricerca scientifica e alle ONLUS ([12]);

13) le cessioni di cui al n. 4) dell'art. 2 a favore delle popolazioni colpite da calamità naturali o catastrofi dichiarate tali ai sensi della L. 8 dicembre 1970, n. 996, o della L. 24 febbraio 1992, n. 225 ([13]);

14) le prestazioni di trasporto urbano di persone effettuate mediante veicoli da piazza [o altri mezzi di trasporto abilitati ad eseguire servizi di trasporto marittimo, lacuale, fluviale e lagunare] ([14]). Si considerano urbani i trasporti effettuati nel territorio di un comune o tra comuni non distanti tra loro oltre cinquanta chilometri ([15]);

15) le prestazioni di trasporto di malati o feriti con veicoli all'uopo equipaggiati, effettuate da imprese autorizzate e da ONLUS ([16]) ([17]);

16) le prestazioni del servizio postale universale, nonché le cessioni di beni a queste accessorie, effettuate dai soggetti obbligati ad assicurarne l'esecuzione. Sono escluse le prestazioni di servizi e le cessioni di beni ad esse accessorie, le cui condizioni siano state negoziate individualmente ([18]);

17) (*Omissis*) ([19]);

18) le prestazioni sanitarie di diagnosi, cura e riabilitazione rese alla persona nell'esercizio delle professioni e arti sanitarie soggette a vigilanza, ai sensi dell'art. 99 del testo unico delle leggi sanitarie, approvato con R.D. 27 luglio 1934, n. 1265, e successive modificazioni, ovvero individuate con decreto del Ministro della sanità, di concerto con il Ministro delle finanze ([20]);

19) le prestazioni di ricovero e cura rese da enti ospedalieri o da cliniche e case di cura convenzionate nonché da società di mutuo soccorso con personalità giuridica e da ONLUS ([16]), compresa la somministrazione di medicinali, presidi sanitari e vitto, nonché le prestazioni di cura rese da stabilimenti termali;

20) le prestazioni educative dell'infanzia e della gioventù e quelle didattiche di ogni genere, anche per la formazione, l'aggiornamento, la riqualificazione e riconversione professionale, rese da istituti o scuole riconosciuti da pubbliche amministrazioni e da ONLUS ([16]), comprese le prestazioni relative all'alloggio, al vitto e alla fornitura di libri e materiali didattici, ancorché fornite da istituzioni, collegi o pensioni annessi, dipendenti o funzionalmente collegati, nonché le lezioni relative a materie scolastiche e universitarie impartite da insegnanti a titolo personale ([21]) ([22]);

21) le prestazioni proprie dei brefotrofi, orfanotrofi, asili, case di riposo per anziani e simili, delle colonie marine, montane e campestri e degli alberghi e ostelli per la gioventù di cui alla L. 21 marzo 1958, n. 326, comprese le somministrazioni di vitto, indumenti e medicinali, le prestazioni curative e le altre prestazioni accessorie;

22) le prestazioni proprie delle biblioteche, discoteche e simili e quelle inerenti alla visita di musei, gallerie, pinacoteche, monumenti, ville, palazzi, parchi, giardini botanici e zoologici e simili;

23) le prestazioni previdenziali e assistenziali a favore del personale dipendente;

24) le cessioni di organi, sangue e latte umani e di plasma sanguigno;

25) (*Omissis*) (***);

26) (*Omissis*) (****);

27) le prestazioni proprie dei servizi di pompe funebri;

[27 *bis*) i canoni dovuti da imprese pubbliche, ivi comprese le aziende municipalizzate, o private per l'affidamento in concessione di costruzione e di esercizio di impianti, comprese le discariche, destinati allo smaltimento, al riciclaggio o alla distruzione dei rifiuti urbani, speciali, tossici o nocivi, solidi e liquidi] ([23]);

27 *ter*) le prestazioni socio-sanitarie, di assistenza domiciliare o ambulatoriale, in comunità e simili, in favore degli anziani ed inabili adulti, di tossicodipendenti e di malati di AIDS, degli handicappati psicofisici, dei minori anche coinvolti in situazioni di disadattamento e di devianza, di persone migranti, senza fissa dimora, richiedenti asilo, di persone detenute, di donne vittime di tratta a scopo sessuale e lavorativo, ([24]) rese da organismi di diritto pubblico, da istituzioni sanitarie riconosciute che erogano assistenza pubblica, previste all'art. 41 della L. 23 dicembre 1987, n. 833, o da enti aventi finalità di assistenza sociale e da ONLUS ([16]), [direttamente] ([25]);

27 *quater*) le prestazioni delle compagnie barracellari di cui all'articolo 3 della legge 2 agosto 1897, n. 382 ([26]);

27 *quinquies*) le cessioni che hanno per oggetto beni acquistati o importati senza il diritto alla detrazione totale della relativa imposta ai sensi degli articoli 19, 19 *bis*1 e 19 *bis*2 ([27]);

27 *sexies*) le importazioni nei porti, effettuate dalle imprese di pesca marittima, dei prodotti della pesca allo stato naturale o dopo operazioni di conservazione ai fini della commercializzazione, ma prima di qualsiasi consegna ([28]).

Sono altresì esenti dall'imposta le prestazioni di servizi effettuate nei confronti dei consorziati o soci da consorzi, ivi comprese le società consortili e le società cooperative con funzioni consortili, costituiti tra soggetti per i quali, nel triennio solare precedente, la percentuale di detrazione di cui all'articolo 19 *bis*, anche per effetto dell'opzione di cui all'articolo 36 *bis*, sia stata non superiore al dieci per cento, a condizione che i corrispettivi dovuti dai consorziati o soci ai predetti consorzi e società non superino i costi imputabili alle prestazioni stesse ([29]).

Sono, inoltre, esenti dall'imposta le cessioni di beni effettuate nei confronti di un soggetto passivo che si considera cessionario e rivenditore di detti beni ai sensi dell'articolo 2 *bis*, comma 1, lettera *a*) ([30]).

L'esenzione dall'imposta si applica inoltre alle seguenti operazioni, a condizione di non provocare distorsioni della concorrenza a danno delle imprese commerciali soggette all'IVA:

1) le prestazioni di servizi e le cessioni di beni ad esse strettamente connesse, effettuate in conformità alle finalità istituzionali da associazioni politiche, sindacali e di categoria, religiose, assistenziali, culturali, di promozione

sociale e di formazione extra-scolastica della persona, a fronte del pagamento di corrispettivi specifici, o di contributi supplementari fissati in conformità dello statuto, in funzione delle maggiori o diverse prestazioni alle quali danno diritto, nei confronti di soci, associati o partecipanti, di associazioni che svolgono la medesima attività e che per legge, regolamento o statuto fanno parte di un'unica organizzazione locale o nazionale, nonché dei rispettivi soci, associati o partecipanti e dei tesserati dalle rispettive organizzazioni nazionali;

2) le prestazioni di servizi strettamente connesse con la pratica dello sport o dell'educazione fisica rese da associazioni sportive dilettantistiche alle persone che esercitano lo sport o l'educazione fisica ovvero nei confronti di associazioni che svolgono le medesime attività e che per legge, regolamento o statuto fanno parte di un'unica organizzazione locale o nazionale, nonché dei rispettivi soci, associati o partecipanti e dei tesserati dalle rispettive organizzazioni nazionali;

3) le cessioni di beni e le prestazioni di servizi effettuate in occasione di manifestazioni propagandistiche dagli enti e dagli organismi di cui al numero 1) del presente comma, organizzate a loro esclusivo profitto;

4) la somministrazione di alimenti e bevande nei confronti di indigenti da parte delle associazioni di promozione sociale ricomprese tra gli enti di cui all'articolo 3, comma 6, lettera *e*), della legge 25 agosto 1991, n. 287, le cui finalità assistenziali siano riconosciute dal Ministero dell'interno, sempreché tale attività di somministrazione sia strettamente complementare a quelle svolte in diretta attuazione degli scopi istituzionali e sia effettuata presso le sedi in cui viene svolta l'attività ([31]).

Le disposizioni di cui al quarto comma si applicano a condizione che le associazioni interessate abbiano il divieto di distribuire, anche in modo indiretto, utili o avanzi di gestione nonché fondi, riserve o capitale durante la vita dell'associazione, salvo che la destinazione o la distribuzione non siano imposte dalla legge, e si conformino alle seguenti clausole, da inserire nei relativi atti costitutivi o statuti redatti nella forma dell'atto pubblico o della scrittura privata autenticata o registrata, ovvero alle corrispondenti clausole previste dal codice del Terzo settore, di cui al decreto legislativo 3 luglio 2017, n. 117:

1) obbligo di devolvere il patrimonio dell'ente, in caso di suo scioglimento per qualunque causa, ad altra associazione con finalità analoghe o ai fini di pubblica utilità, sentito l'organismo di controllo e salva diversa destinazione imposta dalla legge;

2) disciplina uniforme del rapporto associativo e delle modalità associative volte a garantire l'effettività del rapporto medesimo, escludendo espressamente ogni limitazione in funzione della temporaneità della partecipazio-

ne alla vita associativa e prevedendo per gli associati o partecipanti maggiori d'età il diritto di voto per l'approvazione e le modificazioni dello statuto e dei regolamenti e per la nomina degli organi direttivi dell'associazione;

3) obbligo di redigere e di approvare annualmente un rendiconto economico e finanziario secondo le disposizioni statutarie;

4) eleggibilità libera degli organi amministrativi; principio del voto singolo di cui all'articolo 2538, secondo comma, del codice civile; sovranità dell'assemblea dei soci, associati o partecipanti e criteri di loro ammissione ed esclusione; criteri e idonee forme di pubblicità delle convocazioni assembleari, delle relative deliberazioni, dei bilanci o rendiconti; è ammesso il voto per corrispondenza per le associazioni il cui atto costitutivo, anteriore al 1° gennaio 1997, preveda tale modalità di voto ai sensi dell'articolo 2538, ultimo comma, del codice civile e sempreché le stesse abbiano rilevanza a livello nazionale e siano prive di organizzazione a livello locale;

5) intrasmissibilità della quota o contributo associativo ad eccezione dei trasferimenti a causa di morte e non rivalutabilità della stessa ([31]).

Le disposizioni di cui ai numeri 2) e 4) del quinto comma non si applicano alle associazioni religiose riconosciute dalle confessioni con le quali lo Stato ha stipulato patti, accordi o intese, nonché alle associazioni politiche, sindacali e di categoria ([31]).

(*) *Le parole a partire da: «nonché quelle» fino alla fine sono state aggiunte dall'D.P.R. art. 3, D.P.R. 28 dicembre 1982, n. 954, con effetto dall'1 aprile 1979. Le parole: «effettuate in relazione a rapporti di cui siano parti la Banca d'Italia e l'Ufficio italiano cambi o le banche agenti ai sensi dell'articolo 4, ultimo comma, del presente decreto» sono state così sostituite dalle attuali da: «effettuate in relazione ...» fino a: «... 4, quinto comma del presente decreto» dall'art. 3, comma 3, lett.* a), *della L. 17 gennaio 2000, n. 7.*

(**) *Questo numero è stato soppresso dall'art. 34 D.L. 2 marzo 1989, n. 69, conv., con modif., nella L. 27 aprile 1989, n. 154, con decorrenza 1° gennaio 1990.*

(***) *Numero soppresso dall'art. 5 della L. 22 dicembre 1980, n. 889, con effetto dal 1° gennaio 1981.*

(****) *Questo numero è stato abrogato dall'art. 2, comma 1, del D.L. 30 dicembre 1993, n. 557, conv., con modif., nella L. 26 febbraio 1994, n. 133, con effetto dal 1° gennaio 1994.*

([1]) *Le parole: «e di fondi pensione di cui al decreto legislativo 21 aprile 1993, n. 124» sono state inserite dall'art. 15, comma 1, del D.L.vo 18 febbraio 2000, n. 47, a decorrere dal 1° gennaio 2001. Tale disposizione ha effetto relativamente ai contributi versati, ai rendimenti maturati, ai contratti stipulati, alle prestazioni maturate, alle rendite erogate a decorrere dal 1° gennaio 2001.*

([2]) *Questo numero è stato così sostituito dall'art. 4, comma 1, della L. 18 febbraio 1997, n. 28.*

([3]) *Questo numero è stato così sostituito dall'art. 3, comma 122, della L. 28 dicembre 1995, n. 549.*

Le nuove disposizioni hanno effetto anche per periodi di imposta antecedenti al 1° gennaio 1996, se le relative dichiarazioni annuali Iva validamente presentate, risultano ad esse conformi. Restano fermi gli accertamenti e le liquidazioni di imposta divenuti definitivi.

(4) *Il primo periodo di questo punto è stato così sostituito dall'attuale, dall'art. 1, comma 520, lett.* a), *della L. 24 dicembre 2012, n. 228. A norma dell'art. 1, comma 521, del medesimo provvedimento, tali disposizioni si applicano alle operazioni effettuate a partire dal 1° gennaio 2013.*

(5) *Questo numero è stato così sostituito dall'art. 38, comma 2, lett.* b), *del D.L. 18 ottobre 2012, n. 179, convertito, con modificazioni, nella L. 17 dicembre 2012, n. 221.*

(6) *Questo numero è stato da ultimo così sostituito dall'art. 30, comma 1, lett.* a), *della L. 23 dicembre 2000, n. 388.*

(7) *Ai sensi e per gli effetti di questo numero, vedi anche le agevolazioni previste dal D.M. 24 aprile 1976 e dal D.M. 26 aprile 1976.*

(8) *Questo numero, già sostituito dall'art. 57, comma 1, lett.* a), *del D.L. 24 gennaio 2012, n. 1, convertito, con modificazioni, nella L. 24 marzo 2012, n. 27, è stato da ultimo così sostituito dall'art. 9, comma 1, lett.* a), *del D.L. 22 giugno 2012, n. 83, convertito, con modificazioni, nella L. 7 agosto 2012, n. 134.*

(9) *Questo comma è stato così sostituito dall'art. 9, comma 1, lett.* a), *del D.L. 22 giugno 2012, n. 83, convertito, con modificazioni, nella L. 7 agosto 2012, n. 134.*

(10) *Le parole*: «*ovvero commerciano oro da investimento,*» *sono state inserite dall'art. 42, comma 1, della L. 21 novembre 2000, n. 342.*

(11) *Questo numero è stato così sostituito dall'art. 3, comma 3, lett.* b), *della L. 17 gennaio 2000, n. 7.*

(12) *Le parole*: «*e alle ONLUS*» *sono state aggiunte dall'art. 14, comma 1, lett.* b), *n. 1), del D.L.vo 4 dicembre 1997, n. 460, a decorrere dal 1° gennaio 1998.*

(13) *Le parole*: «*, o della L. 24 febbraio 1992, n. 225*» *sono state aggiunte dall'art. 6, comma 3* bis, *del D.L. 24 novembre 1994, n. 646, conv., con modif., nella L. 21 gennaio 1995, n. 22.*

(14) *Le parole tra parentesi quadrate sono state soppresse dall'art. 1, comma 33, lett.* a), *della L. 11 dicembre 2016, n. 232.*

Tali disposizioni si applicano alle operazioni effettuate a decorrere dal 1º gennaio 2017.

(15) *Questo numero è stato così sostituito dall'art. 2 del D.L. 29 settembre 1997, n 328, convertito, con modificazioni, nella L. 29 novembre 1997, n. 410.*

(16) *Le originarie parole*: «*e da ONLUS*» *sono state aggiunte dall'art. 14, comma 1, lett.* b), *del D.L.vo 4 dicembre 1997, n. 460, a decorrere dal 1° gennaio 1998.*

Successivamente la parola: «*ONLUS*» *è stata così sostituita dalle attuali:* «*enti del Terzo settore di natura non commerciale*» *dall'art. 89, comma 7, lett.* b), *del D.L.vo 3 luglio 2017, n. 117.*

(17) *Questo numero è stato così sostituito dall'art. 4, comma 2, del D.L. 2 ottobre 1995, n. 415, conv., con modif., nella L. 29 novembre 1995, n. 507, con effetto dal 24 marzo 1995.*

(18) *Questo numero, già sostituito dall'art. 2, comma 4* bis, *del D.L. 25 marzo 2010, n. 40, convertito, con modificazioni, nella L. 22 maggio 2010, n. 73, a decorrere dal novantesimo giorno successivo alla data di entrata in vigore della legge di conversione* (G.U.

Serie gen. - n. 120 del 25 maggio 2010) è stato da ultimo così sostituito dall'attuale, dall'art. 32 bis*, comma 1, del D.L. 24 giugno 2014, n. 91, convertito, con modificazioni, nella L. 11 agosto 2014, n. 116.*

La disposizione di cui al comma 1 del predetto articolo 32 bis*, si applica a decorrere dalla data di entrata in vigore della legge di conversione del presente decreto. Sono fatti salvi i comportamenti posti in essere fino a tale data dal soggetto obbligato a fornire il servizio postale universale in applicazione della norma di esenzione previgente.*

([19]) *Questo numero è stato abrogato dall'art. 2, comma 1, del D.L. 30 dicembre 1993, n. 557, conv., con modif., nella L. 26 febbraio 1994, n. 133, con effetto dal 1° gennaio 1994.*

([20]) *Questo numero è stato così sostituito a norma dell'art. 36, comma 9, del D.L. 30 agosto 1993, n. 331, conv., con modif., nella L. 29 ottobre 1993, n. 427.*

Si veda quanto disposto dal D.M. 17 maggio 2002.

([21]) *Questo numero è stato così sostituito dall'art. 14, comma 8, lett.* b)*, della L. 24 dicembre 1993, n. 537, a partire dall'1 gennaio 1994. Il comma 10 dello stesso articolo precisa, inoltre, che i versamenti eseguiti dagli enti pubblici per l'esecuzione di corsi di formazione, aggiornamento, riqualificazione e riconversione del personale costituiscono corrispettivi di prestazioni di servizi esenti dall'imposta sul valore aggiunto, ai sensi dell'art. 10 del D.P.R. 26 ottobre 1972, n. 633, a patto che siano stati deliberati e assegnati a partire dal 1° gennaio 1994.*

([22]) *A norma dell'art. 2* bis*, comma 1, del D.L. 24 aprile 2017, n. 50, convertito, con modificazioni, nella L. 21 giugno 2017, n. 96, questo numero si interpreta nel senso che vi sono compresi i servizi di vitto e di alloggio resi in favore degli studenti universitari dagli istituti o enti per il diritto allo studio universitario istituiti dalle regioni.*

A norma dell'art. 2 bis*, comma 2, del medesimo decreto, in considerazione dell'incertezza interpretativa pregressa, sono fatti salvi i comportamenti difformi tenuti dagli istituti o enti di cui al comma 1 fino alla data di entrata in vigore della legge di conversione del presente decreto. Non si fa luogo al rimborso dell'imposta sul valore aggiunto erroneamente applicata sulle operazioni effettuate né al recupero della medesima imposta assolta sugli acquisti erroneamente detratta; i contribuenti di cui al primo periodo del presente comma operano comunque la rettifica della detrazione, prevista per i casi di mutamento del regime fiscale delle operazioni attive ai sensi dell'articolo 19 bis2, comma 3, del decreto del Presidente della Repubblica 26 ottobre 1972, n. 633.*

([23]) *Numero aggiunto dall'art. 9* undecies*, D.L. 9 settembre 1988, n. 397, convertito nella L. 9 novembre 1988, n. 475, ora abrogato dall'art. 56, comma 1, del D.L.vo 5 febbraio 1997, n. 22.*

([24]) *Le parole da*: «*di persone migranti,...*» *fino a*: «*...a scopo sessuale e lavorativo,*» *sono state inserite dall'art. 1, comma 312, della L. 27 dicembre 2006, n. 296.*

([25]) *La parola*: «*direttamente*» *è stata soppressa dall'art. 4 della L. 18 febbraio 1999, n. 28.*

([26]) *Questo numero è stato aggiunto dall'art. 10, comma 22* bis*, del D.L. 20 giugno 1996, n. 323, conv., con modif., nella L. 8 agosto 1996, n. 425.*

([27]) *Questo numero è stato aggiunto dall'art. 1, comma 4, del D.L.vo 2 settembre 1997, n. 313, con effetto dal 1° gennaio 1998.*

([28]) *Questo numero è stato aggiunto dall'art. 30, comma 1, lett.* b)*, della L. 23 dicembre 2000, n. 388.*

([29]) *Questo comma è stato aggiunto dall'art. 1, comma 261, lett.* b), *della L. 24 dicembre 2007, n. 244. A norma dell'art. 1, comma 264, lett.* a), *della medesima legge, tali disposizioni si applicano a decorrere dal 1° luglio 2008.*

([30]) *Questo comma è stato aggiunto dall'art. 1, comma 1, lett.* d), *del D.L.vo 25 maggio 2021, n. 83.*

A norma dell'art. 10 dello stesso provvedimento tali disposizioni si applicano alle operazioni effettuate a partire dal 1° luglio 2021.

([31]) *Questo comma è stato aggiunto dall'art. 5, comma 15* quater, *lett.* b), *del D.L. 21 ottobre 2021, n. 146, convertito, con modificazioni, nella L. 17 dicembre 2021, n. 215.*

A norma dell'art. 5, comma 15 sexies, *del D.L. 21 ottobre 2021, n. 146, convertito, con modificazioni, nella L. 17 dicembre 2021, n. 215, le disposizioni di cui al comma 15* quater, *rilevano ai soli fini dell'imposta sul valore aggiunto.*

A norma dell'art. 1, comma 683, della L. 30 dicembre 2021, n. 234, tali disposizioni si applicano a decorrere dal 1° gennaio 2024.

11. Operazioni permutative e dazioni in pagamento. – Le cessioni di beni e le prestazioni di servizi effettuate in corrispettivo di altre cessioni di beni o prestazioni di servizi, o per estinguere precedenti obbligazioni, sono soggette all'imposta separatamente da quelle in corrispondenza delle quali sono effettuate.

La disposizione del comma precedente non si applica per la cessione al prestatore del servizio di residuati o sottoprodotti della lavorazione di materie fornite dal committente quando il valore dei residuati o sottoprodotti ceduti, determinato a norma dell'art. 14, non supera il cinque per cento del corrispettivo in denaro.

12. ([1]) **Cessioni e prestazioni accessorie.** – Il trasporto, la posa in opera, l'imballaggio, il confezionamento, la fornitura di recipienti o contenitori e le altre cessioni o prestazioni accessorie ad una cessione di beni o ad una prestazione di servizi, effettuati direttamente dal cedente o prestatore ovvero per suo conto e a sue spese, non sono soggetti autonomamente all'imposta nei rapporti fra le parti dell'operazione principale.

Se la cessione o prestazione principale è soggetta all'imposta, i corrispettivi delle cessioni o prestazioni accessorie imponibili concorrono a formarne la base imponibile.

([1]) *A norma dell'art. 1, comma 4* quater, *del D.L. 24 aprile 2017, n. 50, convertito, con modificazioni, nella L. 21 giugno 2017, n. 96, le disposizioni di cui a questo articolo si interpretano nel senso che esse si applicano alle prestazioni di trasporto di veicoli al seguito di passeggeri in quanto accessorie rispetto alle prestazioni principali di trasporto di persone, assoggettate all'imposta sul valore aggiunto con le aliquote ridotte del 5 e del 10 per cento, ai sensi del numero 1* ter) *della parte II* bis *della tabella* A *e del numero 127* novies) *della parte III della tabella* A *allegata al presente decreto, nonché, fino al 31 dicembre 2016, esenti dall'imposta ai sensi dell'articolo 10, primo comma, numero 14), del medesimo provvedimento.*

Tali disposizioni si applicano alle operazioni per le quali è emessa fattura a partire dal 1° luglio 2017.

13. Base imponibile ([1]). – La base imponibile delle cessioni di beni e delle prestazioni di servizi è costituita dall'ammontare complessivo dei corrispettivi dovuti al cedente o prestatore secondo le condizioni contrattuali, compresi gli oneri e le spese inerenti all'esecuzione e i debiti o altri oneri verso terzi accollati al cessionario o al committente, aumentato delle integrazioni direttamente connesse con i corrispettivi dovuti da altri soggetti.

Agli effetti del comma 1 i corrispettivi sono costituiti:

a) per le cessioni di beni e le prestazioni di servizi dipendenti da atto della pubblica autorità, dall'indennizzo comunque denominato;

b) per i passaggi di beni dal committente al commissionario o dal commissionario al committente, di cui al numero 3) del secondo comma dell'articolo 2, rispettivamente dal prezzo di vendita pattuito dal commissionario, diminuito della provvigione, e dal prezzo di acquisto pattuito dal commissionario, aumentato della provvigione; per le prestazioni di servizi rese o ricevute dai mandatari senza rappresentanza, di cui al terzo periodo del terzo comma dell'articolo 3, rispettivamente dal prezzo di fornitura del servizio pattuito dal mandatario, diminuito della provvigione, e dal prezzo di acquisto del servizio ricevuto dal mandatario, aumentato della provvigione;

c) per le cessioni indicate ai numeri 4), 5) e 6) del secondo comma dell'articolo 2, dal prezzo di acquisto o, in mancanza, dal prezzo di costo dei beni o di beni simili, determinati nel momento in cui si effettuano tali operazioni; per le prestazioni di servizi di cui al primo e al secondo periodo del terzo comma dell'articolo 3, nonché per quelle di cui al terzo periodo del sesto comma dell'articolo 6, ([2]) dalle spese sostenute dal soggetto passivo per l'esecuzione dei servizi medesimi;

d) per le cessioni e le prestazioni di servizi di cui all'articolo 11, dal valore normale dei beni e dei servizi che formano oggetto di ciascuna di esse;

e) per le cessioni di beni vincolati al regime della temporanea importazione, dal corrispettivo della cessione diminuito del valore accertato dall'ufficio doganale all'atto della temporanea importazione.

In deroga al comma 1:

a) per le operazioni imponibili effettuate nei confronti di un soggetto per il quale l'esercizio del diritto alla detrazione è limitato a norma del comma 5 dell'articolo 19, anche per effetto dell'opzione di cui all'articolo 36 *bis*, la base imponibile è costituita dal valore normale dei beni e dei servizi se è dovuto un corrispettivo inferiore a tale valore e se le operazioni sono effettuate da società che direttamente o indirettamente controllano tale soggetto, ne sono controllate o sono controllate dalla stessa società che controlla il predetto soggetto;

b) per le operazioni esenti effettuate da un soggetto per il quale l'esercizio del diritto alla detrazione è limitato a norma del comma 5 dell'articolo 19, la base imponibile è costituita dal valore normale dei beni e dei servizi se è dovuto un corrispettivo inferiore a tale valore e se le operazioni sono effettuate nei confronti di società che direttamente o indirettamente controllano tale soggetto, ne sono controllate o sono controllate dalla stessa società che controlla il predetto soggetto;

c) per le operazioni imponibili, nonché per quelle assimilate agli effetti del diritto alla detrazione, effettuate da un soggetto per il quale l'esercizio del diritto alla detrazione è limitato a norma del comma 5 dell'articolo 19, la base imponibile è costituita dal valore normale dei beni e dei servizi se è dovuto un corrispettivo superiore a tale valore e se le operazioni sono effettuate nei confronti di società che direttamente o indirettamente controllano tale soggetto, ne sono controllate o sono controllate dalla stessa società che controlla il predetto soggetto;

d) per la messa a disposizione di veicoli stradali a motore nonché delle apparecchiature terminali per il servizio radiomobile pubblico terrestre di telecomunicazioni e delle relative prestazioni di gestione effettuata dal datore di lavoro nei confronti del proprio personale dipendente la base imponibile è costituita dal valore normale dei servizi se è dovuto un corrispettivo inferiore a tale valore.

Ai fini della determinazione della base imponibile i corrispettivi dovuti e le spese e gli oneri sostenuti in valuta estera sono computati secondo il cambio del giorno di effettuazione dell'operazione o, in mancanza di tale indicazione nella fattura, del giorno di emissione della fattura. In mancanza, il computo è effettuato sulla base della quotazione del giorno antecedente più prossimo. La conversione in euro, per tutte le operazioni effettuate nell'anno solare, può essere fatta sulla base del tasso di cambio pubblicato dalla Banca centrale europea ([3]).

Per le cessioni che hanno per oggetto beni per il cui acquisto o importazione la detrazione è stata ridotta ai sensi dell'articolo 19 *bis*.1 o di altre disposizioni di indetraibilità oggettiva, la base imponibile è determinata moltiplicando per la percentuale detraibile ai sensi di tali disposizioni l'importo determinato ai sensi dei commi precedenti.

5 *bis*. La base imponibile della operazione soggetta ad imposta ai sensi del comma 3 dell'articolo 6 *quater* è costituita dal corrispettivo dovuto per il

buono-corrispettivo o, in assenza di informazioni su detto corrispettivo, dal valore monetario del buono-corrispettivo multiuso al netto dell'imposta sul valore aggiunto relativa ai beni ceduti o ai servizi prestati. Se il buono-corrispettivo multiuso è usato solo parzialmente, la base imponibile è pari alla corrispondente parte di corrispettivo o di valore monetario del buono-corrispettivo. La base imponibile, comprensiva dell'imposta, dei servizi di distribuzione e simili di cui al comma 4 dell'articolo 6 *quater*, qualora non sia stabilito uno specifico corrispettivo, è costituito dalla differenza tra il valore monetario del buono-corrispettivo e l'importo dovuto per il trasferimento del buono-corrispettivo medesimo (4).

(1) *Questo articolo è stato così sostituito dall'art. 24, comma 4, lett.* b), *della L. 7 luglio 2009, n. 88. Ai sensi del comma 8 dello stesso articolo, la disposizione contenuta nel comma 4, lett.* b), *si applica alle operazioni effettuate dal sessantesimo giorno successivo a quello di entrata in vigore della legge n. 88/2009.*

(2) *Le parole: «nonché per quelle di cui al terzo periodo del terzo comma dell'articolo 6,» sono state aggiunte dall'art. 1, comma 1, lett.* g), *del D.L.vo 11 febbraio 2010, n. 18. A norma dell'art. 5, comma 1, dello stesso decreto, questa disposizione si applica alle operazioni effettuate dal 1° gennaio 2010. Le parole: «di cui al terzo periodo del terzo comma dell'articolo 6» sono state così sostituite dalle attuali: «di cui al terzo periodo del sesto comma dell'articolo 6» dall'art. 8, comma 2. lett.* f), *della L. 15 dicembre 2011, n. 217. A norma dell'art. 8, comma 5, della medesima legge, tali disposizioni si applicano alle operazioni effettuate a partire dal sessantesimo giorno successivo a quello dell'entrata in vigore della presente legge* (G.U. *Serie gen. - n. 1 del 2 gennaio 2012*).

(3) *Questo comma è stato così sostituito dall'art. 1, comma 325, lett. a), della L. 24 dicembre 2012, n. 228. A norma dell'art. 1, comma 335, della medesima legge tali disposizioni si applicano alle operazioni effettuate a partire dal 1° gennaio 2013.*

(4) *Questo comma è stato inserito dall'art. 1, comma 1, lett.* b), *del D.L.vo 29 novembre 2018, n. 141. A norma dell'art. 2 del medesimo provvedimento, tali disposizioni si applicano ai buoni-corrispettivo emessi successivamente al 31 dicembre 2018.*

14. (1) **Determinazione del valore normale. –** Per valore normale si intende l'intero importo che il cessionario o il committente, al medesimo stadio di commercializzazione di quello in cui avviene la cessione di beni o la prestazione di servizi, dovrebbe pagare, in condizioni di libera concorrenza, ad un cedente o prestatore indipendente per ottenere i beni o servizi in questione nel tempo e nel luogo di tale cessione o prestazione.

Qualora non siano accertabili cessioni di beni o prestazioni di servizi analoghe, per valore normale si intende:

a) per le cessioni di beni, il prezzo di acquisto dei beni o di beni simili o, in mancanza, il prezzo di costo, determinati nel momento in cui si effettuano tali operazioni;

b) per le prestazioni di servizi, le spese sostenute dal soggetto passivo per l'esecuzione dei servizi medesimi.

Per le operazioni indicate nell'articolo 13, comma 3, lettera *d*), con decreto del Ministro dell'economia e delle finanze sono stabiliti appositi criteri per l'individuazione del valore normale.

(1) *Si veda l'art. 35, comma 10 quater, del D.L. 4 luglio 2006, n. 223, convertito, con modificazioni, nella L. 4 agosto 2006, n. 248, di cui si riporta il testo:*

«10 quater. Le disposizioni in materia di imposte indirette previste per la locazione di fabbricati si applicano, se meno favorevoli, anche per l'affitto di aziende il cui valore complessivo sia costituito, per più del 50 per cento, dal valore normale di fabbricati, determinato ai sensi dell'articolo 14 del decreto del Presidente della Repubblica 26 ottobre 1972, n. 633».

15. Esclusioni dal computo della base imponibile. – Non concorrono a formare la base imponibile:

1) le somme dovute a titolo di interessi moratori o di penalità per ritardi o altre irregolarità nell'adempimento degli obblighi del cessionario o del committente;

2) il valore normale dei beni ceduti a titolo di sconto, premio o abbuono in conformità alle originarie condizioni contrattuali, tranne quelli la cui cessione è soggetta ad aliquota più elevata;

3) le somme dovute a titolo di rimborso delle anticipazioni fatte in nome e per conto della controparte, purché regolarmente documentate;

4) l'importo degli imballaggi e dei recipienti (1), quando ne sia stato espressamente pattuito il rimborso alla resa;

5) le somme dovute a titolo di rivalsa dell'imposta sul valore aggiunto.

Non si tiene conto, in diminuzione dell'ammontare imponibile, delle somme addebitate al cedente o prestatore a titolo di penalità per ritardi o altre irregolarità nella esecuzione del contratto.

(1) *Per gli adempimenti relativi alla fatturazione degli imballaggi e recipienti di cui a questo numero si veda il D.M. 11 agosto 1975.*

16. Aliquote dell'imposta. – L'aliquota dell'imposta è stabilita nella misura del ventidue per cento della base imponibile dell'operazione (1).

L'aliquota è ridotta al quattro, al cinque e al dieci per cento per le operazioni che hanno per oggetto i beni e i servizi elencati, rispettivamente, nella parte II, nella parte II bis e nella parte III dell'allegata tabella A, salvo il disposto dell'articolo 34 (1).

Per le prestazioni di servizi dipendenti da contratti d'opera, di appalto e simili che hanno per oggetto la produzione di beni e per quelle dipendenti da contratti di locazione finanziaria, di noleggio e simili, l'imposta si applica con la stessa aliquota che sarebbe applicabile in caso di cessione dei beni prodotti, dati con contratti di locazione finanziaria, noleggio e simili.

[In caso di mutamento di aliquota le fatture emesse, ai sensi dell'art. 21 con riferimento ai momenti di effettuazione di cui all'art. 6, commi primo, secondo e quarto, nei confronti dei soggetti indicati nell'ultimo comma dello stesso art. 6, non sono soggette a rettifica in relazione all'aliquota applicabile al momento del pagamento del corrispettivo dell'operazione] ([2]).

([1]) *Questo comma è stato così sostituito dall'art. 1, comma 960, lett.* a), *della L. 28 dicembre 2015, n. 208. Tali disposizioni si applicano alle operazioni effettuate sulla base di contratti stipulati, rinnovati o prorogati successivamente alla data di entrata in vigore della presente legge.*

([2]) *Comma aggiunto dall'art. 8 del D.P.R. 30 dicembre 1981, n. 793 e poi abrogato dall'art. 1, comma 5, del D.L.vo 2 settembre 1997, n. 313, con effetto dal 1 gennaio 1998.*

17. ([1]) **Debitore d'imposta** ([2]). – L'imposta è dovuta dai soggetti che effettuano le cessioni di beni e le prestazioni di servizi imponibili, i quali devono versarla all'erario, cumulativamente per tutte le operazioni effettuate e al netto della detrazione prevista nell'art. 19, nei modi e nei termini stabiliti nel titolo secondo.

Gli obblighi relativi alle cessioni di beni e alle prestazioni di servizi effettuate nel territorio dello Stato da soggetti non residenti nei confronti di soggetti passivi stabiliti nel territorio dello Stato, compresi i soggetti indicati all'articolo 7 *ter*, comma 2, lettere *b*) e *c*), sono adempiuti dai cessionari o committenti. Tuttavia, nel caso di cessioni di beni o di prestazioni di servizi effettuate da un soggetto passivo stabilito in un altro Stato membro dell'Unione europea, il cessionario o committente adempie gli obblighi di fatturazione di registrazione secondo le disposizioni degli articoli 46 e 47 del decreto legge 30 agosto 1993, n. 331, convertito, con modificazioni, dalla legge 29 ottobre 1993, n. 427 ([3]).

Nel caso in cui gli obblighi o i diritti derivanti dalla applicazione delle norme in materia di imposta sul valore aggiunto sono previsti a carico ovvero a favore di soggetti non residenti e senza stabile organizzazione nel territorio dello Stato, i medesimi sono adempiuti od esercitati, nei modi ordinari, dagli stessi soggetti direttamente, se identificati ai sensi dell'articolo 35 *ter*, ovvero tramite un loro rappresentante residente nel territorio dello Stato nominato nelle forme previste dall'articolo 1, comma 4, del decreto del Presidente della Repubblica 10 novembre 1997, n. 441. Il rappresentante fiscale risponde in solido con il rappresentato relativamente agli obblighi derivanti dall'applicazione delle norme in materia di imposta sul valore aggiunto. La nomina del rappresentante fiscale è comunicata all'altro contraente anteriormente all'effettuazione dell'operazione. Se gli obblighi derivano dall'effettuazione solo di operazioni non imponibili di trasporto ed accessorie ai trasporti, gli adempimenti sono limitati all'esecuzione degli obblighi relativi alla fatturazione di cui all'articolo 21 ([4]).

Le disposizioni del secondo e del terzo comma non si applicano per le operazioni effettuate da o nei confronti di soggetti non residenti, qualora le stesse siano rese o ricevute per il tramite di stabili organizzazioni nel territorio dello Stato ([5]).

In deroga al primo comma, per le cessioni imponibili di oro da investimento di cui all'articolo 10, numero 11), nonché per le cessioni di materiale d'oro e per quelle di prodotti semilavorati di purezza pari o superiore a 325 millesimi, al pagamento dell'imposta è tenuto il cessionario, se soggetto passivo d'imposta nel territorio dello Stato. La fattura, emessa dal cedente senza addebito d'imposta, con l'osservanza delle disposizioni di cui agli articoli 21 e seguenti e con l'annotazione "inversione contabile" e l'eventuale indicazione della norma di cui al presente comma ([6]), deve essere integrata dal cessionario con l'indicazione dell'aliquota e della relativa imposta e deve essere annotata nel registro di cui agli articoli 23 o 24 entro il mese di ricevimento ovvero anche successivamente, ma comunque entro quindici giorni dal ricevimento e con riferimento al relativo mese; lo stesso documento, ai fini della detrazione, è annotato anche nel registro di cui all'articolo 25 ([7]) ([8]).

Le disposizioni di cui al quinto comma si applicano anche:

a) alle prestazioni di servizi diversi da quelli di cui alla lettera *a ter*) ([9]), compresa la prestazione di manodopera, rese nel settore edile da soggetti subappaltatori nei confronti delle imprese che svolgono l'attività di costruzione o ristrutturazione di immobili ovvero nei confronti dell'appaltatore principale o di un altro subappaltatore. La disposizione non si applica alle prestazioni di servizi rese nei confronti di un contraente generale a cui venga affidata dal committente la totalità dei lavori ([10]);

a bis) alle cessioni di fabbricati o di porzioni di fabbricato di cui ai numeri 8 *bis*) e 8 *ter*) del primo comma dell'articolo 10 per le quali nel relativo atto il cedente abbia espressamente manifestato l'opzione per l'imposizione ([11]);

a ter) alle prestazioni di servizi di pulizia, di demolizione, di installazione di impianti e di completamento relative ad edifici ([12]);

a quater) alle prestazioni di servizi rese dalle imprese consorziate nei confronti del consorzio di appartenenza che, ai sensi delle lettere *b*), *c*) ed *e*) del comma 1 dell'articolo 34 del codice di cui al decreto legislativo 12 aprile 2006, n. 163, e successive modificazioni, si è reso aggiudicatario di una commessa nei confronti di un ente pubblico al quale il predetto consorzio è tenuto ad emettere fattura ai sensi del comma 1 dell'articolo 17 *ter* del presente decreto. L'efficacia della disposizione di cui al periodo precedente è subordinata al rilascio, da parte del Consiglio dell'Unione europea, dell'autorizzazione di una misura di deroga ai sensi dell'articolo 395 della direttiva 2006/112/CE del Consiglio, del 28 novembre 2006, e successive modificazioni ([13]);

a quinquies) alle prestazioni di servizi, diverse da quelle di cui alle lettere da *a*) ad a *quater*), effettuate tramite contratti di appalto, subappalto, affidamento a soggetti consorziati o rapporti negoziali comunque denominati caratterizzati da prevalente utilizzo di manodopera presso le sedi di attività del committente con l'utilizzo di beni strumentali di proprietà di quest'ultimo o ad esso riconducibili in qualunque forma. La disposizione del precedente periodo non si applica alle operazioni effettuate nei confronti di pubbliche amministrazioni e altri enti e società di cui all'articolo 11 *ter* e alle agenzie per il lavoro disciplinate dal capo I del titolo II del decreto legislativo 10 settembre 2003, n. 276 ([14]);

b) alle cessioni di apparecchiature terminali per il servizio pubblico radiomobile terrestre di comunicazioni soggette alla tassa sulle concessioni governative di cui all'articolo 21 della tariffa annessa al decreto del Presidente della Repubblica 26 ottobre 1972, n. 641, come sostituita, da ultimo, dal decreto del Ministro delle finanze 28 dicembre 1995, pubblicato nella *Gazzetta Ufficiale* n. 303 del 30 dicembre 1995 [, nonché dei loro componenti ed accessori] ([15]);

c) alle cessioni di console da gioco, tablet PC e laptop, nonché alle cessioni di dispositivi a circuito integrato, quali microprocessori e unità centrali di elaborazione, effettuate prima della loro installazione in prodotti destinati al consumatore finale ([16]);

[*d*) alle cessioni di materiali e prodotti lapidei, direttamente provenienti da cave e miniere] ([17]).

d bis) ai trasferimenti di quote di emissioni di gas a effetto serra definite all'articolo 3 della direttiva 2003/87/CE del Parlamento europeo e del Consiglio, del 13 ottobre 2003, e successive modificazioni, trasferibili ai sensi dell'articolo 12 della medesima direttiva 2003/87/CE, e successive modificazioni ([18]);

d ter) ai trasferimenti di altre unità che possono essere utilizzate dai gestori per conformarsi alla citata direttiva 2003/87/CE e di certificati relativi al gas e all'energia elettrica ([18]);

d quater) alle cessioni di gas e di energia elettrica a un soggetto passivo-rivenditore ai sensi dell'articolo 7 *bis*, comma 3, lettera *a*) ([18]);

[*d quinquies*) alle cessioni di beni effettuate nei confronti degli ipermercati (codice attività 47.11.1), supermercati (codice attività 47.11.2) e *discount* alimentari (codice attività 47.11.3)] ([19]) ([20]) ([21]).

Le disposizioni del quinto comma si applicano alle ulteriori operazioni individuate dal Ministro dell'economia e delle finanze, con propri decreti, in base agli articoli 199 e 199 *bis* della direttiva 2006/112/CE del Consiglio, del 28 novembre 2006, nonché in base alla misura speciale del meccanismo di reazione rapida di cui all'articolo 199 *ter* della stessa direttiva, ovvero individuate con decreto emanato ai sensi dell'articolo 17, comma 3, della legge 23 agosto 1988, n. 400, nei casi, diversi da quelli precedentemente indicati, in cui necessita il rilascio di una misura speciale di deroga ai sensi dell'articolo 395 della citata direttiva 2006/112/CE ([22]).

Le disposizioni di cui al sesto comma, lettere *b*), *c*), d *bis*), d *ter*) e d *quater*), del presente articolo si applicano alle operazioni effettuate fino al 30 giugno 2022 ([23]) ([24]).

Le pubbliche amministrazioni forniscono in tempo utile, su richiesta dell'amministrazione competente, gli elementi utili ai fini della predisposizione delle richieste delle misure speciali di deroga di cui all'articolo 395 della direttiva 2006/112/CE, anche in applicazione del meccanismo di reazione rapida di cui all'articolo 199 *ter* della stessa direttiva, nonché ai fini degli adempimenti informativi da rendere obbligatoriamente nei confronti delle istituzioni europee ai sensi dell'articolo 199 *bis* della direttiva 2006/112/CE ([24]).

([1]) *Questo articolo è stato così sostituito dall'art. 9 del D. P.R. 30 dicembre 1981, n. 793, in vigore dall'1 gennaio 1982.*

([2]) *La precedente rubrica:* «Soggetti passivi» *è stata così sostituita dall'art. 1, comma 1, lett.* a), *del D.L.vo 11 febbraio 2016, n. 24.*

([3]) *L'ultimo periodo di questo comma, aggiunto dall'art. 8, comma 2, lett.* g), *della L. 15 dicembre 2011, n. 217, è stato così sostituito dall'art. 1, comma 325, lett.* b), *n.* 1), *della L. 24 dicembre 2012, n. 228. A norma dell'art. 1, comma 335, della medesima legge tali disposizioni si applicano alle operazioni effettuate a partire dal 1° gennaio 2013.*

([4]) *Questo comma è stato da ultimo così sostituito dall'art. 1, comma 1, lett.* h), *del D.L.vo 11 febbraio 2010, n. 18. A norma dell'art. 5, comma 1, dello stesso decreto, questa disposizione si applica alle operazioni effettuate dal 1° gennaio 2010.*

([5]) *Questo comma è stato così sostituito dall'art. 1, comma 1, lett.* h), *del D.L.vo 11 febbraio 2010, n. 18. A norma dell'art. 5, comma 1, dello stesso decreto, questa disposizione si applica alle operazioni effettuate dal 1° gennaio 2010.*

([6]) *Le parole:* «*l'indicazione della norma di cui al presente comma*» *sono state così sostituite dalle attuali:* «*l'annotazione "inversione contabile" e l'eventuale indicazione della norma di cui al presente comma*» *dall'art. 1, comma 325, lett. b), n. 2), della L. 24 dicembre 2012, n. 228. A norma dell'art. 1, comma 335, della medesima legge tali disposizioni si applicano alle operazioni effettuate a partire dal 1° gennaio 2013.*

([7]) *Questo comma è stato aggiunto dall'art. 3, comma 4, della L. 17 gennaio 2000, n. 7. A norma dell'art. 3, comma 10, della medesima legge, questa norma si applica per le cessioni e le importazioni di argento, in lingotti o grani, di purezza pari o superiore a 900 millesimi.*

([8]) *A norma dell'art. 46* ter, *comma 3, del D.L. 21 giugno 2013, n. 69, convertito, con modificazioni, nella L. 9 agosto 2013, n. 98, tali disposizioni si applicano anche alle pre-*

stazioni di servizi attinenti all'architettura e all'ingegneria previste al capo IV, sezione I, del codice di cui al decreto legislativo 12 aprile 2006, n. 163.

([9]) *Le parole: «diversi da quelli di cui alla lettera* a ter)*» sono state inserite dall'art. 1, comma 629, lett.* a)*, n. 1), della L. 23 dicembre 2014, n. 190.*

([10]) *Le parole da: «. La disposizione ...» fino alla fine della lettera, sono state aggiunte dall'art. 1, comma 162, della L. 24 dicembre 2007, n. 244, a decorrere dal 1° febbraio 2008.*

([11]) *Questa lettera, inserita dall'art. 1, comma 156, lett.* a)*, della L. 24 dicembre 2007, n. 244, è stata poi così sostituita dall'art. 9, comma 1, lett.* b)*, del D.L. 22 giugno 2012, n. 83, convertito, con modificazioni, nella L. 7 agosto 2012, n. 134.*

([12]) *Questa lettera è stata inserita dall'art. 1, comma 629, lett.* a)*, n. 2), della L. 23 dicembre 2014, n. 190.*

([13]) *Questa lettera è stata inserita dall'art. 1, comma 128, della L. 28 dicembre 2015, n. 208.*

([14]) *Questa lettera è stata inserita dall'art. 4, comma 3, del D.L. 26 ottobre 2019, n. 124, convertito, con modificazioni, nella L. 19 dicembre 2019, n. 157. A norma dell'art. 4, comma 4, del medesimo decreto, l'"efficacia di tale disposizione è subordinata al rilascio, da parte del Consiglio dell'Unione europea, dell'autorizzazione di una misura di deroga ai sensi dell'articolo 395 della direttiva 2006/112/CE del Consiglio, del 28 novembre 2006.*

([15]) *Le parole fra parentesi quadrate sono state soppresse dall'art. 1, comma 1, lett.* b)*, del D.L.vo 11 febbraio 2016, n. 24.*

([16]) *Questa lettera è stata così sostituita dall'art. 1, comma 1, lett.* c)*, del D.L.vo 11 febbraio 2016, n. 24. A norma dell'art. 2 del medesimo provvedimento tali disposizioni si applicano alle operazioni effettuate a partire dal sessantesimo giorno successivo a quello dell'entrata in vigore del presente decreto.*

([17]) *Questa lettera è stata abrogata dall'art. 1, comma 1, lett.* d)*, del D.L.vo 11 febbraio 2016, n. 24.*

([18]) *Questa lettera è stata aggiunta dall'art. 1, comma 629, lett.* a)*, n. 3), della L. 23 dicembre 2014, n. 190. A norma dell'art. 1, comma 631, della medesima legge tali disposizioni sono applicabili per un periodo di quattro anni.*

([19]) *Questa lettera, aggiunta dall'art. 1, comma 629, lett.* a)*, n. 3), della L. 23 dicembre 2014, n. 190, è stata abrogata dall'art. 1, comma 1, lett.* d)*, del D.L.vo 11 febbraio 2016, n. 24.*

([20]) *Questo comma, aggiunto art. 35, comma 5, del D.L. 4 luglio 2006, n. 223, convertito, con modificazioni, nella L. 4 agosto 2006, n. 248, è stato così sostituito dall'art. 1, comma 44, lett.* a)*, della L. 27 dicembre 2006, n. 296.*

([21]) *A norma dell'art. 1, comma 632, della L. 23 dicembre 2014, n. 190, l'efficacia delle disposizioni di cui a questa lettera, è subordinata al rilascio, da parte del Consiglio dell'Unione europea, di una misura di deroga ai sensi dell'articolo 395 della direttiva 2006/112/CE del Consiglio, del 28 novembre 2006, e successive modificazioni.*

([22]) *Questo comma, aggiunto dall'art. 1, comma 44, lett.* b)*, della L. 27 dicembre 2006, n. 296, è stato così sostituito dall'art. 1, comma 1, lett.* e)*, del D.L.vo 11 febbraio 2016, n. 24.*

([23]) *Le parole: «31 dicembre 2018» sono state così sostituite dalle attuali: «30 giugno 2022» dall'art. 2, comma 2* bis*, del D.L. 23 ottobre 2018, n. 119, convertito, con modificazioni, nella L. 17 dicembre 2018, n. 136.*

([24]) *Questo comma è stato aggiunto dall'art. 1, comma 1, lett.* f)*, del D.L.vo 11 febbraio 2016, n. 24.*

17 *bis*. (1) [**Acquisto di pubblicità *on line*.** – 1. I soggetti passivi che intendano acquistare servizi di pubblicità e *link* sponsorizzati *on line*, anche attraverso centri media e operatori terzi, sono obbligati ad acquistarli da soggetti titolari di una partita IVA rilasciata dall'amministrazione finanziaria italiana.

2. Gli spazi pubblicitari *on line* e i *link* sponsorizzati che appaiono nelle pagine dei risultati dei motori di ricerca (servizi di *search advertising*), visualizzabili sul territorio italiano durante la visita di un sito internet o la fruizione di un servizio *on line* attraverso rete fissa o rete e dispositivi mobili, devono essere acquistati esclusivamente attraverso soggetti, quali editori, concessionarie pubblicitarie, motori di ricerca o altro operatore pubblicitario, titolari di partita IVA rilasciata dall'amministrazione finanziaria italiana. La presente disposizione si applica anche nel caso in cui l'operazione di compravendita sia stata effettuata mediante centri media, operatori terzi e soggetti inserzionisti].

(1) *Questo articolo, inserito dall'art. 1, comma 33, della L. 27 dicembre 2013, n. 147, poi abrogato dall'art. 2, comma 1, lett.* a), *del D.L. 6 marzo 2014, n. 16, convertito, con modificazioni, nella L. 2 maggio 2014, n. 68, cessa di avere efficacia.*

17 *ter*. (1) (2) **Operazioni effettuate nei confronti di pubbliche amministrazioni e altri enti e società** (3). – 1. Per le cessioni di beni e per le prestazioni di servizi effettuate nei confronti di amministrazioni pubbliche, come definite dall'articolo 1, comma 2, della legge 31 dicembre 2009, n. 196, e successive modificazioni e integrazioni, per le quali i cessionari o committenti non sono debitori d'imposta ai sensi delle disposizioni in materia d'imposta sul valore aggiunto, l'imposta è in ogni caso versata dai medesimi secondo modalità e termini fissati con decreto del Ministro dell'economia e delle finanze (4).

1 *bis*. Le disposizioni di cui al comma 1 si applicano anche alle operazioni effettuate nei confronti dei seguenti soggetti:

0a) enti pubblici economici nazionali, regionali e locali, comprese le aziende speciali e le aziende pubbliche di servizi alla persona;

0b) fondazioni partecipate da amministrazioni pubbliche di cui al comma 1 per una percentuale complessiva del fondo di dotazione non inferiore al 70 per cento;

a) società controllate, ai sensi dell'articolo 2359, primo comma, n. 2), del codice civile, direttamente dalla Presidenza del Consiglio dei ministri e dai Ministeri;

b) società controllate direttamente o indirettamente, ai sensi dell'articolo 2359, primo comma, n. 1), del codice civile, da amministrazioni pubbliche di cui al comma 1 o da enti e società di cui alle lettere 0a), 0b), *a*) e *c*);

c) società partecipate, per una percentuale complessiva del capitale non inferiore al 70 per cento, da amministrazioni pubbliche di cui al comma 1 o da enti e società di cui alle lettere 0a), 0b), *a*) e *b*);

d) società quotate inserite nell'indice FTSE MIB della Borsa italiana identificate agli effetti dell'imposta sul valore aggiunto; con il decreto del Ministro dell'economia e delle finanze di cui al comma 1 può essere individuato un indice alternativo di riferimento per il mercato azionario ([5]) ([6]).

1 *ter*. Le disposizioni del presente articolo si applicano fino al termine di scadenza della misura speciale di deroga rilasciata dal Consiglio dell'Unione europea ai sensi dell'articolo 395 della direttiva 2006/112/CE ([7]).

1 *quater*. A richiesta dei cedenti o prestatori, i cessionari o i committenti di cui ai commi 1 e 1 *bis* devono rilasciare un documento attestante la loro riconducibilità a soggetti per i quali si applicano le disposizioni del presente articolo. I cedenti e prestatori in possesso di tale attestazione sono tenuti all'applicazione del regime di cui al presente articolo ([7]).

1 *quinquies*. Le disposizioni di cui al presente articolo non si applicano agli enti pubblici gestori di demanio collettivo, limitatamente alle cessioni di beni e alle prestazioni di servizi afferenti alla gestione dei diritti collettivi di uso civico ([7]);

1 *sexies*. Le disposizioni del presente articolo non si applicano alle prestazioni di servizi rese ai soggetti di cui ai commi 1, 1 *bis* e 1 *quinquies*, i cui compensi sono assoggettati a ritenute alla fonte a titolo di imposta sul reddito ovvero a ritenuta a titolo di acconto di cui all'art. 25 del decreto del Presidente della Repubblica 29 settembre 1973, n. 600 ([8]).

[2. Le disposizioni di cui al comma 1 non si applicano ai compensi per prestazioni di servizi assoggettati a ritenute alla fonte a titolo di imposta sul reddito] ([9]).

([1]) *Questo articolo è stato inserito dall'art. 1, comma 629, lett.* b), *della L. 23 dicembre 2014, n. 190. A norma dell'art. 1, comma 630, della medesima legge, ai sensi del comma 10, dell'articolo 38* bis *di questo provvedimento, il Ministro dell'economia e delle finanze, con il decreto di cui al comma 1, di questo articolo, individua, tra coloro nei confronti dei quali il rimborso è eseguito in via prioritaria, i soggetti di cui al predetto articolo 17* ter, *comma 1, limitatamente al credito rimborsabile relativo alle operazioni ivi indicate.*

Ai sensi dell'art. 10, comma 8 bis, *del D.L. 30 dicembre 2015, n. 210, convertito, con modificazioni, nella L. 25 febbraio 2016, n. 21, anche per l'anno 2016 è prorogato l'utilizzo delle somme iscritte in conto residui nell'anno 2015 nel bilancio dello Stato, relative all'applicazione delle disposizioni normative in tema di* split payment *introdotte dall'articolo 1, comma 629, lettera* b), *della legge 23 dicembre 2014, n. 190.*

([2]) *A norma dell'art. 1, comma 632, della L. 23 dicembre 2014, n. 190, le disposizioni di cui al presente articolo, nelle more del rilascio, ai sensi dell'articolo 395 della direttiva 2006/112/CE, della misura di deroga da parte del Consiglio dell'Unione europea, trova-*

no comunque applicazione per le operazioni per le quali l'imposta sul valore aggiunto è esigibile a partire dal 1 gennaio 2015. In caso di mancato rilascio delle suddette misure di deroga, con provvedimento del direttore dell'Agenzia delle dogane e dei monopoli, da adottare entro il 30 giugno 2015, l'aliquota dell'accisa sulla benzina e sulla benzina con piombo, nonché l'aliquota dell'accisa sul gasolio usato come carburante, di cui all'allegato I al testo unico delle disposizioni legislative concernenti le imposte sulla produzione e sui consumi e relative sanzioni penali e amministrative, di cui al decreto legislativo 26 ottobre 1995, n. 504, e successive modificazioni, sono aumentate in misura tale da determinare maggiori entrate nette non inferiori a 1.716 milioni di euro a decorrere dal 2015; il provvedimento è efficace dalla data di pubblicazione nel sito internet dell'Agenzia delle dogane e dei monopoli. A norma dell'art. 1, comma 633, della L. n. 190/2014, nei confronti degli enti pubblici cessionari o committenti nei casi previsti da questo articolo che omettono o ritardano il versamento dell'imposta sul valore aggiunto, si applicano le sanzioni di cui all'articolo 13 del decreto legislativo 18 dicembre 1997, n. 471, e successive modificazioni, e le somme dovute sono riscosse mediante l'atto di recupero di cui all'articolo 1, comma 421, della legge 30 dicembre 2004, n. 311.

([3]) *L'originaria rubrica:* «Operazioni effettuate nei confronti di enti pubblici» *è stata così sostituita dall'attuale:* «Operazioni effettuate nei confronti di pubbliche amministrazioni e altri enti e società» *dall'art. 1, comma 1, lett.* c bis*), del D.L. 24 aprile 2017, n. 50, convertito, con modificazioni, nella L. 21 giugno 2017, n. 96.*

Tali disposizioni si applicano alle operazioni per le quali è emessa fattura a partire dal 1° luglio 2017.

([4]) *Questo comma è stato così sostituito dall'art. 1, comma 1, lett.* a*), del D.L. 24 aprile 2017, n. 50, convertito, con modificazioni, nella L. 21 giugno 2017, n. 96.*

Tali disposizioni si applicano alle operazioni per le quali è emessa fattura a partire dal 1° luglio 2017.

([5]) *Questo comma è stato così sostituito dall'art. 3, comma 1, del D.L. 16 ottobre 2017, n. 148, convertito, con modificazioni, nella L. 4 dicembre 2017, n. 172.*

A norma dell'art. 3, comma 3, del medesimo provvedimento, tali disposizioni hanno effetto a decorrere dal 1° gennaio 2018 e si applicano alle operazioni per le quali è emessa fattura a partire dalla medesima data.

([6]) *A norma dell'art. 3, comma 2, del D.L. 16 ottobre 2017, n. 148, convertito, con modificazioni, nella L. 4 dicembre 2017, n. 172, con decreto del Ministro dell'economia e delle finanze, da emanarsi entro quarantacinque giorni dall'entrata in vigore del presente decreto, sono stabilite le modalità di attuazione delle norme di cui al presente comma.*

([7]) *Questo comma è stato inserito dall'art. 1, comma 1, lett.* b*), del D.L. 24 aprile 2017, n. 50, convertito, con modificazioni, nella L. 21 giugno 2017, n. 96.*

Tali disposizioni si applicano alle operazioni per le quali è emessa fattura a partire dal 1° luglio 2017.

([8]) *Questo comma è stato aggiunto dall'art. 12, comma 1, del D.L. 12 luglio 2018, n. 87, convertito, con modificazioni, nella L. 9 agosto 2018, n. 96.*

A norma dell'art. 12, comma 2, del medesimo decreto tali disposizioni, si applicano alle operazioni per le quali è emessa fattura successivamente alla data di entrata in vigore del citato decreto.

([9]) *Questo comma è stato abrogato dall'art. 1, comma 1, lett. c), del D.L. 24 aprile 2017, n. 50, convertito, con modificazioni, nella L. 21 giugno 2017, n. 96.*

Tali disposizioni si applicano alle operazioni per le quali è emessa fattura a partire dal 1° luglio 2017.

18. Rivalsa. – Il soggetto che effettua la cessione di beni o prestazione di servizi imponibile deve addebitare la relativa imposta, a titolo di rivalsa, al cessionario o al committente.

Per le operazioni per le quali non è prescritta l'emissione della fattura il prezzo o il corrispettivo si intende comprensivo dell'imposta. Se la fattura è emessa su richiesta del cliente il prezzo o il corrispettivo deve essere diminuito della percentuale indicata nel quarto comma dell'art. 27.

La rivalsa non è obbligatoria per le cessioni di cui ai numeri 4) e 5) del secondo comma dell'art. 2 e per le prestazioni di servizi di cui al terzo comma, primo periodo, dell'art. 3 ([1]).

È nullo ogni patto contrario alle disposizioni dei commi precedenti.

Il credito di rivalsa ha privilegio speciale sui beni immobili oggetto della cessione o ai quali si riferisce il servizio ai sensi degli articoli 2758 e 2772 del codice civile e, se relativo alla cessione di beni mobili, ha privilegio sulla generalità dei mobili del debitore con lo stesso grado del privilegio generale stabilito dall'art. 2752 del codice civile, cui tuttavia è posposto.

([1]) *Questo comma è stato così sostituito dall'art. 16* bis *del D.L. 23 febbraio 1995, n. 41, conv., con modif., nella L. 22 marzo 1995, n. 85, con effetto dal 24 marzo 1995.*

19. ([1]) ([2]) **Detrazione.** – 1. Per la determinazione dell'imposta dovuta a norma del primo comma dell'articolo 17 o dell'eccedenza di cui al secondo comma dell'articolo 30, è detraibile dall'ammontare dell'imposta relativa alle operazioni effettuate, quello dell'imposta assolta o dovuta dal soggetto passivo o a lui addebitata a titolo di rivalsa in relazione ai beni ed ai servizi importati o acquistati nell'esercizio dell'impresa, arte o professione. Il diritto alla detrazione dell'imposta relativa ai beni e servizi acquistati o importati sorge nel momento in cui l'imposta diviene esigibile ed è esercitato al più tardi con la dichiarazione relativa all'anno in cui il diritto alla detrazione è sorto ed alle condizioni esistenti al momento della nascita del diritto medesimo ([3]).

2. Non è detraibile l'imposta relativa all'acquisto o all'importazione di beni e servizi afferenti operazioni esenti o comunque non soggette all'imposta, salvo il disposto dell'articolo 19 *bis*2. In nessun caso è detraibile l'imposta relativa all'acquisto o all'importazione di beni o servizi utilizzati per l'effettuazione di manifestazioni a premio ([4]) ([5]) ([6]).

3. La indetraibilità di cui al comma 2 non si applica se le operazioni ivi indicate sono costituite da:

a) operazioni di cui agli articoli 8, 8 *bis* e 9 o a queste assimilate dalla legge, ivi comprese quelle di cui agli articoli 40 e 41 del decreto legge 31 agosto 1993, n. 331, convertito, con modificazioni, dalla legge 29 ottobre 1993, n. 427;

a bis) le operazioni di cui ai numeri da 1) a 4) dell'articolo 10, effettuate nei confronti di soggetti stabiliti fuori della Comunità o relative a beni destinati ad essere esportati fuori della Comunità stessa ([7]);

b) operazioni effettuate fuori dal territorio dello Stato le quali, se effettuate nel territorio dello Stato, darebbero diritto alla detrazione dell'imposta;

c) operazioni di cui all'articolo 2, terzo comma, lettere *a*), *b*), *d*) ed *f*);

d) cessioni di cui all'articolo 10, numero 11), effettuate da soggetti che producono oro da investimento o trasformano oro in oro da investimento ([8]);

d bis) le cessioni di beni di cui all'articolo 10, terzo comma ([9]);

e) operazioni non soggette all'imposta per effetto delle disposizioni di cui al primo comma dell'articolo 74, concernente disposizioni relative a particolari settori ([10]);

[*e bis*) le operazioni inerenti e connesse all'organizzazione ed all'esercizio delle attività di cui all'articolo 10, numeri 6) e 7), e le prestazioni di mandato, mediazione e intermediazione relative a dette operazioni] ([11]).

4. Per i beni ed i servizi in parte utilizzati per operazioni non soggette all'imposta la detrazione non è ammessa per la quota imputabile a tali utilizzazioni e l'ammontare indetraibile è determinato secondo criteri oggettivi, coerenti con la natura dei beni e servizi acquistati. Gli stessi criteri si applicano per determinare la quota di imposta indetraibile relativa ai beni e servizi in parte utilizzati per fini privati o comunque estranei all'esercizio dell'impresa, arte e professione.

5. Ai contribuenti che esercitano sia attività che danno luogo ad operazioni che conferiscono il diritto alla detrazione sia attività che danno luogo ad operazioni esenti ai sensi dell'articolo 10, il diritto alla detrazione dell'imposta spetta in misura proporzionale alla prima categoria di operazioni e il relativo ammontare è determinato applicando la percentuale di detrazione di cui all'articolo 19 *bis*. Nel corso dell'anno la detrazione è provvisoriamente operata con l'applicazione della percentuale di detrazione dell'anno precedente, salvo conguaglio alla fine dell'anno. I soggetti che iniziano l'attività operano la detrazione in base ad una percentuale di detrazione determinata presuntivamente, salvo conguaglio alla fine dell'anno. [La disposizione di cui al presente comma non si applica alle operazioni di cui all'articolo 10, numeri 6) e 7), e alle prestazioni di mandato, mediazione e intermediazione relative a dette operazioni] ([12]).

5 *bis*. Per i soggetti diversi da quelli di cui alla lettera *d*) del comma 3 la limitazione della detrazione di cui ai precedenti commi non opera con riferimento all'imposta addebitata, dovuta o assolta per gli acquisiti, anche intracomunitari, di oro da investimento, per gli acquisti, anche intracomunitari, e per le importazioni di oro diverso da quello da investimento destinato ad essere trasformato in oro da investimento a cura degli stessi soggetti o per loro conto, nonché per i servizi consistenti in modifiche della forma, del peso o della purezza dell'oro, compreso l'oro da investimento ([13]).

([1]) *Questo articolo è stato così sostituito dagli attuali articoli 19 e 19* bis *dall'art. 2 del D.L.vo 2 settembre 1997, n. 313, con effetto dal 1° gennaio 1998.*

([2]) *A norma dell'art. 119, comma 9* ter, *del D.L. 19 maggio 2020, n. 34, convertito, con modificazioni, nella L. 17 luglio 2020, n. 77, così come modificato dall'art. 6* bis, *comma 1, del D.L. 22 marzo 2021, n. 41, convertito, con modificazioni, nella L. 21 maggio 2021, n. 69, l'imposta sul valore aggiunto non detraibile, anche parzialmente, di cui a questo articolo, dovuta sulle spese rilevanti ai fini degli incentivi previsti dal presente articolo, si considera nel calcolo dell'ammontare complessivo ammesso al beneficio, indipendentemente dalla modalità di rilevazione contabile adottata dal contribuente.*

([3]) *A norma dell'art. 1, comma 452, della L. 30 dicembre 2020, n. 178, in deroga all'articolo 124, comma 1, del decreto legge 19 maggio 2020, n. 34, convertito, con modificazioni, dalla legge 17 luglio 2020, n. 77, le cessioni della strumentazione per diagnostica per COVID-19 che presentano i requisiti applicabili di cui alla direttiva 98/79/CE del Parlamento europeo e del Consiglio, del 27 ottobre 1998, o al regolamento (UE) 2017/745 del Parlamento europeo e del Consiglio, del 5 aprile 2017, e ad altra normativa dell'Unione europea applicabile e le prestazioni di servizi strettamente connesse a tale strumentazione sono esenti dall'imposta sul valore aggiunto, con diritto alla detrazione dell'imposta ai sensi di questo comma, fino al 31 dicembre 2022.*

A norma dell'art. 1, comma 453, della medesima legge, in deroga al numero 114), della tabella A, parte III, di questo provvedimento, le cessioni di vaccini contro il COVID-19, autorizzati dalla Commissione europea o dagli Stati membri, e le prestazioni di servizi strettamente connesse a tali vaccini sono esenti dall'imposta sul valore aggiunto, con diritto alla detrazione dell'imposta ai sensi di questo comma.

([4]) *L'ultimo periodo di questo comma è stato aggiunto dall'art. 19, comma 1, della L. 27 dicembre 1997, n. 449.*

([5]) *Ai sensi dell'art. 5 della L. 18 febbraio 1999, n. 28 le parole: «beni o servizi utilizzati per l'effettuazione di manifestazioni a premio», devono intendersi riferite esclusivamente ai premi messi in palio dei soggetti promotori in occasione delle manifestazioni medesime.*

([6]) *Ai sensi dell'art. 10, comma 2* ter, *del D.L. 30 dicembre 2015, n. 210, convertito, con modificazioni, nella L. 25 febbraio 2016, n. 21, in relazione alle attività formative svolte dagli organismi di formazione professionale che percepiscono contributi pubblici, anche erogati ai sensi dell'articolo 12 della legge 7 agosto 1990, n. 241, questo comma si interpreta nel senso che l'imposta sul valore aggiunto assolta sull'acquisto di beni e servizi è detraibile se i beni e servizi acquistati con tali contributi sono utilizzati per l'effettuazione di operazioni imponibili o che danno diritto alla detrazione.*

(7) *Questa lettera è stata inserita dall'art. 1, comma 1, lett.* i), *del D.L.vo 11 febbraio 2010, n. 18. A norma dell'art. 5, comma 1, dello stesso decreto, questa disposizione si applica alle operazioni effettuate dal 1° gennaio 2010.*

(8) *Questa lettera è stata così sostituita dall'art. 3, comma 5, lett.* a), *della L. 17 gennaio 2000, n. 7.*

(9) *Questa lettera è stata inserita dall'art. 1, comma 1, lett.* e), *del D.L.vo 25 maggio 2021, n. 83.*

A norma dell'art. 10 dello stesso provvedimento tali disposizioni si applicano alle operazioni effettuate a partire dal 1° luglio 2021.

(10) *Questa lettera, così sostituita dall'art. 41, comma 1, lett.* a), *della L. 21 novembre 2000, n. 342, è stata di nuovo così sostituita dall'art. 35, comma 1, lett.* a), *del D.L. 30 settembre 2003, n. 269, convertito, con modificazioni, nella L. 24 novembre 2003, n. 326.*

(11) *Questa lettera, aggiunta dall'art. 11* quinquiesdecies, *comma 7, lett.* a), *del D.L. 30 settembre 2005, n. 203, convertito, con modificazioni, nella L. 2 dicembre 2005, n. 248, è stata poi abrogata stante l'abrogazione del medesimo comma 7 ad opera dell'art. 1, comma 35, della L. 27 dicembre 2006, n. 296.*

(12) *Questo periodo, aggiunto dall'art. 11* quinquiesdecies, *comma 7, lett.* b), *del D.L. 30 settembre 2005, n. 203, convertito, con modificazioni, nella L. 2 dicembre 2005, n. 248 è stato poi abrogato stante l'abrogazione del medesimo comma 7 ad opera dell'art. 1, comma 35, della L. 27 dicembre 2006, n. 296.*

(13) *Questo comma è stato aggiunto dall'art. 3, comma 5, lett.* b), *della L. 17 gennaio 2000, n. 7.*

19 *bis*. (1) (2) **Percentuale di detrazione.** – 1. La percentuale di detrazione di cui all'articolo 19, comma 5, è determinata in base al rapporto tra l'ammontare delle operazioni che danno diritto a detrazione, effettuate nell'anno, e lo stesso ammontare aumentato delle operazioni esenti effettuate nell'anno medesimo. La percentuale di detrazione è arrotondata all'unità superiore o inferiore a seconda che la parte decimale superi o meno i cinque decimi.

2. Per il calcolo della percentuale di detrazione di cui al comma 1 non si tiene conto delle cessioni di beni ammortizzabili, dei passaggi di cui all'articolo 36, ultimo comma, e delle operazioni di cui all'articolo 2, terzo comma, lettere *a*), *b*), *d*) e *f*), delle operazioni esenti di cui all'articolo 10, primo comma, numero 27 *quinquies*), e, quando non formano oggetto dell'attività propria del soggetto passivo o siano accessorie alle operazioni imponibili, delle altre operazioni esenti indicate ai numeri da 1) a 9) del predetto articolo 10, ferma restando la indetraibilità dell'imposta relativa ai beni e servizi utilizzati esclusivamente per effettuare queste ultime operazioni.

(1) *L'articolo 19 è stato così sostituito dagli attuali articoli 19 e 19* bis *dall'art. 2 del D.L.vo 2 settembre 1997, n. 313, con effetto dal 1° gennaio 1998.*

(2) *A norma dell'art. 119, comma 9* ter, *del D.L. 19 maggio 2020, n. 34, convertito, con modificazioni, nella L. 17 luglio 2020, n. 77, così come modificato dall'art. 6* bis, *comma 1, del D.L. 22 marzo 2021, n. 41, convertito, con modificazioni, nella L. 21 maggio 2021, n.*

69, l'imposta sul valore aggiunto non detraibile, anche parzialmente, di cui a questo articolo, dovuta sulle spese rilevanti ai fini degli incentivi previsti dal presente articolo, si considera nel calcolo dell'ammontare complessivo ammesso al beneficio, indipendentemente dalla modalità di rilevazione contabile adottata dal contribuente.

19 *bis*1. (1) (2) **Esclusione o riduzione della detrazione per alcuni beni e servizi.** – 1. In deroga alle disposizioni di cui all'articolo 19:

a) l'imposta relativa all'acquisto o all'importazione di aeromobili e dei relativi componenti e ricambi è ammessa in detrazione se i beni formano oggetto dell'attività propria dell'impresa o sono destinati ad essere esclusivamente utilizzati come strumentali nell'attività propria dell'impresa ed è in ogni caso esclusa per gli esercenti arti e professioni (3);

b) l'imposta relativa all'acquisto o all'importazione dei beni elencati nell'allegata tabella B e delle navi e imbarcazioni da diporto nonché dei relativi componenti e ricambi è ammessa in detrazione soltanto se i beni formano oggetto dell'attività propria dell'impresa ed è in ogni caso esclusa per gli esercenti arti e professioni (3);

c) l'imposta relativa all'acquisto o all'importazione di veicoli stradali a motore, diversi da quelli di cui alla lettera *f*) dell'allegata tabella B, e dei relativi componenti e ricambi è ammessa in detrazione nella misura del 40 per cento se tali veicoli non sono utilizzati esclusivamente nell'esercizio d'impresa, dell'arte o della professione. La disposizione non si applica, in ogni caso, quando i predetti veicoli formano oggetto dell'attività propria dell'impresa nonché per gli agenti e rappresentanti di commercio. Per veicoli stradali a motore si intendono tutti i veicoli a motore, diversi dai trattori agricoli o forestali, normalmente adibiti al trasporto stradale di persone o beni la cui massa massima autorizzata non supera 3.500 kg e il cui numero di posti a sedere, escluso quello del conducente, non è superiore a otto (3);

d) l'imposta relativa all'acquisto o all'importazione di carburanti e lubrificanti destinati ad aeromobili, natanti da diporto e veicoli stradali a motore, nonché alle prestazioni di cui al terzo comma dell'articolo 16 e alle prestazioni di custodia, manutenzione, riparazione e impiego, compreso il transito stradale, dei beni stessi, è ammessa in detrazione nella stessa misura in cui è ammessa in detrazione l'imposta relativa all'acquisto o all'importazione di detti aeromobili, natanti e veicoli stradali a motore (3); L'avvenuta effettuazione dell'operazione deve essere provata dal pagamento mediante carte di credito, carte di debito o carte prepagate emesse da operatori finanziari soggetti all'obbligo di comunicazione previsto dall'articolo 7, sesto comma, del decreto del Presidente della Repubblica 29 settembre 1973, n. 605, o da altro mezzo ritenuto parimenti idoneo individuato con provvedimento del direttore dell'Agenzia delle entrate ([4]).

e) salvo che formino oggetto dell'attività propria dell'impresa, non è ammessa in detrazione l'imposta relativa [a prestazioni alberghiere e a somministrazioni di alimenti e bevande, con esclusione di quelle inerenti alla partecipazione a convegni, congressi e simili, erogate nei giorni di svolgimento degli stessi, delle somministrazioni effettuate nei confronti dei datori di lavoro nei locali dell'impresa o in locali adibiti a mensa scolastica, aziendale o interaziendale e delle somministrazioni commesse da imprese che forniscono servizi sostitutivi di mense aziendali,] ([5]) a prestazioni di trasporto di persone [ed al transito stradale delle autovetture e autoveicoli di cui all'articolo 54, lettere *a*) e *c*), del decreto legislativo 30 aprile 1992, n. 285] ([6]);

f) non è ammessa in detrazione l'imposta relativa all'acquisto o all'importazione di alimenti e bevande ad eccezione di quelli che formano oggetto dell'attività propria dell'impresa o di somministrazione in mense scolastiche, aziendali o interaziendali o mediante distributori automatici collocati nei locali dell'impresa;

[*g*) l'imposta relativa all'acquisto, all'importazione, alle prestazioni di servizi di cui al terzo comma dell'articolo 16, nonché alle spese di gestione, di apparecchiature terminali per il servizio radiomobile pubblico terrestre di comunicazioni soggette alla tassa sulle concessioni governative di cui all'articolo 21 della tariffa allegata al decreto del Presidente della Repubblica 26 ottobre 1972, n. 641, come sostituita dal decreto del Ministro delle finanze 28 dicembre 1995, pubblicato nella *Gazzetta Ufficiale* n. 303 del 30 dicembre 1995, è ammessa in detrazione nella misura del 50 per cento; la predetta limitazione non si applica agli impianti di telefonia dei veicoli utilizzati per il trasporto di merci da parte delle imprese di autotrasporto limitatamente ad un solo impianto per ciascun veicolo] ([7]);

h) non è ammessa in detrazione l'imposta relativa alle spese di rappresentanza, come definite ai fini delle imposte sul reddito, tranne quelle sostenute per l'acquisto di beni di costo unitario non superiore ad euro cinquanta ([8]) ([9]);

i) non è ammessa in detrazione l'imposta relativa all'acquisto di fabbricati, o di porzione di fabbricato, a destinazione abitativa né quella relativa alla locazione o alla manutenzione, recupero o gestione degli stessi, salvo che per le imprese che hanno per oggetto esclusivo o principale dell'attività esercitata la costruzione [o la rivendita] ([10]) dei predetti fabbricati o delle predette porzioni.

La disposizione non si applica per i soggetti che esercitano attività che danno luogo ad operazioni esenti di cui al numero 8) dell'articolo 10 che comportano la riduzione della percentuale di detrazione a norma dell'articolo 19, comma 5, e dell'articolo 19 *bis* (11).

(1) *Questo articolo è stato aggiunto dall'art. 3 del D.L.vo 2 settembre 1997, n. 313, con effetto dal 1° gennaio 1998.*

(2) *A norma dell'art. 119, comma 9* ter, *del D.L. 19 maggio 2020, n. 34, convertito, con modificazioni, nella L. 17 luglio 2020, n. 77, così come modificato dall'art. 6* bis, *comma 1, del D.L. 22 marzo 2021, n. 41, convertito, con modificazioni, nella L. 21 maggio 2021, n. 69, l'imposta sul valore aggiunto non detraibile, anche parzialmente, di cui a questo articolo, dovuta sulle spese rilevanti ai fini degli incentivi previsti dal presente articolo, si considera nel calcolo dell'ammontare complessivo ammesso al beneficio, indipendentemente dalla modalità di rilevazione contabile adottata dal contribuente.*

(3) *Questa lettera è stata così sostituita dall'art. 1, comma 261, lett.* e), *n.* 1), della *L. 24 dicembre 2007, n. 244.*

(4) *Questo periodo è stato aggiunto dall'art. 1, comma 923, della L. 27 dicembre 2017, n. 205.*

A norma dell'art. 1, comma 927, della L. 27 dicembre 2017, n. 205, così come modificato dall'art. 11 bis, *comma 1, lett.* b), *del D.L. 12 luglio 2018, n. 87, convertito, con modificazioni, nella L. 9 agosto 2018, n. 96, tali disposizioni si applicano a partire dal 1° luglio 2018.*

A norma dell'art. 1, comma 916, della L. 27 dicembre 2017, n. 205, tali disposizioni si applicano alle fatture emesse a partire dal 1° gennaio 2019.

A norma dell'art. 1, comma 917, della L. 27 dicembre 2017, n. 205, fermo restando quanto previsto al predetto comma 916, della L. n. 205/2017, tali disposizioni si applicano alle fatture emesse a partire dal 1° luglio 2018 relative a:

a) *cessioni di benzina o di gasolio destinati ad essere utilizzati come carburanti per motori, ad eccezione delle cessioni di carburante per autotrazione presso gli impianti stradali di distribuzione, per le quali il comma 920 si applica dal 1° gennaio 2019;*

b) *prestazioni rese da soggetti subappaltatori e subcontraenti della filiera delle imprese nel quadro di un contratto di appalto di lavori, servizi o forniture stipulato con un'amministrazione pubblica. Ai fini della presente lettera, per filiera delle imprese si intende l'insieme dei soggetti, destinatari della normativa di cui all'articolo 3 della legge 13 agosto 2010, n. 136, che intervengono a qualunque titolo nel ciclo di realizzazione del contratto, anche con noli e forniture di beni e prestazioni di servizi, ivi compresi quelli di natura intellettuale, qualunque sia l'importo dei relativi contratti o dei subcontratti. Le fatture elettroniche emesse ai sensi della presente lettera riportano gli stessi codici CUP e CIG di cui all'articolo 25, comma 2, del decreto legge 24 aprile 2014, n. 66, convertito, con modificazioni, dalla legge 23 giugno 2014, n. 89, riportati nelle fatture emesse dall'impresa capofila nei confronti dell'amministrazione pubblica.*

(5) *Le parole tra parentesi quadrate sono state soppresse dall'art. 83, comma 28* bis, *del D.L. 25 giugno 2008, n. 112, convertito, con modificazioni, nella L. 6 agosto 2008, n. 133. A norma dell'art. 83, comma 28* ter, *del D.L. 25 giugno 2008, n. 112, convertito, con modificazioni, nella L. 6 agosto 2008, n. 133, le disposizioni di cui al comma 28* bis *si applicano alle operazioni effettuate a partire dal 1° settembre 2008.*

(6) *Le parole fra parentesi quadrate sono state soppresse dall'art. 1, comma 261, lett. e), n. 2), della L. 24 dicembre 2007, n. 244.*

(7) *Questa lettera è stata così sostituita dall'art. 15, comma 3, della L. 28 dicembre 2001, n. 48 e poi abrogata dall'art. 1, comma 261, lett. e), n. 3), della L. 24 dicembre 2007, n. 244.*

(8) *Le parole: «a lire cinquantamila» sono state così sostituite dalle attuali: «ad euro cinquanta» dall'art. 30, comma 1, lett. c), del D.L.vo 21 novembre 2014, n. 175.*

(9) *Le parole da: «, tranne quelle sostenute ...» fino alla fine della lettera sono state aggiunte dall'art. 31, comma 1, lett. a), n. 2), della L. 23 dicembre 2000, n. 388.*

(10) *Le parole tra parentesi quadrate sono state soppresse dall'art. 35, comma 8, lett. b), del D.L. 4 luglio 2006, n. 223, convertito, con modificazioni, nella L. 4 agosto 2006, n. 248.*

(11) *Questo periodo è stato aggiunto dall'art. 3, comma 1, lett. a), del D.L.vo 19 novembre 1998, n. 422, con effetto dal 1° gennaio 1998.*

19 *bis*2. (1) **Rettifica della detrazione.** – 1. La detrazione dell'imposta relativa ai beni non ammortizzabili ed ai servizi è rettificata in aumento o in diminuzione qualora i beni ed i servizi medesimi sono utilizzati per effettuare operazioni che danno diritto alla detrazione in misura diversa da quella inizialmente operata. Ai fini di tale rettifica si tiene conto esclusivamente della prima utilizzazione dei beni e dei servizi.

2. Per i beni ammortizzabili, la rettifica di cui al comma 1 è eseguita in rapporto al diverso utilizzo che si verifica nell'anno della loro entrata in funzione ovvero nei quattro anni successivi ed è calcolata con riferimento a tanti quinti dell'imposta quanti sono gli anni mancanti al compimento del quinquennio.

3. Se mutamenti nel regime fiscale delle operazioni attive, nel regime di detrazione dell'imposta sugli acquisti o nell'attività comportano la detrazione dell'imposta in misura diversa da quella già operata, la rettifica è eseguita limitatamente ai beni ed ai servizi non ancora ceduti o non ancora utilizzati e, per i beni ammortizzabili, è eseguita se non sono trascorsi quattro anni da quello della loro entrata in funzione.

4. La detrazione dell'imposta relativa all'acquisto di beni ammortizzabili, nonché alle prestazioni di servizi relative alla trasformazione, al riattamento o alla ristrutturazione dei beni stessi, operata ai sensi dell'articolo 19, comma 5, è altresì, soggetta a rettifica, in ciascuno dei quattro anni successivi a quello della loro entrata in funzione, in caso di variazione della percentuale di detrazione superiore a dieci punti. La rettifica si effettua aumentando o diminuendo l'imposta annuale in ragione di un quinto della differenza tra l'ammontare della detrazione operata e quello corrispondente alla percentuale di detrazione dell'anno di competenza. Se l'anno o gli anni di acquisto o di produzione del bene ammortizzabile non coincidono con quello della sua entrata in funzione, la prima rettifica è eseguita, per tutta l'imposta rela-

tiva al bene, in base alla percentuale di detrazione definitiva di quest'ultimo anno anche se lo scostamento non è superiore a dieci punti. La rettifica può essere eseguita anche se la variazione della percentuale di detrazione non è superiore a dieci punti a condizione che il soggetto passivo adotti lo stesso criterio per almeno cinque anni consecutivi e ne dia comunicazione con la dichiarazione annuale nella quale inizia ad avvalersi di detta facoltà.

5. Ai fini del presente articolo non si considerano ammortizzabili i beni di costo unitario non superiore ad € 516,46, né quelli il cui coefficiente di ammortamento stabilito ai fini delle imposte sul reddito è superiore al venticinque per cento.

6. In caso di cessione di un bene ammortizzabile durante il periodo di rettifica, la rettifica della detrazione va operata in unica soluzione per gli anni mancanti al compimento del periodo di rettifica, considerando a tal fine la percentuale di detrazione pari al cento per cento se la cessione è soggetta ad imposta, ma l'ammontare dell'imposta detraibile non può eccedere quello dell'imposta relativa alla cessione del bene.

7. Se i beni ammortizzabili sono acquisiti in dipendenza di fusione, di scissione, di cessione o conferimento di aziende, compresi i complessi aziendali relativi a singoli rami dell'impresa, le disposizioni di cui ai commi precedenti si applicano con riferimento alla data in cui i beni sono stati acquistati dalla società incorporata o dalle società partecipanti alla fusione, dalla società scissa o dal soggetto cedente o conferente. I soggetti cedenti o conferenti sono obbligati a fornire ai cessionari o conferitari i dati rilevanti ai fini delle rettifiche.

8. Le disposizioni del presente articolo relative ai beni ammortizzabili devono intendersi riferite anche ai beni immateriali di cui all'articolo 68 del testo unico delle imposte sui redditi, approvato con decreto del Presidente della Repubblica 22 dicembre 1986, n. 917. Agli effetti del presente articolo i fabbricati o porzioni di fabbricati sono comunque considerati beni ammortizzabili ed il periodo di rettifica è stabilito in dieci anni, decorrenti da quello di acquisto o di ultimazione. Per l'imposta assolta sull'acquisto di aree fabbricabili l'obbligo di rettifica decennale decorre dalla data di ultimazione dei fabbricati insistenti sulle aree medesime. L'imputazione dell'imposta relativa ai fabbricati ovvero alle singole unità immobiliari, soggette a rettifica, che siano compresi in edifici o complessi di edifici acquistati, costruiti o ristrutturati unitariamente, deve essere determinata sulla base di parametri unitari, costituiti dal metro quadrato o dal metro cubo, o da parametri similari, che rispettino la proporzionalità fra l'onere complessivo dell'imposta relativa ai costi di acquisto, costruzione o ristrutturazione, e la parte di costo dei fabbricati o unità immobiliari specificamente attribuibile alle operazioni che non danno diritto alla detrazione dell'imposta.

9. Le rettifiche delle detrazioni di cui ai commi precedenti sono effettuate nella dichiarazione relativa all'anno in cui si verificano gli eventi che le determinano, sulla base delle risultanze delle scritture contabili obbligatorie.

(¹) *Questo articolo è stato aggiunto dall'art. 3 del D.L.vo 2 settembre 1997, n. 313, con effetto dal 1° gennaio 1998.*

19 *ter*. Detrazione per gli enti non commerciali. – Per gli enti indicati nel quarto comma dell'art. 4 è ammessa in detrazione, a norma degli articoli precedenti e con le limitazioni, riduzioni e rettifiche ivi previste, soltanto l'imposta relativa agli acquisti e alle importazioni fatti nell'esercizio di attività commerciali o agricole.

La detrazione spetta a condizione che l'attività commerciale o agricola sia gestita con contabilità separata da quella relativa all'attività principale e conforme alle disposizioni di cui agli artt. 20 e 20 *bis* (¹) del D.P.R. 29 settembre 1973, n. 600. L'imposta relativa ai beni e ai servizi utilizzati promiscuamente nell'esercizio dell'attività commerciale o agricola e dell'attività principale è ammessa in detrazione per la parte imputabile all'esercizio dell'attività commerciale o agricola.

La detrazione non è ammessa in caso di omessa tenuta, anche in relazione all'attività principale, della contabilità obbligatoria a norma di legge o di statuto, né quando la contabilità stessa presenti irregolarità tali da renderla inattendibile. Per le regioni, provincie, comuni e loro consorzi, università ed enti di ricerca (²), la contabilità separata di cui al comma precedente è realizzata nell'ambito e con l'osservanza delle modalità previste per la contabilità pubblica obbligatoria a norma di legge o di statuto (³).

Le disposizioni del precedente comma si applicano anche agli enti pubblici di assistenza e beneficenza ed a quelli di previdenza nonché all'Automobile club d'Italia e agli automobile clubs (⁴).

(¹) *Le parole: «di cui all'art. 20», sono state così sostituite dalle attuali, per effetto dell'art. 14, comma 1, lett.* c), *del D.L.vo 4 dicembre 1997, n. 460, a decorrere dal 1° gennaio 1998.*

(²) *Le parole: «università ed enti di ricerca» sono state inserite dall'art. 2 del D.L. 29 settembre 1997, n. 328, conv., con modif., nella L. 29 novembre 1997, n. 410.*

(³) *A norma dell'art. 47 della L. 21 novembre 2000, n. 342, tra gli enti indicati da questo periodo, in materia di detrazione per gli enti non commerciali, devono intendersi ricomprese le amministrazioni dello Stato.*

(⁴) *Comma aggiunto dall'art. 4, D.P.R. 28 dicembre 1982, n. 954, in vigore dall'1 gennaio 1983.*

20. Volume d'affari. – Per volume d'affari del contribuente si intende l'ammontare complessivo delle cessioni di beni e delle prestazioni di servizi dello stesso effettuate, registrate o soggette a registrazione con riferimento a un anno solare a norma degli artt. 23 e 24, tenendo conto delle variazioni di cui all'art. 26. Non concorrono a formare il volume d'affari le cessioni di beni ammortizzabili, compresi quelli indicati nell'articolo 2424 del codice civile, voci B.I.3) e B.I.4) dell'attivo dello stato patrimoniale, nonché i passaggi di cui al quinto comma dell'articolo 36 ([1]).

L'ammontare delle singole operazioni registrate o soggette a registrazione, ancorché non imponibili o esenti, è determinato secondo le disposizioni degli artt. 13, 14 e 15. I corrispettivi delle operazioni imponibili registrati a norma dell'art. 24 sono computati al netto della diminuzione prevista nel quarto comma dell'art. 27.

([1]) *Il secondo periodo di questo comma è stato così sostituito dall'art. 1, comma 325, lett. c), della L. 24 dicembre 2012, n. 228. A norma dell'art. 1, comma 335, della medesima legge tali disposizioni si applicano alle operazioni effettuate a partire dal 1° gennaio 2013.*

Titolo Secondo
Obblighi dei contribuenti

21. ([1]) **Fatturazione delle operazioni.** – 1. Per ciascuna operazione imponibile il soggetto che effettua la cessione del bene o la prestazione del servizio emette fattura, anche sotto forma di nota, conto, parcella e simili o, ferma restando la sua responsabilità, assicura che la stessa sia emessa, per suo conto, dal cessionario o dal committente ovvero da un terzo. Per fattura elettronica si intende la fattura che è stata emessa e ricevuta in un qualunque formato elettronico; il ricorso alla fattura elettronica è subordinato all'accettazione da parte del destinatario. L'emissione della fattura, cartacea o elettronica, da parte del cliente o del terzo residente in un Paese con il quale non esiste alcuno strumento giuridico che disciplini la reciproca assistenza è consentita a condizione che ne sia data preventiva comunicazione all'Agenzia delle entrate e purché il soggetto passivo nazionale abbia iniziato l'attività da almeno cinque anni e nei suoi confronti non siano stati notificati, nei cinque anni precedenti, atti impositivi o di contestazione di violazioni sostanziali in materia di imposta sul valore aggiunto. Con provvedimento del direttore dell'Agenzia delle entrate sono determinate le modalità, i contenuti e le procedure telematiche della comunicazione. La fattura, cartacea o elettronica, si ha per emessa all'atto della sua consegna, spedizione, trasmissione o messa a disposizione del cessionario o committente ([2]).

2. La fattura contiene le seguenti indicazioni:

a) data di emissione;

b) numero progressivo che la identifichi in modo univoco;

c) ditta, denominazione o ragione sociale, nome e cognome, residenza o domicilio del soggetto cedente o prestatore, del rappresentante fiscale nonché ubicazione della stabile organizzazione per i soggetti non residenti;

d) numero di partita IVA del soggetto cedente o prestatore ;

e) ditta, denominazione o ragione sociale, nome e cognome, residenza o domicilio del soggetto cessionario o committente, del rappresentante fiscale nonché ubicazione della stabile organizzazione per i soggetti non residenti;

f) numero di partita IVA del soggetto cessionario o committente ovvero, in caso di soggetto passivo stabilito in un altro Stato membro dell'Unione europea, numero di identificazione IVA attribuito dallo Stato membro di stabilimento; nel caso in cui il cessionario o committente residente o domiciliato nel territorio dello Stato non agisce nell'esercizio d'impresa, arte o professione, codice fiscale;

g) natura, qualità e quantità dei beni e dei servizi formanti oggetto dell'operazione;

g bis) data in cui è effettuata la cessione di beni o la prestazione di servizi ovvero data in cui è corrisposto in tutto o in parte il corrispettivo, sempreché tale data sia diversa dalla data di emissione della fattura ([3]);

h) corrispettivi ed altri dati necessari per la determinazione della base imponibile, compresi quelli relativi ai beni ceduti a titolo di sconto, premio o abbuono di cui all'articolo 15, primo comma, n. 2;

i) corrispettivi relativi agli altri beni ceduti a titolo di sconto, premio o abbuono;

l) aliquota, ammontare dell'imposta e dell'imponibile con arrotondamento al centesimo di euro;

m) data della prima immatricolazione o iscrizione in pubblici registri e numero dei chilometri percorsi, delle ore navigate o delle ore volate, se trattasi di cessione intracomunitaria di mezzi di trasporto nuovi, di cui all'articolo 38, comma 4, del decreto legge 30 agosto 1993, n. 331, convertito, con modificazioni, dalla legge 29 ottobre 1993, n. 427;

n) annotazione che la stessa è emessa, per conto del cedente o prestatore, dal cessionario o committente ovvero da un terzo ([2]).

3. Se l'operazione o le operazioni cui si riferisce la fattura comprendono beni o servizi soggetti all'imposta con aliquote diverse, gli elementi e i dati di cui al comma 2, lettere *g*), *h*) ed *l*), sono indicati distintamente secondo l'aliquota applicabile. Per le operazioni effettuate nello stesso giorno nei confronti di un medesimo soggetto può essere emessa una sola fattura. Nel caso di più fatture elettroniche trasmesse in unico lotto allo stesso destinatario da parte dello stesso cedente o prestatore le indicazioni comuni alle diverse fatture possono essere inserite una sola volta, purché per ogni fat-

tura sia accessibile la totalità delle informazioni. Il soggetto passivo assicura l'autenticità dell'origine, l'integrità del contenuto e la leggibilità della fattura dal momento della sua emissione fino al termine del suo periodo di conservazione; autenticità dell'origine ed integrità del contenuto possono essere garantite mediante sistemi di controllo di gestione che assicurino un collegamento affidabile tra la fattura e la cessione di beni o la prestazione di servizi ad essa riferibile, ovvero mediante l'apposizione della firma elettronica qualificata o digitale dell'emittente o mediante sistemi EDI di trasmissione elettronica dei dati o altre tecnologie in grado di garantire l'autenticità dell'origine e l'integrità dei dati. Le fatture redatte in lingua straniera sono tradotte in lingua nazionale, a fini di controllo, a richiesta dell'amministrazione finanziaria ([2]).

4. La fattura è emessa entro dodici giorni dall'effettuazione dell'operazione determinata ai sensi dell'articolo 6 ([4]). La fattura cartacea è compilata in duplice esemplare di cui uno è consegnato o spedito all'altra parte. In deroga a quanto previsto nel primo periodo:

a) per le cessioni di beni la cui consegna o spedizione risulta da documento di trasporto o da altro documento idoneo a identificare i soggetti tra i quali è effettuata l'operazione ed avente le caratteristiche determinate con decreto del Presidente della Repubblica 14 agosto 1996, n. 472, nonché per le prestazioni di servizi individuabili attraverso idonea documentazione, effettuate nello stesso mese solare nei confronti del medesimo soggetto, può essere emessa una sola fattura, recante il dettaglio delle operazioni, entro il giorno 15 del mese successivo a quello di effettuazione delle medesime;

b) per le cessioni di beni effettuate dal cessionario nei confronti di un soggetto terzo per il tramite del proprio cedente la fattura è emessa entro il mese successivo a quello della consegna o spedizione dei beni;

c) per le prestazioni di servizi rese a soggetti passivi stabiliti nel territorio di un altro Stato membro dell'Unione europea non soggette all'imposta ai sensi dell'articolo 7 *ter*, la fattura è emessa entro il giorno 15 del mese successivo a quello di effettuazione dell'operazione;

d) per le prestazioni di servizi di cui all'articolo 6, sesto comma, primo periodo, rese o ricevute da un soggetto passivo stabilito fuori dell'Unione europea, la fattura è emessa entro il giorno 15 del mese successivo a quello di effettuazione dell'operazione ([2]).

5. Nelle ipotesi di cui all'articolo 17, secondo comma, primo periodo, il cessionario o il committente emette la fattura in unico esemplare, ovvero, ferma restando la sua responsabilità, si assicura che la stessa sia emessa, per suo conto, da un terzo ([2]).

6. La fattura è emessa anche per le tipologie di operazioni sottoelencate e contiene, in luogo dell'ammontare dell'imposta, le seguenti annotazioni con l'eventuale indicazione della relativa norma comunitaria o nazionale:

a) cessioni relative a beni in transito o depositati in luoghi soggetti a vigilanza doganale, non soggette all'imposta a norma dell'articolo 7 *bis* comma 1, con l'annotazione «operazione non soggetta»;

b) operazioni non imponibili di cui agli articoli 8, 8 *bis*, 9 e 38 *quater*, con l'annotazione «operazione non imponibile»;

c) operazioni esenti di cui all'articolo 10, eccetto quelle indicate al n. 6), con l'annotazione «operazione esente»;

d) operazioni soggette al regime del margine previsto dal decreto legge 23 febbraio 1995, n. 41, convertito, con modificazioni, dalla legge 22 marzo 1995, n. 85, con l'annotazione, a seconda dei casi, «regime del margine – beni usati», «regime del margine – oggetti d'arte» o «regime del margine – oggetti di antiquariato o da collezione»;

e) operazioni effettuate dalle agenzie di viaggio e turismo soggette al regime del margine previsto dall'articolo 74 *ter*, con l'annotazione «regime del margine – agenzie di viaggio» ([2]).

6 *bis*. I soggetti passivi stabiliti nel territorio dello Stato emettono la fattura anche per le tipologie di operazioni sotto elencate quando non sono soggette all'imposta ai sensi degli articoli da 7 a 7 *septies* e indicano, in luogo dell'ammontare dell'imposta, le seguenti annotazioni con l'eventuale specificazione della relativa norma comunitaria o nazionale:

a) cessioni di beni e prestazioni di servizi, diverse da quelle di cui all'articolo 10, nn. da 1) a 4) e 9), effettuate nei confronti di un soggetto passivo che è debitore dell'imposta in un altro Stato membro dell'Unione europea, con l'annotazione «inversione contabile»;

b) cessioni di beni e prestazioni di servizi che si considerano effettuate fuori dell'Unione europea, con l'annotazione "operazione non soggetta" ([5]).

6 *ter*. Le fatture emesse dal cessionario di un bene o dal committente di un servizio in virtù di un obbligo proprio recano l'annotazione «autofatturazione» ([5]).

7. Se il cedente o prestatore emette fattura per operazioni inesistenti, ovvero se indica nella fattura i corrispettivi delle operazioni o le imposte relative in misura superiore a quella reale, l'imposta è dovuta per l'intero ammontare indicato o corrispondente alle indicazioni della fattura ([6]).

8. Le spese di emissione della fattura e dei conseguenti adempimenti e formalità non possono formare oggetto di addebito a qualsiasi titolo.

([1]) *Questo articolo è stato così sostituito dall'art. 1 del D.L.vo 20 febbraio 2004, n. 52.*

(2) *Questo comma è stato così sostituito dall'art. 1, comma 325, lett. d), n. 1), della L. 24 dicembre 2012, n. 228. A norma dell'art. 1, comma 335, della medesima legge tali disposizioni si applicano alle operazioni effettuate a partire dal 1° gennaio 2013.*

(3) *Questa lettera è stata inserita dall'art. 11, comma 1, lett.* a), *del D.L. 23 ottobre 2018, n. 119, convertito, con modificazioni, nella L. 17 dicembre 2018, n. 136. Tali disposizioni si applicano a decorrere dal 1° luglio 2019.*

(4) *Questo periodo è stato da ultimo così sostituito dall'art. 12* ter *del D.L. 30 aprile 2019, n. 34, convertito, con modificazioni, nella L. 28 giugno 2019, n. 58, a decorrere dal 30 giugno 2019.*

(5) *Questo comma è stato inserito dall'art. 1, comma 325, lett. d), n. 2), della L. 24 dicembre 2012, n. 228. A norma dell'art. 1, comma 335, della medesima legge tali disposizioni si applicano alle operazioni effettuate a partire dal 1° gennaio 2013.*

(6) *Questo comma è stato così sostituito dall'art. 31 del D.L.vo 24 settembre 2015, n. 158, a decorrere dal 1° gennaio 2016.*

Si riporta il testo previgente:

«7. Se viene emessa fattura per operazioni inesistenti, ovvero se nella fattura i corrispettivi delle operazioni o le imposte relativi sono indicate in misura superiore a quella reale, l'imposta è dovuta per l'intero ammontare indicato o corrispondente alle indicazioni della fattura».

21 *bis*. (1) **Fattura semplificata.** – 1. Fermo restando quanto previsto dall'articolo 21, la fattura di ammontare complessivo non superiore a cento euro (2), nonché la fattura rettificativa di cui all'articolo 26, può essere emessa in modalità semplificata recando, in luogo di quanto previsto dall'articolo 21, almeno le seguenti indicazioni:

a) data di emissione;

b) numero progressivo che la identifichi in modo univoco;

c) ditta, denominazione o ragione sociale, nome e cognome, residenza o domicilio del soggetto cedente o prestatore, del rappresentante fiscale nonché ubicazione della stabile organizzazione per i soggetti non residenti;

d) numero di partita IVA del soggetto cedente o prestatore;

e) ditta, denominazione o ragione sociale, nome e cognome, residenza o domicilio del soggetto cessionario o committente, del rappresentante fiscale nonché ubicazione della stabile organizzazione per i soggetti non residenti; in alternativa, in caso di soggetto stabilito nel territorio dello Stato può essere indicato il solo codice fiscale o il numero di partita IVA, ovvero, in caso di soggetto passivo stabilito in un altro Stato membro dell'Unione europea, il solo numero di identificazione IVA attribuito dallo Stato membro di stabilimento;

f) descrizione dei beni ceduti e dei servizi resi;

g) ammontare del corrispettivo complessivo e dell'imposta incorporata, ovvero dei dati che permettono di calcolarla;

h) per le fatture emesse ai sensi dell'articolo 26, il riferimento alla fattura rettificata e le indicazioni specifiche che vengono modificate.

2. La fattura semplificata non può essere emessa per le seguenti tipologie di operazioni:

a) cessioni intracomunitarie di cui all'articolo 41 del decreto legge 30 agosto 1993, n. 331, convertito, con modificazioni, dalla legge 29 ottobre 1993, n. 427;

b) operazioni di cui all'articolo 21, comma 6 *bis*, lettera *a*).

3. Con decreto di natura non regolamentare il Ministro dell'economia e delle finanze può innalzare fino a quattrocento euro il limite di cui al comma 1, ovvero consentire l'emissione di fatture semplificate anche senza limiti di importo per le operazioni effettuate nell'ambito di specifici settori di attività o da specifiche tipologie di soggetti per i quali le pratiche commerciali o amministrative ovvero le condizioni tecniche di emissione delle fatture rendono particolarmente difficoltoso il rispetto degli obblighi di cui agli articoli 13, comma 4, e 21, comma 2 ([2]).

([1]) *Questo articolo è stato inserito dall'art. 1, comma 325, lett. e), della L. 24 dicembre 2012, n. 228. A norma dell'art. 1, comma 335, della medesima legge tali disposizioni si applicano alle operazioni effettuate a partire dal 1° gennaio 2013.*

([2]) *Si veda il D.M. 10 maggio 2019* (G.U. *Serie gen. - n. 120 del 24 maggio 2019*) *che ha innalzato a 400 euro l'ammontare complessivo previsto per l'emissione della fattura semplificata.*

22. Commercio al minuto e attività assimilate. – L'emissione della fattura non è obbligatoria, se non è richiesta dal cliente non oltre il momento di effettuazione dell'operazione:

1) per le cessioni di beni effettuate da commercianti al minuto autorizzati in locali aperti al pubblico, in spacci interni, mediante apparecchi di distribuzione automatica, per corrispondenza, a domicilio o in forma ambulante;

2) per le prestazioni alberghiere e le somministrazioni di alimenti e bevande effettuate dai pubblici esercizi, nelle mense aziendali o mediante apparecchi di distribuzione automatica;

3) per le prestazioni di trasporto di persone nonché di veicoli e bagagli al seguito;

4) per le prestazioni di servizi rese nell'esercizio di imprese in locali aperti al pubblico, in forma ambulante o nell'abitazione dei clienti;

5) per le prestazioni di custodia e amministrazione di titoli e per gli altri servizi resi da aziende o istituti di credito e da società finanziarie o fiduciarie;

6) per le operazioni esenti indicate ai numeri da 1) a 5) e ai numeri 7), 8), 9), 16) e 22) dell'art. 10, [rientranti nell'attività propria delle imprese che le effettuano] ([1]);

6 *bis*) per l'attività di organizzazione di escursioni, visite della città, giri turistici ed eventi similari, effettuata dalle agenzie di viaggi e turismo ([2]);

6 *ter*) per le prestazioni di servizi di telecomunicazione, di servizi di teleradiodiffusione e di servizi elettronici resi a committenti che agiscono al di fuori dell'esercizio d'impresa, arte o professione ([3]);

6 *quater*) per le prestazioni di gestione del servizio delle lampade votive nei cimiteri ([4]).

La disposizione del comma precedente può essere dichiarata applicabile, con decreto del Ministro delle finanze, ad altre categorie di contribuenti che prestino servizi al pubblico con caratteri di uniformità, frequenza e importo limitato tali da rendere particolarmente onerosa l'osservanza dell'obbligo di fatturazione e degli adempimenti connessi.

Gli imprenditori che acquistano beni che formano oggetto dell'attività propria dell'impresa da commercianti al minuto ai quali è consentita l'emissione della fattura sono obbligati a richiederla. Gli acquisti di carburante per autotrazione effettuati presso gli impianti stradali di distribuzione da parte di soggetti passivi dell'imposta sul valore aggiunto devono essere documentati con la fattura elettronica ([5]).

([1]) *Le parole fra parentesi quadre sono state soppresse dall'art. 3, comma 6, della L. 17 gennaio 2000, n. 7.*

([2]) *Questo numero è stato aggiunto dall'art. 2, comma 13* ter, *del D.L. 2 marzo 2012, n. 16, convertito, con modificazioni, nella L. 26 aprile 2012, n. 44.*

([3]) *Questo numero è stato aggiunto dall'art. 1, comma 1, lett.* c), *del D.L.vo 31 marzo 2015, n. 42. A norma dell'art. 8 dello stesso provvedimento tali disposizioni si applicano alle operazioni effettuate a partire dal 1° gennaio 2015.*

([4]) *Questo numero è stato aggiunto dall'art. 12* bis, *comma 1, lett.* a), *del D.L. 30 aprile 2019, n. 34, convertito, con modificazioni, nella L. 28 giugno 2019, n. 58, a decorrere dal 1° gennaio 2019. A norma dell'art. 12* bis, *comma 2, del medesimo decreto, a decorrere dalla stessa data, per tali disposizioni, resta fermo l'obbligo di certificazione del corrispettivo ai sensi dell'articolo 1 del regolamento di cui al decreto del Presidente della Repubblica 21 dicembre 1996, n. 696.*

([5]) *Questo periodo è stato aggiunto dall'art. 1, comma 920, della L. 27 dicembre 2017, n. 205.*

A norma dell'art. 1, comma 927, della L. 27 dicembre 2017, n. 205, così come modificato dall'art. 11 bis, *comma 1, lett.* b), *del D.L. 12 luglio 2018, n. 87, convertito, con modificazioni, nella L. 9 agosto 2018, n. 96, tali disposizioni si applicano dal 1° gennaio 2019.*

A norma dell'art. 1, comma 916, della L. 27 dicembre 2017, n. 205, tali disposizioni si applicano alle fatture emesse a partire dal 1° gennaio 2019.

A norma dell'art. 1, comma 917, della L. 27 dicembre 2017, n. 205, fermo restando quanto previsto al predetto comma 916, della L. n. 205/2017, tali disposizioni si applicano alle fatture emesse a partire dal 1° luglio 2018 relative a:

a*) cessioni di benzina o di gasolio destinati ad essere utilizzati come carburanti per motori;*

b*) prestazioni rese da soggetti subappaltatori e subcontraenti della filiera delle imprese nel quadro di un contratto di appalto di lavori, servizi o forniture stipulato con un'amministrazione pubblica. Ai fini della presente lettera, per filiera delle imprese si intende l'insieme dei soggetti, destinatari della normativa di cui all'articolo 3 della legge 13 agosto 2010, n. 136, che intervengono a qualunque titolo nel ciclo di realizzazione del contratto, anche con noli e forniture di beni e prestazioni di servizi, ivi compresi quelli di natura intellettuale, qualunque sia l'importo dei relativi contratti o dei subcontratti. Le fatture elettroniche emesse ai sensi della presente lettera riportano gli stessi codici CUP e CIG di cui all'articolo 25, comma 2, del decreto legge 24 aprile 2014, n. 66, convertito, con modificazioni, dalla legge 23 giugno 2014, n. 89, riportati nelle fatture emesse dall'impresa capofila nei confronti dell'amministrazione pubblica.*

23. Registrazione delle fatture. – Il contribuente deve annotare in apposito registro le fatture emesse, nell'ordine della loro numerazione, entro il giorno 15 del mese successivo a quello di effettuazione delle operazioni e con riferimento allo stesso mese di effettuazione delle operazioni. Le fatture di cui all'articolo 21, comma 4, terzo periodo, lettera *b*), sono registrate entro il giorno 15 del mese successivo a quello di emissione e con riferimento al medesimo mese (1).

Per ciascuna fattura devono essere indicati il numero progressivo e la data di emissione di essa, l'ammontare imponibile dell'operazione o delle operazioni e l'ammontare dell'imposta, distinti secondo l'aliquota applicata, e la ditta, denominazione o ragione sociale del cessionario del bene o del committente del servizio, ovvero, nelle ipotesi di cui al secondo comma (2) dell'art. 17, del cedente o del prestatore.

Se l'altro contraente non è un'impresa, società o ente devono essere indicati, in luogo della ditta, denominazione o ragione sociale, il nome e il cognome. Per le fatture relative alle operazioni di cui all'articolo 21, commi 6 e 6 *bis*, (3) devono essere indicati, in luogo dell'ammontare dell'imposta, il titolo di inapplicabilità di essa ed, eventualmente, la relativa norma (4).

[Per le fatture di importo inferiore a lire cinquantamila può essere annotato, in luogo di ciascuna, un documento riepilogativo sul quale devono essere indicati i numeri delle fatture cui si riferisce, l'ammontare complessivo imponibile delle operazioni e l'ammontare dell'imposta, distinti secondo l'aliquota applicata] (5).

Nell'ipotesi di cui al quinto comma dell'art. 6 le fatture emesse devono essere registrate anche dal soggetto destinatario in apposito registro, bollato e numerato ai sensi dell'art. 39, secondo modalità e termini stabiliti con apposito decreto ministeriale (6).

(1) Questo comma è stato così sostituito dall'art. 12 del D.L. 23 ottobre 2018, n. 119, convertito, con modificazioni, nella L. 17 dicembre 2018, n. 136.

(2) Le parole: «terzo comma» sono state così sostituite dalle parole: «secondo comma» dall'art. 1, comma 1, lett. n)*, del D.L.vo 11 febbraio 2010, n. 18. A norma dell'art. 5, comma 1, dello stesso decreto, questa disposizione si applica alle operazioni effettuate dal 1° gennaio 2010.*

(3) Le parole: «operazioni non imponibili o esenti di cui al sesto comma dell'art. 21» sono state così sostituite dalle attuali: «operazioni di cui all'articolo 21, commi 6 e 6 bis,*» dall'art. 1, comma 330, lett. d), della L. 24 dicembre 2012, n. 228. A norma dell'art. 1, comma 335, della medesima legge tali disposizioni si applicano alle operazioni effettuate a partire dal 1° gennaio 2013.*

(4) Le parole: «e la relativa norma» sono state così sostituite dalle attuali: «ed, eventualmente, la relativa norma» dall'art. 1, comma 330, lett. d), della L. 24 dicembre 2012, n. 228. A norma dell'art. 1, comma 335, della medesima legge tali disposizioni si applicano alle operazioni effettuate a partire dal 1° gennaio 2013.

(5) Questo comma è stato abrogato dall'art. 6, comma 9, del D.P.R. 9 dicembre 1996, n. 695. Si veda anche quanto disposto ai commi 1-8 di detto articolo.

(6) Il quinto comma di questo articolo è stato aggiunto dall'art. 10 bis *del D.L. 23 febbraio 1995, n. 41, convertito, con modificazioni, nella L. 22 marzo 1995, n. 85.*

24. Registrazione dei corrispettivi. – I commercianti al minuto e gli altri contribuenti di cui all'art. 22, in luogo di quanto stabilito nell'articolo precedente, possono annotare in apposito registro, relativamente alle operazioni effettuate in ciascun giorno, l'ammontare globale dei corrispettivi delle operazioni imponibili e delle relative imposte, distinto secondo l'aliquota applicabile, nonché l'ammontare globale dei corrispettivi delle operazioni di cui all'articolo 21, commi 6 e 6 *bis*, distintamente per ciascuna tipologia di operazioni ivi indicata (1). L'annotazione deve essere eseguita, con riferimento al giorno in cui le operazioni sono effettuate, entro il giorno non festivo successivo (2). [Le operazioni assoggettate all'obbligo del rilascio della ricevuta fiscale devono essere annotate distintamente, secondo l'aliquota applicabile] (3) (4).

Nella determinazione dell'ammontare giornaliero dei corrispettivi devono essere computati anche i corrispettivi delle operazioni effettuate con emissione di fattura, comprese quelle relative ad immobili e beni strumentali e quelle indicate nel secondo comma (5) dell'art. 17, includendo nel corrispettivo anche l'imposta.

Per determinate categorie di commercianti al minuto, che effettuano promiscuamente la vendita di beni soggetti ad aliquote d'imposta diverse, il Ministro delle finanze può consentire, stabilendo le modalità da osservare, che la registrazione dei corrispettivi delle operazioni imponibili sia fatta senza distinzione per aliquote e che la ripartizione dell'ammontare dei corrispettivi ai fini dell'applicazione delle diverse aliquote sia fatta in proporzione degli acquisti.

I commercianti al minuto che tengono il registro di cui al primo comma in luogo diverso da quello in cui svolgono l'attività di vendita devono eseguire le annotazioni prescritte nel primo comma, nei termini ivi indicati, anche in un registro di prima nota tenuto e conservato nel luogo o in ciascuno dei luoghi in cui svolgono l'attività di vendita. Le relative modalità sono stabilite con decreto del Ministro delle finanze.

(1) *Le parole: «operazioni non imponibili di cui all'art. 21, sesto comma, e, distintamente, all'art. 38* quater *e quello delle operazioni esenti ivi indicate» sono state così sostituite dalle attuali: «operazioni di cui all'articolo 21, commi 6 e 6* bis*, distintamente per ciascuna tipologia di operazioni ivi indicata» dall'art. 1, comma 330, lett. e), della L. 24 dicembre 2012, n. 228. A norma dell'art. 1, comma 335, della medesima legge tali disposizioni si applicano alle operazioni effettuate a partire dal 1° gennaio 2013.*

(2) *Le originarie parole: «entro il giorno non festivo successivo a quello in cui le operazioni sono state effettuate» sono state sostituite dalle attuali: «, con riferimento al giorno in cui le operazioni sono effettuate, entro il giorno non festivo successivo» dall'art. 3, comma 1, del D.L. 30 dicembre 1993, n. 557, conv., con modif., nella L. 26 febbraio 1994, n. 133, con effetto dal 1° luglio 1994.*

(3) *Questo periodo è stato abrogato dall'art. 6, comma 9, del D.P.R. 9 dicembre 1996, n. 695. Si veda anche quanto disposto ai commi 1-8 di detto articolo.*

(4) *Comma così sostituito dall'art. 11 del D.P.R. 30 dicembre 1981, n. 793, in vigore dall'1 gennaio 1982.*

(5) *Le parole: «terzo comma» sono state così sostituite dalle parole: «secondo comma» dall'art. 1, comma 1, lett.* o)*, del D.L.vo 11 febbraio 2010, n. 18. A norma dell'art. 5, comma 1, dello stesso decreto, questa disposizione si applica alle operazioni effettuate dal 1° gennaio 2010.*

25. Registrazione degli acquisti. – Il contribuente deve annotare in un apposito registro le fatture e le bollette doganali relative ai beni e ai servizi acquistati o importati nell'esercizio dell'impresa, arte o professione, comprese quelle emesse a norma del secondo comma dell'articolo 17, (1) anteriormente alla liquidazione periodica nella quale è esercitato il diritto alla detrazione della relativa imposta e comunque entro il termine di presentazione della dichiarazione annuale relativa all'anno di ricezione della fattura e con riferimento al medesimo anno (2) (3) (4).

[Il contribuente deve numerare in ordine progressivo le fatture e le bollette doganali relative ai beni e ai servizi acquistati o importati nell'esercizio dell'impresa, arte o professione, comprese quelle emesse a norma del terzo comma dell'art. 17, e deve annotarle in apposito registro entro il mese successivo a quello in cui ne è venuto in possesso] (5).

Dalla registrazione devono risultare la data della fattura o bolletta, [il numero progressivo ad essa attribuito,] ([6]) la ditta, denominazione o ragione sociale del cedente del bene o prestatore del servizio, ovvero il nome e cognome se non si tratta di imprese, società o enti, nonché l'ammontare imponibile e l'ammontare dell'imposta distinti secondo l'aliquota.

Per le fatture relative alle operazioni di cui all'articolo 21, commi 6 e 6 *bis*, ([7]) devono essere indicati, in luogo dell'ammontare dell'imposta, il titolo di inapplicabilità di essa e, eventualmente, la relativa norma ([8]).

[Per le fatture di importo inferiore a lire cinquantamila, che non siano relative a beni che formano oggetto dell'attività propria dell'impresa o dell'arte o professione, può essere annotato, in luogo delle singole fatture, un documento riepilogativo nel quale devono essere indicati i numeri, attribuiti dal destinatario, delle fatture cui si riferisce, l'ammontare imponibile complessivo delle operazioni e l'ammontare dell'imposta, distinti secondo l'aliquota] ([5]).

La disposizione del comma precedente si applica anche per le fatture relative a prestazioni di trasporto e per quelle pervenute tramite spedizionieri o agenzie di viaggi, quale ne sia l'importo.

([1]) *Le parole: «Il contribuente deve numerare in ordine progressivo le fatture e le bollette doganali relative ai beni e ai servizi acquistati o importati nell'esercizio dell'impresa, arte o professione, comprese quelle emesse a norma del secondo comma dell'articolo 17 e deve annotarle in apposito registro» sono state così sostituite dalle attuali: «Il contribuente deve annotare in un apposito registro le fatture e le bollette doganali relative ai beni e ai servizi acquistati o importati nell'esercizio dell'impresa, arte o professione, comprese quelle emesse a norma del secondo comma dell'articolo 17,» dall'art. 13, comma 1, lett.* a), *del D.L. 23 ottobre 2018, n. 119, convertito, con modificazioni, nella L. 17 dicembre 2018, n. 136.*

([2]) *Le parole: «, ovvero alla dichiarazione annuale, nella quale è esercitato il diritto alla detrazione della relativa imposta» sono state così sostituite dalle parole: «nella quale è esercitato il diritto alla detrazione della relativa imposta e comunque entro il termine di presentazione della dichiarazione annuale relativa all'anno di ricezione della fattura e con riferimento al medesimo anno.» dall'art. 2, comma 2, del D.L. 24 aprile 2017, n. 50, convertito, con modificazioni, nella L. 21 giugno 2017, n. 96.*

Tali disposizioni si applicano alle fatture e alle bollette doganali emesse dal 1° gennaio 2017.

([3]) *Le parole*: «*entro l'anno nella cui dichiarazione viene esercitato il diritto di detrazione della relativa imposta*» *sono state così sostituite dalle attuali*: «*anteriormente alla liquidazione periodica, ovvero alla dichiarazione annuale, nella quale è esercitato il diritto alla detrazione della relativa imposta*» *dall'art. 1, comma 1, lett.* d), *del D.L.vo 23 marzo 1998, n. 56, con effetto dal 1° gennaio 1998.*

([4]) *Questo comma è stato inserito dall'art. 4, comma 1, del D.L.vo 2 settembre 1997, n. 313, con effetto dal 1° gennaio 1998.*

([5]) *Questo comma è stato abrogato dall'art. 6, comma 9, del D.P.R. 9 dicembre 1996, n. 695. Si veda anche quanto disposto ai commi 1-8 di detto articolo.*

([6]) *Le parole fra parentesi quadrate sono state soppresse dall'art. 13, comma 1, lett. b), del D.L. 23 ottobre 2018, n. 119, convertito, con modificazioni, nella L. 17 dicembre 2018, n. 136.*

([7]) *Le parole: «operazioni non imponibili o esenti di cui al sesto comma dell'art. 21» sono state così sostituite dalle attuali: «operazioni di cui all'articolo 21, commi 6 e 6* bis,*» dall'art. 1, comma 330, lett. f), della L. 24 dicembre 2012, n. 228. A norma dell'art. 1, comma 335, della medesima legge tali disposizioni si applicano alle operazioni effettuate a partire dal 1° gennaio 2013.*

([8]) *Le parole: «e la relativa norma» sono state così sostituite dalle attuali: «e, eventualmente, la relativa norma» dall'art. 1, comma 330, lett. f), della L. 24 dicembre 2012, n. 228. A norma dell'art. 1, comma 335, della medesima legge tali disposizioni si applicano alle operazioni effettuate a partire dal 1° gennaio 2013.*

26. ([1]) **Variazioni dell'imponibile o dell'imposta.** – 1. Le disposizioni degli articoli 21 e seguenti devono essere osservate, in relazione al maggiore ammontare, tutte le volte che successivamente all'emissione della fattura o alla registrazione di cui agli articoli 23 e 24 l'ammontare imponibile di un'operazione o quello della relativa imposta viene ad aumentare per qualsiasi motivo, compresa la rettifica di inesattezze della fatturazione o della registrazione ([2]).

2. Se un'operazione per la quale sia stata emessa fattura, successivamente alla registrazione di cui agli articoli 23 e 24, viene meno in tutto o in parte, o se ne riduce l'ammontare imponibile, in conseguenza di dichiarazione di nullità, annullamento, revoca, risoluzione, rescissione e simili [o per mancato pagamento in tutto o in parte a causa di procedure concorsuali o di procedure esecutive individuali rimaste infruttuose o a seguito di un accordo di ristrutturazione dei debiti omologato ai sensi dell'articolo 182 *bis* del regio decreto 16 marzo 1942, n. 267, ovvero di un piano attestato ai sensi dell'articolo 67, terzo comma, lettera *d*), del medesimo regio decreto n. 267 del 1942, pubblicato nel registro delle imprese] ([3]) ([4]) o in conseguenza dell'applicazione di abbuoni o sconti previsti contrattualmente, il cedente del bene o prestatore del servizio ha diritto di portare in detrazione ai sensi dell'articolo *19* l'imposta corrispondente alla variazione, registrandola a norma dell'articolo 25 ([2]) ([5]).

3. La disposizione di cui al comma 2 non può essere applicata dopo il decorso di un anno dall'effettuazione dell'operazione imponibile qualora gli eventi ivi indicati si verifichino in dipendenza di sopravvenuto accordo fra le parti e può essere applicata, entro lo stesso termine, anche in caso di rettifi-

ca di inesattezze della fatturazione che abbiano dato luogo all'applicazione dell'articolo 21, comma 7 ([2]).

3 *bis*. La disposizione di cui al comma 2 si applica anche in caso di mancato pagamento del corrispettivo, in tutto o in parte, da parte del cessionario o committente:

a) a partire dalla data in cui quest'ultimo è assoggettato a una procedura concorsuale o dalla data del decreto che omologa un accordo di ristrutturazione dei debiti di cui all'articolo 182 *bis* del Regio Decreto 16 marzo 1942, n. 267, o dalla data di pubblicazione nel registro delle imprese di un piano attestato ai sensi dell'articolo 67, terzo comma, lettera d), del regio decreto 16 marzo 1942, n. 267 ([6]);

b) a causa di procedure esecutive individuali rimaste infruttuose ([7]).

[4. La disposizione di cui al comma 2 si applica anche in caso di mancato pagamento, in tutto o in parte, da parte del cessionario o committente:

a) a partire dalla data in cui quest'ultimo è assoggettato a una procedura concorsuale o dalla data del decreto che omologa un accordo di ristrutturazione dei debiti di cui all'articolo 182 *bis* del regio decreto 16 marzo 1942, n. 267, o dalla data di pubblicazione nel registro delle imprese di un piano attestato ai sensi dell'articolo 67, terzo comma, lettera *d*), del regio decreto 16 marzo 1942, n. 267 ([8]);

b) a causa di procedure esecutive individuali rimaste infruttuose] ([2]) ([9]).

5. Ove il cedente o prestatore si avvalga della facoltà di cui al comma 2, il cessionario o committente, che abbia già registrato l'operazione ai sensi dell'articolo 25, deve in tal caso registrare la variazione a norma dell'articolo 23 o dell'articolo 24, nei limiti della detrazione operata, salvo il suo diritto alla restituzione dell'importo pagato al cedente o prestatore a titolo di rivalsa ([2]). [L'obbligo di cui al primo periodo non si applica nel caso di procedure concorsuali di cui al comma 4, lettera *a*)] ([5]) ([10]) ([11]). L'obbligo di cui al primo periodo non si applica nel caso di procedure concorsuali di cui al comma 3 *bis*, lettera *a*) ([12]) ([13]).

5 *bis*. Nel caso in cui, successivamente agli eventi di cui al comma 3 *bis*, il corrispettivo sia pagato, in tutto o in parte, si applica la disposizione di cui al comma 1. In tal caso, il cessionario o committente che abbia assolto all'obbligo di cui al comma 5 ha diritto di portare in detrazione ai sensi dell'articolo 19 l'imposta corrispondente alla variazione in aumento ([14]).

[6. Nel caso in cui, successivamente agli eventi di cui al comma 4, il corrispettivo sia pagato, in tutto o in parte, si applica la disposizione di cui al comma 1. In tal caso, il cessionario o committente che abbia assolto all'obbligo di cui al comma 5 ha diritto di portare in detrazione ai sensi dell'articolo 19 l'imposta corrispondente alla variazione in aumento] ([2]) ([9]).

7. La correzione di errori materiali o di calcolo nelle registrazioni di cui agli articoli 23, 25 e 39 e nelle liquidazioni periodiche di cui all'articolo 27, all'articolo 1 del regolamento di cui al decreto del Presidente della Repubblica 23 marzo 1998, n. 100, e successive modificazioni, e all'articolo 7 del regolamento di cui al decreto del Presidente della Repubblica 14 ottobre 1999, n. 542, e successive modificazioni, deve essere fatta, mediante annotazione delle variazioni dell'imposta in aumento nel registro di cui all'articolo 23 e delle variazioni dell'imposta in diminuzione nel registro di cui all'articolo 25. Con le stesse modalità devono essere corretti, nel registro di cui all'articolo 24, gli errori materiali inerenti alla trascrizione di dati indicati nelle fatture o nei registri tenuti a norma di legge (2).

8. Le variazioni di cui ai commi 2, 3, 3 *bis* e 5 (15) e quelle per errori di registrazione di cui al comma 7 possono essere effettuate dal cedente o prestatore del servizio e dal cessionario o committente anche mediante apposite annotazioni in rettifica rispettivamente sui registri di cui agli articoli 23 e 24 e sul registro di cui all'articolo 25 (2).

9. Nel caso di risoluzione contrattuale, relativa a contratti a esecuzione continuata o periodica, conseguente a inadempimento, la facoltà di cui al comma 2 non si estende a quelle cessioni e a quelle prestazioni per cui sia il cedente o prestatore che il cessionario o committente abbiano correttamente adempiuto alle proprie obbligazioni (2).

10. La facoltà di cui al comma 2 può essere esercitata, ricorrendo i presupposti di cui a tale disposizione, anche dai cessionari e committenti debitori dell'imposta ai sensi dell'articolo 17 o dell'articolo 74 del presente decreto ovvero dell'articolo 44 del decreto legge 30 agosto 1993, n. 331, convertito, con modificazioni, dalla legge 29 ottobre 1993, n. 427, e successive modificazioni. In tal caso, si applica ai cessionari o committenti la disposizione di cui al comma 5 (2).

10 *bis*. Ai fini del comma 3 *bis*, lettera a), il debitore si considera assoggettato a procedura concorsuale dalla data della sentenza dichiarativa del fallimento o del provvedimento che ordina la liquidazione coatta amministrativa o del decreto di ammissione alla procedura di concordato preventivo o del decreto che dispone la procedura di amministrazione straordinaria delle grandi imprese in crisi (16).

[11. Ai fini del comma 4, lettera *a*), il debitore si considera assoggettato a procedura concorsuale dalla data della sentenza dichiarativa del fallimento o del provvedimento che ordina la liquidazione coatta amministrativa o del decreto di ammissione alla procedura di concordato preventivo o del decreto che dispone la procedura di amministrazione straordinaria delle grandi imprese in crisi] (2) (9).

12. Ai fini del comma 3 *bis*, lettera *b*), ([17]) una procedura esecutiva individuale si considera in ogni caso infruttuosa:

a) nell'ipotesi di pignoramento presso terzi, quando dal verbale di pignoramento redatto dall'ufficiale giudiziario risulti che presso il terzo pignorato non vi sono beni o crediti da pignorare;

b) nell'ipotesi di pignoramento di beni mobili, quando dal verbale di pignoramento redatto dall'ufficiale giudiziario risulti la mancanza di beni da pignorare ovvero l'impossibilità di accesso al domicilio del debitore ovvero la sua irreperibilità;

c) nell'ipotesi in cui, dopo che per tre volte l'asta per la vendita del bene pignorato sia andata deserta, si decida di interrompere la procedura esecutiva per eccessiva onerosità ([2]).

([1]) *Questo articolo è stato così sostituito dall'art. 1, comma 126, della L. 28 dicembre 2015, n. 208.*

([2]) *A norma dell'art. 1, comma 127, della L. 28 dicembre 2015, n. 208, tali disposizioni, in quanto volte a chiarire l'applicazione delle disposizioni contenute in questo articolo e quindi di carattere interpretativo, si applicano anche alle operazioni effettuate anteriormente alla data del 31 dicembre 2016..*

([3]) *Le parole: «o per mancato pagamento in tutto o in parte a causa di procedure concorsuali o di procedure esecutive individuali rimaste infruttuose o a seguito di un accordo di ristrutturazione dei debiti omologato ai sensi dell'articolo 182* bis *del regio decreto 16 marzo 1942, n. 267, ovvero di un piano attestato ai sensi dell'articolo 67, terzo comma, lettera* d*), del medesimo regio decreto n. 267 del 1942, pubblicato nel registro delle imprese» sono state inserite dall'art. 1, comma 567, lett.* a*), della L. 11 dicembre 2016, n. 232.*

([4]) *Le parole tra parentesi quadrate sono state soppresse dall'art. 18, comma 1, lett.* a*), del D.L. 25 maggio 2021, n. 73, convertito, con modificazioni, nella L. 23 luglio 2021, n. 106.*

([5]) *A norma dell'art. 1, comma 394, della L. 27 dicembre 2017, n. 205, le disposizioni di questo comma si interpretano nel senso che:*

a) *per i versamenti effettuati ai sensi dell'articolo 5, comma 3, lettera c), del decreto legge 1° ottobre 2007, n. 159, convertito, con modificazioni, dalla legge 29 novembre 2007, n. 222, ai fini del ripiano dello sforamento del tetto della spesa farmaceutica territoriale, come rideterminato dall'articolo 1, comma 399, della legge 11 dicembre 2016, n. 232, nonché per quelli effettuati ai sensi dell'articolo 15, comma 7, del decreto legge 6 luglio 2012, n. 95, convertito, con modificazioni, dalla legge 7 agosto 2012, n. 135, ai fini del ripiano del tetto della spesa farmaceutica ospedaliera, come rideterminato dall'articolo 1, comma 398, della stessa legge n. 232 del 2016, le aziende farmaceutiche possono portare in detrazione l'IVA determinata scorporando la medesima, secondo le modalità indicate dall'articolo 27 del decreto del Presidente della Repubblica 26 ottobre 1972, n. 633, dall'ammontare dei versamenti effettuati;*

b) *per i versamenti effettuati ai sensi dell'articolo 1, comma 796, lettera g), della legge 27 dicembre 2006, n. 296, quali importi equivalenti a quelli che sarebbero derivati dal-*

la riduzione del 5 per cento dei prezzi dei propri farmaci, nonché per quelli effettuati ai sensi dell'articolo 11, comma 6, quarto periodo, del decreto legge 31 maggio 2010, n. 78, convertito, con modificazioni, dalla legge 30 luglio 2010, n. 122, corrisposti per un importo pari all'1,83 per cento sul prezzo di vendita al pubblico, le aziende farmaceutiche possono portare in detrazione l'IVA da applicare sull'ammontare dei versamenti stessi, a condizione che ad integrazione dei versamenti effettuati sia operato un ulteriore versamento a favore dell'erario, di ammontare pari a detta imposta, senza possibilità di compensazione, secondo le modalità indicate all'articolo 17 del decreto legislativo 9 luglio 1997, n. 241.

(6) *A norma dell'art. 18, comma 2, del D.L. 25 maggio 2021, n. 73, convertito, con modificazioni, nella L. 23 luglio 2021, n. 106, le disposizioni di cui a questa lettera, si applicano alle procedure concorsuali avviate successivamente alla data di entrata in vigore del medesimo decreto.*

(7) *Questo comma è stato inserito dall'art. 18, comma 1, lett.* b), *del D.L. 25 maggio 2021, n. 73, convertito, con modificazioni, nella L. 23 luglio 2021, n. 106.*

(8) *A norma dell'art. 1, comma 127, della L. 28 dicembre 2015, n. 208, tali disposizioni si applicano nei casi in cui il cessionario o committente sia assoggettato a una procedura concorsuale successivamente al 31 dicembre 2016.*

(9) *Questo comma è stato abrogato dall'art. 1, comma 567, lett.* d), *della L. 11 dicembre 2016, n. 232.*

(10) *Questo periodo è stato soppresso dall'art. 1, comma 567, lett.* d), *della L. 11 dicembre 2016, n. 232.*

(11) *A norma dell'art. 1, comma 127, della L. 28 dicembre 2015, n. 208, le disposizioni di questo periodo si applicano nei casi in cui il cessionario o committente sia assoggettato a una procedura concorsuale successivamente al 31 dicembre 2016.*

(12) *Questo periodo è stato aggiunto dall'art. 18, comma 1, lett.* c), *del D.L. 25 maggio 2021, n. 73, convertito, con modificazioni, nella L. 23 luglio 2021, n. 106.*

(13) *A norma dell'art. 18, comma 2, del D.L. 25 maggio 2021, n. 73, convertito, con modificazioni, nella L. 23 luglio 2021, n. 106, le disposizioni di cui a questo comma, nel testo risultante dalle modifiche apportate dal comma 1 si applicano alle procedure concorsuali avviate successivamente alla data di entrata in vigore del medesimo decreto.*

(14) *Questo comma è stato inserito dall'art. 18, comma 1, lett.* d), *del D.L. 25 maggio 2021, n. 73, convertito, con modificazioni, nella L. 23 luglio 2021, n. 106.*

(15) *Le parole: «ai commi 2, 3 e 5» sono state, da ultimo, così sostituite dalle attuali: «ai commi 2, 3, 3* bis *e 5» dall'art. 18, comma 1, lett.* e), *del D.L. 25 maggio 2021, n. 73, convertito, con modificazioni, nella L. 23 luglio 2021, n. 106.*

(16) *Questo comma è stato inserito dall'art. 18, comma 1, lett.* f), *del D.L. 25 maggio 2021, n. 73, convertito, con modificazioni, nella L. 23 luglio 2021, n. 106.*

(17) *Le parole: «Ai fini del comma 2» sono state, da ultimo, così sostituite dalle attuali: «ai fini del comma 3* bis, *lettera* b),*» dall'art. 18, comma 1, lett.* g), *del D.L. 25 maggio 2021, n. 73, convertito, con modificazioni, nella L. 23 luglio 2021, n. 106.*

27. Liquidazioni e versamenti mensili. – [Entro il giorno 18 di ciascun mese il contribuente deve calcolare in apposita sezione del registro di cui all'articolo 23 o del registro di cui all'articolo 24, la differenza tra l'ammontare complessivo dell'imposta divenuta esigibile nel mese precedente e quello dell'imposta per la quale il diritto alla detrazione viene esercitato nello stesso mese ai sensi dell'articolo 19. Tuttavia, in deroga a tale disposizione, il contribuente che affida a terzi la tenuta della contabilità, ai fini del calcolo della differenza di imposta relativa al mese precedente può fare riferimento alle annotazioni eseguite per il secondo mese precedente, dandone comunicazione all'ufficio dell'imposta sul valore aggiunto competente nella dichiarazione relativa all'anno precedente o nella dichiarazione di inizio dell'attività. L'opzione ha effetto per l'intero anno in corso ovvero, per coloro che iniziano l'attività, dalla seconda liquidazione periodica dell'anno] ([1]).

[Entro il termine previsto dal primo comma il contribuente deve versare l'importo della differenza a norma dell'art. 38, annotando sul registro gli estremi della relativa attestazione. Qualora l'importo non superi il limite di lire cinquantamila il versamento dovrà essere effettuato insieme a quello relativo al mese successivo] ([1]).

Se dal calcolo risulta una differenza a favore del contribuente, il relativo importo è computato in detrazione nel mese successivo.

Per i commercianti al minuto e per gli altri contribuenti di cui all'articolo 22 l'importo da versare o da riportare al mese successivo è determinato sulla base dell'ammontare complessivo dell'imposta relativa ai corrispettivi delle operazioni imponibili registrate per il mese precedente ai sensi dell'articolo 24, calcolata su una quota imponibile ottenuta dividendo i corrispettivi stessi per 104 quando l'imposta è del quattro per cento, per 110 quando l'imposta è del dieci per cento, per 121 quando l'imposta è del ventuno per cento, moltiplicando il quoziente per cento ed arrotondando il prodotto, per difetto o per eccesso, al centesimo di euro ([2]).

[Le detrazioni non computate per il mese di competenza non possono essere computate per i mesi successivi, ma soltanto in sede di dichiarazione annuale] ([3]).

([1]) *Questo comma è stato abrogato dall'art. 2, comma 1, del D.P.R. 23 marzo 1998, n. 100.*

([2]) *Questo comma è stato così sostituito dall'art. 2, comma 2* bis, *lett.* b), *del D.L. 13 agosto 2011, n. 138, convertito, con modificazioni, nella L. 14 settembre 2011, n. 148. Tali disposizioni si applicano alle operazioni effettuate a partire dal 17 settembre 2011.*

([3]) *Questo comma è stato abrogato dall'art. 4, comma 1, del D.L.vo 2 settembre 1997, n. 313, con effetto dal 1° gennaio 1998.*

28. [Dichiarazione annuale. – (*Omissis*)] ([1]).

([1]) *Questo articolo così sostituito dall'art. 4, comma 1, del D.L.vo 2 settembre 1997, n. 313, con effetto dal 1° gennaio 1998, è stato abrogato dall'art. 9, comma 4, del D.P.R. 22 luglio 1998, n. 322.*

29. [(*Omissis*)] (1).

(1) *Questo articolo, che disponeva la presentazione dell'elenco clienti e fornitori, è stato abrogato dall'art. 6, comma 2, del D.L. 10 giugno 1994, n. 357, conv., con modif., nella L. 8 agosto 1994, n. 489.*

30. Versamento di conguaglio e rimborso dell'eccedenza. – [La differenza tra l'ammontare dell'imposta dovuta in base alla dichiarazione annuale e l'ammontare delle somme già versate mensilmente ai sensi dell'art. 27 deve essere versata in unica soluzione entro il 15 marzo di ciascun anno ovvero entro il termine previsto per il pagamento delle somme dovute in base alla dichiarazione unificata annuale, maggiorando le somme da versare degli interessi nella misura dello 0,40 per cento per ogni mese o frazione di mese successivo alla predetta data] (1).

Se dalla dichiarazione annuale risulta che l'ammontare detraibile di cui al n. 3) dell'art. 28, aumentato delle somme versate mensilmente, è superiore a quello dell'imposta relativa alle operazioni imponibili di cui al n. 1) dello stesso articolo, il contribuente ha diritto di computare l'importo dell'eccedenza in detrazione nell'anno successivo [annotandolo nel registro indicato nell'art. 25] (2), ovvero di chiedere il rimborso nelle ipotesi di cui ai commi successivi e comunque in caso di cessazione dell'attività (*) (3).

Il contribuente può chiedere in tutto o in parte il rimborso dell'eccedenza detraibile, se di importo superiore a € 2.582,28, all'atto della presentazione della dichiarazione:

a) quando esercita esclusivamente o prevalentemente attività che comportano l'effettuazione di operazioni soggette ad imposta con aliquote inferiori a quelle dell'imposta relativa agli acquisti e alle importazioni, computando a tal fine anche le operazioni effettuate a norma dell'articolo 17, quinto, sesto (4) e settimo comma, nonché a norma dell'articolo 17 *ter* (5) (6) (7);

b) quando effettua operazioni non imponibili di cui agli artt. 8, 8 *bis* e 9 per un ammontare superiore al 25 per cento dell'ammontare complessivo di tutte le operazioni effettuate;

c) limitatamente all'imposta relativa all'acquisto o all'importazione di beni ammortizzabili, nonché di beni e servizi per studi e ricerche;

d) quando effettua prevalentemente operazioni non soggette all'imposta per effetto degli articoli da 7 a 7 *septies* (8);

e) quando si trova nelle condizioni previste dal terzo comma dell'art. 17 (9) (*).

Il contribuente anche fuori dei casi previsti nel precedente terzo comma può chiedere il rimborso dell'eccedenza detraibile, risultante dalla dichiarazione annuale, se dalle dichiarazioni dei due anni precedenti risultano eccedenze detraibili; in tal caso il rimborso può essere richiesto per un ammontare comunque non superiore al minore degli importi delle predette eccedenze (*).

Con decreto del Ministro delle finanze da pubblicare nella *Gazzetta Ufficiale* saranno stabiliti gli elementi, da indicare nella dichiarazione o in apposito allegato, che, in relazione all'attività esercitata, hanno determinato il verificarsi dell'eccedenza di cui si richiede il rimborso (*).

Agli effetti della norma di cui all'art. 73, ultimo comma, le disposizioni del secondo, terzo e quarto comma del presente articolo si intendono applicabili per i rimborsi richiesti dagli enti e dalle società controllanti (*).

(*) *Gli originari secondo e terzo comma sono stati sostituiti dagli attuali secondo, terzo, quarto, quinto e sesto comma per effetto dell'art. 4 del D.L. 27 aprile 1990, n. 90, convertito, con modificazioni, nella L. 26 giugno 1990, n. 165.*

Per effetto dell'art. 14, comma 4, stesso decreto, le disposizioni dei commi secondo e terzo di questo articolo si applicano dalla dichiarazione IVA da presentarsi nell'anno 1990, mentre quelle del quarto comma si applicano dalla dichiarazione IVA da presentarsi per l'anno 1991.

(1) *Questo comma si intende soppresso dall'art. 11, comma 1, lett.* f), *del D.P.R. 14 ottobre 1999, n. 542.*

(2) *Le parole: «annotandolo nel registro indicato nell'articolo 25» sono state soppresse dall'art. 11, comma 2, del D.P.R. 7 dicembre 2001, n. 435. Tali disposizioni decorrono dalle liquidazioni relative al 2002.*

(3) *Le disposizioni di cui a questo comma non si applicano nei confronti dell'AIMA e dell'EIMA per effetto dell'art. 31, comma 4, della L. 23 dicembre 1994, n. 724.*

(4) *Le parole: «e sesto» sono state inserite dall'art. 35, comma 6* bis, *del D.L. 4 luglio 2006, n. 223, convertito, con modificazioni, nella L. 4 agosto 2006, n. 248.*

(5) *Le parole: «, nonché a norma dell'articolo 17* ter» *sono state aggiunte dall'art. 1, comma 629, lett.* c), *della L. 23 dicembre 2014, n. 190.*

(6) *Le parole: «articolo 17, quinto e sesto comma» sono state così sostituite dalle attuali: «articolo 17, quinto, sesto e settimo comma» dall'art. 1, comma 156, lett.* b), *della L. 24 dicembre 2007, n. 244. A norma dell'art. 1, comma 157, della medesima legge, tale disposizione si applica ai rimborsi richiesti a partire dal 1° gennaio 2008.*

(7) *Le parole da: «, computando ...» fino alla fine della lettera, sono state aggiunte dall'art. 3, comma 7, della L. 17 gennaio 2000, n. 7.*

(8) *Le parole: «dell'articolo 7» sono state così sostituite dalle parole: «degli articoli da 7 a 7* septies» *dall'art. 1, comma 1, lett.* q), *n. 1), del D.L.vo 11 febbraio 2010, n. 18. A norma dell'art. 5, comma 1, dello stesso decreto, questa disposizione si applica alle operazioni effettuate dal 1° gennaio 2010.*

(9) *Le parole: «secondo comma» sono state così sostituite dalle parole: «terzo comma» dall'art. 1, comma 1, lett.* q), *n. 2), del D.L.vo 11 febbraio 2010, n. 18. A norma dell'art. 5, comma 1, dello stesso decreto, questa disposizione si applica alle operazioni effettuate dal 1° gennaio 2010.*

30 *bis*. (1) **Registrazione, dichiarazione e versamento dell'imposta relativa agli acquisti effettuati dagli enti non commerciali.** – 1. I soggetti di cui all'articolo 7 *ter*, comma 2, lettere *b*) e *c*), relativamente alle operazioni di acquisto di beni e servizi realizzate nello svolgimento di attività non commerciali, per le quali hanno applicato l'imposta ai sensi dell'articolo 17, secondo comma, adempiono gli obblighi di registrazione, dichiarazione e versamento secondo le modalità e nei termini previsti dagli articoli 47, comma 3, e 49 del decreto legge 30 agosto 1993, n. 331, convertito, con modificazioni, dalla legge 29 ottobre 1993, n. 427.

(1) *Questo articolo è stato inserito dall'art. 1, comma 1, lett.* r), *del D.L.vo 11 febbraio 2010, n. 18. A norma dell'art. 5, comma 1, dello stesso decreto, questa disposizione si applica alle operazioni effettuate dal 1° gennaio 2010.*

30 *ter*. (1) **Restituzione dell'imposta non dovuta.** – 1. Il soggetto passivo presenta la domanda di restituzione dell'imposta non dovuta, a pena di decadenza, entro il termine di due anni dalla data del versamento della medesima ovvero, se successivo, dal giorno in cui si è verificato il presupposto per la restituzione.

2. Nel caso di applicazione di un'imposta non dovuta ad una cessione di beni o ad una prestazione di servizi, accertata in via definitiva dall'Amministrazione finanziaria, la domanda di restituzione può essere presentata dal cedente o prestatore entro il termine di due anni dall'avvenuta restituzione al cessionario o committente dell'importo pagato a titolo di rivalsa.

3. La restituzione dell'imposta è esclusa qualora il versamento sia avvenuto in un contesto di frode fiscale.

(1) *Questo articolo è stato inserito dall'art. 8, comma 1, della L. 20 novembre 2017, n. 167.*

31. [(*Omissis*)] (1).

(1) *Questo articolo è stato abrogato dall'art. 4 della L. 30 dicembre 1991, n. 413.*

32. (1) **Disposizione regolamentare concernente le semplificazioni per i contribuenti minori relative alla fatturazione e alla registrazione.** – 1. I contribuenti che, nell'anno solare precedente, hanno realizzato un volume d'affari non superiore a quattrocentomila euro (2) per le imprese aventi per oggetto prestazioni di servizi e per gli esercenti arti e professioni, ovvero a settecentomila euro (3) per le imprese aventi per oggetto altre attività, possono adempiere gli obblighi di fatturazione e registrazione di cui agli articoli 21 e 23, mediante la tenuta di un bollettario a madre e figlia. Si applica la disposizione dell'ultimo periodo del comma 1 dell'articolo 18 del decreto del

Presidente della Repubblica 29 settembre 1973, n. 600, e successive modificazioni. Nei confronti dei contribuenti che esercitano contemporaneamente prestazioni di servizi ed altre attività e non provvedono alla distinta annotazione dei corrispettivi resta applicabile il limite di settecentomila euro (4) relativamente a tutte le attività esercitate.

2. Le operazioni devono essere descritte, con le indicazioni di cui all'articolo 21, secondo comma, nelle due parti del bollettario; la parte figlia costituisce fattura agli effetti dell'articolo 21 e deve essere consegnata o spedita all'altro contraente ai sensi del quarto comma dello stesso articolo.

3. Il Ministro delle finanze, con propri decreti, può determinare le caratteristiche del bollettario, tenendo conto della disciplina stabilita per i contribuenti minori dal decreto del Presidente della Repubblica 29 settembre 1973, n. 600, contenente disposizioni comuni in materia di accertamento delle imposte sui redditi.

(1) *A norma dell'art. 2, comma 1, del D.P.R. 12 aprile 2001, n. 222, l'art. 32 di questo provvedimento è stato abrogato e sostituito da questa norma regolamentare.*

(2) *Le parole: «lire seicento milioni» sono state così sostituite dalle parole: «quattrocentomila euro» dall'art. 3, comma 4* quater, *lett.* a), *del D.L. 2 marzo 2012, n. 16, convertito, con modificazioni, nella L. 26 aprile 2012, n. 44.*

(3) *Le parole: «di lire un miliardo» sono state così sostituite dalle parole: «a settecentomila euro» dall'art. 3, comma 4* quater, *lett.* a), *del D.L. 2 marzo 2012, n. 16, convertito, con modificazioni, nella L. 26 aprile 2012, n. 44.*

(4) *Le parole: «lire seicento milioni» sono state così sostituite dalle parole: «settecentomila euro» dall'art. 3, comma 4, lett.* b), *del D.L. 2 marzo 2012, n. 16, convertito, con modificazioni, nella L. 26 aprile 2012, n. 44.*

32 *bis*. [Contribuenti minimi in franchigia. – (*Omissis*)] (1).

(1) *Questo articolo,inserito dall'art. 37, comma 15, del D.L. 4 luglio 2006, n. 223, convertito, con modificazioni, nella L. 4 agosto 2006, n. 248, a partire dal periodo di imposta successivo a quello in corso alla data di entrata in vigore dello stesso decreto legge, avvenuta il giorno della sua pubblicazione (Suppl. ord. alla* Gazzetta Ufficiale *Serie gen. - n. 186 dell'11 agosto 2006), è stato poi abrogato dall'art. 1, comma 116, della L. 24 dicembre 2007, n. 244, a decorrere dal 1° gennaio 2008.*

33. [Semplificazioni per i contribuenti minori relative alle liquidazioni ed ai versamenti. – (*Omissis*)] (1).

(1) *Questo articolo si intende soppresso dall'art. 11, comma 1, lett.* f), *del D.P.R. 14 ottobre 1999, n. 542.*

34. (1) (2) (3) (4) **Regime speciale per i produttori agricoli. –** 1. Per le cessioni di prodotti agricoli e ittici compresi nella prima parte dell'allegata tabella *A* effettuate dai produttori agricoli, la detrazione prevista nell'articolo 19 è forfettizzata in misura pari all'importo risultante dalla applicazione, all'ammontare imponibile delle operazioni stesse, delle percentuali di compensazione stabilite, per gruppi di prodotti, con decreto del Ministro delle finanze di concerto con il Ministro per le politiche agricole ([5]) ([6]). L'imposta si applica con le aliquote proprie dei singoli prodotti, salva l'applicazione delle aliquote corrispondenti alle percentuali di compensazione per i passaggi di prodotti ai soggetti di cui al comma 2, lettera *c*), che applicano il regime speciale e per le cessioni effettuate dai soggetti di cui al comma 6, primo e secondo periodo.

2. Si considerano produttori agricoli:

a) i soggetti che esercitano le attività indicate nell'articolo 2135 del codice civile e quelli che esercitano attività di pesca in acque dolci, di piscicoltura, di mitilicoltura, di ostricoltura e di coltura di alri molluschi e crostacei, nonché di allevamento di rane;

b) gli organismi agricoli di intervento, o altri soggetti per loro conto, che effettuano cessioni di prodotti in applicazione di regolamenti della Unione europea concernenti l'organizzazione comune dei mercati dei prodotti stessi;

c) le cooperative e loro consorzi di cui all'articolo 1, comma 2, del decreto legislativo 18 maggio 2001, n. 228; le associazioni e loro unioni costituite e riconosciute ai sensi della legislazione vigente, che effettuano cessioni di beni prodotti prevalentemente dai soci, associati o partecipanti, nello stato originario o previa manipolazione o trasformazione, nonché gli enti che provvedono per legge, anche previa manipolazione o trasformazione, alla vendita collettiva per conto dei produttori soci ([7]).

[3. Ferma restando la loro applicazione nei confronti dei soggetti di cui alle lettere *b*) e *c*) del comma 2, le disposizioni del presente articolo non si applicano ai soggetti che nell'anno solare precedente hanno realizzato un volume di affari superiore ad € 20.658,28] ([8]).

4. La detrazione forfettizzata non compete per le cessioni dei prodotti indicati nel comma 1 il cui acquisto derivi da atto non assoggettato ad imposta, sempre che il cedente, il donante o il conferente, sia soggetto al regime ordinario ([9]) ([10]).

5. Se il contribuente, nell'ambito della stessa impresa, ha effettuato anche operazioni imponibili diverse da quelle indicate nel comma 1, queste sono registrate distintamente e indicate separatamente in sede di liquidazione periodica e di dichiarazione annuale. Dall'imposta relativa a tali operazioni si detrae quella relativa agli acquisti e alle importazioni di beni non ammortizzabili e ai servizi esclusivamente utilizzati per la produzione dei beni e dei servizi che formano oggetto delle operazioni stesse.

6. I produttori agricoli che nell'anno solare precedente hanno realizzato o, in caso di inizio di attività, prevedono di realizzare un volume d'affari non superiore a 7.000 euro, costituito per almeno due terzi da cessioni di prodotti di cui al comma 1, sono esonerati dal versamento dell'imposta e da tutti gli obblighi documentali e contabili, compresa la dichiarazione annuale, fermo restando l'obbligo di numerare e conservare le fatture e le bollette doganali a norma dell'art. 39. I cessionari e i committenti, se acquistano i beni o utilizzano i servizi nell'esercizio dell'impresa, devono emettere fattura, con le modalità e nei termini di cui all'articolo 21, indicandovi la relativa imposta, determinata applicando le aliquote corrispondenti alle percentuali di compensazione, consegnarne copia al produttore agricolo e registrarla separatamente a norma dell'articolo 25. Le disposizioni del presente comma cessano comunque di avere applicazione a partire dall'anno solare successivo a quello in cui è stato superato il limite di 7.000 euro a condizione che non sia superato il limite di un terzo delle cessioni di altri beni. I produttori agricoli hanno facoltà di non avvalersi delle disposizioni del presente comma. In tale caso, l'opzione o la revoca si esercitano con le modalità stabilite dal regolamento di cui al decreto del Presidente della Repubblica 10 novembre 1997, n. 442, e successive modificazioni ([11]).

7. I passaggi dei prodotti di cui al comma 1 agli enti, alle cooperative o agli altri organismi associativi indicati al comma 2, lettera *c*), ai fini della vendita, anche previa manipolazione o trasformazione, si considerano effettuati all'atto del versamento del prezzo ai produttori agricoli soci o associati. L'obbligo di emissione della fattura può essere adempiuto dagli enti stessi per conto dei produttori agricoli conferenti; in tal caso a questi è consegnato un esemplare della fattura ai fini dei successivi adempimenti prescritti nel presente titolo.

8. Le disposizioni del comma precedente si applicano anche ai passaggi di prodotti ittici provenienti da acque marittime, lagunari e salmastre effettuati dagli esercenti la pesca nelle predette acque alle cooperative fra loro costituite e relativi consorzi nonché alle società consortili e agli altri organismi associativi indicati al comma 2, lettera *c*) ([12]).

9. Ai soggetti di cui al comma 1 che effettuano le cessioni dei prodotti ivi indicati ai sensi degli articoli 8, primo comma, 38 *quater* e 72, nonché le cessioni intracomunitarie degli stessi compete la detrazione o il rimborso di un importo calcolato mediante l'applicazione delle percentuali di compensazione che sarebbero applicabili per analoghe operazioni effettuate nel territorio dello Stato.

[10. Agli effetti delle disposizioni di cui all'articolo 36, le attività svolte nell'ambito della medesima impresa agricola da cui derivano i prodotti assoggettati alla disciplina di cui al comma 1 sono in ogni caso unitariamente considerate] ([13]).

11. Le disposizioni del presente articolo non si applicano, salvo quella di cui al comma 7, ultimo periodo, ai soggetti di cui ai commi precedenti che optino per l'applicazione dell'imposta nei modi ordinari dandone comunicazione all'ufficio secondo le modalità previste dal regolamento di cui al decreto del Presidente della Repubblica 10 novembre 1997, n. 442 ([14]).

12. Con decreto del Ministro delle finanze, da adottare ai sensi dell'articolo 17, comma 3, della legge 23 agosto 1988, n. 400, sono disciplinate le modalità di attuazione del presente articolo.

([1]) *Questo articolo è stato così sostituito dall'art. 5 del D.L.vo 2 settembre 1997, n. 313, con effetto dal 1° gennaio 1998.*

([2]) *L'art. 11, comma 5, del D.L.vo 2 settembre 1997, n. 313, così come modificato dall'art. 9, comma 8, della L. 28 dicembre 2001, n. 448 e dall'art. 19, comma 2, lett.* a)*, della L. 27 dicembre 2002, n. 289, così dispone:*

«11. 5. *Per gli anni dal 1998 al 2005* (*)*, le disposizioni di cui all'articolo 34, del decreto del Presidente della Repubblica 26 ottobre 1972, n. 633, come sostituito dall'articolo 5 del presente decreto, si applicano anche ai soggetti che nel corso dell'anno solare precedente hanno realizzato un volume d'affari superiore ad € 20.658,28. Per le cessioni di prodotti agricoli ed ittici di cui al comma 1 del medesimo decreto effettuate negli anni dal 1998 al 2005* (*) *dai detti soggetti l'imposta si applica con le aliquote proprie dei singoli prodotti, ferma restando la detrazione sulla base delle percentuali di compensazione. Per i passaggi dei suddetti prodotti agli enti, alle cooperative e agli altri organismi associativi che applicano il regime speciale, effettuati da parte di produttori agricoli, soci o associati che applicano lo stesso regime, l'imposta si applica con le aliquote corrispondenti alle percentuali di compensazione*».

(*) *Le parole*: «*anni dal 1998 al 2004*» *sono state così da ultimo sostituite dalle attuali dall'art. 1, comma 506, della L. 30 dicembre 2004, n. 311.*

([3]) *A norma dell'art. 1, comma 2, del D.M. 26 gennaio 2016* (G.U. *Serie gen. - n. 39 del 17 febbraio 2016), così come modificato dall'art. 1, comma 1, del D.M. 10 febbraio 2021* (G.U. *Serie gen. - n. 73 del 25 marzo 2021), per gli anni 2016, 2017, 2018, 2019, 2020 e 2021 le percentuali di compensazione di cui a questo articolo, e successive modificazioni, sono stabilite per i seguenti prodotti o gruppi di prodotti, compresi nel n. 2) della tabella* A, *parte prima, allegata allo stesso decreto n. 633 del 1972, nelle diverse misure a fianco di ciascuno di essi indicate:*

a) *animali vivi della specie bovina, compresi gli animali del genere* bufalo: *7,65 per cento;*

b) *animali vivi della specie suina: 7,95 per cento.*

([4]) *A norma dell'art. 1 del D.M. 5 febbraio 2021* (G.U. *Serie gen. - n. 45 del 23 febbraio 2021), le percentuali di compensazione di cui a questo articolo sono stabilite per i seguenti prodotti o gruppi di prodotti, compresi nella tabella* A*, parte prima, allegata allo stesso decreto n. 633 del 1972, nella misura a fianco di ciascuno di essi indicata:*

8. I soggetti tenuti all'iscrizione nel registro delle imprese ovvero alla denuncia al repertorio delle notizie economiche e amministrative (REA) ai sensi, rispettivamente, degli articoli 7 e 9 del decreto del Presidente della Repubblica 7 dicembre 1995, n. 581, concernente il regolamento di attuazione dell'articolo 8, della legge 29 dicembre 1993, n. 580, in materia di istituzione del registro delle imprese, possono assolvere gli obblighi di presentazione delle dichiarazioni di cui al presente articolo presentando le dichiarazioni stesse all'ufficio del registro delle imprese, il quale trasmette i dati in via telematica all'Agenzia delle entrate e rilascia apposita certificazione dell'avvenuta operazione. Nel caso di inizio dell'attività l'ufficio del registro delle imprese comunica al contribuente il numero di partita IVA attribuito in via telematica dall'Agenzia delle entrate.

9. Con provvedimento del direttore dell'Agenzia delle entrate può essere stabilita la data a decorrere dalla quale le dichiarazioni di inizio, variazione e cessazione attività sono presentate esclusivamente all'ufficio del registro delle imprese ovvero in via telematica secondo le disposizioni di cui ai commi successivi.

10. Le dichiarazioni previste dal presente articolo possono essere presentate in via telematica direttamente dai contribuenti o tramite i soggetti di cui all'articolo 3, commi 2 *bis* e 3, del decreto del Presidente della Repubblica n. 322 del 1998; in tal caso si considerano presentate nel giorno in cui sono trasmesse all'Agenzia delle entrate in via telematica e il procedimento di trasmissione si considera concluso nel giorno in cui è completata la ricezione da parte dell'Agenzia delle entrate. La prova della presentazione delle dichiarazioni è data dalla comunicazione dell'Agenzia delle entrate attestante l'avvenuto ricevimento delle dichiarazioni stesse.

11. I soggetti incaricati di cui all'articolo 3, commi 2 *bis* e 3, del decreto del Presidente della Repubblica n. 322 del 1998, restituiscono al contribuente una copia della dichiarazione attestante la data di consegna con l'impegno alla trasmissione in via telematica e rilasciano la certificazione restituita dall'Agenzia delle entrate attestante l'avvenuta operazione e contenente, in caso di inizio attività, il numero di partita IVA attribuito al contribuente.

12. In caso di presentazione delle dichiarazioni in via telematica si applicano ai fini della sottoscrizione le disposizioni di cui all'articolo 1, comma 6, del decreto del Presidente della Repubblica n. 322 del 1998.

13. I soggetti di cui al comma 3 dell'articolo 3 del decreto del Presidente della Repubblica n. 322 del 1998, incaricati della predisposizione delle dichiarazioni previste dal presente articolo, sono obbligati alla trasmissione in via telematica delle stesse.

14. Ai fini della conservazione delle dichiarazioni si applicano le disposizioni previste per la conservazione delle dichiarazioni annuali dal decreto del Presidente della Repubblica n. 322 del 1998.

15. Le modalità tecniche di trasmissione in via telematica delle dichiarazioni previste dal presente articolo ed i tempi di attivazione del servizio di trasmissione telematica sono stabiliti con provvedimento del direttore dell'Agenzia delle entrate da pubblicare nella *Gazzetta Ufficiale*.

15 *bis*. L'attribuzione del numero di partita IVA determina la esecuzione di riscontri automatizzati per la individuazione di elementi di rischio connessi al rilascio dello stesso nonché l'eventuale effettuazione di accessi nel luogo di esercizio dell'attività, avvalendosi dei poteri previsti dal presente decreto. Gli Uffici, avvalendosi dei poteri di cui al presente decreto, verificano che i dati forniti da soggetti per la loro identificazione ai fini dell'IVA, siano completi ed esatti ([8]). In caso di esito negativo, l'Ufficio emana provvedimento di cessazione della partiva IVA e provvede all'esclusione della stessa dalla banca dati dei soggetti passivi che effettuano operazioni intracomunitarie ([8]). Con Provvedimento del Direttore dell'Agenzia delle entrate sono stabiliti le modalità operative per l'inclusione delle partite IVA nella banca dati dei soggetti passivi che effettuano operazioni intracomunitarie, nonché i criteri e le modalità di cessazione della partita IVA e dell'esclusione della stessa dalla banca dati medesima ([8]) ([9]).

15 *ter*. Con provvedimento del Direttore dell'Agenzia delle entrate sono individuate:

a) specifiche informazioni da richiedere all'atto della dichiarazione di inizio di attività;

b) tipologie di contribuenti per i quali l'attribuzione del numero di partita IVA determina la possibilità di effettuare gli acquisti di cui all'articolo 38 del decreto legge 30 agosto 1993, n. 331, convertito, con modificazioni, dalla legge 29 ottobre 1993, n. 427, e successive modificazioni, a condizione che sia rilasciata polizza fideiussoria o fideiussione bancaria per la durata di tre anni dalla data del rilascio e per un importo rapportato al volume d'affari presunto e comunque non inferiore a 50.000 euro ([9]).

[15 *quater*. Ai fini del contrasto alle frodi sull'IVA intracomunitaria, con provvedimento del direttore dell'Agenzia delle entrate sono stabiliti i criteri e le modalità di inclusione delle partite IVA nella banca dati dei soggetti passivi che effettuano operazioni intracomunitarie, ai sensi dell'articolo 22 del Regolamento (CE) del 7 ottobre 2003, n. 1798] ([10]).

15 *quinquies*. L'Agenzia delle entrate procede d'ufficio alla chiusura delle partite IVA dei soggetti che, sulla base dei dati e degli elementi in suo possesso, risultano non aver esercitato nelle tre annualità precedenti attività

di impresa ovvero attività artistiche o professionali. Sono fatti salvi i poteri di controllo e accertamento dell'amministrazione finanziaria. Con provvedimento del direttore dell'Agenzia delle entrate sono stabiliti i criteri e le modalità di applicazione del presente comma, prevedendo forme di comunicazione preventiva al contribuente ([11]).

([1]) *Questo articolo è stato così sostituito dall'art. 2 del D.P.R. 5 ottobre 2001, n. 404.*

([2]) *A norma dell'art. 49, comma 4* ter, *del D.L. 31 maggio 2010, n. 78, convertito, con modificazioni, nella L. 30 luglio 2010, n. 122, le espressioni «segnalazione certificata di inizio di attività» e «Scia» sostituiscono, rispettivamente, quelle di «dichiarazione di inizio di attività» e «Dia», ovunque ricorrano.*

([3]) *Si veda l'art. 23, comma 23, del D.L. 6 luglio 2011, n. 98, convertito, con modificazioni, nella L. 15 luglio 2011, n. 111, che si riporta*:

«I titolari di partita IVA che, sebbene obbligati, non abbiano tempestivamente presentato la dichiarazione di cessazione di attività di cui all'articolo 35, comma 3, del decreto del Presidente della Repubblica 26 ottobre 1972, n. 633, possono sanare la violazione versando, entro il 31 marzo 2012, un importo pari alla sanzione minima indicata nell'articolo articolo 5, comma 6, primo periodo, del decreto legislativo 18 dicembre 1997, n. 471, ridotta ad un quarto. La disposizione si applica sempre che la violazione non sia stata già constatata con atto portato a conoscenza del contribuente».

([4]) *Questa lettera è stata inserita dall'art. 27, comma 1, lett.* a)*, del D.L. 31 maggio 2010, n. 78, convertito, con modificazioni, nella L. 30 luglio 2010, n. 122.*

([5]) *Le parole*: *«nell'ultimo comma» sono state così sostituite dalle attuali*: *«nel quinto comma» dall'art. 1, comma 330, lett. g), della L. 24 dicembre 2012, n. 228. A norma dell'art. 1, comma 335, della medesima legge tali disposizioni si applicano alle operazioni effettuate a partire dal 1° gennaio 2013.*

([6]) *Questo comma, inserito dall'art. 27, comma 1, lett.* b)*, del D.L. 31 maggio 2010, n. 78, convertito, con modificazioni, nella L. 30 luglio 2010, n. 122, è stato così sostituito dall'art. 22, comma 1, lett.* a)*, del D.L.vo 21 novembre 2014, n. 175.*

([7]) *Questo comma, inserito dall'art. 27, comma 1, lett.* b)*, del D.L. 31 maggio 2010, n. 78, convertito, con modificazioni, nella L. 30 luglio 2010, n. 122, è stato abrogato dall'art. 22, comma 1, lett.* b)*, del D.L.vo 21 novembre 2014, n. 175.*

([8]) *Questo periodo è stato aggiunto dall'art. 22, comma 1, lett.* c)*, del D.L.vo 21 novembre 2014, n. 175.*

([9]) *Questo comma è stato aggiunto dall'art. 37, comma 18, del D.L. 4 luglio 2006, n. 223, convertito, con modificazioni, nella L. 4 agosto 2006, n. 248.*

([10]) *Questo comma, aggiunto dall'art. 27, comma 1, lett.* c)*, del D.L. 31 maggio 2010, n. 78, convertito, con modificazioni, nella L. 30 luglio 2010, n. 122, è stato abrogato dall'art. 22, comma 1, lett.* d)*, del D.L.vo 21 novembre 2014, n. 175.*

([11]) *Questo comma, aggiunto dall'art. 23, comma 22, del D.L. 6 luglio 2011, n. 98, convertito, con modificazioni, nella L. 15 luglio 2011, n. 111, e poi sostituito dall'art. 8, comma 9, lett.* a)*, del D.L. 2 marzo 2012, n. 16, convertito, con modificazioni, nella L. 26 aprile 2012, n. 44, è stato, da ultimo, così sostituito dall'art. 7* quater*, comma 44, del D.L. 22 ottobre 2016, n. 193, convertito, con modificazioni, nella L. 1 dicembre 2016, n. 225.*

35 *bis*. Eredi del contribuente. – Gli obblighi derivanti, a norma del presente decreto, dalle operazioni effettuate dal contribuente deceduto possono essere adempiuti dagli eredi, ancorché i relativi termini siano scaduti non oltre quattro mesi prima della data della morte del contribuente, entro i sei mesi da tale data ([1]).

Resta ferma la disciplina stabilita dal presente decreto per le operazioni effettuate, anche ai fini della liquidazione dell'azienda, dagli eredi dell'imprenditore.

([1]) *Questo comma è stato così sostituito dall'art. 11, comma 1, lett.* d), *del D.L.vo 9 luglio 1997, n. 241, con effetto per le dichiarazioni presentate a decorrere dal 1° gennaio 1999.*

35 *ter*. ([1]) **Identificazione ai fini I.V.A. ed obblighi contabili del soggetto non residente.** – 1. I soggetti non residenti nel territorio dello Stato, che, ai sensi dell'articolo 17, terzo comma ([2]), intendono assolvere gli obblighi ed esercitare i diritti in materia di imposta sul valore aggiunto direttamente, devono farne dichiarazione all'Ufficio competente, prima dell'effettuazione delle operazioni per le quali si vuole adottare il suddetto sistema.

2. La dichiarazione deve contenere le seguenti indicazioni:

a) per le persone fisiche, il cognome, il nome e la eventuale ditta, il luogo e la data di nascita, il domicilio fiscale nello Stato estero in cui l'attività è esercitata;

b) per i soggetti diversi dalle persone fisiche, la denominazione, ragione sociale o ditta, la sede legale o, in mancanza, amministrativa, nello Stato estero in cui l'attività è esercitata; gli elementi di cui alla lettera *a*) per almeno una delle persone che ne hanno la rappresentanza;

c) l'ufficio dell'amministrazione dello Stato estero competente ad effettuare i controlli sull'attività del dichiarante, nonché il numero di identificazione all'imposta sul valore aggiunto ovvero, in mancanza, il codice identificativo fiscale attribuito dal medesimo Stato;

d) il tipo e l'oggetto dell'attività esercitata nello Stato estero di stabilimento;

e) l'impegno ad esibire le scritture contabili entro i termini stabiliti dall'amministrazione richiedente;

f) ogni altro elemento richiesto dal modello di dichiarazione.

3. L'ufficio attribuisce al richiedente un numero di partita I.V.A., in cui sia evidenziata anche la natura di soggetto non residente identificato in Italia. Il predetto numero deve essere riportato nelle dichiarazioni e in ogni altro atto, ove richiesto.

4. In caso di variazione dei dati di cui al comma 2, il soggetto non residente presenta apposita dichiarazione entro trenta giorni al competente

ufficio dell'Agenzia delle entrate. Le dichiarazioni di cui al presente articolo sono redatte in conformità al modello stabilito con provvedimento del direttore dell'Agenzia delle entrate.

5. Possono avvalersi dell'identificazione diretta prevista dal presente articolo, i soggetti non residenti, che esercitano attività di impresa, arte o professione in altro Stato membro della Comunità europea o in un Paese terzo con il quale esistano strumenti giuridici che disciplinano la reciproca assistenza in materia di imposizione indiretta, analogamente a quanto previsto dalle direttive del Consiglio n. 76/308/CEE del 15 marzo 1976 e n. 77/799/CEE del 19 dicembre 1977 e dal regolamento (CEE) n. 218/92 del Consiglio del 27 gennaio 1992.

6. Per quanto non espressamente previsto dal presente articolo anche in materia di utilizzo del servizio di collegamento telematico con l'Agenzia delle entrate per la presentazione di documenti, atti e istanze, si fa rinvio, in quanto applicabili, alle disposizioni dell'articolo 35, come modificato dal decreto del Presidente della Repubblica del 5 ottobre 2001, n. 404.

(1) *Questo articolo è stato inserito dall'art. 1, comma 1, lett.* b), *del D.L.vo 19 giugno 2002, n. 191.*

(2) *Le parole*: «*secondo comma*» *sono state così sostituite dalle parole*: «*terzo comma*» *dall'art. 1, comma 1, lett.* s), *del D.L.vo 11 febbraio 2010, n. 18. A norma dell'art. 5, comma 1, dello stesso decreto, questa disposizione si applica alle operazioni effettuate dal 1° gennaio 2010.*

35 *quater*. (1) **Pubblicità in materia di partita IVA.** – 1. Al fine di contrastare le frodi in materia di imposta sul valore aggiunto, l'Agenzia delle entrate rende disponibile a chiunque, con servizio di libero accesso, la possibilità di verificare puntualmente, mediante i dati disponibili in anagrafe tributaria, la validità del numero di partita IVA attribuito ai sensi dell'articolo 35 o 35 *ter*. Il servizio fornisce le informazioni relative allo stato di attività della partita IVA inserita e alla denominazione del soggetto o, in assenza di questa, al cognome e nome della persona fisica titolare.

(1) *Questo articolo è stato inserito dall'art. 8, comma 9, lett.* b), *del D.L. 2 marzo 2012, n. 16, convertito, con modificazioni, nella L. 26 aprile 2012, n. 44.*

36. Esercizio di più attività. – Nei confronti dei soggetti che esercitano più attività l'imposta si applica unitariamente e cumulativamente per tutte le attività, con riferimento al volume di affari complessivo, salvo quanto stabilito nei successivi commi.

Se il soggetto esercita contemporaneamente imprese e arti o professioni l'imposta si applica separatamente per l'esercizio di imprese e per l'esercizio di arti o professioni, secondo le rispettive disposizioni e con riferimento al rispettivo volume d'affari.

I soggetti che esercitano più imprese o più attività nell'ambito della stessa impresa, ovvero più arti o professioni, hanno facoltà di optare per l'applicazione separata dell'imposta relativamente ad alcuna delle attività esercitate, dandone comunicazione all'ufficio nella dichiarazione relativa all'anno precedente o nella dichiarazione di inizio dell'attività. In tal caso la detrazione di cui all'art. 19 spetta a condizione che l'attività sia gestita con contabilità separata ed è esclusa, in deroga a quanto stabilito nell'ultimo comma, per l'imposta relativa ai beni non ammortizzabili utilizzati promiscuamente. L'opzione ha effetto fino a quando non sia revocata e in ogni caso per almeno un triennio. Se nel corso di un anno sono acquistati beni ammortizzabili la revoca non è ammessa fino al termine del periodo di rettifica della detrazione di cui all'art. 19 *bis*. La revoca deve essere comunicata all'ufficio nella dichiarazione annuale ed ha effetto dall'anno in corso. Le disposizioni del presente comma si applicano anche ai soggetti che effettuano sia locazioni o cessioni, ([1]) esenti da imposta, di fabbricati o porzioni di fabbricato a destinazione abitativa che comportano la riduzione della percentuale di detrazione a norma dell'articolo 19, comma 5, e dell'articolo 19 *bis*, sia locazioni o cessioni ([1]) di altri fabbricati o di altri immobili, con riferimento a ciascuno di tali settori di attività ([2]) ([3]). Le disposizioni del presente comma si applicano, altresì, ai soggetti che svolgono sia il servizio di gestione individuale di portafogli, ovvero prestazioni di mandato, mediazione o intermediazione relative al predetto servizio, sia attività esenti dall'imposta ai sensi dell'articolo 10, primo comma ([4]).

L'imposta si applica in ogni caso separatamente, secondo le rispettive disposizioni e con riferimento al volume d'affari di ciascuna di esse, per le attività di commercio al minuto di cui al terzo comma dell'art. 24, comprese le attività ad esse accessorie e quelle non rientranti nell'attività propria dell'impresa, nonché per le attività di cui all'art. 34, fermo restando il disposto dei commi secondo e terzo dello stesso articolo e per quelle di cui all'art. 74, sesto comma ([5]), per le quali la detrazione prevista dall'art. 19 sia applicata forfettariamente e per quelle di cui al comma 5 dell'art. 74 *quater* ([6]).

In tutti i casi nei quali l'imposta è applicata separatamente per una determinata attività la detrazione di cui all'art. 19, se ridotta ai sensi del terzo comma dello stesso articolo ovvero se applicata forfettariamente, è ammessa per l'imposta relativa ai beni e ai servizi utilizzati promiscuamente, nei limiti della parte imputabile all'esercizio dell'attività stessa; i passaggi di servizi all'attività soggetta a detrazione ridotta o forfettaria costituiscono prestazioni di servizio ai sensi dell'art. 3 e si considerano effettuati, in base al loro valore normale, nel momento in cui sono rese. Per i passaggi interni dei beni tra attività separate si applicano le disposizioni degli articoli 21 e seguenti, con riferimento al loro valore normale, e le annotazioni di cui agli articoli 23 e 25 devono essere eseguite nello stesso mese. Per i passaggi dei beni all'attività di commercio al minuto di cui al terzo comma dell'art. 24 e per quelli da questa ad altra attività, l'imposta non è dovuta, ma i passaggi stessi devono essere annotati, in base al corrispettivo di acquisto dei beni, entro il giorno non festivo successivo a quello del passaggio. Le annotazioni devono essere eseguite, distintamente in base all'aliquota applicabile per le relative cessioni, nei registri di cui agli articoli 23, 24 e 25, ovvero in apposito registro tenuto a norma dell'art. 39. La dichiarazione annuale deve essere presentata su un unico modello per tutte le attività secondo le modalità stabilite nel decreto di cui al primo comma dell'art. 28 e i versamenti di cui agli articoli 27, 30 e 33 devono essere eseguiti per l'ammontare complessivo dovuto, al netto delle eccedenze detraibili.

([1]) *Le parole: «o cessioni,» sono state inserite dall'art. 57, comma 1, lett.* b), *del D.L. 24 gennaio 2012, n. 1, convertito, con modificazioni, nella L. 24 marzo 2012, n. 27.*

([2]) *L'ultimo periodo di questo comma è stato aggiunto dall'art. 3, comma 1, lett.* b), *del D.L.vo 19 novembre 1998, n. 422, con effetto dall'1 gennaio 1998.*

([3]) *L'art. 11, comma 7, del D.L.vo 2 settembre 1997, n. 313, così dispone:*

«11. 7. *Per l'anno 1998 l'opzione precedentemente esercitata prevista dal comma 11 dell'articolo 34 e dal quinto comma dell'articolo 74, come modificati, rispettivamente, dall'articolo 5 e dall'articolo 7 del presente decreto, nonché dal terzo comma dell'articolo 36, può essere revocata dandone comunicazione all'ufficio dell'imposta sul valore aggiunto competente nella dichiarazione relativa all'anno precedente o, in caso di esonero, nel termine previsto per la presentazione della dichiarazione, ferma restando l'applicazione delle disposizioni di cui al comma 3 dell'articolo 19* bis2, *introdotto dall'articolo 3 del presente decreto*».

([4]) *Questo periodo è stato aggiunto dall'art. 1, comma 520, lett.* b), *della L. 24 dicembre 2012, n. 228. A norma dell'art. 1, comma 521, del medesimo provvedimento, tali disposizioni si applicano alle operazioni effettuate a partire dal 1° gennaio 2013.*

([5]) *Le parole: «di cui all'art. 74, ultimo comma» sono state così sostituite dalle attuali a norma dell'art. 19, comma 4, del D.L.vo 26 febbraio 1999, n. 60, a decorrere dal 1° gennaio 2000.*

([6]) *Le parole: «e per quelle di cui al comma 5 dell'art. 74* quater» *sono state inserite dall'art. 19, comma 4, del D.L.vo 26 febbraio 1999, n. 60, a decorrere dal 1° gennaio 2000.*

36 *bis*. ([1]) ([2]) **Dispensa da adempimenti per le operazioni esenti.** – Il contribuente che ne abbia data preventiva comunicazione all'ufficio è dispensato dagli obblighi di fatturazione e di registrazione relativamente alle operazioni esenti da imposta ai sensi dell'art. 10, tranne quelle indicate al primo comma, numeri 11), 18) e 19), e al terzo comma ([3]) dello stesso articolo, fermi restando l'obbligo di fatturazione e registrazione delle altre operazioni eventualmente effettuate, l'obbligo di registrazione degli acquisti e gli altri obblighi stabiliti dal presente decreto, ivi compreso l'obbligo di rilasciare la fattura quando sia richiesta dal cliente.

Nell'ipotesi di cui al precedente comma il contribuente non è ammesso a detrarre dall'imposta eventualmente dovuta quella relativa agli acquisti e alle importazioni e deve presentare la dichiarazione annuale, compilando l'elenco dei fornitori, ancorché non abbia effettuato operazioni imponibili (4).

La comunicazione di avvalersi della dispensa dagli adempimenti relativi alle operazioni esenti dev'essere fatta nella dichiarazione annuale relativa all'anno precedente o nella dichiarazione di inizio dell'attività ed ha effetto fino a quando non sia revocata e in ogni caso per almeno un triennio. La revoca deve essere comunicata all'ufficio nella dichiarazione annuale ed ha effetto dall'anno in corso.

(1) *Questo articolo è stato aggiunto dall'art. 1 del D.P.R. 29 gennaio 1979, n. 24.*

(2) *A norma dell'art. 119, comma 9* ter, *del D.L. 19 maggio 2020, n. 34, convertito, con modificazioni, nella L. 17 luglio 2020, n. 77, così come modificato dall'art. 6* bis, *comma 1, del D.L. 22 marzo 2021, n. 41, convertito, con modificazioni, nella L. 21 maggio 2021, n. 69, l'imposta sul valore aggiunto non detraibile, anche parzialmente, di cui a questo articolo, dovuta sulle spese rilevanti ai fini degli incentivi previsti dal presente articolo, si considera nel calcolo dell'ammontare complessivo ammesso al beneficio, indipendentemente dalla modalità di rilevazione contabile adottata dal contribuente.*

(3) *Le parole: «indicate ai numeri 11), 18) e 19)» sono state così sostituite dalle attuali: «indicate al primo comma, numeri 11), 18) e 19), e al terzo comma» dall'art. 1, comma 1, lett.* f), *del D.L.vo 25 maggio 2021, n. 83.*

A norma dell'art. 10 dello stesso provvedimento tali disposizioni si applicano alle operazioni effettuate a partire dal 1° luglio 2021.

(4) *Questo comma è stato così sostituito dall'art. 16 del D.P.R. 30 dicembre 1980, n. 897, con effetto dal 1° gennaio 1982.*

37. (1) [**Presentazione delle dichiarazioni.** – (*Omissis*)].

(1) *Questo articolo è stato abrogato dall'art. 9, comma 9, del D.P.R. 22 luglio 1998, n. 322.*

38. Esecuzione dei versamenti. – I versamenti previsti dagli articoli 27, 30 e 33 devono essere eseguiti al competente ufficio dell'imposta sul valore aggiunto mediante delega del contribuente ad una delle aziende di credito di cui all'articolo 54 del regolamento per l'amministrazione del patrimonio e per la contabilità generale dello Stato, approvato con regio decreto 23 maggio 1924, n. 827, ovvero ad una delle casse rurali e artigiane di cui al regio decreto 26 agosto 1937, n. 1706, modificato con la legge 4 agosto 1955, n. 707, avente un patrimonio non inferiore a € 51.645,69. La delega deve essere rilasciata presso una qualsiasi dipendenza dell'azienda delegata sita nel territorio dello Stato ([1]).

L'azienda delegata deve rilasciare al contribuente una attestazione recante l'indicazione dell'importo dell'ordine di versamento e della data in cui lo ha ricevuto e l'impegno di effettuare il versamento all'ufficio per conto del contribuente entro il quinto giorno successivo. La delega è irrevocabile ed ha effetto liberatorio per il delegante.

Le caratteristiche e le modalità di rilascio dell'attestazione, nonché le modalità per l'esecuzione dei versamenti agli uffici dell'imposta sul valore aggiunto, per la trasmissione dei relativi dati e documenti all'amministrazione e per i relativi controlli sono stabilite con decreto del Ministro delle finanze di concerto con il Ministro del tesoro.

I versamenti diversi da quelli indicati nel primo comma devono essere eseguiti direttamente all'ufficio dell'imposta sul valore aggiunto o in contanti o mediante assegni circolari non trasferibili intestati all'ufficio stesso o mediante altri titoli di credito bancario o postali a copertura garantita. Il versamento mediante assegni circolari o titoli bancari o postali può essere eseguito anche a mezzo posta con lettera raccomandata, nella quale deve essere specificata la causale del versamento. L'ufficio rilascia quietanza nelle forme e con le modalità stabilite con decreto del Ministro delle finanze anche in deroga alle disposizioni contenute negli artt. 238 e 240 del regolamento per l'amministrazione del patrimonio e per la contabilità generale dello Stato, approvato con R.D. 23 maggio 1924, n. 827.

([1]) *L'ultimo periodo di questo comma è stato così sostituito dall'art. 36, comma 14, del D.L. 30 agosto 1993, n. 331, conv., con modif., nella L. 29 ottobre 1993, n. 427.*

38 *bis*. ([1]) **Esecuzione dei rimborsi.** – 1. I rimborsi previsti nell'articolo 30 sono eseguiti, su richiesta fatta in sede di dichiarazione annuale, entro tre mesi dalla presentazione della dichiarazione. Sulle somme rimborsate si applicano gli interessi in ragione del 2 per cento annuo, con decorrenza dal novantesimo giorno successivo a quello in cui è stata presentata la dichiarazione, non computando il periodo intercorrente tra la data di notifica della richiesta di documenti e la data della loro consegna, quando superi quindici giorni.

2. Il contribuente può ottenere il rimborso in relazione a periodi inferiori all'anno nelle ipotesi di cui alle lettere *a*), *b*) ed *e*) del secondo comma dell'articolo 30, nonché nelle ipotesi di cui alla lettera *c*) del medesimo secondo comma quando effettua acquisti ed importazioni di beni ammortizzabili per un ammontare superiore ai due terzi dell'ammontare complessivo degli acquisti e delle importazioni di beni e servizi imponibili ai fini dell'imposta

sul valore aggiunto, e nelle ipotesi di cui alla lettera *d*) del secondo comma del citato articolo 30 quando effettua, nei confronti di soggetti passivi non stabiliti nel territorio dello Stato, per un importo superiore al 50 per cento dell'ammontare di tutte le operazioni effettuate, prestazioni di lavorazione relative a beni mobili materiali, prestazioni di trasporto di beni e relative prestazioni di intermediazione, prestazioni di servizi accessorie ai trasporti di beni e relative prestazioni di intermediazione, ovvero prestazioni di servizi di cui all'articolo 19, comma 3, lettera a *bis*).

3. Fatto salvo quanto previsto dal comma 4, i rimborsi di ammontare superiore a 30.000 euro ([2]) sono eseguiti previa presentazione della relativa dichiarazione o istanza da cui emerge il credito richiesto a rimborso recante il visto di conformità o la sottoscrizione alternativa di cui all'articolo 10, comma 7, primo e secondo periodo, del decreto legge 1° luglio 2009, n. 78, convertito, con modificazioni, dalla legge 3 agosto 2009, n. 102. Alla dichiarazione o istanza è allegata una dichiarazione sostitutiva di atto di notorietà, a norma dell'articolo 47 del decreto del Presidente della Repubblica 28 dicembre 2000, n. 445, che attesti la sussistenza delle seguenti condizioni in relazione alle caratteristiche soggettive del contribuente:

a) il patrimonio netto non è diminuito, rispetto alle risultanze contabili dell'ultimo periodo d'imposta, di oltre il 40 per cento; la consistenza degli immobili non si è ridotta, rispetto alle risultanze contabili dell'ultimo periodo d'imposta, di oltre il 40 per cento per cessioni non effettuate nella normale gestione dell'attività esercitata; l'attività stessa non è cessata né si è ridotta per effetto di cessioni di aziende o rami di aziende compresi nelle suddette risultanze contabili;

b) non risultano cedute, se la richiesta di rimborso è presentata da società di capitali non quotate nei mercati regolamentati, nell'anno precedente la richiesta, azioni o quote della società stessa per un ammontare superiore al 50 per cento del capitale sociale;

c) sono stati eseguiti i versamenti dei contributi previdenziali e assicurativi.

4. Sono eseguiti previa prestazione della garanzia di cui al comma 5 i rimborsi di ammontare superiore a 30.000 euro ([2]) quando richiesti:

a) da soggetti passivi che esercitano un'attività d'impresa da meno di due anni diversi dalle imprese start-up innovative di cui all'articolo 25 del decreto legge 18 ottobre 2012, n. 179, convertito, con modificazioni, dalla legge 17 dicembre 2012, n. 221;

b) da soggetti passivi ai quali, nei due anni antecedenti la richiesta di rimborso, sono stati notificati avvisi di accertamento o di rettifica da cui risulti, per ciascun anno, una differenza tra gli importi accertati e quelli dell'imposta dovuta o del credito dichiarato superiore:

1) al 10 per cento degli importi dichiarati se questi non superano 150.000 euro;

2) al 5 per cento degli importi dichiarati se questi superano 150.000 euro ma non superano 1.500.000 euro;

3) all'1 per cento degli importi dichiarati, o comunque a 150.000 euro, se gli importi dichiarati superano 1.500.000 euro;

c) da soggetti passivi che nelle ipotesi di cui al comma 3, presentano la dichiarazione o istanza da cui emerge il credito richiesto a rimborso priva del visto di conformità o della sottoscrizione alternativa, o non presentano la dichiarazione sostitutiva di atto di notorietà;

d) da soggetti passivi che richiedono il rimborso dell'eccedenza detraibile risultante all'atto della cessazione dell'attività ([3]).

5. La garanzia di cui al comma 4 è prestata per una durata pari a tre anni dall'esecuzione del rimborso, ovvero, se inferiore, al periodo mancante al termine di decadenza dell'accertamento, sotto forma di cauzione in titoli di Stato o garantiti dallo Stato, al valore di borsa, ovvero di fideiussione rilasciata da una banca o da una impresa commerciale che a giudizio dell'Amministrazione finanziaria offra adeguate garanzie di solvibilità ovvero di polizza fideiussoria rilasciata da un'impresa di assicurazione. Per le piccole e medie imprese, definite secondo i criteri stabiliti dal decreto del 18 aprile 2005 del Ministro delle attività produttive, pubblicato nella *Gazzetta Ufficiale* 12 ottobre 2005, n. 238, dette garanzie possono essere prestate anche dai consorzi o cooperative di garanzia collettiva fidi di cui all'articolo 29 della legge 5 ottobre 1991, n. 317, iscritti nell'albo previsto dall'articolo 106 del decreto legislativo 1° settembre 1993, n. 385. Per i gruppi di società, con patrimonio risultante dal bilancio consolidato superiore a 250 milioni di euro, la garanzia può essere prestata mediante la diretta assunzione da parte della società capogruppo o controllante di cui all'articolo 2359 del codice civile della obbligazione di integrale restituzione della somma da rimborsare, comprensiva dei relativi interessi, all'Amministrazione finanziaria, anche in caso di cessione della partecipazione nella società controllata o collegata. In ogni caso la società capogruppo o controllante deve comunicare in anticipo all'Amministrazione finanziaria l'intendimento di cedere la partecipazione nella società controllata o collegata. La garanzia concerne anche crediti relativi ad annualità precedenti maturati nel periodo di validità della garanzia stessa.

6. Relativamente alla dichiarazione da cui emerge il credito richiesto a rimborso non è obbligatoria l'apposizione del visto di conformità o la sot-

toscrizione alternativa previsti dal comma 3 quando è prestata la garanzia di cui al comma 5.

7. Ai rimborsi di cui al presente articolo e al pagamento degli interessi provvede il competente ufficio dell'Agenzia delle entrate. Ai rimborsi si provvede con gli stanziamenti di bilancio.

8. Nel caso in cui nel periodo relativo al rimborso sia stato constatato uno dei reati di cui agli articoli 2 e 8 del decreto legislativo 10 marzo 2000, n. 74, l'esecuzione dei rimborsi di cui al presente articolo è sospesa, fino a concorrenza dell'ammontare dell'imposta indicata nelle fatture o in altri documenti illecitamente emessi od utilizzati, fino alla definizione del relativo procedimento penale.

9. Se successivamente al rimborso o alla compensazione viene notificato avviso di rettifica o accertamento il contribuente, entro sessanta giorni, versa all'ufficio le somme che in base all'avviso stesso risultano indebitamente rimborsate o compensate, oltre agli interessi del 2 per cento annuo dalla data del rimborso o della compensazione, a meno che non presti la garanzia prevista nel comma 5 fino a quando l'accertamento sia divenuto definitivo.

10. Con decreti del Ministro dell'economia e delle finanze sono individuate, anche progressivamente, in relazione all'attività esercitata ed alle tipologie di operazioni effettuate, le categorie di contribuenti per i quali i rimborsi di cui al presente articolo sono eseguiti in via prioritaria (4).

11. Con provvedimento del Direttore dell'Agenzia delle entrate sono definite le ulteriori modalità e termini per l'esecuzione dei rimborsi di cui al presente articolo, inclusi quelli per la richiesta dei rimborsi relativi a periodi inferiori all'anno e per la loro esecuzione.

(1) *Questo articolo, aggiunto dall'art. 1 del D.P.R. 29 gennaio 1979, n. 24, è stato così sostituito dall'art. 13, del D.L.vo 21 novembre 2014, n. 175.*

(2) *Le parole: «15.000 euro» sono state così sostituite dalle seguenti: «30.000 euro», dall'art. 7 quater, comma 32, del D.L. 22 ottobre 2016, n. 193, convertito, con modificazioni, nella L. 1 dicembre 2016, n. 225.*

(3) *Si vedano i commi 1 e 2 dell'art. 7 della L. 20 novembre 2017, n. 167, che si riportano:*

«1. Ai soggetti passivi dell'imposta sul valore aggiunto (IVA) di cui all'articolo 38 bis, comma 4, del decreto del Presidente della Repubblica 26 ottobre 1972, n. 633, che richiedono un rimborso dell'IVA prestando la garanzia richiesta dallo stesso comma è riconosciuta, a titolo di ristoro forfetario dei costi sostenuti per il rilascio della garanzia stessa, una somma pari alla 0,15 per cento dell'importo garantito per ogni anno di durata della garanzia. La somma è versata alla scadenza del termine per l'emissione dell'avviso di rettifica o di accertamento ovvero, in caso di emissione di tale avviso, quando sia stato definitivamente accertato che al contribuente spettava il rimborso dell'imposta.

2. Le disposizioni del comma 1 si applicano a decorrere dalle richieste di rimborso fatte con la dichiarazione annuale dell'IVA relativa all'anno 2017 e dalle istanze di rimborso infrannuale relative al primo trimestre dell'anno 2018».

([4]) *Si veda l'art. 1 del D.M. 27 aprile 2015* (G.U. *Serie gen. - n. 122 del 28 maggio 2015), il quale prevede che la disposizione di questo comma si applica, a partire dalla richiesta relativa al secondo trimestre dell'anno d'imposta 2015, agli operatori economici titolari del codice di classificazione delle attività economiche ATECO2007 «59.14.00»* (*attività di proiezione cinematografica*)*, fermo restando quanto previsto dall'art. 2 del decreto del Ministero dell'economia e delle finanze del 22 marzo 2007, pubblicato nella* Gazzetta Ufficiale *n. 76 del 31 marzo 2007, e nel rispetto dei presupposti di cui all'art. 30, secondo comma, lettera* a)*, del predetto decreto n. 633 del 1972.*

38 *bis*1. ([1]) **Rimborso dell'imposta assolta in altri Stati membri della Comunità.** – 1. I soggetti passivi stabiliti nel territorio dello Stato che hanno assolto l'imposta in un altro Stato membro in relazione a beni e servizi ivi acquistati o importati, possono chiederne il rimborso a detto Stato membro presentando un'istanza all'Agenzia delle entrate tramite apposito portale elettronico.

2. L'Agenzia delle entrate provvede ad inoltrare tale richiesta allo Stato membro del rimborso, eccetto i casi in cui, durante il periodo di riferimento del rimborso, il richiedente:

a) non ha svolto un'attività d'impresa, arte o professione;

b) ha effettuato unicamente operazioni esenti o non soggette che non danno diritto alla detrazione dell'imposta ai sensi degli articoli 19 e seguenti;

c) si è avvalso del regime dei contribuenti minimi di cui ai commi da 96 a 117 dell'articolo 1 della legge 24 dicembre 2007, n. 244;

d) si è avvalso del regime speciale per i produttori agricoli.

3. Nei casi indicati al comma 2 l'Agenzia delle entrate notifica al richiedente il mancato inoltro della richiesta di rimborso. Avverso il provvedimento motivato di rifiuto dell'inoltro è ammesso ricorso secondo le disposizioni relative al contenzioso tributario.

4. Con provvedimento del Direttore dell'Agenzia delle entrate, da emanarsi entro novanta giorni dall'entrata in vigore della presente disposizione, è individuato il competente ufficio dell'Agenzia delle entrate e sono stabilite le modalità ed i termini procedurali per l'applicazione delle disposizioni del presente articolo nonché per la realizzazione dei relativi scambi informativi.

([1]) *Questo articolo è stato aggiunto dall'art. 1, comma 1, lett.* t)*, del D.L.vo 11 febbraio 2010, n. 18. A norma dell'art. 5, comma 1, dello stesso decreto, questa disposizione si applica alle richieste di rimborso presentate a partire dal 1° gennaio 2010.*

38 *bis*2. ([1]) **Esecuzione dei rimborsi a soggetti non residenti stabiliti in un altro Stato membro della Comunità.** – 1. I soggetti stabiliti in altri Stati membri della Comunità, assoggettati all'imposta nello Stato in cui hanno il domicilio o la residenza chiedono il rimborso dell'imposta assolta sulle importazioni di beni e sugli acquisti di beni e servizi, sempre che sia detraibile a norma degli articoli 19, 19 *bis*1 e 19 *bis*2, secondo le disposizioni del presente articolo. Il rimborso non può essere richiesto dai soggetti che nel periodo di riferimento disponevano di una stabile organizzazione nel territorio dello Stato ovvero dai soggetti che hanno ivi effettuato operazioni diverse da quelle per le quali debitore dell'imposta è il committente o cessionario, da quelle non imponibili di trasporto o accessorie ai trasporti e da quelle effettuate ([2]) ai sensi dell'articolo 74 *septies* ([3]). L'ammontare complessivo della richiesta di rimborso relativa a periodi infrannuali non può essere inferiore a quattrocento euro; se detto ammontare risulta inferiore a quattrocento euro il rimborso spetta annualmente, sempreché di importo non inferiore a cinquanta euro.

2. La richiesta di rimborso è presentata con riferimento ad un periodo non superiore ad un anno solare e non inferiore a tre mesi, ovvero per periodi inferiori a tre mesi qualora questi periodi rappresentino la parte residua di un anno solare.

3. I soggetti di cui al comma 1 non hanno diritto al rimborso qualora nello Stato membro in cui sono stabiliti effettuino operazioni che non danno diritto alla detrazione dell'imposta. Nel caso in cui gli stessi effettuino sia operazioni che danno diritto alla detrazione sia operazioni che non conferiscono tale diritto, il rimborso è ammesso soltanto in misura pari alla percentuale detraibile dell'imposta, quale applicata dallo Stato membro ove è stabilito il richiedente.

4. La richiesta di rimborso è inoltrata per via elettronica tramite lo Stato membro ove è stabilito il richiedente.

5. Ai rimborsi previsti nel comma 1 e al pagamento dei relativi interessi provvede il competente ufficio dell'Agenzia delle entrate, utilizzando i fondi messi a disposizione su apposita contabilità speciale. La decisione in ordine al rimborso dell'imposta è notificata al richiedente entro quattro mesi dalla ricezione della richiesta, salvo quanto previsto ai commi successivi.

6. Entro il termine di quattro mesi di cui al comma 5, l'ufficio può chiedere per via elettronica al soggetto richiedente il rimborso o allo Stato membro ove esso è stabilito informazioni aggiuntive al fine di acquisire tutti gli elementi pertinenti su cui basare la decisione in merito al rimborso. Le informazioni aggiuntive possono essere richieste eventualmente ad un

soggetto diverso, anche in via telematica solo se il destinatario dispone dei mezzi necessari. Le informazioni richieste sono fornite all'ufficio entro un mese dalla data in cui il destinatario riceve la richiesta. In caso di richiesta di informazioni aggiuntive la comunicazione di cui al comma 5 è effettuata entro il termine di due mesi dal giorno in cui le informazioni sono pervenute all'ufficio ovvero entro due mesi dalla scadenza infruttuosa del termine di un mese di cui al terzo periodo. I predetti termini non si applicano se scadono prima del decorso di un periodo di sei mesi dalla ricezione della richiesta di rimborso, nel qual caso l'ufficio effettua la comunicazione di cui al comma 5 entro sei mesi dalla ricezione della richiesta stessa.

7. L'ufficio può chiedere ulteriori informazioni aggiuntive rispetto a quelle previste al comma 6. Le informazioni richieste sono fornite all'ufficio entro un mese dalla data in cui il destinatario riceve la richiesta. In tal caso, la comunicazione di cui al comma 5 è effettuata comunque entro otto mesi dalla data di ricezione della richiesta di rimborso.

8. Il rimborso è effettuato entro dieci giorni lavorativi dalla scadenza del termine di cui al comma 5, ovvero, qualora siano richieste informazioni aggiuntive o ulteriori informazioni aggiuntive, dalla scadenza dei termini di cui ai commi 6 e 7.

9. Sulle somme rimborsate si applicano gli interessi nella misura prevista al primo comma dell'articolo 38 *bis* con decorrenza dal giorno successivo a quello di scadenza del termine di cui al comma 8. La disposizione che precede non si applica nel caso in cui il richiedente non fornisca le informazioni aggiuntive o le ulteriori informazioni aggiuntive entro il termine previsto dai commi 6 e 7. Non sono, altresì, dovuti interessi fino a quando non pervengono all'ufficio competente i documenti aggiuntivi da allegare alla richiesta di rimborso.

10. Il rimborso è eseguito nel territorio dello Stato o, su domanda del richiedente, in un altro Stato membro. In quest'ultimo caso l'ufficio riduce l'importo da erogare al richiedente dell'ammontare delle spese di trasferimento.

11. I soggetti che conseguono un rimborso non dovuto restituiscono le somme indebitamente rimborsate, entro sessanta giorni dalla notifica di apposito provvedimento da parte dell'ufficio. Nei confronti degli stessi soggetti si applica la sanzione amministrativa compresa fra il 100 ed il 200 per cento della somma indebitamente rimborsata.

12. Nelle more del pagamento dell'ammontare dovuto al titolo di rimborso indebitamente erogato e delle relative sanzioni, l'ufficio sospende ogni ulteriore rimborso al soggetto interessato fino a concorrenza del medesimo importo.

13. Avverso il provvedimento motivato di diniego è ammesso ricorso secondo le disposizioni relative al contenzioso tributario.

14. Con provvedimento del Direttore dell'Agenzia delle entrate, da emanarsi entro novanta giorni dall'entrata in vigore della presente disposizione, è individuato il competente ufficio dell'Agenzia delle entrate e sono stabilite le modalità ed i termini per la richiesta e l'esecuzione dei rimborsi nonché per gli scambi informativi relativi al presente articolo.

(1) *Questo articolo è stato aggiunto dall'art. 1, comma 1, lett.* t), *del D.L.vo 11 febbraio 2010, n. 18. A norma dell'art. 5, comma 1, dello stesso decreto, questa disposizione si applica alle richieste di rimborso presentate a partire dal 1° gennaio 2010.*

(2) *Le parole: «di servizi di telecomunicazione, di teleradiodiffusione ed elettronici rese» sono state così sostituite dalla attuale: «effettuate» dall'art. 1, comma 1, lett.* g), *del D.L.vo 25 maggio 2021, n. 83.*

A norma dell'art. 10 dello stesso provvedimento tali disposizioni si applicano alle operazioni effettuate a partire dal 1° luglio 2021.

(3) *Questo periodo è stato così sostituito dall'art. 4, comma 1, lett.* a), *del D.L.vo 31 marzo 2015, n. 42. A norma dell'art. 8 dello stesso provvedimento tali disposizioni si applicano alle operazioni effettuate a partire dal 1° gennaio 2015.*

38 *bis*3. (1) **Rimborsi di eccedenze di versamento a soggetti aderenti ai regimi speciali di cui agli articoli 74 *quinquies* e seguenti** (2). – 1. Qualora i soggetti passivi che hanno optato in Italia per l'applicazione del regime speciale di cui all'articolo 74 *quinquies* o 74 *sexies o 74 sexies.1* (3) effettuino versamenti in eccesso rispetto a quanto risulta dalle dichiarazioni presentate ai sensi di detti articoli (4) e tale eccesso sia rilevato in sede di ripartizione delle somme tra i vari Stati membri di consumo, l'Agenzia delle entrate rimborsa l'eccedenza di versamento entro 30 giorni dalla data di ripartizione.

2. Qualora in sede di effettuazione dei controlli automatici di cui all'articolo 54 *quater* si rilevi un eccesso di versamento da parte di soggetti passivi identificati in un altro Stato membro ai sensi dell'articolo 74 *septies*, l'Agenzia delle entrate effettua il relativo rimborso entro 30 giorni. Tuttavia, se l'eccedenza di versamento si riferisce a periodi di imposta sino al 2018, il rimborso viene effettuato tenendo conto delle eventuali somme trattenute dallo Stato membro di identificazione ai sensi dell'articolo 46, paragrafo 3, del regolamento (UE) n. 904/2010. L'Agenzia delle entrate comunica, per via elettronica, allo Stato membro di identificazione, l'importo del rimborso già effettuato e del rimborso di competenza dello Stato membro di identificazione.

3. Qualora uno Stato membro di consumo abbia rimborsato un'eccedenza di versamento che si riferisce a periodi di imposta sino al 2018 ai soggetti passivi che hanno optato in Italia per l'applicazione del regime speciale di cui all'articolo 74 *quinquies* o 74 *sexies*, l'Agenzia delle entrate, a seguito di

apposita comunicazione elettronica dello Stato membro di consumo, restituisce entro 30 giorni al contribuente la quota dell'imposta eventualmente trattenuta ai sensi dell'articolo 46, paragrafo 3, del regolamento (UE) n. 904/2010. L'Agenzia delle entrate comunica per via elettronica allo Stato membro di consumo l'effettuazione di tale rimborso.

4. Sulle somme rimborsate dall'Agenzia delle entrate ai sensi del presente articolo si applicano gli interessi di cui all'articolo 38 *bis*, primo comma, con decorrenza dal trentunesimo giorno successivo alla seguente data:

a) la data di ripartizione, nelle ipotesi di cui al comma 1;

b) la data di conclusione dei controlli automatici di cui all'articolo 54 *quater*, nelle ipotesi di cui al comma 2;

c) la data di ricevimento della comunicazione elettronica dello Stato di consumo, nelle ipotesi di cui al comma 3.

5. Ai rimborsi previsti nel presente articolo e al pagamento degli interessi provvede il competente ufficio dell'Agenzia delle entrate, utilizzando i fondi messi a disposizione su apposita contabilità speciale.

6. In sede di esecuzione dei rimborsi di cui ai commi 1, 2 e 3 non si applicano le disposizioni di cui all'articolo 28 *ter* del decreto del Presidente della Repubblica 29 settembre 1973, n. 602, e di cui all'articolo 23 del decreto legislativo 18 dicembre 1997, n. 472.

(¹) *Questo articolo è stato inserito dall'art. 4, comma 1, lett.* b), *del D.L.vo 31 marzo 2015, n. 42. A norma dell'art. 8 dello stesso provvedimento tali disposizioni si applicano alle operazioni effettuate a partire dal 1° gennaio 2015.*

(²) *Le parole: «per i servizi di telecomunicazione, di teleradiodiffusione ed elettronici» sono state così sostituite dalle attuali: «di cui agli articoli 74 quinquies e seguenti» dall'art. 1, comma 1, lett.* h), *n. 1), del D.L.vo 25 maggio 2021, n. 83.*

A norma dell'art. 10 dello stesso provvedimento tali disposizioni si applicano alle operazioni effettuate a partire dal 1° luglio 2021.

(³) *Le parole: «o 74 sexies.1» sono state inserite dall'art. 1, comma 1, lett.* h), *n. 2), del D.L.vo 25 maggio 2021, n. 83.*

A norma dell'art. 10 dello stesso provvedimento tali disposizioni si applicano alle operazioni effettuate a partire dal 1° luglio 2021.

(⁴) *Le parole: «dalla dichiarazione trimestrale di cui all'articolo 74* quinquies, *comma 6,» sono state così sostituite dalle attuali: «dalle dichiarazioni presentate ai sensi di detti articoli» dall'art. 1, comma 1, lett.* h), *n. 2), del D.L.vo 25 maggio 2021, n. 83.*

A norma dell'art. 10 dello stesso provvedimento tali disposizioni si applicano alle operazioni effettuate a partire dal 1° luglio 2021.

38 *ter*. (¹) **Esecuzione dei rimborsi a soggetti non residenti stabiliti in Stati non appartenenti alla Comunità.** – La disposizione del primo comma dell'articolo 38 *bis*2 si applica, a condizione di reciprocità, anche ai soggetti esercenti un'attività d'impresa, arte o professione, stabiliti in Stati non appartenenti alla Comunità, limitatamente all'imposta relativa agli acquisti e importazioni di beni mobili e servizi inerenti alla loro attività.

1 *bis*. I rimborsi di cui al comma 1 sono concessi a soggetti domiciliati o residenti fuori dell'Unione europea, e che abbiano aderito ai regimi speciali (2) di cui agli articoli 74 *quinquies* e seguenti, anche in assenza della condizione di reciprocità ed ancorché abbiano effettuato nel territorio dello Stato operazioni nell'ambito di detti regimi speciali (3) (4).

Ai rimborsi previsti nel comma 1 provvede il competente ufficio dell'Agenzia delle entrate entro sei mesi dalla ricezione della richiesta di rimborso ovvero, in caso di richiesta di informazioni aggiuntive, entro otto mesi dalla medesima. In caso di diniego del rimborso, l'ufficio emana, entro lo stesso termine, apposito provvedimento motivato avverso il quale è ammesso ricorso secondo le disposizioni relative al contenzioso tributario.

Sulle somme rimborsate si applicano gli interessi nella misura prevista al primo comma dell'articolo 38 *bis* con decorrenza dal giorno successivo a quello di scadenza del termine di cui al comma 2. La disposizione che precede non si applica nel caso in cui il richiedente non fornisca le informazioni aggiuntive entro il termine di un mese dalla data della notifica, da effettuarsi anche tramite mezzi elettronici. Non sono, altresì, dovuti interessi fino a quando non pervengono all'ufficio competente i documenti aggiuntivi da allegare alla richiesta di rimborso.

I soggetti che conseguono un indebito rimborso devono restituire all'ufficio, entro sessanta giorni dalla notifica di apposito provvedimento, le somme indebitamente rimborsate e nei loro confronti si applica la sanzione amministrativa compresa fra il 200 ed il 400 per cento della somma rimborsata. L'ufficio sospende ogni ulteriore rimborso al soggetto interessato fino a quando non sia restituita la somma indebitamente rimborsata e pagata la relativa pena pecuniaria.

Con provvedimento del Direttore dell'Agenzia delle entrate, da emanarsi entro novanta giorni dall'entrata in vigore della presente disposizione, sono stabilite le modalità e i termini per la richiesta e l'esecuzione dei rimborsi, nonché il competente ufficio dell'Agenzia delle entrate.

(1) *Questo articolo, aggiunto dall'art. 16 del D.P.R. 30 dicembre 1981, n. 793, con effetto dall'1 gennaio 1981, è stato così sostituito dall'art. 1, comma 1, lett.* u), *del D.L.vo 11 febbraio 2010, n. 18. A norma dell'art. 5, comma 1, dello stesso decreto, questa disposizione si applica a partire dalla data fissata con provvedimento del Direttore dell'Agenzia delle entrate.*

(2) *Le parole: «al regime speciale» sono state così sostituite dalle attuali: «ai regimi speciali» dall'art. 1, comma 1, lett.* i), *del D.L.vo 25 maggio 2021, n. 83.*

A norma dell'art. 10 dello stesso provvedimento tali disposizioni si applicano alle operazioni effettuate a partire dal 1° luglio 2021.

([3]) *Questo comma è stato inserito dall'art. 4, comma 1, lett.* c), *del D.L.vo 31 marzo 2015, n. 42. A norma dell'art. 8 dello stesso provvedimento tali disposizioni si applicano alle operazioni effettuate a partire dal 1° gennaio 2015.*

([4]) *Le parole: «prestazioni di servizi di telecomunicazione, di teleradiodiffusione ed elettronici» sono state così sostituite dalle attuali: «operazioni nell'ambito di detti regimi speciali» dall'art. 1, comma 1, lett.* i), *del D.L.vo 25 maggio 2021, n. 83.*

A norma dell'art. 10 dello stesso provvedimento tali disposizioni si applicano alle operazioni effettuate a partire dal 1° luglio 2021.

38 *quater*. ([1]) ([2]) **Sgravio dell'imposta per i soggetti domiciliati e residenti fuori della Comunità europea. –** 1. Le cessioni a soggetti domiciliati o residenti fuori della Comunità europea di beni per un complessivo importo, comprensivo dell'imposta sul valore aggiunto, superiore ad € 154,94 destinati all'uso personale o familiare, da trasportarsi nei bagagli personali fuori del territorio doganale della Comunità medesima, possono essere effettuate senza pagamento dell'imposta. Tale disposizione si applica a condizione che sia emessa fattura [a norma dell'articolo 21] ([3]) [, recante anche l'indicazione degli estremi del passaporto o di altro documento equipollente] ([4]) e che i beni siano trasportati fuori della Comunità entro il terzo mese successivo a quello di effettuazione dell'operazione. L'esemplare della fattura consegnato al cessionario deve essere restituito al cedente, recante anche l'indicazione degli estremi del passaporto o di altro documento equipollente da apporre prima di ottenere il visto doganale ([5]), vistato dall'ufficio doganale di uscita dalla Comunità, entro il quarto mese successivo all'effettuazione della operazione; in caso di mancata restituzione, il cedente deve procedere alla regolarizzazione della operazione a norma dell'articolo 26, primo comma, entro un mese dalla scadenza del suddetto termine.

2. Per le cessioni di cui al comma 1, per le quali il cedente non si sia avvalso della facoltà ivi prevista, il cessionario ha diritto al rimborso dell'imposta pagata per rivalsa a condizione che i beni siano trasportati fuori della Comunità entro il terzo mese successivo a quello della cessione e che restituisca al cedente l'esemplare della fattura vistato dall'ufficio doganale entro il quarto mese successivo a quello di effettuazione dell'operazione. Il rimborso è effettuato dal cedente il quale ha diritto di recuperare l'imposta mediante annotazione della corrispondente variazione nel registro di cui all'articolo 25 ([6]).

([1]) *Questo articolo è stato così sostituito dall'art. 1, comma 1, della L. 18 febbraio 1997, n. 28.*

([2]) *A norma dell'art. 4* bis, *commi 1 e 2, del D.L. 22 ottobre 2016, n. 193, convertito, con modificazioni, nella L. 1° dicembre 2016, n. 225, a decorrere dal 1° gennaio 2018 l'emissione delle fatture relative alle cessioni di beni di cui a questo articolo deve essere effettuata dal cedente in modalità elettronica.*

Al fine di garantire l'interoperabilità tra il sistema di fatturazione elettronica e il sistema OTELLO (Online tax refund at exit: light lane optimization) *e di consentire la piena operatività di tale sistema in tutto il territorio nazionale, con determinazione del direttore dell'Agenzia delle dogane e dei monopoli, di concerto con il direttore dell'Agenzia delle entrate, sono stabiliti modalità e contenuti semplificati di fatturazione per la cessione dei beni di cui al comma 1 del presente articolo, in deroga a quanto previsto dall'articolo 21, comma 2, del decreto del Presidente della Repubblica 26 ottobre 1972, n. 633.*

([3]) *Le parole fra parentesi quadrate sono state soppresse dall'art. 4* bis, *comma 3, del D.L. 22 ottobre 2016, n. 193, convertito, con modificazioni, nella L. 1° dicembre 2016, n. 225.*

([4]) *Le parole fra parentesi quadrate sono state soppresse dall'art. 1, comma 356, lett.* a), *della L. 23 dicembre 2005, n. 266.*

([5]) *Le parole da*: «, *recante anche ...*» *fino a*: «*... ottenente il visto doganale*» *dall'art. 1, comma 356, lett.* b) *della L. 23 dicembre 2005, n. 266.*

([6]) *A norma dell'art. 1, comma 368, della L. 28 dicembre 2015, n. 208, le operazioni di rimborso di cui al presente comma, possono essere effettuate da intermediari, purché regolarmente iscritti all'albo degli istituti di pagamento di cui all'articolo 114* septies *del testo unico di cui al decreto legislativo 1º settembre 1993, n. 385. Con decreto del Ministro dell'economia e delle finanze, di concerto con il Ministro dei beni e delle attività culturali e del turismo, da emanare entro centottanta giorni dalla data di entrata in vigore della presente legge n. 208/2015, sono determinate in apposita tabella le percentuali minime di rimborso, suddivise per scaglioni con valori percentuali incrementali rispetto all'aumento dell'importo delle cessioni di cui al comma 1 del presente provvedimento n. 633/1972, che gli intermediari del servizio, di cui a questo comma, devono applicare.*

39. Tenuta e conservazione dei registri e dei documenti. – I registri previsti dal presente decreto, compresi i bollettari di cui all'art. 32, devono essere tenuti a norma dell'articolo 2219 dello codice civile e numerati progressivamente in ogni pagina, in esenzione dall'imposta di bollo. È ammesso l'impiego di schedari a fogli mobili o tabulati di macchine elettrocontabili secondo modalità previamente approvate dall'Amministrazione finanziaria su richiesta del contribuente ([1]).

I contribuenti hanno facoltà di sottoporre alla numerazione e alla bollatura un solo registro destinato a tutte le annotazioni prescritte dagli articoli 23, 24 e 25, a condizione che nei registri previsti da tali articoli siano indicati, per ogni singola annotazione, i numeri della pagina e della riga della corrispondente annotazione nell'unico registro numerato e bollato.

I registri, i bollettari, gli schedari e i tabulati, nonché le fatture, le bollette doganali e gli altri documenti previsti dal presente decreto devono essere conservati a norma dell'articolo 22 del decreto del Presidente della Repubblica 29 settembre 1973, n. 600. Le fatture elettroniche sono conservate in modalità elettronica, in conformità alle disposizioni del decreto del Ministro dell'economia e delle finanze adottato ai sensi dell'articolo 21, comma 5, del decreto legislativo 7 marzo 2005, n. 82. Le fatture create in formato elettronico e quelle cartacee possono essere conservate elettronicamente. Il luogo di conservazione elettronica delle stesse, nonché dei registri e degli altri documenti previsti dal presente decreto e da altre disposizioni, può essere situato in un altro Stato, a condizione che con lo stesso esista uno strumento giuridico che disciplini la reciproca assistenza. Il soggetto passivo stabilito nel territorio dello Stato assicura, per finalità di controllo, l'accesso automatizzato all'archivio e che tutti i documenti ed i dati in esso contenuti, compresi quelli che garantiscono l'autenticità e l'integrità delle fatture di cui all'articolo 21, comma 3, siano stampabili e trasferibili su altro supporto informatico ([2]).

I soggetti passivi che facilitano le cessioni di beni e le prestazioni di servizi effettuate nei confronti di cessionari o di committenti non soggetti passivi d'imposta tramite l'uso di una interfaccia elettronica, quale un mercato virtuale, una piattaforma, un portale o mezzi analoghi, conservano per un periodo di dieci anni, a partire dal 31 dicembre dell'anno in cui l'operazione è stata effettuata, la documentazione di cui all'articolo 54 *quater* del regolamento di esecuzione (UE) n. 282/2011 del Consiglio, del 15 marzo 2011, relativa a tali cessioni o prestazioni. La documentazione è fornita per via elettronica, su richiesta, all'Amministrazione finanziaria e alle autorità fiscali degli Stati membri dell'Unione europea nei quali le operazioni si considerano effettuate ([3]).

([1]) *Questo comma è stato così sostituito dall'art. 8, comma 2, della L. 18 ottobre 2001, n. 383.*

([2]) *Questo comma è stato così sostituito dall'art. 1, comma 325, lett. f), della L. 24 dicembre 2012, n. 228. A norma dell'art. 1, comma 335, della medesima legge tali disposizioni si applicano alle operazioni effettuate a partire dal 1° gennaio 2013.*

([3]) *Questo comma è stato aggiunto dall'art. 1, comma 1, lett. l), del D.L.vo 25 maggio 2021, n. 83.*

A norma dell'art. 10 dello stesso provvedimento tali disposizioni si applicano alle operazioni effettuate a partire dal 1° luglio 2021.

40. Ufficio competente. – Competente a ricevere le dichiarazioni e i versamenti di cui ai precedenti articoli, e ad ogni altro effetto di cui al presente decreto, è l'ufficio provinciale dell'imposta sul valore aggiunto nella cui circoscrizione si trova il domicilio fiscale del contribuente ai sensi degli artt. 58 e 59 del D.P.R. 29 settembre 1973, n. 600. Per i soggetti non residenti nello Stato, che non vi hanno una stabile organizzazione né un rappresentante nominato ai sensi dell'art. 17, è competente l'ufficio provinciale di Roma.

Per i soggetti non residenti di cui all'articolo 35 *ter*, l'ufficio competente ai sensi del presente articolo è individuato con provvedimento del direttore dell'Agenzia delle entrate (1).

Le dichiarazioni presentate e i versamenti fatti ad ufficio diverso da quello indicato nel primo comma si considerano presentate o fatti nei giorni in cui siano pervenuti all'ufficio competente.

(1) *Questo comma è stato inserito dall'art. 1, comma 1, lett.* d)*, del D.L.vo 19 giugno 2002, n. 191.*

Titolo Terzo
Sanzioni

41 - 50. (*Omissis*).

(1) *Questi articoli sono stati abrogati dall'art. 16, comma 1, lett.* a)*, del D.L.vo 18 dicembre 1997, n. 471, a decorrere dal 1° aprile 1998.*

Titolo Quarto
Accertamento e riscossione

51. Attribuzioni e poteri degli uffici dell'imposta sul valore aggiunto. – Gli uffici dell'imposta sul valore aggiunto controllano le dichiarazioni presentate e i versamenti eseguiti dai contribuenti, ne rilevano l'eventuale omissione e provvedono all'accertamento e alla riscossione delle imposte o maggiori imposte dovute; vigilano sull'osservanza degli obblighi relativi alla fatturazione e registrazione delle operazioni e alla tenuta della contabilità e degli altri obblighi stabiliti dal presente decreto; provvedono alla irrogazione delle pene pecuniarie e delle soprattasse e alla presentazione del rapporto all'autorità giudiziaria per le violazioni sanzionate penalmente. Il controllo delle dichiarazioni presentate e l'individuazione dei soggetti che ne hanno omesso la presentazione sono effettuati sulla base di criteri selettivi fissati annualmente dal Ministro delle finanze che tengano anche conto della capacità operativa degli uffici stessi. I criteri selettivi per l'attività di accertamento di cui al periodo precedente, compresa quella a mezzo di studi di settore, sono rivolti prioritariamente nei confronti dei soggetti diversi dalle imprese manifatturiere che svolgono la loro attività in conto terzi per altre imprese in misura non inferiore al 90 per cento (1).

Per l'adempimento dei loro compiti gli uffici possono:

1) procedere all'esecuzione di accessi, ispezioni e verifiche ai sensi dell'art. 52;

2) invitare i soggetti che esercitano imprese, arti o professioni, indicandone il motivo, a comparire di persona o a mezzo di rappresentanti per esi-

bire documenti e scritture, ad esclusione dei libri e dei registri in corso di scritturazione, o per fornire dati, notizie e chiarimenti rilevanti ai fini degli accertamenti nei loro confronti anche relativamente ai rapporti ed alle operazioni, i cui dati, notizie e documenti siano stati acquisiti ([2]) a norma del numero 7) del presente comma, ovvero rilevati ([3]) a norma dell'art. 52, ultimo comma, o dell'art. 63, primo comma. I dati ed elementi attinenti ai rapporti ed alle operazioni acquisiti e rilevati rispettivamente a norma del numero 7) e dell'articolo 52, ultimo comma, o dell'articolo 63, primo comma, ([4]) sono posti a base delle rettifiche e degli accertamenti previsti dagli artt. 54 e 55 se il contribuente non dimostra che ne ha tenuto conto nelle dichiarazioni o che non si riferiscono ad operazioni imponibili; sia le operazioni imponibili sia gli acquisti si considerano effettuati all'aliquota in prevalenza rispettivamente applicata o che avrebbe dovuto essere applicata. Le richieste fatte e le risposte ricevute devono essere verbalizzate a norma del sesto comma dell'art. 52 (*);

3) inviare ai soggetti che esercitano imprese, atti e professioni, con invito a restituirli compilati e firmati, questionari relativi a dati e notizie di carattere specifico rilevanti ai fini dell'accertamento, anche nei confronti di loro clienti e fornitori;

4) invitare qualsiasi soggetto ad esibire o trasmettere, anche in copia fotostatica, documenti e fatture relativi a determinate cessioni di beni o prestazioni di servizi ricevute ed a fornire ogni informazione relativa alle operazioni stesse;

5) richiedere agli organi e alle Amministrazioni dello Stato, agli enti pubblici non economici, alle società ed enti di assicurazione ed alle società ed enti che effettuano istituzionalmente riscossioni e pagamenti per conto di terzi, [ovvero attività di gestione e intermediazione finanziaria, anche in forma fiduciaria,] ([5]) la comunicazione, anche in deroga a contrarie disposizioni legislative, statutarie o regolamentari, di dati e notizie relativi a soggetti indicati singolarmente o per categorie ([6]). Alle società ed enti di assicurazione, per quanto riguarda i rapporti con gli assicurati del ramo vita, possono essere richiesti dati e notizie attinenti esclusivamente alla durata del contratto di assicurazione, all'ammontare del premio e all'individuazione del soggetto tenuta a corrisponderlo. Le informazioni sulla categoria devono essere fornite, a seconda della richiesta, cumulativamente o specificamente per ogni soggetto che ne fa parte. Questa disposizione non si applica all'Istituto centrale di statistica e agli ispettorati del lavoro per quanto riguarda le rilevazioni loro commesse dalla legge, e, salvo il disposto del n. 7), alle banche, alla società Poste italiane Spa, per le attività finanziarie e creditizie, alle società ed enti di assicurazione per le attività finanziarie ([7])

agli intermediari finanziari, alle imprese di investimento, agli organismi di investimento collettivo del risparmio, alle società di gestione del risparmio e alle società fiduciarie ([8]) (**);

6) richiedere copie o estratti degli atti e dei documenti depositati presso i notai, i procuratori del registro, i conservatori dei registri immobiliari e gli altri pubblici ufficiali;

6 *bis*) richiedere, previa autorizzazione del direttore centrale dell'accertamento dell'Agenzia delle entrate o del direttore regionale della stessa, ovvero, per il Corpo della guardia di finanza, del comandante regionale, ai soggetti sottoposti ad accertamento, ispezione o verifica il rilascio di una dichiarazione contenente l'indicazione della natura, del numero e degli estremi identificativi dei rapporti intrattenuti con le banche, la società Poste italiane Spa, gli intermediari finanziari, le imprese di investimento, gli organismi di investimento collettivo del risparmio, le società di gestione del risparmio e le società fiduciarie, nazionali o stranieri, in corso ovvero estinti da non più di cinque anni dalla data della richiesta ([9]). Il richiedente e coloro che vengono in possesso dei dati raccolti devono assumere direttamente le cautele necessarie alla riservatezza dei dati acquisiti ([10]);

7) richiedere, previa autorizzazione del direttore centrale dell'accertamento dell'Agenzia delle entrate o del direttore regionale della stessa, ovvero, per il Corpo della guardia di finanza, del comandante regionale, alle banche, alla società Poste italiane Spa, per le attività finanziarie e creditizie, alle società ed enti di assicurazione per le attività finanziarie, ([11]) agli intermediari finanziari, alle imprese di investimento, agli organismi di investimento collettivo del risparmio, alle società di gestione del risparmio e alle società fiduciarie, dati, notizie e documenti relativi a qualsiasi rapporto intrattenuto od operazione effettuata, ivi compresi i servizi prestati, con i loro clienti, nonché alle garanzie prestate da terzi o dagli operatori finanziari sopra indicati e le generalità dei soggetti per i quali gli stessi operatori finanziari abbiano effettuato le suddette operazioni e servizi o con i quali abbiano intrattenuto rapporti di natura finanziaria ([12]) ([13]). Alle società fiduciarie di cui alla legge 23 novembre 1939, n. 1966, e a quelle iscritte nella sezione speciale dell'albo di cui all'articolo 20 del testo unico delle disposizioni in materia di intermediazione finanziaria, di cui al decreto legislativo 24 febbraio 1998, n. 58, può essere richiesto, tra l'altro, specificando i periodi temporali di interesse, di comunicare le generalità dei soggetti per conto dei quali esse hanno detenuto o amministrato o gestito beni, strumenti finanziari e partecipazioni in imprese, inequivocamente individuati ([13]). La richiesta deve essere indirizzata al responsabile della struttura accentrata, ovvero ([14]) al responsabile della sede o

dell'ufficio destinatario che ne dà notizia immediata al soggetto interessato; la relativa risposta deve essere inviata al titolare dell'ufficio procedente ([15]) ([16]);

7 *bis*) richiedere, con modalità stabilite con decreto di natura non regolamentare del Ministro dell'economia e delle finanze, da adottare d'intesa con l'Autorità di vigilanza in coerenza con le regole europee e internazionali in materia di vigilanza e, comunque, previa autorizzazione del direttore centrale dell'accertamento dell'Agenzia delle entrate o del direttore regionale della stessa, ovvero, per il Corpo della guardia di finanza, del comandante regionale, ad autorità ed enti, notizie, dati, documenti e informazioni di natura creditizia, finanziaria e assicurativa, relativi alle attività di controllo e di vigilanza svolte dagli stessi, anche in deroga a specifiche disposizioni di legge ([17]).

Gli inviti e le richieste di cui al precedente comma devono essere fatti a mezzo di raccomandata con avviso di ricevimento fissando per l'adempimento un termine non inferiore a quindici giorni ovvero, per il caso di cui al n. 7), non inferiore a trenta ([18]) giorni. Il termine può essere prorogato per un periodo di venti giorni su istanza dell'operatore finanziario, per giustificati motivi, dal competente direttore centrale o direttore regionale per l'Agenzia delle entrate, ovvero, per il Corpo della guardia di finanza, dal comandante regionale ([19]). Si applicano le disposizioni dell'art. 52 ([20]) del D.P.R. 29 settembre 1973, n. 600, e successive modificazioni (***).

Le richieste di cui al secondo comma, numero 7), nonché le relative risposte, anche se negative, sono effettuate esclusivamente in via telematica. Con provvedimento del direttore dell'Agenzia delle entrate sono stabilite le disposizioni attuative e le modalità di trasmissione delle richieste, delle risposte, nonché dei dati e delle notizie riguardanti i rapporti e le operazioni indicati nel citato numero 7) ([21]) ([22]).

Per l'inottemperanza agli inviti di cui al secondo comma, numeri 3) e 4), si applicano le disposizioni di cui ai commi terzo e quarto dell'articolo 32 del decreto del Presidente della Repubblica 29 settembre 1973, n. 600, e successive modificazioni ([23]).

(*) *Questo numero è stato così, da ultimo, sostituito dall'art. 18, comma 2, della L. 30 dicembre 1991, n. 413.*

(**) *Numero così sostituito dall'art. 4, D.P.R. 15 luglio 1982, n. 463, in vigore dal 24 luglio 1982.*

(***) *Comma così sostituito dall'art. 4, D.P.R. 15 luglio 1982, n. 463, in vigore dal 24 luglio 1982.*

([1]) *Questo periodo è stato aggiunto dall'art. 1, comma 254, della L. 24 dicembre 2007, n. 244. Si veda inoltre l'art. 1, comma 255, della medesima legge di cui si riporta il testo:*

«Nel fissare i criteri selettivi di cui all'articolo 51 del decreto del Presidente della Repubblica 26 ottobre 1972, n. 633, come modificato, da ultimo, dal comma 254 del

presente articolo, per il quinquennio 2008-2012 si stabilisce la misura in cui gli uffici dovranno concentrare l'attività di controllo sui contribuenti che abbiano computato in detrazione in misura superiore al 50 per cento del relativo ammontare l'imposta afferente agli acquisti delle apparecchiature terminali per il servizio radiomobile pubblico terrestre di telecomunicazioni e delle relative prestazioni di gestione».

([2]) *Le parole da: «alle operazioni» fino a: «acquisita» sono state così sostituite dalle attuali da: «ai rapporti ...» fino a: «... documenti siano stati acquisiti» dall'art. 1, comma 403, lett.* a), *n. 1.1), della L. 30 dicembre 2004, n. 311.*

([3]) *La parola: «rilevate» è stata così sostituita dall'attuale: «rilevati» dall'art. 1, comma 403, lett.* a), *n. 1.1), della L. 30 dicembre 2004, n. 311.*

([4]) *Le parole da: «I singoli dati ...» fino a: «... risultanti dai conti» sono state così sostituite dalle attuali da: «I dati ed elementi attinenti ...» fino a: «... articolo 63, primo comma,» dall'art. 1, comma 403, lett.* a), *n. 1.2), della L. 30 dicembre 2004, n. 311.*

([5]) *Le parole fra parentesi quadrate sono state soppresse dall'art. 1, comma 403, lett.* a), *n. 2.1), della L. 30 dicembre 2004, n. 311.*

([6]) *Questo primo periodo è stato così sostituito dall'art. 18, comma 2, della L. 30 dicembre 1991, n. 413.*

([7]) *Le parole: «alle società ed enti di assicurazione per le attività finanziarie» sono state aggiunte dall'art. 23, comma 25, lett.* a), *del D.L. 6 luglio 2011, n. 98, convertito, con modificazioni, nella L. 15 luglio 2011, n. 111.*

([8]) *Le parole da: «all'Amministrazione postale ...» fino alla fine del numero sono state così sostituite dalle attuali da: «alle banche, alla società ...» fino alla fine del numero, dall'art. 1, comma 403, lett.* a), *n. 2.2), della L. 30 dicembre 2004, n. 311.*

([9]) *Questo periodo è stato così sostituito dall'art. 1, comma 403, lett.* a), *n. 3), della L. 30 dicembre 2004, n. 311.*

([10]) *Questo numero è stato aggiunto dall'art. 3, comma 177, della L. 28 dicembre 1995, n. 549.*

([11]) *Le parole: «alle società ed enti di assicurazione per le attività finanziarie,» sono state aggiunte dall'art. 23, comma 25, lett.* b), *del D.L. 6 luglio 2011, n. 98, convertito, con modificazioni, nella L. 15 luglio 2011, n. 111.*

([12]) *Le parole: «o dagli operatori finanziari sopra indicati e le generalità dei soggetti per i quali gli stessi operatori finanziari abbiano effettuato le suddette operazioni e servizi o con i quali abbiano intrattenuto rapporti di natura finanziaria» sono state aggiunte dall'art. 23, comma 25, lett.* b), *del D.L. 6 luglio 2011, n. 98, convertito, con modificazioni, nella L. 15 luglio 2011, n. 111.*

([13]) *Il primo periodo di questo numero è stato così sostituito dagli attuali primi due periodi dall'art. 1, comma 403, lett.* a), *n. 4.1), della L. 30 dicembre 2004, n. 311.*

([14]) *Le parole: «al responsabile della struttura accentrata, ovvero» sono state inserite dall'art. 1, comma 403, lett.* a), *n. 4.2), della L. 30 dicembre 2004, n. 311.*

([15]) *L'ultimo periodo di questo comma è stato aggiunto dall'art. 18, comma 2, della L. 30 dicembre 1991, n. 413.*

([16]) *A norma dell'art. 2, comma 14* ter, *del D.L. 30 settembre 2005, n. 203, convertito, con modificazioni, nella L. 2 dicembre 2005, n. 248, per i periodi di imposta antecedenti il 1° gennaio 2006 e relativamente alle richieste di cui all'articolo 32, primo comma, numero 7), del decreto del Presidente della Repubblica 29 settembre 1973, n. 600, e suc-*

cessive modificazioni, e all'articolo 51, secondo comma, numero 7), del decreto del Presidente della Repubblica 26 ottobre 1972, n. 633, e successive modificazioni, i soggetti destinatari ivi indicati utilizzano, ai fini delle risposte relative ai dati, notizie e documenti riguardanti operazioni non transitate in un conto, le rilevazioni effettuate ai sensi dell'articolo 2 del decreto legge 3 maggio 1991, n. 143, convertito, con modificazioni, dalla legge 5 luglio 1991, n. 197, e dei relativi provvedimenti di attuazione.

(17) *Questo numero è stato aggiunto dall'art. 15, comma 8* sexies, *del D.L. 1 luglio 2009, n. 78, convertito, con modificazioni, nella L. 3 agosto 2009, n. 102.*

(18) *La parola: «sessanta» è stata così sostituita dall'attuale dall'art. 1, comma 403, lett.* b), *n. 1), della L. 30 dicembre 2004, n. 311.*

(19) *Questo periodo è stato così sostituito dall'art. 1, comma 403, lett.* b), *n. 2), della L. 30 dicembre 2004, n. 311.*

(20) *Questo articolo è stato abrogato dall'articolo 16, comma 1, lett.* b) *del D.L.vo 18 dicembre 1997, n. 471, a decorrere dal 1° aprile 1998.*

(21) *Questo comma è stato così sostituito dall'art. 1, comma 403, lett.* c), *n. 2), della L. 30 dicembre 2004, n. 311. A norma dell'art. 1, comma 404, della medesima legge, le disposizioni di cui a questo comma hanno effetto a decorrere dal 1° luglio 2005.*

(22) *Si veda il Provv. 22 dicembre 2005* (G.U. *Serie gen.* - *n. 7 del* 10 *gennaio 2006*) *recante disposizioni attuative di questo comma, in relazione alle modalità di trasmissione telematica delle richieste e delle risposte, nonché dei dati, notizie e documenti in esse contenuti.*

(23) *Questo comma è stato aggiunto dall'art. 25, comma 4, della L. 18 febbraio 1999, n. 28.*

51 *bis*. [(*Omissis*)] (1).

(1) *Questo articolo, aggiunto dall'art. 5 del D.P.R. 15 luglio 1982, n. 463, in vigore dal 24 luglio 1982, è stato abrogato dall'art. 19, comma 2, della L. 30 dicembre 1991, n. 413.*

52. Accessi, ispezioni e verifiche. – Gli uffici dell'imposta sul valore aggiunto possono disporre l'accesso di impiegati dell'Amministrazione finanziaria nei locali destinati all'esercizio di attività commerciali, agricole, artistiche o professionali, nonché in quelli utilizzati dagli enti non commerciali e da quelli che godono dei benefici di cui al codice del Terzo settore di cui all'articolo 1, comma 2, lettera *b*), della legge 6 giugno 2016, n. 106 (1), (2) per procedere ad ispezioni documentali, verificazioni e ricerche e ad ogni altra rilevazione ritenuta utile per l'accertamento dell'imposta e per la repressione dell'evasione e delle altre violazioni. Gli impiegati che eseguono l'accesso devono essere muniti di apposita autorizzazione che ne indica lo scopo, rilasciata dal capo dell'ufficio da cui dipendono. Tuttavia [per accedere nei locali destinati all'esercizio di arti o professioni, che non siano anche adibiti all'esercizio di attività commerciali o agricole, e in ogni caso] (3) per accedere in locali che siano adibiti anche ad abitazione è necessaria anche l'autorizzazione del procuratore della Repubblica. In ogni caso, l'accesso nei locali destinati all'esercizio di arti o professioni dovrà essere eseguito in presenza del titolare dello studio o di un suo delegato ([4]).

L'accesso in locali diversi da quelli indicati nel precedente comma può essere eseguito, previa autorizzazione del procuratore della Repubblica, soltanto in caso di gravi indizi di violazioni delle norme del presente decreto, allo scopo di reperire libri, registri, documenti, scritture ed altre prove delle violazioni.

È in ogni caso necessaria l'autorizzazione del procuratore della Repubblica o dell'autorità giudiziaria più vicina per procedere durante l'accesso a perquisizioni personali e all'apertura coattiva di pieghi sigillati, borse, casseforti, mobili, ripostigli e simili e per l'esame di documenti e la richiesta di notizie relativamente ai quali è eccepito il segreto professionale ferma restando la norma di cui all'art. 103 c.p.p. ([5]).

L'ispezione documentale si estende a tutti i libri, registri, documenti e scritture, compresi quelli la cui tenuta e conservazione non sono obbligatorie, che si trovano nei locali in cui l'accesso viene eseguito, o che sono comunque accessibili tramite apparecchiature informatiche installate in detti locali ([6]).

I libri, registri, scritture e documenti di cui è rifiutata l'esibizione non possono essere presi in considerazione a favore del contribuente ai fini dell'accertamento in sede amministrativa o contenziosa. Per rifiuto di esibizione si intendono anche la dichiarazione di non possedere i libri, registri, documenti e scritture e la sottrazione di essi alla ispezione ([7]).

Di ogni accesso deve essere redatto processo verbale da cui risultino le ispezioni e le rilevazioni eseguite, le richieste fatte al contribuente o a chi lo rappresenta e le risposte ricevute. Il verbale deve essere sottoscritto dal contribuente o da chi lo rappresenta ovvero indicare il motivo della mancata sottoscrizione. Il contribuente ha diritto di averne copia.

I documenti e le scritture possono essere sequestrati soltanto se non è possibile riprodurne o farne constare il contenuto nel verbale, nonché in caso di mancata sottoscrizione o di contestazione del contenuto del verbale. I libri e i registri non possono essere sequestrati; gli organi procedenti possono eseguirne o farne eseguire copie o estratti, possono apporre nelle parti che interessano la propria firma o sigla insieme con la data e il bollo d'ufficio e possono adottare le cautele atte ad impedire l'alterazione o la sottrazione dei libri e dei registri.

Le disposizioni dei commi precedenti si applicano anche per l'esecuzione di verifiche e di ricerche relative a merci o altri beni viaggianti su autoveicoli e natanti adibiti al trasporto per conto di terzi.

In deroga alle disposizioni del settimo comma gli impiegati che procedono all'accesso nei locali di soggetti che si avvalgono di sistemi meccanografici, elettronici e simili, hanno facoltà di provvedere con mezzi propri all'elaborazione dei supporti fuori dei locali stessi qualora il contribuente non consenta l'utilizzazione dei propri impianti e del proprio personale.

Se il contribuente dichiara che le scritture contabili o alcune di esse si trovano presso altri soggetti deve esibire una attestazione dei soggetti stessi recante la specificazione delle scritture in loro possesso. Se l'attestazione non è esibita e se il soggetto che l'ha rilasciata si oppone all'accesso e non esibisce in tutto o in parte le scritture si applicano le disposizioni del quinto comma.

Per l'esecuzione degli accessi presso le pubbliche amministrazioni e gli enti indicati al n. 5) dell'articolo 51 e presso gli operatori finanziari di cui al 7) dello stesso articolo 51, si applicano le disposizioni del secondo e sesto comma dell'articolo 33 del decreto del Presidente della Repubblica 29 settembre 1973, n. 600, e successive modificazioni ([8]).

([1]) *Le parole: «al decreto legislativo 4 dicembre 1997, n. 460» sono state così sostituite dalle attuali: «al codice del Terzo settore di cui all'articolo 1, comma 2, lettera* b)*, della legge 6 giugno 2016, n. 106» dall'art. 89, comma 6, del D.L.vo 3 luglio 2017, n. 117.*

([2]) *Le parole: «, nonché in quelli utilizzati dagli enti non commerciali e da quelli che godono dei benefici di cui al decreto legislativo 4 dicembre 1997, n. 460,» sono state inserite dall'art. 8, comma 22, del D.L. 2 marzo 2012, n. 16, convertito, con modificazioni, nella L. 26 aprile 2012, n. 44.*

([3]) *Queste parole sono state soppresse dall'art. 18, comma 2, della L. 30 dicembre 1991, n. 413.*

([4]) *L'ultimo periodo di questo comma è stato aggiunto dall'art. 18, comma 2, della L. 30 dicembre 1991, n. 413.*

([5]) *Le ultime parole di questo comma a partire da «e per l'esame» fino a «103 c.p.p.» sono state aggiunte dall'art. 18, comma 2, della L. 30 dicembre 1991, n. 413.*

([6]) *Questo comma è stato così sostituito dall'art. 2, comma 1, lett.* b)*, del D.L.vo 20 febbraio 2004, n. 52.*

([7]) *A norma dell'art. 6, comma 3, del D.L.vo 24 settembre 2015, n. 156, le disposizioni di cui a questo comma non si applicano a dati, notizie, atti, registri o documenti richiesti dall'amministrazione nel corso dell'istruttoria delle istanze di interpello.*

A norma dell'art. 12, comma 1, le disposizioni del predetto decreto entrano in vigore a decorrere dal 1° gennaio 2016.

([8]) *Questo comma è stato così sostituito dall'art. 23, comma 27, del D.L. 6 luglio 2011, n. 98, convertito, con modificazioni, nella L. 15 luglio 2011, n. 111.*

53. ([1]) **Presunzioni di cessione e di acquisto.** – Si presumono ceduti i beni acquistati, importati o prodotti che non si trovano nei luoghi in cui il contribuente esercita la sua attività, comprese le sedi secondarie, filiali, succursali, dipendenze, stabilimenti, negozi o depositi dell'impresa, né presso suoi rappresentanti, salvo che sia dimostrato che i beni stessi:

a) sono stati utilizzati per la produzione, perduti o distrutti;

b) sono stati consegnati a terzi in lavorazione, deposito o comodato o in dipendenza di contratti estimatori o di contratti di opera, appalto, trasporto, mandato, commissione o altro titolo non traslativo della proprietà.

Con decreto del Ministro delle finanze sono stabilite le modalità con le quali devono essere effettuate:

a) la donazione dei beni ad enti di beneficienza;

b) la distruzione dei beni (²).

Le sedi secondarie, filiali o succursali devono risultare dalla iscrizione alla camera di commercio o da altro pubblico registro; le dipendenze, gli stabilimenti, i negozi e i depositi devono essere stati indicati a norma dell'art. 35 o del primo comma dell'art. 81. La rappresentanza deve risultare da atto pubblico, da scrittura privata registrata o da lettera annotata in apposito registro, in data anteriore a quella in cui è avvenuto il passaggio dei beni, presso l'ufficio competente in relazione al domicilio fiscale del rappresentante o del rappresentato. La consegna dei beni a terzi, di cui alla lettera *b*), deve risultare dal libro giornale o da altro libro tenuto a norma del codice civile o da apposito registro tenuto in conformità all'art. 39 del presente decreto, ovvero da altro documento conservato a norma dello stesso articolo.

I beni che si trovano nel luogo o in uno dei luoghi in cui il contribuente esercita la sua attività si presumono acquistati se il contribuente non dimostra, nei casi e nei modi indicati nel primo e nel secondo comma, di averli ricevuti in base ad un rapporto di rappresentanza o di lavorazione o ad uno degli altri titoli di cui al primo comma o da atto registrato presso l'ufficio del registro (³).

(¹) *Si veda ora il D.P.R. 10 novembre 1997, n. 441, il cui art. 5, comma 2, stabilisce che: «Ai sensi dell'articolo 17, comma 2, della legge 23 agosto 1988, n. 400, con effetto dalla data di entrata in vigore del presente regolamento, si intendono sostituite le norme contenute nell'articolo 53 del decreto del Presidente della Repubblica n. 633 del 1972; i riferimenti a queste ultime norme contenuti in ogni altro testo normativo, si intendono effettuati alle disposizioni del presente regolamento».*

(²) *Comma aggiunto dall'art. 22, D.L. 2 marzo 1989, n. 69 conv., con modif., nella L. 27 aprile 1989, n. 154.*

(³) *Le parole «o da atto registrato presso l'ufficio del registro» sono state aggiunte dall'art. 57, comma 1, del D.L. 30 agosto 1993, n. 331, conv., con modif., nella L. 29 ottobre 1993, n. 427.*

54. Rettifica delle dichiarazioni. – L'ufficio dell'imposta sul valore aggiunto procede alla rettifica della dichiarazione annuale presentata dal contribuente quando ritiene che ne risulti un'imposta inferiore a quella dovuta ovvero una eccedenza detraibile o rimborsabile superiore a quella spettante.

L'infedeltà della dichiarazione, qualora non emerga o direttamente dal contenuto di essa o dal confronto con gli elementi di calcolo delle liquidazioni di cui agli artt. 27 e 33 e con le precedenti dichiarazioni annuali, deve essere accertata mediante il confronto tra gli elementi indicati nella dichiarazione e quelli annotati nei registri di cui agli artt. 23, 24 e 25 e mediante il controllo della completezza, esattezza e veridicità delle registrazioni sulla scorta delle fatture ed altri documenti, delle risultanze di altre scritture contabili e degli altri dati e notizie raccolti nei modi previsti negli artt. 51 e 51 *bis* ([1]). Le omissioni e le false o inesatte indicazioni possono essere indirettamente desunte da tali risultanze, dati e notizie a norma dell'art. 53 o anche sulla base di presunzioni semplici, purché queste siano gravi, precise e concordanti.

L'ufficio può tuttavia procedere alla rettifica indipendentemente dalla previa ispezione della contabilità del contribuente qualora l'esistenza di operazioni imponibili per ammontare superiore a quello indicato nella dichiarazione, o l'inesattezza delle indicazioni relative alle operazioni che danno diritto alla detrazione, risulti in modo certo e diretto, e non in via presuntiva, da verbali, questionari e fatture di cui ai numeri 2), 3) e 4) del secondo comma dell'articolo 51, dagli elenchi allegati alle dichiarazioni di altri contribuenti o da verbali relativi ad ispezioni eseguite nei confronti di altri contribuenti, nonché da altri atti e documenti in suo possesso ([2]).

[Se vi è pericolo per la riscossione dell'imposta l'ufficio può provvedere, prima della scadenza del termine per la presentazione della dichiarazione annuale, all'accertamento delle imposte non versate in tutto o in parte a norma degli artt. 27 e 33. Le disposizioni del precedente periodo non si applicano nei casi previsti dall'articolo 60, sesto comma] ([3]).

Senza pregiudizio dell'ulteriore azione accertatrice nei termini stabiliti dall'art. 57, i competenti uffici dell'Agenzia delle entrate, qualora dalle attività *istruttorie di cui* all'articolo 51, secondo comma, numeri da 1) a 4), ([4]) nonché dalle segnalazioni effettuati dalla Direzione centrale accertamento, da una Direzione regionale ovvero da un ufficio della medesima Agenzia ovvero di altre Agenzie fiscali ([5]), dalla Guardia di finanza o da pubbliche amministrazioni ed enti pubblici oppure dai dati in possesso dell'anagrafe tributaria, risultino elementi che consentono di stabilire l'esistenza di corrispettivi o di imposta ([6]) in tutto o in parte non dichiarati o di detrazioni in tutto o in parte non spettanti, può limitarsi ad accertare, in base agli elementi predetti, l'imposta o la maggiore imposta dovuta o il minor credito spettante, nonché l'imposta o la maggiore imposta non versata, escluse le ipotesi di cui all'articolo 54 *bis*, anche avvalendosi delle procedure previste dal decreto legislativo 19 giugno 1997, n. 218 ([7]) ([8]).

Le disposizioni di cui al comma precedente possono trovare applicazione anche con riguardo all'accertamento induttivo del volume di affari, di cui all'art. 12 del D.L. 2 marzo 1989, n. 69, convertito, con modificazioni, dalla L. 27 aprile 1989, n. 154, e successive modificazioni, tenendo conto dell'indicazione dei motivi addotti dal contribuente con le modalità di cui al comma 1 dello stesso art. 12 ([8]).

Gli avvisi di accertamento parziale possono essere notificati mediante invio di lettera raccomandata con avviso di ricevimento. La notifica si considera avvenuta alla data indicata nell'avviso di ricevimento sottoscritto dal destinatario ovvero da persona di famiglia o addetto alla casa ([8]).

Gli avvisi di accertamento parziale sono annullati dall'ufficio che li ha emessi se, dalla documentazione prodotta dal contribuente, risultano infondati in tutto o in parte ([8]).

([1]) *Il richiamo all'art. 51* bis *è stato aggiunto dall'art. 6, D.P.R. 15 luglio 1982, n. 463.*

([2]) *Questo comma è stato così sostituito dall'art. 24, comma 4, lett.* f), *della L. 7 luglio 2009, n. 88, a decorrere dal giorno successivo a quello di pubblicazione nella* Gazzetta Ufficiale *della legge n. 88/2009. Tuttavia, per le operazioni effettuate a decorrere dal 1° gennaio 2008 per le quali sia stata già applicata la disciplina risultante da tali disposizioni, resta fermo il trattamento fiscale applicato.*

([3]) *Questo comma è stato abrogato dall'art. 2, comma 12, del D.L. 30 settembre 2005, n. 203, convertito, con modificazioni, nella L. 2 dicembre 2005, n. 248.*

([4]) *Le parole*: *«dagli accessi, ispezioni e verifiche» sono state così sostituite dalle parole*: *«dalle attività istruttorie di cui all'articolo 51, secondo comma, numeri da 1) a 4),» dall'art. 1, comma 17, della L. 13 dicembre 2010, n. 220.*

([5]) *Le parole da*: *«l'ufficio dell'imposta ...» fino a*: *«indirette sugli affari» sono state così sostituite dalle attuali da*: *«i competenti uffici ...» fino a*: *«... Agenzie fiscali» dall'art. 1, comma 406, lett.* a), *della L. 30 dicembre 2004, n. 311.*

([6]) *Le parole*: *«o di imposta» sono state inserite dall'art. 1, comma 406, lett.* b), *della L. 30 dicembre 2004, n. 311.*

([7]) *Le parole da*: *«, nonché l'imposta ...» fino a*: *«... n. 218» sono state aggiunte dall'art. 1, comma 406, lett.* c), *della L. 30 dicembre 2004, n. 311.*

([8]) *Questo comma è stato aggiunto dall'art. 3, comma 1, della L. 30 dicembre 1991, n. 413, e poi così sostituito dall'art. 62* quater, *comma 2, del D.L. 30 agosto 1993, n. 331, convertito, con modificazioni, nella L. 29 ottobre 1993, n. 427.*

54 *bis*. ([1]) **Liquidazione dell'imposta dovuta in base alle dichiarazioni.** – 1. Avvalendosi di procedure automatizzate l'amministrazione finanziaria procede, entro l'inizio del periodo di presentazione delle dichiarazioni relative all'anno successivo, alla liquidazione dell'imposta dovuta in base alle dichiarazioni presentate dai contribuenti.

2. Sulla base dei dati e degli elementi direttamente desumibili dalle dichiarazioni presentate e di quelli in possesso dell'anagrafe tributaria, l'amministrazione finanziaria provvede a:

a) correggere gli errori materiali e di calcolo commessi dai contribuenti nella determinazione del volume d'affari e delle imposte;

b) correggere gli errori materiali commessi dai contribuenti nel riporto delle eccedenze di imposta risultanti dalle precedenti dichiarazioni;

c) controllare la rispondenza con la dichiarazione e la tempestività dei versamenti dell'imposta risultante dalla dichiarazione annuale a titolo di acconto e di conguaglio nonché dalle liquidazioni periodiche di cui agli articoli 27, 33, comma 1, lettera *a*), e 74, quarto comma.

2 *bis*. Se vi è pericolo per la riscossione, l'ufficio può provvedere, anche prima della presentazione della dichiarazione annuale, a controllare la tempestiva effettuazione dei versamenti dell'imposta, da eseguirsi ai sensi dell'articolo 1, comma 4, del decreto del Presidente della Repubblica 23 marzo 1998, n. 100, degli articoli 6 e 7 del decreto del Presidente della Repubblica 14 ottobre 1999, n. 542, nonché dell'articolo 6 della legge 29 dicembre 1990, n. 405 ([2]).

3. Quando dai controlli automatici eseguiti emerge un risultato diverso rispetto a quello indicato nella dichiarazione, ovvero dai controlli eseguiti dall'ufficio, ai sensi del comma 2 *bis*, emerge un'imposta o una maggiore imposta, ([3]) l'esito della liquidazione è comunicato ai sensi e per gli effetti di cui al comma 6 dell'articolo 60 al contribuente, nonché per evitare la reiterazione di errori e per consentire la regolarizzazione degli aspetti formali [e la segnalazione all'amministrazione di eventuali dati ed elementi non considerati nella liquidazione] ([4]). Qualora a seguito della comunicazione il contribuente rilevi eventuali dati o elementi non considerati o valutati erroneamente nella liquidazione dei tributi, lo stesso può fornire i chiarimenti necessari all'amministrazione finanziaria entro i trenta giorni successivi al ricevimento della comunicazione ([5]).

4. I dati contabili risultanti dalla liquidazione prevista dal presente articolo si considerano, a tutti gli effetti, come dichiarati dal contribuente.

([1]) *Questo articolo è stato inserito dall'art. 14, comma 1, lett.* a), *del D.L.vo 9 luglio 1997, n. 241, con effetto per le dichiarazioni presentate a decorrere dal 1° gennaio 1999.*

([2]) *Questo comma è stato inserito dall'art. 2, comma 1, lett.* a), *del D.L. 30 settembre 2005, n. 203, convertito, con modificazioni, nella L. 2 dicembre 2005, n. 248.*

([3]) *Le parole da: «ovvero dai controlli ...» fino a: «... o una maggiore imposta,» sono state inserite dall'art. 2, comma 1, lett.* b), *del D.L. 30 settembre 2005, n. 203, convertito, con modificazioni, nella L. 2 dicembre 2005, n. 248.*

([4]) *Le parole poste fra parentesi quadrate sono state soppresse dall'art. 2, comma 1, lett.* a), *del D.L.vo 26 gennaio 2001, n. 32.*

([5]) *L'ultimo periodo di questo comma è stato aggiunto dall'art. 2, comma 1, lett.* a), *del D.L.vo 26 gennaio 2001, n. 32.*

54 *ter*. ([1]) **Controlli automatizzati sui soggetti identificati in Italia. –** 1. Entro il decimo giorno successivo alla scadenza di cui all'articolo 74 *quinquies*, commi 6 e 9, e di cui all'articolo 74 *sexies*.1, commi 10 e 14, ([2]) l'Amministrazione finanziaria, sulla base dei dati e degli elementi desumibili dal portale telematico, verifica l'avvenuta presentazione della dichiarazione [di cui al predetto comma 6] ([3]), nonché la rispondenza con la dichiarazione e la tempestività dei versamenti dell'imposta risultante dalla stessa.

2. L'Amministrazione finanziaria, qualora rilevi che la dichiarazione di cui al comma 6 dell'articolo 74 *quinquies* e di cui al comma 10 dell'articolo 74 *sexies*.1 ([4]) non sia stata ancora trasmessa, inoltra al soggetto passivo un sollecito.

3. L'Amministrazione finanziaria, qualora rilevi che l'imposta dovuta in base alla dichiarazione medesima non sia stata in tutto o in parte versata, inoltra al soggetto passivo un sollecito.

4. Nei casi di cui all'articolo 74 *quinquies*, comma 5, all'articolo 74 *sexies*, comma 3 *bis*, e all'articolo 74 *sexies*.1, commi 8 e 9, ([5]) l'Amministrazione finanziaria emette il provvedimento motivato di esclusione dal presente regime speciale. Avverso tale provvedimento di esclusione è ammesso ricorso secondo le disposizioni relative al contenzioso tributario.

([1]) *Questo articolo è stato inserito dall'art. 5 del D.L.vo 31 marzo 2015, n. 42. A norma dell'art. 8 dello stesso provvedimento tali disposizioni si applicano alle operazioni effettuate a partire dal 1° gennaio 2015.*

([2]) *Le parole: «e di cui all'articolo 74* sexies*.1, commi 10 e 14,» sono state inserite dall'art. 1, comma 1, lett.* m), *n. 1), del D.L.vo 25 maggio 2021, n. 83.*

A norma dell'art. 10 dello stesso provvedimento tali disposizioni si applicano alle operazioni effettuate a partire dal 1° luglio 2021.

([3]) *Le parole tra parentesi quadrate sono state soppresse dall'art. 1, comma 1, lett.* m), *n. 1), del D.L.vo 25 maggio 2021, n. 83.*

A norma dell'art. 10 dello stesso provvedimento tali disposizioni si applicano alle operazioni effettuate a partire dal 1° luglio 2021.

([4]) *Le parole: «e di cui al comma 10 dell'articolo 74* sexies*.1» sono state inserite dall'art. 1, comma 1, lett.* m), *n. 2), del D.L.vo 25 maggio 2021, n. 83.*

A norma dell'art. 10 dello stesso provvedimento tali disposizioni si applicano alle operazioni effettuate a partire dal 1° luglio 2021.

([5]) *Le parole: «all'articolo 74* sexies*, comma 3* bis*, e all'articolo 74* sexies*.1, commi 8 e 9,» sono state inserite dall'art. 1, comma 1, lett.* m), *n. 3), del D.L.vo 25 maggio 2021, n. 83.*

A norma dell'art. 10 dello stesso provvedimento tali disposizioni si applicano alle operazioni effettuate a partire dal 1° luglio 2021.

54 *quater*. ([1]) **Liquidazione dell'imposta dovuta relativamente alle operazioni effettuate nell'ambito dei regimi speciali di cui agli articoli 74 *quinquies* e seguenti** ([2]) **da soggetti non residenti.** – 1. Avvalendosi di procedure automatizzate l'amministrazione finanziaria procede alla liquidazione dell'imposta dovuta in base alle dichiarazioni presentate dai soggetti di cui agli articoli da 74 *quinquies* a 74 *septies* relativamente alle operazioni effettuate nel territorio dello Stato nei confronti di committenti o cessionari non soggetti passivi d'imposta ([3]).

2. Sulla base dei dati e degli elementi direttamente desumibili dalle dichiarazioni e di quelli presenti nell'anagrafe tributaria, l'amministrazione finanziaria provvede a:

a) correggere gli errori materiali e di calcolo commessi dai contribuenti nella determinazione dell'imposta;

a bis) correggere gli errori materiali e di calcolo commessi dai contribuenti nel riporto e nella determinazione delle eccedenze di imposta derivanti dalle rettifiche relative a precedenti dichiarazioni ([4]);

b) controllare la rispondenza con la dichiarazione e la tempestività dei versamenti dell'imposta risultante dalla dichiarazione.

3. Quando dai controlli automatici eseguiti emerge un risultato diverso rispetto a quello indicato nella dichiarazione, l'esito del controllo è comunicato per via elettronica o ai sensi dell'articolo 60 del decreto del Presidente della Repubblica 29 settembre 1973, n. 600 ([5]) al contribuente entro il 31 dicembre del secondo anno successivo a quello di presentazione della dichiarazione. La comunicazione contiene l'intimazione ad adempiere, entro sessanta giorni dal ricevimento della stessa, al pagamento dell'imposta o della maggiore imposta dovuta e non versata, della sanzione di cui all'articolo 13 del decreto legislativo 18 dicembre 1997, n. 471, e degli interessi di cui all'articolo 20 del decreto del Presidente della Repubblica 29 settembre 1973, n. 602, calcolati fino al giorno in cui è effettuata la liquidazione. In caso di mancato pagamento delle somme dovute entro il termine indicato, la comunicazione diviene titolo esecutivo ai fini della riscossione.

4. Qualora l'Amministrazione finanziaria verifichi sulla base delle informazioni presenti al sistema informativo dell'anagrafe tributaria che il soggetto, non domiciliato o residente nel territorio dello Stato, non dispone di fonti di reddito o beni disponibili nel territorio nazionale, la riscossione delle somme contenute nella comunicazione di cui al comma 3 potrà essere chiesta direttamente ad uno Stato estero attraverso la cooperazione amministrativa per il recupero dei crediti ai sensi della direttiva 2010/24/UE del Consiglio, del 16 marzo 2010 o altri accordi sulla reciproca assistenza in ma-

teria di riscossione dei crediti tributari comparabile a quella assicurata dalla direttiva 2010/24/UE, in deroga alle disposizioni in materia di iscrizione a ruolo e senza l'affidamento in carico agli agenti della riscossione.

5. Qualora il contribuente rilevi eventuali dati o elementi non considerati o valutati erroneamente nella liquidazione dell'imposta, lo stesso può fornire per via elettronica, entro il termine di cui al comma 3, i chiarimenti necessari all'amministrazione finanziaria.

6. I dati contabili risultanti dalla liquidazione prevista dal presente articolo si considerano, a tutti gli effetti, come dichiarati dal contribuente.

(¹) *Questo articolo è stato inserito dall'art. 5 del D.L.vo 31 marzo 2015, n. 42. A norma dell'art. 8 dello stesso provvedimento tali disposizioni si applicano alle operazioni effettuate a partire dal 1° gennaio 2015.*

(²) *Le parole: «a servizi di telecomunicazione teleradiodiffusione ed elettronici resi» sono state così sostituite dalle attuali: «alle operazioni effettuate nell'ambito dei regimi speciali di cui agli articoli 74* quinquies *e seguenti» dall'art. 1, comma 1, lett.* n)*, n. 1), del D.L.vo 25 maggio 2021, n. 83.*

A norma dell'art. 10 dello stesso provvedimento tali disposizioni si applicano alle operazioni effettuate a partire dal 1° luglio 2021.

(³) *Le parole: «di cui agli articoli 74* quinquies *e 74* septies *relativamente ai servizi resi a committenti non soggetti passivi d'imposta domiciliati o residenti nel territorio dello Stato» sono state così sostituite dalle attuali: «di cui agli articoli da 74* quinquies *a 74* septies *relativamente alle operazioni effettuate nel territorio dello Stato nei confronti di committenti o cessionari non soggetti passivi d'imposta» dall'art. 1, comma 1, lett.* n)*, n. 2), del D.L.vo 25 maggio 2021, n. 83.*

A norma dell'art. 10 dello stesso provvedimento tali disposizioni si applicano alle operazioni effettuate a partire dal 1° luglio 2021.

(⁴) *Questa lettera è stata inserita dall'art. 1, comma 1, lett.* n)*, n. 3), del D.L.vo 25 maggio 2021, n. 83.*

A norma dell'art. 10 dello stesso provvedimento tali disposizioni si applicano alle operazioni effettuate a partire dal 1° luglio 2021.

(⁵) *Le parole: «l'esito del controllo è comunicato per via elettronica» sono state così sostituite dalle attuali: «l'esito del controllo è comunicato per via elettronica o ai sensi dell'articolo 60 del decreto del Presidente della Repubblica 29 settembre 1973, n. 600» dall'art. 1, comma 1, lett.* n)*, n. 4), del D.L.vo 25 maggio 2021, n. 83.*

A norma dell'art. 10 dello stesso provvedimento tali disposizioni si applicano alle operazioni effettuate a partire dal 1° luglio 2021.

54 *quinquies*. (¹) **Accertamento dell'imposta dovuta dai soggetti di cui agli articoli da 74 *quinquies* e 74 *septies*** (²). – 1. L'Amministrazione finanziaria, sulla base delle informazioni di cui all'articolo 63 *quater* del regolamento (UE) n. 967/2012, dei dati e delle notizie raccolti attraverso la cooperazione amministrativa o secondo le convenzioni internazionali in vigore, nonché sulla base di eventuali dati e notizie raccolti esercitando i poteri di cui all'articolo 51 o desunte sulla base di presunzioni semplici, purché queste siano gravi, precise e concordanti ([3]), con apposito avviso di accertamento, procede alla rettifica della dichiarazione [trimestrale] ([4]) presentata nei rispettivi Stati membri di identificazione dai soggetti che applicano i regimi speciali disciplinati dal titolo XII, capo 6, sezioni 2, 3 e 4, ([5]) della direttiva 2006/112/CE, relativamente alle operazioni effettuate ([6]) nel territorio dello Stato, quando ritiene che ne risulti un'imposta inferiore a quella dovuta.

2. L'Amministrazione finanziaria comunica ai soggetti che applicano i regimi speciali disciplinati dal titolo XII, capo 6, sezioni 2, 3 e 4, ([7]) della direttiva 2006/112/CE, relativamente alle operazioni effettuate ([8]) nel territorio dello Stato, l'omessa presentazione della dichiarazione trimestrale, sollecitandoli ad adempiere entro trenta giorni, trascorsi i quali provvede a determinare l'imposta dovuta per le medesime prestazioni con apposito avviso di accertamento emesso ai sensi dell'articolo 55.

3. L'avviso di accertamento di cui ai commi 1 e 2, emesso entro i termini di cui all'articolo 57, costituisce titolo esecutivo ai fini della riscossione.

4. Qualora l'Amministrazione finanziaria verifichi sulla base delle informazioni presenti al sistema informativo dell'anagrafe tributaria che il soggetto, non domiciliato o residente nel territorio dello Stato, non dispone di fonti di reddito o beni disponibili nel territorio nazionale, la riscossione delle somme contenute nell'avviso di accertamento di cui al comma 3 potrà essere chiesta direttamente ad uno Stato estero attraverso la cooperazione amministrativa per il recupero dei crediti ai sensi della direttiva 2010/24/UE del Consiglio, del 16 marzo 2010 o altri accordi sulla reciproca assistenza in materia di riscossione dei crediti tributari comparabile a quella assicurata dalla direttiva 2010/24/UE, in deroga alle disposizioni in materia di iscrizione a ruolo e senza l'affidamento in carico agli agenti della riscossione.

([1]) *Questo articolo è stato inserito dall'art. 5 del D.L.vo 31 marzo 2015, n. 42. A norma dell'art. 8 dello stesso provvedimento tali disposizioni si applicano alle operazioni effettuate a partire dal 1° gennaio 2015.*

([2]) *Le parole: «74* quinquies *e 74* septies*» sono state così sostituite dalle attuali: «da 74* quinquies *a 74* septies*» dall'art. 1, comma 1, lett.* o)*, n. 1), del D.L.vo 25 maggio 2021, n. 83.*

A norma dell'art. 10 dello stesso provvedimento tali disposizioni si applicano alle operazioni effettuate a partire dal 1° luglio 2021.

([3]) *Le parole: «o desunte sulla base di presunzioni semplici, purché queste siano gravi, precise e concordanti» sono state inserite dall'art. 1, comma 1, lett.* o)*, n. 2), del D.L.vo 25 maggio 2021, n. 83.*

A norma dell'art. 10 dello stesso provvedimento tali disposizioni si applicano alle operazioni effettuate a partire dal 1° luglio 2021.

([4]) *La parola tra parentesi quadrate è stata soppressa dall'art. 1, comma 1, lett.* o)*, n. 2), del D.L.vo 25 maggio 2021, n. 83.*

A norma dell'art. 10 dello stesso provvedimento tali disposizioni si applicano alle operazioni effettuate a partire dal 1° luglio 2021.

(5) *Le parole: «2 e 3,» sono state così sostituite dalle attuali: «2, 3 e 4,» dall'art. 1, comma 1, lett.* o), *n. 2), del D.L.vo 25 maggio 2021, n. 83.*

A norma dell'art. 10 dello stesso provvedimento tali disposizioni si applicano alle operazioni effettuate a partire dal 1° luglio 2021.

(6) *Le parole: «ai servizi di telecomunicazione, di teleradiodiffusione o elettronici effettuati» sono state così sostituite dalle attuali: «alle operazioni effettuate» dall'art. 1, comma 1, lett.* o), *n. 2), del D.L.vo 25 maggio 2021, n. 83.*

A norma dell'art. 10 dello stesso provvedimento tali disposizioni si applicano alle operazioni effettuate a partire dal 1° luglio 2021.

(7) *Le parole: «2 e 3,» sono state così sostituite dalle attuali: «2, 3 e 4,» dall'art. 1, comma 1, lett.* o), *n. 3), del D.L.vo 25 maggio 2021, n. 83.*

A norma dell'art. 10 dello stesso provvedimento tali disposizioni si applicano alle operazioni effettuate a partire dal 1° luglio 2021.

(8) *Le parole: «ai servizi di telecomunicazione, di teleradiodiffusione o elettronici effettuati» sono state così sostituite dalle attuali: «alle operazioni effettuate» dall'art. 1, comma 1, lett.* o), *n. 3), del D.L.vo 25 maggio 2021, n. 83.*

A norma dell'art. 10 dello stesso provvedimento tali disposizioni si applicano alle operazioni effettuate a partire dal 1° luglio 2021.

55. Accertamento induttivo. – Se il contribuente non ha presentato la dichiarazione annuale l'ufficio dell'imposta sul valore aggiunto può procedere in ogni caso all'accertamento dell'imposta dovuta indipendentemente dalla previa ispezione della contabilità. In tal caso l'ammontare imponibile complessivo e l'aliquota applicabile sono determinati induttivamente sulla base dei dati e delle notizie comunque raccolti o venuti a conoscenza dell'ufficio e sono computati in detrazione soltanto i versamenti eventualmente eseguiti dal contribuente e le imposte detraibili ai sensi dell'art. 19 risultanti dalle liquidazioni prescritte dagli artt. 27 e 33.

Le disposizioni del precedente comma si applicano anche se la dichiarazione [presentata è priva di sottoscrizione e il contribuente non ha provveduto, entro trenta giorni dal ricevimento dell'invito da parte dell'ufficio dell'imposta sul valore aggiunto, alla sottoscrizione (1) o] (2) reca le indicazioni di cui ai nn. 1) e 3) dell'art. 28 senza le distinzioni e specificazioni ivi richieste, semprechè le indicazioni stesse non siano state regolarizzate entro il mese successivo a quello di presentazione della dichiarazione. Le disposizioni stesse si applicano, in deroga alle disposizioni dell'art. 54, anche nelle seguenti ipotesi:

1) quando risulta, attraverso il verbale di ispezione redatto ai sensi dell'art. 52, che il contribuente non ha tenuto, ha rifiutato di esibire o ha comunque sottratto all'ispezione i registri previsti dal presente decreto e le altre scritture contabili obbligatorie a norma del primo comma dell'art. 2214

del cod. civ. e delle leggi in materia di imposte sui redditi, o anche soltanto alcuni di tali registri e scritture;

2) quando dal verbale di ispezione risulta che il contribuente non ha emesso le fatture per una parte rilevante delle operazioni ovvero non ha conservato, ha rifiutato di esibire o ha comunque sottratto all'ispezione, totalmente o per una parte rilevante, le fatture emesse;

3) quando le omissioni e le false o inesatte indicazioni o annotazioni accertate ai sensi dell'art. 54, ovvero le irregolarità formali dei registri e delle altre scritture contabili risultanti dal verbale di ispezione, sono così gravi, numerose e ripetute da rendere inattendibile la contabilità del contribuente.

Se vi è pericolo per la riscossione dell'imposta l'ufficio può procedere all'accertamento induttivo, per la frazione di anno solare già decorsa, senza attendere la scadenza del termine stabilito per la dichiarazione annuale e con riferimento alle liquidazioni prescritte dagli artt. 27 e 33.

(¹) *Le parole da: «e il contribuente non ha provveduto» sino a: «alla sottoscrizione» sono state aggiunte dall'art. 1, comma 9* ter, *del D.L. 31 maggio 1994, n. 330, conv., con modif., nella L. 27 luglio 1994, n. 473.*

(²) *Le parole poste fra parentesi sono state soppresse dall'art. 14, comma 1, lett.* b), *del D.L.vo 9 luglio 1997, n. 241, con effetto per le dichiarazioni dei redditi presentate a decorrere dal 1° gennaio 1999.*

56. Notificazione e motivazione degli accertamenti. – Le rettifiche e gli accertamenti sono notificati ai contribuenti, mediante avvisi motivati, nei modi stabiliti per le notificazioni in materia di imposte sui redditi, da messi speciali autorizzati dagli uffici dell'imposta sul valore aggiunto o dai messi comunali.

Negli avvisi relativi alle rettifiche di cui all'art. 54 devono essere indicati specificamente, a pena di nullità, gli errori, le omissioni e le false o inesatte indicazioni su cui è fondata la rettifica e i relativi elementi probatori. Per le omissioni e le inesattezze desunte in via presuntiva devono essere indicati i fatti certi che danno fondamento alla presunzione.

Negli avvisi relativi agli accertamenti induttivi devono essere indicati, a pena di nullità, l'imponibile determinato dall'ufficio, l'aliquota o le aliquote e le detrazioni applicate e le ragioni per cui sono state ritenute applicabili le disposizioni del primo e del secondo comma dell'art. 55.

Nelle ipotesi di cui al quarto comma dell'art. 54 e al terzo comma dell'art. 55 devono essere inoltre indicate, a pena di nullità, le ragioni di pericolo per la riscossione dell'imposta.

La motivazione dell'atto deve indicare i presupposti di fatto e le ragioni giuridiche che lo hanno determinato. Se la motivazione fa riferimento ad un altro atto non conosciuto né ricevuto dal contribuente, questo deve essere allegato all'atto che lo richiama salvo che quest'ultimo non ne riproduca il contenuto essenziale. L'accertamento è nullo se non sono osservate le disposizioni di cui al presente comma ([1]).

I provvedimenti emanati ai sensi degli articoli 38 *bis*1, 38 *bis*2 e 38 *ter* possono essere notificati anche tramite mezzi elettronici ([2]).

([1]) *Questo comma è stato aggiunto dall'art. 2, comma 1, lett.* b), *del D.L.vo 26 gennaio 2001, n. 32.*

([2]) *Questo comma è stato aggiunto dall'art. 1, comma 1, lett.* v), *del D.L.vo 11 febbraio 2010, n. 18. A norma dell'art. 5, comma 1, dello stesso decreto, questa disposizione si applica alle operazioni effettuate dal 1° gennaio 2010.*

57. ([1]) **Termine per gli accertamenti.** – 1. Gli avvisi relativi alle rettifiche e agli accertamenti previsti nell'articolo 54 e nel secondo comma dell'articolo 55 devono essere notificati, a pena di decadenza, entro il 31 dicembre del quinto anno successivo a quello in cui è stata presentata la dichiarazione ([2]) ([3]).

2. Nei casi di omessa presentazione della dichiarazione o di presentazione di dichiarazione nulla l'avviso di accertamento dell'imposta a norma del primo comma dell'articolo 55 può essere notificato entro il 31 dicembre del settimo anno successivo a quello in cui la dichiarazione avrebbe dovuto essere presentata ([2]).

3. Nel caso di richiesta di rimborso dell'eccedenza d'imposta detraibile risultante dalla dichiarazione annuale, se tra la data di notifica della richiesta di documenti da parte dell'ufficio e la data della loro consegna intercorre un periodo superiore a quindici giorni, il termine di decadenza, relativo agli anni in cui si è formata l'eccedenza detraibile chiesta a rimborso, è differito di un periodo di tempo pari a quello compreso tra il sedicesimo giorno e la data di consegna.

4. Fino alla scadenza del termine stabilito nei commi precedenti le rettifiche e gli accertamenti possono essere integrati o modificati, mediante la notificazione di nuovi avvisi, in base alla sopravvenuta conoscenza di nuovi elementi da parte dell'Agenzia delle entrate. Nell'avviso devono essere specificamente indicati, a pena di nullità, i nuovi elementi e gli atti o fatti attraverso i quali sono venuti a conoscenza dell'ufficio dell'imposta sul valore aggiunto.

([1]) *Questo articolo è stato così sostituito dall'art. 1, comma 130, della L. 28 dicembre 2015, n. 208.*

([2]) *A norma dell'art. 1, comma 132, della L. 28 dicembre 2015, n. 208, le disposizioni di cui a questo comma, si applicano agli avvisi relativi al periodo d'imposta in corso alla data del 31 dicembre 2016 e ai periodi successivi. Per i periodi d'imposta precedenti, gli avvisi di accertamento devono essere notificati, a pena di decadenza, entro il 31 dicem-*

bre del quarto anno successivo a quello in cui è stata presentata la dichiarazione ovvero, nei casi di omessa presentazione della dichiarazione o di dichiarazione nulla, entro il 31 dicembre del quinto anno successivo a quello in cui la dichiarazione avrebbe dovuto essere presentata. Tuttavia, in caso di violazione che comporta obbligo di denuncia ai sensi dell'articolo 331 del codice di procedura penale per alcuno dei reati previsti dal decreto legislativo 10 marzo 2000, n. 74, i termini di cui al periodo precedente sono raddoppiati relativamente al periodo d'imposta in cui è stata commessa la violazione; il raddoppio non opera qualora la denuncia da parte dell'Amministrazione finanziaria, in cui è ricompresa la Guardia di finanza, sia presentata o trasmessa oltre la scadenza ordinaria dei termini di cui al primo periodo. Resta fermo quanto disposto dall'ultimo periodo del comma 5 dell'articolo 5 quater del decreto legge 28 giugno 1990, n. 167, convertito, con modificazioni, dalla legge 4 agosto 1990, n. 227, e successive modificazioni.

(3) *A norma dell'art. 3 del D.L.vo 5 agosto 2015, n. 127, così come sostituito dall'art. 1, comma 909, lett.* c), *della L. 27 dicembre 2017, n. 205, il termine di decadenza previsto da questo comma è ridotto di due anni. La riduzione si applica solo per i soggetti passivi di cui all'art. 1 del D.L.vo n. 127/2015 che garantiscono, nei modi stabiliti con decreto del Ministro dell'economia e delle finanze, la tracciabilità dei pagamenti ricevuti ed effettuati relativi ad operazioni di ammontare superiore a euro 500. La riduzione non si applica, in ogni caso, ai soggetti che effettuano anche operazioni di cui all'articolo 22 del decreto del Presidente della Repubblica 26 ottobre 1972, n. 633, salvo che abbiano esercitato l'opzione di cui all'articolo 2, comma 1, del presente decreto. A norma dell'art. 1, comma 916, della L. 27 dicembre 2017, n. 205, tali disposizioni si applicano alle fatture emesse a partire dal 1º gennaio 2019. Si veda inoltre l'art. 1, comma 917, della medesima legge.*

58. **[Irrogazione delle sanzioni. –** (*Omissis*)] (1).

(1) *Questo articolo è stato abrogato dall'art. 16, comma 1, lett.* a), *del D.L.vo 18 dicembre 1997, n. 471, a decorrere dal 1° aprile 1998.*

59. **Ricorsi. –** Il contribuente può ricorrere contro i provvedimenti di rettifica, di accertamento e di irrogazione delle sanzioni secondo le disposizioni relative al contenzioso tributario.

La nullità degli avvisi per l'omissione o l'insufficienza delle indicazioni prescritte negli artt. 56 e 57, terzo comma, e in genere per difetto di motivazione deve essere eccepita a pena di decadenza in primo grado.

I contribuenti obbligati alla tenuta di scritture contabili non possono provare circostanze omesse nelle scritture stesse o in contrasto con le loro risultanze.

60. **Pagamento delle imposte accertate. –** L'imposta o la maggiore imposta accertata dall'ufficio dell'imposta sul valore aggiunto deve essere pagata dal contribuente entro sessanta giorni dalla notificazione dell'avviso di accertamento o di rettifica.

[Se il contribuente propone ricorso contro l'accertamento, il pagamento dell'imposta o della maggiore imposta deve essere eseguito:

1) per un terzo dell'ammontare accertato dall'ufficio, nel termine stabilito nel primo comma;

2) fino alla concorrenza della metà dell'ammontare accertato dalla commissione tributaria di primo grado, entro sessanta giorni dalla notificazione, a norma del primo comma dell'art. 56, della liquidazione fatta dall'ufficio;

3) fino alla concorrenza di due terzi dell'ammontare accertato dalla commissione tributaria di secondo grado, entro sessanta giorni dalla notificazione della liquidazione fatta dall'ufficio;

4) per l'intero ammontare che risulta ancora dovuto in base alla decisione della commissione centrale o alla sentenza della corte d'appello, entro sessanta giorni dalla notificazione della liquidazione fatta dall'ufficio] ([1]).

[Sulle somme dovute a norma dei precedenti commi si applicano gli interessi calcolati al saggio indicato nell'art. 38 *bis,* con decorrenza dal sessantesimo giorno successivo alla scadenza del termine del 5 marzo dell'anno solare cui si riferisce l'accertamento o la rettifica. Gli interessi sono liquidati dall'ufficio e indicati nell'avviso di accertamento o di rettifica o negli avvisi relativi alle liquidazioni da notificare a norma del comma precedente e ricominciano a decorrere in caso di ritardo nei pagamenti] ([1]).

[Se l'imposta o la maggiore imposta accertata ai sensi dei nn. 2), 3) o 4) del secondo comma è inferiore a quella già pagata, il contribuente ha diritto al rimborso della differenza entro sessanta giorni dalla notificazione della decisione o della sentenza, che deve essere eseguita anche su richiesta del contribuente. Sulle somme rimborsate si applicano gli interessi calcolati al saggio indicato nell'art. 38 *bis,* con decorrenza dalla data del pagamento fatto dal contribuente] ([1]).

[I pagamenti previsti nel presente articolo devono essere fatti all'ufficio dell'imposta sul valore aggiunto nei modi indicati nel quarto comma dell'art. 38] ([1]).

L'imposta non versata, risultante dalla dichiarazione annuale, è iscritta direttamente nei ruoli a titolo definitivo unitamente ai relativi interessi e alla sopratassa di cui all'articolo 44. La stessa procedura deve intendersi applicabile per la maggiore imposta determinata a seguito della correzione di errori materiali o di calcolo rilevati dall'ufficio in sede di controllo della dichiarazione. L'ufficio, prima dell'iscrizione a ruolo, invita il contribuente a versare le somme dovute entro trenta giorni dal ricevimento dell'avviso, con applicazione della soprattassa pari al 60 per cento della somma non versata o versata in meno. Le somme dovute devono essere versate direttamente all'ufficio con le modalità di cui all'articolo 38, quarto comma.

Il contribuente ha diritto di rivalersi dell'imposta o della maggiore imposta relativa ad avvisi di accertamento o rettifica nei confronti dei cessionari dei beni o dei committenti dei servizi soltanto a seguito del pagamento dell'imposta o della maggiore imposta, delle sanzioni e degli interessi. In tal caso, il cessionario o il committente può esercitare il diritto alla detrazione, al più tardi, con la dichiarazione relativa al secondo anno successivo a quello in cui ha corrisposto l'imposta o la maggiore imposta addebitata in via di rivalsa ed alle condizioni esistenti al momento di effettuazione della originaria operazione (2).

(1) *Questo comma è stato abrogato dall'art. 37 del D.L.vo 26 febbraio 1999, n. 46, così come modificato dall'art. 2, comma 1, lett.* f), *n. 1), del D.L.vo 27 aprile 2001, n. 193.*

(2) *Questo comma è stato così sostituito dall'art. 93 del D.L. 24 gennaio 2012, n. 1, convertito, con modificazioni, nella L. 24 marzo 2012, n. 27.*

60 *bis*. (1) **Solidarietà nel pagamento dell'imposta.** – 1. Con decreto del Ministro dell'economia e delle finanze, su proposta degli organi competenti al controllo, sulla base di analisi effettuate su fenomeni di frode, sono individuati i beni per i quali operano le disposizioni dei commi 2 e 3.

2. In caso di mancato versamento dell'imposta da parte del cedente relativa a cessioni effettuate a prezzi inferiori al valore normale, il cessionario, soggetto agli adempimenti ai fini del presente decreto, è obbligato solidalmente al pagamento della predetta imposta.

3. L'obbligato solidale di cui al comma 2 può tuttavia documentalmente dimostrare che il prezzo inferiore dei beni è stato determinato in ragione di eventi o situazioni di fatto oggettivamente rilevabili o sulla base di specifiche disposizioni di legge e che comunque non è connesso con il mancato pagamento dell'imposta.

3 *bis*. Qualora l'importo del corrispettivo indicato nell'atto di cessione avente ad oggetto un immobile e nella relativa fattura sia diverso da quello effettivo, il cessionario, anche se non agisce nell'esercizio di imprese, arti o professioni, è responsabile in solido con il cedente per il pagamento dell'imposta relativa alla differenza tra il corrispettivo effettivo e quello indicato, nonché della relativa sanzione. Il cessionario che non agisce nell'esercizio di imprese, arti o professioni può regolarizzare la violazione versando la maggiore imposta dovuta entro sessanta giorni dalla stipula dell'atto. Entro lo stesso termine, il cessionario che ha regolarizzato la violazione presenta all'ufficio territorialmente competente nei suoi confronti copia dell'attestazione del pagamento e delle fatture oggetto della regolarizzazione (2).

(1) *Questo articolo è stato inserito dall'art. 1, comma 386, della L. 30 dicembre 2004, n. 311.*

(2) *Questo comma è stato aggiunto dall'art. 1, comma 164, della L. 24 dicembre 2007, n. 244.*

61. [Pagamento delle pene pecuniarie e delle soprattasse. – (*Omissis*)] (1).

(1) *Questo articolo è stato abrogato dall'art. 37 del D.L.vo 26 febbraio 1999, n. 46, così come modificato dall'art. 2, comma 1, lett.* f), *n. 1), del D.L.vo 27 aprile 2001, n. 193.*

62. Riscossione coattiva e privilegi. – Se il contribuente non esegue il pagamento dell'imposta, delle pene pecuniarie e delle soprattasse nel termine stabilito l'ufficio dell'imposta sul valore aggiunto notifica ingiunzione di pagamento contenente l'ordine di pagare entro trenta giorni sotto pena degli atti esecutivi. L'ingiunzione è vidimata e resa esecutiva dal pretore nella cui circoscrizione ha sede l'ufficio, qualunque sia la somma dovuta, ed è notificata a norma del primo comma dell'art. 56.

Se entro trenta giorni dalla notificazione dell'ingiunzione il contribuente non esegue il pagamento si procede alla riscossione coattiva secondo le disposizioni degli artt. da 5 a 29 e 31 del T.U. approvato con R.D. 14 aprile 1910, n. 639.

I crediti dello Stato per le imposte, le pene pecuniarie e le soprattasse dovute ai sensi del presente decreto hanno privilegio generale sui beni mobili del debitore con grado successivo a quello indicato al n. 15) (1) dell'art. 2778 del cod. civ. In caso di infruttuosa esecuzione sui mobili, gli stessi crediti sono collocati sussidiariamente sul prezzo degli immobili con preferenza rispetto ai creditori chirografari, ma dopo i crediti indicati al primo e secondo comma dell'art. 66 della L. 30 aprile 1969, n. 153.

Le disposizioni dei precedenti commi si applicano anche nel caso che il contribuente non esegua il versamento delle somme indebitamente rimborsategli.

Per le imposte e le pene pecuniarie dovute dal cessionario o dal committente [ai sensi dell'art. 41] (2) lo Stato ha privilegio speciale, ai sensi degli artt. 2758 e 2772 del cod. civ., sui beni mobili o immobili che hanno formato oggetto della cessione o ai quali si riferisce il servizio prestato, con il grado rispettivamente indicato al n. 5) dell'art. 2778 e al n. 4) dell'art. 2780 del cod. civ.

[Per il recupero dei crediti sorti negli Stati membri delle Comunità europee in materia di imposta sul valore aggiunto si applicano le disposizioni contenute negli articoli 346 *bis*, 346 *ter*, 346 *quater* e 346 *quinquies* del testo unico delle norme legislative in materia doganale approvato con decreto del Presidente della Repubblica 23 gennaio 1973, n. 43, sostituita alla competenza degli uffici doganali quella degli uffici dell'imposta sul valore aggiunto per il recupero dei crediti non connessi ad operazioni doganali] (3).

[Il ministro delle finanze può, con decreto, stabilire che taluni compiti degli uffici periferici dell'Amministrazione finanziaria, inerenti all'attuazione della mutua assistenza amministrativa per il recupero dei crediti sorti in materia di imposta sul valore aggiunto, siano devoluti all'ufficio centrale previsto dal secondo comma del citato articolo 346 *quinquies*] (3).

(1) *Ora numero 19).*

(2) *Le parole fra parentesi quadrate sono state soppresse dall'art. 1, comma 165, della L. 24 dicembre 2007, n. 244.*

(3) *Comma aggiunto dalla L. 19 gennaio 1985, n. 3 e poi abrogato dall'art. 11 del D.L.vo 9 aprile 2003, n. 69.*

63. Collaborazione della guardia di finanza. – La guardia di finanza coopera con gli uffici dell'imposta sul valore aggiunto per l'acquisizione e il reperimento degli elementi utili ai fini dell'accertamento dell'imposta e per la repressione delle violazioni del presente decreto, procedendo di propria iniziativa o su richiesta degli uffici, secondo le norme e con le facoltà di cui agli artt. 51 e 52 (1), alle operazioni ivi indicate e trasmettendo agli uffici stessi i relativi verbali e rapporti. Essa inoltre, previa autorizzazione dell'autorità giudiziaria, che può essere concessa anche in deroga all'articolo 329 del codice di procedura penale (2) [istruttorio] (3), utilizza e trasmette agli uffici documenti, dati e notizie acquisiti [nei confronti dell'imputato] (3), direttamente o riferiti ed ottenuti dalle altre Forze di polizia, nell'esercizio dei poteri di polizia giudiziaria, [anche al di fuori dei casi di deroga previsti dall'art. 51 *bis*] (3) (4) (5).

Ai fini del necessario coordinamento dell'azione della guardia di finanza con quella degli uffici finanziari saranno presi accordi, periodicamente e nei casi in cui si debba procedere ad indagini sistematiche, tra la Direzione generale delle tasse e delle imposte indirette sugli affari e il Comando generale della guardia di finanza e, nell'ambito delle singole circoscrizioni, fra i capi degli ispettorati e degli uffici e i comandi territoriali.

Gli uffici finanziari e i comandi della guardia di finanza, per evitare la reiterazione di accessi presso gli stessi contribuenti, devono darsi reciprocamente tempestiva comunicazione delle ispezioni e verifiche intraprese. L'ufficio o il comando che riceve la comunicazione può richiedere all'organo che sta eseguendo l'ispezione o la verifica l'esecuzione di determinati controlli e l'acquisizione di determinati elementi utili ai fini dell'accertamento.

(1) *Le originarie parole: «51* bis *e 52» sono state così sostituite dall'art. 18, comma 2, della L. 30 dicembre 1991, n. 413.*

(2) *Le parole: «previa autorizzazione dell'autorità giudiziaria in relazione alle norme che disciplinano il segreto» sono state così sostituite dalle attuali da: «previa autorizzazione ...» sino a: «... articolo 329 del codice di procedura penale», dall'art. 23 del D.L.vo 10 marzo 2000, n. 74.*

([3]) *Queste parole sono state soppresse dall'art. 18, comma 2, della L. 30 dicembre 1991, n. 413.*

([4]) *Comma così sostituito dall'art. 7, D.P.R. 15 luglio 1982, n. 463, in vigore dal 24 luglio 1982.*

([5]) *Le parole da: «acquisiti nei confronti» sino alla fine di questo comma sono state così sostituite dall'art. 5, comma 14, del D.L. 3 maggio 1991, n. 143, convertito, con modificazioni, nella L. 5 luglio 1991, n. 197.*

64. Collaborazione degli uffici doganali e degli uffici tecnici delle imposte di fabbricazione. – Gli uffici doganali eseguono i controlli necessari per l'accertamento delle violazioni di cui al quinto comma dell'art. 46 e ne riferiscono ai competenti uffici dell'imposta sul valore aggiunto. Per le controversie relative alla qualità e quantità dei beni si applicano le disposizioni della legge doganale ([1]).

Gli uffici tecnici delle imposte di fabbricazione cooperano con gli uffici dell'imposta sul valore aggiunto per l'accertamento dell'imposta dovuta dalle imprese i cui depositi e stabilimenti sono sottoposti alla vigilanza degli uffici stessi.

([1]) *Comma così sostituito dall'art. 22 del D.P.R. 30 dicembre 1980, n. 897, con effetto dal 1° gennaio 1981.*

65. ([1]) **Obblighi dell'amministrazione finanziaria.** – L'amministrazione finanziaria provvede allo scambio, con le altre autorità competenti degli Stati membri della Comunità economica europea, delle informazioni necessarie per assicurare il corretto accertamento dell'imposta sul valore aggiunto. Essa, a tal fine, può autorizzare la presenza nel territorio dello Stato di funzionari delle amministrazioni fiscali degli altri Stati membri.

L'amministrazione finanziaria provvede alla raccolta delle informazioni da fornire alle predette autorità con le modalità ed entro i limiti previsti per l'accertamento dell'imposta sul valore aggiunto.

([1]) *Articolo inserito per effetto dell'art. 3 del D.P.R. 5 giugno 1982, n. 506, in vigore del 7 agosto 1982.*

66. Segreto d'ufficio. – Gli impiegati dell'Amministrazione finanziaria e gli ufficiali e agenti della guardia di finanza sono obbligati al segreto per tutto ciò che riguarda i dati e le notizie di cui vengono a conoscenza nell'adempimento dei compiti e nell'esercizio dei poteri previsti dal presente decreto.

Non è considerata violazione del segreto d'ufficio la comunicazione da parte dell'Amministrazione finanziaria alle competenti autorità degli Stati membri della Comunità economica europea delle informazioni atte a permettere il corretto accertamento dell'imposta sul valore aggiunto, in attuazione della direttiva 2003/93/CE e del regolamento (CE) n. 1798/2003 (1) (2).

(1) *Le parole: «in attuazione della direttiva del Consiglio delle Comunità europee n. 77/799/CEE del 19 dicembre 1977, modificata dalla direttiva n. 79/1070/CEE del 6 dicembre 1979» sono state così sostituite dalle attuali: «in attuazione della direttiva 2003/93/CE e del regolamento (CE) n. 1798/2003» dall'art. 1, comma 2, del D.L.vo 19 settembre 2005, n. 215.*

(2) *Questo comma è stato aggiunto dall'art. 4 del D.P.R. 5 giugno 1982, n. 506, in vigore dal 7 agosto 1982.*

66 *bis*. (1) Pubblicazione degli elenchi dei contribuenti. – Il Ministro delle finanze dispone annualmente la pubblicazione di elenchi di contribuenti nei cui confronti l'ufficio dell'imposta sul valore aggiunto ha proceduto a rettifica o ad accertamento ai sensi degli artt. 54 e 55. Sono ricompresi nell'elenco solo quei contribuenti che non hanno presentato la dichiarazione annuale e quelli dalla cui dichiarazione risulta un'imposta inferiore di oltre un decimo a quella dovuta ovvero un'eccedenza detraibile o rimborsabile superiore di oltre un decimo a quella spettante (2). Negli elenchi deve essere specificato se gli accertamenti sono definitivi o in contestazione e deve essere indicato, in caso di rettifica, anche il volume di affari dichiarato dai contribuenti.

Gli uffici dell'imposta sul valore aggiunto formano [e pubblicano] (3) annualmente per ciascuna provincia compresa nella propria circoscrizione un elenco nominativo dei contribuenti che hanno presentato la dichiarazione annuale ai fini dell'imposta sul valore aggiunto, con la specificazione, per ognuno, del volume di affari. Gli elenchi sono depositati per la durata di un anno sia presso lo stesso ufficio delle imposte, sia presso i Comuni interessati (4). Nel predetto periodo, è ammessa la visione e l'estrazione di copia degli elenchi nei modi e con i limiti stabiliti dalla disciplina in materia di accesso ai documenti amministrativi di cui agli articoli 22 e seguenti nella legge 7 agosto 1990, n. 241, e successive modificazioni, dalla relativa normativa di attuazione, nonché da specifiche disposizioni di legge (4). Per l'accesso non sono dovuti i tributi speciali di cui al decreto del Presidente della Repubblica 26 ottobre 1972, n. 648 (4). Per la consultazione non sono dovuti i tributi speciali di cui al D.P.R. 26 ottobre 1972, n. 648 (5).

(*Omissis*) (6).

Gli stessi uffici formano, per le finalità di cui al secondo comma (7), inoltre, un elenco cronologico contenente i nominativi dei contribuenti che hanno richiesto i rimborsi dell'imposta sul valore aggiunto e di quelli che li hanno ottenuti (8).

Fuori dei casi previsti dai commi precedenti, la comunicazione o diffusione, totale o parziale, con qualsiasi mezzo, degli elenchi o di dati personali ivi contenuti, ove il fatto non costituisca reato, è punita con la sanzione amministrativa del pagamento di una somma da cinquemila euro a trentamila euro. La somma può essere aumentata sino al triplo quando risulta inefficace in ragione delle condizioni economiche del contravventore ([9]).

([1]) *Questo articolo è stato aggiunto dall'art. 23 del D.P.R. 30 dicembre 1980, n. 897, con effetto dal 1° gennaio 1981.*

([2]) *I primi due periodi di questo comma hanno sostituito l'unico comma originario, per effetto dell'art. 20, comma 1, della L. 30 dicembre 1991, n. 413.*

([3]) *Le parole tra parentesi quadrate sono state soppresse dall'art. 42, comma 1, lett.* b), *n. 1), del D.L. 25 giugno 2008, n. 112, convertito, con modificazioni, nella L. 6 agosto 2008, n. 133.*

([4]) *Il secondo periodo di questo comma è stato così sostituito dagli attuali, secondo, terzo e quarto, dall'art. 42, comma 1, lett.* b), *n. 2), del D.L. 25 giugno 2008, n. 112, convertito, con modificazioni, nella L. 6 agosto 2008, n. 133.*

([5]) *Gli ultimi due periodi di questo comma sono stati aggiunti dall'art. 20, comma 1, della L. 30 dicembre 1991, n. 413.*

([6]) *Il terzo comma di questo articolo è stato abrogato dall'art. 20, comma 1, della L. 30 dicembre 1991, n. 413.*

([7]) *La parola: «pubblicano» è stata così sostituita dalle parole: «formano, per le finalità di cui al secondo comma», dall'art. 42, comma 1, lett.* b), *n. 3), del D.L. 25 giugno 2008, n. 112, convertito, con modificazioni, nella L. 6 agosto 2008, n. 133.*

([8]) *Questo comma è stato così sostituito dall'art. 20, comma 1, della L. 30 dicembre 1991, n. 413.*

([9]) *Questo comma è stato aggiunto dall'art. 42, comma 1, lett.* b), *n. 4), del D.L. 25 giugno 2008, n. 112, convertito, con modificazioni, nella L. 6 agosto 2008, n. 133.*

Titolo Quinto
Importazioni

67. ([1]) **Importazioni.** – 1. Costituiscono importazioni le seguenti operazioni aventi per oggetto beni introdotti nel territorio dello Stato, che siano originari da Paesi o territori non compresi nel territorio della Comunità e che non siano stati già immessi in libera pratica in altro Paese membro della Comunità medesima, ovvero che siano provenienti dai territori da considerarsi esclusi dalla comunità a norma dell'art. 7, [primo comma, lett. *b*)] ([2]):

a) le operazioni di immissione in libera pratica [, con sospensione del pagamento dell'imposta qualora si tratti di beni destinati a proseguire verso altro Stato membro della Comunità economica europea] ([3]) (*Omissis*) ([4]);

b) le operazioni di perfezionamento attivo di cui all'art. 2, lett. *b*), del rgolamento CEE n. 1999/85 del Consiglio del 16 luglio 1985;

c) le operazioni di ammissione temporanea aventi per oggetto beni, destinati ad essere riesportati tal quali, che, in ottemperanza alle disposizioni della Comunità economica europea, non fruiscano della esenzione totale dai dazi di importazione;

d) le operazioni di immissione in consumo relative a beni provenienti dal Monte Athos, dalle isole Canarie, dai Dipartimenti francesi d'oltremare, dal comune di Campione d'Italia e dalle acque italiane del Lago di Lugano ([5]);

e) (*Omissis*) ([4]).

2. Sono altresì soggette all'imposta le operazioni di reimportazione a scarico di esportazione temporanea fuori della Comunità economica europea e quelle di reintroduzione di beni precedentemente esportati fuori della Comunità medesima.

2 *bis*. Per le importazioni di cui al comma 1, lettera *a*), il pagamento dell'imposta è sospeso qualora si tratti di beni destinati a essere trasferiti in un altro Stato membro dell'Unione europea, eventualmente dopo l'esecuzione di manipolazioni di cui all'allegato 72 del regolamento (CEE) n. 2454/93 della Commissione, del 2 luglio 1993, e successive modificazioni, previamente autorizzate dall'autorità doganale ([6]).

2 *ter*. Per fruire della sospensione di cui al comma 2 *bis* l'importatore fornisce il proprio numero di partita IVA, il numero di identificazione IVA attribuito al cessionario stabilito in un altro Stato membro nonché, a richiesta dell'autorità doganale, idonea documentazione che provi l'effettivo trasferimento dei medesimi beni in un altro Stato membro dell'Unione ([6]).

([1]) *Questo articolo è stato così sostituito dall'art. 57, comma 1, del D.L. 30 agosto 1993, n. 331, conv., con modif., nella L. 29 ottobre 1993, n. 427.*

([2]) *Le parole tra parentesi quadrate sono state soppresse dall'art. 1, comma 1, lett.* z), *del D.L.vo 11 febbraio 2010, n. 18. A norma dell'art. 5, comma 1, dello stesso decreto, questa disposizione si applica alle operazioni effettuate dal 1° gennaio 2010.*

([3]) *Le parole fra parentesi quadrate sono state soppresse dall'art. 8, comma 2, lett.* i), *n. 1), della L. 15 dicembre 2011, n. 217. A norma dell'art. 8, comma 5, della medesima legge, tali disposizioni si applicano alle operazioni effettuate a partire dal sessantesimo giorno successivo a quello dell'entrata in vigore della presente legge* (G.U. *Serie gen. - n. 1 del 2 gennaio 2012*).

([4]) *Le parole: «ovvero ad essere immessi in un deposito non doganale autorizzato» di questa lettera sono state soppresse e la successiva lettera* e) *è stata abrogata dall'art. 1, comma 1, della L. 18 febbraio 1997, n. 28.*

([5]) *Le parole: «e dai Dipartimenti francesi d'oltremare» sono state così sostituite dalle seguenti: «, dai Dipartimenti francesi d'oltremare, dal comune di Campione d'Italia e dalle acque italiane del Lago di Lugano» dall'art. 1, comma 570, della L. 27 dicembre 2019, n. 160, a decorrere dal 1° gennaio 2020.*

([6]) *Questo comma è stato aggiunto dall'art. 8, comma 2, lett.* i), *n. 2), della L. 15 dicembre 2011, n. 217. A norma dell'art. 8, comma 5, della medesima legge, tali disposizioni si applicano alle operazioni effettuate a partire dal sessantesimo giorno successivo a quello dell'entrata in vigore della presente legge* (G.U. *Serie gen. - n. 1 del 2 gennaio 2012*).

68. Importazioni non soggette all'imposta. – Non sono soggette all'imposta:

a) le importazioni di beni indicati nel primo comma lettera *c*) dell'art. 8, nell'art. 8 *bis,* nonché nel secondo comma dell'art. 9 limitatamente all'ammontare dei corrispettivi di cui al n. 9 dello stesso articolo, sempreché ricorrano le condizioni stabilite nei predetti articoli ([1]);

b) le importazioni di campioni gratuiti di modico valore, appositamente contrassegnati ([2]);

c) ogni altra importazione definitiva di beni la cui cessione è esente dall'imposta o non vi è soggetta a norma dell'articolo 72. Per le operazioni concernenti l'oro da investimento di cui all'articolo 10, numero 11), l'esenzione si applica allorché i requisiti ivi indicati risultino da conforme attestazione resa, in sede di dichiarazione doganale, dal soggetto che effettua l'operazione ([3]) ([4]);

[*c bis*) le importazioni di beni indicati nell'ottavo e nel nono comma dell'articolo 74, concernente disposizioni relative a particolari settori] ([5]);

d) la reintroduzione di beni nello stato originario, da parte dello stesso soggetto che li aveva esportati, sempre che ricorrano le condizioni per la franchigia doganale;

e) (*Omissis*) ([6]);

f) la importazione di beni donati ad enti pubblici ovvero ad associazioni riconosciute o fondazioni aventi esclusivamente finalità di assistenza, beneficenza, educazione, istruzione, studio o ricerca scientifica, nonché quella di beni donati a favore delle popolazioni colpite da calamità naturali o catastrofi dichiarate tali ai sensi della L. 8 dicembre 1970, n. 996;

g) le importazioni dei beni indicati nel terzo comma, lettera *l*) dell'articolo 2 ([7]);

g bis) le importazioni di gas mediante un sistema di gas naturale o una rete connessa a un tale sistema, ovvero di gas immesso da una nave adibita al trasporto di gas in un sistema di gas naturale o in una rete di gasdotti a monte, di energia elettrica, di calore o di freddo mediante reti di riscaldamento o di raffreddamento ([8]); ([9])

g ter) le importazioni di beni per le quali l'imposta è dichiarata nell'ambito del regime speciale di cui all'articolo 74 *sexies*.1, a condizione che nella dichiarazione doganale di importazione sia indicato il numero individuale di identificazione IVA attribuito per l'applicazione di detto regime speciale al fornitore o al rappresentante fiscale che agisce in suo nome e per suo conto ([10]).

([1]) *Lettera così integrata dall'art. 6, D.P.R. 28 dicembre 1982, n. 954, in vigore dall'1 gennaio 1983.*

V. D.L. 29 dicembre 1983, n. 746.

([2]) *Questa lettera è stata da ultimo così sostituita dell'art. 3, comma 8, lett.* a), *della L. 17 gennaio 2000, n. 7. A norma dell'art. 3, comma 11, della medesima legge, così come modificato dall'art. 42, comma 2, della L. 21 novembre 2000, n. 342 e dall'art. 2, comma 14* septies, *del D.L. 30 settembre 2005, n. 203, convertito, con modificazioni, nella L. 2 dicembre 2005, n. 248, questa disposizione e quella prevista dall'art. 10, numero 11), del D.P.R. n. 633/1972 devono intendersi applicabili alle operazioni aventi per oggetto oro in lamina anche se effettuate anteriormente alla data di entrata in vigore della presente legge. A tal fine, indipendentemente dalle risultanze contabili del contribuente, la data di effettuazione delle operazioni si intende quella risultante dagli atti di accertamento definitivo dell'amministrazione finanziaria o dalle eventuali sentenze passate in giudicato anteriormente alla data di entrata in vigore della presente legge.*

A norma dell'art. 42, comma 2, della L. 21 novembre 2000, n. 342, resta fermo il trattamento fiscale già applicato e non si fa luogo al rimborso di imposte già pagate, né è consentita la variazione di cui all'art. 26 di questo decreto.

([3]) *Questa lettera è stata così sostituita dall'art. 3, comma 8, lett.* b), *della L. 17 gennaio 2000, n. 7.*

([4]) *A norma dell'art. 5, comma 15* ter, *del D.L. 21 ottobre 2021, n. 146, convertito, con modificazioni, nella L. 17 dicembre 2021, n. 215, il regime di non imponibilità previsto dall'articolo 72, comma 1, lettera* c bis*), del decreto del Presidente della Repubblica 26 ottobre 1972, n. 633 e il conseguente regime di cui a questa lettera, si applicano alle operazioni compiute a partire dal 1° gennaio 2021.*

([5]) *Questa lettera, inserita dall'art. 41, comma 1, lett.* b), *della L. 21 novembre 2000, n. 342, è stata poi soppressa dall'art. 35, comma 1, lett.* b), *del D.L. 30 settembre 2003, n. 269, convertito, con modificazioni, nella L. 24 novembre 2003, n. 326.*

([6]) *Questa lettera è stata soppressa dall'art. 57, comma 1, del D.L. 30 agosto 1993, n. 331, conv., con modif., nella L. 29 ottobre 1993, n. 427.*

([7]) *Lettera aggiunta dall'art. 2 della L. 22 dicembre 1980, n. 889, con effetto dal 1° gennaio 1981.*

([8]) *Questa lettera, aggiunta dall'art. 1, comma 1, lett.* c), *del D.L.vo 15 dicembre 2005, n. 294, è stata poi così sostituita dall'art. 8, comma 2, lett.* l), *della L. 15 dicembre 2011, n. 217. A norma dell'art. 8, comma 5, della medesima legge, tali disposizioni si applicano alle operazioni effettuate a partire dal sessantesimo giorno successivo a quello dell'entrata in vigore della presente legge* (G.U. *Serie gen. - n. 1 del 2 gennaio 2012*).

([9]) *Le parole: «di raffreddamento.» sono state così sostituite dalle attuali: «di raffreddamento;» dall'art. 1, comma 1, lett.* p), *del D.L.vo 25 maggio 2021, n. 83.*

A norma dell'art. 10 dello stesso provvedimento tali disposizioni si applicano alle operazioni effettuate a partire dal 1° luglio 2021.

([10]) *Questa lettera è stata aggiunta dall'art. 1, comma 1, lett.* p), *del D.L.vo 25 maggio 2021, n. 83.*

A norma dell'art. 10 dello stesso provvedimento tali disposizioni si applicano alle operazioni effettuate a partire dal 1° luglio 2021.

69. ([1]) **Determinazione dell'imposta.** – L'imposta è commisurata, con le aliquote indicate nell'articolo 16, al valore dei beni importati determinato ai sensi delle disposizioni in materia doganale, aumentato dell'ammontare dei diritti doganali dovuti, ad eccezione dell'imposta sul valore aggiunto, nonché dell'ammontare delle spese di inoltro fino al luogo di destinazione all'interno del territorio della Comunità ([2]) che figura sul documento di trasporto sotto la cui scorta i beni sono introdotti nel territorio medesimo. Per i supporti informatici, contenenti programmi per elaborare prodotti in serie, concorre a formare il valore imponibile anche quello dei dati e delle istruzioni in essi contenuti ([3]). Per i beni che prima dello sdoganamento hanno formato oggetto nello Stato di una o più cessioni, la base imponibile è costituita dal corrispettivo dell'ultima cessione ([4]).

Fatti salvi i casi di applicazione dell'articolo 68, lettera *c*), per i beni nazionali reimportati a scarico di temporanea esportazione la detrazione prevista negli articoli 207 e 208 del testo unico approvato con decreto del Presidente della Repubblica 23 gennaio 1973, n. 43, e l'esenzione prevista nell'articolo 209 dello stesso testo unico si applicano, ai fini dell'imposta sul valore aggiunto, soltanto se i beni vengono reimportati dal soggetto che li aveva esportati o da un terzo per conto del medesimo e se lo scarico della temporanea esportazione avviene per identità.

([1]) *L'intero articolo è stato così sostituito dall'art. 24 del D.P.R. 30 dicembre 1980, n. 897, con effetto dal 1° gennaio 1981.*

([2]) *Le parole*: «*all'interno del territorio doganale*» *sono state così sostituite dall'art. 1, comma 1, della L. 18 febbraio 1997, n. 28.*

([3]) *Questo periodo è stato aggiunto dall'art. 12 del D.L. 23 febbraio 1995, n. 41, conv., con modif., nella L. 22 marzo 1995, n. 85.*

([4]) *Periodo aggiunto dall'art. 22, D.L. 2 marzo 1989, n. 69, conv., con modif., nella L. 27 aprile 1989, n. 154.*

70. ([1]) **Applicazione dell'imposta.** – L'imposta relativa alle importazioni è accertata, liquidata e riscossa per ciascuna operazione. Si applicano per quanto concerne le controversie e le sanzioni, le disposizioni delle leggi doganali relative ai diritti di confine.

Per le importazioni effettuate senza pagamento di imposta, di cui alla lettera *c*) dell'art. 8, all'importatore che attesti falsamente di trovarsi nelle condizioni richieste per fruire del trattamento ivi previsto ([2]) o ne benefici oltre i limiti consentiti si applica la pena pecuniaria di cui al terzo comma dell'art. 46, salvo che il fatto costituisca reato a norma della legge doganale.

L'imposta dovuta per l'introduzione dei beni nello Stato tramite il servizio postale deve essere assolta secondo le modalità stabilite con apposito decreto del Ministro delle finanze di concerto con il Ministro delle poste e delle telecomunicazioni.

L'imposta assolta per l'importazione di beni da parte di enti, associazioni ed altre organizzazioni di cui all'art. 4, quarto comma, può essere richiesta a rimborso secondo modalità e termini stabiliti con decreto del Ministro delle finanze, se i beni sono spediti o trasportati in altro Stato membro della Comunità economica europea. Il rimborso è eseguito a condizione che venga fornita la prova che l'acquisizione intracomunitaria di detti beni è stata assoggettata all'imposta nello Stato membro di destinazione ([3]).

Per l'importazione di materiale d'oro, nonché dei prodotti semilavorati di purezza pari o superiore a 325 millesimi da parte di soggetti passivi nel territorio dello Stato l'imposta, accertata e liquidata nella dichiarazione doganale, in base ad attestazione resa in tale sede, è assolta a norma delle disposizioni di cui al titolo II; a tal fine il documento doganale deve essere annotato, con riferimento al mese di rilascio del documento stesso, nei registri di cui agli articoli 23 o 24 nonché, agli effetti della detrazione, nel registro di cui all'articolo 25 ([4]).

Alle importazioni di beni indicati nel settimo e nell'ottavo comma dell'articolo 74, concernente disposizioni relative a particolari settori, si applicano le disposizioni di cui al comma precedente ([5]).

([1]) *L'intero articolo è stato così sostituito dall'art. 25 del D.P.R. 30 dicembre 1980, n. 897, con effetto dal 1° gennaio 1981.*

([2]) *Le disposizioni di questo comma relative alla falsa attestazione sono state abrogate dall'art. 3, comma 3, del D.L. 29 dicembre 1983, n. 746, conv., con modif., nella L. 27 febbraio 1984, n. 17, con effetto dall'1 gennaio 1984. Si veda ora l'art. 2 di detto provvedimento.*

([3]) *Questo comma è stato aggiunto dall'art. 57, comma 1, del D.L. 30 agosto 1993, n. 331, conv., con modif., nella L. 29 ottobre 1993, n. 427.*

([4]) *Questo comma è stato aggiunto dall'art. 3, comma 9, della L. 17 gennaio 2000, n. 7. A norma dell'art. 3, comma 10, della medesima legge, queste disposizioni si applicano per le cessioni e le importazioni di argento, in lingotti o grani, di purezza pari o superiore a 900 millesimi.*

([5]) *Questo comma è stato aggiunto dall'art. 35, comma 1, lett.* c), *del D.L. 30 settembre 2003, n. 269, convertito, con modificazioni, nella L. 24 novembre 2003, n. 326.*

70.1. ([1]) **Regime speciale per la dichiarazione e il pagamento dell'IVA all'importazione.** – 1. I soggetti che presentano i beni in dogana per conto della persona alla quale gli stessi sono destinati, tenuta al pagamento dell'imposta, possono assolvere gli obblighi in materia d'imposta sul valore aggiunto con le modalità previste dal presente articolo per le importazioni di beni, esclusi i prodotti soggetti ad accisa, la cui spedizione o il cui trasporto si concludono nello Stato, in spedizioni di valore intrinseco non superiore a 150 euro, per le quali non è applicato il regime speciale di cui all'articolo 74 *sexies*.1.

2. Relativamente alle importazioni di beni effettuate nel mese di riferimento, i soggetti che si avvalgono del regime speciale previsto dal presente articolo presentano una dichiarazione mensile dalla quale risulta l'ammontare dell'imposta riscossa presso le persone a cui i beni sono destinati. La dichiarazione è presentata in formato elettronico entro il termine di versamento dell'imposta riscossa, secondo il modello approvato con determinazione del direttore dell'Agenzia delle dogane e dei monopoli; tale determinazione tiene altresì conto di eventuali meccanismi di semplificazione dell'adempimento dichiarativo.

3. L'imposta riscossa nell'ambito del presente regime speciale è versata mensilmente entro il termine di pagamento del dazio all'importazione.

4. I soggetti che si avvalgono del presente regime speciale conservano la documentazione relativa alle importazioni a norma dell'articolo 39. La documentazione deve essere sufficientemente dettagliata al fine di consentire la verifica della correttezza dell'imposta dichiarata e, su richiesta, è fornita in formato elettronico alle autorità di controllo fiscale e doganale.

5. Ai fini del comma 1, il valore in euro dell'importazione è determinato in base al tasso di cambio pubblicato dalla Banca centrale europea del primo giorno lavorativo d'ottobre, con effetto dal 1° gennaio dell'anno successivo.

6. Con determinazione del direttore dell'Agenzia delle dogane e dei monopoli sono indicate le misure operative che i soggetti di cui al comma 1 devono seguire ai fini del pagamento dell'imposta dovuta daparte della persona alla quale i beni sono destinati.

7. I beni importati nell'ambito del presente regime speciale sono assoggettati all'aliquota IVA ordinaria di cui all'articolo 16, primo comma. La persona alla quale i beni sono destinati può optare per la procedura di importazione di cui all'articolo 67 per avvalersi dell'aliquota IVA ridotta, se prevista.

(¹) *Questo articolo è stato inserito dall'art. 1, comma 1, lett. q), del D.L.vo 25 maggio 2021, n. 83.*

A norma dell'art. 10 dello stesso provvedimento tali disposizioni si applicano alle operazioni effettuate a partire dal 1° luglio 2021.

Titolo V *bis*
Gruppo IVA ([1])

([1]) *Questo titolo è stato inserito dall'art. 1, comma 24, della L. 11 dicembre 2016, n. 232, a decorrere dal 1° gennaio 2018.*

A norma dell'art. 1, comma 31, del medesimo provvedimento, per le disposizioni di cui al comma 24 il Ministero dell'economia e delle finanze procede alla consultazione del Comitato consultivo dell'imposta sul valore aggiunto, ai sensi dell'articolo 11 della direttiva 2006/112/CE del Consiglio, del 28 novembre 2006.

70 *bis*. Requisiti soggettivi per la costituzione di un gruppo IVA. – 1. I soggetti passivi stabiliti nel territorio dello Stato esercenti attività d'impresa, arte o professione, per i quali ricorrano congiuntamente i vincoli finanziario, economico e organizzativo di cui all'articolo 70 *ter*, possono divenire un unico soggetto passivo, di seguito denominato "gruppo IVA".

2. Non possono partecipare a un gruppo IVA:

a) le sedi e le stabili organizzazioni situate all'estero;

b) i soggetti la cui azienda sia sottoposta a sequestro giudiziario ai sensi dell'articolo 670 del codice di procedura civile; in caso di pluralità di aziende, la disposizione opera anche se oggetto di sequestro è una sola di esse;

c) i soggetti sottoposti a una procedura concorsuale di cui all'articolo 70 *decies*, comma 3, terzo periodo;

d) i soggetti posti in liquidazione ordinaria.

70 *ter*. Vincolo finanziario, vincolo economico e vincolo organizzativo. – 1. Si considera sussistente un vincolo finanziario tra soggetti passivi stabiliti nel territorio dello Stato quando, ai sensi dell'articolo 2359, primo comma, numero 1), del codice civile e almeno dal 1° luglio dell'anno solare precedente:

a) tra detti soggetti esiste, direttamente o indirettamente, un rapporto di controllo;

b) detti soggetti sono controllati, direttamente o indirettamente, dal medesimo soggetto, purché residente nel territorio dello Stato ovvero in uno Stato con il quale l'Italia ha stipulato un accordo che assicura un effettivo scambio di informazioni.

1 *bis*. Il vincolo finanziario si considera altresì sussistente tra i soggetti passivi, stabiliti nel territorio dello Stato, partecipanti ad un Gruppo Bancario di cui all'articolo 37 *bis* del testo unico di cui al decreto legislativo 1° settembre 1993, n. 385 ([1]).

2. Si considera sussistente un vincolo economico tra soggetti passivi stabiliti nel territorio dello Stato sulla base dell'esistenza di almeno una delle seguenti forme di cooperazione economica:

a) svolgimento di un'attività principale dello stesso genere;

b) svolgimento di attività complementari o interdipendenti;

c) svolgimento di attività che avvantaggiano, pienamente o sostanzialmente, uno o più di essi.

3. Si considera sussistente un vincolo organizzativo tra soggetti passivi stabiliti nel territorio dello Stato quando tra detti soggetti esiste un coordinamento, in via di diritto, ai sensi delle disposizioni di cui al libro quinto, titolo V, capo IX, del codice civile, o in via di fatto, tra gli organi decisionali degli stessi, ancorché tale coordinamento sia svolto da un altro soggetto.

4. Salvo quanto disposto dal comma 5, se tra i soggetti passivi intercorre il vincolo finanziario di cui al comma 1, si presumono sussistenti tra i medesimi anche i vincoli economico e organizzativo di cui ai commi 2 e 3.

5. Per dimostrare l'insussistenza del vincolo economico o di quello organizzativo, è presentata all'Agenzia delle entrate istanza di interpello ai sensi dell'articolo 11, comma 1, lettera *b*), della legge 27 luglio 2000, n. 212.

6. Il vincolo economico si considera in ogni caso insussistente per i soggetti per i quali il vincolo finanziario di cui al comma 1 ricorre in dipendenza di partecipazioni acquisite nell'ambito degli interventi finalizzati al recupero di crediti o derivanti dalla conversione in azioni di nuova emissione dei crediti verso imprese in temporanea difficoltà finanziaria, di cui all'articolo 113, comma 1, del testo unico delle imposte sui redditi, di cui al decreto del Presidente della Repubblica 22 dicembre 1986, n. 917. Per dimostrare la sussistenza del vincolo economico è presentata all'Agenzia delle entrate istanza di interpello ai sensi dell'articolo 11, comma 1, lettera *b*), della citata legge n. 212 del 2000.

(¹) *Questo comma è stato inserito dall'art. 20, comma 1, lett.* a), *del D.L. 23 ottobre 2018, n. 119, convertito, con modificazioni, nella L. 17 dicembre 2018, n. 136.*

70 *quater*. Costituzione del gruppo IVA. – 1. Il gruppo IVA è costituito a seguito di un'opzione esercitata da tutti i soggetti passivi stabiliti nel territorio dello Stato per i quali ricorrano congiuntamente i vincoli finanziario, economico e organizzativo di cui all'articolo 70 *ter*. In caso di mancato esercizio dell'opzione da parte di uno o più dei soggetti di cui al periodo precedente:

a) è recuperato a carico del gruppo IVA l'effettivo vantaggio fiscale conseguito;

b) il gruppo IVA cessa a partire dall'anno successivo rispetto a quello in cui viene accertato il mancato esercizio dell'opzione, a meno che i predetti soggetti non esercitino l'opzione per partecipare al gruppo medesimo.

considerano effettuate nei confronti del gruppo IVA da un soggetto che non ne fa parte (2).

4 *quater*. Le cessioni di beni e le prestazioni di servizi effettuate nei confronti di una sede o di una stabile organizzazione partecipante a un gruppo IVA, costituito in un altro Stato membro dell'Unione europea, da una sua stabile organizzazione o dalla sua sede situata nel territorio dello Stato si considerano effettuate nei confronti del gruppo IVA costituito nell'altro Stato membro da un soggetto che non ne fa parte (2).

4 *quinquies*. Le cessioni di beni e le prestazioni di servizi effettuate da una sede o da una stabile organizzazione partecipante a un gruppo IVA, costituito in un altro Stato membro dell'Unione europea, nei confronti di una sua stabile organizzazione o della sua sede situata nel territorio dello Stato si considerano effettuate dal gruppo IVA costituito nell'altro Stato membro nei confronti di un soggetto che non ne fa parte (2).

4 *sexies*. La base imponibile delle operazioni di cui ai commi da 4 *bis* a 4 *quinquies* è determinata, in presenza di un corrispettivo, ai sensi dell'articolo 13, commi 1 e 3 (2).

(1) *Questo comma è stato inserito dall'art. 72* bis*, comma 1, del D.L. 14 agosto 2020, n. 104, convertito, con modificazioni, nella L. 13 ottobre 2020, n. 126.*

A norma dell'art. 72 bis*, comma 2, del medesimo D.L. n. 104/2020, la previsione di cui al comma 1 si qualifica come disposizione di interpretazione autentica ai sensi dell'articolo 1, comma 2, della legge 27 luglio 2000, n. 212.*

(2) *Questo comma è stato aggiunto dall'art. 1, comma 984, della L. 27 dicembre 2017, n. 205.*

Tali disposizioni si applicano alle operazioni effettuate a decorrere dal 1° gennaio 2018.

70 *sexies*. Eccedenze creditorie antecedenti alla partecipazione al gruppo IVA. – 1. L'eccedenza di imposta detraibile risultante dalla dichiarazione annuale relativa all'anno precedente al primo anno di partecipazione al gruppo IVA non si trasferisce al gruppo medesimo, ma può essere chiesta a rimborso, anche in mancanza delle condizioni di cui all'articolo 30 del presente decreto, ovvero compensata a norma dell'articolo 17 del decreto legislativo 9 luglio 1997, n. 241. La disposizione di cui al primo periodo non si applica per la parte dell'eccedenza detraibile di ammontare pari ai versamenti dell'imposta sul valore aggiunto effettuati con riferimento a tale precedente anno.

70 *septies*. Adempimenti. – 1. Il rappresentante di gruppo adempie gli obblighi ed esercita i diritti di cui all'articolo 70 *quinquies*, comma 4, nei modi ordinari.

2. Il rappresentante di gruppo è il soggetto che esercita il controllo di cui all'articolo 70 *ter*, comma 1. Se il predetto soggetto non può esercitare l'opzione, è rappresentante di gruppo il soggetto partecipante con volume d'affari o ammontare di ricavi più elevato nel periodo precedente alla costituzione del gruppo medesimo. Per i Gruppi IVA costituiti tra i soggetti di cui al comma 1 *bis* dell'articolo 70 *ter*, il rappresentante di gruppo è la società capogruppo di cui alla lettera *a*), del comma 1 dell'articolo 37 *bis* del testo unico di cui al decreto legislativo 1° settembre 1993, n. 385 ([1]).

3. Se il rappresentante di gruppo cessa di far parte del gruppo IVA senza che vengano meno gli effetti dell'opzione per gli altri partecipanti, subentra quale rappresentante di gruppo un altro soggetto partecipante al gruppo IVA, individuato ai sensi del comma 2, con riferimento all'ultima dichiarazione presentata. La sostituzione ha effetto dal giorno successivo alla cessazione del precedente rappresentante di gruppo ed è comunicata dal nuovo rappresentante di gruppo con la dichiarazione di cui all'articolo 70 *duodecies*, comma 5, entro trenta giorni.

([1]) *Questo periodo è stato aggiunto dall'art. 20, comma 1, lett.* b), *del D.L. 23 ottobre 2018, n. 119, convertito, con modificazioni, nella L. 17 dicembre 2018, n. 136.*

70 *octies*. Responsabilità. – 1. Il rappresentante di gruppo è responsabile per l'adempimento degli obblighi connessi all'esercizio dell'opzione.

2. Gli altri soggetti partecipanti al gruppo IVA sono responsabili in solido con il rappresentante di gruppo per le somme che risultano dovute a titolo di imposta, interessi e sanzioni a seguito delle attività di liquidazione e controllo.

70 *novies*. Disposizioni in materia di opzioni e revoche. – 1. La revoca dell'opzione esercitata ai sensi dell'articolo 70 *quater* è comunicata dal rappresentante di gruppo con la dichiarazione di cui all'articolo 70 *duodecies*, comma 5, sottoscritta anche dagli altri soggetti partecipanti al gruppo IVA.

2. La revoca dell'opzione opera nei riguardi di tutti i soggetti partecipanti al gruppo IVA. Se la dichiarazione di cui al comma 1 è presentata dal 1° gennaio al 30 settembre, la revoca ha effetto a decorrere dall'anno successivo. Se la dichiarazione di cui al comma 1 è presentata dal 1° ottobre al 31 dicembre, la revoca ha effetto a decorrere dal secondo anno successivo.

3. Alle opzioni e alle revoche previste dal presente titolo non si applicano le disposizioni del regolamento di cui al decreto del Presidente della Repubblica 10 novembre 1997, n. 442.

4. L'esercizio da parte di un soggetto dell'opzione di cui all'articolo 70 *quater* comporta il venir meno degli effetti delle opzioni in materia di impo-

sta sul valore aggiunto esercitate dallo stesso in precedenza, anche se non è decorso il periodo minimo di permanenza nel particolare regime prescelto.

70 *decies*. Esclusione dalla partecipazione al gruppo IVA. – 1. L'opzione di cui all'articolo 70 *quater*, comma 1, da parte di un soggetto, per il quale non sussistono i requisiti di cui all'articolo 70 *bis*, è priva di effetti limitatamente a tale soggetto.

2. Ciascun soggetto partecipante a un gruppo IVA cessa di partecipare al gruppo medesimo se si verifica uno dei seguenti casi:

a) viene meno il vincolo finanziario nei riguardi di tale soggetto;

b) è riconosciuto, ai sensi dell'articolo 70 *ter*, comma 5, il venir meno del vincolo economico od organizzativo nei riguardi di tale soggetto;

c) tale soggetto subisce il sequestro giudiziario dell'azienda ai sensi dell'articolo 670 del codice di procedura civile;

d) tale soggetto è sottoposto a una procedura concorsuale;

e) tale soggetto è posto in liquidazione ordinaria.

3. La partecipazione al gruppo IVA cessa a decorrere dalla data in cui si verificano gli eventi previsti nel comma 2, lettere *a*), *c*), *d*) o *e*), e ha effetto per le operazioni compiute e per gli acquisti e le importazioni annotati a partire da tale data. Nell'ipotesi di cui al comma 2, lettera *b*), la partecipazione al gruppo IVA cessa a decorrere dall'anno successivo a quello in cui è riconosciuto il venir meno del vincolo. Per l'individuazione della data in cui si verifica l'evento, nelle ipotesi di cui alle lettere *c*), *d*) o *e*) del comma 2, si fa riferimento alla data di efficacia del provvedimento che dispone il sequestro giudiziario, alla data della sentenza dichiarativa del fallimento, alla data del decreto di ammissione al concordato preventivo, alla data del provvedimento che ordina la liquidazione coatta amministrativa, alla data del decreto che dispone la procedura di amministrazione straordinaria delle grandi imprese in crisi o alla data di assunzione della delibera assembleare della liquidazione ordinaria.

4. Il gruppo IVA cessa quando viene meno la pluralità dei soggetti partecipanti. In tal caso, l'eccedenza detraibile risultante dalla dichiarazione del gruppo IVA non chiesta a rimborso è computata in detrazione dal soggetto partecipante che agiva in qualità di rappresentante di gruppo nelle proprie liquidazioni o nella propria dichiarazione annuale.

5. La cessazione di cui ai commi 2 e 4 è comunicata dal rappresentante di gruppo entro trenta giorni dalla data in cui si sono verificati gli eventi, con la dichiarazione di cui all'articolo 70 *duodecies*, comma 5.

70 *undecies*. Attività di controllo. – 1. Per le annualità di validità dell'opzione, l'esercizio dei poteri previsti dagli articoli 51 e seguenti nei confronti del gruppo IVA è demandato alle strutture, già esistenti, individuate con il regolamento di amministrazione dell'Agenzia delle entrate, di cui all'articolo 71, comma 3, del decreto legislativo 30 luglio 1999, n. 300, nell'ambito delle risorse umane, strumentali e finanziarie disponibili a legislazione vigente ([1]).

2. Alle strutture di cui al comma 1 sono demandate le attività di:

a) liquidazione prevista dall'articolo 54 *bis*;

b) controllo sostanziale;

c) recupero dei crediti inesistenti utilizzati in compensazione ai sensi dell'articolo 17 del decreto legislativo 9 luglio 1997, n. 241;

d) gestione del contenzioso relativo a tutti gli atti di competenza delle strutture stesse;

e) rimborso in materia di imposta sul valore aggiunto.

3. Ai fini delle attività di controllo, nell'ipotesi di disconoscimento della validità dell'opzione il recupero dell'imposta avviene nei limiti dell'effettivo vantaggio fiscale conseguito.

4. Con provvedimento del direttore dell'Agenzia delle entrate sono stabiliti specifici adempimenti finalizzati ad assicurare l'efficacia delle attività di controllo.

([1]) *Si veda l'art. 1, comma 29, della L. 11 dicembre 2016, n. 232, di cui si riporta il testo: «29. Il regolamento di amministrazione dell'Agenzia delle entrate, di cui all'articolo 71, comma 3, del decreto legislativo 30 luglio 1999, n. 300, può attribuire alle medesime strutture, già esistenti, di cui al comma 1 dell'articolo 70* undecies *del decreto del Presidente della Repubblica 26 ottobre 1972, n. 633, introdotto dal comma 24 del presente articolo, nell'ambito delle risorse umane, strumentali e finanziarie disponibili a legislazione vigente, i poteri previsti dagli articoli 31 e seguenti del decreto del Presidente della Repubblica 29 settembre 1973, n. 600, nei confronti dei soggetti che aderiscono al gruppo IVA».*

A norma dell'art. 1, comma 30, del medesimo provvedimento, tali disposizioni si applicano a decorrere dal 1° gennaio 2018.

70 *duodecies*. Disposizioni speciali e di attuazione. – 1. Le modalità e i termini speciali di emissione, numerazione e registrazione delle fatture nonché di esecuzione delle liquidazioni e dei versamenti periodici stabiliti dai decreti ministeriali emanati ai sensi degli articoli 22, secondo comma, 73 e 74 si applicano alle operazioni soggette a tali disposizioni effettuate dal gruppo IVA.

2. Se al gruppo IVA partecipano una o più banche, alle operazioni riferibili a queste ultime si applicano le disposizioni del regolamento di cui al decreto del Ministro dell'economia e delle finanze 12 febbraio 2004, n. 75.

3. Se al gruppo IVA partecipano una o più società assicurative, alle operazioni riferibili a queste ultime si applicano le disposizioni di cui al decreto

del Ministro delle finanze 30 maggio 1989, pubblicato nella *Gazzetta Ufficiale* n. 129 del 5 giugno 1989.

4. Le disposizioni di cui all'articolo 8, comma 1, secondo, quarto e quinto periodo, del decreto legge 25 settembre 2001, n. 351, convertito, con modificazioni, dalla legge 23 novembre 2001, n. 410, si applicano anche nei casi in cui una società di gestione di fondi partecipi a un gruppo IVA.

5. Con provvedimento del direttore dell'Agenzia delle entrate sono approvati il modello per la presentazione delle dichiarazioni di cui al presente titolo nonché le modalità e le specifiche tecniche per la trasmissione telematica delle stesse.

6. Con decreto del Ministro dell'economia e delle finanze sono stabilite le disposizioni necessarie per l'attuazione del presente titolo.

6 *bis*. In caso di adesione al regime di cui al titolo III del decreto legislativo 5 agosto 2015, n. 128, da parte di uno dei soggetti passivi che abbia esercitato l'opzione di cui all'articolo 70 *quater*, il predetto regime si estende obbligatoriamente a tutte le società partecipanti al gruppo IVA. Tale estensione si verifica anche nel caso in cui l'opzione per il gruppo IVA venga esercitata da un soggetto che abbia già aderito al regime. Nelle more del perfezionamento del procedimento di adesione al regime da parte di tutti i partecipanti al gruppo IVA, l'esclusione del regime di cui all'articolo 7, comma 3, del decreto legislativo n. 128 del 2015 non può essere dichiarata per cause connesse all'estensione di cui al presente comma ([1]).

([1]) *Questo comma è stato aggiunto dall'art. 20, comma 1, lett.* b bis*), del D.L. 23 ottobre 2018, n. 119, convertito, con modificazioni, nella L. 17 dicembre 2018, n. 136.*

Titolo Sesto
Disposizioni varie

71. Operazioni con lo Stato della Città del Vaticano e con la Repubblica di San Marino. – Le disposizioni degli articoli 8 e 9 si applicano alle cessioni eseguite mediante trasporto o consegna dei beni nel territorio dello Stato della Città del Vaticano, comprese le aree in cui hanno sede le istituzioni e gli uffici richiamati nella convenzione doganale italo-vaticana del 30 giugno 1930 e in quello della Repubblica di San Marino, ed ai servizi connessi, secondo modalità da stabilire preventivamente con decreti del Ministro per le finanze in base ad accordi con i detti Stati.

Per l'introduzione nel territorio dello Stato di beni provenienti dallo Stato della Città del Vaticano, comprese le aree di cui al primo comma e dalla Repubblica di San Marino i contribuenti dai quali o per conto dei quali ne è effettuata l'introduzione nel territorio dello Stato sono tenuti al pagamento dell'imposta sul valore aggiunto a norma del secondo comma [1] dell'art. 17.

Per i beni di provenienza estera destinati alla Repubblica di San Marino, l'imposta sul valore aggiunto sarà assunta in deposito dalla dogana e rimborsata al detto Stato successivamente alla introduzione dei beni stessi nel suo territorio, secondo modalità da stabilire con il decreto previsto dal primo comma.

[1] *Le parole: «terzo comma» sono sostituite dalle seguenti: «secondo comma» dall'art. 1, comma 1, lett.* aa)*, del D.L.vo 11 febbraio 2010, n. 18. A norma dell'art. 5, comma 1, dello stesso decreto, questa disposizione si applica alle operazioni effettuate dal 1° gennaio 2010.*

72. [1] **Operazioni non imponibili.** – 1. Agli effetti dell'imposta, le seguenti operazioni sono non imponibili e sono equiparate a quelle di cui agli articoli 8, 8 *bis* e 9:

a) le cessioni di beni e le prestazioni di servizi effettuate nei confronti delle sedi e dei rappresentanti diplomatici e consolari, compreso il personale tecnico-amministrativo, appartenenti a Stati che in via di reciprocità riconoscono analoghi benefici alle sedi e ai rappresentanti diplomatici e consolari italiani;

b) le cessioni di beni e le prestazioni di servizi effettuate nei confronti dei comandi militari degli Stati membri, dei quartieri generali militari internazionali e degli organismi sussidiari, installati in esecuzione del Trattato del Nord Atlantico, nell'esercizio delle proprie funzioni istituzionali, nonché all'amministrazione della difesa qualora agisca per conto dell'organizzazione istituita con il medesimo Trattato;

c) le cessioni di beni e le prestazioni di servizi effettuate nei confronti dell'Unione europea, della Comunità europea dell'energia atomica, della Banca centrale europea, della Banca europea per gli investimenti e degli organismi istituiti dall'Unione cui si applica il protocollo sui privilegi e sulle immunità delle Comunità europee, firmato a Bruxelles l'8 aprile 1965, reso esecutivo con legge 3 maggio 1966, n. 437, alle condizioni e nei limiti fissati da detto protocollo e dagli accordi per la sua attuazione o dagli accordi di sede e sempre che ciò non comporti distorsioni della concorrenza, anche se effettuate nei confronti di imprese o enti per l'esecuzione di contratti di ricerca e di associazione conclusi con l'Unione, nei limiti, per questi ultimi, della partecipazione dell'Unione stessa;

c bis) le cessioni di beni effettuate nei confronti della Commissione europea o di un'agenzia o di un organismo istituito a norma del diritto dell'Unione europea, qualora la Commissione o tale agenzia od organismo acquisti tali beni o servizi nell'ambito dell'esecuzione dei compiti conferiti dal diritto dell'Unione europea al fine di rispondere alla pandemia di COVID-19, tranne nel caso in cui i beni e i servizi acquistati siano utilizzati, immediatamente o in seguito, ai fini di ulteriori cessioni o prestazioni effettuate atitolo oneroso dalla Commissione o da tale agenzia od organismo. Qualora vengano meno le condizioni previste dal periodo precedente, la Commissione, l'agenzia interessata o l'organismo interessato informa l'amministrazione finanziaria e la cessione di tali beni è soggetta all'IVA alle condizioni applicabili in quel momento (2).

d) le cessioni di beni e le prestazioni di servizi effettuate nei confronti dell'Organizzazione delle Nazioni Unite e delle sue istituzioni specializzate nell'esercizio delle proprie funzioni istituzionali;

e) le cessioni di beni e le prestazioni di servizi effettuate nei confronti dell'Istituto universitario europeo e della Scuola europea di Varese nell'esercizio delle proprie funzioni istituzionali;

f) le cessioni di beni e le prestazioni di servizi effettuate nei confronti degli organismi internazionali riconosciuti, diversi da quelli di cui alla lettera *c*), nonché dei membri di tali organismi, alle condizioni e nei limiti fissati dalle convenzioni internazionali che istituiscono tali organismi o dagli accordi di sede.

2. Le disposizioni di cui al comma 1 trovano applicazione per gli enti ivi indicati alle lettere *a*), *c*), *d*) ed *e*) se le cessioni di beni e le prestazioni di servizi sono di importo superiore ad euro 300; per gli enti indicati nella lettera *a*) le disposizioni non si applicano alle operazioni per le quali risulta beneficiario un soggetto diverso, ancorché il relativo onere sia a carico degli enti e dei soggetti ivi indicati. Il predetto limite di euro 300 non si applica alle cessioni di prodotti soggetti ad accisa, per le quali la non imponibilità relativamente all'imposta opera alle stesse condizioni e negli stessi limiti in cui viene concessa l'esenzione dai diritti di accisa.

3. Le previsioni contenute in trattati e accordi internazionali relative alle imposte sulla cifra di affari si riferiscono all'imposta sul valore aggiunto.

(1) *Questo articolo è stato così sostituito dall'art. 8, comma 2, lett.* m), *della L. 15 dicembre 2011, n. 217. A norma dell'art. 8, comma 5, della medesima legge, tali disposizioni si applicano alle operazioni effettuate a partire dal sessantesimo giorno successivo a quello dell'entrata in vigore della presente legge* (G.U. *Serie gen. - n. 1 del 2 gennaio 2012*).

(2) *Questa lettera è stata inserita dall'art. 5, comma 15* bis, *del D.L. 21 ottobre 2021, n. 146, convertito, con modificazioni, nella L. 17 dicembre 2021, n. 215.*

A norma dell'art. 5, comma 15 ter, *del D.L. 21 ottobre 2021, n. 146, convertito, con modificazioni, nella L. 17 dicembre 2021, n. 215, il regime di non imponibilità previsto da questa lettera, e il conseguente regime di cui all'articolo 68, lettera c), del decreto del Presidente della Repubblica 26 ottobre 1972, n. 633, si applicano alle operazioni compiute a partire dal 1° gennaio 2021.*

73. (1) (2) **Modalità e termini speciali.** – Il Ministro dell'economia e delle finanze, con propri decreti, può determinare le modalità ed i termini:

a) per l'emissione, numerazione, registrazione, conservazione delle fatture o per la registrazione dei corrispettivi relativi ad operazioni effettuate dalla stessa impresa in diversi settori di attività e ad operazioni effettuate a mezzo di sedi secondarie od altre dipendenze di cui al secondo comma dell'art. 35 e di commissionari, nonché per la registrazione dei relativi acquisti;

b) per l'emissione delle fatture relative a cessioni di beni inerenti a contratti estimatori, a cessioni di imballaggi e recipienti di cui all'art. 15, n. 4), non restituiti in conformità alle pattuizioni contrattuali e a cessioni di beni il cui prezzo è commisurato ad elementi non ancora conosciuti alla data di effettuazione della operazione;

c) per l'emissione, numerazione, registrazione e conservazione delle fatture relative a prestazioni di servizi effettuate nell'esercizio di arti e professioni per le quali risulti particolarmente onerosa e complessa l'osservanza degli obblighi di cui al titolo secondo del presente decreto;

d) per le annotazioni prescritte dal presente decreto da parte dei contribuenti che utilizzano macchine elettro-contabili fermo restando l'obbligo di tenere conto, nelle dichiarazioni annuali e nelle liquidazioni periodiche, di tutte le operazioni soggette a registrazione nel periodo cui le dichiarazioni e liquidazioni stesse si riferiscono;

e) per l'emissione, numerazione e registrazione delle fatture, le liquidazioni periodiche e i versamenti relativi alle somministrazioni di acqua, gas, energia elettrica e simili e all'esercizio di impianti di lampade votive.

Con decreti del Ministro dell'economia e delle finanze possono inoltre essere determinate le formalità che devono essere osservate per effettuare, senza applicazione dell'imposta, la restituzione alle imprese produttrici o la sostituzione gratuita di beni invenduti previste da disposizioni legislative, usi commerciali o clausole contrattuali. [Per determinate categorie di beni, contenuti in recipienti, imballaggi e simili per la diretta vendita al consumo, potrà essere disposta l'applicazione di contrassegni di Stato atti a garantire il pagamento dell'imposta] (3) (4).

Il Ministro dell'economia e delle finanze può disporre con propri decreti, stabilendo le relative modalità, che i versamenti periodici, compreso quello di cui all'articolo 6, comma 2, della legge 29 dicembre 1990, n. 405, e i versamenti dell'imposta dovuta in base alla dichiarazione annuale siano eseguiti per l'ammontare complessivamente dovuto dall'ente o società commerciale controllante e dagli enti o società commerciali controllati, al netto delle eccedenze detraibili; l'ente o società commerciale controllante comunica all'Agenzia delle entrate l'esercizio dell'opzione per la predetta procedura di versamento con la dichiarazione ai fini dell'imposta sul valore aggiunto presentata nell'anno solare a decorrere dal quale intende esercitare l'opzione. Agli effetti dei versamenti di cui al precedente periodo non si tiene conto delle eccedenze detraibili, risultanti dalle dichiarazioni annuali relative al periodo d'imposta precedente, degli enti e società diversi da quelli per i quali anche in tale periodo d'imposta l'ente o società controllante si è avvalso della facoltà di cui al presente comma. Alle eccedenze detraibili degli enti e delle società per i quali trova applicazione la disposizione di cui al precedente periodo si applicano le disposizioni di cui all'articolo 30. Restano fermi gli altri obblighi e le responsabilità delle società controllate. Si considera controllata la società le cui azioni o quote sono possedute per oltre la metà dall'altra, almeno dal 1° luglio dell'anno solare precedente a quello di esercizio dell'opzione (5) (6) (7).

(1) *Questo articolo è stato così sostituito dall'art. 1 del D.P.R. 29 gennaio 1979, n. 24.*

(2) *Le parole: «Ministro delle finanze», ovunque ricorrono, sono state così sostituite dalle seguenti: «Ministro dell'economia e delle finanze», dall'art. 1, comma 27, lett.* a), *della L. 11 dicembre 2016, n. 232, a decorrere dal 1° gennaio 2017.*

(3) *Questo periodo è stato abrogato dall'art. 4 del D.P.R. 7 febbraio 2000, n. 48.*

(4) *Questo comma è stato così sostituito dall'art. 22 del D.L. 2 marzo 1989, n. 69, conv., con modif., nella L. 27 aprile 1989, n. 154.*

(5) *Questo comma è stato così sostituito dall'art. 1, comma 27, lett.* b), *della L. 11 dicembre 2016, n. 232, a decorrere dal 1° gennaio 2017.*

(6) *A norma dell'art. 1, comma 28, della L. 11 dicembre 2016, n. 232, a decorrere dal 1° gennaio 2017, il Ministro dell'economia e delle finanze, con proprio decreto, adegua le vigenti disposizioni ministeriali alle modificazioni introdotte dall'art. 1, comma 27, lettera* b), *del medesimo provvedimento.*

(7) *A norma dell'art. 2, comma 3, del D.M. 13 febbraio 2017, l'ente o la società controllante che intende continuare ad avvalersi delle disposizioni di cui al presente comma, comunica l'esercizio congiunto dell'opzione secondo le modalità di cui all'art. 3 del D.M. 13 dicembre 1979, come sostituito dall'art. 1, comma 1, lett.* e) *del suddetto D.M. 13 febbraio 2017.*

73 *bis*. (1) **Disposizioni per la identificazione di determinati prodotti.** – Il Ministro delle finanze con propri decreti può stabilire l'obbligo della individuazione, mediante apposizione di contrassegni ed etichette (2), di taluni prodotti appartenenti alle seguenti categorie:

1) prodotti tessili di cui alla legge 26 novembre 1973, n. 883, nonché indumenti in pelle o pellicceria anche artificiali;

2) apparecchi riceventi per la radiodiffusione e per la televisione, apparecchi per la registrazione e la riproduzione del suono e delle immagini, apparecchi del settore cine-foto-ottico, nonché talune relative parti e pezzi staccati;

3) dischi, nastri ed altri analoghi supporti fonografici ([3]).

L'obbligo deve essere adempiuto dal produttore o dall'importatore ovvero da chi effettua acquisti intracomunitari anteriormente a qualsiasi atto di commercializzazione. Dal contrassegno o dall'etichetta devono risultare, per i prodotti indicati al n. 1), eventualmente anche in aggiunta ai dati richiesti dalla legge 26 novembre 1973, n. 883, il numero di partita IVA del soggetto obbligato e la identificazione merceologica del prodotto in base alla voce di tariffa doganale e, in caso di sottovoci, anche al numero di codice statistico; per i prodotti indicati al n. 2), oltre al numero di partita IVA del soggetto obbligato, il numero progressivo attribuito al prodotto. Con gli stessi decreti sono stabiliti le caratteristiche, le modalità e i termini dell'apposizione, anche mediante idonee apparecchiature, del contrassegno e della etichetta nonché i relativi controlli. Possono essere altresì prescritte modalità per assicurare il raffronto delle indicazioni contenute nei contrassegni e nelle etichette con i documenti accompagnatori delle merci viaggianti e gli altri documenti commerciali e fiscali ([4]).

Con successivi decreti le disposizioni di cui al precedente comma possono essere estese anche a prodotti confezionati in tessuto o in pelle, anche artificiali, diversi dagli indumenti.

[Ai produttori o importatori ovvero agli acquirenti intracomunitari che consegnano o spediscono, anche a titolo non traslativo ma per la vendita, prodotti di cui ai precedenti commi sprovvisti di contrassegno o etichetta ovvero con contrassegno o etichetta privi del numero di partita IVA o dei dati di identificazione del prodotto o del numero progressivo o con la loro indicazione incompleta o inesatta, si applica la sanzione di cui alla prima parte del primo comma dell'art. 41. La stessa sanzione si applica ai soggetti che ricevono, nell'esercizio di impresa, prodotti privi di contrassegno o etichetta ovvero con contrassegno o etichetta mancante dei detti elementi. La sanzione è ridotta ad un quarto se per la relativa cessione è stata emessa fattura] ([5]).

[Per ogni altra violazione alle disposizioni di cui ai decreti previsti dai commi primo e secondo si applica la pena pecuniaria da lire centomila a lire cinquecentomila] ([5]).

([1]) *L'intero articolo è stato aggiunto dall'art. 26 del D.P.R. 30 dicembre 1980, n. 897, con effetto dal 1° gennaio 1981.*

([2]) *Si veda anche la L. 2 maggio 1976, n. 160.*

([3]) *Lettera aggiunta dall'art. 7, D.P.R. 28 dicembre 1982, n. 954, in vigore dall'1 gennaio 1983.*

([4]) *Questo comma era stato abrogato dall'art. 16, comma 1, lett.* a), *del D.L.vo 18 dicembre 1997, n. 471, a decorrere dal 1° aprile 1998. L'art. 1, comma 1, lett.* e), *del D.L.vo 5 giugno 1998, n. 203, ha successivamente modificato l'art. 16 citato, confermando l'abrogazione dei soli commi quarto e quinto di questo articolo, con effetto dal 1° aprile 1998.*

(5) *Questo comma è stato abrogato dall'art. 16, comma 1, lett.* a), *del D.L.vo 18 dicembre 1997, n. 471, a decorrere dal 1° aprile 1998.*

74. (1) **Disposizioni relative a particolari settori.** – In deroga alle disposizioni dei titoli primo e secondo, l'imposta è dovuta:

a) per il commercio di sali e tabacchi importati o fabbricati dall'amministrazione autonoma dei monopoli dello Stato, ceduti attraverso le rivendite dei generi di monopoli, dall'amministrazione stessa, sulla base del prezzo di vendita al pubblico (2);

b) per il commercio dei fiammiferi, limitatamente alle cessioni successive alle consegne effettuate al Consorzio industrie fiammiferi, dal Consorzio stesso, sulla base del prezzo di vendita al pubblico. Lo stesso regime si applica nei confronti del soggetto che effettua la prima immissione al consumo di fiammiferi di provenienza comunitaria (3). L'imposta concorre a formare la percentuale di cui all'art. 8 delle norme di esecuzione annesse al decreto legislativo 17 aprile 1948, n. 525;

c) per il commercio di giornali quotidiani, di periodici, di libri, dei relativi supporti integrativi e di cataloghi, dagli editori sulla base del prezzo di vendita al pubblico, in relazione al numero delle copie vendute. L'imposta può applicarsi in relazione al numero delle copie consegnate o spedite, diminuito a titolo di forfettizzazione della resa del 70 per cento per i libri e dell'80 per cento per i giornali quotidiani e periodici, esclusi quelli pornografici e quelli ceduti unitamente a beni diversi dai supporti integrativi (4) (5). Per periodici si intendono i prodotti editoriali registrati come pubblicazioni ai sensi della legge 8 febbraio 1948, n. 47, e successive modificazioni. Per supporti integrativi si intendono i nastri, i dischi, le videocassette e gli altri supporti sonori, videomagnetici o digitali ceduti, anche gratuitamente, in unica confezione, unitamente ai libri per le scuole di ogni ordine e grado e per le università, ivi inclusi i dizionari, ed ai libri fruibili dai disabili visivi, a condizione che i beni unitamente ceduti abbiano prezzo indistinto e che, per il loro contenuto, non siano commercializzabili separatamente. Qualora non ricorrano tali condizioni, ai beni ceduti congiuntamente si applica il sesto periodo (6). La disposizione di cui al primo periodo della presente lettera *c*) si applica anche se i giornali quotidiani, i periodici ed i libri sono ceduti unitamente a beni diversi dai supporti integrativi, con prezzo indistinto ed in unica confezione, sempreché il costo del bene ceduto, anche gratuitamente, congiuntamente alla pubblicazione non sia superiore al cinquanta per cento del prezzo dell'intera confezione; in ogni caso (7), l'imposta si applica con l'aliquota di ciascuno dei beni ceduti. I soggetti che esercitano l'opzione per avvalersi delle disposizioni della legge 16 dicembre 1991, n. 398, applicano, per le cessioni di prodotti editoriali, l'imposta in relazione al numero delle copie vendute, secondo le modalità previste dalla predetta legge ([8]). [Non si considerano supporti integrativi o altri beni quelli che, integrando il contenuto dei libri, giornali quotidiani e periodici, esclusi quelli pornografici, sono ad esso funzionalmente connessi e tale connessione risulti da dichiarazione sostitutiva di atto notorio di cui alla legge 4 gennaio 1968, n. 15, presentata prima della commercializzazione, ai sensi dell'articolo 35, presso il competente ufficio dell'imposta sul valore aggiunto] ([9]) ([10]) ([11]) ([12]);

d) per le prestazioni dei gestori di telefoni posti a disposizione del pubblico, nonché per la vendita di qualsiasi mezzo tecnico, ivi compresa la fornitura di codici di accesso, per fruire dei servizi di telecomunicazione, fissa o mobile, e di telematica, dal titolare della concessione o autorizzazione ad esercitare i servizi, sulla base del corrispettivo dovuto dall'utente o, se non ancora determinato, sulla base del prezzo mediamente praticato per la vendita al pubblico in relazione alla quantità di traffico telefonico messo a disposizione tramite il mezzo tecnico. Le stesse disposizioni si applicano ai soggetti non residenti che provvedono alla vendita o alla distribuzione dei mezzi tecnici nel territorio dello Stato tramite proprie stabili organizzazioni nel territorio dello Stato, loro rappresentanti fiscali nominati ai sensi del secondo comma dell'articolo 17, ovvero tramite identificazione diretta ai sensi dell'articolo 35 *ter*, nonché ai commissionari, agli altri intermediari e ai soggetti terzi che provvedono alla vendita o alla distribuzione nel territorio dello Stato dei mezzi tecnici acquistati da soggetti non residenti. Per tutte le vendite dei mezzi tecnici nei confronti dei soggetti che agiscono nell'esercizio di imprese, arti o professioni, anche successive alla prima cessione, i cedenti rilasciano un documento in cui devono essere indicate anche la denominazione e la partita IVA del soggetto passivo che ha assolto l'imposta. La medesima indicazione deve essere riportata anche sull'eventuale supporto fisico, atto a veicolare il mezzo tecnico, predisposto direttamente o tramite terzi dal soggetto che realizza o commercializza gli stessi ([13]);

e) per la vendita di documenti di viaggio relativi ai trasporti pubblici urbani di persone o di documenti di sosta relativi ai parcheggi veicolari, dall'esercente l'attività di trasporto ovvero l'attività di gestione dell'autoparcheggio, sulla base del prezzo di vendita al pubblico. A tal fine le operazioni di vendita al pubblico di documenti di viaggio relativi ai trasporti pubblici urbani di persone o di documenti di sosta relativi ai parcheggi veicolari comprendono le prestazioni di intermediazione con rappresentanza ad esse relative, nonché tutte le operazioni di compravendita effettuate dai rivenditori autorizzati, siano essi primari o secondari [14] [15];

e bis) (*Omissis*) [16].

Le operazioni non soggette all'imposta in virtù del precedente comma sono equiparate per tutti gli effetti del presente decreto alle operazioni non imponibili di cui al terzo comma dell'art. 2.

Le modalità ed i termini per l'applicazione delle disposizioni dei commi precedenti saranno stabiliti con decreti del Ministro delle finanze.

Gli enti e le imprese che prestano servizi al pubblico con caratteri di uniformità, frequenza e diffusione tali da comportare l'addebito dei corrispettivi per periodi superiori al mese possono essere autorizzati, con decreto del Ministro delle finanze, ad eseguire le liquidazioni periodiche di cui all'art. 27 e i relativi versamenti trimestralmente anziché mensilmente [17] [18]. La stessa autorizzazione può essere concessa agli esercenti impianti di distribuzione di carburante per uso di autotrazione e agli autotrasportatori di cose per conto terzi iscritti all'albo di cui alla L. 6 giugno 1974, n. 298 [19]. Non si applicano le disposizioni di cui all'art. 33 per le liquidazioni ed i versamenti trimestrali effettuati dagli esercenti impianti di distribuzione di carburante per uso di autotrazione e dagli autotrasportatori iscritti nell'albo sopra indicato, nonché per le liquidazioni ed i versamenti trimestrali disposti con decreti del Ministro delle finanze, emanati a norma dell'art. 73, primo comma, lett. *e*), e del primo periodo del presente comma [20]. Per le prestazioni di servizi degli autotrasportatori indicati nel periodo precedente, effettuate nei confronti del medesimo committente, può essere emessa, nel rispetto del termine di cui all'articolo 21, quarto comma, primo periodo, una sola fattura per più operazioni di ciascun trimestre solare [20] [21]. In deroga a quanto disposto dall'art. 23, primo comma, le fatture emesse per le prestazioni di servizi dei suddetti autotrasportatori possono essere comunque annotate entro il trimestre solare successivo a quello di emissione [21].

Nel caso di operazioni derivanti da contratti di subfornitura, qualora per il pagamento del prezzo sia stato pattuito un termine successivo alla consegna del bene o alla comunicazione dell'avvenuta esecuzione della prestazione, il subfornitore può effettuare il versamento con cadenza trimestrale, senza che si dia luogo all'applicazione di interessi [22].

Per gli intrattenimenti, i giochi e le altre attività di cui alla tariffa allegata al D.P.R. 26 ottobre 1972, n. 640, l'imposta si applica sulla stessa base imponibile dell'imposta sugli intrattenimenti ed è riscossa con le stesse modalità stabilite per quest'ultima. La detrazione di cui all'art. 19 è forfettizzata in misura pari al cinquanta per cento dell'imposta relativa alle operazioni imponibili. Se nell'esercizio delle attività incluse nella tariffa vengono effettuate anche [prestazioni di sponsorizzazione e] ([23]) cessioni o concessioni di diritti di ripresa televisiva e di trasmissione radiofonica, comunque connesse alle attività di cui alla tariffa stessa, l'imposta si applica con le predette modalità ma la detrazione è forfettizzata [in misura pari a un decimo per le operazioni di sponsorizzazione ed] ([23]) in misura pari a un terzo per le cessioni o concessioni di ripresa televisiva e di trasmissione radiofonica. I soggetti che svolgono le attività incluse nella tariffa sono esonerati dall'obbligo di fatturazione, tranne che per le prestazioni di sponsorizzazione, per le cessioni o concessioni di diritti di ripresa televisiva e di trasmissione radiofonica e per le prestazioni pubblicitarie; sono altresì esonerati dagli obblighi di registrazione e dichiarazione, salvo quanto stabilito dall'art. 25; per il contenzioso si applica la disciplina stabilita per l'imposta sugli intrattenimenti. Le singole imprese hanno la facoltà di optare per l'applicazione dell'imposta nei modi ordinari dandone comunicazione al concessionario di cui all'art. 17 del D.P.R. 26 ottobre 1972, n. 640, competente in relazione al proprio domicilio fiscale, prima dell'inizio dell'anno solare e all'ufficio delle entrate secondo le disposizioni del D.P.R. 10 novembre 1997, n. 442; l'opzione ha effetto fino a quando non è revocata ed è comunque vincolante per un quinquennio ([24]).

[Per le operazioni relative all'esercizio dei giuochi di abilità e dei concorsi pronostici riservati allo Stato e agli enti indicati nel D.L.vo 14 aprile 1948, n. 496, e successive modificazioni, ratificato con L. 22 aprile 1953, n. 342, l'imposta, compresa quella sulle operazioni riguardanti la raccolta delle giuocate, è compresa nella imposta unica di cui alla L. 22 dicembre 1951, n. 1379, e successive modificazioni. Conseguentemente le cessioni di beni e le prestazioni di servizi che formano oggetto delle dette operazioni sono esonerate dagli obblighi di fatturazione, registrazione e dichiarazione] ([25]).

Per le cessioni di rottami, cascami e avanzi di metalli ferrosi e dei relativi lavori, di carta da macero, di stracci e di scarti di ossa, di pelli, di vetri, di gomma e plastica, nonché di bancali in legno (*pallet*) recuperati ai cicli di utilizzo successivi al primo, ([26]) intendendosi comprese anche quelle relative agli anzidetti beni che siano stati ripuliti, selezionati, tagliati, compattati, lingottati o sottoposti ad altri trattamenti atti a facilitarne l'utilizzazione, il trasporto e lo stoccaggio senza modificarne la natura, al pagamento dell'imposta è tenuto il cessionario, se soggetto passivo d'imposta nel territorio dello Stato. La fattura, emessa dal cedente senza addebito dell'imposta, con l'osservanza delle disposizioni di cui agli articoli 21 e seguenti e con l'annotazione "inversione contabile" e l'eventuale indicazione della norma di cui al presente comma ([27]), deve essere integrata dal cessionario con l'indicazione dell'aliquota e della relativa imposta e deve essere annotata nel registro di cui agli articoli 23 o 24 entro il mese di ricevimento ovvero anche successivamente, ma comunque entro quindici giorni dal ricevimento e con riferimento al relativo mese; lo stesso documento, ai fini della detrazione, è annotato anche nel registro di cui all'articolo 25. Agli effetti della limitazione contenuta nel terzo comma dell'articolo 30 le cessioni sono considerate operazioni imponibili. Le disposizioni di cui al presente comma si applicano anche per le cessioni dei semilavorati di metalli ferrosi di cui alle seguenti voci della tariffa doganale comune vigente al 31 dicembre 2003:

a) ghise gregge e ghise specolari in pani, salmoni o altre forme primarie (v.d. 72.01);

b) ferro-leghe (v.d. 72.02);

c) prodotti ferrosi ottenuti per riduzione diretta di minerali di ferro ed altri prodotti ferrosi spugnosi, in pezzi, palline o forme simili; ferro di purezza minima in peso, di 99,94%, in pezzi, in palline o forme simili (v.d. 72.03);

d) graniglie e polveri, di ghisa greggia, di ghisa specolare, di ferro o di acciaio (v.d. 72.05).

Le disposizioni del precedente comma si applicano anche per le cessioni di rottami, cascami e avanzi di metalli non ferrosi e dei relativi lavori ([28]), dei semilavorati di metalli non ferrosi di cui alle seguenti voci della tariffa doganale comune vigente al 31 dicembre 1996:

a) rame raffinato e leghe di rame, greggio (v.d. 74.03);

b) nichel greggio, anche in lega (v.d. 75.02);

c) alluminio greggio, anche in lega (v.d. 76.01);

d) piombo greggio, raffinato, antimoniale e in lega (v.d. 78.01);

e) zinco greggio, anche in lega (v.d. 79.01);

e bis) stagno greggio, anche in lega (v.d. 80.01);

e ter) filo di rame con diametro superiore a 6 millimetri (vergella) (v.d. 7408.11) ([29]);

e quater) filo di alluminio non legato con diametro superiore a 7 millimetri (vergella) (v.d. 7605.11) ([29]);

e quinquies) filo di leghe di alluminio con diametro superiore a 7 millimetri (vergella) (v.d. 7605.21) ([29]);

e sexies) barre di ottone (v.d. 74.07.21) ([30]) ([31]).

[Le disposizioni dell'ottavo comma si applicano, per i prodotti ivi considerati, sotto la responsabilità del cedente e sempre che nell'anno solare precedente l'ammontare delle relative cessioni effettuate da raccoglitori e rivenditori dotati di sede fissa non sia stato superiore a € 1.032.913,80] ([31]).

[I raccoglitori ed i rivenditori dei beni di cui all'ottavo comma sono esonerati dagli obblighi di cui al titolo II, tranne quello di numerare e conservare, ai sensi dell'articolo 39, le fatture e le bollette doganali relative agli acquisti e alle importazioni, nonché le fatture relative alle cessioni effettuate, all'emissione delle quali deve provvedere il cessionario che acquista i beni nell'esercizio dell'impresa, e sono esonerati da ogni altro adempimento senza diritto a detrazione. I raccoglitori e rivenditori dotati di sede fissa per la successiva rivendita se hanno realizzato cessioni per un importo superiore a € 77.468,53 nell'anno precedente possono optare per l'applicazione dell'IVA nei modi ordinari dandone preventiva comunicazione all'ufficio nella dichiarazione relativa al suddetto anno. Unitamente all'opzione deve essere presentata all'ufficio dell'imposta sul valore aggiunto una garanzia, nelle forme di cui all'articolo 38 *bis*, primo comma, pari all'importo derivante dall'applicazione dell'aliquota ordinaria sull'ammontare di € 1.032.913,80. I raccoglitori e i rivenditori dotati di sede fissa, che effettuano sia cessioni di beni di cui all'ottavo comma che cessioni di beni di cui al nono comma, applicano le disposizioni di cui al nono comma. Nei confronti dei raccoglitori e dei rivenditori di beni di cui al nono comma, non dotati di sede fissa, si applicano le disposizioni del primo periodo] ([32]).

[Per le cessioni di beni, esclusi quelli strumentali per l'esercizio dell'attività e quelli propri, comunque effettuate da esercenti agenzie di vendita all'asta, anche in esecuzione di rapporti di commissione o di rappresentanza di soggetti non operanti nell'esercizio di impresa o di arti e professioni, la base imponibile è costituita dal 15 per cento del prezzo di vendita. L'imposta afferente l'importazione o l'acquisto intracomunitario dei beni destinati alla vendita non è detraibile. Gli esercenti le dette agenzie, al fine di escludere le presunzioni di cui all'art. 53, devono annotare in apposito registro, tenuto in conformità all'art. 39, anche i beni ad essi consegnati dai soggetti di cui sopra, indicandone gli elementi identificativi, la data ed il titolo di consegna dei beni, nonché il prezzo di vendita degli stessi] ([33]).

Nelle operazioni indicate nel primo comma, lettere *a*), *b*) e *c*) non sono comprese le prestazioni di intermediazione con rappresentanza ad esse relative ([34]).

([1]) *Per la determinazione dell'IVA dei soggetti che esercitano attività di agriturismo di cui alla L. 5 dicembre 1985, n. 730, si veda l'art. 5 della L. 30 dicembre 1991, n. 413.*

([2]) *La lettera* a) *è stata così sostituita dall'art. 20 del D.P.R. 30 dicembre 1981, n. 793, in vigore dall'1 gennaio 1982.*

([3]) *Questo periodo è stato aggiunto dall'art. 36, comma 17, del D.L. 30 agosto 1993, n. 331, conv., con modif., nella L. 29 ottobre 1993, n. 427.*

([4]) *Le parole: «a supporti integrativi o ad altri beni» sono state così sostituite dalle attuali: «a beni diversi dai supporti integrativi» dall'art. 19, comma 1, lett.* a), *del D.L. 4 giugno 2013, n. 63, convertito, con modificazioni, nella L. 3 agosto 2013, n. 90. Tali disposizioni si applicano ai prodotti editoriali consegnati o spediti a partire dal 1° gennaio 2014.*

([5]) *Questo periodo è stato così sostituito dall'art. 52, comma 75, della L. 28 dicembre 2001, n. 448.*

([6]) *Il quarto e quinto periodo di questa lettera sono stati così sostituiti dagli attuali quarto e quinto periodo dall'art. 19, comma 1, lett.* a bis), *del D.L. 4 giugno 2013, n. 63, convertito, con modificazioni, nella L. 3 agosto 2013, n. 90. Tali disposizioni si applicano ai prodotti editoriali consegnati o spediti a partire dal 1° gennaio 2014.*

([7]) *Le parole: «se il costo del bene ceduto, anche gratuitamente, congiuntamente alla pubblicazione è superiore al dieci per cento del prezzo dell'intera confezione» sono state così sostituite dalle attuali: «in ogni caso» dall'art. 19, comma 1, lett.* b), *del D.L. 4 giugno 2013, n. 63, convertito, con modificazioni, nella L. 3 agosto 2013, n. 90. Tali disposizioni si applicano ai prodotti editoriali consegnati o spediti a partire dal 1° gennaio 2014.*

([8]) *A norma dell'art. 67, comma 7, del D.L. 25 maggio 2021, n. 73, convertito, con modificazioni, nella L. 23 luglio 2021, n. 106, per l'anno 2021, per il commercio di giornali quotidiani e di periodici e dei relativi supporti integrativi, l'imposta sul valore aggiunto di cui a questa lettera, può applicarsi, in deroga alla suddetta disposizione, in relazione al numero delle copie consegnate o spedite, diminuito a titolo di forfetizzazione della resa del 95 per cento per i giornali quotidiani e periodici, esclusi quelli pornografici e quelli ceduti unitamente a beni diversi dai supporti integrativi.*

([9]) *Questa lettera è stata così, da ultimo, sostituita dall'art. 6, comma 1, del D.L.vo 2 settembre 1997, n. 313, con effetto dal 1° gennaio 1998.*

([10]) *Questo comma è stato da ultimo così sostituito dall'art. 17, comma 1, del D.L.vo 26 febbraio 1999, n. 60, a decorrere dal 1° gennaio 2000.*

([11]) *L'ultimo periodo di questa lettera, aggiunto dall'art. 1, comma 1, lett.* g), *n. 1), del D.L.vo 23 marzo 1998, n. 56, con effetto dal 1° gennaio 1998, è stato poi abrogato dall'art. 19, comma 1, lett.* c), *del D.L. 4 giugno 2013, n. 63, convertito, con modificazioni, nella L. 3 agosto 2013, n. 90. Tali disposizioni si applicano ai prodotti editoriali consegnati o spediti a partire dal 1° gennaio 2014.*

([12]) *A norma dell'art. 187, comma 1, del D.L. 19 maggio 2020, n. 34, convertito, con modificazioni, nella L. 17 luglio 2020, n. 77, limitatamente all'anno 2020, per il commercio di giornali quotidiani e di periodici e dei relativi supporti integrativi, l'imposta sul valore aggiunto di cui a questo comma, può applicarsi, in deroga alla suddetta disposizione, in relazione al numero delle copie consegnate o spedite, diminuito a titolo di forfetizzazione della resa del 95 per cento per i giornali quotidiani e periodici, esclusi quelli pornografici e quelli ceduti unitamente a beni diversi dai supporti integrativi.*

([13]) *Questa lettera è stata così, da ultimo, sostituita dall'art. 1, comma 158, della L. 24 dicembre 2007, n. 244.*

([14]) *Questa lettera è stata così sostituita dall'art. 31* bis, *del D.L. 29 novembre 2008, n. 185, convertito, con modificazioni, nella L. 28 gennaio 2009, n. 2.*

([15]) *Questo periodo è stato inserito dall'art. 15, comma 8* undecies, *del D.L. 1 luglio 2009, n. 78, convertito, con modificazioni, nella L. 3 agosto 2009, n. 102.*

([16]) *Questa lettera, aggiunta dall'art. 1 del D.L. 30 dicembre 1991, n. 417, convertita, con modificazioni, nella L. 6 febbraio 1992, n. 66, è stata abrogata dall'art. 36, comma 8, del D.L. 30 agosto 1993, n. 331, convertita, con modificazioni, nella L. 29 ottobre 1993, n. 427.*

([17]) *Per le modalità del versamento di acconto da pagarsi entro il giorno 20 del mese di dicembre si veda l'art. 6, commi 2-5, della L. 29 dicembre 1990, n. 405, legge finanziaria 1991.*

([18]) *Per le modalità di liquidazione e versamento dell'IVA da parte degli esercenti impianti di distribuzione di carburante si veda il D.M. 7 febbraio 1991.*

([19]) *Il secondo periodo di questo comma è stato aggiunto dall'art. 1, comma 12, del D.L. 30 dicembre 1991, n. 417, conv., con modif., nella L. 6 febbraio 1992, n. 66, e poi così sostituito dall'art. 3, comma 3, del D.L. 28 giugno 1995, n. 250, conv., con modif., nella L. 8 agosto 1995, n. 349.*

([20]) *Questo periodo era stato aggiunto dall'art. 66, comma 10, del D.L. 30 agosto 1993, n. 331, conv., con modif., nella L. 29 ottobre 1993, n. 427, e poi così sostituito dagli attuali periodi terzo e quarto, per effetto dell'art. 3, comma 3, del D.L. 28 giugno 1995, n. 250, conv., con modif., nella L. 8 agosto 1995, n. 349.*

([21]) *L'ultimo periodo di questa comma è stato così sostituito dagli attuali periodi quarto e quinto, dall'art. 5, comma 1, lett.* b), *della L. 8 maggio 1998, n. 146, così come sostituito, dall'art. 1* bis *del D.L. 12 giugno 1998, n. 181, conv., con modif., nella L. 3 agosto 1998, n. 271, a decorrere dal 15 maggio 1998.*

([22]) *Questo comma è stato inserito dall'art. 8, comma 1, della L. 18 giugno 1998, n. 192, a decorrere dal centoventesimo giorno successivo a quello della pubblicazione avvenuta sulla* Gazzetta Ufficiale *Serie gen. - 143 del 22 giugno 1998.*

([23]) *Le parole fra parentesi quadrate sono state soppresse dall'art. 29 del D.L.vo 21 novembre 2014, n. 175.*

([24]) *Questo comma è stato da ultimo così sostituito dall'art. 17, comma 1, del D.L.vo 26 febbraio 1999, n. 60, a decorrere dal 1° gennaio 2000.*

([25]) *Questo comma, aggiunto dall'art. 63, comma 6, del D.L. 30 agosto 1993, n. 331, conv., con modif., nella L. 29 ottobre 1993, n. 427, è stato abrogato dall'art. 30, comma 1, lett.* c), *della L. 23 dicembre 2000, n. 388.*

([26]) *Le parole: «nonché di bancali in legno (pallet) recuperati ai cicli di utilizzo successivi al primo,» sono state inserite dall'art. 1, comma 629, lett.* d), *della L. 23 dicembre 2014, n. 190.*

([27]) *Le parole: «l'indicazione della norma di cui al presente comma» sono state così sostituite dalle attuali: «l'annotazione "inversione contabile" e l'eventuale indicazione della norma di cui al presente comma» dall'art. 1, comma 325, lett. g), della L. 24 dicembre 2012, n. 228. A norma dell'art. 1, comma 335, della medesima legge tali disposizioni si applicano alle operazioni effettuate a partire dal 1° gennaio 2013.*

([28]) *Le parole da: «di rottami, cascami ...» fino a: «... e dei relativi lavori» sono state inserite dall'art. 21, comma 16, lett.* b), *della L. 27 dicembre 1997, n. 449, a decorrere dal 1° gennaio 1998.*

([29]) *Questa lettera è stata aggiunta dall'art. 31, comma 1, lett.* b), *della L. 23 dicembre 2000, n. 388.*

([30]) *Questa lettera è stata aggiunta dall'art. 35, comma 1, lett.* d), *n. 1* bis), *del D.L. 30 settembre 2003, n. 269, convertito, con modificazioni, nella L. 24 novembre 2003, n. 326.*

([31]) *Questo comma, aggiunto dall'art. 2, comma 1, del D.L. 31 dicembre 1996, n. 669, conv., con modif., nella L. 28 febbraio 1997, n. 30, poi sostituito dall'art. 41, comma 1, lett.* c), *della L. 21 novembre 2000, n. 342, è stato poi abrogato dall'art. 35, comma 1, lett.* d), *n. 2), del D.L. 30 settembre 2003, n. 269, convertito, con modificazioni, nella L. 24 novembre 2003, n. 326.*

([32]) *Questo comma è stato abrogato dall'art. 35, comma 1, lett.* d), *n. 2), del D.L. 30 settembre 2003, n. 269, convertito, con modificazioni, nella L. 24 novembre 2003, n. 326.*

([33]) *Questo comma, aggiunto dall'art. 11, comma 4, della L. 30 dicembre 1991, n. 413, è stato abrogato dall'art. 45, comma 1, della L. 21 novembre 2000, n. 342. A norma dell'art. 31, comma 4, della L. 23 dicembre 2000, n. 388, le disposizioni dell'art. 45, L. n. 342/2000, si applicano a decorrere dal 1° gennaio 2001.*

([34]) *Questo comma è stato aggiunto dall'art. 8, comma 1, del D.L.vo 2 settembre 1997, n. 313, con effetto dal 1° gennaio 1998.*

74 *bis*. Disposizioni per il fallimento e la liquidazione coatta amministrativa. – Per le operazioni effettuate anteriormente alla dichiarazione di fallimento o di liquidazione coatta amministrativa, gli obblighi di fatturazione e registrazione, sempreché i relativi termini non siano ancora scaduti, devono essere adempiuti dal curatore o dal commissario liquidatore entro quattro mesi dalla nomina. [Entro lo stesso termine deve essere presentata la dichiarazione relativa all'imposta dovuta per l'anno solare precedente, sempreché il relativo termine non sia ancora scaduto, nonché apposita dichiarazione con le indicazioni e gli allegati di cui agli artt. 28 e 29, relativamente alle operazioni registrate nella parte dell'anno solare anteriore alla dichiarazione di fallimento, o di liquidazione coatta amministrativa, e ai sensi del presente comma] ([1]).

Per le operazioni effettuate successivamente all'apertura del fallimento o all'inizio della liquidazione coatta amministrativa gli adempimenti previsti dal presente decreto, anche se è stato disposto l'esercizio provvisorio, devono essere eseguiti dal curatore o dal commissario liquidatore. Le fatture devono essere emesse entro trenta giorni dal momento di effettuazione delle operazioni e le liquidazioni periodiche di cui agli artt. 27 e 33 devono essere eseguite solo se nel mese o trimestre siano state registrate operazioni imponibili.

In deroga a quanto disposto dal primo comma dell'articolo 38 *bis*, i rimborsi previsti nell'articolo 30, non ancora liquidati alla data della dichiarazione di fallimento o di liquidazione coatta amministrativa e i rimborsi successivi, sono eseguiti senza la prestazione delle prescritte garanzie per un ammontare non superiore ad € 258.228,45 ([2]).

([1]) *Questo periodo si intende soppresso dall'art. 11, comma 1, lett.* b), *del D.P.R. 14 ottobre 1999, n. 542.*

([2]) *Questo comma è stato aggiunto dall'art. 31, comma 1, lett.* c), *della L. 23 dicembre 2000, n. 388.*

74 *ter*. ([1]) **Disposizioni per le agenzie di viaggio e turismo.** – 1. Le operazioni effettuate dalle agenzie di viaggio e di turismo per la organizzazione di pacchetti turistici costituiti, ai sensi dell'articolo 2 del decreto legislativo 17 marzo 1995, n. 111, da viaggi, vacanze, circuiti tutto compreso e connessi servizi, verso il pagamento di un corrispettivo globale sono considerate come una prestazione di servizi unica. Le disposizioni del presente articolo si applicano anche qualora le suddette prestazioni siano rese dalle agenzie di viaggio e turismo tramite mandatari; le stesse disposizioni non si applicano alle agenzie di viaggio e turismo che agiscono in nome e per conto dei clienti.

2. Ai fini della determinazione dell'imposta sulle operazioni indicate nel comma 1, il corrispettivo dovuto all'agenzia di viaggi e turismo è diminuito dei costi sostenuti per le cessioni di beni e prestazioni di servizi effettuate da terzi a diretto vantaggio dei viaggiatori, al lordo della relativa imposta.

3. Non è ammessa in detrazione l'imposta relativa ai costi di cui al comma 2 ([2]).

4. Se la differenza di cui al comma 2, per effetto di variazioni successivamente intervenute nel costo, risulta superiore a quella determinata all'atto della conclusione del contratto, la maggiore imposta è a carico dell'agenzia; se risulta inferiore i viaggiatori non hanno diritto al rimborso della minore imposta.

5. Per le prestazioni rese dalle agenzie di viaggio e turismo che agiscono in nome e per conto proprio relative a pacchetti turistici organizzati da altri soggetti e per le prestazioni dei mandatari senza rappresentanza di cui al secondo periodo del comma 1, l'imposta si applica sulla differenza, al netto dell'imposta, tra il prezzo del pacchetto turistico ed il corrispettivo dovuto all'agenzia di viaggio e turismo, comprensivi dell'imposta.

5 *bis*. Per le operazioni rese dalle agenzie di viaggio e turismo relative a prestazioni di servizi turistici effettuati da altri soggetti, che non possono essere considerati pacchetti turistici ai sensi dell'articolo 2 del decreto legislativo 17 marzo 1995, n. 111, qualora precedentemente acquisite nelle disponibilità dell'agenzia, l'imposta si applica, sempreché dovuta, con le stesse modalità previste dal comma 5 ([3]).

6. Se le prestazioni rese al cliente sono eseguite in tutto o in parte fuori della Comunità economica europea la parte della prestazione della agenzia di viaggio ad essa corrispondente non è soggetta ad imposta a norma dell'articolo 9.

7. Per le operazioni di cui al comma 1 deve essere emessa fattura ai sensi dell'articolo 21, senza separata indicazione dell'imposta, considerando quale momento impositivo il pagamento integrale del corrispettivo o l'inizio del viaggio o del soggiorno se antecedente. Se le operazioni sono effettuate tramite intermediari, la fattura può essere emessa entro il mese successivo.

8. Le agenzie organizzatrici per le prestazioni di intermediazione emettono una fattura riepilogativa mensile per le provvigioni corrisposte a ciascun intermediario, da annotare nei registri di cui agli articoli 23 e 25 entro il mese successivo, inviandone copia, ai sensi e per gli effetti previsti dall'ar-

ticolo 21, comma 1, quarto periodo ([4]), al rappresentante, il quale le annota ai sensi dell'articolo 23 senza la contabilizzazione della relativa imposta.

8 *bis*. Le agenzie di viaggi e turismo possono, per le prestazioni di organizzazione di convegni, congressi e simili, applicare il regime ordinario dell'imposta. In tali casi le agenzie di viaggi e turismo possono detrarre l'imposta dovuta o versata per i servizi da esse acquistati dai loro fornitori, se si tratta di operazioni effettuate a diretto vantaggio del cliente. Il diritto alla detrazione sorge nel momento in cui diventa esigibile l'imposta per la prestazione in relazione alla quale le agenzie di viaggi e turismo optano per il regime ordinario dell'imposta. Qualora applichino sia il regime ordinario dell'imposta sia il regime speciale d'imposizione sul margine, le agenzie di viaggi e turismo devono registrare separatamente nella propria contabilità le operazioni che rientrano in ciascuno di tali regimi ([5]).

9. Con decreto del Ministro delle finanze, da adottare ai sensi dell'articolo 17, comma 3, della legge 23 agosto 1988, n. 400, sono stabilite le modalità di attuazione del presente articolo.

([1]) *Questo articolo è stato così sostituito dall'art. 9 del D.L.vo 2 settembre 1997, n. 313, con effetto dal 1° gennaio 1998.*

([2]) *A norma dell'art. 55 del D.L. 21 giugno 2013, n. 69, convertito, con modificazioni, nella L. 9 agosto 2013, n. 98, questo comma si interpreta nel senso che l'imposta assolta sulle cessioni di beni e sulle prestazioni di servizi, di cui al comma 2 dello stesso articolo, effettuate da terzi nei confronti delle agenzie di viaggio stabilite fuori dell'Unione europea a diretto vantaggio dei viaggiatori non è rimborsabile. Fermo restando quanto previsto in materia di risorse proprie del bilancio dell'Unione europea, sono comunque fatti salvi i rimborsi che, alla data di entrata in vigore del presente decreto, siano stati eventualmente effettuati; altresì non si dà luogo alla restituzione delle somme che, alla data di entrata in vigore del presente decreto, risultino già rimborsate e successivamente recuperate dagli uffici dell'amministrazione finanziaria.*

([3]) *Questo comma è stato inserito dall'art. 1, comma 1, lett.* h), *del D.L.vo 23 marzo 1998, n. 56, con effetto dal 1° gennaio 1998.*

([4]) *Le parole*: «dal primo comma, secondo periodo, dell'articolo 21» *sono state così sostituite dalle attuali*: «dall'articolo 21, comma 1, quarto periodo» *dall'art. 1, comma 330, lett.* h), *della L. 24 dicembre 2012, n. 228. A norma dell'art. 1, comma 335, della medesima legge tali disposizioni si applicano alle operazioni effettuate a partire dal 1° gennaio 2013.*

([5]) *Questo comma è stato inserito dall'art. 1, comma 77, della L. 24 dicembre 2007, n. 244. A norma dell'art. 1, comma 78, della medesima legge, l'efficacia di questa disposizione è subordinata alla concessione di una deroga, ai sensi e alle condizioni dell'articolo 395 della direttiva 2006/112/CE del Consiglio, del 28 novembre 2006, da parte dei competenti organi comunitari.*

74 *quater*. ([1]) **Disposizioni per le attività spettacolistiche.** – 1. Le prestazioni di servizi indicate nella tabella *C* allegata al presente decreto, incluse le operazioni a esse accessorie, salvo quanto stabilito al comma 5, si considerano effettuate nel momento in cui ha inizio l'esecuzione delle manifestazioni, a eccezione delle operazioni eseguite in abbonamento per le quali l'imposta è dovuta all'atto del pagamento del corrispettivo.

2. Per le operazioni di cui al comma 1 le imprese assolvono gli obblighi di certificazione dei corrispettivi con il rilascio di un titolo di accesso emesso mediante apparecchi misuratori fiscali ovvero mediante biglietterie automatizzate nel rispetto della disciplina di cui alla legge 26 gennaio 1983, n. 18 e successive modificazioni e integrazioni.

3. Il partecipante deve conservare il titolo di accesso per tutto il tempo in cui si trattiene nel luogo in cui si svolge la manifestazione spettacolistica. Dal titolo di accesso deve risultare la natura dell'attività spettacolistica, la data e l'ora dell'evento, la tipologia, il prezzo e ogni altro elemento identificativo delle attività di spettacolo e di quelle a esso accessorie. I titoli di accesso possono essere emessi mediante sistemi elettronici centralizzati gestiti anche da terzi. Il Ministero delle finanze con proprio decreto stabilisce le caratteristiche tecniche, i criteri e le modalità per l'emissione dei titoli di accesso.

4. Per le attività di cui alla tabella *C* organizzate in modo saltuario od occasionale, deve essere data preventiva comunicazione delle manifestazioni programmate al concessionario di cui all'art. 17 del D.P.R. 26 ottobre 1972, n. 640 competente in relazione al luogo in cui si svolge la manifestazione.

5. I soggetti che effettuano spettacoli viaggianti, nonché quelli che svolgono le altre attività di cui alla tabella *C* allegata al presente decreto che nell'anno solare precedente hanno realizzato un volume di affari non superiore ad € 25.822,84, determinano la base imponibile nella misura del 50 per cento dell'ammontare complessivo dei corrispettivi riscossi, con totale indetraibilità dell'imposta assolta sugli acquisti, con esclusione delle associazioni sportive dilettantistiche, le associazioni pro-loco e le associazioni senza scopo di lucro che optano per l'applicazione delle disposizioni di cui alla legge 16 dicembre 1991, n. 398. Gli adempimenti contabili previsti per i suddetti soggetti sono disciplinati con regolamento da emanare ai sensi dell'art. 3, comma 136 della legge 23 dicembre 1996, n. 662. È data facoltà di optare per l'applicazione dell'imposta nei modi ordinari secondo le disposizioni del D.P.R. 10 novembre 1997, n. 442; l'opzione ha effetto fino a quando non è revocata ed è comunque vincolante per un quinquennio.

6. Per le attività indicate nella tabella *C*, nonché per le attività svolte dai soggetti che optano per l'applicazione delle disposizioni di cui alla legge 16 dicembre 1991, n. 398 e per gli intrattenimenti di cui al D.P.R. 26 ottobre 1972, n. 640, il concessionario di cui all'art. 17 del medesimo decreto

coopera, ai sensi dell'art. 52, con gli uffici delle entrate anche attraverso il controllo contestuale delle modalità di svolgimento delle manifestazioni, ivi compresa l'emissione, la vendita e la prevendita dei titoli d'ingresso, nonché delle prestazioni di servizi accessori, al fine di acquisire e reperire elementi utili all'accertamento dell'imposta e alla repressione delle violazioni procedendo di propria iniziativa o su richiesta dei competenti uffici dell'amministrazione finanziaria alle operazioni di accesso, ispezione e verifica secondo le norme e con le facoltà di cui all'art. 52, trasmettendo agli uffici stessi i relativi processi verbali di constatazione. Si rendono applicabili le norme di coordinamento di cui all'art. 63, commi secondo e terzo. Le facoltà di cui all'art. 52 sono esercitate dal personale del concessionario di cui all'art. 17 del D.P.R. 26 ottobre 1972, n. 640, con rapporto professionale esclusivo, previamente individuato in base al possesso di una adeguata qualificazione e inserito in apposito elenco comunicato al Ministero delle finanze. A tal fine, con decreto del Ministero delle finanze sono stabilite le modalità per la fornitura dei dati tra gli esercenti le manifestazioni spettacolistiche, il Ministero per i beni e le attività culturali e per il turismo, il concessionario di cui al predetto art. 17 del decreto n. 640 del 1972 e l'anagrafe tributaria. Si applicano altresì le disposizioni di cui agli artt. 18, 22 e 37 dello stesso decreto n. 640 del 1972.

6 *bis*. Ai fini dell'applicazione dell'aliquota IVA, le consumazioni obbligatorie nelle discoteche e sale da ballo si considerano accessorie alle attività di intrattenimento o di spettacolo ivi svolte (2).

(1) *Questo articolo è stato aggiunto dall'art. 18 del D.L.vo 26 febbraio 1999, n. 60, a decorrere dal 1° gennaio 2000.*

(2) *Questo comma è stato aggiunto dall'art. 35, comma 1, del D.L. 4 luglio 2006, n. 223, convertito, con modificazioni, nella L. 4 agosto 2006, n. 248.*

74 *quinquies*. (1) **Regime speciale per i servizi resi da soggetti non UE** (2). – 1. I soggetti passivi domiciliati o residenti fuori dell'Unione europea, non stabiliti [né identificati] (3) in alcuno Stato membro dell'Unione, possono identificarsi in Italia, con le modalità previste dal presente articolo, per l'assolvimento degli obblighi in materia di imposta sul valore aggiunto relativamente a tutti i servizi resi nell'Unione europea a committenti non soggetti passivi d'imposta (4). A tal fine presentano apposita richiesta all'Agenzia delle entrate, la quale (5) comunica al soggetto richiedente il numero di identificazione attribuito (6).

2. I soggetti che si avvalgono del regime previsto dal presente articolo sono dispensati dagli obblighi di cui al titolo II; qualora sia emessa fattura si applicano le disposizioni di cui agli articoli 21 e seguenti (7). (8)

3. La richiesta di cui al comma 1 contiene almeno le seguenti indicazioni:

a) per le persone fisiche, il cognome e nome ed eventualmente la ditta; per i soggetti diversi dalle persone fisiche, la ragione sociale, la denominazione;

b) indirizzo postale, indirizzi elettronici, inclusi i siti web;

c) numero di codice fiscale attribuito dallo Stato di residenza o domicilio, se previsto;

d) dichiarazione di non essere stabiliti ai fini dell'imposta sul valore aggiunto all'interno dell'Unione europea ([9]).

4. In caso di variazione dei dati presentati, i soggetti di cui al comma 1 ne danno comunicazione all'Agenzia delle entrate. Gli stessi soggetti presentano un'analoga comunicazione se non intendono più fornire servizi di cui al comma 1 ([10]) o non soddisfano più i requisiti per avvalersi del regime speciale previsto dal presente articolo.

5. I soggetti identificati ai sensi del presente articolo sono esclusi dal regime speciale se:

a) comunicano di non fornire più servizi di cui al comma 1 ([11]);

b) si può altrimenti presumere che le loro attività di fornitura di servizi di telecomunicazione, di teleradiodiffusione o elettronici siano cessate;

c) non soddisfano più i requisiti necessari per avvalersi del regime speciale;

d) persistono a non osservare le norme relative al presente regime speciale.

6. I soggetti di cui al comma 1 presentano, per ciascun trimestre dell'anno solare ed entro la fine ([12]) del mese successivo al trimestre di riferimento, anche in mancanza di operazioni, una dichiarazione dalla quale risultano:

a) il numero di identificazione;

b) l'ammontare delle prestazioni di servizi di servizi di cui al comma 1 effettuate nel periodo di riferimento, distintamente per ciascuno Stato membro in cui la prestazione di servizi si considera effettuata ([13]) e suddiviso per aliquote, al netto dell'imposta sul valore aggiunto;

c) le aliquote applicate in relazione allo Stato membro in cui la prestazione di servizi si considera effettuata ([14]);

d) l'ammontare dell'imposta sul valore aggiunto, suddiviso per aliquote, spettante a ciascuno Stato membro in cui la prestazione di servizi si considera effettuata ([14]).

6 *bis*. La dichiarazione può essere modificata entro tre anni dalla data in cui doveva essere presentata la dichiarazione iniziale con una dichiarazione relativa a periodi d'imposta successivi, indicando il pertinente Stato membro in cui la prestazione di servizi si considera effettuata, il periodo di

imposta e l'importo dell'imposta in relazione ai quali sono richieste le modifiche ([15]).

7. Per le prestazioni di servizi il cui corrispettivo è fissato in valuta diversa dall'euro, il prestatore, in sede di redazione della dichiarazione di cui al comma 6, utilizza il tasso di cambio pubblicato dalla Banca centrale europea l'ultimo giorno del periodo cui si riferisce la dichiarazione o, in mancanza, quello del primo giorno successivo di pubblicazione.

8. Le comunicazioni e le dichiarazioni previste nei commi 1, 4 e 6 sono redatte in base ai modelli approvati con provvedimento del direttore dell'Agenzia delle entrate in conformità con quanto previsto dall'ordinamento dell'Unione europea in materia di obblighi di trasmissione dei messaggi elettronici comuni ed inviate all'Agenzia delle entrate in via telematica con le modalità definite nello stesso provvedimento.

9. I soggetti di cui al comma 1, entro il termine per la presentazione della dichiarazione di cui al comma 6, effettuano il versamento dell'imposta sul valore aggiunto dovuta in base alla dichiarazione medesima.

10. I soggetti di cui al comma 1 conservano un'idonea documentazione delle relative operazioni fino alla fine del decimo anno successivo a quello di effettuazione delle medesime. Tale documentazione è fornita, su richiesta, all'Amministrazione finanziaria e alle autorità fiscali degli Stati membri ove le operazioni sono state effettuate.

11. I soggetti di cui al comma 1 non possono detrarre dall'imposta dovuta ai sensi del presente articolo quella relativa agli acquisti di beni e servizi ed alle importazioni di beni; l'imposta relativa agli acquisti di beni e servizi ed alle importazioni di beni effettuati nel territorio dello Stato può essere in ogni caso chiesta a rimborso ai sensi dell'articolo 38 *ter*, comma 1 *bis*. Detti soggetti passivi possono esercitare il diritto alla detrazione relativa agli acquisti di beni e servizi ed alle importazioni di beni effettuati nel territorio dello Stato, qualora spettante ai sensi degli articoli 19 e seguenti, dall'ammontare dell'imposta applicata alle operazioni effettuate nell'ambito delle attività non assoggettate al regime speciale svolte dai soggetti passivi stessi ([16]).

([1]) *Questo articolo, inserito dall'art. 1, comma 1, lett.* d), *del D.L.vo 1° agosto 2003, n. 273, è stato così sostituito dall'art. 2, comma 1, lett.* a), *del D.L.vo 31 marzo 2015, n. 42. A norma dell'art. 8 dello stesso provvedimento tali disposizioni si applicano alle operazioni effettuate a partire dal 1° gennaio 2015.*

([2]) *La precedente rubrica:* «Regime speciale per i servizi di telecomunicazione, di teleradiodiffusione ed elettronici resi da soggetti non UE» *è stata così sostituita dall'attuale, dall'art. 1, comma 1, lett.* r), *n. 1), del D.L. vo 25 maggio 2021, n. 83.*

A norma dell'art. 10 dello stesso provvedimento tali disposizioni si applicano alle operazioni effettuate a partire dal 1° luglio 2021.

(3) *Le parole tra parentesi quadrate sono state soppresse dall'art. 2, comma 1, lett.* a), *del D.L.vo 1 giugno 2020, n. 45.*

(4) *Le parole: «ai servizi di telecomunicazione, teleradiodiffusione o elettronici resi a committenti non soggetti passivi d'imposta domiciliati o residenti nell'Unione europea» sono state così sostituite dalle attuali: «a tutti i servizi resi nell'Unione europea a committenti non soggetti passivi d'imposta» dall'art. 1, comma 1, lett.* r), *n. 2), del D.L. vo 25 maggio 2021, n. 83.*

A norma dell'art. 10 dello stesso provvedimento tali disposizioni si applicano alle operazioni effettuate a partire dal 1° luglio 2021.

(5) *Le parole: «all'ufficio competente dell'Agenzia delle entrate, il quale» sono state così sostituite dalle attuali: «all'Agenzia delle entrate, la quale» dall'art. 1, comma 1, lett.* r), *n. 2), del D.L. vo 25 maggio 2021, n. 83.*

A norma dell'art. 10 dello stesso provvedimento tali disposizioni si applicano alle operazioni effettuate a partire dal 1° luglio 2021.

(6) *A norma dell'art. 8 del D.L.vo 31 marzo 2015, n. 42, sono valide le opzioni di cui a questo comma ed all'articolo 74* sexies, *comma 1, di questo provvedimento, esercitate a partire dal 1° ottobre 2014.*

(7) *Questo comma è stato così sostituito dall'art. 2, comma 1, lett.* b), *del D.L.vo 1 giugno 2020, n. 45.*

(8) *Le parole da: «al titolo II.» a: «dall'articolo 22.» sono state così sostituite dalle attuali: «al titolo II; qualora sia emessa fattura si applicano le disposizioni di cui agli articoli 21 e seguenti.» dall'art. 1, comma 1, lett.* r), *n. 3), del D.L. vo 25 maggio 2021, n. 83.*

A norma dell'art. 10 dello stesso provvedimento tali disposizioni si applicano alle operazioni effettuate a partire dal 1° luglio 2021.

(9) *Questa lettera è stata così sostituita dall'art. 2, comma 1, lett.* c), *del D.L.vo 1 giugno 2020, n. 45.*

(10) *Le parole: «di telecomunicazione, di teleradiodiffusione ed elettronici» sono state così sostituite dalle attuali: «di cui al comma 1» dall'art. 1, comma 1, lett.* r), *n. 4), del D.L. vo 25 maggio 2021, n. 83.*

A norma dell'art. 10 dello stesso provvedimento tali disposizioni si applicano alle operazioni effettuate a partire dal 1° luglio 2021.

(11) *Le parole: «di telecomunicazione, di teleradiodiffusione o elettronici» sono state così sostituite dalle attuali: «di cui al comma 1» dall'art. 1, comma 1, lett.* r), *n. 5), del D.L. vo 25 maggio 2021, n. 83.*

A norma dell'art. 10 dello stesso provvedimento tali disposizioni si applicano alle operazioni effettuate a partire dal 1° luglio 2021.

(12) *Le parole: «il giorno venti» sono state così sostituite dalle attuali: «la fine» dall'art. 1, comma 1, lett.* r), *n. 6), del D.L. vo 25 maggio 2021, n. 83.*

A norma dell'art. 10 dello stesso provvedimento tali disposizioni si applicano alle operazioni effettuate a partire dal 1° luglio 2021.

(13) *Le parole: «di telecomunicazione, di teleradiodiffusione o elettronici effettuate nel periodo di riferimento, distintamente per ciascuno Stato membro di domicilio o residenza dei committenti» sono state così sostituite dalle attuali: «di servizi di cui al comma 1 effettuate nel periodo di riferimento, distintamente per ciascuno Stato membro in cui*

la prestazione di servizi si considera effettuata» dall'art. 1, comma 1, lett. r)*, n. 6), del D.L. vo 25 maggio 2021, n. 83.*

A norma dell'art. 10 dello stesso provvedimento tali disposizioni si applicano alle operazioni effettuate a partire dal 1° luglio 2021.

([14]) *Le parole: «di domicilio o residenza dei committenti» sono state così sostituite dalle attuali: «in cui la prestazione di servizi si considera effettuata» dall'art. 1, comma 1, lett.* r)*, n. 6), del D.L. vo 25 maggio 2021, n. 83.*

A norma dell'art. 10 dello stesso provvedimento tali disposizioni si applicano alle operazioni effettuate a partire dal 1° luglio 2021.

([15]) *Questo comma è stato inserito dall'art. 1, comma 1, lett.* r)*, n. 7), del D.L. vo 25 maggio 2021, n. 83.*

A norma dell'art. 10 dello stesso provvedimento tali disposizioni si applicano alle operazioni effettuate a partire dal 1° luglio 2021.

([16]) *Questo periodo è stato aggiunto dall'art. 1, comma 1, lett.* r)*, n. 8), del D.L. vo 25 maggio 2021, n. 83.*

A norma dell'art. 10 dello stesso provvedimento tali disposizioni si applicano alle operazioni effettuate a partire dal 1° luglio 2021.

74 *sexies*. ([1]) **Regime speciale per i servizi resi da soggetti UE, per le vendite a distanza intracomunitarie di beni e per le cessioni di beni con partenza e arrivo nel territorio dello stesso Stato membro facilitate da interfacce elettroniche** ([2]). – 1. I soggetti passivi domiciliati nel territorio dello Stato, o ivi residenti che non abbiano stabilito il domicilio all'estero, identificati in Italia, possono, ai fini dell'assolvimento degli obblighi in materia di imposta sul valore aggiunto per tutti i servizi resi negli altri Stati membri dell'Unione europea nei confronti di committenti non soggetti passivi d'imposta, per tutte le vendite a distanza intracomunitarie di beni di cui all'articolo 38 *bis*, commi 1 e 3, del decreto legge 30 agosto 1993, n. 331, convertito, con modificazioni, dalla legge 29 ottobre 1993, n. 427, e per tutte le cessioni di beni per le quali un soggetto passivo si considera cessionario e rivenditore ai sensi dell'articolo 2 *bis*, comma 1, lettera *a*), ([3]) optare per l'applicazione delle disposizioni previste dall'articolo 74 *quinquies* e dal presente articolo ([4]).

2. L'opzione di cui al comma 1 può essere esercitata anche dai soggetti passivi domiciliati o residenti fuori dell'Unione europea che dispongono di una stabile organizzazione nel territorio dello Stato, nonché dai soggetti passivi domiciliati o residenti fuori dell'Unione europea che non dispongono di una stabile organizzazione nell'Unione europea e che spediscono o trasportano i beni a partire dallo Stato ([5]). Tuttavia, nel caso in cui un soggetto passivo disponga di una stabile organizzazione anche in un altro Stato membro dell'Unione europea o spedisca o trasporti beni anche a partire da altri Stati membri dell'Unione europea, ([6]) l'opzione di cui al comma 1 non

può essere revocata prima del termine del secondo anno successivo a quello del suo esercizio.

3. Il numero di partita IVA attribuito al soggetto passivo ai sensi dell'articolo 35, comma 1, è utilizzato anche in relazione all'opzione esercitata a norma del comma 1.

3 *bis*. I soggetti identificati ai sensi del presente articolo sono esclusi dal regime speciale se ricorre una delle seguenti condizioni:

a) comunicano di non effettuare più le attività di cui al comma 1;

b) si può altrimenti presumere che le loro attività di cui al comma 1 siano cessate;

c) non soddisfano più i requisiti necessari per avvalersi del presente regime speciale;

d) persistono a non osservare le norme relative al presente regime speciale ([7]).

4. I soggetti che si avvalgono del presente regime speciale, nella dichiarazione presentata ai sensi dell'articolo 74 *quinquies*, comma 6, indicano:

a) il numero di identificazione IVA;

b) l'ammontare delle prestazioni dei servizi di cui al comma 1 effettuate nel periodo di riferimento, distintamente per ciascuno Stato membro in cui l'imposta è dovuta e suddiviso per aliquote, al netto dell'imposta sul valore aggiunto;

c) l'ammontare delle vendite a distanza intracomunitarie di beni di cui al comma 1 distintamente per ciascuno Stato membro in cui l'imposta è dovuta e suddiviso per aliquote, al netto dell'imposta sul valore aggiunto;

d) l'ammontare delle cessioni di beni con partenza e arrivo nel territorio dello stesso Stato membro, facilitate tramite l'uso di interfacce elettroniche, ai sensi dell'articolo 2 *bis*, effettuate nel periodo di riferimento, suddiviso per aliquote, al netto dell'imposta sul valore aggiunto;

e) le aliquote applicate in relazione allo Stato membro in cui l'IVA è dovuta;

f) l'ammontare dell'imposta sul valore aggiunto, suddiviso per aliquote, spettante a ciascuno Stato membro in cui l'imposta è dovuta ([8]).

4 *bis*. Nella dichiarazione di cui al comma 4 sono, inoltre, indicati i seguenti dati:

a) se i soggetti optanti dispongono di stabili organizzazioni in altri Stati membri dell'Unione europea, in relazione ai servizi resi dalla stabile organizzazione in ciascuno Stato membro, diverso da quello in cui quest'ultima è localizzata, l'ammontare totale al netto dell'imposta, le aliquote IVA applicabili, l'importo totale dell'imposta corrispondente diviso per aliquote e l'imposta totale dovuta, ripartiti per ciascuno Stato membro in cui i servizi si considerano effettuati, nonché il numero individuale di identificazione IVA o il numero di registrazione fiscale della stabile organizzazione stessa;

b) se i beni sono spediti o trasportati a partire da altri Stati membri, per ciascuno Stato membro di partenza della spedizione o del trasporto dei beni, in relazione alle vendite a distanza intracomunitarie di beni diverse da quelle di cui all'articolo 2 *bis*, comma 1, lettera *a*), e in relazione alle vendite a distanza intracomunitarie di beni e alle cessioni di beni di cui all'articolo 2 *bis*, comma 1, lettera *a*), l'ammontare totale di tali operazioni al netto dell'imposta, le aliquote IVA applicabili, l'importo totale dell'imposta corrispondente suddiviso per aliquote e l'imposta totale dovuta, ripartiti per ciascuno Stato membro dell'Unione europea di arrivo della spedizione o del trasporto, nonché il numero individuale di identificazione IVA o il numero di registrazione fiscale assegnato da ciascuno Stato membro da cui tali beni sono spediti o trasportati. In caso di vendite a distanza intracomunitarie di beni e di cessioni di beni di cui all'articolo 2 *bis*, comma 1, lettera *a*), il numero individuale di identificazione IVA o il numero di registrazione fiscale assegnato dallo Stato membro da cui tali beni sono spediti o trasportati è indicato se disponibile ([9]).

5. Il soggetto passivo che ha esercitato l'opzione di cui al comma 1 non può detrarre dall'imposta dovuta ai sensi dell'articolo 74 *quinquies* quella relativa agli acquisti di beni e servizi ed alle importazioni di beni. Detto soggetto passivo può esercitare il diritto alla detrazione relativa agli acquisti di beni e servizi ed alle importazioni di beni effettuati nel territorio dello Stato, qualora spettante ai sensi dell'articolo 19, e seguenti, dall'ammontare dell'imposta applicata alle operazioni effettuate nell'ambito delle attività non assoggettate al regime speciale svolte dal soggetto passivo stesso.

([1]) *Questo articolo è stato inserito dall'art. 2, comma 1, lett.* b), *del D.L.vo 31 marzo 2015, n. 42. A norma dell'art. 8 dello stesso provvedimento tali disposizioni si applicano alle operazioni effettuate a partire dal 1° gennaio 2015.*

([2]) *La precedente rubrica:* «Regime speciale per i servizi di telecomunicazione, di teleradiodiffusione ed elettronici resi da soggetti UE» *è stata così sostituita dall'attuale, dall'art. 1, comma 1, lett.* s), *n. 1), del D.L.vo 25 maggio 2021, n. 83.*

A norma dell'art. 10 dello stesso provvedimento tali disposizioni si applicano alle operazioni effettuate a partire dal 1° luglio 2021.

([3]) *Le parole: «per i servizi di telecomunicazione, di teleradiodiffusione o elettronici resi a committenti non soggetti passivi d'imposta domiciliati o residenti negli altri Stati membri dell'Unione europea,» sono state così sostituite dalle attuali: «per tutti i servizi resi negli altri Stati membri dell'Unione europea nei confronti di committenti non soggetti passivi d'imposta, per tutte le vendite a distanza intracomunitarie di beni di cui all'articolo 38 bis, commi 1 e 3, del decreto legge 30 agosto 1993, n. 331, convertito, con modificazioni, dalla legge 29 ottobre 1993, n. 427, e per tutte le cessioni di beni per le quali un sog-*

getto passivo si considera cessionario e rivenditore ai sensi dell'articolo 2 bis*, comma 1, lettera a),» dall'art. 1, comma 1, lett.* s)*, n. 2), del D.L.vo 25 maggio 2021, n. 83.*

A norma dell'art. 10 dello stesso provvedimento tali disposizioni si applicano alle operazioni effettuate a partire dal 1° luglio 2021.

([4]) *A norma dell'art. 8 del D.L.vo 31 marzo 2015, n. 42, sono valide le opzioni di cui a questo comma ed all'articolo 74* quinquies*, comma 1, di questo provvedimento, esercitate a partire dal 1° ottobre 2014.*

([5]) *Le parole: «, nonché dai soggetti passivi domiciliati o residenti fuori dell'Unione europea che non dispongono di una stabile organizzazione nell'Unione europea e che spediscono o trasportano i beni a partire dallo Stato» sono state inserite dall'art. 1, comma 1, lett.* s)*, n. 3), del D.L.vo 25 maggio 2021, n. 83.*

A norma dell'art. 10 dello stesso provvedimento tali disposizioni si applicano alle operazioni effettuate a partire dal 1° luglio 2021.

([6]) *Le parole: «o spedisca o trasporti beni anche a partire da altri Stati membri dell'Unione europea,» sono state inserite dall'art. 1, comma 1, lett.* s)*, n. 3), del D.L.vo 25 maggio 2021, n. 83.*

A norma dell'art. 10 dello stesso provvedimento tali disposizioni si applicano alle operazioni effettuate a partire dal 1° luglio 2021.

([7]) *Questo comma è stato inserito dall'art. 1, comma 1, lett.* s)*, n. 4), del D.L.vo 25 maggio 2021, n. 83.*

A norma dell'art. 10 dello stesso provvedimento tali disposizioni si applicano alle operazioni effettuate a partire dal 1° luglio 2021.

([8]) *Questo comma è stato così sostituito dall'art. 1, comma 1, lett.* s)*, n. 5), del D.L.vo 25 maggio 2021, n. 83.*

A norma dell'art. 10 dello stesso provvedimento tali disposizioni si applicano alle operazioni effettuate a partire dal 1° luglio 2021.

([9]) *Questo comma è stato inserito dall'art. 1, comma 1, lett.* s)*, n. 6), del D.L.vo 25 maggio 2021, n. 83.*

A norma dell'art. 10 dello stesso provvedimento tali disposizioni si applicano alle operazioni effettuate a partire dal 1° luglio 2021.

74 *sexies*.1. ([1]) **Regime speciale per la vendita a distanza di beni importati da territori terzi o Paesi terzi.** – 1. I soggetti passivi domiciliati nel territorio dello Stato o ivi residenti che non abbiano stabilito il domicilio all'estero, i soggetti passivi domiciliati o residenti fuori dell'Unione europea che dispongono di una stabile organizzazione nello Stato e i soggetti passivi domiciliati o residenti fuori dell'Unione europea non stabiliti in alcuno Stato membro dell'Unione europea, per l'assolvimento degli obblighi in materia di imposta sul valore aggiunto, relativi a tutte le vendite a distanza di beni importati da territori terzi o paesi terzi, di cui all'articolo 38 *bis*, commi 2 e 3, del decreto legge 30 agosto 1993, n. 331, convertito, con modificazioni, dalla legge 29 ottobre 1993, n. 427, ad eccezione dei beni soggetti ad accisa, in spedizioni di valore intrinseco non superiore a 150 euro, possono identificarsi in Italia, con le modalità previste dal presente articolo. I soggetti passivi stabiliti in paesi terzi, che non dispongono di una stabile organizzazione nello Stato, esercitano l'opzione tramite un unico rappresentante fiscale appositamente nominato ai fini del presente regime speciale, nella forma prevista dall'articolo 17, terzo comma, tranne che siano stabiliti in un paese terzo con il quale l'Unione europea ha concluso un accordo di assistenza reciproca di portata analoga alla direttiva 2010/24/UE del Consiglio e al regolamento (UE) n. 904/2010 ed effettuino vendite a distanza di beni provenienti da tale paese terzo. I soggetti diversi da quelli di cui al periodo precedente possono esercitare l'opzione direttamente o mediante un unico rappresentante fiscale appositamente nominato nella forma prevista dall'articolo 17, terzo comma.

2. Per le vendite a distanza di beni importati da territori terzi o paesi terzi, dichiarate ai sensi del presente regime speciale, la cessione si considera effettuata e l'imposta diviene esigibile nel momento in cui il pagamento è accettato.

3. I soggetti che si avvalgono del regime speciale previsto dal presente articolo sono dispensati dagli obblighi di cui al titolo II; qualora sia emessa fattura si applicano le disposizioni di cui agli articoli 21 e seguenti.

4. L'opzione è esercitata mediante richiesta all'Agenzia delle entrate, la quale comunica al soggetto richiedente il numero di identificazione attribuito per l'applicazione del presente regime speciale. Nel caso in cui un soggetto passivo disponga di una stabile organizzazione anche in un altro Stato membro dell'Unione europea, l'opzione di cui al comma 1 non può essere revocata prima del termine del secondo anno successivo a quello del suo esercizio.

5. La richiesta di cui al comma 4 è presentata prima di iniziare ad avvalersi del presente regime speciale e contiene almeno le seguenti indicazioni:

a) per le persone fisiche, il cognome e il nome ed eventualmente la ditta; per i soggetti diversi dalle persone fisiche, la ragione sociale, la denominazione;

b) indirizzo postale, indirizzi elettronici, inclusi i siti web;

c) numero di identificazione IVA o di codice fiscale attribuito dallo Stato di residenza o domicilio, se previsto.

6. Il rappresentante fiscale comunica le informazioni di cui al comma 5 per se stesso e per ogni soggetto rappresentato; per il soggetto rappresentato, comunica, inoltre, il numero individuale di identificazione allo stesso attribuito per l'applicazione del presente regime speciale.

7. Le variazioni dei dati di cui ai commi 5 e 6 sono comunicate all'Agenzia delle entrate.

8. I soggetti identificati ai sensi del presente articolo sono esclusi dal regime speciale se ricorre una delle seguenti condizioni:

a) comunicano, direttamente o tramite rappresentante fiscale, di non effettuare più vendite a distanza di beni importati da territori terzi o paesi terzi;

b) si può altrimenti presumere che la loro l'attività di vendita a distanza di beni importati da territori terzi o paesi terzi sia cessata;

c) non soddisfano più i requisiti necessari per avvalersi del presente regime speciale;

d) persistono a non osservare le norme relative al presente regime speciale;

e) il rappresentante fiscale comunica di non agire più in loro nome e per loro conto.

9. Il rappresentante fiscale è escluso dal presente regime speciale se:

a) per due trimestri civili consecutivi non ha agito come rappresentante fiscale di un soggetto che si avvale del presente regime speciale;

b) non soddisfa più le condizioni necessarie per agire in qualità di rappresentante fiscale ai fini del presente regime speciale;

c) persiste a non osservare le norme relative al presente regime speciale.

10. I soggetti che hanno esercitato l'opzione presentano per ciascun mese, entro la fine del mese successivo a quello al quale la dichiarazione si riferisce, anche in mancanza di operazioni, una dichiarazione dalla quale risultano:

a) il numero di identificazione IVA attribuito per l'applicazione del presente regime;

b) l'ammontare delle vendite a distanza di beni importati da territori terzi o paesi terzi per le quali l'imposta è diventata esigibile nel mese di riferimento, distintamente per ciascuno Stato membro di arrivo della spedizione o del trasporto dei beni a destinazione dell'acquirente e suddiviso per aliquote, al netto dell'imposta sul valore aggiunto;

c) le aliquote applicate nello Stato membro di arrivo della spedizione o del trasporto dei beni a destinazione dell'acquirente;

d) l'ammontare dell'imposta sul valore aggiunto, suddiviso per aliquote, spettante a ciascuno Stato membro di arrivo della spedizione o del trasporto dei beni a destinazione dell'acquirente.

11. La dichiarazione può essere modificata con una successiva dichiarazione presentata entro tre anni dalla data in cui doveva essere presentata la dichiarazione iniziale, che indichi il pertinente Stato membro in cui l'imposta è dovuta, il periodo di imposta e l'importo dell'imposta sul valore aggiunto in relazione ai quali sono richieste le modifiche.

12. Per le vendite a distanza di beni importati da territori terzi o paesi terzi il cui corrispettivo è fissato in valuta diversa dall'euro, in sede di redazione della dichiarazione è utilizzato il tasso di cambio pubblicato dalla Banca centrale europea l'ultimo giorno del periodo d'imposta al quale si riferisce la dichiarazione o, in mancanza, quello del primo giorno successivo di pubblicazione.

13. Le comunicazioni e le dichiarazioni previste dal presente articolo sono redatte in base ai modelli approvati con provvedimento del direttore dell'Agenzia delle entrate, in conformità a quanto previsto dall'ordinamento dell'Unione europea in materia di obblighi di trasmissione dei messaggi elettronici comuni, e inviate all'Agenzia delle entrate in via telematica con le modalità definite nello stesso provvedimento.

14. Il versamento dell'imposta dovuta in base alla dichiarazione di cui al comma 10 è effettuato entro il termine per la presentazione della dichiarazione medesima.

15. I soggetti che si avvalgono del presente regime speciale conservano la documentazione delle relative operazioni fino alla fine del decimo anno successivo a quello di effettuazione delle medesime e la forniscono in formato elettronico, su richiesta, all'amministrazione finanziaria e alle autorità fiscali degli Stati membri ove le operazioni sono state effettuate.

16. I soggetti che si avvalgono del presente regime speciale non possono detrarre dall'imposta dovuta ai sensi del presente articolo quella relativa agli acquisti di beni e servizi ed alle importazioni di beni; l'imposta relativa agli acquisti di beni e servizi ed alle importazioni di beni effettuati nel territorio dello Stato può essere in ogni caso chiesta a rimborso ai sensi dell'articolo 38 *ter*, comma 1 *bis*. Detti soggetti passivi possono esercitare il diritto alla detrazione relativa agli acquisti di beni e servizi ed alle importazioni di beni effettuati nel territorio dello Stato, qualora spettante ai sensi degli articoli 19 e seguenti, dall'ammontare dell'imposta applicata alle operazioni effettuate nell'ambito delle attività non assoggettate al regime speciale svolte dai soggetti passivi stessi.

17. Ai fini del comma 1, il valore in euro dell'importazione è determinato in base al tasso di cambio pubblicato dalla Banca centrale europea del primo giorno lavorativo d'ottobre, con effetto dal 1° gennaio dell'anno successivo.

(¹) *Questo articolo è stato inserito dall'art. 1, comma 1, lett.* t), *del D.L.vo 25 maggio 2021, n. 83.*

A norma dell'art. 10 dello stesso provvedimento tali disposizioni si applicano alle operazioni effettuate a partire dal 1° luglio 2021.

74 *septies*. (1) **Disposizioni per i soggetti identificati in un altro Stato membro.** – 1. In relazione all'imposta sul valore aggiunto dovuta sulle prestazioni dei servizi [di telecomunicazione, di teleradiodiffusione o elettronici] (2) effettuate nel territorio dello Stato, sulle vendite a distanza intracomunitarie di beni e sulle vendite a distanza di beni importati da territori terzi o paesi terzi, con arrivo della spedizione o del trasporto a destinazione dell'acquirente nello Stato, nonché sulle cessioni effettuate tramite l'uso di interfacce elettroniche, con partenza e arrivo dei beni nel territorio dello Stato a destinazione di non soggetti passivi (3) i soggetti passivi domiciliati o residenti fuori dell'Unione europea che hanno chiesto in un altro Stato membro dell'Unione europea l'applicazione del regime speciale disciplinato dal titolo XII, capo 6, sezioni 2, 3 e 4, (4) della direttiva 2006/112/CE, nonché i soggetti passivi domiciliati o residenti in un altro Stato membro dell'Unione ed ivi identificati che hanno chiesto in detto Stato membro l'applicazione del regime speciale disciplinato dal titolo XII, capo 6, sezioni 3 e 4, (5) della direttiva 2006/112/CE, osservano gli obblighi previsti nell'ambito di tali regimi nonché le disposizioni del presente articolo.

2. I soggetti passivi di cui al comma 1, che hanno chiesto nell'altro Stato membro dell'Unione europea (6) l'applicazione del regime speciale disciplinato dal titolo XII, capo 6, sezioni 2, 3 e 4 (7), della direttiva 2006/112/CE e che risultino identificati anche in Italia, recuperano l'imposta relativa agli acquisti di beni e servizi ed alle importazioni di beni effettuati nel territorio dello Stato esercitando il diritto alla detrazione della medesima, qualora spettante ai sensi dell'articolo 19 e seguenti, dall'ammontare dell'imposta applicata alle operazioni effettuate nell'ambito delle attività non assoggettate al regime speciale svolte dal soggetto passivo stesso. Qualora tali soggetti passivi non risultino identificati in Italia, possono chiedere il rimborso dell'imposta ai sensi dell'articolo 38 *bis*2 anche in deroga a quanto previsto al comma 1, secondo periodo, dello stesso articolo, se domiciliati o residenti in altro Stato membro, e ai sensi dell'articolo 38 *ter*, comma 1 *bis*, se domiciliati o residenti fuori dell'Unione europea (8).

3. I soggetti di cui al comma 1, su richiesta, forniscono all'Amministrazione finanziaria idonea documentazione relativa alle operazioni effettuate.

4. In relazione alle operazioni di cui al comma 1 (9) effettuate nel territorio dello Stato, i soggetti passivi di cui al medesimo comma (10) sono dispensati dagli obblighi di cui al titolo II.

(1) *Questo articolo è stato inserito dall'art. 2, comma 1, lett.* b), *del D.L.vo 31 marzo 2015, n. 42. A norma dell'art. 8 dello stesso provvedimento tali disposizioni si applicano alle operazioni effettuate a partire dal 1° gennaio 2015.*

(2) *Le parole tra parentesi quadrate sono state soppresse dall'art. 1, comma 1, lett.* u), *n. 1), del D.L.vo 25 maggio 2021, n. 83.*

A norma dell'art. 10 dello stesso provvedimento tali disposizioni si applicano alle operazioni effettuate a partire dal 1° luglio 2021.

(3) *Le parole: «, sulle vendite a distanza intracomunitarie di beni e sulle vendite a distanza di beni importati da territori terzi o paesi terzi, con arrivo della spedizione o del trasporto a destinazione dell'acquirente nello Stato, nonché sulle cessioni effettuate tramite l'uso di interfacce elettroniche, con partenza e arrivo dei beni nel territorio dello Stato a destinazione di non soggetti passivi» sono state inserite dall'art. 1, comma 1, lett.* u), *n. 1), del D.L.vo 25 maggio 2021, n. 83.*

A norma dell'art. 10 dello stesso provvedimento tali disposizioni si applicano alle operazioni effettuate a partire dal 1° luglio 2021.

(4) *Le parole: «sezione 2,» sono state così sostituite dalle attuali: «sezioni 2, 3 e 4,» dall'art. 1, comma 1, lett.* u), *n. 1), del D.L.vo 25 maggio 2021, n. 83.*

A norma dell'art. 10 dello stesso provvedimento tali disposizioni si applicano alle operazioni effettuate a partire dal 1° luglio 2021.

(5) *Le parole: «sezione 3,» sono state così sostituite dalle attuali: «sezioni 3 e 4,» dall'art. 1, comma 1, lett.* u), *n. 1), del D.L.vo 25 maggio 2021, n. 83.*

A norma dell'art. 10 dello stesso provvedimento tali disposizioni si applicano alle operazioni effettuate a partire dal 1° luglio 2021.

(6) *Le parole: «domiciliati e residenti in altro Stato membro dell'Unione europea e ivi identificati, che hanno chiesto in detto Stato membro» sono state così sostituite dalle attuali: «di cui al comma 1, che hanno chiesto nell'altro Stato membro dell'Unione europea» dall'art. 1, comma 1, lett.* u), *n. 2), del D.L.vo 25 maggio 2021, n. 83.*

A norma dell'art. 10 dello stesso provvedimento tali disposizioni si applicano alle operazioni effettuate a partire dal 1° luglio 2021.

(7) *Le parole: «sezione 3» sono state così sostituite dalle attuali: «sezioni 2, 3 e 4» dall'art. 1, comma 1, lett.* u), *n. 2), del D.L.vo 25 maggio 2021, n. 83.*

A norma dell'art. 10 dello stesso provvedimento tali disposizioni si applicano alle operazioni effettuate a partire dal 1° luglio 2021.

(8) *Le parole: «, se domiciliati o residenti in altro Stato membro, e ai sensi dell'articolo 38 ter, comma 1 bis, se domiciliati o residenti fuori dell'Unione europea» sono state inserite dall'art. 1, comma 1, lett.* u), *n. 2), del D.L.vo 25 maggio 2021, n. 83.*

A norma dell'art. 10 dello stesso provvedimento tali disposizioni si applicano alle operazioni effettuate a partire dal 1° luglio 2021.

(9) *Le parole: «prestazioni dei servizi di telecomunicazione, di teleradiodiffusione o elettronici» sono state così sostituite dalle attuali: «operazioni di cui al comma 1» dall'art. 1, comma 1, lett.* u), *n. 3), del D.L.vo 25 maggio 2021, n. 83.*

A norma dell'art. 10 dello stesso provvedimento tali disposizioni si applicano alle operazioni effettuate a partire dal 1° luglio 2021.

(10) *Le parole: «di cui al comma 1» sono state così sostituite dalle attuali: «di cui al medesimo comma» dall'art. 1, comma 1, lett.* u), *n. 3), del D.L.vo 25 maggio 2021, n. 83.*

A norma dell'art. 10 dello stesso provvedimento tali disposizioni si applicano alle operazioni effettuate a partire dal 1° luglio 2021.

74 *octies*. (1) **Disposizioni sulla riscossione e ripartizione dell'imposta.** – 1. Il versamento dell'imposta sul valore aggiunto di cui agli articoli 74 *quinquies*, comma 9, 74 *sexies* e 74 *sexies*.1, comma 14 (2), è effettuato, senza la possibilità di avvalersi dell'istituto della compensazione di cui all'articolo 17 del decreto legislativo 9 luglio 1997, n. 241, secondo modalità stabilite con decreto del Ministero dell'economia e delle finanze.

2. Ai fini di cui al comma 1, è autorizzata l'apertura di una nuova contabilità speciale presso la Banca d'Italia, intestata all'Agenzia delle entrate. Le somme affluite sulla predetta contabilità speciale, che al 31 dicembre di ogni anno risultino non utilizzate, restano a disposizione dell'Agenzia delle entrate per consentire la ripartizione dell'imposta incassata senza soluzione di continuità.

3. Con il decreto di cui al comma 1 sono altresì stabilite le modalità di ripartizione dell'imposta di cui al medesimo comma, di contabilizzazione dell'imposta versata agli Stati membri di identificazione dai soggetti di cui all'articolo 74 *septies*, comma 1, in relazione ai servizi prestati nel territorio dello Stato, nonché di rendicontazione delle operazioni effettuate per il tramite della nuova contabilità speciale.

(1) *Questo articolo è stato inserito dall'art. 3 del D.L.vo 31 marzo 2015, n. 42. A norma dell'art. 8 dello stesso provvedimento tali disposizioni si applicano alle operazioni effettuate a partire dal 1° gennaio 2015.*

(2) *Le parole: «e 74* sexies*» sono state così sostituite dalle attuali: «, 74* sexies *e 74* sexies*.1, comma 14» dall'art. 1, comma 1, lett.* v*), del D.L.vo 25 maggio 2021, n. 83.*

A norma dell'art. 10 dello stesso provvedimento tali disposizioni si applicano alle operazioni effettuate a partire dal 1° luglio 2021.

75. Norme applicabili. – Per quanto non è diversamente disposto dal presente decreto si applicano, in materia di accertamento delle violazioni e di sanzioni, le norme del codice penale e del codice di procedura penale, della L. 7 gennaio 1929, n. 4, e del R.D.L. 3 gennaio 1926, n. 63, convertito nella L. 24 maggio 1926, n. 898, e successive modificazioni.

Il venti per cento dei proventi delle sanzioni pecuniarie è devoluto ai fondi costituiti presso l'amministrazione o il corpo cui appartengono gli accertatori, con le modalità previste con decreto del Ministro per le finanze. Si applica il quarto comma dell'art. 6 della legge 15 novembre 1973, n. 734.

Titolo Settimo
Disposizioni transitorie e finali

76. Istituzione e decorrenza dell'imposta. – L'imposta sul valore aggiunto è istituita con decorrenza dal 1° gennaio 1973.

L'imposta si applica, salvo quanto è disposto negli articoli da 77 a 80, sulle cessioni di beni e le prestazioni di servizi effettuate dopo il 31 dicembre 1972 e sulle importazioni per le quali la dichiarazione di importazione definitiva è accettata dalla dogana posteriormente alla data stessa.

77. Operazioni dipendenti da rapporti in corso o già assoggettate all'imposta generale sull'entrata. – Per le cessioni di beni e le prestazioni di servizi effettuate dopo il 31 dicembre 1972 in esecuzione di contratti conclusi prima, il cedente del bene o il prestatore del servizio, se ne sia richiesto dal cessionario o dal committente, deve applicare l'imposta sul valore aggiunto anche sulla parte dell'ammontare imponibile eventualmente già assoggettata all'imposta generale sull'entrata. In questo caso l'imposta generale sull'entrata è ammessa in detrazione, a norma degli articoli 19, 27 e 28, per la determinazione dell'imposta sul valore aggiunto dovuta dal cessionario o dal committente.

Per le cessioni di beni effettuate dopo il 31 dicembre 1972, in relazione alle quali l'imposta generale sull'entrata è stata assolta preventivamente dal cedente una volta tanto in conformità a disposizioni vigenti alla detta data, l'imposta stessa è ammessa in detrazione dall'imposta sul valore aggiunto dovuta dal cedente.

78. Applicazione graduale dell'imposta per generi alimentari di prima necessità e prodotti tessili ([1]). – Per le cessioni e le importazioni dei prodotti alimentari, che secondo le disposizioni in vigore alla data del 31 dicembre 1972 sono esenti dall'imposta generale sull'entrata e dall'imposta prevista nel primo comma dell'art. 17 del regio decreto legge 9 gennaio 1940, n. 2, convertito, con modificazioni, nella legge 19 giugno 1940, n. 762, l'aliquota dell'imposta sul valore aggiunto è ridotta all'uno per cento per gli anni 1973, 1974 e 1975 e al tre per cento per l'anno 1976.

Per le cessioni e le importazioni dei prodotti alimentari per i quali l'imposta generale sull'entrata e la parallela imposta sull'importazione si applicano con aliquota ordinaria o condensata non superiore al 3 per cento, l'aliquota dell'IVA si applica nella misura del 3 per cento per gli anni 1973 e 1974.

Per le cessioni e le importazioni dei prodotti tessili, di cui alla legge 12 agosto 1957, n. 757, e successive modificazioni, le aliquote dell'imposta sul valore aggiunto sono ridotte, per gli anni 1973 e 1974, al nove per cento per quelli soggetti all'aliquota del quattordici per cento ed al nove per cento per quelli soggetti all'aliquota del trentacinque per cento.

(*Omissis*) (2).

(1) *Per effetto degli artt. 1 e 13 della L. 22 dicembre 1980, n. 889, a decorrere dal 1° gennaio 1981, le aliquote dell'uno e del tre per cento sono unificate nella misura del due per cento e quella del nove per cento è ridotta all'otto per cento e si intendono definitive.*

L'aliquota dell'8% è stata poi aumentata al 10% dal 5 agosto 1982, per effetto dell'art. 1, D.L. 4 agosto 1982, n. 495, non convertito e successivamente dell'art. 1, D.L. 1 ottobre 1982, n. 697, convertito, con modif., nella L. 29 novembre 1982, n. 887.

Successivamente le aliquote dell'8% del 10% sono state unificate nella misura del 9% dall'art. 1, D.L. 19 dicembre 1984, n. 853, convertito nella L. 17 febbraio 1985, n. 17, con effetto dall'1 gennaio 1985.

(2) *L'ultimo comma di questo articolo è stato soppresso dall'ultimo comma dell'art. 11 della L. 22 dicembre 1980, n. 889, con effetto dal 1° gennaio 1981.*

79. [(*Omissis*)] (1).

(1) *Questo articolo è stato soppresso dall'art. 1 del D.P.R. 29 gennaio 1979, n. 24, con effetto dal 1° aprile 1979.*

80. Operazioni comprese in regimi fiscali sostitutivi. – Fino al termine che sarà stabilito con le disposizioni da emanare ai sensi dell'art. 9, n. 6) o del sesto comma dell'art. 15 della legge 9 ottobre 1971, n. 825, non sono considerate cessioni di beni o prestazioni di servizi, agli effetti dell'imposta sul valore aggiunto, le operazioni comprese in regimi fiscali sostitutivi dell'imposta generale sull'entrata, o anche di essa, previsti dalle leggi vigenti alla data del 31 dicembre 1972.

81. Applicazione dell'imposta nell'anno 1973. – I contribuenti che hanno intrapreso l'esercizio della impresa, arte o professione o hanno istituito una stabile organizzazione nel territorio dello Stato anteriormente alla data di entrata in vigore del presente decreto devono indicare gli elementi di cui al secondo comma dell'art. 35 in allegato alla prima dichiarazione da presentare a norma degli articoli 27 e seguenti, sotto pena delle sanzioni stabilite nel quinto comma dell'art. 43.

Ai fini dell'applicazione, nell'anno 1973, degli articoli 31, 32, terzo comma, 33, secondo comma, e 34, quarto comma, il volume d'affari dell'anno 1972 è costituito:

a) per le attività già soggette all'imposta generale sull'entrata nei modi e termini normali, compresi i trasporti di cose, dall'ammontare risultante dalle fatture emesse;

b) per le attività di commercio al minuto e artigianali e per l'attività di somministrazione di alimenti e bevande nei pubblici esercizi, ad eccezione dei ristoranti, trattorie e simili, dall'ammontare degli acquisti e delle importazioni risultante dalle fatture ricevute e dalle bollette doganali, maggiorato del 50%;

c) per l'esercizio di arti e professioni, dall'ammontare dei proventi assoggettati alle ritenute d'acconto di cui al secondo comma e alla lettera *b*) del terzo comma dell'art. 128 del testo unico delle leggi sulle imposte dirette e successive modificazioni;

d) per i trasporti di persone con servizi di linea, le operazioni di credito e di assicurazione, i servizi alberghieri e i servizi di riscossione di entrate non tributarie, dall'ammontare risultante dalle denunce presentate a norma delle lettere *l*), *p*), *q*), *r*) e *t*) dell'art. 8 del regio decreto legge 9 gennaio 1940, n. 2, convertito nella legge 19 giugno 1940, n. 762, e successive modificazioni;

e) per le somministrazioni di alimenti e bevande in ristoranti, trattorie e simili, per i trasporti di persone e per i servizi al dettaglio di cui alla lettera *g*) del primo comma dell'art. 5 e al primo comma dell'art. 6 della legge 16 dicembre 1959, n. 1070, e per ogni altra attività non contemplata espressamente nel presente articolo, dall'ammontare desumibile dalle risultanze contabili e da ogni altro elemento probatorio.

82. Detrazione dell'imposta generale sull'entrata relativa agli investimenti. – I contribuenti di cui all'art. 4 del presente decreto, che esercitano attività commerciali o agricole di cui agli articoli 2195 e 2135 del codice civile, possono detrarre dall'imposta sul valore aggiunto l'ammontare dell'imposta generale sull'entrata, dell'imposta prevista nel primo comma dell'art. 17 del regio decreto legge 9 gennaio 1940, n. 2, convertito con modificazioni nella legge 19 giugno 1940, n. 762, e delle relative addizionali da essi assolte o ad essi addebitate a titolo di rivalsa per gli acquisti e le importazioni di beni di nuova produzione strumentali per l'esercizio delle attività esercitate e di beni e servizi impiegati nella costruzione di tali beni, effettuati nel periodo dal 1° luglio 1971 al 25 maggio 1972. Per beni strumentali si intendono le costruzioni destinate all'esercizio di attività commerciali o agricole e non suscettibili di altra destinazione senza radicale trasformazione, le relative pertinenze, gli impianti, i macchinari e gli altri beni suscettibili di utilizzazione ripetuta, sempre che non siano destinati alla rivendita nello stato originario ovvero previa trasformazione o incorporazione.

La detrazione è ammessa a condizione che gli acquisti, le importazioni e le relative imposte risultino da fatture e da bollette doganali e che i beni strumentali acquistati, importati, prodotti o in corso di produzione fossero ancora posseduti alla data del 25 maggio 1972.

Agli effetti del presente articolo:

a) si tiene conto dei beni acquisiti mediante permute e contratti di appalto o d'opera;

b) si tiene conto dei beni acquistati o importati per tramite di ausiliari del commercio, compresi i commissionari e i consorzi di acquisto, nonché di quelli acquistati allo stato estero. Per questi ultimi, se l'acquirente non è in possesso della bolletta d'importazione, l'ammontare dell'imposta detraibile, quando non sia separatamente addebitato in fattura, si determina scorporandolo dal prezzo complessivo indicato nella fattura stessa diminuito del quindici per cento;

c) non si tiene conto, nell'ipotesi di cui al primo comma dell'art. 77, dell'imposta generale sull'entrata assolta;

d) nei casi di cessione di aziende o complessi aziendali, comprese le concentrazioni di cui alla legge 18 marzo 1965, n. 170, e successive modificazioni, la detrazione delle imposte assolte dal cedente per l'acquisto, l'importazione o la produzione di beni compresi nella cessione spetta al cessionario;

e) gli acquisti di beni o servizi si considerano effettuati alla data di emissione della fattura ovvero, se anteriore, alla data della consegna o spedizione del pagamento;

f) le importazioni, anche se relative a beni già temporaneamente importati, si considerano effettuate alla data di accettazione in dogana della dichiarazione di importazione definitiva.

Nell'ipotesi di cui alla lettera *b*) la detrazione non compete ai commissionari, ai consorzi di acquisto e alle imprese che effettuano vendite allo stato estero per i beni consegnati prima del 26 maggio 1972 alle imprese per conto delle quali hanno agito.

83. Detrazione dell'imposta generale sull'entrata relativa alle scorte (1). – I contribuenti che esercitano attività industriali dirette alla produzione di beni o servizi, di cui all'art. 2195, n. 1 del codice civile, o attività agricole di cui all'art. 2135 dello stesso codice, compresi i piccoli imprenditori, possono detrarre dall'imposta sul valore aggiunto, nella misura stabilita dal secondo comma del presente articolo, l'imposta generale sull'entrata, l'imposta prevista nel primo comma dell'art. 17 del regio decreto legge 9 gennaio 1940, n. 2, convertito con modificazioni nella legge 19 giugno 1940, n. 762, e le relative addizionali, da essi assolte o ad essi addebitate a titolo di rivalsa:

1) per gli acquisti e le importazioni di materie prime, semilavorati e componenti relativi all'attività esercitata, nonché per le relative lavorazio-

ni commesse a terzi e per i passaggi ad altri stabilimenti o reparti produttivi della stessa impresa, effettuati nel periodo dal 1° settembre 1971 al 25 maggio 1972. Per i beni soggetti a regimi speciali di imposizione una volta tanto l'imposta detraibile si determina applicando la aliquota condensata all'ammontare imponibile risultante dalle fatture d'acquisto o dalle bollette d'importazione, decurtato dell'imposta che vi è eventualmente incorporata. Tuttavia per i prodotti tessili di cui alle tabelle *B* e *C* allegate alla legge 12 agosto 1957, n. 757, e successive modificazioni, l'imposta detraibile, anche se la detrazione sia stata già operata, è determinata applicando all'ammontare imponibile le aliquote stabilite a norma della legge 31 luglio 1954, n. 570, e successive modificazioni;

2) per gli acquisti e le importazioni di beni destinati alla rivendita nello stato originario e per i passaggi dei beni prodotti a propri negozi di vendita al pubblico, effettuati nel periodo indicato al n. 1.

La detrazione è ammessa a condizione che gli acquisti, le importazioni, le lavorazioni e le relative imposte risultino da fatture e da bollette doganali e può essere applicata, a scelta del contribuente:

a) o nella misura corrispondente alle quantità di beni, distinti per gruppi merceologici, che giusta apposito inventario, sottoscritto e presentato per la vidimazione entro tre mesi dalla data di pubblicazione del presente decreto, risultavano ancora posseduti alla data del 25 maggio 1972, nello stato originario ovvero trasformati o incorporati in semilavorati, componenti o prodotti finiti, e considerando posseduti quelli acquistati o importati in data più recente. La vidimazione può essere eseguita anche dall'ufficio del registro o dall'ufficio dell'imposta sul valore aggiunto;

b) o nella misura forfettaria del 25 per cento dell'ammontare globale delle imposte relative alle operazioni di cui al n. 1) del primo comma e del 7,50 per cento dell'ammontare di quelle relative alle operazioni di cui al n. 2). L'applicazione della detrazione in misura forfettaria non è ammessa relativamente ai beni soggetti a regimi speciali di imposizione una volta tanto, per i quali è consentita la detrazione di cui al n. 1) del primo comma a condizione che da apposito inventario risultino ancora posseduti alla data del 25 maggio 1972.

La detrazione prevista nei commi precedenti può essere applicata, con riferimento agli acquisti e alle importazioni delle merci che formano oggetto dell'attività esercitata nonché alle relative lavorazioni, anche dai contribuenti che esercitano attività intermediarie nella circolazione di beni, di cui all'art. 2195, n. 2 del codice civile. La percentuale di cui alla lettera *b*) del secondo comma è però ridotta al 10 per cento per i contribuenti che esercitano il commercio al minuto, al 5 per cento per quelli che esercitano il commercio all'ingrosso e al 7,50 per cento per quelli che esercitano promiscuamente il commercio al minuto e all'ingrosso.

Le disposizioni del terzo e del quarto comma dell'art. 82 valgono anche agli effetti del presente articolo.

(¹) *Le modalità di detrazione dell'IGE dall'IVA per alcuni prodotti petroliferi e del gas metano sono regolate dall'art. 5 della L. 19 marzo 1973, n. 32.*

84. Dichiarazione di detrazione. – Ai fini delle detrazioni previste negli articoli 82 e 83 deve essere presentata al competente ufficio dell'imposta sul valore aggiunto, entro il termine perentorio del 31 dicembre 1973, una dichiarazione recante l'indicazione dell'ammontare complessivo delle detrazioni stesse, sottoscritta a pena di nullità dal contribuente o da un suo rappresentante legale o negoziale.

Nella dichiarazione devono essere elencate le operazioni cui si riferiscono le imposte detraibili e le relative fatture e bollette doganali, nell'ordine progressivo di cui al secondo comma dell'art. 26 del regio decreto legge 9 gennaio 1940, n. 2, convertito, con modificazioni, nella legge 19 giugno 1940, n. 762. Per ciascuna fattura o bolletta devono essere specificati la data di emissione, il numero progressivo di cui al citato art. 26, la quantità dei beni acquistati o importati o dei servizi ricevuti e l'ammontare delle imposte e addizionali. Devono essere inoltre indicati, per le fatture, la ditta emittente o in caso di autofatturazione la ditta cedente, nonché il prezzo o corrispettivo, e per i documenti relativi ai passaggi interni nell'ambito della stessa impresa il valore in base al quale è stata liquidata l'imposta.

I contribuenti che intendono avvalersi della detrazione relativa agli investimenti, di cui all'art. 82, devono indicare distintamente, nella dichiarazione, le fatture e bollette doganali relative agli acquisti dei beni strumentali e devono allegare un prospetto indicante i beni strumentali di nuova produzione acquistati o costruiti dopo il 30 giugno 1971, posseduti alla data del 25 maggio 1972, distinguendo quelli acquistati o importati da quelli prodotti dalla stessa impresa interessata e con l'indicazione, per questi ultimi, dei quantitativi dei beni acquistati o importati nonché dei servizi ricevuti che siano stati impiegati nella loro produzione.

I contribuenti che intendono applicare la detrazione relativa alle scorte nella misura di cui alla lettera *a*) del secondo comma dell'art. 83 devono:

1) redigere la dichiarazione distinguendo le fatture e le bollette in relazione ai singoli gruppi merceologici cui si riferiscono, con l'indicazione, per ciascun gruppo, della quantità complessiva dei beni acquistati. Nell'ambito di ciascun gruppo è sufficiente indicare le fatture e le bollette di data più re-

cente fino a concorrenza della quantità dei beni risultante dall'inventario di cui alla lettera *a*) del secondo comma dell'art. 83;

2) allegare un prospetto indicante, per ciascuno dei gruppi merceologici cui si riferiscono i documenti di cui al n. 1):

a) le quantità dei beni che dall'inventario risultano esistenti nello stato originario;

b) le quantità di beni trasformati o incorporati in semilavorati, componenti o prodotti finiti, con la indicazione delle corrispondenti quantità di tali semilavorati, componenti e prodotti finiti risultanti dall'inventario;

c) la somma delle quantità di cui alle lettere *a*) e *b*);

d) il raffronto, con riferimento a ciascun gruppo merceologico, tra le quantità complessive dei beni e dei servizi risultanti dai documenti indicati nella dichiarazione e quelle risultanti dall'inventario ai sensi delle precedenti lettere *a*), *b*) e *c*);

e) l'ammontare, per ciascun gruppo merceologico, delle imposte detraibili in base alla corrispondenza tra le quantità acquistate e quelle risultanti dall'inventario.

85. Applicazione delle detrazioni. – L'ammontare complessivo delle imposte detraibili indicato nella dichiarazione presentata a norma dell'articolo precedente è ammesso in detrazione, rispettivamente, nella misura di un dodicesimo o di un quarto, dall'importo da versare in ciascuno dei dodici mesi o dei quattro trimestri successivi a quello in cui è stata presentata la dichiarazione stessa.

La detrazione non può superare, in ciascun mese o trimestre, il cinquanta per cento dell'importo da versare.

Le somme delle quali non è stato possibile operare la detrazione in ciascun mese o trimestre sono detratte dall'importo da versare nel mese o trimestre successivo, fermo restando il limite di cui al comma precedente, e in ogni caso, indipendentemente dal detto limite, dall'importo da versare a norma del primo comma dell'art. 30 per l'anno solare in cui è compreso il dodicesimo mese o il quarto trimestre successivo a quello in cui è stata presentata la dichiarazione di detrazione.

Per l'eventuale eccedenza si applicano le disposizioni del secondo comma dell'art. 30 e dell'art. 38.

86. Sanzioni per indebita detrazione. – Il contribuente che detrae dall'imposta somme superiori di oltre un decimo a quelle spettanti secondo gli artt. 82 e 83 è punito con la pena pecuniaria da una a due volte la somma indebitamente detratta salva l'applicazione della sanzione prevista nel quarto comma dell'art. 50 se l'indebita detrazione sia dipesa dalla indicazione di dati non corrispondenti al vero negli elenchi, nei prospetti o negli inventari e salva l'applicazione delle sanzioni previste negli altri commi dello stesso articolo se ne ricorrano i presupposti.

Della pena pecuniaria risponde, in solido con il contribuente, il rappresentante legale o negoziale che ha sottoscritto la dichiarazione e i relativi allegati.

87. Detrazione dell'imposta di fabbricazione sui filati. – I contribuenti, compresi quelli indicati nel terzo comma dell'art. 4, che esercitano attività industriali dirette alla produzione di filati delle varie fibre tessili naturali, artificiali, sintetiche e di vetro e relativi tessuti e manufatti, possono detrarre dall'imposta sul valore aggiunto l'ammontare dell'imposta e sovrimposta di fabbricazione già assolta in relazione ai filati, tessuti e manufatti tuttora posseduti alla data del 31 dicembre 1972.

Per ottenere la detrazione gli interessati devono presentare all'ufficio dell'imposta sul valore aggiunto e all'ufficio tecnico delle imposte di fabbricazione, entro il termine del 10 gennaio 1973, prorogabile per giustificati motivi, una dichiarazione, sottoscritta a pena di nullità dal contribuente o da un suo rappresentante legale o negoziale, contenente l'indicazione dell'ammontare dell'imposta detraibile e delle quantità di filati, tessuti e manufatti posseduti alla data del 31 dicembre 1972, distinti per titolo e qualità.

Si applicano le disposizioni degli articoli 85 e 86.

Le disposizioni dei precedenti commi non si applicano relativamente ai prodotti per i quali l'imposta di fabbricazione è stata sospesa per effetto dei decreti legge 7 ottobre 1965, n. 1118 ([1]), e 2 luglio 1969, n. 319, convertiti con modificazioni nelle leggi 4 dicembre 1965, n. 1309 ([1]), e 1° agosto 1969, n. 478, e successive modificazioni.

([1]) *Questo provvedimento è stato abrogato dall'Allegato A, previsto dall'art. 24, comma 1, del D.L. 25 giugno 2008, n. 112, convertito, con modificazioni, nella L. 6 agosto 2008, n. 133, a far data dal 180° giorno successivo alla data di entrata in vigore del presente decreto* (*Suppl. ord. alla* G.U. *Serie gen. - n. 147 del 25 giugno 2008*).

88. Validità di precedenti autorizzazioni. – Le autorizzazioni all'impiego di schedari a fogli mobili o tabulati di macchine elettrocontabili, già rilasciate agli effetti dell'imposta generale sull'entrata, restano valide agli effetti delle registrazioni previste dal presente decreto fino a quando non sarà diversamente stabilito dal Ministero delle finanze. I contribuenti che si avvalgono dell'autorizzazione devono tenere ugualmente i registri previsti dagli articoli 23, 24 e 25 ed eseguire su di essi entro l'ultimo giorno di ogni mese, relativamente alle operazioni registrate durante il mese stesso, le annotazioni di cui al settimo comma dell'art. 27, ai numeri 1), 2) e 3) dell'art. 28 e al n. 3 dell'art. 31.

Restano ugualmente valide, fino a quando non sarà diversamente stabilito dal Ministero delle finanze, le autorizzazioni già rilasciate relativamente alla distinta numerazione delle fatture per settori di attività o per singole dipendenze, alla conservazione di esse mediante microfilms o in sede diversa dalla principale e alla osservanza di particolari modalità per i rapporti di cui all'art. 53.

89. Revisione dei prezzi per i contratti in corso. – I corrispettivi delle cessioni di beni e delle prestazioni di servizi da effettuare dopo il 31 dicembre 1972 in dipendenza di contratti conclusi anteriormente alla data di entrata in vigore della legge 9 ottobre 1971, n. 825, per i quali a norma di legge o in virtù di clausola contrattuale era esclusa la rivalsa dell'imposta generale sull'entrata, sono ridotti di un ammontare pari a quello dell'imposta stessa.

90. L'abolizione dell'imposta generale sull'entrata e di altri tributi. – Con decorrenza dal 1° gennaio 1973 cessano di avere applicazione:

1) l'imposta generale sull'entrata, la corrispondente imposta prevista nel primo comma dell'art. 17 del regio decreto legge 9 gennaio 1940, n. 2, convertito nella legge 19 giugno 1940, n. 762, e successive modificazioni e l'imposta di conguaglio dovuta per il fatto dell'importazione di cui alla legge 31 luglio 1954, n. 570, e successive modificazioni;

2) le tasse di bollo sui documenti di trasporto, di cui al decreto legislativo 7 maggio 1948, n. 1173, ratificato dalla legge 24 febbraio 1953, n. 143, e successive modificazioni, e le tasse erariali sui trasporti, di cui al testo unico approvato con regio decreto 9 maggio 1912, n. 1447, e successive modificazioni;

3) la tassa di bollo sulle carte da giuoco, di cui al regio decreto 30 dicembre 1923, n. 3277, e successive modificazioni;

4) la tassa di radiodiffusione sugli apparecchi telericeventi e radioriceventi, di cui alla legge 15 dicembre 1960, n. 1560;

5) l'imposta sui dischi fonografici ed altri supporti atti alla riproduzione del suono, di cui alla legge 1° luglio 1961, n. 569;

6) l'imposta di fabbricazione sui filati delle varie fibre tessili naturali, artificiali, sintetiche e di vetro, di cui al decreto legislativo 3 gennaio 1947, n. 1, e successive modificazioni;

7) l'imposta di fabbricazione sugli oli e grassi animali con punto di solidificazione non superiore a trenta gradi centigradi, di cui al decreto legge

20 novembre 1953, n. 843, convertito nella legge 27 dicembre 1953, n. 949, e successive modificazioni;

8) l'imposta di fabbricazione sugli oli vegetali liquidi con punto di solidificazione non superiore a dodici gradi centigradi comunque ottenuti dalla lavorazione di oli e grassi vegetali concreti, di cui al decreto legge 26 novembre 1954, n. 1080, convertito nella legge 20 dicembre 1954, n. 1219, e successive modificazioni;

9) l'imposta di fabbricazione sugli acidi grassi di origine animale e vegetale con punto di solidificazione inferiore a quarantotto gradi centigradi nonché sulle materie grasse classificabili ai termini della tariffa doganale come acidi grassi, di cui al decreto legge 31 ottobre 1956, n. 1194, convertito nella legge 20 dicembre 1956, n. 1386, e successive modificazioni;

10) l'imposta di fabbricazione sugli organi di illuminazione elettrica, di cui al regio decreto legge 16 giugno 1938, n. 954, convertito nella legge 19 gennaio 1939, n. 214, e successive modificazioni;

11) l'imposta di fabbricazione sui surrogati del caffè, di cui al testo unico approvato con decreto del Ministro per le finanze 8 luglio 1924 e successive modificazioni;

12) le sovrimposte di confine corrispondenti alle imposte di fabbricazione di cui ai numeri precedenti;

13) l'imposta erariale sul consumo del gas, di cui al testo unico approvato con decreto del Ministro per le finanze 8 luglio 1924, e successive modificazioni;

14) l'imposta di consumo sul sale e l'imposta sul consumo di cartine e tubetti per sigarette, di cui alla legge 13 luglio 1965, n. 825, e successive modificazioni;

15) le imposte comunali di consumo, di cui al testo unico per la finanza locale approvato con regio decreto 14 settembre 1931, n. 1175, e al regolamento approvato con regio decreto 30 aprile 1936, n. 1138, e successive modificazioni, nonché il diritto speciale sulle acque da tavola di cui alla legge 2 luglio 1952, n. 703, e successive modificazioni;

16) l'imposta erariale sulla pubblicità, di cui al decreto del Presidente della Repubblica 24 giugno 1954, n. 342;

17) la tassa sulle anticipazioni o sovvenzioni contro deposito o contro pegno, di cui al regio decreto 30 dicembre 1923, n. 3280, e successive modificazioni;

18) il diritto speciale sull'ammontare lordo dei pedaggi autostradali, di cui al decreto legge 26 ottobre 1970, n. 745, convertito nella legge 18 dicembre 1970, n. 1034;

19) l'imposta sulle utenze telefoniche, di cui alla legge 6 dicembre 1965, n. 1379 ([1]), e successive modificazioni;

20) le addizionali ai tributi di cui ai numeri precedenti.

Restano fermi gli obblighi, anche formali, derivanti da rapporti sorti anteriormente al 1° gennaio 1973 relativamente ai tributi indicati nel presente articolo.

([1]) *Questo provvedimento è stato abrogato dall'Allegato A, previsto dall'art. 24, comma 1, del D.L. 25 giugno 2008, n. 112, convertito, con modificazioni, nella L. 6 agosto 2008, n. 133, a far data dal 180° giorno successivo alla data di entrata in vigore del presente decreto* (*Suppl. ord. alla* G.U. *Serie gen. - n. 147 del 25 giugno 2008*).

91. Norme transitorie in materia di imposta generale sull'entrata. – La restituzione dell'imposta generale sull'entrata prevista dalla legge 31 luglio 1954, n. 570, e successive modificazioni, compete per i prodotti indicati nella tabella allegata al decreto del Presidente della Repubblica 14 agosto 1954, n. 676, e successive modificazioni, che vengano esportati, senza avere subito trasformazioni, fino al 30 giugno 1973, limitatamente alle quantità corrispondenti a quelle che risultano possedute alla data del 31 dicembre 1972, giusta inventario redatto e vidimato a norma dell'art. 2217 del codice civile ([1]).

La restituzione dell'imposta generale sull'entrata prevista dall'art. 2 della legge 21 luglio 1965, n. 939, compete per i lavori navali ivi contemplati che da apposito certificato dell'ufficio del registro navale risultino ultimati entro il 31 dicembre 1972. Per i lavori navali non ancora ultimati a tale data, la restituzione compete nei limiti dei corrispettivi riferibili alla parte dei lavori che in base al certificato risulti già eseguita alla data stessa. La restituzione deve essere richiesta all'intendenza di finanza entro il termine del 31 dicembre 1973, prorogabile per giustificati motivi.

Le fatture e le bollette doganali relative alle quantità di materie prime, semilavorati e componenti corrispondenti a quelle che dai certificati di cui al comma precedente risultino impiegati nei lavori ivi contemplati non possono essere comprese nella detrazione prevista dall'art. 83. Alla dichiarazione di detrazione eventualmente presentata deve essere allegata copia conforme della domanda di restituzione presentata. L'inosservanza di questa disposizione determina la decadenza dal diritto alla detrazione e l'obbligo di versare in unica soluzione le imposte già detratte.

([1]) *V. L. 25 maggio 1978, n. 232.*

92. Norme transitorie in materia di imposte di fabbricazione. – La soppressione delle imposte di fabbricazione sugli organi di illuminazione elettrica e sui surrogati del caffè, di cui ai numeri 10) e 11) dell'art. 90, ha effetto anche per i prodotti giacenti nei magazzini fiduciari alla data del 1° gennaio 1973.

Con modalità che saranno stabilite dal Ministero delle finanze si procederà al rimborso del prezzo dei contrassegni di Stato sui surrogati del caffè, istituiti con decreto del Ministro per le finanze 10 ottobre 1950, non ancora applicati dai fabbricanti ovvero già applicati sulle giacenze di cui al precedente comma. Il rimborso deve essere richiesto al competente ufficio tecnico delle imposte di fabbricazione entro il termine del 10 gennaio 1973, prorogabile per giustificati motivi.

93. Norme transitorie in materia di imposte di consumo. – Per le opere edilizie in corso di costruzione alla data del 1° gennaio 1973 gli uffici delle imposte comunali di consumo procedono alla liquidazione e riscossione dell'imposta dovuta sui materiali impiegati nella parte di costruzione effettivamente eseguita.

La liquidazione dell'imposta si effettua:

per le parti dell'opera già ultimate, con l'applicazione di un'aliquota fissa per ogni metro cubo di fabbrica, computando il vuoto per pieno, ovvero di un'aliquota fissa per ogni metro quadrato di area coperta e per piano, secondo i criteri di misurazione e con le esclusioni di cui all'art. 35, lettera *a*), secondo e terzo comma, del regolamento approvato con regio decreto 30 aprile 1936, n. 1138;

per le parti non ultimate, applicando a ciascuna specie di materiali impiegati le rispettive aliquote.

Per le autostrade costruite con il sistema della concessione l'imposta relativa ai tratti in corso di costruzione alla data del 1° gennaio 1973 è determinata applicando le misure d'imposta stabilite nella legge 16 settembre 1960, n. 1013, in proporzione al rapporto tra il valore dei materiali già impiegati e il valore complessivo dei materiali necessari per l'intero tratto.

94. Entrata in vigore. – Il presente decreto entrerà in vigore il 1° gennaio 1973.

TABELLA *A* (1)

(1) Tabella così sostituita dal D.M. 28 febbraio 1985 (come disposto dall'art. 1 D.L. 19 dicembre 1984, n. 853, convertito, con modificazioni, nella L. 17 febbraio 1985, n. 17) con effetto dall'1 gennaio 1985 e successivamente modificata dal D.M. 16 luglio 1986.

Parte I
Prodotti agricoli e ittici (*)

(*) Per le cessioni dei prodotti agricoli e ittici indicati in tale parte della tabella, effettuate dai produttori agricoli e ittici di cui all'art. 34, si applicano le aliquote corrispondenti a quelle di compensazione forfettaria stabilite dal decreto ministeriale (1) emanato a norma del primo comma del citato articolo.
(1) Si vedano i DD.MM. 12 maggio 1992, 30 dicembre 1997 e 23 dicembre 2005.

1) Cavalli, asini, muli e bardotti, vivi (v.d. 01.01);
2) animali vivi della specie bovina, compresi gli animali del genere bufalo, suina, ovina e caprina (v.d. 01.02, 01.03 e 01.04);
3) volatili da cortile vivi; volatili da cortile morti, commestibili, freschi e refrigerati (v.d. 01.05- ex 02.02);
4) conigli domestici, piccioni, lepri, pernici, fagiani, rane ed altri animali vivi, destinati all'alimentazione umana, api e bachi da seta (v.d. ex 01.06) (1);
5) carni, frattaglie e parti di animali di cui ai numeri 3 e 4, fresche, refrigerate, salate o in salamoia, secche o affumicate (v.d. ex 02.02 – ex 02.03-ex 02.04-ex 02.06);
6) grasso di volatili non pressato né fuso, fresco, refrigerato, salato o in salamoia, secco o affumicato (v.d. ex 02.05);
7) pesci freschi (vivi o morti), refrigerati, semplicemente salati o in salamoia, secchi o affumicati, esclusi il salmone e lo storione affumicati (v.d. ex 03.01-ex 03.02), derivanti dalla pesca in acque dolci e dalla piscicoltura;
8) crostacei e molluschi, compresi i testacei (anche separati dal loro guscio o dalla loro conchiglia), freschi, refrigerati, secchi, salati o in salamoia, crostacei non sgusciati semplicemente cotti in acqua (v.d. ex 03.03), derivanti dalla pesca in acque dolci e da allevamento;
9) latte e crema di latte freschi non concentrati né zuccherati (v.d. 04.01);
10) burro, formaggi e latticini (v.d. 04.03-04.04);
11) uova di volatili in guscio, fresche o conservate (v.d. ex 04.05);
12) miele naturale (v.d. 04.06);
13) bulbi, tuberi, radici tuberose, zampe e rizomi, allo stato di riposo vegetativo, in vegetazione o fioriti; altre piante e radici vive, comprese le talee e le marze (v.d. 06.01-06.02);

14) fiori e boccioli di fiori, recisi, per mazzi o per ornamenti, freschi; fogliami, foglie, rami ed altre parti di piante, erbe, muschi e licheni, per mazzi o per ornamenti, freschi (v.d. ex 06.03-ex 06.04);

15) ortaggi e piante mangerecce, esclusi i tartufi, freschi, refrigerati o presentati immersi in acqua salata, solforata o addizionata di altre sostanze atte ad assicurarne temporaneamente la conservazione, ma non specialmente preparati per il consumo immediato (v.d. ex 07.01-ex 07.03);

15 *bis*) tartufi, nei limiti delle quantità standard di produzione determinate con decreto del Ministero delle politiche agricole alimentari, forestali e del turismo, emanato di concerto con il Ministero dell'economia e delle finanze ([2]);

16) legumi da granella, secchi, sgranati, anche decorticati o spezzati (v.d. 07.05);

17) radici di manioca, d'arrow-root e di salep, topinambur, patate dolci ed altre simili radici e tuberi ad alto potere di amido o d'inulina, anche secchi o tagliati in pezzi; midollo della palma a sago (v.d. 07.06);

18) frutta commestibili, fresche o secche, o temporaneamente conservate (v.d. da 08.01 a 08.09-08.11-08.12);

19) scorze di agrumi e di meloni, fresche, escluse quelle congelate, presentate immerse nell'acqua salata, solforata o addizionata di altre sostanze atte ad assicurarne temporaneamente la conservazione, oppure secche (v.d. ex 08.13);

20) spezie (v.d. da 09.04 a 09.10);

21) cereali (escluso il riso pilato, brillato, lucidato e spezzato) (v.d. da 10.01 a 10.05- ex 10.06-10.07);

22) semi e frutti oleosi, esclusi quelli frantumati (v.d. ex 12.01);

23) semi, spore e frutti da sementa (v.d. 12.03);

24) barbabietole da zucchero, anche tagliate in fettucce, fresche o disseccate (v.d. ex 12.04);

25) radici di cicoria, fresche o disseccate, anche tagliate, non torrefatte (v.d. ex 12.08);

26) coni di luppolo (v.d. ex 12.06);

27) piante, parti di piante, semi e frutti, delle specie utilizzate principalmente in profumeria, in medicina o nella preparazione di insetticidi antiparassitari e simili, freschi o secchi, anche tagliati, frantumati o polverizzati (v.d. 12.07);

28) carrube fresche o secche; noccioli di frutta e prodotti vegetali impiegati principalmente nell'alimentazione umana, non nominati né compresi altrove (v.d. ex 12.08);

29) paglia e lolla di cereali, gregge, anche trinciate (v.d. 12.09);

30) barbabietole da foraggio, navoni-rutabaga, radici da foraggio; fieno, erba medica, lupinella, trifoglio, cavoli da foraggio, lupino, veccia ed altri simili prodotti da foraggio (v.d. 12.10);

31) vimini, canne comuni, canne palustri e giunchi, greggi, non pelati, né spaccati, né altrimenti preparati; saggina e trebbia (v.d. ex 14.01 – ex 14.03);

32) alghe (v.d. ex 14.05);

33) olio d'oliva, morchie e fecce d'olio d'oliva (v.d. ex 15. 07 – ex 15.17);

34) cera d'api greggia (v.d. ex 15.15);

35) mosti di uve parzialmente fermentati anche mutizzati con metodi diversi dalla aggiunta di alcole; mosti di uve fresche anche mutizzati con alcole (v.d. ex 20.07-22.04-ex 22.05);

36) ([1]) vini di uve fresche con esclusione di quelli liquorosi ed alcolizzati e di quelli contenenti più del ventidue per cento in volume di alcole (v.d. ex 22.05);

([1]) *Questo numero è stato così sostituito dall'art. 36, comma 2, del D.L. 30 agosto 1993, n. 331, conv., con modif., nella L. 29 ottobre 1993, n. 427.*

37) sidro, sidro di pere e idromele (v.d. ex 22.07);

38) aceto di vino (v.d. ex 22.10);

39) panelli, sansa di olive ed altri residui dell'estrazione dell'olio di oliva, escluse le morchie (v.d. ex 23.04);

40) fecce di vino; tartaro greggio (v.d. 23.05);

41) prodotti di origine vegetale del genere di quelli utilizzati per la nutrizione degli animali, non nominati né compresi altrove (v.d. 23.06);

42) tabacchi greggi o non lavorati; cascami di tabacco (v.d. 24.01);

43) legna da ardere in tondelli, ceppi, ramaglie o fascine, cascami di legno, compresa la segatura (v.d. 44.01) ([3]);

44) legno rozzo, anche scortecciato o semplicemente sgrossato (v.d. 44.03);

45) legno semplicemente squadrato, escluso il legno tropicale (v.d. ex 44.04) ([3]);

46) sughero naturale greggio e cascami di sughero; sughero frantumato, f1) granulato o polverizzato (v.d. 45.01);

47) bozzoli di bachi da seta atti alla trattura (v.d. 50.01);

48) lane in massa sudice o semplicemente lavate; cascami di lana e di peli (v.d. ex 53.01-53.03);

49) peli fini o grossolani, in massa, greggi (v.d. ex 53.02);

50) lino greggio, macerato, stigliato; stoppe e cascami di lino (v.d. ex 54.01);

51) ramiè greggio (v.d. ex 54.02);

52) cotone in massa; cascami di cotone, non pettinati né cardati (v. d. 55.01-55.03);

53) canapa (cannabis sativa) greggia, macerata, stigliata; stoppa e cascami di canapa (v.d. ex 57.01);

54) abaca greggia; stoppa e cascami di abaca (v.d. ex 57.02);

55) sisal greggia (v.d. ex 57.04);

56) olio essenziale non deterpenato di mentha piperita (v.d. ex 33.01).

(1) *A norma dell'art. 18* bis*, comma 1, del D.L. 25 maggio 2021, n. 73, convertito, con modificazioni, nella L. 23 luglio 2021, n. 106, dalla data di entrata in vigore della legge di conversione del medesimo decreto e fino al 31 dicembre 2021, per fronteggiare gli effetti economici derivanti dall'emergenza epidemiologica da COVID-19, ai fini dell'applicazione dell'aliquota ridotta dell'imposta sul valore aggiunto di cui a questo numero, negli animali vivi destinati all'alimentazione umana sono compresi anche gli animali vivi ceduti per l'attività venatoria.*

(2) *Questo numero è stato inserito dall'art. 1, comma 698, lett.* b)*, della L. 30 dicembre 2018, n. 145, a decorrere dal 1° gennaio 2019.*

(3) *A norma dell'art. 1, comma 1, del D.M. 5 febbraio 2021* (G.U. *Serie gen. - n. 45 del 23 febbraio 2021*) *le percentuali di compensazione sono stabilite nella misura del 6,4 %, a decorrere dal 1° gennaio 2020.*

Parte II
Beni e servizi soggetti all'aliquota del 4%
(1) (2) (3) (4) (5) (6) (7) (8)

(1) *Aliquota così aumentata con effetto dal 1° gennaio 1989 dall'art. 34, comma 1, D.L. 2 marzo 1989, n. 69, convertito, con modificazioni, nella L. 27 aprile 1989, n. 154.*

(2) *L'art. 35* bis*, comma 2, del D.L. 2 marzo 1989, n. 69, convertito, con modificazioni, nella L. 27 aprile 1989, n. 154, così dispone: «L'aliquota dell'imposta sul valore aggiunto per le locazioni di fabbricati ad uso di civile abitazione da parte delle imprese che li hanno costruiti per la vendita o acquistati per la rivendita è stabilita nella misura del 4 per cento».*

(3) *L'art. 28, della L. 9 gennaio 1991, n. 9, così dispone: «Fino al 31 dicembre 1996 l'aliquota IVA da corrispondere da parte degli utenti per l'allacciamento a reti di teleriscaldamento realizzate in conformità alla vigente normativa in materia di risparmio energetico è stabilita nella misura del 4 per cento».*

A norma dell'art. 18 della L. 10 dicembre 1993, n. 515, per il materiale tipografico, attinente alle campagne elettorali, commissionato dai partiti e dai movimenti, dalle liste di candidati e dai candidati si applica l'aliquota IVA del 4 per cento.

(4) *A norma dell'art. 10, comma 2, del D.L. 23 febbraio 1995, n. 41, convertito, con modificazioni, nella L. 22 marzo 1995, n. 85, è stata ridotta al 4 per cento l'aliquota IVA per le cessioni, gli acquisti intracomunitari e le importazioni di medicinali pronti per l'uso umano o veterinario, ad eccezione dei prodotti omeopatici, di sostanze farmaceutiche e di articoli di medicazione di cui le farmacie devono obbligatoriamente essere dotate secondo la Farmacopea ufficiale.*

(5) *A norma dell'art. 2, comma 67, della L. 24 dicembre 2003, n. 350, su tutte le medicazioni avanzate atte alla cura di piaghe da decubito e ulcere cutanee croniche, con*

particolare riferimento agli idrogeli, idrogeli in forma di placche, arginati, schiume di poliuretano, film semipermeabili, medicazioni antisettiche a base di argento, medicazioni non aderenti con antisettico, si applica l'aliquota IVA nella misura del 4 per cento. L'efficacia delle disposizioni del presente comma è subordinata, ai sensi dell'articolo 88, paragrafo 3, del Trattato istitutivo della Comunità europea, alla preventiva approvazione da parte della Commissione europea.

(6) *Per i veicoli adattati ad invalidi vedi L. 9 aprile 1986, n. 97.*

(7) *Per i programmi finalizzati alla creazione di parcheggi, comprese le opere di viabilità di accesso ed i relativi impianti e tecnologie di informazione, vedi la L. 24 marzo 1989, n. 122.*

(8) *Per le operazioni aventi per oggetto organismi utili per l'agricoltura vedi l'ultimo periodo dell'art. 1 del D.L. 29 maggio 1989, n. 202, convertito, con modificazioni, nella L. 28 luglio 1989, n. 263.*

1) (*Omissis*) (1);

(1) *Questo numero è stato soppresso dall'art. 1, comma 1, del D.L. 13 maggio 1991, n. 151, convertito, con modificazioni, nella L. 12 luglio 1991, n. 202. Si veda ora il numero* 10 bis), *parte terza, di questa tabella.*

2) (*Omissis*) (1);

(1) *Questo numero è stato soppresso dall'art. 1, comma 1, del D.L. 13 maggio 1991, n. 151, convertito, con modificazioni, nella L. 12 luglio 1991, n. 202. Si veda ora il numero* 10 bis), *parte terza, di questa tabella.*

3) latte fresco, non concentrato né zuccherato, destinato al consumo alimentare, confezionato per la vendita al minuto, sottoposto a pastorizzazione o ad altri trattamenti previsti da leggi sanitarie;

4) burro, formaggi e latticini (v.d. 04.03-04.04);

5) ortaggi e piante mangerecce, esclusi i tartufi, freschi, refrigerati, presentati immersi in acqua salata, solforata o addizionata di altre sostanze atte ad assicurarne temporaneamente la conservazione, ma non specialmente preparati per il consumo immediato; disseccati, disidratati o evaporati, anche tagliati in pezzi o in fette, ma non altrimenti preparati (v.d. ex 07.01-ex 07.03-ex 07.04);

6) ortaggi e piante mangerecce, anche cotti, congelati o surgelati (v.d. 07.02);

7) legumi da granella, secchi, sgranati, anche decorticati o spezzati (v.d. 07.05);

8) frutta commestibili, fresche o secche o temporaneamente conservate; frutta, anche cotte, congelate o surgelate senza aggiunta di zuccheri (v.d. da 08.01 a 08.03-ex 08.04-da 08.05 a 08.12);

9) frumento, compreso quello segalato, segala; granturco; riso; risone; orzo, escluso quello destinato alla semina; avena, grano saraceno, miglio, scagliola, sorgo ed altri cereali minori destinati ad uso zootecnico (v.d. 10.01-10.02-ex 10.03-ex 10.04 -10.05-ex 10.06 – ex 10.07 [, ex 21.07.02] ([1]));

([1]) *Le parole*: *«, ex 21.07.02», inserite dall'art. 4, comma 3, del D.L. 2 ottobre 1995, n. 415, convertito, con modificazioni, nella L. 23 novembre 1995, n. 507 con effetto dal 24 marzo 1995, sono state da ultimo soppresse dall'art. 22, comma 1, della L. 7 luglio 2016, n. 122.*

10) farine e semole di frumento, granturco e segala; farine di orzo; farine di avena, farine di riso e di altri cereali minori destinate ad uso zootecnico (v.d. ex 11.01-ex 11.02);

11) frumento, granturco, segala e orzo, spezzati o schiacciati; riso, avena ed altri cereali minori, spezzati o schiacciati, destinati ad uso zootecnico (v.d. ex 10.06-ex 11.02);

12) germi di mais destinati alla disoleazione, (ex 11.02 G II): semi e frutti oleosi destinati alla disoleazione, esclusi quelli di lino e di ricino e quelli frantumati (v.d. ex 12.01);

[12 *bis*) basilico, rosmarino e salvia, freschi, destinati all'alimentazione (v.d. ex 12.07)] ([1]);

([1]) *Questo numero, inserito dall'art. 6, comma 7, lett.* b), *della L. 13 maggio 1999, n. 133 è stato, da ultimo, abrogato dall'art. 21, comma 1, lett. a), della L. 7 luglio 2016, n. 122.*

13) olio d'oliva; oli vegetali destinati all'alimentazione umana od animale, compresi quelli greggi destinati direttamente alla raffinazione per uso alimentare (v.d. ex 15.07);

14) margarina animale o vegetale (v.d. ex 15.13);

15) ([1]) paste alimentari; crackers e fette biscottate; pane, biscotto di mare e altri prodotti della panetteria ordinaria anche contenenti ingredienti e sostanze ammessi dal titolo III della legge 4 luglio 1967, n. 580, senza aggiunta di zuccheri, miele, uova o formaggio;

([1]) *Questo numero è stato così sostituito dall'art. 1, comma 6, del D.L. 29 settembre 1997, n. 328, convertito, con modificazioni, nella L. 29 novembre 1997, n. 410, con effetto dal 1° ottobre 1997.*

16) pomodori pelati e conserve di pomidori; olive in salamoia (v.d. ex 20.02);

17) crusche, stacciature ed altri residui della vagliatura, della molitura o di altre lavorazioni dei cereali e dei legumi (v.d. 23.02);

18) ([1]) giornali e notiziari quotidiani, dispacci delle agenzie di stampa, libri, periodici anche in scrittura *braille* e su supporti audio-magnetici per non vedenti e ipovedenti, ([2]) ad esclusione dei giornali e periodici pornografici

e dei cataloghi diversi da quelli di informazione libraria, edizioni musicali a stampa e carte geografiche, compresi i globi stampati; carta occorrente per la stampa degli stessi e degli atti e pubblicazioni della Camera dei deputati e del Senato della Repubblica; materiale tipografico e simile attinente alle campagne elettorali se commissionato dai candidati o dalle liste degli stessi o dai partiti o dai movimenti di opinione politica;

(1) *Questo numero è stato così sostituito dall'art. 1, comma 6, del D.L. 29 settembre 1997, n. 328, convertito, con modificazioni, nella L. 29 novembre 1997, n. 410, con effetto dal 1° ottobre 1997. A norma dell'art. 1, comma 667, della L. 23 dicembre 2014, n. 190, come modificato dall'art. 1, comma 637, della L. 28 dicembre 2015, n. 208, ai fini dell'applicazione di questo numero sono da considerare giornali, notiziari quotidiani, dispacci delle agenzie di stampa, libri e periodici tutte le pubblicazioni identificate da codice ISBN o ISSN e veicolate attraverso qualsiasi supporto fisico o tramite mezzi di comunicazione elettronica.*

(2) *Le parole da: «anche in scrittura* braille*» fino a: «ipovedenti» sono state inserite dall'art. 31, comma 1, lett.* d), *n. 1), della L. 23 dicembre 2000, n. 388.*

19) (1) fertilizzanti di cui alla legge 19 ottobre 1984, n. 748; organismi considerati utili per la lotta biologica in agricoltura;

(1) *Questo numero è stato così sostituito dall'art. 1, comma 6, del D.L. 29 settembre 1997, n. 328, convertito, con modificazioni, nella L. 29 novembre 1997, n. 410, con effetto dal 1° ottobre 1997.*

20) mangimi semplici di origine vegetale; mangimi integrati contenenti cereali e/o relative farine e/o zucchero; mangimi composti semplici contenenti, in misura superiore al 50%, cereali compresi nella presente parte della tabella;

21) (1) case di abitazione ad eccezione di quelle di categoria catastale A1, A8 e A9 (2), ancorché non ultimate, purché permanga l'originaria destinazione, in presenza delle condizioni di cui alla nota II *bis*) all'articolo 1 della tariffa, parte prima, allegata al testo unico delle disposizioni concernenti l'imposta di registro, approvato con D.P.R. 26 aprile 1986, n. 131. In caso di dichiarazione mendace nell'atto di acquisto, ovvero di rivendita nel quinquennio dalla data dell'atto, si applicano le disposizioni indicate nella predetta nota;

(1) *Questo numero è stato così sostituito dall'art. 16, comma 4, del D.L. 22 maggio 1993, n. 155, convertito, con modificazioni, nella L. 19 luglio 1993, n. 243.*

Si veda anche quanto disposto dal comma 6, dello stesso articolo 16, medesimo provvedimento.

(2) *Le parole: «non di lusso secondo i criteri di cui al decreto del Ministro dei lavori pubblici 2 agosto 1969, pubblicato nella* Gazzetta Ufficiale *n. 218 del 27 agosto 1969» sono state così sostituite dalle attuali: «ad eccezione di quelle di categoria catastale A1, A8 e A9» dall'art. 33 del D.L.vo 21 novembre 2014, n. 175.*

21 *bis*) ([1]) costruzioni rurali destinate ad uso abitativo del proprietario del terreno o di altri addetti alle coltivazioni dello stesso o all'allevamento del bestiame e delle attività connesse, cedute da imprese costruttrici, ancorché non ultimate, purché permanga l'originaria destinazione, sempre che ricorrano le condizioni di cui all'art. 9, comma 3, lettere *c*) ed *e*), del decreto legge 30 dicembre 1993, n. 557, convertito, con modificazioni, dalla legge 26 febbraio 1994, n. 133;

([1]) *Questo numero è stato aggiunto dall'art. 16, comma 4, del D.L. 22 maggio 1993, n. 155, convertito, con modificazioni, nella L. 19 giugno 1993, n. 243 e poi così sostituito dall'art. 14, comma 1, del D.L. 23 febbraio 1995, n. 41, conv., con modif., nella L. 22 marzo 1995, n. 85.*

22) (*Omissis*) ([1]);

([1]) *Questo numero è stato soppresso dall'art. 36, comma 2, del D.L. 30 agosto 1993, n. 331, convertito, con modificazioni, nella L. 29 ottobre 1993, n. 427. Si veda ora il n. 127* quinquies *della parte terza di questa tabella.*

23) (*Omissis*) ([1]);

([1]) *Questo numero è stato soppresso dall'art. 36, comma 2, del D.L. 30 agosto 1993, n. 331, convertito, con modificazioni, nella L. 29 ottobre 1993, n. 427.*

24) ([1]) beni, escluse le materie prime e semilavorate, forniti per la costruzione, anche in economia, dei fabbricati di cui all'art. 13 della L. 2 luglio 1949, n. 408, e successive modificazioni, delle costruzioni rurali di cui al n. 21 *bis*) e, fino al 31 dicembre 1996, quelli forniti per la realizzazione degli interventi di recupero del patrimonio pubblico e privato danneggiato dai movimenti sismici del 29 aprile, del 7 e dell'11 maggio 1984;

([1]) *Questo numero è stato così da ultimo sostituito dall'art. 4, comma 1, del D.L. 30 dicembre 1993, n. 557, convertito, con modificazioni, nella L. 26 febbraio 1994, n. 133, con effetto dal 1° gennaio 1994.*

25) (*Omissis*) ([1]);

([1]) *Questo numero è stato soppresso dal 1° gennaio 1994 dall'art. 4, comma 1, del D.L. 30 dicembre 1993, n. 557, convertito, con modificazioni, nella L. 26 febbraio 1994, n. 133.*

26) ([1]) assegnazioni, anche in godimento, di case di abitazione di cui al n. 21), fatte a soci da cooperative edilizie e loro consorzi;

([1]) *Questo numero è stato così, da ultimo, sostituito dall'art. 4, comma 1, del D.L. 30 dicembre 1993, n. 557, convertito, con modificazioni, nella L. 26 febbraio 1994, n. 133, con effetto dal 1° gennaio 1994.*

27) (*Omissis*) ([1]);

([1]) *Questo numero è stato soppresso dall'art. 36, comma 2, del D.L. 30 agosto 1993, n. 331, convertito, con modificazioni, nella L. 29 ottobre 1993, n. 427.*

28) (*Omissis*) (1);

(1) *Questo numero è stato soppresso dall'art. 16, comma 4, del D.L. 22 maggio 1993, n. 155, convertito, con modificazioni, nella L. 19 luglio 1993, n. 243. Si veda ora il n.* 21) *di questa stessa parte.*

29) (*Omissis*) (1);

(1) *Questo numero è stato soppresso dall'art. 16, comma 4, del D.L. 22 maggio 1993, n. 155, convertito, con modificazioni, nella L. 19 luglio 1993, n. 243, si veda ora il n.* 21) *di questa stessa parte.*

30) apparecchi di ortopedia (comprese le cinture medico – chirurgiche); oggetti ed apparecchi per fratture (docce, stecche e simili); oggetti ed apparecchi di protesi dentaria, oculistica ed altre; apparecchi per facilitare l'audizione ai sordi ed altri apparecchi da tenere in mano, da portare sulla persona o da inserire nell'organismo, per compensare una deficienza o una infermità (v.d. 90.19);

31) (1) poltrone e veicoli simili per invalidi anche con motore o altro meccanismo di propulsione (v.d. 87.11), intendendosi compresi i servoscala e altri mezzi simili atti al superamento di barriere architettoniche per soggetti con ridotte o impedite capacità motorie; motoveicoli di cui all'articolo 53, comma 1, lettere *b*), *c*) ed *f*), del decreto legislativo 30 aprile 1992, n. 285, nonché, autoveicoli di cui all'articolo 54, comma 1, lettere *a*), *c*) ed *f*), dello stesso decreto, di cilindrata fino a 2.000 centimetri cubici se con motore a benzina o ibrido, a 2.800 centimetri cubici se con motore diesel o ibrido, e di potenza non superiore a 150 kW se con motore elettrico (2), anche prodotti in serie, adattati per la locomozione dei soggetti di cui all'articolo 3 della legge 5 febbraio 1992, n. 104, con ridotte o impedite capacità motorie permanenti, ceduti ai detti soggetti o ai familiari di cui essi sono fiscalmente a carico, nonché, le prestazioni rese dalle officine per adattare i veicoli, anche non nuovi di fabbrica, compresi i relativi accessori e strumenti necessari per l'adattamento, effettuate nei confronti dei soggetti medesimi; autoveicoli di cui all'articolo 54, comma 1, lettere *a*), *c*) ed *f*), del decreto legislativo 30 aprile 1992, n. 285, di cilindrata fino a 2.000 centimetri cubici se con motore a benzina o ibrido, a 2.800 centimetri cubici se con motore diesel o ibrido, e di potenza non superiore a 150 kW se con motore elettrico (2), ceduti a soggetti non vedenti e a soggetti sordomuti, ovvero ai familiari di cui essi sono fiscalmente a carico;

(1) *Questo numero è stato da ultimo così sostituito dall'art. 50, comma 1, della L. 21 novembre 2000, n. 342, a decorrere dal 1° gennaio 2001.*

A norma dell'art. 50, comma 2, della medesima legge, alle cessioni dei veicoli di cui al comma 1 si applicano le disposizioni di cui all'articolo 1, commi 1 e 2, della L. 9 aprile 1986, n. 97, e successive modificazioni, a decorrere dal 1° gennaio 2001.

(2) *Le parole: «di cilindrata fino a 2000 centimetri cubici se con motore a benzina, e a 2800 centimetri cubici se con motore diesel» sono state così sostituite dalle seguenti: «di cilindrata fino a 2.000 centimetri cubici se con motore a benzina o ibrido, a 2.800 centimetri cubici se con motore diesel o ibrido, e di potenza non superiore a 150 kW se con motore elettrico» dall'art. 53* bis, *comma 1, del D.L. 26 ottobre 2019, n. 124, convertito, con modificazioni, nella L. 19 dicembre 2019, n. 157.*

32) gas per uso terapeutico; reni artificiali;

33) parti, pezzi staccati ed accessori esclusivamente destinati ai beni indicati ai precedenti numeri 30, 31 e 32;

34) (*Omissis*) (1);

(1) *Questo numero è stato soppresso dall'art. 36, comma 2, del D.L. 30 agosto 1993, n. 331, convertito, con modificazioni, nella L. 29 ottobre 1993, n. 427.*

35) (1) prestazioni relative alla composizione, montaggio, duplicazione, (2) legatoria e stampa, anche in scrittura *braille* e su supporti audio-magnetici per non vedenti e ipovedenti, (2) dei giornali e notiziari quotidiani, libri, periodici, ad esclusione dei giornali e periodici pornografici e dei cataloghi diversi da quelli di informazione libraria, edizioni musicali a stampa, carte geografiche, atti e pubblicazioni della Camera dei deputati e del Senato della Repubblica;

(1) *Questo numero è stato così sostituito dall'art. 1, comma 6, del D.L. 29 settembre 1997, n. 328, convertito, con modificazioni, nella L. 29 novembre 1997, n. 410, con effetto dal 1° ottobre 1997.*

(2) *Le parole: «montaggio, duplicazione,» e da: «, anche in scrittura* braille *...» fino a: «... ipovedenti,» sono state inserite dall'art. 31, comma 1, lett.* d), *n. 2), della L. 23 dicembre 2000, n. 388.*

36) (1) canoni di abbonamento alle radiodiffusioni circolari (*) con esclusione di quelle trasmesse in forma codificata (2); prestazioni di servizi delle radiodiffusioni con esclusione di quelle trasmesse in forma codificata (2) aventi carattere prevalentemente politico, sindacale, culturale, religioso, *sportivo*, didattico o ricreativo effettuate ai sensi dell'art. 19, lettere *b*) e *c*), della legge 14 aprile 1975, n. 103;

(*) *L'imposta con l'aliquota ridotta si applica esclusivamente per i canoni di abbonamento alle radiodiffusioni circolari e sulla base imponibile costituita dalla quota spettante, ai sensi delle vigenti disposizioni, all'ente concessionario del servizio; si applicano le disposizioni di cui agli articoli 22 e 24. I canoni di abbonamento sono riscossi dall'ente concessionario, o per suo conto, ferme restando, per quanto concerne le sanzioni e la* *riscossione coattiva, le disposizioni degli articoli 19 e seguenti del regio decreto legge 21 febbraio 1938, n. 246, convertito nella legge 4 giugno 1938, n. 880, e successive modificazioni.*

([1]) *Per disposizione dell'art. 5, comma 2, del D.L. 14 marzo 1988, n. 70, convertito nella L. 13 maggio 1988, n. 154, tra le prestazioni contemplate in questa voce devono intendersi comprese le prestazioni di radiodiffusioni circolari relative al servizio di trasporto pubblico o di noleggio da rimessa.*

([2]) *La parola: «pubbliche» è stata qui inserita dall'art. 43, comma 5* ter, *del D.L. 23 febbraio 1995, n. 41, convertito, con modificazioni, nella L. 22 marzo 1995, n. 85 e poi sostituita dalle attuali: «con esclusione di quelle trasmesse in forma codificata» dall'art. 4, comma 3, del D.L. 2 ottobre 1995, n. 415, convertito, con modificazioni, nella L. 29 novembre 1995, n. 507, con decorrenza dal 1° gennaio 1996.*

37) ([1]) somministrazioni di alimenti e bevande ([2]) effettuate nelle mense aziendali ed interaziendali, nelle mense delle scuole di ogni ordine e grado, nonché nelle mense per indigenti anche se le somministrazioni sono eseguite sulla base di contratti di appalto o di apposite convenzioni;

([1]) *Questo numero è stato così sostituito dall'art. 36, comma 2, del D.L. 30 agosto 1993, n. 331, convertito, con modificazioni, nella L. 29 ottobre 1993, n. 427.*

([2]) *Per effetto del trentatreesimo comma, art. 8, L. 11 marzo 1988, n. 67, l'aliquota prevista per le somministrazioni di alimenti e bevande di questo numero deve intendersi applicabile anche se le somministrazioni stesse sono eseguite sulla base di contratti di appalto.*

[38) ([1]) somministrazioni di alimenti e bevande effettuate mediante distributori automatici collocati in stabilimenti, ospedali, case di cura, uffici, scuole, caserme e altri edifici destinati a collettività];

([1]) *Questo numero, così sostituito dall'art. 36, comma 2, del D.L. 30 agosto 1993, n. 331, conv., con modif., nella L. 29 ottobre 1993, n. 427, è stato abrogato dall'art. 20, comma 1, del D.L. 4 giugno 2013, n. 63, convertito, con modificazioni, nella L. 3 agosto 2013, n. 90. Tali disposizioni si applicano alle operazioni effettuate a partire dal 1° gennaio 2014.*

39) ([1]) prestazioni di servizi dipendenti da contratti di appalto relativi alla costruzione dei fabbricati di cui all'art. 13 della L. 2 luglio 1949, n. 408, e successive modificazioni, effettuate nei confronti di soggetti che svolgono l'attività di costruzione di immobili per la successiva vendita, ivi comprese le cooperative edilizie e loro consorzi, anche se a proprietà indivisa, o di soggetti per i quali ricorrono le condizioni richiamate nel n. 21), nonché alla realizzazione delle costruzioni rurali di cui al n. 21 *bis*);

([1]) *Questo numero è stato così, da ultimo, sostituito dall'art. 4, comma 1, del D.L. 30 dicembre 1993, n. 557, conv., con modif., nella L. 26 febbraio 1994, n. 133, con effetto dal 1° gennaio 1994.*

40) (*Omissis*) ([1]);

([1]) *Questo numero è stato soppresso dall'art. 36, comma 2, del D.L. 30 agosto 1993, n. 331, conv., con modif., nella L. 29 ottobre 1993, n. 427.*

41) (*Omissis*) ([1]);

([1]) *Questo numero è stato soppresso dall'art. 36, comma 2, del D.L. 30 agosto 1993, n. 331, conv., con modif., nella L. 29 ottobre 1993, n. 427.*
Si veda ora il n. 127 bis) *della parte terza di questa tabella.*

[41 *bis*) prestazioni socio-sanitarie, educative, comprese quelle di assistenza domiciliare o ambulatoriale o in comunità e simili o ovunque rese, in favore degli anziani ed inabili adulti, di tossicodipendenti e malati di AIDS, degli handicappati psicofisici, dei minori, anche coinvolti in situazioni di disadattamento e di devianza, rese da cooperative e loro consorzi, sia direttamente che in esecuzione di contratti di appalto e di convenzioni in generale] ([1]);

([1]) *Questo numero, dapprima abrogato dall'art. 1, comma 488, lett.* a), *della L. 24 dicembre 2012, n. 228, è stato poi implicitamente ripristinato dal medesimo comma 488, così come sostituito dall'art. 1, comma 172, della L. 27 dicembre 2013, n. 147, disponendo la non applicabilità di questo numero alle società cooperative e loro consorzi diversi da quelli di cui alla legge 8 novembre 1991, n. 381. A norma dell'art. 1, comma 490, del medesimo provvedimento, tale disposizione si applica alle operazioni effettuate sulla base di contratti stipulati dopo il 31 dicembre 2013.*
A norma dell'art. 1, comma 960, lett. b), *della L. 28 dicembre 2015, n. 208, questo numero è stato, da ultimo, abrogato. Tali disposizioni si applicano alle operazioni effettuate sulla base di contratti stipulati, rinnovati o prorogati successivamente alla data di entrata in vigore della presente legge.*

41 *ter*) ([1]) prestazioni di servizi dipendenti da contratti di appalto aventi ad oggetto la realizzazione delle opere direttamente finalizzate al superamento o alla eliminazione delle barriere architettoniche.

([1]) *Questo numero è stato aggiunto dall'art. 36, comma 2* bis, *del D.L. 30 agosto 1993, n. 331, convertito, con modificazioni, nella L. 29 ottobre 1993, n. 427.*

41 *quater*) ([1]) protesi e ausili inerenti a menomazioni di tipo funzionale permanenti.

([1]) *Questo numero è stato aggiunto dall'art. 1, comma 6, del D.L. 29 settembre 1997, n. 328, conv., con modif., nella L. 29 novembre 1997, n. 410, con effetto dal 1° ottobre 1997.*

Parte II *bis*
Beni e servizi soggetti all'aliquota del 5 per cento (1)

(1) *Questa Parte è stata inserita dall'art. 1, comma 960, lett.* c), *della L. 28 dicembre 2015, n. 208. Tali disposizioni si applicano alle operazioni effettuate sulla base di contratti stipulati, rinnovati o prorogati successivamente alla data di entrata in vigore della presente legge.*

1) Le prestazioni di cui ai numeri 18), 19), 20), 21) e 27 *ter*) dell'articolo 10, primo comma, rese in favore dei soggetti indicati nello stesso numero 27 *ter*) da cooperative sociali e loro consorzi.

1 *bis*) Basilico, rosmarino e salvia, freschi, origano a rametti o sgranato, destinati all'alimentazione; piante allo stato vegetativo di basilico, rosmarino e salvia (v. d. ex 12.07) (1).

1 *ter*) Prestazioni di trasporto urbano di persone effettuate mediante mezzi di trasporto abilitati ad eseguire servizi di trasporto marittimo, lacuale, fluviale e lagunare (2) (3).

1 *ter*.1) Ventilatori polmonari per terapia intensiva e subintensiva; monitor multiparametrico anche da trasporto; pompe infusionali per farmaci e pompe peristaltiche per nutrizione enterale; tubi endotracheali; caschi per ventilazione a pressione positiva continua; maschere per la ventilazione non invasiva; sistemi di aspirazione; umidificatori; laringoscopi; strumentazione per accesso vascolare; aspiratore elettrico; centrale di monitoraggio per terapia intensiva; ecotomografo portatile; elettrocardiografo; tomografo computerizzato; mascherine chirurgiche; mascherine Ffp2 e Ffp3; articoli di abbigliamento protettivo per finalità sanitarie quali guanti in lattice, in vinile e in nitrile, visiere e occhiali protettivi, tute di protezione, calzari e soprascarpe, cuffie copricapo, camici impermeabili, camici chirurgici; termometri; detergenti disinfettanti per mani; dispenser a muro per disinfettanti; soluzione idroalcolica in litri; perossido al 3 per cento in litri; carrelli per emergenza; estrattori RNA; strumentazione per diagnostica per COVID-19; tamponi per analisi cliniche; provette sterili; attrezzature per la realizzazione di ospedali da campo (4).

1 *quater*) Tartufi freschi o refrigerati (5).

1 *quinquies*) Prodotti per la protezione dell'igiene femminile compostabili secondo la norma UNI EN 13432:2002 o lavabili; coppette mestruali (6).

(1) *Questo numero è stato aggiunto dall'art. 21, comma 1, lett.* b), *della L. 7 luglio 2016, n. 122.*

(2) *Questo numero è stato aggiunto dall'art. 1, comma 33, lett.* b), *della L. 11 dicembre 2016, n. 232.*

Tali disposizioni si applicano alle operazioni effettuate a decorrere dal 1º gennaio 2017.

([3]) *A norma dell'art. 1, comma 34, della L. 11 dicembre 2016, n. 232, la tariffa amministrata per i servizi di trasporto marittimo, lacuale, fluviale e lagunare è comunque comprensiva dell'imposta sul valore aggiunto.*

Tali disposizioni si applicano alle operazioni effettuate a decorrere dal 1º gennaio 2017.

([4]) *Questo numero è stato aggiunto dall'art. 124, comma 1, del D.L. 19 maggio 2020, n. 34, convertito, con modificazioni, nella L. 17 luglio 2020, n. 77.*

A norma dell'art. 124, comma 2, del medesimo provvedimento, per il contenimento dell'emergenza epidemiologica da Covid-19, le cessioni di beni di cui al presente numero, effettuate entro il 31 dicembre 2020, sono esenti dall'imposta sul valore aggiunto, con diritto alla detrazione dell'imposta ai sensi dell'articolo 19, comma 1, del decreto del Presidente della Repubblica 26 ottobre 1972, n. 633.

A norma dell'art. 1, comma 452, della L. 30 dicembre 2020, n. 178, in deroga all'articolo 124, comma 1, del decreto legge 19 maggio 2020, n. 34, convertito, con modificazioni, dalla legge 17 luglio 2020, n. 77, le cessioni della strumentazione per diagnostica per COVID-19 che presentano i requisiti applicabili di cui alla direttiva 98/79/CE del Parlamento europeo e del Consiglio, del 27 ottobre 1998, o al regolamento (UE) 2017/745 del Parlamento europeo e del Consiglio, del 5 aprile 2017, e ad altra normativa dell'Unione europea applicabile e le prestazioni di servizi strettamente connesse a tale strumentazione sono esenti dall'imposta sul valore aggiunto, con diritto alla detrazione dell'imposta ai sensi dell'articolo 19, comma 1, del decreto del Presidente della Repubblica 26 ottobre 1972, n. 633, fino al 31 dicembre 2022.

([5]) *Questo numero è stato aggiunto dall'art. 1, comma 698, lett. c), della L. 30 dicembre 2018, n. 145, a decorrere dal 1° gennaio 2019.*

([6]) *Questo numero è stato aggiunto dall'art. 32 ter, comma 1, del del D.L. 26 ottobre 2019, n. 124, convertito, con modificazioni, nella L. 19 dicembre 2019, n. 157, a decorrere dal 1° gennaio 2020.*

Parte III

Beni e servizi soggetti
all'aliquota del 10% (*) (**) (1)

(*) *Aliquota così aumentata dall'art. 10, comma 2, del D.L. 23 febbraio 1995, n. 41, conv., con modif., nella L. 22 marzo 1995, n. 85.*

(**) *Questa aliquota si applica anche per le prestazioni di servizi relative ai trasporti ferroviario e marittimo di persone, a norma dell'art. 1, comma 3, del D.L. 7 marzo 1991, n. 68, conv. nella L. 29 aprile 1991, n. 139.*

A norma dell'art. 46 ter, *comma 4, del D.L. 21 giugno 2013, n. 69, convertito, con modificazioni, nella L. 9 agosto 2013, n. 98, questa aliquota si applica anche ai diritti per l'accesso all'Esposizione Universale di Milano del 2015.*

(1) *A norma dell'art. 1, comma 2, della L. 30 dicembre 2018, n. 145, come sostituito dall'art. 1, comma 3, della L. 27 dicembre 2019, n. 160, l'aliquota ridotta dell'imposta sul valore aggiunto (IVA) di cui a questa tabella è ridotta di 1,5 punti percentuali per l'anno 2019, di 3 punti percentuali per l'anno 2020 e di 1 punto percentuale per l'anno 2021 e per ciascuno degli anni successivi. L'aliquota ordinaria dell'IVA è ridotta di 2,2 punti percentuali per l'anno 2019 e di 2,9 punti percentuali per l'anno 2020 ed è incrementata di 1,5 punti percentuali per l'anno 2022 e per ciascuno degli anni successivi.*

1) (1) Cavalli, asini, muli e bardotti, vivi, destinati ad essere utilizzati nella preparazione di prodotti alimentari;

(1) *Questo numero è stato così sostituito dall'attuale, dall'art. 1, comma 261, lett.* f), *della L. 24 dicembre 2007, n. 244. A norma dall'art. 1, comma 264, lett.* c), *della L. 24 dicembre 2007, n. 244, tali disposizioni si applicano a decorrere dal 1° gennaio 2008.*

2) (1) animali vivi della specie bovina, compresi gli animali del genere bufalo, suina, ovina e caprina (v.d. 01.02; 01.03; 01.04);

(1) *Questo numero è stato così sostituito dall'art. 1, comma 6, del D.L. 29 settembre 1997, n. 328, conv., con modif., nella L. 29 novembre 1997, n. 410, con effetto dal 1° ottobre 1997.*

3) (1) carni e parti commestibili degli animali della specie equina, asinina, mulesca, bovina (compreso il genere bufalo), suina, ovina e caprina, fresche, refrigerate, congelate o surgelate, salate o in salamoia, secche o affumicate (v.d. ex 02.01 – ex 02.06);

(1) *Questo numero è stato così sostituito dall'art. 1, comma 6, del D.L. 29 settembre 1997, n. 328, conv., con modif., nella L. 29 novembre 1997, n. 410, con effetto dal 1° ottobre 1997.*

4) frattaglie commestibili degli animali della specie equina, asinina, mulesca, bovina (compreso il genere bufalo), suina, ovina e caprina, fresche, refrigerate, congelate o surgelate, salate o in salamoia, secche o affumicate (v.d. ex 02.01-ex 02.06);

5) volatili da cortile vivi; volatili da cortile morti commestibili, freschi, refrigerati congelati o surgelati (v.d. 01.05-ex 02.02);

6) carni, frattaglie e parti di animali di cui al n. 5, fresche, refrigerate, salate o in salamoia, secche o affumicate, congelate o surgelate (v.d. ex 02.02-02.03);

7) conigli domestici, piccioni, lepri, pernici, fagiani, rane ed altri animali vivi destinati all'alimentazione umana; loro carni, parti e frattaglie, fresche, refrigerate, salate o in salamoia, secche o affumicate; api e bachi da seta; pesci freschi (vivi o morti), refrigerati, congelati o surgelati, [non] (1) destinati all'alimentazione (v.d. ex 01.06, ex 02.04, ex 02.06 e ex 03.01) (2);

(1) *La parola fra parentesi quadrate è stata soppressa dall'art. 1, comma 261, lett.* f)*, della L. 24 dicembre 2007, n. 244. A norma dall'art. 1, comma 264, lett.* c)*, della L. 24 dicembre 2007, n. 244, tali disposizioni si applicano a decorrere dal 1° gennaio 2008.*

(2) *A norma dell'art. 18* bis*, comma 1, del D.L. 25 maggio 2021, n. 73, convertito, con modificazioni, nella L. 23 luglio 2021, n. 106, dalla data di entrata in vigore della legge di conversione del medesimo decreto e fino al 31 dicembre 2021, per fronteggiare gli effetti economici derivanti dall'emergenza epidemiologica da COVID-19, ai fini dell'applicazione dell'aliquota ridotta dell'imposta sul valore aggiunto di cui a questo numero, negli animali vivi destinati all'alimentazione umana sono compresi anche gli animali vivi ceduti per l'attività venatoria.*

8) carni, frattaglie e parti, commestibili, congelate o surgelate di conigli domestici, piccioni, lepri, pernici e fagiani (v.d. ex 02.04);

9) grasso di volatili non pressato né fuso, fresco, refrigerato, salato o in salamoia, secco, affumicato, congelato o surgelato (v.d. ex 02.05);

10) (1) lardo, compreso il grasso di maiale non pressato né fuso, fresco, refrigerato, congelato o surgelato, salato o in salamoia, secco o affumicato (v.d. ex 02.05);

(1) *Questo numero è stato così sostituito dall'art. 1, comma 6, del D.L. 29 settembre 1997, n. 328, conv., con modif., nella L. 29 novembre 1997, n. 410, con effetto dal 1° ottobre 1997.*

10 *bis*) (1) pesci freschi (vivi o morti), refrigerati, congelati o surgelati, destinati all'alimentazione; semplicemente salati o in salamoia, secchi o affumicati (v.d. ex 03.01-03.02). Crostacei e molluschi compresi i testacei (anche separati dal loro guscio o dalla loro conchiglia), freschi, refrigerati, *congelati o* surgelati, secchi, salati o in salamoia, esclusi astici, aragoste e ostriche; crostacei non sgusciati, semplicemente cotti in acqua o al vapore, esclusi astici e aragoste (v.d. ex 03.03);

(1) *Questo numero è stato inserito a norma dell'art. 1, comma 2, del D.L. 13 maggio 1991, n. 151, conv. con modif., nella L. 12 luglio 1991, n. 202 e poi così sostituito dall'art. 1, comma 6, del D.L. 29 settembre 1997, n. 328, conv., con modif., nella L. 29 novembre 1997, n. 410, con effetto dal 1° ottobre 1997.*

11) ([1]) yogurt, kephir, latte fresco, latte cagliato, siero di latte, latticello (o latte battuto) e altri tipi di latte fermentati o acidificati (v.d. ex 04.01);

([1]) *Questo numero è stato così sostituito dall'art. 1, comma 6, del D.L. 29 settembre 1997, n. 328, conv., con modif., nella L. 29 novembre 1997, n. 410, con effetto dal 1° ottobre 1997.*

12) latte conservato, concentrato o zuccherato (v.d. ex 04.02);

13) crema di latte fresca, conservata, concentrata o non, zuccherata o non (v.d. ex 04.01-ex 04.02);

14) uova di volatili in guscio, fresche o conservate (v.d. ex 04.05);

15) uova di volatili e giallo di uova, essiccati o altrimenti conservati, zuccherati o non, destinati ad uso alimentare (v.d. ex 04.05);

16) miele naturale (v.d. 04.06);

17) budella, vesciche e stomaci di animali, interi o in pezzi, esclusi quelli di pesci, destinati all'alimentazione umana od animale (v.d. ex 05. 04);

18) ossa gregge, sgrassate o semplicemente preparate, acidulate o degelatinate, loro polveri e cascami, destinati all'alimentazione degli animali (v.d. ex 05.08);

19) prodotti di origine animale, non nominati né compresi altrove, esclusi tendini, nervi, ritagli ed altri simili cascami di pelli non conciate (v.d. ex 05.15);

20) ([1]) bulbi, tuberi, radici tuberose, zampe e rizomi, allo stato di riposo vegetativo, in vegetazione o fioriti, altre piante e radici vive, comprese le talee e le marze, fiori e boccioli di fiori recisi, per mazzi o per ornamenti, freschi, fogliami, foglie, rami ed altre parti di piante, erbe, muschi e licheni, per mazzi o per ornamenti, freschi (v.d. 06.01-06.02 ex 06.03-06.04);

20 *bis*) ([2]) tartufi congelati, essiccati o preservati immersi in acqua salata, solforata o addizionata di altre sostanze atte ad assicurare temporaneamente la conservazione, ma non preparati per il consumo immediato ([3]);

([1]) *Questo numero, inserito dall'art. 1, comma 6, del D.L. 29 settembre 1997, n. 328, conv., con modif., nella L. 29 novembre 1997, n. 410, con effetto dal 1° ottobre 1997, è stato così sostituito dall'art. 14, comma 1, della L. 27 dicembre 1997, n. 449, a decorrere dal 1° gennaio 1998.*

([2]) *Questo numero è stato inserito dall'art. 29, comma 3, lett.* a)*, della L. 7 luglio 2016, n. 122, a decorrere dal 1° gennaio 2017.*

([3]) *Questo numero è stato così sostituito dall'art. 1, comma 698, lett.* d)*, della L. 30 dicembre 2018, n. 145, a decorrere dal 1° gennaio 2019.*

21) ortaggi e piante mangerecce [, esclusi i tartufi,] ([1]) macinati o polverizzati, ma non altrimenti preparati; radici di manioca, d'arrow-root e di salep, topinambur, patate dolci ed altre simili radici e tuberi ad alto tenore

di amido o di inulina, anche secchi o tagliati in pezzi; midollo della palma a sago (v.d. ex 07.04-07.06);

22) uva da vino (v.d. ex 08.04);

23) scorze di agrumi e di meloni, fresche, escluse quelle congelate, presentate immerse nell'acqua salata, solforata o addizionata di altre sostanze atte ad assicurarne temporaneamente la conservazione, oppure secche (v.d. ex 08.13);

24) (2) tè, matè (v.d. 09.02 - 09.03);

(1) *Le parole fra parentesi quadrate sono state soppresse dall'art. 29, comma 3, lett.* b)*, della L. 7 luglio 2016, n. 122, a decorrere dal 1° gennaio 2017.*

(2) *Questo numero è stato così sostituito dall'art. 36, comma 3, del D.L. 30 agosto 1993, n. 331, conv., con modif., nella L. 29 ottobre 1993, n. 427.*

25) (1) spezie (v.d. da 09.04 a 09.10);

(1) *Questo numero è stato inserito dall'art. 1, comma 6, del D.L. 29 settembre 1997, n. 328, conv., con modif., nella L. 29 novembre 1997, n. 410, con effetto dal 1° ottobre 1997.*

26) orzo destinato alla semina, avena, grano saraceno, miglio, scagliola, sorgo ed altri cereali minori destinati ad usi diversi da quello zootecnico (v.d. ex 10.03-ex 10.04-ex 10.07);

27) farine di avena e altri cereali minori destinate ad usi diversi da quello zootecnico (v.d. ex 11.01);

28) semole e semolini di orzo, avena, e di altri cereali minori; cereali mondati, perlati, in fiocchi; germi di cereali anche sfarinati (v.d. ex 11.02);

29) riso, avena, altri cereali minori, spezzati o schiacciati, destinati ad usi diversi da quello zootecnico (v.d. ex 10.06-ex 11.02);

30) farine dei legumi da granella secchi compresi nella v.d. 07.05 o delle frutta comprese nel capitolo 8 della Tariffa Doganale; farine e semolini di sago e di radici e tuberi compresi nella v.d. 07.06; farina, semolino e fiocchi di patate (v.d. 11.04-11.05);

31) malto anche torrefatto (v.d. 11.07);

32) amidi e fecole; inulina (v.d. 11.08);

33) glutine e farina di glutine, anche torrefatti (v.d. 11.09 – ex 23.03);

34) semi di lino e di ricino; altri semi e frutti oleosi non destinati alla disoleazione, esclusi quelli frantumati (v.d. ex 12.01);

35) farine di semi e di frutti oleosi, non disoleate, esclusa la farina di senapa (v.d. 12.02);

36) semi, spore e frutti da sementa (v.d. 12.03);

37) barbabietole da zucchero, anche tagliate in fettucce, fresche o disseccate (v.d. ex 12.04);

38) coni di luppolo (v.d. ex 12.06);

[38 *bis*) piante allo stato vegetativo, di basilico, rosmarino e salvia (v.d. ex 12.07)] (1);

(1) *Questo numero, inserito dall'art. 6, comma 7, lett. c), della L. 13 maggio 1999, n. 133, è stato da ultimo abrogato dall'art. 21, comma 1, lett. c), della L. 7 luglio 2016, n. 122.*

39) (*Omissis*) (1);

(1) *Questo numero è stato soppresso dall'art. 1, comma 2, del D.L. 13 maggio 1991, n. 151, conv., con modif., nella L. 12 luglio 1991, n. 202.*

40) radici di cicoria, fresche o disseccate, anche tagliate, non torrefatte; carrube fresche o secche; noccioli di frutta e prodotti vegetali impiegati principalmente nell'alimentazione umana, non nominati né compresi altrove (v.d. ex 12.08);

41) paglia e lolla di cereali, gregge, anche trinciate (v.d. 12.09);

42) barbabietole da foraggio, navoni-rutabaga, radici da foraggio; fieno, erba medica, lupinella, trifoglio, cavoli da foraggio, lupino, veccia ed altri simili prodotti da foraggio (v.d. 12.10);

43) succhi ed estratti vegetali di luppolo; manna (v.d. ex 13.03);

44) (*Omissis*) (1);

(1) *Questo numero è stato soppresso dall'art. 1, comma 2, del D.L. 13 maggio 1991, n. 151, conv., con modif., nella L. 12 luglio 1991, n. 202.*

45) alghe (v.d. ex 14.05);

46) (1) strutto ed altri grassi di maiale, pressati o fusi, grasso di oca e di altri volatili, pressato o fuso (v.d. ex 15.01);

(1) *Questo numero è stato così sostituito dall'art. 1, comma 6, del D.L. 29 settembre 1997, n. 328, conv., con modif., nella L. 29 novembre 1997, n. 410, con effetto dal 1° ottobre 1997.*

47) sevi (della specie bovina, ovina e caprina), greggi o fusi, compresi i sevi detti «primo sugo», destinati all'alimentazione umana od animale (v.d. ex 15.02);

48) stearina solare, oleostearina, olio di strutto e oleomargarina non emulsionata, non mescolati né altrimenti preparati, destinati all'alimentazione umana od animale (v.d. ex 15.03);

49) grassi ed oli di pesci e di mammiferi marini, anche raffinati, destinati all'alimentazione umana od animale (v.d. ex 15.04);

50) altri grassi e oli animali destinati alla nutrizione degli animali; oli vegetali greggi destinati alla alimentazione umana od animale (v.d. ex 15.06-ex 15.07);

51) oli e grassi animali o vegetali parzialmente o totalmente idrogenati e oli e grassi animali o vegetali solidificati o induriti mediante qualsiasi altro processo, anche raffinati, ma non preparati, destinati all'alimentazione umana od animale (v.d. ex 15.12);

52) imitazioni dello strutto e altri grassi alimentari preparati (v. d. ex 15.13);

53) cera di api greggia (v.d. ex 15.15);

54) (*Omissis*) ([1]);

([1]) *Questo numero è stato soppresso dall'art. 36, comma 3, del D.L. 30 agosto 1993, n. 331, conv., con modif., nella L. 29 ottobre 1993, n. 427.*

55) ([1]) salsicce, salami e simili di carni, di frattaglie o di sangue (v.d. 16.01);

([1]) *Questo numero è stato così sostituito dall'art. 1, comma 6, del D.L. 29 settembre 1997, n. 328, conv., con modif., nella L. 29 novembre 1997, n. 410, con effetto dal 1° ottobre 1997.*

56) altre preparazioni e conserve di carni o di frattaglie ad esclusione di quelle di fegato d'oca o di anatra e di quelle di selvaggina (v.d. ex 16.02);

57) ([1]) estratti e sughi di carne ed estratti di pesce (v.d. 16.03);

([1]) *Questo numero è stato inserito dall'art. 1, comma 6, del D.L. 29 settembre 1997, n. 328, conv., con modif., nella L. 29 novembre 1997, n. 410, con effetto dal 1° ottobre 1997.*

58) ([1]) preparazioni e conserve di pesci, escluso il caviale e i suoi succedanei; crostacei e molluschi (compresi i testacei), esclusi astici, aragoste ed ostriche, preparati o conservati (v.d. ex 16.04-16.05);

([1]) *Questo numero è stato così sostituito dall'art. 1, comma 2, del D.L. 13 maggio 1991, n. 151, conv., con modif., nella L. 12 luglio 1991, n. 202.*

59) ([1]) zuccheri di barbabietola e di canna allo stato solido, esclusi quelli aromatizzati o colorati (v.d. ex 17.01);

([1]) *Questo numero è stato inserito dall'art. 1, comma 6, del D.L. 29 settembre 1997, n. 328, conv., con modif., nella L. 29 novembre 1997, n. 410, con effetto dal 1° ottobre 1997.*

60) altri zuccheri allo stato solido, esclusi quelli aromatizzati o colorati; sciroppi di zuccheri non aromatizzati né colorati; succedanei del miele, anche misti con miele naturale, zuccheri e melassi caramellati, destinati all'alimentazione umana od animale (v.d. ex 17.02);

61) melassi destinati all'alimentazione umana od animale, esclusi quelli aromatizzati o colorati (v.d. ex 17.03);

62) prodotti a base di zucchero non contenenti cacao (caramelle, boli di gomma, pastigliaggi, torrone e simili) in confezioni non di pregio, quali carta, cartone, plastica, banda stagnata, alluminio o vetro comune (v.d. ex 17.04);

63) cacao in polvere non zuccherato (v.d. 18.05);

64) cioccolato ed altre preparazioni alimentari contenenti cacao in confezioni non di pregio, quali carta, cartone, plastica, banda stagnata, alluminio o vetro comune (v.d. ex 18.06);

65) estratti di malto; preparazioni per l'alimentazione dei fanciulli, per usi dietetici o di cucina, a base di farine, semolini, amidi, fecole o estratti di malto, anche addizionate di cacao in misura inferiore al 50 per cento in peso (v.d. ex 19.02);

66) tapioca, compresa quella di fecola di patate (v.d. 19.04);

67) (1) prodotti a base di cereali; ottenuti per soffiatura o tostatura: *puffed-rice, corn-flakes* e simili (v.d. 19.05);

(1) *Questo numero è stato inserito dall'art. 1, comma 6, del D.L. 29 settembre 1997, n. 328, conv., con modif., nella L. 29 novembre 1997, n. 410, con effetto dal 1° ottobre 1997.*

68) prodotti della panetteria fine, della pasticceria e della biscotteria, anche addizionati di cacao in qualsiasi proporzione (v.d. 19.08);

69) ortaggi, piante mangerecce e frutta, preparati o conservati nell'aceto o nell'acido acetico, con o senza sale, spezie, mostarda o zuccheri (v.d. 20.01);

70) ortaggi e piante mangerecce [(esclusi i tartufi)] (1) preparati o conservati senza aceto o acido acetico (v.d. ex 20.02);

71) frutta congelate, con aggiunta di zuccheri (v.d. 20.03);

72) frutta, scorze di frutta, piante e parti di piante, cotte negli zuccheri o candite (sgocciolate, diacciate, cristallizzate) (v.d. 20.04);

73) puree e paste di frutta, gelatine, marmellate, ottenute mediante cottura, anche con aggiunta di zuccheri (v.d. 20.05);

74) frutta altrimenti preparate o conservate, anche con aggiunta di zuccheri (v.d. ex 20.06);

75) (*Omissis*) (2);

(1) *Le parole fra parentesi quadrate sono state soppresse dall'art. 29, comma 3, lett. c), della L. 7 luglio 2016, n. 122, a decorrere dal 1° gennaio 2017.*

(2) *Questo numero è stato soppresso dall'art. 36, comma 3, del D.L. 30 agosto 1993, n. 331, conv., con modif., nella L. 29 ottobre 1993, n. 427.*

76) cicoria torrefatta e altri succedanei torrefatti del caffè e loro estratti; estratti o essenze di caffè, di tè, di matè e di camomilla, preparazioni a base di questi estratti o essenze (v.d. 21.02-ex 30.03);

77) farina di senape e senape preparate (v.d. 21.03);

78) (1) salse; condimenti composti; preparazioni per zuppe, minestre, brodi; zuppe, minestre, brodi, preparati; preparazioni alimentari composte omogeneizzate (v.d. 21.04-21.05);

(1) *Questo numero è stato così sostituito dall'art. 1, comma 6, del D.L. 29 settembre 1997, n. 328, conv., con modif., nella L. 29 novembre 1997, n. 410, con effetto dal 1° ottobre 1997.*

79) lieviti naturali, vivi o morti; lieviti artificiali preparati (v.d. 21.06);

80) (1) preparazioni alimentari non nominate né comprese altrove (v.d. ex 21.07), esclusi gli sciroppi di qualsiasi natura (2);

(1) *Questo numero è stato così sostituito dall'art. 36, comma 3, del D.L. 30 agosto 1993, n. 331, conv., con modif., nella L. 29 ottobre 1993, n. 427.*

(2) *A norma dell'art. 1, comma 40, della L. 30 dicembre 2020, n. 178, a decorrere dal 1° gennaio 2021, la nozione di preparazioni alimentari di cui a questo numero, deve essere interpretata nel senso che in essa rientrano anche le cessioni di piatti pronti e di pasti che siano stati cotti, arrostiti, fritti o altrimenti preparati in vista del loro consumo immediato, della loro consegna a domicilio o dell'asporto.*

81) acqua, acque minerali (1) (v.d. ex 22.01);

(1) *Per le cessioni e le importazioni di acque mienrali l'aliquota IVA è stabilita nella misura del 19% (ora 20%) a norma dell'art. 5, comma 3, del D.L. 15 settembre 1990, n. 261, conv., con modif., nella L. 12 novembre 1990, n. 331, recante disposizioni fiscali urgenti in materia di finanza locale e di accertamenti in base ad elementi segnalati dall'anagrafe tributaria.*

82) birra (1) (v.d. 22.03);

(1) *Per le cessioni e le importazioni di birra l'aliquota IVA è stabilita nella misura del 19% (ora 20%), a norma dell'art. 5, comma 3, del D.L. 15 settembre 1990, n. 261, conv., con modif., nella L. 12 novembre 1990, n. 331, recante disposizioni fiscali urgenti in materia di finanza locale e di accertamenti in base ad elementi segnalati dall'anagrafe tributaria.*

83) (*Omissis*) (1);

(1) *Questo numero è stato soppresso dall'art. 36, comma 3, del D.L. 30 agosto 1993, n. 331, conv., con modif., nella L. 29 ottobre 1993, n. 427.*

84) (*Omissis*) (1);

(1) *Questo numero è stato soppresso dall'art. 36, comma 3, del D.L. 30 agosto 1993, n. 331, conv., con modif., nella L. 29 ottobre 1993, n. 427.*

85) aceto di vino; aceti commestibili non di vino e loro succedanei (v.d. 22.10);

86) farine e polveri di carne e di frattaglie, di pesci, di crostacei, di molluschi, non adatte all'alimentazione umana e destinate esclusivamente alla

nutrizione degli animali; ciccioli destinati all'alimentazione umana od animale (v.d. ex 23.01);

87) polpe di barbabietole, cascami di canne da zucchero esaurite ed altri cascami della fabbricazione dello zucchero; avanzi della fabbricazione della birra e della distillazione degli alcoli; avanzi della fabbricazione degli amidi ed altri avanzi e residui simili (v.d. 23.03);

88) (1) panelli, sansa di olive ed altri residui dell'estrazione dell'olio di oliva, escluse le morchie; panelli ed altri residui della disoleazione di semi e frutti oleosi (v.d. 23.04);

(1) *Questo numero è stato inserito dall'art. 1, comma 6, del D.L. 29 settembre 1997, n. 328, conv., con modif., nella L. 29 novembre 1997, n. 410, con effetto dal 1° ottobre 1997.*

89) fecce di vino, tartaro greggio (v.d. 23.05);

90) prodotti di origine vegetale del genere di quelli utilizzati per la nutrizione degli animali, non nominati né compresi altrove (v.d. 23.06);

91) (1) foraggi melassati o zuccherati; altre preparazioni del genere di quelle utilizzate nell'alimentazione degli animali, esclusi gli alimenti per cani o gatti condizionati per la vendita al minuto (v. d. 23. 07);

(1) *Questo numero è stato così sostituito dall'art. 1, comma 2, del D.L. 13 maggio 1991, n. 151, conv., con modif., nella L. 12 luglio 1991, n. 202.*

92) tabacchi greggi o non lavorati; cascami di tabacco (v.d. 24.01);

93) lecitine destinate all'alimentazione umana od animale (v. d. ex 29.24);

94) - 97) (*Omissis*) (1);

(1) *Questi numeri sono stati soppressi dall'art. 36, comma 3, del D.L. 30 agosto 1993, n. 331, conv., con modif., nella L. 29 ottobre 1993, n. 427.*

98) legna da ardere in tondelli, ceppi, ramaglie o fascine; cascami di legno compresa la segatura, esclusi i pellet (1) (v.d. 44.01);

99) - 102) (*Omissis*) (2);

(1) *Le parole: «, esclusi i pellet» sono state inserite dall'art. 1, comma 711, della L. 23 dicembre 2014, n. 190.*

(2) *Questi numeri sono stati soppressi dall'art. 1, comma 2, del D.L. 13 maggio 1991, n. 151, conv., con modif., nella L. 12 luglio 1991, n. 202.*

103) (1) energia elettrica per uso domestico; energia elettrica e gas per uso di imprese estrattive, agricole e manifatturiere comprese le imprese poligrafiche, editoriali e simili; energia elettrica per il funzionamento degli impianti irrigui, di sollevamento e di scolo delle acque, utilizzati dai consorzi di bonifica e di irrigazione (2); energia elettrica fornita ai clienti grossisti di cui all'articolo 2, comma 5, del decreto legislativo 16 marzo 1999, n. 79; gas, gas metano e gas

petroliferi liquefatti, destinati ad essere immessi direttamente nelle tubazioni delle reti di distribuzione per essere successivamente erogati, ovvero destinati ad imprese che li impiegano per la produzione di energia elettrica ([3]);

([1]) *Questo numero è stato così sostituito dall'art. 2, comma 40, della L. 24 dicembre 2003, n. 350.*

([2]) *Le parole da: «energia elettrica per il funzionamento degli impianti ...» fino a: «... consorzi di bonifica e di irrigazione» sono state inserite dall'art. 1, comma 42, della L. 23 dicembre 2005, n. 266. L'efficacia della presente norma è subordinata alla preventiva approvazione da parte della Commissione europea ai sensi dell'art. 88, paragrafo 3, del Trattato istitutivo della Comunità europea.*

([3]) *Si veda anche il numero* 127 bis) *di questa parte.*

104) ([1]) oli minerali greggi, oli combustibili ed estratti aromatici impiegati per generare, direttamente o indirettamente, energia elettrica, purché la potenza installata non sia inferiore a 1 kw; oli minerali greggi, oli combustibili (ad eccezione degli oli combustibili fluidi per riscaldamento) e terre da filtro residuate dalla lavorazione degli oli lubrificanti, contenenti non più del 45 per cento in peso di prodotti petrolici, da usare direttamente come combustibili nelle caldaie e nei forni; oli combustibili impiegati per produrre direttamente forza motrice con motori fissi in stabilimenti industriali, agricolo-industriali, laboratori, cantieri di costruzione; oli combustibili diversi da quelli speciali destinati alla trasformazione in gas da immettere nelle reti cittadine di distribuzione; oli minerali non raffinati provenienti dalla distillazione primaria del petrolio naturale greggio o dalle lavorazioni degli stabilimenti che trasformano gli oli minerali in prodotti chimici di natura diversa, aventi punto di infiammabilità (in vaso chiuso) inferiore a 55°C, nei quali il distillato a 225°C sia inferiore al 95 per cento in volume ed a 300°C sia almeno il 90 per cento in volume, destinati alla trasformazione in gas da immettere nelle reti cittadine di distribuzione ([2]);

([1]) *Questo numero è stato così sostituito dall'art. 36, comma 3, del D.L. 30 agosto 1993, n. 331, conv., con modif., nella L. 29 ottobre 1993, n. 427.*

([2]) *Si veda anche il numero* 127 bis) *di questa parte.*

105) (*Omissis*) ([1]);

([1]) *Questo numero è stato soppresso dall'art. 36, comma 3, del D.L. 30 agosto 1993, n. 331, conv., con modif., nella L. 29 ottobre 1993, n. 427.*

106) prodotti petroliferi per uso agricolo e per la pesca in acque interne;

107) - 109) (*Omissis*) ([1]);

([1]) *Questi numeri sono stati soppressi dall'art. 36, comma 3, del D.L. 30 agosto 1993, n. 331, conv., con modif., nella L. 29 ottobre 1993, n. 427.*

110) prodotti fitosanitari;

111) seme per la fecondazione artificiale del bestiame;

112) principi attivi per la preparazione ed integratori per mangimi;

113) prodotti di origine minerale e chimico-industriale ed additivi per la nutrizione degli animali;

114) (1) medicinali pronti per l'uso umano o veterinario, compresi i prodotti omeopatici; sostanze farmaceutiche ed articoli di medicazione di cui le farmacie devono obbligatoriamente essere dotate secondo la farmacopea ufficiale (2) (3);

114 *bis*) prodotti assorbenti e tamponi, destinati alla protezione dell'igiene femminile, non compresi nel numero 1 *quinquies*) della tabella A, parte II *bis* (4)

(1) *Questo numero è stato così da ultimo sostituito dall'art. 49 della L. 21 novembre 2000, n. 342, a decorrere dal 1° gennaio 2001.*

(2) *A norma dell'art. 1, comma 3, della L. 30 dicembre 2018, n. 145, ai sensi dell'articolo 1, comma 2, della legge 27 luglio 2000, n. 212, devono intendersi compresi in questo numero anche i dispositivi medici a base di sostanze normalmente utilizzate per cure mediche, per la prevenzione delle malattie e per trattamenti medici e veterinari, classificabili nella voce 3004 della nomenclatura combinata di cui all'allegato 1 del regolamento di esecuzione (UE) 2017/1925 della Commissione del 12 ottobre 2017 che modifica l'allegato I del regolamento (CEE) n. 2658/87 del Consiglio relativo alla nomenclatura tariffaria e statistica ed alla tariffa doganale comune, a decorrere dal 1° gennaio 2019.*

(3) *A norma dell'art. 1, comma 453, della L. 30 dicembre 2020, n. 178, in deroga a questo numero, le cessioni di vaccini contro il COVID-19, autorizzati dalla Commissione europea o dagli Stati membri, e le prestazioni di servizi strettamente connesse a tali vaccini sono esenti dall'imposta sul valore aggiunto, con diritto alla detrazione dell'imposta ai sensi dell'articolo 19, comma 1, del decreto del Presidente della Repubblica n. 633 del 1972, dal 20 dicembre 2020 al 31 dicembre 2022.*

(4) *Questo numero è stato inserito dall'art. 1, comma 13, della L. 30 dicembre 2021, n. 234, a decorrere dal 1° gennaio 2022.*

115) - 116) (*Omissis*) (1);

(1) *Questi numeri sono stati soppressi dall'art. 36, comma 3, del D.L. 30 agosto 1993, n. 331, conv., con modif., nella L. 29 ottobre 1993, n. 427.*

117) (*Omissis*) (1);

(1) *Questo numero è stato soppresso dall'art. 1, comma 2, del D.L. 13 maggio 1991, n. 151, conv., con modif., nella L. 12 luglio 1991, n. 202.*

118) (*Omissis*) (1);

(1) *Questo numero è stato soppresso dall'art. 36, comma 3, del D.L. 30 agosto 1993, n. 331, conv., con modif., nella L. 29 ottobre 1993, n. 427.*

119) contratti di scrittura connessi con gli spettacoli di cui al numero 123), nonché le relative prestazioni, rese da intermediari (1) (2);

(1) *Le parole: «spettacoli teatrali» sono state così sostituite dalle attuali: «spettacoli di cui al numero 123), nonché le relative prestazioni, rese da intermediari» dall'art. 1, comma 340, della L. 27 dicembre 2017, n. 205, a decorrere dal 1° gennaio 2018.*

(2) *A norma dell'art. 1, comma 300, della L. 27 dicembre 2006, n. 296, per contratti di scrittura connessi con gli spettacoli teatrali di cui a questo numero devono intendersi i contratti di scrittura connessi con gli spettacoli individuati al n. 123) della stessa Tabella A.*

120) (1) prestazioni rese ai clienti alloggiati nelle strutture ricettive di cui all'articolo 6 della legge 17 maggio 1983, n. 217, e successive modificazioni (2) nonché prestazioni di maggiore *comfort* alberghiero rese a persone ricoverate in istituti sanitari;

(1) *Questo numero è stato così sostituito dall'art. 10, comma 3, del D.L. 23 febbraio 1995, n. 41, conv., con modif., nella L. 22 marzo 1995, n. 85.*

(2) *Le parole: «nelle aziende alberghiere e nei parchi di campeggio» sono state così sostituite dalle attuali da: «nelle strutture ricettive ...» fino a: «... successive modificazioni» dall'art. 48, comma 1, della L. 21 novembre 2000, n. 342.*

121) (1) somministrazioni di alimenti e bevande, effettuate anche mediante distributori automatici [, escluse quelle effettuate in pubblici esercizi di categoria lusso] (2); prestazioni (3) di servizi dipendenti da contratti di appalto aventi ad oggetto forniture o somministrazioni di alimenti e bevande;

(1) *Questo numero è stato così sostituito dall'art. 1, comma 6, del D.L. 29 settembre 1997, n. 328, conv., con modif., nella L. 29 novembre 1997, n. 410, con effetto dal 1° ottobre 1997.*

(2) *Le parole tra parentesi quadrate sono state soppresse dall'art. 48, comma 2, della L. 21 novembre 2000, n. 342.*

(3) *Le parole: «somministrazioni di alimenti e bevande; prestazioni» sono state così sostituite dalle attuali: «somministrazioni di alimenti e bevande, effettuate anche mediante distributori automatici; prestazioni» dall'art. 20, comma 2, del D.L. 4 giugno 2013, n. 63, convertito, con modificazioni, nella L. 3 agosto 2013, n. 90. Tali disposizioni si applicano alle operazioni effettuate a partire dal 1° gennaio 2014.*

122) (1) prestazioni di servizi e forniture di apparecchiature e materiali relativi alla fornitura di energia termica per uso domestico attraverso reti pubbliche di teleriscaldamento o nell'ambito del contratto servizio energia, come definito nel decreto interministeriale di cui all'articolo 11, comma 1, del regolamento di cui al decreto del Presidente della Repubblica 26 agosto 1993, n. 412, e successive modificazioni; sono incluse le forniture di energia prodotta da fonti rinnovabili o da impianti di cogenerazione ad alto rendi-

mento; alle forniture di energia da altre fonti, sotto qualsiasi forma, si applica l'aliquota ordinaria.

(1) *Questo numero è stato così sostituito dall'art. 1, comma 384, della L. 27 dicembre 2006, n. 296.*

123) spettacoli teatrali di qualsiasi tipo, comprese opere liriche, balletto, prosa, operetta, commedia musicale, rivista; concerti vocali e strumentali; attività circensi e dello spettacolo viaggiante, spettacoli di burattini, marionette e maschere, compresi corsi mascherati e in costume, ovunque tenuti (1) (2);

(1) *Questo numero è stato da ultimo così sostituito dall'art. 19, comma 1, del D.L.vo 26 febbraio 1999, n. 60, a decorrere dal 1° gennaio 2000.*

(2) *Le parole: «spettacoli di burattini e marionette ovunque tenuti» sono state così sostituite dalle attuali: «spettacoli di burattini, marionette e maschere, compresi corsi mascherati e in costume, ovunque tenuti» dall'art. 1, comma 79, lett.* a)*, della L. 24 dicembre 2007, n. 244.*

[123 *bis*) servizi telefonici resi attraverso posti telefonici pubblici e telefonici a disposizione del pubblico] (1);

(1) *Questo numero, aggiunto dall'art. 10, comma 3, del D.L. 23 febbraio 1995, n. 41, convertito, con modificazioni, nella L. 22 marzo 1995, n. 85, è stato soppresso dall'art. 36, comma 1, del D.L. 4 luglio 2006, n. 223, convertito, con modificazioni, nella L. 4 agosto 2006, n. 248.*

[123 *ter*) (1) canoni di abbonamento alle radiodiffusioni circolari trasmesse in forma codificata, nonché alla diffusione radiotelevisiva con accesso condizionato effettuata in forma digitale a mezzo di reti via cavo o via satellite ivi comprese le trasmissioni televisive punto-punto, con esclusione dei corrispettivi dovuti per la ricezione di programmi di contenuto pornografico];

(1) *Questo numero, aggiunto dall'art. 4, comma 3* bis*, del D.L. 2 ottobre 1995, n. 415, convertito, con modificazioni, nella L. 29 novembre 1995, n. 507, successivamente sostituito dall'art. 1, comma 6, del D.L. 29 settembre 1997, n. 328, convertito, con modificazioni, nella L. 29 novembre 1997, n. 410, con effetto dal 1° ottobre 1997, è stato da ultimo soppresso dall'art. 31, comma 1, del D.L. 29 novembre 2008, n. 185, convertito, con modificazioni, nella L. 28 gennaio 2009, n. 2, con effetto dal 1° gennaio 2009.*

[123 *quater*) servizi di carattere sportivo resi dalle società sportive dilettantistiche lucrative riconosciute dal CONI nei confronti di chi pratica l'attività sportiva a titolo occasionale o continuativo in impianti gestiti da tali società (1);

(1) *Questo numero, inserito dall'art. 1, comma 357, della L. 27 dicembre 2017, n. 205, a decorrere dal 1° gennaio 2018, e stato soppresso dall'art. 13, comma 3, del D.L. 12 luglio 2018, n. 87, convertito, con modificazioni, nella L. 9 agosto 2018, n. 96.*

124) (*Omissis*) ([1]).

([1]) *Questo numero è stato soppresso dall'art. 4, comma 8, del D.L. 30 dicembre 1993, n. 557, conv., con modif., nella L. 26 febbraio 1994, n. 133.*

125) prestazioni di servizi mediante macchine agricole o aeromobili rese a imprese agricole singole o associate;

126) (*Omissis*) ([1]);

([1]) *Questo numero è stato soppresso dall'art. 36, comma 3, del D.L. 30 agosto 1993, n. 331, conv., con modif., nella L. 29 ottobre 1993, n. 427.*

127) prestazioni di trasporto eseguite con i mezzi di cui alla legge 23 giugno 1927, n. 1110, e al regio decreto legge 7 settembre 1938, n. 1696, convertito nella legge 5 gennaio 1939, n. 8;

127 *bis*) ([1]) somministrazione di gas metano usato per combustione per usi civili limitatamente a 480 metri cubi annui; somministrazione, tramite reti di distribuzione, di gas di petrolio liquefatti per usi domestici di cottura cibi e per produzione di acqua calda, gas di petroli liquefatti contenuti o destinati ad essere immessi in bombole da 10 a 20 kg in qualsiasi fase della commercializzazione;

([1]) *Questo numero è stato così sostituito dall'art. 2, comma 5, del D.L.vo 2 febbraio 2007, n. 26, a decorrere dal 1° gennaio 2008. Si riporta il testo precedente*:

«127 bis) *somministrazione di gas metano usato come combustibile per usi domestici di cottura cibi e per produzione di acqua calda di cui alla tariffa* T *1, prevista dal provvedimento del Comitato interministeriale dei prezzi* (*CIP*) *n. 37 del 26 giugno 1986; somministrazione, tramite reti di distribuzione, di gas di petrolio liquefatti per usi domestici di cottura cibi e per produzione di acqua calda; gas di petroli liquefatti contenuti o destinati ad essere immessi in bombole da 10 a 20 kg in qualsiasi fase della commercializzazione».*

[127 *ter*) locazioni di immobili di civile abitazione effettuate dalle imprese che li hanno costruiti per la vendita] ([1]);

([1]) *Questo numero, aggiunto dall'art. 36, comma 3, del D.L. 30 agosto 1993, n. 331, convertito, con modificazioni, nella L. 29 ottobre 1993, n. 427, è stato soppresso dall'art. 35, comma 8, lett.* d), *del D.L. 4 luglio 2006, n. 223, convertito, con modificazioni, nella L. 4 agosto 2006, n. 248.*

127 *quater*) ([1]) prestazioni di allacciamento alle reti di teleriscaldamento realizzate in conformità alla vigente normativa in materia di risparmio energetico;

([1]) *Questo numero è stato aggiunto dall'art. 36, comma 3, del D.L. 30 agosto 1993, n. 331, conv., con modif., nella L. 29 ottobre 1993, n. 427.*

127 *quinquies*) [1] [2] opere di urbanizzazione primaria e secondaria elencate nell'art. 4 della L. 29 settembre 1964, n. 847, integrato dall'art. 44 della L. 22 ottobre 1971, n. 86 [3]; linee di trasporto metropolitane tramviarie ed altre linee di trasporto ad impianto fisso; impianti di produzione e reti di distribuzione calore-energia e di energia elettrica da fonte solare fotovoltaica ed eolica; impianti di depurazione destinati ad essere collegati a reti fognarie anche intercomunali e ai relativi collettori di adduzione; edifici di cui all'art. 1 della L. 19 luglio 1961, n. 659, assimilati ai fabbricati di cui all'art. 13 della L. 2 luglio 1949, n. 408, e successive modificazioni, [ceduti da imprese costruttrici] [4];

(1) *Questo numero è stato aggiunto dall'art. 36, comma 3, del D.L. 30 agosto 1993, n. 331, conv., con modif., nella L. 29 ottobre 1993, n. 427.*

(2) *La stessa disciplina è stata estesa agli impianti ed alle attrezzature sportive per effetto dell'art. 3* bis, *D.L. 3 gennaio 1987, n. 2, convertito nella L. 6 marzo 1987, n. 65.*

(3) *La disciplina relativa alle opere di urbanizzazione primaria e secondaria deve intendersi applicabile anche se le opere vengono realizzate al di fuori dell'ambito urbano, nonché agli interventi di recupero, per effetto dell'art. 3, comma 11, del D.L. 27 aprile 1990, n. 90, conv., con modif., nella L. 26 giugno 1990, n. 165.*

(4) *Le parole: «ceduti da imprese costruttrici» sono state soppresse dall'art. 4, comma 1, del D.L. 30 dicembre 1993, n. 557, conv., con modif., nella L. 26 febbraio 1994, n. 133, con effetto dal 1° gennaio 1994.*

127 *sexies*) [1] beni, escluse materie prime e semilavorate, forniti per la costruzione delle opere, degli impianti e degli edifici di cui al numero 127 *quinquies*);

(1) *Questo numero è stato aggiunto dall'art. 36, comma 3, del D.L. 30 agosto 1993, n. 331, conv., con modif., nella L. 29 ottobre 1993, n. 427.*

127 *septies*) [1] prestazioni di servizi dipendenti da contratti di appalto relativi alla costruzione delle opere, degli impianti e degli edifici di cui al numero 127 *quinquies*);

(1) *Questo numero è stato aggiunto dall'art. 36, comma 3, del D.L. 30 agosto 1993, n. 331, convertito, con modificazioni, nella L. 29 ottobre 1993, n. 427.*

127 *octies*) [1] [prestazioni dei servizi di assistenza per la stipula di accordi in deroga previsti dall'art. 11, comma 2, del D.L. 11 luglio 1992, n. 333, convertito, con modificazioni, dalla L. 8 agosto 1992, n. 359, resi dalle organizzazioni della proprietà edilizia e dei conduttori per il tramite delle loro organizzazioni provinciali];

(1) *Questo numero, aggiunto dall'art. 36, comma 3, del D.L. 30 agosto 1993, n. 331, conv., con modif., nella L. 29 ottobre 1993, n. 427, è stato poi abrogato dall'art. 8, comma 2, lett.* n), *della L. 15 dicembre 2011, n. 217.*

127 *novies*) ([1]) ([2]) prestazioni di trasporto di persone e dei rispettivi bagagli al seguito, escluse quelle di cui alla tabella A, parte II *bis*, numero 1 *ter*), e ([3]) quelle esenti a norma dell'articolo 10, numero 14), del presente decreto;

([1]) *Questo numero è stato aggiunto dall'art. 36, comma 3, del D.L. 30 agosto 1993, n. 331, conv., con modif., nella L. 29 ottobre 1993, n. 427 e poi così sostituito dall'art. 1, comma 6, del D.L. 29 settembre 1997, n. 328, conv., con modif., nella L. 29 novembre 1997, n. 410, con effetto dal 1° ottobre 1997.*

([2]) *Si veda l'art. 4* sexies *del D.L. 1 luglio 2009, n. 78, convertito, con modificazioni, nella L. 3 agosto 2009, n. 102, che si riporta: «1. Si intendono ricomprese nelle prestazioni di trasporto di persone di cui al numero 127* novies) *della tabella A, parte III, allegata al decreto del Presidente della Repubblica 26 ottobre 1972, n. 633, e successive modificazioni, le prestazioni rese dalle aziende esercenti trasporto pubblico locale in esecuzione di contratti di servizio di cui all'articolo 19 del decreto legislativo 19 novembre 1997, n. 422, e successive modificazioni, nonché, anche se rese da soggetti giuridici distinti, le prestazioni di gestione dell'infrastruttura di cui all'articolo 11 del decreto legislativo 8 luglio 2003, n. 188, e successive modificazioni.*

«2.Le disposizioni di cui al comma 1 hanno valore di interpretazione autentica, senza dare luogo a recuperi o a rimborsi di imposta.»

([3]) *Le parole: «quelle di cui alla tabella A, parte II* bis, *numero 1* ter), *e» sono state inserite dall'art. 1, comma 33, lett.* c), *della L. 11 dicembre 2016, n. 232.*

Tali disposizioni si applicano alle operazioni effettuate a decorrere dal 1º gennaio 2017.

127 *decies*) ([1]) francobolli da collezione e collezioni di francobolli;

([1]) *Questo numero è stato aggiunto dall'art. 36, comma 3, del D.L. 30 agosto 1993, n. 331, conv., con modif., nella L. 29 ottobre 1993, n. 427.*

127 *undecies*) ([1]) case di abitazione non di lusso secondo i criteri di cui al decreto del Ministro dei lavori pubblici 2 agosto 1969, pubblicato nella *Gazzetta Ufficiale* n. 218 del 27 agosto 1969, anche se assegnate in proprietà o in godimento a soci da cooperative edilizie e loro consorzi ([2]) ancorché non ultimate, purché permanga l'originaria destinazione, qualora non ricorrano le condizioni richiamate nel numero 21) della parte seconda della presente tabella; fabbricati o porzioni di fabbricato, diversi dalle predette case di abitazione, di cui all'art. 13 della L. 2 luglio 1949, n. 408, e successive modificazioni ed integrazioni, ancorché non ultimati, purché permanga l'originaria destinazione, ceduti da imprese costruttrici;

([1]) *Questo numero è stato aggiunto dall'art. 16, comma 5, del D.L. 22 maggio 1993, n. 155, convertito, con modificazioni, nella L. 19 luglio 1993, n. 243.*

Si veda anche quanto disposto dal comma 6, dello stesso articolo 16, medesimo provvedimento.

([2]) *Le parole: «anche se assegnate in proprietà o in godimento a soci da cooperative edilizie e loro consorzi» sono state aggiunte dall'art. 4, comma 1, del D.L. 30 dicembre 1993, n. 557, conv., con modif., nella L. 26 febbraio 1994, n. 133, con effetto dal 1° gennaio 1994.*

127 *duodecies*) ([1]) prestazioni di servizi aventi ad oggetto la realizzazione di interventi di manutenzione straordinaria di cui all'art. 31, primo comma, lettera *b*), della legge 5 agosto 1978, n. 457, agli edifici di edilizia residenziale pubblica;

([1]) *Questo numero è stato inserito dall'art. 1, comma 11, della L. 27 dicembre 1997, n. 449.*

127 *terdecies*) ([1]) beni, escluse le materie prime e semilavorate, forniti per la realizzazione degli interventi di recupero di cui all'art. 31 della L. 5 agosto 1978, n. 457, esclusi quelli di cui alle lettere *a*) e *b*) del primo comma dello stesso articolo, [relativi alle opere, agli impianti e agli edifici di cui al numero 127 *quinquies*)] ([2]);

([1]) *Questo numero è stato aggiunto dall'art. 16, comma 5, del D.L. 22 maggio 1993, n. 155, conv., con modif., nella L. 19 luglio 1993, n. 243, e così sostituito dall'art. 36, comma 3, del D.L. 30 agosto 1993, n. 331, conv., con modif., nella L. 23 ottobre 1993, n. 427.*

([2]) *Le parole: «relativi alle opere, agli impianti e agli edifici di cui al numero 127* quinquies)» *sono state soppresse dall'art. 4, comma 1, del D.L. 30 dicembre 1993, n. 557, convertito, con modificazioni, nella L. 26 febbraio 1994, n. 133, con effetto dal 1° gennaio 1994.*

127 *quaterdecies*) ([1]) ([2]) prestazioni di servizi dipendenti da contratti di appalto relativi alla costruzione di case di abitazione di cui al numero 127 *undecies*) e alla realizzazione degli interventi di recupero di cui all'art. 31 della L. 5 agosto 1978, n. 457, esclusi quelli di cui alle lettere *a*) e *b*) del primo comma dello stesso articolo, [relativi alle opere, agli impianti e agli edifici di cui al numero 127 *quinquies*)] ([3]);

([1]) *Questo numero è stato aggiunto dall'art. 16, comma 5, del D.L. 22 maggio 1993, n. 155, conv., con modif., nella L. 19 luglio 1993, n. 243, e così sostituito dall'art. 36, comma 3, del D.L. 30 agosto 1993, n. 331, conv., con modif., nella L. 29 ottobre 1993, n. 427.*

([2]) *L'art. 2, comma 2, del D.L. 31 dicembre 1996, n. 669, conv., con modif., nella L. 28 febbraio 1997, n. 30, così dispone:*

«2. Fino al 31 dicembre 1997, per le prestazioni di servizi aventi ad oggetto la realizzazione di interventi di manutenzione straordinaria degli edifici, di cui all'articolo 31, primo comma, lettera b), *della legge 5 agosto 1978, n. 457, l'imposta sul valore aggiunto è stabilita nella misura del 10 per cento».*

([3]) *Le parole: «relativi alle opere, agli impianti e agli edifici di cui al numero 127* quinquies)» *sono state soppresse dall'art. 4, comma 1, del D.L. 30 dicembre 1993, n. 557, convertito, con modificazioni, nella L. 26 febbraio 1994, n. 133, con effetto dal 1° gennaio 1994.*

127 *quinquiesdecies*) ([1]) fabbricati o porzioni di fabbricati sui quali sono stati eseguiti interventi di recupero di cui all'art. 31 della L. 5 agosto 1978, n. 457, esclusi quelli di cui alle lett. *a*) e *b*) del primo comma dello stesso articolo, ceduti dalle imprese che hanno effettuato gli interventi.

([1]) *Questo numero è stato aggiunto dall'art. 36, comma 3, del D.L. 30 agosto 1993, n. 331, conv., con modif., nella L. 29 ottobre 1993, n. 427 e poi così sostituito dall'art. 4, comma 1, del D.L. 30 dicembre 1993, n. 557, conv., con modif., nella L. 26 febbraio 1994, n. 133, con effetto dal 1° genaio 1994;*

127 *sexiesdecies*) ([1]) prestazioni di gestione, stoccaggio e deposito temporaneo, previste dall'articolo 6, comma 1, lettere *d*), *l*) e *m*), del decreto legislativo 5 febbraio 1997, n. 22, di rifiuti urbani di cui all'articolo 7, comma 2, e di rifiuti speciali di cui all'articolo 7, comma 3, lettera *g*), del medesimo decreto, nonché prestazioni di gestione di impianti di fognatura e depurazione ([2]).

([1]) *Questo numero è stato aggiunto dall'art. 4, comma 1, del D.L. 30 dicembre 1993, n. 557, conv., con modif., nella L. 26 febbraio 1994, n. 133 e poi così sostituito dall'art. 1, comma 6, del D.L. 29 settembre 1997, n. 328, conv., con modif., nella L. 29 novembre 1997, n. 410, con effetto dal 1° ottobre 1997.*

([2]) *Le parole da*: «*nonché prestazioni*», *fino a*: «*fognatura e depurazione*», *sono state aggiunte dall'art. 31, comma 30, della L. 23 dicembre 1998, n. 448, con effetto dall'1 gennaio 1999.*

127 *septiesdecies*) ([1]) oggetti d'arte, di antiquariato, da collezione, importati; oggetti d'arte di cui alla lettera *a*) della tabella allegata al decreto legge 23 febbraio 1995, n. 41, convertito, con modificazioni, dalla legge 22 marzo 1995, n. 85, ceduti dagli autori, dai loro eredi o legatari.

([1]) *Questo numero è stato aggiunto dall'art. 1, comma 6, del D.L. 29 settembre 1997, n. 328, conv., con modif., nella L. 29 novembre 1997, n. 410, con effetto dal 1° ottobre 1997.*

127 *duodevicies*) ([1]) locazioni di fabbricati abitativi effettuate dalle imprese costruttrici degli stessi o dalle imprese che vi hanno eseguito gli interventi di cui all'articolo 3, comma 1, lettere *c*), *d*) ed *f*), del Testo Unico dell'edilizia di cui al decreto del Presidente della Repubblica 6 giugno 2001, n. 380, e locazioni di fabbricati abitativi destinati ad alloggi sociali come definiti dal decreto del Ministro delle infrastrutture 22 aprile 2008, pubblicato nella *Gazzetta Ufficiale* n. 146 del 24 giugno 2008.

([1]) *Questo numero, aggiunto dall'art. 1, comma 331, della L. 27 dicembre 2006, n. 296, è stato dapprima sostituito dall'art. 57, comma 1, lett.* c), *del D.L. 24 gennaio 2012, n. 1, convertito, con modificazioni, nella L. 24 marzo 2012, n. 27 e successivamente è stato così sostituito dall'art. 9, comma 1, lett.* c), *del D.L. 22 giugno 2012, n. 83, convertito, con modificazioni, nella L. 7 agosto 2012, n. 134.*

[127 *undevicies*) le prestazioni di cui ai numeri 18), 19), 20), 21) e 27 *ter*) dell'articolo 10, primo comma, rese in favore dei soggetti indicati nello stesso numero 27 *ter*) da cooperative sociali e loro consorzi in esecuzione di contratti di appalto e di convenzioni in generale] ([1]).

([1]) *Questo numero, dapprima aggiunto dall'art. 1, comma 488, lett. b), della L. 24 dicembre 2012, n. 228, perde ora efficacia a norma del medesimo comma 488, così come sostituito dall'art. 1, comma 172, della L. 27 dicembre 2013, n. 147.*

TABELLA *B* ([1])

PRODOTTI SOGGETTI A SPECIFICHE DISCIPLINE ([2]) ([3]).

([1]) *Tabella così sostituita dall'art. 1, D.L. 19 dicembre 1984, n. 853, convertito nella L. 17 febbraio 1985, n. 17, con effetto dall'1 gennaio 1985.*

([2]) *La precedente rubrica: «PRODOTTI SOGGETTI ALL'ALIQUOTA DEL 38%» è stata così sostituita dall'attuale dall'art. 2, comma 2* bis, *lett.* c), *del D.L. 13 agosto 2011, n. 138, convertito, con modificazioni, nella L. 14 settembre 2011, n. 148. Tali disposizioni si applicano alle operazioni effettuate a partire dal 17 settembre 2011.*

([3]) *A norma dell'art. 36, comma 5, del D.L. 30 agosto 1993, n. 331, convertito, con modificazioni, nella L. 29 ottobre 1993, n. 427, le cessioni e le importazioni dei beni indicati in questa tabella sono soggette all'aliquota IVA del 19%.*

a) Lavori in platino, esclusi quelli per uso industriale, sanitario e di laboratorio; prodotti con parti o guarnizioni di platino, costituenti elemento prevalente del prezzo;

b) pelli da pellicceria, conciate o preparate, anche confezionate in tavole, sacchi, mappette, croci o altri simili manufatti, di zibellino, ermellino, chincillà, ocelot, leopardo, giaguaro, ghepardo, tigre, pantera, zebra, lince, visone, pekan, breitschwanz, martora, lontra, selaskin, lontra di fiume, volpe argentata, volpe bianca, ghiottone, scimmia, scoiattolo, orso bianco, donnola e relative confezioni;

c) vini spumanti a denominazione di origine la cui regolamentazione obbliga alla preparazione mediante fermentazione naturale in bottiglia;

[*d*) autovetture e autoveicoli di cui all'articolo 26, lettera *a*) e *c*), del decreto del Presidente della Repubblica 15 giugno 1959, n. 393, con motore di cilindrata superiore a 2000 centimetri cubici, esclusi quelli adibiti ad uso pubblico e quelli con motore diesel fino a 2500 centimetri cubici diversi da quelli indicati alla successiva lettera *e*)] ([1]);

[*e*) autoveicoli per il trasporto promiscuo di persone e di cose carrozzati a pianale o a cassone con cabina profonda o a furgone anche fenestrato con motore di cilindrata superiore a 2000 centimetri cubici o con motore diesel superiore a 2500 centimetri cubici] ([2]);

f) motocicli per uso privato con motore di cilindrata superiore a 350 centimetri cubici;

[*g*) navi e imbarcazioni da diporto di stazza lorda superiore a diciotto tonnellate] (2);

h) tappeti e guide fabbricati a mano originari dall'Oriente, dall'Estremo Oriente e dal Nord Africa.

(1) *Questa lettera è stata soppressa dall'art. 6, comma 7, lett.* d), *della L. 13 maggio 1999, n. 133.*

(2) *Questa lettera è stata abrogata dall'art. 1, comma 261, lett.* g), *della L. 24 dicembre 2007, n. 244. A norma dall'art. 1, comma 264, lett.* c), *della L. 24 dicembre 2007, n. 244, tali disposizioni si applicano a decorrere dal 1° gennaio 2008. Tuttavia, per le operazioni relative a veicoli stradali a motore, tali disposizioni si applicano dal 28 giugno 2007.*

TABELLA *C*

SPETTACOLI ED ALTRE ATTIVITÀ

1) Spettacoli cinematografici e misti di cinema e avanspettacolo, comunque ed ovunque dati al pubblico anche se in circoli e sale private;

2) spettacoli sportivi, di ogni genere, ovunque si svolgono;

3) esecuzioni musicali di qualsiasi genere esclusi i concerti vocali e strumentali, anche se effettuate in discoteche e sale da ballo qualora l'esecuzione di musica dal vivo sia di durata pari o superiore al 50 per cento dell'orario complessivo di apertura al pubblico dell'esercizio, escluse quelle effettuate a mezzo elettrogrammofoni a gettone o a moneta o di apparecchiature similari a gettone o a moneta; lezioni di ballo collettive; [corsi mascherati o in costume,] (1) rievocazioni storiche, giostre e manifestazioni similari;

4) spettacoli teatrali di qualsiasi tipo, compresi balletto, opere liriche, prosa, operetta, commedia musicale, rivista; concerti vocali e strumentali, attività circensi e dello spettacolo viaggiante, spettacoli di burattini, marionette e maschere, compresi corsi mascherati e in costume, ovunque tenuti;

5) mostre e fiere campionarie: esposizioni scientifiche, artistiche e industriali, rassegne cinematografiche riconosciute con decreto del Ministro delle finanze ed altre manifestazioni similari;

6) prestazioni di servizi fornite in locali aperti al pubblico mediante radiodiffusioni circolari, trasmesse in forma codificata; la diffusione radiotelevisiva, anche a domicilio, con accesso condizionato effettuata in forma digitale a mezzo di reti via cavo o via satellite.

(1) *Le parole fra parentesi quadrate sono state soppresse dall'art. 1, comma 79, lett.* b), *n.* 1), *della L. 24 dicembre 2007, n. 244.*

2.

D.P.R. 26 ottobre 1972, n. 641. Disciplina delle tasse sulle concessioni governative (Suppl. ord. n. 3 alla *Gazzetta Ufficiale* n. 292 dell'11 novembre 1972).

(*Estratto*)

1. Oggetto delle tasse. – I provvedimenti amministrativi e gli altri atti elencati nell'annessa tariffa sono soggetti alle tasse sulle concessioni governative nella misura e nei modi indicati nella tariffa stessa.

2. Riscossione delle tasse. – La tassa di rilascio è dovuta in occasione dell'emanazione dell'atto e va corrisposta non oltre la consegna di esso all'interessato.

La tassa di rinnovo va corrisposta allorquando gli atti, venuti a scadenza, vengono di nuovo posti in essere.

La tassa per il visto e quella per la vidimazione vanno corrisposte al momento dell'espletamento di tali formalità.

Nei casi espressamente indicati nella tariffa, gli atti la cui validità superi l'anno sono soggetti ad una tassa annuale da corrispondersi nel termine stabilito nella tariffa stessa, per ogni anno successivo a quello nel quale l'atto è stato emesso.

3. Modalità di pagamento. – Le tasse si corrispondono in conformità a quanto previsto nell'annessa tariffa:

a) in modo ordinario, con pagamento diretto all'ufficio del registro competente o con versamento sul conto corrente postale a questi intestato;

b) in modo straordinario, a mezzo di speciali marche da annullarsi a cura del pubblico ufficiale che rilascia l'atto ovvero degli uffici o degli altri soggetti indicati dalle singole voci della tariffa o da altre norme;

b bis) negli altri modi stabiliti dalle singole voci della tariffa ([1]).

Quando la misura delle tasse, dipende dalla popolazione dei comuni o dei centri abitati, questa è calcolata in base alla classificazione ed ai dati dell'ultimo censimento pubblicati nella *Gazzetta Ufficiale.*

Il Ministro per le finanze, con proprio decreto, può variare il modo di pagamento stabilito nella tariffa ([2]).

([1]) *Questa lettera è stata aggiunta dall'art. 3, comma 144, della L. 28 dicembre 1995, n. 549.*

([2]) *Si veda il D.M. 23 dicembre 1991.*

4. Ufficio competente. – Per le tasse da pagare in modo ordinario il versamento va effettuato presso l'ufficio del registro nella cui circoscrizione ha sede l'ufficio competente ad emettere l'atto o a ricevere la dichiarazione.

5. Marche. – Le marche di cui al precedente art. 2 sono equiparate a tutti gli effetti, anche penali, alle marche da bollo.

Con decreto del Ministro per le finanze sono determinati il valore, la forma e gli altri caratteri distintivi delle speciali marche di cui al precedente comma.

6. Prenotazione a debito. – Le tasse per gli atti occorrenti nei procedimenti interessanti l'amministrazione dello Stato, le amministrazioni parificate per legge, nei rapporti tributari, a quelli dello Stato, l'Amministrazione del fondo per il culto e le persone fisiche o giuridiche ammesse al gratuito patrocinio sono prenotate a debito, salvo il recupero nei casi e nei modi indicati dalla legge sul gratuito patrocinio.

7. Riscossione coattiva. – Per la riscossione coattiva delle tasse e delle relative soprattasse si applicano le disposizioni del testo unico approvato con R.D. 14 aprile 1910, n. 639.

8. Effetti del mancato o ritardato pagamento delle tasse. – Gli atti per i quali sono dovute le tasse non sono efficaci sino a quando queste non siano pagate.

11. Ricorsi amministrativi. – Le controversie relative all'applicazione delle tasse [e delle soprattasse] (1) previste dal presente decreto sono decise in via amministrativa dall'intendente di finanza con provvedimento motivato avverso il quale è dato ricorso al Ministro per le finanze nel termine di trenta giorni dalla notifica del provvedimento stesso, quando l'ammontare delle tasse [e delle soprattasse] (1) superi € 51,65.

Il ricorso deve essere presentato all'Intendenza di finanza direttamente o mediante raccomandata con avviso di ricevimento. Nel primo caso l'ufficio, ne rilascia ricevuta, nel secondo caso la data di spedizione vale quale data di presentazione.

Decorso il termine di 180 giorni dalla data di presentazione del ricorso all'intendente di finanza senza che sia stata notificata al ricorrente la relativa decisione, questi può ricorrere al Ministro quando l'ammontare delle tasse e delle soprattasse superi € 51,65.

Contro le decisioni del Ministro e quelle definitive dell'intendente di finanza è ammesso ricorso in revocazione per errore di fatto o di calcolo e nelle ipotesi previste dall'art. 395, nn. 2 e 3, del codice di procedura civile.

Il ricorso deve essere proposto nel termine di sessanta giorni decorrenti rispettivamente dalla notificazione della decisione o dalla data in cui è stata scoperta la falsità o recuperato il documento.

Su domanda del ricorrente, proposta nello stesso ricorso o in successiva istanza, l'autorità amministrativa decidente può sospendere per gravi motivi l'esecuzione dell'atto impugnato.

(1) *Le parole poste fra parentesi quadre sono state soppresse dall'art. 8, comma 1, lett.* c), *del D.L.vo 18 dicembre 1997, n. 473, a decorrere dal 1° aprile 1998.*

12. Azione giudiziaria (1). – Avverso le decisioni definitive, di cui al precedente articolo, è esperibile l'azione giudiziaria nel termine di novanta giorni dalla data di notificazione della decisione.

Qualora entro centottanta giorni dalla data di presentazione del ricorso non sia intervenuta la relativa decisione, il contribuente può promuovere l'azione giudiziaria anche prima della notificazione della decisione stessa.

(1) *La Corte costituzionale, con sentenza n. 56 del 24 febbraio 1995, ha dichiarato l'illegittimità costituzionale di questo articolo nella parte in cui non prevede, nelle controversie di cui all'art. 11 di questo stesso decreto, l'esperibilità dell'azione giudiziaria anche in mancanza del preventivo ricorso amministrativo.*

13. Decadenze e rimborsi. – L'Amministrazione finanziaria può procedere all'accertamento delle violazioni alle norme del presente decreto entro il termine di decadenza di tre anni decorrenti dal giorno nel quale è stata commessa la violazione.

Il contribuente può chiedere la restituzione delle tasse erroneamente pagate entro il termine di decadenza di tre anni a decorrere dal giorno del pagamento o, in caso di rifiuto dell'atto sottoposto a tassa dalla data della comunicazione del rifiuto stesso.

Non è ammesso il rimborso delle tasse pagate in modo straordinario.

Nonostante l'inutile decorso del termine di cui al primo comma, l'atto per il quale non sia stata corrisposta la tassa sulle concessioni governative non acquista efficacia sino a quando la tassa stessa non venga corrisposta. In tal caso non sono dovute le sanzioni per il mancato o ritardato pagamento.

13 *bis*. (1) **Esenzioni.** – Gli atti e i provvedimenti concernenti le organizzazioni non lucrative di utilità sociale (ONLUS) e le società e associazioni sportive dilettantistiche (2) sono esenti dalle tasse sulle concessioni governative.

1 *bis*. Sono altresì esenti dalle tasse sulle concessioni governative gli atti costitutivi, gli statuti ed ogni altro atto necessario per l'adempimento di obblighi dei movimenti o partiti politici, derivanti da disposizioni legislative o regolamentari (3).

(1) *Questo articolo è stato inserito dall'art. 18 del D.L.vo 4 dicembre 1997, n. 460, a decorrere dal 1° gennaio 1998.*

(2) *Le parole*: «*e le società e associazioni sportive dilettantistiche*» *sono state inserite dall'art. 90, comma 7, della L. 27 dicembre 2002, n. 289.*

(3) *Questo comma è stato aggiunto dall'art. 5, comma 1, della L. 3 giugno 1999, n. 157.*

14. Disposizioni finali e transitorie. – Per le tasse corrisposte per il periodo annuale in corso alla data di entrata in vigore del presente decreto non è dovuta integrazione né si fà luogo a rimborso delle eventuali differenze.

Le esenzioni e le agevolazioni in materia di tasse sulle concessioni governative nonché i regimi tributari sostitutivi di tale tributo, o anche di esso stabiliti dalle leggi vigenti alla data del 31 dicembre 1972, si applicano fino al termine che sarà stabilito con le disposizioni da emanarsi ai sensi del n. 6) dell'art. 9 della L. 9 ottobre 1971, n. 825.

Restano ferme le esenzioni e le agevolazioni vigenti alla data del 31 dicembre 1972, a favore delle cooperative, loro consorzi e delle società di mutuo soccorso.

15. Norme abrogate. – Sono abrogate le disposizioni del testo unico delle leggi in materia di tasse sulle concessioni governative approvate con D.P.R. 1 marzo 1961, n. 121, e successive modificazioni ed integrazioni.

16. Il presente decreto entra in vigore l'1 gennaio 1973.

TARIFFA (1) (2) (3) (4) (5)

Titolo I
Persone fisiche, persone giuridiche e società

1. (1) [*a*) Rilascio del passaporto ordinario per l'estero (legge 21 novembre 1967, n. 1185): ammontare: € 40,29; tassa annuale: ammontare: € 40,29; *b*) rilascio di passaporto collettivo (legge 21 novembre 1967, n. 1185): per ogni componente il gruppo (esclusi i capo gruppo ed i minori di anni 10): ammontare: € 2,58.

Note: 1. La tassa deve essere pagata a mezzo marche. 2. La tassa è unica qualunque sia il numero delle persone che, ai termini delle disposizioni vigenti, sono iscritte nel passaporto. 3. All'estero la tassa è riscossa in moneta locale, secondo le norme degli ordinamenti consolari, con facoltà, per il Ministero degli affari esteri, di stabilire il necessario arrotondamento. 4. Le marche devono essere apposte ed annullate nei modi prescritti dalle autorità di P.S. competenti al rilascio del passaporto. 5. In sede di rinnovo le marche possono essere apposte ed annullate, con il timbro a calendario, oltre che dalle questure, dagli uffici del settore della polizia di frontiera terrestre, dagli uffici di P.S. presso scali marittimi ed aerei, dagli uffici del registro, dagli ispettorati per l'emigrazione, dagli uffici postali e dagli uffici dell'Automobile club d'Italia. 6. Agli effetti della tassa controindicata sono salvi gli accordi internazionali con carattere di reciprocità operanti al momento di entrata in vigore del presente testo unico. 7. La tassa annuale non è dovuta qualora l'interessato non intenda usufruire del passaporto durante l'anno. 8. Non sono dovute le tasse di cui alle lettere *a*) e *b*) per il rilascio, per il rinnovo e per il pagamento annuale dei passaporti ordinari e collettivi in Italia od all'estero: 1) da coloro che sono da considerare emigranti ai sensi delle norme sull'emigrazione; 2) dagli italiani all'estero che fruiscano di rimpatrio consolare o rientrino per prestare servizio militare; 3) dai ministri del culto e religiosi che siano missionari; 4) dagli indigenti].

(1) *Questo articolo è stato abrogato dall'art. 5* bis*, comma 3, lett.* b)*, del D.L. 24 aprile 2014, n. 66, convertito, con modificazioni, nella L. 23 giugno 2014, n. 89.*

2. 1. Registrazione delle persone giuridiche e delle modificazioni dei relativi atti costitutivi e statuti (artt. 33 e 34 del codice civile): ammontare: € 61,97.

Note: 1. Le tasse previste dal presente articolo sono soppresse a decorrere dal 1° gennaio 1998.

3. 1. Iscrizioni nel registro delle imprese relative a società nazionali e a società estere aventi la sede o l'oggetto principale nel territorio dello Stato (articoli 2188, 2200, 2296, 2315, 2330, 2464, 2475, 2505 e 2507 del codice civile; art. 3 decreto legge 19 dicembre 1984, n. 853, convertito dalla legge 17 febbraio 1985, n. 17, e successive modificazioni): *a*) atto costitutivo: ammontare: € 258,23; *b*) altri atti sociali soggetti ad iscrizione in base alle disposizioni del codice civile: ammontare: € 129,11.

2. Iscrizioni nel registro delle imprese relative a società estere con sede secondaria nel territorio dello Stato, a imprenditori individuali, a consorzi e ad altri enti pubblici e privati con o senza personalità giuridica diversi dalle società (articoli 2188, 2195, 2196, 2197, 2201, 2506 e 2612 del codice civile): ammontare: € 129,11.

Note: 1. Fino all'attuazione del registro delle imprese, le tasse relative alle iscrizioni degli atti costitutivi di società e alle iscrizioni previste dagli articoli del codice civile indicati nel comma 2 sono dovute per le corrispondenti iscrizioni nei registri di cancelleria dei tribunali da seguire secondo le disposizioni per l'attuazione del codice civile (articoli 100 e 108). 2. Le tasse non sono dovute dalle cooperative sociali ([1]), di mutua assicurazione e di mutuo soccorso, dalle società sportive di cui all'art. 10 della legge 23 marzo 1981, n. 91, e dalle società di ogni tipo che non svolgono attività commerciali i cui beni immobili sono totalmente destinati allo svolgimento delle attività politiche dei partiti rappresentati nelle assemblee nazionali e regionali, delle attività culturali, ricreative, sportive ed educative dei circoli aderenti ad organizzazioni nazionali legalmente riconosciute, delle attività sindacali dei sindacati rappresentati nel Consiglio nazionale dell'economia e del lavoro. Il deposito di atti non si considera soggetto alla tassa quando è effettuato per finalità diverse dalla iscrizione. Tra gli atti sociali soggetti a tassa non si intendono compresi i trasferimenti delle quote sociali di cui agli articoli 2479 e 2479 *bis* del codice civile né gli elenchi dei soci depositati a norma degli articoli 2435, ultimo comma, e 2493 del codice civile. 3. Le tasse previste dal presente articolo sono soppresse a decorrere dal 1° gennaio 1998.

([1]) *Le originarie parole: «società cooperative» sono state così sostituite dall'art. 1 del D.M. 29 aprile 1996 con effetto dal 1° gennaio 1996.*

Titolo II
Pubblica sicurezza (1) (2)

(1) *Per la individuazione delle categorie di persone che, a causa della esposizione a rischio dipendente dall'attività svolta nell'ambito delle Amministrazioni della giustizia o della difesa, o nell'esercizio di compiti di pubblica sicurezza, sono esonerate dall'obbligo del pagamento della tassa di concessione governativa prevista per il rilascio della licenza di porto d'armi, si veda il D.M. 24 marzo 1994, n. 371* (G.U. *Serie gen. - n. 137 del 14 giugno 1994*).

(2) *Gli importi di questo Titolo sono stati aggiornati dall'allegato 2* ter *alla L. 30 dicembre 2004, n. 311, così come inserito dall'art. 7, comma 1, lett.* b)*, del D.L. 31 gennaio 2005, n. 7, convertito, con modificazioni, nella L. 31 marzo 2005, n. 43.*

4. 1. Licenza di porto di pistole, rivoltelle o pistole automatiche, armi lunghe da fuoco e bastoni animati (art. 42 del testo unico 18 giugno 1931, n. 773 ed articoli 74 e 79 del regolamento 6 maggio 1940, n. 635): ammontare: € 115,00.

Note: 1. La tassa è dovuta per ciascun tipo d'arma. 2. La tassa può essere pagata anche a mezzo marche ed è ridotta a € 7,75 per le guardie giurate, forestali e campestri private e comunali e per le guardie giurate addette ai consorzi di bonifica e di irrigazione. 3. Non sono soggette a tassa le licenze rilasciate a dipendenti civili dello Stato a norma dell'art. 74 del regolamento di pubblica sicurezza nonché alle persone comprese nelle categorie individuate a norma dell'art. 7, comma 2, della legge 21 febbraio 1990, n. 36. La licenza può essere rilasciata senza pagamento di tassa, su motivata richiesta dei competenti organi direttivi, ai funzionari dell'amministrazione finanziaria addetti a servizi per i quali se ne ravvisi l'opportunità. Per la concessione a titolo di reciprocità dei permessi gratuiti di porto d'armi al personale diplomatico degli Stati esteri, si osservano le convenzioni e gli usi internazionali.

5. 1. Licenza di porto di fucile anche per uso di caccia (legge 11 febbraio 1992, n. 157, articolo 22): tassa di rilascio, di rinnovo e annuale: ammontare: € 168,00.

Note: 1. Le licenze sono valide per sei anni. Agli effetti delle tasse annuali si intende per anno il periodo di dodici mesi decorrente dalla data corrispondente a quella di emanazione della licenza; la tassa deve essere pagata, per ciascun anno successivo a quello di emanazione, prima dell'uso dell'arma e non è dovuta per gli anni nei quali non se ne fa uso. 2. Le tasse di cui al comma 1 sono ridotte a € 7,75 per le guardie di cui alla nota 2 dell'art. 4. 3. Per l'omesso pagamento delle tasse di cui al comma 1 si applica la sanzione amministrativa da € 154 a € 929 ed, in caso di nuova violazione da €

258 a € 1.549 (legge 11 febbraio 1992, n. 157, art. 31). 4. È dovuta una addizionale di € 5,16 alle tasse di cui al comma 1 (L. 11 febbraio 1992, n. 157, art. 24).

6. 1. Autorizzazione all'esercizio di case da gioco: tassa di rilascio e per ogni anno di validità: ammontare: € 539.200,00.

Note: 1. La tassa si riferisce ad autorizzazioni date tanto con legge quanto con atto amministrativo; essa è dovuta dalle regioni, dalle province e dai comuni titolari della casa da gioco anche quando non la gestiscano direttamente (1).

(1) *Questa nota è stata così modificata dall'art. 8, comma 39, della L. 23 dicembre 1998, n. 448.*

7. 1. Licenza per l'esercizio di attività relative a metalli preziosi (articolo 127 del testo unico 18 giugno 1931, n. 773 e articolo 244, primo comma, del regolamento 6 maggio 1940, n. 635): tassa di rilascio e per il rinnovo: *a*) fabbricanti di oggetti preziosi ed esercenti di industrie o arti affini: ammontare: € 404,00; *b*) commercianti e mediatori di oggetti preziosi, nonché fabbricanti, commercianti ed esercenti stranieri che intendono esercitare nello Stato il commercio di oggetti preziosi da essi importati: ammontare: € 270,00; *c*) agenti, rappresentanti, commessi viaggiatori e piazzisti dei fabbricanti, commercianti ed esercenti stranieri di cui alla lettera *b*), che esercitano nello Stato il commercio di preziosi: ammontare: € 81,00; *d*) cesellatori, orafi e incastratori di pietre preziose: ammontare: € 81,00; *e*) fabbricanti e commercianti di articoli con montature o guarnizioni in metalli preziosi: ammontare: € 202,00.

Titolo III
Pesca (1)

(1) *Gli importi di questo Titolo sono stati aggiornati dall'allegato 2* ter *alla L. 30 dicembre 2004, n. 311, così come inserito dall'art. 7, comma 1, lett.* b)*, del D.L. 31 gennaio 2005, n. 7, convertito, con modificazioni, nella L. 31 marzo 2005, n. 43.*

8. 1. Licenza per la pesca professionale marittima (articolo 4 della legge 17 febbraio 1982, n. 41): per ogni unità adibita: ammontare: € 404,00.

Note: 1. (*Omissis*) (1).

(1) *Questa nota è stata soppressa dal D.M. 29 aprile 1996, con effetto dal 1° gennaio 1996.*

Titolo IV
Proprietà industriale e intellettuale ([1])

([1]) *Gli importi di questo Titolo sono stati aggiornati dall'allegato 2* ter *alla L. 30 dicembre 2004, n. 311, così come inserito dall'art. 7, comma 1, lett.* b), *del D.L. 31 gennaio 2005, n. 7, convertito, con modificazioni, nella L. 31 marzo 2005, n. 43.*

9. [(*Omissis*)] ([1]).

([1]) *Questo articolo è stato abrogato dall'art. 1, comma 351, della L. 23 dicembre 2005, n. 266.*

9 *bis.* ([1]) 1. Privativa per nuove varietà vegetali:

a) tassa di domanda, comprensiva della tassa di pubblicazione e di quella per la protezione provvisoria (prima della concessione): ammontare: € 236,00;

b) tassa per il mantenimento in vita della privativa (dalla concessione della privativa):

1ª	€	101,00
2ª	»	135,00
3ª	»	168,00
4ª	»	202,00
5ª	»	236,00
6ª	»	270,00
7ª	»	303,00
8ª	»	337,00
9ª	»	371,00
10ª	»	404,00
11ª	»	438,00
12ª	»	472,00
13ª	»	505,00
14ª	»	539,00
15ª	»	573,00
16ª	»	607,00
17ª	»	640,00
18ª	»	674,00
19ª	»	708,00
20ª e successive	»	741,00

2. Tasse per licenze obbligatorie su privative per nuove varietà vegetali: *a*) per la domanda: ammontare: € 539,00; *b*) per la concessione: ammontare: € 1.820,00.

3. Tasse per le trascrizioni di atti relativi alle privative per nuove varietà vegetali: per ogni privativa: ammontare: € 81,00; per la lettera di incarico: ammontare: € 34,00.

4. La tassa di domanda per nuova varietà vegetale, comprensiva della tassa di pubblicazione e di quella di protezione provvisoria, non è rimborsabile.

(1) *Questo articolo è stato aggiunto dall'art. 25, comma 2, del D.L.vo 3 novembre 1998, n. 455.*

10. [(*Omissis*)] (1).

(1) *Questo articolo è stato abrogato dall'art. 1, comma 351, della L. 23 dicembre 2005, n. 266.*

11. Registrazione per marchi d'impresa o di certificazione e collettivi (1). – 1. Registrazione per marchi d'impresa (articoli da 36 a 40 del regio decreto 21 giugno 1942, n. 929): *a*) per la domanda di primo deposito: ammontare: € 34,00; *b*) per il rilascio dell'attestato di primo deposito o di quello di rinnovazione: 1) riguardante generi di una sola classe: ammontare: € 67,00; 2) per ogni classe in più: ammontare: € 34,00. 2. Registrazione per marchi di certificazione e collettivi (2): *a*) per la domanda di primo deposito: ammontare: € 135,00; *b*) per il rilascio dell'attestato di primo deposito o di quello di rinnovazione riguardante generi di una o più classi: ammontare: € 202,00. 3. Domanda di registrazione internazionale del marchio o di rinnovazione: ammontare: € 135,00. 4. Registrazioni per marchi d'impresa, di certificazione o per marchi collettivi, nazionali o internazionali (3): *a*) per lettera di incarico: ammontare: € 34,00; *b*) per il ritardo nella rinnovazione della registrazione (entro il semestre): ammontare: € 34,00; *c*) per la trascrizione di atto di trasferimento: ammontare: € 81,00.

Nota: Per la classificazione dei generi di prodotti o servizi si veda la classificazione internazionale risultante dall'accordo di Nizza 15 giugno 1957 e successive modificazioni. La registrazione dura dieci anni a partire dalla data di deposito della domanda.

La rinnovazione si effettua per periodi di dieci anni su domanda da depositarsi entro gli ultimi dodici mesi di scadenza del decennio in corso, trascorso il quale la registrazione può essere rinnovata nei sei mesi successivi al mese di detta scadenza, con l'applicazione di cui al controindicato n. 4 *b*).

Ogni domanda deve avere per oggetto un solo marchio.

La tassa di domanda e la tassa di rilascio dell'attestato di primo deposito devono essere pagate prima del deposito della domanda. Del pari la tassa di rilascio dell'attestato di rinnovazione deve essere pagata prima del deposito della relativa domanda.

In caso di rigetto della domanda o di rinuncia alla medesima, prima che la registrazione sia stata effettuata, sono rimborsate le somme versate, ad eccezione della tassa di domanda.

(1) *La precedente rubrica:* «Registrazione per marchi d'impresa» *è stata così sostituita dalla attuale:* «Registrazione per marchi d'impresa o di certificazione e collettivi» *dall'art. 34, comma 1, lett.* a), *del D.L.vo 20 febbraio 2019, n. 15.*

(2) *Questo punto è stato così sostituito dall'art. 34, comma 1, lett.* b), *del D.L.vo 20 febbraio 2019, n. 15.*

(3) *Questo punto è stato così sostituito dall'art. 34, comma 1, lett.* c), *del D.L.vo 20 febbraio 2019, n. 15.*

12. 1. Registrazione delle topografie dei prodotti a semiconduttori (legge 21 febbraio 1989, n. 70): *a*) per la domanda: ammontare: € 1.011,00; *b*) per la registrazione: ammontare: € 809,00; *c*) per la trascrizione di atto di trasferimento o di costituzione di diritti di garanzia: ammontare: € 81,00.

Note: 1. La tassa di cui alla lettera *b*) deve essere pagata, su richiesta dell'ufficio italiano brevetti e marchi, entro sessanta giorni dalla data di ricezione della stessa; decorso inutilmente il termine, l'ufficio respinge la domanda.

13. 1. Certificati complementari di protezione di medicinali (legge 19 ottobre 1991, n. 349) e di prodotti fitosanitari (1): *a*) per la domanda: ammontare: € 404,00; *b*) per ciascun anno di mantenimento in vita del certificato: ammontare: € 1.011,00; *c*) per la trascrizione di atto di trasferimento o di costituzione di diritti di garanzia: ammontare: € 67,00.

Note: 1. La tassa di cui alla lettera *b*) deve essere pagata entro il ventesimo anno di validità del brevetto al quale il certificato si riferisce. Si applicano le disposizioni dell'art. 9. 2. Per il ritardo della tassa annuale entro il semestre si applica la soprattassa di € 361,52.

(1) *Le parole: «e di prodotti fitosanitari» sono state aggiunte dall'art. 3, comma 11* bis, *del D.L. 31 dicembre 1996, n. 669, convertito, con modificazioni, nella L. 28 febbraio 1997, n. 30.*

14. 1. Registrazione di atti tra vivi che trasferiscono in tutto o in parte diritti di autore o diritti connessi al loro esercizio o costituiscono sugli stessi diritti di godimento o di garanzia, nonché di atti di divisione o di società relativi ai diritti medesimi (articolo 104 della legge 22 aprile 1941, n. 633) per ogni registrazione: ammontare: € 81,00.

2. Deposito, con dichiarazione di riserva dei diritti, di dischi fonografici o apparecchi analoghi e di progetti di lavori dell'ingegneria o lavori analoghi (articoli 77, 99 e 105 della legge 22 aprile 1941, n. 633, modificata con decreto del Presidente della Repubblica 8 gennaio 1979, n. 19): *a*) per ogni disco o apparecchio analogo: ammontare: € 81,00; *b*) per ogni progetto: ammontare: € 34,00.

Titolo V
Trasporti

15. ([1]) 1. Patente di abilitazione alla guida di veicoli a motore (art. 116 del decreto legislativo 30 aprile 1992, n. 285): tassa di rilascio e annuale: ammontare: € 36,15.

Note: 1. Non sono soggette a tassa le patenti di abilitazione alla guida di motoveicoli di massa a vuoto fino a 400 kg o di massa complessiva fino a 1.300 kg né le patenti speciali rilasciate a mutilati e minorati fisici per la guida di veicoli appositamente adattati. 2. La tassa di rilascio può essere pagata anche a mezzo marche; la tassa annuale si paga a mezzo di apposite marche recanti impresso l'anno di validità, applicate sulla patente ed annullate a cura del contribuente con la propria firma. 3. La tassa annuale deve essere pagata entro il mese di febbraio o prima dell'uso della patente se successivo; non è dovuta per gli anni nei quali non si usufruisce della patente.

([1]) *A norma dell'art. 17, comma 21, della L. 27 dicembre 1997, n. 449, a decorrere dal 1° gennaio 1998 è soppressa la tassa sulle concessioni governative per le patenti prevista da questo articolo.*

16. ([1]) [Patente di abilitazione al comando o alla condotta di imbarcazioni da diporto compresi i motoscafi: tassa di rilascio annuale: ammontare: L. 50.000. 2. Patente di abilitazione al comando di navi da diporto: *a*) tassa di rilascio: ammontare: L. 70.000; *b*) tassa annuale: ammontare: L. 50.000.

Note: 1. Per la tassa annuale di cui ai commi 1 e 2 vale la nota 3 dell'art. 15].

([1]) *A norma dell'art. 11, comma 1, della L. 23 dicembre 1999, n. 488, la tassa prevista da questo articolo è stata soppressa.*

Titolo VI
Radio e televisione ([1])

([1]) *Gli importi dal n. 17 al n. 20 di questo Titolo sono stati aggiornati dall'allegato 2* ter *alla L. 30 dicembre 2004, n. 311, così come inserito dall'art. 7, comma 1, lett.* b), *del D.L. 31 gennaio 2005, n. 7, convertito, con modificazioni, nella L. 31 marzo 2005, n. 43.*

17. 1. Libretto di iscrizione alle radiodiffusioni per la detenzione di apparecchi atti o adattabili alla ricezione delle radioaudizioni o delle diffusioni televisive (articolo 6 del regio decreto legge 21 febbraio 1938, n. 246, convertito dalla legge 4 giugno 1938, n. 880; articoli 1 e 2 della legge 10 febbraio 1954, n. 1150; articolo 1 della legge 28 maggio 1959, n. 362; articoli 2 e 8 della legge 15 dicembre 1967, n. 1235; articolo 1 del decreto legge 1° febbraio 1977, n. 11, convertito dalla legge 31 marzo 1977, n. 90; legge 5 maggio 1989, n. 171): *a*) per ogni abbonamento alle radioaudizioni: ammontare: € 0,70; *b*) per ogni abbonamento alle diffusioni televisive: ammontare: € 4,13; *c*) per ogni abbonamento alle radioaudizioni mediante apparecchi stabilmente installati su autovetture, autoveicoli adibiti al trasporto promiscuo di persone e cose e autoscafi soggetti a tassa automobilistica con motore di potenza non superiore a 26 CV fiscali, nonché su altri autoveicoli di cui all'art. 54 del decreto legislativo 30 aprile 1992, n. 285 ([1]): ammontare: € 1,39; *d*) per ogni abbonamento alle radioaudizioni mediante apparecchi stabilmente installati: 1) su autovetture, autoveicoli adibiti al trasporto promiscuo di persone e cose, o autoscafi soggetti a tassa automobilistica, con motore di potenza superiore a 26 CV fiscali: ammontare: € 15,49; 2) su autoscafi non soggetti a tassa automobilistica (unità da diporto e navi non da diporto): ammontare: € 20,00; *e*) per ogni abbonamento alle diffusioni televisive mediante apparecchi stabilmente installati su autoscafi, autovetture o altri autoveicoli di cui alla lettera *c*): 1) riguardante apparecchi di ricezione in bianco e nero: ammontare: € 9,30; 2) riguardante apparecchi di ricezione anche a colori: ammontare: € 61,97; *f*) per ogni abbonamento alle diffusioni televisive mediante apparecchi stabilmente installati su autovetture, autoveicoli e autoscafi di cui alla lettera *d*) n. 1: 1) riguardante apparecchi di ricezione in bianco e nero: ammontare: € 25,82; 2) riguardante apparecchi di ricezione anche a colori: ammontare: € 180,76; *g*) per ogni abbonamento alle diffusioni televisive mediante apparecchi stabilmente installati su autoscafi di cui alla lettera *d*) n. 2: 1) riguardante apparecchi di ricezione in bianco e nero: ammontare: € 34,00; 2) riguardante apparecchi di ricezione anche a colori: ammontare: € 236,00.

Note: 1. Sono soggetti alle tasse anche gli abbonamenti speciali e le licenze gratuite, esclusi quelli riguardanti i pubblici esercizi ([2]). Il libretto di iscrizione alle radiodiffusioni dà diritto al titolare e ai suoi familiari di fare uso di apparecchi anche in luoghi diversi dal domicilio indicato nel libretto senza il pagamento di ulteriore tassa; del pagamento della tassa è data prova anche mediante fotocopia della ricevuta di versamento. 3. Le tasse di cui alle lettere *a*), *b*), *d*) n. 2 e *g*) sono dovute per ogni anno solare e devono essere pagate insieme con il canone di abbonamento. In caso di pagamento rateale del canone le tasse di cui alla lettera *b*) sono dovute nella misura semestrale di € 2,12 o trimestrale di € 1,14. 4. Le tasse di cui alle lettere *c*), *d*) n. 1 ed *f*) sono dovute per ogni anno di abbonamento e devono essere pagate insieme con la tassa automobilistica. 5. Se durante l'anno è contratto un abbonamento che comporta il pagamento della tassa in misura superiore a quella stabilita per l'abbonamento in corso, la differenza deve essere pagata in occasione del primo versamento di quanto dovuto per il nuovo abbonamento. 6. In caso di installazione di apparecchi radioriceventi su un autoveicolo o autoscafo per il quale sia stata già pagata la tassa automobilistica, la tassa di concessione governativa deve essere pagata in ragione di tanti dodicesimi quanti sono i mesi da quello di installazione a quello di scadenza della tassa automobilistica. 7. In caso di omesso o insufficiente pagamento della tassa relativa ad apparecchi stabilmente installati su autoveicoli, o su autoscafi soggetti a tassa automobilistica, si applicano, in luogo delle sanzioni previste nell'art. 6 del testo unico, la soprattassa di cui ai numeri 3 e 4 della tabella allegata alla legge 24 gennaio 1978, n. 27.

(¹) *Le originarie parole*: *«art. 26 del testo unico 15 giugno 1959, n. 393» sono state così sostituite dal D.M. 29 aprile 1996, con effetto dal 1° gennaio 1996.*

(²) *Le originarie parole*: *«soggetti alle tasse di cui all'art. 24, commi 3 e 4» con cui terminava questo periodo sono state soppresse dal D.M. 29 aprile 1996, con effetto dal 1° gennaio 1996.*

18. 1. Concessione per la installazione e l'esercizio di impianti per la diffusione via etere in ambito locale (articolo 22 della legge 6 agosto 1990, n. 223): *a*) di programmi televisivi: 1) tassa di rilascio o di rinnovo: ammontare: € 4.044,00; 2) tassa annuale: ammontare: € 2.022,00; *b*) di programmi radiofonici: 1) tassa di rilascio o di rinnovo: ammontare: € 674,00; 2) tassa annuale: ammontare: € 337,00. 2. Concessione per l'installazione e l'esercizio di impianti per la diffusione via etere su tutto il territorio nazionale (articolo 22 della legge 6 agosto 1990, n. 223): *a*) di programmi televisivi: 1) tassa di rilascio o di rinnovo: ammontare: € 13.480,00; 2) tassa annuale: ammontare: € 6.740,00; *b*) di programmi radiofonici: 1) tassa di rilascio o di rinnovo: ammontare: € 2.696,00; 2) tassa annuale: ammontare: € 1.348,00. 3. Concessione per l'installazione e l'esercizio di reti per la diffusione via cavo di programmi televisivi (articolo 6 del decreto legislativo 22 febbraio 1991, n. 73): *a*) tassa di rilascio o di rinnovo: ammontare: € 3.370,00; *b*) tassa annuale: ammontare: € 1.685,00.

Note: 1. Le tasse sono ridotte al 25% ai concessionari privati per la radiodiffusione sonora a carattere comunitario.

19. 1. Autorizzazione per la trasmissione di programmi televisivi in contemporanea via etere o via cavo (articolo 22 della legge 6 agosto 1990, n. 223 e articolo 11 del decreto del Presidente della Repubblica 22 febbraio 1991, n. 73): *a*) tassa di rilascio: ammontare: € 5.392,00; *b*) tassa annuale: ammontare: € 2.696,00.

20. 1. Autorizzazione all'installazione e all'esercizio di impianti ripetitori per la ricezione e la contemporanea ritrasmissione nel territorio nazionale di programmi televisivi (articoli 38 e 43 della legge 14 aprile 1975, n. 103): *a*) irradiati da organismi di radiodiffusione esteri secondo le leggi vigenti nei rispettivi Paesi: 1) tassa di rilascio o di rinnovo: ammontare: € 4.044,00; 2) tassa annuale: ammontare: € 2.696,00; *b*) irradiati dalle concessionarie del servizio pubblico di radiodiffusione nazionale: 1) tassa di rilascio o di rinnovo: ammontare: € 404,00; 2) tassa annuale: ammontare: € 270,00.

21. (1) 1. Licenza o documento sostitutivo per l'impiego di apparecchiature terminali per il servizio radiomobili pubblico terrestre di comunicazione (art. 318 del decreto del Presidente della Repubblica 29 marzo 1973, n. 156 e art. 3 del decreto legge 13 maggio 1991, n. 151, convertito, con modificazioni, dalla legge 12 luglio 1991, n. 202): per ogni mese di utenza:

a) utenze residenziali: ammontare: € 5,16;

b) utenze affari: ammontare: € 12,91.

Note: 1. La tassa è dovuta, con riferimento al numero di mesi di utenza considerati in ciascuna bolletta, congiuntamente al canone di abbonamento. 2. Le modalità e i termini versamento all'erario delle tasse riscosse dal concessionario del servizio sono stabiliti con decreto del Ministro delle finanze di concerto con il Ministro delle poste e delle telecomunicazioni. 3. La tassa non è dovuta per le licenze o i documenti sostitutivi intestati ad invalidi a seguito di perdita anatomica o funzionale di entrambi gli arti inferiori nonché a non vedenti e a sordi (2). L'invalidità deve essere attestata dalla competente unità sanitaria locale e la relativa certificazione prodotta al concessionario del servizio all'atto della stipulazione dell'abbonamento.

(1) *A norma dell'art. 2, comma 4, del D.L. 28 gennaio 2014, n. 4, convertito, con modificazioni, nella L. 28 marzo 2014, n. 50, per gli effetti di questo articolo, le disposizioni dell'articolo 160 del Codice delle comunicazioni elettroniche di cui al decreto legislativo 1° agosto 2003, n. 259, richiamate dal predetto articolo 21, si interpretano nel senso che*

per stazioni radioelettriche si intendono anche le apparecchiature terminali per il servizio radiomobile terrestre di comunicazione.

(2) *Le parole: «e a sordi» sono state inserite dall'art. 1, comma 203, della L. 24 dicembre 2007, n. 244.*

Titolo VII
Professioni, arti e mestieri (1)

(1) *Gli importi di questo Titolo sono stati aggiornati dall'allegato 2* ter *alla L. 30 dicembre 2004, n. 311, così come inserito dall'art. 7, comma 1, lett.* b), *del D.L. 31 gennaio 2005, n. 7, convertito, con modificazioni, nella L. 31 marzo 2005, n. 43.*

22. Iscrizioni riguardanti le voci della tariffa soppresse dall'articolo 3, comma 138, della legge 28 dicembre 1995, n. 549, e precedentemente iscritte agli articoli sotto indicati della tariffa approvata con il decreto ministeriale 20 agosto 1992, pubblicato nel supplemento ordinario n. 106 alla *Gazzetta Ufficiale* n. 196 del 21 agosto 1992: ammontare: € 168,00: 1. Mediatori nel ruolo delle camere di commercio, industria, artigianato e agricoltura (articolo 70); 2. Costruttori, imprese ammesse a gestire in appalto delle Ferrovie dello Stato e imprese ammesse a gestire servizi di raccolta, trasporto e smaltimento dei rifiuti urbani (articolo 71); 3. Esercenti imprese di spedizione per terra, per mare e per aria ed esportatori dei prodotti ortofrutticoli (articolo 72); 4. Agenti di assicurazione e mediatori di assicurazione (articolo 73); 5. Periti assicurativi per l'accertamento e la stima dei danni ai veicoli a motore ed ai natanti (articolo 74); 6. Concessionari del servizio di riscossione dei tributi e collettori (articolo 75); 7. Giornali e periodici (articolo 82); 8. Esercizio di attività industriali o commerciali e di professioni arti o mestieri (articolo 86). 8 *bis*. Iscrizione all'albo di cui all'articolo 31, comma 4, del testo unico di cui al decreto legislativo 24 febbraio 1998, n. 58. La tassa è dovuta per le iscrizioni successive alla data di entrata in vigore della presente legge (1).

(1) *Questo numero è stato aggiunto dall'art. 1, comma 35, della L. 28 dicembre 2015, n. 208.*

Titolo VIII
Altri atti

23. 1. Bollatura e numerazione di libri e registri (articolo 2215 del codice civile): per ogni 500 pagine o frazione di 500 pagine: ammontare: € 67,00 (1).

Note: 1. La tassa può essere pagata anche a mezzo marche ed è dovuta per i libri di cui all'art. 2215 del codice civile e per tutti gli altri libri e registri che per obbligo di legge o volontariamente (art. 2218 codice civile) sono fatti bollare nei modi ivi indicati, tranne quelli la cui tenuta è prescritta soltanto da leggi tributarie. 2. L'attestazione del versamento della tassa deve essere esibita al pubblico ufficiale, il quale vi appone la data, la firma e il timbro e ne riporta gli estremi sul libro o registro. 3. Per la numerazione e bollatura di libri e registri tenuti da esercenti imprese, soggetti d'imposta agli effetti dell'IVA, la tassa è dovuta annualmente per le sole società di capitali nella misura forfetaria di € 309,87, prescindendo dal numero dei libri o registri tenuti e delle relative pagine; tale misura è elevata a € 516,46 se il capitale o il fondo di dotazione supera, alla data del 1° gennaio, l'importo di € 516.456,90. La tassa deve essere corrisposta entro il termine di versamento dell'imposta sul valore aggiunto dovuta per l'anno precedente, mediante delega alle aziende e agli istituti di credito che provvedono a versarla alle sezioni della tesoreria provinciale dello Stato; per l'anno di inizio dell'attività la tassa di cui alla presente nota deve essere corrisposta in modo ordinario prima della presentazione della relativa dichiarazione nella quale devono essere indicati gli estremi dell'attestazione di versamento.

(1) *Importo così aggiornato dall'allegato 2* ter *alla L. 30 dicembre 2004, n. 311, così come inserito dall'art. 7, comma 1, lett.* b)*, del D.L. 31 gennaio 2005, n. 7, convertito, con modificazioni, nella L. 31 marzo 2005, n. 43.*

24. (1) 1. Attribuzione del numero di partita IVA (art. 35 del decreto del Presidente della Repubblica 26 ottobre 1972, n. 633):

a) alle società di ogni tipo e agli enti pubblici e privati con o senza personalità giuridica, diversi dalle società, aventi per oggetto esclusivo o principale attività commerciali o agricole nonché alle associazioni costituite da persone fisiche per l'esercizio in forma associata di arti e professioni: tassa per l'attribuzione e annuale: ammontare: € 129,11;

b) ai soggetti diversi da quelli indicati alla lettera *a*): tassa per l'attribuzione e annuale: ammontare: € 51,65.

Note: 1. La tassa non è dovuta per l'attribuzione del numero di partita IVA ai soggetti non residenti e senza stabile organizzazione nel territorio dello Stato e agli enti, associazioni ed altre organizzazioni di cui all'art. 4, quarto comma, del decreto del Presidente della Repubblica 26 ottobre 1972, n. 633, non soggetti passivi agli effetti dell'imposta sul valore aggiunto, in relazione agli acquisti intracomunitari effettuati. 2. La tassa per l'attribuzione deve essere pagata prima della presentazione della dichiarazione di inizio della attività, nella quale devono essere indicati gli estremi dell'attestazione di versamento. Quella annuale deve essere corrisposta entro il termine di versamento dell'imposta sul valore aggiunto dovuta per l'anno precedente, mediante delega alle aziende e agli istituti, di credito o tramite uffici postali che provvedono a versarla alle sezioni della tesoreria provinciale dello Stato.

Per la mancata indicazione degli estremi dell'attestazione di versamento nella dichiarazione di inizio dell'attività, si applica la soprattassa in misura pari a quella della tassa. 3. La tassa annuale non è più dovuta a partire dall'anno solare successivo a quello in cui è cessata l'attività a condizione che la relativa dichiarazione sia stata presentata entro il 31 dicembre ovvero, se la cessazione è avvenuta in tale mese, entro il 31 gennaio successivo. 4. Gli imprenditori, le società e gli enti sono esonerati dall'obbligo di pagamento della tassa annuale, a partire dall'anno solare successivo a quello in cui è stato adottato il relativo provvedimento giurisdizionale o amministrativo, durante la procedura di fallimento, di concordato preventivo, di liquidazione coatta amministrativa o di amministrazione straordinaria di cui al decreto legge 30 gennaio 1979, n. 26, convertito, con modificazioni, dalla legge 3 aprile 1979, n. 95; per le società e gli enti l'esonero compete anche durante la liquidazione ordinaria, a partire dall'anno solare successivo a quello di nomina dei liquidatori.

(1) *La tassa sulla concessione governativa per l'attribuzione del numero di partita Iva prevista da questo articolo, è stata abrogata dall'art. 36, comma 1, lett.* d), *del D.L.vo 15 dicembre 1997, n. 446, istitutivo dell'Irap, a decorrere dal 1° gennaio 1998.*

A norma del comma 2 dello stesso articolo i versamenti relativi ai tributi aboliti, i cui presupposti di imposizione si verificano anteriormente alla data dalla quale, nei confronti dei singoli soggetti passivi, ha effetto la loro abolizione, sono effettuati anche successivamente a tale data.

Per i soggetti con periodo d'imposta non coincidente con l'anno solare, l'abolizione del tributo ha effetto dal primo periodo di imposta che ha inizio successivamente al 1° gennaio 1998, a norma dell'art. 37, comma 1, del citato D.L.vo n. 446/1997.

(1) *Le tasse devono essere pagate, salva diversa disposizione della tariffa, mediante versamento sul conto corrente postale intestato a: Ufficio del registro tasse CC.GG.-Roma.*

(2) *Le tasse annuali devono essere pagate, salva diversa disposizione della tariffa, entro il 31 gennaio di ciascuno degli anni solari successivi a quello di emanazione o di compimento dell'atto.*

(3) *Gli atti e i provvedimenti elencati nella presente tariffa non sono soggetti a tassa di concessione governativa se soggetti a tassa di concessione regionale (*) o comunale (**) sulla base delle disposizioni vigenti in materia di competenze amministrative.*

(*) *Si veda il D.L.vo 22 giugno 1991, n. 230.*

(**) *Si veda il D.M. 29 novembre 1978.*

(4) *La tariffa originale è stata così, da ultimo, interamente sostituita per effetto del D.M. 28 dicembre 1995.*

(5) *Le parole: «Ammontare delle tasse in lire», ovunque ricorrano, sono state così sostituite dalle attuali: «Ammontare delle tasse in euro» dall'art. 2, comma 1, del D.M. 24 maggio 2005, a decorrere dal 1° giugno 2005.*

3.

D.P.R. 26 ottobre 1972, n. 642. Disciplina dell'imposta di bollo (Suppl. ord. n. 3 alla *Gazzetta Ufficiale* n. 292 dell'11 novembre 1972).

(*Estratto*)

Titolo I
Oggetto e specie dell'imposta
e modi di pagamento

1. Oggetto dell'imposta. – Sono soggetti all'imposta di bollo gli atti, i documenti e i registri indicati nell'annessa tariffa.

Le disposizioni del presente decreto non si applicano agli atti legislativi e, se non espressamente previsti nella tariffa, agli atti amministrativi dello Stato, delle regioni, delle province, dei comuni e loro consorzi.

2. Atti soggetti a bollo sin dall'origine o in caso d'uso. – L'imposta di bollo è dovuta fin dall'origine per gli atti, i documenti e i registri indicati nella parte prima della tariffa, se formati nello Stato, ed in caso d'uso per quelli indicati nella parte seconda.

Si ha caso d'uso quando gli atti, i documenti e i registri sono presentati all'ufficio del registro per la registrazione.

Delle cambiali emesse all'estero si fa uso, oltre che nel caso di cui al secondo comma, quando sono presentate, consegnate, trasmesse, quietanzate, accettate, girate, sottoscritte per avallo o altrimenti negoziate nello Stato.

3. ([1]) **Modi di pagamento.** – 1. L'imposta di bollo si corrisponde secondo le indicazioni della tariffa allegata:

a) mediante pagamento dell'imposta ad intermediario convenzionato con l'Agenzia delle entrate, il quale rilascia, con modalità telematiche, apposito contrassegno;

b) in modo virtuale, mediante pagamento dell'imposta all'ufficio dell'Agenzia delle entrate o ad altri uffici autorizzati o mediante versamento in conto corrente postale.

2. Le frazioni degli importi dell'imposta di bollo dovuta in misura proporzionale sono arrotondate ad euro 0,10 per difetto o per eccesso a seconda che si tratti rispettivamente di frazioni fino ad euro 0,05 o superiori ad euro 0,05.

3. In ogni caso l'imposta è dovuta nella misura minima di euro 1,00, ad eccezione delle cambiali e dei vaglia cambiari di cui, rispettivamente, all'articolo 6, numero 1, lettere *a*) e *b*), e numero 2, della tariffa – Allegato

A – annessa al presente decreto, per i quali l'imposta minima è stabilita in euro 0,50.

(1) *Questo articolo è stato così sostituito dall'art. 1, comma 80, della L. 27 dicembre 2006, n. 296.*

4. Forma, valore e carattere distintivi della carta bollata, delle marche da bollo e dei bolli a punzone. – La carta bollata è filigranata e reca impresso il relativo valore. Se il valore della carta bollata è inferiore all'imposta dovuta, la differenza viene corrisposta mediante applicazione di marche da bollo.

La carta bollata, esclusa quella per cambiali, deve essere marginata e contenere cento linee per ogni foglio.

Con decreto del Ministro per le finanze sono determinati la forma, il valore e gli altri caratteri distintivi della carta bollata, delle marche da bollo e dei bolli a punzone, nonché le modalità d'applicazione del visto per bollo.

Con provvedimento del direttore dell'Agenzia delle entrate sono stabilite le caratteristiche e le modalità d'uso del contrassegno rilasciato dagli intermediari, nonché le caratteristiche tecniche del sistema informatico idoneo a consentire il collegamento telematico con la stessa Agenzia (1).

(1) *Questo comma è stato aggiunto dall'art. 1* bis*, comma 10, lett.* b)*, del D.L. 12 luglio 2004, n. 168, convertito, con modificazioni, nella L. 30 luglio 2004, n. 191.*

5. Definizione di foglio, di pagina e di copia. – Agli effetti del presente decreto e delle annesse tariffa e tabella:

a) il foglio si intende composto da quattro facciate, la pagina da una facciata;

b) per copia si intende la riproduzione, parziale o totale, di atti, documenti e registri dichiarata conforme all'originale da colui che l'ha rilasciata.

Per i tabulati meccanografici l'imposta è dovuta per ogni 100 linee o frazione di 100 linee effettivamente utilizzate.

Per le riproduzioni con mezzi meccanici, fotografici, chimici e simili il foglio si intende composto da quattro facciate semprechè queste siano unite o rilegate tra loro in modo da costituire un unico atto recante nell'ultima facciata la dichiarazione di conformità all'originale.

6. Misura del tributo in caso d'uso. – Per gli atti, documenti e registri soggetti a bollo solo in caso d'uso l'imposta è dovuta nella misura vigente al momento in cui se ne fa uso.

7. (1) Definizione di ricevuta

(1) *Soppresso.*

8. Onere del tributo nei rapporti con lo Stato. – Nei rapporti con lo Stato l'imposta di bollo, quando dovuta, è a carico dell'altra parte, nonostante qualunque patto contrario.

Titolo II
Modi di applicazione dell'imposta

9. Carta bollata. – Sulla carta bollata non si può scrivere fuori dei margini né eccedere il numero delle linee in essa tracciate. Nei margini del foglio possono apporsi sottoscrizioni ed annotazioni, visti, vidimazioni, numerazioni e bolli prescritti o consentiti da leggi o regolamenti.

Per gli atti e documenti scritti a mezzo stampa, litografia o altri analoghi sistemi, è consentito, in deroga al disposto del precedente comma, scrivere fuori dei margini, fermo peraltro il divieto di eccedere le 100 linee per foglio.

È vietato scrivere o apporre timbri o altre stampigliature sul bollo, nonché usare carta bollata deteriorata nel bollo o nella filigrana o già usata per altro atto o documento.

10. Bollo straordinario o virtuale sostitutivo o alternativo di quello ordinario. – Nei casi in cui il pagamento dell'imposta di bollo in modo straordinario o virtuale sia sostitutivo o alternativo di quello ordinario si osservano i limiti stabiliti dagli articoli 4 e 9 circa il numero delle linee di ciascun foglio.

La disposizione di cui al precedente comma non si applica ai tabulati, repertori ed ai registri nonché alle copie degli stati di servizio rilasciate dalle pubbliche amministrazioni.

11. Bollo straordinario. – Per gli atti soggetti a bollo fin dall'origine l'applicazione delle marche da bollo, del visto per bollo e del bollo a punzone deve precedere l'eventuale sottoscrizione e, per i registri e repertori, qualsiasi scritturazione.

È vietato scrivere ed apporre timbri od altre stampigliature sull'impronta del bollo a punzone o sul visto per bollo.

12. Marche da bollo. – L'annullamento delle marche deve avvenire mediante perforazione o apposizione della sottoscrizione di una delle parti o della data o di un timbro parte su ciascuna marca e parte sul foglio.

Per l'annullamento deve essere usato inchiostro o matita copiativa.

Sulle marche da bollo non è consentito scrivere né apporre timbri o altre stampigliature tranne che per eseguirne l'annullamento in conformità dei precedenti commi.

È vietato usare marche deteriorate o usate in precedenza.

13. Facoltà di scrivere più atti sul medesimo foglio. – Un atto per il quale è prevista in via esclusiva od alternativa l'applicazione dell'imposta in modo straordinario può essere scritto su un foglio che sia già servito per la redazione di altro atto soggetto ad imposta in modo ordinario o straordinario a condizione che sia corrisposta la relativa imposta.

Ogni rinnovazione o proroga anche se apposta su atti o documenti formati precedentemente è soggetta a imposta di bollo nella misura vigente per gli stessi al momento della rinnovazione o della proroga.

In ogni caso e con il pagamento di una sola imposta possono scriversi sul medesimo foglio:

1) gli inventari, processi verbali e gli altri atti che sono compiuti in più sedute;

2) la ratifica apposta sull'atto a cui si riferisce;

3) l'accettazione del mandatario apposta sull'atto contenente il mandato;

4) la dichiarazione di conferma e di asseverazione del contenuto di un atto e la dichiarazione di concordanza con l'originale;

5) l'accettazione della cessione del credito fatta dal debitore ceduto sull'atto relativo;

6) la dichiarazione di vedovanza scritta sul certificato di esistenza in vita;

7) il certificato di avvenuta iscrizione, trascrizione ed annotamento sui pubblici registri apposto sulla nota relativa; il duplicato della nota per l'iscrizione ipotecaria e la sua rinnovazione scritta sul titolo in base al quale avviene la formalità;

8) la copia della iscrizione, rinnovazione e trascrizione sui pubblici registri costituenti un solo stato o certificato e le relative aggiunte e variazioni riportate in un solo stato o certificato anche se lo stato o certificato concerne più di una persona;

9) il certificato scritto sull'estratto catastale e attestante l'imposta dovuta per i beni ivi descritti e la dichiarazione di eseguita voltura catastale apposta sul documento in base al quale la voltura fu eseguita;

10) gli estratti rilasciati dai pubblici funzionari e desunti dai registri dei rispettivi uffici, purché riguardino una sola persona o più persone coobbligate o cointeressate nell'affare cui si riferisce il contenuto degli estratti che si rilasciano;

11) i pareri, le conclusioni e i decreti sopra i ricorsi in sede giurisdizionale od amministrativa;

12) gli atti d'istruzione delle cause, i certificati e le attestazioni apposte sui medesimi, le relazioni di notificazioni scritte sull'originale e sulla copia

dell'atto notificato, nonché i precetti apposti in calce alle sentenze ed agli atti rilasciati in forma esecutiva;

13) l'autenticazione o la legalizzazione delle firme apposte sullo stesso foglio che contiene le firme da autenticare o da legalizzare;

14) le certificazioni dei pubblici ufficiali apposti sul duplicato e sul secondo originale delle domande;

15) gli atti contenenti più convenzioni, istanze, certificazioni o provvedimenti, se redatti in un unico contesto.

14. Speciali modalità di pagamento. – Con decreto del Ministro delle finanze saranno determinati gli atti per i quali l'imposta di bollo, in qualsiasi modo dovuta, può essere assolta mediante applicazione di speciale impronta apposta da macchine bollatrici, nonché le caratteristiche tecniche delle macchine stesse, i requisiti necessari per ottenere l'autorizzazione al loro uso, i termini e le relative modalità di applicazione.

L'autorizzazione all'impiego di macchine bollatrici è rilasciata, su richiesta dell'interessato, e in conformità al decreto previsto nel comma precedente, dall'intendenza di finanza nella cui circoscrizione territoriale la macchina deve essere posta in uso.

L'utente delle macchine bollatrici non può cederne l'uso o la proprietà a terzi, nemmeno temporaneamente, né trasferirle in altra sede, modificarle o ripararle senza la preventiva autorizzazione. L'autorizzazione è rilasciata dall'intendente di finanza e, per le modifiche e le riparazioni, può essere rilasciata anche dall'ufficio del registro nella cui circoscrizione la macchina è posta in uso.

15. Pagamento in modo virtuale. – Per determinate categorie di atti e documenti, da stabilire con decreto del Ministro delle finanze, l'intendente di finanza può, su richiesta degli interessati, consentire che il pagamento dell'imposta anziché in modo ordinario o straordinario avvenga in modo virtuale.

Gli atti e documenti, per i quali sia stata rilasciata l'autorizzazione di cui al precedente comma, devono recare la dicitura chiaramente leggibile indicante il modo di pagamento dell'imposta e gli estremi della relativa autorizzazione.

Ai fini dell'autorizzazione di cui al precedente comma, l'interessato deve presentare apposita domanda corredata da una dichiarazione da lui sottoscritta contenente l'indicazione del numero presuntivo degli atti e documenti che potranno essere emessi e ricevuti (1) durante l'anno.

L'ufficio del registro competente per territorio, ricevuta l'autorizzazione dell'intendenza di finanza, procede, sulla base della predetta dichiarazione, alla liquidazione provvisoria dell'imposta dovuta per il periodo compreso fra la data di decorrenza dell'autorizzazione e il 31 dicembre, ripartendone l'ammontare in tante rate uguali quanti sono i bimestri compresi nel detto periodo con scadenza alla fine di ciascun bimestre solare ([2]).

Entro il successivo mese di gennaio, il contribuente deve presentare all'ufficio del registro una dichiarazione contenente l'indicazione del numero degli atti e documenti emessi nell'anno precedente distinti per voce di tariffa e degli altri elementi utili per la liquidazione dell'imposta ([3]), nonché degli assegni bancari estinti nel suddetto periodo. La dichiarazione è redatta, a pena di nullità, su modello conforme a quello approvato con provvedimento del direttore dell'Agenzia delle entrate ([4]).

L'ufficio del registro, previ gli opportuni riscontri, procede alla liquidazione definitiva dell'imposta dovuta per l'anno precedente imputando la differenza a debito o a credito della rata bimestrale scadente a febbraio o, occorrendo, in quella successiva ([5]).

Tale liquidazione, ragguagliata e corretta dall'ufficio in relazione ad eventuali modifiche della disciplina o della misura dell'imposta, viene assunta come base provvisoria per la liquidazione dell'imposta per l'anno in corso. Se le modifiche intervengono nel corso dell'anno, a liquidazione provvisoria già eseguita, l'ufficio effettua la riliquidazione provvisoria delle rimanenti rate con avviso da notificare al contribuente entro il mese successivo a quello di entrata in vigore del provvedimento che dispone le modifiche. La maggiore imposta relativa alla prima rata oggetto della riliquidazione è pagata unitamente all'imposta relativa alla rata successiva. Non si tiene conto, ai fini della riliquidazione in corso d'anno, delle modifiche intervenute nel corso dell'ultimo bimestre. Se le modifiche comportano l'applicazione di una imposta di ammontare inferiore rispetto a quella provvisoriamente liquidata, la riliquidazione è effettuata dall'ufficio, su istanza del contribuente, entro trenta giorni dalla presentazione dell'istanza ([6]).

L'autorizzazione di cui al precedenti commi si intende concessa a tempo indeterminato e può essere revocata con atto da notificarsi all'interessato.

L'interessato, che intenda rinunziare all'autorizzazione, deve darne comunicazione scritta all'intendenza di finanza presentando contemporaneamente la dichiarazione di cui al quinto comma per il periodo compreso dall'1 gennaio al giorno da cui ha effetto la denunzia.

Il pagamento dell'imposta risultante dalla liquidazione definitiva dovrà essere effettuata nei venti giorni successivi alla notificazione della liquidazione.

([1]) *Le parole: «e ricevuti» sono state aggiunte dall'art. 3, comma 8* bis, *del D.L. 3 giugno 2008, n. 97, convertito, con modificazioni, nella L. 2 agosto 2008, n. 129.*

(2) *Le originarie parole: «trimestri compresi nel detto periodo con scadenza alla fine dei mesi di marzo, giugno, settembre e dicembre» sono state così sostituite dall'art. 3, comma 136, della L. 28 dicembre 1995, n. 549.*

(3) *Le parole: «e degli altri elementi utili per la liquidazione dell'imposta» sono state inserite dall'art. 1, comma 597, della L. 27 dicembre 2013, n. 147.*

(4) *Questo periodo è stato inserito dall'art. 1, comma 597, della L. 27 dicembre 2013, n. 147.*

(5) *Le originarie parole: «trimestrale scadente il 31 marzo o, occorrendo, in quella successiva» sono state così sostituite dall'art. 3, comma 136, della L. 28 dicembre 1995, n. 549.*

(6) *Questo comma è stato così sostituito dall'art. 3, comma 136, della L. 28 dicembre 1995, n. 549.*

15 *bis*. (1) Disposizioni speciali sul pagamento in modo virtuale per determinati soggetti. – 1. I soggetti indicati al comma 3, entro il 16 aprile di ogni anno, versano, a titolo di acconto, una somma pari al 100 per cento dell'imposta provvisoriamente liquidata ai sensi dell'articolo 15. Per esigenze di liquidità l'acconto può essere scomputato dal primo dei versamenti da effettuare nell'anno successivo a quello di pagamento dell'acconto.

2. I medesimi soggetti presentano la dichiarazione di cui all'articolo 15, quinto comma, entro il mese di febbraio dell'anno successivo a quello cui la stessa si riferisce. Per tali soggetti, il termine per il versamento della prima rata bimestrale è posticipato all'ultimo giorno del mese di aprile. La liquidazione di cui al sesto comma dell'articolo 15 è eseguita imputando la differenza a debito o a credito della prima rata bimestrale, scadente ad aprile, o, occorrendo, di quella successiva.

3. Le disposizioni del presente articolo si applicano ai seguenti soggetti:

a) la società Poste italiane S.p.a.;

b) le banche;

c) le società di gestione del risparmio;

d) le società capogruppo dei gruppi bancari di cui all'articolo 61 del testo unico delle leggi in materia bancaria e creditizia, di cui al decreto legislativo 1° settembre 1993, n. 385;

e) le società di intermediazione mobiliare;

f) i soggetti di cui ai titoli V, V *bis* e V *ter* del citato testo unico di cui al decreto legislativo n. 385 del 1993, nonché le società esercenti altre attività finanziarie indicate nell'articolo 59, comma 1, lettera b), dello stesso testo unico;

g) le imprese di assicurazioni.

(1) *Questo articolo, inserito dall'art. 4 del D.L. 29 novembre 2004, n. 282, convertito, con modificazioni, dalla L. 27 dicembre 2004, n. 307, è stato così sostituito dall'art. 5,*

comma 14 bis*, del D.L. 21 ottobre 2021, n. 146, convertito, con modificazioni, nella L. 17 dicembre 2021, n. 215.*

16. Riscossione coattiva. – Per la riscossione coattiva delle imposte, delle soprattasse e delle pene pecuniarie si applicano le disposizioni degli articoli da 5 a 29 e 31 del R.D. 14 aprile 1910, n. 639.

Per l'imposta dovuta sulle sentenze e i decreti penali si applica l'art. 36, della tariffa allegata al presente decreto.

Titolo III
Atti e scritti
per i quali l'imposta
è prenotata a debito

17. Atti dei procedimenti giurisdizionali. – Nei procedimenti, compresi quelli esecutivi, innanzi all'autorità giudiziaria ordinaria e alle giurisdizioni speciali l'imposta dovuta dalle amministrazioni dello Stato ovvero da persone o enti ammessi al beneficio del patrocinio a spese dello Stato ([1]), è prenotata a debito.

[Nella procedura di fallimento si osservano le disposizioni dell'art. 91 del R.D. 16 marzo 1942, n. 267] ([2]).

[Le imposte di bollo prenotate a debito ai sensi dei commi precedenti sono ripetibili nei casi e con i modi indicati dalla legge sul gratuito patrocinio] ([2]).

([1]) *Le parole*: *«gratuito patrocinio» sono state così sostituite dalle attuali*: *«patrocinio a spese dello Stato» dall'art. 300, comma 3, del D.P.R. 30 maggio 2002, n. 115, sulle spese di giustizia, a decorrere dal 1° luglio 2002.*

([2]) *Questo comma è stato abrogato dall'art. 299 del D.P.R. 30 maggio 2002, n. 115, sulle spese di giustizia, a decorrere dal 1° luglio 2002.*

18. Atti di persone od enti ammessi al patrocinio a spese dello Stato ([1]). – Nelle cause e nei procedimenti interessanti persone od enti ammessi al patrocinio a spese dello Stato ([1]) non può farsi uso della carta libera, se in ciascun atto e in ciascuna copia non siano citati gli estremi del decreto di ammissione al patrocinio a spese dello Stato ([1]), e se, trattandosi di atti, documenti o copie da prodursi in giudizio, non sia in essi indicato lo scopo della produzione.

([1]) *Le parole*: *«gratuito patrocinio» sono state così sostituite dalle attuali*: *«patrocinio a spese dello Stato» dall'art. 300, comma 3, del D.P.R. 30 maggio 2002, n. 115, sulle spese di giustizia, a decorrere dal 1° luglio 2002.*

Titolo IV
Effetti del mancato od insufficiente pagamento dell'imposta; obblighi, divieti, solidarietà

19. Obblighi degli arbitri, dei funzionari e dei pubblici ufficiali. – Salvo quanto disposto dai successivi articoli 20 e 21, il giudice, i funzionari e i dipendenti dell'Amministrazione dello Stato, degli enti pubblici territoriali e dei rispettivi organi di controllo, i pubblici ufficiali, i cancellieri e segretari, nonché gli arbitri non possono rifiutarsi di ricevere in deposito o accettare la produzione o assumere a base dei loro provvedimenti, allegare o enunciare nei loro atti, i documenti, gli atti e registri non in regola con le disposizioni del presente decreto. Tuttavia gli atti, i documenti e i registri o la copia degli stessi devono essere inviati a cura dell'ufficio che li ha ricevuti e, per l'autorità giudiziaria, a cura del cancelliere o segretario, per la loro regolarizzazione ai sensi dell'art. 31, al competente ufficio del registro entro trenta giorni dalla data di ricevimento ovvero dalla data del deposito o della pubblicazione del provvedimento giurisdizionale o del lodo.

20. Cambiale, vaglia cambiario e assegno bancario irregolari di bollo. – La cambiale, il vaglia cambiario e l'assegno bancario non hanno la qualità di titoli esecutivi se non sono stati regolarmente bollati sin dall'origine e, qualora si tratti di titoli provenienti dall'estero, prima che se ne faccia uso.

Il portatore o possessore non può esercitare i diritti cambiari inerenti al titolo se non abbia corrisposto l'imposta di bollo dovuta e pagato le relative sanzioni amministrative ([1]).

L'inefficacia come titolo esecutivo deve essere rilevata e pronunciata dai giudici anche d'ufficio.

([1]) *Le parole: «pene pecuniarie» sono state così sostituite dalle attuali: «sanzioni amministrative» dall'art. 5, comma 1, lett.* a), *del D.L.vo 18 dicembre 1997, n. 473, a decorrere dal 1° aprile 1998.*

21. Obblighi dei pubblici ufficiali per gli atti di protesto cambiario. – I notai, gli ufficiali giudiziari ed i segretari comunali, devono, negli atti di protesto delle cambiali, fare menzione dell'ammontare dell'imposta di bollo pagata per detti titoli e, quando questi siano muniti di marche da bollo o di visto per bollo, devono anche indicare l'ufficio che ha annullato le marche od apposto il visto e la relativa data.

22. ([1]) **Solidarietà.** – Sono obbligati in solido per il pagamento dell'imposta e delle eventuali sanzioni amministrative ([2]):

1) tutte le parti che sottoscrivono, ricevono, accettano o negoziano atti, documenti o registri non in regola con le disposizioni del presente decreto ovvero li enunciano o li allegano ad altri atti o documenti;

2) tutti coloro che fanno uso, ai sensi dell'art. 2, di un atto, documento o registro non soggetto al bollo fin dall'origine senza prima farlo munire del bollo prescritto.

La parte a cui viene rimesso un atto, un documento o un registro, non in regola con le disposizioni del presente decreto, alla formazione del quale non abbia partecipato, è esente da qualsiasi responsabilità derivante dalle violazioni commesse ove, entro quindici giorni dalla data del ricevimento, lo presenti all'ufficio del registro e provveda alla sua regolarizzazione col pagamento della sola imposta. In tal caso la violazione è accertata soltanto nei confronti del trasgressore.

[Indipendentemente dalle pene previste dal codice penale, il venditore o il locatore delle macchine bollatrici o chi comunque le dà in uso a qualsiasi titolo è responsabile, in solido con l'utente, dell'imposta di bollo e delle sanzioni per le infrazioni rese possibili da difetti di costruzione delle macchine, da irregolare fornitura di punzoni o dall'omissione della comunicazione all'Amministrazione finanziaria della vendita, della locazione o della dazione in uso delle macchine stesse] (3).

(1) *A norma dell'art. 1, comma 1108, della L. 30 dicembre 2020, n. 178, a decorrere dal 1° gennaio 2021, per le fatture elettroniche inviate attraverso il Sistema di interscambio di cui all'articolo 1, commi 211 e 212, della legge 24 dicembre 2007, n. 244, è obbligato in solido al pagamento dell'imposta di bollo il cedente del bene o il prestatore del servizio, ai sensi di questo articolo, anche nel caso in cui il documento sia emesso da un soggetto terzo per suo conto.*

(2) *Le parole*: «*soprattasse e pene pecuniarie*» *sono state così sostituite dalle attuali*: «*sanzioni amministrative*» *dall'art. 5, comma 1, lett.* b), *del D.L.vo 18 dicembre 1997, n. 473, a decorrere dal 1° aprile 1998.*

(3) *Questo comma è stato abrogato dall'art. 5, comma 1, lett.* l), *del D.L.vo 18 dicembre 1997, n. 473, a decorrere dal 1° aprile 1998.*

23. Patti sull'onere del tributo e delle sanzioni. – I patti contrari alle disposizioni del presente decreto, compreso quello che pone l'imposta e le eventuali sanzioni a carico della parte inadempiente o di quella che abbia determinato la necessità di far uso degli atti o dei documenti irregolari, sono nulli anche tra le parti.

Titolo V
Sanzioni

24. (1) **Sanzioni a carico di soggetti tenuti a specifici adempimenti.** – 1. L'inosservanza degli obblighi stabiliti dall'articolo 19 è punita, per ogni atto, documento o registro, con sanzione amministrativa da euro 100 a euro 200 (2).

(1) *Questo articolo è stato così sostituito dall'art. 5, comma 1, lett.* f), *del D.L.vo 18 dicembre 1997, n. 473, a decorrere dal 1° aprile 1998.*

(2) *Le parole: «lire duecentomila a lire quattrocentomila» sono state così sostituite dalle seguenti: «euro 100 a euro 200», dall'art. 29, comma 1, lett.* a), *del D.L.vo 24 settembre 2015, n. 158, a decorrere dal 1° gennaio 2016.*

25. (1) **Omesso od insufficiente pagamento dell'imposta ed omessa o infedele dichiarazione di conguaglio.** – 1. Chi non corrisponde, in tutto o in parte, l'imposta di bollo dovuta sin dall'origine è soggetto, oltre al pagamento del tributo, ad una sanzione amministrativa dal cento al cinquecento per cento dell'imposta o della maggiore imposta.

2. Salvo quanto previsto dall'articolo 32, secondo comma, della legge 24 maggio 1977, n. 227, le violazioni relative alle cambiali sono punite con la sanzione amministrativa da due a dieci volte l'imposta, con un minimo di € 103.

3. L'omessa o infedele dichiarazione di conguaglio prevista dal quinto e dall'ultimo comma dell'articolo 15 è punita con la sanzione amministrativa dal cento al duecento per cento dell'imposta dovuta. Se la dichiarazione di conguaglio è presentata con un ritardo non superiore a trenta giorni, si applica la sanzione amministrativa dal cinquanta al cento per cento dell'ammontare dell'imposta dovuta (2).

(1) *Questo articolo è stato così sostituito dall'art. 5, comma 1, lett.* g), *del D.L.vo 18 dicembre 1997, n. 473, a decorrere dal 1° aprile 1998.*

(2) *Questo periodo è stato aggiunto dall'art. 29, comma 1, lett.* b), *del D.L.vo 24 settembre 2015, n. 158, a decorrere dal 1° gennaio 2016.*

26. (1) **Violazioni in materia di uso delle macchine bollatrici.** – 1. L'utente delle macchine bollatrici che non osservi i divieti di cui all'ultimo comma dell'articolo 14 è punito con la sanzione amministrativa da € 516 a € 5.164.

(1) *Questo articolo è stato così sostituito dall'art. 5, comma 1, lett.* h), *del D.L.vo 18 dicembre 1997, n. 473, a decorrere dal 1° aprile 1998.*

30. Responsabilità dei funzionari dell'Amministrazione finanziaria. – Per gli atti di ogni specie, formati dai funzionari dell'Amministrazione finanziaria o dai conservatori dei registri immobiliari e dai loro dipendenti nell'esercizio delle loro funzioni, le sanzioni previste dagli articoli precedenti si applicano soltanto a carico di colui che ha formato l'atto.

31. Regolarizzazione degli atti emessi in violazione delle norme del presente decreto. – Gli atti e i documenti soggetti a bollo, per i quali l'imposta dovuta non sia stata assolta o sia stata assolta in misura insufficiente, debbono essere sempre regolarizzati mediante il pagamento dell'imposta non corrisposta o del supplemento di essa nella misura vigente al momento dell'accertamento della violazione.

La regolarizzazione è eseguita esclusivamente dagli Uffici del registro mediante annotazione sull'atto o documento della sanzione amministrativa (1) riscossa.

Nell'ipotesi prevista dall'art. 19 la regolarizzazione avviene sull'originale o sulla copia inviata all'ufficio del registro.

(1) *Le parole: «pena pecuniaria» sono state così sostituite dalle attuali: «sanzione amministrativa» dall'art. 5, comma 1, lett.* c)*, del D.L.vo 18 dicembre 1997, n. 473, a decorrere dal 1° aprile 1998.*

32. Irreperibilità di valori bollati. – È ammesso corrispondere l'imposta direttamente agli uffici del registro ovvero mediante versamento su conto corrente postale intestato all'ufficio del registro competente quando vi è impossibilità oggettiva di procurarsi la carta bollata o le marche da bollo necessarie e tale circostanza sia fatta risultare nel contesto dell'atto. La ricevuta comprovante il pagamento deve contenere la causale del pagamento stesso ed essere allegata all'atto o documento cui si riferisce.

Per le cambiali e per gli altri titoli di credito, per i quali è prevista la corresponsione delle imposte stabilite per le cambiali, l'imposta deve essere assolta esclusivamente mediante visto per bollo.

È altresì consentita la redazione degli atti e documenti senza o con parziale pagamento dell'imposta purché gli stessi siano presentati all'ufficio del registro per la regolarizzazione entro cinque giorni dalla cessata impossibilità di cui al primo comma e della quale dovrà essere fatta menzione nel contesto dell'atto.

Il pagamento dell'imposta a norma dei commi precedenti non comporta applicazione di sanzione amministrativa (1).

(1) *La parola: «penalità» è stata così sostituita dalle seguenti: «sanzione amministrativa» dall'art. 5, comma 1, lett.* d)*, del D.L.vo 18 dicembre 1997, n. 473.*

Titolo VI
Disposizioni relative
alle controversie ed alle violazioni

33. Ricorsi amministrativi e azione giudiziaria. – Le controversie relative all'applicazione delle imposte [e soprattasse] (1) previste dal presente decreto sono decise in via amministrativa dalle intendenze di finanza con provvedimento motivato avverso il quale è dato ricorso al Ministero delle finanze nel termine di trenta giorni dalla notificazione del provvedimento stesso se l'ammontare controverso delle imposte e soprattasse supera € 51,65.

Contro le decisioni del Ministero e quelle definitive delle intendenze di finanza è ammesso ricorso in revocazione per errore di fatto o di calcolo e nelle ipotesi previste dall'art. 395, nn. 2) e 3), del codice di procedura civile.

Il ricorso deve essere proposto nel termine di sessanta giorni decorrenti rispettivamente dalla notificazione della decisione o dalla data in cui è stata scoperta la falsità o recuperato il documento.

L'autorità amministrativa, adita a norma del primo comma, ha facoltà di sospendere la riscossione delle imposte [e delle soprattasse] (1) in contestazione.

Avverso le decisioni definitive di cui ai precedenti commi è promovibile l'azione giudiziaria nel termine di novanta giorni dalla data di notificazione della decisione. Qualora entro centottanta giorni dalla data di presentazione del ricorso non sia intervenuta la relativa decisione, il contribuente può promuovere l'azione giudiziaria anche prima della notificazione della decisione stessa (2).

(1) *Le parole poste fra parentesi quadre sono state soppresse dall'art. 5, comma 1, lett.* i), *del D.L.vo 18 dicembre 1997, n. 473, a decorrere dal 1° aprile 1998.*

(2) *La Corte costituzionale, con sentenza n. 406 del 23 novembre 1993, ha dichiarato l'illegittimità costituzionale di questo comma nella parte in cui non prevede, in materia di rimborsi d'imposta, l'esperibilità dell'azione giudiziaria anche in mancanza del preventivo ricorso amministrativo.*

34. [**Accertamento delle violazioni.** – (*Omissis*)] (1).

(1) *Questo articolo è stato abrogato dall'art. 5, comma 1, lett.* l), *del D.L.vo 18 dicembre 1997, n. 473, a decorrere dal 1° aprile 1998.*

35. Organi competenti all'accertamento delle violazioni. – L'accertamento delle violazioni alle norme del presente decreto, anche se costituenti reato, è demandato, oltre che ai soggetti indicati negli artt. 30, 31 e 34 della L. 7 gennaio 1929, n. 4, ai funzionari del Ministero delle finanze e degli uffici da esso dipendenti all'uopo designati e muniti di speciale tessera, nonché limitatamente agli accertamenti compiuti nella sede degli uffici predetti, a qualsiasi funzionario ed impiegato addetto agli uffici stessi.

I soggetti indicati nell'art. 19 e tutti coloro che a norma di disposizioni legislative o regolamentari sono obbligati a tenere o a conservare libri, registri, atti o documenti soggetti a bollo sono obbligati ad esibirli ai funzionari ed impiegati di cui al precedente comma ed agli ufficiali ed agenti della polizia tributaria.

L'obbligo di cui al precedente comma non si estende agli atti o documenti di cui siano in possesso le persone indicate negli artt. 351 e 352 del codice di procedura penale, sempre che tali atti o documenti si riferiscano a materie in ordine alle quali le dette persone avrebbero diritto di astenersi dal testimoniare a norma dei citati articoli.

I notai sono tenuti in ogni caso ad esibire gli atti pubblici e le scritture private depositati presso di loro, ad eccezione degli atti di ricevimento dei testamenti segreti e dei processi verbali di deposito dei testamenti olografi.

36. Modalità di accertamento delle violazioni. – Le violazioni delle norme contenute nel presente decreto sono constatate mediante processo verbale dal quale debbono risultare le ispezioni e le rilevazioni eseguite, le richieste fatte al contribuente o a chi lo rappresenta e le risposte ricevute. Il verbale deve essere sottoscritto dal contribuente o da chi lo rappresenta ovvero indicare il motivo della mancata sottoscrizione. Copia di esso deve essere consegnata al contribuente.

Gli atti e i documenti possono essere sequestrati soltanto se non è possibile riprodurne o farne constare il contenuto nel verbale, nonché in caso di mancata sottoscrizione o di contestazione del contenuto del verbale. I libri e i registri non possono essere sequestrati; gli organi procedenti possono eseguirne o farne eseguire copie o estratti, possono apporre nelle parti che interessano la propria firma o sigla insieme con la data e il bollo d'ufficio e possono adottare le cautele atte ad impedire l'alterazione o la sottrazione dei libri e dei registri.

La regolarizzazione degli atti, documenti, libri e registri può avvenire a richiesta del contribuente sulla copia di cui al comma precedente.

37. Termini di decadenza. Rimborsi. – L'Amministrazione finanziaria può procedere all'accertamento delle violazioni alle norme del presente decreto entro il termine di decadenza di tre anni a decorrere dal giorno in cui è stata commessa la violazione.

L'intervenuta decadenza non autorizza l'uso degli atti, documenti e registri in violazione del presente decreto, senza pagamento dell'imposta nella misura dovuta al momento dell'uso.

La restituzione delle imposte pagate in modo virtuale e delle relative sanzioni amministrative ([1]) deve essere richiesta entro il termine di decadenza di tre anni a decorrere dal giorno in cui è stato effettuato il pagamento. Non si fa luogo alla restituzione delle imposte pagate mediante versamento in conto corrente postale.

Non è ammesso il rimborso delle imposte pagate in modo ordinario o straordinario, salvo il caso in cui si tratti:

a) di imposta assolta con bollo a punzone su moduli divenuti inutilizzabili per sopravvenute disposizioni legislative o regolamentari;

b) di imposta corrisposta, anche parzialmente, mediante visto per bollo.

La domanda di rimborso deve essere presentata, a pena di decadenza, all'intendenza di finanza entro un anno dalla data di entrata in vigore delle sopravvenute disposizioni legislative o regolamentari per l'ipotesi di cui alla lettera *a*) e dalla data del pagamento dell'imposta corrisposta a mezzo visto per bollo per l'ipotesi di cui alla lettera *b*). In questo ultimo caso la domanda di rimborso deve contenere la espressa rinuncia ad utilizzare l'atto; il rimborso è comunque subordinato alla assenza di qualsiasi sottoscrizione, sia pure cancellata, sull'atto e all'adozione da parte dell'ufficio del registro, presso il quale è stata assolta l'imposta, di misura idonea a rendere inutilizzabile l'atto.

([1]) *La parola: «soprattasse» è stata così sostituita dalle seguenti: «sanzioni amministrative» dall'art. 5, comma 1, lett.* e), *del D.L.vo 18 dicembre 1997, n. 473, a decorrere dal 1° aprile 1998.*

38. Ripartizione delle pene pecuniarie. – Le somme riscosse per le sanzioni amministrative ([1]) previste dal presente decreto sono ripartite a norma della L. 7 febbraio 1951, n. 168 ([2]).

([1]) *Le parole: «pene pecuniarie» sono state così sostituite dalle attuali: «sanzioni amministrative» dall'art. 5, comma 1, lett.* a), *del D.L.vo 18 dicembre 1997, n. 473, a decorrere dal 1° aprile 1998.*

([2]) *Sono tuttavia escluse dalla ripartizione le autorità competenti ad emanare l'ordinanza-ingiunzione e la quota loro spettante è ripartita tra gli altri aventi diritto, nella proporzione attribuita a ciascuno di essi: art. 29 L. 24 novembre 1981, n. 689.*

Titolo VII
Vendita dei valori bollati

39. Distribuzione, vendita al pubblico e aggio. – La vendita al pubblico dei valori bollati può farsi soltanto dalle persone e dagli uffici autorizzati con apposito decreto dall'intendente di finanza. Il pagamento con modalità telematiche può essere eseguito presso i rivenditori di generi di monopolio, nonché presso ([1]) gli ufficiali giudiziari e gli altri distributori già autorizzati, al 30 giugno 2004, alla vendita di valori bollati, previa stipula da parte degli stessi di convenzione disciplinante le modalità di riscossione e di riversamento delle somme introitate nonché le penalità per l'inosservanza degli obblighi convenzionali ([2]).

Ai soggetti di cui al primo comma compete l'aggio calcolato:

a) sull'ammontare complessivo dei valori bollati prelevati nell'anno, nella seguente misura:

1) rivenditori di generi di monopolio: del 5 per cento;

2) ufficiali giudiziari: dello 0,75 per cento;

3) distributori diversi da quelli di cui ai numeri 1) e 2): del 2 per cento;

b) sulle somme riscosse all'atto del rilascio del contrassegno di cui all'articolo 3, primo comma, numero 3 *bis*), nella misura stabilita dalla convenzione prevista dal primo comma del presente articolo ([3]).

Le persone autorizzate alla vendita al pubblico dei valori bollati sono tenute a mantenere costantemente le scorte stabilite dal decreto di autorizzazione ed a soddisfare integralmente e senza ritardi, nei limiti delle dette scorte, le richieste dei valori bollati rivolte loro dal pubblico.

Il Ministro delle finanze può con proprio decreto, autorizzare persone od enti a prelevare per il proprio fabbisogno valori bollati con l'aggio di cui alla lettera *c*) direttamente dagli uffici del registro e dagli istituti di credito autorizzati alla distribuzione.

Il Ministro delle finanze stabilisce, con proprio decreto, i criteri da osservarsi per la concessione delle autorizzazioni alla vendita al pubblico dei valori bollati nonché i requisiti, le condizioni e le modalità ai quali le autorizzazioni stesse sono subordinate.

I venditori di generi di monopolio, autorizzati alla vendita al pubblico dei valori bollati sono sempre responsabili per il fatto dei loro coadiutori ed assistenti.

I venditori di generi di monopolio e le persone aventi un esercizio aperto al pubblico, autorizzati alla vendita al pubblico dei valori bollati, devono esporre all'esterno del proprio locale un avviso recante l'indicazione «valori bollati» ed avente le caratteristiche stabilite con decreto del Ministro delle finanze.

L'autorizzazione alla vendita al pubblico dei valori bollati può essere revocata dall'intendente di finanza qualora il distributore secondario non sia provvisto delle specie di valori indicati nel decreto di nomina o ne abbia rifiutato la vendita o preteso un prezzo maggiore di quello stabilito.

L'autorizzazione medesima, può essere, altresì, sospesa o revocata dall'intendente di finanza per gravi motivi dai quali siano derivati o potrebbero derivare danni all'Erario.

Nei casi di sospensione, revoca o rinuncia dell'autorizzazione alla vendita al pubblico dei valori bollati, la richiesta di rimborso dei valori bollati rimasti invenduti, al netto dell'aggio, deve essere presentata all'Intendenza di Finanza entro sei mesi dal ricevimento, da parte dell'interessato, della comunicazione della sospensione, della revoca o dell'accoglimento della rinuncia.

Il cambio dei valori bollati inutilizzabili perché fuori corso deve essere richiesto, dalle persone e dagli uffici autorizzati alla vendita al pubblico dei valori bollati, a pena di decadenza e con le modalità stabilite dal Ministero delle finanze entro sei mesi dal giorno della loro inutilizzabilità. Il cambio dei valori bollati difettosi o avariati potrà invece essere sempre concesso ai distributori secondari che ne facciano domanda.

Il Ministro delle finanze può affidare, per il tempo ed alle condizioni di cui ad apposite convenzioni da approvarsi con proprio decreto, la distribuzione primaria dei valori bollati ad istituti di credito.

Le somme riscosse dai suddetti istituti per tale distribuzione sono versati dagli istituti medesimi allo Stato al netto delle provvigioni ad essi riconosciute con le convenzioni di cui al comma precedente nonché dell'aggio spettante alle persone, uffici ed enti indicati nel secondo e quarto comma.

Il Ministro delle finanze, al fine di assicurare, ai sensi del primo comma dell'art. 5 della L. 5 agosto 1978, n. 468, la contabilizzazione delle entrate al lordo delle provvigioni e degli aggi di cui al precedente comma, dovrà provvedere alla emissione, a carico di apposito capitolo di spesa, di specifici mandati commutabili in quietanza di entrata per la regolazione contabile degli importi delle provvigioni e degli aggi relativi alle somme versate.

(1) *Le parole: «nonché presso» sono state inserite dall'art. 3, comma 42, del D.L. 30 settembre 2005, n. 203, convertito, con modificazioni, nella L. 2 dicembre 2005, n. 248.*

(2) *Questo periodo è stato aggiunto dall'art. 1* bis, *comma 10, lett.* c), *n. 1), del D.L. 12 luglio 2004, n. 168, convertito, con modificazioni, nella L. 30 luglio 2004, n. 191.*

(3) *Questo comma è stato così sostituito dall'art. 1* bis, *comma 10, lett.* c), *n. 2), del D.L. 12 luglio 2004, n. 168, convertito, con modificazioni, nella L. 30 luglio 2004, n. 191.*

Titolo VIII
Disposizioni transitorie e finali

40. Disposizioni transitorie. – Salvo quanto disposto nella tariffa e nella tabella allegate al presente decreto, le esenzioni e le agevolazioni nonché i regimi sostitutivi in materia di bollo, previsti dalle leggi in vigore alla data del 31 dicembre 1972, si applicano fino al termine che sarà stabilito con le disposizioni da emanare ai sensi del n. 6 dell'art. 9 o del sesto comma dell'art. 15 della L. 9 ottobre 1971, n. 825.

Per le cambiali di cui al primo comma dell'art. 41 della legge 28 febbraio 1967, n. 131, rimangono ferme le disposizioni di cui al secondo comma dello stesso articolo.

41. Integrazione dei valori. – I libri ed i registri già bollati in modo straordinario che all'attuazione del presente decreto si trovino interamente in bianco, dovranno, prima dell'uso, essere integrati, sino a concorrenza dell'imposta dovuta nella misura stabilita dalla tariffa allegata al presente decreto, mediante applicazione di marche da bollo da annullarsi con l'osservanza delle norme di cui all'art. 12.

42. Il presente decreto entra in vigore il'1 gennaio 1973.

ALLEGATO *A*

TARIFFA [1]
(Parte I)

Atti, documenti e registri soggetti all'imposta fin dall'origine

[1] *L'originaria tariffa è stata così interamente sostituita per effetto del D.M. 20 agosto 1992.*

1. 1. Atti rogati, ricevuti o autenticati da notai o da altri pubblici ufficiali e certificati, estratti di qualunque atto o documento e copie dichiarate conformi all'originale rilasciati dagli stessi: per ogni foglio: imposta fissa: € 16,00; modo di pagamento: 1. Carta bollata, marche, bollo a punzone oppure mediante versamento all'ufficio del registro per gli atti soggetti a registrazione in termine fisso e per le relative copie presentate unitamente ad essi. 2. L'imposta è corrisposta in modo virtuale secondo le modalità previste dal decreto del Ministro dell'economia e delle finanze emanato ai sensi dell'articolo 3, comma 13 della legge 28 dicembre 2001, n. 448 [1].

Note: 1. Per le copie dichiarate conformi, l'imposta, salva specifica disposizione, è dovuta indipendentemente dal trattamento previsto per l'originale. L'imposta non è dovuta per le copie, dichiarate conformi all'originale informatico, degli assegni presentati al pagamento in forma elettronica per i quali è stato attestato il mancato pagamento nonché della relativa documentazione, di cui all'articolo 4, comma 3, del regolamento di cui al decreto del Ministro dell'economia e delle finanze 3 ottobre 2014, n. 205, e di cui all'articolo 15 del regolamento della Banca d'Italia del 22 marzo 2016, emanati ai sensi dell'articolo 8, comma 7, lettere *d*) ed *e*), del decreto legge 13 maggio 2011, n. 70, convertito, con modificazioni, dalla legge 12 luglio 2011, n. 106 [2].

1 *bis*. Atti rogati, ricevuti o autenticati da notai o da altri pubblici ufficiali, relativi a diritti sugli immobili, inclusi gli atti delle società e degli enti diversi dalle società, sottoposti a registrazione con procedure telematiche, loro copie conformi per uso registrazione ed esecuzione di formalità ipotecarie, comprese le note di trascrizione ed iscrizione, le domande di annotazione e di voltura da essi dipendenti e l'iscrizione nel registro di cui all'art. 2678 del codice civile:

1) per gli atti, aventi ad oggetto il trasferimento ovvero la costituzione di diritti reali di godimento su beni immobili, comprese le modificazioni o le rinunce di ogni tipo agli stessi, nonché atti aventi natura dichiarativa relativi ai medesimi diritti: euro 230,00;

2) per gli atti di cui al numero 1) che comportano anche formalità nel registro delle imprese: euro 300,00;

3) per tutti gli altri atti che comportano formalità nei pubblici registri immobiliari: euro 155,00;

4) per gli atti di cui al numero 3) che comportano anche formalità nel registro delle imprese: euro 225,00;

5) per gli atti concernenti unicamente immobili ubicati nei territori ove vige il sistema del libro fondiario (regio decreto 28 marzo 1929, n. 499): euro 125,00;

6) per gli atti concernenti unicamente immobili ubicati nei territori ove vige il sistema del libro fondiario (regio decreto 28 marzo 1929, n. 499) che comportano anche formalità nel registro delle imprese: euro 195,00 ([3]).

Note: 1 *bis*. L'imposta è dovuta in misura cumulativa, all'atto della richiesta di formalità, mediante versamento da eseguire con le stesse modalità previste per il pagamento degli altri tributi dovuti per l'esecuzione delle formalità per via telematica ([4]).

1. Quando la formalità ipotecaria e la voltura catastale vengono richieste successivamente alla registrazione dell'atto al quale conseguono è dovuto l'importo pari alla differenza tra l'imposta cumulativa e quanto corrisposto in sede di registrazione ([5]).

2. Quando la formalità ipotecaria, la voltura catastale e l'acquisizione degli atti di cui al comma 1 *ter* vengono richieste successivamente alla registrazione dell'atto al quale conseguono è dovuto l'importo pari alla differenza tra l'imposta cumulativa e quanto corrisposto in sede di registrazione ([5]).

1 *bis1*. Altri atti rogati, ricevuti o autenticati da notai o da altri pubblici ufficiali sottoposti a registrazione con procedure telematiche e loro copie conformi per uso registrazione:

1) per gli atti propri delle società e degli enti diversi dalle società non ricompresi nel comma 1*bis*, incluse la copia dell'atto e la domanda per il registro delle imprese: euro 156,00;

2) per le procure, deleghe e simili: euro 30,00;

3) per gli atti di cessione di quote sociali: euro 15,00;

4) per tutti gli altri atti: euro 45,00 ([6]).

1 *ter*. Domande, denunce ed atti che le accompagnano, presentate all'ufficio del registro delle imprese ed inviate per via telematica ovvero presentate su supporto informatico ai sensi dell'articolo 15, comma 2, della legge 15 marzo 1997, n. 59: per ciascuna domanda, denuncia od atto:

a) se presentate da ditte individuali, euro 17,50 ([7]);

b) se presentate da società di persone, euro 59,00;

c) se presentate da società di capitali, euro 65,00 ([8]) ([9]).

Note: 1 *ter*. L'imposta è dovuta, anche in misura cumulativa, all'atto della trasmissione per via telematica o della consegna del supporto informatico ([10]).

1 *quater*. Domande di concessione o di registrazione dei differenti titoli di proprietà industriale ed atti allegati, successive formalità ed istanze varie presentate alle Camere di commercio e all'Ufficio italiano brevetti e marchi ed inviate per via telematica ovvero consegnate su supporto informatico ai sensi dell'articolo 14 del decreto del Presidente della Repubblica 28 dicembre 2000, n. 445:

a) per ogni domanda di concessione o di registrazione di marchi d'impresa, novità vegetali, certificati complementari di protezione e topografie di prodotti per semiconduttori, imposta fissa: € 42,00 ([11]);

a bis) per ogni domanda di concessione o di registrazione di brevetto per invenzione, modello di utilità, disegno e modello ove alla stessa risulti allegato uno o più dei seguenti documenti:

1) lettera di incarico a consulente di proprietà industriale o riferimento alla stessa;

2) richiesta di copia autentica del verbale di deposito;

3) rilascio di copia autentica del verbale di deposito: € 20,00 ([12]);

b) per ogni istanza di trascrizione e relativi allegati, imposta fissa: € 85,00;

c) per ogni istanza di annotazione, imposta fissa: € 15,00;

d) per istanze diverse dalle precedenti, imposta fissa: € 15,00. Modo di pagamento: 2 *bis*. L'imposta di cui al comma 1 *quater* è corrisposta in modo virtuale tramite le Camere di commercio, autorizzate alla riscossione.

Note: 1 *quater*. L'imposta è dovuta all'atto della trasmissione dei documenti per via telematica o della consegna del supporto informatico contenente gli stessi ([13]).

([1]) *Questo punto è stato aggiunto dall'art. 1, comma 1, lett.* b), *del D.M. 17 maggio 2002, n. 127.*

([2]) *Questa nota è stata così sostituita dall'art. 1, comma 996, della L. 27 dicembre 2017, n. 205, a decorrere dal 1° gennaio 2018.*

([3]) *Questo comma, aggiunto dall'art. 3* quinquies, *comma 1, lett.* a) *del D.L.vo 18 dicembre 1997, n. 463, così come modificato dall'art. 1 del D.L.vo 18 gennaio 2000, n. 9, è stato così sostituito dall'art. 1, comma 1, lett.* a), *del D.M. 22 febbraio 2007, pubblicato nella* G.U. *Serie gen. - n. 51 del 2 marzo 2007.*

([4]) *Questa nota è stata aggiunta dall'art. 3* quinquies, *comma 1, lett.* b) *del D.L.vo 18 dicembre 1997, n. 463, così come modificato dall'art. 1 del D.L.vo 18 gennaio 2000, n. 9.*

([5]) *Questo punto è stato aggiunto dall'art. 1, comma 1, lett.* b), *del D.M. 22 febbraio 2007, pubblicato nella* G.U. *Serie gen. - n. 51 del 2 marzo 2007.*

([6]) *Questo comma è stato aggiunto dall'art. 1, comma 1, lett.* c), *del D.M. 22 febbraio 2007, pubblicato nella* G.U. *Serie gen. - n. 51 del 2 marzo 2007.*

(7) *L'originario importo di euro 42,00 è stato così sostituito dall'art. 1, comma 205, della L. 24 dicembre 2007, n. 244.*

(8) *Importi così aggiornati dall'allegato 2* quater *alla L. 30 dicembre 2004, n. 311, così come inserito dall'art. 7, comma 1. lett.* b), *del D.L. 31 gennaio 2005, n. 7, convertito, con modificazioni, nella L. 31 marzo 2005, n. 43.*

(9) *Questo comma è stato aggiunto dall'art. 1, comma 1, lett. a), del D.M. 17 maggio 2002, n. 127.*

(10) *Questa nota è stata aggiunta dall'art. 1, comma 1, lett. c), del D.M. 17 maggio 2002, n. 127.*

(11) *Questa lettera è stata così sostituita dall'art. 20, comma 1, della L. 23 luglio 2009, n. 99.*

(12) *Questa lettera è stata inserita dall'art. 20, comma 2, della L. 23 luglio 2009, n. 99.*

(13) *Questo comma è stato aggiunto dall'allegato 2* quater, *n. 2), lett. a), alla L. 30 dicembre 2004, n. 311, così come inserito dall'art. 7, comma 1. lett.* b), *del D.L. 31 gennaio 2005, n. 7, convertito, con modificazioni, nella L. 31 marzo 2005, n. 43.*

2. 1. Scritture private contenenti convenzioni o dichiarazioni anche unilaterali con le quali si creano, si modificano, si estinguono, si accertano o si documentano rapporti giuridici di ogni specie, descrizioni, constatazioni e inventari destinati a far prova fra le parti che li hanno sottoscritti: per ogni foglio: imposta fissa: € 16,00; modo di pagamento: 1. Carta bollata, marche o bollo a punzone.

Note: 1. In questo articolo sono comprese: *a*) le fedi di deposito di merci nei magazzini generali; *b*) gli ordini di estrazione totale o parziale di merci dai predetti magazzini e dai depositi franchi rilasciati a favore di terzi.

2. L'imposta è dovuta anche se la fede di deposito serve quale documento per l'assolvimento dell'Iva.

2 *bis*. (1) (2) Contratti relativi alle operazioni e servizi bancari e finanziari e contratti di credito al consumo, previsti dal titolo VI del decreto legislativo 1° settembre 1993, n. 385, e contratti relativi ai servizi di investimento posti in essere dalle società di intermediazione mobiliare (SIM), dalle società fiduciarie e dagli altri intermediari finanziari di cui al decreto legislativo 23 luglio 1996, n. 415: per ogni contratto, indipendentemente dal numero degli esemplari o copie, € 16,00.

2 *ter*. Contratti relativi ad utenze di servizi di pubblica utilità a rete: per ogni contratto, indipendentemente dal numero di copie e di fogli che lo compongono o di linee effettivamente utilizzate per la scrittura a mezzo stampa o con tabulati, mezzi meccanici e simili, € 16,00 (3).

(1) *Questo numero è stato aggiunto dall'art. 8, comma 1, del D.L. 30 dicembre 1993, n. 557, conv., con modif., nella L. 26 febbraio 1994, n. 133 e poi così sostituito dall'art. 3 della L. 18 febbraio 1997, n. 28.*

([2]) *Si veda anche quanto disposto dalla nota 2 al comma 2* bis *dell'art. 13 di questa tariffa, così come introdotta dall'art. 8, comma 1, del D.L. 30 dicembre 1993, n. 557, conv., con modif., nella L. 26 febbraio 1994, n. 133.*

([3]) *Questa nota è stata aggiunta dall'art. 6, comma 5, della L. 13 maggio 1999, n. 133.*

3. 1. Ricorsi straordinari al Presidente della Repubblica. Istanze, petizioni, ricorsi e relative memorie diretti agli uffici e agli organi, anche collegiali, dell'Amministrazione dello Stato, delle regioni, delle province, dei comuni, loro consorzi e associazioni, delle comunità montane e delle unità sanitarie locali, nonché agli enti pubblici in relazione alla tenuta di pubblici registri, tendenti ad ottenere l'emanazione di un provvedimento amministrativo o il rilascio di certificati, estratti, copie e simili: per ogni foglio: imposta fissa: € 16,00; modo di pagamento: 1. Carta bollata, marche, bollo a punzone: per gli atti diretti alle conservatorie dei registri immobiliari, agli uffici tecnici erariali, agli uffici del registro, dell'imposta sul valore aggiunto o doganali, l'imposta può essere corrisposta in modo virtuale. 2. L'imposta dovuta per ciascuno dei tre esemplari delle schede, comprese quelle sostitutive, redatte per l'iscrizione nel registro generale dei testamenti è assolta mediante applicazione di marche sul retro del modello; sull'esemplare destinato all'archivio notarile è applicata anche la marca relativa al tributo dovuto sull'esemplare destinato al registro generale dei testamenti.

1 *bis*. Istanze trasmesse per via telematica agli uffici e agli organi, anche collegiali, dell'Amministrazione dello Stato, delle regioni, delle province, dei comuni, loro consorzi e associazioni, delle comunità montane e delle unità sanitarie locali, nonché agli enti pubblici in relazione alla tenuta di pubblici registri, tendenti ad ottenere l'emanazione di un provvedimento amministrativo o il rilascio di certificati, estratti, copie e simili, con esclusione delle istanze di cui all'articolo 3, comma 1, del decreto del Ministro del lavoro e della previdenza sociale 24 marzo 1994, n. 379, presentate ai fini della percezione dell'indennità prevista dall'articolo 1, comma 3, della legge 18 febbraio 1992, n. 162 ([1]): euro 16,00 ([2]).

2. Note di trascrizione, iscrizione, rinnovazione e annotazione nei registri di cui all'art. 16 lettera *b*), nonché nei registri navale, aeronautico e automobilistico; note di trascrizione del patto di riservato dominio, nonché del privilegio nelle vendite di macchine di cui agli artt. 1524 e 2762 del codice civile: per ogni foglio: imposta fissa: € 16,00. Modo di pagamento: 1. Carta bollata, marche, bollo a punzone e, per le note presentate alle conservatorie dei registri immobiliari, anche in modo virtuale mediante versamento alle conservatorie medesime.

Note: [1. Per le domande di voltura l'imposta è dovuta per ogni voltura] ([3]).

2. Per le domande di partecipazione a pubblici concorsi di reclutamento di personale banditi dagli enti controindicati o di assunzione in servizio anche temporanea, anche con sottoscrizione autenticata, e per i documenti da allegare alle domande stesse l'imposta non è dovuta ([4]).

3. Non sono soggette all'imposta le istanze concernenti rapporti di impiego prodotte dai dipendenti degli uffici controindicati all'amministrazione competente.

4. Per le domande e i documenti relativi alle operazioni elencate nella tabella allegata alla L. 18 ottobre 1978, n. 625, e successive modificazioni l'imposta è pagata mediante versamento sul conto corrente postale vincolato intestato alla direzione generale della motorizzazione civile e dei trasporti in concessione per il successivo accreditamento mensile, tramite unico postagiro, a favore dell'ufficio del registro bollo di Roma (art. 7, secondo comma, della predetta legge).

5. Per le istanze trasmesse per via telematica, l'imposta di cui al comma 1 *bis* è dovuta nella misura forfettaria di euro 16,00 a prescindere dalla dimensione del documento ([5]).

2 *bis*. Note di trascrizione, di iscrizione, di rinnovazione, domande di annotazione nei registri immobiliari, anche con efficacia di voltura, trasmesse con procedure telematiche o presentate su supporto informatico, compresa l'iscrizione nel registro di cui all'articolo 2678 del codice civile, fuori dai casi previsti dall'articolo 1, comma 1 *bis*, dal comma 2 *ter* del presente articolo ([6]) e dall'articolo 4, comma 1 *bis*: imposta fissa: € 59,00; modo di pagamento: 1. L'imposta è assolta in modo virtuale, anche tramite versamento diretto al concessionario, disposizione di pagamento per via telematica ovvero pagamento ad intermediario convenzionato oltre che presso il competente ufficio dell'Agenzia del territorio.

Note: 1. L'imposta di importo forfetario, è dovuta all'atto della richiesta di formalità ([7]).

2 *ter*. Formalità richieste per via telematica, per gli atti registrati ai sensi dell'art. 1, comma 1 *bis*. 1, numeri 1 e 4, ovvero non soggetti a registrazione:

1) per ogni formalità di trascrizione, iscrizione, annotazione nei registri immobiliari, nonché per la voltura catastale ad essa collegata, comprese la copia dell'atto ad uso formalità ipotecaria e l'iscrizione nel registro di cui all'art. 2678 del codice civile: euro 108,00;

2) per ogni voltura catastale, dipendente da atti che non comportano formalità nei registri immobiliari: euro 15,00; modo di pagamento: 1. Mediante versamento da eseguire con le stesse modalità previste per il pagamento degli altri tributi dovuti per l'esecuzione delle formalità per via telematica.

Note: 1. L'imposta non si applica se in sede di registrazione dell'atto è stata corrisposta l'imposta di cui all'art. 1, comma 1 *bis* ([8]).

([1]) *Le parole: «, con esclusione delle istanze di cui all'articolo 3, comma 1, del decreto del Ministro del lavoro e della previdenza sociale 24 marzo 1994, n. 379, presentate ai fini della percezione dell'indennità prevista dall'articolo 1, comma 3, della legge 18 febbraio 1992, n. 162» sono state aggiunte dall'art. 34, comma 1* bis, *del D.L. 24 giugno 2014, n. 91, convertito, con modificazioni, nella L. 11 agosto 2014, n. 116.*

([2]) *Questo comma è stato inserito dall'art. 1, comma 591, della L. 27 dicembre 2013, n. 147.*

([3]) *Questa nota è stata soppressa dall'art. 10, comma 15, del D.L. 20 giugno 1996, n. 323, conv., con modif., nella L. 8 agosto 1996, n. 425, con effetto dal 20 luglio 1996.*

([4]) *Le originarie parole: «è dovuta solo dai vincitori dei concorsi ovvero dai soggetti da assumere in servizio ed è assolta mediante marche da annullarsi a cura dei predetti enti», sono state sostituite dalle attuali: «non è dovuta», ai sensi dell'art. 19 della L. 18 febbraio 1999, n. 28.*

([5]) *Questa nota è stata aggiunta dall'art. 1, comma 592, della L. 27 dicembre 2013, n. 147.*

([6]) *Le parole: «, dal comma 2* ter *del presente articolo» sono state aggiunte dall'art. 1, comma 1, lett.* d), *del D.M. 22 febbraio 2007, pubblicato nella* G.U. *Serie gen. - n. 51 del 2 marzo 2007.*

([7]) *Questo comma è stato aggiunto dall'allegato 2* quater, *n. 2), alla L. 30 dicembre 2004, n. 311, così come inserito dall'art. 7, comma 1. lett.* b), *del D.L. 31 gennaio 2005, n. 7, convertito, con modificazioni, nella L. 31 marzo 2005, n. 43.*

([8]) *Questo comma è stato aggiunto dall'art. 1, comma 1, lett.* e), *del D.M. 22 febbraio 2007, pubblicato nella* G.U. *Serie gen. - n. 51 del 2 marzo 2007.*

4. 1. Atti e provvedimenti degli organi dell'amministrazione dello Stato, delle regioni, delle province, dei comuni, loro consorzi e associazioni, delle comunità montane e delle unità sanitarie locali, nonché quelli degli enti pubblici in relazione alla tenuta di pubblici registri, rilasciati anche in estratto o in copia dichiarata conforme all'originale a coloro che ne abbiano fatto richiesta: per ogni foglio: imposta fissa: € 16,00; modo di pagamento: 1. Carta bollata, marche o bollo a punzone: per gli atti rilasciati dalle conservatorie dei registri immobiliari, dagli uffici tecnici erariali, dagli uffici del registro, dell'imposta sul valore aggiunto o dalle dogane, l'imposta può essere corrisposta agli uffici medesimi.

Note: 1. Per le copie dichiarate conformi l'imposta, salva specifica disposizione, è dovuta indipendentemente dal trattamento previsto per l'originale.

2. Sono esenti dall'imposta: *a*) i duplicati di atti e documenti rilasciati dalla pubblica amministrazione quando gli originali sono andati smarriti o l'intestatario ne ha perduto il possesso; *b*) le copie delle cartelle cliniche dichiarate conformi all'originale; *c*) i certificati, copie ed estratti desunti esclusivamente dai registri dello Stato civile e le corrispondenti dichiarazio-

ni sostitutive; *d*) denunce di smarrimento e relative certificazioni; *e*) atti e documenti relativi all'istruzione secondaria di secondo grado.

1 *bis*. Certificati di successione conformi alle risultanze delle dichiarazioni uniche di successione dei beni immobili e di diritti reali immobiliari trasmesse con procedure telematiche, comprese le note di trascrizione, con efficiacia di voltura, e l'iscrizione nel registro di cui all'articolo 2678 del codice civile per ogni certificato: imposta fissa: € 85,00; modo di pagamento: 1 *bis*. Il pagamento è eseguito con le stesse modalità previste per gli altri tributi liquidati dall'obbligato.

Note: 1 *bis*. L'imposta, di importo forfetario, è dovuta in misura cumulativa all'atto della trasmissione per via telematica della dichiarazione unica di successione dei beni immobili e di diritti reali immobiliari, per ogni certificato di successione da trascrivere presso gli Uffici del territorio competenti ([1]).

1 *ter*. Certificati, copie ed estratti delle risultanze e degli elaborati catastali ottenuti dalle banche dati informatizzate degli uffici dell'Agenzia del territorio, attestazioni di conformità: imposta fissa: € 28,00; modo di pagamento: 1 *ter*. L'imposta è assolta in modo virtuale, anche tramite versamento diretto al concessionario, disposizione di pagamento per via telematica ovvero pagamento ad intermediario convenzionato oltre che presso il competente ufficio dell'Agenzia del territorio.

Note: 1 *ter*. L'imposta, di importo forfetario, è dovuta all'atto della richiesta ed è comprensiva dell'imposta dovuta per la richiesta stessa ([1]).

1 *quater*. Atti e provvedimenti degli organi dell'Amministrazione dello Stato, delle regioni, delle province, dei comuni, loro consorzi e associazioni, delle comunità montane e delle unità sanitarie locali, nonché quelli degli enti pubblici in relazione alla tenuta di pubblici registri, rilasciati per via telematica anche in estratto o in copia dichiarata conforme all'originale a coloro che ne abbiano fatto richiesta: euro 16,00 ([2]).

Note: 5. Per gli atti e provvedimenti rilasciati per via telematica l'imposta di cui al comma 1 *quater* è dovuta nella misura forfettaria di euro 16,00 a prescindere dalla dimensione del documento ([3]).

2. Atti di notorietà e pubblicazioni di matrimonio: per ogni foglio: imposta fissa: € 16,00; modo di pagamento: 1. Carta bollata, marche o bollo a punzone.

3. Certificati, dichiarazioni, attestati spediti dalle curie o cancellerie religiose o dai ministri di qualsiasi culto quando siano destinati ad uso civile: per ogni foglio: imposta fissa: € 16,00; modo di pagamento: 1. Carta bollata, marche o bollo a punzone.

([1]) *Questo comma è stato aggiunto dall'allegato 2* quater, *n. 2), alla L. 30 dicembre 2004, n. 311, così come inserito dall'art. 7, comma 1. lett.* b), *del D.L. 31 gennaio 2005, n. 7, convertito, con modificazioni, nella L. 31 marzo 2005, n. 43.*

(2) *Questo comma è stato inserito dall'art. 1, comma 593, della L. 27 dicembre 2013, n. 147.*

(3) *Questa nota è stata aggiunta dall'art. 1, comma 594, della L. 27 dicembre 2013, n. 147.* (Sic *in* G.U., *in attesa di rettifica*).

5. 1. Certificati di liquidazione dei comitati direttivi degli agenti di cambio di cui all'art. 9 del R.D. 30 dicembre 1923, n. 3278, e successive modificazioni: per ogni foglio: imposta fissa: € 16,00; modo di pagamento: 1. Carta bollata, marche o bollo a punzone.

6. 1. Cambiali: *a*) emesse e pagabili nello Stato: [per ogni € 0,52 o frazione di € 0,52] (1): imposta proporzionale: 12 per mille (2); *b*) emesse nello Stato e pagabili all'estero: [per ogni € 0,52 o frazione di € 0,52] (1): imposta proporzionale: 9 per mille (2); modo di pagamento: 1. Contrassegni emessi ai sensi dell'articolo 3, comma 1, lettera *a*), aventi data di emissione non successiva a quella riportata sulla cambiale, per un valore pari all'imposta dovuta (3). 2. Gli uffici del registro possono concedere alle imprese che ne fanno domanda, di sottoporre al bollo mediante marche o visto per bollo modelli propri, stampati o litografati, di cambiali di qualsiasi somma purché i detti moduli abbiano le dimensioni della carta bollata per cambiale e rechino l'indicazione dell'impresa emittente.

Note: 1. Non è dovuta altra imposta per le girate, gli avalli, le proroghe e le altre dichiarazioni cambiarie, la quietanza apposta sul titolo e i fogli di allungamento.

2. Resta fermo l'art. 105 della legge cambiaria approvata con R.D. 14 dicembre 1933, n. 1669.

3. La proroga se concessa mediante rilascio di nuovo titolo cambiario è soggetta all'imposta propria della cambiale; se concessa in forma diversa dalla dichiarazione cambiaria è soggetta all'imposta prevista dall'art. 2.

2. Vaglia cambiari all'ordine di aziende di credito, nonché di istituti e di enti di cui agli artt. 5 e 41 del R.D.L. 12 marzo 1936, n. 375, convertito nella L. 7 marzo 1938, n. 141: [per ogni € 0,52 o frazione di € 0,52] (1): imposta proporzionale: 11 per mille (2).

Note: 1. I vaglia cambiari di cui al punto 2 possono essere girati soltanto per il risconto alla Banca d'Italia o per l'incasso ad altra azienda od istituto di credito. Nel caso di girata ad altro fine la cambiale si considera come irregolare di bollo a tutti gli effetti e si applica la sanzione di cui all'art. 25, comma 3, del decreto.

3. Cambiali accettate dagli istituti di credito designati con decreto del Ministro del tesoro per l'accettazione di tratte a copertura di esportazioni: [per ogni € 516,46 o frazione di € 516,46] (4): imposta proporzionale: 0,1 per mille (5).

Note: 1. Le ditte esportatrici devono adoperare per il rilascio delle cambiali di cui al punto 3 moduli propri stampati o litografati portanti la menzione che si tratta di accettazione bancarie autorizzate a norma dell'art. 1 del R.D.L. 8 agosto 1930, n. 1162, convertito nella L. 9 aprile 1931, n. 3161. I moduli completati nell'importo, nella data di emissione e di scadenza e con la firma dell'emittente, devono essere presentati, prima dell'accettazione ed entro trenta giorni dalla data di emissione, dagli istituti di credito, agli uffici del registro o agli uffici postali. Se gli istituti di credito subordinano l'accettazione al rilascio di cambiali-tratte sull'acquirente della merce esportata, emesse o girate a loro favore, a tali cambiali-tratte sono applicabili le disposizioni del presente comma compresa la riduzione dell'imposta a condizione che in esse sia fatta menzione delle accettazioni bancarie alle quali le medesime sono pertinenti. Agli effetti della riduzione dell'imposta le stesse cambiali-tratte devono essere esibite agli uffici del registro insieme con le cambiali. Si considerano non in regola col bollo le cambiali assoggettate all'imposta, quando siano servite per uso diverso da quello della copertura dell'esportazione.

4. Cambiali accettate da aziende ed istituti di credito di cui al R.D.L. 12 marzo 1936, n. 375 e successive modificazioni e integrazioni emesse da imprenditori di cui all'art. 2195 del codice civile con indicazione dei proventi in qualunque forma pattuiti girabili con la clausola senza garanzia ed aventi scadenza non superiore a 12 mesi, nonché cambiali finanziarie ([6]): [per ogni € 516,46 o frazione di € 516,46] ([4]): imposta proporzionale: 0,1 per mille ([5]).

Note: 1. Se le cambiali sono acquistate dall'impresa emittente o da altra impresa con lo stesso titolare o contitolare o dall'istituto di credito accettante o da imprese controllate, controllanti o collegate il bollo deve essere integrato fino alla misura prevista al punto 1, lett. *a*). La stessa disposizione si applica se l'indicazione dei proventi manca o non corrisponde a quelli effettivamente pattuiti. Le cambiali possono essere girate esclusivamente con clausola «senza garanzia» o equivalente.

5. Cambiali agrarie rilasciate ad aziende ed istituti di credito e altri enti autorizzati, per legge o per decreto ministeriale, ad esercitare il credito agrario di cui al R.D.L. 29 luglio 1927, n. 1509, convertito dalla L. 5 luglio 1928, n. 1760, e successive modificazioni e da altre disposizioni legislative in materia [di ogni € 516,46 o frazione di € 516,46] ([4]): imposta proporzionale: € 0,052; modo di pagamento: 1. Contrassegni emessi ai sensi dell'articolo 3, comma 1, lettera *a*), aventi data di emissione non successiva a quella riportata sulla cambiale, per un valore pari all'imposta dovuta ([3]). 2. Gli uffici del registro possono concedere alle aziende o agli istituti di credito e agli altri enti autorizzati, che ne fanno domanda, di sottoporre al bollo mediante marche

e visto per bollo modelli propri stampati o litografati di cambiali agrarie per qualsiasi somma, purché detti modelli abbiano le dimensioni della carta bollata per cambiali e rechino l'indicazione delle aziende e degli istituti di credito e degli altri enti.

6. Cambiali emesse in relazione ad operazioni di credito di cui agli artt. 15 e 16 del D.P.R. 29 settembre 1973, n. 601: [per ogni € 516,46 o frazione di € 516,46] (4): imposta proporzionale: 0,1 per mille (5).

7. Cambiali e titoli equivalenti di cui al primo comma dell'art. 32 della L. 24 maggio 1977, n. 227 emessi in Italia: *a*) all'ordine di operatori nazionali a fronte di crediti destinati a formare oggetto di assicurazioni o di finanziamento; *b*) all'ordine di istituti italiani o al portatore a fronte di operazioni di cui all'art. 15, lettere *g*) ed *h*), della stessa legge: [per ogni € 516,46 o frazione di € 516,46] (4): imposta proporzionale: 0,1 per mille (5).

Note: 1. I titoli di cui al punto 7, lett. *a*), non sono soggetti all'obbligo di integrazione dell'imposta di bollo ancorché non formino oggetto di assicurazione o di finanziamento nell'ambito della L. 24 maggio 1977, n. 227, e sempreché attengano ad operazioni di credito all'esportazione con dilazione di pagamento superiore ai diciotto mesi. La disposizione di cui al punto 7, lett. *b*), si applica anche agli effetti cambiari e ai titoli emessi all'ordine del Mediocredito centrale.

8. Cambiali emesse da imprese sovvenzionate dalla Banca Europea degli Investimenti (BEI) dalla Comunità europea del carbone e dell'acciaio (CECA), dalla Comunità europea dell'energia atomica (EURATOM) e dal Consiglio d'Europa (art. 2 della L. 31 ottobre 1981, n. 1231, art. 1 della L. 16 agosto 1962, n. 1333 e art. 5 della L. 30 novembre 1976, n. 796): [per ogni € 516,46 o frazione di € 516,46] (4): imposta proporzionale: 0,1 per mille (5); modo di pagamento: 1. Come al punto 1.

Note: 1. Come al punto 1.

(1) *Le parole*: «*per ogni mille lire* (N.d.R: *€ 0,52*) *o frazione di mille lire* (N.d.R.: *€ 0,52*)» *sono state soppresse dall'art. 1* bis, *comma 10, lett.* d), *n. 3*), *punto 3.1*), *del D.L. 12 luglio 2004, n. 168, convertito, con modificazioni, nella L. 30 luglio 2004, n. 191.*

(2) *Le parole*: «*per mille*» *sono state aggiunte dall'art. 1* bis, *comma 10, lett.* d), *n. 3*), *punto 3.1*), *del D.L. 12 luglio 2004, n. 168, convertito, con modificazioni, nella L. 30 luglio 2004, n. 191.*

(3) *Le parole*: «*1. Apposita carta bollata. Quando l'imposta dovuta non corrisponde a uno dei tagli dell'apposita carta bollata, la differenza viene corrisposta con marche per cambiali da annullarsi con bollo a calendario dagli uffici del registro o dagli uffici postali. La differenza d'imposta, totale o parziale è riscossa con visto per bollo, quando il suo importo supera il valore di dieci marche del taglio massimo*», *sono state così sostituite dalle parole*: «*1. Contrassegni emessi ai sensi dell'articolo 3, comma 1, lettera* a), *aventi data di emissione non successiva a quella riportata sulla cambiale, per un valore pari*

all'imposta dovuta», dall'art. 23, comma 21 octies, del D.L. 1 luglio 2009, n. 78, convertito, con modificazioni, nella L. 3 agosto 2009, n. 102.

(4) *Le parole*: «*per ogni milione di lire* (N.d.R: € *516,46*) *o frazione di milione* (N.d.R.: € *516,46*)» *sono state soppresse dall'art. 1* bis, *comma 10, lett.* d), *n. 3*), *punto 3.2*), *del D.L. 12 luglio 2004, n. 168, convertito, con modificazioni, nella L. 30 luglio 2004, n. 191.*

(5) *L'aliquota*: «*100*» *è stata così sostituita dall'attuale*: «*0,1 per mille*» *dall'art. 1* bis, *comma 10, lett.* d), *n. 3*), *punto 3.2*), *del D.L. 12 luglio 2004, n. 168, convertito, con modificazioni, nella L. 30 luglio 2004, n. 191.*

(6) *Le parole*: «, *nonché cambiali finanziarie*» *sono state inserite per effetto dell'art. 2, comma 1, della L. 13 gennaio 1994, n. 43.*

7. 1. Note di pegno, delegazioni, ordini in derrate, titoli di credito trasferibili relativi a somme di denaro non specificamente indicate in altri articoli della tariffa: imposte dovute: le stesse imposte stabilite per le cambiali; modo di pagamento: 1. Carta bollata, marche per cambiali o visto per bollo. 2. L'imposta può essere pagata, anche parzialmente, mediante marche da annullarsi dall'ufficio del registro, per un importo non superiore al valore di dieci marche del taglio massimo. Se l'imposta supera tale limite, la differenza o l'intera imposta è riscossa con visto per bollo.

Note: 1. Come all'art. 6.

2. Le delegazioni non negoziabili sono soggette all'imposta fissa di cui all'art. 2.

3. All'imposta fissa di € 16,00, da corrispondersi mediante marche, sono soggette le delegazioni rilasciate dalle regioni, dalle province e dai comuni ed altri enti pubblici a favore della Cassa depositi e prestiti degli istituti di previdenza, nonché degli istituti di credito autorizzati a concedere mutui a predetti enti.

8. [(*Omissis*)] (1).

(1) *Questo articolo è stato abrogato dall'art. 1* bis, *comma 10, lett.* d), *n. 7*), *del D.L. 12 luglio 2004, n. 168, convertito, con modificazioni, nella L. 30 luglio 2004, n. 191.*

9. 1. Assegni bancari: *a*) (1) emessi con l'osservanza dei requisiti di cui all'art. 1, nn. 1, 2, 3 e 5, del R.D. 21 dicembre 1933, n. 1736: per ogni assegno: imposta fissa: € 0,258; modo di pagamento: 1. Marche da bollo e bollo a punzone: *b*) emessi senza l'osservanza di uno dei requisiti indicati nella lett. *a*) o con data diversa da quella di emissione: imposte dovute: le stesse imposte stabilite per le cambiali; modo di pagamento: 2. Come all'art. 5.

Note: 1. Non è dovuta imposta per le girate e per la quietanza apposta sul titolo né in caso di protesto per mancanza di fondi.

2. Non si considera postdatato l'assegno sul quale venga indicata una data di emissione posteriore a quella effettiva, quando la postdatazione sia

giustificata dal periodo di tempo necessario per la consegna del titolo al destinatario o da altra materiale impossibilità di presentazione e sempreché la data non differisca di oltre quattro giorni da quella di emissione.

3. Per gli assegni tratti su aziende od istituti di credito esteri l'imposta è dovuta all'atto della loro negoziazione presso l'azienda o l'istituto di credito che per prima li negozia.

(1) *Si veda anche quanto disposto dalla nota 2 al comma 2* bis *dell'art. 13 di questa tariffa, così come introdotta dall'art. 8, comma 1, del D.L. 30 dicembre 1993, n. 557, conv., con modif., nella L. 26 febbraio 1994, n. 133.*

10. (1) 1. Assegni circolari: *a*) emessi in conformità del R.D. 21 dicembre 1933, n. 1736: [per ogni € 0,52 ad anno] (2): imposta proporzionale: 6 per mille per ogni anno (3); modo di pagamento: 1. Versamento all'ufficio del registro; *b*) emessi in difformità del R.D. 21 dicembre 1933, n. 1736: imposte dovute: le stesse imposte stabilite per le cambiali; modo di pagamento: 2. Come all'art. 5.

Note: 1. Non è dovuta imposta per la girata e la quietanza.

2. L'imposta deve essere liquidata sull'ammontare complessivo, arrotondato agli € 0,52 superiori, degli assegni in circolazione alla fine di ogni trimestre solare in base a denuncia trimestrale da presentarsi al competente ufficio del registro entro trenta giorni dalla scadenza di ciascun trimestre e versata nei dieci giorni successivi. La denuncia deve essere corredata dalla relativa situazione trimestrale dei conti.

3. Per le aziende e gli istituti di credito aventi più succursali o sedi in diverse province la denunzia deve presentarsi all'ufficio del registro del distretto in cui si trova la sede principale.

2. Vaglia cambiari e fedi di credito del Banco di Napoli e del Banco di Sicilia, nonché vaglia cambiari della Banca d'Italia (4) (5): [per ogni € 0,52 ad anno] (2): imposta proporzionale: 5 per mille per ogni anno (3); modo di pagamento: 1. Versamento all'ufficio del registro.

Note: 1. L'imposta comprende quella di emissione e di quietanza. L'imposta deve essere liquidata in base alla media delle situazioni decadali dei vaglia cambiari e delle fedi di credito di ciascun mese del trimestre solare cui si riferisce l'applicazione dell'imposta.

2. L'importo delle rate trimestrali deve essere versato entro il secondo mese successivo a quello di ciascun trimestre solare.

3. Le dichiarazioni e le girate apposte sulle fedi di credito dei Banchi di Napoli e di Sicilia sono soggette all'imposta di bollo a seconda del rapporto giuridico cui si riferiscono.

4. Non sono soggetti ad imposta i vaglia cambiari emessi dalla Banca d'Italia per il servizio di tesoreria dello Stato ([6]).

([1]) *Si veda l'art. 7* quater, *comma 25, del D.L. 22 ottobre 2016, n. 193, convertito, con modificazioni, nella L. 1 dicembre 2016, n. 225, che si riporta:*

«25. I soggetti tenuti al pagamento dell'imposta di bollo per gli assegni circolari di cui all'articolo 10 della parte I della tariffa allegata al decreto del Presidente della Repubblica 26 ottobre 1972, n. 642, in alternativa alle modalità di dichiarazione e versamento ivi disciplinate, possono utilizzare, su opzione, le modalità previste per il pagamento dell'imposta di bollo in modo virtuale di cui agli articoli 15 e 15 bis *del citato decreto del Presidente della Repubblica n. 642 del 1972. Con provvedimento del direttore dell'Agenzia delle entrate sono definite le modalità per l'esercizio dell'opzione».*

Tale disposizione si applica a decorrere dall'anno 2017.

([2]) *Le parole*: «*per ogni mille lire* (N.d.R.: *€ 0,52) ad anno*» *sono state soppresse dall'art. 1* bis, *comma 10, lett.* d), *n. 4), del D.L. 12 luglio 2004, n. 168, convertito, con modificazioni, nella L. 30 luglio 2004, n. 191.*

([3]) *Le parole*: «*per mille per ogni anno*» *sono state aggiunte dall'art. 1* bis, *comma 10, lett.* d), *n. 5), del D.L. 12 luglio 2004, n. 168, convertito, con modificazioni, nella L. 30 luglio 2004, n. 191.*

([4]) *Le parole*: «*, nonché vaglia cambiari della Banca d'Italia*» *sono state inserite dall'art. 5, comma 1, lett.* a), *del D.L. 24 settembre 2002, n. 209, convertito, con modificazioni, nella L. 22 novembre 2002, n. 265.*

([5]) *Si veda altresì l'art. 5, comma 2, del D.L. 24 settembre 2002, n. 209, convertito, con modificazioni, nella L. 22 novembre 2002, n. 265, che si riporta*:

«2. L'imposta relativa ai vaglia cambiari della Banca d'Italia dovuta per i trimestri solari dell'anno 2002 anteriori a quello in corso alla data di entrata in vigore del presente decreto è versata entro la fine del mese successivo a tale data».

([6]) *Questa nota è stata aggiunta dall'art. 5, comma 1, lett.* b), *del D.L. 24 settembre 2002, n. 209, convertito, con modificazioni, nella L. 22 novembre 2002, n. 265.*

11. [(*Omissis*)] ([1]).

([1]) *Questo articolo è stato abrogato dall'art. 5, comma 1* bis, *del D.L. 24 settembre 2002, n. 209, convertito, con modificazioni, nella L. 22 novembre 2002, n. 265.*

12. [(*Omissis*)] ([1]).

([1]) *Questo articolo, relativo ai libretti di risparmio, è stato abrogato dall'art. 16, comma 6, della L. 24 dicembre 1993, n. 537.*

13. ([1]) 1. Fatture, note, conti e simili documenti, recanti addebitamenti o accreditamenti, anche non sottoscritti, ma spediti o consegnati pure tramite terzi; ricevute e quietanze rilasciate dal creditore, o da altri per suo conto, a liberazione totale o parziale di una obbligazione pecuniaria: per ogni esemplare: imposta fissa: € 2,00 ([2]); modo di pagamento: 1. Marche o bollo a punzone. 2. Per le quietanze relative ai mandati, ordinativi, vaglia del tesoro ed altri titoli di spesa dello Stato, l'imposta è riscossa in modo virtuale al momento della emissione degli stessi ([3]). Per le quietanze rilasciate dalle conservatorie dei registri immobiliari, dagli uffici tecnici erariali, dagli uffici del registro, dell'imposta sul valore aggiunto o doganali, l'imposta è riscossa dagli uffici stessi.

Note: 1. Per le ricevute e quietanze, contenute in un unico atto e relative a più percipienti, l'imposta si applica per ciascun percipiente.

2. L'imposta non è dovuta: *a*) quando la somma non supera € 77,47, a meno che si tratti di ricevute o quietanze rilasciate a saldo per somma inferiore al debito originario, senza l'indicazione di questo o delle precedenti quietanze, ovvero rilasciate per somma indeterminata; *b*) per la quietanza o ricevuta apposta sui documenti già assoggettati all'imposta di bollo o esenti; *c*) per le quietanze apposte sulle bollette di vendita dei tabacchi, fiammiferi, valori bollati, valori postali e dei biglietti delle lotterie nazionali.

3. Sono esenti dall'imposta le ricevute relative al pagamento di spese di condominio negli edifici.

2. ([1]) Estratti di conti, nonché lettere ed altri documenti di addebitamento o di accreditamento di somme, portanti o meno la causale dell'accreditamento o dell'addebitamento e relativi benestari quando la somma supera € 77,47: per ogni esemplare: imposta fissa: € 2,00 ([2]); modo di pagamento: 1. Marche o bollo a punzone.

Note: 1. I documenti di cui al punto 2 relativi a rapporti tra enti ed imprese ed i propri dipendenti o ausiliari ed intermediari di commercio o spedizionieri non sono soggetti all'imposta.

2 *bis*. ([4]) Estratti conto, inviati dalle banche ai clienti ai sensi dell'articolo 119 del decreto legislativo 1° settembre 1993, n. 385, nonché estratti di conto corrente postale e rendiconti dei libretti di risparmio anche postali: per ogni esemplare con periodicità annuale: *a*) se il cliente è persona fisica: imposte dovute fisse: € 34,20; *b*) se il cliente è soggetto diverso da persona fisica: imposte dovute fisse: € 100,00 ([5]) ([6]).

Note: 3 *bis*. L'estratto conto o il rendiconto si considerano in ogni caso inviati almeno una volta nel corso dell'anno anche quando non sussiste un obbligo di invio o di redazione. Se gli estratti conto sono inviati periodicamente nel corso dell'anno, l'imposta di bollo dovuta è rapportata al periodo rendicontato. Se il cliente è persona fisica, l'imposta non è dovuta quando il valore medio di giacenza [annuo] ([7]) risultante dagli estratti e dai libretti è complessivamente non superiore a euro 5.000 ([8]).

3 *ter*. L'imposta è sostitutiva di quella dovuta per tutti gli atti e documenti formati o emessi ovvero ricevuti dalle banche nonché dagli uffici dell'Ente poste italiane, relativi a operazioni e rapporti regolati mediante conto cor-

rente, ovvero relativi al deposito di titoli, indicati nell'art. 2, nota 2 *bis*, e negli artt. 9, comma 1, lett. *a*), 13, commi 1, 2, e 14. La comunicazione relativa [agli strumenti e] ([9]) ai prodotti finanziari, ivi compresi i buoni postali fruttiferi, anche non soggetti all'obbligo di deposito, si considera in ogni caso inviata almeno una volta nel corso dell'anno anche quando non sussiste un obbligo di invio o di redazione ([10]). L'imposta è comunque dovuta una volta l'anno o alla chiusura del rapporto ([10]). Se le comunicazioni sono inviate periodicamente nel corso dell'anno, l'imposta di bollo dovuta è rapportata al periodo rendicontato ([10]). Non sono soggetti all'imposta gli estratti dei conti correnti postali che presentino un saldo negativo per tre mesi consecutivi a seguito dell'applicazione della predetta imposta e che siano chiusi d'ufficio ([11]). Limitatamente all'anno 2012, l'imposta è dovuta nella misura minima di euro 34,20 e nella misura massima di euro 1.200. Per l'anno 2013, l'imposta è dovuta nella misura minima di euro 34,20 e, se il cliente è soggetto diverso da persona fisica, nella misura massima di euro 4.500. A decorrere dall'anno 2014, se il cliente è soggetto diverso da persona fisica, l'imposta è dovuta nella misura massima di euro 14.000 ([12]). Sono comunque esenti i buoni postali fruttiferi di valore di rimborso complessivamente non superiore a euro 5.000. Per i buoni postali fruttiferi emessi in forma cartacea prima del 1° gennaio 2009, l'imposta è calcolata sul valore nominale del singolo titolo ed è dovuta nella misura minima di euro 2,00 ([13]), con esclusione della previsione di esenzione di cui al precedente periodo ([14]). L'imposta gravante sui buoni postali fruttiferi si rende comunque dovuta al momento del rimborso ([14]).

2 *ter*. Comunicazioni periodiche alla clientela relative a prodotti finanziari, anche non soggetti ad obbligo di deposito, ivi compresi i depositi bancari e postali, anche se rappresentati da certificati. L'imposta non è dovuta per le comunicazioni ricevute ed emesse dai fondi pensione e dai fondi sanitari. Per ogni esemplare, sul complessivo valore di mercato o, in mancanza, sul valore nominale o di rimborso: imposte dovute proporzionali 1 per mille annuo per il 2012 1,5 per mille per l'anno 2013 e 2 per mille a decorrere dall'anno 2014 ([15]) ([16]).

([1]) *Si veda anche quanto dispone la nota 2 al comma 2* bis *di questo stesso articolo.*

([2]) *Le parole*: *«lire 2.500»* (N.d.R: *€ 1,29*) *sono state così sostituite dalle attuali*: *«euro 2,00» dall'art. 1, comma 2, lett.* a), *del D.M. 24 maggio 2005, a decorrere dal 1° gennaio 2005 e, successivamente l'importo è stato così rideterminato dall'art. 7* bis, *comma 3, del D.L. 26 aprile 2013, n. 43, convertito, con modificazioni, dalla L. 24 giugno 2013, n. 71.*

([3]) *Questo periodo è stato da ultimo così sostituito dall'art. 6, comma 6, della L. 13 maggio 1999, n. 133.*

([4]) *Questo comma e le relative note sono state aggiunte dall'art. 8, comma 1, del D.L. 30 dicembre 1993, n. 557, conv., con modif., nella L. 26 febbraio 1994, n. 133.*

Per l'addizionale del 50 per cento dell'imposta di cui a questo comma si veda l'art. 11, comma 5, del D.L. 19 dicembre 1994, n. 691, conv., con modif., nella L. 16 febbraio 1995, n. 35.

(5) *Questo comma è stato, da ultimo, così sostituito dall'art. 19, comma 1, del D.L. 6 dicembre 2011, n. 201, convertito, con modificazioni, nella L. 22 dicembre 2011, n. 214, a decorrere dal 1° gennaio 2012.*

(6) *A norma dell'art. 6, comma 2, della L. 8 maggio 1998, n. 146, ai fini delle disposizioni di cui a questo comma, si considerano depositati presso le banche anche i titoli emessi con modalità diverse da quelle cartolari e non materialmente detenuti dalle stesse.*

(7) *La parola tra parentesi quadrate è stata soppressa dall'art. 8, comma 17* bis, *del D.L. 2 marzo 2012, n. 16, convertito, con modificazioni, nella L. 26 aprile 2012, n. 44.*

(8) *Questa nota è stata così sostituita dall'art. 19, comma 2, del D.L. 6 dicembre 2011, n. 201, convertito, con modificazioni, nella L. 22 dicembre 2011, n. 214.*

(9) *Le parole tra parentesi quadrate sono state soppresse dall'art. 8, comma 14, del D.L. 2 marzo 2012, n. 16, convertito, con modificazioni, nella L. 26 aprile 2012, n. 44, a decorrere dal 1° gennaio 2012.*

(10) *Il secondo periodo di questa nota è stato così sostituito dagli attuali secondo, terzo e quarto periodo, dall'art. 19, comma 3, lett.* a), *del D.L. 6 dicembre 2011, n. 201, convertito, con modificazioni, nella L. 22 dicembre 2011, n. 214.*

(11) *Questo periodo è stato aggiunto dall'art. 6, comma 1, lett.* b), *della L. 8 maggio 1998, n. 146.*

(12) *Il precedente sesto periodo è stato così sostituito dagli attuali sesto, settimo ed ottavo periodo dall'art. 1, comma 581, lett.* b), *della L. 27 dicembre 2013, n. 147.*

(13) *Questo importo è stato così rideterminato dall'art. 7* bis, *comma 3, del D.L. 26 aprile 2013, n. 43, convertito, con modificazioni, dalla L. 24 giugno 2013, n. 71.*

(14) *Questo periodo è stato aggiunto dall'art. 8, comma 14, del D.L. 2 marzo 2012, n. 16, convertito, con modificazioni, nella L. 26 aprile 2012, n. 44, a decorrere dal 1° gennaio 2012.*

(15) *Le parole: «1,5 per mille a decorrere dal 2013» sono state così sostituite dalle attuali: «1,5 per mille per l'anno 2013 e 2 per mille a decorrere dall'anno 2014» dall'art. 1, comma 581, lett.* a), *della L. 27 dicembre 2013, n. 147.*

(16) *Questo comma, inserito dall'art. 23, comma 7, lett.* b), *del D.L. 6 luglio 2011, n. 98, convertito, con modificazioni, nella L. 15 luglio 2011, n. 111, è stato da ultimo così sostituito dall'art. 8, comma 13, del D.L. 2 marzo 2012, n. 16, convertito, con modificazioni, nella L. 26 aprile 2012, n. 44, a decorrere dal 1° gennaio 2012. In precedenza, era stato sostituito dall'art. 19, comma 1, del D.L. 6 dicembre 2011, n. 201, convertito, con modificazioni, nella L. 22 dicembre 2011, n. 214, a decorrere dal 1° gennaio 2012. A norma dell'art. 19, comma 4, del medesimo decreto legge, era previsto che, per le comunicazioni di cui a questo comma, la percentuale della somma da versare entro il 30 novembre 2012, ai sensi dell'articolo 15* bis *del decreto del Presidente della Repubblica 26 ottobre 1972, n. 642 fosse ridotta al 50 per cento.*

14. (1) Ricevute, lettere e ricevute di accreditamento e altri documenti, anche se non sottoscritti, nascenti da rapporti di carattere commerciale, negoziati, ancorché consegnati per l'incasso, presso aziende e istituti di credito, per ogni esemplare: quando la somma non supera € 129,11 ([2]): imposta fissa: € 2,00 ([3]); quando la somma non supera € 129,11 ([2]): imposta fissa: € 2,00 ([3]); oltre € 129,11 fino a € 258,23: imposta fissa: € 2,58 ([4]); oltre € 258,23 fino a € 516,46: imposta fissa: € 4,65 ([5]); oltre € 516,46: imposta fissa: € 6,80 ([6]); modo di pagamento: 1. Marche o bollo a punzone.

Note: 1. Non è dovuta imposta per la quietanza.

2. Per i documenti relativi a percipienti diversi, l'imposta si applica con riferimento a ciascuno di essi.

([1]) *Si veda anche quanto disposto dalla nota 2 al comma 2* bis *dell'art. 13 di questa tariffa, così come introdotta dall'art. 8, comma 1, del D.L. 30 dicembre 1993, n. 557, conv., con modif., nella L. 26 febbraio 1994, n. 133.*

([2]) *Le parole*: «*quando la somma non supera lire 100.000* (N.d.R.: *€ 51,65*)» *e le parole*: «*oltre lire 100.000* (N.d.R.: *€ 51,65*) *e fino a lire 250.000* (N.d.R.: *€129,11*)» *sono state sostituite dalle attuali*: «*quando la somma non supera € 129,11*», *dall'art. 1* bis, *comma 10, lett.* d), *n. 5*), *del D.L. 12 luglio 2004, n. 168, convertito, con modificazioni, nella L. 30 luglio 2004, n. 191.*

([3]) *Gli importi di lire*: «*1.000* (N.d.R.: *€ 0,52*)» *e*: «*2.000* (N.d.R.: *€ 1,03*) *sono stati così sostituiti dagli attuali*: «*€ 1,29*», *dall'art. 1* bis, *comma 10, lett.* d), *n. 5*), *del D.L. 12 luglio 2004, n. 168, convertito, con modificazioni, nella L. 30 luglio 2004, n. 191. L'art.. 1, comma 2, lett.* b), *n. 1*), *del D.M. 24 maggio 2005, ha poi così sostituito le parole*: «*euro 1,29*» *nelle attuali*: «*euro 2,00*» *a decorrere dal 1° giugno 2005. L'importo è stato poi così rideterminato dall'attuale, dall'art. 7* bis, *comma 3, del D.L. 26 aprile 2013, n. 43, convertito, con modificazioni, dalla L. 24 giugno 2013, n. 71.*

([4]) *Le parole*: «*lire 4.000*» (N.d.R: *€ 2,07*) *sono state così sostituite dalle attuali*: «*euro 2,58*» *dall'art. 1, comma 2, lett.* b), *n. 2*), *del D.M. 24 maggio 2005, a decorrere dal 1° giugno 2005.*

([5]) *Le parole*: «*lire 7.000*» (N.d.R: *€ 3,62*) *sono state così sostituite dalle attuali*: «*euro 4,65*» *dall'art. 1, comma 2, lett.* b), *n. 3*), *del D.M. 24 maggio 2005, a decorrere dal 1° giugno 2005.*

([6]) *Le parole*: «*lire 10.000*» (N.d.R: *€ 5,16*) *sono state così sostituite dalle attuali*: «*euro 6,80*» *dall'art. 1, comma 2, lett.* b), *n. 4*), *del D.M. 24 maggio 2005, a decorrere dal 1° giugno 2005.*

15. [(*Omissis*)] ([1]).

([1]) *Questo articolo è stato abrogato dall'art. 1* bis, *comma 10, lett.* d), *n. 7*), *del D.L. 12 luglio 2004, n. 168, convertito, con modificazioni, nella L. 30 luglio 2004, n. 191.*

16. 1. Libri e registri: *a*) repertori; libri di cui all'art. 2214, primo comma, del codice civile; ogni altro registro, se bollato e vidimato nei modi di cui agli artt. 2215 e 2216 del codice civile: per ogni cento pagine o frazione di cento pagine: imposta fissa: € 16,00; modo di pagamento: 1. Marche o bollo a punzone da applicarsi sull'ultima pagina numerata o nei modi di cui al decreto legislativo 9 luglio 1997, n. 237, e successive modificazioni ([1]). 2. Per i repertori, libri e registri tenuti con sistemi meccanografici l'imposta può essere assolta direttamente all'ufficio del registro; in tal caso gli estremi della relativa bolletta di pagamento devono essere riportati sull'ultima pagina di ciascun repertorio, libro o registro; *b*) registro generale delle conservatorie dei registri immobiliari di cui all'art. 2678 del codice civile: per ogni formalità: imposta fissa: € 16,00; modo di pagamento: 3. Alla conservatoria dei registri immobiliari.

Note: 1. Per pagina di repertori, libri e registri si intende una facciata, qualunque sia il numero delle linee, e per quelli formati mediante l'impiego di tabulati meccanografici ogni facciata utilizzabile.

2. L'imposta non si applica per le formalità non soggette a tributo o comprese in regimi sostitutivi.

2 *bis*. Se i libri di cui all'articolo 2214, primo comma, del codice civile sono tenuti da soggetti diversi da quelli che assolvono in modo forfettario la tassa di concessione governativa per la bollatura e la numerazione di libri e registri a norma dell'articolo 23 della Tariffa allegata al decreto del Presidente della Repubblica 26 ottobre 1972, n. 641, come sostituita dal decreto del Ministro delle finanze 28 dicembre 1995, pubblicato nella *Gazzetta Ufficiale* n. 303 del 30 dicembre 1995, l'imposta è maggiorata di € 16,00 (2).

(1) *Le parole da: «o nei modi di cui ...» fino a: «... e successive modificazioni» sono state aggiunte dall'art. 8, comma 4, lett.* b), *della L. 18 ottobre 2001, n. 383.*

(2) *Questa nota è stata aggiunta dall'art. 8, comma 4, lett.* a), *della L. 18 ottobre 2001, n. 383.*

17. 1. Notificazioni giudiziarie e altri avvisi da inserirsi nella *Gazzetta Ufficiale* dello Stato, nei bollettini ufficiali delle regioni o nel foglio degli annunzi legali (1) per disposizioni legislative o regolamentari o per ordine del giudice: per ogni foglio: imposta fissa: € 16,00; modo di pagamento: 1. Carta bollata, marche o bollo a punzone.

(1) *A norma dell'art. 31, comma 1, della L. 24 novembre 2000, n. 340, a decorrere dal novantesimo giorno successivo alla data di entrata in vigore della stessa legge sono aboliti i fogli degli annunzi legali delle province.*

18. 1. Copia degli atti delle società da depositarsi a norma dell'art. 2435 del codice civile: per ogni foglio: imposta fissa: € 16,00; modo di pagamento: 1. Carta bollata, marche o bollo a punzone.

19. 1. Certificati rilasciati e atti stragiudiziali compiuti da organi giurisdizionali: imposta fissa: € 16,00; modo di pagamento: 1. Carta bollata, marche o bollo a punzone.

Note: 1. Sono esenti dall'imposta i certificati rilasciati da organi dell'Autorità giudiziaria relativi alla materia penale.

20. ([1]) 1. Atti e provvedimenti dei procedimenti giurisdizionali civili e amministrativi; atti e provvedimenti dei procedimenti arbitrali: per ogni foglio: imposta fissa: € 16,00; modo di pagamento: 1. Carta bollata, marche o bollo a punzone. 2. Gli atti compiuti dal giudice e dal cancelliere e i provvedimenti originali del giudice nei procedimenti civili sono redatti su carta libera: con esclusione delle sentenze e dei processi verbali di conciliazione. L'imposta è corrisposta, per ogni procedimento, mediante applicazione di marche o mediante versamento su conto corrente postale intestato all'ufficio del registro di Roma nelle misure di seguito indicate: 1. davanti al Giudice di pace: € 46,48; 2. davanti al Tribunale: *a*) per i procedimenti di cognizione: € 54,23; *b*) per i procedimenti di esecuzione immobiliare: € 123,95; di altra natura, limitatamente a quelli il cui valore supera € 2.582,28: € 61,97; 3. davanti alla Corte di appello: € 46,48; 4. davanti alla Corte di cassazione: € 30,99; 5. per i procedimenti speciali: € 30,99. 3. L'imposta di bollo per gli atti compiuti dal giudice e dai segretari, compresa quella per gli originali delle decisioni e dei provvedimenti, è corrisposta per ogni procedimento dinanzi al Consiglio di Stato ed al tribunale amministrativo regionale nella misura di € 92,96, con le modalità di cui al comma 2. 4. Per gli originali delle sentenze e dei verbali di conciliazione nei procedimenti giurisdizionali civili, l'imposta di bollo, commisurata al numero dei fogli, è versata, contestualmente all'imposta di registro, se dovuta, secondo le modalità previste dal decreto legislativo 9 luglio 1997, n. 237, e successive modificazioni ([2]). 5. Per le sentenze, i verbali di conciliazione e i decreti ingiuntivi del giudice di pace l'imposta, se dovuta, è assolta mediante carta bollata, marche, o bollo a punzone. 6. Per le procure speciali alle liti apposte in calce o a margine degli atti indicati nell'art. 83, terzo comma, del codice di procedura civile, e loro certificazioni, per le procure conferite dai creditori per l'intervento all'adunanza per il concordato preventivo (art. 174 del regio decreto 16 marzo 1942, n. 267, e successive modificazioni e integrazioni) quando sono scritte sull'avviso di convocazione, l'imposta è assolta con marche. 7. La tassa di iscrizione a ruolo (art. 3 della L. 25 aprile 1957, n. 283), se dovuta, si corrisponde mediante marche.

Note: 1. L'imposta assolta per le procure speciali alle liti, apposta in calce o a margine degli atti indicati nel terzo comma dell'art. 83 del codice di procedura civile, comprende quella dovuta per la certificazione della firma.

2. Non sono soggette ad imposta: le copie delle difese, delle memorie e delle note aggiunte nei giudizi innanzi ai giudici di pace le copie delle comparse, delle difese e degli altri atti e documenti esistenti nel fascicolo di causa distribuite al giudice o ai componenti dei collegi giudicanti; gli atti e documenti prodotti dal pubblico ministero o compiuti su sua richiesta.

3. Restano ferme le disposizioni di cui all'art. 11 della legge 7 febbraio 1979, n. 59.

4. La parte, che per prima si costituisce in giudizio, che deposita in cancelleria o in segreteria il ricorso o il controricorso o che fa istanza per l'assegnazione o la vendita dei beni pignorati, è tenuta al pagamento dell'imposta nella misura e con le modalità stabilite nel presente articolo.

5. La parte applica sulla nota di iscrizione a ruolo di cui all'art. 165 del codice di procedura civile o, in mancanza, su un foglio di carta contenente l'indicazione degli estremi della causa, le marche e le ricevute dei versamenti sui conti correnti postali.

6. Il cancelliere o il segretario provvede ad annullare le marche o le ricevute dei versamenti sui conti correnti postali mediante timbro ad inchiostro indelebile con datario e numerazione progressiva annuale, annotandone gli estremi nel ruolo generale nel quale è iscritto il procedimento. Il foglio, sul quale sono applicate le marche o le ricevute, deve essere allegato a cura del cancelliere o del segretario nel fascicolo d'ufficio.

1 *bis*. Ricorsi, opposizioni ed altri atti difensivi presentati per via telematica alle Commissioni tributarie: per ciascun atto: imposta fissa: € 24,00; modo di pagamento: 1. L'imposta è assolta tramite versamento diretto al concessionario, disposizione di pagamento per via telematica ovvero pagamento ad intermediario convenzionato.

Note: 1. L'imposta è dovuta in misura forfetaria all'atto della presentazione del ricorso, dell'opposizione e degli altri atti difensivi ([3]).

2. Atti d'intimazione ai testimoni nei giudizi di qualsiasi grado e specie: per ogni foglio: imposta fissa: € 16,00; modo di pagamento: 1. Carta bollata, marche o bollo a punzone.

Note: 1. Non sono soggetti ad imposta gli atti d'intimazione ai testimoni nei procedimenti avanti i giudici di pace, nonché le copie degli atti consegnate ai testimoni.

3. Provvedimento del tribunale che rende esecutivo il lodo arbitrale di cui all'art. 825 del codice di procedura civile: imposta fissa: € 54,00 ([4]); modo di pagamento: 1. Modalità di cui al decreto legislativo 9 luglio 1997, n. 237.

Note: 1. L'imposta va corrisposta all'atto della registrazione del provvedimento.

([1]) *Questo articolo è stato così sostituito dall'art. 242 del D.L.vo 19 febbraio 1998, n. 51, a decorrere dal 2 giugno 1999.*

([2]) *Questo numero è stato così sostituito dall'art. 9 del D.L.vo 4 maggio 1999, n. 138.*

([3]) *Questo comma è stato aggiunto dall'allegato 2* quater, *n. 2), alla L. 30 dicembre 2004, n. 311, così come inserito dall'art. 7, comma 1. lett.* b), *del D.L. 31 gennaio 2005, n. 7, convertito, con modificazioni, nella L. 31 marzo 2005, n. 43.*

([4]) *Importi così aggiornati dall'allegato 2 quater alla L. 30 dicembre 2004, n. 311, così come inserito dall'art. 7, comma 1. lett.* b), *del D.L. 31 gennaio 2005, n. 7, convertito, con modificazioni, nella L. 31 marzo 2005, n. 43.*

21. 1. Atti, processi verbali: sentenze e decreti in materia penale: *a*) cauzioni e costituzioni di parte civile: per ogni foglio: imposta fissa: € 16,00; modo di pagamento: 1. Carta bollata, marche o bollo a punzone; *b*) sentenze e decreti penali di condanna; sentenze penali della Corte di cassazione e del tribunale supremo militare che respingono o dichiarano inammissibile il ricorso di parte; sentenze di non doversi procedere per remissione anche tacita di querela: per ogni foglio: imposta fissa: € 16,00; modo di pagamento: 2. All'ufficio del registro.

Note: 1. L'imposta relativa alle sentenze di non doversi procedere è a carico del remittente della querela, viene iscritta nei registri di cancelleria dell'autorità giudiziaria di primo grado ed è riscossa, insieme alle spese processuali e alle pene pecuniarie se ve ne siano, nei modi stabiliti per le tasse sugli atti giudiziari.

2. Atti e documenti inerenti all'azione civile promossa nel procedimento penale: imposta fissa: € 16,00; modo di pagamento: 1. Carta bollata, marche o bollo a punzone.

TARIFFA ([1])
(Parte II)

Atti, documenti e registri soggetti all'imposta in caso d'uso

([1]) *L'originaria tariffa è stata così interamente sostituita per effetto del D.M. 20 agosto 1992.*

22. 1. Conti dei curatori ed altri amministratori giudiziari; atti relativi alla concessione del servizio di riscossione dei tributi di cui al D.P. R. 28 gennaio 1988, n. 43, e atti di prestazione delle relative cauzioni: per ogni foglio: imposta fissa: € 14,62; modo di pagamento: 1. All'ufficio del registro o con marche.

Note: 1. Le disposizioni del comma 1 si applicano anche agli atti e documenti uniti a corredo dei conti, se non sono soggetti a bollo fin dall'origine.

23. 1. Ricevute per versamento o svincolo di somme o valori depositati in garanzia o per semplice custodia presso pubbliche amministrazioni statali o locali compresi i depositi doganali e giudiziari: per ogni ricevuta: imposta fissa: € 14,62; modo di pagamento: 1. All'ufficio del registro.

2. Ricevute e note di consegna di merci con o senza l'indicazione del prezzo: per ogni documento: imposta fissa: € 14,62; modo di pagamento: 1. All'ufficio del registro o con marche.

24. 1. Atti e documenti di cui all'art. 2 redatti sotto forma di corrispondenza o di dispacci telegrafici, ancorché contenenti clausole di cui all'art. 1341 del codice civile: per ogni foglio o esemplare: imposta fissa: € 14,62; modo di pagamento: 1. All'ufficio del registro o con marche.

Note: 1. L'imposta è dovuta sin dall'origine se per gli atti e documenti è richiesta dal codice civile a pena di nullità la forma scritta o se hanno per oggetto locazioni di immobili soggetti a registrazione in termine fisso, cessioni di aziende o costituzione di diritti di godimento reali o personali sulle stesse.

25. 1. Documenti concernenti qualsiasi movimento o ricevimento di denaro, titoli o valori di qualunque quantità o importo scambiati tra casa madre o centrale di un ente pubblico o privato, o di una impresa, e proprie filiali, succursali, sedi, depositi e stabilimenti, nonché quelli scambiati tra un ente pubblico o privato, un'impresa commerciale o industriale e i propri ausiliari, intermediari o spedizionieri: per ogni foglio o esemplare: imposta fissa: € 14,62; modo di pagamento: 1. All'ufficio del registro o con marche.

Note: 1. I documenti di cui contro sono soggetti all'imposta in caso d'uso a condizione che presso il competente ufficio del registro sia depositato il certificato attestante le qualifiche rispettive, a meno che esse non risultino ai fini dell'imposta sul valore aggiunto.

2. Le qualifiche debbono risultare dall'intestazione degli atti.

26. 1. Documenti, elenchi, ruoli, matricole e simili relativi all'esercizio ai mestieri, arti o professioni: per ogni foglio o esemplare: imposta fissa: € 14,62; modo di pagamento: 1. All'ufficio del registro o con marche.

27. 1. Atti e documenti da chiunque rilasciati che, secondo le vigenti disposizioni di legge o regolamentari, devono accompagnare le merci durante il loro trasporto e spaccio ovvero attestarne caratteristiche, pesi, misure o altre qualità: per ogni foglio o esemplare: imposta fissa: € 14,62; modo di pagamento: 1. All'ufficio del registro o con marche.

28. 1. Tipi, disegni, modelli, piani, dimostrazioni, calcoli ed altri lavori degli ingegneri, architetti, periti, geometri e misuratori; liquidazioni, dimostrazioni, calcoli ed altri lavori contabili dei liquidatori, ragionieri e professionisti in genere: per ogni foglio o esemplare: imposta fissa: € 0,52 (1); modo di pagamento: 1. All'ufficio del registro o con marche.

(1) *Le parole*: «*lire 600*» (N.d.R: *€ 0,310*) *sono state così sostituite dalle attuali*: «*euro 0,52*» *dall'art. 1, comma 2, lett.* c)*, del D.M. 24 maggio 2005, a decorrere dal 1° giugno 2005.*

29. 1. Titoli di credito provenienti dall'estero: [*a*) assegni circolari: imposta fissa: € 0,103] (1); *b*) cambiali: imposte dovute: nella stessa misura stabilita per le cambiali emesse nello Stato; *c*) cambiali e titoli equivalenti, di cui al primo comma dell'art. 32 della L. 24 maggio 1977, n. 227, emessi all'estero all'ordine di operatori nazionali a fronte di crediti destinati a formare oggetto di assicurazioni o di finanziamento o all'ordine di istituti italiani o al portatore a fronte di operazioni di cui all'art. 15, lettere *g*) e *h*), della stessa legge: [per ogni € 516,46 o frazione di € 516,46] (2): imposta fissa: 0,1 per mille (3); modo di pagamento: 1. All'ufficio del registro o con marche. 2. Marche per cambiali da annullarsi dagli uffici del registro o dagli uffici postali o visto per bollo. Per le cambiali assoggettate all'imposta di bollo o ad imposta a questa assimilabile da parte di Stati esteri, l'imposta è ridotta alla metà.

(1) *Questa lettera è stata abrogata dall'art. 1* bis, *comma 10, lett.* d), *n. 7), del D.L. 12 luglio 2004, n. 168, convertito, con modificazioni, nella L. 30 luglio 2004, n. 191.*

(2) *Le parole: «per ogni milione di lire* (N.d.R.: *€ 516,46) o frazione di milione* (N.d.R.: *€ 516,46)» sono state soppresse dall'art. 1* bis, *comma 10, lett.* d), *n. 6), del D.L. 12 luglio 2004, n. 168, convertito, con modificazioni, nella L. 30 luglio 2004, n. 191.*

(3) *L'importo di lire «100* (N.d.R.: *€ 0,052)» è stato così sostituito dall'attuale art. 1* bis, *comma 10, lett.* d), *n. 6), del D.L. 12 luglio 2004, n. 168, convertito, con modificazioni, nella L. 30 luglio 2004, n. 191.*

30. 1. Atti diversi da quelli indicati nell'art. 29 documenti e registri provenienti dall'estero, aventi contenuto corrispondente a quello di atti, documenti e registri che sono soggetti nello Stato all'imposta: imposte dovute: nella stessa misura degli atti similari compiuti nello Stato; modo di pagamento: 1. All'ufficio del registro o con marche.

Note: 1. Quando l'imposta è commisurata al valore dell'atto o documento indicato in moneta estera, la liquidazione dell'imposta si fa secondo il cambio ufficiale vigente alla data di presentazione per la registrazione.

31. 1. Biglietti del lotto e delle lotterie e cartelle delle tombole autorizzate: per ogni esemplare: imposta fissa: € 14,62; modo di pagamento: 1. All'ufficio del registro o con marche.

32. 1. Atti, documenti, registri ed ogni altro scritto, per i quali non sono *espressamente previsti* il pagamento dell'imposta sin dall'origine ovvero l'esenzione: per ogni esemplare dell'atto, documento o di altro scritto: imposta fissa: € 14,62; per ogni cento pagine o frazione di cento pagine del registro o del relativo estratto: imposta fissa: € 14,62; modo di pagamento: 1. All'ufficio del registro o con marche.

ALLEGATO *B*

TABELLA

Atti, documenti e registri esenti dall'imposta di bollo in modo assoluto (1) (2) (3)

(1) *L'art. 10 sexies, L. 19 marzo 1990, n. 55, recante nuove disposizioni per la prevenzione della delinquenza di tipo mafioso e di altre gravi forme di manifestazioni di pericolosità sociale, ha disposto l'esenzione dall'imposta di bollo per le certificazioni prefettizie, le relative istanze nonché la documentazione accessoria prevista dalla stessa legge.*

(2) *Per l'esenzione degli atti relativi allo scioglimento di matrimonio, si veda l'art. 19 della L. 6 marzo 1987, n. 74.*

Per l'esenzione delle domande di concorso e di assunzione presso le amministrazioni pubbliche, si veda l'art. 1 della L. 23 agosto 1988, n. 370.

Per l'esenzione dei documenti da unire alla domanda di riparazione dell'errore giudiziario, si veda l'art. 176 del D.L.vo 28 luglio 1989, n. 271.

Per altre esenzioni si veda l'art. 7 comma 5, della L. 29 dicembre 1990, n. 405, legge finanziaria 1991.

(3) *A norma dell'art. 16, comma 8, della L. 24 dicembre 1993, n. 537, sono esenti dall'imposta di bollo le certificazioni rilasciate dai comuni per l'aggiornamento della residenza in registri e documenti a seguito dell'istituzione di nuovi comuni, province e regioni e per le variazioni della toponomastica o della numerazione civica.*

1. Petizioni agli organi legislativi; atti e documenti riguardanti la formazione delle liste elettorali, atti e documenti relativi all'esercizio dei diritti elettorali ed alla loro tutela sia in sede amministrativa che giurisdizionale.

2. Elenchi e ruoli concernenti l'ufficio del giudice popolare, la leva militare ed altre prestazioni personali verso lo Stato, le regioni, le province ed i comuni, nonché tutte le documentazioni e domande che attengono a tali prestazioni e le relative opposizioni.

3. Atti, documenti e provvedimenti dei procedimenti in materia penale, di pubblica sicurezza e disciplinare, esclusi gli atti di cui agli artt. 34 e 36 della tariffa e comprese le istanze e denunce di parte dirette a promuovere l'esercizio dell'azione penale e relative certificazioni. Documenti prodotti nei medesimi procedimenti dal pubblico ministero e dall'imputato o incolpato.

4. Estratti e copie di qualsiasi atto e documento richiesti nell'interesse dello Stato dai pubblici uffici, quando non ricorre l'ipotesi prevista dall'art. 17 del presente decreto.

5. Atti e copie del procedimento di accertamento e riscossione di qualsiasi tributo, dichiarazione, denunzie, atti, documenti e copie presentati ai competenti uffici ai fini dell'applicazione delle leggi tributarie, con esclusione di ricorsi, opposizioni e altri atti difensivi del contribuente.

Verbali, decisioni e relative copie delle commissioni tributarie nonché copie dei ricorsi, delle memorie, delle istanze e degli altri atti del procedimento depositati presso di esse.

Repertori, libri, registri ed elenchi prescritti dalle leggi tributarie ad esclusione dei repertori tenuti dai notai.

Atti e copie relativi al procedimento, anche esecutivo ([1]), per la riscossione dei tributi, dei contributi e delle entrate extratributarie dello Stato, delle regioni, delle province, dei comuni e delle istituzioni pubbliche di beneficenza, dei contributi e delle entrate extratributarie di qualsiasi ente autorizzato per legge ad avvalersi dell'opera dei concessionari del servizio nazionale di riscossione ([2]).

Istanze di rimborso e di sospensione del pagamento di qualsiasi tributo, nonché documenti allegati alle istanze medesime.

Delegazioni di pagamento e atti di delega di cui all'art. 3 della legge 21 dicembre 1978, n. 843.

([1]) *La parola*: «*esecutivo,*» *è stata così sostituita dalle attuali*: «*, anche esecutivo*», *dall'art. 55, comma 4, della L. 21 novembre 2000, n. 342.*

([2]) *Le parole da*: «*degli esattori ...*» *fino alla fine del comma sono state così sostituite dalle attuali da*: «*dei concessionari ...*» *fino alla fine del comma, dall'art. 55, comma 4, della L. 21 novembre 2000, n. 342.*

6. Fatture ed altri documenti di cui agli articoli 19 e 20 della tariffa riguardanti il pagamento di corrispettivi di operazioni assoggettate ad imposta sul valore aggiunto.

Per i suddetti documenti sui quali non risulta evidenziata l'imposta sul valore aggiunto, l'esenzione è applicabile a condizione che gli stessi contengano l'indicazione che trattasi di documenti emessi in relazione al pagamento di corrispettivi di operazioni assoggettate ad imposta sul valore aggiunto.

6 *bis*. ([1]) Fatture, note, conti, ricevute, quietanze e simili documenti, recanti addebitamenti o accreditamenti relativi a cessioni di beni e prestazioni di servizi tra soggetti partecipanti a un gruppo IVA. La disposizione si applica per le operazioni per le quali, se effettuate nei confronti di un soggetto non partecipante a un gruppo IVA, si applicherebbero le esenzioni di cui agli articoli 6 e 15 della presente tabella e all'articolo 66, comma 5, del decreto legge 30 agosto 1993, n. 331, convertito, con modificazioni, dalla legge 29 ottobre 1993, n. 427.

([1]) *Questo articolo è stato inserito dall'art. 1, comma 25, della L. 11 dicembre 2016, n. 232, a decorrere dal 1° gennaio 2018.*

7. Titoli di debito pubblico ([1]), buoni del tesoro, certificati speciali di credito ed altri titoli obbligazionari emessi o garantiti ([2]) dallo Stato, nonché le relative quietanze; ([3]); libretti postali di risparmio, vaglia postali e relative quietanze, ricevute, quietanze ed altri documenti recanti addebitamenti o accreditamenti formati, emessi ovvero ricevuti dalle banche nonché dagli uffici della società Poste Italiane SpA ([4]) non soggetti all'imposta di bollo sostitutiva di cui all'articolo 13, comma 2 *bis*, della tariffa annessa al presente decreto; estratti di conti correnti postali intestati ad amministrazioni dello Stato ([5]); buoni fruttiferi ed infruttiferi da chiunque emessi; domande per operazioni comunque relative al debito pubblico e documenti esibiti a corredo delle domande stesse; procure speciali per ritiro di somme iscritte nei libretti postali nominativi di risparmio; polizze e ricevute di pegno rilasciate dai monti di credito su pegno, dai monti o società di soccorso e dalle casse di risparmio; libretti di risparmio e quietanze sui depositi e prelevamenti, anche se rilasciate separatamente ([6]).

Azioni, titoli di quote sociali, obbligazioni ed altri titoli negoziabili emessi in serie, nonché certificati di tali titoli, qualunque sia il loro emittente compresi gli atti necessari per la creazione, l'emissione, l'ammissione in borsa, la messa in circolazione, la negoziazione o la compravendita ([7]) di detti titoli.

Quietanza per il rimborso dei titoli, buoni, azioni e quote di cui ai precedenti commi, nonché per il versamento di contributi o quote associative ad associazioni politiche, sindacali e di categoria, religiose, assistenziali, culturali e sportive.

([1]) *Per effetto dell'art. 85* bis *del D.P.R. 14 febbraio 1963, n. 1343* (*) (*introdotto dal D.P.R. 15 marzo 1984, n. 74, pubblicato in* Gazzetta Ufficiale *n. 108 del 18 aprile 1984*), *sono altresì esenti in modo assoluto dall'imposta di bollo le relative quietanze, le domande per operazioni comunque relative al debito pubblico e i documenti esibiti a corredo delle domande stesse.*

(*) *Il D.P.R. n. 1343/1963 è stato abrogato dall'Allegato A, previsto dall'art. 24, comma 1, del D.L. 25 giugno 2008, n. 112, convertito, con modificazioni, nella L. 6 agosto 2008, n. 133, a far data dal 180° giorno successivo alla data di entrata in vigore del predetto decreto legge* (*Suppl. ord. alla* G.U. *Serie gen. - n. 147 del 25 giugno 2008*).

([2]) *Le parole*: *«o garantiti» sono state inserite dall'art. 37, comma 3, lett.* a), *del D.L. 31 dicembre 2007, n. 248, convertito, con modificazioni, nella L. 28 febbraio 2008, n. 31.*

([3]) *Le parole*: *«ricevute ed altri documenti relativi a conti correnti postali» originariamente qui presenti sono state soppresse dall'art. 3, comma 12, del D.L. 31 dicembre 1996, n. 669, conv., con modif., nella L. 28 febbraio 1997, n. 30.*

([4]) *Le parole*: *«ricevute ed altri documenti relativi a conti correnti postali» sono state così sostituite dalle attuali da*: *«ricevute, quietanze ed altri documenti ...» fino a*: *«... società Poste Italiane SpA» dall'art. 33, comma 4, lett.* a), *della L. 23 dicembre 2000, n. 388.*

([5]) *Le parole da: «ricevute ed altri documenti relativi ...» fino a: «... conti correnti postali intestati ad amministrazioni dello Stato» sono state inserite dall'art. 6, comma 3, della L. 8 maggio 1998, n. 146.*

([6]) *Le parole* da: *«libretti di risparmio ...» fino a: «... separatamente» sono state aggiunte dall'art. 16, comma 7, della L. 24 dicembre 1993, n. 537.*

([7]) *Le parole: «o la negoziazione» sono state così sostituite dalle parole: «, la negoziazione o la compravendita» dall'art. 37, comma 3, lett.* a)*, del D.L. 31 dicembre 2007, n. 248, convertito, con modificazioni, nella L. 28 febbraio 2008, n. 31.*

8. Copie, estratti, certificati, dichiarazioni ed attestazioni di qualsiasi genere rilasciati da autorità, pubblici uffici e ministri di culto nell'interesse di persone non abbienti e domande dirette ad ottenere il rilascio dei medesimi.

Per fruire dell'esenzione di cui al precedente comma è necessario esibire all'ufficio che deve rilasciare l'atto, il certificato in carta libera del sindaco o dell'autorità di pubblica sicurezza comprovante l'iscrizione del richiedente nell'elenco previsto dall'art. 15 del decreto legislativo luogotenenziale 22 marzo 1945, n. 173.

Domande per il conseguimento di sussidi o per l'ammissione in istituti di beneficenza e relativi documenti.

Quietanza relative ad oblazioni a scopo di beneficenza a condizione che sull'atto risulti tale scopo.

8 *bis*. ([1]) Certificati anagrafici richiesti dalle società sportive, su disposizione delle rispettive federazioni e di enti ed associazioni di promozione sportiva di appartenenza.

([1]) *Questo articolo è stato inserito dall'art. 33, comma 4, lett.* b)*, della L. 23 dicembre 2000, n. 388.*

9. Atti e documenti in materia di assicurazioni sociali obbligatorie e di assegni familiari, ricevute dei contributi nonché atti e documenti relativi alla liquidazione e al pagamento di indennità e rendite concernenti le assicurazioni stesse anche se dovute in base a leggi straniere.

Domande, certificati, documenti, ricorsi occorrenti per la liquidazione e il pagamento delle pensioni dirette o di reversibilità, degli assegni e delle indennità di liquidazione e di buonuscita o comunque di cessazione del rapporto di lavoro anche se a carico di stranieri.

Domande e relativa documentazione per l'iscrizione nelle liste di collocamento presso gli uffici del lavoro e della massima occupazione.

10. Certificati concernenti gli accertamenti che le leggi sanitarie demandano agli uffici sanitari, ai medici, ai veterinari ed alle levatrici, quando tali certificati sono richiesti nell'esclusivo interesse della pubblica igiene e profilassi.

11. Atti e documenti necessari per l'ammissione, frequenza ed esami nella scuola dell'obbligo ed in quella materna nonché negli asili nido; pagelle, attestati e diplomi rilasciati dalle scuole medesime.

Domande e documenti per il conseguimento di borse di studio e di presalario e relative quietanze nonché per ottenere l'esonero totale o parziale dal pagamento delle tasse scolastiche.

Istanze, dichiarazioni o atti equivalenti relativi alla dispensa, all'esonero o alla frequenza dell'insegnamento religioso.

12. Atti e provvedimenti del procedimento innanzi alla Corte costituzionale.

Atti, documenti e provvedimenti dei procedimenti giurisdizionali ed amministrativi relativi a controversie:

1) in materia di assicurazioni sociali obbligatorie ed assegni familiari;
2) individuali di lavoro o concernenti rapporti di pubblico impiego;
3) in materia di pensioni dirette o di riversibilità;
4) in materia di equo canone delle locazioni degli immobili urbani.

Atti relativi ai provvedimenti di conciliazione davanti agli uffici del lavoro e della massima occupazione o previsti da contratti o da accordi collettivi di lavoro.

Atti e documenti relativi all'esecuzione immobiliare nei procedimenti in cui ai numeri 1), 2) e 3) del secondo comma e dei provvedimenti di cui al terzo comma del presente articolo.

Atti e provvedimenti dei procedimenti innanzi al conciliatore, compreso il mandato speciale a farsi rappresentare ed escluse le sentenze.

13. Atti della procedura della tutela dei minori e degli interdetti, compresi l'inventario, i conti annuali e quello finale, le istanze di autorizzazione ed i relativi provvedimenti, con esclusione degli atti e dei contratti compiuti dal tutore in rappresentanza del minore o dell'interdetto; atti, scritti e documenti relativi al procedimento di adozione speciale e di affidamento, all'assistenza ed alla affiliazione dei minori di cui agli artt. 400 e seguenti del codice civile; atti di riconoscimento di figli nati fuori del matrimonio ([1]) da parte di persone iscritte nell'elenco di cui all'art. 15 del decreto legislativo luogotenenziale 22 marzo 1945, n. 173.

([1]) *Le parole: «figli naturali» sono state così sostituite dalle seguenti: «figli nati fuori del matrimonio» dall'art. 105, comma 3, del D.L.vo 28 dicembre 2013, n. 154, a decorrere dal trentesimo giorno successivo a quello della sua pubblicazione nella* Gazzetta Ufficiale (G.U. *n. 5 dell'8 gennaio 2014*).

13 *bis*. ([1]) Contrassegno invalidi, rilasciato ai sensi dell'articolo 381 del regolamento di esecuzione del nuovo codice della strada, approvato con decreto del Presidente della Repubblica 16 dicembre 1992, n. 495, a soggetti la cui invalidità comporta ridotte o impedite capacità motorie permanenti.

(1) *Questo articolo è stato inserito dall'art. 33, comma 4, lett. c), della L. 23 dicembre 2000, n. 388.*

14. Domande per ottenere certificati ed altri atti e documenti esenti da imposta di bollo; domande per il rilascio di copie ed estratti dei registri di anagrafe e di stato civile; domande e certificati di nascita per il rilascio del certificato del casellario giudiziario.

Dichiarazioni sostitutive delle certificazioni e dell'atto di notorietà rese ai sensi degli artt. 2 e 4 della L. 4 gennaio 1968, n. 15, e successive modificazioni ed integrazioni.

15. (1) (2) Bollette ed altri documenti doganali di ogni specie, certificati di origine.

Atti, documenti e registri relativi al movimento, a qualsiasi titolo, e alla compravendita di valute e di valori in moneta o verghe (3).

Fatture emesse in relazione ad esportazioni di merci, fatture pro-forma e copie di fatture che devono allegarsi per ottenere il benestare all'esportazione e all'importazione di merci, domande dirette alla restituzione di tributi restituibili all'esportazione.

Ricevute delle somme affidate da enti e imprese ai propri dipendenti e ausiliari o intermediari del commercio, nonché agli spedizionieri, per spese da sostenere nell'interesse dell'ente o dell'impresa.

Domande di autorizzazione d'importazione ai sensi dell'articolo 115 del Trattato CEE.

(1) *Questo numero è stato così sostituito a norma dell'art. 37 della L. 29 dicembre 1990, n. 428, legge comunitaria per il 1990.*

(2) *A norma dell'art. 66, comma 5, del D.L. 30 agosto 1993, n. 331, conv., con modif., nella L. 29 ottobre 1993, n. 427, la disciplina prevista agli effetti dell'imposta di bollo per le fatture e gli altri documenti relativi alle operazioni di importazione ed esportazione si applica anche alle fatture ed agli altri documenti relativi alle operazioni intracomunitarie.*

(3) *Questo comma è stato così sostituito dall'art. 37, comma 3, lett. c), del D.L. 31 dicembre 2007, n. 248, convertito, con modificazioni, nella L. 28 febbraio 2008, n. 31.*

16. Atti e documenti posti in essere da amministrazioni dello Stato, regioni, province, comuni, loro consorzi e associazioni, nonché comunità montane sempreché vengano tra loro scambiati.

17. Atti che autorità, pubblici funzionari e ministri di culto sono tenuti a trasmettere all'ufficio dello stato civile; dichiarazioni e processi verbali trasmessi all'ufficio dello stato civile per comunicare la nascita o la morte di persone o il rinvenimento di bambini abbandonati.

18. Passaporti e documenti equipollenti; carte di identità e documenti equipollenti.

Atti e documenti necessari per il rilascio e il rinnovo dei passaporti:

a) per gli emigrati, considerati tali ai sensi delle norme sulle emigrazioni, che si recano all'estero a scopo di lavoro e per le loro famiglie;

b) per gli italiani all'estero che fruiscono di rimpatrio consolare o rientrino per prestare servizio militare;

c) per i ministri del culto e religiosi che siano missionari;

d) per gli indigenti.

19. Atti costitutivi e modificativi delle società di mutuo soccorso, cooperative e loro consorzi, delle associazioni agrarie di mutua assicurazione e loro federazioni, ed atti di recesso e di ammissione dei soci di tali enti.

20. [(*Omissis*)] (1).

(1) *Questo articolo è stato abrogato dall'art. 66, comma 5, del D.L. 30 agosto 1993, n. 331, convertito, con modificazioni, nella L. 29 ottobre 1993, n. 427.*

21. Atti relativi ai trasferimenti di terreni destinati alla formazione o all'arrotondamento delle proprietà di imprese agricole diretto-coltivatrici e per l'affrancazione dei canoni enfiteutici e delle rendite e prestazioni perpetue aventi i fini suindicati e relative copie.

Domande, certificazioni, attestazioni, documenti, note di trascrizione ipotecaria, e relative copie.

21 *bis*. (1) Domande, atti e relativa documentazione, per la concessione di aiuti comunitari e nazionali al settore agricolo, nonché di prestiti agrari di esercizio di cui al R.D.L. 29 luglio 1927, n. 1509, convertito in legge, con modificazioni, dalla L. 5 luglio 1928, n. 1760, ovvero previsti da altre disposizioni legislative in materia.

(1) *Questo articolo è stato aggiunto dall'art. 7* bis *del D.L. 29 dicembre 1983, n. 746, conv., con modif., nella L. 27 febbraio 1984, n. 27.*

22. Atti e documenti relativi alla procedura di espropriazione per causa di pubblica utilità promossa dalle amministrazioni dello Stato e da enti pubblici, compresi quelli occorrenti per la valutazione o per il pagamento dell'indennità di espropriazione.

23. Testamenti in qualunque forma redatti e schede dei testamenti segreti.

24. Biglietti ed abbonamenti per trasporto di persone nonché domande e documenti comunque occorrenti per il rilascio di detti abbonamenti.

25. Contratti di lavoro e di impiego sia individuali che collettivi, contratti di locazione di fondi rustici, di colonia parziaria e di soccida di qualsiasi specie e in qualunque forma redatti; libretti colonici di cui all'articolo 2161 del codice civile e documenti consimili concernenti rapporti di lavoro agricolo anche se contenenti l'accettazione dei relativi conti fra le parti ([1]).

([1]) *A norma dell'art. 10* bis*, comma 1, del D.L. 22 marzo 2021, n. 41, convertito, con modificazioni, nella L. 21 maggio 2021, n. 69, al fine di assicurare il rilancio dell'economia colpita dall'emergenza epidemiologica da COVID-19, l'esenzione dall'imposta di bollo prevista da questo articolo si applica, per l'anno 2021, anche alle convenzioni per lo svolgimento di tirocini di formazione e orientamento di cui all'articolo 18 della legge 24 giugno 1997, n. 196.*

26. Quietanze degli stipendi, pensioni, paghe, assegni, premi, indennità e competenze di qualunque specie relative a rapporti di lavoro subordinato.

27. Conti delle gestioni degli agenti dello Stato, delle regioni, province, comuni e relative aziende autonome; conti concernenti affari trattati nell'interesse delle dette amministrazioni; conti degli esattori e agenti della riscossione di tributi in genere.

27 bis. ([1]) 1. Atti, documenti, istanze, contratti, nonché copie anche se dichiarate conformi, estratti, certificazioni, dichiarazioni e attestazioni poste in essere o richiesti da organizzazioni non lucrative di utilità sociale (ONLUS) nonché dalle federazioni sportive, dagli enti di promozione sportiva e dalle associazioni e società sportive dilettantistiche senza fine di lucro riconosciuti dal CONI ([2]).

([1]) *Questo articolo è stato aggiunto dall'art. 17, comma 1, del D.L.vo 4 dicembre 1997, n. 460, a decorrere dal 1° gennaio 1998.*

([2]) *Le parole: «e dalle federazioni sportive ed enti di promozione sportiva riconosciuti dal CONI» sono state così sostituite dalle seguenti: «nonché dalle federazioni sportive, dagli enti di promozione sportiva e dalle associazioni e società sportive dilettantistiche senza fine di lucro riconosciuti dal CONI» dall'art. 1, comma 646, della L. 30 dicembre 2018, n. 145, a decorrere dal 1° gennaio 2019.*

27 ter. ([1]) 1. Atti costitutivi, statuti ed ogni altro atto necessario per l'adempimento di obblighi dei movimenti o partiti politici, derivanti da disposizioni legislative o regolamentari.

([1]) *Questo articolo è stato aggiunto dall'art. 5, comma 2, della L. 3 giugno 1999, n. 157.*

27 *quater*. (1) Istanze, atti e provvedimenti relativi al riconoscimento in Italia di brevetti per invenzioni industriali, di brevetti per modelli di utilità e di brevetti per modelli e disegni ornamentali.

(1) *Questo articolo è stato aggiunto dall'art. 1, comma 352, della L. 23 dicembre 2005, n. 266.*

28. (1) Conti di base riservati alle fasce di clientela socialmente svantaggiate individuate ai sensi del comma 1 dell'articolo 126 *vicies quater* del decreto legislativo 1° settembre 1993, n. 385.

(1) *Questo articolo è stato aggiunto dall'art. 2, comma 3, del D.L.vo 15 marzo 2017, n. 37.*

4.

D.P.R. 26 aprile 1986, n. 131. Approvazione del testo unico delle disposizioni concernenti l'imposta di registro (Suppl. ord. alla *Gazzetta Ufficiale* n. 99 del 30 aprile 1986) (1).

(1) *A norma dell'art. 149, comma 1, lett.* g), *del D.L. 19 maggio 2020, n. 34, convertito, con modificazioni, nella L. 17 luglio 2020, n. 77, sono prorogati al 16 settembre 2020 i termini di versamento delle somme dovute a seguito di avvisi di liquidazione emessi in presenza di omesso, carente o tardivo versamento dell'imposta di registro di cui a questo decreto.*

A norma dell'art. 2 del medesimo decreto, la proroga si applica con riferimento agli atti ivi indicati, i cui termini di versamento scadono nel periodo compreso tra il 9 marzo 2020 e il 31 maggio 2020.

Titolo I
Disposizioni generali

1. Oggetto dell'imposta. – 1. L'imposta di registro si applica nella misura indicata nella tariffa allegata al presente testo unico, agli atti soggetti a registrazione e a quelli volontariamente presentati per la registrazione.

2. Atti soggetti a registrazione. – 1. Sono soggetti a registrazione, a norma degli articoli seguenti:

a) gli atti indicati nella tariffa, se formati per iscritto nel territorio dello Stato;

b) i contratti verbali indicati nel comma 1 dell'art. 3;

c) le operazioni delle società ed enti esteri indicate nell'art. 4;

d) gli atti formati all'estero, compresi quelli dei consoli italiani, che comportano trasferimento della proprietà ovvero costituzione o trasferimento di altri diritti reali, anche di garanzia, su beni immobili o aziende esistenti nel territorio dello Stato e quelli che hanno per oggetto la locazione o l'affitto di tali beni.

3. Contratti verbali. – 1. Sono soggetti a registrazione i contratti verbali:

a) di locazione o affitto di beni immobili esistenti nel territorio dello Stato e relative cessioni, risoluzioni e proroghe anche tacite;

b) di trasferimento e di affitto di aziende esistenti nel territorio dello Stato e di costituzione o trasferimento di diritti reali di godimento sulle stesse e relative cessioni, risoluzioni e proroghe anche tacite.

2. Per gli altri contratti verbali si applicano le disposizioni dell'art. 22.

4. Operazioni di società ed enti esteri. – 1. Sono soggetti a registrazione:

a) l'istituzione nel territorio dello Stato della sede dell'amministrazione di società di ogni tipo e oggetto costituite all'estero ovvero della sede dell'amministrazione di enti diversi dalle società, compresi i consorzi, le associazioni e le altre organizzazioni di persone o di beni, con o senza personalità giuridica, aventi per oggetto esclusivo o principale l'esercizio di attività commerciali o agricole, parimenti costituiti all'estero;

b) l'istituzione nel territorio dello Stato della sede legale di uno dei soggetti di cui alla lett. *a*) avente la sede dell'amministrazione in uno Stato non facente parte della Comunità economica europea;

c) il trasferimento nel territorio dello Stato, da uno Stato non facente parte della Comunità economica europea, della sede dell'amministrazione o della sede legale di uno dei soggetti di cui alla lett. *a*) qualora la sede legale o rispettivamente quella dell'amministrazione non si trovi in uno Stato della Comunità economica europea;

d) il trasferimento nel territorio dello Stato, da altro Stato della Comunità economica europea, della sede dell'amministrazione di uno dei soggetti di cui alla lettera *a*), sempreché non sia stata assolta nello Stato di provenienza l'imposta prevista dalla direttiva della Comunità economica europea 17 luglio 1969, n. 335;

e) il trasferimento nel territorio dello Stato, da altro Stato della Comunità economica europea, della sede legale di uno dei soggetti di cui alla lett. *a*), avente la sede dell'amministrazione in uno Stato non facente parte della Comunità economica europea, sempreché non sia stata assolta nello Stato di provenienza l'imposta prevista dalla direttiva di cui alla lett. *d*);

f) l'istituzione o il trasferimento nel territorio dello Stato di sedi secondarie di uno dei soggetti di cui alla lett. *a*), non avente la sede dell'amministrazione né quella legale in uno Stato della Comunità economica europea, sempreché, in caso di trasferimento, non sia stata assolta, in un altro Stato della Comunità economica europea, l'imposta prevista dalla direttiva di cui alla lett. *d*);

g) la messa a disposizione di capitali di investimento o di esercizio a favore delle sedi secondarie stabilite nel territorio dello Stato dai soggetti di cui alla lett. *a*) non aventi la sede dell'amministrazione né quella legale in uno Stato della Comunità economica europea;

h) l'istituzione o il trasferimento nel territorio dello Stato dell'oggetto principale dell'impresa da parte di uno dei soggetti di cui alla lett. *a*) che non abbia la sede legale o la sede dell'amministrazione in uno Stato facente parte della Comunità economica europea ovvero che in tale Stato non sia soggetto all'imposta prevista dalla direttiva di cui alla lett. *d*).

5. Registrazione in termine fisso e registrazione in caso d'uso. – 1. Sono soggetti a registrazione in termine fisso gli atti indicati nella parte prima della tariffa e in caso d'uso quelli indicati nella parte seconda.

2. Le scritture private non autenticate sono soggette a registrazione in caso d'uso se tutte le disposizioni in esse contemplate sono relative a operazioni soggette all'imposta sul valore aggiunto. Si considerano soggette all'imposta sul valore aggiunto anche le cessioni e le prestazioni tra soggetti partecipanti a un gruppo IVA, le cessioni e le prestazioni per le quali l'imposta non è dovuta a norma degli articoli da 7 a 7 *septies* del decreto del Presidente della Repubblica 26 ottobre 1972, n. 633, e quelle di cui al comma 6 dell'articolo 21 del medesimo decreto del Presidente della Repubblica n. 633 del 1972. La disposizione del periodo precedente non si applica alle operazioni esenti e imponibili ai sensi dei numeri 8), 8 *bis*), 8 *ter*) e 27 *quinquies*) del primo comma dell'articolo 10 del citato decreto n. 633 del 1972 e alle locazioni di immobili esenti ai sensi del secondo comma del medesimo articolo 10, nonché alle cessioni di beni e alle prestazioni di servizi tra soggetti partecipanti a un gruppo IVA per le quali, se effettuate nei confronti di un soggetto non partecipante al gruppo IVA, si applicherebbero le suddette disposizioni ([1]).

([1]) *Questo comma è stato così sostituito dall'art. 1, comma 26, lett.* a), *della L. 11 dicembre 2016, n. 232, a decorrere dal 1° gennaio 2018.*

6. Caso d'uso. – 1. Si ha caso d'uso quando un atto si deposita per essere acquisito agli atti, presso le cancellerie giudiziarie nell'esplicazione di attività amministrative o presso le amministrazioni dello Stato o degli enti pubblici territoriali e i rispettivi organi di controllo, salvo che il deposito avvenga ai fini dell'adempimento di un'obbligazione delle suddette amministrazioni, enti o organi ovvero sia obbligatorio per legge o regolamento.

7. Atti non soggetti a registrazione. – 1. Per gli atti indicati nella tabella allegata al presente testo unico non vi è obbligo di chiedere la registrazione neanche in caso d'uso; se presentati per la registrazione, l'imposta è dovuta in misura fissa. La disposizione si applica agli atti indicati negli artt. 4, 5, 11 e 11 *bis* ([1]) della stessa tabella anche se autenticati o redatti in forma pubblica.

([1]) *Le originarie parole*: *«4, 5 e 11» sono state così sostituite dalle attuali*: *«4, 5, 11 e 11* bis» *dall'art. 57, comma 1, lett.* a), *del D.L.vo 15 dicembre 1997, n. 446, con effetto dal 1° gennaio 1999.*

8. Registrazione volontaria. – 1. Chiunque vi abbia interesse può richiedere in qualsiasi momento, pagando la relativa imposta, la registrazione di un atto.

Titolo II
Registrazione degli atti

9. Ufficio competente. – 1. Competente a registrare gli atti pubblici, le scritture private autenticate e gli atti degli organi giurisdizionali è l'ufficio del registro nella cui circoscrizione risiede il pubblico ufficiale obbligato a richiedere la registrazione a norma della lettera *b*) o della lettera *c*) dell'art. 10.

2. La registrazione di tutti gli altri atti può essere eseguita da qualsiasi ufficio del registro.

10. ([1]) **Soggetti obbligati a richiedere la registrazione.** – 1. Sono obbligati a richiedere la registrazione:

a) le parti contraenti per le scritture private non autenticate, per i contratti verbali e per gli atti pubblici e privati formati all'estero nonché i rappresentanti delle società o enti esteri, ovvero uno dei soggetti che rispondono delle obbligazioni della società o ente, per le operazioni di cui all'art. 4;

b) i notai, gli ufficiali giudiziari, i segretari o delegati della pubblica amministrazione e gli altri pubblici ufficiali per gli atti da essi redatti, ricevuti o autenticati;

c) i cancellieri e i segretari per le sentenze, i decreti e gli altri atti degli organi giurisdizionali alla cui formazione hanno partecipato nell'esercizio delle loro funzioni;

d) gli impiegati dell'amministrazione finanziaria e gli appartenenti al Corpo della guardia di finanza per gli atti da registrare d'ufficio a norma dell'art. 15;

d bis) gli agenti di affari in mediazione iscritti nella sezione degli agenti immobiliari del ruolo di cui all'articolo 2 della legge 3 febbraio 1989, n. 39, per le scritture private non autenticate di natura negoziale stipulate a seguito della loro attività per la conclusione degli affari ([2]).

([1]) *A norma dell'art. 149, comma 1, lett.* e), *del D.L. 19 maggio 2020, n. 34, convertito, con modificazioni, nella L. 17 luglio 2020, n. 77, sono prorogati al 16 settembre 2020 i termini di versamento delle somme dovute a seguito di atti di liquidazione per omessa registrazione di contratti di locazione e di contratti diversi ai sensi di questo articolo.*

(2) *Questa lettera è stata inserita dall'art. 1, comma 46, lett.* a), *della L. 27 dicembre 2006, n. 296.*

11. Richiesta di registrazione degli atti scritti. – 1. La richiesta di registrazione degli atti scritti, [esclusi quelli degli organi giurisdizionali,] (1) deve essere redatta in duplice esemplare su appositi stampati forniti dall'ufficio, conformi al modello approvato con decreto del Ministro delle finanze.

2. Per la registrazione degli atti pubblici e delle scritture private autenticate i notai e gli altri soggetti di cui alla lett. *b*) dell'art. 10 devono presentare, oltre l'atto del quale chiedono la registrazione, una copia certificata conforme. I funzionari indicati alla lett. *c*) dello stesso articolo devono presentare unicamente l'originale dell'atto. Per la registrazione degli atti che importano trasferimento, divisione o attribuzione di beni immobili o di diritti reali di godimento su beni immobili o costituzione dei diritti stessi deve essere presentata anche una copia in carta libera.

3. Chi richiede la registrazione di un atto diverso da quelli previsti dal comma 2 deve presentarne all'ufficio del registro due originali ovvero un originale e una fotocopia. Se dell'atto siano stati formati più originali, il richiedente può presentarne anche più di due e richiedere che su tutti venga apposta l'annotazione di cui al comma 4 dell'art. 16.

4. I soggetti indicati alla lett. *d*) dell'art. 10, devono presentare gli atti rinvenuti ai sensi della lett. *a*) dell'art. 15 e quelli di cui siano venuti legittimamente in possesso ai sensi della lett. *h*) dello stesso articolo.

5. Agli atti scritti in lingua straniera deve essere allegata una traduzione in lingua italiana eseguita da un perito iscritto presso il tribunale ed asseverata conforme con giuramento. In mancanza di periti traduttori iscritti presso il tribunale nella cui circoscrizione ha sede l'ufficio del registro competente la traduzione è effettuata da persona all'uopo incaricata dal presidente del tribunale.

6. La disposizione del comma 5 non si applica agli atti che, con l'osservanza delle norme sulla competenza, vengono presentati agli uffici compresi nei territori dello Stato nei quali è ammesso, per legge, l'uso della lingua straniera adoperata nella redazione dell'atto.

7. La richiesta di registrazione di un atto vale anche per gli atti ad esso allegati ma non importa applicazione dell'imposta se si tratta di documenti che costituiscono parte integrante dell'atto, di frazionamenti, planimetrie, disegni, fotografie e simili ovvero di atti non soggetti a registrazione.

(1) *Le parole tra parentesi quadrate sono state soppresse dall'art. 23, comma 49, del D.L. 6 luglio 2011, n. 98, convertito, con modificazioni, nella L. 15 luglio 2011, n. 111.*

12. Richiesta di registrazione dei contratti verbali e delle operazioni di società ed enti esteri. – 1. La registrazione dei contratti verbali che vi sono soggetti in termine fisso deve essere richiesta, tranne che per le cessioni, risoluzioni e proroghe dei contratti di locazione di cui all'art. 17, presentando all'ufficio una denuncia in doppio originale redatta su modelli forniti dall'ufficio stesso. La denuncia deve essere sottoscritta da almeno una delle parti contraenti e deve indicare le generalità e il domicilio di queste, il luogo e la data di stipulazione, l'oggetto, il corrispettivo pattuito e la durata del contratto.

2. Per le operazioni di cui all'art. 4, quando non risultino da atto scritto, la denuncia deve essere firmata dal rappresentante della società o ente estero ovvero da uno dei soggetti che rispondono delle obbligazioni della società o ente.

3. Ai fini del presente testo unico la denuncia assume qualità di atto.

13. Termini per la richiesta di registrazione. – 1. La registrazione degli atti che vi sono soggetti in termine fisso deve essere richiesta, salvo quanto disposto dall'art. 17, comma 3 *bis* ([1]), entro venti giorni dalla data dell'atto se formato in Italia, entro sessanta giorni se formato all'estero.

1 *bis*. Per i decreti di trasferimento e gli atti da essi ricevuti, i cancellieri devono richiedere la registrazione entro sessanta giorni da quello in cui il provvedimento è stato emanato ([2]).

2. Per gli inventari, le ricognizioni dello stato di cose o di luoghi e in genere per tutti gli atti che non sono stati formati in un solo giorno il termine decorre dalla data di chiusura dell'atto; per le scritture private autenticate il termine decorre dalla data dell'ultima autenticazione e per i contratti verbali dall'inizio della loro esecuzione, salvo quanto disposto dall'art. 17, comma 3 *bis* ([1]).

3. Per i provvedimenti e gli atti di cui all'articolo 10, comma 1, lettera *c*), diversi dai decreti di trasferimento e dagli atti da essi ricevuti, i cancellieri devono richiedere la registrazione decorsi dieci giorni ed entro trenta giorni da quello in cui il provvedimento è stato pubblicato o emanato quando dagli atti del procedimento sono desumibili gli elementi previsti dal comma 4 *bis* dell'articolo 67 o, in mancanza di tali elementi, entro trenta giorni dalla data di acquisizione degli stessi ([3]).

4. Nei casi di cui al comma 2 dell'art. 12 la registrazione deve essere richiesta entro venti giorni dalla iscrizione nel registro delle imprese, prevista dagli artt. 2505 e seguenti del codice civile, e in ogni caso non oltre sessanta giorni dall'istituzione o dal trasferimento della sede amministrativa, legale o secondaria nel territorio dello Stato, o dalle altre operazioni di cui all'art. 4.

([1]) *Le parole*: *«salvo quanto disposto dall'art. 17, comma 3* bis*», sono state aggiunte dall'art. 7, comma 8, della L. 23 dicembre 1998, n. 448, con effetto dal 1° gennaio 1999.*

(2) *Questo comma è stato aggiunto dall'art. 26 del D.L.vo 24 settembre 2015, n. 158, a decorrere dal 1° gennaio 2016.*

(3) *Questo comma è stato così, da ultimo, sostituito dall'art. 7* quater, *comma 43, lett.* a), *del D.L. 22 ottobre 2016, n. 193, convertito, con modificazioni, nella L. 1° dicembre 2016, n. 225.*

14. Termine per la richiesta di registrazione degli atti soggetti ad approvazione od omologazione. – 1. Per gli atti soggetti ad approvazione od omologazione da parte della pubblica amministrazione o dell'autorità giudiziaria ordinaria e per quelli che non possono avere esecuzione senza che sia trascorso un intervallo di tempo fissato dalla legge, il termine di cui all'art. 13 decorre rispettivamente dal giorno in cui i soggetti tenuti a richiedere la registrazione hanno avuto notizia, a norma del comma 2, del provvedimento di approvazione o di omologazione ovvero dal giorno in cui l'atto è divenuto altrimenti eseguibile.

2. Agli effetti del presente articolo i funzionari e i cancellieri preposti all'ufficio che ha provveduto all'approvazione od omologazione dell'atto devono, entro cinque giorni dall'emanazione del provvedimento, darne notizia alle parti ovvero ai notai o funzionari che hanno rogato l'atto mediante lettera raccomandata con avviso di ricevimento.

3. All'atto da registrare devono essere uniti in originale o copia autenticata, a cura del richiedente, il provvedimento di approvazione o di omologazione e la lettera di cui al comma 2.

15. (1) **Registrazione d'ufficio.** – 1. In mancanza di richiesta da parte dei soggetti indicati alle lett. *a*), *b*) e *c*) dell'art. 10 la registrazione è eseguita d'ufficio, previa riscossione dell'imposta dovuta:

a) per gli atti pubblici e per le scritture private conservati presso il pubblico ufficiale che li ha redatti o le ha autenticate nonché per gli atti degli organi giurisdizionali conservati presso le cancellerie giudiziarie; qualora non si rinvengano gli atti iscritti nei relativi repertori, la registrazione è eseguita sulla base degli elementi dagli stessi desumibili;

b) per le scritture private non autenticate soggette a registrazione in termine fisso quando siano depositate presso pubblici uffici o quando l'amministrazione finanziaria ne sia venuta legittimamente in possesso in base ad una legge che autorizzi il sequestro o ne abbia avuta visione nel corso di accessi, ispezioni o verifiche eseguiti ai fini di altri tributi;

c) per i contratti verbali di cui alla lett. *a*) dell'art. 3 e per le operazioni di cui all'art. 4 quando, in difetto di prova diretta, risultino da presunzioni gravi, precise e concordanti;

d) per i contratti verbali di cui alla lett. *b*) dell'art. 3 quando, in difetto di prova diretta, la loro esistenza risulti, continuando nello stesso locale o in parte di esso la stessa attività commerciale, da cambiamenti nella ditta, nell'insegna o nella titolarità dell'esercizio ovvero da altre presunzioni gravi, precise e concordanti;

e) per gli atti soggetti a registrazione in termine fisso rispetto ai quali è intervenuta la decadenza di cui all'art. 76, comma 1, e per gli atti soggetti a registrazione in caso d'uso ai sensi dell'art. 6, quando siano depositati a norma di tale ultimo articolo.

2. Nelle ipotesi previste dalla lett. *c*) e della lett. *d*) del comma 1 è ammessa la prova contraria, ad esclusione di quella testimoniale.

(1) *A norma dell'art. 149, comma 1, lett.* e), *del D.L. 19 maggio 2020, n. 34, convertito, con modificazioni, nella L. 17 luglio 2020, n. 77, sono prorogati al 16 settembre 2020 i termini di versamento delle somme dovute a seguito di atti di liquidazione per omessa registrazione di contratti di locazione e di contratti diversi ai sensi di questo articolo.*

16. Esecuzione della registrazione. – 1. Salvo quanto disposto nell'art. 17, la registrazione è eseguita, previo pagamento dell'imposta liquidata dall'ufficio, con la data del giorno in cui è stata richiesta.

2. L'ufficio può differire la liquidazione dell'imposta per non più di tre giorni: il differimento non è consentito se ritarda o impedisce l'adozione di un provvedimento ovvero il deposito dell'atto entro un termine di decadenza.

3. La registrazione consiste nell'annotazione in apposito registro dell'atto o della denuncia e, in mancanza, della richiesta di registrazione con la indicazione del numero progressivo annuale, della data della registrazione, del nome del richiedente, della natura dell'atto, delle parti e delle somme riscosse. Per gli uffici dotati di sistemi elettrocontabili le modalità relative all'esecuzione della registrazione sono stabilite con decreto del Ministro delle finanze, di concerto con il Ministro di grazia e giustizia.

4. L'ufficio in calce o a margine degli originali e delle copie dell'atto o della denuncia, annota la data ed il numero della registrazione ed appone la quietanza della somma riscossa ovvero dichiara che la registrazione è stata eseguita a debito; l'annotazione dell'avvenuta registrazione deve essere fatta anche sugli atti eventualmente allegati.

5. Quando la registrazione è stata eseguita con il pagamento dell'imposta in misura fissa a norma dell'art. 27 deve esserne fatta espressa menzione.

6. Eseguita la registrazione, l'ufficio restituisce al richiedente l'originale dell'atto pubblico o un originale della scrittura privata o della denuncia. Per le scritture private presentate in un unico originale, l'ufficio restituisce la fotocopia da esso certificata conforme. Se la registrazione è avvenuta in base

alla sola richiesta di registrazione, l'ufficio restituisce fotocopia della richiesta con le annotazioni di cui al comma 4.

7. Le richieste di registrazione sono conservate, previa apposizione del numero e della data di registrazione, in appositi volumi rilegati.

17. (¹) **Cessioni, risoluzioni e proroghe anche tacite dei contratti di locazione ed affitto di beni immobili.** – 1. L'imposta dovuta per la registrazione dei contratti di locazione e affitto di beni immobili esistenti nel territorio dello Stato nonché per le cessioni, risoluzioni e proroghe anche tacite degli stessi, è liquidata dalle parti contraenti ed assolta entro trenta giorni (²) mediante versamento del relativo importo presso uno dei soggetti incaricati della riscossione, ai sensi dell'articolo 4 del decreto legislativo 9 luglio 1997, n. 237. Entro il termine di trenta giorni deve essere presentata all'ufficio presso cui è stato registrato il contratto di locazione la comunicazione relativa alle cessioni, alle risoluzioni e alle proroghe anche tacite dello stesso (³).

1 *bis*. Chi non esegue, in tutto o in parte, il versamento relativo alle cessioni, risoluzioni e proroghe anche tacite dei contratti di cui al comma 1 è sanzionato ai sensi dell'articolo 13 del decreto legislativo 18 dicembre 1997, n. 471 (⁴).

[2. L'attestato di versamento relativo alle cessioni, alle risoluzioni e alle proroghe deve essere presentato all'ufficio del registro presso cui è stato registrato il contratto entro venti giorni dal pagamento] (⁵).

3. Per i contratti di locazione e sublocazione di immobili urbani di durata pluriennale l'imposta può essere assolta sul corrispettivo pattuito per l'intera durata del contratto ovvero annualmente sull'ammontare del canone relativo a ciascun anno. In caso di risoluzione anticipata del contratto il contribuente che ha corrisposto l'imposta sul corrispettivo pattuito per l'intera durata del contratto ha diritto al rimborso del tributo relativo alle annualità successive a quella in corso. L'imposta relativa alle annualità successive alla prima, anche conseguenti a proroghe del contratto comunque disposte, deve essere versata con le modalità di cui al comma 1.

3 *bis*. Per i contratti di affitto di fondi rustici non formati per atto pubblico o scrittura privata autenticata, l'obbligo della registrazione può essere assolto presentando all'ufficio del registro, entro il mese di febbraio, una denuncia in doppio originale relativa ai contratti in essere nell'anno precedente. La denuncia deve essere sottoscritta e prestata da una delle parti contraenti e deve contenere le generalità e il domicilio nonché il codice fiscale delle parti contraenti, il luogo e la data di stipulazione, l'oggetto, il corrispettivo pattuito e la durata del contratto (⁶) (⁷).

(¹) *Questo articolo è stato così sostituito dall'art. 21, comma 18, lett.* a)*, della L. 27 dicembre 1997, n. 449.*

([2]) *Le parole: «venti giorni» sono state così sostituite dalle attuali: «trenta giorni» dall'art. 68 della L. 21 novembre 2000, n. 342.*

([3]) *Questo periodo è stato inserito dall'art. 17, comma 1, lett.* a), *del D.L.vo 24 settembre 2015, n. 158, a decorrere dal 1° gennaio 2016.*

([4]) *Questo comma è stato inserito dall'art. 17, comma 1, lett.* b), *del D.L.vo 24 settembre 2015, n. 158, a decorrere dal 1° gennaio 2016.*

([5]) *Questo comma è stato soppresso dall'art. 17, comma 1, lett.* c), *del D.L.vo 24 settembre 2015, n. 158, a decorrere dal 1° gennaio 2016.*

([6]) *Questo comma è stato aggiunto dall'art. 7, comma 8, della L. 23 dicembre 1998, n. 448, a decorrere dal 1° gennaio 1999.*

([7]) *A norma dell'art. 3, comma 16, del D.L. 6 luglio 2012, n. 95, convertito, con modificazioni, nella L. 7 agosto 2012, n. 135, le previsioni di cui al presente comma si applicano alle concessioni di beni immobili appartenenti al demanio dello Stato, fermo restando quanto previsto dall'articolo 57, comma 7, del presente decreto.*

18. Effetti della registrazione. – 1. La registrazione, eseguita ai sensi dell'art. 16, attesta l'esistenza degli atti ed attribuisce ad essi data certa di fronte ai terzi a norma dell'art. 2704 del codice civile.

2. L'ufficio del registro conserva gli originali e le copie trattenute ai sensi dell'art. 16 ed i modelli di cui all'art. 17 e, trascorsi dieci anni, li trasmette all'archivio notarile, ad eccezione delle denunce di contratti verbali e dei modelli che vengono distrutti.

3. Su richiesta delle parti contraenti, dei loro aventi causa o di coloro nel cui interesse la registrazione è stata eseguita, l'ufficio del registro rilascia copia delle scritture private, delle denunce e degli atti formati all'estero dei quali è ancora in possesso nonché delle note e delle richieste di registrazione di qualunque atto pubblico o privato. Il rilascio di copie ad altre persone può avvenire soltanto su autorizzazione del pretore ([1]) competente. Nei casi previsti dall'art. 17 in luogo del rilascio della copia è attestato il contenuto del modello di versamento.

([1]) *Ai sensi del D.L.vo 19 febbraio 1998, n. 51, l'ufficio del pretore è soppresso a decorrere dal 2 giugno 1999, fatta salva l'attività necessaria per l'esaurimento degli affari pendenti. Le relative competenze sono trasferite al tribunale ordinario, fuori dei casi in cui è diversamente disposto dal predetto provvedimento.*

19. Denuncia di eventi successivi alla registrazione. – 1. L'avveramento della condizione sospensiva apposta ad un atto, l'esecuzione di tale atto prima dell'avveramento della condizione e il verificarsi di eventi che, a norma del presente testo unico, diano luogo ad ulteriore liquidazione di imposta devono essere denunciati entro venti giorni, a cura delle parti contraenti o dei loro aventi causa e di coloro nel cui interesse è stata richiesta la registrazione, all'ufficio che ha registrato l'atto al quale si riferiscono.

2. Il termine di cui al comma 1 è elevato a sessanta giorni se l'evento dedotto in condizione è connesso alla nascita o alla sopravvivenza di una persona.

[3. Per gli aumenti di capitale di cui al comma 6 dell'art. 27 la denuncia deve essere presentata, per le quantità sottoscritte fino al decorso di un trimestre dalla delibera, entro venti giorni successivi alla scadenza del trimestre ed entro venti giorni dal decorso di ogni successivo trimestre per quelle sottoscritte successivamente. Per le delibere soggette ad omologazione la disposizione si applica con riferimento alla data della notizia del provvedimento di omologazione anziché a quella della delibera. In caso di emissione di obbligazioni convertibili in azioni la denuncia deve essere presentata, per le quantità convertite in ciascun trimestre del periodo o dei periodi di convertibilità, entro venti giorni dal decorso del trimestre; per le obbligazioni convertibili in azioni di altra società la denuncia deve essere presentata da questa] ([1]).

([1]) *Questo comma è stato abrogato dall'art. 10, comma 1, lett.* d), *della L. 23 dicembre 1999, n. 488.*

Titolo III
Applicazione dell'imposta

20. Interpretazione degli atti. – 1. L'imposta è applicata secondo l'intrinseca natura e gli effetti giuridici dell'atto presentato ([1]) alla registrazione, anche se non vi corrisponda il titolo o la forma apparente, sulla base degli elementi desumibili dall'atto medesimo, prescindendo da quelli extratestuali e dagli atti ad esso collegati, salvo quanto disposto dagli articoli successivi ([2]) ([3]).

([1]) *Le parole: «degli atti presentati» sono state così sostituite dalle seguenti: «dell'atto presentato» dall'art. 1, comma 87, lett.* a)*, n. 1), della L. 27 dicembre 2017, n. 205, a decorrere dal 1° gennaio 2018.*

([2]) *Le parole: «, sulla base degli elementi desumibili dall'atto medesimo, prescindendo da quelli extratestuali e dagli atti ad esso collegati, salvo quanto disposto dagli articoli successivi» sono state aggiunte dall'art. 1, comma 87, lett.* a)*, n. 2), della L. 27 dicembre 2017, n. 205, a decorrere dal 1° gennaio 2018.*

([3]) *A norma dell'art. 1, comma 1084, della L. 30 dicembre 2018, n. 145, l'articolo 1, comma 87, lettera a), della legge 27 dicembre 2017, n. 205, costituisce interpretazione autentica di questo comma, a decorrere dal 1° gennaio 2019.*

21. Atti che contengono più disposizioni. – 1. Se un atto contiene più disposizioni che non derivano necessariamente, per la loro intrinseca natura, le une dalle altre, ciascuna di esse è soggetta ad imposta come se fosse un atto distinto.

2. Se le disposizioni contenute nell'atto derivano necessariamente, per la loro intrinseca natura, le une dalle altre, l'imposta si applica come se l'atto contenesse la sola disposizione che dà luogo all'imposizione più onerosa.

3. Non sono soggetti ad imposta gli accolli di debiti ed oneri collegati e contestuali ad altre disposizioni nonché le quietanze rilasciate nello stesso atto che contiene le disposizioni cui si riferiscono.

22. Enunciazione di atti non registrati. – 1. Se in un atto sono enunciate disposizioni contenute in atti scritti o contratti verbali non registrati e posti in essere fra le stesse parti intervenute nell'atto che contiene l'enunciazione, l'imposta si applica anche alle disposizioni enunciate. Se l'atto enunciato era soggetto a registrazione in termine fisso è dovuta anche la pena pecuniaria di cui all'art. 69.

2. L'enunciazione di contratti verbali non soggetti a registrazione in termine fisso non dà luogo all'applicazione dell'imposta quando gli effetti delle disposizioni enunciate sono già cessati o cessano in virtù dell'atto che contiene l'enunciazione.

3. Se l'enunciazione di un atto non soggetto a registrazione in termine fisso è contenuta in uno degli atti dell'autorità giudiziaria indicati nell'art. 37, l'imposta si applica sulla parte dell'atto enunciato non ancora eseguita.

23. Disposizioni relative a beni soggetti ad aliquote diverse, eredità e comunioni indivise. – 1. Se una disposizione ha per oggetto più beni o diritti, per i quali sono previste aliquote diverse, si applica l'aliquota più elevata, salvo che per i singoli beni o diritti siano stati pattuiti corrispettivi distinti.

2. La disposizione del comma 1 non si applica per i crediti, né per i beni mobili e le rendite facenti parte di una eredità indivisa o di una comunione, i quali sono soggetti, in occasione delle cessioni dell'eredità o di quote di comunione, alle aliquote stabilite per ciascuno di essi.

3. Le pertinenze sono in ogni caso soggette alla disciplina prevista per il bene al cui servizio od ornamento sono destinate.

4. Nelle cessioni di aziende o di complessi aziendali relativi a singoli rami dell'impresa, ai fini dell'applicazione delle diverse aliquote, le passività si imputano ai diversi beni sia mobili che immobili in proporzione del loro rispettivo valore.

24. Presunzione di trasferimento delle accessioni e delle pertinenze. – 1. Nei trasferimenti immobiliari le accessioni, i frutti pendenti e le pertinenze si presumono trasferiti all'acquirente dell'immobile, a meno che siano esclusi espressamente dalla vendita o si provi, con atto che abbia acquistato data certa mediante la registrazione, che appartengono ad un terzo o sono stati ceduti all'acquirente da un terzo.

2. Quando, entro tre anni, le pertinenze vengano comunque a risultare di proprietà dell'acquirente dell'immobile al cui servizio erano destinate, si applica l'imposta con l'aliquota relativa al trasferimento dell'immobile, di-

minuita dell'ammontare dell'imposta eventualmente pagata per il trasferimento delle pertinenze stesse separatamente intervenuto fra le stesse parti.

25. Atti a titolo oneroso e gratuito. – 1. Un atto in parte oneroso e in parte gratuito è soggetto all'imposta di registro per la parte a titolo oneroso, salva l'applicazione dell'imposta sulle donazioni per la parte a titolo gratuito.

26. Presunzione di liberalità. – 1. I trasferimenti immobiliari, escluse le permute aventi per oggetto immobili ma fino a concorrenza del minore dei valori permutati ed i trasferimenti di partecipazioni sociali, quando il valore della partecipazione o la differenza tra valore e prezzo siano superiori all'importo di € 180.759,91 ([1]), posti in essere tra coniugi ovvero tra parenti in linea retta o che tali siano considerati ai fini dell'imposta sulle successioni e donazioni si presumono donazioni, [con esclusione della prova contraria] ([2]), se l'ammontare complessivo dell'imposta di registro e di ogni altra imposta dovuta per il trasferimento, anche se richiesta successivamente alla registrazione, risulta inferiore a quello delle imposte applicabili in caso di trasferimento a titolo gratuito, al netto delle detrazioni spettanti.

2. Le parti contraenti devono dichiarare contestualmente se fra loro sussista o meno un rapporto di coniugio o di parentela in linea retta o che sia considerato tale ai sensi del comma 1. In mancanza di tale dichiarazione il trasferimento si considera a titolo gratuito ove al momento della registrazione non risulti comprovata l'inesistenza del rapporto; tuttavia l'inesistenza del rapporto di coniugio o di parentela in linea retta può essere provata entro un anno dalla stipulazione dell'atto e in tale caso spetta il rimborso della maggiore imposta pagata.

3. La presunzione non opera per i conguagli pattuiti in sede di divisione e nelle vendite ai pubblici incanti.

4. La presunzione di liberalità, se ricorre la condizione di cui al comma 1, vale anche per i provvedimenti che accertano l'acquisto per usucapione della proprietà di immobili o di diritti reali di godimento sugli stessi da parte del coniuge o di un parente in linea retta dal precedente proprietario o titolare di diritto reale di godimento ([3]).

([1]) *Le parole da: «ed i trasferimenti di partecipazioni ...» fino a: «... all'importo di 350 milioni di lire»* (*€ 180.759,91*) *sono state inserite dall'art. 69, comma 5, lett.* a), *della L. 21 novembre 2000, n. 342.*

A norma dell'art. 69, comma 15, della predetta legge, tali disposizioni si applicano alle successioni per le quali il termine di presentazione delle relative dichiarazioni scade successivamente al 31 dicembre 2000 ed alle donazioni fatte a decorrere dal 1° gennaio 2001.

([2]) *Le parole: «, con esclusione della prova contraria,» sono state soppresse dall'art. 69, comma 5, lett.* b), *della L. 21 novembre 2000, n. 342.*

A norma dell'art. 69, comma 15, della predetta legge, tali disposizioni si applicano alle successioni per le quali il termine di presentazione delle relative dichiarazioni scade successivamente al 31 dicembre 2000 ed alle donazioni fatte a decorrere dal 1° gennaio 2001.

(3) *Comma così sostituito dall'art. 23, D.L. 2 marzo 1989, n. 69, conv., con modif., nella L. 27 aprile 1989, n. 154. L'art. 38, stesso decreto, aggiunge che queste disposizioni si applicano alle sentenze ed ai provvedimenti pubblicati o emanati a decorrere dal 1° gennaio 1989.*

27. Atti sottoposti a condizione sospensiva, approvazione od omologazione. – 1. Gli atti sottoposti a condizione sospensiva sono registrati con il pagamento dell'imposta in misura fissa.

2. Quando la condizione si verifica, o l'atto produce i suoi effetti prima dell'avvalersi di essa, si riscuote la differenza tra l'imposta dovuta secondo le norme vigenti al momento della formazione dell'atto e quella pagata in sede di registrazione.

3. Non sono considerati sottoposti a condizione sospensiva le vendite con riserva di proprietà e gli atti sottoposti a condizione che ne fanno dipendere gli effetti della mera volontà dell'acquirente o del creditore.

4. Gli atti sottoposti a condizione sospensiva che ne fa dipendere gli effetti dalla mera volontà del venditore o dell'obbligato sono soggetti all'imposta in misura fissa.

5. Gli atti indicati nell'art. 14, quando intervenga l'approvazione o la omologazione o quando l'atto divenga eseguibile per il decorso dell'intervallo di tempo fissato dalla legge, sono soggetti all'imposta nella misura indicata nella tariffa. Tali atti, se presentati all'ufficio prima della scadenza del termine stabilito dall'art. 14, sono soggetti alla sola imposta in misura fissa salvo, quando intervenga l'approvazione od omologazione o l'atto divenga eseguibile per il decorso dell'intervallo di tempo fissato dalla legge, l'applicazione dell'imposta principale determinata secondo le disposizioni vigenti in tale momento e previa deduzione dell'imposta in misura fissa pagata in sede di registrazione dell'atto.

[6. Gli aumenti di capitale a pagamento di società per azioni, in accomandita per azioni, di società a responsabilità limitata si considerano sottoposti alla condizione sospensiva della sottoscrizione ovvero, in caso di emissione di obbligazioni convertibili in azioni, alla condizione sospensiva della conversione] (1).

(1) *Questo comma è stato abrogato dall'art. 10, comma 1, lett.* d), *della L. 23 dicembre 1999, n. 488.*

28. Risoluzione del contratto. – 1. La risoluzione del contratto è soggetta all'imposta in misura fissa se dipende da clausola o da condizione risolutiva espressa contenuta nel contratto stesso ovvero stipulata mediante atto pubblico o scrittura privata autenticata entro il secondo giorno non festivo successivo a quello in cui è stato concluso il contratto. Se è previsto un corrispettivo per la risoluzione, sul relativo ammontare si applica l'imposta proporzionale prevista dall'art. 6 o quella prevista dall'art. 9 della parte prima della tariffa.

2. In ogni altro caso l'imposta è dovuta per le prestazioni derivanti dalla risoluzione, considerando comunque, ai fini della determinazione dell'imposta proporzionale, l'eventuale corrispettivo della risoluzione come maggiorazione delle prestazioni stesse.

29. Transazione. – 1. Per le transazioni che non importano trasferimento di proprietà o trasferimento o costituzione di diritti reali l'imposta si applica in relazione agli obblighi di pagamento che ne derivano senza tenere conto degli obblighi di restituzione né di quelli estinti per effetto della transazione; se dalla transazione non derivano obblighi di pagamento l'imposta è dovuta in misura fissa.

30. Ratifica, convalida o conferma. – 1. La ratifica, la convalida e la conferma sono soggette all'imposta nella misura fissa, salvo il disposto dell'art. 22.

2. Quando per la ratifica, la convalida o la conferma è pattuito un corrispettivo a carico dell'acquirente, l'imposta si applica con l'aliquota propria dell'atto ratificato, convalidato o confermato. Se il corrispettivo non è pagato contestualmente è dovuta, se maggiore, l'imposta stabilita per la relativa obbligazione.

3. Quando per la ratifica, la convalida o la conferma è pattuito un corrispettivo a carico dell'alienante è dovuta l'imposta per l'assunzione dell'obbligazione o quella di quietanza a seconda che dall'atto la somma risulti promessa o pagata.

4. Il criterio per la determinazione dell'imposta stabilito nel comma 3 si applica anche quando è pattuito, a carico di una delle parti, un corrispettivo per la ratifica, convalida o conferma di atti non traslativi della proprietà.

31. Cessione del contratto. – 1. La cessione del contratto è soggetta all'imposta con l'aliquota propria del contratto ceduto, con esclusione della cessione prevista dall'articolo 5 della parte I della tariffa ([1]).

2. Per la cessione verso corrispettivo di un contratto a titolo gratuito l'imposta si applica con l'aliquota stabilita per il corrispondente contratto a titolo oneroso.

([1]) *Le parole da: «, con esclusione ...» fino alla fine sono state aggiunte dall'art. 21, comma 18, lett.* b), *della L. 27 dicembre 1997, n. 449. Si veda inoltre l'art. 21, comma 19, della medesima legge.*

32. Dichiarazione di nomina. – 1. La dichiarazione di nomina della persona, per la quale un atto è stato in tutto o in parte stipulato, è soggetta all'imposta in misura fissa a condizione che la relativa facoltà derivi dalla legge ovvero derivi da espressa riserva contenuta nell'atto cui la dichiarazione si riferisce e sia esercitata, entro tre giorni dalla data dell'atto, mediante atto pubblico ovvero mediante scrittura privata autenticata o presentata per la registrazione entro il termine stesso. Se la dichiarazione di nomina viene fatta nello stesso atto o contratto che contiene la riserva non è dovuta alcuna imposta. In ogni altro caso, nonché quando la dichiarazione di nomina non è conforme alla riserva o è fatta a favore di altro partecipante alla gara, è dovuta l'imposta stabilita per l'atto cui si riferisce la dichiarazione.

33. Mandato irrevocabile e atto di surrogazione. – 1. Il mandato irrevocabile con dispensa dall'obbligo di rendiconto è soggetto all'imposta stabilita per l'atto per il quale è stato conferito.

2. L'atto da cui risulta la surrogazione nei diritti del creditore, a norma degli artt. 1201 e 1203 del codice civile, è soggetto all'imposta stabilita per la cessione del diritto spettante al creditore surrogato.

34. Divisioni. – 1. La divisione, con la quale ad un condividente sono assegnati beni per un valore complessivo eccedente quello a lui spettante sulla massa comune, è considerata vendita limitatamente alla parte eccedente. La massa comune è costituita nelle comunioni ereditarie dal valore, riferito alla data della divisione, dell'asse ereditario netto determinato a norma dell'imposta di successione, e nelle altre comunioni, dai beni risultanti da precedente atto che abbia scontato l'imposta propria dei trasferimenti.

2. I conguagli superiori al cinque per cento del valore della quota di diritto, ancorché attuati mediante accollo di debiti della comunione, sono soggetti all'imposta con l'aliquota stabilita per i trasferimenti mobiliari fino a concorrenza del valore complessivo dei beni mobili e dei crediti compresi nella quota e con l'aliquota stabilita per i trasferimenti immobiliari per l'eccedenza.

3. Quando risulta che il valore dei beni assegnati ad uno dei condividenti determinato a norma dell'art. 52 è superiore a quello dichiarato, la differenza si considera conguaglio.

4. Agli effetti del presente articolo le comunioni tra i medesimi soggetti, che trovano origine in più titoli, sono considerate come una sola comunione se l'ultimo acquisto di quote deriva da successione a causa di morte.

35. Contratti a prezzo indeterminato. – 1. Se il corrispettivo deve essere determinato posteriormente alla stipulazione di un contratto, l'imposta è applicata in base al valore dichiarato dalla parte che richiede la registrazione, salvo conguaglio o rimborso dopo la determinazione definitiva del corrispettivo, da denunciare a norma dell'art. 19.

2. Gli aggiornamenti o gli adeguamenti del canone a norma della L. 27 luglio 1978, n. 392 ([1]), non hanno effetti ai fini della determinazione definitiva del corrispettivo dell'annualità del contratto nel corso della quale si verificano. Qualora l'imposta sia stata corrisposta per l'intera durata del contratto di locazione gli aggiornamenti o gli adeguamenti del canone hanno effetto ai soli fini della determinazione della base imponibile in caso di proroga del contratto ([2]).

3. Se nel contratto è prevista la possibilità che il corrispettivo vari tra un minimo e un massimo, il valore da dichiarare a norma del comma 1 non può essere inferiore al minimo.

([1]) *Cfr. la L. 9 dicembre 1998, n. 431, di riforma della disciplina delle locazioni.*

([2]) *L'ultimo periodo di questo comma è stato aggiunto dall'art. 21, comma 18, lett. c), della L. 27 dicembre 1997, n. 449. Si veda inoltre l'art. 21, comma 19, della medesima legge.*

36. Contratti a tempo indeterminato e contratti con patto di proroga tacita o di recesso anticipato. – 1. Per i contratti a tempo indeterminato l'imposta è applicata in base alla durata dichiarata dalla parte che ne richiede la registrazione. Se alla data indicata il rapporto non sia cessato deve essere presentata all'ufficio, a norma dell'art. 19, una nuova denuncia sulla base della quale l'imposta viene applicata in relazione alla maggiore durata del contratto.

2. Se la durata dell'atto dipende dalla vita di una persona si applicano le disposizioni dell'art. 46.

3. Per i contratti con patto di proroga tacita l'imposta è applicata in relazione alla durata pattuita, salvo l'obbligo delle parti di denunciare a norma dell'art. 19 l'ulteriore periodo di durata del rapporto e di pagare la relativa imposta in base alle norme vigenti al momento in cui il contratto è divenuto vincolante per il nuovo periodo.

4. Per i contratti, che attribuiscono ad una parte il diritto di recedere prima della scadenza ma dopo un determinato periodo di tempo, l'imposta è applicata in relazione a tale periodo, salvo integrazione per l'ulteriore durata.

37. Atti dell'autorità giudiziaria. – 1. Gli atti dell'autorità giudiziaria in materia di controversie civili che definiscono anche parzialmente il giudizio, i decreti ingiuntivi esecutivi, i provvedimenti che dichiarano esecutivi i lodi arbitrali e le sentenze che dichiarano efficaci nello Stato sentenze straniere, sono soggetti all'imposta anche se al momento della registrazione siano stati impugnati o siano ancora impugnabili, salvo conguaglio o rimborso in base a successiva sentenza passata in giudicato; alla sentenza passata in giudicato sono equiparati l'atto di conciliazione giudiziale e l'atto di transazione stragiudiziale in cui è parte l'amministrazione dello Stato.

2. Il contribuente che ha diritto al rimborso deve chiederlo ai sensi dell'art. 77 all'ufficio che ha riscosso l'imposta.

38. Irrilevanza della nullità e dell'annullabilità dell'atto. – 1. La nullità o l'annullabilità dell'atto non dispensa dall'obbligo di chiedere la registrazione e di pagare la relativa imposta.

2. L'imposta assolta a norma del comma 1 deve essere restituita, per la parte eccedente la misura fissa, quando l'atto sia dichiarato nullo o annullato, per causa non imputabile alle parti, con sentenza passata in giudicato e non sia suscettibile di ratifica, convalida o conferma.

39. Atti soggetti a registrazione in caso d'uso. – 1. Per gli atti soggetti a registrazione in caso d'uso l'imposta è applicata in base alle disposizioni vigenti al momento della richiesta di registrazione.

40. Atti relativi ad operazioni soggette all'imposta sul valore aggiunto. – 1. Per gli atti relativi a cessioni di beni e prestazioni di servizi soggetti all'imposta sul valore aggiunto, l'imposta si applica in misura fissa. Si considerano soggette all'imposta sul valore aggiunto anche le cessioni e le prestazioni tra soggetti partecipanti a un gruppo IVA, le cessioni e le prestazioni per le quali l'imposta non è dovuta a norma degli articoli da 7 a 7-septies del decreto del Presidente della Repubblica 26 ottobre 1972, n. 633, e quelle di cui al comma 6 dell'articolo 21 del medesimo decreto del Presidente della Repubblica n. 633 del 1972. La disposizione del periodo precedente non si applica alle operazioni esenti ai sensi dei numeri 8), 8 *bis*) e 27 *quinquies*) del primo comma dell'articolo 10 del citato decreto n. 633 del 1972 e alle locazioni di immobili esenti ai sensi del secondo comma del medesimo articolo 10, nonché alle cessioni di beni e alle prestazioni di servizi tra soggetti partecipanti a un gruppo IVA per le quali, se effettuate nei confronti di un soggetto non partecipante al gruppo IVA, si applicherebbero le suddette disposizioni ([1]).

1 *bis*. Sono soggette all'imposta proporzionale di registro le locazioni di immobili strumentali di cui all'articolo 10, primo comma, numero 8), del decreto del Presidente della Repubblica 26 ottobre 1972, n. 633, ancorché siano imponibili agli effetti dell'imposta sul valore aggiunto ovvero intervengano tra soggetti partecipanti a un gruppo IVA ([2]).

2. Per le operazioni indicate nell'art. 11 del decreto del Presidente della Repubblica 26 ottobre 1972, n. 633 l'imposta si applica sulla cessione o prestazione non soggetta all'imposta sul valore aggiunto.

(1) *Questo comma è stato così sostituito dall'art. 1, comma 26, lett.* b), *n.* 1), *della L. 11 dicembre 2016, n. 232, a decorrere dal 1° gennaio 2018.*

(2) *Questo comma è stato così sostituito dall'art. 1, comma 26, lett.* b), *n.* 2), *della L. 11 dicembre 2016, n. 232, a decorrere dal 1° gennaio 2018.*

41. Liquidazione dell'imposta. – 1. L'imposta, quando non è dovuta in misura fissa, è liquidata dall'ufficio mediante l'applicazione dell'aliquota indicata nella tariffa alla base imponibile, determinata secondo le disposizioni del titolo quarto, con arrotondamento a lire mille (1), per difetto se la frazione non è superiore a lire 500 (2) e per eccesso se superiore, ovvero all'unità, nel caso in cui i valori siano espressi in euro, per difetto se la frazione è inferiore a 50 centesimi e per eccesso se non inferiore (3).

2. L'ammontare dell'imposta principale non può essere in nessun caso inferiore alla misura fissa indicata nell'articolo 11 della tariffa, parte prima, salvo quanto disposto dagli articoli 5 e 7 della tariffa stessa (4).

(1) *Le parole*: «*10 mila*» *sono state così sostituite dalla attuale*: «*mille*» *dall'art. 8, comma 1, lett.* a), *n. 1), del D.P.R. 18 agosto 2000, n. 308.*

(2) *Le parole*: «*5 mila*» *sono state così sostituite dalla attuale*: «*500*» *dall'art. 8, comma 1, lett.* a), *n. 1), del D.P.R. 18 agosto 2000, n. 308.*

(3) *Le parole da*: «*, ovvero all'unità ...*» *fino alla fine del comma, sono state aggiunte dall'art. 8, comma 1, lett.* a), *n. 1), del D.P.R. 18 agosto 2000, n. 308.*

(4) *Le parole*: «*inferiore alla misura fissa indicata nella tariffa*» *sono state così sostituite dalle attuali da*: «*inferiore nella misura fissa ...*» *fino alla fine del comma, dall'art. 8, comma 1, lett.* a), *n. 2), del D.P.R. 18 agosto 2000, n. 308.*

42. Imposta principale, suppletiva e complementare. – 1. È principale l'imposta applicata al momento della registrazione e quella richiesta dall'ufficio se diretta a correggere errori od omissioni effettuati in sede di autoliquidazione nei casi di presentazione della richiesta di registrazione per via telematica; è suppletiva l'imposta applicata successivamente se diretta a correggere errori od omissioni dell'ufficio; è complementare l'imposta applicata in ogni altro caso (1).

2. L'imposta applicabile, ai sensi degli articoli precedenti, sugli atti non presentati per la registrazione o in aggiunta a quella assolta all'atto della registrazione è riscossa dall'ufficio nei modi e nei termini indicati nel titolo quinto.

(1) *Questo comma è stato così sostituito dall'art.* 3 quater *del D.L.vo 18 dicembre 1997, n. 463, così come modificato dall'art. 1, del D.L.vo 18 gennaio 2000, n. 9.*

Titolo IV
Determinazione
della base imponibile

43. Base imponibile. – 1. La base imponibile, salvo quanto disposto negli articoli seguenti, è costituita:

a) per i contratti a titolo oneroso traslativi o costitutivi di diritti reali dal valore del bene o del diritto alla data dell'atto ovvero, per gli atti sottoposti a condizione sospensiva, ad approvazione o ad omologazione, alla data in cui si producono i relativi effetti traslativi o costitutivi;

b) per le permute, salvo il disposto del comma 2 dell'art. 40, dal valore del bene che dà luogo all'applicazione della maggiore imposta;

c) per i contratti che importano l'assunzione di una obbligazione di fare in corrispettivo della cessione di un bene o dell'assunzione di altra obbligazione di fare, dal valore del bene ceduto o della prestazione che dà luogo all'applicazione della maggiore imposta, salvo il disposto del comma 2 dell'art. 40;

d) per le cessioni di contratto, dal corrispettivo pattuito per la cessione e dal valore delle prestazioni ancora da eseguire;

e) per gli atti portanti assunzione di una obbligazione che non costituisce corrispettivo di altra prestazione o portanti estinzione di una precedente obbligazione, dall'ammontare dell'obbligazione assunta o estinta e, se questa ha per oggetto un bene diverso dal denaro, dal valore del bene alla data dell'atto;

f) per gli atti con i quali viene prestata garanzia reale o personale, dalla somma garantita; se la garanzia è prestata in denaro o in titoli, dalla somma di denaro o dal valore dei titoli, se inferiore alla somma garantita;

[*g*) per i contratti di associazione in partecipazione, dal valore dei beni apportati dall'associato] ([1]);

h) per i contratti diversi da quelli indicati nelle lettere precedenti, aventi per oggetto prestazioni a contenuto patrimoniale, dall'ammontare dei corrispettivi in denaro pattuiti per l'intera durata del contratto;

i) per i contratti relativi ad operazioni soggette e ad operazioni non soggette all'imposta sul valore aggiunto, dal valore delle cessioni e delle prestazioni non soggette a tale imposta.

2. I debiti o gli altri oneri accollati e le obbligazioni estinte per effetto dell'atto concorrono a formare la base imponibile.

3. I prezzi o i corrispettivi in valuta estera o in valuta oro sono ragguagliati al cambio del giorno della stipulazione dell'atto, sempreché le parti non abbiano stabilito nei loro rapporti altra data di ragguaglio.

4. Le disposizioni del comma 1 valgono anche per gli atti dell'autorità giudiziaria, di cui all'art. 37, relativi agli atti indicati nel comma stesso e produttivi degli stessi effetti.

(¹) *Questa lettera è stata abrogata dall'art. 10, comma 1, lett.* d), *della L. 23 dicembre 1999, n. 488.*

44. Espropriazione forzata e trasferimenti coattivi. – 1. Per la vendita di beni mobili e immobili fatta in sede di espropriazione forzata ovvero all'asta pubblica e per i contratti stipulati o aggiudicati in seguito a pubblico incanto la base imponibile è costituita dal prezzo di aggiudicazione, diminuito, nell'ipotesi prevista dall'art. 587 del codice di procedura civile, della parte già assoggettata all'imposta.

2. Per l'espropriazione per pubblica utilità e per ogni altro atto della pubblica autorità traslativo o costitutivo della proprietà di beni mobili o immobili o di aziende e di diritti reali sugli stessi la base imponibile è costituita dall'ammontare definitivo dell'indennizzo (¹). In caso di trasferimento volontario all'espropriante nell'ambito della procedura espropriativa la base imponibile è costituita dal prezzo.

(¹) *Per la determinazione dell'indennità di espropriazione per le aree edificabili ed agricole, si vedano gli artt. 20-42 del D.P.R. 8 giugno 2001, n. 327.*

45. Concessioni e atti con amministrazioni dello Stato. – 1. Per gli atti concernenti le concessioni di cui all'art. 5 della parte prima della tariffa, nonché per gli atti portanti trasferimento di beni immobili o diritti reali immobiliari da o ad amministrazioni dello Stato, compresi gli organi dotati di personalità giuridica, con valore determinato dall'ufficio tecnico erariale in base a disposizioni di legge, la base imponibile è costituita rispettivamente dall'ammontare del canone ovvero da quello del corrispettivo pattuito.

46. Rendite e pensioni. – 1. Per la costituzione di rendite la base imponibile è costituita dalla somma pagata o dal valore dei beni ceduti dal beneficiario ovvero, se maggiore, dal valore della rendita; per la costituzione di pensioni la base imponibile è costituita dal valore della pensione.

2. Il valore della rendita o pensione è costituito:

a) dal 100 (¹) dell'annualità se si tratta di rendita perpetua o a tempo indeterminato;

b) dal valore attuale dell'annualità, calcolato al saggio legale di interesse, ma in nessun caso superiore al 100 (¹) dell'annualità, se si tratta di rendita o pensione a tempo determinato;

c) dall'ammontare che si ottiene moltiplicando l'annualità per il coefficiente indicato nel prospetto allegato al presente testo unico, applicabile in relazione all'età della persona alla cui morte deve cessare, se si tratta di rendita o pensione vitalizia.

3. Il valore della rendita o pensione costituita congiuntamente a favore di più persone, che debba cessare con la morte di una qualsiasi di esse, è determinato a norma della lett. *c*) del comma 2 tenendo conto dell'età del meno giovane dei beneficiari. Se la rendita o pensione è costituita congiuntamente a favore di più persone con diritto di accrescimento tra loro, il valore è determinato tenendo conto dell'età del più giovane dei beneficiari.

4. La rendita o pensione a tempo determinato, con clausola di cessazione per effetto della morte del beneficiario prima della scadenza, è valutata nei modi previsti dalla lett. *b*) del comma 2, ma il suo valore non può superare quello determinato nei modi previsti dalla successiva lett. *c*) con riferimento alla durata massima della rendita o pensione.

5. Le disposizioni dei commi 3 e 4 si applicano con riferimento alla persona alla cui morte deve cessare la corresponsione della rendita o della pensione se tale persona è diversa dal beneficiario.

(1) *L'originaria parola: «decuplo» era stata sostituita dalla parola: «ventuplo», dall'art. 3, comma 164, della L. 23 dicembre 1996, n. 662, con decorrenza 1° gennaio 1997. Il valore di questo multiplo era poi stato fissato in 100 volte l'annualità dall'art. 1, comma 1, del D.M. 29 dicembre 2009; in 66,66 volte l'annualità dall'art. 1, comma 1, del D.M. 23 dicembre 2010; in 40 volte l'annualità dall'art. 1, comma 1, del D.M. 22 dicembre 2011, con decorrenza 1° gennaio 2012; in 100 volte l'annualità dall'art. 1, comma 1, del D.M. 23 dicembre 2013, a decorrere dal 1° gennaio 2014; in 200 volte l'annualità dall'art. 1, comma 1, del D.M. 22 dicembre 2014, a decorrere dal 1° gennaio 2015; in 500 volte l'annualità dall'art. 1, comma 1, del D.M. 21 dicembre 2015, a decorrere dal 1° gennaio 2016; in 1.000 volte l'annualità dall'art. 1, comma 1, del D.M. 23 dicembre 2016, a decorrere dal 1° gennaio 2017; in 333,33 volte l'annualità dall'art. 1, comma 1, del D.M. 20 dicembre 2017, a decorrere dal 1° gennaio 2018; in 125 volte l'annualità, dall'art. 1, comma 1, del D.M. 19 dicembre 2018, a decorrere dal 1° gennaio 2019; in 2000 volte l'annualità, dall'art. 1, comma 1, del D.M. 20 dicembre 2019, a decorrere dal 1° gennaio 2020; in 10.000 volte l'annualità, dall'art. 1, comma 1, del D.M. 18 dicembre 2020, a decorrere dal 1° gennaio 2021; in 80 volte l'annualità, dall'art. 1, comma 1, del D.M. 21 dicembre 2021, a decorrere dal 1° gennaio 2022.*

47. Enfiteusi. – 1. Per la costituzione di enfiteusi e per la devoluzione o la cessione del diritto dell'enfiteuta, la base imponibile è costituita dal ventuplo del canone annuo ovvero, se maggiore, dal valore del diritto dell'enfiteuta.

2. Per l'affrancazione la base imponibile è costituita dalla somma dovuta dall'enfiteuta.

3. Il valore del diritto del concedente è pari alla somma dovuta dall'enfiteuta per l'affrancazione. Il valore del diritto dell'enfiteuta è pari alla differenza tra il valore della piena proprietà e la somma dovuta per l'affrancazione.

48. Valore della nuda proprietà, dell'usufrutto, dell'uso e dell'abitazione. – 1. Per il trasferimento della proprietà gravata da diritto di usufrutto, uso o abitazione la base imponibile è costituita dalla differenza tra il valore della piena proprietà e quello dell'usufrutto, uso o abitazione. Il valore dell'usufrutto, dell'uso e dell'abitazione è determinato a norma dell'art. 46, assumendo come annualità l'ammontare ottenuto moltiplicando il valore della piena proprietà per il saggio legale di interesse.

49. Crediti. – 1. Per i crediti la base imponibile è costituita dal loro importo, senza tener conto degli interessi non ancora maturati. Per i crediti infruttiferi che scadono almeno dopo un anno dalla data dell'atto con il quale sono stati costituiti o ceduti, la base imponibile è costituita dal loro valore attuale calcolato al saggio legale di interesse.

50. (1) **Atti ed operazioni concernenti società, enti, consorzi, associazioni ed altre organizzazioni commerciali od agricole.** – 1. Per gli atti costitutivi e per gli aumenti di capitale o di patrimonio di società o di enti, diversi dalle società, compresi i consorzi, le associazioni e le altre organizzazioni di persone o di beni con o senza personalità giuridica aventi per oggetto esclusivo o principale l'esercizio di attività commerciali o agricole, con conferimento di immobili o diritti reali immobiliari, la base imponibile è costituita dal valore dei beni o diritti conferiti al netto delle passività e degli oneri accollati alle società, enti, consorzi, associazioni e altre organizzazioni commerciali o agricole, nonché delle spese e degli oneri inerenti alla costituzione o all'esecuzione dell'aumento calcolati forfetariamente nella misura del 2 per cento del valore dichiarato fino a € 103.291,38 e dell'1 per cento per la parte eccedente, e in ogni caso in misura non superiore a € 516.456,90.

(1) *Questo articolo è stato così sostituito dall'art. 10, comma 1, lett.* a), *della L. 23 dicembre 1999, n. 488. A norma dell'art. 10, comma 2, della medesima legge, per gli aumenti di capitale sociale, queste disposizioni si applicano a decorrere da quelli sottoscritti nel trimestre in corso al 31 dicembre 1999, la cui denuncia deve presentarsi successivamente a tale data.*

51. Valore dei beni e dei diritti. – 1. Ai fini dei precedenti articoli si assume come valore dei beni o dei diritti, salvo il disposto dei commi successivi, quello dichiarato dalle parti nell'atto e, in mancanza o se superiore, il corrispettivo pattuito per l'intera durata del contratto.

2. Per gli atti che hanno per oggetto beni immobili o diritti reali immobiliari e per quelli che hanno per oggetto aziende o diritti reali su di esse, si intende per valore il valore venale in comune commercio.

3. Per gli atti che hanno per oggetto beni immobili o diritti reali immobiliari l'ufficio del registro, ai fini dell'eventuale rettifica, controlla il valore di cui al comma 1 avendo riguardo ai trasferimenti a qualsiasi titolo e alle divisioni e perizie giudiziarie, anteriori di non oltre tre anni alla data dell'atto o a quella in cui se ne produce l'effetto traslativo o costitutivo, che abbiano avuto per oggetto gli stessi immobili o altri di analoghe caratteristiche e condizioni, ovvero al reddito netto di cui gli immobili sono suscettibili, capitalizzato al tasso mediamente applicato alla detta data e nella stessa località per gli investimenti immobiliari, nonché ad ogni altro elemento di valutazione, anche sulla base di indicazioni eventualmente fornite dai comuni ([1]).

4. Per gli atti che hanno per oggetto aziende o diritti reali su di esse il valore di cui al comma 1 è controllato dall'ufficio con riferimento al valore complessivo dei beni che compongono l'azienda, compreso l'avviamento ed esclusi i beni indicati nell'art. 7 della parte prima della tariffa, al netto delle passività risultanti dalle scritture contabili obbligatorie o da atti aventi data certa a norma del codice civile, tranne quelle che l'alienante si sia espressamente impegnato ad estinguere e quelle relative ai beni di cui al citato art. 7 della parte prima della tariffa e art. 11 *bis* della tabella ([2]). L'ufficio può tenere conto anche degli accertamenti compiuti ai fini di altre imposte e può procedere ad accessi, ispezioni e verifiche secondo le disposizioni relative all'imposta sul valore aggiunto.

([1]) *Si veda il provvedimento del Direttore dell'Agenzia delle Entrate 27 luglio 2007 in tema di valore normale degli immobili (G.U. n. 182 del 7 agosto 2007).*

([2]) *Le parole: «e art. 11* bis *della tabella» sono state inserite dall'art. 57, comma 1, lett.* b)*, con effetto dal 1° gennaio 1999.*

52. ([1]) **Rettifica del valore degli immobili e delle aziende.** – 1. L'ufficio, se ritiene che i beni o i diritti di cui ai commi 3 e 4 dell'art. 51 hanno un valore venale superiore al valore dichiarato o al corrispettivo pattuito, provvede con lo stesso atto alla rettifica e alla liquidazione della maggiore imposta, con gli interessi e le sanzioni ([2]).

2. L'avviso di rettifica e di liquidazione della maggiore imposta deve contenere l'indicazione del valore attribuito a ciascuno dei beni o diritti in esso descritti, degli elementi di cui all'art. 51 in base ai quali è stato determinato, l'indicazione delle aliquote applicate e del calcolo della maggiore imposta, nonché dell'imposta dovuta in caso di presentazione del ricorso ([2]).

2 *bis*. La motivazione dell'atto deve indicare i presupposti di fatto e le ragioni giuridiche che lo hanno determinato. Se la motivazione fa riferimento ad un altro atto non conosciuto né ricevuto dal contribuente, questo deve essere allegato all'atto che lo richiama salvo che quest'ultimo non ne riproduca il contenuto essenziale. L'accertamento è nullo se non sono osservate le disposizioni di cui al presente comma ([3]).

3. L'avviso è notificato nei modi stabiliti per le notificazioni in materia di imposte sui redditi dagli ufficiali giudiziari, da messi speciali autorizzati dagli uffici del registro o da messi comunali o di conciliazione.

4. Non sono sottoposti a rettifica il valore o il corrispettivo degli immobili ([4]), iscritti in catasto con attribuzione di rendita, dichiarato in misura non inferiore, per i terreni, a settantacinque ([5]) volte il reddito dominicale risultante in catasto e, per i fabbricati, a cento ([5]) ([6]) volte il reddito risultante in catasto, aggiornati con i coefficienti stabiliti per le imposte sul reddito, né i valori o corrispettivi della nuda proprietà e dei diritti reali di godimento sugli immobili stessi dichiarati in misura non inferiore a quella determinata su tale base a norma degli artt. 47 e 48. Ai fini della disposizione del presente comma le modifiche dei coefficienti stabiliti per le imposte sui redditi hanno effetto per gli atti pubblici formati, per le scritture private autenticate e gli atti giudiziari pubblicati o emanati dal decimo quinto giorno successivo a quello di pubblicazione dei decreti previsti dagli artt. 87 e 88 del D.P.R. 29 settembre 1973, n. 597, nonché per le scritture private non autenticate presentate per la registrazione da tale data. La disposizione del presente comma non si applica per i terreni per i quali gli strumenti urbanistici prevedono la destinazione edificatoria.

5. I moltiplicatori di settantacinque ([5]) e cento ([5]) volte possono essere modificati, in caso di sensibili divergenze dai valori di mercato, con decreto del Ministro delle finanze pubblicato nella *Gazzetta Ufficiale*. Le modifiche hanno effetto per gli atti pubblici formati, per le scritture private autenticate e gli atti giudiziari pubblicati o emanati dal decimo quinto giorno successivo a quello di pubblicazione del decreto nonché per le scritture private non autenticate presentate per la registrazione da tale data ([7]).

5 *bis*. Le disposizioni dei commi 4 e 5 non si applicano relativamente alle cessioni di immobili e relative pertinenze diverse da quelle disciplinate dall'articolo 1, comma 497, della legge 23 dicembre 2005, n. 266, e successive modificazioni ([8]).

([1]) *A norma dell'art. 149, comma 1, lett.* d), *del D.L. 19 maggio 2020, n. 34, convertito, con modificazioni, nella L. 17 luglio 2020, n. 77, sono prorogati al 16 settembre 2020 i termini di versamento delle somme dovute a seguito di atti di liquidazione a seguito di attribuzione della rendita ai sensi di questo articolo.*

A norma dell'art. 2 del medesimo decreto, la proroga si applica con riferimento agli atti ivi indicati, i cui termini di versamento scadono nel periodo compreso tra il 9 marzo 2020 e il 31 maggio 2020.

(2) *Questo comma è stato così sostituito dall'art. 3, comma 135, della L. 28 dicembre 1995, n. 549.*

(3) *Questo comma è stato aggiunto dall'art. 4 del D.L.vo 26 gennaio 2001, n. 32.*

(4) *Per la disciplina applicabile ai fini IVA, si veda l'art. 15 del D.L. 23 febbraio 1995, n. 41, conv., con modif., nella L. 22 marzo 1995, n. 85.*

(5) *Moltiplicatori così aumentati dal D.M. 11 novembre 1989 a decorrere dal 3 dicembre 1989.*

Gli importi precedenti erano, rispettivamente, «sessanta» e «ottanta».

(6) *Il D.M. 14 dicembre 1991, così dispone:*

«Il moltiplicatore di cento volte di cui all'art. 52, quarto comma, del D.P.R. 26 aprile 1986, n. 131, all'art. 34, quinto comma, del D.L. vo 31 ottobre 1990, n. 346, e all'art. 12, primo comma, del D.L. 14 marzo 1988, n. 70, convertito, con modificazioni ed integrazioni, nella L. 13 maggio 1988, n. 154, si applica all'ammontare delle rendite catastali determinate sulla base delle nuove tariffe d'estimo recate dal D.M. 27 settembre 1991, nella stessa misura per le unità immobiliari classificate nei gruppi catastali A, B e C, con le esclusioni di quelle classificate nelle categorie A/10 e C/1, alle quali si applica, rispettivamente, nella misura pari a cinquanta ed a trentaquattro.

«Per le unità immobiliari classificate nei gruppi D ed E si applica all'ammontare della nuova rendita attribuita per stima diretta, nella misura pari, rispettivamente, a cinquanta ed a trentaquattro.

«Per i terreni, esclusi quelli per i quali gli strumenti urbanistici prevedono la destinazione edificatoria, continua ad applicarsi all'ammontare del reddito dominicale risultante in catasto il moltiplicatore pari a settantacinque».

(7) *A norma dell'art. 2, comma 63, della L. 24 dicembre 2003, n. 350, a decorrere dal 1° gennaio 2004, ai soli fini delle imposte di registro, ipotecarie e catastali, i moltiplicatori previsti da questo comma, sono rivalutati nella misura del 10 per cento. A norma dell'art. 1* bis, *comma 7, del D.L. 12 luglio 2004, n. 168, convertito, con modificazioni, nella L. 30 luglio 2004, n. 191, per i beni immobili diversi dalla prima casa di abitazione, ai soli fini delle imposte di registro, ipotecaria e catastale, i moltiplicatori previsti dal questo comma, sono rivalutati, in luogo del 10 per cento previsto dall'articolo 2, comma 63, della legge 24 dicembre 2003, n. 350, nella misura del 20 per cento. La disposizione del periodo precedente si applica agli atti pubblici formati, agli atti giudiziari pubblicati o emanati, alle scritture private autenticate e a quelle non autenticate presentate per la registrazione, alle successioni apertesi ed alle donazioni fatte a decorrere dalla data di entrata in vigore della legge di conversione del presente decreto.*

A norma dell'art. 1 bis, *comma 8, del citato D.L. n. 168/2004, per beni immobili diversi dalla prima casa di abitazione si intendono quelli per i quali non ricorrono le condizioni di cui alla nota II* bis *all'articolo 1 della tariffa, parte I, annessa al D.P.R. 26 aprile 1986, n. 131. A norma dell'art. 2, comma 45, del D.L. 3 ottobre 2006, n. 262, convertito, con modificazioni, nella L. 24 novembre 2006, n. 286, a decorrere dalla data di entrata in vigore del presente decreto, il moltiplicatore previsto da questo comma da applicare alle rendite catastali dei fabbricati classificati nel gruppo catastale B, è rivalutato nella misura del 40 per cento.*

([8]) *Questo comma è stato aggiunto dall'art. 35, comma 23* ter*, del D.L. 4 luglio 2006, n. 223, convertito, con modificazioni, nella L. 4 agosto 2006, n. 248.*

52 *bis*. ([1]) **Liquidazione dell'imposta derivante dai contratti di locazione.** – 1. La liquidazione dell'imposta complementare di cui all'articolo 42, comma 1, è esclusa qualora l'ammontare del canone di locazione relativo ad immobili, iscritti in catasto con attribuzione di rendita, risulti dal contratto in misura non inferiore al 10 per cento del valore dell'immobile determinato ai sensi dell'articolo 52, comma 4, e successive modificazioni. Restano comunque fermi i poteri di liquidazione dell'imposta per le annualità successive alla prima.

([1]) *Questo articolo è stato inserito dall'art. 1, comma 341, della L. 30 dicembre 2004, n. 311. A norma dell'art. 1, comma 343, della medesima legge, le disposizioni di questo articolo, non trovano applicazione nei confronti dei contratti di locazione di immobili ad uso abitativo stipulati o rinnovati a norma degli articoli 2, comma 3, e 4, commi 2 e 3, della legge 9 dicembre 1998, n. 431.*

53. Atti sprovvisti di indicazioni necessarie. – 1. Se l'atto non contiene la dichiarazione di valore né l'indicazione del corrispettivo, l'ufficio determina la base imponibile, salva l'applicazione dell'art. 52 nelle ipotesi previste nei commi 3 e 4 dell'art. 51.

2. Se l'atto non contiene l'indicazione della sua data, si assume come tale quella in cui è eseguita la registrazione, salva l'applicazione della sanzione stabilita nell'art. 74.

53 *bis*. ([1]) **Attribuzioni e poteri degli uffici.** – 1. Fermo restando quanto previsto dall'articolo 10 *bis* della legge 27 luglio 2000, n. 212, le attribuzioni e i poteri ([2]) di cui agli articoli 31 e seguenti del decreto del Presidente della Repubblica 29 settembre 1973, n. 600, e successive modificazioni, possono essere esercitati anche ai fini dell'imposta di registro, nonché delle imposte ipotecaria e catastale previste dal testo unico di cui al decreto legislativo 31 ottobre 1990, n. 347.

([1]) *Questo articolo è stato inserito dall'art. 35, comma 24, lett.* a)*, del D.L. 4 luglio 2006, n. 223, convertito, con modificazioni, nella L. 4 agosto 2006, n. 248.*

([2]) *Le parole: «Le attribuzioni e i poteri» sono state così sostituite dalle seguenti: «Fermo restando quanto previsto dall'articolo 10* bis *della legge 27 luglio 2000, n. 212, le attribuzioni e i poteri» dall'art. 1, comma 87, lett.* b)*, della L. 27 dicembre 2017, n. 205, a decorrere dal 1° gennaio 2018.*

Titolo V
Riscossione dell'imposta

54. ([1]) **Riscossione dell'imposta in sede di registrazione.** – 1. All'atto della richiesta di registrazione il richiedente deve pagare l'imposta liquidata a norma del comma 1 dell'art. 16, ovvero, se la liquidazione è differita a norma del comma 2 dello stesso articolo, depositare la somma che l'ufficio ritiene corrispondente all'imposta dovuta. Della somma depositata viene rilasciata ricevuta.

2. I funzionari indicati alla lett. *c*) dell'art. 10 sono tenuti al pagamento o al deposito di cui al comma 1 limitatamente ai decreti di trasferimento emanati nei procedimenti esecutivi e agli atti da essi ricevuti.

3. Per gli altri atti degli organi giurisdizionali il pagamento dell'imposta deve essere effettuato, entro il termine di cui al comma 5, dalle parti in causa o dai soggetti nel cui interesse è richiesta la registrazione.

4. In mancanza del pagamento o del deposito l'ufficio procede, a norma dell'art. 15, lett. *a*) e *b*), alla registrazione d'ufficio.

5. Quando la registrazione deve essere eseguita d'ufficio a norma dell'art. 15, l'ufficio del registro notifica apposito avviso di liquidazione al soggetto o ad uno dei soggetti obbligati al pagamento dell'imposta, con invito ad effettuare entro il termine di sessanta giorni il pagamento dell'imposta e, se dallo stesso dovuta, della pena pecuniaria irrogata per omessa richiesta di registrazione. Nell'avviso devono essere indicati gli estremi dell'atto da registrare o il fatto da denunciare e la somma da pagare.

([1]) *A norma dell'art. 149, comma 1, lett.* e), *del D.L. 19 maggio 2020, n. 34, convertito, con modificazioni, nella L. 17 luglio 2020, n. 77, sono prorogati al 16 settembre 2020 i termini di versamento delle somme dovute a seguito di atti di liquidazione per omessa registrazione di contratti di locazione e di contratti diversi ai sensi di questo articolo.*

A norma dell'art. 2 del medesimo decreto, la proroga si applica con riferimento agli atti ivi indicati, i cui termini di versamento scadono nel periodo compreso tra il 9 marzo 2020 e il 31 maggio 2020.

55. Riscossione dell'imposta successivamente alla registrazione. – 1. Il pagamento dell'imposta complementare, dovuta in base all'accertamento ([1]) del valore imponibile o alla presentazione di una delle denunce previste dall'art. 19, deve essere eseguito entro sessanta giorni da quello in cui è avvenuta la notifica della relativa liquidazione.

2. Il pagamento delle imposte suppletive deve essere eseguito entro sessanta giorni da quello in cui è avvenuta la notifica della relativa liquidazione.

3. Il pagamento delle imposte e delle sanzioni amministrative ([2]) eseguito successivamente alla registrazione deve risultare da apposita quietanza

indicante gli estremi di registrazione dell'atto e le generalità del soggetto che ha eseguito il pagamento.

4. Per gli interessi di mora si applicano le disposizioni delle leggi 26 gennaio 1961, n. 29, 28 marzo 1962, n. 147, e 18 aprile 1978, n. 130.

(1) *L'originaria parola: «definitivo» qui presente è stata soppressa dall'art. 3, comma 135, della L. 28 dicembre 1995, n. 549.*

(2) *Le parole: «delle soprattasse e delle pene pecuniarie» sono state sostituite dalle attuali: «e delle sanzioni amministrative» dall'art. 1, comma 1, lett.* a), *del D.L.vo 18 dicembre 1997, n. 473, a decorrere dal 1° aprile 1998.*

56. Riscossione in pendenza di giudizio, riscossione coattiva e privilegio. – 1. Il ricorso del contribuente non sospende la riscossione, a meno che si tratti:

a) di imposta complementare per il maggior valore accertato. In tal caso la maggior imposta deve essere pagata per un terzo entro il termine di cui all'art. 55, per due terzi dall'imposta liquidata sul valore risultante dalla decisione della commissione tributaria di primo grado e per il resto dopo la decisione della commissione di secondo grado, in ogni caso al netto delle somme già riscosse; la direzione regionale delle entrate, se ricorrono gravi motivi, può sospendere la riscossione fino alla decisione della commissione tributaria di primo grado. Se l'imposta riscuotibile in base alla decisione della commissione tributaria è inferiore a quella già riscossa, il contribuente ha diritto al rimborso della differenza entro sessanta giorni dalla notifica della decisione, che deve essere eseguita anche su richiesta del contribuente (1);

b) di imposte suppletive, che sono riscosse per intero dopo la decisione della commissione tributaria centrale o della Corte d'appello o dell'ultima decisione non impugnata.

2. Il pagamento delle imposte, di cui al comma 1, richieste in relazione alle decisioni delle commissioni tributarie (2), deve essere effettuato, con gli interessi di mora, entro sessanta giorni dalla notifica dell'avviso di liquidazione.

[3. Le pene pecuniarie e le soprattasse sono riscosse dopo che la decisione della controversia è divenuta definitiva] (3).

4. Per la riscossione coattiva delle imposte, delle soprattasse, delle pene pecuniarie e degli interessi di mora si applicano le disposizioni degli artt. 2, da 5 a 29 e 31 del R.D. 14 aprile 1910, n. 639. Lo Stato ha privilegio secondo le norme stabilite dal codice civile. Il privilegio si estingue con il decorso di cinque anni dalla data di registrazione.

(1) *Questa lettera è stata così sostituita dall'art. 3, comma 135, della L. 28 dicembre 1995, n. 549.*

([2]) *Le parole da: «richieste ...» sino a: «... tributarie» sono state aggiunte dall'art. 3, comma 135, della L. 28 dicembre 1995, n. 549.*

([3]) *Questo comma è stato abrogato dall'art. 1, comma 1, lett. g), del D.L.vo 18 dicembre 1997, n. 473, a decorrere dal 1° aprile 1998.*

57. ([1]) **Soggetti obbligati al pagamento.** – 1. Oltre ai pubblici ufficiali, che hanno redatto, ricevuto o autenticato l'atto, e ai soggetti nel cui interesse fu richiesta la registrazione, sono solidalmente obbligati al pagamento dell'imposta le parti contraenti, le parti in causa, coloro che hanno sottoscritto o avrebbero dovuto sottoscrivere le denunce di cui agli artt. 12 e 19 e coloro che hanno richiesto i provvedimenti di cui agli artt. 633, 796, 800 e 825 del codice di procedura civile.

1 *bis*. Gli agenti immobiliari di cui all'articolo 10, comma 1, lettera *d bis*), sono solidalmente tenuti al pagamento dell'imposta per le scritture private non autenticate di natura negoziale stipulate a seguito della loro attività per la conclusione degli affari ([2]).

1 *ter*. L'utilizzatore dell'immobile concesso in locazione finanziaria è solidalmente obbligato al pagamento del tributo per l'immobile, anche da costruire o in corso di costruzione, acquisito dal locatore per la conclusione del contratto ([3]).

1 *quater*. La responsabilità dei pubblici ufficiali non si estende al pagamento delle imposte complementari e suppletive.

1 *quinquies*. Le parti interessate al verificarsi della condizione sospensiva apposta ad un atto sono solidalmente obbligate al pagamento dell'imposta dovuta quando si verifica la condizione o l'atto che produce i suoi effetti prima dell'avverarsi di essa.

1 *sexies*. L'imposta complementare dovuta per un fatto imputabile soltanto ad una delle parti contraenti è a carico esclusivamente di questa.

1 *septies*. Per gli atti soggetti a registrazione in caso d'uso e per quelli presentati volontariamente alla registrazione, obbligato al pagamento dell'imposta è esclusivamente chi ha richiesto la registrazione.

1 *octies*. Se un atto, alla cui formazione hanno partecipato più parti, contiene più disposizioni non necessariamente connesse e non derivanti per la loro intrinseca natura le une dalle altre, l'obbligo di ciascuna delle parti al pagamento delle imposte complementari e suppletive è limitato a quelle dovute per le convenzioni alle quali essa ha partecipato.

1 *novies*. Nei contratti in cui è parte lo Stato, obbligata al pagamento dell'imposta è unicamente l'altra parte contraente, anche in deroga all'art. 8 della L. 27 luglio 1978, n. 392, sempreché non si tratti di imposta dovuta per

atti presentati volontariamente per la registrazione dalle amministrazioni dello Stato.

1 *decies*. Negli atti di espropriazione per pubblica utilità o di trasferimento coattivo della proprietà o di diritti reali di godimento l'imposta è dovuta solo dall'ente espropriante o dall'acquirente senza diritto di rivalsa, anche in deroga all'art. 8 della L. 27 luglio 1978, n. 392; l'imposta non è dovuta se espropriante o acquirente è lo Stato.

(1) *A norma dell'art. 2, comma 26, della L. 23 dicembre 2009, n. 191, le vittime di atti di terrorismo e delle stragi di tale matrice e i loro superstiti, compresi i figli maggiorenni, gli ascendenti, i fratelli e le sorelle che siano stati parti in causa in un procedimento civile, penale, amministrativo o contabile comunque dipendente da atti di terrorismo o da stragi di tale matrice, sono esenti dall'obbligo di pagamento dell'imposta di registro previsto, quali parti in causa, da questo articolo e di ogni altra imposta.*

(2) *Questo comma è stato inserito dall'art. 1, comma 46, lett.* b), *della L. 27 dicembre 2006, n. 296.*

(3) *Questo comma è stato inserito dall'art. 1, comma 15, lett.* a), *n. 1, della L. 13 dicembre 2010, n. 220.*

58. Surrogazione all'amministrazione. – 1. I soggetti indicati nell'art. 10, lett. *b*) e *c*), che hanno pagato l'imposta, si surrogano in tutte le ragioni, azioni e privilegi spettanti all'amministrazione finanziaria e possono, esibendo un certificato dell'ufficio del registro attestante la somma pagata, richiedere al giudice del luogo in cui ha sede il loro ufficio ingiunzione di pagamento nei confronti dei soggetti nel cui interesse fu richiesta la registrazione.

2. L'ingiunzione è provvisoriamente esecutiva a norma dell'art. 642 del codice di procedura civile. Non è ammissibile l'opposizione fondata sul motivo che le imposte pagate non erano dovute o erano dovute in misura minore.

59. Registrazione a debito. – 1. Si registrano a debito, cioè senza contemporaneo pagamento delle imposte dovute:

a) le sentenze, i provvedimenti e gli atti che occorrono nei procedimenti contenziosi nei quali sono interessate le amministrazioni dello Stato e le persone o gli enti morali ammessi al beneficio del patrocinio a spese dello Stato (1) quando essi vengono formati d'ufficio o ad istanza o nell'interesse dei detti soggetti; la registrazione a debito non è ammessa per le sentenze portanti trasferimento di beni e diritti di qualsiasi natura;

b) gli atti formati nell'interesse dei soggetti di cui alla lett. *a*) dopo che sia iniziato il procedimento contenzioso e necessari per l'ulteriore corso del procedimento stesso o per la sua definizione;

c) gli atti relativi alla procedura fallimentare, [ai sensi degli artt. 91 e 133 del R.D. 16 marzo 1942, n. 267] (2);

d) le sentenze e gli altri atti degli organi giurisdizionali (3) che condannano al risarcimento del danno prodotto da fatti costituenti reato.

(1) *Le parole: «gratuito patrocinio» sono state così sostituite dalle attuali: «patrocinio a spese dello Stato» dall'art. 300, comma 5, del D.P.R. 30 maggio 2002, n. 115, sulle spese di giustizia, a decorrere dal 1° luglio 2002.*

(2) *Le parole fra parentesi quadrate sono state abrogate dall'art. 299 del D.P.R. 30 maggio 2002, n. 115, sulle spese di giustizia, a decorrere dal 1° luglio 2002.*

(3) *Le parole: «e gli altri atti degli organi giurisdizionali» sono state inserite dall'art. 7* quater, *comma 43, lett.* b), *del D.L. 22 ottobre 2016, n. 193, convertito, con modificazioni, nella L. 1° dicembre 2016, n. 225.*

60. Modalità per la registrazione a debito. – 1. La registrazione a debito si esegue a norma dell'art. 16 a condizione che nel contesto o a margine dell'originale di ciascun atto sia indicato che questo è compilato o emanato ad istanza o nell'interesse dell'amministrazione dello Stato o della persona o dell'ente morale ammesso al gratuito patrocinio, facendosi in quest'ultimo caso menzione della data del decreto di ammissione e dell'autorità giudiziaria che lo ha emanato. Per i provvedimenti emessi d'ufficio si deve inoltre fare menzione di questa circostanza e indicare la parte ammessa al gratuito patrocinio.

2. Nelle sentenze e negli altri atti degli organi giurisdizionali (1) di cui alla lett. *d*) dell'art. 59 deve essere indicata la parte obbligata al risarcimento dei danno, nei cui confronti deve essere recuperata l'imposta prenotata a debito. L'ufficio finanziario, qualora ravvisi elementi che consentano la riconducibilità dei provvedimenti giurisdizionali all'ambito applicativo dell'articolo 59, comma 1, lettera *d*), può sospenderne la liquidazione e segnalare la sussistenza di tali elementi all'ufficio giudiziario (2). Nel termine di trenta giorni dal ricevimento della segnalazione, l'ufficio giudiziario deve fornire il proprio parere all'ufficio finanziario, motivando, con apposito atto, l'eventuale mancata ammissione del provvedimento alla prenotazione a debito (2).

(1) *Le parole: «e negli altri atti degli organi giurisdizionali» sono state inserite dall'art. 7* quater, *comma 43, lett.* c), *del D.L. 22 ottobre 2016, n. 193, convertito, con modificazioni, nella L. 1° dicembre 2016, n. 225.*

(2) *Questo periodo è stato aggiunto dall'art. 7* quater, *comma 43, lett.* c), *del D.L. 22 ottobre 2016, n. 193, convertito, con modificazioni, nella L. 1° dicembre 2016, n. 225.*

61. Recupero delle imposte prenotate a debito. – [1. Per il recupero delle imposte prenotate a debito si applica la L. 30 dicembre 1923, n. 3282, sul gratuito patrocinio] (1).

2. I rappresentanti delle amministrazioni dello Stato, i cancellieri, i procuratori e le parti devono pagare in proprio le imposte dovute sugli atti dei quali hanno richiesto la registrazione a debito, quando non hanno osservato le disposizioni contenute nel precedente articolo ovvero quando di tali atti hanno fatto un uso diverso da quello per cui venne concessa la registrazione a debito.

(¹) *Questo comma è stato abrogato dall'art. 299 del D.P.R. 30 maggio 2002, n. 115, sulle spese di giustizia, a decorrere dal 1° luglio 2002.*

Titolo VI
Disposizioni varie

62. Nullità dei patti contrari alla legge. – 1. I patti contrari alle disposizioni del presente testo unico, compresi quelli che pongono l'imposta e le eventuali sanzioni a carico della parte inadempiente, sono nulli anche fra le parti.

63. Comunicazione di atti e notizie. – 1. I soggetti di cui all'art. 10 e i dirigenti dei pubblici uffici devono, se richiesti, comunicare agli uffici del registro le notizie occorrenti ai fini dell'applicazione dell'imposta. I pubblici ufficiali, di cui all'art. 10, lettere *b*) e *c*), devono inoltre trasmettere agli uffici stessi estratti dai loro registri e copie degli atti da loro conservati.

2. Le copie e gli estratti di cui al comma 1, attestati conformi all'originale, devono essere trasmessi gratuitamente entro otto giorni dalla richiesta e, in caso di urgenza, entro un termine più breve.

3. Le disposizioni dei commi 1 e 2 non si applicano ai testamenti.

64. Attestazione degli estremi di registrazione degli atti. – 1. I pubblici ufficiali devono indicare negli atti da loro formati gli estremi della registrazione degli atti soggetti a registrazione in termine fisso menzionati negli atti stessi.

65. Divieti relativi agli atti non registrati. – 1. I pubblici ufficiali non possono menzionare negli atti non soggetti a registrazione in termine fisso da loro formati, né allegare agli stessi, né ricevere in deposito, né assumere a base dei loro provvedimenti, atti soggetti a registrazione in termine fisso non registrati.

2. Gli impiegati dell'amministrazione statale, degli enti pubblici territoriali e dei rispettivi organi di controllo non possono ricevere in deposito né assumere a base dei loro provvedimenti atti soggetti a registrazione in termine fisso non registrati. Il divieto non si applica nei casi di cui alla lett. *e*) del comma 2 dell'art. 66.

3. Gli impiegati di cui al comma 2 possono ricevere in deposito atti soggetti a registrazione in caso d'uso e assumere gli atti depositati a base dei

loro provvedimenti, ma sono tenuti a trasmettere gli atti stessi in originale o in copia autenticata all'ufficio del registro ai fini della registrazione d'ufficio.

4. Gli impiegati delle camere di commercio, industria, artigianato e agricoltura e gli impiegati addetti alla tenuta di albi previsti dalle vigenti leggi non possono procedere all'iscrizione di società nell'anagrafe delle ditte o negli albi se non venga prodotto l'atto scritto e registrato da cui risulti la costituzione della società.

5. Rimane fermo il disposto degli artt. 2669 e 2836 del codice civile per gli atti da trascrivere o iscrivere nei registri immobiliari.

6. I divieti di cui ai commi 1 e 2 non si applicano per gli atti allegati alle citazioni, ai ricorsi e agli scritti defensionali, o comunque prodotti o esibiti davanti a giudici e arbitri, né per quelli indicati nei provvedimenti giurisdizionali o nei lodi arbitrali. Quando tuttavia il provvedimento o il lodo arbitrale è emesso in base a tali atti, questi devono essere inviati in originale o in copia autenticata al competente ufficio del registro, insieme con il provvedimento, a cura del cancelliere o del segretario, e insieme con il lodo a cura del cancelliere della pretura ([1]) presso la quale è stato depositato ai fini della dichiarazione di esecutività; in questo caso gli atti in base ai quali è stato emesso il lodo devono essere depositati in cancelleria dalla parte interessata, insieme con questo.

7. Gli atti in base ai quali sono stati emessi provvedimenti giurisdizionali non soggetti a registrazione, di cui alla tabella, devono essere inviati all'ufficio del registro, a cura del cancelliere o del segretario, entro trenta giorni dalla data di pubblicazione degli stessi.

([1]) *Ai sensi del D.L.vo 19 febbraio 1998, n. 51, l'ufficio del pretore è soppresso a decorrere dal 2 giugno 1999, fatta salva l'attività necessaria per l'esaurimento degli affari pendenti. Le relative competenze sono trasferite al tribunale ordinario, fuori dei casi in cui è diversamente disposto dal predetto provvedimento.*

66. ([1]) **Divieto di rilascio di documenti relativi ad atti non registrati.** – 1. I soggetti indicati nell'art. 10, lett. *b*) e *c*), possono rilasciare originali, copie ed estratti degli atti soggetti a registrazione in termine fisso da loro formati o autenticati solo dopo che gli stessi sono stati registrati, indicando gli estremi della registrazione, compreso l'ammontare dell'imposta, con apposita attestazione da loro sottoscritta.

2. La disposizione di cui al comma 1 non si applica:

a) agli originali, copie ed estratti di sentenze ed altri provvedimenti giurisdizionali, o di atti formati dagli ufficiali giudiziari e dagli uscieri, che siano rilasciati per la prosecuzione del giudizio;

b) agli atti richiesti d'ufficio ai fini di un procedimento giurisdizionale, salvo il disposto del comma 7 dell'art. 65;

c) alle copie degli atti destinate alla trascrizione o iscrizione nei registri immobiliari;

d) alle copie degli atti occorrenti per l'approvazione od omologazione;

e) alle copie di atti che il pubblico ufficiale è tenuto per legge a depositare presso pubblici uffici ([2]).

3. Nei casi di cui al comma 2 deve essere apposta sull'originale, sulla copia o sull'estratto rilasciati prima della registrazione l'indicazione dell'uso.

([1]) *La Corte costituzionale, con sentenza n. 522 del 6 dicembre 2002, ha dichiarato l'illegittimità costituzionale di questo articolo, nella parte in cui non prevede che la disposizione di cui al comma 1 non si applica al rilascio dell'originale o della copia della sentenza o di altro provvedimento giurisdizionale, che debba essere utilizzato per procedere all'esecuzione forzata.*

([2]) *La Corte costituzionale, con sentenza n. 198 del 10 giugno 2010, ha dichiarato l'illegittimità costituzionale di questo comma nella parte in cui non prevede che la disposizione di cui al comma 1 non si applichi al rilascio di copia dell'atto conclusivo (sentenza o verbale di conciliazione) della causa di opposizione allo stato passivo fallimentare, ai fini della variazione di quest'ultimo.*

67. Repertorio degli atti formati da pubblici ufficiali. – 1. I soggetti indicati nell'art. 10, lett. *b*) e *c*), i capi delle amministrazioni pubbliche ed ogni altro funzionario autorizzato alla stipulazione dei contratti devono iscrivere in un apposito repertorio tutti gli atti del loro ufficio soggetti a registrazione in termine fisso.

2. Gli atti devono essere annotati sul repertorio giorno per giorno, senza spazi in bianco né interlinee e per ordine di numero con l'indicazione della data e del luogo dell'atto o dell'autenticazione, delle generalità e del domicilio o residenza delle parti, della natura e del contenuto dell'atto e del corrispettivo pattuito. A margine dell'annotazione devono essere indicati gli estremi della registrazione.

3. Negli uffici amministrativi, nei quali più funzionari sono incaricati della stipulazione degli atti, non si può tenere che un solo repertorio, salva espressa autorizzazione della competente intendenza di finanza.

4. I fogli dei repertori di cui ai commi 1, 2 e 3 devono essere numerati e vidimati dal pretore ([1]) competente per territorio, salvo per i notai quanto disposto dalle leggi ad essi relative.

5. Ai fini dell'annotazione di cui ai commi 1 e 2, i cancellieri desumono gli elementi riguardanti il domicilio o la residenza anagrafica delle parti dagli atti del procedimento. Nel caso di elezione di domicilio l'acquisizione

degli elementi anzidetti è effettuata tramite il domiciliatario o gli organi di polizia tributaria ([2]).

([1]) *Ai sensi del D.L.vo 19 febbraio 1998, n. 51, l'ufficio del pretore è soppresso a decorrere dal 2 giugno 1999, fatta salva l'attività necessaria per l'esaurimento degli affari pendenti. Le relative competenze sono trasferite al tribunale ordinario, fuori dei casi in cui è diversamente disposto dal predetto provvedimento.*

([2]) *Questo comma è stato aggiunto dall'art. 5 della L. 2 dicembre 1991, n. 399.*

68. Controllo del repertorio. – 1. I soggetti di cui all'art. 67 devono, entro il mese successivo a ciascun quadrimestre solare nei giorni indicati dall'ufficio del registro competente per territorio, presentare il repertorio all'ufficio stesso, che ne rilascia ricevuta.

2. L'ufficio del registro, dopo aver controllato la regolarità della tenuta del repertorio e della registrazione degli atti in esso iscritti, nonché la corrispondenza degli estremi di registrazione ivi annotati con le risultanze dei registri di formalità di cui all'art. 16 e dopo aver rilevato le eventuali violazioni e tutte le notizie utili, appone il proprio visto dopo l'ultima iscrizione indicando la data di presentazione e il numero degli atti iscritti o dichiarando che non ha avuto luogo alcuna iscrizione.

3. L'ufficio non può trattenere il repertorio oltre il terzo giorno non festivo successivo a quello di presentazione.

Titolo VII
Sanzioni

69. ([1]) **Omissione della richiesta di registrazione e della presentazione della denuncia.** – 1. Chi omette la richiesta di registrazione degli atti e dei fatti rilevanti ai fini dell'applicazione dell'imposta, ovvero la presentazione delle denunce previste dall'articolo 19 è punito con la sanzione amministrativa dal centoventi al duecentoquaranta per cento dell'imposta dovuta. Se la richiesta di registrazione è effettuata con ritardo non superiore a 30 giorni, si applica la sanzione amministrativa dal sessanta al centoventi per cento dell'ammontare delle imposte dovute, con un minimo di euro 200 ([2]).

([1]) *Questo articolo è stato così sostituito dall'art. 1, comma 1, lett.* b)*, del D.L.vo 18 dicembre 1997, n. 473, a decorrere dal 1° aprile 1998.*

([2]) *Questo periodo è stato aggiunto dall'art. 18, comma 1, lett.* a)*, del D.L.vo 24 settembre 2015, n. 158, a decorrere dal 1° gennaio 2016.*

70. [**Tardività del pagamento.** – (*Omissis*)] ([1]).

([1]) *Questo articolo è stato abrogato dall'art. 1, comma 1, lett.* g)*, del D.L.vo 18 dicembre 1997, n. 473, a decorrere dal 1° aprile 1998.*

71. ([1]) **Insufficiente dichiarazione di valore.** – 1. Se il valore definitivamente accertato dei beni o diritti di cui al terzo e al quarto comma dell'articolo 51, ridotto di un quarto, supera quello dichiarato, si applica la sanzione amministrativa dal cento al duecento per cento della maggiore imposta dovuta. Per i beni e i diritti di cui al quarto comma dell'articolo 52 la sanzione si applica anche se la differenza non è superiore al quarto del valore definitivamente accertato.

([1]) *Questo articolo è stato così sostituito dall'art. 1, comma 1, lett.* c), *del D.L.vo 18 dicembre 1997, n. 473, a decorrere dal 1° aprile 1998.*

72. ([1]) **Occultazione di corrispettivo.** – 1. Se viene occultato anche in parte il corrispettivo convenuto, si applica la sanzione amministrativa dal centoventi al duecentoquaranta per cento ([2]) della differenza tra l'imposta dovuta e quella già applicata in base al corrispettivo dichiarato, detratto, tuttavia, l'importo della sanzione eventualmente irrogata ai sensi dell'articolo 71.

([1]) *Questo articolo è stato così sostituito dall'art. 1, comma 1, lett.* d), *del D.L.vo 18 dicembre 1997, n. 473, a decorrere dal 1° aprile 1998.*

([2]) *Le parole: «dal duecento al quattrocento per cento» sono state così sostituite dalle seguenti: «dal centoventi al duecentoquaranta per cento», dall'art. 18, comma 1, lett.* b), *del D.L.vo 24 settembre 2015, n. 158, a decorrere dal 1° gennaio 2016.*

73. ([1]) **Omessa o irregolare tenuta o presentazione del repertorio.** – 1. Per l'omessa presentazione del repertorio ai sensi del primo comma dell'articolo 68, i pubblici ufficiali sono puniti con la sanzione amministrativa da € 1.032 a € 5.164.

2. I pubblici ufficiali che non hanno osservato le disposizioni dell'articolo 67 sono puniti con la sanzione amministrativa da € 516 a € 2.065.

3. Se la presentazione del repertorio avviene con ritardo superiore a sessanta giorni ovvero la sua regolarizzazione non avviene nel termine stabilito dall'amministrazione finanziaria i pubblici ufficiali possono essere sospesi dalle funzioni per un periodo non superiore a sei mesi.

4. Il procuratore della Repubblica, su rapporto dell'ufficio del registro, chiede all'autorità competente l'applicazione della sanzione accessoria prevista dal comma 3.

([1]) *Questo articolo è stato così sostituito dall'art. 1, comma 1, lett.* e), *del D.L.vo 18 dicembre 1997, n. 473, a decorrere dal 1° aprile 1998.*

74. ([1]) **Altre infrazioni.** – 1. Chi dichiara di non possedere, rifiuta di esibire o sottrae comunque all'ispezione le scritture contabili rilevanti per l'applicazione dell'articolo 51, quarto comma, e chi non ottempera alle richieste degli uffici del registro ai sensi dell'articolo 63, è punito con la sanzione amministrativa da € 258 a € 2.065.

1 *bis*. Per le violazioni conseguenti alle richieste di cui all'articolo 53 *bis*, si applicano le disposizioni di cui al decreto legislativo 18 dicembre 1997, n. 471 (2).

(1) *Questo articolo è stato così sostituito dall'art. 1, comma 1, lett.* f), *del D.L.vo 18 dicembre 1997, n. 473, a decorrere dal 1° aprile 1998.*

(2) *Questo comma è stato aggiunto dall'art. 35, comma 24, lett.* b), *del D.L. 4 luglio 2006, n. 223, convertito, con modificazioni, nella L. 4 agosto 2006, n. 248.*

75. (1) [**Applicazione e pagamento delle pene pecuniarie e soprattasse. –** (*Omissis*)].

(1) *Questo articolo è stato abrogato dall'art. 1, comma 1, lett.* g), *del D.L.vo 18 dicembre 1997, n. 473, a decorrere dal 1° aprile 1998.*

Titolo VIII
Decadenza e prescrizione

76. Decadenza dell'azione della finanza. – 1. L'imposta sugli atti soggetti a registrazione ai sensi dell'art. 5 non presentati per la registrazione deve essere richiesta, a pena di decadenza, nel termine di cinque anni dal giorno in cui, a norma degli artt. 13 e 14, avrebbe dovuto essere richiesta la registrazione o, a norma dell'art. 15, lett. *c*), *d*) ed *e*), si è verificato il fatto che legittima la registrazione d'ufficio. Nello stesso termine, decorrente dal giorno in cui avrebbero dovuto essere presentate, deve essere richiesta l'imposta dovuta in base alle denunce prescritte dall'art. 19.

1 *bis*. L'avviso di rettifica e di liquidazione della maggiore imposta di cui all'art. 52, comma 1, deve essere notificato entro il termine di decadenza di due anni dal pagamento dell'imposta proporzionale (1) (2).

2. Salvo quanto disposto nel comma 1 *bis*, l'imposta deve essere richiesta, a pena di decadenza, entro il termine di tre anni decorrenti, per gli atti presentati per la registrazione o registrati per via telematica (3):

a) dalla richiesta di registrazione se si tratta di imposta principale;

b) dalla data in cui è stata presentata la denuncia di cui all'art. 19, se si tratta di imposta complementare; dalla data della notificazione della decisione delle commissioni tributarie ovvero dalla data in cui la stessa è divenuta definitiva nel caso in cui sia stato proposto ricorso avverso l'avviso di rettifica e di liquidazione della maggiore imposta. Nel caso di occultazione di corrispettivo di cui all'art. 72, il termine decorre dalla data di registrazione dell'atto;

c) dalla data di registrazione dell'atto ovvero dalla data di presentazione della denuncia di cui all'art. 19, se si tratta di imposta suppletiva (4).

2 *bis*. Salvo quanto previsto nei commi 1 e 2, l'imposta relativa alle annualità successive alla prima, alle cessioni, risoluzioni e proroghe di cui al-

l'articolo 17, nonché le connesse sanzioni e gli interessi dovuti, sono richiesti, a pena di decadenza, entro il 31 dicembre del quinto anno successivo a quello di scadenza del pagamento ([5]).

3. L'avviso di liquidazione dell'imposta deve essere notificato al contribuente nei modi stabiliti nel comma 3 dell'art. 52.

4. La soprattassa e la pena pecuniaria devono essere applicate, a pena di decadenza, nel termine stabilito per chiedere l'imposta cui le stesse si riferiscono e, se questa non è dovuta, nel termine di cinque anni dal giorno in cui è avvenuta la violazione.

5. L'intervenuta decadenza non dispensa dal pagamento dell'imposta in caso di registrazione volontaria o quando si faccia uso dell'atto ai sensi dell'art. 6.

([1]) *Questo comma è stato aggiunto dall'art. 3, comma 135, della L. 28 dicembre 1995, n. 549.*

([2]) *La parola: «principale» è stata sostituita dalla parola: «proporzionale» dall'art. 24 della L. 18 febbraio 1999, n. 28.*

([3]) *Le parole: «o registrati per via telematica» sono state inserite dall'art. 8, comma 1, lett.* b)*, del D.P.R. 18 agosto 2000, n. 308.*

([4]) *Questo comma è stato così sostituito dall'art. 3, comma 135, della L. 28 dicembre 1995, n. 549.*

([5]) *Questo comma è stato inserito dall'art. 8, comma 10, del D.L. 2 marzo 2012, n. 16, convertito, con modificazioni, nella L. 26 aprile 2012, n. 44.*

77. Decadenza dell'azione del contribuente. – 1. Il rimborso dell'imposta, della soprattassa, della pena pecuniaria e degli interessi di mora deve essere richiesto, a pena di decadenza, dal contribuente o dal soggetto nei cui confronti la sanzione è stata applicata entro tre anni dal giorno del pagamento ovvero, se posteriore, da quello in cui è sorto il diritto alla restituzione.

2. Per i contratti a prezzo indeterminato, se la restituzione dipende dalla misura dell'imponibile il termine decorre dal giorno in cui ne è stato definitivamente stabilito il minore ammontare. Nei casi di cui alla lett. *a*) dell'art. 56 il termine decorre dalla data di notificazione della decisione.

3. La domanda di rimborso deve essere presentata all'ufficio che ha eseguito la registrazione, il quale deve rilasciarne ricevuta, ovvero essere spedita a mezzo plico raccomandato senza busta con avviso di ricevimento.

4. Per gli interessi di mora spettanti al contribuente sulle somme rimborsate si applicano le disposizioni delle leggi 26 gennaio 1961, n. 29, 28 marzo 1962, n. 147, e 18 aprile 1978, n. 130.

78. Prescrizione del diritto all'imposta. – 1. Il credito dell'amministrazione finanziaria per l'imposta definitivamente accertata si prescrive in dieci anni.

Titolo IX
Disposizioni transitorie e finali

79. Applicazione delle norme modificative, correttive e integrative. – 1. Le disposizioni del presente testo unico e dei relativi allegati modificative, correttive o integrative di quelle anteriormente in vigore si applicano agli atti pubblici formati, agli atti giudiziari pubblicati o emanati e alle scritture private autenticate a decorrere dalla data di entrata in vigore del testo unico stesso, nonché delle scritture private non autenticate e alle denunce presentate per la registrazione a decorrere da tale data. Tuttavia le disposizioni più favorevoli ai contribuenti, compresa quella del comma 4 dell'art. 52, hanno effetto anche per gli atti, scritture e denunce anteriori relativamente ai quali alla data di entrata in vigore del presente testo unico sia pendente controversia o non sia ancora decorso il termine di decadenza dell'azione della finanza, fermi restando gli accertamenti di maggior valore già divenuti definitivi, ma al rimborso di imposte già pagate si fa luogo soltanto nei casi in cui alla predetta data sia pendente controversia o sia stata presentata domanda di rimborso. Per l'anno 1986 per gli atti e le scritture relativi ai terreni si tiene conto dei coefficienti stabiliti ai fini delle imposte sul reddito per l'anno 1985.

2. Ai fini dell'applicazione della disposizione contenuta nell'art. 52, comma 4, per gli atti e scritture relativi a beni e diritti ivi indicati, presentati per la registrazione anteriormente alla data di pubblicazione del presente testo unico, per i quali alla data stessa non sia stato notificato avviso di accertamento di maggior valore, i contribuenti possono, senza applicazione della pena pecuniaria di cui all'art. 71, adeguare il valore dichiarato a quello risultante dall'applicazione dei moltiplicatori ai redditi catastali aggiornati con i coefficienti stabiliti per l'anno di registrazione dell'atto relativamente agli atti registrati anteriormente all'1 gennaio 1986 e con quelli stabiliti per l'anno 1985 relativamente agli atti registrati nel 1986 prima della pubblicazione del presente testo unico. A tal fine deve essere presentata all'ufficio del registro, entro tre mesi dall'entrata in vigore del presente testo unico, dichiarazione integrativa in duplice esemplare conforme al modello approvato con decreto del Ministro delle finanze pubblicato nella *Gazzetta Ufficiale*. L'ufficio, previo accertamento della conformità dei due esemplari e apposizione del timbro a calendario, ne restituisce uno e provvede a norma dell'art. 55. Per gli stessi atti e scritture i termini per l'accertamento di maggior valore aventi scadenza tra la data di pubblicazione e quella di entrata in vigore del presente testo unico sono prorogati a sei mesi da questa.

3. Per la prima proroga, anche tacita, intervenuta dopo l'entrata in vigore del presente testo unico, dei contratti di locazione e di affitto di beni immobili registrati a norma dell'art. 16 *bis* del D.P.R. 26 ottobre 1972, n. 634, deve essere presentata richiesta di registrazione a norma dell'art. 12 del presente testo unico.

4. L'imposta prevista dall'art. 4, n. 6), della parte prima della tariffa per la conversione di obbligazioni in azioni non è dovuta fino a concorrenza di quella pagata anteriormente all'entrata in vigore del presente testo unico in dipendenza del collocamento delle obbligazioni.

5. La disposizione del comma 4, prima parte, dell'art. 56 ha effetto dall'1 gennaio 1973.

80. Altre disposizioni. – 1. La disposizione del comma 3 dell'art. 21, relativa agli accolli di debiti e oneri, ha effetto dall'1 gennaio 1973 per gli atti pubblici formati, per gli atti giudiziari pubblicati o emanati e per le scritture private autenticate o presentate per la registrazione anteriormente alla data di entrata in vigore del presente testo unico, relativamente ai quali alla data stessa sia pendente controversia o non sia ancora decorso il termine di decadenza dell'azione della finanza o quello dell'azione del contribuente per il rimborso.

2. L'imposta relativa alla riunione dell'usufrutto alla nuda proprietà trasferita a titolo oneroso con atti posti in essere quando era in vigore il regio decreto 30 dicembre 1923, n. 3269, si applica solo se la consolidazione dell'usufrutto si è verificata anteriormente alla data di entrata in vigore del D.P.R. 26 ottobre 1972, n. 634. Non si fa luogo a rimborso delle imposte già pagate, salvo i casi in cui alla data del 20 novembre 1985 risultasse presentato il ricorso.

3. Rimangono ferme, in quanto applicabili, le disposizioni dell'art. 77 del D.P.R. 26 ottobre 1972, n. 634, e quelle dell'art. 6 del D.P.R. 6 dicembre 1977, n. 914.

81. Entrata in vigore. – 1. Il presente testo unico entra in vigore l'1 luglio 1986.

TARIFFA (*)

(*) *Per effetto dell'art. 10, comma 6, 8 e 9, del D.L. 20 giugno 1996, n. 323, conv., con modif., nella L. 8 agosto 1996, n. 425, l'importo di ciascuna delle imposte di registro, ipotecaria e catastale, stabilito in misura fissa dalle disposizioni vigenti anteriormente al 20 giugno 1996, è elevato a € 129,11 (**), con riferimento agli atti giudiziari pubblicati o emanati, agli atti pubblici formati, alle donazioni fatte e alle scritture private autenticate a partire dal 20 giugno 1996, nonché alle scritture private non autenticate e alle denunce presentate per la registrazione da tale data.*

L'aumento non si applica alle locazioni e affitti di beni immobili ed alle misure previste dall'articolo 7 della tariffa, parte prima, allegata al testo unico delle disposizioni concernenti l'imposta di registro, approvato con decreto del Presidente della Repubblica 26 aprile 1986, n. 131.

(**) *Importo così elevato ad euro 168,00 per effetto dell'allegato 2* bis *alla L. 30 dicembre 2004, n. 311, così come inserito dall'art. 7, comma 1, lett.* b), *del D.L. 31 gennaio 2005, n. 7, convertito, con modificazioni, nella L. 31 marzo 2005, n. 43.*

Parte Prima
Atti soggetti a registrazione in termine fisso

1. Atti traslativi a titolo oneroso della proprietà di beni immobili in genere e atti traslativi o costitutivi di diritti reali immobiliari di godimento, compresi la rinuncia pura e semplice agli stessi, i provvedimenti di espropriazione per pubblica utilità e i trasferimenti coattivi: 9%.

Se il trasferimento ha per oggetto case di abitazione, ad eccezione di quelle di categoria catastale A1, A8 e A9, ove ricorrano le condizioni di cui alla nota II *bis*): 2% ([1]).

Se il trasferimento ha per oggetto terreni agricoli e relative pertinenze a favore di soggetti diversi dai coltivatori diretti e dagli imprenditori agricoli professionali, iscritti nella relativa gestione previdenziale ed assistenziale: 15 per cento ([2]) ([3]).

Se il trasferimento è effettuato nei confronti di banche e intermediari finanziari autorizzati all'esercizio dell'attività di leasing finanziario, e ha per oggetto case di abitazione, di categoria catastale diversa da Al, A8 e A9, acquisite in locazione finanziaria da utilizzatori per i quali ricorrono le condizioni di cui alle note II *bis*) e II *sexies*): 1,5 per cento ([4]).

NOTE

(I) - (II) ([5])

II *bis*) ([6]) ([7]) 1. Ai fini dell'applicazione dell'aliquota del 2 per cento ([8]) agli atti traslativi a titolo oneroso della proprietà di case di abitazione non di lusso e agli atti traslativi o costitutivi della nuda proprietà, dell'usufrutto, dell'uso e dell'abitazione relativi alle stesse, devono ricorrere le seguenti condizioni:

a) che l'immobile sia ubicato nel territorio del comune in cui l'acquirente ha o stabilisca entro diciotto mesi dall'acquisto ([9]) la propria residenza o, se diverso, in quello in cui l'acquirente svolge la propria attività ovvero, se trasferito all'estero per ragioni di lavoro, in quello in cui ha sede o esercita l'attività il soggetto da cui dipende ovvero, nel caso in cui l'acquirente sia cittadino italiano emigrato all'estero, che l'immobile sia acquistato come prima casa sul territorio italiano. La dichiarazione di voler stabilire la residenza nel comune ove è ubicato l'immobile acquistato deve essere resa, a pena di decadenza, dall'acquirente nell'atto di acquisto ([10]) ([11]);

b) che nell'atto di acquisto l'acquirente dichiari di non essere titolare esclusivo o in comunione con il coniuge dei diritti di proprietà, usufrutto, uso e abitazione di altra casa di abitazione nel territorio del comune in cui è situato l'immobile da acquistare;

c) che nell'atto di acquisto l'acquirente dichiari di non essere titolare, neppure per quote, anche in regime di comunione legale su tutto il territorio nazionale dei diritti di proprietà, usufrutto, uso, abitazione e nuda proprietà su altra casa di abitazione acquistata dallo stesso soggetto o dal coniuge con le agevolazioni di cui al presente articolo ovvero di cui all'art. 1 della L. 22 aprile 1982, n. 168, all'art. 2 del D.L. 7 febbraio 1985, n. 12, convertito, con modificazioni, dalla L. 5 aprile 1985, n. 118, all'art. 3, comma 2, della L. 31 dicembre 1991, n. 415, all'art. 5, commi 2 e 3, dei D.L. 21 gennaio 1992, n. 14, 20 marzo 1992, n. 237, e 20 maggio 1992, n. 293, all'art. 2, commi 2 e 3, del D.L. 24 luglio 1992, n. 348, all'art. 1, commi 2 e 3, del D.L. 24 settembre 1992, n. 388, all'art. 1, commi 2 e 3, del D.L. 24 novembre 1992, n. 455, all'art. 1, comma 2, del D.L. 23 gennaio 1993, n. 16, convertito, con modificazioni, dalla L. 24 marzo 1993, n. 75, e all'art. 16 del D.L. 22 maggio 1993, n. 155, convertito, con modificazioni, dalla L. 19 luglio 1993, n. 243.

2. In caso di cessioni soggette ad imposta sul valore aggiunto le dichiarazioni di cui alle lett. *a*), *b*) e *c*) del comma 1, comunque riferite al momento in cui si realizza l'effetto traslativo, possono essere effettuate, oltre che nell'atto di acquisto, anche in sede di contratto preliminare.

3. Le agevolazioni di cui al comma 1, sussistendo le condizioni di cui alle lett. *a*), *b*) e *c*) del medesimo comma 1, spettano per l'acquisto, anche se con atto separato, delle pertinenze dell'immobile di cui alla lett. *a*). Sono ricomprese tra le pertinenze, limitatamente ad una per ciascuna categoria, le unità immobiliari classificate o classificabili nelle categorie catastali C/2, C/6 e C/7, che siano destinate a servizio della casa di abitazione oggetto dell'acquisto agevolato.

4. In caso di dichiarazione mendace, o di trasferimento per atto a titolo oneroso o gratuito degli immobili acquistati con i benefici di cui al presente articolo prima del decorso del termine di cinque anni dalla data del loro acquisto, sono dovute le imposte di registro, ipotecaria e catastale nella misura ordinaria, nonché una soprattassa pari al 30 per cento delle stesse imposte. Se si tratta di cessioni soggette all'imposta sul valore aggiunto, l'ufficio dell'Agenzia delle entrate presso cui sono stati registrati i relativi atti deve recuperare nei confronti degli acquirenti la differenza fra l'imposta calcolata in base all'aliquota applicabile in assenza di agevolazioni e quella risultante dall'applicazione dell'aliquota agevolata, nonché irrogare la sanzione amministrativa, pari al 30 per cento della differenza medesima ([12]). Sono dovuti gli interessi di mora di cui al comma 4 dell'art. 55 del presente testo unico. Le predette disposizioni non si applicano nel caso in cui il contribuente, entro un anno dall'alienazione dell'immobile acquistato con i benefici di cui al presente articolo, proceda all'acquisto di altro immobile da adibire a propria abitazione principale.

4 *bis*. L'aliquota del 2 per cento si applica anche agli atti di acquisto per i quali l'acquirente non soddisfa il requisito di cui alla lettera *c*) del comma 1 e per i quali i requisiti di cui alle lettere *a*) e *b*) del medesimo comma si verificano senza tener conto dell'immobile acquistato con le agevolazioni elencate nella lettera *c*), a condizione che quest'ultimo immobile sia alienato entro un anno dalla data dell'atto. In mancanza di detta alienazione, all'atto di cui al periodo precedente si applica quanto previsto dal comma 4 ([13]).

II *ter*). - II *quinquies*). ([5])

II *sexies*) Nell'applicazione della nota II *bis*) ai trasferimenti effettuati nei confronti di banche e intermediari finanziari autorizzati all'esercizio dell'attività di leasing finanziario, si considera, in luogo dell'acquirente, l'utilizzatore e, in luogo dell'atto di acquisto, il contratto di locazione finanziaria ([14]).

([1]) *Questo comma è stato così sostituito dall'art. 10, comma 1, lett. a), del D.L.vo 14 marzo 2011, n. 23, a decorrere dal 1° gennaio 2014. Si veda altresì l'art. 10, commi 2-5 del medesimo provvedimento di cui si riporta il testo:*

«2. Nei casi di cui al comma 1, l'imposta, comunque, non può essere inferiore a 1.000 euro.

3. Gli atti assoggettati all'imposta di cui ai commi 1 e 2 e tutti gli atti e le formalità direttamente conseguenti posti in essere per effettuare gli adempimenti presso il catasto ed i registri immobiliari sono esenti dall'imposta di bollo, dai tributi speciali catastali e dalle tasse ipotecarie e sono soggetti a ciascuna delle imposte ipotecaria e catastale nella misura fissa di euro cinquanta.

4. In relazione agli atti di cui ai commi 1 e 2 sono soppresse tutte le esenzioni e le agevolazioni tributarie, anche se previste in leggi speciali, ad eccezione delle disposizioni di cui all'articolo 2, comma 4 bis, *del decreto legge 30 dicembre 2009, n. 194, convertito, con modificazioni, dalla legge 26 febbraio 2010, n. 25.*

5. Le disposizioni del presente articolo si applicano a decorrere dal 1° gennaio 2014.».

(2) *Le parole: «12 per cento» sono state così sostituite dalle attuali: «15 per cento» dall'art. 1, comma 905, della L. 28 dicembre 2015, n. 208.*

(3) *Questo capoverso è stato aggiunto dall'art. 1, comma 609, della L. 27 dicembre 2013, n. 147.*

(4) *Questo capoverso è stato aggiunto dall'art. 1, comma 83, lett.* b), *n. 1), della L. 28 dicembre 2015, n. 208. A norma dell'art. 1, comma 84, della medesima legge tali disposizioni si applicano dal 1° gennaio 2016 al 31 dicembre 2020.*

(5) *Queste note sono state abrogate dall'art. 10, comma 1, lett.* b), *del D.L.vo 14 marzo 2011, n. 23, a decorrere dal 1° gennaio 2014.*

(6) *Questa nota è stata aggiunta dall'art. 16, comma 1, del D.L. 22 maggio 1993, n. 155, conv., con modif., nella L. 19 luglio 1993, n. 243 e poi così sostituita dall'art. 3, comma 131, della L. 28 dicembre 1995, n. 549.*

(7) *A norma dell'art. 24 del D.L. 8 aprile 2020, n. 23, convertito, con modificazioni, nella L. 6 giugno 2020, n. 40, così come modificata dall'art. 3, comma 11* quinquies, *del D.L. 31 dicembre 2020, n. 183, convertito, con modificazioni, nella L. 26 febbraio 2021, n. 21, i termini previsti da questa nota ai fini del riconoscimento del credito d'imposta per il riacquisto della prima casa, sono sospesi nel periodo compreso tra il 23 febbraio 2020 e il 31 dicembre 2021.*

(8) *Le parole: «dell'aliquota del 3 per cento» sono state così sostituite dalle attuali: «dell'aliquota del 2 per cento» dall'art. 10, comma 1, lett.* c), *del D.L.vo 14 marzo 2011, n. 23, a decorrere dal 1° gennaio 2014.*

(9) *Le parole: «entro un anno dall'acquisto» sono state così sostituite dalle attuali: «entro diciotto mesi dall'acquisto» dall'art. 33, comma 12, della L. 23 dicembre 2000, n. 388.*

(10) *A norma dell'art. 1, comma 9* quinquies, *del D.L. 12 maggio 2014, n. 74, convertito, con modificazioni, nella L. 27 giugno 2014, n. 93, i termini previsti da questa lettera sono prorogati fino al termine di un anno dalla data di entrata in vigore della legge di conversione del presente decreto. Tale disposizione si applica ai contribuenti proprietari di immobili situati nei comuni interessati dagli eventi sismici elencati nel decreto legge 6 giugno 2012, n. 74, convertito, con modificazioni, dalla legge 1° agosto 2012, n. 122.*

(11) *A norma dell'art. 119, comma 10* ter, *del D.L. 19 maggio 2020, n. 34, convertito, con modificazioni, nella L. 17 luglio 2020, n. 77, così come modificato dall'art. 33* bis, *comma 1, lett.* c), *del D.L. 31 maggio 2021, n. 77, convertito, con modificazioni, nella L. 29 luglio 2021, n. 108, nel caso di acquisto di immobili sottoposti ad uno o più interventi di cui al comma 1, lettere* a), b) *e* c), *il termine per stabilire la residenza di cui a questa lettera, è di trenta mesi dalla data di stipulazione dell'atto di compravendita.*

(12) *Questo periodo è stato così sostituito dall'art. 41* bis, *comma 5, del D.L. 30 settembre 2003, n. 269, convertito, con modificazioni, nella L. 24 novembre 2003, n. 326.*

(13) *Questo comma è stato aggiunto dall'art. 1, comma 55, della L. 28 dicembre 2015, n. 208, a decorrere dal 1° gennaio 2016.*

(14) *Questa nota è stata aggiunta dall'art. 1, comma 83, lett.* b), *n. 2), della L. 28 dicembre 2015, n. 208. A norma dell'art. 1, comma 84, della medesima legge tali disposizioni si applicano dal 1° gennaio 2016 al 31 dicembre 2020.*

2. Atti di cui al comma 1 dell'art. 1 relativi a beni diversi da quelli indicati nello stesso articolo e nel successivo art. 7: 3%.

Se il trasferimento avviene a favore dello Stato, ovvero a favore di enti pubblici territoriali, o consorzi costituiti esclusivamente tra gli stessi, ovvero a favore di comunità montane: € 200,00 (1).

2. Contratti di associazione in partecipazione con apporto di beni diversi da quelli indicati nell'articolo 1 e nel successivo articolo 7: € 200,00 (1) (2).

(1) Il precedente importo di euro 168,00 è stato così elevato dall'art. 26, comma 2, del D.L. 12 settembre 2013, n. 104, convertito, con modificazioni, nella L. 8 novembre 2013, n. 128. A norma dello stesso articolo, comma 3, tali disposizioni hanno effetto dal 1º gennaio 2014 e, in particolare, hanno effetto per gli atti giudiziari pubblicati o emanati, per gli atti pubblici formati, per le donazioni fatte e per le scritture private autenticate a partire da tale data, per le scritture private non autenticate e per le denunce presentate per la registrazione dalla medesima data, nonché per le formalità di trascrizione, di iscrizione, di rinnovazione eseguite e per le domande di annotazione presentate a decorrere dalla stessa data.

(2) Questo comma è stato così sostituito dall'art. 10, comma 1, lett. b), della L. 23 dicembre 1999, n. 488. A norma dell'art. 10, comma 2, della medesima legge per gli aumenti di capitale sociale, tali disposizioni si applicano a decorrere da quelli sottoscritti nel trimestre in corso al 31 dicembre 1999, la cui denuncia deve presentarsi successivamente a tale data.

3. Atti di natura dichiarativa relativi a beni o rapporto di qualsiasi natura, salvo il successivo art. 7: 1%.

4. Atti propri delle società di qualunque tipo ed oggetto e degli enti diversi dalle società, compresi i consorzi, le associazioni e le altre organizzazioni di persone o di beni, con o senza personalità giuridica, aventi per oggetto esclusivo o principale l'esercizio di attività commerciali o agricole:

a) costituzione e aumento del capitale o patrimonio:

1) con conferimento di proprietà o diritto reale di godimento su beni immobili, salvo il successivo n. 2): le stesse aliquote di cui all'art. 1.

2) con conferimento di proprietà o diritto reale di godimento su fabbricati destinati specificamente all'esercizio di attività commerciali e non suscettibili di altra destinazione senza radicale trasformazione nonché su aree destinate ad essere utilizzate per la costruzione dei suddetti fabbricati o come loro pertinenze, sempreché i fabbricati siano ultimati entro cinque anni dal conferimento e presentino le indicate caratteristiche: 4%.

3) con conferimento di proprietà o diritto reale di godimento su aziende o su complessi aziendali relativi a singoli rami dell'impresa: € 200,00 (1).

4) con conferimento di proprietà o di diritto reale di godimento su unità da diporto (2): le stesse imposte di cui al successivo art. 7.

5) con conferimento di denaro, di beni mobili, esclusi quelli di cui all'articolo 11 *bis* della tabella, (3) e di diritti diversi da quelli indicati nei numeri precedenti: € 200,00 (1).

6) ([4]) mediante conversione di obbligazioni in azioni o passaggio a capitale di riserve diverse da quelle costituite con sopraprezzi o con versamenti dei soci in conto capitale o a fondo perduto e da quelle iscritte in bilancio a norma di leggi di rivalutazione monetaria: € 200,00 ([1]).

b) fusione tra società, scissione delle stesse, conferimento di aziende o di complessi aziendali relativi a singoli rami dell'impresa fatto da una società ad altra società esistente o da costruire; analoghe operazioni poste in essere da enti diversi dalle società: € 200,00 ([5]) ([6]).

c) altre modifiche statutarie, comprese le trasformazioni e le proroghe: € 200,00 ([5]).

d) assegnazione ai soci, associati o partecipanti:

1) se soggette all'imposta sul valore aggiunto o aventi per oggetto utili in denaro: € 200,00 ([5]).

2) in ogni altro caso: le stesse aliquote di cui alla lett. *a*).

e) regolarizzazione di società di fatto, derivanti da comunione ereditaria di azienda, tra eredi che continuano in forma societaria l'esercizio dell'impresa: € 200,00 ([1]).

f) operazioni di società ed enti esteri di cui all'art. 4 del testo unico: € 200,00 ([1]).

g) ([7]) atti propri dei gruppi europei di interesse economico: € 200,00 ([1]).

NOTE ([8])

I) La proprietà ed i diritti reali su immobili o unità da diporto si intendono conferiti alla data dell'atto che comporta il loro trasferimento o la loro costituzione.

II) L'imposta di cui alla lettera *e*) si applica se l'atto di regolarizzazione è registrato entro un anno dall'apertura della successione. In ogni altro caso di regolarizzazione di società di fatto, ancorché derivanti da comunioni ereditarie, l'imposta si applica a norma dell'articolo 22 del testo unico.

III) Per gli atti propri delle società ed enti diversi da quelli indicati nel presente articolo si applica l'articolo 9 della tabella.

IV) Gli atti di cui alla lettera *a*) sono soggetti all'imposta nella misura fissa di € 200,00 ([5]) se la società destinataria del conferimento ha la sede legale o amministrativa in altro Stato membro dell'Unione europea.

V) Per gli atti propri dei gruppi europei di interesse economico contemplati alla lettera *a*), numero 4), si applicano le imposte ivi previste.

([1]) *Le parole*: «*1 per cento*» *sono state così sostituite dalle attuali*: «*lire 250.000*» (*€ 168,00*) *dall'art. 10, comma 1, lett.* c), *n.* 1), *della L. 23 dicembre 1999, n. 488. Il precedente importo di euro 168,00 è stato così elevato dall'art. 26, comma 2, del D.L. 12 settembre 2013, n. 104, convertito, con modificazioni, nella L. 8 novembre 2013, n. 128. A norma dello stesso articolo, comma 3, tali disposizioni hanno effetto dal 1º gennaio 2014 e, in* *particolare, hanno effetto per gli atti giudiziari pubblicati o emanati, per gli atti pubblici formati, per le donazioni fatte e per le scritture private autenticate a partire da tale data, per le scritture private non autenticate e per le denunce presentate per la registrazione dalla medesima data, nonché per le formalità di trascrizione, di iscrizione, di rinnovazione eseguite e per le domande di annotazione presentate a decorrere dalla stessa data.*

(2) *La parola: «autoveicoli» è stata sostituita dalle attuali: «unità da diporto» dall'art. 57, comma 1, lett. c), n. 1) del D.L.vo 15 dicembre 1997, n. 446, con effetto dal 1° gennaio 1999.*

(3) *Le parole: «, esclusi quelli di cui all'articolo 11* bis *della tabella,» sono state inserite dall'art. 57, comma 1, lett. c), n. 1), del D.L.vo 15 dicembre 1997, n. 446, con effetto dal 1° gennaio 1999.*

(4) *A norma dell'art. 9, comma 11* bis*, del D.L. 23 gennaio 1993, n. 16, conv., con modif., nella L. 24 marzo 1993, n. 75, questa disposizione deve intendersi applicabile, per la parte in cui esclude dall'imposta proporzionale di registro di aumenti di capitale mediante utilizzo di riserve iscritte in bilancio a norma di leggi di rivalutazione monetaria, anche agli aumenti di capitale effettuati mediante passaggio a capitale di riserve iscritte in bilancio a norma dell'art. 4 della L. 29 dicembre 1990, n. 408, e dell'art. 26 della L. 30 dicembre 1991, n. 413.*

(5) *Il precedente importo di euro 168,00 è stato così elevato dall'art. 26, comma 2, del D.L. 12 settembre 2013, n. 104, convertito, con modificazioni, nella L. 8 novembre 2013, n. 128. A norma dello stesso articolo, comma 3, tali disposizioni hanno effetto dal 1° gennaio 2014 e, in particolare, hanno effetto per gli atti giudiziari pubblicati o emanati, per gli atti pubblici formati, per le donazioni fatte e per le scritture private autenticate a partire da tale data, per le scritture private non autenticate e per le denunce presentate per la registrazione dalla medesima data, nonché per le formalità di trascrizione, di iscrizione, di rinnovazione eseguite e per le domande di annotazione presentate a decorrere dalla stessa data.*

(6) *Questa lettera è stata così sostituita dall'art. 10, comma 5, del D.L. 20 giugno 1996, n. 323, conv., con modif., nella L. 8 agosto 1996, n. 425.*

(7) *Questa lettera è stata aggiunta dall'art. 12 del D.L.vo 23 luglio 1991, n. 240, istitutivo del GEIE.*

(8) *Queste note sono state così sostituite dall'art. 10, comma 1, lett.* c)*, n. 2), della L. 23 dicembre 1999, n. 488. A norma dell'art. 10, comma 2, della medesima legge per gli aumenti di capitale sociale, queste disposizioni si applicano a decorrere da quelli sottoscritti nel trimestre in corso al 31 dicembre 1999, la cui denuncia deve presentarsi successivamente a tale data.*

5. Locazioni e affitti di beni immobili:

a) quando hanno per oggetto fondi rustici: 0,50%;

a bis) quando hanno per oggetto immobili strumentali ancorché assoggettati all'imposta sul valore aggiunto, di cui all'articolo 10, primo comma, numero 8), del decreto del Presidente della Repubblica 26 ottobre 1972, n. 633: 1 per cento (1);

b) in ogni altro caso: 2%.

Concessioni su beni demaniali, cessioni e surrogazioni relative: 2%.

Concessioni di diritti d'acqua a tempo determinato, cessioni e surrogazioni relative: 0,50%.

Contratti di comodato di beni immobili: € 200,00 (2).

NOTE (3)

I) Per i contratti di locazione e sublocazione di immobili urbani di durata pluriennale, l'imposta, se corrisposta per l'intera durata del contratto, si riduce di una percentuale pari alla metà del tasso di interesse legale moltiplicato per il numero delle annualità; la cessione senza corrispettivo degli stessi contratti è assoggettata all'imposta nella misura fissa di € 67,00 (4).

II) In ogni caso l'ammontare dell'imposta, per le locazioni e gli affitti di beni immobili, non può essere inferiore alla misura fissa di € 67,00 (4).

II *bis*) Per i contratti di affitto di fondi rustici di cui all'articolo 17, comma 3 *bis*, l'aliquota si applica sulla somma dei corrispettivi pattuiti per i singoli contratti. In ogni caso l'ammontare dell'imposta dovuta per la denuncia non può essere inferiore alla misura fissa di € 67,00 (4).

(1) *Questa lettera è stata inserita dall'art. 35, comma 10, lett.* c), *del D.L. 4 luglio 2006, n. 223, convertito, con modificazioni, nella L. 4 agosto 2006, n. 248.*

(2) *Il precedente importo di euro 168,00 è stato così elevato dall'art. 26, comma 2, del D.L. 12 settembre 2013, n. 104, convertito, con modificazioni, nella L. 8 novembre 2013, n. 128. A norma dello stesso articolo, comma 3, tali disposizioni hanno effetto dal 1° gennaio 2014 e, in particolare, hanno effetto per gli atti giudiziari pubblicati o emanati, per gli atti pubblici formati, per le donazioni fatte e per le scritture private autenticate a partire da tale data, per le scritture private non autenticate e per le denunce presentate per la registrazione dalla medesima data, nonché per le formalità di trascrizione, di iscrizione, di rinnovazione eseguite e per le domande di annotazione presentate a decorrere dalla stessa data.*

(3) *Le note I e II sono state aggiunte dall'art. 21, comma 18, lett.* d), *della L. 27 dicembre 1997, n. 449. La nota II* bis *è stata poi aggiunta dall'art. 7, comma 8, della L. 23 dicembre 1998, n. 448, con effetto dal 1° gennaio 1999.*

(4) *Le parole*: «*lire 100.000*» (N.d.R.: *euro 51,65*) *sono state così sostituite dalle attuali*: «*euro 67,00*» *dall'allegato 2* bis, *punto 2), lett.* a), *alla L. 30 dicembre 2004, n. 311, così come inserito dall'art. 7, comma 1, lett.* b), *del D.L. 31 gennaio 2005, n. 7, convertito, con modificazioni, nella L. 1 marzo 2005, n. 43.*

6. Cessioni di crediti, compensazioni e remissioni di debiti, quietanze, tranne quelle rilasciate mediante scrittura privata non autenticata; garanzie reali e personali a favore di terzi, se non richieste dalla legge: 0,50%.

NOTA

Le garanzie personali prestate in solido da più soggetti danno luogo all'applicazione di una sola imposta, salva l'applicazione dell'imposta fissa per quelle non contestuali.

7. (1) (2) Atti di natura traslativa o dichiarativa aventi per oggetto:

a) motocicli di qualsiasi tipo, motocarrozzette e trattrici agricole: € 77,47 (3);

b) veicoli a motore destinati al trasporto di persone o al trasporto promiscuo di persone o cose:

1) autovetture e autoveicoli fino a 53 KW ovvero autobus e trattori stradali fino a 110 KW: € 77,47;

2) autovetture e autoveicoli oltre 53 KW, per ogni KW: € 1,81;

3) autobus e trattori stradali oltre 110 KW, per ogni KW: € 0,90 (3);

[*c*) veicoli a motore destinati al trasporto di cose di portata:

1) fino a 7 q.li: lire 198.000;

2) da oltre 7 fino a 15 q.li: lire 288.000;

3) da oltre 15 fino a 30 q.li: lire 324.000;

4) da oltre 30 fino a 45 q.li: lire 378.000;

5) da oltre 45 fino a 60 q.li: lire 450.000;

6) da oltre 60 fino a 80 q.li: lire 516.000;

7) oltre 80 q.li: lire 642.000] (4);

[*d*) rimorchi di portata:

1) fino a 20 q.li: lire 264.000;

2) da oltre 20 fino a 50 q.li: lire 354.000;

3) oltre 50 q.li: lire 450.000] (4);

[*e*) rimorchi per trasporto di persone:

1) fino a 15 posti: lire 228.000;

2) da 16 a 25 posti: lire 252.000;

3) da 26 a 40 posti: lire 300.000;

4) oltre i 40 posti: lire 360.000] (4);

f) unità da diporto (5):

1) natanti:

a) fino a sei metri di lunghezza fuori tutto: € 71,00 (6);

b) oltre sei metri di lunghezza fuori tutto: € 142,00 (6);

2) imbarcazioni:

a) fino a otto metri di lunghezza fuori tutto: € 404,00 (6);

b) fino a dodici metri di lunghezza fuori tutto: € 607,00 (6);

c) fino a diciotto metri di lunghezza fuori tutto: € 809,00 (6);

d) oltre diciotto metri di lunghezza fuori tutto: € 1.011,00 (6);

3) navi: € 5.055,00 (6).

NOTE

[I) Per gli autoveicoli muniti di carta di circolazione per uso speciale ed i rimorchi destinati a servire detti veicoli – sempreché non siano adatti al trasporto di cose – l'imposta è ridotta ad un quarto. Analoga riduzione, da operarsi sull'imposta indicata nella lett. *d*), si applica per i rimorchi ad uso abitazione per campeggio e simili] (4).

[II) Non sono soggette a registrazione le scritture private, con sottoscrizione autenticata o accertata giudizialmente, da prodursi al Pubblico Registro Automobilistico per formalità di trascrizione, iscrizione e annotazione, qualora contengano esclusivamente convenzioni soggette a tali formalità] ([4]).

([1]) *Gli importi di questo articolo sono stati così, da ultimo, aumentati dall'art. 17 del D.L. 22 maggio 1993, n. 155, conv., in L. 19 luglio 1993, n. 243.*

([2]) *A norma dell'art. 17, comma 20, della L. 27 dicembre 1997, n. 449, per le violazioni commesse alla data del 30 settembre 1997, relative a questa imposta, con esclusione della lettera* f), *non si applicano le soprattasse e le pene pecuniarie a condizione che il contribuente provveda alla richiesta della formalità prevista e contestualmente al versamento dei tributi dovuti nella misura e con le modalità vigenti al momento della richiesta della stessa formalità al Pubblico registro automobilistico competente. Sui versamenti effettuati non sono dovuti gli interessi di mora. Entro il 30 giugno 1998 il contribuente è tenuto a presentare, presso l'ufficio del Pubblico registro automobilistico competente, apposita istanza e ad adempiere alle formalità e al relativo versamento con le modalità stabilite con decreto direttoriale.*

([3]) *Questa lettera è stata così sostituita dall'art. 2, comma 1, del D.M. 8 luglio 1998, n. 223. Si veda altresì l'art. 3 dello stesso D.M. che si riporta*:

«3. *1. Le disposizioni di cui al presente decreto si applicano alle formalità di trascrizione e iscrizione relative agli atti pubblici stipulati, alle scritture private con sottoscrizione autenticata o accertata giudizialmente dal 1° luglio 1998 nonché agli acquisti di veicoli per causa di morte in dipendenza di successione apertasi a decorrere da tale data. Le stesse disposizioni si applicano per determinare l'ammontare dell'addizionale provinciale all'imposta erariale di trascrizione*».

([4]) *Le lettere da* a) *ad* e) *e le note sono state abrogate dall'art. 57, comma 1, lett.* c), *n.* 2), *del D.L.vo 15 dicembre 1997, n. 446, con effetto dal 1° gennaio 1999.*

([5]) *Questa lettera è stata così sostituita dall'art. 8, comma 3 del D.L. 13 maggio 1991, n. 151, conv., con modif., nella L. 12 luglio 1991, n. 202.*

([6]) *Le parole*: «*L. 105.000*» (N.d.R.: *€ 54,23*); «*L. 210.000*» (N.d.R.: *€ 108,46*); «*L. 600.000*» (N.d.R.: *€ 309,87*); «*L. 900.000*» (N.d.R.: *€ 464,81*); «*L. 1.200.000*» (N.d.R.: *€ 619,75*); «*L. 1.500.000*» (N.d.R.: *€ 774,69*); «*L. 7.500.000*» (N.d.R.: *€ 3.873,43*) *sono state così rispettivamente sostituite dagli attuali importi in euro dall'allegato 2* bis, *punto* 2), *lett.* b), *alla L. 30 dicembre 2004, n. 311, così come inserito dall'art. 7, comma 1, lett.* b), *del D.L. 31 gennaio 2005, n. 7, convertito, con modificazioni, nella L. 31 marzo 2005, n. 43.*

8. Atti dell'autorità giudiziaria ordinaria e speciale in materia di controversie civili che definiscono, anche parzialmente, il giudizio, compresi i decreti ingiuntivi esecutivi, i provvedimenti di aggiudicazione e quelli di assegnazione, anche in sede di scioglimento di comunioni, le sentenze che rendono efficaci nello Stato sentenze straniere e i provvedimenti che dichiarano esecutivi i lodi arbitrali:

a) recanti trasferimento o costituzione di diritti reali su beni immobili o su unità da diporto ([1]) ovvero su altri beni e diritti: le stesse imposte stabilite per i corrispondenti atti;

b) recanti condanna al pagamento di somme o valori, ad altre prestazioni o alla consegna di beni di qualsiasi natura: 3% ([2]);

c) di accertamento di diritti a contenuto patrimoniale: 1% ([3]);

d) non recanti trasferimento, condanna o accertamento di diritti a contenuto patrimoniale: € 200,00 ([4]);

e) che dichiarano la nullità o pronunciano l'annullamento di un atto, ancorché portanti condanna alla restituzione in denaro o beni, o la risoluzione di un contratto: € 200,00 ([4]);

f) aventi per oggetto lo scioglimento o la cessazione degli effetti civili del matrimonio o la separazione personale, ancorché recanti condanne al pagamento di assegni o attribuzioni di beni patrimoniali, già facenti parte di comunione fra i coniugi; modifica di tali condanne o attribuzioni: € 200,00 ([4]);

g) di omologazione: € 200,00 ([4]).

1 bis. Atti del Consiglio di Stato e dei tribunali amministrativi regionali che definiscono, anche parzialmente, il giudizio, compresi i decreti ingiuntivi esecutivi, che recano condanna al pagamento di somme di danaro diverse dalle spese processuali: 3 per cento ([5]).

NOTE

I) I decreti ingiuntivi emessi in sostituzione di quelli divenuti inefficaci ai sensi dell'art. 644 del codice di procedura civile sono soggetti all'imposta in misura fissa.

II) Gli atti di cui al comma 1, lettera *b*), e al comma 1 *bis* ([6]) non sono soggetti all'imposta proporzionale per la parte in cui dispongono il pagamento di corrispettivi o prestazioni soggetti all'imposta sul valore aggiunto ai sensi dell'art. 40 del testo unico.

II *bis*) I provvedimenti che accertano l'acquisto per usucapione della proprietà di beni immobili o di diritti reali di godimento sui beni medesimi sono soggetti all'imposta secondo le disposizioni dell'articolo 1 della tariffa ([7]).

([1]) *La parola: «autoveicoli» è stata così sostituita dalle attuali: «unità da diporto», a norma dell'art. 57, comma 1, lett.* c), *n. 3), del D.L.vo 15 dicembre 1997, n. 446, con effetto dal 1° gennaio 1999.*

([2]) *La Corte costituzionale, con sentenza n. 202 dell'11 giugno 2003, ha dichiarato l'illegittimità costituzionale di questa lettera, nella parte in cui non esenta dall'imposta ivi prevista i provvedimenti emessi in applicazione dell'art. 148 c.c. nell'ambito dei rapporti fra genitori e figli.*

([3]) *La Corte costituzionale, con sentenza n. 177 del 13 luglio 2017, ha dichiarato l'illegittimità costituzionale di questa lettera nella parte in cui assoggetta all'imposta di registro proporzionale, anziché in misura fissa, anche le pronunce che definiscono i giudizi di opposizione allo stato passivo del fallimento con l'accertamento di crediti derivanti da operazioni soggette all'imposta sul valore aggiunto.*

([4]) *Il precedente importo di euro 168,00 è stato così elevato dall'art. 26, comma 2, del D.L. 12 settembre 2013, n. 104, convertito, con modificazioni, nella L. 8 novembre 2013, n. 128. A norma dello stesso articolo, comma 3, tali disposizioni hanno effetto dal 1º gennaio 2014 e, in particolare, hanno effetto per gli atti giudiziari pubblicati o emanati, per gli atti pubblici formati, per le donazioni fatte e per le scritture private autenticate a partire da tale data, per le scritture private non autenticate e per le denunce presentate per la registrazione dalla medesima data, nonché per le formalità di trascrizione, di iscrizione, di rinnovazione eseguite e per le domande di annotazione presentate a decorrere dalla stessa data.*

([5]) *Questo comma è stato aggiunto dall'art. 33, comma 1, lett.* a), *della L. 23 dicembre 2000, n. 388, a decorrere dal 1° marzo 2001.*

([6]) *Le parole*: «*Gli atti di cui alla lettera* b)» *sono state così sostituite dalle attuali da*: «*Gli atti ...*» *fino a*: «*... comma 1 bis*» *dall'art. 33, comma 1, lett.* b), *della L. 23 dicembre 2000, n. 388, a decorrere dal 1° marzo 2001.*

([7]) *Questa nota è stata aggiunta dall'art. 23 D.L. 2 marzo 1989, n. 69, conv., con modif., nella L. 27 aprile 1989, n. 154. L'art. 38, stesso decreto, prevede che queste disposizioni si applicano alle sentenze ed ai provvedimenti pubblicati o emanati a decorrere dal 1° gennaio 1989.*

8 *bis*. ([1]) 1. Atti relativi alle cessioni, da parte degli utilizzatori, di contratti di locazione finanziaria aventi ad oggetto immobili strumentali, anche da costruire ed ancorché assoggettati all'imposta sul valore aggiunto, di cui all'articolo 10, primo comma, numero 8 *ter*), del decreto del Presidente della Repubblica 26 ottobre 1972, n. 633: 4 per cento.

1 *bis*. Atti relativi alle cessioni, da parte degli utilizzatori, di contratti di locazione finanziaria aventi ad oggetto immobili a destinazione abitativa, di categoria catastale diversa da Al, A8 e A9, effettuate nei confronti di soggetti per i quali ricorrono le condizioni di cui alle note II *bis*) e II *sexies*) dell'articolo 1, ancorché assoggettati all'imposta sul valore aggiunto, di cui all'articolo 10, primo comma, numero 8 *bis*), del decreto del Presidente della Repubblica 26 ottobre 1972, n. 633: 1,5 per cento ([2]).

1 *ter*. Atti, diversi da quelli di cui al comma 1 *bis*, relativi alle cessioni, da parte degli utilizzatori, di contratti di locazione finanziaria aventi ad oggetto immobili a destinazione abitativa, anche da costruire ed ancorché assoggettati all'imposta sul valore aggiunto, di cui all'articolo 10, primo comma, numero 8 *bis*), del decreto del Presidente della Repubblica 26 ottobre 1972, n. 633: 9 per cento ([2]).

NOTE

I) Per le cessioni di cui ai commi 1, 1 *bis* e 1 *ter* ([3]), l'imposta si applica sul corrispettivo pattuito per la cessione aumentato della quota capitale compresa nei canoni ancora da pagare oltre al prezzo di riscatto.

([1]) *Questo articolo è stato inserito dall'art. 1, comma 164, lett.* b), *della L. 27 dicembre 2013, n. 147, a decorrere dal 1° gennaio 2014.*

([2]) *Questo comma è stato aggiunto all'art. 1, comma 83, lett.* c), *n. 1), della L. 28 dicembre 2015, n. 208. A norma dell'art. 1, comma 84, della medesima legge, tali disposizioni si applicano dal 1° gennaio 2016 al 31 dicembre 2020.*

([3]) *Le parole: «di cui al comma 1» sono state così sostituite dalle attuali: «di cui ai commi 1, 1* bis *e 1* ter*» dall'art. 1, comma 83, lett.* c), *n. 2), della L. 28 dicembre 2015, n. 208. A norma dell'art. 1, comma 84, della medesima legge, tali disposizioni si applicano dal 1° gennaio 2016 al 31 dicembre 2020.*

9. Atti diversi da quelli altrove indicati aventi per oggetto prestazioni a contenuto patrimoniale: 3%.

10. Contratti preliminari di ogni specie: € 200,00 ([1]).

Nota

Se il contratto preliminare prevede la dazione di somme a titolo di caparra confirmatoria si applica il precedente art. 6; se prevede il pagamento di acconti di prezzi non soggetti all'imposta sul valore aggiunto ai sensi degli artt. 5, comma 2, e 40 del T.U. si applica il precedente art. 9. In entrambi i casi l'imposta pagata è imputata all'imposta principale dovuta per la registrazione del contratto definitivo.

([1]) *Il precedente importo di euro 168,00 è stato così elevato dall'art. 26, comma 2, del D.L. 12 settembre 2013, n. 104, convertito, con modificazioni, nella L. 8 novembre 2013, n. 128. A norma dello stesso articolo, comma 3, tali disposizioni hanno effetto dal 1º gennaio 2014 e, in particolare, hanno effetto per gli atti giudiziari pubblicati o emanati, per gli atti pubblici formati, per le donazioni fatte e per le scritture private autenticate a partire da tale data, per le scritture private non autenticate e per le denunce presentate per la registrazione dalla medesima data, nonché per le formalità di trascrizione, di iscrizione, di rinnovazione eseguite e per le domande di annotazione presentate a decorrere dalla stessa data.*

11. Atti pubblici e scritture private autenticate, escluse le procure di cui all'art. 6 della parte seconda, non aventi per oggetto prestazioni a contenuto patrimoniale; atti pubblici e scritture private autenticate aventi per oggetto la negoziazione di quote di partecipazione in società o enti di cui al precedente art. 4 o di titoli di cui all'art. 8 della tabella o aventi per oggetto gli atti previsti nella stessa tabella, esclusi quelli di cui agli artt. 4, 5, 11, 11 *bis* ([1]) e 11 *ter* ([2]); atti di ogni specie per i quali è prevista l'applicazione dell'imposta in misura fissa: € 200,00 ([3]).

([1]) *Le parole: «4, 5 e 11» sono state così sostituite dalle attuali: «4, 5, 11, e 11* bis*» dall'art. 57, comma 1, lett.* c), *n. 4), del D.L.vo 15 dicembre 1997, n. 446, con effetto dal 1° gennaio 1999.*

([2]) *Le parole: «4, 5, 11, e 11* bis*» sono state così sostituite dalle attuali: «4, 5, 11, 11* bis *e 11* ter*» dall'art. 19, comma 2, della L. 13 maggio 1999, n. 133.*

(3) *Il precedente importo di euro 168,00 è stato così elevato dall'art. 26, comma 2, del D.L. 12 settembre 2013, n. 104, convertito, con modificazioni, nella L. 8 novembre 2013, n. 128. A norma dello stesso articolo, comma 3, tali disposizioni hanno effetto dal 1° gennaio 2014 e, in particolare, hanno effetto per gli atti giudiziari pubblicati o emanati, per gli atti pubblici formati, per le donazioni fatte e per le scritture private autenticate a partire da tale data, per le scritture private non autenticate e per le denunce presentate per la registrazione dalla medesima data, nonché per le formalità di trascrizione, di iscrizione, di rinnovazione eseguite e per le domande di annotazione presentate a decorrere dalla stessa data.*

11 *bis*. (1) 1. Atti costitutivi e modifiche statutarie concernenti le organizzazioni non lucrative di utilità sociale: € 200,00 (2).

(1) *Questo articolo è stato aggiunto dall'art. 22, comma 1, lett.* b), *del D.L.vo 4 dicembre 1997, n. 460, a decorrere dal 1° gennaio 1998.*

(2) *Il precedente importo di euro 168,00 è stato così elevato dall'art. 26, comma 2, del D.L. 12 settembre 2013, n. 104, convertito, con modificazioni, nella L. 8 novembre 2013, n. 128. A norma dello stesso articolo, comma 3, tali disposizioni hanno effetto dal 1° gennaio 2014 e, in particolare, hanno effetto per gli atti giudiziari pubblicati o emanati, per gli atti pubblici formati, per le donazioni fatte e per le scritture private autenticate a partire da tale data, per le scritture private non autenticate e per le denunce presentate per la registrazione dalla medesima data, nonché per le formalità di trascrizione, di iscrizione, di rinnovazione eseguite e per le domande di annotazione presentate a decorrere dalla stessa data.*

11 *ter*. (1) Atti costitutivi e modifiche statutarie concernenti le istituzioni riordinate in aziende di servizi o in persone giuridiche private: € 200,00 (2).

(1) *Questo articolo è stato aggiunto dall'art. 4, comma 6, lett.* c), *del D.L.vo 4 maggio 2001, n. 207.*

(2) *Il precedente importo di euro 168,00 è stato così elevato dall'art. 26, comma 2, del D.L. 12 settembre 2013, n. 104, convertito, con modificazioni, nella L. 8 novembre 2013, n. 128. A norma dello stesso articolo, comma 3, tali disposizioni hanno effetto dal 1° gennaio 2014 e, in particolare, hanno effetto per gli atti giudiziari pubblicati o emanati, per gli atti pubblici formati, per le donazioni fatte e per le scritture private autenticate a partire da tale data, per le scritture private non autenticate e per le denunce presentate per la registrazione dalla medesima data, nonché per le formalità di trascrizione, di iscrizione, di rinnovazione eseguite e per le domande di annotazione presentate a decorrere dalla stessa data.*

Parte Seconda
Atti soggetti a registrazione solo in caso d'uso

1. Atti indicati:

a) negli artt. 2, comma 1, 3, 6, 9 e 10 della parte prima formati mediante corrispondenza, ad eccezione di quelli per i quali dal codice civile è richiesta a pena di nullità la forma scritta e di quelli aventi per oggetto cessioni di aziende o costituzioni di diritti di godimento reali o impersonali sulle stesse: le stesse imposte previste per i corrispondenti atti nella parte prima;

b) nell'art. 5, comma 2, del testo unico quando riguardano cessioni di beni o prestazioni di servizi soggette all'imposta sul valore aggiunto: € 200,00 ([1]).

NOTA

I contratti relativi alle operazioni e ai servizi bancari e finanziari e al credito al consumo, ivi compresi quelli di locazione finanziaria immobiliare, ([2]) per i quali il titolo VI del decreto legislativo 1° settembre 1993, n. 385, prescrive a pena di nullità la forma scritta, sono assoggettati a registrazione solo in caso d'uso ([3]).

([1]) *Il precedente importo di euro 168,00 è stato così elevato dall'art. 26, comma 2, del D.L. 12 settembre 2013, n. 104, convertito, con modificazioni, nella L. 8 novembre 2013, n. 128. A norma dello stesso articolo, comma 3, tali disposizioni hanno effetto dal 1º gennaio 2014 e, in particolare, hanno effetto per gli atti giudiziari pubblicati o emanati, per gli atti pubblici formati, per le donazioni fatte e per le scritture private autenticate a partire da tale data, per le scritture private non autenticate e per le denunce presentate per la registrazione dalla medesima data, nonché per le formalità di trascrizione, di iscrizione, di rinnovazione eseguite e per le domande di annotazione presentate a decorrere dalla stessa data.*

([2]) *Le parole: «ivi compresi quelli di locazione finanziaria immobiliare,» sono state inserite dall'art. 1, comma 15, lett.* a), *n. 2, della L. 13 dicembre 2010, n. 220.*

([3]) *Questa nota è stata aggiunta dall'art. 21, comma 21, della L. 27 dicembre 1997, n. 449.*

2. Scritture private non autenticate ad eccezione dei contratti di cui all'articolo 5 della tariffa, parte I ([1]) quando l'ammontare dell'imposta risulti inferiore a € 200,00 ([2]) o quando abbiano per oggetto la negoziazione di quote di partecipazione in società o enti di cui all'articolo 4, parte prima, o di titoli indicati nell'articolo 8 della tabella: € 200,00 ([2]) ([3]).

Lodi arbitrali non dichiarati esecutivi: le stesse imposte previste nell'art. 8 della parte prima.

([1]) *Le parole: «ad eccezione dei contratti di cui all'articolo 5 della tariffa, parte I» sono state inserite dall'art. 21, comma 18, lett.* e), *n. 1), della L. 27 dicembre 1997, n. 449. Si veda inoltre l'art. 21, comma 19 della medesima legge.*

(2) *Il precedente importo di euro 168,00 è stato così elevato dall'art. 26, comma 2, del D.L. 12 settembre 2013, n. 104, convertito, con modificazioni, nella L. 8 novembre 2013, n. 128. A norma dello stesso articolo, comma 3, tali disposizioni hanno effetto dal 1º gennaio 2014 e, in particolare, hanno effetto per gli atti giudiziari pubblicati o emanati, per gli atti pubblici formati, per le donazioni fatte e per le scritture private autenticate a partire da tale data, per le scritture private non autenticate e per le denunce presentate per la registrazione dalla medesima data, nonché per le formalità di trascrizione, di iscrizione, di rinnovazione eseguite e per le domande di annotazione presentate a decorrere dalla stessa data.*

(3) *Comma così sostituito, da ultimo, dall'art. 10, comma 7, del D.L. 20 giugno 1996, n. 323, conv., con modif., nella L. 8 agosto 1996, n. 425.*

2 *bis.* (1) Locazioni ed affitti di immobili, non formati per atto pubblico o scrittura privata autenticata di durata non superiore a trenta giorni complessivi nell'anno.

(1) *Articolo aggiunto, con decorrenza 2 ottobre 1989, dall'art. 6, D.L. 30 settembre 1989, n. 332, conv. in L. 27 novembre 1989, n. 384, e poi così sostituito dall'art. 21, comma 18, lett. e), n. 2) della L. 27 dicembre 1997, n. 449. Si veda inoltre l'art. 21, comma 19, della medesima legge.*

3. Scritture private non autenticate aventi per oggetto comodato di beni mobili: € 200,00 (1).

(1) *Il precedente importo di euro 168,00 è stato così elevato dall'art. 26, comma 2, del D.L. 12 settembre 2013, n. 104, convertito, con modificazioni, nella L. 8 novembre 2013, n. 128. A norma dello stesso articolo, comma 3, tali disposizioni hanno effetto dal 1º gennaio 2014 e, in particolare, hanno effetto per gli atti giudiziari pubblicati o emanati, per gli atti pubblici formati, per le donazioni fatte e per le scritture private autenticate a partire da tale data, per le scritture private non autenticate e per le denunce presentate per la registrazione dalla medesima data, nonché per le formalità di trascrizione, di iscrizione, di rinnovazione eseguite e per le domande di annotazione presentate a decorrere dalla stessa data.*

4. Scritture private non autenticate non aventi per oggetto prestazioni a contenuto patrimoniale; conti e rendiconti di ogni genere, scritti, disegni, modelli, fotografie e simili: € 200,00 (1).

(1) *Il precedente importo di euro 168,00 è stato così elevato dall'art. 26, comma 2, del D.L. 12 settembre 2013, n. 104, convertito, con modificazioni, nella L. 8 novembre 2013, n. 128. A norma dello stesso articolo, comma 3, tali disposizioni hanno effetto dal 1º gennaio 2014 e, in particolare, hanno effetto per gli atti giudiziari pubblicati o emanati, per gli atti pubblici formati, per le donazioni fatte e per le scritture private autenticate a partire da tale data, per le scritture private non autenticate e per le denunce presentate per la registrazione dalla medesima data, nonché per le formalità di trascrizione, di iscrizione, di rinnovazione eseguite e per le domande di annotazione presentate a decorrere dalla stessa data.*

5. Quietanze rilasciate mediante scritture private non autenticate: 0,50%.

6. Procure, deleghe e simili rilasciate per il compimento di un solo atto e per l'intervento in assemblea: € 200,00 ([1]).

([1]) *Il precedente importo di euro 168,00 è stato così elevato dall'art. 26, comma 2, del D.L. 12 settembre 2013, n. 104, convertito, con modificazioni, nella L. 8 novembre 2013, n. 128. A norma dello stesso articolo, comma 3, tali disposizioni hanno effetto dal 1° gennaio 2014 e, in particolare, hanno effetto per gli atti giudiziari pubblicati o emanati, per gli atti pubblici formati, per le donazioni fatte e per le scritture private autenticate a partire da tale data, per le scritture private non autenticate e per le denunce presentate per la registrazione dalla medesima data, nonché per le formalità di trascrizione, di iscrizione, di rinnovazione eseguite e per le domande di annotazione presentate a decorrere dalla stessa data.*

7. Atti riguardanti l'espropriazione per pubblica utilità diversi da quelli indicati nell'art. 1 della parte prima: € 200,00 ([1]).

([1]) *Il precedente importo di euro 168,00 è stato così elevato dall'art. 26, comma 2, del D.L. 12 settembre 2013, n. 104, convertito, con modificazioni, nella L. 8 novembre 2013, n. 128. A norma dello stesso articolo, comma 3, tali disposizioni hanno effetto dal 1° gennaio 2014 e, in particolare, hanno effetto per gli atti giudiziari pubblicati o emanati, per gli atti pubblici formati, per le donazioni fatte e per le scritture private autenticate a partire da tale data, per le scritture private non autenticate e per le denunce presentate per la registrazione dalla medesima data, nonché per le formalità di trascrizione, di iscrizione, di rinnovazione eseguite e per le domande di annotazione presentate a decorrere dalla stessa data.*

8. Mandati e ordini di pagamento sulle casse di pubbliche amministrazioni, girate e quietanze apposte sui medesimi: € 200,00 ([1]).

([1]) *Il precedente importo di euro 168,00 è stato così elevato dall'art. 26, comma 2, del D.L. 12 settembre 2013, n. 104, convertito, con modificazioni, nella L. 8 novembre 2013, n. 128. A norma dello stesso articolo, comma 3, tali disposizioni hanno effetto dal 1° gennaio 2014 e, in particolare, hanno effetto per gli atti giudiziari pubblicati o emanati, per gli atti pubblici formati, per le donazioni fatte e per le scritture private autenticate a partire da tale data, per le scritture private non autenticate e per le denunce presentate per la registrazione dalla medesima data, nonché per le formalità di trascrizione, di iscrizione, di rinnovazione eseguite e per le domande di annotazione presentate a decorrere dalla stessa data.*

9. Libretti di conto corrente e di risparmio e relative lettere di addebitamento e accreditamento: € 200,00 ([1]).

([1]) *Il precedente importo di euro 168,00 è stato così elevato dall'art. 26, comma 2, del D.L. 12 settembre 2013, n. 104, convertito, con modificazioni, nella L. 8 novembre 2013, n. 128. A norma dello stesso articolo, comma 3, tali disposizioni hanno effetto dal 1° gennaio 2014 e, in particolare, hanno effetto per gli atti giudiziari pubblicati o emanati, per gli atti pubblici formati, per le donazioni fatte e per le scritture private autenticate a partire da tale data, per le scritture private non autenticate e per le denunce presentate per la registrazione dalla medesima data, nonché per le formalità di trascrizione, di iscrizione, di rinnovazione eseguite e per le domande di annotazione presentate a decorrere dalla stessa data.*

10. Contratti relativi a prestazioni di lavoro autonomo, compresi i contratti di collaborazione coordinata e continuativa ed i contratti di associazione in partecipazione con apporto di solo lavoro, non soggette all'imposta sul valore aggiunto: € 200,00 ([1]).

([1]) *Il precedente importo di euro 168,00 è stato così elevato dall'art. 26, comma 2, del D.L. 12 settembre 2013, n. 104, convertito, con modificazioni, nella L. 8 novembre 2013, n. 128. A norma dello stesso articolo, comma 3, tali disposizioni hanno effetto dal 1º gennaio 2014 e, in particolare, hanno effetto per gli atti giudiziari pubblicati o emanati, per gli atti pubblici formati, per le donazioni fatte e per le scritture private autenticate a partire da tale data, per le scritture private non autenticate e per le denunce presentate per la registrazione dalla medesima data, nonché per le formalità di trascrizione, di iscrizione, di rinnovazione eseguite e per le domande di annotazione presentate a decorrere dalla stessa data.*

11. Atti formati all'estero diversi da quelli indicati alla lettera *d*) dell'art. 2 del testo unico:

a) che se formati nello Stato sarebbero soggetti all'imposta fissa ai sensi dell'art. 40 del testo unico: € 200,00 ([1]);

b) in ogni altro caso: le stesse imposte stabilite per i corrispondenti atti formati nello Stato.

([1]) *Il precedente importo di euro 168,00 è stato così elevato dall'art. 26, comma 2, del D.L. 12 settembre 2013, n. 104, convertito, con modificazioni, nella L. 8 novembre 2013, n. 128. A norma dello stesso articolo, comma 3, tali disposizioni hanno effetto dal 1º gennaio 2014 e, in particolare, hanno effetto per gli atti giudiziari pubblicati o emanati, per gli atti pubblici formati, per le donazioni fatte e per le scritture private autenticate a partire da tale data, per le scritture private non autenticate e per le denunce presentate per la registrazione dalla medesima data, nonché per le formalità di trascrizione, di iscrizione, di rinnovazione eseguite e per le domande di annotazione presentate a decorrere dalla stessa data.*

TABELLA

ATTI PER I QUALI NON VI È OBBLIGO DI CHIEDERE LA REGISTRAZIONE

1. Atti del potere legislativo, atti relativi a referendum, atti posti in essere dalla amministrazione dello Stato, dalle regioni, province e comuni diversi da quelli relativi alla gestione dei loro patrimoni.

2. Atti, diversi da quelli espressamente contemplati nella parte prima della tariffa, dell'autorità giudiziaria in sede civile e penale, della Corte costituzionale, del Consiglio di Stato, della Corte dei Conti, dei Tribunali amministrativi regionali, delle Commissioni tributarie e degli organi di giurisdizione speciale e dei relativi procedimenti; atti del contenzioso in materia elettorale e dei procedimenti disciplinari; procure alle liti.

3. Atti di qualsiasi natura formati per essere prodotti:

a) in procedimenti amministrativi, non giurisdizionali, iniziati d'ufficio od a richiesta di parte per ottenere provvedimenti di interesse pubblico;

b) ad enti di assistenza, beneficenza e previdenza, relativi a persone non assoggettate alle imposte sul reddito.

NOTA

Ai fini della lett. *b*) all'atto deve essere allegato il certificato del competente ufficio delle imposte attestante che il richiedente non è assoggettato a tributo.

4. Atti di ultima volontà.

5. Atti e documenti formati per l'applicazione, riduzione, liquidazione, riscossione, rateazione e rimborso delle imposte e tasse a chiunque dovute, comprese le relative sentenze, e gli atti relativi alla concessione o all'appalto per la loro riscossone; garanzie richieste da leggi, anche regionali e provinciali, e atti relativi alla loro cancellazione, comprese le quietanze da cui risulti l'estinzione del debito; atti e documenti formati in relazione al servizio militare obbligatorio o a quello civile sostituito.

6. Atti per la formazione del catasto dei terreni e dei fabbricati.

7. (1) Contratti di assicurazione, di riassicurazione e di rendita vitalizia soggetti all'imposta di cui alla L. 29 ottobre 1961, n. 1216, nonché ricevute parziali di pagamento, quietanze, ivi comprese quelle rilasciate agli assicuratori per il pagamento delle somme assicurate e ogni altro atto inerente all'acquisizione, gestione ed esecuzione dei predetti contratti posto in essere nei rapporti dell'assicuratore con altri assicuratori, con agenti, intermediari ed altri collaboratori, anche autonomi, e con gli assicurati; atti relativi all'istituzione di fondi comuni di investimento mobiliare autorizzati, alla sottoscrizione e al rimborso delle quote, anche in sede di liquidazione, e all'emissione ed estinzione dei relativi certificati, compresi le quote ed i certificati di analoghi fondi esteri autorizzati al collocamento nel territorio dello Stato.

(1) *A norma dell'art. 9 del D.L. 25 settembre 2001, n. 351, conv., con modif., nella L. 23 novembre 2001, n. 410, questo articolo deve intendersi applicabile anche ai fondi d'investimento immobiliare disciplinati dall'art. 37 del testo unico di cui al decreto legislativo 24 febbraio 1998, n. 58, e dall'art. 14* bis *della L. 25 gennaio 1994, n. 86.*

8. 1. Azioni, obbligazioni, altri titoli in serie o di massa e relative girate, titoli di Stato o garantiti; atti, documenti e registri relativi al movimento, a qualunque titolo, e alla compravendita degli stessi titoli e dei valori in moneta o verghe, salvo quanto disposto dall'articolo 11 della Tariffa, parte prima, e dall'articolo 2 della Tariffa, parte seconda (1).Per le sentenze, gli atti pubblici e le scritture private relative alla negoziazione dei titoli indicati nel comma 1 si applicano rispettivamente gli artt. 8 e 11 della parte prima e l'art. 2 della parte seconda della tariffa.

(1) *Questo comma è stato così sostituito dall'art. 37, comma 2, lett.* a)*, del D.L. 31 dicembre 2007, n. 248, convertito, con modificazioni, nella L. 28 febbraio 2008, n. 31.*

9. (1) 1. Atti propri delle società ed enti di cui all'art. 4 della parte prima della tariffa diversi da quelli ivi indicati, compresi quelli di nomina e di accettazione degli organi di amministrazione, controllo e liquidazione nonché quelli che comportano variazione del capitale sociale delle società cooperative e loro consorzi e delle società di mutuo soccorso [; scritture private anche unilaterali, comprese le lettere ed i telegrammi, aventi per oggetto contratti soggetti alla tassa di cui al R.D. 30 dicembre 1923, n. 3278, e ogni altra scrittura ad essi inerente] (2).

Nota

Dal contesto delle scritture private sopra indicate deve risultare che essi si riferiscono o sono inerenti a contratti soggetti alla tassa sui contratti di borsa.

(1) *Questo articolo è stato così sostituito dall'art. 66, comma 6, del D.L. 30 agosto 1993, n. 331, conv., con modif., nella L. 29 ottobre 1993, n. 427.*

(2) *Le parole tra parentesi quadrate sono state soppresse dall'art. 37, comma 2, lett.* b)*, del D.L. 31 dicembre 2007, n. 248, convertito, con modificazioni, nella L. 28 febbraio 2008, n. 31.*

10. Sentenze, decreti ingiuntivi ed altri atti dei conciliatori; atti, documenti e provvedimenti previsti dalla L. 11 agosto 1973, n. 533; atti, documenti e provvedimenti di cui all'art. 57 della L. 27 luglio 1978, n. 392; contratti di lavoro subordinato, collettivi e individuali; contratti di mezzadria, di colonia e di soccida; convenzioni per pascolo e per alimenti di animali.

11. Cambiali, vaglia cambiari, assegni bancari e circolari, loro accettazione, girate, avalli, quietanze ed altre dichiarazioni cambiarie fatte sui medesimi; atti di protesto cambiario, da chiunque redatti, e conti di ritorno.

11 *bis.* ([1]) 1. Atti di natura traslativa o dichiarativa aventi ad oggetto veicoli iscritti nel pubblico registro automobilistico.

([1]) *Questo articolo è stato aggiunto dall'art. 57, comma 1, lett.* d)*, del D.L.vo 15 dicembre 1997, n. 446, con effetto dal 1° gennaio 1999.*

11 *ter.* ([1]) 1. Verbali di gara o d'incontro, dichiarazioni di nomina di cui all'articolo 583 del codice di procedura civile e relativi depositi, redatti o ricevuti dai notai delegati.

([1]) *Questo articolo è stato aggiunto dall'art. 19, comma 3, della L. 13 maggio 1999, n. 133.*

11 *quater.* ([1]) 1. Atti costitutivi, statuti ed ogni altro atto necessario per l'adempimento di obblighi dei movimenti o partiti politici, derivanti da disposizioni legislative o regolamentari.

([1]) *Questo articolo è stato inserito, come 11* ter*, dall'art. 5, comma 3, della L. 3 giugno 1999, n. 157, ma deve rinumerarsi come 11* quater *in quanto l'art. 19, comma 3, della L. 13 maggio 1999, n. 133, aveva già inserito un articolo 11* ter*.*

PROSPETTO DEI COEFFICIENTI (1)

(1) *Questi coefficienti sono stati dapprima sostituiti dall'art. 3, comma 164, della L. 23 dicembre 1996, n. 662, con decorrenza 1° gennaio 1997, poi variati, in ragione della misura del saggio legale degli interessi fissata allo 0,2 per cento, ai sensi dell'allegato al D.M. 21 dicembre 2015, poi variati in ragione della misura del saggio legale degli interessi fissata allo 0,1 per cento, ai sensi dell'allegato al D.M. 23 dicembre 2016, a decorrere dal 1° gennaio 2017 poi variati in ragione della misura del saggio legale degli interessi fissata allo 0,3 per cento, ai sensi dell'allegato al D.M. 20 dicembre 2017, a decorrere dal 1° gennaio 2018, poi variati in ragione della misura del saggio legale degli interessi fissata allo 0,8 per cento, ai sensi dell'allegato al D.M. 19 dicembre 2018, a decorrere dal 1° gennaio 2019, poi variati in ragione della misura del saggio legale degli interessi fissata allo 0,05 per cento, ai sensi dell'allegato al D.M. 20 dicembre 2019, a decorrere dal 1° gennaio 2020, poi variati in ragione della misura del saggio legale degli interessi fissata nella misura dello 0,01 per cento, ai sensi dell'allegato al D.M. 18 dicembre 2020, a decorrere dal 1° gennaio 2021 e da ultimo variati n ragione della misura del saggio legale degli interessi all'1,25 per cento, ai sensi dell'allegato al D.M. 21 dicembre 2021, a decorrere dal 1° gennaio 2022.*

ALLEGATO

COEFFICIENTI PER LA DETERMINAZIONE DEI DIRITTI DI USUFRUTTO A VITA E DELLE RENDITE O PENSIONI VITALIZIE CALCOLATI AL SAGGIO DI INTERESSE DELL'1,25 PER CENTO.

Età del beneficiario (anni compiuti)	Coefficienti
da 0 a 20	76,00
da 21 a 30	72,00
da 31 a 40	68,00
da 41 a 45	64,00
da 46 a 50	60,00
da 51 a 53	56,00
da 54 a 56	52,00
da 57 a 60	48,00
da 61 a 63	44,00
da 64 a 66	40,00
da 67 a 69	36,00
da 70 a 72	32,00
da 73 a 75	28,00
da 76 a 78	24,00
da 79 a 82	20,00
da 83 a 86	16,00
da 87 a 92	12,00
da 93 a 99	8,00

5.

D.L.vo 31 ottobre 1990, n. 346. Approvazione del testo unico delle disposizioni concernenti l'imposta sulle successioni e donazioni (Suppl. ord. alla *Gazzetta Ufficiale* Serie gen. - n. 277 del 27 novembre 1990) ed *avviso di rettifica* in *Gazzetta Ufficiale* Serie gen. - n. 46 del 23 febbraio 1991 ([1]).

([1]) *L'imposta sulle successioni e donazioni è stata soppressa dall'art. 13 della L. 18 ottobre 2001, n. 383. Per la nuova disciplina si vedano gli artt. 13-16 della citata legge. Si veda altresì l'art. 2, commi 47-54, del D.L. 3 ottobre 2006, n. 262, convertito, con modificazioni, nella L. 24 novembre 2006, n. 286, che istituisce l'imposta sulle successioni e donazioni sui trasferimenti di beni e diritti per causa di morte, per donazione o a titolo gratuito e sulla costituzione di vincoli di destinazione, secondo le disposizioni di questo provvedimento.*

Titolo I
Disposizioni generali

1. *Art. 1, D.P.R. n. 637/1972.* – **Oggetto dell'imposta.** – 1. L'imposta sulle successioni e donazioni si applica ai trasferimenti di beni e diritti per successione a causa di morte ed ai trasferimenti di beni e diritti per donazione o altra liberalità tra vivi.

2. Si considerano trasferimenti anche la costituzione di diritti reali di godimento, la rinunzia a diritti reali o di credito e la costituzione di rendite o pensioni.

3. L'imposta si applica anche nei casi di immissione nel possesso temporaneo dei beni dell'assente e di dichiarazione di morte presunta, nonché nei casi di donazione presunta di cui all'art. 26 del testo unico sull'imposta di registro approvato con D.P.R. 26 aprile 1986, n. 131.

4. L'imposta non si applica nei casi di donazione o liberalità di cui agli artt. 742 e 783 c.c.

4 *bis*. Ferma restando l'applicazione dell'imposta anche alle liberalità indirette risultanti da atti soggetti a registrazione, l'imposta non si applica nei casi di donazioni o di altre liberalità collegate ad atti concernenti il trasferimento o la costituzione di diritti immobiliari ovvero il trasferimento di aziende, qualora per l'atto sia prevista l'applicazione dell'imposta di registro, in misura proporzionale, o dell'imposta sul valore aggiunto ([1]).

([1]) *Questo comma è stato aggiunto dall'art. 69, comma 1, lett.* a), *della L. 21 novembre 2000, n. 342.*

A norma dell'art. 69, comma 15, della predetta legge, tali disposizioni si applicano alle successioni per le quali il termine di presentazione delle relative dichiarazioni scade successivamente al 31 dicembre 2000 ed alle donazioni fatte a decorrere dal 1° gennaio 2001.

2. *Art. 2, D.P.R. n. 637/1972.* – **Territorialità dell'imposta.** – 1. L'imposta è dovuta in relazione a tutti i beni e diritti trasferiti, ancorché esistenti all'estero.

2. Se alla data dell'apertura della successione o a quella della donazione il defunto o il donante non era residente nello Stato, l'imposta è dovuta limitatamente ai beni e ai diritti ivi esistenti.

3. Agli effetti del comma 2 si considerano in ogni caso esistenti nello Stato:

a) i beni e i diritti iscritti in pubblici registri dello Stato e i diritti reali di godimento ad essi relativi;

b) le azioni o quote di società, nonché le quote di partecipazione in enti diversi dalle società, che hanno nel territorio dello Stato la sede legale o la sede dell'amministrazione o l'oggetto principale;

c) le obbligazioni e gli altri titoli in serie o di massa diversi dalle azioni, emessi dallo Stato o da società ed enti di cui alla lettera *b*);

d) i titoli rappresentativi di merci esistenti nello Stato;

e) i crediti, le cambiali, i vaglia cambiari e gli assegni di ogni specie, se il debitore, il trattario o l'emittente è residente nello Stato;

f) i crediti garantiti su beni esistenti nello Stato fino a concorrenza del valore dei beni medesimi, indipendentemente dalla residenza del debitore;

g) i beni viaggianti in territorio estero con destinazione nello Stato o vincolati al regime doganale della temporanea esportazione.

4. Non si considerano esistenti nel territorio dello Stato i beni viaggianti con destinazione all'estero o vincolati al regime doganale della temporanea importazione.

3. *Art. 3, D.P.R. n. 637/1972.* – **Trasferimenti non soggetti all'imposta.** – 1. Non sono soggetti all'imposta i trasferimenti a favore dello Stato, delle regioni, delle province e dei comuni, né quelli a favore di enti pubblici e di fondazioni o associazioni legalmente riconosciute, che hanno come scopo esclusivo l'assistenza, lo studio, la ricerca scientifica, l'educazione, l'istruzione o altre finalità di pubblica utilità, nonché quelli a favore delle organizzazioni non lucrative di utilità sociale (ONLUS) ([1]) e a fondazioni previste dal decreto legislativo emanato in attuazione della legge 23 dicembre 1998, n. 461 ([2]).

2. I trasferimenti a favore di enti pubblici e di fondazioni o associazioni legalmente riconosciute, diversi da quelli indicati nel comma 1, non sono soggetti all'imposta se sono stati disposti per le finalità di cui allo stesso comma.

3. Nei casi di cui al comma 2 il beneficiario deve dimostrare, entro cinque anni dall'accettazione dell'eredità o della donazione o dall'acquisto del lega-

to, di avere impiegato i beni o diritti ricevuti o la somma ricavata dalla loro alienazione per il conseguimento delle finalità indicate dal testatore o dal donante. In mancanza di tale dimostrazione esso è tenuto al pagamento dell'imposta con gli interessi legali dalla data in cui avrebbe dovuto essere pagata.

4. Le disposizioni del presente articolo si applicano per gli enti pubblici, le fondazioni e le associazioni istituiti negli Stati appartenenti all'Unione europea e negli Stati aderenti all'Accordo sullo Spazio economico europeo nonché, a condizione di reciprocità, per gli enti pubblici, le fondazioni e le associazioni istituiti in tutti gli altri Stati ([3]).

4 *bis*. Non sono soggetti all'imposta i trasferimenti a favore di movimenti e partiti politici ([4]).

4 *ter*. I trasferimenti, effettuati anche tramite i patti di famiglia di cui agli articoli 768 *bis* e seguenti del codice civile a favore dei discendenti, e del coniuge ([5]) di aziende o rami di esse, di quote sociali e di azioni non sono soggetti all'imposta. In caso di quote sociali e azioni di soggetti di cui all'articolo 73, comma 1, lettera *a*), del testo unico delle imposte sui redditi, di cui al decreto del Presidente della Repubblica 22 dicembre 1986, n. 917, il beneficio spetta limitatamente alle partecipazioni mediante le quali è acquisito o integrato il controllo ai sensi dell'articolo 2359, primo comma, numero 1), del codice civile. Il beneficio si applica a condizione che gli aventi causa proseguano l'esercizio dell'attività d'impresa o detengano il controllo per un periodo non inferiore a cinque anni dalla data del trasferimento, rendendo, contestualmente alla presentazione della dichiarazione di successione o all'atto di donazione, apposita dichiarazione in tal senso. Il mancato rispetto della condizione di cui al periodo precedente comporta la decadenza dal beneficio, il pagamento dell'imposta in misura ordinaria, della sanzione amministrativa prevista dall'articolo 13 del decreto legislativo 18 dicembre 1997, n. 471, e degli interessi di mora decorrenti dalla data in cui l'imposta medesima avrebbe dovuto essere pagata ([6]).

([1]) *Le parole da*: *«, nonché quelli a favore ...» fino alla fine del comma, sono state inserite dall'art. 19 del D.L.vo 4 dicembre 1997, n. 460, a decorrere dal 1° gennaio 1998.*

([2]) *Le parole da*: *«e a fondazioni previste dal decreto legislativo ...» fino a*: *«... n. 461» sono state aggiunte dall'art. 12, comma 7, del D.L.vo 17 maggio 1999, n. 153.*

([3]) *Questo comma è stato così sostituito dall'art. 8, comma 1, lett.* a), della L. 30 ottobre 2014, n. 161.

([4]) *Questo comma è stato aggiunto dall'art. 5, comma 4, della L. 3 giugno 1999, n. 157.*

([5]) *Le parole*: *«e del coniuge» sono state inserite dall'art. 1, comma 31, della L. 24 dicembre 2007, n. 244.*

([6]) *Questo comma è stato aggiunto dall'art. 1, comma 78, della L. 27 dicembre 2006, n. 296.*

4. ([1]) [*Art. 4, D.P.R. n. 637/1972.* – **Aliquote.** – 1. L'imposta è commisurata per scaglioni di valore imponibile con le aliquote crescenti stabilite nella tariffa allegata al presente testo unico, salvo quanto stabilito nell'art. 59] ([1]).

([1]) *Questo articolo è stato abrogato dall'art. 69, comma 1, lett.* b), *della L. 21 novembre 2000, n. 342, salvo quanto disposto dall'articolo 59 del medesimo testo unico.*

A norma dell'art. 69, comma 15, della predetta legge, tali disposizioni si applicano alle successioni per le quali il termine di presentazione delle relative dichiarazioni scade successivamente al 31 dicembre 2000 ed alle donazioni fatte a decorrere dal 1° gennaio 2001.

5. *Art. 5 e art. 6, terzo comma, D.P.R. n. 637/1972.* – **Soggetti passivi.** – 1. L'imposta è dovuta dagli eredi e dai legatari per le successioni, dai donatari per le donazioni e dai beneficiari per le altre liberalità tra vivi.

2. Ai fini dell'imposta sono considerati parenti in linea retta anche i genitori e i figli nati fuori del matrimonio ([1]), i rispettivi ascendenti e discendenti in linea retta, gli adottanti e gli adottati, gli affilianti e gli affiliati. La parentela naturale, se il figlio non è stato legittimato ([2]) o riconosciuto o non è riconoscibile, deve risultare da sentenza civile o penale, anche indirettamente, ovvero da dichiarazione scritta del genitore verificata, se il valore imponibile dei beni o diritti trasferiti al parente naturale è superiore a lire quaranta milioni, secondo le disposizioni degli artt. 2 e 3 della L. 19 gennaio 1942, n. 23.

([1]) *Le parole: «figli naturali» sono state così sostituite dalle attuali: «figli nati fuori del matrimonio» dall'art. 105, comma 3, del D.L.vo 28 dicembre 2013, n. 154, a decorrere dal trentesimo giorno successivo a quello della sua pubblicazione nella* Gazzetta Ufficiale (G.U. *n. 5 dell'8 gennaio 2014*).

([2]) *A norma dell'art. 105, comma 4, del D.L.vo 28 dicembre 2013, n. 154, a decorrere dal trentesimo giorno successivo a quello della sua pubblicazione nella* Gazzetta Ufficiale (G.U. *n. 5 dell'8 gennaio 2014*), *le parole: «figli legittimati», «figlio legittimato», «legittimati» o «legittimato» sono soppresse in tutta la legislazione vigente.*

6. *Art. 35, D.P.R. n. 637/1972.* – **Ufficio competente.** – 1. Competente per l'applicazione dell'imposta alle successioni è l'ufficio del registro nella cui circoscrizione era l'ultima residenza del defunto o, se questa era all'estero o non è nota, l'ufficio del registro di Roma.

2. La competenza per l'applicazione dell'imposta alle donazioni è determinata secondo le disposizioni relative all'imposta di registro.

Titolo II
Applicazione dell'imposta
alle successioni

Capo I
Determinazione dell'imposta

7. *Art. 6, D.P.R. n. 637/1972.* – **Determinazione dell'imposta.** – 1. - 2 *quater*. (*Omissis*) (1).

3. Sull'imposta determinata a norma dei commi 1 e 2 si applicano, quando ne ricorrono i presupposti, le riduzioni e le detrazioni stabilite negli artt. 25 e 26.

4. Fino a quando l'eredità non è stata accettata, o non è stata accettata da tutti i chiamati, l'imposta è determinata considerando come eredi i chiamati che non vi hanno rinunziato.

(1) *Gli originari commi 1 e 2, sostituiti dai commi da 1 a 2* quater *dall'art. 69, comma 1, lett.* c)*, della L. 21 novembre 2000, n. 342, sono stati abrogati dall'art. 2, comma 52, lett.* a)*, del D.L. 3 ottobre 2006, n. 262, convertito, con modificazioni, nella L. 24 novembre 2006, n. 286.*

8. *Art. 7, D.P.R. n. 637/1972.* – **Base imponibile.** – 1. Il valore globale netto dell'asse ereditario è costituito dalla differenza tra il valore complessivo, alla data dell'apertura della successione, dei beni e dei diritti che compongono l'attivo ereditario, determinato secondo le disposizioni degli articoli da 14 a 19, e l'ammontare complessivo delle passività deducibili e degli oneri diversi da quelli indicati nell'art. 46, comma 3.

1 *bis*. Resta comunque ferma l'esclusione dell'avviamento nella determinazione della base imponibile delle aziende, delle azioni, delle quote sociali (1).

2. In caso di fallimento del defunto si tiene conto delle sole attività che pervengono agli eredi e ai legatari a seguito della chiusura del fallimento.

3. Il valore dell'eredità o delle quote ereditarie è determinato al netto dei legati e degli altri oneri che le gravano, quello dei legati al netto degli oneri da cui sono gravati.

4. Il valore globale netto dell'asse ereditario è maggiorato, ai soli fini della determinazione delle aliquote applicabili a norma dell'art. 7, di un importo pari al valore attuale complessivo di tutte le donazioni fatte dal defunto agli eredi e ai legatari, comprese quelle presunte di cui all'art. 1, comma 3, ed escluse quelle indicate all'art. 1, comma 4, e quelle registrate gratuitamente o con pagamento dell'imposta in misura fissa a norma degli artt. 55 e 59; il valore delle singole quote ereditarie o dei singoli legati è maggiorato, agli

stessi fini, di un importo pari al valore attuale delle donazioni fatte a ciascun erede o legatario. Per valore attuale delle donazioni anteriori si intende il valore dei beni e dei diritti donati alla data dell'apertura della successione, riferito alla piena proprietà anche per i beni donati con riserva di usufrutto o altro diritto reale di godimento.

(1) *Questo comma è stato inserito dall'art. 1, comma 78, lett.* b), *della L. 27 dicembre 2006, n. 296.*

Capo II
Base imponibile

Sezione I
Attivo ereditario

9. *Art. 8, D.P.R. n. 637/1972 – Art. 4, L. n. 512/1982 – Art. 5, L. n. 880/1986.* – **Attivo ereditario.** – 1. L'attivo ereditario è costituito da tutti i beni e i diritti che formano oggetto della successione, ad esclusione di quelli non soggetti all'imposta a norma degli artt. 2, 3, 12 e 13.

2. Si considerano compresi nell'attivo ereditario denaro, gioielli e mobilia per un importo pari al dieci per cento del valore globale netto imponibile dell'asse ereditario anche se non dichiarati o dichiarati per un importo minore, salvo che da inventario analitico redatto a norma degli artt. 769 ss. c.p.c. non ne risulti l'esistenza per un importo diverso.

3. Si considera mobilia l'insieme dei beni mobili destinati all'uso o all'ornamento delle abitazioni, compresi i beni culturali non sottoposti al vincolo di cui all'art. 13.

10. (1) [*Art. 9, D.P.R. n. 637/1972.* – **Beni alienati negli ultimi sei mesi.** – 1. Si considerano compresi nell'attivo ereditario i beni e i diritti soggetti ad imposta alienati a titolo oneroso dal defunto negli ultimi sei mesi.

2. La disposizione del comma 1 non si applica ai beni e ai diritti alienati in esecuzione di contratti preliminari aventi data certa anteriore di almeno sei mesi alla apertura della successione, a quelli alienati con atti di donazione presunta di cui all'art. 1, comma 3, a quelli espropriati per pubblica utilità o alienati all'espropriante nel corso del relativo procedimento ed a quelli alla cui produzione o al cui scambio era diretta l'impresa esercitata dal defunto.

3. Dal valore dei beni e diritti di cui al comma 1, determinato secondo le disposizioni della sezione II, si deduce l'ammontare:

a) delle somme riscosse o dei crediti sorti in dipendenza dell'alienazione, purché indicati nella dichiarazione della successione;

b) del valore delle azioni o quote sociali o dei beni ricevuti in corrispettivo di beni conferiti in società o permutati, purché indicati nella dichiarazione della successione;

c) dei debiti ipotecari contratti dal defunto per l'acquisto del bene, fino a concorrenza della somma residua accollata all'acquirente;

d) delle somme reinvestite nell'acquisto di beni soggetti ad imposta indicati nella dichiarazione della successione o di beni che, anteriormente all'apertura della successione, sono stati rivenduti ovvero sono stati distrutti o perduti per causa non imputabile al defunto;

e) delle somme impiegate, successivamente alla alienazione, nell'estinzione di debiti tributari e di debiti risultanti da atti aventi data certa anteriore di almeno sei mesi all'apertura della successione;

f) delle spese di mantenimento e delle spese mediche e chirurgiche, comprese quelle per ricoveri, medicinali e protesi, sostenute dal defunto per sé e per i familiari a carico successivamente all'alienazione; le spese di mantenimento sono deducibili per un ammontare mensile di lire un milione per il defunto e di lire cinquecentomila per ogni familiare a carico, computando soltanto i mesi interi.

4. Le scritture private non autenticate si considerano fatte alla data in cui hanno acquistato data certa].

(1) *Questo articolo è stato abrogato dall'art. 69, comma 1, lett.* d)*, della L. 21 novembre 2000, n. 342.*

A norma dell'art. 69, comma 15, della predetta legge, tali disposizioni si applicano alle successioni per le quali il termine di presentazione delle relative dichiarazioni scade successivamente al 31 dicembre 2000 ed alle donazioni fatte a decorrere dal 1° gennaio 2001.

11. *Art. 10, D.P.R. n. 637/1972 – Art. 25, D.L. n. 69/1989, conv. dalla L. n. 154/1989.* – **Presunzione di appartenenza all'attivo ereditario.** – 1. Si considerano compresi nell'attivo ereditario:

a) i titoli di qualsiasi specie il cui reddito è stato indicato nell'ultima dichiarazione dei redditi presentata dal defunto, salvo quanto disposto nell'art. 12, comma 1, lett. *b*);

b) i beni mobili e i titoli al portatore di qualsiasi specie posseduti dal defunto o depositati presso altri a suo nome.

2. Per i beni e i titoli di cui al comma 1, lett. *b*), depositati a nome del defunto e di altre persone, compresi quelli contenuti in cassette di sicurezza o altri contenitori di cui all'art. 48, commi 6 e 7, per le azioni e altri titoli cointestati e per i crediti di pertinenza del defunto e di altre persone, compresi quelli derivanti da depositi bancari e da conti correnti bancari e postali coin-

testati, le quote di ciascuno si considerano uguali se non risultano diversamente determinate. [Se i cointestatari sono eredi o legatari i beni e i diritti, salvo prova contraria, si considerano appartenenti esclusivamente al defunto; questa disposizione non si applica per i beni e i diritti cointestati al coniuge che formavano oggetto della comunione di cui agli artt. 177 ss. c.c.] (1).

3. Le partecipazioni in società di ogni tipo si considerano comprese nell'attivo ereditario anche se per clausola del contratto di società o dell'atto costitutivo o per patto parasociale ne sia previsto a favore di altri soci il diritto di accrescimento o il diritto di acquisto ad un prezzo inferiore al valore di cui all'art. 16, comma 1. In tal caso, se i beneficiari del diritto di accrescimento o di acquisto sono eredi o legatari, il valore della partecipazione si aggiunge a quello della quota o del legato; se non sono eredi o legatari la partecipazione è considerata come oggetto di un legato a loro favore.

(1) *Le parole fra parentesi quadrate sono state soppresse dall'art. 69, comma 1, lett. e), della L. 21 novembre 2000, n. 342.*

A norma dell'art. 69, comma 15, della predetta legge, tali disposizioni si applicano alle successioni per le quali il termine di presentazione delle relative dichiarazioni scade successivamente al 31 dicembre 2000 ed alle donazioni fatte a decorrere dal 1° gennaio 2001.

12. *Art. 11, D.P.R. n. 637/1972 – Art. 1, D.P.R. n. 952/1977 – Art. 4, L. n. 512/1982.* – **Beni non compresi nell'attivo ereditario.** – 1. Non concorrono a formare l'attivo ereditario:

a) i beni e i diritti iscritti a nome del defunto nei pubblici registri, quando è provato, mediante provvedimento giurisdizionale, atto pubblico, scrittura privata autenticata o altra scrittura avente data certa, che egli ne aveva perduto la titolarità, salvo il disposto dell'art. 10;

b) le azioni e i titoli nominativi intestati al defunto, alienati anteriormente all'apertura della successione con atto autentico o girata autenticata, salvo il disposto dell'art. 10;

c) le indennità di cui agli artt. 1751, ultimo comma, e 2122 c.c. e le indennità spettanti per diritto proprio agli eredi in forza di assicurazioni previdenziali obbligatorie o stipulate dal defunto;

d) i crediti contestati giudizialmente alla data di apertura della successione, fino a quando la loro sussistenza non sia riconosciuta con provvedimento giurisdizionale o con transazione;

e) i crediti verso lo Stato, gli enti pubblici territoriali e gli enti pubblici che gestiscono forme obbligatorie di previdenza e di assistenza sociale, compresi quelli per rimborso di imposte o di contributi, fino a quando non siano riconosciuti con provvedimento dell'amministrazione debitrice;

f) i crediti ceduti allo Stato entro la data di presentazione della dichiarazione della successione;

g) i beni culturali di cui all'art. 13, alle condizioni ivi stabilite;

h) i titoli del debito pubblico, fra i quali si intendono compresi i buoni ordinari del tesoro e i certificati di credito del tesoro, ivi compresi i corrispondenti titoli del debito pubblico emessi dagli Stati appartenenti all'Unione europea e dagli Stati aderenti all'Accordo sullo Spazio economico europeo ([1]);

i) gli altri titoli di Stato, garantiti dallo Stato o equiparati, ivi compresi i titoli di Stato e gli altri titoli ad essi equiparati emessi dagli Stati appartenenti all'Unione europea e dagli Stati aderenti all'Accordo sullo Spazio economico europeo ([2]), nonché ogni altro bene o diritto, dichiarati esenti dall'imposta da norme di legge;

l) i veicoli iscritti nel pubblico registro automobilistico.

1 *bis*. - 1 *ter*. (*Omissis*) ([3]).

([1]) *Le parole: «, ivi compresi i corrispondenti titoli del debito pubblico emessi dagli Stati appartenenti all'Unione europea e dagli Stati aderenti all'Accordo sullo Spazio economico europeo» sono state aggiunte dall'art. 8, comma 1, lett.* b), *n. 1), della L. 30 ottobre 2014, n. 161.*

([2]) *Le parole: «, ivi compresi i titoli di Stato e gli altri titoli ad essi equiparati emessi dagli Stati appartenenti all'Unione europea e dagli Stati aderenti all'Accordo sullo Spazio economico europeo» sono state inserite dall'art. 8, comma 1, lett.* b), *n. 2), della L. 30 ottobre 2014, n. 161.*

([3]) *Questi commi, aggiunti dall'art. 69, comma 1, lett.* f), *della L. 21 novembre 2000, n. 342, sono stati abrogati dall'art. 2, comma 52, lett.* b), *del D.L. 3 ottobre 2006, n. 262, convertito, con modificazioni, nella L. 24 novembre 2006, n. 286.*

13. *Art. 11, D.P.R. n. 637/1972 – Art. 4, L. n. 512/1982.* – **Beni culturali.** – 1. I beni culturali di cui agli artt. 1, 2 e 5 della L. 1° giugno 1939, n. 1089, e all'art. 36 del D.P.R. 30 settembre 1963, n. 1409, sono esclusi dall'attivo ereditario se sono stati sottoposti al vincolo ivi previsto anteriormente all'apertura della successione e sono stati assolti i conseguenti obblighi di conservazione e protezione.

2. L'erede o legatario deve presentare l'inventario dei beni di cui al comma 1 che ritiene non debbano essere compresi nell'attivo ereditario, con la descrizione particolareggiata degli stessi e con ogni notizia idonea alla loro identificazione, al competente organo periferico del Ministero per i beni culturali e ambientali, il quale attesta per ogni singolo bene l'esistenza del vincolo e l'assolvimento degli obblighi di conservazione e protezione. L'attestazione deve essere presentata all'ufficio del registro in allegato alla dichiarazione della successione o, se non vi sono altri beni ereditari, nel termine stabilito per questa.

3. Contro il rifiuto dell'attestazione è ammesso ricorso gerarchico al Ministro, il quale decide sentito il Consiglio nazionale per i beni culturali ed am-

bientali; la decisione di accoglimento del ricorso deve essere presentata in copia, entro trenta giorni dalla sua comunicazione, all'ufficio del registro competente, che provvede al rimborso dell'eventuale maggiore imposta pagata.

4. L'alienazione in tutto o in parte dei beni di cui al comma 1 prima che sia decorso un quinquennio dall'apertura della successione, la loro tentata esportazione non autorizzata, il mutamento di destinazione degli immobili non autorizzato e il mancato assolvimento degli obblighi prescritti per consentire l'esercizio del diritto di prelazione dello Stato determinano l'inclusione dei beni nell'attivo ereditario. L'amministrazione dei beni culturali e ambientali ne dà immediata comunicazione all'ufficio del registro competente; dalla data di ricevimento della comunicazione inizia a decorrere il termine di cui all'art. 27, comma 3 o comma 4.

5. Per i territori della regione siciliana e delle province autonome di Trento e di Bolzano agli adempimenti di cui al presente articolo provvedono gli organi rispettivamente competenti.

Sezione II
Valore dei beni e dei diritti

14. *Art. 20, D.P.R. n. 637/1972.* – **Beni immobili e diritti reali immobiliari.** – 1. La base imponibile, relativamente ai beni immobili compresi nell'attivo ereditario, è determinata assumendo:

a) per la piena proprietà, il valore venale in comune commercio alla data di apertura della successione;

b) per la proprietà gravata da diritti reali di godimento, la differenza tra il valore della piena proprietà e quello del diritto da cui è gravata;

c) per i diritti di usufrutto, uso e abitazione, il valore determinato a norma dell'art. 17 sulla base di annualità pari all'importo ottenuto moltiplicando il valore della piena proprietà per il saggio legale d'interesse;

d) per il diritto dell'enfiteuta, il ventuplo del canone annuo ovvero, se maggiore, la differenza tra il valore della piena proprietà e la somma dovuta per l'affrancazione; per il diritto del concedente la somma dovuta per l'affrancazione.

15. *Art. 21, D.P.R. n. 637/1972.* – **Aziende, navi e aeromobili.** – 1. La base imponibile, relativamente alle aziende comprese nell'attivo ereditario, è determinata assumendo il valore complessivo, alla data di apertura della successione, dei beni e dei diritti che le compongono, [compreso l'avviamento ed] ([1]) esclusi i beni indicati nell'art. 12, al netto delle passività risultanti a norma degli artt. da 21 a 23. Se il defunto era obbligato alla redazione dell'inventario di cui all'art. 2217 c.c., si ha riguardo alle attività e alle passività indicate nell'ultimo inventario regolarmente redatto e vidimato, tenendo conto dei mutamenti successivamente intervenuti [e dell'avviamento] (1).

2. Il valore delle navi o imbarcazioni e degli aeromobili, che non fatto parte di aziende, è desunto dai prezzi mediamente praticati sul mercato per beni della stessa specie di nuova costruzione, tenendo conto del tempo trascorso dall'acquisto e dello stato di conservazione.

3. In caso di usufrutto o di uso dei beni indicati nei commi 1 e 2 si applicano le disposizioni dell'art. 14, comma 1, lettere *b*) e *c*).

(1) *Le parole fra parentesi quadrate sono state soppresse dall'art. 69, comma 1, lett.* g) *e* h)*, della L. 21 novembre 2000, n. 342.*

A norma dell'art. 69, comma 15, della predetta legge, tali disposizioni si applicano alle successioni per le quali il termine di presentazione delle relative dichiarazioni scade successivamente al 31 dicembre 2000 ed alle donazioni fatte a decorrere dal 1° gennaio 2001.

16. *Art. 22, D.P.R. n. 637/1972.* – **Azioni e obbligazioni, altri titoli, quote sociali.** – 1. La base imponibile, relativamente alle azioni, obbligazioni, altri titoli e quote sociali compresi nell'attivo ereditario, è determinata assumendo:

a) per i titoli quotati in borsa o negoziati al mercato ristretto, la media dei prezzi di compenso o dei prezzi fatti nell'ultimo trimestre anteriore all'apertura della successione, maggiorata dei dietimi o degli interessi successivamente maturati, e in mancanza il valore di cui alle lettere successive;

b) per le azioni e per i titoli o quote di partecipazione al capitale di enti diversi dalle società, non quotate in borsa, né negoziati al mercato ristretto, nonché per le quote di società non azionarie, comprese le società semplici e le società di fatto, il valore proporzionalmente corrispondente al valore, alla data di apertura della successione, del patrimonio netto dell'ente o della società risultante dall'ultimo bilancio pubblicato o dall'ultimo inventario regolarmente redatto e vidimato, tenendo conto dei mutamenti sopravvenuti, ovvero, in mancanza di bilancio o inventario, al valore complessivo dei beni e dei diritti appartenenti all'ente o alla società al netto delle passività risultanti a norma degli artt. da 21 a 23, escludendo i beni indicati alle lettere *h*) e *i*) dell'art. 12 [e aggiungendo l'avviamento] (1);

c) per i titoli o quote di partecipazione a fondi comuni d'investimento, il valore risultante da pubblicazioni fatte o prospetti redatti a norma di legge o regolamento;

d) per le obbligazioni e gli altri titoli diversi da quelli indicati alle lettere *a*), *b*) e *c*) il valore comparato a quello dei titoli aventi analoghe caratteristiche quotati in borsa o negoziati al mercato ristretto o in mancanza desunto da altri elementi certi.

2. In caso di usufrutto si applicano le disposizioni dell'art. 14, comma 1, lettere *b*) e *c*).

(¹) *Le parole fra parentesi quadrate sono state soppresse dall'art. 69, comma 1, lett. i), della L. 21 novembre 2000, n. 342.*

A norma dell'art. 69, comma 15, della predetta legge, tali disposizioni si applicano alle successioni per le quali il termine di presentazione delle relative dichiarazioni scade successivamente al 31 dicembre 2000 ed alle donazioni fatte a decorrere dal 1° gennaio 2001.

17. *Art. 23, D.P.R. n. 637/1972.* – **Rendite e pensioni.** – 1. La base imponibile, relativamente alle rendite e pensioni comprese nell'attivo ereditario, è determinata assumendo:

a) il 100 (¹) dell'annualità, se si tratta di rendita perpetua o a tempo indeterminato;

b) il valore attuale dell'annualità, calcolato al saggio legale di interesse e non superiore al 100 (¹) della stessa, se si tratta di rendita o pensione a tempo determinato; se è prevista la cessazione per effetto della morte del beneficiario o di persona diversa, il valore non può superare quello determinato a norma della lett. *c*) con riferimento alla durata massima;

c) il valore che si ottiene moltiplicando l'annualità per il coefficiente applicabile, secondo il prospetto allegato al testo unico sull'imposta di registro, approvato con D.P.R. 26 aprile 1986, n. 131, in relazione all'età della persona alla cui morte essa deve cessare, se si tratta di rendita o pensione vitalizia; in caso di rendita o pensione costituita congiuntamente a favore di più persone si tiene conto dell'età del meno giovane dei beneficiari se è prevista la cessazione con la morte di uno qualsiasi di essi, dell'età del più giovane se vi è diritto di accrescimento fra loro; se è prevista la cessazione per effetto della morte di persona diversa dai beneficiari si tiene conto dell'età di questa.

(¹) *Il valore di questo multiplo è stato fissato dapprima in quaranta volte l'annualità, ai sensi dell'art. 1, comma 2, del D.M. 11 gennaio 1999, poi in 28,57 volte l'annualità, dall'art. 1 del D.M. 28 dicembre 2000, poi in 33,33 volte l'annualità, dall'art. 1, comma 2, del D.M. 24 dicembre 2001, in quaranta volte l'annualità dall'art. 1, comma 1, del D.M. 18 dicembre 2003, in 66,66 volte l'annualità dall'art. 1, comma 2, del D.M. 23 dicembre 2010; in quaranta volte l'annualità dall'art. 1, comma 2, del D.M. 22 dicembre 2011; in 100 volte l'annualità dall'art. 1, comma 2, del D.M. 23 dicembre 2013, a decorrere dal 1° gennaio 2014; in 200 volte l'annualità dall'art. 1, comma 2, del D.M. 22 dicembre 2014, a decorrere dal 1° gennaio 2015; in 500 volte l'annualità dall'art. 1, comma 2, del D.M. 21 dicembre 2015, a decorrere dal 1° gennaio 2016; in 1.000 volte l'annualità dall'art. 1, comma 2, del D.M. 23 dicembre 2016, a decorrere dal 1° gennaio 2017; in 333,33 volte l'annualità dall'art. 1, comma 2, del D.M. 20 dicembre 2017, a decorrere dal 1° gennaio 2018, in 125 volte l'annualità, dall'art. 1, comma 2, del D.M. 19 dicembre 2018, a decorrere dal 1° gennaio 2019; in 2000 volte l'annualità, dall'art. 1, comma 1, del D.M. 20 dicembre 2019, a decorrere dal 1° gennaio 2020; in 10.000 volte l'annualità, dall'art. 1, comma 1, del D.M. 18 di-*

cembre 2020, a decorrere dal 1° gennaio 2021; in 80 volte l'annualità, dall'art. 2, comma 1, del D.M. 21 dicembre 2021, a decorrere dal 1° gennaio 2022.

18. *Art. 24, D.P.R. n. 637/1972.* – **Crediti.** – 1. La base imponibile, relativamente ai crediti compresi nell'attivo ereditario, è determinata assumendo:

a) per i crediti fruttiferi, il loro importo con gli interessi maturati;

b) per i crediti infruttiferi con scadenza dopo almeno un anno dalla data dell'apertura della successione, il loro valore attuale calcolato al saggio legale di interesse;

c) per i crediti in natura, il valore dei beni che ne sono oggetto;

d) per il diritto alla liquidazione delle quote di società semplici, in nome collettivo e in accomandita semplice e di quelle ad esse equiparate ai fini delle imposte sui redditi, di cui all'art. 2289 c.c., il valore delle quote determinato a norma dell'art. 16.

19. *Art. 25, D.P.R. n. 637/1972.* – **Altri beni.** – 1. La base imponibile, relativamente ai beni e ai diritti compresi nell'attivo ereditario diversi da quelli contemplati nell'art. 9, comma 2, e negli articoli da 14 a 18, è determinata assumendo il valore venale in comune commercio alla data di apertura della successione.

2. In caso di usufrutto o di uso si applicano le disposizioni dell'art. 14, comma 1, lettere *b*) e *c*).

Sezione III

Passività deducibili

20. Art. 12, D.P.R. n. 637/1972 Passività deducibili. – 1. Le passività deducibili sono costituite dai debiti del defunto esistenti alla data di apertura della successione e dalle spese mediche e funerarie indicate nell'art. 24 [1].

2. La deduzione è ammessa alle condizioni e nei limiti di cui agli articoli da 21 a 24.

[1] *Questo comma è stato così, da ultimo, sostituito dall'art. 9, comma 1, del D.L. 29 aprile 1994, n. 260, conv., con modif., nella L. 27 giugno 1994, n. 413.*

21. *Artt. 13, commi 1 e 2, e 14, D.P.R. n. 637/1972 – Art. 7, L. n. 880/1986.* – **Condizioni di deducibilità dei debiti.** – 1. I debiti del defunto devono risultare da atto scritto di data certa anteriore all'apertura della successione o da provvedimento giurisdizionale definitivo.

2. I debiti inerenti all'esercizio di imprese sono ammessi in deduzione anche se risultano dalle scritture contabili obbligatorie del defunto regolarmente tenute a norma di legge.

3. Se il defunto non era obbligato alla tenuta di scritture contabili, i debiti cambiari e i debiti verso aziende o istituti di credito, compresi i saldi passivi dei conti correnti, sono ammessi in deduzione anche se risultano dalle scritture contabili obbligatorie, regolarmente tenute a norma di legge, del trattario o del prenditore o dell'azienda o istituto di credito.

4. I debiti derivanti da rapporti di lavoro subordinato, compresi quelli relativi al trattamento di fine rapporto e ai trattamenti previdenziali integrativi, sono deducibili nell'ammontare maturato alla data di apertura della successione, anche se il rapporto continua con gli eredi o i legatari.

5. I debiti verso lo Stato, gli enti pubblici territoriali e gli enti pubblici che gestiscono forme obbligatorie di previdenza e di assistenza sociale, esistenti alla data di apertura della successione, nonché i debiti tributari, il cui presupposto si è verificato anteriormente alla stessa data, sono deducibili anche se accertati in data posteriore.

6. Per debito del defunto si intende anche quello di somme dovute al coniuge divorziato, a seguito di sentenza di scioglimento di matrimonio o di cessazione di effetti civili dello stesso.

22. *Artt. 13, comma 4, 14 e 15, D.P.R. n. 637/1972.* – **Limiti alla deducibilità dei debiti.** – 1. Non sono deducibili i debiti contratti per l'acquisto di beni o di diritti non compresi nell'attivo ereditario; se i beni o i diritti acquistati vi sono compresi solo in parte la deduzione è ammessa proporzionalmente al valore di tale parte.

2. I debiti contratti dal defunto negli ultimi sei mesi sono deducibili nei limiti in cui il relativo importo è stato impiegato nei modi indicati nell'art. 10, comma 3, lettere *d*), *e*) ed *f*); negli stessi limiti sono computati, per la determinazione del saldo dei conti correnti bancari, gli addebitamenti dipendenti da assegni emessi e da operazioni fatte negli ultimi sei mesi. Le disposizioni del presente comma non si applicano per i debiti contratti, le operazioni fatte e gli assegni emessi nell'esercizio di imprese o di arti e professioni.

3. Nella determinazione del saldo dei conti correnti bancari non si tiene conto degli addebitamenti dipendenti da assegni non presentati al pagamento almeno quattro giorni prima dell'apertura della successione.

4. I debiti di pertinenza del defunto e di altre persone, compresi i saldi passivi dei conti correnti bancari cointestati, sono deducibili nei limiti della quota del defunto; le quote dei condebitori si considerano uguali se non risultano diversamente determinate.

23. *Artt. 13, comma 4, e 16, D.P.R. n. 637/1972.* – **Dimostrazione dei debiti.** – 1. La deduzione dei debiti è subordinata alla produzione, in originale o in copia autentica, del titolo o provvedimento di cui all'art. 21, comma 1, ovvero:

a) di estratto notarile delle scritture contabili obbligatorie del defunto, per i debiti inerenti all'esercizio di imprese;

b) di estratto notarile delle scritture contabili obbligatorie del trattario o del prenditore, per i debiti cambiari;

c) di attestazione rilasciata dall'amministrazione creditrice, o di copia autentica della quietanza del pagamento avvenuto dopo l'apertura della successione, per i debiti verso pubbliche amministrazioni;

d) di attestazione rilasciata dall'ispettorato provinciale del lavoro, per i debiti verso i lavoratori dipendenti.

2. La deduzione dei debiti verso aziende o istituti di credito, anche se risultanti nei modi indicati nel comma 1, è subordinato alla produzione di un certificato, rilasciato dall'ente creditore entro trenta giorni dalla richiesta scritta di uno dei soggetti obbligati alla dichiarazione della successione e controfirmato dal capo del servizio o dal contabile addetto al servizio. Il certificato deve attestare l'esistenza totale o parziale di ciascun debito con la specificazione di tutti gli altri rapporti debitori o creditori, compresi i riporti e le garanzie anche di terzi, esistenti con il defunto alla data di apertura della successione presso tutte le sedi, agenzie, filiali o altre ripartizioni territoriali dell'azienda o istituto di credito; per i saldi passivi dei conti correnti dal certificato deve risultare l'integrale svolgimento del conto dal dodicesimo mese anteriore all'apertura della successione o, se precedente, dall'ultimo saldo attivo.

3. La sussistenza dei debiti alla data di apertura della successione, se non risulta da uno dei documenti di cui ai commi 1 e 2, deve risultare da attestazione conforme al modello approvato con decreto del Ministro delle finanze, sottoscritta da uno dei soggetti obbligati alla dichiarazione della successione nonché, tranne che per i debiti verso i dipendenti, dai creditori del defunto ovvero, per le passività indicate nell'art. 16, comma 1, lett. *b*), dal legale rappresentante della società o dell'ente. Le firme devono essere autenticate.

4. L'esistenza di debiti deducibili, ancorché non indicati nella dichiarazione della successione, può essere dimostrata, nei modi stabiliti nei commi 1, 2 e 3, entro il termine di tre anni dalla data di apertura della successione, prorogato, per i debiti risultanti da provvedimenti giurisdizionali e per i debiti verso pubbliche amministrazioni, fino a sei mesi dalla data in cui il relativo provvedimento giurisdizionale o amministrativo è divenuto definitivo.

24. *Art. 17, D.P.R. n. 637/1972 – Art. 4, comma 2, L. n. 880/1986.* – **Spese mediche e spese funerarie.** – 1. Le spese mediche e chirurgiche relative al defunto negli ultimi sei mesi di vita sostenute dagli eredi, comprese quelle per ricoveri, medicinali e protesi, sono deducibili a condizione che risultino da regolari quietanze, anche se di data anteriore all'apertura della successione.

2. Le spese funerarie risultanti da regolari quietanze sono deducibili in misura non superiore a lire due milioni.

Capo III
Riduzioni e detrazioni

25. *Art. 18, D.P.R. n. 637/1972 – Art. 4, L. n. 512/1982 – Art. 3, L. n. 880/1986.* – **Riduzioni dell'imposta.** – 1. Se la successione è aperta entro cinque anni da altra successione o da una donazione avente per oggetto gli stessi beni e diritti, l'imposta è ridotta di un importo inversamente proporzionale al tempo trascorso, in ragione di un decimo per ogni anno o frazione di anno; se nella successione non sono compresi tutti i beni e diritti oggetto della precedente successione o donazione o sono compresi anche altri beni o diritti, la riduzione si applica sulla quota di imposta proporzionale al valore dei beni e dei diritti compresi in entrambe.

2. Se nell'attivo ereditario sono compresi beni immobili culturali di cui all'art. 13, non sottoposti anteriormente all'apertura della successione al vincolo previsto nell'art. 2 della L. 1° giugno 1939, n. 1089, l'imposta dovuta dall'erede o legatario al quale sono devoluti è ridotta dell'importo proporzionalmente corrispondente al cinquanta per cento del loro valore. L'erede o legatario deve presentare l'inventario dei beni per i quali ritiene spettante la riduzione, con la descrizione particolareggiata degli stessi e con ogni notizia idonea alla loro identificazione, al competente organo periferico del Ministero per i beni culturali e ambientali, il quale attesta per ogni singolo bene l'esistenza delle caratteristiche di cui alla L. 1° giugno 1939, n. 1089; l'attestazione deve essere allegata alla dichiarazione della successione. L'accertamento positivo delle caratteristiche di cui alla predetta legge comporta la sottoposizione dell'immobile al vincolo ivi previsto. Si applicano le disposizioni dell'art. 13, commi 3, 4 e 5.

3. Se nell'attivo ereditario sono compresi fondi rustici, incluse le costruzioni rurali, anche se non insistenti sul fondo, di cui all'art. 39 del testo unico delle imposte sui redditi approvato con D.P.R. 22 dicembre 1986, n. 917, devoluti al coniuge, a parenti in linea retta o a fratelli o sorelle del defunto, l'imposta dovuta dall'erede o legatario al quale sono devoluti è ridotta dell'importo proporzionalmente corrispondente al quaranta per cento del-

la parte del loro valore complessivo non superiore a lire duecento milioni. La riduzione compete a condizione che l'erede o legatario sia coltivatore diretto, che la devoluzione avvenga nell'ambito di una famiglia diretto-coltivatrice e che l'esistenza di questi requisiti risulti da attestazione dell'ufficio regionale competente allegata alla dichiarazione della successione. È diretto-contivatrice la famiglia che si dedica direttamente e abitualmente alla coltivazione dei fondi e all'allevamento e governo del bestiame, sempreché la complessiva forza lavorativa del nucleo familiare non sia inferiore al terzo di quella occorrente per le normali necessità della coltivazione del fondo e dell'allevamento e del governo del bestiame; ai fini del calcolo della forza lavorativa il lavoro della donna è equiparato a quello dell'uomo.

4. Se nell'attivo ereditario sono compresi immobili o parti di immobili adibiti all'esercizio dell'impresa, devoluti al coniuge o a parenti in linea retta entro il terzo grado del defunto nell'ambito di una impresa artigiana familiare, come definita dalla L. 8 agosto 1985, n. 443, e dall'art. 230 *bis* c.c., l'imposta dovuta dall'erede o legatario al quale sono devoluti è ridotta dell'importo proporzionalmente corrispondente al quaranta per cento della parte del loro valore complessivo non superiore a lire duecento milioni, a condizione che l'esistenza dell'impresa familiare artigiana risulti dall'atto pubblico o dalla scrittura privata autenticata di cui all'art. 5, comma 4, lett. *a*), del testo unico delle imposte sui redditi, approvato con D.P.R. 22 dicembre 1986, n. 917.

4 *bis*. Se nell'attivo ereditario sono compresi, purché ubicati in comuni montani con meno di cinquemila abitanti o nelle frazioni con meno di mille abitanti anche se situate in comuni montani di maggiori dimensioni ([1]), aziende, quote di società di persone o beni strumentali di cui all'articolo 40 del testo unico delle imposte sui redditi, approvato con decreto del Presidente della Repubblica 22 dicembre 1986, n. 917, trasferiti al coniuge o al parente entro il terzo grado del defunto, l'imposta dovuta dal beneficiario è ridotta dell'importo proporzionale corrispondente al quaranta per cento della parte del loro valore complessivo, a condizione che gli aventi causa proseguano effettivamente l'attività imprenditoriale per un periodo non inferiore a cinque anni dalla data del trasferimento. Il beneficiario deve dimostrare detta condizione entro sessanta giorni dalla scadenza del suindicato termine mediante dichiarazione da presentare presso l'ufficio competente ove sono registrate la denuncia o l'atto; in mancanza di tale dimostrazione il beneficiario stesso è tenuto al pagamento dell'imposta in misura ordinaria con gli interessi di mora, decorrenti dalla data in cui l'imposta medesima avrebbe dovuto essere pagata. Per il pagamento dell'imposta di successione relativa all'ipotesi di cui al presente comma si applicano le disposizioni previste dall'articolo 38 ([2]).

4 *ter*. Le agevolazioni di cui al comma 4 *bis* si applicano anche in caso di donazioni (3).

(1) *Le parole da: «o nelle frazioni» sino a: «dimensioni» sono state aggiunte dall'art. 3, comma 11, del D.L. 31 dicembre 1996, n. 669, conv., con modif., nella L. 28 febbraio 1997, n. 30.*

(2) *Questo comma è stato aggiunto dall'art. 3, comma 28, della L. 23 dicembre 1996, n. 662, con effetto dal 1° gennaio 1997.*

(3) *Questo comma è stato aggiunto dall'art. 69, comma 1, lett. l), della L. 21 novembre 2000, n. 342.*

A norma dell'art. 69, comma 15, della predetta legge, tali disposizioni si applicano alle successioni per le quali il termine di presentazione delle relative dichiarazioni scade successivamente al 31 dicembre 2000 ed alle donazioni fatte a decorrere dal 1° gennaio 2001.

26. *Art. 19, D.P.R. n. 637/1972 – Art. 4, comma 3, L. n. 880/1986.* – **Detrazione di altre imposte.** – 1. Dall'imposta determinata a norma degli articoli precedenti si detraggono:

[*a*) l'imposta comunale sull'incremento di valore degli immobili liquidata in dipendenza dell'apertura della successione per ciascun immobile trasferito, fino a concorrenza della parte dell'imposta proporzionale al valore dell'immobile stesso] (1);

b) le imposte pagate ad uno Stato estero, in dipendenza della stessa successione ed in relazione a beni esistenti in tale Stato, fino a concorrenza della parte dell'imposta di successione proporzionale al valore dei beni stessi, salva l'applicazione di trattati o accordi internazionali.

(1) *Questa lettera è stata abrogata dall'art. 11, comma 1, lett. a), del D.L. 28 marzo 1997, n. 79, conv., con modif., nella L. 28 maggio 1997, n. 140.*

Capo IV
Accertamento e liquidazione dell'imposta

27. *Artt. 33, 34 e 41, primo comma, D.P.R. n. 637/1972.* – **Procedimento e termini.** – 1. La successione deve essere dichiarata all'ufficio del registro, a norma degli artt. da 28 a 30, nel termine stabilito dall'art. 31.

2. L'imposta è liquidata dall'ufficio in base alla dichiarazione della successione, a norma dell'art. 33, ed è nuovamente liquidata, a norma dello stesso articolo, in caso di successiva presentazione di dichiarazione sostitutiva o integrativa di cui all'art. 28, comma 6. La liquidazione deve essere notificata, mediante avviso, entro il termine di decadenza di tre anni dalla data di presentazione della dichiarazione della successione o della dichiarazione sostitutiva o integrativa.

3. Successivamente l'ufficio, se ritiene che la dichiarazione, o la dichiarazione sostitutiva o integrativa, sia incompleta o infedele ai sensi dell'art. 32, commi 2 e 3, procede alla rettifica e alla liquidazione della maggiore imposta a norma dell'art. 34. La rettifica deve essere notificata, mediante avviso, entro il termine di decadenza di due anni dal pagamento dell'imposta principale ([1]).

4. Se la dichiarazione della successione è stata omessa, l'imposta è accertata e liquidata d'ufficio a norma dell'art. 35. Se è stata omessa la dichiarazione sostitutiva o la dichiarazione integrativa di cui all'art. 28, comma 6, si procede d'ufficio, rispettivamente, alla riliquidazione dell'imposta o alla liquidazione della maggiore imposta. L'avviso deve essere notificato entro il termine di decadenza di cinque anni dalla scadenza del termine per la presentazione della dichiarazione omessa.

5. Se nelle liquidazioni di cui ai commi 2, 3 e 4 vi sono stati errori od omissioni, l'ufficio può provvedere alla correzione e liquidare la maggiore imposta che ne risulta dovuta. Il relativo avviso deve essere notificato entro il termine di decadenza stabilito per la liquidazione alla quale si riferisce la correzione.

6. L'imposta è dovuta anche se la dichiarazione è presentata oltre il termine di decadenza stabilito nel comma 4; in questo caso le disposizioni dei commi 2, 3 e 5 si applicano con riferimento a tale dichiarazione.

7. È principale l'imposta liquidata in base alle dichiarazioni presentate, complementare l'imposta o maggiore imposta, liquidata in sede di accertamento d'ufficio o di rettifica, suppletiva quella liquidata per correggere errori od omissioni di una precedente liquidazione.

([1]) *Il secondo periodo di questo comma è stato così sostituito dall'art. 10, comma 10, del D.L. 20 giugno 1996, n. 323, conv., con modif., nella L. 8 agosto 1996, n. 425.*

28. *Artt. 35, comma 1, 36 e 37, D.P.R. n. 637/1972 – Art. 4, comma 4, L. n. 880/1986.* – **Dichiarazione della successione.** – 1. La dichiarazione della successione deve essere presentata all'ufficio del registro competente, che ne rilascia ricevuta; può essere spedita per raccomandata e si considera presentata, in tal caso, nel giorno in cui è consegnata all'ufficio postale, che appone su di essa o sul relativo involucro il timbro a calendario.

2. Sono obbligati a presentare la dichiarazione: i chiamati all'eredità e i legatari, anche nel caso di apertura della successione per dichiarazione di morte presunta, ovvero i loro rappresentanti legali; gli immessi nel possesso temporaneo dei beni dell'assente; gli amministratori dell'eredità e i curatori delle eredità giacenti; gli esecutori testamentari.

3. La dichiarazione della successione deve, a pena di nullità, essere redatta su stampato fornito dall'ufficio del registro o conforme ([1]) al modello

approvato con decreto del Ministro delle finanze pubblicato nella *Gazzetta Ufficiale*, e deve essere sottoscritta da almeno uno degli obbligati o da un suo rappresentante negoziale.

4. Se più soggetti sono obbligati alla stessa dichiarazione questa non si considera omessa se presentata da uno solo.

5. I chiamati all'eredità e i legatari sono esonerati dall'obbligo della dichiarazione se, anteriormente alla scadenza del termine stabilito nell'art. 31, hanno rinunziato all'eredità o al legato o, non essendo nel possesso di beni ereditari, hanno chiesto la nomina di un curatore dell'eredità a norma dell'art. 528, primo comma, c.c., e ne hanno informato per raccomandata l'ufficio del registro, allegando copia autentica della dichiarazione di rinunzia all'eredità o copia dell'istanza di nomina autenticata dal cancelliere della pretura.

6. Se dopo la presentazione della dichiarazione della successione sopravviene un evento, diverso da quelli indicati all'art. 13, comma 4, e dall'erogazione di rimborsi fiscali (²) che dà luogo a mutamento della devoluzione dell'eredità o del legato ovvero ad applicazione dell'imposta in misura superiore, i soggetti obbligati, anche se per effetto di tale evento, devono presentare dichiarazione sostitutiva o integrativa. Si applicano le disposizioni dei commi 1, 3 e 8.

7. Non vi è obbligo di dichiarazione se l'eredità è devoluta al coniuge e ai parenti in linea retta del defunto e l'attivo ereditario ha un valore non superiore a euro centomila (³) e non comprende beni immobili o diritti reali immobiliari, salvo che per effetto di sopravvenienze ereditarie queste condizioni vengano a mancare.

8. La dichiarazione nulla si considera omessa.

(¹) *Le attuali parole: «registro o conforme» sono state così sostituite alle precedenti: «registro conforme» dall'art. 23, comma 3, della L. 30 dicembre 1991, n. 413, il cui comma 4 stabilisce che la disposizione si applica alle dichiarazioni presentate a partire dal 1° gennaio 1993.*

(²) *Le parole: «e dall'erogazione di rimborsi fiscali» sono state inserite dall'art. 11, comma 1, lett.* a)*, n. 1), del D.L.vo 21 novembre 2014, n. 175.*

(³) *Le parole: «a lire cinquanta milioni» sono state così sostituite dalle attuali: «a euro centomila» dall'art. 11, comma 1, lett.* a)*, n. 2), del D.L.vo 21 novembre 2014, n. 175.*

29. *Art. 37, comma 2, D.P.R. n. 637/1972.* – **Contenuto della dichiarazione. –** 1. Dalla dichiarazione della successione devono risultare:

a) le generalità, l'ultima residenza e il codice fiscale del defunto;

b) le generalità, la residenza e il codice fiscale dei chiamati all'eredità e dei legatari, il loro grado di parentela o affinità col defunto e le eventuali accettazioni o rinunzie;

c) la descrizione analitica dei beni e dei diritti compresi nell'attivo ereditario con l'indicazione dei rispettivi valori;

d) gli estremi degli atti di alienazione a titolo oneroso di cui all'art. 10, con l'indicazione dei relativi corrispettivi;

e) i modi di impiego delle somme riscosse dal defunto a seguito di alienazioni di beni e assunzioni di debiti negli ultimi sei mesi, con l'indicazione dei documenti di prova;

f) gli estremi delle donazioni fatte dal defunto agli eredi o legatari, comprese quelle presunte di cui all'art. 1, comma 3, con l'indicazione dei relativi valori alla data di apertura della successione;

g) i crediti contestati giudizialmente, con l'indicazione degli estremi dell'iscrizione a ruolo della causa e delle generalità e residenza dei debitori;

h) i crediti verso lo Stato e gli enti pubblici di cui all'art. 12, comma 1, lett. *e*);

i) le passività e gli oneri deducibili, con l'indicazione dei documenti di prova;

l) il domicilio eletto nello Stato italiano dagli eredi o legatari residenti all'estero;

m) il valore globale netto dell'asse ereditario;

n) le riduzioni e detrazioni di cui agli artt. 25 e 26, con l'indicazione dei documenti di prova;

n bis) gli estremi dell'avvenuto pagamento delle imposte ipotecaria e catastale, di bollo, delle tasse ipotecarie e dell'imposta sostitutiva di quella comunale sull'incremento di valore degli immobili ([1]).

2. Se il dichiarante è un legatario, dalla dichiarazione devono risultare solo gli elementi di cui al comma 1, lettere *a*) e *b*), nonché quelli di cui alle lettere *c*), *i*) e *n*) limitatamente all'oggetto del legato, alla lettera *f*) limitatamente alle donazioni a suo favore e alla lett. *l*) limitatamente al suo domicilio.

3. Le somme e i valori devono essere indicati con arrotondamento dei relativi importi alle mille lire, per difetto se la frazione non è superiore a cinquecento lire, per eccesso se è superiore.

([1]) *Questa lettera è stata aggiunta dall'art. 11, comma 1, lett.* b)*, del D.L. 28 marzo 1997, n. 79, conv., con modif., nella L. 28 maggio 1997, n. 140.*

30. *Art. 38, D.P.R. n. 637/1972.* – **Allegati alla dichiarazione.** – 1. Alla dichiarazione devono essere allegati:

a) il certificato di morte o la copia autentica della sentenza dichiarativa dell'assenza o della morte presunta;

b) il certificato di stato di famiglia del defunto e quelli degli eredi e legatari che sono in rapporto di parentela o affinità con lui, nonché i documenti di prova della parentela naturale;

c) la copia autentica degli atti di ultima volontà dai quali è regolata la successione;

d) la copia autentica dell'atto pubblico o della scrittura privata autenticata dai quali risulta l'eventuale accordo delle parti per l'integrazione dei diritti di legittima lesi;

e) gli estratti catastali relativi agli immobili;

f) un certificato dei pubblici registri recante l'indicazione degli elementi di individuazione delle navi e degli aeromobili;

g) la copia autentica dell'ultimo bilancio o inventario di cui all'art. 15, comma 1, e all'art. 16, comma 1, lett. *b*), nonché delle pubblicazioni e prospetti di cui alla lett. *c*) dello stesso articolo e comma;

h) la copia autentica degli altri inventari formati in ottemperanza a disposizioni di legge;

i) i documenti di prova delle passività e degli oneri deducibili nonché delle riduzioni e detrazioni di cui agli artt. 25 e 26;

i bis) il prospetto di liquidazione delle imposte ipotecaria e catastale, di bollo, delle tasse ipotecarie e dell'imposta sostitutiva di quella comunale sull'incremento di valore degli immobili. L'attestato o la quietanza di versamento delle predette imposte o tasse deve essere conservato dagli eredi e dai legatari sino alla scadenza del termine per la rettifica, previsto dall'articolo 27, comma 3 ([1]).

2. Se il dichiarante è un legatario, alla dichiarazione devono essere allegati soltanto i documenti di cui al comma 1, lettere *a*), *b*) e *c*), nonché quelli di cui alle lettere successive limitatamente all'oggetto del legato.

3. I certificati di morte e di stato di famiglia possono essere sostituiti dalle dichiarazioni di cui all'art. 2 della L. 4 gennaio 1968, n. 15.

3 *bis*. I documenti di cui alle lettere *c*), *d*), *g*), *h*) e *i*) possono essere sostituiti anche da copie non autentiche con la dichiarazione sostitutiva di atto di notorietà di cui all'articolo 47, del testo unico delle disposizioni legislative e regolamentari in materia di documentazione amministrativa, di cui al decreto del Presidente della Repubblica 28 dicembre 2000, n. 445, attestante che le stesse costituiscono copie degli originali. Resta salva la facoltà dell'Agenzia delle entrate di richiedere i documenti in originale o in copia autentica ([2]).

4. Per gli allegati redatti in lingua straniera si applica l'art. 11, commi 5 e 6, del testo unico sull'imposta di registro, approvato con D.P.R. 26 aprile 1986, n. 131.

5. L'ufficio competente, se la dimostrazione delle passività e degli oneri o delle riduzioni e detrazioni richieste risulta insufficiente, ne dà avviso al dichiarante, invitandolo ad integrarla e, nel caso previsto nel secondo periodo dell'art. 23, comma 2, ad esibire in copia autentica gli assegni indicati nel

certificato. I nuovi documenti devono essere prodotti entro sei mesi dalla notificazione dell'avviso.

6. Per i documenti provenienti da pubbliche amministrazioni che non siano stati rilasciati entro il termine stabilito per la presentazione della dichiarazione, compresi l'attestazione di cui all'art. 13, comma 2, e le attestazioni o altri documenti relativi alle riduzioni e alle detrazioni di cui agli artt. 25 e 26, si applica, purché alla dichiarazione sia allegata copia della domanda di rilascio, la disposizione dell'art. 23, comma 4.

(1) *Questa lettera è stata aggiunta dall'art. 11, comma 1, lett.* c), *delle D.L. 28 marzo 1997, n. 79, conv., con modif., nella L. 28 maggio 1997, n. 140.*

(2) *Questo comma è stato aggiunto dall'art. 11, comma 1, lett.* b), *del D.L.vo 21 novembre 2014, n. 175.*

31. *Art. 39, D.P.R. n. 637/1972.* – **Termine per la presentazione della dichiarazione.** – 1. La dichiarazione deve essere presentata entro dodici mesi (1) (2) (3) dalla data di apertura della successione.

2. Il termine decorre:

a) per i rappresentanti legali degli eredi o legatari, per i curatori di eredità giacenti e per gli esecutori testamentari dalla data, successiva a quella di apertura della successione, in cui hanno avuto notizia legale della loro nomina;

b) nel caso di fallimento del defunto in corso alla data dell'apertura della successione o dichiarato entro sei mesi dalla data stessa, dalla data di chiusura del fallimento;

c) nel caso di dichiarazione di assenza o di morte presunta, dalla data di immissione nel possesso dei beni ovvero, se non vi è stata anteriore immissione nel possesso dei beni, dalla data in cui è divenuta eseguibile la sentenza dichiarativa della morte presunta;

d) dalla scadenza del termine per la formazione dell'inventario, se l'eredità è accettata con beneficio d'inventario entro il termine di cui al comma 1;

e) dalla data della rinunzia o dell'evento di cui all'art. 28, commi 5 e 6, o dalla diversa data in cui l'obbligato dimostri di averne avuto notizia;

f) dalla data delle sopravvenienze di cui all'art. 28, comma 7;

g) per gli enti che non possono accettare l'eredità o il legato senza la preventiva autorizzazione, purché la relativa domanda sia stata presentata entro sei mesi dall'apertura della successione, dalla data in cui hanno avuto notizia legale dell'autorizzazione;

h) per gli enti non ancora riconosciuti, purché sia stata presentata domanda di riconoscimento e di autorizzazione all'accettazione entro un anno dalla data di apertura della successione, dalla data in cui hanno avuto notizia legale del riconoscimento e dell'autorizzazione.

3. Fino alla scadenza del termine la dichiarazione della successione può essere modificata con l'osservanza delle disposizioni degli artt. 28, 29 e 30.

4. La presentazione ad ufficio del registro diverso da quello competente si considera avvenuta nel giorno in cui la dichiarazione è pervenuta all'ufficio competente.

(1) *Le parole: «sei mesi» sono state così sostituite dalle attuali: «dodici mesi» dall'art. 39, comma 14* sexies, *del D.L. 30 settembre 2003, n. 269, convertito, con modificazioni, nella L. 24 novembre 2003, n. 326.*

(2) *Questa modifica è stata confermata dall'art. 1, comma 78, lett.* c), *della L. 27 dicembre 2006, n. 296.*

(3) *A norma dell'art. 1, comma 79, della L. 27 dicembre 2006, n. 296, tali disposizioni si applicano alle successioni apertesi a decorrere dal 3 ottobre 2006, nonché agli atti pubblici formati, agli atti a titolo gratuito fatti, alle scritture private autenticate e alle scritture private non autenticate presentate per la registrazione a decorrere dalla data di entrata in vigore della presente legge.*

32. *Art. 40, D.P.R. n. 637/1972.* – **Irregolarità, incompletezza e infedeltà della dichiarazione.** – 1. La dichiarazione è irregolare se manca delle indicazioni di cui all'articolo 29, comma 1, lettere *a*), *b*), *c*) e *n bis*), o non è corredata dai documenti indicati nell'articolo 30, comma 1, lettere *a*) e *b*), e da quelli indicati nelle successive lettere da *c*) a *i bis*) ove ne ricorrano i presupposti (1).

In tal caso l'ufficio notifica al dichiarante, mediante avviso, l'invito a provvedere alla regolarizzazione entro sessanta giorni; la dichiarazione non regolarizzata nel termine si considera omessa.

2. La dichiarazione è incompleta se non vi sono indicati tutti i beni e i diritti compresi nell'attivo ereditario, inclusi quelli alienati negli ultimi sei mesi di cui all'art. 10.

3. La dichiarazione è infedele: se i beni e diritti compresi nell'attivo ereditario vi sono indicati per valori inferiori a quelli determinati secondo le disposizioni degli articoli da 14 a 19 e dell'art. 10; se vi sono indicati, sulla base di attestazioni o altri documenti di cui agli artt. 23 e 24 non conformi a verità, oneri e passività del tutto o in parte inesistenti; se non vi sono indicate donazioni anteriori o vi sono indicate per valore inferiore a quello determinato secondo le disposizioni dell'art. 8, comma 4.

(1) *Il primo periodo di questo comma è stato così sostituito dall'art. 11, comma 1, lett.* d), *del D.L. 28 marzo 1997, n. 79, conv., con modif., nella L. 28 maggio 1997, n. 140.*

33. *Artt. 33, comma 1, e 41, comma 1, D.P.R. n. 637/1972.* – **Liquidazione dell'imposta in base alla dichiarazione.** – 1. L'ufficio del registro liquida l'imposta in base alla dichiarazione della successione, anche se presentata dopo la scadenza del relativo termine ma prima che sia stato notificato l'accertamento d'ufficio, tenendo conto delle dichiarazioni integrative o modificative già presentate a norma dell'art. 28, comma 6, e dell'art. 31, comma 3, nonché dei rimborsi fiscali di cui allo stesso articolo 28, comma 6, erogati successivamente alla presentazione della dichiarazione di successione ([1]) ([2]).

1 *bis*. Se nella dichiarazione di successione e nella dichiarazione sostitutiva o integrativa, sono indicati beni immobili e diritti reali sugli stessi, gli eredi e i legatari devono provvedere nei termini indicati nell'articolo 31, alla liquidazione ed al versamento delle imposte ipotecaria e catastale, di bollo, delle tasse ipotecarie e dell'imposta sostitutiva di quella comunale sull'incremento di valore degli immobili, il suddetto versamento deve essere effettuato, fino alla data di entrata in vigore del decreto legislativo previsto dall'articolo 3, comma 138, della legge 23 dicembre 1996, n. 662, concernente la modifica della disciplina dei servizi autonomi di cassa degli uffici finanziari, mediante delega ad azienda di credito autorizzata o tramite il concessionario del servizio per la riscossione competente in base all'ultima residenza del defunto o, se questa era all'estero o non è nota, al concessionario del servizio per la riscossione di Roma ([3]) ([4]).

2. In sede di liquidazione l'ufficio provvede a correggere gli errori materiali e di calcolo commessi dal dichiarante nella determinazione della base imponibile e ad escludere ([5]):

a) le passività esposte nella dichiarazione per le quali non ricorrono le condizioni di deducibilità di cui agli artt. 21 e 24 o eccedenti i limiti di deducibilità di cui agli artt. 22 e 24, nonché gli oneri non deducibili a norma dell'art. 8, comma 1;

b) le passività e gli oneri esposti nella dichiarazione che non risultano dai documenti prodotti in allegato alla dichiarazione o su richiesta dell'ufficio;

c) le riduzioni e le detrazioni indicate nella dichiarazione non previste negli artt. 25 e 26 o non risultanti dai documenti prodotti in allegato alla dichiarazione o su richiesta dell'ufficio.

3. Le correzioni e le esclusioni di cui al comma 2 devono risultare nell'avviso di liquidazione dell'imposta.

4. Le disposizioni del presente articolo si applicano anche per la riliquidazione dell'imposta in base a dichiarazione sostitutiva e per la liquidazione della maggiore imposta in base a dichiarazione integrativa.

([1]) *Le parole: «, nonché dei rimborsi fiscali di cui allo stesso articolo 28, comma 6, erogati successivamente alla presentazione della dichiarazione di successione» sono state aggiunte dall'art. 11, comma 1, lett.* c)*, del D.L.vo 21 novembre 2014, n. 175.*

([2]) *Questo comma è stato così, da ultimo, sostituito dall'art. 9, comma 1, del D.L. 29 aprile 1994, n. 260, conv., con modif., nella L. 27 giugno 1994, n. 413.*

(3) *Questo comma è stato aggiunto dall'art. 11, comma 1, lett.* a)*, del D.L. 28 marzo 1997, n. 79, conv., con modif., nella L. 28 maggio 1997, n. 140.*

(4) *A norma dell'art. 149, comma 1, lett.* g)*, del D.L. 19 maggio 2020, n. 34, convertito, con modificazioni, nella L. 17 luglio 2020, n. 77, sono prorogati al 16 settembre 2020 i termini di versamento delle somme dovute a seguito dei tributi di cui a questo comma.*

A norma dell'art. 2 del medesimo decreto, la proroga si applica con riferimento agli atti ivi indicati, i cui termini di versamento scadono nel periodo compreso tra il 9 marzo 2020 e il 31 maggio 2020.

(5) *Alinea così, da ultimo, sostituita dall'art. 9, comma 1, del D.L. 29 aprile 1994, n. 260, conv., con modif., nella L. 27 giugno 1994, n. 413.*

34. *Art. 26, D.P.R. n. 637/1972 – Art. 8, L. n. 880/1986 – Art. 12, D.L. n. 70/1988, conv. in L. n. 154/1988.* – **Rettifica e liquidazione della maggiore imposta.** – 1. L'ufficio del registro, se ritiene che la dichiarazione della successione, o la dichiarazione sostitutiva o integrativa, sia incompleta o infedele, provvede con lo stesso atto alla rettifica e alla liquidazione della maggiore imposta, con gli interessi dalla data di notificazione della liquidazione dell'imposta principale (1) nella misura del 4,50 per cento per ogni semestre compiuto.

2. L'avviso di rettifica e di liquidazione della maggiore imposta deve contenere: la descrizione dei beni o diritti non dichiarati, compresi quelli alienati dal defunto negli ultimi sei mesi, con l'indicazione del valore attribuito a ciascuno di essi o del maggior valore attribuito a ciascuno dei beni o diritti dichiarati; l'indicazione delle donazioni anteriori non dichiarate e del relativo valore, o del maggior valore attribuito a quelle dichiarate; l'indicazione dei criteri seguiti nella determinazione dei valori a norma degli articoli da 14 a 19, 8, comma 4, e 10; l'indicazione delle passività e degli oneri ritenuti in tutto o in parte inesistenti, con la specificazione degli elementi di prova contraria alle attestazioni e agli altri documenti prodotti dal dichiarante; l'indicazione delle aliquote applicate e del calcolo della maggiore imposta. Per i beni e i diritti di cui ai commi 3 e 4 devono essere indicati anche gli elementi in base ai quali, secondo le disposizioni ivi contenute, ne è stato determinato il valore o il maggior valore.

2 *bis*. La motivazione dell'atto deve indicare i presupposti di fatto e le ragioni giuridiche che lo hanno determinato. Se la motivazione fa riferimento ad un altro atto non conosciuto né ricevuto dal contribuente, questo deve essere allegato all'atto che lo richiama salvo che quest'ultimo non ne riproduca il contenuto essenziale. L'accertamento è nullo se non sono osservate le disposizioni di cui al presente comma (2).

3. Il valore dei beni immobili e dei diritti reali immobiliari è determinato dall'ufficio, avendo riguardo ai trasferimenti a qualsiasi titolo ed alle divisioni e perizie giudiziarie, anteriori di non oltre tre anni alla data di apertura della

successione, che hanno avuto per oggetto gli stessi immobili o altri di analoghe caratteristiche e condizioni, ovvero al reddito netto di cui gli immobili sono suscettibili, capitalizzato al tasso mediamente applicato alla detta data e nella stessa località per gli investimenti immobiliari nonché ad ogni altro elemento di valutazione, anche sulla base di indicazioni fornite dai comuni.

4. Per la determinazione del valore delle aziende, dei diritti reali su di esse e delle azioni o quote di cui all'art. 16, lett. *b*), l'ufficio può tenere conto anche degli accertamenti relativi ad altre imposte e può procedere ad accessi, ispezioni e verifiche secondo le disposizioni relative all'imposta sul valore aggiunto.

5. Non sono sottoposti a rettifica il valore degli immobili iscritti in catasto con attribuzione di rendita dichiarato in misura non inferiore, per i terreni, a settantacinque volte il reddito dominicale risultante in catasto e, per i fabbricati, a cento volte il reddito risultante in catasto, aggiornati con i coefficienti stabiliti per le imposte sui redditi ([3]), né i valori della nuda proprietà e dei diritti reali di godimento sugli immobili stessi dichiarati in misura non inferiore a quella determinata su tale base a norma dell'art. 14. La disposizione del presente comma non si applica per i terreni per i quali gli strumenti urbanistici prevedono la destinazione edificatoria.

6. Per i fabbricati dichiarati per l'iscrizione nel catasto edilizio ma non ancora iscritti alla data di presentazione della dichiarazione della successione la disposizione del comma 5 si applica a condizione: *a*) che la volontà di avvalersene sia espressamente manifestata nella dichiarazione della successione; *b*) che in allegato alla domanda di voltura catastale, la quale in tal caso non può essere inviata per posta, sia presentata specifica istanza di attribuzione della rendita, recante l'indicazione degli elementi di individuazione del fabbricato e degli estremi della dichiarazione di successione, di cui l'ufficio tecnico erariale rilascia ricevuta in duplice esemplare; *c*) che la ricevuta, entro il termine perentorio di sessanta giorni dalla presentazione della dichiarazione di successione, sia prodotta all'ufficio del registro, il quale ne restituisce un esemplare con l'attestazione dell'avvenuta produzione. L'ufficio tecnico erariale, entro dieci mesi dalla presentazione dell'istanza di attribuzione della rendita, invia all'ufficio del registro un certificato attestante l'avvenuta iscrizione in catasto del fabbricato e la rendita attribuita; se l'imposta era già stata liquidata in base al valore indicato nella dichiarazione della successione e tale valore risulta inferiore a cento volte la rendita così attribuita e debitamente aggiornata, o al corrispondente valore della nuda proprietà o del diritto reale di godimento, l'ufficio del registro, nel termine di decadenza di cui al comma 3 dell'art. 27, liquida la maggiore imposta corrispondente alla differenza, con gli interessi di cui al comma 1 dalla data di notificazione della precedente liquidazione e senza applicazione di sanzioni ([4]).

6 *bis*. La disposizione del comma 5 si applica inoltre alle unità immobiliari urbane oggetto di denuncia in catasto con modalità conformi a quelle previste dal regolamento di attuazione dell'articolo 2, commi 1 *quinquies* e 1 *septies*, del decreto legge 23 gennaio 1993, n. 16, convertito, con modificazioni, dalla legge 24 marzo 1993, n. 75, con riferimento alla rendita proposta, alla sola condizione che la volontà di avvalersene sia espressamente manifestata nella dichiarazione di successione ([5]) ([4]).

7. Ai fini dei commi 5 e 6 le modifiche dei coefficienti stabiliti per le imposte sui redditi hanno effetto per le successioni aperte dal decimo quinto giorno successivo a quello di pubblicazione dei relativi decreti ministeriali. Le modifiche dei moltiplicatori di settantacinque e cento volte, previste nell'art. 52, comma 5, del testo unico dell'imposta di registro approvato con decreto del Presidente della Repubblica 26 aprile 1986, n. 131, operano anche ai fini dei predetti commi e hanno effetto per le successioni aperte dal decimo quinto giorno successivo a quello di pubblicazione del decreto con il quale sono disposte.

8. Ai fini della rettifica e della liquidazione della maggiore imposta non si tiene conto delle differenze di valore relative ai beni indicati nell'art. 16, comma 1, lettere *b*) e *d*), e nell'art. 19, dei quali sia evidente la scarsa rilevanza.

([1]) *Le originarie parole: «dalla data di versamento dell'imposta principale» sono state sostituite dalle attuali: «dalla data di notificazione della liquidazione dell'imposta principale», per effetto dell'art. 9, comma 1, del D.L. 29 aprile 1994, n. 260, conv., con modif., nella L. 27 giugno 1994, n. 413.*

([2]) *Questo comma è stato aggiunto dall'art. 5, comma 1, lett.* a), *del D.L.vo 26 gennaio 2001, n. 32.*

([3]) *Il D.M. 14 dicembre 1991, così dispone:*

«Il moltiplicatore di cento volte di cui all'art. 52, quarto comma, del D.P.R. 26 aprile 1986, n. 131, all'art. 34, quinto comma del D.L.vo 31 ottobre 1990, n. 346, e all'art. 12, primo comma, del D.L. 14 marzo 1988, n. 70, convertito, con modificazioni ed integrazioni, nella L. 13 maggio 1988, n. 154, si applica all'ammontare delle rendite catastali determinate sulla base delle nuove tariffe d'estimo recate dal D.M. 27 settembre 1991, nella stessa misura per le unità immobiliari classificate nei gruppi catastali A, B e C, con le esclusioni di quelle classificate nelle categorie A/10 e C/1, alle quali si applica, rispettivamente, nella misura pari a cinquanta ed a trentaquattro.

«Per le unità immobiliari classificate nei gruppi D ed E si applica all'ammontare della nuova rendita attribuita per stima diretta, nella misura pari, rispettivamente, a cinquanta ed a trentaquattro.

«Per i terreni, esclusi quelli per i quali gli strumenti urbanistici prevedono la destinazione edificatoria, continua ad applicarsi all'ammontare del reddito dominicale risultante in catasto il moltiplicatore pari a settantacinque».

([4]) *A norma dell'art. 149, comma 1, lett.* d), *del D.L. 19 maggio 2020, n. 34, convertito, con modificazioni, nella L. 17 luglio 2020, n. 77, sono prorogati al 16 settembre 2020 i termini di versamento delle somme dovute a seguito di atti di liquidazione a seguito di attribuzione della rendita ai sensi di questo comma.*

A norma dell'art. 2 del medesimo decreto, la proroga si applica con riferimento agli atti ivi indicati, i cui termini di versamento scadono nel periodo compreso tra il 9 marzo 2020 e il 31 maggio 2020.

([5]) *Questo comma è stato aggiunto dall'art. 10, comma 21, del D.L. 20 giugno 1996, n. 323, conv., con modif., nella L. 8 agosto 1996, n. 425.*

35. *Art. 33, comma 3, D.P.R. n. 637/1972.* – **Accertamento e liquidazione d'ufficio.** – 1. In caso di omissione della dichiarazione della successione l'ufficio del registro provvede all'accertamento dell'attivo ereditario e alla liquidazione dell'imposta avvalendosi dei dati e delle notizie comunque raccolti o venuti a sua conoscenza, compresi quelli desunti da dichiarazioni considerate omesse a norma degli artt. 28, comma 8, e 32, comma 1. In aggiunta all'imposta sono liquidati, nella misura di cui all'art. 34, comma 1, gli interessi dalla data di scadenza del termine entro il quale la dichiarazione omessa avrebbe dovuto essere presentata.

2. L'avviso di accertamento e liquidazione deve contenere: l'indicazione delle generalità dei chiamati all'eredità; la descrizione dei beni e dei diritti compresi nell'attivo ereditario, con l'indicazione dei valori a ciascuno di essi attribuiti e dei criteri seguiti per determinarli a norma degli articoli da 14 a 19, 34, commi 3 e 4, e 10; l'indicazione degli estremi e del valore delle donazioni anteriori di cui all'art. 8, comma 4; l'indicazione delle aliquote applicate e del calcolo dell'imposta.

2 *bis*. La motivazione dell'atto deve indicare i presupposti di fatto e le ragioni giuridiche che lo hanno determinato. Se la motivazione fa riferimento ad un altro atto non conosciuto né ricevuto dal contribuente, questo deve essere allegato all'atto che lo richiama salvo che quest'ultimo non ne riproduca il contenuto essenziale. L'accertamento è nullo se non sono osservate le disposizioni di cui al presente comma ([1]).

3. L'esistenza di passività deducibili e la spettanza di riduzioni e di detrazioni possono essere dimostrate, nei modi indicati negli articoli 23, commi 1, 2 e 3, 25 e 26, entro il termine di sei mesi dalla data di notificazione dell'avviso.

4. Le disposizioni del presente articolo si applicano, salvo il diverso contenuto dell'avviso, anche per la riliquidazione dell'imposta in caso di omissione della dichiarazione sostitutiva e per la liquidazione della maggiore imposta in caso di omissione della dichiarazione integrativa.

([1]) *Questo comma è stato aggiunto dall'art. 5, comma 1, lett.* b), *del D.L.vo 26 gennaio 2001, n. 32.*

Capo V
Riscossione dell'imposta

36. *Art. 46, D.P.R. n. 637/1972.* – **Soggetti obbligati al pagamento dell'imposta.** – 1. Gli eredi sono obbligati solidalmente al pagamento dell'imposta nell'ammontare complessivamente dovuto da loro e dai legatari.

2. Il coerede che ha accettato l'eredità col beneficio d'inventario è obbligato solidalmente al pagamento, a norma del comma 1, nel limite del valore della propria quota ereditaria.

3. Fino a quando l'eredità non sia stata accettata, o non sia stata accettata da tutti i chiamati, i chiamati all'eredità, o quelli che non hanno ancora accettato, e gli altri soggetti obbligati alla dichiarazione della successione, esclusi i legatari, rispondono solidalmente dell'imposta nel limite del valore dei beni ereditari rispettivamente posseduti. Si applica l'art. 58 del testo unico sull'imposta di registro approvato con D.P.R. 26 aprile 1986, n. 131.

4. L'ufficio del registro può chiedere la fissazione di un termine per l'accettazione dell'eredità a norma dell'art. 481 del c.c. o la nomina di un curatore dell'eredità giacente a norma dell'art. 528 dello stesso codice.

5. I legatari sono obbligati al pagamento dell'imposta relativa ai rispettivi legati.

37. *Artt. 41 e 42, D.P.R. n. 637/1972 – L. n. 121/1986 – Art. 28, D.P.R. n. 602/1973.* – **Pagamento dell'imposta.** – 1. Il pagamento dell'imposta principale, [salvo i casi in cui la stessa sia stata pagata nei termini di cui all'art. 33, comma 1,] (1) dell'imposta complementare con gli interessi di cui agli artt. 34 e 35 e dell'imposta suppletiva deve essere eseguito entro sessanta giorni (2) da quello in cui è stato notificato l'avviso di liquidazione.

2. Dalla data di scadenza del termine di cui al comma 1 decorrono gli interessi di mora nella misura del 4,50 per cento per ogni semestre compiuto.

3. Non devono essere pagate le somme di importo, comprensivo di interessi e sanzioni amministrative (3), non superiore a lire ventimila.

4. Il contribuente può pagare, oltre che in contanti, con cedole di titoli del debito pubblico scadute, e nei casi previsti dalla legge anche non scadute, computate per il loro importo netto, nonché con titoli di credito bancari e postali a copertura garantita.

(1) *Le parole da: «salvo» fino a: «comma 1», sono state inserite dall'art. 23, comma 3, della L. 30 dicembre 1991, n. 413, con effetto dal 1° gennaio 1993, e poi soppresse dall'art. 9, comma 1, del D.L. 29 aprile 1994, n. 260, convertito, con modificazioni, nella L. 27 giugno 1994, n. 413.*

(2) *Le originarie parole: «novanta giorni» sono state così sostituite dall'art. 10, comma 10, del D.L. 20 giugno 1996, n. 323, convertito, con modificazioni, nella L. 8 agosto*

1996, n. 425, con effetto anche per le dichiarazioni relative a successioni apertesi prima del 20 giugno 1996, ma la cui imposta non sia stata ancora liquidata alla stessa data.

(3) *La parola: «soprattasse» è stata così sostituita dalle parole: «sanzioni amministrative» dall'art. 2, comma 1, lett. a), del D.L.vo 18 dicembre 1997, n. 473, a decorrere dal 1° aprile 1998.*

38. (1) **Dilazione del pagamento.** – 1. Il contribuente può eseguire il pagamento nella misura non inferiore al venti per cento dell'imposta liquidata ai sensi dell'articolo 33, nel termine di sessanta giorni da quello in cui è stato notificato l'avviso di liquidazione, e per il rimanente importo in un numero di otto rate trimestrali, ovvero, per importi superiori a ventimila euro, in un numero massimo di dodici rate trimestrali. La dilazione non è ammessa per importi inferiori a mille euro.

2. Sugli importi dilazionati sono dovuti gli interessi, calcolati dal primo giorno successivo al pagamento del venti per cento dell'imposta liquidata ai sensi dell'articolo 33. Le rate trimestrali nelle quali il pagamento è dilazionato scadono l'ultimo giorno di ciascun trimestre.

3. Il mancato pagamento della somma pari al venti per cento dell'imposta liquidata, entro il termine di cui al comma 1, ovvero di una delle rate entro il termine di pagamento della rata successiva, comporta la decadenza dalla rateazione e l'importo dovuto, dedotto quanto versato, è iscritto a ruolo con relative sanzioni e interessi.

4. È esclusa la decadenza in caso di lieve inadempimento dovuto a:

a) insufficiente versamento della rata, per una frazione non superiore al tre per cento e, in ogni caso, a euro diecimila;

b) tardivo versamento della somma pari al venti per cento, non superiore a sette giorni.

5. La disposizione di cui al comma 4 si applica anche con riguardo al versamento in unica soluzione.

6. Si applicano i commi 5 e 6 dell'articolo 15 *ter* del decreto del Presidente della Repubblica 29 settembre 1973, n. 602.

(1) *Questo articolo è stato così sostituito dall'art. 7 del D.L.vo 24 settembre 2015, n. 159.*

39. *Art. 42 bis, D.P.R. n. 637/1972 – Art. 6, L. n. 512/1982.* – **Pagamento dell'imposta mediante cessione di beni culturali.** – 1. Gli eredi e i legatari possono proporre la cessione allo Stato, in pagamento totale o parziale dell'imposta sulla successione, delle relative imposte ipotecaria e catastale, degli interessi e delle sanzioni amministrative (1), i beni culturali vincolati o non vincolati, di cui all'art. 13, e di opere di autori viventi o eseguite da non più di cinquanta anni.

2. La proposta di cessione, contenente la descrizione dettagliata dei beni offerti con l'indicazione dei relativi valori e corredata da idonea documentazione, deve essere sottoscritta a pena di nullità da tutti gli eredi o dal legatario e presentata al Ministero per i beni culturali e ambientali ed all'ufficio del registro competente, nel termine previsto dall'art. 37 ([2]) per il pagamento dell'imposta. La presentazione della proposta interrompe il termine.

3. L'Amministrazione per i beni culturali e ambientali attesta per ogni singolo bene l'esistenza delle caratteristiche previste dalle norme indicate nell'articolo 13, comma 1, e dichiara, per i beni e le opere di cui al comma 1, l'interesse dello Stato ad acquisirli ([3]).

4. Le condizioni e il valore della cessione sono stabiliti con decreto del Ministro per i beni culturali e ambientali, di concerto con il Ministro delle finanze, sentita un'apposita commissione nominata con decreto del Ministro per i beni culturali e ambientali, presieduta da lui o da un suo delegato e composta da due rappresentanti del Ministero per i beni culturali e ambientali, da due rappresentanti del Ministero delle finanze e da un rappresentante del Ministero del tesoro. Il proponente può chiedere di essere sentito dalla commissione personalmente o a mezzo di un suo delegato.

[5. Il Ministero per i beni culturali e ambientali, ricevuta la proposta di cessione, è tenuto a informarne gli enti pubblici territoriali, nella cui circoscrizione si trovano i beni offerti in cessione, per acquisirne il parere. La commissione di cui al comma 4, su richiesta degli enti interessati, è integrata da un rappresentante di ciascuno degli enti richiedenti, con voto consultivo] ([4]).

6. Il decreto di cui al comma 4 è emanato entro sei mesi dalla data di presentazione della proposta di cessione ed è notificato al richiedente. Entro due mesi dalla data di notificazione del decreto il proponente notifica al Ministero per i beni culturali e ambientali, a pena di decadenza, la propria accettazione con firma autenticata. Il decreto di cui al comma 4 e la dichiarazione di accettazione costituiscono titolo per la trascrizione del trasferimento nei registri immobiliari. I beni mobili devono essere consegnati entro i trenta giorni successivi alla notificazione dell'accettazione.

7. Gli eredi o i legatari, ai fini dell'estinzione del debito tributario, devono produrre all'ufficio del registro competente, entro sessanta giorni dalla dichiarazione di accettazione, le copie autentiche della stessa e del decreto recante l'indicazione del valore dei beni ceduti.

8. Il cedente, se il valore dei beni ceduti è inferiore all'importo dell'imposta e degli accessori è obbligato a pagare la differenza; se il valore è superiore, non ha diritto al rimborso. L'eventuale differenza deve essere corrisposta entro sessanta giorni dalla produzione all'ufficio dei documenti di cui al comma 7 ([5]).

9. Il Ministro per i beni culturali e ambientali di concerto con il Ministro delle finanze, se l'amministrazione dello Stato non intende acquisire il bene offerto in cessione, dichiara con decreto di cui al comma 4 di non accettare la proposta. Della mancata cessione il Ministero per i beni culturali e ambientali dà immediata comunicazione all'ufficio del registro e al proponente; dalla data di ricevimento della comunicazione decorre il termine di sessanta giorni per il pagamento delle somme di cui al comma 1 con applicazione degli interessi nella misura legale decorrenti dalla scadenza del termine previsto dall'art. 31, comma 1 ([6]).

([1]) *Le parole: «, delle soprattasse e delle pene pecuniarie» sono state così sostituite dalle attuali: «e delle sanzioni amministrative» dall'art. 2, comma 1, lett.* c), *del D.L.vo 18 dicembre 1997, n. 473, a decorrere dal 1° aprile 1998.*

([2]) *Le originarie parole: «nei termini previsti dagli artt. 33, comma 1, e 37» sono state sostituite dalle attuali: «nel termine previsto dall'art. 37», per effetto dell'art. 9, comma 1, del D.L. 29 aprile 1994, n. 260, conv., con modif., nella L. 27 giugno 1994, n. 413.*

([3]) *Questo comma è stato così sostituito dall'art. 14, comma 2, della L. 15 maggio 1997, n. 127.*

([4]) *Questo comma è stato abrogato dall'art. 14, comma 2, della L. 15 maggio 1997, n. 127.*

([5]) *L'ultimo periodo di questo comma è stato aggiunto dall'art. 23, comma 3, della L. 30 dicembre 1991, n. 413, il cui comma 4 stabilisce che queste disposizioni si applicano alle dichiarazioni presentate a partire dal 1° gennaio 1993.*

([6]) *Le parole a partire «dalla data» fino a «comma 1» sono state così sostituite dall'art. 23, comma 3, della L. 30 dicembre 1991, n. 413, il cui comma 4 stabilisce che queste disposizioni si applicano alle dichiarazioni presentate a partire dal 1° gennaio 1993.*

Il testo precedente era il seguente:

«dalla data di ricevimento della comunicazione decorre il termine per il pagamento delle somme di cui al comma 1».

40. *Art. 44, D.P.R. n. 637/1972.* – **Riscossione in pendenza di giudizio.** – 1. Il ricorso del contribuente non sospende la riscossione dell'imposta principale. La somma che risulta pagata in più in base alla decisione della controversia deve essere rimborsata d'ufficio al contribuente entro novanta giorni da quello in cui la decisione è divenuta definitiva.

2. L'imposta complementare, se il contribuente propone ricorso, deve essere pagata per un terzo entro il termine di cui all'art. 37, per due terzi dopo la decisione della commissione tributaria di primo grado e per il resto dopo la decisione della commissione tributaria di secondo grado, in ogni caso al netto delle somme già pagate; l'intendente di finanza, se ricorrono gravi motivi, può sospendere la riscossione fino alla decisione della commissione tributaria di primo grado.

3. Le somme dovute per effetto delle decisioni di cui al comma 2 devono essere pagate, in base ad apposito avviso, a norma dell'art. 37; se l'imposta

liquidata per effetto della decisione della commissione tributaria è inferiore a quella già pagata, la differenza deve essere rimborsata d'ufficio al contribuente entro novanta giorni dalla notificazione della decisione.

4. L'imposta suppletiva deve essere pagata, in base ad apposito avviso, per intero dopo la decisione della Commissione tributaria centrale o della Corte d'appello o dell'ultima decisione non impugnata.

41. *Artt. 41, ultimo comma, e 45, D.P.R. n. 637/1972.* – **Riscossione coattiva e prescrizione.** – 1. Per la riscossione coattiva dell'imposta e delle sanzioni amministrative (1) si applicano le disposizioni del titolo III del D.P.R. 28 gennaio 1988, n. 43. Lo Stato ha privilegio secondo le norme stabilite dal codice civile. Il privilegio si estingue con il decorso di cinque anni dalla data di apertura della successione o, in caso di dilazione del pagamento, dal giorno di scadenza dell'ultima rata ovvero dal giorno in cui si è verificata la decadenza prevista dall'art. 27.

2. Il credito dell'amministrazione finanziaria per l'imposta definitivamente accertata si prescrive in dieci anni.

(1) *Le parole: «, delle soprattasse e delle pene pecuniarie» sono state così sostituite dalle attuali: «e delle sanzioni amministrative» dall'art. 2, comma 1, lett.* c), *del D.L.vo 18 dicembre 1997, n. 473, a decorrere dal 1° aprile 1998.*

42. *Art. 47, D.P.R. n. 637/1972 – L. n. 121/1986.* – **Rimborso dell'imposta.** – 1. Deve essere rimborsata, unitamente agli interessi, alle soprattasse e pene pecuniarie eventualmente pagati, l'imposta:

a) pagata indebitamente o risultante pagata in più a norma dell'art. 40, commi da 1 a 3;

b) relativa a beni e diritti riconosciuti appartenenti a terzi, con sentenza passata in giudicato, per causa anteriore all'apertura della successione a seguito di evizione o rivendicazione ovvero di nullità, annullamento, risoluzione, rescissione o revocazione dell'atto di acquisto;

c) pagata in conseguenza di dichiarazione giudiziale di assenza o di morte presunta, quando lo scomparso fa ritorno o ne è accertata l'esistenza;

d) pagata da enti ai quali è stata negata l'autorizzazione ad accettare l'eredità o il legato, ovvero da eredi e legatari se l'ente ottiene tardivamente il riconoscimento legale;

e) risultante pagata o pagata in più a seguito di sopravvenuto mutamento della devoluzione ereditaria;

f) risultante pagata in più a seguito di accertamento, successivamente alla liquidazione, dell'esistenza di passività o della spettanza di riduzioni e detrazioni;

g) risultante pagata in più a seguito di accertamento della parentela naturale successivamente alla liquidazione;

h) risultante pagata in più a seguito della chiusura del fallimento del defunto dichiarato dopo la presentazione della dichiarazione della successione.

2. Il rimborso, salvo il disposto dell'art. 40, commi 1 e 3, deve essere richiesto a pena di decadenza entro tre anni dal giorno del pagamento o, se posteriore, da quello in cui è sorto il diritto alla restituzione. La domanda deve essere presentata all'ufficio competente, che deve rilasciarne ricevuta, ovvero essere spedita mediante plico raccomandato senza busta con avviso di ricevimento.

3. Dalla data di presentazione della domanda di rimborso decorrono gli interessi di mora di cui all'art. 37, comma 2.

4. Non si fa luogo al rimborso per gli importi, comprensivi di interessi e soprattasse, non superiori a lire ventimila; gli importi superiori sono rimborsati per l'intero ammontare.

Capo VI
Norme particolari per le successioni testamentarie

43. *Art. 28, D.P.R. n. 637/1972.* – **Disposizioni testamentarie impugnate o modificate.** – 1. Nelle successioni testamentarie l'imposta si applica in base alle disposizioni contenute nel testamento, anche se impugnate giudizialmente, nonché agli eventuali accordi diretti a reintegrare i diritti dei legittimari, risultanti da atto pubblico o da scrittura privata autenticata, salvo il disposto, in caso di accoglimento dell'impugnazione o di accordi sopravvenuti, dell'art. 28, comma 6, o dell'art. 42, comma 1, lett. *e*).

44. *Artt. 29 e 30, D.P.R. n. 637/1972.* – **Disposizioni testamentarie condizionali.** – 1. L'imposta, se l'istituzione di erede è sottoposta a condizione risolutiva, si applica con le aliquote proprie dell'erede istituito e, nel caso di avveramento della condizione, con le aliquote proprie dell'erede subentrante.

2. L'imposta, se l'istituzione di erede è sottoposta a condizione sospensiva, si applica con le aliquote proprie di quello degli eventuali successibili, compreso l'erede istituito ed esclusi lo Stato e gli enti di cui all'art. 3, che è soggetto all'imposta minore, salva l'applicazione della maggiore imposta se l'eredità viene devoluta a persona diversa per effetto dell'avveramento o del mancato avveramento della condizione.

3. L'imposta, nei casi di legato sottoposto a condizione sospensiva, si applica come se il legato non fosse stato disposto e, nel caso di avveramento della condizione, si applica nei confronti del legatario; se il legato è sottoposto a condizione risolutiva, l'imposta si applica nei confronti del legatario e, nel caso di avveramento della condizione, si applica nei confronti dell'erede.

4. Le disposizioni testamentarie a favore di nascituri si considerano sottoposte a condizione sospensiva.

45. *Art. 31, D.P.R. n. 637/1972.* – **Sostituzione fedecommissaria. –** 1. L'imposta, nel caso previsto dall'art. 692 c.c., si applica nei confronti dell'istituito su un valore pari a quello dell'usufrutto sui beni che formano oggetto della sostituzione fedecommissaria.

2. L'imposta, alla morte dell'istituito, si applica nei confronti del sostituito in base al valore dei beni alla data dell'apertura della successione, ferma restando l'imposta già applicata a norma del comma 1.

3. L'imposta, quando la sostituzione non ha luogo, si applica nei confronti dell'istituito in base al valore della piena proprietà dei beni alla data di apertura della successione, detraendo l'imposta precedentemente pagata.

46. *Art. 32, D.P.R. n. 637/1972.* – **Presunzione di legato. –** 1. Il riconoscimento, contenuto nel testamento, che determinati beni intestati al defunto o da lui posseduti o che si presumono compresi nell'attivo ereditario appartengono ad un terzo è considerato legato a favore di questo, se non è dimostrato che alla data dell'apertura della successione i beni già gli appartenevano.

2. Il riconoscimento di debito contenuto nel testamento è considerato legato, se l'esistenza del debito non è dimostrata nei modi indicati nell'art. 23.

3. L'onere a carico dell'erede o del legatario, che ha per oggetto prestazioni a soggetti terzi determinati individualmente, è considerato legato a favore del beneficiario.

Capo VII
Disposizioni varie

47. *Art. 48, D.P.R. n. 637/1972.* – **Poteri dell'Amministrazione finanziaria. –** 1. L'ufficio competente, ai fini dell'accertamento e della riscossione, oltre ad avvalersi delle altre facoltà previste nel presente testo unico, può:

a) invitare i soggetti obbligati alla presentazione della dichiarazione della successione, indicandone il motivo, a produrre documenti, o a comparire di persona o per rappresentanza per fornire dati e notizie, rilevanti ai fini dell'accertamento;

b) inviare agli stessi soggetti questionari relativi a dati e notizie di carattere specifico, con invito a restituirli compilati e firmati;

c) richiedere informazioni ai pubblici ufficiali e agli enti ed uffici pubblici, che sono obbligati a comunicare i dati e le notizie di cui siano in possesso;

d) dimostrare, anche sulla base di presunzioni gravi, precise e concordanti, la simulazione di atti di trasferimento a titolo oneroso anteriori di oltre sei mesi all'apertura della successione, di atti costitutivi di passività deducibili e di ogni altro atto rilevante ai fini della determinazione della base imponibile o dell'imposta;

d bis) dimostrare, anche sulla base di presunzioni gravi, precise e concordanti, la sussistenza, l'insussistenza, la simulazione e la dissimulazione di fatti o atti rilevanti ai fini della determinazione della base imponibile o dell'imposta ([1]).

2. Il servizio di vigilanza sulle aziende di credito, su richiesta del Ministro delle finanze, controlla l'esattezza delle certificazioni di cui all'art. 23, comma 2.

([1]) *Questa lettera è stata aggiunta dall'art. 69, comma 1, lett.* m)*, della L. 21 novembre 2000, n. 342.*

Tali disposizioni si applicano ai fatti accaduti e agli atti comunque formati successivamente alla data del 1° luglio 2000.

48. *Art. 49, D.P.R. n. 637/1972.* – **Divieti e obblighi a carico di terzi.** – 1. Gli ufficiali dello stato civile devono trasmettere all'ufficio del registro competente, nei primi quindici giorni di ogni trimestre, l'elenco delle persone residenti nel comune della cui morte hanno avuto notizia nel trimestre precedente, con l'indicazione dell'indirizzo e con lo stato di famiglia di ciascuna.

2. Gli impiegati dello Stato e degli enti pubblici territoriali ed i pubblici ufficiali, con esclusione dei giudici e degli arbitri, non possono compiere atti relativi a trasferimenti per causa di morte, se non è stata fornita la prova della presentazione, anche dopo il termine di cinque anni di cui all'art. 27, comma 4, della dichiarazione della successione o dell'intervenuto accertamento d'ufficio, e non è stato dichiarato per iscritto dall'interessato che non vi era obbligo di presentare la dichiarazione. I giudici e gli arbitri devono comunicare all'ufficio del registro competente, entro quindici giorni, le notizie relative a trasferimenti per causa di morte apprese in base agli atti del processo.

3. I debitori del defunto ed i detentori di beni che gli appartenevano non possono pagare le somme dovute o consegnare i beni detenuti agli eredi, ai legatari e ai loro aventi causa, se non è stata fornita la prova della presentazione, anche dopo il termine di cinque anni di cui all'art. 27, comma 4, della dichiarazione della successione o integrativa con l'indicazione dei crediti e dei beni suddetti, o dell'intervenuto accertamento in rettifica o d'ufficio, e non è stato dichiarato per iscritto dall'interessato che non vi era obbligo di presentare la dichiarazione. I debitori del defunto devono comunicare per lettera raccomandata all'ufficio del registro competente, entro dieci giorni, l'avvenuto pagamento dei crediti di cui all'art. 12, lettere *d*) ed *e*).

4. Le aziende e gli istituti di credito, le società e gli enti che emettono azioni, obbligazioni, cartelle, certificati ed altri titoli di qualsiasi specie, an-

che provvisori, non possono provvedere ad alcuna annotazione nelle loro scritture né ad alcuna operazione concernente i titoli trasferiti per causa di morte, se non è stata fornita la prova della presentazione, anche dopo il termine di cinque anni di cui all'art. 27, comma 4, della dichiarazione della successione o integrativa con l'indicazione dei suddetti titoli, o dell'intervenuto accertamento in rettifica o d'ufficio, e non è stato dichiarato per iscritto dall'interessato che non vi era obbligo di presentare la dichiarazione.

5. Le dichiarazioni di inesistenza dell'obbligo di presentare la dichiarazione della successione ricevute dai soggetti, di cui ai commi 2, 3 e 4, devono essere trasmesse entro quindici giorni all'ufficio del registro competente.

6. Le cassette di sicurezza non possono essere aperte dai concessionari, prima che gli stessi abbiano apposto la loro firma, con l'indicazione della data e dell'ora dell'apertura, su apposito registro tenuto dai concedenti in forma cronologica e senza fogli o spazi bianchi e abbiano dichiarato per iscritto sul registro stesso che le eventuali altre persone aventi facoltà di aprirle sono tuttora in vita. Le cassette di sicurezza, dopo la morte del concessionario o di uno dei concessionari, possono essere aperte solo alla presenza di un funzionario dell'Amministrazione finanziaria o di un notaio, che redige l'inventario del contenuto, previa comunicazione da parte del concedente all'ufficio del registro, nella cui circoscrizione deve essere redatto l'inventario, del giorno e dell'ora dell'apertura.

7. Le disposizioni del comma 6 si applicano anche nel caso di armadi, casseforti, borse, valige, plichi e pacchi chiusi depositati presso banche o altri soggetti che esercitano tale servizio.

49. *Disposizione nuova.* – **Notificazioni.** – 1. Gli avvisi previsti nel presente testo unico sono notificati, nei modi stabiliti in materia di imposte sui redditi, dagli ufficiali giudiziari, da messi speciali autorizzati a norma di legge dagli uffici del registro o da messi comunali o di conciliazione.

Capo VIII
Sanzioni

50. (1) **Omissione della dichiarazione.** – 1. Chi omette di presentare la dichiarazione della successione, quella sostitutiva o la dichiarazione integrativa è punito con la sanzione amministrativa dal centoventi al duecentoquaranta per cento dell'imposta liquidata o riliquidata d'ufficio. Se non è dovuta imposta si applica la sanzione amministrativa da euro 250 a euro 1.000 (2). Se la dichiarazione è presentata con un ritardo non superiore a trenta giorni, si applica la sanzione amministrativa dal sessanta al centoventi per cento dell'ammontare dell'imposta liquidata o riliquidata dall'ufficio

([3]). Se non è dovuta imposta si applica la sanzione amministrativa da euro 150 a euro 500 ([3]).

([1]) *Questo articolo è stato così sostituito dall'art. 2, comma 1, lett.* d), *del D.L.vo 18 dicembre 1997, n. 473, a decorrere dal 1° aprile 1998.*

([2]) *Le parole: «da lire cinquecentomila a lire due milioni» sono state così sostituite dalle seguenti: «da euro 250 a euro 1.000», dall'art. 28 del D.L.vo 24 settembre 2015, n. 158, a decorrere dal 1° gennaio 2016.*

([3]) *Questo periodo è stato aggiunto dall'art. 28 del D.L.vo 24 settembre 2015, n. 158, a decorrere dal 1° gennaio 2016.*

51. ([1]) **Infedeltà della dichiarazione.** – 1. Chi omette l'indicazione di dati o elementi rilevanti per la liquidazione o riliquidazione dell'imposta o li indica in maniera infedele, ovvero espone passività in tutto o in parte inesistenti, è punito con sanzione amministrativa dal cento al duecento per cento della differenza di imposta. La stessa sanzione si applica, con riferimento all'imposta corrispondente, a chi rilascia o sottoscrive attestazioni o altri documenti rilevanti per la determinazione delle passività deducibili contenenti dati o elementi non rispondenti al vero.

2. La sanzione di cui al comma 1 non si applica relativamente all'imposta corrispondente al maggior valore definitivamente accertato dei beni e dei diritti diversi da quelli indicati nell'articolo 34, comma 5, se il valore accertato non supera di un quarto quello dichiarato.

3. Se l'omissione o l'infedeltà attengono a dati o elementi non incidenti sulla determinazione del tributo, si applica la sanzione da lire cinquecentomila a lire due milioni. La stessa sanzione si applica per la mancata allegazione alle dichiarazioni dei documenti prescritti o dei prospetti rilevanti ai fini della liquidazione delle imposte ipotecaria e catastale, di bollo, delle tasse ipotecarie e dell'imposta sostitutiva di quella comunale sull'incremento di valore degli immobili, ovvero nel caso di inesattezza o di irregolarità dei prospetti medesimi. La sanzione è ridotta alla metà se si provvede alla regolarizzazione nel termine di sessanta giorni dalla richiesta dell'ufficio.

([1]) *Questo articolo è stato così sostituito dall'art. 2, comma 1, lett.* e), *del D.L.vo 18 dicembre 1997, n. 473, a decorrere dal 1° aprile 1998.*

52. ([1]) [*Art. 52, D.P.R. n. 637/1972.* – **Omissione e tardività del pagamento.** – (*Omissis*)].

([1]) *Questo articolo è stato abrogato dall'art. 2, comma 1, lett.* h), *del D.L.vo 18 dicembre 1997, n. 473, a decorrere dal 1° aprile 1998.*

53. ([1]) **Altre violazioni.** – 1. L'erede o il legatario, al quale sono stati devoluti beni culturali, è punito, nei casi previsti nell'articolo 13, comma 4, con la sanzione amministrativa dal cento al duecento per cento dell'imposta o della maggiore imposta dovuta ai sensi dell'articolo 32 o dell'articolo 35, in dipendenza della inclusione dei beni nell'attivo ereditario o della esclusione della riduzione d'imposta di cui all'articolo 25, comma 2.

2. Chi viola i divieti stabiliti dall'articolo 48, commi da 2 a 4, o non adempie all'obbligo di cui al comma 5 dello stesso articolo, è punito con la sanzione amministrativa dal cento al duecento per cento dell'imposta o della maggior imposta dovuta in relazione ai beni e ai diritti ai quali si riferisce la violazione.

3. In caso di violazione delle disposizioni di cui all'articolo 48, comma 6, i soggetti ivi indicati ovvero quelli indicati nel successivo comma 7, nonché i concedenti o i depositari, sono puniti con la sanzione amministrativa da lire cinquecentomila a lire quattro milioni, del pari applicabile a chi:

a) non ottempera alle richieste dell'ufficio o comunica dati incompleti o infedeli;

b) dichiara di non possedere, rifiuta di esibire o sottrae all'ispezione documenti o scritture, ancorché non obbligatori, dei quali risulta con certezza l'esistenza;

c) rifiuta di sottoscrivere l'attestazione di cui all'articolo 23, comma 3, di consegnare agli obbligati alla dichiarazione i titoli delle passività o non permette che ne sia fatta copia autentica, di consegnare o di rilasciare agli stessi gli estratti e le copie autentiche di cui all'articolo 23 e all'articolo 30, comma 1.

4. La sanzione indicata nei commi 2 e 3 è raddoppiata per la violazione di obblighi o di divieti posti a carico di pubblici ufficiali o di pubblici impiegati, ovvero di banche, società di credito o di intermediazione o dell'Ente poste italiane. Fino a prova contraria, si presume che autori della violazione siano i legali rappresentanti delle banche, società o enti.

(¹) *Questo articolo è stato così sostituito dall'art. 2, comma 1, lett.* f), *del D.L.vo 18 dicembre 1997, n. 473, a decorrere dal 1° aprile 1998.*

54. (¹) **Determinazione della sanzione pecuniaria.** – 1. Nella determinazione della sanzione commisurata all'imposta o alla maggiore imposta, questa è assunta al netto delle riduzioni e delle detrazioni di cui agli articoli 25 e 26.

(¹) *Questo articolo è stato così sostituito dall'art. 2, comma 1, lett.* g), *del D.L.vo 18 dicembre 1997, n. 473, a decorrere dal 1° aprile 1998.*

Titolo III
Applicazione dell'imposta alle donazioni

55. *Art. 56, D.P.R. n. 637/1972.* – **Registrazione degli atti di donazione.** – 1. Gli atti di donazione sono soggetti a registrazione secondo le disposizioni del testo unico sull'imposta di registro, approvato con D.P.R. 26 aprile 1986, n. 131, concernenti gli atti da registrare in termine fisso.

1 *bis*. Sono soggetti a registrazione in termine fisso anche gli atti aventi ad oggetto donazioni, dirette o indirette, formati all'estero nei confronti di beneficiari residenti nello Stato. Dall'imposta sulle donazioni determinata a norma del presente titolo si detraggono le imposte pagate all'estero in dipendenza della stessa donazione ed in relazione ai beni ivi esistenti, salva l'applicazione delle convenzioni contro le doppie imposizioni ([1]).

2. Gli atti che hanno per oggetto trasferimenti di cui all'art. 3 sono registrati gratuitamente, salvo il disposto del comma 3 dello stesso articolo.

([1]) *Questo comma è stato aggiunto dall'art. 69, comma 1, lett.* n)*, della L. 21 novembre 2000, n. 342.*

Tali disposizioni si applicano ai fatti accaduti e agli atti comunque formati successivamente alla data del 1° luglio 2000.

56. *Art. 55, D.P.R. n. 637/1972.* – **Determinazione dell'imposta.** – [1. L'imposta determinata dall'applicazione delle aliquote indicate al comma 1 *bis* al valore globale dei beni e dei diritti oggetto della donazione, al netto degli oneri da cui è gravato il donatario diversi da quelli indicati nell'articolo 58, comma 1, ovvero, se la donazione fatta congiuntamente a favore di più soggetti o se in uno stesso atto sono comprese più donazioni a favore di soggetti diversi, al valore della quota spettante o dei beni o diritti attribuiti a ciascuno di essi] ([1]).

[1 *bis*. Le aliquote sono pari al:

a) tre per cento, nei confronti del coniuge e dei parenti in linea retta;

b) cinque per cento, nei confronti degli altri parenti fino al quarto grado e degli affini in linea retta, nonché degli affini in linea collaterale fino al terzo grado;

c) sette per cento, nei confronti degli altri soggetti] ([1]).

[2. L'imposta si applica esclusivamente sulla parte di valore della quota spettante a ciascun beneficiario che supera i 350 milioni di lire] ([1]).

[3. Quando il beneficiario è un discendente in linea retta minore di età, anche chiamato per rappresentazione, o una persona con *handicap* riconosciuto grave ai sensi della legge 5 febbraio 1992, n. 104, come modificata dalla legge 21 maggio 1998, n. 162, l'imposta si applica esclusivamente sulla parte di valore della quota spettante a ciascun beneficiario che supera l'ammontare di un miliardo di lire] ([1]).

4. Il valore dei beni e dei diritti donati è determinato a norma degli artt. da 14 a 19 e dell'art. 34, commi 3, 4 e 5 ([2]).

5. Si applicano le riduzioni previste nell'art. 25, salvo quanto stabilito nell'art. 13, commi 3, 4 e 5, e nell'art. 51, comma 2, e si detrae l'imposta comunale sull'incremento di valore degli immobili liquidata a seguito di donazione, per ciascun immobile donato, fino a concorrenza della parte dell'imposta proporzionale al valore dell'immobile stesso ([3]). È inoltre detratta, se alla richiesta di registrazione dell'atto di donazione è allegata la fattura, l'imposta sul valore aggiunto afferente la cessione.

([1]) *Gli originari commi da 1 a 3, così sostituiti dagli attuali commi da 1 a 3, dall'art. 69, comma 1, lett.* o), *della L. 21 novembre 2000, n. 342, sono stati abrogati dall'art. 2, comma 52, lett.* c), *del D.L. 3 ottobre 2006, n. 262, convertito, con modificazioni, nella L. 24 novembre 2006, n. 286.*

([2]) *Questo comma è stato così sostituito dall'art. 23, comma 3, della L. 30 dicembre 1991, n. 413, il cui comma 4 stabilisce che queste disposizioni si applicano alle dichiarazioni presentate a partire dal 1° gennaio 1993.*

Il testo precedente era il seguente:

«4. *Il valore dei beni e dei diritti donati è determinato a norma degli artt. da 14 a 19 e 34, commi 3 e 4*».

([3]) *Le originarie parole*: «*e le detrazioni previste nell'art. 26*» *con cui terminava questo periodo sono state così sostituite dalle attuali da*: «*e si detrae l'imposta ...*» *fino a*: «*... valore dell'immobile stesso*», *dall'art. 11, comma 1, lett.* e bis) *del D.L. 28 marzo 1997, n. 79, conv., con modif., nella L. 28 maggio 1997, n. 140, con effetto dal 29 marzo 1997.*

A norma dell'art. 11, comma 1 bis, *del citato D.L. n. 79/1997, le modifiche predisposte dalla lett.* e bis) *stesso D.L. si applicano a decorrere dal 29 marzo 1997.*

56 *bis*. ([1]) **Accertamento delle liberalità indirette.** – 1. Ferma l'esclusione delle donazioni o liberalità di cui agli articoli 742 e 783 del codice civile, l'accertamento delle liberalità diverse dalle donazioni e da quelle risultanti da atti di donazione effettuati all'estero a favore di residenti può essere effettuato esclusivamente in presenza di entrambe le seguenti condizioni:

a) quando l'esistenza delle stesse risulti da dichiarazioni rese dall'interessato nell'ambito di procedimenti diretti all'accertamento di tributi;

b) quando le liberalità abbiano determinato, da sole o unitamente a quelle già effettuate nei confronti del medesimo beneficiario, un incremento patrimoniale superiore all'importo di 350 milioni di lire.

2. Alle liberalità di cui al comma 1 si applica l'aliquota del sette per cento, da calcolare sulla parte dell'incremento patrimoniale che supera l'importo di 350 milioni di lire.

3. Le liberalità di cui al comma 1 possono essere registrate volontariamente, ai sensi dell'articolo 8 del testo unico delle disposizioni concernenti l'imposta di registro, approvato con decreto del Presidente della Repubblica 26 aprile 1986, n. 131. In tale caso si applica l'imposta con le aliquote indicate all'articolo 56 mentre qualora la registrazione volontaria sia effettuata entro il 31 dicembre 2001 ([2]), si applica l'aliquota del tre per cento.

([1]) *Questo articolo è stato inserito dall'art. 69, comma 1, lett.* p), *della L. 21 novembre 2000, n. 342.*

A norma dell'art. 69, comma 15, della predetta legge, tali disposizioni si applicano alle successioni per le quali il termine di presentazione delle relative dichiarazioni scade successivamente al 31 dicembre 2000 ed alle donazioni fatte a decorrere dal 1° gennaio 2001.

([2]) *Questo termine è stato prorogato al 30 giugno 2002 a norma dell'art. 17, comma 2, della L. 18 ottobre 2001, n. 383.*

57. Donazioni anteriori. – 1. Il valore globale netto dei beni e dei diritti oggetto della donazione è maggiorato, [ai soli fini della determinazione delle aliquote applicabili a norma dell'art. 56,] ([1]) di un importo pari al valore complessivo di tutte le donazioni, anteriormente fatte dal donante al donatario, comprese quelle presunte di cui all'art. 1, comma 3, ed escluse quelle indicate nell'art. 1, comma 4, e quelle registrate gratuitamente o con pagamento dell'imposta in misura fissa a norma degli artt. 55 e 59. Agli stessi fini, nelle ipotesi di cui all'art. 56, comma 2, il valore globale netto di tutti i beni e diritti complessivamente donati è maggiorato di un importo pari al valore complessivo di tutte le donazioni anteriormente fatte ai donatari e il valore delle quote spettanti o dei beni e diritti attribuiti a ciascuno di essi è maggiorato di un importo pari al valore delle donazioni a lui anteriormente fatte dal donante. Per valore delle donazioni anteriori si intende il valore attuale dei beni e dei diritti donati; si considerano anteriori alla donazione, se dai relativi atti non risulta diversamente, anche le altre donazioni di pari data.

2. Negli atti di donazione e negli atti di cui all'art. 26 del testo unico sull'imposta di registro, approvato con D.P.R. 26 aprile 1986, n. 131, devono essere indicati gli estremi delle donazioni anteriormente fatte dal donante al donatario o ad alcuno dei donatari e relativi valori alla data degli atti stessi. Per l'omissione, l'incompletezza o l'inesattezza di tale indicazione si applica, a carico solidalmente dei donanti e dei donatari, la pena pecuniaria da una a due volte la maggiore imposta dovuta.

([1]) *Le parole fra parentesi quadrate sono state soppresse dall'art. 69, comma 1, lett.* q), *della L. 21 novembre 2000, n. 342.*

A norma dell'art. 69, comma 15, della predetta legge, tali disposizioni si applicano alle successioni per le quali il termine di presentazione delle relative dichiarazioni scade successivamente al 31 dicembre 2000 ed alle donazioni fatte a decorrere dal 1° gennaio 2001.

58. Disposizioni varie. – 1. Gli oneri da cui è gravata la donazione, che hanno per oggetto prestazioni a soggetti terzi determinati individualmente, si considerano donazioni a favore dei beneficiari.

2. Per le donazioni sottoposte a condizione si applicano le disposizioni relative all'imposta di registro. Le donazioni a favore di nascituri e quelle a favore di enti di cui all'art. 31, comma 2, lettere *g*) e *h*), si considerano sottoposte a condizione sospensiva.

3. Se nell'atto di donazione è prevista la sostituzione di cui all'art. 692 c.c. si applicano le disposizioni dell'art. 45.

4. Il rimborso dell'imposta pagata spetta anche nei casi di cui all'art. 42, comma 1, lettere *b*), *d*) e *g*).

5. Le disposizioni di questo titolo si applicano, in quanto compatibili, anche per gli atti di liberalità tra vivi diversi dalla donazione.

59. Applicazione dell'imposta in misura fissa. – 1. L'imposta si applica nella misura fissa prevista per l'imposta di registro (1):

a) per le donazioni di beni culturali vincolati di cui all'art. 12, lett. *g*), a condizione che sia presentata all'ufficio del registro l'attestazione prevista dall'art. 13, comma 2, salvo quanto stabilito nei commi 3, 4 e 5 dello stesso articolo;

b) per le donazioni di ogni altro bene o diritto dichiarato esente dall'imposta a norma di legge, ad eccezione dei titoli di cui alle lett. *h*) ed *i*) dell'art. 12 (2).

[2. Per le donazioni di veicoli di cui all'art. 12, lett. *l*), l'imposta si applica nelle misure fisse stabilite nell'art. 7 della parte prima della tariffa allegata al testo unico sull'imposta di registro, approvato con D.P.R. 26 aprile 1986, n. 131, come modificato dall'art. 6, comma 4, del D.L. 30 settembre 1989, n. 332, convertito, con modificazioni, dalla L. 27 novembre 1989, n. 384] (3).

3. Se i beni di cui al presente articolo sono compresi insieme con altri beni o diritti in uno stesso atto di donazione, del loro valore non si tiene conto nella determinazione dell'imposta a norma dell'art. 57.

(1) *Le originarie parole: «nella misura fissa di lire centomila» sono state così sostituite dall'art. 10, comma 10, del D.L. 20 giugno 1996, n. 323, conv., con modif., nella L. 8 agosto 1996, n. 425.*

(2) *Questa lettera è stata così sostituita dall'art. 10, comma 10, del D.L. 20 giugno 1996, n. 323, conv., con modif., nella L. 8 agosto 1996, n. 425.*

(3) *Questo comma è stato abrogato dall'art. 57, comma 2, del D.L.vo 15 dicembre 1997, n. 446, con effetto dal 1° gennaio 1999.*

59 *bis*. ([1]) **Esenzione per i veicoli iscritti al pubblico registro automobilistico.** – 1. Non sono soggette ad imposta, anche nella ipotesi di cui all'articolo 59, comma 3, le donazioni di veicoli di cui all'articolo 12, comma 1, lettera *l*).

([1]) *Questo articolo è stato inserito dall'art. 57, comma 2, del D.L.vo 15 dicembre 1997, n. 446, con effetto dal 1° gennaio 1999.*

60. *Art. 56, D.P.R. n. 637/1972.* – **Rinvio.** – 1. Per le modalità e i termini della liquidazione dell'imposta o maggiore imposta determinata a norma degli artt. 56 e 57, per la rettifica del valore dei beni e dei diritti, per l'applicazione dell'imposta in caso di omissione della richiesta di registrazione, per la riscossione e il rimborso dell'imposta, per i divieti e gli obblighi a carico di terzi e per le sanzioni si applicano, in quanto non diversamente disposto in questo titolo e nell'art. 34, commi 4 e 8, le disposizioni del testo unico sull'imposta di registro, approvato con D.P.R. 26 aprile 1986, n. 131.

Titolo IV
Disposizioni transitorie e finali

61. Consolidazione dell'usufrutto. – 1. L'imposta relativa alla riunione dell'usufrutto alla nuda proprietà trasferita a titolo gratuito o per causa di morte si applica solo se la consolidazione dell'usufrutto si è verificata anteriormente alla data di entrata in vigore del D.P.R. 26 ottobre 1972, n. 637. Non si fa luogo a rimborso delle imposte già pagate.

62. Agevolazioni. – 1. Restano ferme le agevolazioni previste da altre disposizioni di legge.

63. Entrata in vigore. – 1. Il presente testo unico entra in vigore il 1° gennaio 1991 e si applica alle successioni aperte e alle donazioni fatte a partire da tale data.

(*Si omettono gli allegati*)

6.

D.L.vo 31 ottobre 1990, n. 347. Approvazione del testo unico delle disposizioni concernenti le imposte ipotecaria e catastale (Suppl. ord. alla *Gazzetta Ufficiale* Serie gen. - n. 277 del 27 novembre 1990) ed *avviso di rettifica* in *Gazzetta Ufficiale* Serie gen. - n. 46 del 23 febbraio 1991.

(*Estratto*)

Capo I
Imposta ipotecaria

1. Oggetto dell'imposta. – 1. Le formalità di trascrizione, iscrizione, rinnovazione e annotazione eseguite nei pubblici registri immobiliari sono soggette alla imposta ipotecaria secondo le disposizioni del presente testo unico e della allegata tariffa.

2. Non sono soggette all'imposta le formalità eseguite nell'interesse dello Stato né quelle relative ai trasferimenti di cui all'art. 3 del testo unico sull'imposta sulle successioni e donazioni, approvato con decreto legislativo 31 ottobre 1990, n. 346, salvo quanto disposto nel comma 3 dello stesso articolo ([1]).

([1]) *A norma dell'art. 5, comma 3, del D.L.vo 30 dicembre 1992, n. 502, a decorrere dall'1 gennaio 1993, gli atti di donazione a favore delle unità sanitarie locali e delle aziende ospedaliere che abbiano ad oggetto beni immobili con specifica destinazione a finalità rientranti nell'ambito del servizio sanitario nazionale, sono esenti dal pagamento delle imposte ipotecarie e catastali.*

2. Base imponibile per le trascrizioni. – 1. L'imposta proporzionale dovuta sulle trascrizioni è commisurata alla base imponibile determinata ai fini dell'imposta di registro o dell'imposta sulle successioni e donazioni.

2. Se l'atto o la successione è esente dall'imposta di registro o dall'imposta sulle successioni e donazioni o vi è soggetto in misura fissa, la base imponibile è determinata secondo le disposizioni relative a tali imposte.

2 *bis*. In deroga alle disposizioni del comma 2, per la trascrizione dei contratti preliminari ai sensi dell'articolo 2645 *bis* del codice civile l'imposta è dovuta nella misura fissa ([1]).

([1]) *Questo comma è stato aggiunto dall'art. 3, comma 10, del D.L. 31 dicembre 1996, n. 669, conv., con modif., nella L. 28 febbraio 1997, n. 30.*

3. Base imponibile per le iscrizioni. – 1. L'imposta proporzionale dovuta sulle iscrizioni e rinnovazioni e sulle relative annotazioni, salvo il disposto del comma 3, è commisurata all'ammontare del credito garantito, comprensivo di interessi e accessori. Se gli interessi sono indicati soltanto nel saggio si cumulano le annualità alle quali per legge si estende l'iscrizione e la rinnovazione.

2. Se l'ipoteca è iscritta a garanzia di rendita o pensione, la base imponibile si determina secondo le disposizioni relative all'imposta di registro.

3. L'imposta dovuta sull'annotazione per restrizione di ipoteca è commisurata al minor valore tra quello del credito garantito e quello degli immobili o parti di immobili liberati determinato secondo le disposizioni relative all'imposta di registro.

4. Imposta relativa a più formalità. – 1. È soggetta ad imposta proporzionale una sola formalità, quando per lo stesso credito ed in virtù dello stesso atto debbono eseguirsi più iscrizioni o rinnovazioni; per ciascuna delle altre iscrizioni o rinnovazioni è dovuta l'imposta fissa.

2. Se le formalità devono eseguirsi in più uffici, devono essere presentate all'ufficio presso il quale si paga l'imposta proporzionale, oltre alle note prescritte dal codice civile, altrettante copie delle stesse quanti sono gli uffici, in cui la formalità deve essere ripetuta; l'ufficio appone su ciascuna di esse il visto di conformità all'originale e la certificazione di eseguita formalità di cui all'art. 14, comma 2, e le restituisce al richiedente. Tuttavia il richiedente può presentare a ciascuno degli uffici, presso i quali la formalità deve essere ripetuta, copia della nota recante la certificazione di eseguita formalità autenticata da notaio.

3. Le disposizioni dei commi 1 e 2 si applicano anche alle annotazioni soggette ad imposta proporzionale.

5. Trascrizione del certificato di successione. – 1. Nel caso di successione ereditaria comprendente beni immobili o diritti reali immobiliari, a chiunque devoluti e qualunque ne sia il valore, l'ufficio del registro redige il certificato di successione, in conformità alle risultanze della dichiarazione della successione o dell'accertamento d'ufficio, e ne richiede la trascrizione, compilando in duplice esemplare la nota a spese dei soggetti obbligati al pagamento dell'imposta di successione.

2. La trascrizione del certificato è richiesta ai soli effetti stabiliti dal presente testo unico e non costituisce trascrizione degli acquisti a causa di morte *degli immobili* e dei diritti reali immobiliari compresi nella successione.

6. Termini per la trascrizione. – 1. I notai e gli altri pubblici ufficiali, che hanno ricevuto o autenticato l'atto soggetto a trascrizione, o presso i quali è stato depositato l'atto ricevuto o autenticato all'estero, hanno l'obbligo di richiedere la formalità relativa nel termine di trenta giorni dalla data dell'atto o del deposito.

2. I cancellieri, per gli atti e provvedimenti soggetti a trascrizione da essi ricevuti o ai quali essi hanno comunque partecipato, devono richiedere la formalità entro il termine di centoventi giorni (1) dalla data dell'atto o del provvedimento ovvero della sua pubblicazione, se questa è prescritta.

3. La trascrizione del certificato di successione deve essere richiesta nel termine di sessanta giorni dalla data di presentazione della dichiarazione di successione con l'indicazione degli estremi dell'avvenuto pagamento dell'imposta ipotecaria (2).

(1) *Le parole: «trenta giorni» sono state così sostituite dalle seguenti: «centoventi giorni», dall'art. 27, comma 1, del D.L.vo 24 settembre 2015, n. 158, a decorrere dal 1° gennaio 2016.*

(2) *Questo comma è stato così sostituito dall'art. 11, comma 2, lett.* a), *del D.L. 28 marzo 1997, n. 79, convertito, con modificazioni, nella L. 28 maggio 1997, n. 140. A norma dell'art. 11, comma 4, del D.L. 28 marzo 1997, n. 79, convertito, con modificazioni, nella L. 28 maggio 1997, n. 140, le disposizioni previste dall'art. 11 del citato D.L. si applicano alle successioni aperte dalla data di entrata in vigore del medesimo D.L. nonché a quelle per le quali pende, alla predetta data, il termine di presentazione della dichiarazione di cui all'art. 31 del D.L.vo 31 ottobre 1990, n. 346.*

7. Termine per le annotazioni. – 1. Le annotazioni previste dagli artt. 2654, 2655 e 2896 c.c. devono essere richieste, a cura delle parti o dei loro procuratori o dei notai o altri pubblici ufficiali che hanno ricevuto o autenticato l'atto, entro il termine di trenta giorni dalla data dell'atto o della pubblicazione della sentenza o della pronunzia del decreto.

8. Privilegio. – 1. Il credito dello Stato per l'imposta ipotecaria dovuta sulle iscrizioni, rinnovazioni e relative annotazioni ha privilegio, oltre che sull'immobile cui la formalità si riferisce a norma del codice civile, anche sul credito garantito con preferenza rispetto ad ogni ragione su di esso spettante a terzi.

9. (1) **Sanzioni.** – 1. Chi omette la richiesta di trascrizione o le annotazioni obbligatorie è punito con la sanzione amministrativa dal cento al duecento per cento dell'imposta. Se la richiesta di trascrizione o le annotazioni obbligatorie sono effettuate con un ritardo non superiore a trenta giorni, si applica la sanzione amministrativa dal cinquanta al cento per cento dell'ammontare delle imposte dovute (2).

2. Se l'omissione riguarda trascrizioni o annotazioni soggette ad imposta fissa o non soggette ad imposta o da eseguirsi a debito, ovvero per le quali l'imposta è stata già pagata entro il termine stabilito, si applica la sanzione

amministrativa da euro 100 a euro 2.000, ridotta a euro 50 se la richiesta è effettuata con ritardo non superiore a trenta giorni ([3]).

([1]) *Questo articolo è stato così sostituito dall'art. 4, comma 1, lett.* a), *del D.L.vo 18 dicembre 1997, n. 473, a decorrere dal 1° aprile 1998.*

([2]) *Questo periodo è stato aggiunto dall'art. 27, comma 2, lett.* a), *del D.L.vo 24 settembre 2015, n. 158, a decorrere dal 1° gennaio 2016.*

([3]) *Le parole: «da lire duecentomila a lire quattromilioni.» sono state così sostituite dalle seguenti: «da euro 100 a euro 2.000, ridotta a euro 50 se la richiesta è effettuata con ritardo non superiore a trenta giorni», dall'art. 27, comma 2, lett.* b), *del D.L.vo 24 settembre 2015, n. 158, a decorrere dal 1° gennaio 2016.*

Capo II
Imposta catastale

10. ([1]) **Oggetto e misura dell'imposta.** – 1. Le volture catastali sono soggette all'imposta del 10 per mille ([2]) sul valore dei beni immobili o dei diritti reali immobiliari determinato a norma dell'art. 2, anche se relative a immobili strumentali, ancorché assoggettati all'imposta sul valore aggiunto, di cui all'articolo 10, primo comma, numero 8 *ter*), del decreto del Presidente della Repubblica 26 ottobre 1972, n. 633 ([3]).

2. L'imposta è dovuta nella misura fissa di € 200,00 ([4]) per le volture eseguite in dipendenza di atti che non importano trasferimento di beni immobili né costituzione o trasferimento di diritti reali immobiliari, di atti soggetti all'imposta sul valore aggiunto, di fusioni e di scissioni ([5]) di società di qualunque tipo e di conferimenti di aziende o di complessi aziendali relativi a singoli rami dell'impresa, per quelle eseguite in dipendenza di atti di regolarizzazione di società di fatto, derivanti da comunione ereditaria di azienda registrati entro un anno dall'apertura della successione, nonché per quelle eseguite in dipendenza degli atti di cui all'articolo 1, comma 1, quarto, quinto e nono periodo ([6]), della tariffa, parte prima, allegata al testo unico delle disposizioni concernenti l'imposta di registro, approvato con D.P.R. 26 aprile 1986, n. 131 ([7]) ([8]).

3. Non sono soggette ad imposta le volture eseguite nell'interesse dello Stato né quelle relative a trasferimenti di cui all'art. 3 del testo unico sull'imposta sulle successioni e donazioni, approvato con decreto legislativo 31 ottobre 1990, n. 346, salvo quanto disposto nel comma 3 dello stesso articolo.

([1]) *Si veda l'art. 35, comma 10* ter, *del D.L. 4 luglio 2006, n. 223, convertito, con modificazioni, nella L. 4 agosto 2006, n. 248, come sostituito dall'art. 1, comma 15, lett.* c), *della L. 13 dicembre 2010, n. 220, di cui si riporta il testo:*

«10 ter. *Per le volture catastali e le trascrizioni relative alle cessioni di beni immobili strumentali di cui all'articolo 10, primo comma, numero 8* ter), *del decreto del Presidente della Repubblica 26 ottobre 1972, n. 633, anche se assoggettati all'imposta sul valore aggiunto, di cui siano parte fondi immobiliari chiusi disciplinati dall'articolo 37 del testo unico delle disposizioni in materia di intermediazione finanziaria, di cui al decreto legislativo 24 febbraio 1998, n. 58, e successive modificazioni, e dall'articolo 14* bis *della legge 25 gennaio 1994, n. 86, e successive modificazioni, le aliquote delle imposte ipotecaria e catastale, come modificate dal comma 10* bis *del presente articolo, sono ridotte della metà»*

(2) *Le originarie parole*: *«4 per mille» sono state così sostituite dall'art. 3, comma 132, della L. 28 dicembre 1995, n. 549, con effetto dal 1° gennaio 1996.*

(3) *Le parole da*: *«, anche se relative ...» fino alla fine del comma, sono state aggiunte dall'art. 35, comma 10* bis, *lett.* a), *del D.L. 4 luglio 2006, n. 223, convertito, con modificazioni, nella L. 4 agosto 2006, n. 248.*

(4) *L'importo di ciascuna delle imposte di registro, ipotecaria e catastale, è stato elevato da lire centocinquantamila a duecentocinquantamila (convertite in euro 129,11) dall'art. 10, comma 6, del D.L. 20 giugno 1996, n. 323, convertito, con modificazioni, nella L. 8 agosto 1996, n. 425 e poi elevato ad euro 168,00 dall'allegato 2* bis *alla L. 30 dicembre 2004, n. 311, così come inserito dall'art. 7, comma 1, lett.* b), *del D.L. 31 gennaio 2005, n. 7, convertito, con modificazioni, nella L. 31 marzo 2005, n. 43, ed infine così elevato dall'art. 26, comma 2, del D.L. 12 settembre 2013, n. 104, convertito, con modificazioni, nella L. 8 novembre 2013, n. 128. A norma dello stesso articolo, comma 3, tali disposizioni hanno effetto dal 1º gennaio 2014 e, in particolare, hanno effetto per gli atti giudiziari pubblicati o emanati, per gli atti pubblici formati, per le donazioni fatte e per le scritture private autenticate a partire da tale data, per le scritture private non autenticate e per le denunce presentate per la registrazione dalla medesima data, nonché per le formalità di trascrizione, di iscrizione, di rinnovazione eseguite e per le domande di annotazione presentate a decorrere dalla stessa data.*

(5) *Le parole*: *«e di scissioni» sono state aggiunte dall'art. 16, comma 15, lett.* a), *della L. 24 dicembre 1993, n. 537.*

(6) *Le originarie parole*: *«quarto periodo» sono state dapprima sostituite dall'art. 3, comma 15, del D.L. 31 dicembre 1996, n. 669, conv., con modif., nella L. 28 febbraio 1997, n. 30, e poi così sostituite dalle attuali: «quarto, quinto e nono periodo» dall'art. 30, comma 5* bis, *del D.L. 29 novembre 2008, n. 185, convertito, con modificazioni, nella L. 28 gennaio 2009, n. 2. A norma dell'art. 30, comma 5* ter, *dello stesso decreto legge, le norme di cui al comma 5* bis *si applicano fino al 31 dicembre 2009.*

(7) *A norma dell'art. 12, comma 3, del D.L.vo 23 luglio 1991, n. 240, gli atti di trasferimento di proprietà di beni immobili o costituzione o trasferimento di diritti reali immobiliari sugli stessi effettuati dal Gruppo di interesse economico-GEIE scontano l'imposta catastale in misura fissa.*

(8) *Questo comma è stato così sostituito per effetto dell'art. 16, comma 2, del D.L. 22 maggio 1993, n. 155, conv., con modif., nella L. 19 luglio 1993, n. 243.*

Capo III
Accertamento, liquidazione e riscossione

11. Soggetti obbligati al pagamento. – 1. Sono obbligati al pagamento dell'imposta ipotecaria e dell'imposta catastale coloro che richiedono le formalità di cui all'art. 1 e le volture di cui all'art. 10 e i pubblici ufficiali obbligati al pagamento dell'imposta di registro o dell'imposta sulle successioni e donazioni, relativamente agli atti ai quali si riferisce la formalità o la voltura.

2. Sono inoltre solidalmente tenuti al pagamento delle imposte, di cui al comma 1, tutti coloro nel cui interesse è stata richiesta la formalità o la voltura e, nel caso di iscrizioni e rinnovazioni, anche i debitori contro i quali è stata iscritta o rinnovata l'ipoteca, nonché l'utilizzatore dell'immobile concesso in locazione finanziaria (1).

(1) *Le parole: «nonché l'utilizzatore dell'immobile concesso in locazione finanziaria» sono state aggiunte dall'art. 1, comma 15, lett.* b), *della L. 13 dicembre 2010, n. 220.*

12. Uffici competenti. – 1. Gli uffici del registro sono competenti per l'imposta catastale e per l'imposta ipotecaria relative ad atti che importano trasferimenti di beni immobili ovvero costituzione o trasferimento di diritti reali immobiliari di godimento e sulle trascrizioni relative a certificati di successione. Gli uffici dei registri immobiliari sono competenti per l'imposta ipotecaria sulle altre formalità che vi sono soggette.

13. Procedimenti e termini. – 1. Per l'accertamento e la liquidazione delle imposte ipotecaria e catastale, per la irrogazione delle relative sanzioni, per le modalità e i termini della riscossione e per la prescrizione, si applicano, in quanto non disposto nel presente testo unico le disposizioni relative all'imposta di registro e all'imposta sulle successioni e donazioni.

2. Gli uffici dei registri immobiliari riscuotono l'imposta ipotecaria di loro competenza all'atto della richiesta della formalità, salvo quando disposto dall'articolo 33, comma 1 *bis*, del testo unico delle disposizioni concernenti l'imposta sulle successioni e donazioni, approvato con decreto legislativo 31 ottobre 1990, n. 346 (1) (2).

2 *bis*. Gli uffici del registro, in sede di liquidazione di imposta di successione, provvedono a correggere gli errori e le omissioni commessi dagli eredi e dai legatari nell'adempimento degli obblighi previsti dall'articolo 33, comma 1 *bis*, del testo unico delle disposizioni concernenti l'imposta sulle successioni e donazioni, approvato con decreto legislativo 31 ottobre 1990, n. 346. In caso di omesso o insufficiente versamento gli uffici liquidano la maggiore imposta che risulta dovuta con le modalità e nei termini di cui all'articolo 27 del suddetto decreto legislativo n. 346 del 1990 (3) (2).

3. Il pagamento delle imposte non può essere dilazionato.

4. Gli interessi di mora sulle somme dovute all'erario e su quelle da rimborsare al contribuente si applicano nella misura del 4,50 per cento per ogni semestre compiuto.

(1) *Le parole da: «, salvo quando disposto dall'art. 33 ...» fino alla fine del comma sono state aggiunte dall'art. 11, comma 2, lett.* c)*, n. 1), del D.L. 28 marzo 1997, n. 79, convertito, con modificazioni, nella L. 28 maggio 1997, n. 140.*

(2) *A norma dell'art. 11, comma 4, del D.L. 28 marzo 1997, n. 79, convertito, con modificazioni, nella L. 28 maggio 1997, n. 140, le disposizioni previste dall'art. 11 del citato D.L. si applicano alle successioni aperte dalla data di entrata in vigore del medesimo D.L. nonché a quelle per le quali pende, alla predetta data, il termine di presentazione della dichiarazione di cui all'art. 31 del D.L.vo 31 ottobre 1990, n. 346.*

(3) *Questo comma è stato inserito dall'art. 11, comma 2, lett.* c)*, n. 2), del D.L. 28 marzo 1997, n. 79, convertito, con modificazioni, nella L. 28 maggio 1997, n. 140.*

14. Prova del pagamento delle imposte. – 1. La prova dell'avvenuto pagamento delle imposte può essere data solo nei modi stabiliti nei successivi commi 2, 3 e 4.

2. L'ufficio dei registri immobiliari indica le somme pagate, in lettere e in cifre, sulla certificazione da apporre a prova della eseguita formalità e sulla nota da esso trattenuta.

3. Nel caso previsto dall'art. 4, comma 2, l'ufficio presso il quale è eseguita la formalità col pagamento dell'imposta fissa ritira dalla parte la copia ivi prevista; se è stata attivata la meccanizzazione dei servizi, nella certificazione di cui al comma 2, deve essere indicato, in luogo dei numeri dei registri generale e particolare, il numero di presentazione di cui all'ultimo comma dell'art. 2678 c.c.

4. Le imposte riscosse dall'ufficio del registro e versate direttamente dagli eredi e dai legatari (1) sono distintamente annotate sugli atti, sulle sentenze, sulle denunzie e sulle quietanze rilasciate a prova dell'eseguito pagamento delle imposte di registro e sulle successioni e donazioni, nonché sulle copie dei titoli registrati.

(1) *Le parole: «e versate direttamente dagli eredi e dai legatari» sono state inserite dall'art. 11, comma 2, lett.* d)*, del D.L. 28 marzo 1997, n. 79, convertito, con modificazioni, nella L. 28 maggio 1997, n. 140. A norma dell'art. 11, comma 4, del D.L. 28 marzo 1997, n. 79, convertito, con modificazioni, nella L. 28 maggio 1997, n. 140, le disposizioni previste dall'art. 11 del citato D.L. si applicano alle successioni aperte dalla data di entrata in vigore del medesimo D.L. nonché a quelle per le quali pende, alla predetta data, il termine di presentazione della dichiarazione di cui all'art. 31 del D.L.vo 31 ottobre 1990, n. 346.*

15. Esecuzione di formalità e di volture senza previo pagamento dell'imposta. – 1. Possono essere eseguite anche senza previo pagamento delle imposte:

a) le iscrizioni, rinnovazioni ed annotazioni che sono richieste dal pubblico ministero nell'interesse di privati, da pubblici ufficiali e da privati in virtù di un obbligo loro imposto per legge;

b) le formalità e le volture richieste dalle amministrazioni dello Stato quando le spese relative devono far carico ad altri.

2. L'ufficio competente indica l'imposta dovuta sui documenti di cui all'art. 14 e procede alla riscossione.

16. Formalità e volture da eseguirsi a debito. – 1. Sono eseguite con prenotazione a debito dell'imposta, salvo il recupero secondo le disposizioni delle rispettive leggi:

a) le trascrizioni del sequestro conservativo di cui all'art. 316 c.p.p.;

b) le iscrizioni e le trascrizioni di cui all'articolo 22 del decreto legislativo 18 dicembre 1997, n. 472, e successive modificazioni ([1]);

c) la trascrizione degli atti indicati nel comma 2 dell'art. 6 [quando presso la cancelleria giudiziaria non esiste deposito per le spese] ([2]);

d) le formalità e le volture richieste nei procedimenti civili nell'interesse dello Stato e di persone fisiche o giuridiche ammesse al gratuito patrocinio;

e) le formalità e le volture relative a procedure di fallimento e ad altre procedure concorsuali.

2. Nei casi di cui alle lettere *a*) e *b*) del comma 1 l'imposta prenotata è riscossa in ragione della somma che risulta definitivamente dovuta.

2 *bis*. Nei casi di cui alla lettera *c*) del comma 1, l'ufficio provinciale dell'Agenzia del territorio notifica apposito avviso di liquidazione alle parti interessate con l'invito a effettuare entro il termine di sessanta giorni il pagamento dell'imposta, decorsi i quali procede alla riscossione a norma dell'articolo 15 ([3]).

([1]) *Questa lettera è stata così sostituita dall'art. 6, comma 5* terdecies, *lett.* a), *del D.L. 2 marzo 2012, n. 16, convertito, con modificazioni, nella L. 26 aprile 2012, n. 44.*

([2]) *Le parole fra parentesi quadrate sono sono state soppresse dall'art. 6, comma 5* terdecies, *lett.* b), *del D.L. 2 marzo 2012, n. 16, convertito, con modificazioni, nella L. 26 aprile 2012, n. 44.*

([3]) *Questo comma è stato aggiunto dall'art. 6, comma 5* terdecies, *lett.* c), *del D.L. 2 marzo 2012, n. 16, convertito, con modificazioni, nella L. 26 aprile 2012, n. 44.*

17. Decadenza. – 1. Le imposte da corrispondere agli uffici del registro devono essere richieste entro gli stessi termini di decadenza stabiliti in materia di imposta di registro o di imposta sulle successioni e donazioni.

2. Le imposte da corrispondere agli uffici dei registri immobiliari devono essere richieste, a pena di decadenza, entro tre anni dal giorno in cui è stata eseguita la relativa formalità o entro cinque anni dalla scadenza del termine entro il quale la stessa doveva essere richiesta. L'intervenuta decadenza non dispensa dal pagamento dell'imposta nel caso di successiva richiesta della formalità.

3. Le sanzioni amministrative [1] per le violazioni alle norme del presente testo unico devono essere applicate, a pena di decadenza, nel termine stabilito per l'accertamento dell'imposta cui si riferiscono e, se questa non è dovuta, nel termine di cinque anni dal giorno in cui è avvenuta la violazione.

4. I privilegi previsti a garanzia dei crediti dello Stato per le imposte ipotecaria e catastale si estinguono col decorso di cinque anni dalla data di registrazione dell'atto o dalla data in cui è stata eseguita o doveva essere eseguita la formalità o la voltura.

5. La restituzione delle imposte e sanzioni amministrative [2] indebitamente pagate deve essere richiesta, a pena di decadenza, entro tre anni dal giorno del pagamento ovvero, se posteriore, da quello in cui è sorto il diritto alla restituzione.

[1] *Le parole: «Le soprattasse e le pene pecuniarie» sono state così sostituite dalle attuali: «Le sanzioni amministrative» dall'art. 4, comma 1, lett.* b), *del D.L.vo 18 dicembre 1997, n. 473, a decorrere dal 1° aprile 1998.*

[2] *Le parole: «, soprattasse e pene pecuniarie» sono state così sostituite dalle attuali: «e sanzioni amministrative» dall'art. 4, comma 1, lett.* b), *del D.L.vo 18 dicembre 1997, n. 473, a decorrere dal 1° aprile 1998.*

Capo IV
Disposizioni varie e finali

18. Misura minima dell'imposta proporzionale e arrotondamento. – 1. Le imposte ipotecaria e catastale dovute in misura proporzionale non possono essere inferiori alla misura fissa e sono arrotondate a lire mille [1] per difetto se la frazione non è superiore a lire cinquecento [2] e per eccesso se superiore, ovvero all'unità, nel caso in cui i valori siano espressi in euro, per difetto se la frazione è inferiore a 50 centesimi e per eccesso se non inferiore [3].

[1] *La parola: «diecimila» è stata così sostituita dall'attuale: «mille» dall'art. 10 del D.P.R. 18 agosto 2000, n. 308.*

[2] *La parola: «cinquemila» è stata così sostituita dall'attuale: «cinquecento» dall'art. 10 del D.P.R. 18 agosto 2000, n. 308.*

[3] *Le parole da: «, ovvero all'unità ...» fino alla fine del comma sono state aggiunte dall'art. 10 del D.P.R. 18 agosto 2000, n. 308.*

19. Tasse ipotecarie. – 1. Per le operazioni inerenti al servizio ipotecario indicate nell'allegata tabella, tranne quelle eseguite nell'interesse dello Stato, sono dovute le tasse ivi previste.

20. Disciplina dei libri fondiari. – 1. Restano ferme le disposizioni del regio decreto 28 marzo 1929, n. 499, e successive modificazioni, per le formalità relative agli immobili situati nei territori ivi indicati.

21. Entrata in vigore. – 1. Il presente testo unico entra in vigore il 1° gennaio 1991.

TARIFFA (1) (2) (3)

(1) *A norma dell'art. 12, comma 3, del D.L.vo 23 luglio 1991, n. 240, gli atti di trasferimento di proprietà di beni immobili o costituzione o trasferimento di diritti reali immobiliari sugli stessi effettuati dal Gruppo di interesse economico-GEIE scontano l'imposta ipotecaria di trascrizione in misura fissa.*

(2) *Per effetto dell'art. 10, commi 6, 8 e 9, del D.L. 20 giugno 1996, n. 323, conv., con modif., nella L. 8 agosto 1996, n. 425, l'importo di ciascuna delle imposte di registro, ipotecaria e catastale, stabilito in misura fissa dalle disposizioni vigenti anteriormente al 20 giugno 1996, è elevato a € 129,11 (*), con riferimento agli atti giudiziari pubblicati o emanati, agli atti pubblici formati, alle donazioni fatte e alle scritture private autenticate a partire dal 20 giugno 1996, nonché alle scritture private non autenticate e alle denunce presentate per la registrazione da tale data.*

L'aumento non si applica alle locazioni e affitti di beni immobili ed alle misure previste dall'articolo 7 della tariffa, parte prima, allegata al testo unico delle disposizioni concernenti l'imposta di registro, approvato con decreto del Presidente della Repubblica 26 aprile 1986, n. 131.

(3) *A norma dell'art. 26, comma 2, del D.L. 12 settembre 2013, n. 104, convertito, con modificazioni, nella L. 8 novembre 2013, n. 128, l'importo pari ad euro 168,00 è stato così elevato ad euro 200,00, con effetto dal 1° gennaio 2014. Tali disposizioni, in particolare, hanno effetto per gli atti giudiziari pubblicati o emanati, per gli atti pubblici formati, per le donazioni fatte e per le scritture private autenticate a partire da tale data, per le scritture private non autenticate e per le denunce presentate per la registrazione dalla medesima data, nonché per le formalità di trascrizione, di iscrizione, di rinnovazione eseguite e per le domande di annotazione presentate a decorrere dalla stessa data.*

Art.: 1; Indicazione della formalità: Trascrizioni di atti e sentenze che importano trasferimento di proprietà di beni immobili o costituzione o trasferimento di diritti reali immobiliari sugli stessi e dei certificati di successione di cui all'art. 5 del testo unico; Imposte dovute: proporzionali per ogni € 0,052: 2 (1); Note: L'imposta si applica nella misura fissa di € 200,00 per i trasferimenti soggetti all'imposta sul valore aggiunto, nonché per quelli di cui all'art. 1, comma 1, quarto e quinto periodo (2), della tariffa, parte prima, allegata al testo unico delle disposizioni concernenti l'imposta di registro, approvato con D.P.R. 26 aprile 1986, n. 131 ([3]).

Art.: 1 *bis*. ([4]) ([5]) Trascrizioni di atti e sentenze che importano trasferimento di proprietà di beni immobili strumentali, di cui all'articolo 10, primo comma, numero 8 *ter*), del decreto del Presidente della Repubblica 26 ottobre 1972, n. 633, anche se assoggettati all'imposta sul valore aggiunto, o costituzione o trasferimenti di diritti immobiliari sugli stessi: 3 per cento, ovvero che importano il trasferimento di proprietà, la costituzione o il trasferimento di diritti immobiliari attinenti ad immobili compresi in piani urbanistici particolareggiati diretti all'attuazione dei programmi di edilizia residenziale comunque denominati ([6]).

Art.: 2; Indicazione della formalità: Trascrizioni di atti a titolo oneroso a favore di regioni, province e comuni di atti a titolo oneroso o a favore di altri enti pubblici territoriali o di consorzi costituiti esclusivamente tra gli stessi, nonché a favore di altri enti pubblici se il trasferimento è disposto per legge; Imposte dovute: fisse: € 200,00.

Art.: 3; Indicazione della formalità: Trascrizioni di cui al precedente art. 1 per conferma o rettifica di altra trascrizione dello stesso atto, sentenza o certificato; Imposte dovute: fisse: € 200,00.

Art.: 4; Indicazione della formalità: Trascrizione di atti o sentenze che non importano trasferimento di proprietà di beni immobili né costituzione o trasferimento di diritti reali immobiliari, dei contratti preliminari di cui all'articolo 2645 *bis* del codice civile, ([7]) di atti di fusione o di scissione ([8]) di società di qualunque tipo e di atti di conferimento di aziende o di complessi aziendali relativi a singoli rami dell'impresa, nonché di atti di regolarizzazione di società di fatto derivanti da comunione ereditaria di azienda registrati entro un anno dall'apertura della successione; Imposte dovute: fisse: € 200,00; Note: Se gli atti di regolarizzazione di cui contro sono registrati dopo un anno dall'apertura della successione si applica l'imposta proporzionale indicata all'art. 1.

Art.: 5; Indicazione della formalità: Trascrizione degli atti e documenti indicati negli articoli 484 e 2648 del codice civile; Imposte dovute: fisse: € 200,00.

Art.: 6; Indicazione della formalità: Iscrizioni e rinnovazioni; Imposte dovute: proporzionali per ogni € 0,052: 2; Note: Se trattasi di rinnovazione l'aliquota è ridotta a metà.

Art.: 7; Indicazione della formalità: Iscrizioni e rinnovazioni per conferma o rettifica di altra iscrizione o rinnovazione; Imposte dovute: fisse: € 200,00.

Art.: 8; Indicazione della formalità: Iscrizioni e rinnovazioni in ripetizione di altra corrispondente formalità eseguita per lo stesso credito ed in virtù dello stesso atto, per la quale sia stata pagata l'imposta proporzionale; Imposte dovute: fisse: € 200,00.

Art.: 9; Indicazione della formalità: Annotazioni per subingresso o surrogazione; per trasferimenti di crediti dipendenti o non da causa di morte; per costituzione di pegno sul credito garantito; per estensione della garanzia in base a nuovo titolo costitutivo; Imposte dovute: proporzionali per ogni € 0,052: 2.

Art.: 10; Indicazione della formalità: Annotazioni ed iscrizioni per postergazione o cessioni di priorità o di ordine ipotecario; Imposte dovute: proporzionali per ogni € 0,052: 0,50.

Art.: 11; Indicazione della formalità: Annotazioni di cui ai precedenti articoli 9 e 10 in ripetizione di altra per lo stesso credito ed in virtù dello stesso atto per la cui annotazione sia stata pagata l'imposta proporzionale; Imposte dovute: fisse: € 200,00.

Art.: 12; Indicazione della formalità: Annotazioni per restrizione di ipoteca; Imposte dovute: proporzionali per ogni € 0,052: 0,50; Note: L'imposta si applica, fino a concorrenza della somma garantita da ipoteca, sul valore degli immobili liberati risultante dall'atto di consenso o da dichiararsi dal richiedente nella domanda secondo le disposizioni relative all'imposta di registro.

Art.: 13; Indicazione della formalità: Annotazioni per cancellazione o riduzione di ipoteca o pegno; Imposte dovute: proporzionali per ogni € 0,052: 0,50; Note: L'imposta si applica sull'importo della somma per cui la formalità è chiesta. Dall'imposta dovuta deve essere dedotta l'imposta proporzionale che sia stata eventualmente pagata per la restrizione.

Art.: 14; Indicazione della formalità: Qualunque altra annotazione non specificamente contemplata; Imposte dovute: fisse: € 200,00.

(1) *L'originaria aliquota dell'1,60 per cento è stata così aumentata dall'art. 3, comma 133, della L. 28 dicembre 1995, n. 549, con effetto dal 1° gennaio 1996.*

(2) *Le originarie parole*: «*quarto periodo*» *sono state così sostituite dall'art. 3, comma 15, del D.L. 31 dicembre 1996, n. 669, convertito, con modificazioni, nella L. 28 febbraio 1997, n. 30.*

(3) *Questa nota è stata così sostituita per effetto dell'art. 16, comma 2, del D.L. 22 maggio 1993, n. 155, convertito, con modificazioni, nella L. 19 luglio 1993, n. 243.*

(4) *Questo articolo è stato inserito dall'art. 35, comma 10* bis, *lett.* b), *del D.L. 4 luglio 2006, n. 223, convertito, con modificazioni, nella L. 4 agosto 2006, n. 248. Si veda l'art. 35, comma 10* ter, *del D.L. 4 luglio 2006, n. 223, convertito, con modificazioni, nella L. 4 agosto 2006, n. 248, come sostituito dall'art. 1, comma 15, lett.* c), *della L. 13 dicembre 2010, n. 220, di cui si riporta il testo:* «*Per le volture catastali e le trascrizioni relative alle*

cessioni di beni immobili strumentali di cui all'articolo 10, primo comma, numero 8 ter)*, del decreto del Presidente della Repubblica 26 ottobre 1972, n. 633, anche se assoggettati all'imposta sul valore aggiunto, di cui siano parte fondi immobiliari chiusi disciplinati dall'articolo 37 del testo unico delle disposizioni in materia di intermediazione finanziaria, di cui al decreto legislativo 24 febbraio 1998, n. 58, e successive modificazioni, e dall'articolo 14* bis *della legge 25 gennaio 1994, n. 86, e successive modificazioni, le aliquote delle imposte ipotecaria e catastale, come modificate dal comma 10* bis *del presente articolo, sono ridotte della metà»*

(5) *Questo articolo è stato inserito dall'art. 35, comma 10* bis*, lett.* b)*, del D.L. 4 luglio 2006, n. 223, convertito, con modificazioni, nella L. 4 agosto 2006, n. 248.*

(6) *Le parole: «, ovvero che importano il trasferimento di proprietà, la costituzione o il trasferimento di diritti immobiliari attinenti ad immobili compresi in piani urbanistici particolareggiati diretti all'attuazione dei programmi di edilizia residenziale comunque denominati» sono state aggiunte dall'art. 1, comma 26, della L. 24 dicembre 2007, n. 244. Tali disposizioni si applicano agli atti pubblici formati, agli atti giudiziari pubblicati o emanati, alle scritture private autenticate poste in essere a decorrere dalla data di entrata in vigore della presente legge, nonché alle scritture private non autenticate presentate per la registrazione a decorrere dalla stessa data.*

(7) *Le parole da: «dei contratti...» sino a: «...codice civile» sono state inserite dall'art. 3, comma 10, del D.L. 31 dicembre 1996, n. 669, conv., con modif., nella L. 28 febbraio 1997, n. 30.*

(8) *Le parole: «o di scissione» sono state aggiunte dall'art. 16, comma 15, lett.* b)*, della L. 24 dicembre 1993, n. 537.*

(*Si omette la tabella*)

7.

D.L. 30 agosto 1993, n. 331. Armonizzazione delle disposizioni in materia di imposte sui prodotti energetici ([1])**, sull'alcole, sulle bevande alcoliche, sui tabacchi lavorati e in materia di IVA con quelle recate da direttive CEE e modificazioni conseguenti a detta armonizzazione, nonché disposizioni concernenti la disciplina dei centri autorizzati di assistenza fiscale, le procedure dei rimborsi di imposta, l'esclusione dall'ILOR dei redditi di impresa fino all'ammontare corrispondente al contributo diretto lavorativo, l'istituzione per il 1993 di un'imposta erariale straordinaria su taluni beni ed altre disposizioni tributarie** (*Gazzetta Ufficiale* Serie gen. - n. 203 del 30 agosto 1993), convertito, con modificazioni, nella L. 29 ottobre 1993, n. **427** (*Gazzetta Ufficiale* Serie gen. - n. 255 del 29 ottobre 1993).

([1]) *Ai sensi dell'art. 1, comma 1, del D.L.vo 2 febbraio 2007, n. 26, nel testo unico delle disposizioni legislative concernenti le imposte sulla produzione e sui consumi e relative sanzioni penali e amministrative, di cui al decreto legislativo 26 ottobre 1995, n. 504, e nelle altre disposizioni tributarie in materia di accisa le parole: «oli minerali», ovunque ricorrano, sono sostituite dalle seguenti: «prodotti energetici» e le parole: «metano» e «gas metano», ovunque ricorrano, sono sostituite dalle seguenti: «gas naturale». Tale disposizione entra in vigore il primo giorno del terzo mese successivo a quello della sua pubblicazione nella* Gazzetta Ufficiale *della Repubblica italiana (Suppl. ord. alla* G.U. *Serie gen. - n. 68 del 22 marzo 2007).*

(*Estratto*)

Titolo II
Armonizzazione della disciplina dell'imposta sul valore aggiunto

Capo II
Disciplina temporanea delle operazioni intracomunitarie e dell'imposta sul valore aggiunto

37. Operazioni intracomunitarie. – 1. Fino a quando non entra in vigore il regime definitivo degli scambi con gli altri Stati membri della Comunità economica europea l'imposta sul valore aggiunto si applica anche alle *operazioni in*tracomunitarie secondo le disposizioni di cui al presente titolo.

38. Acquisti intracomunitari. – 1. L'imposta sul valore aggiunto si applica sugli acquisti intracomunitari di beni effettuati nel territorio dello Stato nell'esercizio di imprese, arti e professioni o comunque da enti, associazioni o altre organizzazioni di cui all'art. 4, quarto comma, del D.P.R. 26 ottobre 1972, n. 633, soggetti passivi d'imposta nel territorio dello Stato.

tracomunitari, dandone comunicazione all'ufficio nella dichiarazione, ai fini dell'imposta sul valore aggiunto, relativa all'anno precedente ovvero nella dichiarazione di inizio dell'attività o comunque anteriormente all'effettuazione dell'acquisto. L'opzione ha effetto, se esercitata nella dichiarazione relativa all'anno precedente, dal 1° gennaio dell'anno in corso e, negli altri casi, dal momento in cui è esercitata, fino a quando non sia revocata e, in ogni caso, fino al compimento del biennio successivo all'anno nel corso del quale è esercitata, sempreché ne permangano i presupposti; la revoca deve essere comunicata all'ufficio nella dichiarazione annuale ed ha effetto dall'anno in corso. Per i soggetti di cui all'art. 4, quarto comma, del D.P.R. 26 ottobre 1972, n. 633, non soggetti passivi d'imposta, la revoca deve essere comunicata mediante lettera raccomandata entro il termine di presentazione della dichiarazione annuale. La revoca ha effetto dall'anno in corso.

7. L'imposta non è dovuta per l'acquisto intracomunitario nel territorio dello Stato, da parte di soggetto passivo d'imposta in altro Stato membro, di beni dallo stesso acquistati in altro Stato membro e spediti o trasportati nel territorio dello Stato a propri cessionari, soggetti passivi d'imposta o enti di cui all'art. 4, quarto comma, del D.P.R. 26 ottobre 1972, n. 633, assoggettati all'imposta per gli acquisti intracomunitari effettuati, designati per il pagamento dell'imposta relativa alla cessione.

8. Si considerano effettuati in proprio gli acquisti intracomunitari da parte di commissionari senza rappresentanza.

(¹) *Questo comma, inserito dall'art. 24, comma 7, lett.* a), *n.* 1), *della L. 7 luglio 2009, n. 88, a decorrere dal giorno successivo a quello di pubblicazione nella* Gazzetta Ufficiale *della medesima legge, è stato così sostituito dall'art. 8, comma 3, lett.* a), *n. 1*), *della L. 15 dicembre 2011, n. 217.*

A norma dell'art. 8, comma 5, della medesima legge, tali disposizioni si applicano alle operazioni effettuate a partire dal sessantesimo giorno successivo a quello dell'entrata in vigore della presente legge (G.U. *Serie gen. - n. 1 del 2 gennaio 2012*).

(²) *Le parole*: «*di perizie o*» *sono state inserite dall'art. 1, comma 326, lett. a*), *della L. 24 dicembre 2012, n. 228.*

A norma dell'art. 1, comma 335, della medesima legge tali disposizioni si applicano alle operazioni effettuate a partire dal 1° gennaio 2013.

(³) *Le parole fra parentesi quadrate sono state soppresse dall'art. 13, comma 1, lett.* a), *della L. 29 luglio 2015, n. 115.*

(⁴) *Questa lettera è stata così sostituita dall'art. 24, comma 7, lett.* a), *n.* 2), *della L. 7 luglio 2009, n. 88 a decorrere dal giorno successivo a quello di pubblicazione nella* Gazzetta Ufficiale *della medesima legge. Tuttavia, per le operazioni effettuate a decorrere dal 1° gennaio 2008 per le quali sia stata già applicata la disciplina risultante da tali disposizioni, resta fermo il trattamento fiscale applicato.*

(5) *Questa lettera, inserita dall'art. 1, comma 2, lett.* a), *del D.L.vo 15 dicembre 2005, n. 294, è stata così sostituita dall'art. 8, comma 3, lett.* a), *n.* 2), *della L. 15 dicembre 2011, n. 217. A norma dell'art. 8, comma 5, della medesima legge, tali disposizioni si applicano alle operazioni effettuate a partire dal sessantesimo giorno successivo a quello dell'entrata in vigore della presente legge* (G.U. *Serie gen. - n. 1 del 2 gennaio 2012*).

38.1. (1) **Acquisti intracomunitari in regime cosiddetto di "call off stock".** – 1. In deroga all'articolo 38, comma 3, lettera *b*), il soggetto passivo che trasferisce beni della sua impresa da un altro Stato membro nel territorio dello Stato non effettua un acquisto intracomunitario se sono soddisfatte le seguenti condizioni:

a) i beni sono spediti o trasportati nel territorio dello Stato dal soggetto passivo, o da un terzo che agisce per suo conto, per essere ivi ceduti, in una fase successiva e dopo il loro arrivo, a un altro soggetto passivo che ha il diritto di acquistarli in conformità a un accordo preesistente tra i due soggetti passivi;

b) il soggetto passivo che spedisce o trasporta i beni non ha stabilito la sede della propria attività economica né dispone di una stabile organizzazione nello Stato;

c) il soggetto passivo destinatario della cessione è identificato ai fini dell'imposta sul valore aggiunto nello Stato e la sua identità e il numero di identificazione attribuito dallo Stato sono noti al soggetto passivo di cui alla lettera *b*) nel momento in cui ha inizio la spedizione o il trasporto.

2. Se le condizioni di cui al comma 1 sono soddisfatte, l'acquisto intracomunitario si considera effettuato dal soggetto passivo destinatario della cessione, purché esso acquisti i beni entro dodici mesi dal loro arrivo nel territorio dello Stato.

3. Il soggetto passivo di cui al comma 1 che trasferisce i beni nel territorio dello Stato effettua un acquisto intracomunitario ai sensi dell'articolo 38, comma 3, lettera *b*):

a) il giorno successivo alla scadenza del periodo di dodici mesi dall'arrivo dei beni nel territorio dello Stato, se entro tale periodo i beni non sono stati ceduti al soggetto passivo destinatario della cessione o al soggetto passivo che lo ha sostituito ai sensi del comma 5;

b) nel momento in cui, entro dodici mesi dall'arrivo dei beni nel territorio dello Stato, viene meno una delle condizioni di cui al comma 1;

c) prima della cessione se, entro dodici mesi dall'arrivo dei beni nel territorio dello Stato, i beni sono ceduti a un soggetto diverso dal destinatario della cessione o dal soggetto che lo ha sostituito ai sensi del comma 5;

d) prima che abbia inizio la spedizione o il trasporto se, entro dodici mesi dall'arrivo dei beni nel territorio dello Stato, i beni sono spediti o trasportati in un altro Stato;

e) il giorno in cui i beni sono stati effettivamente distrutti, rubati o perduti oppure ne è accertata la distruzione, il furto o la perdita se, entro dodici mesi dall'arrivo dei beni nel territorio dello Stato, i beni sono stati oggetto di distruzione, furto o perdita.

4. Non si realizza alcun acquisto intracomunitario in relazione ai beni non ceduti che sono rispediti nello Stato membro di partenza, entro dodici mesi dal loro arrivo nel territorio dello Stato, se il soggetto passivo destinatario della cessione o il soggetto passivo che lo ha sostituito ai sensi del comma 5 del presente articolo annota la rispedizione nel registro di cui all'articolo 50, comma 5 *bis*.

5. Se, entro dodici mesi dall'arrivo dei beni nel territorio dello Stato, il soggetto passivo destinatario della cessione è sostituito da un altro soggetto passivo, l'acquisto intracomunitario è effettuato da quest'ultimo purché, al momento della sostituzione, siano soddisfatte tutte le altre condizioni di cui al comma 1 e il soggetto passivo che spedisce o trasporta i beni annoti la sostituzione nel registro di cui all'articolo 50, comma 5 *bis*.

([1]) *Questo articolo è stato inserito dall'art. 21, comma 1, lett.* a), *della L. 23 dicembre 2021, n. 238.*

38 *bis*. ([1]) **Definizione di vendite a distanza.** – 1. Per vendite a distanza intracomunitarie di beni si intendono le cessioni di beni spediti o trasportati dal fornitore o per suo conto, anche quando il fornitore interviene indirettamente nel trasporto o nella spedizione dei beni, a partire da uno Stato membro diverso da quello di arrivo della spedizione o del trasporto a destinazione di persone fisiche non soggetti d'imposta o a destinazione dei soggetti nei cui confronti sono effettuate cessioni non imponibili ai sensi dell'articolo 72 del decreto del Presidente della Repubblica 26 ottobre 1972, n. 633, ovvero, con esclusione dei beni soggetti ad accisa, a destinazione di cessionari, soggetti passivi o non soggetti passivi, che non sono tenuti ad applicare l'imposta sugli acquisti intracomunitari e che non hanno optato per l'applicazione della stessa.

2. Per vendite a distanza di beni importati da territori terzi o paesi terzi si intendono le cessioni di beni spediti o trasportati dal fornitore o per suo conto, anche quando il fornitore interviene indirettamente nel trasporto o nella spedizione dei beni, da un territorio terzo o paese terzo con arrivo della spedizione o del trasporto in uno Stato membro dell'Unione europea a destinazione di persone fisiche non soggetti d'imposta o a destinazione dei soggetti nei cui confronti sono effettuate cessioni non imponibili ai sensi dell'articolo 72 del

decreto del Presidente della Repubblica 26 ottobre 1972, n. 633, ovvero, con esclusione dei beni soggetti ad accisa, a destinazione di cessionari, soggetti passivi o non soggetti passivi, che non sono tenuti ad applicare l'imposta sugli acquisti intracomunitari e che non hanno optato per l'applicazione della stessa.

3. Le disposizioni dei commi 1 e 2 non si applicano:

a) alle cessioni di mezzi di trasporto nuovi;

b) alle cessioni di beni da installare, montare o assiemare a cura del fornitore o per suo conto nello Stato di arrivo della spedizione o del trasporto.

4. Per le cessioni di cui all'articolo 2 *bis* del decreto del Presidente della Repubblica 26 ottobre 1972, n. 633, la spedizione o il trasporto dei beni sono imputati alle cessioni effettuate dal soggetto passivo che facilita le stesse tramite l'uso di un'interfaccia elettronica.

(1) Questo articolo è stato inserito dall'art. 2, comma 1, lett. a), *del D.L.vo 25 maggio 2021, n. 83.*

A norma dell'art. 10 dello stesso provvedimento tali disposizioni si applicano alle operazioni effettuate a partire dal 1° luglio 2021.

38 *ter*. (1) **Acquisti intracomunitari in regime cosiddetto di "call-off stock".** – 1. In deroga all'articolo 38, comma 3, lettera *b*), il soggetto passivo che trasferisce beni della sua impresa da un altro Stato membro nel territorio dello Stato non effettua un acquisto intracomunitario se sono soddisfatte le seguenti condizioni:

a) i beni sono spediti o trasportati nel territorio dello Stato dal soggetto passivo, o da un terzo che agisce per suo conto, per essere ivi ceduti, in una fase successiva e dopo il loro arrivo, a un altro soggetto passivo che ha il diritto di acquistarli in conformità a un accordo preesistente tra i due soggetti passivi;

b) il soggetto passivo che spedisce o trasporta i beni non ha stabilito la sede della propria attività economica né dispone di una stabile organizzazione nello Stato;

c) il soggetto passivo destinatario della cessione è identificato ai fini dell'imposta sul valore aggiunto nello Stato e la sua identità e il numero di identificazione attribuito dallo Stato sono noti al soggetto passivo di cui alla lettera *b*) nel momento in cui ha inizio la spedizione o il trasporto.

2. L'acquisto intracomunitario, se le condizioni di cui al comma 1 sono soddisfatte, si considera effettuato dal soggetto passivo destinatario della cessione o dal soggetto che lo ha sostituito ai sensi del comma 5, purché i beni siano acquistati entro dodici mesi dal loro arrivo nel territorio dello Stato.

3. Il soggetto passivo di cui al comma 1 che trasferisce i beni nel territorio dello Stato effettua un acquisto intracomunitario ai sensi dell'articolo 38, comma 3, lettera *b*):

a) il giorno successivo alla scadenza del periodo di dodici mesi dall'arrivo dei beni nel territorio dello Stato se, entro tale periodo i beni non sono stati ceduti al soggetto passivo destinatario della cessione o al soggetto passivo che lo ha sostituito ai sensi del comma 5;

b) nel momento in cui, entro dodici mesi dall'arrivo dei beni nel territorio dello Stato, viene meno una delle condizioni di cui al comma 1;

c) prima della cessione se, entro dodici mesi dall'arrivo dei beni nel territorio dello Stato, i beni sono ceduti a un soggetto diverso dal destinatario della cessione o dal soggetto che lo ha sostituito ai sensi del comma 5;

d) prima che abbia inizio la spedizione o il trasporto se, entro dodici mesi dall'arrivo dei beni nel territorio dello Stato, i beni sono spediti o trasportati in un altro Stato;

e) il giorno in cui i beni sono stati effettivamente distrutti, rubati o perduti oppure ne è accertata la distruzione, il furto o la perdita se, entro dodici mesi dall'arrivo dei beni nel territorio dello Stato, i beni sono stati oggetto di distruzione, furto o perdita.

4. Non si realizza alcun acquisto intracomunitario in relazione ai beni non ceduti che sono rispediti nello Stato membro di partenza, entro dodici mesi dal loro arrivo nel territorio dello Stato, se il soggetto passivo destinatario della cessione o il soggetto passivo che lo ha sostituito ai sensi del comma 5 annota la rispedizione nel registro di cui all'articolo 50, comma 5 *bis*.

5. L'acquisto intracomunitario è effettuato dal soggetto che entro dodici mesi dall'arrivo dei beni nello Stato sostituisce il soggetto passivo destinatario della cessione purché, al momento della sostituzione, siano soddisfatte tutte le altre condizioni di cui al comma 1 e il soggetto passivo che spedisce o trasporta i beni annoti la sostituzione nel registro di cui all'articolo 50, comma 5 *bis*.

(1) *Questo articolo è stato inserito dall'art. 1, comma 1, lett.* a*), del D.L.vo 5 novembre 2021, n. 192.*

39. (1) **Effettuazione delle cessioni e degli acquisti intracomunitari. –** 1. Le cessioni intracomunitarie e gli acquisti intracomunitari di beni si considerano effettuati all'atto dell'inizio del trasporto o della spedizione al cessionario o a terzi per suo conto, rispettivamente dal territorio dello Stato o dal territorio dello Stato membro di provenienza. Tuttavia se gli effetti traslativi o costitutivi si producono in un momento successivo alla consegna, le operazioni si considerano effettuate nel momento in cui si producono tali effetti e comunque dopo il decorso di un anno dalla consegna. Parimenti nel caso di beni trasferiti in dipendenza di contratti estimatori e simili, l'operazione si considera effettuata all'atto della loro rivendita a terzi o del prelievo da parte del ricevente ovvero, se i beni non sono restituiti anteriormente, alla scadenza del termine pattuito dalle parti e in ogni caso dopo il decorso di un anno dal ricevimento. Le disposizioni di cui al secondo e al terzo periodo operano a condizione che siano osservati gli adempimenti di cui all'articolo 50, comma 5.

2. Se anteriormente al verificarsi dell'evento indicato nel comma 1 è stata emessa la fattura relativa ad un'operazione intracomunitaria la medesima si considera effettuata, limitatamente all'importo fatturato, alla data della fattura.

3. Le cessioni ed i trasferimenti di beni, di cui all'articolo 41, comma 1, lettera *a*), e comma 2, lettere *b*) e *c*), e gli acquisti intracomunitari di cui all'articolo 38, commi 2 e 3, se effettuati in modo continuativo nell'arco di un periodo superiore ad un mese solare, si considerano effettuati al termine di ciascun mese.

([1]) Questo articolo è stato così sostituito dall'art. 1, comma 326, lett. b), della L. 24 dicembre 2012, n. 228.

A norma dell'art. 1, comma 335, della medesima legge tali disposizioni si applicano alle operazioni effettuate a partire dal 1° gennaio 2013.

40. Territorialità delle operazioni intracomunitarie. – 1. Gli acquisti intracomunitari sono effettuati nel territorio dello Stato se hanno per oggetto beni, originari di altro Stato membro o ivi immessi in libera pratica ai sensi degli artt. 9 e 10 del Trattato istitutivo della Comunità economica europea, spediti o trasportati dal territorio di altro Stato membro nel territorio dello Stato.

2. L'acquisto intracomunitario si considera effettuato nel territorio dello Stato quando l'acquirente è ivi soggetto d'imposta, salvo che sia comprovato che l'acquisto è stato assoggettato ad imposta in altro Stato membro di destinazione del bene. È comunque effettuato senza pagamento dell'imposta l'acquisto intracomunitario di beni spediti o trasportati in altro Stato membro se i beni stessi risultano ivi oggetto di successiva cessione a soggetto d'imposta nel territorio di tale Stato o ad ente ivi assoggettato ad imposta per acquisti intracomunitari e se il cessionario risulta designato come debitore dell'imposta relativa.

3. In deroga all'articolo 7 *bis* del decreto del Presidente della Repubblica 26 ottobre 1972, n. 633, le vendite a distanza intracomunitarie di beni spediti o trasportati a partire da un altro Stato membro dell'Unione europea si considerano effettuate nel territorio dello Stato se il luogo di arrivo della spedizione o del trasporto è nel territorio dello Stato ([1]).

4 bis. - 9. (*Omissis*).

([1]) Questo comma è stato così sostituito dall'art. 2, comma 1, lett. b)*, n. 1), del D.L.vo 25 maggio 2021, n. 83.*

A norma dell'art. 10 dello stesso provvedimento tali disposizioni si applicano alle operazioni effettuate a partire dal 1° luglio 2021.

41. Cessioni intracomunitarie non imponibili. – 1. Costituiscono cessioni non imponibili:

a) le cessioni a titolo oneroso di beni, trasportati o spediti nel territorio di altro Stato membro, dal cedente o dall'acquirente, o da terzi per loro conto, nei confronti di cessionari soggetti di imposta o di enti, associazioni ed altre organizzazioni indicate nell'art. 4, quarto comma, del D.P.R. 26 ottobre 1972, n. 633, non soggetti passivi d'imposta; i beni possono essere sottoposti per conto del cessionario, ad opera del cedente stesso o di terzi, a lavorazione, trasformazione, assiemaggio o adattamento ad altri beni. La disposizione non si applica per le cessioni di beni, diversi dai prodotti soggetti ad accisa, nei confronti dei soggetti indicati nell'art. 38, comma 5, lettera *c*), del presente decreto, i quali, esonerati dall'applicazione dell'imposta sugli acquisti intracomunitari effettuati nel proprio Stato membro, non abbiano optato per l'applicazione della stessa; le cessioni dei prodotti soggetti ad accisa sono non imponibili se il trasporto o spedizione degli stessi sono eseguiti in conformità degli artt. 6 e 8 del presente decreto;

b) le vendite a distanza intracomunitarie di beni spediti o trasportati a destinazione di un altro Stato membro dell'Unione europea. La disposizione non si applica qualora il cedente sia un soggetto stabilito nel territorio dello Stato e ricorrano congiuntamente le seguenti condizioni:

1) il cedente non è stabilito anche in un altro Stato membro dell'Unione europea;

2) l'ammontare complessivo, al netto dell'imposta sul valore aggiunto, delle prestazioni di servizi nei confronti di committenti non soggetti passivi d'imposta, stabiliti in Stati membri dell'Unione europea diversi dall'Italia, di cui all'articolo 7 *octies*, comma 3, lettera *b*), del decreto del Presidente della Repubblica 26 ottobre 1972, n. 633, e delle vendite a distanza intracomunitarie di beni nell'Unione europea non ha superato nell'anno solare precedente 10.000 euro e fino a quando, nell'anno in corso, tale limite non è superato;

3) il cedente non ha optato per l'applicazione dell'imposta nell'altro Stato membro; in tal caso l'opzione è comunicata all'ufficio nella dichiarazione relativa all'anno in cui la medesima è stata esercitata e ha effetto fino a quando non sia revocata e comunque per almeno due anni ([1]);

b bis) le vendite a distanza di beni importati da territori terzi o paesi terzi nel territorio dello Stato spediti o trasportati a destinazione di un altro Stato membro ([2]);

c) le cessioni, con spedizione o trasporto dal territorio dello Stato, nel territorio di altro Stato membro di beni destinati ad essere ivi installati, montati o assiemati da parte del fornitore o per suo conto.

2. Sono assimilate alle cessioni di cui al comma 1, lettera *a*):

a) (*Omissis*);

b) le cessioni a titolo oneroso di mezzi di trasporto nuovi di cui all'art. 38, comma 4, trasportati o spediti in altro Stato membro dai cedenti o dagli acquirenti, ovvero per loro conto, anche se non effettuate nell'esercizio di imprese, arti e professioni e anche se l'acquirente non è soggetto passivo d'imposta;

c) l'invio di beni nel territorio di altro Stato membro, mediante trasporto o spedizione a cura del soggetto passivo nel territorio dello Stato, o da terzi per suo conto, in base ad un titolo diverso da quelli indicati nel successivo comma 3 di beni ivi esistenti.

2 *bis*. Non costituiscono cessioni intracomunitarie le cessioni di gas mediante un sistema di gas naturale situato nel territorio dell'Unione europea o una rete connessa a un tale sistema, le cessioni di energia elettrica e le cessioni di calore o di freddo mediante reti di riscaldamento o di raffreddamento, nonché le cessioni di beni effettuate dai soggetti che applicano, agli effetti dell'imposta sul valore aggiunto, il regime di franchigia ([3]).

2 *ter*. Le cessioni di cui al comma 1, lettera *a*), e al comma 2, lettera *c*), del presente articolo costituiscono cessioni non imponibili a condizione che i cessionari abbiano comunicato il numero di identificazione agli stessi attribuito da un altro Stato membro e che il cedente abbia compilato l'elenco di cui all'articolo 50, comma 6, o abbia debitamente giustificato l'incompleta o mancata compilazione dello stesso ([4]).

3. La disposizione di cui al comma 2, lettera *c*), non si applica per i beni inviati in altro Stato membro, oggetto di perizie o ([5]) delle operazioni di perfezionamento o di manipolazioni usuali indicate nell'art. 38, comma 5, lettera *a*), se i beni sono successivamente trasportati o spediti al committente, soggetto passivo d'imposta, nel territorio dello Stato, ovvero per i beni inviati in altro Stato membro per essere ivi temporaneamente utilizzati per l'esecuzione di prestazioni ([6]) o che se fossero ivi importati beneficerebbero della temporanea importazione in esenzione dai dazi doganali.

4. Agli effetti del secondo comma degli artt. 8, 8 *bis* e 9 del D.P.R. 26 ottobre 1972, n. 633, le cessioni di cui ai precedenti commi 1 e 2, [nonché le *prestazioni di servizio indicate nell'art. 40, comma 9, del presente decreto*,] ([7]) sono computabili ai fini della determinazione della percentuale e dei limiti ivi considerati.

([1]) *Questa lettera è stata, da ultimo, così sostituita dall'art. 2, comma 1, lett.* c), *n. 1), del D.L.vo 25 maggio 2021, n. 83.*

A norma dell'art. 10 dello stesso provvedimento tali disposizioni si applicano alle operazioni effettuate a partire dal 1° luglio 2021.

(2) *Questa lettera è stata inserita dall'art. 2, comma 1, lett.* c), *n. 2), del D.L.vo 25 maggio 2021, n. 83.*

A norma dell'art. 10 dello stesso provvedimento tali disposizioni si applicano alle operazioni effettuate a partire dal 1° luglio 2021.

(3) *Questo comma, inserito dall'art. 1, comma 2, lett.* c), *del D.L.vo 15 dicembre 2005, n. 294, è stato così sostituito dall'art. 8, comma 3, lett.* b), *della L. 15 dicembre 2011, n. 217. A norma dell'art. 8, comma 5, della medesima legge, tali disposizioni si applicano alle operazioni effettuate a partire dal sessantesimo giorno successivo a quello dell'entrata in vigore della presente legge* (G.U. *Serie gen. - n. 1 del 2 gennaio 2012*).

(4) *Questo comma, inserito dall'art. 1, comma 1, lett.* b), *del D.L.vo 5 novembre 2021, n. 192, è stato di nuovo inserito dall'art. 21, comma 1, lett.* b), *della L. 23 dicembre 2021, n. 238.*

(5) *Le parole: «di perizie o» sono state inserite dall'art. 1, comma 326, lett. c), della L. 24 dicembre 2012, n. 228. A norma dell'art. 1, comma 335, della medesima legge tali disposizioni si applicano alle operazioni effettuate a partire dal 1° gennaio 2013.*

(6) *Le parole: «o per essere ivi temporaneamente utilizzati per l'esecuzione di prestazioni» sono state così sostituite dalle attuali: «se i beni sono successivamente trasportati o spediti al committente, soggetto passivo d'imposta, nel territorio dello Stato, ovvero per i beni inviati in altro Stato membro per essere ivi temporaneamente utilizzati per l'esecuzione di prestazioni» dall'art. 13, comma 1, lett.* b), *della L. 29 luglio 2015, n. 115.*

(7) *Le parole tra parentesi quadrate sono state soppresse dall'art. 2, comma 1, lett,* c), *del D.L.vo 11 febbraio 2010, n. 18. A norma dell'art. 5, comma 1, dello stesso decreto, questa disposizione si applica alle operazioni effettuate dal 1° gennaio 2010.*

41 *bis*. (1) **Cessioni intracomunitarie in regime cosiddetto di "call off stock".** – 1. In deroga all'articolo 41, comma 2, lettera *c*), il soggetto passivo che trasferisce i beni della sua impresa dal territorio dello Stato verso quello di un altro Stato membro effettua una cessione intracomunitaria ai sensi dell'articolo 41, comma 1, lettera *a*), se sono soddisfatte le seguenti condizioni:

a) i beni sono spediti o trasportati nel predetto Stato membro dal soggetto passivo, o da un terzo che agisce per suo conto, per essere ivi ceduti, in una fase successiva e dopo il loro arrivo, a un altro soggetto passivo che ha il diritto di acquistarli in conformità a un accordo preesistente tra i due soggetti passivi;

b) il soggetto passivo che spedisce o trasporta i beni non ha stabilito la sede della propria attività economica né dispone di una stabile organizzazione nel predetto Stato membro;

c) il soggetto passivo destinatario della cessione è identificato ai fini dell'imposta sul valore aggiunto nel predetto Stato membro e la sua identità e il suo numero di identificazione sono noti al soggetto passivo che spedisce o trasporta i beni nel momento in cui ha inizio la spedizione o il trasporto;

d) il soggetto passivo che spedisce o trasporta i beni annota il loro trasferimento nel registro di cui all'articolo 50, comma 5 *bis*, e inserisce nell'elenco riepilogativo di cui all'articolo 50, comma 6, l'identità e il numero di identificazione attribuito ai fini dell'imposta sul valore aggiunto al soggetto destinatario dei beni.

2. Se le condizioni di cui al comma 1 sono soddisfatte, la cessione intracomunitaria si considera effettuata al momento della cessione dei beni, qualora la cessione avvenga entro dodici mesi dall'arrivo degli stessi nel territorio dello Stato membro di destinazione.

3. Il soggetto passivo di cui al comma 1 che trasferisce beni della sua impresa nel territorio di un altro Stato membro effettua una cessione ai sensi dell'articolo 41, comma 2, lettera *c*):

a) il giorno successivo alla scadenza dei dodici mesi dall'arrivo dei beni nel territorio dello Stato membro, se entro tale periodo i beni non sono stati ceduti al soggetto passivo destinatario della cessione o al soggetto passivo che lo ha sostituito ai sensi del comma 5;

b) nel momento in cui, entro dodici mesi dall'arrivo dei beni nel territorio dello Stato membro, viene meno una delle condizioni di cui al comma 1;

c) prima della cessione se, entro dodici mesi dall'arrivo nel territorio dello Stato membro, i beni sono ceduti a una persona diversa dal soggetto passivo destinatario della cessione o dal soggetto che lo ha sostituito ai sensi del comma 5;

d) prima che abbia inizio la spedizione o il trasporto se, entro dodici mesi dall'arrivo nel territorio dello Stato membro, i beni sono spediti o trasportati in un altro Stato;

e) il giorno in cui i beni sono stati effettivamente distrutti, rubati o perduti oppure ne è accertata la distruzione, il furto o la perdita se, entro dodici mesi dall'arrivo nel territorio dello Stato membro, i beni sono stati oggetto di distruzione, furto o perdita.

4. Non si realizza alcuna cessione intracomunitaria in relazione ai beni non ceduti che sono rispediti nello Stato, entro dodici mesi dal loro arrivo nel territorio dello Stato membro, se il soggetto che ha spedito o trasportato i beni annota il ritorno degli stessi nel registro di cui all'articolo 50, comma 5 *bis*.

5. Se, entro dodici mesi dall'arrivo dei beni nel territorio dell'altro Stato membro, il soggetto passivo destinatario della cessione è sostituito da un altro soggetto passivo, continua ad applicarsi la disposizione di cui al comma 1, purché, al momento della sostituzione, siano soddisfatte tutte le condizioni ivi previste e il soggetto passivo che ha spedito o trasportato i beni indichi la sostituzione nel registro di cui all'articolo 50, comma 5 *bis*.

(¹) *Questo articolo, inserito dall'art. 1, comma 1, lett. c), del D.L.vo 5 novembre 2021, n. 192, è stato di nuovo inserito dall'art. 21, comma 1, lett.* c), *della L. 23 dicembre 2021, n. 238.*

41 *ter*. ([1]) **Cessioni a catena.** – 1. Ai fini del presente articolo:

a) si considerano cessioni a catena le cessioni successive di beni che sono oggetto di un unico trasporto da uno a un altro Stato membro direttamente dal primo cedente all'ultimo acquirente;

b) si considera operatore intermedio un cedente, diverso dal primo, che trasporta o spedisce i beni direttamente o tramite un terzo che agisce per suo conto.

2. Nelle cessioni a catena in cui il trasporto o la spedizione iniziano nel territorio dello Stato e sono effettuati da un operatore intermedio, si considera cessione intracomunitaria non imponibile ai sensi dell'articolo 41 solo la cessione effettuata nei confronti dell'operatore intermedio. Tuttavia, se l'operatore intermedio comunica al proprio cedente il numero di identificazione attribuitogli dallo Stato agli effetti dell'imposta sul valore aggiunto, si considera cessione intracomunitaria quella effettuata dall'operatore intermedio. Non si considerano effettuate in Italia le cessioni successive a quella che costituisce cessione intracomunitaria.

3. Nelle cessioni a catena in cui il trasporto o la spedizione terminano nel territorio dello Stato e sono effettuati da un operatore intermedio, si considera acquisto intracomunitario ai sensi dell'articolo 38 solo l'acquisto effettuato dall'operatore intermedio. Tuttavia, se l'operatore intermedio comunica al proprio cedente il numero di identificazione attribuitogli dallo Stato di inizio del trasporto o della spedizione, si considera acquisto intracomunitario quello effettuato dall'acquirente dell'operatore intermedio. Si considerano effettuate in Italia la cessione posta in essere dal soggetto che effettua l'acquisto intracomunitario e le cessioni successive.

4. Le disposizioni del presente articolo non si applicano alle vendite a distanza effettuate tramite le piattaforme elettroniche che si considerano aver acquistato e rivenduto i beni stessi.

([1]) *Questo articolo, inserito dall'art. 1, comma 1, lett.* c)*, del D.L.vo 5 novembre 2021, n. 192, è stato di nuovo inserito dall'art. 21, comma 1, lett.* c)*, della L. 23 dicembre 2021, n. 238.*

42. Acquisti non imponibili o esenti. – 1. Sono non imponibili, non soggetti o esenti dall'imposta gli acquisti intracomunitari di beni la cui cessione nel territorio dello Stato è non imponibile o [non soggetta] ([1]) a norma degli articoli 8, 8 *bis*, 9 e 74, commi ottavo e nono, del decreto del Presidente della Repubblica 26 ottobre 1972, n. 633, e successive modificazioni, ovvero esente dall'imposta a norma dell'articolo 10 dello stesso decreto ([2]).

2. Per gli acquisti intracomunitari effettuati senza pagamento dell'imposta a norma delle disposizioni di cui alla lettera *c*) del primo comma e al

secondo comma dell'art. 8 del D.P.R. 26 ottobre 1972, n. 633, non si applica la disposizione di cui alla lettera *c*) del primo comma dell'art. 1 del D.L. 29 dicembre 1983, n. 746, convertito, con modificazioni, dalla L. 27 febbraio 1984, n. 17.

(1) *Le parole tra parentesi quadrate sono state soppresse dall'art. 35, comma 2, del D.L. 30 settembre 2003, n. 269, convertito, con modificazioni, nella L. 24 novembre 2003, n. 326.*

(2) *Questo comma è stato così sostituito dall'art. 41, comma 2, della L. 21 novembre 2000, n. 342.*

43. (1) **Base imponibile ed aliquota.** – 1. Per gli acquisti intracomunitari di beni la base imponibile è determinata secondo le disposizioni di cui agli articoli 13, [escluso il comma 4,] (2) 14 e 15 del decreto del Presidente della Repubblica 26 ottobre 1972, n. 633. Per i beni soggetti ad accisa concorre a formare la base imponibile anche l'ammontare di detta imposta, se assolta o esigibile in dipendenza dell'acquisto.

2. La base imponibile, nell'ipotesi di cui all'articolo 40, comma 2, primo periodo, è ridotta dell'ammontare assoggettato ad imposta nello Stato membro di destinazione del bene.

[3. Ai fini della determinazione della base imponibile i corrispettivi, le spese e gli oneri di cui all'articolo 13 del decreto del Presidente della Repubblica 26 ottobre 1972, n. 633, in valuta estera sono computati secondo il cambio del giorno, se indicato nella fattura, di effettuazione dell'operazione o, in mancanza di tale indicazione, della data della fattura] (3).

4. Per le introduzioni di cui all'articolo 38, comma 3, lettera *b*), e per gli invii di cui all'articolo 41, comma 2, lettera *c*), la base imponibile è costituita dal prezzo di acquisto o, in mancanza, dal prezzo di costo dei beni o di beni simili, determinati nel momento in cui si effettuano tali operazioni.

5. Per gli acquisti intracomunitari di beni si applica l'aliquota relativa ai beni, secondo le disposizioni di cui all'articolo 16 del decreto del Presidente della Repubblica 26 ottobre 1972, n. 633.

(1) *Questo articolo è stato così sostituito dall'art. 24, comma 7, lett.* d), *della L. 7 luglio 2009, n. 88. Ai sensi del successivo comma 8 della medesima legge, le disposizioni contenute nel comma 7, lett.* d), *si applicano alle operazioni effettuate dal sessantesimo giorno successivo a quello di entrata in vigore della legge n. 88/2009.*

(2) *Le parole: «escluso il comma 4,» sono state soppresse dall'art. 1, comma 326, lett. d), n. 1), della L. 24 dicembre 2012, n. 228. A norma dell'art. 1, comma 335, della medesima legge tali disposizioni si applicano alle operazioni effettuate a partire dal 1° gennaio 2013.*

([3]) *Questo comma è stato abrogato dall'art. 1, comma 326, lett. d), n. 2), della L. 24 dicembre 2012, n. 228. A norma dell'art. 1, comma 335, della medesima legge tali disposizioni si applicano alle operazioni effettuate a partire dal 1° gennaio 2013.*

44. Soggetti passivi. – 1. L'imposta sulle operazioni intracomunitarie imponibili, di cui ai precedenti articoli, è dovuta dai soggetti che effettuano le cessioni di beni e gli acquisti intracomunitari ([1]). L'imposta è determinata, liquidata e versata secondo le disposizioni del presente decreto e del D.P.R. 26 ottobre 1972, n. 633.

2. In deroga al comma 1, l'imposta è dovuta:

a) per le cessioni di cui al comma 7 dell'articolo 38, dal cessionario designato con l'osservanza degli adempimenti di cui agli articoli 46, 47 e 50, comma 6;

[*b*) per le prestazioni di cui all'articolo 40, commi 4 *bis*, 5 e 6, rese da soggetti passivi d'imposta non residenti, dal committente se soggetto passivo nel territorio dello Stato] ([2]) ([3]).

3. Se le operazioni indicate nel comma 1 sono effettuate da un soggetto passivo d'imposta non residente e senza stabile organizzazione nel territorio dello Stato, gli obblighi e i diritti derivanti dall'applicazione del presente decreto sono adempiuti o esercitati, nei modi ordinari, mediante identificazione diretta ai sensi dell'articolo 35 *ter* del decreto del Presidente della Repubblica 26 ottobre 1972, n. 633, o da un rappresentante residente nel territorio dello Stato, nominato ai sensi e per gli effetti del terzo comma dell'articolo 17 del medesimo decreto ([4]). Se sono effettuate solo operazioni non imponibili, esenti, non soggette o comunque senza obbligo di pagamento dell'imposta, la rappresentanza può essere limitata all'esecuzione degli obblighi relativi alla fatturazione delle operazioni intracomunitarie di cui all'art. 46, nonché alla compilazione, ancorché le operazioni in tal caso non siano soggette all'obbligo di registrazione, degli elenchi di cui all'art. 50, comma 6.

4. Per le operazioni effettuate nel territorio dello Stato a norma dell'art. 40, comma 3, da soggetto residente in altro Stato membro gli obblighi e i diritti derivanti dall'applicazione dell'imposta devono essere adempiuti o esercitati direttamente dal medesimo soggetto, identificato ai sensi dell'articolo 35 *ter* del decreto del Presidente della Repubblica 26 ottobre 1972, n. 633, o da un rappresentante fiscale nominato ai sensi dell'articolo 17, terzo comma ([5]), del medesimo decreto ([6]).

([1]) *Le parole: «, gli acquisti intracomunitari e le prestazioni di servizi.» sono state così sostituite dalle parole: «e gli acquisti intracomunitari.» dall'art. 2, comma, lett.* d), *n. 1), del D.L.vo 11 febbraio 2010, n. 18. A norma dell'art. 5, comma 1, dello stesso decreto, questa disposizione si applica alle operazioni effettuate dal 1° gennaio 2010.*

([2]) *Questa lettera è stata abrogata dall'art. 2, comma 1, lett.* d), *n. 2), del D.L.vo 11 febbraio 2010, n. 18. A norma dell'art. 5, comma 1, dello stesso decreto, questa disposizione si applica alle operazioni effettuate dal 1° gennaio 2010.*

([3]) *Questo comma è stato così sostituito dall'art. 24, comma 7, lett.* e), *della L. 7 luglio 2009, n. 88 a decorrere dal giorno successivo a quello di pubblicazione nella* Gazzetta Ufficiale *della medesima legge. Tuttavia, per le operazioni effettuate a decorrere dal 1° gennaio 2008 per le quali sia stata già applicata la disciplina risultante da tali disposizioni, resta fermo il trattamento fiscale applicato.*

([4]) *Questo periodo è stato così sostituito dall'art. 2, comma 1, lett,* d), *n. 3), del D.L.vo 11 febbraio 2010, n. 18. A norma dell'art. 5, comma 1, dello stesso decreto, questa disposizione si applica alle operazioni effettuate dal 1° gennaio 2010.*

([5]) *Le parole: «secondo comma» sono state così sostituite dalle parole: «terzo comma» dall'art. 2, comma 1, lett.* d), *n. 4), del D.L.vo 11 febbraio 2010, n. 18. A norma dell'art. 5, comma 1, dello stesso decreto, questa disposizione si applica alle operazioni effettuate dal 1° gennaio 2010.*

([6]) *Le parole da: «da un rappresentante fiscale ...» fino a: «... n. 633» sono state così sostituite dalle attuali da: «direttamente dal medesimo soggetto ...» fino a: «... del medesimo decreto» dall'art. 2, comma 1, lett.* a), *n. 2), del D.L.vo 19 giugno 2002, n. 191.*

45. Detrazione. – 1. È ammessa in detrazione, a norma degli artt. 19 e seguenti del D.P.R. 26 ottobre 1972, n. 633, e con le limitazioni ivi stabilite, l'imposta dovuta per gli acquisti intracomunitari di beni effettuati nell'esercizio di impresa, arti e professioni.

46. ([1]) **Fatturazione delle operazioni intracomunitarie.** – 1. La fattura relativa all'acquisto intracomunitario deve essere numerata e integrata dal cessionario [o committente] ([2]) con l'indicazione del controvalore in euro del corrispettivo e degli altri elementi che concorrono a formare la base imponibile dell'operazione, espressi in valuta estera, nonché dell'ammontare dell'imposta, calcolata secondo l'aliquota dei beni [o servizi acquistati] ([3]). [La disposizione si applica anche alle fatture relative alle prestazioni di cui all'articolo 40, commi 4 *bis*, 5 e 6, rese a soggetti passivi d'imposta nel territorio dello Stato] ([4]). Se trattasi di acquisto intracomunitario senza pagamento dell'imposta o non imponibile o esente, in luogo dell'ammontare dell'imposta nella fattura deve essere indicato il titolo con l'eventuale indicazione della relativa norma comunitaria o nazionale ([5]).

2. Per le cessioni intracomunitarie di cui all'articolo 41, è emessa fattura a norma dell'articolo 21 del decreto del Presidente della Repubblica 26 ottobre 1972, n. 633, entro il giorno 15 del mese successivo a quello di effettuazione dell'operazione, con l'indicazione, in luogo dell'ammontare dell'imposta, che si tratta di operazione non imponibile e con l'eventuale specificazione della relativa norma comunitaria o nazionale ([6]). La fattura

deve inoltre contenere l'indicazione del numero di identificazione attribuito, agli effetti dell'imposta sul valore aggiunto, al cessionario [o committente] (7) dallo Stato membro di appartenenza; in caso di consegna del bene al cessionario di questi in diverso Stato membro, dalla fattura deve risultare specifico riferimento. La fattura emessa per la cessione di beni, spediti o trasportati da uno Stato membro in altro Stato membro, acquistati senza pagamento dell'imposta a norma dell'articolo 40, comma 2, secondo periodo, deve contenere il numero di identificazione attribuito al cessionario dallo Stato membro di destinazione dei beni e la designazione dello stesso quale debitore dell'imposta.

3. La fattura di cui al comma 2, se trattasi di beni spediti o trasportati dal soggetto passivo o per suo conto, ai sensi dell'articolo 41, comma 2, lettera *c*), nel territorio di altro Stato membro, deve recare anche l'indicazione del numero di identificazione allo stesso attribuito da tale Stato; se trattasi di vendite a distanza intracomunitarie (8), di cui all'articolo 41, comma 1, lettera *b*), non si applica la disposizione di cui al secondo periodo del comma 2.

4. Se la cessione riguarda mezzi di trasporto nuovi di cui all'articolo 38, comma 4, nella fattura devono essere indicati anche i dati di identificazione degli stessi; se la cessione non è effettuata nell'esercizio di imprese, arti e professioni tiene luogo della fattura l'atto relativo alla cessione o altra documentazione equipollente.

5. Il cessionario di un acquisto intracomunitario di cui all'articolo 38, commi 2 e 3, lettere *b*) e *c*), che non ha ricevuto la relativa fattura entro il secondo mese successivo a quello di effettuazione dell'operazione, deve emettere entro il giorno 15 del terzo mese successivo a quello di effettuazione dell'operazione stessa la fattura di cui al comma 1, in unico esemplare; se ha ricevuto una fattura indicante un corrispettivo inferiore a quello reale deve emettere fattura integrativa entro il giorno 15 del mese successivo alla registrazione della fattura originaria (9).

(1) *Questo articolo è stato così sostituito dall'art. 24, comma 7, lett.* f), *della L. 7 luglio 2009, n. 88 a decorrere dal giorno successivo a quello di pubblicazione nella* Gazzetta Ufficiale *della medesima legge. Tuttavia, per le operazioni effettuate a decorrere dal 1° gennaio 2008 per le quali sia stata già applicata la disciplina risultante da tali disposizioni, resta fermo il trattamento fiscale applicato.*

(2) *Le parole: «o committente» sono state soppresse dall'art. 2, comma 1, lett.* e), *n. 1), lett.* a), *n. 1), del D.L.vo 11 febbraio 2010, n. 18. A norma dell'art. 5, comma 1, dello stesso decreto, questa disposizione si applica alle operazioni effettuate dal 1° gennaio 2010.*

(3) *Le parole: «o servizi acquistati» sono state soppresse dall'art. 2, comma 1, lett.* e), *n. 1), lett.* a), *n. 2), del D.L.vo 11 febbraio 2010, n. 18. A norma dell'art. 5, comma 1, dello stesso decreto, questa disposizione si applica alle operazioni effettuate dal 1° gennaio 2010.*

([4]) *Questo periodo è stato abrogato dall'art. 2, comma 1, lett.* e), *n. 1),* lett. b), *del D.L.vo 11 febbraio 2010, n. 18. A norma dell'art. 5, comma 1, dello stesso decreto, questa disposizione si applica alle operazioni effettuate dal 1° gennaio 2010.*

([5]) *Le parole: «unitamente alla relativa norma» sono state così sostituite dalle attuali: «con l'eventuale indicazione della relativa norma comunitaria o nazionale» dall'art. 1, comma 326, lett. e), n. 1), della L. 24 dicembre 2012, n. 228. A norma dell'art. 1, comma 335, della medesima legge tali disposizioni si applicano alle operazioni effettuate a partire dal 1° gennaio 2013.*

([6]) *Questo periodo, sostituito dall'art. 2, comma 1, lett.* e), *n. 2), del D.L.vo 11 febbraio 2010, n. 18, è stato da ultimo così sostituito dall'art. 1, comma 326, lett.* e), *n. 2), della L. 24 dicembre 2012, n. 228. A norma dell'art. 1, comma 335, della medesima legge tali disposizioni si applicano alle operazioni effettuate a partire dal 1° gennaio 2013.*

([7]) *Le parole: «o committente» sono state soppresse dall'art. 1, comma 326, lett. e), n. 3), della L. 24 dicembre 2012, n. 228. A norma dell'art. 1, comma 335, della medesima legge tali disposizioni si applicano alle operazioni effettuate a partire dal 1° gennaio 2013.*

([8]) *Le parole: «cessioni di beni in base a cataloghi, per corrispondenza e simili» sono state così sostituite dalle attuali: «vendite a distanza intracomunitarie» dall'art. 2, comma 1, lett.* d), *del D.L.vo 25 maggio 2021, n. 83.*

A norma dell'art. 10 dello stesso provvedimento tali disposizioni si applicano alle operazioni effettuate a partire dal 1° luglio 2021.

([9]) *Questo comma, sostituito dall'art. 2, comma 1, lett.* e), *n. 3), del D.L.vo 11 febbraio 2010, n. 18, è stato da ultimo così sostituito dall'art. 1, comma 326, lett.* e), *n. 4), della L. 24 dicembre 2012, n. 228.*

A norma dell'art. 1, comma 335, della medesima legge tali disposizioni si applicano alle operazioni effettuate a partire dal 1° gennaio 2013.

47. Registrazione delle operazioni intracomunitarie. – 1. Le fatture relative agli acquisti intracomunitari di cui all'articolo 38, commi 2 e 3, lettera *b*), previa integrazione a norma dell'articolo 46, comma 1, sono annotate distintamente, entro il giorno 15 del mese successivo a quello di ricezione della fattura, e con riferimento al mese precedente nel registro di cui all'articolo 23 del decreto del Presidente della Repubblica 26 ottobre 1972, n. 633, secondo l'ordine della numerazione, con l'indicazione anche del corrispettivo delle operazioni espresso in valuta estera. Le fatture di cui all'articolo 46, comma 5, sono annotate entro il termine di emissione e con riferimento al mese precedente. Ai fini dell'esercizio del diritto alla detrazione dell'imposta, le fatture sono annotate distintamente anche nel registro di cui all'articolo 25 del predetto decreto ([1]).

2. I contribuenti di cui all'art. 22, del D.P.R. 26 ottobre 1972, n. 633, possono annotare le fatture di cui al comma 1 nel registro di cui al successivo art. 24 anziché in quello delle fatture emesse, ferme restando le prescrizioni in ordine ai termini e alle modalità indicate nel comma 1.

3. I soggetti di cui all'articolo 4, quarto comma, del decreto del Presidente della Repubblica 26 ottobre 1972, n. 633, non soggetti passivi d'imposta annotano le fatture di cui al comma 1, previa loro progressiva numerazione ed entro gli stessi termini indicati al comma 1 in apposito registro, tenuto e conservato a norma dell'articolo 39 dello stesso decreto n. 633 del 1972 (2).

4. Le fatture relative alle cessioni intra-comunitarie di cui all'articolo 46, comma 2, sono annotate distintamente nel registro di cui all'articolo 23 del decreto del Presidente della Repubblica 26 ottobre 1972, n. 633, secondo l'ordine della numerazione ed entro il termine di emissione, con riferimento al mese di effettuazione dell'operazione (3).

5. Le disposizioni di cui ai commi 1 e 4 non si applicano alle operazioni relative ai mezzi di trasporto nuovi, di cui all'art. 38, comma 4, delle quali non è parte contraente un soggetto passivo d'imposta nel territorio dello Stato.

(1) *Questo comma è stato così sostituito dall'art. 1, comma 326, lett. f), n. 1), della L. 24 dicembre 2012, n. 228. A norma dell'art. 1, comma 335, della medesima legge tali disposizioni si applicano alle operazioni effettuate a partire dal 1° gennaio 2013.*

(2) *Questo comma è stato così sostituito dall'art. 1, comma 326, lett. f), n. 2), della L. 24 dicembre 2012, n. 228. A norma dell'art. 1, comma 335, della medesima legge tali disposizioni si applicano alle operazioni effettuate a partire dal 1° gennaio 2013.*

(3) *Questo comma è stato così sostituito dall'art. 1, comma 326, lett. f), n. 3), della L. 24 dicembre 2012, n. 228. A norma dell'art. 1, comma 335, della medesima legge tali disposizioni si applicano alle operazioni effettuate a partire dal 1° gennaio 2013.*

48. Liquidazioni periodiche e dichiarazione annuale. – 1. Ai fini delle liquidazioni e dei versamenti di cui agli artt. 27, 33 e 74, quarto comma, del D.P.R. 26 ottobre 1972, n. 633, l'imposta relativa agli acquisti intracomunitari è computabile in detrazione con riferimento alle registrazioni eseguite nel secondo mese precedente per i contribuenti con liquidazione a cadenza mensile e nel secondo trimestre precedente per i contribuenti con liquidazione a cadenza trimestrale.

2. Nella dichiarazione relativa all'imposta dovuta per l'anno precedente, di cui all'art. 28 del D.P.R. 26 ottobre 1972, n. 633, le operazioni intracomunitarie registrate a norma dell'art. 47, commi 1, 2 e 4, del presente decreto nell'anno precedente devono risultare distintamente, secondo le modalità stabilite nel decreto di approvazione del relativo modello. Se sono state registrare operazioni intracomunitarie non si applica l'esonero di cui al secondo periodo del primo comma dell'anzidetto art. 28.

49. Dichiarazione e versamento dell'imposta per gli enti non commerciali e per i prodotti soggetti ad accisa. – 1. I soggetti di cui all'articolo 4, quarto comma, del decreto del Presidente della Repubblica 26 ottobre 1972, n. 633, non soggetti passivi d'imposta, che hanno effettuato acquisti intracomunitari per i quali è dovuta l'imposta, salvo quanto disposto nel comma 3 del presente articolo, presentano, in via telematica ed entro ciascun mese, una dichiarazione relativa agli acquisti registrati con riferimento al secondo mese precedente, redatta in conformità al modello approvato con provvedimento del Direttore dell'Agenzia delle entrate ([1]). Dalla dichiarazione devono risultare l'ammontare degli acquisti, quello dell'imposta dovuta e gli estremi del relativo attestato di versamento ([2]).

2. Entro il termine di cui al comma 1 l'imposta deve essere versata, a norma dell'art. 38 del D.P.R. 26 ottobre 1972, n. 633, cumulativamente per tutti gli acquisti registrati nel mese.

3. L'imposta dovuta per gli acquisti intracomunitari di prodotti soggetti ad accisa da parte dei soggetti indicati nell'art. 38, comma 5, lettera *c*), non tenuti al pagamento dell'imposta sugli acquisti intracomunitari, deve essere assolta unitamente all'accisa.

4. Per gli acquisti intracomunitari effettuati nell'esercizio dell'attività non commerciale dagli enti, associazioni o altre organizzazioni di cui all'art. 4, quarto comma, del D.P.R. 26 ottobre 1972, n. 633, soggetti passivi d'imposta nel territorio dello Stato, indicati nell'art. 38, comma 1, si applicano le disposizioni del presente articolo, dell'art. 46, comma 5, e dell'art. 47, comma 3.

([1]) *Il primo periodo di questo comma è stato così sostituito dall'attuale, dall'art. 1, comma 326, lett. g), della L. 24 dicembre 2012, n. 228. A norma dell'art. 1, comma 335, della medesima legge tali disposizioni si applicano alle operazioni effettuate a partire dal 1° gennaio 2013.*

([2]) *Questo comma è stato così sostituito dall'art. 2, comma 1, lett. g), del D.L.vo 11 febbraio 2010, n. 18. A norma dell'art. 5, comma 1, dello stesso decreto, questa disposizione si applica alle operazioni effettuate dal 1° gennaio 2010.*

50. Obblighi connessi agli scambi intracomunitari. – [1. Le cessioni intracomunitarie di cui all'articolo 41, commi 1, lettera *a*), e 2, lettera *c*), [e le prestazioni di cui all'articolo 40, commi 4 *bis*, 5 e 6,] ([1]) sono effettuate senza applicazione dell'imposta nei confronti dei cessionari [e dei committenti] ([1]) che abbiano comunicato il numero di identificazione agli stessi attribuito dallo Stato membro di appartenenza] ([2]) ([3]).

2. Agli effetti dell'articolo 41, comma 2 *ter,* ([4]) l'ufficio, su richiesta degli esercenti imprese, arti e professioni, e secondo modalità stabilite con decreto del Ministro delle finanze, conferma la validità del numero di identificazione attribuito al cessionario o committente da altro Stato membro della

Comunità economica europea, nonché i dati relativi alla ditta, denominazione o ragione sociale, e in mancanza, al nome e al cognome (5).

3. Chi effettua acquisti intracomunitari [o commette le prestazioni di cui all'articolo 40, commi 4 *bis*, 5 e 6,] (6) soggetti all'imposta deve comunicare all'altra parte contraente il proprio numero di partita IVA, come integrato agli effetti delle operazioni intracomunitarie, tranne che per l'ipotesi di acquisto di mezzi di trasporto nuovi da parte di persone fisiche non operanti nell'esercizio di imprese, arti e professioni (7).

4. I soggetti di cui all'art. 4, quarto comma, del D.P.R. 26 ottobre 1972, n. 633, non soggetti passivi d'imposta, che non hanno optato per l'applicazione dell'imposta sugli acquisti intracomunitari a norma dell'art. 38, comma 6, del presente decreto, devono dichiarare all'ufficio competente nei loro confronti, a norma dell'art. 40 del suddetto decreto n. 633 del 1972, che effettuano acquisti intracomunitari soggetti ad imposta. La dichiarazione è presentata, in via telematica, anteriormente all'effettuazione di ciascun acquisto; l'ufficio attribuisce il numero di partita IVA a seguito di dichiarazione, redatta in conformità ad apposito modello approvato con provvedimento del Direttore dell'Agenzia delle entrate, resa dai soggetti interessati al momento del superamento del limite di cui all'articolo 38, comma 5, lettera *c*), del presente decreto (8).

5. I movimenti relativi a beni spediti in altro Stato della Comunità economica europea o da questo provenienti in base ad uno dei titoli non traslativi di cui all'art. 38, comma 5, lettera *a*), devono essere annotati in apposito registro, tenuto e conservato a norma dell'art. 39 del D.P.R. 26 ottobre 1972, n. 633.

5 *bis*. Le cessioni e gli acquisti di beni effettuati ai sensi degli articoli 38 *bis* e 41 *bis* del presente decreto devono essere annotati dal destinatario della cessione e dal cedente in un apposito registro tenuto e conservato a norma dell'articolo 39 del decreto del Presidente della Repubblica 26 ottobre 1972, n. 633 (9).

6. I contribuenti presentano, anche per finalità statistiche, in via telematica all'Agenzia delle dogane e dei monopoli gli elenchi riepilogativi delle cessioni e degli acquisti intracomunitari del decreto del Presidente della Repubblica 26 ottobre 1972, n. 633, resi nei confronti di soggetti passivi stabiliti in un altro Stato membro dell'Unione europea e quelli da questi ultimi ricevuti indicando separatamente le cessioni e gli acquisti intracomunitari effettuati, rispettivamente, ai sensi degli articoli 41 *bis* e 38 *bis* del presente decreto (10). I soggetti di cui all'articolo 7 *ter*, comma 2, lettere *b*) e *c*), del decreto del Presidente della Repubblica n. 633 del 1972 presentano l'elenco riepilogativo degli acquisti intracomunitari di beni ricevuti da soggetti passivi stabiliti in un altro Stato membro dell'Unione europea. Con provvedimento del direttore dell'Agenzia delle entrate, di concerto con il direttore dell'Agenzia del-

le dogane e dei monopoli e d'intesa con l'Istituto nazionale di statistica, da emanare ai sensi del comma 6 *ter*, sono definite significative misure di semplificazione degli obblighi comunicativi dei contribuenti finalizzate a garantire anche la qualità e completezza delle informazioni statistiche richieste dai regolamenti dell'Unione europea e ad evitare duplicazioni prevedendo, in particolare, che il numero dei soggetti obbligati all'invio degli elenchi riepilogativi di cui ai periodi precedenti sia ridotto al minimo, diminuendo la platea complessiva dei soggetti interessati e comunque con obblighi informativi inferiori rispetto a quanto previsto dalla normativa vigente e nel rispetto della normativa dell'Unione europea ([11]). A seguito di eventuali modifiche dei regolamenti dell'Unione europea, con analogo provvedimento, sono definite ulteriori misure di semplificazione delle comunicazioni richieste ([12]).

6 *bis*. Con decreto del Ministro dell'economia e delle finanze, da emanarsi entro novanta giorni dall'entrata in vigore della presente disposizione, sono stabiliti le modalità ed i termini per la presentazione degli elenchi di cui al comma 6, tenendo conto delle richieste formulate dall'Istituto nazionale di statistica ([13]).

6 *ter*. Con provvedimento del Direttore dell'Agenzia delle dogane di concerto con il Direttore dell'Agenzia delle entrate e d'intesa con l'Istituto Nazionale di Statistica, da emanarsi entro novanta giorni dall'entrata in vigore della presente disposizione, sono approvati i modelli e le relative istruzioni applicative, le caratteristiche tecniche per la trasmissione, nonché le procedure ed i termini per l'invio dei dati all'Istituto Nazionale di Statistica ([13]).

7. Le operazioni intracomunitarie per le quali anteriormente alla consegna o spedizione dei beni sia stata emessa fattura o pagato in tutto o in parte il corrispettivo devono essere comprese negli elenchi di cui al comma 6 con riferimento al periodo nel corso del quale è stata eseguita la consegna o spedizione dei beni per l'ammontare complessivo delle operazioni stesse.

8. (*Omissis*).

([1]) *Le parole tra parentesi quadrate sono state soppresse dall'art. 2, comma 1, lett.* h)*, n. 1), del D.L.vo 11 febbraio 2010, n. 18. A norma dell'art. 5, comma 1, dello stesso decreto, questa disposizione si applica alle operazioni effettuate dal 1° gennaio 2010.*

([2]) *Questo comma è stato così sostituito dall'art. 24, comma 7, lett.* g)*, della L. 7 luglio 2009, n. 88 a decorrere dal giorno successivo a quello di pubblicazione nella* Gazzetta Ufficiale *della medesima legge. Tuttavia, per le operazioni effettuate a decorrere dal 1° gennaio 2008 per le quali sia stata già applicata la disciplina risultante da tali disposizioni, resta fermo il trattamento fiscale applicato.*

([3]) *Questo comma è stato abrogato dall'art. 1, comma 1, lett.* d)*, n. 1), del D.L.vo 5 novembre 2021, n. 192.*

La stessa abrogazione è stata confermata dall'art. 21, comma 1, lett. d)*, n. 1), della L. 23 dicembre 2021, n. 238.*

gane e delle entrate, territorialmente competenti, apposita comunicazione anche al fine della valutazione, qualora non ricorrano i presupposti di cui al comma 2, quarto periodo, della congruità della garanzia prestata in relazione alla movimentazione complessiva delle merci (5).

3. Ai fini della gestione del deposito IVA deve essere tenuto, ai sensi dell'articolo 53, terzo comma, del decreto del Presidente della Repubblica 26 ottobre 1972, n. 633, e successive modificazioni, un apposito registro che evidenzi la movimentazione dei beni. Il citato registro deve essere conservato ai sensi dell'articolo 39 del predetto decreto n. 633 del 1972; deve, altresì, essere conservato, a norma della medesima disposizione, un esemplare dei documenti presi a base dell'introduzione e dell'estrazione dei beni dal deposito, ivi compresi quelli relativi ai dati di cui al comma 6, ultimo periodo, (6) e di quelli relativi agli scambi eventualmente intervenuti durante la giacenza dei beni nel deposito medesimo. Con decreto del Ministro delle finanze sono indicate le modalità relative alla tenuta del predetto registro, nonché quelle relative all'introduzione e all'estrazione dei beni dai depositi.

4. Sono effettuate senza pagamento dell'imposta sul valore aggiunto le seguenti operazioni:

a) gli acquisti intracomunitari di beni eseguiti mediante introduzione in un deposito IVA;

b) le operazioni di immissione in libera pratica di beni non comunitari destinati ad essere introdotti in un deposito IVA previa prestazione di idonea garanzia commisurata all'imposta. La prestazione della garanzia non è dovuta per i soggetti certificati ai sensi dell'articolo 14 *bis* del regolamento (CEE) n. 2454/93 della Commissione, del 2 luglio 1993, e successive modificazioni, e per quelli esonerati ai sensi dell'articolo 90 del testo unico delle disposizioni legislative in materia doganale, di cui al decreto del Presidente della Repubblica 23 gennaio 1973, n. 43 (7);

c) le cessioni di beni eseguite mediante introduzione in un deposito I. V.A (8);

[*d*) le cessioni dei beni elencati nella tabella A *bis* allegata al presente decreto, eseguite mediante introduzione in un deposito IVA, effettuate nei confronti di soggetti diversi da quelli indicati nella lettera *c*)] (9);

e) le cessioni di beni custoditi in un deposito IVA;

f) le cessioni intracomunitarie dei beni estratti da un deposito IVA con spedizione in un altro Stato membro della Comunità europea, salvo che si tratti di cessioni intracomunitarie soggette ad imposta nel territorio dello Stato;

g) le cessioni di beni estratti da un deposito IVA con trasporto o spedizione fuori del territorio della Comunità europea;

h) le prestazioni di servizi, comprese le operazioni di perfezionamento e le manipolazioni usuali, relative a beni custoditi in un deposito IVA, anche se materialmente eseguite non nel deposito stesso ma nei locali limitrofi sempreché, in tal caso, le suddette operazioni siano di durata non superiore a sessanta giorni ([10]);

i) il trasferimento dei beni in altro deposito IVA.

5. Il controllo sulla gestione dei depositi IVA è demandato all'ufficio doganale o all'ufficio tecnico di finanza che già esercita la vigilanza sull'impianto ovvero, nei casi di cui al comma 2, all'ufficio delle entrate indicato nell'autorizzazione. Gli uffici delle entrate ed i comandi del Corpo della Guardia di finanza possono, previa intesa con i predetti uffici, eseguire comunque controlli inerenti al corretto adempimento degli obblighi relativi alle operazioni afferenti i beni depositati.

6. L'estrazione dei beni da un deposito I.V.A. ai fini della loro utilizzazione o in esecuzione di atti di commercializzazione nello Stato può essere effettuata solo da soggetti passivi d'imposta agli effetti dell'I.V.A. e comporta il pagamento dell'imposta; la base imponibile è costituita dal corrispettivo o valore relativo all'operazione non assoggettata all'imposta per effetto dell'introduzione ovvero, qualora successivamente i beni abbiano formato oggetto di una o più cessioni, dal corrispettivo o valore relativo all'ultima di tali cessioni, in ogni caso aumentato, se non già compreso, dell'importo relativo alle eventuali prestazioni di servizi delle quali i beni stessi abbiano formato oggetto durante la giacenza fino al momento dell'estrazione. Per l'estrazione dei beni introdotti nel deposito IVA ai sensi del comma 4, lettera *b*), l'imposta è dovuta dal soggetto che procede all'estrazione, a norma dell'articolo 17, secondo comma, del decreto del Presidente della Repubblica 26 ottobre 1972, n. 633, previa prestazione di idonea garanzia con i contenuti, secondo modalità e nei casi definiti con decreto del Ministro dell'economia e delle finanze. Nei restanti casi di cui al comma 4 e, per quelli di cui al periodo precedente, sino all'adozione del decreto, l'imposta è dovuta dal soggetto che procede all'estrazione ed è versata in nome e per conto di tale soggetto dal gestore del deposito, che è solidalmente responsabile dell'imposta stessa. Il versamento è eseguito ai sensi dell'articolo 17 del decreto legislativo 9 luglio 1997, n. 241, esclusa la compensazione ivi prevista, entro il termine di cui all'articolo 18 del medesimo decreto, riferito al mese successivo alla data di estrazione. Il soggetto che procede all'estrazione annota nel registro di cui all'articolo 25 del decreto del Presidente della Repubblica 26 ottobre 1972, n. 633, una fattura emessa ai sensi dell'articolo 17, secondo comma, del medesimo decreto, e i dati della ricevuta del versamento suddetto. È effettuata senza pagamento dell'imposta l'estrazione da parte di soggetti che si avvalgono della facoltà di

cui alla lettera *c*) del primo comma e al secondo comma dell'articolo 8 del decreto del Presidente della Repubblica 26 ottobre 1972, n. 633; in tal caso, la dichiarazione di cui all'articolo 1, comma 1, lettera *c*), del decreto legge 29 dicembre 1983, n. 746, convertito, con modificazioni, dalla legge 27 febbraio 1984, n. 17, deve essere trasmessa telematicamente all'Agenzia delle entrate, che rilascia apposita ricevuta telematica. Per il mancato versamento dell'imposta dovuta ai sensi dei precedenti periodi, si applica la sanzione di cui all'articolo 13, comma 1, del decreto legislativo 18 dicembre 1997, n. 471, al cui pagamento è tenuto solidalmente anche il gestore del deposito; tuttavia, nel caso in cui l'estrazione sia stata effettuata senza pagamento dell'imposta da un soggetto che abbia presentato la dichiarazione di cui all'articolo 1, comma 1, lettera *c*), del predetto decreto n. 746 del 1983 in mancanza dei presupposti richiesti dalla legge, trova applicazione la sanzione di cui all'articolo 7, comma 4, del predetto decreto n. 471 e al pagamento dell'imposta e di tale sanzione è tenuto esclusivamente il soggetto che procede all'estrazione. Per i beni introdotti in un deposito I.V.A. in forza di un acquisto intracomunitario, il soggetto che procede all'estrazione assolve l'imposta provvedendo alla integrazione della relativa fattura, con la indicazione dei servizi eventualmente resi e dell'imposta, ed alla annotazione della variazione in aumento nel registro di cui all'articolo 23 del citato decreto del Presidente della Repubblica n. 633 del 1972 entro quindici giorni dall'estrazione e con riferimento alla relativa data; la variazione deve, altresì, essere annotata nel registro di cui all'articolo 25 del medesimo decreto entro il mese successivo a quello dell'estrazione. Fino all'integrazione delle pertinenti informazioni residenti nelle banche dati delle Agenzie fiscali, il soggetto che procede all'estrazione dei beni introdotti in un deposito IVA ai sensi del comma 4, lettera *b*), comunica al gestore del deposito IVA i dati relativi alla liquidazione dell'imposta, anche ai fini dello svincolo della garanzia ivi prevista. Le modalità di integrazione telematica sono stabilite con determinazione del direttore dell'Agenzia delle dogane e dei monopoli, di concerto con il direttore dell'Agenzia delle entrate ([11]).

7. Nei limiti di cui all'articolo 44, comma 3, secondo periodo, i gestori dei depositi I.V.A. assumono la veste di rappresentanti fiscali ai fini dell'adempimento degli obblighi tributari afferenti le operazioni concernenti i beni introdotti negli stessi depositi, qualora i soggetti non residenti, parti di operazioni di cui al comma 4, non abbiano già nominato un rappresentante fiscale ovvero non abbiano provveduto ad identificarsi direttamente ai sensi dell'articolo 35 *ter* del decreto del Presidente della Repubblica 26 ottobre 1972, n. 633. In relazione alle operazioni di cui al presente comma, i gestori dei depositi possono richiedere l'attribuzione di un numero di partita I.V.A. unico per tutti i soggetti passivi d'imposta non residenti da essi rappresentati ([12]).

8. Il gestore del deposito IVA risponde solidalmente con il soggetto passivo della mancata o irregolare applicazione dell'imposta relativa all'estrazione, qualora non risultino osservate le prestazioni stabilite con il decreto di cui al comma 3. La violazione degli obblighi di cui al comma 6 del presente articolo da parte del gestore del deposito IVA è valutata ai fini della revoca dell'autorizzazione rilasciata ai sensi del comma 2, ovvero ai fini dell'esclusione dall'abilitazione a gestire come deposito IVA i magazzini generali e i depositi di cui ai periodi secondo e terzo del comma 1 ([13]).

([1]) *Questo articolo è stato inserito dall'art. 1, comma 2, lett.* i), *della L. 18 febbraio 1997, n. 28.*

([2]) *Le parole: «di cui all'articolo 1, comma 2, lettera* e), *del testo unico di cui al decreto legislativo 26 ottobre 1995, n. 504, e successive modificazioni» sono state inserite dall'art. 7, comma 2, lett.* cc ter), *n. 1.1), del D.L. 13 maggio 2011, n. 70, convertito, con modificazioni, nella L. 12 luglio 2011, n. 106.*

([3]) *Le parole: «di cui all'articolo 525, secondo paragrafo, del regolamento (CEE) n. 2454/93 della Commissione, del 2 luglio 1993, e successive modificazioni» sono state inserite dall'art. 7, comma 2, lett.* cc ter), *n. 1.2), del D.L. 13 maggio 2011, n. 70, convertito, con modificazioni, nella L. 12 luglio 2011, n. 106.*

([4]) *Si veda il D.M. 20 ottobre 1997, n. 419.*

([5]) *Questo comma è stato inserito dall'art. 1, comma 2, del D.L. 3 ottobre 2006, n. 262, convertito, con modificazioni, nella L. 24 novembre 2006, n. 286.*

([6]) *Le parole: ««, ivi compresi quelli relativi ai dati di cui al comma 6, ultimo periodo,» sono state inserite dall'art. 7, comma 2, lett.* cc ter), *n. 2), del D.L. 13 maggio 2011, n. 70, convertito, con modificazioni, nella L. 12 luglio 2011, n. 106.*

([7]) *Le parole: «previa prestazione di idonea garanzia commisurata all'imposta. La prestazione della garanzia non è dovuta per i soggetti certificati ai sensi dell'articolo 14* bis *del regolamento (CEE) n. 2454/93 della Commissione, del 2 luglio 1993, e successive modificazioni, e per quelli esonerati ai sensi dell'articolo 90 del testo unico delle disposizioni legislative in materia doganale, di cui al decreto del Presidente della Repubblica 23 gennaio 1973, n. 43» sono state aggiunte dall'art. 7, comma 2, lett.* cc ter), *n. 3), del D.L. 13 maggio 2011, n. 70, convertito, con modificazioni, nella L. 12 luglio 2011, n. 106.*

([8]) *Questa lettera è stata così sostituita dall'art. 4, comma 7, lett.* a), *n. 1), del D.L. 22 ottobre 2016, n. 193, convertito, con modificazioni, nella L. 1° dicembre 2016, n. 225, a decorrere dal 1° aprile 2017.*

([9]) *Questa lettera è stata abrogata dall'art. 4, comma 7, lett.* a), *n. 2), del D.L. 22 ottobre 2016, n. 193, convertito, con modificazioni, nella L. 1° dicembre 2016, n. 225, a decorrere dal 1° aprile 2017.*

([10]) *A norma dell'art. 16, comma 5* bis, *del D.L. 29 novembre 2008, n. 185, convertito, con modificazioni, nella L. 28 gennaio 2009, n. 2, così come da ultimo modificato dall'art. 34, comma 44, del D.L. 18 ottobre 2012, n. 179, convertito, con modificazioni, nella L. 17 dicembre 2012, n. 221, questa lettera si interpreta nel senso che le prestazioni di servizi ivi indicate, relative a beni consegnati al depositario, costituiscono ad ogni effetto introduzione nel deposito IVA senza tempi minimi di giacenza né obbligo di scarico dal mezzo di trasporto. L'introduzione si intende realizzata anche negli spazi limitrofi al deposito IVA, senza che sia necessaria la preventiva introduzione della merce nel deposito. Si devono ritenere assolte le funzioni di stoccaggio e di custodia, e la condizione posta agli articoli 1766 e seguenti del codice civile che disciplinano il contratto di deposito. All'estrazione della merce dal deposito IVA per la sua immissione in consumo nel territorio dello Stato, qualora risultino correttamente poste in essere le norme dettate al comma 6 dallo stesso articolo 50* bis *del decreto legge n. 331 del 1993, l'imposta sul valore aggiunto si deve ritenere definitivamente assolta.*

([11]) *Questo comma è stato così sostituito dall'art. 7, comma 1, lett.* b), *del D.L. 22 ottobre 2016, n. 193, convertito, con modificazioni, nella L. 1° dicembre 2016, n. 225, a decorrere dal 1° aprile 2017.*

([12]) *Questo comma è stato così sostituito dall'art. 2, comma 1, lett.* b), *del D.L.vo 19 giugno 2002, n. 191.*

([13]) *Questo periodo è stato aggiunto dall'art. 4, comma 7, lett.* c), *del D.L. 22 ottobre 2016, n. 193, convertito, con modificazioni, nella L. 1° dicembre 2016, n. 225, a decorrere dal 1° aprile 2017.*

51. Disposizioni relative ai produttori agricoli. – 1. Per gli acquisti intracomunitari imponibili effettuati dai produttori agricoli di cui all'art. 34, terzo comma, del D.P.R. 26 ottobre 1972, n. 633, l'imposta si applica secondo le disposizioni dell'art. 47, comma 3, e dell'art. 49, commi 1 e 2, del presente decreto.

2. Per le cessioni di cui all'art. 40, comma 3, non si applicano le disposizioni di cui all'art. 34 del D.P.R. 26 ottobre 1972, n. 633.

3. Le disposizioni di cui all'articolo 41, comma 1, lettera *a*), si applicano anche alle cessioni dei prodotti agricoli ed ittici effettuate dai produttori agricoli di cui all'articolo 34 del decreto del Presidente della Repubblica 26 ottobre 1972, n. 633, e successive modificazioni, che non hanno optato a norma del penultimo comma dello stesso articolo 34 per l'applicazione dell'imposta nel modo normale ([1]).

([1]) *Questo comma è stato così sostituito dall'art. 1, comma 2, della L. 18 febbraio 1997, n. 28.*

52. Cessioni a viaggiatori. – 1. Fino al 30 giugno 1999 sono non imponibili, agli effetti dell'art. 8 del D.P.R. 26 ottobre 1972, n. 633, le cessioni di beni ai viaggiatori, diretti in un altro Stato membro, effettuate negli speciali negozi istituiti nell'ambito dei porti e degli aeroporti ai sensi dell'art. 128 del T.U. delle disposizioni legislative in materia doganale, approvato con D.P.R. 23 gennaio 1973, n. 43, ovvero effettuate negli spacci funzionanti a bordo delle navi e degli aeromobili.

2. La disposizione di cui al comma 1 si applica, per ciascuna persona e per ciascun viaggio, entro i limiti di valore e di quantità previsti dalle norme

comunitarie relative al traffico dei viaggiatori fra la Comunità ed i Paesi terzi; se il valore globale dei beni supera l'importo fissato dalle norme comunitarie, sull'eccedenza è dovuta l'imposta; nel calcolo del valore globale non è computato quello dei beni soggetti a limiti quantitativi.

3. Con decreto del Ministro delle finanze possono essere stabilite modalità e condizioni per l'applicazione del presente articolo.

53. Disposizioni relative ai mezzi di trasporto nuovi. – 1. Per le cessioni a titolo oneroso, effettuate da soggetti non operanti nell'esercizio di imprese, di arti e professioni, nei confronti di soggetti residenti in altri Stati membri, di mezzi di trasporto nuovi ai sensi dell'art. 38, comma 4, spediti o trasportati nei suddetti Stati dallo stesso cedente, dall'acquirente o per loro conto, compete il rimborso, al momento della cessione, dell'imposta compresa nel prezzo di acquisto o assolta o pagata per la loro acquisizione o importazione. Il rimborso non può essere superiore all'ammontare dell'imposta che sarebbe applicata se la cessione fosse soggetta all'imposta nel territorio dello Stato.

2. Con decreto del Ministro delle finanze sono stabiliti le modalità ed i termini della liquidazione e del versamento dell'imposta dovuta a norma dell'art. 38, comma 3, lettera *e*), nonché le prescrizioni, le modalità ed i termini da osservare per le cessioni di cui al comma 1, anche agli effetti del rimborso previsto nello stesso comma.

3. I pubblici uffici non possono procedere all'immatricolazione, all'iscrizione in pubblici registri o all'emanazione di provvedimenti equipollenti relativi a mezzi di trasporto nuovi, di cui all'art. 38, comma 4, oggetto di acquisto intracomunitario, se gli obblighi relativi all'applicazione dell'imposta non risultano adempiuti. I pubblici uffici cooperano con i competenti uffici dell'Amministrazione finanziaria per il reperimento degli elementi utili ai fini dell'accertamento dell'imposta sul valore aggiunto dovuta, della spettanza del rimborso, della repressione delle violazioni nonché ai fini dell'accertamento della sussistenza dei requisiti che qualificano come nuovi i mezzi di trasporto.

4. Ai fini degli adempimenti di cui ai precedenti commi, il richiedente, che risulti essere intestatario di autoveicolo oggetto di acquisto intracomunitario in base alla documentazione rilasciata in uno Stato membro e che abbia assolto agli obblighi relativi all'adempimento dell'imposta, può presentare, in luogo della dichiarazione di cui al punto 3) dell'art. 6 del R.D. 29 luglio 1927, n. 1814, la documentazione ai fini dell'adempimento dell'imposta.

5. (*Omissis*).

54. Sanzioni. – (*Omissis*) ([1]).

([1]) *Questo articolo è stato abrogato, ad eccezione del comma 8, dall'art. 16, comma 1, lett. g), del D.L.vo 18 dicembre 1997, n. 471, a decorrere dal 1° aprile 1998. Il comma 8 è stato successivamente abrogato dall'art. 25, comma 1, lett. l), del D.L.vo 10 marzo 2000, n. 74. Per la riforma delle sanzioni tributarie non penali in materia di imposte dirette, di imposta sul valore aggiunto e di riscossione dei tributi si veda il D.L.vo 18 dicembre 1997, n. 471.*

55. Collaborazione nei controlli ai fini dell'imposta sul valore aggiunto, con le amministrazioni degli altri Stati membri. – 1. Su richiesta di altri Stati membri, i competenti uffici dell'Amministrazione finanziaria e la Guardia di finanza possono disporre l'esecuzione, anche unitamente a funzionari di tali Stati, di accessi, ispezioni e verifiche di cui agli artt. 52 e 63 del D.P.R. 26 ottobre 1972, n. 633, a condizioni di reciprocità.

56. Norme applicabili. – 1. Per quanto non è diversamente disposto nel presente titolo si applicano le disposizioni del D.P.R. 26 ottobre 1972, n. 633.

Capo III
Modifiche alla disciplina dell'imposta sul valore aggiunto connesse al regime temporaneo degli scambi intracomunitari

57. Adeguamento della disciplina dell'imposta sul valore aggiunto. – 1. (*Omissis*).

2. Le operazioni di cui all'art. 40, comma 9, e all'art. 58, concorrono a formare l'ammontare delle operazioni, rispettivamente non imponibili o non soggette, indicate nell'art. 30, comma terzo, lettere *b*) e *d*), del D.P.R. 26 ottobre 1972, n. 633, e successive modificazioni.

58. Operazioni non imponibili. – 1. Non sono imponibili, anche agli effetti del secondo comma dell'art. 8 del D.P.R. 26 ottobre 1972, n. 633, le cessioni di beni, anche tramite commissionari, effettuate nei confronti di cessionari o commissionari di questi se i beni sono trasportati o spediti in altro Stato membro a cura o a nome del cedente, anche per incarico dei propri cessionari o commissionari di questi. La disposizione si applica anche se i beni sono stati sottoposti per conto del cessionario, ad opera del cedente stesso o di terzi, a lavorazione, trasformazione, montaggio, assiemaggio o adattamento ad altri beni.

2. (*Omissis*) ([1]).

([1]) *Questo comma è stato abrogato dall'art. 1, comma 2, della L. 18 febbraio 1997, n. 28.*

59. Rimborsi a soggetti non residenti e controlli all'esportazione. – (*Omissis*).

60. Disposizioni transitorie. – 1. Le disposizioni del capo II si applicano alle operazioni intracomunitarie effettuate successivamente al 31 dicembre 1992.

2. In deroga al comma 1 e all'art. 38, e salvo quanto previsto al comma 4 del presente articolo, i beni provenienti dagli altri Stati membri che anteriormente al 1° gennaio 1993 sono stati introdotti nello Stato ed assoggettati ad un regime doganale sospensivo e che risultano alla data stessa ancora vincolati a detto regime, sono considerati in importazione all'atto dello svincolo, anche irregolare, se esso comporta l'immissione in consumo nello Stato dei beni stessi. La disposizione si applica altresì all'atto della conclusione, anche irregolare, del regime del transito comunitario o di altro regime internazionale di transito iniziato in altro Stato membro anteriormente alla data anzidetta e risultante ancora acceso alla data stessa.

3. Sono anche considerati in importazione, ai sensi dell'art. 67 del D.P.R. 26 ottobre 1972, n. 633, nel testo vigente alla data del 31 dicembre 1992, i beni nazionali esportati anteriormente al 1° gennaio 1993 verso un altro Stato membro, qualora siano reimportati o reintrodotti nello Stato a decorrere da tale data; si applicano rispettivamente le disposizioni di cui agli artt. 69, secondo comma, e 68, primo comma, lett. *d*) del citato decreto n. 633 del 1972.

4. Non sono soggette all'imposta le importazioni relative a:

a) beni di cui al comma 2 che vengono spediti o trasportati fuori della Comunità economica europea;

b) beni diversi dai mezzi di trasporto introdotti nello Stato in regime di ammissione temporanea anteriormente al 1° gennaio 1993 che sono rispediti o trasportati verso lo Stato membro di provenienza;

c) mezzi di trasporto introdotti nello Stato in regime di ammissione temporanea anteriormente al 1° gennaio 1993 che risultino acquistati o importati nello Stato membro di provenienza secondo le disposizioni generali di imposizione vigenti in tale Stato e che comunque non abbiano beneficiato di esenzione o rimborso dall'imposta a motivo della loro esportazione dallo Stato medesimo; tale condizione si considera in ogni caso soddisfatta se il mezzo di trasporto è stato oggetto di immatricolazione o di iscrizione in pubblici registri o di formalità equipollenti per la prima volta anteriormente al 1° gennaio 1985 ovvero se l'ammontare dell'imposta risulta non superiore a lire 20 mila.

5. Gli acquisti intracomunitari di beni introdotti nel territorio dello Stato successivamente al 31 dicembre 1992 sono soggetti all'imposta ancorché anteriormente a tale data il relativo corrispettivo sia stato in tutto o in parte fatturato o pagato. Per tali acquisti si applicano l'art. 46, comma 5, qualora non sia stata ricevuta la fattura di cui al comma 1 dello stesso articolo, e l'art. 50, comma 6, ai fini della compilazione dell'elenco riepilogativo degli acquisti.

6. Per le cessioni intracomunitarie di beni spediti o trasportati in altro Stato membro successivamente al 31 dicembre 1992, per le quali sia stata emessa fattura anteriormente al 1° gennaio 1993, resta ferma l'applicazione dell'art. 8, primo comma, lettera *a*), del D.P.R. 26 ottobre 1972, n. 633, sempreché le cessioni siano non imponibili anche a norma dell'art. 41 del presente decreto. Le operazioni devono essere indicate, ricorrendone i presupposti, nell'elenco riepilogativo delle cessioni intracomunitarie di cui all'art. 50, comma 6, ancorché le relative fatture siano state registrate anteriormente al 1° gennaio 1993.

(*Si omette la tabella*)

8.

D.P.R. 10 novembre 1997, n. 441. Regolamento recante norme per il riordino della disciplina delle presunzioni di cessione e di acquisto (*Gazzetta Ufficiale* Serie gen. - n. 298 del 23 dicembre 1997).

1. ([1]) **Presunzione di cessione.** – 1. Si presumono ceduti i beni acquistati, importati o prodotti che non si trovano nei luoghi in cui il contribuente svolge le proprie operazioni, né in quelli dei suoi rappresentanti. Tra tali luoghi rientrano anche le sedi secondarie, filiali, succursali, dipendenze, stabilimenti, negozi, depositi ed i mezzi di trasporto nella disponibilità dell'impresa.

2. La presunzione di cui al comma 1 non opera se è dimostrato che i beni stessi:

a) sono stati impiegati per la produzione, perduti o distrutti;

b) sono stati consegnati a terzi in lavorazione, deposito, comodato o in dipendenza di contratti estimatori, di contratti di opera, appalto, trasporto, mandato, commissione o di altro titolo non traslativo della proprietà.

3. La disponibilità delle sedi secondarie, filiali o succursali, nonché delle dipendenze, degli stabilimenti, dei negozi, dei depositi, degli altri locali e dei mezzi di trasporto che non emerga dalla iscrizione al registro delle imprese, alla camera di commercio o da altro pubblico registro, può risultare dalla dichiarazione di cui all'articolo 35 del decreto del Presidente della Repubblica 26 ottobre 1972, n. 633, se effettuata anteriormente al passaggio dei beni, nonché da altro documento dal quale risulti la destinazione dei beni esistenti presso i luoghi su indicati, annotato in uno dei registri in uso, tenuto ai sensi dell'articolo 39 del decreto del Presidente della Repubblica n. 633 del 1972.

4. Il rapporto di rappresentanza risulta da atto pubblico, da scrittura privata registrata, da lettera annotata, in data anteriore a quella in cui è avvenuto il passaggio dei beni, in apposito registro presso l'ufficio IVA competente in relazione al domicilio fiscale del rappresentante o del rappre-

sentato, ovvero da comunicazione effettuata all'ufficio IVA con le modalità previste dall'articolo 35 del decreto del Presidente della Repubblica n. 633 del 1972, sempre che di data anteriore al passaggio dei beni. L'annotazione delle lettere commerciali in appositi registri presso l'ufficio IVA è consentita solo per il conferimento di incarichi che comportano passaggio di beni.

5. La consegna dei beni a terzi a titolo non traslativo della proprietà risulta in via alternativa:

a) dal libro giornale o da altro libro tenuto a norma del codice civile o da apposito registro tenuto in conformità all'articolo 39 del decreto del Presidente della Repubblica n. 633 del 1972 o da atto registrato presso l'ufficio del registro, dai quali risultino la natura, qualità, quantità dei beni medesimi e la causale del trasferimento;

b) dal documento di trasporto previsto dall'articolo 1, comma 3, del decreto del Presidente della Repubblica 14 agosto 1996, n. 472, integrato con la relativa causale, o con altro valido documento di trasferimento;

c) da apposita annotazione effettuata, al momento del passaggio dei beni, in uno dei registri previsti dagli articoli 23, 24 e 25 del decreto del Presidente della Repubblica n. 633 del 1972, contenente, oltre alla natura, qualità e quantità dei beni, i dati necessari per identificare il soggetto destinatario dei beni medesimi e la causale del trasferimento.

(¹) *A norma dell'art. 27, comma 1, del D.L. 8 aprile 2020, n. 23, convertito, con modificazioni, nella L. 6 giugno 2020, n. 40, la presunzione di cessione, prevista da questo articolo, non opera per le cessioni gratuite di farmaci nell'ambito dei programmi ad uso compassionevole, individuati dal decreto del Ministro della salute 7 settembre 2017, pubblicato nella* Gazzetta Ufficiale *2 novembre 2017, n. 256, autorizzate dal competente Comitato Etico, effettuate nei confronti dei soggetti indicati dall'articolo 3 dello stesso decreto del Ministro della salute.*

2. Non operatività della presunzione di cessione. – 1. La presunzione di cui all'articolo 1 non opera per le fattispecie indicate nei seguenti commi, qualora vengano osservati gli adempimenti ivi stabiliti.

[2. Le cessioni previste dall'articolo 10, n. 12), del decreto del Presidente della Repubblica 26 ottobre 1972, n. 633, sono provate con le seguenti modalità:

a) comunicazione scritta da parte del cedente agli uffici dell'amministrazione finanziaria e ai comandi della Guardia di finanza di competenza, con l'indicazione della data, ora e luogo di inizio del trasporto, della destinazione finale dei beni, nonché dell'ammontare complessivo, sulla base del prezzo di acquisto, dei beni gratuitamente ceduti. La comunicazione deve pervenire ai suddetti uffici almeno cinque giorni prima della consegna e può non essere inviata qualora l'ammontare del costo dei beni stessi non sia superiore a euro quindicimila o si tratti di beni facilmente deperibili;

b) emissione del documento previsto dal decreto del Presidente della Repubblica 14 agosto 1996, n. 472, progressivamente numerato;

c) dichiarazione sostitutiva di atto notorio ai sensi della legge 4 gennaio 1968, n. 15, con la quale l'ente ricevente attesti natura, qualità e quantità dei beni ricevuti corrispondenti ai dati contenuti nel documento di cui alla lettera *b*)] (1).

3. La perdita dei beni dovuta ad eventi fortuiti, accidentali o comunque indipendenti dalla volontà del soggetto è provata da idonea documentazione fornita da un organo della pubblica amministrazione o, in mancanza, da dichiarazione sostitutiva dell'atto di notorietà ai sensi dell'articolo 47 del decreto del Presidente della Repubblica 28 dicembre 2000, n. 445, resa entro trenta giorni dal verificarsi dell'evento o dalla data in cui se ne ha conoscenza, dalle quali risulti il valore complessivo dei beni perduti, salvo l'obbligo di fornire, a richiesta dell'Amministrazione finanziaria, i criteri e gli elementi in base ai quali detto valore è stato determinato (2).

4. La distruzione dei beni o la trasformazione in beni di altro tipo e di più modesto valore economico è provata:

a) da comunicazione scritta da inviare agli uffici di cui al comma 2, lettera *a*), nei termini e con le modalità ivi previsti, indicando luogo, data e ora in cui verranno poste in essere le operazioni, le modalità di distruzione o di trasformazione, la natura, qualità e quantità, nonché l'ammontare complessivo, sulla base del prezzo di acquisto, dei beni da distruggere o da trasformare e l'eventuale valore residuale che si otterrà a seguito della distruzione o trasformazione dei beni stessi. Tale comunicazione non è inviata qualora la distruzione venga disposta da un organo della pubblica amministrazione;

b) dal verbale redatto da pubblici funzionari, da ufficiali della Guardia di finanza o da notai che hanno presenziato alla distruzione o alla trasformazione dei beni, ovvero, nel caso in cui l'ammontare del costo dei beni distrutti o trasformati non sia superiore ad euro 10.000 (3), da dichiarazione sostitutiva di atto notorio ai sensi della legge 4 gennaio 1968, n. 15. Dal verbale e dalla dichiarazione devono risultare data, ora e luogo in cui avvengono le operazioni, nonché natura, qualità, quantità e ammontare del costo dei beni distrutti o trasformati;

c) da documento di cui al decreto del Presidente della Repubblica 14 agosto 1996, n. 472, progressivamente numerato, relativo al trasporto dei beni eventualmente risultanti dalla distruzione o trasformazione.

5. I beni non esistenti presso l'azienda per effetto di vendite in blocco o di operazioni similari secondo la prassi commerciale risultano, oltre che dal-

la fattura di cui all'articolo 21 del decreto del Presidente della Repubblica n. 633 del 1972, anche dal documento previsto dal Presidente della Repubblica n. 472 del 1996, progressivamente numerato, da cui risulti natura e quantità dei beni, nonché la sottoscrizione del cessionario che attesti la ricezione dei beni stessi. Il cedente annota, altresì, soltanto nell'esemplare del documento di trasporto in suo possesso, l'ammontare complessivo del costo sostenuto per l'acquisto dei beni ceduti.

(¹) *Questo comma è stato abrogato dall'art. 18* bis, *comma 1, lett.* a), *della L. 19 agosto 2016, n. 166, come aggiunto dall'art. 1, comma 208, lett.* h), *della L. 27 dicembre 2017, n. 205, a decorrere dal 1° gennaio 2018.*

(²) *Questo comma è stato così sostituito dall'art. 16 del D.P.R. 7 dicembre 2001, n. 435.*

(³) *Le parole: «lire dieci milioni» sono state così sostituite dalle attuali: «euro 10.000» dall'art. 7, comma 2, lett.* z), *del D.L. 13 maggio 2011, n. 70, convertito, con modificazioni, nella L. 12 luglio 2011, n. 106.*

3. Presunzione di acquisto. – 1. I beni che si trovano in uno dei luoghi in cui il contribuente svolge le proprie operazioni si presumono acquistati se lo stesso non dimostra di averli ricevuti in base ad un rapporto di rappresentanza o ad uno degli altri titoli di cui all'articolo 1, nei modi ivi indicati.

2. Il titolo di provenienza dei beni che formano oggetto dell'attività propria dell'impresa e che siano rinvenuti nei luoghi indicati nell'articolo 1, comma 1, risulta dalla fattura, dallo scontrino o dalla ricevuta fiscale aventi le caratteristiche previste dall'articolo 3, comma 1, del decreto del Presidente della Repubblica 21 dicembre 1996, n. 696, ovvero dal documento previsto dall'articolo 1, comma 3, del decreto del Presidente della Repubblica 14 agosto 1996, n. 472, progressivamente numerato dal ricevente, oppure da altro valido documento di trasporto. In mancanza, la presunzione può essere superata da un'apposita annotazione nel libro giornale o in altro libro tenuto a norma del codice civile, o in apposito registro tenuto e conservato ai sensi dell'articolo 39 del decreto del Presidente della Repubblica n. 633 del 1972, ovvero nel registro previsto dall'articolo 25 dello stesso decreto, contenente l'indicazione delle generalità del cedente, la natura, qualità e quantità dei beni e la data di ricezione degli stessi.

4. Operatività delle presunzioni. – 1. Gli effetti delle presunzioni di cessione e di acquisto, conseguenti alla rilevazione fisica dei beni, operano al momento dell'inizio degli accessi, ispezioni e verifiche.

2. Le eventuali differenze quantitative derivanti dal raffronto tra le risultanze delle scritture ausiliarie di magazzino di cui alla lettera *d*) dell'articolo 14, primo comma, del decreto del Presidente della Repubblica 29 settembre 1973, n. 600, o della documentazione obbligatoria emessa e ricevuta, e le

consistenze delle rimanenze registrate costituiscono presunzione di cessione o di acquisto per il periodo d'imposta oggetto del controllo.

5. Norma finale. – 1. Con decreti del Ministero delle finanze si provvede:

a) a stabilire per specifici beni soggetti a cali e sfridi le percentuali di cali naturali e di sfridi usuali consentite per superare le presunzioni di cui al presente decreto;

b) ad approvare, anche ai fini dell'acquisizione dei dati per il sistema informativo dell'anagrafe tributaria, il modello di comunicazione di cui all'articolo 2, comma 2, lettera *a*), e comma 4, lettera *a*).

2. Ai sensi dell'articolo 17, comma 2, della legge 23 agosto 1988, n. 400, con effetto dalla data di entrata in vigore del presente regolamento, si intendono sostituite le norme contenute nell'articolo 53 del decreto del Presidente della Repubblica n. 633 del 1972; i riferimenti a queste ultime norme contenuti in ogni altro testo normativo, si intendono effettuati alle disposizioni del presente regolamento.

9.

D.L. 1 luglio 2009, n. 78. Provvedimenti anticrisi, nonché proroga di termini (*Gazzetta Ufficiale* Serie gen. - n. 150 dell'1 luglio 2009), convertito, con modificazioni, nella L. 3 agosto 2009, n. **102** (Suppl. ord. alla *Gazzetta Ufficiale* Serie gen. - n. 179 del 4 agosto 2009) ed *errata corrige* in *Gazzetta Ufficiale* Serie gen. - n. 209 del 9 settembre 2009.

(*Estratto*)

4 *sexies*. Regime IVA delle prestazioni di trasporto di persone. – 1. Si intendono ricomprese nelle prestazioni di trasporto di persone di cui al numero 127 *novies*) della tabella A, parte III, allegata al decreto del Presidente della Repubblica 26 ottobre 1972, n. 633, e successive modificazioni, le prestazioni rese dalle aziende esercenti trasporto pubblico locale in esecuzione di contratti di servizio di cui all'articolo 19 del decreto legislativo 19 novembre 1997, n. 422, e successive modificazioni, nonché, anche se rese da soggetti giuridici distinti, le prestazioni di gestione dell'infrastruttura di cui all'articolo 11 del decreto legislativo 8 luglio 2003, n. 188, e successive modificazioni.

2. Le disposizioni di cui al comma 1 hanno valore di interpretazione autentica, senza dare luogo a recuperi o a rimborsi di imposta.

26. Entrata in vigore. – 1. Il presente decreto entra in vigore il giorno stesso della sua pubblicazione nella *Gazzetta Ufficiale* della Repubblica italiana e sarà presentato alle Camere per la conversione in legge.

10.

D.L. 31 maggio 2010, n. 78. Misure urgenti in materia di stabilizzazione finanziaria e di competitività economica (Suppl. ord. alla *Gazzetta Ufficiale* Serie gen. - n. 125 del 31 maggio 2010), convertito, con modificazioni, nella L. 30 luglio 2010, n. **122** (Suppl. ord. alla *Gazzetta Ufficiale* Serie gen. - n. 176 del 30 luglio 2010).

(*Estratto*)

Titolo II

Contrasto all'evasione fiscale e contributiva

19. Aggiornamento del catasto. – 1. A decorrere dalla data del 1° gennaio 2011 è attivata l'"Anagrafe Immobiliare Integrata", costituita e gestita dall'Agenzia del Territorio secondo quanto disposto dall'articolo 64 del decreto legislativo 30 luglio 1999, n. 300, attivando le idonee forme di collaborazione con i comuni in coerenza con gli articoli 2 e 3 del proprio statuto. L'Anagrafe Immobiliare Integrata attesta, ai fini fiscali, lo stato di integrazione delle banche dati disponibili presso l'Agenzia del Territorio per ciascun immobile, individuandone il soggetto titolare di diritti reali.

2. L'accesso gratuito all'Anagrafe Immobiliare Integrata è garantito ai Comuni sulla base di un sistema di regole tecnico-giuridiche emanate entro e non oltre sessanta giorni dal termine di cui al comma 1 con uno o più decreti del Ministro dell'Economia e delle Finanze, previa intesa con la Conferenza Stato-città ed autonomie locali.

2 *bis*. I decreti di cui al comma 2 devono assicurare comunque ai comuni la piena accessibilità ed interoperabilità applicativa delle banche dati con l'Agenzia del territorio, relativamente ai dati catastali, anche al fine di contribuire al miglioramento ed aggiornamento della qualità dei dati, secondo le specifiche tecniche e le modalità operative stabilite con i medesimi decreti.

3. Con uno o più decreti di natura non regolamentare del Ministro dell'Economia e delle Finanze viene disciplinata l'introduzione della attestazione integrata ipotecario-catastale, prevedendone le modalità di erogazione, gli effetti, nonché la progressiva implementazione di ulteriori informazioni e servizi. Con il predetto decreto sono, inoltre, fissati i diritti dovuti per il rilascio della predetta attestazione.

4. Fatto salvo quanto previsto dall'articolo 66 del decreto legislativo 31 marzo 1998, n. 112, e successive modificazioni, a consultazione delle banche dati del catasto terreni, censuaria e cartografica, del catasto edilizio urbano, nonché dei dati di superficie delle unità immobiliari urbane a destinazione

ordinaria, è garantita, a titolo gratuito, ai Comuni su tutto il territorio nazionale, ad esclusione delle Province autonome di Trento e Bolzano, attraverso il Sistema telematico, il Portale per i Comuni ed il Sistema di interscambio, gestiti dall'Agenzia del Territorio.

5. Nella fase di prima attuazione, al fine di accelerare il processo di aggiornamento e allineamento delle banche dati catastali, le funzioni catastali connesse all'accettazione e alla registrazione degli atti di aggiornamento sono svolte dai Comuni e dall'Agenzia del Territorio sulla base di un sistema di regole tecnico-giuridiche uniformi, e in attuazione dei princìpi di flessibilità, gradualità, adeguatezza, stabilito con decreto del Presidente del Consiglio dei Ministri, su proposta del Ministro dell'economia e delle finanze e previa intesa presso la Conferenza Stato-città ed autonomie locali, entro sei mesi dalla data di entrata in vigore della legge di conversione del presente decreto. Le suddette regole tecnico-giuridiche costituiscono principi fondamentali dell'ordinamento e si applicano anche nei territori delle Regioni a statuto speciale. Ove non esercitate dai Comuni, le attività connesse alle predette funzioni sono esercitate dall'Agenzia del Territorio, sulla base del principio di sussidiarietà.

5 *bis*. Per assicurare l'unitarietà del sistema informativo catastale nazionale e in attuazione dei princìpi di accessibilità ed interoperabilità applicativa delle banche dati, i comuni utilizzano le applicazioni informatiche e i sistemi di interscambio messi a disposizione dall'Agenzia del territorio, anche al fine di contribuire al miglioramento dei dati catastali, secondo le specifiche tecniche ed operative formalizzate con apposito decreto del Ministro dell'economia e delle finanze, d'intesa con la Conferenza Stato-città ed autonomie locali.

5 *ter*. Presso la Conferenza Stato-città ed autonomie locali è costituito, senza oneri per la finanza pubblica, un organo paritetico di indirizzo sulle modalità di attuazione e la qualità dei servizi assicurati dai comuni e dall'Agenzia del territorio nello svolgimento delle funzioni di cui al presente articolo. L'organo paritetico riferisce con cadenza semestrale al Ministro dell'economia e delle finanze che può proporre al Consiglio dei Ministri modifiche normative e di sviluppo del processo di decentramento.

6. Sono in ogni caso mantenute allo Stato e sono svolte dall'Agenzia del Territorio le funzioni in materia di:

a) individuazione di metodologie per l'esecuzione di rilievi ed aggiornamenti topografici e per la formazione di mappe e cartografie catastali;

b) controllo della qualità delle informazioni catastali e dei processi di aggiornamento degli atti;

c) gestione unitaria e certificata della base dei dati catastali e dei flussi di aggiornamento delle informazioni di cui alla lettera *b*) anche trasmessi con il Modello unico digitale per l'edilizia, assicurando il coordinamento operativo per la loro utilizzazione ai fini istituzionali attraverso il sistema pubblico di connettività e garantendo l'accesso ai dati a tutti i soggetti interessati;

d) gestione unitaria dell'infrastruttura tecnologica di riferimento per il Modello unico digitale per l'edilizia sulla base di regole tecniche uniformi stabilite con provvedimento del direttore dell'Agenzia del territorio d'intesa con la Conferenza Stato-città ed autonomie locali;

e) gestione dell'Anagrafe Immobiliare Integrata;

f) vigilanza e controllo sullo svolgimento delle funzioni di cui al comma 5, nonché poteri di applicazione delle relative sanzioni determinate con decreto di natura regolamentare del Ministro dell'Economia e delle Finanze, emanato previa intesa con la Conferenza Stato-città ed autonomie locali.

7. L'Agenzia del Territorio, entro il 30 settembre 2010, conclude le operazioni previste dal secondo periodo dell'articolo 2, comma 36, del decreto legge 3 ottobre 2006, n. 262, convertito, con modificazioni, dalla legge 24 novembre 2006, n. 286, e successive modificazioni.

8. Entro il 31 dicembre 2010 ([1]) i titolari di diritti reali sugli immobili che non risultano dichiarati in Catasto individuati secondo le procedure previste dal predetto articolo 2, comma 36, del citato decreto legge n. 262, del 2006, con riferimento alle pubblicazioni in *Gazzetta Ufficiale* effettuate dalla data del 1° gennaio 2007 alla data del 31 dicembre 2009, sono tenuti a procedere alla presentazione, ai fini fiscali, della relativa dichiarazione di aggiornamento catastale. L'Agenzia del Territorio, successivamente alla registrazione degli atti di aggiornamento presentati, rende disponibili ai Comuni le dichiarazioni di accatastamento per i controlli di conformità urbanistico-edilizia, attraverso il Portale per i Comuni.

9. Entro il medesimo termine del 31 dicembre 2010 ([1]) i titolari di diritti reali sugli immobili oggetto di interventi edilizi che abbiano determinato una variazione di consistenza ovvero di destinazione non dichiarata in Catasto, sono tenuti a procedere alla presentazione, ai fini fiscali, della relativa dichiarazione di aggiornamento catastale. Restano salve le procedure previste dal comma 336 dell'articolo 1 della legge 30 dicembre 2004, n. 311, nonché le attività da svolgere in surroga da parte dell'Agenzia del territorio per i fabbricati rurali per i quali siano venuti meno i requisiti per il riconoscimento della *ruralità ai fini fiscali*, individuati ai sensi dell'articolo 2, comma 36, del decreto legge 3 ottobre 2006, n. 262, convertito, con modificazioni, dalla legge 24 novembre 2006, n. 286, nonché quelle di accertamento relative agli immobili iscritti in catasto, come fabbricati o loro porzioni, in corso di costruzione o di definizione che siano divenuti abitabili o servibili all'uso cui sono destinati.

10. Se i titolari di diritti reali sugli immobili non provvedono a presentare ai sensi del comma 8 le dichiarazioni di aggiornamento catastale entro il

termine del 31 dicembre 2010 ([1]), l'Agenzia del Territorio, nelle more dell'iscrizione in catasto attraverso la predisposizione delle dichiarazioni redatte in conformità al decreto ministeriale 19 aprile 1994, n. 701, procede all'attribuzione, con oneri a carico dell'interessato da determinare con apposito provvedimento del direttore dell'Agenzia del territorio, da emanare entro il 31 dicembre 2010, di una rendita presunta, da iscrivere transitoriamente in catasto, anche sulla base degli elementi tecnici forniti dai Comuni. Per tali operazioni l'Agenzia del Territorio può stipulare apposite convenzioni con gli Organismi rappresentativi delle categorie professionali ([2]).

11. Se i titolari di diritti reali sugli immobili non provvedono a presentare ai sensi del comma 9 le dichiarazioni di aggiornamento catastale entro il termine del 31 dicembre 2010, l'Agenzia del Territorio procede agli accertamenti di competenza anche con la collaborazione dei Comuni. Per tali operazioni l'Agenzia del Territorio può stipulare apposite convenzioni con gli Organismi rappresentativi delle categorie professionali.

12. A decorrere dal 1° gennaio 2011, l'Agenzia del Territorio, sulla base di nuove informazioni connesse a verifiche tecnico-amministrative, da telerilevamento e da sopralluogo sul terreno, provvede ad avviare un monitoraggio costante del territorio, individuando, in collaborazione con i Comuni, ulteriori fabbricati che non risultano dichiarati al Catasto. In tal caso si rendono applicabili le disposizioni di cui al citato articolo 2, comma 36, del decreto legge n. 262 del 2006. Qualora i titolari di diritti reali sugli immobili individuati non ottemperino entro il termine previsto dal predetto articolo 2, comma 36, l'Agenzia del Territorio procede all'attribuzione della rendita presunta ai sensi del comma 10. Restano salve le procedure previste dal comma 336 dell'articolo 1 della legge 30 dicembre 2004, n. 311. Restano altresì fermi i poteri di controllo dei comuni in materia urbanistico-edilizia e l'applicabilità delle relative sanzioni.

13. Gli Uffici dell'Agenzia del Territorio, per lo svolgimento della attività istruttorie connesse all'accertamento catastale, si avvalgono delle attribuzioni e dei poteri di cui agli articoli 51 e 52 del decreto del Presidente della Repubblica 26 ottobre 1972, n. 633.

14. All'articolo 29 della legge 27 febbraio 1985, n. 52, è aggiunto il seguente comma: «1 *bis*. Gli atti pubblici e le scritture private autenticate tra vivi aventi ad oggetto il trasferimento, la costituzione o lo scioglimento di comunione di diritti reali su fabbricati già esistenti, ad esclusione dei diritti reali di garanzia, devono contenere, per le unità immobiliari urbane, a pena di nullità, oltre all'identificazione catastale, il riferimento alle planimetrie depositate in catasto e la dichiarazione, resa in atti dagli intestatari, della conformità allo stato di fatto dei dati catastali e delle planimetrie, sulla base

delle disposizioni vigenti in materia catastale. La predetta dichiarazione può essere sostituita da un'attestazione di conformità rilasciata da un tecnico abilitato alla presentazione degli atti di aggiornamento catastale. Prima della stipula dei predetti atti il notaio individua gli intestatari catastali e verifica la loro conformità con le risultanze dei registri immobiliari».

15. La richiesta di registrazione di contratti, scritti o verbali, di locazione o affitto di beni immobili esistenti sul territorio dello Stato e relative cessioni, risoluzioni e proroghe anche tacite, deve contenere anche l'indicazione dei dati catastali degli immobili. La mancata o errata indicazione dei dati catastali è considerata fatto rilevante ai fini dell'applicazione dell'imposta di registro ed è punita con la sanzione prevista dall'articolo 69 del decreto del Presidente della Repubblica 26 aprile 1986, n. 131.

16. Le disposizioni di cui ai commi 14 e 15 si applicano a decorrere dal 1° luglio 2010. Nel rispetto dei princìpi desumibili dal presente articolo, nei territori in cui vige il regime tavolare le regioni a statuto speciale e le province autonome adottano disposizioni per l'applicazione di quanto dallo stesso previsto al fine di assicurare il necessario coordinamento con l'ordinamento tavolare.

16 *bis*. All'articolo 58 del decreto legge 25 giugno 2008, n. 112, convertito, con modificazioni, dalla legge 6 agosto 2008, n. 133, al comma 7, sono aggiunte, in fine, le seguenti parole: «, anche per quanto attiene alla alienazione degli immobili di cui alla legge 24 dicembre 1993, n. 560».

(1) *A norma dell'art. 2, comma 5* bis, *del D.L. 29 dicembre 2010, n. 225, convertito, con modificazioni, nella L. 26 febbraio 2011, n. 10, questo termine è stato differito al 30 aprile 2011. Conseguentemente, in considerazione della massa delle operazioni di attribuzione della rendita presunta, l'Agenzia del territorio notifica gli atti di attribuzione della predetta rendita mediante affissione all'albo pretorio dei comuni dove sono ubicati gli immobili. Dell'avvenuta affissione è data notizia con comunicato da pubblicare nella* Gazzetta Ufficiale, *nel sito internet dell'Agenzia del territorio, nonché presso gli uffici provinciali ed i comuni interessati. Trascorsi sessanta giorni dalla data di pubblicazione del comunicato nella* Gazzetta Ufficiale, *decorrono i termini per la proposizione del ricorso dinanzi alla commissione tributaria provinciale competente. In deroga alle vigenti disposizioni, la rendita catastale presunta e quella successivamente dichiarata come rendita proposta o attribuita come rendita catastale definitiva producono effetti fiscali fin dalla loro iscrizione in catasto, con decorrenza dal 1° gennaio 2007, salva la prova contraria volta a dimostrare, in sede di autotutela, una diversa decorrenza. I tributi, erariali e locali, commisurati alla base imponibile determinata con riferimento alla rendita catastale presunta, sono corrisposti a titolo di acconto e salvo conguaglio. Le procedure previste per l'attribuzione della rendita presunta si applicano anche agli immobili non dichiarati in catasto, individuati ai sensi dell'articolo 19, comma 7, del decreto legge 31 maggio 2010, n. 78, convertito, con modificazioni, dalla legge 30 luglio 2010, n. 122, a far data dal 2 maggio 2011.*

(2) *A norma dell'art. 11, comma 7, del D.L. 2 marzo 2012, n. 16, convertito, con modificazioni, nella L. 26 aprile 2012, n. 44, per le unità immobiliari per le quali è stata attribuita la rendita presunta ai sensi di questo comma i soggetti obbligati devono provvedere alla presentazione degli atti di aggiornamento catastale entro 120 giorni dalla data di pubblicazione, nella* Gazzetta Ufficiale, *del comunicato di cui all'articolo 2 comma 5* bis *del decreto legge 29 dicembre 2010, n. 225, convertito, con modificazioni, dalla legge 26 febbraio 2011, n. 10. In caso di mancata presentazione entro tale termine si applicano le sanzioni amministrative di cui all'art. 2 comma 12 del decreto legislativo 14 marzo 2011, n. 23.*

21. (1) (2) **Comunicazione dei dati delle fatture emesse e ricevute.** – 1. In riferimento alle operazioni rilevanti ai fini dell'imposta sul valore aggiunto effettuate, i soggetti passivi trasmettono telematicamente all'Agenzia delle entrate, entro l'ultimo giorno del secondo mese successivo ad ogni trimestre, i dati di tutte le fatture emesse nel trimestre di riferimento, e di quelle ricevute e registrate ai sensi dell'articolo 25 del decreto del Presidente della Repubblica 26 ottobre 1972, n. 633, ivi comprese le bollette doganali, nonché i dati delle relative variazioni. La comunicazione relativa al secondo trimestre è effettuata entro il 16 settembre (3) e quella relativa all'ultimo trimestre entro il mese di febbraio. A decorrere dal 1° gennaio 2018 sono esonerati dalla comunicazione i soggetti passivi di cui all'art. 34, comma 6, del decreto del Presidente della Repubblica 26 ottobre 1972, n. 633 (4) (5) (6).

2. I dati, inviati in forma analitica secondo modalità stabilite con provvedimento del direttore dell'Agenzia delle entrate, comprendono almeno:

a) i dati identificativi dei soggetti coinvolti nelle operazioni;

b) la data ed il numero della fattura;

c) la base imponibile;

d) l'aliquota applicata;

e) l'imposta;

f) la tipologia dell'operazione.

3. Per le operazioni di cui al comma 1, gli obblighi di conservazione previsti dall'articolo 3 del decreto del Ministro dell'economia e delle finanze 17 giugno 2014, pubblicato nella *Gazzetta Ufficiale* n. 146 del 17 giugno 2014, si intendono soddisfatti per tutte le fatture elettroniche nonché per tutti i documenti informatici trasmessi attraverso il sistema di interscambio di cui all'articolo 1, comma 211, della legge 24 dicembre 2007, n. 244, e memorizzati dall'Agenzia delle entrate. Tempi e modalità di applicazione della presente disposizione, anche in relazione agli obblighi contenuti nell'articolo 5 del decreto 17 giugno 2014, sono stabiliti con apposito provvedimento del direttore dell'Agenzia delle entrate. Con provvedimento del direttore dell'Agenzia delle dogane e dei monopoli sono altresì stabilite le modalità di conservazione degli scontrini delle giocate dei giochi pubblici autorizzati, secondo criteri di semplificazione e attenuazio-

ne degli oneri di gestione per gli operatori interessati e per l'amministrazione, anche con il ricorso ad adeguati strumenti tecnologici, ferme restando le esigenze di controllo dell'amministrazione finanziaria.

(1) *Questo articolo è stato così sostituito dall'art. 4, comma 1, del D.L. 22 ottobre 2016, n. 193, convertito, con modificazioni, nella L. 1° dicembre 2016, n. 225, a decorrere dal 1° gennaio 2017. A norma dell'art. 4, comma 4 del medesimo provvedimento, così come modificato dall'art. 14* ter *del D.L. 30 dicembre 2016, n. 244, convertito, con modificazioni, nella L. 27 febbraio 2017, n. 19, per il primo anno di applicazione della disposizione di cui a questo articolo come sostituito dal comma 1 del presente articolo, le comunicazioni possono essere effettuate per il primo semestre entro il 16 settembre 2017 e per il secondo semestre entro il mese di febbraio 2018. Resta fermo l'obbligo di effettuare le comunicazioni di cui all'articolo 21 bis del decreto legge 31 maggio 2010, n. 78, convertito, con modificazioni, dalla legge 30 luglio 2010, n. 122, introdotto dal comma 2 del presente articolo, trimestralmente, nei termini ordinari di cui al comma 1 del citato articolo 21.*

(2) *A norma dell'art. 1, comma 1, del D.P.C.M. 5 ottobre 2017* (G.U. *Serie gen. - n. 259 del 6 novembre 2017), è stato da ultimo prorogato al 16 ottobre 2017 il termine per la effettuazione delle comunicazioni dei dati di cui a questo articolo.*

(3) *A norma dell'art. 1, comma 932, della L. 27 dicembre 2017, n. 205, al fine di evitare la sovrapposizione di adempimenti, per gli anni in cui si applicano le disposizioni di cui al presente articolo, il termine del 16 settembre è fissato al 30 settembre.*

(4) *Questo periodo è stato così sostituito dall'art. 11, comma 2* quater, *del D.L. 12 luglio 2018, n. 87, convertito, con modificazioni, nella L. 9 agosto 2018, n. 96.*

(5) *A norma dell'art. 11, comma 1, del D.L. 12 luglio 2018, n. 87, convertito, con modificazioni, nella L. 9 agosto 2018, n. 96, con riferimento all'obbligo di comunicazione di cui a questo comma i dati relativi al terzo trimestre del 2018 possono essere trasmessi entro il 28 febbraio 2019.*

(6) *A norma dell'art. 1, comma 1, del D.P.C.M. 27 febbraio 2019* (G.U. *Serie gen. - n. 54 del 5 marzo 2019), il termine del 28 febbraio 2019, stabilito per la effettuazione delle comunicazioni dei dati di cui a questo comma, è prorogato al 30 aprile 2019.*

21 *bis*. (1) (2) **Comunicazioni dei dati delle liquidazioni periodiche I.V.A.. –** 1. I soggetti passivi dell'imposta sul valore aggiunto trasmettono telematicamente all'Agenzia delle entrate, entro l'ultimo giorno del secondo mese successivo a ogni trimestre, una comunicazione dei dati contabili riepilogativi delle liquidazioni periodiche dell'imposta effettuate ai sensi dell'articolo 1, commi 1 e 1 *bis*, del regolamento di cui al decreto del Presidente della Repubblica 23 marzo 1998, n. 100, nonché degli articoli 73, primo comma, lettera *e*), e 74, quarto comma, del decreto del Presidente della Repubblica 26 ottobre 1972, n. 633. La comunicazione dei dati relativi al secondo trimestre è effettuata entro il 16 settembre. La comunicazione dei dati relativi al quarto trimestre può, in alternativa, essere effettuata con la dichiarazione annuale dell'imposta sul valore aggiunto che, in tal caso, deve essere presentata entro il mese di febbraio dell'anno successivo a quello di chiusura del periodo d'imposta. Restano fermi gli ordinari termini di versamento dell'imposta dovuta in base alle liquidazioni periodiche effettuate (3).

2. Con il provvedimento di cui all'articolo 21, comma 2, sono stabilite le modalità e le informazioni da trasmettere con la comunicazione di cui al comma 1 del presente articolo.

3. La comunicazione è presentata anche nell'ipotesi di liquidazione con eccedenza a credito. Sono esonerati dalla presentazione della comunicazione i soggetti passivi non obbligati alla presentazione della dichiarazione annuale I.V.A. o all'effettuazione delle liquidazioni periodiche, sempre che, nel corso dell'anno, non vengano meno le predette condizioni di esonero.

4. In caso di determinazione separata dell'imposta in presenza di più attività, i soggetti passivi presentano una sola comunicazione riepilogativa per ciascun periodo.

5. L'Agenzia delle entrate mette a disposizione del contribuente, ovvero del suo intermediario, secondo le modalità previste dall'articolo 1, commi 634 e 635 della legge 23 dicembre 2014, n. 190, le risultanze dell'esame dei dati di cui all'articolo 21 del presente decreto e le valutazioni concernenti la coerenza tra i dati medesimi e le comunicazioni di cui al comma 1 del presente articolo nonché la coerenza dei versamenti dell'imposta rispetto a quanto indicato nella comunicazione medesima. Quando dai controlli eseguiti emerge un risultato diverso rispetto a quello indicato nella comunicazione, il contribuente è informato dell'esito con modalità previste con provvedimento del direttore dell'Agenzia delle entrate. Il contribuente può fornire i chiarimenti necessari, o segnalare eventuali dati ed elementi non considerati o valutati erroneamente, ovvero versare quanto dovuto avvalendosi dell'istituto del ravvedimento operoso di cui all'articolo 13 del decreto legislativo 18 dicembre 1997, n. 472. Si applica l'articolo 54 *bis*, comma 2 *bis*, del decreto del Presidente della Repubblica 26 ottobre 1972, n. 633, indipendentemente dalle condizioni ivi previste.

(1) *Questo articolo è stato aggiunto dall'art. 4, comma 2, del D.L. 22 ottobre 2016, n. 193, convertito, con modificazioni, nella L. 1° dicembre 2016, n. 225, a decorrere dal 1° gennaio 2017.*

(2) *A norma dell'art. 2, comma 1, del D.P.C.M. 27 febbraio 2019* (G.U. *Serie gen. - n. 54 del 5 marzo 2019), le comunicazioni dei dati delle liquidazioni periodiche dell'imposta sul valore aggiunto, di cui a questo articolo, relative al quarto trimestre 2018 sono trasmesse entro il 10 aprile 2019.*

(3) *Questo comma è stato così sostituito dall'art. 12* quater *del D.L. 30 aprile 2019, n. 34, convertito, con modificazioni, nella L. 28 giugno 2019, n. 58, a decorrere dal 30 giugno 2019.*

21 *ter*. ([1]) **Credito d'imposta.** – 1. Ai soggetti in attività nel 2017, in riferimento agli obblighi di cui agli articoli 21 e 21 *bis*, ovvero che esercitano l'opzione di cui all'articolo 1, comma 3, del decreto legislativo 5 agosto 2015, n. 127, è attribuito una sola volta, per il relativo adeguamento tecnologico, un credito d'imposta pari a € 100. Il credito spetta ai soggetti che, nell'anno precedente a quello in cui il costo per l'adeguamento tecnologico è stato sostenuto, hanno realizzato un volume d'affari non superiore a € 50.000.

2. Il credito non concorre alla formazione del reddito ai fini delle imposte sui redditi e del valore della produzione ai fini dell'imposta regionale sulle attività produttive, è utilizzabile esclusivamente in compensazione ai sensi dell'articolo 17 del decreto legislativo 9 luglio 1997, n. 241, a decorrere dal 1° gennaio 2018, e deve essere indicato nella dichiarazione dei redditi relativa al periodo d'imposta in cui è stato sostenuto il costo per l'adeguamento tecnologico e nelle dichiarazioni dei redditi relative ai periodi d'imposta successivi fino a quello nel quale se ne conclude l'utilizzo.

3. Oltre al credito di cui al comma 1, è attribuito, per una sola volta, un ulteriore credito d'imposta di 50 euro ai soggetti di cui al medesimo comma 1 che, sussistendone i presupposti, esercitano anche l'opzione di cui all'articolo 2, comma 1, del decreto legislativo 5 agosto 2015, n. 127, entro il 31 dicembre 2017. Il credito non concorre alla formazione del reddito ai fini delle imposte sui redditi e del valore della produzione ai fini dell'imposta regionale sulle attività produttive, è indicato nella dichiarazione dei redditi ed utilizzato secondo le modalità stabilite nel comma 2.

3 *bis*. Le agevolazioni di cui ai commi 1 e 3 sono concesse nei limiti e alle condizioni previsti dal regolamento (UE) n. 1407/2013 della Commissione, del 18 dicembre 2013, relativo all'applicazione degli articoli 107 e 108 del trattato sul funzionamento dell'Unione europea agli aiuti "*de minimis*".

([1]) *Questo articolo è stato aggiunto dall'art. 4, comma 2, del D.L. 22 ottobre 2016, n. 193, convertito, con modificazioni, nella L. 1° dicembre 2016, n. 225, a decorrere dal 1° gennaio 2017.*

Titolo III

Sviluppo ed infrastrutture

56. *Entrata in vigore.* – 1. Il presente decreto entra in vigore il giorno stesso della sua pubblicazione nella *Gazzetta Ufficiale* della Repubblica italiana e sarà presentato alle Camere per la conversione in legge.

11.

D.L. 6 dicembre 2011, n. 201. Disposizioni urgenti per la crescita, l'equità e il consolidamento dei conti pubblici (Suppl. ord. alla *Gazzetta Ufficiale* Serie gen. - n. 284 del 6 dicembre 2011), convertito, con modificazioni, nella L. 22 dicembre 2011, n. **214** (Suppl. ord. alla *Gazzetta Ufficiale* Serie gen. - n. 300 del 27 dicembre 2011) e comunicato di rettifica in *Gazzetta Ufficiale* Serie gen. - n. 10 del 13 gennaio 2012.

(*Estratto*)

Titolo III

Consolidamento dei conti pubblici

Capo II

Disposizioni in materia di maggiori entrate

19. Disposizioni in materia di imposta di bollo su conti correnti, titoli, strumenti e prodotti finanziari nonché su valori "scudati" e su attività finanziarie e immobili detenuti all'estero. – 1. - 5. (*Omissis*)

6. Le attività finanziarie oggetto di emersione ai sensi dell'articolo 13 *bis* del decreto legge 1° luglio 2009, n. 78, convertito, con modificazioni, dalla legge 3 agosto 2009, n. 102, e successive modificazioni, e degli articoli 12 e 15 del decreto legge 25 settembre 2001, n. 350, convertito, con modificazioni, dalla legge 23 novembre 2001, n. 409, e successive modificazioni, sono soggette a un'imposta di bollo speciale annuale del 4 per mille. Per gli anni 2012 e 2013 l'aliquota è stabilita, rispettivamente, nella misura del 10 e del 13,5 per mille.

7. L'imposta di cui al comma 6 è determinata al netto dell'eventuale imposta di bollo pagata ai sensi dei commi 2 *bis* e *ter* ([1]) dell'articolo 13 della Tariffa, parte prima, allegata al decreto del Presidente della Repubblica 26 ottobre 1972, n. 642, e successive modificazioni.

8. Gli intermediari di cui all'articolo 11, comma 1, lettera *b*), del decreto legge 25 settembre 2001, n. 350, convertito, con modificazioni, dalla legge 23 novembre 2001, n. 409, provvedono a trattenere l'imposta di cui al comma 6 dal conto del soggetto che ha effettuato l'emersione o ricevono provvista dallo stesso contribuente, ed effettuano il relativo versamento entro il 16 luglio ([2]) di ciascun anno con riferimento al valore delle attività ancora segretate al 31 dicembre dell'anno precedente. Nel caso in cui, nel corso del periodo d'imposta, venga meno in tutto o in parte la segretazione, l'imposta è dovuta sul valore delle attività finanziarie in ragione del periodo in cui il conto o rapporto ha fruito della segretazione ([3]). Il versamento è effettuato

secondo le disposizioni contenute nel capo III del decreto legislativo 9 luglio 1997, n. 241, e successive modificazioni. Per il solo versamento da effettuare nel 2012 il valore delle attività segretate è quello al 6 dicembre 2011.

9. Gli intermediari di cui al comma 8 segnalano all'Agenzia delle entrate i contribuenti nei confronti dei quali non è stata applicata e versata l'imposta con le modalità di cui al medesimo comma 8. Nei confronti dei predetti contribuenti l'imposta è riscossa mediante iscrizione a ruolo ai sensi dell'articolo 14 del decreto del Presidente della Repubblica 29 settembre 1973, n. 602, e successive modificazioni.

10. Per l'omesso versamento dell'imposta di cui al comma 6 si applica una sanzione pari all'importo non versato.

11. Per l'accertamento e la riscossione dell'imposta di cui al comma 6 nonché per il relativo contenzioso si applicano le disposizioni in materia di imposta sui redditi ([4]).

12. Per le attività finanziarie oggetto di emersione che, a partire dal 1° gennaio 2011 e fino ([5]) alla data del 6 dicembre 2011, sono state in tutto o in parte prelevate dal rapporto di deposito, amministrazione o gestione acceso per effetto della procedura di emersione ovvero comunque dismesse, è dovuta, per il solo anno 2012, un'imposta straordinaria pari al 10 per mille. L'intermediario presso il quale il prelievo è stato effettuato provvede a trattenere l'imposta dai conti comunque riconducibili al soggetto che ha effettuato l'emersione o riceve provvista dallo stesso contribuente, anche in caso di estinzione del rapporto acceso per effetto della procedura di emersione ([6]). Si applicano le disposizioni dei commi da 8 a 11.

13. A decorrere dal 2012 ([7]) è istituita un'imposta sul valore degli immobili situati all'estero, a qualsiasi uso destinati da soggetti ([8]) residenti nel territorio dello Stato.

14. Soggetti passivi dell'imposta di cui al comma 13 sono i soggetti indicati all'articolo 4, comma 1, del decreto legge 28 giugno 1990, n. 167, convertito, con modificazioni, dalla legge 4 agosto 1990, n. 227, proprietari dell'immobile ovvero titolari di altro diritto reale sullo stesso ([9]). Nei casi di esonero previsti dall'articolo 4, comma 3, del citato decreto legge n. 167 del 1990, gli intermediari ivi indicati devono applicare e versare l'imposta dovuta dal contribuente, ricevendo apposita provvista da parte dello stesso ([9]). Nel caso in cui il contribuente non fornisce la provvista, gli intermediari sono tenuti a effettuare le segnalazioni nominative all'Amministrazione finanziaria attraverso i modelli di dichiarazione previsti per i sostituti d'imposta ([9]). L'imposta è dovuta proporzionalmente alla quota di possesso e ai mesi dell'anno nei quali si è protratto il possesso; a tal fine il mese durante il quale il possesso si è protratto per almeno quindici giorni è computato per intero.

15. L'imposta di cui al comma 13 è stabilita nella misura dello 0,76 per cento del valore degli immobili. L'imposta non è dovuta se l'importo, come determinato ai sensi del presente comma, non supera euro 200. Il valore è costituito dal costo risultante dall'atto di acquisto o dai contratti e, in mancanza, secondo il valore di mercato rilevabile nel luogo in cui è situato l'immobile. Per gli immobili situati in Paesi appartenenti all'Unione europea o in Paesi aderenti allo Spazio economico europeo che garantiscono un adeguato scambio di informazioni, il valore è quello catastale come determinato e rivalutato nel Paese in cui l'immobile è situato ai fini dell'assolvimento di imposte di natura patrimoniale o reddituale o, in mancanza, quello di cui al periodo precedente ([10]).

15 *bis*. L'imposta di cui al comma 13 non si applica al possesso dell'abitazione principale e delle pertinenze della stessa e alla casa coniugale assegnata al coniuge, a seguito di provvedimento di separazione legale, annullamento, scioglimento o cessazione degli effetti civili del matrimonio, ad eccezione delle unità immobiliari che in Italia risultano classificate nelle categorie catastali A/1, A/8 e A/9, per le quali si applica l'aliquota nella misura ridotta dello 0,4 per cento e la detrazione, fino a concorrenza del suo ammontare, di euro 200 rapportati al periodo dell'anno durante il quale si protrae tale destinazione; se l'unità immobiliare è adibita ad abitazione principale da più soggetti passivi la detrazione spetta a ciascuno di essi proporzionalmente alla quota per la quale la destinazione medesima si verifica ([11]).

15 *ter*. Per gli immobili di cui al comma 15 *bis* e per gli immobili non locati assoggettati all'imposta di cui al comma 13 del presente articolo non si applica l'articolo 70, comma 2, del testo unico di cui al decreto del Presidente della Repubblica 22 dicembre 1986, n. 917, e successive modificazioni ([12]).

16. Dall'imposta di cui al comma 13 si deduce, fino a concorrenza del suo ammontare, un credito d'imposta pari all'ammontare dell'eventuale imposta patrimoniale versata nello Stato in cui è situato l'immobile. Per gli immobili situati in Paesi appartenenti alla Unione europea o in Paesi aderenti allo Spazio economico europeo che garantiscono un adeguato scambio di informazioni, dalla predetta imposta si deduce un credito d'imposta pari alle eventuali imposte di natura patrimoniale e reddituale gravanti sullo stesso immobile, non già detratte ai sensi dell'articolo 165 del decreto del Presidente della Repubblica 22 dicembre 1986, n. 917 ([13]).

17. Per il versamento, la liquidazione, l'accertamento, la riscossione, le sanzioni e i rimborsi nonché per il contenzioso, relativamente all'imposta di cui al comma 13 si applicano le disposizioni previste per l'imposta sul reddito delle persone fisiche, ivi comprese quelle relative alle modalità di versamento dell'imposta in acconto e a saldo ([14]).

18. A decorrere dal 2012 ([15]) è istituita un'imposta sul valore dei prodotti finanziari, dei conti correnti e dei libretti di risparmio detenuti ([16]) all'estero da soggetti ([17]) residenti nel territorio dello Stato.

19. L'imposta di cui al comma 18 è dovuta proporzionalmente alla quota e al periodo di detenzione.

20. L'imposta di cui al comma 18 è stabilita nella misura dell'1 per mille annuo, per [il 2011 e] ([18]) il 2012, e dell'1,5 per mille, per il 2013, e del 2 per mille, a decorrere dal 2014 ([19]) del valore dei prodotti finanziari ([20]). Per i conti correnti e i libretti di risparmio [detenuti in Paesi della Unione europea o in Paesi aderenti allo Spazio economico Europeo che garantiscono un adeguato scambio di informazioni] ([21]) l'imposta è stabilita in misura fissa pari a quella prevista dall'articolo 13, comma 2 *bis*, lettere *a*) e *b*) ([22]), della tariffa, parte I, allegata al decreto del Presidente della Repubblica 26 ottobre 1972, n. 642 ([23]). Per i soggetti diversi dalle persone fisiche l'imposta è dovuta nella misura massima di euro 14.000 ([24]). Il valore è costituito dal valore di mercato, rilevato al termine di ciascun anno solare nel luogo in cui sono detenuti i prodotti finanziari ([25]), anche utilizzando la documentazione dell'intermediario estero di riferimento per le singole attività e, in mancanza, secondo il valore nominale o di rimborso.

21. Dall'imposta di cui al comma 18 si deduce, fino a concorrenza del suo ammontare, un credito d'imposta pari all'ammontare dell'eventuale imposta patrimoniale versata nello Stato in cui sono detenuti i prodotti finanziari, i conti correnti e i libretti di risparmio ([26]).

22. Per il versamento, la liquidazione, l'accertamento, la riscossione, le sanzioni e i rimborsi nonché per il contenzioso, relativamente all'imposta di cui al comma 18 si applicano le disposizioni previste per le imposte sui redditi ([27]), ivi comprese quelle relative alle modalità di versamento dell'imposta in acconto e a saldo ([28]).

23. Con uno o più provvedimenti del Direttore dell'Agenzia delle entrate sono stabilite le disposizioni di attuazione dei commi da 6 a 22 [, disponendo comunque che il versamento delle imposte di cui ai commi 13 e 18 è effettuato entro il termine del versamento a saldo delle imposte sui redditi relative all'anno di riferimento] ([29]).

24. (*Omissis*)

([1]) *Le parole: «ai sensi del comma 2* ter*» sono state così sostituite dalle parole: «ai sensi dei commi 2* bis *e 2* ter*» dall'art. 8, comma 16, lett.* b)*, del D.L. 2 marzo 2012, n. 16, convertito, con modificazioni, nella L. 26 aprile 2012, n. 44.*

([2]) *Le parole: «16 febbraio» sono state così sostituite dalle parole: «16 luglio» dall'art. 8, comma 16, lett.* c)*, n. 1), del D.L. 2 marzo 2012, n. 16, convertito, con modificazioni, nella L. 26 aprile 2012, n. 44. A norma dell'art. 8, comma 17, dello stesso decreto legge,* *per l'anno 2012 il versamento dell'imposta di cui a questo comma, può essere effettuato entro il termine del 16 maggio e fino alla data di entrata in vigore del medesimo decreto legge non si configurano violazioni in materia di versamenti.*

(3) *Questo periodo è stato inserito dall'art. 8, comma 16, lett.* c), *n. 2), del D.L. 2 marzo 2012, n. 16, convertito, con modificazioni, nella L. 26 aprile 2012, n. 44. A norma dell'art. 8, comma 17, dello stesso decreto legge, per l'anno 2012 il versamento dell'imposta di cui a questo comma, può essere effettuato entro il termine del 16 maggio e fino alla data di entrata in vigore del medesimo decreto legge non si configurano violazioni in materia di versamenti.*

(4) *Le parole: «di bollo» sono state così sostituite dalle parole: «sui redditi» dall'art. 8, comma 16, lett.* d), *del D.L. 2 marzo 2012, n. 16, convertito, con modificazioni, nella L. 26 aprile 2012, n. 44.*

(5) *Le parole: «a partire dal 1° gennaio 2011 e fino» sono state inserite dall'art. 8, comma 16* ter, *lett.* a), *del D.L. 2 marzo 2012, n. 16, convertito, con modificazioni, nella L. 26 aprile 2012, n. 44.*

(6) *Questo periodo è stato inserito dall'art. 8, comma 16* ter, *lett.* b), *del D.L. 2 marzo 2012, n. 16, convertito, con modificazioni, nella L. 26 aprile 2012, n. 44.*

(7) *Le parole: «dal 2011» sono state così sostituite dalle attuali: «dal 2012» dall'art. 1, comma 518, lett.* a), *della L. 24 dicembre 2012, n. 228.*

(8) *Le parole: «dalle persone fisiche» sono state così sostituite dalle seguenti: «da soggetti» dall'art. 1, comma 710, lett.* a), *della L. 27 dicembre 2019, n. 160, a decorrere dal 1° gennaio 2020.*

(9) *Il primo periodo del presente comma è stato così sostituito dagli attuali periodi primo, secondo e terzo, dall'art. 1, comma 710, lett.* b), *della L. 27 dicembre 2019, n. 160, a decorrere dal 1° gennaio 2020.*

(10) *Questo comma è stato così sostituito dall'art. 8, comma 16, lett.* e), *del D.L. 2 marzo 2012, n. 16, convertito, con modificazioni, nella L. 26 aprile 2012, n. 44.*

(11) *Questo comma, inserito dall'art. 8, comma 16, lett.* f), *del D.L. 2 marzo 2012, n. 16, convertito, con modificazioni, nella L. 26 aprile 2012, n. 44, è stato così sostituito dall'art. 1, comma 16, della L. 28 dicembre 2015, n. 208.*

(12) *Questo comma è stato inserito dall'art. 1, comma 518, lett.* c), *della L. 24 dicembre 2012, n. 228.*

(13) *Questo periodo è stato inserito dall'art. 8, comma 16, lett.* g), *del D.L. 2 marzo 2012, n. 16, convertito, con modificazioni, nella L. 26 aprile 2012, n. 44.*

(14) *Le parole: «, ivi comprese quelle relative alle modalità di versamento dell'imposta in acconto e a saldo» sono state aggiunte dall'art. 1, comma 518, lett.* d), *della L. 24 dicembre 2012, n. 228.*

(15) *Le parole: «dal 2011» sono state così sostituite dalle attuali: «dal 2012» dall'art. 1, comma 518, lett.* e), *della L. 24 dicembre 2012, n. 228.*

(16) *Le parole: «delle attività finanziarie detenute» sono state così sostituite dalle attuali: «dei prodotti finanziari, dei conti correnti e dei libretti di risparmio detenuti» dall'art. 9, comma 1, lett.* a), *della L. 30 ottobre 2014, n. 161, a decorrere dal periodo di imposta relativo all'anno 2014.*

([17]) *Le parole: «dalle persone fisiche» sono state così sostituite dalle seguenti: «da soggetti» dall'art. 1, comma 710, lett.* c)*, della L. 27 dicembre 2019, n. 160, a decorrere dal 1° gennaio 2020.*

([18]) *Le parole: «il 2011 e» sono state soppresse dall'art. 1, comma 518, lett.* f)*, della L. 24 dicembre 2012, n. 228.*

([19]) *Le parole: «e dell'1,5 per mille, a decorrere dal 2013» sono state così sostituite dalle attuali: «dell'1,5 per mille, per il 2013, e del 2 per mille, a decorrere dal 2014» dall'art. 1, comma 582, della L. 27 dicembre 2013, n. 147.*

([20]) *Le parole: «delle attività finanziarie» sono state così sostituite dalle attuali: «dei prodotti finanziari» dall'art. 9, comma 1, lett.* b)*, della L. 30 ottobre 2014, n. 161, a decorrere dal periodo di imposta relativo all'anno 2014.*

([21]) *Le parole tra parentesi quadrate sono state soppresse dall'art. 1, comma 518, lett.* f)*, della L. 24 dicembre 2012, n. 228.*

([22]) *Le parole: «lettera* a)*» sono state così sostituite dalle seguenti: «lettere* a) *e* b)*» dall'art. 134, comma 1, lett.* a)*, del D.L. 19 maggio 2020, n. 34, convertito, con modificazioni, nella L. 17 luglio 2020, n. 77.*

([23]) *Questo periodo è stato inserito dall'art. 8, comma 16, lett.* h)*, del D.L. 2 marzo 2012, n. 16, convertito, con modificazioni, nella L. 26 aprile 2012, n. 44.*

([24]) *Questo periodo è stato inserito dall'art. 134, comma 1, lett.* b)*, del D.L. 19 maggio 2020, n. 34, convertito, con modificazioni, nella L. 17 luglio 2020, n. 77.*

([25]) *Le parole: «detenute le attività finanziarie» sono state così sostituite dalle attuali: «detenuti i prodotti finanziari» dall'art. 9, comma 1, lett.* b)*, della L. 30 ottobre 2014, n. 161, a decorrere dal periodo di imposta relativo all'anno 2014.*

([26]) *Le parole: «detenute le attività finanziarie» sono state così sostituite dalle attuali: «detenuti i prodotti finanziari, i conti correnti e i libretti di risparmio» dall'art. 9, comma 1, lett.* c)*, della L. 30 ottobre 2014, n. 161, a decorrere dal periodo di imposta relativo all'anno 2014.*

([27]) *Le parole: «l'imposta sul reddito delle persone fisiche» sono state così sostituite dalle seguenti: «le imposte sui redditi» dall'art. 1, comma 710, lett.* e)*, della L. 27 dicembre 2019, n. 160, a decorrere dal 1° gennaio 2020.*

([28]) *Le parole: «, ivi comprese quelle relative alle modalità di versamento dell'imposta in acconto e a saldo» sono state aggiunte dall'art. 1, comma 518, lett.* g)*, della L. 24 dicembre 2012, n. 228.*

([29]) *Le parole tra parentesi quadrate sono state soppresse dall'art. 1, comma 518, lett.* h)*, della L. 24 dicembre 2012, n. 228.*

12.

D.L. 2 marzo 2012, n. 16. Disposizioni urgenti in materia di semplificazioni tributarie, di efficientamento e potenziamento delle procedure di accertamento (*Gazzetta Ufficiale* Serie gen. - n. 52 del 2 marzo 2012), convertito, con modificazioni, nella L. 26 aprile 2012, n. **44** (Suppl. ord. alla *Gazzetta Ufficiale* Serie gen. n. 99 del 28 aprile 2012).

(*Estratto*)

Titolo I

Semplificazioni in materia tributaria

3. Facilitazioni per imprese e contribuenti. – 1. Per l'acquisto di beni e di prestazioni di servizi legate al turismo effettuati presso i soggetti di cui agli articoli 22 e 74 *ter* del decreto del Presidente della Repubblica 26 ottobre 1972, n. 633, dalle persone fisiche di cittadinanza diversa da quella italiana e che abbiano residenza fuori del territorio dello Stato, il limite per il trasferimento di denaro contante di cui all'articolo 49, comma 1, del decreto legislativo 21 novembre 2007, n. 231, è elevato a 15.000 euro a condizione che il cedente del bene o il prestatore del servizio provveda ai seguenti adempimenti:

a) all'atto dell'effettuazione dell'operazione acquisisca fotocopia del passaporto del cessionario o del committente nonché apposita autocertificazione di quest'ultimo, ai sensi dell'articolo 47 del testo unico delle disposizioni legislative e regolamentari in materia di documentazione amministrativa, di cui al decreto del Presidente della Repubblica 28 dicembre 2000, n. 445, attestante che non è cittadino italiano e che ha la residenza fuori del territorio dello Stato;

b) nel primo giorno feriale successivo a quello di effettuazione dell'operazione versi il denaro contante incassato in un conto corrente intestato al cedente o al prestatore presso un operatore finanziario, consegnando a quest'ultimo copia della ricevuta della comunicazione di cui al comma 2 ([1]).

2. La disposizione di cui al comma 1 opera a condizione che i cedenti o i prestatori che intendono aderire alla disciplina del presente articolo inviino apposita comunicazione preventiva, anche in via telematica, all'Agenzia delle entrate secondo le modalità ed i termini stabiliti con provvedimento del Direttore dell'Agenzia stessa, da emanare entro trenta giorni dalla data di entrata in vigore del presente decreto. Nella comunicazione dovrà essere indicato il conto che il cedente del bene o il prestatore del servizio intende utilizzare.

2 *bis*. I soggetti di cui agli articoli 22 e 74 *ter* del decreto del Presidente della Repubblica 26 ottobre 1972, n. 633, comunicano all'Agenzia delle en-

trate le operazioni di cui al comma 1 di importo unitario non inferiore ad euro 1.000, effettuate dalla data di entrata in vigore della legge di conversione del presente decreto, secondo modalità e termini stabiliti con provvedimento del Direttore dell'Agenzia delle entrate.

3. L'efficacia della disposizione di cui all'articolo 2, comma 4 *ter*, lettera *c*), del decreto legge 13 agosto 2011, n. 138, convertito, con modificazioni, dalla legge 14 settembre 2011, n. 148, come introdotta dall'articolo 12, comma 2, del decreto legge 6 dicembre 2011, n. 201, convertito, con modificazioni, dalla legge 22 dicembre 2011, n. 214, limitatamente alla erogazione di stipendi e pensioni corrisposti da enti e amministrazioni pubbliche, è differita al 1° luglio 2012. Dalla data di entrata in vigore del presente decreto presso gli sportelli aperti al pubblico di tali enti e amministrazioni pubbliche è data massima pubblicità al contenuto e agli effetti della disposizione di cui al precedente periodo, nonché di quelle di cui all'articolo 12, commi 3 e 4, del decreto legge 6 dicembre 2011, n. 201, convertito, con modificazioni, dalla legge 22 dicembre 2011, n. 214.

4. La disposizione di cui al primo periodo del comma 3 non trova applicazione nei riguardi di coloro i quali, anteriormente alla data di entrata in vigore del presente decreto, si sono già conformati alla disposizione di cui all'articolo 2, comma 4 *ter*, lettera *c*), del decreto legge 13 agosto 2011, n. 138, convertito, con modificazioni, dalla legge 14 settembre 2011, n. 148, come introdotta dall'articolo 12, comma 2, del decreto legge 6 dicembre 2011, n. 201, convertito, con modificazioni, dalla legge 22 dicembre 2011, n. 214.

4 *bis*. - 16 *sexies*. (*Omissis*)

(¹) *Questo comma è stato così sostituito dall'art. 1, comma 245, della L. 30 dicembre 2018, n. 145, a decorrere dal 1° gennaio 2019.*

13.

D.L. 22 giugno 2012, n. 83. Misure urgenti per la crescita del Paese (Suppl. ord. alla *Gazzetta Ufficiale* Serie gen. - n. 147 del 26 giugno 2012), convertito, con modificazioni, nella L. 7 agosto 2012, n. **134** (Suppl. ord. alla *Gazzetta Ufficiale* Serie gen. - n. 187 dell'11 agosto 2012).

(*Estratto*)

Titolo I
Misure urgenti per le infrastrutture l'edilizia ed i trasporti

Capo I
Infrastrutture – Misure per l'attrazione di capitali privati

1. Integrazione della disciplina relativa all'emissione di obbligazioni e di titoli di debito da parte delle società di progetto-project bond. – 1. Gli interessi delle obbligazioni di progetto emesse dalle società di cui all'articolo 157 del decreto legislativo 12 aprile 2006, n. 163, sono soggette allo stesso regime fiscale previsto per i titoli del debito pubblico.

2. (*Omissis*)

3. Le garanzie di qualunque tipo, da chiunque e in qualsiasi momento prestate in relazione alle emissioni di obbligazioni e titoli di debito da parte delle società di cui all'articolo 157 del decreto legislativo 12 aprile 2006, n. 163, nonché le relative eventuali surroghe, sostituzioni, postergazioni, frazionamenti e cancellazioni anche parziali, ivi comprese le cessioni di credito stipulate in relazione a tali emissioni, nonché i trasferimenti di garanzie anche conseguenti alla cessione delle predette obbligazioni e titoli di debito, sono soggetti alle imposte di registro, ipotecarie e catastali in misura fissa di cui rispettivamente al decreto del Presidente della Repubblica 26 aprile 1986, n. 131 e al decreto legislativo 31 ottobre 1990, n. 347 (1).

[4. Le disposizioni di cui al comma 1, si applicano alle obbligazioni emesse nei tre anni successivi alla data di entrata in vigore del presente decreto] (2).

5. È ammessa l'emissione di obbligazioni ai sensi dell'articolo 157 del decreto legislativo 12 aprile 2006, n. 163 anche ai fini del rifinanziamento del debito precedentemente contratto per la realizzazione dell'infrastruttura o delle opere connesse al servizio di pubblica utilità di cui sia titolare.

(1) *Questo comma è stato così sostituito dall'art. 13, comma 3, lett.* a), *del D.L. 12 settembre 2014, n. 133, convertito, con modificazioni, nella L. 11 novembre 2014, n. 164.*

(2) *Questo comma è stato abrogato dall'art. 13, comma 3, lett.* b), *del D.L. 12 settembre 2014, n. 133, convertito, con modificazioni, nella L. 11 novembre 2014, n. 164.*

Titolo III
Misure urgenti per lo sviluppo economico

Capo II
Nuovi strumenti di finanziamento per le imprese

32 *bis*. (1) **Liquidazione dell'IVA secondo la contabilità di cassa.** – 1. In esecuzione alla facoltà accordata dalla direttiva 2010/45/UE del Consiglio, del 13 luglio 2010, per le cessioni di beni e per le prestazioni di servizi effettuate da soggetti passivi con volume d'affari non superiore a 2 milioni di euro, nei confronti di cessionari o di committenti che agiscono nell'esercizio di impresa, arte o professione, l'imposta sul valore aggiunto diviene esigibile al momento del pagamento dei relativi corrispettivi. Per i medesimi soggetti l'esercizio del diritto alla detrazione dell'imposta relativa agli acquisti dei beni o dei servizi sorge al momento del pagamento dei relativi corrispettivi. In ogni caso, il diritto alla detrazione dell'imposta in capo al cessionario o al committente sorge al momento di effettuazione dell'operazione, ancorché il corrispettivo non sia stato ancora pagato. Le disposizioni del presente comma non si applicano alle operazioni effettuate dai soggetti che si avvalgono di regimi speciali di applicazione dell'imposta, né a quelle poste in essere nei confronti di cessionari o di committenti che assolvono l'imposta mediante l'applicazione dell'inversione contabile. L'imposta diviene, comunque, esigibile dopo il decorso del termine di un anno dal momento di effettuazione dell'operazione. Il limite annuale non si applica nel caso in cui il cessionario o il committente, prima del decorso del termine, sia stato assoggettato a procedure concorsuali.

2. Il regime di cui al comma 1 si rende applicabile previa opzione da parte del contribuente, da esercitare secondo le modalità individuate con provvedimento del Direttore dell'Agenzia delle entrate.

3. Sulle fatture emesse in applicazione delle disposizioni di cui al comma 1 deve essere apposta specifica annotazione.

4. Con decreto del Ministro dell'economia e delle finanze, da emanare entro sessanta giorni dalla data di entrata in vigore della legge di conversione del presente decreto, sono stabilite le disposizioni di attuazione del presente articolo (2).

5. Dalla data di entrata in vigore delle disposizioni di cui al presente articolo, individuata con il decreto di cui al comma 4 del presente articolo, è abrogato l'articolo 7 del decreto legge 29 novembre 2008, n. 185, convertito, con modificazioni, dalla legge 28 gennaio 2009, n. 2.

6. All'onere relativo all'attuazione del presente articolo, pari a 11,9 milioni di euro per l'anno 2012 e a 500.000 euro a decorrere dall'anno 2013, si provvede mediante corrispondente riduzione dell'autorizzazione di spesa di cui all'articolo 27, comma 10, della legge 23 dicembre 1999, n. 488, e successive modificazioni.

7. Il Ministro dell'economia e delle finanze è autorizzato ad apportare, con propri decreti, le occorrenti variazioni di bilancio.

(1) *Si veda il Provv. 21 novembre 2012.*

(2) *Si veda il D.M. 11 ottobre 2012* (G.U. *Serie gen. - n. 284 del 5 dicembre 2012*).

14.

L. 23 dicembre 2014, n. 190. Disposizioni per la formazione del bilancio annuale e pluriennale dello Stato (legge di stabilità 2015) (Suppl. ord. alla *Gazzetta Ufficiale* Serie gen. - n. 300 del 29 dicembre 2014).

1. 1. - 717. (*Omissis*).

[718. Fermo restando quanto previsto dal comma 207, e fatta salva l'adozione dei provvedimenti normativi di cui al comma 719:

a) l'aliquota IVA del 10 per cento è incrementata di 1,5 punti percentuali dal 1° gennaio 2019 e di ulteriori 1,5 punti percentuali a decorrere dal 1° gennaio 2020;

b) l'aliquota IVA del 22 per cento è incrementata di 2,2 punti percentuali dal 1° gennaio 2019, di ulteriori 0,7 punti percentuali a decorrere dal 1° gennaio 2020 e di ulteriori 0,1 punti percentuali a decorrere dal 1° gennaio 2021;

c) a decorrere dal 1 gennaio 2019, con provvedimento del direttore dell'Agenzia delle dogane e dei monopoli, l'aliquota dell'accisa sulla benzina e sulla benzina con piombo, nonché l'aliquota dell'accisa sul gasolio usato come carburante, di cui all'allegato I del testo unico delle disposizioni legislative concernenti le imposte sulla produzione e sui consumi e relative sanzioni penali e amministrative, di cui al decreto legislativo 26 ottobre 1995, n. 504, e successive modificazioni, sono aumentate in misura tale da determinare maggiori entrate nette non inferiori a 1.221 milioni di euro per l'anno 2021, a 1.683 milioni di euro per l'anno 2022, a 1.954 milioni di euro per l'anno 2023, a 2.054 milioni di euro per l'anno 2024 e a 2.154 milioni di euro annui a decorrere dall'anno 2025 e per ciascuno degli anni successivi; il provvedimento è efficace dalla data di pubblicazione nel sito *internet* dell'Agenzia delle dogane e dei monopoli] (1).

719. Le misure di cui al comma 718 possono essere sostituite integralmente o in parte da provvedimenti normativi che assicurino, integralmente o in parte, gli stessi effetti positivi sui saldi di finanza pubblica attraverso il

conseguimento di maggiori entrate ovvero di risparmi di spesa mediante interventi di razionalizzazione e di revisione della spesa pubblica.

720. - 735. (*Omissis*).

([1]) *Questo comma è stato abrogato dall'art. 123, comma 1, del D.L. 19 maggio 2020, n. 34, convertito, con modificazioni, nella L. 17 luglio 2020, n. 77.*

15.

L. 28 dicembre 2015, n. 208. Disposizioni per la formazione del bilancio annuale e pluriennale dello Stato (legge di stabilità 2016) (Suppl. ord. alla *Gazzetta Ufficiale* Serie gen. - n. 302 del 30 dicembre 2015).

1. 1. - 55. (*Omissis*).

56. Ai fini dell'imposta sul reddito delle persone fisiche, si detrae dall'imposta lorda, fino alla concorrenza del suo ammontare, il 50 per cento dell'importo corrisposto per il pagamento dell'imposta sul valore aggiunto in relazione all'acquisto, effettuato entro il 31 dicembre 2017 ([1]), di unità immobiliari a destinazione residenziale, di classe energetica A o B ai sensi della normativa vigente, cedute dalle imprese costruttrici delle stesse. La detrazione di cui al precedente periodo è pari al 50 per cento dell'imposta dovuta sul corrispettivo d'acquisto ed è ripartita in dieci quote costanti nell'anno in cui sono state sostenute le spese e nei nove periodi d'imposta successivi.

57. - 999. (*Omissis*).

([1]) *Le parole: "31 dicembre 2016" sono state così sostituite dalle seguenti: "31 dicembre 2017" dall'art. 9, comma 9 octies, del D.L. 30 dicembre 2016, n. 244, convertito, con modificazioni, nella L. 27 febbraio 2017, n. 19.*

16.

L. 11 dicembre 2016, n. 232. Bilancio di previsione dello Stato per l'anno finanziario 2017 e bilancio pluriennale per il triennio 2017-2019 (Suppl. ord. alla *Gazzetta Ufficiale* Serie gen. - n. 297 del 21 dicembre 2016) e avviso di rettifica in *Gazzetta Ufficiale* Serie gen. - n. 298 del 22 dicembre 2016.

(*Estratto*)

Parte I

Sezione I

Misure quantitative per la realizzazione degli obiettivi programmatici

1. Risultati differenziali. Norme in materia di entrata e di spesa e altre disposizioni. Fondi speciali. – 1. - 537. (*Omissis*)

538. In attuazione di quanto disposto dal comma 537, con successivo provvedimento del Direttore dell'Agenzia delle entrate sono adeguati i decreti che disciplinano il contenuto dello scontrino fiscale e della ricevuta fiscale.

539. La disposizione di cui al comma 537 si applica alle operazioni effettuate a decorrere dal 1° gennaio 2018.

540. A decorrere dal 1° gennaio 2021 (1) i contribuenti, persone fisiche maggiorenni residenti nel territorio dello Stato, che effettuano, esclusivamente attraverso strumenti che consentano il pagamento elettronico, (2) acquisti di beni o servizi, fuori dall'esercizio di attività di impresa, arte o professione, presso esercenti che trasmettono telematicamente i corrispettivi, ai sensi dell'articolo 2, comma 1, del decreto legislativo 5 agosto 2015, n. 127, possono partecipare all'estrazione a sorte di premi attribuiti nel quadro di una lotteria nazionale. Per partecipare all'estrazione è necessario che i contribuenti, al momento dell'acquisto, comunichino il proprio codice lotteria, individuato dal provvedimento del direttore dell'Agenzia delle dogane e dei monopoli, d'intesa con l'Agenzia delle entrate, adottato ai sensi del comma 544, (3) all'esercente e che quest'ultimo trasmetta all'Agenzia delle entrate i dati della singola cessione o prestazione, secondo le modalità di cui ai commi 3 e 4 dell'articolo 2 del decreto legislativo 5 agosto 2015, n. 127. A decorrere dal 1° marzo 2021, nel caso in cui (4) l'esercente al momento dell'acquisto rifiuti di acquisire il codice lotteria, il consumatore può segnalare tale circostanza nellasezione dedicata del portale Lotteria del sito internet dell'Agenzia delle dogane e dei monopoli (5) (6). Tali segnalazioni sono utilizzate dall'Agenzia delle entrate e dal Corpo della guardia di finanza nell'ambito delle attività di analisi del rischio di evasione (6). I premi attribuiti non concorrono a forma-

re il reddito del percipiente per l'intero ammontare corrisposto nel periodo d'imposta e non sono assoggettati ad alcun prelievo erariale ([7]) ([8]).

541. La partecipazione all'estrazione a sorte di cui al comma 540 è consentita anche con riferimento a tutti gli acquisti di beni o servizi, effettuati fuori dell'esercizio di attività d'impresa, arte o professione esclusivamente attraverso strumenti che consentano il pagamento elettronico ([9]), documentati con fattura, a condizione che i dati di quest'ultima siano trasmessi telematicamente all'Agenzia delle entrate ai sensi dell'articolo 21 del decreto legge 31 maggio 2010, n. 78, convertito, con modificazioni, dalla legge 30 luglio 2010, n. 122, ovvero ai sensi dell'articolo 1, comma 3, del decreto legislativo 5 agosto 2015, n. 127.

542. Con il provvedimento di cui al comma 544 sono istituiti premi per un ammontare complessivo annuo non superiore a 45 milioni di euro ([10]). Con lo stesso provvedimento sono, altresì, stabilite le modalità attuative del presente comma, prevedendo premi, nell'ambito del predetto ammontare complessivo, anche per gli esercenti che hanno certificato le operazioni di cessione di beni ovvero prestazione di servizi ai sensi dell'articolo 2, comma 1, del decreto legislativo 5 agosto 2015, n. 127. Al fine di garantire le risorse finanziarie necessarie per l'attribuzione dei premi e le spese amministrative e di comunicazione connesse alla gestione della lotteria, il Fondo iscritto nello stato di previsione del Ministero dell'economia e delle finanze ai sensi dell'articolo 18 del decreto legge 23 ottobre 2018, n. 119, convertito, con modificazioni, dalla legge 17 dicembre 2018, n. 136, è incrementato di 50 milioni di euro a decorrere dall'anno 2020. I fondi per le spese amministrative e di comunicazione sono attribuiti alle amministrazioni che sostengono i relativi costi ([11]).

[543. Nelle more dell'attuazione delle misure di cui al comma 540, a decorrere dal 1° novembre 2017 ([12]), la lotteria nazionale è attuata, senza oneri aggiuntivi per il bilancio dello Stato, in via sperimentale limitatamente agli acquisti di beni o servizi, fuori dell'esercizio di attività d'impresa, arte o professione, effettuati dai contribuenti, persone fisiche residenti nel territorio dello Stato, mediante strumenti che consentano il pagamento con carta di debito e di credito, di cui al comma 3 dell'articolo 2 del decreto legislativo 5 agosto 2015, n. 127] ([13]).

544. Con provvedimento del direttore dell'Agenzia delle dogane e dei monopoli, d'intesa con l'Agenzia delle entrate, da adottarsi entro il 1° febbraio 2021, ([14]) sono disciplinate le modalità tecniche relative alle operazioni di estrazione, l'entità e il numero dei premi messi a disposizione, nonché ogni altra disposizione necessaria per l'avvio e ([15]) per l'attuazione della lotteria. Il divieto di pubblicità per giochi e scommesse, previsto dall'articolo 9, comma

1, del decreto legge 12 luglio 2018, n. 87, convertito, con modificazioni, dalla legge 9 agosto 2018, n. 96, non si applica alla lotteria di cui al comma 540 ([16]).

545. - 638. (*Omissis*)

([1]) *Le parole: «A decorrere dal 1° luglio 2020» sono state così sostituite dalle attuali: «A decorrere dal 1° gennaio 2021» dall'art. 141, comma 1, del D.L. 19 maggio 2020, n. 34, convertito, con modificazioni, nella L. 17 luglio 2020, n. 77.*

([2]) *Le parole: «, esclusivamente attraverso strumenti che consentano il pagamento elettronico,» sono state inserite dall'art. 1, comma 1095, lett.* a*), n. 1), della L. 30 dicembre 2020, n. 178, a decorrere dal 1° gennaio 2021.*

([3]) *Le parole: «codice fiscale» sono state così sostituite dalle attuali: «codice lotteria, individuato dal provvedimento del direttore dell'Agenzia delle dogane e dei monopoli, d'intesa con l'Agenzia delle entrate, adottato ai sensi del comma 544,» dall'art. 20, comma 1, lett.* b*), del D.L. 26 ottobre 2019, n. 124, convertito, con modificazioni, nella L. 19 dicembre 2019, n. 157.*

([4]) *Le parole: «Nel caso in cui» sono state così sostituite dalle seguenti: «A decorrere dal 1° marzo 2021, nel caso in cui» dall'art. 3, comma 10, del D.L. 31 dicembre 2020, n. 183, convertito, con modificazioni, nella L. 26 febbraio 2021, n. 21.*

([5]) *Le parole: «del sito internet dell'Agenzia delle entrate» sono state così sostituite dalle seguenti: «del sito internet dell'Agenzia delle dogane e dei monopoli» dall'art. 1, comma 1095, lett.* a*), n. 2), della L. 30 dicembre 2020, n. 178, a decorrere dal 1° gennaio 2021.*

([6]) *Questo periodo è stato inserito dall'art. 20, comma 1, lett.* c*), del D.L. 26 ottobre 2019, n. 124, convertito, con modificazioni, nella L. 19 dicembre 2019, n. 157.*

([7]) *Questo periodo è stato aggiunto dall'art. 19, comma 1, lett.* a*), del D.L. 26 ottobre 2019, n. 124, convertito, con modificazioni, nella L. 19 dicembre 2019, n. 157.*

([8]) *Questo comma è stato così sostituito dall'art. 18, comma 1, lett.* a*), del D.L. 23 ottobre 2018, n. 119, convertito, con modificazioni, nella L. 17 dicembre 2018, n. 136.*

([9]) *Le parole: «esclusivamente attraverso strumenti che consentano il pagamento elettronico» sono state inserite dall'art. 1, comma 1095, lett.* b*), della L. 30 dicembre 2020, n. 178, a decorrere dal 1° gennaio 2021.*

([10]) *Questo periodo è stato così sostituito dall'art. 1, comma 1095, lett.* c*), della L. 30 dicembre 2020, n. 178, a decorrere dal 1° gennaio 2021.*

([11]) *Questo comma è stato così sostituito dall'art. 19, comma 1, lett.* b*), del D.L. 26 ottobre 2019, n. 124, convertito, con modificazioni, nella L. 19 dicembre 2019, n. 157.*

([12]) *Le parole: «a decorrere dal 1° marzo 2017» sono state così sostituite dalle attuali: «a decorrere dal 1° novembre 2017» dall'art. 14* quater *del D.L. 30 dicembre 2016, n. 244, convertito, con modificazioni, nella L. 27 febbraio 2017, n. 19.*

([13]) *Questo comma è stato abrogato dall'art. 18, comma 1, lett.* b*), del D.L. 23 ottobre 2018, n. 119, convertito, con modificazioni, nella L. 17 dicembre 2018, n. 136.*

([14]) *Le parole: «da adottarsi entro il 1° febbraio 2021,» sono state inserite dall'art. 3, comma 9, del D.L. 31 dicembre 2020, n. 183, convertito, con modificazioni, nella L. 26 febbraio 2021, n. 21.*

([15]) *Le parole: «per l'avvio e» sono state inserite dall'art. 3, comma 9, del D.L. 31 dicembre 2020, n. 183, convertito, con modificazioni, nella L. 26 febbraio 2021, n. 21.*

([16]) *Questo comma è stato così sostituito dall'art. 18, comma 1, lett.* c*), del D.L. 23 ottobre 2018, n. 119, convertito, con modificazioni, nella L. 17 dicembre 2018, n. 136.*

17.

L. 27 dicembre 2017, n. 205. Bilancio di previsione dello Stato per l'anno finanziario 2018 e bilancio pluriennale per il triennio 2018-2020 (Suppl. ord. alla *Gazzetta Ufficiale* Serie gen. - n. 302 del 29 dicembre 2017) ed avviso di rettifica in *Gazzetta Ufficiale* Serie gen. - n. 13 del 17 gennaio 2018, ed avviso di rettifica in *Gazzetta Ufficiale* Serie gen. - n. 21 del 26 gennaio 2018.

(*Estratto*)

Parte I

Sezione I
Misure quantitative per la realizzazione degli obiettivi programmatici

1. 1. - 18. (*Omissis*).

19. Ai sensi dell'articolo 1, comma 2, della legge 27 luglio 2000, n. 212, l'articolo 7, comma 1, lettera *b*), della legge 23 dicembre 1999, n. 488, nonché il decreto del Ministro delle finanze 29 dicembre 1999, pubblicato nella *Gazzetta Ufficiale* n. 306 del 31 dicembre 1999, si interpretano nel senso che l'individuazione dei beni che costituiscono una parte significativa del valore delle forniture effettuate nell'ambito delle prestazioni aventi per oggetto interventi di recupero del patrimonio edilizio e delle parti staccate si effettua in base all'autonomia funzionale delle parti rispetto al manufatto principale, come individuato nel citato decreto ministeriale; come valore dei predetti beni deve essere assunto quello risultante dall'accordo contrattuale stipulato dalle parti contraenti, che deve tenere conto solo di tutti gli oneri che concorrono alla produzione dei beni stessi e, dunque, sia delle materie prime che della manodopera impiegata per la produzione degli stessi e che, comunque, non può essere inferiore al prezzo di acquisto dei beni stessi. La fattura emessa ai sensi dell'articolo 21 del decreto del Presidente della Repubblica 26 ottobre 1972, n. 633, dal prestatore che realizza l'intervento di recupero agevolato deve indicare, oltre al servizio che costituisce l'oggetto della prestazione, anche i beni di valore significativo, individuati con il predetto decreto del Ministro delle finanze 29 dicembre 1999, che sono forniti nell'ambito dell'intervento stesso. Sono fatti salvi i comportamenti difformi tenuti fino alla data di entrata in vigore della presente legge. Non si fa luogo al rimborso dell'imposta sul valore aggiunto applicata sulle operazioni effettuate.

20. - 1181. (*Omissis*).

18.

L. 30 dicembre 2018, n. 145. Bilancio di previsione dello Stato per l'anno finanziario 2019 e bilancio pluriennale per il triennio 2019-2021 (Suppl. ord. alla *Gazzetta Ufficiale* Serie gen. - n. 302 del 31 dicembre 2018).

(*Estratto*)

Parte I

Sezione I

Misure quantitative per la realizzazione
degli obiettivi programmatici

1. Risultati differenziali. Norme in materia di entrata e di spesa e altre disposizioni. Fondi speciali. – 1. - 34. (*Omissis*)

35. È istituita l'imposta sui servizi digitali.

36. Sono soggetti passivi dell'imposta sui servizi digitali i soggetti esercenti attività d'impresa che, singolarmente o a livello di gruppo, nell'anno solare precedente a quello di cui al comma 35 *bis* (1), realizzano congiuntamente:

a) un ammontare complessivo di ricavi ovunque realizzati non inferiore a euro 750.000.000;

b) un ammontare di ricavi derivanti da servizi digitali, di cui al comma 37, realizzati nel territorio dello Stato non inferiore a euro 5.500.000.

37. L'imposta si applica ai ricavi derivanti dalla fornitura dei seguenti servizi:

a) veicolazione su un'interfaccia digitale di pubblicità mirata agli utenti della medesima interfaccia;

b) messa a disposizione di un'interfaccia digitale multilaterale che consente agli utenti di essere in contatto e di interagire tra loro, anche al fine di facilitare la fornitura diretta di beni o servizi;

c) trasmissione di dati raccolti da utenti e generati dall'utilizzo di un'interfaccia digitale.

37 *bis*. Non si considerano servizi digitali di cui al comma 37:

a) la fornitura diretta di beni e servizi, nell'ambito di un servizio di intermediazione digitale;

b) la fornitura di beni o servizi ordinati attraverso il sito web del fornitore di quei beni e servizi, quando il fornitore non svolge funzioni di intermediario;

c) la messa a disposizione di un'interfaccia digitale il cui scopo esclusivo o principale è quello della fornitura agli utenti dell'interfaccia, da parte del soggetto che gestisce l'interfaccia stessa, di contenuti digitali, servizi di comunicazione o servizi di pagamento;

d) la messa a disposizione di un'interfaccia digitale utilizzata per gestire:

1) i sistemi dei regolamenti interbancari previsti dal testo unico di cui al decreto legislativo 1° settembre 1993, n. 385, o di regolamento o di consegna di strumenti finanziari;

2) le piattaforme di negoziazione o i sistemi di negoziazione degli internalizzatori sistematici di cui all'articolo 1, comma 5 *octies*, lettera *c*), del testo unico di cui al decreto legislativo 24 febbraio 1998, n. 58;

3) le attività di consultazione di investimenti partecipativi e, se facilitano la concessione di prestiti, i servizi di intermediazione nel finanziamento partecipativo;

4) le sedi di negoziazione all'ingrosso di cui all'articolo 61, comma 1, lettera e), del testo unico di cui al decreto legislativo 24 febbraio 1998, n. 58;

5) le controparti centrali di cui all'articolo 1, comma 1, lettera *w quinquies*), del testo unico di cui al decreto legislativo 24 febbraio 1998, n. 58;

6) i depositari centrali di cui all'articolo 1, comma 1, lettera *w septies*), del testo unico di cui al decreto legislativo 24 febbraio 1998, n. 58;

7) gli altri sistemi di collegamento la cui attività è soggetta ad autorizzazione e l'esecuzione delle prestazioni dei servizi soggetta alla sorveglianza di un'autorità di regolamentazione al fine di assicurare la sicurezza, la qualità e la trasparenza delle transazioni riguardanti strumenti finanziari, prodotti di risparmio o altre attività finanziarie;

e) la cessione di dati da parte dei soggetti che forniscono i servizi indicati alla lettera *d*);

f) lo svolgimento delle attività di organizzazione e gestione di piattaforme telematiche per lo scambio dell'energia elettrica, del gas, dei certificati ambientali e dei carburanti, nonché la trasmissione dei relativi dati ivi raccolti e ogni altra attività connessa.

38. Non sono tassabili i ricavi derivanti dai servizi di cui al comma 37 resi a soggetti che, ai sensi dell'articolo 2359 del codice civile, si considerano controllati, controllanti o controllati dallo stesso soggetto controllante.

39. I ricavi tassabili sono assunti al lordo dei costi e al netto dell'imposta sul valore aggiunto e di altre imposte indirette.

39 *bis*. I corrispettivi versati per la prestazione dei servizi di cui al comma 37, lettera *b*), comprendono l'insieme dei corrispettivi versati dagli utilizzatori dell'interfaccia digitale multilaterale, ad eccezione di quelli versati come corrispettivo della cessione di beni o della prestazione di servizi che costituiscono, sul piano economico, operazioni indipendenti dall'accesso e dall'utilizzazione del servizio imponibile.

39 *ter*. Non sono considerati i corrispettivi della messa a disposizione di un'interfaccia digitale che facilita la vendita di prodotti soggetti ad accisa ai

sensi dell'articolo 1, paragrafo 1, della direttiva 2008/ 118/CE del Consiglio, del 16 dicembre 2008, relativa al regime generale delle accise e che abroga la direttiva 92/12/CEE, quando hanno un collegamento diretto e inscindibile con il volume o il valore di tali vendite.

40. Il periodo d'imposta coincide con l'anno solare. Un ricavo si considera tassabile in un determinato periodo d'imposta se l'utente di un servizio tassabile è localizzato nel territorio dello Stato in detto periodo. Un utente si considera localizzato nel territorio dello Stato se:

a) nel caso di un servizio di cui al comma 37, lettera *a*), la pubblicità figura sul dispositivo dell'utente nel momento in cui il dispositivo è utilizzato nel territorio dello Stato in detto periodo d'imposta per accedere a un'interfaccia digitale;

b) nel caso di un servizio di cui al comma 37, lettera *b*), se:

1) il servizio comporta un'interfaccia digitale multilaterale che facilita le corrispondenti cessioni di beni o prestazioni di servizi direttamente tra gli utenti, l'utente utilizza un dispositivo nel territorio dello Stato in detto periodo d'imposta per accedere all'interfaccia digitale e conclude un'operazione corrispondente su tale interfaccia in detto periodo d'imposta;

2) il servizio comporta un'interfaccia digitale multilaterale di un tipo che non rientra tra quelli di cui al numero 1), l'utente dispone di un conto per la totalità o una parte di tale periodo d'imposta che gli consente di accedere all'interfaccia digitale e tale conto è stato aperto utilizzando un dispositivo nel territorio dello Stato;

c) nel caso di un servizio di cui al comma 37, lettera *c*), i dati generati dall'utente che ha utilizzato un dispositivo nel territorio dello Stato per accedere a un'interfaccia digitale, nel corso di tale periodo d'imposta o di un periodo d'imposta precedente, sono trasmessi in detto periodo d'imposta.

40 *bis*. Il dispositivo si considera localizzato nel territorio dello Stato con riferimento principalmente all'indirizzo di protocollo internet (IP) del dispositivo stesso o ad altro sistema di geolocalizzazione, nel rispetto delle regole relative al trattamento dei dati personali.

40 *ter*. Quando un servizio imponibile di cui al comma 37 è fornito nel territorio dello Stato nel corso di un anno solare ai sensi del comma 40, il totale dei ricavi tassabili è il prodotto della totalità dei ricavi derivanti dai servizi digitali ovunque realizzati per la percentuale rappresentativa della parte di tali servizi collegata al territorio dello Stato. Tale percentuale è pari:

a) per i servizi di cui al comma 37, lettera *a*), alla proporzione dei messaggi pubblicitari collocati su un'interfaccia digitale in funzione di dati relativi ad un utente che consulta tale interfaccia mentre è localizzato nel territorio dello Stato;

b) per i servizi di cui al comma 37, lettera *b*), se:

1) il servizio comporta un'interfaccia digitale multilaterale che facilita le corrispondenti cessioni di beni o prestazioni di servizi direttamente tra gli utenti, alla proporzione delle operazioni di consegna di beni o prestazioni di servizi per le quali uno degli utenti dell'interfaccia digitale è localizzato nel territorio dello Stato;

2) il servizio comporta un'interfaccia digitale multilaterale di un tipo che non rientra tra quelli di cui al numero 1), alla proporzione degli utenti che dispongono di un conto aperto nel territorio dello Stato che consente di accedere a tutti o parte dei servizi disponibili dell'interfaccia e che hanno utilizzato tale interfaccia durante l'anno solare in questione;

c) per i servizi di cui al comma 37, lettera *c*), alla proporzione degli utenti per i quali tutti o parte dei dati venduti sono stati generati o raccolti durante la consultazione, quando erano localizzati nel territorio dello Stato, di un'interfaccia digitale.

41. L'imposta dovuta si ottiene applicando l'aliquota del 3 per cento all'ammontare dei ricavi tassabili realizzati dal soggetto passivo nel corso dell'anno solare ([2]).

42. I soggetti passivi sono tenuti al versamento dell'imposta entro il 16 maggio ([3]) dell'anno solare successivo a quello di cui al comma 35 *bis*. I medesimi soggetti sono tenuti alla presentazione della dichiarazione annuale dell'ammontare dei servizi tassabili forniti entro il 30 giugno ([4]) dello stesso anno. Per le società appartenenti al medesimo gruppo, per l'assolvimento degli obblighi derivanti dalle disposizioni relative all'imposta sui servizi digitali è nominata una singola società del gruppo. In sede di prima applicazione, l'imposta dovuta per le operazioni imponibili nell'anno 2020 è versata entro il 16 maggio 2021 e la relativa dichiarazione è presentata entro il 30 giugno 2021 ([5]) ([6]) ([7]).

43. I soggetti non residenti, privi di stabile organizzazione nel territorio dello Stato e di un numero identificativo ai fini dell'imposta sul valore aggiunto, che nel corso di un anno solare realizzano i presupposti indicati al comma 36 devono fare richiesta all'Agenzia delle entrate di un numero identificativo ai fini dell'imposta sui servizi digitali. La richiesta è effettuata secondo le modalità previste dal provvedimento del direttore dell'Agenzia delle entrate di cui al comma 46. I soggetti non residenti, privi di stabile organizzazione nel territorio dello Stato, stabiliti in uno Stato diverso da uno Stato membro dell'Unione europea o dello Spazio economico europeo con il quale l'Italia non ha concluso un accordo di cooperazione amministrativa per la lotta contro l'evasione e la frode fiscale e un accordo di assistenza reciproca per il recupero dei crediti fiscali, devono nominare un rappresentante fiscale per assolvere gli obblighi di dichiarazione e di pagamento del-

l'imposta sui servizi digitali ([8]). I soggetti residenti nel territorio dello Stato che appartengono allo stesso gruppo dei soggetti di cui al primo periodo sono solidalmente responsabili con questi ultimi per le obbligazioni derivanti dalle disposizioni relative all'imposta sui servizi digitali.

44. Ai fini dell'accertamento, delle sanzioni e della riscossione dell'imposta sui servizi digitali, nonché per il relativo contenzioso, si applicano le disposizioni previste in materia di imposta sul valore aggiunto, in quanto compatibili.

[45. Con decreto del Ministro dell'economia e delle finanze, di concerto con il Ministro dello sviluppo economico, sentiti l'Autorità per le garanzie nelle comunicazioni, il Garante per la protezione dei dati personali e l'Agenzia per l'Italia digitale, da emanare entro quattro mesi dalla data di entrata in vigore della presente legge, sono stabilite le disposizioni di attuazione dell'imposta sui servizi digitali] ([9]).

46. Con uno o più provvedimenti del direttore dell'Agenzia delle entrate sono definite le modalità applicative delle disposizioni relative all'imposta sui servizi digitali.

47. Le disposizioni relative all'imposta sui servizi digitali si applicano a decorrere dal 1° gennaio 2020 ([10]).

48. Dall'attuazione della disciplina contenuta nei commi da 35 a 50 non devono derivare nuovi o maggiori oneri a carico della finanza pubblica. Le amministrazioni interessate provvedono agli adempimenti previsti con le risorse umane, strumentali e finanziarie disponibili a legislazione vigente.

49. Il Ministro dell'economia e delle finanze presenta alle Camere una relazione annuale sullo stato di attuazione e sui risultati conoscitivi ed economici derivanti dalle disposizioni relative all'imposta sui servizi digitali. Nella Nota di aggiornamento del Documento di economia e finanza (DEF), il Ministero dell'economia e delle finanze – Dipartimento delle finanze presenta una relazione sull'attuazione della disciplina relativa all'imposta sui servizi digitali, anche ai fini dell'aggiornamento degli effetti finanziari derivanti dagli stessi.

49 *bis*. I commi da 35 a 49 sono abrogati dalla data di entrata in vigore delle disposizioni che deriveranno da accordi raggiunti nelle sedi internazionali in materia di tassazione dell'economia digitale.

50. - 1143. (*Omissis*).

([1]) *Le parole: «nel corso di un anno solare» sono state così sostituite dalle seguenti: «nell'anno solare precedente a quello di cui al comma 35* bis*» dall'art. 1, comma 678, lett.* b)*, della L. 27 dicembre 2019, n. 160, a decorrere dal 1° gennaio 2020.*

([2]) *Le parole: «in ciascun trimestre» sono state così sostituite dalle seguenti: «nel corso dell'anno solare» dall'art. 1, comma 678, lett.* f)*, della L. 27 dicembre 2019, n. 160, a decorrere dal 1° gennaio 2020.*

([3]) *Le parole: «16 febbraio» sono state così sostituite dalle attuali: «16 maggio» dall'art. 5, comma 15, lett.* a), *del D.L. 22 marzo 2021, n. 41, convertito, con modificazioni, nella L. 21 maggio 2021, n. 69.*

([4]) *Le parole: «31 marzo» sono state così sostituite dalle attuali: «30 giugno» dall'art. 5, comma 15, lett.* b), *del D.L. 22 marzo 2021, n. 41, convertito, con modificazioni, nella L. 21 maggio 2021, n. 69.*

([5]) *Questo periodo è stato così sostituito dall'art. 5, comma 15, lett.* c), *del D.L. 22 marzo 2021, n. 41, convertito, con modificazioni, nella L. 21 maggio 2021, n. 69.*

([6]) *Questo periodo è stato aggiunto dall'art. 22* quater *del D.L. 31 dicembre 2020, n. 183, convertito, con modificazioni, nella L. 26 febbraio 2021, n. 21.*

([7]) *Questo comma è stato così sostituito dall'art. 1, comma 678, lett.* g), *della L. 27 dicembre 2019, n. 160, a decorrere dal 1° gennaio 2020.*

([8]) *Questo periodo è stato inserito dall'art. 1, comma 678, lett.* h), *della L. 27 dicembre 2019, n. 160, a decorrere dal 1° gennaio 2020.*

([9]) *Questo comma è stato abrogato dall'art. 1, comma 678, lett.* l), *della L. 27 dicembre 2019, n. 160, a decorrere dal 1° gennaio 2020.*

([10]) *Questo comma è stato così sostituito dall'art. 1, comma 678, lett.* m), *della L. 27 dicembre 2019, n. 160, a decorrere dal 1° gennaio 2020.*

19.

D.L. 30 aprile 2019, n. 34. Misure urgenti di crescita economica e per la risoluzione di specifiche situazioni di crisi (*Gazzetta Ufficiale* Serie gen. - n. 100 del 30 aprile 2019), convertito, con modificazioni, nella L. 28 giugno 2019, n. **58** (Suppl. ord. alla *Gazzetta Ufficiale* Serie gen. - n. 151 del 29 giugno 2019).

(*Estratto*)

Capo I
Misure fiscali per la crescita economica

12 *novies*. ([1]) **Imposta di bollo virtuale sulle fatture elettroniche.** – 1. Ai fini del calcolo dell'imposta di bollo dovuta ai sensi dell'articolo 6, comma 2, del decreto del Ministro dell'economia e delle finanze 17 giugno 2014, pubblicato nella *Gazzetta Ufficiale* n. 146 del 26 giugno 2014, in base ai dati indicati nelle fatture elettroniche inviate attraverso il sistema di interscambio di cui all'articolo 1, commi 211 e 212, della legge 24 dicembre 2007, n. 244, l'Agenzia delle entrate integra le fatture che non recano l'annotazione di assolvimento dell'imposta di bollo di cui all'ultimo periodo del citato articolo 6, comma 2, avvalendosi di procedure automatizzate. Nei casi in cui i dati indicati nelle fatture elettroniche non siano sufficienti per i fini di cui al periodo precedente, restano applicabili le disposizioni di cui al decreto del Presidente della Repubblica 26 ottobre 1972, n. 642. In caso di ritardato, omesso o insufficiente versamento, l'Agenzia delle entrate comunica al contribuente con modalità telematiche l'ammontare dell'imposta, della sanzione amministrativa dovuta ai sensi dell'articolo 13, comma 1, del decreto legislativo 18 dicembre 1997, n. 471, ridotta ad un terzo, nonché degli interessi dovuti fino all'ultimo giorno del mese antecedente a quello dell'elaborazione della comunicazione; se il contribuente non provvede al pagamento, in tutto o in parte, delle somme dovute entro trenta giorni dal ricevimento della comunicazione, il competente ufficio dell'Agenzia delle entrate procede all'iscrizione a ruolo a titolo definitivo (2). Le disposizioni di cui al presente articolo, si applicano alle fatture inviate dal 1° gennaio 2021 attraverso il sistema di interscambio di cui al citato articolo 1, commi 211 e 212, della legge 24 dicembre 2007, n. 244 (3). Con decreto del Ministro dell'economia e delle finanze sono adottate le disposizioni di attuazione del presente comma, ivi comprese le procedure per il recupero dell'imposta di bollo non versata e l'irrogazione delle sanzioni di cui al terzo periodo. Le amministrazioni interessate provvedono alle attività relative all'attuazione del presente comma nell'ambito delle risorse umane, finanziarie e strumentali disponibili a legislazione vigente e, comunque, senza nuovi o maggiori oneri per la finanza pubblica.

(1) *A norma dell'art. 17, comma 1* bis, *del D.L. 26 ottobre 2019, n. 124, convertito, con modificazioni, nella L. 19 dicembre 2019, n. 157, così come sostituito dall'art. 26, comma 2, del D.L. 8 aprile 2020, n. 23, convertito, con modificazioni, nella L. 6 giugno 2020, n. 40, al fine di semplificare e ridurre gli adempimenti dei contribuenti, il pagamento dell'imposta di bollo può essere effettuato, senza applicazione di interessi e sanzioni:*

a) *per il primo trimestre, nei termini previsti per il versamento dell'imposta relativa al secondo trimestre solare dell'anno di riferimento, qualora l'ammontare dell'imposta da versare per le fatture elettroniche emesse nel primo trimestre solare dell'anno sia inferiore a 250 euro;*

b) *per il primo e secondo trimestre, nei termini previsti per il versamento dell'imposta relativa al terzo trimestre solare dell'anno di riferimento, qualora l'ammontare dell'imposta da versare per le fatture elettroniche emesse nel primo e secondo trimestre solare dell'anno sia inferiore complessivamente a 250 euro.*

(2) *Questo periodo è stato così sostituito dall'art. 17, comma 1, lett.* a), *del D.L. 26 ottobre 2019, n. 124, convertito, con modificazioni, nella L. 19 dicembre 2019, n. 157.*

(3) *Questo periodo è stato così sostituito dall'art. 143, comma 1, del D.L. 19 maggio 2020, n. 34, convertito, con modificazioni, nella L. 17 luglio 2020, n. 77.*

20.

L. 30 dicembre 2021, n. 234. Bilancio di previsione dello Stato per l'anno finanziario 2022 e bilancio pluriennale per il triennio 2022-2024 (Suppl. ord. alla *Gazzetta Ufficiale* Serie gen. - n. 310 del 31 dicembre 2021).

(*Estratto*)

Sezione I
Misure quantitative per la realizzazione
degli obiettivi programmatici

1. Risultati differenziali. Norme in materia di entrata e di spesa e altre disposizioni. Fondi speciali. – 1. - 682. (*Omissis*).

683. Le disposizioni di cui all'articolo 5, commi 15 *quater*, 15 *quinquies* e 15 *sexies*, del decreto legge 21 ottobre 2021, n. 146, convertito, con modificazioni, dalla legge 17 dicembre 2021, n. 215, si applicano a decorrere dal 1° gennaio 2024.

684. - 1013. (*Omissis*).

1.

D.L.vo 30 dicembre 1992, n. 504. Riordino della finanza degli enti territoriali, a norma dell'articolo 4 della L. 23 ottobre 1992, n. 421 (Suppl. ord. alla *Gazzetta Ufficiale* Serie gen. - n. 305 del 30 dicembre 1992) ed *errata corrige* in *Gazzetta Ufficiale* Serie gen. - n. 10 del 14 gennaio 1993 ([1]).

([1]) *A norma dell'art. 1, comma 728, della L. 27 dicembre 2017, n. 205, le disposizioni di questo provvedimento si interpretano, ai sensi e per gli effetti dell'articolo 1, comma 2, della legge 27 luglio 2000, n. 212, nel senso che per i manufatti ubicati nel mare territoriale destinati all'esercizio dell'attività di rigassificazione del gas naturale liquefatto, di cui all'articolo 46 del decreto legge 1º ottobre 2007, n. 159, convertito, con modificazioni, dalla legge 29 novembre 2007, n. 222, aventi una propria autonomia funzionale e reddituale che non dipende dallo sfruttamento del sottofondo marino, rientra nella nozione di fabbricato assoggettabile ad imposizione la sola porzione del manufatto destinata ad uso abitativo e di servizi civili.*

(*Estratto*)

Titolo I
Imposte comunali

Capo I
Imposta comunale sugli immobili

1. Istituzione dell'imposta. Presupposto. – 1. A decorrere dall'anno 1993 è istituita l'imposta comunale sugli immobili (I.C.I.).

2. Presupposto dell'imposta è il possesso di fabbricati, di aree fabbricabili e di terreni agricoli, siti nel territorio dello Stato, a qualsiasi uso destinati, ivi compresi quelli strumentali o alla cui produzione o scambio è diretta l'attività dell'impresa.

2. Definizione di fabbricati e aree. – 1. Ai fini dell'imposta di cui all'art. 1:

a) per fabbricato si intende l'unità immobiliare iscritta o che deve essere iscritta nel catasto edilizio urbano, considerandosi parte integrante del fabbricato l'area occupata dalla costruzione e quella che ne costituisce pertinenza; il fabbricato di nuova costruzione è soggetto all'imposta a partire dalla data di ultimazione dei lavori di costruzione ovvero, se antecedente, dalla data in cui è comunque utilizzato;

b) per area fabbricabile si intende l'area utilizzabile a scopo edificatorio in base agli strumenti urbanistici generali o attuativi ovvero in base alle possibilità effettive di edificazione determinate secondo i criteri previsti agli effetti dell'indennità di espropriazione per pubblica utilità. Sono considerati, tuttavia, non fabbricabili i terreni posseduti e condotti dai soggetti indicati nel comma 1 dell'art. 9, sui quali persiste l'utilizzazione agro-silvo-pastorale mediante l'esercizio di attività dirette alla coltivazione del fondo, alla silvicoltura, alla funghicoltura ed all'allevamento di animali. Il comune, su richiesta del contribuente, attesta se un'area sita nel proprio territorio è fabbricabile in base ai criteri stabiliti dalla presente lettera ([1]);

c) per terreno agricolo si intende il terreno adibito all'esercizio delle attività indicate nell'art. 2135 del codice civile.

([1]) *A norma dell'art. 11* quaterdecies, *comma 16, del D.L. 30 settembre 2005, n. 203, convertito, con modificazioni, nella L. 2 dicembre 2005, n. 248, ai fini dell'applicazione di questo provvedimento, la disposizione di cui a questa lettera si interpreta nel senso che un'area è da considerare comunque fabbricabile se è utilizzabile a scopo edificatorio in base allo strumento urbanistico generale, indipendentemente dall'adozione di strumenti attuativi del medesimo.*

3. ([1]) **Soggetti passivi.** – 1. Soggetti passivi dell'imposta sono il proprietario di immobili di cui al comma 2 dell'art. 1, ovvero il titolare di diritto reale di usufrutto, uso, abitazione, enfiteusi, superficie, sugli stessi, anche se non residenti nel territorio dello Stato o se non hanno ivi la sede legale o amministrativa o non vi esercitano l'attività.

2. Nel caso di concessione su aree demaniali, soggetto passivo è il concessionario. Per gli immobili, anche da costruire o in corso di costruzione, concessi in locazione finanziaria, soggetto passivo è il locatario a decorrere dalla data della stipula e per tutta la durata del contratto ([2]).

([1]) *Questo articolo è stato così sostituito dall'art. 58, comma 1, lett.* a), *del D.L.vo 15 dicembre 1997, n. 446, a decorrere dal 1° gennaio 1998.*

([2]) *Questo comma è stato così sostituito dall'art. 8, comma 2, della L. 23 luglio 2009, n. 99. A norma dell'art. 8, comma 2, della medesima legge tali disposizioni si applicano ai contratti di locazione finanziaria stipulati dalla data di entrata in vigore della presente legge.*

4. Soggetto attivo. – 1. L'imposta è liquidata, accertata e riscossa da ciascun comune per gli immobili di cui al comma 2 dell'art. 1 la cui superficie insiste, interamente o prevalentemente, sul territorio del comune stesso. L'imposta non si applica per gli immobili di cui il comune è proprietario ovvero titolare dei diritti indicati nell'articolo precedente quando la loro superficie insiste interamente o prevalentemente sul suo territorio.

2. In caso di variazioni delle circoscrizioni territoriali dei comuni, anche se dipendenti dalla istituzione di nuovi comuni, si considera soggetto attivo il comune nell'ambito del cui territorio risultano ubicati gli immobili all'1 gennaio dell'anno cui l'imposta si riferisce.

5. (1) **Base imponibile.** – 1. Base imponibile dell'imposta è il valore degli immobili di cui al comma 2 dell'art. 1.

2. Per i fabbricati iscritti in catasto, il valore è costituito da quello che risulta applicando all'ammontare delle rendite risultanti in catasto, vigenti all'1 gennaio dell'anno di imposizione, i moltiplicatori determinati con i criteri e le modalità previsti dal primo periodo dell'ultimo comma dell'art. 52 del T.U. delle disposizioni concernenti l'imposta di registro, approvato con D.P.R. 26 aprile 1986, n. 131. [Con decreti del Ministro delle finanze le rendite catastali sono rivalutate, ai fini dell'applicazione dell'imposta di cui all'art. 1, periodicamente in base a parametri che tengono conto dell'effettivo andamento del mercato immobiliare] (2).

3. Per i fabbricati classificabili nel gruppo catastale D, non iscritti in catasto, interamente posseduti da imprese e distintamente contabilizzati, fino all'anno nel quale i medesimi sono iscritti in catasto con attribuzione di rendita, il valore è determinato, alla data di inizio di ciascun anno solare ovvero, se successiva, alla data di acquisizione, secondo i criteri stabiliti nel penultimo periodo del comma 3, dell'art. 7 del D.L. 11 luglio 1992, n. 333, convertito, con modificazioni, dalla L. 8 agosto 1992, n. 359, applicando i seguenti coefficienti: per l'anno 1993: 1,02; per l'anno 1992: 1,03; per l'anno 1991: 1,05; per l'anno 1990: 1,10; per l'anno 1989: 1,15; per l'anno 1988: 1,20; per l'anno 1987: 1,30; per l'anno 1986: 1,40; per l'anno 1985: 1,50; per l'anno 1984: 1,60; per l'anno 1983: 1,70; per l'anno 1982 e anni precedenti: 1,80. I coefficienti sono aggiornati con decreto del Ministro delle finanze da pubblicare nella *Gazzetta Ufficiale*. In caso di locazione finanziaria il locatore o il locatario possono esperire la procedura di cui al regolamento adottato con decreto del Ministro delle finanze del 19 aprile 1994, n. 701, con conseguente determinazione del valore del fabbricato sulla base della rendita proposta, a decorrere dal primo gennaio dell'anno successivo a quello nel corso del quale tale rendita è stata annotata negli atti catastali, ed estensione della procedura prevista nel terzo periodo del comma 1 dell'art. 11; in mancanza di rendita proposta il valore è determinato sulla base delle scritture contabili del

locatore, il quale è obbligato a fornire tempestivamente al locatario i dati necessari per il calcolo (3) (4).

4. (*Omissis*). (5)

5. Per le aree fabbricabili, il valore è costituito da quello venale in comune commercio all'1 gennaio dell'anno di imposizione, avendo riguardo alla zona territoriale di ubicazione, all'indice di edificabilità, alla destinazione d'uso consentita, agli oneri per eventuali lavori di adattamento del terreno necessari per la costruzione, ai prezzi medi rilevati sul mercato dalla vendita di aree aventi analoghe caratteristiche.

6. In caso di utilizzazione edificatoria dell'area, di demolizione di fabbricato, di interventi di recupero a norma dell'art. 31, comma 1, lettere *c*), *d*) ed *e*), della L. 5 agosto 1978, n. 457, la base imponibile è costituita dal valore dell'area, la quale è considerata fabbricabile anche in deroga a quanto stabilito nell'art. 2, senza computare il valore del fabbricato in corso d'opera, fino alla data di ultimazione dei lavori di costruzione, ricostruzione o ristrutturazione ovvero, se antecedente, fino alla data in cui il fabbricato costruito, ricostruito o ristrutturato è comunque utilizzato.

7. Per i terreni agricoli, il valore è costituito da quello che risulta applicando all'ammontare del reddito dominicale risultante in catasto, vigente all'1 gennaio dell'anno di imposizione, un moltiplicatore pari a settantacinque.

(1) *Si veda altresì l'art. 3, comma 48, della L. 23 dicembre 1996, n. 662.*

(2) *Questo periodo è stato soppresso dall'art. 58, comma 1, lett.* b)*, del D.L.vo 15 dicembre 1997, n. 446, con effetto dal 1° gennaio 1998.*

(3) *Questo periodo è stato aggiunto dall'art. 58, comma 1, lett.* b)*, del D.L.vo 15 dicembre 1997, n. 446, a decorrere dal 1° gennaio 1998.*

(4) *Si veda l'art. 38, del D.L. 26 ottobre 2019, n. 124, convertito, con modificazioni, nella L. 19 dicembre 2019, n. 157, che istituisce l'imposta immobiliare sulle piattaforme marine (IMPi).*

A norma dell'art. 38, comma 2, del medesimo decreto, la base imponibile è determinata in misura pari al valore calcolato ai sensi di questo comma.

(5) *Questo comma è stato abrogato dall'art. 1, comma 173, lett.* a)*, della L. 27 dicembre 2006, n. 296.*

6. (1) **Determinazione delle aliquote e dell'imposta.** – 1. L'aliquota è stabilita dal consiglio comunale (2), con deliberazione da adottare entro il 31 ottobre di ogni anno, con effetto per l'anno successivo. Se la delibera non è adottata entro tale termine, si applica l'aliquota del 4 per mille, ferma restando la disposizione di cui all'articolo 84 del decreto legislativo 25 febbraio 1995, n. 77, come modificato dal decreto legislativo 11 giugno 1996, n. 336 (3).

2. L'aliquota deve essere deliberata in misura non inferiore al 4 per mille, né superiore al 7 per mille e può essere diversificata entro tale limite, con riferimento ai casi di immobili diversi dalle abitazioni, o posseduti in aggiunta all'abitazione principale, o di alloggi non locati; l'aliquota può essere agevolata in rapporto alle diverse tipologie degli enti senza scopi di lucro ([4]).

2 *bis*. La deliberazione di cui al comma 1, può fissare, a decorrere dall'anno di imposta 2009, un'aliquota agevolata dell'imposta comunale sugli immobili inferiore al 4 per mille per i soggetti passivi che installino impianti a fonte rinnovabile per la produzione di energia elettrica o termica per uso domestico, limitatamente alle unità immobiliari oggetto di detti interventi e per la durata massima di tre anni per gli impianti termici solari e di cinque anni per tutte le altre tipologie di fonti rinnovabili. Le modalità per il riconoscimento dell'agevolazione di cui al presente comma sono disciplinate con regolamento adottato ai sensi dell'articolo 52 del decreto legislativo 15 dicembre 1997, n. 446, e successive modificazioni ([5]).

3. L'imposta è determinata applicando alla base imponibile l'aliquota vigente nel comune di cui all'articolo 4.

3 *bis*. Il soggetto passivo che, a seguito di provvedimento di separazione legale, annullamento, scioglimento o cessazione degli effetti civili del matrimonio, non risulta assegnatario della casa coniugale, determina l'imposta dovuta applicando l'aliquota deliberata dal comune per l'abitazione principale e le detrazioni di cui all'articolo 8, commi 2 e 2 *bis*, calcolate in proporzione alla quota posseduta. Le disposizioni del presente comma si applicano a condizione che il soggetto passivo non sia titolare del diritto di proprietà o di altro diritto reale su un immobile destinato ad abitazione situato nello stesso comune ove è ubicata la casa coniugale ([6]).

[4. Restano ferme le disposizioni dell'articolo 4, comma 1, del decreto legge 8 agosto 1996, n. 437, convertito, con modificazioni, dalla legge 24 ottobre 1996, n. 556] ([7]).

([1]) *Questo articolo è stato così sostituito dall'art. 3, comma 53, della L. 23 dicembre 1996, n. 662.*

([2]) *La parola: «comune» è stata così sostituita dalle attuali: «consiglio comunale» dall'art. 1, comma 156, della L. 27 dicembre 2006, n. 296.*

([3]) *Le parole: «ferma restando la disposizione di cui all'articolo 2 del decreto legge 2 marzo 1989, n. 66, convertito, con modificazioni, dalla legge 24 aprile 1989, n. 144, e successive modificazioni» sono state così sostituite dall'art. 10, comma 12, del D.L. 31 dicembre 1996, n. 669, conv., con modif., nella L. 28 febbraio 1997, n. 30.*

([4]) *L'art. 42, comma 2, lett.* f), *del D.L.vo 18 agosto 2000, n. 267, ha attribuito alla giunta comunale la competenza a deliberare l'aliquota dell'imposta.*

([5]) *Questo comma è stato inserito dall'art. 1, comma 6, lett.* a), *della L. 24 dicembre 2007, n. 244.*

([6]) *Questo comma è stato inserito dall'art. 1, comma 6, lett.* b), *della L. 24 dicembre 2007, n. 244.*

([7]) *Questo comma è stato abrogato dall'art. 1, comma 3, del D.L. 27 maggio 2008, n. 93, convertito con modificazioni, nella L. 24 luglio 2008, n. 126.*

7. Esenzioni. – 1. Sono esenti dall'imposta:

a) gli immobili posseduti dallo Stato, dalle regioni, dalle province, nonché dai comuni, se diversi da quelli indicati nell'ultimo periodo del comma 1 dell'art. 4, dalle comunità montane, dai consorzi fra detti enti, dalle unità sanitarie locali, dalle istituzioni sanitarie pubbliche autonome di cui all'art. 41 della L. 23 dicembre 1978, n. 833, dalle camere di commercio, industria, artigianato ed agricoltura, destinati esclusivamente ai compiti istituzionali;

b) i fabbricati classificati o classificabili nelle categorie catastali da E/1 a E/9;

c) i fabbricati con destinazione ad usi culturali di cui all'art. 5 *bis* del D.P.R. 29 settembre 1973, n. 601, e successive modificazioni;

d) i fabbricati destinati esclusivamente all'esercizio del culto, purché compatibile con le disposizioni degli artt. 8 e 19 della Costituzione, e le loro pertinenze;

e) i fabbricati di proprietà della Santa Sede indicati negli artt. 13, 14, 15 e 16 del Trattato lateranense, sottoscritto l'11 febbraio 1929 e reso esecutivo con L. 27 maggio 1929, n. 810;

f) i fabbricati appartenenti agli Stati esteri e alle organizzazioni internazionali per i quali è prevista l'esenzione dall'imposta locale sul reddito dei fabbricati in base ad accordi internazionali resi esecutivi in Italia;

g) i fabbricati che, dichiarati inagibili o inabitabili, sono stati recuperati al fine di essere destinati alle attività assistenziali di cui alla L. 5 febbraio 1992, n. 104, limitatamente al periodo in cui sono adibiti direttamente allo svolgimento delle attività predette;

h) i terreni agricoli ricadenti in aree montane o di collina delimitate ai sensi dell'art. 15 della L. 27 dicembre 1977, n. 984 ([1]);

i) gli immobili utilizzati dai soggetti di cui all'articolo 73, comma 1, lettera *c*), del testo unico delle imposte sui redditi, di cui al decreto del Presidente della Repubblica 22 dicembre 1986, n. 917, e successive modificazioni, fatta eccezione per gli immobili posseduti da partiti politici, che restano comunque assoggettati all'imposta indipendentemente dalla destinazione d'uso dell'immobile, destinati esclusivamente allo svolgimento con modalità non commerciali di attività assistenziali, previdenziali, sanitarie, di ricerca scientifica, didattiche, ricettive, culturali, ricreative e sportive, nonché delle attività di cui all'articolo 16, lettera *a*), della legge 20 maggio 1985, n. 222 ([2]).

2. L'esenzione spetta per il periodo dell'anno durante il quale sussistono le condizioni prescritte.

([1]) *A norma dell'art. 1, comma 13, della L. 28 dicembre 2015, n. 208, a decorrere dall'anno 2016, l'esenzione dall'imposta municipale propria (IMU) prevista da questa lettera, si applica sulla base dei criteri individuati dalla circolare del Ministero delle finanze n. 9 del 14 giugno 1993, pubblicata nel supplemento ordinario n. 53 alla* Gazzetta Ufficiale *n. 141 del 18 giugno 1993. Sono, altresì, esenti dall'IMU i terreni agricoli:*

a) *posseduti e condotti dai coltivatori diretti e dagli imprenditori agricoli professionali di cui all'articolo 1 del decreto legislativo 29 marzo 2004, n. 99, iscritti nella previdenza agricola, indipendentemente dalla loro ubicazione;*

b) *ubicati nei comuni delle isole minori di cui all'allegato A annesso alla legge 28 dicembre 2001, n. 448;*

c) *a immutabile destinazione agrosilvo-pastorale a proprietà collettiva indivisibile e inusucapibile. A decorrere dall'anno 2016, sono abrogati i commi da 1 a 9* bis *dell'articolo 1 del decreto legge 24 gennaio 2015, n. 4, convertito, con modificazioni, dalla legge 24 marzo 2015, n. 34.*

([2]) *Questa lettera è stata così sostituita dall'art. 11* bis, *del D.L. 28 dicembre 2013, n. 149, convertito, con modificazioni, nella L. 21 febbraio 2013, n. 13.*

8. ([1]) **Riduzioni e detrazioni dall'imposta.** – 1. L'imposta è ridotta del 50 per cento per i fabbricati dichiarati inagibili o inabitabili e di fatto non utilizzati, limitatamente al periodo dell'anno durante il quale sussistono dette condizioni. L'inagibilità o inabitabilità è accertata dall'ufficio tecnico comunale con perizia a carico del proprietario, che allega idonea documentazione alla dichiarazione. In alternativa il contribuente ha facoltà di presentare dichiarazione sostitutiva ai sensi della legge 4 gennaio 1968, n. 15, rispetto a quanto previsto dal periodo precedente. L'aliquota può essere stabilita dai comuni nella misura del 4 per mille, per un periodo comunque non superiore a tre anni, relativamente ai fabbricati realizzati per la vendita e non venduti dalle imprese che hanno per oggetto esclusivo o prevalente dell'attività la costruzione e l'alienazione di immobili.

2. Dalla imposta dovuta per l'unità immobiliare adibita ad abitazione principale del soggetto passivo, intendendosi per tale, salvo prova contraria, quella di residenza anagrafica, ([2]) si detraggono, fino alla concorrenza del suo ammontare, € 103,29 rapportate al periodo dell'anno durante il quale si protrae tale destinazione; se l'unità immobiliare è adibita ad abitazione principale da più soggetti passivi, la detrazione spetta a ciascuno di essi proporzionalmente alla quota per la quale la destinazione medesima si verifica. Per abitazione principale si intende quella nella quale il contribuente, che la possiede a titolo di proprietà, usufrutto o altro diritto reale, e i suoi familiari dimorano abitualmente.

[2 *bis*. Dall'imposta dovuta per l'unità immobiliare adibita ad abitazione principale del soggetto passivo si detrae un ulteriore importo pari all'1,33 per mille della base imponibile di cui all'articolo 5. L'ulteriore detrazione, comunque non superiore a 200 euro, viene fruita fino a concorrenza del suo ammontare ed è rapportata al periodo dell'anno durante il quale si protrae la destinazione di abitazione principale. Se l'unità immobiliare è adibita ad abitazione principale da più soggetti passivi, la detrazione spetta a ciascuno di essi proporzionalmente alla quota per la quale la destinazione medesima si verifica] ([3]).

[2 *ter*. L'ulteriore detrazione di cui al comma 2 *bis* si applica a tutte le abitazioni ad eccezione di quelle di categoria catastale A1, A8 e A9] ([3]).

3. A decorrere dall'anno di imposta 1997, con la deliberazione di cui al comma 1 dell'articolo 6, l'imposta dovuta per l'unità immobiliare adibita ad abitazione principale del soggetto passivo può essere ridotta fino al 50 per cento; in alternativa, l'importo di € 103,29, di cui al comma 2 del presente articolo, può essere elevato, fino a € 258,23, nel rispetto dell'equilibrio di bilancio. La predetta facoltà può essere esercitata anche limitatamente alle categorie di soggetti in situazioni di particolare disagio economico sociale, individuate con deliberazione del competente organo comunale ([4]).

4. Le disposizioni di cui al presente articolo si applicano anche alle unità immobiliari, appartenenti alle cooperative edilizie a proprietà indivisa, adibite ad abitazione principale dei soci assegnatari, nonché agli alloggi regolarmente assegnati dagli Istituti autonomi per le case popolari.

([1]) *Questo articolo è stato così sostituito dall'art. 3, comma 55, della L. 23 dicembre 1996, n. 662.*

([2]) *Le parole: «, intendendosi per tale, salvo prova contraria, quella di residenza anagrafica,» sono state inserite dall'art. 1, comma 173, lett.* b)*, della L. 27 dicembre 2006, n. 296.*

([3]) *Questo comma, inserito dall'art. 1, comma 5, della L. 24 dicembre 2007, n. 244 è stato abrogato dall'art. 1, comma 3, del D.L. 27 maggio 2008, n. 93, convertito con modificazioni, nella L. 24 luglio 2008, n. 126.*

([4]) *L'ultimo periodo di questo comma è stato aggiunto dall'art. 3 del D.L. 11 marzo 1997, n. 50, convertito, con modificazioni, nella L. 9 maggio 1997, n. 122.*

9. Terreni condotti direttamente. – 1. I terreni agricoli posseduti da coltivatori diretti o da imprenditori agricoli che esplicano la loro attività a titolo principale, purché dai medesimi condotti, sono soggetti all'imposta limitatamente alla parte di valore eccedente € 25.822,84 e con le seguenti riduzioni:

a) del 70 per cento dell'imposta gravante sulla parte di valore eccedente i predetti € 25.822,84 e fino a € 61.974,83;

b) del 50 per cento di quella gravante sulla parte di valore eccedente € 61.974,83 e fino a € 103.291,38;

c) del 25 per cento di quella gravante sulla parte di valore eccedente € 103.291,38 e fino a € 129.114,22.

2. Agli effetti di cui al comma 1 si assume il valore complessivo dei terreni condotti dal soggetto passivo, anche se ubicati sul territorio di più comuni; l'importo della detrazione e quelli sui quali si applicano le riduzioni, indicati nel comma medesimo, sono ripartiti proporzionalmente ai valori dei singoli terreni e sono rapportati al periodo dell'anno durante il quale sussistono le condizioni prescritte ed alle quote di possesso. Resta fermo quanto disposto nel primo periodo del comma 1 dell'art. 4.

10. Versamenti e dichiarazioni. – 1. L'imposta è dovuta dai soggetti indicati nell'art. 3 per anni solari proporzionalmente alla quota ed ai mesi dell'anno nei quali si è protratto il possesso; a tal fine il mese durante il quale il possesso si è protratto per almeno quindici giorni è computato per intero. A ciascuno degli anni solari corrisponde una autonoma obbligazione tributaria.

2. I soggetti indicati nell'articolo 3 devono effettuare il versamento dell'imposta complessivamente dovuta al comune per l'anno in corso in due rate delle quali la prima, entro il 16 giugno ([1]), pari al 50 per cento dell'imposta dovuta calcolata sulla base dell'aliquota e delle detrazioni dei dodici mesi dell'anno precedente. La seconda rata deve essere versata dal 1° al 16 dicembre ([2]), a saldo dell'imposta dovuta per l'intero anno, con eventuale conguaglio sulla prima rata versata. Il versamento dell'imposta può essere effettuato anche tramite versamenti su conto corrente postale con bollettini conformi al modello indicato con circolare del Ministero delle finanze. Resta in ogni caso nella facoltà del contribuente provvedere al versamento dell'imposta complessivamente dovuta in unica soluzione annuale, da corrispondere entro il 16 giugno ([1]) ([3]).

3. L'imposta dovuta ai sensi del comma 2 deve essere corrisposta mediante versamento diretto al concessionario della riscossione nella cui circoscrizione è compreso il comune di cui all'art. 4 ovvero su apposito conto corrente postale intestato al predetto concessionario, con arrotondamento a mille lire per difetto se la frazione non è superiore a 500 lire o per eccesso se è superiore; al fine di agevolare il pagamento, il concessionario invia, per gli anni successivi al 1993, ai contribuenti moduli prestampati per il versamento. La commissione spettante al concessionario è a carico del comune impositore ed è stabilita nella misura dell'uno per cento delle somme riscosse, con un minimo di € 1,81 ed un massimo di € 51,65 per ogni versamento effettuato dal contribuente.

4. I soggetti passivi devono dichiarare gli immobili posseduti nel territorio dello Stato, con esclusione di quelli esenti dall'imposta ai sensi dell'art. 7, su apposito modulo, entro il termine di presentazione della dichiarazione dei redditi relativa all'anno in cui il possesso ha avuto inizio; tutti gli immobili il cui possesso è iniziato antecedentemente all'1 gennaio 1993 devono essere dichiarati entro il termine di presentazione della dichiarazione dei redditi relativa all'anno 1992. La dichiarazione ha effetto anche per gli anni successivi sempreché non si verifichino modificazioni dei dati od elementi dichiarati cui consegua un diverso ammontare dell'imposta dovuta; in tal caso il soggetto interessato è tenuto a denunciare nelle forme sopra indicate le modificazioni intervenute, entro il termine di presentazione della dichiarazione dei redditi relativa all'anno in cui le modificazioni si sono verificate. Nel caso di più soggetti passivi tenuti al pagamento dell'imposta su un medesimo immobile può essere presentata dichiarazione congiunta; per gli immobili indicati nell'art. 1117, n. 2) del codice civile oggetto di proprietà comune, cui è attribuita o attribuibile una autonoma rendita catastale, la dichiarazione deve essere presentata dall'amministratore del condominio per conto dei condomini ([4]).

5. Con decreti del Ministro delle finanze, sentita l'Associazione nazionale dei comuni italiani, sono approvati i modelli della dichiarazione, anche congiunta o relativa ai beni indicati nell'art. 1117, n. 2) del codice civile, e sono determinati i dati e gli elementi che essa deve contenere, i documenti che devono essere eventualmente allegati e le modalità di presentazione, anche su supporti magnetici, nonché le procedure per la trasmissione ai comuni ed agli uffici dell'Amministrazione finanziaria degli elementi necessari per la liquidazione ed accertamento dell'imposta ([5]); per l'anno 1993 la dichiarazione deve essere inviata ai comuni tramite gli uffici dell'Amministrazione finanziaria. Con decreti del Ministro delle finanze, di concerto con i Ministri dell'interno, del tesoro e delle poste e delle telecomunicazioni, sentita l'Associazione nazionale dei comuni italiani, sono approvati i modelli per il versamento al concessionario e sono stabilite le modalità di registrazione, nonché di trasmissione dei dati di riscossione ([6]), distintamente per ogni contribuente, ai comuni e al sistema informativo del Ministero delle finanze. Allo scopo di consentire la prosecuzione dei servizi finalizzati a fornire adeguati strumenti conoscitivi per una efficace azione accertativa dei comuni, nonché per agevolare i processi telematici di integrazione nella pubblica amministrazione ed assicurare il miglioramento dell'attività di informazione ai contribuenti, l'Associazione nazionale dei comuni italiani (ANCI) organizza le relative attività strumentali e provvede, attraverso l'Istituto per la finanza e l'economia locale (IFEL), all'analisi dei bilanci comunali e della

spesa locale, al fine di individuare i fabbisogni standard dei comuni (7). Con decreto del Ministero dell'economia e delle finanze vengono disciplinate le modalità per l'effettuazione dei suddetti servizi (8), prevedendosi un contributo pari allo 0,6 per mille del gettito dell'imposta a carico dei soggetti che provvedono alla riscossione; con decreto del Ministro delle finanze sono stabiliti i termini e le modalità di trasmissione da parte dei predetti soggetti dei dati relativi alla riscossione (9) (10) (11) (12).

6. Per gli immobili compresi nel fallimento o nella liquidazione coatta amministrativa il curatore o il commissario liquidatore, entro novanta giorni dalla data della loro nomina, devono presentare al comune di ubicazione degli immobili una dichiarazione attestante l'avvio della procedura. Detti soggetti sono, altresì, tenuti al versamento dell'imposta dovuta per il periodo di durata dell'intera procedura concorsuale entro il termine di tre mesi dalla data del decreto di trasferimento degli immobili (13).

(1) *Le parole: «30 giugno» sono state così sostituite dalle parole: «16 giugno» dall'art. 37, comma 13, del D.L. 4 luglio 2006, n. 223, convertito, con modificazioni, nella L. 4 agosto 2006, n. 248, a decorrere dal 1° maggio 2007.*

(2) *Le parole: «20 dicembre» sono state così sostituite dalle parole: «16 dicembre» dall'art. 37, comma 13, del D.L. 4 luglio 2006, n. 223, convertito, con modificazioni, nella L. 4 agosto 2006, n. 248, a decorrere dal 1° maggio 2007.*

(3) *Questo comma è stato così sostituito dall'art. 18, comma 1, della L. 23 dicembre 2000, n. 388.*

(4) *Si veda l'art. 37, comma 53, del D.L. 4 luglio 2006, n. 223, convertito, con modificazioni, nella L. 4 agosto 2006, n. 248, così come modificato dall'art. 1, comma 174, della L. 27 dicembre 2006, n. 296.*

(5) *A norma del D.M. 24 giugno 1996, non costituisce causa di variazione e quindi non determina, di per sé, l'obbligo di presentazione della dichiarazione ICI per l'anno 1995, l'applicazione all'abitazione principale del soggetto residente dell'aliquota ridotta deliberata dal comune.*

(6) *Per i termini e le modalità di trasmissione dei dati di riscossione dell'ICI dovuta per il 1996 ed il 1997 si veda il D.M. 3 novembre 1997* (Gazzetta Ufficiale *Serie gen.* - *n. 15 del 3 novembre 1997*); *il D.M. 24 febbraio 1998 ha poi differito al 20 aprile 1998 il termine del 28 febbraio 1998, previsto dal citato D.M. 3 novembre 1997.*

(7) *Le parole: «e provvede, attraverso l'Istituto per la finanza e l'economia locale (IFEL), all'analisi dei bilanci comunali e della spesa locale, al fine di individuare i fabbisogni standard dei comuni», sono state aggiunte dall'art. 1, comma 23, lett.* b), *della L. 13 dicembre 2010, n. 220.*

(8) *Le parole da: «Al fine di consentire la formazione ...» fino a: «... suddette anagrafi» sono state così sostituite dalle attuali da: «Allo scopo di consentire ...» fino a: «... suddetti servizi» dall'art. 7, comma 2 ter, del D.L. 31 gennaio 2005, n. 7, convertito, con modificazioni, nella L. 31 marzo 2005, n. 43.*

([9]) *Le parole da: «un contributo a carico ...» fino a: «... comma 3» sono state così sostituite dalle attuali da: «un contributo ...» fino a: «... relativi alla riscossione», dall'art. 18, comma 11, della L. 13 maggio 1999, n. 133.*

([10]) *Si veda il D.M. 5 agosto 1999, recante termini e modalità di trasmissione dei dati di riscossione Ici al fine della corresponsione del contributo dello 0,6 per mille da parte dei soggetti che provvedono alla riscossione della predetta imposta.*

([11]) *Si veda il D.M. 31 luglio 2000 (G.U. n. 231 del 21 settembre 2000).*

([12]) *Si veda l'art. 4, comma 3, del D.L. 2 marzo 2012, n. 16, convertito, con modificazioni, nella L. 26 aprile 2012, n. 44.*

([13]) *Questo comma è stato così sostituito dall'art. 1, comma 173, lett.* c), *della L. 27 dicembre 2006, n. 296.*

11. Liquidazione ed accertamento. – [1. Il comune controlla le dichiarazioni e le denunce presentate ai sensi dell'art. 10, verifica i versamenti eseguiti ai sensi del medesimo articolo e, sulla base dei dati ed elementi direttamente desumibili dalle dichiarazioni e dalle denunce stesse, nonché sulla base delle informazioni fornite dal sistema informativo del Ministero delle finanze in ordine all'ammontare delle rendite risultanti in catasto e dei redditi dominicali, provvede anche a correggere gli errori materiali e di calcolo e liquida l'imposta. Il comune emette avviso di liquidazione, con l'indicazione dei criteri adottati, dell'imposta o maggiore imposta dovuta e delle sanzioni ed interessi dovuti; l'avviso deve essere notificato con le modalità indicate nel comma 2 al contribuente entro il termine di decadenza del 31 dicembre del secondo anno successivo a quello in cui è stata presentata la dichiarazione o la denuncia ovvero, per gli anni in cui queste non dovevano essere presentate, a quello nel corso del quale è stato o doveva essere eseguito il versamento dell'imposta. Se la dichiarazione è relativa ai fabbricati indicati nel comma 4 dell'art. 5, il comune trasmette copia della dichiarazione all'ufficio tecnico erariale competente il quale, entro un anno, provvede alla attribuzione della rendita, dandone comunicazione al contribuente e al comune; entro il 31 dicembre dell'anno successivo a quello in cui è avvenuta la comunicazione, il comune provvede, sulla base della rendita attribuita, alla liquidazione della maggiore imposta dovuta senza applicazione di sanzioni, maggiorata degli interessi nella misura indicata nel comma 5 dell'art. 14, ovvero dispone il rimborso delle somme versate in eccedenza, maggiorate degli interessi computati nella predetta misura; se la rendita attribuita supera di oltre il 30 per cento quella dichiarata, la maggiore imposta dovuta è maggiorata del 20 per cento] ([1]).

[2. Il comune provvede alla rettifica delle dichiarazioni e delle denunce nel caso di infedeltà, incompletezza od inesattezza ovvero provvede all'accertamento d'ufficio nel caso di omessa presentazione. A tal fine emette avviso di accertamento motivato con la liquidazione dell'imposta o maggiore imposta dovuta e delle relative sanzioni ed interessi; l'avviso deve essere notificato, anche a mezzo posta mediante raccomandata con avviso di ricevimento, al contribuente, a pena di decadenza, entro il 31 dicembre del terzo anno successivo a quello in cui è stata presentata la dichiarazione o la denuncia ovvero, per gli anni in cui queste non dovevano essere presentate, a quello nel corso del quale è stato o doveva essere eseguito il versamento dell'imposta. Nel caso di omessa presentazione, l'avviso di accertamento deve essere notificato entro il 31 dicembre del quinto anno successivo a quello in cui la dichiarazione o la denuncia avrebbero dovuto essere presentate ovvero a quello nel corso del quale è stato o doveva essere eseguito il versamento dell'imposta] ([1]).

[2 *bis*. Gli avvisi di liquidazione e di accertamento devono essere motivati in relazione ai presupposti di fatto ed alle ragioni giuridiche che li hanno determinati. Se la motivazione fa riferimento ad un altro atto non conosciuto né ricevuto dal contribuente, questo deve essere allegato, all'atto che lo richiama, salvo che quest'ultimo non ne riproduca il contenuto essenziale] ([2]).

3. Ai fini dell'esercizio dell'attività di liquidazione ed accertamento i comuni possono invitare i contribuenti, indicandone il motivo, a esibire o trasmettere atti e documenti; inviare ai contribuenti questionari relativi a dati e notizie di carattere specifico, con invito a restituirli compilati e firmati; richiedere dati, notizie ed elementi rilevanti nei confronti dei singoli contribuenti agli uffici pubblici competenti, con esenzione di spese e diritti.

4. Con delibera della giunta comunale è designato un funzionario cui sono conferiti le funzioni e i poteri per l'esercizio di ogni attività organizzativa e gestionale dell'imposta; il predetto funzionario sottoscrive anche le richieste, gli avvisi e i provvedimenti, appone il visto di esecutività sui ruoli e dispone i rimborsi.

5. Con decreti del Ministro delle finanze, sentita l'Associazione nazionale dei comuni italiani, da pubblicare nella *Gazzetta Ufficiale*, saranno stabiliti termini e modalità per l'interscambio tra comuni e sistema informativo del Ministero delle finanze di dati e notizie.

[6. Il Ministero delle finanze effettua presso i comuni verifiche sulla gestione dell'imposta e sulla utilizzazione degli elementi forniti dal predetto sistema informativo] ([1]).

([1]) *Questo comma è stato abrogato dall'art. 1, comma 173, lett.* d), *della L. 27 dicembre 2006, n. 296.*

([2]) *Questo comma, aggiunto dall'art. 6, comma 1, del D.L.vo 26 gennaio 2001, n. 32, è stato abrogato dall'art. 1, comma 173, lett.* d), *della L. 27 dicembre 2006, n. 296.*

12. Riscossione coattiva. – 1. Le somme liquidate dal comune per imposta, sanzioni ed interessi, se non versate, con le modalità indicate nel comma 3 dell'art. 10, entro il termine di sessanta giorni ([1]) dalla notificazione dell'avviso di liquidazione o dell'avviso di accertamento, sono riscosse, salvo che sia stato emesso provvedimento di sospensione, coattivamente mediante ruolo secondo le disposizioni di cui al D.P.R. 28 gennaio 1988, n. 43, e successive modificazioni [; il ruolo deve essere formato e reso esecutivo non oltre il 31 dicembre del secondo anno successivo a quello in cui l'avviso di liquidazione o l'avviso di accertamento sono stati notificati al contribuente ovvero, in caso di sospensione della riscossione, non oltre il 31 dicembre dell'anno successivo a quello di scadenza del periodo di sospensione] ([2]).

([1]) *Le parole: «90 giorni» sono state così sostituite dalle attuali: «sessanta giorni» dall'art. 1, comma 173, lett. e), della L. 27 dicembre 2006, n. 296.*

([2]) *Le parole da: «; il ruolo deve essere formato...» fino alla fine del comma sono state soppresse dall'art. 1, comma 173, lett. e), della L. 27 dicembre 2006, n. 296.*

14. ([1]) **Sanzioni ed interessi.** – 1. Per l'omessa presentazione della dichiarazione o denuncia si applica la sanzione amministrativa dal cento al duecento per cento del tributo dovuto, con un minimo di € 51.

2. Se la dichiarazione o la denuncia sono infedeli si applica la sanzione amministrativa dal cinquanta al cento per cento della maggiore imposta dovuta.

3. Se l'omissione o l'errore attengono ad elementi non incidenti sull'ammontare dell'imposta, si applica la sanzione amministrativa da € 51 a € 258. La stessa sanzione si applica per le violazioni concernenti la mancata esibizione o trasmissione di atti e documenti, ovvero per la mancata restituzione di questionari nei sessanta giorni dalla richiesta o per la loro mancata compilazione o compilazione incompleta o infedele.

4. Le sanzioni indicate nei commi 1 e 2 sono ridotte alla misura stabilita dagli articoli 16 e 17 del decreto legislativo 18 dicembre 1997, n. 472 ([2]) se, entro il termine per ricorrere alle commissioni tributarie, interviene adesione del contribuente con il pagamento del tributo, se dovuto, e delle sanzione.

5. La contestazione della violazione non collegata all'ammontare del tributo deve avvenire, a pena di decadenza, entro il 31 dicembre del quinto anno successivo a quello in cui è commessa la violazione.

[6. Sulle somme dovute per imposta si applicano gli interessi moratori nella misura del sette per cento per ogni semestre compiuto] ([3]).

([1]) *Questo articolo è stato così sostituito dall'art. 14, comma 1, del D.L.vo 18 dicembre 1997, n. 473, a decorrere dal 1° aprile 1998.*

([2]) *Le parole: «ad un quarto» sono state così sostituite dalle parole: «alla misura stabilita dagli articoli 16 e 17 del decreto legislativo 18 dicembre 1997, n. 472» dall'art.*

13, comma 13, del D.L. 6 dicembre 2011, n. 201, convertito, con modificazioni, nella L. 22 dicembre 2011, n. 214.

(3) *Questo comma è stato abrogato dall'art. 1, comma 173, lett.* g), *della L. 27 dicembre 2006, n. 296.*

15. Contenzioso. – 1. Contro l'avviso di liquidazione, l'avviso di accertamento, il provvedimento che irroga le sanzioni, il ruolo, il provvedimento che respinge l'istanza di rimborso può essere proposto ricorso secondo le disposizioni di cui al D.P.R. 26 ottobre 1972, n. 636, e successive modificazioni, intendendosi sostituito all'ufficio tributario il comune nei cui confronti il ricorso è proposto.

17. Disposizioni finali. – 1. L'imposta comunale sugli immobili non è deducibile agli effetti delle imposte erariali sui redditi.

2. (*Omissis*) (1).

[3. Dall'imposta sul reddito delle persone giuridiche dovuta dalle cooperative edilizie a proprietà indivisa si detraggono lire 270 mila (2), per ognuna delle unità immobiliari adibite ad abitazione principale dei soci assegnatari, rapportate, al periodo durante il quale sussiste la detta destinazione; la detrazione compete fino alla concorrenza dell'imposta relativa al reddito dell'unità immobiliare che concorre alla formazione del reddito complessivo] (3).

4. Sono esclusi dall'imposta locale sui redditi i redditi di fabbricati a qualsiasi uso destinati, ivi compresi quelli strumentali od oggetto di locazione, i redditi dominicali delle aree fabbricabili e dei terreni agricoli, nonché i redditi agrari di cui all'art. 29 del T.U. delle imposte sui redditi, approvato con D.P.R. 22 dicembre 1986, n. 917, e successive modificazioni.

5. Le disposizioni di cui ai commi 2, 3 e 4 hanno effetto per i redditi prodotti dal periodo di imposta in corso all'1 gennaio 1993 ovvero, per i soggetti all'imposta sul reddito delle persone giuridiche il cui periodo di imposta non coincide con l'anno solare, per quelli prodotti dal primo periodo di imposta successivo alla detta data (4).

6. Con effetto dall'1 gennaio 1993 è soppressa l'imposta comunale sull'incremento di valore degli immobili. Tuttavia l'imposta continua ad essere dovuta nel caso in cui il presupposto di applicazione di essa si è verificato anteriormente alla predetta data; con decreto del Ministro delle finanze sono stabilite le modalità di effettuazione dei rimborsi eventualmente spettanti.

7. L'imposta comunale sull'incremento di valore degli immobili continua ad essere dovuta, con le aliquote massime e l'integrale acquisizione del relativo gettito al bilancio dello Stato, anche nel caso in cui il presupposto di applicazione di essa si verifica dall'1 gennaio 1993 fino all'1 gennaio 2003

limitatamente all'incremento di valore maturato fino al 31 dicembre 1992. A tal fine:

a) il valore finale, da indicare nella dichiarazione, è assunto in misura pari a quello dell'immobile alla data del 31 dicembre 1992 ovvero, in caso di utilizzazione edificatoria dell'area con fabbricato in corso di costruzione o ricostruzione alla predetta data, a quello dell'area alla data di inizio dei lavori di costruzione o ricostruzione;

b) gli scaglioni per la determinazione delle aliquote sono formati con riferimento al periodo preso a base per il calcolo dell'incremento di valore imponibile;

c) le spese di acquisto, di costruzione ed incrementative sono computabili solo se riferibili al periodo di cui alla lettera *b*).

8. Ai fini dell'accertamento dell'imposta comunale sull'incremento di valore degli immobili dovuta ai sensi del comma 7 non si applica la disposizione dell'art. 22 del D.P.R. 26 ottobre 1972, n. 643, e successive modificazioni.

(1) *Questo comma è stato abrogato dall'art. 15, comma 4, della L. 24 dicembre 1993, n. 537, a decorrere dal periodo di imposta in corso al 31 dicembre 1993.*

(2) *L'originaria detrazione di lire 120.000 è stata così aumentata dall'art. 15, comma 4, della L. 24 dicembre 1993, n. 537, a decorrere dal periodo di imposta in corso al 31 dicembre 1993.*

(3) *Questo comma è stato abrogato dall'art. 2, comma 6, della L. 23 dicembre 2000, n. 388.*

(4) *La Corte costituzionale, con sentenza n. 403 del 31 luglio 2000, ha dichiarato l'illegittimità costituzionale di questo comma, nella parte in cui, per coloro che sono soggetti all'imposta sul reddito delle persone giuridiche il cui periodo d'imposta non coincide con l'anno solare, non esclude la sovrapposizione dell'imposta locale sui redditi (Ilor) di fabbricati ed altri redditi contemplati nel comma 2.*

18. Disposizioni transitorie. – 1. Per l'anno 1993 la delibera della giunta comunale, con cui viene stabilita l'aliquota dell'imposta comunale sugli immobili ai sensi del comma 1 dell'art. 6, deve essere adottata entro il 28 febbraio 1993. Il versamento a saldo dell'imposta dovuta per l'anno 1993 deve essere effettuato dall'1 al 15 dicembre di tale anno.

2. Entro il 30 aprile 1993 ciascun comune è tenuto a comunicare al concessionario di cui all'art. 10, comma 3, la misura dell'aliquota dell'imposta comunale sugli immobili vigente sul proprio territorio per l'anno 1993, nonché la somma corrispondente alla media delle riscossioni nel triennio 1990/1992 per imposta comunale sull'incremento di valore degli immobili. Sulla base di detta comunicazione il concessionario procede alla rideterminazione, ove occorra, dell'importo delle riscossioni dell'imposta comunale sugli immobili calcolandolo sulla base dell'aliquota minima del 4 per mille e procede al ver-

samento ad apposito capitolo dell'entrata statale dell'importo risultante dalla differenza tra l'ammontare delle riscossioni così rideterminate e l'ammontare corrispondente alla media delle riscossioni nel triennio 1990/1992 per imposta comunale sull'incremento di valore degli immobili, nonché al versamento a favore del comune del residuo importo delle riscossioni. Le predette operazioni sono effettuate sulla prima rata di cui al comma 2 dell'art. 10 e sul saldo di cui al comma 1 del presente articolo, computando la perdita per INVIM per metà sulla detta prima rata e per l'altra metà sul saldo. Le somme rivenienti dalle ulteriori riscossioni, sempre relative all'imposta comunale sugli immobili dovuta per l'anno 1993 e calcolate sulla base dell'aliquota del 4 per mille, sono anch'esse versate dal concessionario all'entrata statale previa deduzione della quota parte della perdita per INVIM che non è stata detratta nelle precedenti operazioni. In assenza della comunicazione da parte del comune il concessionario procede al versamento all'entrata statale dell'intero ammontare delle somme riscosse a titolo di imposta comunale sugli immobili dovuta per l'anno 1993. La commissione spettante al concessionario ai sensi del comma 3 del predetto art. 10 è a carico dell'ente a favore del quale le somme sono devolute. Al relativo onere per il bilancio dello Stato, valutato in lire 90 miliardi per il 1993, si provvede a carico del capitolo 3458 dello stato di previsione del Ministero delle finanze per l'anno finanziario medesimo.

3. Per l'imposta comunale sugli immobili dovuta per l'anno 1993, la liquidazione e la rettifica delle dichiarazioni, l'accertamento, l'irrogazione delle sanzioni e degli interessi, la riscossione delle somme conseguentemente dovute sono effettuati dagli uffici dell'Amministrazione finanziaria dello Stato a norma delle disposizioni vigenti in materia di accertamento, riscossione e sanzioni agli effetti delle imposte erariali sui redditi; per tale anno 1993 i predetti uffici provvedono altresì agli adempimenti previsti nel terzo periodo del comma 1 dell'art. 11, relativi ai fabbricati di cui al comma 4 dell'art. 5. Le somme riscosse per effetto di quanto disposto dal presente comma sono di spettanza dell'erario dello Stato e concorrono alla copertura degli oneri per il servizio del debito pubblico nonché alla realizzazione delle linee di politica economica e finanziaria in funzione degli impegni di riequilibrio del bilancio assunti in sede comunitaria; se per l'anno 1993 è stata stabilita dal comune un'aliquota superiore a quella minima del 4 per mille, le dette somme sono calcolate sulla base dell'aliquota minima e la parte eccedente è devoluta in favore del comune che ha stabilito un'aliquota superiore a quella minima. Con decreto del Ministro delle finanze, di concerto con il Ministro dell'interno, da pubblicare nella *Gazzetta Ufficiale*, sono determinate le modalità per l'acquisizione da parte degli uffici dell'Amministrazione finanziaria e del Ministero dell'interno dei dati ed elementi utili per l'eserci-

zio di detta attività, anche ai fini della determinazione dei trasferimenti erariali per il 1994. Con lo stesso decreto sono, altresì, stabilite le modalità per l'effettuazione dei rimborsi spettanti ai contribuenti.

4. Con decreti del Ministro delle finanze, di concerto con i Ministri del tesoro e dell'interno, da pubblicare nella *Gazzetta Ufficiale*, sono stabiliti i termini e le modalità per l'attuazione delle disposizioni di cui ai commi 2 e 3, secondo periodo.

5. Per l'anno 1993, ai fini della determinazione della base imponibile ai sensi dell'art. 5, comma 2, si applica un moltiplicatore pari a cento per le unità immobiliari classificate nei gruppi catastali A, B e C, con esclusione delle categorie A/10 e C/1, pari a cinquanta per quelle classificate nel gruppo D e nella categoria A/10 e pari a trentaquattro per quelle classificate nella categoria C/1; resta fermo quanto disposto dal terzo periodo del comma 1 dell'art. 2 del D.L. 24 novembre 1992, n. 455.

6. Le disposizioni di cui ai commi da 2 a 4 del presente articolo non si applicano ai comuni compresi nei territori delle province autonome di Trento e Bolzano.

Titolo II
Tributi provinciali

Capo II
Imposta provinciale per l'iscrizione dei veicoli nel pubblico registro automobilistico

20 - 22. 1. (*Omissis*) ([1])

([1]) *Questi articoli sono stati abrogati dall'art. 3, comma 54, della L. 28 dicembre 1995, n. 549, con effetto dal 1° gennaio 1996.*

Titolo III
Tributi regionali

Capo I
Tasse automobilistiche regionali

23. Attribuzioni alle regioni a statuto ordinario. – 1. A decorrere dall'1 gennaio 1993 alle regioni a statuto ordinario, già titolari di una parte della tassa automobilistica, ai sensi dell'art. 4 della L. 16 maggio 1970, n. 281, come sostituito dall'art. 5 della L. 14 giugno 1990, n. 158 e successive modificazioni, con riferimento ai pagamenti effettuati dall'anzidetta data, sono attribuite:

a) l'intera tassa automobilistica, disciplinata dal T.U. approvato con D.P.R. 5 febbraio 1953, n. 39 e successive modificazioni;

b) la soprattassa annuale su taluni autoveicoli azionati con motore diesel, istituita con il D.L. 8 ottobre 1976, n. 691, convertito, con modificazioni, dalla L. 30 novembre 1976, n. 786 e successive modificazioni;

c) la tassa speciale per i veicoli alimentati a G.P.L. o gas metano, istituita dalla L. 21 luglio 1984, n. 362 e successive modificazioni.

2. I tributi di cui al comma 1 assumono rispettivamente la denominazione di tassa automobilistica regionale, soprattassa annuale regionale e tassa speciale regionale e si applicano ai veicoli ed agli autoscafi, soggetti nelle regioni a statuto speciale ai corrispondenti tributi erariali in esse vigenti, per effetto della loro iscrizione nei rispettivi pubblici registri delle province di ciascuna regione a statuto ordinario, come previsto dall'art. 5, comma 31, del D.L. 30 dicembre 1982, n. 953, convertito, con modificazioni, nella L. 28 febbraio 1983, n. 53 e successive modifiche. La tassa automobilistica regionale si applica altresì ai ciclomotori, agli autoscafi, diversi da quelli da diporto, non iscritti nei pubblici registri ed ai motori fuoribordo applicati agli stessi autoscafi, che appartengono a soggetti residenti nelle stesse regioni. Sono comprese nel suddetto tributo regionale anche le tasse fisse previste dalla L. 21 maggio 1955, n. 463 e successive modificazioni.

3. Dall'ambito di applicazione del presente capo è esclusa la disciplina concernente la tassa automobilistica relativa ai veicoli ed autoscafi in temporanea importazione i quali restano ad ogni effetto soggetti alle norme statali che regolano la materia.

4. Continua ad essere acquisito al bilancio dello Stato il gettito derivante dalla addizionale del 5 per cento istituita con l'art. 25 della L. 24 luglio 1961, n. 729 e quello relativo alla tassa speciale erariale annuale istituita con l'art. 7 del D.L. 13 maggio 1991, n. 151, convertito con modifiche nella L. 12 luglio 1991, n. 202.

5. Sono a carico delle regioni i rimborsi relativi ai tributi regionali di cui al precedente comma 1. Le istanze vanno prodotte ai competenti uffici della regione che disporranno il rimborso, ferma restando la competenza delle Intendenze di Finanza per i tributi erariali.

24. Poteri delle regioni. – 1. Entro il 10 novembre di ogni anno ciascuna regione può determinare con propria legge gli importi dei tributi regionali di cui all'art. 23, con effetto dai pagamenti da eseguire dall'1 gennaio successivo e relativi a periodi fissi posteriori a tale data, nella misura compresa tra il 90 ed il 110 per cento degli stessi importi vigenti nell'anno precedente ([1]).

2. Nel primo anno di applicazione del presente decreto ciascuna regione, nel determinare con propria legge gli importi dei tributi regionali di cui all'art. 23 nella misura compresa fra il 90 ed il 110 per cento degli importi

vigenti nell'anno precedente, dovrà considerare come base di calcolo, per ogni tributo regionale, rispettivamente l'ammontare complessivo della tassa automobilistica, gli importi della soprattassa annuale e quelli della tassa speciale erariali vigenti alla data del 31 dicembre 1992.

3. Dalla data di entrata in vigore del presente decreto e fino a quando le regioni non avranno fissato, con proprie leggi ed entro i limiti indicati nel comma 2, un diverso ammontare, l'importo dei tributi regionali viene determinato per la soprattassa annuale e la tassa speciale nella misura prevista per i corrispondenti tributi erariali nelle regioni a statuto speciale alla data del 31 dicembre 1992 e per la tassa automobilistica nel complessivo importo dovuto per il tributo erariale vigente alla suddetta data e per il tributo regionale nella misura vigente alla stessa data o nella misura diversa determinata da ciascuna regione entro il 10 novembre 1992, ai sensi dell'art. 5 della L. 14 giugno 1990, n. 158 e successive modifiche.

4. Restano validi fino alla scadenza i pagamenti, effettuati entro il 31 dicembre 1992, relativi alla tassa automobilistica erariale e regionale, alla soprattassa annuale e alla tassa speciale erariali, vigenti a tale data. A tali pagamenti si applicano le modalità ed i criteri di ripartizione tra lo Stato e le regioni a statuto ordinario vigenti fino alla data del 31 dicembre 1992, anche con riferimento alle attività di recupero e rimborso dei relativi importi.

(¹) *A norma dell'art. 17, comma 16, della L. 27 dicembre 1997, n. 449, la facoltà prevista da questo comma si esercita a decorrere dall'anno 1999.*

25. Riscossione. – 1. Per la riscossione dei tributi regionali di cui all'art. 23 si applicano le disposizioni previste dall'art. 4 del D.P.R. 5 febbraio 1953, n. 39 e dall'art. 5, commi 39 e 40 del D.L. 30 dicembre 1982, n. 953 convertito con modificazioni nella L. 28 febbraio 1983, n. 53.

2. L'ACI svolge per conto delle regioni a statuto ordinario, relativamente ai tributi regionali di cui all'art. 23, le attività di riscossione, di riscontro e di controllo e gli ulteriori adempimenti già affidati a tale ente per gli analoghi tributi erariali, con la Convenzione stipulata con il Ministero delle finanze in data 26 novembre 1986, approvata con decreto del Ministro delle finanze in pari data, pubblicato nella *Gazzetta Ufficiale* Serie gen. - n. 296 del 22 dicembre 1986. L'ACI provvede a versare nelle casse regionali le somme di spettanza di ciascuna regione nei termini e con le modalità previste nella suddetta Convenzione. Le comunicazioni relative alla riscossione ed ai versamenti vanno effettuate a ciascuna regione con le modalità e la modulistica in uso per le comunicazioni fatte all'Erario. Le regioni, relativamente ai tributi di loro competenza, possono esercitare presso l'ACI ed i dipendenti uffici provinciali esattori il controllo svolto dal Ministero delle finanze per i

corrispondenti tributi erariali sulla gestione dei servizi tributari affidati allo stesso ente, secondo le modalità ed i termini previsti nella Convenzione del 26 novembre 1986. Per tale controllo le regioni possono continuare ad avvalersi dell'Ispettorato Compartimentale delle Tasse e delle Imposte Indirette sugli Affari, competente per territorio, nonché del Servizio Permanente per il Controllo all'ACI e alla SIAE.

3. Il compenso spettante all'ACI, ai sensi degli artt. 20 e 21 della Convenzione di cui al comma 2, viene addebitato allo Stato e alle regioni a statuto ordinario in proporzione a quanto attribuito a ciascuno per i tributi di rispettiva competenza, secondo le modalità ed i termini riportati nello stesso atto di Convenzione. Con lo stesso criterio sono addebitati i costi relativi alla fornitura centralizzata del libretto fiscale di cui all'art. 16 della Convenzione.

26. Esclusioni dal pagamento. – 1. Nel caso di rinnovazione della immatricolazione di un veicolo o di un autoscafo in una provincia compresa nel territorio di una regione diversa da quella nel cui ambito era precedentemente iscritto, non si applica una ulteriore tassa automobilistica, soprattassa annuale e tassa speciale regionale per il periodo per il quale ciascun tributo sia stato già riscosso dalla regione di provenienza.

27. Rinvio. – 1. I tributi regionali di cui all'art. 23 restano disciplinati, per quanto non diversamente disposto dal presente provvedimento, dalle norme statali che regolano gli analoghi tributi erariali vigenti nel territorio delle regioni a statuto speciale.

2. Per l'inosservanza delle disposizioni relative ai suddetti tributi regionali si applicano nella stessa entità le medesime sanzioni previste per gli analoghi tributi erariali vigenti nelle regioni a statuto speciale, secondo le disposizioni della L. 24 gennaio 1978, n. 27 e successive modificazioni ed integrazioni.

Titolo IV
Trasferimenti erariali
agli enti locali

Capo II
Disciplina a regime
dei trasferimenti erariali.

50. Entrata in vigore. – 1. Le disposizioni del presente decreto entrano in vigore a decorrere dall'1 gennaio 1993.

2.

D.L.vo 15 novembre 1993, n. 507. Revisione ed armonizzazione dell'imposta comunale sulla pubblicità e del diritto sulle pubbliche affissioni, della tassa per l'occupazione di spazi ed aree pubbliche dei comuni e delle province nonché della tassa per lo smaltimento dei rifiuti solidi urbani a norma dell'art. 4 della L. 23 ottobre 1992, n. 421, concernente il riordino della finanza territoriale (Suppl. ord. alla *Gazzetta Ufficiale* Serie gen. - n. 288 del 9 dicembre 1993) ed *errata corrige* in *Gazzetta Ufficiale* Serie gen. - n. 306 del 31 dicembre 1993 (1) (2).

(1) *A norma dell'art. 1, comma 997, della L. 30 dicembre 2018, n. 145, a decorrere dal 1° gennaio 2019, l'imposta per le insegne di esercizio di attività commerciali e di produzione di beni o servizi e la tassa di occupazione per gli spazi ed aree pubbliche ai sensi di questo decreto, non è dovuta per le attività con sede legale od operativa nei territori delle regioni Abruzzo, Lazio, Marche e Umbria, interessati dagli eventi sismici verificatisi a far data dal 24 agosto 2016, ricompresi nei comuni indicati negli allegati 1, 2 e 2* bis *al decreto legge 17 ottobre 2016, n. 189, convertito, con modificazioni, dalla legge 15 dicembre 2016, n. 229.*

A norma del comma 998 del medesimo provvedimento, con regolamento del Ministro dell'economia e delle finanze, di concerto con il Ministro dello sviluppo economico, da emanare, d'intesa con la Conferenza Stato – città e autonomie locali, entro tre mesi dalla data di entrata in vigore della presente legge, sono definite le modalità di attuazione del predetto comma 997.

(2) *A norma dell'art. 2, comma 4, del D.L. 1° marzo 2021, n. 22, convertito, con modificazioni, nella L. 22 aprile 2021, n. 55, la denominazione «Ministro della transizione ecologica» sostituisce, ad ogni effetto e ovunque presente, la denominazione: «Ministro dello sviluppo economico».*

(*Estratto*)

Capo II

Tassa per l'occupazione di spazi ed aree pubbliche (1) (2)

(1) *Questo Capo è stato abrogato dall'art. 1, comma 847, della L. 27 dicembre 2019, n. 160, a decorrere dal 1° gennaio 2020.*

A norma della medesima disposizione questo Capo rimane come riferimento per la determinazione della tassa per l'occupazione di spazi ed aree pubbliche appartenenti alle regioni di cui agli articoli 5 della legge 16 maggio 1970, n. 281 e 8 del decreto legislativo 6 maggio 2011, n. 68.

(2) *A norma dell'art. 181, comma 1, del D.L. 19 maggio 2020, n. 34, convertito, con modificazioni, nella L. 17 luglio 2020, n. 77, anche al fine di promuovere la ripresa delle attività turistiche, danneggiate dall'emergenza epidemiologica da COVID-19, le imprese di pubblico esercizio di cui all'art. 5 della L. 25 agosto 1991, n. 287, titolari di concessioni o di autorizzazioni concernenti l'utilizzazione del suolo pubblico, tenuto conto di quanto stabilito dall'art. 4, comma 3* quater, *del D.L. 30 dicembre 2019, n. 162, convertito con modificazioni*

dalla L. 28 febbraio 2020, n. 8, sono esonerati dal 1° maggio fino al 31 ottobre 2020 dal pagamento della tassa per l'occupazione di spazi ed aree pubbliche prevista da questo capo.

38. [**Oggetto della tassa.** – 1. Sono soggette alla tassa le occupazioni di qualsiasi natura, effettuate, anche senza titolo, nelle strade, nei corsi, nelle piazze e, comunque, sui beni appartenenti al demanio o al patrimonio indisponibile dei comuni e delle province.

2. Sono, parimenti, soggette alla tassa le occupazioni di spazi soprastanti il suolo pubblico, di cui al comma 1, con esclusione dei balconi, verande, *bow-windows* e simili infissi di carattere stabile, nonché le occupazioni sottostanti il suolo medesimo, comprese quelle poste in essere con condutture ed impianti di servizi pubblici gestiti in regime di concessione amministrativa.

3. La tassa si applica, altresì, alle occupazioni realizzate su tratti di aree private sulle quali risulta costituita, nei modi e nei termini di legge, la servitù di pubblico passaggio.

4. Le occupazioni realizzate su tratti di strade statali o provinciali che attraversano il centro abitato di ([1]) comuni con popolazione superiore a diecimila abitanti sono soggette all'imposizione da parte dei comuni medesimi.

5. Sono escluse dalla tassa ([2]) le occupazioni di aree appartenenti al patrimonio disponibile dei predetti enti o al demanio statale. Sono soggette alla tassa le occupazioni di spazi acquei adibiti ad ormeggio di natanti e imbarcazioni compresi nei canali e rivi di traffico esclusivamente urbano in consegna ai comuni di Venezia e di Chioggia ai sensi del regio decreto 20 ottobre 1904, n. 721, e dell'articolo 517 del regolamento per l'esecuzione del codice della navigazione (navigazione marittima), approvato con decreto del Presidente della Repubblica 15 febbraio 1952, n. 328 ([3]). Le relative tariffe sono determinate dai comuni stessi, nella misura del 50 per cento di quelle previste dall'articolo 44 del presente decreto ([3]). Limitatamente a tali spazi acquei sono fatte salve le tasse già riscosse o da riscuotere per gli anni precedenti] ([3]).

([1]) *Le parole: «il centro abitato di» sono state aggiunte dall'art. 1, lett.* a) *del D.L.vo 28 dicembre 1993, n. 566.*

([2]) *A norma dell'art. 3, comma 67, della L. 28 dicembre 1995, n. 549, sono esonerati dall'obbligo di pagamento della tassa per l'occupazione di spazi ed aree pubbliche coloro i quali promuovono manifestazioni ad iniziative a carattere politico, purché l'area occupata non ecceda i 10 metri quadrati.*

([3]) *Il secondo, terzo e quarto periodo di questo comma sono stati aggiunti dall'art. 3, comma 6* bis, *del D.L. 29 marzo 1995, n. 96, conv., con modif., nella L. 31 maggio 1995, n. 206.*

39. [**Soggetti attivi e passivi.** – 1. La tassa è dovuta al comune o alla provincia dal titolare dell'atto di concessione o di autorizzazione o, in mancanza, dall'occupante di fatto, anche abusivo, in proporzione alla superficie effettivamente sottratta all'uso pubblico nell'ambito del rispettivo territorio].

40. [Regolamento e tariffe. – 1. Il comune e la provincia sono tenuti ad approvare il regolamento per l'applicazione della tassa per l'occupazione di spazi ed aree pubbliche.

2. Con il regolamento i predetti enti disciplinano i criteri di applicazione della tassa secondo le disposizioni contenute nel presente capo nonché le modalità per la richiesta, il rilascio e la revoca delle concessioni e delle autorizzazioni.

3. Le tariffe sono adottate entro il 31 ottobre di ogni anno ed entrano in vigore il primo gennaio dell'anno successivo a quello in cui la deliberazione è divenuta esecutiva a norma di legge.

4. L'omesso o ritardato adempimento delle disposizioni di cui al comma 3 comporta l'applicazione delle tariffe già in vigore, ove queste rientrino nei limiti previsti dal presente capo, ovvero l'adeguamento automatico delle stesse alla misura minima fissata dal capo medesimo].

41. [Revoca di concessioni o autorizzazioni. – 1. La revoca di concessioni o autorizzazioni concernenti l'utilizzazione del suolo pubblico dà diritto alla restituzione della tassa pagata in anticipo, senza interessi].

42. [Occupazioni permanenti e temporanee. Criteri di distinzione. Graduazione e determinazione della tassa. – 1. Le occupazioni di spazi ed aree pubbliche sono permanenti e temporanee:

a) sono permanenti le occupazioni di carattere stabile, effettuate a seguito del rilascio di un atto di concessione, aventi, comunque, durata non inferiore all'anno, comportino o meno l'esistenza di manufatti o impianti;

b) sono temporanee le occupazioni di durata inferiore all'anno.

2. Per le occupazioni che, di fatto, si protraggono per un periodo superiore a quello consentito originariamente, ancorché uguale o superiore all'anno, si applica la tariffa dovuta per le occupazioni temporanee di carattere ordinario, aumentata del 20 per cento.

3. La tassa è graduata a seconda dell'importanza dell'area sulla quale insiste l'occupazione; a tale effetto, le strade, gli spazi e le altre aree pubbliche, indicate nell'art. 38, sono classificate in almeno due [1] categorie. L'elenco di classificazione è deliberato dal comune, sentita la commissione edilizia, o dalla provincia, ed è pubblicato per quindici giorni nell'albo pretorio e in altri luoghi pubblici.

4. La tassa si determina in base all'effettiva occupazione espressa in metri quadrati o in metri lineari con arrotondamento all'unità superiore della

cifra contenente decimali. Non si fa comunque luogo alla tassazione delle occupazioni che in relazione alla medesima area di riferimento siano complessivamente inferiori a mezzo metro quadrato o lineare (2).

5. Le superfici eccedenti i mille metri quadrati, per le occupazioni sia temporanee che permanenti, possono essere calcolate in ragione del 10 per cento. Per le occupazioni realizzate con installazioni di attrazioni, giochi e divertimenti dello spettacolo viaggiante, le superfici sono calcolate in ragione del 50 per cento sino a 100 mq, del 25 per cento per la parte eccedente 100 mq e fino a 1.000 mq, del 10 per cento per la parte eccedente 1.000 mq (3).

6. La tassa è determinata in base alle misure minime e massime previste dagli artt. 44, 45, 47 e 48. Le misure di cui ai predetti articoli costituiscono i limiti di variazione delle tariffe o della tassazione riferita alla prima [ovvero unica] (4) categoria. La misura corrispondente all'ultima categoria non può essere, comunque, inferiore al 30 per cento di quella deliberata per la prima] (5).

(1) *Le parole: «almeno due» sono state aggiunte dall'art. 1, lett.* b) *del D.L.vo 28 dicembre 1993, n. 566.*

(2) *Questo comma è stato così sostituito dall'art. 3, comma 59, della L. 28 dicembre 1995, n. 549.*

(3) *Il secondo periodo di questo comma è stato aggiunto dall'art. 1, lett.* b) *del D.L.vo 28 dicembre 1993, n. 566.*

(4) *Le parole tra parentesi quadrate sono state soppresse dall'art. 1, lett.* b) *del D.L.vo 28 dicembre 1993, n. 566.*

(5) *Il terzo periodo di questo comma è stato così sostituito dall'art. 1, lett.* b) *del D.L.vo 28 dicembre 1993, n. 566.*

43. [**Classificazione dei comuni.** – 1. Agli effetti dell'applicazione della tassa di cui al presente capo, i comuni sono ripartiti in base alla popolazione residente al 31 dicembre del penultimo anno precedente a quello in corso, quale risulta dai dati pubblicati dall'Istituto nazionale di statistica, nelle seguenti cinque classi:

classe I: comuni con oltre 500.000 abitanti;
classe II: comuni da oltre 100.000 a 500.000 abitanti;
classe III: comuni da oltre 30.000 a 100.000 abitanti;
classe IV: comuni da oltre 10.000 a 30.000 abitanti;
classe V: comuni fino a 10.000 abitanti.

2. I comuni capoluogo di provincia non possono collocarsi al di sotto della classe 3].

44. [**Occupazioni permanenti. Disciplina e tariffe. Passi carrabili: criteri di determinazione della superficie.** – 1. Per le occupazioni permanenti la tassa è dovuta per anni solari a ciascuno dei quali corrisponde un'obbligazione tributaria autonoma. Essa è commisurata alla superficie occupata e si applica sulla base delle seguenti misure di tariffa:

a) occupazioni del suolo comunale:

Classi di comuni –	Minima per mq euro –	Massima per mq euro –
Classe I	43,90	65,59
Classe II	35,12	52,68
Classe III	27,89	41,83
Classe IV	22,21	33,05
Classe V	17,56	26,34

b) occupazioni del suolo provinciale:
minima: € 17,56 mq; massima: € 26,34 mq;

c) occupazioni di spazi soprastanti e sottostanti il suolo: la tariffa, di cui alle lett. *a*) e *b*), può essere ridotta fino ad un terzo.

2. Per le occupazioni con tende, fisse o retrattili, aggettanti direttamente sul suolo pubblico, la tariffa è ridotta al 30 per cento.

3. Per i passi carrabili, la tariffa di cui al comma 1 è ridotta al 50 per cento.

4. Sono considerati passi carrabili quei manufatti costituiti generalmente da listoni di pietra od altro materiale o da appositi intervalli lasciati nei marciapiedi o, comunque, da una modifica del piano stradale intesa a facilitare l'accesso dei veicoli alla proprietà privata.

5. La superficie da tassare dei passi carrabili si determina moltiplicando la larghezza del passo, misurata sulla fronte dell'edificio o del terreno al quale si dà accesso, per la profondità di un metro lineare «convenzionale» ([1]).

6. Per i passi carrabili costruiti direttamente dal comune o dalla provincia, la tassa va determinata con riferimento ad una superficie complessiva non superiore a metri quadrati 9. L'eventuale superficie eccedente detto limite è calcolata in ragione del 10 per cento.

7. (*Omissis*)

8. I comuni e le province, su espressa richiesta dei proprietari degli accessi di cui al comma 7 e tenuto conto delle esigenze di viabilità, possono, previo rilascio di apposito cartello segnaletico, vietare la sosta indiscriminata sull'area antistante gli accessi medesimi. Il divieto di utilizzazione di detta area da parte della collettività, non può comunque estendersi oltre la superficie di dieci metri quadrati e non consente alcuna opera né l'esercizio di particolari attività da parte del proprietario dell'accesso. La tassa va determinata con tariffa ordinaria, ridotta fino al 10 per cento.

9. La tariffa è parimenti ridotta fino al 10 per cento per i passi carrabili costruiti direttamente dai comuni o dalle province che, sulla base di elementi di carattere oggettivo, risultano non utilizzabili e, comunque, di fatto non utilizzati dal proprietario dell'immobile o da altri soggetti legati allo stesso da vincoli di parentela, affinità o da qualsiasi altro rapporto.

10. Per i passi carrabili di accesso ad impianti per la distribuzione dei carburanti, la tariffa può essere ridotta fino al 30 per cento.

11. La tassa relativa all'occupazione con i passi carrabili può essere definitivamente assolta mediante il versamento, in qualsiasi momento, di una somma pari a venti annualità del tributo. In ogni caso, ove i contribuenti non abbiano interesse ad utilizzare i passi carrabili, possono ottenerne l'abolizione con apposita domanda al comune o alla provincia. La messa in pristino dell'assetto stradale è effettuata a spese del richiedente.

12. Per le occupazioni permanenti con autovetture adibite a trasporto pubblico nelle aree a ciò destinate dai comuni e dalle province, la tassa va commisurata alla superficie dei singoli posti assegnati].

(1) *Questo comma è stato così sostituito dall'art. 3, comma 60, della L. 28 dicembre 1995, n. 549.*

45. [Occupazioni temporanee. Disciplina e tariffe. – 1. Per le occupazioni temporanee la tassa è commisurata alla effettiva superficie occupata ed è graduata, nell'ambito delle categorie previste dall'art. 42, comma 3, in rapporto alla durata delle occupazioni medesime. I tempi di occupazione e le relative misure di riferimento sono deliberati dal comune o dalla provincia in riferimento alle singole fattispecie di occupazione. In ogni caso per le occupazioni di durata non inferiore a quindici giorni la tariffa è ridotta in misura compresa tra il 20 ed il 50 per cento (1).

2. La tassa si applica in relazione alle ore di effettiva occupazione in base alle seguenti misure giornaliere di tariffa:

a) occupazione di suolo comunale:

Classi di comuni –	Minima per mq euro –	Massima per mq euro –
Classe I	1,03	6,20
Classe II	0,77	5,16
Classe III	0,77	4,13
Classe IV	0,387	3,10
Classe V	0,387	2,07

b) occupazioni di suolo provinciale:
minima € 0,387 mq,
massima € 2,07 mq;

c) occupazioni di spazi soprastanti e sottostanti il suolo: la tariffa di cui alle lett. *a*) e *b*) può essere ridotta fino ad un terzo. In ogni caso le misure di tariffa di cui alle lettere *a*) e *b*) determinate per ore o fasce orarie non possono essere inferiori, qualunque sia la categoria di riferimento dell'occupazione ed indipendentemente da ogni riduzione, ad € 0,129 al metro quadrato per giorno per i comuni di classe I, II e III e ad € 0,077 per metro quadrato e per giorno per i comuni di classe IV e V, per le province e per le occupazioni poste in essere con installazioni di attrazioni, giochi e divertimenti dello spettacolo viaggiante nonché per le occupazioni realizzate in occasioni di manifestazioni politiche, culturali o sportive ([1]).

3. I comuni e le province possono deliberare di non assoggettare alla tassa le occupazioni con tende o simili, fisse o retrattili; in ogni caso le tariffe non possono essere superiori al 30 per cento della tariffa ordinaria. Ove le tende siano poste a copertura di banchi di vendita nei mercati o, comunque, di aree pubbliche già occupate la tassa va determinata con riferimento alla sola parte di esse eventualmente sporgente dai banchi o dalle aree medesime ([1]).

4. Per le occupazioni effettuate in occasione di fiere e festeggiamenti, con esclusione di quelle realizzate con installazioni di attrazioni, giochi e divertimenti dello spettacolo viaggiante ([2]), la tariffa può essere aumentata in misura non superiore al 50 per cento.

5. Le tariffe, di cui ai precedenti commi, sono ridotte al ([3]) 50 per cento per le occupazioni realizzate da venditori ambulanti, pubblici esercizi ([4]) e da produttori agricoli che vendono direttamente il loro prodotto. Sono ridotte rispettivamente dell'80 per cento e del 50 per cento le tariffe per le occupazioni poste in essere con installazioni di attrazioni, giochi e divertimenti dello spettacolo viaggiante e le tariffe per le occupazioni temporanee per i fini di cui all'art. 46.

6. Le occupazioni con autovetture di uso privato realizzate su aree a ciò destinate dal comune o dalla provincia sono soggette alla tassa con tariffa che può essere variata in aumento o in diminuzione fino al 30 per cento.

6 *bis*. Le tariffe per le occupazioni realizzate per l'esercizio dell'attività edilizia possono essere ridotte fino al 50 per cento ([5]).

7. Per le occupazioni realizzate in occasione di manifestazioni politiche, culturali o sportive, la tariffa ordinaria è ridotta dell'80 per cento ([6]).

8. Per le occupazioni temporanee di durata non inferiore ad un mese o che si verifichino con carattere ricorrente, il comune o la provincia dispone la riscossione mediante convenzione a tariffa ridotta del 50 per cento] ([7]) ([8]).

(1) *Questo comma è stato così sostituito dall'art. 3, comma 61, della L. 28 dicembre 1995, n. 549.*

(2) *Le originarie parole: «di fiere, festeggiamenti e mercati,» sono state sostituite dalle attuali da: «di fiere...» fino a: «... viaggiante,» dall'art. 1, lett.* c) *del D.L.vo 28 dicembre 1993, n. 566.*

(3) *Le originarie parole: «possono essere ridotte fino al» sono state sostituite dalle attuali: «sono ridotte al» dall'art. 1, lett.* c) *del D.L.vo 28 dicembre 1993, n. 566.*

(4) *Le parole: «, pubblici esercizi» sono state aggiunte dall'art. 1, lett.* c) *del D.L.vo 28 dicembre 1993, n. 566.*

(5) *Questo comma è stato aggiunto dall'art. 1, lett.* c) *del D.L.vo 28 dicembre 1993, n. 566.*

(6) *Questo comma è stato così sostituito dall'art. 1, lett.* c) *del D.L.vo 28 dicembre 1993, n. 566.*

(7) *Le originarie parole: «è in facoltà del comune o della provincia disporre la riscossione mediante convenzione a tariffa ridotta fino al massimo del 50 per cento» sono state sostituite dalle attuali: «il comune... 50 per cento» dall'art. 1, lett.* c) *del D.L.vo 28 dicembre 1993, n. 566.*

(8) *Per l'anno 1995, il termine per il pagamento della tassa per l'occupazione temporanea di spazi ed aree pubbliche mediante convenzione, è fissato al 30 settembre 1995, a norma dell'art. 10, comma 1* bis, *del D.L. 31 gennaio 1995, n. 26, conv., con modif., nella L. 29 marzo 1995, n. 95.*

46. [**Occupazioni del sottosuolo e soprassuolo. Disciplina.** – 1. Le occupazioni del sottosuolo e del soprassuolo stradale con condutture, cavi, impianti in genere ed altri manufatti destinati all'esercizio e alla manutenzione delle reti di erogazione di pubblici servizi, compresi quelli posti sul suolo e collegati alle reti stesse, nonché con seggiovie e funivie sono tassate in base ai criteri stabiliti dall'art. 47 (1).

2. Il comune o la provincia ha sempre facoltà di trasferire in altra sede, a proprie spese, le condutture, i cavi e gli impianti; quando però il trasferimento viene disposto per l'immissione delle condutture, dei cavi e degli impianti in cunicoli in muratura sotto i marciapiedi, ovvero in collettori, oppure in gallerie appositamente costruite, la spesa relativa è a carico degli utenti].

(1) *Questo comma è stato così sostituito dall'art. 1, lett.* d) *del D.L.vo 28 dicembre 1993, n. 566.*

47. [**Criteri di determinazione della tassa per l'occupazione del sottosuolo e soprassuolo.** – 1. La tassa per le occupazioni del sottosuolo e del soprassuolo stradale di cui all'art. 46 è determinata forfetariamente in base alla lunghezza delle strade comunali o provinciali per la parte di esse effettivamente occupata, comprese le strade soggette a servitù di pubblico passaggio, secondo i criteri indicati nel comma 2 (1).

2. La tassa va determinata in base ai seguenti limiti minimi e massimi:

a) strade comunali, da € 129,11 ad € 258,23 per km lineare o frazione;

b) strade provinciali, da € 77,47 ad € 154,94 per km lineare o frazione.

2 *bis*. Per le occupazioni di suolo pubblico realizzate con innesti o allacci a impianti di erogazione di pubblici servizi la tassa non si applica (2). I comuni e le province possono, con delibera, estenderne la non applicazione anche alle annualità pregresse (3).

3. Per le occupazioni con seggiovie e funivie, la tassa annuale è dovuta, fino ad un massimo di cinque km lineari, entro i limiti minimi e massimi da € 51,65 ad € 103,29. Per ogni chilometro o frazione superiore a cinque km è dovuta una maggiorazione da € 10,33 ad € 20,66.

4. I comuni e le province che provvedono alla costruzione di gallerie sotterranee per il passaggio delle condutture, dei cavi e degli impianti, hanno diritto di imporre, oltre la tassa di cui al comma 1, un contributo una volta tanto nelle spese di costruzione delle gallerie, che non può superare complessivamente, nel massimo, il 50 per cento delle spese medesime.

5. Per le occupazioni di cui al presente articolo, aventi carattere temporaneo, la tassa, in deroga a quanto disposto dall'art. 45, è determinata e applicata dai comuni e dalle province in misura forfetaria sulla base delle seguenti misure minime e massime:

a) occupazioni del sottosuolo o soprassuolo comunale fino a un chilometro lineare di durata non superiore a trenta giorni:

Tassa complessiva:

Classi I, II e III: minima € 10,33; massima € 25,82; Classi IV e V: minima € 5,16; massima € 15,49;

b) occupazioni del sottosuolo o soprassuolo provinciale fino ad un chilometro lineare di durata non superiore a trenta giorni: Tassa complessiva: minima € 5,16; massima € 15,49.

La tassa di cui alle lett. a) e b) è aumentata del 50 per cento per le occupazioni superiori al chilometro lineare. Per le occupazioni di cui alle lett. a) e b) di durata superiore a trenta giorni, la tassa va maggiorata nelle seguenti misure percentuali:

1) occupazioni di durata non superiore a novanta giorni: 30 per cento; o

2) occupazioni di durata superiore a novanta giorni e fino a 180 giorni: 50 per cento;

3) occupazioni di durata maggiore: 100 per cento].

(1) *Questo comma è stato così sostituito dall'art. 1, lett.* e) *del D.L.vo 28 dicembre 1993, n. 566.*

(2) *Questo comma è stato aggiunto dall'art. 1, lett.* e) *del D.L.vo 28 dicembre 1993, n. 566 e così sostituito dall'art. 3, comma 62, della L. 28 dicembre 1995, n. 549.*

([3]) *L'ultimo periodo di questo comma è stato aggiunto dall'art. 6* quater, *comma 1, del D.L. 29 settembre 1997, n. 328, conv., con modif., nella L. 29 novembre 1997, n. 410.*

48. [Distributori di carburante e di tabacchi. Determinazione della tassa. – 1. Per l'impianto e l'esercizio di distributori di carburanti e dei relativi serbatoi sotterranei e la conseguente occupazione del suolo e del sottosuolo comunale è dovuta una tassa annuale in base ai seguenti limiti minimi e massimi:

Classi di comuni	Località dove sono situati gli impianti	Minimo euro	Massimo euro
–	–	–	–
Classe I	*a*) centro abitato	51,65	77,47
	b) zona limitrofa	36,15	54,23
	c) sobborghi e zone periferiche	20,66	30,99
	d) frazioni	10,33	15,49
Classe II	*a*) centro abitato	46,48	69,72
	b) zona limitrofa	30,99	46,48
	c) sobborghi e zone periferiche	15,49	23,24
	d) frazioni	7,75	11,36
Classe III	*a*) centro abitato	43,38	68,17
	b) zona limitrofa	27,89	41,83
	c) sobborghi e zone periferiche	15,49	23,24
	d) frazioni	7,75	11,36
Classe IV	*a*) centro abitato	39,25	58,88
	b) zona limitrofa	23,76	35,64
	c) sobborghi e zone periferiche	10,33	15,49
	d) frazioni	5,16	7,75
Classe V	*a*) centro abitato	30,99	46,48
	b) zona limitrofa	25,82	38,73
	c) sobborghi e zone periferiche	15,49	23,24
	d) frazioni	5,16	7,75

2. Per l'occupazione del suolo e sottosuolo provinciale la tassa annuale va determinata entro il limite minimo di € 5,16 e massimo di € 7,75.

3. La tassa va applicata ai distributori di carburanti muniti di un solo serbatoio sotterraneo di capacità non superiore a tremila litri. Se il serbatoio è di maggiore capacità, la tariffa va aumentata di un quinto per ogni mille litri o frazione di mille litri. È ammessa la tolleranza del 5 per cento sulla misura della capacità.

4. Per i distributori di carburanti muniti di due o più serbatoi sotterranei di differente capacità, raccordati tra loro, la tassa nella misura stabilita dal presente articolo, viene applicata con riferimento al serbatoio di minore capacità maggiorata di un quinto per ogni mille litri o frazioni di mille litri degli altri serbatoi.

5. Per i distributori di carburanti muniti di due o più serbatoi autonomi, la tassa si applica autonomamente per ciascuno di essi.

6. La tassa di cui al presente articolo è dovuta esclusivamente per l'occupazione del suolo e del sottosuolo comunale e provinciale effettuata con le sole colonnine montanti di distribuzione dei carburanti, dell'acqua e dell'aria compressa ed i relativi serbatoi sotterranei, nonché per l'occupazione del suolo con un chiosco che insiste su di una superficie non superiore a quattro metri quadrati. Tutti gli ulteriori spazi ed aree pubbliche eventualmente occupati con impianti o apparecchiature ausiliarie, funzionali o decorative, ivi compresi le tettoie, i chioschi e simili per le occupazioni eccedenti la superficie di quattro metri quadrati, comunque utilizzati, sono soggetti alla tassa di occupazione di cui al precedente art. 44, ove per convenzione non siano dovuti diritti maggiori.

7. Per l'impianto e l'esercizio di apparecchi automatici per la distribuzione dei tabacchi e la conseguente occupazione del suolo o soprassuolo comunale è dovuta una tassa annuale nei seguenti limiti minimi e massimi:

Classi di comuni –	Località dove sono situati gli apparecchi –	Minimo euro –	Massimo euro –
I, II e III	*a*) centro abitato	15,49	23,24
	b) zona limitrofa	10,33	15,49
	c) frazioni, sobborghi e zone periferiche	7,75	11,36
IV e V	*a*) centro abitato	10,33	15,49
	b) zona limitrofa	7,75	11,36
	c) frazioni, sobborghi e zone periferiche	5,16	7,75

8. Per l'occupazione del suolo o soprassuolo provinciale la tassa annuale è fissata entro il limite minimo di € 5,16 e massimo di € 7,75].

49. [**Esenzioni.** – 1. Sono esenti dalla tassa:

a) le occupazioni effettuate dallo Stato, dalle regioni, province, comuni e loro consorzi, da enti religiosi per l'esercizio di culti ammessi nello Stato, da enti pubblici di cui all'art. 87, comma 1, lett. *c*), del testo unico delle imposte sui redditi, approvato con D.P.R. 22 dicembre 1986, n. 917, per finalità specifiche di assistenza, previdenza, sanità, educazione, cultura e ricerca scientifica;

b) le tabelle indicative delle stazioni e fermate e degli orari dei servizi pubblici di trasporto, nonché le tabelle che interessano la circolazione stradale, purché non contengano indicazioni di pubblicità, gli orologi funzionanti per pubblica utilità, sebbene di privata pertinenza, e le aste delle bandiere;

c) le occupazioni da parte delle vetture destinate al servizio di trasporto pubblico di linea in concessione nonché di vetture a trazione animale durante le soste o nei posteggi ad esse assegnati;

d) le occupazioni occasionali di durata non superiore a quella che sia stabilita nei regolamenti di polizia locale e le occupazioni determinate dalla sosta dei veicoli per il tempo necessario al carico e allo scarico delle merci;

e) le occupazioni con impianti adibiti ai servizi pubblici nei casi in cui ne sia prevista, all'atto della concessione o successivamente, la devoluzione gratuita al comune o alla provincia al termine della concessione medesima;

f) le occupazioni di aree cimiteriali;

g) gli accessi carrabili destinati a soggetti portatori di handicap].

50. [**Denuncia e versamento della tassa.** – 1. Per le occupazioni permanenti di suolo pubblico, i soggetti di cui all'art. 39 devono presentare al comune o alla provincia, aventi diritto alla tassa, apposita denuncia entro trenta giorni dalla data di rilascio dell'atto di concessione e, comunque, non oltre il 31 dicembre dell'anno di rilascio della concessione medesima. La denuncia va effettuata utilizzando gli appositi modelli predisposti dal comune o dalla provincia e dagli stessi messi a disposizione degli utenti presso i relativi uffici; la denuncia deve contenere gli elementi identificativi del contribuente, gli estremi dell'atto di concessione, la superficie occupata, la categoria dell'area sulla quale si realizza l'occupazione, la misura di tariffa corrispondente, l'importo complessivamente dovuto. Negli stessi termini deve essere effettuato il versamento della tassa dovuta per l'intero anno di rilascio della concessione. L'attestato deve essere allegato alla denuncia e i relativi estremi trascritti nella denuncia stessa.

2. L'obbligo della denuncia, nei modi e nei termini di cui al comma precedente, non sussiste per gli anni successivi a quello di prima applicazione della tassa, sempreché non si verifichino variazioni nella occupazione che determinino un maggiore ammontare del tributo. In mancanza di variazioni nelle occupazioni, il versamento della tassa deve essere effettuato nel mese di gennaio, utilizzando l'apposito modulo di cui al comma 4.

3. Per le occupazioni di cui all'art. 46, il versamento della tassa deve essere effettuato nel mese di gennaio, di ciascun anno. Per le variazioni in aumento verificatesi nel corso dell'anno, la denuncia anche cumulativa e il versamento possono essere effettuati entro il 30 giugno dell'anno successivo.

4. Il pagamento della tassa deve essere effettuato mediante versamento a mezzo di conto corrente postale intestato al comune o alla provincia, ovvero direttamente presso le tesorerie comunali con modalità che verranno stabilite con apposito decreto del Ministro delle finanze, ovvero, in caso di affidamento in concessione, al concessionario del comune anche mediante conto corrente postale ([1]), con arrotondamento a mille lire per difetto se la frazione non è superiore a cinquecento lire o per eccesso se è superiore. Con decreto del Ministro delle finanze, di concerto con il Ministro delle poste e delle telecomunicazioni, sono determinate le caratteristiche del modello di versamento.

5. Per le occupazioni temporanee l'obbligo della denuncia è assolto con il pagamento della tassa e la compilazione del modulo di versamento di cui al comma 4, da effettuarsi non oltre il termine previsto per le occupazioni medesime. Qualora le occupazioni non siano connesse ad alcun previo atto dell'amministrazione, il pagamento della tassa può essere effettuato, senza la compilazione del suddetto modulo, mediante versamento diretto.

5 *bis*. La tassa, se d'importo superiore a € 258,23, può essere corrisposta in quattro rate, senza interessi, di uguale importo, aventi scadenza nei mesi di gennaio, aprile, luglio ed ottobre dell'anno di riferimento del tributo. Per le occupazioni realizzate nel corso dell'anno, la rateizzazione può essere effettuata alle predette scadenze ancora utili alla data di inizio delle occupazioni stesse; qualora l'occupazione abbia inizio successivamente al 31 luglio, la rateizzazione può essere effettuata in due rate di uguale importo aventi scadenza, rispettivamente, nel mese di inizio dell'occupazione e nel mese di dicembre dello stesso anno ovvero, se l'occupazione cessa anteriormente al 31 dicembre, alla data della cessazione medesima. Le disposizioni di cui al presente comma si applicano anche in caso di riscossione mediante convenzione ai sensi dell'art. 45, comma 8 ([2]).

5 *ter*. Per l'anno 1995, la scadenza delle prime due rate di cui al comma 5 *bis* è fissata al 28 aprile 1995, fermo restando il versamento integrale del-

la tassa medesima entro il 31 ottobre 1995. Per le occupazioni temporanee che cessano entro il 28 aprile 1995, la cui tassa è di importo non superiore a € 258,23, la scadenza del termine di versamento è fissata alla medesima data del 28 aprile 1995] ([2]).

([1]) *Le originarie parole: «Il pagamento della tassa deve essere effettuato mediante versamento a mezzo di conto corrente postale intestato al comune o alla provincia, ovvero, in caso di affidamento in concessione, al concessionario del comune» sono state sostituite dalle attuali da: «Il pagamento...» sino a: «...conto corrente postale» per effetto dell'art. 3* bis *del D.L. 27 agosto 1994, n. 515, conv., con modif., nella L. 28 ottobre 1994, n. 596, con effetto dal 27 agosto 1994.*

([2]) *Comma aggiunto dall'art. 10, comma 1* ter, *del D.L. 31 gennaio 1995, n. 26, convertito, con modificazioni, nella L. 29 marzo 1995, n. 95.*

51. [**Accertamenti, rimborsi e riscossione coattiva della tassa.** – 1. Il comune o la provincia controlla le denunce presentate, verifica i versamenti effettuati e sulla base dei dati ed elementi direttamente desumibili dagli stessi, provvede alla correzione di eventuali errori materiali o di calcolo, dandone comunicazione al contribuente nei sei mesi successivi alla data di presentazione delle denunce o di effettuazione dei versamenti. L'eventuale integrazione della somma già versata a titolo di tassa, determinata dai predetti enti e accettata dal contribuente, è effettuata dal contribuente medesimo mediante versamento con le modalità di cui all'art. 50, comma 4, entro sessanta giorni dalla ricezione della comunicazione ([1]).

2. Il comune o la provincia provvede all'accertamento in rettifica delle denunce nei casi di infedeltà, inesattezza ed incompletezza delle medesime, ovvero all'accertamento d'ufficio nei casi di omessa presentazione della denuncia. A tal fine emette apposito avviso di accertamento motivato nel quale sono indicati la tassa, nonché le soprattasse e gli interessi liquidati e il termine di sessanta giorni per il pagamento ([1]).

2 *bis*. L'avviso di accertamento deve essere motivato in relazione ai presupposti di fatto ed alle ragioni giuridiche che lo hanno determinato. Se la motivazione fa riferimento ad un altro atto non conosciuto né ricevuto dal contribuente, questo deve essere allegato all'atto che lo richiama, salvo che quest'ultimo non ne riproduca il contenuto essenziale ([1]).

3. Gli avvisi di accertamento, sia in rettifica che d'ufficio, devono essere notificati al contribuente, a pena di decadenza, anche a mezzo posta, mediante raccomandata con avviso di ricevimento, entro il 31 dicembre del terzo anno successivo a quello in cui la denuncia è stata presentata o a quello in cui la denuncia avrebbe dovuto essere presentata ([1]).

4. Nel caso in cui la tassa risulti totalmente o parzialmente non assolta per più anni, l'avviso di accertamento, deve essere notificato, nei modi e nei termini di cui ai commi precedenti, separatamente per ciascun anno (1).

5. La riscossione coattiva della tassa si effettua secondo le modalità previste dall'art. 68 del D.P.R. 28 gennaio 1988, n. 43, in un'unica soluzione. Si applica l'art. 2752 del codice civile.

6. I contribuenti possono richiedere, con apposita istanza, ai comuni o alle province il rimborso delle somme versate e non dovute entro il termine di tre anni dal giorno del pagamento, ovvero da quello in cui è stato definitivamente accertato il diritto alla restituzione. Sull'istanza di rimborso i comuni e le province provvedono entro novanta giorni dalla data di presentazione della stessa. Sulle somme rimborsate ai contribuenti spettano gli interessi di mora in ragione del 7 per cento per ogni semestre compiuto dalla data dell'eseguito pagamento] (1).

(1) *Questo articolo, ad eccezione del comma 5, è stato abrogato dall'art. 1, comma 172, lett.* b), *della L. 27 dicembre 2006, n. 296.*

52. [Affidamento da parte del comune del servizio di accertamento e riscossione della tassa. Rinvio. – 1. Il servizio di accertamento e di riscossione della tassa, ove il comune lo ritenga più conveniente sotto il profilo economico o funzionale, può essere affidato in concessione ad apposita azienda speciale di cui all'art. 22, comma 3, lett. *c*), della L. 8 giugno 1990, n. 142, ovvero ai soggetti iscritti all'albo nazionale di cui all'art. 32. A tal fine, si applicano le disposizioni previste in materia di imposta sulla pubblicità e diritto sulle pubbliche affissioni].

53. (1) [**Sanzioni ed interessi.** – 1. Per l'omessa presentazione della denuncia si applica la sanzione amministrativa dal cento al duecento per cento della tassa dovuta, con un minimo di € 51.

2. Per la denuncia infedele si applica la sanzione dal cinquanta al cento per cento della maggiore tassa dovuta. Se l'errore o l'omissione attengono ad elementi non incidenti sulla determinazione di questa, si applica la sanzione da € 51 a € 258.

3. Le sanzioni indicate nei commi 1 e 2 sono ridotte alla misura stabilita dagli articoli 16 e 17 del decreto legislativo 18 dicembre 1997, n. 472 (2) se, entro il termine per ricorrere alle commissioni tributarie, interviene adesione del contribuente con il pagamento della tassa, se dovuta, e della sanzione.

4. Sulle somme dovute a titolo di tassa si applicano interessi moratori in ragione del sette per cento per ogni semestre compiuto] (3).

(1) *Questo articolo è stato così sostituito dall'art. 12, comma 1, lett.* c), *del D.L.vo 18 dicembre 1997, n. 473, a decorrere dal 1° aprile 1998.*

(2) *Le parole: «ad un quarto» sono state così sostituite dalle parole: «alla misura stabilita dagli articoli 16 e 17 del decreto legislativo 18 dicembre 1997, n. 472» dall'art. 13, comma 13, del D.L. 6 dicembre 2011, n. 201, convertito, con modificazioni, nella L. 22 dicembre 2011, n. 214.*

(3) *Questo comma è stato abrogato dall'art. 1, comma 172, lett. b), della L. 27 dicembre 2006, n. 296.*

54. [**Funzionario responsabile.** – 1. Il comune, nel caso di gestione diretta, o la provincia designa un funzionario cui sono attribuiti la funzione e i poteri per l'esercizio di ogni attività organizzativa e gestionale della tassa per l'occupazione di spazi ed aree pubbliche; il predetto funzionario sottoscrive anche le richieste, gli avvisi, i provvedimenti relativi e dispone i rimborsi.

2. Il comune o la provincia comunica alla direzione centrale per la fiscalità del Ministero delle finanze il nominativo del funzionario responsabile entro sessanta giorni dalla sua nomina.

3. Nel caso di gestione in concessione le attribuzioni di cui al comma 1 spettano al concessionario].

55. [**Abrogazioni.** – 1. Sono abrogati gli articoli da 192 a 200 del testo unico per la finanza locale, approvato con R.D. 14 settembre 1931, n. 1175, e successive modificazioni ed integrazioni, nella parte non compatibile con le norme di cui al presente capo. Sono, altresì, abrogati le disposizioni di cui all'art. 39 della L. 2 luglio 1952, n. 703, e successive modificazioni, l'articolo unico della L. 6 marzo 1958, n. 177, l'articolo unico della L. 26 luglio 1961, n. 711, l'art. 6 della L. 18 aprile 1962, n. 208, nonché le disposizioni di cui al decreto dei Ministri delle finanze e dell'interno 26 febbraio 1933, pubblicato sulla *Gazzetta Ufficiale* n. 95 del 24 aprile 1933, per la parte concernente la tassazione delle linee elettriche e telefoniche ed ogni altra disposizione di legge incompatibile con le norme del presente capo].

56. [**Disposizioni transitorie e finali.** – 1. Entro sei mesi dalla data di entrata in vigore del presente decreto, sono emanati i decreti ministeriali previsti dal presente capo.

2. Per la prima applicazione delle disposizioni previste dal presente capo, i comuni e le province devono deliberare, unitamente alle tariffe, il regolamento o le variazioni del regolamento già adottato, entro quattro mesi dalla data di entrata in vigore del decreto medesimo.

3. I contribuenti tenuti al pagamento della tassa per l'anno 1994, con esclusione di quelli già iscritti a ruolo, devono presentare la denuncia di cui all'art. 50 ed effettuare il versamento entro sessanta giorni dalla scadenza del termine previsto dal comma 2. Nel medesimo termine di sessanta gior-

ni va effettuato il versamento dell'eventuale differenza tra gli importi già iscritti a ruolo e quelli risultanti dall'applicazione delle nuove tariffe adottate dai predetti enti.

4. Per le occupazioni di cui all'art. 46, la tassa dovuta a ciascun comune o provincia per l'anno 1994 è pari all'importo dovuto per l'anno 1993, aumentato del 10 per cento, con una tassa minima di € 25,82.

5. Le riscossioni e gli accertamenti relativi ad annualità precedenti a quelle in corso alla data di entrata in vigore delle disposizioni previste dal presente capo sono effettuati con le modalità e i termini previsti dal testo unico per la finanza locale, approvato con R.D. 14 settembre 1931, n. 1175, e successive modificazioni. La formazione dei ruoli, fatta salva l'ipotesi di cui all'art. 68 del D.P.R. 28 gennaio 1988, n. 43, riguarderà la sola riscossione della tassa dovuta per le annualità fino al 1994.

6. I soggetti che alla data di entrata in vigore del presente decreto, provvedono, in base ad un contratto di appalto, alla riscossione della tassa per l'occupazione temporanea di suolo pubblico, possono ottenere l'affidamento in concessione del servizio di accertamento e riscossione della tassa dovuta per le occupazioni permanenti e temporanee di suolo pubblico fino alla data di scadenza del contratto medesimo purché, entro un anno dalla data di entrata in vigore del presente decreto, ottengano l'iscrizione nell'albo di cui all'art. 32, secondo le modalità previste in materia di imposta di pubblicità e diritto sulle pubbliche affissioni.

7. I contratti di appalto aventi scadenza nel corso dell'anno 1994, sono prorogati fino al 31 dicembre 1994, sempreché il comune non intenda gestire direttamente il servizio.

8. Le modalità della gestione, l'aggio o il canone fisso, il minimo garantito nonché le prescrizioni del capitolato d'oneri, vanno adeguati o, comunque, determinati in rapporto a quanto previsto dal presente capo.

9. Il mancato ottenimento della concessione nel termine di cui al comma 6 comporta, a prescindere dalle modalità dell'appalto e dalla durata del relativo contratto, la perdita del diritto di riscossione della tassa per l'occupazione temporanea di suolo pubblico.

10. I comuni nei quali, alla data di entrata in vigore del presente decreto, risulti operante un contratto d'appalto per la riscossione della tassa per l'occupazione temporanea del suolo pubblico, provvedono per il primo anno di applicazione del decreto medesimo, salvo l'affidamento in concessione di cui al comma 6, alla riscossione diretta della tassa per l'occupazione permanente.

11. Con decreti del Presidente del Consiglio dei Ministri, su proposta del Ministro delle finanze, previa deliberazione del Consiglio dei Ministri, le

tariffe in materia di tassa per l'occupazione di spazi ed aree pubbliche possono essere adeguate, comunque non prima di due anni dalla data di entrata in vigore del presente decreto legislativo, nel limite della variazione percentuale dell'indice dei prezzi al consumo per le famiglie di operai e impiegati rilevato alla fine del mese precedente la data di emanazione del decreto rispetto al medesimo indice rilevato per l'emanazione del precedente decreto; per il primo adeguamento, si assume come riferimento la data di entrata in vigore del presente decreto legislativo. I detti decreti del Presidente del Consiglio dei Ministri accertano l'entità delle variazioni, indicano i nuovi importi e stabiliscono la data a decorrere dalla quale essi sono applicati.

11 *bis*. Per le occupazioni temporanee di cui all'art. 45 effettuate dai pubblici esercizi, dai venditori ambulanti e dai produttori agricoli che vendono direttamente i loro prodotti e per le occupazioni realizzate con installazioni di attrazioni, giochi e divertimenti dello spettacolo viaggiante, la tassa dovuta a ciascun comune o provincia per l'anno 1994 è determinata con riferimento alle tariffe applicabili per l'anno 1993, aumentate del 50 per cento ([1]).

11 *ter*. Per l'esercizio 1995 il comune con propria delibera può rideterminare entro il 31 dicembre 1994 le tariffe di talune fattispecie, ovvero esonerarle, per quanto riguarda la tassa per l'occupazione di spazi e aree pubbliche, purché il gettito complessivo non sia inferiore a quanto previsto applicando il criterio del comma 11 *bis*. La rideterminazione delle tariffe deve comunque avvenire in modo tale che per una o più fattispecie non siano previsti incrementi superiori al 25 per cento rispetto alle tariffe dell'anno precedente] ([2]).

([1]) *Questo comma è stato aggiunto dall'art. 1, lett.* f) *del D.L.vo 28 dicembre 1993, n. 566.*

([2]) *Questo comma è stato aggiunto dall'art. 3* bis *del D.L. 27 agosto 1994, n. 515, conv., con modif., nella L. 28 ottobre 1994, n. 596, con effetto dal 27 agosto 1994.*

57. [Vigilanza. Rinvio. – 1. È attribuita alla direzione centrale per la fiscalità locale del Ministero delle finanze la funzione di vigilanza sulla gestione, sia diretta che in concessione, della tassa per l'occupazione di spazi ed aree pubbliche.

2. A tal fine, si applicano le disposizioni previste dall'art. 35 in materia di imposta sulla pubblicità e diritto sulle pubbliche affissioni].

3.

D.L.vo 15 dicembre 1997, n. 446. Istituzione dell'imposta regionale sulle attività produttive, revisione degli scaglioni, delle aliquote e delle detrazioni dell'Irpef e istituzione di una addizionale regionale a tale imposta, nonché riordino della disciplina dei tributi locali (Suppl. ord. alla *Gazzetta Ufficiale* Serie gen. - n. 298 del 23 dicembre 1997) (1) (2) (3).

(1) *A norma dell'art. 13* bis, *comma 6, del D.L. 30 dicembre 2016, n. 244, convertito, con modificazioni, nella L. 27 febbraio 2017, n. 19, le disposizioni di cui al comma 5 del medesimo articolo si applicano anche ai fini della determinazione della base imponibile di cui a questo provvedimento.*

(2) *A norma dell'art. 1, comma 17, della L. 30 dicembre 2018, n. 145, a decorrere dal 1° gennaio 2020, le persone fisiche esercenti attività d'impresa, arti o professioni, che nel periodo d'imposta precedente a quello per il quale è presentata la dichiarazione hanno conseguito ricavi o percepito compensi compresi tra 65.001 euro e 100.000 euro ragguagliati ad anno, possono applicare al reddito d'impresa o di lavoro autonomo, determinato nei modi ordinari, un'imposta sostitutiva dell'imposta sul reddito, delle addizionali regionali e comunali e dell'imposta regionale sulle attività produttive di cui a questo decreto, con l'aliquota del 20 per cento.*

(3) *A norma dell'art. 1, comma 7, del D.L. 22 marzo 2021, n. 41, convertito, con modificazioni, nella L. 21 maggio 2021, n. 69, il contributo di cui al presente articolo non concorre alla formazione del valore della produzione netta, di cui a questo decreto.*

(*Estratto*)

Titolo I
Istituzione e disciplina
dell'imposta regionale
sulle attività produttive (1)

(1) *Si veda l'art. 1, comma 517, della L. 30 dicembre 2004, n. 311.*

1. Istituzione dell'imposta. – 1. È istituita l'imposta regionale sulle attività produttive esercitate nel territorio delle regioni.

2. L'imposta ha carattere reale e non è deducibile ai fini delle imposte sui redditi.

2. Presupposto dell'imposta. – 1. Presupposto dell'imposta è l'esercizio abituale di una attività autonomamente organizzata (1) diretta alla produzione o allo scambio di beni ovvero alla prestazione di servizi. L'attività esercitata dalle società e dagli enti, compresi gli organi e le amministrazioni dello Stato, costituisce in ogni caso presupposto di imposta.

1 *bis*. Non sussiste autonoma organizzazione ai fini dell'imposta nel caso di medici che abbiano sottoscritto specifiche convenzioni con le strutture

ospedaliere per lo svolgimento della professione all'interno di tali strutture, laddove gli stessi percepiscano per l'attività svolta presso le medesime strutture più del 75 per cento del proprio reddito complessivo. Sono in ogni caso irrilevanti, ai fini della sussistenza dell'autonoma organizzazione, l'ammontare del reddito realizzato e le spese direttamente connesse all'attività svolta. L'esistenza dell'autonoma organizzazione è comunque configurabile in presenza di elementi che superano lo standard e i parametri previsti dalla convenzione con il Servizio sanitario nazionale (2).

(1) *Le parole: «autonomamente organizzata» sono state inserite dall'art. 1, comma 1, del D.L.vo 10 aprile 1998, n. 137.*

(2) *Questo comma è stato aggiunto dall'art. 1, comma 125, della L. 28 dicembre 2015, n. 208.*

3. (1) **Soggetti passivi.** – 1. Soggetti passivi dell'imposta sono coloro che esercitano una o più delle attività di cui all'articolo 2. Pertanto sono soggetti all'imposta (2):

a) le società e gli enti di cui all'articolo 87, comma 1, lettere *a*) e *b*), del testo unico delle imposte sui redditi, approvato con decreto del Presidente della Repubblica 22 dicembre 1986, n. 917;

b) le società in nome collettivo e in accomandita semplice e quelle ad esse equiparate a norma dell'articolo 5, comma 3, del predetto testo unico, nonché le persone fisiche esercenti attività commerciali di cui all'articolo 51 del medesimo testo unico (3);

c) le persone fisiche, le società semplici e quelle ad esse equiparate a norma dell'articolo 5, comma 3, del predetto testo unico esercenti arti e professioni di cui all'articolo 49, comma 1, del medesimo testo unico (3);

[*d*) i produttori agricoli titolari di reddito agrario di cui all'articolo 32 del predetto testo unico, esclusi quelli con volume d'affari annuo non superiore a 7.000 euro, i quali si avvalgono del regime previsto dall'articolo 34, comma 6, del decreto del Presidente della Repubblica 26 ottobre 1972, n. 633, e successive modificazioni, sempreché non abbiano rinunciato all'esonero a norma del quarto periodo del citato comma 6 dell'articolo 34] (4);

e) gli enti privati di cui all'articolo 87, comma 1, lettera *c*), del citato testo unico n. 917 del 1986, nonché le società e gli enti di cui alla lettera *d*) dello stesso comma (5);

e bis) le Amministrazioni pubbliche di cui all'articolo 1, comma 2, del decreto legislativo 3 febbraio del 1993, n. 29 (6), nonché le amministrazioni della Camera dei Deputati, del Senato, della Corte costituzionale, della Presidenza della Repubblica e gli organi legislativi delle regioni a statuto speciale (5).

2. Non sono soggetti passivi dell'imposta:

a) gli organismi di investimento collettivo del risparmio ad esclusione delle società di investimento a capitale variabile (7);

b) i fondi pensione di cui al decreto legislativo 21 aprile 1993, n. 124;

c) i gruppi economici di interesse europeo (GEIE) di cui al decreto legislativo 23 luglio 1991, n. 240, salvo quanto disposto nell'articolo 13;

c bis) i soggetti che esercitano una attività agricola ai sensi dell'articolo 32 del testo unico delle imposte sui redditi, di cui al decreto del Presidente della Repubblica 22 dicembre 1986, n. 917, i soggetti di cui all'articolo 8 del decreto legislativo 18 maggio 2001, n. 227, nonché le cooperative e loro consorzi di cui all'articolo 10 del decreto del Presidente della Repubblica 29 settembre 1973, n. 601 (8).

(1) *A norma dell'art. 9, comma 3, del D.L.vo 4 marzo 2014, n. 44, alle società di investimento a capitale fisso (SICAF) si applicano le disposizioni contenute nel presente articolo.*

(2) *Le parole: «coloro che esercitano ...» fino a: «... sono soggetti all'imposta» sono state aggiunte dall'art. 1, comma 2, del D.L.vo 10 aprile 1998, n. 137.*

(3) *A norma dell'art. 1, comma 8, della L. 30 dicembre 2021, n. 234, a decorrere dal periodo d'imposta in corso alla data di entrata in vigore della presente legge, l'imposta regionale sulle attività produttive (IRAP), di cui al decreto legislativo 15 dicembre 1997, n. 446, non è dovuta dalle persone fisiche esercenti attività commerciali ed esercenti arti e professioni di cui a questa lettera.*

(4) *Questa lettera, così sostituita dall'art. 2, comma 32, del D.L. 3 ottobre 2006, n. 262, convertito, con modificazioni, nella L. 24 novembre 2006, n. 286, è stata abrogata dall'art. 1, comma 70, lett.* a), *n. 1), della L. 28 dicembre 2015, n. 208, a decorrere dal periodo d'imposta successivo a quello in corso al 31 dicembre 2015.*

(5) *La lettera* e) *è stata così sostituita dalle attuali lettere* e) ed e bis), *dall'art. 1, comma 1, lett.* a), *del D.L.vo 30 dicembre 1999, n. 506. A norma dell'art. 3 del medesimo provvedimento, tali disposizioni si applicano a decorrere dal periodo d'imposta in corso alla data di emanazione del provvedimento stesso.*

(6) *Si veda ora il D.L.vo 30 marzo 2001, n. 165.*

(7) *Questa lettera è stata così sostituita dall'art. 2, comma 68, del D.L. 29 dicembre 2010, n. 225, convertito, con modificazioni, nella L. 26 febbraio 2011, n. 10, a partire dal 1 luglio 2011.*

(8) *Questa lettera è stata aggiunta dall'art. 1, comma 70, lett.* a), *n. 2), della L. 28 dicembre 2015, n. 208, a decorrere dal periodo d'imposta successivo a quello in corso al 31 dicembre 2015.*

4. Base imponibile. – 1. L'imposta si applica sul valore della produzione netta derivante dall'attività esercitata nel territorio della regione.

2. Se l'attività è esercitata nel territorio di più regioni si considera prodotto nel territorio di ciascuna regione il valore della produzione netta pro-

porzionalmente corrispondente all'ammontare delle retribuzioni spettanti al personale a qualunque titolo utilizzato, compresi i redditi assimilati a quelli di lavoro dipendente, i compensi ai collaboratori coordinati e continuativi e gli utili agli associati in partecipazione di cui all'articolo 11, comma 1, lettera *c*), n. 5, (1) addetto, con continuità, a stabilimenti, cantieri, uffici o basi fisse, operanti per un periodo di tempo non inferiore a tre mesi nel territorio di ciascuna regione, ovvero per le banche, gli altri enti e società finanziarie, ad eccezione della Banca d'Italia e dell'Ufficio italiano cambi, le imprese di assicurazione [e le imprese agricole] (2) proporzionalmente corrispondente, rispettivamente, ai depositi in denaro e in titoli verso la clientela (3), agli impieghi o agli ordini eseguiti (4), ai premi raccolti presso gli uffici [e all'estensione dei terreni] (2), ubicati nel territorio di ciascuna regione. Si considera prodotto nella regione nel cui territorio il soggetto passivo è domiciliato il valore della produzione netta derivante dalle attività esercitate nel territorio di altre regioni senza l'impiego, per almeno tre mesi, di personale.

3. Gli atti generali concernenti l'applicazione delle disposizioni di cui al comma 2 sono adottati dal Ministero delle finanze, sentita la Conferenza permanente per i rapporti tra lo Stato, le regioni e le province autonome, di seguito denominata: «Conferenza Stato-regioni».

(1) *Le parole da: «delle retribuzioni corrisposte ...» fino a: «... articolo 11, comma 1, lettera* b)*» sono state così sostituite dalle attuali da: «delle retribuzioni spettanti al personale ...» fino a: «... articolo 11, comma 1, lettera* c)*, n. 5,» dall'art. 1, comma 3, lett.* a)*, del D.L.vo 10 aprile 1998, n. 137.*

(2) *Le parole fra parentesi quadrate sono state soppresse dall'art. 1, comma 70, lett.* b)*, della L. 28 dicembre 2015, n. 208, a decorrere dal periodo d'imposta successivo a quello in corso al 31 dicembre 2015.*

(3) *Le parole: «verso la clientela» sono state aggiunte dall'art. 1, comma 1, lett.* b)*, del D.L.vo 30 dicembre 1999, n. 506. A norma dell'art. 3 del medesimo provvedimento, tali disposizioni si applicano a decorrere dal periodo di imposta in corso alla data di emanazione del provvedimento stesso.*

(4) *Le parole: «agli impieghi o agli ordini eseguiti,» sono state così sostituite alle precedenti: «agli impieghi,» dall'articolo 1, comma 3, lett.* b)*, del D.L.vo 10 aprile 1998, n. 137.*

5. (1) (2) (3) **Determinazione del valore della produzione netta delle società di capitali e degli enti commerciali. –** 1. Per i soggetti di cui all'articolo 3, comma 1, lettera *a*), non esercenti le attività di cui agli articoli 6 e 7, la base imponibile è determinata dalla differenza tra il valore e i costi della produzione di cui alle lettere A) e B) dell'articolo 2425 del codice civile, con esclusione delle voci di cui ai numeri 9), 10), lettere *c*) e *d*), 12) e 13), nonché dei componenti positivi e negativi di natura straordinaria derivanti da trasferimenti di azienda o di rami di azienda ([4]), così come risultanti dal conto economico dell'esercizio.

2. Per i soggetti che redigono il bilancio in base ai princìpi contabili internazionali, la base imponibile è determinata assumendo le voci del valore e dei costi della produzione corrispondenti a quelle indicate nel comma 1.

3. Tra i componenti negativi non si considerano comunque in deduzione: le spese per il personale dipendente e assimilato classificate in voci diverse dalla citata voce di cui alla lettera B), numero 9), dell'articolo 2425 del codice civile, nonché i costi, i compensi e gli utili indicati nel comma 1, lettera *b*), numeri da 2) a 5), dell'articolo 11 del presente decreto; la quota interessi dei canoni di locazione finanziaria, desunta dal contratto; le perdite su crediti; l'imposta comunale sugli immobili di cui al decreto legislativo 30 dicembre 1992, n. 504. I contributi erogati in base a norma di legge, fatta eccezione per quelli correlati a costi indeducibili, nonché le plusvalenze e le minusvalenze derivanti dalla cessione di immobili che non costituiscono beni strumentali per l'esercizio dell'impresa, né beni alla cui produzione o al cui scambio è diretta l'attività dell'impresa, concorrono in ogni caso alla formazione del valore della produzione. Sono comunque ammesse in deduzione quote di ammortamento del costo sostenuto per l'acquisizione di marchi d'impresa e a titolo di avviamento in misura non superiore a un diciottesimo del costo indipendentemente dall'imputazione al conto economico.

4. I componenti positivi e negativi classificabili in voci del conto economico diverse da quelle indicate al comma 1 concorrono alla formazione della base imponibile se correlati a componenti rilevanti della base imponibile di periodi d'imposta precedenti o successivi.

5. Indipendentemente dalla effettiva collocazione nel conto economico, i componenti positivi e negativi del valore della produzione sono accertati secondo i criteri di corretta qualificazione, imputazione temporale e classificazione previsti dai princìpi contabili adottati dall'impresa.

([1]) *Questo articolo è stato così sostituito dall'art. 1, comma 50, lett.* a)*, della L. 24 dicembre 2007, n. 244, a decorrere dal periodo d'imposta successivo a quello in corso al 31 dicembre 2007.*

([2]) *A norma dell'art. 5, comma 3, del D.L.vo 14 settembre 2015, n. 147, questo articolo si interpreta nel senso che per le cessioni di immobili e di aziende nonché per la costituzione e il trasferimento di diritti reali sugli stessi, l'esistenza di un maggior corrispettivo non è presumibile soltanto sulla base del valore anche se dichiarato, accertato o definito ai fini dell'imposta di registro di cui al decreto del Presidente della Repubblica 26 aprile 1986, n. 131, ovvero delle imposte ipotecaria e catastale di cui al decreto legislativo 31 ottobre 1990, n. 347.*

([3]) *A norma dell'art. 1, comma 116, della L. 27 dicembre 2017, n. 205, per l'anno 2018, per i soggetti che determinano un valore della produzione netta ai sensi di questo ar-*

ticolo, è consentita la piena deducibilità per ogni lavoratore stagionale impiegato per almeno centoventi giorni per due periodi d'imposta, a decorrere dal secondo contratto stipulato con lo stesso datore di lavoro nell'arco temporale di due anni a partire dalla data di cessazione del precedente contratto, in deroga all'articolo 11, comma 4 octies, *del presente decreto legislativo.*

(4) *Le parole: «, nonché dei componenti positivi e negativi di natura straordinaria derivanti da trasferimenti di azienda o di rami di azienda» sono state inserite dall'art. 13 bis, comma 3, del D.L. 30 dicembre 2016, n. 244, convertito, con modificazioni, nella L. 27 febbraio 2017, n. 19.*

5 *bis*. (1) (2) (3) **Determinazione del valore della produzione netta delle società di persone e delle imprese individuali.** – 1. Per i soggetti di cui all'articolo 3, comma 1, lettera *b*), la base imponibile è determinata dalla differenza tra l'ammontare dei ricavi di cui all'articolo 85, comma 1, lettere *a*), *b*), *f*) e *g*), del testo unico delle imposte sui redditi, di cui al decreto del Presidente della Repubblica 22 dicembre 1986, n. 917, e delle variazioni delle rimanenze finali di cui agli articoli 92 e 93 del medesimo testo unico, e l'ammontare dei costi delle materie prime, sussidiarie e di consumo, delle merci, dei servizi, dell'ammortamento e dei canoni di locazione anche finanziaria dei beni strumentali materiali e immateriali. Non sono deducibili: le spese per il personale dipendente e assimilato; i costi, i compensi e gli utili indicati nel comma 1, lettera *b*), numeri da 2) a 5), dell'articolo 11 del presente decreto; la quota interessi dei canoni di locazione finanziaria, desunta dal contratto; le perdite su crediti; l'imposta comunale sugli immobili di cui al decreto legislativo 30 dicembre 1992, n. 504. I contributi erogati in base a norma di legge concorrono comunque alla formazione del valore della produzione, fatta eccezione per quelli correlati a costi indeducibili. I componenti rilevanti si assumono secondo le regole di qualificazione, imputazione temporale e classificazione valevoli per la determinazione del reddito d'impresa ai fini dell'imposta personale.

1 *bis*. Per i soggetti di cui al comma 1, che determinano il reddito ai sensi dell'articolo 66 del testo unico delle imposte sui redditi, di cui al decreto del Presidente della Repubblica 22 dicembre 1986, n. 917, la base imponibile di cui al comma 1 del presente articolo è determinata con i criteri previsti dal citato articolo 66 (4) (5).

2. I soggetti di cui al comma 1, in regime di contabilità ordinaria, possono optare per la determinazione del valore della produzione netta secondo le regole di cui all'articolo 5. L'opzione è irrevocabile per tre periodi d'imposta e deve essere comunicata con la dichiarazione IRAP presentata nel periodo d'imposta a decorrere dal quale si intende esercitare l'opzione (6). Al termine del triennio l'opzione si intende tacitamente rinnovata per un altro

triennio a meno che l'impresa non opti, secondo le modalità e i termini fissati dallo stesso provvedimento direttoriale, per la determinazione del valore della produzione netta secondo le regole del comma 1; anche in questo caso, l'opzione è irrevocabile per un triennio e tacitamente rinnovabile.

(¹) *Questo articolo è stato inserito dall'art. 1, comma 50, lett.* b), *della L. 24 dicembre 2007, n. 244, a decorrere dal periodo d'imposta successivo a quello in corso al 31 dicembre 2007.*

(²) *A norma dell'art. 5, comma 3, del D.L.vo 14 settembre 2015, n. 147, questo articolo si interpreta nel senso che per le cessioni di immobili e di aziende nonché per la costituzione e il trasferimento di diritti reali sugli stessi, l'esistenza di un maggior corrispettivo non è presumibile soltanto sulla base del valore anche se dichiarato, accertato o definito ai fini dell'imposta di registro di cui al decreto del Presidente della Repubblica 26 aprile 1986, n. 131, ovvero delle imposte ipotecaria e catastale di cui al decreto legislativo 31 ottobre 1990, n. 347.*

(³) *A norma dell'art. 1, comma 116, della L. 27 dicembre 2017, n. 205, per l'anno 2018, per i soggetti che determinano un valore della produzione netta ai sensi di questo articolo, è consentita la piena deducibilità per ogni lavoratore stagionale impiegato per almeno centoventi giorni per due periodi d'imposta, a decorrere dal secondo contratto stipulato con lo stesso datore di lavoro nell'arco temporale di due anni a partire dalla data di cessazione del precedente contratto, in deroga all'articolo 11, comma 4* octies, *del presente decreto legislativo.*

(⁴) *Questo comma è stato inserito dall'art. 1, comma 20, della L. 11 dicembre 2016, n. 232.*

A norma dell'art. 1, comma 23, della L. 11 dicembre 2016, n. 232, le disposizioni di cui ai commi da 17 a 22 si applicano a decorrere dal periodo d'imposta successivo a quello in corso al 31 dicembre 2016. Con decreto del Ministro dell'economia e delle finanze, entro trenta giorni dalla data di entrata in vigore della presente legge, possono essere adottate disposizioni per l'attuazione dei predetti commi.

(⁵) *Si veda art. 1, comma 21, della L. 11 dicembre 2016, n. 232, di cui si riporta il testo:*

«21. Ai fini della determinazione della base imponibile dell'imposta regionale sulle attività produttive per i soggetti di cui al comma 1 bis *dell'articolo 5* bis *del decreto legislativo 15 dicembre 1997, n. 446, introdotto dal comma 20 del presente articolo, si applicano, in quanto compatibili, le disposizioni di cui ai commi 18 e 19 del presente articolo».*

A norma dell'art. 1, comma 23, della L. 11 dicembre 2016, n. 232, le disposizioni di cui ai commi da 17 a 22 si applicano a decorrere dal periodo d'imposta successivo a quello in corso al 31 dicembre 2016. Con decreto del Ministro dell'economia e delle finanze, entro trenta giorni dalla data di entrata in vigore della presente legge, possono essere adottate disposizioni per l'attuazione dei predetti commi.

(⁶) *Le parole: «le modalità e nei termini stabiliti con provvedimento del Direttore dell'Agenzia delle entrate da emanare entro il 31 marzo 2008.» sono state così sostituite dalle attuali: «con la dichiarazione IRAP presentata nel periodo d'imposta a decorrere dal quale si intende esercitare l'opzione.» dall'art. 16, comma 4, del D.L.vo 21 novembre 2014, n. 175. Tali disposizioni si applicano a decorrere dal periodo d'imposta successivo a quello in corso al 31 dicembre 2014.*

6. (1) (2) (3) (4) (5) **Determinazione del valore della produzione netta delle banche e altri enti e società finanziari. –** 1. Per gli intermediari finanziari (6), salvo quanto previsto nei successivi commi, la base imponibile è determinata dalla somma algebrica delle seguenti voci del conto economico redatto in conformità agli schemi risultanti dai provvedimenti emessi ai sensi dell'articolo 9, comma 1, del decreto legislativo 28 febbraio 2005, n. 38:

a) margine d'intermediazione ridotto del 50 per cento dei dividendi;

b) ammortamenti dei beni materiali e immateriali ad uso funzionale per un importo pari al 90 per cento;

c) altre spese amministrative per un importo pari al 90 per cento;

c bis) rettifiche e riprese di valore nette per deterioramento dei crediti, limitatamente a quelle riconducibili ai crediti verso la clientela iscritti in bilancio a tale titolo (7).

2. Per le società di intermediazione mobiliare e gli intermediari, diversi dai soggetti di cui al comma 1 (8), abilitati allo svolgimento dei servizi di investimento indicati nell'articolo 1 del testo unico delle disposizioni in materia di intermediazione finanziaria, di cui al decreto legislativo 24 febbraio 1998, n. 58, iscritti nell'albo previsto dall'articolo 20 dello stesso decreto, assume rilievo la differenza tra la somma degli interessi attivi e proventi assimilati relativi alle operazioni di riporto e di pronti contro termine e le commissioni attive riferite ai servizi prestati dall'intermediario e la somma degli interessi passivi e oneri assimilati relativi alle operazioni di riporto e di pronti contro termine e le commissioni passive riferite ai servizi prestati dall'intermediario.

3. Per le società di gestione dei fondi comuni di investimento, di cui al citato testo unico di cui al decreto legislativo 24 febbraio 1998, n. 58, e successive modificazioni, si assume la differenza tra le commissioni attive e passive.

4. Per le società di investimento a capitale variabile, si assume la differenza tra le commissioni di sottoscrizione e le commissioni passive dovute a soggetti collocatori.

5. Per i soggetti indicati nei commi 2, 3 e 4, si deducono i componenti negativi di cui alle lettere *b*) e *c*) del comma 1 nella misura ivi indicata.

6. I componenti positivi e negativi si assumono così come risultanti dal conto economico dell'esercizio redatto secondo i criteri contenuti nei provvedimenti della Banca d'Italia 22 dicembre 2005 e 14 febbraio 2006, adottati ai sensi dell'articolo 9 del decreto legislativo 28 febbraio 2005, n. 38, e pubblicati rispettivamente nei supplementi ordinari alla *Gazzetta Ufficiale* n. 11 del 14 gennaio 2006 e n. 58 del 10 marzo 2006. Si applica il comma 4 dell'articolo 5.

7. Per la Banca d'Italia e l'Ufficio italiano dei cambi, per i quali assumono rilevanza i bilanci compilati in conformità ai criteri di rilevazione e di redazione adottati dalla Banca centrale europea ai sensi dello Statuto del Sistema europeo di banche centrali (SEBC) e alle raccomandazioni dalla stessa formulate in materia, la base imponibile è determinata dalla somma algebrica delle seguenti componenti:

a) interessi netti;

b) risultato netto da commissioni, provvigioni e tariffe;

c) costi per servizi di produzione di banconote;

d) risultato netto della redistribuzione del reddito monetario;

e) ammortamenti delle immobilizzazioni materiali e immateriali, nella misura del 90 per cento;

f) spese di amministrazione, nella misura del 90 per cento.

8. Per i soggetti indicati nei commi precedenti non è comunque ammessa la deduzione: dei costi, dei compensi e degli utili indicati nel comma 1, lettera *b*), numeri da 2) a 5), dell'articolo 11; della quota interessi dei canoni di locazione finanziaria, desunta dal contratto; dell'imposta comunale sugli immobili di cui al decreto legislativo 30 dicembre 1992, n. 504. Per le società di intermediazione mobiliare di cui al testo unico delle disposizioni in materia di intermediazione finanziaria, di cui al decreto legislativo 24 febbraio 1998, n. 58, gli interessi passivi concorrono alla formazione del valore della produzione nella misura del 96 per cento del loro ammontare ([9]). [Gli interessi passivi concorrono alla formazione del valore della produzione nella misura del 96 per cento del loro ammontare] ([10]). I contributi erogati in base a norma di legge, fatta eccezione per quelli correlati a costi indeducibili, nonché le plusvalenze e le minusvalenze derivanti dalla cessione di immobili che non costituiscono beni strumentali per l'esercizio dell'impresa, né beni alla cui produzione o al cui scambio è diretta l'attività dell'impresa, concorrono in ogni caso alla formazione del valore della produzione. Sono comunque ammesse in deduzione quote di ammortamento del costo sostenuto per l'acquisizione di marchi d'impresa e a titolo di avviamento in misura non superiore a un diciottesimo del costo indipendentemente dall'imputazione al conto economico.

9. Per le società di partecipazione non finanziaria e assimilati ([11]), la base imponibile è determinata aggiungendo al risultato derivante dall'applicazione dell'articolo 5 la differenza tra gli interessi attivi e proventi assimilati e gli interessi passivi e oneri assimilati. Gli interessi passivi concorrono alla formazione del valore della produzione nella misura del 96 per cento del loro ammontare.

([1]) *Questo articolo è stato così sostituito dall'art. 1, comma 50, lett.* c), *della L. 24 dicembre 2007, n. 244, a decorrere dal periodo d'imposta successivo a quello in corso al 31 dicembre 2007.*

([2]) *A norma dell'art. 9, comma 3, del D.L.vo 4 marzo 2014, n. 44, alle società di investimento a capitale fisso (SICAF) si applicano le disposizioni contenute nel presente articolo.*

([3]) *A norma dell'art. 5, comma 3, del D.L.vo 14 settembre 2015, n. 147, questo articolo si interpreta nel senso che per le cessioni di immobili e di aziende nonché per la costituzione e il trasferimento di diritti reali sugli stessi, l'esistenza di un maggior corrispettivo non è presumibile soltanto sulla base del valore anche se dichiarato, accertato o definito ai fini dell'imposta di registro di cui al decreto del Presidente della Repubblica 26 aprile 1986, n. 131, ovvero delle imposte ipotecaria e catastale di cui al decreto legislativo 31 ottobre 1990, n. 347.*

([4]) *A norma dell'art. 1, comma 116, della L. 27 dicembre 2017, n. 205, per l'anno 2018, per i soggetti che determinano un valore della produzione netta ai sensi di questo articolo, è consentita la piena deducibilità per ogni lavoratore stagionale impiegato per almeno centoventi giorni per due periodi d'imposta, a decorrere dal secondo contratto stipulato con lo stesso datore di lavoro nell'arco temporale di due anni a partire dalla data di cessazione del precedente contratto, in deroga all'articolo 11, comma 4* octies*, del presente decreto legislativo.*

([5]) *A norma dell'art. 1, comma 1068, della L. 30 dicembre 2018, n. 145, per i soggetti di cui agli articoli 6 e 7 del decreto legislativo 15 dicembre 1997, n. 446, i componenti di cui al comma 1067 del presente articolo relativi ai crediti verso la clientela sono deducibili dalla base imponibile ai fini dell'imposta regionale sulle attività produttive per il 10 per cento del loro ammontare nel periodo d'imposta di prima adozione dell'IFRS 9 e per il restante 90 per cento in quote costanti nei nove periodi d'imposta successivi. A norma dell'art. 1, comma 1069, della medesima legge, le disposizioni di cui ai commi 1067 e 1068 si applicano in sede di prima adozione dell'IFRS 9 anche se effettuata in periodi d'imposta precedenti a quello di entrata in vigore della presente legge.*

([6]) *Le parole: «Per le banche e gli altri enti e società finanziari indicati nell'articolo 1 del decreto legislativo 27 gennaio 1992, n. 87, e successive modificazioni» sono state così sostituite dalle attuali: «Per gli intermediari finanziari» dall'art. 12, comma 2, n. 1), del D.L.vo 29 novembre 2018, n. 142. A norma dell'art. 13, comma 9, del medesimo provvedimento, tali disposizioni si applicano a decorrere dal periodo d'imposta in corso al 31 dicembre 2018; con riferimento ai periodi d'imposta precedenti ai quali si applicano le disposizioni di cui al decreto legislativo 18 agosto 2015, n. 136, per i quali i termini per il versamento a saldo delle imposte sui redditi sono scaduti anteriormente alla medesima data, sono fatti salvi gli effetti sulla determinazione del reddito complessivo ai fini delle imposte sui redditi e del valore della produzione netta ai fini dell'imposta regionale sulle attività produttive, relativi ai medesimi periodi d'imposta, derivanti dall'applicazione delle disposizioni vigenti in tali periodi, anche se non coerenti con le disposizioni di cui ai commi 2 e 3 dell'articolo 162* bis *del testo unico delle imposte sui redditi, di cui al decreto del Presidente della Repubblica 22 dicembre 1986, n. 917, introdotto dalla lettera* d) *del comma 1 dell'articolo 12. Ai fini del presente comma gli effetti sulla determinazione del reddito complessivo e del valore della produzione netta sono fatti salvi purché prodotti da comportamenti tra loro coerenti manifestati entro l'8 agosto 2018.*

([7]) *Questa lettera è stata così sostituita dall'art. 16, comma 6, lett.* a)*, del D.L. 27 giugno 2015, n. 83, convertito, con modificazioni, nella L. 6 agosto 2015, n. 132.*

Si riporta il testo previgente:
«c bis) rettifiche e riprese di valore nette per deterioramento dei crediti, limitatamente a quelle riconducibili ai crediti verso la clientela iscritti in bilancio a tale titolo. Tali componenti concorrono al valore della produzione netta in quote costanti nell'esercizio in cui sono contabilizzate e nei quattro successivi».

A norma dell'art. 16, comma 7, dello stesso provvedimento, le disposizioni di cui alla presente lettera si applicano dal periodo di imposta in corso al 31 dicembre 2015.

A norma dell'art. 16, comma 8, dello stesso provvedimento, in via transitoria, per il primo periodo di applicazione le rettifiche, le perdite, le svalutazioni e le riprese di valore nette di cui alla presente lettera sono deducibili nei limiti del 75 per cento del loro ammontare. L'eccedenza è deducibile secondo le modalità stabilite al comma 9 dello stesso articolo 16.

A norma dell'art. 16, comma 9, dello stesso provvedimento, l'eccedenza di cui al comma 8 dello stesso articolo 16 e le rettifiche, le perdite, le svalutazioni e le riprese di valore nette di cui alla presente lettera iscritte in bilancio dal periodo d'imposta in corso al 31 dicembre 2013 e non ancora dedotte ai sensi della presente lettera nel testo previgente, sono deducibili per il 5 per cento del loro ammontare nel periodo d'imposta in corso al 31 dicembre 2016, per l'8 per cento nel periodo d'imposta in corso al 31 dicembre 2017, per il 10 per cento nel periodo d'imposta in corso al 31 dicembre 2018, per il 12 per cento nel periodo d'imposta in corso al 31 dicembre 2019 e fino al periodo d'imposta in corso al 31 dicembre 2024, e per il 5 per cento nel periodo d'imposta in corso al 31 dicembre 2025.

A norma dell'art. 16, comma 10, dello stesso provvedimento, ai fini della determinazione dell'acconto dell'imposta regionale sulle attività produttive dovuto per il periodo d'imposta in corso al 31 dicembre 2015 e per i due periodi d'imposta successivi non si tiene conto delle modifiche operate dai commi da 6 a 9 dello stesso articolo 16.

(8) *Le parole: «diversi dalle banche» sono state così sostituite dalle attuali: «diversi dai soggetti di cui al comma 1» dall'art. 12, comma 2, n. 2), del D.L.vo 29 novembre 2018, n. 142. A norma dell'art. 13, comma 9, del medesimo provvedimento, tali disposizioni si applicano a decorrere dal periodo d'imposta in corso al 31 dicembre 2018; con riferimento ai periodi d'imposta precedenti ai quali si applicano le disposizioni di cui al decreto legislativo 18 agosto 2015, n. 136, per i quali i termini per il versamento a saldo delle imposte sui redditi sono scaduti anteriormente alla medesima data, sono fatti salvi gli effetti sulla determinazione del reddito complessivo ai fini delle imposte sui redditi e del valore della produzione netta ai fini dell'imposta regionale sulle attività produttive, relativi ai medesimi periodi d'imposta, derivanti dall'applicazione delle disposizioni vigenti in tali periodi, anche se non coerenti con le disposizioni di cui ai commi 2 e 3 dell'articolo 162* bis *del testo unico delle imposte sui redditi, di cui al decreto del Presidente della Repubblica 22 dicembre 1986, n. 917, introdotto dalla lettera* d) *del comma 1 dell'articolo 12. Ai fini del presente comma gli effetti sulla determinazione del reddito complessivo e del valore della produzione netta sono fatti salvi purché prodotti da comportamenti tra loro coerenti manifestati entro l'8 agosto 2018.*

(9) *Questo periodo è stato inserito dall'art. 1, comma 85, della L. 27 dicembre 2017, n. 205, a decorrere dal periodo d'imposta successivo a quello in corso al 31 dicembre 2016.*

([10]) *Questo periodo, aggiunto dall'art. 82, comma 3, del D.L. 25 giugno 2008, n. 112, convertito, con modificazioni, nella L. 6 agosto 2008, n. 133, è stato soppresso dall'art. 1, comma 68, della L. 28 dicembre 2015, n. 208. A norma dell'art. 1, comma 69, della medesima legge, tali disposizioni si applicano a decorrere dal periodo di imposta successivo a quello in corso al 31 dicembre 2016.*

([11]) *Le parole: «Per le società la cui attività consiste, in via esclusiva o prevalente, nella assunzione di partecipazioni in società esercenti attività diversa da quella creditizia o finanziaria, per le quali sussista l'obbligo dell'iscrizione, ai sensi dell'articolo 113 del testo unico delle leggi in materia bancaria e creditizia, di cui al decreto legislativo 1° settembre 1993, n. 385, nell'apposita sezione dell'elenco generale dei soggetti operanti nel settore finanziario» sono state così sostituite dalle attuali: «Per le società di partecipazione non finanziaria e assimilati» dall'art. 12, comma 2, n. 3), del D.L.vo 29 novembre 2018, n. 142. A norma dell'art. 13, comma 9, del medesimo provvedimento, tali disposizioni si applicano a decorrere dal periodo d'imposta in corso al 31 dicembre 2018; con riferimento ai periodi d'imposta precedenti ai quali si applicano le disposizioni di cui al decreto legislativo 18 agosto 2015, n. 136, per i quali i termini per il versamento a saldo delle imposte sui redditi sono scaduti anteriormente alla medesima data, sono fatti salvi gli effetti sulla determinazione del reddito complessivo ai fini delle imposte sui redditi e del valore della produzione netta ai fini dell'imposta regionale sulle attività produttive, relativi ai medesimi periodi d'imposta, derivanti dall'applicazione delle disposizioni vigenti in tali periodi, anche se non coerenti con le disposizioni di cui ai commi 2 e 3 dell'articolo 162* bis *del testo unico delle imposte sui redditi, di cui al decreto del Presidente della Repubblica 22 dicembre 1986, n. 917, introdotto dalla lettera* d) *del comma 1 dell'articolo 12. Ai fini del presente comma gli effetti sulla determinazione del reddito complessivo e del valore della produzione netta sono fatti salvi purché prodotti da comportamenti tra loro coerenti manifestati entro l'8 agosto 2018.*

7. ([1]) ([2]) ([3]) ([4]) **Determinazione del valore della produzione netta delle imprese di assicurazione. –** 1. Per le imprese di assicurazione, la base imponibile è determinata apportando alla somma dei risultati del conto tecnico dei rami danni (voce 29) e del conto tecnico dei rami vita (voce 80) del conto economico le seguenti variazioni:

a) gli ammortamenti dei beni strumentali, ovunque classificati, e le altre spese di amministrazione (voci 24 e 70), sono deducibili nella misura del 90 per cento;

b) i dividendi (voce 33) sono assunti nella misura del 50 per cento;

b bis) le perdite, le svalutazioni e le riprese di valore nette per deterioramento dei crediti, limitatamente a quelle riconducibili a crediti nei confronti di assicurati iscritti in bilancio a tale titolo. Tali componenti concorrono al valore della produzione netta in quote costanti nell'esercizio in cui sono contabilizzate e nei quattro successivi ([5]).

2. Dalla base imponibile non sono comunque ammessi in deduzione: le spese per il personale dipendente e assimilato ovunque classificate nonché

i costi, i compensi e gli utili indicati nel comma 1, lettera *b*), numeri da 2) a 5), dell'articolo 11; le svalutazioni, le perdite e le riprese di valore dei crediti; la quota interessi dei canoni di locazione finanziaria, desunta dal contratto; l'imposta comunale sugli immobili di cui al decreto legislativo 30 dicembre 1992, n. 504. Gli interessi passivi concorrono alla formazione del valore della produzione nella misura del 96 per cento del loro ammontare ([6]).

3. I contributi erogati in base a norma di legge, fatta eccezione per quelli correlati a costi indeducibili, nonché le plusvalenze e le minusvalenze derivanti dalla cessione di immobili che non costituiscono beni strumentali per l'esercizio dell'impresa, né beni alla cui produzione o al cui scambio è diretta l'attività dell'impresa, concorrono in ogni caso alla formazione del valore della produzione. Sono comunque ammesse in deduzione quote di ammortamento del costo sostenuto per l'acquisizione di marchi d'impresa e a titolo di avviamento in misura non superiore a un diciottesimo del costo indipendentemente dall'imputazione al conto economico.

4. I componenti positivi e negativi si assumono così come risultanti dal conto economico dell'esercizio redatto in conformità ai criteri contenuti nel decreto legislativo 26 maggio 1997, n. 173, e alle istruzioni impartite dall'ISVAP con il provvedimento n. 735 del 1° dicembre 1997, pubblicato nel supplemento ordinario alla *Gazzetta Ufficiale* n. 289 del 12 dicembre 1997.

([1]) *Questo articolo è stato così sostituito dall'art. 1, comma 50, lett.* d)*, della L. 24 dicembre 2007, n. 244, a decorrere dal periodo d'imposta successivo a quello in corso al 31 dicembre 2007.*

([2]) *A norma dell'art. 5, comma 3, del D.L.vo 14 settembre 2015, n. 147, questo articolo si interpreta nel senso che per le cessioni di immobili e di aziende nonché per la costituzione e il trasferimento di diritti reali sugli stessi, l'esistenza di un maggior corrispettivo non è presumibile soltanto sulla base del valore anche se dichiarato, accertato o definito ai fini dell'imposta di registro di cui al decreto del Presidente della Repubblica 26 aprile 1986, n. 131, ovvero delle imposte ipotecaria e catastale di cui al decreto legislativo 31 ottobre 1990, n. 347.*

([3]) *A norma dell'art. 1, comma 116, della L. 27 dicembre 2017, n. 205, per l'anno 2018, per i soggetti che determinano un valore della produzione netta ai sensi di questo articolo, è consentita la piena deducibilità per ogni lavoratore stagionale impiegato per almeno centoventi giorni per due periodi d'imposta, a decorrere dal secondo contratto stipulato con lo stesso datore di lavoro nell'arco temporale di due anni a partire dalla data di cessazione del precedente contratto, in deroga all'articolo 11, comma 4* octies*, del presente decreto legislativo.*

([4]) *A norma dell'art. 1, comma 1068, della L. 30 dicembre 2018, n. 145, per i soggetti di cui agli articoli 6 e 7 del decreto legislativo 15 dicembre 1997, n. 446, i componenti di cui al comma 1067 del presente articolo relativi ai crediti verso la clientela sono deducibili dalla base imponibile ai fini dell'imposta regionale sulle attività produttive per il 10 per cento del loro ammontare nel periodo d'imposta di prima adozione dell'IFRS 9 e per il restante 90 per cento in quote costanti nei nove periodi d'imposta successivi. A norma dell'art. 1, comma 1069, della medesima legge, le disposizioni di cui ai commi 1067 e 1068 si applicano in sede di prima adozione dell'IFRS 9 anche se effettuata in periodi d'imposta precedenti a quello di entrata in vigore della presente legge.*

(5) *Questa lettera è stata così sostituita dall'art. 16, comma 6, lett.* b), *del D.L. 27 giugno 2015, n. 83, convertito, con modificazioni, nella L. 6 agosto 2015, n. 132.*

Si riporta il testo previgente:

«b bis) *le perdite, le svalutazioni e le riprese di valore nette per deterioramento dei crediti, limitatamente a quelle riconducibili a crediti nei confronti di assicurati iscritti in bilancio a tale titolo. Tali componenti concorrono al valore della produzione netta in quote costanti nell'esercizio in cui sono contabilizzate e nei quattro successivi».*

A norma dell'art. 16, comma 7, dello stesso provvedimento, le disposizioni di cui alla presente lettera si applicano dal periodo di imposta in corso al 31 dicembre 2015.

A norma dell'art. 16, comma 8, dello stesso provvedimento, in via transitoria, per il primo periodo di applicazione le rettifiche, le perdite, le svalutazioni e le riprese di valore nette di cui alla presente lettera sono deducibili nei limiti del 75 per cento del loro ammontare. L'eccedenza è deducibile secondo le modalità stabilite al comma 9 dello stesso articolo 16.

A norma dell'art. 16, comma 9, dello stesso provvedimento, l'eccedenza di cui al comma 8 dello stesso articolo 16 e le rettifiche, le perdite, le svalutazioni e le riprese di valore nette di cui alla presente lettera iscritte in bilancio dal periodo d'imposta in corso al 31 dicembre 2013 e non ancora dedotte ai sensi della presente lettera nel testo previgente, sono deducibili per il 5 per cento del loro ammontare nel periodo d'imposta in corso al 31 dicembre 2016, per l'8 per cento nel periodo d'imposta in corso al 31 dicembre 2017, per il 10 per cento nel periodo d'imposta in corso al 31 dicembre 2018, per il 12 per cento nel periodo d'imposta in corso al 31 dicembre 2019 e fino al periodo d'imposta in corso al 31 dicembre 2024, e per il 5 per cento nel periodo d'imposta in corso al 31 dicembre 2025.

A norma dell'art. 16, comma 10, dello stesso provvedimento, ai fini della determinazione dell'acconto dell'imposta regionale sulle attività produttive dovuto per il periodo d'imposta in corso al 31 dicembre 2015 e per i due periodi d'imposta successivi non si tiene conto delle modifiche operate dai commi da 6 a 9 dello stesso articolo 16.

(6) *Questo periodo è stato aggiunto dall'art. 82, comma 3, lett.* c), *del D.L. 25 giugno 2008, n. 112, convertito, con modificazioni, nella L. 6 agosto 2008, n. 133. A norma del successivo comma 4, le disposizioni del comma 3 si applicano a decorrere dal periodo d'imposta successivo a quello in corso al 31 dicembre 2007. Limitatamente al medesimo periodo d'imposta gli interessi passivi di cui al comma 3 sono deducibili nei limiti del 97 per cento del loro ammontare.*

8. (1) **Determinazione del valore della produzione netta dei soggetti di cui all'articolo 3, comma 1, lettera *c*).** – 1. Per i soggetti di cui all'articolo 3, comma 1, lettera *c*), la base imponibile è determinata dalla differenza tra l'ammontare dei compensi percepiti e l'ammontare dei costi sostenuti inerenti alla attività esercitata, compreso l'ammortamento dei beni materiali e immateriali, esclusi gli interessi passivi e le spese per il personale dipendente. I compensi, i costi e gli altri componenti si assumono così come rilevanti ai fini della dichiarazione dei redditi (2).

(1) *A norma dell'art. 1, comma 116, della L. 27 dicembre 2017, n. 205, per l'anno 2018, per i soggetti che determinano un valore della produzione netta ai sensi di questo articolo, è consentita la piena deducibilità per ogni lavoratore stagionale impiegato per almeno centoventi giorni per due periodi d'imposta, a decorrere dal secondo contratto stipulato con lo stesso datore di lavoro nell'arco temporale di due anni a partire dalla data di cessazione del precedente contratto, in deroga all'articolo 11, comma 4* octies, *del presente decreto legislativo.*

(2) *Questo periodo è stato aggiunto dall'art. 1, comma 50, lett.* e), *della L. 24 dicembre 2007, n. 244, a decorrere dal periodo d'imposta successivo a quello in corso al 31 dicembre 2007.*

9. (1) **Determinazione del valore della produzione netta per alcuni soggetti del settore agricolo** (2). – 1. Per [i soggetti di cui all'articolo 3, comma 1, lettera *d*), e per] (3) gli esercenti attività di allevamento di animali di cui all'articolo 78 del testo unico delle imposte dirette, approvato con decreto del Presidente della Repubblica 22 dicembre 1986, n. 917 (4), la base imponibile è determinata dalla differenza tra l'ammontare dei corrispettivi e l'ammontare degli acquisti destinati alla produzione. Le disposizioni del periodo precedente si applicano anche per la determinazione della base imponibile relativa alle attività di agriturismo svolte dai soggetti che si avvalgono, ai fini delle imposte sui redditi, del regime forfetario di cui all'articolo 5 della legge 30 dicembre 1991, n. 413 (5).

2. I soggetti di cui al comma 1 hanno facoltà di optare per la determinazione della base imponibile secondo le norme previste nell'articolo 5 (6). L'opzione deve essere esercitata nella dichiarazione di cui all'articolo 19 ed ha effetto dall'inizio del periodo di imposta cui essa si riferisce e fino a quando non è revocata e in ogni caso per almeno quattro periodi di imposta.

3. Per i soggetti che esercitano attività agricola, diversi da quelli di cui al comma 1, dalle società e enti di cui all'articolo 3, comma 1, lettera *a*), e dalle società di cui alla successiva lettera *b*), [compresi gli esercenti attività di allevamento di animali di cui all'articolo 78 del testo unico delle imposte sui redditi, approvato con decreto del Presidente della Repubblica 22 dicembre 1986, n. 917] (7) la base imponibile è determinata secondo le disposizioni di cui all'articolo 5 (6) [o, ricorrendone le condizioni, comma 3] (7).

(1) *A norma dell'art. 1, comma 116, della L. 27 dicembre 2017, n. 205, per l'anno 2018, per i soggetti che determinano un valore della produzione netta ai sensi di questo articolo, è consentita la piena deducibilità per ogni lavoratore stagionale impiegato per almeno centoventi giorni per due periodi d'imposta, a decorrere dal secondo contratto*

stipulato con lo stesso datore di lavoro nell'arco temporale di due anni a partire dalla data di cessazione del precedente contratto, in deroga all'articolo 11, comma 4 octies, *del presente decreto legislativo.*

(2) *La precedente rubrica:* «Determinazione del valore della produzione netta dei soggetti di cui all'articolo 3, comma 1, lettera d)» *è stata così sostituita dall'art. 1, comma 70, lett.* c), *n. 1), della L. 28 dicembre 2015, n. 208, a decorrere dal periodo d'imposta successivo a quello in corso al 31 dicembre 2015.*

(3) *Le parole fra parentesi quadrate sono state soppresse dall'art. 1, comma 70, lett.* c), *n. 2), della L. 28 dicembre 2015, n. 208, a decorrere dal periodo d'imposta successivo a quello in corso al 31 dicembre 2015.*

(4) *Le parole: «e per gli esercenti attività ...» fino a: «22 dicembre 1986, n. 917» sono state aggiunte dall'art. 5, comma 1, lett.* a), *del D.L.vo 10 aprile 1998, n. 137.*

(5) *L'ultimo periodo di questo comma è stato aggiunto dall'art. 5, comma 1, lett.* b), *del D.L.vo 10 aprile 1998, n. 137.*

(6) *Le parole: «comma 2» sono state soppresse dall'art. 1, comma 1, lett.* e), *del D.L.vo 30 dicembre 1999, n. 506. A norma dell'art. 3 del medesimo provvedimento, tali disposizioni si applicano a decorrere dal periodo di imposta in corso alla data di emanazione dello stesso D.L.vo.*

(7) *Le parole poste fra parentesi quadre sono state soppresse dall'art. 5, comma 1, lett.* d), *del D.L.vo 10 aprile 1998, n. 137.*

10. Determinazione del valore della produzione netta dei soggetti di cui all'articolo 3, comma 1, lettera *e*). – 1. Per gli enti privati non commerciali di cui all'articolo 3, comma 1, lettera *e*) che svolgono esclusivamente attività non commerciali, [e in ogni caso per i consorzi di garanzia collettiva fidi di primo e di secondo grado, anche costituiti sotto forma di società cooperativa o consortile, previsti dagli articoli 29 e 30 della legge 5 ottobre 1991, n. 317, iscritti nell'apposita sezione dell'elenco previsto dall'articolo 106 del decreto legislativo 1° settembre 1993, n. 385,] (1) la base imponibile è determinata in un importo pari all'ammontare delle retribuzioni spettanti (2) al personale dipendente, dei redditi assimilati a quelli di lavoro dipendente di cui all'articolo 47 del testo unico delle imposte sui redditi, approvato con decreto del Presidente della Repubblica 22 dicembre 1986, n. 917, e dei compensi erogati per collaborazione coordinata e continuativa di cui agli articoli 49, comma 2, lettera *a*), nonché per attività di lavoro autonomo non esercitate abitualmente di cui all'articolo 81, comma 1, lettera *l*) (3), del citato testo unico n. 917 del 1986. Sono in ogni caso escluse dalla base imponibile le remunerazioni dei sacerdoti e gli assegni ad esse equiparati di cui all'articolo 47, comma 1, lettera *d*), del predetto testo unico (4), nonché le somme di cui alla lettera *c*) dello stesso articolo 47 del medesimo testo unico esenti dall'imposta sul reddito delle persone fisiche relative a borse di studio o assegni [attribuiti fino al 31 dicembre 1999] (5) (6).

2. Se i soggetti di cui al comma 1 esercitano anche attività commerciali la base imponibile a queste relativa è determinata secondo la disposizione dell'articolo 5 [comma 2] (7) (8), [o, ricorrendone le condizioni, comma 3] (9) computando i costi deducibili ivi indicati non specificamente riferibili alle attività commerciali per un importo corrispondente al rapporto tra l'ammontare dei ricavi e degli altri proventi considerati dalle predette disposizioni e l'ammontare complessivo di tutti i ricavi e proventi. La base imponibile relativa alle altre attività è determinata a norma del precedente comma 1, ma l'ammontare degli emolumenti ivi indicati è ridotto dell'importo di essi specificamente riferibile alle attività commerciali. Qualora gli emolumenti non siano specificamente riferibili alle attività commerciali, l'ammontare degli stessi è ridotto di un importo imputabile alle attività commerciali in base al rapporto indicato nel primo periodo del presente comma (10) (8).

[3. Per gli organi e le amministrazioni dello Stato, le regioni, le province, i comuni e gli enti pubblici non commerciali di cui all'articolo 3, comma 1, lettera *e*), si applicano le disposizioni del comma 1. Se svolgono anche attività commerciali, i predetti soggetti possono optare per la determinazione della base imponibile relativa a tali attività secondo le disposizioni del comma 2] (11) (8).

4. Per gli altri soggetti di cui all'articolo 3, comma 1, lettera *e*), la base imponibile è determinata:

a) per le società ed enti commerciali secondo le disposizioni degli articoli 5, 6 e 7 che risultano ad essi applicabili;

b) per le società ed associazioni esercenti arti e professioni secondo la disposizione dell'articolo 8;

[*c*) per gli enti non commerciali secondo le disposizioni dei precedenti commi 1 e 2 che risultano ad essi applicabili] (12) (8).

5. Ai fini dell'applicazione del presente titolo le attività commerciali sono quelle considerate tali ai fini delle imposte sui redditi.

(1) *Le parole da: «e in ogni caso» sino a: «decreto legislativo 1 settembre 1993, n. 385,» sono state aggiunte dall'art. 4, comma 1, lett.* b), *n. 1, del D.L.vo 19 novembre 1998, n. 422 e poi soppresse dall'art. 13, comma 60, del D.L. 30 settembre 2003, n. 269, convertito, con modificazioni, nella L. 24 novembre 2003, n. 326.*

(2) *La parola: «corrisposte» è stata sostituita dall'attuale: «spettanti» dall'art. 6, comma 1, lett.* a), *del D.L.vo 10 aprile 1998, n. 137.*

(3) *Le parole: «articolo 49, comma 2, lett.* a),*» sono state sostituite dalle attuali da: «agli articoli 49, comma 2, lett.* a) *...» fino a: «... 81, comma 1, lett.* l)*», dall'art. 6, comma 1, lett.* b), *del D.L.vo 10 aprile 1998, n. 137.*

(4) *L'ultimo periodo di questo comma è stato aggiunto dall'art. 6, comma 1, lett.* c), *del D.L.vo 10 aprile 1998, n. 137.*

(5) *Le parole da: «nonché le somme» sino a: «fino al 31 dicembre 1999» sono state aggiunte dall'art. 4, comma 1, lett.* b), *n. 2, del D.L.vo 19 novembre 1998, n. 422.*

([6]) *Le parole poste fra parentesi quadrate sono state soppresse dall'art. 5, comma 1, lett.* a), *della L. 27 dicembre 2002, n. 289.*

([7]) *Le parole fra parentesi quadrate sono state soppresse dall'art. 1, comma 1, lett.* f), *n. 1, del D.L.vo 30 dicembre 1999, n. 506.*

([8]) *A norma dell'art. 3 del D.L.vo 30 dicembre 1999, n. 506, le disposizioni previste dall'art. 1, comma 1, lett.* f), *dello stesso provvedimento si applicano a decorrere dal periodo d'imposta in corso alla data di emanazione dello stesso D.L.vo.*

([9]) *Le parole: «o, ricorrendone le condizioni, comma 3» sono state soppresse dall'art. 6, comma 1, lett.* d), *del D.L.vo 10 aprile 1998, n. 137.*

([10]) *Il secondo periodo di questo comma è stato così sostituito dagli attuali secondo e terzo periodo, a norma dell'art. 1, comma 1, lett.* f), *n. 1, del D.L.vo 30 dicembre 1999, n. 506.*

([11]) *Questo comma è stato abrogato dall'art. 1, comma 1, lett.* f), *n. 2, del D.L.vo 30 dicembre 1999, n. 506.*

([12]) *Questa lettera è stata abrogata dall'art. 1, comma 1, lett.* f), *n. 3, del D.L.vo 30 dicembre 1999, n. 506.*

10 *bis*. ([1]) Determinazione del valore della produzione netta dei soggetti di cui all'articolo 3, comma 1, lettera *e bis*). – 1. Per i soggetti di cui all'articolo 3, comma 1, lettera *e bis*), la base imponibile è determinata in un importo pari all'ammontare delle retribuzioni erogate al personale dipendente, dei redditi assimilati a quelli di lavoro dipendente di cui all'articolo 47 del testo unico delle imposte sui redditi, approvato con decreto del Presidente della Repubblica 22 dicembre 1986, n. 917, e dei compensi erogati per collaborazione coordinata e continuativa di cui all'articolo 49, comma 2, lettera *a*), nonché per attività di lavoro autonomo non esercitate abitualmente di cui all'articolo 81, comma 1, lettera *l*), del citato testo unico. Sono escluse dalla base imponibile le somme di cui all'articolo 47, comma 1, lettera *c*), del medesimo testo unico esenti dall'imposta sul reddito delle persone fisiche [attribuite fino al 31 dicembre 1999] ([2]). Le disposizioni del presente articolo non si applicano ai soggetti indicati nel primo periodo qualificati ai fini delle imposte sui redditi quali enti commerciali in quanto aventi per oggetto esclusivo o principale l'esercizio di attività commerciale per i quali la base imponibile è determinata secondo le disposizioni contenute negli articoli precedenti. Sono in ogni caso escluse dalla base imponibile le borse di studio e gli altri interventi di sostegno erogati dalle regioni, dalle province autonome e dai relativi organismi regionali per il diritto allo studio universitario, nonché dalle università, ai sensi della legge 2 dicembre 1991, n. 390 ([3]).

2. Se i soggetti di cui al comma 1 esercitano anche attività commerciali, gli stessi possono optare per la determinazione della base imponibile relativa a tali attività commerciali secondo le disposizioni dell'articolo 5, computando i costi deducibili ivi indicati non specificamente riferibili alle attività

commerciali per un importo corrispondente al rapporto tra l'ammontare dei ricavi e degli altri proventi considerati dalla predetta disposizione e l'ammontare complessivo di tutte le entrate correnti. La base imponibile relativa alle altre attività è determinata a norma del precedente comma 1, ma l'ammontare degli emolumenti ivi indicati è ridotto dell'importo di essi specificamente riferibile alle attività commerciali. Qualora gli emolumenti non siano specificamente riferibili alle attività commerciali, l'ammontare degli stessi è ridotto di un importo imputabile alle attività commerciali in base al rapporto indicato nel primo periodo del presente comma. Si considerano attività commerciali quelle rilevanti ai fini delle imposte sui redditi, ovvero, per i soggetti di cui all'articolo 88, comma 1, del testo unico delle imposte sui redditi, approvato con decreto del Presidente della Repubblica 22 dicembre 1986, n. 917, esclusi dall'imposta sul reddito delle persone giuridiche, quelle rilevanti ai fini dell'imposta sul valore aggiunto.

(1) *Questo articolo è stato inserito dall'art. 1, comma 1, lett.* g)*, del D.L.vo 30 dicembre 1999, n. 506. A norma dell'art. 3 dello stesso provvedimento, tali disposizioni si applicano a decorrere dal periodo d'imposta in corso alla data di emanazione del provvedimento stesso.*

(2) *Le parole fra parentesi quadrate sono state soppresse dall'art. 5, comma 1, lett.* b)*, della L. 27 dicembre 2002, n. 289.*

(3) *Questo periodo è stato aggiunto dall'art. 16, comma 1, lett.* a)*, della L. 23 dicembre 2000, n. 388.*

11. (1) **Disposizioni comuni per la determinazione del valore della produzione netta.** – 1. Nella determinazione della base imponibile:

a) sono ammessi in deduzione:

1) i contributi per le assicurazioni obbligatorie contro gli infortuni sul lavoro;

1 *bis*) le somme corrisposte, anche su base volontaria al fondo istituito, con mandato senza rappresentanza, presso uno dei consorzi cui le imprese aderiscono in ottemperanza a obblighi di legge, in conformità alle disposizioni di legge o contrattuali, indipendentemente dal trattamento contabile ad esse applicato, a condizione che siano utilizzate in conformità agli scopi di tali consorzi (2);

2) per i soggetti di cui all'articolo 3, comma 1, lettere da *a*) a *e*), escluse (3) le imprese operanti in concessione e a tariffa nei settori dell'energia, dell'acqua, dei trasporti, delle infrastrutture, delle poste, delle telecomunicazioni, della raccolta e depurazione delle acque di scarico e della raccolta e smaltimento rifiuti, un importo pari a 7.500 euro (4), su base annua, per ogni lavoratore dipendente a tempo indeterminato impiegato nel periodo

di imposta, aumentato a 13.500 euro ([5]) per i lavoratori di sesso femminile nonché per quelli di età inferiore ai 35 anni ([6]);

[3) per i soggetti di cui all'articolo 3, comma 1, lettere da *a*) a *e*), esclusi le banche, gli altri enti finanziari, le imprese di assicurazione e le imprese operanti in concessione e a tariffa nei settori dell'energia, dell'acqua, dei trasporti, delle infrastrutture, delle poste, delle telecomunicazioni, della raccolta e depurazione delle acque di scarico e della raccolta e smaltimento rifiuti, un importo fino a 15.000 euro ([7]), su base annua, per ogni lavoratore dipendente a tempo indeterminato impiegato nel periodo d'imposta nelle regioni Abruzzo, Basilicata, Calabria, Campania, Molise, Puglia, Sardegna e Sicilia, aumentato a 21.000 euro ([8]) per i lavoratori di sesso femminile nonché per quelli di età inferiore ai 35 anni ([9]); tale deduzione è alternativa a quella di cui al numero 2), e può essere fruita nel rispetto dei limiti derivanti dall'applicazione della regola de minimis di cui al regolamento (CE) n. 69/2001 della Commissione, del 12 gennaio 2001, e successive modificazioni] ([10]);

4) per i soggetti di cui all'articolo 3, comma 1, lettere da *a*) a *e*), escluse ([3]) le imprese operanti in concessione e a tariffa nei settori dell'energia, dell'acqua, dei trasporti, delle infrastrutture, delle poste, delle telecomunicazioni, della raccolta e depurazione delle acque di scarico e della raccolta e smaltimento rifiuti, i contributi assistenziali e previdenziali relativi ai lavoratori dipendenti a tempo indeterminato;

5) le spese relative agli apprendisti, ai disabili e le spese per il personale assunto con contratti di formazione e lavoro, nonché, per i soggetti di cui all'articolo 3, comma 1, lettere da *a*) a *e*), i costi sostenuti per il personale addetto alla ricerca e sviluppo, ivi compresi quelli per il predetto personale sostenuti da consorzi tra imprese costituiti per la realizzazione di programmi comuni di ricerca e sviluppo, a condizione che l'attestazione di effettività degli stessi sia rilasciata dal presidente del collegio sindacale ovvero, in mancanza, da un revisore dei conti o da un professionista iscritto negli albi dei revisori dei conti, dei dottori commercialisti, dei ragionieri e periti commerciali o dei consulenti del lavoro, nelle forme previste dall'articolo 13, comma 2, del decreto legge 28 marzo 1997, n. 79, convertito, con modificazioni, dalla legge 28 maggio 1997, n. 140, e successive modificazioni, ovvero dal responsabile del centro di assistenza fiscale ([11]);

b) non sono ammessi in deduzione:

[1) fatte salve le disposizioni di cui alla lettera *a*), i costi relativi al personale classificabili nell'articolo 2425, primo comma, lettera B), numeri 9) e 14), del codice civile] ([12]);

2) i compensi per attività commerciali e per prestazioni di lavoro autonomo non esercitate abitualmente, nonché i compensi attribuiti per obblighi

di fare, non fare o permettere, di cui all'articolo 67 ([13]), comma 1, lettere *i*) e *l*), del testo unico delle imposte sui redditi, di cui al decreto del Presidente della Repubblica 22 dicembre 1986, n. 917 ([14]);

3) i costi per prestazioni di collaborazione coordinata e continuativa di cui all'articolo 49, commi 2, lettera *a*), e 3, del predetto testo unico delle imposte sui redditi;

4) i compensi per prestazioni di lavoro assimilato a quello dipendente ai sensi dell'articolo 47 dello stesso testo unico delle imposte sui redditi;

5) gli utili spettanti agli associati in partecipazione di cui alla lettera *c*) del predetto articolo 49, comma 2, del testo unico delle imposte sui redditi;

[6) il canone relativo a contratti di locazione finanziaria limitatamente alla parte riferibile agli interessi passivi determinata secondo le modalità di calcolo, anche forfetarie, stabilite con decreto del Ministro delle finanze] ([15]).

[1.1. Le deduzioni di cui al comma 1, lettera *a*), numeri 2), 3) e 4), per i produttori agricoli di cui all'articolo 3, comma 1, lettera *d*), e per le società agricole di cui all'articolo 2 del decreto legislativo 29 marzo 2004, n. 99, si applicano, nella misura del 50 per cento degli importi ivi previsti, anche per ogni lavoratore agricolo dipendente a tempo determinato impiegato nel periodo di imposta purché abbia lavorato almeno 150 giornate e il contratto abbia almeno una durata triennale] ([16]).

1 *bis*. Per le imprese autorizzate all'autotrasporto di merci, sono ammesse in deduzione le indennità di trasferta previste contrattualmente, per la parte che non concorre a formare il reddito del dipendente ai sensi dell'articolo 48, comma 5, del testo unico delle imposte sui redditi, di cui al decreto del Presidente della Repubblica 22 dicembre 1986, n. 917 ([17]).

2. - 4. (*Omissis*) ([18]).

4 *bis*. Per i soggetti di cui all'articolo 3, comma 1, lettere da *a*) ad *e*), sono ammessi in deduzione, fino a concorrenza, i seguenti importi:

a) euro 8.000 se la base imponibile non supera euro 180.759,91;

b) euro 6.000 se la base imponibile supera euro 180.759,91 ma non euro 180.839,91;

c) euro 4.000 se la base imponibile supera euro 180.839,91 ma non euro 180.919,91;

d) euro 2.000 se la base imponibile supera euro 180.919,91 ma non euro 180.999,91 ;

d bis) per i soggetti di cui all'articolo 3, comma 1, lettere *b*) e *c*), l'importo delle deduzioni indicate nelle lettere da *a*) a *d*) del presente comma è aumentato, rispettivamente, di euro 5.000, di euro 3.750, di euro 2.500 e di euro 1.250 ([19]) ([20]).

4 *bis*1. Ai soggetti di cui all'articolo 3, comma 1, lettere da *a*) ad *e*), con componenti positivi che concorrono alla formazione del valore della produzione non superiori nel periodo d'imposta a euro 400.000, spetta una deduzione dalla base imponibile pari a euro 1.850 ([21]), su base annua, ([22]) per ogni lavoratore dipendente impiegato nel periodo d'imposta fino a un massimo di cinque [; la deduzione è ragguagliata ai giorni di durata del rapporto di lavoro nel corso del periodo d'imposta e nel caso di contratti di lavoro a tempo parziale è ridotta in misura proporzionale. Per i soggetti di cui all'articolo 3, comma 1, lettera *e*), la deduzione spetta solo in relazione ai dipendenti impiegati nell'esercizio di attività commerciali e, in caso di dipendenti impiegati anche nelle attività istituzionali, l'importo di cui al primo periodo è ridotto in base al rapporto di cui all'articolo 10, comma 2] ([23]). Ai fini del computo del numero di lavoratori dipendenti per i quali spetta la deduzione di cui al presente comma non si tiene conto degli apprendisti, dei disabili e del personale assunto con contratti di formazione lavoro ([24]).

4 *bis*2. In caso di periodo d'imposta di durata inferiore o superiore a dodici mesi e in caso di inizio e cessazione dell'attività in corso d'anno, gli importi delle deduzioni e della base imponibile di cui al comma 4 *bis* e dei componenti positivi di cui al comma 4 *bis*.1 sono ragguagliati all'anno solare. Le deduzioni di cui ai commi 1, lettera *a*), numero 2) ([25]), e 4 *bis*.1 sono ragguagliate ai giorni di durata del rapporto di lavoro nel corso del periodo d'imposta nel caso di contratti di lavoro a tempo indeterminato e parziale, nei diversi tipi e modalità di cui all'articolo 1 del decreto legislativo 25 febbraio 2000, n. 61, e successive modificazioni, ivi compreso il lavoro a tempo parziale di tipo verticale e di tipo misto, sono ridotte in misura proporzionale; per i soggetti di cui all'articolo 3, comma 1, lettera *e*), le medesime deduzioni spettano solo in relazione ai dipendenti impiegati nell'esercizio di attività commerciali e, in caso di dipendenti impiegati anche nelle attività istituzionali, l'importo è ridotto in base al rapporto di cui all'articolo 10, comma 2 ([26]) ([24]).

4 *ter*. I soggetti di cui all'articolo 4, comma 2, applicano le deduzioni indicate nel presente articolo ([27]) sul valore della produzione netta prima della ripartizione dello stesso su base regionale ([28]).

4 *quater*. A decorrere dal periodo d'imposta in corso al 31 dicembre 2014, per i soggetti di cui all'articolo 3, comma 1, lettere da *a*) ad *e*), che incrementano il numero di lavoratori dipendenti assunti con contratto a tempo indeterminato rispetto al numero dei lavoratori assunti con il medesimo contratto mediamente occupati nel periodo d'imposta precedente, è deducibile il costo del predetto personale per un importo annuale non superiore a 15.000 euro per ciascun nuovo dipendente assunto, e nel limite dell'incremento

complessivo del costo del personale classificabile nell'articolo 2425, primo comma, lettera *B*), numeri 9) e 14), del codice civile per il periodo d'imposta in cui è avvenuta l'assunzione con contratto a tempo indeterminato e per i due successivi periodi d'imposta. La suddetta deduzione decade se, nei periodi d'imposta successivi a quello in cui è avvenuta l'assunzione, il numero dei lavoratori dipendenti risulta inferiore o pari al numero degli stessi lavoratori mediamente occupati in tale periodo d'imposta; la deduzione spettante compete, in ogni caso, per ciascun periodo d'imposta a partire da quello di assunzione, sempre che permanga il medesimo rapporto di impiego. L'incremento della base occupazionale va considerato al netto delle diminuzioni occupazionali verificatesi in società controllate o collegate ai sensi dell'articolo 2359 del codice civile o facenti capo, anche per interposta persona, allo stesso soggetto. Per i soggetti di cui all'articolo 3, comma 1, lettera *e*), la base occupazionale di cui al terzo periodo è individuata con riferimento al personale dipendente con contratto di lavoro a tempo indeterminato impiegato nell'attività commerciale e la deduzione spetta solo con riferimento all'incremento dei lavoratori utilizzati nell'esercizio di tale attività. In caso di lavoratori impiegati anche nell'esercizio dell'attività istituzionale si considera, sia ai fini dell'individuazione della base occupazionale di riferimento e del suo incremento, sia ai fini della deducibilità del costo, il solo personale dipendente con contratto di lavoro a tempo indeterminato riferibile all'attività commerciale individuato in base al rapporto di cui all'articolo 10, comma 2. Non rilevano ai fini degli incrementi occupazionali i trasferimenti di dipendenti dall'attività istituzionale all'attività commerciale. Nell'ipotesi di imprese di nuova costituzione non rilevano gli incrementi occupazionali derivanti dallo svolgimento di attività che assorbono anche solo in parte attività di imprese giuridicamente preesistenti, ad esclusione delle attività sottoposte a limite numerico o di superficie. Nel caso di impresa subentrante ad altra nella gestione di un servizio pubblico, anche gestito da privati, comunque assegnata, la deducibilità del costo del personale spetta limitatamente al numero di lavoratori assunti in più rispetto a quello dell'impresa sostituita ([29]).

[4 *quinquies*. Per i quattro periodi d'imposta successivi a quello in corso al 31 dicembre 2004, fermo restando il rispetto del regolamento (CE) n. 2204/2002 della Commissione, del 5 dicembre 2002, l'importo deducibile determinato ai sensi del comma 4 *quater* è quintuplicato nelle aree ammissibili alla deroga prevista dall'articolo 87, paragrafo 3, lettera *a*), e triplicato nelle aree ammissibili alla deroga prevista dall'articolo 87, paragrafo 3, lettera *c*), del Trattato che istituisce la Comunità europea, individuate dalla Carta italiana degli aiuti a finalità regionale per il periodo 2000-2006 e da quella che verrà approvata per il successivo periodo] ([30]).

[4 *sexies*. In caso di lavoratrici donne rientranti nella definizione di lavoratore svantaggiato di cui al regolamento (CE) n. 2204/2002 della Commissione, del 5 dicembre 2002, in materia di aiuti di Stato a favore dell'occupazione, in alternativa a quanto previsto dal comma 4 *quinquies*, l'importo deducibile è, rispettivamente, moltiplicato per sette e per cinque nelle suddette aree, ma in questo caso l'intera maggiorazione spetta nei limiti di intensità nonché alle condizioni previsti dal predetto regolamento sui regimi di aiuto a favore dell'assunzione di lavoratori svantaggiati] ([30]).

4 *septies*. Per ciascun dipendente l'importo delle deduzioni ammesse dai commi 1, 4 *bis*.1 e 4 *quater* non può comunque eccedere il limite massimo rappresentato dalla retribuzione e dagli altri oneri e spese a carico del datore di lavoro e l'applicazione delle disposizioni di cui al comma 1, lettera *a*), numeri 2), 3) e 4), è alternativa alla fruizione delle disposizioni di cui ai commi 1, lettera *a*), numero 5), e 4 *bis*.1 ([31]).

4 *octies*. Fermo restando quanto stabilito dal presente articolo e in deroga a quanto stabilito negli articoli precedenti, per i soggetti che determinano il valore della produzione netta ai sensi degli articoli da 5 a 9, è ammessa in deduzione la differenza tra il costo complessivo per il personale dipendente con contratto a tempo indeterminato e le deduzioni spettanti ai sensi dei commi 1, lettera *a*), 1 *bis*, 4 *bis*.1 e 4 *quater* del presente articolo. [Per i produttori agricoli di cui all'articolo 3, comma 1, lettera *d*), del presente decreto e per le società agricole di cui all'articolo 2 del decreto legislativo 29 marzo 2004, n. 99, e successive modificazioni, la deduzione di cui al presente comma è ammessa anche per ogni lavoratore agricolo dipendente avente i requisiti di cui al comma 1.1 del presente articolo] ([32]). La deduzione di cui al periodo precedente è ammessa altresì, nei limiti del 70 per cento della differenza ivi prevista, calcolata per ogni lavoratore stagionale impiegato per almeno centoventi giorni per due periodi d'imposta, a decorrere dal secondo contratto stipulato con lo stesso datore di lavoro nell'arco temporale di due anni a partire dalla data di cessazione del precedente contratto ([33]) ([34]).

([1]) *L'art. 11 è stato così sostituito dagli attuali articoli 11 e 11* bis *dall'art. 1, comma 1, lett.* h)*, del D.L.vo 30 dicembre 1999, n. 506*

([2]) *Questo numero è stato inserito dall'art. 1, comma 988, della L. 28 dicembre 2015, n. 208. Tali disposizioni si applicano a decorrere dall'esercizio in corso al 31 dicembre 2015.*

([3]) *Le parole: «esclusi le banche, gli altri enti finanziari, le imprese di assicurazione e» sono state così sostituite dalla parola: «escluse» dall'art. 15* bis*, comma 1, lett.* b)*, del D.L. 2 luglio 2007, n. 81, convertito, con modificazioni, nella L. 3 agosto 2007, n. 127.*

([4]) *Le parole: «4.600 euro» sono state così sostituite dalle attuali: «7.500 euro» dall'art. 1, comma 484, lett. a), n. 1), della L. 24 dicembre 2012, n. 228. A norma dell'art. 1, comma 485, della L. 24 dicembre 2012, n. 228, tale disposizione si applica a decorrere dal periodo d'imposta successivo a quello in corso al 31 dicembre 2013.*

([5]) *Le parole: «10.600 euro» sono state così sostituite dalle attuali: «13.500 euro» dall'art. 1, comma 484, lett. a), n. 1), della L. 24 dicembre 2012, n. 228. A norma dell'art. 1, comma 485, della L. 24 dicembre 2012, n. 228, tale disposizione si applica a decorrere dal periodo d'imposta successivo a quello in corso al 31 dicembre 2013.*

([6]) *Le parole: «, aumentato a 10.600 euro per i lavoratori di sesso femminile nonché per quelli di età inferiore ai 35 anni» sono state aggiunte dall'art. 2, comma 2, lett.* a), *del D.L. 6 dicembre 2011, n. 201, convertito, con modificazioni, nella L. 22 dicembre 2011, n. 214. Tali disposizioni si applicano a decorrere dal periodo d'imposta successivo a quello in corso al 31 dicembre 2011.*

([7]) *Le parole: «9.200 euro» sono state così sostituite dalle attuali: «15.000 euro» dall'art. 1, comma 484, lett. a), n. 2), della L. 24 dicembre 2012, n. 228. A norma dell'art. 1, comma 485, della L. 24 dicembre 2012, n. 228, tale disposizione si applica a decorrere dal periodo d'imposta successivo a quello in corso al 31 dicembre 2013.*

([8]) *Le parole: «15.200 euro» sono state così sostituite dalle attuali: «21.000 euro» dall'art. 1, comma 484, lett. a), n. 2), della L. 24 dicembre 2012, n. 228. A norma dell'art. 1, comma 485, della L. 24 dicembre 2012, n. 228, tale disposizione si applica a decorrere dal periodo d'imposta successivo a quello in corso al 31 dicembre 2013.*

([9]) *Le parole: «, aumentato a 15.200 euro per i lavoratori di sesso femminile nonché per quelli di età inferiore ai 35 anni» sono state aggiunte dall'art. 2, comma 2, lett.* b), *del D.L. 6 dicembre 2011, n. 201, convertito, con modificazioni, nella L. 22 dicembre 2011, n. 214. Tali disposizioni si applicano a decorrere dal periodo d'imposta successivo a quello in corso al 31 dicembre 2011.*

([10]) *Questo numero è stato abrogato dall'art. 1, comma 1085, lett.* a), *della L. 30 dicembre 2018, n. 145, a decorrere dal 1° gennaio 2019.*

([11]) *Questa lettera è stata da ultimo così sostituita dall'art. 1, comma 266, lett.* a), *della L. 27 dicembre 2006, n. 296.*

([12]) *Questo numero è stato dapprima sostituito dall'art. 1, comma 347, lett.* b), *della L. 30 dicembre 2004, n. 311, e poi abrogato dall'art. 1, comma 50, lett.* f), *n.* 2), *della L. 24 dicembre 2007, n. 244, a decorrere dal periodo d'imposta successivo a quello in corso al 31 dicembre 2007.*

([13]) *Le parole: «di cui all'articolo 81» sono state così sostituite dalle attuali: «nonché i compensi attribuiti per obblighi di fare, non fare o permettere, di cui all'articolo 67», dall'art. 1, comma 50, lett.* f), *n.* 2), *della L. 24 dicembre 2007, n. 244, a decorrere dal periodo d'imposta successivo a quello in corso al 31 dicembre 2007.*

([14]) *Questo numero è stato così sostituito dall'art. 5, comma 2, lett.* b), *della L. 27 dicembre 2002, n. 289.*

([15]) *Questo numero è stato abrogato dall'art. 1, comma 50, lett.* f), *n.* 2), *della L. 24 dicembre 2007, n. 244, a decorrere dal periodo d'imposta successivo a quello in corso al 31 dicembre 2007.*

([16]) *Questo comma è stato inserito dall'art. 5, comma 13, del D.L. 24 giugno 2014, n. 91, convertito, con modificazioni, nella L. 11 agosto 2014, n. 116.*

Con l'abrogazione dell'art. 5, comma 13, del citato D.L. n. 91/2014, a norma dell'art. 2, comma 1, lett. a), *del D.L. 24 gennaio 2015, n. 4, convertito, con modificazioni, nella L. 24 marzo 2015, n. 34, questo comma cessa di avere efficacia.*

([17]) *Questo comma è stato inserito dall'art. 5, comma 2, lett.* b), *della L. 27 dicembre 2002, n. 289.*

([18]) *Questo comma è stato abrogato dall'art. 1, comma 50, lett.* f), *n. 3), della L. 24 dicembre 2007, n. 244, a decorrere dal periodo d'imposta successivo a quello in corso al 31 dicembre 2007.*

([19]) *Le parole: «di euro 2.500, di euro 1.875, di euro 1.250 e di euro 625» sono state così sostituite dalle attuali: «di euro 5.000, di euro 3.750, di euro 2.500 e di euro 1.250» dall'art. 1, comma 123, della L. 28 dicembre 2015, n. 208, a decorrere dal periodo d'imposta successivo a quello in corso al 31 dicembre 2015.*

([20]) *Questo comma è stato così sostituito dall'art. 1, comma 484, lett.* b), *della L. 24 dicembre 2012, n. 228. A norma dell'art. 1, comma 485, della L. 24 dicembre 2012, n. 228, le disposizioni previste da questo comma si applicano a decorrere dal periodo d'imposta successivo a quello in corso al 31 dicembre 2013.*

([21]) *Le parole: «pari a euro 2.000» sono state così sostituite dalle attuali: «pari a euro 1.850», dall'art. 1, comma 50, lett.* f), *n.* 5), *della L. 24 dicembre 2007, n. 244, a decorrere dal periodo d'imposta successivo a quello in corso al 31 dicembre 2007.*

([22]) *Le parole: «, su base annua,» sono state inserite dall'art. 1, comma 266, lett.* b), *della L. 27 dicembre 2006, n. 296.*

([23]) *Le parole tra parentesi quadrate sono state soppresse dall'art. 1, comma 266, lett.* b), *della L. 27 dicembre 2006, n. 296.*

([24]) *Questo comma è stato inserito dall'art. 5, comma 2, lett.* e), *della L. 27 dicembre 2002, n. 289.*

([25]) *Le parole: «numeri 2) e 3)» sono state così sostituite dalle seguenti: «numero 2)» dall'art. 1, comma 1085, lett.* b), *della L. 30 dicembre 2018, n. 145, a decorrere dal 1° gennaio 2019.*

([26]) *Questo periodo è stato aggiunto dall'art. 1, comma 266, lett.* c), *della L. 27 dicembre 2006, n. 296.*

([27]) *Le parole: «di cui al comma 4* bis*» sono state così sostituite dalle attuali: «di cui ai commi 4* bis *e 4* bis*.1» dall'art. 5, comma 2, lett.* f), *della L. 27 dicembre 2002, n. 289. Successivamente le parole: «la deduzione di cui ai commi 4* bis *e 4* bis*.1» sono state così sostituite dalle attuali: «le deduzioni indicate nel presente articolo» dall'art. 1, comma 266, lett.* d), *della L. 27 dicembre 2006, n. 296.*

([28]) *Questo comma è stato aggiunto dall'art. 16, comma 1, lett.* c), *della L. 23 dicembre 2000, n. 388.*

([29]) *Questo comma è stato così sostituito dall'art. 1, comma 132, lett.* a), *della L. 27 dicembre 2013, n. 147.*

([30]) *Questo comma è stato abrogato dall'art. 1, comma 132, lett.* b), *della L. 27 dicembre 2013, n. 147.*

([31]) *Questo comma è stato così sostituito dall'art. 1, comma 132, lett.* c), *della L. 27 dicembre 2013, n. 147.*

([32]) *Questo periodo è stato soppresso dall'art. 2, comma 1, lett.* b), *del D.L. 24 gennaio 2015, n. 4, convertito, con modificazioni, nella L. 24 marzo 2015, n. 34.*

(33) *Questo periodo è stato aggiunto dall'art. 1, comma 73, della L. 28 dicembre 2015, n. 208.*

(34) *Questo comma è stato aggiunto dall'art. 1, comma 20, della L. 23 dicembre 2014, n. 190, a decorrere dal periodo di imposta successivo a quello in corso al 31 dicembre 2014.*

11 *bis*. [Variazioni fiscali del valore della produzione netta. – (*Omissis*)].

12. Determinazione del valore della produzione netta realizzata fuori dal territorio dello Stato o da soggetti non residenti. – 1. Nei confronti dei soggetti passivi residenti nel territorio dello Stato che esercitano attività produttive anche all'estero la quota di valore a queste attribuibili secondo i criteri di cui all'articolo 4, comma 2, è scomputata dalla base imponibile determinata a norma degli articoli da 5 a 10 *bis* (1).

2. Nei confronti dei soggetti passivi non residenti nel territorio dello Stato si considera prodotto nel territorio della regione il valore derivante dall'esercizio di attività commerciali, di arti o professioni o da attività non commerciali esercitate nel territorio stesso per un periodo di tempo non inferiore a tre mesi mediante stabile organizzazione, base fissa o ufficio [, ovvero derivante da imprese agricole esercitate nel territorio stesso] (2). Qualora le suddette attività o imprese siano esercitate nel territorio di più regioni si applica la disposizione dell'articolo 4, comma 2.

2 *bis*. Il valore della produzione netta derivante da una stabile organizzazione è determinato sulla base di un apposito rendiconto economico e patrimoniale, da redigersi secondo i principi contabili previsti per i soggetti residenti aventi le medesime caratteristiche, salva quella della emissione di strumenti finanziari ammessi alla negoziazione in mercati regolamentati di qualsiasi Stato membro dell'Unione europea ovvero diffusi tra il pubblico di cui all'articolo 116 testo unico delle disposizioni in materia di intermediazione finanziaria, di cui al decreto legislativo 24 febbraio 1998, n. 58. A tali fini, si applicano le disposizioni dell'articolo 152, comma 2, del testo unico delle imposte sui redditi, approvato con decreto del Presidente della Repubblica 22 dicembre 1986, n. 917 (3).

3. Le persone fisiche e gli altri soggetti passivi si considerano residenti nel territorio dello Stato quando ricorrono le condizioni, rispettivamente applicabili, previste negli articoli 2, comma 2, 5, comma 3, lettera *d*), e 87, comma 3, del testo unico delle imposte sui redditi, approvato con decreto del Presidente della Repubblica 22 dicembre 1986, n. 917. Se il soggetto passivo esercita attività produttive mediante l'utilizzazione di navi iscritte nel registro di cui all'articolo 1, comma 1, del decreto legge 30 dicembre 1997, n. 457, convertito, con modificazioni, dalla legge 27 febbraio 1998, n. 30, la

quota di valore a queste attribuibile, determinata a norma dell'articolo 5, è scomputata dalla base imponibile (4) (5).

(1) *Le parole: «a 10» sono state così sostituite dalle attuali dall'art. 1, comma 1, lett.* i), *del D.L.vo 30 dicembre 1999, n. 506. A norma dell'art. 3 dello stesso provvedimento, tali disposizioni si applicano a decorrere dal periodo di imposta in corso alla data di emanazione del presente decreto.*

(2) *Le parole fra parentesi quadrate sono state soppresse dall'art. 1, comma 70, lett.* d), *della L. 28 dicembre 2015, n. 208, a decorrere dal periodo d'imposta successivo a quello in corso al 31 dicembre 2015.*

(3) *Questo comma è stato aggiunto dall'art. 7, comma 2, del D.L.vo 14 settembre 2015, n. 147. A norma dell'art. 7, comma 4, del medesimo provvedimento, tali disposizioni si applicano a decorrere dal periodo di imposta successivo a quello in corso alla data di entrata in vigore del suddetto decreto.*

(4) *Questo periodo è stato aggiunto dall'art. 8 del D.L.vo 10 aprile 1998, n. 137.*

(5) *A norma dell'art. 10, comma 1, della L. 20 novembre 2017, n. 167, dal periodo d'imposta a decorrere dal quale entra in vigore il decreto di cui a questo comma, il comma 3 del presente articolo, le disposizioni dell'articolo 4 del decreto legge 30 dicembre 1997, n. 457, convertito, con modificazioni, dalla legge 27 febbraio 1998, n. 30, e dell'articolo 155, comma 1, del testo unico delle imposte sui redditi, di cui al decreto del Presidente della Repubblica 22 dicembre 1986, n. 917, si applicano anche ai soggetti residenti e ai soggetti non residenti aventi stabile organizzazione nel territorio dello Stato che utilizzano navi adibite esclusivamente a traffici commerciali internazionali iscritte nei registri degli Stati dell'Unione europea o dello Spazio economico europeo.*

A norma dell'art. 10, comma 2, della L. 20 novembre 2017, n. 167, le disposizioni del comma 1 del presente articolo si applicano a condizione che sia rispettato quanto previsto dagli articoli 1, comma 5, e 3 del decreto legge 30 dicembre 1997, n. 457, convertito, con modificazioni, dalla legge 27 febbraio 1998, n. 30, dall'articolo 317 del codice della navigazione e dall'articolo 426 del regolamento per l'esecuzione del codice della navigazione (navigazione marittima), di cui al decreto del Presidente della Repubblica 15 febbraio 1952, n. 328.

13. Disposizioni concernenti il GEIE. – 1. Il valore della produzione netta del gruppo economico di interesse europeo residente, a norma dell'articolo 12, comma 3, nel territorio dello Stato o di una stabile organizzazione di un gruppo non residente è determinato secondo le disposizioni dell'articolo 5, ed è imputato a ciascun membro nella proporzione prevista dal contratto di gruppo o, in mancanza, in parti uguali. Il valore si considera prodotto, anche nei confronti di membri non residenti, nel territorio della regione in cui il gruppo o la stabile organizzazione ha sede, salvo il disposto dell'articolo 4, comma 2.

2. Nei confronti del gruppo residente e di quello non residente relativamente alla stabile organizzazione nel territorio dello Stato si applicano le disposizioni degli articoli 19 e 20.

3. Ciascun membro del gruppo è obbligato in solido con gli altri al versamento dell'imposta dovuta sul valore prodotto. Se il soggetto passivo esercita attività produttive mediante l'utilizzazione di navi iscritte nel registro di cui all'articolo 1, comma 1, del decreto legge 30 dicembre 1997, n. 457, convertito, con modificazioni, dalla legge 27 febbraio 1998, n. 30, la quota di valore a queste attribuibile, determinata a norma dell'articolo 5, è scomputata dalla base imponibile ([1]).

4. Il gruppo residente e la stabile organizzazione di un gruppo non residente si considerano domiciliati nel territorio del comune nel quale hanno il domicilio fiscale ai fini delle imposte sui redditi.

([1]) *Questo periodo è stato aggiunto dall'art. 8, comma 1, del D.L.vo 10 aprile 1998, n. 137.*

14. Periodo di imposta. – 1. L'imposta è dovuta per periodi di imposta a ciascuno dei quali corrisponde una obbligazione tributaria autonoma. Il periodo di imposta è determinato secondo i criteri stabiliti ai fini delle imposte sui redditi.

15. Spettanza dell'imposta. – 1. L'imposta è dovuta alla regione nel cui territorio il valore della produzione netta è realizzato.

16. Determinazione dell'imposta. – 1. L'imposta è determinata applicando al valore della produzione netta l'aliquota del 3,50 per cento ([1]), salvo quanto previsto dal comma 2, nonché nei commi 1 e 2 dell'articolo 45.

1 *bis*. Nei confronti dei soggetti di cui:

a) all'articolo 5, che esercitano attività di imprese concessionarie diverse da quelle di costruzione e gestione di autostrade e trafori, si applica l'aliquota del 3,80 per cento ([2]);

b) all'articolo 6, si applica l'aliquota del 4,20 per cento ([3]);

c) all'articolo 7, si applica l'aliquota del 5,30 per cento ([4]) ([5]).

2. Nei confronti dei soggetti di cui all'articolo 3, comma 1, lettera *e bis*), relativamente al valore prodotto nell'esercizio di attività non commerciali, determinato ai sensi dell'articolo 10 *bis*, si applica l'aliquota dell'8,5 per cento ([6]).

3. A decorrere dal terzo anno successivo a quello dell'emanazione ([7]) ([8]) del presente decreto, le regioni hanno facoltà di variare ([9]) ([8]) l'aliquota di cui al comma 1 fino ad un massimo di 0,92 punti percentuali ([10]). La variazione ([9]) ([8]) può essere differenziata per settori di attività e per categorie di soggetti passivi.

3 *bis*. Allo scopo di semplificare gli adempimenti tributari dei contribuenti e le funzioni dei centri di assistenza fiscale nonché degli altri inter-

mediari, le regioni e le province autonome di Trento e di Bolzano, entro il 31 marzo dell'anno a cui l'imposta si riferisce, inviano al Ministero dell'economia e delle finanze – Dipartimento delle finanze i dati rilevanti per la determinazione del tributo mediante l'inserimento degli stessi nell'apposita sezione del portale del federalismo fiscale ai fini della pubblicazione nel sito informatico di cui all'articolo 1, comma 3, del decreto legislativo 28 settembre 1998, n. 360. Con decreto del Ministero dell'economia e delle finanze, sentita la Conferenza permanente per i rapporti tra lo Stato, le regioni e le province autonome di Trento e di Bolzano, sono individuati i dati rilevanti per la determinazione dell'imposta regionale sulle attività produttive. Il mancato inserimento da parte delle regioni e delle province autonome nel suddetto sito informatico dei dati rilevanti ai fini della determinazione dell'imposta comporta l'inapplicabilità di sanzioni e di interessi ([11]).

([1]) *Le parole*: «*l'aliquota del 4,25 per cento*», *sono state così sostituite dalle attuali*: «*l'aliquota del 3,9 per cento*», *dall'art. 1, comma 50, lett.* h), *della L. 24 dicembre 2007, n. 244, a decorrere dal periodo d'imposta successivo a quello in corso al 31 dicembre 2007.*

Le parole: «*l'aliquota del 3,9 per cento*», *sono state così sostituite dalle attuali*: «*l'aliquota del 3,50 per cento*», *dall'art. 2, comma 1, lett.* a), *del D.L. 24 aprile 2014, n. 66, convertito, con modificazioni, nella L. 23 giugno 2014, n. 89, a decorrere dal periodo d'imposta successivo a quello in corso al 31 dicembre 2013.*

A norma dell'art. 2, comma 2, del medesimo D.L. n. 66/2014, ai fini della determinazione dell'acconto relativo al periodo di imposta successivo a quello in corso al 31 dicembre 2013 secondo il criterio previsionale, di cui all'articolo 4 del decreto legge 2 marzo 1989, n. 69, convertito con modificazioni, dalla legge 27 aprile 1989, n. 154, in luogo delle aliquote di cui alle lettere a), b), e c) *dell'art. 1, comma 1, del D.L. n. 66/2014, applicabili al periodo di imposta successivo a quello in corso al 31 dicembre 2013, si tiene conto, rispettivamente, delle aliquote del 3,75; 4,00; 4,50; 5,70 e 1,80 per cento.*

([2]) *Le parole*: «*l'aliquota del 4,20 per cento*» *sono state così sostituite dalle seguenti*: «*l'aliquota del 3,80 per cento*» *dall'art. 2, comma 1, lett.* b), *n.* 1), *del D.L. 24 aprile 2014, n. 66, convertito, con modificazioni, nella L. 23 giugno 2014, n. 89, a decorrere dal periodo d'imposta successivo a quello in corso al 31 dicembre 2013.*

A norma dell'art. 2, comma 2, del medesimo D.L. n. 66/2014, ai fini della determinazione dell'acconto relativo al periodo di imposta successivo a quello in corso al 31 dicembre 2013 secondo il criterio previsionale, di cui all'articolo 4 del decreto legge 2 marzo 1989, n. 69, convertito con modificazioni, dalla legge 27 aprile 1989, n. 154, in luogo delle aliquote di cui alle lettere a), b), e c) *dell'art. 1, comma 1, del D.L. n. 66/2014, applicabili al periodo di imposta successivo a quello in corso al 31 dicembre 2013, si tiene conto, rispettivamente, delle aliquote del 3,75; 4,00; 4,50; 5,70 e 1,80 per cento.*

([3]) *Le parole*: «*l'aliquota del 4,65 per cento*» *sono state così sostituite dalle seguenti*: «*l'aliquota del 4,20 per cento*» *dall'art. 2, comma 1, lett.* b), *n.* 2), *del D.L. 24 aprile 2014, n. 66, convertito, con modificazioni, nella L. 23 giugno 2014, n. 89, a decorrere dal periodo d'imposta successivo a quello in corso al 31 dicembre 2013.*

A norma dell'art. 2, comma 2, del medesimo D.L. n. 66/2014, ai fini della determinazione dell'acconto relativo al periodo di imposta successivo a quello in corso al 31 dicembre 2013 secondo il criterio previsionale, di cui all'articolo 4 del decreto legge 2 marzo 1989, n. 69, convertito con modificazioni, dalla legge 27 aprile 1989, n. 154, in luogo delle aliquote di cui alle lettere a), b), *e* c) *dell'art. 1, comma 1, del D.L. n. 66/2014, applicabili al periodo di imposta successivo a quello in corso al 31 dicembre 2013, si tiene conto, rispettivamente, delle aliquote del 3,75; 4,00; 4,50; 5,70 e 1,80 per cento.*

(4) *Le parole*: «*l'aliquota del 5,90 per cento*» *sono state così sostituite dalle seguenti*: «*l'aliquota del 5,30 per cento*» *dall'art. 2, comma 1, lett.* b), *n.* 3), *del D.L. 24 aprile 2014, n. 66, convertito, con modificazioni, nella L. 23 giugno 2014, n. 89, a decorrere dal periodo d'imposta successivo a quello in corso al 31 dicembre 2013.*

A norma dell'art. 2, comma 2, del medesimo D.L. n. 66/2014, ai fini della determinazione dell'acconto relativo al periodo di imposta successivo a quello in corso al 31 dicembre 2013 secondo il criterio previsionale, di cui all'articolo 4 del decreto legge 2 marzo 1989, n. 69, convertito con modificazioni, dalla legge 27 aprile 1989, n. 154, in luogo delle aliquote di cui alle lettere a), b), *e* c) *dell'art. 1, comma 1, del D.L. n. 66/2014, applicabili al periodo di imposta successivo a quello in corso al 31 dicembre 2013, si tiene conto, rispettivamente, delle aliquote del 3,75; 4,00; 4,50; 5,70 e 1,80 per cento.*

(5) *Questo comma è stato aggiunto dall'art. 23, comma 5, del D.L. 6 luglio 2011, n. 98, convertito, con modificazioni, nella L. 15 luglio 2011, n. 111, a decorrere dal periodo d'imposta in corso alla data di entrata in vigore del D.L. n. 98/2011.*

(6) *Questo comma è stato da ultimo così sostituito dall'art. 1, comma 1, lett.* l), *n. 1), del D.L.vo 30 dicembre 1999, n. 506, a decorrere dal 1° gennaio 2000.*

(7) *Le parole*: «*dall'entrata in vigore*» *sono state così sostituite dalle attuali dall'art. 1, comma 1, lett.* l), *n. 2), del D.L.vo 30 dicembre 1999, n. 506.*

(8) *Le disposizioni di cui all'art. 1, comma 1, lett.* l), *n. 2), del D.L.vo 30 dicembre 1999, n. 506, si applicano a decorrere dal periodo d'imposta in corso alla data di emanazione dello stesso D.L.vo, così come è previsto dall'art. 3 del citato provvedimento.*

(9) *La parola*: «*maggiorare*» *è stata così sostituita dall'attuale*: «*variare*» *e la parola*: «*maggiorazione*» *è stata così sostituita dall'attuale*: «*variazione*» *a norma dell'art. 1, comma 1, lett.* l), *n. 2), del D.L.vo 30 dicembre 1999, n. 506.*

(10) *Le parole*: «*fino ad un massimo di un punto percentuale*» *sono state così sostituite dalle seguenti*: «*fino ad un massimo di 0,92 punti percentuali*» *dall'art. 2, comma 3, del D.L. 24 aprile 2014, n. 66, convertito, con modificazioni, nella L. 23 giugno 2014, n. 89, a decorrere dal periodo d'imposta successivo a quello in corso al 31 dicembre 2013.*

(11) *Questo comma è stato aggiunto dall'art. 1, comma 1107, della L. 30 dicembre 2020, n. 178, a decorrere dal 1° gennaio 2021.*

17. Agevolazioni di carattere territoriale e per categorie di soggetti. – 1. Per i soggetti che alla data di entrata in vigore del presente decreto hanno acquisito il diritto a fruire di uno dei regimi di esenzione decennale a carattere territoriale dell'imposta locale sui redditi nel rispetto delle condizioni e dei requisiti previsti dalle singole leggi di esonero, il valore prodotto nel territorio della regione ove è ubicato lo stabilimento o l'impianto cui il regime agevolativo si riferisce, determinato a norma degli articoli 4 e 5, è ridotto per il residuo periodo di applicabilità del detto regime di un ammontare pari al reddito che ne avrebbe fruito.

2. Per i soggetti che ai fini delle imposte sui redditi si avvalgono di regimi forfetari di determinazione del reddito, con esclusione di quelli indicati nell'articolo 9, comma 1, il valore della produzione netta può determinarsi aumentando il reddito calcolato in base a tali regimi delle retribuzioni sostenute per il personale dipendente, dei compensi spettanti ai collaboratori coordinati e continuativi di quelli per prestazioni di lavoro autonomo non esercitate abitualmente, [delle indennità e dei rimborsi di cui all'articolo 81, comma 1, lettera *m*), del citato testo unico delle imposte sui redditi] (1) e degli interessi passivi (2).

3. Ai soggetti che svolgono attività produttive attraverso stabilimenti industriali tecnicamente organizzati impiantati nel territorio del Mezzogiorno, di cui alla decisione della Commissione delle Comunità europee 1° marzo 1995, n. 95/455/CEE (3), spetta una detrazione dall'imposta determinata ai sensi del precedente articolo 10 di ammontare pari, rispettivamente, al 2 per cento dell'ammontare delle retribuzioni (4) per prestazioni di lavoro dipendente risultante dalle dichiarazioni presentate ai fini fiscali relative al periodo di imposta in corso al 1° gennaio 1998 e all'1 per cento per il periodo di imposta in corso al 1° gennaio 1999, qualora sussistano le condizioni per l'applicazione delle disposizioni relative alla fiscalizzazione degli oneri sociali.

3 *bis*. Il valore della produzione netta in franchi svizzeri, determinata ai sensi degli articoli da 5 a 9, derivante da attività esercitate nel comune di Campione d'Italia, è computato in euro sulla base del cambio di cui all'articolo 9, comma 2, del testo unico delle imposte sui redditi, di cui al decreto del Presidente della Repubblica 22 dicembre 1986, n. 917, ridotto forfetariamente del 30 per cento. Al valore della produzione netta espresso in euro si applica la medesima riduzione calcolata per i franchi svizzeri, in base a quanto previsto nel primo periodo, con un abbattimento minimo di euro 26.000 (5).

3 *ter*. Nel caso in cui l'impresa svolga la propria attività anche al di fuori del territorio del comune di Campione d'Italia, ai fini dell'individuazione della quota di valore della produzione netta per cui è possibile beneficiare delle agevolazioni di cui al comma 3 *bis* si applicano le disposizioni di cui all'articolo 4, comma 2 (5).

3 *quater*. Le agevolazioni di cui al comma 3 *bis* si applicano ai sensi e nei limiti del regolamento (UE) n. 1407/2013 della Commissione, del 18 dicembre 2013, relativo all'applicazione degli articoli 107 e 108 del Trattato sul funzionamento dell'Unione europea agli aiuti 'de minimis', e del regolamento (UE) n. 1408/2013 della Commissione, del 18 dicembre 2013, rela-

tivo all'applicazione degli articoli 107 e 108 del Trattato sul funzionamento dell'Unione europea agli aiuti 'de minimis' nel settore agricolo ([5]).

4. Per le cooperative edilizie a proprietà indivisa, e, sino al frazionamento del mutuo, per quelle a proprietà divisa ([6]), la base imponibile è determinata ai sensi dell'articolo 10, commi 1 e 2.

5. Per le cooperative sociali di cui all'articolo 1, comma 1, lettera *b*), della legge 8 novembre 1991, n. 381, il costo del lavoro delle persone svantaggiate di cui all'articolo 4 della medesima legge, è deducibile per intero dalla base imponibile.

6. Per l'anno 1998, le cooperative sociali di cui all'articolo 1, comma 1, lettera *a*), della legge 8 novembre 1991, n. 381, nonché le cooperative di lavoro e gli organismi di fatto di cui al decreto del Presidente della Repubblica 30 aprile 1970, n. 602 ([7]), deducono dalla base imponibile una somma pari alla differenza tra l'ammontare delle retribuzioni effettivamente corrisposte e quello calcolato in base ai salari convenzionali. Per gli anni 1999 e 2000 la somma da dedurre dalla base imponibile è pari, rispettivamente, al 75 per cento e al 50 per cento della predetta differenza calcolata con le medesime modalità. A decorrere dall'anno 2001 la base imponibile è determinata in maniera ordinaria.

([1]) *Le parole tra parentesi quadrate sono state soppresse dall'art. 90, comma 10, della L. 27 dicembre 2002, n. 289.*

([2]) *Questo comma è stato così sostituito dall'art. 10, comma 1, lett.* a), *del D.L.vo 10 aprile 1998, n. 137.*

([3]) *Le originarie parole: «definiti dall'art. 1 del D.P.R. 6 marzo 1978, n. 218» sono state sostituite dalle attuali «di cui alla decisione della Commissione delle Comunità europee 1° marzo 1995, n. 95/455/CEE» dall'art. 4, comma 1, lett.* c), *del D.L.vo 19 novembre 1998, n. 422. Ai sensi del comma 2 dello stesso art. 4 del D.L.vo citato, le disposizioni recate da questa lettera si applicano a decorrere dal periodo d'imposta in corso alla data del 1° gennaio 1998.*

([4]) *La parola: «spese» è stata sostituita dalla parola «retribuzioni» dall'art. 4, comma 1, lett.* c), *del D.L.vo 19 novembre 1998, n. 422. Ai sensi del comma 2 dello stesso art. 4 del D.L.vo citato, le disposizioni recate da questa lettera si applicano a decorrere dal periodo d'imposta in corso alla data del 1° gennaio 1998.*

([5]) *Questo comma è stato inserito dall'art. 25* octies, *comma 5, del D.L. 23 ottobre 2018, n. 119, convertito, con modificazioni, nella L. 17 dicembre 2018, n. 136.*

([6]) *Le parole: «e, sino al frazionamento del mutuo, per quelle a proprietà divisa» sono state aggiunte dall'art. 10, comma 1, lett.* b), *del D.L.vo 10 aprile 1998, n. 137.*

([7]) *Le parole da: «nonché le cooperative ...» fino a: «... 30 aprile 1970, n. 602» sono state aggiunte dall'art. 10, comma 1, lett.* c), *del D.L.vo 10 aprile 1998, n. 137.*

18. Agevolazioni per nuove iniziative produttive. – 1. Il comma 210 dell'articolo 2 della legge 23 dicembre 1996, n. 662, è sostituito dal seguente: (*Omissis*).

1 *bis*. Resta ferma, in relazione al periodo d'imposta 1997, la spettanza del credito d'imposta agli effetti dell'imposta locale sui redditi e dell'imposta sul patrimonio netto delle imprese prevista dal comma 210 dell'articolo 2 della legge 23 dicembre 1996, n. 662, nel testo vigente prima delle modifiche recate dal precedente comma 1 (1).

2. Con le leggi regionali di cui all'articolo 24, possono essere aumentati la percentuale e l'importo massimo della riduzione dell'imposta regionale sulle attività produttive di cui al comma 1.

(1) *Questo comma è stato aggiunto dall'art. 11, comma 1, lett.* b), *del D.L.vo 10 aprile 1998, n. 137.*

19. Dichiarazione dei soggetti passivi. – 1. Ogni soggetto passivo deve dichiarare per ogni periodo di imposta i componenti del valore, ancorché non ne consegua un debito di imposta.

1 *bis*. Per i soggetti di cui all'articolo 3, comma 1, lettera *e bis*), la dichiarazione è presentata dai soggetti che emettono i provvedimenti autorizzativi dei versamenti dell'imposta regionale sulle attività produttive (1).

2. La dichiarazione deve essere redatta, a pena di nullità, su stampato conforme a quello approvato con decreto del Ministro delle finanze da pubblicare nella *Gazzetta Ufficiale* nel termine di cui all'articolo 8, primo comma, primo periodo, del decreto del Presidente della Repubblica 29 settembre 1973, n. 600, come sostituito dall'articolo 5, comma 1, del decreto legislativo 9 luglio 1997, n. 241.

3. La dichiarazione deve essere sottoscritta, a pena di nullità, dal soggetto passivo o da chi ne ha la rappresentanza legale o negoziale o, in mancanza, per i soggetti diversi dalle persone fisiche, da chi ne ha l'amministrazione anche di fatto. Per gli organi e le amministrazioni dello Stato la dichiarazione è sottoscritta dal dirigente competente secondo le rispettive norme regolamentari. La nullità è sanata se il soggetto passivo o il suo rappresentante provvede alla sottoscrizione entro trenta giorni dal ricevimento dell'invito da parte dell'ufficio competente. L'invito è eseguito mediante invio di raccomandata con avviso di ricevimento.

4. Con il decreto del Ministro delle finanze di cui al comma 2 possono essere richiesti dati e notizie utili alla determinazione del valore della produzione netta e indicati gli atti da allegare alla dichiarazione a cura del contribuente.

5. La dichiarazione è presentata con le modalità di cui all'articolo 12 del decreto del Presidente della Repubblica 29 settembre 1973, n. 600, come sostituito dall'articolo 7 del decreto legislativo 9 luglio 1997, n. 241. [I soggetti non tenuti alla presentazione della dichiarazione dei redditi presentano la

dichiarazione ai fini dell'imposta regionale, con le medesime modalità, entro sei mesi dalla fine del periodo di imposta] (2).

6. Nei casi di liquidazione, fallimento, liquidazione coatta amministrativa, trasformazione, fusione e scissione di imprese individuali, società ed enti di cui agli articoli 10 e 11 del decreto del Presidente della Repubblica 29 settembre 1973, n. 600, si osservano le disposizioni ivi previste, con esclusione dei commi secondo e terzo dell'articolo 10 se nelle procedure fallimentare e di liquidazione coatta non vi è esercizio provvisorio dell'impresa.

(1) *Questo comma è stato aggiunto dall'art. 1, comma 1, lett.* m), *del D.L.vo 30 dicembre 1999, n. 506. Tali disposizioni si applicano a decorrere dal periodo d'imposta in corso alla data di emanazione del provvedimento stesso, così come stabilito dall'art. 3 del citato D.L.vo.*

(2) *Questo periodo è stato soppresso dall'art. 11, comma 1, lett.* d), *del D.P.R. 14 ottobre 1999, n. 542.*

20. Obblighi contabili. – 1. Ai fini dell'imposta di cui al presente titolo i soggetti passivi devono osservare gli obblighi documentali e contabili ai quali sono tenuti ai fini delle imposte sul reddito e sul valore aggiunto.

21. Domicilio dei soggetti passivi. – 1. Ogni soggetto passivo si considera domiciliato nel comune nel quale ha il domicilio fiscale secondo le disposizioni previste dal decreto del Presidente della Repubblica 29 settembre 1973, n. 600.

22. Giurisdizione sulle controversie. – 1. Le controversie concernenti l'imposta regionale sulle attività produttive e la relativa addizionale e le sanzioni sono soggette alla giurisdizione delle Commissioni tributarie secondo le disposizioni del decreto legislativo 31 dicembre 1992, n. 546.

23. Accesso alle informazioni. – 1. L'Amministrazione finanziaria trasmette a ciascuna regione, con sistemi telematici o mediante supporti magnetici, le informazioni relative alle dichiarazioni presentate dai soggetti passivi.

2. Gli elementi acquisiti nel corso dell'attività di controllo dagli uffici dell'Amministrazione finanziaria, dal Corpo della Guardia di finanza e dagli organi regionali sono direttamente utilizzabili, rispettivamente, per l'accertamento dell'imposta regionale e dei tributi erariali.

3. Con decreto del Ministro delle finanze, sentita la Conferenza Stato-Regioni, sono stabilite le modalità di collegamento degli uffici regionali con il sistema informativo dell'anagrafe tributaria e di utilizzazione dei relativi servizi anche ai fini dello scambio di informazioni di interesse fiscale.

24. Poteri delle regioni. – 1. Le regioni a statuto ordinario possono disciplinare, con legge, nel rispetto dei principi in materia di imposte sul reddito e di quelli recati dal presente titolo, le procedure applicative dell'imposta, ferme restando le disposizioni degli articoli 19, da 21 a 23, e da 32 a 35.

2. Le regioni a statuto speciale e le province autonome di Trento e Bolzano provvedono, con legge, alla attuazione delle disposizioni del presente titolo in conformità delle disposizioni della legge 23 dicembre 1996, n. 662, articolo 3, commi 158 e 159.

3. L'accertamento ([1]) delle violazioni alle norme del presente titolo compete alle amministrazioni regionali.

4. Le leggi di cui ai commi 1 e 2 possono prevedere la stipula di convenzioni con il Ministero delle finanze per l'espletamento, in tutto o in parte, delle attività di liquidazione, accertamento e riscossione dell'imposta, nonché per le attività concernenti il relativo contenzioso, secondo le disposizioni in materia di imposte sui redditi.

5. Gli uffici dell'amministrazione finanziaria ed i comandi della Guardia di finanza cooperano per l'acquisizione ed il reperimento degli elementi utili per l'accertamento dell'imposta e per la repressione delle violazioni alle norme del presente titolo, procedendo anche di propria iniziativa secondo le norme e con le facoltà stabilite dalle singole leggi regionali o, in loro mancanza, secondo le facoltà loro attribuite dalla normativa tributaria statale, trasmettendo agli uffici regionali i relativi verbali e rapporti.

6. Le leggi di cui ai commi 1 e 2 non possono avere effetto anteriore al periodo di imposta in corso al 1° gennaio 2000.

7. Con decreto del Ministro delle finanze da emanare ai sensi dell'articolo 17, comma 3, della legge 23 agosto 1988, n. 400, d'intesa con la Conferenza Stato-Regioni, sono stabiliti gli organi competenti all'irrogazione delle sanzioni e le modalità di ripartizione delle somme riscosse in caso di concorso formale e di violazioni continuate rilevanti ai fini dell'imposta regionale e di altri tributi.

([1]) *Le parole: «La constatazione» sono state sostituite dalle attuali: «L'accertamento» dall'art. 1, comma 1, lett.* n)*, del D.L.vo 30 dicembre 1999, n. 506. A norma dell'art. 3 dello stesso provvedimento la disposizione si applica a decorrere dal periodo d'imposta in corso alla data d'emanazione dello stesso D.L.vo.*

25. ([1]) **Disciplina temporanea.** – 1. Fino a quando non hanno effetto le leggi regionali di cui all'articolo 24, per le attività di controllo e rettifica della dichiarazione, per l'accertamento e per la riscossione dell'imposta regionale, nonché per il relativo contenzioso si applicano le disposizioni in materia di imposte sui redditi ad eccezione degli articoli 38, commi dal quarto al settimo, 44 e 45 del decreto del Presidente della Repubblica 29 settembre 1973, n. 600.

2. Le regioni, le province, e i comuni partecipano all'attività di cui al comma 1 segnalando elementi e notizie utili, collaborando, eventualmente anche tramite le apposite commissioni paritetiche di cui al terzo periodo, con osservazioni e proposte alla predisposizione dei programmi di accertamento degli uffici dell'Amministrazione finanziaria. Le modalità di attuazione di questa disposizione sono stabilite con decreto del Ministro delle finanze, d'intesa con la Conferenza unificata di cui al decreto legislativo 28 agosto 1997, n. 281, da emanare a norma dell'articolo 17, comma 3, della legge 23 agosto 1988, n. 400, entro novanta giorni dalla data di entrata in vigore del presente decreto. Con il medesimo decreto possono essere istituite e disciplinate commissioni paritetiche per la stesura di programmi di accertamento.

(1) *Si veda il D.M. 10 febbraio 2000, n. 77.*

26. Attribuzione allo Stato di quote del gettito dell'imposta. – 1. È attribuita allo Stato una quota del gettito dell'imposta regionale sulle attività produttive riscosso in ciascuna regione a compensazione dei costi sostenuti per lo svolgimento delle attività di cui all'articolo 25, comma 1. La disposizione del primo periodo si applica fino all'anno precedente a quello dal quale ha effetto la legge regionale di cui all'articolo 24, regolatrice delle dette attività.

2. È altresì attribuita allo Stato una ulteriore quota del gettito di cui al comma 1 a compensazione della perdita di gettito derivante dall'abolizione dell'imposta sul patrimonio netto delle imprese. La quota è determinata in un ammontare pari al gettito della predetta imposta riscosso nell'ultimo periodo di imposta nel quale essa è stata applicata. Questa disposizione si applica limitatamente al gettito dell'imposta regionale sulle attività produttive relativo al primo periodo di imposta della sua applicazione e al successivo.

3. Con decreto del Ministro delle finanze, di concerto con il Ministro del tesoro, del bilancio e della programmazione economica, d'intesa con la Conferenza Stato-Regioni, è determinata la quota di cui al comma 1 e le relative modalità di attribuzione. Con decreto del Ministro delle finanze, di concerto con il Ministro del tesoro, sentita la Conferenza Stato-regioni, è determinata *la quota di cui* al *comma* 2 e le relative modalità di attribuzione.

27. (1) **Compartecipazione dei comuni e delle province al gettito dell'imposta.** – 1. A decorrere dall'anno di entrata in vigore del presente decreto le regioni devolvono ad ogni comune e ad ogni provincia del proprio territorio una quota del gettito della imposta regionale sulle attività produttive pari, per il comune, al gettito riscosso nel 1997 per tasse di concessione comunale e per imposta comunale per l'esercizio di impresa, arti e professioni, al netto della quota di spettanza della provincia, e, per la provincia, all'ammontare di questa quota al lordo di quella spettante allo Stato a norma dell'articolo 6 del decreto legge 2 marzo 1989, n. 66, convertito, con modificazioni, dalla legge 24 aprile 1989, n. 144.

2. Gli importi dovuti ai comuni e alle province a norma del comma 1 sono ad essi versati dalle regioni nel mese di luglio di ciascun anno. Nel primo anno tali importi sono commisurati all'ammontare del gettito riscosso nel 1996 risultante dai relativi rendiconti consuntivi, salvo conguaglio, da effettuare nell'anno successivo con gli importi dovuti per tale anno, in base alle risultanze dei rendiconti per l'anno 1997. Gli importi dovuti sono determinati da ciascuna regione che, previa acquisizione delle informazioni necessarie, ne dà comunicazione ai comuni e alle province entro il 30 giugno del primo anno e del successivo. Gli importi comunicati costituiscono per le regioni somme a destinazione vincolata. A decorrere dall'anno 1999, i predetti importi sono incrementati annualmente in misura pari al tasso programmato di inflazione indicato nella relazione previsionale e programmatica.

3. L'importo corrispondente alla quota spettante allo Stato di cui al comma 1, determinato a norma del comma 2, è versato nei termini quivi indicati dalle province allo Stato per le finalità di cui all'articolo 1 *bis* del decreto legge 25 novembre 1996, n. 599, convertito, con modificazioni, dalla legge 24 gennaio 1997, n. 5, secondo le vigenti disposizioni per il versamento della suddetta quota.

4. Le regioni possono attribuire alle province e ai comuni quote di compartecipazione al gettito dell'imposta regionale sulle attività produttive anche al fine di finanziare le funzioni ad essi delegate, secondo criteri stabiliti con propria legge.

[5. Nei confronti dei comuni e delle province che istituiscono l'addizionale di cui all'articolo 28 viene meno, dall'anno in cui questa ha effetto, l'obbligo della regione di cui al comma 1] (2).

6. Le regioni Friuli-Venezia Giulia e Valle d'Aosta e le province autonome di Trento e Bolzano, nell'esercizio dei poteri in materia di finanza locale, provvedono alla disciplina dei rapporti finanziari con gli enti locali, assicurando agli stessi le risorse finanziarie per compensare gli effetti finanziari negativi conseguenti all'attuazione del presente decreto.

(1) *A norma dell'art. 11 del D.L.vo 18 febbraio 2000, n. 56, a decorrere dal 2001 è abolita la compartecipazione dei comuni e delle province al gettito dell'Irap, prevista da questo articolo.*

(2) *Questo comma è stato abrogato dall'art. 12, comma 1, del D.L.vo 10 aprile 1998, n. 137.*

28. [Addizionale comunale e provinciale all'imposta regionale sulle attività produttive. – (*Omissis*)] ([1]).

([1]) *Questo articolo è stato abrogato dall'art. 12, comma 2, del D.L.vo 10 aprile 1998, n. 137.*

29. Finanziamento delle città metropolitane. – 1. Le regioni, nell'attribuire alle città metropolitane le funzioni amministrative di competenza provinciale o affidate ai comuni, a norma dell'articolo 19 della legge 8 giugno 1990, n. 142 ([1]), provvedono ad assegnare alle stesse quote del gettito di tributi regionali.

([1]) *Si veda, ora, il D.L.vo 18 agosto 2000, n. 267.*

30. Riscossione dell'imposta e versamento in acconto. – 1. Fino a quando non hanno effetto le leggi regionali di cui all'articolo 24, per la riscossione dell'imposta si applicano le disposizioni dei commi seguenti.

2. L'imposta dovuta a ciascuna regione in base alla dichiarazione è riscossa mediante versamento del soggetto passivo da eseguire con le modalità e nei termini stabiliti per le imposte sui redditi.

3. Nel periodo di imposta per il quale la dichiarazione deve essere presentata sono dovuti acconti dell'imposta ad esso relativa secondo le disposizioni previste per le imposte sui redditi. Gli acconti sono versati con le modalità e nei termini per queste stabiliti.

4. L'imposta risultante dalle dichiarazioni annuali non è dovuta o, se il saldo è negativo, non è rimborsabile, se i relativi importi spettanti a ciascuna regione non superano € 10,33; per lo stesso importo, non si fa luogo, ad iscrizione nei ruoli, né a rimborso. Con le leggi regionali di cui all'articolo 24 il predetto importo può essere adeguato.

5. In deroga alla disposizione del comma 2 i soggetti che determinano la base imponibile ai sensi dell'articolo 10 *bis*, comma 1, versano l'acconto mensilmente, con le modalità e nei termini stabiliti con decreto del Ministro delle finanze, di concerto con il Ministro del tesoro, del bilancio e della programmazione economica, sentita la conferenza Stato-Regioni, in un importo *pari a quello* risultante dall'applicazione dell'aliquota prevista nell'articolo 16, comma 2, all'ammontare degli emolumenti ivi indicati corrisposti nel mese precedente ([1]). Qualora l'ammontare dell'imposta dovuta a ciascuna regione sia pari o inferiore a € 10,33, l'obbligo di versamento rimane sospeso fino alla scadenza successiva per la quale la somma complessiva da versare sia almeno pari al predetto importo ([2]).

6. La riscossione coattiva dell'imposta avviene mediante ruolo sulla base delle disposizioni che regolano la riscossione coattiva delle imposte sui redditi, mediante ruoli affidati ai concessionari senza l'obbligo del non riscosso.

7. Per lo svolgimento di attività di pagamento e riscossione dell'imposta, le banche sono remunerate in conformità a quanto previsto dalle convenzioni di cui agli articoli 19, comma 5, e 24, comma 8, del decreto legislativo 9 luglio 1997, n. 241, mentre per i concessionari si applicano le disposizioni di cui all'articolo 61 del decreto del Presidente della Repubblica 28 gennaio 1988, n. 43.

(1) *Questo periodo è stato così sostituito dall'attuale dall'art. 1, comma 1, lett.* o), *del D.L.vo 30 dicembre 1999, n. 506. A norma dell'art. 3 dello stesso provvedimento, tali disposizioni si applicano a decorrere dal periodo d'imposta in corso alla data di emanazione del presente decreto.*

(2) *Si veda il D.M. 24 marzo 1998* (G.U. *n. 71 del 26 marzo 1998*).

31. Primo acconto di imposta. – 1. Per il primo periodo di imposta nel quale, a norma degli articoli 36 e 37, l'imposta è applicabile, l'acconto di cui all'articolo 30, comma 3 (1), da versare in due rate di pari importo, è pari (2) al 120 per cento della imposta figurativa liquidabile sul valore della produzione netta realizzato nel periodo di imposta precedente, determinato secondo le disposizioni degli articoli da 4 a 11 e risultante da un apposito prospetto redatto su stampato conforme al modello approvato con decreto del Ministro delle finanze da allegare alla prima dichiarazione dei redditi da presentare a decorrere dalla data di entrata in vigore del presente decreto ovvero, per i soggetti non tenuti alla presentazione di essa, risultante da apposita dichiarazione, redatta e sottoscritta a norma dell'articolo 19, da presentare nel mese di giugno dell'anno di entrata in vigore del presente decreto. Gli omessi o insufficienti versamenti dell'imposta relativi al primo periodo di applicazione della stessa, i cui termini sono scaduti alla data del 30 ottobre 1998, possono essere regolarizzati entro il termine di scadenza del primo versamento dell'imposta da effettuare successivamente alla predetta data applicando gli interessi calcolati al tasso legale con maturazione giorno per giorno (3).

(1) *Le parole*: «*comma 2*» *sono state così sostituite dalle attuali*: «*comma 3*» *dall'art. 13, comma 1, lett.* a), *del D.L.vo 10 aprile 1998, n. 137.*

(2) *Le parole*: «*è commisurato*» *sono state così sostituite dalle attuali*: «*è pari*» *dall'art. 13, comma 1, lett.* b), *del D.L.vo 10 aprile 1998, n. 137.*

(3) *Questo periodo è stato aggiunto dall'art. 4, comma 1, lett.* d), *del D.L.vo 19 novembre 1998, n. 422.*

32. (1) [**Violazioni relative alla dichiarazione.** – 1. Nel caso di omessa presentazione della dichiarazione, si applica la sanzione amministrativa dal centoventi al duecentoquaranta per cento dell'ammontare dell'imposta dovuta, con un minimo di € 258,23. Se non è dovuta imposta, si applica la sanzione da € 258 a € 1.032.

2. Se nella dichiarazione è indicato un imponibile inferiore a quello accertato o, comunque, un'imposta inferiore a quella dovuta, si applica la sanzione amministrativa da una a due volte l'ammontare della maggiore imposta dovuta.

2 *bis*. La misura della sanzione minima e massima di cui al comma 2 è elevata del 10 per cento nelle ipotesi di omessa o infedele indicazione dei dati previsti nei modelli per la comunicazione dei dati rilevanti ai fini dell'applicazione degli studi di settore, nonché nei casi di indicazione di cause di esclusione o di inapplicabilità degli studi di settore non sussistenti. La presente disposizione non si applica se il maggior imponibile, accertato a seguito della corretta applicazione degli studi di settore, non è superiore al 10 per cento di quello dichiarato ([2]).

2 *ter*. La misura della sanzione minima e massima di cui al comma 2 è elevata del 50 per cento nelle ipotesi di omessa presentazione del modello per la comunicazione dei dati rilevanti ai fini dell'applicazione degli studi di settore, laddove tale adempimento sia dovuto ed il contribuente non abbia provveduto alla presentazione del modello anche a seguito di specifico invito da parte dell'Agenzia delle entrate. Si applica la disposizione di cui al secondo periodo del comma 2 *bis* ([3]).

3. Per maggiore imposta si intende la differenza tra l'ammontare del tributo liquidato in base all'accertamento e quello liquidabile in base alla dichiarazione ai sensi degli articoli 36 *bis* e 36 *ter* del decreto del Presidente della Repubblica 29 settembre 1973, n. 600, come sostituiti dall'articolo 13, comma 1, del decreto legislativo 9 luglio 1997, n. 241].

([1]) *Questo articolo è stato abrogato dall'art. 32, comma 2, lett.* a), *del D.L.vo 24 settembre 2015, n. 158, a decorrere dal 1° gennaio 2016.*

([2]) *Questo comma è stato inserito dall'art. 1, comma 27, della L. 27 dicembre 2006, n. 296.*

([3]) *Questo comma è stato inserito dall'art. 23, comma 28, lett.* g), *del D.L. 6 luglio 2011, n. 98, convertito, con modificazioni, nella L. 15 luglio 2011, n. 111.*

33. ([1]) **[Violazioni relative al contenuto e alla documentazione delle dichiarazioni.** – 1. Fuori dai casi previsti nell'articolo 32 se la dichiarazione non è redatta in conformità al modello approvato dal Ministro delle finanze ovvero in essa sono omessi o non sono indicati in maniera esatta e completa dati rilevanti per l'individuazione del contribuente e, se diverso da persona fisica, del suo rappresentante, nonché per la determinazione del tributo, oppure non è indicato in maniera esatta e completa ogni altro elemento prescritto per il compimento dei controlli, si applica la sanzione amministrativa da € 258 a € 2.065.

2. Identica sanzione si applica nei casi di mancanza o incompletezza degli atti e documenti dei quali è prescritta l'allegazione alla dichiarazione o l'esibizione all'ufficio].

([1]) *Questo articolo è stato abrogato dall'art. 32, comma 2, lett.* a), *del D.L.vo 24 settembre 2015, n. 158, a decorrere dal 1° gennaio 2016.*

34. Ritardato o omesso versamento dell'imposta. – 1. In caso di ritardato o omesso versamento dell'imposta, in acconto o a saldo, o di versamento in misura inferiore a quella dovuta, si applica la sanzione amministrativa pari al trenta per cento dell'imposta non versata. Identica sanzione si applica nei casi di liquidazione della maggiore imposta ai sensi degli articoli 36 *bis* e 36 *ter* del decreto del Presidente della Repubblica 29 settembre 1973, n. 600, come sostituiti dall'articolo 13, comma 1, del decreto legislativo 9 luglio 1997, n. 241.

2. Sugli importi non versati o versati in ritardo sono dovuti gli interessi a norma dell'articolo 9 del decreto del Presidente della Repubblica 29 settembre 1973, n. 602.

35. Violazioni degli obblighi relativi alla contabilità. – 1. Per le violazioni degli obblighi relativi alla tenuta o conservazione della contabilità si applicano le sanzioni previste in materia di imposte dirette e di imposta sul valore aggiunto.

36. Decorrenza dell'imposta e abolizione di contributi e tributi. – 1. Salvo quanto disposto dall'articolo 37, l'imposta regionale sulle attività produttive si applica a decorrere dalla data di entrata in vigore del presente decreto e dalla medesima data sono aboliti:

a) i contributi per il servizio sanitario nazionale di cui all'articolo 31 della legge 28 febbraio 1986, n. 41, come da ultimo modificato dall'articolo 4 della legge 22 marzo 1995, n. 85, il contributo dello 0,2 per cento di cui all'articolo 1, terzo comma, della legge 31 dicembre 1961, n. 1443, e all'articolo 20, ultimo comma, della legge 12 agosto 1962, n. 1338, e la quota di contributo per l'assicurazione obbligatoria contro la tubercolosi eccedente quella prevista per il finanziamento delle prestazioni economiche della predetta assicurazione di cui all'articolo 27 della legge 9 marzo 1989, n. 88;

b) l'imposta locale sui redditi di cui al titolo III del testo unico delle imposte sui redditi, approvato con decreto del Presidente della Repubblica 22 dicembre 1986, n. 917;

c) l'imposta comunale per l'esercizio di imprese e di arti e professioni, di cui al titolo I del decreto legge 2 marzo 1989, n. 66, convertito, con modificazioni, dalla legge 24 aprile 1989, n. 144;

d) la tassa sulla concessione governativa per l'attribuzione del numero di partita IVA, di cui all'articolo 24 della tariffa allegata al decreto del Presidente della Repubblica 26 ottobre 1972, n. 641, come sostituita dal decreto del Ministro delle finanze 28 dicembre 1995, pubblicato nella *Gazzetta Ufficiale* n. 303 del 30 dicembre 1995;

e) l'imposta sul patrimonio netto delle imprese, istituita con decreto legge 30 settembre 1992, n. 394, convertito, con modificazioni, dalla legge 26 novembre 1992, n. 461.

2. I versamenti relativi ai tributi e ai contributi aboliti indicati nel comma 1, i cui presupposti di imposizione si verificano anteriormente alla data dalla quale, nei confronti dei singoli soggetti passivi, ha effetto la loro abolizione, sono effettuati anche successivamente a tale data.

37. Soggetti con periodo di imposta non coincidente con l'anno solare. – 1. Nei confronti dei soggetti il cui periodo di imposta non coincide con l'anno solare l'applicazione dell'imposta regionale sulle attività produttive e l'abolizione dei contributi e dei tributi indicati nell'articolo 36, comma 1, lettere *a*), *b*) ed *e*), hanno effetto dal primo periodo di imposta che ha inizio successivamente alla data di entrata in vigore del presente decreto.

2. In deroga a quanto disposto nel comma 1 per i soggetti ivi indicati il cui periodo di imposta è in corso alla data di entrata in vigore del presente decreto ed è iniziato dopo il 30 settembre dell'anno precedente, l'applicazione dell'imposta regionale sulle attività produttive e l'abolizione dei contributi e tributi indicati nel medesimo comma 1 hanno effetto dalla data di inizio del predetto periodo.

3. I soggetti di cui al comma 2 possono scomputare dall'acconto di cui all'articolo 31 i dodicesimi dell'imposta e della tassa di cui all'articolo 36, comma 1, lettere *c*) e *d*), dovute per l'anno precedente a quello di entrata in vigore del presente decreto e relativi ai mesi interi compresi tra la data dalla quale ha effetto nei loro confronti, a norma del medesimo comma 2, l'abolizione dei predetti tributi e quella di entrata in vigore del presente decreto, nonché l'importo dei contributi di cui alla lettera *a*) del medesimo comma dell'articolo 36 eventualmente versati con riferimento ai predetti mesi. Non si fa luogo in ogni caso al rimborso degli importi non scomputati.

38. ([1]) **Determinazione del Fondo sanitario nazionale. –** 1. Al fine della determinazione del Fondo sanitario nazionale di parte corrente e delle specifiche quote da assegnare alle regioni si considera come dotazione propria delle medesime il gettito dell'addizionale regionale all'imposta sul reddito delle persone fisiche prevista dall'articolo 50, ed il 90 per cento del gettito, ricalcolato sulla base delle aliquote di cui all'articolo 16, comma 1 e 2, (2) dell'imposta regionale sulle attività produttive al netto delle quote attribuite allo Stato di cui all'articolo 26.

2. I contributi per il Servizio sanitario nazionale riscossi nell'anno di entrata in vigore del presente decreto relativi a presupposti di imposizione verificatisi anteriormente costituiscono per il medesimo anno dotazione propria delle regioni ai fini della determinazione delle quote di Fondo sanitario nazionale di parte corrente da assegnare alle stesse.

3. A decorrere dal 1998, la partecipazione delle regioni Sicilia e Sardegna al finanziamento del Servizio sanitario nazionale stabilita dall'articolo 12, comma 9, della legge 24 dicembre 1993, n. 537, come da ultimo modificato dall'articolo 1, comma 143, della legge 23 dicembre 1996, n. 662, è commisurata alle risorse provenienti dal Fondo sanitario nazionale e dai gettiti di cui ai commi 1 e 2.

(1) *A norma dell'art. 13 del D.L.vo 18 febbraio 2000, n. 56, a decorrere dal 2001 cessano di avere effetto nei confronti delle regioni a statuto ordinario le disposizioni previste da questo articolo.*

(2) *Le parole*: «, *ricalcolato sulla base ...» fino a*: «... *16, comma 1 e 2,» sono state aggiunte dall'art. 1, comma 1, lett.* p), *del D.L.vo 30 dicembre 1999, n. 506. A norma dell'art. 3 dello stesso provvedimento, tali disposizioni si applicano a decorrere dal periodo di imposta in corso alla data di emanazione dello stesso D.L.vo.*

39. Ripartizione del Fondo sanitario nazionale. – 1. Il CIPE su proposta del Ministro della sanità, d'intesa con la Conferenza Stato-Regioni, delibera annualmente l'assegnazione in favore delle regioni, a titolo di acconto, delle quote del Fondo sanitario nazionale di parte corrente, tenuto conto dell'importo complessivo presunto del gettito dell'addizionale all'imposta sul reddito delle persone fisiche di cui all'articolo 50 e della quota del gettito dell'imposta regionale sulle attività produttive, di cui all'articolo 38, comma 1, stimati per ciascuna regione. Il CIPE con le predette modalità provvede entro il mese di febbraio dell'anno successivo all'assegnazione definitiva in favore delle regioni delle quote del Fondo sanitario nazionale, parte corrente, ad esse effettivamente spettanti. Il Ministro del tesoro, del bilancio e della programmazione economica, è autorizzato a procedere alle risultanti compensazioni a valere sulle quote del Fondo sanitario nazionale, parte corrente, erogate per il medesimo anno (1).

2. Il Ministro del tesoro, del bilancio e della programmazione economica, è autorizzato a concedere alle regioni e alle province autonome di Trento e di Bolzano anticipazioni mensili da accreditare ai conti correnti di cui all'articolo 40, comma 1, in essere presso la tesoreria centrale dello Stato, nei limiti di un dodicesimo dell'importo complessivo presunto del gettito dell'addizionale e della quota di imposta di cui al comma 1, alle stesse attribuiti nonché delle quote del Fondo sanitario nazionale di parte corrente deliberate dal CIPE, in favore delle medesime regioni, in ciascun anno; nelle more della deliberazione del CIPE le predette anticipazioni mensili sono commisurate all'importo complessivo presunto dei gettiti dell'addizionale e della quota d'imposta predetti, ovvero limitatamente all'anno 1998 all'importo complessivo presunto dei contributi sanitari e delle quote del Fondo sanitario nazionale relativi all'anno precedente ([1]).

3. Alla copertura dell'eventuale differenza tra l'ammontare dei gettiti di cui al comma 1 previsti in sede di riparto del Fondo sanitario nazionale e quello effettivamente riscosso dalle regioni si provvede mediante specifica integrazione del Fondo sanitario nazionale quantificata dalla legge finanziaria ([1]).

4. Per le finalità di cui ai commi 1, 2 e 3 si tiene conto, per l'anno di entrata in vigore del presente decreto, dei contributi di cui al comma 2 dell'articolo 38 ([1]).

5. Sono abrogati i commi 15, 17 e 19 dell'articolo 11 del decreto legislativo 30 dicembre 1992, n. 502.

([1]) *A norma dell'art. 13 del D.L.vo 18 febbraio 2000, n. 56, a decorrere dal 2001 cessano di avere effetto nei confronti delle regioni a statuto ordinario le disposizioni previste da questo comma.*

40. Modalità per il riversamento dell'Irap e dell'addizionale Irpef. – 1. Ai fini del versamento dell'imposta regionale sulle attività produttive e dell'addizionale regionale all'imposta sul reddito delle persone fisiche di cui all'articolo 50 alle regioni, sono istituiti presso la tesoreria centrale dello Stato specifici conti correnti infruttiferi intestati alle regioni e alle province autonome di Trento e Bolzano e, presso le sezioni di tesoreria provinciale dello Stato operanti nei capoluoghi di regione e nelle predette province autonome, specifiche contabilità speciali di girofondi intestate alle stesse regioni e province autonome.

2. Con decreto del Ministro del tesoro, del bilancio e della programmazione economica, di concerto con il Ministro delle finanze, sentita la Conferenza Stato-Regioni, sono stabilite le modalità di riversamento delle somme riscosse sui conti di cui al comma 1 ([1]).

3. Al fine del versamento dell'imposta regionale sulle attività produttive e dell'addizionale regionale all'imposta sul reddito delle persone fisiche di cui all'articolo 50 non si applica il secondo comma dell'articolo 63 del regio decreto 18 novembre 1923, n. 2440.

(1) *Si veda il D.M. 24 marzo 1998* (G.U. *Serie gen. - n. 71 del 26 marzo 1998*).

41. Determinazione delle eccedenze. – [1. Per le regioni a statuto ordinario le eccedenze annuali di risorse finanziarie sono costituite dalla differenza tra il gettito dell'imposta regionale sulle attività produttive, al netto della quota destinata al finanziamento dell'assistenza sanitaria, e l'ammontare delle quote di cui agli articoli 26 e 27 e delle spettanze a titolo di fondo perequativo determinate in applicazione dell'articolo 3, commi 2 e 3, della legge 28 dicembre 1995, n. 549] (1).

2. Per le regioni a statuto speciale che accedono al Fondo sanitario nazionale le eccedenze annuali di risorse finanziarie sono costituite dalla differenza tra il gettito dell'imposta regionale sulle attività produttive, al netto della quota destinata alla sanità e di quelle di cui agli articoli 26 e 27, e l'ammontare delle compartecipazioni ai tributi erariali soppressi, convenzionalmente incrementati del tasso di crescita del prodotto interno lordo [per il 1998 e 1999] (2), e tenendo anche conto degli effetti indiretti derivanti dall'ampliamento delle basi imponibili degli altri tributi compartecipati.

3. Per le regioni a statuto speciale e le province autonome di Trento e di Bolzano che non accedono al Fondo sanitario nazionale le eccedenze annuali di risorse finanziarie sono determinate sottraendo dall'ammontare del gettito dell'imposta regionale sulle attività produttive, al netto delle quote di cui agli articoli 26 e 27, dell'addizionale regionale all'imposta sul reddito delle persone fisiche di cui all'articolo 50 e, limitatamente al 1998, dei contributi sanitari di cui all'articolo 38, comma 2, l'ammontare dei contributi sanitari riscossi nell'anno 1997, convenzionalmente aumentati del tasso di crescita del prodotto interno lordo [per il 1998 e 1999] (2), nonché l'ammontare delle compartecipazioni ai tributi erariali soppressi, anch'essi convenzionalmente incrementati del tasso di crescita del prodotto interno lordo [per il 1998 e 1999] (2), e tenendo conto degli effetti indiretti derivanti dall'ampliamento delle basi imponibili degli altri tributi compartecipati.

3 *bis*. Per gettito dell'imposta regionale sulle attività produttive di cui ai commi precedenti s'intende quello ricalcolato sulla base delle aliquote di cui all'articolo 16, commi 1 e 2 (3).

(1) *A norma dell'art. 13, comma 1, del D.L.vo 18 febbraio 2000, n. 56, a decorrere dall'anno 2001 questo comma è soppresso.*

([2]) *Le parole: «per il 1998 e 1999» sono state soppresse dall'art. 16, comma 1, lett.* d), *della L. 23 dicembre 2000, n. 388.*

([3]) *Questo comma è stato aggiunto dall'art. 1, comma 1, lett. q), del D.L.vo 30 dicembre 1999, n. 506. A norma dell'art. 3 dello stesso provvedimento tali disposizioni si applicano a decorrere dal periodo d'imposta in corso alla data di emanazione dello stesso D.L.vo.*

42. Versamento delle eccedenze. – 1. - 4. (*Omissis*) ([1]).

5. A decorrere dall'anno 1998 cessano le anticipazioni straordinarie di cassa di cui all'articolo 3, comma 4, della legge 28 dicembre 1995, n. 549.

6. A decorrere dall'anno 1998 la trattenuta di cui all'articolo 20, comma 2, del decreto legge 18 gennaio 1993, n. 8, convertito, con modificazioni, dalla legge 19 marzo 1993, n. 68, è effettuata sulle erogazioni di cui all'articolo 3, comma 12, della legge 28 dicembre 1995, n. 549.

7. Relativamente alle regioni a statuto speciale ed alle province autonome di Trento e di Bolzano le eccedenze positive o negative di risorse di cui all'articolo 41, comma 2 e 3, vengono compensate per gli anni dal 1998 al 2001 ([2]), nel rispetto degli statuti di autonomia mediante variazioni delle quote del fondo sanitario nazionale, trasferimenti di funzioni, modifica delle quote variabili previste ai sensi degli statuti o acquisizione delle eccedenze al bilancio dello Stato. A partire dall'anno 2003 ([3]) non si dà luogo a recupero delle eccedenze, ma si procede attraverso il trasferimento di nuove funzioni amministrative, definite con le procedure fissate dai rispettivi statuti di autonomia, fino all'esaurimento delle eccedenze medesime.

([1]) *A norma dell'art. 13 del D.L.vo 18 febbraio 2000, n. 56, a decorrere dall'anno 2001 questi commi sono soppressi.*

([2]) *Le parole: «per gli anni 1998 e 1999» sono state così sostituite dalle attuali dall'art. 16, comma 1, lett.* e), *della L. 23 dicembre 2000, n. 388.*

([3]) *La parola: «2000» è stata così sostituita dall'attuale: «2003» dall'art. 16, comma 1, lett.* e), *della L. 23 dicembre 2000, n. 388.*

43. Riferimenti sistematici. – 1. Le disposizioni del presente titolo che fanno indistintamente riferimento alle regioni o al loro territorio devono intendersi riferite, per la regione Trentino Alto- Adige, alle province autonome di Trento e Bolzano o al loro territorio.

2. I rapporti finanziari tra lo Stato, le autonomie speciali e gli enti locali devono essere disciplinati in modo tale da mantenere il necessario equilibrio finanziario.

44. Adeguamento dei trattati internazionali. – 1. Ai fini dell'applicazione dei trattati internazionali in materia tributaria, l'imposta regionale sulle attività produttive è equiparata ai tributi erariali aboliti con l'articolo 36.

45. Disposizioni transitorie. – [1. Per i soggetti che operano nel settore agricolo e per le cooperative della piccola pesca e loro consorzi, di cui all'articolo 10 del decreto del Presidente della Repubblica 29 settembre 1973, n. 601, l'aliquota è stabilita nella misura del 1,70 per cento] (1) (2) (3).

2. Per i soggetti di cui agli articoli 6 e 7, per i periodi d'imposta in corso al 1° gennaio 1998, al 1 ° gennaio 1999 e al 1° gennaio 2000 l'aliquota è stabilita nella misura del 5,4 per cento; per i due periodi d'imposta successivi, l'aliquota è stabilita, rispettivamente, nelle misure del 5 e 4,75 per cento (4).

3. Con decreto del Ministro delle finanze sono stabiliti, tenuto conto della base imponibile dell'imposta sulle attività produttive quella dell'imposta personale sui redditi (5), gli ammontari in valore assoluto e percentuale del maggior carico impositivo rispetto a quello derivante dai tributi e contributi soppressi ai sensi degli articoli 36 e 51, comma 1, in base ai quali fissare l'entità della riduzione dell'acconto dovuto ai fini della stessa imposta determinato ai sensi dell'articolo 31, nonché le modalità applicative e quelle relative ai commi da 4 a 6. La predetta riduzione non può superare per ciascun soggetto l'importo massimo in valore assoluto stabilito nel predetto decreto e non può comportare una diminuzione di gettito superiore a 500 miliardi di lire per l'anno 1998, a 250 miliardi di lire per l'anno 1999 e a 125 miliardi di lire per l'anno 2000 (6).

4. I soggetti per i quali l'applicazione delle disposizioni di cui al comma 3 determina un ammontare dell'acconto Irap diverso da quello che risulterebbe in via ordinaria, applicano le disposizioni di cui al comma 3 anche per la determinazione dell'imposta dovuta all'esercizio in corso al 1° gennaio 1998, prendendo a riferimento i tributi o contributi che sarebbero stati dovuti in tale anno in assenza della loro soppressione.

5. Per i soggetti che esercitano la propria attività nel territorio di più regioni e che applicano le disposizioni del comma 3, l'imposta da versare alle singole regioni è determinata in misura proporzionale alla base imponibile regionale; per i medesimi soggetti il credito di imposta di cui al comma 6 deve essere ripartito in misura proporzionale alla base imponibile regionale.

6. La differenza tra l'imposta dovuta in via ordinaria per l'anno 1998 e l'imposta effettivamente pagata in base alle disposizioni dei commi 3 e 4, può essere computata in detrazione dall'imposta (7) regionale sulle attività produttive, nella misura del 50 per cento per l'anno 1999 e del 25 per cento per l'anno 2000.

(1) *Questo comma, così sostituito dall'art. 4, comma 1, lett.* e), *del D.L.vo 19 novembre 1998, n. 422, è stato abrogato dall'art. 1, comma 70, lett.* e), *della L. 28 dicembre 2015, n. 208, a decorrere dal periodo d'imposta successivo a quello in corso al 31 dicembre 2015.*

([2]) *Le parole da: «per i cinque periodi successivi ...» fino alla fine del comma sono state sostituite dalle parole da: «per i sei periodi d'imposta successivi ...» fino alla fine del comma, dall'art. 1, comma 509, della L. 30 dicembre 2004, n. 311. L'art. 1, comma 118, della L. 23 dicembre 2005, n. 266, ha poi così sostituito le parole: «per i sei periodi d'imposta successivi ...» fino alla fine del comma con le parole da: «per i sette periodi d'imposta successivi ...» fino alla fine del comma. L'art. 1, comma 390, della L. 27 dicembre 2006, n. 296, ha così sostituito le parole da: «per i sette periodi d'imposta successivi...» fino alla fine del comma, con le parole da: «per gli otto periodi d'imposta successivi...» fino alla fine del comma. L'art. 1, comma 171, della L. 24 dicembre 2007, n. 244, ha di nuovo sostituito le parole da: «per gli otto periodi d'imposta successivi ...» fino alla fine del comma con le parole: «per i nove periodi d'imposta successivi ...» fino alla fine del comma. L'art. 2, comma 1, della L. 22 dicembre 2008, n. 203, ha da ultimo sostituito le parole da: «per il periodo di imposta in corso al 1° gennaio 1998 ...» fino alla fine del comma, con le parole: «l'aliquota è stabilita nella misura dell'1,9 per cento». Lo stesso comma 1 ha disposto altresì che resta ferma l'applicazione di tale aliquota anche per il periodo d'imposta in corso al 1° gennaio 2008.*

([3]) *Le parole: «nella misura dell'1,9 per cento» sono state così sostituite dalle seguenti: «nella misura del 1,70 per cento» dall'art. 2, comma 1, lett.* c)*, del D.L. 24 aprile 2014, n. 66, convertito, con modificazioni, nella L. 23 giugno 2014, n. 89, a decorrere dal periodo d'imposta successivo a quello in corso al 31 dicembre 2013.*

A norma dell'art. 2, comma 2, del medesimo D.L. n. 66/2014, ai fini della determinazione dell'acconto relativo al periodo di imposta successivo a quello in corso al 31 dicembre 2013 secondo il criterio previsionale, di cui all'articolo 4 del decreto legge 2 marzo 1989, n. 69, convertito con modificazioni, dalla legge 27 aprile 1989, n. 154, in luogo delle aliquote di cui alle lettere a), b), *e* c) *dell'art. 1, comma 1, del D.L. n. 66/2014, applicabili al periodo di imposta successivo a quello in corso al 31 dicembre 2013, si tiene conto, rispettivamente, delle aliquote del 3,75; 4,00; 4,50; 5,70 e 1,80 per cento.*

([4]) *Le parole da: «per il periodo d'imposta in corso al 1° gennaio 1998» fino alla fine del comma sono state così sostituite dalle attuali a norma dell'art. 6, comma 17, lett.* b)*, della L. 23 dicembre 1999, n. 488.*

([5]) *Le parole: «e di quella dell'imposta personale sui redditi» sono state aggiunte dall'art. 14, comma 1, lett.* b)*, del D.L.vo 10 aprile 1998, n. 137.*

([6]) *Il secondo periodo di questo comma è stato così sostituito dall'art. 14, comma 1, lett.* c)*, del D.L.vo 10 aprile 1998, n. 137.*

([7]) *Le parole: «può essere computata in detrazione dell'imposta» sono state così sostituite alle precedenti: «costituisce credito d'imposta, ai fini del versamento dell'imposta» a norma dell'art. 14, comma 1, lett.* d)*, del D.L.vo 10 aprile 1998, n. 137.*

Titolo II

Revisione degli scaglioni, delle aliquote
e delle detrazioni dell'imposta
sul reddito delle persone fisiche,
istituzione dell'addizionale regionale
all'imposta sul reddito delle persone fisiche

49. Detrazioni per oneri. – 1. Ai fini delle imposte sui redditi, la percentuale degli oneri sostenuti ammessa in detrazione dall'imposta lorda, è fissata al 19 per cento, a condizione che gli oneri stessi non siano deducibili nella determinazione dei singoli redditi che concorrono a formare il reddito complessivo.

2. Le disposizioni del comma 1 si applicano agli oneri sostenuti dal periodo di imposta in corso alla data del 1° gennaio 1998.

50. Istituzione dell'addizionale regionale all'imposta sul reddito delle persone fisiche. – 1. È istituita l'addizionale regionale all'imposta sul reddito delle persone fisiche. L'addizionale regionale non è deducibile ai fini di alcuna imposta, tassa o contributo.

2. L'addizionale regionale è determinata applicando l'aliquota, fissata dalla regione in cui il contribuente ha la residenza, al reddito complessivo determinato ai fini dell'imposta sul reddito delle persone fisiche, al netto degli oneri deducibili riconosciuti ai fini di tale imposta. L'addizionale regionale è dovuta se per lo stesso anno l'imposta sul reddito delle persone fisiche, al netto delle detrazioni per essa riconosciute e dei crediti di cui agli articoli 14 e 15 del citato testo unico, risulta dovuta.

3. L'aliquota di compartecipazione dell'addizionale regionale di cui al comma 1 è fissata allo 0,9 per cento. Ciascuna regione, con proprio provvedimento, da pubblicare nella *Gazzetta Ufficiale* non oltre il 31 dicembre (1) (2) dell'anno precedente a quello cui l'addizionale si riferisce, può maggiorare l'aliquota suddetta fino all'1,4 per cento. Le regioni possono deliberare che la maggiorazione, se più favorevole per il contribuente rispetto a quella vigente, si applichi anche al periodo di imposta al quale si riferisce l'addizionale (3). Ai fini della semplificazione delle dichiarazioni e delle funzioni dei sostituti d'imposta e dei centri di assistenza fiscale nonché degli altri intermediari, le regioni e le province autonome di Trento e di Bolzano sono tenute ad inviare, ai fini della pubblicazione sul sito informatico di cui all'articolo 1, comma 3, del decreto legislativo 28 settembre 1998, n. 360, entro il 31 gennaio dell'anno a cui l'addizionale si riferisce, i dati contenuti nei provvedimenti di variazione dell'addizionale regionale, individuati con decreto del Ministero dell'economia e delle finanze, di natura non regolamentare,

sentita la Conferenza permanente per i rapporti tra lo Stato, le regioni e le province autonome di Trento e di Bolzano. Il mancato inserimento nel suddetto sito informatico dei dati rilevanti ai fini della determinazione dell'addizionale comporta l'inapplicabilità di sanzioni e di interessi ([4]) ([5]) ([6]).

4. Relativamente ai redditi di lavoro dipendente e ai redditi assimilati a quelli di lavoro dipendente di cui agli articoli 46 e 47 del testo unico delle imposte sui redditi, approvato con decreto del Presidente della Repubblica 22 dicembre 1986, n. 917, l'addizionale regionale dovuta è determinata dai sostituti d'imposta di cui agli articoli 23 e 29 del decreto del Presidente della Repubblica 29 settembre 1973, n. 600, all'atto di effettuazione delle operazioni di conguaglio relative a detti redditi. Il relativo importo è trattenuto in un numero massimo di undici rate, a partire dal periodo di paga successivo a quello in cui le stesse sono effettuate e non oltre quello relativamente al quale le ritenute sono versate nel mese di dicembre. In caso di cessazione del rapporto l'importo è trattenuto in unica soluzione nel periodo di paga in cui sono svolte le predette operazioni di conguaglio. L'importo da trattenere è indicato nella certificazione unica di cui all'articolo 7 *bis* del citato decreto n. 600 del 1973 ([5]).

5. L'addizionale regionale ([7]) è versata, in unica soluzione e con le modalità e nei termini previsti per il versamento delle ritenute e del saldo dell'imposta sul reddito delle persone fisiche, alla regione in cui il contribuente ha il domicilio fiscale alla data del 1° gennaio dell'anno cui si riferisce l'addizionale stessa ([8]).

6. Per la dichiarazione, la liquidazione, l'accertamento, la riscossione, il contenzioso, le sanzioni e tutti gli aspetti non disciplinati espressamente, si applicano le disposizioni previste per l'imposta sul reddito delle persone fisiche. Le regioni partecipano alle attività di liquidazione e accertamento dell'addizionale regionale segnalando elementi e notizie utili e provvedono agli eventuali rimborsi richiesti dagli interessati dopo aver acquisiti gli elementi necessari presso l'amministrazione finanziaria.

7. (*Omissis*).

8. Per gli anni 1998 e 1999 l'aliquota dell'addizionale regionale di cui al comma 1 è fissata nella misura dello 0,5 per cento su tutto il territorio nazionale.

([1]) *Le parole: «30 novembre» sono state così sostituite dalle attuali: «31 dicembre» dall'art. 2, comma 70, del D.L. 3 ottobre 2006, n. 262, convertito, con modificazioni, nella L. 24 novembre 2006, n. 286.*

([2]) *A norma dell'art. 1, comma 5, della L. 30 dicembre 2021, n. 234, al fine di garantire la coerenza della disciplina dell'addizionale regionale all'imposta sul reddito delle persone fisiche con la nuova articolazione degli scaglioni dell'imposta sul reddito delle persone fisi-*

che stabilita dall'art. 1, comma 2, della citata legge, il termine di cui a questo periodo, limitatamente alle aliquote applicabili per l'anno di imposta 2022, è differito al 31 marzo 2022.

([3]) *Questo periodo è stato aggiunto dall'art. 40, comma 8, del D.L. 1 ottobre 2007, n. 159, convertito, con modificazioni, nella L. 29 novembre 2007, n. 222.*

([4]) *Questo periodo è stato aggiunto dall'art. 8, comma 1, lett.* a), *del D.L.vo 21 novembre 2014, n. 175.*

([5]) *Questo comma è stato così sostituito dall'art. 1, comma 1, lett.* r), *n. 1), del D.L.vo 30 dicembre 1999, n. 506. A norma dell'art. 3 dello stesso provvedimento tali disposizioni si applicano a decorrere dal periodo d'imposta in corso alla data di emanazione dello stesso provvedimento.*

([6]) *Le aliquote previste da questo comma sono state così modificate dall'art. 3, comma 1, del D.L.vo 18 febbraio 2000, n. 56, a decorrere dall'anno 2000. Le aliquote precedenti erano rispettivamente dello 0,50 per cento e dell'1 per cento.*

([7]) *Le parole: «di cui al comma 1» sono state soppresse dall'art. 1, comma 1, lett.* r), *n. 2), del D.L.vo 30 dicembre 1999, n. 506. A norma dell'art. 3 dello stesso provvedimento tali disposizioni si applicano a decorrere dal periodo di imposta in corso alla data di emanazione dello stesso provvedimento.*

([8]) *Le parole: «31 dicembre dell'anno cui si riferisce l'addizionale stessa, ovvero relativamente ai redditi di lavoro dipendente e a quelli assimilati a questi alla regione in cui il sostituito ha il domicilio fiscale all'atto della effettuazione delle operazioni di conguaglio relative a detti redditi» sono state così sostituite dalle attuali: «1° gennaio dell'anno cui si riferisce l'addizionale stessa» dall'art. 8, comma 1, lett.* b), *del D.L.vo 21 novembre 2014, n. 175.*

Titolo III
Riordino della disciplina dei tributi locali

51. Imposte e tasse abolite. – 1. Dal 1° gennaio 1998 sono abolite le tasse sulle concessioni comunali di cui all'articolo 8 del decreto legge 10 novembre 1978, n. 702, convertito, con modificazioni, dalla legge 8 gennaio 1979, n. 3.

2. Dal 1° gennaio 1999 sono abolite:

[*a*) le tasse per l'occupazione di spazi ed aree pubbliche di cui al capo II del decreto legislativo 15 novembre 1993, n. 507, e all'articolo 5 della legge 16 maggio 1970, n. 281] ([1]);

b) l'imposta erariale di trascrizione, iscrizione ed annotazione dei veicoli al pubblico registro automobilistico di cui alla legge 23 dicembre 1977, n. 952;

c) l'addizionale provinciale all'imposta erariale di trascrizione di cui all'articolo 3, comma 48, della legge 28 dicembre 1995, n. 549.

3. I versamenti relativi ai tributi indicati nei commi 1 e 2, i cui presupposti di imposizione si verificano anteriormente alla data dalla quale, nei confronti dei singoli soggetti passivi, ha effetto la loro abolizione, sono effettuati anche successivamente a tale data.

([1]) *Questa lettera è stata abrogata dall'art. 31, comma 14, della L. 23 dicembre 1998, n. 448, con effetto dal 1° gennaio 1999.*

52. ([1]) **Potestà regolamentare generale delle province e dei comuni.** – 1. Le province ed i comuni possono disciplinare con regolamento le proprie entrate, anche tributarie, salvo per quanto attiene alla individuazione e definizione delle fattispecie imponibili, dei soggetti passivi e della aliquota massima dei singoli tributi, nel rispetto delle esigenze di semplificazione degli adempimenti dei contribuenti. Per quanto non regolamentato si applicano le disposizioni di legge vigenti.

[2. I regolamenti sono approvati con deliberazione del comune e della provincia non oltre il termine di approvazione del bilancio di previsione e non hanno effetto prima del 1° gennaio dell'anno successivo. I regolamenti sulle entrate tributarie sono comunicati, unitamente alla relativa delibera comunale o provinciale al Ministero delle finanze, entro trenta giorni dalla data in cui sono divenuti esecutivi e sono resi pubblici mediante avviso nella *Gazzetta Ufficiale*. Con decreto dei Ministeri delle finanze e della giustizia è definito il modello al quale i comuni devono attenersi per la trasmissione, anche in via telematica, dei dati occorrenti alla pubblicazione, per estratto, nella *Gazzetta Ufficiale* dei regolamenti sulle entrate tributarie, nonché di ogni altra deliberazione concernente le variazioni delle aliquote e delle tariffe di tributi] ([2]) ([3]).

3. Nelle province autonome di Trento e di Bolzano, i regolamenti sono adottati in conformità alle disposizioni dello statuto e delle relative norme di attuazione.

4. Il Ministero delle finanze può impugnare i regolamenti sulle entrate tributarie ([4]) per vizi di legittimità avanti gli organi di giustizia amministrativa.

5. I regolamenti, per quanto attiene all'accertamento e alla riscossione dei tributi e delle altre entrate, sono informati ai seguenti criteri:

a) l'accertamento dei tributi può essere effettuato dall'ente locale anche nelle forme associate previste negli articoli 24, 25, 26 e 28 della legge 8 giugno 1990, n. 142;

b) qualora sia deliberato di affidare a terzi, anche disgiuntamente, l'accertamento e la riscossione dei tributi e di tutte le entrate, le relative attività sono affidate, nel rispetto della normativa dell'Unione europea e delle procedure vigenti in materia di affidamento della gestione dei servizi pubblici locali, a:

1) i soggetti iscritti nell'albo di cui all'articolo 53, comma 1;

2) gli operatori degli Stati membri stabiliti in un Paese dell'Unione europea che esercitano le menzionate attività, i quali devono presentare una certificazione rilasciata dalla competente autorità del loro Stato di stabilimento dalla quale deve risultare la sussistenza di requisiti equivalenti a quelli previsti dalla normativa italiana di settore;

3) la società a capitale interamente pubblico, di cui all'articolo 113, comma 5, lettera *c*), del testo unico di cui al decreto legislativo 18 agosto 2000, n. 267, e successive modificazioni, mediante convenzione, a condizione: che l'ente titolare del capitale sociale eserciti sulla società un controllo analogo a quello esercitato sui propri servizi; che la società realizzi la parte più importante della propria attività con l'ente che la controlla; che svolga la propria attività solo nell'ambito territoriale di pertinenza dell'ente che la controlla;

4) le società di cui all'articolo 113, comma 5, lettera *b*), del citato testo unico di cui al decreto legislativo n. 267 del 2000, iscritte nell'albo di cui all'articolo 53, comma 1, del presente decreto, i cui soci privati siano scelti, nel rispetto della disciplina e dei princìpi comunitari, tra i soggetti di cui ai numeri 1) e 2) della presente lettera, a condizione che l'affidamento dei servizi di accertamento e di riscossione dei tributi e delle entrate avvenga sulla base di procedure ad evidenza pubblica ([5]);

c) l'affidamento di cui alla precedente lettera *b*) non deve comportare oneri aggiuntivi per il contribuente;

d) il visto di esecutività sui ruoli per la riscossione dei tributi e delle altre entrate è apposto, in ogni caso, dal funzionario designato quale responsabile della relativa gestione.

[6. La riscossione coattiva dei tributi e delle altre entrate di spettanza delle province e dei comuni viene effettuata con la procedura di cui al decreto del Presidente della Repubblica 29 settembre 1973, n. 602, se affidata ai concessionari del servizio di riscossione di cui al decreto del Presidente della Repubblica 28 gennaio 1988, n. 43, ovvero con quella indicata dal regio decreto 14 aprile 1910, n. 639, se svolta in proprio dall'ente locale o affidata agli altri soggetti menzionati alla lettera *b*) del comma 4] ([6]).

7. (*Omissis*) ([7]).

([1]) *A norma dell'art. 2* bis *del D.L. 22 ottobre 2016, n. 193, convertito, con modificazioni, nella L. 1° dicembre 2016, n. 225, in deroga al disposto di questo articolo il versamento spontaneo delle entrate tributarie dei comuni e degli altri enti locali deve essere effettuato direttamente sul conto corrente di tesoreria dell'ente impositore, o mediante il sistema dei versamenti unitari di cui all'articolo 17 del decreto legislativo 9 luglio 1997, n. 241, o attraverso gli strumenti di pagamento elettronici resi disponibili dagli enti impositori. Restano comunque ferme le disposizioni di cui al comma 12 dell'articolo 13 del decreto legge 6 dicembre 2011, n. 201, convertito, con modificazioni, dalla legge 22 dicembre 2011, n. 214, e al comma 688 dell'articolo 1 della legge 27 dicembre 2013, n. 147, relative al versamento dell'imposta municipale propria (*IMU) e del tributo per i servizi indivisibili (*TASI*). Per le entrate diverse da quelle tributarie, il versamento spontaneo deve essere effettuato esclusivamente sul conto corrente di tesoreria dell'ente impositore o attraverso gli strumenti di pagamento elettronici resi disponibili dagli enti impositori.*

(2) *L'ultimo periodo di questo comma è stato aggiunto dall'art. 1, comma 1, lett.* s), *n. 1), del D.L.vo 30 dicembre 1999, n. 506. A norma dell'art. 3 dello stesso D.L.vo, tali norme si applicano a decorrere dal periodo d'imposta in corso alla data di emanazione dello stesso provvedimento.*

(3) *Questo comma è stato abrogato dall'art. 15* bis, *comma 2, del D.L. 30 aprile 2019, n. 34, convertito, con modificazioni, nella L. 28 giugno 2019, n. 58, a decorrere dal 30 giugno 2019.*

(4) *Le parole*: «*sulle entrate tributarie*» *sono state aggiunte dall'art. 1, comma 1, lett.* s), *n. 2), del D.L.vo 30 dicembre 1999, n. 506. A norma dell'art. 3 dello stesso D.L.vo, tali norme si applicano a decorrere dal periodo d'imposta in corso alla data di emanazione dello stesso provvedimento.*

(5) *Questa lettera è stata così sostituita dall'art. 1, comma 224, lett.* a), *dalla L. 24 dicembre 2007, n. 244.*

(6) *Questo comma è stato abrogato dall'art. 1, comma 224, lett.* b), *della L. 24 dicembre 2007, n. 244.*

(7) *Questo comma è stato abrogato dall'art. 10, comma 5, lett.* a), *della L. 28 dicembre 2001, n. 448.*

53. (1) **Albo per l'accertamento e riscossione delle entrate degli enti locali.** – 1. Presso il Ministero delle finanze è istituito l'albo dei soggetti privati abilitati ad effettuare attività di liquidazione e di accertamento dei tributi e quelle di riscossione dei tributi e di altre entrate delle province e dei comuni. Sono escluse le attività di incasso diretto da parte dei soggetti di cui all'articolo 52, comma 5, lettera *b*), numeri 1), 2) e 3) (2).

2. L'esame delle domande di iscrizione, la revisione periodica, la cancellazione e la sospensione dall'albo, la revoca e la decadenza della gestione sono effettuate da una apposita commissione in cui sia prevista una adeguata rappresentanza dell'ANCI e dell'UPI.

3. Con decreti del Ministro delle finanze, da emanare ai sensi dell'articolo 17, comma 3, della legge 23 agosto 1988, n. 400, tenuto conto delle esigenze di trasparenza e di tutela del pubblico interesse, sentita la conferenza Stato-città, sono definite le condizioni ed i requisiti per l'iscrizione nell'albo, al fine di assicurare il possesso di adeguati requisiti tecnici e finanziari, la sussistenza di sufficienti requisiti morali e l'assenza di cause di incompatibilità da parte degli iscritti, ed emanate disposizioni in ordine alla composizione, al funzionamento e alla durata in carica dei componenti della commissione di cui al comma 2, alla tenuta dell'albo, alle modalità per l'iscrizione e la verifica dei presupposti per la sospensione e la cancellazione dall'albo nonché ai casi di revoca e decadenza della gestione. Per i soggetti affidatari di servizi di liquidazione, accertamento e riscossione di tributi e altre entrate degli enti locali, che svolgano i predetti servizi almeno dal 1° gennaio 1997, può

essere stabilito un periodo transitorio, non superiore a due anni, per l'adeguamento alle condizioni e ai requisiti per l'iscrizione nell'albo suddetto (3).

4. Sono abrogati gli articoli da 25 a 34 del decreto legislativo 15 novembre 1993, n. 507, concernenti la gestione del servizio di accertamento e riscossione dell'imposta comunale sulla pubblicità.

(1) *A norma dell'art. 29, comma 1, del D.L. 8 aprile 2020, n. 23, convertito, con modificazioni, nella L. 6 giugno 2020, n. 40, gli enti impositori, gli agenti della riscossione e i soggetti iscritti nell'albo di cui a questo articolo, e le parti assistite da un difensore abilitato che si sono costituite in giudizio con modalità analogiche, sono tenuti a notificare e depositare gli atti successivi, nonché i provvedimenti giurisdizionali, esclusivamente con le modalità telematiche stabilite dal decreto del Ministro dell'economia e delle finanze 23 dicembre 2013, n. 163, e dai successivi decreti attuativi.*

(2) *Questo periodo è stato aggiunto dall'art. 1, comma 788, della L. 27 dicembre 2019, n. 160, a decorrere dal 1° gennaio 2020.*

(3) *Questo periodo è stato aggiunto dall'art. 15, comma 1, del D.L.vo 10 aprile 1998, n. 137.*

54. Approvazione delle tariffe e dei prezzi pubblici. – 1. Le province e i comuni approvano le tariffe e i prezzi pubblici ai fini dell'approvazione (1) del bilancio di previsione.

1 *bis*. Le tariffe ed i prezzi pubblici possono comunque essere modificati, in presenza di rilevanti incrementi nei costi relativi ai servizi stessi, nel corso dell'esercizio finanziario. L'incremento delle tariffe non ha effetto retroattivo (2).

(1) *Le parole: «contestualmente all'approvazione» sono state così sostituite dalle attuali: «ai fini dell'approvazione» dall'art. 6, comma 1, del D.L.vo 23 marzo 1998, n. 56, con effetto dal 1° gennaio 1998.*

(2) *Questo comma è stato aggiunto dall'art. 54, comma 1, lett. a), della L. 23 dicembre 2000, n. 388.*

55. Tasse sulle concessioni delle regioni a statuto ordinario. – 1. Le regioni a statuto ordinario hanno la facoltà di non applicare, anche limitatamente ad alcune, le tasse sulle concessioni regionali di cui al decreto legislativo 22 giugno 1991, n. 230.

56. Imposta provinciale di trascrizione. – 1. Le province possono, con regolamento adottato a norma dell'articolo 52, istituire l'imposta provinciale sulle formalità di trascrizione, iscrizione ed annotazione dei veicoli richieste al pubblico registro automobilistico, avente competenza nel proprio territorio, ai sensi del regio decreto legge 15 marzo 1927, n. 436, e relativo regolamento di cui al regio decreto 29 luglio 1927, n. 1814, e del decreto legislativo 30 aprile 1992, n. 285.

1 *bis*. Le formalità di cui al comma 1 possono essere eseguite su tutto il territorio nazionale con ogni strumento consentito dall'ordinamento e con destinazione del gettito dell'imposta alla Provincia ove ha sede legale o residenza il soggetto passivo, inteso come avente causa o intestatario del veicolo ([1]).

2. L'imposta è applicata sulla base di apposita tariffa determinata secondo le modalità di cui al comma 11, le cui misure potranno essere aumentate, anche con successiva deliberazione approvata nel termine di cui all'articolo 54, fino ad un massimo del trenta ([2]) per cento, ed è dovuta per ciascun veicolo al momento della richiesta di formalità. È dovuta una sola imposta quando per lo stesso credito ed in virtù dello stesso atto devono eseguirsi più formalità di natura ipotecaria ([3]) ([4]). Le maggiorazioni di gettito conseguenti al suddetto eventuale aumento non saranno computate ai fini della determinazione dei parametri utilizzati ai sensi del decreto legislativo 30 giugno 1997, n. 244, ai fini della perequazione della capacità fiscale tra province.

3. Le province notificano entro dieci giorni dalla data di esecutività copia autentica della deliberazione istitutiva o modificativa delle misure dell'imposta al competente ufficio provinciale del pubblico registro automobilistico e all'ente che provvede alla riscossione per gli adempimenti di competenza. L'aumento tariffario interessa le immatricolazioni effettuate e gli atti formati dalla sua decorrenza e, qualora esso sia deliberato con riferimento alla stessa annualità in cui è eseguita la notifica prevista dal presente comma, opera dalla data della notifica stessa ([5]).

4. Con lo stesso regolamento di cui al comma 1, le province disciplinano la liquidazione, la riscossione e la contabilizzazione dell'imposta provinciale di trascrizione e i relativi controlli, nonché l'applicazione delle sanzioni per l'omesso o il ritardato pagamento dell'imposta stessa ai sensi dell'articolo 13 del decreto legislativo 18 dicembre 1997, n. 471. Tali attività, se non gestite direttamente ovvero nelle forme di cui al comma 5 dell'articolo 52, sono affidati, a condizioni da stabilire tra le parti, allo stesso concessionario del pubblico registro automobilistico il quale riversa alla tesoreria della provincia titolare del tributo ai sensi del comma 1 *bis* ([6]) le somme riscosse inviando alla provincia stessa la relativa documentazione. In ogni caso deve essere assicurata l'esistenza di un archivio nazionale dei dati fiscali relativi ai veicoli inseriti nel pubblico registro automobilistico. L'imposta supplettiva ed i rimborsi devono essere richiesti nel termine di tre anni dalla data in cui la formalità è stata eseguita ([7]) ([4]).

5. Le province autonome di Trento e Bolzano provvedono all'attuazione delle disposizioni di cui al comma 4, in conformità ai rispettivi statuti e relative norme di attuazione.

6. Le cessioni di mezzi di trasporto usati, da chiunque effettuate nei confronti dei contribuenti che ne fanno commercio, nonché le cessioni degli stessi a seguito di esercizio di riscatto da parte del locatario a titolo di locazione finanziaria ([8]), non sono soggette al pagamento dell'imposta. Per gli autoveicoli muniti di carta di circolazione per uso speciale ed i rimorchi destinati a servire detti veicoli, sempreché non siano adatti al trasporto di cose, l'imposta è ridotta ad un quarto. Analoga riduzione, da operarsi sull'imposta indicata dalla tariffa approvata con decreto del Ministro delle finanze di cui al successivo comma 11, si applica per i rimorchi ad uso abitazione per campeggio e simili ([9]) ([4]). In caso di fusione tra società esercenti attività di locazione di veicoli senza conducente, le iscrizioni e le trascrizioni già esistenti al pubblico registro automobilistico relative ai veicoli compresi nell'atto di fusione conservano la loro validità ed il loro grado a favore del cessionario, senza bisogno di alcuna formalità o annotazione ([10]).

7. Alle formalità richieste ai sensi e per gli effetti dell'articolo 2688 del c.c. si applica un'imposta pari al doppio della relativa tariffa.

8. Relativamente agli atti societari e giudiziari, il termine per la richiesta delle formalità e pagamento della relativa imposta decorre a partire dal sesto mese successivo alla pubblicazione nel registro delle imprese e comunque entro 60 giorni dalla effettiva restituzione alle parti a seguito dei rispettivi adempimenti.

9. Le controversie concernenti l'imposta provinciale di trascrizione, le sanzioni e gli accessori sono soggette alla giurisdizione delle commissioni tributarie secondo le disposizioni del decreto legislativo 31 dicembre 1992, n. 546.

10. Le formalità di trascrizione, iscrizione ed annotazione respinte dagli uffici provinciali del pubblico registro automobilistico anteriormente al 1° gennaio dell'anno dal quale ha effetto il regolamento di cui al comma 1, sono soggette, nel caso di ripresentazione a partire da tale data, alla disciplina relativa all'imposta provinciale. L'imposta erariale di trascrizione e l'addizionale provinciale eventualmente versate sono rimborsate rispettivamente dall'amministrazione finanziaria e dalla provincia su richiesta dei soggetti interessati.

11. Con decreto del Ministro delle finanze sono stabilite le misure dell'imposta provinciale di trascrizione per tipo e potenza dei veicoli, in misura tale da garantire il complessivo gettito dell'imposta erariale di trascrizione, iscrizione e annotazione dei veicoli al pubblico registro automobilistico e la relativa addizionale provinciale.

([1]) *Questo comma è stato inserito dall'art. 9, comma 2, lett.* a), *del D.L. 10 ottobre 2012, n. 174, convertito, con modificazioni, nella L. 7 dicembre 2012, n. 213.*

([2]) *La parola*: «*venti*» *è stata così sostituita dall'attuale*: «*trenta*» *dall'art. 1, comma 154, della L. 27 dicembre 2006, n. 296.*

(3) *Le parole: «di natura ipotecaria» sono state aggiunte dall'art. 1, comma 1, lett.* t), *n. 1), del D.L.vo 30 dicembre 1999, n. 506.*

(4) *Le disposizioni previste dall'art. 1, comma 1, lett.* t), *del D.L.vo 30 dicembre 1999, n. 506, si applicano a decorrere dal periodo d'imposta in corso alla data di emanazione del presente decreto, così come previsto dall'art. 3, dello stesso provvedimento.*

(5) *Questo periodo è stato aggiunto dall'art. 54, comma 1, della L. 23 dicembre 2000, n. 388.*

(6) *Le parole: «di ciascuna provincia nel cui territorio sono state eseguite le relative formalità» sono state così sostituite dalle attuali: «della provincia titolare del tributo ai sensi del comma 1* bis» *dall'art. 9, comma 2, lett.* b), *del D.L. 10 ottobre 2012, n. 174, convertito, con modificazioni, nella L. 7 dicembre 2012, n. 213.*

(7) *Questo comma è stato così sostituito dall'art. 1, comma 1, lett.* t), *n. 2), del D.L.vo 30 dicembre 1999, n. 506.*

(8) *Le parole: «, nonché le cessioni degli stessi a seguito di esercizio di riscatto da parte del locatario a titolo di locazione finanziaria» sono state inserite dall'art. 1, comma 165, della L. 27 dicembre 2013, n. 147, a decorrere dal 1° gennaio 2014.*

(9) *Questo periodo è stato aggiunto dall'art. 1, comma 1, lett.* t), *n. 3), del D.L.vo 30 dicembre 1999, n. 506.*

(10) *Questo periodo è stato aggiunto dall'art. 33, comma 11, della L. 23 dicembre 2000, n. 388.*

58. Modifiche alla disciplina dell'imposta comunale sugli immobili. – 1. (*Omissis*).

2. Agli effetti dell'applicazione dell'articolo 9 del decreto legislativo 30 dicembre 1992, n. 504, relativo alle modalità di applicazione dell'imposta ai terreni agricoli, si considerano coltivatori diretti od imprenditori agricoli a titolo principale le persone fisiche iscritte negli appositi elenchi comunali previsti dall'articolo 11 della legge 9 gennaio 1963, n. 9, e soggette al corrispondente obbligo dell'assicurazione per invalidità, vecchiaia e malattia; la cancellazione dai predetti elenchi ha effetto a decorrere dal 1° gennaio dell'anno successivo.

3. (*Omissis*) (1).

4. (*Omissis*) (2).

(1) *Questo comma è stato abrogato dall'art. 13, comma 14, lett.* b, *del D.L. 6 dicembre 2011, n. 201, convertito, con modificazioni, nella L. 22 dicembre 2011, n. 214, a decorrere dal 1° gennaio 2012.*

(2) *Questo comma è stato abrogato dall'art. 1, comma 1, lett.* u), *del D.L.vo 30 dicembre 1999, n. 506.*

59. Potestà regolamentare in materia di imposta comunale sugli immobili. – 1. Con regolamento adottato a norma dell'articolo 52, i comuni possono:

a) stabilire ulteriori condizioni ai fini dell'applicazione delle disposizioni del secondo periodo della lettera *b*) del comma 1 dell'articolo 2 del decreto legislativo 30 dicembre 1992, n. 504, riguardante i terreni considerati non fabbricabili, anche con riferimento alla quantità e qualità di lavoro effettivamente dedicato all'attività agricola da parte dei soggetti di cui al comma 2 dell'articolo 58 e del proprio nucleo familiare;

b) disporre l'esenzione per gli immobili posseduti dallo Stato, dalle regioni, dalle province, dagli altri comuni, dalle comunità montane, dai consorzi fra detti enti, dalle aziende unità sanitarie locali, non destinati esclusivamente ai compiti istituzionali;

c) stabilire che l'esenzione di cui all'articolo 7, comma 1, lettera *i*), del decreto legislativo 30 dicembre 1992, n. 504, concernente gli immobili utilizzati da enti non commerciali, si applica soltanto ai fabbricati ed a condizioni che gli stessi, oltre che utilizzati, siano anche posseduti dall'ente non commerciale utilizzatore;

[*d*) considerare parti integranti dell'abitazione principale le sue pertinenze, ancorché distintamente iscritte in catasto] ([1]);

[*e*) considerare abitazioni principali, con conseguente applicazione dell'aliquota ridotta od anche della detrazione per queste previste, quelle concesse in uso gratuito a parenti in linea retta o collaterale, stabilendo il grado di parentela] ([1]);

f) prevedere il diritto al rimborso dell'imposta pagata per le aree successivamente divenute inedificabili, stabilendone termini, limiti temporali e condizioni, avuto anche riguardo alle modalità ed alla frequenza delle varianti apportate agli strumenti urbanistici;

g) determinare periodicamente e per zone omogenee i valori venali in comune commercio delle aree fabbricabili, al fine della limitazione del potere di accertamento del comune qualora l'imposta sia stata versata sulla base di un valore non inferiore a quello predeterminato, secondo criteri improntati al perseguimento dello scopo di ridurre al massimo l'insorgenza di contenzioso;

[*h*) disciplinare le caratteristiche di fatiscenza sopravvenuta del fabbricato, non superabile con interventi di manutenzione, agli effetti dell'applicazione della riduzione alla metà dell'imposta prevista nell'articolo 8, comma 1, del decreto legislativo 30 dicembre 1992, n. 504, come sostituito dall'articolo 3, comma 55, della legge 23 dicembre 1996, n. 662] ([1]);

i) stabilire che si considerano regolarmente eseguiti i versamenti effettuati da un contitolare anche per conto degli altri;

[*l*) semplificare e razionalizzare il procedimento di accertamento anche al fine di ridurre gli adempimenti dei contribuenti e potenziare l'attività di controllo sostanziale, secondo i seguenti criteri direttivi:

1) eliminazione delle operazioni di controllo formale sulla base dei dati ed elementi dichiarati, con conseguente soppressione dell'obbligo di pre-

sentazione della dichiarazione o denuncia, ed introduzione dell'obbligo della comunicazione, da parte del contribuente al comune competente, entro un termine prestabilito dal comune stesso, degli acquisti, cessazioni o modificazioni di soggettività passiva, con la sola individuazione dell'unità immobiliare interessata;

2) attribuzione alla giunta comunale del compito di decidere le azioni di controllo;

3) determinazione di un termine di decadenza, comunque non oltre il 31 dicembre del quinto anno successivo a quello cui si riferisce l'imposizione, entro il quale deve essere notificato al contribuente, anche a mezzo posta mediante raccomandata con avviso di ricevimento, il motivato avviso di accertamento per omesso, parziale o tardivo versamento con la liquidazione dell'imposta o maggiore imposta dovuta, delle sanzioni e degli interessi;

4) previsione di una sanzione, comunque non inferiore a € 103 né superiore a € 516 per ciascuna unità immobiliare, per la omessa comunicazione di cui al numero 1);

5) potenziamento dell'attività di controllo mediante collegamenti con i sistemi informativi immobiliari del Ministero delle finanze e con altre banche dati rilevanti per la lotta all'evasione] ([2]);

m) introdurre l'istituto dell'accertamento con adesione del contribuente, sulla base dei criteri stabiliti dal decreto legislativo 19 giugno 1997, n. 218;

[*n*) razionalizzare le modalità di esecuzione dei versamenti, sia in autotassazione che a seguito di accertamenti, prevedendo, in aggiunta o in sostituzione del pagamento tramite il concessionario della riscossione, il versamento sul conto corrente postale intestato alla tesoreria del comune e quello direttamente presso la tesoreria medesima, nonché il pagamento tramite sistema bancario] ([2]);

o) stabilire differimenti di termini per i versamenti, per situazioni particolari;

p) prevedere che ai fini del potenziamento degli uffici tributari del comune, ai sensi dell'articolo 3, comma 57, della legge 23 dicembre 1996, n. 662, possono essere attribuiti compensi incentivanti al personale addetto.

[2. Se sono adottate norme regolamentari nella materia di cui alla lettera *l*) del comma 1, nel territorio del comune non operano, per gli anni di vigenza del regolamento, le disposizioni di cui agli articoli 10, commi 4 e 5, primo periodo, 11, commi 1 e 2, 14, comma 2, e 16, comma 1, del decreto legislativo 30 dicembre 1992, n. 504] ([3]).

[3. Nelle disposizioni regolamentari di cui alla lettera *l*) del comma 1 può essere stabilita per anni pregressi la eliminazione delle operazioni di liquidazione sulla base delle dichiarazioni ovvero la loro effettuazione secondo criteri selettivi] (3).

(1) *Questa lettera è stata abrogata dall'art. 13, comma 14, lett.* b), *del D.L. 6 dicembre 2011, n. 201, convertito, con modificazioni, nella L. 22 dicembre 2011, n. 214, a decorrere dal 1° gennaio 2012.*

(2) *Questa lettera è stata abrogata dall'art. 1, comma 175, della L. 27 dicembre 2006, n. 296.*

(3) *Questo comma è stato abrogato dall'art. 1, comma 175, della L. 27 dicembre 2006, n. 296.*

60. Attribuzione alle province e ai comuni del gettito di imposte erariali. – 1. Il gettito dell'imposta sulle assicurazioni contro la responsabilità civile derivante dalla circolazione dei veicoli a motore, esclusi i ciclomotori, al netto del contributo di cui all'articolo 6, comma 1, lettera *a*), del decreto legge 31 dicembre 1991, n. 419, convertito, con modificazioni, dalla legge 18 febbraio 1992, n. 172, è attribuito alle province dove hanno sede i pubblici registri automobilistici nei quali i veicoli sono iscritti ovvero, per le macchine agricole, alle province nel cui territorio risiede l'intestatario della carta di circolazione.

[2. Il gettito delle imposte di registro, ipotecaria e catastale, riscosse sugli atti di trasferimento a titolo oneroso della proprietà di beni immobili e sugli atti traslativi o costitutivi di diritti reali sugli stessi, di cui all'articolo 1 della tariffa, parte prima, allegata al testo unico delle disposizioni concernenti l'imposta di registro, approvato con decreto del Presidente della Repubblica 26 aprile 1986, n. 131, compresi gli atti dell'autorità giudiziaria, nonché sui relativi contratti preliminari, è attribuito ai comuni nel cui territorio gli immobili sono ubicati] (1) (2).

3. Con decreti del Ministro delle finanze, di concerto con i Ministri dell'interno e del tesoro, del bilancio e della programmazione economica, nonché del Ministro dell'industria, del commercio e dell'artigianato limitatamente alle previsioni di cui al comma 1, da emanare entro novanta giorni dalla data di entrata in vigore del presente decreto, sono stabilite le modalità per l'assegnazione alle province (3) (2) delle somme ad esse spettanti a norma del comma 1 (4) (2), salvo quanto disposto nel comma 4.

4. Le regioni Sicilia, Sardegna, Friuli-Venezia Giulia e Valle d'Aosta, nonché le province autonome di Trento e di Bolzano provvedono, in conformità dei rispettivi statuti, all'attuazione delle disposizioni del comma 1 (5) (2); contestualmente sono disciplinati i rapporti finanziari tra lo Stato, le autonomie speciali e gli enti locali al fine di mantenere il necessario equilibrio finanziario.

5. Le disposizioni del presente articolo hanno effetto dal 1° gennaio 1999 e si applicano (6) (2) con riferimento all'imposta dovuta sui premi ed accessori incassati a decorrere dalla predetta data.

(1) *Questo comma è stato abrogato dall'art. 1, comma 1, lett.* v), *n. 1), del D.L.vo 30 dicembre 1999, n. 506.*

(2) *A norma dell'art. 3 del D.L.vo 30 dicembre 1999, n. 506, le disposizioni previste dall'art. 1, comma 1, lett.* v), *si applicano a decorrere dal periodo d'imposta in corso alla data di emanazione dello stesso provvedimento.*

(3) *Le parole*: «*ed ai comuni*» *sono state soppresse dall'art. 1, comma 1, lett.* v), *n. 2), del D.L.vo 30 dicembre 1999, n. 506.*

(4) *Le parole*: «*dei commi 1 e 2*» *sono state così sostituite dalle attuali*: «*del comma 1*», *dall'art. 1, comma 1, lett.* v), *n. 2), del D.L.vo 30 dicembre 1999, n. 506.*

(5) *Le parole*: «*dei commi 1 e 2*» *sono state così sostituite dalle attuali*: «*del comma 1*», *dall'art. 1, comma 1, lett.* v), *n. 3), del D.L.vo 30 dicembre 1999, n. 506.*

(6) *Le parole*: «*: la disposizione del comma 1*» *e le parole da*: «*e quella del comma 2*» *fino alla fine del comma sono state soppresse dall'art. 1, comma 1, lett.* v), *n. 4), del D.L.vo 30 dicembre 1999, n. 506.*

61. Riduzione dei trasferimenti erariali agli enti locali. – 1. A decorrere dall'anno 1999, il fondo ordinario spettante alle province è ridotto di un importo pari al gettito complessivo riscosso nell'anno 1999 per l'imposta sulle assicurazioni di cui al comma 1 dell'articolo 60, ridotto dell'importo corrispondente all'incremento medio nazionale dei premi assicurativi registrato nell'anno 1999, rispetto all'anno 1998, secondo dati di fonte ufficiale. La dotazione del predetto fondo è, per l'anno 1999, inizialmente ridotta, in base ad una stima del gettito annuo effettuata, sulla base dei dati disponibili, dal Ministero delle finanze, per singola provincia, e comunicata ai Ministeri del tesoro, del bilancio e della programmazione economica e dell'interno. Sulla base dei dati finali, comunicati dal Ministero delle finanze ai predetti ministeri, sono determinate le riduzioni definitive della dotazione del predetto fondo, per singola provincia, e sono introdotte le eventuali variazioni di bilancio. Il Ministero dell'interno provvede, con seconda e la terza rata dei contributi ordinari relativi al 2000 (1), ad operare i conguagli e a determinare in via definitiva l'importo annuo del contributo ridotto spettante ad ogni provincia a decorrere dal 1999 (2).

2. A decorrere dall'anno 1999 il fondo ordinario spettante alle province è altresì ridotto di un importo pari al gettito previsto per il predetto anno per imposta erariale di trascrizione, iscrizione e annotazione dei veicoli al pubblico registro automobilistico di cui alla legge 23 dicembre 1977, n. 952. La riduzione della dotazione del predetto fondo è operata con la legge di approvazione del bilancio dello Stato per l'anno finanziario 1999 ed è ef-

fettuata, nei confronti di ciascuna provincia, dal Ministero dell'interno in base ai dati comunicati dal Ministero delle finanze entro il 30 giugno 1998, determinati ripartendo il gettito previsto per il 1999 tra le singole province in misura percentualmente corrispondente al gettito riscosso nel 1997 a ciascuna di esse imputabile. La riduzione definitiva delle dotazioni del predetto fondo è altresì operata sulla base dei dati definitivi dell'anno 1998 relativi all'imposta di cui al presente comma, comunicati dal Ministero delle finanze al Ministero dell'interno entro il 30 settembre 1999 ([3]).

3. Le somme eventualmente non recuperate, per insufficienza dei contributi ordinari, sono portate in riduzione dei contributi a qualsiasi titolo dovuti al singolo ente locale dal Ministero dell'interno. La riduzione è effettuata con priorità sui contributi di parte corrente.

4. Le riduzioni dei contributi statali e i gettiti dei tributi previsti dal presente articolo sono determinati con riferimento alle province ([4]) delle regioni a statuto ordinario. Per le regioni a statuto speciale le operazioni di riequilibrio di cui al decreto legislativo 30 giugno 1997, n. 244, si applicano solo dopo il recepimento delle disposizioni dell'articolo 60 e del presente articolo nei rispettivi statuti.

([1]) *Le parole: «contributi ordinari relativi al 1999», sono state così sostituite dalle parole: «contributi ordinari relativi al 2000» dall'art. 1, comma 2, lett.* a), *del D.L.vo 10 giugno 1999, n. 176.*

([2]) *Questo comma è stato così sostituito dall'art. 1, comma 1, lett.* z), *n. 1), del D.L.vo 30 dicembre 1999, n. 506. Tali disposizioni si applicano a decorrere dal periodo d'imposta in corso alla data di emanazione dello stesso D.L.vo, così come stabilito dall'art. 3 dello stesso provvedimento.*

([3]) *Le parole: «entro il 31 marzo 1999» sono state così sostituite dall'art. 1, comma 2, del D.L.vo 10 giugno 1999, n. 176.*

([4]) *Le parole: «e ai comuni» sono state soppresse dall'art. 1, comma 1, lett.* z), *n. 2), del D.L.vo 30 dicembre 1999, n. 506. A norma dell'art. 3 dello stesso provvedimento tali disposizioni si applicano a decorrere dal periodo d'imposta in corso alla data di emanazione dello stesso D.L.vo.*

62. Canone per l'installazione di mezzi pubblicitari. – 1. I comuni possono, con regolamento adottato a norma dell'articolo 52, escludere l'applicazione, nel proprio territorio, dell'imposta comunale sulla pubblicità di cui al capo I del decreto legislativo 15 novembre 1993, n. 507, sottoponendo le iniziative pubblicitarie che incidono sull'arresto urbano o sull'ambiente ad un regime autorizzatorio e assoggettandole al pagamento di un canone in base a tariffa.

2. Il regolamento è informato ai seguenti criteri:

a) individuazione della tipologia dei mezzi di effettuazione della pubblicità esterna che incidono sull'arredo urbano o sull'ambiente ai sensi del decreto legislativo 30 aprile 1992, n. 285, e del relativo regolamento di attuazione approvato con decreto del Presidente della Repubblica 16 dicembre 1992, n. 495;

b) previsione delle procedure per il rilascio e per il rinnovo dell'autorizzazione;

c) indicazione delle modalità di impiego dei mezzi pubblicitari e delle modalità e termini di pagamento del canone;

d) determinazione della tariffa con criteri di ragionevolezza e gradualità tenendo conto della popolazione residente, della rilevanza dei flussi turistici presenti nel comune e delle caratteristiche urbanistiche delle diverse zone del territorio comunale e dell'impatto ambientale in modo che detta tariffa, comprensiva dell'eventuale uso di aree comunali, non ecceda di oltre il 25 per cento le tariffe stabilite ai sensi del decreto legislativo 15 novembre 1993, n. 507, per l'imposta comunale sulla pubblicità in relazione all'esposizione di cui alla lettera *a*) e deliberate dall'amministrazione comunale nell'anno solare antecedente l'adozione della delibera di sostituzione dell'imposta comunale sulla pubblicità con il canone ([1]);

e) equiparazione, ai soli fini del pagamento del canone, dei mezzi pubblicitari installati senza la preventiva autorizzazione a quelli autorizzati e previsione per l'installazione dei mezzi pubblicitari non autorizzati di sanzioni amministrative pecuniarie di importo non inferiore all'importo della relativa tariffa, né superiore al doppio della stessa tariffa;

f) determinazione della tariffa per i mezzi pubblicitari installati su beni privati in misura inferiore di almeno un terzo rispetto agli analoghi mezzi pubblicitari installati su beni pubblici.

3. Il regolamento può anche prevedere, con carattere di generalità, divieti, limitazioni e agevolazioni.

4. Il comune procede alla rimozione dei mezzi pubblicitari privi della prescritta autorizzazione, o installati in difformità della stessa, o per i quali non sia stato effettuato il pagamento del relativo canone, nonché alla immediata copertura della pubblicità con essi effettuata, mediante contestuale processo verbale di contestazione redatto da competente pubblico ufficiale. Resta ferma l'applicazione delle sanzioni amministrative pecuniarie di cui all'articolo 23 del decreto legislativo 30 aprile 1992, n. 285, ovvero se non comminabili, di quelle stabilite dall'articolo 24, comma 2, del decreto legislativo 15 novembre 1993, n. 507. Per l'applicazione delle sanzioni di cui al presente comma si osservano le disposizioni contenute nel capo I del titolo VI del citato decreto legislativo n. 285 del 1992.

([1]) *Le parole da: «in modo che detta tariffa, ...» fino alla fine della lettera sono state aggiunte dall'art. 10, comma 5, della L. 28 dicembre 2001, n. 448.*

63. ([1]) **Canone per l'occupazione di spazi ed aree pubbliche.** – 1. I comuni e le province possono, con regolamento adottato a norma dell'articolo 52, escludere l'applicazione, nel proprio territorio, della tassa per occupazione di spazi ed aree pubbliche, di cui al capo II del decreto legislativo 15 novembre 1993, n. 507. I comuni e le province possono, con regolamento adottato a norma dell'articolo 52, prevedere che l'occupazione, sia permanente che temporanea, di strade, aree e relativi spazi soprastanti e sottostanti appartenenti al proprio demanio o patrimonio indisponibile, comprese le aree destinate a mercati anche attrezzati, sia assoggettata, in sostituzione della tassa per l'occupazione di spazi ed aree pubbliche, al pagamento di un canone da parte del titolare della concessione, determinato nel medesimo atto di concessione in base a tariffa. Il pagamento del canone può essere anche previsto per l'occupazione di aree private soggette a servitù di pubblico passaggio costituita nei modi di legge. Agli effetti del presente comma si comprendono nelle aree comunali i tratti di strada situati all'interno di centri abitati con popolazione superiore a diecimila abitanti, individuabili a norma dell'articolo 2, comma 7, del decreto legislativo 30 aprile 1992, n. 285 ([2]).

2. Il regolamento è informato ai seguenti criteri:

a) previsione delle procedure per il rilascio, il rinnovo e la revoca degli atti di concessione;

b) classificazione in categorie di importanza delle strade, aree e spazi pubblici;

c) indicazione analitica della tariffa determinata sulla base della classificazione di cui alla lett. *b*), dell'entità dell'occupazione, espressa in metri quadrati o lineari, del valore economico della disponibilità dell'area nonché del sacrificio imposto alla collettività, con previsione di coefficienti moltiplicatori per specifiche attività esercitate dai titolari delle concessioni anche in relazione alle modalità dell'occupazione;

d) indicazione delle modalità e termini di pagamento del canone;

e) previsione di speciali agevolazioni per occupazioni ritenute di particolare interesse pubblico e, in particolare, per quelle aventi finalità politiche ed istituzionali ([3]);

f) previsione per le occupazioni permanenti, realizzate con cavi, condutture, impianti o con qualsiasi altro manufatto da aziende di erogazione dei pubblici servizi e da quelle esercenti attività strumentali ai servizi medesimi, di un canone determinato forfetariamente come segue:

1) per le occupazioni del territorio comunale il canone è commisurato al numero complessivo delle relative utenze per la misura unitaria di tariffa riferita alle sottoindicate classi di comuni:

I) fino a 20.000 abitanti, € 0,77 per utenza;

II) oltre 20.000 abitanti, € 0,65 per utenza;

2) per le occupazioni del territorio provinciale, il canone è determinato nella misura del 20 per cento dell'importo risultante dall'applicazione della misura unitaria di tariffa di cui al numero 1), per il numero complessivo delle utenze presenti nei comuni compresi nel medesimo ambito territoriale;

3) in ogni caso l'ammontare complessivo dei canoni dovuti a ciascun comune o provincia non può essere inferiore a € 516,46. La medesima misura di canone annuo è dovuta complessivamente per le occupazioni permanenti di cui alla presente lettera effettuate dalle aziende esercenti attività strumentali ai pubblici servizi;

4) gli importi di cui al numero 1) sono rivalutati annualmente in base all'indice ISTAT dei prezzi al consumo rilevati al 31 dicembre dell'anno precedente;

5) il numero complessivo delle utenze è quello risultante al 31 dicembre dell'anno precedente. Il canone è versato in un'unica soluzione entro il 30 aprile di ciascun anno. Il versamento è effettuato a mezzo di conto corrente postale intestato al comune o alla provincia recante, quale causale, l'indicazione del presente articolo. I comuni e le province possono prevedere termini e modalità diversi da quelli predetti inviando, nel mese di gennaio di ciascun anno, apposita comunicazione alle aziende di erogazione di pubblici servizi, fissando i termini per i conseguenti adempimenti in non meno di novanta giorni dalla data di ricezione della comunicazione ([4]);

g) applicazione alle occupazioni abusive di un'indennità pari al canone maggiorato fino al 50 per cento, considerando permanenti le occupazioni abusive realizzate con impianti o manufatti di carattere stabile, mentre le occupazioni abusive temporanee si presumono effettuate dal trentesimo giorno antecedente la data del verbale di accertamento, redatto da competente pubblico ufficiale ([5]).

g bis) previsione delle sanzioni amministrative pecuniarie di importo non inferiore all'ammontare della somma di cui alla lettera *g*), né superiore al doppio della stessa, ferme restando quelle stabilite dall'articolo 20, commi 4 e 5, del decreto legislativo 30 aprile 1992, n. 285 ([6]).

3. Il canone è determinato sulla base della tariffa di cui al comma 2, con riferimento alla durata dell'occupazione e può essere maggiorato di eventuali effettivi e comprovati oneri di manutenzione in concreto derivanti dall'occupazione del suolo e del sottosuolo, che non siano, a qualsiasi titolo, già posti a carico delle aziende che eseguono i lavori ([7]). Per la determinazione della tassa prevista al comma 1 relativa alle occupazioni di cui alla lettera *f*) del comma 2, si applicano gli stessi criteri ivi previsti per la de-

terminazione forfetaria del canone. Dalla misura complessiva del canone ovvero della tassa prevista al comma 1 va detratto l'importo di altri canoni previsti da disposizioni di legge, riscossi dal comune e dalla provincia per la medesima occupazione, fatti salvi quelli connessi a prestazioni di servizi ([8]).

([1]) *A norma dell'art. 181, comma 1, del D.L. 19 maggio 2020, n. 34, convertito, con modificazioni, nella L. 17 luglio 2020, n. 77, anche al fine di promuovere la ripresa delle attività turistiche, danneggiate dall'emergenza epidemiologica da COVID-19, le imprese di pubblico esercizio di cui all'art. 5 della L. 25 agosto 1991, n. 287, titolari di concessioni o di autorizzazioni concernenti l'utilizzazione del suolo pubblico, tenuto conto di quanto stabilito dall'art. 4, comma 3* quater, *del D.L. 30 dicembre 2019, n. 162, convertito con modificazioni nella L. 28 febbraio 2020, n. 8, sono esonerati dal 1° maggio fino al 31 ottobre 2020 dal pagamento del canone di cui a questo articolo.*

([2]) *Questo comma è stato così sostituito dall'art. 31, comma 20, della L. 23 dicembre 1998, n. 448, con effetto dal 1° gennaio 1999.*

([3]) *A norma dell'art. 5, comma 5, della L. 3 giugno 1999, n. 157, alle occupazioni temporanee di suolo pubblico, di durata temporanea non superiore a trenta giorni, effettuate da movimenti e partiti politici per lo svolgimento delle loro attività, si applicano le agevolazioni previste nei regolamenti comunali sulle entrate, ai sensi di questa lettera.*

([4]) *Questa lettera è stata così sostituita dall'art. 18, comma 1, della L. 23 dicembre 1999, n. 488.*

([5]) *Questa lettera è stata così sostituita dall'art. 31, comma 25, della L. 23 dicembre 1998, n. 448, con effetto dal 1° gennaio 1999.*

([6]) *Questa lettera è stata aggiunta dall'art. 31, comma 26, della L. 23 dicembre 1998, n. 448, con effetto dal 1° gennaio 1999.*

([7]) *Le parole da: «di eventuali oneri ...» fino a: «... sottosuolo» sono state così sostituite dalle attuali da: «di eventuali effettivi e comprovati ...» fino a: «... aziende che eseguono i lavori» dall'art. 10, comma 2, della L. 1° agosto 2002, n. 166.*

([8]) *Questo comma è stato così sostituito dall'art. 18, comma 2, della L. 23 dicembre 1999, n. 488.*

64. Disposizioni finali e transitorie. – 1. Le autorizzazioni alla installazione di mezzi pubblicitari e le concessioni di spazi ed aree pubbliche, rilasciate anteriormente alla data dalla quale hanno effetto i regolamenti previsti negli articoli 62 e 63, sono rinnovate a richiesta del relativo titolare o con il pagamento del canone ivi previsto, salva la loro revoca per il contrasto con le norme regolamentari.

2. Il comune può prorogare fino al 31 dicembre 2000, a condizioni più vantaggiose per l'ente da stabilire tra le parti ([1]), i contratti di gestione di cui agli articoli 25 e 52 del decreto legislativo 15 novembre 1993, n. 507, relativi all'affidamento in concessione del servizio di accertamento e riscossione, rispettivamente, dell'imposta comunale sulla pubblicità e della tassa per l'oc-

cupazione di spazi ed aree pubbliche, aventi scadenza anteriormente alla predetta data (2).

3. Se il comune si avvale della facoltà di escludere l'applicazione dell'imposta sulla pubblicità, l'oggetto dei vigenti contratti di concessione di cui all'articolo 25 del decreto legislativo 15 novembre 1993, n. 507, è limitato al servizio delle pubbliche affissioni, fatta salva la revisione delle condizioni contrattuali da definire tra le parti e la facoltà di recesso del concessionario.

(1) *Le parole: «Il comune può prorogare fino al 31 dicembre 1999, a condizioni da stabilire tra le parti» sono state così sostituite dalle attuali da: «Il comune ...» fino a: «... tra le parti», dall'art. 1, comma 1, lett.* aa), *del D.L.vo 30 dicembre 1999, n. 506. A norma dell'art. 3 dello stesso provvedimento, tali disposizioni si applicano a decorrere dal periodo d'imposta in corso alla data di emanazione del presente decreto.*

(2) *Le parole: «entro il 31 dicembre 1998» sono state così sostituite dalle attuali: «anteriormente alla predetta data», dall'art. 1, comma 1, lett.* aa), *del D.L.vo 30 dicembre 1999, n. 506. A norma dell'art. 3 dello stesso provvedimento, tali disposizioni si applicano a decorrere dal periodo d'imposta in corso alla data di emanazione del presente decreto.*

Titolo IV
Disposizioni comuni

65. Variazioni di bilancio. – 1. Il Ministro del tesoro, del bilancio e della programmazione economica è autorizzato ad apportare, con propri decreti, le variazioni di bilancio occorrenti per l'attuazione del presente decreto.

66. Entrata in vigore. – 1. Il presente decreto entra in vigore il 1° gennaio 1998. Le disposizioni del titolo II hanno effetto per i periodi di imposta che hanno inizio dopo il 31 dicembre 1997, salvo quanto disposto dal comma 2.

2. La revisione delle aliquote e del numero degli scaglioni di reddito prevista dall'articolo 46 del presente decreto ha effetto per i periodi di imposta che hanno inizio dopo il 31 dicembre 1999 per gli emolumenti arretrati di cui all'articolo 16, comma 1, lettera *b*), del testo unico delle imposte sui redditi, approvato con decreto del Presidente della Repubblica 22 dicembre 1986, n. 917.

4.

D.L. 7 giugno 2006, n. 206. Disposizioni urgenti in materia di IRAP e canoni demaniali marittimi (*Gazzetta Ufficiale* Serie gen. - n. 131 dell'8 giugno 2006), convertito, con modificazioni, nella L. 17 luglio 2006, n. **234** (*Gazzetta Ufficiale* Serie gen. - n. 167 dell'20 luglio 2006).

(*Estratto*)

1. Versamenti IRAP. – 1. In caso di violazione dell'obbligo di versamento in acconto o a saldo dell'imposta regionale sulle attività produttive (IRAP) di cui al decreto legislativo 15 dicembre 1997, n. 446, relativo al periodo d'imposta in corso alla data di entrata in vigore del presente decreto, non si applicano le disposizioni in materia di riduzione delle sanzioni previste dall'articolo 13 del decreto legislativo 18 dicembre 1997, n. 472, e successive modificazioni, nonché dall'articolo 2, comma 2, del decreto legislativo 18 dicembre 1997, n. 462, e successive modificazioni.

1 *bis*. Le disposizioni contenute nell'articolo 1, comma 174, quinto periodo, della legge 30 dicembre 2004, n. 311, si applicano limitatamente alle regioni che non abbiano raggiunto, entro il 30 giugno 2006, un accordo con il Governo sulla copertura dei disavanzi di gestione del servizio sanitario regionale e si interpretano nel senso che l'IRAP è calcolata maggiorando di un punto percentuale l'aliquota, ordinaria o ridotta, vigente nelle regioni interessate, fatti salvi comunque i regimi di esenzione.

1 *ter*. Il versamento della prima rata di acconto dell'IRAP dovuta dai contribuenti interessati dalle disposizioni dell'articolo 1, comma 174, quinto periodo, della legge 30 dicembre 2004, n. 311, effettuato entro il 20 luglio 2006, non è soggetto alla maggiorazione dello 0,40 per cento a titolo di interesse corrispettivo.

3. 1. Il presente decreto entra in vigore il giorno stesso della sua pubblicazione nella *Gazzetta Ufficiale* della Repubblica italiana e sarà presentato alle Camere per la conversione in legge.

5.

D.L.vo 14 marzo 2011, n. 23. Disposizioni in materia di Federalismo fiscale municipale (*Gazzetta Ufficiale* Serie gen. - n. 67 del 23 marzo 2011).

1. Norme di coordinamento. – 1. I decreti legislativi che disciplinano i tributi delle regioni, emanati ai sensi degli articoli 2 e 7 della legge 5 maggio 2009, n. 42, e successive modificazioni, si coordinano con le disposizioni del presente decreto.

2. ([1]) **Devoluzione ai comuni della fiscalità immobiliare.** – [1. In attuazione della citata legge n. 42 del 2009, e successive modificazioni, ed in anticipazione rispetto a quanto previsto in base al disposto del seguente articolo 7, a decorrere dall'anno 2011 sono attribuiti ai comuni, relativamente agli immobili ubicati nel loro territorio e con le modalità di cui al presente articolo, il gettito o quote del gettito derivante dai seguenti tributi:

a) imposta di registro ed imposta di bollo sugli atti indicati all'articolo 1 della tariffa, parte prima, allegata al testo unico delle disposizioni concernenti l'imposta di registro, di cui al decreto del Presidente della Repubblica 26 aprile 1986, n. 131;

b) imposte ipotecaria e catastale, salvo quanto stabilito dal comma 5;

c) imposta sul reddito delle persone fisiche, in relazione ai redditi fondiari, escluso il reddito agrario;

d) imposta di registro ed imposta di bollo sui contratti di locazione relativi ad immobili;

e) tributi speciali catastali;

f) tasse ipotecarie;

g) cedolare secca sugli affitti di cui all'articolo 3, con riferimento alla quota di gettito determinata ai sensi del comma 8 del presente articolo] ([2]).

[2. Con riferimento ai tributi di cui alle lettere *a*), *b*), *e*) ed *f*), del comma 1, l'attribuzione del gettito ivi prevista ha per oggetto una quota pari al 30 per cento dello stesso] ([2]).

[3. (*Omissis*)] ([3]).

[4. Ai comuni è attribuita una compartecipazione al gettito dell'imposta sul valore aggiunto; con decreto del Presidente del Consiglio dei ministri, di concerto con il Ministro dell'economia e delle finanze, da adottare d'intesa con la Conferenza unificata ai sensi dell'articolo 3 del decreto legislativo 28 agosto 1997, n. 281, è fissata la percentuale della predetta compartecipazione e sono stabilite le modalità di attuazione del presente comma, con particolare riferimento all'attribuzione ai singoli comuni del relativo gettito, assumendo a riferimento il territorio su cui si è determinato il consumo che ha dato luogo al prelievo ([4]). La percentuale della compartecipazione al gettito dell'imposta sul valore aggiunto prevista dal presente comma è fissata, nel rispetto dei saldi di finanza pubblica, in misura finanziariamente equivalente alla compartecipazione del 2 per cento al gettito dell'imposta sul reddito delle persone fisiche. In sede di prima applicazione, e in attesa della determinazione del gettito dell'imposta sul valore aggiunto ripartito per ogni comune, l'assegnazione del gettito ai comuni avviene sulla base del gettito dell'imposta sul valore aggiunto per provincia, suddiviso per il numero degli abitanti di ciascun comune] ([5]) ([2]).

[5. Il gettito delle imposte ipotecaria e catastale relative agli atti soggetti ad imposta sul valore aggiunto resta attribuito allo Stato] ([2]).

6. A decorrere dall'anno 2012 l'addizionale all'accisa sull'energia elettrica di cui all'articolo 6, comma 1, lettere *a*) e *b*), del decreto legge 28 novembre 1988, n. 511, convertito, con modificazioni, dalla legge 27 gennaio 1989, n. 20, cessa di essere applicata nelle regioni a statuto ordinario ed è corrispondentemente aumentata, nei predetti territori, l'accisa erariale in modo tale da assicurare la neutralità finanziaria del presente provvedimento ai fini del rispetto dei saldi di finanza pubblica. Con decreto del Ministro dell'economia e delle finanze da emanarsi entro il 31 dicembre 2011 sono stabilite le modalità attuative del presente comma.

[7. (*Omissis*)] ([3]).

[8. La quota di gettito del tributo di cui al comma 1, lettera *g*), devoluta ai comuni delle regioni a statuto ordinario, è pari al 21,7 per cento per l'anno 2011 e al 21,6 per cento a decorrere dall'anno 2012. I trasferimenti erariali sono ridotti, con decreto del Ministro dell'interno, di concerto con il Ministro dell'economia e delle finanze, sentita la Conferenza Stato-città ed autonomie locali, in misura corrispondente al gettito che confluisce nel Fondo sperimentale di riequilibrio di cui al comma 3, nonché al gettito devoluto ai comuni ed al gettito derivante dalla compartecipazione di cui al comma 4 e al netto del gettito di cui al comma 6. Per gli anni 2011 e 2012, al fine di garantire il rispetto dei saldi di finanza pubblica e di assicurare ai comuni un ammontare di risorse pari ai trasferimenti soppressi, la predetta quota di gettito del tributo di cui al comma 1, lettera *g*), può essere rideterminata sulla base dei dati definitivi, tenendo conto del monitoraggio effettuato dalla Commissione tecnica paritetica per l'attuazione del federalismo fiscale ovvero, ove istituita, dalla Conferenza permanente per il coordinamento della finanza pubblica. La quota di gettito del tributo di cui al comma 1, lettera *g*), può essere successivamente incrementata, con decreto del Ministro dell'economia e delle finanze, d'intesa con la Conferenza Stato-città ed autonomie locali, in misura corrispondente alla individuazione di ulteriori trasferimenti suscettibili di riduzione] ([2]).

[9. Ai comuni è garantito che le variazioni annuali del gettito loro attribuito ai sensi del presente articolo non determinano la modifica delle aliquote e delle quote indicate nei commi 2, 4 e 8. Le aliquote e le quote indicate nei commi 2, 4 e 8, nonché nell'articolo 7, comma 2, possono essere modificate con decreto del Presidente del Consiglio dei ministri, da emanare su proposta del Ministro dell'economia e delle finanze, d'intesa con la Conferenza Stato-città ed autonomie locali, nel rispetto dei saldi di finanza pubblica; in particolare, dal 2014 la quota di gettito devoluta ai comuni del tributo di cui al comma 1, lettera *g*), può essere incrementata sino alla devoluzione della totalità del gettito stesso, con la contestuale ed equivalente riduzione della quota di cui all'articolo 7, comma 2, e, ove necessario, della quota di cui al comma 4 del presente articolo] ([2]).

10. In ogni caso, al fine di rafforzare la capacità di gestione delle entrate comunali e di incentivare la partecipazione dei comuni all'attività di accertamento tributario:

a) è assicurato al comune interessato il maggior gettito derivante dall'accatastamento degli immobili finora non dichiarati in catasto;

b) è elevata al 50 per cento la quota dei tributi statali riconosciuta ai comuni ai sensi dell'articolo 1, comma 1, del decreto legge 30 settembre 2005, n. 203, convertito, con modificazioni, dalla legge 2 dicembre 2005, n. 248, e successive modificazioni. La quota del 50 per cento è attribuita ai comuni in via provvisoria anche in relazione alle somme riscosse a titolo non definitivo. Con decreto del Ministro dell'economia e delle finanze, sentita la Conferenza Stato-città ed autonomie locali, sono stabilite le modalità di recupero delle somme attribuite ai comuni in via provvisoria e rimborsate ai contribuenti a qualunque titolo ([6]);

c) i singoli comuni hanno accesso, secondo le modalità stabilite con provvedimento del Direttore dell'Agenzia delle entrate, d'intesa con la Conferenza Stato-città ed autonomie locali, ai dati contenuti nell'anagrafe tributaria relativi:

1) ai contratti di locazione nonché ad ogni altra informazione riguardante il possesso o la detenzione degli immobili ubicati nel proprio territorio;

2) alla somministrazione di energia elettrica, di servizi idrici e del gas relativi agli immobili ubicati nel proprio territorio;

3) ai soggetti che hanno il domicilio fiscale nel proprio territorio;

4) ai soggetti che esercitano nello stesso un'attività di lavoro autonomo o di impresa;

d) i comuni hanno altresì accesso, con le modalità di cui alla lettera *c*), a qualsiasi altra banca dati pubblica, limitatamente ad immobili presenti ovvero a soggetti aventi domicilio fiscale nel comune, che possa essere rilevante per il controllo dell'evasione erariale o di tributi locali;

e) il sistema informativo della fiscalità è integrato, d'intesa con l'Associazione Nazionale Comuni Italiani, con i dati relativi alla fiscalità locale, al fine di assicurare ai comuni i dati, le informazioni ed i servizi necessari per la gestione dei tributi di cui agli articoli 7 e 11 e per la formulazione delle previsioni di entrata.

11. Il sistema informativo della fiscalità assicura comunque l'interscambio dei dati relativi all'effettivo utilizzo degli immobili, con particolare riferimento alle risultanze catastali, alle dichiarazioni presentate dai contribuenti, ai contratti di locazione ed ai contratti di somministrazione di cui al comma 10, lettera *c*), n. 2).

12. A decorrere dal 1° luglio 2011, gli importi minimo e massimo della sanzione amministrativa prevista per l'inadempimento degli obblighi di dichiarazione agli uffici dell'Agenzia del territorio degli immobili e delle variazioni di consistenza o di destinazione dei medesimi previsti, rispettivamente, dagli articoli 28 e 20 del regio decreto legge 13 aprile 1939, n. 652, convertito, con modificazioni, dalla legge 11 agosto 1939, n. 1249, sono quadruplicati; il 75 per cento dell'importo delle sanzioni irrogate a decorrere dalla predetta data è devoluto al comune ove è ubicato l'immobile interessato.

(1) *A norma dell'art. 1, comma 380, lett.* h)*, della L. 24 dicembre 2012, n. 228, per gli anni 2013 e 2014 non operano le disposizioni previste dai commi 1, 2, 4, 5, 8 e 9 del presente articolo.*

(2) *Questo comma è stato abrogato dall'art. 1, comma 380, lett.* h)*, della L. 24 dicembre 2012, n. 228, così come sostituita dall'art. 1, comma 729, lett.* e)*, della L. 27 dicembre 2013, n. 147.*

(3) *Questo comma è stato abrogato dall'art. 1, comma 380, lett. h), della L. 24 dicembre 2012, n. 228. La successiva sostituzione della lettera* h) *ad opera dell'art. 1, comma 729, lett.* e)*, della L. 27 dicembre 2013, n. 147, ha confermato l'abrogazione di questo comma.*

(4) *A norma dell'art. 13, comma 19* bis*, del D.L. 6 dicembre 2011, n. 201, convertito, con modificazioni, nella L. 22 dicembre 2011, n. 214, per gli anni 2012, 2013 e 2014, il decreto del Presidente del Consiglio dei Ministri di cui al presente comma, è esclusivamente finalizzato a fissare la percentuale di compartecipazione al gettito dell'imposta sul valore aggiunto, nel rispetto dei saldi di finanza pubblica, in misura finanziariamente equivalente alla compartecipazione del 2 per cento del gettito dell'imposta sul reddito delle persone fisiche.*

(5) *A norma dell'art. 13, comma 19, del D.L. 6 dicembre 2011, n. 201, convertito, con modificazioni, nella L. 22 dicembre 2011, n. 214, le disposizioni recate dall'ultimo periodo di questo comma non trovano applicazione per gli anni 2012, 2013 e 2014.*

(6) *Si veda il D.M. 8 marzo 2013* (G.U. *Serie gen. - n. 65 del 18 marzo 2013*).

3. [1] **Cedolare secca sugli affitti.** – 1. In alternativa facoltativa rispetto al regime ordinario vigente per la tassazione del reddito fondiario ai fini dell'imposta sul reddito delle persone fisiche, il proprietario o il titolare di diritto reale di godimento di unità immobiliari abitative locate ad uso abitativo può optare per il seguente regime.

2. A decorrere dall'anno 2011, il canone di locazione relativo ai contratti aventi ad oggetto immobili ad uso abitativo e le relative pertinenze locate congiuntamente all'abitazione, può essere assoggettato, in base alla decisione del locatore, ad un'imposta, operata nella forma della cedolare secca, sostitutiva dell'imposta sul reddito delle persone fisiche e delle relative addizionali, nonché delle imposte di registro e di bollo sul contratto di locazione; la cedolare secca sostituisce anche le imposte di registro e di bollo sulla risoluzione e sulle proroghe del contratto di locazione. Sul canone di locazione annuo stabilito dalle parti la cedolare secca si applica in ragione di un'aliquota del 21 per cento. La cedolare secca può essere applicata anche ai contratti di locazione per i quali non sussiste l'obbligo di registrazione. Per i contratti stipulati secondo le disposizioni di cui agli articoli 2, comma 3, e 8 della legge 9 dicembre 1998, n. 431, relativi ad abitazioni ubicate nei comuni di cui all'articolo 1, comma 1, lettere *a*) e *b*), del decreto legge 30 dicembre 1988, n. 551, convertito, con modificazioni, dalla legge 21 febbraio 1989, n. 61, e negli altri comuni ad alta tensione abitativa individuati dal Comitato interministeriale per la programmazione economica, l'aliquota della cedolare secca calcolata sul canone pattuito dalle parti è ridotta al 10 per cento [2] [3] [4]. Sui contratti di locazione aventi a oggetto immobili ad uso abitativo, qualora assoggettati alla cedolare secca di cui al presente comma, alla fideiussione prestata per il conduttore non si applicano le maggiori imposte di registro e di bollo [5].

3. Nei casi di omessa richiesta di registrazione del contratto di locazione si applica l'articolo 69 del testo unico delle disposizioni concernenti l'imposta di registro, di cui al decreto del Presidente della Repubblica 26 aprile 1986, n. 131. La mancata presentazione della comunicazione relativa alla proroga del contratto non comporta la revoca dell'opzione esercitata in sede di registrazione del contratto di locazione qualora il contribuente abbia mantenuto un comportamento coerente con la volontà di optare per il regime della cedolare secca, effettuando i relativi versamenti e dichiarando i redditi da cedolare secca nel relativo quadro della dichiarazione dei redditi. [In caso di mancata presentazione della comunicazione relativa alla proroga, anche tacita, o alla risoluzione del contratto di locazione per il quale è stata esercitata l'opzione per l'applicazione della cedolare secca, entro tren-

ta giorni dal verificarsi dell'evento, si applica la sanzione nella misura fissa pari a euro 100, ridotta a euro 50 se la comunicazione è presentata con ritardo non superiore a trenta giorni] (6) (7).

4. La cedolare secca è versata entro il termine stabilito per il versamento dell'imposta sul reddito delle persone fisiche. Non si fa luogo al rimborso delle imposte di bollo e di registro eventualmente già pagate. Per la liquidazione, l'accertamento, la riscossione, i rimborsi, le sanzioni, gli interessi ed il contenzioso ad essa relativi si applicano le disposizioni previste per le imposte sui redditi. Con provvedimento del Direttore dell'Agenzia delle entrate, da emanare entro novanta giorni dalla data di entrata in vigore del presente provvedimento, sono stabilite le modalità di esercizio dell'opzione di cui al comma 1, nonché di versamento in acconto della cedolare secca dovuta, nella misura dell'85 per cento per l'anno 2011, del 95 per cento dal 2012 al 2020 e del 100 per cento dal 2021 (8), e del versamento a saldo della medesima cedolare, nonché ogni altra disposizione utile, anche dichiarativa, ai fini dell'attuazione del presente articolo.

[5. Se nella dichiarazione dei redditi il canone derivante dalla locazione di immobili ad uso abitativo non è indicato o è indicato in misura inferiore a quella effettiva, si applicano in misura raddoppiata, rispettivamente, le sanzioni amministrative previste dall'articolo 1, commi 1 e 2, del decreto legislativo 18 dicembre 1997, n. 471. In deroga a quanto previsto dal decreto legislativo 19 giugno 1997, n. 218, per i redditi derivanti dalla locazione di immobili ad uso abitativo, nel caso di definizione dell'accertamento con adesione del contribuente ovvero di rinuncia del contribuente all'impugnazione dell'accertamento, si applicano, senza riduzione, le sanzioni amministrative previste dall'articolo 1, commi 1 e 2, e dall'articolo 13, comma 1, del citato decreto legislativo n. 471 del 1997] (9).

6. Le disposizioni ai commi da 1, 2, 4 e 5 (10) del presente articolo non si applicano alle locazioni di unità immobiliari ad uso abitativo effettuate nell'esercizio di una attività d'impresa, o di arti e professioni. Il reddito derivante dai contratti di cui al presente articolo non può essere, comunque, inferiore al reddito determinato ai sensi dell'articolo 37, comma 1, del testo unico delle imposte sui redditi di cui al decreto del Presidente della Repubblica 22 dicembre 1986, n. 917.

6 *bis*. L'opzione di cui al comma 1 può essere esercitata anche per le unità immobiliari abitative locate nei confronti di cooperative edilizie per la locazione o enti senza scopo di lucro di cui al libro I, titolo II del codice civile, purché sublocate a studenti universitari e date a disposizione dei comuni con rinuncia all'aggiornamento del canone di locazione o assegnazione (11).

7. Quando le vigenti disposizioni fanno riferimento, per il riconoscimento della spettanza o per la determinazione di deduzioni, detrazioni o benefici di qualsiasi titolo, anche di natura non tributaria, al possesso di requisiti reddituali, si tiene comunque conto anche del reddito assoggettato alla cedolare secca. Il predetto reddito rileva anche ai fini dell'indicatore della situazione economica equivalente (I.S.E.E.) di cui al decreto legislativo 31 marzo 1998, n. 109.

8. Ai contratti di locazione degli immobili ad uso abitativo, comunque stipulati, che, ricorrendone i presupposti, non sono registrati entro il termine stabilito dalla legge, si applica la seguente disciplina:

a) la durata della locazione è stabilita in quattro anni a decorrere dalla data della registrazione, volontaria o d'ufficio;

b) al rinnovo si applica la disciplina di cui all'articolo 2, comma 1, della citata legge n. 431 del 1998;

c) a decorrere dalla registrazione il canone annuo di locazione è fissato in misura pari al triplo della rendita catastale, oltre l'adeguamento, dal secondo anno, in base al 75 per cento dell'aumento degli indici ISTAT dei prezzi al consumo per le famiglie degli impiegati ed operai. Se il contratto prevede un canone inferiore, si applica comunque il canone stabilito dalle parti ([12]).

9. Le disposizioni di cui all'articolo 1, comma 346, della legge 30 dicembre 2004, n. 311, ed al comma 8 del presente articolo si applicano anche ai casi in cui:

a) nel contratto di locazione registrato sia stato indicato un importo inferiore a quello effettivo;

b) sia stato registrato un contratto di comodato fittizio ([12]).

10. La disciplina di cui ai commi 8 e 9 non si applica ove la registrazione sia effettuata entro sessanta giorni dalla data di entrata in vigore del presente decreto.

10 *bis*. Per assicurare il contrasto dell'evasione fiscale nel settore delle locazioni abitative e l'attuazione di quanto disposto dai commi 8 e 9 sono attribuite ai comuni, in relazione ai contratti di locazione, funzioni di monitoraggio anche previo utilizzo di quanto previsto dall'articolo 1130, primo comma, numero 6), del codice civile in materia di registro di anagrafe condominiale e conseguenti annotazioni delle locazioni esistenti in ambito di edifici condominiali ([13]).

11. Nel caso in cui il locatore opti per l'applicazione della cedolare secca è sospesa, per un periodo corrispondente alla durata dell'opzione, la facoltà di chiedere l'aggiornamento del canone, anche se prevista nel contratto a qualsiasi titolo, inclusa la variazione accertata dall'ISTAT dell'indice nazio-

nale dei prezzi al consumo per le famiglie di operai e impiegati verificatasi nell'anno precedente. L'opzione non ha effetto se di essa il locatore non ha dato preventiva comunicazione al conduttore con lettera raccomandata, con la quale rinuncia ad esercitare la facoltà di chiedere l'aggiornamento del canone a qualsiasi titolo. Le disposizioni di cui al presente comma sono inderogabili.

(1) *A norma dell'art. 1, comma 59, della L. 30 dicembre 2018, n. 145, il canone di locazione relativo ai contratti stipulati nell'anno 2019, aventi ad oggetto unità immobiliari classificate nella categoria catastale C/1, di superficie fino a 600 metri quadrati, escluse le pertinenze, e le relative pertinenze locate congiuntamente, può, in alternativa rispetto al regime ordinario vigente per la tassazione del reddito fondiario ai fini dell'imposta sul reddito delle persone fisiche, essere assoggettato al regime della cedolare secca, di cui a questo articolo con l'aliquota del 21 per cento. Tale regime non è applicabile ai contratti stipulati nell'anno 2019, qualora alla data del 15 ottobre 2018 risulti in corso un contratto non scaduto, tra i medesimi soggetti e per lo stesso immobile, interrotto anticipatamente rispetto alla scadenza naturale, a decorrere dal 1° gennaio 2019.*

(2) *Le parole: «è ridotta al 19 per cento» sono state sostituite dalle seguenti: «è ridotta al 15 per cento» dall'art. 4 del D.L. 31 agosto 2013, n. 102, convertito, con modificazioni, nella L. 28 ottobre 2013, n. 124, a decorrere dal periodo di imposta in corso al 31 dicembre 2013. Le parole: «al 15 per cento» sono state così sostituite dalle attuali: «al 10 per cento» dall'art. 1, comma 6, della L. 27 dicembre 2019, n. 160, a decorrere dal 1° gennaio 2020.*

A norma dell'art. 9, comma 1, del D.L. 28 marzo 2014, n. 47, convertito, con modificazioni, nella L. 23 maggio 2014, n. 80, per il quadriennio 2014-2017, questa aliquota è ridotta al 10 per cento. A norma dell'art. 9, comma 2 bis*, del medesimo decreto, cosi come sostituito dall'art. 4, comma 3* novies*, del D.L. 30 dicembre 2019, n. 162, convertito, con modificazioni, nella L. 28 febbraio 2020, n. 8, la disposizione di cui al comma 1 si applica anche ai contratti di locazione stipulati nei comuni per i quali sia stato deliberato, negli ultimi cinque anni precedenti la data di entrata in vigore della legge di conversione del presente decreto, lo stato di emergenza a seguito del verificarsi degli eventi calamitosi di cui all'articolo 2, comma 1, lettera c), della legge 24 febbraio 1992, n. 225. Per l'anno 2020 l'agevolazione si applica esclusivamente ai contratti di locazione stipulati nei comuni di cui al periodo precedente con popolazione fino a 10.000 abitanti.*

(3) *A norma dell'art. 9, comma 2* bis*, del D.L. 28 marzo 2014, n. 47, convertito, con modificazioni, nella L. 23 maggio 2014, n. 80, cosi come sostituito dall'art. 4, comma 3* novies*, del D.L. 30 dicembre 2019, n. 162, convertito, con modificazioni, nella L. 28 febbraio 2020, n. 8, l'aliquota prevista da questo periodo, si applica anche ai contratti di locazione stipulati nei comuni per i quali sia stato deliberato, nei cinque anni precedenti la data di entrata in vigore della legge di conversione del presente decreto, lo stato di emergenza a seguito del verificarsi degli eventi calamitosi previsti dall'articolo 2, comma 1, lettera c), della L. 24 febbraio 1992, n. 225. Per l'anno 2020 l'agevolazione si applica esclusivamente ai contratti di locazione stipulati nei comuni di cui al periodo precedente con popolazione fino a 10.000 abitanti.*

(4) *A norma dell'art. 9, comma 2* bis1*, del D.L. 28 marzo 2014, n. 47, convertito, con modificazioni, nella L. 23 maggio 2014, n. 80, cosi come inserito dall'art. 4, comma 3 novies, del D.L. 30 dicembre 2019, n. 162, convertito, con modificazioni, nella L. 28 febbraio 2020, n. 8, l'aliquota prevista da questo periodo si applica anche ai contratti di locazione stipulati nei comuni di cui all'art. 1, comma 1, del D.L. 17 ottobre 2016, n. 189, convertito, con modificazioni, nella L. 15 dicembre 2016, n. 229, in cui sia stata individuata da un'ordinanza sindacale una "zona rossa"».*

(5) *Questo periodo è stato aggiunto dall'art. 4, comma 1* bis*, del D.L. 2 marzo 2012, n. 16, convertito, con modificazioni, nella L. 26 aprile 2012, n. 44.*

(6) *Questo periodo è stato soppresso dall'art. 3* bis*, comma 1, del D.L. 30 aprile 2019, n. 34, convertito, con modificazioni, nella L. 28 giugno 2019, n. 58, a decorrere dal 30 giugno 2019.*

(7) *Questo comma è stato così sostituito dall'art. 7* quater*, comma 24, del D.L. 22 ottobre 2016, n. 193, convertito, con modificazioni, nella L. 1 dicembre 2016, n. 225.*

(8) *Le parole: «e del 95 per cento dal 2012» sono state così sostituite dalle attuali: «, del 95 per cento dal 2012 al 2020 e del 100 per cento dal 2021» dall'art. 1, comma 1127, della L. 30 dicembre 2018, n. 145, a decorrere dal 1° gennaio 2019.*

(9) *Questo comma è stato abrogato dall'art. 32, comma 2, lett.* d)*, del D.L.vo 24 settembre 2015, n. 158, a decorrere dal 1° gennaio 2016.*

(10) *Le parole: «di cui ai commi da 1 a 5» sono state così sostituite dalle parole: «ai commi 1, 2, 4 e 5» dall'art. 2, comma 5, del D.L. 20 giugno 2012, n. 79, convertito, con modificazioni, nella L. 7 agosto 2012, n. 131.*

(11) *Questo comma è stato inserito dall'art. 9, comma 2, del D.L. 28 marzo 2014, n. 47, convertito, con modificazioni, nella L. 23 maggio 2014, n. 80.*

(12) *La Corte costituzionale, con sentenza n. 50 del 14 marzo 2014, ha dichiarato l'illegittimità costituzionale di questo comma.*

(13) *Questo comma è stato inserito dall'art. 1, comma 49, della L. 27 dicembre 2013, n. 147.*

4. (1) (2) **Imposta di soggiorno.** – 1. I comuni capoluogo di provincia, le unioni di comuni nonché i comuni inclusi negli elenchi regionali delle località turistiche o città d'arte possono istituire, con deliberazione del consiglio, un'imposta di soggiorno a carico di coloro che alloggiano nelle strutture ricettive situate sul proprio territorio, da applicare, secondo criteri di gradualità in proporzione al prezzo, sino a 5 euro per notte di soggiorno. Il relativo gettito è destinato a finanziare interventi in materia di turismo, ivi compresi quelli a sostegno delle strutture ricettive, nonché interventi di manutenzione, fruizione e recupero dei beni culturali ed ambientali locali, nonché dei relativi servizi pubblici locali.

1 *bis*. Nei comuni capoluogo di provincia che, in base all'ultima rilevazione resa disponibile da parte delle amministrazioni pubbliche competenti per la raccolta e l'elaborazione di dati statistici, abbiano avuto presenze turistiche in numero venti volte superiore a quello dei residenti, l'imposta

di cui al presente articolo può essere applicata fino all'importo massimo di cui all'articolo 14, comma 16, lettera *e*), del decreto legge 31 maggio 2010, n. 78, convertito, con modificazioni, dalla legge 30 luglio 2010, n. 122. I predetti comuni sono individuati con decreto del Ministro per i beni e le attività culturali e per il turismo, di concerto con il Ministro dell'economia e delle finanze, entro trenta giorni dalla data di entrata in vigore della presente disposizione ([3]).

1 *ter*. Il gestore della struttura ricettiva è responsabile del pagamento dell'imposta di soggiorno di cui al comma 1 e del contributo di soggiorno di cui all'articolo 14, comma 16, lettera *e*), del decreto legge 31 maggio 2010, n. 78, convertito, con modificazioni, dalla legge 30 luglio 2010, n. 122, con diritto di rivalsa sui soggetti passivi, della presentazione della dichiarazione, nonché degli ulteriori adempimenti previsti dalla legge e dal regolamento comunale. La dichiarazione deve essere presentata cumulativamente ed esclusivamente in via telematica entro il 30 giugno dell'anno successivo a quello in cui si è verificato il presupposto impositivo, secondo le modalità approvate con decreto del Ministro dell'economia e delle finanze, sentita la Conferenza Stato-città ed autonomie locali, da emanare entro centottanta giorni dalla data di entrata in vigore della presente disposizione. La dichiarazione di cui al periodo precedente, relativa all'anno d'imposta 2020, deve essere presentata unitamente alla dichiarazione relativa all'anno d'imposta 2021 ([4]). Per l'omessa o infedele presentazione della dichiarazione da parte del responsabile si applica la sanzione amministrativa pecuniaria del pagamento di una somma dal 100 al 200 per cento dell'importo dovuto. Per l'omesso, ritardato o parziale versamento dell'imposta di soggiorno e del contributo di soggiorno si applica la sanzione amministrativa di cui all'articolo 13 del decreto legislativo 18 dicembre 1997, n. 471 ([5]) ([6]).

2. Ferma restando la facoltà di disporre limitazioni alla circolazione nei centri abitati ai sensi dell'articolo 7 del decreto legislativo 30 aprile 1992, n. 285, l'imposta di soggiorno può sostituire, in tutto o in parte, gli eventuali oneri imposti agli autobus turistici per la circolazione e la sosta nell'ambito del territorio comunale.

3. Con regolamento da adottare entro sessanta giorni dalla data di entrata in vigore del presente decreto, ai sensi dell'articolo 17, comma 1, della legge 23 agosto 1988, n. 400, d'intesa con la Conferenza Stato-città ed autonomie locali, è dettata la disciplina generale di attuazione dell'imposta di soggiorno. In conformità con quanto stabilito nel predetto regolamento, i comuni, con proprio regolamento da adottare ai sensi dell'articolo 52 del decreto legislativo 15 dicembre 1997, n. 446, sentite le associazioni maggiormente rappresentative dei titolari delle strutture ricettive, hanno la facoltà

di disporre ulteriori modalità applicative del tributo, nonché di prevedere esenzioni e riduzioni per particolari fattispecie o per determinati periodi di tempo. Nel caso di mancata emanazione del regolamento previsto nel primo periodo del presente comma nel termine ivi indicato, i comuni possono comunque adottare gli atti previsti dal presente articolo.

3 *bis*. I comuni che hanno sede giuridica nelle isole minori e i comuni nel cui territorio insistono isole minori possono istituire, con regolamento da adottare ai sensi dell'articolo 52 del decreto legislativo 15 dicembre 1997, n. 446, e successive modificazioni, in alternativa all'imposta di soggiorno di cui al comma 1 del presente articolo, un contributo di sbarco, da applicare fino ad un massimo di euro 2,50, ai passeggeri che sbarcano sul territorio dell'isola minore, utilizzando vettori che forniscono collegamenti di linea o vettori aeronavali che svolgono servizio di trasporto di persone a fini commerciali, abilitati e autorizzati ad effettuare collegamenti verso l'isola. Il comune che ha sede giuridica in un'isola minore, e nel cui territorio insistono altre isole minori con centri abitati, destina il gettito del contributo per interventi nelle singole isole minori dell'arcipelago in proporzione agli sbarchi effettuati nelle medesime. Il contributo di sbarco è riscosso, unitamente al prezzo del biglietto, da parte delle compagnie di navigazione e aeree o dei soggetti che svolgono servizio di trasporto di persone a fini commerciali, che sono responsabili del pagamento del contributo, con diritto di rivalsa sui soggetti passivi, della presentazione della dichiarazione e degli ulteriori adempimenti previsti dalla legge e dal regolamento comunale, ovvero con le diverse modalità stabilite dal medesimo regolamento comunale, in relazione alle particolari modalità di accesso alle isole. Per l'omessa o infedele presentazione della dichiarazione da parte del responsabile si applica la sanzione amministrativa dal 100 al 200 per cento dell'importo dovuto. Per l'omesso, ritardato o parziale versamento del contributo si applica la sanzione amministrativa di cui all'articolo 13 del decreto legislativo 18 dicembre 1997, n. 471, e successive modificazioni. Per tutto quanto non previsto dalle disposizioni del presente articolo si applica l'articolo 1, commi da 158 a 170, della legge 27 dicembre 2006, n. 296. Il contributo di sbarco non è dovuto dai soggetti residenti nel comune, dai lavoratori, dagli studenti pendolari, nonché dai componenti dei nuclei familiari dei soggetti che risultino aver pagato l'imposta municipale propria nel medesimo comune e che sono parificati ai residenti. I comuni possono prevedere nel regolamento modalità applicative del contributo nonché eventuali esenzioni e riduzioni per particolari fattispecie o per determinati periodi di tempo; possono altresì prevedere un aumento del contributo fino ad un massimo di euro 5 in relazione a determinati periodi di tempo. I comuni possono altresì prevedere

un contributo fino ad un massimo di euro 5 in relazione all'accesso a zone disciplinate nella loro fruizione per motivi ambientali, in prossimità di fenomeni attivi di origine vulcanica; in tal caso il contributo può essere riscosso dalle locali guide vulcanologiche regolarmente autorizzate o da altri soggetti individuati dall'amministrazione comunale con apposito avviso pubblico. Il gettito del contributo è destinato a finanziare interventi di raccolta e di smaltimento dei rifiuti, gli interventi di recupero e salvaguardia ambientale nonché interventi in materia di turismo, cultura, polizia locale e mobilità nelle isole minori (7).

(1) *Si veda l'art. 12, comma 5, del D.L.vo 18 aprile 2012, n. 61, di cui si riporta il testo: «Le disposizioni in materia di imposta di soggiorno, di cui all'articolo 4 del decreto legislativo 14 marzo 2011, n. 23, si applicano a Roma capitale anche per il finanziamento degli investimenti compresi nei programmi di cui all'articolo 3 del presente decreto e limitatamente al periodo di ammortamento delle opere. Restano ferme le misure di imposta di soggiorno stabilite dall'articolo 14, comma 16, lettera e), del decreto legge 31 maggio 2010, n. 78, convertito, con modificazioni, dalla legge 30 luglio 2010, n. 122.».*

(2) *A norma dell'art. 46, comma 1* sexies, *del D.L. 21 giugno 2013, n. 69, convertito, con modificazioni, nella L. 9 agosto 2013, n. 98, i comuni della provincia di Milano, e successivamente ricompresi nell'istituenda area metropolitana, possono istituire l'imposta di soggiorno. Ai medesimi comuni sono estese le facoltà previste per il comune di Milano dai commi 1* quater *e 1* quinquies *del presente articolo 46, sulla base di idonee deliberazioni delle rispettive Giunte comunali.*

(3) *Questo comma è stato inserito dall'art. 46, comma 1* bis, *del D.L. 26 ottobre 2019, n. 124, convertito, con modificazioni, nella L. 19 dicembre 2019, n. 157.*

(4) *Questo periodo è stato inserito dall'art. 25, comma 3* bis, *del D.L. 22 marzo 2021, n. 41, convertito, con modificazioni, nella L. 21 maggio 2021, n. 69.*

(5) *Questo comma è stato inserito dall'art. 180, comma 3, del D.L. 19 maggio 2020, n. 34, convertito, con modificazioni, nella L. 17 luglio 2020, n. 77.*

(6) *A norma dell'art. 5* quinquies, *comma 1, del D.L. 21 ottobre 2021, n. 146, convertito, con modificazioni, nella L. 17 dicembre 2021, n. 215, questo comma, ai sensi del quale si attribuisce la qualifica di responsabile del pagamento dell'imposta di soggiorno al gestore della struttura ricettiva con diritto di rivalsa sui soggetti passivi e si definisce la relativa disciplina sanzionatoria, si intende applicabile anche ai casi verificatisi prima del 19 maggio 2020.*

(7) *Questo comma, aggiunto dall'art. 4, comma 2* bis, *del D.L. 2 marzo 2012, n. 16, convertito, con modificazioni, nella L. 26 aprile 2012, n. 44, è stato da ultimo così sostituito dall'art. 33 della L. 28 dicembre 2015, n. 221.*

5. [**Addizionale comunale all'imposta sul reddito delle persone fisiche. –** (*Omissis*)] (1).

(1) *Questo articolo è stato abrogato dall'art. 1, comma 11, del D.L. 13 agosto 2011, n. 138, convertito, con modificazioni, nella L. 14 settembre 2011, n. 148.*

6. Imposta di scopo. – 1. Con regolamento da adottare ai sensi dell'articolo 52 del decreto legislativo 15 dicembre 1997, n. 446, e successive modificazioni, i comuni, nella disciplina dell'imposta di scopo di cui all'articolo 1, comma 145, della legge 27 dicembre 2006, n. 296, possono anche (¹) prevedere:

a) l'individuazione di opere pubbliche ulteriori rispetto a quelle indicate nell'articolo 1, comma 149, della citata legge n. 296 del 2006;

b) l'aumento, sino a dieci anni, della durata massima di applicazione dell'imposta stabilita dall'articolo 1, comma 147, della citata legge n. 296 del 2006;

c) la possibilità che il gettito dell'imposta finanzi l'intero ammontare della spesa per l'opera pubblica da realizzare.

2. A decorrere dall'applicazione dell'imposta municipale propria, in via sperimentale, di cui all'articolo 13 del decreto legge 6 dicembre 2011, n. 201, convertito, con modificazioni, dalla legge 22 dicembre 2011, n. 214, e successive modificazioni, l'imposta di scopo si applica, o continua ad applicarsi se già istituita, con riferimento alla base imponibile e alla disciplina vigente per tale tributo. Il comune adotta i provvedimenti correttivi eventualmente necessari per assicurare il rispetto delle disposizioni di cui ai commi da 145 a 151 dell'articolo 1 della legge 27 dicembre 2006, n. 296 (²).

(¹) *Le parole: «17, comma 2, della citata legge n. 400 del 1988, d'intesa con la Conferenza Stato-città ed autonomie locali, entro il 31 ottobre 2011, è disciplinata la revisione dell'imposta di scopo di cui all'articolo 1, comma 145, della legge 27 dicembre 2006, n. 296, in modo tale da» sono state così sostituite dalle parole: «52 del decreto legislativo 15 dicembre 1997, n. 446, e successive modificazioni, i comuni, nella disciplina dell'imposta di scopo di cui all'articolo 1, comma 145, della legge 27 dicembre 2006, n. 296, possono anche» dall'art. 4, comma 1* quater, *lett.* a), *del D.L. 2 marzo 2012, n. 16, convertito, con modificazioni, nella L. 26 aprile 2012, n. 44.*

(²) *Questo comma è stato così sostituito dall'art. 4, comma 1* quater, *lett.* b), *del D.L. 2 marzo 2012, n. 16, convertito, con modificazioni, nella L. 26 aprile 2012, n. 44.*

7. Federalismo fiscale municipale. – 1. In attuazione della citata legge n. 42 del 2009, e successive modificazioni, per il finanziamento dei comuni, in sostituzione dei tributi indicati rispettivamente negli articoli 8, comma 1, e 11, comma 1, [a decorrere dall'anno 2014] (¹) sono introdotte nell'ordinamento fiscale le seguenti due nuove forme di imposizione municipale:

a) una imposta municipale propria;

b) una imposta municipale secondaria.

2. A decorrere dall'anno 2014, ai comuni è attribuita una compartecipazione al gettito dei tributi nell'ipotesi di trasferimento immobiliare di cui all'articolo 10, pari al trenta per cento.

3. Resta inoltre assegnato ai comuni il gettito dei tributi devoluto ai sensi dell'articolo 2, tenuto conto di quanto già attribuito ai sensi del comma 2 del presente articolo.

(1) *Le parole fra parentesi quadrate sono state soppresse dall'art. 1, comma 714, lett. a), della L. 27 dicembre 2013, n. 147.*

8. (1) **Imposta municipale propria.** – 1. L'imposta municipale propria è istituita [, a decorrere dall'anno 2014,] (2) e sostituisce, per la componente immobiliare, l'imposta sul reddito delle persone fisiche e le relative addizionali dovute in relazione ai redditi fondiari relativi ai beni non locati, e l'imposta comunale sugli immobili, fatto salvo quanto disposto nel successivo articolo 9, comma 9, terzo periodo (3). Le disposizioni di cui al presente comma si applicano, dal periodo d'imposta 2014, anche all'imposta municipale immobiliare della provincia autonoma di Bolzano, istituita dalla legge provinciale 19 aprile 2014, n. 3, ed all'imposta immobiliare semplice della provincia autonoma di Trento, istituita dalla legge provinciale 30 dicembre 2014, n. 14 (4).

[2. L'imposta municipale propria ha per presupposto il possesso di immobili diversi dall'abitazione principale] (5).

[3. L'imposta municipale propria non si applica al possesso dell'abitazione principale ed alle pertinenze della stessa. Si intende per effettiva abitazione principale l'immobile, iscritto o iscrivibile nel catasto edilizio urbano come unica unità immobiliare, nel quale il possessore dimora abitualmente e risiede anagraficamente. L'esclusione si applica alle pertinenze classificate nelle categorie catastali C/2, C/6 e C/7, nella misura massima di un'unità pertinenziale per ciascuna delle categorie catastali indicate, anche se iscritte in catasto unitamente all'unità ad uso abitativo. L'esclusione non si applica alle unità immobiliari classificate nelle categorie catastali A1, A8 e A9] (6).

[4. L'imposta municipale propria ha per base imponibile il valore dell'immobile determinato ai sensi dell'articolo 5 del decreto legislativo 30 dicembre 1992, n. 504] (6).

[5. Nel caso di possesso di immobili non costituenti abitazione principale ai sensi del comma 3, l'imposta è dovuta annualmente in ragione di un'aliquota dello 0,76 per cento. La predetta aliquota può essere modificata con decreto del Presidente del Consiglio dei ministri, da emanare su proposta del Ministro dell'economia e delle finanze, d'intesa con la Conferenza Stato-città ed autonomie locali, nel rispetto dei saldi di finanza pubblica, tenendo conto delle analisi effettuate dalla Commissione tecnica paritetica per l'attuazione del federalismo fiscale ovvero, ove istituita, dalla Conferenza permanente per il coordinamento della finanza pubblica. I comuni possono, con deliberazione del consiglio comunale adottata entro il termine per la deliberazione del bilancio di previsione, modificare, in aumento o in diminuzione, sino a 0,3 punti percentuali, l'aliquota fissata dal primo periodo del presente comma, ovvero sino a 0,2 punti percentuali l'aliquota determinata ai sensi del comma 6. [Nel caso di mancata emanazione della delibera entro il predetto termine, si applicano le aliquote di cui al primo periodo del presente comma ed al comma 6] ([7])] ([6]).

[6. Nel caso in cui l'immobile sia locato, l'aliquota di cui al comma 5, primo periodo, è ridotta alla metà] ([6]).

[7. I comuni possono, con deliberazione del consiglio comunale, adottata entro il termine per la deliberazione del bilancio di previsione, prevedere che l'aliquota di cui al comma 5, primo periodo, sia ridotta fino alla metà anche nel caso in cui abbia ad oggetto immobili non produttivi di reddito fondiario ai sensi dell'articolo 43 del citato testo unico di cui al decreto del Presidente della Repubblica n. 917 del 1986, ovvero nel caso in cui abbia ad oggetto immobili posseduti dai soggetti passivi dell'imposta sul reddito delle società. Nell'ambito della facoltà prevista dal presente comma, i comuni possono stabilire che l'aliquota ridotta si applichi limitatamente a determinate categorie di immobili] ([6]).

([1]) *A norma dell'art. 4, comma 12* quinquies, *del D.L. 2 marzo 2012, n. 16, convertito, con modificazioni, nella L. 26 aprile 2012, n. 44, ai soli fini dell'applicazione dell'imposta municipale propria, l'assegnazione della casa coniugale al coniuge, disposta a seguito di provvedimento di separazione legale, annullamento, scioglimento o cessazione degli effetti civili del matrimonio, si intende in ogni caso effettuata a titolo di diritto di abitazione.*

([2]) *Le parole fra parentesi quadrate sono state soppresse dall'art. 1, comma 713, lett.* a), *della L. 27 dicembre 2013, n. 147.*

([3]) *Le parole: «, fatto salvo quanto disposto nel successivo articolo 9, comma 9, terzo periodo» sono state inserite dall'art. 1, comma 717, lett.* a), *della L. 27 dicembre 2013, n. 147, a decorrere dal 31 dicembre 2013.*

([4]) *Questo periodo è stato aggiunto dall'art. 1, comma 12, della L. 28 dicembre 2015, n. 208.*

([5]) *Questo comma è stato abrogato dall'art. 1, comma 780, della L. 27 dicembre 2019, n. 160, a decorrere dal 1° gennaio 2020.*

([6]) *Questo comma è stato abrogato dall'art. 1, comma 713, lett.* b), *della L. 27 dicembre 2013, n. 147.*

L'abrogazione è stata confermata dall'art. 1, comma 780, della L. 27 dicembre 2019, n. 160, a decorrere dal 1° gennaio 2020.

([7]) *Questo periodo è stato abrogato dall'art. 13, comma 14, lett.* c), *del D.L. 6 dicembre 2011, n. 201, convertito, con modificazioni, nella L. 22 dicembre 2011, n. 214, a decorrere dal 1° gennaio 2012.*

9. Applicazione dell'imposta municipale propria. – [1. Soggetti passivi dell'imposta municipale propria sono il proprietario di immobili, inclusi i terreni e le aree edificabili, a qualsiasi uso destinati, ivi compresi quelli strumentali o alla cui produzione o scambio è diretta l'attività dell'impresa, ovvero il titolare di diritto reale di usufrutto, uso, abitazione, enfiteusi, superficie sugli stessi. Nel caso di concessione di aree demaniali, soggetto passivo è il concessionario. Per gli immobili, anche da costruire o in corso di costruzione, concessi in locazione finanziaria, soggetto passivo è il locatario a decorrere dalla data della stipula e per tutta la durata del contratto] (1).

[2. L'imposta è dovuta per anni solari proporzionalmente alla quota ed ai mesi dell'anno nei quali si è protratto il possesso; a tal fine il mese durante il quale il possesso si è protratto per almeno quindici giorni è computato per intero. A ciascuno degli anni solari corrisponde un'autonoma obbligazione tributaria] (1).

[3. I soggetti passivi effettuano il versamento dell'imposta dovuta al comune per l'anno in corso in due rate di pari importo, scadenti la prima il 16 giugno e la seconda il 16 dicembre. Resta in ogni caso nella facoltà del contribuente provvedere al versamento dell'imposta complessivamente dovuta in unica soluzione annuale, da corrispondere entro il 16 giugno] (1).

[4. A far data dal completamento dell'attuazione dei decreti legislativi in materia di adeguamento dei sistemi contabili adottati ai sensi dell'articolo 2, comma 2, lettera *h*), della citata legge n. 42 del 2009, e successive modificazioni, e dell'articolo 2 della legge 31 dicembre 2009, n. 196, e comunque a partire dal 1° gennaio 2015, l'imposta è corrisposta con le modalità stabilite dal comune] (2).

[5. Con regolamento adottato ai sensi dell'articolo 52 del citato decreto legislativo n. 446 del 1997, i comuni possono introdurre l'istituto dell'accertamento con adesione del contribuente, sulla base dei criteri stabiliti dal citato decreto legislativo n. 218 del 1997, e gli altri strumenti di deflazione del contenzioso, sulla base dei criteri stabiliti dal citato decreto legislativo n. 218 del 1997, prevedendo anche che il pagamento delle somme dovute possa essere effettuato in forma rateale, senza maggiorazione di interessi] (1).

[6. Con uno o più decreti del Ministro dell'economia e delle finanze, sentita l'Associazione Nazionale Comuni Italiani sono approvati i modelli della dichiarazione, i modelli per il versamento, nonché di trasmissione dei dati di riscossione, distintamente per ogni contribuente, ai comuni e al sistema informativo della fiscalità] (1).

[7. Per l'accertamento, la riscossione coattiva, i rimborsi, le sanzioni, gli interessi ed il contenzioso si applicano gli articoli 10, comma 6, 11, commi 3,

4 e 5, 12, 14 e 15 del citato decreto legislativo n. 504 del 1992 e l'articolo 1, commi da 161 a 170, della citata legge n. 296 del 2006] (1).

[8. Sono esenti dall'imposta municipale propria gli immobili posseduti dallo Stato, nonché gli immobili posseduti, nel proprio territorio, dalle regioni, dalle province, dai comuni, dalle comunità montane, dai consorzi fra detti enti, ove non soppressi, dagli enti del servizio sanitario nazionale, destinati esclusivamente ai compiti istituzionali. Si applicano, inoltre, le esenzioni previste dall'articolo 7, comma 1, lettere *b*), *c*), *d*), *e*), *f*), *h*), ed *i*) del citato decreto legislativo n. 504 del 1992. Sono altresì esenti i fabbricati rurali ad uso strumentale di cui all'articolo 9, comma 3 *bis*, del decreto legge 30 dicembre 1993, n. 557, convertito, con modificazioni, dalla legge 26 febbraio 1994, n. 133, ubicati nei comuni classificati montani o parzialmente montani di cui all'elenco dei comuni italiani predisposto dall'Istituto nazionale di statistica (ISTAT). [Le province autonome di Trento e di Bolzano possono prevedere che i fabbricati rurali ad uso strumentale siano assoggettati all'imposta municipale propria nel rispetto del limite delle aliquote definite dall'articolo 13, comma 8, del decreto legge 6 dicembre 2011, n. 201, convertito, con modificazioni, dalla legge 22 dicembre 2011, n. 214, ferma restando la facoltà di introdurre esenzioni, detrazioni o deduzioni ai sensi dell'articolo 80 del testo unico di cui al decreto del Presidente della Repubblica 31 agosto 1972, n. 670, e successive modificazioni]] (3) (1).

9. Il reddito agrario di cui all'articolo 32 del citato testo unico di cui al decreto del Presidente della Repubblica n. 917 del 1986, i redditi fondiari diversi da quelli cui si applica la cedolare secca di cui all'articolo 3, i redditi derivanti dagli immobili non produttivi di reddito fondiario ai sensi dell'articolo 43 del citato testo unico di cui al decreto del Presidente della Repubblica n. 917 del 1986, e dagli immobili posseduti dai soggetti passivi dell'imposta sul reddito delle società, continuano ad essere assoggettati alle ordinarie imposte erariali sui redditi. Sono comunque assoggettati alle imposte sui redditi ed alle relative addizionali, ove dovute, gli immobili esenti dall'imposta municipale propria (4). Fermo restando quanto previsto dai periodi precedenti, il reddito degli immobili ad uso abitativo non locati situati nello *stesso comune* nel quale si trova l'immobile adibito ad abitazione principale, assoggettati all'imposta municipale propria, concorre alla formazione della base imponibile dell'imposta sul reddito delle persone fisiche e delle relative addizionali nella misura del cinquanta per cento (5).

(1) *Questo comma è stato abrogato dall'art. 1, comma 780, della L. 27 dicembre 2019, n. 160, a decorrere dal 1° gennaio 2020.*

(2) *Questo comma è stato abrogato dall'art. 13, comma 14, lett. c., del D.L. 6 dicembre 2011, n. 201, convertito, con modificazioni, nella L. 22 dicembre 2011, n. 214, a decorrere dal 1° gennaio 2012.*

L'abrogazione è stata confermata dall'art. 1, comma 780, della L. 27 dicembre 2019, n. 160, a decorrere dal 1° gennaio 2020.

(3) *Questo periodo, aggiunto dall'art. 4, comma 1* ter, *lett.* a), *del D.L. 2 marzo 2012, n. 16, convertito, con modificazioni, nella L. 26 aprile 2012, n. 44, è stato soppresso dall'art. 1, comma 11, della L. 28 dicembre 2015, n. 208.*

(4) *Questo periodo è stato aggiunto dall'art. 4, comma 1* ter, *lett.* b), *del D.L. 2 marzo 2012, n. 16, convertito, con modificazioni, nella L. 26 aprile 2012, n. 44.*

(5) *Questo periodo è stato aggiunto dall'art. 1, comma 717, lett.* b), *della L. 27 dicembre 2013, n. 147, a decorrere dal 31 dicembre 2013.*

10. Applicazione dei tributi nell'ipotesi di trasferimento immobiliare. – 1. All'articolo 1 della tariffa, parte prima, allegata al citato testo unico di cui al decreto del Presidente della Repubblica n. 131 del 1986, sono apportate le seguenti modificazioni:

a) il comma 1 è sostituito dal seguente:

1. Atti traslativi a titolo oneroso della proprietà di beni immobili in genere e atti traslativi o costitutivi di diritti reali immobiliari di godimento, compresi la rinuncia pura e semplice agli stessi, i provvedimenti di espropriazione per pubblica utilità e i trasferimenti coattivi	9 per cento
Se il trasferimento ha per oggetto case di abitazione, ad eccezione di quelle di categoria catastale A1, A8 e A9, ove ricorrano le condizioni di cui alla nota II *bis*)	2 per cento

b) sono abrogate le note del predetto articolo 1, ad eccezione della nota II *bis*;

c) nella nota II *bis*) dell'articolo 1, le parole: «dell'aliquota del 3 per cento», sono sostituite dalle seguenti: «dell'aliquota del 2 per cento».

2. Nei casi di cui al comma 1, l'imposta, comunque, non può essere inferiore a 1.000 euro.

3. Gli atti assoggettati all'imposta di cui ai commi 1 e 2 e tutti gli atti e le formalità direttamente conseguenti posti in essere per effettuare gli adempimenti presso il catasto ed i registri immobiliari sono esenti dall'imposta di bollo, dai tributi speciali catastali e dalle tasse ipotecarie e sono soggetti a

ciascuna delle imposte ipotecaria e catastale nella misura fissa di euro cinquanta ([1]).

4. In relazione agli atti di cui ai commi 1 e 2 sono soppresse tutte le esenzioni e le agevolazioni tributarie, anche se previste in leggi speciali ad eccezione delle esenzioni di cui agli articoli 19 e 20 dell'Accordo tra la Repubblica italiana e il BIE sulle misure necessarie per facilitare la partecipazione all'Esposizione universale di Milano 2015, ratificato con legge 14 gennaio 2013, n. 3 ([2]), ad eccezione delle disposizioni di cui all'articolo 2, comma 4 *bis*, del decreto legge 30 dicembre 2009, n. 194, convertito, con modificazioni, dalla legge 26 febbraio 2010, n. 25 ([3]), e delle disposizioni di cui all'articolo 2 della legge 1° dicembre 1981, n. 692, e all'articolo 40 della legge 16 giugno 1927, n. 1766 ([4]). È altresì esclusa la soppressione delle esenzioni e delle agevolazioni tributarie riferite agli atti di cui ai commi 1 e 2 aventi ad oggetto immobili pubblici interessati da operazioni di permuta, dalle procedure di cui agli articoli 2, 3, 3 *ter* e 4 del decreto legge 25 settembre 2001, n. 351, convertito, con modificazioni, dalla legge 23 novembre 2001, n. 410, e successive modificazioni, all'articolo 11 *quinquies* del decreto legge 30 settembre 2005, n. 203, convertito, con modificazioni, dalla legge 2 dicembre 2005, n. 248, e successive modificazioni, e agli articoli 33 e 33 *bis* del decreto legge 6 luglio 2011, n. 98, convertito, con modificazioni, dalla legge 15 luglio 2011, n. 111, e successive modificazioni, e all'articolo 32 del decreto del Presidente della Repubblica 29 settembre 1973, n. 601 ([5]), e delle disposizioni di cui all'articolo 9, secondo comma, del decreto del Presidente della Repubblica 29 settembre 1973, n. 601 ([6]).

5. Le disposizioni del presente articolo si applicano a decorrere dal 1° gennaio 2014.

([1]) *Questo comma è stato così sostituito dall'art. 26, comma 1, del D.L. 12 settembre 2013, n. 104, convertito, con modificazioni, nella L. 8 novembre 2013, n. 128.*

([2]) *Le parole: «ad eccezione delle esenzioni di cui agli articoli 19 e 20 dell'Accordo tra la Repubblica italiana e il BIE sulle misure necessarie per facilitare la partecipazione all'Esposizione universale di Milano 2015, ratificato con legge 14 gennaio 2013, n. 3» sono state inserite dall'art. 13, comma 3, del D.L. 28 marzo 2014, n. 47, convertito, con modificazioni, nella L. 23 maggio 2014, n. 80.*

([3]) *Le parole: «, ad eccezione delle disposizioni di cui all'articolo 2, comma 4* bis, *del decreto legge 30 dicembre 2009, n. 194, convertito, con modificazioni, dalla legge 26 febbraio 2010, n. 25» sono state aggiunte dall'art. 1, comma 608, della L. 27 dicembre 2013, n. 147.*

([4]) *Le parole: «, e delle disposizioni di cui all'articolo 2 della legge 1° dicembre 1981, n. 692, e all'articolo 40 della legge 16 giugno 1927, n. 1766» sono state aggiunte dall'art. 5, comma 1* bis, *del D.L. 24 aprile 2014, n. 66, convertito, con modificazioni, nella L. 23 giugno 2014, n. 89.*

([5]) *Questo periodo è stato aggiunto dall'art. 20, comma 4* ter, *del D.L. 12 settembre 2014, n. 133, convertito, con modificazioni, nella L. 11 novembre 2014, n. 164.*

([6]) *Le parole: «, e delle disposizioni di cui all'articolo 9, secondo comma, del decreto del Presidente della Repubblica 29 settembre 1973, n. 601» sono state aggiunte dall'art. 1, comma 47, della L. 11 dicembre 2016, n. 232.*

11. ([1]) [**Imposta municipale secondaria.** – 1. L'imposta municipale secondaria è introdotta, a decorrere dall'anno 2016 ([2]), con deliberazione del consiglio comunale, per sostituire le seguenti forme di prelievo: la tassa per l'occupazione di spazi ed aree pubbliche, il canone di occupazione di spazi ed aree pubbliche, l'imposta comunale sulla pubblicità e i diritti sulle pubbliche affissioni, il canone per l'autorizzazione all'installazione dei mezzi pubblicitari. L'addizionale per l'integrazione dei bilanci degli enti comunali di assistenza è abolita a decorrere dall'introduzione del tributo di cui al presente articolo.

2. Con regolamento, da adottare ai sensi dell'articolo 17, comma 1, della citata legge n. 400 del 1988, d'intesa con la Conferenza Stato-città ed autonomie locali, è dettata la disciplina generale dell'imposta municipale secondaria, in base ai seguenti criteri:

a) il presupposto del tributo è l'occupazione dei beni appartenenti al demanio o al patrimonio indisponibile dei comuni, nonché degli spazi soprastanti o sottostanti il suolo pubblico, anche a fini pubblicitari;

b) soggetto passivo è il soggetto che effettua l'occupazione; se l'occupazione è effettuata con impianti pubblicitari, è obbligato in solido il soggetto che utilizza l'impianto per diffondere il messaggio pubblicitario;

c) l'imposta è determinata in base ai seguenti elementi:

1) durata dell'occupazione;

2) entità dell'occupazione, espressa in metri quadrati o lineari;

3) fissazione di tariffe differenziate in base alla tipologia ed alle finalità dell'occupazione, alla zona del territorio comunale oggetto dell'occupazione ed alla classe demografica del comune;

d) le modalità di pagamento, i modelli della dichiarazione, l'accertamento, la riscossione coattiva, i rimborsi, le sanzioni, gli interessi ed il contenzioso sono disciplinati in conformità con quanto previsto dall'articolo 9, commi 4, 6 e 7, del presente decreto legislativo;

e) l'istituzione del servizio di pubbliche affissioni non è obbligatoria e sono individuate idonee modalità, anche alternative all'affissione di manifesti, per l'adeguata diffusione degli annunci obbligatori per legge, nonché per l'agevolazione della diffusione di annunci di rilevanza sociale e culturale;

f) i comuni, con proprio regolamento da adottare ai sensi dell'articolo 52 del citato decreto legislativo n. 446 del 1997, hanno la facoltà di disporre esenzioni ed agevolazioni, in modo da consentire anche una più piena valorizzazione della sussidiarietà orizzontale, nonché ulteriori modalità applicative del tributo].

(1) *Questo articolo è stato abrogato dall'art. 1, comma 25, della L. 28 dicembre 2015, n. 208.*

(2) *Le parole: «a decorrere dall'anno 2014» sono state così sostituite dalle attuali: «a decorrere dall'anno 2015» dall'art. 1, comma 714, lett.* b)*, della L. 27 dicembre 2013, n. 147. Le parole: «a decorrere dall'anno 2015» sono state così sostituite dalle seguenti: «a decorrere dall'anno 2016», dall'art. 10, comma 11* bis*, del D.L. 31 dicembre 2014, n. 192, convertito, con modificazioni, nella L. 27 febbraio 2015, n. 11.*

12. Misure in materia di finanza pubblica. – 1. L'autonomia finanziaria dei comuni deve essere compatibile con gli impegni finanziari assunti con il patto di stabilità e crescita.

2. In ogni caso, dall'attuazione dei decreti legislativi di cui alla citata legge n. 42 del 2009, e successive modificazioni, non può derivare, anche nel corso della fase transitoria, alcun aumento del prelievo fiscale complessivo a carico dei contribuenti.

3. In caso di trasferimento di ulteriori funzioni ai comuni, ai sensi dell'articolo 118 della Costituzione, secondo le modalità di cui all'articolo 7 della legge 5 giugno 2003, n. 131, è assicurato al complesso degli enti l'integrale finanziamento di tali funzioni, ove non si sia provveduto contestualmente al finanziamento e al trasferimento.

13. Fondo perequativo per comuni e province. – 1. Per il finanziamento delle spese dei comuni e delle province, successivo alla determinazione dei fabbisogni standard collegati alle spese per le funzioni fondamentali, è istituito nel bilancio dello Stato un fondo perequativo, con indicazione separata degli stanziamenti per i comuni e degli stanziamenti per le province, a titolo di concorso per il finanziamento delle funzioni da loro svolte. Previa intesa sancita in sede di Conferenza Stato-città ed autonomie locali, con decreto del Presidente del Consiglio dei ministri, su proposta del Ministro per i rapporti con le regioni e per la coesione territoriale e del Ministro dell'interno, di concerto con il Ministro dell'economia e delle finanze, sono stabilite, salvaguardando la neutralità finanziaria per il bilancio dello Stato e in conformità con l'articolo 13 della legge 5 maggio 2009, n. 42, le modalità di alimentazione e di riparto del fondo. Il fondo perequativo a favore dei comuni è alimentato da quote del gettito dei tributi di cui all'articolo 2, commi 1 e 2, e dalla compartecipazione prevista dall'articolo 7, comma 2.

Tale fondo è articolato in due componenti, la prima delle quali riguarda le funzioni fondamentali dei comuni, la seconda le funzioni non fondamentali. Le predette quote sono divise in corrispondenza della determinazione dei fabbisogni standard relativi alle funzioni fondamentali e riviste in funzione della loro dinamica.

14. Ambito di applicazione del decreto legislativo, regolazioni finanziarie e norme transitorie. – 1. L'imposta municipale propria relativa agli immobili strumentali è deducibile ai fini della determinazione del reddito di impresa e del reddito derivante dall'esercizio di arti e professioni ([1]). La medesima imposta è indeducibile ai fini dell'imposta regionale sulle attività produttive. Le disposizioni di cui al presente comma si applicano anche all'imposta municipale immobiliare (IMI) della provincia autonoma di Bolzano, istituita con legge provinciale 23 aprile 2014, n. 3, e all'imposta immobiliare semplice (IMIS) della provincia autonoma di Trento, istituita con legge provinciale 30 dicembre 2014, n. 14 ([2]) ([3]) ([4]) ([5]).

2. Al fine di assicurare la neutralità finanziaria del presente decreto, nei confronti delle regioni a statuto speciale il presente decreto si applica nel rispetto dei rispettivi statuti e in conformità con le procedure previste dall'articolo 27 della citata legge n. 42 del 2009, e in particolare:

a) nei casi in cui, in base alla legislazione vigente, alle regioni a statuto speciale spetta una compartecipazione al gettito dell'imposta sul reddito delle persone fisiche ovvero al gettito degli altri tributi erariali, questa si intende riferita anche al gettito della cedolare secca di cui all'articolo 3;

b) sono stabilite la decorrenza e le modalità di applicazione delle disposizioni di cui all'articolo 2 nei confronti dei comuni ubicati nelle regioni a statuto speciale, nonché le percentuali delle compartecipazioni di cui alla lettera *a*); con riferimento all'imposta municipale propria di cui all'articolo 8 si tiene conto anche dei tributi da essa sostituiti.

3. Nelle regioni a statuto speciale e nelle province autonome che esercitano le funzioni in materia di finanza locale, le modalità di applicazione delle disposizioni relative alle imposte comunali istituite con il presente decreto sono stabilite dalle predette autonomie speciali in conformità con i rispettivi statuti e le relative norme di attuazione; per gli enti locali ubicati nelle medesime regioni e province autonome non trova applicazione quanto previsto dall'articolo 2, commi da 1 a 8; alle predette regioni e province autonome spettano le devoluzioni e le compartecipazioni al gettito delle entrate tributarie erariali previste dal presente decreto nelle misure e con le modalità definite dai rispettivi statuti speciali e dalle relative norme di attuazione per i medesimi tributi erariali o per quelli da essi sostituiti.

4. Il presente decreto legislativo concorre ad assicurare, in prima applicazione della citata legge n. 42 del 2009, e successive modificazioni, e in via transitoria, l'autonomia di entrata dei comuni. Gli elementi informativi necessari all'attuazione del presente decreto sono acquisiti alla banca dati unitaria delle pubbliche amministrazioni di cui all'articolo 13 della citata legge n. 196 del 2009, nonché alla banca dati di cui all'articolo 5, comma 1, lettera *g*), della citata legge n. 42 del 2009.

5. In coerenza con quanto stabilito con la decisione di finanza pubblica di cui all'articolo 10 della citata legge n. 196 del 2009, in materia di limite massimo della pressione fiscale complessiva, la Conferenza permanente per il coordinamento della finanza pubblica, avvalendosi della Commissione tecnica paritetica per l'attuazione del federalismo fiscale, monitora gli effetti finanziari del presente decreto legislativo al fine di garantire il rispetto del predetto limite, anche con riferimento alle tariffe, e propone al Governo le eventuali misure correttive.

6. È confermata la potestà regolamentare in materia di entrate degli enti locali di cui all'articolo 52 ([6]) del citato decreto legislativo n. 446 del 1997 anche per i nuovi tributi previsti dal presente provvedimento.

[7. Sino alla revisione della disciplina relativa ai prelievi relativi alla gestione dei rifiuti solidi urbani, continuano ad applicarsi i regolamenti comunali adottati in base alla normativa concernente la tassa sui rifiuti solidi urbani e la tariffa di igiene ambientale. Resta ferma la possibilità per i comuni di adottare la tariffa integrata ambientale] ([7]).

8. A decorrere dall'anno 2011, le delibere di variazione dell'addizionale comunale all'imposta sul reddito delle persone fisiche hanno effetto dal 1° gennaio dell'anno di pubblicazione sul sito informatico di cui all'articolo 1, comma 3, del citato decreto legislativo n. 360 del 1998, a condizione che detta pubblicazione avvenga entro il 20 dicembre ([8]) dell'anno a cui la delibera afferisce. Le delibere relative all'anno 2010 sono efficaci per lo stesso anno d'imposta se la pubblicazione sul predetto sito avviene entro il 31 marzo 2011. Restano fermi, in ogni caso, gli effetti delle disposizioni di cui all'articolo 1, comma 169, della citata legge n. 296 del 2006.

9. Per il perseguimento delle finalità istituzionali, di quelle indicate nell'articolo 10, comma 5, del citato decreto legislativo n. 504 del 1992, nonché dei compiti attribuiti con i decreti legislativi emanati in attuazione della citata legge n. 42 del 2009, e successive modificazioni, anche al fine di assistere i comuni nell'attuazione del presente decreto e nella lotta all'evasione fiscale, l'Associazione Nazionale Comuni Italiani si avvale delle risorse indicate nell'articolo 10, comma 5, del citato decreto legislativo n. 504 del 1992. A decorrere dal 1° gennaio 2012 ([9]), l'aliquota percentuale indicata

nel predetto articolo è calcolata con riferimento al gettito annuale prodotto dall'imposta di cui all'articolo 8. Con decreto del Ministro dell'interno, di concerto con il Ministro dell'economia e delle finanze, da adottare d'intesa con la Conferenza Stato-città ed autonomie locali, sono stabilite le modalità di attribuzione delle risorse in sostituzione di quelle vigenti, nonché le altre modalità di attuazione del presente comma.

10. Il decreto del Presidente del Consiglio dei ministri di cui all'articolo 2, comma 4, stabilisce le modalità per l'acquisizione delle informazioni necessarie al fine di assicurare, in sede di prima applicazione, l'assegnazione della compartecipazione all'imposta sul valore aggiunto sulla base del gettito per provincia. Fino a che le predette informazioni non sono disponibili, l'assegnazione del gettito dell'imposta sul valore aggiunto per ogni comune ha luogo sulla base del gettito di tale imposta per Regione, suddiviso per il numero degli abitanti di ciascun comune ([10]).

([1]) *Questo periodo: «L'imposta municipale propria relativa agli immobili strumentali è deducibile ai fini della determinazione del reddito di impresa e del reddito derivante dall'esercizio di arti e professioni» sostituiva il precedente: «L'imposta municipale propria relativa agli immobili strumentali è deducibile ai fini della determinazione del reddito di impresa e del reddito derivante dall'esercizio di arti e professioni nella misura del 40 per cento» in forza dell'art. 3, comma 1, del D.L. 30 aprile 2019, n. 34, convertito, con modificazioni, nella L. 28 giugno 2019, n. 58, a decorrere dal periodo d'imposta successivo a quello in corso al 31 dicembre 2022; la deduzione ivi prevista si applica nella misura del 50 per cento per il periodo d'imposta successivo a quello in corso al 31 dicembre 2018, nella misura del 60 per cento per il periodo d'imposta successivo a quello in corso, rispettivamente, al 31 dicembre 2019 e al 31 dicembre 2020 e nella misura del 70 per cento per il periodo d'imposta successivo a quello in corso al 31 dicembre 2021. L'art. 1, comma 4, della L. 27 dicembre 2019, n. 160, a decorrere dal 1° gennaio 2020, ha poi sostituito l'art. 3 del medesimo D.L. n. 34/2019 con l'attuale testo: «Per il periodo d'imposta successivo a quello in corso al 31 dicembre 2018, l'imposta municipale propria relativa agli immobili strumentali è deducibile ai fini della determinazione del reddito di impresa e del reddito derivante dall'esercizio di arti e professioni nella misura del 50 per cento»*

([2]) *Le parole: «Le disposizioni di cui al presente comma si applicano anche all'imposta municipale immobiliare (IMI) della provincia autonoma di Bolzano, istituita con legge provinciale 23 aprile 2014, n. 3» sono state aggiunte dall'art. 1, comma 508, della L. 23 dicembre 2014, n. 190.*

([3]) *Le parole: «, e all'imposta immobiliare semplice (IMIS) della provincia autonoma di Trento, istituita con legge provinciale 30 dicembre 2014, n. 14» sono state aggiunte dall'art. 1, comma 9* ter, *del D.L. 24 gennaio 2015, n. 4, convertito, con modificazioni, nella L. 24 marzo 2015, n. 34.*

([4]) *Questo comma è stato così sostituito dall'art. 1, comma 715, della L. 27 dicembre 2013, n. 147. A norma dell'art. 1, comma 716, della medesima legge, la disposizione in materia di deducibilità dell'imposta municipale propria ai fini dell'imposta sui redditi, di cui a questo comma, ha effetto a decorrere dal periodo d'imposta in corso al 31 dicembre 2013. Per il periodo d'imposta in corso al 31 dicembre 2013, l'aliquota di cui a questo comma è elevata al 30 per cento.*

La Corte costituzionale, con sentenza n. 262 del 4 dicembre 2020, ha dichiarato l'illegittimità costituzionale di questo comma, nel testo anteriore alle modifiche apportate dall'art. 1, comma, 715, della L. 27 dicembre 2013, n. 147, nella parte in cui dispone che, anche per gli immobili strumentali, l'imposta municipale propria è indeducibile dalle imposte sui redditi d'impresa.

(5) *A norma dell'art. 1, comma 9* quater, *del D.L. 24 gennaio 2015, n. 4, convertito, con modificazioni, nella L. 24 marzo 2015, n. 34, ai sensi dell'articolo 1, comma 2, della legge 27 luglio 2000, n. 212, questo comma, relativamente alla deducibilità dell'imposta municipale immobiliare (IMI) della provincia autonoma di Bolzano, istituita con legge provinciale 23 aprile 2014, n. 3, deve intendersi nel senso che la deducibilità nella misura del 20 per cento ai fini della determinazione del reddito di impresa e del reddito derivante dall'esercizio di arti e professioni si applica, anche per l'imposta municipale immobiliare (IMI) della provincia autonoma di Bolzano, a decorrere dal periodo d'imposta in corso al 31 dicembre 2014.*

(6) *Le parole*: «agli articoli 52 e 59» *sono state così sostituite dalle parole*: «all'articolo 52» *dall'art. 4, comma 1, del D.L. 2 marzo 2012, n. 16, convertito, con modificazioni, nella L. 26 aprile 2012, n. 44.*

(7) *Questo comma è stato abrogato dall'art. 14, comma 47, del D.L. 6 dicembre 2011, n. 201, convertito, con modificazioni, nella L. 22 dicembre 2011, n. 214, a decorrere dal 1° gennaio 2013.*

(8) *Le parole*: «31 dicembre» *sono state così sostituite dalle parole*: «20 dicembre» *dall'art. 4, comma 1, del D.L. 2 marzo 2012, n. 16, convertito, con modificazioni, nella L. 26 aprile 2012, n. 44.*

(9) *Le parole*: «dal 1° gennaio 2014» *sono state così sostituite dalle parole*: «dal 1° gennaio 2012» *dall'art. 13, comma 13, del D.L. 6 dicembre 2011, n. 201, convertito, con modificazioni, nella L. 22 dicembre 2011, n. 214.*

(10) *A norma dell'art. 13, comma 19, del D.L. 6 dicembre 2011, n. 201, convertito, con modificazioni, nella L. 22 dicembre 2011, n. 214, le disposizioni recate da questo comma non trovano applicazione per gli anni 2012, 2013 e 2014.*

6.

D.L. 6 dicembre 2011, n. 201. Disposizioni urgenti per la crescita, l'equità e il consolidamento dei conti pubblici (Suppl. ord. alla *Gazzetta Ufficiale* Serie gen. - n. 284 del 6 dicembre 2011), convertito, con modificazioni, nella L. 22 dicembre 2011, n. **214** (Suppl. ord. alla *Gazzetta Ufficiale* Serie gen. - n. 300 del 27 dicembre 2011) e comunicato di rettifica in *Gazzetta Ufficiale* Serie gen. - n. 10 del 13 gennaio 2012.

(*Estratto*)

Titolo III
Consolidamento dei conti pubblici

Capo II
Disposizioni in materia di maggiori entrate

13. (1) (2) (3) **Anticipazione sperimentale dell'imposta municipale propria.** – [1. L'istituzione dell'imposta municipale propria è anticipata, in via sperimentale, a decorrere dall'anno 2012, ed è applicata in tutti i comuni del territorio nazionale [fino al 2014] (4) in base agli articoli 8 e 9 del decreto legislativo 14 marzo 2011, n. 23, in quanto compatibili, ed alle disposizioni che seguono. [Conseguentemente l'applicazione a regime dell'imposta municipale propria è fissata al 2015]] (5) (6).

[2. L'imposta municipale propria ha per presupposto il possesso di immobili [di cui all'articolo 2 del decreto legislativo 30 dicembre 1992, n. 504] (7) [, ivi comprese l'abitazione principale e le pertinenze della stessa] (8); restano ferme le definizioni di cui all'articolo 2 del decreto legislativo 30 dicembre 1992, n. 504. I soggetti richiamati dall'articolo 2, comma 1, lettera *b*), secondo periodo, del decreto legislativo n. 504 del 1992, sono individuati nei coltivatori diretti e negli imprenditori agricoli professionali di cui all'articolo 1 del decreto legislativo 29 marzo 2004, n. 99, e successive modificazioni, iscritti nella previdenza agricola. L'imposta municipale propria non si applica al possesso dell'abitazione principale e delle pertinenze della stessa, ad eccezione di quelle classificate nelle categorie catastali A/1, A/8 e A/9, per le quali continuano ad applicarsi l'aliquota di cui al comma 7 e la detrazione di cui al comma 10. Per abitazione principale si intende l'immobile, iscritto o iscrivibile nel catasto edilizio urbano come unica unità immobiliare, nel quale il possessore e il suo nucleo familiare dimorano abitualmente e risiedono anagraficamente. Nel caso in cui i componenti del nucleo familiare abbiano stabilito la dimora abituale e la residenza anagrafica in immobili diversi situati nel territorio comunale, le agevolazioni per l'abitazione principale e per le relative pertinenze in relazione al nucleo familiare si applicano per un solo immobile (9). Per pertinenze dell'abitazione principale si intendono esclusivamente quelle classificate nelle categorie catastali C/2, C/6 e C/7, nella misura massima di un'unità pertinenziale per ciascuna delle categorie catastali indicate, anche se iscritte in catasto unitamente all'unità ad uso abitativo. I comuni possono considerare direttamente adibita ad abitazione principale l'unità immobiliare posseduta a titolo di proprietà o di usufrutto da anziani o disabili che acquisiscono la residenza in istituti di ricovero o sanitari a seguito di ricovero permanente, a condizione che la stessa non risulti locata [, l'unità immobiliare posseduta dai cittadini italiani non residenti nel territorio dello Stato a titolo di proprietà o di usufrutto in Italia, a condizione che non risulti locata] (10) [, nonché l'unità immobiliare concessa in comodato dal soggetto passivo ai parenti in linea retta entro il primo grado che la utilizzano come abitazione principale, prevedendo che l'agevolazione operi o limitatamente alla quota di rendita risultante in catasto non eccedente il valore di euro 500 oppure nel solo caso in cui il comodatario appartenga a un nucleo familiare con ISEE non superiore a 15.000 euro annui] (11). In caso di più unità immobiliari, la predetta agevolazione può essere applicata ad una sola unità immobiliare. A partire dall'anno 2015 è considerata direttamente adibita ad abitazione principale una ed una sola unità immobiliare posseduta dai cittadini italiani non residenti nel territorio dello Stato e iscritti all'Anagrafe degli italiani residenti all'estero (AIRE), già pensionati nei rispettivi Paesi di residenza, a titolo di proprietà o di usufrutto in Italia, a condizione che non risulti locata o data in comodato d'uso. L'imposta municipale propria non si applica, altresì:

a) alle unità immobiliari appartenenti alle cooperative edilizie a proprietà indivisa, adibite ad abitazione principale e relative pertinenze dei soci assegnatari, ivi incluse le unità immobiliari appartenenti alle cooperative edilizie a proprietà indivisa destinate a studenti universitari soci assegnatari, anche in deroga al richiesto requisito della residenza anagrafica;

b) ai fabbricati di civile abitazione destinati ad alloggi sociali come definiti dal decreto del Ministro delle infrastrutture 22 aprile 2008, pubblicato nella *Gazzetta Ufficiale* n. 146 del 24 giugno 2008;

c) alla casa coniugale assegnata al coniuge, a seguito di provvedimento di separazione legale, annullamento, scioglimento o cessazione degli effetti civili del matrimonio;

d) a un unico immobile, iscritto o iscrivibile nel catasto edilizio urbano come unica unità immobiliare, posseduto, e non concesso in locazione, dal personale in servizio permanente appartenente alle Forze armate e alle Forze di polizia ad ordinamento militare e da quello dipendente delle Forze di polizia ad ordinamento civile, nonché dal personale del Corpo nazionale dei vigili del fuoco, e, fatto salvo quanto previsto dall'articolo 28, comma 1, del decreto legislativo 19 maggio 2000, n. 139, dal personale appartenente alla carriera prefettizia, per il quale non sono richieste le condizioni della dimora abituale e della residenza anagrafica] ([6]).

[3. La base imponibile dell'imposta municipale propria è costituita dal valore dell'immobile determinato ai sensi dell'articolo 5, commi 1, 3, 5 e 6 del decreto legislativo 30 dicembre 1992, n. 504, e dei commi 4 e 5 del presente articolo. La base imponibile è ridotta del 50 per cento:

0*a*) per le unità immobiliari, fatta eccezione per quelle classificate nelle categorie catastali A/1, A/8 e A/9, concesse in comodato dal soggetto passivo ai parenti in linea retta entro il primo grado che le utilizzano come abitazione principale, a condizione che il contratto sia registrato e che il comodante possieda un solo immobile in Italia e risieda anagraficamente nonché dimori abitualmente nello stesso comune in cui è situato l'immobile concesso in comodato; il beneficio si applica anche nel caso in cui il comodante oltre all'immobile concesso in comodato possieda nello stesso comune un altro immobile adibito a propria abitazione principale, ad eccezione delle unità abitative classificate nelle categorie catastali A/1, A/8 e A/9; [ai fini dell'applicazione delle disposizioni della presente lettera, il soggetto passivo attesta il possesso dei suddetti requisiti nel modello di dichiarazione di cui all'articolo 9, comma 6, del decreto legislativo 14 marzo 2011, n. 23;] ([12]) il beneficio di cui alla presente lettera si estende, in caso di morte del comodatario, al coniuge di quest'ultimo in presenza di figli minori;

a) per i fabbricati di interesse storico o artistico di cui all'articolo 10 del codice di cui al decreto legislativo 22 gennaio 2004, n. 42;

b) per i fabbricati dichiarati inagibili o inabitabili e di fatto non utilizzati, limitatamente al periodo dell'anno durante il quale sussistono dette condizioni.

L'inagibilità o inabitabilità è accertata dall'ufficio tecnico comunale con perizia a carico del proprietario, che allega idonea documentazione alla dichiarazione. In alternativa, il contribuente ha facoltà di presentare una dichiarazione sostitutiva ai sensi del testo unico di cui al decreto del Presidente della Repubblica 28 dicembre 2000, n. 445, rispetto a quanto previsto dal periodo precedente. Agli effetti dell'applicazione della riduzione alla metà della base imponibile, i comuni possono disciplinare le caratteristiche di fatiscenza sopravvenuta del fabbricato, non superabile con interventi di manutenzione] ([6]).

[4. Per i fabbricati iscritti in catasto, il valore è costituito da quello ottenuto applicando all'ammontare delle rendite risultanti in catasto, vigenti al 1° gennaio dell'anno di imposizione, rivalutate del 5 per cento ai sensi dell'articolo 3, comma 48, della legge 23 dicembre 1996, n. 662, i seguenti moltiplicatori:

a. 160 per i fabbricati classificati nel gruppo catastale A e nelle categorie catastali C/2, C/6 e C/7, con esclusione della categoria catastale A/10;

b. 140 per i fabbricati classificati nel gruppo catastale B e nelle categorie catastali C/3, C/4 e C/5;

b bis. 80 per i fabbricati classificati nella categoria catastale D/5;

c. 80 per i fabbricati classificati nella categoria catastale A/10;

d. 60 per i fabbricati classificati nel gruppo catastale D, ad eccezione dei fabbricati classificati nella categoria catastale D/5; tale moltiplicatore è elevato a 65 a decorrere dal 1° gennaio 2013;

e. 55 per i fabbricati classificati nella categoria catastale C/1] ([6]).

[5. Per i terreni agricoli, il valore è costituito da quello ottenuto applicando all'ammontare del reddito dominicale risultante in catasto, vigente al 1° gennaio dell'anno di imposizione, rivalutato del 25 per cento ai sensi dell'articolo 3, comma 51, della legge 23 dicembre 1996, n. 662, un moltiplicatore pari a 135. [Per i terreni agricoli, nonché per quelli non coltivati, posseduti e condotti dai coltivatori diretti e dagli imprenditori agricoli professionali iscritti nella previdenza agricola il moltiplicatore è pari a 75]] ([13]) ([6]).

[6. L'aliquota di base dell'imposta è pari allo 0,76 per cento. I comuni con deliberazione del consiglio comunale, adottata ai sensi dell'articolo 52 del decreto legislativo 15 dicembre 1997, n. 446, possono modificare, in aumento o in diminuzione, l'aliquota di base sino a 0,3 punti percentuali] ([6]).

[6 *bis*. Per gli immobili locati a canone concordato di cui alla legge 9 dicembre 1998, n. 431, l'imposta, determinata applicando l'aliquota stabilita dal comune ai sensi del comma 6, è ridotta al 75 per cento. Ai fini dell'applicazione delle disposizioni del presente comma, il soggetto passivo è esonerato dall'attestazione del possesso del requisito mediante il modello di dichiarazione indicato all'articolo 9, comma 6, del decreto legislativo 14 marzo 2011, n. 23, nonché da qualsiasi altro onere di dichiarazione o comunicazione] ([6]).

[7. L'aliquota è ridotta allo 0,4 per cento per l'abitazione principale e per le relative pertinenze. I comuni possono modificare, in aumento o in diminuzione, la suddetta aliquota sino a 0,2 punti percentuali] ([6]).

[8. L'aliquota è ridotta allo 0,2 per cento per i fabbricati rurali ad uso strumentale di cui all'articolo 9, comma 3 *bis*, del decreto legge 30 dicembre 1993, n. 557, convertito, con modificazioni, dalla legge 26 febbraio 1994, n. 133. I comuni possono ridurre la suddetta aliquota fino allo 0,1 per cento. Per l'anno 2012, la prima rata è versata nella misura del 30 per cento dell'imposta dovuta applicando l'aliquota di base e la seconda rata è versata a saldo dell'imposta complessivamente dovuta per l'intero anno con conguaglio sulla prima rata. Per l'anno 2012, il versamento dell'imposta complessivamente dovuta per i fabbricati rurali di cui al comma 14 *ter* è effettuato in un'unica soluzione entro il 16 dicembre. Con decreto del Presidente del Consiglio dei Ministri, da emanare entro il 10 dicembre 2012, si provvede, sulla base dell'andamento del gettito derivante dal pagamento della prima rata dell'imposta di cui al presente comma, alla modifica dell'aliquota da applicare ai medesimi fabbricati e ai terreni in modo da garantire che il gettito complessivo non superi per l'anno 2012 gli ammontari previsti dal Ministero dell'economia e delle finanze rispettivamente per i fabbricati rurali ad uso strumentale e per i terreni] ([6]).

[8 *bis*. I terreni agricoli posseduti da coltivatori diretti o da imprenditori agricoli professionali di cui all'articolo 1 del decreto legislativo 29 marzo 2004, n. 99, purché dai medesimi condotti, sono soggetti all'imposta limitatamente alla parte di valore eccedente euro 6.000 e con le seguenti riduzioni:

a) del 70 per cento dell'imposta gravante sulla parte di valore eccedente i predetti euro 6.000 e fino a euro 15.500;

b) del 50 per cento dell'imposta gravante sulla parte di valore eccedente euro 15.500 e fino a euro 25.500;

c) del 25 per cento dell'imposta gravante sulla parte di valore eccedente euro 25.500 e fino a euro 32.000] ([14]).

[9. I comuni possono ridurre l'aliquota di base fino allo 0,4 per cento nel caso di immobili non produttivi di reddito fondiario ai sensi dell'articolo 43 del testo unico di cui al decreto del Presidente della Repubblica n. 917 del 1986, ovvero nel caso di immobili posseduti dai soggetti passivi dell'imposta sul reddito delle società, ovvero nel caso di immobili locati] ([6]).

[9 *bis*. A decorrere dal 1° gennaio 2014 sono esenti dall'imposta municipale propria i fabbricati costruiti e destinati dall'impresa costruttrice alla vendita, fintanto che permanga tale destinazione e non siano in ogni caso locati] ([6]).

[10. Dall'imposta dovuta per l'unità immobiliare adibita ad abitazione principale del soggetto passivo e classificata nelle categorie catastali A/1, A/8 e A/9 nonché per le relative pertinenze, si detraggono, fino a concorrenza del suo ammontare, euro 200 rapportati al periodo dell'anno durante il quale si protrae tale destinazione; se l'unità immobiliare è adibita ad abitazione principale da più soggetti passivi, la detrazione spetta a ciascuno di essi proporzionalmente alla quota per la quale la destinazione medesima si verifica. I comuni possono disporre l'elevazione dell'importo della detrazione, fino a concorrenza dell'imposta dovuta, nel rispetto dell'equilibrio di bilancio. La suddetta detrazione si applica agli alloggi regolarmente assegnati dagli Istituti autonomi per le case popolari (IACP) o dagli enti di edilizia residenziale pubblica, comunque denominati, aventi le stesse finalità degli IACP, istituiti in attuazione dell'articolo 93 del decreto del Presidente della Repubblica 24 luglio 1977, n. 616] ([6]).

11. (*Omissis*) ([15]).

[12. Il versamento dell'imposta, in deroga all'articolo 52 del decreto legislativo 15 dicembre 1997, n. 446, è effettuato secondo le disposizioni di cui all'articolo 17 del decreto legislativo 9 luglio 1997, n. 241, con le modalità stabilite con provvedimento del direttore dell'Agenzia delle entrate nonché, a decorrere dal 1° dicembre 2012, tramite apposito bollettino postale al quale si applicano le disposizioni di cui al citato articolo 17, in quanto compatibili] ([6]).

[12 *bis*. Per l'anno 2012, il pagamento della prima rata dell'imposta municipale propria è effettuato, senza applicazione di sanzioni ed interessi, in misura pari al 50 per cento dell'importo ottenuto applicando le aliquote di base e la detrazione previste dal presente articolo; la seconda rata è versata a saldo dell'imposta complessivamente dovuta per l'intero anno con conguaglio sulla prima rata. Per l'anno 2012, l'imposta dovuta per l'abitazione principale e per le relative pertinenze è versata in tre rate di cui la prima e la seconda in misura ciascuna pari ad un terzo dell'imposta calcolata applicando l'aliquota di base e la detrazione previste dal presente articolo, da corrispondere rispettivamente entro il 16 giugno e il 16 settembre; la terza rata è versata, entro il 16 dicembre, a saldo dell'imposta complessivamente dovuta per l'intero anno con conguaglio sulle precedenti rate; in alternativa, per il medesimo anno 2012, la stessa imposta può essere versata in due rate di cui la prima, entro il 16 giugno, in misura pari al 50 per cento dell'imposta calcolata applicando l'aliquota di base e la detrazione previste dal presente articolo e la seconda, entro il 16 dicembre, a saldo dell'imposta complessivamente dovuta per l'intero anno con conguaglio sulla prima rata. Per il medesimo anno, i comuni iscrivono nel bilancio di previsione l'entrata da imposta municipale propria in base agli importi stimati dal Dipartimento delle finanze del Ministero dell'economia e delle finanze per ciascun comune, di cui alla tabella pubblicata sul sito internet www.finanze.gov.it. L'accertamento convenzionale non dà diritto al riconoscimento da parte dello Stato dell'eventuale differenza tra gettito accertato convenzionalmente e gettito reale ed è rivisto, unitamente agli accertamenti relativi al fondo sperimentale di riequilibrio e ai trasferimenti erariali, in esito a dati aggiornati da parte del medesimo Dipartimento delle finanze, ai sensi dell'accordo sancito dalla Conferenza Stato-città e autonomie locali del 1° marzo 2012. Con uno o più decreti del Presidente del Consiglio dei Ministri, su proposta del Ministro dell'economia e delle finanze, da emanare entro il 10 dicembre 2012, si provvede, sulla base del gettito della prima rata dell'imposta municipale propria nonché dei risultati dell'accatastamento dei fabbricati rurali, alla modifica delle aliquote, delle relative variazioni e della detrazione stabilite dal presente articolo per assicurare l'ammontare del gettito complessivo previsto per l'anno 2012. Entro il 31 ottobre 2012, sulla base dei dati aggiornati, ed in deroga all'articolo 172, comma 1, lettera *e*), del testo unico di cui al decreto legislativo 18 agosto 2000, n. 267, e all'articolo 1, comma 169, della legge 27 dicembre 2006, n. 296, i comuni possono approvare o modificare il regolamento e la deliberazione relativa alle aliquote e alla detrazione del tributo] ([16]).

[12 *ter*. I soggetti passivi devono presentare la dichiarazione entro il 30 giugno dell'anno successivo a quello in cui il possesso degli immobili ha avuto inizio o sono intervenute variazioni rilevanti ai fini della determinazione dell'imposta, utilizzando il modello approvato con il decreto di cui all'articolo 9, comma 6, del decreto legislativo 14 marzo 2011, n. 23. La dichiarazione ha effetto anche per gli anni successivi sempre che non si verifichino modificazioni dei dati ed elementi dichiarati cui consegua un diverso ammontare dell'imposta dovuta. Con il citato decreto, sono altresì disciplinati i casi in cui deve essere presentata la dichiarazione. Restano ferme le disposizioni dell'articolo 37, comma 55, del decreto legge 4 luglio 2006, n. 223, convertito, con modificazioni, dalla legge 4 agosto 2006, n. 248, e dell'articolo 1, comma 104, della legge 27 dicembre 2006, n. 296, e le dichiarazioni presentate ai fini dell'imposta comunale sugli immobili, in quanto compatibili. Per gli immobili per i quali l'obbligo dichiarativo è sorto dal 1° gennaio 2012, la dichiarazione deve essere presentata entro il 31 dicembre ([17]) dell'anno successivo a quello di pubblicazione nella *Gazzetta Ufficiale* del decreto di approvazione del modello di dichiarazione dell'imposta municipale propria e delle relative istruzioni] ([6]).

13. Restano ferme le disposizioni dell'articolo 9 e dell'articolo 14, commi 1 e 6 del decreto legislativo 14 marzo 2011, n. 23. All'articolo 14, comma 9, del decreto legislativo 14 marzo 2011, n. 23, le parole: "dal 1° gennaio 2014", sono sostituite dalle seguenti: "dal 1° gennaio 2012". Al comma 4 dell'articolo 14 del decreto legislativo 30 dicembre 1992, n. 504, ai commi 3 degli articoli 23, 53 e 76 del decreto legislativo 15 novembre 1993, n. 507 e al comma 31 dell'articolo 3 della legge 28 dicembre 1995, n. 549, le parole "ad un quarto" sono sostituite dalle seguenti "alla misura stabilita dagli articoli 16 e 17 del decreto legislativo 18 dicembre 1997, n. 472". Ai fini del quarto comma dell'articolo 2752 del codice civile il riferimento alla "legge per la finanza locale" si intende effettuato a tutte disposizioni che disciplinano i singoli tributi comunali e provinciali. La riduzione dei trasferimenti erariali di cui ai commi 39 e 46 dell'articolo 2 del decreto legge 3 ottobre 2006, n. 262, con-

vertito, con modificazioni, dalla legge 24 novembre 2006, n. 286, e successive modificazioni, è consolidata, a decorrere dall'anno 2011, all'importo risultante dalle certificazioni di cui al decreto 7 aprile 2010 del Ministero dell'economia e delle finanze emanato, di concerto con il Ministero dell'interno, in attuazione dell'articolo 2, comma 24, della legge 23 dicembre 2009, n. 191.

[13 *bis*. A decorrere dall'anno di imposta 2013, le deliberazioni di approvazione delle aliquote e delle detrazioni nonché i regolamenti dell'imposta municipale propria devono essere inviati esclusivamente per via telematica, mediante inserimento del testo degli stessi nell'apposita sezione del Portale del federalismo fiscale, per la pubblicazione nel sito informatico di cui all'articolo 1, comma 3, del decreto legislativo 28 settembre 1998, n. 360, e successive modificazioni. I comuni sono, altresì, tenuti ad inserire nella suddetta sezione gli elementi risultanti dalle delibere, secondo le indicazioni stabilite dal Ministero dell'economia e delle finanze – Dipartimento delle finanze, sentita l'Associazione nazionale dei comuni italiani. L'efficacia delle deliberazioni e dei regolamenti decorre dalla data di pubblicazione degli stessi nel predetto sito informatico. Il versamento della prima rata di cui al comma 3 dell'articolo 9 del decreto legislativo 14 marzo 2011, n. 23, è eseguito sulla base dell'aliquota e delle detrazioni dei dodici mesi dell'anno precedente. Il versamento della seconda rata di cui al medesimo articolo 9 è eseguito, a saldo dell'imposta dovuta per l'intero anno, con eventuale conguaglio sulla prima rata versata, sulla base degli atti pubblicati nel predetto sito alla data del 28 ottobre di ciascun anno di imposta; a tal fine il comune è tenuto a effettuare l'invio di cui al primo periodo entro il termine perentorio del 14 ottobre dello stesso anno. In caso di mancata pubblicazione entro il termine del 28 ottobre, si applicano gli atti adottati per l'anno precedente] ([6]).

14. Sono abrogate, a decorrere dal 1° gennaio 2012, le seguenti disposizioni:

a. l'articolo 1 del decreto legge 27 maggio 2008, n. 93, convertito con modificazioni, dalla legge 24 luglio 2008, n. 126, ad eccezione del comma 4 che continua ad applicarsi per i soli comuni ricadenti nei territori delle regioni a statuto speciale e delle province autonome di Trento e di Bolzano ([18]). A decorrere dall'anno 2018, l'abrogazione disposta dal presente comma opera anche nei confronti dei comuni compresi nel territorio della regione Friuli Venezia Giulia ([19]);

b. il comma 3, dell'articolo 58 e le lettere *d*), *e*) ed *h*) del comma 1, dell'articolo 59 del decreto legislativo 15 dicembre 1997, n. 446;

c. l'ultimo periodo del comma 5 dell'articolo 8 e il comma 4 dell'articolo 9 del decreto legislativo 14 marzo 2011, n. 23;

d. il comma 1 *bis* dell'articolo 23 del decreto legge 30 dicembre 2008, n. 207, convertito, con modificazioni, dalla legge 27 febbraio 2009, n. 14;

d bis. i commi 2 *bis*, 2 *ter* e 2 *quater* dell'articolo 7 del decreto legge 13 maggio 2011, n. 70, convertito, con modificazioni, dalla legge 12 luglio 2011, n. 106.

14 *bis*. Le domande di variazione della categoria catastale presentate, ai sensi del comma 2 *bis* dell'articolo 7 del decreto legge 13 maggio 2011, n. 70, convertito, con modificazioni, dalla legge 12 luglio 2011, n. 106, anche dopo la scadenza dei termini originariamente posti e fino alla data di entrata in vigore della legge di conversione del presente decreto, producono gli effetti previsti in relazione al riconoscimento del requisito di ruralità, fermo restando il classamento originario degli immobili rurali ad uso abitativo. Con decreto del Ministro dell'economia e delle finanze, da emanare entro sessanta giorni dalla data di entrata in vigore della legge di conversione del presente decreto, sono stabilite le modalità per l'inserimento negli atti catastali della sussistenza del requisito di ruralità, fermo restando il classamento originario degli immobili rurali ad uso abitativo ([20]).

14 *ter*. I fabbricati rurali iscritti nel catasto dei terreni, con esclusione di quelli che non costituiscono oggetto di inventariazione ai sensi dell'articolo 3, comma 3, del decreto del Ministro delle finanze 2 gennaio 1998, n. 28, devono essere dichiarati al catasto edilizio urbano entro il 30 novembre 2012 ([21]), con le modalità stabilite dal decreto del Ministro delle finanze 19 aprile 1994, n. 701.

14 *quater*. Nelle more della presentazione della dichiarazione di aggiornamento catastale di cui al comma 14 *ter*, l'imposta municipale propria è corrisposta, a titolo di acconto e salvo conguaglio, sulla base della rendita delle unità similari già iscritte in catasto. Il conguaglio dell'imposta è determinato dai comuni a seguito dell'attribuzione della rendita catastale con le modalità di cui al decreto del Ministro delle finanze 19 aprile 1994, n. 701. In caso di inottemperanza da parte del soggetto obbligato, si applicano le disposizioni di cui all'articolo 1, comma 336, della legge 30 dicembre 2004, n. 311, salva l'applicazione delle sanzioni previste per la violazione degli articoli 20 e 28 del regio decreto legge 13 aprile 1939, n. 652, convertito, con modificazioni, dalla legge 11 agosto 1939, n. 1249, e successive modificazioni ([22]).

15. A decorrere dall'anno di imposta 2020, tutte le delibere regolamentari e tariffarie relative alle entrate tributarie dei comuni sono inviate al Ministero dell'economia e delle finanze – Dipartimento delle finanze, esclusivamente per via telematica, mediante inserimento del testo delle stesse nell'apposita sezione del portale del federalismo fiscale, per la pubblicazione nel sito informatico di cui all'articolo 1, comma 3, del decreto legislativo

28 settembre 1998, n. 360. Per le delibere regolamentari e tariffarie relative alle entrate tributarie delle province e delle città metropolitane, la disposizione del primo periodo si applica a decorrere dall'anno di imposta 2021 ([23]).

15 *bis*. Con decreto del Ministro dell'economia e delle finanze, di concerto con il Ministro dell'interno, sentita l'Agenzia per l'Italia digitale, da adottare entro novanta giorni dalla data di entrata in vigore della presente disposizione, previa intesa in sede di Conferenza Stato-città ed autonomie locali, sono stabilite le specifiche tecniche del formato elettronico da utilizzare per l'invio telematico di cui al comma 15, in modo tale da consentire il prelievo automatizzato delle informazioni utili per l'esecuzione degli adempimenti relativi al pagamento dei tributi, e sono fissate le modalità di attuazione, anche graduale, dell'obbligo di effettuare il predetto invio nel rispetto delle specifiche tecniche medesime ([24]).

15 *ter*. A decorrere dall'anno di imposta 2020, le delibere e i regolamenti concernenti i tributi comunali diversi dall'imposta di soggiorno, dall'addizionale comunale all'imposta sul reddito delle persone fisiche (IRPEF), dall'imposta municipale propria (IMU) e dal tributo per i servizi indivisibili (TASI) acquistano efficacia dalla data della pubblicazione effettuata ai sensi del comma 15, a condizione che detta pubblicazione avvenga entro il 28 ottobre ([25]) dell'anno a cui la delibera o il regolamento si riferisce; a tal fine, il comune è tenuto a effettuare l'invio telematico di cui al comma 15 entro il termine perentorio del 14 ottobre ([26]) dello stesso anno. I versamenti dei tributi diversi dall'imposta di soggiorno, dall'addizionale comunale all'IRPEF, dall'IMU e dalla TASI la cui scadenza è fissata dal comune prima del 1° dicembre di ciascun anno devono essere effettuati sulla base degli atti applicabili per l'anno precedente. I versamenti dei medesimi tributi la cui scadenza è fissata dal comune in data successiva al 1° dicembre di ciascun anno devono essere effettuati sulla base degli atti pubblicati entro il 28 ottobre ([25]), a saldo dell'imposta dovuta per l'intero anno, con eventuale conguaglio su quanto già versato. In caso di mancata pubblicazione entro il termine del 28 ottobre ([25]), si applicano gli atti adottati per l'anno precedente ([24]).

15 *quater*. A decorrere dall'anno di imposta 2020, i regolamenti e le delibere di approvazione delle tariffe relativi all'imposta di soggiorno e al contributo di sbarco di cui all'articolo 4 del decreto legislativo 14 marzo 2011, n. 23, al contributo di soggiorno di cui all'articolo 14, comma 16, lettera *e*), del decreto legge 31 maggio 2010, n. 78, convertito, con modificazioni, dalla legge 30 luglio 2010, n. 122, nonché al contributo di cui all'articolo 1, comma 1129, della legge 30 dicembre 2018, n. 145, hanno effetto dal primo giorno del secondo mese successivo a quello della loro pubblicazione effettuata ai sensi del comma 15. Il Ministero dell'economia e delle finanze provvede alla

pubblicazione dei regolamenti e delle delibere di cui al periodo precedente entro i quindici giorni lavorativi successivi alla data di inserimento nel portale del federalismo fiscale ([24]).

15 *quinquies*. Ai fini della pubblicazione di cui all'articolo 17, comma 2, del decreto legislativo 6 maggio 2011, n. 68, le delibere di variazione dell'aliquota dell'imposta sulle assicurazioni contro la responsabilità civile derivante dalla circolazione dei veicoli a motore sono trasmesse con le modalità di cui al comma 15 ([24]).

16. - 20. (*Omissis*)

([1]) *A norma dell'art. 4, comma 12* quinquies*, del D.L. 2 marzo 2012, n. 16, convertito, con modificazioni, nella L. 26 aprile 2012, n. 44, ai soli fini dell'applicazione dell'imposta municipale propria, l'assegnazione della casa coniugale al coniuge, disposta a seguito di provvedimento di separazione legale, annullamento, scioglimento o cessazione degli effetti civili del matrimonio, si intende in ogni caso effettuata a titolo di diritto di abitazione.*

([2]) *A norma dell'art. 1 del D.L. 31 agosto 2013, n. 102, convertito, con modificazioni, nella L. 28 ottobre 2013, n. 124, per l'anno 2013 non è dovuta la prima rata dell'imposta municipale propria di cui a questo articolo, relativa agli immobili di cui all'articolo 1, comma 1, del decreto legge 21 maggio 2013, n. 54, convertito, con modificazioni, dalla legge 18 luglio 2013, n. 85.*

([3]) *A norma dell'art. 1, comma 728, della L. 27 dicembre 2017, n. 205, le disposizioni di cui a questo articolo si interpretano, ai sensi e per gli effetti dell'articolo 1, comma 2, della legge 27 luglio 2000, n. 212, nel senso che per i manufatti ubicati nel mare territoriale destinati all'esercizio dell'attività di rigassificazione del gas naturale liquefatto, di cui all'articolo 46 del decreto legge 1º ottobre 2007, n. 159, convertito, con modificazioni, dalla legge 29 novembre 2007, n. 222, aventi una propria autonomia funzionale e reddituale che non dipende dallo sfruttamento del sottofondo marino, rientra nella nozione di fabbricato assoggettabile ad imposizione la sola porzione del manufatto destinata ad uso abitativo e di servizi civili.*

([4]) *Le parole fra parentesi quadrate sono state soppresse dall'art. 1, comma 707, lett.* a)*, della L. 27 dicembre 2013, n. 147.*

([5]) *Questo periodo è stato soppresso dall'art. 1, comma 707, lett.* a)*, della L. 27 dicembre 2013, n. 147.*

([6]) *Questo comma è stato abrogato dall'art. 1, comma 780, della L. 27 dicembre 2019, n. 160, a decorrere dal 1° gennaio 2020.*

([7]) *Le parole tra parentesi quadrate sono state soppresse dall'art. 4, comma 5, lett.* a)*, del D.L. 2 marzo 2012, n. 16, convertito, con modificazioni, nella L. 26 aprile 2012, n. 44.*

([8]) *Le parole fra parentesi quadrate sono state soppresse dall'art. 1, comma 707, lett.* b)*, n. 1), della L. 27 dicembre 2013, n. 147.*

([9]) *Le parole: «dimora abitualmente e risiede anagraficamente» sono state così sostituite dalle parole da: «e il suo nucleo familiare dimorano abitualmente ...» fino a: «...in relazione al nucleo familiare si applicano per un solo immobile» dall'art. 4, comma 5, lett.* a)*, del D.L. 2 marzo 2012, n. 16, convertito, con modificazioni, nella L. 26 aprile 2012, n. 44.*

(10) *Le parole tra parentesi quadrate sono state soppresse dall'art.* 9 bis, *comma 1, del D.L. 28 marzo 2014, n. 47, convertito, con modificazioni, nella L. 23 maggio 2014, n. 80. A norma dell'art. 9* bis, *comma 2, del medesimo decreto sull'unità immobiliare di cui al comma 1, le imposte comunali TARI e TASI sono applicate, per ciascun anno, in misura ridotta di due terzi.*

(11) *Le parole fra parentesi quadrate sono state soppresse dall'art. 1, comma 10, lett.* a), *della L. 28 dicembre 2015, n. 208.*

(12) *Le parole tra parentesi quadrate sono state soppresse dall'art. 3* quater, *comma 1, lett.* a), *del D.L. 30 aprile 2019, n. 34, convertito, con modificazioni, nella L. 28 giugno 2019, n. 58, a decorrere dal 30 giugno 2019.*

(13) *Questo periodo, così sostituito dall'art. 4, comma 5, lett.* c), *del D.L. 2 marzo 2012, n. 16, convertito, con modificazioni, nella L. 26 aprile 2012, n. 44, è stato soppresso dall'art. 1, comma 10, lett.* c), *della L. 28 dicembre 2015, n. 208.*

(14) *Questo comma, inserito dall'art. 4, comma 5, lett.* e), *del D.L. 2 marzo 2012, n. 16, convertito, con modificazioni, nella L. 26 aprile 2012, n. 44, è stato abrogato dall'art. 1, comma 10, lett.* d), *della L. 28 dicembre 2015, n. 208.*

L'abrogazione è stata confermata dall'art. 1, comma 780, della L. 27 dicembre 2019, n. 160, a decorrere dal 1° gennaio 2020.

(15) *Questo comma è stato abrogato dall'art. 1, comma 380, lett.* h), *della L. 24 dicembre 2012, n. 228.*

(16) *Questo comma, inserito dall'art. 4, comma 5, lett.* i), *del D.L. 2 marzo 2012, n. 16, convertito, con modificazioni, nella L. 26 aprile 2012, n. 44, è stato, da ultimo, abrogato, dall'art. 2 del D.L.vo 22 gennaio 2016, n. 10.*

L'abrogazione è stata confermata dall'art. 1, comma 780, della L. 27 dicembre 2019, n. 160, a decorrere dal 1° gennaio 2020.

(17) *Le parole: «30 giugno» sono state così sostituite dalle seguenti: «31 dicembre» dall'art. 3 ter, comma 1, del D.L. 30 aprile 2019 n. 34, convertito, con modificazioni, nella L. 28 giugno 2019, n. 58.*

(18) *Le parole: «, ad eccezione del comma 4 che continua ad applicarsi per i soli comuni ricadenti nei territori delle regioni a statuto speciale e delle province autonome di Trento e di Bolzano» sono state aggiunte dall'art. 4, comma 5, lett.* m), *del D.L. 2 marzo 2012, n. 16, convertito, con modificazioni, nella L. 26 aprile 2012, n. 44.*

(19) *Questo periodo è stato aggiunto dall'art. 1, comma 823, della L. 27 dicembre 2017, n. 205, a decorrere dal 1° gennaio 2018.*

(20) *A norma dell'art. 2, comma 5* ter, *del D.L. 31 agosto 2013, n. 102, convertito, con modificazioni, nella L. 28 ottobre 2013, n. 124, questo comma deve intendersi nel senso che le domande di variazione catastale presentate ai sensi dell'articolo 7, comma 2* bis, *del decreto legge 13 maggio 2011, n. 70, convertito, con modificazioni, dalla legge 12 luglio 2011, n. 106, e l'inserimento dell'annotazione negli atti catastali producono gli effetti previsti per il riconoscimento del requisito di ruralità di cui all'articolo 9 del decreto legge 30 dicembre 1993, n. 557, convertito, con modificazioni, dalla legge 26 febbraio 1994, n. 133, e successive modificazioni, a decorrere dal quinto anno antecedente a quello di presentazione della domanda.*

(21) *A norma dell'art. 11, comma 1* bis, *del D.L. 10 ottobre 2012, n. 174, convertito, con modificazioni, nella L. 7 dicembre 2012, n. 213, per i fabbricati rurali situati nei territori*

dei comuni delle province di Bologna, Modena, Ferrara, Mantova, Reggio Emilia e Rovigo, interessati dagli eventi sismici dei giorni 20 e 29 maggio 2012, come individuati dall'articolo 1, comma 1, del decreto legge 6 giugno 2012, n. 74, convertito, con modificazioni, dalla legge 1° agosto 2012, n. 122, questo termine è prorogato al 31 maggio 2013.

([22]) *A norma dell'art. 160 del D.L. 19 maggio 2020, n. 34, convertito, con modificazioni, nella L. 17 luglio 2020, n. 77, così come modificato dall'art. 9, comma 4, del del D.L. 25 maggio 2021, n. 73, convertito, con modificazioni, nella L. 23 luglio 2021, n. 106, in deroga alle disposizioni dell'articolo 3, comma 3, della legge 27 luglio 2000, n. 212, per i fabbricati ubicati nei comuni di cui agli allegati 1, 2 e 2* bis *al decreto legge 17 ottobre 2016, n. 189, convertito, con modificazioni, dalla legge 15 dicembre 2016, n. 229, il termine per la contestazione delle sanzioni previste, per il caso di inottemperanza da parte del soggetto obbligato, da questo comma, è prorogato al 31 dicembre 2022.*

([23]) *Questo comma è stato così sostituito dall'art. 15* bis*, comma 1, lett.* a)*, del D.L. 30 aprile 2019, n. 34, convertito, con modificazioni, nella L. 28 giugno 2019, n. 58, a decorrere dal 30 giugno 2019.*

([24]) *Questo comma è stato inserito dall'art. 15* bis*, comma 1, lett.* b)*, del D.L. 30 aprile 2019, n. 34, convertito, con modificazioni, nella L. 28 giugno 2019, n. 58, a decorrere dal 30 giugno 2019.*

([25]) *A norma dell'art. 107, comma 2, del D.L. 17 marzo 2020, n. 18, convertito, con modificazioni, nella L. 24 aprile 2020, n. 27, così come modificato dall'art. 1, comma 4* quinquies*), del D.L. 7 ottobre 2020, n. 125, convertito, con modificazioni, nella L. 27 novembre 2020, n. 159, limitatamente all'anno 2020, la data del 28 ottobre è differita al 31 gennaio 2021.*

([26]) *A norma dell'art. 107, comma 2, del D.L. 17 marzo 2020, n. 18, convertito, con modificazioni, nella L. 24 aprile 2020, n. 27, così come modificato dall'art. 1, comma 4* quinquies*), del D.L. 7 ottobre 2020, n. 125, convertito, con modificazioni, nella L. 27 novembre 2020, n. 159, limitatamente all'anno 2020, la data del 14 ottobre è differita al 31 dicembre 2020.*

7.

L. 28 dicembre 2015, n. 208. Disposizioni per la formazione del bilancio annuale e pluriennale dello Stato (legge di stabilità 2016) (Suppl. ord. alla *Gazzetta Ufficiale* Serie gen. - n. 302 del 30 dicembre 2015).

1. 1. - 25. (*Omissis*).

26. Al fine di contenere il livello complessivo della pressione tributaria, in coerenza con gli equilibri generali di finanza pubblica, per gli anni 2016, 2017 e 2018 (1) (2) è sospesa l'efficacia delle leggi regionali e delle deliberazioni degli enti locali nella parte in cui prevedono aumenti dei tributi e delle addizionali attribuiti alle regioni e agli enti locali con legge dello Stato rispetto ai livelli di aliquote o tariffe applicabili per l'anno 2015. Per l'anno 2018 la sospensione di cui al primo periodo non si applica ai comuni istituiti a seguito di fusione ai sensi degli articoli 15 e 16 del testo unico di cui al decreto legislativo 18 agosto 2000, n. 267, al fine di consentire, a parità di gettito, l'armonizzazione delle diverse aliquote (3). Sono fatte salve, per il settore sanitario, le disposizioni di cui all'articolo 1, comma 174, della legge 30 dicembre 2004, n. 311, e all'articolo 2, commi 79, 80, 83 e 86, della legge 23 dicembre 2009, n. 191, nonché la possibilità di effettuare manovre fiscali incrementative ai fini dell'accesso alle anticipazioni di liquidità di cui agli articoli 2 e 3 del decreto legge 8 aprile 2013, n. 35, convertito, con modificazioni, dalla legge 6 giugno 2013, n. 64, e successivi rifinanziamenti. La sospensione di cui al primo periodo non si applica alla tassa sui rifiuti (TARI) di cui all'articolo 1, comma 639, della legge 27 dicembre 2013, n. 147, e a decorrere dal 2017 al contributo di sbarco di cui all'articolo 4, comma 3 *bis*, del decreto legislativo 14 marzo 2011, n. 23, (4) né per gli enti locali che deliberano il predissesto, ai sensi dell'articolo 243 *bis* del testo unico di cui al decreto legislativo 18 agosto 2000, n. 267, o il dissesto, ai sensi degli articoli 246 e seguenti del medesimo testo unico di cui al decreto legislativo n. 267 del 2000.

27. - 56. (*Omissis*).

57. Tutti gli atti e i provvedimenti emanati in esecuzione dei piani di ricomposizione fondiaria e di riordino fondiario promossi dalle regioni, dalle province, dai comuni e dalle comunità montane sono esenti da imposta di registro, ipotecaria, catastale e di bollo.

58. - 999. (*Omissis*).

(1) *Le parole: «e 2017» sono state così sostituite dalle seguenti: «, 2017 e 2018» dall'art. 1, comma 37, lett.* a), *della L. 27 dicembre 2017, n. 205, a decorrere dal 1° gennaio 2018.*

(2) *Le parole: «per l'anno 2016» sono state così sostituite dalle seguenti: «per gli anni 2016 e 2017», dall'art. 1, comma 42, lett.* a), *della L. 11 dicembre 2016, n. 232.*

([3]) *Questo periodo è stato aggiunto dall'art. 1, comma 37, lett.* a)*, della L. 27 dicembre 2017, n. 205, a decorrere dal 1° gennaio 2018.*

([4]) *Le parole: «e a decorrere dal 2017 al contributo di sbarco di cui all'articolo 4, comma 3* bis*, del decreto legislativo 14 marzo 2011, n. 23,» sono state inserite dall'art. 13, comma 4* bis*, del D.L. 30 dicembre 2016, n. 244, convertito, con modificazioni, nella L. 27 febbraio 2017, n. 19.*

8.

L. 27 dicembre 2017, n. 205. Bilancio di previsione dello Stato per l'anno finanziario 2018 e bilancio pluriennale per il triennio 2018-2020 (Suppl. ord. alla *Gazzetta Ufficiale* Serie gen. - n. 302 del 29 dicembre 2017) ed avviso di rettifica in *Gazzetta Ufficiale* Serie gen. - n. 13 del 17 gennaio 2018, ed avviso di rettifica in *Gazzetta Ufficiale* Serie gen. - n. 21 del 26 gennaio 2018.

(*Estratto*)

Parte I

Sezione I
Misure quantitative per la realizzazione degli obiettivi programmatici

1. 1. - 115. (*Omissis*).

116. Per l'anno 2018, per i soggetti che determinano un valore della produzione netta ai sensi degli articoli da 5 a 9 del decreto legislativo 15 dicembre 1997, n. 446, è consentita la piena deducibilità per ogni lavoratore stagionale impiegato per almeno centoventi giorni per due periodi d'imposta, a decorrere dal secondo contratto stipulato con lo stesso datore di lavoro nell'arco temporale di due anni a partire dalla data di cessazione del precedente contratto, in deroga all'articolo 11, comma 4 *octies*, del medesimo decreto legislativo.

117. - 1181. (*Omissis*).

9.

D.L. 26 ottobre 2019, n. 124. Disposizioni urgenti in materia fiscale e per esigenze indifferibili (*Gazzetta Ufficiale* Serie gen. - n. 252 del 26 ottobre 2019), convertito, con modificazioni, nella L. 19 dicembre 2019, n. **157** (*Gazzetta Ufficiale* Serie gen. - n. 301 del 24 dicembre 2019).

(*Estratto*)

Capo III
Ulteriori disposizioni fiscali

38. Imposta immobiliare sulle piattaforme marine. – 1. A decorrere dall'anno 2020 è istituita l'imposta immobiliare sulle piattaforme marine (IMPi) in sostituzione di ogni altra imposizione immobiliare locale ordinaria sugli stessi manufatti. Per piattaforma marina si intende la piattaforma con struttura emersa destinata alla coltivazione di idrocarburi e sita entro i limiti del mare territoriale come individuato dall'articolo 2 del Codice della Navigazione.

2. La base imponibile è determinata in misura pari al valore calcolato ai sensi dell'articolo 5, comma 3, del decreto legislativo 30 dicembre 1992, n. 504, richiamato dall'articolo 13, comma 3, del decreto legge 6 dicembre 2011, n. 201, convertito, con modificazioni, dalla legge 22 dicembre 2011, n. 214.

3. L'imposta è calcolata ad aliquota pari al 10,6 per mille. È riservata allo Stato la quota di imposta calcolata applicando l'aliquota pari al 7,6 per mille; la restante imposta, calcolata applicando l'aliquota del 3 per mille, è attribuita ai comuni individuati ai sensi del comma 4. È esclusa la manovrabilità dell'imposta da parte dei comuni per la quota loro spettante.

4. I comuni cui spetta il gettito dell'imposta derivante dall'applicazione dell'aliquota del 3 per mille sono individuati con decreto del Ministro dell'economia e delle finanze di concerto con il Ministro dell'interno, con il Ministro della difesa e con il Ministro dello sviluppo economico, da emanarsi previa intesa in sede di Conferenza Stato-Città ed autonomie locali entro centottanta giorni dalla data di entrata in vigore del presente decreto. Nello stesso decreto sono stabiliti i criteri, le modalità di attribuzione e di versamento nonché la quota del gettito spettante ai comuni individuati. Qualora ricorra la condizione di cui al comma 3 dell'articolo 3 del decreto legislativo 28 agosto 1997, n. 281, il decreto medesimo è comunque adottato.

5. Limitatamente all'anno 2020, il versamento dell'imposta è effettuato in un'unica soluzione, entro il 16 dicembre, allo Stato che provvederà all'attribuzione del gettito di spettanza comunale sulla base del decreto di cui al

comma 4. A tale fine, le somme di spettanza dei comuni per l'anno 2020 sono riassegnate ad apposito capitolo istituito nello stato di previsione del Ministero dell'interno. Il Ministero dell'economia e delle finanze-Dipartimento delle Finanze, comunica al Ministero dell'interno l'importo del gettito acquisito nell'esercizio finanziario 2020 di spettanza dei comuni.

5 *bis*. Limitatamente all'anno 2021, il versamento dell'imposta è effettuato entro il 16 dicembre 2021 allo Stato che provvede all'attribuzione del gettito di spettanza comunale sulla base del decreto di cui al comma 4. A tale fine, le somme di spettanza dei comuni per l'anno 2021 sono riassegnate ad appositocapitolo istituito nello stato di previsione del Ministero dell'interno. Il Ministero dell'economia e delle finanze – Dipartimento delle finanze comunica al Ministero dell'interno l'importo del gettito acquisito nell'esercizio finanziario 2021 di spettanza dei comuni (1).

6. Le attività di accertamento e riscossione relative alle piattaforme di cui al comma 1 sono svolte dai comuni ai quali spettano le maggiori somme derivanti dallo svolgimento delle suddette attività a titolo di imposta, interessi e sanzioni.

7. Per quanto non espressamente previsto dal presente articolo, si applicano le disposizioni relative alla deducibilità in materia di imposta municipale propria di cui all'articolo 13 del decreto legge 6 dicembre 2011, n. 201, convertito, con modificazioni, dalla legge 22 dicembre 2011, n. 214, e le altre disposizioni della medesima imposta, in quanto compatibili.

8. Restano ferme le disposizioni relative ai manufatti di cui al comma 728 dell'articolo 1 della legge 27 dicembre 2017, n. 205 ai quali si applicano esclusivamente i commi 3, 4, 5, 6 e 7 del presente articolo.

(1) *Questo comma è stato inserito dall'art. 1* bis*, comma 2, del D.L. 21 ottobre 2021, n. 146, convertito, con modificazioni, nella L. 17 dicembre 2021, n. 215.*

10.

L. 27 dicembre 2019, n. 160. Bilancio di previsione dello Stato per l'anno finanziario 2020 e bilancio pluriennale per il triennio 2020-2022 (Suppl. ord. alla *Gazzetta Ufficiale* Serie gen. - n. 304 del 30 dicembre 2019).

(*Estratto*)

Sezione I

Misure quantitative per la realizzazione degli obiettivi programmatici

1. 1. - 783. (*Omissis*).

784. Fermo quanto previsto dal comma 785, le disposizioni di cui ai commi da 786 a 814 si applicano, fatto salvo quanto stabilito dall'articolo 17 del decreto legislativo 26 febbraio 1999, n. 46, alle province, alle città metropolitane, ai comuni, alle comunità montane, alle unioni di comuni e ai consorzi tra gli enti locali, di seguito complessivamente denominati «enti».

785. In caso di affidamento, da parte degli enti, dell'attività di riscossione delle proprie entrate all'agente della riscossione, si applicano esclusivamente le disposizioni di cui al comma 792.

786. (*Omissis*)

787. Restano ferme le disposizioni di cui al comma 765, relative alla nuova imposta municipale propria, e di cui al comma 844, concernente il canone patrimoniale di concessione per l'occupazione nei mercati.

788. (*Omissis*).

789. I contratti in corso alla data del 1° gennaio 2020, stipulati con i soggetti di cui all'articolo 52, comma 5, lettera b), del decreto legislativo 15 dicembre 1997, n. 446, sono adeguati, entro il 30 giugno 2021 (1), alle disposizioni di cui ai commi da 784 a 814.

790. Gli enti, al solo fine di consentire ai soggetti affidatari dei servizi di cui all'articolo 52, comma 5, lettera *b)*, del citato decreto legislativo n. 446 del 1997 la verifica e la rendicontazione dei versamenti dei contribuenti, garantiscono l'accesso ai conti correnti intestati ad essi e dedicati alla riscossione delle entrate oggetto degli affidamenti, nonché l'accesso agli ulteriori canali di pagamento disponibili. Il tesoriere dell'ente provvede giornalmente ad accreditare sul conto di tesoreria dell'ente le somme versate sui conti correnti dedicati alla riscossione delle entrate oggetto degli affidamenti. Salva diversa previsione contrattuale, il soggetto affidatario del servizio trasmette entro il giorno 10 del mese al l'ente affidante e al suo tesoriere la rendicontazione e la fattura delle proprie competenze e spese riferite alle som-

me contabilizzate nel mese precedente e affluite sui conti correnti dell'ente. Decorsi trenta giorni dalla ricezione della rendicontazione, il tesoriere, in mancanza di motivato diniego da parte dell'ente, provvede ad accreditare a favore del soggetto affidatario del servizio, entro i successivi trenta giorni, le somme di competenza, prelevandole dai conti correnti dedicati. Per le somme di spettanza del soggetto affidatario del servizio si applicano le disposizioni di cui all'articolo 255, comma 10, del testo unico delle leggi sull'ordinamento degli enti locali, di cui al decreto legislativo 18 agosto 2000, n. 267.

791. Al fine di facilitare le attività di riscossione degli enti, si applicano le disposizioni seguenti in materia di accesso ai dati:

a) ai fini della riscossione, anche coattiva, sono autorizzati ad accedere gratuitamente alle informazioni relative ai debitori presenti nell'Anagrafe tributaria, ivi inclusi i dati e le informazioni di cui all'articolo 7, sesto comma, del decreto del Presidente della Repubblica 29 settembre 1973, n. 605, [2] gli enti e, per il tramite degli enti medesimi, i soggetti individuati ai sensi dell'articolo 52, comma 5, lettera *b*), del decreto legislativo n. 446 del 1997 e dell'articolo 1, comma 691, della legge 27 dicembre 2013, n. 147, ai quali gli enti creditori hanno affidato il servizio di riscossione delle proprie entrate;

b) a tal fine, l'ente consente, sotto la propria responsabilità, ai soggetti affidatari l'utilizzo dei servizi di cooperazione informatica forniti dall'Agenzia delle entrate, nel rispetto delle prescrizioni normative e tecniche tempo per tempo vigenti e previa nomina di tali soggetti a responsabili esterni del trattamento ai sensi delle vigenti disposizioni in materia di tutela dei dati personali;

c) restano ferme, per i soggetti di cui alla lettera a), le modalità di accesso telematico per la consultazione delle banche dati catastale e ipotecaria, nonché del pubblico registro automobilistico.

792. Le attività di riscossione relative agli atti degli enti, indicati nella lettera *a*), emessi a partire dal 1° gennaio 2020 anche con riferimento ai rapporti pendenti alla stessa data in base alle norme che regolano ciascuna entrata sono potenziate mediante le seguenti disposizioni:

a) l'avviso di accertamento relativo ai tributi degli enti e agli atti finalizzati alla riscossione delle entrate patrimoniali emessi dagli enti e dai soggetti affidatari di cui all'articolo 52, comma 5, lettera b), del decreto legislativo n. 446 del 1997 e all'articolo 1, comma 691, della legge n. 147 del 2013, nonché il connesso provvedimento di irrogazione delle sanzioni devono contenere anche l'intimazione ad adempiere, entro il termine di presentazione del ricorso, ovvero, nel caso di entrate patrimoniali, entro sessanta giorni dalla notifica dell'atto finalizzato alla riscossione delle entrate patrimoniali, all'obbligo di pagamento degli importi negli stessi indicati, oppure, in caso

getto legittimato alla riscossione sono demandate a un decreto del Ministero dell'economia e delle finanze;

c) la sospensione non si applica con riferimento alle azioni cautelari e conservative, nonché ad ogni altra azione prevista dalle norme ordinarie a tutela del creditore. La predetta sospensione non opera in caso di accertamenti definitivi, anche in seguito a giudicato, nonché in caso di recupero di somme derivanti da decadenza dalla rateazione. Il soggetto legittimato alla riscossione forzata informa con raccomandata semplice o posta elettronica il debitore di aver preso in carico le somme per la riscossione;

d) in presenza di fondato pericolo, debitamente motivato e portato a conoscenza del contribuente, per il positivo esito della riscossione, decorsi sessanta giorni dalla notifica degli atti di cui alla lettera a), la riscossione delle somme in essi indicate, nel loro ammontare integrale comprensivo di interessi e sanzioni, può essere affidata in carico ai soggetti legittimati alla riscossione forzata anche prima del termine previsto dalle lettere *a*) e *b*). Nell'ipotesi di cui alla presente lettera, e ove il soggetto legittimato alla riscossione forzata, successivamente all'affidamento in carico degli atti di cui alla lettera *a*), venga a conoscenza di elementi idonei a dimostrare il fondato pericolo di pregiudicare la riscossione, non opera la sospensione di cui alla lettera c) e non deve essere inviata l'informativa di cui alla medesima lettera *c*);

e) il soggetto legittimato sulla base del titolo esecutivo di cui alla lettera *a*) procede ad espropriazione forzata con i poteri, le facoltà e le modalità previsti dalle disposizioni che disciplinano l'attività di riscossione coattiva;

f) gli enti e i soggetti affidatari di cui all'articolo 52, comma 5, lettera b), del decreto legislativo n. 446 del 1997 si avvalgono per la riscossione coattiva delle entrate degli enti delle norme di cui al titolo II del decreto del Presidente della Repubblica 29 settembre 1973, n. 602, con l'esclusione di quanto previsto all'articolo 48- bis del medesimo decreto n. 602 del 1973;

g) ai fini dell'espropriazione forzata l'esibizione dell'estratto dell'atto di cui alla lettera a), come trasmesso al soggetto legittimato alla riscossione con le modalità determinate con il decreto di cui alla lettera *b*), tiene luogo, a tutti gli effetti, dell'esibizione dell'atto stesso in tutti i casi in cui il soggetto legittimato alla riscossione, anche forzata, ne attesti la provenienza;

h) decorso un anno dalla notifica degli atti indicati alla lettera *a*), l'espropriazione forzata è preceduta dalla notifica dell'avviso di cui all'articolo 50 del citato decreto del Presidente della Repubblica n. 602 del 1973;

i) nel caso in cui la riscossione sia affidata ai sensi dell'articolo 2 del decreto legge 22 ottobre 2016, n. 193, convertito, con modificazioni, dalla legge 1° dicembre 2016, n. 225, a partire dal primo giorno successivo al termine ultimo per la presentazione del ricorso ovvero a quello successivo al decorso del termine di sessanta giorni dalla notifica dell'atto finalizzato alla riscossione delle entrate patrimoniali, le somme richieste con gli atti di cui alla lettera *a*) sono maggiorate degli interessi di mora nella misura indicata dall'articolo 30 del decreto del Presidente della Repubblica n. 602 del 1973, calcolati a partire dal giorno successivo alla notifica degli atti stessi; all'agente della riscossione spettano gli oneri di riscossione, interamente a carico del debitore, e le quote di cui all'articolo 17, comma 2, lettere *b*), *c*) e *d*), del decreto legislativo 13 aprile 1999, n. 112;

l) ai fini della procedura di riscossione contemplata dal presente comma, i riferimenti contenuti in norme vigenti al ruolo, alle somme iscritte a ruolo, alla cartella di pagamento e all'ingiunzione di cui al testo unico di cui al regio decreto 14 aprile 1910, n. 639, si intendono effettuati agli atti indicati nella lettera a) ([3]).

793. Il dirigente o, in assenza di questo, il responsabile apicale dell'ente o il soggetto affidatario dei servizi di cui all'articolo 52, comma 5, lettera *b)*, del decreto legislativo n. 446 del 1997, con proprio provvedimento, nomina uno o più funzionari responsabili della riscossione, i quali esercitano le funzioni demandate agli ufficiali della riscossione, nonché quelle già attribuite al segretario comunale dall'articolo 11 del testo unico di cui al regio decreto n. 639 del 1910, in tutto il territorio nazionale in relazione al credito da escutere. I funzionari responsabili della riscossione sono nominati tra i dipendenti dell'ente o del soggetto affidatario dei servizi di cui all'articolo 52, comma 5, lettera *b)*, del decreto legislativo n. 446 del 1997, fra persone che sono in possesso almeno di un diploma di istruzione secondaria di secondo grado e che hanno superato un esame di idoneità, previa frequenza di un apposito corso di preparazione e qualificazione. Restano ferme le abilitazioni già conseguite in base alle vigenti disposizioni di legge. Il mantenimento dell'idoneità all'esercizio delle funzioni è subordinato all'aggiornamento professionale biennale da effettuare tramite appositi corsi. La nomina dei funzionari della riscossione può essere revocata con provvedimento motivato.

794. L'atto di cui al comma 792 non è suscettibile di acquistare efficacia di titolo esecutivo quando è stato emesso per somme inferiori a 10 euro. Tale limite si intende riferito all'intero debito dovuto, anche derivante da più annualità. Il debito rimane comunque a carico del soggetto moroso e potrà essere oggetto di recupero con la successiva notifica degli atti di cui al comma 792 che superano cumulativamente l'importo di cui al primo periodo.

795. Per il recupero di importi fino a 10.000 euro, dopo che l'atto di cui al comma 792 è divenuto titolo esecutivo, prima di attivare una procedura esecutiva e cautelare gli enti devono inviare un sollecito di pagamento con

cui si avvisa il debitore che il termine indicato nell'atto è scaduto e che, se non si provvede al pagamento entro trenta giorni, saranno attivate le procedure cautelari ed esecutive. In deroga all'articolo 1, comma 544, della legge 24 dicembre 2012, n. 228, per il recupero di importi fino a 1.000 euro il termine di centoventi giorni è ridotto a sessanta giorni.

796. In assenza di una apposita disciplina regolamentare, l'ente creditore o il soggetto affidatario, su richiesta del debitore, concede la ripartizione del pagamento delle somme dovute fino a un massimo di settantadue rate mensili, a condizione che il debitore versi in una situazione di temporanea e obiettiva difficoltà e secondo il seguente schema:

a) fino a euro 100,00 nessuna rateizzazione;

b) da euro 100,01 a euro 500,00 fino a quattro rate mensili;

c) da euro 500,01 a euro 3.000,00 da cinque a dodici rate mensili;

d) da euro 3.000,01 a euro 6.000,00 da tredici a ventiquattro rate mensili;

e) da euro 6.000,01 a euro 20.000,00 da venticinque a trentasei rate mensili;

f) oltre euro 20.000,00 da trentasette a settantadue rate mensili.

797. L'ente, con deliberazione adottata a norma dell'articolo 52 del decreto legislativo n. 446 del 1997, può ulteriormente regolamentare condizioni e modalità di rateizzazione delle somme dovute, ferma restando una durata massima non inferiore a trentasei rate mensili per debiti di importi superiori a euro 6.000,01.

798. In caso di comprovato peggioramento della situazione di cui ai commi 796 e 797, la dilazione concessa può essere prorogata una sola volta, per un ulteriore periodo e fino a un massimo di settantadue rate mensili, o per il periodo massimo disposto dal regolamento dell'ente a norma del comma 797, a condizione che non sia intervenuta decadenza ai sensi del comma 800.

799. Ricevuta la richiesta di rateazione, l'ente creditore o il soggetto affidatario può iscrivere l'ipoteca o il fermo amministrativo solo nel caso di mancato accoglimento della richiesta, ovvero di decadenza dai benefici della rateazione. Sono fatte comunque salve le procedure esecutive già avviate alla data di concessione della rateazione.

800. In caso di mancato pagamento, dopo espresso sollecito, di due rate anche non consecutive nell'arco di sei mesi nel corso del periodo di rateazione, il debitore decade automaticamente dal beneficio e il debito non può più essere rateizzato; l'intero importo ancora dovuto è immediatamente riscuotibile in unica soluzione.

801. Le rate mensili nelle quali il pagamento è stato dilazionato scadono nell'ultimo giorno di ciascun mese indicato nell'atto di accoglimento dell'istanza di dilazione.

802. Su tutte le somme di qualunque natura, esclusi le sanzioni, gli interessi, le spese di notifica e gli oneri di riscossione, si applicano, decorsi trenta giorni dall'esecutività dell'atto di cui al comma 792 e fino alla data del pagamento, gli interessi di mora conteggiati al tasso di interesse legale che può essere maggiorato di non oltre due punti percentuali dall'ente con apposita deliberazione adottata ai sensi dell'articolo 52 del decreto legislativo n. 446 del 1997.

803. I costi di elaborazione e di notifica degli atti e quelli delle successive fasi cautelari ed esecutive sono posti a carico del debitore e sono di seguito determinati:

a) una quota denominata «oneri di riscossione a carico del debitore», pari al 3 per cento delle somme dovute in caso di pagamento entro il sessantesimo giorno dalla data di esecutività dell'atto di cui al comma 792, fino ad un massimo di 300 euro, ovvero pari al 6 per cento delle somme dovute in caso di pagamento oltre detto termine, fino a un massimo di 600 euro;

b) una quota denominata «spese di notifica ed esecutive», comprendente il costo della notifica degli atti e correlata all'attivazione di procedure esecutive e cautelari a carico del debitore, ivi comprese le spese per compensi dovuti agli istituti di vendite giudiziarie e i diritti, oneri ed eventuali spese di assistenza legale strettamente attinenti alla procedura di recupero, nella misura fissata con decreto non regolamentare del Ministero dell'economia e delle finanze, che individua anche le tipologie di spesa oggetto del rimborso. Nelle more dell'adozione del provvedimento, con specifico riferimento alla riscossione degli enti locali, si applicano le misure e le tipologie di spesa di cui ai decreti del Ministero delle finanze 21 novembre 2000, pubblicato nella *Gazzetta Ufficiale* n. 30 del 6 febbraio 2001, e del Ministro dell'economia e delle finanze 12 settembre 2012, pubblicato nella Gazzetta Ufficiale n. 254 del 30 ottobre 2012, nonché ai regolamenti di cui ai decreti del Ministro dell'economia e delle finanze 18 dicembre 2001, n. 455, del Ministro di grazia e giustizia 11 febbraio 1997, n. 109, e del Ministro della giustizia 15 maggio 2009, n. 80, per quanto riguarda gli oneri connessi agli istituti di vendite giudiziarie.

804. Le disposizioni di cui ai commi da 794 a 803 si applicano anche in caso di emissione delle ingiunzioni previste dal testo unico di cui al regio decreto n. 639 del 1910 fino all'applicazione delle disposizioni di cui al comma 792.

805. Con decreto del Ministro dell'economia e delle finanze, da adottare entro centottanta giorni dalla data di entrata in vigore della presente legge,

secondo le procedure di cui all'articolo 53 del decreto legislativo n. 446 del 1997, d'intesa con la Conferenza Stato-città ed autonomie locali, sono stabilite le disposizioni generali in ordine alla definizione dei criteri di iscrizione obbligatoria in sezione separata dell'albo di cui al medesimo articolo 53 per i soggetti che svolgono esclusivamente le funzioni e le attività di supporto propedeutiche all'accertamento e alla riscossione delle entrate degli enti locali e delle società da essi partecipate.

806. Con uno o più decreti del Ministro dell'economia e delle finanze, d'intesa con la Conferenza Stato-città ed autonomie locali, sono stabilite le disposizioni in ordine ai seguenti punti:

a) indicazione di linee guida relative ai controlli che gli enti devono porre in essere con riferimento al rispetto degli adempimenti richiesti al soggetto affidatario, alla validità, congruenza e persistenza degli strumenti fideiussori esibiti in fase di aggiudicazione dal soggetto medesimo, nonché alle condizioni di inadempimento che possono dar luogo alla rescissione anticipata dei rapporti contrattuali e all'avvio delle procedure di cancellazione dall'albo di cui all'articolo 53 del decreto legislativo n. 446 del 1997;

b) indicazione di obblighi di comunicazione e pubblicazione da parte dell'ente degli estremi dei contratti in materia di affidamento in concessione, anche disgiunto, di servizi di accertamento e riscossione delle proprie entrate, nonché delle informazioni sintetiche relative all'oggetto e alla remunerazione stabilita per ciascuna delle attività affidate, con particolare riguardo alle misure degli eventuali compensi stabiliti in percentuale delle entrate tributarie e patrimoniali;

c) definizione di criteri relativi all'affidamento e alle modalità di svolgimento dei servizi di accertamento e di riscossione delle entrate degli enti oggetto di concessione, al fine di assicurarne la necessaria trasparenza e funzionalità, definire livelli imprescindibili di qualità, anche con riferimento al rispetto dei diritti dei contribuenti, nonché linee guida in materia di misure dei compensi, tenuto anche conto delle effettive riscossioni.

807. Per l'iscrizione nell'albo di cui all'articolo 53, comma 1, del decreto legislativo n. 446 del 1997, o nella sezione separata del medesimo albo, prevista al comma 805, sono richieste le seguenti misure minime di capitale interamente versato in denaro o tramite polizza assicurativa o fideiussione bancaria:

a) 2.500.000 euro per l'effettuazione, anche disgiuntamente, delle attività di accertamento dei tributi e di quelle di riscossione dei tributi e di altre entrate nei comuni con popolazione fino a 200.000 abitanti;

b) 5 milioni di euro per l'effettuazione, anche disgiuntamente, delle attività di accertamento dei tributi e di quelle di riscossione dei tributi e di altre entrate nelle province e nei comuni con popolazione superiore a 200.000 abitanti;

b bis) 150.000 euro per lo svolgimento delle funzioni e delle attività di supporto propedeutiche all'accertamento e alla riscossione delle entrate locali, nei comuni con popolazione fino a 100.000 abitanti (4);

c) 500.000 euro per lo svolgimento delle funzioni e delle attività di supporto propedeutiche all'accertamento e alla riscossione delle entrate locali, nei comuni con popolazione superiore a 100.000 e fino a 200.000 abitanti (5);

d) un milione di euro per lo svolgimento delle funzioni e delle attività di supporto propedeutiche all'accertamento e alla riscossione delle entrate locali, nelle province e nei comuni con popolazione superiore a 200.000 abitanti.

808. soggetti iscritti alla sezione separata di cui al comma 805 e quelli iscritti all'albo di cui all'articolo 53 del decreto legislativo n. 446 del 1997 devono adeguare alle condizioni e alle misure minime di cui al comma 807 il proprio capitale sociale entro il 30 giugno 2021 (6).

809. I conservatori dei pubblici registri immobiliari e del pubblico registro automobilistico eseguono le iscrizioni, le trascrizioni e le cancellazioni dei pignoramenti, delle ipoteche e del fermo amministrativo richieste dal soggetto legittimato alla riscossione forzata in esenzione da ogni tributo e diritto.

810. I conservatori sono altresì tenuti a rilasciare in carta libera e gratuitamente al soggetto legittimato alla riscossione forzata l'elenco delle trascrizioni e iscrizioni relative ai beni da loro indicati, contenente la specificazione dei titoli trascritti, dei crediti iscritti e del domicilio dei soggetti a cui favore risultano fatte le trascrizioni e le iscrizioni.

811. I competenti uffici dell'Agenzia delle entrate rilasciano gratuitamente al soggetto legittimato alla riscossione forzata le visure ipotecarie e catastali relative agli immobili dei debitori e dei coobbligati e svolgono gratuitamente le attività di cui all'articolo 79, comma 2, del decreto del Presidente della Repubblica n. 602 del 1973.

812. Le ordinanze di assegnazione riguardanti tutti i provvedimenti aventi quale titolo esecutivo l'ingiunzione prevista dal testo unico di cui al regio decreto n. 639 del 1910 o l'atto di cui al comma 792 sono esenti, o continuano ad essere esenti, dalla registrazione e non devono essere inviate all'Agenzia delle entrate.

813. Ai trasferimenti coattivi di beni mobili non registrati, l'imposta di registro si applica nella misura fissa di 10 euro. Per i beni mobili registrati, l'imposta provinciale di trascrizione si applica nella misura fissa di 50 euro tranne i casi di esenzione previsti dalla legge.

814. (*Omissis*).

815. I contenuti delle norme vigenti riferite agli agenti della riscossione si intendono applicabili, sin dalla data di entrata in vigore delle stesse norme, anche alle attività svolte in regime di concessione per conto degli enti locali, il cui ramo d'azienda è stato trasferito ai sensi dell'articolo 3, comma 24, lettera *b*), del decreto legge 30 settembre 2005, n. 203, convertito, con modificazioni, dalla legge 2 dicembre 2005, n. 248.

816. - 884. (*Omissis*).

(1) *Le parole: «31 dicembre 2020» sono state così sostituite dalle seguenti: «30 giugno 2021» dall'art. 3, comma 4, del D.L. 31 dicembre 2020, n. 183, convertito, con modificazioni, nella L. 26 febbraio 2021, n. 21.*

(2) *Le parole: ", ivi inclusi i dati e le informazioni di cui all'articolo 7, sesto comma, del decreto del Presidente della Repubblica 29 settembre 1973, n. 605," sono state inserite dall'art. 17* bis*, comma 1, del D.L. 16 luglio 2020, n. 76, convertito, con modificazioni, nella L. 11 settembre 2020, n. 120.*

(3) *A norma dell'art. 68, comma 2, del D.L. 17 marzo 2020, n. 18, convertito, con modificazioni nella L. 24 aprile 2020, n. 27, sono sospesi i termini dei versamenti, scadenti nel periodo dall'8 marzo al 31 maggio 2020, derivanti da cartelle di pagamento emesse dagli agenti della riscossione, nonché dagli avvisi previsti di cui a questo articolo. I versamenti oggetto di sospensione devono essere effettuati in unica soluzione entro il mese successivo al termine del periodo di sospensione. Non si procede al rimborso di quanto già versato.*

(4) *Questa lettera è stata inserita dall'art. 1, comma 1092, lett.* a*), della L. 30 dicembre 2020, n. 178, a decorrere dal 1° gennaio 2021.*

(5) *Le parole: «fino a 200.000 abitanti» sono state così sostituite dalle seguenti: «superiore a 100.000 e fino a 200.000 abitanti» dall'art. 1, comma 1092, lett.* b*), della L. 30 dicembre 2020, n. 178, a decorrere dal 1° gennaio 2021.*

(6) *Le parole: «31 dicembre 2020» sono state così sostituite dalle seguenti: «30 giugno 2021» dall'art. 1, comma 1093, della L. 30 dicembre 2020, n. 178, a decorrere dal 1° gennaio 2021.*

11.

D.L. 22 marzo 2021, n. 41. Misure urgenti in materia di sostegno alle imprese e agli operatori economici, di lavoro, salute e servizi territoriali, connesse all'emergenza da COVID-19 (*Gazzetta Ufficiale* Serie gen. - n. 70 del 22 marzo 2021), convertito, con modificazioni, nella L. 21 maggio 2021, n. **69** (Suppl. ord. alla *Gazzetta Ufficiale* Serie gen. - n. 120 del 21 maggio 2021).

(*Estratto*)

Titolo I

Sostegno alle imprese e all'economia

6 *sexies*. Esenzione dal versamento della prima rata dell'imposta municipale propria. – 1. In considerazione del perdurare degli effetti connessi all'emergenza sanitaria da COVID-19, per l'anno 2021 non è dovuta la prima rata dell'imposta municipale propria (IMU) di cui all'articolo 1, commi da 738 a 783, della legge 27 dicembre 2019, n. 160, relativa agli immobili posseduti dai soggetti passivi per i quali ricorrono le condizioni di cui all'articolo 1, commi da 1 a 4, del presente decreto.

2. L'esenzione di cui al comma 1 si applica solo agli immobili nei quali i soggetti passivi esercitano le attività di cui siano anche gestori.

3. Per il ristoro ai comuni a fronte delle minori entrate derivanti dal comma 1, è istituito, nello stato di previsione del Ministero dell'interno, un fondo con una dotazione di 142,5 milioni di euro per l'anno 2021. Alla ripartizione del fondo si provvede con decreto del Ministro dell'interno, di concerto con il Ministro dell'economia e delle finanze, previa intesa in sede di Conferenza Stato-città ed autonomie locali, da adottare entro sessanta giorni dalla data di entrata in vigore del presente decreto.

4. Le disposizioni del presente articolo si applicano nel rispetto dei limiti e delle condizioni previsti dalla comunicazione della Commissione europea del 19 marzo 2020 C(2020) 1863 final, "Quadro temporaneo per le misure di aiuto di Stato a sostegno dell'economia nell'attuale emergenza del COVID-19", e successive modificazioni.

5. Agli oneri derivanti dal presente articolo, pari a 216 milioni di euro per l'anno 2021, si provvede mediante corrispondente riduzione del Fondo di cui all'articolo 1, comma 200, della legge 23 dicembre 2014, n. 190, come rifinanziato dall'articolo 41 del presente decreto.

12.

L. 30 dicembre 2021, n. 234. Bilancio di previsione dello Stato per l'anno finanziario 2022 e bilancio pluriennale per il triennio 2022-2024 (Suppl. ord. alla *Gazzetta Ufficiale* Serie gen. - n. 310 del 31 dicembre 2021).

(*Estratto*)

Sezione I
Misure quantitative per la realizzazione
degli obiettivi programmatici

1. Risultati differenziali. Norme in materia di entrata e di spesa e altre disposizioni. Fondi speciali. – 1. - 7. (*Omissis*).

8. A decorrere dal periodo d'imposta in corso alla data di entrata in vigore della presente legge, l'imposta regionale sulle attività produttive (IRAP), di cui al decreto legislativo 15 dicembre 1997, n. 446, non è dovuta dalle persone fisiche esercenti attività commerciali ed esercenti arti e professioni di cui alle lettere b) e c) del comma 1 dell'articolo 3 del medesimo decreto legislativo n. 446 del 1997.

9. - 1013. (*Omissis*).

1.

D.P.R. 29 settembre 1973, n. 600. Disposizioni comuni in materia di accertamento delle imposte sui redditi (Suppl. ord. alla *Gazzetta Ufficiale* n. 268 del 16 ottobre 1973).

(*Estratto*)

Titolo Primo
Dichiarazione annuale

1. Dichiarazione dei soggetti passivi. – Ogni soggetto passivo deve dichiarare annualmente i redditi posseduti anche se non ne consegue alcun debito d'imposta. I soggetti obbligati alla tenuta di scritture contabili, di cui al successivo art. 13, devono presentare la dichiarazione anche in mancanza di redditi.

La dichiarazione è unica agli effetti dell'imposta sul reddito delle persone fisiche o sul reddito delle persone giuridiche e dell'imposta locale sui redditi e deve contenere l'indicazione degli elementi attivi e passivi necessari per la determinazione degli imponibili secondo le norme che disciplinano le imposte stesse. I redditi per i quali manca tale indicazione si considerano non dichiarati ai fini dell'accertamento e delle sanzioni.

La dichiarazione delle persone fisiche è unica per i redditi propri del soggetto e per quelli di altre persone a lui imputabili a norma dell'art. 4 del testo unico delle imposte sui redditi, approvato con D.P.R. 22 dicembre 1986, n. 917, e deve comprendere anche i redditi sui quali l'imposta si applica separatamente a norma degli artt. 16 comma 1, lett. da *d*) a *n bis*), e 18 dello stesso testo unico. I redditi di cui alle lettere *a*), *b*), *c*) e *c bis*) (1) del comma 1 dell'art. 16 del predetto testo unico devono essere dichiarati solo se corrisposti da soggetti non obbligati per legge alla effettuazione delle ritenute di acconto (2).

Sono esonerati dall'obbligo della dichiarazione:

a) le persone fisiche che non possiedono alcun reddito sempre che non siano obbligate alla tenuta di scritture contabili;

b) le persone fisiche non obbligate alla tenuta di scritture contabili che possiedono soltanto redditi esenti e redditi soggetti a ritenuta alla fonte a titolo di imposta nonché redditi fondiari per un importo complessivo, al lordo della deduzione di cui all'art. 10, comma 3 *bis* ([3]), del testo unico delle imposte sui redditi, approvato con D.P.R. 22 dicembre 1986, n. 917, non superiore a € 185,92 annui ([4]);

b bis) le persone fisiche non obbligate alla tenuta di scritture contabili che possiedono soltanto redditi esenti, redditi soggetti a ritenuta alla fonte a titolo di imposta e il reddito fondiario dell'abitazione principale e sue pertinenze purché di importo non superiore a quello della deduzione di cui all'art. 10, comma 3 *bis* ([3]), del citato testo unico delle imposte sui redditi ([5]);

c) le persone fisiche non obbligate alla tenuta di scritture contabili che possiedono soltanto redditi esenti, redditi soggetti a ritenuta alla fonte a titolo di imposta, reddito fondiario dell'abitazione principale e sue pertinenze purché di importo non superiore a quello della deduzione di cui all'articolo 10, comma 3 *bis* ([3]), del testo unico delle imposte sui redditi, approvato con decreto del Presidente della Repubblica 22 dicembre 1986, n. 917, nonché altri redditi per i quali la differenza tra l'imposta lorda complessiva e l'ammontare spettante delle detrazioni di cui agli articoli 12 e 13 del citato testo unico, e le ritenute operate risulta non superiore a € 10,33. Tuttavia detti contribuenti, ai fini della scelta della destinazione dell'8 per mille dell'imposta sul reddito delle persone fisiche prevista dall'articolo 47 della legge 20 maggio 1985, n. 222, e dalle leggi che approvano le intese con le confessioni religiose di cui all'articolo 8, comma 3, della Costituzione, possono presentare apposito modello, approvato con il decreto di cui all'articolo 8, comma 1, ovvero con il certificato di cui all'articolo 7 *bis*, con le modalità previste dall'articolo 12 ed entro il termine stabilito per la presentazione della dichiarazione dei redditi ([6]).

[*d*) ([4]) i possessori di redditi di lavoro dipendente e assimilati, indicati agli artt. 46 e 47, comma 1, lettere *a*) e *d*), del citato testo unico delle imposte sui redditi, compresi quelli soggetti a tassazione separata, certificati dall'ultimo sostituto d'imposta, che, oltre tali redditi, possiedono soltanto redditi esenti e redditi soggetti a ritenuta alla fonte a titolo di imposta e quello derivante dall'abitazione principale e sue pertinenze purché di importo non superiore alla deduzione di cui all'art. 34, comma 4 *quater*, dello stesso testo unico. Tuttavia detti contribuenti possono presentare o spedire, con le modalità previste dall'art. 12 del presente decreto, entro il termine stabilito per la presentazione della dichiarazione, il certificato di cui al primo comma dell'art. 3 del presente decreto, redatto in conformità ad apposito modello approvato e pubblicato ai sensi dell'art. 8 del presente decreto, ai soli fini della scelta della destinazione dell'8 per mille dell'imposta sul reddito delle persone fisiche prevista dall'art. 47 della L. 20 maggio 1985, n. 222, e dalle leggi che approvano le intese con le confessioni religiose di cui all'art. 8, terzo comma, della Costituzione] (7) (8);

[*e*) i soggetti diversi dalle persone fisiche che non possiedono alcun reddito o possiedono soltanto redditi esenti e redditi soggetti a ritenuta alla fonte a titolo d'imposta, sempre che non siano obbligati alla tenuta di scritture contabili] (9) (8);

[*e bis*) le persone fisiche, diverse da quelle di cui alla lett. *c*), non obbligate alla tenuta di scritture contabili che possiedono un reddito complessivo al quale corrisponde un'imposta lorda non superiore all'ammontare delle detrazioni di cui agli artt. 12 e 13 del testo unico delle imposte sui redditi, approvato con D.P.R. 22 dicembre 1986, n. 917, a condizione che non sia dovuta l'imposta locale sui redditi. In tal caso l'esonero spetta anche se la differenza tra l'imposta dovuta e le predette detrazioni risulta non superiore a lire 20 mila. Tuttavia detti contribuenti, ai fini della scelta della destinazione dell'8 per mille dell'imposta sul reddito delle persone fisiche prevista dall'art. 47 della L. 20 maggio 1985, n. 222, e dalle leggi che approvano le intese con le confessioni religiose di cui all'art. 8, terzo comma, della Costituzione, possono presentare apposito modello approvato con il decreto di cui all'art. 8, primo comma, primo periodo, ovvero il certificato di cui ai commi 2 e 3 dell'art. 7 *bis*, con le modalità previste dall'art. 12 ed entro il termine stabilito per la presentazione della dichiarazione dei redditi] (10) (8).

[Ai fini della lettera *c*) del comma precedente sono assimilati ai redditi di lavoro dipendente soltanto i compensi dei lavoratori soci di cooperative e le somme indicati rispettivamente alle lettere *a*) e *c*) del comma 1 dell'art. 47 del citato testo unico delle imposte sui redditi] (11) (12).

Nelle ipotesi di esonero previste nel quarto comma il contribuente ha, tuttavia, facoltà di presentare la dichiarazione dei redditi (13).

Se più soggetti sono obbligati alla stessa dichiarazione, la dichiarazione fatta da uno di essi esonera gli altri.

Per le persone fisiche legalmente incapaci l'obbligo della dichiarazione spetta al rappresentante legale.

(1) *Le parole*: «*lettere* a), b) *e* c)» *sono state così sostituite dall'art. 3, comma 83, della L. 28 dicembre 1995, n. 549.*

(2) *Questo comma è stato così sostituito dall'art. 1, comma 1, del D.L. 31 maggio 1994, n. 330, conv., con modif., nella L. 27 luglio 1994, n. 473, a decorrere dall'8 dicembre 1993.*

(3) *Le parole*: «*di cui all'art. 34, comma 4* quater» *sono state così sostituite dalle attuali dall'art. 6, comma 7, della L. 23 dicembre 1999, n. 488.*

(4) *Questa lettera è stata così sostituita dall'art. 15, comma 2, della L. 24 dicembre 1993, n. 537, con decorrenza 1 gennaio 1994. Si veda ora l'art. 11, comma 2* bis*, del D.P.R. 22 dicembre 1986, n. 917, di cui si riporta il testo: «Se alla formazione del reddito complessivo concorrono soltanto redditi fondiari di cui all'articolo 25 di importo complessivo non superiore a 500 euro, l'imposta non è dovuta.».*

(5) *Questa lettera è stata aggiunta dall'art. 15, comma 2, della L. 24 dicembre 1993, n. 537, con decorrenza 1 gennaio 1994.*

(6) *Questa lettera è stata così sostituita dall'art. 7 del D.L.vo 2 settembre 1997, n. 314, con effetto dal 1° gennaio 1998.*

(7) *In questa lettera, le originarie parole: «corrisposti da un unico sostituto di imposta» erano state sostituite dalle parole: «certificati dall'ultimo sostituto di imposta» e le originarie parole: «destinazione dell'8 per mille dell'imposta sul reddito delle persone fisiche per scopi di interesse sociale o di carattere umanitario ovvero per scopi di carattere religioso o caritativo, di cui all'art. 47 della L. 20 maggio 1985, n. 222, e alle LL. 22 novembre 1988, n. 516, e n. 517.» erano state sostituite dalle parole da: «destinazione dell'8 per mille» fino alla fine del periodo, per effetto dell'art. 1, comma 1, del D.L. 31 maggio 1994, n. 330, convertito, con modificazioni, nella L. 27 luglio 1994, n. 473 a decorrere dal 6 febbraio 1994.*

(8) *Questa lettera è stata abrogata dall'art. 7 del D.L.vo 2 settembre 1997, n. 314, con effetto dal 1° gennaio 1998.*

(9) *Questa lettera è stata aggiunta dall'art. 3 del D.P.R. 28 marzo 1975, n. 60, recante disposizioni integrative e correttive di questo provvedimento, con effetto dal 29 marzo 1975.*

(10) *Questa lettera è stata aggiunta dall'art. 1, comma 1, del D.L. 31 maggio 1994, n. 330, conv., con modif., nella L. 27 luglio 1994, n. 473, a decorrere dall'8 dicembre 1993.*

(11) *Questo comma, già sostituito dall'art. 15, comma 2, della L. 24 dicembre 1993, n. 537, con decorrenza 1 gennaio 1994, è stato abrogato dall'art. 7 del D.L.vo 2 settembre 1997, n. 314, con effetto dal 1° gennaio 1998.*

(12) *Questo comma è stato abrogato dall'art. 7 del D.L.vo 2 settembre 1997, n. 314, con effetto dal 1° gennaio 1998.*

(13) *Questo comma è stato aggiunto dall'art. 1, comma 1, del D.L. 31 maggio 1994, n. 330, conv., con modif., nella L. 27 luglio 1994, n. 473, a decorrere dall'8 dicembre 1993.*

2. Contenuto della dichiarazione delle persone fisiche (1). – 1. La dichiarazione delle persone fisiche, oltre quanto stabilito nel secondo comma dell'art. 1, deve indicare i dati e gli elementi necessari per l'individuazione del contribuente, per la determinazione dei redditi e delle imposte dovute, nonché per l'effettuazione dei controlli e gli altri elementi, esclusi quelli che l'Amministrazione finanziaria è in grado di acquisire direttamente, richiesti nel modello di dichiarazione di cui all'art. 8, primo comma, primo periodo.

(1) *Questo articolo è stato così sostituito dall'art. 1, comma 1, del D.L. 31 maggio 1994, n. 330, conv., con modif., nella L. 27 luglio 1994, n. 473, a decorrere dall'8 dicembre 1993.*

3. ([1]) **Certificazioni e documenti riguardanti la dichiarazione delle persone fisiche.** – 1. Le persone fisiche che esercitano imprese commerciali ai sensi dell'art. 51 del testo unico delle imposte sui redditi, approvato con decreto del Presidente della Repubblica 22 dicembre 1986, n. 917, anche se non obbligati da altre norme devono redigere e conservare, per il periodo indicato nell'articolo 22, il bilancio, composto dallo stato patrimoniale e dal conto dei profitti e delle perdite, relativo al periodo d'imposta. I ricavi, i costi, le rimanenze e gli altri elementi necessari, secondo le disposizioni del capo VI del titolo I del citato testo unico, per la determinazione del reddito d'impresa devono essere indicati in apposito prospetto, qualora non risultanti dal bilancio.

2. Le disposizioni del comma 1 non si applicano ai soggetti che, ammessi a regimi contabili semplificati, non hanno optato per il regime di contabilità ordinaria.

3. I contribuenti devono conservare, per il periodo previsto dall'articolo 43, le certificazioni dei sostituti di imposta, nonché i documenti probatori dei crediti di imposta, dei versamenti eseguiti con riferimento alla dichiarazione dei redditi e degli oneri deducibili o detraibili ed ogni altro documento previsto dal decreto di cui all'articolo 8. Le certificazioni ed i documenti devono essere esibiti o trasmessi, su richiesta, all'ufficio competente.

([1]) *Questo articolo è stato così sostituito dall'art. 1 del D.L.vo 9 luglio 1997, n. 241, con effetto per le dichiarazioni presentate a decorrere dal 1° gennaio 1998, a norma dell'art. 9, comma 3, del D.P.R. 22 luglio 1998, n. 322.*

4. Contenuto della dichiarazione dei soggetti all'imposta sul reddito delle persone giuridiche ([1]). – 1. La dichiarazione dei soggetti all'imposta sul reddito delle persone giuridiche, oltre quanto stabilito nel secondo comma dell'art. 1, deve indicare i dati e gli elementi necessari per l'individuazione del contribuente e di almeno un rappresentante, per la determinazione dei redditi e delle imposte dovute, nonché per l'effettuazione dei controlli e gli altri elementi, esclusi quelli che l'Amministrazione finanziaria è in grado di acquisire direttamente, richiesti nel modello di dichiarazione di cui all'art. 8, primo comma, primo periodo.

[2. Le società o enti che non hanno la sede legale o amministrativa nel territorio dello Stato devono inoltre indicare l'indirizzo della stabile organizzazione nel territorio stesso, in quanto vi sia, e in ogni caso le generalità e l'indirizzo in Italia di un rappresentante per i rapporti tributari] ([2]).

([1]) *Questo articolo è stato così sostituito dall'art. 1, comma 1, del D.L. 31 maggio 1994, n. 330, conv., con modif., nella L. 27 luglio 1994, n. 473, a decorrere dall'8 dicembre 1993.*

([2]) *Questo comma è stato abrogato dall'art. 19 del D.L.vo 21 novembre 2014, n. 175.*

5. ([1]) **Certificazioni e documentazioni riguardanti la dichiarazione dei soggetti all'imposta sul reddito delle persone giuridiche.** – 1. I soggetti all'imposta sul reddito delle persone giuridiche devono conservare, per il periodo indicato nell'articolo 22, il bilancio o il rendiconto, nonché i relativi verbali e relazioni, cui sono obbligati dal codice civile, da leggi speciali o dallo statuto. I ricavi, i costi, le rimanenze e gli altri elementi necessari, secondo le disposizioni del capo VI del titolo I del testo unico delle imposte sui redditi, approvato con decreto del Presidente della Repubblica 22 dicembre 1986, n. 917, per la determinazione dell'imponibile devono essere indicati in apposito prospetto, qualora non risultanti dal bilancio o dal rendiconto.

2. Gli enti indicati alla lettera *c*) del comma 1 dell'articolo 87 del testo unico delle imposte sui redditi, approvato con decreto del Presidente della Repubblica 22 dicembre 1986, n. 917, devono conservare il bilancio relativo alle attività commerciali eventualmente esercitate. La disposizione non si applica agli enti che, ammessi a regimi contabili semplificati, non hanno optato per il regime ordinario.

3. Le società e gli enti indicati alla lettera *d*) del comma 1 dell'articolo 87 del testo unico delle imposte sui redditi, approvato con decreto del Presidente della Repubblica 22 dicembre 1986, n. 917, devono conservare il bilancio relativo alle attività esercitate nel territorio dello Stato mediante stabili organizzazioni. Non sono obbligati alla conservazione del bilancio le società semplici e le società o le associazioni equiparate né gli enti non commerciali che non esercitano nel territorio dello Stato attività commerciali o che, ammessi a regimi contabili semplificati, non hanno optato per il regime ordinario.

4. Le certificazioni dei sostituti d'imposta e i documenti probatori dei versamenti eseguiti con riferimento alle dichiarazioni dei redditi e degli oneri di cui agli articoli 110, 110 *bis*, 113 e 114 del testo unico delle imposte sui redditi, approvato con decreto del Presidente della Repubblica 22 dicembre 1986, n. 917, nonché ogni altro documento previsto dal decreto di cui all'articolo 8 devono essere conservati per il periodo previsto dall'articolo 43. Le certificazioni e i documenti devono essere esibiti o trasmessi, su richiesta, all'ufficio competente.

([1]) Questo articolo è stato così sostituito dall'art. 2 del D.L.vo 9 luglio 1997, n. 241, con effetto per le dichiarazioni presentate a decorrere dal 1° gennaio 1998, a norma dell'art. 9, comma 3, del D.P.R. 22 luglio 1998, n. 322.

6. ([1]) **Dichiarazione delle società semplici, in nome collettivo, in accomandita semplice ed equiparate.** – 1. Le società semplici, in nome collettivo e in accomandita semplice indicate nell'articolo 5 del testo unico delle imposte sui redditi approvato con decreto del Presidente della Repubblica 22 dicembre 1986, n. 917, le società e le associazioni ad esse equiparate a norma dello stesso articolo devono presentare la dichiarazione agli effetti dell'imposta locale sui redditi da esse dovuta e agli effetti dell'imposta sul reddito delle persone fisiche e dell'imposta sul reddito delle persone giuridiche dovute dai soci o associati.

2. La dichiarazione deve contenere le indicazioni prescritte nel secondo comma dell'articolo 1 e nel primo comma dell'articolo 4.

3. I soggetti di cui al comma 1, anche se non obbligati da altre norme devono redigere e conservare, per il periodo indicato nell'articolo 22, il bilancio, composto dallo stato patrimoniale e dal conto dei profitti e delle perdite, relativo al periodo d'imposta. I ricavi, i costi, le rimanenze e gli altri elementi necessari, secondo le disposizioni del capo VI del titolo I del testo unico delle imposte sui redditi, approvato con decreto del Presidente della Repubblica 22 dicembre 1986, n. 917, per la determinazione dell'imponibile devono essere indicati in apposito prospetto, qualora non risultanti dal bilancio.

4. Le disposizioni del comma 3 non si applicano ai soggetti che, ammessi a regimi contabili semplificati, non hanno optato per il regime di contabilità ordinaria, nonché alle società semplici e alle società ed associazioni ad esse equiparate.

5. I soggetti di cui al comma 1 devono conservare, per il periodo previsto dall'articolo 43, le certificazioni dei sostituti d'imposta, i documenti probatori dei crediti di imposta, dei versamenti eseguiti con riferimento alla dichiarazione dei redditi e degli oneri deducibili o detraibili, nonché ogni altro documento previsto dal decreto di cui all'articolo 8. Le certificazioni ed i documenti devono essere esibiti o trasmessi, su richiesta, all'ufficio competente.

(1) *Questo articolo è stato così sostituito dall'art. 3 del D.L.vo 9 luglio 1997, n. 241, con effetto per le dichiarazioni presentate a decorrere dal 1° gennaio 1998, a norma dell'art. 9, comma 3, del D.P.R. 22 luglio 1998, n. 322.*

7 - 12. (*Omissis*).(1)

(1) *Articoli abrogati.*

12 *bis*. (1) **Trattamento dei dati risultanti dalla dichiarazione dei redditi e dell'imposta sul valore aggiunto.** – 1. I sostituti d'imposta ed i soggetti comunque incaricati ai sensi dell'articolo 12 di trasmettere la dichiarazione all'Amministrazione finanziaria possono trattare i dati connessi alle dichiarazioni per le sole finalità di prestazione del servizio e per il tempo a ciò necessario, adottando specifiche misure individuate nelle convenzioni di cui al comma 11 del predetto articolo 12, volte ad assicurare la riservatezza e la sicurezza delle informazioni anche con riferimento ai soggetti da essi designati come responsabili o incaricati ai sensi della legge 31 dicembre 1996, n. 675. Con il decreto di cui al comma 11 dell'articolo 12 sono individuate, altresì, le modalità per inserire nei modelli di dichiarazione l'informativa all'interessato e l'espressione del consenso relativo ai trattamenti, da parte dei soggetti di cui al precedente periodo, dei dati personali di cui all'articolo 22, comma 1, della legge 31 dicembre 1996, n. 675, connessi alle dichiarazioni.

2. Limitatamente alle dichiarazioni presentate nel 1998, l'informativa di cui all'articolo 10 della legge 31 dicembre 1996, n. 675, s'intende resa attraverso i modelli di dichiarazione ed il consenso di cui al comma 1 è validamente espresso con la sottoscrizione delle dichiarazioni.

(1) *Questo articolo è stato inserito dall'art. 2 del D.L.vo 8 maggio 1998, n. 135.*

Titolo Secondo
Scritture contabili

13. Soggetti obbligati alla tenuta di scritture contabili. – Ai fini dell'accertamento sono obbligati alla tenuta di scritture contabili, secondo le disposizioni di questo titolo:

a) le società soggette all'imposta sul reddito delle persone giuridiche;

b) gli enti pubblici e privati diversi dalle società, soggetti all'imposta sul reddito delle persone giuridiche, nonché i trust, (1) che hanno per oggetto esclusivo o principale l'esercizio di attività commerciali;

c) le società in nome collettivo, le società in accomandita semplice e le società ad esse equiparate ai sensi dell'art. 5 del D.P.R. 29 settembre 1973, n. 597 (2);

d) le persone fisiche che esercitano imprese commerciali ai sensi dell'art. 51 del decreto indicato alla lettera precedente.

Sono inoltre obbligate alla tenuta di scritture contabili, a norma degli artt. 19 e 20:

e) le persone fisiche che esercitano arti e professioni, ai sensi dell'art. 49, commi primo e secondo del decreto indicato al primo comma, lettera *c*);

f) le società o associazioni fra artisti e professionisti di cui all'art. 5, lettera *c*), del decreto indicato alla precedente lettera (3);

g) gli enti pubblici e privati diversi dalle società, soggetti all'imposta sul reddito delle persone giuridiche, nonché i trust, (1) che non hanno per oggetto esclusivo o principale l'esercizio di attività commerciali.

I soggetti obbligati ad operare ritenute alla fonte a titolo di acconto sui compensi corrisposti, di cui al successivo art. 21, devono tenere le scritture ivi indicate ai fini dell'accertamento del reddito dei percipienti.

I soggetti i quali, fuori dell'ipotesi di cui all'art. 28 lett. *b*), del D.P.R. 29 settembre 1973, n. 597 ([4]), svolgono attività di allevamento di animali, devono tenere le scritture contabili indicate nell'art. 18 *bis* ([5]).

([1]) *Le parole: «nonché i trust,» sono state inserite dall'art. 1, comma 76, della L. 27 dicembre 2006, n. 296.*

([2]) *Si veda ora l'art. 5 del D.P.R. 22 dicembre 1986, n. 917, recante il testo unico delle imposte sui redditi.*

([3]) *Si veda ora l'art. 5, comma 3, lett.* c), *del D.P.R. 22 dicembre 1986, n. 917, recante il testo unico delle imposte sui redditi.*

([4]) *Si veda ora l'art. 29, comma 2, lett.* b), *del D.P.R. 22 dicembre 1986, n. 917, recante il testo unico delle imposte sui redditi.*

([5]) *Comma aggiunto dall'art. 2, D.P.R. 5 aprile 1978, n. 132, in vigore dal 28 aprile 1978.*

14. Scritture contabili delle imprese commerciali, delle società e degli enti equiparati. – Le società, gli enti e gli imprenditori commerciali di cui al primo comma dell'art. 13 devono in ogni caso tenere:

a) il libro giornale e il libro degli inventari;

b) i registri prescritti ai fini dell'imposta sul valore aggiunto;

c) scritture ausiliarie nelle quali devono essere registrati gli elementi patrimoniali e reddituali, raggruppati in categorie omogenee, in modo da consentire di desumerne chiaramente e distintamente i componenti positivi e negativi che concorrono alla determinazione del reddito;

d) scritture ausiliarie di magazzino, tenute in forma sistematica e secondo norme di ordinata contabilità, dirette a seguire le variazioni intervenute tra le consistenze negli inventari annuali. Nelle scritture devono essere registrate le quantità entrate ed uscite delle merci destinate alla vendita; dei semilavorati, se distintamente classificati in inventario, esclusi i prodotti in corso di lavorazione; dei prodotti finiti nonché delle materie prime e degli altri beni destinati ad essere in essi fisicamente incorporati; degli imballaggi utilizzati per il confezionamento dei singoli prodotti; delle materie prime tipicamente consumate nella fase produttiva dei servizi, nonché delle materie prime e degli altri beni incorporati durante la lavorazione dei beni del committente. Le rilevazioni dei beni, singoli o raggruppati per categorie di inventario, possono essere effettuate anche in forma riepilogativa con periodicità non superiore al mese. Nelle stesse scritture possono inoltre essere annotati, anche alla fine del periodo d'imposta, i cali e le altre variazioni di quantità che determinano scostamenti tra le giacenze fisiche effettive e quelle desumibili dalle scritture di carico e scarico. Per le attività elencate ai numeri 1) e 2) del primo comma dell'art. 22 del D.P.R. 26 ottobre 1972, n. 633, e successive modificazioni, le registrazioni vanno effettuate solo per i movimenti di carico e scarico dei magazzini interni centralizzati che forniscono due o più negozi o altri punti di vendita, con esclusione di quelli indicati al punto 4 dell'art. 4 del D.P.R. 6 ottobre 1978, n. 627. Per la produzione di beni, opere, forniture e servizi la cui valutazione è effettuata a costi specifici o a norma dell'art. 63 del D.P.R. 29 settembre 1973, n. 597 ([1]), e successive modificazioni, le scritture ausiliarie sono costituite da schede di lavorazione dalle quali devono risultare i costi specificamente imputabili; le registrazioni sulle schede di lavorazione sostituiscono le rilevazioni di carico e di scarico dei singoli beni specificamente acquistati per le predette produzioni. Dalle scritture ausiliarie di magazzino possono essere esclusi tutti i movimenti relativi a singoli beni o a categorie inventariali il cui costo complessivo nel periodo di imposta precedente non eccede il venti per cento di quello sostenuto nello stesso periodo per tutti i beni sopraindicati. I beni o le categorie inventariali che possono essere esclusi devono essere scelti tra quelli di trascurabile rilevanza percentuale ([2]).

I soggetti stessi devono inoltre tenere, in quanto ne ricorrano i presupposti, il registro dei beni ammortizzabili e il registro riepilogativo di magazzino di cui ai successivi artt. 16 e 17 e i libri sociali obbligatori di cui ai nn. 1 e seguenti dell'art. 2421 del codice civile.

(*Omissis*) ([3]).

Le società e gli enti il cui bilancio o rendiconto è soggetto per legge o per statuto all'approvazione dell'assemblea o di altri organi possono effettuare nelle scritture contabili gli aggiornamenti conseguenziali all'approvazione stessa fino al termine stabilito per la presentazione della dichiarazione.

Le società, gli enti e gli imprenditori di cui al primo comma che esercitano attività commerciali all'estero mediante stabili organizzazioni e quelli non residenti che esercitano attività commerciali in Italia mediante stabili organizzazioni, devono rilevare nella contabilità distintamente i fatti di gestione che interessano le stabili organizzazioni, determinando separatamente i risultati dell'esercizio relativi a ciascuna di esse.

[Le scritture ausiliarie di magazzino di cui alla lettera *d*) devono essere tenute a partire dal secondo periodo d'imposta successivo a quello in cui per la seconda volta consecutivamente l'ammontare dei ricavi di cui all'art. 53 del D.P.R. 29 settembre 1973, n. 597 ([4]), ed il valore complessivo delle rimanenze di cui agli artt. 62 e 63 dello stesso decreto ([5]) sono superiori rispettivamente a cinque miliardi e a due miliardi di lire. L'obbligo cessa a partire dal primo periodo di imposta successivo a quello in cui per la seconda volta consecutivamente l'ammontare dei ricavi o il valore delle rimanenze è inferiore a tale limite. Per i soggetti il cui periodo di imposta è diverso dall'anno solare l'ammontare dei ricavi deve essere ragguagliato all'anno. Ai fini della determinazione dei limiti sopra indicati non si tiene conto delle risultanze di accertamenti se l'incremento non supera di oltre il quindici per cento i valori dichiarati] (6) (7).

(1) *Si veda ora l'art. 60 del D.P.R. 22 dicembre 1986, n. 917, recante il testo unico delle imposte sui redditi.*

(2) *Lettera aggiunta dall'art. 2, D.P.R. 4 novembre 1981, n. 664.*

(3) *Il terzo comma di questo articolo è stato abrogato dall'art. 6, comma 2, del D.L. 10 giugno 1994, n. 357, conv., con modif., nella L. 8 agosto 1994, n. 489.*

(4) *Si veda ora l'art. 53 del D.P.R. 22 dicembre 1986, n. 917, recante il testo unico delle imposte sui redditi.*

(5) *Si vedano ora gli artt. 59 e 60 del D.P.R. 22 dicembre 1986, n. 917, recante il testo unico delle imposte sui redditi.*

(6) *Comma aggiunto dall'art. 3, D.P.R. 4 novembre 1981, n. 664.*

(7) *Questo comma è stato abrogato dall'art. 1, comma 2, del D.P.R. 9 dicembre 1996, n. 695. Si veda anche quanto disposto al comma 1 di detto articolo.*

15. Inventario e bilancio. – Le società, gli enti e gli imprenditori commerciali di cui al primo comma dell'art. 13 devono in ogni caso redigere l'inventario e il bilancio con il conto dei profitti e delle perdite, a norma dell'art. 2217 del codice civile, entro tre mesi dal termine per la presentazione della dichiarazione dei redditi ai fini delle imposte dirette (1) (2).

L'inventario, oltre agli elementi prescritti dal codice civile o da leggi speciali, deve indicare la consistenza dei beni raggruppati in categorie omogenee per natura e valore e il valore attribuito a ciascun gruppo. Ove dall'inventario non si rilevino gli elementi che costituiscono ciascun gruppo e la loro ubicazione, devono essere tenute a disposizione dell'ufficio delle imposte le distinte che sono servite per la compilazione dell'inventario.

Nell'inventario degli imprenditori individuali devono essere distintamente indicate e valutate le attività e le passività relative all'impresa [e quelle dell'imprenditore estranee all'impresa] (3).

Il bilancio e il conto dei profitti e delle perdite, salve le disposizioni del codice civile e delle leggi speciali, possono essere redatti con qualsiasi metodo e secondo qualsiasi schema, purché conformi ai principi della tecnica contabile, salvo quanto stabilito nel secondo comma dell'art. 3.

(1) *Le parole a partire da: «entro tre mesi» fino alla fine di questo comma sono state così sostituite dall'art. 8, comma 4, della L. 30 dicembre 1991, n. 413.*

(2) *Per il conto Profitti e Perdite delle società finanziarie, fiduciarie, delle assicurazioni ed aziende di credito, vedi D.P.R. 31 marzo 1975, n. 137.*

(3) *Parole soppresse per effetto dell'art. 3 del D.P.R. 28 marzo 1975, n. 60.*

16. ([1]) **Registro dei beni ammortizzabili.** – Le società, gli enti e gli imprenditori commerciali, di cui al primo comma dell'art. 13, devono compilare il registro dei beni ammortizzabili entro il termine stabilito per la presentazione della dichiarazione.

Nel registro devono essere indicati, per ciascun immobile e per ciascuno dei beni iscritti in pubblici registri, l'anno di acquisizione, il costo originario, le rivalutazioni, le svalutazioni, il fondo di ammortamento nella misura raggiunta al termine del periodo d'imposta precedente, il coefficiente di ammortamento effettivamente praticato nel periodo d'imposta, la quota annuale di ammortamento e le eliminazioni del processo produttivo.

Per i beni diversi da quelli indicati nel comma precedente le indicazioni ivi richieste possono essere effettuate con riferimento a categorie di beni omogenee per anno di acquisizione e coefficiente di ammortamento. Per i beni di cui all'articolo 102 *bis* del testo unico delle imposte sui redditi, di cui al decreto del Presidente della Repubblica 22 dicembre 1986, n. 917, le indicazioni ivi richieste possono essere effettuate con riferimento a categorie di beni omogenee per anno di acquisizione e vita utile ([2]). Per i beni gratuitamente devolvibili deve essere distintamente indicata la quota annua che affluisce al fondo di ammortamento finanziario.

Se le quote annuali di ammortamento sono inferiori alla metà di quelle risultanti dall'applicazione dei coefficienti stabiliti ai sensi del secondo comma dell'art. 68 del D.P.R. 29 settembre 1973, n. 597 ([3]), il minor ammontare deve essere distintamente indicato nel registro dei beni ammortizzabili.

I costi di manutenzione, riparazione, ammodernamento e trasformazione di cui all'ultimo comma del detto art. 68 ([3]), che non siano immediatamente deducibili, non si sommano al valore dei beni cui si riferiscono ma sono iscritti in voci separate del registro dei beni ammortizzabili a seconda dell'anno di formazione.

([1]) *Si veda l'art. 2 del D.P.R. 9 dicembre 1996, n. 695.*

([2]) *Questo periodo è stato inserito dall'art. 1, comma 326, della L. 23 dicembre 2005, n. 266.*

([3]) *Si veda ora l'art. 67 del D.P.R. 22 dicembre 1986, n. 917, recante il testo unico delle imposte sui redditi.*

17. ([1]) [**Registro riepilogativo di magazzino. –** (*Omissis*)].

([1]) *Abrogato dall'art. 6* bis *del D.L. 23 dicembre 1977, n. 936, conv., con modif., nella L. 25 febbraio 1978, n. 38, con effetto dall'1 gennaio 1974.*

18. ([1]) **Contabilità semplificata per le imprese minori.** – 1. Le disposizioni dei precedenti articoli si applicano anche ai soggetti che, a norma del codice civile, non sono obbligati alla tenuta delle scritture contabili di cui allo stesso codice. Tuttavia, i soggetti indicati alle lettere *c*) e *d*) del primo comma dell'articolo 13, qualora i ricavi indicati agli articoli 57 e 85 del testo unico delle imposte sui redditi, di cui al decreto del Presidente della Repubblica 22 dicembre 1986, n. 917, percepiti in un anno intero, ovvero conseguiti nell'ultimo anno di applicazione dei criteri previsti dall'articolo 109, comma 2, del medesimo testo unico, non abbiano superato l'ammontare di 400.000 euro per le imprese aventi per oggetto prestazioni di servizi, ovvero di 700.000 euro per le imprese aventi per oggetto altre attività, sono esonerati per l'anno successivo dalla tenuta delle scritture contabili prescritte dai precedenti articoli, salvi gli obblighi di tenuta delle scritture previste da disposizioni diverse dal presente decreto. Per i contribuenti che esercitano contemporaneamente prestazioni di servizi e altre attività si fa riferimento all'ammontare dei ricavi relativi all'attività prevalente. In mancanza della distinta annotazione dei ricavi, si considerano prevalenti le attività diverse dalle prestazioni di servizi. Con decreto del Ministro dell'economia e delle finanze sono stabiliti i criteri per l'individuazione delle attività consistenti nella prestazione di servizi.

2. I soggetti che fruiscono dell'esonero di cui al comma 1 devono annotare cronologicamente in un apposito registro i ricavi percepiti indicando per ciascun incasso:

a) il relativo importo;

b) le generalità, l'indirizzo e il comune di residenza anagrafica del soggetto che effettua il pagamento;

c) gli estremi della fattura o altro documento emesso.

Devono essere altresì annotate cronologicamente, in diverso registro e con riferimento alla data di pagamento, le spese sostenute nell'esercizio. Per ciascuna spesa devono essere fornite le indicazioni di cui alle lettere *b*) e *c*) del primo periodo.

3. I componenti positivi e negativi di reddito, diversi da quelli indicati al comma 2, sono annotati nei registri obbligatori di cui al medesimo comma 2 entro il termine di presentazione della dichiarazione dei redditi.

4. I registri tenuti ai fini dell'imposta sul valore aggiunto sostituiscono i registri indicati al comma 2, qualora vi siano iscritte separate annotazioni delle operazioni non soggette a registrazione ai fini della suddetta imposta. In luogo delle singole annotazioni relative a incassi e pagamenti, nell'ipotesi in cui l'incasso o il pagamento non sia avvenuto nell'anno di registrazione, nei registri deve essere riportato l'importo complessivo dei mancati incassi o pagamenti con indicazione delle fatture cui le operazioni si riferiscono. In tal caso, i ricavi percepiti e i costi sostenuti devono essere annotati separa-

tamente nei registri stessi nel periodo d'imposta in cui vengono incassati o pagati, indicando ai sensi del comma 2, lettera *c*), il documento contabile già registrato ai fini dell'imposta sul valore aggiunto.

5. Previa opzione, vincolante per almeno un triennio, i contribuenti possono tenere i registri ai fini dell'imposta sul valore aggiunto senza operare annotazioni relative a incassi e pagamenti, fermo restando l'obbligo della separata annotazione delle operazioni non soggette a registrazione ai fini della suddetta imposta. In tal caso, per finalità di semplificazione si presume che la data di registrazione dei documenti coincida con quella in cui è intervenuto il relativo incasso o pagamento.

6. I soggetti esonerati dagli adempimenti relativi all'imposta sul valore aggiunto ai sensi dell'articolo 34 del decreto del Presidente della Repubblica 26 ottobre 1972, n. 633, non sono tenuti ad osservare le disposizioni dei commi 2, 3 e 4 del presente articolo.

7. Il regime di contabilità semplificata previsto nel presente articolo si estende di anno in anno qualora non vengano superati gli importi indicati nel comma 1.

8. Il contribuente ha facoltà di optare per il regime ordinario. L'opzione ha effetto dall'inizio del periodo d'imposta nel corso del quale è esercitata fino a quando non è revocata e, in ogni caso, per il periodo stesso e per i due successivi.

9. I soggetti che intraprendono l'esercizio di impresa commerciale, qualora ritengano di percepire ricavi per un ammontare, ragguagliato ad un anno, non superiore ai limiti indicati al comma 1, possono, per il primo anno, tenere la contabilità semplificata di cui al presente articolo.

10. Per i rivenditori, in base a contratti estimatori, di giornali, di libri e di periodici, anche su supporti audiovideomagnetici, e per i distributori di carburante, ai fini del calcolo dei limiti di ammissione ai regimi semplificati di contabilità, i ricavi percepiti si assumono al netto del prezzo corrisposto al fornitore dei predetti beni. Per le cessioni di generi di monopolio, valori bollati e postali, marche assicurative e valori similari, si considerano ricavi gli aggi percepiti spettanti ai rivenditori.

11. Ai fini del presente articolo si assumono come ricavi conseguiti nel periodo d'imposta le somme incassate registrate nel registro di cui al comma 2, primo periodo, ovvero nel registro di cui al comma 4.

(¹) *Questo articolo è stato così sostituito dall'art. 1, comma 22, della L. 11 dicembre 2016, n. 232.*

A norma dell'art. 1, comma 23, della L. 11 dicembre 2016, n. 232, le disposizioni di cui ai commi da 17 a 22 si applicano a decorrere dal periodo d'imposta successivo a quello in corso al 31 dicembre 2016. Con decreto del Ministro dell'economia e delle finanze, entro trenta giorni dalla data di entrata in vigore della presente legge, possono essere adottate disposizioni per l'attuazione dei predetti commi.

18 *bis*. (1) **Scritture contabili delle imprese di allevamento.** – I soggetti i quali, fuori dell'ipotesi di cui all'art. 28, lettera *b*), del decreto del Presidente della Repubblica 29 settembre 1973, n. 597 (2), svolgono attività di allevamento di animali devono tenere un registro cronologico di carico e scarico degli animali allevati, distintamente per specie e ciclo di allevamento, con l'indicazione degli incrementi e decrementi verificatisi per qualsiasi causa nel periodo d'imposta.

(1) *Articolo aggiunto dall'art. 2, D.P.R. 5 aprile 1978, n. 132, in vigore dal 28 aprile 1978.*

(2) *Si veda ora l'art. 29, comma 2, lett.* b), *del D.P.R. 22 dicembre 1986, n. 917, recante il testo unico delle imposte sui redditi.*

18 *ter*. (1) **Scritture contabili per le altre attività agricole.** – 1. I soggetti che si avvalgono dei regimi di cui all'articolo 56 *bis* del decreto del Presidente della Repubblica 22 dicembre 1986, n. 917, ed all'articolo 5 della legge 31 dicembre 1991, n. 413, devono tenere esclusivamente i registri previsti dal decreto del Presidente della Repubblica 26 ottobre 1972, n. 633.

(1) *Questo articolo è stato inserito dall'art. 15, comma 1, del D.L.vo 29 marzo 2004, n. 99.*

19. Scritture contabili degli esercenti arti e professioni. – Le persone fisiche che esercitano arti e professioni e le società o associazioni fra artisti e professionisti, di cui alle lettere *e*) ed *f*) dell'art. 13, devono annotare cronologicamente in un apposito registro le somme percepite sotto qualsiasi forma e denominazione nell'esercizio dell'arte o della professione, anche a titolo di partecipazione agli utili, indicando per ciascuna riscossione:

a) il relativo importo, al lordo e al netto della parte che costituisce rimborso di spese diverse da quelle inerenti alla produzione del reddito eventualmente anticipate per conto del soggetto che ha effettuato il pagamento, e l'ammontare della ritenuta d'acconto subita;

b) le generalità, il comune di residenza anagrafica e l'indirizzo del soggetto che ha effettuato il pagamento;

c) gli estremi della fattura, parcella, nota o altro documento emesso.

Nello stesso registro devono essere annotate cronologicamente, con le indicazioni di cui alle lettere *b*) e *c*), le spese inerenti all'esercizio dell'arte o professione delle quali si richiede la deduzione analitica ai sensi dell'art. 50 del D.P.R. 29 settembre 1973, n. 597. Deve esservi inoltre annotato, entro il termine stabilito per la presentazione della dichiarazione, il valore dei beni per i quali si richiede la deduzione di quote di ammortamento ai sensi del detto articolo, raggruppati in categorie omogenee e distinti per anno di acquisizione.

[I soggetti di cui al primo comma sono obbligati a tenere uno o più conti correnti bancari o postali ai quali affluiscono, obbligatoriamente, le somme riscosse nell'esercizio dell'attività e dai quali sono effettuati i prelevamenti per il pagamento delle spese] ([1]).

[I compensi in denaro per l'esercizio di arti e professioni sono riscossi esclusivamente mediante assegni non trasferibili o bonifici ovvero altre modalità di pagamento bancario o postale nonché mediante sistemi di pagamento elettronico, salvo per importi unitari inferiori a 100 euro] ([1]).

[Il contribuente può tenere registri distinti per gli incassi e per i pagamenti, nel qual caso tali registri, se contengono tutti i dati richiesti dal D.P.R. 26 ottobre 1972, n. 633, e sono tenuti con le modalità ivi previste, sostituiscono a tutti gli effetti quelli prescritti ai fini dell'imposta sul valore aggiunto] ([2]).

[I contribuenti indicati nel primo comma che nel periodo di imposta precedente hanno percepito compensi per un ammontare superiore a 360 milioni di lire sono soggetti a regime di contabilità ordinaria per il periodo di imposta successivo e devono tenere:

a) il registro nel quale annotare cronologicamente le operazioni produttive di componenti positivi e negativi di reddito integrate dalle movimentazioni finanziarie inerenti all'esercizio dell'arte o professione, compresi gli utilizzi delle somme percepite, ancorché estranei all'esercizio dell'arte o professione nonché gli estremi dei conti correnti bancari utilizzati per le movimentazioni predette;

b) i registri obbligatori ai fini dell'imposta sul valore aggiunto;

c) il registro dei beni ammortizzabili con le modalità di cui all'art. 16, primo comma, secondo e terzo comma;

d) apposite scritture ([3]) nelle quali vanno indicati, con i criteri e le modalità di cui all'art. 21, i compensi e le altre somme erogate a soggetti che prestano, nei confronti dell'esercente l'arte o la professione, attività lavorativa non di lavoro dipendente] ([2]).

Con decreti del Ministro delle finanze, da pubblicare nella *Gazzetta Ufficiale*, possono essere stabiliti appositi modelli dei registri di cui al comma precedente con classificazione delle categorie di componenti positivi e negativi rilevanti ai fini della determinazione del reddito, individuate anche in relazione a quelle risultanti dai modelli di dichiarazione dei redditi e possono essere prescritte particolari modalità per la tenuta meccanografica del registro ([4]) ([5]).

([1]) *Questo comma, inserito dall'art. 35, comma 12, del D.L. 4 luglio 2006, n. 223, convertito, con modificazioni, nella L. 4 agosto 2006, n. 248, è stato poi abrogato dall'art.*

32, comma 3, del D.L. 25 giugno 2008, n. 112, convertito, con modificazioni, nella L. 6 agosto 2008, n. 133.

(2) *Questo comma è stato abrogato dall'art. 3, comma 9, del D.P.R. 9 dicembre 1996, n. 695. Si veda anche quanto disposto ai commi 1 e 2 di detto articolo.*

(3) *La tenuta di queste scritture è stata soppressa dall'art. 6, comma 1, lett.* c), *del D.L. 10 giugno 1994, n. 357, conv., con modif., nella L. 8 agosto 1994, n. 489.*

(4) *Questo comma è stato aggiunto per effetto dell'art. 8, comma 6* bis, *del D.L. 27 aprile 1990, n. 90, convertito, con modificazioni, nella L. 26 giugno 1990, n. 165. Le disposizioni in esso contenute si applicano a partire dal 1° gennaio 1991.*

(5) *Per le modalità di tenuta meccanografica del registro relativo alle annotazioni delle operazioni produttive di componenti positivi e negativi di reddito degli esercenti arti e professioni, si veda il D.M. 20 dicembre 1990.*

20. Scritture contabili degli enti non commerciali (1)**. –** Le disposizioni degli artt. 14, 15, 16, 17 e 18 si applicano, relativamente alle attività commerciali eventualmente esercitate, anche agli enti soggetti all'imposta sul reddito delle persone giuridiche che non hanno per oggetto esclusivo o principale l'esercizio di attività commerciali.

Indipendentemente alla redazione del rendiconto annuale economico e finanziario, gli enti non commerciali che effettuano raccolte pubbliche di fondi devono redigere, entro quattro mesi dalla chiusura dell'esercizio, un apposito e separato rendiconto tenuto e conservato ai sensi dell'articolo 22, dal quale devono risultare, anche a mezzo di una relazione illustrativa, in modo chiaro e trasparente, le entrate e le spese relative a ciascuna delle celebrazioni, ricorrenze o campagne di sensibilizzazione indicate nell'articolo 108, comma 2 *bis*, lettera *a*), testo unico delle imposte sui redditi, approvato con decreto del Presidente della Repubblica 22 dicembre 1986, n. 917 (2).

Gli enti soggetti alla determinazione forfetaria del reddito ai sensi del comma 1 dell'articolo 109 *bis* del testo unico delle imposte sui redditi, approvato con decreto del Presidente della Repubblica 22 dicembre 1986, n. 917, che abbiano conseguito nell'anno solare precedente ricavi non superiori a € 15.493,71, relativamente alle attività di prestazione di servizi, ovvero a € 25.822,84 negli altri casi, assolvono gli obblighi contabili di cui all'articolo 18, secondo le disposizioni di cui al comma 166 dell'articolo 3 della legge 23 dicembre 1996, n. 662 (2).

(1) *Articolo così sostituito per effetto dell'art. 3 del D.P.R. 28 marzo 1975, n. 60.*

(2) *Questo comma è stato aggiunto dall'art. 8, del D.L.vo 4 dicembre 1997, n. 460, a decorrere dal 1° gennaio 1998.*

20 *bis*. (1) [**Scritture contabili delle organizzazioni non lucrative di utilità sociale. –** 1. Le organizzazioni non lucrative di utilità sociale (ONLUS) diverse dalle società cooperative, a pena di decadenza di benefici fiscali per esse previsti, devono:

a) in relazione all'attività complessivamente svolta, redigere scritture contabili cronologiche e sistematiche atte ad esprimere con compiutezza ed analiticità le operazioni poste in essere in ogni periodo di gestione, e rappresentare adeguatamente in apposito documento, da redigere entro quattro mesi dalla chiusura dell'esercizio annuale, la situazione patrimoniale, economica e finanziaria della organizzazione, distinguendo le attività direttamente connesse da quelle istituzionali, con obbligo di conservare le stesse scritture e la relativa documentazione per un periodo non inferiore a quello indicato dall'articolo 22;

b) in relazione alle attività direttamente connesse tenere le scritture contabili previste dalle disposizioni di cui agli articoli 14, 15, 16 e 18; nell'ipotesi in cui l'ammontare annuale dei ricavi non sia superiore a € 15.493,71, relativamente alle attività di prestazione di servizi, ovvero a € 25.822,84 negli altri casi, gli adempimenti contabili possono essere assolti secondo le disposizioni di cui al comma 166 dell'articolo 3 della legge 23 dicembre 1996, n. 662.

2. Gli obblighi di cui al comma 1, lettera *a*), si considerano assolti qualora la contabilità consti del libro giornale e del libro degli inventari, tenuti in conformità alle disposizioni di cui agli articoli 2216 e 2217 del codice civile.

3. I soggetti richiamati al comma 1 che nell'esercizio delle attività istituzionali e connesse non abbiano conseguito in un anno proventi di ammontare superiore a € 51.645,69, modificato annualmente secondo le modalità previste dall'articolo 1, comma 3, della legge 16 dicembre 1991, n. 398, possono tenere per l'anno successivo, in luogo delle scritture contabili previste al primo comma, lettera *a*), il rendiconto delle entrate e delle spese complessive, nei termini e nei modi di cui all'articolo 20.

4. In luogo delle scritture contabili previste al comma 1, lettera *a*), le organizzazioni di volontariato iscritte nei registri istituiti dalle regioni e dalle province autonome di Trento e di Bolzano ai sensi dell'articolo 6 della legge 11 agosto 1991, n. 266, le organizzazioni non governative riconosciute idonee ai sensi della legge 26 febbraio 1987, n. 49, possono tenere il rendiconto nei termini e nei modi di cui all'articolo 20.

5. Qualora i proventi superino per due anni consecutivi l'ammontare di € 1.032.913,80, modificato annualmente secondo le modalità previste dall'articolo 1, comma 3, della legge 16 dicembre 1991, n. 398, il bilancio deve recare una relazione di controllo sottoscritta da uno o più revisori iscritti nel registro dei revisori contabili].

(¹) *Questo articolo, inserito dall'art. 25, comma 1, del D.L.vo 4 dicembre 1997, n. 460, a decorrere dal 1° gennaio 1998, è stato abrogato dall'art. 102, comma 2, lett.* b), *del D.L.vo 3 luglio 2017, n. 117. A norma dell'art. 104, comma 2, del medesimo provvedimento, tali disposizioni si applicano agli enti iscritti nel Registro unico nazionale del Terzo settore a decorrere dal periodo di imposta successivo all'autorizzazione della Commissione europea di cui all'articolo 101, comma 10, e, comunque, non prima del periodo di imposta successivo di operatività del predetto Registro.*

Ai sensi dell'art. 5 sexies del D.L. 16 ottobre 2017, n. 148, convertito, con modificazioni, nella L. 4 dicembre 2017, n. 172, questo articolo si interpreta nel senso che i termini di decorrenza indicati nei commi 1 e 2 valgono anche ai fini dell'applicabilità delle disposizioni fiscali che prevedono corrispondentemente modifiche o abrogazioni di disposizioni vigenti prima della data di entrata in vigore del medesimo codice di cui al decreto legislativo n. 117 del 2017. Pertanto, le disposizioni di carattere fiscale richiamate dagli articoli 99, comma 3, e 102, comma 1, del medesimo codice di cui al decreto legislativo n. 117 del 2017 continuano a trovare applicazione senza soluzione di continuità fino al 31 dicembre 2017.

21. ([1]) **Scritture contabili dei sostituti d'imposta.** – 1. I soggetti indicati nel terzo comma dell'articolo 13 devono indicare, per ciascun dipendente, nel libro matricola ([2]) o in altri libri obbligatori tenuti ai sensi della vigente legislazione sul lavoro, le detrazioni di cui agli articoli 12 e 13 del testo unico delle imposte sui redditi, approvato con decreto del Presidente della Repubblica 22 dicembre 1986, n. 917, attribuite in base alla richiesta del dipendente effettuata a norma dell'articolo 23. Le somme e i valori corrisposti a ciascun dipendente devono risultare dal libro paga o da documenti equipollenti tenuti ai sensi della vigente legislazione sul lavoro.

([1]) *Questo articolo è stato così sostituito dall'art. 7 del D.L.vo 2 settembre 1997, n. 314, con effetto dal 1° gennaio 1998.*

([2]) *Il libro matricola è stato abrogato dall'art. 7, comma 3, del D.M. 9 luglio 2008* (G.U. Serie gen. - n. 192 del 18 agosto 2008).

22. Tenuta e conservazione delle scritture contabili. – Fermo restando quanto stabilito dal codice civile per il libro giornale e per il libro degli inventari e dalle leggi speciali per i libri e registri da esse prescritti, le scritture contabili di cui ai precedenti articoli, ad eccezione delle scritture ausiliarie di cui alla lettera *c*) e alla lettera *d*) del primo comma dell'art. 14, devono essere tenute a norma dell'art. 2219 del codice stesso e numerate progressivamente in ogni pagina, in esenzione dall'imposta di bollo. Le registrazioni delle scritture cronologiche e nelle scritture ausiliarie di magazzino devono essere eseguite non oltre sessanta giorni ([1]).

Le scritture contabili obbligatorie ai sensi del presente decreto, di altre leggi tributarie, del codice civile o di leggi speciali devono essere conservate fino a quando non siano definiti gli accertamenti relativi al corrispondente periodo di imposta, anche oltre il termine stabilito dall'art. 2220 del codice civile o da altre leggi tributarie, salvo il disposto dell'art. 2457 del detto codice. Gli eventuali supporti meccanografici, elettronici e similari devono essere conservati fino a quando i dati contabili in essi contenuti non siano stati stampati sui libri e registri previsti dalle vigenti disposizioni di legge. L'autorità adita in sede contenziosa può limitare l'obbligo di conservazione alle scritture rilevanti per la risoluzione della controversia in corso (2).

Fino allo stesso termine di cui al precedente comma devono essere conservati ordinatamente, per ciascun affare, gli originali delle lettere, dei telegrammi e delle fatture ricevuti e le copie delle lettere e dei telegrammi spediti e delle fatture emesse.

Con decreti del Ministro per le finanze potranno essere determinate modalità semplificative per la tenuta del registro dei beni ammortizzabili e del registro riepilogativo di magazzino, in considerazione delle caratteristiche dei vari settori di attività.

(1) *Questo comma è stato da ultimo così sostituito dall'art. 8, comma 3, della L. 18 ottobre 2001, n. 383.*

(2) *Comma così sostituito dall'art. 10* quinquies *D.L. 2 marzo 1989, n. 69, conv., con modif., nella L. 27 aprile 1989, n. 154, con decorrenza dal periodo di imposta avente inizio dopo il 31 dicembre 1988.*

Titolo Terzo
Ritenute alla fonte

23. (1) (2) **Ritenuta sui redditi di lavoro dipendente.** – 1. Gli enti e le società indicati nell'articolo 87, comma 1, del testo unico delle imposte sui redditi, approvato con decreto del Presidente della Repubblica 22 dicembre 1986, n. 917, le società e associazioni indicate nell'articolo 5 del predetto testo unico e le persone fisiche che esercitano imprese commerciali, ai sensi dell'articolo 51 del citato testo unico, o imprese agricole, le persone fisiche che esercitano arti e professioni, il curatore fallimentare, il commissario liquidatore (3) nonché il condominio quale sostituto d'imposta (4), i quali corrispondono somme e valori di cui all'articolo 48 dello stesso testo unico, devono operare all'atto del pagamento una ritenuta a titolo di acconto dell'imposta sul reddito delle persone fisiche dovuta dai percipienti, con obbligo di rivalsa. Nel caso in cui la ritenuta da operare sui predetti valori non trovi capienza, in tutto o in parte, sui contestuali pagamenti in denaro, il sostituito è tenuto a versare al sostituto l'importo corrispondente all'ammontare della ritenuta.

1 *bis*. I soggetti che adempiono agli obblighi contributivi sui redditi di lavoro dipendente prestato all'estero di cui all'articolo 48, concernente determinazione del reddito di lavoro dipendente, comma 8 *bis*, del testo unico delle imposte sui redditi, approvato con decreto del Presidente della Repubblica 22 dicembre 1986, n. 917, devono in ogni caso operare le relative ritenute (5).

2. La ritenuta da operare è determinata:

a) sulla parte imponibile delle somme e dei valori, di cui all'articolo 48 del testo unico delle imposte sui redditi, approvato con decreto del Presidente della Repubblica 22 dicembre 1986, n. 917, esclusi quelli indicati alle successive lettere *b*) e *c*), corrisposti in ciascun periodo di paga, con le aliquote dell'imposta sul reddito delle persone fisiche, ragguagliando al periodo di paga i corrispondenti scaglioni annui di reddito ed effettuando le detrazioni previste negli articoli 12 e 13 del citato testo unico, rapportate al periodo stesso ([6]). Le detrazioni di cui all'articolo 12 ([7]) del citato testo unico sono riconosciute ([8]) se il percipiente dichiara [annualmente] ([9]) di avervi diritto, indica le condizioni di spettanza, il codice fiscale dei soggetti per i quali si usufruisce delle detrazioni ([10]) e si impegna a comunicare tempestivamente le eventuali variazioni. [La dichiarazione ha effetto anche per i periodi di imposta successivi] ([11]). La dichiarazione ha effetto anche per i periodi di imposta successivi. L'omissione della comunicazione relativa alle variazioni comporta l'applicazione delle sanzioni previste dall'articolo 11 del decreto legislativo 18 dicembre 1997, n. 471, e successive modificazioni ([12]);

b) sulle mensilità aggiuntive e sui compensi della stessa natura, con le aliquote dell'imposta sul reddito delle persone fisiche, ragguagliando a mese i corrispondenti scaglioni annui di reddito;

c) sugli emolumenti arretrati relativi ad anni precedenti di cui all'articolo 16, comma 1, lettera *b*), del citato testo unico, con i criteri di cui all'articolo 18, dello stesso testo unico, intendendo per reddito complessivo netto l'ammontare globale dei redditi di lavoro dipendente corrisposti dal sostituto al sostituito nel biennio precedente, effettuando le detrazioni previste negli articoli 12 e 13 ([13]) del medesimo testo unico ([14]);

d) sulla parte imponibile del trattamento di fine rapporto e delle indennità equipollenti e delle altre indennità e somme di cui all'articolo 16, comma 1, lettera *a*), del citato testo unico con i criteri [di cui all'articolo 17, comma 1, secondo periodo, e comma 2 *bis*, terzo periodo, dello stesso testo unico] ([15]) ([16]);

[*d bis*) sulla parte imponibile delle prestazioni di cui all'articolo 16, comma 1, lettera *a bis*), del citato testo unico, con i criteri di cui all'articolo 17 *bis*, [comma 1, primo periodo,] ([16]) dello stesso testo unico] ([17]) ([18]);

e) sulla parte imponibile delle somme e dei valori di cui all'articolo 48, del citato testo unico, non compresi nell'articolo 16, comma 1, lettera *a*), dello stesso testo unico, corrisposti agli eredi del lavoratore dipendente, con l'aliquota stabilita per il primo scaglione di reddito.

3. I soggetti indicati nel comma 1 devono effettuare, entro il 28 febbraio dell'anno successivo e, in caso di cessazione del rapporto di lavoro, alla

data di cessazione, il conguaglio tra le ritenute operate sulle somme e i valori di cui alle lettere *a*) e *b*) del comma 2, e l'imposta dovuta sull'ammontare complessivo degli emolumenti stessi, tenendo conto delle detrazioni eventualmente spettanti a norma degli articoli 12 e 13 ([19]) del testo unico delle imposte sui redditi, di cui al decreto del Presidente della Repubblica 22 dicembre 1986, n. 917, e successive modificazioni, e delle detrazioni eventualmente spettanti a norma dell'articolo 15 dello stesso testo unico, e successive modificazioni, per oneri a fronte dei quali il datore di lavoro ha effettuato trattenute, nonché, limitatamente agli oneri di cui al comma 1, lettere *c*) e *f*), dello stesso articolo, per erogazioni in conformità a contratti collettivi o ad accordi e regolamenti aziendali ([20]). Sugli importi di cui è differito il pagamento si applica l'interesse in ragione dello 0,50 ([21]) per cento mensile, che è trattenuto e versato nei termini e con le modalità previste per le somme cui si riferisce. L'importo che al termine del periodo d'imposta non è stato trattenuto per cessazione del rapporto di lavoro o per incapienza delle retribuzioni deve essere comunicato all'interessato che deve provvedere al versamento entro il 15 gennaio dell'anno successivo. [Qualora le comunicazioni delle indennità e dei compensi di cui all'articolo 47, comma 1, lettera *b*), del citato testo unico pervengano al sostituto oltre il termine del 12 gennaio del periodo d'imposta successivo, di esse lo stesso terrà conto ai fini delle operazioni di conguaglio del periodo d'imposta successivo] ([22]). Se alla formazione del reddito di lavoro dipendente concorrono somme o valori prodotti all'estero le imposte ivi pagate a titolo definitivo sono ammesse in detrazione fino a concorrenza dell'imposta relativa ai predetti redditi prodotti all'estero. La disposizione del periodo precedente si applica anche nell'ipotesi in cui le somme o i valori prodotti all'estero abbiano concorso a formare il reddito di lavoro dipendente in periodi d'imposta precedenti. Se concorrono redditi prodotti in più Stati esteri la detrazione si applica separatamente per ciascuno Stato.

4. Ai fini del compimento delle operazioni di conguaglio di fine anno il sostituito può chiedere al sostituto di tenere conto anche dei redditi di lavoro dipendente, o assimilati a quelli di lavoro dipendente, percepiti nel corso di precedenti rapporti intrattenuti. A tal fine il sostituito deve consegnare al sostituto d'imposta, entro il 12 del mese di gennaio del periodo d'imposta successivo a quello in cui sono stati percepiti, la certificazione unica concernente i redditi di lavoro dipendente, o assimilati a quelli di lavoro dipendente, erogati da altri soggetti, compresi quelli erogati da soggetti non obbligati ad effettuare le ritenute. [Alla consegna della suddetta certificazione unica il sostituito deve anche comunicare al sostituto quale delle opzioni previste al comma precedente intende adottare in caso di incapienza delle retribuzioni

a subire il prelievo delle imposte] ([23]). La presente disposizione non si applica ai soggetti che corrispondono trattamenti pensionistici.

[5. Le disposizioni dei precedenti commi si applicano anche alle persone fisiche che esercitano arti e professioni, ai sensi dell'articolo 49, del testo unico delle imposte sui redditi, approvato con decreto del Presidente della Repubblica 22 dicembre 1986, n. 917, quando corrispondono somme e valori di cui all'articolo 48, dello stesso testo unico, deducibili ai fini della determinazione del loro reddito di lavoro autonomo] ([24]).

([1]) *Questo articolo è stato così sostituito dall'art. 7 del D.L.vo 2 settembre 1997, n. 314, con effetto dal 1° gennaio 1998.*

([2]) *A norma dell'art. 1, comma 4, del D.L. 24 aprile 2014, n. 66, convertito, con modificazioni, nella L. 23 giugno 2014, n. 89, per l'anno 2014, i sostituti d'imposta di cui al presente articolo riconoscono il credito eventualmente spettante ai sensi dell'art. 13 del D.P.R. 22 dicembre 1986, n. 917, come modificato dal suddetto D.L. n. 66/2014, ripartendolo fra le retribuzioni erogate successivamente alla data di entrata in vigore del D.L. n. 66/2014, a partire dal primo periodo di paga utile. Il credito di cui al primo periodo è riconosciuto, in via automatica, dai sostituti d'imposta.*

([3]) *Le parole*: «*il curatore fallimentare, il commissario liquidatore*» *sono state inserite dall'art. 37, comma 1, del D.L. 4 luglio 2006, n. 223, convertito, con modificazioni, nella L. 4 agosto 2006, n. 248.*

([4]) *Le parole da*: «*le persone fisiche ...*» *fino a*: «*... sostituto d'imposta,*» *sono state inserite dall'art. 21, comma 11, lett.* a), *n. 1, della L. 27 dicembre 1997, n. 449.*

([5]) *Questo comma è stato inserito dall'art. 36, comma 3, della L. 21 novembre 2000, n. 342.*

([6]) *Le parole*: «*, al netto delle deduzioni di cui agli articoli 11 e 12, commi 1 e 2, del medesimo testo unico, rapportate al periodo stesso*» *sono state così sostituite dalle attuali*: «*ed effettuando le detrazioni previste negli articoli 12 e 13 del citato testo unico, rapportate al periodo stesso*» *dall'art. 1, comma 7, lett.* a), *della L. 27 dicembre 2006, n. 296.*

([7]) *Le parole*: «*Le deduzioni di cui all'articolo 12, commi 1 e 2,*» *sono state sostituite dalle parole*: «*Le detrazioni di cui agli articoli 12 e 13*» *dall'art. 1, comma 7, lett.* a), *della L. 27 dicembre 2006, n. 296. Le parole: «agli articoli 12 e 13» sono state poi così sostituite dalle attuali: «all'articolo 12» dall'art. 7, comma 2, lett.* e), *n. 1), punto 1.1. del D.L. 13 maggio 2011, n. 70, convertito, con modificazioni, nella L. 12 luglio 2011, n. 106.*

([8]) *Le parole da*: «*, al netto della deduzione ...*» *fino a*: «*... medesimo testo unico,*» *sono state inserite dall'art. 2, comma 2, della L. 27 dicembre 2002, n. 289* (*legge finanziaria 2003*); *l'art. 1, comma 353, lett.* a), *n. 1*), *della L. 30 dicembre 2004, n. 311, ha poi così sostituito le parole da*: «*al netto delle deduzioni ...*» *fino a*: «*... testo unico sono effettuate*» *con le attuali da*: «*al netto delle deduzioni ...*» *fino a*: «*... testo unico sono riconosciute*».

([9]) *La parola*: «*annualmente*» *è stata inserita dall'art. 1, comma 221, lett.* a), *della L. 24 dicembre 2007, n. 244 e poi soppressa dall'art. 7, comma 2, lett.* e), *n. 1*), *punto 1.2. del D.L. 13 maggio 2011, n. 70, convertito, con modificazioni, nella L. 12 luglio 2011, n. 106.*

([10]) *Le parole*: «*, il codice fiscale dei soggetti per i quali si usufruisce delle detrazioni*» *sono state inserite dall'art. 1, comma 221, lett.* a), *della L. 24 dicembre 2007, n. 244.*

(11) *Questo periodo è stato soppresso dall'art. 1, comma 221, lett.* b), *della L. 24 dicembre 2007, n. 244.*

(12) *Questo periodo è stato aggiunto dall'art. 7, comma 2, lett.* e), *n.* 2), *del D.L. 13 maggio 2011, n. 70, convertito, con modificazioni, nella L. 12 luglio 2011, n. 106.*

(13) *Le parole: «al netto delle deduzioni di cui agli articoli 11 e 12, commi 1 e 2,» sono state così sostituite dalle attuali: «effettuando le detrazioni previste negli articoli 12 e 13» dall'art. 1, comma 7, lett.* b), *della L. 27 dicembre 2006, n. 296.*

(14) *Le parole da: «al netto delle deduzioni ...» fino alla fine della lettera, sono state aggiunte dall'art. 1, comma 353, lett.* a), *n.* 1), *della L. 30 dicembre 2004, n. 311.*

(15) *Le parole: «di cui all'art. 17 dello stesso testo unico» sono state così sostituite dall'art. 11, comma 2, del D.L.vo 18 febbraio 2000, n. 47, a decorrere dal 1° giugno 2000, e poi abrogate dall'art. 8, comma 2, lett.* a), *del D.L.vo 12 aprile 2001, n. 168, a decorrere dal 1° gennaio 2001.*

(16) *Le parole poste tra parentesi quadrate sono state soppresse dall'art. 7, comma 5, del D.L.vo 12 aprile 2001, n. 168, a decorrere dal 1° gennaio 2001.*

(17) *Questa lettera è stata inserita dall'art. 10, comma 2, del D.L.vo 18 febbraio 2000, n. 47, a decorrere dal 1° gennaio 2001. La presente disposizione ha effetto relativamente ai contributi versati, ai rendimenti maturati, ai contratti stipulati, alle prestazioni maturate, alle rendite erogate a decorrere dal 1° gennaio 2001.*

(18) *Le parole: «il curatore fallimentare, il commissario liquidatore» sono state inserite dall'art. 37, comma 1, del D.L. 4 luglio 2006, n. 223, convertito, con modificazioni, nella L. 4 agosto 2006, n. 248.*

(19) *Le parole: «delle deduzioni di cui agli articoli 11 e 12, commi 1 e 2,» sono state così sostituite dalle attuali: «delle detrazioni eventualmente spettanti a norma degli articoli 12 e 13» dall'art. 1, comma 7, lett.* c), *della L. 27 dicembre 2006, n. 296.*

(20) *Questo periodo è stato così sostituito dall'art. 1, comma 353, lett.* a), *n.* 2), *della L. 30 dicembre 2004, n. 311.*

(21) *Le parole: «dell'1 per cento mensile» sono state così sostituite dalle attuali dall'art. 14, comma 1, lett.* a), *n.* 1), *del D.L.vo 23 dicembre 1999, n. 505. Tale disposizione si applica a decorrere dai versamenti concernenti le operazioni di conguaglio relative al periodo d'imposta 1999, a norma dell'art. 14, comma 2, del medesimo provvedimento.*

(22) *Questo periodo è stato soppresso dall'art. 14, comma 1, lett.* a), *n.* 2), *del D.L.vo 23 dicembre 1999, n. 505. Tale disposizione, a norma dell'art. 14, comma 2, dello stesso provvedimento, si applica ai compensi erogati a decorrere dal 13 gennaio 2000.*

(23) *Questo periodo è stato soppresso dall'art. 1, comma 353, lett.* a), *n.* 3), *della L. 30 dicembre 2004, n. 311.*

(24) *Questo comma è stato abrogato dall'art. 21, comma 11, lett.* a), *n. 2, della L. 27 dicembre 1997, n. 449.*

24. (1) **Ritenuta sui redditi assimilati a quelli di lavoro dipendente.** – 1. I soggetti indicati nel comma 1, dell'articolo 23, che corrispondono redditi di cui all'articolo 47, comma 1, del testo unico delle imposte sui redditi, approvato con decreto del Presidente della Repubblica 22 dicembre 1986, n. 917, devono operare all'atto del pagamento degli stessi, con obbligo di rivalsa, una ritenuta a titolo di acconto dell'imposta sul reddito delle persone fisiche sulla parte imponibile di detti redditi, determinata a norma dell'articolo 48 *bis* del predetto testo unico. Nel caso in cui la ritenuta da operare sui predetti redditi non trovi capienza, in tutto o in parte, sui contestuali pagamenti in denaro, il sostituito è tenuto a versare al sostituto l'importo corrispondente all'ammontare della ritenuta. Si applicano, in quanto compatibili, tutte le disposizioni dell'articolo 23 e, in particolare, i commi 2, 3 e 4. Sulla parte imponibile dei redditi di cui all'articolo 16, comma 1, lettera *c*), del medesimo testo unico, la ritenuta è operata a titolo di acconto nella misura del 20 per cento ([2]).

1 *bis*. Sulla parte imponibile dei compensi di cui all'articolo 48 *bis*, comma 1, lettera *d bis*), del testo unico delle imposte sui redditi, approvato con decreto del Presidente della Repubblica 22 dicembre 1986, n. 917, è operata una ritenuta a titolo d'imposta con l'aliquota prevista per il primo scaglione di reddito, maggiorata delle addizionali vigenti ([3]).

1 *ter*. Sulla parte imponibile dei redditi di cui all'articolo 47, comma 1, lettera *c bis*), del testo unico delle imposte sui redditi, approvato con decreto del Presidente della Repubblica 22 dicembre 1986, n. 917, in materia di redditi assimilati a quelli di lavoro dipendente, corrisposti a soggetti non residenti, deve essere operata una ritenuta a titolo d'imposta nella misura del 30 per cento ([4]).

1 *quater*. Sulla parte imponibile delle prestazioni pensionistiche complementari di cui all'articolo 50, comma 1, lettera h *bis*) del TUIR è operata una ritenuta con l'aliquota stabilita dagli articoli 11 e 14 del decreto legislativo 5 dicembre 2005, n. 252 ([5]).

[2. Ai fini del conguaglio di cui al comma 3 dell'articolo 23, i soggetti che corrispondono le indennità e i compensi di cui all'articolo 47, comma 1, lettera *b*), del testo unico delle imposte sui redditi, approvato con decreto del Presidente della Repubblica 22 dicembre 1986, n. 917, devono comunicare, entro il 12 di gennaio del periodo d'imposta successivo, al datore di lavoro del percipiente, l'ammontare delle somme corrisposte, delle ritenute effettuate e dei relativi contributi] ([6]).

([1]) *Questo articolo è stato così sostituito dall'art. 7 del D.L.vo 2 settembre 1997, n. 314, con effetto dal 1° gennaio 1998.*

([2]) *L'ultimo periodo di questo comma è stato aggiunto dall'art. 34, comma 2, lett.* a), *della L. 21 novembre 2000, n. 342, a decorrere dal 1° gennaio 2001.*

([3]) *Questo comma è stato aggiunto dall'art. 14, comma 1, lett.* b), *n. 1), del D.L.vo 23 dicembre 1999, n. 505. A norma dell'art. 14, comma 2, dello stesso provvedimento, tali disposizioni si applicano ai compensi erogati a decorrere dal 13 gennaio 2000.*

([4]) *Questo comma è stato inserito dall'art. 34, comma 2, lett.* b), *della L. 21 novembre 2000, n. 342, a decorrere dal 1° gennaio 2001.*

(5) *Questo comma è stato aggiunto dall'art. 21, comma 5, del D.L.vo 5 dicembre 2005, n. 252, a decorrere dal 1° gennaio 2007.*

(6) *Questo comma è stato abrogato dall'art. 14, comma 1, lett.* b), *n. 2), del D.L.vo 23 dicembre 1999, n. 505. Tale disposizione si applica ai compensi erogati a decorrere dal 13 gennaio 2000, a norma dell'art. 14, comma 2, dello stesso provvedimento.*

25. Ritenuta sui redditi di lavoro autonomo e su altri redditi (1). – I soggetti indicati nel primo comma dell'art. 23, che corrispondono a soggetti residenti nel territorio dello Stato compensi comunque denominati, anche sotto forma di partecipazione agli utili, per prestazioni di lavoro autonomo, ancorché non esercitate abitualmente ovvero siano rese a terzi o nell'interesse di terzi o per l'assunzione di obblighi di fare, non fare o permettere (2), devono operare all'atto del pagamento una ritenuta del 20 (3) per cento a titolo di acconto dell'imposta sul reddito delle persone fisiche dovuta dai percipienti, con l'obbligo di rivalsa. La predetta ritenuta deve essere operata dal condominio quale sostituto d'imposta anche sui compensi percepiti dall'amministratore di condominio (4). La stessa ritenuta deve essere operata sulla parte imponibile delle somme di cui alla lettera *b*) e sull'intero ammontare delle somme di cui alla lettera *c*) del comma 2 dell'articolo 49 del testo unico delle imposte sui redditi, approvato con decreto del Presidente della Repubblica 22 dicembre 1986, n. 917 (5). La ritenuta è elevata al venti (6) per cento per le indennità di cui alle lettere *c*) e *d*) del comma 1 dell'articolo 16 dello stesso testo unico, concernente tassazione separata (7). La ritenuta non deve essere operata per le prestazioni effettuate nell'esercizio di imprese.

Salvo quanto disposto nell'ultimo comma del presente articolo, se i compensi e le altre somme di cui al comma precedente sono corrisposti a soggetti non residenti, deve essere operata una ritenuta a titolo d'imposta nella misura del 30 per cento (8), anche per le prestazioni effettuate nell'esercizio di imprese. Ne sono esclusi i compensi per prestazioni di lavoro autonomo effettuate all'estero e quelli corrisposti a stabili organizzazioni in Italia di soggetti non residenti.

Le disposizioni dei precedenti commi non si applicano ai compensi di importo inferiore a € 25,82 corrisposti dai soggetti indicati nella lettera *c*) dell'art. 2 del D.P.R. 29 settembre 1973, n. 598 (9), per prestazioni di lavoro autonomo non esercitato abitualmente e sempreché non costituiscano acconto di maggiori compensi.

I compensi di cui all'articolo 23, comma 2, lettera *c*), del testo unico delle imposte sui redditi, di cui al decreto del Presidente della Repubblica 22 dicembre 1986, n. 917, corrisposti a non residenti sono soggetti ad una ritenuta del trenta per cento a titolo di imposta sulla parte imponibile del loro ammontare. È operata, altresì, una ritenuta del trenta per cento a titolo di imposta sull'ammontare dei compensi corrisposti a non residenti per l'uso o la concessione in uso di attrezzature industriali, commerciali o scientifiche che si trovano nel territorio dello Stato. Ne sono esclusi i compensi corrisposti a stabili organizzazioni nel territorio dello Stato di soggetti non residenti ([10]) ([11]).

([1]) *L'intero articolo è stato così sostituito dall'art. 43 del D.P.R. 30 dicembre 1980, n. 897. Le disposizioni si applicano relativamente ai redditi prodotti dall'1 gennaio 1982.*

([2]) *Le parole: «o per l'assunzione di obblighi di fare, non fare o permettere» sono state inserite dall'art. 36, comma 24, del D.L. 4 luglio 2006, n. 223, convertito, con modificazioni, nella L. 4 agosto 2006, n. 248.*

([3]) *Aliquota, da ultimo, così elevata dall'art. 21, comma 11, lett.* b), *n. 1, della L. 27 dicembre 1997, n. 449. La precedente aliquota era del 19%.*

([4]) *Il secondo periodo di questo comma è stato inserito dall'art. 21, comma 11, lett.* b), *n. 1, della L. 27 dicembre 1997, n. 449.*

([5]) *Le parole: «di cui alle lettere* a) *e* c) *del terzo comma dell'articolo 49 del decreto del Presidente della Repubblica 29 settembre 1973, n. 597» sono state così sostituite dalle attuali da: «di cui alla lettera* c) *...» fino a: «...22 dicembre 1986, n. 917» dall'art. 34, comma 2, lett.* c), *della L. 21 novembre 2000, n. 342, a decorrere dal 1° gennaio 2001.*

([6]) *Così elevata dall'art. 5, D.L. 30 settembre 1982, n. 688, convertito nella L. 27 novembre 1982, n. 873.*

([7]) *Le parole: «di cui alle lettere* f) *e* g) *dell'articolo 12 del decreto stesso» sono state così sostituite dalle attuali da: «di cui alle lettere* c) *e* d) *del comma 1 ...» fino a: «... tassazione separata» dall'art. 34, comma 2, lett.* c), *della L. 21 novembre 2000, n. 342, a decorrere dal 1° gennaio 2001.*

([8]) *La ritenuta del 20 per cento è stata così elevata dall'art. 21, comma 11, lett.* b), *n. 2, della L. 27 dicembre 1997, n. 449.*

([9]) *Si veda ora l'art. 87, comma 1, lett.* c), *del D.P.R. 22 dicembre 1986, n. 917, recante il testo unico delle imposte sui redditi.*

([10]) *Questo comma è stato così sostituito dall'art. 1, comma 1, lett.* a), *del D.L.vo 30 maggio 2005, n. 143.*

([11]) *A norma dell'art. 1, comma 725, della L. 23 dicembre 2014, n. 190, questo periodo si interpreta nel senso che per la sussistenza del requisito della territorialità non rileva l'articolo 4 del codice della navigazione.*

25 *bis*. Ritenuta sulle provvigioni inerenti a rapporti di commissione, di agenzia, di mediazione, di rappresentanza di commercio e di procacciamento di affari ([1]). – I soggetti indicati nel primo comma dell'articolo 23, escluse le imprese agricole, i quali corrispondono provvigioni comunque denominate per le prestazioni anche occasionali inerenti a rapporti di commissione, di agenzia, di mediazione, di rappresentanza di commercio e di procacciamento di affari, devono operare all'atto del pagamento una ritenuta [del dieci per cento] ([2]) a titolo di acconto dell'imposta sul reddito delle persone fisiche o dell'imposta sul reddito delle persone giuridiche dovuta dai percipienti, con obbligo di rivalsa. L'aliquota della suddetta ritenuta si applica nella misura fissata dall'articolo 11 del testo unico delle imposte sui redditi, approvato con D.P.R. 22 dicembre 1986, n. 917, e successive modificazioni, per il primo scaglione del reddito (3).

La ritenuta è commisurata al cinquanta per cento dell'ammontare delle provvigioni indicate nel primo comma. Se i percipienti dichiarano ai loro committenti, preponenti o mandanti che nell'esercizio della loro attività si avvalgono in via continuativa dell'opera di dipendenti o di terzi, la ritenuta è commisurata al venti per cento dell'ammontare delle stesse provvigioni.

La ritenuta di cui ai commi precedenti è scomputata dall'imposta relativa al periodo di imposta di competenza, purché già operata al momento della presentazione della dichiarazione annuale, o, alternativamente, dall'imposta relativa al periodo di imposta nel quale è stata operata (4). Qualora la ritenuta sia operata successivamente, la stessa è scomputata dall'imposta relativa al periodo di imposta in cui è stata effettuata.

Se le provvigioni, per disposizioni normative o accordi contrattuali, sono direttamente trattenute sull'ammontare delle somme riscosse, i percipienti sono tenuti a rimettere ai committenti, preponenti o mandanti l'importo corrispondente alla ritenuta. Ai fini del computo dei termini per il relativo versamento da parte dei committenti, preponenti o mandanti, la ritenuta si considera operata nel mese successivo a quello in cui le provvigioni sono state trattenute dai percipienti. I committenti, preponenti o mandanti possono tener conto di eventuali errori nella determinazione dell'importo della ritenuta anche in occasione di successivi versamenti, non oltre il terzo mese dell'anno successivo a quello in cui le provvigioni sono state trattenute dai percipienti.

Le disposizioni dei precedenti commi non si applicano alle provvigioni percepite dalle agenzie di viaggio e turismo, dai rivenditori autorizzati di documenti di viaggio relativi a trasporti di persone, dai soggetti che esercitano attività di distribuzione di pellicole cinematografiche, dagli agenti di assicurazione per le prestazioni rese direttamente alle imprese di assicurazione, dai mediatori di assicurazione per i loro rapporti con le imprese di assicurazione e con gli agenti generali delle imprese di assicurazioni pubbliche o loro controllate che rendono prestazioni direttamente alle imprese di assicurazione in regime di reciproca esclusiva; dalle aziende ed istituti di credito e dalle società finanziarie e di locazione finanziaria per le prestazioni rese nell'esercizio delle attività di collocamento e di compravendita di titoli e valute nonché di raccolta e di finanziamento, dagli agenti, raccomandatari e mediatori marittimi e aerei, dagli agenti e commissionari di imprese petrolifere per le prestazioni ad esse rese direttamente, dai mediatori e rappresentanti di produttori agricoli ed ittici e di imprese esercenti la pesca marittima, dei commissionari che operano nei mercati ortofrutticoli, ittici e di bestiame, nonché dai consorzi e cooperative tra imprese agricole, commerciali ed artigiane non aventi finalità di lucro.

Per le prestazioni rese dagli incaricati alle vendite a domicilio di cui all'articolo 19 del decreto legislativo 31 marzo 1998, n. 114, la ritenuta è applicata a titolo d'imposta ed è commisurata all'ammontare delle provvigioni percepite ridotto del 22 per cento a titolo di deduzione forfetaria delle spese di produzione del reddito ([5]). Per le prestazioni derivanti da mandato di agenzia si applicano le disposizioni indicate nei commi che precedono.

Con decreto del Ministro dell'economia e delle finanze sono determinati i criteri, i termini e le modalità per la presentazione della dichiarazione indicata nel secondo comma. Tali modalità devono prevedere la trasmissione anche tramite posta elettronica certificata della predetta dichiarazione. La dichiarazione non potrà avere limiti di tempo e sarà valida fino a revoca ovvero fino alla perdita dei requisiti da parte del contribuente. L'omissione della comunicazione relativa alle variazioni che comportano il venir meno delle predette condizioni comporta l'applicazione delle sanzioni previste dall'articolo 11, del decreto legislativo 18 dicembre 1997, n. 471, e successive modificazioni ([6]).

Le disposizioni dei precedenti commi si applicano anche alle provvigioni corrisposte a stabili organizzazioni nel territorio dello Stato di soggetti non residenti.

([1]) *Questo articolo è stato aggiunto dal D.L. 30 dicembre 1982, n. 953, convertito in L. 28 febbraio 1983, n. 53, ai sensi del quale le disposizioni qui dettate si applicano sulle provvigioni dovute per le prestazioni rese dall'1 gennaio 1983.*

([2]) *Le parole: «del dieci per cento» sono state soppresse dall'art. 21, comma 11, lett. c), della L. 27 dicembre 1997, n. 449.*

([3]) *L'ultimo periodo di questo comma è stato aggiunto dall'art. 21, comma 11, lett. c), della L. 27 dicembre 1997, n. 449.*

([4]) *Le parole: «, o, alternativamente, dall'imposta relativa al periodo di imposta nel quale è stata operata» sono state inserite dall'art. 5, comma 2 ter, del D.L. 22 ottobre 2016, n. 193, convertito, con modificazioni, nella L. 1° dicembre 2016, n. 225.*

([5]) *Questo periodo è stato così sostituito dall'art. 2, comma 12, della L. 27 dicembre 2002, n. 289 (legge finanziaria 2003).*

([6]) *Questo comma è stato così sostituito dall'art. 27 del D.L.vo 21 novembre 2014, n. 175.*

25 *ter*. ([1]) **Ritenute sui corrispettivi dovuti dal condominio all'appaltatore.** – 1. Il condominio quale sostituto di imposta opera all'atto del pagamento una ritenuta del 4 per cento a titolo di acconto dell'imposta sul reddito dovuta dal percipiente, con obbligo di rivalsa, sui corrispettivi dovuti per prestazioni relative a contratti di appalto di opere o servizi, anche se rese a terzi o nell'interesse di terzi, effettuate nell'esercizio di impresa.

2. La ritenuta di cui al comma 1 è operata anche se i corrispettivi sono qualificabili come redditi diversi ai sensi dell'articolo 67, comma 1, lettera *i*), del testo unico delle imposte sui redditi, di cui al decreto del Presidente della Repubblica 22 dicembre 1986, n. 917.

2 *bis*. Il versamento della ritenuta di cui al comma 1 è effettuato dal condominio quale sostituto d'imposta quando l'ammontare delle ritenute operate raggiunga l'importo di euro 500. Il condominio è comunque tenuto all'obbligo di versamento entro il 30 giugno e il 20 dicembre di ogni anno anche qualora non sia stato raggiunto l'importo stabilito al primo periodo ([2]).

2 *ter*. Il pagamento dei corrispettivi di cui al comma 1 deve essere eseguito dai condomìni tramite conti correnti bancari o postali a loro intestati ovvero secondo altre modalità idonee a consentire all'amministrazione finanziaria lo svolgimento di efficaci controlli, che possono essere stabilite con decreto del Ministro dell'economia e delle finanze da emanare ai sensi dell'articolo 17, comma 3, della legge 23 agosto 1988, n. 400. L'inosservanza della presente disposizione comporta l'applicazione delle sanzioni previste dal comma 1 dell'articolo 11 del decreto legislativo 18 dicembre 1997, n. 471 ([2]).

([1]) *Questo articolo è stato inserito dall'art. 1, comma 43, della L. 27 dicembre 2006, n. 296.*

([2]) *Questo comma è stato aggiunto dall'art. 1, comma 36, della L. 11 dicembre 2016, n. 232.*

25 *quater*. ([1]) **Ritenuta sui compensi corrisposti ai raccoglitori occasionali di tartufi.** – 1. I soggetti indicati nel primo comma dell'articolo 23 applicano ai compensi corrisposti ai raccoglitori occasionali di tartufi non identificati ai fini dell'imposta sul valore aggiunto, in relazione alle cessioni di tartufi, una ritenuta a titolo d'imposta, con obbligo di rivalsa. La suddetta ritenuta si applica all'aliquota fissata dall'articolo 11 del testo unico delle imposte sui redditi, di cui al decreto del Presidente della Repubblica 22 dicembre 1986, n. 917, e successive modificazioni, per il primo scaglione di reddito ed è commisurata all'ammontare dei corrispettivi pagati ridotto del 22 per cento a titolo di deduzione forfetaria delle spese di produzione del reddito.

([1]) *Questo articolo è stato inserito dall'art. 29, comma 2, della L. 7 luglio 2016, n. 122. A norma dell'art. 29, comma 4, della medesima legge, la presente disposizione si applica alle operazioni effettuate a decorrere dal 1° gennaio 2017.*

26. ([1]) ([2]) **Ritenute sugli interessi e sui redditi di capitale.** – 1. I soggetti indicati nel comma 1 dell'articolo 23, che hanno emesso obbligazioni, titoli similari e cambiali finanziarie, operano una ritenuta del 20 per cento, con obbligo di rivalsa, sugli interessi ed altri proventi corrisposti ai possessori (3).

2. L'Ente poste italiane e le banche operano una ritenuta del 27 per cento, con obbligo di rivalsa, sugli interessi ed altri proventi corrisposti ai titolari di conti correnti e di depositi (4) (5), anche se rappresentati da certificati. La predetta ritenuta è operata dalle banche anche sui buoni fruttiferi da esse emessi. Non sono soggetti alla ritenuta:

a) gli interessi e gli altri proventi corrisposti da banche italiane o da filiali italiane di banche estere a banche con sede all'estero o a filiali estere di banche italiane;

b) gli interessi derivanti da depositi e conti correnti intrattenuti tra le banche ovvero tra le banche e l'Ente poste italiane;

c) gli interessi a favore del tesoro sui depositi e conti correnti intestati al Ministero del tesoro, del bilancio e della programmazione economica, nonché gli interessi sul «Fondo di ammortamento dei titoli di Stato» di cui al comma 1 dell'articolo 2 della legge 27 ottobre 1993, n. 43, e sugli altri fondi finalizzati alla gestione del debito pubblico.

3. Quando gli interessi ed altri proventi di cui al comma 2 sono dovuti da soggetti non residenti, la ritenuta ivi prevista è operata dai soggetti di cui all'articolo 23 che intervengono nella loro riscossione. [Qualora il rimborso delle obbligazioni e titoli similari con scadenza non inferiore a diciotto mesi emessi da soggetti non residenti, abbia luogo prima di tale scadenza, è dovuta dai percipienti una somma pari al 20 per cento degli interessi e degli altri proventi maturati fino al momento dell'anticipato rimborso (6). Tale somma è prelevata dai soggetti di cui all'articolo 23 che intervengono nella riscossione degli interessi ed altri proventi ovvero nel rimborso nei confronti di soggetti residenti] (6) (7) (8).

3 *bis*. I soggetti indicati nel comma 1 dell'articolo 23, che corrispondono i proventi di cui alle lettere *g bis*) e *g ter*) del comma 1, dell'articolo 44 del testo unico delle imposte sui redditi approvato con il decreto del Presidente della Repubblica 22 dicembre 1986, n. 917, ovvero intervengono nella loro riscossione operano sui predetti proventi una ritenuta con aliquota del 20 per cento ovvero con la minore aliquota prevista per le obbligazioni e gli altri titoli di cui all'articolo 31 del decreto del Presidente della Repubblica 29 settembre 1973, n. 601 ed equiparati e dalle obbligazioni emesse dagli Stati inclusi nella lista di cui al decreto emanato ai sensi dell'articolo 168 *bis*, comma 1, del medesimo testo unico n. 917 del 1986 e obbligazioni emesse da enti territoriali dei suddetti Stati (9). Nel caso dei rapporti indicati nella lettera *g bis*), la predetta ritenuta è operata, in luogo della ritenuta di cui al comma

3, anche sugli interessi e gli altri proventi maturati nel periodo di durata dei predetti rapporti ([10]).

4. Le ritenute previste nei commi da 1 a 3 *bis* sono applicate a titolo di acconto nei confronti di: *a*) imprenditori individuali, se i titoli, i depositi e conti correnti, nonché i rapporti da cui gli interessi ed altri proventi derivano sono relativi all'impresa ai sensi dell'articolo 77 del testo unico delle imposte sui redditi, approvato con decreto del Presidente della Repubblica 22 dicembre 1986, n. 917; *b*) società in nome collettivo ([11]), in accomandita semplice ed equiparate di cui all'articolo 5 del testo unico delle imposte sui redditi; *c*) società ed enti di cui alle lettere *a*) e *b*) dell'articolo 87 del medesimo testo unico e stabili organizzazioni nel territorio dello Stato delle società e degli enti di cui alla lettera *d*) del predetto articolo. La ritenuta di cui al comma 3 *bis* è applicata a titolo di acconto, qualora i proventi derivanti dai titoli sottostanti non sarebbero assoggettabili a ritenuta a titolo di imposta nei confronti dei soggetti a cui siano imputabili i proventi derivanti dai rapporti ivi indicati. Le predette ritenute sono applicate a titolo d'imposta nei confronti dei soggetti esenti dall'imposta sul reddito delle persone giuridiche ed in ogni altro caso ([12]). Non sono soggetti tuttavia a ritenuta i proventi indicati nei commi 3 e 3 *bis* corrisposti a società in nome collettivo ([11]), in accomandita semplice ed equiparate di cui all'articolo 5 del testo unico, alle società ed enti di cui alle lettere *a*) e *b*) dell'articolo 87 del testo unico delle imposte sui redditi, approvato con decreto del Presidente della Repubblica 22 dicembre 1986, n. 917, e alle stabili organizzazioni delle società ed enti di cui alla lettera *d*) dello stesso articolo 87.

5. I soggetti indicati nel primo comma dell'articolo 23 operano una ritenuta del 12,50 per cento a titolo d'acconto, con obbligo di rivalsa, sui redditi di capitale da essi corrisposti, diversi da quelli indicati nei commi precedenti e da quelli per i quali sia prevista l'applicazione di altra ritenuta alla fonte o di imposte sostitutive delle imposte sui redditi. Se i percipienti non sono residenti nel territorio dello Stato o stabili organizzazioni di soggetti non residenti la predetta ritenuta è applicata a titolo d'imposta ed è operata anche sui proventi conseguiti nell'esercizio d'impresa commerciale. [L'aliquota della ritenuta è stabilita al 27 per cento se i percipienti sono residenti negli Stati o territori diversi da quelli di cui al decreto ministeriale emanato ai sensi dell'articolo 168 *bis* del testo unico delle imposte sui redditi, di cui al decreto del Presidente della Repubblica 22 dicembre 1986, n. 917] ([13]). La predetta ritenuta è operata anche sugli interessi ed altri proventi dei prestiti di denaro corrisposti a stabili organizzazioni estere di imprese residenti, non appartenenti all'impresa erogante, e si applica a titolo d'imposta sui proven-

ti che concorrono a formare il reddito di soggetti non residenti ed a titolo d'acconto, in ogni altro caso.

5 *bis*. Ferme restando le disposizioni in tema di riserva di attività per l'erogazione di finanziamenti nei confronti del pubblico di cui al decreto legislativo 1° settembre 1993 n. 385 ([14]), la ritenuta di cui al comma 5 non si applica agli interessi e altri proventi derivanti da finanziamenti a medio e lungo termine alle imprese erogati da enti creditizi stabiliti negli Stati membri dell'Unione europea, enti individuati all'articolo 2, paragrafo 5, numeri da 4) a 23), della direttiva 2013/36/UE, ([15]) imprese di assicurazione costituite e autorizzate ai sensi di normative emanate da Stati membri dell'Unione europea o investitori istituzionali esteri, ancorché privi di soggettività tributaria, di cui all'articolo 6, comma 1, lettera *b*), del decreto legislativo 1° aprile 1996, n. 239, soggetti a forme di vigilanza nei paesi esteri nei quali sono istituiti ([16]) ([17]).

([1]) *Questo articolo è stato così sostituito dall'art. 12, comma 1, del D.L.vo 21 novembre 1997, n. 461, a decorrere dal 1° luglio 1998.*

([2]) *A norma dell'art. 3, comma 7, lett.* b)*, del D.L. 24 aprile 2014, n. 66, convertito, con modificazioni, nella L. 23 giugno 2014, n. 89, l'aliquota del 26 per cento, prevista dall'art. 3, comma 1, del suddetto decreto, si applica agli interessi e agli altri proventi derivanti da conti correnti e depositi bancari e postali, anche se rappresentati da certificati, nonché da obbligazioni, titoli similari e cambiali finanziarie di cui al presente articolo, maturati a decorrere dal 1° luglio 2014. Le disposizioni di cui all'articolo 3 del suddetto D.L. hanno effetto a decorrere dal 1° luglio 2014.*

([3]) *Questo comma è stato così sostituito dall'art. 2, comma 13, lett.* a)*, n. 1), del D.L. 13 agosto 2011, n. 138, convertito, con modificazioni, nella L. 14 settembre 2011, n. 148. A norma dell'art. 2, comma 24, del medesimo D.L., tali disposizioni esplicano effetto a decorrere dal 1° gennaio 2012. A norma dell'art. 29, comma 3, del D.L. 29 dicembre 2011, n. 216, convertito, con modificazioni, nella L. 24 febbraio 2012, n. 14, l'applicazione delle disposizioni di cui al comma 13, lettera* a)*, n. 1) e 2), decorre dal 1° gennaio 2012, con riferimento agli interessi e proventi maturati a partire dalla predetta data. A norma dell'art. 32, comma 9 bis, del D.L. 22 giugno 2012, n. 83, convertito, con modificazioni, nella L. 7 agosto 2012, n. 134, così come sostituito dall'art. 21, comma 2, del D.L. 24 giugno 2014, n. 91, convertito, con modificazioni, nella L. 11 agosto 2014, n. 116, la ritenuta di cui a questo comma non si applica agli interessi e altri proventi delle obbligazioni e titoli similari e delle cambiali finanziarie corrisposti a organismi di investimento collettivo del risparmio, istituiti in Italia o in uno Stato membro dell'Unione europea, il cui patrimonio sia investito in misura superiore al 50 per cento in tali titoli e le cui quote siano detenute esclusivamente da investitori qualificati ai sensi dell'articolo 100 del decreto legislativo 24 febbraio 1998, n. 58. La composizione del patrimonio e la tipologia di investitori deve risultare dal regolamento dell'organismo. La medesima ritenuta non si applica agli interessi e altri proventi corrisposti a società per la cartolarizzazione dei crediti di cui alla legge 30 aprile 1999, n. 130, emittenti titoli detenuti dai predetti investitori qualificati e il* *cui patrimonio sia investito in misura superiore al 50 per cento in tali obbligazioni, titoli similari o cambiali finanziarie.*

([4]) *Le parole: «dai depositi» sono state così sostituite dalle attuali dall'art. 7, comma 3, lett.* a), *n. 2), del D.L.vo 16 giugno 1998, n. 201, con effetto dal 1° luglio 1998.*

([5]) *A norma dell'art. 2, comma 6, del D.L. 13 agosto 2011, n. 138, convertito, con modificazioni, nella L. 14 settembre 2011, n. 148, le ritenute, le imposte sostitutive sugli interessi, premi e ogni altro provento di cui a questo articolo e all'articolo 67, comma 1, lettere da* c bis) *a* c quinquies) *del medesimo decreto, ovunque ricorrano, sono stabilite nella misura del 20 per cento. A norma dell'art. 2, comma 9, del medesimo decreto la misura dell'aliquota di cui al comma 6 si applica agli interessi, ai premi e ad ogni altro provento di cui a questo articolo divenuti esigibili e ai redditi diversi realizzati a decorrere dal 1° gennaio 2012.*

([6]) *Questo periodo è stato soppresso dall'art. 2, comma 13, lett.* a), *n. 2), del D.L. 13 agosto 2011, n. 138, convertito, con modificazioni, nella L. 14 settembre 2011, n. 148. A norma dell'art. 2, comma 24, del medesimo D.L., tali disposizioni esplicano effetto a decorrere dal 1° gennaio 2012. A norma dell'art. 29, comma 3, del D.L. 29 dicembre 2011, n. 216, convertito, con modificazioni, nella L. 24 febbraio 2012, n. 14, l'applicazione delle disposizioni di cui al comma 13, lettera* a), *n. 1) e 2), decorre dal 1° gennaio 2012, con riferimento agli interessi e proventi maturati a partire dalla predetta data.*

([7]) *Questo comma è stato così sostituito dall'art. 2, comma 1, lett.* a), *n. 2), del D.L.vo 23 dicembre 1999, n. 505.*

([8]) *Queste disposizioni, a norma dell'art. 2, comma 2, del D.L.vo 23 dicembre 1999, n. 505, si applicano agli interessi e altri proventi divenuti esigibili a decorrere dal 1° luglio 2000.*

([9]) *Le parole: «ovvero con la minore aliquota prevista per i titoli di cui alle lettere* a) *e* b) *del comma 7 dell'articolo 2 del decreto legge 13 agosto 2011, n. 138, convertito, con modificazioni, dalla legge 14 settembre 2011, n. 148» sono state così sostituite dalle seguenti: «ovvero con la minore aliquota prevista per le obbligazioni e gli altri titoli di cui all'articolo 31 del decreto del Presidente della Repubblica 29 settembre 1973, n. 601 ed equiparati e dalle obbligazioni emesse dagli Stati inclusi nella lista di cui al decreto emanato ai sensi dell'articolo 168* bis, *comma 1, del medesimo testo unico n. 917 del 1986 e obbligazioni emesse da enti territoriali dei suddetti Stati» dall'art. 4, comma 7, del D.L. 24 aprile 2014, n. 66, convertito, con modificazioni, nella L. 23 giugno 2014, n. 89.*

([10]) *Questo comma è stato così sostituito dall'art. 2, comma 13, lett.* a), *n. 3), del D.L. 13 agosto 2011, n. 138, convertito, con modificazioni, nella L. 14 settembre 2011, n. 148. A norma dell'art. 2, comma 24, del medesimo D.L., tali disposizioni esplicano effetto a decorrere dal 1° gennaio 2012.*

([11]) *Le parole: «a società in nome collettivo,» sono state così corrette dall'art. 7, comma 3, lett.* a), *n. 3), del D.L.vo 16 giugno 1998, n. 201, con effetto dal 1° luglio 1998.*

([12]) *Ai sensi dell'art. 14 della L. 18 febbraio 1999, n. 28, la ritenuta sugli interessi, premi e altri frutti delle obbligazioni e titoli similari e sui conti correnti si applica anche nei confronti dei soggetti esclusi dall'imposta sul reddito delle persone giuridiche.*

([13]) *Questo periodo è stato così sostituito dall'art. 1, comma 84, lett.* a), *n. 2), della L. 24 dicembre 2007, n. 244 e poi soppresso dall'art. 2, comma 13, lett.* a), *n. 4), del D.L. 13 agosto 2011, n. 138, convertito, con modificazioni, nella L. 14 settembre 2011, n. 148. A norma dell'art. 2, comma 24, del medesimo D.L., tali disposizioni esplicano effetto a decorrere dal 1° gennaio 2012.*

([14]) *Le parole da: «Ferme restando...» sino a: «...n. 385», sono state premesse dall'art. 17, comma 2, del D.L. 14 febbraio 2016, n. 18, convertito, con modificazioni, nella L. 8 aprile 2016, n. 49.*

([15]) *Le parole: «enti individuati all'articolo 2, paragrafo 5, numeri da* 4) *a* 23)*, della direttiva 2013/36/UE,» sono state inserite dall'art. 10, comma 2, del D.L. 12 settembre 2014, n. 133, convertito, con modificazioni, nella L. 11 novembre 2014, n. 164.*

([16]) *Le parole: da «organismi di investimento collettivo...» fino a: «...n. 917» sono state così sostituite dalle seguenti: «investitori istituzionali esteri, ancorché privi di soggettività tributaria, di cui all'articolo 6, comma 1, lettera* b)*, del decreto legislativo 1° aprile 1996, n. 239, soggetti a forme di vigilanza nei paesi esteri nei quali sono istituiti», dall'art. 6 del D.L. 24 gennaio 2015, n. 3, convertito, con modificazioni, nella L. 24 marzo 2015, n. 33.*

([17]) *Questo comma è stato aggiunto dall'art. 22, comma 1, del D.L. 24 giugno 2014, n. 91, convertito, con modificazioni, nella L. 11 agosto 2014, n. 116.*

26 *bis*. ([1]) **Esenzione dalle imposte sui redditi per i non residenti. –** 1. Non sono soggetti ad imposizione i redditi di capitale derivanti dai rapporti indicati nelle lettere *a*), diversi dai depositi e conti correnti bancari e postali ([2]), con esclusione degli interessi ed altri proventi derivanti da prestiti di denaro, *c*), *d*), *g bis*) e *g ter*), dell'articolo 41, comma 1, del testo unico delle imposte sui redditi, approvato con decreto del Presidente della Repubblica 22 dicembre 1986, n. 917, qualora siano percepiti da:

a) soggetti residenti all'estero, di cui all'articolo 6, comma 1, del decreto legislativo 1° aprile 1996, n. 239, e successive modificazioni ([3]) ([4]).

1 *bis*. I requisiti di cui al comma 1 sono attestati mediante la documentazione di cui all'articolo 7, comma 2, del decreto legislativo 1° aprile 1996, n. 239 ([5]) ([4]).

2. Qualora i rapporti di cui all'articolo 44, comma 1, lettere *g bis*) e g *ter*), del testo unico delle imposte sui redditi, di cui al decreto del Presidente della Repubblica 22 dicembre 1986, n. 917, abbiano ad oggetto azioni o strumenti finanziari similari alle azioni di cui allo stesso articolo 44, l'esenzione di cui al comma 1 non si applica sulla quota del provento corrispondente all'ammontare degli utili messi in pagamento nel periodo di durata del contratto ([6]).

([1]) *Questo articolo è stato inserito dall'art. 12, comma 2, del D.L.vo 21 novembre 1997, n. 461, a decorrere dal 1° luglio 1998.*

([2]) *Le originarie parole: «*a)*, anche se rappresentati da certificati di deposito», sono state così sostituite dall'art. 2, comma 2, del D.L.vo 21 luglio 1999, n. 259, a decorrere dal 1° gennaio 1999.*

([3]) *Le originarie lettere* a) *e* b) *sono state così sostituite dall'attuale lettera* a)*, dall'art. 10, comma 2, lettera* a)*, del D.L. 25 settembre 2001, n. 350, convertito, con modificazioni, nella L. 23 novembre 2001, n. 409.*

([4]) *A norma dell'art. 10, comma 5, del D.L. 25 settembre 2001, n. 350, convertito, con modificazioni, nella L. 23 novembre 2001, n. 409, le disposizioni previste dal medesimo art. 10 si applicano ai redditi di capitale divenuti esigibili, nonché alle plusvalenze e agli altri redditi diversi di natura finanziaria realizzati a decorrere dal 1° gennaio 2002.*

([5]) *Questo comma è stato inserito dall'art. 10, comma 2, lettera* b), *del D.L. 25 settembre 2001, n. 350, convertito, con modificazioni, nella L. 23 novembre 2001, n. 409.*

([6]) *Questo comma è stato così sostituito dall'art. 2, comma 1, lett.* a), *del D.L.vo 12 dicembre 2003, n. 344.*

26 *ter*. ([1]) 1. Sui redditi di cui all'articolo 41, comma 1, lettera *g quater*), del testo unico delle imposte sui redditi, approvato con decreto del Presidente della Repubblica 22 dicembre 1986, n. 917, l'impresa di assicurazione applica una imposta sostitutiva delle imposte sui redditi nella misura prevista dall'articolo 7 del decreto legislativo 21 novembre 1997, n. 461.

2. Sui redditi di cui all'articolo 41, comma 1, lettera *g quinquies*), del citato testo unico delle imposte sui redditi, i soggetti indicati nel primo comma dell'articolo 23 applicano una imposta sostitutiva delle imposte sui redditi nella misura prevista dall'articolo 7 del decreto legislativo 21 novembre 1997, n. 461.

3. Sui redditi di capitale indicati nei commi 1 e 2, dovuti da soggetti non residenti e percepiti da soggetti residenti nel territorio dello Stato è dovuta un'imposta sostitutiva dell'imposta sui redditi con aliquota del 12,50 per cento. L'imposta sostitutiva può essere applicata direttamente dalle imprese di assicurazioni estere operanti nel territorio dello Stato in regime di libertà di prestazione di servizi ovvero da un rappresentante fiscale, scelto tra i soggetti indicati nell'articolo 23, che risponde in solido con l'impresa estera per gli obblighi di determinazione e versamento dell'imposta e provvede alla dichiarazione annuale delle somme. Nel caso in cui l'imposta sostitutiva non sia applicata direttamente dalle imprese di assicurazioni estere operanti nel territorio dello Stato in regime di libertà di prestazione di servizi ovvero da un rappresentante fiscale, l'imposta sostitutiva è applicata dai soggetti di cui all'articolo 23 attraverso i quali sono riscossi i redditi derivanti da tali contratti ([2]). Il percipiente è tenuto a comunicare, ove necessario, i dati e le informazioni utili per la determinazione dei redditi consegnando, anche in copia, la relativa documentazione o, in mancanza, una dichiarazione sostitutiva nella quale attesti i predetti dati ed informazioni. Nel caso in cui i redditi siano percepiti direttamente all'estero si applicano le disposizioni di cui all'articolo 16 *bis* del testo unico delle imposte sui redditi di cui al decreto del Presidente della Repubblica 22 dicembre 1986, n. 917 ([3]).

([1]) *Questo articolo è stato inserito dall'art. 14 del D.L.vo 18 febbraio 2000, n. 47, a decorrere dal 1° gennaio 2001. Tale disposizione ha effetto relativamente ai contributi ver-*

sati, ai rendimenti maturati, ai contratti stipulati, alle prestazioni maturate, alle rendite erogate a decorrere dal 1° gennaio 2001.

(2) *Questo periodo è stato inserito dall'art. 68, comma 1, del D.L. 22 giugno 2012, n. 83, convertito, con modificazioni, nella L. 7 agosto 2012, n. 134.*

(3) *Questo comma è stato così sostituito dall'art. 41* bis*, comma 1, del D.L. 30 settembre 2003, n. 269, convertito, con modificazioni, nella L. 24 novembre 2003, n. 326. A norma dell'art. 41* bis*, comma 2, dello stesso provvedimento, tali disposizioni si applicano per i redditi percepiti dal 1° gennaio 2004.*

26 *quater*. (1) **Esenzione dalle imposte sugli interessi e sui canoni corrisposti a soggetti residenti in Stati membri dell'Unione europea.** – 1. Gli interessi e i canoni pagati a società non residenti aventi i requisiti di cui al comma 4, lettera *a*), o a una stabile organizzazione, situata in un altro Stato membro, di società che hanno i suddetti requisiti sono esentati da ogni imposta quando tali pagamenti sono effettuati:

a) da società ed enti che rivestono una delle forme previste dall'allegato A, che risiedono, ai fini fiscali, nel territorio dello Stato e sono assoggettate, senza fruire di regimi di esonero, all'imposta sul reddito delle società;

b) da una stabile organizzazione, situata nel territorio dello Stato e assoggettata, senza fruire di regimi di esonero, all'imposta sul reddito delle società, di società non residenti aventi i requisiti di cui al comma 4, lettera *a*), qualora gli interessi o i canoni siano inerenti all'attività della stabile organizzazione stessa.

2. I soggetti beneficiari degli interessi e dei canoni hanno diritto all'esenzione se:

a) la società che effettua il pagamento o la società la cui stabile organizzazione effettua il pagamento, detiene direttamente una percentuale non inferiore al 25 per cento dei diritti di voto nella società che riceve il pagamento o nella società la cui stabile organizzazione riceve il medesimo pagamento;

b) la società che riceve il pagamento o la società la cui stabile organizzazione riceve il pagamento detiene direttamente una percentuale non inferiore al 25 per cento dei diritti di voto nella società che effettua il pagamento o nella società la cui stabile organizzazione effettua il medesimo pagamento;

c) una terza società avente i requisiti di cui alla lettera *a*) del comma 4 detiene direttamente una percentuale non inferiore al 25 per cento dei diritti di voto sia nella società che effettua il pagamento o nella società la cui stabile organizzazione effettua il pagamento sia nella società che riceve il pagamento o nella società la cui stabile organizzazione riceve il medesimo pagamento;

d) i diritti di voto di cui alle lettere *a*), *b*) e *c*), detenuti nelle società ed enti residenti nel territorio dello Stato, sono quelli esercitabili nell'assemblea ordinaria prevista dagli articoli 2364, 2364 *bis* e 2479 *bis* del codice civile;

e) le partecipazioni che attribuiscono i diritti di voto di cui alle lettere *a*), *b*) e *c*) sono detenute ininterrottamente per almeno un anno.

3. Ai fini del presente articolo:

a) si considerano canoni, i compensi di qualsiasi natura percepiti per l'uso o la concessione in uso:

1) del diritto di autore su opere letterarie, artistiche o scientifiche, comprese le pellicole cinematografiche e il software;

2) di brevetti, marchi di fabbrica o di commercio, disegni o modelli, progetti, formule o processi segreti o per informazioni concernenti esperienze di carattere industriale, commerciale o scientifico;

3) di attrezzature industriali, commerciali o scientifiche;

b) si considerano interessi, i redditi da crediti di qualsiasi natura, garantiti o non da ipoteca e, in particolare, i redditi derivanti da titoli, da obbligazioni e da prestiti, compresi gli altri proventi derivanti dai suddetti titoli e prestiti;

c) non si considerano interessi:

1) le remunerazioni dei finanziamenti eccedenti di cui all'articolo 98 del testo unico delle imposte sui redditi, di cui al decreto del Presidente della Repubblica 22 dicembre 1986, n. 917, direttamente erogati dal socio o dalle sue parti correlate;

2) gli utili di cui all'articolo 44, comma 1, lettera *f*), del predetto testo unico;

3) le remunerazioni dei titoli e degli strumenti finanziari di cui agli articoli 44, comma 2, lettera *a*), e 109, comma 9, lettera *a*), del medesimo testo unico, anche per la quota che non comporta la partecipazione ai risultati economici della società emittente o di altre società appartenenti allo stesso gruppo o dell'affare in relazione al quale gli strumenti finanziari sono stati emessi;

4) i pagamenti relativi a crediti che autorizzano il creditore a rinunciare al suo diritto agli interessi in cambio del diritto a partecipare agli utili del debitore;

5) i pagamenti relativi a crediti che non contengono disposizioni per la restituzione del capitale o per i quali il rimborso debba essere effettuato trascorsi più di cinquanta anni dalla data di emissione.

4. La disposizione di cui al comma 1 si applica se:

a) le società beneficiarie dei redditi di cui al comma 3 e le società le cui stabili organizzazioni sono beneficiarie dei medesimi redditi, rivestono una delle forme previste dall'allegato A, risiedono ai fini fiscali in uno Stato membro, senza essere considerate, ai sensi di una Convenzione in materia di doppia imposizione sui redditi con uno Stato terzo, residenti al di fuori dell'Unione europea e sono assoggettate, senza fruire di regimi di esonero, ad una delle imposte indicate nell'allegato B ovvero a un'imposta identica o sostanzialmente simile applicata in aggiunta o in sostituzione di dette imposte;

b) gli interessi e i canoni pagati alle società non residenti di cui alla lettera *a*) sono assoggettati ad una delle imposte elencate nell'allegato B;

c) le società non residenti di cui alla lettera *a*) e le stabili organizzazioni situate in un altro Stato membro di società aventi i requisiti di cui alla lettera *a*) sono beneficiarie effettive dei redditi indicati nel comma 3; a tal fine, sono considerate beneficiarie effettive di interessi o di canoni:

1) le predette società, se ricevono i pagamenti in qualità di beneficiario finale e non di intermediario, quale agente, delegato o fiduciario di un'altra persona;

2) le predette stabili organizzazioni, se il credito, il diritto, l'utilizzo o l'informazione che generano i pagamenti degli interessi o dei canoni si ricollegano effettivamente a tali stabili organizzazioni e i suddetti interessi o canoni rappresentano redditi per i quali esse sono assoggettate nello Stato membro in cui sono situate ad una delle imposte elencate nell'allegato B o, in Belgio, all'«impôt des non-residents/belasting der niet-verblijfhouders», in Spagna all'«impuesto sobre la Renta de no Residentes» ovvero a un'imposta identica o sostanzialmente simile applicata in aggiunta o in sostituzione di dette imposte.

5. Se il soggetto che effettua il pagamento dei canoni e degli interessi di cui al comma 3 controlla o è controllato, direttamente o indirettamente, dal soggetto che è considerato beneficiario effettivo, ovvero entrambi i soggetti sono controllati, direttamente o indirettamente, da un terzo, e l'importo degli interessi o dei canoni è superiore al valore normale determinato ai sensi dell'articolo 110, comma 2, del testo unico delle imposte sui redditi, di cui al decreto del Presidente della Repubblica 22 dicembre 1986, n. 917, l'esenzione di cui al comma 1 si applica limitatamente al medesimo valore normale.

6. *Ai fini dell*'applicazione dell'esenzione di cui al comma 1, deve essere prodotta un'attestazione dalla quale risulti la residenza del beneficiario effettivo e, nel caso di stabile organizzazione, l'esistenza della stabile organizzazione stessa, rilasciata dalle competenti autorità fiscali dello Stato in cui la società beneficiaria è residente ai fini fiscali o dello Stato in cui è situata la stabile organizzazione, nonché una dichiarazione dello stesso beneficiario effettivo che attesti la sussistenza dei requisiti indicati nei commi 2 e 4. La suddetta documentazione va presentata ai soggetti di cui al comma 1, lettere *a*) e *b*), entro la data del pagamento degli interessi o dei canoni e produce effetti per un anno a decorrere dalla data di rilascio della documentazione medesima.

7. La documentazione di cui al comma 6 deve essere conservata fino a quando non siano decorsi i termini per gli accertamenti relativi al periodo di

imposta in corso alla data di pagamento degli interessi o dei canoni, e comunque fino a quando non siano stati definiti gli accertamenti stessi. Con provvedimento del direttore dell'Agenzia delle entrate possono essere stabilite specifiche modalità di attuazione mediante approvazione di appositi modelli.

8. Con decreto del Ministro dell'economia e delle finanze sono apportate modifiche agli allegati A e B conformemente a quanto stabilito in sede comunitaria.

8 *bis*. In difetto dei requisiti indicati nel comma 4, lettera *c*), i soggetti di cui all'articolo 23 applicano una ritenuta del 5 per cento sugli interessi corrisposti a soggetti non residenti a condizione che gli interessi siano destinati a finanziare il pagamento di interessi e altri proventi su prestiti obbligazionari emessi dai percettori:

a) negoziati in mercati regolamentati degli Stati membri dell'Unione europea e degli Stati aderenti all'Accordo sullo spazio economico europeo che sono inclusi nella lista di cui al decreto del Ministro delle finanze 4 settembre 1996 e successive modificazioni e integrazioni;

b) garantiti dai soggetti di cui all'articolo 23 che corrispondono gli interessi ovvero dalla società capogruppo controllante ai sensi dell'articolo 2359 del codice civile ovvero da altra società controllata dalla stessa controllante (2) (3).

(1) *Questo articolo è stato inserito dall'art. 1, comma 1, lett.* b), *del D.L.vo 30 maggio 2005, n. 143. A norma dell'art. 3, comma 1, dello stesso provvedimento, così come modificato dall'art. 3, comma 2, del D.L. 15 febbraio 2007, n. 10, convertito, con modificazioni, nella L. 6 aprile 2007, n. 46, le disposizioni del presente decreto si applicano agli interessi e ai canoni di cui all'articolo 1, comma 1, lettera* b), *pagati a decorrere dal 1° gennaio 2004. Si veda inoltre l'art. 4 dello stesso provvedimento.*

(2) *Questo comma è stato aggiunto dall'art. 23, comma 1, del D.L. 6 luglio 2011, n. 98, convertito, con modificazioni, nella L. 15 luglio 2011, n. 111, a decorrere dal periodo d'imposta in corso alla data di entrata in vigore del D.L. n. 98/2011.*

(3) *A norma dell'art. 3, comma 3, del D.L. 24 aprile 2014, n. 66, convertito, con modificazioni, nella L. 23 giugno 2014, n. 89, la ritenuta del 26 per cento, prevista dall'art. 3, comma 1, del suddetto decreto, non si applica agli interessi previsti da questo comma, a decorrere dal 1° luglio 2014.*

26 *quinquies*. (1) **Ritenuta sui redditi di capitale derivanti dalla partecipazione ad OICR italiani e lussemburghesi storici.** – 1. Sui proventi di cui alla lettera *g*) dell'articolo 44, comma 1, del testo unico delle imposte sui redditi, di cui al decreto del Presidente della Repubblica 22 dicembre 1986, n. 917, derivanti dalla partecipazione a organismi di investimento collettivo del risparmio (OICR) istituiti in Italia, diversi dagli OICR immobiliari, e a quelli istituiti in Lussemburgo, già autorizzati al collocamento nel territorio dello Stato, di cui all'articolo 11 *bis* del decreto legge 30 settembre 1983, n. 512, convertito, con modificazioni, dalla legge 25 novembre 1983, n. 649, e successive modificazioni, limitatamente alle quote o azioni collocate nel territorio dello Stato, le società di gestione del risparmio, le SICAV, le SICAF, i soggetti incaricati del collocamento delle quote o azioni di cui al citato articolo 11 *bis* del decreto legge 30 settembre 1983, n. 512, e quelli di cui all'articolo 23 del presente decreto incaricati della loro negoziazione, operano una ritenuta del 20 per cento ([2]). Qualora le quote o azioni dei predetti organismi siano immesse in un sistema di deposito accentrato gestito da una società autorizzata ai sensi dell'articolo 80 del testo unico di cui al decreto legislativo 24 febbraio 1998, n. 58, la ritenuta è applicata dai soggetti di cui all'articolo 23 del presente decreto presso i quali le quote o azioni sono state depositate, direttamente o indirettamente aderenti al suddetto sistema di deposito accentrato, nonché dai soggetti non residenti aderenti a detto sistema di deposito accentrato ovvero a sistemi esteri di deposito accentrato aderenti al medesimo sistema.

2. I soggetti non residenti di cui al comma 1, ultimo periodo, nominano quale loro rappresentante fiscale in Italia una banca o una società di intermediazione mobiliare, residente nel territorio dello Stato, una stabile organizzazione in Italia di banche o di imprese di investimento non residenti, ovvero una società di gestione accentrata di strumenti finanziari autorizzata ai sensi dell'articolo 80 del testo unico di cui al decreto legislativo 24 febbraio 1998, n. 58. Il rappresentante fiscale risponde dell'adempimento dei propri compiti negli stessi termini e con le stesse responsabilità previste per i soggetti di cui al comma 1 residenti in Italia e provvede a:

a) versare la ritenuta di cui al comma 1;

b) fornire, entro quindici giorni dalla richiesta dell'Amministrazione finanziaria, ogni notizia o documento utile per comprovare il corretto assolvimento degli obblighi riguardanti la suddetta ritenuta.

3. La ritenuta di cui al comma 1 si applica sui proventi distribuiti in costanza di partecipazione all'organismo di investimento e su quelli compresi nella differenza tra il valore di riscatto, di liquidazione o di cessione delle quote o azioni e il costo medio ponderato di sottoscrizione o acquisto delle quote o azioni medesime, al netto di una quota dei proventi riferibili alle obbligazioni e altri titoli di cui all'articolo 31 del decreto del Presidente della Repubblica 29 settembre 1973, n. 601, ed equiparati e alle obbligazioni emesse dagli Stati inclusi nella lista di cui al decreto emanato ai sensi dell'articolo 168 *bis* del testo unico delle imposte sui redditi approvato con il decreto del Presidente della Repubblica 22 dicembre 1986, n. 917 e alle obbligazioni emesse da enti territoriali dei suddetti Stati ([3]). Con decreto del Ministro dell'economia e delle finanze sono stabilite le modalità di individuazione della quota dei proventi di cui al periodo precedente. Il costo di

acquisto deve essere documentato dal partecipante e, in mancanza della documentazione, il costo è documentato con una dichiarazione sostitutiva ([4]).

4. La ritenuta di cui al comma 1 è applicata a titolo di acconto nei confronti di:

a) imprenditori individuali, se le partecipazioni sono relative all'impresa ai sensi dell'articolo 65 del testo unico delle imposte sui redditi, di cui al decreto del Presidente della Repubblica 22 dicembre 1986, n. 917;

b) società in nome collettivo, in accomandita semplice ed equiparate di cui all'articolo 5 del predetto testo unico;

c) società ed enti di cui alle lettere *a*) e *b*) dell'articolo 73, comma 1, del medesimo testo unico e stabili organizzazioni nel territorio dello Stato delle società e degli enti di cui al comma 1, lettera *d*), del medesimo articolo. Nei confronti di tutti gli altri soggetti, compresi quelli esenti o esclusi dall'imposta sul reddito delle società, la ritenuta è applicata a titolo d'imposta.

5. Non sono soggetti ad imposizione i proventi di cui al comma 1 percepiti da soggetti non residenti come indicati nell'articolo 6 del decreto legislativo 1° aprile 1996, n. 239 e maturati nel periodo di possesso delle quote o azioni. Il predetto possesso è attestato dal deposito dei titoli presso un intermediario residente in Italia ([5]).

5 *bis*. La ritenuta di cui al comma 1 non si applica sui proventi spettanti alle imprese di assicurazione e relativi a quote o azioni comprese negli attivi posti a copertura delle riserve matematiche dei rami vita ([6]).

6. Ai fini dell'applicazione della ritenuta di cui al comma 1 si considera cessione anche il trasferimento di quote o azioni a rapporti di custodia, amministrazione o gestione intestati a soggetti diversi dagli intestatari dei rapporti di provenienza [, salvo che il trasferimento sia avvenuto per successione o donazione] ([7]). Ai medesimi fini si considera rimborso la conversione di quote o azioni da un comparto ad altro comparto del medesimo organismo di investimento collettivo ([8]). In questi casi ([9]), il contribuente fornisce al soggetto tenuto all'applicazione della ritenuta la necessaria provvista.

6 *bis*. Nel caso di società di gestione estera che istituisce e gestisce ([10]) in Italia organismi di investimento collettivo del risparmio, la ritenuta di cui al comma 1 è applicata direttamente dalla società di gestione estera operante *nel territorio* dello Stato in regime di libera prestazione di servizi ovvero da un rappresentante fiscale scelto tra i soggetti indicati nell'articolo 23, che risponde in solido con l'impresa estera per gli obblighi di determinazione e versamento dell'imposta e provvede alla dichiarazione annuale delle somme. In caso di negoziazione la ritenuta è applicata dai soggetti di cui al citato articolo 23 incaricati della loro negoziazione. Qualora le quote o azioni dei predetti organismi siano immesse in un sistema di deposito accentrato gesti-

to da una società autorizzata ai sensi dell'articolo 80 del testo unico di cui al decreto legislativo 24 febbraio 1998, n. 58, la ritenuta è applicata dai soggetti di cui all'articolo 23 del presente decreto presso i quali le quote o azioni sono state depositate, direttamente o indirettamente aderenti al suddetto sistema di deposito accentrato, nonché dai soggetti non residenti aderenti a detto sistema di deposito accentrato ovvero a sistemi esteri di deposito accentrato aderenti al medesimo sistema ([11]). Il percipiente è tenuto a comunicare, ove necessario, i dati e le informazioni utili per la determinazione dei redditi consegnando, anche in copia, la relativa documentazione o, in mancanza, una dichiarazione sostitutiva nella quale attesti i predetti dati e informazioni ([12]).

6 *ter*. I proventi di cui al comma 1 percepiti senza applicazione della ritenuta al di fuori dell'esercizio d'impresa commerciale sono assoggettati ad imposizione sostitutiva delle imposte sui redditi con la stessa aliquota della ritenuta a titolo d'imposta ([12]).

([1]) *Questo articolo è stato inserito dall'art. 2, comma 63, del D.L. 29 dicembre 2010, n. 225, convertito, con modificazioni, nella L. 26 febbraio 2011, n. 10, con effetto a partire dal 1° luglio 2011.*

([2]) *Questo periodo è stato così sostituito dall'art. 10, comma 1, lett.* a), *del D.L.vo 4 marzo 2014, n. 44.*

([3]) *Le parole: «e alle obbligazioni emesse da enti territoriali dei suddetti Stati» sono state aggiunte dall'art. 4, comma 8, del D.L. 24 aprile 2014, n. 66, convertito, con modificazioni, nella L. 23 giugno 2014, n. 89.*

([4]) *Questo comma è stato così sostituito dall'art. 10, comma 1, lett.* b), *del D.L.vo 4 marzo 2014, n. 44.*

([5]) *Le parole: «e maturati nel periodo di possesso delle quote o azioni. Il predetto possesso è attestato dal deposito dei titoli presso un intermediario residente in Italia.» sono state aggiunte dall'art. 2, comma 1, lett.* a), *del D.L.vo 16 aprile 2012, n. 47.*

([6]) *Questo comma è stato inserito dall'art. 4, comma 4, del D.L. 24 aprile 2014, n. 66, convertito, con modificazioni, nella L. 23 giugno 2014, n. 89.*

([7]) *Le parole fra parentesi quadrate sono state soppresse dal'art. 2, comma 1, lett.* b), *del D.L.vo 16 aprile 2012, n. 47.*

([8]) *Questo periodo è stato inserito dall'art. 2, comma 1, lett.* c), *del D.L.vo 16 aprile 2012, n. 47.*

([9]) *Le parole: «questo caso» sono state così sostituite dalle seguenti: «questi casi» dall'art. 10, comma 1, lett.* c), *del D.L.vo 4 marzo 2014, n. 44.*

([10]) *La parola: «istituisce» è stata così sostituita dalle seguenti: «istituisce e gestisce» dall'art. 10, comma 1, lett.* d), *n.* 1), *del D.L.vo 4 marzo 2014, n. 44.*

([11]) *Questo periodo è stato inserito dall'art. 10, comma 1, lett.* d), *n.* 2), *del D.L.vo 4 marzo 2014, n. 44.*

([12]) *Questo comma è stato aggiunto dall'art. 2, comma 1, lett.* d), *del D.L.vo 16 aprile 2012, n. 47.*

27. ([1]) **Ritenuta sui dividendi.** – 1. Le società e gli enti indicati nelle lettere *a*) e *b*) del comma 1 dell'articolo 73 del testo unico delle imposte sui redditi, di cui al decreto del Presidente della Repubblica 22 dicembre 1986, n. 917, operano, con obbligo di rivalsa, una ritenuta del 26 per cento a titolo d'imposta sugli utili in qualunque forma corrisposti, anche nei casi di cui all'articolo 47, comma 7, del predetto testo unico, a persone fisiche residenti in relazione a partecipazioni qualificate e non qualificate ai sensi delle lettere *c*) e *c bis*) del comma 1 dell'articolo 67 del medesimo testo unico nonché agli utili derivanti dagli strumenti finanziari di cui all'articolo 44, comma 2, lettera *a*), e dai contratti di associazione in partecipazione di cui all'articolo 109, comma 9, lettera *b*), del predetto testo unico, non relative all'impresa ai sensi dell'articolo 65 del medesimo testo unico ([2]) ([3]). La ritenuta è applicata altresì dalle persone fisiche che esercitano imprese commerciali ai sensi dell'articolo 55 del testo unico delle imposte sui redditi e dalle societa in nome collettivo e in accomandita semplice ed equiparate di cui all'articolo 5 del medesimo testo unico sugli utili derivanti dai contratti di associazione in partecipazione previsti nel precedente periodo, corrisposti a persone fisiche residenti; per i soggetti che determinano il reddito ai sensi dell'articolo 66 del predetto testo unico, in luogo del patrimonio netto si assume il valore individuato nel comma 2 dell'articolo 47 del medesimo testo unico ([4]) ([5]).

1 *bis*. Nei casi di cui all'articolo 47, commi 5 e 7, del testo unico delle imposte sui redditi di cui al decreto del Presidente della Repubblica 22 dicembre 1986, n. 917, la ritenuta prevista dai commi 1 e 4 si applica sull'intero ammontare delle somme o dei valori corrisposti, qualora il percettore non comunichi il valore fiscalmente riconosciuto della partecipazione ([3]) ([6]).

2. In caso di distribuzione di utili in natura i singoli soci o partecipanti, per conseguirne il pagamento, sono tenuti a versare alle società ed altri enti di cui alle lettere *a*) e *b*) del comma 1 dell'articolo 73 del predetto testo unico, l'importo corrispondente all'ammontare della ritenuta di cui al comma 1, determinato in relazione al valore normale dei beni ad essi attribuiti, quale risulta dalla valutazione operata dalla società emittente alla data individuata dalla lettera *a*) del comma 2 dell'articolo 109 del citato testo unico ([3]).

3. La ritenuta è operata a titolo d'imposta e con l'aliquota del 27 per cento sugli utili corrisposti a soggetti non residenti nel territorio dello Stato diversi dalle società ed enti indicati nel comma 3 *ter*, in relazione alle partecipazioni, agli strumenti finanziari di cui all'articolo 44, comma 2, lettera *a*), del testo unico delle imposte sui redditi, di cui al decreto del Presidente della Repubblica 22 dicembre 1986, n. 917, e ai contratti di associazione in partecipazione di cui all'articolo 109, comma 9, lettera *b*), del medesimo

testo unico, non relative a stabili organizzazioni nel territorio dello Stato ([5]). [L'aliquota della ritenuta è ridotta al 12,50 per cento per gli utili pagati ad azionisti di risparmio] ([7]) ([8]). L'aliquota della ritenuta è ridotta all'11 per cento sugli utili corrisposti ai fondi pensione istituiti negli Stati membri dell'Unione europea e negli Stati aderenti all'Accordo sullo spazio economico europeo inclusi nella lista di cui al decreto del Ministro dell'economia e delle finanze emanato ai sensi dell'articolo 168 *bis* del testo unico delle imposte sui redditi, di cui al decreto del Presidente della Repubblica 22 dicembre 1986, n. 917. I soggetti non residenti, diversi dagli azionisti di risparmio, dai fondi pensione di cui al periodo precedente e dalle società ed enti indicati nel comma 3 *ter*, hanno diritto al rimborso, fino a concorrenza degli undici ventiseiesimi ([9]) della ritenuta, dell'imposta che dimostrino di aver pagato all'estero in via definitiva sugli stessi utili mediante certificazione del competente ufficio fiscale dello Stato estero ([3]) ([10]). La ritenuta di cui al primo periodo non si applica sugli utili corrisposti a organismi di investimento collettivo del risparmio (OICR) di diritto estero conformi alla direttiva 2009/65/CE del Parlamento europeo e del Consiglio, del 13 luglio 2009, e a OICR, non conformi alla citata direttiva 2009/65/CE, il cui gestore sia soggetto a forme di vigilanza nel Paese estero nel quale è istituito ai sensi della direttiva 2011/61/UE del Parlamento europeo e del Consiglio, dell'8 giugno 2011, istituiti negli Stati membri dell'Unione europea e negli Stati aderenti all'Accordo sullo spazio economico europeo che consentono un adeguato scambio di informazioni ([11]).

3 *bis*. I soggetti cui si applica l'articolo 98 del testo unico delle imposte sui redditi, di cui al decreto del Presidente della Repubblica 22 dicembre 1986, n. 917, sono tenuti ad operare, con obbligo di rivalsa, la ritenuta di cui ai commi 3 e 3 *ter* ([12]) sulla remunerazione di finanziamenti eccedenti prevista dal citato articolo 98 direttamente erogati dal socio o da una sua parte correlata, non residenti nel territorio dello Stato. A fini della determinazione della ritenuta di cui sopra, si computa in diminuzione la eventuale ritenuta operata ai sensi dell'articolo 26 riferibile alla medesima remunerazione. La presente disposizione non si applica alla remunerazione di finanziamenti eccedenti direttamente erogati dalle stabili organizzazioni nel territorio dello Stato di soggetti non residenti ([13]).

3 *ter*. La ritenuta è operata a titolo di imposta e con l'aliquota dell'1,20 per cento ([14]) sugli utili corrisposti alle società e agli enti soggetti ad un'imposta sul reddito delle società negli Stati membri dell'Unione europea e negli Stati aderenti all'Accordo sullo spazio economico europeo che sono inclusi nella lista di cui al decreto del Ministro dell'economia e delle finanze emanato ai sensi dell'articolo 168 *bis* del testo unico delle imposte sui reddi-

ti, di cui al decreto del Presidente della Repubblica 22 dicembre 1986, n. 917, ed ivi residenti, in relazione alle partecipazioni, agli strumenti finanziari di cui all'articolo 44, comma 2, lettera *a*), del predetto testo unico e ai contratti di associazione in partecipazione di cui all'articolo 109, comma 9, lettera *b*), del medesimo testo unico, non relativi a stabili organizzazioni nel territorio dello Stato ([15]) ([8]).

4. Sulle remunerazioni corrisposte a persone fisiche residenti relative a partecipazioni al capitale o al patrimonio, titoli e strumenti finanziari di cui all'articolo 44, comma 2, lettera *a*), ultimo periodo, del testo unico delle imposte sui redditi e a contratti di cui all'articolo 109, comma 9, lettera *b*), del medesimo testo unico, in cui l'associante è soggetto non residente, qualificati e non qualificati ai sensi delle lettere *c*) e *c bis*) del comma 1 dell'articolo 67 ([16]) del testo unico e non relativi all'impresa ai sensi dell'articolo 65 dello stesso testo unico, è operata una ritenuta del 12,50 per cento a titolo d'imposta dai soggetti di cui al primo comma dell'articolo 23 che intervengono nella loro riscossione. La ritenuta è operata a titolo d'acconto:

[*a*) sulla quota imponibile delle remunerazioni corrisposte da soggetti non residenti in relazione a partecipazioni al capitale o al patrimonio, titoli e strumenti finanziari e a contratti di cui alla lettera *c*) del comma 1 dell'articolo 67 del citato testo unico, non relativi all'impresa ai sensi dell'articolo 65] ([17]);

b) sull'intero importo delle remunerazioni corrisposte, in relazione a partecipazioni, titoli, strumenti finanziari e contratti non relativi all'impresa ai sensi dell'articolo 65, da imprese o enti residenti o localizzati in Stati o territori a regime fiscale privilegiato individuati in base ai criteri di cui all'articolo 47 *bis*, comma 1 del citato testo unico, salvo che sia avvenuta la dimostrazione, anche a seguito dell'esercizio dell'interpello di cui al comma 3 dell'articolo 47 *bis* dello stesso testo unico, che è rispettata, sin dal primo periodo di possesso della partecipazione, la condizione di cui alla lettera *b*) del comma 2 del medesimo articolo 47 *bis* ([18]). La disposizione del periodo precedente non si applica alle partecipazioni, ai titoli e agli strumenti finanziari di cui all'articolo 44, comma 2, lettera *a*), ultimo periodo, emessi da società i cui titoli sono negoziati nei mercati regolamentati. La ritenuta è, altresì, operata sull'intero importo delle remunerazioni relative a contratti stipulati con associanti non residenti che non soddisfano le condizioni di cui all'articolo 44, comma 2, lettera *a*), ultimo periodo ([3]) ([19]).

4 *bis*. Le ritenute del comma 4 sono operate al netto delle ritenute applicate dallo Stato estero. In caso di distribuzione di utili in natura si applicano le disposizioni di cui al comma 2 ([19]).

5. Le ritenute di cui ai commi 1 e 4, primo periodo, non sono operate qualora le persone fisiche residenti e gli associati in partecipazione dichiarino all'atto della percezione che gli utili riscossi sono relativi all'attività di impresa [o ad una partecipazione qualificata ai sensi della lettera *c*) del comma 1 dell'articolo 67 del citato testo unico] ([20]). Le ritenute di cui ai commi 1 e 4, sono operate con l'aliquota del 27 per cento ed a titolo d'imposta nei confronti dei soggetti esenti dall'imposta sul reddito delle società ([3]).

6. Per gli utili corrisposti a soggetti residenti ed assoggettati alla ritenuta a titolo d'imposta o all'imposta sostitutiva sul risultato maturato di gestione non si applicano le disposizioni degli articoli 5, 7, 8, 9 e 11, terzo comma, della legge 29 dicembre 1962, n. 1745.

([1]) *Questo articolo è stato così sostituito dall'art. 12, comma 4, del D.L.vo 21 novembre 1997, n. 461, a decorrere dal 1° luglio 1998.*

([2]) *I precedenti primo e secondo periodo di questo comma sono stati così sostituiti dall'attuale primo periodo dall'art. 1, comma 1003, lett.* a)*, della L. 27 dicembre 2017, n. 205.*

A norma dell'art. 1, comma 1005, del medesimo provvedimento, tali disposizioni si applicano ai redditi di capitale percepiti a partire dal 1° gennaio 2018 ed ai redditi diversi realizzati a decorrere dal 1° gennaio 2019.

A norma dell'art. 1, comma 1006, del medesimo provvedimento, in deroga a tali disposizioni, alle distribuzioni di utili derivanti da partecipazioni qualificate in società ed enti soggetti all'imposta sul reddito delle società formatesi con utili prodotti fino all'esercizio in corso al 31 dicembre 2017, deliberate dal 1° gennaio 2018 al 31 dicembre 2022, continuano ad applicarsi le disposizioni di cui al decreto del Ministro dell'economia e delle finanze 26 maggio 2017, pubblicato nella Gazzetta Ufficiale *n. 160 dell'11 luglio 2017.*

([3]) *I commi da 1 a 5 sono stati così sostituiti dagli attuali commi da 1 a 5 dall'art. 2, comma 1, lett.* b)*, del D.L.vo 12 dicembre 2003, n. 344.*

([4]) *L'ultimo periodo di questo comma è stato aggiunto dall'art. 14, comma 1, lett.* a)*, n. 2), del D.L.vo 18 novembre 2005, n. 247.*

([5]) *A norma dell'art. 2, comma 6, del D.L. 13 agosto 2011, n. 138, convertito, con modificazioni, nella L. 14 settembre 2011, n. 148, le ritenute, le imposte sostitutive sugli interessi, premi e ogni altro provento di cui all'art. 44 del D.P.R. 22 dicembre 1986, n. 917 e all'articolo 67, comma 1, lettere da* c bis) *a* c quinquies) *del medesimo decreto, ovunque ricorrano, sono stabilite nella misura del 20 per cento. A norma dell'art. 2, comma 9, del medesimo decreto la misura dell'aliquota di cui al comma 6 si applica agli interessi, ai premi e ad ogni altro provento di cui a questo articolo divenuti esigibili e ai redditi diversi realizzati a decorrere dal 1° gennaio 2012.*

([6]) *Questo comma è stato così sostituito dall'art. 14, comma 1, lett.* b)*, del D.L.vo 18 novembre 2005, n. 247.*

([7]) *Questo periodo è stato soppresso dall'art. 2, comma 13, lett.* c)*, n. 1), del D.L. 13 agosto 2011, n. 138, convertito, con modificazioni, nella L. 14 settembre 2011, n. 148. A norma dell'art. 2, comma 24, del medesimo D.L., tali disposizioni esplicano effetto a decorrere dal 1° gennaio 2012.*

([8]) *A norma dell'art. 3, comma 3, del D.L. 24 aprile 2014, n. 66, convertito, con modificazioni, nella L. 23 giugno 2014, n. 89, la ritenuta del 26 per cento, prevista dall'art. 3, comma 1, del suddetto provvedimento, non si applica agli utili previsti da questo comma, a decorrere dal 1° luglio 2014.*

([9]) *Le parole: «dei quattro noni» sono state così sostituite dalle seguenti: «di un quarto» dall'art. 2, comma 13, lett.* c), *n. 2), del D.L. 13 agosto 2011, n. 138, convertito, con modificazioni, nella L. 14 settembre 2011, n. 148. A norma dell'art. 2, comma 24, del medesimo D.L., tali disposizioni esplicano effetto a decorrere dal 1° gennaio 2012.*

Le parole: «di un quarto» sono state così sostituite dalle seguenti: «degli undici ventiseiesimi» dall'art. 3, comma 4, del D.L. 24 aprile 2014, n. 66, convertito, con modificazioni, nella L. 23 giugno 2014, n. 89, a decorrere dal 1° luglio 2014.

([10]) *Questo comma è stato così sostituito dall'art. 24, comma 1, della L. 7 luglio 2009, n. 88. Ai sensi del comma 2 dello stesso articolo, le disposizioni contenute nel comma 1, si applicano agli utili distribuiti a decorrere dalla data di entrata in vigore della legge n. 88/2009.*

([11]) *Questo periodo è stato aggiunto dall'art. 1, comma 631, della L. 30 dicembre 2020, n. 178. Tali disposizioni si applicano agli utili percepiti a decorrere dal 1° gennaio 2021.*

([12]) *Le parole: «di cui al comma 3», sono state così sostituite dalle attuali: «di cui ai commi 3 e 3* ter*», dall'art. 1, comma 67, lett.* a), *n.* 3), *della L. 24 dicembre 2007, n. 244.*

([13]) *Questo comma è stato inserito dall'art. 1, comma 1, lett.* c), *del D.L.vo 30 maggio 2005, n. 143.*

([14]) *Le parole: «dell'1,375 per cento» sono sostituite dalle attuali: «dell'1,20 per cento» dall'art. 1, comma 62, della L. 28 dicembre 2015, n. 208, a decorrere dal 1° gennaio 2017, con effetto per i periodi d'imposta successivi a quello in corso al 31 dicembre 2016.*

([15]) *Questo comma è stato inserito dall'art. 1, comma 67, lett.* a), *n.* 4), *della L. 24 dicembre 2007, n. 244.*

([16]) *Le parole: «non qualificati ai sensi della lettera* c bis) *del comma 1, dell'articolo 67» sono state così sostituite dalle seguenti: «qualificati e non qualificati ai sensi delle lettere* c) *e* c bis) *del comma 1 dell'articolo 67» dall'art. 1, comma 1003, lett.* b), *della L. 27 dicembre 2017, n. 205.*

A norma dell'art. 1, comma 1005, del medesimo provvedimento, tali disposizioni si applicano ai redditi di capitale percepiti a partire dal 1º gennaio 2018 ed ai redditi diversi realizzati a decorrere dal 1º gennaio 2019.

A norma dell'art. 1, comma 1006, del medesimo provvedimento, in deroga a tali disposizioni, alle distribuzioni di utili derivanti da partecipazioni qualificate in società ed enti soggetti all'imposta sul reddito delle società formatesi con utili prodotti fino all'esercizio in corso al 31 dicembre 2017, deliberate dal 1º gennaio 2018 al 31 dicembre 2022, continuano ad applicarsi le disposizioni di cui al decreto del Ministro dell'economia e delle finanze 26 maggio 2017, pubblicato nella Gazzetta Ufficiale *n. 160 dell'11 luglio 2017.*

([17]) *Questa lettera è stata abrogata dall'art. 1, comma 1003, lett.* c), *della L. 27 dicembre 2017, n. 205.*

A norma dell'art. 1, comma 1005, del medesimo provvedimento, tali disposizioni si applicano ai redditi di capitale percepiti a partire dal 1º gennaio 2018 ed ai redditi diversi realizzati a decorrere dal 1º gennaio 2019.

A norma dell'art. 1, comma 1006, del medesimo provvedimento, in deroga a tali disposizioni, alle distribuzioni di utili derivanti da partecipazioni qualificate in società ed

enti soggetti all'imposta sul reddito delle società formatesi con utili prodotti fino all'esercizio in corso al 31 dicembre 2017, deliberate dal 1º gennaio 2018 al 31 dicembre 2022, continuano ad applicarsi le disposizioni di cui al decreto del Ministro dell'economia e delle finanze 26 maggio 2017, pubblicato nella Gazzetta Ufficiale *n. 160 dell'11 luglio 2017.*

([18]) *Il primo periodo di questa lettera è stato così sostituito dall'art. 5, comma 2, del D.L.vo 29 novembre 2018, n. 142. A norma dell'art. 13, comma 6, del medesimo provvedimento, tali disposizioni si applicano a decorrere dal periodo di imposta successivo a quello in corso al 31 dicembre 2018, nonché agli utili percepiti e alle plusvalenze realizzate a decorrere dal medesimo periodo di imposta.*

([19]) *L'originario comma 4 è stato così sostituito dagli attuali commi 4 e 4* bis, *dall'art. 14, comma 1, lett.* c), *del D.L.vo 18 novembre 2005, n. 247. A norma dell'art. 14, comma 2, dello stesso provvedimento, le disposizioni di cui al presente comma si applicano ai proventi percepiti a decorrere dai periodi di imposta che hanno inizio dal 1° gennaio 2006.*

([20]) *Le parole tra parentesi quadrate sono state soppresse dall'art. 1, comma 1003, lett.* d), *della L. 27 dicembre 2017, n. 205.*

A norma dell'art. 1, comma 1005, del medesimo provvedimento, tali disposizioni si applicano ai redditi di capitale percepiti a partire dal 1º gennaio 2018 ed ai redditi diversi realizzati a decorrere dal 1º gennaio 2019.

A norma dell'art. 1, comma 1006, del medesimo provvedimento, in deroga a tali disposizioni, alle distribuzioni di utili derivanti da partecipazioni qualificate in società ed enti soggetti all'imposta sul reddito delle società formatesi con utili prodotti fino all'esercizio in corso al 31 dicembre 2017, deliberate dal 1º gennaio 2018 al 31 dicembre 2022, continuano ad applicarsi le disposizioni di cui al decreto del Ministro dell'economia e delle finanze 26 maggio 2017, pubblicato nella Gazzetta Ufficiale *n. 160 dell'11 luglio 2017.*

27 *bis*. Rimborso della ritenuta sui dividendi distribuiti a soggetti non residenti ([1]). – 1. Le società che detengono una partecipazione diretta non inferiore al 20 per cento ([2]) del capitale della società che distribuisce gli utili, hanno diritto, a richiesta, al rimborso della ritenuta di cui ai commi 3, 3 *bis* e 3 *ter* ([3]) dell'articolo 27, se:

a) rivestono una delle forme previste nell'allegato della direttiva n. 435/90/CEE del Consiglio del 23 luglio 1990;

b) risiedono, ai fini fiscali, in uno Stato membro dell'Unione europea, senza essere considerate, ai sensi di una Convenzione in materia di doppia imposizione sui redditi con uno Stato terzo, residenti al di fuori dell'Unione europea ([4]);

c) sono soggette, nello Stato di residenza, senza fruire ([5]) di regimi di opzione o di esonero che non siano territorialmente o temporalmente limitati, ad una delle imposte indicate nella predetta direttiva ([6]);

d) la partecipazione sia detenuta ininterrottamente per almeno un anno ([7]).

1 *bis*. La disposizione del comma 1 si applica altresì alle remunerazioni di cui all'articolo 89, comma 3 *bis*, del testo unico di cui al decreto del Presidente della Repubblica 22 dicembre 1986, n. 917, in misura corrisponden-

te alla quota non deducibile nella determinazione del reddito della società erogante, sempreché la remunerazione sia erogata a società con i requisiti indicati nel comma 1 ([8]).

2. Ai fini dell'applicazione del comma 1, deve essere prodotta una certificazione, rilasciata dalle competenti autorità fiscali dello Stato estero, che attesti che la società non residente possieda i requisiti indicati alle lettere *a*), *b*) e *c*) del comma 1, nonché una dichiarazione della società che attesti la sussistenza del requisito indicato alla lettera *d*) del medesimo comma 1 ([9]).

3. Ove ricorrano le condizioni di cui al comma 1, a richiesta della società beneficiaria dei dividendi, i soggetti di cui all'art. 23 possono non applicare la ritenuta di cui ai commi 3, 3 *bis* e 3 *ter* ([3]) dell'art. 27. In questo caso, la documentazione di cui al comma 2 deve essere acquisita entro la data del pagamento degli utili e conservata, unitamente alla richiesta, fino a quando non siano decorsi i termini per gli accertamenti relativi al periodo di imposta in corso alla data di pagamento dei dividendi e, comunque, fino a quando non siano stati definiti gli accertamenti stessi ([10]). Con decreto del Ministro delle finanze possono essere stabilite specifiche modalità di attuazione mediante approvazione di appositi modelli ([11]).

[4. Resta impregiudicata l'applicazione di ritenute alla fonte previste da disposizioni convenzionali che accordano rimborsi di somme afferenti i dividendi distribuiti] ([12]).

5. La direttiva (UE) 2015/121 del Consiglio, del 27 gennaio 2015, è attuata dall'ordinamento nazionale mediante l'applicazione dell'articolo 10 *bis* della legge 27 luglio 2000, n. 212 ([13]).

([1]) *Questo articolo è stato aggiunto dall'art. 2 del D.L.vo 6 marzo 1993, n. 136. L'art. 3 dello stesso decreto stabilisce che tali disposizioni si applicano anche agli utili la cui distribuzione sia stata deliberata a partire dall'1 gennaio 1992.*

([2]) *Le parole*: «*25 per cento*» *sono state così sostituite dalle attuali parole*: «*20 per cento*» *dall'art. 1, comma 1, lett.* a), *n. 1), del D.L.vo 6 febbraio 2007, n. 49, in relazione agli utili distribuiti a decorrere dal 1° gennaio 2005.*

([3]) *Le parole*: «*al terzo comma*», *sono state così sostituite dalle attuali*: «*ai commi 3, 3* bis *e 3* ter», *dall'art. 1, comma 67, lett.* b), *della L. 24 dicembre 2007, n. 244. A norma dell'art. 1, comma 68, della medesima legge, tali disposizioni si applicano agli utili formatisi a partire dall'esercizio successivo a quello in corso al 31 dicembre 2007. A tal fine, le società ed enti che distribuiscono i dividendi indicano in dichiarazione gli ammontari degli utili o delle riserve di utili formatisi a partire dall'esercizio di cui al periodo precedente e di quelli formati in altri esercizi.*

([4]) *Le parole da*: «*, senza essere considerate, ...*» *fino alla fine della lettera, sono state aggiunte dall'art. 1, comma 1, lett.* a), *n. 2), del D.L.vo 6 febbraio 2007, n. 49, in relazione agli utili distribuiti a decorrere dal 1° gennaio 2005.*

(5) *Le parole: «senza possibilità di fruire» sono state così sostituite dalle attuali parole: «senza fruire» dall'art. 1, comma 1, lett.* a)*, n. 3), del D.L.vo 6 febbraio 2007, n. 49, in relazione agli utili distribuiti a decorrere dal 1° gennaio 2005.*

(6) *Le parole: «indicate nell'allegato della predetta direttiva» sono state così sostituite dalle attuali parole: «indicate nella predetta direttiva» dall'art. 1, comma 1, lett.* a)*, n. 3), del D.L.vo 6 febbraio 2007, n. 49, in relazione agli utili distribuiti a decorrere dal 1° gennaio 2005.*

(7) *Questo comma è stato così sostituito dall'art. 2, comma 1, lett. c), del D.L.vo 12 dicembre 2003, n. 344.*

(8) *Questo comma, inserito dall'art. 1, comma 1, lett.* b)*, del D.L.vo 6 febbraio 2007, n. 49, è stato da ultimo così sostituito dall'art. 26, comma 2, lett.* a)*, della L. 7 luglio 2016, n. 122. Questa disposizione si applica alle remunerazioni corrisposte dal 1° gennaio 2016.*

(9) *Questo comma è stato così sostituito dall'art. 1, comma 1, lett. c), del D.L.vo 6 febbraio 2007, n. 49, in relazione agli utili distribuiti a decorrere dal 1° gennaio 2005.*

(10) *Questo periodo è stato così sostituito dall'art. 1, comma 1, lett.* d)*, del D.L.vo 6 febbraio 2007, n. 49, in relazione agli utili distribuiti a decorrere dal 1° gennaio 2005.*

(11) *Questo comma è stato così modificato dall'art. 15 della L. 18 febbraio 1999, n. 28.*

(12) *Questo comma è stato abrogato dall'art. 1, comma 1, lett.* e)*, del D.L.vo 6 febbraio 2007, n. 49, in relazione agli utili distribuiti a decorrere dal 1° gennaio 2005.*

(13) *Questo comma è stato così sostituito dall'art. 26, comma 2, lett.* b)*, della L. 7 luglio 2016, n. 122. Questa disposizione si applica alle remunerazioni corrisposte dal 1° gennaio 2016.*

27 *ter*. (1) Azioni in deposito accentrato presso la Monte Titoli S.p.A. – 1. Sugli utili derivanti dalle azioni e dagli strumenti finanziari similari alle azioni di cui all'articolo 4428/11/03[1] (2) del testo unico delle imposte sui redditi, di cui al decreto del Presidente della Repubblica 22 dicembre 1986, n. 917, immessi nel sistema di deposito accentrato gestito dalla Monte Titoli S.p.A. ai sensi della legge 19 giugno 1986, n. 289, è applicata, in luogo della ritenuta di cui ai commi 1, 3 e 3 *ter* (3) dell'articolo 27, un'imposta sostitutiva delle imposte sui redditi con le stesse aliquote ed alle medesime condizioni previste dal predetto articolo (4).

2. L'imposta sostitutiva di cui al comma 1 è applicata dai soggetti presso i quali i titoli sono depositati, aderenti al sistema di deposito accentrato gestito dalla Monte Titoli S.p.A. ai sensi del regolamento CONSOB emanato in base all'articolo 10 della legge 19 giugno 1986, n. 289, nonché dai soggetti non residenti che aderiscono a sistemi esteri di deposito accentrato aderenti al sistema Monte Titoli.

3. I soggetti di cui al comma 2 accreditano, con separata evidenza, l'ammontare dell'imposta sostitutiva applicata sugli utili di cui al comma 1 al conto unico istituto ai sensi del comma 1 dell'articolo 3 del decreto legislativo 1° aprile 1996, n. 239, con valuta pari alla data dell'effettivo pagamento

degli utili. I medesimi soggetti addebitano l'imposta sostitutiva ai percipienti, all'atto del pagamento, con valuta pari a quella con la quale sono riconosciuti gli utili stessi. Si applicano le disposizioni dell'articolo 4 del decreto legislativo 1° aprile 1996, n. 239.

4. Per gli utili di cui al comma 1 spettanti a soggetti residenti in Stati con i quali siano in vigore convenzioni per evitare la doppia imposizione sul reddito, ai fini dell'applicazione dell'imposta sostitutiva nella misura prevista dalla convenzione i soggetti di cui al comma 2 acquisiscono:

a) una dichiarazione del soggetto non residente effettivo beneficiario degli utili, dalla quale risultino i dati identificativi del soggetto medesimo, la sussistenza di tutte le condizioni alle quali è subordinata l'applicazione del regime convenzionale e gli eventuali elementi necessari a determinare la misura dell'aliquota applicabile ai sensi della convenzione;

b) un'attestazione dell'autorità fiscale competente dello Stato ove l'effettivo beneficiario degli utili ha la residenza, dalla quale risulti la residenza nello Stato medesimo ai sensi della convenzione. L'attestazione produce effetti fino al 31 marzo dell'anno successivo a quello di presentazione.

5. Nell'ipotesi di applicazione del comma 4 non spetta il rimborso di cui al comma 3, ultimo periodo, dell'articolo 27. Sugli utili di pertinenza di enti od organismi internazionali che godono dell'esenzione dalle imposte in Italia per effetto di leggi o di accordi internazionali resi esecutivi in Italia, i soggetti di cui al comma 2, non applicano l'imposta sostitutiva.

6. Ove ricorrano le condizioni previste dal comma 1, dell'articolo 27 *bis*, l'imposta sostitutiva di cui al comma 1, del presente articolo non è applicata, a condizione che i soggetti di cui al comma 2 acquisiscano:

a) la documentazione attestante la sussistenza delle condizioni di cui al comma 1 dell'articolo 27 *bis*;

b) una certificazione delle competenti autorità fiscali dello Stato estero, che attesti la ricorrenza dei requisiti di cui al comma 2 dell'articolo 96 *bis* del testo unico delle imposte sui redditi.

7. I soggetti di cui al comma 2 conservano la documentazione di cui ai precedenti commi 4 e 6 fino a quando non siano decorsi i termini per gli accertamenti relativi al periodo d'imposta in corso alla data di pagamento degli utili, e comunque fino a quando non siano stati definiti gli accertamenti stessi.

8. Gli intermediari non residenti aderenti al sistema Monte Titoli e gli intermediari non residenti che aderiscono a sistemi esteri di deposito accentrato aderenti al sistema Monte Titoli nominano quale loro rappresentante fiscale in Italia una banca o una società di intermediazione mobiliare, residente nel territorio dello Stato, una stabile organizzazione in Italia di

banche o di imprese di investimento non residenti, ovvero una società di gestione accentrata di strumenti finanziari autorizzata ai sensi dell'articolo 80 del decreto legislativo 24 febbraio 1998, n. 58 (5). Il rappresentante fiscale risponde dell'adempimento dei propri compiti negli stessi termini e con le stesse responsabilità previste per i soggetti di cui al comma 2, residenti in Italia e provvede a:

a) versare l'imposta sostitutiva di cui al presente articolo;

b) effettuare le comunicazioni di cui all'articolo 7 della legge 29 dicembre 1962, n. 1745;

c) conservare la documentazione prevista nei commi 4 e 6;

d) fornire, entro 15 giorni dalla richiesta dell'amministrazione finanziaria, ogni notizia o documento utile per comprovare il corretto assolvimento degli obblighi riguardanti l'imposta sostitutiva di cui al comma 1.

9. Con uno o più decreti del Ministro delle finanze, da pubblicare nella *Gazzetta Ufficiale*, possono essere previste modalità semplificate per l'attribuzione ai soggetti non residenti del credito d'imposta sui dividendi, nei casi in cui detta attribuzione sia prevista dalla convenzione contro le doppie imposizioni stipulata fra l'Italia e il Paese di residenza del beneficiario e per l'acquisizione della documentazione di cui ai commi 4 e 6 nei casi in cui le azioni siano depositate presso organismi esteri di investimento collettivo aderenti al sistema Monte Titoli. Con gli stessi decreti possono essere approvati modelli uniformi per l'acquisizione dell'attestazione di cui al comma 4, lettera *b*) (6), e può essere previsto che la medesima attestazione produca effetti anche ai fini dell'applicazione delle disposizioni contenute negli articoli 6 e 7 del decreto legislativo 1° aprile 1996, n. 239, purché da essa risulti la sussistenza delle condizioni di cui all'articolo 6 dello stesso decreto.

(1) *Questo articolo è stato inserito dall'art. 12, comma 5, del D.L.vo 21 novembre 1997, n. 461, a decorrere dal 1° luglio 1998.*

(2) Sic *in* G.U.

(3) *Le parole*: «*commi 1 e 3*», *sono state così sostituite dalle attuali*: «*commi 1, 3 e 3* ter», *dall'art. 1, comma 67, lett.* c), *della L. 24 dicembre 2007, n. 244. A norma dell'art. 1, comma 68, della medesima legge, tali disposizioni si applicano agli utili formatisi a partire dall'esercizio successivo a quello in corso al 31 dicembre 2007. A tal fine, le società ed enti che distribuiscono i dividendi indicano in dichiarazione gli ammontari degli utili o delle riserve di utili formatisi a partire dall'esercizio di cui al periodo precedente e di quelli formati in altri esercizi.*

(4) *Questo comma è stato così sostituito dall'art. 2, comma 1, lett.* d), *del D.L.vo 12 dicembre 2003, n. 344.*

(5) *Le parole da*: «*una banca o una società di intermediazione ...*» *fino a*: «*... non residenti*» *sono state così sostituite dalle attuali da*: «*una banca o una società di intermediazione ...*» *fino a*: «*... decreto legislativo 24 febbraio 1998, n. 58*» *dall'art. 41, comma 3,*

del D.L. 30 settembre 2003, n. 269, convertito, con modificazioni, nella L. 24 novembre 2003, n. 326, a decorrere dal 10 gennaio 2004.

([6]) *Le parole*: «, *anche attraverso l'utilizzo di supporti informatici*» *sono state soppresse dall'art. 8, comma 3, del D.L.vo 16 luglio 1998, n. 201, con effetto dal 1° luglio 1998.*

28. Ritenuta sui compensi per avviamento commerciale e sui contributi degli enti pubblici. – I soggetti indicati nel primo comma dell'art. 23, quando corrispondono compensi per la perdita di avviamento in applicazione della L. 27 gennaio 1963, n. 19, devono operare all'atto del pagamento una ritenuta del quindici per cento, con obbligo di rivalsa, a titolo di acconto dell'imposta sul reddito delle persone fisiche o dell'imposta sul reddito delle persone giuridiche dovuta dal percipiente.

Le regioni, le province, i comuni, gli altri enti pubblici e privati ([1]) devono operare una ritenuta del quattro per cento a titolo di acconto delle imposte indicate nel comma precedente e con obbligo di rivalsa sull'ammontare dei contributi corrisposti ad imprese, esclusi quelli per l'acquisto di beni strumentali.

([1]) *Le parole*: «*e gli altri enti pubblici*» *sono state così sostituite dalle attuali*: «, *gli altri enti pubblici e privati*» *a norma dell'art. 21, comma 11, lett.* d), *della L. 27 dicembre 1997, n. 449.*

29. ([1]) ([2]) **Ritenuta su compensi e altri redditi corrisposti dallo Stato. –** 1. Le amministrazioni dello Stato, comprese quelle con ordinamento autonomo, che corrispondono le somme e i valori di cui all'articolo 23, devono effettuare all'atto del pagamento una ritenuta diretta in acconto dell'imposta sul reddito delle persone fisiche dovuta dai percipienti. La ritenuta è operata con le seguenti modalità:

a) sulla parte imponibile delle somme e dei valori, di cui all'articolo 48, del testo unico delle imposte sui redditi, approvato con decreto del Presidente della Repubblica 22 dicembre 1986, n. 917, esclusi quelli indicati alle successive lettere *b*) e *c*), aventi carattere fisso e continuativo, con i criteri e le modalità di cui al comma 2 dell'articolo 23;

b) sulle mensilità aggiuntive e sui compensi della stessa natura, nonché su ogni altra somma o valore diversi da quelli di cui alla lettera *a*) e sulla parte imponibile delle indennità di cui all'articolo 48, commi 5, 6, 7 e 8, del citato testo unico, con la aliquota applicabile allo scaglione di reddito più elevato della categoria o classe di stipendio del percipiente all'atto del pagamento o, in mancanza, con l'aliquota del primo scaglione di reddito;

c) sugli emolumenti arretrati relativi ad anni precedenti di cui all'articolo 16, comma 1, lettera *b*), del citato testo unico, con i criteri di cui all'articolo 18, dello stesso testo unico, intendendo per reddito complessivo netto l'ammontare globale dei redditi di lavoro dipendente corrisposti dal sostituto al sostituito nel biennio precedente, al netto delle deduzioni di cui agli articoli 11 e 12, commi 1 e 2, del medesimo testo unico (3);

d) sulla parte imponibile del trattamento di fine rapporto e delle indennità equipollenti e delle altre indennità e somme di cui all'articolo 16, comma 1, lettera *a*), del citato testo unico con i criteri di cui all'articolo 17, dello stesso testo unico;

e) sulla parte imponibile delle somme e valori di cui all'articolo 48, del citato testo unico, non compresi nell'articolo 16, comma 1, lettera *a*), dello stesso testo unico, corrisposti agli eredi, con l'aliquota stabilita per il primo scaglione di reddito.

2. Gli uffici che dispongono il pagamento di emolumenti aventi carattere fisso e continuativo devono effettuare entro il 28 febbraio o entro due mesi dalla data di cessazione del rapporto, se questa è anteriore all'anno, il conguaglio di cui al comma 3 dell'articolo 23, con le modalità in esso stabilite. A tal fine, all'inizio del rapporto, il sostituito deve specificare quale delle opzioni previste al comma 3 dell'articolo 23 intende adottare (4). Ai fini delle operazioni di conguaglio i soggetti e gli altri organi che corrispondono compensi e retribuzioni non aventi carattere fisso e continuativo devono comunicare ai predetti uffici, entro la fine dell'anno e, comunque, non oltre il 12 gennaio dell'anno successivo, l'ammontare delle somme corrisposte, l'importo degli eventuali contributi previdenziali e assistenziali, compresi quelli a carico del datore di lavoro e le ritenute effettuate. Per le somme e i valori a carattere ricorrente la comunicazione deve essere effettuata su supporto magnetico secondo specifiche tecniche approvate con apposito decreto del Ministro del tesoro, di concerto con il Ministro delle finanze. Qualora, alla data di cessazione del rapporto di lavoro, l'ammontare degli emolumenti dovuti non consenta la integrale applicazione della ritenuta di conguaglio, la differenza è recuperata mediante ritenuta sulle competenze di altra natura che siano liquidate anche da altro soggetto in dipendenza del cessato rapporto di lavoro. Si applicano anche le disposizioni dell'articolo 23, comma 4.

3. Le amministrazioni della Camera dei deputati, del Senato e della Corte costituzionale, nonché della Presidenza della Repubblica e degli organi legislativi delle regioni a statuto speciale, che corrispondono le somme e i valori di cui al comma 1, effettuano, all'atto del pagamento, una ritenuta d'acconto dell'imposta sul reddito delle persone fisiche con i criteri indicati nello stesso comma. Le medesime amministrazioni, all'atto del pagamento delle indennità e degli assegni vitalizi di cui all'articolo 47, comma 1, lettera *g*), del testo unico delle imposte sui redditi, approvato con decreto del Presidente della Repubblica 22 dicembre 1986, n. 917, applicano una ritenuta a titolo di

acconto dell'imposta sul reddito delle persone fisiche, commisurata alla parte imponibile di dette indennità e assegni, con le aliquote determinate secondo i criteri indicati nel comma 1. Si applicano le disposizioni di cui al comma 2.

4. Nel caso in cui la ritenuta da operare sui valori di cui ai commi precedenti non trovi capienza, in tutto o in parte, sui contestuali pagamenti in denaro, il sostituito è tenuto a versare al sostituto l'importo corrispondente all'ammontare della ritenuta.

5. Le amministrazioni di cui al comma 1, e quelle di cui al comma 3, che corrispondono i compensi e le altre somme di cui agli articoli 24, 25, 25 *bis*, 26 (5) e 28 effettuano all'atto del pagamento le ritenute stabilite dalle disposizioni stesse.

(1) *Questo articolo è stato così sostituito dall'art. 7 del D.L.vo 2 settembre 1997, n. 314, con effetto dal 1° gennaio 1998.*

(2) *A norma dell'art. 1, comma 4, del D.L. 24 aprile 2014, n. 66, convertito, con modificazioni, nella L. 23 giugno 2014, n. 89, per l'anno 2014, i sostituti d'imposta di cui al presente articolo riconoscono il credito eventualmente spettante ai sensi dell'art. 13 del D.P.R. 22 dicembre 1986, n. 917, come modificato dal suddetto D.L. n. 66/2014, ripartendolo fra le retribuzioni erogate successivamente alla data di entrata in vigore del D.L. n. 66/2014, a partire dal primo periodo di paga utile. Il credito di cui al primo periodo è riconosciuto, in via automatica, dai sostituti d'imposta.*

(3) *Le parole da: «, al netto delle deduzioni ...» fino alla fine della lettera sono state aggiunte dall'art. 1, comma 353, lett.* b), *n. 1), della L. 30 dicembre 2004, n. 311.*

(4) *Il secondo periodo di questo comma è stato così sostituito dall'attuale dall'art. 1, comma 353, lett.* b), *n. 2), della L. 30 dicembre 2004, n. 311.*

(5) *Le parole: «25 bis e» sono state sostituite dalle attuali: «25* bis*, 26 e» dall'art. 3 del D.L.vo 28 dicembre 1998, n. 490.*

30. Ritenuta sui premi e sulle vincite. – I premi derivanti da operazioni a premio assegnati a soggetti per i quali gli stessi assumono rilevanza reddituale ai sensi dell'articolo 6 del testo unico delle imposte sui redditi, approvato con decreto del Presidente della Repubblica 22 dicembre 1986, n. 917, gli altri premi comunque diversi da quelli su titoli e le vincite derivanti dalla sorte, da giuochi di abilità, quelli derivanti da concorsi a premio, da pronostici e da scommesse, corrisposti dallo Stato, da persone giuridiche pubbliche o private e dai soggetti indicati nel primo comma dell'articolo 23, sono soggetti a una ritenuta alla fonte a titolo di imposta, con facoltà di rivalsa, con esclusione dei casi in cui altre disposizioni già prevedano l'applicazione di ritenute alla fonte. Le ritenute alla fonte non si applicano se il valore complessivo dei premi derivanti da operazioni a premio attribuiti nel periodo d'imposta dal sostituto d'imposta al medesimo soggetto non supera l'importo di € 25,82; se il detto valore è superiore al citato termine, lo stesso è assoggettato interamente a ritenuta. Le disposizioni del periodo precedente non si applicano con riferimento ai premi che concorrono a formare il reddito di lavoro dipendente ([1]).

L'aliquota della ritenuta è stabilita nel dieci per cento per i premi delle lotterie, tombole, pesche o banchi di beneficenza autorizzati a favore di enti e comitati di beneficenza, nel venti per cento sui premi dei giuochi svolti in occasione di spettacoli radio-televisivi, competizioni sportive o manifestazioni di qualsiasi altro genere ([2]), nei quali i partecipanti si sottopongono a prove basate sull'abilità o sull'alea o su entrambe, nel venticinque per cento in ogni altro caso ([3]).

Se i premi sono costituiti da beni diversi dal denaro o da servizi, i vincitori hanno facoltà, se chi eroga il premio intende esercitare la rivalsa, di chiedere un premio di valore inferiore già prestabilito, differente per quanto possibile, rispetto al primo, di un importo pari all'imposta gravante sul premio originario. Le eventuali differenze sono conguagliate in denaro.

La ritenuta sulle vincite e sui premi del lotto, delle lotterie nazionali, dei giuochi di abilità e dei concorsi pronostici esercitati dallo Stato, è compresa nel prelievo operato dallo Stato in applicazione delle regole stabilite dalla legge per ognuna di tali attività di giuoco.

La ritenuta sulle vincite dei giuochi di abilità e dei concorsi pronostici esercitati dal Comitato olimpico nazionale italiano e dall'Unione nazionale incremento razze equine è compresa nell'imposta unica prevista dalle leggi vigenti.

L'imposta sulle vincite nelle scommesse al totalizzatore ed al libro è compresa nell'importo dei diritti erariali dovuti a norma di legge.

[La ritenuta sulle vincite corrisposte dalle case da gioco autorizzate è compresa nell'imposta sugli spettacoli di cui all'articolo 3 del decreto del Presidente della Repubblica 26 ottobre 1972, n. 640] ([4]).

([1]) *Questo comma è stato così sostituito dall'art. 19, comma 2, della L. 27 dicembre 1997, n. 449.*

([2]) *Le parole da «competizioni» a «genere» sono state così sostituite dall'art. 3 del D.P.R. 28 marzo 1975, n. 60.*

([3]) *Per il trattamento tributario dei proventi derivanti dall'esercizio di attività sportive dilettantistiche, a decorrere dall'1 gennaio 1986 si applicano le disposizioni contenute nella L. 25 marzo 1986, n. 80.*

([4]) *Questo comma, aggiunto dall'art. 10 ter, comma 1, del D.L. 31 dicembre 1996, n. 669, conv., con modif., nella L. 28 febbraio 1997, n. 30, con effetto dal 1° gennaio 1997, è stato da ultimo abrogato dall'art. 6, comma 2, della L. 7 luglio 2016, n. 122.*

Titolo Quarto
Accertamento e controlli ([1])

([1]) *Si veda il provvedimento del direttore dell'Agenzia delle entrate 27 novembre 2008, prot. n. 2008/178966, per la ripartizione di compiti tra gli uffici territoriali e l'ufficio controlli delle direzioni provinciali.*

31. Attribuzioni degli uffici delle imposte. – Gli uffici delle imposte controllano le dichiarazioni presentate dai contribuenti e dai sostituti d'imposta, ne rilevano l'eventuale omissione e provvedono alla liquidazione delle imposte o maggiori imposte dovute; vigilano sull'osservanza degli obblighi relativi alla tenuta delle scritture contabili e degli altri obblighi stabiliti nel presente decreto e nelle altre disposizioni relative alle imposte sui redditi; provvedono all'irrogazione delle pene pecuniarie previste nel titolo V e alla presentazione del rapporto all'autorità giudiziaria per le violazioni sanzionate penalmente.

La competenza spetta all'ufficio distrettuale nella cui circoscrizione è il domicilio fiscale del soggetto obbligato alla dichiarazione alla data in cui questa è stata o avrebbe dovuto essere presentata.

[L'Amministrazione finanziaria provvede allo scambio, con le altre autorità competenti degli Stati membri della Comunità economica europea, delle informazioni necessarie per assicurare il corretto accertamento delle imposte sul reddito e sul patrimonio. Essa, a tale fine, può autorizzare la presenza nel territorio dello Stato di funzionari delle amministrazioni fiscali degli Stati membri] ([1]).

[L'Amministrazione finanziaria provvede alla raccolta delle informazioni da fornire alle predette autorità con le modalità ed entro i limiti previsti per l'accertamento delle imposte sul reddito] ([1]).

([1]) *Questo comma è stato aggiunto dall'art. 1 del D.P.R. 5 giugno 1982, n. 506, in vigore dal 7 agosto 1982 e poi abrogato dall'art. 1, comma 1, lett.* a), *del D.L.vo 19 settembre 2005, n. 215.*

31 *bis.* ([1]) **Assistenza per lo scambio di informazioni tra le autorità competenti degli Stati membri dell'Unione europea.** – 1. L'Amministrazione finanziaria provvede allo scambio, con le altre autorità competenti degli Stati membri dell'Unione europea, delle informazioni necessarie per assicurare il corretto accertamento delle imposte di qualsiasi tipo riscosse da o per conto dell'amministrazione finanziaria e delle ripartizioni territoriali, comprese le autorità locali ([2]). Essa, a tale fine, può autorizzare la presenza nel territorio dello Stato di funzionari delle amministrazioni fiscali degli altri Stati membri.

2. L'Amministrazione finanziaria provvede alla raccolta delle informazioni da trasmettere alle predette autorità con le modalità ed entro i limiti previsti per l'accertamento delle imposte sul reddito.

2 *bis*. In sede di assistenza e cooperazione nello scambio di informazioni l'amministrazione finanziaria opera nel rispetto dei termini indicati agli articoli 7, 8, 8 *bis*, 8 *bis bis*, 8 *bis ter* e 10 ([3]) della direttiva 2011/16/UE del 15 febbraio 2011 del Consiglio, che ha abrogato la direttiva 77/799/CEE del 19 dicembre 1977 ([4]).

3. Le informazioni non sono trasmesse quando possono rivelare un segreto commerciale, industriale o professionale, un processo commerciale o un'informazione la cui divulgazione contrasti con l'ordine pubblico. La trasmissione delle informazioni può essere, inoltre, rifiutata quando l'autorità competente dello Stato membro richiedente, per motivi di fatto o di diritto, non è in grado di fornire lo stesso tipo di informazioni.

4. Le informazioni sono trattate e tenute segrete con i limiti e le modalità previsti dal Capo IV, condizioni che disciplinano la cooperazione amministrativa, e VI, relazioni con i Paesi terzi, della direttiva 2011/16/UE ([5]).

5. Non è considerata violazione del segreto d'ufficio la comunicazione da parte dell'Amministrazione finanziaria alle autorità competenti degli altri Stati membri delle informazioni atte a permettere il corretto accertamento delle imposte sul reddito e sul patrimonio.

5 *bis*. In sede di assistenza e cooperazione per lo scambio di informazioni, la presenza negli uffici amministrativi e la partecipazione alle indagini amministrative di funzionari delle amministrazioni fiscali degli altri Stati membri dell'Unione europea, è disciplinata dall'articolo 11 della direttiva 2011/16/UE del 15 febbraio 2011 del Consiglio. Alla presenza dei funzionari dell'Amministrazione finanziaria, che esercitano il coordinamento delle indagini amministrative, i funzionari esteri possono interrogare i soggetti sottoposti al controllo ed esaminare la relativa documentazione, a condizione di reciprocità e previo accordo tra l'autorità richiedente e l'autorità interpellata. I funzionari dell'Amministrazione finanziaria utilizzano direttamente le informazioni scambiate durante le indagini svolte all'estero ([6]).

6. Quando la situazione di uno o più soggetti di imposta presenta un interesse comune o complementare con altri Stati membri, l'Amministrazione finanziaria può decidere di procedere a controlli simultanei con le Amministrazioni finanziarie degli altri Stati membri, ciascuno nel proprio territorio, allo scopo di scambiare le informazioni così ottenute quando tali controlli appaiano più efficaci di un controllo eseguito da un solo Stato membro.

7. L'Amministrazione finanziaria individua, autonomamente, i soggetti d'imposta sui quali intende proporre un controllo simultaneo, informando le auto-

rità competenti degli altri Stati membri interessati circa i casi suscettibili di un controllo simultaneo. A tale fine, essa indica, per quanto possibile, i motivi per cui detti casi sono stati scelti e fornisce le informazioni che l'hanno indotta a proporli, indicando il termine entro il quale i controlli devono essere effettuati.

8. Qualora l'autorità competente di un altro Stato membro proponga di partecipare ad un controllo simultaneo, l'Amministrazione finanziaria comunica alla suddetta autorità l'adesione o il rifiuto ad eseguire il controllo richiesto, specificando, in quest'ultimo caso, i motivi che si oppongono all'effettuazione di tale controllo.

9. Nel caso di adesione alla proposta di controllo simultaneo avanzata dall'autorità competente di un altro Stato membro, l'Amministrazione finanziaria designa un rappresentante cui compete la direzione e il coordinamento del controllo.

10. Dall'attuazione del presente articolo non devono derivare nuovi o maggiori oneri per la finanza pubblica e l'Amministrazione competente provvede all'espletamento delle attività ivi previste con le risorse umane strumentali e finanziarie previste a legislazione vigente.

(1) *Questo articolo è stato inserito dall'art. 1, comma 1, lett.* b), *del D.L.vo 19 settembre 2005, n. 215.*

(2) *Le parole: «sul reddito e sul patrimonio» sono state così sostituite dalle attuali: «di qualsiasi tipo riscosse da o per conto dell'amministrazione finanziaria e delle ripartizioni territoriali, comprese le autorità locali» dall'art. 11, comma 1, lett.* a), *del D.L.vo 4 marzo 2014, n. 29.*

(3) *Le parole*: «*agli articoli 7, 8, 8* bis *e 10*» *sono state così sostituite dalle* attuali: «*agli articoli 7, 8, 8* bis, *8* bis bis, *8* bis ter *e 10*» *dall'art. 10, comma 1, del D.L.vo 30 luglio 2020, n. 100.*

In Gazzetta Ufficiale (*Serie gen. - n. 200 dell'11 agosto 2020*) *viene erroneamente riportato il terzo comma del presente articolo come oggetto di modifica. Si rimane in attesa di* errata corrige *in* G.U.

(4) *Questo comma è stato inserito dall'art. 11, comma 1, lett.* b), *del D.L.vo 4 marzo 2014, n. 29.*

(5) *Questo comma è stato così sostituito dall'art. 11, comma 1, lett.* c), *del D.L.vo 4 marzo 2014, n. 29.*

(6) *Questo comma è stato inserito dall'art. 11, comma 1, lett.* d), *del D.L.vo 4 marzo 2014, n. 29.*

31 *ter*. (1) (2) (3) **Accordi preventivi per le imprese con attività internazionale. –** 1. Le imprese con attività internazionale hanno accesso ad una procedura finalizzata alla stipula di accordi preventivi, con principale riferimento ai seguenti ambiti:

a) preventiva definizione in contraddittorio dei metodi di calcolo del valore normale delle operazioni di cui al comma 7, dell'articolo 110 del testo unico delle imposte sui redditi approvato con decreto del Presidente della Repubblica 22 dicembre 1986, n. 917, e dei valori di uscita o di ingresso in caso di trasferimento della residenza, rispettivamente, ai sensi degli articoli 166 e 166 *bis* del medesimo testo unico. Le imprese che aderiscono al regime dell'adempimento collaborativo hanno accesso alla procedura di cui al periodo precedente anche al fine della preventiva definizione in contraddittorio dei metodi di calcolo del valore normale delle operazioni di cui al comma 10 dell'articolo 110 del citato decreto del Presidente della Repubblica n. 917 del 1986;

b) applicazione ad un caso concreto di norme, anche di origine convenzionale, concernenti l'attribuzione di utili e perdite alla stabile organizzazione in un altro Stato di un'impresa o un ente residente ovvero alla stabile organizzazione in Italia di un soggetto non residente;

c) valutazione preventiva della sussistenza o meno dei requisiti che configurano una stabile organizzazione situata nel territorio dello Stato, tenuti presenti i criteri previsti dall'articolo 162 del testo unico delle imposte sui redditi approvato con decreto del Presidente della Repubblica 22 dicembre 1986, n. 917, nonché dalle vigenti Convenzioni contro le doppie imposizioni stipulate all'Italia;

d) applicazione ad un caso concreto di norme, anche di origine convenzionale, concernenti l'erogazione o la percezione di dividendi, interessi e *royalties* e altri componenti reddituali a o da soggetti non residenti.

2. Gli accordi di cui al comma 1, qualora non conseguano ad altri accordi conclusi con le autorità competenti di Stati esteri a seguito delle procedure amichevoli previste dagli accordi o dalle convenzioni internazionali contro le doppie imposizioni, vincolano le parti per il periodo d'imposta nel corso del quale sono stipulati e per i quattro periodi d'imposta successivi, salvi mutamenti delle circostanze di fatto o di diritto rilevanti ai fini degli accordi sottoscritti e risultanti dagli stessi. Qualora le circostanze di fatto e di diritto alla base dell'accordo ricorrano per uno o più dei periodi di imposta precedenti alla stipulazione e per i quali i termini previsti dall'articolo 43 del presente decreto non sono ancora scaduti e a condizione che non siano iniziati accessi, ispezioni, verifiche o altre attività amministrative di accertamento delle quali il contribuente abbia avuto formale conoscenza, è concessa al contribuente la facoltà di far valere retroattivamente l'accordo stesso, provvedendo, ove si renda a tal fine necessario rettificare il comportamento adottato, all'effettuazione del ravvedimento operoso ovvero alla presentazione della dichiarazione integrativa ai sensi dell'articolo 2, comma 8, del regolamento di cui al decreto del Presidente della Repubblica 22 luglio 1998, n. 322, senza l'applicazione, in entrambi i casi, delle relative sanzioni (4).

3. Gli accordi di cui al comma 1, qualora conseguano ad altri accordi conclusi con le autorità competenti di Stati esteri a seguito delle procedure amichevoli previste dagli accordi o convenzioni internazionali contro le doppie imposizioni, vincolano le parti, secondo quanto convenuto con dette autorità, a decorrere da periodi di imposta precedenti alla data di sottoscrizione dell'accordo purché non anteriori al periodo d'imposta in corso alla data di presentazione della relativa istanza da parte del contribuente. È concessa al contribuente la facoltà di far retroagire gli effetti di tali accordi anche a periodi di imposta precedenti a quello in corso alla data di presentazione della relativa istanza e per i quali i termini previsti dall'articolo 43 non sono ancora scaduti, a condizione che:

a) per tali periodi ricorrano le stesse circostanze di fatto e di diritto a base dell'accordo stipulato con le autorità competenti di Stati esteri;

b) il contribuente ne abbia fatto richiesta nell'istanza di accordo preventivo;

c) le autorità competenti di Stati esteri acconsentano a estendere l'accordo ad annualità precedenti;

d) per tali periodi di imposta non siano iniziati accessi, ispezioni, verifiche o altre attività amministrative di accertamento delle quali il contribuente abbia avuto formale conoscenza. Qualora in applicazione del presente comma sia necessario rettificare il comportamento adottato, il contribuente provvede all'effettuazione del ravvedimento operoso ovvero alla presentazione della dichiarazione integrativa ai sensi dell'articolo 2, comma 8, del regolamento di cui al decreto del Presidente della Repubblica 22 luglio 1998, n. 322, senza l'applicazione delle eventuali sanzioni ([5]).

3 *bis*. L'ammissibilità della richiesta di accordo preventivo di cui al comma 3 è subordinata al versamento di una commissione pari a:

a) 10.000 euro nel caso in cui il fatturato complessivo del gruppo cui appartiene il contribuente istante sia inferiore a 100 milioni di euro;

b) 30.000 euro nel caso in cui il fatturato complessivo del gruppo cui appartiene il contribuente istante sia compreso tra 100 milioni e 750 milioni di euro;

c) 50.000 euro nel caso in cui il fatturato complessivo del gruppo cui appartiene il contribuente istante sia superiore a 750 milioni di euro ([6]).

3 *ter*. In caso di richiesta di rinnovo dell'accordo di cui al comma 3, le commissioni sono ridotte alla metà. Con provvedimento del Direttore dell'Agenzia delle entrate sono adottate le disposizioni di attuazione della disciplina contenuta nel presente comma ([6]).

[4. In base alla normativa comunitaria, l'Amministrazione finanziaria invia copia dell'accordo all'autorità fiscale competente degli Stati di residenza o di stabilimento delle imprese con le quali i contribuenti pongono in essere le relative operazioni] (7).

5. Per i periodi d'imposta di validità dell'accordo, l'Amministrazione finanziaria esercita i poteri di cui agli articoli 32 e seguenti soltanto in relazione a questioni diverse da quelle oggetto dell'accordo medesimo.

6. La richiesta di accordo preventivo è presentata al competente Ufficio della Agenzia delle entrate, secondo quanto stabilito con provvedimento del Direttore della medesima Agenzia. Con il medesimo provvedimento sono definite le modalità con le quali il competente Ufficio procede alla verifica del rispetto dei termini dell'accordo e del sopravvenuto mutamento delle condizioni di fatto e di diritto su cui l'accordo si basa.

7. Qualunque riferimento all'articolo 8 del decreto legge 30 settembre 2003, n. 269, convertito, con modificazioni, dalla legge 24 novembre 2003, n. 326, ovunque presente, deve intendersi effettuato al presente articolo.

(1) *Questo articolo è stato inserito dall'art. 1, comma 2, del D.L.vo 14 settembre 2015, n. 147. A norma dell'art. 1, comma 3, del medesimo provvedimento, le disposizioni di questo articolo si applicano a decorrere dalla data fissata dal provvedimento del Direttore dell'Agenzia delle entrate di cui al comma 6, da emanarsi, in sostituzione del provvedimento del 23 luglio 2004, entro novanta giorni dalla data di entrata in vigore del suddetto decreto legislativo.*

(2) *A norma dell'art. 67, comma 1, del D.L. 17 marzo 2020, n. 18, convertito, con modificazioni, nella L. 24 aprile 2020, n. 27, sono sospesi dall'8 marzo al 31 maggio 2020 i termini previsti da questo articolo.*

(3) *A norma dell'art. 6, comma 10, del D.L. 21 ottobre 2021, n. 146, convertito, con modificazioni, nella L. 17 dicembre 2021, n. 215, i soggetti di cui ai commi 1 e 2, del medesimo decreto, che abbiano esercitato opzione ai sensi di cui a questo comma, in data antecedente a quella di entrata in vigore del presente decreto possono scegliere, in alternativa al regime opzionato, di aderire al regime agevolativo di cui al presente articolo, previa comunicazione da inviarsi secondo le modalità stabilite con provvedimento del direttore dell'Agenzia delle entrate. Sono esclusi dalla previsione di cui al secondo periodo coloro che abbiano presentato istanza di accesso alla procedura di cui all'articolo 31 ter del decreto del Presidente della Repubblica 29 settembre 1973, n. 600, ovvero presentato istanza di rinnovo, e abbiano sottoscritto un accordo preventivo con l'Agenzia delle entrate a conclusione di dette procedure, nonché i soggetti che abbiano aderito al regime di cui all'articolo 4 del decreto legge 30 aprile 2019, n. 34, convertito, con modificazioni, dalla legge 28 giugno 2019, n. 58. I soggetti che abbiano presentato istanza di accesso alla procedura di cui al predetto articolo 31 ter del decreto del Presidente della Repubblica 29 settembre 1973, n. 600, ovvero istanza di rinnovo dei termini dell'accordo già sottoscritto e che non avendo ancora sottoscritto un accordo vogliano aderire al regime agevolativo di cui al presente articolo, comunicano, secondo le modalità stabilite con provvedimento del direttore dell'Agenzia delle entrate, la volontà di rinunciare alla procedura di accordo preventivo o di rinnovo della stessa.*

([4]) *Questo comma è stato così sostituito dall'art. 1, comma 1101, lett.* a), *della L. 30 dicembre 2020, n. 178, a decorrere dal 1° gennaio 2021.*

([5]) *Questo comma è stato così sostituito dall'art. 1, comma 1101, lett.* b), *della L. 30 dicembre 2020, n. 178, a decorrere dal 1° gennaio 2021.*

([6]) *Questo comma è stato inserito dall'art. 1, comma 1101, lett.* c), *della L. 30 dicembre 2020, n. 178, a decorrere dal 1° gennaio 2021.*

([7]) *Questo comma è stato abrogato dall'art. 2, comma 1, lett.* b) *del D.L.vo 15 marzo 2017, n. 32, a decorrere dal 1° gennaio 2017.*

31 *quater.* ([1]) ([2]) **Rettifica in diminuzione del reddito per operazioni tra imprese associate con attività internazionale. –** 1. La rettifica in diminuzione del reddito di cui all'articolo 110, comma 7, secondo periodo, del testo unico delle imposte sui redditi approvato con decreto del Presidente della Repubblica 22 dicembre 1986, n. 917, può essere riconosciuta:

a) in esecuzione degli accordi conclusi con le autorità competenti degli Stati esteri a seguito delle procedure amichevoli previste dalle convenzioni internazionali contro le doppie imposizioni sui redditi o dalla Convenzione relativa all'eliminazione delle doppie imposizioni in caso di rettifica degli utili di imprese associate, con atto finale e dichiarazioni, fatta a Bruxelles il 23 luglio 1990, resa esecutiva con legge 22 marzo 1993, n. 99, nonché delle procedure di risoluzione delle controversie in materia fiscale disciplinate dalla direttiva (UE) 2017/1852, del Consiglio, del 10 ottobre 2017 ([3]);

b) a conclusione dei controlli effettuati nell'ambito di attività di cooperazione internazionale i cui esiti siano condivisi dagli Stati partecipanti;

c) a seguito di istanza da parte del contribuente da presentarsi secondo le modalità e i termini previsti con provvedimento del Direttore dell'Agenzia delle entrate, a fronte di una rettifica in aumento definitiva e conforme al principio di libera concorrenza effettuata da uno Stato con il quale è in vigore una convenzione per evitare le doppie imposizioni sui redditi che consenta un adeguato scambio di informazioni. Resta ferma, in ogni caso, la facoltà per il contribuente di richiedere l'attivazione delle procedure amichevoli di cui alla lettera *a*), ove ne ricorrano i presupposti.

([1]) *Questo articolo è stato inserito dall'art. 59, comma 2, del D.L. 24 aprile 2017, n. 50, convertito, con modificazioni, nella L. 21 giugno 2017, n. 96.*

([2]) *A norma dell'art. 67, comma 1, del D.L.* 17 marzo 2020, n. 18, convertito, con modificazioni, *nella L. 24 aprile 2020, n. 27, sono sospesi dall'8 marzo al 31 maggio 2020 i termini previsti da questo articolo.*

([3]) *Questo periodo è stato aggiunto dall'art. 22, comma 4, del D.L.vo 10 giugno 2020, n. 49.*

A norma dell'art. 25, comma 1, del D.L.vo 10 giugno 2020, n. 49, le disposizioni del citato decreto, si applicano alle istanze di apertura di procedura amichevole presentate a de-

correre dal 1° luglio 2019 sulle questioni controverse riguardanti il reddito o il patrimonio, relativi al periodo d'imposta che inizia il 1° gennaio 2018 e ai successivi periodi d'imposta.

32. Poteri degli uffici. – Per l'adempimento dei loro compiti gli uffici delle imposte possono:

1) procedere all'esecuzione di accessi, ispezioni e verifiche a norma del successivo art. 33;

2) invitare i contribuenti, indicandone il motivo, a comparire di persona o per mezzo di rappresentanti per fornire dati e notizie rilevanti ai fini dell'accertamento nei loro confronti, anche relativamente ai rapporti ed alle operazioni, i cui dati, notizie e documenti siano stati acquisiti a norma del numero 7), ovvero rilevati a norma dell'articolo 33, secondo e terzo comma, o acquisiti ai sensi dell'articolo 18, comma 3, lettera *b*), del decreto legislativo 26 ottobre 1995, n. 504 ([1]). I dati ed elementi attinenti ai rapporti ed alle operazioni acquisiti e rilevati rispettivamente a norma del numero 7) e dell'articolo 33, secondo e terzo comma, o acquisiti ai sensi dell'articolo 18, comma 3, lettera *b*), del decreto legislativo 26 ottobre 1995, n. 504 ([1]) ([2]), sono posti a base delle rettifiche e degli accertamenti previsti dagli artt. 38, 39, 40 e 41 se il contribuente non dimostra che ne ha tenuto conto per la determinazione del reddito soggetto ad imposta o che non hanno rilevanza allo stesso fine; alle stesse condizioni sono altresì posti come ricavi [o compensi] ([3]) a base delle stesse rettifiche ed accertamenti, se il contribuente non ne indica il soggetto beneficiario e sempreché non risultino dalle scritture contabili, i prelevamenti o gli importi riscossi nell'ambito dei predetti rapporti od operazioni per importi superiori a euro 1.000 giornalieri e, comunque, a euro 5.000 mensili ([4]) ([5]). Le richieste fatte e le risposte ricevute devono risultare da verbale sottoscritto anche dal contribuente o dal suo rappresentante; in mancanza deve essere indicato il motivo della mancata sottoscrizione. Il contribuente ha diritto ad avere copia del verbale ([6]);

3) invitare i contribuenti, indicandone il motivo, a esibire o trasmettere atti e documenti rilevanti ai fini dell'accertamento nei loro confronti, compresi i documenti di cui al successivo art. 34. Ai soggetti obbligati alla tenuta di scritture contabili secondo le disposizioni del titolo III può essere richiesta anche l'esibizione dei bilanci o rendiconti e dei libri o registri previsti dalle disposizioni tributarie. L'ufficio può estrarne copia ovvero trattenerli, rilasciandone ricevuta, per un periodo non superiore a sessanta giorni dalla ricezione. Non possono essere trattenute le scritture cronologiche in uso ([7]);

4) inviare ai contribuenti questionari relativi a dati e notizie di carattere specifico rilevanti ai fini dell'accertamento nei loro confronti nonché nei

confronti di altri contribuenti con i quali abbiano intrattenuto rapporti ([8]), con invito a restituirli compilati e firmati;

5) richiedere agli organi e alle Amministrazioni dello Stato, agli enti pubblici non economici, alle società ed enti di assicurazione ed alle società ed enti che effettuano istituzionalmente riscossioni e pagamenti per conto di terzi [, ovvero attività di gestione e intermediazione finanziaria, anche in forma fiduciaria,] ([9]) la comunicazione, anche in deroga a contrarie disposizioni legislative, statutarie o regolamentari, di dati e notizie relativi a soggetti indicati singolarmente o per categorie ([10]). Alle società ed enti di assicurazione, per quanto riguarda i rapporti con gli assicurati del ramo vita, possono essere richiesti dati e notizie attinenti esclusivamente alla durata del contratto di assicurazione, all'ammontare del premio e all'individuazione del soggetto tenuto a corrisponderlo. Le informazioni sulla categoria devono essere fornite, a seconda della richiesta, cumulativamente o specificamente per ogni soggetto che ne fa parte. Questa disposizione non si applica all'Istituto centrale di statistica, agli ispettorati del lavoro per quanto riguarda le rilevazioni loro commesse dalla legge, e, salvo il disposto del numero 7), alle banche, alla società Poste italiane Spa, per le attività finanziarie e creditizie, alle società ed enti di assicurazione per le attività finanziarie ([11]) agli intermediari finanziari, alle imprese di investimento, agli organismi di investimento collettivo del risparmio, alle società di gestione del risparmio e alle società fiduciarie ([12]) ([13]);

6) richiedere copie o estratti degli atti e dei documenti depositati presso i notai, i procuratori del registro, i conservatori dei registri immobiliari e gli altri pubblici ufficiali. Le copie e gli estratti, con l'attestazione di conformità all'originale, devono essere rilasciate gratuitamente;

6 *bis*) richiedere, previa autorizzazione del direttore centrale dell'accertamento dell'Agenzia delle entrate o del direttore regionale della stessa, ovvero, per il Corpo della guardia di finanza, del comandante regionale, ai soggetti sottoposti ad accertamento, ispezione o verifica il rilascio di una dichiarazione contenente l'indicazione della natura, del numero e degli estremi identificativi dei rapporti intrattenuti con le banche, la società Poste italiane Spa, gli intermediari finanziari, le imprese di investimento, gli organismi di investimento collettivo del risparmio, le società di gestione del risparmio e le società fiduciarie, nazionali o stranieri, in corso ovvero estinti da non più di cinque anni dalla data della richiesta ([14]). Il richiedente e coloro che vengono in possesso dei dati raccolti devono assumere direttamente le cautele necessarie alla riservatezza dei dati acquisiti ([15]);

7) richiedere, previa autorizzazione del direttore centrale dell'accertamento dell'Agenzia delle entrate o del direttore regionale della stessa, ovve-

ro, per il Corpo della guardia di finanza, del comandante regionale, alle banche, alla società Poste italiane Spa, per le attività finanziarie e creditizie, alle società ed enti di assicurazione per le attività finanziarie, ([16]) agli intermediari finanziari, alle imprese di investimento, agli organismi di investimento collettivo del risparmio, alle società di gestione del risparmio e alle società fiduciarie, dati, notizie e documenti relativi a qualsiasi rapporto intrattenuto od operazione effettuata, ivi compresi i servizi prestati, con i loro clienti, nonché alle garanzie prestate da terzi ([17]) o dagli operatori finanziari sopra indicati e le generalità dei soggetti per i quali gli stessi operatori finanziari abbiano effettuato le suddette operazioni e servizi o con i quali abbiano intrattenuto rapporti di natura finanziaria ([18]). Alle società fiduciarie di cui alla legge 23 novembre 1939, n. 1966, e a quelle iscritte nella sezione speciale dell'albo di cui all'articolo 20 del testo unico delle disposizioni in materia di intermediazione finanziaria, di cui al decreto legislativo 24 febbraio 1998, n. 58, può essere richiesto, tra l'altro, specificando i periodi temporali di interesse, di comunicare le generalità dei soggetti per conto dei quali esse hanno detenuto o amministrato o gestito beni, strumenti finanziari e partecipazioni in imprese, inequivocamente individuati ([17]). La richiesta deve essere indirizzata al responsabile della struttura accentrata, ovvero ([19]) al responsabile della sede o dell'ufficio destinatario che ne dà notizia immediata al soggetto interessato; la relativa risposta deve essere inviata al titolare dell'ufficio procedente ([20]);

7 *bis*) richiedere, con modalità stabilite con decreto di natura non regolamentare del Ministro dell'economia e delle finanze, da adottare d'intesa con l'Autorità di vigilanza in coerenza con le regole europee e internazionali in materia di vigilanza e, comunque, previa autorizzazione del direttore centrale dell'accertamento dell'Agenzia delle entrate o del direttore regionale della stessa, ovvero, per il Corpo della guardia di finanza, del comandante regionale, ad autorità ed enti, notizie, dati, documenti e informazioni di natura creditizia, finanziaria e assicurativa, relativi alle attività di controllo e di vigilanza svolte dagli stessi, anche in deroga a specifiche disposizioni di legge ([21]);

8) richiedere ai soggetti indicati nell'articolo 13 dati, notizie e documenti relativi ad attività svolte in un determinato periodo d'imposta, rilevanti ai fini dell'accertamento, nei confronti di loro clienti, fornitori e prestatori di lavoro autonomo ([22]) ([20]);

8 *bis*) invitare ogni altro soggetto ad esibire o trasmettere, anche in copia fotostatica, atti o documenti fiscalmente rilevanti concernenti specifici rapporti intrattenuti con il contribuente e a fornire i chiarimenti relativi ([23]);

8 *ter*) richiedere agli amministratori di condominio negli edifici dati, notizie e documenti relativi alla gestione condominiale ([24]).

Gli inviti e le richieste di cui al presente articolo devono essere notificati ai sensi dell'art. 60. Dalla data di notifica decorre il termine fissato dall'ufficio per l'adempimento, che non può essere inferiore a quindici giorni ovvero per il caso di cui al n. 7) a trenta ([25]) giorni. Il termine può essere prorogato per un periodo di venti giorni su istanza dell'operatore finanziario, per giustificati motivi, dal competente direttore centrale o direttore regionale per l'Agenzia delle entrate, ovvero, per il Corpo della guardia di finanza, dal comandante regionale ([26]).

Le richieste di cui al primo comma, numero 7), nonché le relative risposte, anche se negative, devono essere effettuate esclusivamente in via telematica. Con provvedimento del direttore dell'Agenzia delle entrate sono stabilite le disposizioni attuative e le modalità di trasmissione delle richieste, delle risposte, nonché dei dati e delle notizie riguardanti i rapporti e le operazioni indicati nel citato numero 7) ([27]) ([28]).

Le notizie e i dati non addotti e gli atti, i documenti, i libri e i registri non esibiti o non trasmessi in risposta agli inviti dell'ufficio non possono essere presi in considerazione a favore del contribuente, ai fini dell'accertamento in sede amministrativa e contenziosa. Di ciò l'ufficio deve informare il contribuente contestualmente alla richiesta ([29]) ([30]).

Le cause di inutilizzabilità previste dal terzo comma non operano nei confronti del contribuente che depositi in allegato all'atto introduttivo del giudizio di primo grado in sede contenziosa le notizie, i dati, i documenti, i libri e i registri, dichiarando comunque contestualmente di non aver potuto adempiere alle richieste degli uffici per causa a lui non imputabile ([29]).

([1]) *Le parole*: *«, o acquisiti ai sensi dell'articolo 18, comma 3, lettera* b), *del decreto legislativo 26 ottobre 1995, n. 504» sono state aggiunte dall'art. 2, comma 9, del D.L. 30 settembre 2005, n. 203, convertito, con modificazioni, nella L. 2 dicembre 2005, n. 248.*

([2]) *L'art. 1, comma 402, lett.* a), *n. 1.1), della L. 30 dicembre 2004, n. 311, ha poi così sostituito le parole da*: *«alle operazioni ...» a*: *«... risultanti dai conti» con le attuali da*: *«ai rapporti ...» fino a*: *«... dell'articolo 33, secondo e terzo comma,».*

([3]) *Le parole tra parentesi quadrate sono state soppresse dall'art. 7* quater, *comma 1, lett.* a), *del D.L. 22 ottobre 2016, n. 193, convertito, con modificazioni, nella L. 1 dicembre 2016, n. 225.*

([4]) *Le parole da*: *«a base delle stesse ...» fino alla fine del periodo sono state così sostituite dalle attuali da*: *«o compensi a base ...» fino a*: *«... operazioni» dall'art. 1, comma 402, lett.* a), *n. 1.2), della L. 30 dicembre 2004, n. 311.*

([5]) *Le parole*: *«per importi superiori a euro 1.000 giornalieri e, comunque, a euro 5.000 mensili» sono state aggiunte dall'art. 7* quater, *comma 1, lett.* b), *del D.L. 22 ottobre 2016, n. 193, convertito, con modificazioni, nella L. 1 dicembre 2016, n. 225.*

([6]) *Numero così sostituito dall'art. 1 del D.P.R. 15 luglio 1982, n. 463, in vigore dal 24 luglio 1982.*

([7]) *L'originario ultimo periodo di questo numero è stato sostituito dagli attuali ultimi tre periodi, per effetto dell'art. 19 della L. 30 dicembre 1991, n. 413.*

([8]) *Le parole: «nonché nei confronti di altri contribuenti con i quali abbiano intrattenuto rapporti» sono state inserite dall'art. 37, comma 32, lett.* a), *del D.L. 4 luglio 2006, n. 223, convertito, con modificazioni, nella L. 4 agosto 2006, n. 248.*

([9]) *Le parole poste fra parentesi quadrate sono state soppresse dall'art. 1, comma 402, lett.* a), *n. 2.1), della L. 30 dicembre 2004, n. 311.*

([10]) *Il primo periodo di questo numero è stato così sostituito dall'art. 18, comma 1, della L. 30 dicembre 1991, n. 413.*

([11]) *Le parole: «alle società ed enti di assicurazione per le attività finanziarie» sono state aggiunte dall'art. 23, comma 24, lett.* a), *del D.L. 6 luglio 2011, n. 98, convertito, con modificazioni, nella L. 15 luglio 2011, n. 111.*

([12]) *Le parole da: «all'Amministrazione postale, ...» fino alla fine del numero sono state così sostituite dalle attuali: «alle banche, alla società Poste italiane Spa, ...» fino alla fine del numero, dall'art. 1, comma 402, lett.* a), *n. 2.2), della L. 30 dicembre 2004, n. 311.*

([13]) *Numero così sostituito dall'art. 1 del D.P.R. 15 luglio 1982, n. 463, in vigore dal 24 luglio 1982.*

([14]) *Il primo periodo di questo numero è stato così sostituito dall'art. 1, comma 402, lett.* a), *n. 3), della L. 30 dicembre 2004, n. 311.*

([15]) *Questo numero è stato inserito dall'art. 3, comma 178, della L. 28 dicembre 1995, n. 549.*

([16]) *Le parole: «alle società ed enti di assicurazione per le attività finanziarie,» sono state aggiunte dall'art. 23, comma 24, lett.* b), *del D.L. 6 luglio 2011, n. 98, convertito, con modificazioni, nella L. 15 luglio 2011, n. 111.*

([17]) *Il primo periodo di questo numero è stato così sostituito dagli attuali primo e secondo periodo dall'art. 1, comma 402, lett.* a), *n. 4), della L. 30 dicembre 2004, n. 311.*

([18]) *Le parole: «o dagli operatori finanziari sopra indicati e le generalità dei soggetti per i quali gli stessi operatori finanziari abbiano effettuato le suddette operazioni e servizi o con i quali abbiano intrattenuto rapporti di natura finanziaria» sono state aggiunte dall'art. 23, comma 24, lett.* b), *del D.L. 6 luglio 2011, n. 98, convertito, con modificazioni, nella L. 15 luglio 2011, n. 111.*

([19]) *Le parole: «al responsabile della struttura accentrata, ovvero» sono state inserite dall'art. 1, comma 402, lett.* a), *n. 4.2), della L. 30 dicembre 2004, n. 311.*

([20]) *Numero così sostituito dall'art. 18, comma 1, della L. 30 dicembre 1991, n. 413.*

([21]) *Questo numero è stato inserito dall'art. 15, comma 8* quinquies, *del D.L. 1 luglio 2009, n. 78, convertito, con modificazioni, nella L. 3 agosto 2009, n. 102.*

([22]) *Le parole: «nei confronti di clienti, fornitori e prestatori di lavoro autonomo, nominativamente indicati» sono state sostituite dalle attuali parole: «, rilevanti ai fini dell'accertamento, nei confronti di loro clienti, fornitori e prestatori di lavoro autonomo» dall'art. 37, comma 32, lett.* b), *del D.L. 4 luglio 2006, n. 223, convertito, con modificazioni, nella L. 4 agosto 2006, n. 248.*

([23]) *Questo numero è stato aggiunto dall'art. 18, comma 1, della L. 30 dicembre 1991, n. 413.*

([24]) *Questo numero è stato aggiunto dall'art. 21, comma 11, lett.* e)*, della L. 27 dicembre 1997, n. 449.*

([25]) *La parole: «sessanta» è stata così sostituita dall'attuale dall'art. 1, comma 402, lett.* b)*, n. 1), della L. 30 dicembre 2004, n. 311.*

([26]) *L'ultimo periodo di questo comma è stato così sostituito dall'art. 1, comma 402, lett.* b)*, n. 2), della L. 30 dicembre 2004, n. 311.*

([27]) *Questo comma è stato così sostituito dall'art. 1, comma 402, lett.* c)*, della L. 30 dicembre 2004, n. 311. L'art. 1, comma 404, della L. 30 dicembre 2004, n. 311, stabilisce che le disposizioni di questo comma hanno effetto dal 1° luglio 2005.*

([28]) *Si veda il Provv. 22 dicembre 2005* (G.U. *Serie gen. - n. 7 del 10 gennaio 2006*) *recante disposizioni attuative di questo comma, in relazione alle modalità di trasmissione telematica delle richieste e delle risposte, nonché dei dati, notizie e documenti in esse contenuti.*

([29]) *Questo comma è stato aggiunto dall'art. 25, comma 1, della L. 18 febbraio 1999, n. 28.*

([30]) *A norma dell'art. 6, comma 3, del D.L.vo 24 settembre 2015, n. 156, le disposizioni di cui a questo comma non si applicano a dati, notizie, atti, registri o documenti richiesti dall'amministrazione nel corso dell'istruttoria delle istanze di interpello.*

A norma dell'art. 12, comma 1, le disposizioni del predetto decreto entrano in vigore a decorrere dal 1° gennaio 2016.

33. Accessi, ispezioni e verifiche. – Per l'esecuzione di accessi, ispezioni e verifiche si applicano le disposizioni dell'art. 52 del decreto del Presidente della Repubblica 26 ottobre 1972, n. 633.

Gli uffici delle imposte hanno facoltà di disporre l'accesso di propri impiegati muniti di apposita autorizzazione presso le pubbliche amministrazioni e gli enti indicati al n. 5) dell'art. 32 allo scopo di rilevare direttamente i dati e le notizie ivi previste e [nei casi e con le modalità di cui all'art. 35,] ([1]) presso gli operatori finanziari di cui al n. 7) dell'articolo 32 ([2]) allo scopo di rilevare direttamente i dati e le notizie relative ai conti la cui copia sia stata richiesta a norma del n. 7) dello stesso art. 32 e non trasmessa entro il termine previsto nell'ultimo comma di tale articolo o allo scopo di procedere direttamente alla acquisizione dei dati, notizie e documenti, relativi ai rapporti ed alle operazioni oggetto delle richieste a norma del n. 7) dello stesso art. 32, non trasmessi entro il termine previsto nell'ultimo comma di tale articolo o allo scopo di rilevare direttamente la completezza o l'esattezza delle risposte allorché l'ufficio abbia fondati sospetti che le pongano in dubbio ([3]).

La Guardia di finanza coopera con gli uffici delle imposte per l'acquisizione e il reperimento degli elementi utili ai fini dell'accertamento dei redditi e per la repressione delle violazioni delle leggi sulle imposte dirette procedendo di propria iniziativa o su richiesta degli uffici secondo le norme e con le facoltà di cui all'art. 32 e al precedente comma. Essa inoltre, previa autorizzazione dell'autorità giudiziaria, che può essere concessa anche in deroga all'articolo 329 del codice di procedura penale ([4]) [istruttorio] ([1]), utilizza e trasmette agli uffici delle imposte documenti, dati e notizie acquisiti [nei confronti dell'imputato] ([1]), direttamente o riferiti ed ottenuti dalle altre Forze di polizia, nell'esercizio dei poteri di polizia giudiziaria [anche al di fuori dei casi di deroga previsti dall'art. 35] ([1]) ([5]).

Ai fini del necessario coordinamento dell'azione della Guardia di finanza con quella degli uffici finanziari saranno presi accordi, periodicamente e nei casi in cui si debba procedere ad indagini sistematiche, tra la direzione generale delle imposte dirette e il comando generale della Guardia di finanza e, nell'ambito delle singole circoscrizioni, fra i capi degli ispettorati e degli uffici e i comandi territoriali.

Gli uffici finanziari e i comandi della Guardia di finanza, per evitare la reiterazione di accessi, si devono dare immediata comunicazione dell'inizio delle ispezioni e verifiche intraprese. L'ufficio o il comando che riceve la comunicazione può richiedere all'organo che sta eseguendo l'ispezione o la verifica l'esecuzione di specifici controlli e l'acquisizione di specifici elementi e deve trasmettere i risultati dei controlli eventualmente già eseguiti o gli elementi eventualmente già acquisiti, utili ai fini dell'accertamento. Al termine delle ispezioni e delle verifiche l'ufficio o il comando che li ha eseguiti deve comunicare gli elementi acquisiti agli organi richiedenti.

Gli accessi presso gli operatori finanziari di cui al n. 7) dell'articolo 32, di cui al secondo comma, devono essere eseguiti, previa autorizzazione, per l'Agenzia delle entrate, del Direttore centrale dell'accertamento o del Direttore regionale, ovvero, per la Guardia di finanza, del Comandante regionale, da funzionari con qualifica non inferiore a quella di funzionario tributario e da ufficiali della Guardia di finanza di grado non inferiore a capitano, e devono avvenire in orari diversi da quelli di sportello aperto al pubblico; le ispezioni e le rilevazioni debbono essere eseguite alla presenza del responsabile della sede o dell'ufficio presso cui avvengono o di un suo delegato e di esse è data immediata notizia a cura del predetto responsabile al soggetto interessato. Coloro che eseguono le ispezioni e le rilevazioni o vengono in possesso dei dati raccolti devono assumere direttamente le cautele necessarie alla riservatezza dei dati acquisiti ([6]).

Nell'art. 52 del D.P.R. 26 ottobre 1972, n. 633, sono aggiunti i seguenti commi:

(*Omissis*).

([1]) *Le parole tra parentesi quadrate sono state soppresse dall'art. 18, comma 1, della L. 30 dicembre 1991, n. 413.*

([2]) *Le parole: «e presso le aziende e istituti di credito e l'Amministrazione postale» sono state così sostituite dalle parole: «e presso gli operatori finanziari di cui al n. 7) dell'articolo 32», dall'art. 23, comma 26, lett.* a), *n. 1), del D.L. 6 luglio 2011, n. 98, convertito, con modificazioni, nella L. 15 luglio 2011, n. 111.*

([3]) *Le parole: «allo scopo di rilevare direttamente la completezza o l'esattezza, allorché l'ufficio abbia fondati sospetti che le pongano in dubbio, dei dati e notizie contenuti nella copia dei conti trasmessa, rispetto a tutti i rapporti intrattenuti dal contribuente con l'azienda o istituto di credito o l'Amministrazione postale» sono state così sostituite dalle parole da: «allo scopo» fino a: «sospetti che le pongano in dubbio» dall'art. 23, comma 26, lett.* a), *n. 2), del D.L. 6 luglio 2011, n. 98, convertito, con modificazioni, nella L. 15 luglio 2011, n. 111.*

([4]) *Le parole: «previa autorizzazione dell'autorità giudiziaria in relazione alle norme che disciplinano il segreto», sono state così sostituite dalle attuali da: «previa autorizzazione ...» fino a: «... codice di procedura penale», dall'art. 23 del D.L.vo 10 marzo 2000, n. 74.*

([5]) *Le parole da «acquisiti nei confronti» sino alla fine di questo comma sono state così sostituite dall'art. 5, comma 15, del D.L. 3 maggio 1991, n. 143, convertito, con modificazioni, nella L. 5 luglio 1991, n. 197.*

([6]) *Questo comma è stato così sostituito dall'art. 23, comma 26, lett.* b), *del D.L. 6 luglio 2011, n. 98, convertito, con modificazioni, nella L. 15 luglio 2011, n. 111.*

34 - 35. (*Omissis*) ([1]).

([1]) *Questi articoli sono stati abrogati dall'art. 18 della L. 30 dicembre 1991, n. 413.*

36. Comunicazione di violazioni tributarie ([1]). – [Le società, comprese quelle in nome collettivo e in accomandita semplice, e gli enti diversi dalle società soggetti all'imposta sul reddito delle persone giuridiche devono inviare all'ufficio delle imposte competente per l'accertamento, entro tre mesi, copia dell'atto costitutivo e delle deliberazioni che lo modificano. La presentazione, nei casi in cui è richiesto l'atto pubblico, deve essere effettuata a cura del pubblico ufficiale che ha ricevuto l'atto. Per gli atti soggetti ad iscrizione nel registro delle imprese il termine decorre dalla data di iscrizione] ([2]).

[Nello stesso termine i soggetti indicati nel comma precedente devono dare comunicazione all'ufficio delle imposte della variazione dell'indirizzo della loro sede legale o amministrativa nonché della stabile organizzazione in Italia se hanno sede all'estero] ([2]).

[Gli amministratori delle società ed enti di cui al primo comma devono, entro trenta giorni, inviare al competente ufficio delle imposte copia della deliberazione o del provvedimento con il quale la società o l'ente è posto in liquidazione] ([2]).

I soggetti pubblici incaricati istituzionalmente di svolgere attività ispettive o di vigilanza nonché gli organi giurisdizionali, requirenti e giudicanti, penali, civili e amministrativi e, previa autorizzazione, gli organi di polizia giudiziaria ([3]) che, a causa o nell'esercizio delle loro funzioni, vengono a conoscenza di fatti che possono configurarsi come violazioni tributarie devono comunicarli direttamente ovvero, ove previste, secondo le modalità stabilite da leggi o norme regolamentari per l'inoltro della denuncia penale, al comando della Guardia di finanza competente in relazione al luogo di rilevazione degli stessi, fornendo l'eventuale documentazione atta a comprovarli ([4]).

([1]) *L'originaria rubrica: «Trasmissione di atti e notizie» è stata così sostituita dall'art. 37, comma 1, lett.* a), *della L. 24 novembre 2000, n. 340.*

([2]) *Questo comma è stato abrogato dall'art. 37, comma 1, lett.* b), *della L. 24 novembre 2000, n. 340.*

([3]) *Le parole: «nonché gli organi giurisdizionali civili e amministrativi» sono state così sostituite dalle attuali parole da: «nonché gli organi ...» fino a: «... polizia giudiziaria» dall'art. 37, comma 31, del D.L. 4 luglio 2006, n. 223, convertito, con modificazioni, nella L. 4 agosto 2006, n. 248.*

([4]) *Questo comma è stato aggiunto dall'art. 19, comma 1, della L. 30 dicembre 1991, n. 413.*

36 *bis*. ([1]) **Liquidazioni delle imposte, dei contributi, dei premi e dei rimborsi dovuti in base alle dichiarazioni.** – 1. Avvalendosi di procedure automatizzate, l'amministrazione finanziaria procede, entro l'inizio del periodo di presentazione delle dichiarazioni relative all'anno successivo, alla liquidazione delle imposte, dei contributi e dei premi dovuti, nonché dei rimborsi spettanti in base alle dichiarazioni presentate dai contribuenti e dai sostituti d'imposta ([2]).

2. Sulla base dei dati e degli elementi direttamente desumibili dalle dichiarazioni presentate e di quelli in possesso dell'anagrafe tributaria, l'amministrazione finanziaria provvede a:

a) correggere gli errori materiali e di calcolo commessi dai contribuenti nella determinazione degli imponibili, delle imposte, dei contributi e dei premi;

b) correggere gli errori materiali commessi dai contribuenti nel riporto delle eccedenze delle imposte, dei contributi e dei premi risultanti dalle precedenti dichiarazioni;

c) ridurre le detrazioni d'imposta indicate in misura superiore a quella prevista dalla legge ovvero non spettanti sulla base dei dati risultanti dalle dichiarazioni;

d) ridurre le deduzioni dal reddito esposte in misura superiore a quella prevista dalla legge;

e) ridurre i crediti d'imposta esposti in misura superiore a quella prevista dalla legge ovvero non spettanti sulla base dei dati risultanti dalla dichiarazione;

f) controllare la rispondenza con la dichiarazione e la tempestività dei versamenti delle imposte, dei contributi e dei premi dovuti a titolo di acconto e di saldo e delle ritenute alla fonte operate in qualità di sostituto d'imposta.

2 *bis*. Se vi è pericolo per la riscossione, l'ufficio può provvedere, anche prima della presentazione della dichiarazione annuale, a controllare la tempestiva effettuazione dei versamenti delle imposte, dei contributi e dei premi dovuti a titolo di acconto e di saldo e delle ritenute alla fonte operate in qualità di sostituto d'imposta ([3]).

3. Quando dai controlli automatici eseguiti emerge un risultato diverso rispetto a quello indicato nella dichiarazione, ovvero dai controlli eseguiti dall'ufficio, ai sensi del comma 2 *bis*, emerge un'imposta o una maggiore imposta, ([4]) l'esito della liquidazione è comunicato al contribuente o al sostituto d'imposta per evitare la reiterazione di errori e per consentire la regolarizzazione degli aspetti formali [e la comunicazione all'Amministrazione finanziaria di eventuali dati ed elementi non considerati nella liquidazione] ([5]). Qualora a seguito della comunicazione il contribuente o il sostituto di imposta rilevi eventuali dati o elementi non considerati o valutati erroneamente nella liquidazione dei tributi, lo stesso può fornire i chiarimenti necessari all'amministrazione finanziaria entro i trenta giorni successivi al ricevimento della comunicazione ([6]).

3 *bis*. A seguito dello scomputo delle perdite dai maggiori imponibili effettuato ai sensi del secondo periodo del quarto comma dell'articolo 42 del presente decreto, del comma 3 dell'articolo 40 *bis* del presente decreto, del comma 1 *ter* dell'articolo 7 del decreto legislativo 19 giugno 1997, n. 218, del comma 2 dell'articolo 9 *bis* del decreto legislativo 19 giugno 1997, n. 218, l'amministrazione finanziaria provvede a ridurre l'importo delle perdite riportabili ai sensi dell'articolo 8 e dell'articolo 84 del decreto del Presidente della Repubblica 22 dicembre 1986, n. 917, nell'ultima dichiarazione dei redditi presentata. A seguito dello scomputo delle perdite dai maggiori imponibili effettuato ai sensi del primo periodo del quarto comma dell'articolo 42 del presente decreto, l'amministrazione finanziaria provvede a ridurre l'importo delle perdite riportabili ai sensi dell'articolo 8 e dell'articolo 84 del decreto del Presidente della Repubblica 22 dicembre 1986, n. 917, nelle dichiarazioni dei redditi successive a quella oggetto di rettifica e, qualora emerga un maggiore imponibile, procede alla rettifica ai sensi del primo e secondo comma dell'articolo 42 del presente decreto ([7]).

4. I dati contabili risultanti dalla liquidazione prevista nel presente articolo si considerano, a tutti gli effetti, come dichiarati dal contribuente e dal sostituto d'imposta.

(1) *Questo articolo è stato così sostituito dall'art. 13 del D.L.vo 9 luglio 1997, n. 241, con effetto per le dichiarazioni presentate a decorrere dal 1° gennaio 1999.*

(2) *A norma dell'art. 28, comma 1, della L. 27 dicembre 1997, n. 449, questo comma deve essere interpretato nel senso che il termine in esso indicato, avendo carattere ordinatorio, non è stabilito a pena di decadenza.*

(3) *Questo comma è stato inserito dall'art. 2, comma 10, lett.* a), *del D.L. 30 settembre 2005, n. 203, convertito, con modificazioni, nella L. 2 dicembre 2005, n. 248.*

(4) *Le parole: «ovvero dai controlli eseguiti dall'ufficio, ai sensi del comma 2* bis, *emerge un'imposta o una maggiore imposta,» sono state inserite dall'art. 2, comma 10, lett.* b), *del D.L. 30 settembre 2005, n. 203, convertito, con modificazioni, nella L. 2 dicembre 2005, n. 248.*

(5) *Le parole poste fra parentesi quadrate sono state soppresse dall'art. 1, comma 1, lett.* a), *del D.L.vo 26 gennaio 2001, n. 32.*

(6) *L'ultimo periodo di questo comma è stato aggiunto dall'art. 1, comma 1, lett.* a), *del D.L.vo 26 gennaio 2001, n. 32.*

(7) *Questo comma è stato aggiunto dall'art. 25, comma 3, del D.L.vo 24 settembre 2015, n. 158, a decorrere dal 1° gennaio 2016.*

A norma dell'art. 25, comma 5, del medesimo decreto, tali disposizioni entrano in vigore il 1° gennaio 2016, con riferimento ai periodi di imposta per i quali, alla predetta data, sono ancora pendenti i termini di cui all'articolo 43 di questo decreto.

A norma dell'art. 25, comma 4, del medesimo decreto, con provvedimento del Direttore dell'Agenzia delle entrate, da emanare entro novanta giorni dalla data di entrata in vigore del suddetto decreto, sono stabiliti i contenuti e le modalità di presentazione dell'istanza di cui al presente comma, nonché le conseguenti attività dell'ufficio competente.

36 *ter*. (1) **Controllo formale delle dichiarazioni.** – 1. Gli uffici periferici dell'amministrazione finanziaria, procedono, entro il 31 dicembre del secondo anno successivo a quello di presentazione, al controllo formale delle dichiarazioni presentate dai contribuenti e dai sostituti d'imposta, sulla base dei criteri selettivi fissati dal Ministro delle finanze, tenendo anche conto di specifiche analisi del rischio di evasione e (2) delle capacità operative dei medesimi uffici.

2. Senza pregiudizio dell'azione accertatrice a norma degli articoli 37 e seguenti, gli uffici possono:

a) escludere in tutto o in parte lo scomputo delle ritenute d'acconto non risultanti dalle dichiarazioni dei sostituti d'imposta, dalle comunicazioni di cui all'articolo 20, terzo comma, del decreto del Presidente della Repubblica 29 settembre 1973, n. 605, o dalle certificazioni richieste ai contribuenti ovvero delle ritenute risultanti in misura inferiore a quella indicata nelle dichiarazioni dei contribuenti stessi;

b) escludere in tutto o in parte le detrazioni d'imposta non spettanti in base ai documenti richiesti ai contribuenti o agli elenchi di cui all'articolo 78, comma 25, della legge 30 dicembre 1991, n. 413;

c) escludere in tutto o in parte le deduzioni dal reddito non spettanti in base ai documenti richiesti ai contribuenti o agli elenchi menzionati nella lettera *b*);

d) determinare i crediti d'imposta spettanti in base ai dati risultanti dalle dichiarazioni e ai documenti richiesti ai contribuenti;

e) liquidare la maggiore imposta sul reddito delle persone fisiche e i maggiori contributi dovuti sull'ammontare complessivo dei redditi risultanti da più dichiarazioni o certificati di cui all'articolo 1, comma 4, lettera *d*), presentati per lo stesso anno dal medesimo contribuente;

f) correggere gli errori materiali e di calcolo commessi nelle dichiarazioni dei sostituti d'imposta.

3. Ai fini dei commi 1 e 2, il contribuente o il sostituto d'imposta è invitato, anche telefonicamente o in forma scritta o telematica, a fornire chiarimenti in ordine ai dati contenuti nella dichiarazione e ad eseguire o trasmettere ricevute di versamento e altri documenti non allegati alla dichiarazione o difformi dai dati forniti da terzi.

3 *bis*. Ai fini del controllo di cui al comma 1, gli uffici, ai sensi dell'articolo 6, comma 4, della legge 27 luglio 2000, n. 212, non chiedono ai contribuenti documenti relativi a informazioni disponibili nell'anagrafe tributaria o a dati trasmessi da parte di soggetti terzi in ottemperanza a obblighi dichiarativi, certificativi o comunicativi, salvo che la richiesta riguardi la verifica della sussistenza di requisiti soggettivi che non emergono dalle informazioni presenti nella stessa anagrafe ovvero elementi di informazione in possesso dell'amministrazione finanziaria non conformi a quelli dichiarati dal contribuente. Eventuali richieste di documenti effettuate dall'amministrazione per dati già in suo possesso sono considerate inefficaci ([3]).

4. L'esito del controllo formale è comunicato al contribuente o al sostituto d'imposta con l'indicazione dei motivi che hanno dato luogo alla rettifica degli imponibili, delle imposte, delle ritenute alla fonte, dei contributi e dei premi dichiarate, per consentire anche la segnalazione di eventuali dati ed elementi non considerati o valutati erroneamente in sede di controllo formale entro i trenta giorni successivi al ricevimento della comunicazione ([4]).

([1]) *Questo articolo è stato così sostituito dall'art. 13 del D.L.vo 9 luglio 1997, n. 241, con effetto per le dichiarazioni presentate a decorrere dal 1° gennaio 1999.*

([2]) *Le parole: «di specifiche analisi del rischio di evasione e» sono state inserite dall'art. 1, comma 17, della L. 13 dicembre 2010, n. 220.*

([3]) *Questo comma è stato inserito dall'art. 4* bis, *comma 1, del D.L. 30 aprile 2019, n. 34, convertito, con modificazioni, nella L. 28 giugno 2019, n. 58, a decorrere dal 30 giugno 2019.*

([4]) *Le parole: «entro i trenta giorni successivi al ricevimento della comunicazione» sono state aggiunte dall'art. 1, comma 1, lett.* b), *del D.L.vo 26 gennaio 2001, n. 32.*

37. Controllo delle dichiarazioni. – Gli uffici delle imposte procedono, sulla base di criteri selettivi fissati annualmente dal Ministro delle finanze tenendo anche conto delle loro capacità operative, al controllo delle dichiarazioni e all'individuazione dei soggetti che ne hanno omesso la presentazione sulla scorta dei dati e delle notizie acquisiti ai sensi dei precedenti articoli e attraverso le dichiarazioni previste negli articoli 6 e 7, di quelli raccolti e comunicati dall'anagrafe tributaria e delle informazioni di cui siano comunque in possesso ([1]). I criteri selettivi per l'attività di accertamento di cui al periodo precedente, compresa quella a mezzo di studi di settore, sono rivolti prioritariamente nei confronti dei soggetti diversi dalle imprese manifatturiere che svolgono la loro attività in conto terzi per altre imprese in misura non inferiore al 90 per cento ([2]).

In base ai risultati dei controlli e delle ricerche effettuati gli uffici delle imposte provvedono, osservando le disposizioni dei successivi articoli, agli accertamenti in rettifica delle dichiarazioni presentate e agli accertamenti d'ufficio nei confronti dei soggetti che hanno omesso la dichiarazione.

In sede di rettifica o di accertamento d'ufficio sono imputati al contribuente i redditi di cui appaiono titolari altri soggetti quando sia dimostrato, anche sulla base di presunzioni gravi, precise e concordanti, che egli ne è l'effettivo possessore per interposta persona ([3]).

Il contribuente può comunque richiedere un parere all'amministrazione in ordine all'applicazione delle disposizioni di cui al comma 3 al caso concreto, ai sensi dell'articolo 11, comma 1, lettera *a*), della legge 27 luglio 2000, n. 212, recante lo Statuto dei diritti del contribuente ([4]).

Le persone interposte, che provino di aver pagato imposte in relazione a redditi successivamente imputati, a norma del comma terzo, ad altro contribuente, possono chiederne il rimborso. L'amministrazione procede al rimborso dopo che l'accertamento, nei confronti del soggetto interponente, è divenuto definitivo ed in misura non superiore all'imposta effettivamente percepita a seguito di tale accertamento ([5]).

([1]) *Comma così sostituito dall'art. 6, L. 24 aprile 1980, n. 146.*

([2]) *Questo periodo è stato aggiunto dall'art. 1, comma 253, della L. 24 dicembre 2007, n. 244.*

(3) *Comma aggiunto dall'art. 30, D.L. 2 marzo 1989, n. 69, conv., con modif., nella L. 27 aprile 1989, n. 154.*

(4) *Questo comma è stato inserito dall'art. 7, comma 7, del D.L.vo 24 settembre 2015, n. 156.*

A norma dell'art. 12, comma 1, le disposizioni del predetto decreto entrano in vigore a decorrere dal 1° gennaio 2016.

(5) *Questo comma è stato aggiunto dall'art. 7, comma 3, del D.L.vo 8 ottobre 1997, n. 358.*

37 *bis*. (1) [**Disposizioni antielusive.** – 1. Sono inopponibili all'amministrazione finanziaria gli atti, i fatti e i negozi, anche collegati tra loro, privi di valide ragioni economiche, diretti ad aggirare obblighi o divieti previsti dall'ordinamento tributario e ad ottenere riduzioni di imposte o rimborsi, altrimenti indebiti.

2. L'amministrazione finanziaria disconosce i vantaggi tributari conseguiti mediante gli atti, i fatti e i negozi di cui al comma 1, applicando le imposte determinate in base alle disposizioni eluse, al netto delle imposte dovute per effetto del comportamento inopponibile all'amministrazione.

3. Le disposizioni dei commi 1 e 2 si applicano a condizione che, nell'ambito del comportamento di cui al comma 2, siano utilizzate una o più delle seguenti operazioni:

a) trasformazioni, fusioni, scissioni, liquidazioni volontarie e distribuzioni ai soci di somme prelevate da voci del patrimonio netto diverse da quelle formate con utili;

b) conferimenti in società, nonché negozi aventi ad oggetto il trasferimento o il godimento di aziende;

c) cessioni di crediti;

d) cessioni di eccedenze d'imposta;

e) operazioni di cui al decreto legislativo 30 dicembre 1992, n. 544, recante disposizioni per l'adeguamento alle direttive comunitarie relative al regime fiscale di fusioni, scissioni, conferimenti d'attivo e scambi di azioni, nonché il trasferimento della residenza fiscale all'estero da parte di una società;

f) operazioni, da chiunque effettuate, incluse le valutazioni e le classificazioni di bilancio, aventi ad oggetto i beni ed i rapporti di cui all'articolo 81, comma 1, lettere da *c*) a *c quinquies*), del testo unico delle imposte sui redditi, approvato con decreto del Presidente della Repubblica 22 dicembre 1986, n. 917;

f bis) cessioni di beni e prestazioni di servizi effettuate tra i soggetti ammessi al regime della tassazione di gruppo di cui all'articolo 117 del testo unico delle imposte sui redditi;

f ter) pagamenti di interessi e canoni di cui all'art. 26 *quater*, qualora detti pagamenti siano effettuati a soggetti controllati direttamente o indirettamente da uno o più soggetti non residenti in uno Stato dell'Unione europea;

f quater) pattuizioni intercorse tra società controllate e collegate ai sensi dell'articolo 2359 del codice civile, una delle quali avente sede legale in uno Stato o territorio diverso da quelli di cui al decreto ministeriale emanato ai sensi dell'articolo 168 *bis* del testo unico delle imposte sui redditi, di cui al decreto del Presidente della Repubblica 22 dicembre 1986, n. 917, aventi ad oggetto il pagamento di somme a titolo di clausola penale, multa, caparra confirmatoria o penitenziale.

4. L'avviso di accertamento è emanato, a pena di nullità, previa richiesta al contribuente anche per lettera raccomandata, di chiarimenti da inviare per iscritto entro 60 giorni dalla data di ricezione della richiesta nella quale devono essere indicati i motivi per cui si reputano applicabili i commi 1 e 2.

5. Fermo restando quanto disposto dall'articolo 42, l'avviso d'accertamento deve essere specificamente motivato, a pena di nullità, in relazione alle giustificazioni fornite dal contribuente e le imposte o le maggiori imposte devono essere calcolate tenendo conto di quanto previsto al comma 2.

6. Le imposte o le maggiori imposte accertate in applicazione delle disposizioni di cui al comma 2 sono iscritte a ruolo, secondo i criteri di cui all'articolo 68 del decreto legislativo 31 dicembre 1992, n. 546, concernente il pagamento dei tributi e delle sanzioni pecuniarie in pendenza di giudizio, unitamente ai relativi interessi, dopo la sentenza della commissione tributaria provinciale.

7. I soggetti diversi da quelli cui sono applicate le disposizioni dei commi precedenti possono richiedere il rimborso delle imposte pagate a seguito dei comportamenti disconosciuti dall'amministrazione finanziaria; a tal fine detti soggetti possono proporre, entro un anno dal giorno in cui l'accertamento è divenuto definitivo o è stato definito mediante adesione o conciliazione giudiziale, istanza di rimborso all'amministrazione, che provvede nei limiti dell'imposta e degli interessi effettivamente riscossi a seguito di tali procedure.

8. Le norme tributarie che, allo scopo di contrastare comportamenti elusivi, limitano deduzioni, detrazioni, crediti d'imposta o altre posizioni soggettive altrimenti ammesse dall'ordinamento tributario, possono essere disapplicate qualora il contribuente dimostri che nella particolare fattispecie tali effetti elusivi non potevano verificarsi. A tal fine il contribuente deve presentare istanza al direttore regionale delle entrate competente per territorio, descrivendo compiutamente l'operazione e indicando le disposizioni normative di cui chiede la disapplicazione. Con decreto del Ministro delle finanze

da emanare ai sensi dell'articolo 17, comma 3, della legge 23 agosto 1988, n. 400, sono disciplinate le modalità per l'applicazione del presente comma].

(1) *Questo articolo, inserito dall'art. 7, comma 1, del D.L.vo 8 ottobre 1997, n. 358, è stato abrogato dall'art. 1, comma 2, del D.L.vo 5 agosto 2015, n. 128. Le disposizioni che richiamano tale articolo si intendono riferite all'articolo 10* bis *della legge 27 luglio 2000, n. 212, in quanto compatibili.*

38. Rettifica delle dichiarazioni delle persone fisiche (1). – L'ufficio delle imposte procede alla rettifica delle dichiarazioni presentate dalle persone fisiche quando il reddito complessivo dichiarato risulta inferiore a quello effettivo o non sussistono o non spettano, in tutto o in parte, le deduzioni dal reddito o le detrazioni d'imposta indicate nella dichiarazione.

La rettifica deve essere fatta con unico atto, agli effetti dell'imposta sul reddito delle persone fisiche e dell'imposta locale sui redditi, ma con riferimento analitico ai redditi delle varie categorie di cui all'art. 6 del D.P.R. 29 settembre 1973, n. 597 (2).

L'incompletezza, la falsità e l'inesattezza dei dati indicati nella dichiarazione, salvo quanto stabilito nell'art. 39, possono essere desunte dalla dichiarazione stessa [e dai relativi allegati] (3), dal confronto con le dichiarazioni relative ad anni precedenti e dai dati e dalle notizie di cui all'articolo precedente anche sulla base di presunzioni semplici, purché queste siano gravi, precise e concordanti.

L'ufficio, indipendentemente dalle disposizioni recate dai commi precedenti e dall'articolo 39, può sempre determinare sinteticamente il reddito complessivo del contribuente sulla base delle spese di qualsiasi genere sostenute nel corso del periodo d'imposta, salva la prova che il relativo finanziamento è avvenuto con redditi diversi da quelli posseduti nello stesso periodo d'imposta, o con redditi esenti o soggetti a ritenuta alla fonte a titolo di imposta o, comunque, legalmente esclusi dalla formazione della base imponibile (4).

La determinazione sintetica può essere altresì fondata sul contenuto induttivo di elementi indicativi di capacità contributiva individuato mediante l'analisi di campioni significativi di contribuenti, differenziati anche in funzione del nucleo familiare e dell'area territoriale di appartenenza, con decreto del Ministero dell'Economia e delle Finanze da pubblicare nella *Gazzetta Ufficiale* con periodicità biennale, sentiti l'Istituto nazionale di statistica (ISTAT) e le associazioni maggiormente rappresentative dei consumatori per gli aspetti riguardanti la metodica di ricostruzione induttiva del reddito complessivo in base alla capacità di spesa e alla propensione al risparmio dei contribuenti (5). In tale caso è fatta salva per il contribuente la prova contraria di cui al quarto comma (4).

La determinazione sintetica del reddito complessivo di cui ai precedenti commi è ammessa a condizione che il reddito complessivo accertabile ecceda di almeno un quinto quello dichiarato (4).

L'ufficio che procede alla determinazione sintetica del reddito complessivo ha l'obbligo di invitare il contribuente a comparire di persona o per mezzo di rappresentanti per fornire dati e notizie rilevanti ai fini dell'accertamento e, successivamente, di avviare il procedimento di accertamento con adesione ai sensi dell'articolo 5 del decreto legislativo 19 giugno 1997, n. 218 (4) (6).

Dal reddito complessivo determinato sinteticamente sono deducibili i soli oneri previsti dall'articolo 10 del decreto del Presidente della Repubblica 22 dicembre 1986 n. 917; competono, inoltre, per gli oneri sostenuti dal contribuente, le detrazioni dall'imposta lorda previste dalla legge (4).

(1) *Vedasi pure l'art. 17, commi terzo e quarto, della L. 13 aprile 1977, n. 114.*

(2) *Si veda ora l'art. 6 del D.P.R. 22 dicembre 1986, n. 917, recante il testo unico delle imposte sui redditi.*

(3) *Le parole poste fra parentesi quadre sono state soppresse dall'art. 8, comma 1, lett.* b), *del D.L.vo 9 luglio 1997, n. 241, con effetto per le dichiarazioni presentate a partire dal 1° gennaio 1998, a norma dell'art. 9, comma 4, del D.P.R. 22 luglio 1998, n. 322.*

(4) *I commi quarto, quinto, sesto, settimo e ottavo, sono stati così sostituiti dagli attuali commi dal quarto al settimo, dall'art. 22, comma 1, del D.L. 31 maggio 2010, n. 78, convertito, con modificazioni, nella L. 30 luglio 2010, n. 122.*

(5) *Le parole: «, sentiti l'Istituto nazionale di statistica (ISTAT) e le associazioni maggiormente rappresentative dei consumatori per gli aspetti riguardanti la metodica di ricostruzione induttiva del reddito complessivo in base alla capacità di spesa e alla propensione al risparmio dei contribuenti» sono state inserite dall'art. 10, comma 1, del D.L. 12 luglio 2018, n. 87, convertito, con modificazioni, nella L. 9 agosto 2018, n. 96.*

(6) *A norma dell'art. 10, comma 3, del D.L. 12 luglio 2018, n. 87, convertito, con modificazioni, nella L. 9 agosto 2018, n. 96, il medesimo articolo non si applica agli inviti per fornire dati e notizie rilevanti ai fini dell'accertamento e agli altri atti previsti di cui a questo comma per gli anni di imposta fino al 31 dicembre 2015. In ogni caso non si applica agli atti già notificati e non si fa luogo al rimborso delle somme già pagate.*

39. Redditi determinati in base alle scritture contabili. – Per i redditi d'impresa delle persone fisiche l'ufficio procede alla rettifica:

a) se gli elementi indicati nella dichiarazione non corrispondono a quelli del bilancio, del conto dei profitti e delle perdite e dell'eventuale prospetto di cui al comma 1 dell'art. 3;

b) se non sono state esattamente applicate le disposizioni del titolo I, capo VI, del testo unico delle imposte sui redditi, di cui al decreto del Presidente della Repubblica 22 dicembre 1986, n. 917, e successive modificazioni;

c) se l'incompletezza, la falsità o l'inesattezza degli elementi indicati nella dichiarazione e nei relativi allegati risulta in modo certo e diretto dai verbali e dai questionari di cui ai numeri 2) e 4) del primo comma dell'articolo 32, dagli atti, documenti e registri esibiti o trasmessi ai sensi del numero 3) dello stesso comma, dalle dichiarazioni di altri soggetti previste negli articoli 6 e 7, dai verbali relativi ad ispezioni eseguite nei confronti di altri contribuenti o da altri atti e documenti in possesso dell'ufficio;

d) se l'incompletezza, la falsità o l'inesattezza degli elementi indicati nella dichiarazione e nei relativi allegati risulta dall'ispezione delle scritture contabili e dalle altre verifiche di cui all'articolo 33 ovvero dal controllo della completezza, esattezza e veridicità delle registrazioni contabili sulla scorta delle fatture e degli altri atti e documenti relativi all'impresa nonché dei dati e delle notizie raccolti dall'ufficio nei modi previsti dall'articolo 32. L'esistenza di attività non dichiarate o la inesistenza di passività dichiarate è desumibile anche sulla base di presunzioni semplici, purché queste siano gravi, precise e concordanti ([1]).

In deroga alle disposizioni del comma precedente l'ufficio delle imposte determina il reddito d'impresa sulla base dei dati e delle notizie comunque raccolti o venuti a sua conoscenza, con facoltà di prescindere in tutto o in parte dalle risultanze del bilancio e dalle scritture contabili in quanto esistenti e di avvalersi anche di presunzioni prive dei requisiti di cui alla lettera *d*) del precedente comma:

a) quando il reddito d'impresa non è stato indicato nella dichiarazione;

[*b*) quando alla dichiarazione non è stato allegato il bilancio con il conto dei profitti e delle perdite] ([2]);

c) quando dal verbale di ispezione redatto ai sensi dell'art. 33 risulta che il contribuente non ha tenuto o ha comunque sottratto all'ispezione una o più delle scritture contabili prescritte dall'art. 14 ovvero quando le scritture medesime non sono disponibili per causa di forza maggiore;

d) quando le omissioni e le false o inesatte indicazioni accertate ai sensi del precedente comma ovvero le irregolarità formali delle scritture contabili risultanti dal verbale di ispezione sono così gravi, numerose e ripetute da rendere inattendibili nel loro complesso le scritture stesse per mancanza delle garanzie proprie di una contabilità sistematica. Le scritture ausiliarie di magazzino non si considerano irregolari se gli errori e le omissioni sono contenuti entro i normali limiti di tolleranza delle quantità annotate nel carico o nello scarico e dei costi specifici imputati nelle schede di lavorazione ai sensi della lettera *d*) del primo comma dell'art. 14 del presente decreto.

d bis) quando il contribuente non ha dato seguito agli inviti disposti dagli uffici ai sensi dell'articolo 32, primo comma, numeri 3) e 4), del presente decreto o dell'articolo 51, secondo comma, numeri 3) e 4), del decreto del Presidente della Repubblica 26 ottobre 1972, n. 633 ([3]);

d ter) in caso di omessa presentazione dei modelli per la comunicazione dei dati rilevanti ai fini dell'applicazione degli studi di settore o di indicazione di cause di esclusione o di inapplicabilità degli studi di settore non sussistenti, nonché di infedele compilazione dei predetti modelli che comporti una differenza superiore al 15 per cento, o comunque ad euro 50.000, tra i ricavi o compensi stimati applicando gli studi di settore sulla base dei dati corretti e quelli stimati sulla base dei dati indicati in dichiarazione ([4]).

Le disposizioni dei commi precedenti valgono, in quanto applicabili, anche per i redditi delle imprese minori e per quelli derivanti dall'esercizio di arti e professioni, con riferimento alle scritture contabili rispettivamente indicate negli artt. 18 e 19. Il reddito d'impresa dei soggetti indicati nel quarto comma dell'art. 18, che non hanno provveduto agli adempimenti contabili di cui ai precedenti commi dello stesso articolo, è determinato in ogni caso ai sensi del secondo comma del presente articolo.

([1]) *Questo comma è stato così sostituito dall'art. 24, comma 5, della L. 7 luglio 2009, n. 88.*

([2]) *Questa lettera è stata abrogata dall'art. 8, comma 1, lettera* c)*, del D.L.vo 9 luglio 1997, n. 241, con effetto per le dichiarazioni presentate a partire dal 1° gennaio 1998, a norma dell'art. 9, comma 3, del D.P.R. 22 luglio 1998, n. 322.*

([3]) *Questa lettera è stata aggiunta dall'art. 25, comma 3, della L. 18 febbraio 1999, n. 28.*

([4]) *Questa lettera, aggiunta dall'art. 23, comma 28, lett.* c)*, del D.L. 6 luglio 2011, n. 98, convertito, con modificazioni, nella L. 15 luglio 2011, n. 111, è stata così sostituita dall'art. 8, comma 4, del D.L. 2 marzo 2012, n. 16, convertito, con modificazioni, nella L. 26 aprile 2012, n. 44. Tale disposizione si applica con riferimento agli accertamenti notificati a partire dalla data di entrata in vigore del medesimo decreto legge. Per gli accertamenti notificati in precedenza, continua ad applicarsi quanto previsto dal testo previgente, che si riporta: «*d ter) *quando viene rilevata l'omessa o infedele indicazione dei dati previsti nei modelli per la comunicazione dei dati rilevanti ai fini dell'applicazione degli studi di settore, nonché l'indicazione di cause di esclusione o di inapplicabilità degli studi di settore non sussistenti. La presente disposizione si applica a condizione che siano irrogabili le sanzioni di cui al comma 2* bis *dell'articolo 1 del decreto legislativo 18 dicembre 1997, n. 471.».*

40. Rettifica delle dichiarazioni dei soggetti diversi dalle persone fisiche ([1]). – Alla rettifica delle dichiarazioni presentate dai soggetti all'imposta sul reddito delle persone giuridiche si procede con unico atto agli effetti di tale imposta e dell'imposta locale sui redditi, con riferimento unitario al reddito complessivo imponibile ma tenendo distinti i redditi fondiari. Per quanto concerne il reddito complessivo imponibile si applicano le disposizioni dell'art. 39 relative al reddito d'impresa, con riferimento al bilancio o rendiconto e se del caso ai prospetti di cui all'art. 5 e tenendo presenti, ai fini della lettera *b*) del secondo comma dell'art. 39, anche le disposizioni del decreto del D.P.R. 29 settembre 1973, n. 598 ([2]), concernenti la determinazione del reddito complessivo imponibile.

Alla rettifica delle dichiarazioni presentate dalle società e associazioni indicate nell'art. 5 del D.P.R. 29 settembre 1973, n. 597 ([3]), si procede con unico atto ai fini dell'imposta locale sui redditi dovuta dalle società stesse e ai fini delle imposte sul reddito delle persone fisiche o delle persone giuridiche dovute dai singoli soci o associati. Si applicano le disposizioni del primo comma del presente articolo o quello dell'art. 38 secondo che si tratti di società in nome collettivo, in accomandita semplice ed equiparate ovvero di società semplici o di società o associazioni equiparate.

([1]) *Ulteriori norme sono contenute nell'art. 14 del D.P.R. 23 dicembre 1974, n. 689.*

([2]) *Si vedano ora le disposizioni del titolo II del D. P.R. 22 dicembre 1986, n. 917, recante il testo unico delle imposte sui redditi.*

([3]) *Si veda ora l'art. 5 del D.P.R. 22 dicembre 1986, n. 917, recante il testo unico delle imposte sui redditi.*

40 *bis*. ([1]) Rettifica delle dichiarazioni dei soggetti aderenti al consolidato nazionale. – 1. Ai fini dell'imposta sul reddito delle società, il controllo delle dichiarazioni proprie presentate dalle società consolidate e dalla consolidante nonché le relative rettifiche, spettano all'ufficio dell'Agenzia delle entrate competente alla data in cui è stata presentata la dichiarazione.

2. Le rettifiche del reddito complessivo proprio di ciascun soggetto che partecipa al consolidato sono effettuate con unico atto, notificato sia alla consolidata che alla consolidante, con il quale è determinata la conseguente maggiore imposta accertata riferita al reddito complessivo globale e sono irrogate le sanzioni correlate. La società consolidata e la consolidante sono litisconsorti necessari. Il pagamento delle somme scaturenti dall'atto unico estingue l'obbligazione sia se effettuato dalla consolidata che dalla consolidante.

3. La consolidante ha facoltà di chiedere che siano computate in diminuzione dei maggiori imponibili derivanti dalle rettifiche di cui al comma 2 le perdite di periodo del consolidato non utilizzate, fino a concorrenza del loro importo. A tal fine, la consolidante deve presentare un'apposita istanza, all'ufficio competente a emettere l'atto di cui al comma 2, entro il termine di proposizione del ricorso. In tale caso il termine per l'impugnazione dell'atto è sospeso, sia per la consolidata che per la consolidante, per un periodo di sessanta giorni. L'ufficio procede al ricalcolo dell'eventuale maggiore imposta dovuta, degli interessi e delle sanzioni correlate, e comunica l'esito alla consolidata ed alla consolidante, entro sessanta giorni dalla presentazione dell'istanza.

4. Le attività di controllo della dichiarazione dei redditi del consolidato e le relative rettifiche diverse da quelle di cui al comma 2, sono attribuite all'ufficio dell'Agenzia delle entrate competente nei confronti della società consolidante alla data in cui è stata presentata la dichiarazione.

5. Fino alla scadenza del termine stabilito nell'articolo 43, l'accertamento del reddito complessivo globale può essere integrato o modificato in aumento, mediante la notificazione di nuovi avvisi, in base agli esiti dei controlli di cui ai precedenti commi.

(1) *Questo articolo è stato inserito dall'art. 35, comma 1, del D.L. 31 maggio 2010, n. 78, convertito, con modificazioni, nella L. 30 luglio 2010, n. 122, con decorrenza dal 1° gennaio 2011.*

41. Accertamento d'ufficio. – Gli uffici delle imposte procedono all'accertamento d'ufficio nei casi di omessa presentazione della dichiarazione o di presentazione di dichiarazioni nulle ai sensi delle disposizioni del titolo I.

Nelle ipotesi di cui al precedente comma l'ufficio determina il reddito complessivo del contribuente, e in quanto possibile i singoli redditi delle persone fisiche soggetti all'imposta locale sui redditi, sulla base dei dati e delle notizie comunque raccolti o venuti a sua conoscenza, con facoltà di avvalersi anche di presunzioni prive dei requisiti di cui al terzo comma dell'art. 38 e di prescindere in tutto o in parte dalle risultanze della dichiarazione, se presentata, e dalle eventuali scritture contabili del contribuente ancorché regolarmente tenute.

I redditi fondiari sono in ogni caso determinati in base alle risultanze catastali.

Se il reddito complessivo è determinato sinteticamente, non sono deducibili gli oneri di cui all'art. 10 del D.P.R. 29 settembre 1973, n. 597 (1). Si applica il quinto comma dell'art. 38.

Agli effetti dell'imposta locale sui redditi, il reddito complessivo delle persone fisiche determinato d'ufficio senza attribuzione totale o parziale alle categorie di redditi indicate nell'art. 6 del decreto indicato nel precedente comma è considerato reddito di capitale, salvo il disposto del terzo comma.

(1) *Si veda ora l'art. 10 del D.P.R. 22 dicembre 1986, n. 917, recante il testo unico delle imposte sui redditi.*

41 *bis*. (1) **Accertamento parziale.** – 1. Senza pregiudizio dell'ulteriore azione accertatrice nei termini stabiliti dall'art. 43, i competenti uffici dell'Agenzia delle entrate, qualora dalle attività istruttorie di cui all'articolo 32, primo comma, numeri da 1) a 4), (2) nonché dalle segnalazioni effettuati dalla Direzione centrale accertamento, da una Direzione regionale ovvero da un ufficio della medesima Agenzia ovvero di altre Agenzie fiscali (3), dalla Guardia di finanza o da pubbliche amministrazioni ed enti pubblici oppure dai dati in possesso dell'anagrafe tributaria, risultino elementi che consentono di stabilire l'esistenza di un reddito non dichiarato o il maggiore ammontare di un reddito parzialmente dichiarato, che avrebbe dovuto concorrere a formare il reddito imponibile, compresi i redditi da partecipazioni in società, associazioni ed imprese di cui all'art. 5 del testo unico delle imposte sui redditi, approvato con D.P.R. 22 dicembre 1986, n. 917, o l'esistenza di deduzioni, esenzioni ed agevolazioni in tutto o in parte non spettanti, nonché l'esistenza di imposte o di maggiori imposte non versate, escluse le ipotesi di cui agli articoli 36 *bis* e 36 *ter*, ([4]) possono limitarsi ad accertare, in base agli elementi predetti, il reddito o il maggior reddito imponibili, ovvero la maggiore imposta da versare, anche avvalendosi delle procedure previste dal decreto legislativo 19 giugno 1997, n. 218 ([5]). Non si applica la disposizione dell'art. 44.

[2. Le disposizioni del comma 1 possono applicarsi ([6]) anche all'accertamento induttivo dei ricavi e dei compensi, di cui all'art. 12 del D.L. 2 marzo 1989, n. 69, convertito, con modificazioni, dalla L. 27 aprile 1989, n. 154, e successive modificazioni, tenendo conto della dimostrazione della non applicabilità dei coefficienti eventualmente fornita dal contribuente, con le modalità di cui all'ultimo periodo del comma 1 dello stesso art. 12. L'accertamento parziale avverrà utilizzando anche ([7]) il coefficiente basato sul contributo diretto lavorativo determinato con i decreti di cui all'art. 11, comma 5, del citato D.L. n. 69 del 1989, convertito, con modificazioni, dalla L. n. 154 del 1989, e successive modificazioni. Le disposizioni del presente comma non sono applicabili nei riguardi dei contribuenti in regime di contabilità ordinaria e nei casi in cui la detta dimostrazione della non applicabilità dei coefficienti risulti asseverata da uno dei soggetti di cui all'art. 30, terzo comma, del D.P.R. 26 ottobre 1972, n. 636, e successive modificazioni. Nei confronti di questi ultimi si applicano, in caso di falsa indicazione dei fatti asseverati, ove non derivante da false o erronee informazioni fornite dal contribuente le pene previste nell'art. 4 del D.L. 10 luglio 1982, n. 429, convertito, con modificazioni, dalla L. 7 agosto 1982, n. 516, come sostituito dall'art. 6 del D.L. 16 marzo 1991, n. 83, convertito, con modificazioni, dalla L. 15 maggio 1991, n. 154] ([8]).

([1]) *Questo articolo è stato così, da ultimo, sostituito dall'art. 2, comma 1, della L. 30 dicembre 1991, n. 413.*

([2]) *Le parole: «dagli accessi, ispezioni e verifiche» sono state così sostituite dalle parole: «dalle attività istruttorie di cui all'articolo 32, primo comma, numeri da 1) a 4),» dall'art. 1, comma 17, della L. 13 dicembre 2010, n. 220.*

([3]) *Le parole da: «gli uffici delle imposte ...» fino a: «... delle imposte dirette» sono state così sostituite dalle attuali da: «i competenti uffici ...» fino a: «... Agenzie fiscali» dall'art. 1, comma 405, lett.* a), *della L. 30 dicembre 2004, n. 311.*

(4) *Le parole da: «nonché l'esistenza ...» fino a: «... 36 ter» sono state inserite dall'art. 1, comma 405, lett. b), della L. 30 dicembre 2004, n. 311.*

(5) *Le parole da: «, ovvero la maggiore imposta ...» fino alla fine del periodo, sono state aggiunte dall'art. 1, comma 405, lett. c), della L. 30 dicembre 2004, n. 311.*

(6) *Le disposizioni di questo comma si applicano a partire dagli accertamenti relativi al periodo di imposta in corso all'1 gennaio 1992, a norma dell'art. 2, comma 2, della L. 30 dicembre 1991, n. 413.*

(7) *L'originaria parola «esclusivamente» è stata sostituita dall'attuale «anche» dall'art. 11, comma 2, del D.L. 19 settembre 1992, n. 384, convertito, con modificazioni, nella L. 14 novembre 1992, n. 438.*

(8) *Questo comma è stato abrogato a decorrere dal 1994, dall'art. 62* quinquies, *comma 1, del D.L. 30 agosto 1993, n. 331, convertito, con modificazioni, nella L. 29 ottobre 1993, n. 427.*

41 *ter*. (1) Accertamento dei redditi di fabbricati. – 1. Le disposizioni di cui agli articoli 32, primo comma, numero 7), 38, 40 e 41 *bis* non si applicano con riferimento ai redditi di fabbricati derivanti da locazione dichiarati in misura non inferiore ad un importo corrispondente al maggiore tra il canone di locazione risultante dal contratto ridotto del 15 per cento e il 10 per cento del valore dell'immobile.

2. In caso di omessa registrazione del contratto di locazione di immobili, si presume, salva documentata prova contraria, l'esistenza del rapporto di locazione anche per i quattro periodi d'imposta antecedenti quello nel corso del quale è accertato il rapporto stesso; ai fini della determinazione del reddito si presume, quale importo del canone, il 10 per cento del valore dell'immobile.

3. Ai fini di cui ai commi 1 e 2, il valore dell'immobile è determinato ai sensi dell'articolo 52, comma 4, del testo unico di cui al decreto del Presidente della Repubblica 26 aprile 1986, n. 131, e successive modificazioni.

(1) *Questo articolo è stato inserito dall'art. 1, comma 342, della L. 30 dicembre 2004, n. 311. Si veda inoltre l'art. 1, comma 343, della medesima legge, che stabilisce che questo articolo non trova applicazione nei confronti dei contratti di locazione di immobili ad uso abitativo stipulati o rinnovati a norma degli articoli 2, comma 3, e 4, commi 2 e 3, della L. 9 dicembre 1998, n. 431.*

42. Avviso di accertamento. – Gli accertamenti in rettifica e gli accertamenti d'ufficio sono portati a conoscenza dei contribuenti mediante la notificazione di avvisi sottoscritti dal capo dell'ufficio o da altro impiegato della carriera direttiva da lui delegato.

L'avviso di accertamento deve recare l'indicazione dell'imponibile o degli imponibili accertati, delle aliquote applicate e delle imposte liquidate, al lordo e al netto delle detrazioni, delle ritenute di acconto e dei crediti d'imposta, e deve essere motivato in relazione ai presupposti di fatto e le ragioni giuridiche che lo hanno determinato e in relazione ([1]) a quanto stabilito dalle disposizioni di cui ai precedenti articoli che sono state applicate, con distinto riferimento ai singoli redditi delle varie categorie e con la specifica indicazione dei fatti e delle circostanze che giustificano il ricorso a metodi induttivi o sintetici e delle ragioni del mancato riconoscimento di deduzioni e detrazioni. Se la motivazione fa riferimento ad un altro atto non conosciuto né ricevuto dal contribuente, questo deve essere allegato all'atto che lo richiama salvo che quest'ultimo non ne riproduca il contenuto essenziale ([2]).

L'accertamento è nullo se l'avviso non reca la sottoscrizione, le indicazioni, la motivazione di cui al presente articolo e ad esso non è allegata la documentazione di cui all'ultimo periodo del secondo comma ([3]).

Fatte salve le previsioni di cui all'articolo 40 *bis* del presente decreto, sono computate in diminuzione dei maggiori imponibili di cui al secondo comma le perdite relative al periodo d'imposta oggetto di accertamento, fino a concorrenza del loro importo. Dai maggiori imponibili che residuano dall'eventuale computo in diminuzione di cui al periodo precedente, il contribuente ha facoltà di chiedere che siano computate in diminuzione le perdite pregresse non utilizzate, fino a concorrenza del loro importo. A tal fine, il contribuente deve presentare un'apposita istanza all'ufficio competente all'emissione dell'avviso di accertamento di cui al secondo comma, entro il termine di proposizione del ricorso. In tale caso il termine per l'impugnazione dell'atto è sospeso per un periodo di sessanta giorni. L'ufficio procede al ricalcolo dell'eventuale maggiore imposta dovuta, degli interessi e delle sanzioni correlate, e comunica l'esito al contribuente, entro sessanta giorni dalla presentazione dell'istanza. Ai fini del presente comma per perdite pregresse devono intendersi quelle che erano utilizzabili alla data di chiusura del periodo d'imposta oggetto di accertamento ai sensi dell'articolo 8 e dell'articolo 84 del decreto del Presidente della Repubblica 22 dicembre 1986, n. 917 ([4]).

([1]) *Le parole: «ai presupposti di fatto e le ragioni giuridiche che lo hanno determinato e in relazione» sono state aggiunte dall'art. 1, comma 1, lett.* c), *n. 1), del D.L.vo 26 gennaio 2001, n. 32.*

([2]) *L'ultimo periodo di questo comma è stato inserito dall'art. 1, comma 1, lett.* c), *n. 1), del D.L.vo 26 gennaio 2001, n. 32.*

([3]) *Le parole: «e la motivazione di cui al presente articolo»* sono state così sostituite *dall'art. 1, comma 1, lett.* c), *n. 2), del D.L.vo 26 gennaio 2001, n. 32.*

([4]) *Questo comma è stato aggiunto dall'art. 25, comma 1, del D.L.vo 24 settembre 2015, n. 158, a decorrere dal 1° gennaio 2016.*

A norma dell'art. 25, comma 5, del medesimo decreto, tali disposizioni entrano in vigore il 1° gennaio 2016, con riferimento ai periodi di imposta per i quali, alla predetta data, sono ancora pendenti i termini di cui all'articolo 43 di questo decreto.

A norma dell'art. 25, comma 4, del medesimo decreto, con provvedimento del Direttore dell'Agenzia delle entrate, da emanare entro novanta giorni dalla data di entrata in vigore del suddetto decreto, sono stabiliti i contenuti e le modalità di presentazione dell'istanza di cui al presente comma, nonché le conseguenti attività dell'ufficio competente.

43. ([1]) **Termine per l'accertamento.** – 1. Gli avvisi di accertamento devono essere notificati, a pena di decadenza, entro il 31 dicembre del quinto anno successivo a quello in cui è stata presentata la dichiarazione ([2]) ([3]).

2. Nei casi di omessa presentazione della dichiarazione o di presentazione di dichiarazione nulla l'avviso di accertamento può essere notificato entro il 31 dicembre del settimo anno successivo a quello in cui la dichiarazione avrebbe dovuto essere presentata ([2]).

3. Fino alla scadenza del termine stabilito nei commi precedenti l'accertamento può essere integrato o modificato in aumento mediante la notificazione di nuovi avvisi, in base alla sopravvenuta conoscenza di nuovi elementi da parte dell'Agenzia delle entrate. Nell'avviso devono essere specificamente indicati, a pena di nullità, i nuovi elementi e gli atti o fatti attraverso i quali sono venuti a conoscenza dell'ufficio delle imposte.

([1]) *Questo articolo è stato così sostituito dall'art. 1, comma 131, della L. 28 dicembre 2015, n. 208.*

([2]) *A norma dell'art. 1, comma 132, della L. 28 dicembre 2015, n. 208, le disposizioni di cui a questo comma, si applicano agli avvisi relativi al periodo d'imposta in corso alla data del 31 dicembre 2016 e ai periodi successivi. Per i periodi d'imposta precedenti, gli avvisi di accertamento devono essere notificati, a pena di decadenza, entro il 31 dicembre del quarto anno successivo a quello in cui è stata presentata la dichiarazione ovvero, nei casi di omessa presentazione della dichiarazione o di dichiarazione nulla, entro il 31 dicembre del quinto anno successivo a quello in cui la dichiarazione avrebbe dovuto essere presentata. Tuttavia, in caso di violazione che comporta obbligo di denuncia ai sensi dell'articolo 331 del codice di procedura penale per alcuno dei reati previsti dal decreto legislativo 10 marzo 2000, n. 74, i termini di cui al periodo precedente sono raddoppiati relativamente al periodo d'imposta in cui è stata commessa la violazione; il raddoppio non opera qualora la denuncia da parte dell'Amministrazione finanziaria, in cui è ricompresa la Guardia di finanza, sia presentata o trasmessa oltre la scadenza ordinaria dei termini di cui al primo periodo. Resta fermo quanto disposto dall'ultimo periodo del comma 5 dell'articolo 5 quater del decreto legge 28 giugno 1990, n. 167, convertito, con modificazioni, dalla legge 4 agosto 1990, n. 227, e successive modificazioni.*

([3]) *A norma dell'art. 3 del D.L.vo 5 agosto 2015, n. 127, così come sostituito dall'art. 1, comma 909, lett. c), della L. 27 dicembre 2017, n. 205, il termine di decadenza previsto da questo comma è ridotto di due anni. La riduzione si applica solo per i soggetti passivi di cui all'art. 1 del D.L.vo n. 127/2015 che garantiscono, nei modi stabiliti con decreto del Ministro dell'economia e delle finanze, la tracciabilità dei pagamenti ricevuti ed effettuati relativi ad operazioni di ammontare superiore a euro 500. La riduzione non si applica, in ogni caso, ai soggetti che effettuano anche operazioni di cui all'articolo 22 del decreto del Presidente della Repubblica 26 ottobre 1972, n. 633, salvo che abbiano esercitato l'opzione di cui all'articolo 2, comma 1, del presente decreto. A norma dell'art. 1, comma 916, della L. 27 dicembre 2017, n. 205, tali disposizioni si applicano alle fatture emesse a partire dal 1º gennaio 2019. Si veda inoltre l'art. 1, comma 917, della medesima legge.*

44. Partecipazione dei comuni all'accertamento. – I comuni partecipano all'accertamento dei redditi delle persone fisiche secondo le disposizioni del presente articolo e di quello successivo.

L'Agenzia delle entrate mette a disposizione dei comuni [e dei consigli tributari] ([1]) le dichiarazioni di cui all'articolo 2 dei contribuenti in essi residenti; gli Uffici dell'Agenzia delle entrate, prima della emissione degli avvisi di accertamento, ai sensi dell'articolo 38, quarto comma e seguenti, inviano una segnalazione ai comuni di domicilio fiscale dei soggetti passivi che abbiano stipulato convenzioni con l'Agenzia delle entrate ([2]) [nonché ai relativi consigli tributari] ([3]) ([4]).

Il comune di domicilio fiscale del contribuente [, o il consorzio al quale lo stesso partecipa, segnala ([5]) ed il consiglio tributario] ([6]) segnala ([7]) all'Agenzia delle entrate ([8]) qualsiasi integrazione degli elementi contenuti nelle dichiarazioni presentate dalle persone fisiche ai sensi dell'articolo 2, indicando dati, fatti ed elementi rilevanti e fornendo ogni idonea documentazione atta a comprovarla. [A tal fine il comune può prendere visione presso gli uffici delle imposte degli allegati alle dichiarazioni già trasmessegli in copia dall'ufficio stesso] ([9]). Dati, fatti ed elementi rilevanti, provati da idonea documentazione, possono essere segnalati dal comune anche nel caso di omissione della dichiarazione ([10]).

Il comune di domicilio fiscale del contribuente, con riferimento agli accertamenti di cui al secondo comma, [ed il consiglio tributario] ([11]) comunica ([12]) entro trenta ([13]) giorni da quello del ricevimento della segnalazione ogni elemento in suo possesso utile alla determinazione del reddito complessivo ([14]).

[Le proposte di accertamento dell'ufficio delle imposte e le proposte di aumento del comune devono essere accompagnate da un elenco in duplice copia. Una delle copie, datata e sottoscritta, viene restituita in segno di ricevuta all'ufficio mittente] ([15]).

[Decorso il termine di novanta giorni di cui al quarto comma l'ufficio delle imposte provvede alla notificazione degli accertamenti per i quali o non siano intervenute proposte di aumento da parte dei comuni o le proposte del comune siano state accolte dall'ufficio stesso] ([15]).

[Le proposte di aumento non condivise dall'ufficio delle imposte devono essere trasmesse a cura dello stesso, con le proprie deduzioni, all'apposita commissione operante presso ciascun ufficio, la quale determina gli imponibili da accertare. Se la commissione non delibera entro quarantacinque giorni dalla trasmissione della proposta, l'ufficio delle imposte provvede all'accertamento dell'imponibile già determinato] ([15]).

Il comune per gli adempimenti previsti dal terzo e quarto comma può ([16]) richiedere dati e notizie alle amministrazioni ed enti pubblici che hanno obbligo di rispondere gratuitamente ([17]).

Con decreto del Presidente del Consiglio dei Ministri, su proposta del Ministro dell'economia e delle finanze, d'intesa con la Conferenza Stato-Città ed autonomie locali, sono stabiliti criteri e modalità per la pubblicazione, sul sito del comune, dei dati aggregati relativi alle dichiarazioni di cui al comma secondo, con riferimento a determinate categorie di contribuenti ovvero di reddito. Con il medesimo decreto sono altresì individuati gli ulteriori dati che l'Agenzia delle entrate mette a disposizione dei comuni [e dei consigli tributari] ([18]) per favorire la partecipazione all'attività di accertamento, nonché le modalità di trasmissione idonee a garantire la necessaria riservatezza ([19]).

([1]) *Le parole: «e dei consigli tributari» erano state inserite dall'art. 1, comma 12* ter, *lett.* a), *del D.L. 13 agosto 2011, n. 138, convertito, con modificazioni, nella L. 14 settembre 2011, n. 148 e successivamente abrogate dall'art. 11, comma 8, lett.* a), *del D.L. 6 dicembre 2011, n. 201, convertito, con modificazioni, nella L. 22 dicembre 2011, n. 214.*

([2]) *Le parole: «che abbiano stipulato convenzioni con l'Agenzia delle entrate» sono state aggiunte dall'art. 8, comma 8* bis, *lett.* a), *del D.L. 2 marzo 2012, n. 16, convertito, con modificazioni, nella L. 26 aprile 2012, n. 44.*

([3]) *Le parole: «nonché ai relativi consigli tributari» erano state inserite dall'art. 1, comma 12* ter, *lett.* a), *del D.L. 13 agosto 2011, n. 138, convertito, con modificazioni, nella L. 14 settembre 2011, n. 148 e successivamente abrogate dall'art. 11, comma 8, lett.* a), *del D.L. 6 dicembre 2011, n. 201, convertito, con modificazioni, nella L. 22 dicembre 2011, n. 214.*

([4]) *Questo comma, già sostituito dall'art. 5 del D.P.R. 28 novembre 1980, n. 787, è stato da ultimo così sostituito dall'art. 18, comma 4, lett.* a), *del D.L. 31 maggio 2010, n. 78, convertito, con modificazioni, nella L. 30 luglio 2010, n. 122.*

([5]) *Le parole: «Il comune di domicilio fiscale del contribuente, avvalendosi della collaborazione del consiglio tributario se istituito, può segnalare» sono state così sostituite dalle parole: «Il comune di domicilio fiscale del contribuente, o il consorzio al quale lo stesso partecipa, segnala» dall'art. 18, comma 4, lett.* b), *del D.L. 31 maggio 2010, n. 78, convertito, con modificazioni, nella L. 30 luglio 2010, n. 122.*

([6]) *Le parole tra parentesi quadrate sono state soppresse dall'art. 11, comma 8, lett.* a), *del D.L. 6 dicembre 2011, n. 201, convertito, con modificazioni, nella L. 22 dicembre 2011, n. 214.*

([7]) *La parola: «segnala» è stata così sostituita dalle parole: «ed il consiglio tributario segnalano» dall'art. 1, comma 12* ter, *lett.* b), *del D.L. 13 agosto 2011, n. 138, convertito, con modificazioni, nella L. 14 settembre 2011, n. 148. Successivamente, la parola: «segnalano» è stata così sostituita dalla parola: «segnala» dall'art. 11, comma 8, lett.* a), *del D.L. 6 dicembre 2011, n. 201, convertito, con modificazioni, nella L. 22 dicembre 2011, n. 214.*

([8]) *Le parole: «Ufficio delle imposte dirette» sono state così sostituite dalle parole: «Agenzia delle entrate» dall'art. 11, comma 8, lett.* a), *del D.L. 6 dicembre 2011, n. 201, convertito, con modificazioni, nella L. 22 dicembre 2011, n. 214.*

([9]) *Questo periodo è stato abrogato dall'art. 18, comma 4, lett.* b), *del D.L. 31 maggio 2010, n. 78, convertito, con modificazioni, nella L. 30 luglio 2010, n. 122.*

([10]) *Questo comma è stato così sostituito dall'art. 18 della L. 24 aprile 1980, n. 146.*

([11]) *Le parole tra parentesi quadrate sono state soppresse dall'art. 11, comma 8, lett.* b), *del D.L. 6 dicembre 2011, n. 201, convertito, con modificazioni, nella L. 22 dicembre 2011, n. 214.*

([12]) *La parola: «comunica» è stata sostituita dalle parole: «ed il consiglio tributario comunicano» dall'art. 1, comma 12* ter, *lett.* c), *del D.L. 13 agosto 2011, n. 138, convertito, con modificazioni, nella L. 14 settembre 2011, n. 148. Successivamente, la parola: «comunicano» è stata così sostituita dalla parola: «comunica» dall'art. 11, comma 8, lett.* b), *del D.L. 6 dicembre 2011, n. 201, convertito, con modificazioni, nella L. 22 dicembre 2011, n. 214.*

([13]) *La parola: «sessanta» è stata così sostituita dalla parola: «trenta» dall'art. 8, comma 8* bis, *lett.* b), *del D.L. 2 marzo 2012, n. 16, convertito, con modificazioni, nella L. 26 aprile 2012, n. 44.*

([14]) *Questo comma, già sostituito dall'art. 18 della L. 24 aprile 1980, n. 146, è stato da ultimo così sostituito dall'art. 18, comma 4, lett.* c), *del D.L. 31 maggio 2010, n. 78, convertito, con modificazioni, nella L. 30 luglio 2010, n. 122.*

([15]) *Questo comma è stato abrogato dall'art. 18, comma 4, lett.* d), *del D.L. 31 maggio 2010, n. 78, convertito, con modificazioni, nella L. 30 luglio 2010, n. 122.*

([16]) *Le parole: «ed il consiglio tributario possono» sono state così sostituite dalla parola: «può» dall'art. 11, comma 8, lett.* c), *del D.L. 6 dicembre 2011, n. 201, convertito, con modificazioni, nella L. 22 dicembre 2011, n. 214.*

([17]) *Comma aggiunto dall'art. 18, L. 24 aprile 1980, n. 146.*

([18]) *Le parole tra parentesi quadrate sono state soppresse dall'art. 11, comma 8, lett.* d), *del D.L. 6 dicembre 2011, n. 201, convertito, con modificazioni, nella L. 22 dicembre 2011, n. 214.*

([19]) *Questo comma è stato aggiunto dall'art. 1, comma 12* ter, *lett.* e), *del D.L. 13 agosto 2011, n. 138, convertito, con modificazioni, nella L. 14 settembre 2011, n. 148.*

Titolo Sesto
Disposizioni varie

58. Domicilio fiscale. – Agli effetti dell'applicazione delle imposte sui redditi ogni soggetto si intende domiciliato in un comune dello Stato, giusta le disposizioni seguenti (1).

Le persone fisiche residenti nel territorio dello Stato hanno il domicilio fiscale nel comune nella cui anagrafe sono iscritte. Quelle non residenti hanno il domicilio fiscale nel comune in cui si è prodotto il reddito o, se il reddito è prodotto in più comuni, nel comune in cui si è prodotto il reddito più elevato. I cittadini italiani, che risiedono all'estero in forza di un rapporto di servizio con la pubblica amministrazione, nonché quelli considerati residenti ai sensi dell'articolo 2, comma 2 *bis*, del testo unico delle imposte sui redditi, approvato con decreto del Presidente della Repubblica 22 dicembre 1986, n. 917 (2), hanno il domicilio fiscale nel comune di ultima residenza nello Stato (1).

I soggetti diversi dalle persone fisiche hanno il domicilio fiscale nel comune in cui si trova la loro sede legale o, in mancanza, la sede amministrativa; se anche questa manchi, essi hanno il domicilio fiscale nel comune ove è stabilita una sede secondaria o una stabile organizzazione e in mancanza nel comune in cui esercitano prevalentemente la loro attività.

Negli (3) atti, contratti, denunzie e dichiarazioni che vengono presentati agli uffici finanziari deve essere indicato il comune di domicilio fiscale delle parti, con la precisazione dell'indirizzo solo ove espressamente richiesto (4).

Le cause di variazione del domicilio fiscale hanno effetto dal sessantesimo giorno successivo a quello in cui si sono verificate.

(1) *La Corte costituzionale, con sentenza n. 366 del 7 novembre 2007, ha dichiarato l'illegittimità costituzionale del combinato disposto del primo comma e del secondo comma, secondo periodo, di questo articolo, dell'art. 60, primo comma, lett.* c), e), *ed* f), *di questo provvedimento e dell'art. 26, ultimo comma del D.P.R. 29 settembre 1973, n. 602, nella parte in cui prevede, nel caso di notificazione a cittadino italiano avente all'estero una residenza conoscibile dall'amministrazione finanziaria in base all'iscrizione nell'Anagrafe degli Italiani Residenti all'Estero (AIRE), che le disposizioni contenute nell'articolo 142 del codice di procedura civile non si applicano.*

(2) *Le parole da: «nonché quelli considerati» a: «22 dicembre 1986, n. 917», sono state inserite dall'art. 10, comma 2, della L. 23 dicembre 1998, n. 448, con effetto dal 1° gennaio 1999.*

(3) *Le parole: «In tutti gli» sono state così sostituite dalla parola: «Negli» dall'art. 2, comma 7, lett.* a), *del D.L. 2 marzo 2012, n. 16, convertito, con modificazioni, nella L. 26 aprile 2012, n. 44.*

(4) *Le parole: «solo ove espressamente richiesto» sono state aggiunte dall'art. 2, comma 7, lett.* a)*, del D.L. 2 marzo 2012, n. 16, convertito, con modificazioni, nella L. 26 aprile 2012, n. 44.*

59. Domicilio fiscale stabilito dall'amministrazione. – L'amministrazione finanziaria può stabilire il domicilio fiscale del soggetto, in deroga alle disposizioni dell'articolo precedente, nel comune dove il soggetto stesso svolge in modo continuativo la principale attività ovvero, per i soggetti diversi dalle persone fisiche, nel comune in cui è stabilita la sede amministrativa.

Quando concorrono particolari circostanze l'amministrazione finanziaria può consentire al contribuente, che ne faccia motivata istanza, che il suo domicilio fiscale sia stabilito in un comune diverso da quello previsto dall'articolo precedente.

Competente all'esercizio delle facoltà indicate nei precedenti commi è l'intendente di finanza o il Ministro per le finanze a seconda che il provvedimento importi lo spostamento del domicilio fiscale nell'ambito della stessa provincia o in altra provincia.

Il provvedimento è in ogni caso definitivo, deve essere motivato e notificato all'interessato ed ha effetto dal periodo d'imposta successivo a quello in cui è stato notificato.

60. Notificazioni. – La notificazione degli avvisi e degli altri atti che per legge devono essere notificati al contribuente è eseguita secondo le norme stabilite dagli artt. 137 e seguenti del codice di procedura civile, con le seguenti modifiche:

a) la notificazione è eseguita dai messi comunali ovvero dai messi speciali autorizzati dall'ufficio [delle imposte] (1);

b) il messo deve fare sottoscrivere dal consegnatario l'atto o l'avviso ovvero indicare i motivi per i quali il consegnatario non ha sottoscritto;

b bis) se il consegnatario non è il destinatario dell'atto o dell'avviso, il messo consegna o deposita la copia dell'atto da notificare in busta che provvede a sigillare e su cui trascrive il numero cronologico della notificazione, dandone atto nella relazione in calce all'originale e alla copia dell'atto stesso. Sulla busta non sono apposti segni o indicazioni dai quali possa desumersi il contenuto dell'atto. Il consegnatario deve sottoscrivere una ricevuta e il messo dà notizia dell'avvenuta notificazione dell'atto o dell'avviso, a mezzo di lettera raccomandata (2);

c) salvo il caso di consegna dell'atto o dell'avviso in mani proprie, la notificazione deve essere fatta nel domicilio fiscale del destinatario (3);

d) è in facoltà del contribuente di eleggere domicilio presso una persona o un ufficio nel comune del proprio domicilio fiscale per la notificazione degli atti o degli avvisi che lo riguardano. In tal caso l'elezione di domicilio deve risultare espressamente da apposita comunicazione effettuata al competente ufficio ([4]) a mezzo di lettera raccomandata con avviso di ricevimento ovvero in via telematica con modalità stabilite con provvedimento del Direttore dell'Agenzia delle entrate ([5]);

e) quando nel comune nel quale deve eseguirsi la notificazione non vi è abitazione, ufficio o azienda del contribuente, l'avviso del deposito prescritto dall'art. 140 del codice di procedura civile, in busta chiusa e sigillata, ([6]) si affigge nell'albo del comune e la notificazione, ai fini della decorrenza del termine per ricorrere, si ha per eseguita nell'ottavo giorno successivo a quello di affissione ([3]);

e bis) è facoltà del contribuente che non ha la residenza nello Stato e non vi ha eletto domicilio ai sensi della lettera *d*), o che non abbia costituito un rappresentante fiscale, comunicare al competente ufficio locale, con le modalità di cui alla stessa lettera *d*), l'indirizzo estero per la notificazione degli avvisi e degli altri atti che lo riguardano; salvo il caso di consegna dell'atto o dell'avviso in mani proprie, la notificazione degli avvisi o degli atti è eseguita mediante spedizione a mezzo di lettera raccomandata con avviso di ricevimento ([7]);

f) le disposizioni contenute negli artt. 142, 143, 146, 150 e 151 del codice di procedura civile non si applicano ([3]).

L'elezione di domicilio [non risultante dalla dichiarazione annuale] ([8]) ha effetto dal trentesimo giorno successivo a quello della data di ricevimento delle comunicazioni previste alla lettera *d*) ed alla lettera *e bis*) del comma precedente ([9]).

Le variazioni e le modificazioni dell'indirizzo [non risultanti dalla dichiarazione annuale] ([10]) hanno effetto, ai fini delle notificazioni, dal trentesimo giorno successivo a quello dell'avvenuta variazione anagrafica ([11]) o, per le persone giuridiche e le società ed enti privi di personalità giuridica, dal trentesimo giorno successivo a quello della ricezione da parte dell'ufficio della dichiarazione prevista dagli articoli 35 e 35 *ter* del decreto del Presidente della Repubblica 26 ottobre 1972, n. 633, ovvero del modello previsto per la domanda di attribuzione del numero di codice fiscale dei soggetti diversi dalle persone fisiche non obbligati alla presentazione della dichiarazione di inizio attività IVA ([12]). [Se la comunicazione è stata omessa la notificazione è eseguita validamente nel comune di domicilio fiscale risultante dall'ultima dichiarazione annuale] ([13]) ([14]).

Salvo quanto previsto dai commi precedenti ed in alternativa a quanto stabilito dall'articolo 142 del codice di procedura civile, la notificazione ai contribuenti non residenti è validamente effettuata mediante spedizione di lettera raccomandata con avviso di ricevimento all'indirizzo della residenza estera rilevato dai registri dell'Anagrafe degli italiani residenti all'estero o a quello della sede legale estera risultante dal registro delle imprese di cui all'articolo 2188 del codice civile. In mancanza dei predetti indirizzi, la spedizione della lettera raccomandata con avviso di ricevimento è effettuata all'indirizzo estero indicato dal contribuente nelle domande di attribuzione del numero di codice fiscale o variazione dati e nei modelli di cui al terzo comma, primo periodo. In caso di esito negativo della notificazione si applicano le disposizioni di cui al primo comma, lettera *e*) ([15]).

La notificazione ai contribuenti non residenti è validamente effettuata ai sensi del quarto comma qualora i medesimi non abbiano comunicato all'Agenzia delle entrate l'indirizzo della loro residenza o sede estera o del domicilio eletto per la notificazione degli atti, e le successive variazioni, con le modalità previste con provvedimento del Direttore dell'Agenzia delle entrate. La comunicazione e le successive variazioni hanno effetto dal trentesimo giorno successivo a quello della ricezione ([15]).

Qualunque notificazione a mezzo del servizio postale si considera fatta nella data della spedizione; i termini che hanno inizio dalla notificazione decorrono dalla data in cui l'atto è ricevuto ([16]).

In deroga all'articolo 149 *bis* del codice di procedura civile e alle modalità di notificazione previste dalle norme relative alle singole leggi d'imposta non compatibili con quelle di cui al presente comma, la notificazione degli avvisi e degli altri atti che per legge devono essere notificati alle imprese individuali o costituite in forma societaria e ai professionisti iscritti in albi o elenchi istituiti con legge dello Stato può essere effettuata direttamente dal competente ufficio con le modalità previste dal regolamento di cui al decreto del Presidente della Repubblica 11 febbraio 2005, n. 68, a mezzo di posta elettronica certificata, all'indirizzo del destinatario risultante dall'indice nazionale degli indirizzi di posta elettronica certificata (INI-PEC). All'ufficio sono consentite la consultazione telematica e l'estrazione, anche in forma massiva, di tali indirizzi. Se la casella di posta elettronica risulta satura, l'ufficio effettua un secondo tentativo di consegna decorsi almeno sette giorni dal primo invio. Se anche a seguito di tale tentativo la casella di posta elettronica risulta satura oppure se l'indirizzo di posta elettronica del destinatario non risulta valido o attivo, la notificazione deve essere eseguita mediante deposito telematico dell'atto nell'area riservata del sito internet della società InfoCamere Scpa e pubblicazione, entro il secondo giorno successivo a quello di deposito, del relativo avviso nello stesso sito, per la durata di quindici giorni; l'ufficio inoltre dà notizia al destinatario dell'avvenuta notificazione dell'atto a mezzo di lettera raccomandata, senza ulteriori adempimenti a proprio carico. Ai fini del rispetto dei termini di prescrizione e decadenza, la notificazione si intende comunque perfezionata per il notificante nel momento in cui il suo gestore della casella di posta elettronica certificata gli trasmette la ricevuta di accettazione con la relativa attestazione temporale che certifica l'avvenuta spedizione del messaggio, mentre per il destinatario si intende perfezionata alla data di avvenuta consegna contenuta nella ricevuta che il gestore della casella di posta elettronica certificata del destinatario trasmette all'ufficio o, nei casi di cui al periodo precedente, nel quindicesimo giorno successivo a quello della pubblicazione dell'avviso nel sito internet della società InfoCamere Scpa. Nelle more della piena operatività dell'anagrafe nazionale della popolazione residente, per i soggetti diversi da quelli obbligati ad avere un indirizzo di posta elettronica certificata da inserire nell'INI-PEC, la notificazione può essere eseguita a coloro che ne facciano richiesta, all'indirizzo di posta elettronica certificata di cui sono intestatari, all'indirizzo di posta elettronica certificata di uno dei soggetti di cui all'articolo 12, comma 3, del decreto legislativo 31 dicembre 1992, n. 546, ovvero del coniuge, di un parente o affine entro il quarto grado di cui all'articolo 63, secondo comma, secondo periodo, del presente decreto, specificamente incaricati di ricevere le notifiche per conto degli interessati, secondo le modalità stabilite con provvedimento del direttore dell'Agenzia delle entrate. Nelle ipotesi di cui al periodo precedente, l'indirizzo dichiarato nella richiesta ha effetto, ai fini delle notificazioni, dal quinto giorno libero successivo a quello in cui l'ufficio attesta la ricezione della richiesta stessa. Se la casella di posta elettronica del contribuente che ha effettuato la richiesta risulta satura, l'ufficio effettua un secondo tentativo di consegna decorsi almeno sette giorni dal primo invio. Se anche a seguito di tale tentativo la casella di posta elettronica risulta satura oppure nei casi in cui l'indirizzo di posta elettronica del contribuente non risulta valido o attivo, si applicano le disposizioni in materia di notificazione degli avvisi e degli altri atti che per legge devono essere notificati al contribuente, comprese le disposizioni del presente articolo diverse da quelle del presente comma e quelle del codice di procedura civile dalle stesse non modificate, con esclusione dell'articolo 149 *bis* del codice di procedura civile ([17]).

([1]) *Le parole fra parentesi quadrate sono state soppresse dall'art. 38, comma 4, lett.* a), *n. 1, del D.L. 31 maggio 2010, n. 78, convertito, con modificazioni, nella L. 30 luglio 2010, n. 122.*

([2]) *Questa lettera è stata inserita dall'art. 37, comma 27, lett.* a), *del D.L. 4 luglio 2006, n. 223, convertito, con modificazioni, nella L. 4 agosto 2006, n. 248.*

([3]) *La Corte costituzionale, con sentenza n. 366 del 7 novembre 2007, ha dichiarato l'illegittimità costituzionale del combinato disposto dell'art. 58, primo e secondo comma, secondo periodo, di questo provvedimento, di questa lettera e dell'art. 26, ultimo comma del D.P.R. 29 settembre 1973, n. 602, nella parte in cui prevede, nel caso di notificazione a cittadino italiano avente all'estero una residenza conoscibile dall'amministrazione finanziaria in base all'iscrizione nell'Anagrafe degli Italiani Residenti all'Estero (AIRE), che le disposizioni contenute nell'articolo 142 del codice di procedura civile non si applicano.*

([4]) *Le parole: «dalla dichiarazione annuale ovvero da altro atto comunicato successivamente al competente ufficio imposte» sono state così sostituite dalle attuali: «da apposita comunicazione effettuata al competente ufficio» dall'art. 38, comma 4, lett.* a), *n. 2, del D.L. 31 maggio 2010, n. 78, convertito, con modificazioni, nella L. 30 luglio 2010, n. 122.*

([5]) *Le parole: «ovvero in via telematica con modalità stabilite con provvedimento del Direttore dell'Agenzia delle entrate» sono state inserite dall'art. 38, comma 4, lett.* a), *n. 2, del D.L. 31 maggio 2010, n. 78, convertito, con modificazioni, nella L. 30 luglio 2010, n. 122.*

([6]) *Le parole*: «, *in busta chiusa e sigillata,» sono state inserite dall'art. 37, comma 27, lett.* b), *del D.L. 4 luglio 2006, n. 223, convertito, con modificazioni, nella L. 4 agosto 2006, n. 248.*

([7]) *Questa lettera è stata inserita dall'art. 37, comma 27, lett.* c), *del D.L. 4 luglio 2006, n. 223, convertito, con modificazioni, nella L. 4 agosto 2006, n. 248.*

([8]) *Le parole fra parentesi quadrate sono state soppresse dall'art. 38, comma 4, lett.* a), *n. 3, del D.L. 31 maggio 2010, n. 78, convertito, con modificazioni, nella L. 30 luglio 2010, n. 122.*

([9]) *Questo comma è stato così sostituito dall'art. 37, comma 27, lett.* d), *del D.L. 4 luglio 2006, n. 223, convertito, con modificazioni, nella L. 4 agosto 2006, n. 248.*

([10]) *Le parole fra parentesi quadrate sono state soppresse dall'art. 38, comma 4, lett.* a), *n. 4, del D.L. 31 maggio 2010, n. 78, convertito, con modificazioni, nella L. 30 luglio 2010, n. 122.*

([11]) *Le parole*: *«dal sessantesimo giorno successivo a quello dell'avvenuta variazione anagrafica» sono state così sostituite dalle attuali parole*: *«dal trentesimo giorno successivo a quello dell'avvenuta variazione anagrafica» dall'art. 37, comma 27, lett.* e), *del D.L. 4 luglio 2006, n. 223, convertito, con modificazioni, nella L. 4 agosto 2006, n. 248.*

([12]) *Le parole: «della comunicazione prescritta nel secondo comma dell'art. 36» sono state così sostituite dalle attuali: «della dichiarazione prevista dagli articoli 35 e 35* ter *del decreto del Presidente della Repubblica 26 ottobre 1972, n. 633, ovvero del modello previsto per la domanda di attribuzione del numero di codice fiscale dei soggetti diversi dalle persone fisiche non obbligati alla presentazione della dichiarazione di inizio attività IVA.» dall'art. 38, comma 4, lett.* a), *n. 4, del D.L. 31 maggio 2010, n. 78, convertito, con modificazioni, nella L. 30 luglio 2010, n. 122.*

([13]) *Questo periodo è stato soppresso dall'art. 2, comma 7, lett.* b), *del D.L. 2 marzo 2012, n. 16, convertito, con modificazioni, nella L. 26 aprile 2012, n. 44.*

([14]) *La Corte costituzionale, con sentenza n. 360 del 19 dicembre 2003, ha dichiarato l'illegittimità costituzionale di questo comma, nella parte in cui prevede che le variazioni e le modificazioni dell'indirizzo del contribuente, non risultanti dalla dichiarazione annuale, hanno effetto, ai fini delle notificazioni, dal sessantesimo giorno successivo a quello della avvenuta variazione anagrafica.*

([15]) *Questo comma è stato inserito dall'art. 2, comma 1, lett.* a), *del D.L. 25 marzo 2010, n. 40, convertito, con modificazioni, nella L. 22 maggio 2010, n. 73.*

([16]) *Questo comma è stato aggiunto dall'art. 37, comma 27, lett.* f), *del D.L. 4 luglio 2006, n. 223, convertito, con modificazioni, nella L. 4 agosto 2006, n. 248.*

([17]) *Questo comma è stato aggiunto dall'art. 7* quater, *comma 6, del D.L. 22 ottobre 2016, n. 193, convertito, con modificazioni, nella L. 1 dicembre 2016, n. 225.*

Tali disposizioni si applicano alle notificazioni degli avvisi e degli altri atti che per legge devono essere notificati ai contribuenti effettuate a decorrere dal 1° luglio 2017. Resta ferma per gli avvisi e gli altri atti che per legge devono essere notificati fino al 30 giugno 2017 la disciplina vigente prima della data di entrata in vigore della legge di conversione del presente decreto.

60 *bis*. ([1]) **Assistenza per le richieste di notifica tra le autorità competenti degli Stati membri dell'Unione europea.** – 1. L'Amministrazione finanziaria può chiedere all'autorità competente di un altro Stato membro di notificare al destinatario, secondo le norme sulla notificazione dei corrispondenti atti vigenti nello Stato membro interpellato, tutti gli atti e le decisioni degli organi amministrativi dello Stato relativi all'applicazione della legislazione interna sulle imposte indicate nell'articolo 2 della direttiva 2011/16/UE del 15 febbraio 2011 del Consiglio, che ha abrogato la direttiva 77/799/CEE del 19 dicembre 1977 ([2]).

2. Su domanda dell'autorità competente di un altro Stato membro, l'Amministrazione finanziaria procede, secondo le norme di legge in vigore per la notifica dei corrispondenti atti nel territorio nazionale, alla notifica al destinatario di tutti gli atti e le decisioni delle autorità amministrative dello Stato membro richiedente relativi all'applicazione, nel suo territorio, della legislazione sulle imposte indicate nell'articolo 2 della direttiva 2011/16/UE del 15 febbraio 2011 del Consiglio, che ha abrogato la direttiva 77/799/CEE del 19 dicembre 1977 ([3]).

2 *bis*. L'amministrazione finanziaria può notificare un documento, secondo le modalità di cui all'articolo 60, direttamente ad una persona nel territorio di un altro Stato membro ([4]).

3. La domanda di notifica indica il contenuto dell'atto o della decisione da notificare e contiene il nome, l'indirizzo del destinatario e qualsiasi altro dato utile ai fini dell'identificazione dello stesso.

4. L'Amministrazione finanziaria informa immediatamente l'autorità richiedente circa il seguito dato alla domanda di notifica, comunicando la data in cui l'atto o la decisione sono stati notificati al destinatario.

([1]) *Questo articolo è stato inserito dall'art. 1, comma 1, lett.* c), *del D.L.vo 19 settembre 2005, n. 215.*

([2]) *Le parole: «sulle imposte indicate nell'articolo 1 della direttiva 77/799/CEE del Consiglio, del 19 dicembre 1977, modificata dalle direttive 2003/93/CE del Consiglio, del 7 ottobre 2003, e 2004/56/CE del Consiglio, del 21 aprile 2004» sono state così sostituite dalle attuali: «sulle imposte indicate nell'articolo 2 della direttiva 2011/16/UE del 15 febbraio 2011 del Consiglio, che ha abrogato la direttiva 77/799/CEE del 19 dicembre 1977» dall'art. 11, comma 1, lett. e), del D.L.vo 4 marzo 2014, n. 29.*

([3]) *Le parole: «sulle imposte indicate nell'articolo 1 della direttiva 77/799/CEE» sono state così sostituite dalla attuali: «sulle imposte indicate nell'articolo 2 della direttiva 2011/16/UE del 15 febbraio 2011 del Consiglio, che ha abrogato la direttiva 77/799/CEE del 19 dicembre 1977» dall'art. 11, comma 1, lett.* f), *del D.L.vo 4 marzo 2014, n. 29.*

([4]) *Questo comma è stato inserito dall'art. 11, comma 1, lett.* g), *del D.L.vo 4 marzo 2014, n. 29.*

61. Ricorsi. – Il contribuente può ricorrere contro gli atti di accertamento e di irrogazione delle sanzioni secondo le disposizioni relative al contenzioso tributario di cui al D.P.R. 26 ottobre 1972, n. 636.

La nullità dell'accertamento ai sensi del terzo comma dell'art. 42 e del terzo comma dell'art. 43, e in genere per difetto di motivazione, deve essere eccepita a pena di decadenza in primo grado.

I contribuenti obbligati alla tenuta di scritture contabili non possono provare circostanze omesse nelle scritture stesse o in contrasto con le loro risultanze. Tuttavia è ammessa la prova, sulla base di elementi certi e precisi, delle spese e degli oneri di cui all'art. 75, comma 4, terzo periodo, del testo unico delle imposte sui redditi, approvato con D.P.R. 22 dicembre 1986, n. 917, ferma restando la disposizione del comma 6 dello stesso articolo ([1]).

Il secondo e il terzo comma dell'art. 59 del D.P.R. 26 ottobre 1972, n. 633, sono sostituiti dai seguenti:

(*Omissis*).

([1]) *Questo ultimo periodo è stato aggiunto dall'art. 30, D.L. 2 marzo 1989, n. 69, conv., con modif., nella L. 27 aprile 1989, n. 154.*

62. Rappresentanza dei soggetti diversi dalle persone fisiche. – La rappresentanza dei soggetti diversi dalle persone fisiche, quando non sia determinabile secondo la legge civile, è attribuita ai fini tributari alle persone che ne hanno l'amministrazione anche di fatto.

63. Rappresentanza e assistenza dei contribuenti. – Presso gli uffici finanziari il contribuente può farsi rappresentare da un procuratore generale o speciale, salvo quanto stabilito nel quarto comma.

La procura speciale deve essere conferita per iscritto con firma autenticata. L'autenticazione non è necessaria quando la procura è conferita al coniuge o a parenti e affini entro il quarto grado o a propri dipendenti da persone giuridiche. Quando la procura è conferita a persone iscritte in albi professionali o nell'elenco previsto dal terzo comma, a soggetti iscritti alla data del 30 settembre 1993 nei ruoli dei periti ed esperti tenuti dalle camere di commercio, industria, artigianato e agricoltura per la sub-categoria tributi, in possesso di diploma di laurea in giurisprudenza o in economia e commercio o equipollenti o di diploma di ragioneria ([1]) ovvero ai soggetti indicati nell'articolo 4, comma 1, lettere *e*), *f*) ed *i*), del decreto legislativo 31 dicembre 1992, n. 545 ([2]), o ai professionisti di cui alla norma UNI 11511 certificati e qualificati ai sensi della legge 14 gennaio 2013, n. 4 ([3]) è data facoltà agli stessi rappresentanti di autenticare la sottoscrizione. Quando la procura è rilasciata ad un funzionario di un centro di assistenza fiscale o di una società di servizi di cui all'articolo 11 del regolamento di cui al decreto del Ministro delle finanze 31 maggio 1999, n. 164, essa deve essere autenticata dal responsabile dell'assistenza fiscale del predetto centro o dal legale rappresentante della predetta società di servizi ([4]).

Il Ministero dell'economia e delle finanze può autorizzare all'esercizio dell'assistenza tecnica davanti alle commissioni tributarie, se cessati dall'impiego dopo almeno venti anni di effettivo servizio di cui almeno gli ultimi dieci prestati a svolgere attività connesse ai tributi, gli impiegati delle carriere dirigenziale, direttiva e di concetto degli enti impositori e del Ministero nonché gli ufficiali e ispettori della guardia di finanza. L'autorizzazione può essere revocata o sospesa in ogni tempo con provvedimento motivato. Le attività connesse ai tributi sono individuate con il decreto di cui all'articolo 12, comma 4, del decreto legislativo 31 dicembre 1992, n. 546 ([5]) ([6]).

Ai soggetti di cui al terzo comma, ancorché iscritti in un albo professionale, è vietato di esercitare funzioni di assistenza e di rappresentanza presso gli enti impositori e davanti le commissioni tributarie per un periodo di due anni dalla data di cessazione del rapporto d'impiego ([7]).

L'esercizio delle funzioni di rappresentanza e assistenza in violazione del presente articolo è punito con la sanzione amministrativa da euro mille a euro cinquemila ([8]).

([1]) *Le parole*: «, *a soggetti iscritti alla data del 30 settembre 1993 nei ruoli dei periti ed esperti tenuti dalle camere di commercio, industria, artigianato e agricoltura per la sub-categoria tributi, in possesso di diploma di laurea in giurisprudenza o in economia e commercio o equipollenti o di diploma di ragioneria*» *sono state inserite dall'art. 1, comma 279, lett. a), della L. 27 dicembre 2013, n. 147.*

([2]) *Le parole da*: «*ovvero ai soggetti indicati ...*» *fino a*: «*... 31 dicembre 1992, n. 545*» *sono state inserite dall'art. 7* quater *del D.L. 30 settembre 2005, n. 203, convertito, con modificazioni, nella L. 2 dicembre 2005, n. 248.*

([3]) *Le parole: «, o ai professionisti di cui alla norma UNI 11511 certificati e qualificati ai sensi della legge 14 gennaio 2013, n. 4» sono state inserite dall'art. 6 bis, comma 1, del D.L. 22 ottobre 2016, n. 193, convertito, con modificazioni, nella L. 1 dicembre 2016, n. 225.*

([4]) *Questo periodo è stato aggiunto dall'art. 1, comma 279, lett. b), della L. 27 dicembre 2013, n. 147.*

([5]) *Questo comma è stato così sostituito dall'art. 10, comma 1, del D.L.vo 24 settembre 2015, n. 156.*

A norma dell'art. 12, comma 1, le disposizioni del predetto decreto entrano in vigore a decorrere dal 1° gennaio 2016.

Si riporta il testo previgente:

«Il Ministero delle finanze può autorizzare all'esercizio dell'assistenza e della rappresentanza davanti alle commissioni tributarie gli impiegati delle carriere dirigenziale, direttiva e di concetto dell'amministrazione finanziaria, nonché gli ufficiali e i sottufficiali (*) della guardia di finanza, collocati a riposo dopo almeno venti anni di effettivo servizio. L'autorizzazione può essere revocata in ogni tempo con provvedimento motivato. Il Ministero tiene l'elenco delle persone autorizzate e comunica alle segreterie delle commissioni tributarie le relative variazioni.».

(*) *Le parole: «e i sottufficiali» sono state inserite dall'art. 42, comma 2, della L. 23 dicembre 2000, n. 388.*

([6]) *A norma dell'art. 12, comma 2, del D.L.vo 24 settembre 2015, n. 156, fino all'approvazione del decreto previsto dall'art. 12, comma 4, del D.L.vo 31 dicembre 1992, n. 546, come modificato dall'articolo 10 (N.d.R. 9) del D.L.vo n. 156/2015, restano applicabili le disposizioni previgenti di cui al predetto articolo 12.*

([7]) *Questo comma è stato così sostituito dall'art. 10, comma 1, del D.L.vo 24 settembre 2015, n. 156.*

A norma dell'art. 12, comma 1, le disposizioni del predetto decreto entrano in vigore a decorrere dal 1° gennaio 2016.

Si riporta il testo previgente:

«A coloro che hanno appartenuto all'amministrazione finanziaria e alla guardia di finanza, ancorché iscritti in un albo professionale o nell'elenco previsto nel precedente comma, è vietato, per due anni dalla data di cessazione del rapporto d'impiego, di esercitare funzioni di assistenza e di rappresentanza presso gli uffici finanziari e davanti le commissioni tributarie.».

([8]) *Questo comma è stato così sostituito dall'art. 10, comma 1, del D.L.vo 24 settembre 2015, n. 156.*

A norma dell'art. 12, comma 1, le disposizioni del predetto decreto entrano in vigore a decorrere dal 1° gennaio 2016.

Si riporta il testo previgente:

«Chi esercita funzioni di rappresentanza e assistenza in materia tributaria in violazione del presente articolo è punito con la sanzione amministrativa da € 51 a € 516 (*).».

(*) *Multa raddoppiata dall'art. 113, L. 24 novembre 1981, n. 689 e depenalizzata ai sensi dell'art. 39 della stessa legge, come modificato dalla L. 28 dicembre 1993, n. 562.*

64. Sostituto e responsabile d'imposta. – Chi in forza di disposizioni di legge è obbligato al pagamento di imposte in luogo di altri, per fatti o situazioni a questi riferibili ed anche a titolo di acconto, deve esercitare la rivalsa se non è diversamente stabilito in modo espresso.

Il sostituito ha facoltà di intervenire nel procedimento di accertamento dell'imposta.

Chi in forza di disposizioni di legge è obbligato al pagamento dell'imposta insieme con altri, per fatti o situazioni esclusivamente riferibili a questi, ha diritto di rivalsa.

65. Eredi del contribuente. – Gli eredi rispondono in solido delle obbligazioni tributarie il cui presupposto si è verificato anteriormente alla morte del dante causa.

Gli eredi del contribuente devono comunicare all'ufficio delle imposte del domicilio fiscale del dante causa le proprie generalità e il proprio domicilio fiscale. La comunicazione può essere presentata direttamente all'ufficio o trasmessa mediante lettera raccomandata con avviso di ricevimento, nel qual caso si intende fatta nel giorno di spedizione.

Tutti i termini pendenti alla data della morte del contribuente o scadenti entro quattro mesi da essa, compresi il termine per la presentazione della dichiarazione e il termine per ricorrere contro l'accertamento, sono prorogati di sei mesi in favore degli eredi. I soggetti incaricati dagli eredi, ai sensi del comma 2 dell'articolo 12, devono trasmettere in via telematica la dichiarazione entro il mese di gennaio dell'anno successivo a quello in cui è scaduto il termine prorogato ([1]).

La notifica degli atti intestati al dante causa può essere effettuata agli eredi impersonalmente e collettivamente nell'ultimo domicilio dello stesso ed è efficace nei confronti degli eredi che, almeno trenta giorni prima, non abbiano effettuato la comunicazione di cui al secondo comma.

([1]) *L'ultimo periodo di questo comma è stato aggiunto dall'art. 8, comma 1, lett* d), *del D.L.vo 9 luglio 1997, n. 241, con effetto per le dichiarazioni presentate a partire dal 1° gennaio 1999.*

66. Computo dei termini. – Per il computo dei termini si applicano le disposizioni dell'art. 2963 del codice civile.

67. Divieto della doppia imposizione. – La stessa imposta non può essere applicata più volte in dipendenza dello stesso presupposto, neppure nei confronti di soggetti diversi.

L'imposta personale pagata dal soggetto erogante a titolo definitivo a seguito di accertamento è scomputata dall'imposta dovuta dal percipiente il medesimo reddito (1).

(1) *Questo comma è stato aggiunto dall'art. 8 della L. 13 maggio 1999, n. 133.*

68. Segreto d'ufficio (1). – È considerata violazione del segreto d'ufficio qualunque informazione o comunicazione riguardante l'accertamento, data senza ordine del giudice, salvo i casi previsti dalla legge, a persone estranee alle rispettive amministrazioni, diverse dal contribuente o da chi lo rappresenta, dal personale dell'amministrazione finanziaria e dalla guardia di finanza nonché dai componenti delle commissioni di cui all'articolo 45, dai membri dei consigli comunali e dei consigli tributari, dai membri dei comitati che esercitano il controllo di legittimità sugli atti dei comuni e dal personale dei comuni che partecipano all'accertamento. Non è considerata violazione del segreto d'ufficio la comunicazione dei dati contenuti nelle dichiarazioni dei redditi (2).

Qualora l'amministrazione finanziaria si avvalga delle facoltà previste nel successivo art. 69, quarto comma, nell'art. 12 della L. 13 giugno 1952, n. 693, e nell'art. 12, sesto comma, del D.P.R. 29 settembre 1973, n. 602, non sono considerate violazioni del segreto di ufficio la trasmissione al consorzio obbligatorio tra gli esattori delle imposte dirette in carica delle dichiarazioni presentate dai contribuenti e la comunicazione di dati e notizie necessari per l'esecuzione dei compiti affidati al consorzio. Le persone che comunque attendono agli adempimenti relativi a tali compiti sono tenute a mantenere il segreto di ufficio (3).

[Non è considerata violazione del segreto d'ufficio la comunicazione da parte dell'Amministrazione finanziaria alle competenti autorità degli Stati membri della Comunità economica europea delle informazioni atte a permettere il corretto accertamento delle imposte sul reddito e sul patrimonio, in attuazione della direttiva del Consiglio delle Comunità europee numero 77/799/CEE del 19 dicembre 1977, modificata dalla direttiva 79/1070 del 6 dicembre 1979] (4).

(1) *Deroghe alla violazione del segreto d'ufficio sono state disposte dall'art. 3 del D.L. 29 marzo 1991, n. 103, convertito, con modificazioni, nella L. 1° giugno 1991, n. 166.*

(2) *Questo comma è stato così sostituito dall'art. 6 della L. 19 luglio 1977, n. 412.*

(3) *Questo comma è stato aggiunto per effetto dell'art. 1 del D.P.R. 30 settembre 1975, n. 483, in vigore dal 10 ottobre 1975.*

(4) *Questo comma è stato aggiunto per effetto dell'art. 3 del D.P.R. 5 giugno 1982, n. 506, in vigore dal 7 agosto 1982 e poi abrogato dall'art. 1, comma 1, lett.* d), *del D.L.vo 19 settembre 2005, n. 215.*

69. Pubblicazione degli elenchi dei contribuenti ([1]). – 1. Il Ministro delle finanze dispone annualmente la pubblicazione degli elenchi dei contribuenti il cui reddito imponibile è stato accertato dagli uffici delle imposte dirette e di quelli sottoposti a controlli globali a sorteggio a norma delle vigenti disposizioni nell'ambito dell'attività di programmazione svolta dagli uffici nell'anno precedente.

2. Negli elenchi deve essere specificato se gli accertamenti sono definitivi o in contestazione e devono essere indicati, in caso di rettifica, anche gli imponibili dichiarati dai contribuenti.

3. Negli elenchi sono compresi tutti i contribuenti che non hanno presentato la dichiarazione dei redditi, nonché i contribuenti nei cui confronti sia stato accertato un maggior reddito imponibile superiore a € 5.164,57 e al 20% del reddito dichiarato, o in ogni caso un maggior reddito imponibile superiore a € 25.822,84.

4. Il centro informativo delle imposte dirette, entro il 31 dicembre dell'anno successivo a quello di presentazione delle dichiarazioni dei redditi, forma, per ciascun comune, i seguenti elenchi nominativi da distribuire agli uffici delle imposte territorialmente competenti:

a) elenco nominativo dei contribuenti che hanno presentato la dichiarazione dei redditi;

b) elenco nominativo dei soggetti che esercitano imprese commerciali, arti e professioni.

5. Con apposito decreto del Ministro delle finanze sono annualmente stabiliti i termini e le modalità per la formazione degli elenchi di cui al comma 4 ([2]).

6. Gli elenchi sono depositati per la durata di un anno sia presso lo stesso ufficio delle imposte, sia presso i Comuni interessati. Nel predetto periodo è ammessa la visione e l'estrazione di copia degli elenchi nei modi e con i limiti stabiliti dalla disciplina in materia di accesso ai documenti amministrativi di cui agli articoli 22 e seguenti della legge 7 agosto 1990, n. 241, e successive modificazioni, dalla relativa normativa di attuazione, nonché da specifiche disposizioni di legge. Per l'accesso non sono dovuti i tributi speciali di cui al decreto del Presidente della Repubblica 26 ottobre 1972, n. 648 ([3]).

6 *bis*. Fuori dei casi previsti dal comma 6, la comunicazione o diffusione, totale o parziale, con qualsiasi mezzo, degli elenchi o di dati personali ivi contenuti, ove il fatto non costituisca reato, è punita con la sanzione amministrativa del pagamento di una somma da cinquemila euro a trentamila euro. La somma può essere aumentata sino al triplo quando risulta inefficace in ragione delle condizioni economiche del contravventore ([4]).

7. Ai comuni che dispongono di apparecchiature informatiche, i dati potranno essere trasmessi su supporto magnetico ovvero mediante sistemi telematici.

(1) *Questo articolo è stato così, da ultimo, interamente sostituito, per effetto dell'art. 19, comma 1, della L. 30 dicembre 1991, n. 413.*

(2) *Si veda il D.M. 5 maggio 1994* (Gazzetta Ufficiale *Serie gen. - n. 144 del 22 giugno 1994*).

(3) *Questo comma è stato così sostituito dall'art. 42, comma 1, lett.* a), *n.* 1), *del D.L. 25 giugno 2008, n. 112, convertito, con modificazioni, nella L. 6 agosto 2008, n. 133.*

(4) *Questo comma è stato aggiunto dall'art. 42, comma 1, lett.* a), *n.* 2), *del D.L. 25 giugno 2008, n. 112, convertito, con modificazioni, nella L. 6 agosto 2008, n. 133.*

70. Norme applicabili. – Per quanto non è diversamente disposto dal presente decreto si applicano, in materia di accertamento delle violazioni e di sanzioni, le norme del codice penale e del codice di procedura penale, della L. 7 gennaio 1929, n. 4 e del R.D.L. 3 gennaio 1926, n. 898 (1), e successive integrazioni.

Il venti per cento dei proventi delle sanzioni pecuniarie è devoluto ai fondi costituiti presso l'amministrazione o il corpo cui appartengono gli accertatori, con le modalità previste con decreto del Ministro per le finanze. Si applica il quarto comma dell'art. 6 della L. 15 novembre 1973, n. 734 (2) (3).

(1) Rectius: *R.D.L. 3 gennaio 1926, n. 63, convertito nella L. 24 maggio 1926, n. 898.*

(2) *Comma aggiunto per effetto dell'art. 3 del D.P.R. 28 marzo 1975, n. 60.*

(3) *Sono tuttavia escluse dalla ripartizione le autorità competenti ad emanare l'ordinanza-ingiunzione e la quota loro spettante è ripartita tra gli altri aventi diritto, nella proporzione attribuita a ciascuno di essi: art. 29, u.c., L. 24 novembre 1981, n. 689.*

Titolo Settimo
Disposizioni transitorie e finali

71. Dichiarazioni e scritture contabili. – Le disposizioni del presente decreto, salvo quanto è stabilito nei successivi articoli, si applicano per i periodi d'imposta che hanno inizio a partire dalla data di entrata in vigore del presente decreto, comprese le frazioni di esercizi o periodi di gestione di cui all'art. 27 del D.P.R. 29 settembre 1973, n. 598 (1).

Le scritture contabili relative a periodi d'imposta nei quali ai fini delle imposte sui redditi non ne era obbligatoria la tenuta non sono soggette ad ispezioni ai fini dell'accertamento.

Le disposizioni degli artt. 46 e 56 si applicano anche per le dichiarazioni prescritte dal quarto comma dell'art. 27 del decreto indicato nel primo comma (2).

Le persone fisiche e le società o associazioni di cui all'art. 6 devono presentare la dichiarazione, relativamente ai redditi posseduti nell'anno 1974, entro il 30 aprile 1975 (3).

Sono prorogati al 15 maggio 1975 i termini per la presentazione della dichiarazione dei soggetti indicati all'art. 2 del D.P.R. 29 settembre 1973, n. 598 (4), aventi scadenza entro il 14 maggio 1975 (3).

I sostituti d'imposta devono presentare la dichiarazione di cui al quarto comma dell'art. 9, relativamente ai pagamenti fatti e agli utili distribuiti nell'anno 1974, entro il 15 aprile 1975 (3).

(1) *Si tratta di periodi antecedenti al 1° gennaio 1974.*

(2) *Si tratta del bilancio e del conto profitti e perdite relativi al periodo d'imposta compreso fra il 1° gennaio 1974 e la data di chiusura dell'esercizio.*

(3) *Comma aggiunto dall'art. 3 del D.P.R. 28 marzo 1975, n. 60.*

(4) *Si veda ora l'art. 87 del D.P.R. 22 dicembre 1986, n. 917, recante il testo unico delle imposte sui redditi.*

72. Ritenuta sugli interessi delle obbligazioni. – Per le obbligazioni e titoli similari sottoscritti anteriormente alla data di entrata in vigore del presente decreto, la ritenuta prevista nel primo comma dell'art. 26 si applica in misura pari al minore tra l'ammontare determinato a norma del detto articolo e l'ammontare complessivo dell'imposta di ricchezza mobile e dell'imposta sulle obbligazioni, e delle relative addizionali, che avrebbero dovuto essere applicate secondo le disposizioni in vigore prima della data stessa. La rivalsa sarà esercitata soltanto se, in precedenza, veniva effettivamente esercitata per le suddette imposte.

La ritenuta non si applica sugli interessi e altri frutti delle obbligazioni e titoli similari sottoscritti e dei mutui contratti anteriormente alla data di entrata in vigore del presente decreto che fruiscono delle esenzioni previste dall'art. 37 e dal terzo comma dell'art. 40 del D.P.R. 29 settembre 1973, n. 601.

73. Ritenuta sui dividendi. – Le disposizioni dell'art. 27, concernenti la ritenuta alla fonte sugli utili distribuiti dalle società ivi indicate, si applicano per gli utili la cui distribuzione sia deliberata, anche a titolo di acconto, a partire dalla data di entrata in vigore del presente decreto.

In quanto non diversamente stabilito dal presente decreto e da altre norme emanate nell'esercizio della delega legislativa di cui alla L. 9 ottobre 1971, n. 825, e successive modificazioni, continuano ad applicarsi le disposizioni della L. 29 dicembre 1962, n. 1745, e successive modificazioni, comprese quelle degli artt. 10 *bis* e 10 *ter*.

In caso di ritardo nelle comunicazioni previste dagli artt. 7, 8, 9 e 11 della L. 29 dicembre 1962, n. 1745, si applica il terzo comma dell'art. 54 del presente decreto.

74. Nominatività obbligatoria dei titoli azionari. – Le azioni di tutte le società aventi sede nel territorio dello Stato devono essere nominative.

Le azioni al portatore emesse anteriormente all'entrata in vigore del presente decreto devono essere presentate alla conversione in nominative entro il 31 dicembre 1974. Gli utili degli esercizi chiusi dopo l'entrata in vigore del presente decreto non possono essere pagati ai possessori di azioni al portatore che non risultino presentate per la conversione in nominative e sono soggetti alla ritenuta alla fonte a norma dell'art. 27 del presente decreto. Gli utili degli esercizi chiusi prima sono soggetti alla ritenuta nella misura del trenta per cento a titolo d'imposta.

Si applicano in quanto compatibili, salvo il disposto del precedente comma, le disposizioni degli artt. 6, 7, 8 e 13, primo comma, del R.D.L. 25 ottobre 1941, n. 1148, convertito nella legge 9 febbraio 1942, n. 96, e quelle del R.D. 29 marzo 1942, n. 239, e successive modificazioni, intendendo sostituite le date del 30 giugno e del 1 luglio 1942, stabilite in tali disposizioni, con quelle del 31 dicembre 1974 e del 1 gennaio 1975.

75. Accordi internazionali. – Nell'applicazione delle disposizioni concernenti le imposte sui redditi sono fatti salvi gli accordi internazionali resi esecutivi in Italia.

76. Abrogazione. – Con effetto dalla data di entrata in vigore del presente decreto sono abrogati, in quanto non sia diversamente stabilito con norma espressa, le disposizioni del testo unico delle leggi sulle imposte dirette approvato con il D.P.R. 29 gennaio 1958, n. 645, e successive modificazioni, e le disposizioni di altre leggi non compatibili con quelle del presente decreto.

77. Entrata in vigore. – Il presente decreto entra in vigore il 1° gennaio 1974.

Per i rapporti in corso alla data di entrata in vigore del presente decreto, relativi a tributi vigenti anteriormente alla data stessa continuano ad applicarsi le disposizioni in materia di accertamento e di sanzioni di cui al predetto testo unico.

(*Si omettono gli allegati*)

2.

D.P.R. 29 settembre 1973, n. 605. Disposizioni relative all'anagrafe tributaria e al codice fiscale dei contribuenti ([1]) (Suppl. ord. n. 2 alla *Gazzetta Ufficiale* n. 268 del 16 ottobre 1973).

([1]) *Così interamente sostituito dall'art. 1 D.P.R. 2 novembre 1976, n. 784, pubblicato nella* Gazzetta Ufficiale *n. 323 del 3 dicembre 1976, ed entrato in vigore il giorno successivo a quello della pubblicazione.*

1. Compiti dell'anagrafe tributaria. – L'anagrafe tributaria raccoglie e ordina su scala nazionale i dati e le notizie risultanti dalle dichiarazioni e dalle denunce presentate agli uffici dell'amministrazione finanziaria e dai relativi accertamenti, nonché i dati e le notizie che possono comunque assumere rilevanza ai fini tributari.

I dati e le notizie raccolti sono comunicati agli organi dipendenti dal Ministro per le finanze preposti agli accertamenti ed ai controlli relativi alla applicazione dei tributi ed, in particolare, ai fini della valutazione della complessiva capacità contributiva e degli adempimenti conseguenziali di rettifica delle dichiarazioni e di accertamento, all'ufficio distrettuale delle imposte nella cui circoscrizione il soggetto ha il domicilio fiscale.

Sulla base dei dati in suo possesso l'anagrafe tributaria provvede alle elaborazioni utili per lo studio dei fenomeni fiscali.

2. Iscrizione all'anagrafe tributaria e cancellazioni. – Sono iscritte all'anagrafe tributaria, secondo un sistema di codificazione stabilito con decreto del Ministro per le finanze, le persone fisiche, le persone giuridiche e le società, associazioni ed altre organizzazioni di persone o di beni prive di personalità giuridica, alle quali si riferiscono i dati e le notizie raccolti ai sensi dell'art. 1, o che abbiano richiesto l'attribuzione del numero di codice fiscale a norma dell'art. 3.

Le modalità per la cancellazione dell'anagrafe tributaria dei soggetti estinti sono stabilite con decreto del Ministro per le finanze.

3. Attribuzione del numero di codice fiscale. – Ogni soggetto obbligato alla indicazione del proprio numero di codice fiscale negli atti di cui al successivo art. 6 è tenuto a richiederne l'attribuzione a norma dell'art. 4.

Il numero di codice fiscale può essere attribuito ai soggetti per i quali l'amministrazione finanziaria dispone dei necessari elementi di identificazione.

L'amministrazione finanziaria può assegnare, sia nel caso di attribuzione a domanda che d'ufficio, un numero di codice fiscale provvisorio da valere a tutti gli effetti del presente decreto. Nel caso di attribuzione d'ufficio del numero di codice fiscale provvisorio, il soggetto interessato è tenuto a chiedere l'attribuzione del numero di codice fiscale definitivo a norma dell'art. 4 entro sei mesi dalla data di emissione del numero di codice fiscale provvisorio.

Con decreto del Ministro per le finanze sono indicati gli uffici competenti ad attribuire il numero di codice fiscale e quelli abilitati a ricevere le domande e sono stabilite le modalità di presentazione delle domande medesime.

4. Domanda di attribuzione del numero di codice fiscale. – La domanda di attribuzione del numero di codice fiscale, da redigersi in carta libera ed in conformità al modello stabilito con decreto del Ministro per le finanze, deve essere sottoscritta dal soggetto richiedente o da chi ne ha la rappresentanza e deve comunque indicare:

a) per le persone fisiche, il cognome e il nome, il luogo e la data di nascita, il sesso e il domicilio fiscale;

b) per i soggetti diversi dalle persone fisiche, la denominazione, la ragione sociale o la ditta, il domicilio fiscale. Per le società, associazioni o altre organizzazioni senza personalità giuridica, devono essere inoltre indicati gli elementi di cui alla lett. *a*) per almeno una delle persone che ne hanno la rappresentanza ([1]).

Nell'indicazione della sede e del domicilio fiscale devono essere specificati la via, il numero civico e il codice di avviamento postale ([1]).

Qualora intervengano, nelle forme previste dalla legge, rettifiche o modificazioni relative al nome, cognome, sesso, luogo e data di nascita di persone fisiche alle quali sia già stato attribuito il numero di codice fiscale queste debbono richiedere, entro sei mesi dalla data in cui le stesse hanno avuto effetto, il numero di codice fiscale corrispondente ai nuovi elementi di identificazione. Il numero di codice fiscale precedentemente attribuito ha a tutti gli effetti validità di numero di codice fiscale provvisorio. Nella domanda deve essere indicato anche il numero di codice fiscale precedentemente attribuito.

([1]) *Così sostituito dall'art. 1, D.P.R. 23 dicembre 1977, n. 955.*

5. Comunicazione del numero di codice fiscale. – Il numero di codice fiscale, attribuito d'ufficio o su domanda, è portato a conoscenza del soggetto mediante apposita comunicazione dell'amministrazione finanziaria.

Nella comunicazione devono essere indicati gli elementi di identificazione del soggetto. Se manca o è errato taluno di tali elementi, il soggetto è tenuto a presentare domanda, ai sensi dell'art. 4, entro sei mesi dalla data della comunicazione, indicando il numero di codice fiscale precedentemente attribuito. Fino alla data di comunicazione del numero di codice fiscale definitivo, quello precedentemente attribuito ha validità di numero di codice fiscale provvisorio.

Qualora ad un medesimo soggetto pervengano più comunicazioni del numero di codice fiscale, il soggetto stesso è tenuto ad usare il numero di codice fiscale indicato nella comunicazione emessa in data più recente.

Con decreto del Ministro per le finanze sono stabilite le modalità della comunicazione del numero di codice fiscale, nonché le modalità per la richiesta di duplicati della comunicazione stessa.

6. ([1]) **Atti nei quali deve essere indicato il numero di codice fiscale.** – Il numero di codice fiscale deve essere indicato nei seguenti atti:

a) fatture e documenti equipollenti emessi ai sensi delle norme concernenti l'imposta sul valore aggiunto, relativamente all'emittente;

b) richieste di registrazione, di cui all'ultimo comma del presente articolo, degli atti da registrare in termine fisso o in caso d'uso relativamente ai soggetti destinatari degli effetti giuridici immediati dell'atto, nonché, per gli atti degli organi giurisdizionali, anche relativamente ai difensori, esclusi gli atti ([2]) elencati nella tabella allegata al presente decreto. Il Ministro per le finanze ha facoltà, con proprio decreto, di aggiungere all'elenco atti dai quali non risultino fatti o rapporti giuridici indicativi di capacità contributiva o escludere atti dai quali risultino fatti o rapporti giuridici indicativi di capacità contributiva. Non è obbligatoria l'indicazione del numero di codice fiscale nelle richieste di registrazione degli atti pubblici formati e delle scritture private autenticate prima dell'1 gennaio 1978, nelle scritture private non autenticate presentate per la registrazione prima di tale data, nonché nelle note di trascrizione da prodursi al pubblico registro automobilistico per gli atti stipulati fino al 28 febbraio 1978 relativamente ai veicoli già iscritti nel pubblico registro automobilistico;

c) comunicazioni allo schedario generale dei titoli azionari, relativamente alla società emittente, ai soggetti da cui provengono se diversi dalla società emittente, agli intestatari o cointestatari del titolo, nonché agli altri soggetti per cui tale indicazione è richiesta nel modello di comunicazione approvato con decreto del Ministro per le finanze. Non è obbligatoria l'indicazione del numero di codice fiscale nelle comunicazioni allo schedario generale dei titoli azionari che concernono pagamenti di dividendi o altre operazioni effettuati anteriormente all'1 gennaio 1978;

d) dichiarazioni dei redditi previste dalle norme concernenti l'imposta sul reddito delle persone fisiche, l'imposta sul reddito delle persone giuridiche e l'imposta locale sui redditi, comprese le dichiarazioni dei sostituti d'imposta ed i certificati attestanti le ritenute alla fonte operate dagli stessi, relativamente ai soggetti da cui provengono ed agli altri soggetti in esse indicati o indicati in elenchi nominativi la cui allegazione è prescritta da leggi tributarie. Per i soggetti indicati nelle dichiarazioni dei sostituti d'imposta e nei relativi certificati, l'indicazione del numero di codice fiscale è limitata ai soggetti per i quali è stata operata la ritenuta alla fonte. Per le persone a carico, l'indicazione del numero di codice fiscale nelle dichiarazioni annuali ai fini dell'imposta sul reddito delle persone fisiche è limitata alle persone che hanno redditi propri; richieste di attestazione della posizione tributaria dei contribuenti e relative certificazioni degli uffici finanziari, limitatamente alle persone che hanno redditi propri. Nelle dichiarazioni, nelle richieste di certificazione, nei certificati e negli elenchi non è obbligatoria l'indicazione del numero di codice fiscale dei soggetti per i quali il rapporto con i soggetti da cui provengono è cessato anteriormente all'1 gennaio 1978; non è obbligatoria l'indicazione del numero di codice fiscale nei certificati rilasciati per i fini di cui all'art. 3, primo comma, del D.P.R. 29 settembre 1973, n. 600 dalle amministrazioni dello Stato e dall'Istituto nazionale della previdenza sociale per le somme corrisposte e le ritenute operate per il periodo precedente l'1 gennaio 1978; distinte e bollettini di conto corrente postale per i versamenti diretti alle esattorie delle ritenute alla fonte e delle imposte sui redditi, relativamente ai soggetti da cui provengono i versamenti; bollettini di conto corrente postale per il pagamento delle imposte dirette iscritte a ruolo, relativamente ai soggetti tenuti al pagamento; atti di delega alle aziende di credito previsti dall'art. 17 della L. 2 dicembre 1975, n. 576 e conseguenti attestazioni di pagamento rilasciate dalle aziende delegate, relativamente ai soggetti deleganti; atti e comunicazioni da inviare agli uffici distrettuali delle imposte dirette a norma dell'art. 36 del D.P.R. 29 settembre 1973, n. 600, relativamente ai soggetti in essi indicati; domande e note di voltura catastale, relativamente ai soggetti interessati. Non è obbligatoria l'indicazione del numero di codice fiscale nelle domande e note di voltura relative ad atti pubblici formati ed a scritture private autenticate anteriormente all'1 gennaio 1978; dichiarazioni e relativi allegati da presentare agli effetti dell'imposta sul valore aggiunto, relativamente ai soggetti da cui provengono ed agli altri soggetti in essi indicati. Non è obbligatoria, negli elenchi nominativi da allegare alle dichiarazioni annuali ai fini dell'imposta sul valore aggiunto, l'indicazione del numero di codice fiscale dei contraenti per le operazioni effettuate, ai sensi dell'art. 6 del D.P.R. 26 ottobre 1972, n. 633, anteriormente all'1 gennaio 1978; distinte e dichiarazioni di incasso da presentare ad enti delegati dal Ministero delle finanze all'accertamento e alla riscossione dei tributi, relativamente ai soggetti tenuti alla compilazione dei documenti; denunce di successione, relativamente al dante causa ed agli aventi causa. Non è obbligatoria l'indicazione del numero di codice fiscale del dante causa se il decesso è avvenuto anteriormente all'1 gennaio 1978; dichiarazioni decennali da presentare ai sensi dell'art. 18, sesto comma, del D.P.R. 26 ottobre 1972, n. 643, relativamente ai soggetti interessati; note di trascrizione, iscrizione ed annotazione, da presentare alle conservatorie dei registri immobiliari, con esclusione di quelle relative agli atti degli organi giurisdizionali, con le modalità ed i termini stabiliti con decreto del Ministro delle finanze. Il Ministro delle finanze, con proprio decreto, può escludere dall'obbligo le note relative ad atti non indicativi di capacità contributiva ([3]);

e) domande per autorizzazioni a produrre e mettere in commercio specialità medicinali, alimenti per la prima infanzia, prodotti dietetici, prodotti chimici usati in medicina, preparati galenici e presidi medici e chirurgici; domande per autorizzazioni all'esercizio di stabilimenti di acque minerali e di fabbriche di acque gassate o di bibite analcoliche; domande per l'autorizzazione all'esercizio di stabilimicti termali, balneari, di cure idropiniche, idroterapiche o fisiche; domande per autorizzazioni o licenze per l'esercizio del commercio; domande per licenze di importazione delle armi non da guerra e loro parti; domande per licenze di pubblico esercizio; domande per licenze di esercizio delle arti tipografiche, litografiche o fotografiche; domande per licenze di esercizio delle investigazioni o ricerche per la raccolta di informazioni per conto di privati; domande per licenze di esercizio di rimessa di autoveicoli o di vetture; domande per licenze di produzione, commercio o mediazione di oggetti e metalli preziosi; domande per concessioni di aree pubbliche; domande per concessione del permesso di ricerca mineraria; domande per autorizzazioni per la ricerca, estrazione ed utilizzazione di acque sotterranee; domande per licenze, autorizzazioni e concessioni per i servizi di autotrasporto di merci, per servizi pubblici automobilistici per viaggiatori, bagagli e pacchi agricoli; domande per concessioni all'apertura ed al funzionamento di scuole non statali; [concessioni in materia edilizia e urbanistica rilasciate ai sensi della L. 28 gennaio 1977 n. 10, relativamente ai beneficiari delle concessioni ed ai progettisti dell'opera;] ([4]) domande ad amministrazioni statali per la concessione di contributi e di agevolazioni; domande per altre autorizzazioni, concessioni e licenze che il Ministro per le finanze ha facoltà di indicare con proprio decreto entro il 31 ottobre di ciascun anno con efficacia a decorrere dall'1 gennaio dell'anno successivo; immatricolazione e reimmatricolazione di autoveicoli, motoveicoli e rimorchi ([5]);

e bis) denunce di inizio attività presentate allo sportello unico comunale per l'edilizia, permessi di costruire e ogni altro atto di assenso comunque denominato in materia di attività edilizia rilasciato dai comuni ai sensi del testo unico delle disposizioni legislative e regolamentari in materia edilizia, di cui al decreto del Presidente della Repubblica 6 giugno 2001, n. 380, relativamente ai soggetti dichiaranti, agli esecutori e ai progettisti dell'opera ([6]);

f) domande di iscrizione e note di trascrizione di atti costitutivi, traslativi o estintivi della proprietà o di altri diritti reali di godimento, nonché dichiarazioni di armatore, concernenti navi, galleggianti ed unità da diporto, o quote di essi, soggette ad iscrizione nei registri tenuti dagli uffici marittimi o dagli uffici della motorizzazione civile-sezione nautica; domande di iscrizione di aeromobili nel Registro aeronautico nazionale, note di trascrizione di atti costitutivi, traslativi o estintivi della proprietà o di altri diritti reali di godimento sugli aeromobili o quote di essi, soggetti ad iscrizione nel Registro aeronautico nazionale, nonché dichiarazioni di esercente di aeromobili soggette a trascrizione nei registri tenuti dal direttore della circoscrizione di aeroporto competente ([7]);

g) atti emessi da uffici pubblici riguardanti le concessioni, autorizzazioni e licenze di cui alla precedente lettera *e*), relativamente ai soggetti beneficiari. Non è obbligatoria l'indicazione del numero di codice fiscale negli atti emessi in dipendenza di domande presentate prima dell'1 gennaio 1978;

g bis) mandati, ordini ed altri titoli di spesa emessi dalle amministrazioni dello Stato o da altri enti pubblici, in esecuzione di obbligazioni diverse da quelle concernenti le borse di studio o derivanti da rapporti di impiego o di lavoro subordinato, anche in quiescenza, relativamente al beneficiario della spesa e diverse da quelle derivanti da vincite e premi del lotto, delle lotterie nazionali e dei giochi e concorsi menzionati nei commi quarto, quinto e sesto dell'art. 30 del D.P.R. 29 settembre 1973, n. 600, e successive modificazioni ([8]);

g ter) contratti di assicurazione, ad esclusione di quelli relativi alla responsabilità civile ed alla assistenza e garanzie accessorie, relativamente ai soggetti contraenti; contratti di somministrazione di energia elettrica, di servizi di telefonia, fissa, mobile e satellitare, ([9]) di servizi idrici e del gas, ([10]) relativamente agli utenti ([11]);

g quater) ricorsi alle commissioni tributarie di ogni grado relativamente ai ricorrenti ed ai rappresentanti in giudizio, con le modalità ed i termini stabiliti con decreto del Ministro delle Finanze ([12]);

g quinquies) atti o negozi delle società e degli enti di cui all'articolo 32, primo comma, numero 7), del decreto del Presidente della Repubblica 29 settembre 1973, n. 600, conclusi con i clienti per conto proprio ovvero per conto o a nome di terzi clienti, riguardanti l'apertura o la chiusura di qualsiasi rapporto continuativo ([13]).

Coloro che sono tenuti agli obblighi di indicazione del numero di codice fiscale di altri soggetti hanno diritto di riceverne da questi ultimi comunicazione scritta e, se tale comunicazione non perviene almeno dieci giorni prima del termine in cui l'obbligo di indicazione deve essere adempiuto, possono rivolgersi direttamente all'Amministrazione finanziaria, anche utilizzando sistemi telematici, previa indicazione dei dati di cui all'art. 4, relativi al soggetto di cui si richiede l'attribuzione del numero di codice fiscale. L'obbligo di indicazione del numero di codice fiscale dei soggetti non residenti nel territorio dello Stato, cui tale codice non risulti già attribuito, si intende adempiuto con la sola indicazione dei dati di cui all'art. 4, con l'eccezione del domicilio fiscale, in luogo del quale va indicato il domicilio o sede legale all'estero, [salvo per gli atti o negozi di cui alla lettera g *quinquies*)] ([14]). Nel caso in cui non sia stato possibile acquisire tutti i dati indicati nell'art. 4 relativi ai soggetti cui l'indicazione si riferisce, coloro che sono tenuti a tale indicazione devono richiedere l'attribuzione di un codice numerico all'Amministrazione finanziaria, che provvede previo accertamento delle ragioni addotte. Se l'indicazione del numero di codice fiscale o dei dati di cui all'art. 4 deve essere fatta nelle comunicazioni di cui alla lettera *c*) del precedente comma, i soggetti tenuti ad indicarli possono sospendere l'adempimento delle prestazioni dovute ai soggetti interessati fino a quando ne ricevano comunicazione da questi ultimi o dall'Amministrazione finanziaria ([15]).

La registrazione degli atti, diversi da quelli degli organi giurisdizionali, deve essere richiesta separatamente per ogni singolo atto. La richiesta deve essere redatta in conformità ai modelli approvati con decreti del Ministro per le finanze e deve contenere le indicazioni prescritte nei modelli stessi.

Il Ministro delle finanze, con proprio decreto, può individuare altre tipologie di atti nei quali deve essere indicato il numero di codice fiscale; tale decreto deve essere pubblicato nella *Gazzetta Ufficiale* almeno novanta giorni prima della sua entrata in vigore ([16]).

([1]) *Così modificato dall'art. 1, D.P.R. 23 dicembre 1977, n. 955 e dall'art. 1, D.P.R. 22 giugno 1978, n. 485.*

([2]) *Le parole: «esclusi gli atti degli organi giurisdizionali e quelli» sono state così sostituite dalle parole: «nonché, per gli atti degli organi giurisdizionali, anche relativamente ai difensori, esclusi gli atti» dall'art. 23, comma 48, del D.L. 6 luglio 2011, n. 98, convertito, con modificazioni, nella L. 15 luglio 2011, n. 111.*

([3]) *Le parole da: «note di trascrizione...» a: «...capacità contributiva», sono state aggiunte dal D.L. 30 dicembre 1982, n. 953, convertito nella L. 28 febbraio 1983, n. 53, con decorrenza dal 16 marzo 1983.*

([4]) *Le parole fra parentesi quadrate sono state soppresse dall'art. 2, comma 14, lett.* a)*, del D.L. 30 settembre 2005, n. 203, convertito, con modificazioni, nella L. 2 dicembre 2005, n. 248.*

([5]) *Le parole da*: «; *immatricolazione...*» *fino alla fine del comma, sono state aggiunte dall'art. 2, comma 14, lett.* a), *del D.L. 30 settembre 2005, n. 203, convertito, con modificazioni, nella L. 2 dicembre 2005, n. 248.*

([6]) *Questa lettera è stata inserita dall'art. 1, comma 332, lett.* a), *n. 1), della L. 30 dicembre 2004, n. 311.*

([7]) *Le parole da: «domande di iscrizione» fino a: «possessori di aeromobili», sono state così, da ultimo, sostituite, per effetto dell'art. 20, comma 2, della L. 30 dicembre 1991, n. 413.*

([8]) *Questa lettera, già aggiunta dall'art. 31 del D.L. 2 marzo 1989, n. 69, convertito, con modificazioni, nella L. 27 aprile 1989, n. 154 e modificata dall'art. 21 della L. 29 dicembre 1990, n. 408, è stata così sostituita dall'art. 10, comma 5* bis, *del D.L. 13 maggio 1991, n. 151, convertito, con modificazioni, nella L. 12 luglio 1991, n. 202.*

([9]) *Le parole*: «*di servizi di telefonia, fissa, mobile e satellitare,*» *sono state inserite dall'art. 1, comma 222, della L. 24 dicembre 2007, n. 244.*

([10]) *Le parole*: «*di servizi idrici e del gas,*» *sono state inserite dall'art. 1, comma 332, lett.* a), *n. 2), della L. 30 dicembre 2004, n. 311.*

([11]) *Questa lettera è stata aggiunta dall'art. 31 del D.L. 2 marzo 1989, n. 69, convertito, con modificazioni, nella L. 27 aprile 1989, n. 154, e così sostituita dall'art. 3, comma 5, del D.L.vo 26 novembre 1991, n. 393.*

([12]) *Questa lettera è stata aggiunta dall'art. 31, comma 1, della L. 30 dicembre 1991, n. 413, il cui comma 3 stabilisce che questa disposizione si applica ai ricorsi proposti successivamente al 1° gennaio 1992.*

([13]) *Questa lettera è stata aggiunta dall'art. 34, comma 1, lett.* a), *del D.L. 31 maggio 2010, n. 78, convertito, con modificazioni, nella L. 30 luglio 2010, n. 122.*

([14]) *Le parole*: «, *salvo per gli atti o negozi di cui alla lettera* g quinquies)» *sono state aggiunte dall'art. 34, comma 1, lett.* b), *del D.L. 31 maggio 2010, n. 78, convertito, con modificazioni, nella L. 30 luglio 2010, n. 122 e da ultimo soppresse dall'art. 1, comma 45, della L. 27 dicembre 2017, n. 205, a decorrere dal 1° gennaio 2018.*

([15]) *Questo comma è stato così sostituito dall'art. 64, comma 1, del D.L. 30 agosto 1993, n. 331, convertito, con modificazioni, nella L. 29 ottobre 1993, n. 427.*

([16]) *Questo comma è stato aggiunto dall'art. 6, comma 7, del D.L. 15 gennaio 1993, n. 6, convertito, con modificazioni, nella L. 17 marzo 1993, n. 63.*

7. ([1]) **Comunicazioni all'anagrafe tributaria.** – Gli uffici pubblici devono comunicare all'anagrafe tributaria i dati e le notizie contenuti negli atti di cui alle lettere *e bis*) e *g*) del primo comma dell'articolo 6 ([2]).

A partire dal 1° luglio 1989 le camere di commercio, industria, artigianato ed agricoltura devono comunicare mensilmente all'anagrafe tributaria i dati e le notizie contenuti nelle domande di iscrizione, variazione e cancellazione di cui alla lettera *f*) dell'art. 6, anche se relative a singole unità locali ([3]).

Gli ordini professionali e gli altri enti ed uffici preposti alla tenuta degli albi, registri ed elenchi, che verranno indicati con decreto del Ministro per le finanze, devono comunicare all'anagrafe tributaria le iscrizioni, variazioni e cancellazioni.

Le comunicazioni di cui ai commi precedenti, con esclusione di quelle effettuate dalle camere di commercio, industria, artigianato ed agricoltura ([3]), devono essere eseguite entro il 30 giugno di ciascun anno relativamente agli atti emessi ed alle iscrizioni, variazioni e cancellazioni intervenute nell'anno precedente.

Le aziende, gli istituti, gli enti e le società devono comunicare all'anagrafe tributaria i dati e le notizie riguardanti i contratti di cui alla lettera *g ter*) del primo comma dell'articolo 6. Al fine dell'emersione delle attività economiche, con particolare riferimento all'applicazione dei tributi erariali e locali nel settore immobiliare, gli stessi soggetti devono comunicare i dati catastali identificativi dell'immobile presso cui è attivata l'utenza, dichiarati dagli utenti ([4]) ([5]) ([6]).

Le banche, la società Poste italiane Spa, gli intermediari finanziari, le imprese di investimento, gli organismi di investimento collettivo del risparmio, le società di gestione del risparmio, nonché ogni altro operatore finanziario, fatto salvo quanto disposto dal secondo comma dell'articolo 6 per i soggetti non residenti, sono tenuti a rilevare e a tenere in evidenza i dati identificativi, compreso il codice fiscale, di ogni soggetto che intrattenga con loro qualsiasi rapporto o effettui, per conto proprio ovvero per conto o a nome di terzi, ([7]) qualsiasi operazione di natura finanziaria ad esclusione di quelle effettuate tramite bollettino di conto corrente postale per un importo unitario inferiore a 1.500 euro ([8]); l'esistenza dei rapporti e l'esistenza di qualsiasi operazione di cui al precedente periodo, compiuta al di fuori di un rapporto continuativo ([9]), nonché la natura degli stessi sono comunicate all'anagrafe tributaria, ed archiviate in apposita sezione, con l'indicazione dei dati anagrafici dei titolari e dei soggetti che intrattengono con gli operatori finanziari qualsiasi rapporto o effettuano operazioni al di fuori di un rapporto continuativo per conto proprio ovvero o per conto o a nome di terzi ([10]), compreso il codice fiscale ([11]) ([12]).

Gli ordini professionali e gli altri enti ed uffici preposti alla tenuta di albi, registri ed elenchi, di cui alla lettera *f*) dell'art. 6 ai quali l'anagrafe tributaria trasmette la lista degli esercenti attività professionale devono comunicare all'anagrafe tributaria medesima i dati necessari per il completamento o l'aggiornamento della lista, entro sei mesi dalla data di ricevimento della stessa.

I rappresentanti legali dei soggetti diversi dalle persone fisiche, che non siano tenuti a presentare la dichiarazione od a fornire le notizie previste dall'art. 35 del decreto del Presidente della Repubblica 26 ottobre 1972, n. 633, o dall'art. 36 del D.P.R. 29 settembre 1973 n. 600, devono comunicare all'anagrafe tributaria, entro trenta giorni, l'avvenuta estinzione e le avvenute operazioni di trasformazione, concentrazione o fusione.

Gli amministratori di condominio negli edifici devono comunicare annualmente all'anagrafe tributaria l'ammontare dei beni e servizi acquistati dal condominio e i dati identificativi dei relativi fornitori. Con decreto del Ministro delle finanze sono stabiliti il contenuto, le modalità e i termini delle comunicazioni. Le informazioni comunicate sono altresì utilizzabili dall'autorità giudiziaria ai fini della ricostruzione dell'attivo e del passivo nell'ambito di procedure concorsuali, di procedimenti in materia di famiglia e di quelli relativi alla gestione di patrimoni altrui. Nei casi di cui al periodo precedente l'autorità giudiziaria si avvale per l'accesso dell'ufficiale giudiziario secondo le disposizioni relative alla ricerca con modalità telematiche dei beni da pignorare ([13]) ([14]).

Le comunicazioni di cui ai precedenti commi devono indicare il numero di codice fiscale dei soggetti cui le comunicazioni stesse si riferiscono e devono essere sottoscritte dal legale rappresentante dell'ente o dalla persona che ne è autorizzata secondo l'ordinamento dell'ente stesso. Per le amministrazioni dello Stato la comunicazione è sottoscritta dalla persona preposta all'ufficio che ha emesso il provvedimento.

Le comunicazioni di cui ai commi dal primo al quinto e dal settimo all'ottavo ([15]) del presente articolo sono trasmesse esclusivamente per via telematica. Le modalità e i termini delle trasmissioni nonché le specifiche tecniche del formato dei dati sono definite con provvedimento del Direttore dell'Agenzia delle entrate. Le rilevazioni e le evidenziazioni, nonché le comunicazioni ([16]) di cui al sesto comma sono utilizzate ai fini delle richieste e delle risposte in via telematica di cui all'articolo 32, primo comma, numero 7), del decreto del Presidente della Repubblica 29 settembre 1973, n. 600, e successive modificazioni, e all'articolo 51, secondo comma, numero 7), del decreto del Presidente della Repubblica 26 ottobre 1972, n. 633, e successive modificazioni ([17]) ([18]). Le informazioni comunicate sono altresì utilizzabili per le attività connesse alla riscossione mediante ruolo, nonché dai soggetti di cui all'articolo 4, comma 2, lettere *a*), *b*), *c*) ed *e*), del regolamento di cui al decreto del Ministro del tesoro, del bilancio e della programmazione economica 4 agosto 2000, n. 269, ai fini dell'espletamento degli accertamenti finalizzati alla ricerca e all'acquisizione della prova e delle fonti di prova nel corso di un procedimento penale, sia ai fini delle indagini preliminari e dell'esercizio delle funzioni previste dall'articolo 371 *bis* del codice di procedura penale ([19]), sia nelle fasi processuali successive, ovvero degli accertamenti di carattere patrimoniale per le finalità di prevenzione previste da specifiche disposizioni di legge e per l'applicazione delle misure di prevenzione ([20]) ([21]). Le informazioni di cui al primo periodo sono altresì utilizzabili dall'Ufficio nazionale per il recupero dei beni (ARO), istituito presso il Ministero dell'interno, per il reperimento e l'identificazione dei proventi di reato e di altri beni connessi con reati che possono essere oggetto di un provvedimento di congelamento, sequestro ovvero confisca, adottato dall'autorità giudiziaria competente ([22]).

Ai fini dei controlli sulle dichiarazioni dei contribuenti, il Direttore dell'Agenzia delle entrate ([23]) può richiedere a pubbliche amministrazioni, enti pubblici, organismi ed imprese, anche limitatamente a particolari categorie, di effettuare comunicazioni all'Anagrafe tributaria di dati e notizie in loro possesso; la richiesta deve stabilire anche il contenuto, i termini e le modalità delle comunicazioni ([24]).

Le imprese, gli intermediari e tutti gli altri operatori del settore delle assicurazioni che erogano, in ragione dei contratti di assicurazione di qualsiasi ramo, somme di denaro a qualsiasi titolo nei confronti dei danneggiati, comunicano in via telematica all'anagrafe tributaria, anche in deroga a contrarie disposizioni legislative, l'ammontare delle somme liquidate, il codice fiscale o la partita IVA del beneficiario e dei soggetti le cui prestazioni sono state valutate ai fini della quantificazione della somma liquidata. La presente disposizione si applica con riferimento alle somme erogate a decorrere dal 1° ottobre 2006. I dati acquisiti ai sensi del presente comma sono utilizzati prioritariamente nell'attività di accertamento effettuata nei confronti dei soggetti le cui prestazioni sono state valutate ai fini della quantificazione della somma liquidata ([25]).

Il contenuto, le modalità ed i termini delle trasmissioni [mediante posta elettronica certificata] ([26]), nonché le specifiche tecniche del formato, sono definite con provvedimento del Direttore dell'Agenzia delle entrate ([25]).

([1]) *Così sostituito dall'art. 1, D.P.R. 23 dicembre 1977, n. 955.*

([2]) *Le parole: «riguardanti gli atti di cui alla lettera* g) *dell'articolo 6» sono state così sostituite dalle attuali da: «contenuti negli atti ...» fino a: «... articolo 6» dall'art. 1, comma 332, lett.* b), *n. 1), della L. 30 dicembre 2004, n. 311.*

([3]) *Comma così modificato dall'art. 4, comma 5* ter, *D.L. 2 marzo 1989, n. 66, convertito nella L. 24 aprile 1989, n. 144.*

([4]) *Le parole: «, dichiarati dagli utenti» sono state aggiunte dall'art. 2, comma 14, lett.* b), *del D.L. 30 settembre 2005, n. 203, convertito, con modificazioni, nella L. 2 dicembre 2005, n. 248.*

([5]) *Comma aggiunto dall'art. 31, D.L. 2 marzo 1989, n. 69, conv., con modif., nella L. 27 aprile 1989, n. 154.*

([6]) *L'ultimo periodo di questo comma è stato aggiunto dall'art. 1, comma 332, lett.* b), *n. 2), della L. 30 dicembre 2004, n. 311.*

([7]) *Le parole: «, per conto proprio ovvero per conto o a nome di terzi,» sono state aggiunte dall'art. 2, comma 14, lett.* c)*, n. 1), del D.L. 30 settembre 2005, n. 203, convertito, con modificazioni, nella L. 2 dicembre 2005, n. 248, a decorrere dal 1° gennaio 2006.*

([8]) *Le parole da: «ad esclusione di quelle effettuate ...» fino a: «... importo unitario inferiore a 1.500 euro» sono state aggiunte dall'art. 2, comma 14, lett.* c)*, n. 2), del D.L. 30 settembre 2005, n. 203, convertito, con modificazioni, nella L. 2 dicembre 2005, n. 248, a decorrere dal 1° gennaio 2006.*

([9]) *Le parole: «e l'esistenza di qualsiasi operazione di cui al precedente periodo, compiuta al di fuori di un rapporto continuativo» sono state inserite dall'art. 63, comma 1, lett.* a)*, del D.L.vo 21 novembre 2007, n. 231.*

Tale inserimento di parole è stato confermato dall'art. 72, comma 1, lett. a)*, del D.L.vo 21 novembre 2007, n. 231, così come inserito dalla sostituzione del Capo III del Titolo V del medesimo provvedimento ad opera dell'art. 5, comma 3, del D.L.vo 25 maggio 2017, n. 90.*

([10]) *Le parole da: «e dei soggetti ...» fino a: «... per conto o a nome di terzi» sono state inserite dall'art. 63, comma 1, lett.* b) *del D.L.vo 21 novembre 2007, n. 231.*

Tale inserimento di parole è stato confermato dall'art. 72, comma 1, lett. b)*, del D.L.vo 21 novembre 2007, n. 231, così come inserito dalla sostituzione del Capo III del Titolo V del medesimo provvedimento ad opera dell'art. 5, comma 3, del D.L.vo 25 maggio 2017, n. 90.*

([11]) *Le parole da: «; l'esistenza dei rapporti, ...» fino a: «... codice fiscale» sono state aggiunte dall'art. 37, comma 4, lett.* a)*, del D.L. 4 luglio 2006, n. 223, convertito, con modificazioni, nella L. 4 agosto 2006, n. 248.*

([12]) *Questo comma è stato aggiunto dall'art. 20, comma 2, della L. 30 dicembre 1991, n. 413, il cui comma 5 specifica che queste disposizioni si applicano anche ai rapporti di conto o deposito in essere al 1° gennaio 1992, anche se istituiti precedentemente e poi così sostituito dall'art. 1, comma 332, lett.* b)*, n. 3), della L. 30 dicembre 2004, n. 311.*

([13]) *Questo periodo è stato inserito dall'art. 19, comma 5, del D.L. 12 settembre 2014, n. 132, convertito, con modificazioni, nella L. 10 novembre 2014, n. 162. A norma dell'art. 19, comma 6, dello stesso provvedimento, a tali procedimenti si applicano le disposizioni di cui all'art. 155* quinquies *att. c.p.c..*

([14]) *Questo comma è stato inserito dall'art. 21, comma 14, della L. 27 dicembre 1997, n. 449.*

([15]) *Le parole: «di cui ai commi dal primo all'ottavo» sono state così sostituite dalle attuali: «di cui ai commi dal primo al quinto e dal settimo all'ottavo» dall'art. 2, comma 14, lett.* c bis)*, n. 1), del D.L. 30 settembre 2005, n. 203, convertito, con modificazioni, nella L. 2 dicembre 2005, n. 248.*

([16]) *Le parole: «, nonché le comunicazioni» sono state inserite dall'art. 37, comma 4, lett.* b)*, del D.L. 4 luglio 2006, n. 223, convertito, con modificazioni, nella L. 4 agosto 2006, n. 248.*

([17]) *Questo periodo è stato aggiunto dall'art. 2, comma 14, lett.* c bis)*, n. 2), del D.L. 30 settembre 2005, n. 203, convertito, con modificazioni, nella L. 2 dicembre 2005, n. 248.*

([18]) *Questo comma è stato così sostituito dall'art. 1, comma 332, lett.* b)*, n. 4), della L. 30 dicembre 2004, n. 311.*

([19]) *Le parole: «sia in fase di indagini preliminari» sono state così sostituite dalle parole: «sia ai fini delle indagini preliminari e dell'esercizio delle funzioni previste dall'ar-*

ticolo 371 bis *del codice di procedura penale» dall'art. 63, comma 2, lett.* a)*, del D.L.vo 21 novembre 2007, n. 231.*

Tale sostituzione di parole è stata confermata dall'art. 72, comma 2, del D.L.vo 21 novembre 2007, n. 231, così come inserito dalla sostituzione del Capo III del Titolo V del medesimo provvedimento ad opera dell'art. 5, comma 3, del D.L.vo 25 maggio 2017, n. 90.

([20]) *Questo periodo è stato aggiunto dall'art. 37, comma 4, lett.* b)*, del D.L. 4 luglio 2006, n. 223, convertito, con modificazioni, nella L. 4 agosto 2006, n. 248.*

([21]) *A norma dell'art. 2, comma 36* undevicies*, del D.L. 13 agosto 2011, n. 138, convertito, con modificazioni, nella L. 14 settembre 2011, n. 148, in deroga a quanto previsto da questo comma l'Agenzia delle entrate può procedere alla elaborazione di specifiche liste selettive di contribuenti da sottoporre a controllo basate su informazioni relative ai rapporti e operazioni di cui al citato articolo 7, sesto comma, sentite le associazioni di categoria degli operatori finanziari per le tipologie di informazioni da acquisire.*

([22]) *Questo periodo è stato agiunto dall'art. 4, comma 1, del D.L.vo 8 novembre 2021, n. 186.*

([23]) *Le parole: «il Ministro delle finanze» sono state così sostituite dalle attuali: «il Direttore dell'Agenzia delle entrate» dall'art. 1, comma 332, lett.* b)*, n. 5), della L. 30 dicembre 2004, n. 311.*

([24]) *Questo comma è stato aggiunto dall'art. 6, comma 7, del D.L. 15 gennaio 1993, n. 6, conv. con modif., nella L. 17 marzo 1993, n. 63.*

([25]) *Questo comma è stato aggiunto dall'art. 35, comma 27, del D.L. 4 luglio 2006, n. 223, convertito, con modificazioni, nella L. 4 agosto 2006, n. 248.*

([26]) *Le parole fra parentesi quadrate sono state soppresse dall'art. 1, comma 13, del D.L. 3 ottobre 2006, n. 262, convertito, con modificazioni, nella L. 24 novembre 2006, n. 286.*

8. Poteri dell'anagrafe tributaria. – L'anagrafe tributaria può inviare questionari a qualsiasi soggetto, mediante raccomandata con avviso di ricevimento, e può richiedere la presentazione di allegati alle dichiarazioni dei redditi e dell'IVA, da redigersi in conformità a modelli stabiliti con decreto del Ministro per le finanze, allo scopo di acquisire o verificare gli elementi di identificazione necessari per l'attribuzione del numero di codice fiscale e tutti gli altri elementi contenuti nelle domande di attribuzione di cui al precedente art. 4 nonché gli altri dati utili per una completa individuazione del soggetto ovvero ([1]) ai fini dell'accertamento di tributi o contributi ([2]).

Il questionario, debitamente compilato e firmato, deve essere restituito entro quindici giorni dalla data di ricevimento.

L'anagrafe tributaria vigila sull'osservanza degli obblighi di comunicazione previsti dal presente decreto e può richiedere integrazioni e chiarimenti ai soggetti che hanno eseguito le comunicazioni stesse.

([1]) *La parola: «ovvero» è stata inserita dall'art. 37, comma 7, del D.L. 4 luglio 2006, n. 223, convertito, con modificazioni, nella L. 4 agosto 2006, n. 248.*

([2]) *Così modificato dall'art. 1, D.P.R. 23 dicembre 1977, n. 955.*

9. Segnalazione di dati e notizie da parte dei comuni. – I comuni possono segnalare all'anagrafe tributaria dati e notizie, desunti da fatti certi, indicativi di capacità contributiva delle persone fisiche che risiedono nei rispettivi territori, vi possiedono beni o vi svolgono attività economica.

I comuni possono altresì segnalare all'anagrafe tributaria dati e notizie relativi ai soggetti diversi dalle persone fisiche residenti, operanti od aventi beni nei rispettivi territori.

Nelle segnalazioni deve essere indicato il numero di codice fiscale dei soggetti ai quali i dati e le notizie si riferiscono. Qualora il numero di codice fiscale non sia noto al comune, devono essere indicati, per ciascun soggetto, gli elementi di cui al primo comma dell'art. 4.

Le modalità e i termini delle segnalazioni sono stabiliti con decreto del Ministro per le finanze.

10. Comunicazioni all'anagrafe tributaria da parte degli organi dipendenti dal Ministro per le finanze. – Con decreto del Ministro per le finanze sono determinati i dati e le notizie che gli organi dipendenti devono trasmettere all'anagrafe tributaria e sono stabiliti le modalità e i termini per le predette comunicazioni.

Le forme e le modalità di rilascio delle quietanze relative ai versamenti effettuati presso gli uffici del registro che utilizzano procedure meccanizzate sono stabilite con decreto del Ministro delle finanze, di concerto con il Ministro del tesoro, anche in deroga alle disposizioni contenute negli artt. 238 e 240 del regolamento per l'amministrazione del patrimonio e per la contabilità generale dello Stato, approvato con R.D. 23 maggio 1924, n. 827 (1).

(1) *Comma aggiunto dall'art. 1, D.P.R. 26 maggio 1979, n. 250.*

11. (1) **Indicazione del numero di codice fiscale nelle richieste di registrazione di atti pubblici e di scritture private.** – Il pubblico ufficiale che redige o autentica atti per i quali, in base alle norme del presente decreto, deve essere indicato, nelle richieste di registrazione, il numero di codice fiscale di determinati soggetti, è tenuto a richiederlo agli interessati.

Qualora i soggetti interessati dichiarino di non essere a conoscenza del proprio numero di codice fiscale, il pubblico ufficiale deve farne menzione nella richiesta di registrazione indicando gli elementi previsti dal primo comma dell'art. 4, salva l'applicazione delle sanzioni stabilite dall'art. 13.

Per gli atti di cui alla lettera *b*) dell'art. 6, le parti o i loro rappresentanti, qualora non siano a conoscenza del numero di codice fiscale di altri soggetti destinatari degli effetti giuridici dell'atto, debbono fornire al pubblico ufficiale o indicare nella richiesta di registrazione della scrittura privata i dati previsti dal primo comma dell'art. 4 relativi a tali altri soggetti.

([1]) *Così sostituito dall'art. 1, D.P.R. 23 dicembre 1977, n. 955.*

12. Irricevibilità e inefficacia di domande e di atti presentati ad uffici pubblici. – Le domande di cui alle lettere *e*) ed *f*) dell'art. 6 sono irricevibili se non recano indicazione del numero di codice fiscale e degli elementi di cui al primo comma dell'art. 4 dei soggetti interessati.

Le concessioni, le autorizzazioni e le licenze di cui alla lettera *g*) dell'art. 6 non producono effetti se non recano l'indicazione del numero di codice fiscale dei soggetti beneficiari.

13. ([1]) **Sanzioni.** – 1. È punito con la sanzione amministrativa da € 103 a € 2.065 chi:

a) non richiede entro i termini prescritti ovvero, salvo i casi in cui ciò sia espressamente previsto, richiede più volte l'attribuzione del numero del codice fiscale;

b) omette di indicare o indica in maniera inesatta il proprio numero di codice fiscale ovvero indica quello provvisorio dopo aver ricevuto la comunicazione del numero definitivo o quello emesso in data meno recente;

c) non comunica a terzi ovvero comunica in maniera inesatta il proprio numero di codice fiscale e i dati catastali di cui all'articolo 7, quinto comma ([2]);

d) omette di indicare il numero di codice fiscale comunicato da altri soggetti;

e) non presenta entro il termine prescritto dall'articolo 21 la richiesta di integrazione degli atti o delle iscrizioni ivi previste;

f) non ottempera in qualità di pubblico ufficiale alla previsione disposta dall'articolo 11;

g) non restituisce nel termine prescritto i questionari indicati all'articolo 8.

2. Chi omette le comunicazioni previste dall'articolo 7, dal terzo comma dell'articolo 16 e dal primo e dal terzo comma dell'articolo 20 è punito con la sanzione amministrativa da € 206 a € 5.164; la sanzione è ridotta alla metà in caso di comunicazioni incomplete o inesatte.

([1]) *Questo articolo è stato così sostituito dall'art. 20, comma 1, lett.* a), *del D.L.vo 18 dicembre 1997, n. 473, a decorrere dal 1° aprile 1998.*

([2]) *Le parole: «e i dati catastali di cui all'articolo 7, quinto comma» sono state aggiunte dall'art. 2, comma 14, lett.* d), *del D.L. 30 settembre 2005, n. 203, convertito, con modificazioni, nella L. 2 dicembre 2005, n. 248.*

14. ([1]) **Applicazione della sanzione.** – 1. Le sanzioni amministrative previste nell'articolo 13 sono irrogate dagli uffici delle entrate o dalle conservatorie dei registri immobiliari. Si applica la disciplina sul procedimento prevista nelle disposizioni generali sulle sanzioni amministrative per la violazione di norme tributarie.

2. Fino all'attivazione degli uffici delle entrate, le sanzioni sono irrogate, in relazione alle rispettive competenze, dagli uffici distrettuali delle imposte dirette, dagli uffici provinciali dell'imposta sul valore aggiunto, dagli uffici del registro.

(1) *Questo articolo è stato così sostituito dall'art. 20, comma 1, lett.* b), *del D.L.vo 18 dicembre 1997, n. 473, a decorrere dal 1° aprile 1998.*

15. Segreto d'ufficio. – I dati e le notizie raccolti dall'anagrafe tributaria sono sottoposti al segreto d'ufficio.

Il Ministero dell'economia e delle finanze ha facoltà di rendere pubblici, senza riferimenti nominativi, statistiche ed elaborazioni relative ai dati di cui al primo comma, nonché, per esclusive finalità di studio e di ricerca, i medesimi dati, sotto forma di collezioni campionarie, privi di ogni riferimento che ne permetta il collegamento con gli interessati e comunque secondo modalità che rendano questi ultimi non identificabili (1).

(1) *Questo comma è stato così sostituito dall'art. 1, comma 59, della L. 27 dicembre 2006, n. 296.*

NORME TRANSITORIE E FINALI

16. (1) **Comunicazioni all'anagrafe tributaria.** – La prima comunicazione di cui al sesto comma dell'art. 7 sarà eseguita relativamente alle estinzioni od alle operazioni di trasformazione, concentrazione o fusione avvenute a decorrere dall'1 gennaio 1978.

La prima comunicazione di cui al quarto comma dell'art. 7 sarà eseguita entro il 31 gennaio 1980 (2) relativamente agli atti emessi ed alle iscrizioni, modificazioni e cancellazioni intervenute dall'1 gennaio al 31 dicembre 1978.

Le camere di commercio, industria, artigianato ed agricoltura e gli uffici pubblici di cui alla lettera *g*) dell'art. 6 devono comunicare all'anagrafe tributaria, entro il 31 dicembre 1980 e con le modalità stabilite con decreto del Ministro per le finanze, i dati e le notizie riguardanti gli atti e le iscrizioni previsti nel terzo e quarto comma dell'art. 21 (3), compresi quelli per i quali l'integrazione ivi prescritta non è stata richiesta. Gli ordini professionali e gli altri enti ed uffici preposti alla tenuta degli albi, registri ed elenchi tenuti alle comunicazioni di cui al terzo comma dell'art. 7 devono comunicare all'anagrafe tributaria con le modalità e nei termini stabiliti con decreto del Ministro per le finanze, i dati e le notizie riguardanti le iscrizioni previste nel terzo e quarto comma dell'art. 21 (3), compresi quelli per i quali l'integrazione ivi prescritta non è stata richiesta.

Le camere di commercio, industria, artigianato ed agricoltura devono comunicare all'anagrafe tributaria entro il 31 ottobre 1989 i dati e le notizie contenute nelle domande di cui alla lettera *f)* dell'art. 6, anche se relative a singole unità locali, presentate anteriormente al 1º luglio 1989 e che a tale data comportino ancora l'iscrizione nei registri delle ditte e negli albi degli artigiani. Le modalità delle telecomunicazioni sono stabilite con decreto del Ministro delle finanze, da emanarsi entro il 30 maggio 1989 (4) (5).

Si applicano le sanzioni previste dall'art. 13.

(1) *Così modificato dall'art. 1, D.P.R. 23 dicembre 1977, n. 955.*

(2) *Il precedente termine, che era del 30 giugno 1979, è stato così modificato dall'art. 2 della L. 20 luglio 1979, n. 289.*

(3) *Le originarie parole: «terzo comma dell'articolo 21» sono state così sostituite dall'art. 20, comma 2, della L. 30 dicembre 1991, n. 413.*

(4) *Questo comma è stato aggiunto dall'art. 4, comma 5* ter, *D.L. 2 marzo 1989, n. 66, convertito nella L. 24 aprile 1989, n. 144.*

(5) *Si veda D.M. 15 novembre 1989, n. 400.*

17. Le persone fisiche che hanno presentato la dichiarazione dei redditi, modello 740, conseguiti nell'anno 1974, con esclusione di quelle i cui redditi sono stati imputati ad altri, e che entro il 31 gennaio 1977 non riceveranno comunicazione del numero di codice fiscale, sono tenuti a presentare l'apposita domanda di attribuzione, entro il trentesimo giorno precedente quello stabilito per la presentazione della dichiarazione dei redditi posseduti nell'anno 1976, all'ufficio distrettuale delle imposte dirette al quale hanno presentato la dichiarazione dei redditi conseguiti nell'anno 1974 ovvero, per coloro che l'hanno presentata ad uffici soppressi, all'ufficio distrettuale che ne ha assorbito i compiti.

Le persone fisiche che hanno presentato la dichiarazione dei redditi, modello 740, conseguiti nell'anno 1975 in qualità di dichiaranti ed i loro figli minori possessori di reddito proprio, nonché le persone fisiche che hanno presentato il modello 101 sostitutivo della dichiarazione per i redditi conseguiti nell'anno 1975, che entro il 30 settembre 1977 non riceveranno la comunicazione del numero di codice fiscale, sono tenute a presentare l'apposita domanda di attribuzione, entro il 30 novembre 1977, all'ufficio distrettuale delle imposte dirette al quale hanno presentato la dichiarazione dei redditi conseguiti nell'anno 1975 o il certificato sostitutivo, ovvero, per coloro che li hanno presentati ad uffici soppressi, all'ufficio distrettuale che ne ha assorbito i compiti. Il termine del 30 novembre 1977 non si applica alle persone fisiche che presentano la dichiarazione annuale dei redditi o il certificato sostitutivo rilasciato dal datore di lavoro presso gli uffici delle imposte dirette nei cui distretti rientrano i comuni indicati negli artt. 1 e 20 del D.L. 13 maggio 1976, n. 227, convertito, con modificazioni, nella L. 29 maggio 1976, n. 336, e nell'art. 11 del D.L. 18 settembre 1976, n. 648, convertito, con modificazioni, nella L. 30 ottobre 1976, n. 730 ([1]).

Le persone fisiche obbligate alla indicazione del numero di codice fiscale, alle quali l'amministrazione finanziaria non lo avrà comunicato entro il 30 novembre 1977, salvo quanto previsto nei commi precedenti, sono tenute a richiederne l'attribuzione, a decorrere dall'1 dicembre 1977, ad uno degli uffici distrettuali delle imposte dirette indicati nella tabella *C* annessa al D.P.R. 26 ottobre 1972, n. 644.

([1]) *L'ultimo periodo è stato aggiunto dall'art. 3 della L. 27 dicembre 1977, n. 987.*

18. Per i soggetti diversi dalle persone fisiche che siano, entro il 31 dicembre 1976, in possesso del numero di partita IVA, tale numero ha a tutti gli effetti validità di numero di codice fiscale, fino a quando l'amministrazione provvederà a comunicare il numero di codice fiscale medesimo.

Per i soggetti diversi dalle persone fisiche in possesso, entro il 31 dicembre 1976, di più di un numero di partita IVA, ha validità di numero di codice fiscale l'ultimo numero di partita IVA attribuito o, nel caso di attribuzione contemporanea di più numeri di partita IVA, quello a valore numerico più elevato.

I soggetti diversi dalle persone fisiche obbligati alla presentazione delle dichiarazioni IVA, che non siano, entro il 31 dicembre 1976, in possesso del numero di partita IVA, sono tenuti a richiedere l'attribuzione del numero di codice fiscale, a decorrere dall'1 gennaio 1977, all'ufficio IVA competente ai sensi dell'art. 40 del D.P.R. 26 ottobre 1972, n. 633.

I soggetti diversi dalle persone fisiche, non obbligati alla presentazione delle dichiarazioni IVA ma obbligati alla indicazione del numero di codice fiscale, ai quali l'amministrazione finanziaria non lo avrà comunicato entro il 31 dicembre 1976, sono tenuti a richiedere l'attribuzione, a decorrere dall'1 gennaio 1977, all'ufficio distrettuale delle imposte dirette nella cui circoscrizione hanno il domicilio fiscale.

19. Nella prima applicazione del presente decreto, il termine di sei mesi previsto dagli artt. 3, 4 e 5 per la presentazione della domanda di attribuzione del numero di codice fiscale definitivo decorre dall'1 luglio 1978 anziché dalla data di emissione del numero di codice fiscale provvisorio, ovvero, nel caso di rettifiche o modificazioni previste dal terzo comma dell'art. 4, dalla data di efficacia legale delle stesse.

20. Le pubbliche amministrazioni e gli enti pubblici devono comunicare all'anagrafe tributaria gli estremi dei contratti di appalto,di somministrazione e di trasporto conclusi mediante scrittura privata e non registrati. Con decreto del Ministro delle finanze sono stabiliti il contenuto, i termini e le modalità della comunicazione ([1]).

Fino a quando non sarà diversamente stabilito con decreto del Ministro per le finanze in relazione all'attivazione del sistema informativo del Ministero delle finanze, le pubbliche amministrazioni che corrispondono ad imprese commerciali contributi assoggettabili a ritenuta di acconto ai sensi del secondo comma dell'art. 28 del D.P.R. 29 settembre 1973, n. 600, devono comunicare all'ufficio delle imposte del domicilio fiscale dell'impresa percipiente l'ammontare e la causale dei pagamenti fatti e l'importo delle ritenute effettuate. La comunicazione deve essere fatta entro il 30 giugno di ciascun anno con riferimento alle somme corrisposte nell'anno precedente.

[I soggetti indicati nell'art. 29 del D.P.R. 29 settembre 1973, n. 600, e successive modificazioni, che hanno operato le relative ritenute di acconto, devono trasmettere all'anagrafe tributaria gli elenchi dei percipienti ai quali sono stati corrisposti compensi o emolumenti assoggettati a ritenute d'acconto. Con decreto del Ministro delle finanze, di concerto con il Ministro del tesoro, verranno stabiliti il contenuto, i termini e le modalità della comunicazione per i soggetti di cui al primo comma del citato articolo 29 ([2]). Nel medesimo decreto può essere previsto anche l'obbligo di indicare i dati relativi ai contributi dovuti agli enti e casse previdenziali ([3]). Per i soggetti di cui al quarto comma dello stesso articolo, il contenuto, i termini e le modalità della comunicazione saranno stabiliti con decreto del Ministro delle finanze, previa intesa con le rispettive Presidenze ([4]) e con il segretario generale della Presidenza della Repubblica per quanto concerne quest'ultima] ([5]) ([6]).

Le comunicazioni previste dal secondo e terzo comma dell'art. 7 devono essere effettuate, fino al 31 dicembre 1977, all'ufficio delle imposte nella cui circoscrizione hanno sede le camere di commercio, industria, artigianato ed agricoltura, gli ordini professionali e gli altri enti ed uffici preposti alla tenuta di albi, registri ed elenchi di cui alla lettera *f*) dell'art. 6 ([7]).

([1]) *Questo comma è stato così sostituito dall'art. 20, comma 2, della L. 30 dicembre 1991, n. 413.*

([2]) *Si vedano i DD.MM. 27 aprile 1995 (Suppl. ord. alla* Gazzetta Ufficiale *n. 116 del 20 maggio 1995).*

([3]) *Il terzo periodo di questo comma è stato inserito dall'art. 10, comma 2, del D.L.vo 9 luglio 1997, n. 241, con effetto per le dichiarazioni presentate a decorrere dal 1° gennaio 1999.*

([4]) *Questo comma è stato inserito dall'art. 20, comma 2, della L. 30 dicembre 1991, n. 413.*

([5]) *Le parole: «e con il segretario generale della Presidenza della Repubblica per quanto concerne quest'ultima» sono state aggiunte dall'art. 12, comma 2, del D.L. 8 gennaio 1996, n. 6, conv., senza modif., nella L. 6 marzo 1996, n. 110.*

([6]) *Questo comma si intende soppresso a norma dell'art. 11, comma 1, lett.* a), *del D.P.R. 14 ottobre 1999, n. 542.*

([7]) *Così modificato dall'art. 1 del D.P.R. 23 dicembre 1977, n. 955.*

21. Indicazione del numero di codice fiscale. – A decorrere dall'1 gennaio 1977 sulla dichiarazione da presentare agli effetti delle imposte sul reddito e dall'1 luglio 1977 sulle dichiarazioni annuali da presentare agli effetti dell'imposta sul valore aggiunto deve essere indicato il numero di codice fiscale del dichiarante:

a) dalle persone fisiche che hanno presentato la dichiarazione dei redditi posseduti nell'anno 1974, escluse le persone che hanno presentato il certificato sostitutivo della dichiarazione e quelle i cui redditi sono stati imputati ad altri;

b) dai soggetti diversi dalle persone fisiche.

Per tutti gli atti previsti dalle disposizioni dell'art. 6 del presente decreto e per tutti i soggetti che vi sono tenuti secondo le suddette disposizioni, l'obbligo della indicazione del numero di codice fiscale ha effetto dall'1 gennaio 1978.

Gli atti di cui alla lettera *g*) dell'art. 6 emessi anteriormente alla data di cui al precedente comma, e le iscrizioni di cui alla lettera *f*) dell'art. 6 eseguite in base a domande presentate anteriormente alla data di cui al precedente comma, che alla predetta data esplichino ancora i loro effetti, devono essere integrati su richiesta dei soggetti beneficiari, da presentare entro il 31 gennaio 1980 ([1]) con la indicazione del numero di codice fiscale. In caso di mancata richiesta si applica la pena pecuniaria prevista dall'art. 13 e gli atti e le iscrizioni non integrate perdono la loro efficacia a tutti gli effetti.

Gli uffici marittimi, gli uffici della motorizzazione civile-sezione nautica, il Registro aeronautico nazionale e la direzione della circoscrizione dell'aeroporto competente debbono entro il 31 dicembre 1992 integrare con il codice fiscale le domande, le note di trascrizione e le dichiarazioni di cui alla lett. *f*) dell'art. 6, relativamente a navi, galleggianti, unità da diporto ed aeromobili risultanti iscritti alla data del 31 dicembre 1991 nei registri da essi gestiti e che alla predetta data esplicano i loro effetti. A tal fine i soggetti interessati debbono comunicare il proprio codice fiscale ai predetti uffici entro il 30 giugno 1992. In caso di mancata comunicazione si applica la pena pecuniaria prevista dall'art. 13 ([2]).

([1]) *Il precedente termine, che era del 30 giugno 1979, è stato così modificato dall'art. 2 della L. 20 luglio 1979, n. 289.*

([2]) *Questo comma, già aggiunto dall'art. 10, comma 4, del D.L. 13 maggio 1991, n. 151, conv., con modif., nella L. 12 luglio 1991, n. 202, è stato così sostituito dall'art. 20, comma 2, della L. 30 dicembre 1991, n. 413.*

3.

D.L. 30 settembre 1994, n. 564. Disposizioni urgenti in materia fiscale (*Gazzetta Ufficiale* Serie gen. - n. 230 del 1° ottobre 1994), convertito, con modificazioni, nella L. 30 novembre 1994, n. **656** (*Gazzetta Ufficiale* Serie gen. - n. 280 del 30 novembre 1994).

(*Estratto*)

2 *quater*. Autotutela. – 1. Con decreti del Ministro delle finanze (1) sono indicati gli organi dell'Amministrazione finanziaria competenti per l'esercizio del potere di annullamento d'ufficio o di revoca, anche in pendenza di giudizio o in caso di non impugnabilità, degli atti illegittimi o infondati. Con gli stessi decreti sono definiti i criteri di economicità sulla base dei quali si inizia o si abbandona l'attività dell'amministrazione.

1 *bis*. Nel potere di annullamento o di revoca di cui al comma 1 deve intendersi compreso anche il potere di disporre la sospensione degli effetti dell'atto che appaia illegittimo o infondato (2).

1 *ter*. Le Regioni, le Province e i Comuni indicano, secondo i rispettivi ordinamenti, gli organi competenti per l'esercizio dei poteri indicati dai commi 1 e 1 *bis* relativamente agli atti concernenti i tributi di loro competenza (2).

1 *quater*. In caso di pendenza del giudizio, la sospensione degli effetti dell'atto cessa con la pubblicazione della sentenza (2).

1 *quinquies*. La sospensione degli effetti dell'atto disposta anteriormente alla proposizione del ricorso giurisdizionale cessa con la notificazione, da parte dello stesso organo, di un nuovo atto, modificativo o confermativo di quello sospeso; il contribuente può impugnare, insieme a quest'ultimo, anche l'atto modificato o confermato (2).

1 *sexies*. Nei casi di annullamento o revoca parziali dell'atto il contribuente può avvalersi degli istituti di definizione agevolata delle sanzioni previsti per l'atto oggetto di annullamento o revoca alle medesime condizioni esistenti alla data di notifica dell'atto purché rinunci al ricorso. In tale ultimo caso le spese del giudizio restano a carico delle parti che le hanno sostenute (3).

1 *septies*. Le disposizioni del comma 1 *sexies* non si applicano alla definizione agevolata prevista dall'articolo 17, comma 2, del decreto legislativo 18 dicembre 1997, n. 472 (3).

1 *octies*. L'annullamento o la revoca parziali non sono impugnabili autonomamente (3).

(1) *Si veda il D.M. 11 febbraio 1997, n. 37.*

(2) *Questo comma è stato aggiunto dall'art. 27 della L. 18 febbraio 1999, n. 28.*

[3] *Questo comma è stato aggiunto dall'art. 11, comma 1, lett.* a), *del D.L.vo 24 settembre 2015, n. 159.*

2 *quinquies*. Chiusura delle liti fiscali pendenti. – 1. Le liti fiscali, pendenti alla data del 31 dicembre 1994 [1] dinanzi alle commissioni tributarie in ogni grado del giudizio e quelle che possono insorgere per atti notificati entro la medesima data, ivi compresi i processi verbali di constatazione per i quali non sia stato ancora notificato atto di imposizione, possono essere definite, a domanda del ricorrente:

a) con il pagamento della somma di € 77,47, se la lite è di importo fino ad € 1.032,91;

b) con il pagamento di una somma pari al dieci per cento del valore della lite, se questo è di importo superiore ad € 1.032,91 e fino ad € 10.329,14.

2. Qualora, per le liti in materia di imposte sulle successioni e donazioni, di registro, ipotecaria, catastale e comunale sull'incremento di valore degli immobili, il contribuente non sia in possesso degli elementi per determinare l'imposta relativa al maggiore imponibile accertato, di cui al comma 4, lett. *b*), lo stesso può effettuare il pagamento delle somme indicate al comma 1 in via provvisoria, salvo conguaglio sulla base della liquidazione effettuata da parte dell'ufficio competente entro il 31 dicembre 1995.

3. I pagamenti previsti nel comma 1 sono effettuati mediante versamento in conto corrente postale per le somme di cui alla lett. *a*) del comma 1 e con l'osservanza delle norme sull'autoliquidazione per le somme di cui alla lett. *b*) del medesimo comma 1. I versamenti affluiscono ad apposito capitolo dello stato di previsione dell'entrata.

4. Ai fini del presente articolo:

a) per lite fiscale si intende la contestazione relativa a ciascun atto di imposizione o di irrogazione di sanzioni impugnato considerando, comunque, lite fiscale autonoma quella relativa all'imposta sull'incremento del valore degli immobili;

b) per valore della lite si intende l'importo dell'imposta accertata al netto degli interessi e delle eventuali sanzioni irrogate con lo stesso atto impugnato; in caso di liti relative esclusivamente alla irrogazione di sanzioni, il valore è costituito dalla somma di queste; il valore delle liti in materia di imposte sulle successioni e donazioni, di registro, ipotecaria, catastale e comunale sull'incremento di valore degli immobili è costituito dalla imposta relativa al maggiore imponibile accertato. Se il giudizio è pendente, dopo che è intervenuta decisione di commissione tributaria in qualsiasi grado di giudizio, l'importo da assumere a base del calcolo per la definizione ai sensi del presente articolo è comunque il valore accertato;

c) in mancanza di avviso di accertamento e quando i processi verbali prevedono una sanzione da un minimo ad un massimo, l'importo della sanzione necessario per il calcolo del valore della lite è il minimo previsto;

d) la lite è pendente anche nel caso che il ricorso presentato sia dichiarato o sia ritenuto inammissibile dall'ufficio;

e) il reddito definito ai sensi dei commi precedenti non rileva ai fini del contributo per il Servizio sanitario nazionale.

5. I giudizi di cui al comma 1 sono sospesi fino al 15 dicembre 1994; tuttavia, qualora sia stata già fissata udienza di discussione nel suddetto periodo, i giudizi sono sospesi all'udienza medesima a richiesta del contribuente che dichiari di volersi avvalere delle disposizioni del presente articolo. Il pagamento delle somme di cui al comma 1 estingue il giudizio.

6. Restano comunque dovute le somme il cui pagamento è previsto dalle vigenti disposizioni di legge in ipotesi di pendenza di giudizio, anche se non ancora iscritte a ruolo o liquidate; dette somme, a seguito delle definizioni, sono riscosse a titolo definitivo. La definizione non dà comunque luogo alla restituzione delle somme eventualmente già versate dal ricorrente.

7. Le liti di cui al presente articolo non possono essere oggetto della conciliazione prevista nell'art. 2 *sexies*.

8. ([2]) Il pagamento del dieci per cento del valore della lite, come stabilito al comma 4 del presente articolo, restando fermo il limite di € 10.329,14 estingue le controversie per l'imposta di cui all'art. 7, comma 1, del decreto legge 11 luglio 1992, n. 333, convertito, con modificazioni, dalla legge 8 agosto 1992, n. 359.

9. Con regolamento ([3]), da emanare ai sensi dell'art. 17, comma 2, della legge 23 agosto 1988, n. 400, sono stabilite le modalità per la presentazione delle domande di cui al comma 1, le procedure per il controllo delle stesse e le modalità per l'estinzione dei giudizi, e le altre norme occorrenti per l'applicazione del presente articolo, fermo restando che i pagamenti non possono essere effettuati dopo il 15 dicembre 1994. Limitatamente alle liti fiscali che possono insorgere a seguito di processi verbali di constatazione di cui al comma 1, il pagamento deve essere effettuato entro trenta giorni dalla notifica dell'avviso di accertamento. Nell'ipotesi di pagamento in misura inferiore a quella dovuta qualora sia riconosciuta la scusabilità dell'errore, è consentita la regolarizzazione del pagamento medesimo.

10. Le disposizioni di cui al presente articolo non sono applicabili nei confronti dei contribuenti che hanno chiesto la definizione della lite ai sensi dell'art. 53 della legge 30 dicembre 1991, n. 413, e in ogni caso non danno diritto a rimborsi per le somme già versate.

11. Al fine della eliminazione delle liti in tema di perdita dei benefici fiscali prevista dall'art. 46 della legge 28 febbraio 1985, n. 47, e successive modificazioni, l'ultimo periodo del primo comma dell'articolo citato è sostituito dal seguente:

(*Omissis*).

12. Le liti in essere alla data di entrata in vigore della legge di conversione del presente decreto concernenti il mancato adempimento del disposto dell'art. 46, primo comma, ultimo periodo, della legge 28 febbraio 1985, n. 47, e successive modificazioni, si considerano estinte se il contribuente adempie agli obblighi previsti dallo stesso art. 46, primo comma, ultimo periodo, come modificato dal comma 11 del presente articolo, entro sei mesi dalla data di entrata in vigore della legge di conversione del presente decreto.

(1) *Le originarie parole: «17 novembre 1994» sono state così sostituite dall'art. 1, comma 2, del D.L. 28 giugno 1995, n. 250, conv., con modif., nella L. 8 agosto 1995, n. 349.*

(2) *A norma dell'art. 41, comma 1* bis, *del D.L. 23 febbraio 1995, n. 41, conv., con modif., nella L. 22 marzo 1995, n. 85, questo comma si interpreta come applicabile a tutte le liti in materia, indipendentemente dalla data in cui esse sono sorte o sorgeranno.*

(3) *Si veda il D.P.R. 28 settembre 1994, n. 591.*

2 *sexies*. Conciliazione giudiziale. – 1. (*Omissis*).

2. Per i giudizi pendenti alla data del 17 novembre 1994, le disposizioni di cui all'art. 20 *bis* del decreto del Presidente della Repubblica 26 ottobre 1972, n. 636, introdotto dal comma 1 del presente articolo, si applicano in ogni fase e grado del giudizio.

2 *septies*. Responsabilità patrimoniale dei dipendenti dell'Amministrazione finanziaria. – 1. Nell'attività di interpretazione delle disposizioni tributarie e, comunque, nell'applicazione delle disposizioni di cui agli artt. 2 *bis*, 2 *quater* e 2 *sexies* i dipendenti dell'Amministrazione finanziaria che svolgono le relative funzioni rispondono patrimonialmente solo in caso di danno cagionato per dolo o colpa grave.

2. Entro novanta giorni dalla data di entrata in vigore della legge di conversione del presente decreto il Governo emana appositi regolamenti volti ad introdurre il principio della trasparenza nei rapporti tra Amministrazione finanziaria e contribuenti, ispirandosi al criterio della responsabilizzazione degli organi di controllo nell'espletamento delle loro funzioni, ed individuando apposite modalità di penalizzazione dei comportamenti che determinino l'inutile ed onerosa creazione di contenzioso.

4.

L. 23 dicembre 1994, n. 724. Misure di razionalizzazione della finanza pubblica (Suppl. ord. alla *Gazzetta Ufficiale* Serie gen. - n. 304 del 30 dicembre 1994).

(*Estratto*)

Capo IV
Disposizioni fiscali

27. Neutralità fiscale delle operazioni societarie di fusione e scissione ([1]). – 1. Le fusioni e le scissioni di società sono, agli effetti delle imposte sui redditi, neutrali. Conseguentemente, il disavanzo di fusione e di scissione non è utilizzabile per iscrizioni di valori in franchigia d'imposta, a qualsiasi voce, forma o titolo operate. Ai fondi in sospensione d'imposta continuano, per neutralità, ad essere applicate le disposizioni di cui all'articolo 123, comma 4, del testo unico delle imposte sui redditi, approvato con decreto del Presidente della Repubblica 22 dicembre 1986, n. 917, anche se istituiti per effetto di operazioni di concentrazione poste in essere in precedenza dalle società incorporate. La fusione tra società che hanno posto in essere operazioni di concentrazione ai sensi dell'art. 34 della legge 2 dicembre 1975, n. 576, dell'art. 10 della legge 16 dicembre 1977, n. 904 e dell'articolo 79 della legge 22 ottobre 1986, n. 742, non costituisce realizzo della plusvalenza ancora in sospensione d'imposta, a condizione che detta plusvalenza trovi evidenza in una riserva che concorre a formare il reddito nell'esercizio e nella misura in cui la riserva sia utilizzata per scopi diversi dalla copertura di perdite ([2]).

2. Le disposizioni del comma 1, relative ai disavanzi di fusione, si applicano alle operazioni deliberate successivamente alla data di entrata in vigore della presente legge.

([1]) *Si veda anche l'art. 3, comma 105, della L. 28 dicembre 1995, n. 549.*

([2]) *Il quarto periodo di questo comma è stato aggiunto dall'art. 22, comma 8, del D.L. 23 febbraio 1995, n. 41, conv., con modif., nella L. 22 marzo 1995, n. 85. Si veda anche quanto dispone il comma 9 di detta norma.*

30. ([1]) **Società di comodo. Valutazione dei titoli.** – 1. Agli effetti del presente articolo le società per azioni, in accomandita per azioni, a responsabilità limitata, in nome collettivo e in accomandita semplice, nonché le società e gli enti di ogni tipo non residenti, con stabile organizzazione nel territorio dello Stato, si considerano [, salvo prova contraria,] ([2]) non operativi se l'ammontare complessivo dei ricavi, degli incrementi delle rimanenze e dei proventi, esclusi quelli straordinari, risultanti dal conto economico, ove prescritto, è inferiore alla somma degli importi che risultano applicando le seguenti percentuali:

a) il 2 per cento al valore dei beni indicati nell'articolo 85, comma 1, lettere *c*), *d*) ed *e*), del testo unico delle imposte sui redditi, di cui al decreto del Presidente della Repubblica 22 dicembre 1986, n. 917, e delle quote di partecipazione nelle società commerciali di cui all'articolo 5 del medesimo testo unico, anche se i predetti beni e partecipazioni costituiscono immobilizzazioni finanziarie ([3]), aumentato del valore dei crediti;

b) il 6 per cento al valore delle immobilizzazioni costituite da beni immobili e da beni indicati nell'articolo 8 *bis*, primo comma, lettera *a*), del decreto del Presidente della Repubblica 26 ottobre 1972, n. 633, e successive modificazioni, anche in locazione finanziaria; per gli immobili classificati nella categoria catastale A/10, la predetta percentuale è ridotta al 5 per cento; per gli immobili a destinazione abitativa acquisiti o rivalutati nell'esercizio e nei due precedenti, la percentuale è ulteriormente ridotta al 4 per cento ([4]); per tutti gli immobili situati in comuni con popolazione inferiore a 1.000 abitanti la percentuale è dell'1 per cento ([5]);

c) il 15 per cento al valore delle altre immobilizzazioni, anche in locazione finanziaria. Le disposizioni del primo periodo non si applicano:

1) ai soggetti ai quali, per la particolare attività svolta, è fatto obbligo di costituirsi sotto forma di società di capitali;

2) ai soggetti che si trovano nel primo periodo di imposta;

3) alle società in amministrazione controllata o straordinaria;

4) alle società ed enti che controllano società ed enti i cui titoli sono negoziati in mercati regolamentati italiani ed esteri, nonché alle stesse società ed enti quotati ed alle società da essi controllate, anche indirettamente ([6]);

5) alle società esercenti pubblici servizi di trasporto;

6) alle società con un numero di soci non inferiore a 50 ([7]) ([8]);

6 *bis*) alle società che nei due esercizi precedenti hanno avuto un numero di dipendenti mai inferiore alle dieci unità ([9]);

6 *ter*) alle società in stato di fallimento, assoggettate a procedure di liquidazione giudiziaria, di liquidazione coatta amministrativa ed in concordato preventivo ([9]);

6 *quater*) alle società che presentano un ammontare complessivo del valore della produzione (raggruppamento A del conto economico) superiore al totale attivo dello stato patrimoniale ([9]);

6 *quinquies*) alle società partecipate da enti pubblici almeno nella misura del 20 per cento del capitale sociale ([9]);

6 *sexies*) alle società che risultano congrue e coerenti ai fini degli studi di settore ([9]).

[Le percentuali di cui alle lettere *a*) e *c*) sono ridotte rispettivamente all'1 per cento e al 10 per cento per i beni situati in comuni con popolazione inferiore ai 1.000 abitanti] ([10]).

2. Ai fini dell'applicazione del comma 1, i ricavi e i proventi nonché i valori dei beni e delle immobilizzazioni vanno assunti in base alle risultanze medie dell'esercizio e dei due precedenti. Per la determinazione del valore dei beni si applica l'articolo 110 ([11]), comma 1, del testo unico delle imposte sui redditi, approvato con decreto del Presidente della Repubblica 22 dicembre 1986, n. 917; per i beni in locazione finanziaria si assume il costo sostenuto dall'impresa concedente, ovvero, in mancanza di documentazione, la somma dei canoni di locazione e del prezzo di riscatto risultanti dal contratto ([12]).

3. Fermo l'ordinario potere di accertamento, ai fini dell'imposta personale sul reddito per le società e per gli enti non operativi indicati nel comma 1 si presume che il reddito del periodo di imposta non sia inferiore all'ammontare della somma degli importi derivanti dall'applicazione, ai valori dei beni posseduti nell'esercizio, delle seguenti percentuali:

a) l'1,50 per cento sul valore dei beni indicati nella lettera *a*) del comma 1;

b) il 4,75 per cento sul valore delle immobilizzazioni costituite da beni immobili e da beni indicati nell'articolo 8 *bis*, primo comma, lettera *a*), del decreto del Presidente della Repubblica 26 ottobre 1972, n. 633, e successive modificazioni, anche in locazione finanziaria; per le immobilizzazioni costituite da beni immobili a destinazione abitativa acquisiti o rivalutati nell'esercizio e nei due precedenti la predetta percentuale è ridotta al 3 per cento ([13]); per gli immobili classificati nella categoria catastale A/10, la predetta percentuale è ulteriormente ridotta al 4 per cento; per tutti gli immobili situati in comuni con popolazione inferiore a 1.000 abitanti la percentuale è *dello 0,9 per cento* ([14]);

c) il 12 per cento sul valore complessivo delle altre immobilizzazioni anche in locazione finanziaria. Le perdite di esercizi precedenti possono essere computate soltanto in diminuzione della parte di reddito eccedente quello minimo di cui al presente comma ([7]).

3 *bis*. Fermo l'ordinario potere di accertamento, ai fini dell'imposta regionale sulle attività produttive per le società e per gli enti non operativi indicati nel comma 1 si presume che il valore della produzione netta non sia inferiore al reddito minimo determinato ai sensi del comma 3 aumentato delle retribuzioni sostenute per il personale dipendente, dei compensi spettanti ai collaboratori coordinati e continuativi, di quelli per prestazioni di lavoro autonomo non esercitate abitualmente e degli interessi passivi ([15]).

4. Per le società e gli enti non operativi, l'eccedenza di credito risultante dalla dichiarazione presentata ai fini dell'imposta sul valore aggiunto non è ammessa al rimborso né può costituire oggetto di compensazione ai sensi dell'articolo 17 del decreto legislativo 9 luglio 1997, n. 241, o di cessione ai sensi dell'articolo 5, comma 4 *ter*, del decreto legge 14 marzo 1988, n. 70, convertito, con modificazioni, dalla legge 13 maggio 1988, n. 154. Qualora per tre periodi di imposta consecutivi la società o l'ente non operativo non effettui operazioni rilevanti ai fini dell'imposta sul valore aggiunto non inferiore all'importo che risulta dalla applicazione delle percentuali di cui al comma 1, l'eccedenza di credito non è ulteriormente riportabile a scomputo dell'IVA a debito relativa ai periodi di imposta successivi ([7]).

4 *bis*. In presenza di oggettive situazioni [di carattere straordinario] ([16]) che hanno reso impossibile il conseguimento dei ricavi, degli incrementi di rimanenze e dei proventi nonché del reddito determinati ai sensi del presente articolo, ovvero non hanno consentito di effettuare le operazioni rilevanti ai fini dell'imposta sul valore aggiunto di cui al comma 4, la società interessata può interpellare l'amministrazione ai sensi dell'articolo 11, comma 1, lettera *b*), della legge 27 luglio 2000, n. 212, recante lo Statuto dei diritti del contribuente ([17]) ([18]).

4 *ter*. Con provvedimento del direttore dell'Agenzia delle entrate possono essere individuate determinate situazioni oggettive, in presenza delle quali non trovano applicazione le disposizioni di cui al presente articolo ([19]) ([20]).

4 *quater*. Il contribuente che ritiene sussistenti le condizioni di cui al comma 4 *bis* ma non ha presentato l'istanza di interpello prevista dal medesimo comma ovvero, avendola presentata, non ha ricevuto risposta positiva deve darne separata indicazione nella dichiarazione dei redditi ([21]).

5. (*Omissis*).

([1]) *Si veda l'art. 2, commi 36* quinquies - *36* duodecies *del D.L. 13 agosto 2011, n. 138, convertito, con modificazioni, nella L. 14 settembre 2011, n. 148.*

([2]) *Le parole tra parentesi quadrate sono state soppresse dall'art. 1, comma 109, lett.* a), *della L. 27 dicembre 2006, n. 296.*

([3]) *Le parole da: «beni indicati nell'articolo 85 ...» fino a: «... immobilizzazioni finanziarie» sono state così sostituite dalle attuali da: «beni indicati ...» fino a: «... immobilizzazioni finanziarie» dall'art. 1, comma 109, lett.* b), *della L. 27 dicembre 2006, n. 296.*

([4]) *Le parole da: «per gli immobili classificati ...» fino alla fine della lettera sono state aggiunte dall'art. 1, comma 109, lett.* c), *della L. 27 dicembre 2006, n. 296.*

([5]) *Le parole da: «per tutti gli immobili ...» fino alla fine della lettera sono state aggiunte dall'art. 1, comma 128, lett.* a), *della L. 24 dicembre 2007, n. 244.*

([6]) *Questo numero è stato così sostituito dall'art. 1, comma 109, lett.* d), *della L. 27 dicembre 2006, n. 296.*

([7]) *Questo comma è stato così sostituito dall'art. 35, comma 15, del D.L. 4 luglio 2006, n. 223, convertito, con modificazioni, nella L. 4 agosto 2006, n. 248. A norma del comma 16 dello stesso articolo, questa disposizione si applica a decorrere dal periodo di imposta in corso alla data di entrata in vigore dello stesso decreto, avvenuta il giorno della sua pubblicazione (Suppl. ord. alla* Gazzetta Ufficiale *Serie gen. - n. 186 dell'11 agosto 2006).*

([8]) *Le parole: «non inferiore a 100» sono state così sostituite dalle attuali: «non inferiore a 50» dall'art. 1, comma 128, lett.* b), *della L. 24 dicembre 2007, n. 244.*

([9]) *Questo numero è stato inserito dall'art. 1, comma 128, lett.* c), *della L. 24 dicembre 2007, n. 244.*

([10]) *Questo periodo, aggiunto dall'art. 1, comma 326, della L. 27 dicembre 2006, n. 296, è stato soppresso dall'art. 1, comma 128, lett.* d), *della L. 24 dicembre 2007, n. 244.*

([11]) *Le parole: «l'articolo 76» sono state così sostituite dalle attuali: «l'articolo 110» dall'art. 1, comma 109, lett.* e), *della L. 27 dicembre 2006, n. 296.*

([12]) *Gli originari commi da 1 a 7 di questo articolo sono stati così sostituiti dai commi da 1 a 4 dall'art. 3, comma 37, della L. 23 dicembre 1996, n. 662.*

([13]) *Le parole da: «per le immobilizzazioni costituite ...» fino a: «... è ridotta al 3 per cento» sono state aggiunte dall'art. 1, comma 109, lett.* f), *della L. 27 dicembre 2006, n. 296.*

([14]) *Le parole: «per gli immobili classificati ...» fino a: «... 1.000 abitanti la percentuale è dello 0,9 per cento» sono state aggiunte dall'art. 1, comma 128, lett.* e), *della L. 24 dicembre 2007, n. 244.*

([15]) *Questo comma è stato inserito dall'art. 1, comma 109, lett.* g), *della L. 27 dicembre 2006, n. 296.*

([16]) *Le parole tra parentesi quadrate sono state soppresse dall'art. 1, comma 109, lett.* h), *della L. 27 dicembre 2006, n. 296.*

([17]) *Le parole: «la società interessata può chiedere la disapplicazione delle relative disposizioni antielusive ai sensi dell'articolo 37* bis, *comma 8, del decreto del Presidente della Repubblica 29 settembre 1973, n. 600» sono state così sostituite dalle parole: «la società interessata può interpellare l'amministrazione ai sensi dell'articolo 11, comma 1, lettera* b), *della legge 27 luglio 2000, n. 212, recante lo Statuto dei diritti del contribuente» dall'art. 7, comma 12, lett.* a), *del D.L.vo 24 settembre 2015, n. 156.*

A norma dell'art. 12, comma 1, le disposizioni del predetto decreto entrano in vigore a decorrere dal 1° gennaio 2016.

([18]) *Questo comma è stato inserito dall'art. 35, comma 15, del D.L. 4 luglio 2006, n. 223, convertito, con modificazioni, nella L. 4 agosto 2006, n. 248.*

([19]) *Le parole: «in presenza delle quali è consentito disapplicare le disposizioni del presente articolo, senza dover assolvere all'onere di presentare l'istanza di interpello di cui al comma 4 bis» sono state così sostituite dalle parole: «non trovano applicazione le disposizioni di cui al presente articolo» dall'art. 7, comma 12, lett.* b), *del D.L.vo 24 settembre 2015, n. 156.*

A norma dell'art. 12, comma 1, le disposizioni del predetto decreto entrano in vigore a decorrere dal 1° gennaio 2016.

Le parole: «in presenza delle quali» sono state inserite dopo la verifica delle note pubblicate nel Suppl. ord. alla Gazzetta Ufficiale *Serie gen. - n. 233 del 7 ottobre 2015.*

([20]) *Questo comma è stato inserito dall'art. 1, comma 128, lett.* f), *della L. 24 dicembre 2007, n. 244.*

([21]) *Questo comma, inserito dall'art. 1, comma 128, lett.* f), *della L. 24 dicembre 2007, n. 244 è stato, da ultimo, così sostituito dall'art. 7, comma 12, lett. c), del D.L.vo 24 settembre 2015, n. 156.*

A norma dell'art. 12, comma 1, le disposizioni del predetto decreto entrano in vigore a decorrere dal 1° gennaio 2016.

Si riporta il testo previgente:

«4 quater. *I provvedimenti del direttore regionale dell'Agenzia delle entrate, adottati a seguito delle istanze di disapplicazione presentate ai sensi del comma 4 bis, sono comunicati mediante servizio postale, in plico raccomandato con avviso di ricevimento, ovvero a mezzo fax o posta elettronica.».*

5.

D.M. 11 febbraio 1997, n. 37. Regolamento recante norme relative all'esercizio del potere di autotutela da parte degli organi dell'Amministrazione finanziaria (*Gazzetta Ufficiale* Serie gen. - n. 53 del 5 marzo 1997).

1. Organi competenti per l'esercizio del potere di annullamento e di revoca d'ufficio o di rinuncia all'imposizione in caso di autoaccertamento. – 1. Il potere di annullamento e di revoca o di rinuncia all'imposizione in caso di autoaccertamento spetta all'ufficio che ha emanato l'atto illegittimo o che è competente per gli accertamenti d'ufficio ovvero in via sostitutiva, in caso di grave inerzia, alla Direzione regionale o compartimentale dalla quale l'ufficio stesso dipende.

2. Ipotesi di annullamento d'ufficio o di rinuncia all'imposizione in caso di autoaccertamento. – 1. L'Amministrazione finanziaria può procedere, in tutto o in parte, all'annullamento o alla rinuncia all'imposizione in caso di autoaccertamento, senza necessità di istanza di parte, anche in pendenza di giudizio o in caso di non impugnabilità, nei casi in cui sussista illegittimità dell'atto o dell'imposizione, quali tra l'altro:

a) errore di persona;

b) evidente errore logico o di calcolo;

c) errore sul presupposto dell'imposta;

d) doppia imposizione;

e) mancata considerazione di pagamenti di imposta, regolarmente eseguiti;

f) mancanza di documentazione successivamente sanata, non oltre i termini di decadenza;

g) sussistenza dei requisiti per fruire di deduzioni, detrazioni o regimi agevolativi, precedentemente negati;

h) errore materiale del contribuente, facilmente riconoscibile dall'Amministrazione.

2. Non si procede all'annullamento d'ufficio, o alla rinuncia all'imposizione in caso di autoaccertamento, per motivi sui quali sia intervenuta sentenza passata in giudicato favorevole all'Amministrazione finanziaria.

3. Criteri di priorità. – 1. Nell'attività di cui all'articolo 2 è data priorità alle fattispecie di rilevante interesse generale e, fra queste ultime, a quelle per le quali sia in atto o vi sia il rischio di un vasto contenzioso.

4. Adempimenti degli uffici. – 1. Nel caso in cui l'importo dell'imposta, sanzioni ed accessori oggetto di annullamento o di rinuncia all'imposizione in caso di autoaccertamento o della agevolazione superi € 516.456,90, l'annullamento è sottoposto al preventivo parere della direzione regionale o compartimentale da cui l'ufficio dipende.

2. Dell'eventuale annullamento, o rinuncia all'imposizione in caso di autoaccertamento, è data comunicazione al contribuente, all'organo giurisdizionale davanti al quale sia eventualmente pendente il relativo contenzioso nonché – in caso di annullamento disposto in via sostitutiva – all'ufficio che ha emanato l'atto.

3. Con relazioni annuali, da trasmettere al Segretariato generale, ai relativi dipartimenti e al servizio per il controllo interno, le direzioni regionali e compartimentali evidenziano le cause dei vizi degli atti rilevati nonché le misure adottate per migliorare l'efficienza dell'attività di accertamento di loro competenza.

5. Richieste di annullamento o di rinuncia all'imposizione in caso di autoaccertamento. – 1. Le eventuali richieste di annullamento o di rinuncia all'imposizione in caso di autoaccertamento avanzate dai contribuenti sono indirizzate agli uffici di cui all'articolo 1; in caso di invio di richiesta ad ufficio incompetente, questo è tenuto a trasmetterla all'ufficio competente, dandone comunicazione al contribuente.

6. Rilevazione da parte degli uffici. – 1. La Direzione centrale per gli affari giuridici e per il contenzioso tributario del Dipartimento delle entrate, la Direzione centrale per gli affari generali, il personale e i servizi informatici e tecnici del Dipartimento delle dogane e la Direzione centrale per i servizi generali, il personale e l'organizzazione del Dipartimento del territorio, sulla base di relazioni che le direzioni regionali e compartimentali, avvalendosi del servizio automatizzato di cui all'articolo 36, comma 1, del decreto legislativo 31 dicembre 1992, n. 545, sono tenute a far pervenire trimestralmente alle stesse Direzioni centrali e al Segretariato generale, rilevano i motivi per i quali più frequentemente i ricorsi avverso atti degli uffici periferici e centrali sono accolti o respinti dalle commissioni tributarie.

2. Le Direzioni centrali di cui al comma 1 trasmettono semestralmente alle direzioni regionali e compartimentali elenchi, distinti per singoli tributi, delle questioni che più frequentemente tornano oggetto di ricorso, evidenziando i casi di contrasto con la giurisprudenza nazionale e comunitaria.

7. Criteri di economicità per l'inizio o l'abbandono dell'attività contenziosa. – 1. Tenuto conto delle rilevazioni previste dall'articolo 6 e della giurisprudenza consolidata nella materia, le direzioni dei Dipartimenti impartiscono direttive per l'abbandono delle liti già iniziate, sulla base del criterio delle probabilità della soccombenza e della conseguente condanna dell'Amministrazione finanziaria al rimborso delle spese di giudizio. Ad analoga valutazione è subordinata l'adozione di iniziative in sede contenziosa.

2. Ai fini di cui al comma precedente è presa in considerazione anche l'esiguità delle pretese tributarie in rapporto ai costi amministrativi connessi alla difesa delle pretese stesse.

8. Criteri di economicità per l'inizio o l'abbandono dell'attività amministrativa. – 1. Con successivi propri decreti sono stabiliti i criteri di economicità sulla base dei quali si inizia o si abbandona l'attività dell'Amministrazione, in relazione a predeterminate categorie generali ed astratte.

6.

D.L.vo 19 giugno 1997, n. 218. Disposizioni in materia di accertamento con adesione e di conciliazione giudiziale (*Gazzetta Ufficiale* Serie gen. - n. 165 del 17 luglio 1997).

Titolo I

Accertamento con adesione e conciliazione giudiziale

Capo I

Accertamento con adesione

1. Definizione degli accertamenti. – 1. L'accertamento delle imposte sui redditi e dell'imposta sul valore aggiunto può essere definito con adesione del contribuente, secondo le disposizioni seguenti.

2. L'accertamento delle imposte sulle successioni e donazioni, di registro, ipotecaria, catastale e comunale sull'incremento di valore degli immobili, compresa quella decennale, può essere definito con adesione anche di uno solo degli obbligati, secondo le disposizioni seguenti.

2. ([1]) **Definizione degli accertamenti nelle imposte sui redditi e nell'imposta sul valore aggiunto.** – 1. La definizione delle imposte sui redditi ha effetto anche per l'imposta sul valore aggiunto, relativamente alle fattispecie per essa rilevanti. In tal caso l'imposta sul valore aggiunto è liquidata applicando, sui maggiori componenti positivi di reddito rilevanti ai fini della stessa, l'aliquota media risultante dal rapporto tra l'imposta relativa alle operazioni imponibili, diminuita di quella relativa alle cessioni di beni ammortizzabili e di quella considerata detraibile forfettariamente in relazione ai singoli regimi speciali adottati, e il volume d'affari incrementato delle operazioni non soggette ad imposta e di quelle per le quali non sussiste l'obbligo di dichiarazione. Possono formare oggetto della definizione anche le fattispecie rilevanti ai soli fini dell'imposta sul valore aggiunto.

2. Può essere oggetto di definizione anche la determinazione sintetica del reddito complessivo netto.

3. L'accertamento definito con adesione non è soggetto ad impugnazione, non è integrabile o modificabile da parte dell'ufficio e non rileva ai fini dell'imposta comunale per l'esercizio di imprese e di arti e professioni, nonché ai fini extratributari, fatta eccezione per i contributi previdenziali e assistenziali, la cui base imponibile è riconducibile a quella delle imposte sui redditi. La definizione esclude, anche con effetto retroattivo, in deroga all'articolo 20 della legge 7 gennaio 1929, n. 4 ([2]), la punibilità per i reati previsti dal decreto legge 10 luglio 1982, n. 429, convertito, con modificazioni,

dalla legge 7 agosto 1982, n. 516, limitatamente ai fatti oggetto dell'accertamento; la definizione non esclude comunque la punibilità per i reati di cui agli articoli 2, comma 3, e 4 del medesimo decreto legge.

4. La definizione non esclude l'esercizio dell'ulteriore azione accertatrice entro i termini previsti dall'articolo 43 del decreto del Presidente della Repubblica 29 settembre 1973, n. 600, relativo all'accertamento delle imposte sui redditi, e dall'articolo 57 del decreto del Presidente della Repubblica 26 ottobre 1972, n. 633, riguardante l'imposta sul valore aggiunto:

a) se sopravviene la conoscenza di nuovi elementi, in base ai quali è possibile accertare un maggior reddito, superiore al cinquanta per cento del reddito definito e comunque non inferiore a € 77.468,53;

b) se la definizione riguarda accertamenti parziali;

c) se la definizione riguarda i redditi derivanti da partecipazione nelle società o nelle associazioni indicate nell'articolo 5 del testo unico delle imposte sui redditi, approvato con decreto del Presidente della Repubblica 22 dicembre 1986, n. 917, ovvero in aziende coniugali non gestite in forma societaria;

d) se l'azione accertatrice è esercitata nei confronti delle società o associazioni o dell'azienda coniugale di cui alla lettera *c*), alle quali partecipa il contribuente nei cui riguardi è intervenuta la definizione.

5. A seguito della definizione, le sanzioni per le violazioni concernenti i tributi oggetto dell'adesione commesse nel periodo d'imposta, nonché per le violazioni concernenti il contenuto delle dichiarazioni relative allo stesso periodo, si applicano nella misura di un terzo ([3]) del minimo previsto dalla legge, ad eccezione di quelle applicate in sede di liquidazione delle dichiarazioni ai sensi dell'articolo 36 *bis* del decreto del Presidente della Repubblica 29 settembre 1973, n. 600, e dell'articolo 60, sesto comma, del decreto del Presidente della Repubblica 26 ottobre 1972, n. 633, nonché di quelle concernenti la mancata, incompleta o non veritiera risposta alle richieste formulate dall'ufficio. Sulle somme dovute a titolo di contributi previdenziali e assistenziali di cui al comma 3 non si applicano sanzioni e interessi.

6. Le disposizioni dei commi da 1 a 5 si applicano anche in relazione ai periodi d'imposta per i quali era applicabile la definizione ai sensi dell'articolo 3 del decreto legge 30 settembre 1994, n. 564, convertito, con modificazioni, dalla legge 30 novembre 1994, n. 656, e dell'articolo 2, comma 137, della legge 23 dicembre 1996, n. 662.

7. Le disposizioni del presente articolo si applicano, in quanto compatibili, anche ai sostituti d'imposta.

([1]) *A norma dell'art. 2, comma 3, del D.L. 23 ottobre 2018, n. 119, convertito, con modificazioni, nella L. 17 dicembre 2018, n. 136, gli accertamenti con adesione di cui a questo articolo, sottoscritti entro la data di entrata in vigore del presente decreto legge possono essere perfezionati ai sensi dell'articolo 9 del medesimo decreto legislativo, con il pagamento, entro il termine di cui all'articolo 8, comma 1, del citato decreto legislativo, decorrente dalla predetta data, delle sole imposte, senza le sanzioni, gli interessi e gli eventuali accessori.*

([2]) *Questo articolo è stato abrogato dall'art. 24, comma 1, del D.L.vo 30 dicembre 1999, n. 507.*

([3]) *Le parole*: «*un quarto*» *sono state così sostituite dalle parole*: «*un terzo*» *dall'art. 1, comma 18, lett.* a), *della L. 13 dicembre 2010, n. 220, a decorrere dal 1° febbraio 2011.*

3. ([1]) **Definizione degli accertamenti nelle altre imposte indirette.** – 1. La definizione ha effetto per tutti i tributi di cui all'articolo 1, comma 2, dovuti dal contribuente, relativamente ai beni e ai diritti indicati in ciascun atto, denuncia o dichiarazione che ha formato oggetto di imposizione. Il valore definito vincola l'ufficio ad ogni ulteriore effetto limitatamente ai menzionati tributi. Sono escluse adesioni parziali riguardanti singoli beni o diritti contenuti nello stesso atto, denuncia o dichiarazione.

2. Se un atto contiene più disposizioni che non derivano necessariamente, per la loro intrinseca natura, le une dalle altre, ciascuna di esse, se soggetta ad autonoma imposizione, costituisce oggetto di definizione come se fosse un atto distinto.

3. A seguito della definizione, le sanzioni dovute per ciascun tributo oggetto dell'adesione si applicano nella misura di un terzo ([2]) del minimo previsto dalla legge.

4. L'accertamento definito con adesione non è soggetto ad impugnazione e non è integrabile o modificabile da parte dell'ufficio.

([1]) *A norma dell'art. 2, comma 3, del D.L. 23 ottobre 2018, n. 119, convertito, con modificazioni, nella L. 17 dicembre 2018, n. 136, gli accertamenti con adesione di cui a questo articolo, sottoscritti entro la data di entrata in vigore del presente decreto legge possono essere perfezionati ai sensi dell'articolo 9 del medesimo decreto legislativo, con il pagamento, entro il termine di cui all'articolo 8, comma 1, del citato decreto legislativo, decorrente dalla predetta data, delle sole imposte, senza le sanzioni, gli interessi e gli eventuali accessori.*

([2]) *Le parole*: «*un quarto*» *sono state così sostituite dalle parole*: «*un terzo*» *dall'art. 1, comma 18, lett.* b), *della L. 13 dicembre 2010, n. 220, a decorrere dal 1° febbraio 2011.*

Capo II
Procedimento per la definizione degli accertamenti nelle imposte sui redditi e nell'imposta sul valore aggiunto

4. Competenza degli uffici. – 1. Competente alla definizione è l'ufficio delle entrate, nella cui circoscrizione il contribuente ha il domicilio fiscale.

2. Nel caso di esercizio di attività d'impresa o di arti e professioni in forma associata, di cui all'articolo 5 del testo unico delle imposte sui redditi, approvato con decreto del Presidente della Repubblica 22 dicembre 1986, n. 917, ovvero in caso di azienda coniugale non gestita in forma societaria, e in caso di società che optano per la trasparenza fiscale di cui agli articoli 115 e 116 del medesimo testo unico (1), l'ufficio competente all'accertamento nei confronti della società, dell'associazione o del titolare dell'azienda coniugale effettua la definizione anche del reddito attribuibile ai soci, agli associati o all'altro coniuge, con unico atto e in loro contraddittorio. Nei confronti dei soggetti che non aderiscono alla definizione o che, benché ritualmente convocati secondo le precedenti modalità non hanno partecipato al contraddittorio, gli uffici competenti procedono all'accertamento sulla base della stessa; non si applicano gli articoli 2, comma 5, e 15, comma 1, del presente decreto.

[3. Fino all'entrata in funzione dell'ufficio delle entrate sono competenti l'ufficio distrettuale delle imposte dirette ovvero, nei casi disciplinati dall'articolo 6, comma 2, l'ufficio dell'imposta sul valore aggiunto, se la definizione ha ad oggetto esclusivamente fattispecie rilevanti ai fini di tale imposta] (2).

4. Non si applicano le disposizioni dell'articolo 44 del decreto del Presidente della Repubblica 29 settembre 1973, n. 600, riguardante la partecipazione dei comuni all'accertamento dei redditi delle persone fisiche.

(1) *Le parole da: «, e in caso di società che optano per la trasparenza fiscale di cui agli articoli 115 e 116 del medesimo testo unico», sono state inserite dall'art. 27, comma 4* bis, *lett.* a), *del D.L. 29 novembre 2008, n. 185, convertito, con modificazioni, nella L. 28 gennaio 2009, n. 2.*

(2) *Questo comma è stato abrogato dall'art. 27, comma 4* bis, *lett.* b), *del D.L. 29 novembre 2008, n. 185, convertito, con modificazioni, nella L. 28 gennaio 2009, n. 2.*

5. Avvio del procedimento. – 1. L'ufficio invia al contribuente un invito a comparire, nel quale sono indicati:

a) i periodi di imposta suscettibili di accertamento;

b) il giorno e il luogo della comparizione per definire l'accertamento con adesione;

c) le maggiori imposte, ritenute, contributi, sanzioni ed interessi dovuti [in caso di definizione agevolata di cui al comma 1 *bis*] (1) (2);

d) i motivi che hanno dato luogo alla determinazione delle maggiori imposte, ritenute e contributi di cui alla lettera *c*) ([2]);

[1 *bis*. Il contribuente può prestare adesione ai contenuti dell'invito di cui al comma 1 mediante comunicazione al competente ufficio e versamento delle somme dovute entro il quindicesimo giorno antecedente la data fissata per la comparizione. Alla comunicazione di adesione, che deve contenere, in caso di pagamento rateale, l'indicazione del numero delle rate prescelte, deve essere unita la quietanza dell'avvenuto pagamento della prima o unica rata. In presenza dell'adesione la misura delle sanzioni applicabili indicata nell'articolo 2, comma 5, è ridotta alla metà] ([3]).

[1 *ter*. Il pagamento delle somme dovute indicate nell'invito di cui al comma 1 deve essere effettuato con le modalità di cui all'articolo 8, senza prestazione delle garanzie ivi previste in caso di versamento rateale. Sull'importo delle rate successive alla prima sono dovuti gli interessi al saggio legale calcolati dal giorno successivo al versamento della prima rata] ([3]).

[1 *quater*. In caso di mancato pagamento delle somme dovute di cui al comma 1 *bis* il competente ufficio dell'Agenzia delle entrate provvede all'iscrizione a ruolo a titolo definitivo delle predette somme a norma dell'articolo 14 del decreto del Presidente della Repubblica 29 settembre 1973, n. 602] ([3]).

[1 *quinquies*. Le disposizioni di cui ai commi 1 *bis*, 1 *ter* e 1 *quater* del presente articolo non si applicano agli inviti preceduti dai processi verbali di constatazione definibili ai sensi dell'articolo 5 *bis*, comma 1, per i quali non sia stata prestata adesione e con riferimento alle maggiori imposte ed altre somme relative alle violazioni indicate nei processi verbali stessi che consentono l'emissione degli accertamenti di cui all'articolo 41 *bis* del decreto del Presidente della Repubblica 29 settembre 1973, n. 600 e all'articolo 54, quarto comma, del decreto del Presidente della Repubblica 26 ottobre 1972, n. 633] ([3]).

[2. La richiesta di chiarimenti inviata al contribuente ai sensi dell'articolo 12, comma 1, del decreto legge 2 marzo 1989, n. 69, convertito, con modificazioni, dalla legge 27 aprile 1989, n. 154, riguardante la determinazione induttiva di ricavi, compensi e volumi d'affari sulla base di coefficienti presuntivi, costituisce anche invito al contribuente per l'eventuale definizione dell'accertamento con adesione] ([4]).

[3. Fino all'entrata in funzione dell'ufficio delle entrate, l'ufficio distrettuale delle imposte dirette, dopo aver controllato la posizione del contribuente riguardo alle imposte sui redditi, richiede all'ufficio dell'imposta sul valore aggiunto la trasmissione degli elementi in suo possesso, rilevanti per la definizione dell'accertamento con adesione e in via al contribuente l'invito a comparire di cui al comma 1, dandone comunicazione all'ufficio dell'imposta sul valore aggiunto, che può delegare un proprio funzionario a partecipare al procedimento. L'ufficio dell'imposta sul valore aggiunto, anche di propria iniziativa, trasmette all'ufficio distrettuale delle imposte dirette, gli elementi idonei alla formulazione di un avviso di rettifica ai sensi degli articoli 54 e 55 del decreto del Presidente della Repubblica 26 ottobre 1972, n. 633] ([4]).

3 *bis*. Qualora tra la data di comparizione, di cui al comma 1, lettera *b*), e quella di decadenza dell'amministrazione dal potere di notificazione dell'atto impositivo intercorrano meno di novanta giorni, il termine di decadenza per la notificazione dell'atto impositivo è automaticamente prorogato di centoventi giorni, in deroga al termine ordinario ([5]).

([1]) *Le parole fra parentesi quadrate sono state soppresse dall'art. 1, comma 637, lett.* c), *n. 1), punto 1.1), della L. 23 dicembre 2014, n. 190.*

([2]) *Questa lettera è stata aggiunta dall'art. 27, comma 1, lett.* a), *del D.L. 29 novembre 2008, n. 185, convertito, con modificazioni, nella L. 28 gennaio 2009, n. 2.*

([3]) *Questo comma, inserito dall'art. 27, comma 1, lett.* b), *del D.L. 29 novembre 2008, n. 185, convertito, con modificazioni, nella L. 28 gennaio 2009, n. 2, è stato abrogato dall'art. 1, comma 637, lett.* c), *n. 1), punto 1.2), della L. 23 dicembre 2014, n. 190. A norma dell'art. 1, comma 638, della medesima legge, tali disposizioni, nel testo vigente alla data di entrata in vigore della presente legge, continuano ad applicarsi agli inviti al contraddittorio in materia di imposte sui redditi, di imposta sul valore aggiunto e di altre imposte indirette, notificati entro il 31 dicembre 2015. A norma dell'art. 2, comma 2, lett.* a), *del D.L. 30 dicembre 2015, n. 153, convertito, con modificazioni, nella L. 20 novembre 2015, n. 187, tali disposizioni, nel testo vigente alla data del 30 dicembre 2014, continuano ad applicarsi fino al 31 dicembre 2016, ai soli fini della collaborazione volontaria di cui alla L. 15 dicembre 2014, n. 186.*

([4]) *Questo comma è stato abrogato dall'art. 27, comma 1, lett.* c), *del D.L. 29 novembre 2008, n. 185, convertito, con modificazioni, nella L. 28 gennaio 2009, n. 2.*

([5]) *Questo comma è stato aggiunto dall'art. 4* octies, *comma 1, lett.* a), *del D.L. 30 aprile 2019, n. 34, convertito, con modificazioni, nella L. 28 giugno 2019, n. 58, a decorrere dal 30 giugno 2019.*

A norma dell'art. 4 octies, *comma 2, del D.L. 30 aprile 2019, n. 34, convertito, con modificazioni, nella L. 28 giugno 2019, n. 58, le disposizioni di cui al comma 1 del medesimo decreto, si applicano agli avvisi di accertamento emessi dal 1° luglio 2020.*

5 *bis*. ([1]) [**Adesione ai verbali di constatazione.** – 1. Il contribuente può prestare adesione anche ai verbali di constatazione in materia di imposte sui redditi e di imposta sul valore aggiunto redatti ai sensi dell'articolo 24 della legge 7 gennaio 1929, n. 4, che consentano l'emissione di accertamenti parziali previsti dall'articolo 41 *bis* del decreto del Presidente della Repubblica 29 settembre 1973, n. 600, e dall'articolo 54, quarto comma, del decreto del Presidente della Repubblica 26 ottobre 1972, n. 633.

2. L'adesione di cui al comma 1 può avere ad oggetto esclusivamente il contenuto integrale del verbale di constatazione e deve intervenire entro i 30 giorni successivi alla data della consegna del verbale medesimo mediante comunicazione al competente Ufficio dell'Agenzia delle entrate ed all'organo che ha redatto il verbale. Entro i 60 giorni successivi alla comunicazione al competente Ufficio dell'Agenzia delle entrate, lo stesso notifica al contribuente l'atto di definizione dell'accertamento parziale recante le indicazioni previste dall'articolo 7.

3. In presenza dell'adesione di cui al comma 1 la misura delle sanzioni applicabili indicata nell'articolo 2, comma 5, è ridotta alla metà e le somme dovute risultanti dall'atto di definizione dell'accertamento parziale devono essere versate nei termini e con le modalità di cui all'articolo 8, senza prestazione delle garanzie ivi previste in caso di versamento rateale. Sull'importo delle rate successive alla prima sono dovuti gli interessi al saggio legale calcolati dal giorno successivo alla data di notifica dell'atto di definizione dell'accertamento parziale.

4. In caso di mancato pagamento delle somme dovute di cui al comma 3 il competente ufficio dell'Agenzia delle entrate provvede all'iscrizione a ruolo a titolo definitivo delle predette somme a norma dell'articolo 14 del decreto del Presidente della Repubblica 29 settembre 1973, n. 602].

(1) *Questo articolo, inserito dall'art. 83, comma 18, del D.L. 25 giugno 2008, n. 112, convertito, con modificazioni, nella L. 6 agosto 2008, n. 133, è stato abrogato dall'art. 1, comma 637, lett. c), n. 2), della L. 23 dicembre 2014, n. 190. A norma dell'art. 1, comma 638, della medesima legge, tali disposizioni, continuano ad applicarsi ai processi verbali di constatazione in materia di imposte sui redditi e di imposta sul valore aggiunto consegnati entro il 31 dicembre 2015.*

5 *ter*. (1) **Invito obbligatorio.** – 1. L'ufficio, fuori dei casi in cui sia stata rilasciata copia del processo verbale di chiusura delle operazioni da parte degli organi di controllo, prima di emettere un avviso di accertamento, notifica l'invito a comparire di cui all'articolo 5 per l'avvio del procedimento di definizione dell'accertamento.

2. Sono esclusi dall'applicazione dell'invito obbligatorio di cui al comma 1 gli avvisi di accertamento parziale previsti dall'articolo 41 *bis* del decreto del Presidente della Repubblica 29 settembre 1973, n. 600, e gli avvisi di rettifica parziale previsti dall'articolo 54, terzo e quarto comma, del decreto del Presidente della Repubblica 26 ottobre 1972, n. 633.

3. In caso di mancata adesione, l'avviso di accertamento è specificamente motivato in relazione ai chiarimenti forniti e ai documenti prodotti dal contribuente nel corso del contraddittorio.

4. In tutti i casi di particolare urgenza, specificamente motivata, o nelle ipotesi di fondato pericolo per la riscossione, l'ufficio può notificare direttamente l'avviso di accertamento non preceduto dall'invito di cui al comma 1.

5. Fuori dei casi di cui al comma 4, il mancato avvio del contraddittorio mediante l'invito di cui al comma 1 comporta l'invalidità dell'avviso di accertamento qualora, a seguito di impugnazione, il contribuente dimostri in concreto le ragioni che avrebbe potuto far valere se il contraddittorio fosse stato attivato.

6. Restano ferme le disposizioni che prevedono la partecipazione del contribuente prima dell'emissione di un avviso di accertamento.

(1) *Questo articolo è stato inserito dall'art. 4* octies*, comma 1, lett.* b)*, del D.L. 30 aprile 2019, n. 34, convertito, con modificazioni, nella L. 28 giugno 2019, n. 58, a decorrere dal 30 giugno 2019.*

A norma dell'art. 4 octies*, comma 2, del D.L. 30 aprile 2019, n. 34, convertito, con modificazioni, nella L. 28 giugno 2019, n. 58, le disposizioni di cui al comma 1 del medesimo decreto, si applicano agli avvisi di accertamento emessi dal 1° luglio 2020.*

6. Istanza del contribuente. – 1. Il contribuente nei cui confronti sono stati effettuati accessi, ispezioni o verifiche ai sensi degli articoli 33 del decreto del Presidente della Repubblica 29 settembre 1973, n. 600, e 52 del decreto del Presidente della Repubblica 26 ottobre 1972, n. 633, può chiedere all'ufficio, con apposita istanza in carta libera, la formulazione della proposta di accertamento ai fini dell'eventuale definizione.

2. Il contribuente nei cui confronti sia stato notificato avviso di accertamento o di rettifica, non preceduto dall'invito di cui agli articoli 5 e 5 *ter* (1), può formulare anteriormente all'impugnazione dell'atto innanzi la commissione tributaria provinciale, istanza in carta libera di accertamento con adesione, indicando il proprio recapito, anche telefonico.

3. Il termine per l'impugnazione indicata al comma 2 e quello per il pagamento dell'imposta sul valore aggiunto accertata, indicato nell'articolo 60, primo comma, del decreto del Presidente della Repubblica 26 ottobre 1972, n. 633, sono sospesi per un periodo di novanta giorni dalla data di presentazione dell'istanza del contribuente; l'iscrizione a titolo provvisorio nei ruoli delle imposte accertate dall'ufficio, ai sensi dell'articolo 15, primo comma, del decreto del Presidente della Repubblica 29 settembre 1973, n. 602, è effettuata, qualora ne ricorrano i presupposti, successivamente alla scadenza del termine di sospensione. L'impugnazione dell'atto comporta rinuncia all'istanza.

4. Entro quindici giorni dalla ricezione dell'istanza di cui al comma 2, l'ufficio, anche telefonicamente o telematicamente, formula al contribuente

l'invito a comparire. Fino all'attivazione dell'ufficio delle entrate, la definizione ha effetto ai soli fini del tributo che ha formato oggetto di accertamento. All'atto del perfezionamento della definizione, l'avviso di cui al comma 2 perde efficacia.

(1) *Le parole: «di cui all'articolo 5» sono state così sostituite dalle attuali: «di cui agli articoli 5 e 5* ter*» dall'art. 4* octies*, comma 1, lett.* c)*, del D.L. 30 aprile 2019, n. 34, convertito, con modificazioni, nella L. 28 giugno 2019, n. 58, a decorrere dal 30 giugno 2019.*

A norma dell'art. 4 octies*, comma 2, del D.L. 30 aprile 2019, n. 34, convertito, con modificazioni, nella L. 28 giugno 2019, n. 58, le disposizioni di cui al comma 1 del medesimo decreto, si applicano agli avvisi di accertamento emessi dal 1° luglio 2020.*

7. (1) **Atto di accertamento con adesione.** – 1. L'accertamento con adesione è redatto con atto scritto in duplice esemplare, sottoscritto dal contribuente e dal capo dell'ufficio o da un suo delegato. Nell'atto sono indicati, separatamente per ciascun tributo, gli elementi e la motivazione su cui la definizione si fonda, nonché la liquidazione delle maggiori imposte, delle sanzioni e delle altre somme eventualmente dovute, anche in forma rateale.

1 *bis*. Il contribuente può farsi rappresentare da un procuratore munito di procura speciale, nelle forme previste dall'articolo 63 del decreto del Presidente della Repubblica 29 settembre 1973, n. 600, e successive modificazioni [, ovvero, quando la procura è rilasciata ad un funzionario di un centro di assistenza fiscale, essa deve essere autenticata dal responsabile del predetto centro] (2) (3).

1 *ter*. Fatte salve le previsioni di cui all'articolo 9 *bis* del presente decreto, il contribuente ha facoltà di chiedere che siano computate in diminuzione dai maggiori imponibili le perdite di cui al quarto comma dell'articolo 42 del decreto del Presidente della Repubblica 29 settembre 1973, n. 600, non utilizzate, fino a concorrenza del loro importo (4).

(1) *A norma dell'art. 149, comma 1, lett.* a)*, del D.L. 19 maggio 2020, n. 34, convertito, con modificazioni, nella L. 17 luglio 2020, n. 77, sono prorogati al 16 settembre 2020 i termini di versamento delle somme dovute a seguito di atti di accertamento con adesione ai sensi del presente articolo.*

A norma dell'art. 2 del medesimo decreto, la proroga si applica con riferimento agli atti ivi indicati, i cui termini di versamento scadono nel periodo compreso tra il 9 marzo 2020 e il 31 maggio 2020.

(2) *Questo comma è stato aggiunto dall'art. 10, comma 1, della L. 18 ottobre 2001, n. 383.*

(3) *Le parole tra parentesi quadrate sono state soppresse dall'art. 1, comma 280, della L. 27 dicembre 2013, n. 147.*

(4) *Questo comma è stato aggiunto dall'art. 25, comma 2, del D.L.vo 24 settembre 2015, n. 158, a decorrere dal 1° gennaio 2016.*

A norma dell'art. 25, comma 5, del medesimo decreto, tali disposizioni entrano in vigore il 1° gennaio 2016, con riferimento ai periodi di imposta per i quali, alla predetta data, sono ancora pendenti i termini di cui all'articolo 43 del decreto del Presidente della Repubblica 29 settembre 1973, n. 600.

A norma dell'art. 25, comma 4, del medesimo decreto, con provvedimento del Direttore dell'Agenzia delle entrate, da emanare entro novanta giorni dalla data di entrata in vigore del suddetto decreto, sono stabiliti i contenuti e le modalità di presentazione dell'istanza di cui al presente comma, nonché le conseguenti attività dell'ufficio competente.

8. [1] [2] **Adempimenti successivi.** – 1. Il versamento delle somme dovute per effetto dell'accertamento con adesione è eseguito entro venti giorni dalla redazione dell'atto di cui all'articolo 7.

2. Le somme dovute possono essere versate anche ratealmente in un massimo di otto rate trimestrali di pari importo o in un massimo di sedici rate trimestrali se le somme dovute superano i cinquantamila euro. L'importo della prima rata è versato entro il termine indicato nel comma 1. Le rate successive alla prima devono essere versate entro l'ultimo giorno di ciascun trimestre. Sull'importo delle rate successive alla prima sono dovuti gli interessi calcolati dal giorno successivo al termine di versamento della prima rata [3].

3. Entro dieci giorni dal versamento dell'intero importo o di quello della prima rata il contribuente fa pervenire all'ufficio la quietanza dell'avvenuto pagamento. L'ufficio rilascia al contribuente copia dell'atto di accertamento con adesione.

4. Per le modalità di versamento delle somme dovute si applicano le disposizioni di cui all'articolo 15 *bis*. In caso di inadempimento nei pagamenti rateali si applicano le disposizioni di cui all'articolo 15 *ter* del decreto del Presidente della Repubblica 29 settembre 1973, n. 602.

[1] *Questo articolo è stato così sostituito dall'art. 2, comma 2, del D.L.vo 24 settembre 2015, n. 159. A norma dell'art. 15, comma 3, del medesimo provvedimento, tali disposizioni non si applicano agli atti di adesione, agli atti definiti ai sensi dell'articolo 15 del decreto legislativo 19 giugno 1997, n. 218, alle conciliazioni giudiziali e alle mediazioni tributarie già perfezionati alla data di entrata in vigore del presente decreto.*

[2] *Si vedano il Provv. 21 luglio 2017 e il Provv. 18 febbraio 2019.*

[3] *A norma dell'art. 37, comma 1* quater, *del D.L. 26 ottobre 2019, n. 124, convertito, con modificazioni, nella L. 19 dicembre 2019, n. 157, con decreto del Ministro dell'economia e delle finanze sono stabilite misure differenziate, nei limiti di cui al comma 1* ter *del medesimo articolo, per gli interessi di cui a questo comma.*

9. Perfezionamento della definizione. – 1. La definizione si perfeziona con il versamento di cui all'articolo 8, comma 1, ovvero con il versamento della prima rata [e con la prestazione della garanzia] [1], prevista [2] dall'articolo 8, comma 2.

[1] *Le parole tra parentesi quadrate sono state soppresse dall'art. 23, comma 18, del D.L. 6 luglio 2011, n. 98, convertito, con modificazioni, nella L. 15 luglio 2011, n. 111.*

([2]) *La parola: «previsti» è stata così sostituita dalla parola: «prevista» dall'art. 23, comma 18, del D.L. 6 luglio 2011, n. 98, convertito, con modificazioni, nella L. 15 luglio 2011, n. 111.*

9 *bis*. ([1]) **Soggetti aderenti al consolidato nazionale.** – 1. Al procedimento di accertamento con adesione avente ad oggetto le rettifiche previste dal comma 2 dell'articolo 40 *bis* del decreto del Presidente della Repubblica 29 settembre 1973, n. 600, partecipano sia la consolidante che la consolidata interessata dalle rettifiche, innanzi all'ufficio competente di cui al primo comma dell'articolo 40 *bis* stesso, e l'atto di adesione, sottoscritto anche da una sola di esse, si perfeziona qualora gli adempimenti di cui all'articolo 9 del presente decreto siano posti in essere anche da parte di uno solo dei predetti soggetti.

2. La consolidante ha facoltà di chiedere che siano computate in diminuzione dei maggiori imponibili le perdite di periodo del consolidato non utilizzate, fino a concorrenza del loro importo. Nell'ipotesi di adesione all'invito, ai sensi dell'articolo 5, comma 1 *bis*, del presente decreto, alla comunicazione ivi prevista deve essere allegata l'istanza prevista dal comma 3 dell'articolo 40 *bis* del decreto del Presidente della Repubblica 29 settembre 1973, n. 600; in tal caso, il versamento delle somme dovute dovrà essere effettuato entro il quindicesimo giorno successivo all'accoglimento dell'istanza da parte dell'ufficio competente, comunicato alla consolidata ed alla consolidante, entro sessanta giorni dalla presentazione dell'istanza. L'istanza per lo scomputo delle perdite di cui al comma 3 dell'articolo 40 *bis* citato deve essere presentata unitamente alla comunicazione di adesione di cui all'articolo 5 *bis* del presente decreto; l'ufficio competente emette l'atto di definizione scomputando le stesse dal maggior reddito imponibile.

([1]) *Questo articolo è stato aggiunto dall'art. 35, comma 2, del D.L. 31 maggio 2010, n. 78, convertito, con modificazioni, nella L. 30 luglio 2010, n. 122, a decorrere dal 1° gennaio 2011, con riferimento ai periodi di imposta per i quali, alla predetta data, sono ancora pendenti i termini di cui all'articolo 43 del decreto del Presidente della Repubblica 29 settembre 1973, n. 600.*

Capo III
Procedimento per la definizione
di altre imposte indirette

10. Competenza degli uffici. – 1. Competente alla definizione è l'ufficio delle entrate.

2. Fino all'entrata in funzione dell'ufficio indicato nel comma 1, è competente l'ufficio del registro.

11. Avvio del procedimento. – 1. L'ufficio invia ai soggetti obbligati un invito a comparire, nel quale sono indicati:

a) gli elementi identificativi dell'atto, della denuncia o della dichiarazione cui si riferisce l'accertamento suscettibile di adesione;

b) il giorno e il luogo della comparizione per definire l'accertamento con adesione;

b bis) le maggiori imposte, sanzioni e interessi dovuti [in caso di definizione agevolata di cui al comma 1 *bis*] (1) (2);

b ter) i motivi che hanno dato luogo alla determinazione delle maggiori imposte di cui alla lettera *b bis*) (2).

[1 *bis*. Il contribuente può prestare adesione ai contenuti dell'invito di cui al comma 1. Per le modalità di definizione dell'invito, compresa l'assenza della prestazione delle garanzie previste dall'articolo 8, per la misura degli interessi e per le modalità di computo degli stessi in caso di versamento rateale, nonché per i poteri del competente ufficio dell'Agenzia delle entrate in caso di mancato pagamento delle somme dovute per la definizione, si applicano le disposizioni di cui all'articolo 5, commi 1 *bis*, 1 *ter* e 1 *quater*. In presenza dell'adesione all'invito di cui al comma 1 del presente articolo, la misura delle sanzioni indicata nell'articolo 3, comma 3, applicabile per ciascun tributo di cui all'articolo 1, comma 2, è ridotta alla metà] (3).

(1) *Le parole fra parentesi quadrate sono state soppresse dall'art. 1, comma 637, lett.* c), *n. 3), punto 3.1), della L. 23 dicembre 2014, n. 190.*

(2) *Questa lettera è stata aggiunta dall'art. 27, comma 1* bis, *lett.* a), *del D.L. 29 novembre 2008, n. 185, convertito, con modificazioni, nella L. 28 gennaio 2009, n. 2.*

(3) *Questo comma, aggiunto dall'art. 27, comma 1* bis, *lett.* b), *del D.L. 29 novembre 2008, n. 185, convertito, con modificazioni, nella L. 28 gennaio 2009, n. 2, è stato abrogato dall'art. 1, comma 637, lett.* c), *n. 3), punto 3.2), della L. 23 dicembre 2014, n. 190. A norma dell'art. 1, comma 638, della medesima legge, tali disposizioni, nel testo vigente alla data di entrata in vigore della presente legge, continuano ad applicarsi agli inviti al contraddittorio in materia di imposte sui redditi, di imposta sul valore aggiunto e di altre imposte indirette, notificati entro il 31 dicembre 2015.*

12. Istanza del contribuente. – 1. Nel caso in cui sia stato notificato avviso di accertamento, non preceduto dall'invito di cui all'articolo 11, il contribuente, anteriormente all'impugnazione dell'atto innanzi la commissione tributaria provinciale, può formulare in carta libera istanza di accertamento con adesione, indicando il proprio recapito, anche telefonico.

2. La presentazione dell'istanza, anche da parte di un solo obbligato, comporta la sospensione, per tutti i coobbligati, dei termini per l'impugnazione indicata al comma 1 e di quelli per la riscossione delle imposte in pendenza di giudizio, per un periodo di novanta giorni. L'impugnazione dell'atto da parte del soggetto che abbia richiesto l'accertamento con adesione comporta rinuncia all'istanza.

3. Entro quindici giorni dalla ricezione dell'istanza, l'ufficio, anche telefonicamente o telematicamente, formula al contribuente l'invito a comparire.

4. All'atto del perfezionamento della definizione, l'avviso di cui al comma 1 perde efficacia.

13. Atto di accertamento con adesione, adempimenti successivi e definizione. – 1. La definizione si perfeziona secondo quanto previsto dagli articoli 7, 8 e 9. Il versamento delle somme dovute per effetto dell'adesione è effettuato presso l'ufficio del registro.

Capo IV

Conciliazione giudiziale

14. Disposizioni in materia di conciliazione giudiziale. – 1. (*Omissis*).

Titolo II

Disposizioni finali

15. ([1]) **Sanzioni applicabili nel caso di omessa impugnazione.** – 1. Le sanzioni irrogate per le violazioni indicate nell'articolo 2, comma 5, del presente decreto, negli articoli 71 e 72 ([2]) del testo unico delle disposizioni concernenti l'imposta di registro, approvato con decreto del Presidente della Repubblica 26 aprile 1986, n. 131, e negli articoli 50 e 51 ([3]) del testo unico delle disposizioni concernenti l'imposta sulle successioni e donazioni, approvato con decreto del Presidente della Repubblica 31 ottobre 1990, n. 346, sono ridotte a un terzo ([4]) se il contribuente rinuncia ad impugnare l'avviso di accertamento o di liquidazione e a formulare istanza di accertamento con adesione, provvedendo a pagare, entro il termine per la proposizione del ricorso, le somme complessivamente dovute, tenuto conto della predetta riduzione. In ogni caso la misura delle sanzioni non può essere inferiore ad un terzo ([4]) dei minimi edittali previsti per le violazioni più gravi relative a ciascun tributo ([5]).

2. Si applicano le disposizioni degli articoli 2, commi 3, 4 e 5, ultimo periodo, e 8, commi 2, 3 e 4 ([6]) ([7]).

[2 *bis*. Fermo restando quanto previsto dal comma 1, le sanzioni ivi indicate sono ridotte alla metà se l'avviso di accertamento e di liquidazione non è stato preceduto dall'invito di cui all'articolo 5 o di cui all'articolo 11. La disposizione di cui al periodo precedente non si applica nei casi in cui il contribuente non abbia prestato adesione ai sensi dell'articolo 5 *bis* e con riferimento alle maggiori imposte e alle altre somme relative alle violazioni indicate nei processi verbali che consentono l'emissione degli accertamenti di cui all'articolo 41 *bis* del decreto del Presidente della Repubblica 29 settembre 1973, n. 600, e successive modificazioni, e all'articolo 54, quarto comma, del decreto del Presidente della Repubblica 26 ottobre 1972, n. 633, e successive modificazioni] ([8]) ([7]).

2 *bis*1. Le disposizioni di cui ai commi 1 e 2 si applicano anche nei casi in cui il contribuente rinunci a impugnare l'avviso di liquidazione emesso a seguito della decadenza dalle agevolazioni indicate nella Nota II *bis*) dell'articolo 1, della Parte I, della Tariffa I allegata al decreto del Presidente della Repubblica 26 aprile 1986, n. 131, e nell'articolo 2, comma 4 *bis*, del decreto legge 30 dicembre 2009, n. 194, convertito, con modificazioni, dalla legge 26 febbraio 2010, n. 25 ([9]).

([1]) *A norma dell'art. 149, comma 3, del D.L. 19 maggio 2020, n. 34, convertito, con modificazioni, nella L. 17 luglio 2020, n. 77, è prorogato al 16 settembre 2020 il termine finale per la notifica del ricorso di primo grado innanzi alle Commissioni tributarie relativo agli atti di cui al comma 1 del medesimo decreto e agli atti definibili ai sensi di questo articolo, i cui termini di versamento scadono nel periodo compreso tra il 9 marzo 2020 e il 31 maggio 2020 di cui al comma 2 dello stesso decreto.*

([2]) *Le parole: «nell'articolo 71» sono state così sostituite dalle attuali: «negli articoli 71 e 72» dall'art. 2, comma 3, lett. a), n. 1), del D.L.vo 24 settembre 2015, n. 159. A norma dell'art. 15, comma 3, del medesimo provvedimento, tali disposizioni non si applicano agli atti di adesione, agli atti definiti ai sensi dell'articolo 15 del decreto legislativo 19 giugno 1997, n. 218, alle conciliazioni giudiziali e alle mediazioni tributarie già perfezionati alla data di entrata in vigore del presente decreto.*

([3]) *Le parole: «nell'articolo 50» sono state così sostituite dalle attuali: «negli articoli 50 e 51» dall'art. 2, comma 3, lett. a), n. 2), del D.L.vo 24 settembre 2015, n. 159. A norma dell'art. 15, comma 3, del medesimo provvedimento, tali disposizioni non si applicano agli atti di adesione, agli atti definiti ai sensi dell'articolo 15 del decreto legislativo 19 giugno 1997, n. 218, alle conciliazioni giudiziali e alle mediazioni tributarie già perfezionati alla data di entrata in vigore del presente decreto.*

(4) *Le parole: «un quarto» sono state così sostituite dalle parole: «un terzo» dall'art. 1, comma 18, lett.* c), *della L. 13 dicembre 2010, n. 220, a decorrere dal 1° febbraio 2011.*

(5) *Questo periodo è stato aggiunto dall'art. 3, comma 2, del D.L.vo 5 giugno 1998, n. 203, con effetto dal 1° aprile 1998.*

(6) *Questo comma è stato così, da ultimo, sostituito dall'art. 2, comma 3, lett.* b), *del D.L.vo 24 settembre 2015, n. 159. A norma dell'art. 15, comma 3, del medesimo provvedimento, tali disposizioni non si applicano agli atti di adesione, agli atti definiti ai sensi dell'articolo 15 del decreto legislativo 19 giugno 1997, n. 218, alle conciliazioni giudiziali e alle mediazioni tributarie già perfezionati alla data di entrata in vigore del presente decreto.*

(7) *A norma dell'art. 37, comma 1* quater, *del D.L. 26 ottobre 2019, n. 124, convertito, con modificazioni, nella L. 19 dicembre 2019, n. 157, con decreto del Ministro dell'economia e delle finanze sono stabilite misure differenziate, nei limiti di cui al comma 1* ter *del medesimo articolo, per gli interessi di cui a questo comma.*

(8) *Questo comma, aggiunto dall'art. 27, comma 4* ter, *del D.L. 29 novembre 2008, n. 185, convertito, con modificazioni, nella L. 28 gennaio 2009, n. 2, è stato abrogato dall'art. 1, comma 637, lett.* c), *n. 4), della L. 23 dicembre 2014, n. 190. A norma dell'art. 1, comma 639, della medesima legge, tale abrogazione, opera con riferimento agli atti definibili notificati dagli uffici dell'Agenzia delle entrate a decorrere dal 1 gennaio 2016.*

(9) *Questo comma è stato aggiunto dall'art. 2, comma 3, lett.* c), *del D.L.vo 24 settembre 2015, n. 159. A norma dell'art. 15, comma 3, del medesimo provvedimento, tali disposizioni non si applicano agli atti di adesione, agli atti definiti ai sensi dell'articolo 15 del decreto legislativo 19 giugno 1997, n. 218, alle conciliazioni giudiziali e alle mediazioni tributarie già perfezionati alla data di entrata in vigore del presente decreto.*

15 *bis*. (1) **Modalità di pagamento.** – 1. Il pagamento delle somme dovute ai sensi degli articoli 8 e 15 si esegue mediante versamento unitario di cui all'articolo 17 del decreto legislativo 9 luglio 1997, n. 241, secondo le modalità stabilite dall'articolo 19 del medesimo decreto, fatte salve le ipotesi in cui siano previste altre modalità di pagamento in ragione della tipologia di tributo.

2. Con decreto del Ministro dell'economia e delle finanze possono essere stabilite ulteriori modalità di versamento.

(1) *Questo articolo è stato inserito dall'art. 2, comma 4, del D.L.vo 24 settembre 2015, n. 159. A norma dell'art. 15, comma 3, del medesimo provvedimento, tali disposizioni non si applicano agli atti di adesione, agli atti definiti ai sensi dell'articolo 15 del decreto legislativo 19 giugno 1997, n. 218, alle conciliazioni giudiziali e alle mediazioni tributarie già perfezionati alla data di entrata in vigore del presente decreto.*

16. Controlli sulla base della copia delle dichiarazioni. – 1. Qualora successivamente all'accertamento le dichiarazioni presentate ai fini delle imposte sui redditi e dell'imposta sul valore aggiunto risultino difformi dalle copie acquisite nel corso dell'attività di controllo ovvero ne risulti omessa la presentazione, gli uffici procedono all'accertamento e alla liquidazione delle imposte dovute e possono integrare, modificare o revocare gli atti già notificati, nonché irrogare o revocare le relative sanzioni. La conservazione della copia delle dichiarazioni è obbligatoria per i soggetti che devono tenere le scritture contabili, nonché per i soci o associati di società o associazioni di cui all'articolo 5 del testo unico delle imposte sui redditi, approvato con decreto del Presidente della Repubblica 22 dicembre 1986, n. 917, o per il coniuge dell'azienda coniugale non gestita in forma societaria.

17. Abrogazioni e delegificazione. – (*Omissis*).

7.

D.L.vo 9 luglio 1997, n. 241. Norme di semplificazione degli adempimenti dei contribuenti in sede di dichiarazione dei redditi e dell'imposta sul valore aggiunto, nonché di modernizzazione del sistema di gestione delle dichiarazioni (*Gazzetta Ufficiale* Serie gen. - n. 174 del 28 luglio 1997).

(*Estratto*)

Capo III

Disposizioni in materia di riscossione

Sezione I

Versamento unitario e compensazione

17. (1) (2) (3) (4) (5) **Oggetto.** – 1. I contribuenti [titolari di partita IVA] (6) eseguono versamenti unitari delle imposte, dei contributi dovuti all'Inps e delle altre somme a favore dello Stato, delle regioni e degli enti previdenziali, con eventuale compensazione dei crediti, dello stesso periodo, nei confronti dei medesimi soggetti, risultanti dalle dichiarazioni e dalle denunce periodiche presentate successivamente alla data di entrata in vigore del presente decreto. Tale compensazione deve essere effettuata entro la data di presentazione della dichiarazione successiva. La compensazione del credito annuale o relativo a periodi inferiori all'anno dell'imposta sul valore aggiunto, dei crediti relativi alle imposte sui redditi e alle relative addizionali, alle imposte sostitutive delle imposte sui redditi e all'imposta regionale sulle attività produttive, per importi superiori a 5.000 euro annui, può essere effettuata a partire dal decimo giorno successivo a quello di presentazione della dichiarazione o dell'istanza da cui il credito emerge (7) (8) (9).

2. Il versamento unitario e la compensazione riguardano i crediti e i debiti relativi:

a) alle imposte sui redditi, alle relative addizionali (10) e alle ritenute alla fonte riscosse mediante versamento diretto ai sensi dell'articolo 3, del decreto del Presidente della Repubblica 29 settembre 1973, n. 602; per le ritenute di cui al secondo comma del citato articolo 3 resta ferma la facoltà di eseguire il versamento presso la competente sezione di tesoreria provinciale dello Stato; in tal caso non è ammessa la compensazione ([11]);

b) all'imposta sul valore aggiunto dovuta ai sensi degli articoli 27 e 33 del decreto del Presidente della Repubblica 26 ottobre 1972, n. 633, e quella dovuta dai soggetti di cui all'articolo 74;

c) alle imposte sostitutive delle imposte sui redditi e dell'imposta sul valore aggiunto;

d) all'imposta prevista dall'articolo 3, comma 143, lettera *a*), della legge 23 dicembre 1996, n. 662;

[*d bis*) all'addizionale regionale all'imposta sul reddito delle persone fisiche] ([12]);

e) ai contributi previdenziali dovuti da titolari di posizione assicurativa in una delle gestioni amministrate da enti previdenziali, comprese le quote associative;

f) ai contributi previdenziali ed assistenziali dovuti dai datori di lavoro e dai committenti di prestazioni di collaborazione coordinata e continuativa di cui all'articolo 49, comma 2, lettera *a*), del testo unico delle imposte sui redditi, approvato con decreto del Presidente della Repubblica 22 dicembre 1986, n. 917;

g) ai premi per l'assicurazione contro gli infortuni sul lavoro e le malattie professionali dovuti ai sensi del testo unico approvato con decreto del Presidente della Repubblica 30 giugno 1965, n. 1124;

h) agli interessi previsti in caso di pagamento rateale ai sensi dell'articolo 20;

h bis) al saldo per il 1997 dell'imposta sul patrimonio netto delle imprese, istituita con decreto legge 30 settembre 1992, n. 394, convertito, con modificazioni, dalla legge 26 novembre 1992, n. 461, e del contributo al Servizio sanitario nazionale di cui all'articolo 31 della legge 28 febbraio 1986, n. 41, come da ultimo modificato dall'articolo 4 del decreto legge 23 febbraio 1995, n. 41, convertito, con modificazioni, dalla legge 22 marzo 1995, n. 85 ([13]);

h ter) alle altre entrate individuate con decreto del Ministro delle finanze, di concerto con il Ministro del tesoro, del bilancio e della programmazione economica, e con i Ministri competenti per settore ([14]);

h quater) al credito d'imposta spettante agli esercenti sale cinematografiche ([15]);

h quinquies) alle somme che i soggetti tenuti alla riscossione dell'incremento all'addizionale comunale debbono riversare all'INPS, ai sensi dell'articolo 6 *quater* del decreto legge 31 gennaio 2005, n. 7, convertito, con modificazioni, dalla legge 31 marzo 2005, n. 43, e successive modificazioni ([16]).

h sexies) alle tasse sulle concessioni governative ([17]);

h septies) alle tasse scolastiche ([17]).

[2 *bis*. Non sono ammessi alla compensazione di cui al comma 2 i crediti ed i debiti relativi all'imposta sul valore aggiunto da parte delle società e degli enti che si avvalgono della procedura di compensazione della predetta imposta a norma dell'ultimo comma dell'articolo 73 del decreto del Presidente della Repubblica 26 ottobre 1972, n. 633] ([18]).

2 *ter*. Qualora il credito di imposta utilizzato in compensazione risulti superiore all'importo previsto dalle disposizioni che fissano il limite massimo dei crediti compensabili ai sensi del presente articolo, il modello F24 è scartato. La progressiva attuazione della disposizione di cui al periodo precedente è fissata con provvedimenti del direttore dell'Agenzia delle entrate. Con provvedimento del direttore dell'Agenzia delle entrate sono altresì indicate le modalità con le quali lo scarto è comunicato al soggetto interessato ([19]).

2 *quater*. In deroga alle previsioni di cui all'articolo 8, comma 1, della legge 27 luglio 2000, n. 212, per i contribuenti a cui sia stato notificato il provvedimento di cessazione della partita IVA, ai sensi dell'articolo 35, comma 15 *bis*, del decreto del Presidente della Repubblica 26 ottobre 1972, n. 633, è esclusa la facoltà di avvalersi, a partire dalla data di notifica del provvedimento, della compensazione dei crediti, ai sensi del comma 1 del presente articolo; detta esclusione opera a prescindere dalla tipologia e dall'importo dei crediti, anche qualora questi ultimi non siano maturati con riferimento all'attività esercitata con la partita IVA oggetto del provvedimento, e rimane in vigore fino a quando la partita IVA risulti cessata ([20]).

2 *quinquies*. In deroga alle previsioni di cui all'articolo 8, comma 1, della legge 27 luglio 2000, n. 212, per i contribuenti a cui sia stato notificato il provvedimento di esclusione della partita IVA dalla banca dati dei soggetti passivi che effettuano operazioni intracomunitarie, ai sensi dell'articolo 35, comma 15 *bis*, del decreto del Presidente della Repubblica 26 ottobre 1972, n. 633, è esclusa la facoltà di avvalersi, a partire dalla data di notifica del provvedimento, della compensazione dei crediti IVA, ai sensi del comma 1 del presente articolo; detta esclusione rimane in vigore fino a quando non siano rimosse le irregolarità che hanno generato l'emissione del provvedimento di esclusione ([20]).

2 *sexies*. Nel caso di utilizzo in compensazione di crediti in violazione di quanto previsto dai commi 2 *quater* e 2 *quinquies*, il modello F24 è scartato.

Lo scarto è comunicato tramite i servizi telematici dell'Agenzia delle entrate al soggetto che ha trasmesso il modello F24, mediante apposita ricevuta ([20]).

([1]) *A norma dell'art. 2, comma 3 bis, del D.L. 2 marzo 2012, n. 16, convertito, con modificazioni, nella L. 26 aprile 2012, n. 44, in caso di cessione di eccedenze utilizzabili in compensazione ai sensi del presente articolo, tra soggetti partecipanti alla tassazione di gruppo, la mancata indicazione degli estremi del soggetto cessionario, dell'importo ceduto o della tipologia di tributo oggetto di cessione non determina l'inefficacia della cessione. In tal caso, si applica la sanzione di cui all'articolo 8, comma 1, del decreto legislativo 18 dicembre 1997, n. 471, e successive modificazioni, nella misura massima stabilita.*

([2]) *A norma dell'art. 11, comma 2, del D.L. 24 aprile 2014, n. 66, convertito, con modificazioni, nella L. 23 giugno 2014, n. 89, a decorrere dal 1° ottobre 2014, fermi restando i limiti già previsti da altre disposizioni vigenti in materia, i versamenti di cui a questo articolo, sono eseguiti:*

a) *esclusivamente mediante i servizi telematici messi a disposizione dall'Agenzia delle entrate, nel caso in cui, per effetto delle compensazioni effettuate, il saldo finale sia di importo pari a zero;*

b) *esclusivamente mediante i servizi telematici messi a disposizione dall'Agenzia delle entrate e dagli intermediari della riscossione convenzionati con la stessa, nel caso in cui siano effettuate delle compensazioni e il saldo finale sia di importo positivo;*

c) *esclusivamente mediante i servizi telematici messi a disposizione dall'Agenzia delle entrate e dagli intermediari della riscossione convenzionati con la stessa, nel caso in cui il saldo finale sia di importo superiore a mille euro.*

([3]) *A norma dell'art. 1, comma 158, della L. 30 dicembre 2018, n. 145, ferma restando la ripartizione in tre quote annuali di pari importo, per i soggetti titolari di reddito d'impresa il credito d'imposta è utilizzabile tramite compensazione ai sensi di questo articolo e non rileva ai fini delle imposte sui redditi e dell'imposta regionale sulle attività produttive, a decorrere dal 1° gennaio 2019.*

A norma del comma 159, del medesimo provvedimento, non si applicano i limiti di cui all'articolo 1, comma 53, della legge 24 dicembre 2007, n. 244, e di cui all'articolo 34 della legge 23 dicembre 2000, n. 388.

([4]) *A norma dell'art. 1, comma 7, del D.L. 22 marzo 2021, n. 41, convertito, con modificazioni, nella L. 21 maggio 2021, n. 69, il contributo a fondo perduto, in alternativa, a scelta irrevocabile del contribuente, è riconosciuto nella sua totalità sotto forma di credito d'imposta, da utilizzare esclusivamente in compensazione ai sensi di cui a questo articolo, presentando il modello F24 esclusivamente tramite i servizi telematici resi disponibili dall'Agenzia delle Entrate.*

([5]) *A norma dell'art. 5, comma 1, del D.M. 6 ottobre 2021 (G.U. Serie gen. - n. 297 del 15 dicembre 2021) il credito d'imposta è indicato nella dichiarazione dei redditi relativa al periodo d'imposta di riconoscimento dello stesso e nelle dichiarazioni dei redditi relative ai periodi di imposta successivi fino a quello nel corso del quale se ne conclude l'utilizzo ed è utilizzabile esclusivamente in compensazione ai sensi di cui a questo articolo, e successive modificazioni, a decorrere dal decimo giorno successivo alla data della comunicazione del riconoscimento del credito da parte del Ministero della transizione ecologica. A tal fine, il modello F24 deve essere presentato esclusivamente tramite i servizi telematici messi a disposizione dall'Agenzia delle entrate, pena il rifiuto dell'operazione di versamento.*

([6]) *Le parole poste tra parentesi quadrate sono state soppresse dall'art. 2, lett.* a), *del D.L.vo 19 novembre 1998, n. 422.*

([7]) *L'ultimo periodo di questo comma è stato aggiunto dall'art. 10, comma 1, lett.* a), *n. 1), del D.L. 1 luglio 2009, n. 78, convertito, con modificazioni, nella L. 3 agosto 2009, n. 102, e poi così sostituito dall'art. 3, comma 1, del D.L. 26 ottobre 2019, n. 124, convertito, con modificazioni, nella L. 19 dicembre 2019, n. 157. A norma dell'art. 3, comma 3, del medesimo decreto, tali disposizioni si applicano con riferimento ai crediti maturati a decorrere dal periodo di imposta in corso al 31 dicembre 2019.*

([8]) *A norma dell'art. 15, comma 1, lett.* b), *del D.L.vo 21 novembre 2014, n. 175, in deroga a quanto previsto da questo comma, le eccedenze di versamento di ritenute e di imposte sostitutive sono scomputate dai successivi versamenti esclusivamente con le modalità di cui all'articolo 17 del citato decreto legislativo n. 241 del 1997. Dette somme non concorrono alla determinazione del limite di cui all'articolo 34, comma 1, della legge n. 388 del 2000 fermo restando quanto previsto dall'articolo 1, commi da 2 a 6, del decreto del Presidente della Repubblica 10 novembre 1997, n. 445.*

([9]) *A norma dell'art. 3, comma 4, del D.L. 26 ottobre 2019, n. 124, convertito, con modificazioni, nella L. 19 dicembre 2019, n. 157, l'Agenzia delle entrate, l'Istituto nazionale della previdenza sociale e l'Istituto nazionale per l'assicurazione contro gli infortuni sul lavoro definiscono procedure di cooperazione rafforzata finalizzate al contrasto delle indebite compensazioni di crediti effettuate ai sensi di questo articolo. Nell'ambito di tali procedure, i suddetti Istituti possono inviare all'Agenzia delle entrate segnalazioni qualificate relative a compensazioni di crediti effettuate ai fini del pagamento delle entrate di rispettiva pertinenza, che presentano profili di rischio, ai fini del recupero del credito indebitamente compensato. Le procedure di cui al primo periodo e ogni altra disposizione di attuazione del presente comma sono definite con provvedimenti adottati d'intesa dal direttore dell'Agenzia delle entrate e dai presidenti dei suddetti Istituti.*

([10]) *Le parole: «, alle relative addizionali» sono state inserite dall'art. 1, comma 10, del D.L.vo 28 settembre 1998, n. 360.*

([11]) *Questo comma è stato così modificato dall'art. 2, lett.* a), *del D.L.vo 19 novembre 1998, n. 422.*

([12]) *Questa lettera, aggiunta dall'art. 50, comma 7, del D.L.vo 15 dicembre 1997, n. 446, è stata soppressa dall'art. 1, comma 10, del D.L.vo 28 settembre 1998, n. 360.*

([13]) *Questa lettera è stata aggiunta dall'art. 2, comma 1, lett.* b), *n.* 1), *del D.L.vo 23 marzo 1998, n. 56, con effetto dal 1° gennaio 1999.*

([14]) *Questa lettera, aggiunta dall'art. 1, comma 1, lett.* c), *del D.L.vo 24 marzo 1999, n. 81, è stata così sostituita dall'art. 83 della L. 21 novembre 2000, n. 342.*

([15]) *Questa lettera è stata aggiunta dall'art. 20, comma 3, del D.L.vo 26 febbraio 1999, n. 60, così come modificato dall'art. 2, comma 1, lett.* a), *del D.L.vo 2 dicembre 1999, n. 464, a decorrere dal 1° gennaio 2000.*

([16]) *Questa lettera è stata aggiunta dall'art. 2, comma 50, della L. 28 giugno 2012, n. 92.*

([17]) *Questa lettera è stata aggiunta dall'art. 4* quater, *comma 1, del D.L. 30 aprile 2019, n. 34, convertito, con modificazioni, nella L. 28 giugno 2019, n. 58, a decorrere dal 30 giugno 2019.*

A norma dell'art. 4 quater, *comma 2, del medesimo decreto, le disposizioni di cui a questa lettera, acquistano efficacia a decorrere dal primo giorno del sesto mese successivo a quello in corso alla data di entrata in vigore della legge di conversione del presente decreto e, in ogni caso, non prima del 1° gennaio 2020.*

([18]) *Questo comma, aggiunto dall'art. 2, comma 1, lett.* b), *n. 2), del D.L.vo 23 marzo 1998, n. 56, con effetto dal 1° gennaio 1999 deve intendersi soppresso dall'art. 11, comma 1, lett.* f), *del D.P.R. 14 ottobre 1999, n. 542.*

([19]) *Questo comma è stato aggiunto dall'art. dall'art. 3, comma 4* bis, *lett.* b), *del D.L. 24 aprile 2017, n. 50, convertito, con modificazioni, nella L. 21 giugno 2017, n. 96.*

([20]) *Questo comma è stato aggiunto dall'art. 2, comma 1, del D.L. 26 ottobre 2019, n. 124, convertito, con modificazioni, nella L. 19 dicembre 2019, n. 157.*

17 *bis*. ([1]) **Ritenute e compensazioni in appalti e subappalti ed estensione del regime del reverse charge per il contrasto dell'illecita somministrazione di manodopera.** – 1. In deroga alla disposizione di cui all'articolo 17, comma 1, i soggetti di cui all'articolo 23, comma 1, del decreto del Presidente della Repubblica 29 settembre 1973, n. 600, residenti ai fini delle imposte dirette nello Stato, ai sensi degli articoli 2, comma 2, 5, comma 3, lettera *d*), e 73, comma 3, del testo unico delle imposte sui redditi, di cui al decreto del Presidente della Repubblica 22 dicembre 1986, n. 917, che affidano il compimento di una o più opere o di uno o più servizi di importo complessivo annuo superiore a euro 200.000 a un'impresa, tramite contratti di appalto, subappalto, affidamento a soggetti consorziati o rapporti negoziali comunque denominati caratterizzati da prevalente utilizzo di manodopera presso le sedi di attività del committente con l'utilizzo di beni strumentali di proprietà di quest'ultimo o ad esso riconducibili in qualunque forma, sono tenuti a richiedere all'impresa appaltatrice o affidataria e alle imprese subappaltatrici, obbligate a rilasciarle, copia delle deleghe di pagamento relative al versamento delle ritenute di cui agli articoli 23 e 24 del citato decreto del Presidente della Repubblica n. 600 del 1973, 50, comma 4, del decreto legislativo 15 dicembre 1997, n. 446, e 1, comma 5, del decreto legislativo 28 settembre 1998, n. 360, trattenute dall'impresa appaltatrice o affidataria e dalle imprese subappaltatrici ai lavoratori direttamente impiegati nell'esecuzione dell'opera o del servizio. Il versamento delle ritenute di cui al periodo precedente è effettuato dall'impresa appaltatrice o affidataria e dall'impresa subappaltatrice, con distinte deleghe per ciascun committente, senza possibilità di compensazione.

2. Al fine di consentire al committente il riscontro dell'ammontare complessivo degli importi versati dalle imprese, entro i cinque giorni lavorativi successivi alla scadenza del versamento di cui all'articolo 18, comma 1, l'impresa appaltatrice o affidataria e le imprese subappaltatrici trasmettono al committente e, per le imprese subappaltatrici, anche all'impresa appaltatrice le deleghe di cui al comma 1 del presente articolo e un elenco nominativo di tutti i lavoratori, identificati mediante codice fiscale, impiegati nel mese precedente direttamente nell'esecuzione di opere o servizi affidati dal committente, con il dettaglio delle ore di lavoro prestate da ciascun percipiente in esecuzione dell'opera o del servizio affidato, l'ammontare della retribuzione corrisposta al dipendente collegata a tale prestazione e il dettaglio delle ritenute fiscali eseguite nel mese precedente nei confronti di tale lavoratore, con separata indicazione di quelle relative alla prestazione affidata dal committente.

3. Nel caso in cui alla data di cui al comma 2 sia maturato il diritto a ricevere corrispettivi dall'impresa appaltatrice o affidataria e questa o le imprese subappaltatrici non abbiano ottemperato all'obbligo di trasmettere al committente le deleghe di pagamento e le informazioni relative ai lavoratori impiegati di cui al medesimo comma 2 ovvero risulti l'omesso o insufficiente versamento delle ritenute fiscali rispetto ai dati risultanti dalla documentazione trasmessa, il committente deve sospendere, finché perdura l'inadempimento, il pagamento dei corrispettivi maturati dall'impresa appaltatrice o affidataria sino a concorrenza del 20 per cento del valore complessivo dell'opera o del servizio ovvero per un importo pari all'ammontare delle ritenute non versate rispetto ai dati risultanti dalla documentazione trasmessa, dandone comunicazione entro novanta giorni all'ufficio dell'Agenzia delle entrate territorialmente competente nei suoi confronti. In tali casi, è preclusa all'impresa appaltatrice o affidataria ogni azione esecutiva finalizzata al soddisfacimento del credito il cui pagamento è stato sospeso, fino a quando non sia stato eseguito il versamento delle ritenute.

4. In caso di inottemperanza agli obblighi previsti dai commi 1 e 3, il committente è obbligato al pagamento di una somma pari alla sanzione irrogata all'impresa appaltatrice o affidataria o subappaltatrice per la violazione degli obblighi di corretta determinazione delle ritenute e di corretta esecuzione delle stesse, nonché di tempestivo versamento, senza possibilità di compensazione.

5. Gli obblighi previsti dal presente articolo non trovano applicazione qualora le imprese appaltatrici o affidatarie o subappaltatrici di cui al comma 1 comunichino al committente, allegando la relativa certificazione, la

sussistenza, nell'ultimo giorno del mese precedente a quello della scadenza prevista dal comma 2, dei seguenti requisiti:

a) risultino in attività da almeno tre anni, siano in regola con gli obblighi dichiarativi e abbiano eseguito nel corso dei periodi d'imposta cui si riferiscono le dichiarazioni dei redditi presentate nell'ultimo triennio complessivi versamenti registrati nel conto fiscale per un importo non inferiore al 10 per cento dell'ammontare dei ricavi o compensi risultanti dalle dichiarazioni medesime;

b) non abbiano iscrizioni a ruolo o accertamenti esecutivi o avvisi di addebito affidati agli agenti della riscossione relativi alle imposte sui redditi, all'imposta regionale sulle attività produttive, alle ritenute e ai contributi previdenziali per importi superiori ad euro 50.000, per i quali i termini di pagamento siano scaduti e siano ancora dovuti pagamenti o non siano in essere provvedimenti di sospensione. Le disposizioni di cui al periodo precedente non si applicano per le somme oggetto di piani di rateazione per i quali non sia intervenuta decadenza.

6. A decorrere dalla data di applicazione della presente disposizione, la certificazione di cui al comma 5 è messa a disposizione delle singole imprese dall'Agenzia delle entrate e ha validità di quattro mesi dalla data del rilascio.

7. Con provvedimento del direttore dell'Agenzia delle entrate possono essere disciplinate ulteriori modalità di trasmissione telematica delle informazioni previste dal comma 2 che consentano modalità semplificate di riscontro dei dati di cui allo stesso comma.

8. In deroga alla disposizione di cui all'articolo 17, comma 1, per le imprese appaltatrici o affidatarie e per le imprese subappaltatrici di cui al comma 1 del presente articolo è esclusa la facoltà di avvalersi dell'istituto della compensazione quale modalità di estinzione delle obbligazioni relative a contributi previdenziali e assistenziali e premi assicurativi obbligatori, maturati in relazione ai dipendenti di cui al medesimo comma 1. Detta esclusione opera con riguardo a tutti i contributi previdenziali e assistenziali e ai premi assicurativi maturati, nel corso della durata del contratto, sulle retribuzioni erogate al personale direttamente impiegato nell'esecuzione delle opere o dei servizi affidati. Le disposizioni del presente comma non si applicano ai soggetti di cui al comma 5.

(1) *Questo articolo è stato inserito dall'art. 4, comma 1, del D.L. 26 ottobre 2019, n. 124, convertito, con modificazioni, nella L. 19 dicembre 2019, n. 157, a decorrere dal 1 gennaio 2020.*

18. Termini di versamento. – 1. Le somme di cui all'articolo 17 devono essere versate entro il giorno sedici [1] del mese di scadenza. Se il termine scade di sabato o di giorno festivo il versamento è tempestivo se effettuato il primo giorno lavorativo successivo.

2. I versamenti dovuti da soggetti titolari di posizione assicurativa in una delle gestioni amministrate dall'Inps, per le quote contributive comprese entro il minimale, sono effettuati nei mesi di febbraio, maggio, agosto e novembre.

3. Rimangono invariati i termini di scadenza delle somme dovute a titolo di saldo e di acconto in base alle dichiarazioni annuali, nonché il termine previsto dall'articolo 6, comma 2, della legge 29 dicembre 1990, n. 405, per il pagamento dell'imposta sul valore aggiunto dovuta a titolo di acconto del versamento relativo al mese di dicembre (2).

4. I versamenti a saldo e in acconto dei contributi dovuti agli enti previdenziali da titolari di posizione assicurativa in una delle gestioni amministrate da enti previdenziali sono effettuati entro gli stessi termini previsti per il versamento delle somme dovute in base alla dichiarazione dei redditi.

(1) *Questo termine, originariamente fissato per il giorno 15, è stato spostato al giorno 16 dall'art. 2, comma 1, lett.* b)*, n. 1, del D.L.vo 19 novembre 1998, n. 422, con effetto dal 1° gennaio 1999.*

(2) *Le parole da*: «*... nonché*» *fino a*: «*... mese di dicembre*»*, sono state inserite dall'art. 2, lett.* b)*, del D.L.vo 19 novembre 1998, n. 422, con effetto dal 1° gennaio 1999.*

19. Modalità di versamento mediante delega. – 1. I versamenti delle imposte, dei contributi, dei premi previdenziali ed assistenziali e delle altre somme, al netto della compensazione, sono eseguiti mediante delega irrevocabile ad una banca convenzionata ai sensi del comma 5.

2. La banca rilascia al contribuente un'attestazione conforme al modello approvato con decreto del Ministro delle finanze, recante l'indicazione dei dati identificativi del soggetto che effettua il versamento, la data, la causale e gli importi dell'ordine di pagamento, nonché l'impegno ad effettuare il pagamento agli enti destinatari per conto del delegante. L'attestazione deve recare altresì l'indicazione dei crediti per i quali il contribuente si è avvalso della facoltà di compensazione.

3. La delega deve essere conferita dal contribuente anche nell'ipotesi in cui le somme dovute risultano totalmente compensate ai sensi dell'articolo 17. La parte di credito che non ha trovato capienza nella compensazione è utilizzata in occasione del primo versamento successivo.

[4. Per l'omessa presentazione del modello di versamento contenente i dati relativi alla eseguita compensazione, si applica la sanzione di € 154, ridotta a € 51 se il ritardo non è superiore a cinque giorni lavorativi] (1).

5. Con convenzione approvata con decreto del Ministro delle finanze, di concerto con i Ministri del tesoro e del lavoro e della previdenza sociale, sono stabiliti le modalità di conferimento della delega e di svolgimento del servizio, i dati delle operazioni da trasmettere e le relative modalità di trasmissione e di conservazione, tenendo conto dei termini di cui all'articolo 13 del regolamento concernente l'istituzione del conto fiscale, adottato con decreto del Ministro delle finanze 28 dicembre 1993, n. 567, nonché le penalità per l'inadempimento degli obblighi nascenti dalla convenzione stessa e la misura del compenso per il servizio svolto dalle banche. Quest'ultima è determinata tenendo conto del costo di svolgimento del servizio, del numero dei moduli presentati dal contribuente e di quello delle operazioni in esso incluse, della tipologia degli adempimenti da svolgere e dell'ammontare complessivo dei versamenti gestito dal sistema. La convenzione ha durata triennale e può essere tacitamente rinnovata.

6. Con decreto del Ministro delle finanze, di concerto con i Ministri del tesoro e delle poste e delle telecomunicazioni, la delega di pagamento può essere conferita all'Ente poste italiane, secondo modalità e termini in esso fissati. All'Ente poste italiane si applicano le disposizioni del presente decreto.

(1) *Questo comma è stato abrogato dall'art. 32, comma 2, lett. c), del D.L.vo 24 settembre 2015, n. 158, a decorrere dal 1° gennaio 2016.*

20. (1) **Pagamenti rateali.** – 1. Le somme dovute a titolo di saldo e di acconto delle imposte e dei contributi dovuti dai soggetti titolari di posizione assicurativa in una delle gestioni amministrate dall'Inps, ad eccezione di quelle dovute nel mese di dicembre a titolo di acconto del versamento dell'imposta sul valore aggiunto (2), possono essere versate, previa opzione esercitata dal contribuente in sede di dichiarazione periodica, in rate mensili di uguale importo, con la maggiorazione degli interessi di cui al comma 2, decorrenti dal mese di scadenza; in ogni caso, il pagamento deve essere completato entro il mese di novembre dello stesso anno di presentazione della dichiarazione o della denuncia. La disposizione non si applica per le somme dovute ai sensi del titolo III del decreto del Presidente della Repubblica 29 settembre 1973, n. 600.

2. La misura dell'interesse è pari al tasso previsto dall'articolo 9 del decreto del Presidente della Repubblica 29 settembre 1973, n. 602, maggiorato di un punto percentuale.

3. La facoltà del comma 1 può essere esercitata anche dai soggetti non ammessi alla compensazione di cui all'articolo 17, comma 1.

4. I versamenti rateali sono effettuati entro il giorno 16 (3) di ciascun mese per i soggetti titolari di partita IVA ed entro la fine di ciascun mese per gli altri contribuenti.

5. Le disposizioni del comma 2 si applicano per il calcolo degli interessi di cui all'articolo 3, commi 8 e 9, del decreto del Presidente della Repubblica 4 settembre 1992, n. 395, riguardante gli adempimenti del sostituto d'imposta per il controllo della dichiarazione e per la liquidazione delle imposte e del contributo al Servizio sanitario nazionale.

(1) *A norma dell'art. 37, comma 1 quater, del D.L. 26 ottobre 2019, n. 124, convertito, con modificazioni, nella L. 19 dicembre 2019, n. 157, con decreto del Ministro dell'economia e delle finanze sono stabilite misure differenziate, nei limiti di cui al comma 1 ter del medesimo articolo, per gli interessi di cui a questo articolo.*

(2) *Le parole da*: «*ad eccezione...*» *sino a*: «*...sul valore aggiunto*», *sono state aggiunte dall'art. 2, lett.* c), *del D.L.vo 19 novembre 1998, n. 422.*

(3) *Questo termine, originariamente fissato per il giorno 15, è stato spostato al giorno 16 dall'art. 1, lett.* c), *del D.L.vo 19 novembre 1998, n. 422, con effetto dal 1° gennaio 1999.*

21. Adempimenti delle banche. – 1. Entro il quinto (1) giorno lavorativo successivo a quello di ricevimento della delega, la banca versa le somme riscosse alla tesoreria dello Stato o alla Cassa regionale siciliana di Palermo, al netto del compenso ad essa spettante. Si considerano non lavorativi i giorni di sabato e quelli festivi.

2. Entro il termine di cui al comma 1 la banca predispone ed invia telematicamente alla struttura di gestione di cui all'articolo 22 i dati riepilogativi delle somme a debito e a credito complessivamente evidenziate nelle deleghe di pagamento, distinte per ciascun ente destinatario.

2 *bis*. Con convenzione, fermi restando i termini fissati dai commi 1 e 2, può essere stabilito che:

a) entro il secondo giorno lavorativo successivo a quello di ricevimento della delega, la banca comunica alla struttura di gestione l'importo presuntivo delle somme che verserà ai sensi del comma 1;

b) entro il terzo giorno lavorativo successivo a quello di ricevimento della delega, la banca versa almeno l'80% delle predette somme (2).

3. Con decreto del Ministro delle finanze, di concerto con i Ministri del tesoro e del lavoro e della previdenza sociale, sono stabilite le modalità applicative nonché i criteri per i controlli relativi all'esecuzione del servizio da parte delle banche e le modalità di scambio dei dati fra gli interessati.

(1) *L'originaria parola*: «*quarto*» *è stata sostituita dall'attuale*: «*quinto*» *dall'art. 2, lett.* b), *del D.L.vo 19 novembre 1998, n. 422.*

(2) *Questo comma è stato inserito dall'art. 1, comma 1, del D.L. 15 aprile 2002, n. 63, convertito, con modificazioni, nella L. 15 giugno 2002, n. 112.*

22. Suddivisione delle somme tra gli enti destinatari. – 1. Entro il primo giorno lavorativo successivo a quello di versamento delle somme da parte delle banche e di ricevimento dei relativi dati riepilogativi, un'apposita struttura di gestione attribuisce agli enti destinatari le somme a ciascuno di essi spettanti, tenendo conto dell'eventuale compensazione eseguita dai contribuenti.

2. Gli enti destinatari delle somme dispongono con cadenza trimestrale le regolazioni contabili sulle contabilità di pertinenza a copertura delle somme compensate dai contribuenti.

3. La struttura di gestione di cui al comma 1 è individuata con decreto del Ministro delle finanze, di concerto con i Ministri del tesoro e del lavoro e della previdenza sociale. Con decreto del Ministero delle finanze, di concerto con i Ministri del tesoro e del lavoro e della previdenza sociale, sono stabilite le modalità per l'attribuzione delle somme.

4. La compensazione di cui all'articolo 17 può operare soltanto dopo l'emanazione dei decreti indicati nel comma 3.

23. Pagamento con mezzi diversi dal contante. – 1. I contribuenti possono mettere a disposizione delle banche convenzionate ai sensi del comma 2 le somme oggetto della delega anche mediante carte di debito, di credito e prepagate, assegni bancari e circolari ovvero mediante altri sistemi di pagamento. Se gli assegni risultano scoperti o comunque non pagabili, il conferimento della delega si considera non effettuato e il versamento omesso.

2. Le modalità di esecuzione dei pagamenti mediante i sistemi di cui al comma 1 sono stabilite con convenzione approvata con decreto del Ministro delle finanze, di concerto con il Ministro del tesoro.

Sezione II

Disposizioni relative al periodo transitorio

24. Modalità di versamento. – 1. Fino al 31 dicembre 1998 i versamenti unitari eseguiti dai titolari di partita IVA sono effettuati ai concessionari della riscossione anche mediante delega ad una banca convenzionata (1).

2. Le somme relative ai contributi previdenziali sono versate dalle banche direttamente alla tesoreria dello Stato, secondo le modalità previste dal regolamento di cui al comma 10; le somme di cui all'imposta prevista dall'articolo 3, comma 143, lettera *a*), della legge 23 dicembre 1996, n. 662, sono versate dalle banche direttamente alla tesoreria dello Stato.

3. I concessionari, per le somme di cui al comma 2, ricevute direttamente dai contribuenti, eseguono i medesimi versamenti sempre con le modalità stabilite dal regolamento previsto al comma 10.

4. Le distinte di versamento con le quali sono effettuati i pagamenti di cui al comma 1 sono approvate con decreto del Ministero delle finanze da pubblicare sulla *Gazzetta Ufficiale* (2).

5. Per la riscossione dei versamenti diretti previsti dal presente articolo, riscossi direttamente o tramite delega, spetta ai concessionari la commissione prevista dall'articolo 61, comma 3, lettera *a*), del decreto del Presidente della Repubblica 28 gennaio 1988, n. 43, tenendo altresì conto di ciascun modulo di versamento presentato dal contribuente, dell'ammontare complessivo dei versamenti gestiti dal sistema della tipologia delle operazioni e del costo del servizio, sentita l'associazione di categoria interessata.

6. A decorrere dalla data di entrata in vigore del presente articolo, è abrogato l'articolo 5 del decreto del Presidente della Repubblica 28 settembre 1973, n. 602.

7. Le disposizioni contenute nell'articolo 23 si applicano anche ai concessionari della riscossione. Con uno o più decreti del Ministro delle finanze sono stabilite le modalità di esecuzione dei pagamenti mediante sistemi diversi dal contante.

8. Per le banche si applicano le disposizioni di cui all'articolo 19, comma 4. La convenzione rimane in vigore per il periodo previsto dai commi 1 e 4 del presente articolo e, in ogni caso, per non più di tre anni e può essere rinnovata tacitamente.

9. All'attivazione della riscossione mediante conferimento all'Ente poste italiane di delega di versamento al concessionario della riscossione, si provvederà successivamente all'emanazione del decreto previsto dall'articolo 19, comma 5.

10. Con regolamento, da emanare ai sensi dell'articolo 17, comma 2, della legge 23 agosto 1988, n. 400, entro 120 giorni dalla data di entrata in vigore del presente decreto, sono disciplinati, sulla base delle previsioni contenute nella sezione I del presente Capo e dell'articolo 11 del decreto ministeriale 28 dicembre 1993, n. 567, le modalità di versamento in Tesoreria delle somme riscosse dai soggetti indicati nel presente articolo durante il periodo transitorio di cui al comma 1 e l'invio telematico dei relativi dati alla struttura di gestione di cui all'articolo 22.

(1) *Questo comma è stato così modificato dall'art. 2, lett.* e), *del D.L.vo 19 novembre 1998, n. 422.*

(2) *Si veda il D.M. 30 marzo 1998* (G.U. *Serie gen. - n. 76 del 1° aprile 1998*).

25. Decorrenza e garanzie. – 1. Il regime dei versamenti unitari entra in funzione per tutti i contribuenti a partire dal mese di maggio 1998 (1). Sono ammessi alla compensazione:

a) dall'anno 1998 le persone fisiche titolari di partita IVA;

b) dall'anno 1999 le società di persone ed equiparate ai fini fiscali, nonché i soggetti non titolari di partita IVA (2);

c) dall'anno 2000 i soggetti all'imposta sul reddito delle persone giuridiche.

2. Il limite massimo dei crediti d'imposta e dei contributi che possono essere compensati, è, fino all'anno 2000, fissato in € 258.228,45 per ciascun periodo d'imposta ([3]).

3. Con decreto del Presidente del Consiglio dei Ministri, su proposta del Ministro delle finanze, di concerto con il Ministro del tesoro, possono essere modificati i termini di cui al comma 1, lettere *a*), *b*) e *c*), tenendo conto delle esigenze organizzative e di bilancio.

4. I contribuenti titolari di partita IVA non ammessi alla compensazione o, seppure ammessi, per la parte che non trova capienza nella compensazione, pur nel rispetto del limite di cui al comma 2, possono ricorrere alla procedura di rimborso prevista dal titolo II del regolamento concernente l'istituzione del conto fiscale, adottato con decreto del Ministro delle finanze 28 dicembre 1993, n. 567. La garanzia è prestata ai sensi dell'articolo 38 *bis*, comma 1, del decreto del Presidente della Repubblica 26 ottobre 1972, n. 633 ([4]). [La garanzia è prestata in favore dell'ufficio tributario competente al rimborso e copre qualsiasi credito vantato dall'ufficio stesso, indipendentemente dall'atto in base al quale la garanzia è stata prestata] ([5]). [La garanzia deve avere la durata di un quinquennio decorrente dall'anno successivo a quello in cui il rimborso è stato eseguito] ([6]) .

([1]) *Le parole*: «*dall'anno 1998*» *sono state così sostituite dalle attuali dall'art. 2, comma 1, lett.* c), *n. 1), del D.L.vo 23 marzo 1998, n. 56, con effetto dal 1° gennaio 1998.*

([2]) *Le parole da*: «, nonché i soggetti non titolari di partita IVA» *sono state inserite dall'art. 2, lett.* f) *del D.L.vo 19 novembre 1998, n. 422.*

([3]) *A norma dell'art. 24, comma 24, della L. 27 dicembre 1997, n. 449, i rimborsi ai soggetti intestatari di conto fiscale sono effettuati con l'osservanza del limite di importo previsto da questo comma.*

([4]) *Il secondo periodo di questo comma è stato così sostituito dall'art. 2, comma 1, lett.* c), *n. 2), del D.L.vo 23 marzo 1998, n. 56, con effetto dal 1° gennaio 1998.*

([5]) *Il terzo periodo di questo comma è stato soppresso dall'art. 2, lett.* f) *del D.L.vo 19 novembre 1998, n. 422.*

([6]) *Il quarto periodo di questo comma è stato soppresso dall'art. 2, comma 8, lett.* c), *n. 2), del D.L.vo 23 marzo 1998, n. 56, con effetto dal 1° gennaio 1998.*

Sezione III
Sanzioni

26. Sanzioni al concessionario. – 1. In caso di minore versamento alla tesoreria dello Stato o alla cassa regionale siciliana di Palermo delle somme riscosse dal concessionario direttamente ovvero pagate per delega alle banche si applicano le disposizioni contenute nell'articolo 104 del decreto del Presidente della Repubblica 28 gennaio 1988, n. 43.

2. In caso di ritardato invio dei dati di cui all'articolo 21, comma 2, si applica la sanzione amministrativa pecuniaria di € 5.164 per ogni giorno di ritardo; la stessa sanzione si applica in caso di irregolarità che non consentano l'attribuzione delle somme agli enti destinatari.

3. I casi di reiterate e rilevanti infrazioni all'obbligo di invio dei dati delle operazioni, eseguite nell'ambito delle attività di riscossione, costituiscono specifica causa di decadenza dalla concessione.

Sezione IV
Disposizioni varie

28. Versamenti in favore di enti previdenziali. – 1. I versamenti unitari e la compensazione previsti dal presente capo si applicano a decorrere dal 1999 anche all'Inail, all'Ente nazionale per la previdenza e l'assistenza per i lavoratori dello spettacolo (Enpals) e all'Istituto nazionale per la previdenza per i dirigenti di aziende industriali (Inpdai) agli enti e casse previdenziali individuati con decreto del Ministro delle finanze, di concerto con i Ministri del tesoro e del lavoro e della previdenza sociale.

2. Con decreto emanato dalle stesse autorità ministeriali, la decorrenza di cui al comma 1 può essere modificata, tenendo conto di esigenze organizzative.

Capo IV
Disposizioni in materia di rimborsi

30. Rimborso del credito Irpef in caso di separazione legale o divorzio. – 1. In caso di separazione legale o divorzio il rimborso del credito dell'imposta sul reddito delle persone fisiche, risultante da una precedente dichiarazione congiunta, può essere attribuito, per la quota di sua competenza, a ciascun coniuge personalmente. A tal fine, il coniuge che intende avvalersi di tale disposizione deve dare comunicazione scritta all'ufficio dell'Amministrazione finanziaria al quale è stata presentata la dichiarazione congiunta, della separazione legale o del divorzio sopravvenuti.

Capo V
Disposizioni in materia di assistenza fiscale (1)

(1) *Questo Capo è stato aggiunto dall'art. 1 del D.L.vo 28 dicembre 1998, n. 490.*

32. Soggetti abilitati alla costituzione dei centri di assistenza fiscale. – 1. I centri di assistenza fiscale, di seguito denominati «Centri», possono essere costituiti dai seguenti soggetti:

a) associazioni sindacali di categoria fra imprenditori, presenti nel Consiglio nazionale dell'economia e del lavoro, istituite da almeno dieci anni;

b) associazioni sindacali di categoria fra imprenditori, istituite da almeno dieci anni, diverse da quelle indicate nella lettera *a*) se, con decreto del Ministero delle finanze, ne è riconosciuta la rilevanza nazionale con riferimento al numero degli associati, almeno pari al 5 per cento degli appartenenti alla stessa categoria, iscritti negli appositi registri tenuti dalla camera di commercio, nonché all'esistenza di strutture organizzate in almeno 30 province;

c) organizzazioni aderenti alle associazioni di cui alle lettere *a*) e *b*), previa delega della propria associazione nazionale;

d) organizzazioni sindacali dei lavoratori dipendenti e pensionati od organizzazioni territoriali da esse delegate, aventi complessivamente almeno cinquantamila aderenti;

e) sostituti di cui all'articolo 23 del decreto del Presidente della Repubblica 29 settembre 1973, n. 600, e successive modificazioni, aventi complessivamente almeno cinquantamila dipendenti;

f) associazioni di lavoratori promotrici di istituti di patronato riconosciuti ai sensi del decreto legislativo del Capo provvisorio dello Stato 29 luglio 1947, n. 804, aventi complessivamente almeno cinquantamila aderenti.

33. Requisiti soggettivi. – 1. I centri sono costituiti nella forma di società di capitali. L'oggetto sociale dei centri prevede lo svolgimento delle attività di assistenza fiscale di cui all'articolo 34.

2. I centri designano uno o più responsabili dell'assistenza fiscale da individuare tra gli iscritti nell'albo dei dottori commercialisti o in quello dei ragionieri liberi professionisti, anche assunti con rapporto di lavoro subordinato.

3. I centri svolgono attività di assistenza fiscale previa autorizzazione del Ministero delle finanze.

34. Attività. – 1. I centri costituiti dai soggetti di cui alle lettere *a*), *b*) e *c*) del comma 1 dell'articolo 32 prestano l'assistenza fiscale alle imprese. Sono escluse dall'assistenza fiscale le imprese soggette all'imposta sul reddito delle persone giuridiche tenute alla nomina del collegio sindacale, nonché quelle alle quali non sono applicabili le disposizioni concernenti gli studi di settore diverse dalle società cooperative e loro consorzi che, unitamente ai propri soci, fanno riferimento alle associazioni nazionali riconosciute in base al decreto legislativo del Capo provvisorio dello Stato 14 dicembre 1947, n. 1577.

2. I centri costituiti dai soggetti di cui alle lettere *d*), *e*) e *f*) del comma 1 dell'articolo 32 prestano l'assistenza fiscale nei confronti dei contribuenti non titolari di redditi di lavoro autonomo e d'impresa di cui agli articoli 49, comma 1, e 51 del testo unico delle imposte sui redditi, approvato con decreto del Presidente della Repubblica 22 dicembre 1986, n. 917.

3. I centri prestano assistenza fiscale ai contribuenti che la richiedono e, in particolare:

a) elaborano e predispongono le dichiarazioni tributarie, nonché curano gli ulteriori adempimenti tributari;

b) redigono le scritture contabili;

c) verificano la conformità dei dati esposti nelle dichiarazioni alla relativa documentazione;

d) consegnano al contribuente copia della dichiarazione elaborata e del prospetto di liquidazione delle imposte;

e) comunicano ai sostituti d'imposta il risultato finale delle dichiarazioni stesse, ai fini del conguaglio a credito o a debito in sede di ritenuta d'acconto;

f) inviano all'amministrazione finanziaria le dichiarazioni dei redditi e le scelte ai fini della destinazione dell'otto e del quattro per mille dell'imposta sul reddito delle persone fisiche.

4. In relazione alla dichiarazione annuale dei redditi dei titolari dei redditi di lavoro dipendente e assimilati indicati agli articoli 46 e 47, comma 1, lettere *a*), *d*), *g*), con esclusione delle indennità percepite dai membri del Parlamento europeo, e *l*) del testo unico delle imposte sui redditi approvato con decreto del Presidente della Repubblica 22 dicembre 1986, n. 917, nonché dei redditi indicati all'articolo 49, comma 2, lettera *a*), del medesimo testo unico, i centri costituiti dai soggetti di cui alle lettere *d*), *e*) e *f*) del comma 1 dell'articolo 32, svolgono le attività di cui alle lettere da *c*) a *f*) del comma 3 assicurando adeguati livelli di servizio. Con provvedimento del direttore dell'Agenzia delle entrate sono definiti i livelli di servizio anche in relazione agli esiti dell'assistenza fiscale e le relative modalità di misurazione (1) (2).

(1) *Le parole: «assicurando adeguati livelli di servizio. Con provvedimento del direttore dell'Agenzia delle entrate sono definiti i livelli di servizio anche in relazione agli esiti*

dell'assistenza fiscale e le relative modalità di misurazione» sono state aggiunte dall'art. 1, comma 616, lett. b)*, della L. 27 dicembre 2013, n. 147.*

(2) *A norma dell'art. 159 del D.L. 19 maggio 2020, n. 34, convertito, con modificazioni, nella L. 17 luglio 2020, n. 77, con riferimento al periodo d'imposta 2019, al fine di superare le difficoltà che si possono verificare nell'effettuazione delle operazioni di conguaglio da assistenza fiscale anche per l'insufficienza dell'ammontare complessivo delle ritenute operate dal sostituto d'imposta, i soggetti titolari dei redditi di lavoro dipendente e assimilati indicati da questo comma possono adempiere agli obblighi di dichiarazione dei redditi con le modalità indicate all'articolo 51* bis *del D.L. 21 giugno 2013, n. 69, convertito, con modificazioni, dalla L. 9 agosto 2013, n. 98, anche in presenza di un sostituto d'imposta tenuto a effettuare il conguaglio.*

35. Responsabili dei centri. – 1. Il responsabile dell'assistenza fiscale dei centri costituiti dai soggetti di cui all'articolo 32, comma 1, lettere *a*), *b*) e *c*), su richiesta del contribuente:

a) rilascia un visto di conformità dei dati delle dichiarazioni predisposte dal centro, alla relativa documentazione e alle risultanze delle scritture contabili, nonché di queste ultime alla relativa documentazione contabile;

b) assevera che gli elementi contabili ed extracontabili comunicati all'amministrazione finanziaria e rilevanti ai fini dell'applicazione degli studi di settore corrispondono a quelli risultanti dalle scritture contabili e da altra documentazione idonea.

2. Il responsabile dell'assistenza fiscale dei centri costituiti dai soggetti di cui all'articolo 32, comma 1, lettere *d*), *e*) e *f*):

a) rilascia, su richiesta del contribuente, un visto di conformità dei dati delle dichiarazioni unificate alla relativa documentazione;

b) rilascia, a seguito della attività di cui alla lettera *c*) del comma 3 dell'articolo 34, un visto di conformità dei dati esposti nelle dichiarazioni alla relativa documentazione.

3. I soggetti indicati alle lettere *a*) e *b*), del comma 3 dell'articolo 3 del decreto del Presidente della Repubblica 22 luglio 1998, n. 322, abilitati alla trasmissione telematica delle dichiarazioni, rilasciano, su richiesta dei contribuenti, il visto di conformità e l'asseverazione di cui ai commi 1 e 2, lettera *a*), del presente articolo relativamente alle dichiarazioni da loro predisposte.

36. Certificazione tributaria. – 1. I revisori contabili iscritti negli albi dei dottori commercialisti, dei ragionieri e periti commerciali e dei consulenti del lavoro che hanno esercitato la professione per almeno cinque anni possono effettuare, ai soli fini fiscali, la certificazione di cui al comma 2 nei riguardi dei contribuenti titolari di redditi d'impresa in regime di contabilità ordinaria, anche per opzione, sempreché hanno tenuto le scritture contabili dei contribuenti stessi nel corso del periodo d'imposta cui si riferisce la certificazione.

2. La certificazione tributaria può essere rilasciata a condizione che nei confronti del medesimo contribuente siano stati altresì rilasciati il visto di conformità di cui all'articolo 35, comma 1, lettera *a*), e, qualora siano applicabili le disposizioni concernenti gli studi di settore, l'asseverazione di cui alla lettera *b*) dello stesso comma 1 dell'articolo 35 e il soggetto incaricato abbia accertato l'esatta applicazione delle norme tributarie sostanziali ed eseguito gli adempimenti, i controlli e le attività indicati annualmente con decreto del Ministro delle finanze.

3. Per le dichiarazioni relative a periodi di imposta per i quali è stata rilasciata una certificazione tributaria regolare:

a) non sono applicabili le disposizioni di cui agli articoli 39, secondo comma, del decreto del Presidente della Repubblica 29 settembre 1973, n. 600, e 55 del decreto del Presidente della Repubblica 26 ottobre 1972, n. 633, in materia di accertamenti induttivi;

b) gli accertamenti basati sugli studi di settore di cui all'articolo 10 della legge 8 maggio 1998, n. 146, sono notificati, a pena di decadenza, entro il 31 dicembre del terzo anno successivo a quello in cui le dichiarazioni sono state presentate;

c) in caso di ricorso contro l'atto di accertamento, le imposte o le maggiori imposte, unitamente ai relativi interessi e alle sanzioni, sono iscritte a ruolo secondo i criteri di cui all'articolo 68, del decreto legislativo 31 dicembre 1992, n. 546, ed all'articolo 19 del decreto legislativo 18 dicembre 1997, n. 472, concernenti, rispettivamente il pagamento dei tributi e delle sanzioni amministrative tributarie in pendenza di giudizio, dopo la sentenza della commissione tributaria provinciale. Restano, comunque, fermi i criteri indicati nell'articolo 15 del decreto del Presidente della Repubblica 29 settembre 1973, n. 602, se la rettifica riguarda esclusivamente redditi non oggetto della certificazione tributaria.

37. Assistenza fiscale prestata dai sostituti d'imposta. – 1. I sostituti d'imposta che erogano i redditi di cui agli articoli 46 e 47, comma 1, lettera *a*), *d*), *g*), con esclusione delle indennità percepite dai membri del parlamento europeo, e *l*), del testo unico delle imposte sui redditi, approvato con il decreto del Presidente della Repubblica 22 dicembre 1986, n. 917, possono prestare assistenza fiscale nei confronti dei propri sostituiti.

2. I sostituti di cui al comma 1 che prestano assistenza fiscale:

a) ricevono le dichiarazioni e le schede per la scelta della destinazione del quattro e dell'otto per mille dell'imposta sul reddito delle persone fisiche;

b) elaborano le dichiarazioni;

c) consegnano al contribuente copia della dichiarazione elaborata e del prospetto di liquidazione delle imposte;

d) effettuano le operazioni di conguaglio da eseguire con le modalità di cui al comma 7;

e) inviano le dichiarazioni dei redditi e le suddette scelte.

3. I sostituti che non prestano assistenza fiscale consentono in ogni caso ai centri l'attività di raccolta degli atti e documenti necessari per l'attività di cui alle lettere da *c*) a *f*) del comma 3 dell'articolo 34.

4. I sostituti d'imposta tengono conto del risultato contabile delle dichiarazioni dei redditi elaborate dai centri. Il debito, per saldo e acconto, o il credito risultante dai prospetti di liquidazione delle imposte è rispettivamente aggiunto o detratto a carico delle ritenute d'acconto relative al periodo d'imposta in corso al momento della prestazione della dichiarazione.

38. Compensi. – 1. Per le attività di cui al comma 4 dell'articolo 34, ai centri e, a decorrere dall'anno 2006, agli iscritti nell'Albo dei dottori commercialisti e degli esperti contabili di cui all'articolo 1, comma 4, e all'articolo 78 del decreto legislativo 28 giugno 2005, n. 139, e nell'albo dei consulenti del lavoro di cui alla legge 11 gennaio 1979, n. 12, (1) spetta un compenso, a carico del bilancio dello Stato, di euro 14 per ciascuna dichiarazione elaborata e trasmessa e di euro 26 per l'elaborazione e la trasmissione delle dichiarazioni in forma congiunta (2). Le modalità di corresponsione dei compensi sono stabilite con decreto del Ministero delle finanze, di concerto con il Ministero del tesoro, del bilancio e della programmazione economica (3).

2. [Per le attività di assistenza fiscale, di cui al comma 2 dell'articolo 37, ai sostituti d'imposta spetta un compenso a carico del bilancio dello Stato di € 13,03 per ciascuna dichiarazione elaborata e trasmessa, da corrispondere a fronte di minori versamenti di ritenute fiscali operate sui redditi erogati] (4). Nessun compenso spetta ai sostituti per le attività di cui al comma 4 del predetto articolo 37. I predetti compensi non costituiscono corrispettivi agli effetti dell'imposta sul valore aggiunto.

3. La misura dei compensi previsti nel presente articolo è adeguata ogni anno, con decreto del Ministero delle finanze, di concerto con il Ministero del tesoro, del bilancio e della programmazione economica, con l'applicazione di una percentuale pari alla variazione dell'indice dei prezzi al consumo per le famiglie di operai e di impiegati accertata dall'Istat, rilevata nell'anno precedente (5).

(1) *Le parole da*: «*e, a decorrere...*» *fino a*: «*...alla legge 11 gennaio 1979, n. 12,*» *sono state inserite dall'art. 1, comma 333, della L. 27 dicembre 2006, n. 296.*

([2]) *Le parole: «di lire 25.000 per ciascuna dichiarazione elaborata e trasmessa» sono state così sostituite dalle attuali: «di euro 14 per ciascuna dichiarazione elaborata e trasmessa e di euro 26 per l'elaborazione e la trasmissione delle dichiarazioni in forma congiunta» dall'art. 4, comma 30, della L. 12 novembre 2011, n. 183, a decorrere dal 1° gennaio 2012. A norma dell'art. 4, comma 35, della medesima legge le disposizioni di cui a questo comma si applicano con riferimento alle attività svolte a decorrere dall'anno 2012.*

([3]) *Si veda il D.M. 29 dicembre 2014* (G.U. *Serie gen. - n. 18 del 23 gennaio 2015*).

([4]) *Questo periodo è stato soppresso dall'art. 7, comma 1, del D.L.vo 21 novembre 2014, n. 175.*

([5]) *A norma dell'art. 4, comma 32, della L. 12 novembre 2011, n. 183, per le attività svolte negli anni 2011, 2012 e 2013 non si procede all'adeguamento dei compensi previsto da questo comma.*

39. Sanzioni. – 1. Salvo che il fatto costituisca reato e ferma restando l'irrogazione delle sanzioni per le violazioni di norme tributarie:

a) ai soggetti indicati nell'articolo 35 che rilasciano il visto di conformità, ovvero l'asseverazione, infedele si applica la sanzione amministrativa da euro 258 ad euro 2.582. Se il visto infedele è relativo alla dichiarazione dei redditi presentata con le modalità di cui all'articolo 13 del regolamento di cui al decreto del Ministro delle finanze 31 maggio 1999, n. 164, non si applica la sanzione di cui al periodo precedente e i soggetti di cui all'articolo 35 sono tenuti al pagamento di una somma pari al 30 per cento della maggiore imposta riscontrata, sempre che il visto infedele non sia stato indotto dalla condotta dolosa o gravemente colposa del contribuente. Costituiscono titolo per la riscossione mediante ruolo di cui al decreto del Presidente della Repubblica 29 settembre 1973, n. 602, le comunicazioni con le quali sono richieste le somme di cui al periodo precedente. Eventuali controversie sono devolute alla giurisdizione tributaria. Sempreché l'infedeltà del visto non sia già stata contestata con la comunicazione di cui all'articolo 26, comma 3 *ter*, del regolamento di cui al decreto del Ministro delle finanze 31 maggio 1999, n. 164, il Centro di assistenza fiscale o il professionista può trasmettere una dichiarazione rettificativa del contribuente, ovvero, se il contribuente non intende presentare la nuova dichiarazione, può trasmettere una comunicazione dei dati relativi alla rettifica il cui contenuto è definito con provvedimento del direttore dell'Agenzia delle entrate. In tal caso la somma dovuta è ridotta ai sensi dell'articolo 13 del decreto legislativo 18 dicembre 1997, n. 472. La violazione è punibile in caso di liquidazione delle imposte, dei contributi, dei premi e dei rimborsi dovuti in base alle dichiarazioni, di cui all'articolo 36 *bis* del decreto del Presidente della Repubblica 29 settembre 1973, n. 600, e in caso di controllo ai sensi degli articoli 36 *ter* e seguenti del medesimo decreto, nonché in caso di liquidazione dell'imposta dovuta in base alle dichiarazioni e in caso di controllo di cui agli articoli 54 e seguenti del decreto del Presidente della Repubblica 26 ottobre 1972, n. 633. La violazione è punibile a condizione che non trovi applicazione l'articolo 12 *bis* del decreto del Presidente della Repubblica 29 settembre 1973, n. 602. In caso di ripetute violazioni, ovvero di violazioni particolarmente gravi, è disposta a carico dei predetti soggetti la sospensione dalla facoltà di rilasciare il visto di conformità e l'asseverazione, per un periodo da uno a tre anni. In caso di ripetute violazioni commesse successivamente al periodo di sospensione, è disposta l'inibizione dalla facoltà di rilasciare il visto di conformità e l'asseverazione. Si considera violazione particolarmente grave il mancato pagamento della suddetta sanzione. Le sanzioni di cui al presente comma non sono oggetto della maggiorazione prevista dall'articolo 7, comma 3, del decreto legislativo 18 dicembre 1997, n. 472 (1);

[*a bis*) se il visto infedele è relativo alla dichiarazione dei redditi presentata con le modalità di cui all'articolo 13, del decreto ministeriale 31 maggio 1999, n. 164, non si applica la sanzione amministrativa di cui al primo periodo della lettera *a*)] (2);

[*a ter*) nell'ipotesi di dichiarazione rettificativa di cui al comma 1, lettera *a*), il contribuente è tenuto al versamento della maggiore imposta dovuta e dei relativi interessi] (2);

b) al professionista che rilascia una certificazione tributaria di cui all'articolo 36 infedele, si applica la sanzione amministrativa da € 516 a € 5.165 (3). In caso di accertamento di tre distinte violazioni commesse nel corso di un biennio, è disposta la sospensione dalla facoltà di rilasciare la certificazione tributaria per un periodo da uno a tre anni. La medesima facoltà è inibita in caso di accertamento di ulteriori violazioni ovvero di violazione di particolare gravità; si considera violazione particolarmente grave il mancato pagamento della suddetta sanzione (4).

1 *bis*. Nei casi di violazioni commesse ai sensi dei commi 1 e 3 del presente articolo e dell'articolo 7 *bis*, si applicano, in quanto compatibili, le disposizioni del decreto legislativo 18 dicembre 1997, n. 472. Il centro di assistenza fiscale per il quale abbia operato il trasgressore è obbligato solidalmente con il trasgressore stesso al pagamento di un importo pari alla sanzione irrogata e alle altre somme indicate al comma 1 (5) (6).

2. Le violazioni dei commi 1 e 3 del presente articolo e dell'articolo 7 *bis* sono contestate e le relative sanzioni sono irrogate dalla direzione regionale dell'Agenzia delle entrate competente in ragione del domicilio fiscale del trasgressore anche sulla base delle segnalazioni inviate dagli uffici locali della medesima Agenzia. L'atto di contestazione è unico per ciascun anno

solare di riferimento e, fino al compimento dei termini di decadenza, può essere integrato o modificato dalla medesima direzione regionale. I provvedimenti ivi previsti sono trasmessi agli ordini di appartenenza dei soggetti che hanno commesso la violazione per l'eventuale adozione di ulteriori provvedimenti (7).

3. In caso di inosservanza delle disposizioni di cui all'articolo 37, commi 2 e 4, ai sostituti di imposta si applica la sanzione amministrativa da € 258 a € 2.582 (8) (4).

4. L'autorizzazione all'esercizio dell'attività di assistenza fiscale di cui all'articolo 33, comma 3, è sospesa, per un periodo da tre a dodici mesi, quando sono commesse gravi e ripetute violazioni di norme tributarie o contributive e delle disposizioni di cui agli articoli 34 e 35, nonché quando gli elementi forniti all'amministrazione finanziaria risultano falsi o incompleti rispetto alla documentazione fornita dal contribuente. In caso di ripetute violazioni, ovvero di violazioni particolarmente gravi, è disposta la revoca dell'esercizio dell'attività di assistenza; nei casi di particolare gravità è disposta la sospensione cautelare (9).

4 *bis*. La definizione agevolata delle sanzioni ai sensi dell'articolo 16, comma 3, del decreto legislativo 18 dicembre 1997, n. 472, non impedisce l'applicazione della sospensione, dell'inibizione e della revoca (10).

4 *ter*. Il mancato rispetto di adeguati livelli di servizio comporta l'applicazione della sanzione da 516 a 5.165 euro (10).

(1) *Questa lettera è stata così sostituita dall'art. 7* bis*, comma 1, lett.* a)*, del D.L. 28 gennaio 2019, n. 4, convertito, con modificazioni, nella L. 28 marzo 2019, n. 26.*

(2) *Questa lettera è stata abrogata dall'art. 7* bis*, comma 1, lett.* b)*, del D.L. 28 gennaio 2019, n. 4, convertito, con modificazioni, nella L. 28 marzo 2019, n. 26.*

(3) *Le parole: «da lire un milione* (N.d.R.: *€ 516) a lire dieci milioni* (N.d.R.: *€ 5.165)» sono state così sostituite dalle attuali: «da euro 516 ad euro 5.165» dall'art. 1, comma 33, lett.* b)*, della L. 27 dicembre 2006, n. 296.*

(4) *A norma dell'art. 1, comma 34, della L. 27 dicembre 2006, n. 296, per le violazioni di cui a questo comma, ferma restando l'applicazione dell'art. 3, comma 3, del D.L.vo 18 dicembre 1997, n. 472, nelle ipotesi in cui la violazione sia stata già contestata alla data di entrata in vigore della presente legge, non si dà luogo a restituzione di quanto eventualmente pagato.*

(5) *Le parole: «di una somma pari alla sanzione irrogata»* sono state così sostituite *dalle seguenti: «di un importo pari alla sanzione irrogata e alle altre somme indicate al comma 1», dall'art. 1, comma 957, della L. 28 dicembre 2015, n. 208.*

(6) *Questo comma è stato inserito dall'art. 1, comma 33, lett.* c)*, della L. 27 dicembre 2006, n. 296.*

(7) *Questo comma è stato così sostituito dall'art. 1, comma 33, lett.* d)*, della L. 27 dicembre 2006, n. 296.*

([8]) *Le parole: «da lire cinquecentomila* (N.d.R.: *€ 258) a lire cinque milioni* (N.d.R.: *€ 2.582)» sono state così sostituite dalle attuali: «da euro 258 a euro 2.582» dall'art. 1, comma 33, lett.* e)*, della L. 27 dicembre 2006, n. 296.*

([9]) *Questo comma è stato così sostituito dall'art. 1, comma 616, lett.* c)*, n. 1), della L. 27 dicembre 2013, n. 147.*

([10]) *Questo comma è stato aggiunto dall'art. 1, comma 616, lett.* c)*, n. 2), della L. 27 dicembre 2013, n. 147.*

40. Disposizioni di attuazione. – 1. Il Ministro delle finanze, con regolamenti adottati ai sensi dell'articolo 17, comma 3, della legge 23 agosto 1988, n. 400, stabilisce:

a) i criteri e le condizioni per il rilascio ai centri dell'autorizzazione all'esercizio delle attività di cui all'articolo 34, per la loro iscrizione in apposito albo e per il trasferimento delle quote o delle azioni, che deve in ogni caso essere posto in essere tra i soggetti autorizzati alla costituzione dei centri stessi, i poteri di vigilanza, anche ispettiva, dell'amministrazione finanziaria;

b) le modalità per l'esecuzione dei controlli e l'erogazione dei rimborsi per i contribuenti nei cui confronti è stato rilasciato il visto e l'asseverazione di cui ai commi 1 e 2 dell'articolo 35, ovvero è stata effettuata la certificazione ai sensi dell'articolo 36, tenendo conto, in particolare, del tipo di assistenza fiscale prestata ai predetti contribuenti anche in ordine alla tenuta delle scritture contabili;

c) la prestazione di congrue garanzie per i danni ai contribuenti in relazione al rilascio del visto di conformità, dell'asseverazione e della certificazione tributaria secondo le disposizioni del presente capo commisurate anche al numero dei contribuenti assistiti;

d) ulteriori disposizioni attuative di quanto previsto nel presente capo.

8.

D.L.vo 18 dicembre 1997, n. 462. Unificazione ai fini fiscali e contributivi delle procedure di liquidazione, riscossione e accertamento, a norma dell'articolo 3, comma 134, lettera *b*), della legge 23 dicembre 1996, n. 662 (Suppl. ord. alla *Gazzetta Ufficiale* Serie gen. - n. 2 del 3 gennaio 1998).

(*Estratto*)

1. Liquidazione, accertamento e riscossione dei contributi e premi dovuti agli enti previdenziali. – 1. Per la liquidazione, l'accertamento e la riscossione dei contributi e dei premi previdenziali ed assistenziali che, ai sensi dell'articolo 10 del decreto legislativo 9 luglio 1997, n. 241, recante norme di semplificazione degli adempimenti dei contribuenti in sede di dichiarazione dei redditi e dell'imposta sul valore aggiunto, nonché di modernizzazione del sistema di gestione delle dichiarazioni, devono essere determinati nelle dichiarazioni dei redditi, si applicano le disposizioni previste in materia di imposte sui redditi.

2. In materia di riscossione coattiva di contributi e premi previdenziali, assistenziali e relativi accessori possono essere applicate le disposizioni di cui all'articolo 2 del decreto legge 9 ottobre 1989, n. 338, convertito con modificazioni, dalla legge 7 dicembre 1989, n. 389, in materia di riscossione dei crediti contributivi, rateazione dei pagamenti e contenente norme in materia contributiva.

3. In materia di poteri conferiti ai funzionari addetti all'attività di vigilanza presso gli enti previdenziali resta fermo quanto previsto dall'articolo 3 della legge 11 novembre 1983, n. 638.

4. Con decreti del Ministro delle finanze, di concerto con i Ministri del tesoro, del bilancio e della programmazione e del lavoro e della previdenza sociale, sono stabilite le modalità di attuazione delle disposizioni di cui al comma 3.

2. ([1]) **Riscossione delle somme dovute a seguito dei controlli automatici.** – 1. Le somme che, a seguito dei controlli automatici, ovvero dei controlli eseguiti dagli uffici, ([2]) effettuati ai sensi degli articoli 36 *bis* del decreto del Presidente della Repubblica 29 settembre 1973, n. 600, e 54 *bis* del decreto del Presidente della Repubblica 29 settembre 1972, n. 633, risultano dovute a titolo d'imposta, ritenute, contributi e premi o di minori crediti già utilizzati, nonché di interessi e di sanzioni per ritardato o omesso versamento, sono iscritte direttamente nei ruoli a titolo definitivo [, entro il 31 dicembre del secondo anno successivo a quello di presentazione della dichiarazione] ([3]).

[1 *bis*. Se i termini per il versamento delle somme di cui al comma 1 sono fissati oltre il 31 dicembre dell'anno in cui è presentata la dichiarazione, l'iscrizione a ruolo a titolo definitivo è eseguita entro il 31 dicembre del secondo anno successivo a quello in cui è previsto il versamento dell'unica o ultima rata] (4).

2. L'iscrizione a ruolo non è eseguita, in tutto o in parte, se il contribuente o il sostituto d'imposta provvede a pagare le somme dovute con le modalità indicate nell'articolo 19 del decreto legislativo 9 luglio 1997, n. 241, concernente le modalità di versamento mediante delega, entro trenta giorni dal ricevimento della comunicazione, prevista dai commi 3 dei predetti articoli 36 *bis* e 54 *bis*, ovvero della comunicazione definitiva contenente la rideterminazione in sede di autotutela delle somme dovute, a seguito dei chiarimenti forniti dal contribuente o dal sostituto d'imposta. In tal caso, l'ammontare delle sanzioni amministrative dovute è ridotto ad un terzo e gli interessi sono dovuti fino all'ultimo giorno del mese antecedente a quello dell'elaborazione della comunicazione (5) (6) (7) (8).

(1) *Si veda l'art. 144 del D.L. 19 maggio 2020, n. 34, convertito, con modificazioni, nella L. 17 luglio 2020, n. 77.*

(2) *Le parole: «, ovvero dei controlli eseguiti dagli uffici,» sono state inserite dall'art. 2, comma 11, del D.L. 30 settembre 2005, n. 203, convertito, con modificazioni, nella L. 2 dicembre 2005, n. 248.*

(3) *Le parole tra parentesi quadrate sono state soppresse dall'art. 37, comma 42, lett.* a), *del D.L. 4 luglio 2006, n. 223, convertito, con modificazioni, nella L. 4 agosto 2006, n. 248.*

(4) *Questo comma è stato inserito dall'art. 1, comma 2* nonies, *del D.L. 24 giugno 2003, n. 143, convertito, con modificazioni, nella L. 1° agosto 2003, n. 212 e successivamente abrogato dall'art. 37, comma 42, lett.* b), *del D.L. 4 luglio 2006, n. 223, convertito, con modificazioni, nella L. 4 agosto 2006, n. 248.*

(5) *Le parole da: «e gli interessi ...» fino alla fine del comma sono state aggiunte dall'art. 1, comma 413, della L. 30 dicembre 2004, n. 311, con riferimento alle dichiarazioni presentate dal 1° gennaio 1999.*

(6) *Questo comma è stato così sostituito dall'art. 3 del D.L.vo 26 gennaio 2001, n. 32.*

(7) *Il termine previsto da questo comma decorre dal sessantesimo giorno successivo a quello di trasmissione telematica dell'invito di cui all'art. 2* bis, *comma 1, lett.* a), *del D.L. 30 settembre 2005, n. 203, convertito, con modificazioni, nella L. 2 dicembre 2005, n. 248, a norma dell'art. 2* bis, *comma 2, dello stesso provvedimento.*

(8) *Si veda l'art. 7* quater, *comma 17, del D.L. 22 ottobre 2016, n. 193, convertito, con modificazioni, nella L. 1 dicembre 2016, n. 225, che si riporta:*

«17. Sono sospesi dal 1° agosto al 4 settembre i termini di trenta giorni previsti dagli articoli 2, comma 2, e 3, comma 1, del decreto legislativo 18 dicembre 1997, n. 462, e dall'articolo 1, comma 412, della legge 30 dicembre 2004, n. 311, per il pagamento delle somme dovute, rispettivamente, a seguito dei controlli automatici effettuati ai sensi

degli articoli 36 bis *del decreto del Presidente della Repubblica 29 settembre 1973, n. 600, e 54* bis *del decreto del Presidente della Repubblica 29 settembre 1972, n. 633, e a seguito dei controlli formali effettuati ai sensi dell'articolo 36* ter *del citato decreto del Presidente della Repubblica n. 600 del 1973 e della liquidazione delle imposte sui redditi assoggettati a tassazione separata».*

3. ([1]) **Riscossione delle somme dovute a seguito dei controlli formali.** – 1. Le somme che, a seguito dei controlli formali effettuati ai sensi dell'articolo 36 *ter* del decreto del Presidente della Repubblica 29 settembre 1973, n. 600, risultano dovute a titolo d'imposta, ritenute, contributi e premi o di minori crediti già utilizzati, nonché di interessi e di sanzioni, possono essere pagate entro 30 giorni dal ricevimento della comunicazione prevista dal comma 4 del predetto articolo 36 *ter*, con le modalità indicate nell'articolo 19 del decreto legislativo 9 luglio 1997, n. 241, concernente le modalità di versamento mediante delega. In tal caso l'ammontare delle sanzioni amministrative dovute è ridotto ai due terzi e gli interessi sono dovuti fino all'ultimo giorno del mese antecedente a quello dell'elaborazione della comunicazione ([2]) ([3]).

([1]) *Si veda l'art. 144 del D.L. 19 maggio 2020, n. 34, convertito, con modificazioni, nella L. 17 luglio 2020, n. 77.*

([2]) *Le parole da: «e gli interessi ...» fino alla fine del comma sono state aggiunte dall'art. 1, comma 413, della L. 30 dicembre 2004, n. 311, con riferimento alle dichiarazioni presentate dal 1° gennaio 1999.*

([3]) *Si veda l'art. 7* quater, *comma 17, del D.L. 22 ottobre 2016, n. 193, convertito, con modificazioni, nella L. 1 dicembre 2016, n. 225, che si riporta:*

«17. Sono sospesi dal 1° agosto al 4 settembre i termini di trenta giorni previsti dagli articoli 2, comma 2, e 3, comma 1, del decreto legislativo 18 dicembre 1997, n. 462, e dall'articolo 1, comma 412, della legge 30 dicembre 2004, n. 311, per il pagamento delle somme dovute, rispettivamente, a seguito dei controlli automatici effettuati ai sensi degli articoli 36 bis *del decreto del Presidente della Repubblica 29 settembre 1973, n. 600, e 54* bis *del decreto del Presidente della Repubblica 29 settembre 1972, n. 633, e a seguito dei controlli formali effettuati ai sensi dell'articolo 36* ter *del citato decreto del Presidente della Repubblica n. 600 del 1973 e della liquidazione delle imposte sui redditi assoggettati a tassazione separata».*

3 *bis*. ([1]) ([2]) **Rateazione delle somme dovute.** – 1. Le somme dovute ai sensi dell'articolo 2, comma 2, e dell'articolo 3, comma 1, possono essere versate in un numero massimo di otto rate trimestrali di pari importo, ovvero, se superiori a cinquemila euro, in un numero massimo di venti rate trimestrali di pari importo.

2. L'importo della prima rata deve essere versato entro il termine di trenta giorni dal ricevimento della comunicazione. Sull'importo delle rate successive sono dovuti gli interessi, calcolati dal primo giorno del secondo

mese successivo a quello di elaborazione della comunicazione. Le rate trimestrali nelle quali il pagamento è dilazionato scadono l'ultimo giorno di ciascun trimestre.

3. In caso di inadempimento nei pagamenti rateali si applicano le disposizioni di cui all'articolo 15 *ter* del decreto del Presidente della Repubblica 29 settembre 1973, n. 602.

4. Le disposizioni di cui ai commi 1, 2 e 3 si applicano anche alle somme da versare a seguito del ricevimento della comunicazione prevista dall'articolo 1, comma 412, della legge 30 dicembre 2004, n. 311, relativamente ai redditi soggetti a tassazione separata.

(¹) *Questo articolo, inserito dall'art. 1, comma 144, della L. 24 dicembre 2007, n. 244, è stato così sostituito dall'art. 2, comma 1, del D.L.vo 24 settembre 2015, n. 159. A norma dell'art. 15, comma 2, del medesimo decreto, tali disposizioni si applicano a decorrere dalle dichiarazioni relative al periodo d'imposta in corso:*

a) *al 31 dicembre 2014, per le somme dovute ai sensi dell'articolo 2, comma 2, del decreto legislativo 18 dicembre 1997, n. 462;*

b) *al 31 dicembre 2013, per le somme dovute ai sensi dell'articolo 3, comma 1, del decreto legislativo 18 dicembre 1997, n. 462;*

c) *al 31 dicembre 2012, per le somme dovute ai sensi dell'articolo 1, comma 412, della legge 30 dicembre 2004, n. 311, a seguito della liquidazione dell'imposta dovuta sui redditi di cui all'articolo 17 del testo unico delle imposte sui redditi, di cui al decreto del Presidente della Repubblica 22 dicembre 1986, n. 917, salvo che per le somme dovute relativamente ai redditi di cui all'articolo 21 del medesimo testo unico, per le quali le disposizioni si applicano a decorrere dalle dichiarazioni relative al periodo d'imposta in corso al 31 dicembre 2013.*

(²) *Si veda l'art. 144 del D.L. 19 maggio 2020, n. 34, convertito, con modificazioni, nella L. 17 luglio 2020, n. 77.*

4. (*Omissis*)

5. Decorrenza. – 1. Le disposizioni del presente decreto si applicano ai periodi d'imposta relativamente ai quali le dichiarazioni devono essere presentate a decorrere dal 1° gennaio 1999.

9.

D.P.R. 22 luglio 1998, n. 322. Regolamento recante modalità per la presentazione delle dichiarazioni relative alle imposte sui redditi, all'imposta regionale sulle attività produttive e all'imposta sul valore aggiunto, ai sensi dell'articolo 3, comma 136, della legge 23 dicembre 1996, n. 662 (*Gazzetta Ufficiale* Serie gen. - n. 208 del 7 settembre 1998).

(*Estratto*)

1. Redazione e sottoscrizione delle dichiarazioni in materia di imposte sui redditi e di I.R.A.P. – 1. Ai fini delle imposte sui redditi e dell'imposta regionale sulle attività produttive le dichiarazioni sono redatte, a pena di nullità, su modelli conformi a quelli approvati entro il 31 gennaio ([1]) con provvedimento amministrativo, da pubblicare nella *Gazzetta Ufficiale* e da utilizzare per le dichiarazioni dei redditi e del valore della produzione relative all'anno precedente ovvero, in caso di periodo di imposta non coincidente con l'anno solare, [relativamente ai soggetti di cui all'articolo 2, comma 2,] ([2]) per le dichiarazioni relative al periodo di imposta in corso alla data del 31 dicembre dell'anno precedente a quello di approvazione. I provvedimenti di approvazione dei modelli di dichiarazione dei sostituti d'imposta di cui all'articolo 4, comma 1, e i modelli di dichiarazione di cui agli articoli 34, comma 4, e 37, del decreto legislativo 9 luglio 1997, n. 241, e successive modificazioni, recante norme di semplificazione degli adempimenti dei contribuenti in sede di dichiarazione dei redditi e dell'imposta sul valore aggiunto, nonché di modernizzazione del sistema di gestione delle dichiarazioni, sono emanati entro il 15 gennaio dell'anno in cui i modelli stessi devono essere utilizzati e sono pubblicati nella *Gazzetta Ufficiale* ([3]).

2. I modelli di dichiarazione sono resi disponibili in formato elettronico dall'Agenzia delle entrate in via telematica. [I modelli cartacei necessari per la redazione delle dichiarazioni presentate dalle persone fisiche non obbligate alla tenuta delle scritture contabili possono essere gratuitamente ritirati presso gli uffici comunali] ([4]). [Con provvedimento del direttore dell'Agenzia delle entrate possono essere stabilite altre modalità di distribuzione o di invio al contribuente dei modelli di dichiarazione e di altri stampati] ([4]) ([3]).

3. La dichiarazione è sottoscritta, a pena di nullità, dal contribuente o da chi ne ha la rappresentanza legale o negoziale. La nullità è sanata se il contribuente provvede alla sottoscrizione entro trenta giorni dal ricevimento dell'invito da parte del competente ufficio dell'Agenzia delle entrate ([3]).

4. La dichiarazione dei soggetti diversi dalle persone fisiche è sottoscritta, a pena di nullità, dal rappresentante legale, e in mancanza da chi ne ha l'amministrazione anche di fatto, o da un rappresentante negoziale. La nullità è sanata se il soggetto tenuto a sottoscrivere la dichiarazione vi provvede entro trenta giorni dal ricevimento dell'invito da parte del competente ufficio dell'Agenzia delle entrate ([3]).

5. La dichiarazione delle società e degli enti soggetti all'imposta sul reddito delle società sottoposti al controllo contabile ai sensi del codice civile o di leggi speciali è sottoscritta anche dai soggetti che sottoscrivono la relazione di revisione ([5]). La dichiarazione priva di tale sottoscrizione è valida, salva l'applicazione della sanzione di cui all'articolo 9, comma 5, del decreto legislativo 18 dicembre 1997, n. 471, e successive modificazioni.

6. In caso di presentazione della dichiarazione in via telematica, le disposizioni dei commi 3, 4 e 5 del presente articolo si applicano con riferimento alla dichiarazione che gli stessi soggetti sono tenuti a conservare.

([1]) *Le parole: «15 febbraio» sono state così sostituite dalle parole: «31 gennaio» dall'art. 37, comma 10, lett.* a)*, del D.L. 4 luglio 2006, n. 223, convertito, con modificazioni, nella L. 4 agosto 2006, n. 248, a decorrere dal 1° maggio 2007.*

([2]) *Le parole: «relativamente ai soggetti di cui all'articolo 2, comma 2,» sono state inserite dall'art. 37, comma 10, lett.* a)*, del D.L. 4 luglio 2006, n. 223, convertito, con modificazioni, nella L. 4 agosto 2006, n. 248, a decorrere dal 1° maggio 2007, e poi soppresse dall'art. 17, comma 1, del D.L.vo 21 novembre 2014, n. 175.*

([3]) *I commi da 1 a 4 sono stati così sostituiti dagli attuali commi da 1 a 4 dall'art. 1 del D.P.R. 7 dicembre 2001, n. 435, a decorrere dal 1° gennaio 2002.*

([4]) *Questo periodo è stato soppresso dall'art.* 3 bis*, comma 3, del D.L. 30 aprile 2019, n. 34, convertito, con modificazioni, nella L. 28 giugno 2019, n. 58, a decorrere dal 30 giugno 2019.*

([5]) *Questo periodo è stato così sostituito dall'art. 1, comma 94, della L. 24 dicembre 2007, n. 244.*

2. ([1]) **Termine per la presentazione della dichiarazione in materia di imposte sui redditi e di I.R.A.P.** – 1. Le persone fisiche e le società o le associazioni di cui all'articolo 6 del decreto del Presidente della Repubblica 29 settembre 1973, n. 600, presentano la dichiarazione secondo le disposizioni di cui all'articolo 3, per il tramite di una banca o di un ufficio della Poste italiane S.p.a. tra il 1° maggio ed il 30 giugno ovvero in via telematica entro il 30 novembre ([2]) ([3]) dell'anno successivo a quello di chiusura del periodo di imposta ([4]).

2. I soggetti all'imposta sul reddito delle persone giuridiche, presentano la dichiarazione secondo le disposizioni di cui all'articolo 3 in via telematica,

entro l'ultimo giorno dell'undicesimo mese ([5]) successivo a quello di chiusura del periodo d'imposta ([6]) ([7]):

[*a*) per il tramite di una banca o di un ufficio della Poste italiane S.p.a., ad eccezione dei soggetti di cui all'articolo 3, comma 2, entro l'ultimo giorno del settimo mese successivo a quello di chiusura del periodo di imposta;] ([8])

[*b*) in via telematica, entro l'ultimo giorno del decimo mese successivo a quello di chiusura del periodo di imposta] ([8]).

3. I soggetti non tenuti alla presentazione della dichiarazione dei redditi presentano la dichiarazione ai fini dell'imposta regionale sulle attività produttive entro i termini previsti dal comma 2 e secondo le disposizioni di cui all'articolo 3 ([4]).

3 *bis*. I modelli di dichiarazione, le relative istruzioni e le specifiche tecniche per la trasmissione telematica dei dati sono resi disponibili in formato elettronico dall'Agenzia delle entrate entro il 15 febbraio ([9]).

[4. Se il termine per la presentazione delle dichiarazioni dei redditi e dell'imposta regionale sulle attività produttive, compresa quella unificata, scade tra il 1° gennaio ed il 31 maggio, la presentazione delle stesse è effettuata nel mese di maggio e la trasmissione telematica nel mese di giugno. Tale disposizione non si applica nel caso in cui la dichiarazione deve essere redatta, ai sensi dell'articolo 1, comma 1, sui modelli approvati entro il 15 febbraio dell'anno precedente a quello di scadenza del termine di presentazione] ([10]).

[4 *bis*. Le disposizioni in materia di termini di trasmissione delle dichiarazioni in via telematica non rilevano ai fini dei versamenti delle imposte, che sono comunque effettuati entro gli ordinari termini di scadenza] ([11]).

[5. I sostituti di imposta che non sono tenuti alla presentazione della dichiarazione unificata annuale presentano la dichiarazione tra il 1° e il 31 maggio di ciascun anno per i pagamenti fatti nell'anno solare precedente. La trasmissione della dichiarazione in via telematica è effettuata nel mese di giugno] ([10]).

6. Per gli interessi e gli altri proventi di cui ai commi da 1 a 3 *bis* dell'articolo 26 del decreto del Presidente della Repubblica 29 settembre 1973, n. 600, e per quelli assoggettati alla ritenuta a titolo d'imposta ai sensi dell'ultimo comma dello stesso articolo e dell'articolo 7, commi 1 e 2, del decreto legge 20 giugno 1996, n. 323, convertito, con modificazioni, dalla legge 8 agosto 1996, n. 425, nonché per i premi e per le vincite di cui all'articolo 30, del decreto del Presidente della Repubblica 29 settembre 1973, n. 600, i soggetti all'imposta sul reddito delle persone giuridiche presentano la dichiarazione contestualmente alla dichiarazione dei redditi propri.

7. Sono considerate valide le dichiarazioni presentate entro novanta giorni ([12]) dalla scadenza del termine, salva restando l'applicazione delle

sanzioni amministrative per il ritardo. Le dichiarazioni presentate con ritardo superiore a novanta giorni ([13]) si considerano omesse, ma costituiscono, comunque, titolo per la riscossione delle imposte dovute in base agli imponibili in esse indicati e delle ritenute indicate dai sostituti d'imposta.

8. Salva l'applicazione delle sanzioni e ferma restando l'applicazione dell'articolo 13 del decreto legislativo 18 dicembre 1997, n. 472, le dichiarazioni dei redditi, dell'imposta regionale sulle attività produttive e dei sostituti d'imposta possono essere integrate per correggere errori od omissioni, compresi quelli che abbiano determinato l'indicazione di un maggiore o di un minore imponibile o, comunque, di un maggiore o di un minore debito d'imposta ovvero di un maggiore o di un minore credito, mediante successiva dichiarazione da presentare, secondo le disposizioni di cui all'articolo 3, utilizzando modelli conformi a quelli approvati per il periodo d'imposta cui si riferisce la dichiarazione, non oltre i termini stabiliti dall'articolo 43 del decreto del Presidente della Repubblica 29 settembre 1973, n. 600 ([14]).

8 *bis*. L'eventuale credito derivante dal minor debito o dal maggiore credito risultante dalle dichiarazioni di cui al comma 8 può essere utilizzato in compensazione ai sensi dell'articolo 17 del decreto legislativo 9 luglio 1997, n. 241. Ferma restando in ogni caso l'applicabilità della disposizione di cui al primo periodo per i casi di correzione di errori contabili di competenza, nel caso in cui la dichiarazione oggetto di integrazione a favore sia presentata oltre il termine prescritto per la presentazione della dichiarazione relativa al periodo d'imposta successivo, il credito di cui al periodo precedente può essere utilizzato in compensazione, ai sensi del citato articolo 17 del decreto legislativo n. 241 del 1997, per eseguire il versamento di debiti maturati a partire dal periodo d'imposta successivo a quello in cui è stata presentata la dichiarazione integrativa; in tal caso, nella dichiarazione relativa al periodo d'imposta in cui è presentata la dichiarazione integrativa è indicato il credito derivante dal minor debito o dal maggiore credito risultante dalla dichiarazione integrativa. Resta ferma in ogni caso per il contribuente la possibilità di far valere, anche in sede di accertamento o di giudizio, eventuali errori, di fatto o di diritto, che abbiano inciso sull'obbligazione tributaria, determinando l'indicazione di un maggiore imponibile, di un maggiore debito d'imposta o, comunque, di un minore credito ([15]).

8 *ter*. Le dichiarazioni dei redditi e dell'imposta regionale sulle attività produttive possono essere integrate dai contribuenti per modificare la originaria richiesta di rimborso dell'eccedenza d'imposta esclusivamente per la scelta della compensazione, sempreché il rimborso stesso non sia stato già erogato anche in parte, mediante dichiarazione da presentare entro 120 giorni dalla scadenza del termine ordinario di presentazione, secondo le di-

sposizioni di cui all'articolo 3, utilizzando modelli conformi a quelli approvati per il periodo d'imposta cui si riferisce la dichiarazione ([16]).

9. I termini di presentazione e della dichiarazione che scadono di sabato sono prorogati d'ufficio al primo giorno feriale successivo ([17]).

([1]) *A norma dell'art. 1, comma 2, del D.P.C.M. 26 luglio 2017, è disposta la proroga della dichiarazione in materia di imposte sui redditi e di imposta regionale sulle attività produttive dei soggetti indicati in questo articolo, che devono essere presentate dal 1 luglio 2017 ed entro il 30 settembre 2017.*

A norma dell'art. 1, comma 932, della L. 27 dicembre 2017, n. 205, il termine per la presentazione delle dichiarazioni in materia di imposte sui redditi e di imposta regionale sulle attività produttive dei soggetti indicati nel presente articolo, in scadenza al 30 settembre, è fissato al 31 ottobre.

A norma dell'art. 13 sexies, *del D.L. 28 ottobre 2020, n. 137, convertito, con modificazioni, nella L. 18 dicembre 2020, n. 176, il termine per la presentazione in via telematica della dichiarazione in materia di imposte sui redditi e di imposta regionale sulle attività produttive, di cui al presente articolo, in scadenza il 30 novembre 2020, è prorogato al 10 dicembre 2020.*

([2]) *Le parole: «30 settembre» sono state così sostituite dalle attuali: «30 novembre» dall'art. 4* bis, *comma 2, del D.L. 30 aprile 2019, n. 34, convertito, con modificazioni, nella L. 28 giugno 2019, n. 58, a decorrere dal 30 giugno 2019.*

([3]) *Le parole: «tra il 1° maggio ed il 31 luglio ovvero in via telematica entro il 31 ottobre» sono state dapprima sostituite dalle parole: «tra il 1° maggio ed il 30 giugno ovvero in via telematica entro il 31 luglio» dall'art. 37, comma 10, lett.* b), *n. 1), del D.L. 4 luglio 2006, n. 223, convertito, con modificazioni, nella L. 4 agosto 2006, n. 248, a decorrere dal 1° maggio 2007. Successivamente, le parole: «31 luglio», sono state così sostituite dalle parole: «30 settembre», dall'art. 42, comma 7* ter, *lett.* a), *del D.L. 30 dicembre 2008, n. 207, convertito, con modificazioni, nella L. 27 febbraio 2009, n. 14.*

([4]) *Questo comma è stato così sostituito dall'art. 2, comma 1, lett.* a), *del D.P.R. 7 dicembre 2001, n. 435, a decorrere dal 1° gennaio 2002.*

([5]) *Le parole: «del nono mese» sono state così sostituite dalle attuali: «dell'undicesimo mese» dall'art. 4* bis, *comma 2, lett.* b), *del D.L. 30 aprile 2019, n. 34, convertito, con modificazioni, nella L. 28 giugno 2019, n. 58, a decorrere dal 30 giugno 2019.*

([6]) *Le parole: «di cui all'articolo 3:» sono state così sostituite dalle parole: «di cui all'articolo 3 in via telematica, entro l'ultimo giorno del settimo mese successivo a quello di chiusura del periodo d'imposta» dall'art. 37, comma 10, lett.* b), *n. 2), del D.L. 4 luglio 2006, n. 223, convertito, con modificazioni, nella L. 4 agosto 2006, n. 248, a decorrere dal 1° maggio 2007.*

([7]) *A norma dell'art. 13* bis, *comma 1, del D.L. 30 dicembre 2016, n. 244, convertito, con modificazioni, nella L. 27 febbraio 2017, n. 19, per i soggetti di cui al comma 1* bis *dell'articolo 83 del testo unico delle imposte sui redditi, di cui al decreto del Presidente della Repubblica 22 dicembre 1986, n. 917, come introdotto dal numero 2) della lettera* a) *del comma 2 del presente articolo, relativamente al periodo d'imposta nel quale vanno dichiarati i componenti reddituali e patrimoniali rilevati in bilancio a decorrere dall'esercizio successivo a quello in corso al 31 dicembre 2015, il termine di cui a questo comma, per la presentazione delle dichiarazioni in materia di imposte sui redditi e di IRAP, è prorogato di quindici giorni al fine di agevolare la prima applicazione delle disposizioni introdotte dal decreto legislativo 18 agosto 2015, n. 139, e delle disposizioni di coordinamento contenute nei commi seguenti.*

([8]) *Questa lettera è stata abrogata dall'art. 37, comma 10, lett.* b), *n. 2), del D.L. 4 luglio 2006, n. 223, convertito, con modificazioni, nella L. 4 agosto 2006, n. 248, a decorrere dal 1° maggio 2007.*

([9]) *Questo comma è stato inserito dall'art. 1, comma 67, della L. 27 dicembre 2006, n. 296.*

([10]) *Questo comma è stato abrogato dall'art. 2, comma 1, lett.* b), *del D.P.R. 7 dicembre 2001, n. 435, a decorrere dal 1° gennaio 2002.*

([11]) *Questo comma inserito dall'art. 1, comma 2, lett.* c), *del D.P.R. 14 ottobre 1999, n. 542, è stato abrogato dall'art. 2, comma 1, lett.* b), *del D.P.R. 7 dicembre 2001, n. 435, a decorrere dal 1° gennaio 2002.*

([12]) *Le parole: «entro trenta giorni» sono state così sostituite dalle attuali dall'art. 1, comma 2, lett.* g), *n. 1), del D.P.R. 14 ottobre 1999, n. 542.*

([13]) *Le parole: «superiori a trenta giorni» sono state così sostituite dalle attuali dall'art. 1, comma 2, lett.* g), *n. 2), del D.P.R. 14 ottobre 1999, n. 542.*

([14]) *Questo comma originariamente sostituito dall'art. 2, comma 1, lett.* c), *del D.P.R. 7 dicembre 2001, n. 435, a decorrere dal 1° gennaio 2002, è stato da ultimo così sostituito dall'art. 5, comma 1, lett.* a), *del D.L. 22 ottobre 2016, n. 193, convertito, con modificazioni, nella L. 1° dicembre 2016, n. 225.*

([15]) *Questo comma originariamente inserito dall'art. 2, comma 1, lett.* d), *del D.P.R. 7 dicembre 2001, n. 435, a decorrere dal 1° gennaio 2002, è stato da ultimo così sostituito dall'art. 5, comma 1, lett.* a), *del D.L. 22 ottobre 2016, n. 193, convertito, con modificazioni, nella L. 1° dicembre 2016, n. 225.*

([16]) *Questo comma è stato aggiunto dall'art. 7, comma 2, lett.* i), *del D.L. 13 maggio 2011, n. 70, convertito, con modificazioni, nella L. 12 luglio 2011, n. 106.*

([17]) *Questo comma è stato così sostituito dall'art. 2, comma 1, lett.* e), *del D.P.R. 7 dicembre 2001, n. 435, a decorrere dal 1° gennaio 2002.*

3. Modalità di presentazione ed obblighi di conservazione delle dichiarazioni. – 1. Le dichiarazioni sono presentate all'Agenzia delle entrate in via telematica ovvero per il tramite di una banca convenzionata o di un ufficio della Poste italiane S.p.a. secondo le disposizioni di cui ai commi successivi. [I contribuenti con periodo di imposta coincidente con l'anno solare obbligati alla presentazione della dichiarazione dei redditi [, dell'imposta regionale sulle attività produttive] ([1]) e della dichiarazione annuale ai fini dell'imposta sul valore aggiunto, presentano la dichiarazione unificata annuale. [La dichiarazione dei sostituti di imposta, comprese le Amministrazioni dello Stato, anche ad ordinamento autonomo, di cui all'articolo 4 può essere inclusa nella dichiarazione unificata] ([2]). È esclusa dalla dichiarazione unificata la dichiarazione annuale ai fini dell'imposta sul valore aggiunto degli enti e delle società che si sono avvalsi della procedura di liquidazione dell'imposta sul valore aggiunto di gruppo di cui all'articolo 73, ultimo comma, del decreto del Presidente della Repubblica 26 ottobre 1972, n. 633, e successive modificazioni. In deroga a quanto previsto dal secondo periodo i contribuenti che intendono utilizzare in compensazione ovvero chiedere a rimborso il credito risultante dalla dichiarazione annuale ai fini dell'imposta sul valore aggiunto possono non comprendere tale dichiarazione in quella unificata.] ([3])

2. Le dichiarazioni previste dal presente decreto, compresa quella unificata, sono presentate in via telematica all'Agenzia delle entrate, direttamente o tramite gli incaricati di cui ai commi 2 *bis* e 3, dai soggetti tenuti per il periodo d'imposta cui si riferiscono le predette dichiarazioni alla presentazione della dichiarazione relativa all'imposta sul valore aggiunto [con esclusione delle persone fisiche che hanno realizzato nel medesimo periodo un volume di affari inferiore o uguale ad euro 10.000 ([4])] ([5]), dai soggetti tenuti alla presentazione della dichiarazione dei sostituti di imposta di cui all'articolo 4 e dai soggetti di cui all'articolo 87, comma 1, lettere *a*) e *b*), del testo unico delle imposte sui redditi, approvato con decreto del Presidente della Repubblica 22 dicembre 1986, n. 917, dai soggetti tenuti alla presentazione della dichiarazione ai fini dell'imposta regionale sulle attività produttive, ([6]) dai soggetti tenuti alla presentazione del modello per la comunicazione dei dati relativi alla applicazione degli studi di settore e dei parametri ([7]). Le predette dichiarazioni sono trasmesse avvalendosi del servizio telematico Entratel; il collegamento telematico con l'Agenzia delle entrate è gratuito per gli utenti. I soggetti di cui al primo periodo obbligati alla presentazione della dichiarazione dei sostituti d'imposta, [anche in forma unificata,] ([8]) in relazione ad un numero di soggetti non superiore a venti, si avvalgono per la presentazione in via telematica del servizio telematico Internet ovvero di un incaricato di cui al comma 3.

2 *bis*. Nell'ambito dei gruppi in cui almeno una società o ente rientra tra i soggetti di cui al comma precedente, la presentazione in via telematica delle dichiarazioni di soggetti appartenenti al gruppo può essere effettuata da uno o più soggetti dello stesso gruppo avvalendosi del servizio telematico Entratel. Si considerano appartenenti al gruppo l'ente o la società controllante e le società da questi controllate come definite dall'articolo 43 *ter*, quarto comma, del decreto del Presidente della Repubblica 29 settembre 1973, n. 602.

2 *ter*. I soggetti diversi da quelli indicati nei commi 2 e 2 *bis*, non obbligati alla presentazione delle dichiarazioni in via telematica, possono presentare le dichiarazioni in via telematica direttamente avvalendosi del servizio telematico Internet ovvero tramite un incaricato di cui al comma 3.

3. Ai soli fini della presentazione delle dichiarazioni in via telematica mediante il servizio telematico Entratel si considerano soggetti incaricati della trasmissione delle stesse:

a) gli iscritti negli albi dei dottori commercialisti, dei ragionieri e dei periti commerciali e dei consulenti del lavoro;

b) i soggetti iscritti alla data del 30 settembre 1993 nei ruoli di periti ed esperti tenuti dalle camere di commercio, industria, artigianato e agricoltura per la *sub*-categoria tributi, in possesso di diploma di laurea in giurisprudenza o in economia e commercio o equipollenti o diploma di ragioneria;

c) le associazioni sindacali di categoria tra imprenditori indicate nell'articolo 32, comma 1, lettere *a*), *b*) e *c*), del decreto legislativo 9 luglio 1997, n. 241, nonché quelle che associano soggetti appartenenti a minoranze etnico-linguistiche;

d) i centri di assistenza fiscale per le imprese e per i lavoratori dipendenti e pensionati;

e) gli altri incaricati individuati con decreto del Ministro dell'economia e delle finanze ([9]).

3 *bis*. I soggetti di cui al comma 3, incaricati della predisposizione delle dichiarazioni previste dal presente decreto, sono obbligati alla trasmissione in via telematica delle stesse.

[3 *ter*. Ai soggetti di cui al comma 3 incaricati della trasmissione telematica delle dichiarazioni spetta un compenso, a carico del bilancio dello Stato, di 1 euro per ciascuna dichiarazione elaborata e trasmessa mediante il servizio telematico Entratel. Il compenso non costituisce corrispettivo agli effetti dell'imposta sul valore aggiunto. La misura del compenso può essere adeguata con provvedimento del direttore dell'Agenzia delle entrate, da pubblicare nella *Gazzetta Ufficiale*, quando la variazione percentuale del valore medio dell'indice dei prezzi al consumo per le famiglie di operai e impiegati, relativa al periodo di dodici mesi terminante al 31 agosto, supera il 2 per cento rispetto al valore medio del medesimo indice rilevato con riferimento allo stesso periodo dell'anno 2008 ovvero dell'anno per il quale ha effetto l'ultimo adeguamento] ([10]).

4. I soggetti di cui ai commi 2, 2 *bis* e 3 sono abilitati dall'Agenzia delle entrate alla trasmissione dei dati contenuti nelle dichiarazioni. L'abilitazione è revocata quando nello svolgimento dell'attività di trasmissione delle dichiarazioni vengono commesse gravi o ripetute irregolarità, ovvero in presenza di provvedimenti di sospensione irrogati dall'ordine di appartenenza del professionista o in caso di revoca dell'autorizzazione all'esercizio dell'attività da parte dei centri di assistenza fiscale. Si considera grave irregolarità l'omissione ripetuta della trasmissione di dichiarazioni o di co-

municazioni per le quali i soggetti di cui ai commi 2 *bis* e 3 hanno rilasciato l'impegno cumulativo a trasmettere di cui al comma 6 *bis* ([11]).

5. Salvo quanto previsto dal comma 2 per i soggetti obbligati alla presentazione in via telematica, la dichiarazione può essere presentata all'Agenzia delle entrate anche mediante spedizione effettuata dall'estero, utilizzando il mezzo della raccomandata o altro equivalente dal quale risulti con certezza la data di spedizione ovvero avvalendosi del servizio telematico Internet.

6. Le banche e gli uffici postali rilasciano, anche se non richiesta, ricevuta di presentazione della dichiarazione. I soggetti di cui ai commi 2 *bis* e 3 rilasciano al contribuente o al sostituto di imposta, anche se non richiesto, l'impegno a trasmettere in via telematica all'Agenzia delle entrate i dati contenuti nella dichiarazione, contestualmente alla ricezione della stessa o dell'assunzione dell'incarico per la sua predisposizione nonché, entro trenta giorni dal termine previsto per la presentazione in via telematica, la dichiarazione trasmessa, redatta su modello conforme a quello approvato con il provvedimento di cui all'articolo 1, comma 1 e copia della comunicazione dell'Agenzia delle entrate di ricezione della dichiarazione.

6 *bis*. Se il contribuente o il sostituto d'imposta conferisce l'incarico per la predisposizione di più dichiarazioni o comunicazioni a un soggetto di cui ai commi 2 *bis* e 3, questi rilascia al contribuente o al sostituto d'imposta, anche se non richiesto, l'impegno cumulativo a trasmettere in via telematica all'Agenzia delle entrate i dati contenuti nelle dichiarazioni o comunicazioni. L'impegno cumulativo può essere contenuto nell'incarico professionale sottoscritto dal contribuente se sono ivi indicate le dichiarazioni e le comunicazioni per le quali il soggetto di cui ai commi 2 *bis* e 3 si impegna a trasmettere in via telematica all'Agenzia delle entrate i dati in esse contenuti. L'impegno si intende conferito per la durata indicata nell'impegno stesso o nel mandato professionale e, comunque, fino al 31 dicembre del terzo anno successivo a quello in cui è stato rilasciato, salva revoca espressa da parte del contribuente o del sostituto d'imposta ([12]).

7. Le banche e la Poste italiane S.p.a. trasmettono in via telematica le dichiarazioni all'Agenzia delle entrate entro quattro mesi ([13]) dalla data di scadenza del termine di presentazione ovvero, per le dichiarazioni presentate oltre tale termine, entro quattro mesi ([13]) dalla data di presentazione delle dichiarazioni stesse, ove non diversamente previsto dalle convenzioni di cui al comma 11.

7 *bis*. I soggetti di cui ai commi 2, 2 *bis*, 2 *ter* e 3, presentano in via telematica le dichiarazioni per le quali non è previsto un apposito termine entro un mese dalla scadenza del termine previsto per la presentazione alle banche e agli uffici postali.

7 *ter*. Le dichiarazioni consegnate ai soggetti incaricati di cui ai commi 2 *bis* e 3, successivamente al termine previsto per la presentazione in via telematica delle stesse, sono trasmesse entro un mese dalla data contenuta nell'impegno alla trasmissione rilasciato dai medesimi soggetti al contribuente ai sensi del comma 6.

8. La dichiarazione si considera presentata nel giorno in cui è consegnata dal contribuente alla banca o all'ufficio postale ovvero è trasmessa all'Agenzia delle entrate mediante procedure telematiche direttamente o tramite uno dei soggetti di cui ai commi 2 *bis* e 3.

9. I contribuenti e i sostituti di imposta che presentano la dichiarazione in via telematica, direttamente o tramite i soggetti di cui ai commi 2 *bis* e 3, conservano, per il periodo previsto dall'articolo 43 del decreto del Presidente della Repubblica 29 settembre 1973, n. 600, la dichiarazione debitamente sottoscritta e redatta su modello conforme a quello approvato con il provvedimento di cui all'articolo 1, comma 1, nonché i documenti rilasciati dal soggetto incaricato di predisporre la dichiarazione. L'Amministrazione finanziaria può chiedere l'esibizione della dichiarazione e dei suddetti documenti.

9 *bis*. I soggetti incaricati della trasmissione delle dichiarazioni conservano, anche su supporti informatici, per il periodo previsto dall'articolo 43 del decreto del Presidente della Repubblica 29 settembre 1973, n. 600, copia delle dichiarazioni trasmesse, delle quali l'Amministrazione finanziaria può chiedere l'esibizione previa riproduzione su modello conforme a quello approvato con il provvedimento di cui all'articolo 1, comma 1.

10. La prova della presentazione della dichiarazione è data dalla comunicazione dell'Agenzia delle entrate attestante l'avvenuto ricevimento della dichiarazione presentata in via telematica direttamente o tramite i soggetti di cui ai commi 2 *bis* e 3, ovvero dalla ricevuta della banca, dell'ufficio postale o dalla ricevuta di invio della raccomandata di cui al comma 5.

11. Le modalità tecniche di trasmissione delle dichiarazioni sono stabilite con provvedimento del direttore dell'Agenzia delle entrate da pubblicare nella *Gazzetta Ufficiale*. Le modalità di svolgimento del servizio di ricezione delle dichiarazioni da parte delle banche e della Poste italiane S.p.a., comprese [la misura del compenso spettante e] ([14]) le conseguenze derivanti dalle irregolarità commesse nello svolgimento del servizio, sono stabilite mediante distinte convenzioni, approvate con provvedimento del direttore dell'Agenzia delle entrate. [La misura del compenso è determinata tenendo conto dei costi del servizio e del numero complessivo delle dichiarazioni ricevute] ([15]).

12. Le disposizioni del presente articolo si applicano anche alla presentazione delle dichiarazioni riguardanti imposte sostitutive delle imposte sui redditi.

13. Ai soggetti incaricati della trasmissione telematica si applica l'articolo 12 *bis*, comma 1, del decreto del Presidente della Repubblica 29 settembre 1973, n. 600, e per le convenzioni e i decreti ivi previsti si intendono, rispettivamente, le convenzioni e i provvedimenti di cui al comma 11 del presente articolo.

(1) *Le parole tra parentesi quadrate sono state soppresse dall'art. 42, comma 7* ter, *lett.* c), *del D.L. 30 dicembre 2008, n. 207, convertito, con modificazioni, nella L. 27 febbraio 2009, n. 14.*

(2) *Questo periodo è stato soppresso dall'art. 37, comma 10, lett.* c), *n. 1), del D.L. 4 luglio 2006, n. 223, convertito, con modificazioni, nella L. 4 agosto 2006, n. 248, a decorrere dal 1° maggio 2007.*

(3) *Le parole da: «I contribuenti con periodo di imposta coincidente con l'anno solare ...» fino a: «... possono non comprendere tale dichiarazione in quella unificata.» sono state soppresse dall'art. 1, comma 641, lett.* a), *della L. 23 dicembre 2014, n. 190, con efficacia a decorrere dalla dichiarazione relativa all'imposta sul valore aggiunto dovuta per il 2015. A norma dell'art. 1, comma 641, del medesimo provvedimento, così come modificato dall'art. 10, comma 8* bis, *del D.L. 31 dicembre 2014, n. 192, convertito, con modificazioni, nella L. 27 febbraio 2015, n. 11, l'efficacia decorre dalla dichiarazione relativa all'imposta sul valore aggiunto dovuta per il 2016.*

(4) *Le parole: «a lire 50 milioni» sono state così sostituite dalle attuali: «ad euro 10.000» dall'art. 1, comma 377, della L. 30 dicembre 2004, n. 311.*

(5) *Le parole tra parentesi quadrate sono state soppresse dall'art. 37, comma 10, lett.* c), *n. 2), del D.L. 4 luglio 2006, n. 223, convertito, con modificazioni, nella L. 4 agosto 2006, n. 248, a decorrere dal 1° maggio 2007.*

(6) *Le parole: «dai soggetti tenuti alla presentazione della dichiarazione ai fini dell'imposta regionale sulle attività produttive,», sono state inserite dall'art. 42, comma 7* ter, *lett.* d), *del D.L. 30 dicembre 2008, n. 207, convertito, con modificazioni, nella L. 27 febbraio 2009, n. 14.*

(7) *Le parole: «e dei parametri» sono state aggiunte dall'art. 37, comma 10, lett.* c), *n. 2), del D.L. 4 luglio 2006, n. 223, convertito, con modificazioni, nella L. 4 agosto 2006, n. 248, a decorrere dal 1° maggio 2007.*

(8) *Le parole tra parentesi quadrate sono state soppresse dall'art. 42, comma 7* ter, *lett.* d), *del D.L. 30 dicembre 2008, n. 207, convertito, con modificazioni, nella L. 27 febbraio 2009, n. 14.*

(9) *L'art. 7* bis *del D.L.vo 9 luglio 1997, n. 241, stabilisce che in caso di tardiva od omessa trasmissione delle dichiarazioni da parte dei soggetti indicati da questo comma, a carico dei medesimi si applica la sanzione amministrativa da lire un milione* (N.d.R.: € 516) *a lire dieci milioni* (N.d.R.: € 5.164).

(10) *Questo comma è stato abrogato dall'art. 4, comma 33, della L. 12 novembre 2011, n. 183, a decorrere dal 1° gennaio 2012. A norma dell'art. 4, comma 35, della medesima legge le disposizioni di cui a questo comma si applicano con riferimento alle attività svolte a decorrere dall'anno 2012.*

([11]) *Questo periodo è stato aggiunto dall'art. 4* ter, *comma 1, lett.* a), *del D.L. 30 aprile 2019, n. 34, convertito, con modificazioni, nella L. 28 giugno 2019, n. 58, a decorrere dal 30 giugno 2019.*

([12]) *Questo comma è stato aggiunto dall'art. 4* ter, *comma 1, lett.* b), *del D.L. 30 aprile 2019, n. 34, convertito, con modificazioni, nella L. 28 giugno 2019, n. 58, a decorrere dal 30 giugno 2019.*

([13]) *Le parole*: «*entro cinque mesi*» *sono state così sostituite dalle attuali parole*: «*entro quattro mesi*» *dall'art. 37, comma 10, lett.* c), *n. 3), del D.L. 4 luglio 2006, n. 223, convertito, con modificazioni, nella L. 4 agosto 2006, n. 248, a decorrere dal 1° maggio 2007.*

([14]) *Le parole fra parentesi quadrate sono state soppresse dall'art. 39, comma 4* bis, *lett.* b), *n. 1), del D.L. 1 ottobre 2007, n. 159, convertito, con modificazioni, nella L. 29 novembre 2007, n. 222.*

([15]) *Questo periodo è stato soppresso dall'art. 39, comma 4* bis, *lett.* b), *n. 2), del D.L. 1 ottobre 2007, n. 159, convertito, con modificazioni, nella L. 29 novembre 2007, n. 222.*

4. Dichiarazione e certificazioni ([1]) **dei sostituti d'imposta.** – 1. I ([2]) soggetti indicati nel titolo III del decreto del Presidente della Repubblica 29 settembre 1973, n. 600, obbligati ad operare ritenute alla fonte, che corrispondono compensi, sotto qualsiasi forma, soggetti a ritenute alla fonte secondo le disposizioni dello stesso titolo, nonché gli intermediari e gli altri soggetti che intervengono in operazioni fiscalmente rilevanti tenuti alla comunicazione di dati ai sensi di specifiche disposizioni normative, presentano annualmente una dichiarazione unica, anche ai fini dei contributi dovuti all'Istituto nazionale per la previdenza sociale (I.N.P.S.) e dei premi dovuti all'Istituto nazionale per le assicurazioni contro gli infortuni sul lavoro (I.N.A.I.L.), relativa a tutti i percipienti, redatta in conformità ai modelli approvati con i provvedimenti di cui all'articolo 1, comma 1 ([3]) ([4]) ([5]).

2. La dichiarazione indica i dati e gli elementi necessari per l'individuazione del sostituto l'imposta, dell'intermediario e degli altri soggetti di cui al *precedente comma*, per la determinazione dell'ammontare dei compensi e proventi, sotto qualsiasi forma corrisposti, delle ritenute, dei contributi e dei premi, nonché per l'effettuazione dei controlli e gli altri elementi richiesti nel modello di dichiarazione, esclusi quelli che l'Agenzia delle entrate, l'I.N.P.S. e l'I.N.A.I.L. sono in grado di acquisire direttamente e sostituisce le dichiarazioni previste ai fini contributivi e assicurativi ([3]).

3. Con decreto del Ministro delle finanze, emanato di concerto con i Ministri del tesoro, del bilancio e della programmazione economica e del lavoro e della previdenza sociale, la dichiarazione unica di cui al comma 1 può essere estesa anche ai contributi dovuti agli altri enti e casse.

3 *bis*. Salvo quanto previsto al comma 6 *quinquies*, i sostituti d'imposta, comprese le Amministrazioni dello Stato, anche con ordinamento autono-

mo, di cui al comma 1 dell'articolo 29 del decreto del Presidente della Repubblica 29 settembre 1973, n. 600, e successive modificazioni, che effettuano le ritenute sui redditi a norma degli articoli 23, 24, 25, 25 *bis*, 25 *ter* e 29 del citato decreto n. 600 del 1973 nonché dell'articolo 21, comma 15, della legge 27 dicembre 1997, n. 449, e dell'articolo 11 della legge 30 dicembre 1991, n. 413, tenuti al rilascio della certificazione di cui al comma 6 *ter* del presente articolo, trasmettono in via telematica all'Agenzia delle entrate, direttamente o tramite gli incaricati di cui all'articolo 3, commi 2 *bis* e 3, la dichiarazione di cui al comma 1 del presente articolo, relativa all'anno solare precedente, entro il 31 ottobre di ciascun anno ([6]) ([7]).

4. Le attestazioni comprovanti il versamento delle ritenute e ogni altro documento previsto dal decreto di cui all'articolo 1 sono conservati per il periodo previsto dall'articolo 43, del decreto del Presidente della Repubblica 29 settembre 1973, n. 600, e sono esibiti o trasmessi, su richiesta, all'ufficio competente. La conservazione delle attestazioni relative ai versamenti contributivi e assicurativi resta disciplinata dalle leggi speciali.

4 *bis*. Salvo quanto previsto dal comma 3 *bis*, i sostituti di imposta, comprese le Amministrazioni dello Stato, anche con ordinamento autonomo, gli intermediari e gli altri soggetti di cui al comma 1 presentano in via telematica, secondo le disposizioni di cui all'articolo 3, commi 2, 2 *bis*, 2 *ter* e 3, la dichiarazione di cui al comma 1, relativa all'anno solare precedente, entro il 31 ottobre di ciascun anno ([8]) ([9]).

5. (*Omissis*) ([10]).

[6. Le amministrazioni di cui al primo comma dell'articolo 29 del decreto del Presidente della Repubblica 29 settembre 1973, n. 600, che corrispondono compensi, sotto qualsiasi forma, soggetti a ritenuta alla fonte comunicano i dati fiscali, contributivi e assicurativi di tutti i percipienti utilizzando il modello approvato con il decreto dirigenziale di cui all'articolo 1, comma 1, secondo periodo] ([11]).

6 *bis*. I soggetti indicati nell'articolo 29, terzo comma, del decreto del Presidente della Repubblica 29 settembre 1973, n. 600, che corrispondono compensi, sotto qualsiasi forma, soggetti a ritenuta alla fonte comunicano all'Agenzia delle entrate mediante appositi elenchi i dati fiscali dei percipienti. Con provvedimento del direttore dell'Agenzia delle entrate sono stabiliti il contenuto, i termini e le modalità delle comunicazioni, previa intesa con le rispettive Presidenze delle Camere e della Corte costituzionale, con il segretario generale della Presidenza della Repubblica, e, nel caso delle regioni a statuto speciale, con i Presidenti dei rispettivi organi legislativi. Nel medesimo provvedimento può essere previsto anche l'obbligo di indicare i dati relativi ai contributi dovuti agli enti e casse previdenziali ([12]).

6 *ter*. I soggetti indicati nel comma 1 rilasciano un'apposita certificazione unica anche ai fini dei contributi dovuti all'Istituto nazionale per la previdenza sociale (I.N.P.S.) attestante l'ammontare complessivo delle dette somme e valori, l'ammontare delle ritenute operate, delle detrazioni di imposta effettuate e dei contributi previdenziali e assistenziali, nonché gli altri dati stabiliti con il provvedimento amministrativo di approvazione dello schema di certificazione unica. La certificazione è unica anche ai fini dei contributi dovuti agli altri enti e casse previdenziali. Con decreto del Ministro dell'economia e delle finanze, emanato di concerto con il Ministro del lavoro e delle politiche sociali, sono stabilite le relative modalità di attuazione. La certificazione unica sostituisce quelle previste ai fini contributivi ([13]).

6 *quater*. Le certificazioni di cui al comma 6 *ter*, sottoscritte anche mediante sistemi di elaborazione automatica, sono consegnate agli interessati entro il 16 marzo ([14]) dell'anno successivo a quello in cui le somme e i valori sono stati corrisposti ovvero entro dodici giorni dalla richiesta degli stessi in caso di interruzione del rapporto di lavoro. Nelle ipotesi di cui all'articolo 27 del decreto del Presidente della Repubblica 29 settembre 1973, n. 600, la certificazione può essere sostituita dalla copia della comunicazione prevista dagli articoli 7, 8, 9 e 11 della legge 29 dicembre 1962, n. 1745 ([13]) ([15]).

6 *quinquies*. Le certificazioni di cui al comma 6 *ter* sono trasmesse in via telematica all'Agenzia delle entrate direttamente o tramite gli incaricati di cui all'articolo 3, commi 2 *bis* e 3, entro il 16 marzo ([16]) dell'anno successivo a quello in cui le somme e i valori sono stati corrisposti ([17]). Entro la stessa data sono altresì trasmessi in via telematica gli ulteriori dati fiscali e contributivi e quelli necessari per l'attività di controllo dell'Amministrazione finanziaria e degli enti previdenziali e assicurativi, i dati contenuti nelle certificazioni rilasciate ai soli fini contributivi e assicurativi nonché quelli relativi alle operazioni di conguaglio effettuate a seguito dell'assistenza fiscale prestata ai sensi del decreto legislativo 9 luglio 1997, n. 241, stabiliti con provvedimento del direttore dell'Agenzia delle entrate ([17]). La trasmissione in via telematica delle certificazioni di cui al comma 6 *ter*, contenenti esclusivamente redditi esenti o non dichiarabili mediante la dichiarazione precompilata di cui all'articolo 1 del decreto legislativo 21 novembre 2014, n. 175, può avvenire entro il termine di presentazione della dichiarazione dei sostituti d'imposta di cui al comma 1 ([18]). Le trasmissioni in via telematica effettuate ai sensi del presente comma sono equiparate a tutti gli effetti alla esposizione dei medesimi dati nella dichiarazione di cui al comma 1 ([17]). Per ogni certificazione omessa, tardiva o errata si applica la sanzione di cento euro in deroga a quanto previsto dall'articolo 12, del decreto legislativo 18 dicembre 1997, n. 472, con un massimo di euro 50.000 per sostituto di imposta. Nei

casi di errata trasmissione della certificazione, la sanzione non si applica se la trasmissione della corretta certificazione è effettuata entro i cinque giorni successivi alla scadenza indicata nel primo periodo. Se la certificazione è correttamente trasmessa entro sessanta giorni dai termini previsti nel primo e nel terzo periodo ([19]), la sanzione è ridotta a un terzo, con un massimo di euro 20.000 ([20]) ([21]) ([22]) ([15]).

6 *sexies*. L'Agenzia delle entrate, esclusivamente nell'area autenticata del proprio sito internet, rende disponibili agli interessati i dati delle certificazioni pervenute ai sensi del comma 6 *quinquies*. Gli interessati possono delegare all'accesso anche un soggetto di cui all'articolo 3, comma 3 ([23]).

([1]) *Le parole: «e certificazioni» sono state inserite dall'art. 5, comma 1, lett.* a), *del D.P.R. 16 aprile 2003, n. 126.*

([2]) *Le parole: «Salvo quanto previsto per la dichiarazione unificata dall'articolo 3, comma 1, i» sono state così sostituite dalla attuale: «I» dall'art. 1, comma 641, lett.* b), *della L. 23 dicembre 2014, n. 190, con efficacia a decorrere dalla dichiarazione relativa all'imposta sul valore aggiunto dovuta per il 2015. A norma dell'art. 1, comma 641, del medesimo provvedimento, così come modificato dall'art. 10, comma 8* bis, *del D.L. 31 dicembre 2014, n. 192, convertito, con modificazioni, nella L. 27 febbraio 2015, n. 11, l'efficacia decorre dalla dichiarazione relativa all'imposta sul valore aggiunto dovuta per il 2016.*

([3]) *I commi 1 e 2 sono stati così sostituiti dagli attuali commi 1 e 2 dall'art. 4, comma 1, lett.* a), *del D.P.R. 7 dicembre 2001, n. 435, a decorrere dal 1° gennaio 2002.*

([4]) *A norma dell'art. 1, comma 1, del D.P.C.M. 26 luglio 2017, è disposta la proroga della dichiarazione dei sostituti d'imposta, di cui a questo comma, relativa all'anno 2016, è presentata in via telematica, direttamente ovvero tramite i soggetti incaricati di cui all'articolo 3, commi 2* bis *e 3, del medesimo decreto del Presidente della Repubblica n. 322 del 1998, entro il 31 ottobre 2017.*

([5]) *A norma dell'art. 10, comma 1, del D.L. 28 ottobre 2020, n. 137, convertito, con modificazioni, nella L. 18 dicembre 2020, n. 176, il termine per la presentazione della dichiarazione dei sostituti d'imposta di cui a questo comma, relativa all'anno di imposta 2019, è prorogato al 10 dicembre 2020.*

([6]) *Le parole: «entro il 31 luglio di ciascun anno» sono state così sostituite dalle seguenti: «entro il 31 ottobre di ciascun anno» dall'art. 1, comma 933, lett.* a), *della L. 27 dicembre 2017, n. 205, a decorrere dal 1° gennaio 2018.*

([7]) *Questo comma è stato così sostituito dall'art. 1, comma 952, lett.* a), *della L. 28 dicembre 2015, n. 208.*

([8]) *Le parole: «entro il 31 luglio di ciascun anno» sono state così sostituite dalle seguenti: «entro il 31 ottobre di ciascun anno» dall'art. 1, comma 933, lett.* b), *della L. 27 dicembre 2017, n. 205, a decorrere dal 1° gennaio 2018.*

([9]) *Questo comma è stato inserito dall'art. 4, comma 1, lett.* c), *del D.P.R. 7 dicembre 2001, n. 435, a decorrere dal 1° gennaio 2002.*

([10]) *Questo comma è stato soppresso dall'art. 1, comma 4, lett.* a), *del D.P.R. 14 ottobre 1999, n. 542.*

([11]) *Questo comma è stato soppresso dall'art. 4, comma 1, lett.* d), *del D.P.R. 7 dicembre 2001, n. 435, a decorrere dal 1° gennaio 2002.*

([12]) *Questo comma inserito dall'art. 1, comma 4, lett.* c), *del D.P.R. 14 ottobre 1999, n. 542, è stato così sostituito dall'art. 4, comma 1, lett.* e), *D.P.R. 7 dicembre 2001, n. 435, a decorrere dal 1° gennaio 2002.*

([13]) *Questo comma è stato aggiunto dall'art. 5, comma 1, lett.* c), *del D.P.R. 16 aprile 2003, n. 126.*

([14]) *Le parole*: *«entro il 15 marzo» sono state così sostituite dalle attuali*: *«entro il 28 febbraio» dall'art. 37, comma 10, lett.* d), *n. 3), del D.L. 4 luglio 2006, n. 223, convertito, con modificazioni, nella L. 4 agosto 2006, n. 248, a decorrere dal 1° maggio 2007.*

Le parole: *«28 febbraio» sono state così sostituite dalle attuali*: *«31 marzo», dall'art. 7* quater, *comma 14, del D.L. 22 ottobre 2016, n. 193, convertito, con modificazioni, nella L. 1 dicembre 2016, n. 225, a decorrere dall'anno 2017, con riferimento alle certificazioni riguardanti il periodo d'imposta 2016.*

Le parole: «entro il 31 marzo» sono state così sostituite dalle attuali: «entro il 16 marzo» dall'art. 16 bis, *comma 2, lett.* a), *del D.L. 26 ottobre 2019, n. 124, convertito, con modificazioni, nella L. 19 dicembre 2019, n. 157, a decorrere dal 1° gennaio 2020, così come modificato dall'art. 61* bis, *comma 1, del D.L. 17 marzo 2020, n. 18, convertito, con modificazioni, nella L. 24 aprile 2020, n. 27.*

A norma dell'art. 22, comma 1, del D.L. 8 aprile 2020, n. 23, convertito, con modificazioni, nella L. 6 giugno 2020, n. 40, questo termine, per l'anno 2020, è stato prorogato al 30 aprile.

([15]) *A norma dell'art. 5, comma 20, del D.L. 22 marzo 2021, n. 41, convertito, con modificazioni, nella L. 21 maggio 2021, n. 69, per l'anno 2021, il termine del 16 marzo di cui a questo comma è prorogato al 31 marzo.*

([16]) *Le parole: «entro il 7 marzo» sono state così sostituite dalle attuali: «entro il 16 marzo» dall'art. 16* bis, *comma 2, lett.* b), *del D.L. 26 ottobre 2019, n. 124, convertito, con modificazioni, nella L. 19 dicembre 2019, n. 157, a decorrere dal 1° gennaio 2020, così come modificato dall'art. 61* bis, *comma 1, del D.L. 17 marzo 2020, n. 18, convertito, con modificazioni, nella L. 24 aprile 2020, n. 27.*

([17]) *Il primo periodo di questo comma è stato così sostituito dagli attuali primo, secondo e terzo periodo, dall'art. 1, comma 952, lett.* b), *della L. 28 dicembre 2015, n. 208.*

([18]) *Questo periodo è stato inserito dall'art. 1, comma 933, lett.* c), *n.* 1), *della L. 27 dicembre 2017, n. 205, a decorrere dal 1° gennaio 2018.*

([19]) *Le parole*: *«entro sessanta giorni dal termine previsto nel primo periodo» sono state così sostituite dalle seguenti*: *«entro sessanta giorni dai termini previsti nel primo e nel terzo periodo,» dall'art. 1, comma 933, lett.* c), *n. 2), della L. 27 dicembre 2017, n. 205, a decorrere dal 1° gennaio 2018.*

([20]) *Questo periodo è stato aggiunto dall'art. 21, comma 1, lett.* b), *del D.L.vo 24 settembre 2015, n. 158, a decorrere dal 1° gennaio 2016.*

([21]) *A norma dell'art. 22, comma 2, del D.L. 8 aprile 2020, n. 23, convertito, con modificazioni, nella L. 6 giugno 2020, n. 40, per l'anno 2020, la sanzione per la tardiva trasmissione delle certificazioni uniche di cui a questo comma, non si applica se le certificazioni uniche di cui al comma 6* ter *del medesimo articolo 4 sono trasmesse in via telematica all'Agenzia delle entrate entro il 30 aprile.*

([22]) *Questo comma è stato aggiunto dall'art. 2, comma 1, del D.L.vo 21 novembre 2014, n. 175.*

([23]) *Questo comma è stato aggiunto dall'art. 16* bis, *comma 2, lett.* c), *del D.L. 26 ottobre 2019, n. 124, convertito, con modificazioni, nella L. 19 dicembre 2019, n. 157, a decorrere dall'anno 2021, così come modificato dall'art. 61* bis, *comma 1, del D.L. 17 marzo 2020, n. 18, convertito, con modificazioni, nella L. 24 aprile 2020, n. 27.*

5. Dichiarazione nei casi di liquidazione. – 1. In caso di liquidazione di società o enti soggetti all'imposta sul reddito delle persone giuridiche, di società o associazioni di cui all'articolo 5 del testo unico delle imposte sui redditi, approvato con decreto del Presidente della Repubblica 22 dicembre 1986, n. 917, e di imprese individuali, il liquidatore o, in mancanza, il rappresentante legale, presenta, secondo le disposizioni di cui all'articolo 3, la dichiarazione relativa al periodo compreso tra l'inizio del periodo d'imposta e la data in cui si determinano gli effetti dello scioglimento della società ai sensi degli articoli 2484 e 2485 del codice civile, ovvero per le imprese individuali la data indicata nella dichiarazione di cui all'articolo 35 del decreto del Presidente della Repubblica 26 ottobre 1972, n. 633, ([1]) entro l'ultimo giorno del nono ([2]) mese successivo a tale data [, per il tramite di una banca o un ufficio postale, ovvero entro l'ultimo giorno del decimo mese successivo] ([3]) in via telematica. Lo stesso liquidatore presenta la dichiarazione relativa al risultato finale delle operazioni di liquidazione entro nove ([4]) mesi successivi alla chiusura della liquidazione stessa o al deposito del bilancio finale, se prescritto [, per il tramite di una banca o di un ufficio postale ovvero entro l'ultimo giorno del decimo mese successivo] ([3]), in via telematica ([5]).

[2. Nel caso in cui il liquidatore non sia nominato con provvedimento dell'autorità giudiziaria lo stesso, o in mancanza il rappresentante legale, presenta le dichiarazioni di cui al comma 1 entro l'ordinario termine per la presentazione delle dichiarazioni dei redditi] ([6]).

3. Se la liquidazione si prolunga oltre il periodo d'imposta in corso alla data indicata nel comma 1 sono presentate, nei termini stabiliti dall'articolo 2, la dichiarazione relativa alla residua frazione del detto periodo e quelle relative ad ogni successivo periodo d'imposta.

3 *bis*. In caso di revoca dello stato di liquidazione quando gli effetti, *anche ai sensi* del secondo comma dell'articolo 2487 *ter* del codice civile, si producono prima del termine di presentazione delle dichiarazioni di cui ai precedenti commi 1, primo periodo, e 3, il liquidatore o, in mancanza, il rappresentante legale, non è tenuto a presentare le medesime dichiarazioni. Restano in ogni caso fermi gli effetti delle dichiarazioni già presentate ai sensi dei commi 1, primo periodo, e 3, prima della data in cui ha effetto la revoca dello stato di liquidazione, ad eccezione dell'ipotesi in cui la revoca abbia

effetto prima della presentazione della dichiarazione relativa alla residua frazione del periodo d'imposta in cui si verifica l'inizio della liquidazione (7).

4. Nei casi di fallimento o di liquidazione coatta amministrativa, le dichiarazioni di cui al comma 1 sono presentate, anche se si tratta di imprese individuali, dal curatore o dal commissario liquidatore, in via telematica, avvalendosi del servizio telematico Entratel, direttamente o tramite i soggetti incaricati di cui all'articolo 3, comma 3, entro l'ultimo giorno del nono (8) mese successivo a quello, rispettivamente, della nomina del curatore e del commissario liquidatore, e della chiusura del fallimento e della liquidazione; le dichiarazioni di cui al comma 3 sono presentate, con le medesime modalità, esclusivamente ai fini dell'imposta regionale sulle attività produttive e soltanto se vi è stato esercizio provvisorio (9). Il reddito d'impresa, di cui al comma 1 dell'articolo 183 del testo unico delle imposte sui redditi e quello di cui ai commi 2 e 3 del medesimo articolo, risultano dalle dichiarazioni iniziale e finale che devono essere presentate dal curatore o dal commissario liquidatore (10). Il curatore o il commissario liquidatore, prima di presentare la dichiarazione finale, deve provvedere al versamento, se la società fallita o liquidata vi è soggetta, dell'imposta sul reddito delle società (10). In caso di fallimento o di liquidazione coatta, di imprese individuali o di società in nome collettivo o in accomandita semplice, il curatore o il commissario liquidatore, contemporaneamente alla presentazione delle dichiarazioni iniziale e finale di cui al secondo periodo, deve consegnarne o spedirne copia per raccomandata all'imprenditore e a ciascuno dei familiari partecipanti all'impresa, ovvero a ciascuno dei soci, ai fini dell'inclusione del reddito o della perdita che ne risulta nelle rispettive dichiarazioni dei redditi relative al periodo d'imposta in cui ha avuto inizio e in quello in cui si è chiuso il procedimento concorsuale (10). Per ciascuno degli immobili di cui all'articolo 183, comma 4, secondo periodo, del testo unico il curatore o il commissario liquidatore, nel termine di un mese dalla vendita, deve presentare all'Ufficio dell'Agenzia delle entrate apposita dichiarazione ai fini dell'imposta locale sui redditi, previo versamento nei modi ordinari del relativo importo, determinato a norma dell'articolo 25 del testo unico (10).

5. Resta fermo, anche durante la liquidazione, l'obbligo di presentare le dichiarazioni dei sostituti d'imposta.

(1) *Le parole*: *«la data in cui ha effetto la deliberazione di messa in liquidazione» sono state così sostituite dalle parole*: *«la data in cui si determinano gli effetti dello scioglimento della società ai sensi degli articoli 2484 e 2485 del codice civile, ovvero per le imprese individuali la data indicata nella dichiarazione di cui all'articolo 35 del decreto del Presidente della Repubblica 26 ottobre 1972, n. 633,» dall'art. 2, comma 5, lett.* a), *del D.L. 2 marzo 2012, n. 16, convertito, con modificazioni, nella L. 26 aprile 2012, n. 44.*

(2) *La parola: «settimo», è stata così sostituita dalla parola: «nono», dall'art. 42, comma 7* ter, *lett.* f), *del D.L. 30 dicembre 2008, n. 207, convertito, con modificazioni, nella L. 27 febbraio 2009, n. 14.*

(3) *Le parole tra parentesi quadrate sono state soppresse dall'art. 37, comma 10, lett.* e), *n. 1), del D.L. 4 luglio 2006, n. 223, convertito, con modificazioni, nella L. 4 agosto 2006, n. 248, a decorrere dal 1° maggio 2007.*

(4) *La parola: «sette», è stata così sostituita dalla parola: «nove», dall'art. 42, comma 7* ter, *lett.* f), *del D.L. 30 dicembre 2008, n. 207, convertito, con modificazioni, nella L. 27 febbraio 2009, n. 14.*

(5) *Questo comma è stato così sostituito dall'art. 5, comma 1, lett.* a), *del D.P.R. 7 dicembre 2001, n. 435, a decorrere dal 1° gennaio 2002.*

(6) *Questo comma è stato abrogato dall'art. 5, comma 1, lett.* b), *del D.P.R. 7 dicembre 2001, n. 435, a decorrere dal 1° gennaio 2002.*

(7) *Questo comma è stato inserito dall'art. 2, comma 5, lett.* b), *del D.L. 2 marzo 2012, n. 16, convertito, con modificazioni, nella L. 26 aprile 2012, n. 44.*

(8) *Le parole*: «*del decimo*» *sono state sostituite dalle parole*: «*del settimo*» *dall'art. 37, comma 10, lett.* e), *n. 2), del D.L. 4 luglio 2006, n. 223, convertito, con modificazioni, nella L. 4 agosto 2006, n. 248, a decorrere dal 1° maggio 2007. Successivamente, La parola: «settimo», è stata così sostituita dalla parola: «nono», dall'art. 42, comma 7* ter, *lett.* g), *del D.L. 30 dicembre 2008, n. 207, convertito, con modificazioni, nella L. 27 febbraio 2009, n. 14.*

(9) *Questo comma è stato così sostituito dall'art. 5, comma 1, lett.* c), *del D.P.R. 7 dicembre 2001, n. 435, a decorrere dal 1° gennaio 2002.*

(10) *Questo periodo è stato aggiunto dall'art. 18, comma 3, lett.* a), *del D.L.vo 18 novembre 2005, n. 247. A norma dell'art. 18, comma 6, dello stesso provvedimento tali disposizioni hanno effetto per i periodi di imposta che iniziano a decorrere dal 1° gennaio 2005.*

5 *bis*. (1) **Dichiarazione nei casi di trasformazione, di fusione e di scissione.** – 1. In caso di trasformazione di una società non soggetta all'imposta sul reddito delle persone giuridiche in società soggetta a tale imposta, o viceversa, deliberata nel corso del periodo d'imposta, deve essere presentata, secondo le disposizioni di cui all'articolo 3, la dichiarazione relativa alla frazione di esercizio compresa tra l'inizio del periodo d'imposta e la data in cui ha effetto la trasformazione, entro l'ultimo giorno del nono (2) mese successivo a tale data, [per il tramite di una banca o un ufficio postale, ovvero *entro l'ultimo* giorno del decimo mese] (3) in via telematica.

2. In caso di fusione di più società deve essere presentata dalla società risultante dalla fusione o incorporante, la dichiarazione relativa alla frazione di esercizio delle società fuse o incorporate compresa tra l'inizio del periodo d'imposta e la data in cui ha effetto la fusione entro l'ultimo giorno del nono (4) mese successivo a tale data, [per il tramite di una banca o un ufficio postale, ovvero entro l'ultimo giorno del decimo mese] (3) in via telematica.

3. In caso di scissione totale la società designata a norma del comma 14 dell'articolo 123 *bis* del testo unico delle imposte sui redditi, approvato con decreto del Presidente della Repubblica 22 dicembre 1986, n. 917, deve presentare la dichiarazione relativa alla frazione di periodo della società scissa, con le modalità e i termini di cui al comma 1 decorrenti dalla data in cui è stata eseguita l'ultima delle iscrizioni prescritte dall'articolo 2504 del codice civile, indipendentemente da eventuali effetti retroattivi.

4. Le disposizioni del presente articolo, in quanto applicabili, valgono anche nei casi di trasformazione e di fusione di enti diversi dalle società.

(1) *Questo articolo è stato inserito dall'art. 6 del D.P.R. 7 dicembre 2001, n. 435, a decorrere dal 1° gennaio 2002.*

(2) *La parola: «settimo», è stata così sostituita dalla parola: «nono», dall'art. 42, comma 7* ter, *lett.* h), *del D.L. 30 dicembre 2008, n. 207, convertito, con modificazioni, nella L. 27 febbraio 2009, n. 14.*

(3) *Le parole tra parentesi quadrate sono state soppresse dall'art. 37, comma 10, lett.* f) *del D.L. 4 luglio 2006, n. 223, convertito, con modificazioni, nella L. 4 agosto 2006, n. 248, a decorrere dal 1° maggio 2007.*

(4) *La parola: «settimo», è stata così sostituita dalla parola: «nono», dall'art. 42, comma 7* ter, *lett.* i), *del D.L. 30 dicembre 2008, n. 207, convertito, con modificazioni, nella L. 27 febbraio 2009, n. 14.*

5 *ter*. (1) **Adempimenti dei curatori e amministratori di eredità.** – 1. I curatori di eredità giacenti e gli amministratori di eredità devolute sotto condizione sospensiva o in favore di nascituri non ancora concepiti, oltre alle dichiarazioni dei redditi di cui all'articolo 187 del testo unico delle imposte sui redditi, da presentare nei termini ordinari, relative al periodo d'imposta nel quale hanno assunto le rispettive funzioni ai periodi d'imposta successivi fino a quello anteriore al periodo d'imposta nel quale cessa la curatela o l'amministrazione, sono tenuti a presentare, entro 6 mesi dalla data di assunzione delle funzioni:

a) le dichiarazioni dei predetti redditi relative al periodo d'imposta nel quale si è aperta la successione, se anteriore a quello nel quale hanno assunto le funzioni, e agli altri periodi d'imposta già decorsi anteriormente a quest'ultimo;

b) la dichiarazione dei redditi posseduti nell'ultimo periodo d'imposta dal contribuente deceduto e, se il relativo termine non era scaduto alla data del decesso, quella dei redditi posseduti nel periodo d'imposta precedente.

2. I curatori e gli amministratori devono inoltre:

a) adempiere per i periodi d'imposta indicati nell'alinea del comma 1, se nell'asse ereditario sono comprese aziende commerciali o agricole, gli obblighi contabili e quelli a carico dei sostituti d'imposta stabiliti nel decreto del Presidente della Repubblica 29 settembre 1973, n. 600;

b) presentare, entro 6 mesi dalla data di assunzione delle funzioni, le dichiarazioni di sostituto d'imposta relative ai pagamenti effettuati nei periodi d'imposta considerati nelle lettere *a*) e *b*) del comma 1;

c) comunicare mediante raccomandata all'ufficio dell'Agenzia delle entrate, entro 60 giorni, l'assunzione e la cessazione delle funzioni; la comunicazione di cessazione deve contenere l'indicazione dei dati identificativi degli eredi e delle quote ereditarie di ciascuno di essi.

3. L'erede, nella dichiarazione dei redditi relativa al periodo d'imposta nel quale è cessata la curatela o l'amministrazione, deve darne comunicazione e indicare l'ufficio dell'Agenzia delle entrate del domicilio fiscale del contribuente deceduto, i dati identificativi del curatore o dell'amministratore e degli altri eredi e la propria quota di eredità. Nella stessa dichiarazione può essere esercitata, per ciascuno degli anni per i quali i redditi di cui all'articolo 187 del testo unico delle imposte sui redditi sono stati determinati in via provvisoria, la facoltà prevista nell'articolo 17, comma 3, dello stesso testo unico.

4. Dalla data di presentazione della dichiarazione di cui al comma 3, o, in mancanza, dalla data in cui avrebbe dovuto essere presentata, decorre il termine per la liquidazione definitiva delle imposte a norma dell'articolo 187 del citato testo unico.

5. Nei confronti del curatore o dell'amministratore, salvo quanto disposto nel comma 1, i termini pendenti alla data di apertura della successione e quelli aventi inizio prima della data di assunzione delle funzioni sono sospesi fino a tale data e sono prorogati di 6 mesi.

(1) *Questo articolo è stato aggiunto dall'art. 18, comma 3, lett.* b), *del D.L.vo 18 novembre 2005, n. 247.*

8. Dichiarazione annuale in materia di imposta sul valore aggiunto e di versamenti unitari da parte di determinati contribuenti. – 1. Il contribuente presenta, secondo le disposizioni di cui all'articolo 3, per l'imposta sul valore aggiunto dovuta per il 2016, nel mese di febbraio, e per l'imposta sul valore aggiunto dovuta a decorrere dal 2017, tra il 1° febbraio e il 30 aprile (1), in via telematica (2), la dichiarazione relativa all'imposta sul valore aggiunto dovuta per l'anno solare precedente, redatta in conformità al modello approvato entro il 15 gennaio dell'anno in cui è utilizzato con provvedimento amministrativo da pubblicare nella *Gazzetta Ufficiale*. [La trasmissione della dichiarazione in via telematica è effettuata entro il mese di novembre da parte dei soggetti indicati nel comma 11 del medesimo articolo 3] (3). La dichiarazione annuale è presentata anche dai contribuenti che non hanno effettuato operazioni imponibili. Sono esonerati dall'obbligo di presentazione della dichiarazione i contribuenti che nell'anno solare precedente hanno registrato esclusivamente operazioni esenti dall'imposta di cui all'articolo 10 del decreto del Presidente della Repubblica 26 ottobre 1972, n. 633, e successive modificazioni, salvo che siano tenuti alle rettifiche delle detrazioni di cui all'articolo 19 *bis*2 del medesimo decreto, ovvero abbiano registrato operazioni intracomunitarie, nonché i contribuenti esonerati ai sensi di specifiche disposizioni normative ([4]).

2. Nella dichiarazione sono indicati i dati e gli elementi necessari per l'individuazione del contribuente, per la determinazione dell'ammontare delle operazioni e dell'imposta e per l'effettuazione dei controlli, nonché gli altri elementi richiesti nel modello di dichiarazione, esclusi quelli che l'Agenzia delle entrate è in grado di acquisire direttamente ([4]).

3. Le detrazioni sono esercitate entro il termine stabilito dall'art. 19, comma 1, secondo periodo, del decreto del Presidente della Repubblica 26 ottobre 1972, n. 633.

4. In caso di fallimento o di liquidazione coatta amministrativa, la dichiarazione relativa all'imposta dovuta per l'anno solare precedente, sempreché i relativi termini di presentazione non siano ancora scaduti, è presentata dai curatori o dai commissari liquidatori con le modalità e i termini ordinari di cui al comma 1 ovvero entro quattro mesi dalla nomina se quest'ultimo termine scade successivamente al termine ordinario. Con le medesime modalità e nei termini ordinari, i curatori o i commissari liquidatori presentano la dichiarazione per le operazioni registrate nell'anno solare in cui è dichiarato il fallimento ovvero la liquidazione coatta amministrativa. Per le operazioni registrate nella parte dell'anno solare anteriore alla dichiarazione di fallimento o di liquidazione coatta amministrativa è anche presentata, in via telematica ed ([5]) entro quattro mesi dalla nomina, apposita dichiarazione al competente ufficio dell'Agenzia delle entrate ai fini della eventuale insinuazione al passivo della procedura concorsuale ([6]).

5. (*Omissis*) ([7]).

6. Per la sottoscrizione, la presentazione e la conservazione della dichiarazione relativa all'imposta sul valore aggiunto si applicano le disposizioni di cui all'articolo 1, commi 2, 3 e 4, all'articolo 2, commi 7 e 9 ([8]), e all'articolo 3 ([9]).

6 *bis*. Salva l'applicazione delle sanzioni e ferma restando l'applicazione dell'articolo 13 del decreto legislativo 18 dicembre 1997, n. 472, le dichiarazioni dell'imposta sul valore aggiunto possono essere integrate per correggere errori od omissioni, compresi quelli che abbiano determinato l'indicazione di un maggiore o di un minore imponibile o, comunque, di un

maggiore o di un minore debito d'imposta ovvero di una maggiore o di una minore eccedenza detraibile, mediante successiva dichiarazione da presentare, secondo le disposizioni di cui all'articolo 3, utilizzando modelli conformi a quelli approvati per il periodo d'imposta cui si riferisce la dichiarazione, non oltre i termini stabiliti dall'articolo 57 del decreto del Presidente della Repubblica 26 ottobre 1972, n. 633 ([10]).

6 *ter*. L'eventuale credito derivante dal minor debito o dalla maggiore eccedenza detraibile risultante dalle dichiarazioni di cui al comma 6 *bis*, presentate entro il termine prescritto per la presentazione della dichiarazione relativa al periodo d'imposta successivo, può essere portato in detrazione in sede di liquidazione periodica o di dichiarazione annuale, ovvero utilizzato in compensazione ai sensi dell'articolo 17 del decreto legislativo 9 luglio 1997, n. 241, ovvero, sempreché ricorrano per l'anno per cui è presentata la dichiarazione integrativa i requisiti di cui agli articoli 30 e 34, comma 9, del decreto del Presidente della Repubblica 26 ottobre 1972, n. 633, chiesto a rimborso ([10]).

6 *quater*. L'eventuale credito derivante dal minor debito o dalla maggiore eccedenza detraibile risultante dalle dichiarazioni di cui al comma 6 *bis*, presentate oltre il termine prescritto per la presentazione della dichiarazione relativa al periodo d'imposta successivo, può essere chiesto a rimborso ove ricorrano, per l'anno per cui è presentata la dichiarazione integrativa, i requisiti di cui agli articoli 30 e 34, comma 9, del decreto del Presidente della Repubblica 26 ottobre 1972, n. 633, ovvero può essere utilizzato in compensazione, ai sensi dell'articolo 17 del decreto legislativo 9 luglio 1997, n. 241, per eseguire il versamento di debiti maturati a partire dal periodo d'imposta successivo a quello in cui è stata presentata la dichiarazione integrativa. Nella dichiarazione relativa al periodo d'imposta in cui è presentata la dichiarazione integrativa è indicato il credito derivante dal minor debito o dal maggiore credito risultante dalla dichiarazione integrativa ([10]).

6 *quinquies*. Resta ferma in ogni caso per il contribuente la possibilità di far valere, anche in sede di accertamento o di giudizio, eventuali errori, di fatto o di diritto, che abbiano inciso sull'obbligazione tributaria, determinando l'indicazione di un maggiore imponibile, di un maggiore debito d'imposta o, comunque, di una minore eccedenza detraibile ([10]).

7. I soggetti di cui all'articolo 73, primo comma, lettera *e*), del decreto del Presidente della Repubblica 26 ottobre 1972, n. 633, eseguono i versamenti dell'imposta sul valore aggiunto secondo le modalità e i termini indicati nel capo terzo del decreto legislativo 9 luglio 1997, n. 241.

([1]) *Le parole*: *«Salvo quanto previsto relativamente alla dichiarazione unificata, il contribuente presenta, secondo le disposizioni di cui all'articolo 3, tra il 1° febbraio e il 30 settembre», sono state così sostituite dalle parole*: *«Il contribuente presenta, se-*

condo le disposizioni di cui all'articolo 3, nel mese di febbraio,» dall'art. 1, comma 641, lett. c)*, della L. 23 dicembre 2014, n. 190, con efficacia a decorrere dalla dichiarazione relativa all'imposta sul valore aggiunto dovuta per il 2015. A norma dell'art. 1, comma 641, del medesimo provvedimento, così come modificato dall'art. 10, comma 8* bis*, del D.L. 31 dicembre 2014, n. 192, convertito, con modificazioni, nella L. 27 febbraio 2015, n. 11, l'efficacia decorre dalla dichiarazione relativa all'imposta sul valore aggiunto dovuta per il 2016.*

Le parole: «nel mese di febbraio» sono state, successivamente, così sostituite dalle attuali: «per l'imposta sul valore aggiunto dovuta per il 2016, nel mese di febbraio, e per l'imposta sul valore aggiunto dovuta a decorrere dal 2017, tra il 1° febbraio e il 30 aprile» dall'art. 4, comma 4, lett. c)*, del D.L. 22 ottobre 2016, n. 193, convertito, con modificazioni, nella L. 1° dicembre 2016, n. 225.*

([2]) *Le parole: «ovvero, in caso di presentazione in via telematica, entro il 31 ottobre di ciascun anno» sono state così sostituite dalle attuali parole: «, in via telematica» dall'art. 37, comma 10, lett.* g) *del D.L. 4 luglio 2006, n. 223, convertito, con modificazioni, nella L. 4 agosto 2006, n. 248, a decorrere dal 1° maggio 2007.*

([3]) *Questo periodo è stato soppresso dall'art. 42, comma 7* ter*, lett.* l)*, del D.L. 30 dicembre 2008, n. 207, convertito, con modificazioni, nella L. 27 febbraio 2009, n. 14.*

([4]) *Questo comma è stato così sostituito dall'art. 8, comma 1, lett.* a)*, del D.P.R. 7 dicembre 2001, n. 435, a decorrere dal 1° gennaio 2002.*

([5]) *Le parole: «in via telematica ed» sono state aggiunte dall'art. 10, comma 1, lett.* a)*, n. 2), punto 2.2, del D.L. 1 luglio 2009, n. 78, convertito, con modificazioni, nella L. 3 agosto 2009, n. 102.*

([6]) *Questo comma è stato così sostituito dall'art. 8, comma 1, lett.* b)*, del D.P.R. 7 dicembre 2001, n. 435, a decorrere dal 1° gennaio 2002.*

([7]) *Questo comma è stato soppresso dall'art. 1, comma 6, lett.* c)*, del D.P.R. 14 ottobre 1999, n. 542.*

([8]) *Le parole: «all'articolo 2, commi 7, 8, 8 bis e 9» sono state così sostituite dalle seguenti: «all'articolo 2, commi 7 e 9» dall'art. 5, comma 1, lett.* b)*, n. 1), del D.L. 22 ottobre 2016, n. 193, convertito, con modificazioni, nella L. 1° dicembre 2016, n. 225.*

([9]) *Questo comma è stato così sostituito dall'art. 8, comma 1, lett.* c)*, del D.P.R. 7 dicembre 2001, n. 435, a decorrere dal 1° gennaio 2002.*

([10]) *Questo comma è stato inserito dall'art. 5, comma 1, lett.* b)*, n. 2), del D.L. 22 ottobre 2016, n. 193, convertito, con modificazioni, nella L. 1° dicembre 2016, n. 225.*

8 *bis*. ([1]) [**Comunicazione dati I.V.A.** – 1. Fermi restando gli obblighi previsti dall'articolo 3 relativamente alla dichiarazione unificata e dall'articolo 8 relativamente alla dichiarazione I.V.A. annuale e ferma restando la rilevanza attribuita alle suddette dichiarazioni anche ai fini sanzionatori, il contribuente presenta in via telematica, direttamente o tramite gli incaricati di cui all'articolo 3, commi 2 *bis* e 3, entro il mese di febbraio di ciascun anno, una comunicazione dei dati relativi all'imposta sul valore aggiunto riferita all'anno solare precedente, redatta in conformità al modello approvato con provvedimento amministrativo da pubblicare nella *Gazzetta Ufficiale*.

La comunicazione è presentata anche dai contribuenti che non hanno effettuato operazioni imponibili.

2. Sono esonerati dall'obbligo di comunicazione i contribuenti che per l'anno solare precedente hanno registrato esclusivamente operazioni esenti dall'imposta di cui all'articolo 10 del decreto del Presidente della Repubblica 26 ottobre 1972, n. 633, e successive modificazioni, salvo che abbiano registrato operazioni intracomunitarie, i contribuenti esonerati ai sensi di specifiche disposizioni normative dall'obbligo di presentazione della dichiarazione annuale di cui all'articolo 8, i soggetti di cui all'articolo 74 ([2]) del testo unico delle imposte sui redditi, approvato con decreto del Presidente della Repubblica 22 dicembre 1986, n. 917, i soggetti sottoposti a procedure concorsuali, nonché le persone fisiche che hanno realizzato nel periodo di riferimento un volume d'affari inferiore o uguale a € 25.000 ([3]). Sono inoltre esonerati i contribuenti che presentano la dichiarazione annuale entro il mese di febbraio ([4]).

3. Gli enti o le società partecipanti che si sono avvalsi per l'anno di riferimento della procedura di liquidazione dell'I.V.A. di gruppo di cui all'ultimo comma dell'articolo 73 del decreto del Presidente della Repubblica 26 ottobre 1972, n. 633, inviano singolarmente la comunicazione dei dati relativamente alla propria attività.

4. Nella comunicazione sono indicati l'ammontare delle operazioni attive e passive al netto dell'I.V.A., l'ammontare delle operazioni intracomunitarie, l'ammontare delle operazioni esenti e non imponibili, l'imponibile e l'imposta relativa alle importazioni di oro e argento effettuate senza pagamento dell'I.V.A. in dogana, l'imposta esigibile e l'imposta detratta, risultanti dalle liquidazioni periodiche senza tener conto delle operazioni di rettifica e di conguaglio.

4 *bis*. Entro sessanta giorni dal termine previsto per la presentazione della comunicazione di cui ai precedenti commi, il contribuente presenta l'elenco dei soggetti nei cui confronti sono state emesse fatture nell'anno cui si riferisce la comunicazione nonché, in relazione al medesimo periodo, l'elenco dei soggetti titolari di partita IVA da cui sono effettuati acquisti rilevanti ai fini dell'applicazione dell'imposta sul valore aggiunto. Per ciascun soggetto sono indicati il codice fiscale e l'importo complessivo delle operazioni effettuate, al netto delle relative note di variazione, con la evidenziazione dell'imponibile, dell'imposta, nonché dell'importo delle operazioni non imponibili e di quelle esenti. Con provvedimento del Direttore dell'Agenzia delle entrate, da pubblicare nella *Gazzetta Ufficiale*:

a) sono individuati gli elementi informativi da indicare negli elenchi previsti dal presente comma, nonché le modalità per la presentazione, esclusivamente in via telematica, degli stessi;

b) il termine di cui al primo periodo del presente comma può essere differito per esigenze di natura esclusivamente tecnica, ovvero relativamente a particolari tipologie di contribuenti, anche in considerazione della dimensione dei dati da trasmettere ([5]).

5. I termini di presentazione della comunicazione che scadono di sabato sono prorogati d'ufficio al primo giorno feriale successivo.

6. Per l'omissione della comunicazione [ovvero degli elenchi] ([6]), nonché per l'invio della stessa ([7]) con dati incompleti o non veritieri, si applicano le disposizioni previste dall'articolo 11 del decreto legislativo 18 dicembre 1997, n. 471 ([8]).

([1]) *Questo articolo, inserito dall'art. 9 del D.P.R. 7 dicembre 2001, n. 435, a decorrere dal 1° gennaio 2003, è stato abrogato dall'art. 1, comma 641, lett.* d), *della L. 23 dicembre 2014, n. 190, con efficacia a decorrere dalla dichiarazione relativa all'imposta sul valore aggiunto dovuta per il 2015. A norma dell'art. 1, comma 641, del medesimo provvedimento, così come modificato dall'art. 10, comma 8* bis, *del D.L. 31 dicembre 2014, n. 192, convertito, con modificazioni, nella L. 27 febbraio 2015, n. 11, l'efficacia decorre dalla dichiarazione relativa all'imposta sul valore aggiunto dovuta per il 2016.*

([2]) *Le parole*: «*articolo 88*» *sono state così sostituite dalle parole*: «*articolo 74*» *dall'art. 10, comma 1, lett.* a), *n. 2), punto 2.3, del D.L. 1 luglio 2009, n. 78, convertito, con modificazioni, nella L. 3 agosto 2009, n. 102.*

([3]) *Le parole*: «*a lire 50 milioni*» *sono state così sostituite dalle parole*: «*a € 25.000*» *dall'art. 10, comma 1, lett.* a), n. 2, *punto 2.3, del D.L. 1 luglio 2009, n. 78, convertito, con modificazioni, nella L. 3 agosto 2009, n. 102.*

([4]) *Questo periodo è stato aggiunto dall'art. 10, comma 1, lett.* a), *n. 2), punto 2.4, del D.L. 1 luglio 2009, n. 78, convertito, con modificazioni, nella L. 3 agosto 2009, n. 102.*

([5]) *Questo comma, inserito dall'art. 37, comma 1, lett.* a), *del D.L. 4 luglio 2006, n. 223, convertito, con modificazioni, nella L. 4 agosto 2006, n. 248, è stato abrogato dall'art. 33, comma 3, lett.* a), *del D.L. 25 giugno 2008, n. 112, convertito, con modificazioni, nella L. 6 agosto 2008, n. 133.*

([6]) *Le parole tra parentesi quadrate sono state soppresse dall'art. 33, comma 3, lett.* b), *del D.L. 25 giugno 2008, n. 112, convertito, con modificazioni, nella L. 6 agosto 2008, n. 133.*

([7]) *Le parole*: «*degli stessi*» *sono state così sostituite dalle parole*: «*della stessa*», *dall'art. 33, comma 3, lett.* b), *del D.L. 25 giugno 2008, n. 112, convertito, con modificazioni, nella L. 6 agosto 2008, n. 133.*

([8]) *Questo comma è stato così sostituito dall'art. 37, comma 1, lett.* b), *del D.L. 4 luglio 2006, n. 223, convertito, con modificazioni, nella L. 4 agosto 2006, n. 248.*

A norma del successivo comma 9, per il periodo d'imposta in corso alla data di entrata in vigore dello stesso decreto legge, l'elenco dei soggetti nei cui confronti sono state emesse fatture comprende i soli titolari di partita IVA.

9. Disposizioni finali e transitorie. – 1. Per l'anno 1998, le dichiarazioni predisposte mediante l'utilizzo dei sistemi informatici sono presentate all'amministrazione finanziaria per il tramite di un ufficio della Poste italiane S.P.A. convenzionato, mentre le altre sono presentate per il tramite di una banca o di un ufficio della Poste italiane S.P.A., convenzionate, secondo le modalità stabilite nel decreto di cui all'articolo 1. Si applicano le disposizioni stabilite dall'articolo 3.

2. Per l'anno 1999 sono presentate esclusivamente per il tramite di una banca o di un ufficio della Poste italiane S.P.A., convenzionate:

a) le dichiarazioni dei redditi, comprese quelle riguardanti imposte sostitutive delle imposte sui redditi, da redigere su modelli approvati con decreti emanati nel corso del 1998;

b) le dichiarazioni di cui all'articolo 74 *bis* del decreto del Presidente della Repubblica 26 ottobre 1972, n. 633, da redigere su modelli approvati con decreto ministeriale 15 gennaio 1998.

3. Le disposizioni di cui agli articoli 1, 2, 3 e 8, comma 1, lettere *b*) e *c*), del decreto legislativo 9 luglio 1997, n. 241, si applicano alle dichiarazioni presentate a decorrere dall'1 gennaio 1998.

4. Dalla data di entrata in vigore del presente regolamento, ai sensi dell'articolo 17, comma 2, della legge 23 agosto 1988, n. 400, nel decreto legislativo 9 luglio 1997, n. 241, si intendono abrogati gli articoli 4, 5, 6, 7, 8, comma 1, lettera *a*), 11, comma 1, lettera *e*), e 12, comma 4, e, nel decreto legislativo 2 settembre 1997, n. 313, si intende abrogato l'articolo 4, comma 1, lettera *c*).

5. Le disposizioni di cui all'articolo 6 si applicano alle dichiarazioni presentate a decorrere dall'1 gennaio 1999.

6. A decorrere dall'1 gennaio 1999, ai sensi dell'articolo 17, comma 2, della legge 23 agosto 1988, n. 400, i commi 11 e 12 dell'articolo 78 della legge 30 dicembre 1991, n. 413, si intendono abrogati. Con effetto dalla data di entrata in vigore del presente regolamento, ai sensi dell'articolo 17, comma 2, della legge 23 agosto 1988, n. 400, il primo comma dell'articolo 17 della legge 13 aprile 1977, n. 114, si intende abrogato.

7. Qualora sia presentata dai coniugi dichiarazione separata essendo stata presentata per l'anno precedente dichiarazione congiunta e, conformemente alle risultanze di tale dichiarazione, sia stato omesso o versato in misura inferiore l'acconto rispetto all'imposta dovuta da uno dei coniugi, non si applicano le sanzioni e gli interessi previsti per l'omesso o insufficiente versamento degli acconti.

8. Dall'1 gennaio 1999, ai sensi dell'articolo 17, comma 2, della legge 23 agosto 1988, n. 400, si intende abrogato l'articolo 7 del decreto del Presidente della Repubblica 29 settembre 1973, n. 600, e dalla stessa data si applicano le disposizioni di cui agli articoli 2, comma 5, e 4 del presente regolamento.

9. Dalla data di entrata in vigore del presente regolamento, ai sensi dell'articolo 17, comma 2, della legge 23 agosto 1988, n. 400, gli articoli 8, 9, 10 e 12 del decreto del Presidente della Repubblica 29 settembre 1973, n. 600, gli articoli 28 e 37 del decreto del Presidente della Repubblica 26 ottobre 1972, n. 633, e i commi 172, lettera *e*), 178 e 179, dell'articolo 3, della legge 23 dicembre 1996, n. 662, si intendono abrogati e nell'articolo 5, comma 2, del decreto legge 30 settembre 1983, n. 512, convertito, con modificazioni, dalla legge 25 novembre 1983, n. 649, le parole da: «e devono» a «decreto n. 600» sono soppresse.

10. I riferimenti alle disposizioni indicate nei commi precedenti, contenuti in ogni atto normativo, si intendono fatti alle disposizioni del presente regolamento.

10.

D.P.R. 7 dicembre 2001, n. 435. Regolamento recante modifiche al decreto del Presidente della Repubblica 22 luglio 1998, n. 322, nonché disposizioni per la semplificazione e razionalizzazione di adempimenti tributari (*Gazzetta Ufficiale* Serie gen. - n. 292 del 17 dicembre 2001).

(*Estratto*)

Capo III

Disposizioni in materia di termini di versamento e disposizioni finali

17. (1) **Razionalizzazione dei termini di versamento.** – 1. Il versamento del saldo dovuto con riferimento alla dichiarazione dei redditi ed a quella dell'imposta regionale sulle attività produttive da parte delle persone fisiche, e delle società o associazioni di cui all'articolo 5 del testo unico delle imposte sui redditi, di cui al decreto del Presidente della Repubblica 22 dicembre 1986, n. 917 [, compresa quella unificata,] (2) è effettuato entro il 30 giugno (3) dell'anno di presentazione della dichiarazione stessa; le società o associazioni di cui all'articolo 5 del citato testo unico delle imposte sui redditi, nelle ipotesi di cui agli articoli 5 e 5 *bis*, del decreto del Presidente della Repubblica 22 luglio 1998, n. 322, effettuano i predetti versamenti entro l'ultimo giorno (4) del mese successivo a quello di scadenza del termine di presentazione della dichiarazione (5). Il versamento del saldo dovuto in base alla dichiarazione relativa all'imposta sul reddito delle persone giuridiche ed a quella dell'imposta regionale sulle attività produttive [, compresa quella unificata,] (2) è effettuato entro l'ultimo giorno (4) del sesto mese successivo a quello di chiusura del periodo d'imposta. I soggetti che in base a disposizioni di legge approvano il bilancio oltre il termine di quattro mesi dalla chiusura dell'esercizio, versano il saldo dovuto in base alla dichiarazione relativa all'imposta sul reddito delle persone giuridiche ed a quella dell'imposta regionale sulle attività produttive [, compresa quella unificata,] (2) entro l'ultimo giorno (4) del mese successivo a quello di approvazione del bilancio. Se il bilancio non è approvato nel termine stabilito, in base alle disposizioni di legge di cui al precedente periodo, il versamento è comunque effettuato entro l'ultimo giorno (4) del mese successivo a quello di scadenza del termine stesso.

2. I versamenti di cui al comma 1 possono essere effettuati entro il trentesimo giorno successivo ai termini ivi previsti, maggiorando le somme da versare dello 0,40 per cento a titolo di interesse corrispettivo.

3. I versamenti di acconto dell'imposta sul reddito delle persone fisiche e dell'imposta sul reddito delle persone giuridiche dovuti ai sensi della legge 23 marzo 1977, n. 97, e successive modificazioni, nonché quelli relativi all'imposta regionale sulle attività produttive, sono effettuati in due rate salvo che il versamento da effettuare alla scadenza della prima rata non superi euro 103. Il quaranta per cento dell'acconto dovuto è versato alla scadenza della prima rata e il residuo importo alla scadenza della seconda. Il versamento dell'acconto è effettuato, rispettivamente:

a) per la prima rata, nel termine previsto per il versamento del saldo dovuto in base alla dichiarazione relativa all'anno d'imposta precedente;

b) per la seconda rata, nel mese di novembre, ad eccezione di quella dovuta dai soggetti all'imposta sul reddito delle persone giuridiche e all'imposta regionale sulle attività produttive il cui periodo d'imposta non coincide con l'anno solare, che effettuano il versamento di tale rata entro l'ultimo giorno dell'undicesimo mese dello stesso periodo d'imposta.

(1) *Questo articolo è stato così sostituito dall'art. 2 del D.L. 15 aprile 2002, n. 63, convertito, con modificazioni, nella L. 15 giugno 2002, n. 112.*

(2) *Le parole tra parentesi quadrate sono state soppresse dall'art. 7* quater, *comma 19, del D.L. 22 ottobre 2016, n. 193, convertito, con modificazioni, nella L. 1 dicembre 2016, n. 225, a decorrere dal 1° gennaio 2017.*

(3) *Le parole*: «*entro il 16 giugno*» *sono state così sostituite dalle seguenti*: «*entro il 30 giugno*» *dall'art. 7* quater, *comma 19, del D.L. 22 ottobre 2016, n. 193, convertito, con modificazioni, nella L. 1 dicembre 2016, n. 225, a decorrere dal 1° gennaio 2017.*

(4) *Le parole*: «*entro il giorno 16*» *sono state così sostituite dalle seguenti*: «*entro l'ultimo giorno*» *dall'art. 7* quater, *comma 19, del D.L. 22 ottobre 2016, n. 193, convertito, con modificazioni, nella L. 1 dicembre 2016, n. 225, a decorrere dal 1° gennaio 2017.*

(5) *Questo periodo è stato così sostituito dall'art. 17, comma 2, del D.L.vo 21 novembre 2014, n. 175.*

11.

L. 27 dicembre 2006, n. 296. Disposizioni per la formazione del bilancio annuale e pluriennale dello Stato (Legge finanziaria 2007) (Suppl. ord. alla *Gazzetta Ufficiale* Serie gen. - n. 299 del 27 dicembre 2006).

(*Estratto*)

1. 1. - 157. (*Omissis*).

158. Per la notifica degli atti di accertamento dei tributi locali e di quelli afferenti le procedure esecutive di cui al testo unico delle disposizioni di legge relative alla riscossione delle entrate patrimoniali dello Stato, di cui al regio decreto 14 aprile 1910, n. 639, e successive modificazioni, nonché degli atti di invito al pagamento delle entrate extratributarie dei comuni e delle province, ferme restando le disposizioni vigenti, il dirigente dell'ufficio competente, con provvedimento formale, può nominare uno o più messi notificatori.

159. I messi notificatori possono essere nominati tra i dipendenti dell'amministrazione comunale o provinciale, tra i dipendenti dei soggetti ai quali l'ente locale ha affidato, anche disgiuntamente, la liquidazione, l'accertamento e la riscossione dei tributi e delle altre entrate ai sensi dell'articolo 52, comma 5, lettera *b*), del decreto legislativo 15 dicembre 1997, n. 446, e successive modificazioni, nonché tra soggetti che, per qualifica professionale, esperienza, capacità ed affidabilità, forniscono idonea garanzia del corretto svolgimento delle funzioni assegnate, previa, in ogni caso, la partecipazione ad apposito corso di formazione e qualificazione, organizzato a cura dell'ente locale, ed il superamento di un esame di idoneità.

160. Il messo notificatore esercita le sue funzioni nel territorio dell'ente locale che lo ha nominato, sulla base della direzione e del coordinamento diretto dell'ente ovvero degli affidatari del servizio di liquidazione, accertamento e riscossione dei tributi e delle altre entrate ai sensi dell'articolo 52, comma 5, lettera *b*), del decreto legislativo 15 dicembre 1997, n. 446, e successive modificazioni. Il messo notificatore non può farsi sostituire né rappresentare da altri soggetti.

161. Gli enti locali, relativamente ai tributi di propria competenza, procedono alla rettifica delle dichiarazioni incomplete o infedeli o dei parziali o ritardati versamenti, nonché all'accertamento d'ufficio delle omesse dichiarazioni o degli omessi versamenti, notificando al contribuente, anche a mezzo posta con raccomandata con avviso di ricevimento, un apposito avviso motivato. Gli avvisi di accertamento in rettifica e d'ufficio devono essere notificati, a pena di decadenza, entro il 31 dicembre del quinto anno succes-

sivo a quello in cui la dichiarazione o il versamento sono stati o avrebbero dovuto essere effettuati. Entro gli stessi termini devono essere contestate o irrogate le sanzioni amministrative tributarie, a norma degli articoli 16 e 17 del decreto legislativo 18 dicembre 1997, n. 472, e successive modificazioni.

162. Gli avvisi di accertamento in rettifica e d'ufficio devono essere motivati in relazione ai presupposti di fatto ed alle ragioni giuridiche che li hanno determinati; se la motivazione fa riferimento ad un altro atto non conosciuto né ricevuto dal contribuente, questo deve essere allegato all'atto che lo richiama, salvo che quest'ultimo non ne riproduca il contenuto essenziale. Gli avvisi devono contenere, altresì, l'indicazione dell'ufficio presso il quale è possibile ottenere informazioni complete in merito all'atto notificato, del responsabile del procedimento, dell'organo o dell'autorità amministrativa presso i quali è possibile promuovere un riesame anche nel merito dell'atto in sede di autotutela, delle modalità, del termine e dell'organo giurisdizionale cui è possibile ricorrere, nonché il termine di sessanta giorni entro cui effettuare il relativo pagamento. Gli avvisi sono sottoscritti dal funzionario designato dall'ente locale per la gestione del tributo.

163. Nel caso di riscossione coattiva dei tributi locali il relativo titolo esecutivo deve essere notificato al contribuente, a pena di decadenza, entro il 31 dicembre del terzo anno successivo a quello in cui l'accertamento è divenuto definitivo.

164. Il rimborso delle somme versate e non dovute deve essere richiesto dal contribuente entro il termine di cinque anni dal giorno del versamento, ovvero da quello in cui è stato accertato il diritto alla restituzione. L'ente locale provvede ad effettuare il rimborso entro centottanta giorni dalla data di presentazione dell'istanza.

165. La misura annua degli interessi è determinata, da ciascun ente impositore, nei limiti di tre punti percentuali di differenza rispetto al tasso di interesse legale. Gli interessi sono calcolati con maturazione giorno per giorno con decorrenza dal giorno in cui sono divenuti esigibili. Interessi nella stessa misura spettano al contribuente per le somme ad esso dovute a decorrere dalla data dell'eseguito versamento.

166. Il pagamento dei tributi locali deve essere effettuato con arrotondamento all'euro per difetto se la frazione è inferiore a 49 centesimi, ovvero per eccesso se superiore a detto importo.

167. Gli enti locali disciplinano le modalità con le quali i contribuenti possono compensare le somme a credito con quelle dovute al comune a titolo di tributi locali.

168. Gli enti locali, nel rispetto dei princìpi posti dall'articolo 25 della legge 27 dicembre 2002, n. 289, stabiliscono per ciascun tributo di propria

competenza gli importi fino a concorrenza dei quali i versamenti non sono dovuti o non sono effettuati i rimborsi. In caso di inottemperanza, si applica la disciplina prevista dal medesimo articolo 25 della legge n. 289 del 2002.

169. Gli enti locali deliberano le tariffe e le aliquote relative ai tributi di loro competenza entro la data fissata da norme statali per la deliberazione del bilancio di previsione. Dette deliberazioni, anche se approvate successivamente all'inizio dell'esercizio purché entro il termine innanzi indicato, hanno effetto dal 1° gennaio dell'anno di riferimento. In caso di mancata approvazione entro il suddetto termine, le tariffe e le aliquote si intendono prorogate di anno in anno (1) (2).

170. Ai fini del coordinamento della finanza pubblica e del sistema tributario ed in attuazione dell'articolo 117, secondo comma, lettera *r*), della Costituzione, gli enti locali e regionali comunicano al Ministero dell'economia e delle finanze i dati relativi al gettito delle entrate tributarie e patrimoniali, di rispettiva competenza. Per l'inosservanza di detti adempimenti si applicano le disposizioni di cui all'articolo 161, comma 3, del testo unico delle leggi sull'ordinamento degli enti locali, di cui al decreto legislativo 18 agosto 2000, n. 267, e successive modificazioni. Con decreto del Ministero dell'economia e delle finanze, di concerto con il Ministero dell'interno, sono stabiliti il sistema di comunicazione, le modalità ed i termini per l'effettuazione della trasmissione dei dati.

171. Le norme di cui ai commi da 161 a 170, si applicano anche ai rapporti di imposta pendenti alla data di entrata in vigore della presente legge.

172. - 178. (*Omissis*).

179. I comuni e le province, con provvedimento adottato dal dirigente dell'ufficio competente, possono conferire i poteri di accertamento, di contestazione immediata, nonché di redazione e di sottoscrizione del processo verbale di accertamento per le violazioni relative alle proprie entrate e per quelle che si verificano sul proprio territorio, a dipendenti dell'ente locale o dei soggetti affidatari, anche in maniera disgiunta, delle attività di liquidazione, accertamento e riscossione dei tributi e di riscossione delle altre entrate, ai sensi dell'articolo 52, comma 5, lettera *b*), del decreto legislativo 15 dicembre 1997, n. 446, e successive modificazioni. Si applicano le disposizioni dell'articolo 68, comma 1, della legge 23 dicembre 1999, n. 488, relative all'efficacia del verbale di accertamento.

180. I poteri di cui al comma 179 non includono, comunque, la contestazione delle violazioni delle disposizioni del decreto legislativo 30 aprile 1992, n. 285, e successive modificazioni. La procedura sanzionatoria amministrativa è di competenza degli uffici degli enti locali.

181. Le funzioni di cui al comma 179 sono conferite ai dipendenti degli enti locali e dei soggetti affidatari che siano in possesso almeno di titolo di studio di scuola media superiore di secondo grado, previa frequenza di un apposito corso di preparazione e qualificazione, organizzato a cura dell'ente locale stesso, ed il superamento di un esame di idoneità.

182. I soggetti prescelti non devono avere precedenti e pendenze penali in corso né essere sottoposti a misure di prevenzione disposte dall'autorità giudiziaria, ai sensi della legge 27 dicembre 1956, n. 1423, e successive modificazioni, o della legge 31 maggio 1965, n. 575, e successive modificazioni, salvi gli effetti della riabilitazione.

183. - 1364. (*Omissis*).

(¹) *A norma dell'art. 10, comma 12* quinquiesdecies, *del D.L. 31 dicembre 2014, n. 192, convertito, con modificazioni, nella L. 27 febbraio 2015, n. 11, in deroga al presente comma, per l'anno 2014 sono valide le deliberazioni regolamentari e tariffarie in materia di tassa sui rifiuti (TARI) adottate dai comuni entro il 30 novembre 2014. I comuni che non hanno deliberato i regolamenti e le tariffe della TARI entro il 30 novembre 2014 procedono alla riscossione degli importi dovuti a titolo di TARI sulla base delle tariffe applicate per l'anno 2013. Le eventuali differenze tra il gettito acquisito secondo le previgenti tariffe e il costo del servizio sono recuperate nell'anno successivo.*

(²) *A norma dell'art. 30, comma 5, del D.L. 22 marzo 2021, n. 41, convertito, con modificazioni, nella L. 21 maggio 2021, n. 69, limitatamente all'anno 2021, in deroga a questo comma, i comuni approvano le tariffe e i regolamenti della TARI e della tariffa corrispettiva, sulla base del piano economico finanziario del servizio di gestione dei rifiuti, entro il 30 giugno 2021. Le disposizioni di cui al periodo precedente si applicano anche in caso di esigenze di modifica a provvedimenti già deliberati.*

12.

D.L. 25 giugno 2008, n. 112. Disposizioni urgenti per lo sviluppo economico, la semplificazione, la competitività, la stabilizzazione della finanza pubblica e la perequazione tributaria (Suppl. ord. alla *Gazzetta Ufficiale* Serie gen. - n. 147 del 25 giugno 2008), convertito, con modificazioni, nella L. 6 agosto 2008, n. **133** (Suppl. ord alla *Gazzetta Ufficiale* Serie gen. - n. 195 del 21 agosto 2008).

(*Estratto*)

Titolo IV
Perequazione tributaria

Capo I
Misure fiscali perequazione tributaria

83. Efficienza dell'Amministrazione finanziaria. – 1. Al fine di garantire maggiore efficacia ai controlli sul corretto adempimento degli obblighi di natura fiscale e contributiva a carico dei soggetti non residenti e di quelli residenti ai fini fiscali da meno di 5 anni, l'I.N.P.S. e l'Agenzia delle entrate predispongono di comune accordo appositi piani di controllo anche sulla base dello scambio reciproco dei dati e delle informazioni in loro possesso. L'I.N.P.S. e l'Agenzia delle entrate attivano altresì uno scambio telematico mensile delle posizioni relative ai titolari di partita IVA e dei dati annuali riferiti ai soggetti che percepiscono utili derivanti da contratti di associazione in partecipazione, quando l'apporto è costituito esclusivamente dalla prestazione di lavoro.

2. L'I.N.P.S. e l'Agenzia delle entrate determinano le modalità di attuazione della disposizione di cui al comma 1 con apposita convenzione.

2 *bis*. La convenzione di cui al comma 2 disciplina anche le modalità di trasmissione, tra le due Amministrazioni, delle violazioni in materia contributiva, per le quali non si applicano le disposizioni di cui all'articolo 1 del decreto legislativo 18 dicembre 1997, n. 462, rilevate dall'Agenzia delle entrate a seguito dei controlli effettuati e delle violazioni tributarie, comprese quelle riscontrate in materia di ritenute, individuate dall'INPS a seguito delle attività ispettive ([1]).

3. Nel triennio 2009-2011 l'Agenzia delle entrate realizza un piano di ottimizzazione dell'impiego delle risorse finalizzato ad incrementare la capacità operativa destinata alle attività di prevenzione e repressione della evasione fiscale, rispetto a quella media impiegata agli stessi fini nel biennio 2007-2008, in misura pari ad almeno il 10 per cento.

4. (*Omissis*).

5. Ai fini di una più efficace prevenzione e repressione dei fenomeni di frode in materia di IVA nazionale e comunitaria l'Agenzia delle entrate, l'Agenzia delle dogane e la Guardia di finanza incrementano la capacità operativa destinata a tali attività anche orientando appositamente loro funzioni o strutture al fine di assicurare:

a) l'analisi dei fenomeni e l'individuazione di specifici ambiti di indagine;

b) la definizione di apposite metodologie di contrasto;

c) la realizzazione di specifici piani di prevenzione e contrasto dei fenomeni medesimi;

d) il monitoraggio dell'efficacia delle azioni poste in essere.

6. Il coordinamento operativo tra i soggetti istituzionali di cui al comma 5 è assicurato mediante un costante scambio informativo anche allo scopo di consentire la tempestiva emissione degli atti di accertamento e l'adozione di eventuali misure cautelari.

7. Gli esiti delle attività svolte in attuazione delle disposizioni di cui ai commi 5 e 6 formano oggetto di apposite relazioni annuali al Ministro dell'economia e delle finanze.

7 *bis*. Al fine di assicurare l'efficacia dei controlli in materia di IVA all'importazione, con provvedimento del direttore dell'Agenzia delle dogane, da emanare di concerto con il direttore dell'Agenzia delle entrate entro tre mesi dalla data di entrata in vigore della presente disposizione, sono stabilite le modalità per l'attivazione di un sistema completo e periodico di scambio di informazioni tra l'autorità doganale e quella fiscale, da attuare con le risorse umane, strumentali e finanziarie disponibili a legislazione vigente, senza nuovi o maggiori oneri per la finanza pubblica (2).

8. Nell'ambito della programmazione dell'attività di accertamento relativa agli anni 2009, 2010 e 2011 è pianificata l'esecuzione di un piano straordinario di controlli finalizzati alla determinazione sintetica del reddito delle persone fisiche a norma dell'articolo 38 del decreto del Presidente della Repubblica 29 settembre 1973, n. 600, sulla base di elementi e circostanze di fatto certi desunti dalle informazioni presenti nel sistema informativo dell'anagrafe tributaria nonché acquisiti in base agli ordinari poteri istruttori e in particolare a quelli acquisiti ai sensi dell'articolo 32, primo comma, numero 7), del citato decreto del Presidente della Repubblica n. 600 del 1973.

9. Nella selezione delle posizioni ai fini dei controlli di cui al comma 8 è data priorità ai contribuenti che non hanno evidenziato nella dichiarazione dei redditi alcun debito d'imposta e per i quali esistono elementi indicativi di capacità contributiva.

10. Coerentemente con quanto previsto dall'articolo 33 del decreto del Presidente della Repubblica 29 settembre 1973, n. 600, e dall'articolo 63 del decreto del Presidente della Repubblica 26 ottobre 1972, n. 633, la Guardia di finanza contribuisce al piano straordinario di cui al comma 8 destinando una adeguata quota della propria capacità operativa alle attività di acquisizione degli elementi e circostanze di fatto certi necessari per la determinazione sintetica del reddito delle persone fisiche a norma dell'articolo 38 del decreto del Presidente della Repubblica n. 600 del 1973. L'Agenzia delle entrate e la Guardia di finanza definiscono annualmente, d'intesa tra loro, le modalità della loro cooperazione al piano.

11. Ai fini della realizzazione del piano di cui al comma 8 ed in attuazione della previsione di cui all'articolo 1 del decreto legge 30 settembre 2005, n. 203, convertito, con modificazioni, dalla legge 2 dicembre 2005, n. 248, i comuni segnalano all'Agenzia delle entrate eventuali situazioni rilevanti per la determinazione sintetica del reddito di cui siano a conoscenza.

12. Al fine di favorire lo scambio di esperienze professionali e amministrative tra le Agenzie fiscali, nonché tra le predette Agenzie e il Ministero dell'economia e delle finanze, ([3]) attraverso la mobilità dei loro dirigenti generali di prima fascia, nonché di contribuire al perseguimento della maggiore efficienza e funzionalità di tali Agenzie, su richiesta nominativa del direttore di una Agenzia fiscale, che indica altresì l'alternativa fra almeno due incarichi da conferire, il Ministro dell'economia e delle finanze assegna a tale Agenzia il dirigente generale di prima fascia in servizio presso il Ministero ovvero ([4]) presso altra Agenzia fiscale, sentito il direttore della Agenzia presso la quale è in servizio il dirigente generale richiesto. Qualora per il nuovo incarico sia prevista una retribuzione complessivamente inferiore a quella percepita dal dirigente generale in relazione all'incarico già ricoperto, per la differenza sono fatti salvi gli effetti economici del contratto individuale di lavoro in essere presso il Ministero ovvero presso ([5]) l'Agenzia fiscale di provenienza fino alla data di scadenza di tale contratto, in ogni caso senza maggiori oneri rispetto alle risorse assegnate a legislazione vigente alla Agenzia fiscale richiedente. In caso di rifiuto ad accettare gli incarichi alternativamente indicati nella richiesta, il dirigente generale è in esubero ai sensi e per gli effetti dell'articolo 33 del decreto legislativo 30 marzo 2001, n. 165.

13. (*Omissis*).

14. In sede di prima applicazione della disposizione di cui al comma 13 i comitati di gestione delle Agenzie fiscali in carica alla data di entrata in vigore del presente decreto cessano automaticamente il trentesimo giorno successivo.

15. Al fine di garantire la continuità delle funzioni di controllo e monitoraggio dei dati fiscali e finanziari, i diritti dell'azionista della società di gestione del sistema informativo dell'amministrazione finanziaria ai sensi dell'articolo 22, comma 4, della legge 30 dicembre 1991, n. 413, sono esercitati dal Ministero dell'economia e delle finanze ai sensi dell'articolo 6, comma 7, del regolamento di cui al decreto del Presidente della Repubblica 30 gennaio 2008, n. 43, che provvede agli atti conseguenti in base alla legislazione vigente. Sono abrogate tutte le disposizioni incompatibili con il presente comma. Il consiglio di amministrazione, composto di cinque componenti, è conseguentemente rinnovato entro il 30 giugno 2008 senza applicazione dell'articolo 2383, terzo comma, del codice civile ([6]).

16. Al fine di assicurare maggiore effettività alla previsione di cui all'articolo 1 del decreto legge 30 settembre 2005, n. 203, convertito, con modificazioni, dalla legge 2 dicembre 2005, n. 248, i comuni, entro i sei mesi successivi alla richiesta di iscrizione nell'anagrafe degli italiani residenti all'estero, confermano all'Ufficio dell'Agenzia delle entrate competente per l'ultimo domicilio fiscale che il richiedente ha effettivamente cessato la residenza nel territorio nazionale. Per il triennio successivo alla predetta richiesta di iscrizione la effettività della cessazione della residenza nel territorio nazionale è sottoposta a vigilanza da parte dei comuni e dell'Agenzia delle entrate, la quale si avvale delle facoltà istruttorie di cui al Titolo IV del decreto del Presidente della Repubblica 29 settembre 1973, n. 600.

17. In fase di prima attuazione delle disposizioni del comma 16, la specifica vigilanza ivi prevista da parte dei comuni e dell'Agenzia delle entrate viene esercitata anche nei confronti delle persone fisiche che hanno chiesto la iscrizione nell'anagrafe degli italiani residenti all'estero a far corso dal 1° gennaio 2006. L'attività dei comuni è anche in questo caso incentivata con il riconoscimento della quota pari al 33 per cento ([7]) delle maggiori somme relative ai tributi statali riscosse a titolo definitivo previsto dall'articolo 1, comma 1, del decreto legge 30 settembre 2005, n. 203, convertito, con modificazioni, dalla legge 2 dicembre 2005, n. 248.

17 *bis*. I comuni, fermi restando gli obblighi di comunicazione all'Agenzia delle entrate di cui al comma 16, inviano entro i sei mesi successivi alla *richiesta di iscrizione* nell'anagrafe degli italiani residenti all'estero i dati dei richiedenti alla predetta agenzia al fine della formazione di liste selettive per i controlli relativi ad attività finanziarie e investimenti patrimoniali esteri non dichiarati; le modalità di comunicazione e i criteri per la formazione delle liste sono disciplinati con provvedimento del direttore dell'Agenzia delle entrate da adottarsi entro tre mesi dall'entrata in vigore della presente disposizione ([8]).

17 *ter*. In fase di prima attuazione delle disposizioni del comma 17 *bis*, le attività ivi previste da parte dei comuni e dell'Agenzia delle entrate vengono esercitate anche nei confronti delle persone fisiche che hanno chiesto l'iscrizione nell'anagrafe degli italiani residenti all'estero a decorrere dal 1° gennaio 2010 e ai fini della formazione delle liste selettive si terrà conto della eventuale mancata presentazione delle istanze di collaborazione volontaria di cui agli articoli da 5 *quater* a 5 *octies* del decreto legge 28 giugno 1990, n. 167, convertito, con modificazioni, dalla legge 4 agosto 1990, n. 227 ([8]).

18. - 18 *ter*. (*Omissis*).

18 *quater*. Con provvedimento del direttore dell'Agenzia delle entrate, da emanare entro trenta giorni dalla data di entrata in vigore della legge di conversione del presente decreto, sono stabilite le modalità di effettuazione della comunicazione dell'adesione da parte del contribuente prevista dall'articolo 5 *bis* del decreto legislativo 19 giugno 1997, n. 218.

19. In funzione dell'attuazione del federalismo fiscale, a decorrere dal 1° gennaio 2009 gli studi di settore di cui all'articolo 62 *bis* del decreto legge 30 agosto 1993, n. 331, convertito, con modificazioni, dalla legge 29 ottobre 1993, n. 427, vengono elaborati, sentite le associazioni professionali e di categoria, anche su base regionale o comunale, ove ciò sia compatibile con la metodologia prevista dal comma 1, secondo periodo, dello stesso articolo 62 *bis* ([9]).

20. Con decreto del Ministro dell'economia e delle finanze sono stabilite le modalità di attuazione del comma 19, prevedendo che la elaborazione su base regionale o comunale avvenga con criteri di gradualità entro il 31 dicembre 2013 e garantendo che alla stessa possano partecipare anche i comuni, in attuazione della previsione di cui articolo 1 del decreto legge 30 settembre 2005, n. 203, convertito, con modificazioni, dalla legge 2 dicembre 2005, n. 248.

21. - 28 *quinquies*. (*Omissis*).

[28 *sexies*. Nelle more dell'adozione del decreto del Ministero dell'economia e delle finanze previsto dall'articolo 1, comma 225, della legge 24 dicembre 2007, n. 244, gli enti locali e i soggetti di cui alla lettera *b*) del comma 5 dell'articolo 52 del decreto legislativo 15 dicembre 1997, n. 446, e successive modificazioni, accedono ai dati e alle informazioni disponibili presso il sistema informativo dell'Agenzia delle entrate, ivi compresi quelli di cui all'articolo 7, sesto comma, del decreto del Presidente della Repubblica 29 settembre 1973, n. 605, e successive modificazioni, sulla base delle disposizioni contenute nel decreto del Ministro delle finanze 16 novembre 2000, pubblicato nella *Gazzetta Ufficiale* n. 275 del 24 novembre 2000. Le facoltà ivi previste possono essere esercitate solo dopo la notifica dell'ingiunzione prevista dal testo unico delle disposizioni di legge relative alla riscossione delle entrate patrimoniali dello Stato, di cui al regio decreto 14 aprile 1910,

n. 639. Il riferimento al numero identificativo del ruolo, contenuto nell'articolo 2 del citato decreto del Ministro delle finanze 16 novembre 2000, è sostituito con il riferimento alla data di notifica dell'ingiunzione e alla relativa causale. Il dirigente o responsabile dell'ufficio, nel caso degli enti locali, e il legale rappresentante o direttore generale, nel caso dei soggetti di cui alla citata lettera *b*) del comma 5 dell'articolo 52 del decreto legislativo n. 446 del 1997, e successive modificazioni, autorizzano preventivamente l'accesso in forma scritta e individuano in via generale i dipendenti destinati a provvedervi, scegliendoli tra quelli con rapporto di lavoro a tempo indeterminato da almeno due anni. I nominativi di tali dipendenti sono comunicati all'Agenzia delle entrate. A decorrere dall'anno 2009 l'elenco di tali nominativi è trasmesso entro il 31 marzo di ogni anno. È esclusa, quanto all'accesso, ogni discriminazione tra i soggetti di cui alla citata lettera *b*) del comma 5 dell'articolo 52 del decreto legislativo n. 446 del 1997, e successive modificazioni, e gli agenti della riscossione] ([10]).

28 *septies*. (*Omissis*).

28 *octies*. In attuazione della decisione C(2008)869 def. dell'11 marzo 2008 della Commissione, i soggetti che si sono avvalsi del regime d'imposta sostitutiva di cui all'articolo 2, comma 26, della legge 24 dicembre 2003, n. 350, sono tenuti alla restituzione dell'aiuto fruito nei termini e con le modalità previsti dai commi da 28 *novies* a 28 *undecies* del presente articolo.

28 *novies*. L'importo dell'aiuto oggetto di recupero è determinato secondo i seguenti criteri:

a) applicazione, in luogo del regime d'imposta sostitutiva con aliquota del 9 per cento di cui al comma 28 *octies*, dichiarato incompatibile con il mercato comune, del regime d'imposta sostitutiva di cui all'articolo 2, comma 25, della citata legge 24 dicembre 2003, n. 350, in materia di rivalutazione dei beni;

b) applicazione dell'aliquota del 19 per cento sulle differenze di valore riallineate relative a beni ammortizzabili e del 15 per cento su quelle relative a beni non ammortizzabili;

c) esclusione dal regime d'imposta sostitutiva delle differenze di valore relative alle partecipazioni detenute nella Banca d'Italia, in quanto fruenti del regime di esenzione previsto dall'articolo 87 del testo unico delle imposte sui redditi, di cui al decreto del Presidente della Repubblica 22 dicembre 1986, n. 917, e successive modificazioni;

d) attualizzazione alla data del 20 giugno 2004 delle somme versate in applicazione del regime dichiarato incompatibile e decorrenza del calcolo degli interessi dovuti sugli importi oggetto di recupero a decorrere dalla stessa data;

e) determinazione degli interessi secondo le disposizioni di cui al capo V del regolamento (CE) n. 794/2004 della Commissione, del 21 aprile 2004, e successive modificazioni.

28 *decies*. Con provvedimento del direttore dell'Agenzia delle entrate, da emanare entro trenta giorni dalla data di entrata in vigore della legge di conversione del presente decreto, è approvato l'apposito modello per la dichiarazione dei maggiori importi oggetto di restituzione. Il modello di dichiarazione dei maggiori importi dovuti deve essere presentato da parte dei soggetti tenuti alla restituzione dell'aiuto all'Agenzia delle entrate entro quindici giorni dalla emanazione del predetto provvedimento.

28 *undecies*. L'Agenzia delle entrate, sulla base delle dichiarazioni predisposte ai sensi del comma 28 *decies* e trasmesse da ciascun soggetto beneficiario dell'aiuto, liquida gli importi dovuti, comprensivi degli interessi, ed entro trenta giorni dalla data di scadenza del termine di presentazione della dichiarazione notifica apposita comunicazione contenente l'ingiunzione di pagamento, con l'intimazione che, in caso di mancato versamento entro trenta giorni dalla data di notifica, si procede, ai sensi del decreto del Presidente della Repubblica 29 settembre 1973, n. 602, e successive modificazioni, all'iscrizione a ruolo a titolo definitivo delle somme non versate, nonché degli ulteriori interessi dovuti.

28 *duodecies*. (*Omissis*).

(1) *Questo comma è stato inserito dall'art. 15, comma 8* terdecies, *del D.L. 1 luglio 2009, n. 78, convertito, con modificazioni, nella L. 3 agosto 2009, n. 102.*

(2) *Questo comma è stato inserito dall'art. 8, comma 4, della L. 15 dicembre 2011, n. 217.*

(3) *Le parole*: «, *nonché tra le predette Agenzie e il Ministero dell'economia e delle finanze,» sono state inserite dall'art. 2, comma 1* bis *del D.L. 25 marzo 2010, n. 40, convertito, con modificazioni, nella L. 22 maggio 2010, n. 73.*

(4) *Le parole*: «*presso il Ministero ovvero*» *sono state inserite dall'art. 2, comma 1* bis, *del D.L. 25 marzo 2010, n. 40, convertito, con modificazioni, nella L. 22 maggio 2010, n. 73.*

(5) *Le parole*: «*il Ministero ovvero presso*» *sono state inserite dall'art. 2, comma 1* bis, *del D.L. 25 marzo 2010, n. 40, convertito, con modificazioni, nella L. 22 maggio 2010, n. 73.*

(6) *A norma dell'art. 31, comma 5, del D.L. 16 luglio 2020, n. 76, convertito, con modificazioni, nella L. 11 settembre 2020, n. 120, per assicurare la piena efficacia dei progetti di trasformazione digitale la società di cui a questo comma nell'ambito dei progetti e delle attività da essa gestiti, provvede alla definizione e allo sviluppo di servizi e prodotti innovativi operando, anche in favore delle amministrazioni committenti, in qualità di innovation procurement broker. In tale ambito, per l'acquisizione dei beni e dei servizi funzionali alla realizzazione di progetti ad alto contenuto innovativo, la medesima società non si avvale di Consip S.p.A. nella sua qualità di centrale di committenza, in*

deroga all'ultimo periodo dell'articolo 4, comma 3 ter, del decreto legge 6 luglio 2012, n. 95, convertito, con modificazioni, dalla legge 7 agosto 2012, n. 135.

(7) *Le parole: «30 per cento» sono state così sostituite dalle parole: «33 per cento» dall'art. 18, comma 6, del D.L. 31 maggio 2010, n. 78, convertito, con modificazioni, nella L. 30 luglio 2010, n. 122.*

(8) *Questo comma è stato inserito dall'art. 7, comma 3, del D.L. 22 ottobre 2016, n. 193, convertito, con modificazioni, nella L. 1 dicembre 2016, n. 225.*

(9) *Si veda il D.M. 19 maggio 2009* (G.U. *Serie gen. - n. 139 del 18 giugno 2009), recante norme sull'elaborazione degli studi di settore su base regionale o comunale.*

(10) *Questo comma è stato abrogato dall'art. 7, comma 2, lett.* g septies), *n. 4), del D.L. 13 maggio 2011, n. 70, convertito, con modificazioni, nella L. 12 luglio 2011, n. 106.*

Tale abrogazione è stata confermata dall'art. 1, comma 814, lett. c), *della L. 27 dicembre 2019, n. 160, a decorrere dal 1° gennaio 2020.*

Titolo V
Disposizioni finanziarie e finali

85. Entrata in vigore. – 1. Il presente decreto entra in vigore il giorno stesso della sua pubblicazione nella *Gazzetta Ufficiale* della Repubblica italiana e sarà presentato alle Camere per la conversione in legge.

13.

D.L. 29 novembre 2008, n. 185. Misure urgenti per il sostegno a famiglie, lavoro, occupazione e impresa e per ridisegnare in funzione anti-crisi il quadro strategico nazionale (Suppl. ord. alla *Gazzetta Ufficiale* Serie gen. - n. 280 del 29 novembre 2008), convertito, con modificazioni, nella L. 28 gennaio 2009, n. **2** (Suppl. ord. alla *Gazzetta Ufficiale* Serie gen. - n. 22 del 28 gennaio 2009).

(*Estratto*)

Titolo IV
Servizi pubblici

24. Attuazione della decisione 2003/193/CE in materia di recupero di aiuti illegittimi. – 1. Al fine di dare completa attuazione alla decisione 2003/193/CE della Commissione, del 5 giugno 2002, il recupero degli aiuti equivalenti alle imposte non corrisposte e dei relativi interessi conseguente all'applicazione del regime di esenzione fiscale previsto dagli articoli 3, comma 70, della legge 28 dicembre 1995, n. 549, e 66, comma 14, del decreto legge 30 agosto 1993, n. 331, convertito, con modificazioni, dalla legge 29 ottobre 1993, n. 427, in favore delle società per azioni a partecipazione pubblica maggioritaria, esercenti servizi pubblici locali, costituite ai sensi del testo unico delle leggi sull'ordinamento degli enti locali, di cui al decreto legislativo 18 agosto 2000, n. 267, è effettuato dall'Agenzia delle Entrate ai sensi dell'articolo 1, comma 1, del decreto legge 15 febbraio 2007, n. 10, convertito, con modificazioni, con la legge 6 aprile 2007, n. 46, secondo i principi e le ordinarie procedure di accertamento e riscossione previste per le imposte sui redditi. Per il recupero dell'aiuto non assume rilevanza l'intervenuta definizione in base agli istituti di cui alla legge 27 dicembre 2002, n. 289 e successive modificazioni e integrazioni.

1 *bis*. In sede di determinazione della base imponibile, ai fini del recupero degli aiuti equivalenti alle imposte non corrisposte e dei relativi interessi, non assumono rilevanza le plusvalenze derivanti dalle operazioni straordinarie realizzate dalle società di cui al comma 1. Ai fini della corretta determinazione della base imponibile, gli accertamenti emessi dall'Agenzia delle entrate possono essere in ogni caso integrati o modificati in aumento mediante la notificazione di nuovi avvisi. In deroga al comma 3, il pagamento delle somme dovute in base agli accertamenti integrativi deve avvenire entro il quindicesimo giorno successivo alla data di notifica di tali accertamenti ([1]).

2. Il recupero degli aiuti equivalenti alle imposte non corrisposte e dei relativi interessi di cui al comma 1, calcolati ai sensi dell'articolo 3, terzo comma, della decisione 2003/193/CE della Commissione, del 5 giugno 2002, in relazione a ciascun periodo di imposta nel quale l'aiuto è stato fruito, deve essere effettuato tenuto conto di quanto già liquidato dall'Agenzia ai sensi dell'articolo 1, comma 2, del decreto legge 15 febbraio 2007, n. 10, convertito con modificazioni dalla legge 6 aprile 2007, n. 46.

3. L'Agenzia delle entrate provvede alla notifica degli avvisi di accertamento di cui al comma 1, entro centoventi giorni dalla data di entrata in vigore del presente decreto, contenenti l'invito al pagamento delle intere somme dovute, con l'intimazione che, in caso di mancato versamento entro *trenta giorni dalla* data di notifica, anche nell'ipotesi di presentazione del ricorso, si procede, ai sensi del decreto del Presidente della Repubblica 29 settembre 1973, n. 602, ad iscrizione a ruolo a titolo definitivo della totalità delle somme non versate, nonché degli ulteriori interessi dovuti. Non si fa luogo, in ogni caso, all'applicazione di sanzioni per violazioni di natura tributaria e di ogni altra specie comunque connesse alle procedure disciplinate dalle presenti disposizioni. Non sono applicabili gli istituti della dilazione dei pagamenti e della sospensione in sede amministrativa e giudiziale ([2]).

4. Gli interessi di cui al comma 2, sono determinati in base alle disposizioni di cui al capo V del regolamento (CE) n. 794/2004 della Commissione, del 21 aprile 2004, secondo i criteri di calcolo approvati dalla Commissione europea in relazione al recupero dell'aiuto di Stato C57/03, disciplinato dal-

l'articolo 24 della legge 25 gennaio 2006, n. 29. Il tasso di interesse da applicare è il tasso in vigore alla data di scadenza ordinariamente prevista per il versamento di saldo delle imposte non corrisposte con riferimento al primo periodo di imposta interessato dal recupero dell'aiuto.

5. Trovano applicazione le disposizioni degli articoli 1 e 2 del decreto legge 8 aprile 2008, n. 59, convertito, con modificazioni, dalla legge 6 giugno 2008, n. 101.

(1) *Questo comma è stato inserito dall'art. 19, comma 1, del D.L. 25 settembre 2009, n. 135, convertito, con modificazioni, nella L. 20 novembre 2009, n. 166.*

(2) *A norma dell'art. 7, comma 2* bis, *del D.L. 10 febbraio 2009, n. 5, convertito, con modificazioni, nella L. 9 aprile 2009, n. 33, questo comma si interpreta nel senso che il termine di centoventi giorni ivi previsto è di natura ordinatoria. Conseguentemente il potere di accertamento si esercita, ai sensi dell'art. 43 del decreto del Presidente della Repubblica 29 settembre 1973, n. 600, e successive modificazioni, entro i termini ivi previsti che decorrono da quello di cui all'art. 27, comma 3, della legge 18 aprile 2005, n. 62, nella formulazione vigente prima dell'entrata in vigore del comma 11 dell'art. 1 del decreto legge 15 febbraio 2007, n. 10, convertito, con modificazioni, dalla legge 6 aprile 2007, n. 46.*

Titolo V
Disposizioni finanziarie

27. Accertamenti. – 1. - 4 *ter*. (*Omissis*).

5. L'articolo 22 del decreto legislativo 18 dicembre 1997, n. 472, si applica anche alle somme dovute per il pagamento ditributi e dei relativi interessi agli uffici e agli enti di cui al comma 1 del medesimo articolo, in base ai processi verbali di constatazione.

6. In caso di pericolo per la riscossione, dopo la notifica, da parte dell'ufficio o ente, del provvedimento con il quale vengono accertati maggiori tributi, si applicano, per tutti gli importi dovuti, le disposizioni di cui ai commi da 1 a 6, dell'articolo 22, del decreto legislativo 18 dicembre 1997, n. 472.

7. Le misure cautelari, che, in base al processo verbale di constatazione, al provvedimento con il quale vengono accertati maggiori tributi, al provvedimento di irrogazione della sanzione oppure all'atto di contestazione, sono (1) adottate ai sensi dell'articolo 22 del decreto legislativo 18 dicembre 1997, n. 472, e successive modificazioni, conservano, senza bisogno di alcuna formalità o annotazione, la loro validità e il loro grado a favore dell'agente della riscossione che ha in carico il ruolo. Quest'ultimo può procedere all'esecuzione sui beni sequestrati o ipotecati secondo le disposizioni del decreto del Presidente della Repubblica 29 settembre 1973, n. 602, fermo restando quanto previsto, in particolare, dall'articolo 76 del medesimo decreto del Presidente della Repubblica n. 602 del 1973, e successive modificazioni (2).

8. All'articolo 19, comma 4, del decreto legislativo 13 aprile 1999, n. 112, dopo l'ultimo periodo è aggiunto il seguente: *omissis.*

9. Per le dichiarazioni in materia di imposte sui redditi e le dichiarazioni IVA delle imprese di più rilevante dimensione, l'Agenzia delle entrate attiva un controllo sostanziale, di norma,entro l'anno successivo a quello della presentazione.

10. Si considerano imprese di più rilevante dimensione quelle che conseguono un volume d'affari o ricavi non inferiori a trecento milioni di euro. Tale importo è gradualmente diminuito fino a cento milioni di euro entro il 31 dicembre 2011. Le modalità della riduzione sono stabilite con provvedimento del Direttore dell'Agenzia delle entrate, tenuto conto delle esigenze organizzative connesse all'attuazione del comma 9 ([3]).

11. Il controllo sostanziale previsto dal comma 9 è realizzato in modo selettivo sulla base di specifiche analisi di rischio concernenti il settore produttivo di appartenenza dell'impresa o, se disponibile, sul profilo di rischio della singola impresa, dei soci, delle partecipate e delle operazioni effettuate, desunto anche dai precedenti fiscali.

12. Le istanze di interpello di cui all'articolo 11, comma 5, della legge 27 luglio 2000, n. 212, all'articolo 21 della legge 30 dicembre 1991, n. 413, e all'articolo 37 *bis*, comma 8, del decreto del Presidente della Repubblica del 29 settembre 1973, n. 600, proposte dalle imprese indicate nel precedente comma 10 sono presentate secondo le modalità di cui al decreto del Ministro delle finanze 13 giugno 1997, n. 195, pubblicato nella *Gazzetta Ufficiale* n. 152 del 2 luglio 1997, ed il rispetto della soluzione interpretativa oggetto della risposta viene verificato nell'ambito del controllo di cui al precedente comma 9.

13. Ferme restando le previsioni di cui ai commi da 9 a 12, a decorrere dal 1° gennaio 2009, per i contribuenti con volume d'affari, ricavi o compensi non inferiore a cento milioni di euro, le attribuzioni ed i poteri previsti dagli articoli 31 e seguenti del decreto del Presidente della Repubblica 29 settembre 1973, n. 600, nonché quelli previsti dagli articoli 51 e seguenti del decreto del Presidente della Repubblica 26 ottobre 1972, n. 633, sono demandati alle strutture individuate con il regolamento di amministrazione dell'Agenzia delle entrate di cui all'articolo 71 del decreto legislativo 30 luglio 1999, n. 300.

14. Alle strutture di cui al comma 13 sono demandate le attività:

a) di liquidazione prevista dagli articoli 36 *bis* del decreto del Presidente della Repubblica 29 settembre 1973, n. 600, e 54 *bis*, del decreto del Presidente della Repubblica 26 ottobre 1972, n. 633, relativa ai periodi d'imposta in corso alla data del 31 dicembre 2006 e successivi;

b) di controllo formale previsto dall'articolo 36 *ter* del decreto del Presidente della Repubblica 29 settembre 1973, n. 600, relativa ai periodi d'imposta in corso alla data del 31 dicembre 2006 e successivi;

c) di controllo sostanziale con riferimento alla quale, alla data del 1° gennaio 2009, siano ancora in corso i termini previsti dall'articolo 43 del decreto del Presidente della Repubblica 29 settembre 1973, n. 600, e all'articolo 57 del decreto del Presidente della Repubblica 26 ottobre 1972, n. 633;

d) di recupero dei crediti o inesistenti utilizzati in compensazione ai sensi dell'articolo 17 del decreto legislativo 9 luglio 1997, n. 241, con riferimento ai quali, alla data di entrata in vigore del presente decreto, siano in corso i termini per il relativo recupero;

e) di gestione del contenzioso relativo a tutti gli atti di competenza delle strutture stesse.

e bis) di rimborso in materia di imposte dirette e di imposta sul valore aggiunto, relativo ai periodi d'imposta in corso alla data del 31 dicembre 2006 e successivi.

15. L'Agenzia delle Entrate svolge i compiti previsti dal presente articolo e procede alla riorganizzazione ai sensi del comma 13 con le risorse umane e finanziarie assegnate a legislazione vigente.

16. Salvi i più ampi termini previsti dalla legge in caso di violazione che comporta l'obbligo di denuncia ai sensi dell'articolo 331 del codice di procedura penale per il reato previsto dall'articolo 10 *quater* del decreto legislativo 10 marzo 2000, n. 74, l'atto di cui all'articolo 1, comma 421, della legge 30 dicembre 2004, n. 311, emesso a seguito del controllo degli importi a credito indicati nei modelli di pagamento unificato per la riscossione di crediti inesistenti utilizzati in compensazione ai sensi dell'articolo 17 del decreto legislativo 9 luglio 1997, n. 241, deve essere notificato, a pena di decadenza, entro il 31 dicembre dell'ottavo anno successivo a quello del relativo utilizzo.

17. La disposizione di cui al comma 16 si applica a decorrere dalla data di presentazione del modello di pagamento unificato nel quale sono indicati crediti inesistenti utilizzati in compensazione in anni con riferimento ai quali alla data di entrata in vigore del presente decreto siano ancora pendenti i termini di cui al primo comma dell'articolo 43 del decreto del Presidente della Repubblica 29 settembre 1973, n. 600, e dell'articolo 57 del decreto del Presidente della Repubblica 26 ottobre 1972, n. 633.

[18. L'utilizzo in compensazione di crediti inesistenti per il pagamento delle somme dovute è punito con la sanzione dal cento al duecento per cento della misura dei crediti stessi. È punito con la sanzione del duecento per cento della misura dei crediti compensati chiunque utilizza i crediti di cui al primo periodo per il pagamento delle somme dovute per un ammontare superiore a cinquantamila euro per ciascun anno solare ([4]). Per le sanzioni previste nel presente comma, in nessun caso si applica la definizione agevolata prevista dagli articoli 16, comma 3, e 17, comma 2, del decreto legislativo 18 dicembre 1997, n. 472] ([5]) ([6]).

19. In caso di mancato pagamento entro il termine assegnato dall'ufficio, comunque non inferiore a sessanta giorni, le somme dovute in base all'atto di recupero di cui al comma 16, anche se non definitivo, sono iscritte a ruolo ai sensi dell'articolo 15 bis del decreto del Presidente della Repubblica 29 settembre 1973, n. 602.

20. Per la notifica della cartella di pagamento relativa alle somme che risultano dovute in base all'atto di recupero di cui all'articolo 1, comma 421, della legge 30 dicembre 2004, n. 311, e al comma 16 del presente articolo, si applica il termine previsto dall'articolo 25, primo comma, lettera *c*), del decreto del Presidente della Repubblica 29 settembre 1973, n. 602.

21. - 21 ter. (*Omissis*).

([1]) *Le parole: «In relazione agli importi iscritti a ruolo in base ai provvedimenti indicati al comma 6 del presente articolo, le misure cautelari» sono state così sostituite dalle parole: «Le misure cautelari, che, in base al processo verbale di constatazione, al provvedimento con il quale vengono accertati maggiori tributi, al provvedimento di irrogazione della sanzione oppure all'atto di contestazione, sono» dall'art. 29, comma 5, del D.L. 31 maggio 2010, n. 78, convertito, con modificazioni, nella L. 30 luglio 2010, n. 122.*

([2]) *Questo comma è stato così sostituito dall'art. 15, comma 8* quater, *del D.L. 1 luglio 2009, n. 78, convertito, con modificazioni, nella L. 3 agosto 2009, n. 102.*

([3]) *Per i criteri di determinazione del volume d'affari, ricavi o compensi, si veda il provvedimento del direttore dell'Agenzia delle entrate 16 dicembre 2009, prot. n. 2009/189542.*

([4]) *Questo periodo è stato aggiunto dall'art. 7, comma 2, del D.L. 10 febbraio 2009, n. 5, convertito, con modificazioni, nella L. 9 aprile 2009, n. 33.*

([5]) *Questo periodo è stato aggiunto dall'art. 10, comma 1, lett.* a), *n. 8), del D.L. 1 luglio 2009, n. 78, convertito, con modificazioni, nella L. 3 agosto 2009, n. 102.*

([6]) *Questo comma è stato abrogato dall'art. 32, comma 2, lett.* b), *del D.L.vo 24 settembre 2015, n. 158, a decorrere dal 1° gennaio 2016.*

14.

D.L. 1 luglio 2009, n. 78. Provvedimenti anticrisi, nonché proroga di termini (*Gazzetta Ufficiale* Serie gen. - n. 150 dell'1 luglio 2009), convertito, con modificazioni, nella L. 3 agosto 2009, n. **102** (Suppl. ord. alla *Gazzetta Ufficiale* Serie gen. - n. 179 del 4 agosto 2009) ed *errata corrige* in *Gazzetta Ufficiale* Serie gen. - n. 209 del 9 settembre 2009.

(*Estratto*)

10. Incremento delle compensazioni dei crediti fiscali. – 1. Per contrastare gli abusi e corrispondentemente per incrementare la liquidità delle imprese, tramite un riordino delle norme concernenti il sistema delle compensazioni fiscali volto a renderlo più rigoroso, sono introdotte le seguenti disposizioni:

a) al fine di contrastare gli abusi:

1) all'articolo 17, comma 1, del decreto legislativo 9 luglio 1997, n. 241, è aggiunto il seguente periodo: (*Omissis*);

2) al regolamento di cui al decreto del Presidente della Repubblica 22 luglio 1998, n. 322, sono apportate le seguenti modificazioni: (*Omissis*);

3) all'articolo 38 *bis*, del decreto del Presidente della Repubblica 26 ottobre 1972, n. 633, sono apportate le seguenti modificazioni: (*Omissis*);

4) Fino all'emanazione del provvedimento di cui al numero 3.1., continuano ad applicarsi le disposizioni vigenti prima dell'entrata in vigore del presente decreto;

5) all'articolo 8, comma 3, del regolamento di cui al decreto del Presidente della Repubblica 14 ottobre 1999, n. 542, è aggiunto, in fine, il seguente periodo: (*Omissis*);

6) all'articolo 37 del decreto legge 4 luglio 2006, n. 223, convertito, con modificazioni, dalla legge 4 agosto 2006, n. 248, dopo il comma 49 è inserito il seguente: (*Omissis*);

7) i contribuenti che intendono utilizzare in compensazione il credito annuale o infrannuale dell'imposta sul valore aggiunto per importi superiori a 5.000 euro annui hanno l'obbligo di richiedere l'apposizione del visto di conformità di cui all'articolo 35, comma 1, lettera *a*), del decreto legislativo 9 luglio 1997, n. 241, sulla dichiarazione o sull'istanza da cui emerge il credito. In alternativa la dichiarazione o l'istanza è sottoscritta, oltre che dai soggetti di cui all'articolo 1, comma 4, del regolamento di cui al decreto del Presidente della Repubblica 22 luglio 1998, n. 322, dai soggetti di cui all'articolo 1, comma 5, del medesimo regolamento, relativamente ai contribuenti per i quali è esercitato il controllo contabile di cui all'articolo 2409 *bis* del codice civile, attestante l'esecuzione dei controlli di cui all'articolo 2, comma 2, del

regolamento di cui al decreto del Ministro delle finanze 31 maggio 1999, n. 164. L'infedele attestazione dell'esecuzione dei controlli di cui al precedente periodo comporta l'applicazione della sanzione di cui all'articolo 39, comma 1, lettera *a*) primo periodo del decreto legislativo 9 luglio 1997, n. 241. In caso di ripetute violazioni, ovvero di violazioni particolarmente gravi, è effettuata apposita segnalazione agli organi competenti per l'adozione di ulteriori provvedimenti. Nei casi di utilizzo in compensazione, ai sensi dell'articolo 17 del decreto legislativo 9 luglio 1997, n. 241, dei crediti di cui al presente comma in violazione dell'obbligo di apposizione del visto di conformità o della sottoscrizione di cui, rispettivamente, al primo e al secondo periodo sulle dichiarazioni o istanze da cui emergono i crediti stessi, ovvero nei casi di utilizzo in compensazione ai sensi dello stesso articolo 17 dei crediti che emergono da dichiarazioni o istanze con visto di conformità o sottoscrizione apposti da soggetti diversi da quelli abilitati, con l'atto di cui all'articolo 1, comma 421, della legge 30 dicembre 2004, n. 311, l'ufficio procede al recupero dell'ammontare dei crediti utilizzati in violazione delle modalità di cui al primo periodo e dei relativi interessi, nonché all'irrogazione delle sanzioni. In relazione alle disposizioni di cui alla presente lettera, le dotazioni finanziarie della missione di spesa «Politiche economico-finanziarie e di bilancio» sono ridotte di 200 milioni di euro per l'anno 2009 e di 1.000 milioni di euro a decorrere dall'anno 2010 ([1]);

7 *bis*) per le start-up innovative, di cui all'articolo 25 del decreto legge 18 ottobre 2012, n. 179, convertito, con modificazioni, dalla legge 17 dicembre 2012, n. 221, e successive modificazioni, durante il periodo di iscrizione nella sezione speciale del registro delle imprese di cui al comma 8 del citato articolo 25, il limite di importo di cui al numero 7 della presente lettera è aumentato da 5.000 euro a 50.000 euro ([1]);

8) all'articolo 27, comma 18 del decreto legge 29 novembre 2008, n. 185 convertito, con modificazioni, dalla legge 28 gennaio 2009, n. 2, dopo il secondo periodo è aggiunto il seguente: (*Omissis*);

b) al fine di incrementare le compensazioni fiscali, all'articolo 34, comma 1, della legge 23 dicembre 2000, n. 388, è aggiunto, in fine, il seguente periodo: (*Omissis*).

([1]) *Si veda il Provv. 28 agosto 2018.*

26. Entrata in vigore. – 1. Il presente decreto entra in vigore il giorno stesso della sua pubblicazione nella *Gazzetta Ufficiale* della Repubblica italiana e sarà presentato alle Camere per la conversione in legge.

15.

D.L. 31 maggio 2010, n. 78. Misure urgenti in materia di stabilizzazione finanziaria e di competitività economica (Suppl. ord. alla *Gazzetta Ufficiale* Serie gen. - n. 125 del 31 maggio 2010), convertito, con modificazioni, nella L. 30 luglio 2010, n. **122** (Suppl. ord. alla *Gazzetta Ufficiale* Serie gen. - n. 176 del 30 luglio 2010).

(*Estratto*)

Titolo II
Contrasto all'evasione fiscale
e contributiva

18. Partecipazione dei comuni all'attività di accertamento tributario e contributivo. – 1. I Comuni partecipano all'attività di accertamento fiscale e contributivo secondo le disposizioni del presente articolo, in revisione del disposto dell'articolo 44 del decreto del Presidente della Repubblica 29 settembre 1973, n. 600, e dell'articolo 1 del decreto legge 30 settembre 2005, n. 203, convertito, con modificazioni, dalla legge 2 dicembre 2005, n. 248.

[2. Ai fini della partecipazione di cui al comma 1, consistente, tra l'altro, nella segnalazione all'Agenzia delle entrate, alla Guardia di finanza e all'INPS, di elementi utili ad integrare i dati contenuti nelle dichiarazioni presentate dai contribuenti per la determinazione di maggiori imponibili fiscali e contributivi:

a) i Comuni con popolazione superiore a cinquemila abitanti sono tenuti ad istituire, laddove non vi abbiano già provveduto, il Consiglio tributario. A tale fine, il regolamento per l'istituzione del Consiglio tributario è adottato dal Consiglio Comunale entro il termine di 90 giorni dall'entrata in vigore del presente decreto;

b) i Comuni con popolazione inferiore a cinquemila abitanti, laddove non abbiano già costituito il Consiglio tributario, sono tenuti a riunirsi in consorzio, ai sensi dell'articolo 31 del decreto legislativo 18 agosto 2000, n. 267, recante il Testo unico delle leggi sull'ordinamento degli enti locali, per la successiva istituzione del Consiglio tributario. A tale fine, la relativa convenzione, unitamente allo statuto del consorzio, è adottata dai rispettivi Consigli comunali per l'approvazione entro il termine di 180 giorni dall'entrata in vigore del presente decreto] ([1]).

[2 *bis*. Gli adempimenti organizzativi di cui al comma 2 sono svolti con le risorse umane, finanziarie e strumentali disponibili a legislazione vigente] ([1]).

[3. In occasione della loro prima seduta, successiva alla data di entrata in vigore del presente decreto, i Consigli tributari deliberano in ordine alle forme di collaborazione con l'Agenzia del territorio ai fini dell'attuazione del comma 12 dell'articolo 19] ([1]).

4. - 6. (*Omissis*)

7. Con decreto del Ministero dell'economia e delle finanze, di concerto con il Ministero del lavoro e delle politiche sociali e d'intesa con la Conferenza Unificata, adottato entro trenta giorni dalla data di entrata in vigore della presente disposizione, sono individuati i tributi su cui calcolare la quota pari al 33 per cento e le sanzioni civili spettanti ai comuni che abbiano contribuito all'accertamento, ai sensi dell'articolo 1, comma 1, del decreto legge 30 settembre 2005, n. 203, nonché le relative modalità di attribuzione.

8. Resta fermo il provvedimento del direttore dell'Agenzia delle entrate di cui all'articolo 1, comma 2 del decreto legge 30 settembre 2005, n. 203, convertito, con modificazioni, dalla legge 2 dicembre 2005, n. 248, quanto alle modalità tecniche di accesso dei comuni alle banche dati e alle dichiarazioni relative ai contribuenti ai comuni, nonché alle modalità di partecipazione degli stessi all'accertamento fiscale e contributivo.

9. Gli importi che lo Stato riconosce ai comuni a titolo di partecipazione all'accertamento sono calcolati al netto delle somme spettanti ad altri enti ed alla Unione Europea. Sulle quote delle maggiori somme in questione che lo Stato trasferisce alle Regioni a statuto ordinario, a quelle a statuto speciale e alle province autonome di Trento e di Bolzano, spetta ai predetti enti riconoscere ai comuni le somme dovute a titolo di partecipazione all'accertamento.

([1]) *Questo comma è stato abrogato dall'art. 11, comma 9, del D.L. 6 dicembre 2011, n. 201, convertito, con modificazioni, nella L. 22 dicembre 2011, n. 214.*

23. Contrasto al fenomeno delle imprese "apri e chiudi". – 1. Le imprese che cessano l'attività entro un anno dalla data di inizio sono specificamente considerate ai fini della selezione delle posizioni da sottoporre a controllo da parte dell'Agenzia delle entrate, della Guardia di Finanza e dell'INPS, in modo da assicurare una vigilanza sistematica sulle situazioni a specifico rischio di evasione e frode fiscale e contributiva.

24. Contrasto al fenomeno delle imprese in perdita "sistemica". – 1. La programmazione dei controlli fiscali dell'Agenzia delle entrate e della Guardia di finanza deve assicurare una vigilanza sistematica, basata su specifiche analisi di rischio, sulle imprese che presentano dichiarazioni in perdita fiscale, non determinata da compensi erogati ad amministratori e soci, per più di un periodo d'imposta e non abbiano deliberato e interamente liberato nello stesso periodo uno o più aumenti di capitale a titolo oneroso di importo almeno pari alle perdite fiscali stesse.

2. Anche ai fini di cui al comma 1, nei confronti dei contribuenti non soggetti agli indici sintetici di affidabilità né a tutoraggio, l'Agenzia delle entrate e la Guardia di finanza realizzano annualmente piani di intervento coordinati sulla base di analisi di rischio sviluppate mediante l'utilizzo delle banche dati nonché di elementi e circostanze emersi nell'esercizio degli ordinari poteri istruttori e d'indagine ([1]).

([1]) *Questo comma è stato così sostituito dall'art. 16* quinquies, *comma 1, del D.L. 23 ottobre 2018, n. 119, convertito, con modificazioni, nella L. 17 dicembre 2018, n. 136.*

25. Contrasto di interessi. – 1. A decorrere dal 1° luglio 2010 le banche e le Poste Italiane SPA operano una ritenuta del 8 per cento ([1]) a titolo di acconto dell'imposta sul reddito dovuta dai beneficiari, con obbligo di rivalsa, all'atto dell'accredito dei pagamenti relativi ai bonifici disposti dai contribuenti per beneficiare di oneri deducibili o per i quali spetta la detrazione d'imposta. Le ritenute sono versate con le modalità di cui all'articolo 17 del decreto legislativo 9 luglio 1997, n. 241. Con provvedimento del Direttore dell'Agenzia delle entrate sono individuate le tipologie di pagamenti nonché le modalità di esecuzione degli adempimenti relativi alla certificazione e alla dichiarazione delle ritenute operate.

([1]) *Le parole: «4 per cento» sono state, da ultimo, così sostituite dalle parole: «8 per cento» dall'art. 1, comma 657, della L. 23 dicembre 2014, n. 190.*

26. Adeguamento alle direttive OCSE in materia di documentazione dei prezzi di trasferimento. – 1. A fini di adeguamento alle direttive emanate dalla Organizzazione per la cooperazione e lo sviluppo economico in materia di documentazione dei prezzi di trasferimento ed ai principi di collaborazione tra contribuenti ed amministrazione finanziaria, all'articolo 1 del decreto legislativo 18 dicembre 1997, n. 471, dopo il comma 2 *bis*, è inserito il seguente: "2 *ter* In caso di rettifica del valore normale dei prezzi di trasferimento praticati nell'ambito delle operazioni di cui all'articolo 110, comma 7, del decreto del Presidente della Repubblica 22 dicembre 1986, n. 917, da cui derivi una maggiore imposta o una differenza del credito, la sanzione di cui al comma 2 non si applica qualora, nel corso dell'accesso, ispezione o verifica o di altra attività istruttoria, il contribuente consegni all'Amministrazione finanziaria la documentazione indicata in apposito provvedimento del Direttore dell'Agenzia delle entrate idonea a consentire il riscontro della conformità al valore normale dei prezzi di trasferimento praticati. Il contribuente che detiene la documentazione prevista dal provvedimento di cui al periodo precedente, deve darne apposita comunicazione all'Amministrazione finanziaria secondo le modalità e i termini ivi indicati. In assenza di detta comunicazione si rende applicabile il comma 2.".

2. Ai fini dell'immediata operatività delle disposizioni di cui al comma il provvedimento del Direttore dell'Agenzia delle entrate deve essere emanato entro sessanta giorni dalla data di entrata in vigore della legge di conversione del presente decreto. La comunicazione concernente periodi d'imposta anteriori a quello in corso alla data di entrata in vigore del presente decreto, deve essere comunque effettuata entro novanta giorni dalla pubblicazione del provvedimento del Direttore dell'Agenzia delle entrate.

28. Incrocio tra le basi dati dell'INPS e dell'Agenzia delle entrate per contrastare la microevasione diffusa. – 1. Al fine di contrastare l'inadempimento dell'obbligo di presentazione della dichiarazione dei redditi l'Agenzia delle Entrate esegue specifici controlli sulle posizioni dei soggetti che risultano aver percepito e non dichiarato redditi di lavoro dipendente ed assimilati sui quali, in base ai flussi informativi dell'INPS, risultano versati i contributi previdenziali e non risultano effettuate le previste ritenute.

2. Anche ai fini di cui al comma 1, le attività di controllo e di accertamento realizzabili con modalità automatizzate sono incrementate e rese più efficaci attribuendone la effettuazione ad apposite articolazioni dell'Agenzia delle entrate, con competenza su tutto o parte del territorio nazionale, individuate con il regolamento di amministrazione dell'Agenzia delle entrate di cui all'articolo 71, del decreto legislativo 30 luglio 1999, n. 300. Conseguentemente, all'articolo 4 ed all'articolo 10 del decreto legislativo 31 dicembre 1992, n. 546, dopo le parole "centro di servizio" sono aggiunte le seguenti: "o altre articolazioni dell'Agenzia delle entrate, con competenza su tutto o parte del territorio nazionale, individuate con il regolamento di amministrazione di cui all'articolo 71 del decreto legislativo 30 luglio 1999, n. 300, nell'ambito della dotazione organica prevista a legislazione vigente e anche mediante riorganizzazione, senza oneri aggiuntivi, degli Uffici dell'Agenzia.".

29. Concentrazione della riscossione nell'accertamento. – 1. Le attività di riscossione relative agli atti indicati nella seguente lettera *a*) emessi (1) a partire dal 1° ottobre (2) 2011 e relativi ai periodi d'imposta in corso alla data del 31 dicembre 2007 e successivi, sono potenziate mediante le seguenti disposizioni:

a) l'avviso di accertamento emesso dall'Agenzia delle entrate ai fini delle imposte sui redditi, dell'imposta regionale sulle attività produttive (3) e dell'imposta sul valore aggiunto ed il connesso provvedimento di irrogazione delle sanzioni, devono contenere anche l'intimazione ad adempiere, entro il termine di presentazione del ricorso, all'obbligo di pagamento degli importi negli stessi indicati, ovvero, in caso di tempestiva proposizione del ricorso ed a titolo provvisorio, degli importi stabiliti dall'articolo 15 del decreto del Presidente della Repubblica 29 settembre 1973, n. 602. L'intimazione ad adempiere al pagamento è altresì contenuta nei successivi atti da notificare al contribuente, anche mediante raccomandata con avviso di ricevimento, in tutti i casi in cui siano rideterminati gli importi dovuti in base agli avvisi di accertamento ai fini delle imposte sui redditi, dell'imposta regionale sulle attività produttive (3) e dell'imposta sul valore aggiunto ed ai connessi provvedimenti di irrogazione delle sanzioni [, anche] (4) ai sensi dell'articolo 8, comma 3 *bis* del decreto legislativo 19 giugno 1997, n. 218, dell'articolo 48, comma 3 *bis*, e (5) dell'articolo 68 del decreto legislativo 31 dicembre 1992, n. 546, e dell'articolo 19 del decreto legislativo 18 dicembre 1997, n. 472, nonché in caso di definitività dell'atto di accertamento impugnato (6). In tali ultimi casi il versamento delle somme dovute deve avvenire entro sessanta giorni dal ricevimento della raccomandata; la sanzione amministrativa prevista dall'articolo 13 del decreto legislativo 18 dicembre 1997, n. 471, non si applica nei casi di omesso, carente o tardivo versamento delle somme dovute, nei termini di cui ai periodi precedenti, sulla base degli atti ivi indicati (7);

b) gli atti di cui alla lettera *a*) divengono esecutivi decorso il termine utile per la proposizione del ricorso (8) e devono espressamente recare l'avvertimento che, decorsi trenta giorni dal termine ultimo per il pagamento, la riscossione delle somme richieste, in deroga alle disposizioni in materia di iscrizione a ruolo, è affidata in carico agli agenti della riscossione anche ai fini dell'esecuzione forzata, con le modalità determinate con provvedimento del direttore dell'Agenzia delle entrate, di concerto con il Ragioniere generale dello Stato. L'esecuzione forzata è sospesa per un periodo di centottanta giorni dall'affidamento in carico agli agenti della riscossione degli atti di cui alla lettera *a*); tale sospensione non si applica con riferimento alle azioni cautelari e conservative, nonché ad ogni altra azione prevista dalle norme ordinarie a tutela del creditore (9). La predetta sospensione non opera in caso di accertamenti definitivi, anche in seguito a giudicato, nonché in caso di recupero di somme derivanti da decadenza dalla rateazione (10). L'agente della riscossione, con raccomandata semplice o posta elettronica (11), informa il debitore di aver preso in carico le somme per la riscossione (12);

c) in presenza di fondato pericolo per il positivo esito della riscossione, decorsi sessanta giorni dalla notifica degli atti di cui alla lettera *a*), la riscossione delle somme in essi indicate, nel loro ammontare integrale comprensivo di interessi e sanzioni, può essere affidata in carico agli agenti della riscossione anche prima dei termini previsti alle lettere *a*) e *b*). Nell'ipotesi di cui alla presente lettera, e ove gli agenti della riscossione, successivamente all'affidamento in carico degli atti di cui alla lettera *a*), vengano a conoscenza di elementi idonei a dimostrare il fondato pericolo di pregiudicare la riscossione, non opera la sospensione di cui alla lettera *b*) ([13]) e l'agente della riscossione non invia l'informativa di cui alla lettera *b*) ([14]);

d) all'atto dell'affidamento e, successivamente, in presenza di nuovi elementi, il competente ufficio dell'Agenzia delle entrate fornisce, anche su richiesta dell'agente della riscossione, tutti gli elementi utili ai fini del potenziamento dell'efficacia della riscossione, acquisiti anche in fase di accertamento;

e) l'agente della riscossione, sulla base del titolo esecutivo di cui alla lettera *a*) e senza la preventiva notifica della cartella di pagamento, procede ad espropriazione forzata con i poteri, le facoltà e le modalità previste dalle disposizioni che disciplinano la riscossione a mezzo ruolo. Ai fini dell'espropriazione forzata l'esibizione dell'estratto dell'atto di cui alla lettera *a*), come trasmesso all'agente della riscossione con le modalità determinate con il provvedimento di cui alla lettera *b*), tiene luogo, a tutti gli effetti, dell'esibizione dell'atto stesso in tutti i casi in cui l'agente della riscossione ne attesti la provenienza ([15]). Decorso un anno dalla notifica degli atti indicati alla lettera *a*), l'espropriazione forzata è preceduta dalla notifica dell'avviso di cui all'articolo 50 del decreto del Presidente della Repubblica 29 settembre 1973, n. 602. [L'espropriazione forzata, in ogni caso, è avviata, a pena di decadenza, entro il 31 dicembre del terzo anno successivo a quello in cui l'accertamento è divenuto definitivo] ([16]);

f) a partire dal primo giorno successivo al termine ultimo per la presentazione del ricorso, le somme richieste con gli atti di cui alla lettera *a*) sono maggiorate degli interessi di mora nella misura indicata dall'articolo 30 del decreto del Presidente della Repubblica 29 settembre 1973, n. 602, calcolati a partire dal giorno successivo alla notifica degli atti stessi; all'agente della riscossione spettano l'aggio, interamente a carico del debitore, e il rimborso delle spese relative alle procedure esecutive, previsti dall'articolo 17 del decreto legislativo 13 aprile 1999, n. 112;

g) ai fini della procedura di riscossione contemplata dal presente comma, i riferimenti contenuti in norme vigenti al ruolo e alla cartella di pagamento si intendono effettuati agli atti indicati nella lettera *a*) ed i riferimenti alle somme iscritte a ruolo si intendono effettuati alle somme affidate agli agenti della riscossione secondo le disposizioni del presente comma; la dilazione del pagamento prevista dall'articolo 19 dello stesso decreto del Presidente della Repubblica 29 settembre 1973, n. 602, può essere concessa solo dopo l'affidamento del carico all'agente della riscossione e in caso di ricorso avverso gli atti di cui alla lettera *a*) si applica l'articolo 39 del decreto del Presidente della Repubblica 29 settembre 1973, n. 602;

h) in considerazione della necessità di razionalizzare e velocizzare tutti i processi di riscossione coattiva, assicurando il recupero di efficienza di tale fase dell'attività di contrasto all'evasione, con uno o più regolamenti da adottare ai sensi dell'articolo 17, comma 2, della legge 23 agosto 1988, n. 400, anche in deroga alle norme vigenti, sono introdotte disposizioni finalizzate a razionalizzare, progressivamente, coerentemente con le norme di cui al presente comma, le procedure di riscossione coattiva delle somme dovute a seguito dell'attività di liquidazione, controllo e accertamento sia ai fini delle imposte sui redditi e sul valore aggiunto che ai fini degli altri tributi amministrati dall'Agenzia delle entrate e delle altre entrate riscuotibili a mezzo ruolo.

2. - 7. (*Omissis*)

(1) *La parola: «notificati» è stata così sostituita dall'attuale: «emessi» dall'art. 7, comma 2, lett.* n), *n. 1), del D.L. 13 maggio 2011, n. 70, convertito, con modificazioni, nella L. 12 luglio 2011, n. 106.*

(2) *La parola: «luglio» è stata così sostituita dalla parola: «ottobre» dall'art. 23, comma 30, del D.L. 6 luglio 2011, n. 98, convertito, con modificazioni, nella L. 15 luglio 2011, n. 111.*

(3) *Le parole: «, dell'imposta regionale sulle attività produttive» sono state aggiunte dall'art. 7, comma 2, lett.* n), *n. 2), punto 2.1), del D.L. 13 maggio 2011, n. 70, convertito, con modificazioni, nella L. 12 luglio 2011, n. 106.*

(4) *Le parole fra parentesi quadrate sono state soppresse dall'art. 7, comma 2, lett.* n), *n. 2), punto 2.2), del D.L. 13 maggio 2011, n. 70, convertito, con modificazioni, nella L. 12 luglio 2011, n. 106.*

(5) *Le parole: «dell'articolo 48, comma 3* bis, *e» sono state inserite dall'art. 8, comma 12* bis, *del D.L. 2 marzo 2012, n. 16, convertito, con modificazioni, nella L. 26 aprile 2012, n. 44.*

(6) *Le parole: «, nonché in caso di definitività dell'atto di accertamento impugnato» sono state aggiunte dall'art. 8, comma 12* bis, *del D.L. 2 marzo 2012, n. 16, convertito, con modificazioni, nella L. 26 aprile 2012, n. 44.*

(7) *Le parole da: «la sanzione amministrativa prevista dall'articolo 13 ...» fino a: «... atti ivi indicati» sono state aggiunte dall'art. 7, comma 2, lett.* n), *n. 2), punto 2.3), del D.L. 13 maggio 2011, n. 70, convertito, con modificazioni, nella L. 12 luglio 2011, n. 106.*

(8) *Le parole: «decorsi sessanta giorni dalla notifica» sono state così sostituite dalle attuali: «decorso il termine utile per la proposizione del ricorso» dall'art. 5, comma 1, lett. a), del D.L.vo 24 settembre 2015, n. 159.*

(9) *Questo periodo è stato aggiunto dall'art. 7, comma 2, lett.* n), *n. 3), del D.L. 13 maggio 2011, n. 70, convertito, con modificazioni, nella L. 12 luglio 2011, n. 106.*

([10]) *Questo periodo è stato inserito dall'art. 5, comma 1, lett.* b), *del D.L.vo 24 settembre 2015, n. 159.*

([11]) *Le parole: «con raccomandata semplice spedita all'indirizzo presso il quale è stato notificato l'atto di cui alla lettera* a)*» sono state così sostituite dalle attuali: «con raccomandata semplice o posta elettronica» dall'art. 5, comma 1, lett.* c), *del D.L.vo 24 settembre 2015, n. 159.*

([12]) *Questo periodo è stato aggiunto dall'art. 8, comma 12, lett.* a), *n. 1), del D.L. 2 marzo 2012, n. 16, convertito, con modificazioni, nella L. 26 aprile 2012, n. 44.*

([13]) *Questo periodo è stato aggiunto dall'art. 7, comma 2, lett.* n), *n. 3* bis), *del D.L. 13 maggio 2011, n. 70, convertito, con modificazioni, nella L. 12 luglio 2011, n. 106.*

([14]) *Le parole: «e l'agente della riscossione non invia l'informativa di cui alla lettera* b)*» sono state aggiunte dall'art. 8, comma 12, lett.* a), *n. 2), del D.L. 2 marzo 2012, n. 16, convertito, con modificazioni, nella L. 26 aprile 2012, n. 44.*

([15]) *Questo periodo è stato aggiunto dall'art. 7, comma 2, lett.* n), *n. 4), del D.L. 13 maggio 2011, n. 70, convertito, con modificazioni, nella L. 12 luglio 2011, n. 106.*

([16]) *Questo periodo è stato soppresso dall'art. 5, comma 1, lett.* d), *del D.L.vo 24 settembre 2015, n. 159.*

31. Preclusione alla autocompensazione in presenza di debito su ruoli definitivi. – 1. A decorrere dal 1° gennaio 2011, la compensazione dei crediti di cui all'articolo 17, comma 1, del decreto legislativo 9 luglio 1997, n. 241, relativi alle imposte erariali, è vietata fino a concorrenza dell'importo dei debiti, di ammontare superiore a millecinquecento euro, iscritti a ruolo per imposte erariali e relativi accessori, e per i quali è scaduto il termine di pagamento. In caso di inosservanza del divieto di cui al periodo precedente si applica la sanzione del 50 per cento dell'importo dei debiti iscritti a ruolo per imposte erariali e relativi accessori e per i quali è scaduto il termine di pagamento fino a concorrenza dell'ammontare indebitamente compensato ([1]). La sanzione non può essere applicata fino al momento in cui sull'iscrizione a ruolo penda contestazione giudiziale o amministrativa e non può essere comunque superiore al 50 per cento di quanto indebitamente compensato; nelle ipotesi di cui al periodo precedente, i termini di cui all'articolo 20 del decreto legislativo 18 dicembre 1997, n. 472, decorrono dal giorno successivo alla data della definizione della contestazione. È comunque ammesso il pagamento, anche parziale, delle somme iscritte a ruolo per imposte erariali e relativi accessori mediante la compensazione dei crediti relativi alle stesse imposte, con le modalità stabilite con decreto del Ministero dell'economia e delle finanze, da emanare entro 180 giorni dall'entrata in vigore del presente decreto. I crediti oggetto di compensazione in misura eccedente l'importo del debito erariale iscritto a ruolo sono oggetto di rimborso al contribuente secondo la disciplina e i controlli previsti dalle singole leggi d'imposta ([2]). Nell'ambito delle attività di controllo dell'Agenzia delle entrate e della

Guardia di finanza è assicurata la vigilanza sull'osservanza del divieto previsto dal presente comma anche mediante specifici piani operativi. A decorrere dal 1° gennaio 2011 le disposizioni di cui all'articolo 28 *ter* del decreto del Presidente della Repubblica 29 settembre 1973, n. 602, non operano per i ruoli di ammontare non superiore a millecinquecento euro.

1 *bis*. - 2. (*Omissis*)

(1) *Si veda il D.M. 10 febbraio 2011* (Gazzetta Ufficiale *Serie gen. - n. 40 del 18 febbraio 2011*).

(2) *Questo periodo è stato inserito dall'art. 8 del D.L.vo 24 settembre 2015, n. 159.*

38. Altre disposizioni in materia tributaria. – 1. Gli enti che erogano prestazioni sociali agevolate, comprese quelle erogate nell'ambito delle prestazioni del diritto allo studio universitario, a seguito di presentazione della dichiarazione sostitutiva unica di cui all'articolo 4 del decreto legislativo 31 marzo 1998, n. 109, comunicano all'Istituto nazionale della previdenza sociale, nel rispetto delle disposizioni del codice in materia di protezione dei dati personali, di cui al decreto legislativo 30 giugno 2003, n. 196, e nei termini e con modalità telematiche previste dall'Istituto medesimo sulla base di direttive del Ministero del lavoro e delle politiche sociali, i dati dei soggetti che hanno beneficiato delle prestazioni agevolate. Le informazioni raccolte sono trasmesse in forma anonima anche al Ministero del lavoro e delle politiche sociali ai fini dell'alimentazione del Sistema informativo dei servizi sociali, di cui all'articolo 21 della legge 8 novembre 2000, n. 328.

2. Con apposita convezione stipulata tra l'Istituto nazionale della previdenza sociale e l'Agenzia delle entrate, nel rispetto delle disposizioni del codice in materia di protezione dei dati personali, di cui al decreto legislativo 30 giugno 2003, n. 196, sono disciplinate le modalità attuative e le specifiche tecniche per lo scambio delle informazioni necessarie all'emersione dei soggetti che in ragione del maggior reddito accertato in via definitiva non avrebbero potuto fruire o avrebbero fruito in misura inferiore delle prestazioni sociali agevolate di cui al comma 1.

3. Fermo restando la restituzione del vantaggio conseguito per effetto dell'indebito accesso alla prestazione sociale agevolata, nei confronti dei soggetti che in ragione del maggior reddito accertato hanno fruito illegittimamente delle prestazioni sociali agevolate di cui al comma 1 si applica la sanzione da 500 a 5.000 euro. La sanzione è irrogata dall'ente erogatore (1), avvalendosi dei poteri e delle modalità vigenti. [Ai fini della restituzione del vantaggio indebitamente conseguito, l'INPS comunica l'esito degli accertamenti agli enti che sulla base delle comunicazioni di cui al comma 1 risultino aver erogato prestazioni agevolate ai soggetti emersi] (2). Le mede-

sime sanzioni si applicano nei confronti di coloro per i quali si accerti sulla base dello scambio di informazioni tra l'Istituto nazionale della previdenza sociale e l'Agenzia delle entrate una discordanza tra il reddito dichiarato ai fini fiscali o altre componenti dell'indicatore della situazione economica equivalente (ISEE), anche di natura patrimoniale, note all'anagrafe tributaria e quanto indicato nella dichiarazione sostitutiva unica ([3]) di cui all'articolo 4 del decreto legislativo 31 marzo 1998, n. 109, qualora in ragione di tale discordanza il soggetto abbia avuto accesso alle prestazioni agevolate di cui al comma 1. In caso di discordanza rilevata, l'INPS comunica gli esiti delle verifiche all'ente che ha erogato la prestazione, nonché il valore ISEE ricalcolato sulla base degli elementi acquisiti dall'Agenzia delle Entrate ([4]). L'ente erogatore accerta se, in esito alle risultanze della verifica effettuata, il beneficiario non avrebbe potuto fruire o avrebbe fruito in misura inferiore della prestazione ([4]). Nei casi diversi dall'accertamento del maggior reddito in via definitiva, per il quale la sanzione è immediatamente irrogabile, l'ente erogatore invita il soggetto interessato a chiarire i motivi della rilevata discordanza, ai sensi della normativa vigente ([4]). In assenza di osservazioni da parte dell'interessato o in caso di mancato accoglimento delle stesse, la sanzione è irrogata in misura proporzionale al vantaggio economico indebitamente conseguito e comunque nei limiti di cui al primo periodo ([4]).

4. (*Omissis*)

5. Al fine di potenziare ed estendere i servizi telematici, il Ministero dell'economia e delle finanze e le Agenzie fiscali, nonché gli enti previdenziali, assistenziali e assicurativi, con propri provvedimenti possono definire termini e modalità per l'utilizzo esclusivo dei propri servizi telematici ovvero della posta elettronica certificata, anche a mezzo di intermediari abilitati, per la presentazione da parte degli interessati di denunce, istanze, atti e garanzie fideiussorie, per l'esecuzione di versamenti fiscali, contributivi, previdenziali, assistenziali e assicurativi, nonché per la richiesta di attestazioni e certificazioni. Le amministrazioni ed enti indicati al periodo precedente definiscono altresì l'utilizzo dei servizi telematici o della posta certificata anche per gli atti, comunicazioni o servizi dagli stessi resi. Con provvedimento del Direttore dell'Agenzia delle entrate sono definiti gli atti per i quali la registrazione prevista per legge è sostituita da una denuncia esclusivamente telematica di una delle parti, la quale assume qualità di fatto ai sensi dell'articolo 2704, primo comma, del codice civile. All'articolo 3 *ter*, comma 1, primo periodo, del decreto legislativo 18 dicembre 1997, n. 463, le parole: "trenta giorni" sono sostituite dalle seguenti: "sessanta giorni".

6. Data la valenza del codice fiscale quale elemento identificativo di ogni soggetto, da indicare in ogni atto relativo a rapporti intercorrenti con la Pub-

blica Amministrazione, l'Amministrazione finanziaria rende disponibile a chiunque, con servizio di libero accesso, la possibilità di verificare, mediante i dati disponibili in Anagrafe Tributaria, l'esistenza e la corrispondenza tra il codice fiscale e i dati anagrafici inseriti. Tenuto inoltre conto che i rapporti tra Pubbliche amministrazioni e quelli intercorrenti tra queste e altri soggetti pubblici o privati devono essere tenuti sulla base del codice fiscale, per favorire la qualità delle informazioni presso la Pubblica Amministrazione e nelle more della completa attivazione dell'indice delle anagrafi INA-SAIA, l'Amministrazione finanziaria rende accessibili alle pubbliche amministrazioni di cui all'articolo 1, comma 2, del decreto legislativo 30 marzo 2001, n. 165, nonché alle società interamente partecipate da enti pubblici o con prevalente capitale pubblico inserite nel conto economico consolidato della pubblica amministrazione, come individuate dall'Istituto Nazionale di statistica (ISTAT), ai sensi dell'articolo 1, comma 5, della legge 30 dicembre 2004, numero 311, nonché ai concessionari e gestori di pubblici servizi ed, infine, ai privati che cooperano con le attività dell'Amministrazione finanziaria, il codice fiscale registrato nell'Anagrafe tributaria ed i dati anagrafici ad esso correlati, al fine di verificarne l'esistenza e la corrispondenza, oltre che consentire l'acquisizione delle corrette informazioni ove mancanti. Tali informazioni sono rese disponibili, previa stipula di apposita convenzione, anche con le modalità della cooperazione applicativa.

7.-13 *septies*. (*Omissis*)

(¹) *La parola*: «*INPS*» *è stata così sostituita dalle parole*: «*ente erogatore*» *dall'art. 16, comma 5, lett.* a), *del D.L. 9 febbraio 2012, n. 5, convertito, con modificazioni, nella L. 4 aprile 2012, n. 35.*

(²) *Questo periodo è stato soppresso dall'art. 16, comma 5, lett.* b), *del D.L. 9 febbraio 2012, n. 5, convertito, con modificazioni, nella L. 4 aprile 2012, n. 35.*

(³) *Le parole*: «*discordanza tra il reddito dichiarato ai fini fiscali e quello indicato nella dichiarazione sostitutiva unica*» *sono state così sostituite dalle parole da*: «*discordanza tra il reddito dichiarato*» *fino a*: «*dichiarazione sostitutiva unica*» *dall'art. 16, comma 5, lett.* c), *del D.L. 9 febbraio 2012, n. 5, convertito, con modificazioni, nella L. 4 aprile 2012, n. 35.*

(⁴) *Questo periodo è stato aggiunto dall'art. 16, comma 5, lett.* d), *del D.L. 9 febbraio 2012, n. 5, convertito, con modificazioni, nella L. 4 aprile 2012, n. 35.*

Titolo III
Sviluppo ed infrastrutture

56. Entrata in vigore. – 1. Il presente decreto entra in vigore il giorno stesso della sua pubblicazione nella *Gazzetta Ufficiale* della Repubblica italiana e sarà presentato alle Camere per la conversione in legge.

16.

D.L. 6 dicembre 2011, n. 201. Disposizioni urgenti per la crescita, l'equità e il consolidamento dei conti pubblici (Suppl. ord. alla *Gazzetta Ufficiale* Serie gen. - n. 284 del 6 dicembre 2011), convertito, con modificazioni, nella L. 22 dicembre 2011, n. **214** (Suppl. ord. alla *Gazzetta Ufficiale* Serie gen. - n. 300 del 27 dicembre 2011) e comunicato di rettifica in *Gazzetta Ufficiale* Serie gen. - n. 10 del 13 gennaio 2012.

(*Estratto*)

Titolo III

Consolidamento dei conti pubblici

Capo I

Misure per l'emersione della base imponibile
e la trasparenza fiscale

11. Emersione di base imponibile. – 1. Chiunque, a seguito delle richieste effettuate nell'esercizio dei poteri di cui agli articoli 32 e 33 del decreto del Presidente della Repubblica 29 settembre 1973, n. 600, e agli articoli 51 e 52 del decreto del Presidente della Repubblica 29 settembre 1972, n. 633, esibisce o trasmette atti o documenti falsi in tutto o in parte ovvero fornisce dati e notizie non rispondenti al vero è punito ai sensi dell'articolo 76 del decreto del Presidente della Repubblica 28 dicembre 2000, n. 445. La disposizione di cui al primo periodo, relativamente ai dati e alle notizie non rispondenti al vero, si applica solo se a seguito delle richieste di cui al medesimo periodo si configurano le fattispecie di cui al decreto legislativo 10 marzo 2000, n. 74.

2. A far corso dal 1° gennaio 2012, gli operatori finanziari sono obbligati a comunicare periodicamente all'anagrafe tributaria le movimentazioni che hanno interessato i rapporti di cui all'articolo 7, sesto comma, del decreto del Presidente della Repubblica 29 settembre 1973, n. 605, ed ogni informazione relativa ai predetti rapporti necessaria ai fini dei controlli fiscali, nonché l'importo delle operazioni finanziarie indicate nella predetta disposizione. I dati comunicati sono archiviati nell'apposita sezione dell'anagrafe tributaria prevista dall'articolo 7, sesto comma, del decreto del Presidente della Repubblica 29 settembre 1973, n. 605, e successive modificazioni.

3. Con provvedimento del Direttore dell'Agenzia delle entrate, sentiti le associazioni di categoria degli operatori finanziari e il Garante per la protezione dei dati personali, sono stabilite le modalità della comunicazione di cui al comma 2, estendendo l'obbligo di comunicazione anche ad ulteriori informazioni relative ai rapporti strettamente necessarie ai fini dei controlli

fiscali. Il provvedimento deve altresì prevedere adeguate misure di sicurezza, di natura tecnica e organizzativa, per la trasmissione dei dati e per la relativa conservazione, che non può superare i dieci anni ([1]).

4. Oltre che ai fini previsti dall'articolo 7, undicesimo comma, del decreto del Presidente della Repubblica 29 settembre 1973, n. 605, le informazioni comunicate ai sensi dell'articolo 7, sesto comma, del predetto decreto e del comma 2 del presente articolo sono utilizzate dall'Agenzia delle entrate per le analisi del rischio di evasione. Le medesime informazioni, inclusive del valore medio di giacenza annuo di depositi e conti correnti bancari e postali, sono altresì utilizzate ai fini della semplificazione degli adempimenti dei cittadini in merito alla compilazione della dichiarazione sostitutiva unica di cui all'articolo 10 del regolamento di cui al decreto del Presidente del Consiglio dei ministri 5 dicembre 2013, n. 159, nonché in sede di controllo sulla veridicità dei dati dichiarati nella medesima dichiarazione. Fermo restando quanto previsto dal comma 3, le stesse informazioni sono altresì utilizzate dalla Guardia di finanza per le medesime finalità, anche in coordinamento con l'Agenzia delle entrate, nonché dal Dipartimento delle finanze, ai fini delle valutazioni di impatto e della quantificazione e del monitoraggio dell'evasione fiscale ([2]) ([3]).

4 *bis*. L'Agenzia delle entrate trasmette annualmente alle Camere una relazione con la quale sono comunicati i risultati relativi all'emersione dell'evasione a seguito dell'applicazione delle disposizioni di cui ai commi da 2 a 4. La relazione contiene anche i risultati relativi all'attività svolta dalla Guardia di finanza utilizzando le informazioni di cui al comma 4 ([4]). A tal fine, i dati sono comunicati all'Agenzia delle entrate secondo le modalità stabilite con provvedimento del direttore dell'Agenzia delle entrate e del Comandante generale della Guardia di finanza ([4]).

5. All'articolo 2 del decreto legge 13 agosto 2011, n. 138, convertito, con modificazioni,dalla legge 14 settembre 2011 n. 148, il comma 36 *undevicies* è abrogato.

6. Nell'ambito dello scambio informativo previsto dall'articolo 83, comma 2, del decreto legge 25 giugno 2008, n. 112, convertito dalla legge 6 agosto 2008, n. 133, l'Istituto Nazionale della previdenza sociale fornisce all'Agenzia delle entrate ed alla Guardia di finanza i dati relativi alle posizioni di soggetti destinatari di prestazioni socio-assistenziali affinché vengano considerati ai fini della effettuazione di controlli sulla fedeltà dei redditi dichiarati, basati su specifiche analisi del rischio di evasione.

7. - 10 *bis*. (*Omissis*)

(1) *Questo periodo è stato così sostituito dall'art. 16* quater, *comma 1, lett.* a), *del D.L. 23 ottobre 2018, n. 119, convertito, con modificazioni, nella L. 17 dicembre 2018, n. 136.*

(2) *Questo periodo è stato aggiunto dall'art. 16* quater, *comma 1, lett.* b), *del D.L. 23 ottobre 2018, n. 119, convertito, con modificazioni, nella L. 17 dicembre 2018, n. 136.*

(3) *Questo comma è stato così sostituito dall'attuale, dall'art. 1, comma 314, della L. 23 dicembre 2014, n. 190.*

(4) *Questo periodo è stato aggiunto dall'art. 16* quater, *comma 1, lett.* c), *del D.L. 23 ottobre 2018, n. 119, convertito, con modificazioni, nella L. 17 dicembre 2018, n. 136.*

11 *bis*. Semplificazione degli adempimenti e riduzione dei costi di acquisizione delle informazioni finanziarie. – 1. L'espletamento delle procedure nel corso di un procedimento, le richieste di informazioni e di copia della documentazione ritenuta utile e le relative risposte, nonché le notifiche aventi come destinatari le banche, gli intermediari finanziari e le imprese di assicurazioni (1), sono effettuati esclusivamente in via telematica, previa consultazione dell'archivio dei rapporti di cui all'articolo 7, sesto comma, del decreto del Presidente della Repubblica 29 settembre 1973, n. 605, e successive modificazioni. Le richieste telematiche sono eseguite secondo le procedure già in uso presso le banche, gli intermediari finanziari e le imprese di assicurazioni (1) ai sensi dell'articolo 32, terzo comma, del decreto del Presidente della Repubblica 29 settembre 1973, n. 600, e delle relative norme di attuazione. Con provvedimento dei Ministri interessati, da adottare entro sei mesi dalla data di entrata in vigore del presente decreto, sentita l'Agenzia delle entrate, sono stabilite le disposizioni attuative del presente articolo.

(1) *Le parole: «le banche e gli intermediari finanziari» sono state così sostituite dalle parole: «le banche, gli intermediari finanziari e le imprese di assicurazioni» dall'art. 3, comma 14, del D.L. 2 marzo 2012, n. 16, convertito, con modificazioni, nella L. 26 aprile 2012, n. 44.*

17.

D.L. 2 marzo 2012, n. 16. Disposizioni urgenti in materia di semplificazioni tributarie, di efficientamento e potenziamento delle procedure di accertamento (*Gazzetta Ufficiale* Serie gen. - n. 52 del 2 marzo 2012), convertito, con modificazioni, nella L. 26 aprile 2012, n. **44** (Suppl. ord. alla *Gazzetta Ufficiale* Serie gen. n. 99 del 28 aprile 2012).

(*Estratto*)

Titolo II
Efficientamento e potenziamento
dell'azione dell'Amministrazione tributaria

Capo II
Potenziamento

Sezione I
Accertamento

8. Misure di contrasto all'evasione. – 1.- 5. (*Omissis*).

6. Ai fini del rafforzamento delle garanzie dei crediti erariali, la Guardia di finanza può avvalersi del potere di cui agli articoli 32, primo comma, numero 7), del decreto del Presidente della Repubblica 29 settembre 1973, n. 600 e 51, secondo comma, numero 7), del decreto del Presidente della Repubblica 26 ottobre 1972, n. 633 anche ai fini dell'effettuazione di segnalazioni all'Agenzia delle entrate finalizzate alla richiesta al presidente della commissione tributaria provinciale, da parte di quest'ultima, delle misure cautelari ai sensi dell'articolo 22 del decreto legislativo 18 dicembre 1997, n. 472.

7. (*Omissis*)

8. Le Agenzie fiscali e la Guardia di finanza, nell'ambito dell'attività di pianificazione degli accertamenti, tengono conto anche delle segnalazioni non anonime di violazioni tributarie, incluse quelle relative all'obbligo di emissione della ricevuta o dello scontrino fiscale ovvero del documento certificativo dei corrispettivi.

9. - 25 bis. (*Omissis*)

9. Potenziamento dell'accertamento in materia doganale. – 1. - 3. (*Omissis*)

3 *bis*. Gli atti di accertamento emessi dall'Agenzia delle dogane ai fini della riscossione delle risorse proprie tradizionali di cui all'articolo 2, paragrafo 1, lettera *a*), della decisione 2007/436/CE/Euratom del Consiglio, del 7 giugno 2007, immediatamente applicabili ai sensi dell'articolo 16, paragrafo

3, del regolamento (CE) n. 450/2008 del Parlamento europeo e del Consiglio, del 23 aprile 2008, e della connessa IVA all'importazione, diventano esecutivi decorsi dieci giorni dalla notifica e, oltre a contenere l'intimazione ad adempiere entro il termine di dieci giorni dalla ricezione dell'atto, devono anche espressamente recare l'avvertimento che, decorso il termine ultimo per il pagamento, la riscossione delle somme richieste, in deroga alle disposizioni in materia di iscrizione a ruolo, è affidata in carico agli agenti della riscossione, anche ai fini dell'esecuzione forzata, con le modalità determinate con provvedimento del direttore dell'Agenzia delle dogane, di concerto con il Ragioniere generale dello Stato. L'agente della riscossione, con raccomandata semplice spedita all'indirizzo presso il quale è stato notificato l'atto di accertamento, informa il debitore di aver preso in carico le somme per la riscossione ([1]).

3 *ter*. L'agente della riscossione, sulla base del titolo esecutivo di cui al comma 3 *bis*, e senza la preventiva notifica della cartella di pagamento, procede all'espropriazione forzata con i poteri, le facoltà e le modalità previste dalle disposizioni che disciplinano la riscossione a mezzo ruolo. Ai fini dell'espropriazione forzata l'esibizione dell'estratto dell'atto di cui al comma 3 *bis*, come trasmesso all'agente della riscossione con le modalità determinate con il provvedimento del direttore dell'Agenzia delle dogane, di concerto con il Ragioniere generale dello Stato, previsto al comma 3 *bis*, tiene luogo a tutti gli effetti dell'esibizione dell'atto stesso in tutti i casi in cui l'agente della riscossione ne attesti la provenienza. Decorso un anno dalla notifica degli atti di cui al comma 3 *bis*, l'espropriazione forzata è preceduta dalla notifica dell'avviso di cui all'articolo 50 del decreto del Presidente della Repubblica 29 settembre 1973, n. 602 ([1]).

3 *quater*. A partire dal primo giorno successivo al termine ultimo per il pagamento, le somme richieste con gli atti di cui al comma 3 *bis* sono maggiorate degli interessi di mora nella misura indicata dall'articolo 30 del decreto del Presidente della Repubblica 29 settembre 1973, n. 602. All'agente della riscossione spettano l'aggio, interamente a carico del debitore, ed il rimborso delle spese relative alle procedure esecutive, previsti dall'articolo 17 del decreto legislativo 13 aprile 1999, n. 112 ([1]).

3 *quinquies*. Ai fini della procedura di riscossione contemplata dai commi da 3 *bis* a 3 *sexies*, i riferimenti contenuti in norme vigenti al ruolo ed alla cartella di pagamento si intendono effettuati agli atti indicati al comma 3 *bis* ed i riferimenti alle somme iscritte a ruolo si intendono effettuati alle somme affidate agli agenti della riscossione secondo le disposizioni di cui ai commi da 3 *bis* a 3 *sexies* ([1]).

3 *sexies*. La dilazione del pagamento prevista dall'articolo 19 del decreto del Presidente della Repubblica 29 settembre 1973, n. 602, può essere concessa solo dopo l'affidamento del carico all'agente della riscossione ([1]).

3 *septies*. - 3 *terdecies*. (*Omissis*)

([1]) *A norma dell'art. 68, comma 2, del D.L. 17 marzo 2020, n. 18, convertito, con modificazioni nella L. 24 aprile 2020, n. 27, sono sospesi i termini dei versamenti, scadenti nel periodo dall'8 marzo al 31 maggio 2020, derivanti da cartelle di pagamento emesse dagli agenti della riscossione, nonché dagli avvisi previsti di cui a questo articolo. I versamenti oggetto di sospensione devono essere effettuati in unica soluzione entro il mese successivo al termine del periodo di sospensione. Non si procede al rimborso di quanto già versato.*

18.

D.M. 24 dicembre 2012. Contenuto induttivo degli elementi indicativi di capacità contributiva sulla base dei quali può essere fondata la determinazione sintetica del reddito (*Gazzetta Ufficiale* Serie gen. - n. 3 del 4 gennaio 2013).

(*Estratto*)

1. Elementi di spesa indicativi di capacità contributiva e contenuto induttivo. – 1. Con il presente decreto è individuato il contenuto induttivo degli elementi indicativi di capacità contributiva sulla base del quale, ai sensi del quinto comma dell'art. 38, del decreto del Presidente della Repubblica 29 settembre 1973, n. 600, può essere fondata la determinazione sintetica del reddito complessivo delle persone fisiche.

2. Ai fini del presente decreto, per elemento indicativo di capacità contributiva si intende la spesa sostenuta dal contribuente per l'acquisizione di servizi e di beni e per il relativo mantenimento. L'elenco degli elementi di cui al periodo precedente è indicato nella tabella A che fa parte integrante del presente decreto.

3. Il contenuto induttivo degli elementi indicativi di capacità contributiva, indicato nella tabella A, è determinato tenendo conto della spesa media, per gruppi e categorie di consumi, del nucleo familiare di appartenenza del contribuente; tale contenuto induttivo corrisponde alla spesa media risultante dall'indagine annuale sui consumi delle famiglie compresa nel Programma statistico nazionale, ai sensi dell'art. 13 del decreto legislativo 6 settembre 1989, n. 322, effettuata su campioni significativi di contribuenti appartenenti ad undici tipologie di nuclei familiari distribuite nelle cinque aree territoriali in cui è suddiviso il territorio nazionale. Le tipologie di nuclei familiari considerate sono indicate nella tabella B, che fa parte integrante del presente decreto.

4. Il contenuto induttivo degli elementi di capacità contributiva indicati nella tabella A è, altresì, determinato considerando le risultanze di analisi e studi socio economici, anche di settore.

5. Fatto salvo quanto previsto dall'art. 4 del presente decreto, ai fini della determinazione sintetica del reddito complessivo delle persone fisiche, in presenza di spese indicate nella tabella A, si considera l'ammontare più elevato tra quello disponibile o risultante dalle informazioni presenti in Anagrafe tributaria e quello determinato considerando la spesa media rilevata dai risultati dell'indagine sui consumi dell'Istituto nazionale di statistica o da analisi e studi socio economici, anche di settore.

6. Ai fini della determinazione sintetica del reddito complessivo delle persone fisiche, resta ferma la facoltà dell'Agenzia delle entrate di utilizzare, altresì: elementi di capacità contributiva diversi da quelli riportati nella tabella A, qualora siano disponibili dati relativi alla spesa sostenuta per l'acquisizione di servizi e di beni e per il relativo mantenimento; quota di risparmio riscontrata, formatasi nell'anno.

2. Spese per beni e servizi. – 1. Fatto salvo quanto previsto dall'art. 4 del presente decreto, le spese relative ai beni e servizi si considerano sostenute dalla persona fisica cui risultano riferibili sulla base dei dati disponibili o delle informazioni presenti in Anagrafe tributaria. Si considerano, inoltre, sostenute dal contribuente, le spese relative ai beni e servizi effettuate dal coniuge e dai familiari fiscalmente a carico.

2. Non si considerano sostenute dalla persona fisica le spese per i beni e servizi se gli stessi sono relativi esclusivamente ed effettivamente all'attività di impresa o all'esercizio di arti e professioni, sempre che tale circostanza risulti da idonea documentazione.

3. Utilizzo dei dati relativi agli elementi indicativi di capacità contributiva ai fini della determinazione sintetica del reddito complessivo accertabile. – 1. Fatto salvo quanto previsto dall'art. 4 del presente decreto, l'Agenzia delle entrate determina il reddito complessivo accertabile del contribuente sulla base:

a) dell'ammontare delle spese, anche diverse rispetto a quelle indicate nella tabella A che, dai dati disponibili o dalle informazioni presenti nel Sistema informativo dell'Anagrafe tributaria, risultano sostenute dal contribuente;

b) della quota parte, attribuibile al contribuente, dell'ammontare della spesa media ISTAT riferita ai consumi del nucleo familiare di appartenenza, determinata: nella percentuale corrispondente al rapporto tra il reddito complessivo attribuibile al contribuente ed il totale dei redditi complessivi attribuibili ai componenti del nucleo familiare; in assenza di redditi dichiarati dal nucleo familiare, nella percentuale corrispondente al rapporto tra le spese sostenute dal contribuente ed il totale delle spese dell'intero nucleo familiare, risultanti dai dati disponibili o dalle informazioni presenti nel Sistema informativo dell'Anagrafe tributaria;

c) dell'ammontare delle ulteriori spese riferite ai beni e servizi, presenti nella tabella A, nella misura determinata considerando la spesa rilevata da analisi e studi socio economici;

d) della quota relativa agli incrementi patrimoniali del contribuente imputabile al periodo d'imposta, nella misura determinata con le modalità indicate nella tabella A;

e) della quota di risparmio riscontrata, formatasi nell'anno.

4. Spese attribuite al contribuente in sede di determinazione sintetica del reddito complessivo delle persone fisiche e prova contraria. – 1. In presenza delle condizioni indicate al sesto comma dell'art. 38 del decreto del Presidente della Repubblica 29 settembre 1973, n. 600, al verificarsi delle quali è ammessa la determinazione sintetica del reddito complessivo, il contribuente ha facoltà di dimostrare:

a) che il finanziamento delle spese è avvenuto:

*a*1) con redditi diversi da quelli posseduti nel periodo d'imposta;

*a*2) con redditi esenti o soggetti a ritenuta alla fonte a titolo di imposta, o, comunque, legalmente esclusi dalla formazione della base imponibile;

*a*3) da parte di soggetti diversi dal contribuente;

b) il diverso ammontare delle spese attribuite al medesimo.

5. Efficacia. – 1. Le disposizioni contenute nel presente decreto si rendono applicabili alla determinazione sintetica dei redditi e dei maggiori redditi relativi agli anni d'imposta a decorrere dal 2009.

2. Il presente decreto sarà pubblicato nella *Gazzetta Ufficiale* della Repubblica italiana.

(*Si omettono gli allegati*)

19.

D.L.vo 21 novembre 2014, n. 175. Semplificazione fiscale e dichiarazione dei redditi precompilata (*Gazzetta Ufficiale* Serie gen. - n. 277 del 28 novembre 2014).

(*Estratto*)

Capo I

Semplificazioni per le persone fisiche

1. Dichiarazione dei redditi precompilata. – 1. A decorrere dal 2015, in via sperimentale, l'Agenzia delle entrate, utilizzando le informazioni disponibili in Anagrafe tributaria, i dati trasmessi da parte di soggetti terzi e i dati contenuti nelle certificazioni di cui all'articolo 4, comma 6 *ter*, del decreto del Presidente della Repubblica 22 luglio 1998, n. 322, rende disponibile telematicamente, entro il 30 aprile (1) di ciascun anno, ai titolari di redditi di lavoro dipendente e assimilati indicati agli articoli 49 e 50, comma 1, lettere *a*), *c*), c *bis*), *d*), *g*), con esclusione delle indennità percepite dai membri del Parlamento europeo, *i*) ed *l*), del testo unico delle imposte sui redditi, di cui al decreto del Presidente della Repubblica 22 dicembre 1986, n. 917, la dichiarazione precompilata relativa ai redditi prodotti nell'anno precedente, che può essere accettata o modificata (2) (3).

2. L'Agenzia delle entrate, mediante un'apposita unità di monitoraggio, riceve e gestisce i dati dei flussi informativi utili per la predisposizione della dichiarazione precompilata verificandone la completezza, la qualità e la tempestività della trasmissione, anche con l'obiettivo di realizzare progressivamente un sistema di precompilazione di tutti i dati della dichiarazione di cui al comma 1.

3. La dichiarazione precompilata è resa disponibile direttamente al contribuente, mediante i servizi telematici dell'Agenzia delle entrate o, conferendo apposita delega, tramite il proprio sostituto d'imposta che presta assistenza fiscale ovvero tramite un centro di assistenza fiscale di cui all'articolo 32, comma 1, lettere *d*), *e*) ed *f*), del decreto legislativo 9 luglio 1997, n. 241, o un iscritto nell'albo dei consulenti del lavoro o in quello dei dottori commercialisti e degli esperti contabili abilitati allo svolgimento dell'assistenza fiscale. Per lo svolgimento dell'attività di assistenza fiscale, per quanto non previsto dagli articoli da 2 a 6, si applicano le disposizioni previste dal decreto legislativo 9 luglio 1997, n. 241, e dal relativo decreto del Ministro delle finanze 31 maggio 1999, n. 164, nonché dall'articolo 51 *bis*, del decreto legge 21 giugno 2013, n. 69, convertito, con modificazioni, dalla legge 9

agosto 2013, n. 98. Con provvedimento del Direttore dell'Agenzia delle entrate, sentita l'Autorità Garante per la protezione dei dati personali, sono individuate le modalità tecniche per consentire al contribuente o agli altri soggetti autorizzati di accedere alla dichiarazione precompilata resa disponibile in via telematica dall'Agenzia delle entrate. Con provvedimento del Direttore dell'Agenzia delle entrate sono altresì individuati eventuali sistemi alternativi per rendere disponibile al contribuente la propria dichiarazione precompilata.

4. Resta ferma la possibilità di presentare la dichiarazione dei redditi autonomamente compilata con le modalità ordinarie. In caso di presentazione della dichiarazione dei redditi con le modalità di cui all'articolo 13 del decreto del Ministro delle finanze 31 maggio 1999, n. 164, ad un centro di assistenza fiscale o a un professionista di cui al comma 3, si applicano le disposizioni di cui agli articoli 5, commi 3 e 3 *bis* (4), e 6 del presente decreto.

(1) *Le parole: «entro il 15 aprile» sono state così sostituite dalle attuali. «entro il 30 aprile» dall'art. 16* bis, *comma 3, lett.* a), *del D.L. 26 ottobre 2019, n. 124, convertito, con modificazioni, nella L. 19 dicembre 2019, n. 157, a decorrere dal 1° gennaio 2020, in forza della modifica apportata alla decorrenza dall'art. 61* bis, *comma 1, del D.L. 17 marzo 2020, n. 18, convertito, con modificazioni, nella L. 24 aprile 2020, n. 27.*

(2) *A norma dall'art. 61* bis, *comma 2, del D.L. 17 marzo 2020, n. 18, convertito, con modificazioni, nella L. 24 aprile 2020, n. 27, per l'anno 2020, il termine del 30 aprile di cui a questo comma, è prorogato al 5 maggio*

(3) *A norma dell'art. 5, comma 22, del D.L. 22 marzo 2021, n. 41, convertito, con modificazioni, nella L. 21 maggio 2021, n. 69, per l'anno 2021, il termine del 30 aprile di cui a questo comma è prorogato al 10 maggio.*

(4) *Le parole: «5, comma 3» sono state così sostituite dalle seguenti: «5, commi 3 e 3* bis»*, dall'art. 1, comma 949, lett.* g)*, della L. 28 dicembre 2015, n. 208.*

3. Trasmissione all'Agenzia delle entrate da parte di soggetti terzi di dati relativi a oneri e spese sostenute dai contribuenti. – 1. (*Omissis*)

2. Ai fini della elaborazione della dichiarazione dei redditi, l'Agenzia delle entrate può utilizzare i dati di cui all'articolo 50, comma 7, del decreto legge 30 settembre 2003, n. 269, convertito, con modificazioni, dalla legge 24 novembre 2003, n. 326.

3. Ai fini della elaborazione della dichiarazione dei redditi, le aziende sanitarie locali, le aziende ospedaliere, gli istituti di ricovero e cura a carattere scientifico, i policlinici universitari, le farmacie, pubbliche e private, i presidi di specialistica ambulatoriale, le strutture per l'erogazione delle prestazioni di assistenza protesica e di assistenza integrativa, gli altri presidi e strutture accreditati per l'erogazione dei servizi sanitari e gli iscritti all'Albo dei medici chirurghi e degli odontoiatri, inviano al Sistema tessera sanitaria, secondo

le modalità previste dal decreto del Presidente del Consiglio dei ministri 26 marzo 2008, attuativo dell'articolo 50, comma 5 *bis*, del decreto legge 30 settembre 2003, n. 269, convertito, con modificazioni, dalla legge 24 novembre 2003, n. 326, e successive modificazioni, i dati relativi alle prestazioni erogate dal 2015 ([1]) ad esclusione di quelle già previste nel comma 2, ai fini della loro messa a disposizione dell'Agenzia delle entrate. Le specifiche tecniche e le modalità operative relative alla trasmissione telematica dei dati, sono rese disponibili sul sito internet del Sistema tessera sanitaria. I dati relativi alle prestazioni sanitarie erogate a partire dal 1° gennaio 2016 sono inviati al Sistema tessera sanitaria, con le medesime modalità di cui al presente comma, anche da parte delle strutture autorizzate per l'erogazione dei servizi sanitari e non accreditate ([2]).

3 *bis*. Tutti i cittadini, indipendentemente dalla predisposizione della dichiarazione dei redditi precompilata, possono consultare i dati relativi alle proprie spese sanitarie acquisiti dal Sistema tessera sanitaria ai sensi dei commi 2 e 3 mediante i servizi telematici messi a disposizione dal Sistema tessera sanitaria ([3]).

4. Con decreto del Ministro dell'economia e delle finanze sono individuati i termini e le modalità per la trasmissione telematica all'Agenzia delle entrate dei dati relativi alle spese che danno diritto a deduzioni dal reddito o detrazioni dall'imposta diverse da quelle indicate nei commi 1, 2 e 3. Nel caso di omessa, tardiva o errata trasmissione dei dati di cui al periodo precedente, si applica la sanzione prevista dall'articolo 78, comma 26, della legge 30 dicembre 1991, n. 413, e successive modificazioni ([4]).

5. Con provvedimento del direttore dell'Agenzia delle entrate, sentita l'Autorità garante per la protezione dei dati personali, sono stabilite le modalità tecniche di utilizzo dei dati di cui ai commi 2, 3 e 3 *bis* ([5]).

5 *bis*. In caso di omessa, tardiva o errata trasmissione dei dati di cui ai commi 3 e 4 si applica la sanzione di euro 100 per ogni comunicazione, in deroga a quanto previsto dall'articolo 12 del decreto legislativo 18 dicembre 1997, n. 472, con un massimo di euro 50.000. Nei casi di errata comunicazione dei dati la sanzione non si applica se la trasmissione dei dati corretti è effettuata entro i cinque giorni successivi alla scadenza, ovvero, in caso di segnalazione da parte dell'Agenzia delle Entrate, entro i cinque successivi alla segnalazione stessa. Se la comunicazione è correttamente trasmessa entro sessanta giorni dalla scadenza prevista, la sanzione è ridotta a un terzo con un massimo di euro 20.000 ([6]).

5 *ter*. Per le trasmissioni da effettuare nell'anno 2015, relative all'anno 2014, e comunque per quelle effettuate nel primo anno previsto per la trasmissione all'Agenzia delle entrate dei dati e delle certificazioni uniche uti-

li per la predisposizione della dichiarazione precompilata, non si fa luogo all'applicazione delle sanzioni di cui al comma 5 *bis* del presente articolo, all'articolo 78, comma 26, della legge 30 dicembre 1991, n. 413, e successive modificazioni, all'articolo 4, comma 6 *quinquies*, del regolamento di cui al decreto del Presidente della Repubblica 22 luglio 1998, n. 322, e successive modificazioni, nei casi di lieve tardività o di errata trasmissione dei dati stessi, se l'errore non determina un'indebita fruizione di detrazioni o deduzioni nella dichiarazione precompilata di cui all'articolo 1 ([7]).

6. L'Agenzia delle entrate effettua controlli sulla correttezza dei dati trasmessi dai soggetti terzi con i poteri di cui al decreto del Presidente della Repubblica 29 settembre 1973, n. 600.

([1]) *Le parole: «prestazioni erogate nel 2015» sono state così sostituite dalle seguenti: «prestazioni erogate dal 2015», dall'art. 1, comma 949, lett.* a), *della L. 28 dicembre 2015, n. 208.*

([2]) *Questo periodo è stato aggiunto dall'art. 1, comma 949, lett.* a), *della L. 28 dicembre 2015, n. 208.*

([3]) *Questo comma è stato inserito dall'art. 1, comma 949, lett.* b), *della L. 28 dicembre 2015, n. 208.*

([4]) *Questo periodo è stato aggiunto dall'art. 1, comma 949, lett.* c), *della L. 28 dicembre 2015, n. 208.*

([5]) *Le parole: «commi 2 e 3» sono state così sostituite dalle seguenti: «commi 2, 3 e* 3 bis», *dall'art. 1, comma 949, lett.* d), *della L. 28 dicembre 2015, n. 208.*

([6]) *Questo comma è stato aggiunto dall'art. 23 del D.L.vo 24 settembre 2015, n. 158, a decorrere dal 1° gennaio 2016.*

([7]) *Questo comma è stato inserito dall'art. 1, comma 949, lett.* e), *della L. 28 dicembre 2015, n. 208.*

4. Accettazione e modifica della dichiarazione precompilata. – 1. La dichiarazione precompilata relativa al periodo d'imposta precedente può essere accettata ovvero modificata dal contribuente.

2. (*Omissis*)

3. La dichiarazione precompilata è presentata entro il termine di cui all'articolo 13, comma 1, lettere *a*) e *b*), del decreto del Ministro delle finanze 31 maggio 1999, n. 164:

a) all'Agenzia delle entrate direttamente in via telematica;

b) al sostituto d'imposta che presta assistenza fiscale;

c) a un CAF o a un professionista indicati nell'articolo 1, presentando anche la relativa documentazione. L'attività di verifica di conformità è effettuata, ai sensi della lettera *c*) del comma 3 dell'articolo 34 del decreto legislativo 9 luglio 1997, n. 241, sui dati della dichiarazione compresi quelli forniti con la dichiarazione precompilata e comporta assunzione di responsabilità ai fini di quanto previsto dall'articolo 6, comma 1.

3 *bis*. Il contribuente può avvalersi della facoltà di inviare all'Agenzia delle entrate direttamente in via telematica la dichiarazione precompilata entro il 30 settembre ([1]) di ciascun anno senza che questo determini la tardività della presentazione ([2]).

4. La dichiarazione precompilata relativa al periodo d'imposta precedente è presentata dai soggetti di cui all'articolo 51 *bis* del decreto legge 21 giugno 2013 n. 69, convertito, con modificazioni, dalla legge 9 agosto 2013, n. 98, entro il 7 luglio, con le modalità indicate alle lettere *a*) e *c*) del comma 3. Se dalla dichiarazione emerge un debito, il pagamento deve comunque essere effettuato con le modalità ed entro i termini previsti per il versamento dell'imposta sul reddito delle persone fisiche.

5. In presenza dei requisiti indicati nell'articolo 13, comma 4, del decreto del Ministro delle finanze 31 maggio 1999, n. 164, i coniugi possono congiungere le proprie dichiarazioni in sede di accettazione o modifica. In caso di dichiarazione precompilata messa a disposizione di uno solo dei coniugi, può essere presentata dichiarazione congiunta a un CAF o a un professionista ovvero al sostituto d'imposta indicati nell'articolo 1.

6. Con provvedimento del Direttore dell'Agenzia delle entrate sono individuati sistemi alternativi di accettazione o modifica da parte del contribuente della dichiarazione precompilata.

7. I termini di cui all'articolo 2, comma 2, nonché quelli di cui al presente articolo, commi da 2 a 4, possono essere modificati con decreto del Ministro dell'economia e delle finanze adottato ai sensi dell'articolo 17, comma 3, della legge 23 agosto 1988, n. 400.

8. I commi 103 e 104 dell'articolo 1, della legge 27 dicembre 2006, n. 296, sono abrogati con effetto per le dichiarazioni dei redditi presentate a decorrere dall'anno 2015, relative al periodo d'imposta 2014.

([1]) *Le parole: «entro il 23 luglio» sono state così sostituite dalle attuali. «entro il 30 settembre» dall'art. 16* bis, *comma 3, lett.* b), *del D.L. 26 ottobre 2019, n. 124, convertito, con modificazioni, nella L. 19 dicembre 2019, n. 157, a decorrere dal 1° gennaio 2020, in forza della modifica apportata alla decorrenza dall'art. 61* bis, *comma 1, del D.L. 17 marzo 2020, n. 18, convertito, con modificazioni, nella L. 24 aprile 2020, n. 27.*

([2]) *Questo comma è stato inserito dall'art. 7* quater, *comma 47, del D.L. 22 ottobre 2016, n. 193, convertito, con modificazioni, nella L. 1 dicembre 2016, n. 225.*

5. Limiti ai poteri di controllo. – 1. Nel caso di presentazione della dichiarazione precompilata, direttamente ovvero tramite il sostituto d'imposta che presta l'assistenza fiscale, senza modifiche non si effettua il controllo:

a) formale sui dati relativi agli oneri indicati nella dichiarazione precompilata forniti dai soggetti terzi di cui all'articolo 3. Su tali dati resta fermo il controllo della sussistenza delle condizioni soggettive che danno diritto alle detrazioni, alle deduzioni e alle agevolazioni;

[*b*) di cui all'articolo 1, comma 586, della legge 27 dicembre 2013, n. 147] ([1]).

2. Nel caso di presentazione, direttamente ovvero tramite il sostituto d'imposta che presta l'assistenza fiscale, della dichiarazione precompilata con modifiche che incidono sulla determinazione del reddito o dell'imposta, non operano le esclusioni dal controllo di cui al comma 1, lettera *a*), ad eccezione dei dati relativi agli oneri, forniti da soggetti terzi, indicati nella dichiarazione precompilata, che non risultano modificati. Con riferimento agli oneri forniti dai soggetti terzi che risultano modificati rispetto alla dichiarazione precompilata, l'Agenzia delle entrate effettua il controllo formale relativamente ai documenti che hanno determinato la modifica ([2]).

3. Nel caso di presentazione della dichiarazione precompilata, anche con modifiche, effettuata mediante CAF o professionista, il controllo formale è effettuato nei confronti del CAF o del professionista, anche con riferimento ai dati relativi agli oneri, forniti da soggetti terzi, indicati nella dichiarazione precompilata fermo restando a carico del contribuente il pagamento delle maggiori imposte e degli interessi. Il controllo della sussistenza delle condizioni soggettive che danno diritto alle detrazioni, alle deduzioni e alle agevolazioni è effettuato nei confronti del contribuente ([3]).

3 *bis*. Nel caso di presentazione della dichiarazione direttamente ovvero tramite il sostituto d'imposta che presta l'assistenza fiscale, con modifiche rispetto alla dichiarazione precompilata che incidono sulla determinazione del reddito o dell'imposta e che presentano elementi di incoerenza rispetto ai criteri pubblicati con provvedimento del direttore dell'Agenzia delle entrate ovvero determinano un rimborso di importo superiore a 4.000 euro, l'Agenzia delle entrate può effettuare controlli preventivi, in via automatizzata o mediante verifica della documentazione giustificativa, entro quattro mesi dal termine previsto per la trasmissione della dichiarazione, ovvero dalla data della trasmissione, se questa è successiva a detto termine. Il rimborso che risulta spettante al termine delle operazioni di controllo preventivo è erogato dall'Agenzia delle entrate non oltre il sesto mese successivo al termine previsto per la trasmissione della dichiarazione, ovvero dalla data della trasmissione, se questa è successiva a detto termine. Restano fermi i controlli previsti in materia di imposte sui redditi ([4]).

([1]) *Questa lettera è stata abrogata dall'art. 1, comma 949, lett.* h), *della L. 28 dicembre 2015, n. 208, con effetto per le dichiarazioni dei redditi presentate a decorrere dall'anno 2016, relative al periodo d'imposta 2015.*

([2]) *Le parole: «, ad eccezione dei dati relativi agli oneri, forniti da soggetti terzi, indicati nella dichiarazione precompilata, che non risultano modificati. Con riferimento agli oneri forniti dai soggetti terzi che risultano modificati rispetto alla dichiarazione precompilata, l'Agenzia delle entrate effettua il controllo formale relativamente ai documenti che hanno determinato la modifica» sono state aggiunte dall'art. 5* ter, *comma 1, del D.L. 21 ottobre 2021, n. 146, convertito, con modificazioni, nella L. 17 dicembre 2021, n. 215.*

([3]) *Questo comma è stato così sostituito dall'art. 7* bis, *comma 2, del D.L. 28 gennaio 2019, n. 4, convertito, con modificazioni, nella L. 28 marzo 2019, n. 26.*

([4]) *Questo comma è stato inserito dall'art. 1, comma 949, lett.* f), *della L. 28 dicembre 2015, n. 208.*

Capo II
Semplificazioni per i rimborsi

15. Compensazione dei rimborsi da assistenza. – 1. Al fine di favorire la trasparenza e semplificare le operazioni poste in essere dai sostituti d'imposta, a decorrere dal 1° gennaio 2015:

a) le somme rimborsate ai percipienti sulla base dei prospetti di liquidazione delle dichiarazioni dei redditi e dei risultati contabili trasmessi dai CAF e dai professionisti abilitati sono compensate dai sostituti d'imposta esclusivamente con le modalità di cui all'articolo 17 del decreto legislativo 9 luglio 1997, n. 241, nel mese successivo a quello in cui è stato effettuato il rimborso, nei limiti previsti dall'articolo 37, comma 4, dello stesso decreto legislativo n. 241 del 1997. Dette somme non concorrono alla determinazione del limite di cui all'articolo 34, comma 1, della legge 23 dicembre 2000, n. 388;

b) in deroga a quanto previsto dall'articolo 17, comma 1, del decreto legislativo n. 241 del 1997 le eccedenze di versamento di ritenute e di imposte sostitutive sono scomputate dai successivi versamenti esclusivamente con le modalità di cui all'articolo 17 del citato decreto legislativo n. 241 del 1997. Dette somme non concorrono alla determinazione del limite di cui all'articolo 34, comma 1, della legge n. 388 del 2000 fermo restando quanto previsto dall'articolo 1, commi da 2 a 6, del decreto del Presidente della Repubblica 10 novembre 1997, n. 445;

c) nell'articolo 1, del decreto del Presidente della Repubblica 10 novembre 1997, n. 445, sono apportate le seguenti modificazioni:

1) il comma 1 è abrogato;

2) nel comma 4, le parole: «che non trova capienza nelle ritenute da versare nel periodo d'imposta successivo o», sono soppresse.

20.

L. 23 dicembre 2014, n. 190. Disposizioni per la formazione del bilancio annuale e pluriennale dello Stato (legge di stabilità 2015) (Suppl. ord. alla *Gazzetta Ufficiale* Serie gen. - n. 300 del 29 dicembre 2014).

1. 1. - 639. (*Omissis*).

640. Nelle ipotesi di presentazione di dichiarazione integrativa ai sensi degli articoli 2, comma 8, e 8, comma 6 *bis* ([1]), del regolamento di cui al decreto del Presidente della Repubblica 22 luglio 1998, n. 322, e successive modificazioni, e 13 del decreto legislativo 18 dicembre 1997, n. 472, e successive modificazioni, ovvero, quando non è prevista dichiarazione periodica, nei casi di regolarizzazione dell'omissione o dell'errore:

a) i termini per la notifica delle cartelle di pagamento di cui all'articolo 25, comma 1, lettere *a*) e *b*), del decreto del Presidente della Repubblica 29 settembre 1973, n. 602, e successive modificazioni, relativi, rispettivamente, all'attività di liquidazione delle imposte, dei contributi, dei premi e dei rimborsi dovuti in base alle dichiarazioni e di controllo formale delle dichiarazioni, concernenti le dichiarazioni integrative presentate per la correzione degli errori e delle omissioni incidenti sulla determinazione e sul pagamento del tributo, decorrono dalla presentazione di tali dichiarazioni, limitatamente agli elementi oggetto dell'integrazione;

b) i termini per l'accertamento di cui agli articoli 43 del decreto del Presidente della Repubblica 29 settembre 1973, n. 600, e successive modificazioni, e 57 del decreto del Presidente della Repubblica 26 ottobre 1972, n. 633, e successive modificazioni, decorrono dalla presentazione della dichiarazione integrativa, limitatamente ai soli elementi ([2]) oggetto dell'integrazione;

c) i termini di cui all'articolo 76 del testo unico di cui al decreto del Presidente della Repubblica 26 aprile 1986, n. 131, e successive modificazioni, concernenti l'imposta di registro, decorrono dalla regolarizzazione spontanea degli errori od omissioni;

d) i termini di cui all'articolo 27 del testo unico di cui al decreto legislativo 31 ottobre 1990, n. 346, e successive modificazioni, concernente le imposte di successione e donazione, decorrono dalla regolarizzazione spontanea degli errori od omissioni.

641. - 735. (*Omissis*).

([1]) *Le parole: «degli articoli 2, comma 8» sono state così sostituite dalle seguenti: «degli articoli 2, comma 8, e 8, comma 6* bis*» dall'art. 5, comma 2, lett.* a*), del D.L. 22 ottobre 2016, n. 193, convertito, con modificazioni, nella L. 1° dicembre 2016, n. 225.*

([2]) *Le parole: «agli elementi» sono state così sostituite dalle seguenti: «ai soli elementi» dall'art. 5, comma 2, lett.* b*), del D.L. 22 ottobre 2016, n. 193, convertito, con modificazioni, nella L. 1° dicembre 2016, n. 225.*

21.

D.L. 22 ottobre 2016, n. 193. Disposizioni urgenti in materia fiscale e per il finanziamento di esigenze indifferibili (*Gazzetta Ufficiale* Serie gen. - n. 249 del 24 ottobre 2016), convertito, con modificazioni, nella L. 1 dicembre 2016, n. **225** (Suppl. ord. alla *Gazzetta Ufficiale* Serie gen. - n. 282 del 2 dicembre 2016), ed avviso di rettifica in *Gazzetta Ufficiale* Serie gen. - n. 250 del 25 ottobre 2016.

(*Estratto*)

Capo I

Misure urgenti in materia di riscossione

7 *quater*. Disposizioni in materia di semplificazione fiscale. – 1. - 17. (*Omissis*).

18. I termini di sospensione relativi alla procedura di accertamento con adesione si intendono cumulabili con il periodo di sospensione feriale dell'attività giurisdizionale.

19. - 48. (*Omissis*).

22.

D.L. 16 ottobre 2017, n. 148. Disposizioni urgenti in materia finanziaria e per esigenze indifferibili (*Gazzetta Ufficiale* Serie gen. - n. 242 del 16 ottobre 2017), convertito, con modificazioni, nella L. 4 dicembre 2017, n. **172** (*Gazzetta Ufficiale* Serie gen. - n. 284 del 5 dicembre 2017) ([1]).

([1]) *A norma dell'art. 12, comma 20, del D.L. 28 settembre 2018, n. 109, convertito, con modificazioni, nella L. 16 novembre 2018, n. 130, le parole: «Agenzia nazionale per la sicurezza delle ferrovie» sono state così sostituite, ovunque ricorrano, dalle attuali: «Agenzia nazionale per la sicurezza delle ferrovie e delle infrastrutture stradali e autostradali (ANSFISA)»*

(*Estratto*)

Titolo I

Disposizioni in materia fiscale

5 *septies*. Disposizioni in materia di collaborazione volontaria per l'emersione di redditi prodotti all'estero. – 1. Le attività depositate e le somme detenute su conti correnti e sui libretti di risparmio all'estero alla data di entrata in vigore della legge di conversione del presente decreto, in violazione degli obblighi di dichiarazione di cui all'articolo 4, comma 1, del decreto legge 28 giugno 1990, n. 167, convertito, con modificazioni, dalla legge 4 agosto 1990, n. 227, da soggetti fiscalmente residenti in Italia ovvero dai loro eredi, in precedenza residenti all'estero, iscritti all'Anagrafe degli italiani residenti all'estero (AIRE) o che hanno prestato la propria attività lavorativa in via continuativa all'estero in zone di frontiera o in Paesi limitrofi, derivanti da redditi prodotti all'estero di cui all'articolo 6, comma 1, lettere *c*) e *d*), del testo unico delle imposte sui redditi, di cui al decreto del Presidente della Repubblica 22 dicembre 1986, n. 917, possono essere regolarizzate, anche ai fini delle imposte sui redditi prodotti dalle stesse, con il versamento del 3 per cento del valore delle attività e della giacenza al 31 dicembre 2016 a titolo di imposte, sanzioni e interessi.

2. Il comma 1 del presente articolo si applica anche alle somme ed alle attività derivanti dalla vendita di beni immobili detenuti nello Stato estero di prestazione della propria attività lavorativa in via continuativa.

3. L'istanza di regolarizzazione può essere trasmessa fino al 31 luglio 2018 e gli autori delle violazioni possono provvedere spontaneamente al versamento in un'unica soluzione di quanto dovuto entro il 30 settembre 2018, senza avvalersi della compensazione prevista dall'articolo 17 del decreto legislativo 9 luglio 1997, n. 241, e successive modificazioni. Il versamento può essere ripartito in tre rate mensili consecutive di pari importo; in tal caso il pagamento della prima rata deve essere effettuato entro il 30 settembre 2018.

Il perfezionamento della procedura di regolarizzazione avviene dal momento del versamento di quanto dovuto in un'unica soluzione o dell'ultima rata.

4. Anche in deroga all'articolo 3 della legge 27 luglio 2000, n. 212, i termini di cui all'articolo 43 del decreto del Presidente della Repubblica 29 settembre 1973, n. 600, all'articolo 57 del decreto del Presidente della Repubblica 26 ottobre 1972, n. 633, e all'articolo 20, comma 1, del decreto legislativo 18 dicembre 1997, n. 472, che scadono a decorrere dal 1° gennaio 2018, sono fissati al 30 giugno 2020 limitatamente alle somme e alle attività oggetto della procedura di regolarizzazione ai sensi del presente articolo.

5. Con provvedimento del direttore dell'Agenzia delle entrate sono emanate le ulteriori disposizioni necessarie per l'attuazione delle norme di cui ai commi precedenti.

6. Il presente articolo non si applica alle attività ed alle somme già oggetto di collaborazione volontaria di cui alla legge 15 dicembre 2014, n. 186, e al decreto legge 30 settembre 2015, n. 153, convertito, con modificazioni, dalla legge 20 novembre 2015, n. 187. Non si dà luogo al rimborso delle somme già versate.

23.

L. 27 dicembre 2017, n. 205. Bilancio di previsione dello Stato per l'anno finanziario 2018 e bilancio pluriennale per il triennio 2018-2020 (Suppl. ord. alla *Gazzetta Ufficiale* Serie gen. - n. 302 del 29 dicembre 2017) ed avviso di rettifica in *Gazzetta Ufficiale* Serie gen. - n. 13 del 17 gennaio 2018, ed avviso di rettifica in *Gazzetta Ufficiale* Serie gen. - n. 21 del 26 gennaio 2018.

(*Estratto*)

Parte I

Sezione I

Misure quantitative per la realizzazione degli obiettivi programmatici

1. 1. - 936. (*Omissis*)

937. Per la benzina o il gasolio destinati ad essere utilizzati come carburanti per motori e per gli altri prodotti carburanti o combustibili da individuare con decreto del Ministro dell'economia e delle finanze, introdotti in un deposito fiscale o in un deposito di un destinatario registrato di cui, rispettivamente, agli articoli 23 e 8 del testo unico delle disposizioni legislative concernenti le imposte sulla produzione e sui consumi e relative sanzioni penali e amministrative, di cui al decreto legislativo 26 ottobre 1995, n. 504,

l'immissione in consumo dal deposito fiscale o l'estrazione dal deposito di un destinatario registrato è subordinata al versamento dell'imposta sul valore aggiunto con modello F24 di cui all'articolo 17 del decreto legislativo 9 luglio 1997, n. 241, i cui riferimenti vanno indicati nel documento di accompagnamento di cui all'articolo 12, comma 1, del citato testo unico di cui al decreto legislativo n. 504 del 1995, senza possibilità di compensazione. Il versamento è effettuato dal soggetto per conto del quale il gestore dei predetti depositi procede ad immettere in consumo o ad estrarre i prodotti di cui al presente comma. La base imponibile, che include l'ammontare dell'accisa, è costituita dal corrispettivo o valore relativo all'operazione di introduzione ovvero dal corrispettivo o valore relativo all'ultima cessione effettuata durante la loro custodia nel deposito; la base imponibile in ogni caso è aumentata, se non già compreso, dell'importo relativo alle eventuali prestazioni di servizi delle quali i beni stessi abbiano formato oggetto durante la giacenza fino al momento dell'estrazione. Non concorre alla formazione della base imponibile l'eventuale importo sul quale è stata versata l'imposta sul valore aggiunto in dogana all'atto dell'importazione.

938. La ricevuta di versamento è consegnata in originale al gestore del deposito al fine di operare l'immissione in consumo o l'estrazione dei prodotti; in mancanza di tale ricevuta di versamento, il gestore del deposito è solidalmente responsabile dell'imposta sul valore aggiunto non versata.

939. Sono effettuate senza pagamento dell'imposta sul valore aggiunto le cessioni dei prodotti di cui al comma 937, che intervengano durante la loro custodia nei depositi di cui al medesimo comma 937.

940. Le disposizioni di cui ai commi 937 e 938 (1) si applicano, per i prodotti introdotti a seguito di un acquisto intracomunitario, anche qualora il deposito fiscale, previsto dall'articolo 23 del testo unico di cui al decreto legislativo 26 ottobre 1995, n. 504, sia utilizzato come deposito IVA ai sensi dell'articolo 50 *bis* del decreto legge 30 agosto 1993, n. 331, convertito, con modificazioni, dalla legge 29 ottobre 1993, n. 427, salvo il caso in cui l'immissione in consumo dal medesimo deposito fiscale sia effettuata per conto di un soggetto che integri i criteri di affidabilità stabiliti con il decreto di cui al comma 942 e che presti idonea garanzia (2) con le modalità e i termini stabiliti con il medesimo decreto, il quale prevede altresì l'attestazione da fornire al gestore del deposito, in alternativa alla ricevuta prevista al comma 938, al fine di operare l'immissione in consumo dei prodotti. La garanzia di cui al primo periodo è trasmessa, a cura del soggetto che presta la garanzia, per via telematica all'Agenzia delle entrate, che rilascia apposita ricevuta telematica con indicazione del protocollo di ricezione. I gestori dei depositi hanno fa-

coltà di accedere alle informazioni indicate nella garanzia mediante i servizi telematici resi disponibili dall'Agenzia delle entrate ([3]).

941. Le disposizioni dei commi 937 e 938 non si applicano ai prodotti di cui al comma 937 di proprietà del gestore del deposito, di capacità non inferiore a 3000 metri cubi, dal quale sono immessi in consumo o estratti; ([4]) le medesime disposizioni non si applicano ai prodotti di cui al comma 937 immessi in consumo da un deposito fiscale per conto di un soggetto, titolare di un diverso deposito fiscale avente capacità non inferiore ai valori stabiliti dall'articolo 23, comma 3, del testo unico di cui al decreto legislativo 26 ottobre 1995, n. 504, e che integri i criteri di affidabilità stabiliti con il decreto di cui al comma 942 nonché ai prodotti, di cui al medesimo comma 937, immessi in consumo da un deposito fiscale avente capacità non inferiore ai predetti valori per conto di un soggetto che presti idonea garanzia con le modalità e i termini stabiliti con il medesimo decreto di cui al comma 942. Il predetto limite di capacità di 3000 metri cubi può essere rideterminato con decreto del Ministro dell'economia e delle finanze ([5]).

942. Con decreto del Ministro dell'economia e delle finanze, da emanare entro trenta giorni dalla data di entrata in vigore della presente legge, sono stabilite le modalità attuative dei commi da 937 a 941. Il medesimo decreto disciplina, altresì, le modalità di comunicazione telematica, ai gestori dei depositi di cui al comma 937, dei dati relativi ai versamenti dell'imposta sul valore aggiunto di cui al medesimo comma 937.

943. Le disposizioni di cui ai commi da 937 a 941 si applicano a decorrere dal 1° febbraio 2018.

944. Qualora dal monitoraggio effettuato dall'Agenzia delle entrate l'attuazione dei commi da 909 a 943 determini entrate nette inferiori a quelle previste, alla compensazione dell'eventuale differenza si provvede mediante la riduzione degli stanziamenti iscritti negli stati di previsione della spesa disposta, su proposta del Ministro dell'economia e delle finanze, con decreto del Presidente del Consiglio dei ministri, previa deliberazione del Consiglio dei ministri, da adottare entro il 31 agosto di ogni anno. Lo schema del decreto di cui al periodo precedente è trasmesso alle Camere per l'espressione del parere delle Commissioni parlamentari competenti per i profili finanziari, da rendere entro il termine di sette giorni dalla data della trasmissione. Qualora le Commissioni non si esprimano entro il termine di cui al periodo precedente, il decreto può essere adottato in via definitiva. Le eventuali maggiori entrate risultanti dal monitoraggio previsto dal presente comma sono destinate al Fondo per la riduzione della pressione fiscale, di cui all'articolo 1, comma 431, della legge 27 dicembre 2013, n. 147.

945. - 981. (*Omissis*).

982. Al fine di garantire la piena funzionalità degli uffici dell'Agenzia delle entrate impegnati nella trattazione delle procedure amichevoli internazionali, degli accordi preventivi per le imprese con attività internazionale e degli accordi relativi al regime opzionale di tassazione agevolata dei redditi derivanti dall'utilizzo di beni immateriali, l'Agenzia procede alle iniziative necessarie per assicurare l'esame delle istanze, la connessa trattazione e gli atti conseguenti con un piano cadenzato che, relativamente alle procedure amichevoli internazionali, consenta il perfezionamento delle stesse entro i quattro anni successivi alla data di entrata in vigore della presente legge.

983. - 1181. (*Omissis*).

(1) *Le parole: «commi 937, 938 e 939» sono state così sostituite dalle attuali: «commi 937 e 938» dall'art. 6, comma 1, lett.* a), *del D.L. 26 ottobre 2019, n. 124, convertito, con modificazioni, nella L. 19 dicembre 2019, n. 157, a decorrere dal 1° gennaio 2020.*

(2) *Le parole: «di cui al comma 942 o che presti idonea garanzia» sono state così sostituite dalle attuali: «di cui al comma 942 e che presti idonea garanzia» dall'art. 6, comma 1, lett.* b), *del D.L. 26 ottobre 2019, n. 124, convertito, con modificazioni, nella L. 19 dicembre 2019, n. 157, a decorrere dal 1° gennaio 2020.*

(3) *Questo periodo è stato aggiunto dall'art. 1, comma 1076, della L. 30 dicembre 2020, n. 178, a decorrere dal 1° gennaio 2021.*

(4) *Le parole: «Le disposizioni dei commi 937, 938 e 939 non si applicano ai prodotti di cui al comma 937 di proprietà del gestore del deposito dal quale sono immessi in consumo o estratti;» sono state così sostituite dalle attuali: «Le disposizioni dei commi 937 e 938 non si applicano ai prodotti di cui al comma 937 di proprietà del gestore del deposito, di capacità non inferiore a 3000 metri cubi, dal quale sono immessi in consumo o estratti;» dall'art. 6, comma 1, lett.* b), *n. 1) del D.L. 26 ottobre 2019, n. 124, convertito, con modificazioni, nella L. 19 dicembre 2019, n. 157, a decorrere dal 1° gennaio 2020.*

(5) *Questo periodo è stato aggiunto dall'art. 6, comma 1, lett.* b), *n. 2) del D.L. 26 ottobre 2019, n. 124, convertito, con modificazioni, nella L. 19 dicembre 2019, n. 157, a decorrere dal 1° gennaio 2020.*

24.

D.L. 17 marzo 2020, n. 18. Misure di potenziamento del Servizio sanitario nazionale e di sostegno economico per famiglie, lavoratori e imprese connesse all'emergenza epidemiologica da COVID-19 (*Gazzetta Ufficiale* Serie gen. - n. 70 del 17 marzo 2020), convertito, con modificazioni, nella L. 24 aprile 2020, n. **27** (*Gazzetta Ufficiale* Serie gen. - n. 110 del 29 aprile 2020) ed *avviso di rettifica* in *Gazzetta Ufficiale* Serie gen. - n. 71 del 18 marzo 2020.

(*Estratto*)

Titolo IV
Misure fiscali a sostegno
della liquidità delle famiglie e delle imprese

67. Sospensione dei termini relativi all'attività degli uffici degli enti impositori. – 1. Sono sospesi dall'8 marzo al 31 maggio 2020 i termini relativi alle attività di liquidazione, di controllo, di accertamento, di riscossione e di contenzioso, da parte degli uffici degli enti impositori. Sono, altresì, sospesi, dall'8 marzo al 31 maggio 2020, i termini per fornire risposta alle istanze di interpello, ivi comprese quelle da rendere a seguito della presentazione della documentazione integrativa, di cui all'articolo 11 della legge 27 luglio 2000, n. 212, all'articolo 6 del decreto legislativo 5 agosto 2015, n. 128, e all'articolo 2 del decreto legislativo 14 settembre 2015, n. 147. Per il medesimo periodo, è, altresì, sospeso il termine previsto dall'articolo 3 del decreto legislativo 24 settembre 2015, n. 156, per la regolarizzazione delle istanze di interpello di cui al periodo precedente. Sono inoltre sospesi i termini di cui all'articolo 7, comma 2, del decreto legislativo 5 agosto 2015, n. 128, i termini di cui all'articolo 1 *bis* del decreto legge 24 aprile 2017, n. 50, convertito, con modificazioni, dalla legge 21 giugno 2017, n. 96, e di cui agli articoli 31 *ter* e 31 *quater* del decreto del Presidente della Repubblica 29 settembre 1973, n. 600, nonché i termini relativi alle procedure di cui all'articolo 1, commi da 37 a 43, della legge 23 dicembre 2014, n. 190 (1) (2).

2. In relazione alle istanze di interpello di cui al comma precedente, presentate nel periodo di sospensione, i termini per la risposta previsti dalle relative disposizioni, nonché il termine previsto per la loro regolarizzazione, come stabilito dall'articolo 3 del decreto legislativo 24 settembre 2015, n. 156, iniziano a decorrere dal primo giorno del mese successivo al termine del periodo di sospensione. Durante il periodo di sospensione, la presentazione delle predette istanze di interpello e di consulenza giuridica è con-

sentita esclusivamente per via telematica, attraverso l'impiego della posta elettronica certificata di cui al decreto del Presidente della Repubblica 11 febbraio 2005, n. 68, ovvero, per i soggetti non residenti che non si avvalgono di un domiciliatario nel territorio dello Stato, mediante l'invio alla casella di posta elettronica ordinaria div.contr.interpello@agenziaentrate.it.

3. Sono, altresì, sospese, dall'8 marzo al 31 maggio 2020, le attività, non aventi carattere di indifferibilità ed urgenza, consistenti nelle risposte alle istanze, formulate ai sensi degli articoli 492 *bis* del del codice di procedura civile e 155 *quater*, 155 *quinquies* e 155 *sexies* delle disposizioni per l'attuazione del codice di procedura civile e disposizioni transitorie, di cui al regio decreto 18 dicembre 1941, n. 1368 di accesso alla banca dati dell'Anagrafe Tributaria, compreso l'Archivio dei rapporti finanziari, autorizzate dai Presidenti, oppure dai giudici delegati, nonché nelle risposte alle istanze formulate ai sensi dell'articolo 22 della legge 7 agosto 1990 n. 241, e dell'articolo 5 del decreto legislativo 14 marzo 2013, n. 33.

4. Con riferimento ai termini di prescrizione e decadenza relativi all'attività degli uffici degli enti impositori si applica, anche in deroga alle disposizioni dell'articolo 3, comma 3, della legge 27 luglio 2000, n. 212, l'articolo 12, commi 1 e 3, del decreto legislativo 24 settembre 2015, n. 159.

(¹) *A norma dell'art. 29, comma 3, del D.L. 8 aprile 2020, n. 23, convertito, con modificazioni, nella L. 6 giugno 2020, n. 40, in deroga al termine fissato da questo comma, la proroga del termine di cui all'articolo 37, comma 1, del presente decreto si applica anche alle attività del contenzioso degli enti impositori.*

(²) *A norma dell'art. 151, comma 1, del D.L. 19 maggio 2020, n. 34, convertito, con modificazioni, nella L. 17 luglio 2020, n. 77, è prorogato fino al 31 gennaio 2022, il termine finale della sospensione disposta da questo comma, per la notifica degli atti e per l'esecuzione dei provvedimenti di sospensione della licenza o dell'autorizzazione amministrativa all'esercizio dell'attività, ovvero dell'esercizio dell'attività medesima o dell'iscrizione ad albi e ordini professionali, emanati dalle direzioni regionali dell'Agenzia delle entrate ai sensi dell'articolo 12, comma 2* bis, *del decreto legislativo 18 dicembre 1997, n. 471 ed eseguiti ai sensi del comma 2* ter *dello stesso articolo 12, così come modificato dall'art. 5, comma 12, lett.* b), *del D.L. 22 marzo 2021, n. 41, convertito, con modificazioni, nella L. 21 maggio 2021, n. 69.*

Si veda anche il comma 2, dell'art. 151 del medesimo decreto.

25.

D.L. 19 maggio 2020, n. 34. Misure urgenti in materia di salute, sostegno al lavoro e all'economia, nonché di politiche sociali connesse all'emergenza epidemiologica da COVID-19 (Suppl. ord. alla *Gazzetta Ufficiale* Serie gen. - n. 128 del 19 maggio 2020) ed *avviso di rettifica* in *Gazzetta Ufficiale* Serie gen. - n. 129 del 20 maggio 2020, convertito, con modificazioni, nella L. 17 luglio 2020, n. **77** (*Gazzetta Ufficiale* Serie gen. - n. 180 del 18 luglio 2020) ed *avviso di rettifica* in *Gazzetta Ufficiale* Serie gen. - n. 262 del 22 ottobre 2020, ed *errata corrige* in *Gazzetta Ufficiale* Serie gen. - n. 262 del 22 ottobre 2020.

(*Estratto*)

Titolo VI
Misure fiscali

157. Proroga dei termini al fine di favorire la graduale ripresa delle attività economiche e sociali. – 1. In deroga a quanto previsto dall'articolo 3 della legge 27 luglio 2000, n. 212, gli atti di accertamento, di contestazione, di irrogazione delle sanzioni, di recupero dei crediti d'imposta, di liquidazione e di rettifica e liquidazione, per i quali i termini di decadenza, calcolati senza tener conto del periodo di sospensione di cui all'articolo 67, comma 1, del decreto legge 17 marzo 2020, n. 18, convertito, con modificazioni, dalla legge 24 aprile 2020, n. 27, scadono tra l'8 marzo 2020 e il 31 dicembre 2020, sono emessi entro il 31 dicembre 2020 e sono notificati nel periodo compreso tra il 1° marzo 2021 e il 28 febbraio 2022, salvi casi di indifferibilità e urgenza, o al fine del perfezionamento degli adempimenti fiscali che richiedono il contestuale versamento di tributi ([1]).

2. Dal termine iniziale del periodo di sospensione di cui al comma 1, non si procede altresì agli invii dei seguenti atti, comunicazioni e inviti, elaborati o emessi, anche se non sottoscritti, entro il 31 dicembre 2020:

a) comunicazioni di cui agli articoli 36 *bis* e 36 *ter* del decreto del Presidente della Repubblica 29 settembre 1973, n. 600;

b) comunicazioni di cui all'articolo 54 *bis* del decreto del Presidente della Repubblica 26 ottobre 1972, n. 633;

c) inviti all'adempimento di cui all'articolo 21 *bis* del decreto legge 31 maggio 2010, n. 78, convertito, con modificazioni, dalla legge 30 luglio 2010 n. 122;

d) atti di accertamento dell'addizionale erariale della tassa automobilistica, di cui all'articolo 23, comma 21, del decreto legge 6 luglio 2011 n. 98, convertito, con modificazioni dalla legge 15 luglio 2011, n. 111;

e) atti di accertamento delle tasse automobilistiche di cui al Testo Unico 5 febbraio 1953 n. 39 ed all'articolo 5 del decreto legge 30 dicembre 1982 n. 953, convertito, con modificazioni dalla legge 28 febbraio 1983, n. 53, limitatamente alle Regioni Friuli Venezia Giulia e Sardegna ai sensi dell'articolo 17, comma 10, della legge 27 dicembre 1997 n. 449;

f) atti di accertamento per omesso o tardivo versamento della tassa sulle concessioni governative per l'utilizzo di telefoni cellulari di cui alla Tariffa articolo 21 del decreto del Presidente della Repubblica 26 ottobre 1972, n. 641.

2 *bis*. Gli atti, le comunicazioni e gli inviti di cui al comma 2 sono notificati, inviati o messi a disposizione nel periodo compreso tra il 1° marzo 2021 e il 28 febbraio 2022, salvi casi di indifferibilità e urgenza, o al fine del perfezionamento degli adempimenti fiscali che richiedono il contestuale versamento di tributi. Restano ferme le disposizioni previste dall'articolo 1, comma 640, della legge 23 dicembre 2014, n. 190 ([2]).

3. I termini di decadenza per la notificazione delle cartelle di pagamento previsti dall'articolo 25, comma 1, lettere a) e b), del decreto del Presidente della Repubblica 29 settembre 1973, n. 602, sono prorogati di quattordici mesi relativamente:

a) alle dichiarazioni presentate nell'anno 2018, per le somme che risultano dovute a seguito dell'attività di liquidazione prevista dagli articoli 36 *bis* del decreto del Presidente della Repubblica 29 settembre 1973, n. 600, e 54 *bis* del decreto del Presidente della Repubblica 26 ottobre 1972, n. 633;

b) alle dichiarazioni dei sostituti d'imposta presentate nell'anno 2017, per le somme che risultano dovute ai sensi degli articoli 19 e 20 del testo unico di cui al decreto del Presidente della Repubblica 22 dicembre 1986, n. 917;

c) alle dichiarazioni presentate negli anni 2017 e 2018, per le somme che risultano dovute a seguito dell'attività di controllo formale prevista dall'articolo 36 *ter* del decreto del Presidente della Repubblica 29 settembre 1973, n. 600 ([3]).

4. Con riferimento agli atti indicati ai commi 1 e 2 notificati entro il 28 febbraio 2022 non sono dovuti, se previsti, gli interessi per ritardato pagamento di cui all'articolo 6 del decreto del Ministro dell'economia e delle finanze 21 maggio 2009, pubblicato nella *Gazzetta Ufficiale* n. 136 del 15 giugno 2009, né gli interessi per ritardata iscrizione a ruolo di cui all'articolo 20 del decreto del Presidente della Repubblica 29 settembre 1973, n. 602, per il periodo compreso tra il 1° gennaio 2021 e la data di notificazione dell'atto stesso. Con riferimento alle comunicazioni di cui al comma 2 non sono dovuti gli interessi per ritardato pagamento di cui all'articolo 6 del citato decreto del Ministro dell'economia e delle finanze 21 maggio 2009 dal mese di elaborazione, né gli interessi per ritardata iscrizione a ruolo di cui all'articolo 20 del decreto del

Presidente della Repubblica 29 settembre 1973, n. 602, per il periodo compreso tra il 1° gennaio 2021 e la data di consegna della comunicazione (4).

5. Al fine del differimento dei termini di cui al presente articolo, l'elaborazione o l'emissione degli atti o delle comunicazioni è provata anche dalla data di elaborazione risultante dai sistemi informativi dell'Agenzia delle entrate, compresi i sistemi di gestione documentale dell'Agenzia medesima.

6. Con uno o più provvedimenti del direttore dell'Agenzia delle entrate sono individuate le modalità di applicazione del presente articolo.

7. Alle minori entrate derivanti dal presente articolo, valutate in 205 milioni di euro per l'anno 2020, si provvede ai sensi dell'articolo 265.

7 *bis*. Le disposizioni contenute nel presente articolo non si applicano alle entrate degli enti territoriali.

7 *ter*. All'articolo 104, comma 1, del decreto legge 17 marzo 2020, n. 18, convertito, con modificazioni, dalla legge 24 aprile 2020, n. 27, le parole: "31 agosto 2020" sono sostituite dalle seguenti: "31 dicembre 2020"

(1) *Questo comma è stato così sostituito dall'art. 22* bis, *comma 1, lett.* a), *del D.L. 31 dicembre 2020, n. 183, convertito, con modificazioni, nella L. 26 febbraio 2021, n. 21.*

(2) *Questo comma è stato così sostituito dall'art. 22* bis, *comma 1, lett.* b), *del D.L. 31 dicembre 2020, n. 183, convertito, con modificazioni, nella L. 26 febbraio 2021, n. 21.*

(3) *Questo comma è stato così sostituito dall'art. 22* bis, *comma 1, lett.* c), *del D.L. 31 dicembre 2020, n. 183, convertito, con modificazioni, nella L. 26 febbraio 2021, n. 21.*

(4) *Questo comma è stato così sostituito dall'art. 22* bis, *comma 1, lett.* d), *del D.L. 31 dicembre 2020, n. 183, convertito, con modificazioni, nella L. 26 febbraio 2021, n. 21.*

26.

L. 30 dicembre 2021, n. 234. Bilancio di previsione dello Stato per l'anno finanziario 2022 e bilancio pluriennale per il triennio 2022-2024 (Suppl. ord. alla *Gazzetta Ufficiale* Serie gen. - n. 310 del 31 dicembre 2021).

(*Estratto*)

Sezione I

Misure quantitative per la realizzazione degli obiettivi programmatici

1. Risultati differenziali. Norme in materia di entrata e di spesa e altre disposizioni. Fondi speciali. – 1. - 30. (*Omissis*)

31. L'Agenzia delle entrate, con riferimento alle agevolazioni di cui agli articoli 121 e 122 del decreto legge 19 maggio 2020, n. 34, convertito, con modificazioni, dalla legge 17 luglio 2020, n. 77, nonché alle agevolazioni e ai contributi a fondo perduto, da essa erogati, introdotti a seguito dell'emer-

genza epidemiologica da COVID- 19, ferma restando l'applicabilità delle specifiche disposizioni contenute nella normativa vigente, esercita i poteri previsti dagli articoli 31 e seguenti del decreto del Presidente della Repubblica 29 settembre 1973, n. 600, e dagli articoli 51 e seguenti del decreto del Presidente della Repubblica 26 ottobre 1972, n. 633.

32. Con riferimento alle funzioni di cui al comma 31, per il recupero degli importi dovuti non versati, compresi quelli relativi a contributi indebitamente percepiti o fruiti ovvero a cessioni di crediti d'imposta in mancanza dei requisiti, in base alle disposizioni e ai poteri di cui al medesimo comma 31 e in assenza di una specifica disciplina, l'Agenzia delle entrate procede con un atto di recupero emanato in base alle disposizioni di cui all'articolo 1, commi 421 e 422, della legge 30 dicembre 2004, n. 311.

33. Fatti salvi i diversi termini previsti dalla normativa vigente, l'atto di recupero di cui al comma 32 è notificato, a pena di decadenza, entro il 31 dicembre del quinto anno successivo a quello in cui è avvenuta la violazione.

34. Fatte salve ulteriori specifiche disposizioni, con il medesimo atto di recupero sono irrogate le sanzioni previste dalle singole norme vigenti per le violazioni commesse e sono applicati gli interessi.

35. Le attribuzioni di cui ai commi da 31 a 34 spettano all'ufficio dell'Agenzia delle entrate competente in ragione del domicilio fiscale del contribuente, individuato ai sensi degli articoli 58 e 59 del decreto del Presidente della Repubblica 29 settembre 1973, n. 600, al momento della commissione della violazione; in mancanza del domicilio fiscale, la competenza è attribuita ad un'articolazione della medesima Agenzia individuata con provvedimento del direttore.

36. Per le controversie relative all'atto di recupero di cui al comma 32 si applicano le disposizioni previste dal decreto legislativo 31 dicembre 1992, n. 546.

37. - 1013. (*Omissis*)

1.

D.L. 30 agosto 1993, n. 331. Armonizzazione delle disposizioni in materia di imposte sui prodotti energetici, sull'alcole, sulle bevande alcoliche, sui tabacchi lavorati e in materia di IVA con quelle recate da direttive CEE e modificazioni conseguenti a detta armonizzazione, nonché disposizioni concernenti la disciplina dei centri autorizzati di assistenza fiscale, le procedure dei rimborsi di imposta, l'esclusione dall'ILOR dei redditi di impresa fino all'ammontare corrispondente al contributo diretto lavorativo, l'istituzione per il 1993 di un'imposta erariale straordinaria su taluni beni ed altre disposizioni tributarie (*Gazzetta Ufficiale* Serie gen. - n. 203 del 30 agosto 1993), convertito, con modificazioni, nella L. 29 ottobre 1993, n. **427** (*Gazzetta Ufficiale* Serie gen. - n. 255 del 29 ottobre 1993).

(*Estratto*)

Titolo III
Adeguamento di altre disposizioni tributarie

Capo II
Altre disposizioni tributarie

62 *bis*. ([1]) ([2]) **Studi di settore.** – 1. Gli uffici del Dipartimento delle entrate del Ministero delle finanze, sentite le associazioni professionali e di categoria, elaborano, entro il 31 dicembre 1995, in relazione ai vari settori economici, appositi studi di settore al fine di rendere più efficace l'azione accertatrice e di consentire una più articolata determinazione dei coefficienti presuntivi di cui all'art. 11 del D.L. 2 marzo 1989, n. 69, convertito, con modificazioni, dalla L. 27 aprile 1989, n. 154, e successive modificazioni. A tal fine gli stessi uffici identificano campioni significativi di contribuenti appartenenti ai medesimi settori da sottoporre a controllo allo scopo di individuare elementi caratterizzanti l'attività esercitata [, con particolare riferimento agli acquisti di beni e servizi, ai prezzi medi praticati, ai consumi di materie prime e sussidiarie, al capitale investito, all'impiego di attività lavorativa, ai beni strumentali impiegati, alla localizzazione dell'attività e ad altri elementi significativi in relazione all'attività esercitata] ([3]). Gli studi di settore sono approvati con decreti del Ministro delle finanze, da pubblicare nella *Gazzetta Ufficiale* entro il 31 dicembre 1995, possono essere soggetti a revisione ed hanno validità ai fini dell'accertamento a decorrere dal periodo di imposta 1995.

([1]) *A norma dell'art. 3, comma 124, della L. 23 dicembre 1996, n. 662, il termine per l'approvazione e la pubblicazione degli studi di settore di cui a questo articolo è stato da ultimo prorogato al 31 dicembre 1998 e i detti studi hanno validità ai fini dell'accertamento a decorrere dal periodo di imposta 1998.*

([2]) *Si veda l'art. 9* bis *del D.L. 24 aprile 2017, n. 50, convertito, con modificazioni, nella L. 21 giugno 2017, n. 96.*

([3]) *Le parole tra parentesi quadrate sono state soppresse dall'art. 10, comma 11, della L. 8 maggio 1998, n. 146.*

62 *sexies*. Attività di accertamento nei riguardi dei contribuenti obbligati alla tenuta delle scritture contabili. – 1. Indipendentemente dall'attività di accertamento effettuata ai sensi dell'art. 62 *ter*, nell'ambito della programmazione dell'attività di accertamento relativa agli anni 1994, 1995 e 1996 una quota non inferiore al 20 per cento della capacità operativa degli uffici delle entrate e di quella destinata dalla Guardia di finanza all'attivazione del programma disposto con decreto ministeriale è diretta al controllo delle posizioni dei contribuenti di cui allo stesso art. 62 *ter* che nella dichiarazione dei redditi hanno indicato:

a) per il periodo di imposta 1993, redditi d'impresa o derivanti dall'esercizio di arti o professioni di ammontare inferiore al contributo diretto lavorativo, se gli uffici delle entrate hanno ritenuto insufficienti le giustificazioni addotte ai sensi del comma 5 dell'art. 62 *ter*;

b) per il periodo di imposta 1994, redditi d'impresa o derivanti dall'esercizio di arti o professioni di ammontare inferiore al contributo diretto lavorativo;

c) per i periodi d'imposta 1992 e 1993, redditi d'impresa o derivanti dall'esercizio di arti o professioni di ammontare inferiore a quello dichiarato per il periodo d'imposta 1991.

2. (*Omissis*).

3. Gli accertamenti di cui agli artt. 39, primo comma, lett. *d*), del D.P.R. 29 settembre 1973, n. 600, e successive modificazioni, e 54 del D.P.R. 26 ottobre 1972, n. 633, e successive modificazioni, possono essere fondati anche sull'esistenza di gravi incongruenze tra i ricavi, i compensi ed i corrispettivi

dichiarati e quelli fondatamente desumibili dalle caratteristiche e dalle condizioni di esercizio della specifica attività svolta, ovvero dagli studi di settore elaborati ai sensi dell'art. 62 *bis* del presente decreto.

4. (*Omissis*).

2.

L. 8 maggio 1998, n. 146. Disposizioni per la semplificazione e la razionalizzazione del sistema tributario e per il funzionamento dell'Amministrazione finanziaria, nonché disposizioni varie di carattere finanziario (Suppl. ord. alla *Gazzetta Ufficiale* Serie gen. - n. 110 del 14 maggio 1998).

(*Estratto*)

Capo II

Disposizioni in materia di accertamento, di riscossione, di contrasto all'evasione e di funzionamento dell'amministrazione finanziaria

10. Modalità di utilizzazione degli studi di settore in sede di accertamento. – 1. Gli accertamenti basati sugli studi di settore, di cui all'articolo 62 *sexies* del decreto legge 30 agosto 1993, n. 331, convertito, con modificazioni, dalla legge 29 ottobre 1993, n. 427, sono effettuati nei confronti dei contribuenti [con periodo d'imposta pari a dodici mesi e] (1) con le modalità di cui al presente articolo qualora l'ammontare dei ricavi o compensi dichiarati risulta inferiore all'ammontare dei ricavi o compensi determinabili sulla base degli studi stessi (2).

[2. Nei confronti degli esercenti attività d'impresa in regime di contabilità ordinaria, anche per effetto di opzione, e degli esercenti arti e professioni, la disposizione del comma 1 trova applicazione quando in almeno due periodi d'imposta su tre consecutivi considerati, compreso quello da accertare, l'ammontare dei compensi o dei ricavi determinabili sulla base degli studi di settore risulta superiore all'ammontare dei compensi o ricavi dichiarati con riferimento agli stessi periodi di imposta. La disposizione del comma 1 trova applicazione in ogni caso nei confronti degli esercenti attività d'impresa in regime di contabilità ordinaria, anche per effetto di opzione, quando emergono significative situazioni di incoerenza rispetto ad indici di natura economica, finanziaria o patrimoniale, individuati con apposito provvedimento del direttore dell'Agenzia delle entrate, sentito il parere della commissione di esperti di cui al comma 7] (3).

[3. Indipendentemente da quanto previsto al comma 2, nei confronti dei contribuenti in regime di contabilità ordinaria, anche per effetto di opzione, l'ufficio procede ai sensi del comma 1 quando dal verbale di ispezione, redatto ai sensi dell'articolo 33 del decreto del Presidente della Repubblica 29 settembre 1973, n. 600, e successive modificazioni, risulta motivata l'inattendibilità della contabilità ordinaria in presenza di gravi contraddizioni o l'irregolarità delle scritture obbligatorie ovvero tra esse e i dati e gli elementi direttamente rilevanti in base ai criteri stabiliti con il decreto del Presidente della Repubblica 16 settembre 1996, n. 570] ([4]).

3 *bis*. Nelle ipotesi di cui al comma 1 ([5]) l'ufficio, prima della notifica dell'avviso di accertamento, invita il contribuente a comparire, ai sensi dell'articolo 5 del decreto legislativo 19 giugno 1997, n. 218 ([6]).

3 *ter*. In caso di mancato adeguamento ai ricavi o compensi determinati sulla base degli studi di settore, possono essere attestate le cause che giustificano la non congruità dei ricavi o compensi dichiarati rispetto a quelli derivanti dall'applicazione degli studi medesimi. Possono essere attestate, altresì, le cause che giustificano un'incoerenza rispetto agli indici economici individuati dai predetti studi. Tale attestazione è rilasciata, su richiesta dei contribuenti, dai soggetti indicati alle lettere *a*) e *b*) del comma 3 dell'articolo 3 del regolamento di cui al decreto del Presidente della Repubblica 22 luglio 1998, n. 322, abilitati alla trasmissione telematica delle dichiarazioni, dai responsabili dell'assistenza fiscale dei centri costituiti dai soggetti di cui alle lettere *a*), *b*) e *c*) dell'articolo 32, comma 1, del decreto legislativo 9 luglio 1997, n. 241, e dai dipendenti e funzionari delle associazioni di categoria abilitati all'assistenza tecnica di cui all'articolo 12, comma 2, del decreto legislativo 31 dicembre 1992, n. 546 ([7]).

4. La disposizione del comma 1 del presente articolo non si applica nei confronti dei contribuenti:

a) che hanno dichiarato ricavi di cui all'articolo 85, comma 1, esclusi quelli di cui alle lettere *c*), *d*) ed *e*), o compensi di cui all'articolo 54, comma 1, del testo unico delle imposte sui redditi, di cui al decreto del Presidente della Repubblica 22 dicembre 1986, n. 917, e successive modificazioni, di ammontare superiore al limite stabilito per ciascuno studio di settore dal relativo decreto di approvazione del Ministro dell'economia e delle finanze, da pubblicare nella *Gazzetta Ufficiale*. Tale limite non può, comunque, essere superiore a 7,5 milioni di euro;

b) che hanno iniziato o cessato l'attività nel periodo d'imposta. La disposizione di cui al comma 1 si applica comunque in caso di cessazione e inizio dell'attività, da parte dello stesso soggetto, entro sei mesi dalla data di cessazione, nonché quando l'attività costituisce mera prosecuzione di attività svolte da altri soggetti;

c) che si trovano in un periodo di non normale svolgimento dell'attività ([8]).

4 *bis*. (*Omissis*). ([9])

5. Ai fini dell'imposta sul valore aggiunto, all'ammontare dei maggiori ricavi o compensi, determinato sulla base dei predetti studi di settore, si applica, tenendo conto della esistenza di operazioni non soggette ad imposta ovvero soggette a regimi speciali, l'aliquota media risultante dal rapporto tra l'imposta relativa alle operazioni imponibili, diminuita di quella relativa alle cessioni di beni ammortizzabili, e il volume d'affari dichiarato.

6. I maggiori ricavi, compensi e corrispettivi, conseguenti all'applicazione degli accertamenti di cui al comma 1, ovvero dichiarati per effetto dell'adeguamento di cui all'articolo 2 del regolamento recante disposizioni concernenti i tempi e le modalità di applicazione degli studi di settore, di cui al decreto del Presidente della Repubblica 31 maggio 1999, n. 195, non rilevano ai fini dell'obbligo della trasmissione della notizia di reato ai sensi dell'articolo 331 del codice di procedura penale ([10]).

7. Con decreto del Ministro delle finanze è istituita una commissione di esperti, designati dallo stesso Ministro tenuto anche conto delle segnalazioni delle organizzazioni economiche di categoria e degli ordini professionali. La commissione, prima dell'approvazione e della pubblicazione dei singoli studi di settore, esprime un parere in merito alla idoneità degli studi stessi a rappresentare la realtà cui si riferiscono. Non è previsto alcun compenso per l'attività consultiva dei componenti della commissione.

8. Con i decreti di approvazione degli studi di settore possono essere stabiliti criteri e modalità di annotazione separata dei componenti negativi e positivi di reddito rilevanti ai fini dell'applicazione degli studi stessi nei confronti dei soggetti che esercitano più attività ([11]).

9. Con i regolamenti previsti dall'articolo 3, comma 136, della legge 23 dicembre 1996, n. 662, sono disciplinati i tempi e le modalità di applicazione degli studi di settore, anche in deroga al comma 10 del presente articolo ed al comma 125 dell'articolo 3 della citata legge n. 662 del 1996 ([12]).

10. Per il periodo d'imposta 1998, gli accertamenti di cui al comma 1 non possono essere effettuati nei confronti dei contribuenti che indicano nella dichiarazione dei redditi ricavi o compensi di ammontare non inferiore a quello derivante dall'applicazione degli studi di settore; in tal caso, si applicano le disposizioni di cui all'articolo 55, quarto comma, del decreto del Presidente della Repubblica 29 settembre 1973, n. 600, e successive modificazioni, ma non è dovuto il versamento della somma pari a un ventesimo dei ricavi o compensi non annotati, ivi previsto. Per il medesimo periodo di imposta, ai fini dell'imposta sul valore aggiunto, l'adeguamento al volume

d'affari risultante dall'applicazione degli studi di settore può essere operato, senza applicazione di sanzioni e interessi, effettuando il versamento della relativa imposta entro il termine di presentazione della dichiarazione dei redditi; i maggiori corrispettivi devono essere annotati, entro il suddetto termine, in un'apposita sezione dei registri di cui agli articoli 23 e 24 del decreto del Presidente della Repubblica 26 ottobre 1972, n. 633, e successive modificazioni.

11. Nell'articolo 62 *bis*, comma 1, secondo periodo, del decreto legge 30 agosto 1993, n. 331, convertito, con modificazioni, dalla legge 29 ottobre 1993, n. 427, sono soppresse le parole: «, con particolare riferimento agli acquisti di beni e servizi, ai prezzi medi praticati, ai consumi di materie prime e sussidiarie, al capitale investito, all'impiego di attività lavorativa, ai beni strumentali impiegati, alla localizzazione dell'attività e ad altri elementi significativi in relazione all'attività esercitata».

12. L'elaborazione degli studi di settore, degli indici sintetici di affidabilità fiscale ([13]), la revisione e reingegnerizzazione integrata dei processi fiscali e delle connesse procedure informatiche, da realizzare in collaborazione con le competenti Agenzie fiscali, con l'obiettivo della semplificazione e dell'efficientamento dei processi, ([14]) nonché ogni altra attività di studio e ricerca in materia tributaria possono essere affidate, in concessione, a una società a partecipazione pubblica. Essa è costituita sotto forma di società per azioni di cui il Ministero delle finanze detiene una quota di capitale sociale non inferiore al 51 per cento. Dall'applicazione del presente comma non potranno derivare, per l'anno 1997, maggiori spese a carico del bilancio dello Stato; per ciascuno degli anni 1998 e 1999, le predette spese aggiuntive non potranno superare la somma di lire 2 miliardi alla quale si provvede mediante le maggiori entrate derivanti dalla presente legge. Il Ministro del tesoro, del bilancio e della programmazione economica è autorizzato ad apportare, con propri decreti, le occorrenti variazioni di bilancio.

12 *bis*. Per la revisione e reingegnerizzazione integrata dei processi fiscali e delle connesse procedure informatiche, di cui al comma 12, è sentita una apposita commissione di esperti che esprime il proprio parere non vincolante in merito alla idoneità delle soluzioni proposte rispetto agli obiettivi indicati. La commissione è istituita con decreto del Ministro dell'economia e delle finanze ed è composta da esperti, designati dallo stesso Ministro, tenuto anche conto delle segnalazioni delle Agenzie fiscali, del Corpo della guardia di finanza, della SOGEI SpA, nonché delle organizzazioni economiche di categoria, degli ordini professionali e delle associazioni di software. I componenti della commissione partecipano alle sue attività a titolo gratuito e senza diritto al rimborso delle spese eventualmente sostenute ([15]).

12 *ter*. La commissione consultiva di cui al comma 12 *bis* esprime, entro il 30 novembre 2018, un parere in merito alle soluzioni riguardanti la revisione e reingegnerizzazione delle procedure informatiche connesse all'introduzione della fatturazione elettronica IVA ([15]).

([1]) *Le parole fra parentesi quadrate sono state soppresse dall'art. 1, comma 23, lett.* a)*, della L. 27 dicembre 2006, n. 296.*

([2]) *Le parole da: «qualora l'ammontare ...» fino alla fine del comma, sono state aggiunte dall'art. 1, comma 23, lett.* b)*, della L. 27 dicembre 2006, n. 296.*

([3]) *Questo comma è stato dapprima sostituito dall'art. 1, comma 409, lett.* a)*, della L. 30 dicembre 2004, n. 311. A norma dell'art. 1, comma 410, della medesima legge, le disposizioni previste da questo comma, hanno effetto a decorrere dal periodo di imposta in corso al 31 dicembre 2004. Successivamente questo comma è stato abrogato dall'art. 37, comma 2, lett.* a)*, del D.L. 4 luglio 2006, n. 223, convertito, con modificazioni, nella L. 4 agosto 2006, n. 248, con effetto dal periodo d'imposta per il quale il termine di presentazione della dichiarazione scade successivamente alla data di entrata in vigore dello stesso decreto legge, avvenuta il giorno della sua pubblicazione* (*Suppl. ord. alla* Gazzetta Ufficiale *Serie gen. - n. 186 dell'11 agosto 2006*).

([4]) *Questo comma è stato abrogato dall'art. 37, comma 2, lett.* a)*, del D.L. 4 luglio 2006, n. 223, convertito, con modificazioni, nella L. 4 agosto 2006, n. 248, con effetto dal periodo d'imposta per il quale il termine di presentazione della dichiarazione scade successivamente alla data di entrata in vigore dello stesso decreto legge, avvenuta il giorno della sua pubblicazione* (*Suppl. ord. alla* Gazzetta Ufficiale *Serie gen. - n. 186 dell'11 agosto 2006*).

([5]) *Le parole: «ai commi 2 e 3» sono state così sostituite dalle parole: «al comma 1» dall'art. 37, comma 2, lett.* b)*, del D.L. 4 luglio 2006, n. 223, convertito, con modificazioni, nella L. 4 agosto 2006, n. 248, con effetto dal periodo d'imposta per il quale il termine di presentazione della dichiarazione scade successivamente alla data di entrata in vigore dello stesso decreto legge, avvenuta il giorno della sua pubblicazione* (*Suppl. ord. alla* Gazzetta Ufficiale *Serie gen. - n. 186 dell'11 agosto 2006*).

([6]) *Questo comma è stato inserito dall'art. 1, comma 409, lett.* b)*, della L. 30 dicembre 2004, n. 311. A norma dell'art. 1, comma 410, della medesima legge, le disposizioni previste da questo comma, hanno effetto a decorrere dal periodo di imposta in corso al 31 dicembre 2004.*

([7]) *Questo comma è stato inserito dall'art. 7* sexies*, comma 1, del D.L. 30 settembre 2005, n. 203, convertito, con modificazioni, nella L. 2 dicembre 2005, n. 248.*

([8]) *Questo comma è stato così sostituito dall'art. 1, comma 16, della L. 27 dicembre 2006, n. 296.*

([9]) *Questo comma, inserito dall'art. 1, comma 17, della L. 27 dicembre 2006, n. 296, è stato successivamente abrogato dall'art. 10, comma 12, del D.L. 6 dicembre 2011, n. 201, convertito, con modificazioni, nella L. 22 dicembre 2011, n. 214.*

([10]) *Questo comma è stato così sostituito dall'art. 1, comma 409, lett.* c)*, della L. 30 dicembre 2004, n. 311.*

([11]) *Si veda il D.M. 14 luglio 2004* (G.U. *Serie gen. - n. 169 del 21 luglio 2004*).

([12]) *Questo comma è stato così sostituito dall'art. 21, comma 4, della L. 23 dicembre 1998, n. 448, con effetto dal 1° gennaio 1999.*

([13]) *Le parole: «degli indici sintetici di affidabilità fiscale» sono state inserite dall'art.* 9 bis, *comma 15, del D.L. 24 aprile 2017, n. 50, convertito, con modificazioni, nella L. 21 giugno 2017, n. 96.*

([14]) *Le parole*: «*, la revisione e reingegnerizzazione integrata dei processi fiscali e delle connesse procedure informatiche, da realizzare in collaborazione con le competenti Agenzie fiscali, con l'obiettivo della semplificazione e dell'efficientamento dei processi,*» *sono state inserite dall'art. 1, comma 929, lett.* a), *della L. 27 dicembre 2017, n. 205, a decorrere dal 1° gennaio 2018.*

([15]) *Questo comma è stato aggiunto dall'art. 1, comma 929, lett.* b), *della L. 27 dicembre 2017, n. 205, a decorrere dal 1° gennaio 2018.*

10 *bis*. ([1]) **[Modalità di revisione ed aggiornamento degli studi di settore. –** 1. Gli studi di settore previsti all'articolo 62 *bis* del decreto legge 30 agosto 1993, n. 331, convertito, con modificazioni, dalla legge 29 ottobre 1993, n. 427, e successive modificazioni, sono soggetti a revisione, al massimo, ogni tre anni dalla data di entrata in vigore dello studio di settore ovvero da quella dell'ultima revisione, sentito il parere della commissione di esperti di cui all'articolo 10, comma 7. Nella fase di revisione degli studi di settore si tiene anche conto dei dati e delle statistiche ufficiali, quali quelli di contabilità nazionale, al fine di mantenere, nel medio periodo, la rappresentatività degli stessi rispetto alla realtà economica cui si riferiscono. La revisione degli studi di settore è programmata con provvedimento del direttore dell'Agenzia delle entrate ([2]) da emanare entro il mese di febbraio di ciascun anno.

2. Ai fini dell'elaborazione e della revisione degli studi di settore si tiene anche conto di valori di coerenza, risultanti da specifici indicatori definiti da ciascuno studio, rispetto a comportamenti considerati normali per il relativo settore economico] ([3]).

([1]) *Articolo inserito dall'art. 1, comma 13, della L. 27 dicembre 2006, n. 296, con effetto dal periodo d'imposta in corso al 31 dicembre 2006, e poi abrogato dall'art. 9* bis, *comma 18, del D.L. 24 aprile 2017, n. 50, convertito, con modificazioni, nella L. 21 giugno 2017, n. 96*

([2]) *Si veda il provvedimento del direttore dell'Agenzia delle entrate 14 febbraio 2007.*

([3]) *Si veda il D.M. 20 marzo 2007.*

3.

D.P.R. 31 maggio 1999, n. 195. Regolamento recante disposizioni concernenti i tempi e le modalità di applicazione degli studi di settore (*Gazzetta Ufficiale* Serie gen. - n. 146 del 24 giugno 1999).

1. Applicazione degli studi di settore. – 1. Le disposizioni previste dall'articolo 10, commi da 1 a 6, della legge 8 maggio 1998, n. 146, si applicano a partire dagli accertamenti relativi al periodo d'imposta nel quale entrano in vigore gli studi di settore. A partire dall'anno 2009 gli studi di settore devono essere pubblicati nella *Gazzetta Ufficiale* entro il 30 settembre ([1]) del periodo d'imposta nel quale entrano in vigore ([2]). Per l'anno 2008 il termine di cui al periodo precedente è fissato al 31 dicembre ([3]).

1 *bis*. A partire dall'anno 2012 gli studi di settore devono essere pubblicati nella *Gazzetta Ufficiale* entro il 31 dicembre del periodo d'imposta nel quale entrano in vigore. Eventuali integrazioni, indispensabili per tenere conto degli andamenti economici e dei mercati, con particolare riguardo a determinati settori o aree territoriali, o per aggiornare o istituire gli indicatori di cui all'articolo 10 *bis* della legge 8 maggio 1998, n. 146 ([4]), devono essere pubblicate in *Gazzetta Ufficiale* entro il 31 marzo del periodo d'imposta successivo a quello della loro entrata in vigore ([5]).

2. Le disposizioni di cui all'articolo 10, comma 8, della citata legge n. 146 del 1998, si applicano a decorrere dal periodo di imposta successivo a quello di entrata in vigore degli studi.

([1]) *A norma della Tabella 1 del D.P.C.M. 25 marzo 2011* (G.U. *Serie gen. - n. 74 del 31 marzo 2011), questo termine è stato prorogato al 31 dicembre 2011.*

([2]) *A norma dell'art. 1, comma 4, del D.L. 30 dicembre 2009, n. 194, convertito, con modificazioni, nella L. 26 febbraio 2010, n. 25, in deroga a quanto previsto dall'art. 1, comma 1, secondo periodo, di questo provvedimento per gli anni 2009 e 2010 il termine entro il quale gli studi di settore devono essere pubblicati nella* Gazzetta Ufficiale *è fissato rispettivamente al 31 marzo 2010 ed al 31 marzo 2011.*

([3]) *Questo comma è stato così sostituito dall'art. 33, comma 1, del D.L. 25 giugno 2008, n. 112, convertito, con modificazioni, nella L. 6 agosto 2008, n. 133.*

([4]) *Le parole: «, o per aggiornare o istituire gli indicatori di cui all'articolo 10* bis *della legge 8 maggio 1998, n. 146» sono state aggiunte dall'art. 2, comma 35, del D.L. 13 agosto 2011, n. 138, convertito, con modificazioni, nella L. 14 settembre 2011, n. 148.*

([5]) *Questo comma è stato aggiunto dall'art. 23, comma 28, lett.* a), *del D.L. 6 luglio 2011, n. 98, convertito, con modificazioni, nella L. 15 luglio 2011, n. 111.*

2. Adeguamento alle risultanze degli studi di settore. – 1. Per i periodi ([1]) d'imposta in cui trova applicazione lo studio di settore, ovvero le modifiche conseguenti alla revisione del medesimo, non si applicano sanzioni e interessi nei confronti dei contribuenti che indicano nelle dichiarazioni di cui all'articolo 1 del regolamento di cui al decreto del Presidente della Repubblica 22 luglio 1998, n. 322, e successive modificazioni, (2) ricavi o compensi non annotati nelle scritture contabili per adeguare gli stessi, anche ai fini dell'imposta regionale sulle attività produttive, (3) a quelli derivanti dall'applicazione dei predetti studi di settore.

2. Per i medesimi periodi d'imposta di cui al comma 1, (4) l'adeguamento al volume di affari risultante dalla applicazione degli studi di settore è (5) operato, ai fini dell'imposta sul valore aggiunto, senza applicazione di sanzioni e interessi, effettuando il versamento della relativa imposta entro il termine del versamento a saldo dell'imposta sul reddito e con le modalità previste per i pagamenti rateali delle somme dovute a titolo di saldo e di acconto delle imposte dall'articolo 20 del decreto legislativo 9 luglio 1997, n. 241 (6); i maggiori corrispettivi devono essere annotati, entro il suddetto termine, in un'apposita sezione dei registri di cui agli articoli 23 e 24 del decreto del Presidente della Repubblica 26 ottobre 1972, n. 633, e successive modificazioni, e riportati nella dichiarazione annuale (7).

2 *bis*. L'adeguamento di cui ai commi 1 e 2 è effettuato, per i periodi d'imposta diversi da quello in cui trova applicazione per la prima volta lo studio, ovvero le modifiche conseguenti alla revisione del medesimo, a condizione che sia versata, entro il termine per il versamento a saldo dell'imposta sul reddito, una maggiorazione del 3 per cento, calcolata sulla differenza tra ricavi o compensi derivanti dall'applicazione degli studi e quelli annotati nelle scritture contabili. La maggiorazione non è dovuta se la predetta differenza non è superiore al 10 per cento dei ricavi o compensi annotati nelle scritture contabili (8).

(1) *Le parole*: «*il primo periodo*» *sono state così sostituite dalle attuali dall'art. 1, comma 411, lett.* a), *n. 1), della L. 30 dicembre 2004, n. 311.*

(2) *Le parole*: «*nella dichiarazione dei redditi*» *sono state così sostituite dalle attuali da*: «*nelle dichiarazioni di cui ...*» *fino a*: «*... successive modificazioni,*» *dall'art. 1, comma 411, lett.* a), *n. 2), della L. 30 dicembre 2004, n. 311.*

(3) *Le parole*: «*per adeguare i ricavi o i compensi*» *sono state così sostituite dalle attuali da*: «*per adeguare gli stessi ...*» *fino a*: «*... produttive,*» *dall'art. 1, comma 411, lett.* a), *n. 3), della L. 30 dicembre 2004, n. 311.*

(4) *Le parole da*: «*Per il primo periodo d'imposta ...*» *fino a*: «*... revisione del medesimo,*» *sono state così sostituite dalle attuali*: «*Per i medesimi periodi d'imposta di cui al comma 1,*» *dall'art. 1, comma 411, lett.* b), *n. 1), della L. 30 dicembre 2004, n. 311.*

(5) *Le parole*: «*può essere*» *sono state così sostituite dall'attuale*: «*è*» *dall'art. 1, comma 411, lett.* b), *n. 2), della L. 30 dicembre 2004, n. 311.*

(6) *Le parole*: «*e con le modalità previste per i pagamenti rateali delle somme dovute a titolo di saldo e di acconto delle imposte dall'articolo 20 del decreto legislativo 9*

luglio 1997, n. 241» sono state aggiunte dall'art. 15, comma 6, del D.L. 1 luglio 2009, n. 78, convertito, con modificazioni, nella L. 3 agosto 2009, n. 102.

(7) *Le parole: «di presentazione della dichiarazione dei redditi» sono state così sostituite dalle attuali da: «del versamento a saldo ...» fino a: «... dichiarazione annuale» dall'art. 1, comma 411, lett.* b), *n. 3), della L. 30 dicembre 2004, n. 311.*

(8) *Questo comma è stato aggiunto dall'art. 1, comma 411, lett.* c), *della L. 30 dicembre 2004, n. 311.*

3. Comunicazione dei dati rilevanti ai fini dell'applicazione degli studi di settore. – 1. Con i decreti di approvazione degli studi di settore sono stabiliti i termini e le modalità con cui i contribuenti comunicano all'amministrazione finanziaria i dati rilevanti ai fini dell'applicazione e della regione degli studi stessi.

4. Applicazione dei parametri. – 1. Nei confronti dei contribuenti esercenti attività d'impresa o arti e professioni per le quali non risultano approvati gli studi di settore ovvero, ancorché approvati, operano condizioni di inapplicabilità non estensibili ai parametri individuate nei decreti di approvazione degli stessi studi di settore, si applicano le disposizioni di cui ai commi da 181 a 187 dell'articolo 3 della legge 28 dicembre 1995, n. 549, riguardanti gli accertamenti effettuati in base a parametri, anche per gli accertamenti relativi ai periodi di imposta successivi al 1997. Le medesime disposizioni si applicano per i contribuenti con periodo di imposta non coincidente con l'anno solare, per gli accertamenti relativi ai periodi d'imposta successivi al terzo di durata pari a dodici mesi chiuso successivamente al 30 giugno 1995. I parametri non trovano comunque applicazione nei confronti dei soggetti per i quali operano le cause di esclusione dagli accertamenti basati sugli studi di settore previste dall'articolo 10 della legge 8 maggio 1998, n. 146.

2. Gli accertamenti di cui al comma 1 non possono essere effettuati nei confronti dei contribuenti che indicano nella dichiarazione dei redditi ricavi o compensi di ammontare non inferiore a quello derivante dall'applicazione dei parametri. Ai fini dell'imposta sul valore aggiunto l'adeguamento al volume di affari risultante dalla applicazione dei parametri può essere operato, senza applicazione di sanzioni e interessi, effettuando il versamento della relativa imposta entro il termine di presentazione della dichiarazione dei redditi. I maggiori corrispettivi devono essere annotati, entro il suddetto termine, in un'apposita sezione del registro previsto dall'articolo 23 o dall'articolo 24 del decreto del Presidente della Repubblica 26 ottobre 1972, n. 633.

4.

L. 21 novembre 2000, n. 342. Misure in materia fiscale (Suppl. ord. alla *Gazzetta Ufficiale* Serie gen. - n. 276 del 25 novembre 2000).

(*Estratto*)

Capo III
Disposizioni in materia di accertamento, di riscossione, di contenzioso tributario, di immobili pubblici e per il funzionamento dell'Amministrazione finanziaria

70. Disposizioni riguardanti l'accertamento basato sugli studi di settore e l'accertamento basato sui parametri. – 1. Gli accertamenti basati sugli studi di settore di cui all'articolo 10, concernente modalità di utilizzazione degli studi di settore, della legge 8 maggio 1998, n. 146, recante disposizioni per la semplificazione e la razionalizzazione del sistema tributario e per il funzionamento dell'amministrazione finanziaria, nonché disposizioni varie di carattere finanziario, e successive modificazioni, sono effettuati senza pregiudizio dell'ulteriore azione accertatrice con riferimento alle medesime o alle altre categorie reddituali nonché con riferimento ad ulteriori operazioni rilevanti ai fini dell'imposta sul valore aggiunto ([1]).

2. L'intervenuta definizione, ai sensi degli articoli 2 e 15 del decreto legislativo 19 giugno 1997, n. 218, recante disposizioni in materia di accertamento con adesione e di conciliazione giudiziale, degli accertamenti basati sugli studi di settore di cui al comma 1 non esclude l'esercizio dell'ulteriore azione accertatrice con riferimento alle categorie reddituali oggetto di adesione, indipendentemente dalla sopravvenuta conoscenza di nuovi elementi e ([2]) dai limiti previsti dall'articolo 2, comma 4, lettera *a*), del citato decreto legislativo n. 218 del 1997.

3. La disposizione di cui al comma 2 si applica anche in caso di intervenuta definizione degli accertamenti basati sui parametri previsti dall'articolo 3, commi 181 e 184, della legge 28 dicembre 1995, n. 549, relativi al periodo d'imposta 1998 e ai successivi.

([1]) *Le parole*: *«alle categorie reddituali diverse da quelle che hanno formato oggetto degli accertamenti stessi» sono state così sostituite dalle attuali da*: *«alle medesime ...» fino a*: *«... imposta sul valore aggiunto» dall'art. 1, comma 408, lett.* a), *della L. 30 dicembre 2004, n. 311.*

([2]) *Le parole da*: *«qualora» fino a*: *«indipendentemente» sono state così sostituite dalle attuali*: *«indipendentemente dalla sopravvenuta conoscenza di nuovi elementi e» dall'art. 1, comma 408, lett.* b), *della L. 30 dicembre 2004, n. 311.*

71. Adeguamento alle risultanze degli studi di settore. – 1. Per il secondo periodo d'imposta in cui trovano applicazione gli studi di settore, approvati con decreti del Ministro delle finanze del 30 marzo 1999, pubblicati nei supplementi ordinari n. 61 e n. 62 alla *Gazzetta Ufficiale* n. 75 del 31 marzo 1999, non si applicano sanzioni e interessi nei confronti dei contribuenti che indicano nella dichiarazione dei redditi ricavi, non annotati nelle scritture contabili, per adeguarli a quelli derivanti dall'applicazione dei predetti studi di settore.

2. Per il secondo periodo d'imposta in cui trovano applicazione gli studi di settore approvati con i decreti del Ministro delle finanze del 30 marzo 1999, di cui al comma 1, l'adeguamento al volume di affari risultante dall'applicazione degli studi di settore può essere operato, ai fini dell'imposta sul valore aggiunto, senza applicazione di sanzioni e interessi, effettuando il versamento della relativa imposta entro il termine di presentazione della dichiarazione dei redditi.

72. Adempimenti contabili dei soggetti esercenti più attività. – 1. I contribuenti nei confronti dei quali trovano applicazione gli studi di settore ed i parametri possono indicare, nei modelli di dichiarazione dei redditi riguardanti il periodo d'imposta in corso al 31 dicembre 1999, codici di attività relativi all'attività prevalente ed a quelle secondarie diversi da quelli risultanti all'amministrazione finanziaria. L'indicazione dei predetti codici nei modelli di dichiarazione produce gli effetti della dichiarazione di cui all'articolo 35, terzo comma, del decreto del Presidente della Repubblica 26 ottobre 1972, n. 633, e successive modificazioni, e non si applicano, per il periodo d'imposta in corso al 31 dicembre 1999 e per i periodi d'imposta precedenti, le sanzioni connesse alla mancata o errata comunicazione dei predetti codici.

5.

D.L. 29 novembre 2008, n. 185. Misure urgenti per il sostegno a famiglie, lavoro, occupazione e impresa e per ridisegnare in funzione anti-crisi il quadro strategico nazionale (Suppl. ord. alla *Gazzetta Ufficiale* Serie gen. - n. 280 del 29 novembre 2008), convertito, con modificazioni, nella L. 28 gennaio 2009, n. **2** (Suppl. ord. alla *Gazzetta Ufficiale* Serie gen. - n. 22 del 28 gennaio 2009).

(*Estratto*)

Titolo II
Sostegno all'economia

8. Revisione congiunturale speciale degli studi di settore. – 1. Al fine di tenere conto degli effetti della crisi economica e dei mercati, con particolare riguardo a determinati settori o aree territoriali, in deroga all'articolo 1, comma 1, del Decreto del Presidente della Repubblica del 31 maggio 1999, n. 195, gli studi di settore possono essere integrati con decreto del Ministro dell'economia e delle finanze, previo parere della Commissione di cui all'articolo 10, comma 7, della legge 8 maggio 1998, n. 146. L'integrazione tiene anche conto dei dati della contabilità nazionale, degli elementi acquisibili presso istituti ed enti specializzati nella analisi economica, nonché delle segnalazioni degli Osservatori regionali per gli studi di settore istituiti con il provvedimento del Direttore dell'Agenzia delle Entrate dell'8 ottobre 2007, pubblicato nella *Gazzetta Ufficiale* n. 247 del 23 ottobre 2007.

6.

D.L. 24 aprile 2017, n. 50. Disposizioni urgenti in materia finanziaria, iniziative a favore degli enti territoriali, ulteriori interventi per le zone colpite da eventi sismici e misure per lo sviluppo (Suppl. ord. alla *Gazzetta Ufficiale* Serie gen. - n. 95 del 24 aprile 2017), convertito, con modificazioni, nella L. 21 giugno 2017, n. **96** (*Gazzetta Ufficiale* Serie gen. - n. 144 del 23 giugno 2017).

(*Estratto*)

Titolo I
Disposizioni urgenti in materia di finanza pubblica

Capo I
Disposizioni in materia di entrate

9 *bis*. (1) **Indici sintetici di affidabilità fiscale.** – 1. Al fine di favorire l'emersione spontanea delle basi imponibili e di stimolare l'assolvimento degli obblighi tributari da parte dei contribuenti e il rafforzamento della collaborazione tra questi e l'Amministrazione finanziaria, anche con l'utilizzo di forme di comunicazione preventiva rispetto alle scadenze fiscali, sono istituiti indici sintetici di affidabilità fiscale per gli esercenti attività di impresa, arti o professioni, di seguito denominati "indici". Gli indici, elaborati con una metodologia basata su analisi di dati e informazioni relativi a più periodi d'imposta, rappresentano la sintesi di indicatori elementari tesi a verificare la normalità e la coerenza della gestione aziendale o professionale, anche con riferimento a diverse basi imponibili, ed esprimono su una scala da 1 a 10 il grado di affidabilità fiscale riconosciuto a ciascun contribuente, anche al fine di consentire a quest'ultimo, sulla base dei dati dichiarati entro i termini ordinariamente previsti, l'accesso al regime premiale di cui al comma 11.

2. Gli indici sono approvati con decreto del Ministro dell'economia e delle finanze entro il 31 dicembre del periodo d'imposta per il quale sono applicati. Le eventuali integrazioni degli indici, indispensabili per tenere conto di situazioni di natura straordinaria, anche correlate a modifiche normative e ad andamenti economici e dei mercati, con particolare riguardo a determinate attività economiche o aree territoriali, sono approvate entro il mese di febbraio del periodo d'imposta successivo a quello per il quale sono applicate. Gli indici sono soggetti a revisione almeno ogni due anni dalla loro prima applicazione o dall'ultima revisione. Con provvedimento del direttore dell'Agenzia delle entrate, da emanare entro il mese di gennaio di

ciascun anno, sono individuate le attività economiche per le quali devono essere elaborati gli indici ovvero deve esserne effettuata la revisione. Per il periodo d'imposta in corso al 31 dicembre 2017, il provvedimento del direttore dell'Agenzia delle entrate di cui al precedente periodo è emanato entro novanta giorni dalla data di entrata in vigore della legge di conversione del presente decreto (2).

3. I dati rilevanti ai fini della progettazione, della realizzazione, della costruzione e dell'applicazione degli indici sono acquisiti dalle dichiarazioni fiscali previste dall'ordinamento vigente, dalle fonti informative disponibili presso l'anagrafe tributaria, le agenzie fiscali, l'Istituto nazionale della previdenza sociale, l'Ispettorato nazionale del lavoro e il Corpo della guardia di finanza, nonché da altre fonti.

4. I contribuenti cui si applicano gli indici dichiarano, anche al fine di consentire un'omogenea raccolta informativa, i dati economici, contabili e strutturali rilevanti per l'applicazione degli stessi, sulla base di quanto previsto dalla relativa documentazione tecnica e metodologica approvata con il decreto del Ministro dell'economia e delle finanze di cui al comma 2, indipendentemente dal regime di determinazione del reddito utilizzato. Con provvedimento del direttore dell'Agenzia delle entrate, da emanare entro il 31 gennaio dell'anno per il quale si applicano gli indici, sono individuati i dati di cui al periodo precedente. La disposizione del primo periodo si applica, nelle more dell'approvazione degli indici per tutte le attività economiche interessate, anche ai parametri previsti dall'articolo 3, commi da 181 a 189, della legge 28 dicembre 1995, n. 549, e agli studi di settore previsti dall'articolo 62 *bis* del decreto legge 30 agosto 1993, n. 331, convertito, con modificazioni, dalla legge 29 ottobre 1993, n. 427. Per i periodi d'imposta 2017 e 2018, il provvedimento di cui al secondo periodo del presente comma è emanato entro il termine previsto dall'articolo 1, comma 1, del regolamento di cui al decreto del Presidente della Repubblica 22 luglio 1998, n. 322, per l'approvazione dei modelli di dichiarazione relativi ai predetti periodi d'imposta (3).

4 *bis*. Dai modelli da utilizzare per la comunicazione dei dati rilevanti ai fini dell'applicazione degli indici sono esclusi i dati già contenuti negli altri quadri dei modelli di dichiarazione previsti ai fini delle imposte sui *redditi, approvati con il* provvedimento previsto dall'articolo 1, comma 1, del regolamento di cui al decreto del Presidente della Repubblica 22 luglio 1998, n. 322, fermo restando l'utilizzo, ai fini dell'applicazione degli indici, di tutti quelli individuati con il provvedimento di cui al comma 4 del presente articolo. L'Agenzia delle entrate rende disponibili agli operatori economici, nell'area riservata del proprio sito internet istituzionale, i dati in suo possesso che risultino utili per la comunicazione di cui al precedente periodo. Le

disposizioni del presente comma si applicano dal periodo d'imposta in corso al 31 dicembre 2020 ([4]).

5. L'Agenzia delle entrate mette a disposizione dei contribuenti o degli intermediari di cui essi possono avvalersi, anche mediante l'utilizzo delle reti telematiche e delle nuove tecnologie informatiche, appositi programmi informatici di ausilio alla compilazione e alla trasmissione dei dati di cui al comma 4, nonché gli elementi e le informazioni derivanti dall'elaborazione e dall'applicazione degli indici.

6. Gli indici non si applicano ai periodi d'imposta nei quali il contribuente:

a) ha iniziato o cessato l'attività ovvero non si trova in condizioni di normale svolgimento della stessa;

b) dichiara ricavi di cui all'articolo 85, comma 1, esclusi quelli di cui alle lettere *c*), *d*) ed *e*), o compensi di cui all'articolo 54, comma 1, del testo unico delle imposte sui redditi, di cui al decreto del Presidente della Repubblica 22 dicembre 1986, n. 917, di ammontare superiore al limite stabilito dal decreto di approvazione o revisione dei relativi indici.

7. Con decreto del Ministro dell'economia e delle finanze possono essere previste ulteriori ipotesi di esclusione dell'applicabilità degli indici per determinate tipologie di contribuenti.

8. Con decreto del Ministro dell'economia e delle finanze è istituita una commissione di esperti, designati dallo stesso Ministro, tenuto anche conto delle segnalazioni dell'Amministrazione finanziaria, delle organizzazioni economiche di categoria e degli ordini professionali. La commissione è sentita nella fase di elaborazione e, prima dell'approvazione e della pubblicazione di ciascun indice, esprime il proprio parere sull'idoneità dello stesso a rappresentare la realtà cui si riferisce nonché sulle attività economiche per le quali devono essere elaborati gli indici. I componenti della commissione partecipano alle sue attività a titolo gratuito. Non spetta ad essi il rimborso delle spese eventualmente sostenute. Fino alla costituzione della commissione di cui al presente comma, le sue funzioni sono svolte dalla commissione degli esperti di cui all'articolo 10, comma 7, della legge 8 maggio 1998, n. 146. Le funzioni di quest'ultima sono attribuite alla commissione di cui al presente comma a decorrere dalla data della sua costituzione.

9. Per i periodi d'imposta per i quali trovano applicazione gli indici, i contribuenti interessati possono indicare nelle dichiarazioni fiscali ulteriori componenti positivi, non risultanti dalle scritture contabili, rilevanti per la determinazione della base imponibile ai fini delle imposte sui redditi, per migliorare il proprio profilo di affidabilità nonché per accedere al regime premiale di cui al comma 11. Tali ulteriori componenti positivi rilevano an-

che ai fini dell'imposta regionale sulle attività produttive e determinano un corrispondente maggior volume di affari rilevante ai fini dell'imposta sul valore aggiunto. Ai fini dell'imposta sul valore aggiunto, salva prova contraria, all'ammontare degli ulteriori componenti positivi di cui ai precedenti periodi si applica, tenendo conto dell'esistenza di operazioni non soggette ad imposta ovvero soggette a regimi speciali, l'aliquota media risultante dal rapporto tra l'imposta relativa alle operazioni imponibili, diminuita di quella relativa alle cessioni di beni ammortizzabili, e il volume d'affari dichiarato.

10. La dichiarazione degli importi di cui al comma 9 non comporta l'applicazione di sanzioni e interessi a condizione che il versamento delle relative imposte sia effettuato entro il termine e con le modalità previsti per il versamento a saldo delle imposte sui redditi, con facoltà di effettuare il pagamento rateale delle somme dovute a titolo di saldo e di acconto delle imposte ai sensi dell'articolo 20 del decreto legislativo 9 luglio 1997, n. 241.

11. In relazione ai diversi livelli di affidabilità fiscale conseguenti all'applicazione degli indici, determinati anche per effetto dell'indicazione di ulteriori componenti positivi di cui al comma 9, sono riconosciuti i seguenti benefici:

a) l'esonero dall'apposizione del visto di conformità per la compensazione di crediti per un importo non superiore a 50.000 euro annui relativamente all'imposta sul valore aggiunto e per un importo non superiore a 20.000 euro annui relativamente alle imposte dirette e all'imposta regionale sulle attività produttive;

b) l'esonero dall'apposizione del visto di conformità ovvero dalla prestazione della garanzia per i rimborsi dell'imposta sul valore aggiunto per un importo non superiore a 50.000 euro annui;

c) l'esclusione dell'applicazione della disciplina delle società non operative di cui all'articolo 30 della legge 23 dicembre 1994, n. 724, anche ai fini di quanto previsto al secondo periodo del comma 36 *decies* dell'articolo 2 del decreto legge 13 agosto 2011, n. 138, convertito, con modificazioni, dalla legge 14 settembre 2011, n. 148;

d) l'esclusione degli accertamenti basati sulle presunzioni semplici di cui all'articolo 39, primo comma, lettera *d*), secondo periodo, del decreto del Presidente della Repubblica 29 settembre 1973, n. 600, e all'articolo 54, secondo comma, secondo periodo, del decreto del Presidente della Repubblica 26 ottobre 1972, n. 633;

e) l'anticipazione di almeno un anno, con graduazione in funzione del livello di affidabilità, dei termini di decadenza per l'attività di accertamento previsti dall'articolo 43, comma 1, del decreto del Presidente della Repubblica 29 settembre 1973, n. 600, con riferimento al reddito di impresa e di lavoro autonomo, e dall'articolo 57, comma 1, del decreto del Presidente della Repubblica 26 ottobre 1972, n. 633;

f) l'esclusione della determinazione sintetica del reddito complessivo di cui all'articolo 38 del decreto del Presidente della Repubblica 29 settembre 1973, n. 600, a condizione che il reddito complessivo accertabile non ecceda di due terzi il reddito dichiarato.

12. Con provvedimento del direttore dell'Agenzia delle entrate sono individuati i livelli di affidabilità fiscale, anche con riferimento alle annualità pregresse, ai quali è collegata la graduazione dei benefici premiali indicati al comma 11; i termini di accesso ai benefici possono essere differenziati tenendo conto del tipo di attività svolto dal contribuente.

13. Con riferimento al periodo d'imposta interessato dai benefici premiali di cui al comma 11, in caso di violazioni che comportano l'obbligo di denuncia ai sensi dell'articolo 331 del codice di procedura penale per uno dei reati previsti dal decreto legislativo 10 marzo 2000, n. 74, non si applicano le disposizioni di cui al comma 11, lettere *c*), *d*), *e*) e *f*), del presente articolo.

14. L'Agenzia delle entrate e il Corpo della guardia di finanza, nel definire specifiche strategie di controllo basate su analisi del rischio di evasione fiscale, tengono conto del livello di affidabilità fiscale dei contribuenti derivante dall'applicazione degli indici nonché delle informazioni presenti nell'apposita sezione dell'anagrafe tributaria di cui all'articolo 7, sesto comma, del decreto del Presidente della Repubblica 29 settembre 1973, n. 605.

15. All'articolo 10, comma 12, della legge 8 maggio 1998, n. 146, dopo le parole: "studi di settore," sono inserite le seguenti: "degli indici sintetici di affidabilità fiscale". La società indicata nell'articolo 10, comma 12, della legge 8 maggio 1998, n. 146, provvede, altresì, a porre in essere ogni altra attività idonea a sviluppare innovative tecniche di elaborazione dei dati, a potenziare le attività di analisi per contrastare la sottrazione all'imposizione delle basi imponibili, anche di natura contributiva, ad aggiornare la mappa del rischio di evasione e a individuare le relative aree territoriali e settoriali di intervento. Al fine di consentire lo svolgimento delle attività di cui al precedente periodo e di assicurare il coordinamento delle stesse con ulteriori attività svolte dalla medesima società per altre finalità e per conto di altre amministrazioni, la stessa società può stipulare specifiche convenzioni con le amministrazioni pubbliche di cui all'articolo 1, comma 2, del decreto legislativo 30 marzo 2001, n. 165, ovvero con altri soggetti. Tali convenzioni, aventi ad oggetto anche lo scambio, l'utilizzo e la condivisione dei dati, dei risultati delle elaborazioni e delle nuove metodologie, nonché altre attività, sono stipulate esclusivamente per le finalità stabilite dal presente comma

o da altre disposizioni normative. Le convenzioni che hanno ad oggetto la mappa del rischio di evasione e l'analisi per il contrasto della sottrazione di basi imponibili, anche di natura contributiva, sono stipulate, per le rispettive aree di competenza, con le agenzie fiscali, con l'Istituto nazionale della previdenza sociale, con l'Ispettorato nazionale del lavoro e con il Corpo della guardia di finanza. Le quote di partecipazione al capitale della società di cui al secondo periodo del presente comma possono essere cedute, in tutto o in parte, al Ministero dell'economia e delle finanze-Dipartimento del tesoro ([5]), in conformità ai principi disposti dal testo unico di cui al decreto legislativo 19 agosto 2016, n. 175.

16. Nei casi di omissione della comunicazione dei dati rilevanti ai fini della costruzione e dell'applicazione degli indici, o di comunicazione inesatta o incompleta dei medesimi dati, si applica la sanzione amministrativa pecuniaria prevista dall'articolo 8, comma 1, del decreto legislativo 18 dicembre 1997, n. 471. L'Agenzia delle entrate, prima della contestazione della violazione, mette a disposizione del contribuente, con le modalità di cui all'articolo 1, commi da 634 a 636, della legge 23 dicembre 2014, n. 190, le informazioni in proprio possesso, invitando lo stesso ad eseguire la comunicazione dei dati o a correggere spontaneamente gli errori commessi. Del comportamento del contribuente si tiene conto nella graduazione della misura della sanzione. L'Agenzia delle entrate, nei casi di omissione della comunicazione di cui al primo periodo, può altresì procedere, previo contraddittorio, all'accertamento dei redditi, dell'imposta regionale sulle attività produttive e dell'imposta sul valore aggiunto ai sensi, rispettivamente, del secondo comma dell'articolo 39 del decreto del Presidente della Repubblica 29 settembre 1973, n. 600, e dell'articolo 55 del decreto del Presidente della Repubblica 26 ottobre 1972, n. 633.

17. Con provvedimento del direttore dell'Agenzia delle entrate sono emanate le ulteriori disposizioni necessarie per l'attuazione del presente articolo.

18. Le disposizioni normative e regolamentari relative all'elaborazione e all'applicazione dei parametri previsti dall'articolo 3, commi da 181 a 189, della legge 28 dicembre 1995, n. 549, e degli studi di settore previsti dagli articoli 62 *bis* e 62 *sexies* del decreto legge 30 agosto 1993, n. 331, convertito, con modificazioni, dalla legge 29 ottobre 1993, n. 427, cessano di produrre effetti nei confronti dei soggetti interessati agli stessi, con riferimento ai periodi d'imposta in cui si applicano gli indici. Ad eccezione di quanto già disposto dal presente articolo, le norme che, per fini diversi dall'attività di controllo, rinviano alle disposizioni citate nel precedente periodo e ai limiti previsti per l'applicazione degli studi di settore si intendono riferite anche

agli indici. Per le attività di controllo, di accertamento e di irrogazione delle sanzioni effettuate in relazione ai periodi d'imposta antecedenti a quelli di cui al primo periodo si applicano le disposizioni vigenti il giorno antecedente la data di entrata in vigore della legge di conversione del presente decreto. Sono abrogati l'articolo 10 *bis* della legge 8 maggio 1998, n. 146, e l'articolo 7 *bis* del decreto legge 22 ottobre 2016, n. 193, convertito, con modificazioni, dalla legge 1° dicembre 2016, n. 225.

19. Dall'attuazione delle disposizioni del presente articolo non devono derivare nuovi o maggiori oneri a carico della finanza pubblica.

(1) *A norma dell'art. 1, comma 931, della L. 27 dicembre 2017, n. 205, al fine di assicurare a tutti i contribuenti un trattamento fiscale uniforme e di semplificare gli adempimenti dei contribuenti e degli intermediari, gli indici sintetici di affidabilità fiscale, previsti dal presente articolo, si applicano a decorrere dal periodo d'imposta in corso al 31 dicembre 2018.*

(2) *A norma dell'art. 148, comma 1, lett.* c), *del D.L. 19 maggio 2020, n. 34, convertito, con modificazioni, nella L. 17 luglio 2020, n. 77, i termini di cui a questo comma, per l'approvazione degli indici e per la loro eventuale integrazione sono differiti rispettivamente al 31 marzo e al 30 aprile dell'anno successivo a quello di applicazione.*

(3) *Si veda l'art. 1, comma 3, del D.M. 2 febbraio 2021* (G.U. Serie gen. - *n. 33 del 9 febbraio 2021).*

(4) *Questo comma è stato inserito dall'art. 4* quinquies, *comma 1, del D.L. 30 aprile 2019, n. 34, convertito, con modificazioni, nella L. 28 giugno 2019, n. 58, a decorrere dal 30 giugno 2019.*

(5) *Le parole*: «-*Dipartimento del tesoro» sono state inserite dall'art. 1, comma 930, della L. 27 dicembre 2017, n. 205, a decorrere dal 1° gennaio 2018.*

7.

L. 27 dicembre 2017, n. 205. Bilancio di previsione dello Stato per l'anno finanziario 2018 e bilancio pluriennale per il triennio 2018-2020 (Suppl. ord. alla *Gazzetta Ufficiale* Serie gen. - n. 302 del 29 dicembre 2017) ed avviso di rettifica in *Gazzetta Ufficiale* Serie gen. - n. 13 del 17 gennaio 2018, ed avviso di rettifica in *Gazzetta Ufficiale* Serie gen. - n. 21 del 26 gennaio 2018.

(*Estratto*)

Parte I

Sezione I
Misure quantitative per la realizzazione degli obiettivi programmatici

1. 1. - 930. (*Omissis*).

931. Al fine di assicurare a tutti i contribuenti un trattamento fiscale uniforme e di semplificare gli adempimenti dei contribuenti e degli intermediari, gli indici sintetici di affidabilità fiscale, previsti dall'articolo 9 *bis* del decreto legge 24 aprile 2017, n. 50, convertito, con modificazioni, dalla legge 21 giugno 2017, n. 96, si applicano a decorrere dal periodo d'imposta in corso al 31 dicembre 2018.

932. - 1181. (*Omissis*).

1.

L. 30 dicembre 1991, n. 413. Disposizioni per ampliare le basi imponibili, per razionalizzare, facilitare e potenziare l'attività di accertamento; disposizioni per la rivalutazione obbligatoria dei beni immobili delle imprese, nonché per riformare il contenzioso e per la definizione agevolata dei rapporti tributari pendenti; delega al Presidente della Repubblica per la concessione di amnistia per reati tributari; istituzioni dei Centri di assistenza fiscale e del conto fiscale (Suppl. ord. alla *Gazzetta Ufficiale* Serie gen. - n. 305 del 31 dicembre 1991).

(*Estratto*)

Titolo III
Disposizioni per la trasparenza dei rapporti
tra amministrazione finanziaria e contribuenti

Capo II
Interpello
dell'amministrazione finanziaria
da parte dei contribuenti

21. ([1]) [1. È istituito, alle dirette dipendenze del Ministro delle finanze, il comitato consultivo per l'applicazione delle norme antielusive, cui è demandato il compito di emettere pareri su richiesta dei contribuenti.

2. La richiesta di parere deve riguardare l'applicazione, ai casi concreti rappresentati dal contribuente, delle disposizioni contenute negli articoli 37, comma terzo, e 37 *bis* del D.P.R. 29 settembre 1973, n. 600, e successive modificazioni. La richiesta di parere può altresì riguardare, ai fini dell'applicazione dell'art. 74, comma 2, del T.U. delle imposte sui redditi, approvato con D.P.R. 22 dicembre 1986, n. 917, e successive modificazioni, la qualificazione di determinate spese, sostenute dal contribuente, tra quelle di pubblicità e di propaganda ovvero tra quelle di rappresentanza.

3. Il parere reso dal comitato ha efficacia esclusivamente ai fini e nell'ambito del rapporto tributario. Nella eventuale fase contenziosa l'onere della prova viene posto a carico della parte che non si è uniformata al parere del comitato.

4. Il comitato consultivo per l'applicazione delle norme antielusive, nominato con decreto del Ministro delle finanze, è composto dai seguenti membri:

a) i direttori generali della direzione generale delle imposte dirette e della direzione generale delle tasse e imposte indirette sugli affari e il direttore dell'ufficio centrale per gli studi di diritto tributario comparato e per le relazioni internazionali;

b) il comandante generale della Guardia di finanza;

c) il direttore del servizio centrale degli ispettori tributari;

d) il direttore dell'ufficio del coordinamento legislativo;

e) due componenti del Consiglio superiore delle finanze, non appartenenti all'amministrazione finanziaria, designati dal consiglio stesso;

f) tre esperti in materia tributaria designati dal Ministro delle finanze.

5. I membri del comitato possono farsi rappresentare da funzionari, di grado non inferiore a primo dirigente, e da ufficiali superiori; possono altresì farsi assistere da personale delle qualifiche e grado indicati che partecipano, in tal caso, alle sedute senza diritto di voto. Il comitato si avvale degli stessi poteri istruttori attribuiti agli uffici finanziari.

6. Con decreto del Ministro delle finanze, da emanare di concerto con il Ministro del tesoro, ai sensi dell'art. 17 della L. 23 agosto 1988, n. 400, sono stabiliti l'organizzazione interna, il funzionamento e le dotazioni finanziarie del comitato.

7. Il presidente del comitato è nominato dal Ministro delle finanze, con proprio decreto, tra i membri del comitato stesso.

8. Le indennità da corrispondere ai membri del comitato non appartenenti all'amministrazione finanziaria verranno stabilite ogni triennio con decreto del Ministro delle finanze, di concerto con il Ministro del tesoro.

9. Il contribuente, anche prima della conclusione di un contratto, di una convenzione o di un atto che possa dar luogo all'applicazione delle disposizioni richiamate nel comma 2, può richiedere il preventivo parere alla competente direzione generale del Ministero delle finanze fornendole tutti gli elementi conoscitivi utili ai fini della corretta qualificazione tributaria della fattispecie prospettata. La mancata comunicazione del parere da parte dell'Agenzia delle entrate entro 120 giorni e dopo ulteriori 60 giorni dalla diffida ad adempiere da parte del contribuente equivale a silenzio assenso (2) (3).

10. (*Omissis*).[4]

11. Con decreto del Ministro delle finanze sono stabiliti i termini e le modalità da osservare per l'invio delle richieste di parere alla competente direzione generale e per la comunicazione dei pareri stessi al contribuente.

12. (*Omissis*)].

([1]) *Questo articolo è stato abrogato dall'art. 7, comma 6, del D.L.vo 24 settembre 2015, n. 156.*

A norma dell'art. 12, comma 1, le disposizioni del predetto decreto entrano in vigore a decorrere dal 1° gennaio 2016.

([2]) *Questo periodo è stato aggiunto dall'art. 16, comma 1, lett.* a), *del D.L. 29 novembre 2008, n. 185, convertito, con modificazioni, nella L. 28 gennaio 2009, n. 2.*

([3]) *Per l'applicazione della presente disposizione, si veda altresì l'art. 27, commi 9, 10 e 12, del D.L. 29 novembre 2008, n. 185, convertito, con modificazioni, nella L. 28 gennaio 2009, n. 2, con effetto dal 29 novembre 2008.*

([4]) *Questo comma è stato soppresso dall'art. 16, comma 1, lett.* b), *del D.L. 29 novembre 2008, n. 185, convertito, con modificazioni, nella L. 28 gennaio 2009, n. 2.*

2.

D.M. 13 giugno 1997, n. 195. Regolamento concernente la determinazione dei termini e delle modalità da osservare per l'invio delle richieste di parere alla competente Direzione generale e per la comunicazione dei pareri stessi al contribuente (*Gazzetta Ufficiale* Serie gen. - n. 152 del 2 luglio 1997).

1. Procedimento. – 1. La richiesta di parere di cui al comma 9 dell'articolo 21 della legge 30 dicembre 1991, n. 413, rivolta al Ministero delle finanze – Dipartimento delle entrate, è indirizzata alla direzione regionale delle entrate competente in relazione al domicilio fiscale del richiedente e va spedita a mezzo del servizio postale in plico raccomandato con avviso di ricevimento.

2. La richiesta deve contenere a pena di inammissibilità:

a) i dati identificativi del contribuente o del suo legale rappresentante e delle altre parti interessate;

b) l'indicazione dell'eventuale domiciliatario presso il quale devono essere effettuate le comunicazioni;

c) la sottoscrizione del contribuente o del suo legale rappresentante.

3. Nella richiesta di parere va esposto dettagliatamente il caso concreto, nonché la soluzione interpretativa prospettata; ad essa va allegata copia della documentazione, con relativo elenco, rilevante ai fini della individuazione e della qualificazione della fattispecie prospettata.

4. Il parere del Dipartimento delle entrate è comunicato al contribuente mediante servizio postale in plico raccomandato con avviso di ricevimento. Il Dipartimento delle entrate trasmette i pareri anche al comitato consultivo per l'applicazione delle norme antielusive.

5. Ai fini dell'applicazione dell'articolo 21, comma 10, della legge 30 dicembre 1991, n. 413, la richiesta di parere, le intimazioni e le altre comunicazioni del contribuente si intendono presentate all'atto della ricezione dei plichi raccomandati da parte del Ministero delle finanze. Le comunicazioni di parere e le richieste istruttorie si intendono eseguite al momento della ricezione dei plichi raccomandati da parte del destinatario.

6. Il parere emesso dal Dipartimento delle entrate, in conformità alla soluzione interpretativa prospettata dal contribuente, rende improcedibile la richiesta di parere al comitato consultivo per l'applicazione delle norme antielusive.

7. La direzione regionale delle entrate trasmette alla Direzione generale del Dipartimento delle entrate la richiesta di parere, inviata dal contribuente, non oltre il quindicesimo giorno dalla sua ricezione. Il parere della Direzione generale è comunicato al contribuente non oltre sessanta giorni dalla richiesta.

3.

D.M. 19 giugno 1998, n. 259. Regolamento recante norme da osservare per la compilazione e l'inoltro al direttore regionale delle entrate, competente per territorio, delle istanze tese ad ottenere la disapplicazione delle disposizioni normative di natura antielusiva, da adottare ai sensi dell'articolo 7, comma 1, del decreto legislativo 8 ottobre 1997, n. 358 (*Gazzetta Ufficiale* Serie gen. - n. 179 del 3 agosto 1998).

1. Procedimento. – 1. L'istanza di cui al comma 8 dell'articolo 37 *bis* del decreto del Presidente della Repubblica 29 settembre 1973, n. 600, è rivolta al direttore regionale delle entrate competente per territorio ed è spedita, a mezzo del servizio postale, in plico raccomandato con avviso di ricevimento, all'ufficio finanziario competente per l'accertamento in ragione del domicilio fiscale del contribuente. Tale ultimo ufficio trasmette al direttore regionale l'istanza, unitamente al proprio parere, entro trenta giorni dalla ricezione della medesima.

2. L'istanza deve contenere a pena di inammissibilità:

a) i dati identificativi del contribuente e del suo legale rappresentante;

b) l'indicazione dell'eventuale domiciliatario presso il quale sono effettuate le comunicazioni;

c) la sottoscrizione del contribuente o del suo legale rappresentante.

3. Nell'istanza il contribuente descrive compiutamente la fattispecie concreta per la quale ritiene non applicabili le disposizioni normative che limitano deduzioni, detrazioni, crediti d'imposta o altre posizioni soggettive altrimenti ammessi dall'ordinamento tributario; ad essa va allegata copia della documentazione con relativo elenco, rilevante ai fini della individuazione e della qualificazione della fattispecie prospettata.

4. Le determinazioni del direttore regionale delle entrate, concernenti l'istanza, sono comunicate al contribuente mediante servizio postale, in plico raccomandato con avviso di ricevimento.

5. Ai fini dell'applicazione dell'articolo 37 *bis*, comma 8, del decreto del Presidente della Repubblica 29 settembre 1973, n. 600, l'istanza si intende presentata all'atto della ricezione del plico raccomandato da parte dell'ufficio competente per l'accertamento. Le comunicazioni relative all'istanza e le eventuali richieste istruttorie si intendono eseguite al momento della ricezione del plico raccomandato da parte del destinatario.

6. Le determinazioni del direttore regionale delle entrate vanno comunicate al contribuente, non oltre novanta giorni dalla presentazione dell'istanza, con provvedimento che è da ritenersi definitivo.

7. Le richieste istruttorie rivolte al contribuente o a soggetti diversi sospendono il termine di cui al comma 6, per l'emanazione del provvedimento definitivo da parte del direttore regionale delle entrate, fino al giorno di ricezione della risposta. Delle richieste istruttorie rivolte ad altri soggetti è data comunicazione al contribuente.

4.

D.M. 26 aprile 2001, n. 209. Regolamento concernente la determinazione degli organi, delle procedure e delle modalità di esercizio dell'interpello e dell'obbligo di risposta da parte dell'Amministrazione finanziaria, di cui all'articolo 11, comma 5, della L. n. 212 del 2000 (*Gazzetta Ufficiale* Serie gen. - n. 128 del 5 giugno 2001).

1. Presentazione dell'istanza di interpello. – 1. Ciascun contribuente, qualora ricorrano obiettive condizioni di incertezza sulla interpretazione di una disposizione normativa di natura tributaria, può inoltrare all'amministrazione finanziaria istanza di interpello riguardante l'applicazione della disposizione stessa a casi concreti e personali, diversi da quelli oggetto dell'interpello disciplinato dall'articolo 21 della legge 30 dicembre 1991, n. 413. L'interpello non può essere proposto con riferimento ad accertamenti tecnici.

2. Il contribuente dovrà presentare l'istanza di cui al comma 1, prima di porre in essere il comportamento o di dare attuazione alla norma oggetto di interpello.

3. L'istanza di interpello può essere presentata, altresì, anche da soggetti che in base a specifiche disposizioni di legge sono obbligati a porre in essere gli adempimenti tributari per conto del contribuente.

4. L'istanza di interpello, redatta in carta libera, è presentata agli uffici individuati al successivo articolo 2, mediante consegna o spedizione a mezzo del servizio postale in plico, senza busta, raccomandato con avviso di ricevimento.

5. La presentazione dell'istanza di interpello non ha effetto sulle scadenze previste dalle norme tributarie, né sulla decorrenza dei termini di decadenza e non comporta interruzione o sospensione dei termini di prescrizione.

2. Competenza degli uffici. – 1. L'istanza di interpello è presentata alla Direzione regionale dell'Agenzia delle entrate, competente in relazione al domicilio fiscale del contribuente.

2. In deroga alla disposizione del comma 1, le amministrazioni centrali dello Stato, gli enti pubblici a rilevanza nazionale, nonché i contribuenti che hanno conseguito nel precedente periodo d'imposta ricavi per un ammontare superiore ad € 258.228.449,54, presentano l'istanza di interpello alla Direzione centrale normativa e contenzioso dell'Agenzia delle entrate.

3. Per i tributi la cui gestione è attribuita all'Agenzia del territorio, l'istanza di interpello è presentata alla Direzione compartimentale nel cui

àmbito opera l'ufficio competente ad applicare la norma tributaria oggetto di interpello.

4. Per i tributi di competenza dell'Agenzia delle dogane, l'istanza di interpello è presentata alla Direzione compartimentale territorialmente competente per la soluzione del caso particolare.

4 *bis*. Per i tributi gestiti dall'Amministrazione autonoma dei monopoli di Stato, l'istanza di interpello è presentata, in materia di giochi, all'Ufficio regionale competente in base al domicilio fiscale del contribuente, fatta eccezione per coloro i quali abbiano conseguito nel precedente anno solare un volume di raccolta delle giocate non inferiore a 500.000,00 euro, i quali sono tenuti a presentare la predetta istanza alla Direzione per i giochi; per i tributi in materia di tabacchi lavorati l'istanza di interpello è presentata alla Direzione per le accise, fatta eccezione per i casi di verbalizzazione per contrabbando da parte della polizia giudiziaria, per i quali l'istanza è presentata all'Ufficio regionale competente per territorio in relazione al luogo in cui è stato commesso l'illecito ([1]).

([1]) *Questo comma è stato aggiunto dall'art. 1, comma 1, del D.M. 8 giugno 2007, n. 98.*

3. Istanza di interpello. – 1. L'istanza di interpello deve contenere a pena di inammissibilità:

a) i dati identificativi del contribuente ed eventualmente del suo legale rappresentante;

b) la circostanziata e specifica descrizione del caso concreto e personale da trattare ai fini tributari sul quale sussistono concrete condizioni di incertezza;

c) l'indicazione del domicilio del contribuente o dell'eventuale domiciliatario presso il quale devono essere effettuate le comunicazioni dell'amministrazione finanziaria;

d) la sottoscrizione del contribuente o del suo legale rappresentante.

2. Alla istanza di interpello è allegata copia della documentazione, non in possesso dell'amministrazione finanziaria o di altre amministrazioni pubbliche indicate dall'istante, rilevante ai fini della individuazione e della qualificazione della fattispecie prospettata, salva la facoltà di acquisire, ove necessario, l'originale non posseduto dei documenti.

3. L'istanza deve, altresì, contenere l'esposizione, in modo chiaro ed univoco, del comportamento e della soluzione interpretativa sul piano giuridico che si intendono adottare ed indicare eventuali recapiti, di telefax o telematico, per una rapida comunicazione da parte dell'amministrazione finanziaria.

4. La mancata sottoscrizione è sanata se il contribuente provvede alla regolarizzazione dell'istanza entro trenta giorni dal ricevimento dell'invito da parte dell'ufficio.

5. Non ricorrono le obiettive condizioni di incertezza di cui all'articolo 1, qualora l'amministrazione finanziaria abbia compiutamente fornito la soluzione interpretativa di fattispecie corrispondenti a quella prospettata dal contribuente, mediante circolare, risoluzione, istruzione o nota, portata a conoscenza del contribuente attraverso la pubblicazione nel sito «documentazione tributaria» del Ministero delle finanze ed ancora disponibile sia nel sito sia presso gli uffici di cui all'articolo 2. L'amministrazione finanziaria deve comunque comunicare al contribuente, nelle forme di cui all'articolo 4, comma 1, l'eventuale inammissibilità dell'istanza con indicazione della circolare, risoluzione, istruzione o nota contenente la soluzione interpretativa richiesta.

4. Adempimenti degli uffici. – 1. La risposta scritta e motivata fornita dagli uffici indicati all'articolo 2, è notificata o comunicata al contribuente mediante servizio postale a mezzo raccomandata con avviso di ricevimento presso i recapiti di cui all'articolo 3, commi 1, lettera *c*), e 3, entro centoventi giorni decorrenti dalla data di consegna o di ricezione dell'istanza di interpello da parte dell'ufficio, ovvero dalla data in cui l'istanza è stata sottoscritta ai sensi del precedente articolo 3, comma 4. Qualora l'istanza sia stata presentata alla Direzione regionale ai sensi dell'articolo 2, comma 1, la risposta può essere fornita direttamente anche dalla Direzione centrale normativa e contenzioso.

2. La risposta di cui al comma 1 può essere fornita anche telematicamente.

3. Qualora l'istanza d'interpello venga presentata ad ufficio diverso da quello competente ai sensi dell'articolo 2, questo provvede a trasmetterla tempestivamente all'ufficio competente, dandone nel contempo notizia al contribuente istante. In tal caso il termine di cui al comma 1, inizia a decorrere dalla data di ricezione dell'istanza da parte dell'ufficio competente.

4. Quando non sia possibile fornire risposta sulla base dei documenti allegati all'istanza, gli uffici finanziari possono richiedere, una sola volta, al contribuente di integrare la documentazione. In tal caso il termine di cui al comma 1 inizia a decorrere dalla data di ricezione, da parte dell'ufficio della documentazione integrativa consegnata o spedita con le stesse modalità dell'istanza di interpello.

5. Qualora l'istanza di interpello venga formulata da un numero elevato di contribuenti e concerna la stessa questione o questioni analoghe tra loro,

l'amministrazione finanziaria può fornire risposta collettiva mediante circolare o risoluzione, da pubblicare nel sito «Documentazione tributaria» del Ministero delle finanze. L'Amministrazione finanziaria deve comunque portare a conoscenza del contribuente, nelle forme di cui all'articolo 4, comma 1, l'avvenuta pubblicazione e gli estremi della circolare, risoluzione o nota contenente la soluzione interpretativa alla questione prospettata nell'istanza di interpello.

5. Efficacia della risposta all'istanza di interpello. – 1. La risposta dell'ufficio finanziario ha efficacia esclusivamente nei confronti del contribuente istante, limitatamente al caso concreto e personale prospettato nell'istanza di interpello. Tale efficacia si estende anche ai comportamenti successivi del contribuente riconducibili alla fattispecie oggetto di interpello, salvo rettifica della soluzione interpretativa da parte dell'amministrazione finanziaria.

2. Qualora la risposta dell'ufficio su istanze ammissibili e recanti l'indicazione della soluzione interpretativa di cui all'articolo 3, comma 3, non pervenga al contribuente entro il termine di cui all'articolo 4, comma 1, si intende che l'amministrazione concordi con l'interpretazione o il comportamento prospettato dal richiedente. Limitatamente alla questione oggetto d'interpello, sono nulli gli atti amministrativi, anche a contenuto impositivo o sanzionatorio, emanati in difformità della risposta fornita dall'ufficio, ovvero della interpretazione sulla quale si è formato il silenzio assenso.

3. In caso di risposta diversa da quella data in precedenza, ovvero di risposta fornita oltre il termine di cui all'articolo 4, comma 1, l'ufficio recupera le imposte eventualmente dovute ed i relativi interessi, senza la irrogazione di sanzioni, a condizione che il contribuente non abbia ancora posto in essere il comportamento specifico prospettato o dato attuazione alla norma oggetto d'interpello.

4. La disposizione del comma 3 si rende applicabile anche in riferimento al comportamento già posto in essere dal contribuente, qualora la risposta dell'ufficio su istanze ammissibili ma prive delle indicazioni di cui all'articolo 3, comma 3, non pervenga nel termine di cui all'articolo 4, comma 1.

5.

D.M. 29 aprile 2016. Individuazione delle modalità applicative dell'interpello sui nuovi investimenti (*Gazzetta Ufficiale* Serie gen. - n. 110 del 12 maggio 2016).

1. Definizioni. – 1. Ai fini del presente decreto sono adottate le seguenti definizioni:

a) per «decreto» si intende il decreto legislativo 14 settembre 2015, n. 147, «Disposizioni recanti misure per la crescita e l'internazionalizzazione delle imprese», il cui art. 2 disciplina l'interpello sui nuovi investimenti;

b) per «imprese» ai sensi dell'art. 2 del decreto si considerano i seguenti soggetti che intendono effettuare investimenti nel territorio dello Stato:

1) le persone fisiche che esercitano imprese commerciali ai sensi dell'art. 55 del decreto del Presidente della Repubblica 22 dicembre 1986, n. 917;

2) i soggetti di cui all'art. 73, comma 1, lettere *a*) e *b*), del decreto del Presidente della Repubblica 22 dicembre 1986, n. 917;

3) i soggetti di cui all'art. 73, comma 1, lettera *c*), del decreto del Presidente della Repubblica 22 dicembre 1986, n. 917, relativamente all'attività commerciale eventualmente esercitata;

4) i soggetti di cui all'art. 5, comma 1, del decreto del Presidente della Repubblica 22 dicembre 1986, n. 917, ad eccezione delle società semplici;

5) i soggetti di cui all'art. 73, comma 1, lettera *d*), del decreto del Presidente della Repubblica 22 dicembre 1986, n. 917, con o senza stabile organizzazione nel territorio dello Stato;

6) i gruppi di società o raggruppamenti di imprese;

7) le persone fisiche diverse da quelle individuate al numero 1), a condizione che l'investimento comporti lo svolgimento di un'attività commerciale o si traduca nella partecipazione al patrimonio di soggetti svolgenti attività commerciale;

8) i soggetti individuati dall'art. 73, comma 1, lettera *c*), del decreto del Presidente della Repubblica 22 dicembre 1986, n. 917, nei casi diversi da quelli indicati al numero 3), a condizione che l'investimento comporti lo svolgimento di un'attività commerciale o si traduca nella partecipazione al patrimonio di soggetti svolgenti attività commerciale;

c) per «piano di investimento» si intende un progetto di investimento nel territorio dello Stato, come descritto all'art. 2, comma 1, del decreto, ossia qualsiasi progetto di realizzazione di un'iniziativa economica avente carattere duraturo, nonché di ristrutturazione, ottimizzazione od efficientamento di un complesso aziendale già esistente, e di iniziative dirette alla partecipazione al patrimonio dell'impresa. L'investimento deve avere ricadute occupazionali significative in relazione all'attività in cui avviene e durature e la relativa realizzazione può avere carattere pluriennale.

2. Tipologia e criteri di quantificazione dell'investimento. – 1. L'investimento di cui all'art. 1, comma 1, lettera *c*), può coinvolgere:

a) la realizzazione di nuove attività economiche o l'ampliamento di attività economiche preesistenti;

b) la diversificazione della produzione di un'unità produttiva esistente;

c) la ristrutturazione di un'attività economica esistente al fine di consentire all'impresa il superamento o la prevenzione di una situazione di crisi;

d) le operazioni aventi ad oggetto le partecipazioni in un'impresa.

2. Ai fini della determinazione del valore dell'investimento occorre tenere in considerazione tutte le risorse finanziarie, anche di terzi, necessarie all'impresa per l'attuazione del piano di investimento. Nel caso di investimenti realizzati da gruppi di società o raggruppamenti di imprese occorre tenere in considerazione il valore complessivo dell'investimento unitario, dato dalla somma del valore dei singoli investimenti di tutti i soggetti partecipanti all'iniziativa.

3. Ai fini della verifica della soglia minima dell'investimento, l'istante deve illustrare il metodo prescelto per la relativa quantificazione monetaria.

3. Modalità di presentazione e contenuto dell'istanza di interpello sui nuovi investimenti. – 1. Le imprese indirizzano all'ufficio dell'Agenzia delle entrate competente, individuato con successivo provvedimento del direttore dell'Agenzia delle entrate, apposita istanza in carta libera da inoltrare a mezzo raccomandata con avviso di ricevimento ovvero da consegnare direttamente all'ufficio, che rilascia attestazione di avvenuta ricezione. Copia dell'istanza e della relativa documentazione sono prodotti su supporto elettronico. L'istanza può altresì essere presentata per via telematica attraverso l'impiego della posta elettronica certificata di cui al decreto del Presidente della Repubblica 11 febbraio 2005, n. 68, o secondo le altre modalità definite con provvedimento del direttore dell'Agenzia delle entrate del 4 gennaio 2016. Nel caso di investimenti realizzati da gruppi di società o raggruppamenti d'imprese, i soggetti partecipanti all'investimento conferiscono un mandato speciale per la presentazione dell'istanza ad una delle imprese del gruppo o del raggruppamento.

2. L'istanza deve contenere:

a) la denominazione dell'impresa, gli elementi identificativi del suo legale rappresentante, la sede legale o il domicilio fiscale, se diverso dalla sede legale, il codice fiscale o la partita IVA ovvero altro codice di identificazione dell'impresa, nonché l'indicazione dei recapiti, anche telematici, del domiciliatario per la procedura di interpello presso il quale si richiede di inoltrare le comunicazioni attinenti alla procedura. Nel caso in cui più soggetti intendano partecipare all'investimento, l'istanza deve contenere la denominazione e gli elementi identificativi di tutte le imprese partecipanti all'investimento;

b) la descrizione dettagliata del piano di investimento, sul quale si chiede la valutazione dell'Agenzia delle entrate con riferimento al trattamento fiscale dello stesso e alle operazione societarie pianificate per la relativa attuazione. La descrizione deve necessariamente specificare: l'ammontare dell'investimento, non inferiore a trenta milioni di euro, e la metodologia seguita per la quantificazione; i tempi e le modalità di realizzazione dello stesso; le ricadute occupazionali significative, in termini di aumento o mantenimento del livello occupazionale, da valutare in relazione alla attività in cui avviene l'investimento e durature, e i riflessi, anche in termini quantitativi, dell'investimento oggetto dell'istanza sul sistema fiscale italiano;

c) le specifiche disposizioni tributarie di cui si richiede l'interpretazione o in relazione alle quali si chiede di valutare l'eventuale abusività delle operazioni connesse al piano di investimento, nonché le specifiche disposizioni antielusive delle quali si chiede la disapplicazione e gli specifici regimi o istituti ai quali si chiede di avere accesso;

d) l'esposizione, in modo chiaro e univoco, del trattamento fiscale che il contribuente ritiene corretto in relazione al piano di investimento, con esplicitazione delle soluzioni e dei comportamenti che l'istante intende adottare in relazione alla sua attuazione;

e) la sottoscrizione dell'istante o del suo legale rappresentante ovvero del procuratore generale o speciale incaricato ai sensi dell'art. 63 del decreto del Presidente della Repubblica 29 settembre 1973, n. 600. In questo ultimo caso, se la procura non è contenuta in calce o al margine dell'atto, essa deve essere allegata allo stesso.

3. All'istanza di interpello è allegata copia della documentazione non in possesso dell'amministrazione procedente o di altre pubbliche amministrazioni indicate dall'istante, rilevante ai fini della risposta.

4. Qualora l'istanza di interpello venga presentata ad un ufficio diverso da quello competente ai sensi dell'art. 3, comma 1, questo provvede a trasmetterla tempestivamente all'ufficio competente, dandone nel contempo notizia al contribuente istante. In tale caso, il termine previsto dall'art. 5, comma 1, inizia a decorrere dalla data di ricezione dell'istanza da parte dell'ufficio competente.

5. La presentazione dell'istanza di interpello non ha effetto sulle scadenze previste dalle norme tributarie, né sulla decorrenza dei termini di decadenza e non comporta interruzione o sospensione dei termini di prescrizione.

4. Inammissibilità dell'istanza. – 1. L'istanza di cui all'art. 3 è inammissibile:

a) se è totalmente priva dei requisiti di cui alle lettere *a*) e

b) del comma 2 dell'art. 3, se non regolarizzati, ai sensi dell'art. 5, comma 2, entro trenta giorni dalla presentazione dell'istanza;

b) se non è inoltrata preventivamente alla scadenza dei termini previsti dalla legge per la presentazione della dichiarazione nella quale devono trovare applicazione le disposizioni tributarie oggetto dell'istanza di interpello o per l'assolvimento di altri obblighi tributari, correlati alle suddette disposizioni, aventi ad oggetto o comunque connessi alla fattispecie cui si riferisce l'istanza medesima;

c) nella parte in cui ha ad oggetto la medesima questione sulla quale l'istante ha già ottenuto un parere, salvo che vengano indicati elementi di fatto o di diritto non rappresentati precedentemente;

d) nella parte in cui verte su questioni oggetto delle procedure di cui all'art. 31 *ter* del decreto del Presidente della Repubblica 29 settembre 1973, n. 600, introdotto dall'art. 1 del decreto, fatta eccezione per i quesiti che richiedono la preventiva valutazione in ordine all'esistenza o meno di un'azienda che configuri stabile organizzazione;

e) se verte su questioni per le quali siano state già avviate attività di controllo alla data di presentazione dell'istanza di cui il contribuente sia formalmente a conoscenza.

5. Adempimenti dell'Agenzia delle entrate. – 1. La risposta scritta e motivata dell'Agenzia delle entrate è notificata o comunicata con le medesime modalità consentite per la presentazione dell'interpello entro centoventi giorni dal ricevimento dell'istanza, prorogabili, nel caso in cui non sia possibile formulare la risposta sulla base dei documenti allegati o comunque forniti dall'istante, ovvero degli elementi informativi appresi nel corso delle interlocuzioni o dell'accesso di cui ai commi 3 e 4, di ulteriori novanta giorni, decorrenti dalla data di acquisizione delle informazioni necessarie, nonché della documentazione integrativa. La documentazione deve essere trasmessa con le modalità di presentazione dell'istanza, preferibilmente su supporto informatico. In alternativa, il contribuente è tenuto ad esplicitare i motivi della mancata esibizione della documentazione richiesta.

2. Nei casi in cui l'istanza sia carente dei requisiti di cui alle lettere *a*) e *b*) del comma 2 dell'art. 3, l'Agenzia delle entrate invita l'impresa alla relativa regolarizzazione entro il termine di trenta giorni. L'integrazione dell'istanza avviene entro trenta giorni dalla ricezione dell'invito con le stesse modalità della presentazione dell'istanza di interpello. Nei casi in cui nell'istanza non siano indicati i recapiti del contribuente, l'invito a regolarizzare è notificato o comunicato presso i recapiti risultanti dai registri ufficiali di posta elettronica certificata o dall'anagrafe tributaria. I termini per la risposta iniziano a decorrere dal giorno in cui la regolarizzazione è stata effettuata. Se la regolarizzazione non viene effettuata entro il predetto termine di trenta giorni, l'istanza è dichiarata inammissibile ai sensi dell'articolo 4, comma 1, lettera *a*).

3. L'Agenzia delle entrate può effettuare interlocuzioni con l'istante, anche invitandolo a comparire per mezzo del suo legale rappresentante ovvero di un suo procuratore, al fine di verificare la regolarità dell'istanza e la completezza delle informazioni fornite e di acquisire ulteriori elementi informativi.

4. Qualora lo si reputi necessario, funzionari dell'Agenzia delle entrate possono accedere presso le sedi di svolgimento dell'attività dell'impresa o della stabile organizzazione, previa intesa con l'istante e nei tempi con questo concordati, allo scopo di prendere diretta cognizione di elementi informativi utili ai fini istruttori. Di ogni attività svolta in contraddittorio è redatto processo verbale, copia del quale è rilasciata al soggetto istante.

5. Quando la documentazione richiesta ai sensi del comma 1 non è trasmessa entro un anno dalla data della relativa richiesta, l'Agenzia delle entrate prende atto della rinuncia all'interpello ed effettua la relativa notificazione o comunicazione senza indugio. In pendenza dei termini di istruttoria dell'interpello, resta ferma la possibilità per i contribuenti di presentare con le modalità consentite la rinuncia espressa all'interpello.

6. Nel caso in cui nell'istanza di interpello siano sollevati profili relativi a tributi non di competenza dell'Agenzia delle entrate, quest'ultima inoltra, entro trenta giorni dalla ricezione dell'istanza, la richiesta ai competenti enti impositori che rendono in via autonoma risposta al contribuente, ai sensi della disciplina generale in tema di interpello di cui all'art. 11 della legge 27 luglio 2000, n. 212, concernente disposizioni in materia di Statuto dei diritti del contribuente, e successive modificazioni e integrazioni.

6. Efficacia della risposta all'istanza di interpello. – 1. La risposta vincola l'Agenzia delle entrate in relazione al piano di investimento come descritto nell'istanza di interpello ed è valida finché restano invariate le circostanze di fatto e di diritto sulla base delle quali essa è stata resa.

2. Avvalendosi degli ordinari poteri istruttori di cui all'art. 32 del decreto del Presidente della Repubblica 29 settembre 1973, n. 600, e all'art. 52 del decreto del Presidente della Repubblica 26 ottobre 1972, n. 633, l'Agenzia delle entrate può verificare l'assenza di mutamenti nelle circostanze di fatto o di diritto rilevanti ai fini del rilascio della risposta e la corretta applicazione delle indicazioni date nella stessa. Nelle ipotesi in cui, nell'esercizio dei predetti poteri istruttori, emerga un mutamento delle circostanze di fatto o di diritto, oppure si ravvisi che le circostanze di fatto o di diritto rappresentate dall'impresa sono non veritiere o non complete, la risposta resa dall'Agenzia delle entrate non produce gli effetti di cui al comma 1.

3. Gli organi preposti all'effettuazione dei controlli sulle imprese nei confronti delle quali si producono gli effetti di cui al comma 1 sono tenuti, prima dell'eventuale redazione del processo verbale di constatazione o di ogni altro atto avente contenuto impositivo o sanzionatorio, ad interpellare l'ufficio che ha reso la risposta all'istanza per il necessario coordinamento.

4. Qualora la risposta dell'Agenzia delle entrate su istanze ammissibili e recanti l'indicazione della soluzione interpretativa di cui all'art. 3, comma 2, lettera *d*), non pervenga all'impresa istante entro il termine di cui all'art. 5, comma 1, si intende che l'Amministrazione finanziaria concordi con l'interpretazione o il comportamento prospettato dal richiedente. Limitatamente alle questioni oggetto di interpello, sono nulli gli atti amministrativi di ogni genere, anche a contenuto impositivo o sanzionatorio, emanati dall'Amministrazione finanziaria in difformità della risposta fornita dall'Agenzia delle entrate, ovvero della interpretazione sulla quale si è formato il silenzio assenso.

7. Coordinamento con l'attività di accertamento e contenzioso. – 1. Resta fermo l'esercizio degli ordinari poteri di controllo di cui all'art. 32 del decreto del Presidente della Repubblica 29 settembre 1973, n. 600, e all'art. 52, del decreto del Presidente della Repubblica 26 ottobre 1972, n. 633, da parte delle competenti strutture dell'Amministrazione finanziaria esclusivamente in relazione a questioni diverse da quelle oggetto del parere.

8. Coordinamento con l'istituto dell'adempimento collaborativo. – 1. Il contribuente che si conforma al contenuto della risposta resa dall'Agenzia delle entrate può, a prescindere dall'ammontare del suo volume d'affari o dei suoi ricavi, accedere all'istituto dell'adempimento collaborativo di cui agli articoli da 3 a 7 del decreto legislativo 5 agosto 2015, n. 128, sempre che ricorrano gli altri requisiti necessari per l'accesso al regime previsto da tale istituto.

2. La facoltà di accesso al regime di adempimento collaborativo alle condizioni del comma 1 è riconosciuta alle imprese che effettuano l'investimento.

3. Nel caso di cui all'art. 2, comma 1, lettera *d*), la facoltà prevista dal comma 1 del presente articolo è riconosciuta all'impresa il cui patrimonio è oggetto dell'investimento.

9. Norme di rinvio. – 1. Fermo quanto disposto dal presente decreto, si applicano, in quanto compatibili, le disposizioni in tema di interpello del contribuente di cui al titolo I del decreto legislativo 24 settembre 2015, n. 156.

6.

D.M. 15 giugno 2016. Interpello per i contribuenti che aderiscono al regime dell'adempimento collaborativo di cui all'articolo 6, comma 2, del decreto legislativo 5 agosto 2015, n. 128 (*Gazzetta Ufficiale* Serie gen. - n. 148 del 27 giugno 2016).

1. Oggetto dell'interpello abbreviato. – 1. Il contribuente ammesso al regime dell'adempimento collaborativo di cui agli articoli da 3 a 7 del decreto legislativo 5 agosto 2015, n. 128, nell'ambito delle interlocuzioni conseguenti all'accesso al regime, può interpellare l'Agenzia delle entrate per ottenere una risposta in merito all'applicazione delle disposizioni tributarie a fattispecie concrete in relazione alle quali ravvisa rischi fiscali. Il rischio fiscale è inteso quale rischio di operare in violazione di norme di natura tributaria ovvero in contrasto con i principi o con le finalità dell'ordinamento tributario.

2. Il contribuente può presentare le tipologie di interpello indicate nell'art. 11, commi 1 e 2, della legge 27 luglio 2000, n. 212, i cui termini, modalità ed effetti sono disciplinati nei successivi articoli del presente decreto.

2. Ufficio competente. – 1. Con provvedimento del direttore dell'Agenzia delle entrate è individuato l'ufficio competente ai fini della presentazione e dell'istruttoria delle istanze di interpello abbreviato.

2. Qualora l'istanza di interpello venga presentata ad un ufficio diverso da quello competente, la stessa è trasmessa tempestivamente all'ufficio competente. In tale caso, il termine per la risposta inizia a decorrere dalla data di ricezione dell'istanza da parte dell'ufficio competente di cui viene data comunicazione al contribuente.

3. Presentazione dell'istanza di interpello abbreviato. – 1. Il contribuente può presentare l'istanza di interpello prima della scadenza dei termini previsti dalla legge per la presentazione della dichiarazione o per l'assolvimento degli altri obblighi tributari aventi ad oggetto o comunque connessi alla fattispecie cui si riferisce l'istanza medesima. Nell'ambito dei doveri di trasparenza e collaborazione declinati all'art. 5 comma 2, lettera *b*) del decreto legislativo 5 agosto 2015, n. 128, è ricompresa la tempestiva comunicazione all'ufficio dei rischi per i quali il contribuente intende presentare l'istanza di interpello abbreviato.

2. L'istanza di interpello, redatta in carta libera, è sottoscritta e presentata all'ufficio competente, mediante consegna a mano, spedizione a mezzo plico raccomandato con avviso di ricevimento ovvero presentazione per via telematica attraverso l'impiego della posta elettronica certificata di cui al decreto del Presidente della Repubblica 11 febbraio 2005, n. 68. L'istanza deve essere sottoscritta con firma autografa, ovvero, nei casi in cui il documento è trasmesso via posta elettronica certificata, con firma digitale o con le modalità di cui all'art. 38, comma 3, del decreto del Presidente della Repubblica 28 dicembre 2000, n. 445. Con provvedimento del Direttore dell'Agenzia delle entrate possono essere disciplinate ulteriori modalità di presentazione dell'istanza di interpello abbreviato.

3. L'istanza si considera presentata alla data di ricezione della stessa da parte dell'ufficio competente. Per data di ricezione dell'istanza si intende la data di consegna ovvero, per le istanze presentate a mezzo di servizio postale o per via telematica, la data risultante dall'avviso di ricevimento rilasciato dal sistema postale o dalla ricevuta di avvenuta consegna rilasciata dal sistema di posta elettronica certificata. Nel caso in cui l'istanza viene presentata ad un ufficio non competente alla trattazione, quest'ultimo la trasmette immediatamente all'ufficio competente. In tal caso, per data di ricezione dell'istanza, si intende quella risultante dal protocollo informatico dell'ufficio competente.

4. La presentazione dell'istanza di interpello non ha effetto sulle scadenze previste dalle norme tributarie, né sulla decorrenza dei termini di decadenza e non comporta interruzione o sospensione dei termini di prescrizione.

4. Contenuto dell'istanza di interpello abbreviato. – 1. L'istanza di interpello abbreviato deve contenere:

a) i dati identificativi del contribuente e del suo legale rappresentante compreso il codice fiscale;

b) la circostanziata e specifica descrizione del caso concreto in relazione al quale l'interpellante ravvisa rischi fiscali;

c) le specifiche disposizioni tributarie di cui si richiede l'interpretazione, l'applicazione o la disapplicazione;

d) l'indicazione del domicilio e dei recapiti telematici del contribuente o dell'eventuale domiciliatario presso il quale si richiede di inoltrare le comunicazioni attinenti la procedura;

e) la sottoscrizione del contribuente o del suo legale rappresentante ovvero del procuratore generale o speciale incaricato ai sensi dell'art. 63 del decreto del Presidente della Repubblica 29 settembre 1973, n. 600. In questo ultimo caso, se la procura non è contenuta in calce o a margine dell'atto, essa deve essere allegata allo stesso;

f) l'indicazione che si tratta di una istanza presentata ai sensi dell'art. 6, comma 2 del decreto legislativo 5 agosto 2015, n. 128.

2. L'istanza contiene altresì l'esposizione, in modo chiaro e univoco, della soluzione proposta dal contribuente e del comportamento che lo stesso intende adottare.

3. All'istanza di interpello è allegata copia della documentazione non in possesso dell'Agenzia delle entrate o di altre amministrazioni pubbliche indicate dall'istante, rilevante ai fini della qualificazione della fattispecie prospettata, salva la facoltà di acquisire, ove necessario, l'originale non posseduto dei documenti.

5. Istruttoria dell'interpello abbreviato. – 1. L'ufficio competente, entro quindici giorni dal ricevimento dell'istanza di interpello abbreviato, verifica i requisiti di cui all'art. 4, comma 1.

2. Nei casi in cui l'istanza sia carente di uno o più requisiti di cui all'art. 4, comma 1, l'ufficio invita il contribuente alla relativa regolarizzazione. L'invito a regolarizzare è notificato o comunicato al contribuente, con le modalità di cui al successivo art. 7, entro quindici giorni dalla consegna o ricezione dell'istanza da parte dell'ufficio competente. L'integrazione avviene entro trenta giorni con le stesse modalità consentite per la presentazione dell'istanza di interpello. I termini per la risposta iniziano a decorrere dal giorno in cui la regolarizzazione è stata effettuata.

3. L'Agenzia delle entrate può effettuare interlocuzioni con il contribuente, anche invitandolo a comparire per mezzo del suo legale rappresentante ovvero di un suo procuratore, al fine di verificare la regolarità dell'istanza e la completezza delle informazioni fornite e di acquisire ulteriori elementi informativi.

4. Nel corso dell'istruttoria, ove ritenuto opportuno, i funzionari dell'Agenzia delle entrate possono accedere presso le sedi di svolgimento dell'attività dell'impresa, nei tempi con questa concordati, allo scopo di prendere diretta cognizione di elementi informativi utili per la risposta che comunque deve essere resa nel termine di cui all'art. 7 comma 1.

6. Inammissibilità dell'istanza. – 1. Le istanze di cui all'art. 3 sono inammissibili se:

a) sono presentate da un contribuente non ammesso o escluso dal regime di adempimento collaborativo di cui agli articoli 3 e seguenti del decreto legislativo 5 agosto 2015, n. 128;

b) è sopraggiunto un provvedimento motivato di esclusione del contribuente dal regime di adempimento collaborativo per la perdita dei requisiti di cui all'art. 4 o all'art. 7, comma 4, del decreto legislativo 5 agosto 2015, n. 128 ovvero per l'inosservanza degli impegni di cui all'art. 5, comma 2, del medesimo decreto;

c) sono presentate dopo la scadenza dei termini previsti dalla legge per la presentazione della dichiarazione o per l'assolvimento degli altri obblighi tributari aventi ad oggetto o comunque connessi alla fattispecie cui si riferisce l'istanza medesima;

d) hanno ad oggetto il medesimo rischio fiscale sul quale il contribuente ha già ottenuto un parere, salvo che vengano indicati elementi di fatto o di diritto sopravvenuti;

e) vertono su materie oggetto delle procedure di cui all'art. 31 *ter* del decreto del Presidente della Repubblica 29 settembre 1973, n. 600, nonché dell'interpello di cui all'art. 2 del decreto legislativo 14 settembre 2015, n. 147;

f) vertono su questioni per le quali siano state già avviate attività di controllo alla data di presentazione dell'istanza di cui il contribuente sia formalmente a conoscenza;

g) non ricorrono le obiettive condizioni di incertezza ai sensi dell'art. 11, comma 4, della legge 27 luglio 2000, n. 212;

h) il contribuente, invitato a integrare i dati ai sensi dell'art. 5, comma 2, non provvede alla regolarizzazione entro il previsto termine di trenta giorni.

7. Modalità e termini per il rilascio della risposta. – 1. La risposta scritta e motivata fornita dall'ufficio competente è notificata o comunicata al contribuente in mani proprie, con le modalità di cui all'art. 60 del decreto del Presidente della Repubblica 29 settembre 1973, n. 600, mediante servizio postale a mezzo raccomandata con avviso di ricevimento ovvero per via telematica, presso i recapiti di cui all'art. 4, comma 1, lettera *d*), entro quarantacinque giorni decorrenti dalla data di ricezione dell'istanza di interpello da parte dell'ufficio competente, ovvero da quella di ricezione dei dati carenti, nell'ipotesi di cui all'art. 5, comma 2. La risposta si intende notificata o comunicata al momento della ricezione da parte del contribuente.

2. Quando non sia possibile fornire la risposta sulla base dei documenti allegati all'istanza, l'ufficio competente può chiedere, una sola volta, al contribuente di integrare la documentazione. In tal caso il termine di cui al comma 1 è interrotto e ricomincia a decorrere dalla data di ricezione della documentazione integrativa da parte dell'ufficio competente.

3. La mancata presentazione della documentazione richiesta ai sensi del comma 2 entro il termine di 6 mesi comporta rinuncia all'istanza di interpello. L'ufficio prende atto della rinuncia ed effettua la relativa comunicazione al contribuente.

4. L'istante è tenuto a trasmettere all'ufficio competente tutti i documenti richiesti, con le stesse modalità previste per la presentazione dell'istanza di interpello.

5. In pendenza dei termini di istruttoria dell'interpello, resta ferma la possibilità per il contribuente di presentare all'ufficio competente, con le stesse modalità previste per la presentazione dell'istanza di interpello, la rinuncia espressa allo stesso.

8. Adempimenti del contribuente. – 1. Il contribuente comunica tempestivamente all'ufficio competente se ha tenuto un comportamento non conforme al contenuto della risposta dell'Agenzia delle entrate.

2. Il contribuente è tenuto altresì a comunicare tempestivamente eventuali modifiche delle circostanze di fatto o di diritto sulla base delle quali è stata formulata la risposta.

9. Efficacia della risposta all'istanza di interpello. – 1. La risposta dell'ufficio competente ha efficacia esclusivamente nei confronti del contribuente istante, limitatamente alla fattispecie prospettata nell'istanza di interpello. Tale efficacia si estende anche ai comportamenti successivi del contribuente riconducibili alla fattispecie oggetto di interpello, salvo la rettifica della soluzione interpretativa da parte dell'Agenzia delle entrate con valenza esclusivamente per gli eventuali comportamenti futuri dell'istante.

2. Qualora la risposta dell'ufficio su istanze ammissibili non pervenga al contribuente entro il termine di cui all'art. 7, comma 1, si intende che l'Agenzia delle entrate concordi con l'interpretazione o il comportamento prospettato dal richiedente. Limitatamente alla questione oggetto di interpello, sono nulli gli atti amministrativi, anche a contenuto impositivo o sanzionatorio, emanati in difformità della risposta fornita dall'ufficio, ovvero della interpretazione sulla quale si è formato il silenzio assenso.

3. Nel caso in cui l'ufficio risponda oltre il termine di cui all'art. 7, comma 1 ovvero comunichi una risposta diversa da quelle fornita in preceden-

za, l'eventuale inosservanza della soluzione interpretativa contenuta nella risposta tardiva o rettificativa dà luogo al recupero di imposte e interessi, senza l'irrogazione delle relative sanzioni, solo nel caso in cui, alla data della relativa notifica, il contribuente non abbia ancora posto in essere il comportamento specifico prospettato o dato attuazione alla norma oggetto di interpello.

4. Nel caso di risposta resa oltre i termini di cui all'art. 7, comma 1 su istanze prive delle indicazioni di cui all'art. 4, comma 2, l'eventuale difformità tra la soluzione interpretativa fornita nella risposta tardiva e il comportamento già posto in essere dal contribuente, dà luogo al recupero di imposta e interessi, senza l'irrogazione delle relative sanzioni.

10. Disposizioni transitorie. – 1. Per i contribuenti ammessi al regime di adempimento collaborativo entro un anno dalla data di entrata in vigore del presente decreto, l'istanza di interpello abbreviato può essere presentata a partire dal novantesimo giorno successivo alla comunicazione di ammissione al regime e comunque prima della scadenza dei termini previsti dalla legge per la presentazione della dichiarazione.

7.

D.L. 24 aprile 2017, n. 50. Disposizioni urgenti in materia finanziaria, iniziative a favore degli enti territoriali, ulteriori interventi per le zone colpite da eventi sismici e misure per lo sviluppo (Suppl. ord. alla *Gazzetta Ufficiale* Serie gen. - n. 95 del 24 aprile 2017), convertito, con modificazioni, nella L. 21 giugno 2017, n. **96** (*Gazzetta Ufficiale* Serie gen. - n. 144 del 23 giugno 2017).

(*Estratto*)

Titolo I

Disposizioni urgenti in materia di finanza pubblica

Capo I

Disposizioni in materia di entrate

1 *bis*. ([1]) **Procedura di cooperazione e collaborazione rafforzata. –** 1. Le società e gli enti di cui alla lettera *d*) del comma 1 dell'articolo 73 del testo unico delle imposte sui redditi, di cui al decreto del Presidente della Repubblica 22 dicembre 1986, n. 917, che appartengono a gruppi multinazionali con ricavi consolidati superiori a 1 miliardo di euro annui e che effettuino cessioni di beni e prestazioni di servizi nel territorio dello Stato per un ammontare superiore a 50 milioni di euro annui avvalendosi del supporto dei soggetti di cui alla lettera *a*) del medesimo comma 1 dell'articolo 73 o di stabili organizzazioni in Italia di società di cui alla citata lettera *d*), appartenenti al medesimo gruppo societario, possono avvalersi della procedura di cooperazione e collaborazione rafforzata di cui al presente articolo per la definizione dei debiti tributari dell'eventuale stabile organizzazione presente nel territorio dello Stato.

2. I soggetti di cui al comma 1, che ravvisino la possibilità che l'attività esercitata nel territorio dello Stato costituisca una stabile organizzazione, possono chiedere all'Agenzia delle entrate una valutazione della sussistenza dei requisiti che configurano la stabile organizzazione stessa, mediante presentazione di apposita istanza finalizzata all'accesso al regime dell'adempimento collaborativo di cui al titolo III del decreto legislativo 5 agosto 2015, n. 128.

3. Ai fini della determinazione del fatturato consolidato del gruppo multinazionale cui appartengono i soggetti di cui al comma 1, si considera il valore più elevato delle cessioni di beni e delle prestazioni di servizi indicate nel bilancio consolidato relativo all'esercizio precedente a quello in corso alla data di presentazione dell'istanza e ai due esercizi anteriori.

4. Ai fini della determinazione dell'ammontare delle cessioni di beni e delle prestazioni di servizi effettuate nel territorio dello Stato da parte dei

soggetti di cui al comma 1, si considera il valore più elevato delle medesime cessioni di beni e prestazioni di servizi indicate nel bilancio relativo all'esercizio precedente a quello in corso alla data di presentazione dell'istanza e ai due esercizi anteriori. Ai medesimi fini si tiene conto anche delle cessioni di beni e delle prestazioni di servizi effettuate dai soggetti, residenti o non residenti, che si trovino, nei confronti delle società e degli enti di cui al comma 1 del presente articolo, nelle condizioni di cui all'articolo 110, comma 7, del testo unico delle imposte sui redditi, di cui al decreto del Presidente della Repubblica 22 dicembre 1986, n. 917.

5. Qualora in sede di interlocuzione con l'Agenzia delle entrate sia constatata la sussistenza di una stabile organizzazione nel territorio dello Stato, per i periodi d'imposta per i quali sono scaduti i termini di presentazione delle dichiarazioni, il competente ufficio dell'Agenzia delle entrate invia al contribuente un invito ai sensi dell'articolo 5, comma 1, del decreto legislativo 19 giugno 1997, n. 218, al fine di definire, in contraddittorio con il contribuente, i debiti tributari della stabile organizzazione.

6. Nei confronti dei soggetti di cui al comma 1 che estinguono i debiti tributari della stabile organizzazione, relativi ai periodi d'imposta per i quali sono scaduti i termini di presentazione delle dichiarazioni, versando le somme dovute in base all'accertamento con adesione ai sensi dell'articolo 8, comma 1, del decreto legislativo 19 giugno 1997, n. 218, le sanzioni amministrative applicabili ai sensi dell'articolo 2, comma 5, del medesimo decreto legislativo n. 218 del 1997 sono ridotte alla metà.

7. Il reato di cui all'articolo 5 del decreto legislativo 10 marzo 2000, n. 74, non è punibile se i debiti tributari della stabile organizzazione nel territorio dello Stato, relativi ai periodi d'imposta per i quali sono scaduti i termini di presentazione delle dichiarazioni, comprese sanzioni amministrative e interessi, sono estinti nei termini di cui al comma 6 del presente articolo.

8. In caso di mancata sottoscrizione dell'accertamento per adesione ovvero di omesso o parziale versamento delle somme dovute, non si producono gli effetti di cui al comma 7. In relazione ai periodi d'imposta e ai tributi oggetto dell'invito di cui al comma 5, il competente ufficio dell'Agenzia delle entrate, entro il 31 dicembre dell'anno successivo a quello di notificazione dell'invito o di redazione dell'atto di adesione, accerta le imposte e gli interessi dovuti e irroga le sanzioni nella misura ordinaria. La disposizione di cui al presente comma si applica anche in deroga ai termini di cui all'articolo 43 del decreto del Presidente della Repubblica 29 settembre 1973, n. 600, e all'articolo 57 del decreto del Presidente della Repubblica 26 ottobre 1972, n. 633.

9. Entro trenta giorni dalla data di esecuzione dei versamenti di cui al comma 6, l'Agenzia delle entrate comunica all'autorità giudiziaria compe-

tente l'avvenuta definizione dei debiti tributari della stabile organizzazione ai fini di quanto previsto al comma 7.

10. I soggetti di cui al comma 1 nei cui confronti è stata constatata l'esistenza di una stabile organizzazione nel territorio dello Stato e che hanno estinto i debiti tributari della stessa con le modalità di cui al comma 6, a prescindere dall'ammontare del volume d'affari o dei ricavi della stabile organizzazione, possono accedere al regime dell'adempimento collaborativo al ricorrere degli altri requisiti previsti dal decreto legislativo 5 agosto 2015, n. 128.

11. Non possono avvalersi delle previsioni del presente articolo le società e gli enti di cui al comma 1 che abbiano avuto formale conoscenza di accessi, ispezioni e verifiche, dell'inizio di qualunque attività di controllo amministrativo o dell'avvio di procedimenti penali, relativi all'ambito di applicazione dell'istanza di cui al medesimo comma 1. La preclusione opera anche nelle ipotesi in cui la formale conoscenza delle circostanze di cui al primo periodo è stata acquisita dai soggetti che svolgono le funzioni di supporto di cui al medesimo comma 1.

12. Resta ferma la facoltà di richiedere all'amministrazione finanziaria la valutazione preventiva della sussistenza o meno dei requisiti che configurano una stabile organizzazione situata nel territorio dello Stato ai sensi della lettera *c*) del comma 1 dell'articolo 31 *ter* del decreto del Presidente della Repubblica 29 settembre 1973, n. 600.

13. Con provvedimento del direttore dell'Agenzia delle entrate sono definite le modalità di attuazione del presente articolo.

14. Le entrate rivenienti dalle disposizioni di cui ai commi da 1 a 13 affluiscono ad appositi capitoli ovvero capitoli/articoli dell'entrata del bilancio dello Stato. Il Ministro dell'economia e delle finanze provvede al monitoraggio delle predette entrate ai fini dell'attuazione delle disposizioni di cui al comma 15.

15. Le entrate risultanti dal monitoraggio di cui al comma 14 sono destinate, anche mediante riassegnazione, al Fondo per le non autosufficienze, di cui all'articolo 1, comma 1264, della legge 27 dicembre 2006, n. 296, e al Fondo nazionale per le politiche sociali, di cui all'articolo 20, comma 8, della legge 8 novembre 2000, n. 328, per un ammontare non inferiore a 100 milioni di euro annui, e per la restante parte al Fondo per la riduzione della pressione fiscale, di cui all'articolo 1, comma 431, della legge 27 dicembre 2013, n. 147. Il Ministro dell'economia e delle finanze è autorizzato ad apportare, con propri decreti, le occorrenti variazioni di bilancio.

(¹) *A norma dell'art. 67, comma 1, del D.L. 17 marzo 2020, n. 18, convertito, con modificazioni, nella L. 24 aprile 2020, n. 27, sono sospesi dall'8 marzo al 31 maggio 2020 i termini previsti di cui a questo articolo.*

1.

D.P.R. 29 settembre 1973, n. 602. Disposizioni sulla riscossione delle imposte sul reddito (Suppl. ord. n. 2 alla *Gazzetta Ufficiale* n. 292 del 16 ottobre 1973) ([1]).

([1]) *L'art. 35 del D.L.vo 26 febbraio 1999, n. 46, ha stabilito che le parole: «esattore» ed: «esattoria» ove compaiono in questo provvedimento sono sostituite dalla parola: «concessionario».*

(*Estratto*)

Titolo Primo
Riscossione delle imposte

Capo I
Versamenti diretti ([1])

([1]) *Questo capo è stato inserito dall'art. 1, comma 1, lett.* a), *del D.L.vo 26 febbraio 1999, n. 46.*

1. Modalità di riscossione ([1]). – Le imposte sui redditi sono riscosse mediante:

a) ritenuta diretta;

b) versamenti diretti del contribuente all'esattoria e alle sezioni di tesoreria provinciale dello Stato;

c) iscrizione nei ruoli.

([1]) *L'art. 6, comma 8, del D.L. 31 maggio 1994, n. 330, conv,. con modif., nella L. 27 luglio 1994, n. 473, così dispone:*

«8. Il pagamento di ritenute alla fonte, di imposte, di tasse e contributi erariali, regionali e locali il cui termine cade di sabato o di giorno festivo è considerato tempestivo se effettuato il primo giorno lavorativo successivo».

2. Riscossione per ritenuta diretta. – Le imposte sono pagate per ritenuta diretta nei casi indicati dalla legge e secondo le modalità previste dalle norme sulla contabilità generale dello Stato.

3. Riscossione mediante versamenti diretti ([1]). – Sono riscosse mediante versamento diretto al concessionario:

1) le ritenute alla fonte effettuate, a norma degli articoli 23, 24, 25, 25 *bis* ([2]), [26, commi terzo e quinto] ([3]), e 28 del decreto del Presidente della Repubblica 29 settembre 1973, n. 600, da parte di soggetti diversi da quelli indicati nel primo comma dell'art. 29 del predetto decreto e da quelli di cui al successivo comma del presente articolo;

2) (*Omissis*) ([4]);

3) l'imposta sul reddito delle persone giuridiche, nonché l'imposta sostitutiva di cui all'articolo 16 *bis* del testo unico delle imposte sui redditi, approvato con decreto del Presidente della Repubblica 22 dicembre 1986, n. 917, dovute in base alla dichiarazione annuale ([5]);

4) (*Omissis*) ([6]);

5) le ritenute alla fonte sui dividendi a norma degli articoli 27 e 73 del decreto indicato al n. 1);

6) l'imposta locale sui redditi dovuta, in base alla dichiarazione annuale dei soggetti all'imposta sul reddito delle persone giuridiche che si avvalgono della facoltà di approvare il bilancio, a norma di leggi speciali, oltre sei mesi dalla data di chiusura dell'esercizio ([7]).

Sono riscosse mediante versamento diretto alle sezioni di tesoreria provinciale dello Stato ([8]):

a) le ritenute operate dalle amministrazioni della Camera dei deputati, del Senato e della Corte costituzionale a norma dell'art. 29, commi quarto e quinto, del decreto indicato al primo comma, n. 1);

b) le ritenute operate ai sensi del comma 4 dell'articolo 27 del decreto indicato al primo comma, numero 1) ([9]);

c) l'imposta sul reddito delle persone fisiche dovuta in base alla dichiarazione annuale, nonché l'imposta sostitutiva di cui all'articolo 16 *bis* del testo unico delle imposte sui redditi approvato con decreto del Presidente della Repubblica 22 dicembre 1986, n. 917, ad esclusione dell'imposta applicabile sui redditi soggetti a tassazione separata ai sensi dell'articolo 16 del medesimo decreto ([10]);

d) le ritenute alla fonte applicabili sui redditi di cui all'art. 26, primo comma, del decreto indicato al n. 1), maturati nel periodo d'imposta ancorché non corrisposti ([11]);

e) le ritenute alla fonte sui redditi di cui all'art. 26, secondo comma, del decreto indicato al n. 1), maturati nel periodo d'imposta ancorché non corrisposti ([11]);

f) le ritenute sui redditi di cui all'articolo 26, commi 3, 3 *bis* e 5, del decreto indicato nel numero 1) ivi compresa la somma dovuta in caso di anticipato rimborso di obbligazioni e titoli similari ([11]);

g) le ritenute alla fonte sui premi di cui all'art. 30 del decreto indicato al n. 1), maturati nel periodo d'imposta ancorché non corrisposti ([11]);

h) le ritenute alla fonte operate dalle aziende di credito e dagli istituti di credito a norma dell'art. 1 del D.L. 2 ottobre 1981, n. 546 ([11]);

h bis) le ritenute operate dagli enti pubblici di cui alle tabelle A e B allegate alla legge 29 ottobre 1984, n. 720 ([12]).

([1]) *Per il versamento diretto (autotassazione) dell'imposta sul reddito delle persone fisiche dovuta in base alla dichiarazione (per i redditi posseduti dall'1 gennaio 1975) si vedano l'art. 17 della L. 2 dicembre 1975, n. 576 ed il seguente articolo 3* bis.

([2]) *Le parole «25* bis*» sono state aggiunte dal D.L. 30 dicembre 1982, n. 953, convertito nella L. 28 febbraio 1983, n. 53.*

([3]) *Parole soppresse dall'art. 1* bis*, D.L. 2 ottobre 1981, n. 546, conv., con modif., nella L. 1 dicembre 1981, n. 692, con effetto dall'1 febbraio 1982.*

([4]) *Il n. 2) è stato soppresso dall'art. 3, D.P.R. 24 dicembre 1976, n. 920, con effetto, come disposto dall'art. 4 dello stesso decreto, dalla riscossione dell'imposta sul reddito delle persone fisiche relativa ai redditi posseduti a partire dall'1 gennaio 1975.*

([5]) *Questo numero è stato così sostituito dall'art. 12, comma 11, lett.* a)*, del D.L.vo 21 novembre 1997, n. 461, a decorrere dal 1° luglio 1998.*

([6]) *Il n. 4) è stato soppresso dall'art. 1* bis*, D.L. 2 ottobre 1981, n. 546, conv., con modif., nella L. 1 dicembre 1981, n. 692, con effetto dall'1 febbraio 1982.*

([7]) *Ai sensi dell'art. 2 del D.L. 23 dicembre 1977, n. 936, conv. nella L. 23 febbraio 1978, n. 38, il versamento diretto dell'ILOR è stato esteso a tutte le persone fisiche e giuridiche e deve essere effettuato nel termine previsto per la presentazione della dichiarazione.*

Tali norme hanno effetto dal periodo di imposta successivo al 31 dicembre 1976, salvo quanto è previsto al secondo comma dell'art. 3 del predetto decreto legge.

([8]) *I soggetti intestatari del conto fiscale di cui all'art. 78, comma 27, della L. 30 dicembre 1991, n. 413, possono eseguire il versamento diretto delle ritenute indicate in questo comma, presso le sezioni di tesoreria provinciale dello Stato, per effetto dell'art. 6 del D.L. 23 maggio 1994, n. 307, conv., con modif., nella L. 22 luglio 1994, n. 457.*

([9]) *Questa lettera è stata così sostituita dall'art. 12, comma 11, lett.* b)*, del D.L.vo 21 novembre 1997, n. 461, a decorrere dal 1° luglio 1998.*

([10]) *La lett.* c) *è stata aggiunta dall'art. 3, D.P.R. 24 dicembre 1976, n. 920, e poi così sostituita dall'art. 12, comma 11, lett.* d)*, del D.L.vo 21 novembre 1997, n. 461, a decorrere dal 1° luglio 1998.*

([11]) *Lettera aggiunta dall'art. 1* bis*, D.L. 2 ottobre 1981, n. 546, conv., con modif., nella L. 1 dicembre 1981, n. 692, e poi così sostituita dall'art. 12, comma 11, lett.* d)*, del D.L.vo 21 novembre 1997, n. 461, a decorrere dal 1° luglio 1998.*

([12]) *Questa lettera è stata aggiunta dall'art. 34, comma 3, della L. 23 dicembre 2000, n. 388.*

3 *bis*. [1] [2] **Versamento diretto dell'imposta sul reddito delle persone fisiche.** – Il versamento dell'imposta sul reddito delle persone fisiche, di cui alla lettera *c*) del secondo comma dell'articolo precedente, deve effettuarsi alle sezioni di tesoreria provinciale dello Stato mediante delega irrevocabile del contribuente ad una delle aziende di credito [3] di cui all'articolo 54 del regolamento per l'amministrazione del patrimonio e per la contabilità generale dello Stato, approvato con R.D. 23 maggio 1924, n. 827, e successive modificazioni. La delega può essere conferita anche ad una delle casse rurali ed artigiane di cui al R.D. 26 agosto 1937, n. 1706, modificato con la L. 4 agosto 1955, n. 707, avente un patrimonio non inferiore ad € 51.645,69. L'azienda delegata deve rilasciare al contribuente una attestazione recante l'indicazione dell'importo dell'ordine di versamento e della data in cui lo ha ricevuto e l'impegno di effettuare il versamento in tesoreria per conto del contribuente entro il quinto giorno successivo. Le caratteristiche e le modalità di rilascio dell'attestazione, nonché le modalità per l'esecuzione dei versamenti in tesoreria e la trasmissione dei relativi dati e documenti all'amministrazione e per i relativi controlli sono stabiliti con decreto del Ministro per le finanze di concerto con il Ministro per il tesoro [4].

Non si fa luogo al versamento di cui al precedente comma quando l'ammontare del versamento stesso non supera gli € 0,52 [5].

(1) *Articolo aggiunto dall'art. 3, D.P.R. 24 dicembre 1976, n. 920, con effetto, come disposto dall'art. 4 dello stesso decreto, dalla riscossione dell'imposta sul reddito delle persone fisiche relativa ai redditi posseduti a partire dall'1 gennaio 1975.*

(2) *Per i soggetti non residenti nel territorio dello Stato, si veda l'art. 9, comma 3-6, del D.L. 23 gennaio 1993, n. 16, convertito, con modificazioni, nella L. 24 marzo 1993, n. 75.*

(3) *Per le modalità di versamento da parte dell'azienda di credito, vedasi art. 17, L. 2 dicembre 1975, n. 576.*

(4) *Si veda il D.M. 26 aprile 1990.*

(5) *Comma aggiunto dall'art. 27 della L. 13 aprile 1977, n. 114.*

5. [**Esattoria competente a ricevere il versamento diretto.** – Il versamento diretto di cui al primo comma dell'art. 3 si esegue all'esattoria nella cui circoscrizione il contribuente ha il domicilio fiscale.

Il versamento eventualmente effettuato all'esattoria incompetente è valido salva l'applicazione della sanzione di cui all'art. 93. L'esattoria che ha ricevuto il versamento deve informare l'ufficio delle imposte nella cui circoscrizione ha sede e darne contemporaneamente notizia al contribuente] [1].

(1) *Questo articolo è stato abrogato dall'art. 24, comma 6, del D.L.vo 9 luglio 1997, n. 241, con effetto per le dichiarazioni presentate a decorrere dal 1° gennaio 1999.*

5 *bis*. ([1]) **Versamento ad ufficio incompetente.** – Il versamento diretto ad una sezione di tesoreria di imposte per le quali è prescritto il versamento ad un concessionario è valido, fermo restando il diritto del concessionario competente all'attribuzione dell'aggio, il cui pagamento verrà effettuato con ordinativo tratto su apertura di credito disposta a favore del competente intendente di finanza.

Il versamento diretto al concessionario di imposte per le quali è prescritto il versamento ad una sezione di tesoreria è valido. Al concessionario che ha ricevuto il versamento non compete alcun aggio a carico dello Stato.

Nelle ipotesi di cui ai commi precedenti si applica la sanzione di cui all'art. 93.

([1]) *Articolo aggiunto dall'art. 1 del D.P.R. 26 maggio 1979, n. 249, in vigore dal 30 giugno 1979. L'art. 3 del medesimo decreto dispone che le disposizioni del primo e secondo comma di questo articolo hanno effetto dall'1 gennaio 1974.*

6. Distinta dei versamenti diretti. – Il versamento diretto è ricevuto dalle esattorie in base a distinta di versamento.

La distinta di versamento deve indicare le generalità del contribuente, domicilio fiscale, l'imposta e il periodo cui si riferisce il versamento; per i soggetti diversi dalle persone fisiche, in luogo delle generalità del contribuente, deve indicare la denominazione o la ragione sociale.

Per ogni imposta e per ogni scadenza deve essere compilata separata distinta di versamento.

Il concessionario rilascia quietanza di pagamento ed appone sulla distinta di versamento il numero della quietanza stessa.

La distinta di versamento e la quietanza debbono essere conformi ai modelli approvati con decreto del Ministro per le finanze da pubblicarsi nella *Gazzetta Ufficiale*.

Il concessionario non può rifiutare le somme che il contribuente intende versare sempreché nella distinta non risultino assolutamente incerti i dati di cui al secondo comma. (*Omissis*) ([1]).

([1]) *L'ultimo periodo di questo comma è stato soppresso dall'art. 3, D.P.R. 24 dicembre 1976, n. 920.*

7. Versamento diretto mediante conti correnti postali. – Il versamento diretto può essere effettuato in danaro sull'apposito conto corrente postale intestato al concessionario su stampati conformi al modello approvato con decreto del Ministro per le finanze di concerto con il Ministro per le poste e telecomunicazioni da pubblicarsi nella *Gazzetta Ufficiale* ([1]). In tal caso i certificati di allibramento e le ricevute relative ai versamenti debbono contenere le indicazioni previste dall'art. 6, secondo comma, per le distinte di versamento.

(*Omissis*) ([2]).

([1]) *V. D.M. 16 novembre 1989.*

([2]) *Il secondo comma di questo articolo è stato abrogato con decorrenza 1° gennaio 1990, per effetto dell'art. 3, comma 3, del D.L. 15 settembre 1990, n. 261, conv., con modif., nella L. 12 novembre 1990, n. 331.*

8. Termini per il versamento diretto. – I versamenti diretti alle sezioni di tesoreria provinciale dello Stato e al concessionario devono essere eseguiti:

1) entro i primi quindici giorni del mese successivo a quello in cui è stata operata la ritenuta prevista dall'art. 3, primo comma, n. 1) e dal secondo comma, lettere *a*), *f*) e *h*), e sono maturati i premi di cui alla lett. *g*) dello stesso secondo comma ([1]);

2) (*Omissis*) ([2]);

3) nel termine stabilito per la presentazione della dichiarazione, per l'imposta sul reddito delle persone giuridiche e per l'imposta locale sui redditi nei casi previsti dai nn. 3) e 6) dell'art. 3, primo comma, ed entro il 31 maggio, per l'imposta sul reddito delle persone fisiche nel caso previsto dal medesimo art. 3, secondo comma, lett. *c*) ([3]);

3 *bis*) entro il sedicesimo giorno del secondo mese successivo alla chiusura del periodo d'imposta ([4]) ([5]) per i versamenti previsti dall'art. 3, secondo comma, lett. *e*) ([6]) ([7]);

3 *ter*) entro i primi quindici giorni del mese successivo a quello di scadenza delle cedole o a quello di ciascuna scadenza periodica di interessi, premi ed altri frutti per i versamenti previsti dall'art. 3, secondo comma, lett. *d*) ([8]);

4) (*Omissis*) ([9]);

5) entro il 15 aprile, il 15 luglio, il 15 ottobre ed il 15 gennaio di ciascun anno per le ritenute operate e gli importi versati dai soci nel trimestre solare precedente in relazione agli utili di cui all'articolo 27 del decreto del Presidente della Repubblica 29 settembre 1973, n. 600 ([10]);

5 *bis*) entro il termine per il versamento del saldo della dichiarazione dei redditi indicato nell'articolo 17 del decreto del Presidente della Repubblica 7 dicembre 2001, n. 435, per la ritenuta prevista dall'articolo 27, comma 3 *bis*, del decreto del Presidente della Repubblica 29 settembre 1973, n. 600 ([11]).

(*Omissis*) ([12]).

Le ritenute operate dall'amministrazione postale ai sensi del secondo comma dell'art. 26 del D.P.R. 29 settembre 1973, n. 600, sono versate in tesoreria secondo modalità da stabilire con decreto del Ministro per le finanze di concerto con il Ministro per il tesoro ([13]).

([1]) *Numero così sostituito dall'art. 1* bis*, D.L. 2 ottobre 1981, n. 546, conv. con modif., nella L. 1 dicembre 1981, n. 692 con effetto dall'1 febbraio 1982.*

La modifica, come disposto dall'art. 1, D.L. 30 dicembre 1981, n. 792, conv. nella L. 26 febbraio 1982, n. 55, ha effetto dall'1 gennaio 1982.

([2]) *Il n. 2) è stato soppresso dall'art. 3, D.P.R. 24 dicembre 1976, n. 920, con effetto, come disposto dall'art. 4 dello stesso decreto, dalla riscossione dell'imposta sul reddito delle persone fisiche relativa ai redditi posseduti a partire dall'1 gennaio 1975.*

([3]) *Questo numero è stato così, da ultimo, sostituito, dall'art. 6, comma 1, del D.L. 31 maggio 1994, n. 330, conv., con modif., nella L. 27 luglio 1994, n. 473.*

([4]) *Per effetto dell'art. 35, D.L. 18 marzo 1976, n. 46, conv. nella L. 10 maggio 1976, n. 249, modificato dall'art. 11, legge 12 novembre 1976, n. 751, le aziende e istituti di credito devono versare annualmente all'esattoria competente, in acconto dei versamenti di cui a questo numero, un importo pari a due terzi delle ritenute di cui al secondo comma dell'art. 26 del D.P.R. 29 settembre 1973, n. 600, e successive modificazioni, complessivamente versate per il periodo di imposta precedente.*

Il versamento deve essere eseguito in parti uguali entro il 31 luglio e il 30 novembre.

([5]) *Le parole: «nel termine di un mese dalla chiusura del periodo d'imposta» sono state così sostituite dall'art. 7, comma 6, del D.L.vo 23 dicembre 1999, n. 505.*

([6]) *Numero aggiunto dall'art. 1, D.P.R. 23 dicembre 1974, n. 690, successivamente sostituito dall'art. 2, L. 4 novembre 1981, n. 626, e così definitivamente sostituito dall'art. 2, D.L. 30 dicembre 1981, n. 792, conv. nella L. 26 febbraio 1982, n. 55, il quale dispone anche che tale modifica si applica a partire dai versamenti che devono essere eseguiti relativamente alle ritenute sui redditi maturati nel periodo di imposta chiuso al 31 dicembre 1981. Per il primo versamento da effettuare entro il termine stabilito non si applicano le disposizioni di cui all'art. 92 del D.P.R. 29 settembre 1973, n. 602, qualora il versamento stesso non sia inferiore al 95 per cento di quello dovuto e si provveda al versamento della differenza entro il mese successivo alla scadenza del predetto termine.*

([7]) *Per effetto dell'art. 1 del D.L. 30 dicembre 1982, n. 953, convertito nella L. 28 febbraio 1983, n. 53, in deroga al disposto di questo numero, il versamento delle ritenute alla fonte sui redditi di cui all'articolo 26, secondo comma, del decreto del Presidente della Repubblica 29 settembre 1973, n. 600, maturati nell'anno 1982, ancorché non corrisposti, può essere effettuato nel termine di due mesi dalla chiusura del periodo di imposta dei soggetti eroganti. La disposizione ha effetto esclusivamente per i sostituti il cui periodo d'imposta coincide con l'anno solare.*

([8]) *Numero aggiunto dall'art. 2, L. 4 novembre 1981, n. 626 (in vigore dall'8 novembre 1981), e così sostituito dall'art. 1* bis *del D.L. 2 ottobre 1981, n. 546, conv. nella L. 1 dicembre 1981, n. 546.*

([9]) *Questo numero è stato abrogato dall'art. 12, comma 12, lett.* a)*, del D.L.vo 21 novembre 1997, n. 461, a decorrere dal 1° luglio 1998.*

([10]) *Questo numero è stato così sostituito dall'art. 12, comma 12, lett.* a)*, del D.L.vo 21 novembre 1997, n. 461, a decorrere dal 1° luglio 1998.*

([11]) *Questo comma è stato aggiunto dall'art. 2, comma 1, lett.* a), *del D.L.vo 30 maggio 2005, n. 143.*

([12]) *Questo comma è stato abrogato dall'art. 12, comma 12, lett.* b), *del D.L.vo 21 novembre 1997, n. 461, a decorrere dal 1° luglio 1998.*

([13]) *Comma aggiunto, dall'art. 1, D.P.R. 23 dicembre 1974, n. 690.*

9. ([1]) [**Mancato o ritardato versamento diretto.** – (*Omissis*)].

([1]) *Articolo abrogato dall'art. 37 del D.L.vo 26 febbraio 1999, n. 46, come modificato dall'art. 2 del D.L.vo 17 agosto 1999, n. 326.*

Capo II
Riscossione mediante ruoli ([1])

([1]) *Questo capo è stato introdotto dall'art. 1, comma 1, lett.* b), *del D.L.vo 26 febbraio 1999, n. 46.*

10. ([1]) **Definizioni.** – 1. Ai fini del presente decreto si intende per:

a) "concessionario": il soggetto cui è affidato in concessione il servizio di riscossione o il commissario governativo che gestisce il servizio stesso;

b) "ruolo": l'elenco dei debitori e delle somme da essi dovute formato dall'ufficio ai fini della riscossione a mezzo del concessionario.

([1]) *Questo articolo è stato così sostituito dall'art. 2 del D.L.vo 26 febbraio 1999, n. 46.*

11. ([1]) **Oggetto e specie dei ruoli.** – 1. Nei ruoli sono iscritte le imposte, le sanzioni e gli interessi.

2. I ruoli si distinguono in ordinari e straordinari.

3. I ruoli straordinari sono formati quando vi è fondato pericolo per la riscossione.

([1]) *Questo articolo è stato così sostituito dall'art. 3 del D.L.vo 26 febbraio 1999, n. 46.*

12. ([1]) **Formazione e contenuto dei ruoli.** – 1. L'ufficio competente forma ruoli distinti per ciascuno degli ambiti territoriali in cui i concessionari operano. In ciascun ruolo sono iscritte tutte le somme dovute dai contribuenti che hanno il domicilio fiscale in comuni compresi nell'ambito territoriale cui il ruolo si riferisce.

2. Con decreto del Ministero delle finanze, di concerto con il Ministero del tesoro, del bilancio e della programmazione economica, sono stabiliti i dati che il ruolo deve contenere, i tempi e le procedure della sua formazione, nonché le modalità dell'intervento in tali procedure del consorzio nazionale obbligatorio fra i concessionari.

3. Nel ruolo devono essere comunque indicati il numero del codice fiscale del contribuente, la specie del ruolo, ([2]) la data in cui il ruolo diviene

esecutivo e il riferimento all'eventuale precedente atto di accertamento ovvero, in mancanza, la motivazione, anche sintetica, della pretesa; in difetto di tali indicazioni non può farsi luogo all'iscrizione (3).

4. Il ruolo è sottoscritto, anche mediante firma elettronica, dal titolare dell'ufficio o da un suo delegato. Con la sottoscrizione il ruolo diviene esecutivo.

4 *bis*. L'estratto di ruolo non è impugnabile. Il ruolo e la cartella di pagamento che si assume invalidamente notificata sono suscettibili di diretta impugnazione nei soli casi in cui il debitore che agisce in giudizio dimostri che dall'iscrizione a ruolo possa derivargli un pregiudizio per la partecipazione a una procedura di appalto, per effetto di quanto previsto nell'articolo 80, comma 4, del codice dei contratti pubblici, di cui al decreto legislativo 18 aprile 2016, n. 50, oppure per la riscossione di somme allo stesso dovute dai soggetti pubblici di cui all'articolo 1, comma 1, lettera *a*), del regolamento di cui al decreto del Ministro dell'economia e delle finanze 18 gennaio 2008, n. 40, per effetto delle verifiche di cui all'articolo 48 *bis* del presente decreto o infine per la perdita di un beneficio nei rapporti con una pubblica amministrazione (4).

(1) *Gli attuali articoli 12 e 12* bis *sono stati così sostituiti all'originario articolo 12 dall'art. 4 del D.L.vo 26 febbraio 1999, n. 46.*

(2) *Le parole: «la specie del ruolo,» sono state inserite dall'art. 1, comma 417, lett.* a), *della L. 30 dicembre 2004, n. 311. A norma dell'art. 1, comma 420, della medesima legge, tali disposizioni si applicano con riferimento ai ruoli resi esecutivi successivamente al 1° luglio 2005.*

(3) *Questo comma è stato così sostituito dall'art. 8, comma 1, lett.* a), *del D.L.vo 26 gennaio 2001, n. 32. A norma dell'art. 8, comma 3, del medesimo provvedimento tali disposizioni si applicano ai ruoli resi esecutivi a decorrere dal 1° luglio 2001.*

(4) *Questo comma è stato aggiunto dall'art. 3* bis, *comma 1, del D.L. 21 ottobre 2021, n. 146, convertito, con modificazioni, nella L. 17 dicembre 2021, n. 215.*

12 *bis*. (1) (2) **Importo minimo ascrivibile a ruolo.** – 1. Non si procede a iscrizione a ruolo per somme inferiori ad € 10,33; tale importo può essere elevato con il regolamento previsto dall'art. 16, comma 2, della legge 8 maggio 1998, n. 146.

(1) *Gli attuali articoli 12 e 12* bis *sono stati così sostituiti all'originario articolo 12 dall'art. 4 del D.L.vo 26 febbraio 1999, n. 46.*

(2) *A norma dell''art. 3, commi 10 e 11, del D.L. 2 marzo 2012, n. 16, convertito, con modificazioni, nella L. 26 aprile 2012, n. 44, a decorrere dal 1° luglio 2012, non si procede all'accertamento, all'iscrizione a ruolo e alla riscossione dei crediti relativi ai tributi erariali, regionali e locali, qualora l'ammontare dovuto, comprensivo di sanzioni amministrative e interessi, non superi, per ciascun credito, l'importo di euro 30, con riferimento ad ogni periodo d'imposta. Tale disposizione non si applica qualora il credito derivi da ripetuta violazione degli obblighi di versamento relativi ad un medesimo tributo.*

13. ([1]) [**Termine per la formazione e l'invio dei ruoli all'intendenza.** – (*Omissis*)].

([1]) *Questo articolo è stato abrogato dall'art. 37 del D.L.vo 26 febbraio 1999, n. 46.*

14. ([1]) ([2]) **Iscrizioni a ruolo a titolo definitivo.** – Sono iscritte a titolo definitivo nei ruoli:

a) le imposte e le ritenute alla fonte liquidate ai sensi degli articoli 36 *bis* e 36 *ter* del D.P.R. 29 settembre 1973, n. 600, al netto dei versamenti diretti risultanti dalle attestazioni allegate alle dichiarazioni ([3]);

b) le imposte, le maggiori imposte e le ritenute alla fonte liquidate in base ad accertamenti definitivi;

c) i redditi dominicali dei terreni e i redditi agrari determinati dall'ufficio in base alle risultanze catastali;

d) i relativi interessi, soprattasse e pene pecuniarie.

([1]) *Articolo così sostituito dall'art. 3, D.P.R. 24 dicembre 1976, n. 920, con effetto, come disposto dall'art. 4 dello stesso decreto, dall'1 gennaio 1974.*

([2]) *Vedi art. 2, L. 18 aprile 1986, n. 121, riportato in nota all'art. 3 di questo D.P.R.*

([3]) *Lettera così sostituita dall'art. 2, D.P.R. 14 aprile 1982, n. 309.*

15. Iscrizioni nei ruoli in base ad accertamenti non definitivi. – Le imposte, i contributi ed i premi corrispondenti agli imponibili accertati dall'ufficio ma non ancora definitivi, nonché i relativi interessi, sono iscritti a titolo provvisorio nei ruoli, dopo la notifica dell'atto di accertamento, per un terzo ([1]) degli ammontari corrispondenti agli imponibili o ai maggiori imponibili accertati ([2]).

Nel caso in cui sia stata presentata un'istanza di apertura di procedura amichevole ai sensi della direttiva (UE) 2017/1852 del Consiglio del 10 ottobre 2017, la sospensione del processo, disposta ai sensi dell'articolo 39, comma 1 *ter*, lettera *b*), del decreto legislativo del 31 dicembre 1992, n. 546, comporta la sospensione della riscossione degli importi di cui al comma 1. In tal caso, la sospensione della riscossione è effettuata dall'ufficio dell'Agenzia delle entrate competente ed opera sino a conclusione delle procedure previste dalla citata direttiva (UE) 2017/1852 ([3]).

[Se il contribuente ha prodotto ricorso, dette imposte sono iscritte a titolo provvisorio nei ruoli:

a) dopo la decisione della commissione tributaria di primo grado, fino alla concorrenza della metà dell'imposta corrispondente all'imponibile o al maggior imponibile deciso dalla commissione stessa;

b) dopo la decisione della commissione tributaria di secondo grado, fino alla concorrenza dei due terzi dell'imposta corrispondente all'imponibile o al maggior imponibile deciso da questa;

c) dopo la decisione della commissione centrale o la sentenza della Corte d'appello, per l'ammontare corrispondente all'imponibile o al maggior imponibile da queste determinato] (4).

Le disposizioni dei commi precedenti si applicano anche per l'iscrizione a ruolo delle ritenute alla fonte dovute dai sostituti d'imposta in base ad accertamenti non ancora definitivi (5).

(1) *Le parole: «la metà» sono state così sostituite dalle attuali: «un terzo» dall'art. 7, comma 2* quinquies, *del D.L. 13 maggio 2011, n. 70, convertito, con modificazioni, nella L. 12 luglio 2011, n. 106.*

(2) *Questo comma è stato così sostituito dall'art. 4, comma 1, del D.L.vo 18 dicembre 1997, n. 462. A norma dell'art. 5 dello stesso provvedimento, queste disposizioni si applicano ai periodi d'imposta relativamente ai quali le dichiarazioni devono essere presentate a decorrere dal 1° gennaio 1999. A norma dell'art. 4, comma 3, del D.L.vo 27 aprile 2001, n. 193, le disposizioni di questo comma si applicano all'imposta sul valore aggiunto con riferimento ai ruoli da rendere esecutivi dopo la data di entrata in vigore del medesimo D.L.vo.*

(3) *Questo comma è stato aggiunto dall'art. 22, comma 3, del D.L.vo 10 giugno 2020, n. 49.*

A norma dell'art. 25, comma 1 del medesimo provvedimento, le disposizioni del suddetto decreto legislativo si applicano alle istanze di apertura di procedura amichevole presentate a decorrere dal 1° luglio 2019 sulle questioni controverse riguardanti il reddito o il patrimonio, relativi al periodo d'imposta che inizia il 1° gennaio 2018 e ai successivi periodi d'imposta.

(4) *Questo comma è stato abrogato dall'art. 37 del D.L.vo 26 febbraio 1999, n. 46.*

(5) *Comma aggiunto dall'art. 3, D.P.R. 24 dicembre 1976, n. 920, con effetto, come disposto dall'art. 4 dello stesso decreto, dall'1 gennaio 1974.*

15 *bis*. (1) **Iscrizione nei ruoli straordinari.** – 1. In deroga all'art. 15, nei ruoli straordinari le imposte, gli interessi e le sanzioni sono iscritti per l'intero importo risultante dall'avviso di accertamento, anche se non definitivo.

(1) *Questo articolo è stato inserito dall'art. 5 del D.L.vo 26 febbraio 1999, n. 46.*

15 *ter*. (1) (2) **Inadempimenti nei pagamenti delle somme dovute a seguito dell'attività di controllo dell'Agenzia delle entrate.** – 1. In caso di rateazione ai sensi dell'articolo 3 *bis* del decreto legislativo 18 dicembre 1997, n. 462, il mancato pagamento della prima rata entro il termine di trenta giorni dal ricevimento della comunicazione, ovvero di una delle rate diverse dalla prima entro il termine di pagamento della rata successiva, comporta la decadenza dal beneficio della rateazione e l'iscrizione a ruolo dei residui importi dovuti a titolo di imposta, interessi e sanzioni in misura piena.

2. In caso di rateazione ai sensi dell'articolo 8 del decreto legislativo 19 giugno 1997, n. 218, il mancato pagamento di una delle rate diverse dalla prima entro il termine di pagamento della rata successiva comporta la decadenza dal beneficio della rateazione e l'iscrizione a ruolo dei residui importi dovuti a titolo di imposta, interessi e sanzioni, nonché della sanzione di cui all'articolo 13 del decreto legislativo 18 dicembre 1997, n. 471, aumentata della metà e applicata sul residuo importo dovuto a titolo di imposta.

3. È esclusa la decadenza in caso di lieve inadempimento dovuto a:

a) insufficiente versamento della rata, per una frazione non superiore al 3 per cento e, in ogni caso, a diecimila euro;

b) tardivo versamento della prima rata, non superiore a sette giorni.

4. La disposizione di cui al comma 3 si applica anche con riguardo a:

a) versamento in unica soluzione delle somme dovute ai sensi dell'articolo 2, comma 2, e dell'articolo 3, comma 1, del decreto legislativo 18 dicembre 1997, n. 462;

b) versamento in unica soluzione o della prima rata delle somme dovute ai sensi dell'articolo 8, comma 1, del decreto legislativo 19 giugno 1997, n. 218.

5. Nei casi previsti dal comma 3, nonché in caso di tardivo pagamento di una rata diversa dalla prima entro il termine di pagamento della rata successiva, si procede all'iscrizione a ruolo dell'eventuale frazione non pagata, della sanzione di cui all'articolo 13 del decreto legislativo 18 dicembre 1997, n. 471, commisurata all'importo non pagato o pagato in ritardo, e dei relativi interessi.

6. L'iscrizione a ruolo di cui al comma 5 non è eseguita se il contribuente si avvale del ravvedimento di cui all'articolo 13 del decreto legislativo 18 dicembre 1997, n. 472, entro il termine di pagamento della rata successiva ovvero, in caso di ultima rata o di versamento in unica soluzione, entro 90 giorni dalla scadenza.

(¹) *Questo articolo è stato inserito dall'art. 3, comma 1, del D.L.vo 24 settembre 2015, n. 159.*

(²) *A norma dell'art. 15, comma 4, del D.L.vo 24 settembre 2015, n. 159, tali disposizioni si applicano:*

a) *per le rateazioni di cui all'articolo 3* bis *del decreto legislativo 18 dicembre 1997, n. 462, a decorrere dalle dichiarazioni relative al periodo d'imposta in corso:*

1) al 31 dicembre 2014, per le somme dovute ai sensi dell'articolo 2, comma 2, del decreto legislativo 18 dicembre 1997, n. 462;

2) al 31 dicembre 2013, per le somme dovute ai sensi dell'articolo 3, comma 1; del decreto legislativo 18 dicembre 1997, n. 462;

3) al 31 dicembre 2012, per le somme dovute ai sensi dell'articolo 1, comma 412, della legge 30 dicembre 2004, n. 311, a seguito della liquidazione dell'imposta dovuta sui redditi di cui all'articolo 17 del testo unico delle imposte sui redditi, di cui al decreto del Presidente della Repubblica 22 dicembre 1986, n. 917, salvo che per le somme dovute relativamente ai redditi di cui all'articolo 21 del medesimo testo unico, per le quali le disposizioni si applicano a decorrere dalle dichiarazioni relative al periodo d'imposta in corso al 31 dicembre 2013;

b) *per le rateazioni disciplinate ai sensi dell'articolo 8 del decreto legislativo 19 giugno 1997, n. 218, agli atti di adesione, agli atti definiti ai sensi dell'articolo 15 del decreto legislativo 19 giugno 1997, n. 218, alle conciliazioni giudiziali e alle mediazioni tributarie perfezionati a decorrere dalla data di entrata in vigore del presente decreto legislativo.*

16. ([1]) [(*Omissis*)].

([1]) *Questo articolo è stato soppresso dall'art. 3 del D.P.R. 24 dicembre 1976, n. 920.*

17. ([1]) [**Termini di decadenza per l'iscrizione a ruolo. –** 1. Le somme dovute dai contribuenti sono iscritte in ruoli resi esecutivi a pena di decadenza:

a) entro il 31 dicembre del secondo anno successivo a quello di presentazione della dichiarazione, per le somme che risultano dovute a seguito dell'attività di liquidazione prevista dall'art. 36 *bis* del D.P.R. 29 settembre 1973, n. 600;

b) entro il 31 dicembre del terzo anno successivo a quello di presentazione della dichiarazione, per le somme che risultano dovute a seguito dell'attività di controllo formale prevista dall'art. 36 *ter* del D.P.R. 29 settembre 1973, n. 600;

c) entro il 31 dicembre dell'anno successivo a quello in cui l'accertamento è divenuto definitivo, per le somme dovute in base agli accertamenti dell'ufficio].

([1]) *Questo articolo è stato abrogato dall'art. 1, comma 5* ter, *lett.* a), *n. 1), del D.L. 17 giugno 2005, n. 106, convertito, con modificazioni, nella L. 31 luglio 2005, n. 156.*

18. ([1]) [**Ripartizione delle imposte in rate. –** Le imposte iscritte nei ruoli, salvo quanto stabilito nei successivi commi, sono ripartite in due rate consecutive con scadenza al giorno 10 dei mesi di aprile e giugno per i ruoli di febbraio, dei mesi di settembre e novembre per i ruoli di luglio, dei mesi di novembre e febbraio per i ruoli di settembre e dei mesi di febbraio e aprile per i ruoli di dicembre.

L'imposta locale sui redditi non determinati catastalmente dovuta dai soggetti all'imposta sul reddito delle persone giuridiche è iscritta nei ruoli principali e riscossa in unica soluzione il giorno 10 dei mesi di aprile, settembre, novembre e febbraio rispettivamente per i ruoli di febbraio, luglio, settembre e dicembre.

Le imposte iscritte nei ruoli speciali e nei ruoli straordinari sono riscosse in unica soluzione alla prima scadenza utile.

Le imposte liquidate ai sensi degli artt. 36 *bis* e 36 *ter* del D.P.R. 29 settembre 1973, n. 600, ed iscritte nei ruoli principali sono riscosse in unica soluzione il giorno 10 dei mesi di giugno, novembre, febbraio e aprile rispettivamente per i ruoli di febbraio, luglio, settembre e dicembre. Le ritenute alla fonte liquidate ai sensi del predetto articolo 36 *bis* ed iscritte nei ruoli speciali sono riscosse in unica soluzione alla scadenza immediatamente successiva a quella prevista dal comma precedente].

(¹) *Questo articolo è stato abrogato dall'art. 37 del D.L.vo 26 febbraio 1999, n. 46.*

19. (¹) (²) (³) (⁴) (⁵) (⁶) (⁷) **Dilazione del pagamento.** – 1. L'agente della riscossione, su richiesta del contribuente che dichiara di versare in temporanea situazione di obiettiva difficoltà, concede la ripartizione del pagamento delle somme iscritte a ruolo, con esclusione dei diritti di notifica, fino ad un massimo di settantadue rate mensili. Nel caso in cui le somme iscritte a ruolo sono di importo superiore a 60.000 euro (⁸), la dilazione può essere concessa se il contribuente documenta la temporanea situazione di obiettiva difficoltà (⁹) (¹⁰).

1 *bis*. In caso di comprovato peggioramento della situazione di cui al comma 1, la dilazione concessa può essere prorogata una sola volta, per un ulteriore periodo e fino a settantadue mesi, a condizione che non sia intervenuta decadenza. [In tal caso, il debitore può chiedere che il piano di rateazione preveda, in luogo della rata costante, rate variabili di importo crescente per ciascun anno] (¹¹) (¹²).

1 *ter*. Il debitore può chiedere che il piano di rateazione di cui ai commi 1 e 1 *bis* preveda, in luogo di rate costanti, rate variabili di importo crescente per ciascun anno (¹³).

1 *quater*. A seguito della presentazione della richiesta di cui al comma 1 e fino alla data dell'eventuale rigetto della stessa richiesta ovvero dell'eventuale decadenza dalla dilazione ai sensi del comma 3:

a) sono sospesi i termini di prescrizione e decadenza;

b) non possono essere iscritti nuovi fermi amministrativi e ipoteche, fatti salvi quelli già iscritti alla data di presentazione;

c) non possono essere avviate nuove procedure esecutive (¹⁴).

1 *quater*.1. Non può in nessun caso essere concessa la dilazione delle somme oggetto di verifica effettuata, ai sensi dell'articolo 48 *bis*, in qualunque momento antecedente alla data di accoglimento della richiesta di cui al comma 1 (¹⁵).

1 *quater*.2. Il pagamento della prima rata determina l'estinzione delle procedure esecutive precedentemente avviate, a condizione che non si sia ancora tenuto l'incanto con esito positivo o non sia stata presentata istanza di assegnazione, ovvero il terzo non abbia reso dichiarazione positiva o non sia stato già emesso provvedimento di assegnazione dei crediti pignorati ([15]).

1 *quinquies*. La rateazione prevista dai commi 1 e 1 *bis*, ove il debitore si trovi, per ragioni estranee alla propria responsabilità, in una comprovata e grave situazione di difficoltà legata alla congiuntura economica, può essere aumentata fino a centoventi rate mensili. Ai fini della concessione di tale maggiore rateazione, si intende per comprovata e grave situazione di difficoltà quella in cui ricorrono congiuntamente le seguenti condizioni:

a) accertata impossibilità per il contribuente di eseguire il pagamento del credito tributario secondo un piano di rateazione ordinario;

b) solvibilità del contribuente, valutata in relazione al piano di rateazione concedibile ai sensi del presente comma ([16]).

[2. La richiesta di rateazione deve essere presentata, a pena di decadenza, prima dell'inizio della procedura esecutiva] ([17]).

3. In caso di mancato pagamento [della prima rata o, successivamente,] ([18]), nel corso del periodo di rateazione, di cinque ([19]) rate, anche non consecutive ([20]):

a) il debitore decade automaticamente dal beneficio della rateazione;

b) l'intero importo iscritto a ruolo ancora dovuto è immediatamente e automaticamente riscuotibile in unica soluzione;

c) il carico può essere nuovamente rateizzato se, all'atto della presentazione della richiesta, le rate scadute alla stessa data sono integralmente saldate. In tal caso, il nuovo piano di dilazione può essere ripartito nel numero massimo di rate non ancora scadute alla medesima data. Resta comunque fermo quanto disposto dal comma 1 *quater* ([21]) ([22]).

3 *bis*. In caso di provvedimento amministrativo o giudiziale di sospensione totale o parziale della riscossione, emesso in relazione alle somme che costituiscono oggetto della dilazione, il debitore è autorizzato a non versare, limitatamente alle stesse, le successive rate del piano concesso. Allo scadere della sospensione, il debitore può richiedere il pagamento dilazionato del debito residuo, comprensivo degli interessi fissati dalla legge per il periodo di sospensione, nello stesso numero di rate non versate del piano originario, ovvero in altro numero, fino a un massimo di settantadue ([23]).

4. Le rate mensili nelle quali il pagamento è stato dilazionato ai sensi del comma 1 scadono nel giorno di ciascun mese indicato nell'atto di accoglimento dell'istanza di dilazione ([24]) ed il relativo pagamento può essere effettuato anche mediante domiciliazione sul conto corrente indicato dal debitore ([25]).

[4 *bis*. Se, in caso di decadenza del contribuente dal beneficio della dilazione, l'eventuale fidejussore o il terzo datore d'ipoteca non versa l'importo garantito entro trenta giorni dalla notificazione di apposito invito, contenente l'indicazione delle generalità del fidejussore stesso ovvero del terzo datore d'ipoteca, delle somme da esso dovute e dei presupposti di fatto e di diritto della pretesa, il concessionario può procedere alla riscossione coattiva nei suoi confronti sulla base dello stesso ruolo emesso a carico del debitore secondo le disposizioni di cui al titolo II del presente decreto] ([26]).

([1]) *Gli articoli 19 e 19* bis *sono stati così sostituiti all'originario articolo 19 dall'art. 7 del D.L.vo 26 febbraio 1999, n. 46.*

([2]) *A norma dell'art. 2, comma 20, del D.L. 29 dicembre 2010, n. 225, convertito, con modificazioni, nella L. 26 febbraio 2011, n. 10, le dilazioni concesse, fino alla data di entrata in vigore della legge di conversione del suddetto decreto, ai sensi di questo articolo, interessate dal mancato pagamento della prima rata o, successivamente, di due rate, possono essere prorogate per un ulteriore periodo e fino a settantadue mesi a condizione che il debitore comprovi un temporaneo peggioramento della situazione di difficoltà posta a base della concessione della prima dilazione.*

([3]) *A norma dell'art. 9, comma 3* sexies, *del D.L. 2 marzo 2012, n. 16, convertito, con modificazioni, nella L. 26 aprile 2012, n. 44, la dilazione del pagamento prevista dal presente articolo può essere concessa solo dopo l'affidamento del carico all'agente della riscossione.*

([4]) *A norma dell'art. 11* bis, *del D.L. 24 aprile 2014, n. 66, convertito, con modificazioni, nella L. 23 giugno 2014, n. 89, i contribuenti decaduti dal beneficio della rateazione previsto da questo articolo, possono richiedere la concessione di un nuovo piano di rateazione, fino a un massimo di settantadue rate mensili, a condizione che:*

a) *la decadenza sia intervenuta entro e non oltre il 22 giugno 2013;*

b) *la richiesta sia presentata entro e non oltre il 31 luglio 2014.*

Il piano di rateazione concesso ai sensi del comma 1 non è prorogabile e il debitore decade dallo stesso in caso di mancato pagamento di due rate anche non consecutive.

([5]) *A norma dell'art. 15, comma 7, del D.L.vo 24 settembre 2015, n. 159, le somme iscritte a ruolo non ancora versate, oggetto di piani di rateazione concessi dagli agenti della riscossione e decaduti nei 24 mesi antecedenti l'entrata in vigore del presente decreto, possono, a semplice richiesta del contribuente, da presentarsi inderogabilmente entro 30 giorni dalla data di entrata in vigore del presente decreto, essere ripartite fino a un massimo di 72 rate mensili. In tal caso, ferma restando l'applicazione delle disposizioni di cui all'articolo 19, comma 1* quater *in quanto compatibile, lettere* b) *e* c) *del comma 3, e comma 4 del decreto del Presidente della Repubblica 29 settembre 1973, n. 602, come modificato dal presente decreto, il mancato pagamento di due rate anche non consecutive, determina la decadenza automatica dal beneficio della rateazione.*

([6]) *A norma dell'art. 13* bis, *del D.L. 24 giugno 2016, n. 113, convertito, con modificazioni, nella L. 7 agosto 2016, n. 160, il debitore decaduto alla data del 1° luglio 2016 dal beneficio della rateazione prevista dai commi 1, 1* bis *e 1* quinquies, *di questo articolo, concessa in data antecedente o successiva a quella di entrata in vigore del decreto legislativo 24 settembre 2015, n. 159, può nuovamente rateizzare l'importo, sino ad un massimo di 72 rate, fatti salvi i piani di rateazione con un numero di rate superiori a 72 già precedentemente approvati, anche se, all'atto della presentazione della richiesta, le rate scadute alla stessa data non siano state integralmente saldate. La nuova richiesta di rateazione deve essere presentata, a pena di decadenza, entro sessanta giorni dalla data di entrata in vigore della legge di conversione del presente decreto. Si applicano, in quanto compatibili, le disposizioni di cui all'articolo 19, commi 1* quater *e 4, del decreto del Presidente della Repubblica 29 settembre 1973, n. 602. Si decade dalla rateazione di cui al presente comma al mancato pagamento di due rate, anche non consecutive.*

Il debitore decaduto in data successiva al 15 ottobre 2015 e fino alla data del 1° luglio 2016 dai piani di rateazione, nelle ipotesi di definizione degli accertamenti di cui al decreto legislativo 19 giugno 1997, n. 218, o di omessa impugnazione degli stessi, può ottenere, a semplice richiesta, da presentare, a pena di decadenza, entro sessanta giorni dalla data di entrata in vigore della legge di conversione del presente decreto, la concessione di un nuovo piano di rateazione anche se, all'atto della presentazione della richiesta stessa, le rate eventualmente scadute non siano state saldate..

([7]) *A norma dell'art. 3, comma 2, del D.L. 21 ottobre 2021, n. 146, convertito, con modificazioni, nella L. 17 dicembre 2021, n. 215, i debitori che, alla data di entrata in vigore del medesimo decreto, siano incorsi in decadenza da piani di dilazione di cui a questo articolo, in essere alla data dell'8 marzo 2020 sono automaticamente riammessi ai medesimi piani, relativamente ai quali il termine di pagamento delle rate sospese ai sensi dell'articolo 68, commi 1, 2 e 2* bis*, del decreto legge n. 18 del 2020 è fissato al 31 ottobre 2021, ferma restando l'applicazione a tali piani delle disposizioni del comma 1 del medesimo articolo 3, del D.L. 146/2021, convertito, con modificazioni, nella L. 215/2021.*

([8]) *Le parole: «di importo superiore a cinquantamila euro» sono state così sostituite dalle attuali: «di importo superiore a 60.000 euro» dall'art. 13* bis*, comma 4, del D.L. 24 giugno 2016, n. 113, convertito, con modificazioni, nella L. 7 agosto 2016, n. 160.*

([9]) *Questo comma è stato così sostituito dall'art. 10, comma 1, lett.* a)*, n. 1), del D.L.vo 24 settembre 2015, n. 159. A norma dell'art. 15, comma 5, del medesimo provvedimento, tali disposizioni si applicano alle dilazioni concesse a decorrere dalla data di entrata in vigore del presente decreto.*

([10]) *A norma dell'art. 13* decies*, comma 3, del D.L. 28 ottobre 2020, n. 137, convertito, con modificazioni, nella L. 18 dicembre 2020, n. 176, con riferimento alle richieste di rateazione presentate a decorrere dal 30 novembre 2020 e fino al 31 dicembre 2021, in deroga a quanto disposto dall'ultimo periodo del presente comma, la temporanea situazione di obiettiva difficoltà è documentata, ai fini della relativa concessione, nel caso in cui le somme iscritte a ruolo sono di importo superiore a 100.000 euro.*

([11]) *Questo periodo è stato soppresso dall'art. 1, comma 2, lett.* a)*, del D.L. 2 marzo 2012, n. 16, convertito, con modificazioni, nella L. 26 aprile 2012, n. 44.*

([12]) *Questo comma è stato inserito dall'art. 10, comma 13* bis*, del D.L. 6 dicembre 2011, n. 201, convertito, con modificazioni, nella L. 22 dicembre 2011, n. 214.*

([13]) *Questo comma, è stato inserito dall'art. 1, comma 2, lett.* b)*, del D.L. 2 marzo 2012, n. 16, convertito, con modificazioni, nella L. 26 aprile 2012, n. 44.*

([14]) *Questo comma è stato così sostituito dall'art. 13* decies*, comma 1, lett.* a)*, del D.L. 28 ottobre 2020, n. 137, convertito, con modificazioni, nella L. 18 dicembre 2020, n. 176.*

Tali disposizioni si applicano ai provvedimenti di accoglimento emessi con riferimento alle richieste di rateazione presentate a decorrere dal 30 novembre 2020.

([15]) *Questo comma è stato aggiunto dall'art. 13* decies, *comma 1, lett.* b), *del D.L. 28 ottobre 2020, n. 137, convertito, con modificazioni, nella L. 18 dicembre 2020, n. 176.*

Tali disposizioni si applicano ai provvedimenti di accoglimento emessi con riferimento alle richieste di rateazione presentate a decorrere dal 30 novembre 2020.

([16]) *Questo comma è stato inserito dall'art. 52, comma 1, lett.* a), *n. 1), del D.L. 21 giugno 2013, n. 69, convertito, con modificazioni, nella L. 9 agosto 2013, n. 98. Il D.M. 6 novembre 2013* (G.U. *Serie gen. - n. 262 dell'8 novembre 2013*) *ha poi definito le modalità di rateizzazione straordinaria delle somme iscritte a ruolo.*

([17]) *Questo comma è stato abrogato dall'art. 36, comma 2* bis, *lett.* b), *del D.L. 31 dicembre 2007, n. 248, convertito, con modificazioni, nella L. 28 febbraio 2008, n. 31.*

([18]) *Le parole tra parentesi quadrate sono state soppresse dall'art. 1, comma 2, lett.* c), *del D.L. 2 marzo 2012, n. 16, convertito, con modificazioni, nella L. 26 aprile 2012, n. 44.*

([19]) *La parola: «otto» è stata così sostituita dall'attuale: «cinque» dall'art. 10, comma 1, lett.* a), *n. 3), del D.L.vo 24 settembre 2015, n. 159.*

([20]) *Le parole: «di due rate consecutive» sono state così sostituite dalle attuali: «, nel corso del periodo di rateazione, di otto rate, anche non consecutive» dall'art. 52, comma 1, lett.* a), *n. 2), del D.L. 21 giugno 2013, n. 69, convertito, con modificazioni, nella L. 9 agosto 2013, n. 98.*

([21]) *Questa lettera è stata così sostituita dall'art. 10, comma 1, lett.* a), *n. 3), del D.L.vo 24 settembre 2015, n. 159. A norma dell'art. 15, comma 5, del medesimo provvedimento, tali disposizioni si applicano alle dilazioni concesse a decorrere dalla data di entrata in vigore del presente decreto. A norma dell'art. 13* bis, *comma 2, del D.L. 24 giugno 2016, n. 113, convertito, con modificazioni, nella L. 7 agosto 2016, n. 160, queste disposizioni si applicano anche alle dilazioni concesse, a qualsiasi titolo, in data antecedente a quella di entrata in vigore del decreto legislativo 24 settembre 2015, n. 159.*

([22]) *A norma dell'art. 13* decies, *comma 4, del D.L. 28 ottobre 2020, n. 137, convertito, con modificazioni, nella L. 18 dicembre 2020, n. 176, relativamente ai provvedimenti di accoglimento emessi con riferimento alle richieste di rateazione di cui al comma 3 del citato articolo 13* decies, *gli effetti di cui alle lettere* a), b) e c) *del presente comma, si determinano in caso di mancato pagamento, nel periodo di rateazione, di dieci rate, anche non consecutive.*

([23]) *Questo comma è stato inserito dall'art. 10, comma 1, lett.* a), *n. 4), del D.L.vo 24 settembre 2015, n. 159. A norma dell'art. 15, comma 6, del medesimo provvedimento, tali disposizioni si applicano alle dilazioni concesse a decorrere dalla data di entrata in vigore del presente decreto e ai piani di rateazione in essere alla stessa data.*

([24]) *Le parole: «l'ultimo giorno di ciascun mese»* sono state così sostituite dalle parole: *«nel giorno di ciascun mese indicato nell'atto di accoglimento dell'istanza di dilazione» dall'art. 83, comma 23, lett.* b), *del D.L. 25 giugno 2008, n. 112, convertito, con modificazioni, nella L. 6 agosto 2008, n. 133.*

([25]) *Le parole: «ed il relativo pagamento può essere effettuato anche mediante domiciliazione sul conto corrente indicato dal debitore» sono state aggiunte dall'art. 10, comma 1, lett.* a), *n. 5), del D.L.vo 24 settembre 2015, n. 159.*

([26]) *Questo comma, aggiunto dall'art. 1, comma 1, lett.* a)*, del D.L.vo 27 aprile 2001, n. 193, è stato successivamente abrogato dall'art. 83, comma 23, lett.* c)*, del D.L. 25 giugno 2008, n. 112, convertito, con modificazioni, nella L. 6 agosto 2008, n. 133. A norma dello stesso comma 23, lett.* c)*, le sue disposizioni continuano a trovare applicazione nei riguardi delle garanzie prestate ai sensi dell'articolo 19 del citato decreto del Presidente della Repubblica n. 602 del 1973 nel testo vigente anteriormente alla data di entrata in vigore dello stesso decreto.*

19 *bis*. ([1]) **Sospensione della riscossione per situazioni eccezionali.** – 1. Se si verificano situazioni eccezionali, a carattere generale o relative a un'area significativa del territorio, tali da alterare gravemente lo svolgimento di un corretto rapporto con i contribuenti, la riscossione può essere sospesa, per non più di dodici mesi, con decreto del Ministero delle finanze.

([1]) *Gli articoli 19 e 19* bis *sono stati così sostituiti all'originario articolo 19 dall'art. 7 del D.L.vo 26 febbraio 1999, n. 46.*

20. ([1]) ([2]) **Interessi per ritardata iscrizione a ruolo.** – 1. Sulle imposte o sulle maggiori imposte dovute in base alla liquidazione ed al controllo formale della dichiarazione od all'accertamento d'ufficio si applicano, a partire dal giorno successivo a quello di scadenza del pagamento ([3]) e fino alla data di consegna al concessionario dei ruoli nei quali tali imposte sono iscritte, gli interessi al tasso del cinque per cento annuo. Nel caso in cui le imposte o le maggiori imposte sono dovute in esecuzione di accordi conclusi con le autorità competenti degli Stati esteri a seguito delle procedure amichevoli interpretative a carattere generale previste dalle Convenzioni contro le doppie imposizioni sui redditi, gli interessi di cui al periodo precedente si applicano a decorrere dalla data dei predetti accordi ([4]) ([5]).

([1]) *Questo articolo è stato così sostituito dall'art. 8 del D.L.vo 26 febbraio 1999, n. 46.*

([2]) *A norma dell'art. 37, comma 1* quater*, del D.L. 26 ottobre 2019, n. 124, convertito, con modificazioni, nella L. 19 dicembre 2019, n. 157, con decreto del Ministro dell'economia e delle finanze sono stabilite misure differenziate, nei limiti di cui al comma 1 ter del medesimo articolo, per gli interessi di cui a questo articolo.*

([3]) *Le parole da: «dalla scadenza ...» a: «... dichiarazione» sono state così sostituite dalle attuali da: «dal giorno successivo ...» a: «... pagamento» dall'art. 1, del D.L.vo 17 agosto 1999, n. 326.*

([4]) *Questo periodo è stato aggiunto dall'art. 31* octies*, comma 4, del D.L. 28 ottobre 2020, n. 137, convertito, con modificazioni, nella L. 18 dicembre 2020, n. 176.*

([5]) *Ai sensi dell'art. 2 del D.M. 21 maggio 2009, gli interessi per ritardata iscrizione a ruolo, previsti da questo articolo, sono dovuti annualmente nella misura del 4 per cento a decorrere dal 1°ottobre 2009, per i ruoli resi esecutivi dalla medesima data.*

21. ([1]) **Interessi per dilazione del pagamento** ([2]). – Sulle somme il cui pagamento è stato rateizzato o sospeso ai sensi dell'art. 19, comma 1, si applicano gli interessi al tasso del sei per cento annuo ([3]) ([4]).

L'ammontare degli interessi dovuti è determinato nel provvedimento con il quale viene accordata la prolungata rateazione dell'imposta ed è riscosso unitamente all'imposta alle scadenze stabilite.

I privilegi generali e speciali che assistono le imposte sui redditi sono estesi a tutto il periodo per il quale la rateazione è prolungata e riguardano anche gli interessi previsti dall'art. 20 e dal presente articolo.

([1]) *A norma dell'art. 37, comma 1* quater, *del D.L. 26 ottobre 2019, n. 124, convertito, con modificazioni, nella L. 19 dicembre 2019, n. 157, con decreto del Ministro dell'economia e delle finanze sono stabilite misure differenziate, nei limiti di cui al comma 1 ter del medesimo articolo, per gli interessi di cui a questo articolo.*

([2]) *Questa rubrica è stata così sostituita dall'art. 9, comma 1, lett.* a), *del D.L.vo 26 febbraio 1999, n. 46.*

([3]) *Questo comma è stato così sostituito dall'art. 9, comma 1, lett.* b), *del D.L.vo 26 febbraio 1999, n. 46.*

([4]) *Ai sensi dell'art. 3 del D.M. 21 maggio 2009, gli interessi per dilazione del pagamento, previsti da questo articolo, sono dovuti annualmente nella misura del 4,5 per cento, per le dilazioni concesse a decorrere dal 1°ottobre 2009.*

22. Attribuzione degli interessi. – Gli interessi di cui agli articoli 20 e 21 spettano all'ente destinatario del gettito delle imposte cui si riferiscono.

23. ([1]) [**Esecutorietà dei ruoli.** – (*Omissis*)].

([1]) *Questo articolo è stato abrogato dall'articolo 37 del D.L.vo 26 febbraio 1999, n. 46.*

24. ([1]) **Consegna del ruolo al concessionario.** – 1. L'ufficio consegna il ruolo al concessionario dell'ambito territoriale cui esso si riferisce secondo le modalità indicate con decreto del Ministero delle finanze, di concerto con il Ministero del tesoro, del bilancio e della programmazione economica ([2]).

2. Con lo stesso o con separato decreto sono individuati i compiti che possono essere affidati al consorzio nazionale obbligatorio fra i concessionari relativamente alla consegna dei ruoli e le ipotesi nelle quali l'affidamento dei ruoli ai concessionari avviene esclusivamente con modalità telematiche.

([1]) *Questo articolo è stato così sostituito dall'art. 10 del D.L.vo 26 febbraio 1999, n. 46.*

([2]) *Si veda il D.M. 3 settembre 1999, n. 321, recante regolamento per la determinazione del contenuto del ruolo e dei tempi, procedure e modalità della sua formazione e consegna.*

25. ([1]) ([2]) **Cartella di pagamento.** – 1. Il concessionario notifica la cartella di pagamento, [entro l'ultimo giorno del quarto mese successivo a quello di consegna del ruolo] (3), al debitore iscritto a ruolo o al coobbligato nei confronti dei quali procede, a pena di decadenza, entro il 31 dicembre:

a) del terzo anno successivo a quello di presentazione della dichiarazione, ovvero a quello di scadenza del versamento dell'unica o ultima rata se il termine per il versamento delle somme risultanti dalla dichiarazione scade oltre il 31 dicembre dell'anno in cui la dichiarazione è presentata, per le somme che risultano dovute a seguito dell'attività di liquidazione prevista dall'articolo 36 *bis* del decreto del Presidente della Repubblica 29 settembre 1973, n. 600, nonché del quarto anno successivo a quello di presentazione della dichiarazione del sostituto d'imposta per le somme che risultano dovute ai sensi degli articoli 19 e 20 del testo unico di cui al decreto del Presidente della Repubblica 22 dicembre 1986, n. 917 (4) (5) (6);

b) del quarto anno successivo a quello di presentazione della dichiarazione, per le somme che risultano dovute a seguito dell'attività di controllo formale prevista dall'articolo 36 *ter* del citato decreto del Presidente della Repubblica n. 600 del 1973;

c) del secondo anno successivo a quello in cui l'accertamento è divenuto definitivo, per le somme dovute in base agli accertamenti dell'ufficio (7).

c bis) del terzo anno successivo a quello di scadenza dell'ultima rata del piano di rateazione per le somme dovute a seguito degli inadempimenti di cui all'articolo 15 *ter* (8).

1 *bis*. In deroga alle disposizioni del comma 1, il concessionario notifica la cartella di pagamento, a pena di decadenza:

a) per i crediti anteriori alla data di pubblicazione del ricorso per l'ammissione al concordato preventivo nel registro delle imprese, non ancora iscritti a ruolo, entro il 31 dicembre del terzo anno successivo:

1) Alla pubblicazione del decreto che revoca l'ammissione al concordato preventivo ovvero ne dichiara la mancata approvazione ai sensi degli articoli 173 e 179 del regio decreto 16 marzo 1942, n. 267;

2) alla pubblicazione della sentenza che dichiara la risoluzione o l'annullamento del concordato preventivo ai sensi del combinato disposto degli articoli 186, 137 e 138 del regio decreto 16 marzo 1942, n. 267;

b) per i crediti rientranti nell'accordo di ristrutturazione dei debiti di cui all'articolo 182 *bis* del regio decreto 16 marzo 1942, n. 267, non ancora iscritti a ruolo alla data di presentazione della proposta di transazione fiscale di cui all'articolo 182 *ter*, sesto comma, del regio decreto 16 marzo 1942, n. 267, entro il 31 dicembre del terzo anno successivo alla scadenza del termine di cui al settimo comma dell'articolo 182 *ter* del regio decreto 16 marzo 1942, n. 267, ovvero alla pubblicazione della sentenza che dichiara l'annullamento dell'accordo;

c) per i crediti non ancora iscritti a ruolo, anteriori alla data di pubblicazione della proposta di accordo di composizione della crisi da sovraindebitamento o della proposta di piano del consumatore, entro il 31 dicembre del terzo anno successivo:

1) alla pubblicazione del decreto che dichiara la risoluzione o l'annullamento dell'accordo di composizione della crisi da sovraindebitamento, ai sensi dell'articolo 14 della legge 27 gennaio 2012, n. 3, ovvero la cessazione degli effetti dell'accordo, ai sensi dell'articolo 11, comma 5, o dell'articolo 12, comma 4, della medesima legge n. 3 del 2012;

2) alla pubblicazione del decreto che revoca o dichiara la cessazione degli effetti del piano del consumatore, ai sensi dell'articolo 11, comma 5, e dell'articolo 12 *ter*, comma 4, della legge n. 3 del 2012 ([9]).

1 *ter*. Se successivamente alla chiusura delle procedure di cui alle lettere *a*) e *b*) del comma 1 *bis* viene dichiarato il fallimento del debitore, il concessionario procede all'insinuazione al passivo ai sensi dell'articolo 87, comma 2, senza necessità di notificare la cartella di pagamento ([9]).

2. La cartella di pagamento, redatta in conformità al modello approvato con decreto del Ministero delle finanze, contiene l'intimazione ad adempiere l'obbligo risultante dal ruolo entro il termine di sessanta giorni dalla notificazione, con l'avvertimento che, in mancanza, si procederà ad esecuzione forzata ([10]) ([11]).

2 *bis*. La cartella di pagamento contiene anche l'indicazione della data in cui il ruolo è stato reso esecutivo ([12]).

3. Ai fini della scadenza del termine di pagamento il sabato è considerato giorno festivo.

([1]) *Questo articolo è stato così sostituito dall'art. 11 del D.L.vo 26 febbraio 1999, n. 46.*

([2]) *La Corte Costituzionale con sentenza n. 280 del 15 luglio 2005, ha dichiarato l'illegittimità costituzionale di questo articolo, nella parte in cui non prevede un termine, fissato a pena di decadenza, entro il quale il concessionario deve notificare al contribuente la cartella di pagamento delle imposte liquidate ai sensi dell'art. 36* bis *del D.P.R. 29 settembre 1973, n. 600* (*Disposizioni comuni in materia di accertamento delle imposte sui redditi*).

([3]) *Le parole fra parentesi quadrate sono state soppresse dall'art. 1, comma 1, lett.* b), *del D.L.vo 27 aprile 2001, n. 193.*

([4]) *Questa lettera è stata così sostituita dall'art. 37, comma 40, del D.L. 4 luglio 2006, n. 223, convertito, con modificazioni, nella L. 4 agosto 2006, n. 248.*

([5]) *Si veda l'art. 36 del D.L.vo 26 febbraio 1999, n. 46.*

([6]) *A norma dell'art. 5, comma 8, del D.L. 22 marzo 2021, n. 41, convertito, con modificazioni, nella L. 21 maggio 2021, n. 69, in deroga a quanto previsto all'articolo 3 della legge 27 luglio 2000, n. 212, i termini di decadenza per la notificazione delle cartelle di pagamento di cui a questa lettera sono prorogati di un anno per le dichiarazioni presentate nel 2019.*

(7) *Le parole da: «, a pena di decadenza, ...» fino alla fine del comma, sono state aggiunte dall'art. 1, comma 417, lett.* c), *della L. 30 dicembre 2004, n. 311. A norma dell'art. 1, comma 420, della medesima legge, tali disposizioni si applicano con riferimento ai ruoli resi esecutivi successivamente al 1° luglio 2005. Successivamente le parole da: «l'ultimo giorno del dodicesimo mese ...» fino a: «... straordinario» sono state così sostituite dalle attuali da: «il 31 dicembre: ...» fino a: «... dell'ufficio» dall'art. 1, comma 5* ter, *lett.* a), *n. 2), del D.L. 17 giugno 2005, n. 106, convertito, con modificazioni, nella L. 31 luglio 2005, n. 156.*

(8) *Questa lettera è stata aggiunta dall'art. 4, comma 1, lett.* a), *del D.L.vo 24 settembre 2015, n. 159.*

(9) *Questo comma è stato inserito dall'art. 4, comma 1, lett.* b), *del D.L.vo 24 settembre 2015, n. 159.*

(10) *A norma dell'art. 2, comma 1, del D.L. 21 ottobre 2021, n. 146, convertito, con modificazioni, nella L. 17 dicembre 2021, n. 215, con riferimento alle cartelle di pagamento notificate dall'agente della riscossione dal 1° settembre al 31 dicembre 2021, il termine per l'adempimento dell'obbligo risultante dal ruolo, previsto da questo comma, è fissato, ai fini di cui agli articoli 30 e 50, comma 1, dello stesso decreto, in centottanta giorni.*

(11) *A norma dell'art. 1, comma 913, della L. 30 dicembre 2021, n. 234, con riferimento alle cartelle di pagamento notificate dall'agente della riscossione dal 1° gennaio al 31 marzo 2022, il termine per l'adempimento dell'obbligo risultante dal ruolo, previsto da questo comma è fissato, ai fini di cui agli articoli 30 e 50, comma 1, di questo stesso decreto, in centottanta giorni.*

(12) *Questo comma è stato aggiunto dall'art. 8, comma 1, lett.* b), *del D.L.vo 26 gennaio 2001, n. 32. A norma dell'art. 8, comma 3, del medesimo provvedimento tali disposizioni si applicano ai ruoli resi esecutivi a decorrere dal 1° luglio 2001.*

26. Notificazione della cartella di pagamento. – La cartella è notificata dagli ufficiali della riscossione o da altri soggetti abilitati dal concessionario nelle forme previste dalla legge ovvero, previa eventuale convenzione tra comune e concessionario, dai messi comunali o dagli agenti della polizia municipale; in tal caso, quando ai fini del perfezionamento della notifica sono necessarie più formalità, le stesse possono essere compiute, in un periodo di tempo non superiore a trenta giorni, da soggetti diversi tra quelli sopra indicati ciascuno dei quali certifica l'attività svolta mediante relazione datata e sottoscritta (1). La notifica può essere eseguita anche mediante invio di raccomandata con avviso di ricevimento; in tal caso, la cartella è notificata in plico chiuso e la notifica si considera avvenuta nella data indicata nell'avviso di ricevimento sottoscritto da una delle persone previste dal secondo comma o dal portiere dello stabile dove è l'abitazione, l'ufficio o l'azienda (2) (3).

La notifica della cartella può essere eseguita, con le modalità di cui al decreto del Presidente della Repubblica 11 febbraio 2005, n. 68, a mezzo posta elettronica certificata, all'indirizzo del destinatario risultante dall'indice nazionale degli indirizzi di posta elettronica certificata (INI-PEC), ovvero, per i soggetti che ne fanno richiesta, diversi da quelli obbligati ad avere un indirizzo di posta elettronica certificata da inserire nell'INI-PEC, all'indirizzo dichiarato all'atto della richiesta. In tali casi, si applicano le disposizioni dell'articolo 60 del decreto del Presidente della Repubblica 29 settembre 1973, n. 600 ([4]) ([5]).

Quando la notificazione della cartella di pagamento avviene mediante consegna nelle mani proprie del destinatario o di persone di famiglia o addette alla casa, all'ufficio o all'azienda, non è richiesta la sottoscrizione dell'originale da parte del consegnatario.

Nei casi previsti dall'art. 140 del codice di procedura civile, la notificazione della cartella di pagamento si effettua con le modalità stabilite dall'art. 60 del decreto del Presidente della Repubblica 29 settembre 1973, n. 600, e si ha per eseguita nel giorno successivo a quello in cui l'avviso del deposito è affisso nell'albo del comune ([6]).

Il concessionario deve conservare per cinque anni la matrice o la copia della cartella con la relazione dell'avvenuta notificazione o l'avviso di ricevimento ed ha l'obbligo di farne esibizione su richiesta del contribuente o dell'amministrazione.

Per quanto non è regolato dal presente articolo si applicano le disposizioni dell'art. 60 del predetto decreto; per la notificazione della cartella di pagamento ai contribuenti non residenti si applicano le disposizioni di cui al quarto e quinto comma dell'articolo 60 del decreto del Presidente della Repubblica 29 settembre 1973, n. 600 ([7]) ([8]).

([1]) *Le parole: «; in tal caso, quando ai fini del perfezionamento della notifica sono necessarie più formalità, le stesse possono essere compiute, in un periodo di tempo non superiore a trenta giorni, da soggetti diversi tra quelli sopra indicati ciascuno dei quali certifica l'attività svolta mediante relazione datata e sottoscritta» sono state aggiunte dall'art. 19* octies, *comma 2, del D.L. 16 ottobre 2017, n. 148, convertito, con modificazioni, nella L. 4 dicembre 2017, n. 172.*

([2]) *Questo comma è stato così sostituito dall'art. 12 del D.L.vo 26 febbraio 1999, n. 46.*

([3]) *Le parole: «o dal portiere ...» fino alla fine del comma sono state inserite dall'art. 1, comma 1, lett.* c), *del D.L.vo 27 aprile 2001, n. 193.*

([4]) *Le parole da: «risultante dagli elenchi» fino alla fine del comma, sono state così sostituite dalle attuali, dall'art. 7* quater, *comma 9, del D.L. 22 ottobre 2016, n. 193, convertito, con modificazioni, nella L. 1 dicembre 2016, n. 225.*

([5]) *Questo comma, inserito dall'art. 38, comma 4, lett.* b), *del D.L. 31 maggio 2010, n. 78, convertito, con modificazioni, nella L. 30 luglio 2010, n. 122, è stato così sostituito dall'art. 14, comma 1, del D.L.vo 24 settembre 2015, n. 159. A norma dell'art. 14, comma 2, del medesimo provvedimento per assicurare alle Camere di Commercio i tempi tecnici necessari per l'adeguamento alle nuove previsioni, le disposizioni modificative di cui al comma 1, si applicano alle notifiche effettuate a decorrere dal 1° giugno 2016. Fino a tale data resta ferma la disciplina vigente alla data di entrata in vigore della presente legge, che si riporta:*

«La notifica della cartella può essere eseguita, con le modalità di cui al decreto del Presidente della Repubblica 11 febbraio 2005, n. 68, a mezzo posta elettronica certifi-

cata, all'indirizzo risultante dagli elenchi a tal fine previsti dalla legge. Tali elenchi sono consultabili, anche in via telematica, dagli agenti della riscossione. Non si applica l'articolo 149 bis del codice di procedura civile.»

(6) *La Corte costituzionale, con sentenza n. 528 del 22 novembre 2012, ha dichiarato l'illegittimità costituzionale di questo comma, nella parte in cui stabilisce che la notificazione della cartella di pagamento «Nei casi previsti dall'art. 140 del codice di procedura civile [...] si esegue con le modalità stabilite dall'art. 60 del D.P.R. 29 settembre 1973, n. 600», anziché «Nei casi in cui nel comune nel quale deve eseguirsi la notificazione non vi sia abitazione, ufficio o azienda del destinatario [...] si esegue con le modalità stabilite dall'art. 60, primo comma, alinea e lettera* e), *del D.P.R. 29 settembre 1973, n. 600.*

(7) *Le parole: «; per la notificazione della cartella di pagamento ai contribuenti non residenti si applicano le disposizioni di cui al quarto e quinto comma dell'articolo 60 del decreto del Presidente della Repubblica 29 settembre 1973, n. 600» sono state aggiunte dall'art. 2, comma 1, lett.* b), *del D.L. 25 marzo 2010, n. 40, convertito, con modificazioni, nella L. 22 maggio 2010, n. 73.*

(8) *La Corte costituzionale, con sentenza n. 366 del 7 novembre 2007, ha dichiarato l'illegittimità costituzionale del combinato disposto degli articoli 58, primo e secondo comma, secondo periodo, e 60, primo comma, lett.* c), e), f), *di questo provvedimento e di questo comma, nella parte in cui prevede, nel caso di notificazione a cittadino italiano avente all'estero una residenza conoscibile dall'amministrazione finanziaria in base all'iscrizione nell'Anagrafe degli Italiani Residenti all'Estero (AIRE), che le disposizioni contenute nell'articolo 142 del codice di procedura civile non si applicano.*

27. (1) [**Luogo e tempo del pagamento.** – (*Omissis*)].

(1) *Questo articolo è stato abrogato dall'art. 37 del D.L.vo 26 febbraio 1999, n. 46.*

28. (1) **Modalità di pagamento.** – 1. Il pagamento delle somme iscritte a ruolo può essere effettuato presso gli sportelli del concessionario, le agenzie postali e le banche. In caso di versamento presso le agenzie postali e le banche i costi dell'operazione sono a carico del contribuente.

2. Fuori del territorio nazionale, il pagamento può essere effettuato mediante bonifico bancario sul conto corrente bancario indicato dal concessionario nella cartella di pagamento.

3. Con decreto del Ministero delle finanze sono stabilite le modalità di pagamento, anche con mezzi diversi dal contante; in ogni caso, tali modalità devono essere tali da assicurare l'indicazione del codice fiscale del contribuente e gli estremi identificativi dell'imposta pagata (2).

3 *bis*. Il pagamento effettuato con i mezzi diversi dal contante individuati ai sensi del comma 3 si considera omesso:

a) in caso di utilizzazione di un assegno, se l'assegno stesso risulta scoperto o comunque non pagabile;

b) in caso di utilizzazione di una carta di credito, se il gestore della carta non fornisce la relativa provvista finanziaria ([3]).

([1]) *Questo articolo è stato così sostituito dall'art. 13 del D.L.vo 26 febbraio 1999, n. 46.*
([2]) *Si veda il D.M. 28 giugno 1999* (G.U. *n. 168 del 20 luglio 1999*).
([3]) *Questo comma è stato inserito dall'art. 83, comma 23* bis*, del D.L. 25 giugno 2008, n. 112, convertito, con modificazioni, nella L. 6 agosto 2008, n. 133.*

28 *bis*. ([1]) **Pagamento delle imposte dirette mediante cessione di beni culturali.** – I soggetti tenuti al pagamento dell'imposta sul reddito delle persone fisiche, dell'imposta sul reddito delle persone giuridiche, dell'imposta locale sui redditi, dei tributi erariali soppressi di cui all'articolo 82 del decreto del Presidente della Repubblica 29 settembre 1973, n. 597, e relativi interessi, soprattasse e pene pecuniarie possono cedere allo Stato, in pagamento totale o parziale delle imposte stesse e degli accessori, i beni indicati negli articoli 1, 2 e 5 della legge 1 giugno 1939, n. 1089, e successive modificazioni e integrazioni, gli archivi o singoli documenti dichiarati di notevole interesse storico a norma dell'articolo 36 del decreto del Presidente della Repubblica 30 settembre 1963, n. 1409, nonché le opere di autori viventi o la cui esecuzione risalga anche ad epoca inferiore al cinquantennio, di cui lo Stato sia interessato all'acquisizione. La disposizione non si applica ai sostituti d'imposta.

La proposta di cessione, contenente la descrizione dettagliata dei beni offerti corredata da idonea documentazione deve essere presentata al Ministero per i beni culturali e ambientali.

L'Amministrazione per i beni culturali e ambientali attesta per ogni singolo bene l'esistenza delle caratteristiche previste dalla vigente legislazione di tutela e dichiara, per i beni e le opere di cui al primo comma, l'interesse dello Stato ad acquisirli ([2]).

Le condizioni ed il valore della cessione sono stabiliti con decreto del Ministro per i beni culturali e ambientali di concerto con il Ministro delle finanze, sentita un'apposita commissione nominata con decreto del Ministro per i beni culturali e ambientali, presieduta dallo stesso Ministro o da un suo delegato e composta da due rappresentanti del Ministero per i beni culturali e ambientali, da due rappresentanti del Ministero delle finanze e da un rappresentante del Ministero del tesoro. Nella proposta di cessione l'interessato può chiedere di essere sentito dalla commissione, personalmente o a mezzo di un suo delegato.

(*Omissis*). ([3])

La proposta di cessione non sospende il pagamento delle imposte di cui al primo comma.

L'interessato può revocare la propria proposta di cessione all'atto dell'audizione presso la commissione, ovvero nei quindici giorni successivi, con atto notificato al Ministero per i beni culturali e ambientali.

Il decreto di cui al quarto comma è emanato entro sei mesi dalla data di presentazione della proposta di cessione ed è notificato al richiedente. Entro i due mesi successivi dalla data di notifica del decreto il proponente notifica al Ministero per i beni culturali e ambientali, a pena di decadenza, la propria accettazione.

Nel caso di cessione di beni mobili, i beni devono essere consegnati entro i trenta giorni successivi alla notifica dell'accettazione. La consegna comporta il trasferimento della proprietà dei beni allo Stato.

Nel caso di cessione di beni immobili, il trasferimento allo Stato avviene a condizione che i beni siano liberi da ipoteche e da iscrizioni e trascrizioni pregiudizievoli. Il decreto di cui al quarto comma e la dichiarazione di accettazione, con firma autenticata, costituiscono titolo per la trascrizione del trasferimento nei registri immobiliari. Il trasferimento dei beni allo Stato ha effetto dalla data di notifica della dichiarazione di accettazione.

Dopo il trasferimento dei beni, l'interessato può chiedere il rimborso delle imposte eventualmente pagate nel periodo intercorrente tra la data di presentazione della proposta di cessione e quella della consegna dei beni o della trascrizione, ovvero può utilizzare, anche frazionatamente, l'importo della cessione per il pagamento delle imposte indicate nel primo comma, la cui scadenza è successiva al trasferimenti dei beni.

Qualora l'interessato nei cinque anni successivi al trasferimento dei beni non abbia potuto utilizzare per il pagamento delle imposte indicate nel primo comma l'importo integrale della cessione, può chiedere il rimborso della differenza, senza corresponsione di interessi.

Le disposizioni dei precedenti commi si applicano anche nei confronti degli eredi del cedente.

Qualora l'Amministrazione dello Stato non intenda acquisire i beni offerti in cessione, il Ministro per i beni culturali e ambientali con proprio decreto, di concerto con il Ministro delle finanze, provvede ai sensi del precedente ottavo comma.

(1) *Articolo aggiunto dall'art. 7, L. 2 agosto 1982, n. 512, in vigore dall'8 agosto 1982.*

(2) *Questo comma è stato così sostituito dall'art. 14, comma 1, della L. 15 maggio 1997, n. 127.*

(3) *Questo comma è stato soppresso dall'art. 16, comma 1, lett. b), del D.L. 29 novembre 2008, n. 185, convertito, con modificazioni, nella L. 28 gennaio 2009, n. 2.*

28 *ter*. (1) (2) (3) **Pagamento mediante compensazione volontaria con crediti d'imposta.** – 1. In sede di erogazione di un rimborso d'imposta, l'Agenzia delle entrate verifica se il beneficiario risulta iscritto a ruolo e, in caso affermativo, trasmette in via telematica apposita segnalazione all'agente della riscossione che ha in carico il ruolo, mettendo a disposizione dello stesso, sulla contabilità di cui all'articolo 2, comma 1, del decreto del Direttore generale del dipartimento delle entrate del Ministero delle finanze in data 1° febbraio 1999, pubblicato nella *Gazzetta Ufficiale* n. 28 del 4 febbraio 1999, le somme da rimborsare.

2. Ricevuta la segnalazione di cui al comma 1, l'agente della riscossione notifica all'interessato una proposta di compensazione tra il credito d'imposta ed il debito iscritto a ruolo, sospendendo l'azione di recupero ed invitando il debitore a comunicare entro sessanta giorni se intende accettare tale proposta.

3. In caso di accettazione della proposta, l'agente della riscossione movimenta le somme di cui al comma 1 e le riversa ai sensi dell'articolo 22, comma 1, del decreto legislativo 13 aprile 1999, n. 112, entro i limiti dell'importo complessivamente dovuto a seguito dell'iscrizione a ruolo.

4. In caso di rifiuto della predetta proposta o di mancato tempestivo riscontro alla stessa, cessano gli effetti della sospensione di cui al comma 2 e l'agente della riscossione comunica in via telematica all'Agenzia delle entrate che non ha ottenuto l'adesione dell'interessato alla proposta di compensazione.

5. All'agente della riscossione spetta il rimborso delle spese vive sostenute per la notifica dell'invito di cui al comma 2, nonché un rimborso forfetario pari a quello di cui all'art. 24, comma 1, del regolamento di cui al decreto del Ministro delle finanze 28 dicembre 1993, n. 567, maggiorato del cinquanta per cento, a copertura degli oneri sostenuti per la gestione degli adempimenti attinenti la proposta di compensazione.

6. Con provvedimento del Direttore dell'Agenzia delle entrate sono approvate le specifiche tecniche di trasmissione dei flussi informativi previsti dal presente articolo e sono stabilite le modalità di movimentazione e di rendicontazione delle somme che transitano sulle contabilità speciali di cui al comma 1, nonché le modalità di richiesta e di erogazione dei rimborsi spese previsti dal comma 5.

(1) *Questo articolo è stato inserito dall'art. 2, comma 13, del D.L. 3 ottobre 2006, n. 262, convertito, con modificazioni, nella L. 24 novembre 2006, n. 286.*

(2) *A norma dell'art. 31, comma 1, del D.L. 31 maggio 2010, n. 78, convertito, con modificazioni, nella L. 30 luglio 2010, n. 122, le disposizioni di questo articolo non operano per i ruoli di ammontare non superiore a millecinquecento euro.*

([3]) *A norma dell'art. 145, comma 1, del D.L. 19 maggio 2020, n. 34, convertito, con modificazioni, nella L. 17 luglio 2020, n. 77, nel 2020 e fino al 30 aprile 2021, in sede di erogazione dei rimborsi fiscali non si applica la compensazione tra il credito d'imposta ed il debito iscritto a ruolo prevista di cui a questo articolo, così come modificato dall'art. 5, comma 12, lett.* a)*, del D.L. 22 marzo 2021, n. 41, convertito, con modificazioni, nella L. 21 maggio 2021, n. 69.*

28 *quater*. ([1]) ([2]) **Compensazioni di crediti con somme dovute a seguito di iscrizione a ruolo.** – 1. A partire dal 1° gennaio 2011, i crediti non prescritti, certi, liquidi ed esigibili, nei confronti delle amministrazioni pubbliche di cui all'articolo 1, comma 2, del decreto legislativo 30 marzo 2001, n. 165, e successive modificazioni ([3]) per somministrazione, forniture e appalti, possono essere compensati con le somme dovute a seguito di iscrizione a ruolo. A tal fine la certificazione prevista dall'articolo 9, comma 3 *bis*, del decreto legge 29 novembre 2008, n. 185, convertito, con modificazioni, dalla legge 28 gennaio 2009, n. 2, e le certificazioni richiamate all'articolo 9, comma 3 *ter*, lettera *b*), ultimo periodo, del medesimo decreto, recanti la data prevista per il pagamento, emesse mediante l'apposita piattaforma elettronica, sono utilizzate, a richiesta del creditore, per il pagamento, totale o parziale, delle somme dovute a seguito dell'iscrizione a ruolo, effettuato in data antecedente a quella prevista per il pagamento del credito ([4]). L'estinzione del debito a ruolo è condizionata alla verifica dell'esistenza e validità della certificazione. Qualora la regione, l'ente locale o l'ente del Servizio sanitario nazionale non versi all'agente della riscossione l'importo oggetto della certificazione entro sessanta giorni dal termine nella stessa indicato, l'agente della riscossione ne dà comunicazione ai Ministeri dell'interno e dell'economia e delle finanze e l'importo oggetto della certificazione è recuperato mediante riduzione delle somme dovute dallo Stato all'ente territoriale a qualsiasi titolo, incluse le quote dei fondi di riequilibrio o perequativi e le quote di gettito relative alla compartecipazione a tributi erariali ([5]). Dai recuperi di cui al presente comma sono escluse le risorse destinate al finanziamento corrente del servizio sanitario nazionale ([5]). Nel caso in cui il recupero non sia stato possibile, l'agente della riscossione procede, sulla base del ruolo emesso a carico del titolare del credito, alla riscossione coattiva secondo le disposizioni di cui al titolo II del presente decreto ([5]). Le modalità di attuazione del presente articolo sono stabilite con decreto del Ministero dell'economia e delle finanze anche al fine di garantire il rispetto degli equilibri programmati di finanza pubblica.

([1]) *Questo articolo è stato inserito dall'art. 31, comma 1* bis*, del D.L. 31 maggio 2010, n. 78, convertito, con modificazioni, nella L. 30 luglio 2010, n. 122.*

([2]) *Si veda il D.M. 19 novembre 2012* (G.U. *Serie gen. - n. 259 del 6 novembre 2012*).

(3) *Le parole: «maturati nei confronti dello Stato, degli enti pubblici nazionali, delle regioni, degli enti locali e degli enti del Servizio sanitario nazionale» sono state così sostituite dalle attuali: «nei confronti delle amministrazioni pubbliche di cui all'articolo 1, comma 2, del decreto legislativo 30 marzo 2001, n. 165, e successive modificazioni» dall'art. 39, comma 1* bis, *del D.L. 24 aprile 2014, n. 66, convertito, con modificazioni, nella L. 23 giugno 2014, n. 89.*

(4) *Questo periodo è stato così sostituito dall'art. 9, comma 01, del D.L. 8 aprile 2013, n. 35, convertito, con modificazioni, nella L. 6 giugno 2013, n. 64.*

(5) *L'originario quarto periodo è stato così sostituito dagli attuali periodi quarto, quinto e sesto, dall'art. 16, comma 10, del D.L. 6 luglio 2012, n. 95, convertito, con modificazioni, nella L. 7 agosto 2012, n. 135.*

28 *quinquies*. (1) **Compensazioni di crediti con somme dovute in base agli istituti definitori della pretesa tributaria e deflativi del contenzioso tributario.** – 1. I crediti non prescritti, certi, liquidi ed esigibili, [maturati al 31 dicembre 2012] (2) nei confronti delle amministrazioni pubbliche di cui all'articolo 1, comma 2, del decreto legislativo 30 marzo 2001, n. 165, e successive modificazioni (3) per somministrazioni, forniture e appalti, possono essere compensati, solo su specifica richiesta del creditore, con l'utilizzo del sistema previsto dall'articolo 17, del decreto legislativo 9 luglio 1997, n. 241, ed esclusivamente attraverso i servizi telematici messi a disposizione dall'Agenzia delle entrate, con le somme dovute a seguito di accertamento con adesione ai sensi dell'articolo 8, del decreto legislativo 19 giugno 1997, n. 218, di definizione ai sensi dell'articolo 5, comma 1 *bis*, dell'articolo 5 *bis*, dell'articolo 11, comma 1 *bis*, e di acquiescenza ai sensi dell'articolo 15, dello stesso decreto legislativo, di definizione agevolata delle sanzioni ai sensi degli articoli 16 e 17, del decreto legislativo 18 dicembre 1997, n. 472, di conciliazione giudiziale ai sensi dell'articolo 48, del decreto legislativo 31 dicembre 1992, n. 546, di mediazione ai sensi dell'articolo 17 *bis*, dello stesso decreto. A tal fine è necessario che il credito sia certificato ai sensi dell'articolo 9, comma 3 *bis*, del decreto legge 29 novembre 2008, n. 185, convertito, con modificazioni, dalla legge 28 gennaio 2009, n. 2, o ai sensi dell'articolo 9, comma 3 *ter*, lettera *b*), ultimo periodo, del medesimo decreto e che la relativa certificazione rechi l'indicazione della data prevista per il pagamento. La compensazione è trasmessa immediatamente con flussi telematici dall'Agenzia delle entrate alla piattaforma elettronica per la gestione telematica del rilascio delle certificazioni, predisposta dal Ministero dell'economia e delle finanze – Dipartimento della ragioneria generale dello Stato, con modalità idonee a garantire l'utilizzo univoco del credito certificato. Qualora l'ente pubblico nazionale, la regione, l'ente locale o l'ente del Servizio sanitario nazionale non versi sulla contabilità speciale numero 1778 "Fondi di bilancio" l'importo certificato entro sessanta giorni dal termine indicato nella certificazione, la struttura di gestione di cui all'articolo 22, comma 3, del decreto legislativo 9 luglio 1997, n. 241, trattiene l'importo certificato mediante riduzione delle somme dovute all'ente a qualsiasi titolo, a seguito della ripartizione delle somme riscosse ai sensi dell'articolo 17, del decreto legislativo 9 luglio 1997, n. 241. Nel caso in cui il recupero non sia possibile, la suddetta struttura di gestione ne dà comunicazione ai Ministeri dell'interno e dell'economia e delle finanze e l'importo è recuperato mediante riduzione delle somme dovute dallo Stato all'ente a qualsiasi titolo, incluse le quote dei fondi di riequilibrio o perequativi e le quote di gettito relative alla compartecipazione a tributi erariali. Qualora residuino ulteriori importi da recuperare, i Ministeri dell'interno e dell'economia e delle finanze formano i ruoli per l'agente della riscossione, che procede alla riscossione coattiva secondo le disposizioni di cui al titolo II.

2. I termini e le modalità di attuazione delle disposizioni di cui al comma 1, sono stabiliti, entro il 30 giugno 2013, con decreto del Ministro dell'economia e delle finanze ([4]).

([1]) *Questo articolo è stato aggiunto dall'art. 9, comma 1, del D.L. 8 aprile 2013, n. 35, convertito, con modificazioni, nella L. 6 giugno 2013, n. 64.*

([2]) *Le parole fra parentesi quadrate sono state soppresse dall'art. 39, comma 1, del D.L. 24 aprile 2014, n. 66, convertito, con modificazioni, nella L. 23 giugno 2014, n. 89.*

([3]) *Le parole: «maturati nei confronti dello Stato, degli enti pubblici nazionali, delle regioni, degli enti locali e degli enti del Servizio sanitario nazionale» sono state così sostituite dalle attuali: «nei confronti delle amministrazioni pubbliche di cui all'articolo 1, comma 2, del decreto legislativo 30 marzo 2001, n. 165, e successive modificazioni» dall'art. 39, comma 1* bis, *del D.L. 24 aprile 2014, n. 66, convertito, con modificazioni, nella L. 23 giugno 2014, n. 89.*

([4]) *Si veda il D.M. 14 gennaio 2014.*

29. Rilascio della quietanza. – Per ogni pagamento di imposte iscritte a ruolo il concessionario deve rilasciare quietanza al contribuente e deve farne annotazione nella scheda intestata al contribuente.

[L'esattore può rilasciare la quietanza sulla cartella di pagamento. In tale caso la quietanza, oltre ad essere annotata nel ruolo o nella scheda, deve essere trascritta in apposito registro, numerato, timbrato e siglato in ogni foglio, prima dell'uso, dall'ufficio delle imposte] ([1]).

Le quietanze possono essere firmate anche dai dipendenti del concessionario espressamente autorizzati dal titolare.

([1]) *Questo comma è stato abrogato dall'art. 37 del D.L.vo 26 febbraio 1999, n. 46.*

30. ([1]) ([2]) **Interessi di mora.** – 1. Decorso inutilmente il termine previsto dall'art. 25, comma 2, sulle somme iscritte a ruolo, esclusi le sanzioni pecuniarie tributarie e gli interessi, ([3]) si applicano, a partire dalla data della notifica della cartella e fino alla data del pagamento, gli interessi di mora al tasso determinato annualmente con decreto del Ministero delle finanze con riguardo alla media dei tassi bancari attivi.

([1]) *Questo articolo è stato così sostituito dall'art. 14 del D.L.vo 26 febbraio 1999, n. 46.*

([2]) *A norma dell'art. 37, comma 1 quater, del D.L. 26 ottobre 2019, n. 124, convertito, con modificazioni, nella L. 19 dicembre 2019, n. 157, con decreto del Ministro dell'economia e delle finanze sono stabilite misure differenziate, nei limiti di cui al comma 1 ter del medesimo articolo, per gli interessi di cui a questo articolo.*

([3]) *Le parole: «, esclusi le sanzioni pecuniarie tributarie e gli interessi,» sono state inserite dall'art. 7, comma 2 sexies, del D.L. 13 maggio 2011, n. 70, convertito, con modificazioni, nella L. 12 luglio 2011, n. 106. A norma dell'art. 7, comma 2 septies, del medesimo decreto legge, la disposizione di questo comma si applica ai ruoli consegnati a decorrere dalla data di entrata in vigore della legge di conversione del decreto stesso.*

31. Imputazione dei pagamenti. – Il concessionario non può rifiutare pagamenti parziali di rate scadute e pagamenti in acconto per rate di imposte non ancora scadute.

Tuttavia se il contribuente è debitore di rate scadute il pagamento non può essere imputato alle rate non scadute se non per l'eventuale eccedenza sull'ammontare delle prime, comprese le indennità di mora, i diritti e le spese maturati a favore del concessionario.

Nei riguardi delle rate scadute l'imputazione è fatta, rata per rata, iniziando dalla più remota, al debito d'imposta, di soprattassa, di pena pecuniaria e poi al debito per indennità di mora e non può essere fatta ai diritti ed alle spese maturati a favore del concessionario se non dopo la completa estinzione del debito per le rate scadute e relative indennità di mora.

Per i debiti di imposta già scaduti l'imputazione è fatta con preferenza alle imposte o quote di imposta meno garantite e fra imposte o quote di imposta ugualmente garantite con precedenza a quella più remota.

Per quanto non è regolato dal presente articolo si applicano le norme degli articoli 1193 e 1194 del codice civile.

32. Responsabilità solidale dei nuovi possessori di immobili. – Agli effetti dell'imposta locale sui redditi i nuovi possessori di immobili a titolo di proprietà o di altri diritti reali rispondono, solidalmente con i precedenti possessori, delle imposte, soprattasse e interessi iscritti od iscrivibili a ruolo a nome di questi ultimi per il periodo di tempo successivo alla data del titolo che serve per base alla voltura catastale.

Tuttavia nei casi in cui la presentazione di domanda di voltura catastale non abbia avuto effetto nei ruoli, l'intendente di finanza dispone, su richiesta dell'interessato, che vengano escussi soltanto i nuovi possessori con espresso divieto al concessionario di compiere qualsiasi procedura sui beni dei precedenti.

33. Responsabilità solidale per l'imposta locale sui redditi. – Quando il presupposto dell'imposta locale sui redditi si verifica unitariamente nei confronti di più soggetti, ciascuno di essi è tenuto in solido al pagamento dell'imposta, soprattasse, pene pecuniarie e interessi iscritti a ruolo, salvo rivalsa nei confronti degli altri in proporzione alla quota di spettanza dei redditi.

La solidarietà di cui al precedente comma non opera se il possesso dei redditi spetta a più soggetti in forza di diritti reali di diversa natura.

34. Responsabilità solidale per l'imposta sui redditi delle persone fisiche. – Le persone i cui redditi per l'accertamento dell'imposta sul reddito delle persone fisiche sono stati cumulati con quelli del soggetto iscritto a ruolo sono responsabili in solido con il soggetto medesimo per il pagamento dell'imposta, soprattasse, pene pecuniarie e interessi iscritti a nome di quest'ultimo [1].

La responsabilità solidale stabilita dal comma precedente opera anche nell'ipotesi in cui non si fa luogo, ai sensi del decreto del Presidente della Repubblica 29 settembre 1973, n. 597, al computo cumulativo dei redditi ai soli fini della determinazione dell'aliquota.

Quando non ricorrono le ipotesi di cui ai commi precedenti le persone indicate nelle lettere *a*) e *b*) dell'art. 4 del predetto decreto sono comunque solidalmente responsabili, limitatamente al valore dei beni ad esse ceduti a qualsiasi titolo dal soggetto passivo, per il pagamento delle imposte da questo dovute per l'anno in cui è avvenuta la cessione e per gli anni precedenti.

[1] *Vedi art. 17, L. 13 aprile 1977, n. 114.*

35. Solidarietà del sostituto di imposta. – Quando il sostituto viene iscritto a ruolo per imposte, sopratasse e interessi relativi a redditi sui quali non ha effettuato né le ritenute a titolo di imposta né i relativi versamenti, il sostituito è coobbligato in solido.

36. Responsabilità ed obblighi degli amministratori, dei liquidatori e dei soci. – I liquidatori dei soggetti all'imposta sul reddito delle persone giuridiche che non adempiono all'obbligo di pagare, con le attività della liquidazione, le imposte dovute per il periodo della liquidazione medesima e per quelli anteriori rispondono in proprio del pagamento delle imposte se non provano di aver soddisfatto i crediti tributari anteriormente all'assegnazione di beni ai soci o associati, ovvero di avere soddisfatto crediti di ordine superiore a quelli tributari. Tale responsabilità è commisurata all'importo dei crediti d'imposta che avrebbero trovato capienza in sede di graduazione dei crediti (1).

La disposizione contenuta nel precedente comma si applica agli amministratori in carica all'atto dello scioglimento della società o dell'ente se non si sia provveduto alla nomina dei liquidatori.

I soci o associati, che hanno ricevuto nel corso degli ultimi due periodi di imposta precedenti alla messa in liquidazione danaro o altri beni sociali in assegnazione dagli amministratori o hanno avuto in assegnazione beni sociali dai liquidatori durante il tempo della liquidazione, sono responsabili del pagamento delle imposte dovute dai soggetti di cui al primo comma nei limiti del valore dei beni stessi, salvo le maggiori responsabilità stabilite dal codice civile. Il valore del denaro e dei beni sociali ricevuti in assegnazione si presume proporzionalmente equivalente alla quota di capitale detenuta dal socio od associato, salva la prova contraria (2).

Le responsabilità previste dai commi precedenti sono estese agli amministratori che hanno compiuto nel corso degli ultimi due periodi di imposta precedenti alla messa in liquidazione operazioni di liquidazione ovvero hanno occultato attività sociali anche mediante omissioni nelle scritture contabili.

La responsabilità di cui ai commi precedenti è accertata dall'ufficio delle imposte con atto motivato da notificare ai sensi dell'art. 60 del decreto del Presidente della Repubblica 29 settembre 1973, n. 600.

Avverso l'atto di accertamento è ammesso ricorso secondo le disposizioni relative al contenzioso tributario di cui al decreto del Presidente della Repubblica 26 ottobre 1972, n. 636. Si applica il primo comma dell'articolo 39.

(1) *Questo comma è stato così sostituito dall'art. 28, comma 5, lett.* a), *del D.L.vo 21 novembre 2014, n. 175. A norma dell'art. 28, comma 6, del medesimo provvedimento, dall'entrata in vigore di queste disposizioni non discendono obblighi di dichiarazione nuovi o diversi rispetto a quelli vigenti.*

(2) *Questo periodo è stato aggiunto dall'art. 28, comma 5, lett.* b), *del D.L.vo 21 novembre 2014, n. 175. A norma dell'art. 28, comma 6, del medesimo provvedimento, dall'entrata in vigore di queste disposizioni non discendono obblighi di dichiarazione nuovi o diversi rispetto a quelli vigenti.*

37. Rimborso di ritenute dirette. – Il contribuente assoggettato a ritenuta diretta può ricorrere all'intendente di finanza della provincia nella quale ha il domicilio fiscale, per errore materiale, duplicazione o inesistenza totale o parziale dell'obbligazione tributaria entro il termine di decadenza di quarantotto mesi (1) chiedendo il rimborso.

Avverso la decisione dell'intendente di finanza, ovvero trascorsi novanta giorni dalla data di presentazione del ricorso senza che sia intervenuta la decisione dell'intendente di finanza, il contribuente può ricorrere alla commissione di primo grado secondo le disposizioni del decreto del Presidente della Repubblica 26 ottobre 1972, n. 636.

Al rimborso l'intendente di finanza provvede mediante ordinativo di pagamento entro il termine di trenta giorni dalla data in cui il provvedimento di accoglimento del ricorso si è reso definitivo.

(1) Le parole: «entro il termine previsto dall'art. 2946 del codice civile» sono state così sostituite dalle attuali: «entro il termine di decadenza di quarantotto mesi» dall'art. 34, comma 5, della L. 23 dicembre 2000, n. 388.

38. Rimborso di versamenti diretti. – Il soggetto che ha effettuato il versamento diretto può presentare all'intendente di finanza nella cui circoscrizione ha sede il concessionario presso il quale è stato eseguito il versamento istanza di rimborso, entro il termine di decadenza di quarantotto (1) mesi dalla data del versamento stesso, nel caso di errore materiale, duplicazione ed inesistenza totale o parziale dell'obbligo di versamento.

L'istanza di cui al primo comma può essere presentata anche dal percipiente delle somme assoggettate a ritenuta entro il termine di decadenza di quarantotto (2) mesi dalla data in cui la ritenuta è stata operata (3).

L'intendente di finanza, sentito l'ufficio delle imposte, provvede al rimborso mediante ordinativo di pagamento.

Si applicano il secondo e terzo comma dell'articolo precedente.

Quando l'importo del versamento diretto effettuato ai sensi del primo comma, n. 3), o del secondo comma, lettera *c*), dell'art. 3 è superiore a quello dell'imposta liquidata in base alla dichiarazione ai sensi dell'art. 36 *bis* del D.P.R. 29 settembre 1973, n. 600 (4), l'intendente di finanza provvede al rimborso della differenza con ordinativo di pagamento, su proposta dell'ufficio.

I rimborsi delle imposte non dovute ai sensi dell'articolo 26 *quater* del decreto del Presidente della Repubblica 29 settembre 1973, n. 600, richiesti dalle società non residenti aventi i requisiti di cui alla lettera *a*) del comma 4 del citato articolo 26 *quater* o da stabili organizzazioni, situate in un altro Stato membro, di società che hanno i suddetti requisiti sono effettuati entro un anno dalla data di presentazione della richiesta stessa, che deve essere corredata dalla documentazione prevista dall'articolo 26 *quater*, comma 6, del citato decreto n. 600 del 1973 o dalla successiva data di acquisizione degli elementi informativi eventualmente richiesti (5).

Se i rimborsi non sono effettuati entro il termine di cui al precedente comma, sulle somme rimborsate si applicano gli interessi nella misura prevista dall'articolo 44, primo comma (5).

(1) *Le parole: «entro il termine di decadenza di diciotto mesi» sono state così sostituite dalle attuali dall'art. 1, comma 5, della L. 13 maggio 1999, n. 133.*

(2) *Le parole: «diciotto mesi» sono state così sostituite dalle attuali dall'art. 34, comma 6, della L. 23 dicembre 2000, n. 388.*

(3) *Per gli italiani residenti in Belgio, v. art. 6, D.L. 4 agosto 1987, n. 326, conv., nella L. 3 ottobre 1987, n. 403.*

(4) *Le parole: «dei versamenti diretti effettuati ai sensi dell'art. 3, primo comma, n. 2), è superiore all'imposta dovuta in base alla dichiarazione» sono state così sostituite dalle attuali: «del versamento diretto effettuato ai sensi del primo comma, n. 3), o del secondo comma, lettera* c)*, dell'art. 3 è superiore a quello dell'imposta liquidata in base alla dichiarazione ai sensi dell'art. 36* bis *del decreto del Presidente della Repubblica 29 settembre 1973, n. 600» dall'art. 3 del D.P.R. 24 dicembre 1976, n. 920.*

(5) *Questo comma è stato aggiunto dall'art. 2, comma 1, lett.* b)*, del D.L.vo 30 maggio 2005, n. 143.*

39. (1) (2) **Sospensione amministrativa della riscossione.** – 1. Il ricorso contro il ruolo di cui all'art. 19 del D.L.vo 31 dicembre 1992, n. 546, non sospende la riscossione; tuttavia, l'ufficio delle entrate o il centro di servizio ha facoltà di disporla in tutto o in parte fino alla data di pubblicazione della sentenza della commissione tributaria provinciale, con provvedimento motivato notificato al concessionario e al contribuente. Il provvedimento può essere revocato ove sopravvenga fondato pericolo per la riscossione.

2. Sulle somme il cui pagamento è stato sospeso ai sensi del comma 1 e che risultano dovute dal debitore a seguito della sentenza della commissione tributaria provinciale si applicano gli interessi al tasso del sette per cento annuo; tali interessi sono riscossi mediante ruolo formato dall'ufficio che ha emesso il provvedimento di sospensione (3).

(1) *Questo articolo è stato così sostituito dall'art. 15 del D.L.vo 26 febbraio 1999, n. 46.*

(2) *A norma dell'art. 37, comma 1* quater*, del D.L. 26 ottobre 2019, n. 124, convertito, con modificazioni, nella L. 19 dicembre 2019, n. 157, con decreto del Ministro dell'economia e delle finanze sono stabilite misure differenziate, nei limiti di cui al comma 1* ter *del medesimo articolo, per gli interessi di cui a questo articolo.*

(3) *Ai sensi dell'art. 4 del D.M. 21 maggio 2009, gli interessi per la sospensione amministrativa della riscossione, previsti da questo articolo, sono dovuti annualmente nella misura del 4,5 per cento annuo a decorrere dal 1°ottobre 2009.*

40. [**Rimborso dell'imposta a seguito di decisione delle commissioni tributarie.** – (*Omissis*)] (1).

(1) *Questo articolo è stato abrogato dall'art. 37 del D.L.vo 26 febbraio 1999, n. 46.*

41. Rimborso d'ufficio. – Quando emergono errori materiali o duplicazioni dovuti all'ufficio delle imposte, questo provvede ad effetture il rimborso delle maggiori somme iscritte a ruolo.

La stessa disposizione si applica, per il rimborso della differenza, quando l'ammontare della ritenuta di acconto sugli importi che hanno concorso alla determinazione del reddito imponibile, risultanti dai certificati dei sostituti di imposta o quando questi non siano previsti, da altra idonea documentazione, allegati alla dichiarazione, è superiore a quello dell'imposta liquidata in base alla dichiarazione ai sensi dell'art. 36 *bis* del D. P.R. 29 settembre 1973, n. 600, nonché per i crediti di imposta derivanti dalla liquidazione delle dichiarazioni effettuata ai sensi dello stesso art. 36 *bis* (1).

Nel caso di cui al comma precedente al rimborso provvede, su proposta dell'ufficio delle imposte, l'intendente di finanza con ordinativo di pagamento entro il termine di trenta giorni dalla data di ricevimento della proposta.

(1) *Comma così sostituito dall'art. 3, D.P.R. 24 dicembre 1976, n. 920.*

42. Esecuzione del rimborso. – Del rimborso disposto l'ufficio delle imposte dà avviso al contribuente nonché al cessionario nei casi previsti dall'art. 43 *bis* (1).

Il concessionario è tenuto a rimborsare anche l'indennità di mora eventualmente riscossa.

Le liquidazioni di rimborso sono trascritte in elenchi nominativi con l'indicazione della causa e dei documenti che le giustificano.

L'elenco di rimborso è consegnato al concessionario il quale, sulla base di esso, restituisce al contribuente la somme già riscosse ovvero le imputa alle rate scadute e non ancora riscosse.

Se il rimborso si riferisce a rate non ancora riscosse il concessionario annota nella scheda del contribuente l'avvenuta compensazione.

Sono ritenuti validi i rimborsi eseguiti dall'esattore sotto la propria responsabilità fino alla concorrenza di € 25,82 su quietanza di persona diversa dal nominativo iscritto nell'elenco di sgravio, previo ritiro, con rilascio di apposita ricevuta, della bolletta di pagamento totale o parziale dell'imposta cui lo sgravio si riferisce.

[Non si fa luogo al rimborso di somme il cui importo non eccede lire mille] (2).

(1) *Questo comma è stato così sostituito dall'art. 3, comma 94, della L. 28 dicembre 1995, n. 549.*

(2) *Questo comma è stato abrogato dall'art. 37 del D.L.vo 26 febbraio 1999, n. 46.*

42 *bis*. ([1]) **Esecuzione del rimborso d'ufficio tramite procedura automatizzata.** – Per l'esecuzione dei rimborsi previsti dall'art. 38, quinto comma, e dall'art. 41, secondo comma, emergenti a seguito della liquidazione delle imposte effettuata a norma dell'art. 36 *bis* del D.P.R. 29 settembre 1973, n. 600, e successive modificazioni, gli uffici delle imposte si avvalgono della procedura di cui al presente articolo ([2]).

Entro l'anno solare successivo alla data di scadenza del termine della presentazione della dichiarazione dei redditi gli uffici e i centri di servizio formano, per ciascun anno di imposta, liste di rimborso che contengono, in corrispondenza di ciascun nominativo, le generalità dell'avente diritto, il numero di registrazione della dichiarazione originante il rimborso e l'ammontare dell'imposta da rimborsare, nonché riassunti riepilogativi, sottoscritti dal titolare dell'ufficio o da chi lo sostituisce, che riportano gli estremi ed il totale delle partite di rimborso delle singole liste ([3]).

Il centro informativo della direzione generale delle imposte dirette, sulla base delle liste di rimborso formate ([4]) dagli uffici delle imposte, predispone gli elenchi di rimborso e determina per ciascuna partita l'ammontare degli interessi calcolati a norma del successivo art. 44 *bis*. Gli elenchi di rimborso sono sottoscritti dal direttore del centro informativo o da chi lo sostituisce che attesta la corrispondenza tra le partite incluse negli elenchi e quelle riportate nelle liste dagli uffici nonché l'esattezza del computo degli interessi. Gli elenchi contengono, per ogni soggetto avente diritto, le generalità e il domicilio fiscale, nonché l'ammontare dell'imposta da rimborsare e degli interessi e il numero di registrazione della dichiarazione originante il rimborso ([3]) ([5]).

Sulla scorta degli elenchi di rimborso predisposti dal centro informativo, la direzione generale delle imposte dirette, in base al decreto del Ministro per le finanze, emette, con imputazione al competente capitolo dello stato di previsione della spesa del Ministero per le finanze, uno o più ordinativi diretti collettivi di pagamento estinguibili mediante commutazione di ufficio in vaglia cambiari non trasferibili della Banca d'Italia, i cui numeri identificativi sono riportati negli elenchi stessi, in corrispondenza di ogni partita da rimborsare. Gli elenchi di rimborso fanno parte integrante degli ordinativi di pagamento. La quietanza è redatta con l'indicazione del numero e dell'importo complessivo dei rimborsi e con riferimento ai dati identificativi dei vaglia emessi, riportati negli elenchi ([6]).

Gli ordinativi di pagamento possono essere estinti, a richiesta degli aventi diritto e secondo modalità indicate nel modello di dichiarazione dei redditi, mediante accreditamento in conto corrente bancario a norma dell'art. 1, lett. *b*), del decreto del Presidente della Repubblica 25 gennaio 1962, n. 71. Con decreto del Ministro delle finanze, di concerto con il Ministro del tesoro, sono stabiliti i termini ed i modi di estinzione mediante accreditamento ([6]) ([7]).

I vaglia cambiari sono spediti per raccomandata ovvero, se di importo superiore ad € 5.164,57, per assicurata dalla competente sezione di tesoreria provinciale dello Stato all'indirizzo del domicilio fiscale degli aventi diritto, senza obbligo di avviso ([8]). I vaglia stessi, ai sensi dell'art. 51, lett. *i*), del D.P.R. 29 marzo 1973, n. 156, hanno corso mediante il pagamento, a carico dello Stato, delle tasse postali determinate secondo i criteri e modalità di cui al D.P.R. 9 febbraio 1972, n. 171.

Non si fa luogo al rimborso di somme il cui importo non eccede € 0,52.

Le operazioni di predisposizione degli elenchi di rimborso e quelle di emissione dei vaglia cambiari relativi ai singoli ordinativi di pagamento vengono realizzate mediante procedure automatizzate dal centro informativo della direzione generale delle imposte dirette e dalla Banca d'Italia-sezione tesoreria provinciale dello Stato che emette i vaglia, secondo le modalità stabilite con apposito decreto del Ministro per le finanze di concerto con il Ministro per il tesoro ([7]) ([9]).

([1]) *Questo articolo è stato aggiunto dall'art. 1 della L. 31 maggio 1977, n. 247.*

([2]) *Questo comma è stato così sostituito dall'art. 15, comma 1, della L. 30 dicembre 1991, n. 413.*

([3]) *Questo comma è stato così sostituito dall'art. 62, comma 7, del D.L. 30 agosto 1993, n. 331, conv., con modif., nella L. 29 ottobre 1993, n. 427.*

([4]) *Questa parola è stata così sostituita dall'art. 15, comma 1, della L. 30 dicembre 1991, n. 413. La precedente era: «inviate».*

([5]) *L'ultimo periodo di questo comma è stato così sostituito dall'art. 15, comma 1, della L. 30 dicembre 1991, n. 413.*

([6]) *Comma aggiunto dall'art. 10, D.L. 30 dicembre 1979, n. 660, conv. nella L. 29 febbraio 1980, n. 31.*

([7]) *Le modalità per l'esecuzione dei rimborsi, mediante procedura automatizzata, sono state fissate con il D.M. 12 novembre 1996.*

([8]) *Il primo periodo di questo comma è stato così sostituito dall'art. 62, comma 7, del D.L. 30 agosto 1993, n. 331, conv., con modif., nella L. 29 ottobre 1993, n. 427.*

([9]) *Per le modalità di esecuzione dei rimborsi Irpef derivanti dalla riliquidazione delle indennità di fine rapporto, si veda il D.M. 17 ottobre 1990.*

43. ([1]) **Recupero di somme erroneamente rimborsate.** – L'ufficio provvede mediante iscrizione a ruolo al recupero delle somme erroneamente rimborsate e degli interessi eventualmente corrisposti. La relativa cartella di pagamento è notificata, a pena di decadenza, entro il 31 dicembre del terzo anno successivo a quello di esecuzione del rimborso o, se più ampio, entro il termine di cui all'articolo 43, primo comma, del decreto del Presidente della Repubblica 29 settembre 1973, n. 600, maggiorato di dodici mesi ([2]).

Se successivamente al rimborso viene notificato avviso di accertamento ai sensi dell'art. 42 del D.P.R. 29 settembre 1973, n. 600, le somme che in base all'avviso stesso risultano indebitamente rimborsate, anche in dipendenza dell'imposta o della maggiore imposta accertata, sono iscritte in ruolo speciale unitamente agli interessi eventualmente corrisposti, ferma restando per l'imposta o la maggiore imposta accertata l'applicazione degli interessi ai sensi dell'art. 20. Nell'avviso di accertamento deve essere espressamente indicato l'ammontare delle somme rimborsate e dei relativi interessi da iscriversi nel ruolo predetto.

L'intendente di finanza dà comunicazione all'ufficio delle imposte competente dei rimborsi eseguiti mediante ordinativo di pagamento.

([1]) *Questo articolo è stato così sostituito dall'art. 2 della L. 31 maggio 1977, n. 247.*

([2]) *Questo comma è stato così sostituito dall'art. 1, comma 5* ter, *lett.* a), *n. 3), del D.L. 17 giugno 2005, n. 106, convertito, con modificazioni, nella L. 31 luglio 2005, n. 156.*

43 *bis*. ([1]) **Cessione dei crediti di imposta.** – 1. Le disposizioni degli artt. 69 e 70 del R.D. 18 novembre 1923, n. 2440, si applicano anche alle cessioni dei crediti chiesti a rimborso nella dichiarazione dei redditi. Il cessionario non può cedere il credito oggetto della cessione. Gli interessi di cui al primo comma dell'art. 44 sono dovuti al cessionario.

2. Ferma restando nei confronti del contribuente che cede i crediti di cui al comma 1 l'applicazione delle disposizioni dell'art. 43, il cessionario risponde in solido con il contribuente fino a concorrenza delle somme indebitamente rimborsate, a condizione che gli siano notificati gli atti con i quali l'ufficio delle entrate o il centro di servizio procedono al recupero delle somme stesse.

3. L'atto di cessione deve essere notificato all'ufficio delle entrate o al centro di servizio nonché al concessionario del servizio della riscossione presso il quale è tenuto il conto fiscale di cui all'art. 78, commi 28 e seguenti, della L. 30 dicembre 1991, n. 413.

([1]) *Questo articolo è stato aggiunto dall'art. 3, comma 94, della L. 28 dicembre 1995, n. 549.*

43 *ter*. ([1]) **Cessione delle eccedenze nell'ambito del gruppo.** – 1. Le eccedenze dell'imposta sul reddito delle persone giuridiche e dell'imposta locale sui redditi risultanti dalla dichiarazione dei redditi delle società o enti appartenenti ad un gruppo possono essere cedute, in tutto o in parte, a una o più società o all'ente dello stesso gruppo, senza l'osservanza delle formalità di cui agli artt. 69 e 70 del R.D. 18 novembre 1923, n. 2440.

2. Nei confronti dell'amministrazione finanziaria la cessione delle eccedenze [si considera effettuata alla data di presentazione della dichiarazione dei redditi da cui esse emergono ed] (2) è efficace a condizione che l'ente o società cedente indichi nella dichiarazione [stessa] (2) gli estremi dei soggetti cessionari e gli importi ceduti a ciascuno di essi.

2 *bis*. In caso di cessione dell'eccedenza dell'imposta sul reddito delle società risultante dalla dichiarazione dei redditi del consolidato di cui all'articolo 122 del testo unico delle imposte sui redditi, approvato con decreto del Presidente della Repubblica 22 dicembre 1986, n. 917, la mancata indicazione degli estremi del soggetto cessionario e dell'importo ceduto non determina l'inefficacia ai sensi del secondo comma. In tale caso si applica la sanzione di cui all'articolo 8, comma 1, del decreto legislativo 18 dicembre 1997, n. 471, nella misura massima stabilita (3).

[3. Le eccedenze di imposta cedute sono computate dai cessionari in diminuzione dei versamenti dell'imposta sul reddito delle persone giuridiche e dell'imposta locale sui redditi i cui termini scadono a partire dalla data in cui la cessione si considera effettuata ai sensi del comma 2] (4).

4. Agli effetti del presente articolo appartengono al gruppo l'ente o società controllante e le società da questo controllate; si considerano controllate le società per azioni, in accomandita per azioni e a responsabilità limitata le cui azioni o quote sono possedute dall'ente o società controllante o tramite altra società controllata da questo ai sensi del presente articolo per una percentuale superiore al 50 per cento del capitale, fin dall'inizio del periodo di imposta precedente a quello cui si riferiscono i crediti di imposta ceduti. Le disposizioni del presente articolo si applicano, in ogni caso, alle società e agli enti tenuti alla redazione del bilancio consolidato ai sensi del D.L.vo 9 aprile 1991, n. 127, e del decreto legislativo 18 agosto 2015, n. 136 (5), e alle imprese, soggette all'imposta sul reddito delle persone giuridiche, indicate nell'elenco di cui alla lett. *a*) del comma 2 dell'art. 38 del predetto decreto n. 127 del 1991 e nell'elenco di cui alla lett. *a*) del comma 2 dell'articolo 36 del predetto decreto n. 136 del 2015 (6).

5. Si applicano le disposizioni del comma 2 dell'art. 43 *bis*.

(1) *Questo articolo è stato aggiunto dall'art. 3, comma 94, della L. 28 dicembre 1995, n. 549.*

(2) *Le parole: «si considera effettuata alla data di presentazione della dichiarazione dei redditi da cui esse emergono ed» e: «stessa» si intendono soppresse dall'art. 11, comma 1, lett.* e), *n. 1, del D.P.R. 14 ottobre 1999, n. 542.*

(3) *Questo comma è stato inserito dall'art. 2, comma 3, del D.L. 2 marzo 2012, n. 16, convertito, con modificazioni, nella L. 26 aprile 2012, n. 44.*

(4) *Questo comma si intende soppresso dall'art. 11, comma 1, lett.* e), *n. 2), del D.P.R. 14 ottobre 1999, n. 542.*

(5) *Le parole: «del decreto legislativo 27 gennaio 1992, n. 87» sono state così sostituite dalle attuali: «del decreto legislativo 18 agosto 2015, n. 136» dall'art. 12, comma 5, del D.L.vo 29 novembre 2018, n. 142. A norma dell'art. 13, comma 9, del medesimo provvedimento, tali disposizioni si applicano a decorrere dal periodo d'imposta in corso al 31 dicembre 2018; con riferimento ai periodi d'imposta precedenti ai quali si applicano le disposizioni di cui al decreto legislativo 18 agosto 2015, n. 136, per i quali i termini per il versamento a saldo delle imposte sui redditi sono scaduti anteriormente alla medesima data, sono fatti salvi gli effetti sulla determinazione del reddito complessivo ai fini delle imposte sui redditi e del valore della produzione netta ai fini dell'imposta regionale sulle attività produttive, relativi ai medesimi periodi d'imposta, derivanti dall'applicazione delle disposizioni vigenti in tali periodi, anche se non coerenti con le disposizioni di cui ai commi 2 e 3 dell'articolo 162* bis *del testo unico delle imposte sui redditi, di cui al decreto del Presidente della Repubblica 22 dicembre 1986, n. 917, introdotto dalla lettera* d) *del comma 1 dell'articolo 12. Ai fini del presente comma gli effetti sulla determinazione del reddito complessivo e del valore della produzione netta sono fatti salvi purché prodotti da comportamenti tra loro coerenti manifestati entro l'8 agosto 2018.*

(6) *Le parole: «dell'articolo 40 del predetto decreto n. 87 del 1992» sono state così sostituite dalle attuali: «dell'articolo 36 del predetto decreto n. 136 del 2015» dall'art. 12, comma 5, del D.L.vo 29 novembre 2018, n. 142. A norma dell'art. 13, comma 9, del medesimo provvedimento, tali disposizioni si applicano a decorrere dal periodo d'imposta in corso al 31 dicembre 2018; con riferimento ai periodi d'imposta precedenti ai quali si applicano le disposizioni di cui al decreto legislativo 18 agosto 2015, n. 136, per i quali i termini per il versamento a saldo delle imposte sui redditi sono scaduti anteriormente alla medesima data, sono fatti salvi gli effetti sulla determinazione del reddito complessivo ai fini delle imposte sui redditi e del valore della produzione netta ai fini dell'imposta regionale sulle attività produttive, relativi ai medesimi periodi d'imposta, derivanti dall'applicazione delle disposizioni vigenti in tali periodi, anche se non coerenti con le disposizioni di cui ai commi 2 e 3 dell'articolo 162* bis *del testo unico delle imposte sui redditi, di cui al decreto del Presidente della Repubblica 22 dicembre 1986, n. 917, introdotto dalla lettera* d) *del comma 1 dell'articolo 12. Ai fini del presente comma gli effetti sulla determinazione del reddito complessivo e del valore della produzione netta sono fatti salvi purché prodotti da comportamenti tra loro coerenti manifestati entro l'8 agosto 2018.*

44. (1) **Interessi per ritardato rimborso di imposte pagate.** – Il contribuente che abbia effettuato versamenti diretti o sia iscritto a ruolo per un ammontare di imposta superiore a quello effettivamente dovuto per lo stesso periodo ha diritto, per la maggior somma effettivamente pagata, all'interesse del 2,5 (2) per cento per ognuno dei semestri interi, escluso il primo, compresi tra la data del versamento o della scadenza dell'ultima rata del ruolo in cui è stata iscritta la maggiore imposta e la data dell'ordinativo emesso dall'intendente di finanza o dell'elenco di rimborso.

L'interesse di cui al primo comma è dovuto, con decorrenza dal secondo semestre successivo alla presentazione della dichiarazione, anche nelle ipotesi previste nell'art. 38, quinto comma e nell'art. 41, secondo comma ([3]).

L'interesse è calcolato dall'ufficio delle imposte, che lo indica nello stesso elenco di sgravio, o dall'intendente di finanza ed è a carico dell'ente destinatario del gettito dell'imposta.

([1]) *A norma dell'art. 37, comma 1 quater, del D.L. 26 ottobre 2019, n. 124, convertito, con modificazioni, nella L. 19 dicembre 2019, n. 157, con decreto del Ministro dell'economia e delle finanze sono stabilite misure differenziate, nei limiti di cui al comma 1 ter del medesimo articolo, per gli interessi di cui a questo articolo.*

([2]) *Interesse così, da ultimo, determinato dall'art. 3, comma 141, della L. 23 dicembre 1996, n. 662, con decorrenza 1° gennaio 1997. L'aliquota precedente era del 3 per cento. Si veda altresì l'art. 17 della L. 8 maggio 1998, n. 146. A norma dell'art. 1 del D.M. 27 giugno 2003, gli interessi per ritardato rimborso di imposte pagate e per rimborsi eseguiti mediante procedura automatizzata, previsti rispettivamente dagli articoli 44 e 44* bis *del decreto del Presidente della Repubblica 29 settembre 1973, n. 602, e successive modificazioni, sono dovuti, a decorrere dal 1° luglio 2003, annualmente nella misura del 2,75 per cento e semestralmente nella misura dell'1,375 per cento.*

([3]) *Comma così sostituito dall'art. 3, D.P.R. 24 dicembre 1976, n. 920.*

44 *bis.* ([1]) ([2]) **Interessi per rimborsi eseguiti mediante procedura automatizzata.** – Per i rimborsi effettuati con le modalità di cui all'art. 42 *bis*, l'interesse è dovuto con decorrenza del secondo semestre solare successivo alla data di scadenza del termine di presentazione della dichiarazione fino alla data di emissione dell'ordinativo diretto collettivo di pagamento concernente il rimborso d'imposta escludendo dal computo anche il semestre in cui tale ordinativo è emesso.

Per il pagamento degli interessi sono emessi, unitamente agli ordinativi di cui all'art. 42 *bis*, che dispongono il rimborso d'imposta, ordinativi diretti collettivi di pagamento tratti sul competente capitolo dello stato di previsione della spesa del Ministero delle finanze, estinguibili con la procedura indicata nello stesso art. 42 *bis*. Negli ordinativi concernenti il pagamento degli interessi è fatto riferimento agli elenchi dei creditori facenti parte integrante degli ordinativi che dispongono il rimborso d'imposta.

Sia per il rimborso d'imposta che per il pagamento degli interessi è emesso, per ciascun creditore un unico vaglia cambiario.

La quietanza relativa all'ordinativo per il pagamento degli interessi è redatta con annotazione di riferimento alla quietanza riguardante il corrispondente ordinativo di rimborso di cui all'art. 42 *bis*, quarto comma ([3]).

(*Omissis*) ([4]).

([1]) *A norma dell'art. 1 del D.M. 27 giugno 2003, gli interessi per ritardato rimborso di imposte pagate e per rimborsi eseguiti mediante procedura automatizzata, previsti rispettivamente dagli articoli 44 e 44* bis *del decreto del Presidente della Repubblica 29 settembre 1973, n. 602, e successive modificazioni, sono dovuti, a decorrere dal 1° luglio 2003, annualmente nella misura del 2,75 per cento e semestralmente nella misura dell'1,375 per cento.*

(2) *Articolo aggiunto dall'art. 3, L. 31 maggio 1977, n. 247.*

(3) *Comma così modificato dall'art. 11, D.L. 30 dicembre 1979, n. 660, conv. nella L. 29 febbraio 1980, n. 31.*

(4) *L'ultimo comma di questo articolo è stato abrogato dall'art. 11, D.L. 30 dicembre 1979, n. 660, conv. nella L. 29 febbraio 1980, n. 31.*

Titolo Secondo
Riscossione coattiva (1)

(1) *Questo titolo è stato così sostituito dall'art. 16 del D.L.vo 26 febbraio 1999, n. 46.*

Capo I
Disposizioni generali

45. Riscossione coattiva. – 1. Il concessionario procede alla riscossione coattiva delle somme iscritte a ruolo, degli interessi di mora e delle spese di esecuzione secondo le disposizioni del presente titolo.

46. Delega ad altro concessionario. – 1. Il concessionario cui è stato consegnato il ruolo, se l'attività di riscossione deve essere svolta fuori del proprio ambito territoriale, delega in via telematica per la stessa il concessionario nel cui ambito territoriale si deve procedere, fornendo ogni informazione utile in suo possesso circa i beni sui quali procedere. La delega può riguardare anche la notifica della cartella.

2. A seguito della delega, il pagamento delle somme iscritte a ruolo è eseguito al delegato.

47. Gratuità delle trascrizioni, iscrizioni e cancellazioni di pignoramenti e ipoteche. – 1. I conservatori dei pubblici registri mobiliari e immobiliari eseguono le trascrizioni e le cancellazioni dei pignoramenti e le iscrizioni e le cancellazioni di ipoteche richieste dal concessionario, nonché la trascrizione dell'assegnazione prevista dall'art. 85 in esenzione da ogni tributo (1) e diritto.

2. I conservatori sono altresì tenuti a rilasciare in carta libera e gratuitamente al concessionario l'elenco delle trascrizioni e iscrizioni relative ai beni da lui indicati, contenente la specificazione dei titoli trascritti, dei crediti iscritti e del domicilio dei soggetti a cui favore risultano fatte le trascrizioni e le iscrizioni.

(1) *La parola: «tassa» è stata così sostituita dall'attuale dall'art. 1, comma 1, lett.* d), *del D.L.vo 27 aprile 2001, n. 193, a decorrere dal 1° luglio 1999.*

47 *bis*. ([1]) **Gratuità di altre attività e misura dell'imposta di registro sui trasferimenti coattivi di beni mobili.** – 1. I competenti uffici dell'Agenzia del territorio rilasciano gratuitamente ai concessionari e ai soggetti da essi incaricati ([2]) le visure ipotecarie e catastali relative agli immobili dei debitori iscritti a ruolo e dei coobbligati e svolgono gratuitamente le attività di cui all'articolo 79, comma 2.

2. Ai trasferimenti coattivi di beni mobili non registrati, la cui vendita è curata dai concessionari, l'imposta di registro si applica nella misura fissa di dieci euro.

([1]) *Questo articolo è stato inserito dall'art. 3, comma 40, lett.* a)*, del D.L. 30 settembre 2005, n. 203, convertito, con modificazioni, nella L. 2 dicembre 2005, n. 248.*

([2]) *Le parole*: «*e ai soggetti da essi incaricati*» *sono state inserite dall'art. 83, comma 23* ter*, del D.L. 25 giugno 2008, n. 112, convertito, con modificazioni, nella L. 6 agosto 2008, n. 133.*

48. Tasse e diritti per atti giudiziari. – 1. Le tasse e i diritti per atti giudiziari dovuti in occasione e in conseguenza del procedimento di riscossione coattiva sono ridotti alla metà e prenotati a debito per il recupero nei confronti della parte soccombente, quando questa non sia il concessionario.

2. Nei casi previsti dal comma 1 il concessionario non può abbandonare il procedimento in seguito al pagamento del credito, ma deve proseguirlo ai fini del recupero delle tasse e dei diritti prenotati a debito. In difetto, ne risponde in proprio.

48 *bis*. ([1]) ([2]) **Disposizioni sui pagamenti delle pubbliche amministrazioni.** – 1. A decorrere dalla data di entrata in vigore del regolamento di cui al comma 2, le amministrazioni pubbliche ([3]) di cui all'articolo 1, comma 2, del decreto legislativo 30 marzo 2001, n. 165, e le società a prevalente partecipazione pubblica, prima di effettuare, a qualunque titolo, il pagamento di un importo superiore a cinquemila ([4]) euro, verificano, anche in via telematica, se il beneficiario è inadempiente all'obbligo di versamento derivante dalla notifica di una o più cartelle di pagamento per un ammontare complessivo pari almeno a tale importo e, in caso affermativo, non procedono al pagamento e segnalano la circostanza all'agente della riscossione competente per territorio, ai fini dell'esercizio dell'attività di riscossione delle somme iscritte a ruolo. La presente disposizione non si applica alle aziende o società per le quali sia stato disposto il sequestro o la confisca ai sensi dell'articolo 12 *sexies* del decreto legge 8 giugno 1992, n. 306, convertito, con modificazioni, dalla legge 7 agosto 1992, n. 356, ovvero della legge 31 maggio 1965, n. 575, ovvero che abbiano ottenuto la dilazione del pagamento ai sensi dell'articolo 19 del presente decreto ([5]) ([6]) ([7]) nonché ai risparmiatori di cui all'articolo 1, comma 494, della legge 30 dicembre 2018, n. 145, che hanno subito un pregiudizio ingiusto da parte di banche e loro controllate aventi sede legale in Italia, poste in liquidazione coatta amministrativa dopo il 16 novembre 2015 e prima del 16 gennaio 2018 ([8]).

2. Con regolamento del Ministro dell'economia e delle finanze, da adottare ai sensi dell'articolo 17, comma 3, della legge 23 agosto 1988, n. 400, sono stabilite le modalità di attuazione delle disposizioni di cui al comma 1 ([9]).

2 *bis*. Con decreto di natura non regolamentare del Ministro dell'economia e delle finanze, l'importo di cui al comma 1 può essere aumentato, in misura comunque non superiore al doppio, ovvero diminuito ([10]).

([1]) *Questo articolo è stato inserito dall'art. 2, comma 9, del D.L. 3 ottobre 2006, n. 262, convertito, con modificazioni, nella L. 24 novembre 2006, n. 286.*

([2]) *A norma dell'art. 1, comma 653, della L. 30 dicembre 2021, n. 234, le disposizioni che prevedono, in conseguenza dell'emergenza epidemiologica da COVID-19, l'erogazione da parte dell'Agenzia delle entrate di contributi a fondo perduto si interpretano nel senso che a tali erogazioni non si applicano le disposizioni di cui a questo articolo.*

([3]) *Le parole: «Le amministrazioni pubbliche» sono state così sostituite dalle parole: «A decorrere dalla data di entrata in vigore del regolamento di cui al comma 2, le amministrazioni pubbliche» dall'art. 19, comma 1, lett.* a), *del D.L. 1 ottobre 2007, n. 159, convertito, con modificazioni, nella L. 29 novembre 2007, n. 222.*

([4]) *La parola: «diecimila» è stata così sostituita dalla seguente: «cinquemila» dall'art. 1, comma 986, della L. 27 dicembre 2017, n. 205, a decorrere dal 1° marzo 2018.*

([5]) *Le parole: «, ovvero che abbiano ottenuto la dilazione del pagamento ai sensi dell'articolo 19 del presente decreto» sono state aggiunte dall'art. 9, comma 1* bis, *del D.L. 8 aprile 2013, n. 35, convertito, con modificazioni, nella L. 6 giugno 2013, n. 64.*

([6]) *A norma dell'art. 116, comma 2, del D.L.vo 6 settembre 2011, n. 159, i richiami alle disposizioni contenute nella L. 31 maggio 1965, n. 575, ovunque presenti, si intendono riferiti alle corrispondenti disposizioni contenute nel D.L.vo n. 159/2011.*

([7]) *Questo periodo è stato aggiunto dall'art. 2, comma 17, della L. 15 luglio 2009, n. 94.*

([8]) *Le parole: «nonché ai risparmiatori di cui all'articolo 1, comma 494, della legge 30 dicembre 2018, n. 145, che hanno subito un pregiudizio ingiusto da parte di banche e loro controllate aventi sede legale in Italia, poste in liquidazione coatta amministrativa dopo il 16 novembre 2015 e prima del 16 gennaio 2018» sono state aggiunte dall'art. 36, comma 2* undecies, *del D.L. 30 aprile 2019, n. 34, convertito, con modificazioni, nella L. 28 giugno 2019, n. 58, a decorrere dal 30 giugno 2019.*

([9]) *A norma dell'art. 1, comma 989, della L. 27 dicembre 2017, n. 205, resta fermo il potere regolamentare previsto dal presente comma, a decorrere dal 1° marzo 2018.*

([10]) *Questo comma è stato aggiunto dall'art. 19, comma 1, lett.* c), *del D.L. 1 ottobre 2007, n. 159, convertito, con modificazioni, nella L. 29 novembre 2007, n. 222.*

Capo II
Espropriazione forzata

Sezione I
Disposizioni generali

49. Espropriazione forzata. – 1. Per la riscossione delle somme non pagate il concessionario procede a espropriazione forzata sulla base del ruolo, che costituisce titolo esecutivo [, fatto salvo il diritto del debitore di dimostrare, con apposita documentazione rilasciata ai sensi del comma 1 *bis*, l'avvenuto pagamento delle somme dovute ovvero lo sgravio totale riconosciuto dall'ente creditore] (1); il concessionario può altresì promuovere azioni cautelari e conservative, nonché ogni altra azione prevista dalle norme ordinarie a tutela del creditore (2).

1 *bis*. I pagamenti delle somme dovute all'ente creditore ovvero il riconoscimento dello sgravio da parte dell'ente creditore, effettuati in una data successiva a quella di iscrizione a ruolo, devono essere tempestivamente comunicati dall'ente creditore al concessionario della riscossione. [L'ente creditore rilascia al debitore, in triplice copia, una dichiarazione attestante l'avvenuto pagamento ovvero lo sgravio totale riconosciuto; la dichiarazione è opponibile al concessionario] (3) (4).

[1 *ter*. Con decreto del Ministro dell'economia e delle finanze, da emanare entro trenta giorni dalla data di entrata in vigore della presente disposizione, sono stabilite le modalità di attuazione delle disposizioni di cui al comma 1 *bis* ed è approvato il modello di dichiarazione attestante l'avvenuto pagamento o lo sgravio totale. La dichiarazione deve essere rilasciata dall'ente creditore in triplice copia] (5).

[1 *quater*. Nei casi di opposizione all'attività di riscossione di cui al comma 1 *bis*, il concessionario ha diritto al rimborso delle spese sostenute per l'attività di riscossione qualora l'ente creditore non abbia inviato la comunicazione dell'avvenuto pagamento o dello sgravio totale riconosciuto al debitore] (5).

2. Il procedimento di espropriazione forzata è regolato dalle norme ordinarie applicabili in rapporto al bene oggetto di esecuzione, in quanto non derogate dalle disposizioni del presente capo e con esso compatibili; gli atti relativi a tale procedimento sono notificati con le modalità previste dall'articolo 26 (6).

3. Le funzioni demandate agli ufficiali giudiziari sono esercitate dagli ufficiali della riscossione.

(1) *Le parole: «, fatto salvo il diritto del debitore di dimostrare, con apposita documentazione rilasciata ai sensi del comma 1* bis*, l'avvenuto pagamento delle somme*

dovute ovvero lo sgravio totale riconosciuto dall'ente creditore» sono state inserite dall'art. 3, comma 3 bis*, lett.* a)*, del D.L. 25 marzo 2010, n. 40, convertito, con modificazioni, nella L. 22 maggio 2010, n. 73 e poi soppresse dall'art. 1, comma 2, lett.* a)*, del D.L.vo 24 settembre 2015, n. 159.*

(2) *Le parole da: «; il concessionario ...» fino alla fine del comma, sono state aggiunte dall'art. 1, comma 415, della L. 30 dicembre 2004, n. 311.*

(3) *Questo periodo è stato abrogato dall'art. 1, comma 2, lett.* b)*, del D.L.vo 24 settembre 2015, n. 159.*

(4) *Questo comma è inserito dall'art. 3, comma 3* bis*, lett.* b)*, del D.L. 25 marzo 2010, n. 40, convertito, con modificazioni, nella L. 22 maggio 2010, n. 73.*

(5) *Questo comma, inserito dall'art. 3, comma 3* bis*, lett.* b)*, del D.L. 25 marzo 2010, n. 40, convertito, con modificazioni, nella L. 22 maggio 2010, n. 73, è stato poi abrogato dall'art. 1, comma 2, lett.* b)*, del D.L.vo 24 settembre 2015, n. 159.*

(6) *Le parole: «; gli atti relativi a tale procedimento sono notificati con le modalità previste dall'articolo 26» sono state aggiunte dall'art. 1, comma 1, lett.* e)*, del D.L.vo 27 aprile 2001, n. 193.*

50. Termine per l'inizio dell'esecuzione. – 1. Il concessionario procede a espropriazione forzata quando è inutilmente decorso il termine di sessanta giorni dalla notificazione della cartella di pagamento, salve le disposizioni relative alla dilazione e alla sospensione del pagamento.

2. Se l'espropriazione non è iniziata entro un anno dalla notifica della cartella di pagamento, l'espropriazione stessa deve essere preceduta dalla notifica, da effettuarsi con le modalità previste dall'articolo 26 (1), di un avviso che contiene l'intimazione ad adempiere l'obbligo risultante dal ruolo entro cinque giorni.

3. L'avviso di cui al comma 2 è redatto in conformità al modello approvato con decreto del Ministero delle finanze e perde efficacia trascorso un anno (2) dalla data della notifica.

(1) *Le parole: «, da effettuarsi con le modalità previste dall'articolo 26» sono state inserite dall'art. 1, comma 1, lett.* f)*, del D.L.vo 27 aprile 2001, n. 193.*

(2) *Le parole: "trascorsi centottanta giorni" sono state così sostituite dalle seguenti: "trascorso un anno" dall'art. 26, comma 18, del D.L. 16 luglio 2020, n. 76, convertito, con modificazioni, nella L. 11 settembre 2020, n. 120.*

51. Surroga del concessionario in procedimenti esecutivi già iniziati. – 1. Qualora sui beni del debitore sia già iniziato un altro procedimento di espropriazione, il concessionario può dichiarare al giudice dell'esecuzione di volersi surrogare al creditore procedente, indicando il credito in relazione al quale la surroga è esercitata. La dichiarazione è notificata al creditore procedente e al debitore.

2. Se entro dieci giorni dalla notificazione il creditore procedente o il debitore non hanno corrisposto al concessionario l'importo del suo credito, il concessionario resta surrogato negli atti esecutivi già iniziati e li prosegue secondo le norme del presente titolo.

3. Il concessionario può esercitare il diritto di surroga fino al momento dell'aggiudicazione o dell'assegnazione.

52. Procedimento di vendita. – 1. La vendita dei beni pignorati è effettuata, mediante pubblico incanto o nelle altre forme previste dal presente decreto, a cura del concessionario, senza necessità di autorizzazione dell'autorità giudiziaria.

2. L'incanto è tenuto e verbalizzato dall'ufficiale della riscossione.

2 *bis*. Il debitore ha facoltà di procedere alla vendita del bene pignorato o ipotecato al valore determinato ai sensi degli articoli 68, 79 e 80, comma 2, lettera *b*), (1) con il consenso dell'agente della riscossione, il quale interviene nell'atto di cessione e al quale è interamente versato il corrispettivo della vendita. L'eccedenza del corrispettivo rispetto al debito è rimborsata al debitore entro i dieci giorni lavorativi successivi all'incasso (2).

2 *ter*. Nel caso in cui il debitore eserciti la facoltà di cui al comma 2 *bis*, la vendita del bene deve aver luogo entro i cinque giorni antecedenti la data fissata, ai sensi degli articoli 66 e 78, per il primo incanto, ovvero la nuova data eventualmente fissata per effetto della nomina di cui all'articolo 80, comma 2, lettera *b*) (3).

2 *quater*. Se la vendita di cui al comma 2 *ter* non ha luogo nei cinque giorni antecedenti la data fissata per il primo incanto e vi è necessità di procedere al secondo, il debitore, entro il giorno che precede tale incanto, può comunque esercitare la facoltà prevista dal comma 2 *bis* al prezzo stabilito ai sensi degli articoli 69 e 81 (3).

(1) *Le parole: «e 79,» sono state così sostituite dalle attuali: «, 79 e 80, comma 2, lettera* b)*,» dall'art. 52, comma 1, lett.* b)*, n. 1), del D.L. 21 giugno 2013, n. 69, convertito, con modificazioni, nella L. 9 agosto 2013, n. 98.*

(2) *Questo comma è stato aggiunto dall'art. 10, comma 13* terdecies*, del D.L. 6 dicembre 2011, n. 201, convertito, con modificazioni, nella L. 22 dicembre 2011, n. 214.*

(3) *Questo comma è stato aggiunto dall'art. 52, comma 1, lett.* b)*, n. 2), del D.L. 21 giugno 2013, n. 69, convertito, con modificazioni, nella L. 9 agosto 2013, n. 98.*

53. Cessazione dell'efficacia del pignoramento e cancellazione della trascrizione. – 1. Il pignoramento perde efficacia quando dalla sua esecuzione sono trascorsi duecento (1) giorni senza che sia stato effettuato il primo incanto.

2. Se il pignoramento è stato trascritto in pubblico registro mobiliare o immobiliare, il concessionario, nell'ipotesi prevista dal comma 1 e in ogni

altro caso di estinzione del procedimento richiede entro dieci giorni al conservatore la cancellazione della trascrizione.

(¹) *La parola: «centoventi» è stata così sostituita dall'attuale: «duecento» dall'art. 52, comma 1, lett.* c), *del D.L. 21 giugno 2013, n. 69, convertito, con modificazioni, nella L. 9 agosto 2013, n. 98.*

54. Intervento dei creditori. – 1. I creditori che intendono intervenire nell'esecuzione debbono notificare al concessionario un atto contenente le indicazioni prescritte dal secondo comma dell'art. 499 codice di procedura civile.

2. L'intervento conferisce ai creditori soltanto il diritto di partecipare alla distribuzione della somma ricavata dalla vendita dei beni pignorati.

3. I creditori chirografari che intervengono oltre la data fissata per il primo incanto o, nel caso di espropriazione presso terzi, per l'assegnazione del credito pignorato, concorrono alla distribuzione della parte della somma ricavata che sopravanza dopo che sono stati soddisfatti i diritti del concessionario, dei creditori aventi diritto di prelazione e dei creditori chirografari intervenuti prima di detta data.

55. Divieto per il concessionario di acquisto dei beni pignorati. – 1. Fermo il disposto degli artt. 539 e 553 c.p.c., il concessionario non può chiedere l'assegnazione dei beni pignorati, né rendersi acquirente dei medesimi negli incanti, neppure per interposta persona.

56. Deposito degli atti e del prezzo. – 1. Gli atti del procedimento di espropriazione, compresa la prova degli adempimenti prescritti dall'art. 498 c.p.c., sono depositati, a cura del concessionario, nella cancelleria del giudice dell'esecuzione nel termine di dieci giorni dalla vendita.

2. Nello stesso termine, salvo quanto previsto dal comma 3, la somma ricavata dalla vendita è consegnata al cancelliere per essere depositata nella forma dei depositi giudiziari.

3. Se nell'esecuzione non sono intervenuti altri creditori aventi diritto a essere soddisfatti con preferenza o in via concorrente rispetto al concessionario, ovvero se la somma ricavata è sufficiente a soddisfarli integralmente, *il giudice dell'esecuzione* autorizza il concessionario a trattenere l'ammontare del suo credito, depositando in cancelleria l'eventuale eccedenza, ovvero, se non sono intervenuti altri creditori, restituendola al debitore.

57. Opposizione all'esecuzione o agli atti esecutivi. – 1. Non sono ammesse:

a) le opposizioni regolate dall'art. 615 c.p.c., fatta eccezione per quelle concernenti la pignorabilità dei beni (¹);

b) le opposizioni regolate dall'art. 617 c.p.c. relative alla regolarità formale e alla notificazione del titolo esecutivo.

2. Se è proposta opposizione all'esecuzione o agli atti esecutivi, il giudice fissa l'udienza di comparizione delle parti avanti a sé con decreto steso in calce al ricorso, ordinando al concessionario di depositare in cancelleria, cinque giorni prima dell'udienza, l'estratto del ruolo e copia di tutti gli atti di esecuzione.

(1) *La Corte costituzionale, con sentenza n. 114, del 31 maggio 2018, ha dichiarato l'illegittimità costituzionale di questa lettera, nella parte in cui non prevede che, nelle controversie che riguardano gli atti dell'esecuzione forzata tributaria successivi alla notifica della cartella di pagamento o all'avviso di cui all'art. 50 del d.P.R. n. 602 del 1973, sono ammesse le opposizioni regolate dall'art. 615 del codice di procedura civile.*

58. Opposizioni di terzi. – 1. L'opposizione prevista dall'art. 619 c.p.c. deve essere promossa prima della data fissata per il primo incanto.

2. L'opposizione non può essere proposta quando i mobili pignorati nella casa di abitazione o nell'azienda del debitore iscritto a ruolo o dei coobbligati, o in altri luoghi a loro (1) appartenenti, hanno formato oggetto di una precedente vendita nell'ambito di una procedura di espropriazione forzata promossa dal concessionario a carico del medesimo debitore o dei medesimi coobbligati (2).

3. Il coniuge, i parenti e gli affini fino al terzo grado del debitore iscritto a ruolo e dei coobbligati, per quanto riguarda i beni mobili pignorati nella casa di abitazione o nell'azienda del debitore o del coobbligato, o in altri luoghi a loro appartenenti, possono dimostrare la proprietà del bene esclusivamente con atti pubblici o scritture private di data certa anteriore:

a) alla presentazione della dichiarazione, se prevista e se presentata;

b) al momento in cui si è verificata la violazione che ha dato origine all'iscrizione a ruolo, se non è prevista la presentazione della dichiarazione o se la dichiarazione non è comunque stata presentata;

c) al momento in cui si è verificato il presupposto dell'iscrizione a ruolo, nei casi non rientranti nelle ipotesi di cui alle lett. *a*) e *b*).

(1) *La parola: «lui» è stata così sostituita dall'art. 1, comma 1, lett.* g), *n. 1), del D.L.vo 27 aprile 2001, n. 193.*

(2) *Le parole: «o dei medesimi coobbligati» sono state aggiunte dall'art. 1, comma 1, lett.* g), *n. 2), del D.L.vo 27 aprile 2001, n. 193.*

59. Risarcimento dei danni. – 1. Chiunque si ritenga leso dall'esecuzione può proporre azione contro il concessionario dopo il compimento dell'esecuzione stessa ai fini del risarcimento dei danni.

2. Il concessionario risponde dei danni e delle spese del giudizio anche con la cauzione prestata, salvi i diritti degli enti creditori.

60. Sospensione dell'esecuzione. – 1. Il giudice dell'esecuzione non può sospendere il processo esecutivo, salvo che ricorrano gravi motivi e vi sia fondato pericolo di grave e irreparabile danno.

61. Estinzione del procedimento per pagamento del debito. – 1. Salvo quanto previsto dall'art. 48, comma 1, il procedimento di espropriazione si estingue se il debitore o un terzo, in qualunque momento anteriore alla vendita, paga all'ufficiale della riscossione la somma portata dal ruolo, i relativi accessori e le spese, ovvero gli esibisce la prova dell'avvenuto pagamento ([1]).

([1]) *Le parole: «la quietanza rilasciata dal concessionario» sono state così sostituite dalle attuali: «la prova dell'avvenuto pagamento» dall'art. 1, comma 1, lett.* h), *del D.L.vo 27 aprile 2001, n. 193.*

Sezione II
Disposizioni particolari in materia di espropriazione mobiliare

62. Disposizioni particolari sui beni pignorabili. – 1. I beni di cui all'articolo 515, terzo comma, del codice di procedura civile, anche se il debitore è costituito in forma societaria ed in ogni caso se nelle attività del debitore risulta una prevalenza del capitale investito sul lavoro, possono essere pignorati nei limiti di un quinto, quando il presumibile valore di realizzo degli altri beni rinvenuti dall'ufficiale esattoriale o indicati dal debitore non appare sufficiente per la soddisfazione del credito ([1]).

1 *bis*. Nel caso di pignoramento dei beni di cui al comma 1, la custodia è sempre affidata al debitore ed il primo incanto non può aver luogo prima che siano decorsi trecento giorni dal pignoramento stesso. In tal caso, il pignoramento perde efficacia quando dalla sua esecuzione sono trascorsi trecentosessanta giorni senza che sia stato effettuato il primo incanto ([2]).

2. I frutti dei fondi del debitore soggetti al privilegio stabilito dall'art. 2771 c.c. possono essere pignorati nelle forme dell'espropriazione presso il debitore ancorché i fondi stessi siano affittati.

([1]) *Questo comma è stato così sostituito dall'art. 52, comma 1, lett.* d), *n. 1), del D.L. 21 giugno 2013, n. 69, convertito, con modificazioni, nella L. 9 agosto 2013, n. 98.*

([2]) *Questo comma è stato inserito dall'art. 52, comma 1, lett.* d), *n. 2), del D.L. 21 giugno 2013, n. 69, convertito, con modificazioni, nella L. 9 agosto 2013, n. 98.*

63. Astensione dal pignoramento. – 1. L'ufficiale della riscossione deve astenersi dal pignoramento o desistere dal procedimento quando è dimostrato che i beni appartengono a persona diversa dal debitore iscritto a ruolo, dai coobbligati o dai soggetti indicati dall'art. 58, comma 3, in virtù di titolo avente data anteriore all'anno cui si riferisce l'entrata iscritta a ruolo. Tale dimostrazione può essere offerta soltanto mediante esibizione di atto pubblico o scrittura privata autenticata, ovvero di sentenza passata in giudicato pronunciata su domanda proposta prima di detto anno.

64. Custodia dei beni pignorati. – 1. Salvo quanto disposto dall'art. 520, primo comma c.p.c. e dall'art. 70, la custodia dei beni mobili pignorati è affidata allo stesso debitore o ad un terzo. Il concessionario non può essere nominato custode.

2. Il concessionario può in ogni tempo disporre la sostituzione del custode.

3. In mancanza di persone idonee all'affidamento della custodia, i beni pignorati sono presi in consegna dal comune.

65. Notifica del verbale di pignoramento. – 1. Il verbale di pignoramento è notificato al debitore.

2. La notificazione, se al pignoramento assiste il debitore o un suo rappresentante, è eseguita mediante consegna allo stesso di una copia del verbale.

66. Avviso di vendita dei beni pignorati. – 1. Per procedere alla vendita dei beni pignorati il concessionario affigge alla casa comunale, per cinque giorni consecutivi anteriori alla data fissata per il primo incanto, un avviso contenente la descrizione dei beni e [1] l'indicazione del giorno, dell'ora e del luogo del primo e del secondo incanto.

2. Il primo incanto non può aver luogo prima che siano decorsi dieci giorni dal pignoramento. Il secondo incanto non può aver luogo nello stesso giorno stabilito per il primo e deve essere fissato non oltre il decimo giorno dalla data del primo incanto.

3. Su istanza del debitore o del concessionario, il giudice può ordinare che degli incanti, ferma la data fissata per gli stessi, sia data notizia al pubblico a mezzo di giornali o con altre idonee forme di pubblicità commerciale. Le spese sono anticipate dalla parte richiedente.

[1] *Le parole*: *«la descrizione dei beni e» sono state inserite dall'art. 1, comma 1, lett. i), del D.L.vo 27 aprile 2001, n. 193.*

67. Incanto anticipato. – 1. Se vi è pericolo di deterioramento dei beni pignorati o quando la conservazione degli stessi risulta eccessivamente onerosa, il giudice dell'esecuzione può autorizzare il concessionario a procedere all'incanto in deroga ai termini previsti dall'art. 66.

68. Prezzo base del primo incanto. – 1. Se il valore dei beni pignorati non risulta da listino di borsa o di mercato, il prezzo base del primo incanto è determinato dal valore a essi attribuito nel verbale di pignoramento.

2. Tuttavia, quando il concessionario lo richiede, e in ogni caso per gli oggetti preziosi, il prezzo base è stabilito da uno stimatore designato dal giudice dell'esecuzione. Nello stesso modo si provvede, sentito il concessionario, se vi è richiesta del debitore e la nomina dello stimatore risulti opportuna in rapporto alle particolari caratteristiche dei beni pignorati.

69. Secondo incanto. – 1. Nel secondo incanto, salvo quanto previsto dall'art. 539 c.p.c., i beni sono venduti al miglior offerente a un prezzo non inferiore alla metà del prezzo base del primo incanto.

70. Beni invenduti. – 1. Se i beni restano invenduti anche al secondo incanto, il concessionario entro tre mesi procede alla vendita a trattativa privata per un prezzo non inferiore alla metà del prezzo base del secondo incanto o a un terzo incanto a offerta libera.

2. I beni rimasti invenduti anche dopo l'applicazione delle disposizioni del comma 1 sono messi a disposizione del debitore, che, ove ne sia stato effettuato l'asporto, è invitato a ritirarli entro il termine di quindici giorni dalla notificazione dell'invito.

3. Decorso inutilmente il termine di cui al comma 2, i beni non ritirati sono distrutti o donati, senza liberazione del debitore, ad enti di beneficenza e assistenza, secondo le determinazioni del concessionario, che ne redige verbale.

71. Intervento degli istituti vendite giudiziarie. – 1. Per l'asporto, la custodia e la vendita dei beni mobili, anche registrati, sottoposti a pignoramento, il concessionario può avvalersi degli istituti previsti dall'art. 159 delle disposizioni di attuazione del codice di procedura civile.

2. Con decreto del Ministro delle finanze, di concerto con il Ministro di grazia e giustizia, sono stabilite le modalità di intervento dei predetti istituti nella procedura esecutiva e la remunerazione a essi spettante.

Sezione III
Disposizioni particolari in materia di espropriazione presso terzi

72. Pignoramento di fitti o pigioni. – 1. L'atto di pignoramento di fitti o pigioni dovute da terzi al debitore iscritto a ruolo o ai coobbligati contiene, in luogo della citazione di cui al n. 4) dell'art. 543 c.p.c., l'ordine all'affittuario o all'inquilino di pagare direttamente al concessionario i fitti e le pigioni scaduti e non corrisposti nel termine di quindici giorni dalla notifica e i fitti e le pigioni a scadere alle rispettive scadenze fino a concorrenza del credito per cui il concessionario procede.

2. Nel caso di inottemperanza all'ordine di pagamento si procede, previa citazione del terzo intimato e del debitore, secondo le norme del codice di procedura civile.

72 *bis*. (¹) **Pignoramento dei crediti verso terzi.** – 1. Salvo che per i crediti pensionistici e fermo restando quanto previsto dall'articolo 545, commi quarto, quinto e sesto, del codice di procedura civile, e dall'articolo 72 *ter* del presente decreto (²) l'atto di pignoramento dei crediti del debitore verso terzi può contenere, in luogo della citazione di cui all'articolo 543, secondo comma, numero 4, dello stesso codice di procedura civile, l'ordine al terzo di pagare il credito direttamente al concessionario, fino a concorrenza del credito per cui si procede:

a) nel termine di sessanta (³) giorni dalla notifica dell'atto di pignoramento, per le somme per le quali il diritto alla percezione sia maturato anteriormente alla data di tale notifica;

b) alle rispettive scadenze, per le restanti somme.

1 *bis*. L'atto di cui al comma 1 può essere redatto anche da dipendenti dell'agente della riscossione procedente non abilitati all'esercizio delle funzioni di ufficiale della riscossione e, in tal caso, reca l'indicazione a stampa dello stesso agente della riscossione e non è soggetto all'annotazione di cui all'articolo 44, comma 1, del decreto legislativo 13 aprile 1999, n. 112 (⁴).

2. Nel caso di inottemperanza all'ordine di pagamento, si applicano le disposizioni di cui all'articolo 72, comma 2.

(¹) *Questo articolo, inserito dall'art. 3, comma 40, lett.* b), *del D.L. 30 settembre 2005, n. 203, convertito, con modificazioni, nella L. 2 dicembre 2005, n. 248, è stato così sostituito dall'art. 2, comma 6, del D.L. 3 ottobre 2006, n. 262, convertito, con modificazioni, nella L. 24 novembre 2006, n. 286.*

(2) *Le parole: «e dall'articolo 72* ter *del presente decreto» sono state inserite dall'art. 3, comma 5, lett.* a)*, del D.L. 2 marzo 2012, n. 16, convertito, con modificazioni, nella L. 26 aprile 2012, n. 44.*

(3) *La parola: «quindici» è stata così sostituita dall'attuale: «sessanta» dall'art. 52, comma 1, lett.* e)*, del D.L. 21 giugno 2013, n. 69, convertito, con modificazioni, nella L. 9 agosto 2013, n. 98.*

(4) *Questo comma è stato inserito dall'art. 1, comma 141, della L. 24 dicembre 2007, n. 244.*

72 *ter*. (1) **Limiti di pignorabilità.** – 1. Le somme dovute a titolo di stipendio, di salario o di altre indennità relative al rapporto di lavoro o di impiego, comprese quelle dovute a causa di licenziamento, possono essere pignorate dall'agente della riscossione in misura pari ad un decimo per importi fino a 2.500 euro e in misura pari ad un settimo per importi superiori a 2.500 euro e non superiori a 5.000 euro.

2. Resta ferma la misura di cui all'articolo 545, quarto comma, del codice di procedura civile, se le somme dovute a titolo di stipendio, di salario o di altre indennità relative al rapporto di lavoro o di impiego, comprese quelle dovute a causa di licenziamento, superano i cinquemila euro.

2 *bis*. Nel caso di accredito delle somme di cui ai commi 1 e 2 sul conto corrente intestato al debitore, gli obblighi del terzo pignorato non si estendono all'ultimo emolumento accreditato allo stesso titolo (2).

2 *ter*. Ai medesimi fini previsti dai commi precedenti, l'Agenzia delle entrate acquisisce le informazioni relative ai rapporti di lavoro o di impiego, accedendo direttamente, in via telematica, alle specifiche banche dati dell'Istituto nazionale della previdenza sociale (3).

(1) *Questo articolo è stato inserito dall'art. 3, comma 5, lett.* b)*, del D.L. 2 marzo 2012, n. 16, convertito, con modificazioni, nella L. 26 aprile 2012, n. 44.*

(2) *Questo comma è stato aggiunto dall'art. 52, comma 1, lett.* f)*, del D.L. 21 giugno 2013, n. 69, convertito, con modificazioni, nella L. 9 agosto 2013, n. 98.*

(3) *Questo comma è stato inserito dall'art. 3, comma 2, del D.L. 22 ottobre 2016, n. 193, convertito, con modificazioni, nella L. 1° dicembre 2016, n. 225.*

73. Pignoramento di cose del debitore in possesso di terzi. – 1. Salvo quanto previsto dal comma 1 *bis*, se (1) il terzo, presso il quale il concessionario ha proceduto al pignoramento, si dichiara o [si] (2) è dichiarato possessore di beni appartenenti al debitore iscritto a ruolo o ai coobbligati, il giudice dell'esecuzione ordina la consegna dei beni stessi al concessionario, che procede alla vendita secondo le norme del presente titolo.

1 *bis*. Il pignoramento dei beni di cui al comma 1 del presente articolo può essere effettuato dall'agente della riscossione anche con le modalità

previste dall'articolo 72 *bis*; in tal caso, lo stesso agente della riscossione rivolge un ordine di consegna di tali beni al terzo, che adempie entro il termine di trenta giorni, e successivamente procede alla vendita (3).

(1) *L'originaria parola: «Se» è stata così sostituita dalle attuali: «Salvo quanto previsto dal comma 1* bis, *se» dall'art. 1, comma 142, lett.* a), *della L. 24 dicembre 2007, n. 244.*

(2) *La parola: «si» è stata soppressa dall'art. 1, comma 1, lett.* l), *del D.L.vo 27 aprile 2001, n. 193.*

(3) *Questo comma è stato aggiunto dall'art. 1, comma 142, lett.* b), *della L. 24 dicembre 2007, n. 244.*

74. Vendita e assegnazione dei crediti pignorati. – 1. Il concessionario, per la vendita dei crediti pignorati e per la riscossione (1) dei crediti a lui assegnati, si avvale della procedura prevista nel presente titolo.

2. Il concessionario, se diviene assegnatario di un credito verso lo Stato, pagabile a rate per un periodo che supera di quattro anni la scadenza del contratto di concessione, può cedere il credito all'erario e ha diritto al discarico della quota per inesigibilità.

3. Della cessione viene dato atto con verbale del cancelliere.

(1) *Le parole: «l'assegnazione» sono state così sostituite dalle attuali: «la riscossione» dall'art. 1, comma 1, lett.* m), *del D.L.vo 27 aprile 2001, n. 193.*

75. Pignoramenti presso pubbliche amministrazioni. – 1. Se il pignoramento di crediti verso lo Stato, le regioni, le province, i comuni ed ogni altro ente sottoposto al controllo della Corte dei conti ha avuto, in tutto o in parte, esito negativo, gli enti indicati non possono effettuare pagamenti in favore dell'esecutato per un periodo di cinque anni dalla data della dichiarazione prevista dall'art. 547 c.p.c., se egli non prova, con attestazione rilasciata dal concessionario, l'avvenuto pagamento del credito per il quale si è proceduto.

2. La disposizione del comma 1 non si applica ai pagamenti corrispondenti a crediti dichiarati impignorabili per legge.

75 *bis*. (1) **Dichiarazione stragiudiziale del terzo.** – 1. Decorso inutilmente il termine di cui all'art. 50, comma 1, l'agente della riscossione, prima di procedere ai sensi degli articoli 72 e 72 *bis* del presente decreto e degli articoli 543 e seguenti del codice di procedura civile ed anche simultaneamente all'adozione delle azioni esecutive e cautelari previste nel presente decreto, può chiedere a soggetti terzi, debitori del soggetto che è iscritto a ruolo o dei coobbligati, di indicare per iscritto, ove possibile in modo dettagliato, le cose e le somme da loro dovute al creditore.

2. Nelle richieste formulate ai sensi del comma 1 è fissato un termine per l'adempimento non inferiore a trenta giorni dalla ricezione. In caso di inadem-

pimento, si applicano le disposizioni previste dall'articolo 10 del decreto legislativo 18 dicembre 1997, n. 471. All'irrogazione della relativa sanzione provvede, su documentata segnalazione dell'agente della riscossione procedente e con le modalità previste dall'articolo 16, commi da 2 a 7, del decreto legislativo 18 dicembre 1997, n. 472, l'ufficio locale dell'Agenzia delle entrate competente in ragione del domicilio fiscale del soggetto cui è stata rivolta la richiesta.

3. Gli agenti della riscossione possono procedere al trattamento dei dati acquisiti ai sensi del presente articolo senza rendere l'informativa prevista dall'articolo 13 del codice in materia di protezione dei dati personali, di cui al decreto legislativo 30 giugno 2003, n. 196.

(¹) *Questo articolo, inserito dall'art. 1, comma 425, della L. 30 dicembre 2004, n. 311, è stato così sostituito dall'art. 2, comma 8, del D.L. 3 ottobre 2006, n. 262, convertito, con modificazioni, nella L. 24 novembre 2006, n. 286.*

Sezione IV
Disposizioni particolari in materia di espropriazione immobiliare

76. Espropriazione immobiliare. – 1. Ferma la facoltà di intervento ai sensi dell'articolo 499 del codice di procedura civile, l'agente della riscossione:

a) non dà corso all'espropriazione se l'unico immobile di proprietà del debitore, con esclusione delle abitazioni di lusso aventi le caratteristiche individuate dal decreto del Ministro per i lavori pubblici 2 agosto 1969, pubblicato nella *Gazzetta Ufficiale* n. 218 del 27 agosto 1969, e comunque dei fabbricati classificati nelle categorie catastali A/8 e A/9, è adibito ad uso abitativo e lo stesso vi risiede anagraficamente;

a bis) non dà corso all'espropriazione per uno specifico paniere di beni definiti "beni essenziali" individuato ai sensi dell'articolo 514 del codice di procedura civile (¹);

b) nei casi diversi da quello di cui alla lettera *a*), può procedere all'espropriazione immobiliare se l'importo complessivo del credito per cui procede supera centoventimila euro. L'espropriazione può essere avviata se è stata iscritta l'ipoteca di cui all'articolo 77 e sono decorsi almeno sei mesi dall'iscrizione senza che il debito sia stato estinto (²).

2. Il concessionario non procede all'espropriazione immobiliare se il valore dei beni (³), determinato a norma dell'art. 79 e diminuito delle passività ipotecarie aventi priorità sul credito per il quale si procede, è inferiore all'importo indicato (⁴) nel comma 1.

(¹) *Le parole: «e individuato con decreto del Ministero dell'economia e delle finanze d'intesa con l'Agenzia delle entrate e con l'Istituto nazionale di statistica» sono state così sostituite dalle attuali: «individuato ai sensi dell'articolo 514 del codice di procedura civi-*

le» dall'art. 50, comma 1, del D.L. 6 novembre 2021, n. 152, convertito, con modificazioni, nella L. 29 dicembre 2021, n. 233.

(2) *Questo comma è stato da ultimo così sostituito dall'art. 52, comma 1, lett.* g), *del D.L. 21 giugno 2013, n. 69, convertito, con modificazioni, nella L. 9 agosto 2013, n. 98.*

(3) *Le parole: "del bene" sono state così sostituite dalle seguenti: "dei beni" dall'art. 8, comma 1, del D.L. 24 aprile 2017, n. 50, convertito, con modificazioni, nella L. 21 giugno 2017, n. 96.*

(4) *Le parole: «all'importo indicato» sono state dapprima sostituite dalle parole: «agli importi indicati» dall'art. 7, comma 2, lett.* gg undecies), *n. 2), del D.L. 13 maggio 2011, n. 70, convertito, con modificazioni, nella L. 12 luglio 2011, n. 106 e successivamente ripristinate dall'art. 5, comma 5, lett.* c), *n. 2), del D.L. 2 marzo 2012, n. 16, convertito, con modificazioni, nella L. 26 aprile 2012, n. 44.*

77. (1) **Iscrizione di ipoteca.** – 1. Decorso inutilmente il termine di cui all'art. 50, comma 1, il ruolo costituisce titolo per iscrivere ipoteca sugli immobili del debitore e dei coobbligati per un importo pari al doppio dell'importo complessivo del credito per cui si procede (2).

1 *bis*. L'agente della riscossione, anche al solo fine di assicurare la tutela del credito da riscuotere, può iscrivere la garanzia ipotecaria di cui al comma 1, anche quando non si siano ancora verificate le condizioni per procedere all'espropriazione di cui all'art. 76, commi 1 e 2, (3) purché l'importo complessivo del credito per cui si procede non sia inferiore complessivamente a ventimila euro (4).

2. Se l'importo complessivo del credito per cui si procede non supera (5) il cinque per cento del valore dell'immobile da sottoporre ad espropriazione determinato a norma dell'art. 79, il concessionario, prima di procedere all'esecuzione, deve iscrivere ipoteca. Decorsi sei mesi dall'iscrizione senza che il debito sia stato estinto, il concessionario procede all'espropriazione.

2 *bis*. L'agente della riscossione è tenuto a notificare al proprietario dell'immobile una comunicazione preventiva contenente l'avviso che, in mancanza del pagamento delle somme dovute entro il termine di trenta giorni, sarà iscritta l'ipoteca di cui al comma 1 (6).

(1) *A norma dell'art. 7, comma 2, lett.* gg decies), *del D.L. 13 maggio 2011, n. 70, convertito, con modificazioni, nella L. 12 luglio 2011, n. 106, a decorrere dalla data di entrata in vigore della legge di conversione dello stesso decreto, l'agente della riscossione non può iscrivere l'ipoteca di cui a questo articolo, se l'importo complessivo del credito per cui lo stesso procede è inferiore complessivamente a:*

1) *ventimila euro, qualora la pretesa iscritta a ruolo sia contestata in giudizio ovvero sia ancora contestabile in tale sede e il debitore sia proprietario dell'unità immobiliare dallo stesso adibita a propria abitazione principale, ai sensi dell'articolo 10, comma 3* bis, *del testo unico delle imposte sui redditi, di cui al decreto del Presidente della Repubblica 22 dicembre 1986, n. 917, e successive modificazioni;*

2) *ottomila euro, negli altri casi.*

([2]) *Le parole: «delle somme complessivamente iscritte» sono state così sostituite dalle parole: «dell'importo complessivo del credito per cui si procede» dall'art. 1, comma 1, lett.* o), *n. 1), del D.L.vo 27 aprile 2001, n. 193.*

([3]) *Le parole: «anche quando non si siano ancora verificate le condizioni per procedere all'espropriazione di cui all'art. 76, commi 1 e 2,» sono state inserite dall'art. 52, comma 1, lett.* h), *del D.L. 21 giugno 2013, n. 69, convertito, con modificazioni, nella L. 9 agosto 2013, n. 98.*

([4]) *Questo comma è stato inserito dall'art. 3, comma 5, lett.* d), *del D.L. 2 marzo 2012, n. 16, convertito, con modificazioni, nella L. 26 aprile 2012, n. 44, a decorrere dalla data di entrata in vigore del medesimo decreto legge.*

([5]) *Le parole: «le somme complessivamente iscritte a ruolo non superano» sono state così sostituite dalle attuali: «l'importo complessivo del credito per cui si procede non supera» dall'art. 1, comma 1, lett.* o), *n. 2), del D.L.vo 27 aprile 2001, n. 193.*

([6]) *Questo comma è stato aggiunto dall'art. 7, comma 2, lett.* u bis), *del D.L. 13 maggio 2011, n. 70, convertito, con modificazioni, nella L. 12 luglio 2011, n. 106.*

78. Avviso di vendita. – 1. Il pignoramento immobiliare si esegue mediante la trascrizione, a norma dell'art. 555, secondo comma, c.p.c., di un avviso contenente:

a) le generalità del soggetto nei confronti del quale si procede;

b) la descrizione degli immobili con le indicazioni catastali e la precisazione dei confini;

c) l'indicazione della destinazione urbanistica del terreno risultante dal certificato di cui all'art. 18 della legge 28 febbraio 1985, n. 47 ([1]);

d) il giorno, l'ora e il luogo del primo, del secondo e del terzo incanto, con intervallo minimo di venti giorni;

e) l'importo complessivo del credito per cui si procede, distinto ([2]) per imposta, per periodo d'imposta, per interessi di mora e per spese di esecuzione già maturate;

f) il prezzo base dell'incanto;

g) la misura minima dell'aumento da apportare alle offerte;

h) l'avvertenza che le spese di vendita e gli oneri tributari concernenti il trasferimento sono a carico dell'aggiudicatario;

i) l'ammontare della cauzione ed il termine entro il quale deve essere prestata dagli offerenti;

l) il termine di versamento del prezzo di cui all'art. 82, comma 1;

m) l'ingiunzione ad astenersi da qualunque atto diretto a sottrarre alla garanzia del credito i beni assoggettati all'espropriazione e i frutti di essi.

2. Entro cinque giorni dalla trascrizione l'avviso di vendita è notificato al soggetto nei confronti del quale si procede. In mancanza della notificazione non può procedersi alla vendita.

2 *bis*. Se, per effetto delle nomine previste dall'articolo 80, comma 2, il primo incanto non può essere effettuato nella data indicata nell'avviso di vendita, l'agente della riscossione fissa i nuovi incanti e notifica al soggetto nei confronti del quale procede, il relativo avviso contenente le informazioni di cui al comma 1, lettera *d*) del presente articolo (3).

(1) *Si veda l'art. 30 del D.P.R. 6 giugno 2001, n. 380.*

(2) *Le parole: «l'ammontare delle somme complessivamente iscritte a ruolo, distinte» sono state così sostituite dalle attuali: «l'importo complessivo del credito per cui si procede, distinto» dall'art. 1, comma 1, lett.* p), *del D.L.vo 27 aprile 2001, n. 193.*

(3) *Questo comma è stato aggiunto dall'art. 52, comma 1, lett.* i), *del D.L. 21 giugno 2013, n. 69, convertito, con modificazioni, nella L. 9 agosto 2013, n. 98.*

79. Prezzo base e cauzione. – 1. Il prezzo base dell'incanto è pari all'importo stabilito a norma dell'art. 52, comma 4, del T.U. delle disposizioni concernenti l'imposta di registro, approvato con D.P.R. 26 aprile 1986, n. 131, moltiplicato per tre (1).

2. Se non è possibile determinare il prezzo base secondo le disposizioni del comma 1, il concessionario richiede l'attribuzione della rendita catastale del bene stesso al competente ufficio del territorio, che provvede entro centoventi giorni; se si tratta di terreni per i quali gli strumenti urbanistici prevedono la destinazione edificatoria, il prezzo è stabilito con perizia dell'ufficio del territorio.

3. La cauzione prevista dall'art. 580 c.p.c. è prestata al concessionario ed è fissata, per ogni incanto, nella misura del dieci per cento del prezzo base.

(1) *Le parole: «, moltiplicato per tre» sono state inserite dall'art. 83, comma 24, del D.L. 25 giugno 2008, n. 112, convertito, con modificazioni, nella L. 6 agosto 2008, n. 133.*

80. Pubblicazione e notificazione dell'avviso di vendita. – 1. Almeno venti giorni prima di quello fissato per il primo incanto l'avviso di vendita è inserito nel foglio degli annunzi legali della provincia (1) ed è affisso, a cura dell'ufficiale della riscossione, alla porta esterna della cancelleria del giudice dell'esecuzione e all'albo del comune o dei comuni nel cui territorio sono situati gli immobili.

1 *bis*. Entro il termine di cui al comma 1, l'avviso di vendita è pubblicato sul sito internet dell'agente della riscossione (2).

2. Su istanza del soggetto nei confronti del quale si procede o dell'agente della riscossione, il giudice può disporre:

a) che degli incanti, ferma la data fissata per gli stessi, sia data notizia al pubblico a mezzo di giornali o con altre idonee forme di pubblicità commerciale;

b) la vendita al valore stimato con l'ausilio di un esperto da lui nominato, nel caso in cui ritenga che il valore del bene, determinato ai sensi dell'articolo 79, sia manifestamente inadeguato. Se l'agente della riscossione lo richiede, il giudice può nominare un ausiliario che riferisca sulle caratteristiche e sulle condizioni del bene pignorato, e può assegnare ad esso la funzione di custode del bene ([3]).

2 *bis*. Nei casi di cui al comma 2, le spese sono anticipate dalla parte richiedente e liquidate dal giudice in prededuzione. In deroga a quanto disposto dall'articolo 53, comma 1, il pignoramento non perde efficacia se, per effetto delle nomine di cui al comma 2 del presente articolo, il primo incanto non può essere effettuato entro duecento giorni dall'esecuzione del pignoramento stesso ([4]).

([1]) *I fogli degli annunzi legali delle province sono stati aboliti dall'art. 31 della L. 24 novembre 2000, n. 340 a decorrere dal novantesimo giorno successivo la data di entrata in vigore della suddetta legge. L'art. 31, comma 3, della ridetta legge stabilisce che quando disposizioni vigenti prevedano la pubblicazione nel foglio degli annunzi legali come unica forma di pubblicità la pubblicazione è fatta nella* Gazzetta Ufficiale.

([2]) *Questo comma è stato inserito dall'art. 52, comma 1, lett.* l), *n. 1), del D.L. 21 giugno 2013, n. 69, convertito, con modificazioni, nella L. 9 agosto 2013, n. 98.*

([3]) *Questo comma è stato così sostituito dall'art. 52, comma 1, lett.* l), *n. 2), del D.L. 21 giugno 2013, n. 69, convertito, con modificazioni, nella L. 9 agosto 2013, n. 98.*

([4]) *Questo comma è stato aggiunto dall'art. 52, comma 1, lett.* l), *n. 3), del D.L. 21 giugno 2013, n. 69, convertito, con modificazioni, nella L. 9 agosto 2013, n. 98.*

81. Secondo e terzo incanto. – 1. Se la vendita non ha luogo al primo incanto per mancanza di offerte valide, si procede al secondo incanto nel giorno fissato dall'avviso di vendita e con un prezzo base inferiore di un terzo a quello precedente.

2. Qualora la vendita non abbia luogo nemmeno al secondo incanto, il concessionario procede ad un terzo incanto, con un prezzo base inferiore di un terzo a quello del precedente incanto.

82. Versamento del prezzo. – 1. L'aggiudicatario deve versare il prezzo nel termine di trenta giorni dall'aggiudicazione.

2. Se il prezzo non è versato nel termine, il giudice dell'esecuzione con decreto dichiara la decadenza dell'aggiudicatario e la perdita della cauzione a titolo di multa; il concessionario procede a nuovo incanto per un prezzo base pari a quello dell'ultimo incanto. Se il prezzo che se ne ricava, unito alla cauzione confiscata, risulta inferiore a quello della precedente aggiudicazione, l'aggiudicatario inadempiente è tenuto al pagamento della differenza.

83. Progetto di distribuzione. – 1. Se vi è intervento di altri creditori, il concessionario deposita nella cancelleria del giudice dell'esecuzione, nel termine di dieci giorni dal versamento del prezzo, unitamente agli atti del procedimento, un progetto di distribuzione delle somme ricavate.

84. Distribuzione della somma ricavata. – 1. Il giudice dell'esecuzione, se non vi sono creditori intervenuti, provvede a norma dell'art. 510, primo comma, c.p.c.

2. In caso di intervento di altri creditori, il giudice dell'esecuzione, apportate le eventuali variazioni al progetto di distribuzione presentato dal concessionario, provvede a norma dell'art. 596 c.p.c.

85. Assegnazione dell'immobile allo Stato. – 1. Se il terzo incanto ha esito negativo, il concessionario, nei dieci giorni successivi, chiede al giudice dell'esecuzione l'assegnazione dell'immobile allo Stato per il prezzo base del terzo incanto ([1]), depositando nella cancelleria del giudice dell'esecuzione gli atti del procedimento.

2. Il giudice dell'esecuzione dispone l'assegnazione, secondo la procedura prevista dall'art. 590 c.p.c. Il termine per il versamento del prezzo per il quale è stata disposta l'assegnazione ([2]) non può essere inferiore a sei mesi.

3. In caso di mancato versamento del prezzo di assegnazione ([3]) nel termine, il processo esecutivo si estingue se il concessionario, nei trenta giorni successivi alla scadenza di tale termine, non dichiara, su indicazione dell'ufficio che ha formato il ruolo, di voler procedere a un ulteriore incanto per un prezzo base inferiore di un terzo rispetto a quello dell'ultimo incanto. Il processo esecutivo si estingue comunque se anche tale incanto ha esito negativo.

([1]) *Le parole: «minor prezzo tra il prezzo base del terzo incanto e la somma per la quale si procede» sono state così sostituite dalle attuali: «prezzo base del terzo incanto» dall'art. 52, comma 1, lett.* m), *del D.L. 21 giugno 2013, n. 69, convertito, con modificazioni, nella L. 9 agosto 2013, n. 98.*

([2]) *Le parole: «dell'eventuale conguaglio» sono state così sostituite dalle attuali: «del prezzo per il quale è stata disposta l'assegnazione» dall'art. 3, comma 40, lett.* b ter), *n. 1), del D.L. 30 settembre 2005, n. 203, convertito, con modificazioni, nella L. 2 dicembre 2005, n. 248.*

([3]) *Le parole: «dell'eventuale conguaglio» sono state così sostituite dalle attuali: «del prezzo di assegnazione» dall'art. 3, comma 40, lett.* b ter), *n. 2), del D.L. 30 settembre 2005, n. 203, convertito, con modificazioni, nella L. 2 dicembre 2005, n. 248.*

Capo III
Disposizioni particolari in materia di espropriazione di beni mobili registrati

86. Fermo di beni mobili registrati. – 1. Decorso inutilmente il termine di cui all'articolo 50, comma 1, il concessionario può disporre il fermo dei beni mobili del debitore o dei coobbligati iscritti in pubblici registri, dandone notizia alla direzione regionale delle entrate ed alla regione di residenza ([1]).

2. La procedura di iscrizione del fermo di beni mobili registrati è avviata dall'agente della riscossione con la notifica al debitore o ai coobbligati iscritti nei pubblici registri di una comunicazione preventiva contenente l'avviso che, in mancanza del pagamento delle somme dovute entro il termine di trenta giorni, sarà eseguito il fermo, senza necessità di ulteriore comunicazione, mediante iscrizione del provvedimento che lo dispone nei registri mobiliari, salvo che il debitore o i coobbligati, nel predetto termine, dimostrino all'agente della riscossione che il bene mobile è strumentale all'attività di impresa o della professione ([2]).

3. Chiunque circola con veicoli, autoscafi o aeromobili sottoposti al fermo è soggetto alla sanzione prevista dall'art. 214, comma 8, del D.L.vo 30 aprile 1992, n. 285.

4. Con decreto del Ministro delle finanze, di concerto con i Ministri dell'interno e dei lavori pubblici, sono stabiliti le modalità, i termini e le procedure per l'attuazione di quanto previsto nel presente articolo.

([1]) *Questo comma è stato così sostituito dall'art. 1, comma 1, lett.* p), *del D.L.vo 27 aprile 2001, n. 193.*

([2]) *Questo comma è stato così sostituito dall'art. 52, comma 1, lett.* m bis), *del D.L. 21 giugno 2013, n. 69, convertito, con modificazioni, nella L. 9 agosto 2013, n. 98.*

Capo IV
Procedure concorsuali

Sezione I
Fallimento e liquidazione coatta amministrativa

87. ([1]) **Ricorso per la dichiarazione di fallimento e domanda di ammissione al passivo.** – *1. Il* concessionario può, per conto dell'Agenzia delle entrate, presentare il ricorso di cui all'articolo 6 del regio decreto 16 marzo 1942, n. 267.

2. Se il debitore, a seguito del ricorso di cui al comma 1 o su iniziativa di altri creditori, è dichiarato fallito, ovvero sottoposto a liquidazione coatta amministrativa, il concessionario chiede, sulla base del ruolo, per conto dell'Agenzia delle entrate l'ammissione al passivo della procedura.

2 *bis*. L'agente della riscossione cui venga comunicata la proposta di concordato, ai sensi degli articoli 125 o 126 del Regio decreto 16 marzo 1942, n. 267, la trasmette senza ritardo all'Agenzia delle entrate, anche in deroga alle modalità indicate nell'articolo 36 del decreto legislativo 13 aprile 1999, n. 112, e la approva, espressamente od omettendo di esprimere dissenso, solamente in base a formale autorizzazione dell'Agenzia medesima (2).

(1) *Questo articolo è stato così sostituito dall'art. 3, comma 1, del D.L. 8 luglio 2002, n. 138, convertito, con modificazioni, nella L. 8 agosto 2002, n. 178.*

(2) *Questo comma è stato aggiunto dall'art. 29, comma 3, del D.L. 31 maggio 2010, n. 78, convertito, con modificazioni, nella L. 30 luglio 2010, n. 122.*

88. Ammissione al passivo con riserva. – 1. Se sulle somme iscritte a ruolo sorgono contestazioni, il credito è ammesso al passivo con riserva, anche nel caso in cui la domanda di ammissione sia presentata in via tardiva a norma dell'art. 101 del R.D. 16 marzo 1942, n. 267.

2. Nel fallimento, la riserva è sciolta dal giudice delegato con decreto, su istanza del curatore o del concessionario, quando è inutilmente decorso il termine prescritto per la proposizione della controversia davanti al giudice competente, ovvero quando il giudizio è stato definito con decisione irrevocabile o risulta altrimenti estinto.

3. Nella liquidazione coatta amministrativa, il commissario liquidatore provvede direttamente, o su istanza del concessionario, allo scioglimento della riserva nei casi indicati nel comma 2, apportando le conseguenti variazioni all'elenco dei crediti ammessi.

4. Il provvedimento di scioglimento della riserva è comunicato al concessionario dal curatore o dal commissario liquidatore mediante lettera raccomandata con avviso di ricevimento. Contro di esso il concessionario, nel termine di dieci giorni dalla comunicazione, può proporre reclamo al tribunale, che decide in camera di consiglio con decreto motivato, sentite le parti.

5. Se all'atto delle ripartizioni parziali o della ripartizione finale dell'attivo la riserva non risulta ancora sciolta si applicano, rispettivamente, il n. 3 dell'art. 113 del R.D. 16 marzo 1942, n. 267 ed il secondo periodo del secondo comma dell'art. 117 della medesima legge.

89. Esenzione dell'azione revocatoria. – 1. I pagamenti di imposte scadute non sono soggetti alla revocatoria prevista dall'art. 67 del R.D. 16 marzo 1942, n. 267.

Sezione II
Concordato preventivo e amministrazione controllata

90. Ammissione del debitore al concordato preventivo o all'amministrazione controllata. – 1. Se il debitore è ammesso al concordato preventivo o all'amministrazione controllata, il concessionario compie, sulla base del ruolo, ogni attività necessaria ai fini dell'inserimento del credito da esso portato nell'elenco dei crediti della procedura.

2. Se sulle somme iscritte a ruolo sorgono contestazioni, il credito è comunque inserito in via provvisoria nell'elenco ai fini previsti dagli artt. 176, primo comma, e 181, terzo comma, primo periodo del R.D. 16 marzo 1942, n. 267.

91 - 91 *bis*. (*Omissis*) (1).

(1) *Questi articoli sono stati implicitamente abrogati dalla sostituzione completa del titolo II operata dall'art. 16 del D.L.vo 26 febbraio 1999, n. 46.*

Titolo Terzo
Sanzioni

92 - 98. (*Omissis*) (1).

(1) *Gli articoli da 92 a 97, ad eccezione del sesto comma, e 98 sono stati abrogati dall'art. 16, comma 1, lett.* c), *del D.L.vo 18 dicembre 1997, n. 471, a decorrere dal 1° aprile 1998. Successivamente l'art. 25, comma 1, lett.* a), *del D.L.vo 10 marzo 2000, n. 74, ha abrogato anche il sesto comma dell'art. 97.*

Per la riforma delle sanzioni tributarie non penali in materia di riscossione dei tributi si veda il D.L.vo 18 dicembre 1997, n. 471.

Titolo Quarto
Norme transitorie e finali

99. Versamento delle ritenute sui dividendi. – Le ritenute alla fonte sugli utili indicati nell'art. 1 della legge 29 dicembre 1962, n. 1745, la cui distribuzione è deliberata anteriormente all'1 gennaio 1974, sono versate alle sezioni di tesoreria provinciale dello Stato nella misura e nei termini stabiliti nella stessa legge.

100. Versamento in tesoreria e iscrizione a ruolo di tributi soppressi. – Le disposizioni degli articoli 168, 169, 170, 172, 260 e 264 del testo unico delle leggi sulle imposte dirette approvato con decreto del Presidente della Repubblica 29 gennaio 1958, n. 645, seguitano ad applicarsi per i versamenti ivi previsti e relativi ai periodi di imposta anteriori all'1 gennaio 1974.

Per le iscrizioni a ruolo di tributi soppressi in virtù dell'art. 82 del decreto del Presidente della Repubblica 29 settembre 1973, n. 597, e relativi a periodi di imposta anteriori all'1 gennaio 1974 rimangono in vigore gli articoli 174, 175, 178, 180 e 183 del citato testo unico.

Per i ricorsi proposti dall'1 gennaio 1974 si applicano le disposizioni dell'art. 15 del presente decreto.

Le disposizioni dell'art. 176 del citato testo unico operano per le iscrizioni provvisorie relative ai periodi di imposta anteriori all'1 gennaio 1974.

La riscossione dei tributi di cui al secondo comma iscritti nei ruoli principali e suppletivi è ripartita in due (1) rate consecutive con le scadenze indicate nell'art. 18.

Gli aggi della riscossione mediante ruolo dei tributi soppressi restano a carico del contribuente.

(1) *Numero così fissato dall'art. 3, D.P.R. 24 dicembre 1976, n. 920, con effetto, come disposto dall'art. 4 dello stesso decreto, dal 6 marzo 1976. Originariamente il numero delle rate era: «sei».*

100 *bis*. (1) **Acconti di imposte sui redditi dell'anno 1974.** – I soggetti, che in base alla dichiarazione annuale dei redditi presentata nell'anno 1973 e alle risultanze dei registri catastali al 31 agosto dello stesso anno, risultano possessori di redditi imponibili di ricchezza mobile delle categorie B e C/1, di redditi dominicali dei terreni e di redditi di fabbricati sono tenuti al pagamento, nella misura e con le modalità stabilite nei seguenti articoli, di somme in acconto delle imposte sul reddito relative all'anno 1974 o al primo periodo d'imposta ricadente nell'anno stesso.

Gli acconti non sono dovuti per i redditi imponibili di ricchezza mobile delle categorie B e C/1 relativi ad attività delle quali sia stata denunciata la cessazione entro il 31 dicembre 1973 né per i redditi imponibili di ricchezza mobile delle società cooperative e loro consorzi esenti dall'imposta sul reddito delle persone giuridiche ai sensi dell'art. 10 e dell'art. 11, primo comma, del decreto del Presidente della Repubblica 29 settembre 1973, n. 601.

Sui redditi imponibili di ricchezza mobile delle categorie B e C/1 gli acconti non sono dovuti quando l'ammontare degli acconti stessi, determinato con le aliquote indicate nel successivo art. 100 *ter*, non supera gli € 10,33.

Nei casi di trasformazione o fusione di società, avvenute posteriormente alla presentazione della dichiarazione di cui al primo comma, al pagamento degli acconti commisurati agli imponibili dei soggetti preesistenti, sono tenuti i soggetti risultanti dalla trasformazione o fusione, ancorché l'iscrizione a ruolo sia effettuata a nome dei soggetti preesistenti.

(1) *Articolo aggiunto dal D.P.R. 20 aprile 1974, n. 116, in vigore dal 4 maggio 1974.*

100 *ter*. [1] **Ammontare degli acconti.** – Gli acconti d'imposta sono dovuti nella misura:

a) del 15 per cento sui redditi imponibili di ricchezza mobile di categoria B dei soggetti indicati all'art. 8, terzo comma, del decreto del Presidente della Repubblica 29 gennaio 1958, n. 645;

b) del 10 per cento sui redditi imponibili di ricchezza mobile di categoria B dei soggetti diversi di quelli di cui alla precedente lettera *a*);

c) del 10 per cento sui redditi imponibili di ricchezza mobile di categoria C/1 degli artisti e dei professionisti;

d) del 7 per cento sugli altri redditi imponibili di ricchezza mobile di categoria C/1;

e) del 12 per cento sui redditi dominicali dei terreni e sui redditi dei fabbricati.

L'aliquota di cui alla lettera *a*) è ridotta al 7,50 per cento per i soggetti indicati negli articoli 6 e 26, ultimo comma, del decreto del Presidente della Repubblica 29 settembre 1973, n. 601.

Le aliquote indicate nei precedenti commi si applicano sui redditi imponibili di ricchezza mobile di categoria B e C/1 risultanti dalle dichiarazioni annuali presentate nell'anno 1973 e sui redditi dominicali dei terreni e sui redditi dei fabbricati risultanti dai registri catastali al 31 agosto dello stesso anno.

Dall'ammontare degli acconti relativi agli imponibili di cui alla lettera *c*) del primo comma è dedotto un ammontare pari alle ritenute d'acconto operate ai sensi degli articoli 128 e 143 del decreto del Presidente della Repubblica 29 gennaio 1958, n. 645, sulle somme che hanno concorso a formare gli imponibili stessi.

[1] *Articolo aggiunto dal D.P.R. 20 aprile 1974, n. 116, in vigore dal 4 maggio 1974.*

100 *quater*. [1] **Imputazione degli acconti alle imposte sul reddito dovute per l'anno 1974.** – Gli acconti di imposta commisurati ai redditi imponibili di ricchezza mobile delle categorie B e C/1 sono detratti dall'imposta sul reddito delle persone fisiche o dall'imposta sul reddito delle persone giuridiche dovute per l'anno 1974 o per il primo periodo d'imposta ricadente nell'anno stesso.

Gli acconti d'imposta commisurati ai redditi imponibili di società ed associazioni di cui all'art. 5 del decreto del Presidente della Repubblica 29 settembre 1973, n. 597, sono detratti, nella proporzione indicata nel primo comma dello stesso articolo, dall'imposta sul reddito delle persone fisiche dovuta da ciascun socio o associato.

Gli acconti d'imposta commisurati ai redditi dominicali dei terreni e ai redditi dei fabbricati sono detratti dall'imposta locale sui redditi dovuta per l'anno 1974.

Nei casi di trasformazione e di fusione di cui agli articoli 15, secondo comma, e 16, quarto comma, del decreto del Presidente della Repubblica 29 settembre 1973, n. 598, gli acconti commisurati ai redditi imponibili di ricchezza mobile delle società trasformate, fuse o incorporate sono detratti dall'imposta sul reddito delle persone fisiche dovuta da ciascun socio o associato della società risultante dalla trasformazione o fusione o della società incorporante.

Se gli acconti d'imposta sono di ammontare superiore alle imposte, cui sono rispettivamente imputabili, dovute in base alla dichiarazione dei redditi dell'anno 1974 o agli accertamenti d'ufficio ovvero alle risultanze dei registri catastali al 31 agosto dello stesso anno, il contribuente ha diritto al rimborso della differenza. Per i soggetti indicati nell'art. 27 del decreto del Presidente della Repubblica 29 settembre 1973, n. 598, il rimborso sarà effettuato solo se gli acconti risultino superiori alle imposte dovute per il periodo d'imposta costituito dalla frazione di esercizio posteriore al 31 dicembre 1973 e per il periodo d'imposta successivo.

(1) *Articolo aggiunto dal D.P.R. 20 aprile 1974, in vigore dal 4 maggio 1974.*

100 *quinquies*. (1) **Riscossione degli acconti.** – Gli acconti d'imposta di cui all'art. 100 *bis* sono iscritti in ruoli straordinari riscuotibili in due rate con scadenza al giorno 10 dei mesi di settembre e novembre dell'anno 1974 o in unica soluzione a questa ultima scadenza. La formazione dei ruoli straordinari non è soggetta all'autorizzazione dell'intendente di finanza prevista dall'art. 11, sesto comma, del decreto del Presidente della Repubblica 29 settembre 1973, n. 602 (2).

La mancata iscrizione a ruolo degli acconti non fa venire meno il diritto alla riscossione dell'intero ammontare delle imposte dalle quali sono detraibili gli acconti medesimi.

Ai fini della riscossione degli acconti di imposta vanno notificate speciali cartelle di pagamento recanti l'annotazione «acconti d'imposta per l'anno 1974».

Per la riscossione degli acconti di imposta di cui all'art. 100 *bis* si applicano le disposizioni del presente decreto.

(1) *Articolo aggiunto dal D.P.R. 20 aprile 1974, n. 116, in vigore dal 4 maggio 1974.*

(2) *Comma così sostituito per effetto dell'art. 3 del D.L. 6 luglio 1974, n. 259, in vigore dal 10 luglio 1974, convertito nella L. 17 agosto 1974, n. 384.*

101. Termini per sgravi e rimborsi relativi a tributi soppressi. – I termini per proporre ricorsi o istanze, pendenti all'1 gennaio 1974, decorrono da tale data e i ricorsi e le istanze sono proposti nei modi e nelle forme stabiliti dal presente decreto e dal decreto del Presidente della Repubblica 26 ottobre 1972, n. 636.

102. Responsabilità solidale e privilegi relativi a tributi soppressi. – Per i tributi di cui all'art. 100, secondo comma, seguitano ad applicarsi le disposizioni previste dagli articoli 196, 197, 207, 211 e 232 del testo unico delle leggi sulle imposte dirette approvato con decreto del Presidente della Repubblica 29 gennaio 1958, n. 645.

103. Riscossione dei ruoli di enti diversi dallo Stato. – Le disposizioni di cui agli articoli 11 e 23 del presente decreto, concernenti rispettivamente la specie dei ruoli e l'esecutorietà dei medesimi, si applicano anche ai ruoli formati dagli enti locali per la riscossione dei tributi di propria pertinenza nonché ai ruoli di altri enti autorizzati per legge alla riscossione delle proprie entrate con tale procedura, ferma restando l'autonomia degli enti impositori che affidano per legge la riscossione delle proprie entrate agli esattori circa la ripartizione in rate dei carichi in riscossione ([1]).

([1]) *Le parole da «ferma restando...» fino alla fine del comma, sono state aggiunte dal D.P.R. 13 dicembre 1977, n. 1119, in vigore dal 10 marzo 1978.*

104. Disposizioni abrogate. – (*Omissis*).

105. Entrata in vigore. – Il presente decreto entra in vigore l'1 gennaio 1974.

2.

D.P.R. 23 marzo 1998, n. 100. Regolamento recante norme per la semplificazione e la razionalizzazione di alcuni adempimenti contabili in materia di imposta sul valore aggiunto, ai sensi dell'articolo 3, comma 136, della L. 23 dicembre 1996, n. 662 (*Gazzetta Ufficiale* Serie gen. - n. 88 del 16 aprile 1998).

1. Dichiarazioni e versamenti periodici. – 1. Entro il giorno 16 di ciascun mese, il contribuente determina la differenza tra l'ammontare complessivo dell'imposta sul valore aggiunto esigibile nel mese precedente, risultante dalle annotazioni eseguite o da eseguire nei registri relativi alle fatture emesse o ai corrispettivi delle operazioni imponibili, e quello dell'imposta, risultante dalle annotazioni eseguite, nei registri relativi ai beni ed ai servizi acquistati, sulla base dei documenti di acquisto di cui è in possesso e per i quali il diritto alla detrazione viene esercitato nello stesso mese ai sensi dell'articolo 19 del decreto del Presidente della Repubblica 26 ottobre 1972, n. 633. Entro il medesimo termine di cui al periodo precedente può essere esercitato il diritto alla detrazione dell'imposta relativa ai documenti di acquisto ricevuti e annotati entro il 15 del mese successivo a quello di effettuazione dell'operazione, fatta eccezione per i documenti di acquisto relativi ad operazioni effettuate nell'anno precedente ([1]). Il contribuente, qualora richiesto dagli organi dell'Amministrazione finanziaria, fornisce gli elementi in base ai quali ha operato la liquidazione periodica ([2]).

1 *bis*. Le disposizioni di cui al comma 1, ultimo periodo, si applicano anche ai soggetti di cui all'articolo 7 del decreto del Presidente della Repubblica 14 ottobre 1999, n. 542 ([3]).

1 *ter*. Resta ferma la possibilità per gli aventi diritto di presentare istanza di rimborso infrannuale ([3]).

[2. A decorrere dal periodo d'imposta 1999, i dati contabili riepilogativi delle liquidazioni periodiche effettuate ai sensi del comma 1 sono indicati, unitamente agli altri elementi richiesti, in apposito modello di dichiarazione da approvare con decreto dirigenziale. Tale dichiarazione è presentata anche nell'ipotesi di liquidazione con eccedenza a credito. Sono esonerati dalla presentazione della dichiarazione periodica i contribuenti non soggetti per l'anno in corso all'obbligo di presentazione della dichiarazione annuale IVA o di effettuazione delle liquidazioni periodiche, sempreché nel corso dello stesso anno non vengano meno le predette condizioni di esonero, nonché i soggetti di cui all'articolo 88 del testo unico delle imposte sui redditi, approvato con decreto del Presidente della Repubblica 22 dicembre 1986, n. 917. Le persone fisiche presentano la dichiarazione sempreché abbiano realizzato nell'anno precedente un volume d'affari superiore a cinquanta milioni di lire] (4).

[2 *bis*. In caso di determinazione separata dell'imposta in presenza di più attività, il contribuente presenta una sola dichiarazione riepilogativa per ciascun periodo. In caso di liquidazioni periodiche separate concernenti periodi mensili e trimestrali, effettuate contestualmente entro il termine previsto dal comma 1 per le liquidazioni mensili, il contribuente presenta una sola dichiarazione contenente i dati riepilogativi delle liquidazioni effettuate] (5).

[2 *ter*. I contribuenti presentano la dichiarazione di cui al comma 2 entro l'ultimo giorno del mese nel quale vanno eseguite le liquidazioni periodiche di cui ai commi 1 e 5. La predetta dichiarazione è presentata per il tramite della Poste italiane S.p.a. o di una banca, convenzionate. I soggetti indicati all'articolo 3, commi 2, 2 *bis*, 2 *ter* e 3, del decreto del Presidente della Repubblica 22 luglio 1998, n. 322, trasmettono la dichiarazione in via telematica entro l'ultimo giorno del mese successivo a quello di presentazione] (5).

3. A partire dal periodo di imposta in corso alla data di entrata in vigore del presente regolamento, il contribuente che affida a terzi la tenuta della contabilità e ne abbia dato comunicazione all'ufficio dell'imposta sul valore aggiunto competente nella prima dichiarazione annuale presentata nell'anno successivo alla scelta operata, può fare riferimento, ai fini del calcolo della differenza di imposta relativa al mese precedente, all'imposta divenuta esigibile nel secondo mese precedente. Per coloro che iniziano l'attività, l'opzione ha effetto dalla seconda liquidazione periodica (6).

4. Entro il termine stabilito nel comma 1, il contribuente versa l'importo della differenza nei modi di cui all'articolo 38 del decreto del Presidente della Repubblica 26 ottobre 1972, n. 633. Se l'importo dovuto non supera il limite di lire cinquantamila, il versamento è effettuato insieme a quello relativo al mese successivo. [La dichiarazione di cui al comma 1 è presentata, anche nell'ipotesi di liquidazione con eccedenza a credito, entro il termine stabilito per il versamento dell'imposta] (7).

5. Le disposizioni di cui ai commi 1, 2, 2 *bis*, 2 *ter* e 4 si applicano anche nei confronti dei soggetti di cui agli articoli 33, 73, primo comma, lettera *e*), e 74, quarto comma, del decreto del Presidente della Repubblica n. 633 del 1972, con riferimento ai termini ivi stabiliti (8).

(1) *Questo periodo è stato aggiunto dall'art. 14 del D.L. 23 ottobre 2018, n. 119, convertito, con modificazioni, nella L. 17 dicembre 2018, n. 136.*

(2) *Questo comma è stato dapprima modificato dall'art. 2 del D.P.R. 14 ottobre 1999, n. 542 e successivamente così sostituito dagli attuali commi 1, 1* bis *e 1* ter*, dall'art. 11 del D.P.R. 7 dicembre 2001, n. 435, con la decorrenza indicata nell'art. 19 dello stesso decreto.*

([3]) *L'originario comma 1 è stato così sostituito dagli attuali commi 1, 1* bis *e 1* ter, *ai sensi del disposto dall'art. 11 del D.P.R. 7 dicembre 2001, n. 435, con la decorrenza indicata nell'art. 19 dello stesso decreto.*

([4]) *Questo comma è stato dapprima così sostituito dall'art. 2 del D.P.R. 14 ottobre 1999, n. 542 e successivamente abrogato dall'art. 11 del D.P.R. 7 dicembre 2001, n. 435, con la decorrenza indicata nell'art. 19 dello stesso decreto.*

([5]) *Questo comma è stato aggiunto dall'art. 2 del D.P.R. 14 ottobre 1999, n. 542 e successivamente abrogato dall'art. 11 del D.P.R. 7 dicembre 2001, n. 435, con la decorrenza indicata nell'art. 19 dello stesso decreto.*

([6]) *Questo comma è stato corretto con avviso pubblicato nella* Gazzetta Ufficiale *23 aprile 1998, n. 94 e successivamente così modificato dall'art. 2 del D.P.R. 14 ottobre 1999, n. 542.*

([7]) *Questo periodo è stato soppresso dall'art. 2 del D.P.R. 14 ottobre 1999, n. 542. Successivamente il presente comma è stato così modificato dall'art. 11 del D.P.R. 7 dicembre 2001, n. 435, con la decorrenza indicata nell'art. 19 dello stesso decreto.*

([8]) *Questo comma è stato così modificato dall'art. 2 del D.P.R. 14 ottobre 1999, n. 542.*

2. Abrogazioni. – 1. Con effetto dalla data di entrata in vigore del presente regolamento, il primo e il secondo comma dell'articolo 27 del decreto del Presidente della Repubblica 26 ottobre 1972, n. 633, si intendono abrogati ai sensi dell'articolo 17, comma 2, della legge 23 agosto 1988, n. 400.

2. I riferimenti alle disposizioni indicate nel comma 1, contenuti in ogni altro atto normativo, si intendono fatti all'articolo 1 del presente regolamento.

3.

D.L.vo 26 febbraio 1999, n. 46. Riordino della disciplina della riscossione mediante ruolo, a norma dell'articolo 1 della legge 28 settembre 1998, n. 337 (Suppl. ord. alla *Gazzetta Ufficiale* Serie gen. - n. 53 del 5 marzo 1999).

(*Estratto*)

Capo II
Estensione delle disposizioni
sulla riscossione mediante ruolo

17. Entrate riscosse mediante ruolo. – 1. Salvo quanto previsto dal comma 2, si effettua mediante ruolo la riscossione coattiva delle entrate dello Stato, anche diverse dalle imposte sui redditi, e di quelle degli altri enti pubblici, anche previdenziali, esclusi quelli economici.

2. Può essere effettuata mediante ruolo affidato ai concessionari la riscossione coattiva delle entrate delle regioni, delle province, anche autonome, dei comuni e degli altri enti locali, nonché quella della tariffa di cui all'articolo 156 del decreto legislativo 3 aprile 2006, n. 152 ([1]).

3. Continua comunque ad effettuarsi mediante ruolo la riscossione delle entrate già riscosse con tale sistema in base alle disposizioni vigenti alla data di entrata in vigore del presente decreto.

3 *bis*. Il Ministro dell'economia e delle finanze può autorizzare la riscossione coattiva mediante ruolo di specifiche tipologie di crediti delle società per azioni a partecipazione pubblica ([2]), previa valutazione della rilevanza pubblica di tali crediti ([3]).

3 *ter*. In caso di emanazione dell'autorizzazione di cui al comma 3 *bis*, la società interessata procede all'iscrizione a ruolo dopo aver emesso, vidimato e reso esecutiva un'ingiunzione conforme all'articolo 2, primo comma, del testo unico di cui al regio decreto 14 aprile 1910, n. 639 ([3]) ([4]).

([1]) *Le parole da*: «*, nonché quella della tariffa ...*» *fino alla fine del comma sono state aggiunte dall'art. 2, comma 11, del D.L. 3 ottobre 2006, n. 262, convertito, con modificazioni, nella L. 24 novembre 2006, n. 286.*

([2]) *Le parole*: «*interamente partecipate dallo Stato*» *sono state così sostituite dalle attuali*: «*a partecipazione pubblica*» *dall'art. 1, comma 151, lett.* a), *della L. 24 dicembre 2007, n. 244.*

([3]) *Questo comma è stato aggiunto dall'art. 7, comma 1* sexies, *del D.L. 8 luglio 2002, n. 138, convertito, con modificazioni, nella L. 8 agosto 2002, n. 178, così come aggiunto dall'art. 4, comma 117, della L. 24 dicembre 2003, n. 350.*

(4) *Le parole da: «stipula ...» fino alla fine del comma sono state così sostituite dalle attuali da: «procede all'iscrizione ...» fino alla fine del comma dall'art. 1, comma 151, lett.* b), *della L. 24 dicembre 2007, n. 244.*

18. Estensione delle disposizioni del D.P.R. 29 settembre 1973, n. 602. – 1. Salvo quanto previsto dagli articoli seguenti, le disposizioni di cui al capo II del titolo I e al titolo II del D.P.R. 29 settembre 1973, n. 602, come modificate dal presente decreto, si applicano, nel rispetto degli ambiti di competenza, anche interna, dei singoli soggetti creditori anche alle entrate riscosse mediante ruolo a norma dell'art. 17 del presente decreto ed alle relative esenzioni e accessori.

18 *bis*. (1) **Disposizioni applicabili alle entrate da iscrivere a ruolo entro termini di decadenza.** – 1. Le disposizioni previste dagli articoli 12, comma 3, e 25, comma 2 *bis*, del decreto del Presidente della Repubblica 29 settembre 1973, n. 602, si applicano esclusivamente alle entrate per la cui iscrizione a ruolo è previsto un termine di decadenza.

(1) *Questo articolo è stato inserito dall'art. 8, comma 2, del D.L.vo 26 gennaio 2001, n. 32.*

19. Disposizioni applicabili alle sole imposte sui redditi. – 1. Le disposizioni previste dagli artt. 14, 15, [15 *bis*, 20] (1), [21,] (2) 32, 33, 34, 35 [, 36] (3), 37, 38, 41, 42 *bis*, 43 *bis*, 43 *ter*, 44 e 44 *bis* del D.P.R. 29 settembre 1973, n. 602, si applicano alle sole imposte sui redditi.

(1) *Le parole: «15* bis, *20» sono state soppresse dall'art. 2, comma 1, lett.* a), *del D.L.vo 27 aprile 2001, n. 193.*

(2) *Le parole: «21,» sono state soppresse dall'art. 2, comma 1, lett* a), *del D.L.vo 17 agosto 1999, n. 326.*

(3) *Le parole fra parentesi quadrate sono state soppresse dall'art. 28, comma 7, del D.L.vo 21 novembre 2014, n. 175.*

20. Disposizioni applicabili alle sole entrate tributarie dello Stato. – 1. Le disposizioni contenute negli artt. 15 *bis*, (1) 20, come sostituito dall'art. 8 del presente decreto, e 28 *bis* del D.P.R. 29 settembre 1973, n. 602, si applicano esclusivamente alle entrate tributarie dello Stato.

(1) *Le parole: «15* bis,*» sono state inserite dall'art. 2, comma 1, lett.* b), *del D.L.vo 27 aprile 2001, n. 193.*

20 *bis*. (1) **Ambito di applicazione dell'articolo 28 *ter* del decreto del Presidente della Repubblica 29 settembre 1973, n. 602.** – 1. Può essere effettuato mediante la compensazione volontaria di cui all'articolo 28 *ter* del decreto del Presidente della Repubblica 29 settembre 1973, n. 602, il pagamento di tutte le entrate iscritte a ruolo dall'Agenzia delle entrate. Tuttavia, l'agente della riscossione, una volta ricevuta la segnalazione di cui al comma 1 dello stesso articolo 28 *ter*, formula la proposta di compensazione con riferimento a tutte le somme iscritte a ruolo a carico del soggetto indicato in tale segnalazione.

2. Le altre Agenzie fiscali e gli enti previdenziali possono stipulare una convenzione con l'Agenzia delle entrate per disciplinare la trasmissione, da parte di quest'ultima, della segnalazione di cui al citato art. 28 *ter*, comma 1, anche nel caso in cui il beneficiario di un credito d'imposta sia iscritto a ruolo da uno dei predetti enti creditori. Con tale convenzione è regolata anche la suddivisione, tra gli stessi enti creditori, dei rimborsi spese spettanti all'agente della riscossione.

(1) *Questo articolo è stato inserito dall'art. 2, comma 14, del D.L. 3 ottobre 2006, n. 262, convertito, con modificazioni, nella L. 24 novembre 2006, n. 286.*

21. Presupposti dell'iscrizione a ruolo. – 1. Salvo che sia diversamente disposto da particolari disposizioni di legge, e salvo, altresì, quanto stabilito dall'art. 24 per le entrate degli enti previdenziali, le entrate previste dall'art. 17 aventi causa in rapporti di diritto privato sono iscritte a ruolo quando risultano da titolo avente efficacia esecutiva.

22. Decreti di attuazione. – 1. I decreti previsti dagli artt. 12, comma 2, 24, commi 1 e 2, 25, comma 2, 28, comma 3, 30 e 50, comma 3, del D.P.R. 29 settembre 1973, n. 602, come sostituiti dal presente decreto, sono adottati dal Ministero delle finanze anche per le entrate diverse dalle imposte sui redditi.

2. I decreti attuativi previsti dal presente decreto sono adottati entro sessanta giorni dalla pubblicazione dello stesso nella *Gazzetta Ufficiale*.

3. Resta fermo quanto disposto dal comma 3 dell'art. 13 del D.L. 30 dicembre 1993, n. 557, convertito, con modificazioni, dalla legge 26 febbraio 1994, n. 133.

23. (1) **Iscrizioni a ruolo a titolo provvisorio e termini di decadenza.** – 1. Le disposizioni previste dall'articolo 15, primo comma, del decreto del Presidente della Repubblica 29 settembre 1973, n. 602, come sostituito dall'articolo 4 del decreto legislativo 18 dicembre 1997, n. 462, nonché i termini di decadenza di cui all'articolo 25, comma 1, del decreto del Presidente della Repubblica 29 settembre 1973, n. 602, si applicano anche all'imposta sul valore aggiunto.

(1) *Questo articolo è stato così sostituito dall'art. 1, comma 5* ter, *lett.* b), *n. 1), del D.L. 17 giugno 2005, n. 106, convertito, con modificazioni, nella L. 31 luglio 2005, n. 156.*

24. Iscrizioni a ruolo dei crediti degli enti previdenziali. – 1. I contributi o premi dovuti agli enti pubblici previdenziali non versati dal debitore nei termini previsti da disposizioni di legge o dovuti in forza di accertamenti effettuati dagli uffici sono iscritti a ruolo, unitamente alle sanzioni ed alle somme aggiuntive calcolate fino alla data di consegna del ruolo al concessionario ([1]), al netto dei pagamenti effettuati spontaneamente dal debitore.

2. L'ente ha facoltà di richiedere il pagamento mediante avviso bonario al debitore. L'iscrizione a ruolo non è eseguita, in tutto o in parte, se il debitore provvede a pagare le somme dovute entro trenta giorni dalla data di ricezione del predetto avviso. Se, a seguito della ricezione di tale avviso, il contribuente presenta domanda di rateazione, questa viene definita secondo la normativa in vigore e si procede all'iscrizione a ruolo delle rate dovute. Fatto salvo quanto previsto dall'art. 25, l'iscrizione a ruolo è eseguita nei sei mesi successivi alla data prevista per il versamento.

3. Se l'accertamento effettuato dall'ufficio è impugnato davanti all'autorità giudiziaria, l'iscrizione a ruolo è eseguita in presenza di provvedimento esecutivo del giudice.

4. In caso di gravame amministrativo contro l'accertamento effettuato dall'ufficio, l'iscrizione a ruolo è eseguita dopo la decisione del competente organo amministrativo e comunque entro i termini di decadenza previsti dall'art. 25.

5. Contro l'iscrizione a ruolo il contribuente può proporre opposizione al giudice del lavoro entro il termine di quaranta giorni dalla notifica della cartella di pagamento. Il ricorso va notificato all'ente impositore [ed al concessionario] ([2]).

6. Il giudizio di opposizione contro il ruolo per motivi inerenti il merito della pretesa contributiva è regolato dagli artt. 442 ss. c.p.c. Nel corso del giudizio di primo grado il giudice del lavoro può sospendere l'esecuzione del ruolo per gravi motivi.

7. Il ricorrente deve notificare il provvedimento di sospensione al concessionario.

8. Resta salvo quanto previsto dal D.L.vo 18 dicembre 1997, n. 462.

([1]) *Le originarie parole*: *«di notifica della cartella di pagamento» sono state sostituite così dalle attuali*: *«di consegna del ruolo al concessionario» dall'art. 2, comma 1, lett.* b), *del D.L.vo 17 agosto 1999, n. 326.*

([2]) *Le parole*: *«ed al concessionario» sono state soppresse dall'art. 4, comma 2* quater, *del D.L. 24 settembre 2002, n. 209, convertito, con modificazioni, nella L. 22 novembre 2002, n. 265.*

25. ([1]) **Termini di decadenza per l'iscrizione a ruolo dei crediti degli enti pubblici previdenziali.** – 1. I contributi o premi dovuti agli ([2]) enti pubblici previdenziali sono iscritti in ruoli resi esecutivi, a pena di decadenza:

a) per i contributi o premi non versati dal debitore, entro il 31 dicembre dell'anno successivo al termine fissato per il versamento; in caso di denuncia o comunicazione tardiva o di riconoscimento del debito, tale termine decorre dalla data di conoscenza, da parte dell'ente;

b) per i contributi o premi dovuti in forza di accertamenti effettuati dagli uffici, entro il 31 dicembre dell'anno successivo alla data di notifica del provvedimento ovvero per quelli sottoposti a gravame giudiziario, entro il 31 dicembre dell'anno successivo a quello in cui il provvedimento è divenuto definitivo.

[2. Dopo l'iscrizione a ruolo l'ente, in pendenza di gravame amministrativo, può sospendere la riscossione con provvedimento motivato notificato al concessionario ed al contribuente. Il provvedimento può essere revocato ove sopravvenga fondato pericolo per la riscossione] (3).

(1) *A norma dell'art. 38, comma 12, del D.L. 31 maggio 2010, n. 78, convertito, con modificazioni, nella L. 30 luglio 2010, n. 122, le disposizioni contenute in questo articolo non si applicano, limitatamente al periodo compreso tra il 1/1/2010 e il 31/12/2012, ai contributi non versati e agli accertamenti notificati successivamente alla data del 1° gennaio 2004, dall'Ente creditore.*

(2) *Le parole: «dovuti dagli» sono state così sostituite dalle attuali dall'art. 2, comma 1, lett.* d), *del D.L.vo 27 aprile 2001, n. 193.*

(3) *Questo comma è stato abrogato dall'art. 30, comma 10, del D.L. 31 maggio 2010, n. 78, convertito, con modificazioni, nella L. 30 luglio 2010, n. 122.*

26. Rateazione delle entrate diverse dalle imposte sui redditi. – 1. Le disposizioni dell'articolo 19 del decreto del Presidente della Repubblica 29 settembre 1973, n. 602, e successive modificazioni, si applicano alle entrate iscritte a ruolo dalle amministrazioni statali, dalle agenzie istituite dallo Stato, dalle autorità amministrative indipendenti e dagli enti pubblici previdenziali, fermo restando quanto previsto dalle norme speciali in materia di rateizzazione delle pene pecuniarie di cui all'articolo 236, comma 1, del testo unico di cui al decreto del Presidente della Repubblica 30 maggio 2002, n. 115 (1).

1 *bis*. Le disposizioni di cui al comma 1 si applicano altresì alle restanti entrate iscritte a ruolo, salvo diversa determinazione dell'ente creditore, da comunicare all'agente della riscossione competente in ragione della sede legale dello stesso ente; tale determinazione produce effetti a decorrere dal trentesimo giorno successivo alla ricezione della comunicazione da parte del competente agente della riscossione (2).

2. Le rate scadono l'ultimo giorno del mese.

(1) *Questo comma è stato così sostituito dall'art. 36, comma 2* ter, *lett.* a), *del D.L. 31 dicembre 2007, n. 248, convertito, con modificazioni, nella L. 28 febbraio 2008, n. 31.*

(2) *Questo comma è stato inserito dall'art. 36, comma 2* ter, *lett.* b), *del D.L. 31 dicembre 2007, n. 248, convertito, con modificazioni, nella L. 28 febbraio 2008, n. 31.*

27. Accessori dei crediti previdenziali. – 1. In deroga all'art. 30 del D.P.R. 29 settembre 1973, n. 602, come sostituito dall'art. 14 del presente decreto, sui contributi o premi dovuti agli enti pubblici previdenziali, decorso il termine previsto dall'art. 25 del D.P.R. 29 settembre 1973, n. 602, come sostituito dall'art. 11 del presente decreto, le sanzioni e le somme aggiuntive dovute sono calcolate, secondo le disposizioni che le regolano, dalla data della notifica e fino alla data del pagamento.

2. (*Omissis*).

28. Sospensione amministrativa della riscossione. – 1. In caso di impugnazione del ruolo, il soggetto creditore può, con provvedimento motivato, sospendere la riscossione anche per le entrate diverse da quelle elencate dall'art. 2 del D.L.vo 31 dicembre 1992, n. 546.

29. Garanzie giurisdizionali per entrate non devolute alle commissioni tributarie. – 1. Per le entrate tributarie diverse da quelle elencate dall'art. 2 del D.L.vo 31 dicembre 1992, n. 546, e per quelle non tributarie, il giudice competente a conoscere le controversie concernenti il ruolo può sospendere la riscossione se ricorrono gravi motivi.

2. Alle entrate indicate nel comma 1 non si applica la disposizione del comma 1 dell'art. 57 del D.P.R. 29 settembre 1973, n. 602, come sostituito dall'art. 16 del presente decreto e le opposizioni all'esecuzione ed agli atti esecutivi si propongono nelle forme ordinarie.

3. Ad esecuzione iniziata il giudice può sospendere la riscossione solo in presenza dei presupposti di cui all'art. 60 del D.P.R. 29 settembre 1973, n. 602, come sostituito dall'art. 16 del presente decreto.

30. Esito negativo del terzo incanto nell'espropriazione forzata immobiliare. – 1. La disposizione prevista dall'art. 85 del D.P.R. 29 settembre 1973, n. 602, come sostituito all'art. 16 del presente decreto, si applica solo se si procede per entrate tributarie dello Stato.

2. Negli altri casi, se nelle procedure di espropriazione forzata immobiliare il terzo incanto ha esito negativo, il procedimento si estingue qualora, nel termine di sessanta giorni da tale incanto, il concessionario non dichiara, su indicazione dell'ufficio che ha formato il ruolo, di voler procedere ad un ulteriore incanto per un prezzo base inferiore di un terzo rispetto a quello dell'ultimo incanto. Il processo esecutivo si estingue comunque se anche tale incanto ha esito negativo.

31. Limiti all'applicazione delle disposizioni sulle procedure concorsuali. – 1. Le disposizioni previste dagli artt. 88 e 90, comma 2, del D.P.R. 29 settembre 1973, n. 602, come sostituiti dall'art. 16 del presente decreto, non si applicano se le contestazioni relative alle somme iscritte a ruolo sono devolute alla giurisdizione del giudice ordinario.

32. ([1]) **Riscossione spontanea a mezzo ruolo. –** 1. La riscossione spontanea a mezzo ruolo è effettuata nel numero di rate previsto dalle disposizioni relative alle singole entrate; le rate scadono l'ultimo giorno del mese. Si considera riscossione spontanea a mezzo ruolo quella da effettuare, nei casi previsti dalla legge:

a) a seguito di iscrizione a ruolo non derivante da inadempimento;

b) quando la somma da iscrivere a ruolo è ripartita in più rate su richiesta del debitore.

2. Nel caso previsto dal comma 1, lettera *a*):

a) su richiesta dell'ente creditore, possono essere regolate con convenzioni da stipulare con i concessionari del servizio nazionale della riscossione:

1) le procedure di formazione e consegna dei ruoli;

2) limitatamente alla fase antecedente la notifica della cartella di pagamento, le modalità di richiesta del pagamento al debitore e di riversamento delle somme riscosse e la remunerazione per lo svolgimento del servizio;

3) i termini di notifica della cartella di pagamento;

4) le penalità per l'inadempimento degli obblighi derivanti dalla convenzione;

b) in mancanza della richiesta di cui alla lettera *a*), la cadenza delle eventuali rate è indicata dall'ente creditore e i concessionari possono far precedere la notifica della cartella di pagamento dall'invio, a mezzo lettera non raccomandata, di una comunicazione contenente gli elementi da indicare nella cartella stessa. In ogni caso, essi inviano tale comunicazione in modo che la prima o unica rata di pagamento cada entro l'ultimo giorno del terzo mese successivo a quello di consegna del ruolo ([2]).

3. Nel caso previsto dal comma 1, lettera *b*), il concessionario provvede alla notifica della cartella di pagamento entro l'ultimo giorno del secondo mese successivo a quello di consegna del ruolo.

4. Se il ruolo emesso per la riscossione spontanea è ripartito in più rate, l'intimazione ad adempiere contenuta nella cartella di pagamento produce effetti relativamente a tutte le rate.

([1]) *Questo articolo è stato così sostituito dall'art. 1, comma 1, lett.* c), *del D.L.vo 17 agosto 1999, n. 326.*

([2]) *Questo comma è stato così sostituito dall'art. 2, comma 1, lett.* e), *del D.L.vo 27 aprile 2001, n. 193.*

Capo III
Disposizioni transitorie e finali

35. Denominazioni. - 1. Nel D.P.R. 29 settembre 1973, n. 602, le parole «esattore» e «esattoria» sono sostituite, dove compaiono, dalla parola «concessionario».

36. Disposizioni transitorie. - 1. Fino all'entrata in vigore del regolamento previsto nell'art. 12 *bis* del D.P.R. 29 settembre 1973, n. 602, introdotto dall'art. 4 del presente decreto, per le entrate tributarie dello Stato e degli enti locali non si fa luogo all'iscrizione a ruolo per gli importi individuati con il regolamento previsto nell'art. 16, comma 2, della legge 8 maggio 1998, n. 146.

2. In deroga all'articolo 25, comma 1, lettera *a*), del decreto del Presidente della Repubblica 29 settembre 1973, n. 602, per le somme che risultano dovute a seguito dell'attività di liquidazione delle dichiarazioni, la cartella di pagamento è notificata, a pena di decadenza, entro il 31 dicembre:

a) del quarto anno successivo a quello di presentazione della dichiarazione, relativamente alle dichiarazioni presentate negli anni 2002 e 2003 ([1]);

b) del quinto anno successivo a quello di presentazione della dichiarazione, relativamente alle dichiarazioni presentate entro il 31 dicembre 2001 ([2]) ([1]).

2 *bis*. Fino al 30 settembre 1999 i ruoli possono essere formati e resi esecutivi secondo le disposizioni in vigore al 30 giugno 1999. A tali ruoli e a quelli resi esecutivi antecedentemente al 1° luglio 1999 si applicano gli articoli 24, 25, 26, 27, 28, 29, 30 e 46 del decreto del Presidente della Repubblica 29 settembre 1973, n. 602, nel testo vigente prima di tale data; in deroga all'articolo 68, comma 1, del decreto legislativo 13 aprile 1999, n. 112, su tali ruoli sono dovuti i compensi e gli interessi semestrali di mora di cui all'articolo 61, comma 6, del decreto del Presidente della Repubblica 28 gennaio 1988, n. 43 ([3]).

3. Per le entrate amministrate dal dipartimento delle entrate del Ministero delle finanze, fino all'attivazione degli uffici delle entrate la sospensione prevista dall'art. 39 del D.P.R. 29 settembre 1973, n. 602, come sostituito dall'art. 15 del presente decreto, è disposta dalla sezione staccata della direzione regionale delle entrate, sentito l'ufficio che ha provveduto all'iscrizione a ruolo.

4. Il divieto stabilito nell'art. 55 del D.P.R. 29 settembre 1973, n. 602, come sostituito dall'art. 16 del presente decreto, non si applica se il concessionario è una banca che procede all'espropriazione di beni immobili anche per la tutela di crediti propri, non portati dal ruolo, e che ha ottenuto il nulla osta del servizio di vigilanza.

5. In via transitoria, e fino all'attivazione degli uffici del territorio, i compiti agli stessi affidati dall'art. 79, comma 2, del D.P.R. 29 settembre 1973, n. 602, come sostituito dall'art. 16 del presente decreto, sono svolti dagli uffici tecnici erariali.

6. Le disposizioni contenute nell'articolo 25 si applicano ai contributi e premi non versati e agli accertamenti notificati successivamente alla data del 1° gennaio 2004 ([4]) ([5]).

7. I privilegi dei crediti dello Stato per le imposte sui redditi portati da ruoli resi esecutivi in data precedente a quella di entrata in vigore del presente decreto continuano ad essere regolati dagli artt. 2752 e 2771 c.c., nel testo anteriormente vigente.

8. In via transitoria, e fino alla data di efficacia delle disposizioni del D.L.vo 19 febbraio 1998, n. 51, le funzioni di giudice dell'esecuzione nelle procedure di espropriazione promosse a norma del titolo II del D.P.R. 29 settembre 1973, n. 602, come modificato dal presente decreto, sono svolte dal pretore ([6]).

9. Le procedure esecutive in corso alla data di entrata in vigore del presente decreto continuano ad essere regolate dalle norme vigenti anteriormente a tale data.

10. Resta fermo quanto disposto in tema di cessione e cartolarizzazione dei crediti dell'Istituto nazionale della previdenza ed assistenza sociale; ai crediti oggetto della cessione si applicano le disposizioni del presente decreto, a partire dalla data della sua entrata in vigore.

10 *bis*. Entro il 31 dicembre 2002, l'ente creditore procede automaticamente all'annullamento dei ruoli resi esecutivi prima del 31 dicembre 1994 e non riscossi, a condizione che, alla data del 31 dicembre 2001:

a) le somme iscritte in tali ruoli non siano oggetto di provvedimenti di sospensione;

b) non siano scaduti i termini di cui all'articolo 77 del decreto del Presidente della Repubblica 28 gennaio 1988, n. 43, per la presentazione, da parte del concessionario, delle domande di rimborso o di discarico delle quote iscritte nei predetti ruoli ([7]).

10 *ter*. A seguito dell'annullamento dei ruoli di cui al comma 10 *bis*, l'ente creditore rimborsa al concessionario le somme dallo stesso anticipate in adempimento dell'obbligo del non riscosso come riscosso ([7]).

10 *quater*. Le disposizioni di cui ai commi 10 *bis* e 10 *ter* non devono comportare oneri a carico del bilancio dello Stato ([7]).

([1]) *A norma dell'art. 37, comma 44, del D.L. 4 luglio 2006, n. 223, convertito, con modificazioni, nella L. 4 agosto 2006, n. 248, entro il 31 dicembre 2008, è eseguita la notifica delle cartelle di pagamento relativa alle dichiarazioni di cui a questa lettera, nei confronti dei contribuenti che hanno presentato dichiarazioni o effettuato versamenti ai sensi dell'art. 9* bis *della L. n. 289/2002.*

(2) *Questo comma è stato così sostituito dall'art. 1, comma 5* ter, *lett.* b), *n. 2), del D.L. 17 giugno 2005, n. 106, convertito, con modificazioni, nella L. 31 luglio 2005, n. 156.*

(3) *Questo comma è stato aggiunto dall'art. 2, comma 1, lett.* d), *del D.L.vo 17 agosto 1999, n. 326.*

(4) *Questo comma è stato da ultimo così sostituito dall'art. 38, comma 8, della L. 27 dicembre 2002, n. 289.*

(5) *Le parole: «1° gennaio 2003» sono state così sostituite dalle attuali: «1° gennaio 2004» dall'art. 4, comma 25, della L. 24 dicembre 2003, n. 350.*

(6) *Ai sensi del D.L.vo 19 febbraio 1998, n. 51, l'ufficio del pretore è soppresso a decorrere dal 2 giugno 1999, fatta salva l'attività necessaria per l'esaurimento degli affari pendenti. Le relative competenze sono trasferite al tribunale ordinario, fuori dei casi in cui è diversamente disposto dal predetto provvedimento.*

(7) *Questo comma è stato aggiunto dall'art. 4, comma 2* undecies, *del D.L. 24 settembre 2002, n. 209, convertito, con modificazioni, nella L. 22 novembre 2002, n. 265.*

37. Abrogazioni. – (*Omissis*).

38. Norma di coordinamento. – 1. Dalla data di entrata in vigore del presente decreto:

a) i rinvii contenuti in norme vigenti alle disposizioni del D.P.R. 29 settembre 1973, n. 602, abrogate dal presente decreto, si intendono riferiti alle corrispondenti disposizioni del presente decreto;

b) i riferimenti contenuti nelle norme ai ruoli principali, suppletivi e speciali, già disciplinati dal D.P.R. 29 settembre 1973, n. 602, si intendono effettuati ai ruoli ordinari di cui all'art. 11 del medesimo decreto n. 602 del 1973, come sostituito dall'art. 3 del presente decreto.

39. Entrata in vigore. – 1. Il presente decreto legislativo entra in vigore il 1° luglio 1999.

4.

D.L.vo 13 aprile 1999, n. 112. Riordino del servizio nazionale della riscossione, in attuazione della delega prevista dalla legge 28 settembre 1998, n. 337 (*Gazzetta Ufficiale* Serie gen. - n. 97 del 27 aprile 1999).

(*Estratto*)

Capo II
Principi generali dei diritti e degli obblighi del concessionario

Sezione I
Diritti del concessionario

18. Accesso dei concessionari agli uffici pubblici. – 1. Ai soli fini della riscossione mediante ruolo, i concessionari sono autorizzati ad accedere, gratuitamente ed anche in via telematica, a tutti i dati rilevanti a tali fini, anche se detenuti da uffici pubblici ([1]) con facoltà di prendere visione e di estrarre copia degli atti riguardanti i beni dei debitori iscritti a ruolo e i coobbligati, nonché di ottenere, in carta libera, le relative certificazioni.

2. Ai medesimi fini i concessionari sono altresì autorizzati ad accedere alle informazioni disponibili presso il sistema informativo del Ministero delle finanze e presso i sistemi informativi degli altri soggetti creditori, salve le esigenze di riservatezza e segreto opponibili in base a disposizioni di legge o di regolamento.

3. Con decreto di natura non regolamentare ([2]) del Ministero delle finanze, sentito il garante per la protezione dei dati personali, sono stabiliti i casi, i limiti e le modalità di esercizio delle facoltà indicate nei commi 1 e 2 e le cautele a tutela della riservatezza dei debitori.

3 *bis*. I concessionari possono procedere al trattamento dei dati acquisiti ai sensi dei commi 1 e 2 senza rendere l'informativa di cui all'articolo 13 del decreto legislativo 30 giugno 2003, n. 196 ([3]).

([1]) *Le parole*: *«agli uffici, anche in via telematica» sono state così sostituite dalle attuali da*: *«, gratuitamente ...» fino a*: *«... uffici pubblici» dall'art. 3, comma 36, lett.* a), *n. 1), del D.L. 30 settembre 2005, n. 203, convertito, con modificazioni, nella L. 2 dicembre 2005, n. 248.*

([2]) *Le parole*: *«di natura non regolamentare» sono state inserite dall'art. 3, comma 36, lett.* a), *n. 2), del D.L. 30 settembre 2005, n. 203, convertito, con modificazioni, nella L. 2 dicembre 2005, n. 248.*

([3]) *Questo comma è stato aggiunto dall'art. 3, comma 36, lett.* a), *n. 3), del D.L. 30 settembre 2005, n. 203, convertito, con modificazioni, nella L. 2 dicembre 2005, n. 248.*

19. Discarico per inesigibilità. – 1. Ai fini del discarico delle quote iscritte a ruolo, il concessionario trasmette, anche in via telematica, all'ente creditore, una comunicazione di inesigibilità. Tale comunicazione viene redatta e trasmessa con le modalità stabilite con decreto del Ministero delle finanze, entro il terzo anno successivo alla consegna del ruolo, fatto salvo quanto diversamente previsto da specifiche disposizioni di legge. La comunicazione è trasmessa anche se, alla scadenza di tale termine, le quote sono interessate da procedure esecutive o cautelari avviate, da contenzioso pendente, da accordi di ristrutturazione o transazioni fiscali e previdenziali in corso, da insinuazioni in procedure concorsuali ancora aperte, ovvero da dilazioni in corso concesse ai sensi dell'articolo 19 del decreto del Presidente della Repubblica 29 settembre 1973, n. 602, e successive modificazioni. In tale caso, la comunicazione assume valore informativo e deve essere integrata entro il 31 dicembre dell'anno di chiusura delle attività in corso ove la quota non sia integralmente riscossa ([1]).

2. Costituiscono causa di perdita del diritto al discarico:

a) la mancata notificazione imputabile al concessionario, della cartella di pagamento, prima del decorso del nono mese successivo alla consegna del ruolo e ([2]), nel caso previsto dall'articolo 32, comma 2, lettera *b*), del decreto legislativo 26 febbraio 1999, n. 46, entro il terzo mese successivo all'ultima rata indicata nel ruolo ([3]) ([4]) ([5]);

[*b*) la mancata comunicazione all'ente creditore, anche in via telematica, con cadenza annuale, dello stato delle procedure relative alle singole quote comprese nei ruoli consegnati in uno stesso mese; la prima comunicazione è effettuata entro il diciottesimo mese successivo a quello di consegna del ruolo. Tale comunicazione è effettuata con le modalità stabilite con decreto del Ministero delle finanze] ([6]);

c) la mancata presentazione della comunicazione di inesigibilità prevista dal comma 1 entro i termini stabiliti dalla legge ([7]);

d) il mancato svolgimento dell'azione esecutiva, diversa dall'espropriazione mobiliare, ([8]) su tutti i beni del contribuente la cui esistenza, al momento del pignoramento, risultava dal sistema informativo del Ministero delle finanze, a meno che i beni pignorati non fossero di valore pari al doppio del credito iscritto a ruolo, nonché sui nuovi beni la cui esistenza è stata comunicata dall'ufficio ai sensi del comma 4 ([9]);

d bis) il mancato svolgimento delle attività conseguenti alle segnalazioni di azioni esecutive e cautelari ([10]) effettuate dall'ufficio ai sensi del comma 4 ([11]);

e) la mancata riscossione delle somme iscritte a ruolo, se imputabile al concessionario; sono imputabili al concessionario e costituiscono causa di perdita del diritto al discarico i vizi e le irregolarità compiute nell'attività di notifica della cartella di pagamento e ([12]) nell'ambito della procedura esecutiva, salvo che gli stessi concessionari non dimostrino che tali vizi ed irregolarità non hanno influito sull'esito della procedura o che non pregiudicano, in ogni caso, l'azione di recupero ([13]).

3. Per le quote contenute nelle comunicazioni di inesigibilità che non sono soggette a successiva integrazione, presentate in uno stesso anno solare, l'agente della riscossione è automaticamente discaricato decorso il 31 dicembre del secondo anno successivo a quello di presentazione, fatte salve quelle per le quali l'ente creditore abbia, entro tale termine, avviato l'attività di controllo ai sensi dell'articolo 20. I crediti corrispondenti alle quote discaricate sono eliminati dalle scritture patrimoniali dell'ente creditore ([14]).

4. Fino al discarico di cui al comma 3, resta salvo, in ogni momento, il potere dell'ufficio di comunicare al concessionario l'esistenza di nuovi beni da sottoporre ad esecuzione e di segnalare azioni cautelari ed esecutive nonché conservative ed ogni altra azione prevista dalle norme ordinarie a tutela del creditore ([15]) da intraprendere al fine di riscuotere le somme iscritte a ruolo ([16]). A tal fine l'ufficio dell'Agenzia delle entrate si avvale anche del potere di cui all'articolo 32, primo comma n. 7), del decreto del Presidente della Repubblica 29 settembre 1973, n. 600, e 51, secondo comma n. 7), del decreto del Presidente della Repubblica 26 ottobre 1972, n. 633 ([17]).

5. La documentazione cartacea relativa alle procedure esecutive poste in essere dal concessionario è conservata, fino al discarico delle relative quote, dallo stesso concessionario.

6. Fino al discarico di cui al comma 3, l'ufficio può richiedere al concessionario la trasmissione, entro centoventi giorni, ([18]) della documentazione relativa alle quote per le quali intende esercitare il controllo di merito, ovvero procedere alla verifica della stessa documentazione presso il concessionario; se entro tale termine ([19]), il concessionario non consegna, ovvero non mette a disposizione, tale documentazione perde il diritto al discarico della quota.

6 *bis*. L'ente creditore adotta, nelle more dell'eventuale discarico delle quote affidate, i provvedimenti necessari ai fini dell'esecuzione delle pronunce rese nelle controversie in cui è parte l'agente della riscossione ([20]).

([1]) *Le parole: «, entro il terzo anno successivo alla consegna del ruolo, fatto salvo quanto diversamente previsto da specifiche disposizioni di legge. La comunicazione è trasmessa anche se, alla scadenza di tale termine, le quote sono interessate da procedure esecutive o cautelari avviate, da contenzioso pendente, da accordi di ristrutturazione o transazioni fiscali e previdenziali in corso, da insinuazioni in procedure concorsuali ancora aperte, ovvero da dilazioni in corso concesse ai sensi dell'articolo 19 del decreto del Presidente della Repubblica 29 settembre 1973, n. 602, e successive modificazioni. In tale caso, la comunicazione assume valore informativo e deve essere integrata entro il 31 dicembre dell'anno di chiusura delle attività in corso ove la quota non sia integralmente riscossa» sono state aggiunte dall'art. 1, comma 682, lett.* a), *della L. 23 dicembre 2014, n. 190.*

(2) *Le parole*: «*entro il quinto mese successivo alla consegna del ruolo nonché*» *sono state così sostituite dalle parole*: «*prima del decorso del nono mese successivo alla consegna del ruolo e*» *dall'art. 15, comma 3, del D.L. 1 luglio 2009, n. 78, convertito, con modificazioni, nella L. 3 agosto 2009, n. 102. A norma del successivo comma 4 del medesimo articolo, le disposizioni di cui al comma 3 si applicano ai ruoli consegnati agli agenti della riscossione a decorrere dal 31 ottobre 2009.*

(3) *Questa lettera è stata così sostituita dall'art. 3, comma 1, lett.* c), *n. 1), del D.L.vo 27 aprile 2001, n. 193. Tale disposizioni si applicano ai ruoli consegnati ai concessionari dopo il 30 giugno 2001.*

(4) *A norma dell'art. 68, comma 4* bis, *lett.* a), *del D.L. 17 marzo 2020, n. 18, convertito, con modificazioni, nella L. 24 aprile 2020, n. 27, così come modificato dall'art. 1* bis, *comma 1, lett.* b), *del D.L. 7 ottobre 2020, n. 125, convertito, con modificazioni, nella L. 27 novembre 2020, n. 159, con riferimento ai carichi, relativi alle entrate tributarie e non tributarie, affidati all'agente della riscossione durante il periodo di sospensione di cui ai commi 1 e 2* bis, *è stato prorogato di dodici mesi il termine di cui a questa lettera.*

(5) *A norma dell'art. 68, comma 4* bis, *lett.* a), *del D.L. 17 marzo 2020, n. 18, convertito, con modificazioni, nella L. 24 aprile 2020, n. 27, così come modificato dall'art. 4, comma 1, lett.* d), *del D.L. 22 marzo 2021, n. 41, convertito, con modificazioni, nella L. 21 maggio 2021, n. 69, con riferimento ai carichi, relativi alle entrate tributarie e non tributarie, affidati all'agente della riscossione durante il periodo di sospensione di cui ai commi 1 e 2 bis e, successivamente, fino alla data del 31 dicembre 2021, nonché, anche se affidati dopo lo stesso 31 dicembre 2021, a quelli relativi alle dichiarazioni di cui all'articolo 157, comma 3, lettere a), b), e c), del decreto legge 19 maggio 2020, n. 34, convertito, con modificazioni, dalla legge 17 luglio 2020, n. 77, il termine di cui a questo comma è prorogato di dodici mesi.*

(6) *Questa lettera è stata abrogata dall'art. 1, comma 682, lett.* b), *n. 1), della L. 23 dicembre 2014, n. 190.*

(7) *Questa lettera è stata così sostituita dall'art. 1, comma 682, lett.* b), *n. 2), della L. 23 dicembre 2014, n. 190.*

(8) *Le parole*: «*, diversa dall'espropriazione immobiliare,*» *sono state inserite dall'art. 23, comma 34, lett.* c), *del D.L. 6 luglio 2011, n. 98, convertito, con modificazioni, nella L. 15 luglio 2011, n. 111.*

(9) *Le parole da*: «*, nonché sui nuovi beni ...*» *fino alla fine della lettera, sono state aggiunte dall'art. 3, comma 2, lett.* a), *n. 1), punto 1.1), del D.L. 8 luglio 2002, n. 138, conv., con modif., nella L. 8 agosto 2002, n. 178.*

(10) *Le parole*: «*di azioni esecutive e cautelari*» *sono state inserite dall'art. 3, comma 36, lett.* b), *del D.L. 30 settembre 2005, n. 203, convertito, con modificazioni, nella L. 2 dicembre 2005, n. 248.*

(11) *Questa lettera è stata inserita dall'art. 3, comma 2, lett.* a), *n. 1), punto 1.2), del D.L. 8 luglio 2002, n. 138, conv., con modif., nella L. 8 agosto 2002, n. 178.*

([12]) *Le parole: «nell'attività di notifica della cartella di pagamento e» sono state inserite dall'art. 3, comma 2, lett.* a), *n. 1), punto 1.3), del D.L. 8 luglio 2002, n. 138, conv., con modif., nella L. 8 agosto 2002, n. 178.*

([13]) *Le parole: «o che non pregiudicano, in ogni caso, l'azione di recupero» sono state aggiunte dall'art. 1, comma 682, lett.* b), *n. 3), della L. 23 dicembre 2014, n. 190.*

([14]) *Questo comma è stato così sostituito dall'art. 1, comma 682, lett.* c), *della L. 23 dicembre 2014, n. 190.*

([15]) *Le parole da: «nonché conservative ...» fino a: «... tutela del creditore» sono state inserite dall'art. 1, comma 416, lett.* b), *della L. 30 dicembre 2004, n. 311.*

([16]) *Questo comma è stato così sostituito dall'art. 3, comma 2, lett.* a), *n. 2), del D.L. 8 luglio 2002, n. 138, conv., con modif., nella L. 8 agosto 2002, n. 178.*

([17]) *Questo periodo è stato aggiunto dall'art. 27, comma 8, del D.L. 29 novembre 2008, n. 185, convertito, con modificazioni, nella L. 28 gennaio 2009, n. 2.*

([18]) *Le parole: «, entro centoventi giorni,» sono state inserite dall'art. 1, comma 682, lett.* d), *n. 1), della L. 23 dicembre 2014, n. 190.*

([19]) *Le parole: «trenta giorni dalla richiesta» sono state così sostituite dalle attuali: «tale termine» dall'art. 1, comma 682, lett.* d), *n. 2), della L. 23 dicembre 2014, n. 190.*

([20]) *Questo comma è stato aggiunto dall'art. 1, comma 682, lett.* e), *della L. 23 dicembre 2014, n. 190.*

20. Procedura di discarico per inesigibilità e reiscrizione nei ruoli. – 1. Il competente ufficio dell'ente creditore dà impulso alla procedura di controllo con la notifica, all'agente della riscossione competente, della comunicazione di avvio del procedimento, nella quale può contestualmente chiedere la trasmissione della documentazione ai sensi dell'articolo 19, comma 6. Lo stesso ufficio, se ritiene non rispettate le disposizioni dell'articolo 19, comma 2, lettere *a*), *d*), *d bis*) ed *e*), entro centottanta giorni dalla comunicazione di avvio del procedimento, o, se richiesta, dalla trasmissione, ai sensi dell'articolo 19, comma 6, della documentazione, notifica, a pena di decadenza, apposito atto di contestazione all'agente della riscossione, che non oltre i successivi novanta giorni può produrre osservazioni. L'atto di contestazione deve contenere, a pena di nullità, l'esposizione analitica delle omissioni e dei vizi o delle irregolarità riscontrati in rapporto alla descrizione delle corrette modalità di svolgimento dell'attività. Decorso tale termine, l'ufficio, a pena di decadenza, entro sessanta giorni, ammette o rifiuta il discarico con provvedimento a carattere definitivo, ovvero, laddove le osservazioni prodotte facciano emergere la possibilità di riattivare proficuamente le attività esecutive, assegna all'agente della riscossione un termine non inferiore a dodici mesi per l'espletamento di nuove azioni, riservando la decisione allo scadere di tale termine.

2. Il controllo di cui al comma 1 è effettuato dall'ente creditore, tenuto conto del principio di economicità dell'azione amministrativa e della capa-

cità operativa della struttura di controllo e, di norma, in misura non superiore al 5 per cento delle quote comprese nelle comunicazioni di inesigibilità presentate in ciascun anno.

3. Se l'agente della riscossione non ha rispettato le disposizioni dell'articolo 19, comma 2, lettera *c*), si procede ai sensi del comma 1 del presente articolo immediatamente dopo che si è verificata la causa di perdita del diritto al discarico.

4. Nel termine di novanta giorni dalla notificazione del provvedimento definitivo di cui al comma 1 del presente articolo, l'agente della riscossione può definire la controversia con il pagamento di una somma, maggiorata degli interessi legali decorrenti dal termine ultimo previsto per la notifica della cartella, pari a un ottavo dell'importo iscritto a ruolo e alla totalità delle spese di cui all'articolo 17, commi 6 e 7 *ter*, se rimborsate dall'ente creditore ovvero, se non procede alla definizione agevolata, può ricorrere alla Corte dei conti. Decorso tale termine, in mancanza di definizione agevolata o di ricorso, la somma dovuta dall'agente della riscossione è pari a un terzo dell'importo iscritto a ruolo con aggiunta degli interessi e delle spese di cui al periodo precedente.

5. Le disposizioni sulla definizione agevolata di cui al comma 4 del presente articolo non si applicano ai ruoli relativi alle risorse proprie tradizionali di cui all'articolo 2, paragrafo 1, lettera *a*), delle decisioni 2007/436/CE, Euratom del Consiglio, del 7 giugno 2007, e 2014/335/UE, Euratom del Consiglio, del 26 maggio 2014, resi esecutivi dall'Agenzia delle dogane e dei monopoli e agli atti di accertamento emessi dalla stessa Agenzia, ai sensi dell'articolo 9, comma 3 *bis*, del decreto legge 2 marzo 2012, n. 16, convertito, con modificazioni, dalla legge 26 aprile 2012, n. 44, per la riscossione delle medesime risorse proprie; in caso di mancato ricorso alla Corte dei conti, la somma dovuta dall'agente della riscossione è pari all'importo iscritto a ruolo con aggiunta degli interessi e delle spese di cui al citato comma 4.

6. L'ente creditore, qualora nell'esercizio della propria attività istituzionale individui, successivamente al discarico, l'esistenza di significativi elementi reddituali o patrimoniali riferibili agli stessi debitori, può, a condizione che non sia decorso il termine di prescrizione decennale, sulla base di valutazioni di economicità e delle esigenze operative, riaffidare in riscossione le somme, comunicando all'agente della riscossione i nuovi beni da sottoporre a esecuzione, ovvero le azioni cautelari o esecutive da intraprendere. Le modalità di affidamento di tali somme sono stabilite con decreto del Ministro dell'economia e delle finanze. In tal caso, l'azione dell'agente della riscossione è preceduta dalla notifica dell'avviso di intimazione previsto dall'articolo 50 del decreto del Presidente della Repubblica 29 settembre 1973, n. 602, e successive modificazioni.

21. Attività di recupero crediti. – 1. I concessionari possono esercitare l'attività di recupero crediti secondo le ordinarie procedure civilistiche tenendone separata contabilità.

2. Tale attività è svolta attraverso strutture ed uffici distinti da quelli addetti al servizio nazionale della riscossione.

3. Gli ufficiali della riscossione non possono in nessun caso svolgere le attività di recupero crediti od esserne coinvolti.

4. L'attività di recupero crediti non può essere esercitata dai concessionari a favore di soggetti nei confronti dei quali sono state avviate procedure di riscossione coattiva a mezzo ruolo. Il divieto deve intendersi esteso anche ai prossimi congiunti, ove si tratti di persone fisiche, e alle società controllate e collegate di cui all'articolo 2359 codice civile, ove si tratti persone giuridiche.

Sezione II

Obblighi contabili e di garanzia

22. Termini di riversamento delle somme riscosse. – 1. Il concessionario riversa all'ente creditore le somme riscosse entro il decimo giorno successivo alla riscossione. Per le somme riscosse attraverso le agenzie postali e le banche il termine di riversamento decorre, dal giorno individuato con decreto del Ministero delle finanze, di concerto con il Ministero del tesoro, del bilancio e della programmazione economica ([1]). Per gli enti diversi dallo Stato e da quelli previdenziali il termine di riversamento decorre dal giorno successivo allo scadere di ogni decade di ciascun mese.

1 *bis*. In caso di versamento di somme eccedenti almeno cinquanta euro rispetto a quelle complessivamente richieste dall'agente della riscossione, quest'ultimo ne offre la restituzione all'avente diritto notificandogli una comunicazione delle modalità di restituzione dell'eccedenza. Decorsi tre mesi dalla notificazione senza che l'avente diritto abbia accettato la restituzione, ovvero, per le eccedenze inferiori a cinquanta euro, decorsi tre mesi dalla data del pagamento, l'agente della riscossione riversa le somme eccedenti all'ente creditore ovvero, se tale ente non è identificato né facilmente identificabile, all'entrata del bilancio dello Stato, ad esclusione di una quota pari al 15 per cento, che affluisce ad apposita contabilità speciale. Il riversamento è effettuato il giorno 20 dei mesi di giugno e dicembre di ciascun anno ([2]).

1 *ter*. La restituzione ovvero il riversamento sono effettuati al netto dell'importo delle spese di notificazione, determinate ai sensi dell'articolo 17, comma 7 *ter*, trattenute dall'agente della riscossione a titolo di rimborso delle spese sostenute per la notificazione ([2]).

1 *quater*. Resta fermo il diritto di chiedere, entro l'ordinario termine di prescrizione, la restituzione delle somme eccedenti di cui al comma 1 *bis* all'ente creditore ovvero allo Stato. In caso di richiesta allo Stato, le somme occorrenti per la restituzione sono prelevate dalla contabilità speciale prevista dal comma 1 *bis* e riversate all'entrata del bilancio dello Stato per essere riassegnate ad apposito capitolo dello stato di previsione del Ministero dell'economia e delle finanze ([2]).

2. Per le somme versate con mezzi diversi dal contante la decorrenza dei termini di riversamento di cui al comma 1 è determinata con decreto del Ministero delle finanze, di concerto con il Ministero del tesoro, del bilancio e della programmazione economica.

3. Il comma 2 dell'articolo 5 del decreto legge 8 agosto 1996, n. 437, convertito, con modificazioni, dalla legge 24 ottobre 1996, n. 556, è abrogato.

([1]) *Le parole da*: «*rispettivamente* ...» *fino a*: «... *trasmesso alla banca*» *sono state così sostituite dalle attuali da*: «*dal giorno* ...» *fino a*: «... *programmazione economica*» *dall'art. 3, comma 1, lett.* a), *del D.L.vo 27 aprile 2001, n. 193.*

([2]) *Questo comma è stato inserito dall'art. 83, comma 21, del D.L. 25 giugno 2008, n. 112, convertito, con modificazioni, nella L. 6 agosto 2008, n. 133.*

23. Obbligo di contabilizzazione. – 1. Il concessionario rende la contabilità delle riscossioni mediante ruolo e conserva le posizioni dei singoli contribuenti anche con sistemi informatici; le modalità e i termini sono individuati con decreto del Ministero delle finanze, di concerto con il Ministero del tesoro, del bilancio e della programmazione economica.

2. Le modalità con le quali le banche e le Poste italiane Spa riversano ai concessionari le somme iscritte a ruolo pagate dai debitori sono stabilite con convenzioni approvate con il decreto previsto dall'articolo 22, comma 1 ([1]).

3. Con decreto del Ministero delle finanze, di concerto con il Ministero del tesoro, del bilancio e della programmazione economica, sono stabiliti gli adempimenti degli uffici finanziari e dei concessionari in ordine allo svolgimento dei controlli delle ragionerie provinciali dello Stato ed alla resa delle contabilità di cui al comma 1.

([1]) *Questo comma è stato così sostituito dall'art. 3, comma 1, lett.* e), *del D.L.vo 27 aprile 2001, n. 193.*

24. Quietanze. – 1. I concessionari possono compilare le quietanze da rilasciare ai sensi dell'articolo 29 del decreto del Presidente della Repubblica 29 settembre 1973, n. 602, anche con mezzi informatici, in conformità al modello approvato con decreto del Ministero delle finanze.

25. Conto giudiziale. – 1. Nel bimestre successivo alla chiusura dell'esercizio finanziario o, se precedente, alla cessazione delle funzioni, il concessionario rende, per le entrate statali, il conto giudiziale ai sensi dell'articolo 74 del regio decreto 18 novembre 1923, n. 2440, e, per le altre entrate, un conto della gestione compilato, anche con l'utilizzo di sistemi informatici, con le modalità individuate con decreto ministeriale.

26. Rimborso delle somme iscritte a ruolo riconosciute indebite. – 1. Se le somme iscritte a ruolo, pagate dal debitore, sono riconosciute indebite, l'ente creditore incarica dell'effettuazione del rimborso il concessionario, che, entro trenta giorni dal ricevimento di tale incarico, invia apposita comunicazione all'avente diritto, invitandolo a presentarsi presso i propri sportelli per ritirare il rimborso ovvero ad indicare che intende riceverlo mediante bonifico in conto corrente bancario o postale (1).

1 *bis.* L'agente della riscossione anticipa le somme di cui al comma 1, provvedendo al pagamento:

a) immediatamente, in caso di presentazione dell'avente diritto presso i propri sportelli;

b) entro dieci giorni dal ricevimento della relativa richiesta, in caso di scelta del pagamento mediante bonifico; in tale caso le somme erogate sono diminuite dell'importo delle relative spese (2).

2. L'ente creditore restituisce al concessionario le somme anticipate ai sensi del comma 1, corrispondendo sulle stesse gli interessi legali a decorrere dal giorno dell'effettuazione del rimborso al debitore.

3. Le modalità di esecuzione dei rimborsi e di restituzione al concessionario delle somme anticipate sono stabilite con decreto del Ministero delle finanze, di concerto con il Ministero del tesoro, del bilancio e della programmazione economica.

4. Se le somme iscritte a ruolo sono riconosciute indebite prima del pagamento del contribuente, si rettifica il ruolo secondo modalità definite nel decreto previsto dal comma 3.

5. Gli enti creditori diversi dallo Stato possono, con proprio provvedimento, determinare modalità di rimborso differenti da quelle previste dai commi da 1 a 4.

(1) *Le parole*: «*provvede al pagamento nei successivi sessanta giorni, anticipando le relative somme*» *sono state così sostituite dalle parole da*: «*, entro trenta giorni ...*» *fino alla fine del comma, dall'art. 39, comma 8, lett.* a), *n. 1), del D.L. 1 ottobre 2007, n. 159, convertito, con modificazioni, nella L. 29 novembre 2007, n. 222.*

(2) *Questo comma è stato inserito dall'art. 39, comma 8, lett.* a), *n. 2), del D.L. 1 ottobre 2007, n. 159, convertito, con modificazioni, nella L. 29 novembre 2007, n. 222.*

Sezione III
Cauzione

27. Cauzione. – 1. A garanzia degli obblighi derivanti dall'affidamento della concessione nei confronti degli enti tenuti ad effettuare la riscossione coattiva delle proprie entrate mediante ruolo, il concessionario presta una cauzione per un importo pari ad un settantaduesimo dell'ammontare delle entrate di tali enti iscritte a ruolo scadute nell'anno precedente a quello dell'affidamento e dei versamenti diretti spettanti agli stessi enti riscossi nello stesso periodo; la misura della cauzione è determinata con decreto del Ministero delle finanze.

2. La cauzione da prestare ai sensi del comma 1 garantisce anche le province ed i comuni dell'ambito che non abbiano esercitato la facoltà di cui all'articolo 52 e 59, comma 1, lettera *n*), del decreto legislativo 15 dicembre 1997, n. 446; in tal caso, la cauzione è calcolata anche sull'ammontare delle entrate iscritte a ruolo da tali enti e dell'imposta comunale sugli immobili spettante agli stessi.

3. Per i commissari governativi l'importo della cauzione è ridotto alla metà.

4. Se la cauzione risulta regolarmente prestata, il Ministero delle finanze ne dichiara l'idoneità con apposito provvedimento, da comunicare al concessionario.

28. Modalità di prestazione della cauzione. – 1. La cauzione può essere prestata:

a) mediante polizza fideiussoria rilasciata da istituti di assicurazione autorizzati con decreto del Ministero delle finanze;

b) mediante fideiussione bancaria.

2. La polizza e la fideiussione previste dal comma 1 sono redatte in conformità allo schema tipo approvato con decreto ministeriale e la mora nel pagamento dei premi non libera l'istituto e la banca dalla garanzia assunta per tutto il periodo per cui è stata prestata la garanzia stessa e fino all'emissione del decreto di svincolo.

3. Per i gruppi di società con patrimonio netto risultante dal bilancio consolidato superiore a € 258.228.449,54, la garanzia può essere prestata anche mediante la diretta assunzione, da parte della società capogruppo di cui all'articolo 2359 del codice civile, dell'obbligazione di integrale restituzione della somma da rimborsare, comprensiva degli interessi, anche per il caso di cessione della partecipazione nella società controllata o collegata. In ogni caso, la società capogruppo è tenuta a comunicare in anticipo l'intendimento di cedere.

29. Adeguamento e sostituzione della cauzione. – 1. Se nel corso della gestione l'ammontare di cui all'articolo 27, comma 1, è aumentato di almeno il dieci per cento, il Ministero delle finanze notifica apposito avviso al concessionario, che è tenuto a provvedere, entro trenta giorni, ad integrare proporzionalmente la cauzione; il termine può essere prorogato fino ad un massimo di ulteriori sessanta giorni al ricorrere di particolari circostanze. Se tale ammontare è diminuito di almeno il dieci per cento, la cauzione, su richiesta del concessionario, è proporzionalmente ridotta ([1]).

2. Nel corso della gestione la cauzione può essere sostituita in tutto o in parte con un'altra prestata a garanzia anche degli obblighi gravanti sul concessionario alla data di prestazione della nuova cauzione. In tal caso, il decreto di svincolo previsto dall'articolo 32, comma 2, può essere emesso solo dopo che è stata dichiarata l'idoneità della nuova cauzione.

([1]) *A norma dell'art. 3, comma 34, del D.L. 30 settembre 2005, n. 203, convertito, con modificazioni, nella L. 2 dicembre 2005, n. 248, a decorrere dalla data di entrata in vigore del presente decreto, le disposizioni previste da questo comma cessano di trovare applicazioni.*

30. Esecuzione nei confronti del garante. – 1. Se si verificano le violazioni previste dal capo IV ([1]), con decreto ministeriale, su richiesta del competente ufficio, è disposta l'espropriazione della cauzione nei confronti del garante. Il decreto è comunicato agli altri enti garantiti e trasmesso all'ufficio proponente ai fini della notifica al garante ed al concessionario; con lo stesso decreto è disposta, se necessario, l'espropriazione di beni del concessionario.

2. Il decreto previsto dal comma 1 costituisce titolo esecutivo. In virtù di esso la competente direzione regionale delle entrate procede all'espropriazione, anche nell'interesse degli altri enti garantiti, con le modalità indicate nel libro III del codice di procedura civile.

3. Con il decreto previsto dal comma 1 il concessionario è invitato a reintegrare la cauzione nel termine di trenta giorni dalla notifica del decreto stesso.

([1]) *Le originarie parole*: «*dall'articolo 47*» *sono state così sostituite dalle attuali*: «*dal capo IV*» *dall'art. 3, comma 13* bis, *lett.* a), *del D.L. 8 luglio 2002, n. 138, conv., con modif., nella L. 8 agosto 2002, n. 178.*

31. Riparto della cauzione. – 1. Se vi sono più creditori, il riparto delle somme ricavate dall'espropriazione forzata della cauzione e degli altri beni del concessionario è disposto con provvedimento del Ministero delle finanze, comunicato alla cancelleria del giudice dell'esecuzione, e diviene esecutivo a tutti gli effetti se, entro trenta giorni dalla notifica agli interessati, non è proposta opposizione davanti al giudice dell'esecuzione.

2. Se davanti al giudice dell'esecuzione non si raggiunge accordo tra le parti in merito alla proposta opposizione, si applica l'articolo 512 del codice di procedura civile.

3. Se le somme ricavate non sono sufficienti al pagamento di tutti i crediti degli enti creditori, il debito residuo è proporzionalmente accollato a ciascuno di essi.

32. Svincolo della cauzione. – 1. La cauzione è svincolata in caso di cambiamento di gestione, a condizione che il concessionario non abbia debiti nei confronti dello Stato e degli altri enti garantiti dalla cauzione stessa.

2. Lo svincolo è disposto con decreto del Ministero delle finanze, previo parere favorevole degli altri enti garantiti, che si intende concesso in caso di silenzio protrattosi per sei mesi dalla richiesta.

Sezione IV
Adempimenti dei concessionari
nelle procedure concorsuali

33. Insinuazione del credito. – 1. Relativamente ai debitori sottoposti alle procedure concorsuali di cui al regio decreto 16 marzo 1942, n. 267, e al decreto legge 30 gennaio 1979, n. 26, convertito, con modificazioni, dalla legge 3 aprile 1979, n. 95, l'ente creditore iscrive a ruolo il credito ed il concessionario provvede all'insinuazione del credito in tali procedure.

34. Rinuncia all'insinuazione. – 1. Con decreto del Ministero delle finanze, di concerto con il Ministero del tesoro, del bilancio e della programmazione economica e con il Ministero del lavoro e della previdenza sociale sono stabiliti i casi e le modalità con cui si può rinunciare alla domanda di ammissione al passivo.

Sezione V
Altri obblighi dei concessionari

35. Segreto d'ufficio. – 1. Tutte le notizie, le informazioni ed i dati in possesso del concessionario in ragione dell'attività affidatagli in concessione sono coperti da segreto d'ufficio.

2. I terzi di cui il concessionario si avvale per l'esercizio della sua attività sono tenuti al segreto di ufficio e sono responsabili del trattamento dei dati ai fini della legge 31 dicembre 1996, n. 675 ([1]).

([1]) *Questa legge è stata abrogata a decorrere dal 1° gennaio 2004, dall'art. 183, comma 1, lett.* a)*, del D.L.vo 30 giugno 2003, n. 196. Si veda il D.L.vo 30 giugno 2003, Codice in materia di protezione dei dati personali.*

36. Trasmissione dei flussi informativi. – 1. Entro la fine di ogni mese il concessionario trasmette al soggetto creditore che ha formato il ruolo, anche in via telematica, e con le modalità stabilite con decreto ministeriale, le informazioni relative allo svolgimento del servizio e all'andamento delle riscossioni effettuati nel mese precedente.

2. Eventuali anomalie, rilevate dall'analisi delle informazioni di cui al comma 1, sono segnalate al competente ufficio del Ministero delle finanze per l'adozione dei provvedimenti conseguenti anche, se del caso, di tipo sanzionatorio.

37. Conservazione degli atti. – 1. Il concessionario deve conservare i ruoli e gli altri atti della gestione fino alla data del discarico.

2. Con decreto del Ministero delle finanze possono essere stabilite particolari modalità di conservazione dei ruoli e degli atti di cui al comma 1.

38. Delega di riscossione. – 1. In caso di delega di riscossione, il delegato, nei termini previsti dall'articolo 22 riversa, con bonifico bancario, l'importo pagato, dando al delegante notizia in via telematica; in tal caso il termine per il versamento dal delegante all'ente creditore decorre dal quinto giorno successivo a quello in cui è stato effettuato il bonifico.

2. Ai fini dell'invio, da parte del delegante, della comunicazione annuale prevista dall'articolo 19, comma 2, lettera *b*), il delegato trasmette al delegante, in via telematica, le necessarie informazioni entro il trentesimo giorno precedente la scadenza del termine per la presentazione della comunicazione stessa.

3. In caso di esecuzione infruttuosa o insufficiente, il delegato, entro il ventesimo giorno dal completamento dell'attività di riscossione, trasmette la relativa documentazione ed invia una comunicazione telematica al delegante.

4. Il delegante, se non ottiene il discarico della quota per fatto imputabile al delegato, ha diritto di rivalersi nei confronti di quest'ultimo.

39. Chiamata in causa dell'ente creditore. – 1. Il concessionario, nelle liti promosse contro di lui che non riguardano esclusivamente la regolarità o la validità degli atti esecutivi, deve chiamare in causa l'ente creditore interessato; in mancanza, risponde delle conseguenze della lite.

40. Determinazione dei giorni festivi. – 1. Ai fini dello svolgimento del servizio previsto dal presente decreto la giornata di sabato è considerata festiva a tutti gli effetti di legge.

Capo III
Personale addetto
al servizio di riscossione

41. Rappresentanza dei concessionari. – 1. Il legale rappresentante del concessionario può delegare uno o più dipendenti che lo rappresentano nel compimento degli atti inerenti il servizio di riscossione, dinanzi al giudice dell'esecuzione.

2. L'agente della riscossione può essere rappresentato dai dipendenti delegati ai sensi del comma 1, che possono stare in giudizio personalmente, salvo che non debba procedersi all'istruzione della causa, nei procedimenti relativi:

a) alla dichiarazione tardiva di credito di cui all'articolo 101 del regio decreto 16 marzo 1942, n. 267;

b) al ricorso di cui all'articolo 499 del codice di procedura civile;

c) alla citazione di cui all'articolo 543, secondo comma, numero 4, del codice di procedura civile ([1]).

([1]) *Questo comma è stato così sostituito dall'art. 2, comma 15, del D.L. 3 ottobre 2006, n. 262, convertito, con modificazioni, nella L. 24 novembre 2006, n. 286.*

42. Ufficiali della riscossione. – 1. Gli ufficiali della riscossione sono nominati dal concessionario fra le persone la cui idoneità allo svolgimento delle funzioni è stata conseguita con le modalità previste dalla legge 11 gennaio 1951, n. 56, e dalle altre norme vigenti; con il regolamento di cui all'articolo 31 della legge 8 maggio 1998, n. 146, nel rispetto dei criteri ivi indicati, sono individuati gli organi competenti al procedimento e stabilite le regole di svolgimento degli esami di abilitazione.

1 *bis*. All'indizione degli esami per conseguire l'abilitazione all'esercizio delle funzioni di ufficiale della riscossione si procede senza cadenze temporali predeterminate, sulla base di una valutazione delle effettive esigenze del sistema di riscossione coattiva dei crediti pubblici ([1]).

2. La nomina può essere revocata dal concessionario in ogni momento. Il concessionario comunica la nomina alla competente direzione regionale delle entrate e consegna l'atto di nomina all'ufficiale, che, nell'esercizio delle sue funzioni, è tenuto ad esibirlo quando ne è richiesto.

3. Gli ufficiali della riscossione sono autorizzati all'esercizio delle loro funzioni dal prefetto della provincia nella quale è compreso il comune in cui ha la sede principale il concessionario, che appone il proprio visto sull'atto di nomina sempre che non vi siano le condizioni ostative di cui all'articolo 11 del regio decreto 18 giugno 1931, n. 773; l'autorizzazione può essere revo-

cata in ogni momento dal prefetto anche su segnalazione dell'ufficio competente del Ministero delle finanze.

4. La cessazione dell'ufficiale della riscossione delle funzioni è comunicata alla competente direzione regionale delle entrate.

(1) *Questo comma è stato inserito dall'art. 3, comma 36, lett. c bis), del D.L. 30 settembre 2005, n. 203, convertito, con modificazioni, nella L. 2 dicembre 2005, n. 248.*

43. Funzioni degli ufficiali della riscossione. – 1. L'ufficiale della riscossione esercita le sue funzioni nei comuni compresi nell'ambito del concessionario che lo ha nominato, in rapporto di lavoro subordinato con il concessionario stesso e sotto la sua sorveglianza; l'ufficiale della riscossione non può farsi rappresentare né sostituire.

44. Registro cronologico e bollettario. – 1. L'ufficiale della riscossione annota in ordine cronologico tutti gli atti ed i processi verbali, numerandoli progressivamente, in apposito registro conforme al modello approvato con decreto ministeriale, da tenersi con le forme e con le modalità stabilite per il registro cronologico dell'ufficiale giudiziario (1).

2. Il registro, prima di essere messo in uso, è numerato progressivamente in ogni pagina dall'ufficio individuato in via generale, per ciascun ambito, con decreto del Ministero delle finanze, da notificare al concessionario. Il predetto registro è vidimato non oltre il 15 gennaio di ogni anno. I registri esauriti e quelli degli ufficiali cessati dalla carica devono essere consegnati entro dieci giorni a cura del concessionario all'ufficio delle entrate.

3. L'ufficiale della riscossione, per ogni pagamento ricevuto, rilascia quietanza da apposito bollettario e ne comunica gli estremi al concessionario.

4. Il decreto di cui al comma 1, nello stabilire le forme e le modalità di tenuta dei registri, tiene adeguato conto dei progressi tecnologici delle attività informatiche e telematiche e della possibilità di prevedere forme di documentazione informatica equipollenti alle formalità di cui ai commi 2 e 3.

(1) *Si veda il D.M. 26 maggio 2000 recante approvazione del modello di registro cronologico degli uffici di riscossione.*

45. Messi notificatori. – 1. Il concessionario, per la notifica delle cartelle di pagamento e degli avvisi contenenti l'intimazione ad adempiere, può nominare uno o più messi notificatori.

2. Il messo notificatore esercita le sue funzioni nei comuni compresi nell'ambito del concessionario che lo ha nominato e non può farsi rappresentare né sostituire.

5.

D.L. 30 settembre 2005, n. 203. Misure di contrasto all'evasione fiscale e disposizioni urgenti in materia tributaria e finanziaria (*Gazzetta Ufficiale* Serie gen. - n. 230 del 3 ottobre 2005), convertito, con modificazioni, nella L. 2 dicembre 2005, n. **248** (Suppl. ord alla *Gazzetta Ufficiale* Serie gen. - n. 281 del 2 dicembre 2005).

(*Estratto*)

Titolo II

Riforma della riscossione
e disposizioni in materia di giustizia tributaria

3. Disposizioni in materia di servizio nazionale della riscossione. – 1. A decorrere dal 1° ottobre 2006, è soppresso il sistema di affidamento in concessione del servizio nazionale della riscossione e le funzioni relative alla riscossione nazionale sono attribuite all'Agenzia delle entrate, che le esercita mediante la società di cui al comma 2, sulla quale svolge attività di coordinamento, attraverso la preventiva approvazione dell'ordine del giorno delle sedute del consiglio di amministrazione e delle deliberazioni da assumere nello stesso consiglio (1).

2. Per l'immediato avvio delle attività occorrenti al conseguimento dell'obiettivo di cui al comma 1 ed al fine di un sollecito riordino della disciplina delle funzioni relative alla riscossione nazionale, volto ad adeguarne i contenuti al medesimo obiettivo, l'Agenzia delle entrate e l'Istituto nazionale della previdenza sociale (I.N.P.S.) procedono, entro trenta giorni dalla data di entrata in vigore del presente decreto, alla costituzione della «Riscossione S.p.a.», con un capitale iniziale di 150 milioni di euro, di cui il 51 per cento versato dall'Agenzia delle entrate ed il 49 per cento versato dall'I.N.P.S..

3. All'atto della costituzione della Riscossione S.p.a. si procede all'approvazione dello statuto ed alla nomina delle cariche sociali; [la maggioranza dei membri del consiglio di amministrazione è composta da dirigenti di vertice dall'Agenzia delle entrate e dell'I.N.P.S. ed] (2) il presidente del collegio sindacale è scelto tra i magistrati della Corte dei conti.

4. La Riscossione S.p.a., anche avvalendosi, senza nuovi o maggiori oneri a carico della finanza pubblica, di personale dell'Agenzia delle entrate e dell'I.N.P.S. ed anche attraverso altre società per azioni, partecipate ai sensi del comma 7:

a) effettua l'attività di riscossione mediante ruolo, con i poteri e secondo le disposizioni di cui al titolo I, capo II, e al titolo II del decreto del Presidente della Repubblica 29 settembre 1973, n. 602, nonché l'attività di cui all'articolo 4 del decreto legislativo 9 luglio 1997, n. 237;

b) può effettuare:

1) le attività di riscossione spontanea, liquidazione ed accertamento delle entrate, tributarie o patrimoniali, degli enti pubblici, anche territoriali, e delle loro società partecipate, nel rispetto di procedure di gara ad evidenza pubblica; qualora dette attività riguardino entrate delle regioni o di società da queste partecipate, possono essere compiute su richiesta della regione interessata ovvero previa acquisizione del suo assenso;

2) altre attività, strumentali a quelle dell'Agenzia delle entrate, anche attraverso la stipula di appositi contratti di servizio e, a tale fine, può assumere finanziamenti e svolgere operazioni finanziarie a questi connesse.

5. Ai fini dell'esercizio dell'attività di cui al comma 4, lettera *a*), il Corpo della Guardia di finanza, con i poteri e le facoltà previsti all'articolo 2, comma 4, del decreto legislativo 19 marzo 2001, n. 68, attua forme di collaborazione con la Riscossione S.p.a., secondo le modalità stabilite con decreto del Ministro dell'economia e delle finanze, sentiti il comandante generale dello stesso Corpo della Guardia di finanza ed il direttore dell'Agenzia delle entrate; con lo stesso decreto possono, altresì, essere stabilite le modalità applicative agli effetti dell'articolo 27, comma 2, della legge 23 dicembre 1999, n. 488.

6. La Riscossione S.p.a. effettua le attività di riscossione senza obbligo di cauzione ed è iscritta di diritto, per le attività di cui al comma 4, lettera *b*), n. 1), all'albo di cui all'articolo 53 del decreto legislativo 15 dicembre 1997, n. 446.

7. - 21. (*Omissis*).

22. Per lo svolgimento dell'attività di riscossione mediante ruolo, la Riscossione S.p.a. e le società dalla stessa partecipate ai sensi del comma 7 sono remunerate:

a) per gli anni 2007 e 2008, secondo quanto previsto dall'articolo 4, comma 118 ([3]), della legge 24 dicembre 2003, n. 350, ferme restando le disposizioni di cui al comma 21;

b) successivamente, ai sensi dell'articolo 17 del decreto legislativo 13 aprile 1999, n. 112.

23. Le società partecipate dalla Riscossione S.p.a. ai sensi del comma 7 restano iscritte all'albo di cui all'articolo 53, comma 1, del decreto legislativo 15 dicembre 1997, n. 446, se nei loro riguardi permangono i requisiti previsti per tale iscrizione.

23 *bis*. Agli agenti della riscossione non si applicano l'articolo 2, comma 4, del regolamento approvato con decreto del Ministro delle finanze 11

settembre 2000, n. 289, e le disposizioni di tale regolamento relative all'esercizio di influenza dominante su altri agenti della riscossione, nonché al divieto, per i legali rappresentanti, gli amministratori e i sindaci, di essere pubblici dipendenti ovvero coniugi, parenti ed affini entro il secondo grado di pubblici dipendenti ([4]).

24. Fino al momento dell'eventuale cessione, totale o parziale, del proprio capitale sociale alla Riscossione S.p.a., ai sensi del comma 7, o contestualmente alla stessa, le aziende concessionarie possono trasferire ad altre società il ramo d'azienda relativo alle attività svolte in regime di concessione per conto degli enti locali, nonché a quelle di cui all'articolo 53, comma 1, del decreto legislativo 15 dicembre 1997, n. 446. In questo caso:

a) fino al 31 dicembre 2010 ([5]) ed in mancanza di diversa determinazione degli stessi enti, le predette attività sono gestite dalle società cessionarie del predetto ramo d'azienda, se queste ultime possiedono i requisiti per l'iscrizione all'albo di cui al medesimo articolo 53, comma 1, del decreto legislativo n. 446 del 1997, in presenza dei quali tale iscrizione avviene di diritto;

b) la riscossione coattiva delle entrate di spettanza dei predetti enti dell'effettuata con la procedura indicata dal regio decreto 14 aprile 1910, n. 639, salvo che per i ruoli consegnati fino alla data del trasferimento, per i quali il rapporto con l'ente locale è regolato dal decreto legislativo 13 aprile 1999, n. 112, e si procede nei confronti dei soggetti iscritti a ruolo sulla base delle disposizioni di cui al decreto del Presidente della Repubblica 29 settembre 1973, n. 602, applicabili alle citate entrate ai sensi dell'articolo 18 del decreto legislativo 26 febbraio 1999, n. 46. Ai fini e per gli effetti dell'articolo 19, comma 2, lettera *d*) del decreto legislativo 13 aprile 1999, n. 112, le società cessionarie del ramo di azienda relativo alle attività svolte in regime di concessione per conto degli enti locali possono richiedere i dati e le notizie relative ai beni dei contribuenti iscritti nei ruoli in carico alle stesse all'Ente locale, che a tal fine può accedere al sistema informativo del Ministero dell'economia e delle finanze ([6]) ([7]).

25. Fino a 31 dicembre 2010 ([5]) in mancanza di trasferimento effettuato ai sensi del comma 24 e di diversa determinazione dell'ente creditore, le attività di cui allo stesso comma 24 sono gestite dalla Riscossione S.p.a. o dalle società dalla stessa partecipate ai sensi del comma 7, fermo il rispetto di procedure di gara ad evidenza pubblica. Fino alla stessa data possono essere prorogati i contratti in corso tra gli enti locali e le società iscritte all'albo di cui all'articolo 53, comma 1, del decreto legislativo 15 dicembre 1997, n. 446 ([7]).

25 *bis*. Salvo quanto previsto al comma 25, le società di cui al comma 24, lettera *a*), la Riscossione S.p.a. e le società da quest'ultima partecipate possono svolgere l'attività di riscossione, spontanea e coattiva, ([8]) delle entrate

degli enti pubblici territoriali soltanto a seguito di affidamento mediante procedure ad evidenza pubblica e dal 1° gennaio 2011 ([5]). Le altre attività di cui al comma 4, lettera *b*), numero 1), relativamente agli enti pubblici territoriali, possono essere svolte da Riscossione S.p.a. e dalle società da quest'ultima partecipate a decorrere dal 1° gennaio 2011 ([5]), e nel rispetto di procedure di gara ad evidenza pubblica ([7]).

25 *ter*. Se la titolarità delle attività di cui al comma 24 non è trasferita alla Riscossione Spa o alle sue partecipate, il personale delle società concessionarie addetto a tali attività è trasferito, con le stesse garanzie previste dai commi 16, 17 e 19 *bis*, ai soggetti che esercitano le medesime attività ([9]).

26. Relativamente alle società concessionarie delle quali la Riscossione S.p.a. non ha acquistato, ai sensi del comma 7, almeno il 51 per cento del capitale sociale, la restituzione delle anticipazioni nette effettuate in forza dell'obbligo del non riscosso come riscosso avviene:

a) per le anticipazioni a favore dello Stato, nel decimo anno successivo a quello di riconoscimento dell'inesigibilità;

b) per le restanti anticipazioni, nel ventesimo anno successivo a quello di riconoscimento dell'inesigibilità.

27. Le disposizioni del presente articolo, relative ai concessionari del servizio nazionale della riscossione, trovano applicazione, se non diversamente stabilito, anche nei riguardi dei commissari governativi delegati provvisoriamente alla riscossione.

28. A decorrere dal 1° ottobre 2006, i riferimenti contenuti in norme vigenti ai concessionari del servizio nazionale della riscossione si intendono riferiti alla Riscossione S.p.a. ed alle società dalla stessa partecipate ai sensi del comma 7, complessivamente denominate agenti della riscossione, ([10]) anche ai fini di cui all'articolo 9 del decreto legge 28 marzo 1997, n. 79, convertito, con modificazioni, dalla legge 28 maggio 1997, n. 140, ed all'articolo 23 *decies*, comma 6, del decreto legge 24 dicembre 2003, n. 355, convertito, con modificazioni, dalla legge 27 febbraio 2004, n. 47; per l'anno 2005 nulla è mutato quanto agli obblighi conseguenti all'applicazione delle predette disposizioni. All'articolo 1 del decreto legge 10 dicembre 2003, n. 341, convertito, con modificazioni, dalla legge 9 febbraio 2004, n. 31, sono abrogati i commi 1, 3, 4, 5 e 6.

29. - 40. (*Omissis*).

41. Le disposizioni dell'articolo 86 del decreto del Presidente della Repubblica 29 settembre 1973, n. 602, si interpretano nel senso che, fino all'emanazione del decreto previsto dal comma 4 dello stesso articolo, il fermo può essere eseguito dal concessionario sui veicoli a motore nel rispetto delle disposizioni, relative alle modalità di iscrizione e di cancellazione ed agli effetti dello stesso, contenute nel D.M. 7 settembre 1998, n. 503 del Ministro delle finanze.

41 *bis* - 42 *sexies*. (*Omissis*).

([1]) *Le parole da*: «, *sulla quale ...*» *fino alla fine del comma, sono state aggiunte dall'art. 83, comma 28* septies, *lett.* a), *del D.L. 25 giugno 2008, n. 112, convertito, con modificazioni, nella L. 6 agosto 2008, n. 133.*

([2]) *Le parole fra parentesi quadrate sono state soppresse dall'art. 2, comma 70, del D.L. 3 ottobre 2006, n. 262, convertito, con modificazioni, nella L. 24 novembre 2006, n. 286.*

([3]) *Le parole*: «*commi 118 e 119*» *sono state così sostituite dalle attuali*: «*comma 118*» *dall'art. 2, comma 5, del D.L. 3 ottobre 2006, n. 262, convertito, con modificazioni, nella L. 24 novembre 2006, n. 286.*

([4]) *Questo comma è stato inserito dall'art. 1, comma 294, della L. 27 dicembre 2006, n. 296.*

([5]) *A norma della Tabella 1 del D.L. 29 dicembre 2010, n. 225, convertito, con modificazioni, nella L. 26 febbraio 2011, n. 10, questo termine era stato prorogato al 31 marzo 2011. Successivamente, a norma della Tabella 1 del D.P.C.M. 25 marzo 2011* (G.U. *Serie gen. - n. 74 del 31 marzo 2011*), *questo termine era stato ulteriormente prorogato al 31 dicembre 2011. Questo termine è stato prorogato al 31 dicembre 2012, dall'art. 10, comma 13* novies, *del D.L. 6 dicembre 2011, n. 201, convertito, con modificazioni, nella L. 22 dicembre 2011, n. 214. Da ultimo, a norma dell'art. 10, comma 2* ter, *del D.L. 8 aprile 2013, n. 35, convertito, con modificazioni, nella L. 6 giugno 2013, n. 64, così come sostituito dall'art. 53, comma 1, del D.L. 21 giugno 2013, n. 69, convertito, con modificazioni, nella L. 9 agosto 2013, n. 98, tale termine è stato stabilito inderogabilmente al 31 dicembre 2013.*

A norma del medesimo art. 10, comma 2 ter, *del D.L. n. 35/2013, così come, da ultimo, modificato dall'art. 2, comma 1, del D.L. 22 ottobre 2016, n. 193, convertito, con modificazioni, nella L. 1° dicembre 2016, n. 225, il termine previsto da questo comma è stato stabilito inderogabilmente al 30 giugno 2017.*

([6]) *Le parole*: «*Ai fini e per gli effetti dell'articolo 19, comma 2, lettera d) del decreto legislativo 13 aprile 1999, n. 112, le società cessionarie del ramo di azienda relativo alle attività svolte in regime di concessione per conto degli enti locali possono richiedere i dati e le notizie relative ai beni dei contribuenti iscritti nei ruoli in carico alle stesse all'Ente locale, che a tal fine può accedere al sistema informativo del Ministero dell'economia e delle finanze.*» *sono state inserite dall'art. 38, comma 10, del D.L. 31 maggio 2010, n. 78, convertito, con modificazioni, nella L. 30 luglio 2010, n. 122.*

([7]) *A norma dell'art. 9, comma 4, del D.L. 10 ottobre 2012, n. 174, convertito, con modificazioni, nella L. 7 dicembre 2012, n. 213, in attesa del riordino della disciplina delle attività di gestione e riscossione delle entrate degli enti territoriali e per favorirne la realizzazione, i termini di cui a questo comma sono stabiliti al 30 giugno 2013.*

([8]) *Le parole*: «, *spontanea e coattiva,*» *sono state inserite dall'art. 1, comma 6* quater, *del D.L. 25 marzo 2010, n. 40, convertito, con modificazioni, nella L. 22 maggio 2010, n. 73.*

([9]) *Questo comma è stato inserito dall'art. 1, comma 468, della L. 23 dicembre 2005, n. 266.*

([10]) *Le parole*: «*complessivamente denominate agenti della riscossione,*» *sono state inserite dall'art. 2, comma 12, del D.L. 3 ottobre 2006, n. 262, convertito, con modificazioni, nella L. 24 novembre 2006, n. 286.*

6.

D.L. 31 dicembre 2007, n. 248. Proroga di termini previsti da disposizioni legislative e disposizioni urgenti in materia finanziaria (*Gazzetta Ufficiale* Serie gen. - n. 302 del 31 dicembre 2007), convertito, con modificazioni, nella L. 28 febbraio 2008, n. **31** (Suppl. ord. alla *Gazzetta Ufficiale* Serie gen. - n. 51 del 29 febbraio 2008).

(*Estratto*)

Capo II

Disposizioni finanziarie urgenti

36. Disposizioni in materia di riscossione. – 1. L'obbligo di anticipazione di cui all'articolo 9, comma 1, del decreto legge 28 marzo 1997, n. 79, convertito, con modificazioni, dalla legge 28 maggio 1997, n. 140, a decorrere dall'anno 2007, è soppresso.

1 *bis*. La disposizione del comma 1 si applica a decorrere dal 30 dicembre 2007.

[2. La riscossione coattiva dei tributi e di tutte le altre entrate degli enti locali continua a potere essere effettuata con:

a) la procedura dell'ingiunzione di cui al regio decreto 14 aprile 1910, n. 639, seguendo anche le disposizioni contenute nel titolo II del decreto del Presidente della Repubblica 29 settembre 1973, n. 602, in quanto compatibili, nel caso in cui la riscossione coattiva è svolta in proprio dall'ente locale o è affidata ai soggetti di cui all'articolo 52, comma 5, lettera *b*), del decreto legislativo 15 dicembre 1997, n. 446;

b) la procedura del ruolo di cui al decreto del Presidente della Repubblica 29 settembre 1973, n. 602, se la riscossione coattiva è affidata agli agenti della riscossione di cui all'articolo 3 del decreto legge 30 settembre 2005, n. 203, convertito, con modificazioni, dalla legge 2 dicembre 2005, n. 248] (1).

2 *bis*. - 4 *bis*. (*Omissis*).

4 *ter*. La cartella di pagamento di cui all'articolo 25 del decreto del Presidente della Repubblica 29 settembre 1973, n. 602, e successive modificazioni, contiene, altresì, a pena di nullità, l'indicazione del responsabile del procedimento di iscrizione a ruolo e di quello di emissione e di notificazione della stessa cartella. Le disposizioni di cui al periodo precedente si applicano ai ruoli consegnati agli agenti della riscossione a decorrere dal 1° giugno 2008; la mancata indicazione dei responsabili dei procedimenti nelle cartelle di pagamento relative a ruoli consegnati prima di tale data non è causa di nullità delle stesse.

4 *quater*. (*Omissis*).

4 *quinquies*. Le disposizioni di cui all'articolo 1, commi 426 e 426 *bis*, della legge 30 dicembre 2004, n. 311, e successive modificazioni, e di cui all'articolo 3, comma 12, del decreto legge 30 settembre 2005, n. 203, convertito, con modificazioni, dalla legge 2 dicembre 2005, n. 248, e successive modificazioni, si interpretano nel senso che le società che hanno aderito alla sanatoria prevista dal predetto articolo 1, commi 426 e 426 *bis*, della legge n. 311 del 2004 e la maggioranza del cui capitale sociale è stata successivamente acquistata da Equitalia Spa possono presentare, anche ai fini della stessa sanatoria, entro il 31 dicembre 2014 (2), le comunicazioni di inesigibilità relative a tutti i ruoli consegnati fino al 31 dicembre 2011 (3) e, entro tale termine, possono altresì integrare le comunicazioni già presentate, con riferimento agli stessi ruoli, fino alla data di entrata in vigore della legge di conversione del presente decreto.

4 *sexies*. Per tutte le comunicazioni di inesigibilità, anche integrative, il cui termine di presentazione è fissato al 31 dicembre 2014 (2), il termine previsto dall'articolo 19, comma 3, del decreto legislativo 13 aprile 1999, n. 112, decorre dal 1° gennaio 2015 (4).

4 *septies*. Nei confronti della società di cui all'articolo 3, comma 2, del decreto legge 30 settembre 2005, n. 203, convertito, con modificazioni, dalla legge 2 dicembre 2005, n. 248, non si applicano le disposizioni di cui all'articolo 12 della legge 21 marzo 1958, n. 259.

(1) *Questo comma è stato abrogato dall'art. 7, comma 2, lett.* gg septies, *n. 3), del D.L. 13 maggio 2011, n. 70, convertito, con modificazioni, nella L. 12 luglio 2011, n. 106. A norma dell'art. 29, comma 5* bis, *del D.L. 29 dicembre 2011, n. 216, convertito, con modificazioni, nella L. 24 febbraio 2012, n. 14, l'abrogazione delle disposizioni previste dall'articolo 7, comma 2, lett.* gg septies), *n. 3), del D.L. 13 maggio 2011, n. 70, convertito, con modificazioni, dalla legge 12 luglio 2011, n. 106, acquista efficacia a decorrere dalla data di applicazione delle disposizioni di cui alle lettere* gg ter) e gg quater) *del medesimo comma 2.*

(2) *Le parole: «30 settembre 2010» erano state sostituite dalle parole: «30 settembre 2011» dall'art. 1, comma 13, del D.L. 30 dicembre 2009, n. 194, convertito, con modificazioni, nella L. 26 febbraio 2010, n. 25 e poi dalle parole: «30 settembre 2012» dall'art. 23, comma 34, lett.* b), *del D.L. 6 luglio 2011, n. 98, convertito, con modificazioni, nella L. 15 luglio 2011, n. 111. Successivamente, le parole: «30 settembre 2012» sono state così sostituite dalle parole: «31 dicembre 2013» dall'art. 29, comma 5, del D.L. 29 dicembre 2011, n. 216, convertito, con modificazioni, nella L. 24 febbraio 2012, n. 14. Infine, le parole: «31 dicembre 2013» sono state così sostituite dalle attuali: «31 dicembre 2014» dall'art. 1, comma 530, della L. 24 dicembre 2012, n. 228.*

(3) *Le parole: «30 settembre 2007» erano state sostituite dalle parole: «30 settembre 2008» dall'art. 1, comma 13, del D.L. 30 dicembre 2009, n. 194, convertito, con modificazioni, nella L. 26 febbraio 2010, n. 25 e poi dalle parole: «30 settembre 2009» dall'art. 23, comma 34, lett.* b), *del D.L. 6 luglio 2011, n. 98, convertito, con modificazioni, nella L. 15 luglio 2011, n. 111. Successivamente, le parole: «30 settembre 2009» sono state così*

sostituite dalle parole: «31 dicembre 2010» dall'art. 29, comma 5, del D.L. 29 dicembre 2011, n. 216, convertito, con modificazioni, nella L. 24 febbraio 2012, n. 14. Infine, le parole: «31 dicembre 2010» sono state così sostituite dalle attuali: «31 dicembre 2011» dall'art. 1, comma 530, della L. 24 dicembre 2012, n. 228.

(4) *Le parole: «1° ottobre 2010» erano state sostituite dalle parole: «1° ottobre 2011» dall'art. 1, comma 13, del D.L. 30 dicembre 2009, n. 194, convertito, con modificazioni, nella L. 26 febbraio 2010, n. 25 e poi dalle parole: «1° ottobre 2012» dall'art. 23, comma 34, lett.* b), *del D.L. 6 luglio 2011, n. 98, convertito, con modificazioni, nella L. 15 luglio 2011, n. 111. Successivamente, le parole: «1° ottobre 2012» sono state così sostituite dalle parole: «1° gennaio 2014» dall'art. 29, comma 5, del D.L. 29 dicembre 2011, n. 216, convertito, con modificazioni, nella L. 24 febbraio 2012, n. 14. Infine, le parole: «1° gennaio 2014» sono state così sostituite dalle attuali: «1° gennaio 2015» dall'art. 1, comma 530, della L. 24 dicembre 2012, n. 228.*

37. Abolizione tassa sui contratti di borsa. – 1. La tassa sui contratti di borsa è soppressa.

2. - 4 *bis*. (*Omissis*).

7.

D.M. 18 gennaio 2008, n. 40. Modalità di attuazione dell'articolo 48 *bis* del decreto del Presidente della Repubblica 29 settembre 1973, n. 602, recante disposizioni in materia di pagamenti da parte delle pubbliche amministrazioni (*Gazzetta Ufficiale* Serie gen. - n. 63 del 14 marzo 2008) (1).

(1) *Le parole: «10.000» e «diecimila», ovunque ricorrano, sono state così sostituite, rispettivamente, dalle seguenti: «5.000» e «cinquemila» dall'art. 1, comma 987, lett.* a), *della L. 27 dicembre 2017, n. 205, a decorrere dal 1° marzo 2018.*

1. Definizioni. – 1. Ai fini del presente regolamento, si intendono per:

a) «soggetti pubblici»: le Amministrazioni pubbliche di cui all'articolo 1, comma 2, del decreto legislativo n. 165 del 2001, e le società a totale partecipazione pubblica;

b) «beneficiario»: il destinatario di un pagamento, a qualunque titolo, di una somma superiore a 5.000 euro da effettuarsi da parte dei soggetti pubblici;

c) «agenti della riscossione»: Equitalia S.p.A. e le società dalla stessa partecipate, ai sensi dell'articolo 3, comma 7, del decreto legge 30 settembre 2005, n. 203, convertito in legge, con modificazioni, dall'articolo 1 della legge 2 dicembre 2005, n. 248;

d) «sistema informativo»: l'insieme delle informazioni relative ai beneficiari che risultano inadempienti, contenute nelle banche dati condivise tra gli agenti della riscossione, con gestione delle attività informatiche da parte di Equitalia Servizi S.p.A., e delle procedure di interrogazione di tali banche dati e di comunicazione delle relative informazioni;

e) «inadempimento»: il mancato assolvimento da parte del beneficiario, nel termine di sessanta giorni previsto dall'articolo 25, comma 2, del decreto del Presidente della Repubblica n. 602 del 1973, dell'obbligo di versamento di un ammontare complessivo pari almeno a 5.000 euro, derivante dalla notifica di una o più cartelle di pagamento, relative a ruoli consegnati agli agenti della riscossione a decorrere dal 1° gennaio 2000, ai sensi degli articoli 12 e 24 del decreto del Presidente della Repubblica 29 settembre 1973, n. 602, attuato con decreto del Ministro delle finanze, di concerto con il Ministro del tesoro, del bilancio e della programmazione economica 3 settembre 1999, n. 321;

f) «verifica»: il controllo che i soggetti pubblici devono effettuare, ai sensi dell'articolo 48 *bis*, comma 1, del decreto del Presidente della Repubblica n. 602 del 1973, prima di effettuare il pagamento, per accertare se sussiste un inadempimento da parte del beneficiario;

g) «operatore»: la persona fisica incaricata dal soggetto pubblico di effettuare la verifica;

h) «comunicazione»: la risposta con la quale Equitalia Servizi S.p.A. informa che non risulta ovvero risulta un inadempimento da parte del beneficiario, in quest'ultimo caso con la completa indicazione di quanto previsto dall'articolo 3, comma 2.

2. Procedura di verifica. – 1. I soggetti pubblici, prima di effettuare il pagamento di un importo superiore a cinquemila euro, procedono alla verifica inoltrando, secondo le modalità di cui all'articolo 4, apposita richiesta a Equitalia Servizi S.p.A.

2. Equitalia Servizi S.p.A. controlla, avvalendosi del sistema informativo, se risulta un inadempimento a carico del beneficiario e ne dà comunicazione al soggetto pubblico richiedente entro i cinque giorni feriali successivi alla ricezione della richiesta di cui al comma 1.

3. Effetti della verifica. – 1. Se Equitalia Servizi S.p.A. risponde alla richiesta di cui all'articolo 2 comunicando che non risulta un inadempimento, ovvero se non fornisce alcuna risposta nel termine previsto dal medesimo articolo 2, il soggetto pubblico procede al pagamento a favore del beneficiario delle somme ad esso spettanti.

2. Se Equitalia Servizi S.p.A. comunica che risulta un inadempimento, la richiesta del soggetto pubblico costituisce segnalazione ai sensi del citato articolo 48 *bis*, comma 1, del decreto del Presidente della Repubblica n. 602 del 1973.

3. Nel caso previsto dal comma precedente la comunicazione di cui al comma 2 dell'articolo 2 contiene l'indicazione dell'ammontare del debito del be-

neficiario per cui si è verificato l'inadempimento, comprensivo delle spese esecutive e degli interessi di mora dovuti. Con la stessa comunicazione, Equitalia Servizi S.p.A. preannuncia l'intenzione dell'agente della riscossione competente per territorio di procedere alla notifica dell'ordine di versamento di cui all'articolo 72 *bis* del decreto del Presidente della Repubblica n. 602 del 1973.

4. Il soggetto pubblico non procede al pagamento delle somme dovute al beneficiario fino alla concorrenza dell'ammontare del debito comunicato ai sensi del comma 3 per i sessanta (1) giorni successivi a quello della comunicazione. Qualora il pagamento sia relativo ai crediti di cui all'articolo 545, terzo comma, del codice di procedura civile, il soggetto pubblico sospende il pagamento nei limiti previsti dal quarto comma del medesimo articolo 545 e di cui all'articolo 2 del decreto del Presidente della Repubblica 5 gennaio 1950, n. 180.

5. Se durante la sospensione di cui al comma 4 e prima della notifica dell'ordine di versamento di cui all'articolo 72 *bis* del decreto del Presidente della Repubblica n. 602 del 1973 intervengono pagamenti da parte del beneficiario o provvedimenti dell'ente creditore che fanno venir meno l'inadempimento o ne riducono l'ammontare, Equitalia Servizi S.p.A. lo comunica prontamente al soggetto pubblico, indicando l'importo del pagamento che quest'ultimo può conseguentemente effettuare a favore del beneficiario.

6. Decorso il termine di cui al comma 4 senza che il competente agente della riscossione abbia notificato, ai sensi dell'articolo 72 *bis* del citato decreto del Presidente della Repubblica n. 602 del 1973, l'ordine di versamento di somme per l'importo di cui al comma 3, il soggetto pubblico procede al pagamento delle somme spettanti al beneficiario.

(1) *La parola: «trenta» è stata così sostituita dalla seguente: «sessanta» dall'art. 1, comma 987, lett.* b)*, della L. 27 dicembre 2017, n. 205, a decorrere dal 1° marzo 2018.*

4. Registrazione, abilitazione e scambio delle informazioni. – 1. Il soggetto pubblico comunica ad Equitalia Servizi S.p.A. la documentazione contenente i dati anagrafici ed il codice fiscale dell'operatore incaricato di procedere al servizio di verifica, nonché l'indirizzo di posta elettronica cui ricevere le segnalazioni, al fine di consentire che quest'ultimo possa procedere alla propria registrazione.

2. Le modalità per eseguire la procedura di registrazione sono rese disponibili sul portale www.acquistinretepa.it

3. A seguito della procedura di registrazione Equitalia Servizi S.p.A. assegna all'operatore il codice utenza, che, unitamente alla parola chiave scelta dall'operatore stesso, abilita ad accedere al servizio di verifica attraverso il portale wwwv.acquistinretepa.it

4. Per effettuare la verifica l'operatore inserisce il codice fiscale del beneficiario, l'importo da corrispondere ed il numero identificativo del pagamento da effettuare.

5. Equitalia Servizi S.p.A. effettua la comunicazione dei soli dati indicati all'articolo 3, comma 3, attraverso il sistema informativo.

6. Le modalità di abilitazione e scambio di informazioni e comunicazioni di cui al presente articolo possono essere modificate con decreto del Ministero dell'economia e delle finanze, da pubblicare nella *Gazzetta Ufficiale* della Repubblica italiana.

5. Trattamento e sicurezza dei dati. – 1. Il trattamento dei dati indicati all'articolo 4, comma 1, nonché di quelli indicati al comma 3 del presente articolo è riservato esclusivamente agli operatori abilitati, quali soggetti incaricati ai sensi dell'articolo 30 del decreto legislativo 30 giugno 2003, n. 196. Titolari del trattamento, ai sensi dell'articolo 28 del citato decreto legislativo, sono i soggetti pubblici. Gli agenti della riscossione restano altresì titolari del trattamento dei dati inerenti agli inadempimenti. Responsabile del trattamento, ai sensi dell'articolo 29 dello stesso decreto legislativo n. 196 del 2003, è Equitalia Servizi S.p.A. Il trattamento è ammesso esclusivamente per le finalità di cui all'articolo 48 *bis* comma 1, del decreto del Presidente della Repubblica n. 602 del 1973, secondo i principi di necessità, pertinenza e non eccedenza stabiliti dal decreto legislativo n. 196 del 2003.

2. La sicurezza nello scambio dei dati è garantita dall'utilizzo del protocollo crittografico SSL.

3. Ogni verifica effettuata è identificata da una stringa alfanumerica composta da anno e progressivo univoco fornita automaticamente dal sistema informativo, nonché dal numero identificativo del pagamento da effettuare fornito dall'operatore. Tale stringa, che non riporta i dati inerenti il contenuto della verifica, viene conservata da Equitalia Servizi S.p.A. secondo le norme di sicurezza prescritte dal titolo V del decreto legislativo 30 giugno 2003, n. 196 per un periodo di due anni.

4. Equitalia Servizi S.p.A. si impegna a verificare periodicamente che non vi siano stati accessi non autorizzati all'elenco delle verifiche di cui al comma 3.

6. Rinvio. – 1. Con successivo regolamento del Ministro dell'economia e delle finanze verrà dettata la disciplina integrativa delle disposizioni del presente regolamento per consentire l'attuazione dell'articolo 48 *bis*, comma 1, del decreto del Presidente della Repubblica 29 settembre 1973, n. 602 anche nei confronti delle società a prevalente partecipazione pubblica.

8.

D.L. 2 marzo 2012, n. 16. Disposizioni urgenti in materia di semplificazioni tributarie, di efficientamento e potenziamento delle procedure di accertamento (*Gazzetta Ufficiale* Serie gen. - n. 52 del 2 marzo 2012), convertito, con modificazioni, nella L. 26 aprile 2012, n. **44** (Suppl. ord. alla *Gazzetta Ufficiale* Serie gen. n. 99 del 28 aprile 2012).

(*Estratto*)

Titolo I

Semplificazioni in materia tributaria

1. Rateizzazione debiti tributari. – 1.- 2. (*Omissis*).

3. I piani di rateazione a rata costante, già emessi alla data di entrata in vigore del presente decreto, non sono soggetti a modificazioni, salvo il caso di proroga ai sensi dell'articolo 19, comma 1 *bis*, del decreto del Presidente della Repubblica 29 settembre 1973, n. 602.

4. Al fine di una più equilibrata riscossione dei loro crediti di natura patrimoniale, gli enti pubblici dello Stato possono, su richiesta del debitore, che versi in situazioni di obiettiva difficoltà economica, ancorché intercorra contenzioso con lo stesso ovvero lo stesso già fruisca di una rateizzazione, riconoscere al debitore la ripartizione del pagamento delle somme dovute in rate costanti, ovvero in rate variabili. La disposizione del precedente periodo non trova applicazione in materia di crediti degli enti previdenziali nei casi di ottemperanza ad obbligazioni derivanti da sanzioni comunitarie.

4 *bis*. In presenza della segnalazione di cui all'articolo 48 *bis* del decreto del Presidente della Repubblica 29 settembre 1973, n. 602, e successive modificazioni, il soggetto pubblico è comunque tenuto a procedere al pagamento, in favore del beneficiario, delle somme che, fermo quanto disposto dall'articolo 72 *ter* del citato decreto del Presidente della Repubblica n. 602 del 1973, introdotto dall'articolo 3, comma 5, lettera *b*), del presente decreto, e dall'articolo 545 del codice di procedura civile, eccedono l'ammontare del debito per cui si è verificato l'inadempimento, comprensivo delle spese e degli interessi di mora dovuti.

4 *ter*. Il mancato pagamento dell'eccedenza di cui al comma 4 *bis* costituisce violazione dei doveri d'ufficio.

4 *quater*. Costituisce altresì violazione dei doveri d'ufficio il mancato pagamento delle somme dovute al beneficiario ai sensi dell'articolo 3, commi 5 e 6, del decreto del Ministro dell'economia e delle finanze 18 gennaio 2008, n. 40.

5. - 6. (*Omissis*)

3. Facilitazioni per imprese e contribuenti. – 1. - 9. (*Omissis*).

10. A decorrere dal 1° luglio 2012, non si procede all'accertamento, all'iscrizione a ruolo e alla riscossione dei crediti relativi ai tributi erariali, regionali e locali, qualora l'ammontare dovuto, comprensivo di sanzioni amministrative e interessi, non superi, per ciascun credito, l'importo di euro 30, con riferimento ad ogni periodo d'imposta.

11. La disposizione di cui al comma 10 non si applica qualora il credito derivi da ripetuta violazione degli obblighi di versamento relativi ad un medesimo tributo.

12. - 16 *sexies*. (*Omissis*).

9.

L. 24 dicembre 2012, n. 228. Disposizioni per la formazione del bilancio annuale e pluriennale dello Stato (Legge di stabilità 2013) (Suppl. ord. alla *Gazzetta Ufficiale* Serie gen. - n. 302 del 29 dicembre 2012) e avviso di rettifica in *Gazzetta Ufficiale* Serie gen. - n. 33 dell'8 febbraio 2013.

1. 1. - 536. (*Omissis*)

537. A decorrere dalla data di entrata in vigore della presente legge, gli enti e le società incaricate per la riscossione dei tributi, di seguito denominati «concessionari per la riscossione», sono tenuti a sospendere immediatamente ogni ulteriore iniziativa finalizzata alla riscossione delle somme iscritte a ruolo o affidate, su presentazione di una dichiarazione da parte del debitore, limitatamente alle partite relative agli atti espressamente indicati dal debitore, effettuata ai sensi del comma 538.

538. Ai fini di quanto stabilito al comma 537, a pena di decadenza entro sessanta (1) giorni dalla notifica, da parte del concessionario per la riscossione, del primo atto di riscossione utile o di un atto della procedura cautelare o esecutiva eventualmente intrapresa dal concessionario il contribuente presenta al concessionario per la riscossione una dichiarazione anche con modalità telematiche, con la quale venga documentato che gli atti emessi dall'ente creditore prima della formazione del ruolo, ovvero la successiva cartella di pagamento o l'avviso per i quali si procede, sono stati interessati:

a) da prescrizione o decadenza del diritto di credito sotteso, intervenuta in data antecedente a quella in cui il ruolo è reso esecutivo;

b) da un provvedimento di sgravio emesso dall'ente creditore;

c) da una sospensione amministrativa comunque concessa dall'ente creditore;

d) da una sospensione giudiziale, oppure da una sentenza che abbia annullato in tutto o in parte la pretesa dell'ente creditore, emesse in un giudizio al quale il concessionario per la riscossione non ha preso parte;

e) da un pagamento effettuato, riconducibile al ruolo in oggetto, in data antecedente alla formazione del ruolo stesso, in favore dell'ente creditore;

[*f*) da qualsiasi altra causa di non esigibilità del credito sotteso] ([2]).

539. Entro il termine di dieci giorni successivi alla data di presentazione della dichiarazione di cui al comma 538, il concessionario per la riscossione trasmette all'ente creditore la dichiarazione presentata dal debitore e la documentazione allegata al fine di avere conferma dell'esistenza delle ragioni del debitore ed ottenere, in caso affermativo, la sollecita trasmissione della sospensione o dello sgravio direttamente sui propri sistemi informativi. L'ente creditore, tramite apposito canale telematico, a mezzo posta elettronica certificata oppure a mezzo raccomandata con ricevuta di ritorno, comunica al debitore l'esito dell'esame della dichiarazione, dando altresì comunicazione al concessionario del provvedimento di sospensione o sgravio ovvero conferma della legittimità del debito iscritto a ruolo ([3]). Fino a tale momento resta sospeso il termine di cui all'articolo 53, comma 1, del decreto del Presidente della Repubblica 29 settembre 1973, n. 602 ([4]).

540. In caso di mancato invio, da parte dell'ente creditore, della comunicazione prevista dal comma 539 e di mancata trasmissione dei conseguenti flussi informativi al concessionario della riscossione, trascorso inutilmente il termine di duecentoventi giorni dalla data di presentazione della dichiarazione del debitore allo stesso concessionario della riscossione, le partite di cui al comma 537 sono annullate di diritto e quest'ultimo è considerato automaticamente discaricato dei relativi ruoli. Contestualmente sono eliminati dalle scritture patrimoniali dell'ente creditore i corrispondenti importi. L'annullamento non opera in presenza di motivi diversi da quelli elencati al comma 538 ovvero nei casi di sospensione giudiziale o amministrativa o di sentenza non definitiva di annullamento del credito ([5]).

541. Ferma restando la responsabilità penale, nel caso in cui il contribuente, ai sensi del comma 538, produca documentazione falsa, si applica la sanzione amministrativa dal 100 al 200 per cento dell'ammontare delle somme dovute, con un importo minimo di 258 euro.

542. I concessionari per la riscossione sono tenuti a fornire agli enti creditori il massimo supporto per l'automazione delle fasi di trasmissione di provvedimenti di annullamento o sospensione dei carichi iscritti a ruolo.

543. Le disposizioni di cui ai commi da 537 a 542 si applicano anche alle dichiarazioni presentate al concessionario della riscossione prima della data di entrata in vigore della presente legge. L'ente creditore invia la comunica-

zione e provvede agli adempimenti di cui al comma 539, entro 90 giorni dalla data di pubblicazione della presente legge; in mancanza, trascorso inutilmente il termine di 220 giorni dalla stessa data, le partite di cui al comma 537 sono annullate di diritto ed il concessionario della riscossione è considerato automaticamente discaricato dei relativi ruoli. Contestualmente sono eliminati dalle scritture patrimoniali dell'ente creditore i corrispondenti importi.

544. In tutti i casi di riscossione coattiva di debiti fino a mille euro ai sensi del decreto del Presidente della Repubblica 29 settembre 1973, n. 602, intrapresa successivamente alla data di entrata in vigore della presente disposizione, salvo il caso in cui l'ente creditore abbia notificato al debitore la comunicazione di inidoneità della documentazione ai sensi del comma 539, non si procede alle azioni cautelari ed esecutive prima del decorso di centoventi giorni dall'invio, mediante posta ordinaria, di una comunicazione contenente il dettaglio delle iscrizioni a ruolo (6).

545. - 561. (*Omissis*)

(1) *Le parole: «entro novanta» sono state così sostituite dalle attuali: «a pena di decadenza entro sessanta» dall'art. 1, comma 1, lett.* a), *n. 1), del D.L.vo 24 settembre 2015, n. 159. A norma dell'art. 15, comma 1, del medesimo provvedimento, tali disposizioni si applicano alle dichiarazioni presentate successivamente alla data di relativa entrata in vigore del presente decreto. Con provvedimento del Direttore dell'Agenzia delle entrate sono disciplinate le modalità telematiche di presentazione della dichiarazione e di invio della risposta al debitore. Fino alla data fissata da tale provvedimento resta fermo quanto disposto dalle stesse disposizioni nella versione in vigore antecedente alle suddette modifiche.*

(2) *Questa lettera è stata soppressa dall'art. 1, comma 1, lett.* a), *n. 2), del D.L.vo 24 settembre 2015, n. 159. A norma dell'art. 15, comma 1, del medesimo provvedimento, tali disposizioni si applicano alle dichiarazioni presentate successivamente alla data di relativa entrata in vigore del presente decreto. Con provvedimento del Direttore dell'Agenzia delle entrate sono disciplinate le modalità telematiche di presentazione della dichiarazione e di invio della risposta al debitore. Fino alla data fissata da tale provvedimento resta fermo quanto disposto dalle stesse disposizioni nella versione in vigore antecedente alle suddette modifiche.*

(3) *Questo periodo è stato così sostituito dall'art. 1, comma 1, lett.* b), *n. 1), del D.L.vo 24 settembre 2015, n. 159. A norma dell'art. 15, comma 1, del medesimo provvedimento, tali disposizioni si applicano alle dichiarazioni presentate successivamente alla data di relativa entrata in vigore del presente decreto. Con provvedimento del Direttore dell'Agenzia delle entrate sono disciplinate le modalità telematiche di presentazione della dichiarazione e di invio della risposta al debitore. Fino alla data fissata da tale provvedimento resta fermo quanto disposto dalle stesse disposizioni nella versione in vigore antecedente alle suddette modifiche.*

(4) *Questo periodo è stato aggiunto dall'art. 1, comma 1, lett.* b), *n. 2), del D.L.vo 24 settembre 2015, n. 159. A norma dell'art. 15, comma 1, del medesimo provvedimento, tali disposizioni si applicano alle dichiarazioni presentate successivamente alla data di*

relativa entrata in vigore del presente decreto. Con provvedimento del Direttore dell'Agenzia delle entrate sono disciplinate le modalità telematiche di presentazione della dichiarazione e di invio della risposta al debitore. Fino alla data fissata da tale provvedimento resta fermo quanto disposto dalle stesse disposizioni nella versione in vigore antecedente alle suddette modifiche.

([5]) *Questo periodo è stato inserito dall'art. 1, comma 1, lett.* d), *del D.L.vo 24 settembre 2015, n. 159. A norma dell'art. 15, comma 1, del medesimo provvedimento, tali disposizioni si applicano alle dichiarazioni presentate successivamente alla data di relativa entrata in vigore del presente decreto. Con provvedimento del Direttore dell'Agenzia delle entrate sono disciplinate le modalità telematiche di presentazione della dichiarazione e di invio della risposta al debitore. Fino alla data fissata da tale provvedimento resta fermo quanto disposto dalle stesse disposizioni nella versione in vigore antecedente alle suddette modifiche.*

([6]) *A norma dell'art. 10, comma 1, della L. 30 ottobre 2014, n. 161, le disposizioni di cui a questo comma non si applicano alle entrate che costituiscono risorse proprie iscritte nel bilancio dell'Unione europea ai sensi dell'articolo 2, paragrafo 1, lettera* a), *della decisione 2007/436/CE, Euratom del Consiglio, del 7 giugno 2007, né all'imposta sul valore aggiunto riscossa all'importazione.*

10.

D.L.vo 24 settembre 2015, n. 159. Misure per la semplificazione e razionalizzazione delle norme in materia di riscossione, in attuazione dell'articolo 3, comma 1, lettera *a*), della legge 11 marzo 2014, n. 23 (Suppl. ord alla *Gazzetta Ufficiale* Serie gen. - n. 233 del 7 ottobre 2015).

(*Estratto*)

12. Sospensione dei termini per eventi eccezionali. – 1. Le disposizioni in materia di sospensione dei termini di versamento dei tributi, dei contributi previdenziali e assistenziali e dei premi per l'assicurazione obbligatoria contro gli infortuni e le malattie professionali, a favore dei soggetti interessati da eventi eccezionali, comportano altresì, per un corrispondente periodo di tempo, relativamente alle stesse entrate, la sospensione dei termini previsti per gli adempimenti anche processuali, nonché la sospensione dei termini di prescrizione e decadenza in materia di liquidazione, controllo, accertamento, contenzioso e riscossione a favore degli enti impositori, degli enti previdenziali e assistenziali e degli agenti della riscossione, in deroga alle disposizioni dell'articolo 3, comma 3, della legge 27 luglio 2000, n. 212. Salvo diverse disposizioni, i versamenti sospesi sono effettuati entro il mese successivo al ([1]) termine del periodo di sospensione.

2. I termini di prescrizione e decadenza relativi all'attività degli uffici degli enti impositori, degli enti previdenziali e assistenziali e degli agenti della riscossione aventi sede nei territori dei Comuni colpiti dagli eventi ec-

cezionali, ovvero aventi sede nei territori di Comuni diversi ma riguardanti debitori aventi domicilio fiscale o sede operativa nei territori di Comuni colpiti da eventi eccezionali e per i quali è stata disposta la sospensione degli adempimenti e dei versamenti tributari, che scadono entro il 31 dicembre dell'anno o degli anni durante i quali si verifica la sospensione, sono prorogati, in deroga alle disposizioni dell'articolo 3, comma 3, della legge 27 luglio 2000, n. 212, fino al 31 dicembre del secondo anno successivo alla fine del periodo di sospensione.

3. L'Agente della riscossione non procede alla notifica delle cartelle di pagamento durante il periodo di sospensione di cui al comma 1.

(1) *Le parole: «entro 30 giorni dal» sono state così sostituite dalle parole: «entro il mese successivo al» dall'art. 1, comma 431, della L. 28 dicembre 2015, n. 208.*

13. Razionalizzazione degli interessi per il versamento, la riscossione e i rimborsi di ogni tributo. – 1. Il tasso di interesse per il versamento, la riscossione e i rimborsi di ogni tributo, anche in ipotesi diverse da quelle previste dall'articolo 13 del decreto legge 30 dicembre 1993, n. 557, convertito, con modificazioni, dalla legge 26 febbraio 1994, n. 133, è determinato possibilmente in una misura unica, nel rispetto degli equilibri di finanza pubblica, compresa nell'intervallo tra lo 0,5 per cento e il 4,5 per cento, determinata con il decreto del Ministro dell'economia e delle finanze di cui al comma 2.

2. Con decreto del Ministro dell'economia e delle finanze, da emanarsi entro novanta giorni dalla data di entrata in vigore del presente decreto, viene stabilita la misura e la decorrenza dell'applicazione del tasso di cui al comma 1.

3. Fino all'emanazione del decreto di cui al comma 2, continuano ad applicarsi le disposizioni di cui alle singole leggi d'imposta e il decreto ministeriale del 21 maggio 2009, pubblicato nella *Gazzetta Ufficiale* n. 136 del 15 giugno 2009. Per gli interessi di mora di cui all'articolo 30 del decreto del Presidente della Repubblica 29 settembre 1973, n. 602, si applica il tasso individuato annualmente con provvedimento del Direttore dell'Agenzia delle entrate.

4. La misura del tasso di interesse di cui al comma 1 può essere rideterminata annualmente con decreto del Ministro dell'economia e delle finanze.

5. Dall'attuazione delle disposizioni di cui al presente articolo non devono derivare nuovi o maggiori oneri per la finanza pubblica.

11.

D.L. 22 ottobre 2016, n. 193. Disposizioni urgenti in materia fiscale e per il finanziamento di esigenze indifferibili (*Gazzetta Ufficiale* Serie gen. - n. 249 del 24 ottobre 2016), convertito, con modificazioni, nella L. 1 dicembre 2016, n. **225** (Suppl. ord. alla *Gazzetta Ufficiale* Serie gen. - n. 282 del 2 dicembre 2016), ed avviso di rettifica in *Gazzetta Ufficiale* Serie gen. - n. 250 del 25 ottobre 2016.

(*Estratto*)

Capo I

Misure urgenti in materia di riscossione

1. Disposizioni in materia di soppressione di Equitalia e di patrocinio dell'Avvocatura dello Stato. – 1. A decorrere dal 1° luglio 2017 le società del Gruppo Equitalia sono sciolte, a esclusione della società di cui alla lettera *b*) del comma 11, che svolge funzioni diverse dalla riscossione. Le stesse sono cancellate d'ufficio dal registro delle imprese ed estinte, senza che sia esperita alcuna procedura di liquidazione. Dalla data di entrata in vigore del presente decreto è fatto divieto alle società di cui al presente comma di effettuare assunzioni di personale a qualsiasi titolo e con qualsivoglia tipologia di contratto di lavoro subordinato.

2. Dalla data di cui al comma 1, l'esercizio delle funzioni relative alla riscossione nazionale, di cui all'articolo 3, comma 1, del decreto legge 30 settembre 2005, n. 203, convertito, con modificazioni, dalla legge 2 dicembre 2005, n. 248, è attribuito all'Agenzia delle entrate di cui all'articolo 62 del decreto legislativo 30 luglio 1999, n. 300, ed è svolto dall'ente strumentale di cui al comma 3.

3. Al fine di garantire la continuità e la funzionalità delle attività di riscossione, è istituito, a far data dal 1° luglio 2017, un ente pubblico economico, denominato «Agenzia delle entrate-Riscossione», ente strumentale dell'Agenzia delle entrate sottoposto all'indirizzo operativo e al controllo della stessa Agenzia delle entrate, che ne monitora costantemente l'attività (1), secondo principi di trasparenza e pubblicità. L'ente subentra, a titolo universale, nei rapporti giuridici attivi e passivi, anche processuali, delle società del Gruppo Equitalia di cui al comma 1 e assume la qualifica di agente della riscossione con i poteri e secondo le disposizioni di cui al titolo I, capo II, e al titolo II, del decreto del Presidente della Repubblica 29 settembre 1973, n. 602. L'ente può anche svolgere le attività di riscossione delle entrate tributarie o patrimoniali delle amministrazioni locali, come individuate

dall'Istituto nazionale di statistica (ISTAT) ai sensi dell'articolo 1, comma 3, della legge 31 dicembre 2009, n. 196, con esclusione delle società di riscossione, e, fermo restando quanto previsto dall'articolo 17, commi 3 *bis* e 3 *ter*, del decreto legislativo 26 febbraio 1999, n. 46, delle società da esse ([2]) partecipate. L'ente ha autonomia organizzativa, patrimoniale, contabile e di gestione. Sono organi dell'ente il direttore ([3]), il comitato di gestione e il collegio dei revisori dei conti, il cui presidente è scelto tra i magistrati della Corte dei conti.

4. Il direttore dell'ente è il direttore dell'Agenzia delle entrate. Il comitato di gestione è composto dal direttore, che lo presiede, e da due componenti nominati dall'Agenzia delle entrate tra i propri dirigenti. Ai componenti del comitato di gestione non spetta alcun compenso, indennità o rimborso spese ([4]).

5. Lo statuto, approvato con decreto del Ministro dell'economia e delle finanze secondo le previsioni di cui al comma 5 *bis*, disciplina le funzioni e le competenze degli organi, indica le entrate dell'ente necessarie a garantirne l'equilibrio economico-finanziario, stabilendo i criteri concernenti la determinazione e le modalità di erogazione delle risorse stanziate in favore dello stesso, nonché i criteri per la definizione degli altri corrispettivi per i servizi prestati a soggetti pubblici o privati, incluse le amministrazioni statali ([5]). Lo statuto disciplina i casi e le procedure, anche telematiche, di consultazione pubblica sugli atti di rilevanza generale, altresì promuovendo la partecipazione dei soggetti interessati. Il comitato di gestione, su proposta del direttore ([6]), delibera le modifiche allo statuto e gli atti di carattere generale che disciplinano l'organizzazione e il funzionamento dell'ente, i bilanci preventivi e consuntivi, i piani aziendali e le spese che impegnano il bilancio dell'ente per importi superiori al limite fissato dallo statuto. Il comitato di gestione delibera altresì il piano triennale per la razionalizzazione delle attività di riscossione e gli interventi di incremento dell'efficienza organizzativa ed economica finalizzati alla riduzione delle spese di gestione e di personale. Nel rapporto con i contribuenti l'ente si conforma ai principi dello statuto dei diritti del contribuente, di cui alla legge 27 luglio 2000, n. 212, con particolare riferimento ai principi di trasparenza, leale collaborazione e tutela dell'affidamento e della buona fede, nonché agli obiettivi individuati dall'articolo 6 della legge 11 marzo 2014, n. 23, in materia di cooperazione rafforzata, riduzione degli adempimenti, assistenza e tutoraggio del contribuente. L'ente opera nel rispetto dei principi di legalità e imparzialità, con criteri di efficienza gestionale, economicità dell'attività ed efficacia dell'azione, nel perseguimento degli obiettivi stabiliti nella convenzione ([7]) di cui al comma 13 e garantendo la massima trasparenza degli obiettivi stessi, dell'atti-

vità svolta e dei risultati conseguiti. [Agli atti a carattere generale indicati nell'atto aggiuntivo di cui al comma 13, e al piano triennale per la razionalizzazione delle attività di riscossione si applica l'articolo 60 del decreto legislativo n. 300 del 1999] ([8]).

5 *bis*. Le deliberazioni del comitato di gestione relative allo statuto sono trasmesse al Ministero dell'economia e delle finanze per l'approvazione, secondo le forme e le modalità previste dall'articolo 60 del decreto legislativo 30 luglio 1999, n. 300 ([9]).

5 *ter*. Le deliberazioni del comitato di gestione relative alle modifiche dei regolamenti e degli atti di carattere generale che regolano il funzionamento dell'Agenzia delle entrate-Riscossione, nonché ai bilanci e ai piani pluriennali di investimento sono trasmesse per l'approvazione all'Agenzia delle entrate. L'approvazione può essere negata per ragioni di legittimità o di merito. Le deliberazioni si intendono approvate se nei quarantacinque giorni dalla ricezione delle stesse non è emanato alcun provvedimento ovvero non sono chiesti chiarimenti o documentazione integrativa; in tale ultima ipotesi il termine per l'approvazione è interrotto fino a quando non pervengono gli elementi richiesti; per l'approvazione dei bilanci e dei piani pluriennali di investimento si applicano i termini previsti dal regolamento di cui al decreto del Presidente della Repubblica 9 novembre 1998, n. 439. Fermi restando i controlli sui risultati, gli altri atti di gestione dell'Agenzia delle entrate-Riscossione non sono sottoposti all'approvazione preventiva dell'Agenzia delle entrate ([10]).

5 *quater*. Al fine di incrementare l'efficacia, l'efficienza e l'economicità nello svolgimento sinergico delle rispettive funzioni istituzionali, l'Agenzia delle entrate e l'Agenzia delle entrate-Riscossione possono stipulare, senza nuovi o maggiori oneri, apposite convenzioni o protocolli di intesa che prevedono anche forme di assegnazione temporanea, comunque denominate, di personale da un'agenzia all'altra ([10]).

6. Salvo quanto previsto dal presente decreto, l'Agenzia delle entrate-Riscossione è sottoposta alle disposizioni del codice civile e delle altre leggi relative alle persone giuridiche private. Ai fini dello svolgimento della propria attività è autorizzata ad utilizzare anticipazioni di cassa.

6 *bis*. I risparmi di spesa conseguiti a seguito dell'applicazione delle norme che prevedono riduzioni di spesa per le amministrazioni inserite nel conto economico consolidato della pubblica amministrazione sono versati dall'ente di cui al comma 3 ad apposito capitolo dell'entrata del bilancio dello Stato nei limiti del risultato d'esercizio dell'ente stesso.

7. Resta fermo quanto previsto dall'articolo 9 del decreto legislativo 24 settembre 2015, n. 159. Per l'anno 2017, sono validi i costi determinati, approvati e pubblicati da Equitalia S.p.A., ai sensi del citato articolo 9.

8. L'ente è autorizzato ad avvalersi del patrocinio dell'Avvocatura dello Stato ai sensi dell'articolo 43 del testo unico delle leggi e delle norme giuridiche sulla rappresentanza e difesa in giudizio dello Stato e sull'ordinamento dell'Avvocatura dello Stato, di cui al regio decreto 30 ottobre 1933, n. 1611, fatte salve le ipotesi di conflitto e comunque su base convenzionale. Lo stesso ente può altresì avvalersi, sulla base di specifici criteri definiti negli atti di carattere generale deliberati ai sensi del comma 5 del presente articolo, di avvocati del libero foro, nel rispetto delle previsioni di cui agli articoli 4 e 17 del decreto legislativo 18 aprile 2016, n. 50, ovvero può avvalersi ed essere rappresentato, davanti al tribunale e al giudice di pace, da propri dipendenti delegati, che possono stare in giudizio personalmente; in ogni caso, ove vengano in rilievo questioni di massima o aventi notevoli riflessi economici, l'Avvocatura dello Stato, sentito l'ente, può assumere direttamente la trattazione della causa. Per il patrocinio davanti alle commissioni tributarie continua ad applicarsi l'articolo 11, comma 2, del decreto legislativo 31 dicembre 1992, n. 546. [Per la tutela dell'integrità dei bilanci pubblici e delle entrate degli enti territoriali, nonché nel rispetto delle disposizioni contenute nel decreto legislativo 18 aprile 2016, n. 50, le funzioni e le attività di supporto propedeutiche all'accertamento e alla riscossione delle entrate degli enti locali e delle società da essi partecipate sono affidate a soggetti iscritti all'albo previsto dall'articolo 53 del decreto legislativo 15 dicembre 1997, n. 446] ([11]) ([12]).

8 *bis*. Gli enti vigilati dal Ministero della salute sono autorizzati ad avvalersi del patrocinio dell'Avvocatura dello Stato ai sensi dell'articolo 43 del testo unico di cui al regio decreto 30 ottobre 1933, n. 1611.

9. Tenuto conto della specificità delle funzioni proprie della riscossione fiscale e delle competenze tecniche necessarie al loro svolgimento, per assicurarle senza soluzione di continuità, a decorrere dalla data di cui al comma 1 il personale delle società del Gruppo Equitalia con contratto di lavoro a tempo indeterminato e determinato, fino a scadenza, in servizio alla data di entrata in vigore del presente decreto, senza soluzione di continuità e con la garanzia della conservazione della posizione giuridica, economica e previdenziale maturata alla data del trasferimento, è trasferito all'ente pubblico economico di cui al comma 3, ferma restando la ricognizione delle competenze possedute, ai fini di una collocazione organizzativa coerente e funzionale alle esigenze dello stesso ente. A tale personale si applica l'articolo 2112 del codice civile.

9 *bis*. Con decreto del Ministro del lavoro e delle politiche sociali sono individuate le modalità di utilizzazione, a decorrere dal 1° luglio 2017, delle risorse del Fondo di previdenza di cui alla legge 2 aprile 1958, n. 377, per l'armonizzazione della disciplina previdenziale del personale proveniente dal gruppo Equitalia con quella dell'assicurazione generale obbligatoria sulla base dei principi e dei criteri direttivi indicati nella legge 8 agosto 1995, n. 335 ([13]).

10. *Soppresso dalla legge di conversione*

11. Entro la data di cui al comma 1:

a) l'Agenzia delle entrate acquista, al valore nominale, le azioni di Equitalia S.p.A., detenute, ai sensi dell'articolo 3, comma 2, del citato decreto legge n. 203 del 2005, e successive modificazioni, dall'Istituto nazionale della previdenza sociale;

b) le azioni di Equitalia Giustizia S.p.A., detenute da Equitalia S.p.A., sono cedute a titolo gratuito al Ministero dell'economia e delle finanze. La predetta società Equitalia Giustizia Spa continua a svolgere le funzioni diverse dalla riscossione e, in particolare, quelle di cui al decreto legge 16 settembre 2008, n. 143, convertito, con modificazioni, dalla legge 13 novembre 2008, n. 181, e all'articolo 61, comma 23, del decreto legge 25 giugno 2008, n. 112, convertito, con modificazioni, dalla legge 6 agosto 2008, n. 133. I servizi di natura informatica in favore di Equitalia Giustizia S.p.A. continuano ad essere forniti dalla società di cui all'articolo 83, comma 15, del decreto legge 25 giugno 2008, n. 112, convertito, con modificazioni, dalla legge 6 agosto 2008, n. 133 ([14]).

c) gli organi societari delle società di cui al comma 1 deliberano i bilanci finali di chiusura, corredati delle relazioni di legge, che sono trasmessi per l'approvazione al Ministero dell'economia e delle finanze. Ai componenti degli organi delle società soppresse sono corrisposti compensi, indennità ed altri emolumenti solo fino alla data di soppressione. Per gli adempimenti successivi relativi al presente comma, ai predetti componenti spetta esclusivamente, ove dovuto, il rimborso delle spese sostenute nella misura prevista dal rispettivo ordinamento.

11 *bis*. Entro centoventi giorni dalla data dello scioglimento delle società di cui al comma 1, gli organi dell'ente previsto dal comma 3 deliberano i bilanci finali delle stesse società, corredati delle relazioni di legge. Tali bilanci sono trasmessi per l'approvazione al Ministero dell'economia e delle finanze; si applicano le disposizioni dell'articolo 2 del regolamento di cui al decreto del Presidente della Repubblica 9 novembre 1998, n. 439. Ai componenti degli organi delle predette società sono corrisposti compensi, indennità e altri emolumenti esclusivamente fino alla data dello scioglimento.

11 *ter*. Le società di cui al comma 1 redigono i bilanci relativi all'esercizio 2016 e quelli indicati al comma 11 *bis* secondo le previsioni del decreto legislativo 18 agosto 2015, n. 136.

12. Le operazioni di cui al comma 11 sono esenti da imposizione fiscale.

13. La convenzione di cui all'articolo 59 del decreto legislativo 30 luglio 1999, n. 300, stipulata tra il Ministro dell'economia e delle finanze e il direttore dell'Agenzia delle entrate, individua, per l'attività svolta dall'Agenzia delle entrate-Riscossione ([15]):

a) i servizi dovuti;

b) le risorse necessarie a far fronte agli oneri di funzionamento del servizio nazionale della riscossione, stanziate sul bilancio dello Stato per il trasferimento in favore dell'Agenzia delle entrate-Riscossione, per:

1) gli oneri di gestione calcolati, per le attività svolte dalla stessa, sulla base di un'efficiente conduzione aziendale e dei vincoli di servizio imposti per esigenze di carattere generale;

2) le spese di investimento necessarie per realizzare i miglioramenti programmati ([16]);

c) le strategie per la riscossione dei crediti affidati dagli enti impositori ([17]), con particolare riferimento alla definizione delle priorità, mediante un approccio orientato al risultato piuttosto che al processo;

d) gli obiettivi quantitativi da raggiungere in termini di economicità della gestione, soddisfazione dei contribuenti per i servizi prestati, e ammontare delle entrate erariali riscosse, anche mediante azioni di prevenzione e contrasto dell'evasione ed elusione fiscale;

e) gli indicatori e le modalità di verifica del conseguimento degli obiettivi di cui alla lettera *d*);

f) le modalità di indirizzo operativo e controllo sull'operato dell'ente da parte dell'Agenzia delle entrate ([18]), anche in relazione alla garanzia della trasparenza, dell'imparzialità e della correttezza nell'applicazione delle norme, con particolare riguardo ai rapporti con i contribuenti;

g) la gestione della funzione della riscossione con modalità organizzative flessibili, che tengano conto della necessità di specializzazioni tecnico-professionali, mediante raggruppamenti per tipologia di contribuenti, ovvero sulla base di altri criteri oggettivi preventivamente definiti, e finalizzati ad ottimizzare il risultato economico della medesima riscossione;

h) la tipologia di comunicazioni e informazioni preventive volte ad evitare aggravi moratori per i contribuenti, ed a migliorarne il rapporto con l'amministrazione fiscale, in attuazione della legge 27 luglio 2000, n. 212, anche mediante l'istituzione di uno sportello unico telematico per l'assistenza e l'erogazione di servizi, secondo criteri di trasparenza che consentano al contribuente anche di individuare con certezza il debito originario.

[13 *bis*. Lo schema dell'atto aggiuntivo di cui al comma 13 è trasmesso alle Camere ai fini dell'espressione dei pareri da parte delle Commissioni parlamentari competenti per materia e per i profili finanziari, che sono resi entro trenta giorni dalla data di trasmissione. Le Commissioni possono chiedere al Presidente della rispettiva Camera di prorogare di venti giorni il termine per l'espressione del parere, qualora ciò si renda necessario per la complessità della materia. Decorso il termine previsto per l'espressione del parere o quello eventualmente prorogato, l'atto aggiuntivo può essere comunque stipulato] ([19]).

14. Costituisce risultato particolarmente negativo della gestione, ai sensi dell'articolo 69, comma 1, del decreto legislativo n. 300 del 1999, il mancato raggiungimento, da parte dell'ente di cui al comma 3, degli obiettivi stabiliti nella convenzione ([20]) di cui al comma 13, non attribuibile a fattori eccezionali o comunque non tempestivamente segnalati all'Agenzia delle entrate e, a cura di quest'ultima, ([21]) al Ministero dell'economia e delle finanze, per consentire l'adozione dei necessari correttivi.

14 *bis*. Il soggetto preposto alla riscossione nazionale redige una relazione annuale sui risultati conseguiti, evidenziando i dati relativi ai carichi di ruolo ad esso affidati, l'ammontare delle somme riscosse e i crediti ancora da riscuotere, le quote di credito divenute inesigibili, le procedure di riscossione che hanno condotto ai risultati conseguiti. La relazione è trasmessa all'Agenzia delle entrate per la predisposizione del rapporto di cui all'articolo 10 *bis*.1 della legge 31 dicembre 2009, n. 196 ([22]).

15. Fino alla data di cui al comma 1, l'attività di riscossione prosegue nel regime giuridico vigente. In sede di prima applicazione, entro il 30 aprile 2017, con decreto del Presidente del Consiglio dei ministri, l'Amministratore delegato di Equitalia S.p.A. è nominato commissario straordinario per gli adempimenti propedeutici all'istituzione dell'ente di cui al comma 3, per l'elaborazione dello statuto ai fini di cui al comma 5 e per la vigilanza e la gestione della fase transitoria.

16. I riferimenti contenuti in norme vigenti agli ex concessionari del servizio nazionale della riscossione e agli agenti della riscossione di cui all'articolo 3 del decreto legge 30 settembre 2005, n. 203, convertito, con modificazioni, dalla legge 2 dicembre 2005, n. 248, si intendono riferiti, in quanto compatibili, all'agenzia di cui al comma 3 del presente articolo.

16 *bis*. Al fine di garantire le competenze necessarie ai concessionari della gestione dei servizi della pubblica amministrazione, all'articolo 6, numero 9 *bis*), della legge 22 dicembre 1957, n. 1293, dopo le parole: «dall'asse-

gnazione» sono inserite le seguenti: «o dal rinnovo» e dopo le parole: «corsi di formazione» sono inserite le seguenti: «, anche in modalità a distanza,».

(1) *Le parole: «indirizzo e alla vigilanza del Ministro dell'economia e delle finanze. L'Agenzia delle entrate provvede a monitorare costantemente l'attività dell'Agenzia delle entrate-Riscossione» sono state così sostituite dalle attuali: «indirizzo operativo e al controllo della stessa Agenzia delle entrate, che ne monitora costantemente l'attività» dall'art. 1, comma 14, lett.* a)*, della L. 30 dicembre 2021, n. 234, a decorrere dal 1° gennaio 2022.*

(2) *Le parole: «dei comuni e delle province e delle società da essi» sono state così sostituite dalle seguenti: «delle amministrazioni locali, come individuate dall'Istituto nazionale di statistica (ISTAT) ai sensi dell'articolo 1, comma 3, della legge 31 dicembre 2009, n. 196, con esclusione delle società di riscossione, e, fermo restando quanto previsto dall'articolo 17, commi 3* bis *e 3* ter*, del decreto legislativo 26 febbraio 1999, n. 46, delle società da esse», dall'art. 35, comma 1, lett.* a)*, del D.L. 24 aprile 2017, n. 50, convertito, con modificazioni, nella L. 21 giugno 2017, n. 96.*

(3) *Le parole: «Sono organi dell'ente il presidente» sono state così sostituite dalle attuali: «Sono organi dell'ente il direttore» dall'art. 1, comma 14, lett.* a)*, della L. 30 dicembre 2021, n. 234, a decorrere dal 1° gennaio 2022.*

(4) *Questo comma è stato così sostituito dall'art. 1, comma 14, lett.* b)*, della L. 30 dicembre 2021, n. 234, a decorrere dal 1° gennaio 2022.*

(5) *L'originario primo e secondo periodo sono stati così sostituiti dall'attuale primo periodo dall'art. 1, comma 14, lett.* c)*, n. 1), della L. 30 dicembre 2021, n. 234, a decorrere dal 1° gennaio 2022.*

(6) *La parola: «presidente» è stata così sostituita dall'attuale: «direttore» dall'art. 1, comma 14, lett.* c)*, n. 2), della L. 30 dicembre 2021, n. 234, a decorrere dal 1° gennaio 2022.*

(7) *Le parole: «nell'atto aggiuntivo» sono state così sostituite dalel attuali: «nella convenzione» dall'art. 1, comma 14, lett.* c)*, n. 3), della L. 30 dicembre 2021, n. 234, a decorrere dal 1° gennaio 2022.*

(8) *Questo periodo è stato soppresso dall'art. 1, comma 14, lett.* c)*, n. 4), della L. 30 dicembre 2021, n. 234, a decorrere dal 1° gennaio 2022.*

(9) *Questo comma è stato così sostituito dall'art. 1, comma 14, lett.* d)*, della L. 30 dicembre 2021, n. 234, a decorrere dal 1° gennaio 2022.*

(10) *Questo comma è stato inserito dall'art. 1, comma 14, lett.* e)*, della L. 30 dicembre 2021, n. 234, a decorrere dal 1° gennaio 2022.*

(11) *Questo periodo dapprima aggiunto dall'art. 1, comma 11, del D.L. 16 ottobre 2017, n. 148, convertito, con modificazioni, nella L. 4 dicembre 2017, n. 172, è stato da ultimo soppresso dall'art. 1, comma 39, della L. 27 dicembre 2017, n. 205, a decorrere dal 1° gennaio 2018, che ha modificato l'art. 1, comma 8, del D.L. 22 ottobre 2016, n. 193, convertito, con modificazioni, nella L. 1 dicembre 2016, n. 225.*

(12) *A norma dell'art. 4* novies*, comma 1, del D.L. 30 aprile 2019, n. 34, convertito, con modificazioni, nella L. 28 giugno 2019, n. 58, questo comma si interpreta nel senso che la disposizione dell'articolo 43, quarto comma, del testo unico di cui al regio decreto 30 ottobre 1933, n. 1611, si applica esclusivamente nei casi in cui l'Agenzia delle entrate-Riscossione, per la propria rappresentanza e difesa in giudizio, intende non avvalersi dell'Avvocatura dello Stato nei giudizi a quest'ultima riservati su base convenzionale; la*

medesima disposizione non si applica nei casi di indisponibilità della stessa Avvocatura dello Stato ad assumere il patrocinio.

([13]) *Le parole: «, per l'armonizzazione della disciplina previdenziale del personale proveniente dal gruppo Equitalia con quella dell'assicurazione generale obbligatoria sulla base dei principi e dei criteri direttivi indicati nella legge 8 agosto 1995, n. 335.» sono state inserite dall'art. 1, comma 11, del D.L. 16 ottobre 2017, n. 148, convertito, con modificazioni, nella L. 4 dicembre 2017, n. 172.*

([14]) *Questo periodo è stato aggiunto dall'art. 16* ter, *comma 1, del D.L. 23 ottobre 2018, n. 119, convertito, con modificazioni, nella L. 17 dicembre 2018, n. 136.*

([15]) *L'alinea è stato così sostituito dall'art. 1, comma 14, lett.* f), *n. 1), della L. 30 dicembre 2021, n. 234, a decorrere dal 1° gennaio 2022.*

([16]) *Questa lettera è stata così sostituita dall'art. 1, comma 14, lett.* f), *n. 2), della L. 30 dicembre 2021, n. 234, a decorrere dal 1° gennaio 2022.*

([17]) *La parola: «tributari» è stata così sostituita dalle attuali: «affidati dagli enti impositori» dall'art. 1, comma 14, lett.* f), *n. 3), della L. 30 dicembre 2021, n. 234, a decorrere dal 1° gennaio 2022.*

([18]) *Le parole: «vigilanza sull'operato dell'ente da parte del Ministero dell'economia e delle finanze» sono state così sostituite dalle attuali: «indirizzo operativo e controllo sull'operato dell'ente da parte dell'Agenzia delle entrate» dall'art. 1, comma 14, lett.* f), *n. 4), della L. 30 dicembre 2021, n. 234, a decorrere dal 1° gennaio 2022.*

([19]) *Questo comma è stato abrogato dall'art. 1, comma 14, lett.* g), *della L. 30 dicembre 2021, n. 234, a decorrere dal 1° gennaio 2022.*

([20]) *Le parole: «nell'atto aggiuntivo» sono state così sostituite dalle attuali: «nella convenzione» dall'art. 1, comma 14, lett.* h), *della L. 30 dicembre 2021, n. 234, a decorrere dal 1° gennaio 2022.*

([21]) *Le parole: «all'Agenzia delle entrate e, a cura di quest'ultima,» sono state inserite dall'art. 1, comma 14, lett.* h), *della L. 30 dicembre 2021, n. 234, a decorrere dal 1° gennaio 2022.*

([22]) *Le parole: «in materia di riscossione, esponendo distintamente i dati concernenti i carichi di ruolo ad esso affidati, l'ammontare delle somme riscosse e i crediti ancora da riscuotere, nonché le quote di credito divenute inesigibili. La relazione contiene anche una nota illustrativa concernente le procedure di riscossione che hanno condotto ai risultati conseguiti, evidenziando in particolare le ragioni della mancata riscossione dei carichi di ruolo affidati. La relazione, anche ai fini della predisposizione del rapporto di cui all'articolo 10* bis.*1 della legge 31 dicembre 2009, n. 196, è trasmessa all'Agenzia delle entrate e al Ministero dell'economia e delle finanze, ai fini dell'individuazione, nell'ambito dell'atto aggiuntivo di cui al comma 13 del presente articolo, delle metodologie e procedure di riscossione più proficue in termini di economicità della gestione e di recupero dei carichi di ruolo non riscossi» sono state così sostituite dalle attuali: «, evidenziando i dati relativi ai carichi di ruolo ad esso affidati, l'ammontare delle somme riscosse e i crediti ancora da riscuotere, le quote di credito divenute inesigibili, le procedure di riscossione che hanno condotto ai risultati conseguiti. La relazione è trasmessa all'Agenzia delle entrate per la predisposizione del rapporto di cui all'articolo 10* bis.*1 della legge 31 dicembre 2009, n. 196», dall'art. 1, comma 14, lett.* i), *della L. 30 dicembre 2021, n. 234, a decorrere dal 1° gennaio 2022.*

2. Disposizioni in materia di riscossione locale. – 1. (*Omissis*)

2. A decorrere dal 1° luglio 2017, le amministrazioni locali di cui all'articolo 1, comma 3, possono deliberare di affidare al soggetto preposto alla riscossione nazionale le attività di riscossione, spontanea e coattiva, delle entrate tributarie o patrimoniali proprie [e, fermo restando quanto previsto dall'articolo 17, commi 3 *bis* e 3 *ter*, del decreto legislativo 26 febbraio 1999, n. 46, delle società da esse partecipate] (1) (2).

3. (*Omissis*)

(1) *Le parole tra parentesi quadrate sono state soppresse dall'art. 5, comma 6, del D.L. 21 ottobre 2021, n. 146, convertito, con modificazioni, nella L. 17 dicembre 2021, n. 215.*

(2) *Questo comma è stato così sostituito dall'art. 35, comma 1, lett.* b)*, del D.L. 24 aprile 2017, n. 50, convertito, con modificazioni, nella L. 21 giugno 2017, n. 96.*

3. Potenziamento alla riscossione. – 1. A decorrere dal 1° gennaio 2017, l'Agenzia delle entrate può utilizzare le banche dati e le informazioni alle quali è autorizzata ad accedere sulla base di specifiche disposizioni di legge, anche ai fini dell'esercizio delle funzioni relative alla riscossione nazionale di cui all'articolo 3, comma 1, del decreto legge 30 settembre 2005, n. 203, convertito, con modificazioni, dalla legge 2 dicembre 2005, n. 248.

2. (*Omissis*)

3. L'Agenzia delle entrate-Riscossione è autorizzata ad accedere e utilizzare i dati di cui al presente articolo per i propri compiti di istituto.

6. (1) (2) **Definizione agevolata.** – 1. Relativamente ai carichi affidati agli agenti della riscossione dal 2000 al 2016, i debitori possono estinguere il debito senza corrispondere le sanzioni comprese in tali carichi, gli interessi di mora di cui all'articolo 30, comma 1, del decreto del Presidente della Repubblica 29 settembre 1973, n. 602, ovvero le sanzioni e le somme aggiuntive di cui all'articolo 27, comma 1, del decreto legislativo 26 febbraio 1999, n. 46, provvedendo al pagamento integrale delle somme di cui alle lettere *a*) e *b*), dilazionato in rate sulle quali sono dovuti, a decorrere dal 1° agosto 2017, gli interessi nella misura di cui all'articolo 21, primo comma, del decreto del Presidente della Repubblica n. 602 del 1973. Fermo restando che il 70 per cento delle somme complessivamente dovute deve essere versato nell'anno 2017 e il restante 30 per cento nell'anno 2018, è effettuato il pagamento, per l'importo da versare distintamente in ciascuno dei due anni, in rate di pari ammontare, nel numero massimo di tre rate nel 2017 e di due rate nel 2018:

a) delle somme affidate all'agente della riscossione a titolo di capitale e interessi;

b) di quelle maturate a favore dell'agente della riscossione, ai sensi dell'articolo 17 del decreto legislativo 13 aprile 1999, n. 112, a titolo di aggio sulle somme di cui alla lettera *a*) e di rimborso delle spese per le procedure esecutive, nonché di rimborso delle spese di notifica della cartella di pagamento.

2. Ai fini della definizione di cui al comma 1, il debitore manifesta all'agente della riscossione la sua volontà di avvalersene, rendendo, entro il 21 aprile 2017 ([3]) apposita dichiarazione, con le modalità e in conformità alla modulistica che lo stesso agente della riscossione pubblica sul proprio sito internet nel termine massimo di quindici giorni dalla data di entrata in vigore del presente decreto; in tale dichiarazione il debitore indica altresì il numero di rate nel quale intende effettuare il pagamento, entro il limite massimo previsto dal comma 1, nonché la pendenza di giudizi aventi ad oggetto i carichi cui si riferisce la dichiarazione, e assume l'impegno a rinunciare agli stessi giudizi. Entro la stessa data del 21 aprile 2017 ([3]) il debitore può integrare, con le predette modalità, la dichiarazione presentata anteriormente a tale data.

3. Entro il 15 giugno 2017 ([4]), l'agente della riscossione comunica ai debitori che hanno presentato la dichiarazione di cui al comma 2 l'ammontare complessivo delle somme dovute ai fini della definizione, nonché quello delle singole rate, e il giorno e il mese di scadenza di ciascuna di esse, attenendosi ai seguenti criteri:

a) per l'anno 2017, la scadenza delle singole rate è fissata nei mesi di luglio, settembre e novembre ([5]);

b) per l'anno 2018, la scadenza delle singole rate è fissata nei mesi di aprile ([6]) e settembre.

3 *bis*. Ai fini di cui al comma 1, l'agente della riscossione fornisce ai debitori i dati necessari a individuare i carichi definibili ai sensi dello stesso comma 1:

a) presso i propri sportelli;

b) nell'area riservata del proprio sito internet istituzionale.

3 *ter*. Entro il 28 febbraio 2017, l'agente della riscossione, con posta ordinaria, avvisa il debitore dei carichi affidati nell'anno 2016 per i quali, alla data del 31 dicembre 2016, gli risulta non ancora notificata la cartella di pagamento ovvero inviata l'informazione di cui all'articolo 29, comma 1, *lettera b*), ultimo periodo, del decreto legge 31 maggio 2010, n. 78, convertito, con modificazioni, dalla legge 30 luglio 2010, n. 122, ovvero notificato l'avviso di addebito di cui all'articolo 30, comma 1, del medesimo decreto legge n. 78 del 2010.

4. In caso di mancato ovvero di insufficiente o tardivo versamento dell'unica rata ovvero di una rata di quelle in cui è stato dilazionato il pagamento delle somme di cui al comma 1, lettere *a*) e *b*), la definizione non produce

effetti e riprendono a decorrere i termini di prescrizione e decadenza per il recupero dei carichi oggetto della dichiarazione di cui al comma 2. In tal caso, i versamenti effettuati sono acquisiti a titolo di acconto dell'importo complessivamente dovuto a seguito dell'affidamento del carico e non determinano l'estinzione del debito residuo, di cui l'agente della riscossione prosegue l'attività di recupero e il cui pagamento non può essere rateizzato ai sensi dell'articolo 19 del decreto del Presidente della Repubblica 29 settembre 1973, n. 602.

4 *bis*. Limitatamente ai carichi non inclusi in precedenti piani di dilazione in essere alla data di entrata in vigore della legge di conversione del presente decreto, la preclusione della rateizzazione di cui al comma 4, ultimo periodo, non opera se, alla data di presentazione della dichiarazione di cui al comma 1, erano trascorsi meno di sessanta giorni dalla data di notifica della cartella di pagamento ovvero dell'avviso di accertamento di cui all'articolo 29, comma 1, lettera *a*), del decreto legge 31 maggio 2010, n. 78, convertito, con modificazioni, dalla legge 30 luglio 2010, n. 122, ovvero dell'avviso di addebito di cui all'articolo 30, comma 1, del medesimo decreto legge n. 78 del 2010.

5. A seguito della presentazione della dichiarazione di cui al comma 2, sono sospesi i termini di prescrizione e decadenza per il recupero dei carichi che sono oggetto di tale dichiarazione e, fermo restando quanto previsto dal comma 8, sono altresì sospesi, per i carichi oggetto della domanda di definizione di cui al comma 1, fino alla scadenza della prima o unica rata delle somme dovute, gli obblighi di pagamento derivanti da precedenti dilazioni in essere relativamente alle rate di tali dilazioni in scadenza in data successiva al 31 dicembre 2016. L'agente della riscossione, relativamente ai carichi definibili ai sensi del presente articolo, non può avviare nuove azioni esecutive ovvero iscrivere nuovi fermi amministrativi e ipoteche, fatti salvi i fermi amministrativi e le ipoteche già iscritti alla data di presentazione della dichiarazione, e non può altresì proseguire le procedure di recupero coattivo precedentemente avviate, a condizione che non si sia ancora tenuto il primo incanto con esito positivo ovvero non sia stata presentata istanza di assegnazione ovvero non sia stato già emesso provvedimento di assegnazione dei crediti pignorati.

6. Ai pagamenti dilazionati previsti dal presente articolo non si applicano le disposizioni dell'articolo 19 del decreto del Presidente della Repubblica 29 settembre 1973, n. 602.

7. Il pagamento delle somme dovute per la definizione può essere effettuato:

a) mediante domiciliazione sul conto corrente eventualmente indicato dal debitore nella dichiarazione resa ai sensi del comma 2;

b) mediante bollettini precompilati, che l'agente della riscossione è tenuto ad allegare alla comunicazione di cui al comma 3, se il debitore non ha richiesto di eseguire il versamento con le modalità previste dalla lettera *a*) del presente comma;

c) presso gli sportelli dell'agente della riscossione.

8. La facoltà di definizione prevista dal comma 1 può essere esercitata anche dai debitori che hanno già pagato parzialmente, anche a seguito di provvedimenti di dilazione emessi dall'agente della riscossione, le somme dovute relativamente ai carichi indicati al comma 1 e purché, rispetto ai piani rateali in essere, risultino adempiuti tutti i versamenti con scadenza dal 1° ottobre al 31 dicembre 2016. In tal caso:

a) ai fini della determinazione dell'ammontare delle somme da versare ai sensi del comma 1, lettere *a*) e *b*), si tiene conto esclusivamente degli importi già versati a titolo di capitale e interessi compresi nei carichi affidati, nonché, ai sensi dell'articolo 17 del decreto legislativo 13 aprile 1999, n. 112, di aggio e di rimborso delle spese per le procedure esecutive e delle spese di notifica della cartella di pagamento;

b) restano definitivamente acquisite e non sono rimborsabili le somme versate, anche anteriormente alla definizione, a titolo di sanzioni comprese nei carichi affidati, di interessi di dilazione, di interessi di mora di cui all'articolo 30, comma 1, del decreto del Presidente della Repubblica 29 settembre 1973, n. 602, e di sanzioni e somme aggiuntive di cui all'articolo 27, comma 1, del decreto legislativo 26 febbraio 1999, n. 46;

c) il pagamento della prima o unica rata delle somme dovute ai fini della definizione determina, limitatamente ai carichi definibili, la revoca automatica dell'eventuale dilazione ancora in essere precedentemente accordata dall'agente della riscossione.

9. Il debitore, se per effetto dei pagamenti parziali di cui al comma 8, computati con le modalità ivi indicate, ha già integralmente corrisposto quanto dovuto ai sensi del comma 1, per beneficiare degli effetti della definizione deve comunque manifestare la sua volontà di aderirvi con le modalità previste dal comma 2.

9 *bis*. Sono altresì compresi nella definizione agevolata di cui al comma 1 i carichi affidati agli agenti della riscossione che rientrano nei procedimenti instaurati a seguito di istanza presentata dai debitori ai sensi del capo II, sezione prima, della legge 27 gennaio 2012, n. 3.

9 *ter*. Nelle proposte di accordo o del piano del consumatore presentate ai sensi dell'articolo 6, comma 1, della legge 27 gennaio 2012, n. 3, i debitori possono estinguere il debito senza corrispondere le sanzioni, gli interessi di mora di cui all'articolo 30, comma 1, del decreto del Presidente della Repubblica 29 settembre 1973, n. 602, ovvero le sanzioni e le somme aggiuntive di cui all'articolo 27, comma 1, del decreto legislativo 26 febbraio 1999, n. 46,

provvedendo al pagamento del debito, anche falcidiato, nelle modalità e nei tempi eventualmente previsti nel decreto di omologazione dell'accordo o del piano del consumatore.

10. Sono esclusi dalla definizione di cui al comma 1 i carichi affidati agli agenti della riscossione recanti:

a) le risorse proprie tradizionali previste dall'articolo 2, paragrafo 1, lettera *a*), delle decisioni 2007/436/CE/Euratom del Consiglio, del 7 giugno 2007, e 2014/335/UE/Euratom del Consiglio, del 26 maggio 2014, e l'imposta sul valore aggiunto riscossa all'importazione;

b) le somme dovute a titolo di recupero di aiuti di Stato ai sensi dell'articolo 16 del regolamento (UE) n. 2015/1589 del Consiglio, del 13 luglio 2015;

c) i crediti derivanti da pronunce di condanna della Corte dei conti;

d) le multe, le ammende e le sanzioni pecuniarie dovute a seguito di provvedimenti e sentenze penali di condanna;

e) *Soppressa dalla legge di conversione*

e bis) le altre sanzioni diverse da quelle irrogate per violazioni tributarie o per violazione degli obblighi relativi ai contributi e ai premi dovuti dagli enti previdenziali ([7]).

11. Per le sanzioni amministrative per violazioni del codice della strada, di cui al decreto legislativo 30 aprile 1992, n. 285, le disposizioni del presente articolo si applicano limitatamente agli interessi, compresi quelli di cui all'articolo 27, sesto comma, della legge 24 novembre 1981, n. 689.

12. A seguito del pagamento delle somme di cui al comma 1, l'agente della riscossione è automaticamente discaricato dell'importo residuo. Al fine di consentire agli enti creditori di eliminare dalle proprie scritture patrimoniali i crediti corrispondenti alle quote discaricate, lo stesso agente della riscossione trasmette, anche in via telematica, a ciascun ente interessato, entro il 31 dicembre 2024 ([8]), l'elenco dei debitori che hanno esercitato la facoltà di definizione e dei codici tributo per i quali è stato effettuato il versamento.

12 *bis*. (*Omissis*)

13. Alle somme occorrenti per aderire alla definizione di cui al comma 1, che sono oggetto di procedura concorsuale, nonché in tutte le procedure di composizione negoziale della crisi d'impresa previste dal regio decreto 16 marzo 1942, n. 267, si applica la disciplina dei crediti prededucibili di cui agli articoli 111 e 111 *bis* del regio decreto 16 marzo 1942, n. 267.

13 *bis*. La definizione agevolata prevista dal presente articolo può riguardare il singolo carico iscritto a ruolo o affidato.

13 *ter*. Per i carichi affidati agli agenti della riscossione dal 2000 al 2016 relativamente ai soggetti cui si applicano le disposizioni recate dall'articolo 48, comma 1, del decreto legge 17 ottobre 2016 n. 189, convertito, con modifica-

zioni, dalla legge 15 dicembre 2016, n. 229, sono prorogati di un anno i termini e le scadenze previste dai commi 1, 2, 3, 3 *ter* e 12 del presente articolo ([9]).

([1]) *A norma dell'art. 1, comma 3, del D.L. 16 ottobre 2017, n. 148, convertito, con modificazioni, nella L. 4 dicembre 2017, n. 172, al fine di consentire alle Università degli studi che hanno aderito alla definizione agevolata dei debiti secondo quanto previsto dal presente articolo, di completare i relativi versamenti entro l'anno 2018 e di usufruire dei benefici derivanti dalla suddetta definizione agevolata, il pagamento delle rate in scadenza nel mese di novembre 2017 è differito al mese di novembre 2018.*

([2]) *A norma dell'art. 1, comma 3* bis, *del D.L. 16 ottobre 2017, n. 148, convertito, con modificazioni, dalla legge 4 dicembre 2017, n. 172, così come inserito dall'art. 1, comma 1127, della L. 27 dicembre 2017, n. 205, a decorrere dalla data di pubblicazione in* Gazzetta Ufficiale *della suddetta L. n. 205/2017* (Suppl. ord. *alla G.U. Serie gen. – n. 302 del 29 dicembre 2017*), *al fine di consentire agli istituti autonomi per le case popolari, comunque denominati, situati nei territori delle regioni del centro Italia colpite dagli eventi sismici del 24 agosto 2016 e del 26 e 30 ottobre 2016, che hanno aderito alla definizione agevolata dei debiti, secondo quanto previsto dal presente articolo, di completare i relativi versamenti entro l'anno 2018 e di usufruire dei benefici derivanti dalla suddetta definizione agevolata, il pagamento delle rate in scadenza nel mese di novembre 2017 è differito al mese di novembre 2018.*

([3]) *Le parole: «31 marzo 2017» sono state così sostituite dalle seguenti: «21 aprile 2017», dall'art. 11, comma 10, lett.* a), *del D.L. 9 febbraio 2017, n. 8, convertito, con modificazioni, nella L. 7 aprile 2017, n. 45.*

([4]) *Le parole: «31 maggio 2017» sono state così sostituite dalle seguenti: «15 giugno 2017», dall'art. 11, comma 10, lett.* b), *del D.L. 9 febbraio 2017, n. 8, convertito, con modificazioni, nella L. 7 aprile 2017, n. 45.*

([5]) *A norma dell'art. 1, comma 1, del D.L. 16 ottobre 2017, n. 148, convertito, con modificazioni, nella L. 4 dicembre 2017, n. 172, i termini per il pagamento delle rate di cui alla presente lettera sono fissati al 7 dicembre 2017.*

([6]) *A norma dell'art. 1, comma 1, del D.L. 16 ottobre 2017, n. 148, convertito, con modificazioni, nella L. 4 dicembre 2017, n. 172, il termine per il pagamento della rata in scadenza nel mese di aprile 2018, di cui alla presente lettera, è fissato nel mese di luglio 2018.*

([7]) *Ai sensi dell'art. 11, comma 10* bis, *del D.L. 9 febbraio 2017, n. 8, convertito, con modificazioni, nella L. 7 aprile 2017, n. 45, questa lettera si interpreta nel senso che ai fini della definizione agevolata dei carichi, di cui al comma 1 del presente articolo, non sono dovute le sanzioni irrogate per violazione degli obblighi relativi ai contributi e ai premi anche nel caso in cui il debitore sia lo stesso ente previdenziale.*

([8]) *La parola: «2019» è stata sostituita dalla seguente: «2020» dall'art. 1, comma 10* sexies, *del D.L. 16 ottobre 2017, n. 148, convertito, con modificazioni, nella L. 4 dicembre 2017, n. 172. Le parole: «30 giugno 2020» sono state infine così sostituite dalle attuali: «31 dicembre 2024» dall'art. 3, comma 19, del D.L. 23 ottobre 2018, n. 119, convertito, con modificazioni, nella L. 17 ottobre 2018, n. 136.*

([9]) *Questo comma è stato aggiunto dall'art. 11, comma 10, lett.* c), *del D.L. 9 febbraio 2017, n. 8, convertito, con modificazioni, nella L. 7 aprile 2017, n. 45.*

6 *ter*. Definizione agevolata delle entrate regionali e degli enti locali. – 1. Con riferimento alle entrate, anche tributarie, delle regioni, delle province, delle città metropolitane e dei comuni, non riscosse a seguito di provvedimenti di ingiunzione fiscale ai sensi del testo unico delle disposizioni di legge relative alla riscossione delle entrate patrimoniali dello Stato, di cui al regio decreto 14 aprile 1910, n. 639, notificati, negli anni dal 2000 al 2016, dagli enti stessi e dai concessionari della riscossione di cui all'articolo 53 del decreto legislativo 15 dicembre 1997, n. 446, i medesimi enti territoriali possono stabilire, entro il termine fissato per la deliberazione del bilancio annuale di previsione degli enti locali per l'esercizio 2017 ([1]), con le forme previste dalla legislazione vigente per l'adozione dei propri atti destinati a disciplinare le entrate stesse, l'esclusione delle sanzioni relative alle predette entrate. Gli enti territoriali, entro trenta giorni, danno notizia dell'adozione dell'atto di cui al primo periodo mediante pubblicazione nel proprio sito internet istituzionale.

2. Con il provvedimento di cui al comma 1 gli enti territoriali stabiliscono anche:

a) il numero di rate e la relativa scadenza, che non può superare il 30 settembre 2018;

b) le modalità con cui il debitore manifesta la sua volontà di avvalersi della definizione agevolata;

c) i termini per la presentazione dell'istanza in cui il debitore indica il numero di rate con il quale intende effettuare il pagamento, nonché la pendenza di giudizi aventi a oggetto i debiti cui si riferisce l'istanza stessa, assumendo l'impegno a rinunciare agli stessi giudizi;

d) il termine entro il quale l'ente territoriale o il concessionario della riscossione trasmette ai debitori la comunicazione nella quale sono indicati l'ammontare complessivo delle somme dovute per la definizione agevolata, quello delle singole rate e la scadenza delle stesse.

3. A seguito della presentazione dell'istanza, sono sospesi i termini di prescrizione e di decadenza per il recupero delle somme oggetto di tale istanza.

4. In caso di mancato, insufficiente o tardivo versamento dell'unica rata ovvero di una delle rate in cui è stato dilazionato il pagamento delle somme, la definizione non produce effetti e riprendono a decorrere i termini di prescrizione e di decadenza per il recupero delle somme oggetto dell'istanza. In tale caso, i versamenti effettuati sono acquisiti a titolo di acconto dell'importo complessivamente dovuto.

5. Si applicano i commi 10 e 11 dell'articolo 6.

6. Per le regioni a statuto speciale e per le province autonome di Trento e di Bolzano l'attuazione delle disposizioni del presente articolo avviene in

conformità e compatibilmente con le forme e con le condizioni di speciale autonomia previste dai rispettivi statuti.

(¹) *Le parole: «entro sessanta giorni dalla data di entrata in vigore della legge di conversione del presente decreto» sono state così sostituite dalle seguenti: «entro il termine fissato per la deliberazione del bilancio annuale di previsione degli enti locali per l'esercizio 2017», dall'art. 11, comma 14, del D.L. 9 febbraio 2017, n. 8, convertito, con modificazioni, nella L. 7 aprile 2017, n. 45.*

7 *quater*. Disposizioni in materia di semplificazione fiscale. – 1. - 9. (*Omissis*)

10. Per soddisfare l'esigenza di massima tutela giurisdizionale del debitore iscritto a ruolo, le notificazioni delle cartelle e degli altri atti della riscossione relative alle imprese individuali o costituite in forma societaria, ai professionisti iscritti in albi o elenchi e agli altri soggetti che hanno richiesto la notificazione all'indirizzo di posta elettronica certificata, eventualmente eseguite nel periodo dal 1° giugno 2016 alla data di entrata in vigore della legge di conversione del presente decreto con modalità diverse dalla posta elettronica certificata, sono rinnovate mediante invio all'indirizzo di posta elettronica certificata del destinatario e i termini di impugnazione degli stessi atti decorrono, in via esclusiva, dalla data di rinnovazione della notificazione.

11. La notificazione degli atti relativi alle operazioni catastali e alle correlate sanzioni, che per legge devono essere notificate ai soggetti obbligati alle dichiarazioni di aggiornamento, può essere eseguita direttamente dal competente ufficio, oltre che con le modalità già previste dalle disposizioni vigenti, anche a mezzo di posta elettronica certificata, con le modalità previste dal regolamento di cui al decreto del Presidente della Repubblica 11 febbraio 2005, n. 68, all'indirizzo risultante dagli elenchi istituiti a tale fine dalla legge.

12. Per le notificazioni di cui al comma 11, si applicano le disposizioni di cui all'articolo 60, settimo comma, del decreto del Presidente della Repubblica 29 settembre 1973, n. 600, introdotto dal comma 6 del presente articolo. Nel caso di pubbliche amministrazioni la notificazione può essere effettuata all'indirizzo risultante dall'indice degli indirizzi della pubblica amministrazione e dei gestori di pubblici servizi, di cui all'articolo 6 *ter* del codice dell'amministrazione digitale, di cui al decreto legislativo 7 marzo 2005, n. 82.

13. Le disposizioni dei commi 11 e 12 si applicano alle notificazioni effettuate a decorrere dal 1° luglio 2017.

14. - 48. (*Omissis*).

12.

D.L. 16 ottobre 2017, n. 148. Disposizioni urgenti in materia finanziaria e per esigenze indifferibili (*Gazzetta Ufficiale* Serie gen. - n. 242 del 16 ottobre 2017), convertito, con modificazioni, nella L. 4 dicembre 2017, n. **172** (*Gazzetta Ufficiale* Serie gen. - n. 284 del 5 dicembre 2017) (1).

(1) *A norma dell'art. 12, comma 20, del D.L. 28 settembre 2018, n. 109, convertito, con modificazioni, nella L. 16 novembre 2018, n. 130, le parole: «Agenzia nazionale per la sicurezza delle ferrovie» sono state così sostituite, ovunque ricorrano, dalle attuali: «Agenzia nazionale per la sicurezza delle ferrovie e delle infrastrutture stradali e autostradali (ANSFISA)»*

(*Estratto*)

Titolo I

Disposizioni in materia fiscale

1. Estensione della definizione agevolata dei carichi. – 1. I termini per il pagamento delle rate di cui all'articolo 6, comma 3, lettera *a*), del decreto legge 22 ottobre 2016, n. 193, convertito, con modificazioni, dalla legge 1° dicembre 2016, n. 225, sono fissati al 7 dicembre 2017 e il termine per il pagamento della rata di cui alla lettera *b*) dello stesso articolo 6, comma 3, del decreto legge n. 193 del 2016 in scadenza nel mese di aprile 2018 è fissato nel mese di luglio 2018.

2. (*Soppresso dalla legge di conversione*)

3. (*Omissis*).

4. Possono essere estinti, secondo le disposizioni di cui all'articolo 6 del decreto legge 22 ottobre 2016, n. 193, convertito, con modificazioni, dalla legge 1° dicembre 2016, n. 225, di seguito denominato "Decreto", per quanto non derogate da quelle dei commi da 5 a 10 *ter* del presente articolo, i debiti relativi ai carichi affidati agli agenti della riscossione:

a) dal 2000 al 2016:

1) che non siano stati oggetto di dichiarazioni rese ai sensi del comma 2 dell'articolo 6 del Decreto;

2) compresi in piani di dilazione in essere alla data del 24 ottobre 2016, per i quali il debitore non sia stato ammesso alla definizione agevolata, in applicazione dell'alinea del comma 8 dell'articolo 6 del Decreto, esclusivamente a causa del mancato tempestivo pagamento di tutte le rate degli stessi piani scadute al 31 dicembre 2016;

b) dal 1° gennaio al 30 settembre 2017.

5. Ai fini della definizione di cui al comma 4, il debitore manifesta all'agente della riscossione la sua volontà di avvalersene rendendo, entro il 15

maggio 2018, apposita dichiarazione, con le modalità e in conformità alla modulistica pubblicate dallo stesso agente della riscossione nel proprio sito internet entro il 31 dicembre 2017. In tale dichiarazione il debitore assume l'impegno di cui al comma 2 dell'articolo 6 del Decreto.

6. Sulle somme dovute per la definizione prevista dal comma 4 si applicano, a decorrere dal 1° agosto 2018, gli interessi di cui all'articolo 21, primo comma, del decreto del Presidente della Repubblica 29 settembre 1973, n. 602, e il pagamento delle stesse somme, salvo quanto previsto dal comma 8, può essere effettuato in un numero massimo di cinque rate consecutive di uguale importo, da pagare, rispettivamente, nei mesi di luglio 2018, settembre 2018, ottobre 2018, novembre 2018 e febbraio 2019.

7. L'agente della riscossione:

a) relativamente ai carichi di cui al comma 4, lettera *b*), del presente articolo, entro il 31 marzo 2018 invia al debitore, con posta ordinaria, l'avviso previsto dal comma 3 *ter* dell'articolo 6 del Decreto;

b) entro il 30 giugno 2018 comunica al debitore l'ammontare complessivo delle somme dovute ai fini della definizione, nonché delle relative rate e il giorno e il mese di scadenza di ciascuna di esse.

8. - 11 *quater*. (*Omissis*).

13.

L. 30 dicembre 2018, n. 145. Bilancio di previsione dello Stato per l'anno finanziario 2019 e bilancio pluriennale per il triennio 2019-2021 (Suppl. ord. alla *Gazzetta Ufficiale* Serie gen. - n. 302 del 31 dicembre 2018).

(*Estratto*)

Parte I

Sezione I

Misure quantitative per la realizzazione degli obiettivi programmatici

1. Risultati differenziali. Norme in materia di entrata e di spesa e altre disposizioni. Fondi speciali. – 1. - 183. (*Omissis*).

184. I debiti delle persone fisiche, diversi da quelli di cui all'articolo 4 del decreto legge 23 ottobre 2018, n. 119, convertito, con modificazioni, dalla legge 17 dicembre 2018, n. 136, e risultanti dai singoli carichi affidati all'agente della riscossione dal 1° gennaio 2000 alla data del 31 dicembre 2017, derivanti dall'omesso versamento di imposte risultanti dalle dichiarazioni annuali e dalle attività di cui all'articolo 36 *bis* del decreto del Presidente della Repub-

blica 29 settembre 1973, n. 600, e all'articolo 54 bis del decreto del Presidente della Repubblica 26 ottobre 1972, n. 633, a titolo di tributi e relativi interessi e sanzioni, possono essere estinti dai debitori che versano in una grave e comprovata situazione di difficoltà economica versando una somma determinata secondo le modalità indicate dal comma 187 o dal comma 188.

185. Possono altresì essere estinti i debiti risultanti dai singoli carichi affidati all'agente della riscossione dal 1° gennaio 2000 alla data del 31 dicembre 2017, derivanti dall'omesso versamento dei contributi dovuti dagli iscritti alle casse previdenziali professionali o alle gestioni previdenziali dei lavoratori autonomi dell'INPS, con esclusione di quelli richiesti a seguito di accertamento, che versano in una grave e comprovata situazione di difficoltà economica, versando una somma determinata secondo le modalità indicate dal comma 187 o dal comma 188, da utilizzare ai fini assicurativi secondo le norme che regolano la gestione previdenziale interessata.

186. Ai fini del comma 184 e del comma 185, sussiste una grave e comprovata situazione di difficoltà economica qualora l'indicatore della situazione economica equivalente (ISEE) del nucleo familiare, stabilito ai sensi del regolamento di cui al decreto del Presidente del Consiglio dei ministri 5 dicembre 2013, n. 159, non sia superiore ad euro 20.000.

187. Per i soggetti che si trovano nella situazione di cui al comma 186, i debiti di cui al comma 184 e al comma 185 possono essere estinti senza corrispondere le sanzioni comprese in tali carichi, gli interessi di mora di cui all'articolo 30, comma 1, del decreto del Presidente della Repubblica 29 settembre 1973, n. 602, ovvero le sanzioni e le somme aggiuntive di cui all'articolo 27, comma 1, del decreto legislativo 26 febbraio 1999, n. 46, versando:

a) le somme affidate all'agente della riscossione a titolo di capitale e interessi, in misura pari:

1) al 16 per cento, qualora l'ISEE del nucleo familiare risulti non superiore a euro 8.500;

2) al 20 per cento, qualora l'ISEE del nucleo familiare risulti superiore a euro 8.500 e non superiore a euro 12.500;

3) al 35 per cento, qualora l'ISEE del nucleo familiare risulti superiore a euro 12.500;

b) le somme maturate a favore dell'agente della riscossione, ai sensi dell'articolo 17 del decreto legislativo 13 aprile 1999, n. 112, a titolo di aggio sulle somme di cui alla lettera *a*) e di rimborso delle spese per le procedure esecutive e di notifica della cartella di pagamento.

188. Indipendentemente da quanto stabilito dal comma 186, ai fini del comma 184 e del comma 185, versano in una grave e comprovata situazione di difficoltà economica i soggetti per cui è stata aperta alla data di presenta-

zione della dichiarazione di cui al comma 189 la procedura di liquidazione di cui all'articolo 14 *ter* della legge 27 gennaio 2012, n. 3. I debiti di cui al comma 184 e al comma 185 di tali soggetti possono essere estinti versando le somme di cui alla lettera *a*) del comma 187, in misura pari al 10 per cento e quelle di cui alla lettera *b*) dello stesso comma 187. A tal fine, alla dichiarazione di cui al comma 189 è allegata copia conforme del decreto di apertura della liquidazione previsto dall'articolo 14 *quinquies* della medesima legge 27 gennaio 2012, n. 3.

189. Il debitore manifesta all'agente della riscossione la sua volontà di procedere alla definizione di cui al comma 184 e al comma 185 rendendo, entro il 30 aprile 2019, apposita dichiarazione, con le modalità e in conformità alla modulistica che lo stesso agente pubblica nel proprio sito internet nel termine massimo di venti giorni dalla data di entrata in vigore della legge 17 dicembre 2018, n. 136, di conversione del decreto legge 23 ottobre 2018, n. 119; in tale dichiarazione il debitore attesta la presenza dei requisiti di cui al comma 186 o al comma 188 e indica i debiti che intende definire ed il numero di rate nel quale intende effettuare il pagamento, entro il limite massimo previsto dal comma 190.

190. Il versamento delle somme di cui al comma 187, lettere *a*) e *b*), può essere effettuato in unica soluzione entro il 30 novembre 2019, o in rate pari a: il 35 per cento con scadenza il 30 novembre 2019, il 20 per cento con scadenza il 31 marzo 2020, il 15 per cento con scadenza il 31 luglio 2020, il 15 per cento con scadenza il 31 marzo 2021 e il restante 15 per cento con scadenza il 31 luglio 2021 ([1]).

191. In caso di pagamento rateale ai sensi del comma 190, si applicano, a decorrere dal 1° dicembre 2019, gli interessi al tasso del 2 per cento annuo e non si applicano le disposizioni dell'articolo 19 del decreto del Presidente della Repubblica 29 settembre 1973, n. 602.

192. Entro il 31 ottobre 2019, l'agente della riscossione comunica ai debitori che hanno presentato la dichiarazione di cui al comma 189, l'ammontare complessivo delle somme dovute ai fini dell'estinzione, nonché quello delle singole rate, il giorno e il mese di scadenza di ciascuna di esse. Entro la stessa data, l'agente della riscossione comunica altresì, ove sussistenti, il difetto dei requisiti prescritti dai commi 186 e 188 o l'esistenza della delibera favorevole prevista dal comma 185 *bis* ([2]) o la presenza nella predetta dichiarazione di debiti diversi da quelli di cui al comma 184 e al comma 185 e la conseguente impossibilità di estinguere il debito ai sensi degli stessi commi 184 e 185.

193. Nei casi previsti dal secondo periodo del comma 192, l'agente della riscossione avverte il debitore che i debiti delle persone fisiche inseriti nella

dichiarazione presentata ai sensi del comma 189, ove definibili ai sensi dell'articolo 3 del decreto legge 23 ottobre 2018, n. 119, convertito, con modificazioni, dalla legge 17 dicembre 2018, n. 136, sono automaticamente inclusi nella definizione disciplinata dallo stesso articolo 3 e indica l'ammontare complessivo delle somme dovute a tal fine, ripartito in diciassette rate, e la scadenza di ciascuna di esse. La prima di tali rate, di ammontare pari al 30 per cento delle predette somme, scade il 30 novembre 2019; il restante 70 per cento è ripartito nelle rate successive, ciascuna di pari importo, scadenti il 28 febbraio, il 31 maggio, il 31 luglio e il 30 novembre di ciascun anno a decorrere dal 2020. Nei medesimi casi previsti dal secondo periodo del comma 192, limitatamente ai debiti di cui all'articolo 3, comma 23, del citato decreto legge n. 119 del 2018, l'ammontare complessivo delle somme dovute è ripartito in nove rate, di cui la prima, di ammontare pari al 30 per cento, scadente il 30 novembre 2019 e le restanti, ciascuna di pari importo, scadenti il 28 febbraio, il 31 maggio, il 31 luglio e il 30 novembre degli anni 2020 e 2021. Si applicano, a decorrere dal 1° dicembre 2019, gli interessi al tasso del 2 per cento annuo ([3]).

194. I debiti relativi ai carichi di cui al comma 184 e al comma 185 possono essere estinti anche se già ricompresi in dichiarazioni rese ai sensi dell'articolo 6, comma 2, del decreto legge 22 ottobre 2016, n. 193, convertito, con modificazioni, dalla legge 1° dicembre 2016, n. 225, e dell'articolo 1, comma 5, del decreto legge 16 ottobre 2017, n. 148, convertito, con modificazioni, dalla legge 4 dicembre 2017, n. 172, per le quali il debitore non ha perfezionato la relativa definizione con l'integrale e tempestivo pagamento delle somme dovute. I versamenti eventualmente effettuati a seguito delle predette dichiarazioni restano definitivamente acquisiti e non ne è ammessa la restituzione; gli stessi versamenti sono comunque computati ai fini della definizione di cui ai commi 184 e 185.

195. Ai fini di cui all'articolo 11, comma 6, del regolamento di cui al decreto del Presidente del Consiglio dei ministri 5 dicembre 2013, n. 159, l'agente della riscossione, in collaborazione con l'Agenzia delle entrate e con la Guardia di finanza, procede al controllo sulla veridicità dei dati dichiarati ai fini della certificazione di cui al comma 186 del presente articolo, nei soli casi in cui sorgano fondati dubbi sulla veridicità dei medesimi. Tale controllo può essere effettuato fino alla trasmissione degli elenchi di cui all'articolo 3, comma 19, del decreto legge 23 ottobre 2018, n. 119, convertito, con modificazioni, dalla legge 17 dicembre 2018, n. 136.

196. All'esito del controllo previsto dal comma 195 del presente articolo, in presenza di irregolarità o omissioni non costituenti falsità, il debitore è tenuto, anche nei casi di cui all'articolo 11, comma 5, del regolamento di cui

al decreto del Presidente del Consiglio dei ministri 5 dicembre 2013, n. 159, a fornire, entro un termine di decadenza non inferiore a venti giorni dalla relativa comunicazione, la documentazione atta a dimostrare la completezza e veridicità dei dati indicati nella dichiarazione.

197. Nell'ipotesi di mancata tempestiva produzione della documentazione a seguito della comunicazione di cui al comma 196, ovvero nei casi di irregolarità o omissioni costituenti falsità, non si determinano gli effetti di cui al comma 184 e al comma 185 e l'ente creditore, qualora sia già intervenuto il discarico automatico di cui all'articolo 3, comma 19, del decreto legge 23 ottobre 2018, n. 119, convertito, con modificazioni, dalla legge 17 dicembre 2018, n. 136, procede, a seguito di segnalazione dell'agente della riscossione, nel termine di prescrizione decennale, a riaffidare in riscossione il debito residuo. Restano fermi gli adempimenti conseguenti alle falsità rilevate.

198. Per tutto quanto non previsto dai commi da 184 a 197 si applicano, in quanto compatibili, i commi 6, 7, 8, 9, 10, 12, 13, 14, 14 *bis*, 18, 19 e 20 dell'articolo 3 del decreto legge 23 ottobre 2018, n. 119, convertito, con modificazioni, dalla legge 17 dicembre 2018, n. 136.

199. - 1143. (*Omissis*).

(1) *Si veda l'art. 68, comma 3, del D.L. 17 marzo 2020, n. 18, convertito, con modificazioni, nella L. 24 aprile 2020, n. 27, come, da ultimo, sostituito dall'art. 1* sexies *del D.L. 25 maggio 2021, n. 73, convertito, con modificazioni, nella L. 23 luglio 2021, n. 106, che si riporta:*

«3. Il versamento delle rate da corrispondere nell'anno 2020 e di quelle da corrispondere il 28 febbraio, il 31 marzo, il 31 maggio e il 31 luglio 2021 ai fini delle definizioni agevolate di cui agli articoli 3 e 5 del decreto legge 23 ottobre 2018, n. 119, convertito, con modificazioni, dalla legge 17 dicembre 2018, n. 136, all'articolo 16 bis *del decreto legge 30 aprile 2019, n. 34, convertito, con modificazioni, dalla legge 28 giugno 2019, n. 58, e all'articolo 1, commi 190 e 193, della legge 30 dicembre 2018, n. 145, è considerato tempestivo e non determina l'inefficacia delle stesse definizioni se effettuato integralmente, con applicazione delle disposizioni dell'articolo 3, comma 14* bis*, del citato decreto legge n. 119 del 2018:*

a) *entro il 31 luglio 2021, relativamente alle rate in scadenza il 28 febbraio 2020 e il 31 marzo 2020;*

b) *entro il 31 agosto 2021, relativamente alla rata in scadenza il 31 maggio 2020;*

c) *entro il 30 settembre 2021, relativamente alla rata in scadenza il 31 luglio 2020;*

d) *entro il 31 ottobre 2021, relativamente alla rata in scadenza il 30 novembre 2020;*

e) entro il 30 novembre 2021, relativamente alle rate in scadenza il 28 febbraio, il 31 marzo, il 31 maggio e il 31 luglio 2021».

(2) *Le parole: «o l'esistenza della delibera favorevole prevista dal comma 185* bis*» sono state inserite dall'art. 16* quinquies*, comma 1, lett.* b*), del D.L. 30 aprile 2019, n. 34, convertito, con modificazioni, nella L. 28 giugno 2019, n. 58, a decorrere dal 30 giugno 2019.*

(3) *Questo comma è stato così sostituito dall'art. 1* bis*, comma 2, del D.L. 14 dicembre 2018, n. 135, convertito, con modificazioni, nella L. 11 febbraio 2019, n. 12.*

14.

D.L. 17 marzo 2020, n. 18. Misure di potenziamento del Servizio sanitario nazionale e di sostegno economico per famiglie, lavoratori e imprese connesse all'emergenza epidemiologica da COVID-19 (*Gazzetta Ufficiale* Serie gen. - n. 70 del 17 marzo 2020), convertito, con modificazioni, nella L. 24 aprile 2020, n. **27** (*Gazzetta Ufficiale* Serie gen. - n. 110 del 29 aprile 2020) ed *avviso di rettifica* in *Gazzetta Ufficiale* Serie gen. - n. 71 del 18 marzo 2020.

(*Estratto*)

Titolo IV

Misure fiscali a sostegno
della liquidità delle famiglie e delle imprese

68. Sospensione dei termini di versamento dei carichi affidati all'agente della riscossione. – 1. Con riferimento alle entrate tributarie e non tributarie, sono sospesi i termini dei versamenti, in scadenza nel periodo dall'8 marzo 2020 al 31 agosto (1) 2021, derivanti da cartelle di pagamento emesse dagli agenti della riscossione nonché dagli avvisi previsti dagli articoli 29 e 30 del decreto legge 31 maggio 2010, n. 78, convertito, con modificazioni, dalla legge 30 luglio 2010, n. 122. I versamenti oggetto di sospensione devono essere effettuati in unica soluzione entro il mese successivo al termine del periodo di sospensione. Non si procede al rimborso di quanto già versato. Si applicano le disposizioni di cui all'articolo 12 del decreto legislativo 24 settembre 2015, n. 159 (2).

2. Le disposizioni di cui al comma 1 si applicano anche agli atti di cui all'articolo 9, commi da 3 *bis* a 3 *sexies*, del decreto legge 2 marzo 2012, n. 16, convertito, con modificazioni, dalla legge 26 aprile 2012, n. 44, e alle ingiunzioni di cui al regio decreto 14 aprile 1910, n. 639, emesse dagli enti territoriali, nonché agli atti di cui all'articolo 1, comma 792, della legge 27 dicembre 2019, n. 160.

2 *bis*. Nei confronti delle persone fisiche che, alla data del 21 febbraio 2020, avevano la residenza ovvero la sede operativa nel territorio dei comuni individuati nell'allegato 1 al decreto del Presidente del Consiglio dei ministri 1° marzo 2020, e dei soggetti diversi dalle persone fisiche che, alla stessa data del 21 febbraio 2020, avevano nei medesimi comuni la sede legale o la sede operativa, i termini delle sospensioni di cui ai commi 1 e 2 decorrono dalla medesima data del 21 febbraio 2020.

2 *ter*. Relativamente ai piani di dilazione in essere alla data dell'8 marzo 2020 e ai provvedimenti di accoglimento emessi con riferimento alle richieste

presentate fino al 15 ottobre 2020, gli effetti di cui all'articolo 19, comma 3, lettere *a*), *b*) e *c*), del decreto del Presidente della Repubblica 29 settembre 1973, n. 602, si determinano in caso di mancato pagamento, nel periodo di rateazione rispettivamente, di diciotto e (3), di dieci rate, anche non consecutive (4).

3. Il versamento delle rate da corrispondere negli anni 2020 e 2021 ai fini delle definizioni agevolate di cui agli articoli 3 e 5 del decreto legge 23 ottobre 2018, n. 119, convertito, con modificazioni, dalla legge 17 dicembre 2018, n. 136, all'articolo 16 *bis* del decreto legge 30 aprile 2019, n. 34, convertito, con modificazioni, dalla legge 28 giugno 2019, n. 58, e all'articolo 1, commi 190 e 193, della legge 30 dicembre 2018, n. 145, è considerato tempestivo e non determina l'inefficacia delle stesse definizioni se effettuato integralmente, con applicazione delle disposizioni dell'articolo 3, comma 14 *bis*, del citato decreto legge n. 119 del 2018, entro il 9 dicembre 2021 (5).

3 *bis*. Relativamente ai debiti per i quali, alla data del 31 dicembre 2019, si è determinata l'inefficacia delle definizioni di cui al comma 3 del presente articolo, in deroga all'articolo 3, comma 13, lettera *a*), del decreto legge n. 119 del 2018, possono essere accordate nuove dilazioni ai sensi dell'articolo 19 del decreto del Presidente della Repubblica n. 602 del 1973. Tali dilazioni possono essere accordate anche relativamente ai debiti per i quali, alla medesima data, si è determinata l'inefficacia delle definizioni di cui all'articolo 6 del decreto legge 22 ottobre 2016, n. 193, convertito, con modificazioni, dalla legge 1° dicembre 2016, n. 225, e all'articolo 1, commi da 4 a 10 *quater*, del decreto legge 16 ottobre 2017, n. 148, convertito, con modificazioni, dalla legge 4 dicembre 2017, n. 172, in deroga alle previsioni in essi contenute (6) (7).

4. In considerazione delle previsioni contenute nei commi 1 e 2 del presente articolo, e in deroga alle disposizioni di cui all'articolo 19, comma 1, del decreto legislativo 13 aprile 1999, n. 112, le comunicazioni di inesigibilità relative alle quote affidate agli agenti della riscossione nell'anno 2018, nell'anno 2019, nell'anno 2020 e nell'anno 2021 sono presentate, rispettivamente, entro il 31 dicembre 2023, entro il 31 dicembre 2024, entro il 31 dicembre 2025 e entro il 31 dicembre 2026 (8).

4 *bis*. Con riferimento ai carichi, relativi alle entrate tributarie e non tributarie, affidati all'agente della riscossione durante il periodo di sospensione di cui ai commi 1 e 2 *bis* e, successivamente, fino alla data del 31 dicembre 2021, nonché, anche se affidati dopo lo stesso 31 dicembre 2021, a quelli relativi alle dichiarazioni di cui all'articolo 157, comma 3, lettere *a*), *b*), e *c*), del decreto legge 19 maggio 2020, n. 34, convertito, con modificazioni, dalla legge 17 luglio 2020, n. 77, sono prorogati:

a) di dodici mesi, il termine di cui all'articolo 19, comma 2, lettera *a*), del decreto legislativo 13 aprile 1999, n. 112;

b) di ventiquattro mesi, anche in deroga alle disposizioni dell'articolo 3, comma 3, della legge 27 luglio 2000, n. 212, e a ogni altra disposizione di legge vigente, i termini di decadenza e prescrizione relativi alle stesse entrate ([9]).

([1]) *Le parole: «28 febbraio» sono state sostituite dalle seguenti: «30 aprile» dall'art. 4, comma 1, lett.* a), *del D.L. 22 marzo 2021, n. 41, convertito, con modificazioni, nella L. 21 maggio 2021, n. 69. Le parole: «30 aprile» sono state così sostituite dalle attuali: «31 agosto 2021» dall'art. 9, comma 1, del D.L. 25 maggio 2021, n. 73, convertito, con modificazioni, nella L. 23 luglio 2021, n. 106.*

([2]) *Questo comma è stato così sostituito dall'art. 22* bis, *comma 2, del D.L. 31 dicembre 2020, n. 183, convertito, con modificazioni, nella L. 26 febbraio 2021, n. 21.*

([3]) *Le parole: «rispettivamente, di diciotto e» sono state inserite dall'art. 3, comma 1, del D.L. 21 ottobre 2021, n. 146, convertito, con modificazioni, nella L. 17 dicembre 2021, n. 215.*

([4]) *Questo comma è stato inserito dall'art. 154, comma 1, lett.* b), *del D.L. 19 maggio 2020, n. 34, convertito, con modificazioni, nella L. 17 luglio 2020, n. 77.*

([5]) *Questo comma è stato, da ultimo, così sostituito dall'art. 1, comma 1, del D.L. 21 ottobre 2021, n. 146, convertito, con modificazioni, nella L. 17 dicembre 2021, n. 215.*

([6]) *Questo comma è stato inserito dall'art. 154, comma 1, lett.* d), *del D.L. 19 maggio 2020, n. 34, convertito, con modificazioni, nella L. 17 luglio 2020, n. 77.*

([7]) *L'ultimo periodo del presente comma è stato aggiunto dall'art. 13* decies, *comma 6, del D.L. 28 ottobre 2020, n. 137, convertito, con modificazioni, nella L. 18 dicembre 2020, n. 176.*

([8]) *Questo comma è stato così sostituito dall'art. 4, comma 1, lett.* c), *del D.L. 22 marzo 2021, n. 41, convertito, con modificazioni, nella L. 21 maggio 2021, n. 69.*

([9]) *Questo comma, aggiunto dall'art. 1* bis, *comma 1, lett.* b), *del D.L. 7 ottobre 2020, n. 125, convertito, con modificazioni, nella L. 27 novembre 2020, n. 159, è stato così sostituito dall'art. 4, comma 1, lett.* d), *del D.L. 22 marzo 2021, n. 41, convertito, con modificazioni, nella L. 21 maggio 2021, n. 69.*

15.

D.L. 22 marzo 2021, n. 41. Misure urgenti in materia di sostegno alle imprese e agli operatori economici, di lavoro, salute e servizi territoriali, connesse all'emergenza da COVID-19 (*Gazzetta Ufficiale* Serie gen. - n. 70 del 22 marzo 2021), convertito, con modificazioni, nella L. 21 maggio 2021, n. **69** (Suppl. ord. alla *Gazzetta Ufficiale* Serie gen. - n. 120 del 21 maggio 2021).

(*Estratto*)

Titolo I

Sostegno alle imprese e all'economia

1. Contributo a fondo perduto in favore degli operatori economici e proroga dei termini in materia di dichiarazione precompilata IVA. – 1. - 17. (*Omissis*).

17 *bis*. Le disposizioni dell'articolo 12, comma 7 *bis*, del decreto legge 23 dicembre 2013, n. 145, convertito, con modificazioni, dalla legge 21 febbraio 2014, n. 9, si applicano, con le modalità previste dal decreto del Ministro dell'economia e delle finanze 24 settembre 2014, pubblicato nella *Gazzetta Ufficiale* n. 236 del 10 ottobre 2014, anche per l'anno 2021, con riferimento ai carichi affidati agli agenti della riscossione entro il 31 ottobre 2020.

4. ([1]) **Proroga del periodo di sospensione delle attività dell'agente della riscossione e annullamento dei carichi.** – 1. - 2. (*Omissis*).

3. Restano validi gli atti e i provvedimenti adottati e gli adempimenti svolti dall'agente della riscossione nel periodo dal 1° marzo 2021 alla data di entrata in vigore del presente decreto e sono fatti salvi gli effetti prodottisi e i rapporti giuridici sorti sulla base dei medesimi; restano altresì acquisiti, relativamente ai versamenti eventualmente eseguiti nello stesso periodo, gli interessi di mora corrisposti ai sensi dell'articolo 30, comma 1, del decreto del Presidente della Repubblica 29 settembre 1973, n. 602, nonché le sanzioni e le somme aggiuntive corrisposte ai sensi dell'articolo 27, comma 1, del decreto legislativo 26 febbraio 1999, n. 46. Agli accantonamenti effettuati e alle somme accreditate nel predetto periodo all'agente della riscossione e ai soggetti di cui all'articolo 52, comma 5, lettera *b*), del decreto legislativo 15 dicembre 1997, n. 446, si applicano le disposizioni dell'articolo 152, comma 1, terzo periodo, del decreto legge 19 maggio 2020, n. 34, convertito, con modificazioni, dalla legge 17 luglio 2020, n. 77; alle verifiche di cui all'articolo 48 *bis*, comma 1, del decreto del Presidente della Repubblica 29 settembre 1973, n. 602, effettuate nello stesso periodo si applicano le disposizioni dell'articolo 153, comma 1, secondo periodo, del citato decreto legge n. 34 del 2020.

4. Sono automaticamente annullati i debiti di importo residuo, alla data di entrata in vigore del presente decreto, fino a 5.000 euro, comprensivo di capitale, interessi per ritardata iscrizione a ruolo e sanzioni, risultanti dai singoli carichi affidati agli agenti della riscossione dal 1° gennaio 2000 al 31 dicembre 2010, ancorché ricompresi nelle definizioni di cui all'articolo 3 del decreto legge 23 ottobre 2018, n. 119, convertito, con modificazioni, dalla legge 17 dicembre 2018, n. 136, all'articolo 16 *bis* del decreto legge 30 aprile 2019, n. 34, convertito, con modificazioni, dalla legge 28 giugno 2019, n. 58, e all'articolo 1, commi da 184 a 198, della legge 30 dicembre 2018, n. 145 delle persone fisiche che hanno conseguito, nel periodo d'imposta 2019, un reddito imponibile ai fini delle imposte sui redditi fino a 30.000 euro e dei soggetti diversi dalle persone fisiche che hanno conseguito, nel periodo d'imposta in corso alla data del 31 dicembre 2019, un reddito imponibile ai fini delle imposte sui redditi fino a 30.000 euro.

5. Con decreto del Ministero dell'economia e delle finanze, da adottarsi entro trenta giorni dalla data di entrata in vigore della legge di conversione del presente decreto, sono stabilite le modalità e le date dell'annullamento dei debiti di cui al comma 4 del presente articolo, del relativo discarico e della conseguente eliminazione dalle scritture patrimoniali degli enti creditori. Per gli enti di cui all'articolo 2 del decreto legislativo 23 giugno 2011, n. 118, il decreto ministeriale di cui al precedente periodo disciplina le modalità del riaccertamento straordinario dei residui attivi cancellati in attuazione del comma 4, prevedendo la facoltà di ripianare l'eventuale maggiore disavanzo in non più di dieci annualità a decorrere dall'esercizio finanziario in cui è effettuato il riaccertamento, in quote annuali costanti. Si applicano le disposizioni di cui all'articolo 1, comma 529, della legge 24 dicembre 2012, n. 228. Restano definitivamente acquisite le somme versate anteriormente alla data dell'annullamento.

6. Fino alla data stabilita dal decreto ministeriale di cui al comma 5 è sospesa la riscossione di tutti i debiti di importo residuo, alla data di entrata in vigore del presente decreto, fino a 5.000 euro, comprensivo di capitale, interessi per ritardata iscrizione a ruolo e sanzioni, risultanti dai singoli carichi affidati agli agenti della riscossione dal 1° gennaio 2000 al 31 dicembre 2010 e sono sospesi i relativi termini di prescrizione ([2]).

7. Per il rimborso delle spese di notifica della cartella di pagamento previste dall'articolo 17 del decreto legislativo 13 aprile 1999, n. 112, nella formulazione tempo per tempo vigente, nonché di quelle per le procedure esecutive, relative alle quote, erariali e non, diverse da quelle di cui all'articolo 4, comma 1, del decreto legge 23 ottobre 2018, n. 119, convertito, con modificazioni, dalla legge 17 dicembre 2018, n. 136, e annullate ai sensi del

comma 4 del presente articolo, l'agente della riscossione presenta, entro la data stabilita con il decreto ministeriale previsto dal comma 5 del presente articolo, sulla base dei crediti risultanti dal proprio bilancio al 31 dicembre 2020, e fatte salve le anticipazioni eventualmente ottenute, apposita richiesta al Ministero dell'economia e delle finanze. Il rimborso è effettuato, con oneri a carico del bilancio dello Stato, in due rate, la prima, di ammontare non inferiore al 70% del totale, scadente il 31 dicembre 2021, e la seconda per l'ammontare residuo, scadente il 30 giugno 2022 ([3]).

8. Restano ferme, per i debiti ivi contemplati, le disposizioni di cui all'articolo 4 del citato decreto legge n. 119 del 2018. Il rimborso, a favore dell'agente della riscossione, delle spese di notifica della cartella di pagamento relative alle quote annullate ai sensi del comma 1 del medesimo articolo 4 del decreto legge n. 119 del 2018, e non ancora saldate alla data di entrata in vigore del presente decreto è effettuato in un numero massimo di venti rate annuali di pari importo, con oneri a carico del singolo ente creditore; il pagamento della prima di tali rate è effettuato entro il 31 dicembre 2021 e, a tal fine, l'agente della riscossione presenta apposita richiesta all'ente creditore, entro il 30 settembre 2021, sulla base dei crediti risultanti dal proprio bilancio al 31 dicembre 2020.

9. Le disposizioni di cui ai commi da 4 a 8 non si applicano ai debiti relativi ai carichi di cui all'articolo 3, comma 16, lettere *a*), *b*) e *c*), del citato decreto legge n. 119 del 2018, nonché alle risorse proprie tradizionali previste dall'articolo 2, paragrafo 1, lettera *a*), delle decisioni 2007/436/CE, Euratom del Consiglio, del 7 giugno 2007, e 2014/335/UE, Euratom del Consiglio, del 26 maggio 2014, e all'imposta sul valore aggiunto riscossa all'importazione.

10. - 11. (*Omissis*).

([1]) *Si veda l'art. 1, del D.M. 14 luglio 2021* (G.U. *Serie gen. - n. 183 del 2 agosto 2021*). *Si veda, relativamente ai commi da 4 a 9, la Circ. 24 settembre 2021, n. 11.*

([2]) *A norma dell'art. 2, comma 1, del D.M. 14 luglio 2021* (G.U. *Serie gen. - n. 183 del 2 agosto 2021*), *la sospensione della riscossione di cui a questo comma, cessa alla data del 31 ottobre 2021.*

([3]) *A norma dell'art. 2, comma 2, del D.M. 14 luglio 2021* (G.U. *Serie gen. - n. 183 del 2 agosto 2021*), *l'agente della riscossione presenta la richiesta di rimborso delle spese di cui a questo comma, entro il 15 novembre 2021.*

5. Ulteriori interventi fiscali di agevolazione e razionalizzazione connessi all'emergenza da COVID-19. – 1. In considerazione dei gravi effetti derivanti dall'emergenza epidemiologica da COVID-19, al fine di sostenere gli operatori economici che hanno subito riduzioni del volume d'affari nell'anno 2020, possono essere definite, nei termini, alle condizioni e con le modalità stabiliti dal presente articolo e dai relativi provvedimenti di attuazione, le somme dovute a seguito del controllo automatizzato delle dichiarazioni, richieste con le comunicazioni previste dagli articoli 36 *bis* del decreto del Presidente della Repubblica 29 settembre 1973, n. 600, e 54 *bis* del decreto del Presidente della Repubblica 26 ottobre 1972, n. 633, elaborate entro il 31 dicembre 2020 e non inviate per effetto della sospensione disposta dall'articolo 157 del decreto legge 19 maggio 2020, n. 34, convertito con modificazioni dalla legge 17 luglio 2020, n. 77, con riferimento alle dichiarazioni relative al periodo d'imposta in corso al 31 dicembre 2017, nonché con le comunicazioni previste dai medesimi articoli 36 *bis* e 54 *bis* elaborate entro il 31 dicembre 2021, con riferimento alle dichiarazioni relative al periodo d'imposta in corso al 31 dicembre 2018.

2. Accedono alla definizione di cui al presente articolo i soggetti con partita IVA attiva alla data di entrata in vigore del presente decreto legge, che hanno subito una riduzione maggiore del 30 per cento del volume d'affari dell'anno 2020 rispetto al volume d'affari dell'anno precedente, come risultante dalle dichiarazioni annuali dell'imposta sul valore aggiunto presentate entro il termine di presentazione della dichiarazione annuale dell'imposta sul valore aggiunto per il periodo d'imposta 2020. Per i soggetti non tenuti alla presentazione della dichiarazione annuale dell'imposta sul valore aggiunto, ai fini del presente comma si considera l'ammontare dei ricavi o compensi risultante dalle dichiarazioni dei redditi presentate entro il termine di presentazione della dichiarazione annuale dei redditi per il periodo d'imposta 2020.

3. L'Agenzia delle entrate, in base ai dati risultanti dalle dichiarazioni presentate entro i termini di cui al comma 2, individua i soggetti per i quali si è verificata la riduzione del volume d'affari o dei ricavi o compensi, e invia ai medesimi, unitamente alle comunicazioni di cui al comma 1, la proposta di definizione con l'indicazione dell'importo ridotto, ai sensi del comma 4, da versare.Le comunicazioni e le proposte sono inviate mediante posta elettronica certificata o raccomandata con avviso di ricevimento. Con i provvedimenti di cui al comma 11 possono essere definite ulteriori modalità con cui il contenuto informativo delle comunicazioni e delle proposte di definizione è reso disponibile al contribuente.

4. La definizione si perfeziona con il pagamento delle imposte, dei relativi interessi e dei contributi previdenziali, escluse le sanzioni e le somme aggiuntive.

5. I soggetti interessati effettuano il versamento degli importi richiesti secondo termini e modalità previsti dal decreto legislativo 18 dicembre 1997,

n. 462, per la riscossione delle somme dovute a seguito di controlli automatici.

6. In caso di mancato pagamento, in tutto o in parte, alle prescritte scadenze, delle somme dovute, la definizione di cui al presente articolo non produce effetti e si applicano le ordinarie disposizioni in materia di sanzioni e riscossione.

7. Le somme versate fino a concorrenza dei debiti definibili ai sensi del presente articolo, anche anteriormente alla definizione, restano definitivamente acquisite, non sono rimborsabili, né utilizzabili in compensazione per il versamento del debito residuo.

8. - 22 *bis*. (*Omissis*).

16.

D.L. 21 ottobre 2021, n. 146. Misure urgenti in materia economica e fiscale, a tutela del lavoro e per esigenze indifferibili (*Gazzetta Ufficiale* Serie gen. - n. 252 del 21 ottobre 2021), convertito, con modificazioni nella L. 17 dicembre 2021, n. **215** *Gazzetta Ufficiale* Serie gen. - n. 301 del 20 dicembre 2021).

(*Estratto*)

Capo I

Misure urgenti in materia fiscale

2. Estensione del termine di pagamento per le cartelle di pagamento notificate nel periodo dal 1° settembre 2021 al 31 dicembre 2021. – 1. Con riferimento alle cartelle di pagamento notificate dall'agente della riscossione dal 1° settembre al 31 dicembre 2021, il termine per l'adempimento dell'obbligo risultante dal ruolo, previsto dall'articolo 25, comma 2, del decreto del Presidente della Repubblica 29 settembre 1973, n. 602, è fissato, ai fini di cui agli articoli 30 e 50, comma 1, dello stesso decreto, in centottanta giorni.

3. Estensione della rateazione per i piani di dilazione. – 1. (*Omissis*).

2. I debitori che, alla data di entrata in vigore del presente decreto, siano incorsi in decadenza da piani di dilazione di cui all'articolo 19 del decreto del Presidente della Repubblica 29 settembre 1973, n. 602, in essere alla data dell'8 marzo 2020 sono automaticamente riammessi ai medesimi piani, relativamente ai quali il termine di pagamento delle rate sospese ai sensi dell'articolo 68, commi 1, 2 e 2 *bis*, del decreto legge n. 18 del 2020 è fissato al 31 ottobre 2021, ferma restando l'applicazione a tali piani delle disposizioni del comma 1 del presente articolo.

3. Con riferimento ai carichi ricompresi nei piani di dilazione di cui al comma 2:

a) restano validi gli atti e i provvedimenti adottati e gli adempimenti svolti dall'agente della riscossione nel periodo dal 1° ottobre 2021 alla data di entrata in vigore del presente decreto e sono fatti salvi gli effetti prodottisi e i rapporti giuridici sorti sulla base dei medesimi;

b) restano acquisiti, relativamente ai versamenti delle rate sospese dei predetti piani eventualmente eseguiti nello stesso periodo, gli interessi di mora corrisposti ai sensi dell'articolo 30, comma 1, del decreto del Presidente della Repubblica n. 602 del 1973, nonché le sanzioni e le somme aggiuntive corrisposte ai sensi dell'articolo 27, comma 1, del decreto legislativo 26 febbraio 1999, n. 46.

17.

L. 30 dicembre 2021, n. 234. Bilancio di previsione dello Stato per l'anno finanziario 2022 e bilancio pluriennale per il triennio 2022-2024 (Suppl. ord. alla *Gazzetta Ufficiale* Serie gen. - n. 310 del 31 dicembre 2021).

(*Estratto*)

Sezione I

Misure quantitative per la realizzazione degli obiettivi programmatici

1. Risultati differenziali. Norme in materia di entrata e di spesa e altre disposizioni. Fondi speciali. – 1. - 912. (*Omissis*).

913. Con riferimento alle cartelle di pagamento notificate dall'agente della riscossione dal 1° gennaio al 31 marzo 2022, il termine per l'adempimento dell'obbligo risultante dal ruolo, previsto dall'articolo 25, comma 2, del decreto del Presidente della Repubblica 29 settembre 1973, n. 602, è fissato, ai fini di cui agli articoli 30 e 50, comma 1, dello stesso decreto, in centottanta giorni.

914. - 1013. (*Omissis*).

1.

R.D. 28 ottobre 1940, n. 1443. Approvazione del Codice di procedura civile

(Suppl. ord. alla *Gazzetta Ufficiale* n. 253 del 28 ottobre 1940).

(*Estratto*)

Libro I
Disposizioni generali

Titolo I
Degli organi giudiziari

Capo I
Del giudice

Sezione I
Della giurisdizione
e della competenza in generale

5. Momento determinante della giurisdizione e della competenza. – La giurisdizione e la competenza si determinano con riguardo alla legge vigente e allo stato di fatto esistente al momento della proposizione della domanda, e non hanno rilevanza rispetto ad esse i successivi mutamenti della legge o dello stato medesimo.

Titolo III
Delle parti e dei difensori

Capo II
Dei difensori

83. Procura alle liti. – Quando la parte sta in giudizio col ministero di un difensore, questi deve essere munito di procura (125, 319).

La procura alle liti può essere generale o speciale (221, 365, 370, 398), e deve essere conferita con atto pubblico o scrittura privata autenticata (317).

La procura speciale può essere anche apposta in calce o a margine della citazione (163, 316, 342), del ricorso (366, 486, 499, 615², 617², 619, 638, 688, 693, 703, 712, 721, 726, 736, 737), del controricorso (370), della comparsa di risposta (167, 271, 293) o d'intervento (267), del precetto (480), o della domanda d'intervento nell'esecuzione (499, 525, 551, 563), ovvero della memoria di nomina del nuovo difensore, in aggiunta o in sostituzione del difensore originariamente designato ([1]). In tali casi l'autografia della sottoscrizione della parte deve essere certificata dal difensore. La procura si considera apposta in calce anche se rilasciata su foglio separato che sia però congiunto materialmente all'atto cui si riferisce, o su documento informatico separato sottoscritto con firma digitale e congiunto all'atto cui si riferisce mediante strumenti informatici, individuati con apposito decreto del Ministero della giustizia ([2]). Se la procura alle liti è stata conferita su supporto cartaceo, il difensore che si costituisce attraverso strumenti telematici ne trasmette la copia informatica autenticata con firma digitale, nel rispetto della normativa, anche regolamentare, concernente la sottoscrizione, la trasmissione e la ricezione dei documenti informatici e trasmessi in via telematica ([3]).

La procura speciale si presume conferita soltanto per un determinato grado del processo quando nell'atto non è espressa volontà diversa.

([1]) *Le parole: «, ovvero della memoria di nomina del nuovo difensore, in aggiunta o in sostituzione del difensore originariamente designato» sono state aggiunte dall'art. 45, comma 9, lett.* a)*, della L. 18 giugno 2009, n. 69, a decorrere dal 4 luglio 2009. Ai sensi dell'art. 58, comma 1, della predetta legge, tale disposizione si applica ai giudizi instaurati dopo la data della sua entrata in vigore.*

([2]) *Questo periodo è stato aggiunto dall'art. 1 della L. 27 maggio 1997, n. 141. Le parole: «, o su documento informatico separato sottoscritto con firma digitale e congiunto all'atto cui si riferisce mediante strumenti informatici, individuati con apposito decreto del Ministero della giustizia» sono state aggiunte dall'art. 45, comma 9, lett.* b)*, della L. 18 giugno 2009, n. 69, a decorrere dal 4 luglio 2009. Ai sensi dell'art. 58, comma 1, della predetta legge, tale disposizione si applica ai giudizi instaurati dopo la data della sua entrata in vigore.*

([3]) *Questo periodo è stato aggiunto dall'art. 45, comma 9, lett.* c)*, della L. 18 giugno 2009, n. 69, a decorrere dal 4 luglio 2009. Ai sensi dell'art. 58, comma 1, della predetta legge, tale disposizione si applica ai giudizi instaurati dopo la data della sua entrata in vigore.*

84. Poteri del difensore. – Quando la parte sta in giudizio col ministero del difensore (82), questi può compiere e ricevere (170; 108 att.), nell'interesse della parte stessa, tutti gli atti del processo che dalla legge non sono ad essa espressamente riservati ([1]).

In ogni caso non può compiere atti che importano disposizione del diritto in contesa, se non ne ha ricevuto espressamente il potere ([2]).

([1]) *Interrogatorio non formale* (artt. 117, 183); *proposizione della querela di falso* (art. 221); *confessione e risposta all'interrogatorio* (art. 228, 231); *deferimento del giuramento decisorio* (art. 233); *riferimento e prestazione del giuramento* (artt. 234, 238, 243).

([2]) *Deferimento del giuramento decisorio* (art. 233); *rinuncia agli atti del giudizio* (art. 306); *rinuncia al ricorso per cassazione* (art. 390); *confessione* (art. 2731 c.c.).

85. Revoca e rinuncia alla procura. – La procura può essere sempre revocata e il difensore può sempre rinunciarvi, ma la revoca e la rinuncia non hanno effetto (301[3]) nei confronti dell'altra parte finché non sia avvenuta la sostituzione del difensore (299 ss.).

86. Difesa personale della parte. – La parte o la persona che la rappresenta o assiste, quando ha la qualità necessaria per esercitare l'ufficio di difensore con procura presso il giudice adito, può stare in giudizio senza il ministero di altro difensore (82, 125, 165, 166, 317).

87. Assistenza degli avvocati e del consulente tecnico. – La parte può farsi assistere da uno o più avvocati, e anche da un consulente tecnico nei casi e con i modi stabiliti nel presente codice (201).

Capo III
Dei doveri delle parti e dei difensori

88. Dovere di lealtà e di probità. – Le parti e i loro difensori hanno il dovere di comportarsi in giudizio con lealtà e probità (92, 175).

In caso di mancanza dei difensori a tale dovere, il giudice deve riferirne alle autorità che esercitano il potere disciplinare su di essi ([1]).

([1]) *Si vedano gli artt. 50 ss., L. 31 dicembre 2012, n. 247 sulla "Nuova disciplina dell'ordinamento della professione forense"; gli artt. 38 ss. R.D.L. 27 novembre 1933, n. 1578, ordinamento delle professioni di avvocato e procuratore.*

Capo IV
Della responsabilità delle parti per le spese e per i danni processuali

91. Condanna alle spese. – Il giudice, con la sentenza che chiude il processo davanti a lui, condanna la parte soccombente al rimborso delle spese a favore dell'altra parte e ne liquida l'ammontare insieme con gli onorari di difesa (93, 216; 75, 151[2], 152 att.; 2877 c.c.). Se accoglie la domanda in misura non superiore all'eventuale proposta conciliativa, condanna la parte che ha rifiutato senza giustificato motivo la proposta al pagamento delle spese del processo maturate dopo la formulazione della proposta, salvo quanto disposto dal secondo comma dell'articolo 92 ([1]).

Le spese della sentenza (132) sono liquidate dal cancelliere con nota in margine alla stessa; quelle della notificazione (137) della sentenza, del titolo esecutivo (474) e del precetto (480) sono liquidate dall'ufficiale giudiziario con nota in margine all'originale e alla copia notificata.

I reclami contro le liquidazioni di cui al comma precedente sono decisi con le forme previste negli artt. 287 e 288 dal capo dell'ufficio a cui appartiene il cancelliere o l'ufficiale giudiziario.

Nelle cause previste dall'articolo 82, primo comma, le spese, competenze ed onorari liquidati dal giudice non possono superare il valore della domanda ([2]).

([1]) *Questo periodo è stato così sostituito dall'art. 45, comma 10, della L. 18 giugno 2009, n. 69, a decorrere dal 4 luglio 2009. Ai sensi dell'art. 58, comma 1, della predetta legge, tale disposizione si applica ai giudizi instaurati dopo la data della sua entrata in vigore. Il testo precedente così disponeva: «Eguale provvedimento emette nella sua sentenza il giudice che regola la competenza».*

([2]) *Questo comma è stato aggiunto dall'art. 13, comma 1, lett.* b)*, del D.L. 22 dicembre 2011, n. 212, convertito, con modificazioni, nella L. 17 febbraio 2012, n. 10.*

92. Condanna alle spese per singoli atti. Compensazione delle spese. – Il giudice, nel pronunciare la condanna di cui all'articolo precedente, può escludere la ripetizione delle spese sostenute dalla parte vincitrice, se le ritiene eccessive o superflue; e può, indipendentemente dalla soccombenza, condannare una parte al rimborso delle spese, anche non ripetibili, che, per trasgressione al dovere di cui all'art. 88, essa ha causato all'altra parte.

Se vi è soccombenza reciproca ovvero nel caso di assoluta novità della questione trattata o mutamento della giurisprudenza rispetto alle questioni dirimenti, il giudice può compensare le spese tra le parti, parzialmente o per intero ([1]).

Se le parti si sono conciliate, le spese si intendono compensate, salvo che le parti stesse abbiano diversamente convenuto nel processo verbale di conciliazione (183, 185, 199, 320, 322, 652; 88 att.).

(¹) *Questo comma è stato da ultimo così sostituito dall'art. 13, comma 1, del D.L. 12 settembre 2014, n. 132, convertito, con modificazioni, nella L. 10 novembre 2014, n. 162. A norma dell'art. 13, comma 2, dello stesso provvedimento, tale disposizione si applica ai procedimenti introdotti a decorrere dal trentesimo giorno successivo all'entrata in vigore della legge di conversione del presente decreto (Suppl. ord. alla* G.U. *Serie gen. - n. 261 del 10 novembre 2014).*

La Corte costituzionale, con sentenza n. 77 del 19 aprile 2018, ha dichiarato l'illegittimità costituzionale di questo comma, nel testo modificato dall'art. 13, comma 1, del D.L. n. 132/2014, nella parte in cui non prevede che il giudice possa compensare le spese tra le parti, parzialmente o per intero, anche qualora sussistano altre analoghe gravi ed eccezionali ragioni.

93. Distrazione delle spese. – Il difensore con procura (83) può chiedere che il giudice, nella stessa sentenza in cui condanna alle spese, distragga in favore suo e degli altri difensori gli onorari non riscossi e le spese che dichiara di avere anticipate (75 att.).

Finché il difensore non abbia conseguito il rimborso che gli è stato attribuito, la parte può chiedere al giudice, con le forme stabilite per la correzione delle sentenze (288), la revoca del provvedimento, qualora dimostri di aver soddisfatto il credito del difensore per gli onorari e le spese.

96. Responsabilità aggravata. – Se risulta che la parte soccombente ha agito o resistito in giudizio con mala fede o colpa grave, il giudice, su istanza dell'altra parte, la condanna, oltre che alle spese, al risarcimento dei danni (2043 ss. c.c.), che liquida, anche d'ufficio, nella sentenza.

Il giudice che accerta l'inesistenza del diritto per cui è stato eseguito un provvedimento cautelare (669 *bis* ss.), o trascritta domanda giudiziale (2652 ss., 2690 ss. c.c.), o iscritta ipoteca giudiziale (2818 c.c.), oppure iniziata o compiuta l'esecuzione forzata (483 ss.; 2930 ss. c.c.), su istanza della parte danneggiata condanna al risarcimento dei danni l'attore o il creditore procedente, che ha agito senza la normale prudenza. La liquidazione dei danni è fatta a norma del comma precedente.

In ogni caso, quando pronuncia sulle spese ai sensi dell'articolo 91, il giudice, anche d'ufficio, può altresì condannare la parte soccombente al pagamento, a favore della controparte, di una somma equitativamente determinata (¹).

(¹) *Questo comma è stato aggiunto dall'art. 45, comma 12, della L. 18 giugno 2009, n. 69, a decorrere dal 4 luglio 2009. Ai sensi dell'art. 58, comma 1, della predetta legge, tale disposizione si applica ai giudizi instaurati dopo la data della sua entrata in vigore.*

Titolo IV
Dell'esercizio dell'azione

99. Principio della domanda. – Chi vuole far valere un diritto in giudizio deve proporre domanda (104, 163; 2907 c.c.) al giudice competente (7 ss.).

100. Interesse ad agire. – Per proporre una domanda o per contraddire alla stessa è necessario avervi interesse (81, 105 ss., 246).

101. Principio del contraddittorio. – Il giudice, salvo che la legge disponga altrimenti, non può statuire sopra alcuna domanda, se la parte contro la quale è proposta non è stata regolarmente citata (164) e non è comparsa (181, 291).

Se ritiene di porre a fondamento della decisione una questione rilevata d'ufficio, il giudice riserva la decisione, assegnando alle parti, a pena di nullità, un termine, non inferiore a venti e non superiore a quaranta giorni dalla comunicazione, per il deposito in cancelleria di memorie contenenti osservazioni sulla medesima questione ([1]).

([1]) *Questo comma è stato aggiunto dall'art. 45, comma 13, della L. 18 giugno 2009, n. 69, a decorrere dal 4 luglio 2009. Ai sensi dell'art. 58, comma 1, della predetta legge, tale disposizione si applica ai giudizi instaurati dopo la data della sua entrata in vigore.*

102. ([1]) **Litisconsorzio necessario.** – Se la decisione non può pronunciarsi che in confronto di più parti (331, 784), queste debbono agire o essere convenute nello stesso processo.

Se questo è promosso da alcune o contro alcune soltanto di esse, il giudice ordina l'integrazione del contraddittorio (268, 307, 331, 350, 375) in un termine perentorio (152) da lui stabilito.

([1]) *La Corte costituzionale, con sentenza n. 41 dell'8 febbraio 2006, ha dichiarato l'illegittimità costituzionale di questo articolo in combinato disposto con l'art. 38 c.p.c., nella parte in cui, in ipotesi di litisconsorzio necessario, consente di ritenere improduttiva di effetti l'eccezione di incompetenza territoriale derogabile proposta non da tutti i litisconsorti convenuti.*

103. ([1]) **Litisconsorzio facoltativo.** – Più parti possono agire o essere convenute nello stesso processo, quando tra le cause che si propongono esiste connessione per l'oggetto o per il titolo dal quale dipendono (31 ss., 40), oppure quando la decisione dipende, totalmente o parzialmente, dalla risoluzione di identiche questioni.

Il giudice può disporre, nel corso della istruzione o nella decisione, la separazione delle cause, se vi è istanza di tutte le parti, ovvero quando la continuazione della loro riunione ritarderebbe o renderebbe più gravoso il processo, e può rimettere al giudice inferiore le cause di sua competenza (279 n. 5).

(1) *Articolo così sostituito dall'art. 5 della L. 14 luglio 1950, n. 581.*

104. (1) **Pluralità di domande contro la stessa parte.** – Contro la stessa parte possono proporsi nel medesimo processo più domande (33) anche non altrimenti connesse, purché sia osservata la norma dell'art. 10 secondo comma.

È applicabile la disposizione del secondo comma dell'articolo precedente.

(1) *Articolo così sostituito dall'art. 5 della L. 14 luglio 1950, n. 581.*

105. Intervento volontario. – Ciascuno può intervenire (267 ss., 344, 499, 525, 551, 563) in un processo tra altre persone per far valere, in confronto di tutte le parti o di alcune di esse, un diritto relativo all'oggetto o dipendente dal titolo (163 nn. 3, 4) dedotto nel processo medesimo.

Può altresì intervenire per sostenere le ragioni di alcuna delle parti, quando vi ha un proprio interesse (100).

106. Intervento su istanza di parte. – Ciascuna parte può chiamare nel processo un terzo al quale ritiene comune la causa o dal quale pretende essere garantita (32, 167, 183, 269, 271).

107. Intervento per ordine del giudice. – Il giudice, quando ritiene opportuno che il processo si svolga in confronto di un terzo al quale la causa è comune, ne ordina l'intervento (270-272).

108. Estromissione del garantito. – Se il garante comparisce e accetta di assumere la causa in luogo del garantito (32, 81, 106), questi può chiedere, qualora le altre parti non si oppongano, la propria estromissione. Questa è disposta dal giudice con ordinanza (134); ma la sentenza di merito pronunciata nel giudizio spiega i suoi effetti anche contro l'estromesso (2908, 2909 c.c.).

109. Estromissione dell'obbligato. – Se si contende a quale di più parti spetta una prestazione e l'obbligato si dichiara pronto a eseguirla a favore di chi ne ha diritto, il giudice può ordinare il deposito della cosa o della somma dovuta e, dopo il deposito, può estromettere l'obbligato dal processo (1777^2 c.c.).

110. Successione nel processo. – Quando la parte viene meno per morte o per altra causa, il processo è proseguito dal successore universale o in suo confronto (286, 299, 300).

111. ([1]) **Successione a titolo particolare nel diritto controverso.** – Se nel corso del processo si trasferisce il diritto controverso per atto tra vivi a titolo particolare, il processo prosegue tra le parti originarie.

Se il trasferimento a titolo particolare avviene a causa di morte il processo è proseguito dal successore universale o in suo confronto (299, 300).

In ogni caso il successore a titolo particolare può intervenire (105) o essere chiamato (106) nel processo e, se le altri parti vi consentono, l'alienante o il successore universale può esserne estromesso.

La sentenza pronunciata contro questi ultimi spiega sempre i suoi effetti anche contro il successore a titolo particolare (2908, 2909 c.c.) ed è impugnabile anche da lui, salve le norme sull'acquisto in buona fede dei mobili (1153 c.c.) e sulla trascrizione (2643 c.c.).

([1]) *Articolo così modificato con R.D. 20 aprile 1942, n. 504, norme per il coordinamento del codice di procedura civile.*

Titolo V
Dei poteri del giudice

112. Corrispondenza tra il chiesto e il pronunciato. – Il giudice deve (55) pronunciare su tutta la domanda (163, 167, 183) e non oltre i limiti di essa (277); e non può pronunciare d'ufficio su eccezioni che possono essere proposte soltanto dalle parti (38; 2938, 2969 c.c.).

113. Pronuncia secondo diritto. – Nel pronunciare sulla causa il giudice deve seguire le norme del diritto, salvo che la legge gli attribuisca il potere di decidere secondo equità (114, 119[4] att.; 912, 1226, 1349, 1733, 1736, 1749, 2045, 2047, 2056 c.c.).

Il giudice di pace decide secondo equità le cause il cui valore non eccede millecento euro, salvo quelle derivanti da rapporti giuridici relativi a contratti conclusi secondo le modalità di cui all'articolo 1342 del codice civile ([1]) ([2]).

([1]) *Questo comma, già sostituito dall'art. 21 della L. 21 novembre 1991, n. 374, a decorrere dal 1° maggio 1995, è stato da ultimo così sostituito dall'art. 1 del D.L. 8 febbraio 2003, n. 18, convertito, con modificazioni, nella L. 7 aprile 2003, n. 63. A norma dell'art. 1* bis *dello stesso provvedimento questo comma si applica ai giudizi instaurati con citazione notificata dal 10 febbraio 2003.*

([2]) *La Corte costituzionale, con sentenza n. 206 del 6 luglio 2004, ha dichiarato l'illegittimità costituzionale di questo comma, nella parte in cui non prevede che il giudice di pace debba osservare i principi informatori della materia.*

115. ([1]) **Disponibilità delle prove.** – Salvi i casi previsti dalla legge, il giudice deve porre a fondamento della decisione le prove proposte dalle parti o dal pubblico ministero, nonché i fatti non specificatamente contestati dalla parte costituita.

Il giudice può tuttavia, senza bisogno di prova, porre a fondamento della decisione le nozioni di fatto che rientrano nella comune esperienza.

([1]) *Questo articolo è stato così sostituito dall'art. 45, comma 14, della L. 18 giugno 2009, n. 69, a decorrere dal 4 luglio 2009. Ai sensi dell'art. 58, comma 1, della predetta legge, tale disposizione si applica ai giudizi instaurati dopo la data della sua entrata in vigore.*

116. Valutazione delle prove. – Il giudice deve valutare le prove secondo il suo prudente apprezzamento, salvo che la legge disponga altrimenti (239; 2700, 2702, 2706 ss., 2721, 2733 ss., 2738 c.c.).

Il giudice può desumere argomenti di prova dalle risposte che le parti gli danno a norma dell'articolo seguente, dal loro rifiuto ingiustificato a consentire le ispezioni che egli ha ordinate (118, 258 ss) e, in generale, dal contegno delle parti stesse nel processo (88, 183, 200^2, 207^3, 232, 310^3).

117. Interrogatorio non formale delle parti. – Il giudice, in qualunque stato e grado del processo, ha facoltà di ordinare la comparizione personale delle parti (350^3, 485) in contraddittorio tra loro per interrogarle liberamente sui fatti della causa (183, 185). Le parti possono farsi assistere dai difensori.

118. Ordine d'ispezione di persone e di cose. – Il giudice può ordinare (13, 14 Cost.) alle parti e ai terzi di consentire sulla loro persona o sulle cose in loro possesso le ispezioni che appaiono indispensabili per conoscere i fatti della causa (210 ss.; 258 ss., 93 att.), purché ciò possa compiersi senza grave danno per la parte o per il terzo (211, 260), e senza costringerli a violare uno dei segreti previsti negli artt. 351 e 352 c.p.p. ([1]).

Se la parte rifiuta di eseguire tale ordine senza giusto motivo, il giudice può da questo rifiuto desumere argomenti di prova a norma dell'art. 116 secondo comma.

Se rifiuta il terzo, il giudice lo condanna a una pena pecuniaria da euro 250 a euro 1.500 ([2]).

([1]) *Si vedano, ora, artt. 200 (segreto professionale), 201 (segreto d'ufficio), 202 e 204 (segreto di Stato) del nuovo c.p.p. Il segreto di Stato è disciplinato dalla L. 24 ottobre 1977, n. 801.*

([2]) *Le originarie parole: «non superiore a euro 5» sono state così sostituite dall'art. 45, comma 15, della L. 18 giugno 2009, n. 69, a decorrere dal 4 luglio 2009. Ai sensi dell'art. 58, comma 1, della predetta legge, tale disposizione si applica ai giudizi instaurati dopo la data della sua entrata in vigore.*

Titolo VI
Degli atti processuali

Capo I
Delle forme degli atti e dei provvedimenti

Sezione I
Degli atti in generale

121. Libertà di forme. – Gli atti del processo, per i quali la legge non richiede forme determinate (125, 126, 131-135; 46 att.), possono essere compiuti nella forma più idonea al raggiungimento del loro scopo (156).

125. ([1]) **Contenuto e sottoscrizione degli atti di parte.** – Salvo che la legge disponga altrimenti, la citazione (163), il ricorso (366, 486, 499, 638, 737; 184 att.), la comparsa (167, 190, 271), il controricorso (370), il precetto (480) debbono indicare l'ufficio giudiziario, le parti, l'oggetto, le ragioni della domanda e le conclusioni o la istanza, e, tanto nell'originale quanto nelle copie da notificare, debbono essere sottoscritti dalla parte, se essa sta in giudizio personalmente (82, 86, 317) ([2]), oppure dal difensore (83) che indica il proprio codice fiscale ([3]). Il difensore deve altresì indicare il proprio numero di fax ([4]).

La procura al difensore dell'attore può essere rilasciata in data posteriore alla notificazione dell'atto, purché anteriormente alla costituzione della parte rappresentata (165).

La disposizione del comma precedente non si applica quando la legge richiede che la citazione sia sottoscritta da difensore munito di mandato speciale (221, 365, 370, 398).

([1]) *Articolo così sostituito dall'art. 6 della L. 14 luglio 1950, n. 581.*

([2]) *Si veda anche l'art. 23, L. 24 novembre 1981, n. 689, legge di depenalizzazione.*

([3]) *Le parole: «che indica il proprio codice fiscale» sono state aggiunte dall'art. 4, comma 8, lett.* a)*, del D.L. 29 dicembre 2009, n. 193, convertito, con modificazioni, nella L. 22 febbraio 2010, n. 24.*

([4]) *Questo periodo, aggiunto dall'art. 2, comma 35* ter*, lett.* a)*, del D.L. 13 agosto 2011, n. 138, convertito, con modificazioni, nella L. 14 settembre 2011, n. 148, è stato da ultimo così sostituito dall'art. 45* bis*, comma 1, del D.L. 24 giugno 2014, n. 90, convertito, con modificazioni, nella L. 11 agosto 2014, n. 114.*

126. Contenuto del processo verbale. – Il processo verbale (130; 46 att.) deve contenere l'indicazione delle persone intervenute e delle circostanze di luogo e di tempo nelle quali gli atti che documenta sono compiuti; deve inoltre contenere la descrizione delle attività svolte e delle rilevazioni fatte, nonché le dichiarazioni ricevute (44, 46 att.).

Il processo verbale è sottoscritto dal cancelliere. Se vi sono altri intervenuti, il cancelliere, quando la legge non dispone altrimenti, dà loro lettura del processo verbale ([1]).

([1]) *Questo comma è stato così sostituito dall'art. 45, comma 1, lett.* a), *del D.L. 24 giugno 2014, n. 90, convertito, con modificazioni, nella L. 11 agosto 2014, n. 114.*

Sezione II
Delle udienze

130. Redazione del processo verbale. – Il cancelliere redige il processo verbale di udienza (126, 422; 44, 46 att.), sotto la direzione del giudice (84^3 att.).

Il processo verbale è sottoscritto da chi presiede l'udienza e dal cancelliere (315); di esso non si dà lettura, salvo espressa istanza di parte.

Sezione III
Dei provvedimenti

131. Forma dei provvedimenti in generale. – La legge prescrive in quali casi il giudice pronuncia sentenza, ordinanza, o decreto.

In mancanza di tali prescrizioni, i provvedimenti sono dati in qualsiasi forma idonea al raggiungimento del loro scopo.

Dei provvedimenti collegiali è compilato sommario processo verbale, il quale deve contenere la menzione dell'unanimità della decisione o del dissenso, succintamente motivato, che qualcuno dei componenti del collegio, da indicarsi nominativamente, abbia eventualmente espresso su ciascuna delle questioni decise. Il verbale, redatto dal meno anziano dei componenti togati del collegio e sottoscritto da tutti i componenti del collegio stesso, è conservato a cura del presidente in plico sigillato presso la cancelleria dell'ufficio ([1]).

([1]) *Comma aggiunto dall'art. 16, comma secondo, L. 13 aprile 1988, n. 117.*
La Corte costituzionale, con sentenza n. 18 del 19 gennaio 1989, ha dichiarato l'illegittimità costituzionale del secondo comma dell'art. 16 L. 13 aprile 1988, n. 117 cit., nella parte in cui dispone che «è compilato sommario processo verbale» anziché «può, se uno dei componenti dell'organo collegiale lo richieda, essere compilato sommario processo verbale».

132. ([1]) **Contenuto della sentenza.** – La sentenza reca l'intestazione: «Repubblica Italiana», ed è pronunciata «In nome del popolo italiano» (101 Cost.) ([2]).

Essa deve contenere:

1) l'indicazione del giudice che l'ha pronunciata;

2) l'indicazione delle parti e dei loro difensori;

3) le conclusioni del pubblico ministero e quelle delle parti;

4) la concisa esposizione delle ragioni di fatto e di diritto della decisione ([3]);

5) il dispositivo, la data della deliberazione e la sottoscrizione del giudice (161[2]).

La sentenza emessa dal giudice collegiale è sottoscritta soltanto dal presidente e dal giudice estensore. Se il presidente non può sottoscrivere per morte o per altro impedimento, la sentenza viene sottoscritta dal componente più anziano del collegio, purché prima della sottoscrizione sia menzionato l'impedimento; se l'estensore non può sottoscrivere la sentenza per morte o altro impedimento è sufficiente la sottoscrizione del solo presidente, purché prima della sottoscrizione sia menzionato l'impedimento ([4]).

([1]) *Si veda l'art. 58, comma 2, della L. 18 giugno 2009, n. 69 che così dispone: «2. Ai giudizi pendenti in primo grado alla data di entrata in vigore della presente legge si applicano gli articoli 132, 345 e 616 del codice di procedura civile e l'articolo 118 delle disposizioni per l'attuazione del codice di procedura civile, come modificati dalla presente legge.».*

([2]) *Così previsto dall'art. 6, D.L.vo Pres. 19 giugno 1946, n. 1, avente per oggetto: Nuove formule per la emanazione dei decreti ed altre disposizioni conseguenti alla mutata forma istituzionale dello Stato.*

([3]) *Questo numero è stato così sostituito dall'art. 45, comma 17, della L. 18 giugno 2009, n. 69, a decorrere dal 4 luglio 2009.*

Il testo precedente così disponeva: «4) la concisa esposizione dello svolgimento del processo e dei motivi in fatto e in diritto della decisione;».

([4]) *Comma così sostituito dall'art. 6, L. 8 agosto 1977, n. 532.*

133. Pubblicazione e comunicazione della sentenza. – La sentenza è resa pubblica mediante deposito (190 *bis*, 275, 314, 321, 352, 430) nella cancelleria del giudice che l'ha pronunciata ([1]).

Il cancelliere dà atto del deposito in calce alla sentenza e vi appone la data e la firma, ed entro cinque giorni, mediante biglietto (136) contenente il testo integrale della sentenza ([2]), ne dà notizia alle parti che si sono costituite (136, 731, 825). La comunicazione non è idonea a far decorrere i termini per le impugnazioni di cui all'articolo 325 ([3]).

[L'avviso di cui al secondo comma può essere effettuato a mezzo telefax o a mezzo di posta elettronica nel rispetto della normativa, anche regolamentare, concernente la sottoscrizione, la trasmissione e la ricezione dei documenti informatici e teletrasmessi. A tal fine il difensore indica nel primo scritto difensivo utile il numero di fax o l'indirizzo di posta elettronica presso cui dichiara di voler ricevere l'avviso] ([4]).

(1) *Ai sensi dell'art. 315, secondo comma, la sentenza pronunciata dal pretore in esito dalla discussione orale deve essere letta in udienza e pubblicata con la sottoscrizione del verbale che la contiene.*

(2) *Le parole: «il dispositivo» sono state così sostituite dalle attuali: «il testo integrale della sentenza», dall'art. 45, comma 1, lett.* b)*, del D.L. 24 giugno 2014, n. 90, convertito, con modificazioni, nella L. 11 agosto 2014, n. 114.*

(3) *Questo periodo è stato aggiunto dall'art. 45, comma 1, lett.* b)*, del D.L. 24 giugno 2014, n. 90, convertito, con modificazioni, nella L. 11 agosto 2014, n. 114.*

(4) *Questo comma, aggiunto dall'art. 2, comma 3, lett.* a)*, del D.L. 14 marzo 2005, n. 35, convertito, con modificazioni, nella L. 14 maggio 2005, n. 80, è stato abrogato dall'art. 25, comma 1, lett.* b)*, della L. 12 novembre 2011, n. 183. A norma dell'art. 25, comma 5, della stessa legge, tali disposizioni si applicano decorsi 30 giorni dalla data di entrata in vigore della medesima legge* (*Suppl. ord. alla* G.U. *Serie gen.- n. 265 del 14 novembre 2011*).

134. Forma, contenuto e comunicazione dell'ordinanza. – L'ordinanza è succintamente motivata (111 Cost.). Se è pronunciata in udienza, è inserita nel processo verbale (126, 130, 176[2]); se è pronunciata fuori dell'udienza, è scritta in calce al processo verbale oppure in foglio separato, munito della data e della sottoscrizione del giudice o, quando questo è collegiale, del presidente (176 ss., 279[2], 487).

Il cancelliere comunica (136, 176[2], 237[2], 280, 487; 121 att.) alle parti l'ordinanza pronunciata fuori dell'udienza, salvo che la legge ne prescriva la notificazione (137).

[L'avviso di cui al secondo comma può essere effettuato a mezzo telefax o a mezzo di posta elettronica nel rispetto della normativa, anche regolamentare, concernente la sottoscrizione la trasmissione e la ricezione dei documenti informatici e teletrasmessi. A tal fine il difensore indica nel primo scritto difensivo utile il numero di fax o l'indirizzo di posta elettronica presso cui dichiara di voler ricevere l'avviso] (1).

(1) *Questo comma, aggiunto dall'art. 2, comma 3, lett.* a)*, del D.L. 14 marzo 2005, n. 35, convertito, con modificazioni, nella L. 14 maggio 2005, n. 80, è stato abrogato dall'art. 25, comma 1, lett.* c)*, della L. 12 novembre 2011, n. 183. A norma dell'art. 25, comma 5, della stessa legge, tali disposizioni si applicano decorsi 30 giorni dalla data di entrata in vigore della medesima legge* (*Suppl. ord. alla* G.U. *Serie gen.- n. 265 del 14 novembre 2011*).

135. Forma e contenuto del decreto. – Il decreto è pronunciato d'ufficio o su istanza anche verbale della parte.

Se è pronunciato su ricorso, è scritto in calce al medesimo.

Quando l'istanza è proposta verbalmente, se ne redige processo verbale (126) e il decreto è inserito nello stesso.

Il decreto non è motivato, salvo che la motivazione sia prescritta espressamente dalla legge ([1]); è datato ed è sottoscritto dal giudice o, quando questo è collegiale, dal presidente.

([1]) *Abbreviazione dei termini di comparizione per le cause di pronta spedizione* (*art. 163* bis); *rigetto e accoglimento del ricorso per decreto ingiuntivo* (*artt. 640, 641*); *provvedimenti in camera di consiglio* (*artt. 737 ss.*).

Sezione IV
Delle comunicazioni e delle notificazioni

136. Comunicazioni. – Il cancelliere, con biglietto di cancelleria [in carta non bollata] ([1]) (45 att.), fa le comunicazioni (133, 134) che sono prescritte dalla legge o dal giudice al pubblico ministero (71), alle parti (170, 176, 280, 292, 308, 377, 485, 538; 176 att.), al consulente (192), agli altri ausiliari del giudice (68) e ai testimoni, e dà notizia di quei provvedimenti per i quali è disposta dalla legge tale forma abbreviata di comunicazione.

Il biglietto è consegnato dal cancelliere al destinatario, che ne rilascia ricevuta, ovvero trasmesso a mezzo posta elettronica certificata, nel rispetto della normativa, anche regolamentare, concernente la sottoscrizione, la trasmissione e la ricezione dei documenti informatici ([2]).

Salvo che la legge disponga diversamente, se non è possibile procedere ai sensi del comma che precede, il biglietto viene trasmesso a mezzo telefax, o è rimesso all'ufficiale giudiziario per la notifica ([3]).

[Tutte le comunicazioni alle parti devono essere effettuate con le modalità di cui al terzo comma] ([4]).

([1]) *Le parole tra parentesi quadrate sono state soppresse dall'art. 16, comma 1, del D.L. 18 ottobre 2012, n. 179, convertito, con modificazioni, nella L. 17 dicembre 2012, n. 221.*

([2]) *Questo comma è stato così sostituito dall'art. 25, comma 1, lett.* d), *n. 1), della L. 12 novembre 2011, n. 183. A norma dell'art. 25, comma 5, della stessa legge, tali disposizioni si applicano decorsi 30 giorni dalla data di entrata in vigore della medesima legge* (*Suppl. ord. alla* G.U. *Serie gen.- n. 265 del 14 novembre 2011*).

([3]) *Questo comma è stato così sostituito dall'art. 25, comma 1, lett.* d), *n. 2), della L. 12 novembre 2011, n. 183. A norma dell'art. 25, comma 5, della stessa legge, tali disposizioni si applicano decorsi 30 giorni dalla data di entrata in vigore della medesima legge* (*Suppl. ord. alla* G.U. *Serie gen.- n. 265 del 14 novembre 2011*).

([4]) *Questo comma, aggiunto dall'art. 2, comma 35* ter, *lett.* b), *del D.L. 13 agosto 2011, n. 138, convertito, con modificazioni, nella L. 14 settembre 2011, n. 148, è stato abrogato dall'art. 25, comma 1, lett.* d), *n. 3), della L. 12 novembre 2011, n. 183. A norma dell'art. 25, comma 5, della stessa legge, tali disposizioni si applicano decorsi 30 giorni dalla data di entrata in vigore della medesima legge* (*Suppl. ord. alla* G.U. *Serie gen.- n. 265 del 14 novembre 2011*).

137. Notificazioni. – Le notificazioni, quando non è disposto altrimenti (150, 151), sono eseguite dall'ufficiale giudiziario (59), su istanza di parte o su richiesta del pubblico ministero o del cancelliere (47 ss. att.).

L'ufficiale giudiziario esegue la notificazione mediante consegna al destinatario (160) di copia conforme all'originale dell'atto da notificarsi.

Se l'atto da notificare o comunicare è costituito da un documento informatico e il destinatario non possiede indirizzo di posta elettronica certificata, l'ufficiale giudiziario esegue la notificazione mediante consegna di una copia dell'atto su supporto cartaceo, da lui dichiarata conforme all'originale, e conserva il documento informatico per i due anni successivi. Se richiesto, l'ufficiale giudiziario invia l'atto notificato anche attraverso strumenti telematici all'indirizzo di posta elettronica dichiarato dal destinatario della notifica o dal suo procuratore, ovvero consegna ai medesimi, previa esazione dei relativi diritti, copia dell'atto notificato, su supporto informatico non riscrivibile ([1]).

Se la notificazione non può essere eseguita in mani proprie del destinatario, tranne che nel caso previsto dal secondo comma dell'articolo 143, l'ufficiale giudiziario consegna o deposita la copia dell'atto da notificare in busta che provvede a sigillare e su cui trascrive il numero cronologico della notificazione, dandone atto nella relazione in calce all'originale e alla copia dell'atto stesso. Sulla busta non sono apposti segni o indicazioni dai quali possa desumersi il contenuto dell'atto ([2]).

Le disposizioni di cui al quarto ([3]) comma si applicano anche alle comunicazioni effettuate con biglietto di cancelleria ai sensi degli articoli 133 e 136 ([2]).

([1]) *Questo comma è stato inserito dall'art. 45, comma 18, lett.* a)*, della L. 18 giugno 2009, n. 69, a decorrere dal 4 luglio 2009. Ai sensi dell'art. 58, comma 1, della predetta legge, tale disposizione si applica ai giudizi instaurati dopo la data della sua entrata in vigore.*

([2]) *Questo comma è stato inserito dall'art. 174, comma 1, del D.L.vo 30 giugno 2003, n. 196, a decorrere dal 1° gennaio 2004. L'art. 174 del D.L.vo n. 196/2003 è stato poi abrogato dall'art. 27, comma 1, lett.* c)*, n. 3, del D.L.vo 10 agosto 2018, n. 101.*

([3]) *L'originaria parola: «terzo» è stata così sostituita dall'art. 45, comma 18, lett.* b)*, della L. 18 giugno 2009, n. 69, a decorrere dal 4 luglio 2009. Ai sensi dell'art. 58, comma 1, della predetta legge, tale disposizione si applica ai giudizi instaurati dopo la data della sua entrata in vigore (*).*

(*) *Si segnala che la* Gazzetta Ufficiale *colloca la modifica nel «terzo comma», ma la parola modificata è presente solo nel quarto.*

138. Notificazione in mani proprie. – L'ufficiale giudiziario esegue la notificazione di regola mediante consegna della copia nelle mani proprie del destinatario, presso la casa di abitazione oppure, se ciò non è possibile, ([1]) ovunque lo trovi nell'ambito della circoscrizione dell'ufficio giudiziario al quale è addetto.

Se il destinatario rifiuta di ricevere la copia, l'ufficiale giudiziario ne dà atto nella relazione (148), e la notificazione si considera fatta in mani proprie.

([1]) *Le originarie parole: «può sempre eseguire la notificazione mediante consegna della copia nelle mani proprie del destinatario» sono state così sostituite dalle attuali: «esegue la notificazione di regola mediante consegna della copia nelle mani proprie del destinatario, presso la casa di abitazione oppure, se ciò non è possibile,» dall'art. 174, comma 2, del D.L.vo 30 giugno 2003, n. 196, a decorrere dal 1° gennaio 2004. L'art. 174 del D.L.vo n. 196/2003 è stato poi abrogato dall'art. 27, comma 1, lett.* c), *n. 3, del D.L.vo 10 agosto 2018, n. 101.*

139. Notificazione nella residenza, nella dimora o nel domicilio. – Se non avviene nel modo previsto nell'articolo precedente, la notificazione deve essere fatta nel comune di residenza (43, 44 c.c.) ([1]) del destinatario, ricercandolo nella casa di abitazione o dove ha l'ufficio o esercita l'industria o il commercio (2196 c.c.).

Se il destinatario non viene trovato in uno di tali luoghi, l'ufficiale giudiziario consegna copia dell'atto a una persona di famiglia o addetta alla casa, all'ufficio o all'azienda, purché non minore di quattordici anni o non palesemente incapace (518).

In mancanza delle persone indicate nel comma precedente, la copia è consegnata al portiere dello stabile dove è l'abitazione, l'ufficio o l'azienda, e, quando anche il portiere manca, a un vicino di casa che accetti di riceverla.

Il portiere o il vicino deve sottoscrivere una ricevuta ([2]), e l'ufficiale giudiziario dà notizia al destinatario dell'avvenuta notificazione dell'atto, a mezzo di lettera raccomandata.

Se il destinatario vive abitualmente a bordo di una nave mercantile, l'atto può essere consegnato al capitano o a chi ne fa le veci (293, 321 c.n.).

Quando non è noto il comune di residenza, la notificazione si fa nel comune di dimora, e, se anche questa è ignota, nel comune di domicilio (43 c.c.), osservate in quanto è possibile le disposizioni precedenti.

([1]) *Si veda, in materia di residenza, la L. 24 dicembre 1954, n. 1228.*

([2]) *L'originaria parola: «l'originale» è stata così sostituita dalle attuali: «una ricevuta» dall'art. 174, comma 3, del D.L.vo 30 giugno 2003, n. 196, a decorrere dal 1° gennaio 2004. L'art. 174 del D.L.vo n. 196/2003 è stato poi abrogato dall'art. 27, comma 1, lett.* c), *n. 3, del D.L.vo 10 agosto 2018, n. 101.*

140. ([1]) **Irreperibilità o rifiuto di ricevere la copia.** – Se non è possibile eseguire la consegna per irreperibilità o per incapacità o rifiuto delle persone indicate nell'articolo precedente, l'ufficiale giudiziario deposita la copia nella casa del comune dove la notificazione deve eseguirsi, affigge avviso del deposito in busta chiusa e sigillata ([2]) alla porta della abitazione o dell'ufficio o dell'azienda del destinatario, e gliene dà notizia per raccomandata con avviso di ricevimento (48 att.).

([1]) *La Corte costituzionale, con sentenza n. 3 del 14 gennaio 2010, ha dichiarato l'illegittimità costituzionale di questo articolo nella parte in cui prevede che la notifica si perfezioni, per il destinatario, con la spedizione della raccomandata informativa, anziché con il ricevimento della stessa o, comunque, decorsi dieci giorni dalla relativa spedizione.*

([2]) *Le parole: «in busta chiusa e sigillata» sono state inserite dall'art. 174, comma 4, del D.L.vo 30 giugno 2003, n. 196, a decorrere dal 1° gennaio 2004. L'art. 174 del D.L.vo n. 196/2003 è stato poi abrogato dall'art. 27, comma 1, lett. c), n. 3, del D.L.vo 10 agosto 2018, n. 101.*

141. Notificazione presso il domiciliatario. – La notificazione degli atti a chi ha eletto domicilio (47 c.c.) presso una persona o un ufficio può essere fatta mediante consegna di copia alla persona o al capo dell'ufficio in qualità di domiciliatario, nel luogo indicato nell'elezione (319, 660) ([1]).

Quando l'elezione di domicilio è stata inserita in un contratto, la notificazione presso il domiciliatario è obbligatoria, se così è stato espressamente dichiarato (330, 480[3], 645[1]).

La consegna, a norma dell'art. 138, della copia nelle mani della persona o del capo dell'ufficio presso i quali si è eletto domicilio, equivale a consegna nelle mani del destinatario.

La notificazione non può essere fatta nel domicilio eletto se è chiesta dal domiciliatario o questi è morto o si è trasferito fuori della sede indicata nella elezione di domicilio o è cessato l'ufficio.

([1]) *A norma dell'art. 4 della L. 21 gennaio 1994, n. 53, a decorrere dal 1° luglio 1994, se il domiciliatario è un avvocato o un procuratore legale, iscritto nello stesso albo, la notifica può essere eseguita da un avvocato o da un procuratore legale che sia munito di mandato alle liti e sia autorizzato dal consiglio dell'ordine.*

142. Notificazione a persona non residente, né dimorante, né domiciliata nella Repubblica. – Salvo quanto disposto nel secondo comma, se il destinatario non ha residenza, dimora o domicilio nello Stato e non vi ha eletto domicilio o costituito un procuratore a norma dell'articolo 77, l'atto è notificato mediante spedizione al destinatario per mezzo della posta con raccomandata e mediante consegna di altra copia al pubblico ministero che ne cura la trasmissione al Ministero degli affari esteri per la consegna alla persona alla quale è diretta ([1]).

Le disposizioni di cui al primo comma ([2]) si applicano soltanto nei casi in cui risulta impossibile eseguire la notificazione in uno dei modi consentiti dalle Convenzioni internazionali e dagli artt. 30 e 75 del D.P.R. 5 gennaio 1967, n. 200 (3) (4).

(1) *I precedenti primo e secondo comma sono stati così sostituiti dall'attuale primo comma dall'art. 174, comma 5, lett.* a), *del D.L.vo 30 giugno 2003, n. 196, a decorrere dal 1° gennaio 2004. L'art. 174 del D.L.vo n. 196/2003 è stato poi abrogato dall'art. 27, comma 1, lett.* c), *n. 3, del D.L.vo 10 agosto 2018, n. 101.*

Il testo precedente così disponeva: «*Salvo quanto disposto nel terzo comma, se il destinatario non ha residenza, dimora o domicilio nello Stato e non vi ha eletto domicilio o costituito un procuratore a norma dell'art. 77, l'atto è notificato mediante affissione di copia nell'albo dell'ufficio giudiziario davanti al quale si procede e mediante spedizione di altra copia al destinatario per mezzo della posta in piego raccomandato.*

«*Una terza copia è consegnata al pubblico ministero che ne cura la trasmissione al Ministero degli affari esteri per la consegna alla persona alla quale è diretta.*».

(2) *Le originarie parole*: «*ai commi precedenti*» *sono state così sostituite dalle attuali*: «*al primo comma*» *dall'art. 174, comma 5, lett.* b), *del D.L.vo 30 giugno 2003, n. 196, a decorrere dal 1° gennaio 2004. L'art. 174 del D.L.vo n. 196/2003 è stato poi abrogato dall'art. 27, comma 1, lett.* c), *n. 3, del D.L.vo 10 agosto 2018, n. 101.*

(3) *Comma aggiunto dall'art. 9, L. 6 febbraio 1981, n. 42.*

(4) *La Corte costituzionale, con sentenza n. 69 del 3 marzo 1994, ha dichiarato l'illegittimità costituzionale degli artt. 142, terzo comma, 143, terzo comma, e 680, primo comma, c.p.c., nella parte in cui non prevedono che la notificazione all'estero del sequestro si perfezioni, ai fini dell'osservanza del prescritto termine, con il tempestivo compimento delle formalità imposte al notificante dalle convenzioni internazionali e dagli artt. 30 e 75 del D.P.R. 5 gennaio 1967, n. 200.*

143. Notificazione a persona di residenza, dimora e domicilio sconosciuti. – Se non sono conosciuti la residenza, la dimora e il domicilio del destinatario e non vi è il procuratore previsto nell'art. 77, l'ufficiale giudiziario esegue la notificazione mediante deposito di copia dell'atto nella casa comunale dell'ultima residenza (43 c.c.) o, se questa è ignota, in quella del luogo di nascita del destinatario [, e mediante affissione di altra copia nell'albo dell'ufficio giudiziario davanti al quale si procede] (1).

Se non sono noti né il luogo dell'ultima residenza né quello di nascita, l'ufficiale giudiziario consegna una copia dell'atto al pubblico ministero (49 att.).

Nei casi previsti nel presente articolo e nei primi due commi dell'articolo precedente, la notificazione si ha per eseguita nel ventesimo giorno successivo a quello in cui sono compiute le formalità prescritte (2) (3).

(1) *Le parole da*: «*, e mediante*» *fino alla fine del periodo sono state soppresse dall'art. 174, comma 6, del D.L.vo 30 giugno 2003, n. 196, a decorrere dal 1° gennaio 2004. L'art. 174 del D.L.vo n. 196/2003 è stato poi abrogato dall'art. 27, comma 1, lett.* c), *n. 3, del D.L.vo 10 agosto 2018, n. 101.*

(2) *Comma così sostituito dall'art. 10 della L. 6 febbraio 1981, n. 42 citata.*

(3) *La Corte costituzionale, con sentenza n. 69 del 3 marzo 1994, ha dichiarato l'illegittimità costituzionale degli artt. 142, terzo comma, 143, terzo comma, e 680, primo comma, c.p.c., nella parte in cui non prevedono che la notificazione all'estero del sequestro si perfezioni, ai fini dell'osservanza del prescritto termine, con il tempestivo compimento delle formalità imposte al notificante dalle convenzioni internazionali e dagli artt. 30 e 75 del D.P.R. 5 gennaio 1967, n. 200.*

144. Notificazione alle amministrazioni dello Stato. – Per le amministrazioni dello Stato si osservano le disposizioni delle leggi speciali che prescrivono la notificazione presso gli uffici dell'Avvocatura dello Stato (1).

Fuori dei casi previsti nel comma precedente, le notificazioni si fanno direttamente, presso l'amministrazione destinataria, a chi la rappresenta nel luogo in cui risiede il giudice davanti al quale si procede. Esse si eseguono mediante consegna di copia nella sede dell'ufficio al titolare o alle persone indicate nell'articolo seguente.

(1) *Si vedano gli artt. 11 e 52 del R.D. 30 ottobre 1933, n. 1611 e successive modificazioni, nonché l'art. 10, L. 3 aprile 1979, n. 103, sul foro dello Stato.*

145. (1) **Notificazione alle persone giuridiche.** – La notificazione alle persone giuridiche si esegue nella loro sede (19; 16, 46 c.c.), mediante consegna di copia dell'atto al rappresentante o alla persona incaricata di ricevere le notificazioni o, in mancanza, ad altra persona addetta alla sede stessa ovvero al portiere dello stabile in cui è la sede. La notificazione può anche essere eseguita, a norma degli articoli 138, 139 e 141, alla persona fisica che rappresenta l'ente qualora nell'atto da notificare ne sia indicata la qualità e risultino specificati residenza, domicilio e dimora abituale.

La notificazione alle società non aventi personalità giuridica, alle associazioni non riconosciute e ai comitati di cui agli artt. 36 ss. c.c. si fa a norma del comma precedente, nella sede indicata nell'art. 19, secondo comma, ovvero alla persona fisica che rappresenta l'ente qualora nell'atto da notificare ne sia indicata la qualità e risultino specificati residenza, domicilio e dimora abituale.

Se la notificazione non può essere eseguita a norma dei commi precedenti, la notificazione alla persona fisica indicata nell'atto, che rappresenta l'ente, può essere eseguita anche a norma degli articoli 140 o 143.

(1) *Questo articolo è stato così modificato dall'art. 2, comma 1, lett.* c), *nn. 1, 2 e 3, della L. 28 dicembre 2005, n. 263.*

Ai sensi dell'art. 2, comma 4, del medesimo provvedimento, come modificato dall'art. 39 quater *del D.L. 30 dicembre 2005, n. 273, convertito, con modificazioni, nella L. 23 febbraio 2006, n. 51, questa disposizione entra in vigore il 1° marzo 2006 e si applica ai procedimenti instaurati successivamente a tale data.*

146. Notificazione a militari in attività di servizio. – Se il destinatario è militare in attività di servizio e la notificazione non è eseguita in mani proprie (138), osservate le disposizioni di cui agli artt. 139 ss., si consegna una copia al pubblico ministero (49 att.), che ne cura l'invio al comandante del corpo al quale il militare appartiene.

147. (1) (2) **Tempo delle notificazioni.** – Le notificazioni non possono farsi prima delle ore 7 e dopo le ore 21.

(1) *Questo articolo è stato così sostituito dall'art. 2, comma 1, lett.* d), *della L. 28 dicembre 2005, n. 263.*

(2) *Ai sensi dell'art. 16* septies, *comma 1, inserito dall'art. 45* bis, *comma 2, lett.* b), *del D.L. 24 giugno 2014, n. 90, convertito, con modificazioni, nella L. 11 agosto 2014, n. 114, la disposizione del presente articolo si applica anche alle notificazioni eseguite con modalità telematiche. Quando è eseguita dopo le ore 21, la notificazione si considera perfezionata alle ore 7 del giorno successivo.*

La Corte costituzionale, con sentenza n. 75 del 9 aprile 2019, ha dichiarato l'illegittimità costituzionale del citato art. 16 septies, *comma 1, nella parte in cui prevede che la notifica eseguita con modalità telematiche la cui ricevuta di accettazione è generata dopo le ore 21 ed entro le ore 24 si perfeziona per il notificante alle ore 7 del giorno successivo, anziché al momento di generazione della predetta ricevuta.*

148. Relazione di notificazione. – L'ufficiale giudiziario certifica l'eseguita notificazione mediante relazione da lui datata (47 att.) e sottoscritta, apposta in calce all'originale e alla copia dell'atto.

La relazione indica la persona alla quale è consegnata la copia e le sue qualità (138, 139), nonché il luogo della consegna, oppure le ricerche, anche anagrafiche, fatte dall'ufficiale giudiziario, i motivi della mancata consegna e le notizie raccolte sulla reperibilità del destinatario (140).

149. (1) **Notificazione a mezzo del servizio postale.** – Se non ne è fatto espresso divieto dalla legge, la notificazione può eseguirsi anche a mezzo del servizio postale.

In tal caso l'ufficiale giudiziario scrive la relazione di notificazione sull'originale e sulla copia dell'atto, facendovi menzione dell'ufficio postale per mezzo del quale spedisce la copia al destinatario in piego raccomandato con avviso di ricevimento. Quest'ultimo è allegato all'originale.

La notifica si perfeziona, per il soggetto notificante, al momento della consegna del plico all'ufficiale giudiziario e, per il destinatario, dal momento in cui lo stesso ha la legale conoscenza dell'atto (2).

(1) *La Corte costituzionale, con sentenza n. 477 del 26 novembre 2002, ha dichiarato l'illegittimità costituzionale del combinato disposto di questo articolo e dell'art. 4, comma terzo, della L. 20 novembre 1982, n. 890, nella parte in cui prevede che la no-*

tificazione si perfeziona, per il notificante, alla data di ricezione dell'atto da parte del destinatario anziché a quella, antecedente, di consegna dell'atto all'ufficiale giudiziario.

(2) *Questo comma è stato aggiunto dall'art. 2, comma 1, lett.* e), *della L. 28 dicembre 2005, n. 263.*

Ai sensi dell'art. 2, comma 4, del medesimo provvedimento, come modificato dall'art. 39 quater *del D.L. 30 dicembre 2005, n. 273, convertito, con modificazioni, nella L. 23 febbraio 2006, n. 51, questa disposizione entra in vigore il 1° marzo 2006 e si applica ai procedimenti instaurati successivamente a tale data.*

149 *bis*. (1) **Notificazione a mezzo posta elettronica.** – Se non è fatto espresso divieto dalla legge, la notificazione può eseguirsi a mezzo posta elettronica certificata, anche previa estrazione di copia informatica del documento cartaceo.

Se procede ai sensi del primo comma, l'ufficiale giudiziario trasmette copia informatica dell'atto sottoscritta con firma digitale all'indirizzo di posta elettronica certificata del destinatario risultante da pubblici elenchi o comunque accessibili alle pubbliche amministrazioni (2).

La notifica si intende perfezionata nel momento in cui il gestore rende disponibile il documento informatico nella casella di posta elettronica certificata del destinatario.

L'ufficiale giudiziario redige la relazione di cui all'articolo 148, primo comma, su documento informatico separato, sottoscritto con firma digitale e congiunto all'atto cui si riferisce mediante strumenti informatici, individuati con apposito decreto del Ministero della giustizia. La relazione contiene le informazioni di cui all'articolo 148, secondo comma, sostituito il luogo della consegna con l'indirizzo di posta elettronica presso il quale l'atto è stato inviato.

Al documento informatico originale o alla copia informatica del documento cartaceo sono allegate, con le modalità previste dal quarto comma, le ricevute di invio e di consegna previste dalla normativa, anche regolamentare, concernente la trasmissione e la ricezione dei documenti informatici trasmessi in via telematica.

Eseguita la notificazione, l'ufficiale giudiziario restituisce all'istante o al richiedente, anche per via telematica, l'atto notificato, unitamente alla relazione di notificazione e agli allegati previsti dal quinto comma.

(1) *Questo articolo è stato inserito dall'art. 4, comma 8, lett.* d), *del D.L. 29 dicembre 2009, n. 193, convertito, con modificazioni, nella L. 22 febbraio 2010, n. 24.*

(2) *Le parole*: «*o comunque accessibili alle pubbliche amministrazioni*» *sono state inserite dall'art. 16, comma 2, del D.L. 18 ottobre 2012, n. 179, convertito, con modificazioni, nella L. 17 dicembre 2012, n. 221.*

150. Notificazione per pubblici proclami. – Quando la notificazione nei modi ordinari (138 ss.) è sommamente difficile per il rilevante numero dei destinatari o per la difficoltà di identificarli tutti, il capo dell'ufficio giudiziario davanti al quale si procede [e, in caso di procedimento davanti al pretore, il presidente del tribunale, nella cui circoscrizione è posta la pretura,] (1) può autorizzare, su istanza della parte interessata e sentito il pubblico ministero (50 att.) la notificazione per pubblici proclami.

L'autorizzazione è data con decreto steso in calce all'atto da notificarsi; in esso sono designati, quando occorre, i destinatari ai quali la notificazione deve farsi nelle forme ordinarie e sono indicati i modi che appaiono più opportuni per portare l'atto a conoscenza degli altri interessati.

In ogni caso, copia dell'atto è depositata nella casa comunale del luogo in cui ha sede l'ufficio giudiziario davanti al quale si promuove o si svolge il processo, e un estratto di esso è inserito nella *Gazzetta Ufficiale* della Repubblica e nel Foglio degli annunzi legali delle province (2) dove risiedono i destinatari o si presume che risieda la maggior parte di essi.

La notificazione si ha per avvenuta quando, eseguito ciò che è prescritto nel presente articolo, l'ufficiale giudiziario deposita una copia dell'atto, con la relazione e i documenti giustificativi dell'attività svolta, nella cancelleria del giudice davanti al quale si procede (166; 51 att.).

Questa forma di notificazione non è ammessa nei procedimenti davanti al giudice di pace.

(1) *Le parole poste tra parentesi quadre sono state soppresse dall'art. 62 del D.L.vo 19 febbraio 1998, n. 51, recante l'istituzione del giudice unico, a decorrere dal 2 giugno 1999.*

(2) *A norma dell'art. 31, comma 1, della L. 24 novembre 2000, n. 340, a decorrere dal novantesimo giorno successivo alla data di entrata in vigore della stessa legge sono aboliti i fogli degli annunzi legali delle province.*

151. Forme di notificazione ordinate dal giudice. – Il giudice può prescrivere, anche d'ufficio, con decreto steso in calce all'atto, che la notificazione sia eseguita in modo diverso da quello stabilito dalla legge, e anche per mezzo di telegramma collazionato (2706 c.c.) con avviso di ricevimento quando lo consigliano circostanze particolari o esigenze di maggiore celerità, di riservatezza o di tutela della dignità (1).

(1) *Le parole: «di riservatezza o di tutela della dignità» sono state aggiunte dall'art. 174, comma 7, del D.L.vo 30 giugno 2003, n. 196, a decorrere dal 1 gennaio 2004. L'art. 174 del D.L.vo n. 196/2003 è stato poi abrogato dall'art. 27, comma 1, lett.* c), *n. 3, del D.L.vo 10 agosto 2018, n. 101.*

Capo II
Dei termini (1)

(1) La L. 7 ottobre 1969, n. 742, disciplina la sospensione dei termini durante il periodo feriale.

Il D.L.vo 9 aprile 1948, n. 437, autorizza la proroga dei termini di decadenza in conseguenza del mancato funzionamento degli uffici giudiziari.

152. Termini legali e termini giudiziari. – I termini per il compimento degli atti del processo sono stabiliti dalla legge; possono essere stabiliti dal giudice anche a pena di decadenza, soltanto se la legge lo permette espressamente.

I termini stabiliti dalla legge sono ordinatori, tranne che la legge stessa li dichiari espressamente perentori.

153. Improrogabilità dei termini perentori. – I termini perentori non possono essere abbreviati o prorogati, nemmeno sull'accordo delle parti (184 *bis*).

La parte che dimostra di essere incorsa in decadenze per causa ad essa non imputabile può chiedere al giudice di essere rimessa in termini. Il giudice provvede a norma dell'articolo 294, secondo e terzo comma (1).

(1) Questo comma è stato aggiunto dall'art. 45, comma 19, della L. 18 giugno 2009, n. 69, a decorrere dal 4 luglio 2009. Ai sensi dell'art. 58, comma 1, della predetta legge, tale disposizione si applica ai giudizi instaurati dopo la data della sua entrata in vigore.

154. Prorogabilità del termine ordinatorio. – Il giudice, prima della scadenza, può abbreviare, o prorogare anche d'ufficio, il termine che non sia stabilito a pena di decadenza. La proroga non può avere una durata superiore al termine originario. Non può essere consentita proroga ulteriore, se non per motivi particolarmente gravi e con provvedimento motivato.

155. Computo dei termini. – Nel computo dei termini a giorni o ad ore, si escludono il giorno e l'ora iniziali.

Per il computo dei termini a mesi o ad anni, si osserva il calendario comune (1187, 2963 c.c.).

I giorni festivi si computano nel termine.

Se il giorno di scadenza è festivo, la scadenza è prorogata di diritto al primo giorno seguente non festivo (96 l. camb.).

La proroga prevista dal quarto comma si applica altresì ai termini per il compimento degli atti processuali svolti fuori dell'udienza che scadono nella giornata del sabato (1).

Resta fermo il regolare svolgimento delle udienze e di ogni altra attività giudiziaria, anche svolta da ausiliari, nella giornata del sabato, che ad ogni effetto è considerata lavorativa ([1]).

([1]) *Questo comma è stato aggiunto dall'art. 2, comma 1, lett.* f), *della L. 28 dicembre 2005, n. 263.*

Ai sensi dell'art. 2, comma 4, del medesimo provvedimento, come modificato dall'art. 39 quater *del D.L. 30 dicembre 2005, n. 273, convertito, con modificazioni, nella L. 23 febbraio 2006, n. 51, questa disposizione entra in vigore il 1° marzo 2006 e si applica ai procedimenti instaurati successivamente a tale data. Si veda ora l'art. 58, comma 3, della L. 18 giugno 2009, n. 69, che così dispone: «3. Le disposizioni di cui ai commi quinto e sesto dell'articolo 155 del codice di procedura civile si applicano anche ai procedimenti pendenti alla data del 1° marzo 2006.».*

Capo III
Della nullità degli atti

156. Rilevanza della nullità. – Non può essere pronunciata la nullità per inosservanza di forme (121, 131[2]) di alcun atto del processo, se la nullità non è comminata dalla legge.

Può tuttavia essere pronunciata quando l'atto manca dei requisiti formali indispensabili per il raggiungimento dello scopo.

La nullità non può mai essere pronunciata, se l'atto ha raggiunto lo scopo a cui è destinato (164).

157. Rilevabilità e sanatoria della nullità. – Non può pronunciarsi la nullità senza istanza di parte, se la legge non dispone che sia pronunciata d'ufficio (158, 164).

Soltanto la parte nel cui interesse è stabilito un requisito può opporre la nullità dell'atto per la mancanza del requisito stesso, ma deve farlo nella prima istanza o difesa successiva all'atto o alla notizia di esso.

La nullità non può essere opposta dalla parte che vi ha dato causa, né da quella che vi ha rinunciato anche tacitamente.

158. Nullità derivante dalla costituzione del giudice. – La nullità derivante da vizi relativi alla costituzione del giudice (274 *bis*) o all'intervento del pubblico ministero (70) è insanabile e deve essere rilevata d'ufficio (157), salva la disposizione dell'art. 161.

159. Estensione della nullità. – La nullità di un atto non importa quella degli atti precedenti, né di quelli successivi che ne sono indipendenti (336).

La nullità di una parte dell'atto non colpisce le altre parti che ne sono indipendenti.

Se il vizio impedisce un determinato effetto, l'atto può tuttavia produrre gli altri effetti ai quali è idoneo (121).

160. Nullità della notificazione. – La notificazione è nulla se non sono osservate le disposizioni circa la persona alla quale deve essere consegnata la copia (138 ss.), o se vi è incertezza assoluta sulla persona a cui è fatta o sulla data (148), salva l'applicazione degli artt. 156 e 157 (291^1, 354^1).

161. Nullità della sentenza. – La nullità delle sentenze (274 *bis*) soggette ad appello (339) o a ricorso per cassazione (360) può essere fatta valere soltanto nei limiti e secondo le regole proprie di questi mezzi di impugnazione.

Questa disposizione non si applica quando la sentenza manca della sottoscrizione del giudice (132 n. 5, 354^1; 119 att.).

162. Pronuncia sulla nullità. – Il giudice che pronuncia la nullità deve disporre, quando sia possibile, la rinnovazione degli atti (291, 316, 350, 354) ai quali la nullità si estende (159).

Se la nullità degli atti del processo è imputabile al cancelliere, all'ufficiale giudiziario o al difensore, il giudice, col provvedimento col quale la pronuncia, pone le spese della rinnovazione a carico del responsabile e, su istanza di parte, con la sentenza che decide la causa (227) può condannare quest'ultimo al risarcimento dei danni causati dalla nullità, a norma dell'art. 60, n. 2.

Libro II
Del processo di cognizione

Titolo I
Del procedimento davanti al tribunale

Capo II
Dell'istruzione della causa

Sezione III
Dell'istruzione probatoria

§. 1
Della nomina e delle indagini del consulente tecnico

191. Nomina del consulente tecnico. – Nei casi previsti dagli articoli 61 e seguenti il giudice istruttore, con ordinanza ai sensi dell'articolo 183, settimo comma, o con altra successiva ordinanza, nomina un consulente (22 ss., 89 att.) (¹), formula i quesiti e fissa l'udienza nella quale il consulente deve comparire (²).

Possono essere nominati più consulenti soltanto in caso di grave necessità o quando la legge espressamente lo dispone.

(1) *Per la misura dei compensi si vedano ora il D.P.R. 30 maggio 2002, n. 115 e il D.M. 30 maggio 2002.*

(2) *Questo comma è stato così sostituito dall'art. 46, comma 4, della L. 18 giugno 2009, n. 69, a decorrere dal 4 luglio 2009. Ai sensi dell'art. 58, comma 1, della predetta legge, tale disposizione si applica ai giudizi instaurati dopo la data della sua entrata in vigore.*

192. Astensione e ricusazione del consulente. – L'ordinanza è notificata (137) al consulente tecnico a cura del cancelliere, con invito a comparire all'udienza fissata dal giudice.

Il consulente che non ritiene di accettare l'incarico o quello che, obbligato a prestare il suo ufficio (366 c.p.), intende astenersi (63), deve farne denuncia o istanza al giudice che l'ha nominato almeno tre giorni prima dell'udienza di comparizione; nello stesso termine le parti debbono proporre le loro istanze di ricusazione (63), depositando nella cancelleria ricorso al giudice istruttore.

Questi provvede con ordinanza non impugnabile (177; 89 att.).

193. (1) **Giuramento del consulente.** – All'udienza di comparizione il giudice istruttore ricorda al consulente l'importanza delle funzioni che è chiamato ad adempiere, e ne riceve il giuramento (366[2] c.p.) di bene e fedelmente adempiere le funzioni affidategli al solo scopo di fare conoscere al giudice la verità (19 ss., 89, 194 att.; 373 ss. c.p.).

(1) *A norma dell'art. 221, comma 8, del D.L. 19 maggio 2020, n. 34, convertito, con modificazioni, nella L. 17 luglio 2020, n. 77, in luogo dell'udienza fissata per il giuramento del consulente tecnico d'ufficio ai sensi del presente articolo, il giudice può disporre che il consulente, prima di procedere all'inizio delle operazioni peritali, presti giuramento di bene e fedelmente adempiere alle funzioni affidate con dichiarazione sottoscritta con firma digitale da depositare nel fascicolo telematico.*

194. Attività del consulente. – Il consulente tecnico assiste alle udienze alle quali è invitato dal giudice istruttore; compie, anche fuori della circoscrizione giudiziaria, le indagini di cui all'art. 62, da sé solo o insieme col giudice secondo che questi dispone. Può essere autorizzato a domandare chiarimenti alle parti, ad assumere informazioni da terzi e a eseguire piante, calchi e rilievi (261).

Anche quando il giudice dispone che il consulente compia indagini da sé solo (90, 92 att), le parti possono intervenire alle operazioni in persona e a mezzo dei propri consulenti tecnici (201; 91 att.) e dei difensori (82 ss.), e possono presentare al consulente, per iscritto o a voce, osservazioni e istanze.

195. Processo verbale e relazione. – Delle indagini del consulente si forma processo verbale (126), quando sono compiute con l'intervento del giudice istruttore, ma questi può anche disporre che il consulente rediga relazione scritta.

Se le indagini sono compiute senza l'intervento del giudice, il consulente deve farne relazione, nella quale inserisce anche le osservazioni e le istanze delle parti (194^2; 92 att.).

La relazione deve essere trasmessa dal consulente alle parti costituite nel termine stabilito dal giudice con ordinanza resa all'udienza di cui all'articolo 193. Con la medesima ordinanza il giudice fissa il termine entro il quale le parti devono trasmettere al consulente le proprie osservazioni sulla relazione e il termine, anteriore alla successiva udienza, entro il quale il consulente deve depositare in cancelleria la relazione, le osservazioni delle parti e una sintetica valutazione sulle stesse (1).

(1) Questo comma è stato così sostituito dall'art. 46, comma 5, della L. 18 giugno 2009, n. 69, a decorrere dal 4 luglio 2009. Ai sensi dell'art. 58, comma 1, della predetta legge, tale disposizione si applica ai giudizi instaurati dopo la data della sua entrata in vigore.

Il testo precedente così disponeva: «La relazione deve essere depositata in cancelleria nel termine che il giudice fissa.».

196. Rinnovazione delle indagini e sostituzione del consulente. – Il giudice ha sempre la facoltà di disporre la rinnovazione delle indagini e, per gravi motivi, la sostituzione del consulente tecnico (64).

197. Assistenza all'udienza e audizione in camera di consiglio. – Quando lo ritiene opportuno il presidente invita il consulente tecnico ad assistere alla discussione davanti al collegio (201^2, 275, 281 *sexies*) e ad esprimere il suo parere in camera di consiglio in presenza delle parti (441), le quali possono chiarire e svolgere le loro ragioni per mezzo dei difensori.

198. Esame contabile. – Quando è necessario esaminare documenti contabili e registri, il giudice istruttore può darne incarico al consulente tecnico, affidandogli il compito di tentare la conciliazione delle parti (185^2, 199).

Il consulente sente le parti e, previo consenso di tutte, può esaminare anche documenti e registri non prodotti in causa. Di essi tuttavia senza il consenso di tutte le parti non può fare menzione nei processi verbali o nella relazione di cui all'art. 195.

199. Processo verbale di conciliazione. – Se le parti si conciliano, si redige processo verbale della conciliazione, che è sottoscritto dalle parti e dal consulente tecnico e inserito nel fascicolo d'ufficio.

Il giudice istruttore attribuisce con decreto (135) efficacia di titolo esecutivo al processo verbale (474).

200. Mancata conciliazione. – Se la conciliazione delle parti non riesce, il consulente espone i risultati delle indagini compiute e il suo parere in una relazione, che deposita in cancelleria nel termine fissato dal giudice istruttore.

Le dichiarazioni delle parti, riportate dal consulente nella relazione, possono essere valutate dal giudice a norma dell'art. 116 secondo comma.

201. Consulente tecnico di parte. – Il giudice istruttore, con l'ordinanza di nomina del consulente (191), assegna alle parti un termine entro il quale possono nominare, con dichiarazione ricevuta dal cancelliere, un loro consulente tecnico (87; 91, 145, 146 att.).

Il consulente della parte, oltre ad assistere a norma dell'art. 194 alle operazioni del consulente del giudice, partecipa all'udienza e alla camera di consiglio ogni volta che interviene il consulente del giudice, per chiarire e svolgere, con l'autorizzazione del presidente, le sue osservazioni sui risultati delle indagini tecniche (197).

§. 3

Dell'esibizione delle prove

210. Ordine di esibizione alla parte o al terzo. – Negli stessi limiti entro i quali può essere ordinata a norma dell'art. 118 l'ispezione di cose in possesso di una parte o di un terzo, il giudice istruttore, su istanza di parte (94 att.), può ordinare all'altra parte o a un terzo di esibire in giudizio un documento (212) o altra cosa di cui ritenga necessaria l'acquisizione al processo (213, 670).

Nell'ordinare l'esibizione, il giudice dà i provvedimenti opportuni circa il tempo, il luogo e il modo dell'esibizione (258, 262; 95 att.).

Se l'esibizione importa una spesa, questa deve essere in ogni caso anticipata dalla parte che ha proposto l'istanza di esibizione (90).

211. Tutela dei diritti del terzo. – Quando l'esibizione è ordinata ad un terzo, il giudice istruttore deve cercare di conciliare nel miglior modo possibile l'interesse della giustizia col riguardo dovuto ai diritti del terzo, e prima di ordinare l'esibizione può disporre che il terzo sia citato in giudizio (270), assegnando alla parte istante termine per provvedervi (95 att.).

Il terzo può sempre fare opposizione contro l'ordinanza di esibizione, intervenendo nel giudizio (105[1], 267) prima della scadenza del termine assegnatogli.

212. Esibizione di copia del documento e dei libri di commercio. – Il giudice istruttore può disporre che, in sostituzione dell'originale, si esibisca una copia (2714 c.c.) anche fotografica (261; 2719 c.c.) o un estratto autentico (2718 c.c.) del documento.

Nell'ordinare l'esibizione di libri di commercio (2214, 2704 c.c.) o di registri al fine di estrarne determinate partite (2711^2 c.c.), il giudice, su istanza dell'interessato, può disporre che siano prodotti estratti, per la formazione dei quali nomina un notaio e, quando occorre, un esperto affinché lo assista (68).

213. Richiesta d'informazioni alla pubblica amministrazione. – Fuori dei casi previsti negli artt. 210 e 211, il giudice può richiedere d'ufficio alla pubblica amministrazione le informazioni scritte relative ad atti e documenti dell'amministrazione stessa, che è necessario acquisire al processo (96 att.).

§. 4
Del riconoscimento e della verificazione della scrittura privata

214. Disconoscimento della scrittura privata. – Colui contro il quale è prodotta una scrittura privata (2702 ss. c.c.), se intende disconoscerla, è tenuto a negare formalmente la propria scrittura o la propria sottoscrizione (215, 293^3).

Gli eredi o aventi causa possono limitarsi a dichiarare di non conoscere la scrittura o la sottoscrizione del loro autore.

215. Riconoscimento tacito della scrittura privata. – La scrittura privata prodotta in giudizio si ha per riconosciuta (219^2; 2702, 2703 c.c.):

1) se la parte, alla quale la scrittura è attribuita o contro la quale la scrittura è prodotta, è contumace (171^3, 290), salva la disposizione dell'art. 293 terzo comma;

2) se la parte comparsa non la disconosce o non dichiara di non conoscerla nella prima udienza (183) o nella prima risposta successiva alla produzione (214).

Quando nei casi ammessi dalla legge la scrittura è prodotta in copia autentica (2714 ss. c.c.), il giudice istruttore può concedere un termine per deliberare alla parte che ne fa istanza nei modi di cui al n. 2.

216. Istanza di verificazione. – La parte che intende valersi della scrittura disconosciuta (214) deve chiederne la verificazione, proponendo i mezzi di prova che ritiene utili e producendo o indicando le scritture che possono servire di comparazione (217^2, 219).

L'istanza per la verificazione può anche proporsi in via principale con citazione (163; 2652 n. 3 c.c.), quando la parte dimostra di avervi interesse (100); ma se il convenuto riconosce la scrittura, le spese sono poste a carico dell'attore (92).

217. Custodia della scrittura e provvedimenti istruttori. – Quando è chiesta la verificazione, il giudice istruttore dispone le cautele opportune per la custodia del documento, stabilisce il termine per il deposito in cancelleria delle scritture di comparazione, nomina, quando occorre, un consulente tecnico (61, 191 ss.) e provvede alla ammissione delle altre prove (183, 188).

Nel determinare le scritture che debbono servire di comparazione, il giudice ammette, in mancanza di accordo delle parti, quella la cui provenienza dalla persona che si afferma autrice della scrittura è riconosciuta (215) oppure accertata per sentenza di giudice o per atto pubblico (2703 c.c.).

218. Scritture di comparazione presso depositari. – Se le scritture di comparazione si trovano presso depositari pubblici o privati e l'asportazione non ne è vietata, il giudice istruttore può disporne il deposito in cancelleria in un termine da lui fissato.

Se la comparazione deve eseguirsi nel luogo dove si trovano le scritture, il giudice dà le disposizioni necessarie per le operazioni, che debbono compiersi in presenza del depositario (98 att.).

219. Redazione di scritture di comparazione. – Il giudice istruttore può ordinare alla parte di scrivere sotto dettatura, anche alla presenza del consulente tecnico (194).

Se la parte invitata a comparire personalmente non si presenta o rifiuta di scrivere senza giustificato motivo, la scrittura si può ritenere riconosciuta (116, 215).

220. Pronuncia del collegio. – Sull'istanza di verificazione pronuncia sempre il collegio (190 *bis*, 275, 277).

Il collegio, nella sentenza che dichiara la scrittura o la sottoscrizione di mano della parte che l'ha negata (88), può condannare quest'ultima a una pena pecuniaria non inferiore a € 2 (1) e non superiore a € 20 (1) (96, 179).

(1) *Pena originaria: da lire 500 a lire 10.000. Poi quadruplicata dall'art. 3 del D.L.vo 9 aprile 1948, n. 438. Ai sensi dell'art. 114 della L. 24 novembre 1981, n. 689, la pena minima è stata elevata a lire 4.000.*

§. 5
Della querela di falso

221. Modo di proposizione e contenuto della querela. – La querela di falso può proporsi tanto in via principale (9, 163; 99, 100, 101 att.) quanto in corso di causa (222, 313; 65 att.) in qualunque stato e grado di giudizio (355), finché la verità del documento non sia stata accertata con sentenza passata in giudicato (324).

La querela deve contenere, a pena di nullità (156), l'indicazione degli elementi e delle prove della falsità e deve essere proposta personalmente dalla parte (84) oppure a mezzo di procuratore speciale (83^2, 125), con atto di citazione (163) o con dichiarazione da unirsi al verbale d'udienza (99^2 att.).

È obbligatorio l'intervento nel processo del pubblico ministero (70, 158).

222. Interpello della parte che ha prodotto la scrittura. – Quando è proposta querela di falso in corso di causa, il giudice istruttore (313; 65 att.) interpella la parte che ha prodotto il documento se intende valersene in giudizio. Se la risposta è negativa, il documento non è utilizzabile in causa; se è affermativa, il giudice, che ritiene il documento rilevante, autorizza la presentazione della querela nella stessa udienza o in una successiva; ammette i mezzi istruttori che ritiene idonei (115), e dispone i modi e i termini della loro assunzione (202 ss.).

223. Processo verbale di deposito del documento. – Nell'udienza in cui è presentata la querela, si forma processo verbale (126) di deposito nelle mani del cancelliere del documento impugnato (100 att.).

Il processo verbale è redatto in presenza del pubblico ministero e delle parti, e deve contenere la descrizione dello stato in cui il documento si trova, con indicazione delle cancellature, abrasioni, aggiunte, scritture interlineari e di ogni altra particolarità che vi si riscontra.

Il giudice istruttore, il pubblico ministero e il cancelliere appongono la firma sul documento. Il giudice può anche ordinare che di esso sia fatta copia fotografica (261).

224. Sequestro del documento. – Se il documento impugnato di falso si trova presso un depositario, il giudice istruttore può ordinarne il sequestro con le forme previste nel codice di procedura penale (253 c.p.p.), dopo di che si redige il processo verbale di cui all'articolo precedente.

Se non è possibile il deposito del documento in cancelleria, il giudice dispone le necessarie cautele per la conservazione di esso e redige il processo verbale alla presenza del depositario, nel luogo dove il documento si trova (98 att.).

225. Decisione sulla querela. – Sulla querela di falso pronuncia sempre il collegio (226, 275, 279; 65, 101 att.) (1).

Il giudice istruttore può rimettere le parti al collegio per la decisione sulla querela indipendentemente dal merito (187[2]). In tal caso, su istanza di parte, può disporre che la trattazione della causa continui davanti a sé relativamente a quelle domande che possono essere decise indipendentemente dal documento impugnato (313) (2).

(1) *L'art. 48 dell'ordinamento giudiziario R.D. 30 gennaio 1941, n. 12, sostituito dall'art. 88 della L. 26 novembre 1990, n. 353, a decorrere dal 30 aprile 1995 riserva alla decisione del collegio tutte le cause nelle quali è obbligatorio l'intervento del P.M., tra esse ricomprese, dunque, le cause per querela di falso.*

L'art. 48 è stato da ultimo sostituito dall'art. 14 del D.L.vo 19 febbraio 1998, n. 51, recante l'istituzione del giudice unico, a decorrere dal 2 giugno 1999.

(2) *Comma così modificato con R.D. 20 aprile 1942, n. 504.*

226. Contenuto della sentenza. – Il collegio, con la sentenza che rigetta la querela di falso, ordina la restituzione del documento e dispone che, a cura del cancelliere, sia fatta menzione della sentenza sull'originale o sulla copia che ne tiene luogo; condanna inoltre la parte querelante a una pena pecuniaria non inferiore a € 2 e non superiore a € 20 (179) (1).

Con la sentenza che accerta la falsità il collegio, anche d'ufficio, dà le disposizioni di cui all'art. 480 c.p.p. (2).

(1) *Pena originaria: da lire 1.000 a lire 10.000. Poi così quadruplicata dall'art. 3 del D.L.vo 9 aprile 1948, n. 438.*

(2) *Ora, art. 537 nuovo c.p.p.*

227. Esecuzione della sentenza che ha pronunciato sulla querela. – L'esecuzione delle sentenze previste nell'articolo precedente non può aver luogo prima che siano passate in giudicato (324).

Se non è richiesta dalle parti, l'esecuzione è promossa dal pubblico ministero a spese del soccombente con l'osservanza, in quanto applicabili, delle norme dell'art. 481 c.p.p. (1).

(1) *Ora, art. 675 nuovo c.p.p.*

Capo VII
Della sospensione,
interruzione ed estinzione
del processo

Sezione I
Della sospensione del processo

295. ([1]) **Sospensione necessaria.** – Il giudice dispone che il processo sia sospeso in ogni caso in cui egli stesso o altro giudice deve risolvere una controversia (75 c.p.p.), dalla cui definizione dipende la decisione della causa (42, 48^1, 52^3, 313, 332^2, 337^2, 368^3, 443, 678; 129 *bis*, 133 *bis* att.).

([1]) *Articolo così sostituito dall'art. 35 della L. 26 novembre 1990, n. 353, a decorrere dal 1° gennaio 1993.*

296. ([1]) **Sospensione su istanza delle parti.** – Il giudice istruttore, su istanza di tutte le parti, ove sussistano giustificati motivi, può disporre, per una sola volta, che il processo rimanga sospeso per un periodo non superiore a tre mesi, fissando l'udienza per la prosecuzione del processo medesimo.

([1]) *Questo articolo è stato così sostituito dall'art. 46, comma 11, della L. 18 giugno 2009, n. 69, a decorrere dal 4 luglio 2009. Ai sensi dell'art. 58, comma 1, della predetta legge, tale disposizione si applica ai giudizi instaurati dopo la data della sua entrata in vigore.*

297. ([1]) **Fissazione della nuova udienza dopo la sospensione.** – Se col provvedimento di sospensione non è stata fissata l'udienza in cui il processo deve proseguire, le parti debbono chiederne la fissazione entro il termine perentorio (152) di tre mesi ([2]) dalla cessazione della causa di sospensione di cui all'art. 3 del c.p.p. ([3]) o dal passaggio in giudicato (324) della sentenza che definisce la controversia civile o amministrativa di cui all'art. 295 ([4]).

Nell'ipotesi dell'articolo precedente l'istanza deve essere proposta dieci giorni prima della scadenza del termine di sospensione.

L'istanza si propone con ricorso (125) al giudice istruttore o, in mancanza, al presidente del tribunale.

Il ricorso, col decreto (135) che fissa l'udienza, è notificato a cura dell'istante alle altre parti (170) nel termine stabilito dal giudice.

([1]) *Articolo così sostituito dall'art. 29 della L. 14 luglio 1950, n. 581.*

([2]) *Le parole: «sei mesi» sono state così sostituite dall'art. 46, comma 12, della L. 18 giugno 2009, n. 69, a decorrere dal 4 luglio 2009. Ai sensi dell'art. 58, comma 1, della predetta legge, tale disposizione si applica ai giudizi instaurati dopo la data della sua entrata in vigore.*

([3]) *Si veda, ora, l'art. 331 nuovo c.p.p.*

(4) *La Corte costituzionale, con sentenza n. 34 del 4 marzo 1970, ha dichiarato incostituzionale il primo comma nella parte in cui dispone la decorrenza del termine utile per la richiesta di fissazione della nuova udienza dalla cessazione della causa di sospensione anziché dalla conoscenza che ne abbiano le parti del processo sospeso.*

298. Effetti della sospensione. – Durante la sospensione (295, 296) non possono essere compiuti atti del procedimento.

La sospensione interrompe i termini in corso (152 ss.), i quali ricominciano a decorrere dal giorno della nuova udienza fissata nel provvedimento di sospensione o nel decreto di cui all'articolo precedente.

Sezione II
Dell'interruzione
del processo

299. (1) **Morte o perdita della capacità prima della costituzione. –** Se prima della costituzione in cancelleria (165, 166, 271) o all'udienza davanti al giudice istruttore (171, 183), sopravviene la morte oppure la perdita della capacità di stare in giudizio (75; 43 l. fall.) di una delle parti o del suo rappresentante legale o la cessazione di tale rappresentanza (110), il processo è interrotto, salvo che coloro ai quali spetta di proseguirlo si costituiscano volontariamente (302, 305), oppure l'altra parte provveda a citarli in riassunzione (303), osservati i termini di cui all'art. 163 *bis* (286, 328; 125 att.).

(1) *Articolo così sostituito dall'art. 3 del D.P.R. 17 ottobre 1950, n. 857.*

300. Morte o perdita della capacità della parte costituita o del contumace. – Se alcuno degli eventi previsti nell'articolo precedente si avvera nei riguardi della parte che si è costituita a mezzo di procuratore (82 ss.), questi lo dichiara in udienza (126) o lo notifica alle altre parti (170).

Dal momento di tale dichiarazione o notificazione il processo è interrotto, salvo che avvenga la costituzione volontaria o la riassunzione a norma dell'articolo precedente.

Se la parte è costituita personalmente (82, 317, 417, 442), il processo è interrotto al momento dell'evento.

Se l'evento riguarda la *parte* dichiarata contumace, il processo è interrotto dal momento in cui il fatto interruttivo è documentato dall'altra parte, o è notificato ovvero è certificato dall'ufficiale giudiziario nella relazione di notificazione di uno dei provvedimenti di cui all'articolo 292 (1).

Se alcuno degli eventi previsti nell'articolo precedente si avvera o è notificato dopo la chiusura della discussione davanti al collegio (190 *bis*, 275)

([2]), esso non produce effetto se non nel caso di riapertura dell'istruzione (279, 280, 281) ([3]).

([1]) *Questo comma è stato così sostituito dall'art. 46, comma 13, della L. 18 giugno 2009, n. 69, a decorrere dal 4 luglio 2009. Ai sensi dell'art. 58, comma 1, della predetta legge, tale disposizione si applica ai giudizi instaurati dopo la data della sua entrata in vigore.*

([2]) *A seguito delle modifiche apportate con L. 26 novembre 1990, n. 353, variamente differite nella loro entrata in vigore da successivi provvedimenti normativi, (si veda l'art. 275 c.p.c.), la discussione dinanzi al tribunale collegiale è tenuta soltanto se alcuna delle parti ne fa espressa richiesta. L'espressione legislativa va, pertanto, interpretata tenendo conto di questa innovazione. Si vedano gli artt. 281* bis *s.s.*

([3]) *La Corte costituzionale, con sentenza n. 220 del 16 ottobre 1986, ha dichiarato l'illegittimità costituzionale degli artt. 75 e 300 c.p.c. nella parte in cui non prevedono, ove emerga una situazione di scomparsa del convenuto, l'interruzione del processo e la segnalazione, ad opera del giudice, del caso al pubblico ministero perché promuova la nomina di un curatore, nei cui confronti debba l'attore riassumere il giudizio.*

301. Morte o impedimento del procuratore. – Se la parte è costituita a mezzo di procuratore (82), il processo è interrotto dal giorno della morte, radiazione o sospensione del procuratore stesso.

In tal caso si applica la disposizione dell'art. 299.

Non sono cause d'interruzione la revoca della procura o la rinuncia ad essa (85).

302. Prosecuzione del processo. – Nei casi previsti negli articoli precedenti la costituzione per proseguire (305) il processo può avvenire all'udienza o a norma dell'art. 166. Se non è fissata alcuna udienza (289), la parte può chiedere con ricorso al giudice istruttore o, in mancanza, al presidente del tribunale la fissazione dell'udienza. Il ricorso e il decreto sono notificati (137) alle altre parti (170) a cura dell'istante.

303. Riassunzione del processo. – Se non avviene la prosecuzione del processo a norma dell'articolo precedente, l'altra parte può chiedere la fissazione dell'udienza (305), notificando quindi il ricorso e il decreto a coloro che debbono costituirsi per proseguirlo (75 ss., 110; 125, 126 att.).

In caso di morte della parte il ricorso deve contenere gli estremi della domanda, e la notificazione entro un anno dalla morte può essere fatta collettivamente e impersonalmente agli eredi, nell'ultimo domicilio del defunto (456 c.c.).

Se vi sono altre parti in causa, il decreto è notificato anche ad esse (170).

Se la parte che ha ricevuto la notificazione non comparisce all'udienza fissata, si procede in sua contumacia (290, 291).

304. Effetti dell'interruzione. – In caso d'interruzione del processo si applica la disposizione dell'art. 298.

305. ([1]) ([2]) **Mancata prosecuzione o riassunzione.** – Il processo deve essere proseguito o riassunto entro il termine perentorio (153) di tre mesi ([3]) dall'interruzione, altrimenti si estingue (307 - 310).

([1]) *Articolo così sostituito dall'art. 30 della L. 14 luglio 1950, n. 581.*

([2]) *La Corte costituzionale, con sentenza n. 139 del 15 dicembre 1967, ha dichiarato la illegittimità costituzionale di quest'articolo, per la parte in cui fa decorrere dalla data dell'interruzione del processo il termine per la sua prosecuzione o la sua riassunzione anche nei casi regolati dal precedente art. 301.*

Con successiva sentenza 6 luglio 1971, n. 159, ha dichiarato l'illegittimità costituzionale anche nella parte in cui la norma dispone che il termine utile per la prosecuzione o per la riassunzione del processo interrotto a sensi dell'art. 299 e dell'art. 300[3] dello stesso codice decorre dall'interruzione anziché dalla data in cui le parti ne hanno avuto conoscenza.

([3]) *Le parole: «sei mesi» sono state così sostituite dall'art. 46, comma 14, della L. 18 giugno 2009, n. 69, a decorrere dal 4 luglio 2009. Ai sensi dell'art. 58, comma 1, della predetta legge, tale disposizione si applica ai giudizi instaurati dopo la data della sua entrata in vigore.*

Sezione III
Dell'estinzione del processo

306. Rinuncia agli atti del giudizio. – Il processo si estingue per rinuncia agli atti del giudizio quando questa è accettata dalle parti costituite (165, 166, 271, 629) che potrebbero aver interesse alla prosecuzione. L'accettazione non è efficace se contiene riserve o condizioni.

Le dichiarazioni di rinuncia e di accettazione sono fatte dalle parti o da loro procuratori speciali (84[2]), verbalmente all'udienza (126) o con atti sottoscritti (125) e notificati alle altre parti (137 ss., 170).

Il giudice, se la rinuncia e l'accettazione sono regolari, dichiara l'estinzione del processo (308, 310; 2668[2] c.c.).

Il rinunciante deve rimborsare le spese alle altre parti, salvo diverso accordo tra loro (90 ss.). La liquidazione delle spese è fatta dal giudice istruttore con ordinanza non impugnabile (177 n. 2).

307. ([1]) **Estinzione del processo per inattività delle parti.** – Se dopo la notificazione della citazione (163[4]) nessuna delle parti siasi costituita entro il termine stabilito dall'art. 166 (171), ovvero, se, dopo la costituzione delle stesse, il giudice, nei casi previsti dalla legge (181, 270[2], 291[3], 309), abbia ordinata la cancellazione della causa dal ruolo, il processo, salvo il disposto [del secondo comma] (²) dell'art. 181 e dell'art. 290, deve essere riassunto (125 att.) davanti allo stesso giudice nel termine perentorio di tre mesi (³), che decorre rispettivamente dalla scadenza del termine per la costituzione del convenuto a norma dell'art. 166, o dalla data del provvedimento di cancellazione; altrimenti il processo si estingue.

Il processo, una volta riassunto a norma del precedente comma, si estingue se nessuna delle parti siasi costituita, ovvero se nei casi previsti dalla legge il giudice ordini la cancellazione della causa dal ruolo.

Oltre che nei casi previsti dai commi precedenti, e salvo diverse disposizioni di legge (289, 290), il processo si estingue altresì qualora le parti alle quali spetta di rinnovare la citazione o di proseguire, riassumere o integrare il giudizio, non vi abbiano provveduto entro il termine perentorio stabilito dalla legge (50, 54^4, 297, 305, 367^2, 393), o dal giudice che dalla legge sia autorizzato a fissarlo (34, 39^2, 40, 50, 102, 291, 355). Quando la legge autorizza il giudice a fissare il termine, questo non può essere inferiore ad un mese né superiore a tre (⁴).

L'estinzione opera di diritto ed è dichiarata, anche d'ufficio, con ordinanza del giudice istruttore ovvero con sentenza del collegio (⁵).

(¹) *Articolo così sostituito dall'art. 31 della L. 14 luglio 1950, n. 581.*

(²) *Le parole fra parentesi quadrate sono state soppresse dall'art. 46, comma 15, lett.* a), *della L. 18 giugno 2009, n. 69, a decorrere dal 4 luglio 2009. Ai sensi dell'art. 58, comma 1, della predetta legge, tale disposizione si applica ai giudizi instaurati dopo la data della sua entrata in vigore.*

(³) *Le parole: «un anno» sono state così sostituite dall'art. 46, comma 15, lett.* a), *della L. 18 giugno 2009, n. 69, a decorrere dal 4 luglio 2009. Ai sensi dell'art. 58, comma 1, della predetta legge, tale disposizione si applica ai giudizi instaurati dopo la data della sua entrata in vigore.*

(⁴) *La parola: «sei» è stata così sostituita dall'art. 46, comma 15, lett.* b), *della L. 18 giugno 2009, n. 69, a decorrere dal 4 luglio 2009. Ai sensi dell'art. 58, comma 1, della predetta legge, tale disposizione si applica ai giudizi instaurati dopo la data della sua entrata in vigore.*

(⁵) *Questo comma è stato così sostituito dall'art. 46, comma 15, lett.* c), *della L. 18 giugno 2009, n. 69, a decorrere dal 4 luglio 2009. Ai sensi dell'art. 58, comma 1, della predetta legge, tale disposizione si applica ai giudizi instaurati dopo la data della sua entrata in vigore.*

308. (¹) **Comunicazione e impugnabilità dell'ordinanza.** – L'ordinanza che dichiara l'estinzione (307^4) è comunicata (136, 357^1) a cura del cancelliere se è pronunciata fuori dell'udienza (134). Contro di essa è ammesso reclamo nei modi di cui all'art. 178, commi terzo, quarto e quinto.

Il collegio provvede in camera di consiglio con sentenza, se respinge il reclamo (354[2]; 130 att.), e con ordinanza non impugnabile (177 n. 2, 280), se l'accoglie.

([1]) *Articolo così sostituito dall'art. 32 della L. 14 luglio 1950, n. 581.*

309. ([1]) **Mancata comparizione all'udienza.** – Se nel corso del processo nessuna delle parti si presenta all'udienza, il giudice provvede a norma del primo comma dell'art. 181.

([1]) *Articolo così sostituito dall'art. 32 della L. 14 luglio 1950, n. 581.*

310. Effetti dell'estinzione del processo. – L'estinzione del processo non estingue l'azione (186 *bis*, 186 *ter*, 338, 632; 2945 c.c.).

L'estinzione rende inefficaci gli atti compiuti, ma non le sentenze di merito (277) pronunciate nel corso del processo e le pronunce che regolano la competenza ([1]).

Le prove raccolte sono valutate dal giudice a norma dell'art. 116 secondo comma.

Le spese del processo estinto (306[4]) stanno a carico delle parti che le hanno anticipate (90, 632[3]).

([1]) *Le parole: «e quelle che regolano la competenza» sono state così sostituite dall'art. 46, comma 16, della L. 18 giugno 2009, n. 69, a decorrere dal 4 luglio 2009. Ai sensi dell'art. 58, comma 1, della predetta legge, tale disposizione si applica ai giudizi instaurati dopo la data della sua entrata in vigore.*

Titolo III
Delle impugnazioni

Capo I
Delle impugnazioni in generale

323. Mezzi di impugnazione. – I mezzi per impugnare le sentenze, oltre al regolamento di competenza (42 ss.) nei casi previsti dalla legge, sono: l'appello (339 ss.), il ricorso per cassazione (360 ss.), la revocazione (395 ss.) e l'opposizione di terzo (404 ss.).

324. *Cosa giudicata formale.* – Si intende passata in giudicato la sentenza che non è più soggetta né a regolamento di competenza (42 ss.), né ad appello (339 ss.), né a ricorso per cassazione (360 ss.), né a revocazione per i motivi di cui ai nn. 4 e 5 dell'art. 395 (2909, 2953 c.c.; 124 att.).

325. Termini per le impugnazioni. – Il termine (328) per proporre l'appello (339 ss.), la revocazione (395) e l'opposizione di terzo di cui all'art. 404, secondo comma, è di trenta giorni. È anche di trenta giorni il termine per proporre la revocazione e l'opposizione di terzo sopra menzionata contro la sentenza delle corti di appello ([1]).

Il termine per proporre il ricorso per cassazione è di giorni sessanta (360, 362, 371, 398[4]; 99, 131 l. fall.).

([1]) *Comma sostituito dall'art. 47 della L. 26 novembre 1990, n. 353, a decorrere dal 30 aprile 1995 e poi nuovamente modificato dall'art. 32 della L. 21 novembre 1991, n. 374, a decorrere dal 1° maggio 1995. Nel testo anteriore a quest'ultima modifica il termine di trenta giorni per impugnare di cui al primo periodo riguardava solo le sentenze dei pretori e dei tribunali; il termine sempre di trenta giorni di cui al secondo periodo riguardava anche le sentenze dei conciliatori.*

326. Decorrenza dei termini. – I termini stabiliti nell'articolo precedente sono perentori (152, 153) e decorrono dalla notificazione (285, 286, 288; 99, 131, 183 l. fall.) della sentenza, tranne per i casi previsti nei nn. 1, 2, 3 e 6 dell'art. 395 e negli artt. 397 e 404 secondo comma, riguardo ai quali il termine decorre dal giorno in cui è stato scoperto il dolo o la falsità o la collusione o è stato recuperato il documento o è passata in giudicato (324) la sentenza di cui al n. 6 dell'art. 395, o il pubblico ministero ha avuto conoscenza della sentenza.

Nel caso previsto nell'art. 332, l'impugnazione proposta contro una parte fa decorrere nei confronti dello stesso soccombente il termine (325, 334) per proporla contro le altre parti.

327. Decadenza dall'impugnazione. – Indipendentemente dalla notificazione (285, 326), l'appello, il ricorso per cassazione e la revocazione per i motivi indicati nei nn. 4 e 5 dell'art. 395 non possono proporsi dopo decorsi sei mesi ([1]) dalla pubblicazione della sentenza (133, 315, 332; 124[2], 129[3] att.).

Questa disposizione non si applica quando la parte contumace (291 ss.) dimostra di non aver avuto conoscenza del processo per nullità della citazione (164) o della notificazione (160) di essa, e per nullità della notificazione degli atti di cui all'art. 292.

([1]) *Le parole: «decorso un anno» sono state così sostituite dall'art. 46, comma 17, della L. 18 giugno 2009, n. 69, a decorrere dal 4 luglio 2009. Ai sensi dell'art. 58, comma 1, della predetta legge, tale disposizione si applica ai giudizi instaurati dopo la data della sua entrata in vigore.*

328. ([1]) **Decorrenza dei termini contro gli eredi della parte defunta.** – Se, durante la decorrenza del termine di cui all'art. 325, sopravviene alcuno degli eventi previsti nell'art. 299, il termine stesso è interrotto e il nuovo decorre dal giorno in cui la notificazione della sentenza è rinnovata (285, 286, 330).

Tale rinnovazione può essere fatta agli eredi collettivamente e impersonalmente, nell'ultimo domicilio del defunto (286, 303², 330).

Se dopo sei mesi dalla pubblicazione della sentenza (133) si verifica alcuno degli eventi previsti nell'art. 299, il termine di cui all'articolo precedente è prorogato per tutte le parti di sei mesi dal giorno dell'evento.

(¹) *La Corte costituzionale, con sentenza n. 41 del 3 marzo 1986, ha dichiarato l'illegittimità costituzionale di questo articolo, nella parte in cui non prevede tra i motivi di interruzione del termine di cui all'art. 325 del c.p.c. la morte, la radiazione e la sospensione dall'albo del procuratore costituito, sopravvenute nel corso del termine stesso.*

329. Acquiescenza totale o parziale. – Salvi i casi di cui ai nn. 1, 2, 3 e 6 dell'art. 395, l'acquiescenza risultante da accettazione espressa o da atti incompatibili con la volontà di avvalersi delle impugnazioni ammesse dalla legge (323) ne esclude la proponibilità (334).

L'impugnazione parziale importa acquiescenza alle parti della sentenza non impugnata (346).

330. Luogo di notificazione della impugnazione. – Se nell'atto di notificazione della sentenza (285) la parte ha dichiarato la sua residenza (43 c.c.) o eletto domicilio (47 c.c.) nella circoscrizione del giudice che l'ha pronunciata, l'impugnazione deve essere notificata nel luogo indicato; altrimenti si notifica, ai sensi dell'articolo 170, (¹) presso il procuratore costituito (170) o nella residenza dichiarata o nel domicilio eletto per il giudizio (165, 319).

L'impugnazione può essere notificata nei luoghi sopra menzionati collettivamente e impersonalmente agli eredi della parte defunta dopo la notificazione della sentenza (303², 328).

Quando manca la dichiarazione di residenza (43 c.c.) o l'elezione di domicilio (47 c.c.) e, in ogni caso, dopo un anno dalla pubblicazione della sentenza (133), l'impugnazione, se è ancora ammessa dalla legge (327), si notifica personalmente a norma degli artt. 137 ss. (123 att.).

(¹) *Le parole: «, ai sensi dell'articolo 170,» sono state inserite dall'art. 46, comma 10, della L. 18 giugno 2009, n. 69, a decorrere dal 4 luglio 2009. Ai sensi dell'art. 58, comma 1, della predetta legge, tale disposizione si applica ai giudizi instaurati dopo la data della sua entrata in vigore.*

331. Integrazione del contraddittorio in cause inscindibili. – Se la sentenza pronunciata tra più parti in causa inscindibile (102) o in cause tra loro dipendenti (31 ss.) non è stata impugnata nei confronti di tutte, il giudice ordina l'integrazione del contraddittorio (350, 371 *bis*) fissando il termine nel quale la notificazione deve essere fatta e, se è necessario, l'udienza di comparizione (334, 343, 371).

L'impugnazione è dichiarata inammissibile (350², 358, 375) se nessuna delle parti provvede all'integrazione nel termine fissato.

332. Notificazione dell'impugnazione relativa a cause scindibili. – Se la impugnazione di una sentenza pronunciata in cause scindibili (31 ss., 40, 103, 104) è stata proposta soltanto da alcuna delle parti o nei confronti di alcune di esse, il giudice ne ordina la notificazione (330) alle altre (350), in confronto delle quali l'impugnazione non è preclusa o esclusa, fissando il termine nel quale la notificazione deve essere fatta e, se è necessario, l'udienza di comparizione (326, 371).

Se la notificazione ordinata dal giudice non avviene, il processo rimane sospeso (298) fino a che non siano decorsi i termini previsti negli artt. 325 e 327 primo comma.

333. Impugnazioni incidentali. – Le parti alle quali sono state fatte le notificazioni previste negli articoli precedenti debbono proporre, a pena di decadenza, le loro impugnazioni in via incidentale nello stesso processo (334, 343, 371).

334. Impugnazioni incidentali tardive. – Le parti, contro le quali è stata proposta impugnazione e quelle chiamate ad integrare il contraddittorio a norma dell'art. 331, possono proporre impugnazione incidentale (333, 343, 371) anche quando per esse è decorso il termine (326, 327) o hanno fatto acquiescenza alla sentenza (329).

In tal caso, se l'impugnazione principale è dichiarata inammissibile, la impugnazione incidentale perde ogni efficacia.

335. Riunione delle impugnazioni separate. – Tutte le impugnazioni proposte separatamente contro la stessa sentenza debbono essere riunite, anche d'ufficio, in un solo processo (273, 274, 350³).

336. [1] **Effetti della riforma o della cassazione. –** La riforma o la cassazione parziale ha effetto anche sulle parti della sentenza dipendenti dalla parte riformata o cassata (386; 129 *bis*, 133 *bis* att.).

La riforma o la cassazione estende i suoi effetti ai provvedimenti e agli atti dipendenti dalla sentenza riformata o cassata (159) [2].

[1] *Articolo così sostituito dall'art. 34 della L. 14 luglio 1950, n. 581.*

[2] *Comma così sostituito dall'art. 48 della L. 26 novembre 1990, n. 353, a decorrere dall'1 gennaio 1993.*

337. Sospensione dell'esecuzione e dei processi. – L'esecuzione della sentenza non è sospesa per effetto dell'impugnazione di essa, salve le disposizioni degli artt. 283, 373, 401 e 407 [1].

Quando l'autorità di una sentenza è invocata in un diverso processo, questo può essere sospeso (295) se tale sentenza è impugnata (323).

(1) *Comma così sostituito dall'art. 49 della L. 26 novembre 1990, n. 353, a decorrere dall'1 gennaio 1993.*

338. Effetti dell'estinzione del procedimento di impugnazione. – L'estinzione del procedimento di appello (307 ss., 359) o di revocazione nei casi previsti nei nn. 4 e 5 dell'art. 395 fa passare in giudicato (324) la sentenza impugnata, salvo che ne siano stati modificati gli effetti con provvedimenti pronunciati nel procedimento estinto (186 *bis*, 186 *ter*, 393; 129 att.).

Capo II
Dell'appello

339. (1) **Appellabilità delle sentenze.** – Possono essere impugnate con appello le sentenze (277, 279) pronunciate in primo grado, purché l'appello non sia escluso dalla legge (99^6 l. fall.) o dall'accordo delle parti a norma dell'art. 360, secondo comma.

È inappellabile la sentenza che il giudice ha pronunciato secondo equità a norma dell'art. 114.

Le sentenze del giudice di pace pronunciate secondo equità a norma dell'art. 113, secondo comma, sono appellabili esclusivamente per violazione delle norme sul procedimento, per violazione di norme costituzionali o comunitarie ovvero dei principi regolatori della materia (2).

(1) *Articolo così sostituito dall'art. 35 della L. 14 luglio 1950, n. 581.*

(2) *Questo comma è stato da ultimo così sostituito dall'art. 1, del D.L.vo 2 febbraio 2006, n. 40.*

A norma dell'art. 27, comma 1, del citato decreto legislativo, tale disposizione si applica ai giudizi pendenti alla data di entrata in vigore del medesimo decreto. Tuttavia, ai provvedimenti del giudice di pace pubblicati entro la data di entrata in vigore del suddetto decreto si applica la disciplina previgente.

Si riporta il comma precedente: «Sono altresì inappellabili le sentenze del giudice di pace pronunziate secondo equità».

340. (1) **Riserva facoltativa di appello contro sentenze non definitive.** – Contro le sentenze previste dall'art. 278 e dal n. 4 del secondo comma dell'art. 279, l'appello può essere differito (123 *bis* att.), qualora la parte soccombente ne faccia riserva, a pena di decadenza, entro il termine per appellare (325 ss.) e, in ogni caso, non oltre la prima udienza dinanzi al giudice istruttore successiva alla comunicazione (133^2) della sentenza stessa (129 att.).

Quando sia stata fatta la riserva di cui al precedente comma, l'appello deve essere proposto unitamente a quello contro la sentenza che definisce il giudizio o con quello che venga proposto, dalla stessa o da altra parte, contro altra sentenza successiva che non definisca il giudizio.

La riserva non può più farsi, e se già fatta rimane priva di effetto, quando contro la stessa sentenza da alcuna delle altre parti sia proposto immediatamente appello.

(1) *Articolo così sostituito dall'art. 35 della L. 14 luglio 1950, n. 581.*

341. (1) **Giudice dell'appello.** – L'appello contro le sentenze del giudice di pace e del tribunale si propone rispettivamente al tribunale ed alla corte di appello nella cui circoscrizione ha sede il giudice che ha pronunciato la sentenza.

(1) *Articolo dapprima sostituito dall'art. 6 L. 30 luglio 1984, n. 399, in vigore dal 29 novembre 1984, e poi così sostituito dall'art. 73 del D.L.vo 19 febbraio 1998, n. 51, recante l'istituzione del giudice unico, a decorrere dal 2 giugno 1999.*

342. (1) **Forma dell'appello.** – L'appello si propone con citazione contenente le indicazioni prescritte dall'articolo 163. L'appello deve essere motivato. La motivazione dell'appello deve contenere, a pena di inammissibilità:

1) l'indicazione delle parti del provvedimento che si intende appellare e delle modifiche che vengono richieste alla ricostruzione del fatto compiuta dal giudice di primo grado;

2) l'indicazione delle circostanze da cui deriva la violazione della legge e della loro rilevanza ai fini della decisione impugnata (2).

Tra il giorno della citazione e quello della prima udienza di trattazione (350) devono intercorrere termini liberi non minori di quelli previsti dall'art. 163 *bis*.

(1) *Articolo così sostituito dall'art. 50 della L. 26 novembre 1990, n. 353, a decorrere dal 30 aprile 1995.*

(2) *Questo comma è stato così sostituito dall'art. 54, comma 1, lett. 0*a), *del D.L. 22 giugno 2012, n. 83, convertito, con modificazioni, nella L. 7 agosto 2012, n. 134. A norma dell'art. 54, comma 2, del medesimo decreto tali disposizioni si applicano ai giudizi di appello introdotti con ricorso depositato o con citazione di cui sia stata richiesta la notificazione dal trentesimo giorno successivo a quello di entrata in vigore della legge di conversione del presente decreto. A norma del comma 3* bis *dell'art. 54 del medesimo decreto tali disposizioni non si applicano al processo tributario di cui al decreto legislativo 31 dicembre 1992, n. 546.*

343. Modo e termine dell'appello incidentale. – L'appello incidentale (333) si propone, a pena di decadenza, nella comparsa di risposta, all'atto della costituzione in cancelleria ai sensi dell'art. 166 (1).

Se l'interesse a proporre l'appello incidentale sorge dalla impugnazione proposta da altra parte che non sia l'appellante principale, tale appello si propone nella prima udienza successiva alla proposizione dell'impugnazione stessa (334).

(1) *Comma così sostituito dall'art. 51 della L. 26 novembre 1990, n. 353, a decorrere dal 30 aprile 1995.*

344. Intervento in appello. – Nel giudizio d'appello è ammesso soltanto l'intervento dei terzi (105, 267 ss.) che potrebbero proporre opposizione a norma dell'art. 404.

345. (1) (2) **Domande ed eccezioni nuove.** – Nel giudizio d'appello non possono proporsi domande nuove (189, 190) e, se proposte, debbono essere dichiarate inammissibili d'ufficio. Possono tuttavia domandarsi gli interessi (1282 ss. c.c.), i frutti (820 c.c.) e gli accessori maturati dopo la sentenza impugnata, nonché il risarcimento dei danni sofferti dopo la sentenza stessa (1223 ss., 2043 c.c.).

Non possono proporsi nuove eccezioni, che non siano rilevabili anche d'ufficio.

Non sono ammessi nuovi mezzi di prova e non possono essere prodotti nuovi documenti (3), salvo [che il collegio non li ritenga indispensabili ai fini della decisione della causa ovvero] (4) che la parte dimostri di non aver potuto proporli o produrli (3) nel giudizio di primo grado per causa ad essa non imputabile. Può sempre deferirsi il giuramento decisorio (233).

(1) *Articolo sostituito dall'art. 36 della L. 14 luglio 1950, n. 581 e poi così nuovamente sostituito dall'art. 52 della L. 26 novembre 1990, n. 353, a decorrere dal 30 aprile 1995.*

(2) *Si veda l'art. 58, comma 2, della L. 18 giugno 2009, n. 69 che così dispone*: «*2. Ai giudizi pendenti in primo grado alla data di entrata in vigore della presente legge si applicano gli articoli 132, 345 e 616 del codice di procedura civile e l'articolo 118 delle disposizioni per l'attuazione del codice di procedura civile, come modificati dalla presente legge.*».

(3) *Le parole*: «*e non possono essere prodotti nuovi documenti*», *nonché le parole*: «*o produrli*» *sono state inserite dall'art. 46, comma 18, della L. 18 giugno 2009, n. 69, a decorrere dal 4 luglio 2009.*

(4) *Le parole fra parentesi quadrate sono state soppresse dall'art. 54, comma 1, lett.* 0b), *del D.L. 22 giugno 2012, n. 83, convertito, con modificazioni, nella L. 7 agosto 2012, n. 134. A norma del comma 3* bis *dell'art. 54 del medesimo decreto, tali disposizioni non si applicano al processo tributario di cui al decreto legislativo 31 dicembre 1992, n. 546.*

346. Decadenza dalle domande e dalle eccezioni non riproposte. – Le domande e le eccezioni non accolte nella sentenza di primo grado, che non sono espressamente riproposte in appello (342), si intendono rinunciate (329).

347. Forme e termini della costituzione in appello. – La costituzione in appello avviene secondo le forme e i termini (348) per i procedimenti davanti al tribunale (165, 166, 171) ([1]).

L'appellante deve inserire nel proprio fascicolo copia della sentenza appellata.

Il cancelliere provvede a norma dell'art. 168 e richiede la trasmissione del fascicolo d'ufficio al cancelliere del giudice di primo grado (123 *bis* att.).

([1]) *Comma così sostituito dall'art. 53 della L. 26 novembre 1990, n. 353, a decorrere dal 30 aprile 1995.*

348. ([1]) **Improcedibilità dell'appello.** – L'appello è dichiarato improcedibile, anche d'ufficio, se l'appellante non si costituisce in termini (347).

Se l'appellante non compare alla prima udienza, benché si sia anteriormente costituito, il collegio, con ordinanza non impugnabile, rinvia la causa ad una prossima udienza, della quale il cancelliere dà comunicazione (136) all'appellante. Se anche alla nuova udienza l'appellante non compare, l'appello è dichiarato improcedibile (358) anche d'ufficio.

([1]) *Articolo sostituito dall'art. 37 della L. 14 luglio 1950, n. 581 e poi così nuovamente modificato dall'art. 54 della L. 26 novembre 1990, n. 353, a decorrere dal 30 aprile 1995.*

348 *bis*. ([1]) **Inammissibilità dell'appello.** – Fuori dei casi in cui deve essere dichiarata con sentenza l'inammissibilità o l'improcedibilità dell'appello, l'impugnazione è dichiarata inammissibile dal giudice competente quando non ha una ragionevole probabilità di essere accolta.

Il primo comma non si applica quando:

a) l'appello è proposto relativamente a una delle cause di cui all'articolo 70, primo comma;

b) l'appello è proposto a norma dell'articolo 702 *quater*.

([1]) *Questo articolo è stato inserito dall'art. 54, comma 1, lett.* a), *del D.L. 22 giugno 2012, n. 83, convertito, con modificazioni, nella L. 7 agosto 2012, n. 134. A norma dell'art. 54, comma 2, del medesimo decreto tali disposizioni si applicano ai giudizi di appello introdotti con ricorso depositato o con citazione di cui sia stata richiesta la notificazione dal trentesimo giorno successivo a quello di entrata in vigore della legge di conversione del predetto decreto. A norma del comma 3* bis *dell'art. 54 del medesimo decreto, tali disposizioni non si applicano al processo tributario di cui al decreto legislativo 31 dicembre 1992, n. 546.*

348 *ter*. ([1]) **Pronuncia sull'inammissibilità dell'appello.** – All'udienza di cui all'articolo 350 il giudice, prima di procedere alla trattazione, sentite le parti, dichiara inammissibile l'appello, a norma dell'articolo 348 *bis*, primo comma, con ordinanza succintamente motivata, anche mediante il rinvio agli elementi di fatto riportati in uno o più atti di causa e il riferimento a precedenti conformi. Il giudice provvede sulle spese a norma dell'articolo 91.

L'ordinanza di inammissibilità è pronunciata solo quando sia per l'impugnazione principale che per quella incidentale di cui all'articolo 333 ricorrono i presupposti di cui al primo comma dell'articolo 348 *bis*. In mancanza, il giudice procede alla trattazione di tutte le impugnazioni comunque proposte contro la sentenza.

Quando è pronunciata l'inammissibilità, contro il provvedimento di primo grado può essere proposto, a norma dell'articolo 360, ricorso per cassazione. In tal caso il termine per il ricorso per cassazione avverso il provvedimento di primo grado decorre dalla comunicazione o notificazione, se anteriore, dell'ordinanza che dichiara l'inammissibilità. Si applica l'articolo 327, in quanto compatibile.

Quando l'inammissibilità è fondata sulle stesse ragioni, inerenti alle questioni di fatto, poste a base della decisione impugnata, il ricorso per cassazione di cui al comma precedente può essere proposto esclusivamente per i motivi di cui ai numeri 1), 2), 3) e 4) del primo comma dell'articolo 360.

La disposizione di cui al quarto comma si applica, fuori dei casi di cui all'articolo 348 *bis*, secondo comma, lettera *a*), anche al ricorso per cassazione avverso la sentenza d'appello che conferma la decisione di primo grado.

(1) *Questo articolo è stato inserito dall'art. 54, comma 1, lett.* a), *del D.L. 22 giugno 2012, n. 83, convertito, con modificazioni, nella L. 7 agosto 2012, n. 134. A norma dell'art. 54, comma 2, del medesimo decreto tali disposizioni si applicano ai giudizi di appello introdotti con ricorso depositato o con citazione di cui sia stata richiesta la notificazione dal trentesimo giorno successivo a quello di entrata in vigore della legge di conversione del presente decreto. A norma del comma* 3 bis *dell'art. 54 del medesimo decreto, tali disposizioni non si applicano al processo tributario di cui al decreto legislativo 31 dicembre 1992, n. 546.*

349. [**Nomina dell'istruttore. –** (*Omissis*)] (1).

(1) *Articolo abrogato dall'art. 5 del D.P.R. 17 ottobre 1950, n. 857.*

350. (1) **Trattazione. –** Davanti alla corte di appello la trattazione dell'appello è collegiale ma il presidente del collegio può delegare per l'assunzione dei mezzi istruttori uno dei suoi componenti (2); davanti al tribunale l'appello è trattato e deciso dal giudice monocratico (3).

Nella prima udienza di trattazione il giudice (4) verifica la regolare costituzione del giudizio e, quando occorre, ordina l'integrazione (331) di esso o la notificazione prevista dall'art. 332, oppure dispone che si rinnovi la notificazione dell'atto di appello.

Nella stessa udienza il giudice ([4]) dichiara la contumacia dell'appellato, provvede alla riunione (335) degli appelli proposti contro la stessa sentenza e procede al tentativo di conciliazione (183, 185) ordinando, quando occorre, la comparizione personale delle parti (117).

([1]) *Articolo sostituito dall'art. 38 della L. 14 luglio 1950, n. 581 e poi così nuovamente sostituito dall'art. 55 della L. 26 novembre 1990, n. 353, a decorrere dal 30 aprile 1995.*

([2]) *Le parole*: *«ma il presidente del collegio può delegare per l'assunzione dei mezzi istruttori uno dei suoi componenti» sono state aggiunte dall'art. 27, comma 1, lett.* b), *della L. 12 novembre 2011, n. 183. A norma dell'art. 27, comma 2, della stessa legge, tali disposizioni si applicano decorsi 30 giorni dalla data di entrata in vigore della medesima legge* (*Suppl. ord. alla* G.U. *Serie gen. - n. 265 del 14 novembre 2011*).

([3]) *Questo comma è stato così sostituito dall'art. 74, comma 1, lett.* a), *del D.L.vo 19 febbraio 1998, n. 51, recante l'istituzione del giudice unico, a decorrere dal 2 giugno 1999. Si riporta il testo previgente*:

«La trattazione dell'appello è collegiale».

([4]) *La parola*: *«collegio» è stata sostituita dalla parola*: *«giudice» a norma dell'art. 74, comma 1, lett.* b), *del D.L.vo 19 febbraio 1998, n. 51, recante l'istituzione del giudice unico, a decorrere dal 2 giugno 1999.*

351. ([1]) **Provvedimenti sull'esecuzione provvisoria.** – Sull'istanza prevista dall'articolo 283 il giudice provvede con ordinanza non impugnabile ([2]) nella prima udienza.

La parte può, con ricorso al giudice, chiedere che la decisione sulla sospensione sia pronunciata prima dell'udienza di comparizione. Davanti alla corte di appello il ricorso è presentato al presidente del collegio.

Il presidente del collegio o il tribunale, con decreto in calce al ricorso, ordina la comparizione delle parti in camera di consiglio, rispettivamente, davanti al collegio o davanti a sé. Con lo stesso decreto, se ricorrono giusti motivi di urgenza, può disporre provvisoriamente l'immediata sospensione dell'efficacia esecutiva o dell'esecuzione della sentenza; in tal caso, all'udienza in camera di consiglio il collegio o il tribunale conferma, modifica o revoca il decreto con ordinanza non impugnabile.

Il giudice, all'udienza prevista dal primo comma, se ritiene la causa matura per la decisione, può provvedere ai sensi dell'articolo 281 *sexies*. Se per la decisione sulla sospensione è stata fissata l'udienza di cui al terzo comma, il giudice fissa apposita udienza per la decisione della causa nel rispetto dei termini a comparire ([3]).

([1]) *Articolo dapprima sostituito dall'art. 38 della L. 14 luglio 1950, n. 581, poi nuovamente sostituito dall'art. 56 della L. 26 novembre 1990, n. 353, a decorrere dal 30 aprile 1995, ed attualmente così sostituito dall'art. 75 del D.L.vo 19 febbraio 1998, n. 51, recante l'istituzione del giudice unico, a decorrere dal 2 giugno 1999.*

([2]) *Le parole: «non impugnabile» sono state aggiunte dall'art. 27, comma 1, lett.* c)*, n. 1), della L. 12 novembre 2011, n. 183. A norma dell'art. 27, comma 2, della stessa legge, tali disposizioni si applicano decorsi 30 giorni dalla data di entrata in vigore della medesima legge (Suppl. ord. alla G.U. Serie gen. - n. 265 del 14 novembre 2011).*

([3]) *Questo comma è stato aggiunto dall'art. 27, comma 1, lett.* c)*, n. 2), della L. 12 novembre 2011, n. 183. A norma dell'art. 27, comma 2, della stessa legge, tali disposizioni si applicano decorsi 30 giorni dalla data di entrata in vigore della medesima legge (Suppl. ord. alla G.U. Serie gen. - n. 265 del 14 novembre 2011).*

352. ([1]) **Decisione.** – Esaurita l'attività prevista negli articoli 350 e 351, il giudice, ove non provveda a norma dell'articolo 356, invita le parti a precisare le conclusioni e dispone lo scambio delle comparse conclusionali e delle memorie di replica a norma dell'articolo 190; la sentenza è depositata in cancelleria entro sessanta giorni dalla scadenza del termine per il deposito delle memorie di replica.

Se l'appello è proposto alla corte di appello, ciascuna delle parti, nel precisare le conclusioni, può chiedere che la causa sia discussa oralmente dinanzi al collegio. In tal caso, fermo restando il rispetto dei termini indicati nell'articolo 190 per il deposito delle difese scritte, la richiesta deve essere riproposta al presidente della corte alla scadenza del termine per il deposito delle memorie di replica.

Il presidente provvede sulla richiesta fissando con decreto la data dell'udienza di discussione da tenersi entro sessanta giorni; con lo stesso decreto designa il relatore.

La discussione è preceduta dalla relazione della causa; la sentenza è depositata in cancelleria entro i sessanta giorni successivi.

Se l'appello è proposto al tribunale, il giudice, quando una delle parti lo richiede, dispone lo scambio delle sole comparse conclusionali a norma dell'articolo 190 e fissa l'udienza di discussione non oltre sessanta giorni dalla scadenza del termine per il deposito delle comparse medesime; la sentenza è depositata in cancelleria entro i sessanta giorni successivi.

Quando non provvede ai sensi dei commi che precedono, il giudice può decidere la causa ai sensi dell'articolo 281 *sexies* ([2]).

([1]) *Articolo dapprima sostituito dall'art. 57 della L. 26 novembre 1990, n. 353, provvedimenti urgenti per il processo civile, a decorrere dal 30 aprile 1995 e poi così sostituito dall'art. 76 del D.L.vo 19 febbraio 1998, n. 51, recante l'istituzione del giudice unico, a decorrere dal 2 giugno 1999.*

([2]) *Questo comma è stato aggiunto dall'art. 27, comma 1, lett.* d)*, della L. 12 novembre 2011, n. 183. A norma dell'art. 27, comma 2, della stessa legge, tali disposizioni si applicano decorsi 30 giorni dalla data di entrata in vigore della medesima legge (Suppl. ord. alla G.U. Serie gen. - n. 265 del 14 novembre 2011).*

353. ([1]) **Rimessione al primo giudice per ragioni di giurisdizione** ([2]). – Il giudice d'appello, se riforma la sentenza di primo grado dichiarando che il giudice ordinario ha sulla causa la giurisdizione (37) negata dal primo giudice, pronuncia sentenza con la quale rimanda le parti davanti al primo giudice.

Le parti debbono riassumere il processo nel termine perentorio (152, 153) di tre mesi ([3]) dalla notificazione della sentenza (285; 125 att.).

Se contro la sentenza d'appello è proposto ricorso per cassazione (360 ss.) il termine è interrotto.

[La disposizione del primo comma si applica anche quando il pretore, in riforma della sentenza del conciliatore, dichiara la competenza di questo] ([4]).

([1]) *Articolo così sostituito dall'art. 39 della L. 14 luglio 1950, n. 581.*

([2]) *L'originaria rubrica:* «Rimessione al primo giudice per ragioni di giurisdizione o di competenza» *è stata così sostituita dall'art. 46, comma 19, lett.* a), *della L. 18 giugno 2009, n. 69, a decorrere dal 4 luglio 2009. Ai sensi dell'art. 58, comma 1, della predetta legge, tale disposizione si applica ai giudizi instaurati dopo la data della sua entrata in vigore.*

([3]) *Le parole: «sei mesi» sono state così sostituite dall'art. 46, comma 19, lett.* b), *della L. 18 giugno 2009, n. 69, a decorrere dal 4 luglio 2009. Ai sensi dell'art. 58, comma 1, della predetta legge, tale disposizione si applica ai giudizi instaurati dopo la data della sua entrata in vigore.*

([4]) *Comma da ritenersi già abrogato, stante la nuova formulazione dell'art. 339[3] in conseguenza della sostituzione disposta dall'art. 5 della L. 30 luglio 1984, n. 399, ed ora espressamente abrogato dall'art. 89, comma primo, della L. 26 novembre 1990, n. 353, a decorrere dall'1 gennaio 1993.*

354. ([1]) **Rimessione al primo giudice per altri motivi.** – Fuori dei casi previsti nell'articolo precedente, il giudice d'appello non può rimettere la causa al primo giudice, tranne che dichiari nulla la notificazione della citazione introduttiva (160, 291[1]), oppure riconosca che nel giudizio di primo grado doveva essere integrato il contraddittorio (102) o non doveva essere estromessa una parte (108, 109, 111[3]), ovvero dichiari la nullità della sentenza di primo grado a norma dell'art. 161 secondo comma.

Il giudice d'appello rimette la causa al primo giudice anche nel caso di riforma della sentenza che ha pronunciato sull'estinzione del processo a norma e nelle forme dell'art. 308.

Nei casi di rimessione al primo giudice previsti nei commi precedenti, si applicano le disposizioni dell'art. 353.

Se il giudice d'appello dichiara la nullità di altri atti compiuti in primo grado, ne ordina, in quanto possibile, la rinnovazione a norma dell'art. 356.

([1]) *Articolo così sostituito dall'art. 6 del D.P.R. 17 ottobre 1950, n. 857.*

355. Provvedimenti sulla querela di falso. – Se nel giudizio di appello è proposta querela di falso (9, 221 ss.), il giudice, quando ritiene il documento impugnato rilevante per la decisione della causa, sospende (295) con ordinanza (134) il giudizio e fissa alle parti un termine perentorio (152) entro il quale debbono riassumere la causa di falso davanti al tribunale (9; 125 att.).

356. (1) **Ammissione e assunzione di prove.** – Ferma l'applicabilità della norma di cui al n. 4 del secondo comma dell'art. 279, il giudice d'appello, se dispone l'assunzione di una prova oppure la rinnovazione totale o parziale dell'assunzione già avvenuta in primo grado o comunque dà disposizioni per effetto delle quali il procedimento deve continuare, pronuncia ordinanza e provvede a norma degli artt. 191 ss. (354^4) (2).

Quando sia stato proposto appello immediato contro una delle sentenze previste dal n. 4 del secondo comma dell'art. 279, il giudice d'appello non può disporre nuove prove riguardo alle domande e alle questioni, rispetto alle quali il giudice di primo grado, non definendo il giudizio, abbia disposto, con separata ordinanza (280), la prosecuzione dell'istruzione (125 *bis* att.).

(1) *Articolo così sostituito dall'art. 40 della L. 14 luglio 1950, n. 581.*

(2) *Comma così sostituito dall'art. 58 della L. 26 novembre 1990, n. 353, a decorrere dal 30 aprile 1995.*

358. Non riproponibilità di appello dichiarato inammissibile o improcedibile. – L'appello dichiarato inammissibile (325, 327, 329, 331, 339, 350) o improcedibile (348, 350) non può essere riproposto, anche se non è decorso il termine (325, 326, 328) fissato dalla legge.

359. Rinvio alle norme relative al procedimento davanti al tribunale. – Nei procedimenti d'appello davanti alla Corte o al tribunale si osservano, in quanto applicabili, le norme dettate per il procedimento di primo grado davanti al tribunale (163 ss.), se non sono incompatibili con le disposizioni del presente capo (131, 132 att.).

[Davanti al pretore si osservano anche nei procedimenti d'appello le norme del procedimento di primo grado, in quanto applicabili (311 ss.)] (1).

(1) *Comma da ritenersi già abrogato, stante la nuova formulazione dell'art. 339^3 in conseguenza della sostituzione disposta dall'art. 5 della L. 30 luglio 1984, n. 399, ed ora espressamente abrogato dall'art. 89, comma primo, della L. 26 novembre 1990, n. 353, provvedimenti urgenti per il processo civile, a decorrere dall'1 gennaio 1993.*

Capo III
Del ricorso per cassazione

Sezione I
Dei provvedimenti impugnabili e dei ricorsi

360. (1) **Sentenze impugnabili e motivi di ricorso.** – Le sentenze pronunciate in grado d'appello o in unico grado possono essere impugnate con ricorso per cassazione:

1) per motivi attinenti alla giurisdizione;

2) per violazione delle norme sulla competenza, quando non è prescritto il regolamento di competenza;

3) per violazione o falsa applicazione di norme di diritto e dei contratti e accordi collettivi nazionali di lavoro;

4) per nullità della sentenza o del procedimento;

5) per omesso esame circa un fatto decisivo per il giudizio che è stato oggetto di discussione tra le parti (2).

Può inoltre essere impugnata con ricorso per cassazione una sentenza appellabile del tribunale, se le parti sono d'accordo per omettere l'appello; ma in tale caso l'impugnazione può proporsi soltanto a norma del primo comma, n. 3).

Non sono immediatamente impugnabili con ricorso per cassazione le sentenze che decidono di questioni insorte senza definire, neppure parzialmente, il giudizio. Il ricorso per cassazione avverso tali sentenze può essere proposto, senza necessità di riserva, allorché sia impugnata la sentenza che definisce, anche parzialmente, il giudizio.

Le disposizioni di cui al primo comma e terzo comma si applicano alle sentenze ed ai provvedimenti diversi dalla sentenza contro i quali è ammesso il ricorso per cassazione per violazione di legge.

(1) *Questo articolo è stato da ultimo così sostituito dall'art. 2 del D.L.vo 2 febbraio 2006, n. 40.*

A norma dell'art. 27, comma 2, del citato decreto legislativo, tale disposizione si applica ai ricorsi per cassazione proposti avverso le sentenze e gli altri provvedimenti pubblicati a decorrere dalla data di entrata in vigore del medesimo decreto.

(2) *Questo numero è stato così sostituito dall'art. 54, comma 1, lett.* b), *del D.L. 22 giugno 2012, n. 83, convertito, con modificazioni, nella L. 7 agosto 2012, n. 134. A norma dell'art. 54, comma 3, del medesimo decreto, tale disposizione si applica alle sentenze pubblicate dal trentesimo giorno successivo a quello di entrata in vigore della legge di conversione del predetto decreto. A norma del comma 3* bis *dell'art. 54 del medesimo decreto, tali disposizioni non si applicano al processo tributario di cui al D.L.vo 31 dicembre 1992, n. 546.*

360 *bis*. ([1]) **Inammissibilità del ricorso.** – Il ricorso è inammissibile:

1) quando il provvedimento impugnato ha deciso le questioni di diritto in modo conforme alla giurisprudenza della Corte e l'esame dei motivi non offre elementi per confermare o mutare l'orientamento della stessa;

2) quando è manifestamente infondata la censura relativa alla violazione dei princìpi regolatori del giusto processo.

([1]) Questo articolo è stato inserito dall'art. 47, comma 1, lett. a) della L. 18 giugno 2009, n. 69, a decorrere dal 4 luglio 2009. Ai sensi dell'art. 58, comma 5, della medesima legge «le disposizioni di cui all'art. 47 si applicano alle controversie nelle quali il provvedimento impugnato con il ricorso per Cassazione è stato pubblicato ovvero, nei casi in cui non sia prevista la pubblicazione, depositato successivamente alla data di entrata in vigore della presente legge.».

361. ([1]) **Riserva facoltativa di ricorso contro sentenze non definitive.** – Contro le sentenze previste dall'articolo 278 e contro quelle che decidono una o alcune delle domande senza definire l'intero giudizio, il ricorso per cassazione può essere differito, qualora la parte soccombente ne faccia riserva, a pena di decadenza, entro il termine per la proposizione del ricorso, e in ogni caso non oltre la prima udienza successiva alla comunicazione della sentenza stessa ([2]).

Qualora sia stata fatta la riserva di cui al precedente comma (133 att.), il ricorso deve essere proposto unitamente a quello contro la sentenza che definisce il giudizio, o con quello che venga proposto, dalla stessa o da altra parte, contro altra sentenza successiva che non definisca il giudizio.

La riserva non può farsi, e se già fatta rimane priva di effetto, quando contro la stessa sentenza da alcune delle parti sia proposto immediatamente ricorso.

([1]) Articolo così sostituito dall'art. 42 della L. 14 luglio 1950, n. 581.

([2]) Questo comma è stato così sostituito dall'art. 3 del D.L.vo 2 febbraio 2006, n. 40. A norma dell'art. 27, comma 2, del citato decreto legislativo, tale disposizione si applica ai ricorsi per cassazione proposti avverso le sentenze e gli altri provvedimenti pubblicati a decorrere dalla data di entrata in vigore del medesimo decreto.

362. Altri casi di ricorso. – Possono essere impugnate con ricorso per cassazione (366, 374), nel termine di cui all'art. 325 secondo comma, le decisioni in grado di appello o in unico grado di un giudice speciale, per motivi attinenti alla giurisdizione del giudice stesso (37, 41, 368).

Possono essere denunciati in ogni tempo con ricorso per cassazione:

1) i conflitti positivi o negativi di giurisdizione tra giudici speciali, o tra questi e i giudici ordinari (37, 41);

2) i conflitti negativi di attribuzione tra la pubblica amministrazione e il giudice ordinario (374).

363. (1) **Principio di diritto nell'interesse della legge.** – Quando le parti non hanno proposto ricorso nei termini di legge o vi hanno rinunciato, ovvero quando il provvedimento non è ricorribile in cassazione e non è altrimenti impugnabile, il Procuratore generale presso la Corte di cassazione può chiedere che la Corte enunci nell'interesse della legge il principio di diritto al quale il giudice di merito avrebbe dovuto attenersi.

La richiesta del procuratore generale, contenente una sintetica esposizione del fatto e delle ragioni di diritto poste a fondamento dell'istanza, è rivolta al primo presidente, il quale può disporre che la Corte si pronunci a sezioni unite se ritiene che la questione è di particolare importanza.

Il principio di diritto può essere pronunciato dalla Corte anche d'ufficio, quando il ricorso proposto dalle parti è dichiarato inammissibile, se la Corte ritiene che la questione decisa è di particolare importanza.

La pronuncia della Corte non ha effetto sul provvedimento del giudice di merito.

(1) *Questo articolo è stato così da ultimo sostituito dall'art. 4 del D.L.vo 2 febbraio 2006, n. 40.*

A norma dell'art. 27, comma 2, del citato decreto legislativo, tale disposizione si applica ai ricorsi per cassazione proposti avverso le sentenze e gli altri provvedimenti pubblicati a decorrere dalla data di entrata in vigore del medesimo decreto.

364. [**Deposito per il caso di soccombenza.** – (*Omissis*)] (1).

(1) *Articolo abrogato dall'art. 1 della L. 18 ottobre 1977, n. 793.*

365. Sottoscrizione del ricorso. – Il ricorso (370, 391 *bis*) è diretto alla Corte e sottoscritto, a pena di inammissibilità (375), da un avvocato iscritto nell'apposito albo (1), munito di procura speciale (82^2, 83, 125^3, 369, n. 3).

(1) *Per l'albo speciale si vedano gli artt. 33-35 del R.D.L. 27 novembre 1933, n. 1578.*

366. (1) **Contenuto del ricorso.** – Il ricorso deve contenere, a pena di inammissibilità:

1) l'indicazione delle parti;

2) l'indicazione della sentenza o decisione impugnata;

3) l'esposizione sommaria dei fatti della causa;

4) i motivi per i quali si chiede la cassazione, con l'indicazione delle norme di diritto su cui si fondano, secondo quanto previsto dall'articolo 366 *bis*;

5) l'indicazione della procura, se conferita con atto separato e, nel caso di ammissione al gratuito patrocinio, del relativo decreto;

6) la specifica indicazione degli atti processuali, dei documenti e dei contratti o accordi collettivi sui quali il ricorso si fonda.

Se il ricorrente non ha eletto domicilio in Roma ovvero non ha indicato l'indirizzo di posta elettronica certificata comunicato al proprio ordine ([2]), le notificazioni gli sono fatte presso la cancelleria della Corte di cassazione.

Nel caso previsto nell'articolo 360, secondo comma, l'accordo delle parti deve risultare mediante visto apposto sul ricorso dalle altre parti o dai loro difensori muniti di procura speciale, oppure mediante atto separato, anche anteriore alla sentenza impugnata, da unirsi al ricorso stesso.

Le comunicazioni della cancelleria e le notificazioni tra i difensori di cui agli articoli 372 e 390 sono effettuate ai sensi dell'articolo 136, secondo e terzo comma ([3]).

([1]) *Questo articolo è stato così sostituito dall'art. 5 del D.L.vo 2 febbraio 2006, n. 40. A norma dell'art. 27, comma 2, del citato decreto legislativo, tale disposizione si applica ai ricorsi per cassazione proposti avverso le sentenze e gli altri provvedimenti pubblicati a decorrere dalla data di entrata in vigore del medesimo decreto.*

([2]) *Le parole: «ovvero non ha indicato l'indirizzo di posta elettronica certificata comunicato al proprio ordine» sono state aggiunte dall'art. 25, comma 1, lett.* i)*, n. 1), della L. 12 novembre 2011, n. 183. A norma dell'art. 25, comma 5, della stessa legge, tali disposizioni si applicano decorsi 30 giorni dalla data di entrata in vigore della medesima legge (Suppl. ord. alla* G.U. *Serie gen. - n. 265 del 14 novembre 2011).*

([3]) *Questo comma è stato così sostituito dall'art. 25, comma 1, lett.* i)*, n. 2), della L. 12 novembre 2011, n. 183. A norma dell'art. 25, comma 5, della stessa legge, tali disposizioni si applicano decorsi 30 giorni dalla data di entrata in vigore della medesima legge (Suppl. ord. alla* G.U. *Serie gen. - n. 265 del 14 novembre 2011).*

366 *bis*. ([1]) [**Formulazione dei motivi.** – Nei casi previsti dall'articolo 360, primo comma, numeri 1), 2), 3) e 4) l'illustrazione di ciascun motivo si deve concludere, a pena di inammissibilità, con la formulazione di un quesito di diritto. Nel caso previsto dall'articolo 360, primo comma, n. 5), l'illustrazione di ciascun motivo deve contenere, a pena di inammissibilità, la chiara indicazione del fatto controverso in relazione al quale la motivazione si assume omessa o contraddittoria, ovvero le ragioni per le quali la dedotta insufficienza della motivazione la rende inidonea a giustificare la decisione].

([1]) *Questo articolo, inserito dall'art. 6 del D.L.vo 2 febbraio 2006, n. 40, è stato abrogato dall'art. 47, comma 1, lett.* d)*, della L. 18 giugno 2009, n. 69. Ai sensi dell'art. 58, comma 5, della medesima legge «le disposizioni di cui all'art. 47 si applicano alle controversie nelle quali il provvedimento impugnato con il ricorso per* Cassazione *è stato pubblicato ovvero, nei casi in cui non sia prevista la pubblicazione, depositato successivamente alla data di entrata in vigore della presente legge.».*

367. ([1]) **Sospensione del processo di merito.** – Una copia del ricorso per cassazione proposto a norma dell'art. 41, primo comma, è depositata (134 att.), dopo la notificazione alle altre parti, nella cancelleria del giudice davanti a cui pende la causa, il quale sospende (298) il processo se non ritiene l'istanza manifestamente inammissibile o la contestazione della giurisdizione manifestamente infondata. Il giudice istruttore o il collegio provvede con ordinanza (134, 177) ([2]).

Se la Corte di cassazione dichiara la giurisdizione del giudice ordinario (382[1]), le parti devono riassumere il processo (125 att.) entro il termine perentorio (152, 153) di sei mesi dalla comunicazione della sentenza (133).

([1]) *Articolo così sostituito dall'art. 43 della L. 14 luglio 1950, n. 581.*

([2]) *Comma così sostituito dall'art. 61 della L. 26 novembre 1990, n. 353, a decorrere dall'1 gennaio 1993.*

368. Questione di giurisdizione sollevata dal prefetto. – Nel caso previsto nell'art. 41 secondo comma, la richiesta per la decisione della Corte di cassazione è fatta dal prefetto con decreto motivato.

Il decreto è notificato (137), su richiesta del prefetto, alle parti e al procuratore della Repubblica presso il tribunale, se la causa pende davanti a questo [o davanti a un pretore] ([1]), oppure al procuratore generale presso la corte d'appello, se pende davanti alla Corte.

Il pubblico ministero comunica il decreto del prefetto al capo dell'ufficio giudiziario davanti al quale pende la causa. Questi sospende (295) il procedimento con decreto (135) che è notificato alle parti a cura del pubblico ministero entro dieci giorni dalla sua pronuncia, sotto pena di decadenza della richiesta.

La Corte di cassazione è investita della questione di giurisdizione con ricorso (360 n. 1, 362) a cura della parte più diligente, nel termine perentorio (152, 153) di trenta giorni dalla notificazione del decreto (374, 382, 386).

Si applica la disposizione dell'ultimo comma dell'articolo precedente.

([1]) *Le parole: «o davanti a un pretore» sono state soppresse dall'art. 77 del D.L.vo 19 febbraio 1998, n. 51, recante l'istituzione del giudice unico, a decorrere dal 2 giugno 1999.*

369. Deposito del ricorso. – Il ricorso deve essere depositato nella cancelleria della Corte, a pena di improcedibilità (375, 387), nel termine di giorni venti dall'ultima notificazione (330) alle parti contro le quali è proposto (134, 135, 137 att.).

Insieme col ricorso debbono essere depositati, sempre a pena di improcedibilità:

1) il decreto di concessione del gratuito patrocinio (38 att.) ([1]);

2) copia autentica della sentenza o della decisione impugnata con la relazione di notificazione, se questa è avvenuta, tranne che nei casi di cui ai

due articoli precedenti; oppure copia autentica dei provvedimenti dai quali risulta il conflitto nei casi di cui ai nn. 1 e 2 dell'art. 362;

3) la procura speciale, se questa è conferita con atto separato (83, 365, 366);

4) gli atti processuali, i documenti, i contratti o accordi collettivi sui quali il ricorso si fonda ([2]).

Il ricorrente deve chiedere alla cancelleria del giudice che ha pronunciato la sentenza impugnata o del quale si contesta la giurisdizione la trasmissione alla cancelleria della Corte di cassazione del fascicolo d'ufficio (168); tale richiesta è restituita dalla cancelleria al richiedente munita di visto, e deve essere depositata insieme col ricorso (123 *bis*, 134, 135, 137 att.).

([1]) *Numero così sostituito dall'art. 4 della L. 18 ottobre 1977, n. 793.*

([2]) *Questo numero è stato così sostituito dall'art. 7, del D.L.vo 2 febbraio 2006, n. 40. A norma dell'art. 27, comma 2, del citato decreto legislativo, tale disposizione si applica ai ricorsi per cassazione proposti avverso le sentenze e gli altri provvedimenti pubblicati a decorrere dalla data di entrata in vigore del medesimo decreto.*

Si riporta il testo del numero precedente: «4) gli atti e i documenti sui quali il ricorso si fonda».

370. Controricorso. – La parte contro la quale il ricorso è diretto, se intende contraddire, deve farlo mediante controricorso (125) da notificarsi ([1]) al ricorrente nel domicilio eletto (366^2) entro venti giorni dalla scadenza del termine stabilito per il deposito del ricorso (369^3). In mancanza di tale notificazione, essa non può presentare memorie, ma soltanto partecipare alla discussione orale.

Al controricorso si applicano le norme degli artt. 365 e 366, in quanto è possibile.

Il controricorso è depositato nella cancelleria della Corte entro venti giorni dalla notificazione, insieme con gli atti e i documenti e con la procura speciale, se conferita con atto separato (83; 134, 135, 137 att.).

([1]) *Si veda la L. 20 gennaio 1992, n. 55, disposizioni in materia di notificazioni dei controricorsi e dei ricorsi incidentali dinanzi alla Corte di cassazione.*

371. Ricorso incidentale. – La parte di cui all'articolo precedente deve proporre con l'atto contenente il controricorso l'eventuale ricorso incidentale (333) contro la stessa sentenza.

La parte alla quale è stato notificato il ricorso per integrazione a norma degli artt. 331 e 332 deve proporre l'eventuale ricorso incidentale nel termine di quaranta giorni dalla notificazione, con atto notificato al ricorrente principale e alle altre parti nello stesso modo del ricorso principale (330).

Al ricorso incidentale si applicano le disposizioni degli artt. 365, 366 e 369 ([1]).

Per resistere al ricorso incidentale può essere notificato un controricorso a norma dell'articolo precedente.

Se il ricorrente principale deposita la copia della sentenza o della decisione impugnata, non è necessario che la depositi anche il ricorrente per incidente (369, n. 2).

([1]) *Comma così sostituito dall'art. 5 della L. 18 ottobre 1977, n. 793.*

371 *bis*. ([1]) **Deposito dell'atto di integrazione del contraddittorio.** – Qualora la Corte abbia ordinato l'integrazione del contraddittorio (331, 332), assegnando alle parti un termine perentorio (152, 153) per provvedervi, il ricorso notificato, contenente nell'intestazione le parole «atto di integrazione del contraddittorio», deve essere depositato (369; 144 *bis* att.) nella cancelleria della Corte stessa, a pena di improcedibilità (375, 387), entro venti giorni dalla scadenza del termine assegnato.

([1]) *Articolo aggiunto dall'art. 62 della L. 26 novembre 1990, n. 353, a decorrere dall'1 gennaio 1993.*

372. Produzione di altri documenti. – Non è ammesso il deposito di atti e documenti non prodotti nei precedenti gradi del processo, tranne di quelli che riguardano la nullità della sentenza impugnata (161) e l'ammissibilità del ricorso e del controricorso (375).

Il deposito dei documenti relativi all'ammissibilità può avvenire indipendentemente da quello del ricorso e del controricorso, ma deve essere notificato, mediante elenco, alle altre parti.

373. ([1]) **Sospensione dell'esecuzione.** – Il ricorso per cassazione non sospende l'esecuzione della sentenza (282, 337). Tuttavia il giudice che ha pronunciato la sentenza impugnata può, su istanza di parte e qualora dall'esecuzione possa derivare grave e irreparabile danno ([2]), disporre con ordinanza non impugnabile che la esecuzione sia sospesa o che sia prestata congrua cauzione (119, 407, 623; 86, 131 *bis* att.).

L'istanza si propone con ricorso al giudice di pace, al tribunale in composizione monocratica ([3]) o al presidente del collegio, il quale, con decreto in calce al ricorso, ordina la comparizione delle parti rispettivamente dinanzi a sé o al collegio in camera di consiglio. Copia del ricorso e del decreto sono notificate al procuratore dell'altra parte, ovvero alla parte stessa, se questa sia stata in giudizio senza ministero di difensore o non si sia costituita nel giudizio definito con la sentenza impugnata. Con lo stesso decreto, in caso di eccezionale urgenza può essere disposta provvisoriamente l'immediata sospensione dell'esecuzione (401) ([4]).

([1]) *Articolo così sostituito dall'art. 44 della L. 14 luglio 1950, n. 581.*

([2]) *Dispone l'ultimo comma dell'art. 46 della L. 3 maggio 1982, n. 203, sui contratti agrari: «Costituisce grave ed irreparabile danno, ai sensi dell'art. 373 c.p.c., anche l'esecuzione di sentenza che privi il concessionario di un fondo rustico del principale mezzo di sostentamento suo o della sua famiglia, o possa risultare fonte di serio pericolo per l'integrità economica dell'azienda o per l'allevamento di animali».*

([3]) *La parola: «pretore» è stata sostituita dalle attuali: «tribunale in composizione monocratica» dall'art. 78 del D.L.vo 19 febbraio 1998, n. 51, recante l'istituzione del giudice unico, a decorrere dal 2 giugno 1999.*

([4]) *Comma così sostituito dall'art. 63 della L. 26 novembre 1990, n. 353, a decorrere dall'1 gennaio 1993.*

2.

L. 7 ottobre 1969, n. 742. Sospensione dei termini processuali nel periodo feriale (*Gazzetta Ufficiale* n. 281 del 6 novembre 1969).

(*Estratto*)

1. Il decorso dei termini processuali relativi alle giurisdizioni ordinarie ed a quelle amministrative è sospeso di diritto dal 1° al 31 agosto di ciascun anno ([1]), e riprende a decorrere dalla fine del periodo di sospensione. Ove il decorso abbia inizio durante il periodo di sospensione, l'inizio stesso è differito alla fine di detto periodo ([2]).

La stessa disposizione si applica per il termine stabilito dall'art. 201 del codice di procedura penale.

([1]) *Le parole: «dal 1° agosto al 15 settembre di ciascun anno» sono state così sostituite dalle attuali: «dal 1° al 31 agosto di ciascun anno» dall'art. 16, comma 1, del D.L. 12 settembre 2014, n. 132, convertito, con modificazioni, nella L. 10 novembre 2014, n. 162, a decorrere dall'anno 2015.*

([2]) *La Corte costituzionale, con sentenza n. 40 del 13 febbraio 1985, ha dichiarato l'illegittimità costituzionale di questo articolo nella parte in cui non dispone che la sospensione ivi prevista si applica anche al termine di cui all'art. 5, primo e secondo comma, della L. 25 giugno 1865, n. 2359.*

La Corte costituzionale, con sentenza n. 255 del 13 luglio 1987, ha dichiarato l'illegittimità costituzionale di questo articolo, nella parte in cui non dispone che la sospensione ivi prevista si applichi anche al termine di cui all'art. 19, comma primo, della L. 22 ottobre 1971, n. 865, nel testo sostituito dall'art. 14 della L. 28 gennaio 1977, n. 10.

La Corte costituzionale, con sentenza n. 278 del 23 luglio 1987, ha dichiarato l'illegittimità costituzionale di questo articolo, nella parte in cui non prevede la sospensione dei termini processuali, nel periodo feriale, relativamente ai processi militari di pace.

La Corte costituzionale, con sentenza n. 49 del 2 febbraio 1990, ha dichiarato l'illegittimità costituzionale di questo articolo, nella parte in cui non dispone che la sospensione ivi prevista si applichi anche al termine di trenta giorni, di cui all'art. 1137 del cod. civ., per l'impugnazione delle delibere dell'assemblea di condominio.

La Corte costituzionale, con sentenza n. 380 del 29 luglio 1992, ha dichiarato l'illegittimità costituzionale di questo articolo, nella parte in cui non dispone che l'istituto della sospensione dei termini si applichi anche a quello stabilito per ricorrere, avverso le delibere dei Consigli provinciali, al Consiglio nazionale degli architetti.

3.

L. 20 novembre 1982, n. 890. Notificazioni di atti a mezzo posta e di comunicazioni a mezzo posta connesse con la notificazione di atti giudiziari (*Gazzetta Ufficiale* n. 334 del 4 dicembre 1982) ([1]).

([1]) *A norma dell'art. 1, comma 97* ter, *della L. 23 dicembre 2014, n. 190, inserito dall'art. 1, comma 461, della L. 27 dicembre 2017, n. 205 ai fini delle notificazioni a mezzo posta, qualunque riferimento della legislazione vigente all'ufficio postale per mezzo del quale è effettuata la spedizione si intende riferito al "punto di accettazione" e all'ufficio postale preposto alla consegna si intende riferito al "punto di deposito".*

A norma dell'art. 1, comma 97 quinquies, *della L. 23 dicembre 2014, n. 190, inserito dall'art. 1, comma 461, della L. 27 dicembre 2017, n. 205, tali disposizioni si applicano a decorrere dalla data di entrata in vigore del provvedimento del Ministero dello sviluppo economico che disciplina le procedure per il rilascio delle licenze di cui all'articolo 5, comma 2, secondo periodo, del decreto legislativo 22 luglio 1999, n. 261.*

1. In materia civile, amministrativa e penale, l'ufficiale giudiziario può avvalersi del servizio postale per la notificazione degli atti, salvo che l'autorità giudiziaria disponga o la parte richieda che la notificazione sia eseguita personalmente.

L'ufficiale giudiziario deve avvalersi del servizio postale per la notificazione degli atti in materia civile ed amministrativa da eseguirsi fuori del comune ove ha sede l'ufficio, eccetto che la parte chieda che la notificazione sia eseguita di persona.

Il servizio deve essere erogato da operatori postali in possesso della licenza di cui all'articolo 5, comma 2, secondo periodo, del decreto legislativo 22 luglio 1999, n. 261, e deve rispettare gli obblighi di qualità minima stabiliti dall'Autorità per le garanzie nelle comunicazioni ai sensi della legge 4 agosto 2017, n. 124 ([1]).

([1]) *Questo comma è stato aggiunto dall'art. 1, comma 97* bis, *lett.* a), *della L. 23 dicembre 2014, n. 190, inserito dall'art. 1, comma 461, della L. 27 dicembre 2017, n. 205. A norma dell'art. 1, comma 97* quinquies, *della L. 23 dicembre 2014, n. 190, inserito dall'art. 1, comma 461, della L. 27 dicembre 2017, n. 205, tali disposizioni si applicano a decorrere dalla data di entrata in vigore del provvedimento del Ministero dello sviluppo economi-*

co che disciplina le procedure per il rilascio delle licenze di cui all'articolo 5, comma 2, secondo periodo, del decreto legislativo 22 luglio 1999, n. 261.

2. Gli ufficiali giudiziari, per la notificazione degli atti a mezzo del servizio postale e per le comunicazioni a mezzo di lettera raccomandata connesse con la notificazione di atti giudiziari, fanno uso di speciali buste e moduli, per avvisi di ricevimento, entrambi di colore verde, di cui debbono fornirsi a propria cura e spese, conformi al modello approvato dall'Autorità per le garanzie nelle comunicazioni, sentito il Ministero della giustizia (1). Sulle buste non sono apposti segni o indicazioni dai quali possa desumersi il contenuto dell'atto (2).

(1) *Le parole: «al modello prestabilito dall'Amministrazione postale» sono state così sostituite dalle attuali: «al modello approvato dall'Autorità per le garanzie nelle comunicazioni, sentito il Ministero della giustizia» dall'art. 1, comma 97* bis, *lett.* b), *della L. 23 dicembre 2014, n. 190, inserito dall'art. 1, comma 461, della L. 27 dicembre 2017, n. 205. A norma dell'art. 1, comma 97* quinquies, *della L. 23 dicembre 2014, n. 190, inserito dall'art. 1, comma 461, della L. 27 dicembre 2017, n. 205, tali disposizioni si applicano a decorrere dalla data di entrata in vigore del provvedimento del Ministero dello sviluppo economico che disciplina le procedure per il rilascio delle licenze di cui all'articolo 5, comma 2, secondo periodo, del decreto legislativo 22 luglio 1999, n. 261.*

(2) *L'ultimo periodo di questo comma è stato aggiunto dall'art. 174, comma 16, lett.* a), *del D.L.vo 30 giugno 2003, n. 196, a decorrere dal 1° gennaio 2004. L'art. 174 è stato poi abrogato dall'art. 27, comma 1, lett.* c), *n.* 3), *del D.L.vo 10 agosto 2018, n. 101.*

3. L'ufficiale giudiziario scrive la relazione di notificazione sull'originale e sulla copia dell'atto, facendo menzione al punto di accettazione dell'operatore postale (1) per mezzo del quale spedisce la copia al destinatario in piego raccomandato con avviso di ricevimento.

Presenta all'ufficio postale la copia dell'atto da notificare in busta chiusa, apponendo su quest'ultima le indicazioni del nome, cognome, residenza o dimora o domicilio del destinatario, con l'aggiunta di ogni particolarità idonea ad agevolarne la ricerca; vi appone, altresì, il numero del registro cronologico, la propria sottoscrizione ed il sigillo dell'ufficio. Nei casi in cui l'ufficiale giudiziario si avvalga per la notificazione di sistemi telematici, la sottoscrizione è sostituita dall'indicazione a stampa sul documento prodotto dal sistema informatizzato del nominativo dell'ufficiale giudiziario stesso (2).

Presenta contemporaneamente l'avviso di ricevimento compilato con le indicazioni richieste dal modello predisposto ai sensi dell'articolo 2 (3), con l'aggiunta del numero del registro cronologico.

Per le notificazioni di atti in materia civile e amministrativa effettuate prima dell'iscrizione a ruolo della causa, o del deposito del ricorso, l'avviso di ricevimento deve indicare come mittente la parte istante o il suo procuratore quando sia stato già nominato. Per le notificazioni in materia penale e per quelle in materia civile e amministrativa effettuate in corso di procedimento, sull'avviso di ricevimento e sul piego devono essere indicati come mittenti, con indicazione dei relativi indirizzi, ivi compreso l'indirizzo di posta elettronica certificata ove il mittente sia obbligato per legge a dotarsene, la parte istante o il suo procuratore o l'ufficio giudiziario, a seconda di chi abbia fatto richiesta della notificazione all'ufficiale giudiziario ([4]). In ogni caso il mittente che non sia gravato dall'obbligo di cui al periodo precedente può sempre indicare un indirizzo di posta elettronica certificata ai fini della trasmissione della copia dell'avviso di ricevimento ai sensi dell'articolo 6 ([4]). Nei casi in cui il cancelliere deve prendere nota sull'originale del provvedimento dell'avvenuta notificazione di un atto di impugnazione o di opposizione, la ricevuta di ritorno deve indicare come mittente l'ufficiale giudiziario tenuto a dare avviso dell'impugnazione o dell'opposizione.

È facoltà dell'operatore postale richiedere una nuova compilazione dell'avviso o il riconfezionamento del piego che risultino effettuati in modo non conforme alla modulistica di cui all'articolo 2. Nel caso in cui il mittente non provveda, l'operatore può rifiutare l'esecuzione del servizio ([5]).

L'ufficiale giudiziario corrisponde le tasse postali dovute, compresa quella per l'avviso di ricevimento e della raccomandazione di essa, al punto di accettazione dell'operatore postale ([6]).

([1]) *Le parole: «all'ufficio postale» sono state così sostituite dalle attuali: «al punto di accettazione dell'operatore postale» dall'art. 1, comma 97* bis, *lett.* c), *n. 2), della L. 23 dicembre 2014, n. 190, inserito dall'art. 1, comma 461, della L. 27 dicembre 2017, n. 205. A norma dell'art. 1, comma 97* quinquies, *della L. 23 dicembre 2014, n. 190, inserito dall'art. 1, comma 461, della L. 27 dicembre 2017, n. 205, tali disposizioni si applicano a decorrere dalla data di entrata in vigore del provvedimento del Ministero dello sviluppo economico che disciplina le procedure per il rilascio delle licenze di cui all'articolo 5, comma 2, secondo periodo, del decreto legislativo 22 luglio 1999, n. 261.*

([2]) *L'ultimo periodo di questo comma è stato aggiunto dall'art. 2, comma 4, lett.* a), *del D.L. 14 marzo 2005, n. 35, convertito, con modificazioni, nella L. 14 maggio 2005, n. 80.*

([3]) *Le parole: «dall'Amministrazione postale» sono state così sostituite dalle attuali: «ai sensi dell'articolo 2» dall'art. 1, comma 97* bis, *lett.* c), *n. 3), della L. 23 dicembre 2014, n. 190, inserito dall'art. 1, comma 461, della L. 27 dicembre 2017, n. 205. A norma dell'art. 1, comma 97* quinquies, *della L. 23 dicembre 2014, n. 190, inserito dall'art. 1, comma 461, della L. 27 dicembre 2017, n. 205, tali disposizioni si applicano a decorrere dalla data di entrata in vigore del provvedimento del Ministero dello sviluppo economico che disciplina le procedure per il rilascio delle licenze di cui all'articolo 5, comma 2, secondo periodo, del decreto legislativo 22 luglio 1999, n. 261.*

([4]) *Le parole: «; per le notificazioni in materia penale e per quelle in materia civile e amministrativa, effettuate in corso di procedimento, l'avviso deve indicare come mittente l'ufficio giudiziario e, quando esiste, la sezione dello stesso ufficio e il numero del procedimento cui la notifica si riferisce» sono state così sostituite dai seguenti periodi: «Per le notificazioni in materia penale e per quelle in materia civile e amministrativa effettuate in corso di procedimento, sull'avviso di ricevimento e sul piego devono essere indicati come mittenti, con indicazione dei relativi indirizzi, ivi compreso l'indirizzo di posta elettronica certificata ove il mittente sia obbligato per legge a dotarsene, la parte istante o il suo procuratore o l'ufficio giudiziario, a seconda di chi abbia fatto richiesta della notificazione all'ufficiale giudiziario. In ogni caso il mittente che non sia gravato dall'obbligo di cui al periodo precedente può sempre indicare un indirizzo di posta elettronica certificata ai fini della trasmissione della copia dell'avviso di ricevimento ai sensi dell'articolo 6.» dall'art. 1, comma 97* bis, *lett.* c), *n. 4), della L. 23 dicembre 2014, n. 190, inserito dall'art. 1, comma 461, della L. 27 dicembre 2017, n. 205. A norma dell'art. 1, comma 97* quinquies, *della L. 23 dicembre 2014, n. 190, inserito dall'art. 1, comma 461, della L. 27 dicembre 2017, n. 205, tali disposizioni si applicano a decorrere dalla data di entrata in vigore del provvedimento del Ministero dello sviluppo economico che disciplina le procedure per il rilascio delle licenze di cui all'articolo 5, comma 2, secondo periodo, del decreto legislativo 22 luglio 1999, n. 261.*

(5) *Questo comma è stato inserito dall'art. 1, comma 97* bis, *lett.* c), *n. 5), della L. 23 dicembre 2014, n. 190, inserito dall'art. 1, comma 461, della L. 27 dicembre 2017, n. 205. A norma dell'art. 1, comma 97* quinquies, *della L. 23 dicembre 2014, n. 190, inserito dall'art. 1, comma 461, della L. 27 dicembre 2017, n. 205, tali disposizioni si applicano a decorrere dalla data di entrata in vigore del provvedimento del Ministero dello sviluppo economico che disciplina le procedure per il rilascio delle licenze di cui all'articolo 5, comma 2, secondo periodo, del decreto legislativo 22 luglio 1999, n. 261.*

(6) *Le parole: «all'ufficio postale di partenza» sono state così sostituite dalle attuali: «al punto di accettazione dell'operatore postale» dall'art. 1, comma 97* bis, *lett.* c), *n. 6), della L. 23 dicembre 2014, n. 190, inserito dall'art. 1, comma 461, della L. 27 dicembre 2017, n. 205. A norma dell'art. 1, comma 97* quinquies, *della L. 23 dicembre 2014, n. 190, inserito dall'art. 1, comma 461, della L. 27 dicembre 2017, n. 205, tali disposizioni si applicano a decorrere dalla data di entrata in vigore del provvedimento del Ministero dello sviluppo economico che disciplina le procedure per il rilascio delle licenze di cui all'articolo 5, comma 2, secondo periodo, del decreto legislativo 22 luglio 1999, n. 261.*

4. L'avviso di ricevimento del piego raccomandato, completato in ogni sua parte e [munito del bollo dell'ufficio postale] (1) recante la data dello stesso giorno di consegna, è spedito in raccomandazione all'indirizzo già predisposto dall'ufficiale giudiziario.

L'avviso di ricevimento può essere trasmesso per telegrafo o in via tele*matica* (2), quando l'autorità giudiziaria o la parte interessata alla notificazione dell'atto ne faccia richiesta, purché il mittente anticipi la spesa, oltre il pagamento della tassa normale. Il telegramma deve essere spedito a cura dell'agente postale e contenere le generalità del destinatario o della persona abilitata che ha ricevuto il piego con l'indicazione della relativa qualifica, i quali, all'atto della consegna del piego, debbono firmare il relativo registro.

L'avviso di ricevimento costituisce prova dell'eseguita notificazione, fermi restando gli effetti di quest'ultima per il notificante al compimento delle formalità a lui direttamente imposte dalle vigenti disposizioni (3) (4).

I termini, che decorrono dalla notificazione eseguita per posta, si computano dalla data di consegna del piego risultante dall'avviso di ricevimento e, se la data non risulti, ovvero sia comunque incerta, da quanto attestato (5) sull'avviso medesimo dal punto di accettazione dell'operatore postale (6) che lo restituisce.

(1) *Le parole fra parentesi quadrate sono state soppresse dall'art. 1, comma 813, lett.* a), *n. 1), della L. 30 dicembre 2018, n. 145, a decorrere dal 1° gennaio 2019.*

(2) *Le parole: «o in via telematica» sono state inserite dall'art. 2, comma 4, lett.* b), *del D.L. 14 marzo 2005, n. 35, convertito, con modificazioni, nella L. 14 maggio 2005, n. 80.*

(3) *Le parole: «, fermi restando gli effetti di quest'ultima per il notificante al compimento delle formalità a lui direttamente imposte dalle vigenti disposizioni» sono state aggiunte dall'art. 1, comma 97* bis, *lett.* d), *n. 1), della L. 23 dicembre 2014, n. 190, inserito dall'art. 1, comma 461, della L. 27 dicembre 2017, n. 205. A norma dell'art. 1, comma 97* quinquies, *della L. 23 dicembre 2014, n. 190, inserito dall'art. 1, comma 461, della L. 27 dicembre 2017, n. 205, tali disposizioni si applicano a decorrere dalla data di entrata in vigore del provvedimento del Ministero dello sviluppo economico che disciplina le procedure per il rilascio delle licenze di cui all'articolo 5, comma 2, secondo periodo, del decreto legislativo 22 luglio 1999, n. 261.*

(4) *La Corte costituzionale, con sentenza n. 477 del 26 novembre 2002, ha dichiarato l'illegittimità costituzionale del combinato disposto dell'art. 149 c.p.c. e di questo comma, nella parte in cui prevede che la notificazione si perfeziona, per il notificante, alla data di ricezione dell'atto da parte del destinatario anziché a quella, antecedente, di consegna dell'atto all'ufficiale giudiziario.*

(5) *Le parole: «dal bollo apposto» sono state così sostituite dalle attuali: «da quanto attestato» dall'art. 1, comma 97* bis, *lett.* d), *n. 2), della L. 23 dicembre 2014, n. 190, inserito dall'art. 1, comma 461, della L. 27 dicembre 2017, n. 205. A norma dell'art. 1, comma 97* quinquies, *della L. 23 dicembre 2014, n. 190, inserito dall'art. 1, comma 461, della L. 27 dicembre 2017, n. 205, tali disposizioni si applicano a decorrere dalla data di entrata in vigore del provvedimento del Ministero dello sviluppo economico che disciplina le procedure per il rilascio delle licenze di cui all'articolo 5, comma 2, secondo periodo, del decreto legislativo 22 luglio 1999, n. 261.*

(6) *Le parole: «dall'ufficio postale» sono state così sostituite dalle attuali: «dal punto di accettazione dell'operatore postale» dall'art. 1, comma 813, lett.* a), *n. 1), della L. 30 dicembre 2018, n. 145, a decorrere dal 1° gennaio 2019.*

5. La ricevuta di spedizione della raccomandata è conservata dall'ufficiale giudiziario ed annotata nel registro cronologico dove pure è annotato l'avviso di ricevimento nelle ipotesi di cui all'ultima parte del quarto comma dell'articolo 3. In questi casi l'avviso di ricevimento è poi consegnato al funzionario addetto all'autorità giudiziaria o alla parte richiedente insieme con l'originale dell'atto, al quale deve rimanere allegato.

Negli altri casi previsti nel quarto comma dell'articolo 3, il funzionario addetto all'autorità giudiziaria ovvero la parte richiedente, i quali abbiano ricevuto in restituzione l'avviso di ricevimento, richiedono all'ufficiale giudiziario l'originale dell'atto, al quale allegano la ricevuta di ritorno.

In ogni caso, la parte può, anche prima del ritorno dell'avviso di ricevimento, farsi consegnare dall'ufficiale giudiziario l'originale dell'atto per ottenere l'iscrizione della causa a ruolo o per eseguire il deposito del ricorso o controricorso nei giudizi di Cassazione; peraltro, la causa non potrà essere messa in decisione se non sia allegato agli atti l'avviso di ricevimento, salvo che il convenuto si costituisca ([1]).

([1]) *La Corte costituzionale, con sentenza n. 140 del 30 marzo 1992, ha dichiarato l'illegittimità costituzionale di questo comma, nella parte in cui non prevede la sua applicabilità ai giudizi dinanzi ai giudici amministrativi, ivi compresi i giudizi elettorali.*

6. ([1]) 1. Lo smarrimento dell'avviso di ricevimento non dà diritto ad alcuna indennità, ma l'operatore postale incaricato è tenuto a rilasciare, senza spese, un duplicato o altro documento comprovante il recapito del piego in formato cartaceo e a farlo avere al mittente. Quando il mittente ha indicato un indirizzo di posta elettronica certificata, l'operatore forma una copia per immagine su supporto digitale ([2]) dell'avviso di ricevimento secondo le modalità prescritte dall'articolo 22 del codice di cui al decreto legislativo 7 marzo 2005, n. 82, e provvede, entro cinque giorni ([3]) dalla consegna del piego al destinatario, a trasmettere con modalità telematiche la copia dell'avviso al mittente. In alternativa, l'operatore postale genera l'avviso di ricevimento direttamente in formato elettronico ai sensi dell'articolo 21 del codice di cui al decreto legislativo n. 82 del 2005 e lo trasmette in conformità a quanto previsto dal secondo periodo del presente comma. L'originale dell'avviso di ricevimento trasmesso in copia è conservato presso l'operatore postale, dove il mittente può ritirarlo.

2. Per ogni piego smarrito, l'operatore postale incaricato corrisponde un indennizzo nella misura prevista dall'Autorità per le garanzie nelle comunicazioni.

([1]) *Questo articolo è stato così sostituito dall'art. 1, comma 97* bis, *lett.* e), *della L. 23 dicembre 2014, n. 190, inserito dall'art. 1, comma 461, della L. 27 dicembre 2017, n. 205. A norma dell'art. 1, comma 97* quinquies, *della L. 23 dicembre 2014, n. 190, inserito dall'art. 1, comma 461, della L. 27 dicembre 2017, n. 205, e così modificato dall'art. 1, comma 814, della L. 30 dicembre 2018, n. 145, tali disposizioni si applicano a decorrere dal 1° giugno 2019. Sono fatti salvi i comportamenti tenuti dagli operatori postali sino alla data di entrata in vigore della L. n. 145/2018.*

Si riporta il testo previgente:

«Art. 6. - Lo smarrimento dell'avviso di ricevimento non dà diritto ad alcuna indennità. L'Amministrazione postale è però tenuta a rilasciare senza spesa un duplicato ed a farlo avere al mittente nel più breve tempo possibile.

Per ogni piego smarrito l'Amministrazione postale paga l'indennità stabilita dalle norme di cui all'articolo 48 del codice postale e delle telecomunicazioni, approvato con decreto del Presidente della Repubblica 29 marzo 1973, n. 156.

Il pagamento dell'indennità è effettuato all'ufficiale giudiziario, il quale ne corrisponde l'importo alla parte che ha richiesto la notificazione dell'atto, facendosene rilasciare ricevuta.

Quando la notificazione sia stata disposta dall'autorità giudiziaria, l'importo dell'indennità, detratta a favore dell'ufficiale giudiziario la spesa della raccomandazione, è versata a favore dell'erario.».

(2) *Le parole: «supporto analogico» sono state così sostituite dalle attuali: «supporto digitale» dall'art. 1, comma 813, lett.* b), *della L. 30 dicembre 2018, n. 145, a decorrere dal 1° gennaio 2019.*

(3) *Le parole: «tre giorni» sono state così sostituite dalle attuali: «cinque giorni» dall'art. 1, comma 813, lett.* b), *della L. 30 dicembre 2018, n. 145, a decorrere dal 1° gennaio 2019.*

7. (1) 1. L'operatore postale consegna il piego nelle mani proprie del destinatario, anche se dichiarato fallito.

2. Se la consegna non può essere fatta personalmente al destinatario, il piego è consegnato, nel luogo indicato sulla busta che contiene l'atto da notificare, a persona di famiglia che conviva anche temporaneamente con lui ovvero addetta alla casa ovvero al servizio del destinatario, purché il consegnatario non sia persona manifestamente affetta da malattia mentale o abbia età inferiore a quattordici anni. In mancanza delle persone indicate al periodo precedente, il piego può essere consegnato al portiere dello stabile ovvero a persona che, vincolata da rapporto di lavoro continuativo, è comunque tenuta alla distribuzione della posta al destinatario.

3. L'avviso di ricevimento e di documenti attestanti la consegna debbono essere sottoscritti dalla persona alla quale è consegnato il piego e, quando la consegna sia effettuata a persona diversa dal destinatario, la firma deve essere seguita, su entrambi i documenti summenzionati, dalla specificazione della qualità rivestita dal consegnatario, con l'aggiunta, se trattasi di familiare, dell'indicazione di convivente anche se temporaneo. Se il piego non viene consegnato personalmente al destinatario dell'atto, l'operatore postale dà notizia al destinatario medesimo dell'avvenuta notificazione dell'atto a mezzo di lettera raccomandata (2). Il costo della raccomandata è a carico del mittente (2).

4. Se il destinatario o le persone alle quali può farsi la consegna rifiutano di firmare l'avviso di ricevimento pur ricevendo il piego, ovvero se il destinatario rifiuta il piego stesso o di firmare documenti attestanti la consegna, il

che equivale a rifiuto del piego, l'operatore postale ne fa menzione sull'avviso di ricevimento indicando, se si tratti di persona diversa dal destinatario, il nome ed il cognome della persona che rifiuta di firmare nonché la sua qualità, appone la data e la propria firma sull'avviso di ricevimento che è subito restituito al mittente in raccomandazione, unitamente al piego nel caso di rifiuto del destinatario di riceverlo. Analogamente, la prova della consegna è fornita dall'addetto alla notifica nel caso di impossibilità o impedimento determinati da analfabetismo o da incapacità fisica alla sottoscrizione.

(¹) *Questo articolo è stato così sostituito dall'art. 1, comma 97* bis, *lett.* f), *della L. 23 dicembre 2014, n. 190, inserito dall'art. 1, comma 461, della L. 27 dicembre 2017, n. 205. A norma dell'art. 1, comma 97* quinquies, *della L. 23 dicembre 2014, n. 190, inserito dall'art. 1, comma 461, della L. 27 dicembre 2017, n. 205, tali disposizioni si applicano a decorrere dalla data di entrata in vigore del provvedimento del Ministero dello sviluppo economico che disciplina le procedure per il rilascio delle licenze di cui all'articolo 5, comma 2, secondo periodo, del decreto legislativo 22 luglio 1999, n. 261.*

Si riporta il testo previgente:

«Art. 7. - L'agente postale consegna il piego nelle mani proprie del destinatario, anche se dichiarato fallito.

Se la consegna non può essere fatta personalmente al destinatario, il piego è consegnato, nel luogo indicato sulla busta che contiene l'atto da notificare, a persona di famiglia che conviva anche temporaneamente con lui ovvero addetta alla casa ovvero al servizio del destinatario, purché il consegnatario non sia persona manifestamente affetta da malattia mentale o abbia età inferiore a quattordici anni.

In mancanza delle persone suindicate, il piego può essere consegnato al portiere dello stabile ovvero a persona che, vincolata da rapporto di lavoro continuativo, è comunque tenuta alla distribuzione della posta al destinatario.

L'avviso di ricevimento ed il registro di consegna debbono essere sottoscritti dalla persona alla quale è consegnato il piego e, quando la consegna sia effettuata a persona diversa dal destinatario, la firma deve essere seguita, su entrambi i documenti summenzionati, dalla specificazione della qualità rivestita dal consegnatario, con l'aggiunta, se trattasi di familiare, dell'indicazione di convivente anche se temporaneo.

Qualora il consegnatario non sappia firmare o ne sia impossibilitato, l'agente postale fa menzione di tale circostanza sia sul registro di consegna sia sull'avviso di ricevimento, apponendovi la data e la propria sottoscrizione.

Se il piego non viene consegnato personalmente al destinatario dell'atto, l'agente postale dà notizia al destinatario medesimo dell'avvenuta notificazione dell'atto a mezzo di lettera raccomandata (*)».

(*) *Questo comma è stato aggiunto dall'art. 36, comma 2* quater, *del D.L. 31 dicembre 2007, n. 248, convertito, con modificazioni, nella L. 28 febbraio 2008, n. 31. A norma del successivo comma 2* quinquies, *la disposizione di questo comma si applica ai procedimenti di notifica effettuati, ai sensi dell'articolo 7 della citata legge 20 novembre 1982, n. 890, a decorrere dalla data di entrata in vigore della legge di conversione del D.L. n. 248/2007. Le notificazioni delle sentenze già effettuate, ai sensi dell'articolo 7 del-*

la citata legge n. 890 del 1982, alla data di entrata in vigore della legge di conversione del D.L. n. 248/2007 non producono la decorrenza del relativo termine di impugnazione se non vi è stata consegna del piego personalmente al destinatario e se è provato che questi non ne ha avuto conoscenza.

(2) *Questo periodo è stato aggiunto dall'art. 1, comma 813, lett.* c), *della L. 30 dicembre 2018, n. 145, a decorrere dal 1° gennaio 2019.*

8. (1) 1. Se le persone abilitate a ricevere il piego in luogo del destinatario rifiutano di riceverlo, ovvero se l'operatore postale non può recapitarlo per temporanea assenza del destinatario o per mancanza, inidoneità o assenza delle persone sopra menzionate, il piego è depositato entro due giorni lavorativi dal giorno del tentativo di notifica (2) presso il punto di deposito più vicino al destinatario.

2. Per il ritiro della corrispondenza inesitata l'operatore postale di riferimento deve assicurare la disponibilità di un adeguato numero di punti di giacenza o modalità alternative di consegna della corrispondenza inesitata al destinatario, secondo criteri e tipologie definite dall'Autorità per le garanzie nelle comunicazioni, tenuto conto delle esigenze di riservatezza, sicurezza, riconoscibilità ed accessibilità richieste dalla natura del servizio.

3. In ogni caso, deve essere assicurata la diretta supervisione e responsabilità dell'operatore postale, presso i punti di giacenza o sulle modalità alternative di consegna della corrispondenza inesitata, in relazione alla custodia ed alle altre attività funzionali al ritiro o alla consegna degli invii.

4. Del tentativo di notifica del piego e del suo deposito è data notizia al destinatario, a cura dell'operatore postale, mediante avviso in busta chiusa a mezzo lettera raccomandata con avviso di ricevimento che, in caso di assenza del destinatario, deve essere affisso alla porta d'ingresso oppure immesso nella cassetta della corrispondenza dell'abitazione, dell'ufficio o dell'azienda. L'avviso deve contenere l'indicazione del soggetto che ha richiesto la notifica e del suo eventuale difensore, dell'ufficiale giudiziario al quale la notifica è stata richiesta e del numero di registro cronologico corrispondente, della data di deposito e dell'indirizzo del punto di deposito, nonché l'espresso invito al destinatario a provvedere al ricevimento del piego a lui destinato mediante ritiro dello stesso entro il termine massimo di sei mesi, con l'avvertimento che la notificazione si ha comunque per eseguita trascorsi dieci giorni dalla data di spedizione della lettera raccomandata di cui al periodo precedente e che, decorso inutilmente anche il predetto termine di sei mesi, l'atto sarà restituito al mittente.

5. La notificazione si ha per eseguita dalla data del ritiro del piego, se anteriore al decorso del termine di dieci giorni di cui al comma 4. In tal caso, l'impiegato del punto di deposito lo dichiara sull'avviso di ricevimento

che, datato e firmato dal destinatario o dal suo incaricato che ne ha curato il ritiro, è, entro due giorni lavorativi, spedito al mittente in raccomandazione.

6. Trascorsi dieci giorni dalla data di spedizione della lettera raccomandata, di cui al comma 4, senza che il destinatario o un suo incaricato ne abbia curato il ritiro, l'avviso di ricevimento è, entro due giorni lavorativi, spedito al mittente in raccomandazione con annotazione in calce, sottoscritta dall'operatore postale, della data dell'avvenuto deposito e dei motivi che l'hanno determinato, dell'indicazione 'atto non ritirato entro il termine di dieci giorni e della data di restituzione'. Trascorsi sei mesi dalla data in cui il piego è stato depositato, il piego stesso è restituito al mittente in raccomandazione con annotazione in calce, sottoscritta dall'operatore postale, della data dell'avvenuto deposito e dei motivi che l'hanno determinato, dell'indicazione 'non ritirato entro il termine di sei mesi e della data di restituzione'. Qualora la data delle eseguite formalità manchi sull'avviso di ricevimento o sia, comunque, incerta, la notificazione si ha per eseguita alla data risultante da quanto riportato sull'avviso stesso.

7. Fermi i termini sopra indicati, l'operatore postale può consentire al destinatario di effettuare il ritiro digitale dell'atto non recapitato assicurando l'identificazione del consegnatario ed il rilascio da parte di quest'ultimo di un documento informatico recante una firma equipollente a quella autografa.

(¹) *Questo articolo è stato così sostituito dall'art. 1, comma 97* bis, *lett.* g), *della L. 23 dicembre 2014, n. 190, inserito dall'art. 1, comma 461, della L. 27 dicembre 2017, n. 205. A norma dell'art. 1, comma 97* quinquies, *della L. 23 dicembre 2014, n. 190, inserito dall'art. 1, comma 461, della L. 27 dicembre 2017, n. 205, tali disposizioni si applicano a decorrere dalla data di entrata in vigore del provvedimento del Ministero dello sviluppo economico che disciplina le procedure per il rilascio delle licenze di cui all'articolo 5, comma 2, secondo periodo, del decreto legislativo 22 luglio 1999, n. 261.*

Si riporta il testo previgente:

«Art. 8. - Se il destinatario o le persone alle quali può farsi la consegna rifiutano di firmare l'avviso di ricevimento, pur ricevendo il piego, ovvero se il destinatario rifiuta il piego stesso o di firmare il registro di consegna, il che equivale a rifiuto del piego, l'agente postale ne fa menzione sull'avviso di ricevimento indicando, se si tratti di persona diversa dal destinatario, il nome ed il cognome della persona che rifiuta di firmare nonché la sua qualità; appone, quindi, la data e la propria firma sull'avviso di ricevimento che è subito restituito al mittente in raccomandazione, unitamente al piego nel caso di rifiuto del destinatario di riceverlo. La notificazione si ha per eseguita alla data suddetta.

Se le persone abilitate a ricevere il piego, in luogo del destinatario, rifiutano di riceverlo, ovvero se l'agente postale non può recapitarlo per temporanea assenza del destinatario o per mancanza, inidoneità o assenza delle persone sopra menzionate, il piego è depositato lo stesso giorno presso l'ufficio postale preposto alla consegna o presso una sua dipendenza. Del tentativo di notifica del piego e del suo deposito presso l'ufficio postale o una sua dipendenza è data notizia al destinatario, a cura dell'agente postale preposto alla consegna, *mediante avviso in busta chiusa a mezzo lettera raccomandata con avviso di ricevimento che, in caso di assenza del destinatario, deve essere affisso alla porta d'ingresso oppure immesso nella cassetta della corrispondenza dell'abitazione, dell'ufficio o dell'azienda. L'avviso deve contenere l'indicazione del soggetto che ha richiesto la notifica e del suo eventuale difensore, dell'ufficiale giudiziario al quale la notifica è stata richiesta e del numero di registro cronologico corrispondente, della data di deposito e dell'indirizzo dell'ufficio postale o della sua dipendenza presso cui il deposito è stato effettuato, nonché l'espresso invito al destinatario a provvedere al ricevimento del piego a lui destinato mediante ritiro dello stesso entro il termine massimo di sei mesi, con l'avvertimento che la notificazione si ha comunque per eseguita trascorsi dieci giorni dalla data del deposito e che, decorso inutilmente anche il predetto termine di sei mesi, l'atto sarà restituito al mittente* (*) (**).

Trascorsi dieci giorni dalla data di spedizione della lettera raccomandata di cui al secondo comma senza che il destinatario o un suo incaricato ne abbia curato il ritiro, l'avviso di ricevimento è immediatamente restituito al mittente in raccomandazione con annotazione in calce, sottoscritta dall'agente postale, della data dell'avvenuto deposito e dei motivi che l'hanno determinato, dell'indicazione «atto non ritirato entro il termine di dieci giorni» e della data di restituzione. Trascorsi sei mesi dalla data in cui il piego è stato depositato nell'ufficio postale o in una sua dipendenza senza che il destinatario o un suo incaricato ne abbia curato il ritiro, il piego stesso è restituito al mittente in raccomandazione con annotazione in calce, sottoscritta dall'agente postale, della data dell'avvenuto deposito e dei motivi che l'hanno determinato, dell'indicazione «non ritirato entro il termine di centottanta giorni» e della data di restituzione (***).

La notificazione si ha per eseguita decorsi dieci giorni dalla data di spedizione della lettera raccomandata di cui al secondo comma ovvero dalla data del ritiro del piego, se anteriore (****).

Nel caso, invece, che durante la permanenza del piego presso l'ufficio postale o una sua dipendenza (*****) *il destinatario o un suo incaricato ne curi il ritiro, l'impiegato postale lo dichiara sull'avviso di ricevimento che, datato e firmato dal destinatario o dal suo incaricato, è subito spedito al mittente in raccomandazione.*

[La notificazione si ha per eseguita alla data del ritiro del piego] (******).

Qualora la data delle eseguite formalità manchi sull'avviso di ricevimento o sia, comunque, incerta, la notificazione si ha per eseguita alla data risultante dal bollo di spedizione dell'avviso stesso.

(*) *Questo comma è stato così sostituito dall'art. 2, comma 4, lett.* c)*, n. 1), del D.L. 14 marzo 2005, n. 35, convertito, con modificazioni, nella L. 14 maggio 2005, n. 80.*

(**) *A norma dell'art. 2, comma 4* bis*, del D.L. 14 marzo 2005, n. 35, convertito, con modificazioni, nella L. 14 maggio 2005, n. 80, i costi derivanti dalla spedizione della raccomandata e del relativo avviso di ricevimento di cui al secondo comma sono posti a carico del mittente indicato nell'avviso di ricevimento stesso, secondo le previsioni tariffarie vigenti, fatti salvi i casi di esenzione dalle spese di notifica previsti dalle leggi vigenti.*

(***) *Questo comma è stato così sostituito dall'art. 2, comma 4, lett.* c)*, n. 2), del D.L. 14 marzo 2005, n. 35, convertito, con modificazioni, nella L. 14 maggio 2005, n. 80.*

(****) *Questo comma è stato così sostituito dall'art. 2, comma 4, lett.* c)*, n. 3), del D.L. 14 marzo 2005, n. 35, convertito, con modificazioni, nella L. 14 maggio 2005, n. 80.*

(*****) *Le parole: «o una sua dipendenza» sono state inserite dall'art. 2, comma 4, lett.* c), *n. 4), del D.L. 14 marzo 2005, n. 35, convertito, con modificazioni, nella L. 14 maggio 2005, n. 80.*

(******) *Questo comma è stato abrogato dall'art. 2, comma 4, lett.* c), *n. 5), del D.L. 14 marzo 2005, n. 35, convertito, con modificazioni, nella L. 14 maggio 2005, n. 80.*

([2]) *Le parole: «lo stesso giorno» sono state così sostituite dalle attuali: «entro due giorni lavorativi dal giorno del tentativo di notifica» dall'art. 1, comma 813, lett.* c), *della L. 30 dicembre 2018, n. 145, a decorrere dal 1° gennaio 2019.*

9. ([1]) 1. Fermo restando quanto previsto dall'articolo 201, comma 3, del codice della strada, di cui al decreto legislativo 30 aprile 1992, n. 285, sono restituiti al mittente in raccomandazione e con indicazione del motivo del mancato recapito gli invii che non possono essere consegnati per i seguenti motivi: destinatario sconosciuto, trasferito, irreperibile, deceduto, indirizzo inesatto, indirizzo insufficiente, indirizzo inesistente.

([1]) *Questo articolo è stato così sostituito dall'art. 1, comma 97* bis, *lett.* h), *della L. 23 dicembre 2014, n. 190, inserito dall'art. 1, comma 461, della L. 27 dicembre 2017, n. 205. A norma dell'art. 1, comma 97* quinquies, *della L. 23 dicembre 2014, n. 190, inserito dall'art. 1, comma 461, della L. 27 dicembre 2017, n. 205, tali disposizioni si applicano a decorrere dalla data di entrata in vigore del provvedimento del Ministero dello sviluppo economico che disciplina le procedure per il rilascio delle licenze di cui all'articolo 5, comma 2, secondo periodo, del decreto legislativo 22 luglio 1999, n. 261.*

Si riporta il testo previgente:

«Art. 9. - Salvo quanto disposto dall'articolo 171 del codice di procedura penale, nel caso di cambiamento di residenza o di dimora o di domicilio del destinatario nello stesso comune, l'agente postale, qualora sia venuto a conoscenza del nuovo indirizzo, provvede, nei modi indicati dal primo, secondo e terzo comma dell'articolo 7, alla immediata consegna direttamente o, se ciò non sia possibile, a mezzo dell'agente incaricato del servizio nel settore ove è la nuova residenza o la nuova dimora o il nuovo domicilio del destinatario.

Se le persone indicate nel secondo e nel terzo comma dell'articolo 7 rifiutano di ricevere il piego o di firmare il registro di consegna o mancano o sono inidonee o assenti, il piego è restituito in raccomandazione al mittente.

Se la nuova residenza, la nuova dimora o il nuovo domicilio sono fuori della circoscrizione del comune, l'agente postale lo indica a tergo della busta che restituisce subito in raccomandazione al mittente.

Analoga indicazione, datata e sottoscritta, fa sull'avviso di ricevimento in caso di irreperibilità del destinatario, restituendolo, subito, al mittente col piego, in raccomandazione.».

10. Le disposizioni che precedono si applicano, in quanto compatibili, alle comunicazioni a mezzo di lettera raccomandata effettuate da ufficiale giudiziario e connesse con la notificazione di atti giudiziari.

11. ([1]) [Per la notificazione di atti giudiziari a mezzo della posta nei procedimenti davanti ai giudici conciliatori, le norme degli articoli precedenti si estendono al messo di conciliazione, in quanto applicabili].

([1]) *Questo articolo è stato abrogato dall'art. 1, comma 97* bis, *lett.* i), *della L. 23 dicembre 2014, n. 190, inserito dall'art. 1, comma 461, della L. 27 dicembre 2017, n. 205. A norma dell'art. 1, comma 97* quinquies, *della L. 23 dicembre 2014, n. 190, inserito dall'art. 1, comma 461, della L. 27 dicembre 2017, n. 205, tali disposizioni si applicano a decorrere dalla data di entrata in vigore del provvedimento del Ministero dello sviluppo economico che disciplina le procedure per il rilascio delle licenze di cui all'articolo 5, comma 2, secondo periodo, del decreto legislativo 22 luglio 1999, n. 261.*

12. Le norme sulla notificazione degli atti giudiziari a mezzo della posta sono applicabili alla notificazione degli atti adottati dalle pubbliche amministrazioni di cui all'articolo 1, comma 2, del decreto legislativo 30 marzo 2001, n. 165, ([1]) e successive modificazioni ([2]), da parte dell'ufficio che adotta l'atto stesso ([3]).

[Nel caso in cui il predetto ufficio possa avvalersi del disposto dell'articolo 54 del codice postale e delle telecomunicazioni, le tasse di spedizione dei pieghi sono poste a carico del destinatario] ([4]).

[Se il destinatario o le persone alle quali è autorizzata la consegna del piego rifiutino di pagare le predette tasse, il piego si considera rifiutato e la notificazione si ha come eseguita] ([4]).

([1]) *Le parole: «3 febbraio 1993, n. 29,» sono state così sostituite dalle attuali: «30 marzo 2001, n. 165,» dall'art. 1, comma 97* bis, *lett.* l), *n. 1), della L. 23 dicembre 2014, n. 190, inserito dall'art. 1, comma 461, della L. 27 dicembre 2017, n. 205. A norma dell'art. 1, comma 97* quinquies, *della L. 23 dicembre 2014, n. 190, inserito dall'art. 1, comma 461, della L. 27 dicembre 2017, n. 205, tali disposizioni si applicano a decorrere dalla data di entrata in vigore del provvedimento del Ministero dello sviluppo economico che disciplina le procedure per il rilascio delle licenze di cui all'articolo 5, comma 2, secondo periodo, del decreto legislativo 22 luglio 1999, n. 261.*

([2]) *Si veda ora il D.L.vo 30 marzo 2001, n. 165.*

([3]) *Questo comma è stato così sostituito dall'art. 10, comma 5, della L. 3 agosto 1999, n. 265.*

([4]) *Questo comma è stato abrogato dall'art. 1, comma 97* bis, *lett.* l), *n. 2), della L. 23 dicembre 2014, n. 190, inserito dall'art. 1, comma 461, della L. 27 dicembre 2017, n. 205. A norma dell'art. 1, comma 97* quinquies, *della L. 23 dicembre 2014, n. 190, inserito dall'art. 1, comma 461, della L. 27 dicembre 2017, n. 205, tali disposizioni si applicano a decorrere dalla data di entrata in vigore del provvedimento del Ministero dello sviluppo economico che disciplina le procedure per il rilascio delle licenze di cui all'articolo 5, comma 2, secondo periodo, del decreto legislativo 22 luglio 1999, n. 261.*

13. Alle notificazioni degli atti tavolari, qualora siano effettuate a mezzo della posta, si applicano le norme che precedono purché i relativi pieghi siano muniti del bollo di contrassegno dell'ufficio tavolare mittente e siano spediti dal cancelliere dell'ufficio stesso.

14. La notificazione degli avvisi e degli atti che per legge devono essere notificati al contribuente deve avvenire con l'impiego di plico sigillato e ([1]) può eseguirsi a mezzo della posta direttamente dagli uffici finanziari, nonché, ove ciò risulti impossibile, ([2]) a cura degli ufficiali giudiziari, dei messi comunali ovvero dei messi speciali autorizzati dall'Amministrazione finanziaria, secondo le modalità previste dalla presente legge. Sono fatti salvi i disposti di cui agli articoli 26, 45 e seguenti del decreto del Presidente della Repubblica 29 settembre 1973, n. 602, e 60 del decreto del Presidente della Repubblica 29 settembre 1973, n. 600, nonché le altre modalità di notifica previste dalle norme relative alle singole leggi di imposta.

Qualora i messi comunali e i messi speciali autorizzati dall'Amministrazione finanziaria si avvalgano del sistema di notifica a mezzo posta, il compenso loro spettante ai sensi del primo comma dell'articolo 4 della legge 10 maggio 1976, n. 249, è ridotto della metà.

([1]) *Le parole: «deve avvenire con l'impiego di plico sigillato e» sono state inserite dall'art. 20 della L. 8 maggio 1998, n. 146.*

([2]) *Le parole: «direttamente dagli uffici finanziari, nonché, ove ciò risulti impossibile», sono state inserite dall'art. 20 della L. 8 maggio 1998, n. 146.*

15. (*Omissis*) ([1]).

([1]) *Questo articolo contiene modifiche all'art. 169 del codice di procedura penale abrogato.*

16. Sono abrogati il regio decreto 21 ottobre 1923, n. 2393, le norme concernenti la notificazione di atti giudiziari e di altri atti contenute nel regolamento di esecuzione del codice postale e delle telecomunicazioni, nonché ogni disposizione comunque incompatibile con quelle della presente legge.

16 *bis*. ([1]) 1. Per quanto non disciplinato dalla presente legge si applicano le disposizioni internazionali vigenti tra gli Stati.

([1]) *Questo articolo è stato aggiunto dall'art. 1, comma 97* bis, *lett.* m), *della L. 23 dicembre 2014, n. 190, inserito dall'art. 1, comma 461, della L. 27 dicembre 2017, n. 205. A norma dell'art. 1, comma 97* quinquies, *della L. 23 dicembre 2014, n. 190, inserito dall'art. 1, comma 461, della L. 27 dicembre 2017, n. 205, tali disposizioni si applicano a decorrere dalla data di entrata in vigore del provvedimento del Ministero dello sviluppo economico che disciplina le procedure per il rilascio delle licenze di cui all'articolo 5, comma 2, secondo periodo, del decreto legislativo 22 luglio 1999, n. 261.*

4.

D.L.vo 31 dicembre 1992, n. 545. Ordinamento degli organi speciali di giurisdizione tributaria ed organizzazione degli uffici di collaborazione in attuazione della delega al Governo contenuta nell'art. 30 della L. 30 dicembre 1991, n. 413 (Suppl. ord. alla *Gazzetta Ufficiale* Serie gen. - n. 9 del 13 gennaio 1993) ed *avviso di rettifica* ed *errata corrige* in Gazzetta Ufficiale Serie gen. - n. 72 del 27 marzo 1993.

(*Estratto*)

Capo I

Gli organi della giurisdizione tributaria

1. Le commissioni tributarie. – 1. Gli organi di giurisdizione in materia tributaria previsti dal D.P.R. 26 ottobre 1972, n. 636, sono riordinati in commissioni tributarie provinciali, aventi sede nel capoluogo di ogni provincia, ed in commissioni tributarie regionali, aventi sede nel capoluogo di ogni regione. Fino al 31 dicembre 1996, sezioni delle commissioni provinciali e regionali possono essere ubicate, ove occorra, presso le sedi delle attuali commissioni di primo e di secondo grado. Entro il 31 dicembre 1993, con decreto del Ministro delle finanze, di concerto con il Ministro del tesoro e con il Ministro di grazia e giustizia, in relazione alle esigenze di reperimento dei locali, sono individuate delle sezioni le quali costituiscono mera articolazione interna delle commissioni tributarie non rilevante ai fini della competenza e della validità degli atti processuali. Con decreto del presidente della commissione provinciale o regionale sono determinati i criteri e le modalità di funzionamento delle sezioni ([1]).

1 *bis*. Nei comuni sedi di Corte di appello, o di sezioni staccate di Corte di appello ovvero di sezioni staccate di Tribunali amministrativi regionali o comunque capoluoghi di provincia con oltre 120.000 abitanti alla data di entrata in vigore della presente disposizione distanti non meno di 100 chilometri dal comune capoluogo di regione, saranno istituite sezioni staccate delle Commissioni tributarie regionali nei limiti numerici dei contingenti di personale già impiegato negli uffici di segreteria delle Commissioni tributarie, senza incrementare il numero complessivo dei componenti delle medesime Commissioni, con corrispondente adeguamento delle sedi delle sezioni esistenti e conseguente riduzione delle relative spese. L'istituzione delle sezioni staccate non deve comunque comportare maggiori oneri a carico del bilancio dello Stato ([2]) ([3]).

2. In ciascuna delle Province di Trento e di Bolzano la giurisdizione di cui al comma 1 è esercitata da commissioni tributarie di primo e di secondo grado, aventi competenza sul territorio della provincia corrispondente, alle

quali si applicano rispettivamente le disposizioni concernenti le commissioni provinciali e regionali compatibili con le norme di legge e dello statuto regionale che le riguardano.

3. Le commissioni tributarie provinciali e regionali, il numero delle relative sezioni e i corrispondenti organici sono indicati nelle tabelle *A* e *B* allegate al presente decreto.

4. Il numero delle sezioni di ciascuna commissione può essere adeguato, in relazione al flusso medio dei processi, con decreto del Ministro delle finanze di concerto con il Ministro del tesoro ed il Ministro di grazia e giustizia.

5. Alla istituzione di nuove commissioni ed alle variazioni conseguenti, in relazione a mutamenti dell'assetto provinciale e regionale del territorio della Repubblica, si provvede con decreto del Ministro delle finanze di concerto con il Ministro del tesoro ed il Ministro di grazia e giustizia.

(1) *Il secondo periodo di questo comma è stato aggiunto dall'art. 3* sexies *del D.L. 23 gennaio 1993, n. 16, conv., con modif., nella L. 24 marzo 1993, n. 75 e poi sostituito dagli attuali ultimi tre periodi dall'art. 69, comma 2, del D.L. 30 agosto 1993, n. 331, conv., con modif., nella L. 29 ottobre 1993, n. 427.*

(2) *Questo comma è stato inserito dall'art. 35 della L. 18 febbraio 1999, n. 28.*

(3) *Si veda il D.M. 6 giugno 2000, recante l'istituzione di sezioni staccate delle Commissioni tributarie regionali.*

2. La composizione delle commissioni tributarie. – 1. A ciascuna delle commissioni tributarie provinciali e regionali è preposto un presidente che presiede anche la prima sezione. L'incarico ha durata quadriennale a decorrere dalla data di esercizio effettivo delle funzioni ed è rinnovabile per una sola volta e per un uguale periodo, previa valutazione positiva da parte del Consiglio di presidenza della giustizia tributaria dell'attività svolta nel primo triennio del quadriennio iniziale. Il Consiglio di presidenza della giustizia tributaria stabilisce con proprio regolamento il procedimento e le modalità di tale valutazione, garantendo la previa interlocuzione con l'interessato. Il Presidente non può essere nominato tra soggetti che raggiungeranno l'età pensionabile entro i quattro anni successivi alla nomina (1) (2).

1 *bis*. A seguito di valutazione negativa da parte del Consiglio di presidenza della giustizia tributaria e comunque all'esito dell'ottavo anno di esercizio delle funzioni di cui al comma 1, il giudice tributario è riassegnato a sua richiesta, salvo tramutamento all'esercizio di funzioni analoghe o diverse all'incarico di presidente di sezione nella commissione tributaria a cui era preposto ovvero in quella di precedente provenienza (1).

2. Il presidente della commissione, in caso di assenza o di impedimento, è sostituito nelle funzioni non giurisdizionali dal presidente di sezione con maggiore anzianità nell'incarico subordinatamente d'età.

3. Il presidente della commissione con oltre quindici sezioni può delegare sue attribuzioni non giurisdizionali ad uno o più presidenti di sezione con i criteri di cui al comma 2.

4. A ciascuna sezione è assegnato un presidente, un vice-presidente e non meno di quattro giudici tributari.

5. Ogni collegio giudicante è presieduto dal presidente della sezione o dal vicepresidente e giudica con numero invariabile di tre votanti.

6. Se in una sezione mancano i componenti necessari per costituire il collegio giudicante, il presidente della commissione designa i componenti di altre sezioni.

(1) *L'originario comma 1 è stato così sostituito dagli attuali commi 1 e 1* bis, *dall'art. 11, comma 1, lett.* a), *del D.L.vo 24 settembre 2015, n. 156.*

A norma dell'art. 12, comma 1, le disposizioni del predetto decreto entrano in vigore a decorrere dal 1° gennaio 2016.

A norma dell'art. 12, comma 4, del medesimo provvedimento, ai fini dell'applicazione di questo comma, come sostituito dal predetto D.L.vo n. 156/2015, agli incarichi in corso alla data di entrata in vigore del presente decreto, si tiene conto anche del periodo maturato alla medesima data nelle relative funzioni.

Si riporta il testo previgente:

«1. A ciascuna delle commissioni tributarie provinciali e regionali è preposto un presidente, che presiede anche la prima sezione.».

(2) *A norma dell'art. 11, comma 2, del D.L.vo 24 settembre 2015, n. 156, il Consiglio di presidenza della giustizia tributaria adotta il regolamento di cui a questo comma, entro sei mesi dalla data di entrata in vigore del suddetto decreto.*

A norma dell'art. 12, comma 1, le disposizioni del predetto decreto entrano in vigore a decorrere dal 1° gennaio 2016.

3. I presidenti delle commissioni tributarie e delle sezioni. – 1. I presidenti delle commissioni tributarie provinciali sono nominati tra i magistrati ordinari, ovvero amministrativi o militari, in servizio o a riposo, secondo la graduatoria redatta sulla base delle tabelle *E* ed *F*.

2. I presidenti di sezione delle commissioni tributarie provinciali sono nominati tra i magistrati ordinari, amministrativi o militari, in servizio o a riposo, secondo la graduatoria redatta sulla base delle tabelle *E* ed *F*. I vicepresidenti di sezione delle commissioni tributarie provinciali sono nominati tra i magistrati di cui al comma 1, ovvero tra i componenti che abbiano esercitato, per almeno cinque anni le funzioni di giudice tributario, purché in

possesso del diploma di laurea in giurisprudenza o in economia e commercio, secondo la graduatoria redatta sulla base delle tabelle *E* ed *F*.

3. I presidenti delle commissioni tributarie regionali sono nominati tra i magistrati ordinari, ovvero amministrativi o militari, in servizio o a riposo, secondo la graduatoria redatta sulla base delle tabelle *E* ed *F*.

4. I presidenti di sezione delle commissioni tributarie regionali sono nominati tra i magistrati ordinari, ovvero amministrativi o militari, in servizio o a riposo, secondo la graduatoria redatta sulla base delle tabelle *E* ed *F*. I vicepresidenti di sezione delle commissioni tributarie regionali sono nominati tra i magistrati di cui al comma 3 ovvero tra i componenti che abbiano esercitato per almeno dieci anni le funzioni di giudice tributario regionale purché in possesso del diploma di laurea in giurisprudenza o in economia e commercio, secondo la graduatoria redatta sulla base delle tabelle *E* ed *F*.

4. I giudici delle commissioni tributarie provinciali. – 1. I giudici delle commissioni tributarie provinciali sono nominati tra:

a) i magistrati ordinari, amministrativi, militari e contabili ([1]), in servizio o a riposo, e gli avvocati e procuratori dello Stato, a riposo;

b) i dipendenti civili dello Stato o di altre amministrazioni pubbliche in servizio o a riposo che hanno prestato servizio per almeno dieci anni, di cui almeno due in una qualifica alla quale si accede con la laurea in giurisprudenza o in economia e commercio o altra equipollente;

c) gli ufficiali della Guardia di finanza cessati dalla posizione di servizio permanente effettivo prestato per almeno dieci anni;

d) coloro che sono iscritti negli albi dei ragionieri e dei periti commerciali ed hanno esercitato per almeno dieci anni le rispettive professioni;

e) coloro che, in possesso del titolo di studio ed in qualità di ragionieri o periti commerciali, hanno svolto per almeno dieci anni, alle dipendenze di terzi, attività nelle materie tributarie ed amministrativo-contabili;

f) coloro che sono iscritti nel ruolo o nel registro dei revisori ufficiali dei conti o dei revisori contabili ed hanno svolto almeno cinque anni di attività;

g) coloro che hanno conseguito l'abilitazione all'insegnamento in materie giuridiche, economiche o tecnico-ragionieristiche ed esercitato per almeno cinque anni attività di insegnamento;

h) gli appartenenti alle categorie indicate nell'art. 5;

i) coloro che hanno conseguito da almeno due anni il diploma di laurea in giurisprudenza o in economia e commercio;

l) gli iscritti negli albi degli ingegneri, degli architetti, dei geometri, dei periti edili, dei periti industriali, dei dottori agronomi, degli agrotecnici e dei periti agrari che hanno esercitato per almeno dieci anni le rispettive professioni.

(1) *Le parole: «amministrativi o militari» sono state così sostituite dalle attuali: «amministrativi, militari e contabili» dall'art. 39, comma 2, lett.* a)*, del D.L. 6 luglio 2011, n. 98, convertito, con modificazioni, nella L. 15 luglio 2011, n. 111.*

5. I giudici delle commissioni tributarie regionali. – 1. I giudici delle commissioni tributarie regionali sono nominati tra:

a) i magistrati ordinari, amministrativi, militari e contabili (1), in servizio o a riposo e gli avvocati e procuratori dello Stato, a riposo;

b) i docenti di ruolo universitari o delle scuole secondarie di secondo grado ed i ricercatori in materie giuridiche, economiche e tecnico-ragionieristiche, in servizio o a riposo;

c) i dipendenti civili dello Stato o di altre amministrazioni pubbliche, in servizio o a riposo, in possesso di laurea in giurisprudenza o economia e commercio o altra equipollente, che hanno prestato servizio per almeno dieci anni in qualifiche per le quali è richiesta una di tali lauree;

d) gli ufficiali superiori o generali della Guardia di finanza cessati dalla posizione di servizio permanente effettivo;

e) gli ispettori del Servizio centrale degli ispettori tributari cessati dall'incarico dopo almeno sette anni di servizio;

f) i notai e coloro che sono iscritti negli albi professionali degli avvocati e procuratori o dei dottori commercialisti ed hanno esercitato per almeno dieci anni le rispettive professioni;

g) coloro che sono stati iscritti negli albi professionali indicati nella lettera *f*) o dei ragionieri e dei periti commerciali ed hanno esercitato attività di amministratori, sindaci, dirigenti in società di capitali o di revisori di conti.

(1) *Le parole: «amministrativi o militari» sono state così sostituite dalle attuali: «amministrativi, militari e contabili» dall'art. 39, comma 2, lett.* b)*, del D.L. 6 luglio 2011, n. 98, convertito, con modificazioni, nella L. 15 luglio 2011, n. 111.*

6. La formazione delle sezioni e dei collegi giudicanti. – 1. Con provvedimento del Consiglio di Presidenza della giustizia tributaria sono istituite sezioni specializzate in relazione a questioni controverse individuate con il provvedimento stesso (1).

1 *bis*. I presidenti delle commissioni tributarie assegnano il ricorso ad una delle sezioni tenendo conto, preliminarmente, della specializzazione di cui al comma 1 e applicando successivamente i criteri cronologici e casuali (1).

2. Il presidente di ciascuna sezione, all'inizio di ogni anno, stabilisce il calendario delle udienze ed, all'inizio di ogni trimestre, la composizione dei

collegi giudicanti in base ai criteri di massima stabiliti dal consiglio di presidenza. Ciascun collegio giudicante deve tenere udienza almeno una volta alla settimana.

3. Il presidente della commissione tributaria, col decreto di cui al comma 1, indica una o più delle sezioni, che, nel periodo di sospensione feriale dei termini processuali, procedono all'esame delle domande di sospensione cautelare del provvedimento impugnato.

(1) *L'originario comma 1, è stato così sostituito dagli attuali commi 1 e 1* bis, *dall'art. 11, comma 1, lett.* b), *del D.L.vo 24 settembre 2015, n. 156.*

A norma dell'art. 12, comma 1, le disposizioni del predetto decreto entrano in vigore a decorrere dal 1° gennaio 2016.

Si riporta il testo previgente:

«1. Il presidente di ciascuna commissione tributaria, all'inizio di ogni anno, stabilisce con proprio decreto la composizione delle sezioni in base ai criteri fissati dal consiglio di presidenza per assicurare l'avvicendamento dei componenti tra le stesse.».

Capo II
I componenti delle commissioni tributarie

7. Requisiti generali. – 1. I componenti delle commissioni tributarie debbono:

a) essere cittadini italiani;

b) avere l'esercizio dei diritti civili e politici;

c) non aver riportato condanne per delitti comuni non colposi o per contravvenzioni a pena detentiva o per reati tributari e non essere stati sottoposti a misure di prevenzione o di sicurezza;

d) non avere superato, alla data di scadenza del termine stabilito nel bando di concorso per la presentazione della domanda di ammissione, settantadue anni di età (1);

e) avere idoneità fisica e psichica;

e bis) essere muniti di laurea magistrale o quadriennale in materie giuridiche o economico-aziendalistiche (2);

[*f*) avere o aver dichiarato di voler stabilire la residenza nella regione nella quale ha sede la commissione tributaria] (3).

(1) *Questa lettera è stata così sostituita dall'art. 3* bis, *comma 3, del D.L. 30 settembre 2005, n. 203, convertito, con modificazioni, nella L. 2 dicembre 2005, n. 248.*

(2) *Questa lettera è stata inserita dall'art. 11, comma 1, lett.* c), *del D.L.vo 24 settembre 2015, n. 156.*

A norma dell'art. 12, comma 1, le disposizioni del predetto decreto entrano in vigore a decorrere dal 1° gennaio 2016.

([3]) *Questa lettera è stata abrogata dall'art. 4, comma 40, della L. 12 novembre 2011, n. 183, a decorrere dal 1° gennaio 2012; il medesimo comma stabilisce altresì che, ferme le incompatibilità di cui all'articolo 8 del presente decreto legislativo, il componente di commissione tributaria non è soggetto all'obbligo di residenza nella regione in cui ha sede la commissione tributaria in cui presta servizio.*

8. Incompatibilità. – 1. Non possono essere componenti delle commissioni tributarie, finché permangono in attività di servizio o nell'esercizio delle rispettive funzioni o attività professionali:

a) i membri del Parlamento nazionale e del Parlamento europeo;

b) i consiglieri regionali, provinciali, comunali e circoscrizionali e gli amministratori di altri enti che applicano tributi o hanno partecipato al gettito dei tributi indicati nell'art. 2 del D.L.vo 31 dicembre 1992, n. 546, nonché coloro che, come dipendenti di detti enti o come componenti di organi collegiali, concorrono all'accertamento dei tributi stessi;

c) i dipendenti dell'Amministrazione finanziaria che prestano servizio presso gli uffici delle Agenzie delle entrate, delle dogane e del territorio, di cui al decreto legislativo 30 luglio 1999, n. 300, e successive modificazioni ([1]);

d) gli appartenenti al Corpo della Guardia di finanza;

e) i soci, gli amministratori e i dipendenti delle società concessionarie del servizio di riscossione delle imposte o preposte alla gestione dell'anagrafe tributaria e di ogni altro servizio tecnico del Ministero delle finanze;

[*f*) gli ispettori tributari di cui alla L. 24 aprile 1980, n. 146] ([2]);

g) i prefetti;

h) coloro che ricoprono incarichi direttivi o esecutivi nei partiti o movimenti ([3]) politici;

i) coloro che in qualsiasi forma, anche se in modo saltuario o accessorio ad altra prestazione, direttamente o attraverso forme associative, esercitano l'attività di consulenza tributaria, ([4]) detengono le scritture contabili e redigono i bilanci, ovvero svolgono attività di consulenza, assistenza o di rappresentanza, a qualsiasi titolo e anche nelle controversie di carattere tributario, di contribuenti singoli o associazioni di contribuenti, di società di riscossione dei tributi o di altri enti impositori ([5]);

l) gli appartenenti alle Forze armate ed i funzionari civili dei Corpi di polizia;

[*m*) coloro che sono coniugi o parenti fino al secondo grado o affini in primo grado di coloro che sono iscritti negli albi professionali o negli elenchi di cui alla lettera *i*) nella sede della commissione tributaria o che comunque esercitano dinanzi alla stessa abitualmente la loro professione] ([6]);

m bis) coloro che sono iscritti in albi professionali, elenchi, ruoli e il personale dipendente individuati nell'articolo 12 del decreto legislativo 31 dicembre 1992, n. 546, e successive modificazioni, ed esercitano, anche in forma non individuale, le attività individuate nella lettera *i*) ([7]) ([8]).

1 *bis*. Non possono essere componenti di commissione tributaria provinciale i coniugi, i conviventi o i parenti fino al secondo grado ([9]) o gli affini in primo grado di coloro che, iscritti in albi professionali, esercitano, anche in forma non individuale, le attività individuate nella lettera *i*) nella regione e nelle province confinanti con la predetta regione dove ha sede la commissione tributaria provinciale. Non possono, altresì, essere componenti delle commissioni tributarie regionali i coniugi, i conviventi o i parenti fino al secondo grado ([9]) o gli affini in primo grado di coloro che, iscritti in albi professionali, esercitano, anche in forma non individuale, le attività individuate nella lettera *i*) del comma 1 nella regione dove ha sede la commissione tributaria regionale ovvero nelle regioni con essa confinanti. All'accertamento della sussistenza delle cause di incompatibilità previste nei periodi che precedono provvede il Consiglio di Presidenza della giustizia tributaria ([10]).

2. Non possono essere componenti dello stesso collegio giudicante i coniugi, i conviventi, ([11]) nonché i parenti ed affini entro il quarto grado.

3. Nessuno può essere componente di più commissioni tributarie.

4. I componenti delle commissioni tributarie, che vengano a trovarsi in una delle condizioni di cui al comma 1, lettere *a*) e *b*) o che siano nominati giudici costituzionali, sono sospesi dall'incarico fino alla data di cessazione dell'incompatibilità; successivamente alla suddetta data essi riassumono le rispettive funzioni anche in soprannumero presso la commissione tributaria di appartenenza.

([1]) *Le parole: «del Dipartimento delle entrate e del Dipartimento del territorio» sono state così sostituite dalle attuali dall'art. 16* quater, *comma 1, lett.* a), *del D.L. 28 dicembre 2001, n. 452,. conv., con modif., nella L. 27 febbraio 2002, n. 16.*

([2]) *Questa lettera è stata soppressa dall'art. 39, comma 2, lett.* c), *n. 1), del D.L. 6 luglio 2011, n. 98, convertito, con modificazioni, nella L. 15 luglio 2011, n. 111.*

([3]) *Le parole: «o movimenti» sono state aggiunte dall'art. 11, comma 1, lett.* d), *n.* 1), *del D.L.vo 24 settembre 2015, n. 156.*

A norma dell'art. 12, comma 1, le disposizioni del predetto decreto entrano in vigore a decorrere dal 1° gennaio 2016.

([4]) *Le parole: «esercitano la consulenza tributaria,» sono state così sostituite dalle attuali: «direttamente o attraverso forme associative, esercitano l'attività di consulenza tributaria,» dall'art. 11, comma 1, lett.* d), *n.* 2), *del D.L.vo 24 settembre 2015, n. 156.*

A norma dell'art. 12, comma 1, le disposizioni del predetto decreto entrano in vigore a decorrere dal 1° gennaio 2016.

(5) *Questa lettera è stata da ultimo così sostituita dall'art. 39, comma 2, lett.* c), *n. 2), del D.L. 6 luglio 2011, n. 98, convertito, con modificazioni, nella L. 15 luglio 2011, n. 111.*

(6) *Questa lettera è stata soppressa dall'art. 39, comma 2, lett.* c), *n. 3), del D.L. 6 luglio 2011, n. 98, convertito, con modificazioni, nella L. 15 luglio 2011, n. 111.*

(7) *Le parole: «, ed esercitano, anche in forma non individuale, le attività individuate nella lettera* i)*» sono state aggiunte dall'art. 2, comma 35* septies, *lett.* a), *del D.L. 13 agosto 2011, n. 138, convertito, con modificazioni, nella L. 14 settembre 2011, n. 148.*

(8) *Questa lettera è stata aggiunta dall'art. 39, comma 2, lett.* c), *n. 4), del D.L. 6 luglio 2011, n. 98, convertito, con modificazioni, nella L. 15 luglio 2011, n. 111.*

(9) *Le parole: «parenti fino al terzo grado» sono state così sostituite dalle attuali: «parenti fino al secondo grado» dall'art. 2, comma 35* septies, *lett.* b), *del D.L. 13 agosto 2011, n. 138, convertito, con modificazioni, nella L. 14 settembre 2011, n. 148.*

(10) *Questo comma è stato inserito dall'art. 39, comma 2, lett.* c), *n. 5), del D.L. 6 luglio 2011, n. 98, convertito, con modificazioni, nella L. 15 luglio 2011, n. 111.*

(11) *Le parole: «i conviventi,» sono state aggiunte dall'art. 39, comma 2, lett.* c), *n. 6), del D.L. 6 luglio 2011, n. 98, convertito, con modificazioni, nella L. 15 luglio 2011, n. 111.*

9. Procedimenti di nomina dei componenti delle commissioni tributarie. – 1. I componenti delle commissioni tributarie immessi per la prima volta nel ruolo unico di cui all'articolo 4, comma 40, della legge 12 novembre 2011, n. 183, (1) sono nominati con D.P.R. su proposta del Ministro delle finanze, previa deliberazione del consiglio di presidenza, secondo l'ordine di collocazione negli elenchi previsti nel comma 2. In ogni altro caso alla nomina dei componenti di commissione tributaria si provvede con decreto del Ministro dell'economia e delle finanze (2).

2. Il consiglio di presidenza procede alle deliberazioni di cui al comma 1 sulla base di elenchi formati relativamente ad ogni commissione tributaria e comprendenti tutti gli appartenenti alle categorie indicate negli artt. 3, 4 e 5 per il posto da conferire che hanno comunicato la propria disponibilità all'incarico e sono in possesso dei requisiti prescritti.

2 *bis*. Per le commissioni tributarie regionali i posti da conferire sono attribuiti in modo da assicurare progressivamente la presenza in tali commissioni di due terzi dei giudici selezionati tra i magistrati ordinari, amministrativi, militari e contabili, in servizio o a riposo, ovvero gli avvocati dello Stato, a riposo (3).

3. Alla comunicazione di disponibilità all'incarico deve essere allegata la documentazione circa l'appartenenza ad una delle categorie indicate negli artt. 3, 4 e 5 ed il possesso dei requisiti prescritti, nonché la dichiarazione di non essere in alcuna delle situazioni di incompatibilità indicate all'art. 8.

4. La formazione degli elenchi di cui al comma 2 è fatta secondo i criteri di valutazione ed i relativi punteggi indicati nella tabella *E* e sulla base della documentazione allegata alla comunicazione di disponibilità all'incarico.

5. Il Ministro delle finanze stabilisce con proprio decreto il termine e le modalità per le comunicazioni di disponibilità agli incarichi da conferire e per la formazione degli elenchi di cui al comma 2.

6. Le esclusioni dagli elenchi di coloro che hanno comunicato la propria disponibilità all'incarico, senza essere in possesso dei requisiti prescritti, è fatta con decreto del Ministro delle finanze, su conforme deliberazione del consiglio di presidenza.

(¹) *Le parole: «immessi per la prima volta nel ruolo unico di cui all'articolo 4, comma 40, della legge 12 novembre 2011, n. 183,» sono state inserite dall'art. 11, comma 1, lett.* e), *del D.L.vo 24 settembre 2015, n. 156.*

A norma dell'art. 12, comma 1, le disposizioni del predetto decreto entrano in vigore a decorrere dal 1° gennaio 2016.

(²) *Questo periodo è stato aggiunto dall'art. 11, comma 1, lett.* e), *del D.L.vo 24 settembre 2015, n. 156.*

A norma dell'art. 12, comma 1, le disposizioni del predetto decreto entrano in vigore a decorrere dal 1° gennaio 2016.

(³) *Questo comma è stato inserito dall'art. 39, comma 2, lett.* d), *del D.L. 6 luglio 2011, n. 98, convertito, con modificazioni, nella L. 15 luglio 2011, n. 111.*

10. Giuramento. – 1. I componenti delle commissioni tributarie, prima dell'immissione nelle loro funzioni, prestano giuramento, pronunziando e sottoscrivendo la formula: «Giuro di essere fedele alla Repubblica italiana, di osservare lealmente le leggi dello Stato e di adempiere con coscienza ai doveri inerenti al mio ufficio».

2. I presidenti delle commissioni tributarie regionali prestano giuramento dinanzi al presidente del consiglio di presidenza.

3. I presidenti delle commissioni tributarie provinciali prestano giuramento dinanzi al presidente della commissione tributaria regionale nella cui circoscrizione ha sede la commissione cui sono destinati.

4. I presidenti di sezione e gli altri componenti delle commissioni tributarie prestano giuramento dinanzi al presidente della commissione cui sono destinati.

5. I verbali di giuramento sono conservati presso l'ufficio cui appartiene l'organo dinanzi al quale esso è stato prestato.

11. (¹) **Durata dell'incarico e assegnazione degli incarichi per trasferimento.** – 1. La nomina a una delle funzioni dei componenti delle commissioni tributarie provinciali e regionali non costituisce in nessun caso rapporto di pubblico impiego.

2. I componenti delle commissioni tributarie provinciali e regionali, indipendentemente dalle funzioni svolte, cessano dall'incarico, in ogni caso, al compimento del settantacinquesimo anno di età.

3. I presidenti di sezione, i vice presidenti e i componenti delle commissioni tributarie provinciali e regionali non possono essere assegnati alla stessa sezione della medesima commissione per più di cinque anni consecutivi.

4. L'assegnazione di diverso incarico o del medesimo incarico per trasferimento dei componenti delle commissioni tributarie in servizio è disposta nel rispetto dei seguenti criteri:

a) la vacanza dei posti di presidente, di presidente di sezione, di vice presidente e di componenti delle commissioni tributarie provinciali e regionali è annunciata dal Consiglio di presidenza e portata a conoscenza di tutti i componenti delle commissioni tributarie in servizio, a prescindere dalle funzioni svolte, con indicazione del termine entro il quale i componenti che aspirano all'incarico devono presentare domanda;

b) alla nomina in ciascuno degli incarichi di cui alla lettera *a*) si procede in conformità a quanto previsto dall'articolo 9, commi 1, 2, 3 e 6. La scelta tra gli aspiranti è fatta dal Consiglio di presidenza secondo i criteri di valutazione ed i punteggi di cui alle tabelle E e F, risultanti dall'applicazione delle disposizioni di cui all'articolo 44 *ter*, allegate al presente decreto, tenendo conto delle attitudini, della laboriosità e della diligenza di ciascuno di essi e, nel caso di parità di punteggio, della maggiore anzianità di età;

c) i componenti delle commissioni tributarie, indipendentemente dalla funzione o dall'incarico svolti, non possono concorrere all'assegnazione di altri incarichi prima di due anni dal giorno in cui sono stati immessi nelle funzioni dell'incarico ricoperto.

5. Per la copertura dei posti rimasti vacanti dopo l'espletamento dei concorsi di cui al comma 4, si applica il procedimento previsto dall'articolo 9, riservato a coloro che aspirano, per la prima volta, a un incarico nelle commissioni tributarie provinciali e regionali.

5 *bis*. Nei casi di necessità di servizio, il Ministro dell'economia e delle finanze può disporre, su richiesta del Consiglio di presidenza della Giustizia Tributaria, l'anticipazione nell'assunzione delle funzioni ([2]).

([1]) *Questo articolo è stato così sostituito dall'art. 3* bis, *comma 2, del D.L. 30 settembre 2005, n. 203, convertito, con modificazioni, nella L. 2 dicembre 2005, n. 248.*

([2]) *Questo comma è stato aggiunto dall'art. 11, comma 1, lett.* f), *del D.L.vo 24 settembre 2015, n. 156.*

A norma dell'art. 12, comma 1, le disposizioni del predetto decreto entrano in vigore a decorrere dal 1° gennaio 2016.

12. Decadenza dall'incarico. – 1. Decadono dall'incarico i componenti delle commissioni tributarie i quali:

a) perdono uno dei requisiti di cui all'art. 7;

b) incorrono in uno dei motivi di incompatibilità previsti dall'art. 8;

c) cessano, se magistrati o altri dipendenti dell'amministrazione pubblica in attività di servizio, dall'impiego per causa diversa dal collocamento a riposo o da dimissioni volontarie, secondo i rispettivi ordinamenti;

d) omettono, senza giustificato motivo, di assumere l'incarico entro trenta giorni dalla comunicazione del decreto di nomina;

e) non partecipano, senza giustificato motivo, a tre sedute consecutive.

2. La decadenza è dichiarata con decreto del Ministro delle finanze previa deliberazione del consiglio di presidenza.

13. Trattamento economico. – 1. Il Ministro delle finanze con proprio decreto di concerto con il Ministro del tesoro determina il compenso fisso mensile spettante ai componenti delle commissioni tributarie.

2. Con decreto di cui al comma 1, oltre al compenso mensile viene determinato un compenso aggiuntivo per ogni ricorso definito (1), anche se riunito ad altri ricorsi, secondo criteri uniformi, che debbono tener conto delle funzioni e dell'apporto di attività di ciascuno alla trattazione della controversia, compresa la deliberazione e la redazione della sentenza, nonché, per i residenti in comuni diversi della stessa regione da quello in cui ha sede la commissione, delle spese sostenute per l'intervento alle sedute della commissione. Il compenso è liquidato in relazione ad ogni procedimento emesso (1).

3. La liquidazione dei compensi è disposta dalla direzione generale delle entrate, nella cui circoscrizione ha sede la commissione tributaria di appartenenza ed i pagamenti relativi sono fatti dal dirigente responsabile della segreteria della commissione, quale funzionario delegato cui sono accreditati i fondi necessari.

3 *bis*. I compensi di cui ai commi 1, 2 e 3 sono cumulabili con i trattamenti pensionistici e di quiescenza comunque denominati (2).

(1) *Le originarie parole*: «*deciso*» *e* «*sentenza pubblicata*» *sono state così sostituite dall'art. 11, comma 1, del D.L. 8 agosto 1996, n. 437, conv., con modif., nella L. 24 ottobre 1996, n. 556.*

(2) *Questo comma è stato aggiunto dall'art. 86, comma 1, della L. 21 novembre 2000, n. 342.*

14. Responsabilità. – 1. Ai componenti delle commissioni tributarie si applicano le disposizioni della L. 13 aprile 1988, n. 117, concernente il risarcimento dei danni cagionati nell'esercizio delle funzioni giurisdizionali.

15. ([1]) **Vigilanza e sanzioni disciplinari.** – 1. Il presidente di ciascuna commissione tributaria esercita la vigilanza sugli altri componenti e sulla qualità e l'efficienza dei servizi di segreteria della propria commissione, al fine di segnalarne le risultanze al Dipartimento delle finanze del Ministero dell'economia e delle finanze per i provvedimenti di competenza. Il presidente di ciascuna commissione tributaria regionale esercita la vigilanza sulla attività giurisdizionale delle commissioni tributarie provinciali aventi sede nella circoscrizione della stessa e sui loro componenti.

2. I componenti delle commissioni tributarie, per comportamenti non conformi a doveri o alla dignità del proprio ufficio, sono soggetti alle sanzioni individuate nei commi da 3 a 7.

3. Si applica la sanzione dell'ammonimento per lievi trasgressioni.

4. Si applica la sanzione non inferiore alla censura, per:

a) i comportamenti che, violando i doveri di cui al comma 2, arrecano ingiusto danno o indebito vantaggio a una delle parti;

b) la consapevole inosservanza dell'obbligo di astensione nei casi previsti dalla legge;

c) i comportamenti che, a causa dei rapporti comunque esistenti con i soggetti coinvolti nel procedimento ovvero a causa di avvenute interferenze, costituiscano violazione del dovere di imparzialità;

d) i comportamenti abitualmente o gravemente scorretti nei confronti delle parti, dei loro difensori, o di chiunque abbia rapporti con il giudice nell'ambito della Commissione tributaria, ovvero nei confronti di altri giudici o di collaboratori;

e) l'ingiustificata interferenza nell'attività giudiziaria di altro giudice;

f) l'omessa comunicazione al Presidente della Commissione tributaria da parte del giudice destinatario delle avvenute interferenze;

g) il perseguimento di fini diversi da quelli di giustizia;

h) la scarsa laboriosità, se abituale;

i) la grave o abituale violazione del dovere di riservatezza;

l) l'uso della qualità di giudice tributario al fine di conseguire vantaggi ingiusti;

m) la reiterata e grave inosservanza delle norme regolamentari o delle disposizioni sul servizio adottate dagli organi competenti.

5. Si applica la sanzione non inferiore alla sospensione dalle funzioni per un periodo da un mese a due anni, per:

a) il reiterato o grave ritardo nel compimento degli atti relativi all'esercizio delle funzioni;

b) i comportamenti che, violando i doveri di cui al comma 2, arrecano grave e ingiusto danno o indebito vantaggio a una delle parti;

c) l'uso della qualità di giudice tributario al fine di conseguire vantaggi ingiusti, se abituale e grave;

d) il frequentare persona che consti essere stata dichiarata delinquente abituale, professionale o per tendenza o aver subito condanna per delitti non colposi alla pena della reclusione superiore a tre anni o essere sottoposta ad una misura di prevenzione, salvo che sia intervenuta la riabilitazione, ovvero l'intrattenere rapporti consapevoli di affari con una di tali persone.

6. Si applica la sanzione dell'incapacità a esercitare un incarico direttivo per l'interferenza, nell'attività di altro giudice tributario, da parte del presidente della commissione o della sezione, se ripetuta o grave.

7. Si applica la rimozione dall'incarico nei casi di recidiva in trasgressioni di cui ai commi 5 e 6.

(¹) *Questo articolo è stato così sostituito dall'attuale dall'art. 11, comma 1, lett.* g), *del D.L.vo 24 settembre 2015, n. 156.*

A norma dell'art. 12, comma 1, le disposizioni del predetto decreto entrano in vigore a decorrere dal 1° gennaio 2016.

Si riporta il testo previgente:

«Art. 15 (Vigilanza e sanzioni disciplinari) - 1. Il presidente di ciascuna commissione tributaria esercita la vigilanza sugli altri componenti [e sull'andamento dei servizi di segreteria] (*). Il Presidente di ciascuna commissione tributaria segnala alla Direzione della giustizia tributaria del Dipartimento delle finanze del Ministero dell'economia e delle finanze, per i provvedimenti di competenza, la qualità e l'efficienza dei servizi di segreteria della propria commissione (**). Il presidente di ciascuna commissione tributaria regionale esercita la vigilanza sull'attività giurisdizionale (***) delle commissioni tributarie provinciali aventi sede nella circoscrizione della stessa e sui loro componenti.

2. I componenti delle commissioni tributarie, per comportamenti non conformi a doveri o alla dignità del proprio ufficio, sono soggetti alle seguenti sanzioni disciplinari:

a) *ammonimento, per lievi trasgressioni;*

b) *censura, per il mancato deposito di una decisione dopo un primo ammonimento e nei casi di recidiva in altre trasgressioni di cui alla lettera* a)*;*

c) *sospensione dalle funzioni per un periodo da tre a sei mesi, per tardivo deposito più di tre volte in un anno delle decisioni dopo la scadenza dell'ulteriore termine fissato per iscritto dal presidente della commissione, dopo l'inosservanza del termine prescritto di sessanta giorni, per omissione da parte di presidente di sezione di convocazione del collegio giudicante per un periodo superiore ad un mese senza giustificato motivo o di fissazione per più di tre volte da parte di presidente di commissione dell'ulteriore termine per il deposito tardivo di sentenze, per inosservanza di altri doveri dell'incarico e per contegno scorretto nell'ambito della sezione, del collegio giudicante o verso il pubblico;*

d) *rimozione dall'incarico nei casi di recidiva in trasgressioni di cui alla lettera* c)*.».*

(*) *Le parole tra parentesi quadrate sono state soppresse dall'art. 39, comma 2, lett. e), n. 1), del D.L. 6 luglio 2011, n. 98, convertito, con modificazioni, nella L. 15 luglio 2011, n. 111.*

(**) *Questo periodo è stato aggiunto dall'art. 39, comma 2, lett. e), n. 2), del D.L. 6 luglio 2011, n. 98, convertito, con modificazioni, nella L. 15 luglio 2011, n. 111.*

(***) *La parola: «giurisdizionale» è stata aggiunta dall'art. 39, comma 2, lett. e), n. 3), del D.L. 6 luglio 2011, n. 98, convertito, con modificazioni, nella L. 15 luglio 2011, n. 111.*

16. Procedimento disciplinare. – 1. Il procedimento disciplinare è promosso dal Presidente del Consiglio dei ministri o dal presidente della commissione tributaria regionale nella cui circoscrizione presta servizio l'incolpato.

2. Il consiglio di presidenza, nel termine di dieci giorni dalla richiesta di apertura del procedimento disciplinare, affida ad un suo componente l'incarico di procedere agli accertamenti preliminari da svolgersi entro trenta giorni.

3. Il consiglio di presidenza, sulla base delle risultanze emerse provvede a contestare i fatti all'incolpato con invito a presentare entro trenta giorni le sue giustificazioni, a seguito delle quali, se non ritiene di archiviare gli atti, incarica un proprio componente di procedere alla istruttoria, che deve essere conclusa entro novanta giorni col deposito degli atti relativi presso la segreteria. Di tali deliberazioni deve essere data immediata comunicazione all'incolpato.

4. Il presidente del consiglio di presidenza, trascorso comunque il termine di cui al comma 3, fissa la data della discussione davanti allo stesso con decreto da notificare almeno quaranta giorni prima all'incolpato, il quale può prendere visione ed estrarre copia degli atti e depositare le sue difese non oltre dieci giorni prima della discussione.

5. Nella seduta fissata per la discussione, il componente del consiglio di presidenza di cui al comma 3 svolge la relazione. L'incolpato ha per ultimo la parola e può farsi assistere da altro componente di commissione tributaria.

6. La sanzione disciplinare deliberata dal consiglio di presidenza è applicata con decreto del Ministro delle finanze.

7. Per quanto non contemplato dalla presente legge si applicano le disposizioni sul procedimento disciplinare vigenti per i magistrati ordinari in quanto compatibili.

Capo IV
Gli uffici di segreteria

30. Ufficio di segreteria del consiglio di presidenza. – 1. Il consiglio di presidenza è assistito da un ufficio di segreteria, al quale vengono assegnati un primo dirigente, funzionari ed impiegati delle diverse qualifiche funzionali, appartenenti al contingente di cui all'art. 32, nei limiti fissati con decreto del Ministro delle finanze.

2. L'ufficio di segreteria, per l'espletamento dei compiti affidatigli, può avvalersi dei servizi di cui all'art. 36.

31. Uffici di segreteria delle commissioni tributarie. – 1. È istituito presso ogni commissione tributaria un ufficio di segreteria con funzioni di assistenza e collaborazione nell'esercizio dell'attività giurisdizionale nonché per lo svolgimento di ogni altra attività amministrativa attribuita alla stessa o ai suoi componenti.

32. Personale addetto agli uffici di segreteria delle commissioni tributarie. – 1. Agli uffici di segreteria delle commissioni tributarie sono addetti dipendenti del Ministero delle finanze compresi in un apposito contingente del personale indicato nell'art. 10 della L. 29 ottobre 1991, n. 358.

2. Il contingente del personale istituito a norma del comma 1 è costituito con la dotazione indicata, complessivamente, nella tabella *C* e, per ogni commissione tributaria, nella tabella *D*. Il Ministro delle finanze di concerto con il Ministro del tesoro, con proprio decreto determina ogni anno le variazioni da apportare alle dotazioni del contingente in relazione alle variazioni del numero di sezioni e del flusso dei ricorsi presso ogni commissione tributaria.

33. ([1]) **Trattamento economico del personale degli uffici di segreteria.** – 1. Al personale addetto agli uffici di segreteria delle commissioni tributarie spetta il trattamento economico previsto per le rispettive qualifiche dalle disposizioni concernenti il personale del Ministero delle finanze.

2. Al personale di cui al comma 1 è attribuita dalla data di entrata in funzione delle nuove commissioni tributarie, se più favorevole, l'indennità prevista dalla L. 22 giugno 1988, n. 221, e con le modalità da essa stabilite in luogo dei compensi previsti dall'art. 4, commi 4, 5 e 6 del D.L. 19 dicembre 1984, n. 853, convertito con modificazioni dalla L. 17 febbraio 1985, n. 17, del compenso previsto dall'art. 10 del D.P.R. 25 giugno 1983, n. 344, nonché di qualsiasi altro compenso o indennità incentivante la produttività.

3. L'attribuzione dell'indennità di cui al comma 2, nei casi stabiliti dall'art. 2 della L. 22 giugno 1988, n. 221, è fatta con decreto del Ministro delle finanze, di concerto con il Ministro del tesoro.

([1]) *Si veda l'art. 26 della L. 8 maggio 1998, n. 146.*

34. Amministrazione del personale delle segreterie. – 1. Il personale di cui all'art. 32 è amministrato secondo le disposizioni della L. 29 ottobre 1991, n. 358, e del suo regolamento di attuazione.

35. Attribuzioni del personale delle segreterie. – 1. I direttori delle segreterie delle commissioni tributarie e i funzionari con IX e VIII qualifica funzionale provvedono all'organizzazione tecnica del lavoro degli uffici di segreteria per adeguarne l'efficienza alle necessità del processo tributario; partecipano a commissioni di studio relative al funzionamento del contenzioso tributario istituite in seno all'Amministrazione finanziaria; vigilano sul restante personale assegnato alla segreteria.

2. Gli impiegati con VII e VI qualifica funzionale assistono i collegi giudicanti nelle udienze e controfirmano gli atti nei quali la legge richiede il loro intervento; ricevono gli atti del processo concernenti il loro ufficio; rilasciano le copie delle decisioni; svolgono compiti di carattere amministrativo e contabile e provvedono agli adempimenti che ad essi vengono affidati; possono, nel caso di assenza o vacanza, fare le veci dei funzionari della qualifica funzionale immediatamente superiore.

3. Gli impiegati con V e IV qualifica funzionale provvedono ai servizi di protocollazione, classificazione, copiatura, fotocopiatura, spedizione e ogni altra mansione inerente alla qualifica di appartenenza; sostituiscono in caso di assenza o impedimento gli impiegati della qualifica funzionale immediatamente superiore.

4. Il personale ausiliario con III qualifica funzionale espleta servizi di anticamera, attività connesse e attività di ufficiale giudiziario in udienza.

5. Il personale della segreteria di cui ai commi 2 e 3 nell'espletamento dei propri compiti utilizza le procedure e le apparecchiature fornite per il funzionamento dei servizi automatizzati di cui all'art. 36.

Capo V
I servizi amministrativi
del contenzioso

36. Servizi automatizzati. – 1. È istituito il servizio automatizzato per la gestione delle attività degli uffici di segreteria delle commissioni tributarie e del consiglio di presidenza e per le rilevazioni statistiche sull'andamento dei processi comprese la formazione e la tenuta dei ruoli.

2. Al servizio automatizzato di cui al comma 1 è preposto il centro informativo del dipartimento delle entrate di cui all'art. 49 del D.P.R. 27 marzo 1992, n. 287.

3. Le modalità di gestione dei servizi automatizzati sono stabiliti con regolamento (1).

(1) *Si veda il D.P.R. 15 novembre 1996, n. 619.*

37. Attività di indirizzo agli uffici periferici. – 1. La direzione centrale per gli affari giuridici e per il contenzioso tributario presso il Dipartimento delle entrate del Ministero delle finanze cura la rilevazione e l'esame delle questioni di rilevante interesse o di ricorrente frequenza nelle controversie pendenti dinanzi alle commissioni tributarie sulla base di segnalazioni periodiche dei presidenti delle stesse.

2. La direzione centrale di cui al comma 1, sentita quando occorre l'Avvocatura generale dello Stato, in particolare quando si tratti di questioni sulle quali non vi sia un univoco orientamento giurisprudenziale, formula e propone al ministro indirizzi per gli uffici periferici ai fini della difesa dell'Amministrazione finanziaria, in ordine alle questioni rilevate ed esaminate, secondo criteri di uniforme e corretta interpretazione della legge.

3. La direzione centrale di cui al comma 1, sulla base di relazioni periodiche delle direzioni regionali o compartimentali, esamina l'attività di rappresentanza e difesa degli uffici periferici dinanzi alle commissioni tributarie e, se necessario, impartisce le direttive del caso per la loro organizzazione.

4. Gli uffici periferici, sulla base degli indirizzi e delle direttive di cui ai commi 2 e 3, esercitano l'attività di rappresentanza e difesa dell'Amministrazione nelle controversie dinanzi alle commissioni tributarie e coordinano con gli uffici competenti dell'Avvocatura dello Stato le iniziative dirette a facilitare l'assistenza consultiva e il patrocinio in giudizio da parte della stessa.

4 *bis*. Il dirigente dell'ufficio del Ministero delle finanze di cui all'articolo 11, comma 2, del decreto legislativo 31 dicembre 1992, n. 546, riguardante la capacità di stare in giudizio, stabilisce le condizioni necessarie per la for-

mulazione o l'accettazione della proposta di conciliazione di cui all'articolo 48 del citato decreto legislativo n. 546 del 1992 ([1]).

([1]) *Questo comma è stato aggiunto dall'art. 14, comma 2, del D.L.vo 19 giugno 1997, n. 218.*

Capo VI
Disposizioni finali e transitorie

42. Insediamento delle commissioni tributarie. – 1. Le commissioni tributarie provinciali e regionali sono insediate in unica data entro l'1 aprile 1996 ([1]) con decreto del Ministro delle finanze pubblicato nella *Gazzetta Ufficiale* della Repubblica italiana almeno sessanta giorni prima.

2. Dalla stessa data sono soppresse le commissioni tributarie di primo e di secondo grado previste dal D.P.R. 26 ottobre 1972, n. 636.

3. La commissione tributaria centrale prevista dal decreto di cui al comma 2 è soppressa e cessa di funzionare, tenuto conto dei ricorsi pendenti, entro la data stabilita con decreto del Presidente del Consiglio dei ministri, su proposta del Ministro delle finanze ([2]).

4. Al reperimento delle sedi necessarie all'insediamento di cui al comma 1 si applicano le disposizioni dell'art. 48 del D.P.R. 27 marzo 1992, n. 287.

([1]) *Le originarie parole*: *«1° ottobre 1993» sono state così sostituite dall'art. 1, comma 1, del D.L. 26 settembre 1995, n. 403, conv., senza modif., nella L. 20 novembre 1995, n. 495.*

Precedentemente questo termine è stato prorogato all'1 ottobre 1994 dall'art. 69, comma 1, del D.L. 30 agosto 1993, n. 331, conv., con modif., nella L. 29 ottobre 1993, n. 427 ed all'1 ottobre 1995 dall'art. 15, comma 1 bis, *del D.L. 29 aprile 1994, n. 260, conv., con modif., nella L. 27 giugno 1994, n. 413.*

([2]) *Le parole*: *«con l'esaurimento dei ricorsi pendenti e, comunque, entro e non oltre il 31 dicembre 1998» sono state così sostituite dalle attuali da*: *«tenuto conto dei ricorsi ...» fino a «... Ministro delle finanze» dall'art. 19 della L. 8 maggio 1998, n. 146.*

43. Nomina dei primi componenti nelle commissioni tributarie regionali e provinciali. – 1. ([1]) I componenti delle commissioni tributarie di primo e di secondo grado e della commissione tributaria centrale, previste dal D.P.R. 26 ottobre 1972, n. 636, in possesso dei requisiti di cui agli artt. 3, 4 e 5, in relazione a ciascun incarico da conferire, sono nominati a domanda componenti delle commissioni tributarie provinciali e regionali con precedenza rispetto agli altri aspiranti e fino alla concorrenza dei posti disponibili, anche se hanno superato il limite di età di cui all'art. 7, comma 1, lettera *d*).

2. La domanda di nomina, con l'indicazione completa del posto o dei posti richiesti in ordine di preferenza (presidente di commissione, presidente

di sezione, vicepresidente di sezione, giudice tributario, commissione provinciale o regionale, sede) è rivolta al Ministro delle finanze con le modalità ed entro i termini che saranno stabiliti con decreto dello stesso ministro.

3. Sono formati, per ciascuna commissione tributaria, con l'applicazione dei criteri e dei punteggi di cui alla tabella *F*, distinti elenchi per la nomina a presidente di sezione, a vicepresidente di sezione ed a giudice. A parità di punteggio prevale il candidato più anziano di età. Il periodo di esercizio delle funzioni nelle commissioni di primo e secondo grado e nella commissione centrale è considerato a tutti gli effetti.

4. (1) I componenti delle commissioni di primo e secondo grado già aventi sede nella regione sono nominati componenti nelle commissioni tributarie rispettivamente provinciali e regionali costituite nella stessa regione con conferma (2), del grado, della funzione e dell'incarico e con precedenza su ogni altro richiedente collocato negli elenchi di cui al comma 3, salva la precedenza eventualmente spettante nei gradi, nelle funzioni e negli incarichi al presidente, ai presidenti di sezione ed ai componenti della commissione tributaria centrale; dette precedenze vanno determinate in base ai punteggi previsti nelle tabelle *E* ed *F*. I componenti le commissioni tributarie di primo e secondo grado, in possesso del diploma di laurea in giurisprudenza ovvero in economia e commercio, con un'anzianità di servizio, senza demerito, di almeno dieci anni per il primo grado e di quindici anni per il secondo grado, sono nominati, con l'applicazione dei criteri e dei punteggi di cui alla tabella *F*, nei limiti dei posti disponibili, rispettivamente vicepresidenti della commissione provinciale e vicepresidenti della commissione regionale.

5. Sono formati, per le nomine di componenti nei posti rimasti disponibili dopo la formazione degli elenchi di cui al comma 3, elenchi di coloro che hanno dichiarato la propria disponibilità secondo il procedimento previsto dall'art. 9, sostituita al consiglio di presidenza della giustizia tributaria la commissione di cui al comma 6.

6. Gli elenchi di cui ai commi 3 e 5 sono formati da una commissione (3) nominata dal Ministro delle finanze, costituita da un presidente di sezione del Consiglio di Stato, che la presiede, da due magistrati ordinari con qualifica non inferiore a magistrato di cassazione, da due magistrati amministrativi e da due magistrati della Corte dei conti, con qualifica equiparata, e da due dirigenti generali del Ministero delle finanze. La commissione si avvale della Direzione centrale degli affari giuridici e del contenzioso del Ministero. Gli elenchi predetti sono approvati con decreto del Ministro delle finanze (4).

7. Le nomine dei componenti le commissioni tributarie provinciali e regionali nella prima applicazione del presente decreto sono disposte secondo

l'ordine degli elenchi con decreto del Presidente della Repubblica su proposta del Ministro delle finanze.

8. I componenti delle commissioni tributarie provinciali e regionali nominati secondo le disposizioni del presente articolo prestano giuramento dinanzi al presidente rispettivamente del tribunale e della corte di appello, nella cui circoscrizione la commissione relativa ha sede. Si applicano le disposizioni dell'art. 10, commi 1 e 5.

8 *bis*. Fermo restando quanto previsto dall'articolo 24, il Consiglio di presidenza della giustizia tributaria delibera su ogni provvedimento riguardante i componenti delle commissioni tributarie, nonché su eventuali rettifiche degli elenchi di cui ai commi 3 e 5, relativamente al periodo di tempo intercorrente tra la approvazione dei detti elenchi e la data del suo inserimento ([5]).

9. (*Omissis*)

10. Prima della costituzione del consiglio di presidenza della giustizia tributaria, le nomine dei giudici tributari sono effettuate secondo le disposizioni contenute nel D.P.R. 26 ottobre 1972, n. 636, con l'osservanza dei requisiti previsti dagli artt. 3, 4 e 5 del presente decreto legislativo; in tali ipotesi si applica il disposto del primo periodo del comma 4.

([1]) *Per effetto dell'art. 1, comma 2, del D.L. 26 settembre 1995, n. 403, conv., senza modif., nella L. 20 novembre 1995, n. 495, ai componenti delle commissioni tributarie centrali, di primo e secondo grado, nominati dopo il 28 settembre 1995, non si applicano le disposizioni di cui al primo comma ed al primo periodo del quarto comma di questo articolo.*

([2]) *Le parole: «, anche in deroga all'art. 8, comma 1, lett.* c)*,» sono state soppresse dall'art. 31, comma 3, della L. 27 dicembre 1997, n. 449, con effetto dal 1° aprile 1998.*

([3]) *A ciascun componente della commissione istituita a norma di questo comma compete una indennità* una tantum, *nella misura lorda di € 10.329,14 onnicomprensivi,* ivi *inclusi gli oneri a carico dello Stato, per effetto dell'art. 15, comma 1, del D.L. 29 aprile 1994, n. 260, conv., con modif., nella L. 27 giugno 1994, n. 413.*

([4]) *Questo comma è stato così sostituito dall'art. 1, comma 1, del D.L. 26 settembre 1995, n. 403, conv., senza modif., nella L. 20 novembre 1995, n. 495.*

([5]) *Questo comma è stato aggiunto dall'art. 11, comma 1, del D.L. 8 agosto 1996, n. 437, conv., con modif., nella L. 24 ottobre 1996, n. 556.*

44. Nomina nelle commissioni tributarie provinciali e regionali dei componenti della commissione tributaria centrale. – 1. Coloro che sono rimasti a comporre la commissione tributaria centrale fino alla cessazione dell'attività di tale organo, a partire da tale data entrano a far parte dell'ordinamento giudiziario tributario e ([1]) sono nominati nelle commissioni tributarie provinciali e regionali, su loro domanda, con precedenza sugli altri aspiranti con i criteri di valutazione ed i punteggi di cui alla tabella *F* ed, a parità di punteggio, secondo la maggiore anzianità di età.

(1) *Le parole: «fino alla cessazione della sua attività» sono state così sostituite dalle attuali da: «fino alla cessazione dell'attività ...» fino a: «... dell'ordinamento giudiziario tributario e» dall'art. 3* bis*, comma 4, del D.L. 30 settembre 2005, n. 203, convertito, con modificazioni, nella L. 2 dicembre 2005, n. 248.*

44 *bis*. (1) **Decisione di controversie pendenti al 1° aprile 1996. –** 1. In deroga all'articolo 2, comma 5, le controversie pendenti alla data del 1° aprile 1996 dinanzi alle commissioni tributarie di primo grado, di valore inferiore ad € 2.582,28, sono trattate e decise da un giudice singolo designato dal presidente della sezione fra i componenti della stessa.

2. Oltre ai compensi fisso e aggiuntivo spettanti ai sensi dell'articolo 13, al giudice unico è dovuto, per ogni ricorso definito nella qualità, un compenso uguale a quello globalmente stabilito per le sentenze collegiali.

(1) *Questo articolo è stato inserito dall'art. 32, comma 1, della L. 8 maggio 1998, n. 146.*

44 *ter*. (1) **Modifica delle tabelle. –** 1. I criteri di valutazione e i punteggi di cui alle tabelle *E* ed *F* allegate al presente decreto sono modificati, su conforme parere del consiglio di presidenza della giustizia tributaria, con decreto del Ministro dell'economia e delle finanze.

(1) *Questo articolo è stato inserito dall'art. 12, comma 1, lett.* b)*, della L. 28 dicembre 2001, n. 448.*

45. Prima costituzione del consiglio di presidenza della giustizia tributaria. – 1. Nella prima applicazione del presente decreto il consiglio di presidenza è eletto da tutti i componenti delle commissioni tributarie provinciali e regionali nominati a norma dell'art. 43.

2. Le elezioni hanno luogo entro il 31 dicembre 1996 (1).

(1) *Le originarie parole: «i due mesi successivi al completamento delle nomine» sono state così sostituite dall'art. 11, comma 1, del D.L. 8 agosto 1996, n. 437, conv., con modif., nella L. 24 ottobre 1996, n. 556.*

46. Personale addetto alla segreterie delle commissioni tributarie soppresse. – 1. Il personale in servizio alla data dell'1 ottobre 1993 presso le segreterie delle commissioni tributarie di primo e di secondo grado previste dal D.P.R. 26 ottobre 1972, n. 636, è assegnato dalla stessa data al contingente di cui all'art. 32 e destinato alle commissioni provinciali e regionali nella cui circoscrizione è la residenza di ognuno nei limiti dei posti disponibili.

2. Il personale in servizio alla data del 31 dicembre 1995 presso la segreteria della commissione tributaria centrale prevista dal D.P.R. 26 ottobre

1972, n. 636, è assegnato dall'1 gennaio 1996 al contingente di cui all'art. 32 e destinato alle commissioni provinciali o regionali aventi sede in Roma.

3. Al personale in servizio presso la segreteria della commissione tributaria centrale spetta, dalla data di entrata in funzione delle nuove commissioni tributarie e comunque nel limite del contingente di cui all'art. 32, fino alla cessazione dell'attività della stessa il trattamento economico previsto dall'art. 33.

47. Rinunzia all'assegnazione alle segreterie delle commissioni tributarie provinciali e regionali. – 1. I dirigenti, il personale delle qualifiche ad esaurimento di ispettore generale o equiparata e di direttore di divisione o equiparate e gli impiegati delle qualifiche funzionali, di ruolo e non di ruolo, compresi quelli provenienti dalle abolite imposte di consumo e quelli degli enti soppressi di cui al ruolo speciale istituito presso il Ministero delle finanze, comunque in servizio alla data di entrata in vigore del presente decreto presso le segreterie delle commissioni tributarie, hanno facoltà di rinunciare, entro e non oltre trenta giorni dalla stessa data, a prestare servizio presso le commissioni tributarie provinciali e regionali.

2. Il personale, che si è avvalso della facoltà di cui al comma 1, continua a prestare servizio presso gli uffici delle segreterie delle commissioni tributarie provinciali e regionali fino a quando i posti non saranno coperti con personale di corrispondente qualifica del contingente di cui all'art. 32.

48. Modalità particolari di inquadramento del personale delle segreterie. – 1. Alla copertura dei posti disponibili nelle qualifiche dirigenziali e di quelli rimasti nelle qualifiche funzionali dopo gli inquadramenti di cui all'art. 46, si procede nei modi previsti dalle disposizioni vigenti. È data tuttavia facoltà, in relazione alla necessità di urgente copertura dei posti delle qualifiche VI, IV e III, di procedere all'assunzione di idonei nei concorsi ordinari indetti dal Ministero delle finanze nei cinque anni antecedenti all'entrata in vigore del presente decreto, sulla base di graduatorie uniche nazionali approvate con decreto del Ministro delle finanze, e di indire concorsi speciali da espletarsi secondo le disposizioni degli artt. 9, 10 e 11 della L. 4 agosto 1975, n. 397.

2. Gli impiegati di VII qualifica funzionale, in possesso del diploma di laurea in giurisprudenza o scienze politiche o economia e commercio od equipollenti, che, per almeno cinque anni, abbiano svolto effettivamente e lodevolmente funzioni di cancelliere, coordinando due o più sezioni, purché risultanti da provvedimenti formali di udienza di data anteriore all'entrata in vigore del presente decreto, sono inquadrati nell'VIII qualifica funzionale.

49. Norme abrogate. – 1. A decorrere dalla data di insediamento delle commissioni tributarie provinciali e regionali (1) sono abrogati gli articoli da 2 a 14 (2) del D.P.R. 26 ottobre 1972, n. 636, salvo quanto disposto dal comma 2.

2. Gli articoli 4, 5, 6, 7, 8, 9, 10, 11, 12, quarto comma (2), 13, 13 *bis* e 14 del D.P.R. 26 ottobre 1972, n. 636, continuano ad applicarsi relativamente alla commissione tributaria centrale fino alla cessazione del suo funzionamento.

(1) *Per effetto dell'art. 1, comma 1, del D.L. 26 settembre 1995, n. 403, conv., senza modif., nella L. 20 novembre 1995, n. 495, la data unica di insediamento delle commissioni tributarie provinciali e regionali è stata fissata all'1 aprile 1996.*

(2) *Le originarie parole: «sono abrogati gli artt. da 2 a 15» e «12, quinto e sesto comma» sono state sostituite rispettivamente dalle parole «sono abrogati gli artt. da 2 a 14» e «12, quarto comma», per effetto dell'art. 69, comma 2, del D.L. 30 agosto 1993, n. 331, conv., con modif., nella L. 29 ottobre 1993, n. 427.*

50. Regolamenti. – 1. I regolamenti previsti dal presente decreto sono emanati entro il 28 febbraio 1994 (1).

(1) *Le originarie parole: «entro il 30 aprile 1993» sono state così sostituite dall'art. 69, comma 2, del D.L. 30 agosto 1993, n. 331, conv., con modif., nella L. 29 ottobre 1993, n. 427.*

51. Entrata in vigore. – 1. Il presente decreto entra in vigore il 15 gennaio 1993.

2. Le disposizioni contenute nel capo II si applicano ai componenti delle commissioni tributarie provinciali e regionali e quelle contenute nel capo IV hanno effetto dalla data di insediamento delle commissioni tributarie provinciali e regionali (1), salvo quelle di cui all'art. 35 che hanno effetto a decorrere dalla data di ultimazione delle procedure selettive previste dall'art. 3, comma 205, della L. 28 dicembre 1995, n. 549 (2).

(1) *A norma dell'art. 15, comma 1 bis, del D.L. 29 aprile 1994, n. 260, conv., con modif., nella L. 27 giugno 1994, n. 413, la data unica di insediamento delle commissioni tributarie provinciali e regionali è stata fissata al 1° ottobre 1995.*

(2) *Le parole da: «, salvo quelle ...» sino alla fine di questo periodo sono state aggiunte dall'art. 11, comma 1, del D.L. 8 agosto 1996, n. 437, conv., con modif., nella L. 24 ottobre 1996, n. 556.*

(*Si omettono le tabelle*)

5.

D.L.vo 31 dicembre 1992, n. 546. Disposizioni sul processo tributario in attuazione della delega al Governo contenuta nell'art. 30 della L. 30 dicembre 1991, n. 413 (Suppl. ord. alla *Gazzetta Ufficiale* Serie gen. - n. 9 del 13 gennaio 1993) ed *avviso di rettifica* ed *errata corrige* in Gazzetta Ufficiale Serie gen. - n. 72 del 27 marzo 1993.

Titolo I
Disposizioni generali

Capo I
Del giudice tributario
e suoi ausiliari

1. Gli organi della giurisdizione tributaria. – 1. La giurisdizione tributaria è esercitata dalle commissioni tributarie provinciali e dalle commissioni tributarie regionali di cui all'art. 1 del D.P.R. 31 dicembre 1992, n. 545.

2. I giudici tributari applicano le norme del presente decreto e, per quanto da esse non disposto e con esse compatibili, le norme del codice di procedura civile.

2. (1) **Oggetto della giurisdizione tributaria.** – 1. Appartengono alla giurisdizione tributaria tutte le controversie aventi ad oggetto i tributi di ogni genere e specie comunque denominati (2), compresi quelli regionali, provinciali e comunali e il contributo per il Servizio sanitario nazionale, le sovrimposte e le addizionali, le relative sanzioni nonché gli interessi e ogni altro accessorio (3). Restano escluse dalla giurisdizione tributaria soltanto le controversie riguardanti gli atti della esecuzione forzata tributaria successivi alla notifica della cartella di pagamento e, ove previsto, dell'avviso di cui all'articolo 50 del decreto del Presidente della Repubblica 29 settembre 1973, n. 602, per le quali continuano ad applicarsi le disposizioni del medesimo decreto del Presidente della Repubblica (4).

2. Appartengono altresì alla giurisdizione tributaria le controversie promosse dai singoli possessori concernenti l'intestazione, la delimitazione, la figura, l'estensione, il classamento dei terreni e la ripartizione dell'estimo fra i compossessori a titolo di promiscuità di una stessa particella, nonché le controversie concernenti la consistenza, il classamento delle singole unità immobiliari urbane e l'attribuzione della rendita catastale. Appartengono alla giurisdizione tributaria anche le controversie [relative alla debenza del canone per l'occupazione di spazi ed aree pubbliche previsto dall'articolo 63 del decreto legislativo 15 dicembre 1997, n. 446, e successive modificazioni, e

del canone per lo scarico e la depurazione delle acque reflue e per lo smaltimento dei rifiuti urbani, nonché le controversie] (5) attinenti l'imposta o il canone comunale sulla pubblicità e il diritto sulle pubbliche affissioni (6) (7) (8).

3. Il giudice tributario risolve in via incidentale ogni questione da cui dipende la decisione delle controversie rientranti nella propria giurisdizione, fatta eccezione per le questioni in materia di querela di falso e sullo stato o la capacità delle persone, diversa dalla capacità di stare in giudizio.

(1) *Questo articolo è stato così sostituito dall'art. 12, comma 2, della L. 28 dicembre 2001, n. 448 (legge finanziaria 2002).*

(2) *Le parole: «comunque denominati» sono state inserite dall'art. 3* bis*, comma 1, lett.* a)*, del D.L. 30 settembre 2005, n. 203, convertito, con modificazioni, nella L. 2 dicembre 2005, n. 248.*

(3) *Le parole: «nonché le sovrimposte e le addizionali, le sanzioni amministrative, comunque irrogate da uffici finanziari, gli interessi e ogni altro accessorio» sono state così sostituite dalle parole: «le sovrimposte e le addizionali, le relative sanzioni nonché gli interessi e ogni altro accessorio» dall'art. 9, comma 1, lett.* a)*, n. 1), del D.L.vo 24 settembre 2015, n. 156.*

A norma dell'art. 12, comma 1, le disposizioni del predetto decreto entrano in vigore a decorrere dal 1° gennaio 2016.

(4) *La Corte costituzionale, con sentenza n. 130 del 14 maggio 2008, ha dichiarato l'illegittimità costituzionale di questo comma, nella parte in cui attribuisce alla giurisdizione tributaria le controversie relative alle sanzioni comunque irrogate da uffici finanziari, anche laddove esse conseguano alla violazione di disposizioni non aventi natura tributaria.*

(5) *Le parole fra parentesi quadrate sono state soppresse dall'art. 9, comma 1, lett.* a)*, n. 2), del D.L.vo 24 settembre 2015, n. 156.*

A norma dell'art. 12, comma 1, le disposizioni del predetto decreto entrano in vigore a decorrere dal 1° gennaio 2016.

(6) *Questo periodo è stato aggiunto dall'art. 3* bis*, comma 1, lett.* b)*, del D.L. 30 settembre 2005, n. 203, convertito, con modificazioni, nella L. 2 dicembre 2005, n. 248.*

(7) *La Corte costituzionale, con sentenza n. 64 del 14 marzo 2008, ha dichiarato l'illegittimità costituzionale di questo periodo, nella parte in cui stabilisce che «Appartengono alla giurisdizione tributaria anche le controversie relative alla debenza del canone per l'occupazione di spazi ed aree pubbliche previsto dall'articolo 63 del decreto legislativo 15 dicembre 1997, n. 446, e successive modificazioni».*

(8) *La Corte costituzionale, con sentenza n. 39 dell'11 febbraio 2010, ha dichiarato l'illegittimità costituzionale di questo periodo nella parte in cui attribuisce alla giurisdizione del giudice tributario le controversie relative alla debenza, a partire dal 3 ottobre 2000, del canone per lo scarico e la depurazione delle acque reflue, quale disciplinato dagli artt. 13 e 14 della legge 5 gennaio 1994, n. 36 (Disposizioni in materia di risorse idriche).*

La stessa Corte con uguale sentenza ha altresì dichiarato l'illegittimità costituzionale dello stesso periodo nella parte in cui attribuisce alla giurisdizione del giudice tributario le controversie relative alla debenza, a partire dal 29 aprile 2006, del canone per lo scarico e la depurazione delle acque reflue, quale disciplinato dagli artt. 154 e 155 del decreto legislativo 3 aprile 2006, n. 152 (Norme in materia ambientale).

3. Difetto di giurisdizione. – 1. Il difetto di giurisdizione delle commissioni tributarie è rilevato, anche d'ufficio, in ogni stato e grado del processo.

2. È ammesso il regolamento preventivo di giurisdizione previsto dall'art. 41, primo comma, del codice di procedura civile.

4. Competenza per territorio. – 1. Le commissioni tributarie provinciali sono competenti per le controversie proposte nei confronti degli enti impositori, degli agenti della riscossione e dei soggetti iscritti all'albo di cui all'articolo 53 del decreto legislativo 15 dicembre 1997, n. 446, che hanno sede nella loro circoscrizione. Se la controversia è proposta nei confronti di articolazioni dell'Agenzia delle Entrate, con competenza su tutto o parte del territorio nazionale, individuate con il regolamento di amministrazione di cui all'articolo 71 del decreto legislativo 30 luglio 1999, n. 300, è competente la commissione tributaria provinciale nella cui circoscrizione ha sede l'ufficio al quale spettano le attribuzioni sul rapporto controverso (1) (2).

2. Le commissioni tributarie regionali sono competenti per le impugnazioni avverso le decisioni delle commissioni tributarie provinciali, che hanno sede nella loro circoscrizione.

(1) *Questo comma è stato così sostituito dall'art. 9, comma 1, lett.* b)*, del D.L.vo 24 settembre 2015, n. 156. A norma dell'art. 12, comma 1, le disposizioni del predetto decreto entrano in vigore a decorrere dal 1° gennaio 2016.*

(2) *La Corte costituzionale, con sentenza n. 43 del 3 marzo 2016, ha dichiarato l'illegittimità costituzionale di questo comma, nel testo vigente a seguito della sostituzione operata dall'art. 9, comma 1, lettera* b)*, del D.L.vo n. 156 del 2015, nella parte in cui prevede che per le controversie proposte nei confronti dei soggetti iscritti nell'albo di cui all'art. 53 del decreto legislativo 15 dicembre 1997, n. 446 è competente la commissione tributaria provinciale nella cui circoscrizione i medesimi soggetti hanno sede, anziché quella nella cui circoscrizione ha sede l'ente locale impositore.*

5. Incompetenza. – 1. La competenza delle commissioni tributarie è inderogabile.

2. L'incompetenza della commissione tributaria è rilevabile, anche d'ufficio, soltanto nel grado al quale il vizio si riferisce.

3. La sentenza della commissione tributaria che dichiara la propria incompetenza rende incontestabile l'incompetenza dichiarata e la competenza della commissione tributaria in essa indicata, se il processo viene riassunto a norma del comma 5.

4. Non si applicano le disposizioni del codice di procedura civile sui regolamenti di competenza.

5. La riassunzione del processo davanti alla commissione tributaria dichiarata competente deve essere effettuata a istanza di parte nel termine fissato nella sentenza o in mancanza nel termine di sei mesi dalla comunicazione della sentenza stessa. Se la riassunzione avviene nei termini suindicati il processo continua davanti alla nuova commissione, altrimenti si estingue.

6. Astensione e ricusazione dei componenti delle commissioni tributarie. – 1. L'astensione e la ricusazione dei componenti delle commissioni tributarie sono disciplinate dalle disposizioni del codice di procedura civile in quanto applicabili.

2. Il giudice tributario ha l'obbligo di astenersi e può essere ricusato anche nel caso di cui all'art. 13, comma 3, e in ogni caso in cui abbia o abbia avuto rapporti di lavoro autonomo ovvero di collaborazione con una delle parti.

3. Sulla ricusazione decide il collegio al quale appartiene il componente della commissione tributaria ricusato, senza la sua partecipazione e con l'integrazione di altro membro della stessa commissione designato dal suo presidente.

7. Poteri delle commissioni tributarie. – 1. Le commissioni tributarie, ai fini istruttori e nei limiti dei fatti dedotti dalle parti, esercitano tutte le facoltà di accesso, di richiesta di dati, di informazioni e chiarimenti conferite agli uffici tributari ed all'ente locale da ciascuna legge d'imposta.

2. Le commissioni tributarie, quando occorre acquisire elementi conoscitivi di particolare complessità, possono richiedere apposite relazioni ad organi tecnici dell'amministrazione dello Stato o di altri enti pubblici compreso il Corpo della Guardia di finanza, ovvero disporre consulenza tecnica. I compensi spettanti ai consulenti tecnici non possono eccedere quelli previsti dalla L. 8 luglio 1980, n. 319, e successive modificazioni e integrazioni.

[3. È sempre data alle commissioni tributarie facoltà di ordinare alle parti il deposito di documenti ritenuti necessari per la decisione della controversia] (1).

4. Non sono ammessi il giuramento e la prova testimoniale.

5. Le commissioni tributarie, se ritengono illegittimo un regolamento o un atto generale rilevante ai fini della decisione, non lo applicano, in relazione all'oggetto dedotto in giudizio, salva l'eventuale impugnazione nella diversa sede competente.

(1) *Questo comma è stato abrogato dall'art. 3 bis, comma 5, del D.L. 30 settembre 2005, n. 203, convertito, con modificazioni, nella L. 2 dicembre 2005, n. 248.*

8. Errore sulla norma tributaria. – 1. La commissione tributaria dichiara non applicabili le sanzioni non penali previste dalle leggi tributarie quando la violazione è giustificata da obiettive condizioni di incertezza sulla portata e sull'ambito di applicazione delle disposizioni alle quali si riferisce.

9. Organi di assistenza alle commissioni tributarie. – 1. Il personale dell'ufficio di segreteria assiste la commissione tributaria secondo le disposizioni del codice di procedura civile concernenti il cancelliere.

2. Le attività dell'ufficiale giudiziario in udienza sono disimpegnate dal personale ausiliario addetto alla segreteria.

Capo II
Delle parti
e della loro rappresentanza
e assistenza in giudizio

10. ([1]) **Le parti.** – 1. Sono parti nel processo dinanzi alle commissioni tributarie oltre al ricorrente, l'ufficio dell'Agenzia delle entrate e dell'Agenzia delle dogane e dei monopoli di cui al decreto legislativo 30 luglio 1999, n. 300, gli altri enti impositori, l'agente della riscossione ed i soggetti iscritti nell'albo di cui all'articolo 53 del decreto legislativo 15 dicembre 1997, n. 446, che hanno emesso l'atto impugnato o non hanno emesso l'atto richiesto. Se l'ufficio è un'articolazione dell'Agenzia delle entrate, con competenza su tutto o parte del territorio nazionale, individuata con il regolamento di amministrazione di cui all'articolo 71 del decreto legislativo 30 luglio 1999, n. 300, è parte l'ufficio al quale spettano le attribuzioni sul rapporto controverso.

([1]) *Questo articolo è stato così sostituito dall'art. 9, comma 1, lett.* c*), del D.L.vo 24 settembre 2015, n. 156. A norma dell'art. 12, comma 1, le disposizioni del predetto decreto entrano in vigore a decorrere dal 1° gennaio 2016.*

11. Capacità di stare in giudizio. – 1. Le parti diverse da quelle indicate nei commi 2 e 3 possono stare in giudizio anche mediante procuratore generale o speciale. La procura speciale, se conferita al coniuge e ai parenti o affini entro il quarto grado ai soli fini della partecipazione all'udienza pubblica, può risultare anche da scrittura privata non autenticata.

2. L'ufficio dell'Agenzia delle entrate e dell'Agenzia delle dogane e dei monopoli di cui al decreto legislativo 30 luglio 1999, n. 300 nonché dell'agente della riscossione, nei cui confronti è proposto il ricorso, sta in giudizio direttamente o mediante la struttura territoriale sovraordinata. Stanno altresì in giudizio direttamente le cancellerie o segreterie degli uffici giudiziari per il contenzioso in materia di contributo unificato ([1]).

3. L'ente locale nei cui confronti è proposto il ricorso può stare in giudizio anche mediante il dirigente dell'ufficio tributi, ovvero, per gli enti locali

privi di figura dirigenziale, mediante il titolare della posizione organizzativa in cui è collocato detto ufficio ([2]).

[3 *bis*. Le disposizioni di cui ai commi precedenti si applicano anche agli uffici giudiziari per il contenzioso in materia di contributo unificato davanti alle Commissioni tributarie provinciali] ([3]).

([1]) *Questo comma è stato così sostituito dall'art. 9, comma 1, lett.* d*), n.* 1*), del D.L.vo 24 settembre 2015, n. 156.*

A norma dell'art. 12, comma 1, le disposizioni del predetto decreto entrano in vigore a decorrere dal 1° gennaio 2016.

Si riporta il testo previgente:

«2. L'ufficio del Ministero delle finanze nei cui confronti è proposto il ricorso sta in giudizio direttamente o mediante l'ufficio del contenzioso della direzione regionale o compartimentale ad esso sovraordinata.».

([2]) *Questo comma è stato così sostituito dall'art.* 3 bis*, comma 1, del D.L. 31 marzo 2005, n. 44, convertito, con modificazioni, nella L. 31 maggio 2005, n. 88. A norma dell'art.* 3 bis*, comma 2, dello stesso provvedimento, questa disposizione si applica anche ai giudizi in corso alla data di entrata in vigore della legge di conversione del citato D.L. n. 44/2005.*

([3]) *Questo comma, aggiunto dall'art. 1, comma 30, della L. 24 dicembre 2012, n. 228 è stato, da ultimo, soppresso dall'art. 9, comma 1, lett.* d*), n.* 2*), del D.L.vo 24 settembre 2015, n. 156.*

A norma dell'art. 12, comma 1, le disposizioni del predetto decreto entrano in vigore a decorrere dal 1° gennaio 2016.

12. ([1]) **Assistenza tecnica.** – 1. Le parti, diverse dagli enti impositori, dagli agenti della riscossione e dai soggetti iscritti nell'albo di cui all'articolo 53 del decreto legislativo 15 dicembre 1997, n. 446, devono essere assistite in giudizio da un difensore abilitato.

2. Per le controversie di valore fino a tremila euro le parti possono stare in giudizio senza assistenza tecnica. Per valore della lite si intende l'importo del tributo al netto degli interessi e delle eventuali sanzioni irrogate con l'atto impugnato; in caso di controversie relative esclusivamente alle irrogazioni di sanzioni, il valore è costituito dalla somma di queste.

3. Sono abilitati all'assistenza tecnica, se iscritti nei relativi albi professionali o nell'elenco di cui al comma 4:

a) gli avvocati;

b) i soggetti iscritti nella Sezione A commercialisti dell'Albo dei dottori commercialisti e degli esperti contabili;

c) i consulenti del lavoro;

d) i soggetti di cui all'articolo 63, terzo comma, del decreto del Presidente della Repubblica 29 settembre 1973, n. 600;

e) i soggetti già iscritti alla data del 30 settembre 1993 nei ruoli di periti ed esperti tenuti dalle camere di commercio, industria, artigianato e agricoltura per la subcategoria tributi, in possesso di diploma di laurea in giurisprudenza o in economia e commercio o equipollenti o di diploma di ragioniere limitatamente alle materie concernenti le imposte di registro, di successione, i tributi locali, l'IVA, l'IRPEF, l'IRAP e l'IRES;

f) i funzionari delle associazioni di categoria che, alla data di entrata in vigore del decreto legislativo 31 dicembre 1992, n. 545, risultavano iscritti negli elenchi tenuti dalle Intendenze di finanza competenti per territorio, ai sensi dell'ultimo periodo dell'articolo 30, terzo comma, del decreto del Presidente della Repubblica 26 ottobre 1972, n. 636;

g) i dipendenti delle associazioni delle categorie rappresentate nel Consiglio nazionale dell'economia e del lavoro (C.N.E.L.) e i dipendenti delle imprese, o delle loro controllate ai sensi dell'articolo 2359 del codice civile, primo comma, numero 1), limitatamente alle controversie nelle quali sono parti, rispettivamente, gli associati e le imprese o loro controllate, in possesso del diploma di laurea magistrale in giurisprudenza o in economia ed equipollenti, o di diploma di ragioneria e della relativa abilitazione professionale;

h) i dipendenti dei centri di assistenza fiscale (CAF) di cui all'articolo 32 del decreto legislativo 9 luglio 1997, n. 241, e delle relative società di servizi, purché in possesso di diploma di laurea magistrale in giurisprudenza o in economia ed equipollenti, o di diploma di ragioneria e della relativa abilitazione professionale, limitatamente alle controversie dei propri assistiti originate da adempimenti per i quali il CAF ha prestato loro assistenza.

4. L'elenco dei soggetti di cui al comma 3, lettere *d*), *e*), *f*), *g*) ed *h*), è tenuto dal Dipartimento delle finanze del Ministero dell'economia e delle finanze che vi provvede con le risorse umane, strumentali e finanziarie disponibili a legislazione vigente senza nuovi o maggiori oneri a carico del bilancio dello Stato. Con decreto del Ministro dell'economia e delle finanze, sentito il Ministero della giustizia, emesso ai sensi dell'articolo 17, comma 3, della legge 23 agosto 1988, n. 400, sono disciplinate le modalità di tenuta dell'elenco, nonché i casi di incompatibilità, diniego, sospensione e revoca della iscrizione anche sulla base dei principi contenuti nel codice deontologico forense ([2]). L'elenco è pubblicato nel sito internet del Ministero dell'economia e delle finanze ([3]).

5. Per le controversie di cui all'articolo 2, comma 2, primo periodo, sono anche abilitati all'assistenza tecnica, se iscritti nei relativi albi professionali:

a) gli ingegneri;

b) gli architetti;

c) i geometri;

d) i periti industriali;
e) i dottori agronomi e forestali;
f) gli agrotecnici;
g) i periti agrari.

6. Per le controversie relative ai tributi doganali sono anche abilitati all'assistenza tecnica gli spedizionieri doganali iscritti nell'apposito albo.

7. Ai difensori di cui ai commi da 1 a 6 deve essere conferito l'incarico con atto pubblico o con scrittura privata autenticata od anche in calce o a margine di un atto del processo, nel qual caso la sottoscrizione autografa è certificata dallo stesso incaricato. All'udienza pubblica l'incarico può essere conferito oralmente e se ne dà atto a verbale.

8. Le Agenzie delle entrate, delle dogane e dei monopoli di cui al decreto legislativo 30 luglio 1999, n. 300, possono essere assistite dall'Avvocatura dello Stato.

9. I soggetti in possesso dei requisiti richiesti nei commi 3, 5 e 6 possono stare in giudizio personalmente, ferme restando le limitazioni all'oggetto della loro attività previste nei medesimi commi.

10. Si applica l'articolo 182 del codice di procedura civile ed i relativi provvedimenti sono emessi dal presidente della commissione o della sezione o dal collegio.

(1) *Questo articolo è stato così sostituito dall'art. 9, comma 1, lett.* e), *del D.L.vo 24 settembre 2015, n. 156. A norma dell'art. 12, comma 1, le disposizioni del predetto decreto entrano in vigore a decorrere dal 1° gennaio 2016.*

(2) *Si veda il D.M. 5 agosto 2019, n. 106, recante disposizioni in materia di abilitazione all'assistenza tecnica innanzi alle Commissioni tributarie.*

(3) *A norma dell'art. 12, comma 2, del D.L.vo 24 settembre 2015, n. 156, fino all'approvazione del decreto previsto da questo comma, come modificato dall'articolo 10 (N.d.R. 9) del presente decreto, restano applicabili le disposizioni previgenti di cui al presente articolo.*

13. (1) [**Assistenza tecnica gratuita.** – (*Omissis*)].

(1) *Questo articolo è stato abrogato dall'art. 299 del D.P.R. 30 maggio 2002, n. 115.*

14. Litisconsorzio ed intervento. – 1. Se l'oggetto del ricorso riguarda inscindibilmente più soggetti, questi devono essere tutti parte nello stesso processo e la controversia non può essere decisa limitatamente ad alcuni di essi.

2. Se il ricorso non è stato proposto da o nei confronti di tutti i soggetti indicati nel comma 1 è ordinata l'integrazione del contraddittorio mediante la loro chiamata in causa entro un termine stabilito a pena di decadenza.

3. Possono intervenire volontariamente o essere chiamati in giudizio i soggetti che, insieme al ricorrente, sono destinatari dell'atto impugnato o parti del rapporto tributario controverso.

4. Le parti chiamate si costituiscono in giudizio nelle forme prescritte per la parte resistente, in quanto applicabili.

5. I soggetti indicati nei commi 1 e 3 intervengono nel processo notificando apposito atto a tutte le parti e costituendosi nelle forme di cui al comma precedente.

6. Le parti chiamate in causa o intervenute volontariamente non possono impugnare autonomamente l'atto se per esse al momento della costituzione è già decorso il termine di decadenza.

15. Spese del giudizio. – 1. La parte soccombente è condannata a rimborsare le spese del giudizio che sono liquidate con la sentenza. [La commissione tributaria può dichiarare compensate in tutto o in parte le spese, a norma dell'art. 92, secondo comma, del codice di procedura civile] ([1]).

2. Le spese di giudizio possono essere compensate in tutto o in parte dalla commissione tributaria soltanto in caso di soccombenza reciproca o qualora sussistano gravi ed eccezionali ragioni che devono essere espressamente motivate ([2]).

2 *bis*. Si applicano le disposizioni di cui all'articolo 96, commi primo e terzo, del codice di procedura civile ([2]).

2 *ter*. Le spese di giudizio comprendono, oltre al contributo unificato, gli onorari e i diritti del difensore, le spese generali e gli esborsi sostenuti, oltre il contributo previdenziale e l'imposta sul valore aggiunto, se dovuti ([2]).

2 *quater*. Con l'ordinanza che decide sulle istanze cautelari la commissione provvede sulle spese della relativa fase. La pronuncia sulle spese conserva efficacia anche dopo il provvedimento che definisce il giudizio, salvo diversa statuizione espressa nella sentenza di merito ([2]).

2 *quinquies*. I compensi agli incaricati dell'assistenza tecnica sono liquidati sulla base dei parametri previsti per le singole categorie professionali. Agli iscritti negli elenchi di cui all'articolo 12, comma 4, si applicano i parametri previsti per i dottori commercialisti e gli esperti contabili ([2]).

2 *sexies*. Nella liquidazione delle spese a favore dell'ente impositore, dell'agente della riscossione e dei soggetti iscritti nell'albo di cui all'articolo 53 del decreto legislativo 15 dicembre 1997, n. 446, se assistiti da propri funzionari, si applicano le disposizioni per la liquidazione del compenso spettante agli avvocati, con la riduzione del venti per cento dell'importo complessivo ivi previsto. La riscossione avviene mediante iscrizione a ruolo a titolo definitivo dopo il passaggio in giudicato della sentenza ([2]).

2 *septies*. Nelle controversie di cui all'articolo 17 *bis* le spese di giudizio di cui al comma 1 sono maggiorate del 50 per cento a titolo di rimborso delle maggiori spese del procedimento ([2]).

2 *octies*. Qualora una delle parti abbia formulato una proposta conciliativa, non accettata dall'altra parte senza giustificato motivo, restano a carico di quest'ultima le spese del processo ove il riconoscimento delle sue pretese risulti inferiore al contenuto della proposta ad essa effettuata. Se è intervenuta conciliazione le spese si intendono compensate, salvo che le parti stesse abbiano diversamente convenuto nel processo verbale di conciliazione ([2]).

([1]) *Le parole fra parentesi quadrate sono state soppresse dall'art. 9, comma 1, lett.* f), *n.* 1), *del D.L.vo 24 settembre 2015, n. 156.*

A norma dell'art. 12, comma 1, le disposizioni del predetto decreto entrano in vigore a decorrere dal 1° gennaio 2016.

([2]) *Gli originari commi 2 e 2* bis *sono stati così sostituiti dagli attuali commi da 2 a 2* octies*, dall'art. 9, comma 1, lett.* f), *n.* 2), *del D.L.vo 24 settembre 2015, n. 156. A norma dell'art. 12, comma 1, le disposizioni del predetto decreto entrano in vigore a decorrere dal 1° gennaio 2016.*

16. Comunicazioni e notificazioni. – 1. Le comunicazioni sono fatte mediante avviso della segreteria della commissione tributaria consegnato alle parti, che ne rilasciano immediatamente ricevuta, o spedito a mezzo del servizio postale in plico senza busta raccomandata con avviso di ricevimento, sul quale non sono apposti segni o indicazioni dai quali possa desumersi il contenuto dell'avviso ([1]). Le comunicazioni agli enti impositori, agli agenti della riscossione ed ai soggetti iscritti nell'albo di cui all'articolo 53 del decreto legislativo 15 dicembre 1997, n. 446, ([2]) possono essere fatte mediante trasmissione di elenco in duplice esemplare, uno dei quali, immediatamente datato e sottoscritto per ricevuta, è restituito alla segreteria della commissione tributaria. La segreteria può anche richiedere la notificazione dell'avviso da parte dell'ufficio giudiziario o del messo comunale nelle forme di cui al comma 2 ([3]).

[1 *bis*. Le comunicazioni sono effettuate anche mediante l'utilizzo della posta elettronica certificata, ai sensi del decreto legislativo 7 marzo 2005, n. 82, e successive modificazioni. Tra le pubbliche amministrazioni di cui all'articolo 2, comma 2, del decreto legislativo 7 marzo 2005, n. 82, le comunicazioni possono essere effettuate ai sensi dell'articolo 76 del medesimo decreto legislativo. L'indirizzo di posta elettronica certificata del difensore o delle parti è indicato nel ricorso o nel primo atto difensivo; nei procedimenti nei quali la parte sta in giudizio personalmente e il relativo indirizzo di posta di posta elettronica certificata non risulta dai pubblici elenchi la stessa può indicare l'indirizzo di posta al quale vuol ricevere le comunicazioni] ([4]) ([5]) ([6]) ([7]).

2. Le notificazioni sono fatte secondo le norme degli artt. 137 e seguenti del codice di procedura civile, salvo quanto disposto dall'art. 17.

3. Le notificazioni possono essere fatte anche direttamente a mezzo del servizio postale mediante spedizione dell'atto in plico senza busta raccomandata con avviso di ricevimento, sul quale non sono apposti segni o indicazioni dai quali possa desumersi il contenuto dell'atto, (8) ovvero all'ufficio del Ministero delle finanze ed all'ente locale mediante consegna dell'atto all'impiegato addetto che ne rilascia ricevuta sulla copia.

4. Gli enti impositori, gli agenti della riscossione e i soggetti iscritti nell'albo di cui all'articolo 53 del decreto legislativo 15 dicembre 1997, n. 446, (9) provvedono alle notificazioni anche a mezzo del messo comunale o di messo autorizzato dall'amministrazione finanziaria, con l'osservanza delle disposizioni di cui al comma 2.

5. Qualunque comunicazione o notificazione a mezzo del servizio postale si considera fatta nella data della spedizione; i termini che hanno inizio dalla notificazione o dalla comunicazione decorrono dalla data in cui l'atto è ricevuto.

(1) *Le parole: «, sul quale non sono apposti segni o indicazioni dai quali possa desumersi il contenuto dell'avviso» sono state inserite dall'art. 37, comma 28, lett.* a), *del D.L. 4 luglio 2006, n. 223, convertito, con modificazioni, nella L. 4 agosto 2006, n. 248.*

(2) *Le parole: «all'ufficio del Ministero delle finanze ed all'ente locale» sono state così sostituite dalle parole: «agli enti impositori, agli agenti della riscossione ed ai soggetti iscritti nell'albo di cui all'articolo 53 del decreto legislativo 15 dicembre 1997, n. 446,» dall'art. 9, comma 1, lett.* g), *n. 1), del D.L.vo 24 settembre 2015, n. 156.*

A norma dell'art. 12, comma 1, le disposizioni del predetto decreto entrano in vigore a decorrere dal 1° gennaio 2016.

(3) *Le parole: «comma seguente» sono state così sostituite dalle parole: «comma 2» dall'art. 39, comma 8, lett.* a), *n. 1), del D.L. 6 luglio 2011, n. 98, convertito, con modificazioni, nella L. 15 luglio 2011, n. 111.*

(4) *Questo comma è stato abrogato dall'art. 9, comma 1, lett.* g), *n. 2), del D.L.vo 24 settembre 2015, n. 156.*

A norma dell'art. 12, comma 1, le disposizioni del predetto decreto entrano in vigore a decorrere dal 1° gennaio 2016.

(5) *Questo comma è stato inserito dall'art. 39, comma 8, lett.* a), *n. 2), del D.L. 6 luglio 2011, n. 98, convertito, con modificazioni, nella L. 15 luglio 2011, n. 111.*

(6) *Si veda il D.P.C.M. 26 aprile 2012* (G.U. *Serie gen. - 102 del 3 maggio 2012), recante regole tecniche per l'utilizzo, nell'ambito del processo tributario, della Posta Elettronica Certificata (PEC).*

(7) *Le parole: «; nei procedimenti nei quali la parte sta in giudizio personalmente e il relativo indirizzo di posta di posta elettronica certificata non risulta dai pubblici elenchi la stessa può indicare l'indirizzo di posta al quale vuol ricevere le comunicazioni.» sono state aggiunte dall'art. 49, comma 1, lett.* a), *del D.L. 24 giugno 2014, n. 90, convertito, con modificazioni, nella L. 11 agosto 2014, n. 114.*

([8]) *Le parole: «, sul quale non sono apposti segni o indicazioni dai quali possa desumersi il contenuto dell'atto,» sono state inserite dall'art. 37, comma 28, lett.* b), *del D.L. 4 luglio 2006, n. 223, convertito, con modificazioni, nella L. 4 agosto 2006, n. 248.*

([9]) *Le parole: «L'Ufficio del Ministero delle finanze e l'ente locale» sono state così sostituite dalle parole: «Gli enti impositori, gli agenti della riscossione e i soggetti iscritti nell'albo di cui all'articolo 53 del decreto legislativo 15 dicembre 1997, n. 446,» dall'art. 9, comma 1, lett.* g), *n.* 3), *del D.L.vo 24 settembre 2015, n. 156.*

A norma dell'art. 12, comma 1, le disposizioni del predetto decreto entrano in vigore a decorrere dal 1° gennaio 2016.

16 *bis*. ([1]) **Comunicazioni, notificazioni e depositi telematici** ([2]). – 1. Le comunicazioni sono effettuate anche mediante l'utilizzo della posta elettronica certificata, ai sensi del decreto legislativo 7 marzo 2005, n. 82, e successive modificazioni. Tra le pubbliche amministrazioni di cui all'articolo 2, comma 2, del decreto legislativo 7 marzo 2005, n. 82, le comunicazioni possono essere effettuate ai sensi dell'articolo 76 del decreto legislativo n. 82 del 2005. L'indirizzo di posta elettronica certificata del difensore o delle parti è indicato nel ricorso o nel primo atto difensivo. La comunicazione si intende perfezionata con la ricezione avvenuta nei confronti di almeno uno dei difensori della parte ([3]).

2. Nelle ipotesi di mancata indicazione dell'indirizzo di posta elettronica certificata del difensore o della parte ed ove lo stesso non sia reperibile da pubblici elenchi, ovvero nelle ipotesi di mancata consegna del messaggio di posta elettronica certificata per cause imputabili al destinatario, le comunicazioni sono eseguite esclusivamente mediante deposito in segreteria della Commissione tributaria. Nei casi di cui al periodo precedente le notificazioni sono eseguite ai sensi dell'articolo 16 ([4]).

3. Le parti, i consulenti e gli organi tecnici indicati nell'articolo 7, comma 2, notificano e depositano gli atti processuali i documenti e i provvedimenti giurisdizionali esclusivamente con modalità telematiche, secondo le disposizioni contenute nel decreto del Ministro dell'economia e delle finanze 23 dicembre 2013, n. 163, e nei successivi decreti di attuazione. In casi eccezionali, il Presidente della Commissione tributaria o il Presidente di sezione, se il ricorso è già iscritto a ruolo, ovvero il collegio se la questione sorge in udienza, con provvedimento motivato possono autorizzare il deposito con modalità diverse da quelle telematiche ([5]).

3 *bis*. I soggetti che stanno in giudizio senza assistenza tecnica ai sensi dell'articolo 12, comma 2, hanno facoltà di utilizzare, per le notifiche e i depositi, le modalità telematiche indicate nel comma 3, previa indicazione nel ricorso o nel primo atto difensivo dell'indirizzo di posta elettronica certificata al quale ricevere le comunicazioni e le notificazioni ([6]).

4. L'indicazione dell'indirizzo di posta elettronica certificata valevole per le comunicazioni e le notificazioni equivale alla comunicazione del domicilio eletto.

(¹) *Questo articolo è stato inserito dall'art. 9, comma 1, lett.* h), *del D.L.vo 24 settembre 2015, n. 156.*

A norma dell'art. 12, comma 1, le disposizioni del predetto decreto entrano in vigore a decorrere dal 1° gennaio 2016.

(²) *La precedente rubrica è stata così sostituita dalla attuale dall'art. 16, comma 1, lett.* a), *n. 1, del D.L. 23 ottobre 2018, n. 119, convertito, con modificazioni, nella L. 17 dicembre 2018, n. 136.*

(³) *Questo periodo è stato così sostituito dall'art. 16, comma 1, lett.* a), *n. 2, del D.L. 23 ottobre 2018, n. 119, convertito, con modificazioni, nella L. 17 dicembre 2018, n. 136.*

(⁴) *Questo comma è stato così sostituito dall'art. 16, comma 1, lett.* a), *n. 3, del D.L. 23 ottobre 2018, n. 119, convertito, con modificazioni, nella L. 17 dicembre 2018, n. 136.*

(⁵) *Questo comma è stato così sostituito dall'art. 16, comma 1, lett.* a), *n. 4, del D.L. 23 ottobre 2018, n. 119, convertito, con modificazioni, nella L. 17 dicembre 2018, n. 136.*

(⁶) *Questo comma è stato inserito dall'art. 16, comma 1, lett.* a), *n. 5, del D.L. 23 ottobre 2018, n. 119, convertito, con modificazioni, nella L. 17 dicembre 2018, n. 136.*

17. Luogo delle comunicazioni e notificazioni. – 1. Le comunicazioni e le notificazioni sono fatte, salva la consegna in mani proprie, nel domicilio eletto o, in mancanza, nella residenza o nella sede dichiarata dalla parte all'atto della sua costituzione in giudizio. Le variazioni del domicilio o della residenza o della sede hanno effetto dal decimo giorno successivo a quello in cui sia stata notificata alla segreteria della commissione e alle parti costituite la denuncia di variazione.

2. L'indicazione della residenza o della sede e l'elezione del domicilio hanno effetto anche per i successivi gradi del processo.

3. Se mancano l'elezione di domicilio o la dichiarazione della residenza o della sede nel territorio dello Stato o se per la loro assoluta incertezza la notificazione o la comunicazione degli atti non è possibile, questi sono comunicati o notificati presso la segreteria della commissione.

[3 *bis*. In caso di mancata indicazione dell'indirizzo di posta elettronica certificata ovvero di mancata consegna del messaggio di posta elettronica certificata per cause imputabili al destinatario, le comunicazioni sono eseguite esclusivamente mediante deposito in segreteria della Commissione tributaria] (¹).

(¹) *Questo comma, inserito dall'art. 49, comma 1, lett.* b), *del D.L. 24 giugno 2014, n. 90, convertito, con modificazioni, nella L. 11 agosto 2014, n. 114 è stato, da ultimo, abrogato dall'art. 9, comma 1, lett.* i), *del D.L.vo 24 settembre 2015, n. 156.*

A norma dell'art. 12, comma 1, le disposizioni del predetto decreto entrano in vigore a decorrere dal 1° gennaio 2016.

17 *bis*. ([1]) ([2]) **Il reclamo e la mediazione.** – 1. Per le controversie di valore non superiore a cinquantamila euro ([3]), il ricorso produce anche gli effetti di un reclamo e può contenere una proposta di mediazione con rideterminazione dell'ammontare della pretesa. Il valore di cui al periodo precedente è determinato secondo le disposizioni di cui all'articolo 12, comma 2. Le controversie di valore indeterminabile non sono reclamabili, ad eccezione di quelle di cui all'articolo 2, comma 2, primo periodo.

1 *bis*. Sono esclusi dalla mediazione i tributi costituenti risorse proprie tradizionali di cui all'articolo 2, paragrafo 1, lettera *a*), della decisione 2014/335/UE, Euratom del Consiglio, del 26 maggio 2014 ([4]).

2. Il ricorso non è procedibile fino alla scadenza del termine di novanta giorni dalla data di notifica, entro il quale deve essere conclusa la procedura di cui al presente articolo. Si applica la sospensione dei termini processuali nel periodo feriale.

3. Il termine per la costituzione in giudizio del ricorrente decorre dalla scadenza del termine di cui al comma 2. Se la Commissione rileva che la costituzione è avvenuta in data anteriore rinvia la trattazione della causa per consentire l'esame del reclamo.

4. Le Agenzie delle entrate, delle dogane e dei monopoli di cui al decreto legislativo 30 luglio 1999, n. 300, provvedono all'esame del reclamo e della proposta di mediazione mediante apposite strutture diverse ed autonome da quelle che curano l'istruttoria degli atti reclamabili. Per gli altri enti impositori la disposizione di cui al periodo precedente si applica compatibilmente con la propria struttura organizzativa.

5. L'organo destinatario, se non intende accogliere il reclamo o l'eventuale proposta di mediazione, formula d'ufficio una propria proposta avuto riguardo all'eventuale incertezza delle questioni controverse, al grado di sostenibilità della pretesa e al principio di economicità dell'azione amministrativa. L'esito del procedimento rileva anche per i contributi previdenziali e assistenziali la cui base imponibile è riconducibile a quella delle imposte sui redditi.

6. Nelle controversie aventi ad oggetto un atto impositivo o di riscossione, la mediazione si perfeziona con il versamento, entro il termine di venti giorni dalla data di sottoscrizione dell'accordo tra le parti, delle somme dovute ovvero della prima rata. Per il versamento delle somme dovute si applicano le disposizioni, anche sanzionatorie, previste per l'accertamento con adesione dall'articolo 8 del decreto legislativo 19 giugno 1997, n. 218. Nelle controversie aventi per oggetto la restituzione di somme la mediazione si perfeziona con la sottoscrizione di un accordo nel quale sono indicate le

somme dovute con i termini e le modalità di pagamento. L'accordo costituisce titolo per il pagamento delle somme dovute al contribuente.

7. Le sanzioni amministrative si applicano nella misura del trentacinque per cento del minimo previsto dalla legge. Sulle somme dovute a titolo di contributi previdenziali e assistenziali non si applicano sanzioni e interessi.

8. La riscossione e il pagamento delle somme dovute in base all'atto oggetto di reclamo sono sospesi fino alla scadenza del termine di cui al comma 2, fermo restando che in caso di mancato perfezionamento della mediazione sono dovuti gli interessi previsti dalle singole leggi d'imposta.

9. Le disposizioni di cui al presente articolo si applicano, in quanto compatibili, anche agli agenti della riscossione ed ai soggetti iscritti nell'albo di cui all'articolo 53 del decreto legislativo 15 dicembre 1997, n. 446.

10. Il presente articolo non si applica alle controversie di cui all'articolo 47 *bis*.

(1) *Questo articolo, originariamente inserito dall'art. 39, comma 9, del D.L. 6 luglio 2011, n. 98, convertito, con modificazioni, nella L. 15 luglio 2011, n. 111 è stato, da ultimo, così sostituito dall'art. 9, comma 1, lett.* l), *del D.L.vo 24 settembre 2015, n. 156. A norma dell'art. 12, comma 1, le disposizioni del predetto decreto entrano in vigore a decorrere dal 1° gennaio 2016.*

(2) *A norma dell'art. 149, comma 1, lett.* c), *del D.L. 19 maggio 2020, n. 34, convertito, con modificazioni, nella L. 17 luglio 2020, n. 77, sono prorogati al 16 settembre 2020 i termini di versamento delle somme dovute a seguito di accordo di mediazione ai sensi del presente articolo.*

A norma dell'art. 2 del medesimo decreto, la proroga si applica con riferimento agli atti ivi indicati, i cui termini di versamento scadono nel periodo compreso tra il 9 marzo 2020 e il 31 maggio 2020.

(3) *Le parole: "ventimila euro" sono state così sostituite dalle seguenti: "cinquantamila euro" dall'art. 10, comma 1, del D.L. 24 aprile 2017, n. 50, convertito, con modificazioni, nella L. 21 giugno 2017, n. 96.*

A norma dell'art. 10, comma 2, del D.L. 24 aprile 2017, n. 50, convertito, con modificazioni, nella L. 21 giugno 2017, n. 96, tali modifiche si applicano agli atti impugnabili notificati a decorrere dal 1° gennaio 2018.

(4) *Questo comma è stato aggiunto dall'art. 10, comma 3* bis, *del D.L. 24 aprile 2017, n. 50, convertito, con modificazioni, nella L. 21 giugno 2017, n. 96.*

Titolo II
Il processo

Capo I
Il procedimento dinanzi alla commissione tributaria provinciale

Sezione I
Introduzione del giudizio

18. Il ricorso. – 1. Il processo è introdotto con ricorso alla commissione tributaria provinciale.

2. Il ricorso deve contenere l'indicazione:

a) della commissione tributaria cui è diretto;

b) del ricorrente e del suo legale rappresentante, della relativa residenza o sede legale o del domicilio eventualmente eletto nel territorio dello Stato, nonché del codice fiscale e dell'indirizzo di posta elettronica certificata (1);

c) dell'ufficio [del Ministero delle finanze o dell'ente locale o del concessionario del servizio di riscossione] (2) nei cui confronti il ricorso è proposto;

d) dell'atto impugnato e dell'oggetto della domanda;

e) dei motivi.

3. Il ricorso deve essere sottoscritto dal difensore e contenere l'indicazione:

a) della categoria di cui all'articolo 12 alla quale appartiene il difensore;

b) dell'incarico a norma dell'articolo 12, comma 7, salvo che il ricorso non sia sottoscritto personalmente;

c) dell'indirizzo di posta elettronica certificata del difensore (3).

4. Il ricorso è inammissibile se manca o è assolutamente incerta una delle indicazioni di cui al comma 2, ad eccezione di quella relativa al codice fiscale e all'indirizzo di posta elettronica certificata (4), o non è sottoscritto a norma del comma precedente.

(1) *Le parole: «e dell'indirizzo di posta elettronica certificata» sono state aggiunte dall'art. 2, comma 35* quater, *lett. a), del D.L. 13 agosto 2011, n. 138, convertito, con modificazioni, nella L. 14 settembre 2011, n. 148.*

(2) *Le parole fra parentesi quadrate sono state soppresse dall'art. 9, comma 1, lett.* m*), n. 1), del D.L.vo 24 settembre 2015, n. 156.*

A norma dell'art. 12, comma 1, le disposizioni del predetto decreto entrano in vigore a decorrere dal 1° gennaio 2016.

(3) *Questo comma è stato così sostituito dall'attuale dall'art. 9, comma 1, lett.* m*), n. 2), del D.L.vo 24 settembre 2015, n. 156. A norma dell'art. 12, comma 1, le disposizioni del predetto decreto entrano in vigore a decorrere dal 1° gennaio 2016.*

(4) *Le parole: «e all'indirizzo di posta elettronica certificata» sono state inserite dall'art. 2, comma 35* quater, *lett.* b)*, del D.L. 13 agosto 2011, n. 138, convertito, con modificazioni, nella L. 14 settembre 2011, n. 148.*

19. Atti impugnabili e oggetto del ricorso. – 1. Il ricorso può essere proposto avverso:

a) l'avviso di accertamento del tributo;

b) l'avviso di liquidazione del tributo;

c) il provvedimento che irroga le sanzioni;

d) il ruolo e la cartella di pagamento;

e) l'avviso di mora;

e bis) l'iscrizione di ipoteca sugli immobili di cui all'articolo 77 del decreto del Presidente della Repubblica 29 settembre 1973, n. 602, e successive modificazioni ([1]);

e ter) il fermo di beni mobili registrati di cui all'articolo 86 del decreto del Presidente della Repubblica 29 settembre 1973, n. 602, e successive modificazioni ([1]);

f) gli atti relativi alle operazioni catastali indicate nell'art. 2, comma 2 ([2]);

g) il rifiuto espresso o tacito della restituzione di tributi, sanzioni pecuniarie ed interessi o altri accessori non dovuti;

h) il diniego o la revoca di agevolazioni o il rigetto di domande di definizione agevolata di rapporti tributari;

h bis) la decisione di rigetto dell'istanza di apertura di procedura amichevole presentata ai sensi della direttiva (UE) 2017/1852 del Consiglio del 10 ottobre 2017 o ai sensi degli Accordi e delle Convenzioni internazionali per evitare le doppie imposizioni di cui l'Italia è parte ovvero ai sensi della Convenzione relativa all'eliminazione delle doppie imposizioni in caso di rettifica degli utili di imprese associate n. 90/436/CEE ([3]);

i) ogni altro atto per il quale la legge ne preveda l'autonoma impugnabilità davanti alle commissioni tributarie.

2. Gli atti espressi di cui al comma 1 devono contenere l'indicazione del termine entro il quale il ricorso deve essere proposto e della commissione tributaria competente, nonché delle relative forme da osservare ai sensi dell'art. 20.

3. Gli atti diversi da quelli indicati non sono impugnabili autonomamente. Ognuno degli atti autonomamente impugnabili può essere impugnato solo per vizi propri. La mancata notificazione di atti autonomamente impugnabili, adottati precedentemente all'atto notificato, ne consente l'impugnazione unitamente a quest'ultimo.

([1]) *Questa lettera è stata inserita dall'art. 35, comma 26* quinquies, *del D.L. 4 luglio 2006, n. 223, convertito, con modificazioni, nella L. 4 agosto 2006, n. 248.*

([2]) *Le parole*: «*comma 3*» *sono state così sostituite dalle parole*: «*comma 2*» *dall'art. 12, comma 3, lett.* a), *del D.L. 2 marzo 2012, n. 16, convertito, con modificazioni, nella L. 26 aprile 2012, n. 44.*

([3]) *Questa lettera è stata aggiunta dall'art. 22, comma 1, del D.L.vo 10 giugno 2020, n. 49. A norma dell'art. 25, comma 1, del medesimo provvedimento, tali disposizioni si applicano alle istanze di apertura di procedura amichevole presentate a decorrere dal 1° luglio 2019 sulle questioni controverse riguardanti il reddito o il patrimonio, relativi al periodo d'imposta che inizia il 1° gennaio 2018 e ai successivi periodi d'imposta.*

20. Proposizione del ricorso. – 1. Il ricorso è proposto mediante notifica a norma dei commi 2 e 3 del precedente art. 16.

2. La spedizione del ricorso a mezzo posta dev'essere fatta in plico raccomandato senza busta con avviso di ricevimento. In tal caso il ricorso s'intende proposto al momento della spedizione nelle forme sopra indicate.

3. Resta fermo quanto disposto dall'art. 10 del D.P.R. 28 novembre 1980, n. 787, sui centri di servizio ([1]).

([1]) *I centri di servizio sono stati soppressi con provvedimento del direttore dell'agenzia delle entrate del 7 dicembre 2001, con decorrenze di effetti diverse: per Milano, Palermo, Pescara, Roma e Venezia a decorrere dal 1° gennaio 2002; per Bologna e Salerno dal 30 aprile 2002; per Cagliari, Genova, Torino e Trento dal 30 giugno 2002; e per Bari dal 31 dicembre 2002.*

21. Termine per la proposizione del ricorso. – 1. Il ricorso deve essere proposto a pena di inammissibilità entro sessanta giorni dalla data di notificazione dell'atto impugnato. La notificazione della cartella di pagamento vale anche come notificazione del ruolo.

2. Il ricorso avverso il rifiuto tacito della restituzione di cui all'art. 19, comma 1, lett. *g*), può essere proposto dopo il novantesimo giorno dalla domanda di restituzione presentata entro i termini previsti da ciascuna legge d'imposta e fino a quando il diritto alla restituzione non è prescritto ([1]). La domanda di restituzione, in mancanza di disposizioni specifiche, non può essere presentata dopo due anni dal pagamento ovvero, se posteriore, dal giorno in cui si è verificato il presupposto per la restituzione.

([1]) *Il primo periodo di questo comma è stato così sostituito dall'art. 69, comma 3, del D.L. 30 agosto 1993, n. 331, conv., con modif., nella L. 29 ottobre 1993, n. 427.*

22. Costituzione in giudizio del ricorrente. – 1. Il ricorrente, entro trenta giorni dalla proposizione del ricorso, a pena d'inammissibilità deposita, nella segreteria della commissione tributaria adita, o trasmette a mezzo posta, in plico raccomandato senza busta con avviso di ricevimento, ([1]) l'originale del ricorso notificato a norma degli artt. 137 e seguenti del codice di procedura civile ovvero copia del ricorso consegnato o spedito per posta, con fotocopia della ricevuta di deposito o della spedizione per raccomandata a mezzo del servizio postale ([2]). All'atto della costituzione in giudizio, il ricorrente deve depositare la nota di iscrizione al ruolo, contenente l'indicazione delle parti, del difensore che si costituisce, dell'atto impugnato, della materia del contendere, del valore della controversia e della data di notificazione del ricorso (3).

2. L'inammissibilità del ricorso è rilevabile d'ufficio in ogni stato e grado del giudizio, anche se la parte resistente si costituisce a norma dell'articolo seguente (2).

3. In caso di consegna o spedizione a mezzo di servizio postale la conformità dell'atto depositato a quello consegnato o spedito è attestata conforme dallo stesso ricorrente. Se l'atto depositato nella segreteria della commissione non è conforme a quello consegnato o spedito alla parte nei cui confronti il ricorso è proposto, il ricorso è inammissibile e si applica il comma precedente.

4. Unitamente al ricorso ed ai documenti previsti al comma 1, il ricorrente deposita il proprio fascicolo, con l'originale o la fotocopia dell'atto impugnato, se notificato, ed i documenti che produce, in originale o fotocopia.

5. Ove sorgano contestazioni il giudice tributario ordina l'esibizione degli originali degli atti e documenti di cui ai precedenti commi.

(1) *Le parole: «o trasmette a mezzo posta, in plico raccomandato senza busta con avviso di ricevimento,» sono state inserite dall'art. 3* bis, *comma 6, del D.L. 30 settembre 2005, n. 203, convertito, con modificazioni, nella L. 2 dicembre 2005, n. 248.*

(2) *La Corte costituzionale, con sentenza n. 520 del 6 dicembre 2002, ha dichiarato l'illegittimità costituzionale di questo comma, nella parte in cui non consente, per il deposito degli atti ai fini della costituzione in giudizio, l'utilizzo del servizio postale.*

(3) *Questo periodo è stato aggiunto dall'art. 2, comma 35* quater, *lett. c), del D.L. 13 agosto 2011, n. 138, convertito, con modificazioni, nella L. 14 settembre 2011, n. 148.*

23. Costituzione in giudizio della parte resistente. – 1. L'ente impositore, l'agente della riscossione ed i soggetti iscritti all'albo di cui all'articolo 53 del decreto legislativo 15 dicembre 1997, n. 446 (1) nei cui confronti è stato proposto il ricorso si costituiscono in giudizio entro sessanta giorni dal giorno in cui il ricorso è stato notificato, consegnato o ricevuto a mezzo del servizio postale.

2. La costituzione della parte resistente è fatta mediante deposito presso la segreteria della commissione adita del proprio fascicolo contenente le controdeduzioni in tante copie quante sono le parti in giudizio e i documenti offerti in comunicazione.

3. Nelle controdeduzioni la parte resistente espone le sue difese prendendo posizione sui motivi dedotti dal ricorrente e indica le prove di cui intende valersi, proponendo altresì le eccezioni processuali e di merito che

non siano rilevabili d'ufficio e instando, se del caso, per la chiamata di terzi in causa.

([1]) *Le parole: «L'ufficio del Ministero delle finanze, l'ente locale o il concessionario del servizio di riscossione» sono state così sostituite dalle parole: «L'ente impositore, l'agente della riscossione ed i soggetti iscritti all'albo di cui all'articolo 53 del decreto legislativo 15 dicembre 1997, n. 446», dall'art. 9, comma 1, lett.* n)*, del D.L.vo 24 settembre 2015, n. 156.*

A norma dell'art. 12, comma 1, le disposizioni del predetto decreto entrano in vigore a decorrere dal 1° gennaio 2016.

24. Produzione di documenti e motivi aggiunti. – 1. I documenti devono essere elencati negli atti di parte cui sono allegati ovvero, se prodotti separatamente, in apposita nota sottoscritta da depositare in originale ed in numero di copie in carta semplice pari a quello delle altre parti.

2. L'integrazione dei motivi di ricorso, resa necessaria dal deposito di documenti non conosciuti ad opera delle altre parti o per ordine della commissione, è ammessa entro il termine perentorio di sessanta giorni dalla data in cui l'interessato ha notizia di tale deposito.

3. Se è stata già fissata la trattazione della controversia, l'interessato, a pena di inammissibilità, deve dichiarare, non oltre la trattazione in camera di consiglio o la discussione in pubblica udienza, che intende proporre motivi aggiunti. In tal caso la trattazione o l'udienza debbono essere rinviate ad altra data per consentire gli adempimenti di cui al comma seguente.

4. L'integrazione dei motivi si effettua mediante atto avente i requisiti di cui all'art. 18 per quanto applicabile. Si applicano l'art. 20, commi 1 e 2, l'art. 22, commi 1, 2, 3 e 5, e l'art. 23, comma 3.

25. Iscrizione del ricorso nel registro generale. Fascicolo d'ufficio del processo e fascicoli di parte. – 1. La segreteria della commissione tributaria iscrive il ricorso nel registro generale e forma il fascicolo d'ufficio del processo, inserendovi i fascicoli del ricorrente e delle altre parti, con gli atti e i documenti prodotti, nonché, successivamente, gli originali dei verbali di udienza, delle ordinanze e dei decreti e copia delle sentenze.

2. I fascicoli delle parti restano acquisiti al fascicolo d'ufficio e sono ad esse restituiti al termine del processo. Le parti possono ottenere copia autentica degli atti e documenti contenuti nei fascicoli di parte e d'ufficio. [I richiedenti diversi dall'ufficio tributario devono corrispondere le spese del rilascio delle copie mediante applicazione e annullamento da parte della segreteria di marche da bollo nella misura stabilita con decreto del Ministro delle finanze in base al costo del servizio] ([1]).

3. La segreteria sottopone al presidente della commissione tributaria il fascicolo del processo appena formato.

(1) *Questo periodo è stato abrogato dall'art. 299 del D.P.R. 30 maggio 2002, n. 115.*

25 *bis*. (1) **Potere di certificazione di conformità.** – 1. Al fine del deposito e della notifica con modalità telematiche della copia informatica, anche per immagine, di un atto processuale di parte, di un provvedimento del giudice o di un documento formato su supporto analogico e detenuto in originale o in copia conforme, il difensore e il dipendente di cui si avvalgono l'ente impositore, l'agente della riscossione ed i soggetti iscritti nell'albo di cui all'articolo 53 del decreto legislativo 15 dicembre 1997, n. 446, attestano la conformità della copia al predetto atto secondo le modalità di cui al decreto legislativo 7 marzo 2005, n. 82.

2. Analogo potere di attestazione di conformità è esteso, anche per l'estrazione di copia analogica, agli atti e ai provvedimenti presenti nel fascicolo informatico, formato dalla segreteria della Commissione tributaria ai sensi dell'articolo 14 del decreto del Ministro dell'economia e delle finanze 23 dicembre 2013, n. 163, o trasmessi in allegato alle comunicazioni telematiche dell'ufficio di segreteria. Detti atti e provvedimenti, presenti nel fascicolo informatico o trasmessi in allegato alle comunicazioni telematiche dell'ufficio di segreteria, equivalgono all'originale anche se privi dell'attestazione di conformità all'originale da parte dell'ufficio di segreteria.

3. La copia informatica o cartacea munita dell'attestazione di conformità ai sensi dei commi precedenti equivale all'originale o alla copia conforme dell'atto o del provvedimento detenuto ovvero presente nel fascicolo informatico.

4. L'estrazione di copie autentiche ai sensi del presente articolo, esonera dal pagamento dei diritti di copia.

5. Nel compimento dell'attestazione di conformità i soggetti di cui al presente articolo assumono ad ogni effetto la veste di pubblici ufficiali.

(1) *Questo articolo è stato aggiunto dall'art. 16, comma 1, lett.* b), *del D.L. 23 ottobre 2018, n. 119, convertito, con modificazioni, nella L. 17 dicembre 2018, n. 136.*

26. Assegnazione del ricorso. – 1. Il presidente della commissione tributaria assegna il ricorso ad una delle sezioni; al di fuori dei casi di cui all'art. 29, comma 1, il presidente della commissione potrà assumere gli opportuni provvedimenti affinché i ricorsi concernenti identiche questioni di diritto a carattere ripetitivo vengano assegnati alla medesima sezione per essere trattati congiuntamente.

Sezione II
L'esame preliminare del ricorso

27. Esame preliminare del ricorso. – 1. Il presidente della sezione, scaduti i termini per la costituzione in giudizio delle parti, esamina preliminarmente il ricorso e ne dichiara l'inammissibilità nei casi espressamente previsti, se manifesta.

2. Il presidente, ove ne sussistano i presupposti, dichiara inoltre la sospensione, l'interruzione e l'estinzione del processo.

3. I provvedimenti di cui ai commi precedenti hanno forma di decreto e sono soggetti a reclamo innanzi alla commissione.

28. Reclamo contro i provvedimenti presidenziali. – 1. Contro i provvedimenti del presidente è ammesso reclamo da notificare alle altre parti costituite nelle forme di cui all'art. 20, commi 1 e 2, entro il termine perentorio di giorni trenta dalla loro comunicazione da parte della segreteria.

2. Il reclamante, nel termine perentorio di quindici giorni dall'ultima notificazione, a pena d'inammissibilità rilevabile d'ufficio, effettua il deposito secondo quanto disposto dall'art. 22, comma 1, osservato anche il comma 3 dell'articolo richiamato.

3. Nei successivi quindici giorni dalla notifica del reclamo le altre parti possono presentare memorie.

4. Scaduti i termini, la commissione decide immediatamente il reclamo in camera di consiglio.

5. La commissione pronuncia sentenza se dichiara l'inammissibilità del ricorso o l'estinzione del processo; negli altri casi pronuncia ordinanza non impugnabile nella quale sono dati i provvedimenti per la prosecuzione del processo.

29. Riunione dei ricorsi. – 1. In qualunque momento il presidente della sezione dispone con decreto la riunione dei ricorsi assegnati alla sezione da lui presieduta che hanno lo stesso oggetto o sono fra loro connessi.

2. Se i processi pendono dinanzi a sezioni diverse della stessa commissione il presidente di questa, di ufficio o su istanza di parte o su segnalazione dei presidenti delle sezioni, determina con decreto la sezione davanti alla *quale i processi devono* proseguire, riservando a tale sezione di provvedere ai sensi del comma precedente.

3. Il collegio, se rileva che la riunione dei processi connessi ritarda o rende più gravosa la loro trattazione, può, con ordinanza motivata, disporne la separazione.

Sezione III
La trattazione
della controversia

30. Nomina del relatore e fissazione della data di trattazione. – 1. Se non ritiene di adottare preliminarmente i provvedimenti di cui all'art. 27, il presidente, scaduto in ogni caso il termine per la costituzione delle parti, fissa la trattazione della controversia secondo quanto previsto dagli artt. 33 e 34 e nomina il relatore.

2. Almeno una udienza per ogni mese e per ciascuna sezione è riservata alla trattazione di controversie per le quali l'ammontare dei tributi accertati e delle conseguenti soprattasse e pene pecuniarie non sia inferiore a € 51.645,69. Un'altra udienza per ogni mese e per ciascuna sezione è comunque riservata alla trattazione di controversie nei confronti di società con personalità giuridica, nonché di controversie inerenti l'applicazione dell'art. 37 *bis* del decreto del Presidente della Repubblica 29 settembre 1973, n. 600 (1).

(1) *Questo comma è stato così sostituito dall'art. 7, comma 2, del D.L.vo 8 ottobre 1997, n. 358.*

31. Avviso di trattazione. – 1. La segreteria dà comunicazione alle parti costituite della data di trattazione almeno trenta giorni liberi prima.

2. Uguale avviso deve essere dato quando la trattazione sia stata rinviata dal presidente in caso di giustificato impedimento del relatore, che non possa essere sostituito, o di alcuna delle parti o per esigenze del servizio.

32. Deposito di documenti e di memorie. – 1. Le parti possono depositare documenti fino a venti giorni liberi prima della data di trattazione osservato l'art. 24, comma 1.

2. Fino a dieci giorni liberi prima della data di cui al precedente comma ciascuna delle parti può depositare memorie illustrative con le copie per le altre parti.

3. Nel solo caso di trattazione della controversia in camera di consiglio sono consentite brevi repliche scritte fino a cinque giorni liberi prima della data della camera di consiglio.

33. Trattazione in camera di consiglio. – 1. La controversia è trattata in camera di consiglio salvo che almeno una delle parti non abbia chiesto la discussione in pubblica udienza, con apposita istanza da depositare nella segreteria e notificare alle altre parti costituite entro il termine di cui all'art. 32, comma 2.

2. Il relatore espone al collegio, senza la presenza delle parti, i fatti e le questioni della controversia.

3. Della trattazione in camera di consiglio è redatto processo verbale dal segretario.

34. Discussione in pubblica udienza. – 1. All'udienza pubblica il relatore espone al collegio i fatti e le questioni della controversia e quindi il presidente ammette le parti presenti alla discussione.

2. Dell'udienza è redatto processo verbale dal segretario.

3. La commissione può disporre il differimento della discussione a udienza fissa, su istanza della parte interessata, quando la sua difesa tempestiva, scritta o orale, è resa particolarmente difficile a causa dei documenti prodotti o delle questioni sollevate dalle altre parti. Si applica l'art. 31, comma 2, salvo che il differimento sia disposto in udienza con tutte le parti costituite presenti.

35. Deliberazioni del collegio giudicante. – 1. Il collegio giudicante, subito dopo la discussione in pubblica udienza o, se questa non vi è stata, subito dopo l'esposizione del relatore, delibera la decisione in segreto nella camera di consiglio.

2. Quando ne ricorrono i motivi la deliberazione in camera di consiglio può essere rinviata di non oltre trenta giorni.

3. Alle deliberazioni del collegio si applicano le disposizioni di cui agli artt. 276 e seguenti del codice di procedura civile. Non sono tuttavia ammesse sentenze non definitive o limitate solo ad alcune domande.

Sezione IV
La decisione della controversia

36. Contenuto della sentenza. – 1. La sentenza è pronunciata in nome del popolo italiano ed è intestata alla Repubblica italiana.

2. La sentenza deve contenere:

1) l'indicazione della composizione del collegio, delle parti e dei loro difensori se vi sono;

2) la concisa esposizione dello svolgimento del processo;

3) le richieste delle parti;

4) la succinta esposizione dei motivi in fatto e diritto;

5) il dispositivo.

3. La sentenza deve inoltre contenere la data della deliberazione ed è sottoscritta dal presidente e dall'estensore.

37. Pubblicazione e comunicazione della sentenza. – 1. La sentenza è resa pubblica, nel testo integrale originale, mediante deposito nella segreteria della commissione tributaria entro trenta giorni dalla data della deliberazione. Il segretario fa risultare l'avvenuto deposito apponendo sulla sentenza la propria firma e la data.

2. Il dispositivo della sentenza è comunicato alle parti costituite entro dieci giorni dal deposito di cui al precedente comma.

38. Richiesta di copie e notificazione della sentenza. – 1. Ciascuna parte può richiedere alla segreteria copie autentiche della sentenza e la segreteria è tenuta a rilasciarle entro cinque giorni dalla richiesta, previa corresponsione delle spese [a norma dell'art. 25, comma 2] (1).

2. Le parti hanno l'onere di provvedere direttamente alla notificazione della sentenza alle altre parti a norma dell'articolo 16 (2) depositando, nei successivi trenta giorni, l'originale o copia autentica dell'originale notificato, ovvero copia autentica della sentenza consegnata o spedita per posta, con fotocopia della ricevuta di deposito o della spedizione per raccomandata a mezzo del servizio postale unitamente all'avviso di ricevimento (3) nella segreteria, che ne rilascia ricevuta e l'inserisce nel fascicolo d'ufficio (4).

3. Se nessuna delle parti provvede alla notificazione della sentenza, si applica l'art. 327, comma 1, del codice di procedura civile. Tale disposizione non si applica se la parte non costituita dimostri di non avere avuto conoscenza del processo per nullità della notificazione del ricorso e della comunicazione dell'avviso di fissazione d'udienza.

(1) *Le parole poste fra parentesi quadrate sono state abrogate dall'art. 299 del D.P.R. 30 maggio 2002, n. 115.*

(2) *Le parole: «a norma degli artt. 137 e seguenti del codice di procedura civile» sono state così sostituite dalle parole: «a norma dell'articolo 16» dall'art. 3, comma 1, lett.* a)*, del D.L. 25 marzo 2010, n. 40, convertito, con modificazioni, nella L. 22 maggio 2010, n. 73.*

(3) *Le parole: «ovvero copia autentica della sentenza consegnata o spedita per posta, con fotocopia della ricevuta di deposito o della spedizione per raccomandata a mezzo del servizio postale unitamente all'avviso di ricevimento» sono state inserite dall'art. 3, comma 1, lett.* a)*, del D.L. 25 marzo 2010, n. 40, convertito, con modificazioni, nella L. 22 maggio 2010, n. 73.*

(4) *A norma dell'art. 21, comma 1, della L. 13 maggio 1999, n. 133, questo comma si interpreta nel senso che le sentenze pronunciate dalle commissioni tributarie regionali e dalle commissioni tributarie di secondo grado delle province autonome di Trento e di Bolzano, ai fini del decorso del termine di cui all'articolo 325, secondo comma, del codice di procedura civile, vanno notificate all'Amministrazione finanziaria presso l'ufficio dell'Avvocatura dello Stato competente ai sensi dell'articolo 11, secondo comma, del testo unico approvato con regio decreto 30 ottobre 1933, n. 1611, e successive modificazioni* (*).

(*) *La Corte costituzionale, con sentenza n. 525 del 22 novembre 2000, ha dichiarato l'illegittimità costituzionale del richiamato primo comma dell'art. 21, nella parte in cui estende anche al periodo anteriore alla sua entrata in vigore l'efficacia dell'interpretazione autentica, da esso dettata, dall'art. 38, comma 2, del D.L.vo 31 dicembre 1992, n. 546.*

Sezione V
Sospensione, interruzione ed estinzione del processo

39. Sospensione del processo. – 1. Il processo è sospeso quando è presentata querela di falso o deve essere decisa in via pregiudiziale una questione sullo stato o la capacità delle persone, salvo che si tratti della capacità di stare in giudizio.

1 *bis*. La commissione tributaria dispone la sospensione del processo in ogni altro caso in cui essa stessa o altra commissione tributaria deve risolvere una controversia dalla cui definizione dipende la decisione della causa (¹).

1 *ter*. Il processo tributario è altresì sospeso nei seguenti casi:

a) su richiesta conforme delle parti, nel caso in cui sia stata presentata un'istanza di apertura di procedura amichevole ai sensi degli Accordi e delle Convenzioni internazionali per evitare le doppie imposizioni di cui l'Italia è parte ovvero ai sensi della Convenzione relativa all'eliminazione delle doppie imposizioni in caso di rettifica degli utili di imprese associate n. 90/436/CEE;

b) su richiesta del contribuente, nel caso in cui sia stata presentata un'istanza di apertura di procedura amichevole ai sensi della direttiva (UE) 2017/1852 del Consiglio del 10 ottobre 2017 (¹) (²).

(¹) *Questo comma è stato aggiunto dall'art. 9, comma 1, lett.* o), *del D.L.vo 24 settembre 2015, n. 156.*

A norma dell'art. 12, comma 1, del medesimo provvedimento, tali disposizioni entrano in vigore a decorrere dal 1° gennaio 2016.

(²) *Questo comma è stato così sostituito dall'art. 22, comma 2, del D.L.vo 10 giugno 2020, n. 49.*

A norma dell'art. 25, comma 1, del medesimo provvedimento, tali disposizioni si applicano alle istanze di apertura di procedura amichevole presentate a decorrere dal 1° luglio 2019 sulle questioni controverse riguardanti il reddito o il patrimonio, relativi al periodo d'imposta che inizia il 1° gennaio 2018 e ai successivi periodi d'imposta.

40. Interruzione del processo. – 1. Il processo è interrotto se, dopo la proposizione del ricorso, si verifica:

a) il venir meno, per morte o altre cause, o la perdita della capacità di stare in giudizio di una delle parti, diversa dall'ufficio tributario, o del suo legale rappresentante o la cessazione di tale rappresentanza;

b) la morte, la radiazione o sospensione dall'albo o dall'elenco di uno dei difensori incaricati ai sensi dell'art. 12.

2. L'interruzione si ha al momento dell'evento se la parte sta in giudizio personalmente e nei casi di cui al comma 1, lettera *b*). In ogni altro caso

l'interruzione si ha al momento in cui l'evento è dichiarato o in pubblica udienza o per iscritto con apposita comunicazione del difensore della parte a cui l'evento si riferisce.

3. Se uno degli eventi di cui al comma 1 si avvera dopo l'ultimo giorno per il deposito di memorie in caso di trattazione della controversia in camera di consiglio o dopo la chiusura della discussione in pubblica udienza, esso non produce effetto a meno che non sia pronunciata sentenza e il processo prosegua davanti al giudice adito.

4. Se uno degli eventi di cui al comma 1, lettera *a*), si verifica durante il termine per la proposizione del ricorso il termine è prorogato di sei mesi a decorrere dalla data dell'evento. Si applica anche a questi termini la sospensione prevista dalla L. 7 ottobre 1969, n. 742.

41. Provvedimenti sulla sospensione e sull'interruzione del processo. – 1. La sospensione è disposta e l'interruzione è dichiarata dal presidente della sezione con decreto o dalla commissione con ordinanza.

2. Avverso il decreto del presidente è ammesso reclamo ai sensi dell'art. 28.

42. Effetti della sospensione e dell'interruzione del processo. – 1. Durante la sospensione e l'interruzione non possono essere compiuti atti del processo.

2. I termini in corso sono interrotti e ricominciano a decorrere dalla presentazione dell'istanza di cui all'articolo seguente.

43. Ripresa del processo sospeso o interrotto. – 1. Dopo che è cessata la causa che ne ha determinato la sospensione il processo continua se entro sei mesi da tale data viene presentata da una delle parti istanza di trattazione al presidente di sezione della commissione, che provvede a norma dell'art. 30.

2. Se entro sei mesi da quando è stata dichiarata l'interruzione del processo la parte colpita dall'evento o i suoi successori o qualsiasi altra parte presentano istanza di trattazione al presidente di sezione della commissione, quest'ultimo provvede a norma del comma precedente.

3. La comunicazione di cui all'art. 31, oltre che alle altre parti costituite nei luoghi indicati dall'art. 17, deve essere fatta alla parte colpita dall'evento o ai suoi successori personalmente. Entro un anno dalla morte di una delle parti la comunicazione può essere effettuata agli eredi collettivamente o impersonalmente nel domicilio eletto o, in mancanza, nella residenza dichiarata dal defunto risultante dagli atti del processo. La parte colpita dall'evento o i suoi successori possono costituirsi anche solo presentando documenti o memorie o partecipando alla discussione assistiti, nei casi previsti, da difensore incaricato nelle forme prescritte.

44. Estinzione del processo per rinuncia al ricorso. – 1. Il processo si estingue per rinuncia al ricorso.

2. Il ricorrente che rinuncia deve rimborsare le spese alle altre parti salvo diverso accordo fra loro. La liquidazione è fatta dal presidente della sezione o dalla commissione con ordinanza non impugnabile [, che costituisce titolo esecutivo] ([1]).

3. La rinuncia non produce effetto se non è accettata dalle parti costituite che abbiano effettivo interesse alla prosecuzione del processo.

4. La rinuncia e l'accettazione, ove necessaria, sono sottoscritte dalle parti personalmente o da loro procuratori speciali, nonché, se vi sono, dai rispettivi difensori e si depositano nella segreteria della commissione.

5. Il presidente della sezione o la commissione, se la rinuncia e l'accettazione, ove necessaria, sono regolari, dichiarano l'estinzione del processo. Si applica l'ultimo comma dell'articolo seguente.

([1]) *Le parole fra parentesi quadrate sono state soppresse dall'art. 9, comma 1, lett.* p), *del D.L.vo 24 settembre 2015, n. 156.*

A norma dell'art. 12, comma 1, le disposizioni del predetto decreto entrano in vigore a decorrere dal 1° gennaio 2016.

45. Estinzione del processo per inattività delle parti. – 1. Il processo si estingue nei casi in cui le parti alle quali spetta di proseguire, riassumere o integrare il giudizio non vi abbiano provveduto entro il termine perentorio stabilito dalla legge o dal giudice che dalla legge sia autorizzato a fissarlo.

2. Le spese del processo estinto a norma del comma 1 restano a carico delle parti che le hanno anticipate.

3. L'estinzione del processo per inattività delle parti è rilevata anche d'ufficio solo nel grado di giudizio in cui si verifica e rende inefficaci gli atti compiuti.

4. L'estinzione è dichiarata dal presidente della sezione con decreto o dalla commissione con sentenza. Avverso il decreto del presidente è ammesso reclamo alla commissione che provvede a norma dell'art. 28.

46. Estinzione del giudizio per cessazione della materia del contendere. – 1. Il giudizio si estingue, in tutto o in parte, nei casi di definizione delle pendenze tributarie previsti dalla legge e in ogni altro caso di cessazione della materia del contendere.

2. La cessazione della materia del contendere è dichiarata [, salvo quanto diversamente disposto da singole norme di legge] ([1]), con decreto del presidente o con sentenza della commissione. Il provvedimento presidenziale è reclamabile a norma dell'art. 28.

3. Nei casi di definizione delle pendenze tributarie previsti dalla legge le spese del giudizio estinto restano a carico della parte che le ha anticipate (2).

(1) Le parole fra parentesi quadrate sono state soppresse dall'art. 9, comma 1, lett. q), n. 1), del D.L.vo 24 settembre 2015, n. 156.

A norma dell'art. 12, comma 1, le disposizioni del predetto decreto entrano in vigore a decorrere dal 1° gennaio 2016.

(2) Questo comma è stato così sostituito dall'attuale dall'art. 9, comma 1, lett. q), n. 2), del D.L.vo 24 settembre 2015, n. 156.

A norma dell'art. 12, comma 1, le disposizioni del predetto decreto entrano in vigore a decorrere dal 1° gennaio 2016.

Si riporta il testo previgente:

«3. Le spese del giudizio estinto a norma del comma 1 restano a carico della parte che le ha anticipate, salvo diverse disposizioni di legge (*).».

(*) La Corte costituzionale, con sentenza n. 274 del 12 luglio 2005, ha dichiarato l'illegittimità costituzionale di questo comma nella parte in cui si riferisce alle ipotesi di cessazione della materia del contendere diverse dai casi di definizione delle pendenze tributarie previsti dalla legge.

Capo II

I procedimenti cautelare e conciliativo (1)

(1) L'originaria parola: «preventivo» è stata così sostituita dall'art. 12, comma 1, del D.L. 8 agosto 1996, n. 437, conv., con modif., nella L. 24 ottobre 1996, n. 556.

47. Sospensione dell'atto impugnato. – 1. Il ricorrente, se dall'atto impugnato può derivargli un danno grave ed irreparabile, può chiedere alla commissione provinciale competente la sospensione dell'esecuzione dell'atto stesso con istanza motivata proposta nel ricorso o con atto separato notificato alle altre parti e depositato in segreteria sempre che siano osservate le disposizioni di cui all'art. 22.

2. Il presidente fissa con decreto la trattazione dell'istanza di sospensione per la prima camera di consiglio utile disponendo che ne sia data comunicazione alle parti almeno dieci giorni liberi prima.

3. In caso di eccezionale urgenza il presidente, previa delibazione del merito, può disporre con decreto motivato (1) la provvisoria sospensione dell'esecuzione fino alla pronuncia del collegio.

4. Il collegio, sentite le parti in camera di consiglio e delibato il merito, provvede con ordinanza motivata non impugnabile. Il dispositivo dell'ordinanza deve essere immediatamente comunicato alle parti in udienza (2).

5. La sospensione può anche essere parziale e subordinata alla prestazione della garanzia di cui all'articolo 69, comma 2 (3).

5 *bis*. L'istanza di sospensione è decisa entro centottanta giorni dalla data di presentazione della stessa (4).

6. Nei casi di sospensione dell'atto impugnato la trattazione della controversia deve essere fissata non oltre novanta giorni dalla pronuncia.

7. Gli effetti della sospensione cessano dalla data di pubblicazione della sentenza di primo grado.

8. In caso di mutamento delle circostanze la commissione su istanza motivata di parte può revocare o modificare il provvedimento cautelare prima della sentenza, osservate per quanto possibile le forme di cui ai commi 1, 2 e 4.

8 *bis*. Durante il periodo di sospensione cautelare si applicano gli interessi al tasso previsto per la sospensione amministrativa ([5]).

([1]) *Le parole: «con lo stesso decreto, può motivatamente disporre» sono state così sostituite dalle parole: «può disporre con decreto motivato» dall'art. 9, comma 1, lett.* r*), n.* 1*), del D.L.vo 24 settembre 2015, n. 156.*

A norma dell'art. 12, comma 1, le disposizioni del predetto decreto entrano in vigore a decorrere dal 1° gennaio 2016.

([2]) *Questo periodo è stato aggiunto dall'art. 9, comma 1, lett.* r*), n.* 2*), del D.L.vo 24 settembre 2015, n. 156.*

A norma dell'art. 12, comma 1, le disposizioni del predetto decreto entrano in vigore a decorrere dal 1° gennaio 2016.

([3]) *Il periodo da: «... di idonea garanzia» fino alla fine del comma, è stato così sostituito dall'attuale: «... della garanzia di cui all'articolo 69, comma 2.» dall'art. 9, comma 1, lett.* r*), n.* 3*), del D.L.vo 24 settembre 2015, n. 156.*

A norma dell'art. 12, comma 1, le disposizioni del predetto decreto entrano in vigore a decorrere dal 1° gennaio 2016.

([4]) *Questo comma è stato inserito dall'art. 7, comma 2, lett.* gg novies*), del D.L. 13 maggio 2011, n. 70, convertito, con modificazioni, nella L. 12 luglio 2011, n. 106.*

([5]) *Questo comma è stato aggiunto dall'art. 9, comma 1, lett.* r*), n.* 4*), del D.L.vo 24 settembre 2015, n. 156.*

A norma dell'art. 12, comma 1, le disposizioni del predetto decreto entrano in vigore a decorrere dal 1° gennaio 2016.

47 *bis*. ([1]) ([2]) ([3]) **Sospensione di atti volti al recupero di aiuti di Stato e definizione delle relative controversie.** – 1. Qualora sia chiesta in via cautelare la sospensione dell'esecuzione di un atto volto al recupero di aiuti di Stato dichiarati incompatibili in esecuzione di una decisione adottata dalla Commissione europea ai sensi dell'articolo 14 del regolamento (CE) n. 659/1999 *del Consiglio*, del 22 marzo 1999, di seguito denominata: «decisione di recupero», la Commissione tributaria provinciale può concedere la sospensione dell'efficacia del titolo di pagamento conseguente a detta decisione se ricorrono cumulativamente le seguenti condizioni:

a) gravi motivi di illegittimità della decisione di recupero, ovvero evidente errore nella individuazione del soggetto tenuto alla restituzione dell'aiuto di Stato o evidente errore nel calcolo della somma da recuperare e nei limiti di tale errore;

b) pericolo di un pregiudizio imminente e irreparabile.

2. Qualora la sospensione si fondi su motivi attinenti alla illegittimità della decisione di recupero la Commissione tributaria provinciale provvede con separata ordinanza alla sospensione del giudizio e all'immediato rinvio pregiudiziale della questione alla Corte di giustizia delle Comunità europee, con richiesta di trattazione d'urgenza ai sensi dell'articolo 104 *ter* del regolamento di procedura della Corte di giustizia del 19 giugno 1991, pubblicato nella *Gazzetta Ufficiale* delle Comunità europee n. L 176 del 4 luglio 1991, e successive modificazioni, se ad essa non sia stata già deferita la questione di validità dell'atto comunitario contestato. Non può, in ogni caso, essere accolta l'istanza di sospensione dell'atto impugnato per motivi attinenti alla legittimità della decisione di recupero quando la parte istante, pur avendone facoltà perché individuata o chiaramente individuabile, non abbia proposto impugnazione avverso la decisione di recupero ai sensi dell'articolo 230 del Trattato istitutivo della Comunità europea, e successive modificazioni, ovvero quando, avendo proposto l'impugnazione, non abbia richiesto la sospensione della decisione di recupero ai sensi dell'articolo 242 del Trattato medesimo ovvero l'abbia richiesta e la sospensione non sia stata concessa.

3. Fermi restando i presupposti di cui ai commi 1 e 2, si applicano le disposizioni di cui ai commi 1, 2, 4, 5, 7 e 8 dell'articolo 47; ai fini dell'applicazione del comma 8 rileva anche il mutamento del diritto comunitario.

4. Le controversie relative agli atti di cui al comma 1 sono definite, nel merito, nel termine di sessanta giorni dalla pronuncia dell'ordinanza di sospensione di cui al medesimo comma 1. Alla scadenza del termine di sessanta giorni dall'emanazione dell'ordinanza di sospensione, il provvedimento perde comunque efficacia, salvo che la Commissione tributaria provinciale entro il medesimo termine riesamini, su istanza di parte, l'ordinanza di sospensione e ne disponga la conferma, anche parziale, sulla base dei presupposti di cui ai commi 1 e 2, fissando comunque un termine di efficacia, non prorogabile, non superiore a sessanta giorni. Non si applica la disciplina sulla sospensione feriale dei termini. Nel caso di rinvio pregiudiziale il termine di cui al primo periodo è sospeso dal giorno del deposito dell'ordinanza di rinvio e riprende a decorrere dalla data della trasmissione della decisione della Corte di giustizia delle Comunità europee.

5. Le controversie relative agli atti di cui al comma 1 sono discusse in pubblica udienza e, subito dopo la discussione, il Collegio giudicante delibera la decisione in camera di consiglio. Il Presidente redige e sottoscrive il dispositivo e ne dà lettura in udienza, a pena di nullità.

6. La sentenza è depositata nella segreteria della Commissione tributaria provinciale entro quindici giorni dalla lettura del dispositivo. Il segretario fa risultare l'avvenuto deposito apponendo sulla sentenza la propria firma e la data e ne dà immediata comunicazione alle parti.

7. In caso di impugnazione della sentenza pronunciata sul ricorso avverso uno degli atti di cui al comma 1, tutti i termini del giudizio di appello davanti alla Commissione tributaria regionale, ad eccezione di quello stabilito per la proposizione del ricorso, sono ridotti alla metà. Nel processo di appello le controversie relative agli atti di cui al comma 1 hanno priorità assoluta nella trattazione. Si applicano le disposizioni di cui ai commi 4, terzo e quarto periodo, 5 e 6.

(1) *Questo articolo è stato inserito dall'art. 2, comma 1, del D.L. 8 aprile 2008, n. 59, convertito, con modificazioni, nella L. 6 giugno 2008, n. 101.*

(2) *Per la disciplina transitoria, si veda l'art. 2, commi 2 e 3, del D.L. 8 aprile 2008, n. 59, convertito, con modificazioni, nella L. 6 giugno 2008, n. 101, che si riporta:*

«2. Nei procedimenti pendenti alla data di entrata in vigore del presente decreto, nel caso sia stata concessa la sospensione, le relative controversie sono definite nel merito, entro sessanta giorni dalla medesima data di entrata in vigore del presente decreto; fermo restando il predetto termine, la Commissione tributaria provinciale, su istanza di parte, riesamina i provvedimenti di sospensione già concessi e ne dispone la revoca, qualora non ricorrano i presupposti di cui ai commi 1 e 2 dell'articolo 47 bis *del decreto legislativo 31 dicembre 1992, n. 546, come introdotto dal presente articolo. Il termine previsto dall'articolo 31 del decreto legislativo n. 546 del 1992 per la comunicazione dell'avviso di trattazione è ridotto a dieci giorni liberi. Alle medesime controversie pendenti in appello si applica il comma 7 del predetto articolo 47* bis *come introdotto dal comma 1 del presente articolo.*

«3. Il presidente di sezione, in ogni grado del procedimento, vigila sul rispetto dei termini di cui al comma 2 e ai commi 4 e 7, primo periodo, dell'articolo 47 bis *del decreto legislativo 31 dicembre 1992, n. 546, introdotto dal comma 1 del presente articolo e riferisce con relazione trimestrale, rispettivamente, al presidente della commissione tributaria provinciale e della commissione tributaria regionale per le determinazioni di competenza».*

(3) *A norma dell'art. 61, comma 5, della L. 24 dicembre 2012, n. 234, questo articolo continua ad applicarsi ai soli giudizi in corso alla data di entrata in vigore della presente legge.*

48. (1) (2) **Conciliazione fuori udienza.** – 1. Se in pendenza del giudizio le parti raggiungono un accordo conciliativo, presentano istanza congiunta sottoscritta personalmente o dai difensori per la definizione totale o parziale della controversia.

2. Se la data di trattazione è già fissata e sussistono le condizioni di ammissibilità, la commissione pronuncia sentenza di cessazione della materia del contendere. Se l'accordo conciliativo è parziale, la commissione dichiara con ordinanza la cessazione parziale della materia del contendere e procede alla ulteriore trattazione della causa.

3. Se la data di trattazione non è fissata, provvede con decreto il presidente della sezione.

4. La conciliazione si perfeziona con la sottoscrizione dell'accordo di cui al comma 1, nel quale sono indicate le somme dovute con i termini e le modalità di pagamento. L'accordo costituisce titolo per la riscossione delle somme dovute all'ente impositore e per il pagamento delle somme dovute al contribuente.

(1) *Questo articolo, precedentemente sostituito dall'art. 14, comma 1, del D.L.vo 19 giugno 1997, n. 218 è stato, da ultimo, così sostituito dall'art. 9, comma 1, lett.* s)*, del D.L.vo 24 settembre 2015, n. 156. A norma dell'art. 12, comma 1, le disposizioni del predetto decreto entrano in vigore a decorrere dal 1° gennaio 2016.*

(2) *A norma dell'art. 149, comma 1, lett.* b)*, del D.L. 19 maggio 2020, n. 34, convertito, con modificazioni, nella L. 17 luglio 2020, n. 77, sono prorogati al 16 settembre 2020 i termini di versamento delle somme dovute a seguito di accordo conciliativo ai sensi del presente articolo.*

A norma dell'art. 2 del medesimo decreto, la proroga si applica con riferimento agli atti ivi indicati, i cui termini di versamento scadono nel periodo compreso tra il 9 marzo 2020 e il 31 maggio 2020.

48 *bis*. (1) (2) **Conciliazione in udienza.** – 1. Ciascuna parte entro il termine di cui all'articolo 32, comma 2, può presentare istanza per la conciliazione totale o parziale della controversia.

2. All'udienza la commissione, se sussistono le condizioni di ammissibilità, invita le parti alla conciliazione rinviando eventualmente la causa alla successiva udienza per il perfezionamento dell'accordo conciliativo.

3. La conciliazione si perfeziona con la redazione del processo verbale nel quale sono indicate le somme dovute con i termini e le modalità di pagamento. Il processo verbale costituisce titolo per la riscossione delle somme dovute all'ente impositore e per il pagamento delle somme dovute al contribuente.

4. La commissione dichiara con sentenza l'estinzione del giudizio per cessazione della materia del contendere.

(1) *Questo articolo è stato inserito dall'art. 9, comma 1, lett.* t)*, del D.L.vo 24 settembre 2015, n. 156.*

A norma dell'art. 12, comma 1, le disposizioni del predetto decreto entrano in vigore a decorrere dal 1° gennaio 2016.

(2) *A norma dell'art. 149, comma 1, lett.* b)*, del D.L. 19 maggio 2020, n. 34, convertito, con modificazioni, nella L. 17 luglio 2020, n. 77, sono prorogati al 16 settembre 2020 i termini di versamento delle somme dovute a seguito di accordo conciliativo ai sensi del presente articolo.*

A norma dell'art. 2 del medesimo decreto, la proroga si applica con riferimento agli atti ivi indicati, i cui termini di versamento scadono nel periodo compreso tra il 9 marzo 2020 e il 31 maggio 2020.

48 *ter*. ([1]) Definizione e pagamento delle somme dovute. – 1. Le sanzioni amministrative si applicano nella misura del quaranta per cento del minimo previsto dalla legge, in caso di perfezionamento della conciliazione nel corso del primo grado di giudizio e nella misura del cinquanta per cento del minimo previsto dalla legge, in caso di perfezionamento nel corso del secondo grado di giudizio.

2. Il versamento delle somme dovute ovvero, in caso di rateizzazione, della prima rata deve essere effettuato entro venti giorni dalla data di sottoscrizione dell'accordo conciliativo di cui all'articolo 48 o di redazione del processo verbale di cui all'articolo 48 *bis*.

3. In caso di mancato pagamento delle somme dovute o di una delle rate, compresa la prima, entro il termine di pagamento della rata successiva, il competente ufficio provvede all'iscrizione a ruolo delle residue somme dovute a titolo di imposta, interessi e sanzioni, nonché della sanzione di cui all'articolo 13 del decreto legislativo 18 dicembre 1997, n. 471, aumentata della metà e applicata sul residuo importo dovuto a titolo di imposta.

4. Per il versamento rateale delle somme dovute si applicano, in quanto compatibili, le disposizioni previste per l'accertamento con adesione dall'articolo 8 del decreto legislativo 19 giugno 1997, n. 218.

([1]) Questo articolo è stato inserito dall'art. 9, comma 1, lett. t)*, del D.L.vo 24 settembre 2015, n. 156.*

A norma dell'art. 12, comma 1, le disposizioni del predetto decreto entrano in vigore a decorrere dal 1° gennaio 2016.

Capo III
Le impugnazioni

Sezione I
Le impugnazioni in generale

49. Disposizioni generali applicabili. – 1. Alle impugnazioni delle sentenze delle commissioni tributarie si applicano le disposizioni del titolo III, capo I, del libro II del codice di procedura civile, [escluso l'art. 337] ([1]) e fatto salvo quanto disposto nel presente decreto.

([1]) Le parole fra parentesi quadrate sono state soppresse dall'art. 9, comma 1, lett. u)*, del D.L.vo 24 settembre 2015, n. 156.*

A norma dell'art. 12, comma 1, le disposizioni del predetto decreto entrano in vigore a decorrere dal 1° gennaio 2016.

50. I mezzi d'impugnazione. – 1. ([1]) I mezzi per impugnare le sentenze delle commissioni tributarie sono l'appello, il ricorso per cassazione e la revocazione.

([1]) *Le originarie parole: «Salvo quanto previsto all'art. 48, comma 5» sono state soppresse dall'art. 12, comma 1, del D.L. 8 agosto 1996, n. 437, conv., con modif., nella L. 24 ottobre 1996, n. 556.*

51. Termini d'impugnazione. – 1. Se la legge non dispone diversamente il termine per impugnare la sentenza della commissione tributaria è di sessanta giorni, decorrente dalla sua notificazione ad istanza di parte, salvo quanto disposto dall'art. 38, comma 3.

2. Nel caso di revocazione per i motivi di cui ai numeri 1, 2, 3 e 6 dell'art. 395 del codice di procedura civile il termine di sessanta giorni decorre dal giorno in cui è stato scoperto il dolo o sono state dichiarate false le prove o è stato recuperato il documento o è passata in giudicato la sentenza che accerta il dolo del giudice.

Sezione II
Il giudizio di appello davanti alla commissione tributaria regionale

52. ([1]) **Giudice competente e provvedimenti sull'esecuzione provvisoria in appello.** – 1. La sentenza della commissione provinciale può essere appellata alla commissione regionale competente a norma dell'articolo 4, comma 2.

2. L'appellante può chiedere alla commissione regionale di sospendere in tutto o in parte l'esecutività della sentenza impugnata, se sussistono gravi e fondati motivi. Il contribuente può comunque chiedere la sospensione dell'esecuzione dell'atto se da questa può derivargli un danno grave e irreparabile.

3. Il presidente fissa con decreto la trattazione della istanza di sospensione per la prima camera di consiglio utile disponendo che ne sia data comunicazione alle parti almeno dieci giorni liberi prima.

4. In caso di eccezionale urgenza il presidente, previa delibazione del merito, può disporre con decreto motivato la sospensione dell'esecutività della sentenza fino alla pronuncia del collegio.

5. Il collegio, sentite le parti in camera di consiglio e delibato il merito, provvede con ordinanza motivata non impugnabile.

6. La sospensione può essere subordinata alla prestazione della garanzia di cui all'articolo 69 comma 2. Si applica la disposizione dell'articolo 47, comma 8 *bis*.

([1]) *Questo articolo è stato così sostituito dall'art. 9, comma 1, lett. v), del D.L.vo 24 settembre 2015, n. 156. A norma dell'art. 12, comma 1, le disposizioni del predetto decreto entrano in vigore a decorrere dal 1° gennaio 2016.*

53. Forma dell'appello. – 1. Il ricorso in appello contiene l'indicazione della commissione tributaria a cui è diretto, dell'appellante e delle altre parti nei cui confronti è proposto, gli estremi della sentenza impugnata, l'esposizione sommaria dei fatti, l'oggetto della domanda ed i motivi specifici dell'impugnazione. Il ricorso in appello è inammissibile se manca o è assolutamente incerto uno degli elementi sopra indicati o se non è sottoscritto a norma dell'art. 18, comma 3.

2. Il ricorso in appello è proposto nelle forme di cui all'art. 20, commi 1 e 2, nei confronti di tutte le parti che hanno partecipato al giudizio di primo grado e deve essere depositato a norma dell'art. 22, commi 1, 2 e 3. [Ove il ricorso non sia notificato a mezzo di ufficiale giudiziario, l'appellante deve, a pena d'inammissibilità, depositare copia dell'appello presso l'ufficio di segreteria della commissione tributaria che ha pronunciato la sentenza impugnata] ([1]).

3. Subito dopo il deposito del ricorso in appello, la segreteria della commissione tributaria regionale chiede alla segreteria della commissione provinciale la trasmissione del fascicolo del processo, che deve contenere copia autentica della sentenza.

([1]) *Questo periodo, aggiunto dall'art. 3* bis, *comma 7, del D.L. 30 settembre 2005, n. 203, convertito, con modificazioni, nella L. 2 dicembre 2005, n. 248, è stato soppresso dall'art. 36, del D.L.vo 21 novembre 2014, n. 175.*

54. Controdeduzioni dell'appellato e appello incidentale. – 1. Le parti diverse dall'appellante debbono costituirsi nei modi e termini di cui all'art. 23 depositando apposito atto di controdeduzioni.

2. Nello stesso atto depositato nei modi e termini di cui al precedente comma può essere proposto, a pena d'inammissibilità, appello incidentale.

55. Provvedimenti presidenziali. – 1. Il presidente e i presidenti di sezione della commissione tributaria regionale hanno poteri corrispondenti a quelli del presidente e dei presidenti di sezione della commissione tributaria provinciale.

56. Questioni ed eccezioni non riproposte. – 1. Le questioni ed eccezioni non accolte nella sentenza della commissione provinciale, che non sono specificamente riproposte in appello, s'intendono rinunciate.

57. Domande ed eccezioni nuove. – 1. Nel giudizio d'appello non possono proporsi domande nuove e, se proposte, debbono essere dichiarate inammissibili d'ufficio. Possono tuttavia essere chiesti gli interessi maturati dopo la sentenza impugnata.

2. Non possono proporsi nuove eccezioni che non siano rilevabili anche d'ufficio.

58. Nuove prove in appello. – 1. Il giudice d'appello non può disporre nuove prove, salvo che non le ritenga necessarie ai fini della decisione o che la parte dimostri di non averle potute fornire nel precedente grado di giudizio per causa ad essa non imputabile.

2. È fatta salva la facoltà delle parti di produrre nuovi documenti.

59. Rimessione alla commissione provinciale. – 1. La commissione tributaria regionale rimette la causa alla commissione provinciale che ha emesso la sentenza impugnata nei seguenti casi:

a) quando dichiara la competenza declinata o la giurisdizione negata dal primo giudice;

b) quando riconosce che nel giudizio di primo grado il contraddittorio non è stato regolarmente costituito o integrato;

c) quando riconosce che la sentenza impugnata, erroneamente giudicando, ha dichiarato estinto il processo in sede di reclamo contro il provvedimento presidenziale;

d) quando riconosce che il collegio della commissione tributaria provinciale non era legittimamente composto;

e) quando manca la sottoscrizione della sentenza da parte del giudice di primo grado.

2. Al di fuori dei casi previsti al comma precedente la commissione tributaria regionale decide nel merito previamente ordinando, ove occorra, la rinnovazione di atti nulli compiuti in primo grado.

3. Dopo che la sentenza di rimessione della causa al primo grado è formalmente passata in giudicato, la segreteria della commissione tributaria regionale, nei successivi trenta giorni, trasmette d'ufficio il fascicolo del processo alla segreteria della commissione tributaria provinciale, senza necessità di riassunzione ad istanza di parte.

60. Non riproponibilità dell'appello dichiarato inammissibile. – 1. L'appello dichiarato inammissibile non può essere riproposto anche se non è decorso il termine stabilito dalla legge.

61. Norme applicabili. – 1. Nel procedimento d'appello si osservano in quanto applicabili le norme dettate per il procedimento di primo grado, se non sono incompatibili con le disposizioni della presente sezione.

Sezione III
Il ricorso per cassazione

62. Norme applicabili. – 1. Avverso la sentenza della commissione tributaria regionale può essere proposto ricorso per cassazione per i motivi di cui ai numeri da 1 a 5 dell'art. 360, primo comma ([1]), del codice di procedura civile.

2. Al ricorso per cassazione ed al relativo procedimento si applicano le norme dettate dal codice di procedura civile in quanto compatibili con quelle del presente decreto.

2 *bis*. Sull'accordo delle parti la sentenza della commissione tributaria provinciale può essere impugnata con ricorso per cassazione a norma dell'articolo 360, primo comma, n. 3, del codice di procedura civile ([2]).

([1]) *Le parole: «comma 1» sono state così sostituite dalle parole «primo comma» dall'art. 9, comma 1, lett. z), n. 1), del D.L.vo 24 settembre 2015, n. 156.*

A norma dell'art. 12, comma 1, le disposizioni del predetto decreto entrano in vigore a decorrere dal 1° gennaio 2016.

([2]) *Questo comma è stato inserito dall'art. 9, comma 1, lett. z), n. 2), del D.L.vo 24 settembre 2015, n. 156.*

A norma dell'art. 12, comma 1, le disposizioni del predetto decreto entrano in vigore a decorrere dal 1° gennaio 2016.

62 *bis*. ([1]) Provvedimenti sull'esecuzione provvisoria della sentenza impugnata per cassazione. – 1. La parte che ha proposto ricorso per cassazione può chiedere alla commissione che ha pronunciato la sentenza impugnata di sospenderne in tutto o in parte l'esecutività allo scopo di evitare un danno grave e irreparabile. Il contribuente può comunque chiedere la sospensione dell'esecuzione dell'atto se da questa può derivargli un danno grave e irreparabile.

2. Il presidente fissa con decreto la trattazione della istanza di sospensione per la prima camera di consiglio utile disponendo che ne sia data comunicazione alle parti almeno dieci giorni liberi prima.

3. In caso di eccezionale urgenza il presidente può disporre con decreto motivato la sospensione dell'esecutività della sentenza fino alla pronuncia del collegio.

4. Il collegio, sentite le parti in camera di consiglio, provvede con ordinanza motivata non impugnabile.

5. La sospensione può essere subordinata alla prestazione della garanzia di cui all'articolo 69, comma 2. Si applica la disposizione dell'articolo 47, comma 8 *bis*.

6. La commissione non può pronunciarsi sulle richieste di cui al comma 1 se la parte istante non dimostra di avere depositato il ricorso per cassazione contro la sentenza.

(1) *Questo articolo è stato inserito dall'art. 9, comma 1, lett.* aa)*, del D.L.vo 24 settembre 2015, n. 156.*

A norma dell'art. 12, comma 1, le disposizioni del predetto decreto entrano in vigore a decorrere dal 1° gennaio 2016.

63. Giudizio di rinvio. – 1. Quando la Corte di cassazione rinvia la causa alla commissione tributaria provinciale o regionale la riassunzione deve essere fatta nei confronti di tutte le parti personalmente entro il termine perentorio di sei mesi (1) dalla pubblicazione della sentenza nelle forme rispettivamente previste per i giudizi di primo e di secondo grado in quanto applicabili.

2. Se la riassunzione non avviene entro il termine di cui al comma precedente o si avvera successivamente ad essa una causa di estinzione del giudizio di rinvio l'intero processo si estingue.

3. In sede di rinvio si osservano le norme stabilite per il procedimento davanti alla commissione tributaria a cui il processo è stato rinviato. In ogni caso, a pena d'inammissibilità, deve essere prodotta copia autentica della sentenza di cassazione.

4. Le parti conservano la stessa posizione processuale che avevano nel procedimento in cui è stata pronunciata la sentenza cassata e non possono formulare richieste diverse da quelle prese in tale procedimento, salvi gli adeguamenti imposti dalla sentenza di cassazione.

5. Subito dopo il deposito dell'atto di riassunzione, la segreteria della commissione adita richiede alla cancelleria della Corte di cassazione la trasmissione del fascicolo del processo.

(1) *Le parole: «un anno» sono state così sostituite dalle parole: «sei mesi» dall'art. 9, comma 1, lett.* bb)*, del D.L.vo 24 settembre 2015, n. 156.*

A norma dell'art. 12, comma 1, le disposizioni del predetto decreto entrano in vigore a decorrere dal 1° gennaio 2016.

Sezione IV
La revocazione

64. Sentenze revocabili e motivi di revocazione. – 1. Le sentenze pronunciate in grado d'appello o in unico grado dalle commissioni tributarie possono essere impugnate ai sensi dell'articolo 395 del codice di procedura civile ([1]).

2. Le sentenze per le quali è scaduto il termine per l'appello possono essere impugnate per i motivi di cui ai numeri 1, 2, 3 e 6 dell'art. 395 del codice di procedura civile purché la scoperta del dolo o della falsità dichiarata o il recupero del documento o il passaggio in giudicato della sentenza di cui al numero 6 dell'art. 395 del codice di procedura civile siano posteriori alla scadenza del termine suddetto.

3. Se i fatti menzionati nel comma precedente avvengono durante il termine per l'appello il termine stesso è prorogato dal giorno dell'avvenimento in modo da raggiungere i sessanta giorni da esso.

([1]) *Questo comma è stato così sostituito dall'art. 9, comma 1, lett.* cc), *del D.L.vo 24 settembre 2015, n. 156. A norma dell'art. 12, comma 1, le disposizioni del predetto decreto entrano in vigore a decorrere dal 1° gennaio 2016*

65. Proposizione della impugnazione. – 1. Competente per la revocazione è la stessa commissione tributaria che ha pronunciato la sentenza impugnata.

2. A pena di inammissibilità il ricorso deve contenere gli elementi previsti dall'art. 53, comma 1, e la specifica indicazione del motivo di revocazione e della prova dei fatti di cui ai numeri 1, 2, 3 e 6 dell'art. 395 del codice di procedura civile nonché del giorno della scoperta o della falsità dichiarata o del recupero del documento. La prova della sentenza passata in giudicato che accerta il dolo del giudice deve essere data mediante la sua produzione in copia autentica.

3. Il ricorso per revocazione è proposto e depositato a norma dell'art. 53, comma 2.

3 *bis*. Le parti possono proporre istanze cautelari ai sensi delle disposizioni di cui all'articolo 52, in quanto compatibili ([1]).

([1]) *Questo comma è stato aggiunto dall'art. 9, comma 1, lett.* dd), *del D.L.vo 24 settembre 2015, n. 156.*

A norma dell'art. 12, comma 1, le disposizioni del predetto decreto entrano in vigore a decorrere dal 1° gennaio 2016.

66. Procedimento. – 1. Davanti alla commissione tributaria adita per la revocazione si osservano le norme stabilite per il procedimento davanti ad essa in quanto non derogate da quelle della presente sezione.

67. Decisione. – 1. Ove ricorrano i motivi di cui all'art. 395 del codice di procedura civile la commissione tributaria decide il merito della causa e detta ogni altro provvedimento conseguenziale.

2. Contro la sentenza che decide il giudizio di revocazione sono ammessi i mezzi d'impugnazione ai quali era originariamente soggetta la sentenza impugnata per revocazione.

67 *bis*. (1) **Esecuzione provvisoria.** – 1. Le sentenze emesse dalle commissioni tributarie sono esecutive secondo quanto previsto dal presente capo.

(1) *Questo articolo è stato inserito dall'art. 9, comma 1, lett.* ee), *del D.L.vo 24 settembre 2015, n. 156.*

A norma dell'art. 12, comma 1, le disposizioni del predetto decreto, entrano in vigore dal 1° giugno 2016.

Capo IV
L'esecuzione delle sentenze delle commissioni tributarie

68. Pagamento del tributo (1) **in pendenza del processo.** – 1. Anche in deroga a quanto previsto nelle singole leggi d'imposta, nei casi in cui è prevista la riscossione frazionata del tributo oggetto di giudizio davanti alle commissioni, il tributo, con i relativi interessi previsti dalle leggi fiscali, deve essere pagato:

a) per i due terzi, dopo la sentenza della commissione tributaria provinciale che respinge il ricorso;

b) per l'ammontare risultante dalla sentenza della commissione tributaria provinciale, e comunque non oltre i due terzi, se la stessa accoglie parzialmente il ricorso;

c) per il residuo ammontare determinato nella sentenza della commissione tributaria regionale.

c bis) per l'ammontare dovuto nella pendenza del giudizio di primo grado dopo la sentenza della Corte di cassazione di annullamento con rinvio e per l'intero importo indicato nell'atto in caso di mancata riassunzione (2).

Per le ipotesi indicate nelle precedenti lettere [*a*), *b*) e *c*)] (3) gli importi da versare vanno in ogni caso diminuiti di quanto già corrisposto.

2. Se il ricorso viene accolto, il tributo corrisposto in eccedenza rispetto a quanto statuito dalla sentenza della commissione tributaria provinciale, con i relativi interessi previsti dalle leggi fiscali, deve essere rimborsato d'ufficio entro novanta giorni dalla notificazione della sentenza. In caso di mancata esecuzione del rimborso il contribuente può richiedere l'ottemperanza a norma dell'articolo 70 alla commissione tributaria provinciale ovvero, se

il giudizio è pendente nei gradi successivi, alla commissione tributaria regionale ([4]).

3. Le imposte suppletive [e le sanzioni pecuniarie] ([5]) debbono essere corrisposte dopo l'ultima sentenza non impugnata o impugnabile solo con ricorso in Cassazione.

3 *bis*. Il pagamento, in pendenza di processo, delle risorse proprie tradizionali di cui all'articolo 2, paragrafo 1, lettera *a*), della decisione 2007/436/CE, Euratom del Consiglio, del 7 giugno 2007, e dell'imposta sul valore aggiunto riscossa all'importazione resta disciplinato dal regolamento (CEE) n. 2913/92 del Consiglio, del 12 ottobre 1992, come riformato dal regolamento (UE) n. 952/2013 del Parlamento europeo e del Consiglio, del 9 ottobre 2013, e dalle altre disposizioni dell'Unione europea in materia ([6]).

([1]) *Le originarie parole: «e delle sanzioni pecuniarie» sono state abrogate dall'art. 29, comma 1, lett.* d), *n. 1), del D.L.vo 18 dicembre 1997, n. 472, a decorrere dal 1° aprile 1998.*

([2]) *Questa lettera è stata aggiunta dall'art. 9, comma 1, lett.* ff), *n.* 1), *del D.L.vo 24 settembre 2015, n. 156.*

A norma dell'art. 12, comma 1, le disposizioni del predetto decreto entrano in vigore a decorrere dal 1° gennaio 2016.

([3]) *Le parole fra parentesi quadrate sono state soppresse dall'art. 9, comma 1, lett.* ff), *n.* 1), *del D.L.vo 24 settembre 2015, n. 156.*

A norma dell'art. 12, comma 1, le disposizioni del predetto decreto entrano in vigore a decorrere dal 1° gennaio 2016.

([4]) *Questo periodo è stato aggiunto dall'art. 9, comma 1, lett.* ff), *n.* 2), *del D.L.vo 24 settembre 2015, n. 156.*

A norma dell'art. 12, comma 1, le disposizioni del predetto decreto entrano in vigore a decorrere dal 1° gennaio 2016.

([5]) *Le parole: «e le sanzioni pecuniarie» sono state abrogate dall'art. 29, comma 1, lett.* d), *n.* 2), *del D.L.vo 18 dicembre 1997, n. 472, a decorrere dal 1° aprile 1998.*

([6]) *Questo comma è stato aggiunto dall'art. 10, comma 2, della L. 30 ottobre 2014, n. 161.*

69. ([1]) **Esecuzione delle sentenze di condanna in favore del contribuente. –** 1. Le sentenze di condanna al pagamento di somme in favore del contribuente e quelle emesse su ricorso avverso gli atti relativi alle operazioni catastali indicate nell'articolo 2, comma 2, sono immediatamente esecutive. Tuttavia il pagamento di somme dell'importo superiore a diecimila euro, diverse dalle spese di lite, può essere subordinato dal giudice, anche tenuto conto delle condizioni di solvibilità dell'istante, alla prestazione di idonea garanzia.

2. Con decreto del Ministro dell'economia e delle finanze emesso ai sensi dell'articolo 17, comma 3, della legge 23 agosto 1988, n. 400, sono disciplinati il contenuto della garanzia sulla base di quanto previsto dall'articolo 38 *bis*, comma 5, del decreto del Presidente della Repubblica 26 ottobre 1972,

n. 633, la sua durata nonché il termine entro il quale può essere escussa, a seguito dell'inerzia del contribuente in ordine alla restituzione delle somme garantite protrattasi per un periodo di tre mesi (2).

3. I costi della garanzia, anticipati dal contribuente, sono a carico della parte soccombente all'esito definitivo del giudizio.

4. Il pagamento delle somme dovute a seguito della sentenza deve essere eseguito entro novanta giorni dalla sua notificazione ovvero dalla presentazione della garanzia di cui al comma 2, se dovuta.

5. In caso di mancata esecuzione della sentenza il contribuente può richiedere l'ottemperanza a norma dell'articolo 70 alla commissione tributaria provinciale ovvero, se il giudizio è pendente nei gradi successivi, alla commissione tributaria regionale.

(1) *Questo articolo è stato così sostituito dall'art. 9, comma 1, lett.* gg*), del D.L.vo 24 settembre 2015, n. 156.*

A norma dell'art. 12, comma 1, le disposizioni del predetto decreto, entrano in vigore dal 1° giugno 2016.

Si riporta il testo previgente:

«Art. 69. (Condanna dell'ufficio al rimborso) - 1. Se la commissione condanna l'ufficio del Ministero delle finanze o l'ente locale o il concessionario del servizio di riscossione al pagamento di somme, comprese le spese di giudizio liquidate ai sensi dell'art. 15 (*) e la relativa sentenza è passata in giudicato, la segreteria ne rilascia copia spedita in forma esecutiva a norma dell'art. 475 del codice di procedura civile, applicando per le spese l'art. 25, comma 2.».

(*) *Le originarie parole: «al pagamento di somme dovute» sono sate sostituite dalle attuali da: «o il concessionario ...» sino a: «... dell'art. 15» dall'art. 12, comma 1, del D.L. 8 agosto 1996, n. 437, conv., con modif., nella L. 24 ottobre 1996, n. 556.*

(2) *A norma dell'art. 12, comma 2, del D.L.vo 24 settembre 2015, n. 156, fino all'approvazione del decreto previsto da questo comma, come modificato dall'articolo 10 (N.d.R. 9) del presente decreto, restano applicabili le disposizioni previgenti di cui al presente articolo.*

69 *bis.* (1) [**Aggiornamento degli atti catastali. –** 1. Se la commissione tributaria accoglie totalmente o parzialmente il ricorso proposto avverso gli atti relativi alle operazioni catastali indicate nell'articolo 2, comma 2, e la relativa sentenza è passata in giudicato, la segreteria ne rilascia copia munita dell'attestazione di passaggio in giudicato, sulla base della quale l'ufficio dell'Agenzia del territorio provvede all'aggiornamento degli atti catastali] (2).

(1) *Questo articolo, inserito dall'art. 12, comma 3, lett.* b*), del D.L. 2 marzo 2012, n. 16, convertito, con modificazioni, nella L. 26 aprile 2012, n. 44 è stato, da ultimo, abrogato dall'art. 9, comma 1, lett.* hh*), del D.L.vo 24 settembre 2015, n. 156.*

A norma dell'art. 12, comma 1, le disposizioni del predetto decreto, entrano in vigore dal 1° giugno 2016.

(2) A norma dell'art. 12, comma 4, del D.L. 2 marzo 2012, n. 16, convertito, con modificazioni, nella L. 26 aprile 2012, n. 44, fermo restando quanto previsto dal presente articolo, le sentenze, emanate nei giudizi ivi indicati, non costituenti titolo esecutivo sono comunque annotate negli atti catastali con le modalità stabilite con provvedimento del Direttore dell'Agenzia del territorio, da adottare entro novanta giorni dalla data di entrata in vigore del suddetto decreto.

70. Giudizio di ottemperanza. – 1. La (1) parte che vi ha interesse può richiedere l'ottemperanza agli obblighi derivanti dalla sentenza della commissione tributaria passata in giudicato mediante ricorso da depositare in doppio originale alla segreteria della commissione tributaria provinciale, qualora la sentenza passata in giudicato sia stata da essa pronunciata, e in ogni altro caso alla segreteria della commissione tributaria regionale.

2. Il ricorso è proponibile solo dopo la scadenza del termine entro il quale è prescritto dalla legge l'adempimento a carico dell'ente impositore, dell'agente della riscossione o del soggetto iscritto nell'albo di cui all'articolo 53 del decreto legislativo 15 dicembre 1997, n. 446, degli obblighi derivanti dalla (2) sentenza o, in mancanza di tale termine, dopo trenta giorni dalla loro messa in mora a mezzo di ufficiale giudiziario e fino a quando l'obbligo non sia estinto.

3. Il ricorso indirizzato al presidente della commissione deve contenere la sommaria esposizione dei fatti che ne giustificano la proposizione con la precisa indicazione, a pena di inammissibilità, della sentenza passata in giudicato di cui si chiede l'ottemperanza, che deve essere prodotta in copia unitamente all'originale o copia autentica dell'atto di messa in mora notificato a norma del comma precedente, se necessario.

4. Uno dei due originali del ricorso è comunicato a cura della segreteria della commissione ai soggetti di cui al comma 2 obbligati (3) a provvedere.

5. Entro venti giorni dalla comunicazione l'ufficio [del Ministero delle finanze o l'ente locale] (4) può trasmettere le proprie osservazioni alla commissione tributaria, allegando la documentazione dell'eventuale adempimento.

6. Il presidente della commissione tributaria, scaduto il termine di cui al comma precedente, assegna il ricorso alla sezione che ha pronunciato la sentenza. Il presidente della sezione fissa il giorno per la trattazione del ricorso in camera di consiglio non oltre novanta giorni dal deposito del ricorso e ne viene data comunicazione alle parti almeno dieci giorni liberi prima a cura della segreteria.

7. Il collegio, sentite le parti in contraddittorio ed acquisita la documentazione necessaria, adotta con sentenza i provvedimenti indispensabili per l'ottemperanza in luogo dell'ufficio [del Ministero delle finanze o dell'ente

locale] (4) che li ha omessi e nelle forme amministrative per essi prescritti dalla legge, attenendosi agli obblighi risultanti espressamente dal dispositivo della sentenza e tenuto conto della relativa motivazione. Il collegio, se lo ritiene opportuno, può delegare un proprio componente o nominare un commissario al quale fissa un termine congruo per i necessari provvedimenti attuativi e determina il compenso a lui spettante secondo le disposizioni del Titolo VII del Capo IV del Testo unico delle disposizioni legislative e regolamentari in materia di spese di giustizia approvato con decreto del Presidente della Repubblica 30 maggio 2002, n. 115 (5).

8. Il collegio, eseguiti i provvedimenti di cui al comma precedente e preso atto di quelli emanati ed eseguiti dal componente delegato o dal commissario nominato, dichiara chiuso il procedimento con ordinanza.

9. Tutti i provvedimenti di cui al presente articolo sono immediatamente esecutivi.

10. Contro la sentenza di cui al comma 7 è ammesso soltanto ricorso in Cassazione per inosservanza delle norme sul procedimento.

10 *bis*. Per il pagamento di somme dell'importo fino a ventimila euro e comunque per il pagamento delle spese di giudizio, il ricorso è deciso dalla Commissione in composizione monocratica (6).

(1) *Le parole: «Salvo quanto previsto dalle norme del codice di procedura civile per l'esecuzione forzata della sentenza di condanna costituente titolo esecutivo, la» sono state così sostituite dalla parola: «La» dall'art. 9, comma 1, lett.* ii*), n. 1), del D.L.vo 24 settembre 2015, n. 156.*

A norma dell'art. 12, comma 1, le disposizioni del predetto decreto entrano in vigore a decorrere dal 1° gennaio 2016.

(2) *Le parole: «dall'ufficio del Ministero delle finanze o dall'ente locale dell'obbligo posto a carico della» sono state così sostituite dalle parole: «a carico dell'ente impositore, dell'agente della riscossione o del soggetto iscritto nell'albo di cui all'articolo 53 del decreto legislativo 15 dicembre 1997, n. 446, degli obblighi derivanti dalla» dall'art. 9, comma 1, lett.* ii*), n. 2), del D.L.vo 24 settembre 2015, n. 156.*

A norma dell'art. 12, comma 1, le disposizioni del predetto decreto entrano in vigore a decorrere dal 1° gennaio 2016.

(3) *Le parole: «all'ufficio del Ministero delle finanze o all'ente locale obbligato» sono state così sostituite dalle parole: «ai soggetti di cui al comma 2 obbligati» dall'art. 9, comma 1, lett.* ii*), n. 3), del D.L.vo 24 settembre 2015, n. 156.*

A norma dell'art. 12, comma 1, le disposizioni del predetto decreto entrano in vigore a decorrere dal 1° gennaio 2016.

(4) *Le parole fra parentesi quadrate sono state soppresse dall'art. 9, comma 1, lett.* ii*), n. 4), del D.L.vo 24 settembre 2015, n. 156.*

A norma dell'art. 12, comma 1, le disposizioni del predetto decreto entrano in vigore a decorrere dal 1° gennaio 2016.

(5) *Le parole: «della legge 8 luglio 1980, n. 319, e successive modificazioni e integrazioni.» sono state così sostituite dalle parole: «del Titolo VII del Capo IV del Testo unico delle disposizioni legislative e regolamentari in materia di spese di giustizia approvato con decreto del Presidente della Repubblica 30 maggio 2002, n. 115.» dall'art. 9, comma 1, lett.* ii*), n. 4), del D.L.vo 24 settembre 2015, n. 156.*

A norma dell'art. 12, comma 1, le disposizioni del predetto decreto entrano in vigore a decorrere dal 1° gennaio 2016.

(6) *Questo comma è stato inserito dall'art. 9, comma 1, lett. ii), n. 5), del D.L.vo 24 settembre 2015, n. 156.*

A norma dell'art. 12, comma 1, le disposizioni del predetto decreto entrano in vigore a decorrere dal 1° gennaio 2016.

Titolo III
Disposizioni finali e transitorie

71. (1) **Norme abrogate. –** 1. Sono abrogati l'art. 288 del T.U. per la finanza locale 14 settembre 1931, n. 1175, l'art. 1 e gli artt. da 15 a 45 del D.P.R. 26 ottobre 1972, n. 636 e successive modificazioni e integrazioni, l'art. 19, commi 4 e 5, e l'art. 20 del D.P.R. 26 ottobre 1972, n. 638, l'art. 24 del D.P.R. 26 ottobre 1972, n. 639, [l'art. 39, comma 1, del D.P.R. 29 settembre 1973, n. 602] (2), gli artt. 63, comma 5, e 68, comma 3, del D.P.R. 28 gennaio 1988, n. 43, l'art. 4, comma 8, del D.L. 2 marzo 1989, n. 66, convertito nella L. 24 aprile 1989, n. 144, [l'art. 11, comma 5, del D. L. 13 maggio 1991, n. 151, convertito nella L. 12 luglio 1991, n. 202] (2).

2. È inoltre abrogata ogni altra norma di legge non compatibile con le disposizioni del presente decreto.

(1) *Le abrogazioni decorrono dall'1 aprile 1996, a norma del combinato disposto dell'art. 80, comma 2, di questo decreto e dell'art. 42, comma 1, del D.L.vo 31 dicembre 1992, n. 545.*

(2) *Queste parole sono state soppresse dall'art. 12, comma 1, del D.L. 8 agosto 1996, n. 437, conv., con modif., nella L. 24 ottobre 1996, n. 556.*

72. Controversie pendenti davanti alle commissioni tributarie di primo e di secondo grado. – 1. Le controversie pendenti dinanzi alle commissioni tributarie di primo e di secondo grado previste dal D.P.R. 26 ottobre 1972, n. 636, alla data d'insediamento delle commissioni tributarie provinciali e regionali, sono ad esse rispettivamente attribuite, tenuto conto, quanto alla competenza territoriale, delle rispettive sedi. La segreteria della commissione tributaria provinciale o regionale dà comunicazione alle parti della data di trattazione almeno trenta giorni liberi prima. La consegna o spedizione del ricorso o dell'atto di appello, ai sensi degli artt. 17, comma primo, e 22, comma secondo, del D.P.R. 26 ottobre 1972, n. 636, equivale a costituzione in giudizio del ricorrente ai sensi degli artt. 22 e 53, comma 2. La parte resistente può effettuare la costituzione in giudizio entro il termine di cui all'art. 32, comma 1 ([1]).

1 *bis*. In deroga alle disposizioni del presente decreto, le controversie previste dal comma 1, pendenti alla data ivi indicata dinanzi alle commissioni tributarie di primo grado ed il cui valore, determinato ai sensi dell'articolo 12, comma 5, sia inferiore a € 2.582,28, sono trattate e decise in pubblica udienza da un giudice singolo, nominato per ciascun ricorso, ai sensi dell'articolo 30, comma 1, dal presidente della sezione alla quale il ricorso medesimo è stato assegnato. Il presidente, se non intende designare se stesso, può nominare giudice unico il vicepresidente od un componente della sezione appartenente ad una delle categorie di cui all'articolo 4, comma 1, lettera *a*), del decreto legislativo 31 dicembre 1992, n. 545, ovvero che sia in possesso di diploma di laurea in giurisprudenza o in economia e commercio ed abbia un'anzianità di servizio presso le commissioni tributarie di almeno dieci anni. Per la trattazione della controversia si applicano, in quanto compatibili, le disposizioni delle sezioni III e IV del Capo I del Titolo II del presente decreto, ad eccezione dell'articolo 33, intendendosi sostituito in ogni caso il giudice singolo al relatore e al collegio. Restano ferme tutte le altre disposizioni del presente decreto, comprese, con la medesima sostituzione, quelle del Capo II del Titolo II. Il tentativo di conciliazione, di cui all'articolo 48, comma 2, è obbligatorio se all'udienza sono presenti entrambe le parti. Le controversie di cui al presente comma sono trattate dal giudice singolo in udienze distinte da quelle collegiali ([2]).

2. Se alla data indicata al comma 1 pendono termini per la proposizione di ricorsi secondo le norme previgenti, detti ricorsi, sono proposti alle commissioni tributarie provinciali entro i termini previsti dal presente decreto, che decorrono dalla suddetta data. Se alla data indicata al comma 1 pendono termini per impugnare decisioni delle commissioni tributarie di primo grado, dette impugnazioni sono proposte secondo le modalità e i termini previsti dal presente decreto, che decorrono dalla suddetta data ([3]).

3. Se i termini per il compimento di atti processuali diversi dai ricorsi secondo le norme vigenti, alla data di cui ai commi 1 e 2, sono ancora pendenti, tali atti possono essere compiuti nei termini previsti dal presente decreto, che decorrono dalla suddetta data.

4. Le segreterie delle commissioni tributarie di primo e di secondo grado indicate nel comma 1 provvedono a trasmettere i fascicoli relativi alle controversie pendenti alle segreterie delle commissioni provinciale o regionale rispettivamente competenti.

5. Le segreterie delle commissioni tributarie di primo e di secondo grado indicate nel comma 1 continuano a funzionare, solo per gli adempimenti di cui al comma 4, anche oltre la data indicata nel comma 1.

(1) *Il secondo, terzo e quarto periodo di questo comma sono stati aggiunti dall'art. 12, comma 1, del D.L. 8 agosto 1996, n. 437, conv., con modif., nella 24 ottobre 1996, n. 556.*

(2) *Questo comma è stato inserito dall'art. 32, comma 2, della L. 8 maggio 1998, n. 146.*

(3) *Questo comma è stato così sostituito dall'art. 12, comma 1, del D.L. 8 agosto 1996, n. 437, conv., con modif., nella L. 24 ottobre 1996, n. 556.*

73. (1) [**Istanza di trattazione.** – 1. (*Omissis*)].

(1) *Questo articolo è stato abrogato dall'art. 69, comma 3, del D.L. 30 agosto 1993, n. 331, convertito, con modificazioni, nella L. 29 ottobre 1993, n. 427.*

74. Controversie pendenti davanti alla corte di appello (1). – 1. Alle controversie, che alla data di cui all'art. 72 pendono davanti alla corte di appello o per le quali pende il termine per l'impugnativa davanti allo stesso organo, continuano ad applicarsi le disposizioni contenute nel D.P.R. 26 ottobre 1972, n. 636, e successive modificazioni e integrazioni.

(1) *Questo articolo è stato così sostituito dall'art. 69, comma 3, del D.L. 30 agosto 1993, n. 331, conv., con modif., nella L. 29 ottobre 1993, n. 427.*

75. Controversie pendenti davanti alla Commissione tributaria centrale. – 1. Alle controversie che alla data di cui all'art. 72 pendono davanti alla commissione tributaria centrale o per le quali pende il termine per l'impugnativa davanti allo stesso organo, nonché alle controversie pendenti dinanzi alle commissioni di secondo grado per le quali, alla predetta data, è stato depositato il solo dispositivo della decisione (1), continuano ad applicarsi le disposizioni contenute nel D.P.R. 26 ottobre 1972, n. 636, e successive modificazioni e integrazioni (2).

2. Relativamente alle controversie pendenti o per le quali pende il termine alla data di entrata in vigore del presente decreto legislativo, il ricorrente e qualsiasi altra parte sono tenuti, entro sei mesi dalla predetta data (3), a proporre alla segreteria della commissione tributaria centrale apposita istanza di trattazione contenente gli estremi della controversia e del procedimento. L'istanza potrà essere sottoscritta dalla parte o dal suo precedente difensore, se nominato, e deve essere notificata o spedita o consegnata alla segreteria della commissione tributaria centrale nei modi previsti dall'art. 20; in difetto, il giudizio davanti alla commissione tributaria centrale si estingue. L'estinzione è dichiarata dal presidente della sezione, dopo aver verificato che non sia stata depositata in segreteria l'istanza di trasmissione del fascicolo alla cancelleria della corte di cassazione a seguito della richiesta di

esame a norma del comma seguente. Contro il decreto del Presidente, di cui viene data comunicazione alle parti, è ammesso reclamo al collegio nei modi e nei termini previsti dall'art. 28 (2) (4).

3. Le parti che hanno proposto ricorso alla Commissione centrale, anziché presentare l'istanza di trattazione di cui al comma precedente, possono chiedere nello stesso termine l'esame da parte della Corte di cassazione ai sensi dell'art. 360 del codice di procedura civile convertendo il ricorso alla Commissione tributaria centrale in ricorso per cassazione contro la decisione impugnata, osservate per il resto tutte le norme del codice di procedura civile per il procedimento davanti alla Corte di cassazione.

4. Se non è stato richiesto l'esame da parte della Corte di cassazione e l'istanza di trattazione è presentata nei termini, il procedimento prosegue davanti alla Commissione tributaria centrale, che provvede alla sua definizione mediante deposito della decisione entro i termini di cui all'art. 42, comma 3, del D.L.vo 31 dicembre 1993, n. 545 (5) applicando le disposizioni vigenti anteriormente alla data di entrata in vigore del presente decreto. Le stesse disposizioni si applicano per i ricorsi presentati alla Commissione tributaria centrale successivamente alla data di entrata in vigore del presente decreto.

5. (*Omissis*)

6. La segreteria della Commissione tributaria centrale continua a funzionare anche oltre il termine di cui al comma 4 per trasmettere i fascicoli dei processi alla cancelleria della Corte di cassazione o alle commissioni tributarie regionale o provinciale.

(1) *Le parole da: «nonché ...» sino a: «... decisione» sono state inserite dall'art. 12, comma 1, del D.L. 8 agosto 1996, n. 437, conv., con modif., nella L. 24 ottobre 1996, n. 556.*

(2) *Questo comma è stato così sostituito dall'art. 69, comma 3, del D.L. 30 agosto 1993, n. 331, conv., con modif., nella L. 29 ottobre 1993, n. 427.*

(3) *Le parole da: «pende il termine ...» sino a «... predetta data» sono state così sostituite dall'art. 1, comma 1, del D.L. 26 novembre 1993, n. 477, conv., nella L. 26 gennaio 1994, n. 55.*

L'art. 2, stesso decreto, così inoltre dispone:

«2.1. Relativamente alle controversie che alla data del 15 gennaio 1993 erano pendenti davanti alla Commissione tributaria centrale o per le quali pendeva il termine per l'impugnativa davanti allo stesso organo, il ricorrente e qualsiasi altra parte, ai fini della prosecuzione del procedimento, possono presentare, entro il 28 febbraio 1994, istanza di trattazione dinanzi alla Commissione tributaria centrale a norma dell'art. 75, comma 2, del D.L.vo 31 dicembre 1992, n. 546, come modificato dall'art. 1 del presente decreto, qualora non abbiano presentato l'anzidetta istanza entro il 15 luglio 1993. La presentazione dell'istanza di trattazione produce l'inefficacia del decreto, di cui al predetto art. 75, comma 2, dichiarativo dell'estinzione del giudizio».

([4]) *La Corte costituzionale, con sentenza n. 111 del 16 aprile 1998, ha dichiarato l'illegittimità costituzionale di questo comma, secondo periodo, nella parte in cui non prevede che il termine per l'istanza di trattazione decorra dalla data della ricezione dell'avviso dell'onere di proposizione dell'istanza stessa.*

([5]) *Le originarie parole «entro il 31 dicembre 1995» sono state così sostituite dall'art. 69, comma 3, del D.L. 30 agosto 1993, n. 331, conv., con modif., nella L. 29 ottobre 1993, n. 427.*

76. Controversie in sede di rinvio. – 1. Se alla data prevista dall'art. 72, a seguito di sentenza della Corte di cassazione o di corte d'appello o a seguito di decisione della Commissione tributaria centrale pendono i termini per la riassunzione del procedimento di rinvio davanti alle commissioni tributarie di primo o di secondo grado, detti termini decorrono da tale data e la riassunzione va fatta davanti alla commissione tributaria provinciale o regionale competente.

2. Il termine per la riassunzione davanti alla corte d'appello non subisce modifiche.

3. Se alla data prevista all'art. 72, a seguito di rinvio disposto dalla Corte di cassazione, pende il termine per la riassunzione davanti alla Commissione tributaria centrale, detto termine decorre da tale data e la riassunzione va fatta davanti alla commissione tributaria regionale competente.

4. Se la riassunzione non avviene nei termini, o si avvera successivamente ad essa una causa di estinzione del giudizio di rinvio, l'intero processo si estingue ([1]).

5. Se alla data indicata nei commi precedenti pendono i giudizi di rinvio davanti alla commissione tributaria di primo o di secondo grado si applicano le disposizioni di cui all'art. 72, comma 4 ([1]).

([1]) *Questo comma è stato così sostituito dall'art. 69, comma 3, del D.L. 30 agosto 1993, n. 331, convertito, con modificazioni, nella L. 29 ottobre 1993, n. 427.*

77. Procedimento contenzioso amministrativo davanti all'intendenza di finanza o al Ministero delle finanze. – 1. Le controversie relative ai tributi comunali e locali indicati nell'art. 2, lett. *h*), per le quali era previsto il ricorso all'intendente di finanza o al Ministro delle finanze, se non ancora definite alla data di insediamento delle nuove commissioni, continuano ad essere decise in sede amministrativa dai suddetti organi secondo le relative disposizioni, ancorché abrogate ai sensi dell'art. 71.

78. Controversie già di competenza delle commissioni comunali per i tributi locali. – 1. Le controversie già di competenza in primo grado delle commissioni comunali per i tributi locali, se alla data d'insediamento delle nuove commissioni pendono davanti all'autorità giudiziaria ordinaria, i relativi giudizi proseguono in questa sede.

2. Le controversie di cui al comma 1, che alla data indicata non pendono davanti all'autorità giudiziaria ordinaria e non sono già state definite, qualunque sia il grado in cui si trovavano al momento della sentenza della Corte costituzionale 27 luglio 1989, n. 451, debbono essere riattivate da parte degli enti impositori interessati mediante trasmissione dei relativi atti e documenti alla commissione tributaria provinciale competente entro il termine di mesi sei dalla data anzidetta; altrimenti ogni pretesa dell'ente impositore s'intende definitivamente abbandonata.

79. Norme transitorie. – 1. Le disposizioni di cui agli artt. 57, comma 2, e 58, comma 1, non si applicano ai giudizi già pendenti in grado d'appello davanti alla commissione tributaria di secondo grado e a quelli iniziati davanti alla commissione tributaria regionale se il primo grado si è svolto sotto la disciplina della legge anteriore.

2. Nei giudizi davanti alla commissione tributaria provinciale o regionale riguardanti controversie già pendenti davanti ad altri organi giurisdizionali o amministrativi la regolarizzazione della costituzione delle parti secondo le nuove norme sull'assistenza tecnica è disposta, ove necessario, secondo le modalità e nel termine perentorio fissato dal presidente della sezione o dal collegio rispettivamente con decreto o con ordinanza da comunicare alle parti a cura della segreteria.

80. Entrata in vigore. – 1. Il presente decreto entra in vigore il 15 gennaio 1993.

2. Le disposizioni del presente decreto hanno effetto dalla data di insediamento delle commissioni tributarie provinciali e regionali [1] [2].

[1] *Le originarie parole «salvo quanto stabilito dagli artt. 74 e 75 che, per le controversie pendenti alla data di entrata in vigore del presente decreto, si applicano a partire dalla predetta data di entrata in vigore», con cui terminava questo comma, sono state soppresse dall'art. 69, comma 3, del D.L. 30 agosto 1993, n. 331, conv., con modif., nella L. 29 ottobre 1993, n. 427.*

[2] *Per effetto dell'art. 1, comma 1, del D.L. 26 settembre 1995, n. 403, conv., senza modif., nella L. 20 novembre 1995, n. 495, la data unica di insediamento delle commissioni tributarie provinciali e regionali è stata fissata all'1 aprile 1996.*

6.

D.L. 25 giugno 2008, n. 112. Disposizioni urgenti per lo sviluppo economico, la semplificazione, la competitività, la stabilizzazione della finanza pubblica e la perequazione tributaria (Suppl. ord. alla *Gazzetta Ufficiale* Serie gen. - n. 147 del 25 giugno 2008), convertito, con modificazioni, nella L. 6 agosto 2008, n. **133** (Suppl. ord alla *Gazzetta Ufficiale* Serie gen. - n. 195 del 21 agosto 2008).

(*Estratto*)

Titolo II
Sviluppo economico,
semplificazione e competitività

Capo IX
Giustizia

55. Accelerazione del contenzioso tributario. – 1. Relativamente ai soli processi pendenti, su ricorso degli uffici dell'Amministrazione finanziaria, innanzi alla Commissione tributaria centrale alla data di entrata in vigore dell'art. 1, comma 351, della legge 24 dicembre 2007, n. 244, per i quali non è stata ancora fissata l'udienza di trattazione alla data di entrata in vigore del presente decreto, i predetti uffici depositano presso la competente segreteria, entro sei mesi dalla data di entrata in vigore del presente decreto, apposita dichiarazione di persistenza del loro interesse alla definizione del giudizio. In assenza di tale dichiarazione i relativi processi si estinguono di diritto e le spese del giudizio restano a carico della parte che le ha sopportate.

2. A decorrere dalla data di entrata in vigore del presente decreto non si fa luogo alla nomina di nuovi giudici della Commissione tributaria centrale e le sezioni della stessa, ove occorrente, sono integrate esclusivamente con i componenti delle commissioni tributarie regionali presso le quali le predette sezioni hanno sede.

Titolo V
Disposizioni finanziarie e finali

85. Entrata in vigore. – 1. Il presente decreto entra in vigore il giorno stesso della sua pubblicazione nella *Gazzetta Ufficiale* della Repubblica italiana e sarà presentato alle Camere per la conversione in legge.

7.

D.L. 6 luglio 2011, n. 98. Disposizioni urgenti per la stabilizzazione finanziaria (*Gazzetta Ufficiale* Serie gen. - n. 155 del 6 luglio 2011), convertito, con modificazioni, nella L. 15 luglio 2011, n. **111** (*Gazzetta Ufficiale* Serie gen. - n. 164 del 16 luglio 2011) ed *errata corrige* in *Gazzetta Ufficiale* Serie gen. - n. 190 del 17 agosto 2011.

(*Estratto*)

Titolo I
Disposizioni per il controllo
e la riduzione della spesa pubblica,
nonché in materia di entrate

Capo V
Disposizioni in materia di entrate

23. Norme in materia tributaria. – 1. - 49. (*Omissis*)

50. In tutti gli atti introduttivi di un giudizio, compresa l'azione civile in sede penale e in tutti gli atti di prima difesa devono essere indicati, le generalità complete della parte, la residenza o sede, il domicilio eletto presso il difensore ed il codice fiscale, oltre che della parte, anche dei rappresentanti in giudizio.

50 *bis*. - 50 *quater*. (*Omissis*).

Titolo II
Disposizioni per lo sviluppo

37. Disposizioni per l'efficienza del sistema giudiziario e la celere definizione delle controversie. – 1. I capi degli uffici giudiziari sentiti, per il settore penale, il procuratore della Repubblica presso il tribunale e, in ogni caso, (1) i presidenti dei rispettivi consigli dell'ordine degli avvocati, entro il 31 gennaio di ogni anno redigono un programma per la gestione dei procedimenti civili, penali, (2) amministrativi e tributari pendenti. Con il programma il capo dell'ufficio giudiziario determina:

a) gli obiettivi di riduzione della durata dei procedimenti concretamente raggiungibili nell'anno in corso;

b) gli obiettivi di rendimento dell'ufficio, tenuto conto dei carichi esigibili di lavoro dei magistrati individuati dai competenti organi di autogoverno, l'ordine di priorità nella trattazione dei procedimenti pendenti, individuati secondo criteri oggettivi ed omogenei che tengano conto della durata della causa, anche con riferimento agli eventuali gradi di giudizio precedenti, nonché della natura e del valore della stessa ([3]).

b bis) per il settore penale, i criteri di priorità nella trattazione dei procedimenti pendenti, sulla base delle disposizioni di legge e delle linee guida elaborate dal Consiglio superiore della magistratura ([4]).

2. Con il programma di cui al comma 1, sulla cui attuazione vigila il capo dell'ufficio giudiziario, viene dato atto dell'avvenuto conseguimento degli obiettivi fissati per l'anno precedente o vengono specificate le motivazioni del loro eventuale mancato raggiungimento.

Ai fini della valutazione per la conferma dell'incarico direttivo ai sensi dell'articolo 45 del decreto legislativo 5 aprile 2006 n. 160, i programmi previsti dal comma 1 sono comunicati ai locali consigli dell'ordine degli avvocati e sono trasmessi al Consiglio superiore della magistratura.

3. In sede di prima applicazione delle disposizioni di cui ai commi 1, e seguenti, il programma di cui al comma 1 viene adottato entro il 31 ottobre 2011 ([5]) e vengono indicati gli obiettivi di riduzione della durata dei procedimenti civili, amministrativi e tributari concretamente raggiungibili entro il 31 dicembre 2012, anche in assenza della determinazione dei carichi di lavoro di cui al comma 1, lett. *b*).

4. In relazione alle concrete esigenze organizzative dell'ufficio, i capi degli uffici giudiziari possono stipulare apposite convenzioni, senza oneri a carico della finanza pubblica, con le facoltà universitarie di giurisprudenza, con le scuole di specializzazione per le professioni legali di cui all'articolo 16 del decreto legislativo 17 novembre 1997, n. 398, e successive modificazioni, e con i consigli dell'ordine degli avvocati per consentire ai più meritevoli, su richiesta dell'interessato e previo parere favorevole del Consiglio giudiziario per la magistratura ordinaria, del Consiglio di presidenza della giustizia amministrativa per quella amministrativa e del Consiglio di presidenza della giustizia tributaria per quella tributaria, lo svolgimento presso i medesimi uffici giudiziari del primo anno del corso di dottorato di ricerca, del corso di specializzazione per le professioni legali o della pratica forense per l'ammissione all'esame di avvocato.

5. Coloro che sono ammessi alla formazione professionale negli uffici giudiziari assistono e coadiuvano i magistrati che ne fanno richiesta nel compimento delle loro ordinarie attività, anche con compiti di studio, e ad essi si applica l'articolo 15 del testo unico delle disposizioni concernenti lo statuto degli impiegati civili dello Stato, di cui al decreto del Presidente della Repubblica 10 gennaio 1957 n. 3. Lo svolgimento delle attività previste dal presente comma sostituisce ogni altra attività del corso del dottorato di ricerca, del corso di specializzazione per le professioni legali o della prati-

ca forense per l'ammissione all'esame di avvocato. Al termine del periodo di formazione il magistrato designato dal capo dell'ufficio giudiziario redige una relazione sull'attività e sulla formazione professionale acquisita, che viene trasmessa agli enti di cui al comma 4. Ai soggetti previsti dal presente comma non compete alcuna forma di compenso, di indennità, di rimborso spese o di trattamento previdenziale da parte della pubblica amministrazione. Il rapporto non costituisce ad alcun titolo pubblico impiego. È in ogni caso consentita la partecipazione alle convenzioni previste dal comma 4 di terzi finanziatori.

6. - 10. (*Omissis*)

11. Con decreto del Presidente del Consiglio dei Ministri, di concerto con i Ministri dell'economia e delle finanze e della giustizia, è stabilita la ripartizione in quote delle risorse confluite nel capitolo di cui al comma 10, primo periodo, per essere destinate, in via prioritaria, all'assunzione di personale di magistratura ordinaria, nonché, per il solo anno 2014, nella prospettiva di migliorare l'efficienza degli uffici giudiziari e per consentire a coloro che hanno completato il tirocinio formativo presso gli uffici giudiziari a norma dell'articolo 1, comma 25, della legge 24 dicembre 2012, n. 228, lo svolgimento di un periodo di perfezionamento da completare entro il 30 aprile 2015 ([6]), nel limite di spesa di 15 milioni di euro. La titolarità del relativo progetto formativo è assegnata al Ministero della giustizia. A decorrere dall'anno 2015 e fino all'anno 2017 ([7]), una quota pari a 7,5 milioni di euro del predetto importo è destinata all'incentivazione del personale amministrativo appartenente agli uffici giudiziari che abbiano raggiunto gli obiettivi di cui al comma 12, anche in deroga alle disposizioni di cui all'articolo 9, comma 2 *bis*, del decreto legge 31 maggio 2010, n. 78, convertito, con modificazioni, dalla legge 30 luglio 2010, n. 122, e alle spese di funzionamento degli uffici giudiziari. A decorrere dall'anno 2018, la quota pari a 7,5 milioni di euro di cui al terzo periodo è destinata a fronteggiare le imprevedibili esigenze di servizio, ivi comprese quelle connesse al conseguimento degli obiettivi definiti dai programmi di cui al comma 1, ove il prolungamento dell'orario d'obbligo per il personale amministrativo degli uffici giudiziari interessati ecceda i limiti orari stabiliti dalla vigente normativa per il lavoro straordinario; l'autorizzazione al prolungamento dell'orario d'obbligo oltre i limiti previsti per il lavoro straordinario è disposta, in deroga alla normativa vigente, con decreto del Ministro della giustizia, di concerto con il Ministro dell'economia e delle finanze, fino al limite massimo, per ciascuna unità, non superiore a 35 ore mensili ([8]). La riassegnazione prevista dal comma 10, primo periodo, è effettuata al netto delle risorse utilizzate per le assunzioni del personale di magistratura ordinaria ([9]).

12. Ai fini del comma 11, il Ministero della giustizia comunica alla Presidenza del Consiglio dei ministri e al Ministero dell'economia e delle finanze – Dipartimento della Ragioneria generale dello Stato, entro il 30 aprile di ciascuno degli anni interessati ([10]), l'elenco degli uffici giudiziari presso i quali, alla data del 31 dicembre, risultano pendenti procedimenti civili in numero ridotto di almeno il 10 per cento rispetto all'anno precedente ([11]). Il Presidente del Consiglio di Stato comunica alla Presidenza del Consiglio dei ministri e al Ministero dell'economia e delle finanze – Dipartimento della Ragioneria generale dello Stato, entro il 30 aprile di ogni anno, l'elenco degli uffici giudiziari risultati maggiormente produttivi nella riduzione delle pendenze, con riferimento anche agli obiettivi fissati nei programmi di gestione di cui al comma 1 ([11]). Relativamente ai giudici tributari, l'incremento della quota variabile del compenso di cui all'articolo 12, comma 3 *ter*, del decreto legge 2 marzo 2012, n. 16, convertito, con modificazioni, dalla legge 26 aprile 2012, n. 44, è altresì subordinato, in caso di pronuncia su una istanza cautelare, al deposito della sentenza di merito che definisce il ricorso entro novanta giorni dalla data di tale pronuncia ([12]). Per l'anno 2011 la percentuale indicata al primo periodo del presente comma è ridotta al cinque per cento.

13. L'organo di autogoverno della magistratura tributaria provvede al riparto delle somme di cui al comma 11 tra gli uffici giudiziari che hanno raggiunto gli obiettivi di smaltimento dell'arretrato di cui al comma 12, secondo le percentuali di cui al comma 1, e tenuto conto delle dimensioni e della produttività di ciascun ufficio. Il Presidente del Consiglio di Stato, sentito l'organo di autogoverno della magistratura amministrativa, provvede al riparto delle risorse di cui al comma 11 *bis* tra gli uffici della giustizia amministrativa, tenendo conto della produttività e delle dimensioni di ciascun ufficio. Per gli anni 2015, 2016 e 2017, il Ministro della giustizia, sentito il Consiglio superiore della magistratura, provvede al riparto delle somme di cui al comma 11 tra gli uffici della giustizia ordinaria in conformità ai criteri di cui al primo periodo ([13]) ([14]).

14. A decorrere dal 1° gennaio 2012, il maggior gettito derivante dall'applicazione dell'articolo 13, comma 6 *bis*, del decreto del Presidente della Repubblica 30 maggio 2002, n. 115, confluisce nel capitolo di cui al comma 10, secondo periodo ([15]). Conseguentemente, il comma 6 *ter* dell'articolo 13 del predetto decreto del Presidente della Repubblica n. 115 del 2002 è abrogato.

15. Nelle more dell'emanazione dei decreti di cui ai commi 11 e 11 *bis* ([16]) e ferme restando le procedure autorizzatorie previste dalla legge, le procedure concorsuali per l'assunzione di personale di magistratura già bandite alla data di entrata in vigore del presente decreto possono essere completate.

16. A decorrere dall'anno 2012, il Ministro della giustizia presenta alle Camere, entro il mese di giugno, una relazione sullo stato delle spese di giustizia, che comprende anche un monitoraggio delle spese relative al semestre precedente.

17. Se dalla relazione emerge che siano in procinto di verificarsi scostamenti rispetto alle risorse stanziate annualmente dalla legge di bilancio per le spese di giustizia, con decreto del Ministro della giustizia, di concerto con il Ministro dell'economia e delle finanze, è disposto l'incremento del contributo unificato di cui al decreto del Presidente della Repubblica 30 maggio 2002, n. 115, in misura tale da garantire l'integrale copertura delle spese dell'anno di riferimento e in misura comunque non superiore al cinquanta per cento.

18. (*Omissis*).

19. Una quota dei risparmi ottenuti dall'applicazione del comma 18, accertati al 31 dicembre di ciascun esercizio finanziario con decreto del Ministro della giustizia, di concerto con il Ministro dell'economia e delle finanze, nei limiti del 30%, sono versati all'entrata del bilancio dello Stato per essere riassegnati al Fondo per l'editoria di cui alla legge 25 febbraio 1987, n. 67.

20. Il Consiglio di presidenza della giustizia amministrativa, il Consiglio di presidenza della giustizia tributaria e il Consiglio della magistratura militare, affidano il controllo sulla regolarità della gestione finanziaria e patrimoniale, nonché sulla corretta ed economica gestione delle risorse e sulla trasparenza, imparzialità e buon andamento dell'azione amministrativa a un Collegio dei revisori dei conti, composto da un Presidente di sezione della Corte dei Conti, in servizio designato dal Presidente della Corte dei conti e da due componenti di cui uno scelto tra i magistrati della Corte dei conti in servizio, designati dal Presidente della Corte dei conti o tra i professori ordinari di contabilità pubblica o discipline similari, anche in quiescenza, e l'altro designato dal Ministro dell'economia e delle finanze, ai sensi dell'articolo 16, della legge 31 dicembre 2009, n. 196. Per tali finalità è autorizzata la spesa di 63.000 euro annui a decorrere dal 2011.

21. Ove sussista una scopertura superiore al 30 per cento dei posti di cui all'articolo 1, comma 4, della legge 4 maggio 1998, n. 133, alla data di assegnazione ai magistrati ordinari nominati con il decreto del Ministro della giustizia in data 5 agosto 2010 della sede provvisoria di cui all'articolo 9 *bis* del decreto legislativo 5 aprile 2006, n. 160, il Consiglio superiore della magistratura con provvedimento motivato può attribuire esclusivamente ai predetti magistrati le funzioni requirenti e le funzioni giudicanti monocratiche penali, in deroga all'articolo 13, comma 2, del medesimo decreto legislativo. Si applicano ai medesimi magistrati le disposizioni di cui all'articolo 3 *bis*,

commi 2 e 3, del decreto legge 29 dicembre 2009, n. 193, convertito, con modificazioni, dalla legge 22 febbraio 2010, n. 24.

([1]) *Le parole: «per il settore penale, il procuratore della Repubblica presso il tribunale e, in ogni caso,» sono state inserite dall'art. 35* bis, *comma 1, lett.* a), *del D.L. 6 novembre 2021, n. 152, convertito, con modificazioni, nella L. 29 dicembre 2021, n. 233.*

([2]) *La parola: «penali,» è stata inserita dall'art. 35* bis, *comma 1, lett.* a), *del D.L. 6 novembre 2021, n. 152, convertito, con modificazioni, nella L. 29 dicembre 2021, n. 233.*

([3]) *Si vedano gli artt. 62 - 73 del D.L. 21 giugno 2013, n. 69, convertito, con modificazioni, nella L. 9 agosto 2013, n. 98.*

([4]) *Questa lettera è stata aggiunta dall'art. 35* bis, *comma 1, lett.* b), *del D.L. 6 novembre 2021, n. 152, convertito, con modificazioni, nella L. 29 dicembre 2021, n. 233.*

([5]) *Le parole: «entro sessanta giorni dalla data di entrata in vigore del presente decreto» sono state così sostituite dalle attuali: «entro il 31 ottobre 2011» dall'art. 2, comma 35* quinquies, *lett.* a), *del D.L. 13 agosto 2011, n. 138, convertito, con modificazioni, nella L. 14 settembre 2011, n. 148.*

([6]) *Le parole: «31 dicembre 2014» sono state così sostituite dalle seguenti: «30 aprile 2015» dall'art. 1, comma 12, del D.L. 31 dicembre 2014, n. 192, convertito, con modificazioni, nella L. 27 febbraio 2015, n. 11. A norma del medesimo comma 12, al relativo onere si provvede mediante l'utilizzo delle risorse del Fondo Unico Giustizia di cui all'articolo 2, comma 7, lettera b), del decreto legge 16 settembre 2008, n. 143, convertito, con modificazioni, dalla legge 13 novembre 2008, n. 181.*

([7]) *Le parole: «e fino all'anno 2017» sono state inserite dall'art. 1, comma 494, lett.* a), *n. 1), della L. 27 dicembre 2017, n. 205, a decorrere dal 1° gennaio 2018.*

([8]) *Questo periodo è stato inserito dall'art. 1, comma 494, lett.* a), *n. 2), della L. 27 dicembre 2017, n. 205, a decorrere dal 1° gennaio 2018.*

([9]) *Questo comma, sostituito dall'art. 1, comma 25, lett.* c), *della L. 24 dicembre 2012, n. 228, è stato da ultimo così sostituito dall'art. 1, comma 344, della L. 27 dicembre 2013, n. 147.*

([10]) *Le parole: «entro il 30 aprile di ogni anno» sono state così sostituite dalle attuali: «entro il 30 aprile di ciascuno degli anni interessati» dall'art. 1, comma 494, lett.* b), *della L. 27 dicembre 2017, n. 205, a decorrere dal 1° gennaio 2018.*

([11]) *Il primo periodo di questo comma è stato così sostituito dagli attuali periodi primo e secondo, dall'art. 6, comma 5* bis, *lett. c), del D.L. 16 ottobre 2017, n. 148, convertito, con modificazioni, nella L. 4 dicembre 2017, n. 172.*

([12]) *Il primo e secondo periodo di questo comma sono stati così sostituiti dagli attuali primo e secondo periodo dall'art. 1, comma 25, lett.* e), *della L. 24 dicembre 2012, n. 228.*

([13]) *Questo comma è stato così sostituito dall'art. 1, comma 494,* lett. c), *della* L. 27 *dicembre 2017, n. 205, a decorrere dal 1° gennaio 2018.*

([14]) *A norma dell'art. 135, comma 3, del D.L. 19 maggio 2020, n. 34, convertito, con modificazioni, nella L. 17 luglio 2020, n. 77, in deroga al criterio previsto dal presente comma, la ripartizione delle somme del contributo unificato tributario per l'anno 2020 avviene per ciascuna Commissione tributaria sulla base del numero dei giudici e del personale in servizio nell'anno 2020.*

([15]) *Le parole: «fondo di cui al comma 10» sono state così sostituite dalle attuali: «capitolo di cui al comma 10, secondo periodo», dall'art. 1, comma 25, lett.* f), *della L. 24 dicembre 2012, n. 228.*

([16]) *Le parole: «del decreto di cui al comma 11» sono state così sostituite dalle attuali: «dell'emanazione dei decreti di cui ai commi 11 e 11* bis*» dall'art. 1, comma 25, lett.* g), *della L. 24 dicembre 2012, n. 228.*

39. Disposizioni in materia di riordino della giustizia tributaria. – 1. Al fine di assicurare una maggiore efficienza del sistema della giustizia tributaria, garantendo altresì imparzialità e terzietà del corpo giudicante, sono introdotte disposizioni volte a:

a) rafforzare le cause di incompatibilità dei giudici tributari;

b) incrementare la presenza nelle Commissioni tributarie regionali di giudici selezionati tra i magistrati ordinari, amministrativi, militari, e contabili in servizio o a riposo ovvero tra gli avvocati dello Stato a riposo;

c) ridefinire la composizione del Consiglio di presidenza della giustizia tributaria in analogia con le previsioni vigenti per gli organi di autogoverno delle magistrature.

2. (*Omissis*).

3. I giudici tributari che alla data di entrata in vigore del presente decreto versano nelle condizioni di incompatibilità di cui al comma 2, lettera *c*), del presente articolo, comunicano la cessazione delle cause di incompatibilità entro il 31 dicembre 2011 al Consiglio di Presidenza della giustizia tributaria, nonché alla Direzione della giustizia tributaria del Dipartimento delle finanze del Ministero dell'economia e delle finanze. In caso di mancata rimozione nel termine predetto delle cause di incompatibilità, i giudici decadono. Scaduto il temine di cui al primo periodo, il Consiglio di Presidenza della giustizia tributaria procede all'esame di tutte le posizioni dei giudici, diversi dai quelli indicati nell'articolo 4, comma 1, lettera *a*), del decreto legislativo 31 dicembre 1992, n. 545, e successive modificazioni, al fine di accertare la corretta applicazione delle disposizioni in materia di incompatibilità.

4. Al fine di coprire, a decorrere dal 1° gennaio 2012, i posti vacanti alla data di entrata in vigore del presente decreto, il Consiglio di Presidenza provvede ad indire, entro due mesi dalla predetta data, apposite procedure ai sensi dell'articolo 9 del decreto legislativo 31 dicembre 1992, n. 545, senza previo espletamento della procedura di cui all'articolo 11, comma 4, del medesimo decreto legislativo, per la copertura di 960 posti vacanti presso le commissioni tributarie. Conseguentemente le procedure di cui al citato articolo 11, comma 4, avviate prima della data di entrata in vigore del presente decreto sono revocate. I concorsi sono riservati ai soggetti appartenenti alle categorie di cui all'articolo 4, comma 1, lettera *a*), del decreto legislativo 31

dicembre 1992, n. 545, in servizio, che non prestino già servizio presso le predette commissioni. Ai fini del periodo precedente, si intendono in servizio i magistrati non collocati a riposo al momento dell'indizione dei concorsi ([1]).

5. I compensi corrisposti ai membri delle commissioni tributarie entro il periodo di imposta successivo a quello di riferimento si intendono concorrere alla formazione del reddito imponibile ai sensi dell'articolo 11 del testo unico delle imposte sui redditi di cui al decreto del Presidente della Repubblica 22 dicembre 1986, n. 917 ([2]).

6. I giudici delle commissioni tributarie, ad esclusione di quelli di cui all'articolo 2, comma 2, del decreto legislativo 31 dicembre 1992, n. 545, e successive modificazioni, nei casi in cui svolgono le funzioni di Presidente di sezione e di vice Presidente di sezione, hanno diritto alla corresponsione del compenso fisso e variabile di cui all'articolo 13 del predetto decreto legislativo n. 545 del 1992.

7. Previo accordo tra il Ministero della difesa ed il Ministero dell'economia e delle finanze, il personale dei ruoli delle Forze armate che risulti in esubero può essere distaccato, con il proprio consenso, alle segreterie delle Commissioni tributarie. Il distacco deve essere preceduto da una valutazione, da parte del dirigente del Ministero dell'economia e delle finanze territorialmente competente, delle esperienze professionali e dei titoli di studio vantati dall'interessato diretta ad accertare l'idoneità dello stesso a svolgere le funzioni proprie delle qualifiche professionali che risultano carenti presso le segreterie delle commissioni tributarie.

Il personale distaccato conserva il trattamento economico in godimento, limitatamente alle voci fondamentali ed accessorie, aventi carattere fisso e continuativo, che continuano a gravare sull'amministrazione di appartenenza, e svolge i propri compiti in base ad una tabella di corrispondenza approvata dal Ministro per la pubblica amministrazione e l'innovazione, di concerto con i Ministro della difesa e dell'economia e delle finanze. Ai fini dell'invarianza della spesa, con l'accordo di cui al primo periodo, vengono individuate le voci del trattamento economico accessorio spettanti per l'amministrazione di destinazione, che non risultino cumulabili con quelle in godimento.

8. - 11. (*Omissis*).

12. Al fine di ridurre il numero delle pendenze giudiziarie e quindi concentrare gli impegni amministrativi e le risorse sulla proficua e spedita gestione del procedimento di cui al comma 9 le liti fiscali di valore non superiore a 20.000 euro in cui è parte l'Agenzia delle entrate, pendenti alla data del 31 dicembre 2011 ([3]) dinanzi alle commissioni tributarie o al giudice ordinario in ogni grado del giudizio e anche a seguito di rinvio, possono essere definite, a domanda del soggetto che ha proposto l'atto introduttivo del

giudizio, con il pagamento delle somme determinate ai sensi dell'articolo 16 della legge 27 dicembre 2002, n. 289. A tale fine, si applicano le disposizioni di cui al citato articolo 16, con le seguenti specificazioni:

a) le somme dovute ai sensi del presente comma sono versate entro il 31 marzo 2012 ([4]) in unica soluzione;

b) la domanda di definizione è presentata entro il 31 marzo 2012;

c) le liti fiscali che possono essere definite ai sensi del presente comma sono sospese fino al 30 giugno 2012. Per le stesse sono altresì sospesi, sino al 30 giugno 2012 i termini per la proposizione di ricorsi, appelli, controdeduzioni, ricorsi per cassazione, controricorsi e ricorsi in riassunzione, compresi i termini per la costituzione in giudizio;

d) gli uffici competenti trasmettono alle commissioni tributarie, ai tribunali e alle corti di appello nonché alla Corte di cassazione, entro il 15 luglio 2012, un elenco delle liti pendenti per le quali è stata presentata domanda di definizione. Tali liti sono sospese fino al 30 settembre 2012. La comunicazione degli uffici attestante la regolarità della domanda di definizione ed il pagamento integrale di quanto dovuto deve essere depositata entro il 30 settembre 2012. Entro la stessa data deve essere comunicato e notificato l'eventuale diniego della definizione;

e) restano comunque dovute per intero le somme relative al recupero di aiuti di Stato illegittimi;

f) con uno o più provvedimenti del direttore dell'agenzia delle entrate sono stabilite le modalità di versamento, di presentazione della domanda di definizione ed ogni altra disposizione applicativa del presente comma.

13. Al fine di razionalizzare il sistema di riscossione delle entrate patrimoniali dello Stato e di garantirne efficienza ed economicità, entro il 31 dicembre 2011, con decreto del Ministro dell'economia e delle finanze sono stabilite le modalità per il trasferimento, anche graduale, delle attività di accertamento, liquidazione e riscossione, spontanea o coattiva, di entrate erariali, diverse da quelle tributarie e per contributi previdenziali e assistenziali obbligatori, da Equitalia S.p.a., nonché dalle società per azioni dalla stessa partecipate ai sensi dell'articolo 3, comma 7, del decreto legge 30 settembre 2005, n. 203, convertito, con modificazioni, dalla legge 2 dicembre 2005, n. 248, ad enti e organismi pubblici muniti di idonee risorse umane e strumentali. Con il medesimo decreto, tali enti e organismi pubblici potranno essere autorizzati a svolgere l'attività di riscossione con le modalità di cui al regio decreto 14 aprile 1910, n. 639.

([1]) *Questo periodo è stato aggiunto dall'art. 2, comma 35* quinquies, *lett.* b), *del D.L. 13 agosto 2011, n. 138, convertito, con modificazioni, nella L. 14 settembre 2011, n. 148.*

([2]) *La Corte costituzionale, con sentenza n. 142 del 28 maggio 2014, ha dichiarato l'illegittimità costituzionale di questo comma.*

([3]) *Le parole: «1° maggio 2011» sono state così sostituite dalle parole: «31 dicembre 2011» dall'art. 29, comma 16* bis, *lett.* a), *del D.L. 29 dicembre 2011, n. 216, convertito, con modificazioni, nella L. 24 febbraio 2012, n. 14.*

([4]) *Le parole: «30 novembre 2011» sono state così sostituite dalle parole: «31 marzo 2012» dall'art. 29, comma 16* bis, *lett.* b), *del D.L. 29 dicembre 2011, n. 216, convertito, con modificazioni, nella L. 24 febbraio 2012, n. 14.*

8.

D.M. 23 dicembre 2013, n. 163. Regolamento recante la disciplina dell'uso di strumenti informatici e telematici nel processo tributario in attuazione delle disposizioni contenute nell'articolo 39, comma 8, del decreto legge 6 luglio 2011, n. 98, convertito, con modificazioni, dalla legge 15 luglio 2011, n. 111 (*Gazzetta Ufficiale* Serie gen. - n. 37 del 14 febbraio 2014).

1. Definizioni. – 1. Agli effetti del presente regolamento si intende per:

a) «Commissioni tributarie»: le Commissioni tributarie provinciali e regionali e le Commissioni tributarie di I e II grado di Trento e Bolzano di cui all'articolo 1 del decreto legislativo 31 dicembre 1992, n. 545;

b) «documento informatico»: la rappresentazione informatica di atti, fatti o dati giuridicamente rilevanti, di cui all'articolo 1, comma 1, lett. *p*), del decreto legislativo 7 marzo 2005, n. 82;

c) «copia per immagine su supporto informatico» del documento analogico: documento informatico avente contenuto e forma identici a quelli del documento analogico da cui è tratto, di cui all'articolo 1, comma 1, lett. i *ter*), del decreto legislativo 7 marzo 2005, n. 82;

d) «fascicolo informatico»: versione informatica, ai sensi dell'articolo 41 del decreto legislativo 7 marzo 2005, n. 82, del fascicolo d'ufficio di cui all'articolo 25 del decreto legislativo 31 dicembre 1992, n. 546, contenente gli atti, i dati e i documenti, relativi al processo, prodotti come documenti informatici, oppure le copie per immagine su supporto informatico dei medesimi atti qualora siano stati depositati su supporto cartaceo;

e) «firma elettronica qualificata»: un particolare tipo di firma elettronica avanzata che sia basata su un certificato qualificato e realizzata mediante un dispositivo sicuro per la creazione della firma, di cui all'articolo 1, comma 1, lett. *r*), del decreto legislativo 7 marzo 2005, n. 82;

f) «firma digitale»: un particolare tipo di firma elettronica avanzata, basata su un certificato qualificato e su un sistema di chiavi crittografiche, una pubblica e una privata, correlate tra loro, che consente al titolare tramite la chiave privata e al destinatario tramite la chiave pubblica, rispettivamente, di rendere manifesta e di verificare la provenienza e l'integrità di un documento informatico o di un insieme di documenti informatici, di cui all'articolo 1, comma 1, lett. *s*), del decreto legislativo 7 marzo 2005, n. 82;

g) «S.I.Gi.T.» - Sistema Informativo della Giustizia tributaria: l'insieme delle risorse hardware e software mediante il quale viene trattato in via informatica e telematica qualsiasi tipo di attività, di dato, di servizio, di comunicazione e di procedura, relativo all'amministrazione della giustizia tributaria;

h) «soggetto abilitato»: tutti i soggetti abilitati dal S.I.Gi.T. ad usufruire dei servizi da questo forniti, limitatamente ai rispettivi profili di abilitazione;

i) «PEC» - posta elettronica certificata: ogni sistema di posta elettronica nel quale è fornita al mittente documentazione elettronica attestante l'invio e la consegna di documenti informatici, di cui all'articolo 1, comma 1, lett. *g*), del decreto del Presidente della Repubblica 11 febbraio 2005, n. 68;

j) «ricevuta di accettazione»: la ricevuta rilasciata dal S.I.Gi.T. al mittente a fronte dell'invio di un messaggio con sistemi telematici;

k) «ricorso»: il ricorso alla Commissione tributaria provinciale o di primo grado di Trento e di Bolzano, il ricorso in appello alla Commissione tributaria regionale o di secondo grado di Trento e di Bolzano, il reclamo, il ricorso per revocazione e il ricorso in ottemperanza, presentati nelle forme e con i contenuti previsti dal decreto legislativo 31 dicembre 1992, n. 546;

l) «istanza di reclamo e mediazione»: il reclamo presentato alla Direzione provinciale o alla Direzione regionale dell'Agenzia delle Entrate ai sensi dell'articolo 17 *bis* del decreto legislativo 31 dicembre 1992, n. 546;

m) «nota di iscrizione a ruolo»: modulo elettronico contenente le indicazioni previste dall'articolo 22, comma 1, ultimo periodo, del decreto legislativo 31 dicembre 1992, n. 546.

n) «INI-PEC»: Indice nazionale degli indirizzi di posta elettronica certificata, istituito dall'articolo 6 *bis*, comma 1, del decreto legislativo 7 marzo 2005, n. 82;

o) «segretario di sezione»: addetto all'ufficio di segreteria della commissione tributaria che svolge le funzioni di cui al comma 2 dell'articolo 35 del decreto legislativo 31 dicembre 1992, n. 545 e quelle individuate nel decreto legislativo 31 dicembre 1992, n. 546.

p) «processo verbale dell'udienza»: documento attestante le attività svolte in udienza redatto e sottoscritto dal segretario di sezione e da chi presiede l'udienza;

q) «processo tributario telematico»: automazione dei flussi informativi e documentali nell'ambito del processo tributario mediante l'utilizzo dell'informatica e della telematica.

2. Ambito di applicazione. – 1. Gli atti e i provvedimenti del processo tributario, nonché quelli relativi al procedimento attivato con l'istanza di reclamo e mediazione possono essere formati come documenti informatici sottoscritti con firma elettronica qualificata o firma digitale secondo le modalità disciplinate nel presente regolamento.

2. La trasmissione, la comunicazione, la notificazione e il deposito di atti e provvedimenti del processo tributario, nonché di quelli relativi al procedimento attivato con l'istanza di reclamo e mediazione, avvengono con modalità informatiche nei modi previsti dal presente regolamento.

3. La parte che abbia utilizzato in primo grado le modalità telematiche di cui al presente regolamento è tenuta ad utilizzare le medesime modalità per l'intero grado del giudizio nonché per l'appello, salvo sostituzione del difensore.

4. Si applicano le disposizioni del decreto legislativo 7 marzo 2005, n. 82, e successive modificazioni e integrazioni, ove non diversamente stabilito dal presente regolamento.

3. Sistema Informativo della Giustizia Tributaria (S.I.Gi.T.). – 1. Il Sistema Informativo della Giustizia Tributaria assicura:

a) l'individuazione della Commissione tributaria adita;

b) l'individuazione del procedimento giurisdizionale tributario attivato;

c) l'individuazione del soggetto abilitato;

d) la trasmissione degli atti e documenti alla Commissione tributaria competente;

e) la ricezione degli atti e documenti da parte della Commissione tributaria competente;

f) il rilascio delle attestazioni concernenti le attività di cui alle precedenti lettere *d*) ed *e*);

g) la formazione del fascicolo informatico.

2. Possono accedere al S.I.Gi.T. soltanto i giudici tributari, le parti, i procuratori e i difensori di cui agli articoli 11 e 12 del decreto legislativo 31 dicembre 1992, n. 546, il personale abilitato delle segreterie delle Commissioni tributarie, i consulenti tecnici e gli altri soggetti di cui all'articolo 7 del decreto legislativo 31 dicembre 1992, n. 546. Le parti, i loro procuratori e difensori, nonché i consulenti e gli organi tecnici possono accedere alle sole informazioni contenute nei fascicoli dei procedimenti in cui sono costituiti o svolgono attività di consulenza.

3. Con uno o più decreti del Ministero dell'economia e delle finanze, sentiti l'Agenzia per l'Italia Digitale e, limitatamente ai profili inerenti alla protezione dei dati personali, il Garante per la protezione dei dati personali, sono

individuate le regole tecnico-operative per le operazioni relative all'abilitazione al S.I.Gi.T., alla costituzione in giudizio mediante deposito, alla comunicazione e alla notificazione, alla consultazione e al rilascio di copie del fascicolo informatico, all'assegnazione dei ricorsi e all'accesso dei soggetti di cui al comma 2 del presente articolo, nonché alla redazione e deposito delle sentenze, dei decreti e delle ordinanze. Con i medesimi decreti sono stabilite le regole tecnico-operative finalizzate all'archiviazione e alla conservazione dei documenti informatici, in conformità a quanto disposto dal decreto legislativo 7 marzo 2005, n. 82, e successive modificazioni e integrazioni.

4. Procura alle liti e conferimento dell'incarico di assistenza e difesa. – 1. La procura alle liti o l'incarico di assistenza e difesa conferiti, congiuntamente all'atto cui si riferiscono, su supporto informatico e sottoscritti con firma elettronica qualificata o firma digitale dal ricorrente, sono trasmessi dalle parti, dai procuratori e dai difensori di cui all'articolo 3, comma 2, con le modalità di cui all'articolo 9.

2. La procura alle liti o l'incarico di assistenza e difesa redatta ai sensi del comma 1 deve essere autenticata, in conformità a quanto stabilito dall'articolo 12, comma 3 del decreto legislativo 31 dicembre 1992, n. 546 e dall'articolo 25 del decreto legislativo 7 marzo 2005, n. 82, dal difensore mediante apposizione della firma elettronica qualificata o firma digitale.

3. Se la procura alle liti o l'incarico di assistenza e difesa sono conferiti su supporto cartaceo, le parti, i procuratori e i difensori di cui all'articolo 3, comma 2, del presente regolamento, trasmettono congiuntamente all'atto cui si riferiscono, la copia per immagine su supporto informatico della procura o dell'incarico, attestata come conforme all'originale ai sensi dell'articolo 22 del decreto legislativo 7 marzo 2005, n. 82, mediante sottoscrizione con firma elettronica qualificata o firma digitale del difensore.

5. Notificazioni e comunicazioni telematiche. – 1. Le notificazioni e le comunicazioni telematiche sono eseguite mediante la trasmissione dei documenti informatici all'indirizzo di PEC di cui all'articolo 7. Le comunicazioni tra gli uffici delle pubbliche amministrazioni possono essere eseguite anche mediante i sistemi di cooperazione applicativa di cui al Capo VIII del decreto legislativo 7 marzo 2005, n. 82.

2. Le comunicazioni e le notificazioni telematiche di cui al comma 1 si intendono perfezionate al momento in cui viene generata da parte del gestore di posta elettronica certificata del destinatario la ricevuta di avvenuta consegna e produce gli effetti di cui agli articoli 45 e 48 del decreto legislativo 7 marzo 2005, n. 82.

3. Nel caso di notificazioni eseguite a mezzo di ufficiale giudiziario ai sensi degli articoli 137 e seguenti del codice di procedura civile, gli atti da notificare vanno trasmessi all'indirizzo di posta elettronica certificata dell'Ufficio Notificazioni Esecuzioni e Protesti (UNEP) pubblicato sull'indice degli indirizzi delle pubbliche amministrazioni (IPA).

4. La comunicazione che contiene dati sensibili è effettuata per estratto, con contestuale messa a disposizione dell'atto integrale nell'apposita area del S.I.Gi.T., secondo le specifiche tecniche stabilite dal decreto di cui all'articolo 3, comma 3, con modalità tali da garantire l'identificazione dell'autore dell'accesso e la tracciabilità delle relative attività.

6. Elezione di domicilio digitale e sue variazioni. – 1. L'indicazione dell'indirizzo di posta elettronica certificata di cui all'articolo 7, ai sensi dell'articolo 18 del decreto legislativo 31 dicembre 1992, n. 546, contenuta nel ricorso introduttivo o nell'istanza di reclamo e mediazione notificati tramite PEC, equivale ad elezione di domicilio digitale ai fini delle comunicazioni e notificazioni telematiche.

2. Le variazioni dell'indirizzo di posta elettronica certificata di cui all'articolo 7 sono effettuate con le modalità tecnico-operative stabilite dal decreto di cui all'articolo 3, comma 3, ed hanno effetto dal decimo giorno successivo a quello in cui siano state notificate alla segreteria della Commissione tributaria e alle parti costituite ai sensi dell'articolo 17 del decreto legislativo 31 dicembre 1992, n. 546.

3. Le disposizioni dei commi precedenti si applicano anche nei successivi gradi del processo, ai sensi dell'articolo 17, comma 2, del decreto legislativo 31 dicembre 1992, n. 546.

7. Indirizzo di posta elettronica certificata. – 1. L'indirizzo di posta elettronica certificata, le cui credenziali di accesso sono state rilasciate previa identificazione del titolare ai sensi dell'articolo 65, comma 1, lett. *c) bis*, del decreto legislativo 7 marzo 2005, n. 82, è quello dichiarato dalle parti nel ricorso o nel primo atto difensivo ed è riportato nella nota di iscrizione a ruolo.

2. Per i professionisti iscritti in albi ed elenchi istituiti con legge dello Stato, l'indirizzo di posta elettronica certificata di cui al comma 1 deve coincidere con quello comunicato ai rispettivi ordini o collegi, ai sensi dell'articolo 16, comma 7, del decreto legge 29 novembre 2008, n. 185, convertito dalla legge 28 gennaio 2009, n. 2, pubblicato nell'INI-PEC.

3. Per i soggetti di cui all'articolo 12 del decreto legislativo 31 dicembre 1992 n. 546, abilitati all'assistenza tecnica dinanzi alle Commissioni tributarie, l'indirizzo di posta elettronica certificata di cui al comma 1 deve coin-

cidere con quello rilasciato da un gestore in conformità a quanto stabilito dal decreto del Presidente della Repubblica 11 febbraio 2005, n. 68, previa identificazione del soggetto medesimo.

4. Per le società e le imprese individuali iscritte nel registro delle imprese, l'indirizzo di posta elettronica certificata di cui al comma 1 deve coincidere con quello comunicato al momento dell'iscrizione, ai sensi dell'articolo 16 del decreto legge 29 novembre 2008, n. 185, convertito dalla legge 28 gennaio 2009, n. 2 e dell'articolo 5 del decreto legge 18 ottobre 2012, n. 179, convertito dalla legge 17 dicembre 2012, n. 221, pubblicato nell'INI-PEC.

5. Per gli enti impositori, l'indirizzo di posta elettronica certificata di cui al comma 1 è quello individuato dall'articolo 47, comma 3, del decreto legislativo 7 marzo 2005, n. 82, pubblicato nell'IPA.

6. Fermo restando quanto stabilito al comma 1 dell'articolo 6, al fine di garantire l'invio delle notificazioni e delle comunicazioni mediante posta elettronica certificata, in caso di errata indicazione dell'indirizzo di PEC negli atti difensivi, possono, altresì, essere utilizzati gli elenchi di cui all'articolo 16, commi 6 e 7 del decreto legge 29 novembre 2008, n. 185, convertito dalla legge 28 gennaio 2009, n. 2, con le modalità di cui all'articolo 6, comma 1 *bis*, del decreto legislativo 7 marzo 2005, n. 82, consultabili nell'INI-PEC.

7. Gli indirizzi di PEC degli uffici di segreteria delle Commissioni tributarie, utilizzati per le comunicazioni di cui al presente decreto, oltre che nell'IPA, sono pubblicati sul portale internet indicato nel decreto di cui all'articolo 3, comma 3.

8. Attestazione temporale delle comunicazioni, delle notificazioni telematiche e dei depositi telematici. – 1. In conformità alle disposizioni contenute nell'articolo 16, comma 5, del decreto legislativo 31 dicembre 1992, n. 546, qualunque comunicazione o notificazione dei documenti informatici, tramite PEC, si considera effettuata, ai fini della decorrenza dei termini processuali per il mittente, al momento dell'invio al proprio gestore attestato dalla relativa ricevuta di accettazione e, per il destinatario, al momento in cui la comunicazione o notificazione dei documenti informatici è resa disponibile nella casella di posta elettronica certificata.

2. Il deposito dei documenti informatici presso la segreteria della Commissione tributaria si intende eseguito al momento attestato dalla ricevuta di accettazione rilasciata dal S.I.Gi.T.

9. Notificazione e deposito degli atti. – 1. Il ricorso e gli altri atti del processo tributario, nonché quelli relativi al procedimento attivato con l'istanza di reclamo e mediazione, sono notificati utilizzando la PEC secondo quanto stabilito dall'articolo 5.

2. Il deposito presso la segreteria della Commissione tributaria del ricorso e degli altri atti di cui al comma 1, unitamente alle relative ricevute della PEC, avviene esclusivamente mediante il S.I.Gi.T.

3. Le controdeduzioni e gli altri atti del processo tributario, unitamente alle relative ricevute della PEC, sono depositati presso la segreteria della Commissione tributaria mediante il S.I.Gi.T.

10. Modalità di costituzione in giudizio. – 1. La costituzione in giudizio del ricorrente, nel caso di notifica del ricorso ai sensi dell'articolo 9, avviene con il deposito mediante il S.I.Gi.T del ricorso, della nota d'iscrizione a ruolo e degli atti e documenti ad esso allegati, attestato dalla ricevuta di accettazione rilasciata dal S.I.Gi.T. recante la data di trasmissione.

2. Successivamente alla costituzione in giudizio del ricorrente, il S.I.Gi.T. rilascia, altresì, il numero di iscrizione del ricorso nel registro generale di cui all'articolo 25 del decreto legislativo 31 dicembre 1992, n. 546.

3. La costituzione in giudizio e il deposito degli atti e documenti della parte resistente avviene con le modalità indicate al comma 1.

11. Deposito degli atti successivi alla costituzione in giudizio. – 1. Gli atti e i documenti informatici prodotti successivamente alla costituzione in giudizio, effettuata ai sensi dell'articolo 10, sono depositati esclusivamente mediante il S.I.Gi.T. e devono contenere l'indicazione del numero di iscrizione al registro generale assegnato al ricorso introduttivo. Il deposito degli atti e dei documenti informatici viene attestato mediante la ricevuta di accettazione rilasciata dal S.I.Gi.T. recante la data di trasmissione e l'indicazione della corretta acquisizione dei suddetti atti e documenti informatici al fascicolo informatico.

12. Deposito di atti e documenti non informatici. – 1. Gli atti e documenti depositati in formato cartaceo sono acquisiti dalla Segreteria della Commissione tributaria che provvede ad effettuarne copia informatica e ad inserirla nel fascicolo informatico, apponendo la firma elettronica qualificata o firma digitale ai sensi dell'articolo 22, del decreto legislativo 7 marzo 2005, n. 82.

2. Con il decreto di cui all'articolo 3, comma 3, sono individuate le modalità di acquisizione di copia informatica degli atti e documenti cartacei fornita dalle parti processuali o dagli altri soggetti previsti dall'articolo 3, comma 2.

13. Giudizio d'appello. – 1. Per la costituzione in giudizio e il deposito mediante il S.I.Gi.T. degli atti e documenti riferiti al giudizio d'appello di cui agli articoli 52 e seguenti del decreto legislativo 31 dicembre 1992, n. 546, valgono le medesime modalità indicate negli articoli 10, 11 e 12.

2. Ai fini dell'attuazione delle disposizioni dell'articolo 53, comma 2, del decreto legislativo 31 dicembre 1992, n. 546, il deposito del ricorso in appello presso la segreteria della Commissione tributaria regionale è valido anche ai fini del deposito della copia dell'appello presso l'ufficio di segreteria della Commissione tributaria che ha pronunciato la sentenza impugnata.

14. Fascicolo informatico. – 1. La segreteria della Commissione tributaria forma il fascicolo informatico ai sensi dell'articolo 41, comma 2 *bis*, del decreto legislativo 7 marzo 2005, n. 82, con le modalità tecnico-operative stabilite dal decreto di cui all'articolo 3, comma 3, inserendovi anche le attestazioni rilasciate dal S.I.Gi.T ed ogni altro atto e documento informatico acquisito dal SI.Gi.T.

2. Il fascicolo informatico contiene anche le copie informatiche degli atti e dei documenti cartacei prodotti e acquisiti ai sensi dell'articolo 12.

3. Il fascicolo informatico sostituisce il fascicolo d'ufficio di cui all'articolo 25 del decreto legislativo 31 dicembre 1992, n. 546, a condizione che contenga anche tutti gli atti e documenti cartacei prodotti e acquisiti ai sensi dell'articolo 12.

4. Il fascicolo informatico consente ai giudici tributari e agli altri soggetti abilitati al SI.Gi.T. di cui all'articolo 3, comma 2, la diretta consultazione dello stesso, ed esonera le segreterie delle Commissioni tributarie dal produrre e rilasciare copie su supporto cartaceo degli atti e dei documenti informatici ivi contenuti ai soggetti abilitati alla consultazione.

5. Nel caso di richiesta delle parti di ottenere copia autentica degli atti contenuti nel fascicolo informatico, ai sensi degli articoli 25 e 38 del decreto legislativo 31 dicembre 1992, n. 546, l'ufficio di segreteria della Commissione tributaria, previo pagamento delle spese, provvede all'invio della copia stessa tramite PEC.

15. Processo verbale dell'udienza. – 1. Il processo verbale dell'udienza, redatto come documento informatico, è sottoscritto con firma elettronica qualificata o firma digitale da chi presiede l'udienza e dal segretario. Nei casi in cui è richiesto, le parti procedono alla sottoscrizione delle dichiarazioni o del processo verbale apponendo la propria firma elettronica qualificata o firma digitale.

2. Qualora non sia possibile procedere alla sottoscrizione nella forma di cui al comma 1, il processo verbale viene redatto su supporto cartaceo, sottoscritto nei modi ordinari e acquisito al fascicolo informatico secondo le modalità di cui all'articolo 12.

16. Redazione e deposito dei provvedimenti. – 1. Ai fini della formazione delle sentenze, dei decreti e delle ordinanze, redatti come documenti informatici sottoscritti con firma elettronica qualificata o firma digitale dei soggetti di cui all'articolo 36, comma 3, del decreto legislativo 31 dicembre 1992, n. 546, la trasmissione dei documenti tra i componenti del collegio giudicante avviene tramite il S.I.Gi.T.

2. Il segretario di sezione sottoscrive, apponendo la propria firma elettronica qualificata o firma digitale, i provvedimenti di cui al comma 1, trasmessi tramite il S.I.Gi.T. e provvede al deposito della sentenza ai sensi dell'articolo 37 del decreto legislativo 31 dicembre 1992, n. 546.

17. Formula esecutiva. – 1. In caso di richiesta di una delle parti di sentenza munita della formula esecutiva, il segretario provvede, previo pagamento delle spese, al rilascio della stessa sottoscritta con propria firma elettronica qualificata o firma digitale secondo le modalità tecniche operative stabilite dal decreto di cui all'articolo 3, comma 3.

18. Trasmissione dei fascicoli. – 1. La trasmissione da parte della Commissione tributaria provinciale del fascicolo informatico alla competente Commissione tributaria regionale avviene tramite il S.I.Gi.T., con le modalità tecniche operative stabilite dal decreto di cui all'articolo 3, comma 3, finalizzate ad assicurarne la data certa nonché l'integrità, l'autenticità e la riservatezza.

2. La trasmissione del fascicolo informatico da e verso organi giurisdizionali diversi da quelli indicati al comma 1 avviene, in ogni stato e grado del giudizio, per via telematica con le modalità stabilite con decreto interministeriale del Ministro dell'economia e delle finanze di concerto con il Ministro della giustizia, sentita l'Agenzia per l'Italia Digitale, finalizzate ad assicurarne la data certa nonché l'integrità, l'autenticità e la riservatezza.

19. Pagamento del contributo unificato e delle altre spese di giustizia. – 1. Il pagamento del contributo unificato e degli altri diritti e spese viene effettuato in via telematica secondo le modalità e gli strumenti previsti dal regolamento di cui agli articoli 191 e 196 del decreto del Presidente della Repubblica 30 maggio 2002, n. 115.

2. Nelle more dell'adozione del regolamento di cui al comma 1, il pagamento del contributo unificato e degli altri diritti e spese è effettuato secondo le modalità tecniche operative stabilite dal decreto di cui all'articolo 3, comma 3.

3. La parte che abbia utilizzato in primo grado le modalità telematiche di pagamento di cui ai commi precedenti è tenuta ad utilizzare le medesime

modalità per l'intero grado del giudizio nonché per l'appello, salvo sostituzione del difensore.

20. Disposizioni finali. – 1. Le disposizioni del presente regolamento si applicano ai ricorsi notificati a partire dal primo giorno del mese successivo al decorso del termine di novanta giorni dalla data di pubblicazione in *Gazzetta Ufficiale* del primo decreto di cui all'articolo 3, comma 3, e depositati presso le Commissioni tributarie individuate con il medesimo decreto.

2. Con successivi decreti del Ministero dell'economia e delle finanze sono individuate le ulteriori Commissioni tributarie per le quali trovano gradualmente applicazione le disposizioni del presente regolamento.

9.

D.L. 24 aprile 2017, n. 50. Disposizioni urgenti in materia finanziaria, iniziative a favore degli enti territoriali, ulteriori interventi per le zone colpite da eventi sismici e misure per lo sviluppo (Suppl. ord. alla *Gazzetta Ufficiale* Serie gen. - n. 95 del 24 aprile 2017), convertito, con modificazioni, nella L. 21 giugno 2017, n. **96** (*Gazzetta Ufficiale* Serie gen. - n. 144 del 23 giugno 2017).

(*Estratto*)

Titolo I

Disposizioni urgenti in materia di finanza pubblica

Capo II

Disposizioni in materia di giustizia tributaria

11. Definizione agevolata delle controversie tributarie. – 1. Le controversie attribuite alla giurisdizione tributaria in cui è parte l'agenzia delle entrate pendenti in ogni stato e grado del giudizio, compreso quello in cassazione e anche a seguito di rinvio, possono essere definite, a domanda del soggetto che ha proposto l'atto introduttivo del giudizio o di chi vi è subentrato o ne ha la legittimazione, col pagamento di tutti gli importi di cui all'atto impugnato che hanno formato oggetto di contestazione in primo grado e degli interessi da ritardata iscrizione a ruolo di cui all'articolo 20 del decreto del Presidente della Repubblica 29 settembre 1973, n. 602, calcolati fino al sessantesimo giorno successivo alla notifica dell'atto, escluse le sanzioni collegate al tributo e gli interessi di mora di cui all'articolo 30, comma 1, del decreto del Presidente della Repubblica 29 settembre 1973, n. 602.

1 *bis*. Ciascun ente territoriale può stabilire, entro il 31 agosto 2017, con le forme previste dalla legislazione vigente per l'adozione dei propri atti, l'applicazione delle disposizioni di cui al presente articolo alle controversie attribuite alla giurisdizione tributaria in cui è parte il medesimo ente.

2. In caso di controversia relativa esclusivamente agli interessi di mora o alle sanzioni non collegate ai tributi, per la definizione è dovuto il quaranta per cento degli importi in contestazione. In caso di controversia relativa esclusivamente alle sanzioni collegate ai tributi cui si riferiscono, per la definizione non è dovuto alcun importo qualora il rapporto relativo ai tributi sia stato definito anche con modalità diverse dalla presente definizione.

3. Sono definibili le controversie il cui ricorso sia stato notificato alla controparte entro la data di entrata in vigore del presente decreto e per le quali alla data di presentazione della domanda di cui al comma 1 il processo non si sia concluso con pronuncia definitiva.

4. Sono escluse dalla definizione le controversie concernenti anche solo in parte:

a) le risorse proprie tradizionali previste dall'articolo 2, paragrafo 1, lettera *a*), delle decisioni 2007/436/CE, Euratom del Consiglio, del 7 giugno 2007, e 2014/335/UE, Euratom del Consiglio, del 26 maggio 2014, e l'imposta sul valore aggiunto riscossa all'importazione;

b) le somme dovute a titolo di recupero di aiuti di Stato ai sensi dell'articolo 16 del regolamento (UE) 2015/1589 del Consiglio, del 13 luglio 2015.

5. Al versamento degli importi dovuti si applicano le disposizioni previste dall'articolo 8 del decreto legislativo 19 giugno 1997, n. 218, con riduzione a tre del numero massimo di rate. Non è ammesso il pagamento rateale se gli importi dovuti non superano duemila euro. Il termine per il pagamento degli importi dovuti ai sensi del presente articolo o della prima rata, di importo pari al 40 per cento del totale delle somme dovute, scade il 30 settembre 2017 e il contribuente deve attenersi ai seguenti ulteriori criteri:

a) per il 2017, la scadenza della seconda rata, pari all'ulteriore quaranta per cento delle somme dovute, è fissata al 30 novembre;

b) per il 2018, la scadenza della terza e ultima rata, pari al residuo venti per cento delle somme dovute, è fissata al 30 giugno. Per ciascuna controversia autonoma è effettuato un separato versamento. Il contribuente che abbia manifestato la volontà di avvalersi della definizione agevolata di cui all'articolo 6, del decreto legge 22 ottobre 2016, n. 193, convertito, con modificazioni, dalla legge 1° dicembre 2016, n. 225, nei termini previsti dal comma 2 della stessa disposizione, può usufruire della definizione agevolata delle controversie tributarie solo unitamente a quella di cui al predetto articolo 6. La definizione si perfeziona con il pagamento degli importi dovuti ai sensi del presente articolo o della prima rata. Qualora non ci siano importi da versare, la definizione si perfeziona con la sola presentazione della domanda.

6. Entro il 30 settembre 2017, per ciascuna controversia autonoma è presentata una distinta domanda di definizione esente dall'imposta di bollo. Per controversia autonoma si intende quella relativa a ciascun atto impugnato.

7. Dagli importi dovuti ai sensi del presente articolo si scomputano quelli già versati per effetto delle disposizioni vigenti in materia di riscossione in pendenza di giudizio nonché quelli dovuti per la definizione agevolata di cui all'articolo 6 del decreto legge 22 ottobre 2016, n. 193, convertito, con modificazioni, dalla legge 1° dicembre 2016, n. 225. La definizione non dà comunque luogo alla restituzione delle somme già versate ancorché eccedenti rispetto a quanto dovuto per la definizione. Gli effetti della definizione perfezionata prevalgono su quelli delle eventuali pronunce giurisdizionali non passate in giudicato prima dell'entrata in vigore del presente articolo.

8. Le controversie definibili non sono sospese, salvo che il contribuente faccia apposita richiesta al giudice, dichiarando di volersi avvalere delle disposizioni del presente articolo. In tal caso il processo è sospeso fino al 10 ottobre 2017. Se entro tale data il contribuente avrà depositato copia della domanda di definizione e del versamento degli importi dovuti o della prima rata, il processo resta sospeso fino al 31 dicembre 2018.

9. Per le controversie definibili sono sospesi per sei mesi i termini di impugnazione, anche incidentale, delle pronunce giurisdizionali e di riassunzione che scadono dalla data di entrata in vigore del presente articolo fino al 30 settembre 2017.

10. L'eventuale diniego della definizione va notificato entro il 31 luglio 2018 con le modalità previste per la notificazione degli atti processuali. Il diniego è impugnabile entro sessanta giorni dinanzi all'organo giurisdizionale presso il quale pende la lite. Nel caso in cui la definizione della lite è richiesta in pendenza del termine per impugnare, la pronuncia giurisdizionale può essere impugnata unitamente al diniego della definizione entro sessanta giorni dalla notifica di quest'ultimo. Il processo si estingue in mancanza di istanza di trattazione presentata entro il 31 dicembre 2018 dalla parte che ne ha interesse. L'impugnazione della pronuncia giurisdizionale e del diniego, qualora la controversia risulti non definibile, valgono anche come istanza di trattazione. Le spese del processo estinto restano a carico della parte che le ha anticipate.

11. La definizione perfezionata dal coobbligato giova in favore degli altri, inclusi quelli per i quali la controversia non sia più pendente, fatte salve le disposizioni del secondo periodo del comma 7.

12. Con uno o più provvedimenti del direttore dell'agenzia delle entrate sono stabilite le modalità di attuazione del presente articolo. Tali modalità

di attuazione devono garantire il riversamento alle regioni dei proventi derivanti dalla definizione delle controversie relative all'IRAP e all'addizionale regionale all'IRPEF, in coerenza con quanto previsto dall'articolo 9 del decreto legislativo 6 maggio 2011, n. 68.

Tali modalità di attuazione devono garantire il riversamento alle regioni dei proventi derivanti dalla definizione delle controversie relative all'IRAP e all'addizionale regionale all'IRPEF, in coerenza con quanto previsto dall'articolo 9 del decreto legislativo 6 maggio 2011, n. 68.

13. Qualora, a seguito del monitoraggio cui all'articolo 17, comma 12 della legge 31 dicembre 2009, n. 196, le maggiori entrate derivanti dall'attuazione del presente articolo non dovessero realizzarsi in tutto o in parte, si applica l'articolo 17, commi da 12 *bis* a 12 *quater* della citata legge n. 196 del 2009. Nel caso di realizzazione di ulteriori introiti rispetto alle maggiori entrate previste, gli stessi possono essere destinati, prioritariamente a compensare l'eventuale mancata realizzazione dei maggiori introiti di cui ai commi 575 e 633 dell'articolo 1 della legge 11 dicembre 2016 n. 232, nonché, per l'eventuale eccedenza, al reintegro anche parziale delle dotazioni finanziarie delle missioni e programmi di spesa dei Ministeri, ridotte ai sensi dell'articolo 13, da disporre con appositi decreti di variazione di bilancio adottati dal Ministro dell'economia e delle finanze.

10.

D.L. 28 ottobre 2020, n. 137. Ulteriori misure urgenti in materia di tutela della salute, sostegno ai lavoratori e alle imprese, giustizia e sicurezza, connesse all'emergenza epidemiologica da COVID-19 (*Gazzetta Ufficiale* Serie gen. - n. 269 del 28 ottobre 2020) ed *errata corrige* in *Gazzetta Ufficiale* Serie gen. - n. 271 del 30 ottobre 2020, convertito, con modificazioni, nella L. 18 dicembre 2020, n. **176** (Suppl. ord. alla *Gazzetta Ufficiale* Serie gen. - n. 319 del 24 dicembre 2020).

(*Estratto*)

Titolo III

Misure in materia di salute e sicurezza e altre disposizioni urgenti

27. Misure urgenti relative allo svolgimento del processo tributario. – 1. Fino al 31 luglio 2021, (1) nel processo tributario, lo svolgimento delle udienze pubbliche e camerali e delle camere di consiglio con collegamento da remoto è autorizzato, secondo la rispettiva competenza, con decreto motivato del presidente della Commissione tributaria provinciale o regionale da comunicarsi almeno cinque giorni prima della data fissata per un'udienza pubblica o una camera di consiglio (2). I decreti possono disporre che le udienze e le camere di consiglio si svolgano anche solo parzialmente da remoto, ove le dotazioni informatiche della giustizia tributaria lo consentano e nei limiti delle risorse tecniche e finanziarie disponibili. In tutti i casi in cui sia disposta la discussione da remoto, la segreteria comunica alle parti, di regola, almeno tre giorni prima della trattazione, l'avviso dell'ora e delle modalità di collegamento. Si dà atto a verbale delle modalità con cui si accerta l'identità dei soggetti partecipanti e la libera volontà delle parti, anche ai fini della disciplina sulla protezione dei dati personali. I verbali redatti in occasione di un collegamento da remoto e i provvedimenti adottati in esito a un collegamento da remoto si intendono assunti presso la sede dell'ufficio giudiziario.

2. In alternativa alla discussione con collegamento da remoto, le controversie fissate per la trattazione in udienza pubblica, passano in decisione sulla base degli atti, salvo che almeno una delle parti non insista per la discussione, con apposita istanza da notificare alle altre parti costituite e da depositare almeno due giorni liberi anteriori alla data fissata per la trattazione. I difensori sono comunque considerati presenti a tutti gli effetti. Nel caso in cui sia chiesta la discussione e non sia possibile procedere mediante collegamento da remoto, si procede mediante trattazione scritta, con fissa-

zione di un termine non inferiore a dieci giorni prima dell'udienza per deposito di memorie conclusionali e di cinque giorni prima dell'udienza per memorie di replica. Nel caso in cui non sia possibile garantire il rispetto dei termini di cui al periodo precedente, la controversia è rinviata a nuovo ruolo con possibilità di prevedere la trattazione scritta nel rispetto dei medesimi termini. In caso di trattazione scritta le parti sono considerate presenti e i provvedimenti si intendono comunque assunti presso la sede dell'ufficio.

3. I componenti dei collegi giudicanti residenti, domiciliati o comunque dimoranti in luoghi diversi da quelli in cui si trova la commissione di appartenenza sono esonerati, su richiesta e previa comunicazione al Presidente di sezione interessata, dalla partecipazione alle udienze o camere di consiglio da svolgersi presso la sede della Commissione interessata.

4. Salvo quanto previsto nel presente articolo, le modalità di svolgimento delle udienze da remoto sono disciplinate ai sensi dell'articolo 16 del decreto legge 23 ottobre 2018, n. 119, convertito, con modificazioni, dalla legge dicembre 2018, n. 136.

4 *bis*. Dall'attuazione del presente articolo non devono derivare nuovi o maggiori oneri a carico della finanza pubblica. Le amministrazioni interessate alla relativa attuazione vi provvedono con le sole risorse umane, finanziarie e strumentali disponibili a legislazione vigente.

(1) *Le parole: «alla cessazione degli effetti della dichiarazione dello stato di emergenza nazionale da COVID-19, ove sussistano divieti, limiti, impossibilità di circolazione su tutto o parte del territorio nazionale conseguenti al predetto stato di emergenza ovvero altre situazioni di pericolo per l'incolumità pubblica o dei soggetti a vario titolo interessati» sono state così sostituite dalle attuali: «al 31 luglio 2021,» dall'art. 6, comma 1, lett.* g), *del D.L. 1° aprile 2021, n. 44, convertito, con modificazioni, nella L. 28 maggio 2021, n. 76.*

(2) *A norma dell'art. 6, comma 1 e dell'Allegato A, del D.L. 23 luglio 2021, n. 105, convertito, con modificazioni, nella L. 16 settembre 2021, n. 126, i termini previsti da questo periodo, sono stati prorogati fino al 31 dicembre 2021, e le relative disposizioni vengono attuate nei limiti delle risorse disponibili autorizzate a legislazione vigente.*

1.

D.L.vo 18 dicembre 1997, n. 472. Disposizioni generali in materia di sanzioni amministrative per le violazioni di norme tributarie, a norma dell'articolo 3, comma 133, della legge 23 dicembre 1996, n. 662 (Suppl. ord. alla *Gazzetta Ufficiale* Serie gen. - n. 5 dell'8 gennaio 1998).

1. Oggetto. – 1. Il presente decreto stabilisce le disposizioni generali sulle sanzioni amministrative in materia tributaria.

2. Sanzioni amministrative. – 1. Le sanzioni amministrative previste per la violazione di norme tributarie sono la sanzione pecuniaria, consistente nel pagamento di una somma di denaro, e le sanzioni accessorie, indicate nell'articolo 21, che possono essere irrogate solo nei casi espressamente previsti.

2. La sanzione è riferibile alla persona fisica che ha commesso o concorso a commettere la violazione.

3. La somma irrogata a titolo di sanzione non produce interessi.

4. I limiti minimi e massimi e la misura della sanzione fissa possono essere aggiornati ogni tre anni in misura pari all'intera variazione accertata dall'ISTAT dell'indice dei prezzi al consumo per le famiglie di operai e impiegati verificatasi nei tre anni precedenti. A tal fine, entro il 30 giugno successivo al compimento del triennio, il Ministro dell'economia e delle finanze ([1]), fissa le nuove misure, determinandone la decorrenza.

([1]) *Le parole*: *«delle finanze, di concerto con il Ministro del tesoro» sono state così sostituite dalle seguenti*: *«dell'economia e delle finanze», dall'art. 16, comma 1, lett.* a), *del D.L.vo 24 settembre 2015, n. 158, a decorrere dal 1° gennaio 2016.*

3. Principio di legalità. – 1. Nessuno può essere assoggettato a sanzioni se non in forza di una legge entrata in vigore prima della commissione della violazione.

2. Salvo diversa previsione di legge, nessuno può essere assoggettato a sanzioni per un fatto che, secondo una legge posteriore, non costituisce vio-

lazione punibile. Se la sanzione è già stata irrogata con provvedimento definitivo il debito residuo si estingue, ma non è ammessa ripetizione di quanto pagato.

3. Se la legge in vigore al momento in cui è stata commessa la violazione e le leggi posteriori stabiliscono sanzioni di entità diversa, si applica la legge più favorevole, salvo che il provvedimento di irrogazione sia divenuto definitivo.

4. Imputabilità. – 1. Non può essere assoggettato a sanzione chi, al momento in cui ha commesso il fatto, non aveva, in base ai criteri indicati nel codice penale, la capacità di intendere e di volere.

5. ([1]) **Colpevolezza.** – 1. Nelle violazioni punite con sanzioni amministrative ciascuno risponde della propria azione od omissione, cosciente e volontaria, sia essa dolosa o colposa. Le violazioni commesse nell'esercizio dell'attività di consulenza tributaria e comportanti la soluzione di problemi di speciale difficoltà sono punibili solo in caso di dolo o colpa grave.

[2. Nei casi indicati nell'articolo 11, comma 1, se la violazione non è commessa con dolo o colpa grave, la sanzione, determinata anche in esito all'applicazione delle previsioni degli articoli 7, comma 3, e 12, non può essere eseguita nei confronti dell'autore, che non ne abbia tratto diretto vantaggio, in somma eccedente € 51.645,69, salvo quanto disposto dall'articolo 16, comma 3, e 17, comma 2, e salva, per l'intero, la responsabilità prevista a carico della persona fisica, della società, dell'associazione o dell'ente indicati nel medesimo articolo 11, comma 1. L'importo può essere adeguato ai sensi dell'articolo 2, comma 4] ([2]).

3. La colpa è grave quando l'imperizia o la negligenza del comportamento sono indiscutibili e non è possibile dubitare ragionevolmente del significato e della portata della norma violata e, di conseguenza, risulta evidente la macroscopica inosservanza di elementari obblighi tributari. Non si considera determinato da colpa grave l'inadempimento occasionale ad obblighi di versamento del tributo.

4. È dolosa la violazione attuata con l'intento di pregiudicare la determinazione dell'imponibile o dell'imposta ovvero diretta ad ostacolare l'attività amministrativa di accertamento.

([1]) *Questo articolo è stato così sostituito dall'art. 2, comma 1, lett.* a), *del D.L.vo 5 giugno 1998, n. 203, con effetto dal 1° aprile 1998.*

([2]) *Questo comma è stato abrogato dall'art. 16, comma 1, lett.* b), *del D.L.vo 24 settembre 2015, n. 158, a decorrere dal 1° gennaio 2016.*

6. Cause di non punibilità. – 1. Se la violazione è conseguenza di errore sul fatto, l'agente non è responsabile quando l'errore non è determinato da colpa. Le rilevazioni eseguite nel rispetto della continuità dei valori di bilancio e secondo corretti criteri contabili e le valutazioni eseguite secondo corretti criteri di stima non danno luogo a violazioni punibili. In ogni caso, non si considerano colpose le violazioni conseguenti a valutazioni estimative, ancorché relative alle operazioni disciplinate dal decreto legislativo 8 ottobre 1997, n. 358, se differiscono da quelle accertate in misura non eccedente il cinque per cento (1).

2. Non è punibile l'autore della violazione quando essa è determinata da obiettive condizioni di incertezza sulla portata e sull'ambito di applicazione delle disposizioni alle quali si riferiscono, nonché da indeterminatezza delle richieste di informazioni o dei modelli per la dichiarazione e per il pagamento.

3. Il contribuente, il sostituto e il responsabile d'imposta non sono punibili quando dimostrano che il pagamento del tributo non è stato eseguito per fatto denunciato all'autorità giudiziaria e addebitabile esclusivamente a terzi.

4. L'ignoranza della legge tributaria non rileva se non si tratta di ignoranza inevitabile.

5. Non è punibile chi ha commesso il fatto per forza maggiore.

5 *bis*. Non sono inoltre punibili le violazioni che non arrecano pregiudizio all'esercizio delle azioni di controllo e non incidono sulla determinazione della base imponibile, dell'imposta e sul versamento del tributo (2).

(1) *Questo periodo è stato aggiunto dall'art. 2, comma 1, lett.* b), *del D.L.vo 5 giugno 1998, n. 203, a decorrere dal 1° aprile 1998.*

(2) *Questo comma è stato aggiunto dall'art. 7, comma 1, lett.* a), *del D.L.vo 26 gennaio 2001, n. 32.*

7. Criteri di determinazione della sanzione. – 1. Nella determinazione della sanzione si ha riguardo alla gravità della violazione desunta anche dalla condotta dell'agente, all'opera da lui svolta per l'eliminazione o l'attenuazione delle conseguenze, nonché alla sua personalità e alle condizioni economiche e sociali.

2. La personalità del trasgressore è desunta anche dai suoi precedenti fiscali.

3. Salvo quanto previsto al comma 4, la sanzione è (1) aumentata fino alla metà nei confronti di chi, nei tre anni precedenti, sia incorso in altra violazione della stessa indole non definita ai sensi degli articoli 13, 16 e 17 o in dipendenza di adesione all'accertamento (2) di mediazione e di conci-

liazione ([3]). Sono considerate della stessa indole le violazioni delle stesse disposizioni e quelle di disposizioni diverse che, per la natura dei fatti che le costituiscono e dei motivi che le determinano o per le modalità dell'azione, presentano profili di sostanziale identità.

4. Qualora concorrano [eccezionali] ([4]) circostanze che rendono manifesta la sproporzione tra l'entità del tributo cui la violazione si riferisce e la sanzione, questa può essere ridotta fino alla metà del minimo.

4 *bis*. Salvo quanto diversamente disposto da singole leggi di riferimento, in caso di presentazione di una dichiarazione o di una denuncia entro trenta giorni dalla scadenza del relativo termine, la sanzione è ridotta della metà ([5]).

([1]) *Le parole: «La sanzione può essere» sono state così sostituite dalle seguenti: «Salvo quanto previsto al comma 4, la sanzione è», dall'art. 16, comma 1, lett.* c), *n.* 1), *del D.L.vo 24 settembre 2015, n. 158, a decorrere dal 1° gennaio 2016.*

([2]) *Le parole: «dell'articolo 13, dell'articolo 16 o in dipendenza di accertamento con adesione» sono state così sostituite dalle attuali dall'art. 2, comma 1, lett.* c), *del D.L.vo 5 giugno 1998, n. 203, con effetto dal 1° aprile 1998.*

([3]) *Le parole: «di mediazione e di conciliazione» sono state inserite dall'art. 16, comma 1, lett.* c), *n.* 1), *del D.L.vo 24 settembre 2015, n. 158, a decorrere dal 1° gennaio 2016.*

([4]) *La parola tra parentesi quadrate è stata soppressa dall'art. 16, comma 1, lett.* c), *n.* 2), *del D.L.vo 24 settembre 2015, n. 158, a decorrere dal 1° gennaio 2016.*

([5]) *Questo comma è stato aggiunto dall'art. 16, comma 1, lett.* c), *n.* 3), *del D.L.vo 24 settembre 2015, n. 158, a decorrere dal 1° gennaio 2016.*

8. Intrasmissibilità della sanzione agli eredi. – 1. L'obbligazione al pagamento della sanzione non si trasmette agli eredi.

9. Concorso di persone. – 1. Quando più persone concorrono in una violazione, ciascuna di esse soggiace alla sanzione per questa disposta. Tuttavia, quando la violazione consiste nell'omissione di un comportamento cui sono obbligati in solido più soggetti, è irrogata una sola sanzione e il pagamento eseguito da uno dei responsabili libera tutti gli altri, salvo il diritto di regresso.

10. Autore mediato. – 1. Salva l'applicazione dell'articolo 9 chi, con violenza o minaccia o inducendo altri in errore incolpevole ovvero avvalendosi di persona incapace, anche in via transitoria, di intendere e di volere, determina la commissione di una violazione ne risponde in luogo del suo autore materiale.

11. ([1]) **Responsabili per la sanzione amministrativa.** – 1. Nei casi in cui una violazione che abbia inciso sulla determinazione o sul pagamento del tributo è commessa dal dipendente o dal rappresentante legale o negoziale di una persona fisica nell'adempimento del suo ufficio o del suo mandato ovvero dal dipendente o dal rappresentante o dall'amministratore, anche di fatto, di società, associazione od ente, con o senza personalità giuridica, nell'esercizio delle sue funzioni o incombenze, la persona fisica, la società, l'associazione o l'ente nell'interesse dei quali ha agito l'autore della violazione sono obbligati solidalmente ([2]) al pagamento di una somma pari alla sanzione irrogata, salvo il diritto di regresso secondo le disposizioni vigenti. Se la violazione non è commessa con dolo o colpa grave, la sanzione, determinata anche in esito all'applicazione delle previsioni degli articoli 7, comma 3, e 12, non può essere eseguita nei confronti dell'autore, che non ne abbia tratto diretto vantaggio, in somma eccedente euro 50.000, salvo quanto disposto dagli articoli 16, comma 3, e 17, comma 2, e salva, per l'intero, la responsabilità prevista a carico della persona fisica, della società, dell'associazione o dell'ente. L'importo può essere adeguato ai sensi dell'articolo 2, comma 4 ([3]).

2. Fino a prova contraria, si presume autore della violazione chi ha sottoscritto ovvero compiuto gli atti illegittimi.

3. Quando la violazione è commessa in concorso da due o più persone, alle quali sono state irrogate sanzioni diverse, la persona fisica, la società, l'associazione o l'ente indicati nel comma 1 sono obbligati al pagamento di una somma pari alla sanzione più grave.

[4. Il pagamento della sanzione da parte dell'autore della violazione e, nel caso in cui sono state irrogate sanzioni diverse, il pagamento di quella più grave estingue l'obbligazione indicata nel comma 1] ([4]).

5. Il ([5]) pagamento della sanzione e, nel caso in cui siano state irrogate sanzioni diverse, il pagamento di quella più grave, da chiunque eseguito, estingue tutte le obbligazioni. Qualora il pagamento sia stato eseguito dall'autore della violazione, nel limite previsto dall'articolo 11, comma 1 ([6]), la responsabilità della persona fisica, della società, dell'associazione o dell'ente indicati nel comma 1 è limitata all'eventuale eccedenza.

6. La ([7]) persona fisica, la società, l'associazione o l'ente indicati nel comma 1 possono assumere il debito dell'autore della violazione.

7. La morte della persona fisica autrice della violazione, ancorché avvenuta prima della irrogazione della sanzione amministrativa, non estingue la responsabilità della persona fisica, della società o dell'ente indicati nel comma 1.

([1]) *Per la riferibilità esclusiva alla persona giuridica delle sanzioni amministrative tributarie si veda l'art. 7, del D.L. 30 settembre 2003, n. 269, convertito, con modificazioni, nella L. 24 novembre 2003, n. 326.*

(2) *La parola: «solidalmente» è stata inserita dall'art. 2, comma 1, lett.* d), *del D.L.vo 5 giugno 1998, n. 203, con effetto dal 1° aprile 1998.*

(3) *Questo periodo è stato aggiunto dall'art. 16, comma 1, lett.* d), *n.* 1), *del D.L.vo 24 settembre 2015, n. 158, a decorrere dal 1° gennaio 2016.*

(4) *Questo comma è stato abrogato dall'art. 16, comma 1, lett.* d), *n.* 2), *del D.L.vo 24 settembre 2015, n. 158, a decorrere dal 1° gennaio 2016.*

(5) *Le parole: «Quando la violazione non è commessa con dolo o colpa grave, il» sono state così sostituite dalla seguente: «Il», dall'art. 16, comma 1, lett.* d), *n.* 3), *del D.L.vo 24 settembre 2015, n. 158, a decorrere dal 1° gennaio 2016.*

(6) *Le parole: «dall'articolo 5, comma 2» sono state così sostituite dalle seguenti: «dall'articolo 11, comma 1», dall'art. 16, comma 1, lett.* d), *n.* 3), *del D.L.vo 24 settembre 2015, n. 158, a decorrere dal 1° gennaio 2016.*

(7) *Le parole: «Per i casi di violazioni commesse senza dolo o colpa grave, la» sono state così sostituite dalla seguente: «La», dall'art. 16, comma 1, lett.* d), *n.* 4), *del D.L.vo 24 settembre 2015, n. 158, a decorrere dal 1° gennaio 2016.*

12. (1) **Concorso di violazioni e continuazione.** – 1. È punito con la sanzione che dovrebbe infliggersi per la violazione più grave, aumentata da un quarto al doppio, chi, con una sola azione od omissione, viola diverse disposizioni anche relative a tributi diversi ovvero commette, anche con più azioni od omissioni, diverse violazioni formali della medesima disposizione.

2. Alla stessa sanzione soggiace chi, anche in tempi diversi, commette più violazioni che, nella loro progressione, pregiudicano o tendono a pregiudicare la determinazione dell'imponibile ovvero la liquidazione anche periodica del tributo.

3. Nei casi previsti dai commi 1 e 2, se le violazioni rilevano ai fini di più tributi, si considera quale sanzione base cui riferire l'aumento, quella più grave aumentata di un quinto.

4. Le previsioni dei commi 1, 2 e 3 si applicano separatamente rispetto ai tributi erariali e ai tributi di ciascun altro ente impositore e, tra i tributi erariali, alle imposte doganali e alle imposte sulla produzione e sui consumi (2).

5. Quando violazioni della stessa indole vengono commesse in periodi di imposta diversi, si applica la sanzione base aumentata dalla metà al triplo. Se l'ufficio non contesta tutte le violazioni o non irroga la sanzione contemporaneamente rispetto a tutte, quando in seguito vi provvede determina la sanzione complessiva tenendo conto delle violazioni oggetto del precedente provvedimento. Se più atti di irrogazione danno luogo a processi non riuniti o comunque introdotti avanti a giudici diversi, il giudice che prende cognizione dell'ultimo di essi ridetermina la sanzione complessiva tenendo conto delle violazioni risultanti dalle sentenze precedentemente emanate (3).

6. Il concorso e la continuazione sono interrotti dalla constatazione della violazione.

7. Nei casi previsti dal presente articolo la sanzione non può essere comunque superiore a quella risultante dal cumulo delle sanzioni previste per le singole violazioni.

8. Nei casi di accertamento con adesione, di mediazione tributaria e di conciliazione giudiziale, (4) in deroga ai commi 3 e 5, le disposizioni sulla determinazione di una sanzione unica in caso di progressione si applicano separatamente per ciascun tributo e per ciascun periodo d'imposta. La sanzione conseguente alla rinuncia, all'impugnazione dell'avviso di accertamento [, alla conciliazione giudiziale] (5) e alla definizione agevolata ai sensi degli articoli 16 e 17 del presente decreto non può stabilirsi in progressione con violazioni non indicate nell'atto di contestazione o di irrogazione delle sanzioni.

(1) *Questo articolo è stato così sostituito dall'art. 2, comma 1, lett.* e), *del D.L.vo 5 giugno 1998, n. 203, con effetto dal 1° aprile 1998.*

(2) *Questo comma è stato così sostituito dall'art. 2, comma 1, lett.* a), *n. 1), del D.L.vo 30 marzo 2000, n. 99, a decorrere dal 1° aprile 1998.*

(3) *Questo comma è stato così sostituito dall'art. 2, comma 1, lett.* a), *n. 2), del D.L.vo 30 marzo 2000, n. 99, a decorrere dal 1° aprile 1998.*

(4) *Le parole: «di mediazione tributaria e di conciliazione giudiziale,» sono state inserite dall'art. 16, comma 1, lett.* e), *del D.L.vo 24 settembre 2015, n. 158, a decorrere dal 1° gennaio 2016.*

(5) *Le parole tra parentesi quadrate sono state soppresse dall'art. 16, comma 1, lett.* e), *del D.L.vo 24 settembre 2015, n. 158, a decorrere dal 1° gennaio 2016.*

13. (1) **Ravvedimento.** – 1. La sanzione è ridotta, sempreché la violazione non sia stata già constatata e comunque non siano iniziati accessi, ispezioni, verifiche o altre attività amministrative di accertamento delle quali l'autore o i soggetti solidalmente obbligati abbiano avuto formale conoscenza:

a) ad un decimo (2) del minimo, nei casi di mancato pagamento del tributo o di un acconto, se esso viene eseguito nel termine di trenta giorni dalla data della sua commissione;

a bis) ad un nono del minimo se la regolarizzazione degli errori e delle omissioni, anche se incidenti sulla determinazione o sul pagamento del tributo, avviene entro novanta giorni dalla data dell'omissione o dell'errore, ovvero se la regolarizzazione delle omissioni e degli errori commessi in dichiarazione avviene entro novanta giorni dal termine per la presentazione della dichiarazione in cui l'omissione o l'errore è stato commesso (3) (4);

b) ad un ottavo (5) del minimo (6), se la regolarizzazione degli errori e delle omissioni, anche se incidenti sulla determinazione o sul pagamento del tributo, avviene entro il termine per la presentazione della dichiarazione relativa all'anno nel corso del quale è stata commessa la violazione ovvero, quando non è prevista dichiarazione periodica, entro un anno dall'omissione o dall'errore ([7]);

b bis) ad un settimo del minimo se la regolarizzazione degli errori e delle omissioni, anche se incidenti sulla determinazione o sul pagamento del tributo, avviene entro il termine per la presentazione della dichiarazione relativa all'anno successivo a quello nel corso del quale è stata commessa la violazione ovvero, quando non è prevista dichiarazione periodica, entro due anni dall'omissione o dall'errore ([8]);

b ter) ad un sesto del minimo se la regolarizzazione degli errori e delle omissioni, anche incidenti sulla determinazione o sul pagamento del tributo, avviene oltre il termine per la presentazione della dichiarazione relativa all'anno successivo a quello nel corso del quale è stata commessa la violazione ovvero, quando non è prevista dichiarazione periodica, oltre due anni dall'omissione o dall'errore ([8]);

b quater) ad un quinto del minimo se la regolarizzazione degli errori e delle omissioni, anche se incidenti sulla determinazione o sul pagamento del tributo, avviene dopo la constatazione della violazione ai sensi dell'articolo 24 della legge 7 gennaio 1929, n. 4, salvo che la violazione non rientri tra quelle indicate negli articoli 6, comma 2 *bis*, limitatamente all'ipotesi di omessa memorizzazione ovvero di memorizzazione con dati incompleti o non veritieri, ([9]) comma 3, o 11, comma 5, del decreto legislativo 18 dicembre 1997, n. 471 ([8]);

c) ad un decimo ([10]) del minimo di quella prevista per l'omissione della presentazione della dichiarazione, se questa viene presentata con ritardo non superiore a novanta giorni ([11]) ovvero a un decimo ([10]) del minimo di quella prevista per l'omessa presentazione della dichiarazione periodica prescritta in materia di imposta sul valore aggiunto, se questa viene presentata con ritardo non superiore a trenta giorni ([12]).

[1 *bis*. Le disposizioni di cui al comma 1, lettere *b bis*), *b ter*) e *b quater*) ([13]), si applicano ai tributi amministrati dall'Agenzia delle entrate ([14]) e, limitatamente alle lettere b *bis*) e b *ter*), ai tributi doganali e alle accise amministrati dall'Agenzia delle dogane e dei monopoli] ([15]) ([16]).

1 *ter*. Ai fini dell'applicazione delle disposizioni di cui al presente articolo, per i tributi amministrati dall'Agenzia delle entrate non opera la preclusione di cui al comma 1, primo periodo, salva la notifica degli atti di liquidazione e di accertamento, comprese le comunicazioni recanti le somme dovute ai sensi degli articoli 36 *bis* e 36 *ter* del decreto del Presidente della Repubblica 29 settembre 1973, n. 600, e successive modificazioni, e 54 *bis* del decreto del Presidente della Repubblica 26 ottobre 1972, n. 633, e successive modificazioni ([14]). La preclusione di cui al comma 1, primo periodo, salva la

notifica di avvisi di pagamento e atti di accertamento, non opera neanche per i tributi doganali e per le accise amministrati dall'Agenzia delle dogane e dei monopoli ([17]).

1 *quater*. Il pagamento e la regolarizzazione di cui al presente articolo non precludono l'inizio o la prosecuzione di accessi, ispezioni, verifiche o altre attività amministrative di controllo e accertamento ([14]).

2. Il pagamento della sanzione ridotta deve essere eseguito contestualmente alla regolarizzazione del pagamento del tributo o della differenza, quando dovuti, nonché al pagamento degli interessi moratori calcolati al tasso legale con maturazione giorno per giorno.

3. Quando la liquidazione deve essere eseguita dall'ufficio, il ravvedimento si perfeziona con l'esecuzione dei pagamenti nel termine di sessanta giorni dalla notificazione dell'avviso di liquidazione.

[4. Nei casi di omissione o di errore, che non ostacolano un'attività di accertamento in corso e che non incidono sulla determinazione o sul pagamento del tributo, il ravvedimento esclude l'applicazione della sanzione, se la regolarizzazione avviene entro tre mesi dall'omissione o dall'errore] ([18]).

5. Le singole leggi ed atti aventi forza di legge possono stabilire, a integrazione di quanto previsto nel presente articolo, ulteriori circostanze che importino l'attenuazione della sanzione.

([1]) *Questo articolo è stato così sostituito dall'art. 2, comma 1, lett.* f), *del D.L.vo 5 giugno 1998, n. 203, con effetto dal 1° aprile 1998.*

([2]) *Le parole: «un ottavo», sono state dapprima sostituite dalle parole: «un dodicesimo», dall'art. 16, comma 5, lett.* a), *del D.L. 29 novembre 2008, n. 185, convertito, con modificazioni, nella L. 28 gennaio 2009, n. 2 e da ultimo così sostituite dalle parole: «un decimo» dall'art. 1, comma 20, lett.* a), *della L. 13 dicembre 2010, n. 220. A norma del comma 22 dello stesso art. 1, le disposizioni di cui a questa lettera si applicano alle violazioni commesse a decorrere dal 1° febbraio 2011.*

([3]) *Le parole: «il novantesimo giorno successivo al termine per la presentazione della dichiarazione, ovvero, quando non è prevista dichiarazione periodica, entro novanta giorni dall'omissione o dall'errore;» sono state così sostituite dalle seguenti: «novanta giorni dalla data dell'omissione o dell'errore, ovvero se la regolarizzazione delle omissioni e degli errori commessi in dichiarazione avviene entro novanta giorni dal termine per la presentazione della dichiarazione in cui l'omissione o l'errore è stato commesso;», dall'art. 16, comma 1, lett.* f), *n.* 1), *del D.L.vo 24 settembre 2015, n. 158, a decorrere dal 1° gennaio 2016.*

([4]) *Questa lettera è stata inserita dall'art. 1, comma 637, lett.* b), *n. 1), punto 1.1), della L. 23 dicembre 2014, n. 190.*

([5]) *Le parole: «un quinto», sono state dapprima sostituite dalle parole: «un decimo», dall'art. 16, comma 5, lett.* b), *del D.L. 29 novembre 2008, n. 185, convertito, con modificazioni, nella L. 28 gennaio 2009, n. 2 e da ultimo così sostituite dalle parole: «un ottavo» dall'art. 1, comma 20, lett.* a), *della L. 13 dicembre 2010, n. 220. A norma del comma*

22 dello stesso art. 1, le disposizioni di cui a questa lettera si applicano con riferimento agli atti emessi a decorrere dal 1° febbraio 2011.

([6]) *Le parole: «ad un sesto del minimo» sono state così sostituite dalle attuali: «ad un quinto del minimo», dall'art. 2, comma 1, lett.* b), *n. 1), del D.L.vo 30 marzo 2000, n. 99, a decorrere dal 1° aprile 1998.*

([7]) *Questa lettera è stata così modificata dall'art. 6, lett.* a), *del D.L.vo 19 novembre 1998, n. 422.*

([8]) *Questa lettera è stata inserita dall'art. 1, comma 637, lett.* b), *n. 1), punto 1.2), della L. 23 dicembre 2014, n. 190.*

([9]) *Le parole: «comma 2 bis, limitatamente all'ipotesi di omessa memorizzazione ovvero di memorizzazione con dati incompleti o non veritieri,» sono state inserite dall'art. 1, comma 1114, della L. 30 dicembre 2020, n. 178, a decorrere dal 1° gennaio 2021.*

([10]) *Le parole: «un ottavo», sono state dapprima sostituite dalle parole: «un dodicesimo», dall'art. 16, comma 5, lett.* c), *del D.L. 29 novembre 2008, n. 185, convertito, con modificazioni, nella L. 28 gennaio 2009, n. 2 e da ultimo così sostituite dalle parole: «un decimo» dall'art. 1, comma 20, lett.* a), *della L. 13 dicembre 2010, n. 220. A norma del comma 22 dello stesso art. 1, le disposizioni di cui a questa lettera si applicano con riferimento agli atti emessi a decorrere dal 1° febbraio 2011.*

([11]) *Le parole: «trenta giorni» sono state così sostituite dall'art. 2 del D.L.vo 30 dicembre 1999, n. 506.*

([12]) *Le parole da: «ovvero a un ottavo del minimo ...» fino alla fine della lettera sono state aggiunte dall'art. 2, comma 1, lett.* b), *n. 2), del D.L.vo 30 marzo 2000, n. 99, a decorrere dal 1° aprile 1998.*

([13]) *Le parole: «e* b ter)» *sono state così sostituite dalle seguenti: «,* b ter) e b quater)», *dall'art. 16, comma 1, lett.* f), *n. 2), del D.L.vo 24 settembre 2015, n. 158, a decorrere dal 1° gennaio 2016.*

([14]) *Questo comma è stato inserito dall'art. 1, comma 637, lett.* b), *n. 2), della L. 23 dicembre 2014, n. 190.*

([15]) *Le parole: «e, limitatamente alle lettere b* bis) *e b* ter), *ai tributi doganali e alle accise amministrati dall'Agenzia delle dogane e dei monopoli» sono state aggiunte dall'art. 5, comma 1* bis, *lett.* a), *del D.L. 22 ottobre 2016, n. 193, convertito, con modificazioni, nella L. 1° dicembre 2016, n. 225.*

([16]) *Questo comma è stato abrogato dall'art. 10* bis *del D.L. 26 ottobre 2019, n. 124, convertito, con modificazioni, nella L. 19 dicembre 2019, n. 157.*

([17]) *Questo periodo è stato aggiunto dall'art. 5, comma 1* bis, *lett.* b), *del D.L. 22 ottobre 2016, n. 193, convertito, con modificazioni, nella L. 1° dicembre 2016, n. 225.*

([18]) *Questo comma è stato abrogato dall'art. 7, comma 1, lett.* b), *del D.L.vo 26 gennaio 2001, n. 32.*

13 *bis*. ([1]) **Ravvedimento parziale.** – 1. L'articolo 13 si interpreta nel senso che è consentito al contribuente di avvalersi dell'istituto del ravvedimento anche in caso di versamento frazionato, purché nei tempi prescritti dalle lettere a), a *bis*), b), b *bis*), b *ter*), b *quater*) e c) del comma 1 del medesimo articolo 13. Nel caso in cui l'imposta dovuta sia versata in ritardo e il ravvedimento, con il versamento della sanzione e degli interessi, intervenga successivamente, la sanzione applicabile corrisponde a quella riferita all'integrale tardivo versamento; gli interessi sono dovuti per l'intero periodo del ritardo; la riduzione prevista in caso di ravvedimento è riferita al momento del perfezionamento dello stesso. Nel caso di versamento tardivo dell'imposta frazionata in scadenze differenti, al contribuente è consentito operare autonomamente il ravvedimento per i singoli versamenti, con le riduzioni di cui al precedente periodo, ovvero per il versamento complessivo, applicando in tal caso alla sanzione la riduzione individuata in base alla data in cui la stessa è regolarizzata.

2. Le disposizioni del presente articolo si applicano ai soli tributi amministrati dall'Agenzia delle entrate

(¹) *Questo articolo è stato inserito dall'art. 4* decies, *comma 1, del D.L. 30 aprile 2019, n. 34, convertito, con modificazioni, nella L. 28 giugno 2019, n. 58, a decorrere dal 30 giugno 2019.*

14. Cessione di azienda. – 1. Il cessionario è responsabile in solido, fatto salvo il beneficio della preventiva escussione del cedente ed entro i limiti del valore dell'azienda o del ramo d'azienda, per il pagamento dell'imposta e delle sanzioni riferibili alle violazioni commesse nell'anno in cui è avvenuta la cessione e nei due precedenti, nonché per quelle già irrogate e contestate nel medesimo periodo anche se riferite a violazioni commesse in epoca anteriore.

2. L'obbligazione del cessionario è limitata al debito risultante, alla data del trasferimento, dagli atti degli uffici dell'amministrazione finanziaria e degli enti preposti all'accertamento dei tributi di loro competenza.

3. Gli uffici e gli enti indicati nel comma 2 sono tenuti a rilasciare, su richiesta dell'interessato, un certificato sull'esistenza di contestazioni in corso e di quelle già definite per le quali i debiti non sono stati soddisfatti. Il certificato, se negativo, ha pieno effetto liberatorio del cessionario, del pari liberato ove il certificato non sia rilasciato entro quaranta giorni dalla richiesta.

4. La responsabilità del cessionario non è soggetta alle limitazioni previste nel presente articolo qualora la cessione sia stata attuata in frode dei crediti tributari, ancorché essa sia avvenuta con trasferimento frazionato di singoli beni.

5. La frode si presume, salvo prova contraria, quando il trasferimento sia effettuato entro sei mesi dalla constatazione di una violazione penalmente rilevante.

5 *bis*. Salva l'applicazione del comma 4, la disposizione non trova applicazione quando la cessione avviene nell'ambito di una procedura con-

corsuale, di un accordo di ristrutturazione dei debiti di cui all'articolo 182 *bis* del regio decreto 16 marzo 1942, n. 267, di un piano attestato ai sensi dell'articolo 67, terzo comma, lettera *d*), del predetto decreto o di un procedimento di composizione della crisi da sovraindebitamento o di liquidazione del patrimonio ([1]).

5 *ter*. Le disposizioni del presente articolo si applicano, in quanto compatibili, a tutte le ipotesi di trasferimento di azienda, ivi compreso il conferimento ([1]).

([1]) *Questo comma è stato aggiunto dall'art. 16, comma 1, lett.* g), *del D.L.vo 24 settembre 2015, n. 158, a decorrere dal 1° gennaio 2016.*

15. Trasformazione, fusione e scissione di società. – 1. La società o l'ente risultante dalla trasformazione o dalla fusione, anche per incorporazione, subentra negli obblighi delle società trasformate o fuse relativi al pagamento delle sanzioni. Si applica l'articolo 2499 codice civile.

2. Nei casi di scissione anche parziale di società od enti, ciascuna società od ente è obbligato in solido al pagamento delle somme dovute per violazioni commesse anteriormente alla data dalla quale la scissione produce effetto.

16. Procedimento di irrogazione delle sanzioni. – 1. La sanzione amministrativa e le sanzioni accessorie sono irrogate dall'ufficio o dall'ente competenti all'accertamento del tributo cui le violazioni si riferiscono.

2. L'ufficio o l'ente notifica atto di contestazione con indicazione, a pena di nullità, dei fatti attribuiti al trasgressore, degli elementi probatori, delle norme applicate, dei criteri che ritiene di seguire per la determinazione delle sanzioni e della loro entità nonché dei minimi edittali previsti dalla legge per le singole violazioni. Se la motivazione fa riferimento ad un altro atto non conosciuto né ricevuto dal trasgressore, questo deve essere allegato all'atto che lo richiama salvo che quest'ultimo non ne riproduca il contenuto essenziale ([1]) ([2]).

3. Entro il termine previsto per la proposizione del ricorso ([3]), il trasgressore e gli obbligati ai sensi dell'articolo 11, comma 1, possono definire la controversia con il pagamento di un importo pari ad un terzo ([4]) della sanzione indicata e comunque non inferiore ad un terzo ([4]) dei minimi edittali previsti per le violazioni più gravi relative a ciascun tributo ([5]). La definizione agevolata impedisce l'irrogazione delle sanzioni accessorie.

4. Se non addivengono a definizione agevolata, il trasgressore e i soggetti obbligati in solido ([6]), possono, entro lo stesso termine, produrre deduzioni difensive. In mancanza, l'atto di contestazione si considera provvedimento

di irrogazione, impugnabile ai sensi dell'articolo 18 [sempre entro il termine di sessanta giorni dalla sua notificazione] (7).

5. L'impugnazione immediata non è ammessa e, se proposta, diviene improcedibile qualora vengano presentate deduzioni difensive in ordine alla contestazione.

6. L'atto di contestazione deve contenere l'invito al pagamento delle somme dovute nel termine previsto per la proposizione del ricorso (8), con l'indicazione dei benefici di cui al comma 3 ed altresì l'invito a produrre nello stesso termine, se non si intende addivenire a definizione agevolata, le deduzioni difensive e, infine, l'indicazione dell'organo al quale proporre l'impugnazione immediata.

7. Quando sono state proposte deduzioni, l'ufficio, nel termine di decadenza di un anno dalla loro presentazione, irroga, se del caso, le sanzioni con atto motivato a pena di nullità anche in ordine alle deduzioni medesime. Tuttavia, se il provvedimento non viene notificato entro centoventi giorni, cessa di diritto l'efficacia delle misure cautelari concesse ai sensi dell'articolo 22.

7 *bis*. Le sanzioni irrogate ai sensi del comma 7, qualora rideterminate a seguito dell'accoglimento delle deduzioni prodotte ai sensi del comma 4, sono definibili entro il termine previsto per la proposizione del ricorso, con il pagamento dell'importo stabilito dal comma 3 (9).

(1) *Le parole: «nonché dei minimi edittali previsti dalla legge per le singole violazioni» sono state inserite dall'art. 2, comma 1, lett.* g), *n. 1), del D.L.vo 5 giugno 1998, n. 203, con effetto dal 1° aprile 1998.*

(2) *L'ultimo periodo di questo comma è stato aggiunto dall'art. 7, comma 1, lett.* c), *del D.L.vo 26 gennaio 2001, n. 32.*

(3) *Le parole: «Nel termine di sessanta giorni dalla notificazione» sono state così sostituite dalle attuali: «Entro il termine previsto per la proposizione del ricorso» dall'art. 2, comma 1, lett.* c), *n. 1), del D.L.vo 30 marzo 2000, n. 99, a decorrere dal 1° aprile 1998.*

(4) *Le parole: «un quarto», sono state così sostituite dalle parole: «un terzo» dall'art. 1, comma 20, lett.* b), *della L. 13 dicembre 2010, n. 220, a decorrere dal 1° febbraio 2011.*

(5) *Le parole: «di un quarto della sanzione indicata nell'atto di contestazione» sono state così sostituite dalle attuali da: «di un importo pari ad un quarto ...» fino a: «... relative a ciascun tributo» dall'art. 2, comma 1, lett.* g), *n. 2), del D.L.vo 5 giugno 1998, n. 203, con effetto dal 1° aprile 1998.*

(6) *Le parole: «soggetti obbligati ai sensi dell'art. 11, comma 1,» sono state così sostituite dalle attuali: «soggetti obbligati in solido», dall'art. 2, comma 1, lett.* m), *del D.L.vo 5 giugno 1998, n. 203, con effetto dal 1° aprile 1998.*

(7) *Le parole fra parentesi quadre sono state soppresse dall'art. 2, comma 1, lett.* c), *n. 2), del D.L.vo 30 marzo 2000, n. 99, a decorrere dal 1° aprile 1998.*

(8) *Le parole: «di sessanta giorni dalla sua notificazione» sono state così sostituite dalle attuali: «previsto per la proposizione del ricorso» dall'art. 2, comma 1, lett.* c), *n. 3), del D.L.vo 30 marzo 2000, n. 99, a decorrere dal 1° aprile 1998.*

([9]) *Questo comma è stato aggiunto dall'art. 23, comma 29, lett.* a), *del D.L. 6 luglio 2011, n. 98, convertito, con modificazioni, nella L. 15 luglio 2011, n. 111. Tale disposizione si applica agli atti di irrogazione delle sanzioni notificati dopo la data di entrata in vigore del medesimo decreto legge n. 98/2011, nonché a quelli notificati prima della predetta data per i quali risultano pendenti i termini per la proposizione del ricorso.*

16 *bis*. ([1]) **Disposizioni per l'accelerazione dell'irrogazione delle sanzioni.** – 1. L'atto di contestazione previsto dall'articolo 16, relativo alle violazioni dell'articolo 6, comma 3, e dall'articolo 11, commi 5 e 6, del decreto legislativo 18 dicembre 1997, n. 471, e successive modificazioni, è notificato al trasgressore entro novanta giorni dalla contestazione della violazione, ovvero entro centottanta giorni se la notifica deve essere eseguita nei confronti di soggetto non residente.

2. Per le violazioni previste al comma 1, il termine di decadenza di un anno previsto dall'articolo 16, comma 7, è ridotto alla metà.

3. Le disposizioni del presente articolo si applicano alle violazioni constatate a decorrere dal 1° aprile 2003.

([1]) *Questo articolo è stato inserito dall'art. 5* bis, *comma 2, del D.L. 24 dicembre 2002, n. 282, convertito, con modificazioni, nella L. 21 febbraio 2003, n. 27.*

17. Irrogazione immediata. – 1. In deroga alle previsioni dell'articolo 16, le sanzioni collegate al tributo cui si riferiscono sono ([1]) irrogate, senza previa contestazione e con l'osservanza, in quanto compatibili, delle disposizioni che regolano il procedimento di accertamento del tributo medesimo, con atto contestuale all'avviso di accertamento o di rettifica, motivato a pena di nullità.

1 *bis*. All'accertamento doganale, disciplinato dall'articolo 247 del regolamento (CEE) n. 2454/1993 della Commissione, del 2 luglio 1993, e successive modificazioni, e dall'articolo 117 del regolamento (CE) n. 450/2008 del Parlamento europeo e del Consiglio, del 23 aprile 2008, effettuato con criteri di selettività nella fase del controllo che precede la concessione dello svincolo, restano applicabili le previsioni dell'articolo 16 del presente decreto ([2]).

2. È ammessa definizione agevolata con il pagamento di un importo pari ad un terzo ([3]) della sanzione irrogata e comunque non inferiore ad un terzo ([3]) dei minimi edittali previsti per le violazioni più gravi relative a ciascun tributo ([4]), entro il termine previsto per la proposizione del ricorso ([5]).

3. Possono essere irrogate ([6]) mediante iscrizione a ruolo, senza previa contestazione, le sanzioni per omesso o ritardato pagamento dei tributi, ancorché risultante da liquidazioni eseguite ai sensi degli articoli 36 *bis* e 36 *ter* del decreto del Presidente della Repubblica 29 settembre 1973, n. 600, concernente disposizioni comuni in materia di accertamento delle imposte

sui redditi, e ai sensi degli articoli 54 *bis* e 60, sesto comma, del decreto del Presidente della Repubblica 26 ottobre 1972, n. 633, recante istituzione e disciplina dell'imposta sul valore aggiunto. Per le sanzioni indicate nel periodo precedente, in nessun caso si applica la definizione agevolata prevista nel comma 2 e nell'articolo 16, comma 3 (7).

(1) *Le parole: «possono essere» sono state così sostituite con la parola: «sono» dall'art. 23, comma 29, lett.* b), *del D.L. 6 luglio 2011, n. 98, convertito, con modificazioni, nella L. 15 luglio 2011, n. 111, a decorrere dagli atti emessi dal 1° ottobre 2011.*

(2) *Questo comma è stato inserito dall'art. 9, comma 3* undecies, *del D.L. 2 marzo 2012, n. 16, convertito, con modificazioni, nella L. 26 aprile 2012, n. 44.*

(3) *Le parole: «un quarto», sono state così sostituite dalle parole: «un terzo» dall'art. 1, comma 20, lett.* c), *della L. 13 dicembre 2010, n. 220, a decorrere dal 1° febbraio 2011.*

(4) *Le parole: «del quarto della sanzione irrogata» sono state così sostituite dalle attuali da: «di un importo pari ...» fino a: «... relative a ciascun tributo», dall'art. 2, comma 1, lett.* h), *n. 1), del D.L.vo 5 giugno 1998, n. 203, con effetto dal 1° aprile 1998.*

(5) *Le parole: «entro sessanta giorni dalla notificazione del provvedimento» sono state così sostituite dalle attuali: «entro il termine previsto per la proposizione del ricorso», dall'art. 2, comma 1, lett.* d), *del D.L.vo 30 marzo 2000, n. 99, a decorrere dal 1° aprile 1998.*

(6) *Le parole: «Sono irrogate» sono state così sostituite dalle attuali: «Possono essere irrogate», dall'art. 2, comma 1, lett.* h), *n. 1), del D.L.vo 5 giugno 1998, n. 203, con effetto dal 1° aprile 1998.*

(7) *Questo periodo è stato così sostituito dall'art. 2, comma 1, lett.* h), *n. 2), del D.L.vo 5 giugno 1998, n. 203, con effetto dal 1° aprile 1998.*

18. Tutela giurisdizionale e ricorsi amministrativi. – 1. Contro il provvedimento di irrogazione è ammesso ricorso alle commissioni tributarie.

2. Se le sanzioni si riferiscono a tributi rispetto ai quali non sussiste la giurisdizione delle commissioni tributarie, è ammesso, nel termine di sessanta giorni dalla notificazione del provvedimento, ricorso amministrativo in alternativa all'azione avanti all'autorità giudiziaria ordinaria, che può comunque essere adita anche dopo la decisione amministrativa ed entro centottanta giorni dalla sua notificazione. Salvo diversa disposizione di legge, il ricorso amministrativo è proposto alla Direzione regionale delle entrate, competente in ragione della sede dell'ufficio che ha irrogato le sanzioni.

3. In presenza di più soggetti legittimati, se alcuno di essi adisce l'autorità giudiziaria, il ricorso amministrativo è improponibile, quello in precedenza proposto diviene improcedibile e la controversia pendente deve essere riproposta avanti al giudice ordinario nel termine di centottanta giorni dalla notificazione della decisione di improcedibilità.

4. Le decisioni delle commissioni tributarie e dell'autorità giudiziaria sono immediatamente esecutive nei limiti previsti dall'articolo 19.

19. Esecuzione delle sanzioni. – 1. In caso di ricorso alle commissioni tributarie anche nei casi in cui non è prevista riscossione frazionata (1) si applicano le disposizioni dettate dall'articolo 68, commi 1 e 2, del decreto legislativo 31 dicembre 1992, n. 546, recante disposizioni sul processo tributario.

2. La commissione tributaria regionale può sospendere l'esecuzione applicando, in quanto compatibili, le previsioni dell'articolo 52 (2) del decreto legislativo 31 dicembre 1992, n. 546.

3. La sospensione deve essere concessa se viene prestata la garanzia di cui all'articolo 69 del decreto legislativo 31 dicembre 1992, n. 546 (3).

4. Quando non sussiste la giurisdizione delle commissioni tributarie, la sanzione è riscossa provvisoriamente dopo la decisione dell'organo al quale è proposto ricorso amministrativo, nei limiti della metà dell'ammontare da questo stabilito. L'autorità giudiziaria ordinaria successivamente adita, se dall'esecuzione può derivare un danno grave ed irreparabile, può disporre la sospensione e deve disporla se viene offerta idonea garanzia.

5. Se l'azione viene iniziata avanti all'autorità giudiziaria ordinaria ovvero se questa viene adita dopo la decisione dell'organo amministrativo, la sanzione pecuniaria è riscossa per intero o per il suo residuo ammontare dopo la sentenza di primo grado, salva l'eventuale sospensione disposta dal giudice d'appello secondo le previsioni dei commi 2, 3 e 4.

6. Se in esito alla sentenza di primo o di secondo grado la somma corrisposta eccede quella che risulta dovuta, l'ufficio deve provvedere al rimborso ai sensi dell'articolo 68, comma 2, del decreto legislativo 31 dicembre 1992, n. 546 (4).

7. Le sanzioni accessorie sono eseguite quando il provvedimento di irrogazione è divenuto definitivo.

(1) *Le parole: «anche nei casi in cui non è prevista riscossione frazionata» sono state inserite dall'art. 2, comma 1, lett.* i), *del D.L.vo 5 giugno 1998, n. 203, con effetto dal 1° aprile 1998.*

(2) *Le parole: «dell'articolo 47» sono state così sostituite dalle parole: «dell'articolo 52» dall'art. 10, comma 3, lett.* a), *n.* 1), *del D.L.vo 24 settembre 2015, n. 156.*

A norma dell'art. 12, comma 1, le disposizioni del predetto decreto entrano in vigore a decorrere dal 1° gennaio 2016.

(3) *Le parole: «idonea garanzia anche a mezzo di fideiussione bancaria o assicurativa.» sono state così sostituite dalle parole: «la garanzia di cui all'articolo 69 del decreto legislativo 31 dicembre 1992, n. 546.» dall'art. 10, comma 3, lett.* a), *n.* 2), *del D.L.vo 24 settembre 2015, n. 156.*

A norma dell'art. 12, comma 1, le disposizioni del predetto decreto entrano in vigore a decorrere dal 1° gennaio 2016.

(4) *Le parole: «entro novanta giorni dalla comunicazione o notificazione della sentenza.» sono state così sostituite dalle parole: «ai sensi dell'articolo 68, comma 2, del*

decreto legislativo 31 dicembre 1992, n. 546.» dall'art. 10, comma 3, lett. a), *n.* 3), *del D.L.vo 24 settembre 2015, n. 156.*

A norma dell'art. 12, comma 1, le disposizioni del predetto decreto entrano in vigore a decorrere dal 1° gennaio 2016.

20. Decadenza e prescrizione. – 1. L'atto di contestazione di cui all'articolo 16, ovvero l'atto di irrogazione, devono essere notificati, a pena di decadenza, entro il 31 dicembre del quinto anno successivo a quello in cui è avvenuta la violazione o nel diverso (1) termine previsto per l'accertamento dei singoli tributi. Entro gli stessi termini devono essere resi esecutivi i ruoli nei quali sono iscritte le sanzioni irrogate ai sensi dell'articolo 17, comma 3 (2) (3).

2. Se la notificazione è stata eseguita nei termini previsti dal comma 1 ad almeno uno degli autori dell'infrazione o dei soggetti obbligati in solido (4) il termine è prorogato di un anno.

3. Il diritto alla riscossione della sanzione irrogata si prescrive nel termine di cinque anni. L'impugnazione del provvedimento di irrogazione interrompe la prescrizione, che non corre fino alla definizione del procedimento.

(1) *La parola: «maggior» è stata così sostituita dalla parola: «diverso», dall'art. 2, comma 1, lett.* e), *del D.L.vo 30 marzo 2000, n. 99, a decorrere dal 1° aprile 1998.*

(2) *Le parole: «nel termine di cinque anni ...» sono state così sostituite dalle attuali: «entro il 31 dicembre ...» fino a: «... dell'articolo 17, comma 3» dall'art. 2, comma 1, lett.* l), *del D.L.vo 5 giugno 1998, n. 203, con effetto dal 1° aprile 1998.*

(3) *A norma dell'art. 9, comma 6, del D.L. 23 ottobre 2018, n. 119, convertito, con modificazioni, nella L. 17 dicembre 2018, n. 136, in deroga all'articolo 3, comma 1, della L. 27 luglio 2000, n. 212, con riferimento alle violazioni commesse fino al 31 dicembre 2015, oggetto del processo verbale di constatazione, i termini di cui a questo comma sono prorogati di due anni.*

(4) *Le parole: «soggetti obbligati ai sensi dell'articolo 11, comma 1,» sono state così sostituite dalle attuali: «soggetti obbligati in solido», dall'art. 2, comma 1, lett.* m), *del D.L.vo 5 giugno 1998, n. 203, con effetto dal 1° aprile 1998.*

21. Sanzioni accessorie. – 1. Costituiscono sanzioni amministrative accessorie:

a) l'interdizione, per una durata massima di sei mesi, dalle cariche di amministratore, sindaco o revisore di società di capitali e di enti con personalità giuridica, pubblici o privati;

b) l'interdizione dalla partecipazione a gare per l'affidamento di pubblici appalti e forniture, per la durata massima di sei mesi;

c) l'interdizione dal conseguimento di licenze, concessioni o autorizzazioni amministrative per l'esercizio di imprese o di attività di lavoro autonomo e la loro sospensione, per la durata massima di sei mesi;

d) la sospensione, per la durata massima di sei mesi, dall'esercizio di attività di lavoro autonomo o di impresa diverse da quelle indicate nella lettera *c*).

2. Le singole leggi d'imposta, nel prevedere i casi di applicazione delle sanzioni accessorie, ne stabiliscono i limiti temporali in relazione alla gravità dell'infrazione e ai limiti minimi e massimi della sanzione principale.

22. ([1]) **Ipoteca e sequestro conservativo.** – 1. In base all'atto di contestazione, al provvedimento di irrogazione della sanzione o al processo verbale di constatazione e dopo la loro notifica, l'ufficio o l'ente, quando ha fondato timore di perdere la garanzia del proprio credito, può chiedere, con istanza motivata, al presidente della commissione tributaria provinciale l'iscrizione di ipoteca sui beni del trasgressore e dei soggetti obbligati in solido ([2]) e l'autorizzazione a procedere, a mezzo di ufficiale giudiziario, al sequestro conservativo dei loro beni, compresa l'azienda. A tal fine l'Agenzia delle entrate si avvale anche del potere di cui agli articoli 32, primo comma, numero 7), del decreto del Presidente della Repubblica 29 settembre 1973, n. 600, e successive modificazioni, e 51, secondo comma, numero 7), del decreto del Presidente della Repubblica 26 ottobre 1972, n. 633, e successive modificazioni ([3]).

1 *bis*. Al fine di rafforzare le misure poste a garanzia del credito erariale e a sostegno delle relative procedure di riscossione, le istanze di cui al comma 1 possono essere inoltrate dal comandante provinciale della Guardia di finanza, in relazione ai processi verbali di constatazione rilasciati dai reparti dipendenti, dando tempestiva comunicazione alla direzione provinciale dell'Agenzia delle entrate, che esamina l'istanza e comunica le proprie eventuali osservazioni al presidente della commissione tributaria provinciale, nonché al comandante provinciale richiedente. Decorso il termine di venti giorni dal ricevimento dell'istanza, si intende acquisito il conforme parere dell'Agenzia delle entrate ([4]).

1 *ter*. Nei casi di cui al comma 1 *bis*, la Guardia di finanza fornisce all'Agenzia delle entrate ogni elemento richiesto ai fini dell'istruttoria e della partecipazione alla procedura di cui al presente articolo. In caso di richiesta di chiarimenti, è interrotto, per una sola volta, il termine di cui al comma 1 *bis* ([4]).

2. Le istanze di cui al comma 1 devono essere notificate, anche tramite il servizio postale, alle parti interessate, le quali possono, entro venti giorni dalla notifica, depositare memorie e documenti difensivi.

3. Il presidente, decorso il termine di cui al comma 2, fissa con decreto la trattazione dell'istanza per la prima camera di consiglio utile, disponendo che ne sia data comunicazione alle parti almeno dieci giorni prima. Nel caso

in cui la notificazione debba effettuarsi all'estero, il termine è triplicato ([5]). La commissione decide con sentenza.

4. Quando la convocazione della controparte potrebbe pregiudicare l'attuazione del provvedimento, il presidente provvede con decreto motivato assunte ove occorra sommarie informazioni. In tal caso fissa, con lo stesso decreto, la camera di consiglio entro un termine non superiore a trenta giorni assegnando all'istante un termine perentorio non superiore a quindici giorni per la notificazione del ricorso e del decreto. A tale udienza la commissione, con ordinanza, conferma, modifica o revoca i provvedimenti emanati con decreto ([6]).

[5. Nei casi in cui non sussiste giurisdizione delle commissioni tributarie, le istanze di cui al comma 1 devono essere presentate al tribunale territorialmente competente in ragione della sede dell'ufficio richiedente, che provvede secondo le disposizioni del libro IV, titolo I, capo III, sezione I, del codice di procedura civile, in quanto applicabili] ([7]).

6. Le parti interessate possono prestare, in corso di giudizio, la garanzia di cui all'articolo 69, comma 2, del decreto legislativo 31 dicembre 1992, n. 546 ([8]) ([9]). In tal caso l'organo dinanzi al quale è in corso il procedimento può non adottare ovvero adottare solo parzialmente il provvedimento richiesto.

7. I provvedimenti cautelari pronunciati ai sensi del comma 1 perdono efficacia:

a) se non sono eseguiti nel termine di sessanta giorni dalla comunicazione;

b) se, nel termine di centoventi giorni dalla loro adozione, non viene notificato atto impositivo, di contestazione o di irrogazione; in tal caso, il presidente della commissione su istanza di parte e sentito l'ufficio o l'ente richiedente, dispone la cancellazione dell'ipoteca;

c) a seguito della sentenza, anche non passata in giudicato, che accoglie il ricorso avverso gli atti di cui alla lettera *b*). La sentenza costituisce titolo per la cancellazione dell'ipoteca. In caso di accoglimento parziale, su istanza di parte, il giudice che ha pronunciato la sentenza riduce proporzionalmente l'entità dell'iscrizione o del sequestro; se la sentenza è pronunciata dalla Corte di cassazione, provvede il giudice la cui sentenza è stata impugnata con ricorso per cassazione ([10]).

([1]) *A norma dell'art. 27, comma 5, del D.L. 29 novembre 2008, n. 185, convertito, con modificazioni, nella L. 28 gennaio 2009, n. 2, questo articolo si applica anche alle somme dovute per il pagamento di tributi e dei relativi interessi agli uffici e agli enti di cui al comma 1 del medesimo articolo, in base ai processi verbali di constatazione. Si veda altresì l'art. 27, commi 6 e 7 dello stesso decreto, che si riporta:*

«6. In caso di pericolo per la riscossione, dopo la notifica, da parte dell'ufficio o ente, del provvedimento con il quale vengono accertati maggiori tributi, si applicano, per tutti

gli importi dovuti, le disposizioni di cui ai commi da 1 a 6, dell'articolo 22, del decreto legislativo 18 dicembre 1997, n. 472.

«7. Le misure cautelari, che, in base al processo verbale di constatazione, al provvedimento con il quale vengono accertati maggiori tributi, al provvedimento di irrogazione della sanzione oppure all'atto di contestazione, sono adottate ai sensi dell'articolo 22 del decreto legislativo 18 dicembre 1997, n. 472, e successive modificazioni, conservano, senza bisogno di alcuna formalità o annotazione, la loro validità e il loro grado a favore dell'agente della riscossione che ha in carico il ruolo. Quest'ultimo può procedere all'esecuzione sui beni sequestrati o ipotecati secondo le disposizioni del decreto del Presidente della Repubblica 29 settembre 1973, n. 602, fermo restando quanto previsto, in particolare, dall'articolo 76 del medesimo decreto del Presidente della Repubblica n. 602 del 1973, e successive modificazioni.».

(2) *Le parole: «soggetti obbligati ai sensi dell'articolo 11, comma 1,» sono state così sostituite dalle attuali: «soggetti obbligati in solido», dall'art. 2, comma 1, lett.* m), *del D.L.vo 5 giugno 1998, n. 203, con effetto dal 1° aprile 1998.*

(3) *Questo periodo è stato aggiunto dall'art. 15, comma 8* bis, *del D.L. 1 luglio 2009, n. 78, convertito, con modificazioni, nella L. 3 agosto 2009, n. 102.*

(4) *Questo comma è stato inserito dall'art. 16* septies, *comma 1, del D.L. 23 ottobre 2018, n. 119, convertito, con modificazioni, nella L. 17 dicembre 2018, n. 136.*

(5) *Questo periodo è stato aggiunto dall'art. 10, comma 3, lett.* b), *n.* 1), *del D.L.vo 24 settembre 2015, n. 156.*

A norma dell'art. 12, comma 1, le disposizioni del predetto decreto entrano in vigore a decorrere dal 1° gennaio 2016.

(6) *Questo comma è stato così sostituito dall'attuale dall'art. 10, comma 3, lett.* b), *n.* 2), *del D.L.vo 24 settembre 2015, n. 156.*

A norma dell'art. 12, comma 1, le disposizioni del predetto decreto entrano in vigore a decorrere dal 1° gennaio 2016.

Si riporta il testo previgente:

«4. In caso di eccezionale urgenza o di pericolo nel ritardo, il presidente, ricevuta l'istanza, provvede con decreto motivato. Contro il decreto è ammesso reclamo al collegio entro trenta giorni. Il collegio, sentite le parti in camera di consiglio, provvede con sentenza.».

(7) *Questo comma è stato soppresso dall'art. 10, comma 3, lett.* b), *n.* 3), *del D.L.vo 24 settembre 2015, n. 156.*

A norma dell'art. 12, comma 1, le disposizioni del predetto decreto entrano in vigore a decorrere dal 1° gennaio 2016.

(8) *Le parole: «idonea garanzia mediante cauzione o fideiussione bancaria o assicurativa.» sono state così sostituite dalle parole: «la garanzia di cui all'articolo 69, comma 2, del decreto legislativo 31 dicembre 1992, n. 546.» dall'art. 10, comma 3, lett.* b), *n.* 4), *del D.L.vo 24 settembre 2015, n. 156.*

A norma dell'art. 12, comma 1, le disposizioni del predetto decreto entrano in vigore a decorrere dal 1° gennaio 2016.

(9) *A norma dell'art. 12, comma 2, del D.L.vo 24 settembre 2015, n. 156, fino all'approvazione del decreto previsto dall'art. 69, comma 2, del D.L.vo 31 dicembre 1992, n. 546,*

come modificato dall'articolo 10 (N.d.R. 9) del D.L.vo n. 156/2015, restano applicabili le disposizioni previgenti di cui al predetto articolo 69.

([10]) *Questo comma è stato così sostituito dall'attuale, dall'art. 10, comma 3, lett.* b)*, n.* 5)*, del D.L.vo 24 settembre 2015, n. 156.*

A norma dell'art. 12, comma 1, le disposizioni del predetto decreto entrano in vigore a decorrere dal 1° gennaio 2016.

Si riporta il testo previgente:

«7. I provvedimenti cautelari perdono efficacia se, nel termine di centoventi giorni dalla loro adozione, non viene notificato atto di contestazione o di irrogazione. In tal caso, il presidente della commissione tributaria provinciale ovvero il presidente del tribunale dispongono, su istanza di parte e sentito l'ufficio o l'ente richiedente, la cancellazione dell'ipoteca. I provvedimenti perdono altresì efficacia a seguito della sentenza, anche non passata in giudicato, che accoglie il ricorso o la domanda. La sentenza costituisce titolo per la cancellazione dell'ipoteca. In caso di accoglimento parziale, su istanza di parte, il giudice che ha pronunciato la sentenza riduce proporzionalmente l'entità dell'iscrizione o del sequestro; se la sentenza è pronunciata dalla Corte di cassazione, provvede il giudice la cui sentenza è stata impugnata con ricorso per cassazione.».

23. Sospensione dei rimborsi e compensazione. – 1. Nei casi in cui l'autore della violazione o i soggetti obbligati in solido ([1]) vantano un credito nei confronti dell'amministrazione finanziaria, il pagamento può essere sospeso se è stato notificato atto di contestazione o di irrogazione della sanzione, o provvedimento con il quale vengono accertati maggiori tributi, ancorché non definitivi ([2]). La sospensione opera nei limiti di tutti gli importi dovuti in base all'atto o alla ([3]) decisione della commissione tributaria ovvero dalla decisione di altro organo.

2. In presenza di provvedimento definitivo, l'ufficio competente per il rimborso pronuncia la compensazione del debito.

3. I provvedimenti di cui ai commi 1 e 2, che devono essere notificati all'autore della violazione e ai soggetti obbligati ai sensi dell'articolo 11, comma 1, sono impugnabili avanti alla commissione tributaria, che può disporne la sospensione ai sensi dell'articolo 47 del decreto legislativo 31 dicembre 1992, n. 546.

4. Se non sussiste giurisdizione delle commissioni tributarie, è ammessa azione avanti al tribunale, cui è rimesso il potere di sospensione.

([1]) *Le parole: «soggetti obbligati ai sensi dell'articolo 11, comma 1,» sono state così sostituite dalle attuali: «soggetti obbligati in solido», dall'art. 2, comma 1, lett.* m)*, del D.L.vo 5 giugno 1998, n. 203, con effetto dal 1° aprile 1998.*

([2]) *Le parole: «, ancorché non definitivo» sono state così sostituite dalle seguenti: «o provvedimento con il quale vengono accertati maggiori tributi, ancorché non definitivi», dall'art. 16, comma 1, lett.* h)*, del D.L.vo 24 settembre 2015, n. 158, a decorrere dal 1° gennaio 2016.*

([3]) *Le parole: «della somma risultante dall'atto o dalla» sono state così sostituite dalle seguenti: «di tutti gli importi dovuti in base all'atto o alla», dall'art. 16, comma 1, lett.* h), *del D.L.vo 24 settembre 2015, n. 158, a decorrere dal 1° gennaio 2016.*

24. Riscossione della sanzione. – 1. Per la riscossione della sanzione si applicano le disposizioni sulla riscossione dei tributi cui la violazione si riferisce.

2. L'ufficio o l'ente che ha applicato la sanzione può eccezionalmente consentirne, su richiesta dell'interessato in condizioni economiche disagiate, il pagamento in rate mensili fino ad un massimo di trenta. In ogni momento il debito può essere estinto in unica soluzione.

3. Nel caso di mancato pagamento anche di una sola rata, il debitore decade dal beneficio e deve provvedere al pagamento del debito residuo entro trenta giorni dalla scadenza della rata non adempiuta.

25. Disposizioni transitorie. – 1. Le disposizioni del presente decreto si applicano alle violazioni non ancora contestate o per le quali la sanzione non sia stata irrogata alla data della sua entrata in vigore.

2. Gli articoli 3, 4, 5, 6, 8 e 12 si applicano ai procedimenti in corso alla data indicata nel comma 1.

3. I procedimenti in corso possono essere definiti, quanto alle sanzioni, entro il 18 dicembre 1998 ([1]), dagli autori della violazione e dai soggetti obbligati in solido ([2]), con il pagamento di una somma pari al quarto dell'irrogato ovvero al quarto dell'ammontare risultante dall'ultima sentenza o decisione amministrativa. È comunque esclusa la ripetizione di quanto pagato. La definizione non si applica alle sanzioni contemplate nell'articolo 17, comma 3 ([3]).

3 *bis*. Nei casi di omissioni ed errori relativi alle dichiarazioni dei redditi, comprese quelle unificate, presentate nell'anno 1998, che non incidono sulla determinazione o sul pagamento del tributo, non si applicano le sanzioni previste se l'autore delle violazioni provvede alla loro regolarizzazione nel termine di trenta giorni dall'invito dell'ufficio ([4]).

3 *ter*. Nei casi di omissioni ed errori relativi alle dichiarazioni presentate nell'anno 1999, che non incidono sulla determinazione o sul pagamento del tributo, non si applicano le sanzioni previste se l'autore delle violazioni provvede alla loro regolarizzazione nel termine di trenta giorni dall'invito dell'ufficio ([5]).

3 *quater*. Le sanzioni relative alle somme iscritte in ruoli resi esecutivi entro il 31 dicembre 2000 a seguito di controllo formale delle dichiarazioni presentate negli anni dal 1994 al 1998 ai fini delle imposte sui redditi e negli anni dal 1995 al 1998 ai fini dell'imposta sul valore aggiunto, sono ridotte della metà per i contribuenti che aderiscono ad apposito invito al pagamen-

to dei tributi dovuti, dei relativi interessi e delle sanzioni medesime, contenuto in una comunicazione inviata al debitore dai concessionari del servizio nazionale della riscossione entro il secondo mese successivo a quello di consegna del ruolo ([5]).

3 *quinquies*. Gli importi indicati nella comunicazione di cui al comma 3 *quater*, inviata tramite servizio postale, sono pagati entro l'ultimo giorno del mese successivo a quello di invio della comunicazione stessa ([5]).

3 *sexies*. Se le somme indicate nella comunicazione, o quelle eventualmente rideterminate in sede di autotutela, non sono integralmente corrisposte entro il termine di cui al comma 3 *quater*, il debitore è tenuto a pagare l'intero importo iscritto a ruolo previa notifica, da parte del concessionario, della relativa cartella ([5]).

3 *septies*. La remunerazione spettante al concessionario sulle somme riscosse a seguito dell'invio della comunicazione di cui al comma 3 *quater* è determinata con decreto del Ministro delle finanze ([5]).

([1]) *Le parole: «entro sessanta giorni dall'emanazione dei decreti previsti dall'art. 28», sono state sostituite dalle attuali: «entro il 18 dicembre 1998» dall'art. 6, lett.* b), *del D.L.vo 19 novembre 1998, n. 422.*

([2]) *Le parole: «soggetti obbligati ai sensi dell'articolo 11, comma 1,» sono state così sostituite dalle attuali: «soggetti obbligati in solido», dall'art. 2, comma 1, lett.* m), *del D.L.vo 5 giugno 1998, n. 203, con effetto dal 1° aprile 1998.*

([3]) *L'ultimo periodo di questo comma è stato aggiunto dall'art. 2, comma 1, lett.* n), *del D.L.vo 5 giugno 1998, n. 203, con effetto dal 1° aprile 1998.*

([4]) *Questo comma è stato aggiunto dall'art. 6, comma 1, del D.L.vo 19 novembre 1998, n. 422.*

([5]) *Questo comma è stato aggiunto dall'art. 2, comma 1, lett.* f), *del D.L.vo 30 marzo 2000, n. 99, a decorrere dal 1° aprile 1998.*

26. Abolizione della sopratassa e della pena pecuniaria. – 1. Il riferimento alla soprattassa e alla pena pecuniaria, nonché ad ogni altra sanzione amministrativa, ancorché diversamente denominata, contenuto nelle leggi vigenti, è sostituito con il riferimento alla sanzione pecuniaria, di uguale importo.

2. I riferimenti contenuti nelle singole leggi di imposta a disposizioni abrogate si intendono effettuati agli istituti e alle previsioni corrispondenti risultanti dal presente decreto.

3. Salvo diversa espressa previsione, i procedimenti di irrogazione delle sanzioni disciplinati nel presente decreto si applicano all'irrogazione di tutte le sanzioni tributarie non penali.

27. Violazioni riferite a società, associazioni od enti. – 1. Le violazioni riferite dalle disposizioni vigenti a società, associazioni od enti si intendono riferite alle persone fisiche che ne sono autrici, se commesse dopo l'entrata in vigore del presente decreto.

28. Disposizioni di attuazione. – 1. Nel termine di quattro mesi dalla pubblicazione nella *Gazzetta Ufficiale* della Repubblica italiana sono stabilite, con uno o più decreti del Ministro delle finanze, le modalità di pagamento delle somme dovute a titolo di sanzione.

29. Disposizioni abrogate. – 1. (*Omissis*).

30. Entrata in vigore. – 1. Il presente decreto entra in vigore il 1° aprile 1998.

2.

D.L.vo 18 dicembre 1997, n. 471. Riforma delle sanzioni tributarie non penali in materia di imposte dirette, di imposta sul valore aggiunto e di riscossione dei tributi, a norma dell'articolo 3, comma 133, lettera *q*), della legge 23 dicembre 1996, n. 662 (Suppl. ord. alla *Gazzetta Ufficiale* Serie gen. - n. 5 dell'8 gennaio 1998).

Titolo I
Sanzioni in materia
di imposte dirette
e di imposta sul valore aggiunto

Capo I
Sanzioni in materia
di imposte dirette

1. ([1]) **Violazioni relative alla dichiarazione delle imposte sui redditi e dell'imposta regionale sulle attività produttive.** – 1. Nei casi di omessa presentazione della dichiarazione ai fini delle imposte sui redditi e dell'imposta regionale sulle attività produttive, si applica la sanzione amministrativa dal centoventi al duecentoquaranta per cento dell'ammontare delle imposte dovute, con un minimo di euro 250. Se non sono dovute imposte, si applica la sanzione da euro 250 a euro 1.000. Se la dichiarazione omessa è presentata dal contribuente entro il termine di presentazione della dichiarazione relativa al periodo d'imposta successivo e, comunque, prima dell'inizio di qualunque attività amministrativa di accertamento di cui abbia avuto formale conoscenza, si applica la sanzione amministrativa dal sessanta al centoventi per cento dell'ammontare delle imposte dovute, con un minimo di euro 200. Se non sono dovute imposte, si applica la sanzione da euro 150 a euro 500. Le sanzioni applicabili quando non sono dovute imposte possono essere aumentate fino al doppio nei confronti dei soggetti obbligati alla tenuta di scritture contabili.

2. Se nella dichiarazione è indicato, ai fini delle singole imposte, un reddito o un valore della produzione imponibile inferiore a quello accertato, o, comunque, un'imposta inferiore a quella dovuta o un credito superiore a quello spettante, si applica la sanzione amministrativa dal novanta al centoottanta per cento della maggior imposta dovuta o della differenza del credito utilizzato. La stessa sanzione si applica se nella dichiarazione sono esposte indebite detrazioni d'imposta ovvero indebite deduzioni dall'imponibile, anche se esse sono state attribuite in sede di ritenuta alla fonte.

3. La sanzione di cui al comma precedente è aumentata della metà quando la violazione è realizzata mediante l'utilizzo di documentazione falsa o per operazioni inesistenti, mediante artifici o raggiri, condotte simulatorie o fraudolente.

4. Fuori dai casi di cui al comma 3, la sanzione di cui al comma 2 è ridotta di un terzo quando la maggiore imposta o il minore credito accertati sono complessivamente inferiori al tre per cento dell'imposta e del credito dichiarati e comunque complessivamente inferiori a euro 30.000. La medesima riduzione si applica quando, fuori dai casi di cui al comma 3, l'infedeltà è conseguenza di un errore sull'imputazione temporale di elementi positivi o negativi di reddito, purché il componente positivo abbia già concorso alla determinazione del reddito nell'annualità in cui interviene l'attività di accertamento o in una precedente. Se non vi è alcun danno per l'Erario, la sanzione è pari a euro 250.

5. Per maggiore imposta si intende la differenza tra l'ammontare del tributo liquidato in base all'accertamento e quello liquidabile in base alle dichiarazioni ai sensi degli articoli 36 *bis* e 36 *ter* del decreto del Presidente della Repubblica 29 settembre 1973, n. 600.

6. In caso di rettifica del valore normale dei prezzi di trasferimento praticati nell'ambito delle operazioni di cui all'articolo 110, comma 7, del decreto del Presidente della Repubblica 22 dicembre 1986, n. 917, da cui derivi una maggiore imposta o una differenza del credito, la sanzione di cui al comma 2 non si applica qualora, nel corso dell'accesso, ispezione o verifica o di altra attività istruttoria, il contribuente consegni all'Amministrazione finanziaria la documentazione indicata in apposito provvedimento del Direttore dell'Agenzia delle Entrate idonea a consentire il riscontro della conformità al valore normale dei prezzi di trasferimento praticati. Il contribuente che detiene la documentazione prevista dal provvedimento di cui al periodo precedente deve darne apposita comunicazione all'Amministrazione finan-

ziaria secondo le modalità e i termini ivi indicati; in assenza di detta comunicazione si rende applicabile la sanzione di cui al comma 2.

7. Nelle ipotesi di cui all'articolo 3 del decreto legislativo 14 marzo 2011, n. 23, se nella dichiarazione dei redditi il canone derivante dalla locazione di immobili ad uso abitativo non è indicato o è indicato in misura inferiore a quella effettiva, si applicano in misura raddoppiata, rispettivamente, le sanzioni amministrative previste dai precedenti commi 1 e 2.

8. Se le violazioni previste nei commi 1 e 2 riguardano redditi prodotti all'estero, le sanzioni sono aumentate di un terzo con riferimento alle imposte o alle maggiori imposte relative a tali redditi.

(1) *Questo articolo è stato così sostituito dall'art. 15, comma 1, lett.* a), *del D.L.vo 24 settembre 2015, n. 158, a decorrere dal 1° gennaio 2016.*

Si riporta il testo previgente:

«Art. 1. (Violazioni relative alla dichiarazione delle imposte dirette). *1. Nei casi di omessa presentazione della dichiarazione dei redditi, si applica la sanzione amministrativa dal centoventi al duecentoquaranta per cento dell'ammontare delle imposte dovute, con un minimo di € 258. Se non sono dovute imposte, si applica la sanzione da € 258 ad € 1.032. Essa può essere aumentata fino al doppio nei confronti dei soggetti obbligati alla tenuta di scritture contabili.*

2. Se nella dichiarazione è indicato, ai fini delle singole imposte, un reddito imponibile inferiore a quello accertato, o, comunque, un'imposta inferiore a quella dovuta o un credito superiore a quello spettante, si applica la sanzione amministrativa dal cento al duecento per cento della maggior imposta o della differenza del credito. La stessa sanzione si applica se nella dichiarazione sono esposte indebite detrazioni d'imposta ovvero indebite deduzioni dall'imponibile, anche se esse sono state attribuite in sede di ritenuta alla fonte.

2 bis. *La misura della sanzione minima e massima di cui al comma 2 è elevata del 10 per cento nelle ipotesi di omessa o infedele indicazione dei dati previsti nei modelli per la comunicazione dei dati rilevanti ai fini dell'applicazione degli studi di settore, nonché nei casi di indicazione di cause di esclusione o di inapplicabilità degli studi di settore non sussistenti. La presente disposizione non si applica se il maggior reddito d'impresa ovvero di arte o professione, accertato a seguito della corretta applicazione degli studi di settore, non è superiore al 10 per cento del reddito d'impresa o di lavoro autonomo dichiarato.*

2 bis1. *La misura della sanzione minima e massima di cui al comma 2 è elevata del 50 per cento nelle ipotesi di omessa presentazione del modello per la comunicazione dei dati rilevanti ai fini dell'applicazione degli studi di settore, laddove tale adempimento sia dovuto ed il contribuente non abbia provveduto alla presentazione del modello anche a seguito di specifico invito da parte dell'Agenzia delle Entrate. Si applica la disposizione di cui al secondo periodo del comma 2 bis.*

2 ter. *In caso di rettifica del valore normale dei prezzi di trasferimento praticati nell'ambito delle operazioni di cui all'articolo 110, comma 7, del decreto del Presidente della Repubblica 22 dicembre 1986, n. 917, da cui derivi una maggiore imposta o una dif-*

ferenza del credito, la sanzione di cui al comma 2 non si applica qualora, nel corso dell'accesso, ispezione o verifica o di altra attività istruttoria, il contribuente consegni all'Amministrazione finanziaria la documentazione indicata in apposito provvedimento del Direttore dell'Agenzia delle entrate idonea a consentire il riscontro della conformità al valore normale dei prezzi di trasferimento praticati. Il contribuente che detiene la documentazione prevista dal provvedimento di cui al periodo precedente, deve darne apposita comunicazione all'Amministrazione finanziaria secondo le modalità e i termini ivi indicati. In assenza di detta comunicazione si rende applicabile il comma 2.

3. Se le violazioni previste nei commi 1 e 2 riguardano redditi prodotti all'estero, le sanzioni sono aumentate di un terzo con riferimento alle imposte o alle maggiori imposte relative a tali redditi.

4. Per maggiore imposta si intende la differenza tra l'ammontare del tributo liquidato in base all'accertamento e quello liquidabile in base alle dichiarazioni, ai sensi degli articoli 36 bis *e 36* ter *del decreto del Presidente della Repubblica 29 settembre 1973, n. 600, recante disposizioni comuni in materia di accertamento delle imposte sui redditi».*

2. Violazioni relative alla dichiarazione dei sostituti d'imposta. – 1. Nel caso di omessa presentazione della dichiarazione del sostituto d'imposta, si applica la sanzione amministrativa dal centoventi al duecentoquaranta per cento dell'ammontare delle ritenute non versate, con un minimo di euro 250 ([1]). Se la dichiarazione omessa è presentata dal sostituto entro il termine di presentazione della dichiarazione relativa al periodo d'imposta successivo e, comunque, prima dell'inizio di qualunque attività amministrativa di accertamento di cui abbia avuto formale conoscenza, si applica la sanzione amministrativa dal sessanta al centoventi per cento dell'ammontare delle ritenute non versate, con un minimo di euro 200 ([2]).

2. Se l'ammontare dei compensi, interessi ed altre somme dichiarati è inferiore a quello accertato, si applica la sanzione amministrativa dal novanta al centoottanta ([3]) per cento dell'importo delle ritenute non versate riferibili alla differenza, con un minimo di euro 250 ([4]).

2 *bis*. La sanzione di cui al comma 2 è aumentata della metà quando la violazione è realizzata mediante l'utilizzo di documentazione falsa, mediante artifici o raggiri, condotte simulatorie o fraudolente ([5]).

2 *ter*. Fuori dai casi di cui al comma 2 *bis*, la sanzione di cui al comma 2 è ridotta di un terzo quando l'ammontare delle ritenute non versate riferibili alla differenza tra l'ammontare dei compensi, interessi ed altre somme accertati e dichiarati è inferiore al tre per cento delle ritenute riferibili all'ammontare dei compensi, interessi ed altre somme dichiarati e comunque inferiore a euro 30.000 ([5]).

3. Se le ritenute relative ai compensi, interessi ed altre somme, benché non dichiarate, sono state versate interamente, si applica la sanzione amministrativa da euro 250 a euro 2.000 ([6]). Se la dichiarazione omessa è stata

presentata entro il termine di presentazione della dichiarazione relativa al periodo d'imposta successivo, si applica la sanzione da euro 150 a euro 500 e la sanzione del comma 4 è ridotta del cinquanta per cento ([7]).

4. In aggiunta alle sanzioni previste nei commi 1, 2 e 3 si applica la sanzione amministrativa di euro 50 ([8]) per ogni percepiente non indicato nella dichiarazione presentata o che avrebbe dovuto essere presentata.

4 *bis*. Per ritenute non versate si intende la differenza tra l'ammontare delle maggiori ritenute accertate e quelle liquidabili in base alle dichiarazioni ai sensi degli articoli 36 *bis* e 36 *ter* del decreto del Presidente della Repubblica 29 settembre 1973, n. 600 ([9]).

4 *ter*. In caso di rettifica del valore normale dei prezzi di trasferimento praticati nell'ambito delle operazioni di cui all'articolo 110, comma 7, del decreto del Presidente della Repubblica 22 dicembre 1986, n. 917, da cui derivi la non corretta applicazione delle aliquote convenzionali sul valore delle *royalties* e degli interessi attivi che eccede il valore normale previste per l'esercizio della ritenuta di cui all'articolo 25, quarto comma, del decreto del Presidente della Repubblica 29 settembre 1973, n. 600, la sanzione di cui al comma 2 non si applica qualora, nel corso dell'accesso, ispezione o verifica o di altra attività istruttoria, il contribuente consegni all'Amministrazione finanziaria la documentazione indicata in apposito provvedimento del Direttore dell'Agenzia delle entrate idonea a consentire il riscontro della conformità al valore normale dei prezzi di trasferimento praticati. Il contribuente che detiene la documentazione prevista dal provvedimento di cui al periodo precedente deve darne apposita comunicazione all'Amministrazione finanziaria secondo le modalità e i termini ivi indicati; in assenza di detta comunicazione si rende applicabile la sanzione di cui al comma 2 ([9]).

([1]) *Le parole*: «*lire cinquecentomila*» *sono state così sostituite dalle seguenti*: «*euro 250*», *dall'art. 15, comma 1, lett.* b), *n.* 1), *del D.L.vo 24 settembre 2015, n. 158, a decorrere dal 1° gennaio 2016.*

([2]) *Questo periodo è stato aggiunto dall'art. 15, comma 1, lett.* b), *n.* 1), *del D.L.vo 24 settembre 2015, n. 158, a decorrere dal 1° gennaio 2016.*

([3]) *Le parole*: «*dal cento al duecento*» *sono state così sostituite dalle seguenti*: «*dal novanta al centoottanta*», *dall'art. 15, comma 1, lett.* b), *n.* 2), *del D.L.vo 24 settembre 2015, n. 158, a decorrere dal 1° gennaio 2016.*

([4]) *Le parole*: «*lire cinquecentomila*» *sono state così sostituite dalle seguenti*: «*euro 250*», *dall'art. 15, comma 1, lett.* b), *n.* 2), *del D.L.vo 24 settembre 2015, n. 158, a decorrere dal 1° gennaio 2016.*

([5]) *Questo comma è stato inserito dall'art. 15, comma 1, lett.* b), *n.* 3), *del D.L.vo 24 settembre 2015, n. 158, a decorrere dal 1° gennaio 2016.*

([6]) *Le parole*: «*da lire cinquecentomila a lire quattro milioni*» *sono state così sostituite dalle seguenti*: «*da euro 250 a euro 2.000*», *dall'art. 15, comma 1, lett.* b), *n.* 4), *del D.L.vo 24 settembre 2015, n. 158, a decorrere dal 1° gennaio 2016.*

([7]) *Questo periodo è stato aggiunto dall'art. 15, comma 1, lett.* b), *n.* 4), *del D.L.vo 24 settembre 2015, n. 158, a decorrere dal 1° gennaio 2016.*

([8]) *Le parole*: «*di lire centomila*» *sono state così sostituite dalle seguenti*: «*di euro 50*», *dall'art. 15, comma 1, lett.* b), *n.* 5), *del D.L.vo 24 settembre 2015, n. 158, a decorrere dal 1° gennaio 2016.*

([9]) *Questo comma è stato inserito dall'art. 15, comma 1, lett.* b), *n.* 6), *del D.L.vo 24 settembre 2015, n. 158, a decorrere dal 1° gennaio 2016.*

3. Omessa denuncia delle variazioni dei redditi fondiari. – 1. In caso di omessa denuncia, nel termine previsto per legge, delle situazioni che danno luogo a variazioni in aumento del reddito dominicale e del reddito agrario dei terreni, si applica la sanzione amministrativa da euro 250 a euro 2.000 ([1]).

([1]) *Le parole*: «*da lire cinquecentomila a lire quattro milioni*» *sono state così sostituite dalle seguenti*: «*da euro 250 a euro 2.000*», *dall'art. 15, comma 1, lett.* c), *del D.L.vo 24 settembre 2015, n. 158, a decorrere dal 1° gennaio 2016.*

4. ([1]) [**Disposizione transitoria.** – 1. Le dichiarazioni incomplete, previste dall'articolo 46, secondo e terzo comma, del decreto del Presidente della Repubblica 29 settembre 1973, n. 600, recante disposizioni comuni in materia di accertamento delle imposte sui redditi, si considerano comprese tra le dichiarazioni infedeli previste dall'articolo 1, comma 2, del presente decreto].

([1]) *Questo articolo è stato abrogato dall'art. 15, comma 1, lett.* d), *del D.L.vo 24 settembre 2015, n. 158, a decorrere dal 1° gennaio 2016.*

Capo II
Sanzioni in materia di imposta sul valore aggiunto

5. ([1]) **Violazioni relative alla dichiarazione dell'imposta sul valore aggiunto e ai rimborsi.** – 1. Nel caso di omessa presentazione della dichiarazione annuale [periodica] ([2]) dell'imposta sul valore aggiunto si applica la sanzione amministrativa dal centoventi al duecentoquaranta per cento dell'ammontare del tributo dovuto per il periodo d'imposta o per le operazioni che avrebbero dovuto formare oggetto di dichiarazione. Per determinare l'imposta dovuta sono computati in detrazione tutti i versamenti effettuati relativi al periodo, il credito dell'anno precedente del quale non è stato chiesto il rimborso, nonché le imposte detraibili risultanti dalle liquidazioni regolarmente eseguite. Nel caso di omessa [o tardiva] ([3]) presentazione della dichiarazione cui sono tenuti i soggetti che applicano i regimi speciali di cui agli articoli 70.1 e da 74 *quinquies* a 74 *septies* ([4]) del decreto del Presidente della Repubblica 26 ottobre 1972, n. 633, la sanzione di cui al primo periodo è commisurata ([5]) all'ammontare dell'imposta dovuta nel territorio dello Stato che avrebbe dovuto formare oggetto di dichiarazione ([6]). La sanzione non può essere comunque inferiore ad euro 250 ([7]). Se la dichiarazione omessa è presentata entro il termine di presentazione della dichiarazione relativa al periodo d'imposta successivo e, comunque, prima dell'inizio di qualunque attività amministrativa di accertamento di cui il soggetto passivo abbia avuto formale conoscenza, si applica la sanzione amministrativa dal sessanta al centoventi per cento dell'ammontare del tributo dovuto per il periodo d'imposta o per le operazioni che avrebbero dovuto formare oggetto di dichiarazione, con un minimo di euro 200 ([8]). Nel caso di presentazione della dichiarazione cui sono tenuti i soggetti che applicano i regimi speciali di cui agli articoli 70.1 e da 74 *quinquies* a 74 *septies* del decreto del Presidente della Repubblica 26 ottobre 1972, n. 633, entro tre anni dalla data in cui doveva essere presentata, si applica la sanzione dal sessanta al centoventi per cento dell'ammontare dell'imposta dovuta nel territorio dello Stato per il periodo oggetto di dichiarazione, con un minimo di euro 200 ([9]). Se la dichiarazione di cui al periodo precedente è presentata entro il termine di presentazione della dichiarazione relativa al periodo successivo si applica la sanzione dal trenta al sessanta per cento dell'ammontare dell'imposta dovuta nel territorio dello Stato per il periodo oggetto di dichiarazione, con un minimo di euro 100 ([9]).

2. Se l'omissione riguarda la dichiarazione mensile relativa agli acquisti intracomunitari, prescritta dall'articolo 49, comma 1, del decreto legge 30 agosto 1993, n. 331, convertito, con modificazioni, dalla legge 29 ottobre 1993, n. 427, la sanzione è riferita all'ammontare dell'imposta dovuta per le operazioni che ne avrebbero dovuto formare oggetto. In caso di presentazione della dichiarazione con indicazione dell'ammontare delle operazioni in misura inferiore al vero, la sanzione è commisurata all'ammontare della maggior imposta dovuta.

3. Se il soggetto effettua esclusivamente operazioni per le quali non è dovuta l'imposta, l'omessa presentazione della dichiarazione è punita con la sanzione amministrativa da euro 250 a euro 2.000 ([10]). La stessa sanzione si applica anche se è omessa la dichiarazione [periodica o quella] ([11]) prescritta dall'articolo 50, comma 4, del decreto legge 30 agosto 1993, n. 331, convertito, con modificazioni, dalla legge 29 ottobre 1993, n. 427, nel caso di effettuazione di acquisti intracomunitari soggetti ad imposta ed in ogni altro caso nel quale non vi è debito d'imposta. Se la dichiarazione omessa è presentata entro il termine di presentazione della dichiarazione relativa al

periodo d'imposta successivo e, comunque, prima dell'inizio di qualunque attività amministrativa di accertamento di cui il soggetto passivo abbia avuto formale conoscenza, si applica la sanzione amministrativa da euro 150 a euro 1.000 ([12]).

4. Se dalla dichiarazione presentata risulta un'imposta inferiore a quella dovuta ovvero un'eccedenza detraibile o rimborsabile superiore a quella spettante, si applica la sanzione amministrativa dal novanta al centoottanta per cento della maggior imposta dovuta o della differenza di credito utilizzato ([13]).

4 *bis*. La sanzione di cui al comma 4 è aumentata della metà quando la violazione è realizzata mediante l'utilizzo di fatture o altra documentazione falsa o per operazioni inesistenti, mediante artifici o raggiri, condotte simulatorie o fraudolente ([13]).

4 *ter*. Fuori dai casi di cui al comma 4 *bis*, la sanzione di cui al comma 4 è ridotta di un terzo quando la maggiore imposta ovvero la minore eccedenza detraibile o rimborsabile accertata è complessivamente inferiore al tre per cento dell'imposta, dell'eccedenza detraibile o rimborsabile dichiarata e, comunque, complessivamente inferiore a euro 30.000 ([13]).

4 *quater*. Per imposta dovuta si intende la differenza tra l'ammontare del tributo liquidato in base all'accertamento e quello liquidabile in base alle dichiarazioni, ai sensi dell'articolo 54 *bis* del decreto del Presidente della Repubblica 26 ottobre 1972, n. 633 ([13]).

5. Chi chiede a rimborso l'eccedenza detraibile risultante dalla dichiarazione in assenza dei presupposti individuati dall'articolo 30 del decreto del Presidente della Repubblica 26 ottobre 1972, n. 633, è punito con la sanzione amministrativa pari al trenta per cento del credito rimborsato ([13]).

6. Chiunque, essendovi obbligato, non presenta una delle dichiarazioni di inizio o variazione di attività ([14]), previste dagli articoli 35 e 35 *ter* ([15]) del decreto del Presidente della Repubblica 26 ottobre 1972, n. 633, o la presenta con indicazioni incomplete o inesatte tali da non consentire l'individuazione del contribuente o dei luoghi ove è esercitata l'attività o in cui sono conservati libri, registri, scritture e documenti è punito con sanzione da euro 500 a euro 2.000 ([16]). È punito con la medesima sanzione chi presenta la richiesta di registrazione o le comunicazioni ([17]) di cui agli articoli 74 *quinquies*, commi 1 e 4, e 74 *sexies*.1, commi 4 e 7 ([18]), ([19]) del decreto del Presidente della Repubblica 26 ottobre 1972, n. 633, con indicazioni incomplete o inesatte, anche relativamente all'indirizzo di posta elettronica e all'URL del sito web, tali da non consentire l'individuazione del contribuente o dei luoghi ove è esercitata l'attività ([20]). La sanzione è ridotta ad un quinto del

minimo se l'obbligato provvede alla regolarizzazione della dichiarazione presentata nel termine di trenta giorni dall'invito dell'ufficio.

(1) *A norma dell'art. 2, comma 36* vicies ter, *del D.L. 13 agosto 2011, n. 138, convertito, con modificazioni, nella L. 14 settembre 2011, n. 148 per gli esercenti imprese o arti e professioni con ricavi e compensi dichiarati non superiori a 5 milioni di euro i quali per tutte le operazioni attive e passive effettuate nell'esercizio dell'attività utilizzano esclusivamente strumenti di pagamento diversi dal denaro contante e nelle dichiarazioni in materia di imposte sui redditi e imposte sul valore aggiunto indicano gli estremi identificativi dei rapporti con gli operatori finanziari di cui all'articolo 7, sesto comma, del decreto del Presidente della Repubblica 29 settembre 1973, n. 605, in corso nel periodo di imposta, le sanzioni amministrative previste dagli articoli 1, 5 e 6 del decreto legislativo 18 dicembre 1997, n. 471, sono ridotte alla metà.*

(2) *La parola: «periodica» inserita dall'art. 1, comma 1, lett.* a), *del D.L.vo 5 giugno 1998, n. 203, con effetto dal 1° aprile 1998, è stata soppressa dall'art. 1, comma 1, lett.* a), *n. 1), del D.L.vo 30 marzo 2000, n. 99, a decorrere dal 1° aprile 1998.*

(3) *Le parole tra parentesi quadrate sono state soppresse dall'art. 4, comma 1, lett.* a), *n. 1), del D.L.vo 25 maggio 2021, n. 83.*

A norma dell'art. 10 dello stesso provvedimento tali disposizioni si applicano alle operazioni effettuate a partire dal 1° luglio 2021.

(4) *Le parole: «di cui agli articoli 74* quinquies *e 74* septies*» sono state così sostituite dalle attuali: «di cui agli articoli 70.1 e da 74* quinquies *a 74* septies*» dall'art. 4, comma 1, lett.* a), *n. 1), del D.L.vo 25 maggio 2021, n. 83.*

A norma dell'art. 10 dello stesso provvedimento tali disposizioni si applicano alle operazioni effettuate a partire dal 1° luglio 2021.

(5) *Le parole: «la sanzione è commisurata» sono state così sostituite dalle attuali: «la sanzione di cui al primo periodo è commisurata» dall'art. 4, comma 1, lett.* a), *n. 1), del D.L.vo 25 maggio 2021, n. 83.*

A norma dell'art. 10 dello stesso provvedimento tali disposizioni si applicano alle operazioni effettuate a partire dal 1° luglio 2021.

(6) *Questo periodo è stato inserito dall'art. 6, comma 1, lett.* a), *del D.L.vo 31 marzo 2015, n. 42. A norma dell'art. 8 dello stesso provvedimento tali disposizioni si applicano alle operazioni effettuate a partire dal 1° gennaio 2015.*

(7) *Le parole: «lire cinquecentomila» sono state così sostituite dalle seguenti: «euro 250», dall'art. 15, comma 1, lett.* e), *n.* 1), *del D.L.vo 24 settembre 2015, n. 158, a decorrere dal 1° gennaio 2016.*

(8) *Questo periodo è stato aggiunto dall'art. 15, comma 1, lett.* e), *n.* 1), *del D.L.vo 24 settembre 2015, n. 158, a decorrere dal 1° gennaio 2016.*

(9) *Questo periodo è stato inserito dall'art. 4, comma 1, lett.* a), *n. 2), del D.L.vo 25 maggio 2021, n. 83.*

A norma dell'art. 10 dello stesso provvedimento tali disposizioni si applicano alle operazioni effettuate a partire dal 1° luglio 2021.

(10) *Le parole: «da lire cinquecentomila a lire quattro milioni» sono state così sostituite dalle seguenti: «da euro 250 a euro 2.000», dall'art. 15, comma 1, lett.* e), *n.* 2), *del D.L.vo 24 settembre 2015, n. 158, a decorrere dal 1° gennaio 2016.*

([11]) *Le parole: «periodica o quella», inserite dall'art. 1, comma 1, lett.* a), *n. 2), del D.L.vo 30 marzo 2000, n. 99, a decorrere dal 1° aprile 1998, sono state soppresse dall'art. 15, comma 1, lett.* e), *n.* 2), *del D.L.vo 24 settembre 2015, n. 158, a decorrere dal 1° gennaio 2016.*

([12]) *Questo periodo è stato aggiunto dall'art. 15, comma 1, lett.* e), *n.* 2), *del D.L.vo 24 settembre 2015, n. 158, a decorrere dal 1° gennaio 2016.*

([13]) *I commi 4, 4* bis, *4* ter *e 5, sono stati così sostituiti dagli attuali commi 4, 4* bis, *4* ter, *4* quater *e 5, dall'art. 15, comma 1, lett.* e), *n.* 3), *del D.L.vo 24 settembre 2015, n. 158, a decorrere dal 1° gennaio 2016.*

Si riporta il testo previgente:

«4. Se dalla dichiarazione presentata risulta un'imposta inferiore a quella dovuta ovvero un'eccedenza detraibile o rimborsabile superiore a quella spettante, si applica la sanzione amministrativa dal cento al duecento per cento della differenza. La medesima sanzione si applica se dalla dichiarazione cui sono tenuti i soggetti che applicano i regimi speciali di cui agli articoli 74 quinquies *e 74* septies *del decreto del Presidente della Repubblica 26 ottobre 1972, n. 633, risulta, con riferimento alle operazioni effettuate nel territorio dello Stato, un'imposta inferiore a quella dovuta. Se la violazione riguarda la dichiarazione periodica si applica la sanzione prevista dal comma 3.*

4 bis. *La misura della sanzione minima e massima di cui al comma 4 è elevata del 10 per cento nelle ipotesi di omessa o infedele indicazione dei dati previsti nei modelli per la comunicazione dei dati rilevanti ai fini dell'applicazione degli studi di settore, nonché nei casi di indicazione di cause di esclusione o di inapplicabilità degli studi di settore non sussistenti. La presente disposizione non si applica se la maggiore imposta accertata o la minore imposta detraibile o rimborsabile, a seguito della corretta applicazione degli studi di settore, non è superiore al 10 per cento di quella dichiarata.*

4 ter. *La misura della sanzione minima e massima di cui al comma 4 è elevata del 50 per cento nelle ipotesi di omessa presentazione del modello per la comunicazione dei dati rilevanti ai fini dell'applicazione degli studi di settore, laddove tale adempimento sia dovuto ed il contribuente non abbia provveduto alla presentazione del modello anche a seguito di specifico invito da parte dell'Agenzia delle Entrate. Si applica la disposizione di cui al secondo periodo del comma 4* bis.

5. Chi, in difformità della dichiarazione, chiede un rimborso non dovuto o in misura eccedente il dovuto, è punito con sanzione amministrativa dal cento al duecento per cento della somma non spettante.».

([14]) *Le parole: «di inizio, variazione o cessazione di attività» sono state così sostituite dalle seguenti: «di inizio o variazione di attività», dall'art. 7* quater, *comma 45, del D.L. 22 ottobre 2016, n. 193, convertito, con modificazioni, nella L. 1 dicembre 2016, n. 225.*

([15]) *Le parole: «nel primo e terzo comma dell'articolo 35» sono state così sostituite dalle seguenti: «dagli articoli 35 e 35* ter», *dall'art. 15, comma 1, lett.* e), *n.* 5), *lett.* a), *del D.L.vo 24 settembre 2015, n. 158, a decorrere dal 1° gennaio 2016.*

([16]) *Le parole: «da lire un milione a lire quattro milioni» sono state così sostituite dalle seguenti: «da euro 500 a euro 2.000», dall'art. 15, comma 1, lett.* e), *n.* 5), *lett.* a), *del D.L.vo 24 settembre 2015, n. 158, a decorrere dal 1° gennaio 2016.*

([17]) *Le parole: «o le comunicazioni» sono state inserite dall'art. 15, comma 1, lett.* e), *n.* 5), *lett.* b), *del D.L.vo 24 settembre 2015, n. 158, a decorrere dal 1° gennaio 2016.*

([18]) *Le parole: «comma 1» sono state così sostituite dalle seguenti: «commi 1 e 4», dall'art. 15, comma 1, lett.* e)*, n.* 5)*, lett.* b)*, del D.L.vo 24 settembre 2015, n. 158, a decorrere dal 1° gennaio 2016.*

([19]) *Le parole: «di cui agli articoli 74* quinquies*, commi 1 e 4, e 74* sexies*.1, commi 4 e 7,» sono state così sostituite dalle attuali: «di cui agli articoli 74* quinquies*, commi 1 e 4, e 74* sexies*.1, commi 4 e 7,» dall'art. 4, comma 1, lett.* a)*, n. 3), del D.L.vo 25 maggio 2021, n. 83.*

A norma dell'art. 10 dello stesso provvedimento tali disposizioni si applicano alle operazioni effettuate a partire dal 1° luglio 2021.

([20]) *Questo periodo è stato inserito dall'art. 6, comma 1, lett.* c)*, del D.L.vo 31 marzo 2015, n. 42. A norma dell'art. 8 dello stesso provvedimento tali disposizioni si applicano alle operazioni effettuate a partire dal 1° gennaio 2015.*

6. ([1]) **Violazione degli obblighi relativi alla documentazione, registrazione ed individuazione delle operazioni soggette all'imposta sul valore aggiunto.** – 1. Chi viola gli obblighi inerenti alla documentazione e alla registrazione di operazioni imponibili ai fini dell'imposta sul valore aggiunto ovvero all'individuazione di prodotti determinati è punito con la sanzione amministrativa compresa fra il novanta e il centoottanta ([2]) per cento dell'imposta relativa all'imponibile non correttamente documentato o registrato nel corso dell'esercizio. Alla stessa sanzione, commisurata all'imposta, è soggetto chi indica, nella documentazione o nei registri, una imposta inferiore a quella dovuta. La sanzione è dovuta nella misura da euro 250 a euro 2.000 quando la violazione non ha inciso sulla corretta liquidazione del tributo ([3]) ([4]).

2. Il cedente o prestatore che viola obblighi inerenti alla documentazione e alla registrazione di operazioni non imponibili, esenti, non soggette a imposta sul valore aggiunto o soggette all'inversione contabile di cui agli articoli 17 e 74, commi settimo e ottavo, del decreto del Presidente della Repubblica 26 ottobre 1972, n. 633, ([5]) è punito con sanzione amministrativa compresa tra il cinque ed il dieci per cento dei corrispettivi non documentati o non registrati. Tuttavia, quando la violazione non rileva neppure ai fini della determinazione del reddito si applica la sanzione amministrativa da euro 250 a euro 2.000 ([6]) ([7]).

2 *bis*. Nelle ipotesi di cui all'articolo 2, commi 1, 1 *bis* e 2, del decreto legislativo 5 agosto 2015, n. 127, se le violazioni consistono nella mancata o non tempestiva memorizzazione o trasmissione, ovvero nella memorizzazione o trasmissione con dati incompleti o non veritieri, la sanzione è pari, per ciascuna operazione, al novanta per cento dell'imposta corrispondente all'importo non memorizzato o trasmesso. Salve le procedure alternative adottate con i provvedimenti di attuazione dell'articolo 2, comma 4, del decreto legislativo 5 agosto 2015, n. 127, la sanzione di cui al primo periodo del

presente comma si applica anche in caso di mancato o irregolare funzionamento degli strumenti di cui al medesimo comma 4. Se non constano omesse annotazioni, in caso di mancata tempestiva richiesta di intervento per la manutenzione o di omessa verificazione periodica degli stessi strumenti nei termini legislativamente previsti si applica la sanzione amministrativa da euro 250 a euro 2.000 ([8]).

3. Se le violazioni consistono nella mancata emissione di ricevute fiscali, scontrini fiscali o documenti di trasporto ovvero nell'emissione di tali documenti per importi inferiori a quelli reali, la sanzione è in ogni caso pari al novanta per cento ([9]) dell'imposta corrispondente all'importo ([10]) non documentato. La stessa sanzione si applica in caso di omesse annotazioni su apposito registro dei corrispettivi relativi a ciascuna operazione in caso di mancato o irregolare funzionamento degli apparecchi misuratori fiscali. Se non constano omesse annotazioni, la mancata tempestiva richiesta di intervento per la manutenzione è punita con sanzione amministrativa da euro 250 a euro 2.000 ([11]).

3 *bis*. Il cedente che non integra il documento attestante la vendita dei mezzi tecnici di cui all'articolo 74, primo comma, lettera *d*), del decreto del Presidente della Repubblica 26 ottobre 1972, n. 633, e successive modificazioni, con la denominazione e la partita IVA del soggetto passivo che ha assolto l'imposta è punito con la sanzione amministrativa pari al 20 per cento del corrispettivo della cessione non documentato regolarmente. Il soggetto che realizza o commercializza i mezzi tecnici e che, nel predisporre, direttamente o tramite terzi, i supporti fisici atti a veicolare i mezzi stessi, non indica, ai sensi dell'articolo 74, primo comma, lettera *d*), quarto periodo, del citato decreto del Presidente della Repubblica n. 633 del 1972, la denominazione e la partita IVA del soggetto che ha assolto l'imposta è punito con la sanzione amministrativa pari al 20 per cento del valore riportato sul supporto fisico non prodotto regolarmente. Qualora le indicazioni di cui all'articolo 74, primo comma, lettera *d*), terzo e quarto periodo, del citato decreto del Presidente della Repubblica n. 633 del 1972 siano non veritiere, le sanzioni di cui ai periodi precedenti del presente comma sono aumentate al 40 per cento ([12]).

4. Nei casi previsti dai commi 1, primo e secondo periodo, 2, primo periodo, 2 *bis*, primo periodo, ([13]) 3, primo e secondo periodo, ([14]) e 3 *bis* ([15]), la sanzione non può essere inferiore a euro 500 ([16]).

5. Nel caso di violazione di più obblighi inerenti alla documentazione e alla registrazione di una medesima operazione, la sanzione è applicata una sola volta.

6. Chi computa illegittimamente in detrazione l'imposta assolta, dovuta o addebitatagli in via di rivalsa, è punito con la sanzione amministrativa pari al novanta per cento dell'ammontare ([17]) della detrazione compiuta. In caso di applicazione dell'imposta in misura superiore a quella effettiva, erroneamente assolta dal cedente o prestatore, fermo restando il diritto del cessionario o committente alla detrazione ai sensi degli articoli 19 e seguenti del decreto del Presidente della Repubblica 26 ottobre 1972, n. 633, l'anzidetto cessionario o committente è punito con la sanzione amministrativa compresa fra 250 euro e 10.000 euro ([18]). La restituzione dell'imposta è esclusa qualora il versamento sia avvenuto in un contesto di frode fiscale ([18]).

7. In caso di acquisto intracomunitario, la sanzione si applica anche se, in mancanza della comunicazione di cui all'articolo 50, comma 3, del decreto legge 30 agosto 1993, n. 331, convertito, con modificazioni, dalla legge 29 ottobre 1993, n. 427, l'operazione è stata assoggettata ad imposta in altro Stato membro.

8. Il cessionario o il committente che, nell'esercizio di imprese, arti o professioni, abbia acquistato beni o servizi senza che sia stata emessa fattura nei termini di legge o con emissione di fattura irregolare da parte dell'altro contraente, è punito, salva la responsabilità del cedente o del commissionario, con sanzione amministrativa pari al cento per cento dell'imposta ([19]), con un minimo di euro 250 ([20]), sempreché non provveda a regolarizzare l'operazione con le seguenti modalità:

a) se non ha ricevuto la fattura, entro quattro mesi dalla data di effettuazione dell'operazione, presentando all'ufficio competente nei suoi confronti, previo pagamento dell'imposta, entro il trentesimo giorno successivo, un documento in duplice esemplare dal quale risultino le indicazioni prescritte dall'articolo 21 del decreto del Presidente della Repubblica 26 ottobre 1972, n. 633, relativo alla fatturazione delle operazioni;

b) se ha ricevuto una fattura irregolare, presentando all'ufficio indicato nella lettera *a*), entro il trentesimo giorno successivo a quello della sua registrazione, un documento integrativo in duplice esemplare recante le indicazioni medesime, previo versamento della maggior imposta eventualmente dovuta.

9. Se la regolarizzazione è eseguita, un esemplare del documento, con l'attestazione della regolarizzazione e del pagamento, è restituito dall'ufficio al contribuente che deve registrarlo ai sensi dell'articolo 25 del decreto del Presidente della Repubblica 26 ottobre 1972, n. 633.

9 *bis*. È punito con la sanzione amministrativa compresa fra 500 euro e 20.000 euro il cessionario o il committente che, nell'esercizio di imprese, arti o professioni, omette di porre in essere gli adempimenti connessi

all'inversione contabile di cui agli articoli 17, 34, comma 6, secondo periodo, e 74, settimo e ottavo comma, del decreto del Presidente della Repubblica 26 ottobre 1972, n. 633, e agli articoli 46, comma 1, e 47, comma 1, del decreto legge 30 agosto 1993, n. 331, convertito, con modificazioni, dalla legge 29 ottobre 1993, n. 427. Se l'operazione non risulta dalla contabilità tenuta ai sensi degli articoli 13 e seguenti del decreto del Presidente della Repubblica 29 settembre 1973, n. 600, la sanzione amministrativa è elevata a una misura compresa tra il cinque e il dieci per cento dell'imponibile, con un minimo di 1.000 euro. Resta ferma l'applicazione delle sanzioni previste dall'articolo 5, comma 4, e dal comma 6 con riferimento all'imposta che non avrebbe potuto essere detratta dal cessionario o dal committente. Le disposizioni di cui ai periodi precedenti si applicano anche nel caso in cui, non avendo adempiuto il cedente o prestatore agli obblighi di fatturazione entro quattro mesi dalla data di effettuazione dell'operazione o avendo emesso una fattura irregolare, il cessionario o committente non informi l'Ufficio competente nei suoi confronti entro il trentesimo giorno successivo, provvedendo entro lo stesso periodo all'emissione di fattura ai sensi dell'articolo 21 del predetto decreto del Presidente della Repubblica n. 633 del 1972, o alla sua regolarizzazione, e all'assolvimento dell'imposta mediante inversione contabile ([21]).

9 *bis*1. In deroga al comma 9 *bis*, primo periodo, qualora, in presenza dei requisiti prescritti per l'applicazione dell'inversione contabile l'imposta relativa a una cessione di beni o a una prestazione di servizi di cui alle disposizioni menzionate nel primo periodo del comma 9 *bis*, sia stata erroneamente assolta dal cedente o prestatore, fermo restando il diritto del cessionario o committente alla detrazione ai sensi degli articoli 19 e seguenti del decreto del Presidente della Repubblica 26 ottobre 1972, n. 633, il cessionario o il committente anzidetto non è tenuto all'assolvimento dell'imposta, ma è punito con la sanzione amministrativa compresa fra 250 euro e 10.000 euro. Al pagamento della sanzione è solidalmente tenuto il cedente o prestatore. Le disposizioni di cui ai periodi precedenti non si applicano e il cessionario o il committente è punito con la sanzione di cui al comma 1 quando l'applicazione dell'imposta nel modo ordinario anziché mediante l'inversione contabile è stata determinata da un intento di evasione o di frode del quale sia provato che il cessionario o committente era consapevole ([21]).

9 *bis*2. In deroga al comma 1, qualora, in assenza dei requisiti prescritti per l'applicazione dell'inversione contabile l'imposta relativa a una cessione di beni o a una prestazione di servizi di cui alle disposizioni menzionate nel primo periodo del comma 9 *bis*, sia stata erroneamente assolta dal cessionario o committente, fermo restando il diritto del cessionario o committente alla detrazione ai sensi degli articoli 19 e seguenti del decreto del Presiden-

te della Repubblica 26 ottobre 1972, n. 633, il cedente o il prestatore non è tenuto all'assolvimento dell'imposta, ma è punito con la sanzione amministrativa compresa fra 250 euro e 10.000 euro. Al pagamento della sanzione è solidalmente tenuto il cessionario o committente. Le disposizioni di cui ai periodi precedenti non si applicano e il cedente o prestatore è punito con la sanzione di cui al comma 1 quando l'applicazione dell'imposta mediante l'inversione contabile anziché nel modo ordinario è stata determinata da un intento di evasione o di frode del quale sia provato che il cedente o prestatore era consapevole ([21]) ([22]).

9 *bis*3. Se il cessionario o committente applica l'inversione contabile per operazioni esenti, non imponibili o comunque non soggette a imposta, in sede di accertamento devono essere espunti sia il debito computato da tale soggetto nelle liquidazioni dell'imposta che la detrazione operata nelle liquidazioni anzidette, fermo restando il diritto del medesimo soggetto a recuperare l'imposta eventualmente non detratta ai sensi dell'articolo 26, terzo comma, del decreto del Presidente della Repubblica 26 ottobre 1972, n. 633, e dell'articolo 21, comma 2, del decreto legislativo 31 dicembre 1992, n. 546. La disposizione si applica anche nei casi di operazioni inesistenti, ma trova in tal caso applicazione la sanzione amministrativa compresa tra il cinque e il dieci per cento dell'imponibile, con un minimo di 1.000 euro ([21]).

9 *ter*. Il cessionario che, nell'esercizio di imprese, arti o professioni, abbia acquistato mezzi tecnici di cui all'articolo 74, primo comma, lettera *d*), del decreto del Presidente della Repubblica 26 ottobre 1972, n. 633, per i quali gli sia stato rilasciato un documento privo dell'indicazione della denominazione e del soggetto passivo che ha assolto l'imposta o con indicazioni manifestamente non veritiere, è punito, salva la responsabilità del cedente, con la sanzione amministrativa dal 10 ([23]) al 20 per cento del corrispettivo dell'acquisto non documentato regolarmente sempreché non provveda, entro il quindicesimo giorno successivo all'acquisto dei mezzi tecnici, a presentare all'ufficio competente nei suoi confronti un documento contenente i dati relativi all'operazione irregolare. Nelle eventuali successive transazioni, ciascun cedente deve indicare nel documento attestante la vendita gli estremi dell'avvenuta regolarizzazione come risultanti dal documento rilasciato *dall'ufficio competente* ([24]).

([1]) *A norma dell'art. 2, comma 36* vicies ter, *del D.L. 13 agosto 2011, n. 138, convertito, con modificazioni, nella L. 14 settembre 2011, n. 148 per gli esercenti imprese o arti e professioni con ricavi e compensi dichiarati non superiori a 5 milioni di euro i quali per tutte le operazioni attive e passive effettuate nell'esercizio dell'attività utilizzano esclusivamente strumenti di pagamento diversi dal denaro contante e nelle dichiarazioni in materia di imposte sui redditi e imposte sul valore aggiunto indicano gli estremi identi-*

ficativi dei rapporti con gli operatori finanziari di cui all'articolo 7, sesto comma, del decreto del Presidente della Repubblica 29 settembre 1973, n. 605, in corso nel periodo di imposta, le sanzioni amministrative previste dagli articoli 1, 5 e 6 del decreto legislativo 18 dicembre 1997, n. 471, sono ridotte alla metà.

(2) *Le parole: «fra il cento e il duecento» sono state così sostituite dalle seguenti: «fra il novanta e il centoottanta», dall'art. 15, comma 1, lett.* f), *n. 1), del D.L.vo 24 settembre 2015, n. 158, a decorrere dal 1° gennaio 2016.*

(3) *Questo periodo è stato aggiunto dall'art. 15, comma 1, lett.* f), *n. 1), del D.L.vo 24 settembre 2015, n. 158, a decorrere dal 1° gennaio 2016.*

(4) *Questo comma è stato così sostituito dall'art. 1, comma 1, lett.* b), *n. 1), del D.L.vo 5 giugno 1998, n. 203, con effetto dal 1° aprile 1998.*

(5) *Le parole: «Chi viola obblighi inerenti alla documentazione e alla registrazione di operazioni non imponibili, esenti o non soggette ad IVA» sono state così sostituite dalle attuali: «Il cedente o prestatore che viola obblighi inerenti alla documentazione e alla registrazione di operazioni non imponibili, esenti, non soggette a imposta sul valore aggiunto o soggette all'inversione contabile di cui agli articoli 17 e 74, commi settimo e ottavo, del decreto del Presidente della Repubblica 26 ottobre 1972, n. 633,» dall'art. 15, comma 1, lett.* f), *n. 2), del D.L.vo 24 settembre 2015, n. 158, a decorrere dal 1° gennaio 2016.*

(6) *Le parole: «da lire cinquecentomila a lire quattro milioni» sono state così sostituite dalle seguenti: «da euro 250 a euro 2.000», dall'art. 15, comma 1, lett.* f), *n. 2), del D.L.vo 24 settembre 2015, n. 158, a decorrere dal 1° gennaio 2016.*

(7) *Questo periodo è stato aggiunto dall'art. 1, comma 1, lett.* b), *n. 2), del D.L.vo 5 giugno 1998, n. 203, con effetto dal 1° aprile 1998.*

(8) *Questo comma è stato inserito dall'art. 1, comma 1110, lett.* a), *della L. 30 dicembre 2020, n. 178, a decorrere dal 1° gennaio 2021.*

(9) *Le parole: «cento per cento» sono state così sostituite dalle seguenti: «novanta per cento» dall'art. 1, comma 1110, lett.* b), *della L. 30 dicembre 2020, n. 178, a decorrere dal 1° gennaio 2021.*

(10) *Le parole: «al quindici per cento dell'importo» sono state così sostituite dalle attuali dall'art. 1, comma 1, lett.* b), *n. 3), del D.L.vo 5 giugno 1998, n. 203, con effetto dal 1° aprile 1998.*

(11) *Le parole: «da lire cinquecentomila a lire quattro milioni» sono state così sostituite dalle seguenti: «da euro 250 a euro 2.000», dall'art. 15, comma 1, lett.* f), *n. 3), del D.L.vo 24 settembre 2015, n. 158, a decorrere dal 1° gennaio 2016.*

(12) *Questo comma è stato inserito dall'art. 1, comma 159, lett.* a), *n. 1), della L. 24 dicembre 2007, n. 244.*

(13) *Le parole: «2 bis, primo periodo,» sono state inserite dall'art. 1, comma 1110, lett.* c), *della L. 30 dicembre 2020, n. 178, a decorrere dal 1° gennaio 2021.*

(14) *Le parole: «commi 1, 2, 3, primo e secondo periodo» sono state così sostituite dalle seguenti: «commi 1, primo e secondo periodo, 2, primo periodo, 3, primo e secondo periodo,» dall'art. 15, comma 1, lett.* f), *n. 4), del D.L.vo 24 settembre 2015, n. 158, a decorrere dal 1° gennaio 2016.*

([15]) *Le parole: «e 3, primo e secondo periodo,» sono state così sostituite dalle attuali: «, 3, primo e secondo periodo, e 3* bis*» dall'art. 1, comma 159, lett.* a), *n.* 2), *della L. 24 dicembre 2007, n. 244.*

([16]) *Le parole: «a lire un milione» sono state così sostituite dalle seguenti: «a euro 500», dall'art. 15, comma 1, lett.* f), *n. 4), del D.L.vo 24 settembre 2015, n. 158, a decorrere dal 1° gennaio 2016.*

([17]) *Le parole: «uguale all'ammontare» sono state così sostituite dalle seguenti: «pari al novanta per cento dell'ammontare», dall'art. 15, comma 1, lett.* f), *n. 5), del D.L.vo 24 settembre 2015, n. 158, a decorrere dal 1° gennaio 2016.*

([18]) *Questo periodo è stato aggiunto dall'art. 1, comma 935, della L. 27 dicembre 2017, n. 205, a decorrere dal 1° gennaio 2018.*

([19]) *Le parole: «al quindici per cento del corrispettivo» sono state così sostituite dalle attuali dall'art. 1, comma 1, lett.* b), *n. 4), del D.L.vo 5 giugno 1998, n. 203, con effetto dal 1° aprile 1998.*

([20]) *Le parole: «lire cinquecentomila» sono state così sostituite dalle seguenti: «euro 250», dall'art. 15, comma 1, lett.* f), *n. 6), del D.L.vo 24 settembre 2015, n. 158, a decorrere dal 1° gennaio 2016.*

([21]) *Il comma 9* bis *del presente articolo è stato così sostituito dagli attuali commi 9* bis, *9* bis.1, *9* bis.2 *e 9* bis.3, *dall'art. 15, comma 1, lett.* f), *n. 7), del D.L.vo 24 settembre 2015, n. 158, a decorrere dal 1° gennaio 2016.*

Si riporta il testo previgente:

«9 bis. *È punito con la sanzione amministrativa compresa fra il 100 e il 200 per cento dell'imposta, con un minimo di 258 euro, il cessionario o il committente che, nell'esercizio di imprese, arti e professioni, non assolve l'imposta relativa agli acquisti di beni o servizi mediante il meccanismo dell'inversione contabile di cui agli articoli 17 e 74, commi settimo e ottavo, del decreto del Presidente della Repubblica 26 ottobre 1972, n. 633, e successive modificazioni. La medesima sanzione si applica al cedente o prestatore che ha irregolarmente addebitato l'imposta in fattura omettendone il versamento. Qualora l'imposta sia stata assolta, ancorché irregolarmente, dal cessionario o committente ovvero dal cedente o prestatore, fermo restando il diritto alla detrazione ai sensi dell'articolo 19 del decreto del Presidente della Repubblica 26 ottobre 1972, n. 633, e successive modificazioni, la sanzione amministrativa è pari al 3 per cento dell'imposta irregolarmente assolta, con un minimo di 258 euro, e comunque non oltre 10.000 euro per le irregolarità commesse nei primi tre anni di applicazione delle disposizioni del presente periodo. Al pagamento delle sanzioni previste nel secondo e terzo periodo, nonché al pagamento dell'imposta, sono tenuti solidalmente entrambi i soggetti obbligati all'applicazione del meccanismo dell'inversione contabile. È punito con la sanzione di cui al comma 2 il cedente o prestatore che non emette fattura, fermo restando l'obbligo per il cessionario o committente di regolarizzare l'omissione ai sensi del comma 8, applicando, comunque, il meccanismo dell'inversione contabile.»*

([22]) *Si veda la Risp. 28 aprile 2021, n. 301.*

([23]) *La parola: «pari» è stata così sostituita dalle seguenti: «dal 10», dall'art. 15, comma 1, lett.* f), *n. 8), del D.L.vo 24 settembre 2015, n. 158, a decorrere dal 1° gennaio 2016.*

([24]) *Questo comma è stato inserito dall'art. 1, comma 159, lett.* a), *n.* 3), *della L. 24 dicembre 2007, n. 244.*

7. Violazioni relative alle esportazioni. – 1. Chi effettua cessioni di beni senza addebito d'imposta, ai sensi dell'articolo 8, primo comma, lettere *b*) e *b bis*) (1), del decreto del Presidente della Repubblica 26 ottobre 1972, n. 633, relativo alle cessioni all'esportazione, è punito con la sanzione amministrativa dal cinquanta al cento per cento del tributo, qualora il trasporto o la spedizione fuori del territorio dell'Unione europea non avvenga nel termine ivi prescritto. La sanzione non si applica se, nei trenta giorni successivi, viene eseguito, previa regolarizzazione della fattura, il versamento dell'imposta.

2. La sanzione prevista nel comma 1 si applica a chi effettua cessioni a soggetti domiciliati o residenti fuori della Unione europea senza addebito d'imposta, ai sensi dell'articolo 38 *quater*, comma 1, del decreto del Presidente della Repubblica 26 ottobre 1972, n. 633, se non provvede alla regolarizzazione dell'operazione nel termine ivi previsto.

3. Chi effettua operazioni senza addebito d'imposta, in mancanza della dichiarazione d'intento di cui all'articolo 1, primo comma, lettera *c*), del decreto legge 29 dicembre 1983, n. 746, convertito, con modificazioni, dalla legge 27 febbraio 1984, n. 17, è punito con la sanzione amministrativa dal cento al duecento per cento dell'imposta, fermo l'obbligo del pagamento del tributo. Qualora la dichiarazione sia stata rilasciata in mancanza dei presupposti richiesti dalla legge, dell'omesso pagamento del tributo rispondono esclusivamente i cessionari, i committenti e gli importatori che hanno rilasciato la dichiarazione stessa.

3 *bis*. Le disposizioni di cui al comma 3 del presente articolo si applicano anche a chi effettua operazioni senza addebito d'imposta in mancanza della dichiarazione di cui all'articolo 8 *bis*, terzo comma, del decreto del Presidente della Repubblica 26 ottobre 1972, n. 633, nonché al cessionario, committente o importatore che rilascia la predetta dichiarazione in assenza dei presupposti richiesti dalla legge (2).

3 *ter*. È punito con la sanzione prevista al comma 3 chi, in mancanza dei presupposti richiesti dalla legge, dichiara all'altro contraente o in dogana la sussistenza della condizione dell'effettiva navigazione in alto mare relativa all'anno solare precedente, ai sensi dell'articolo 8 *bis*, terzo comma, del decreto del Presidente della Repubblica 26 ottobre 1972, n. 633 (2).

4. È punito con la sanzione prevista nel comma 3 chi, in mancanza dei presupposti richiesti dalla legge, dichiara all'altro contraente o in dogana di volersi avvalere della facoltà di acquistare o di importare merci e servizi senza pagamento dell'imposta, ai sensi dell'articolo 2, comma 2, della legge 18 febbraio 1997, n. 28, ovvero ne beneficia oltre il limite consentito. Se il superamento del limite consegue a mancata esportazione, nei casi previsti dalla

legge, da parte del cessionario o del commissionario, la sanzione è ridotta alla metà e non si applica se l'imposta viene versata all'ufficio competente entro trenta giorni dalla scadenza del termine per l'esportazione, previa regolarizzazione della fattura.

4 *bis*. È punito con la sanzione prevista al comma 3 il cedente o prestatore che effettua cessioni o prestazioni, di cui all'articolo 8, primo comma, lettera c), del decreto del Presidente della Repubblica 26 ottobre 1972, n. 633, senza avere prima riscontrato per via telematica l'avvenuta presentazione all'Agenzia delle entrate della dichiarazione di cui all'articolo 1, comma 1, lettera c), del decreto legge 29 dicembre 1983, n. 746, convertito, con modificazioni, dalla legge 27 febbraio 1984, n. 17 ([3]).

4 *ter*. È punito con la sanzione prevista al comma 3 il cedente o prestatore che effettua cessioni o prestazioni di cui all'articolo 8 *bis*, primo comma, del decreto del Presidente della Repubblica 26 ottobre 1972, n. 633, senza avere prima riscontrato per via telematica l'avvenuta presentazione all'Agenzia delle entrate della dichiarazione di cui all'articolo 8 *bis*, terzo comma, del medesimo decreto del Presidente della Repubblica n. 633 del 1972 ([4]).

5. Chi, nelle fatture o nelle dichiarazioni in dogana relative a cessioni all'esportazione, indica quantità, qualità o corrispettivi diversi da quelli reali, è punito con la sanzione amministrativa dal cento al duecento per cento dell'imposta che sarebbe dovuta se i beni presentati in dogana fossero stati ceduti nel territorio dello Stato, calcolata sulle differenze dei corrispettivi o dei valori normali dei beni. La sanzione non si applica per le differenze quantitative non superiori al cinque per cento.

([1]) *Le parole*: «*lettera* b)» *sono state così sostituite dalle seguenti*: «*lettere* b) *e* b bis)», *dall'art. 9, comma 2, della L. 20 novembre 2017, n. 167.*

([2]) *Questo comma è stato inserito dall'art. 1, comma 709, lett.* a)*, della L. 30 dicembre 2020, n. 178, a decorrere dal 1° gennaio 2021.*

([3]) *Questo comma è stato così sostituito dall'art. 12* septies*, comma 2, del D.L. 30 aprile 2019, n. 34, convertito, con modificazioni, nella L. 28 giugno 2019, n. 58, a decorrere dal 30 giugno 2019.*

([4]) *Questo comma è stato inserito dall'art. 1, comma 709, lett.* b)*, della L. 30 dicembre 2020, n. 178, a decorrere dal 1° gennaio 2021.*

Capo III
Disposizioni comuni
alle imposte dirette
e all'imposta sul valore aggiunto

8. Violazioni relative al contenuto e alla documentazione delle dichiarazioni. – 1. Fuori dei casi previsti negli articoli 1, 2 e 5, se la dichiarazione dei redditi, dell'imposta regionale sulle attività produttive (1) o dell'imposta sul valore aggiunto [compresa quella periodica] (2) non è redatta in conformità al modello approvato con provvedimento del Direttore dell'Agenzia delle entrate (3) ovvero in essa sono omessi o non sono indicati in maniera esatta e completa dati rilevanti per l'individuazione del contribuente e, se diverso da persona fisica, del suo rappresentante, nonché per la determinazione del tributo, oppure non è indicato in maniera esatta e completa ogni altro elemento prescritto per il compimento dei controlli, si applica la sanzione amministrativa da euro 250 a euro 2.000 (4). La medesima sanzione si applica alle violazioni relative al contenuto della dichiarazione prevista dagli articoli 70.1, comma 2, 74 *quinquies*, comma 6, e 74 *sexies*.1, comma 10, (5) del decreto del Presidente della Repubblica 26 ottobre 1972, n. 633 (6). Si applica la sanzione in misura massima nelle ipotesi di omessa presentazione del modello per la comunicazione dei dati rilevanti ai fini dell'applicazione degli studi di settore, laddove tale adempimento sia dovuto ed il contribuente non abbia provveduto alla presentazione del modello anche a seguito di specifico invito da parte dell'Agenzia delle Entrate (7).

2. La sanzione prevista dal comma 1 si applica nei casi di mancanza o incompletezza degli atti e dei documenti dei quali è prescritta [l'allegazione alla dichiarazione,] (8) la conservazione ovvero l'esibizione all'ufficio.

3. Si applica la sanzione amministrativa da euro 500 a euro 4.000 (9) quando l'omissione o l'incompletezza riguardano gli elementi previsti nell'articolo 4 del decreto del Presidente della Repubblica 22 luglio 1998, n. 322 (10), relativo alle dichiarazioni dei sostituti d'imposta.

3 *bis*. Quando l'omissione o incompletezza riguarda l'indicazione delle spese e degli altri componenti negativi di cui all'articolo 110, comma 11, del testo unico delle imposte sui redditi, di cui al decreto del Presidente della Repubblica 22 dicembre 1986, n. 917, si applica una sanzione amministrativa pari al 10 per cento dell'importo complessivo delle spese e dei componenti negativi non indicati nella dichiarazione dei redditi, con un minimo di euro 500 ed un massimo di euro 50.000 (11).

3 *ter*. Quando l'omissione o incompletezza riguarda l'indicazione, ai sensi degli articoli 47, comma 4, 68, comma 4, 87, comma 1, lettera *c*), e 89, com-

ma 3, del testo unico sulle imposte sui redditi, approvato con decreto del Presidente della Repubblica 22 dicembre 1986, n. 917, dei dividendi e delle plusvalenze relativi a partecipazioni detenute in imprese o enti residenti o localizzati in Stati o territori a regime fiscale privilegiato individuati in base ai criteri di cui all'articolo 47 *bis*, comma 1 ([12]), del medesimo testo unico, si applica una sanzione amministrativa pari al dieci per cento dei dividendi e delle plusvalenze conseguiti dal soggetto residente e non indicati, con un minimo di 1.000 euro ed un massimo di 50.000 euro ([13]).

3 *quater*. Quando l'omissione o incompletezza riguarda la segnalazione prevista dall'articolo 167, comma 8 *quater*, terzo periodo, del testo unico sulle imposte sui redditi, approvato con decreto del Presidente della Repubblica 22 dicembre 1986, n. 917, si applica una sanzione amministrativa pari al dieci per cento del reddito conseguito dal soggetto estero partecipato e imputabile nel periodo d'imposta, anche solo teoricamente, al soggetto residente in proporzione alla partecipazione detenuta, con un minimo di 1.000 euro ed un massimo di 50.000 euro. La sanzione nella misura minima si applica anche nel caso in cui il reddito della controllata estera sia negativo ([14]).

3 *quinquies*. Quando l'omissione o l'incompletezza riguarda le segnalazioni previste dagli articoli 113, comma 6, 124, comma 5 *bis* e 132, comma 5, del decreto del Presidente della Repubblica 22 dicembre 1986, n. 917, dall'articolo 30, comma 4 *quater*, della legge 30 dicembre 1994, n. 724 e dall'articolo 1, comma 8, del decreto legge 6 dicembre 2011, n. 201, convertito, con modificazioni, dalla legge 22 dicembre 2011, n. 214, si applica una sanzione da euro 2.000 a euro 21.000 ([15]).

([1]) *Le parole*: *«ai fini delle imposte dirette» sono state così sostituite dalle seguenti*: *«dei redditi, dell'imposta regionale sulle attività produttive», dall'art. 15, comma 1, lett.* h), *n.* 1), *del D.L.vo 24 settembre 2015, n. 158, a decorrere dal 1° gennaio 2016.*

([2]) *Le parole*: *«compresa quella periodica» sono state soppresse dall'art. 15, comma 1, lett.* h), *n.* 1), *del D.L.vo 24 settembre 2015, n. 158, a decorrere dal 1° gennaio 2016.*

([3]) *Le parole*: *«dal Ministro delle finanze» sono state così sostituite dalle seguenti*: *«con provvedimento del Direttore dell'Agenzia delle entrate» dall'art. 15, comma 1, lett.* h), *n.* 1), *del D.L.vo 24 settembre 2015, n. 158, a decorrere dal 1° gennaio 2016.*

([4]) *Le parole*: *«da lire cinquecentomila a lire quattro milioni» sono state così sostituite dalle seguenti*: *«da euro 250 a euro 2.000», dall'art. 15, comma 1, lett.* h), *n.* 1), *del D.L.vo 24 settembre 2015, n. 158, a decorrere dal 1° gennaio 2016.*

([5]) *Le parole: «dall'articolo 74* quinquies, *comma 6,» sono state così sostituite dalle attuali: «dagli articoli 70.1, comma 2, 74* quinquies, *comma 6, e 74* sexies.1, *comma 10,» dall'art. 4, comma 1, lett.* b), *del D.L.vo 25 maggio 2021, n. 83.*

A norma dell'art. 10 dello stesso provvedimento tali disposizioni si applicano alle operazioni effettuate a partire dal 1° luglio 2021.

(6) *Questo periodo è stato inserito dall'art. 6, comma 1, lett.* d), *del D.L.vo 31 marzo 2015, n. 42. A norma dell'art. 8 dello stesso provvedimento tali disposizioni si applicano alle operazioni effettuate a partire dal 1° gennaio 2015.*

(7) *Questo periodo è stato aggiunto dall'art. 23, comma 28, lett.* b), *del D.L. 6 luglio 2011, n. 98, convertito, con modificazioni, nella L. 15 luglio 2011, n. 111.*

(8) *Le parole: «l'allegazione alla dichiarazione,» sono state soppresse dall'art. 15, comma 1, lett.* h), *n. 2), del D.L.vo 24 settembre 2015, n. 158, a decorrere dal 1° gennaio 2016.*

(9) *Le parole: «lire un milione a lire otto milioni» sono state così sostituite dalle seguenti: «euro 500 a euro 4.000», dall'art. 15, comma 1, lett.* h), *n. 3), del D.L.vo 24 settembre 2015, n. 158, a decorrere dal 1° gennaio 2016.*

(10) *Le parole: «7 del decreto del Presidente della Repubblica 29 settembre 1973, n. 600» sono state così sostituite dalle seguenti: «4 del decreto del Presidente della Repubblica 22 luglio 1998, n. 322», dall'art. 15, comma 1, lett.* h), *n. 3), del D.L.vo 24 settembre 2015, n. 158, a decorrere dal 1° gennaio 2016.*

(11) *Questo comma è stato aggiunto dall'art. 1, comma 302, della L. 27 dicembre 2006, n. 296. A norma dell'art. 1, comma 303, tale disposizione si applica anche per le violazioni commesse prima della data di entrata in vigore della presente legge, sempre che il contribuente fornisca la prova di cui all'articolo 110, comma 11, primo periodo, del citato testo unico delle imposte sui redditi. Resta ferma in tal caso l'applicazione della sanzione di cui all'articolo 8, comma 1, del decreto legislativo 18 dicembre 1997, n. 471.*

(12) *Le parole: «esteri localizzati in Stati o territori inclusi nel decreto o nel provvedimento di cui all'articolo 167, comma 4» sono state così sostituite dalle attuali: «residenti o localizzati in Stati o territori a regime fiscale privilegiato individuati in base ai criteri di cui all'articolo 47* bis, *comma 1» dall'art. 5, comma 3, del D.L.vo 29 novembre 2018, n. 142. A norma dell'art. 13, comma 6, del medesimo provvedimento, tali disposizioni si applicano a decorrere dal periodo di imposta successivo a quello in corso al 31 dicembre 2018, nonché agli utili percepiti e alle plusvalenze realizzate a decorrere dal medesimo periodo di imposta.*

(13) *Questo comma è stato aggiunto dall'art. 3, comma 3, del D.L.vo 14 settembre 2015, n. 147. A norma dell'art. 3, comma 4, del medesimo provvedimento, tali disposizioni si applicano a decorrere dal periodo di imposta in corso alla data di entrata in vigore del suddetto decreto, nonché agli utili distribuiti ed alle plusvalenze realizzate a decorrere dal medesimo periodo di imposta. Per tali utili e plusvalenze il credito d'imposta previsto dal presente articolo è riconosciuto per le imposte pagate dalla società controllata a partire dal quinto periodo d'imposta precedente a quello in corso alla data di entrata in vigore del suddetto decreto.*

(14) *Questo comma è stato aggiunto dall'art. 8, comma 2, del D.L.vo 14 settembre 2015, n. 147. A norma dell'art. 8, comma 4, primo periodo, del medesimo provvedimento, tali disposizioni si applicano a decorrere dal periodo di imposta in corso alla data di entrata in vigore del suddetto decreto.*

(15) *Questo comma è stato inserito dall'art. 15, comma 1, lett.* h), *n. 4), del D.L.vo 24 settembre 2015, n. 158, a decorrere dal 1° gennaio 2016.*

9. Violazioni degli obblighi relativi alla contabilità. – 1. Chi non tiene o non conserva secondo le prescrizioni le scritture contabili, i documenti e i registri previsti dalle leggi in materia di imposte dirette e di imposta sul valore aggiunto ovvero i libri, i documenti e i registri, la tenuta e la conservazione dei quali è imposta da altre disposizioni della legge tributaria, è punito con la sanzione amministrativa da euro 1.000 e euro 8.000 ([1]).

2. La sanzione prevista nel comma 1 si applica a chi, nel corso degli accessi eseguiti ai fini dell'accertamento in materia di imposte dirette e di imposta sul valore aggiunto, rifiuta di esibire o dichiara di non possedere o comunque sottrae all'ispezione e alla verifica i documenti, i registri e le scritture indicati nel medesimo comma ovvero altri registri, documenti e scritture, ancorché non obbligatori, dei quali risulti con certezza l'esistenza.

3. La sanzione può essere ridotta fino alla metà del minimo qualora le irregolarità rilevate nei libri e nei registri o i documenti mancanti siano di scarsa rilevanza, sempreché non ne sia derivato ostacolo all'accertamento delle imposte dovute. Essa è irrogata in misura doppia se vengono accertate evasioni dei tributi diretti e dell'imposta sul valore aggiunto complessivamente superiori, nell'esercizio, ad euro 50.000 ([2]).

4. Quando, in esito ad accertamento, gli obblighi in materia di imposta sul valore aggiunto e di imposte dirette ([3]) risultano non rispettati in dipendenza del superamento, fino al cinquanta per cento, dei limiti previsti per l'applicazione del regime semplificato per i contribuenti minori di cui agli articoli 32 [e 33] ([4]) del decreto del Presidente della Repubblica 26 ottobre 1972, n. 633 e 7 del decreto del Presidente della Repubblica 14 ottobre 1999, n. 542 ([5]), del regime speciale per l'agricoltura di cui all'articolo 34 dello stesso decreto n. 633 del 1972, [ovvero dei regimi semplificati per l'adempimento degli obblighi documentali e contabili da parte di esercenti imprese, arti e professioni di cui all'articolo 3, commi 165 e 171, della legge 23 dicembre 1996, n. 662,] ([4]) si applica la sanzione amministrativa da euro 250 a euro 2.500 ([6]).

5. Se la dichiarazione delle società e degli enti soggetti all'imposta sul reddito delle società sottoposti al controllo contabile ai sensi del codice civile o di leggi speciali non è sottoscritta dai soggetti che sottoscrivono la relazione di revisione ai sensi dell'articolo 1 del decreto del Presidente della Repubblica 22 luglio 1998, n. 322, si applica la sanzione amministrativa fino al trenta per cento del compenso contrattuale relativo all'attività di redazione della relazione di revisione e, comunque, non superiore all'imposta effettivamente accertata a carico del contribuente, con un minimo di euro 250 ([7]).

([1]) *Le parole: «lire due milioni a lire quindici milioni» sono state così sostituite dalle seguenti: «euro 1.000 a euro 8.000», dall'art. 15, comma 1, lett.* i), *n.* 1), *del D.L.vo 24 settembre 2015, n. 158, a decorrere dal 1° gennaio 2016.*

(2) *Le parole: «lire cento milioni» sono state così sostituite dalle seguenti: «euro 50.000», dall'art. 15, comma 1, lett.* i), *n. 2), del D.L.vo 24 settembre 2015, n. 158, a decorrere dal 1° gennaio 2016.*

(3) *Le parole: «gli obblighi indicati nei commi 1 e 2» sono state così sostituite dalle attuali da: «gli obblighi ...» fino a: «... imposte dirette» dall'art. 1, comma 1, lett.* c), *del D.L.vo 30 marzo 2000, n. 99, a decorrere dal 1° aprile 1998.*

(4) *Le parole tra parentesi quadrate sono state soppresse dall'art. 15, comma 1, lett.* i), *n. 3), del D.L.vo 24 settembre 2015, n. 158, a decorrere dal 1° gennaio 2016.*

(5) *Le parole: «e 7 del decreto del Presidente della Repubblica 14 ottobre 1999, n. 542,» sono state inserite dall'art. 15, comma 1, lett.* i), *n. 3), del D.L.vo 24 settembre 2015, n. 158, a decorrere dal 1° gennaio 2016.*

(6) *Le parole: «lire cinquantamila a lire cinquemilioni» sono state così sostituite dalle seguenti: «euro 250 a euro 2.500», dall'art. 15, comma 1, lett.* i), *n. 3), del D.L.vo 24 settembre 2015, n. 158, a decorrere dal 1° gennaio 2016.*

(7) *Questo comma è stato così sostituito dall'art. 15, comma 1, lett.* i), *n. 4), del D.L.vo 24 settembre 2015, n. 158, a decorrere dal 1° gennaio 2016.*

Si riporta il testo previgente:

«5. I soggetti tenuti alla sottoscrizione della dichiarazione dei redditi e ai fini dell'imposta regionale sulle attività produttive (IRAP), che nella relazione di revisione omettono, ricorrendone i presupposti, di esprimere i giudizi prescritti dall'articolo 2409 ter, *terzo comma, del codice civile, sono puniti, qualora da tali omissioni derivino infedeltà nella dichiarazione dei redditi o ai fini dell'IRAP, con la sanzione amministrativa fino al 30 per cento del compenso contrattuale relativo all'attività di redazione della relazione di revisione e, comunque, non superiore all'imposta effettivamente accertata a carico del contribuente. In caso di mancata sottoscrizione della dichiarazione dei redditi o ai fini dell'IRAP si applica, oltre alla disposizione del precedente periodo, la sanzione amministrativa da euro 258 a euro 2.065».*

10. Violazione degli obblighi degli operatori finanziari. – 1. Se viene omessa la trasmissione dei dati, delle notizie e (1) dei documenti richiesti ai sensi dell'articolo 32, primo comma, numero 7, del decreto del Presidente della Repubblica 29 settembre 1973, n. 600, e dell'articolo 51, secondo comma, numero 7, del decreto del Presidente della Repubblica 26 ottobre 1972, n. 633 (2) nell'esercizio dei poteri inerenti all'accertamento delle imposte dirette o dell'imposta sul valore aggiunto ovvero i documenti trasmessi non rispondono al vero o sono incompleti, si applica la sanzione amministrativa da euro 2.000 a euro 21.000 (3). Si considera omessa la trasmissione non eseguita nel termine prescritto. La sanzione è ridotta alla metà se la trasmissione avviene nei quindici giorni successivi (4).

1 *bis*. La sanzione prevista al comma 1 si applica nel caso di violazione degli obblighi di comunicazione previsti dall'articolo 7, sesto comma, del decreto del Presidente della Repubblica 29 settembre 1973, n. 605 (5).

2. La sanzione prevista nel comma 1 si applica nel caso di violazione degli obblighi inerenti alle richieste rivolte alle società ed enti di assicurazione e alle società ed enti che effettuano istituzionalmente riscossioni e pagamenti per conto di terzi ovvero attività di gestione ed intermediazione finanziaria, anche in forma fiduciaria, nonché all'Ente poste italiane.

3. Si (6) presume che autori della violazione siano coloro che hanno sottoscritto le risposte e, in mancanza di risposta, i legali rappresentanti della banca, società o ente.

4. All'irrogazione delle sanzioni provvede l'ufficio competente in relazione al (7) domicilio fiscale del contribuente al quale si riferisce la richiesta.

(1) *Le parole: «dei dati, delle notizie e» sono state inserite dall'art. 37, comma 6, lett.* a)*, n. 1), del D.L. 4 luglio 2006, n. 223, convertito, con modificazioni, nella L. 4 agosto 2006, n. 248.*

(2) *Le parole: «alle banche» sono state così sostituite dalle parole da: «ai sensi ...» fino a: «... 26 ottobre 1972, n. 633» dall'art. 37, comma 6, lett.* a)*, n. 2), del D.L. 4 luglio 2006, n. 223, convertito, con modificazioni, nella L. 4 agosto 2006, n. 248.*

(3) *Le parole: «lire quattro milioni a lire quaranta milioni» sono state così sostituite dalle seguenti: «euro 2.000 a euro 21.000», dall'art. 15, comma 1, lett.* l)*, n.* 1)*, del D.L.vo 24 settembre 2015, n. 158, a decorrere dal 1° gennaio 2016.*

(4) *Le parole: «il ritardo non eccede i quindici giorni» sono state così sostituite dalle seguenti: «la trasmissione avviene nei quindici giorni successivi», dall'art. 15, comma 1, lett.* l)*, n. 1), del D.L.vo 24 settembre 2015, n. 158, a decorrere dal 1° gennaio 2016.*

(5) *Questo comma è stato inserito dall'art. 37, comma 6, lett.* b)*, del D.L. 4 luglio 2006, n. 223, convertito, con modificazioni, nella L. 4 agosto 2006, n. 248.*

(6) *Le parole: «Fino a prova contraria, si» sono state così sostituite dalla seguente: «Si», dall'art. 15, comma 1, lett.* l)*, n.* 2)*, del D.L.vo 24 settembre 2015, n. 158, a decorrere dal 1° gennaio 2016.*

(7) *Le parole: «nella cui circoscrizione si trova il» sono state così sostituite dalle seguenti: «competente in relazione al», dall'art. 15, comma 1, lett.* l)*, n.* 3)*, del D.L.vo 24 settembre 2015, n. 158, a decorrere dal 1° gennaio 2016.*

11. Altre violazioni in materia di imposte dirette e di imposta sul valore aggiunto. – 1. Sono punite con la sanzione amministrativa da euro 250 a euro 2.000 (1) le seguenti violazioni:

a) omissione di ogni comunicazione prescritta dalla legge tributaria (2) anche se non (3) richiesta dagli uffici o dalla Guardia di finanza al contribuente o a terzi nell'esercizio dei poteri di verifica ed accertamento in materia di imposte dirette e di imposta sul valore aggiunto o invio di tali comunicazioni con dati incompleti o non veritieri (4);

b) mancata restituzione dei questionari inviati al contribuente o a terzi nell'esercizio dei poteri di cui alla precedente lettera *a*) o loro restituzione con risposte incomplete o non veritiere (4);

c) inottemperanza all'invito a comparire e a qualsiasi altra richiesta fatta dagli uffici o dalla Guardia di finanza nell'esercizio dei poteri loro conferiti ([5]).

2. La sanzione prevista nel comma 1 si applica, salvo che il fatto non costituisca infrazione più grave ([6]), per il compenso di partite effettuato in violazione delle previsioni del codice civile ovvero in caso di mancata evidenziazione nell'apposito prospetto indicato negli articoli 3 e 5 del decreto del Presidente della Repubblica 29 settembre 1973, n. 600.

2 *bis*. Per l'omissione o l'errata trasmissione dei dati delle fatture emesse e ricevute, prevista dall'articolo 21 del decreto legge 31 maggio 2010, n. 78, convertito, con modificazioni, dalla legge 30 luglio 2010, n. 122, si applica la sanzione amministrativa di euro 2 per ciascuna fattura, comunque entro il limite massimo di euro 1.000 per ciascun trimestre. La sanzione è ridotta alla metà, entro il limite massimo di euro 500, se la trasmissione è effettuata entro i quindici giorni successivi alla scadenza stabilita ai sensi del periodo precedente, ovvero se, nel medesimo termine, è effettuata la trasmissione corretta dei dati. Non si applica l'articolo 12 del decreto legislativo 18 dicembre 1997, n. 472 ([7]) ([5]).

2 *ter*. L'omessa, incompleta o infedele comunicazione dei dati delle liquidazioni periodiche, prevista dall'articolo 21 *bis* del decreto legge 31 maggio 2010, n. 78, convertito, con modificazioni, dalla legge 30 luglio 2010, n. 122, è punita con la sanzione amministrativa da euro 500 a euro 2.000. La sanzione è ridotta alla metà se la trasmissione è effettuata entro i quindici giorni successivi alla scadenza stabilita ai sensi del periodo precedente, ovvero se, nel medesimo termine, è effettuata la trasmissione corretta dei dati ([7]).

2 *quater*. Per l'omissione o l'errata trasmissione dei dati delle operazioni transfrontaliere di cui all'articolo 1, comma 3 *bis*, del decreto legislativo 5 agosto 2015, n. 127, si applica la sanzione amministrativa di euro 2 per ciascuna fattura, comunque entro il limite massimo di euro 1.000 per ciascun trimestre. La sanzione è ridotta alla metà, entro il limite massimo di euro 500, se la trasmissione è effettuata entro i quindici giorni successivi alla scadenza stabilita ai sensi del periodo precedente, ovvero se, nel medesimo termine, è effettuata la trasmissione corretta dei dati. Per le operazioni effettuate a partire dal 1° gennaio 2022, si applica la sanzione amministrativa di euro 2 per ciascuna fattura, entro il limite massimo di euro 400 mensili ([8]). La sanzione è ridotta alla metà, entro il limite massimo di euro 200 per ciascun mese, se la trasmissione è effettuata entro i quindici giorni successivi alle scadenze stabilite dall'articolo 1, comma 3 *bis*, del decreto legislativo 5 agosto 2015, n. 127, ovvero se, nel medesimo termine, è effettuata la trasmis-

sione corretta dei dati ([8]). Non si applica l'articolo 12 del decreto legislativo 18 dicembre 1997, n. 472 ([9]).

2 *quinquies*. Per l'omessa o tardiva trasmissione ovvero per la trasmissione con dati incompleti o non veritieri dei corrispettivi giornalieri di cui all'articolo 2, commi 1, 1 *bis* e 2, del decreto legislativo 5 agosto 2015, n. 127, se la violazione non ha inciso sulla corretta liquidazione del tributo, si applica la sanzione amministrativa di euro 100 per ciascuna trasmissione. Non si applica l'articolo 12 del decreto legislativo 18 dicembre 1997, n. 472 ([10]).

[3. In caso di revoca delle agevolazioni concesse ai sensi della legge 5 ottobre 1991, n. 317, si applica la sanzione amministrativa dal cinquanta al cento per cento dell'intero ammontare dei crediti d'imposta e dei contributi in conto capitale dei quali si è indebitamente fruito] ([11]).

4. L'omessa presentazione degli elenchi di cui all'articolo 50, comma 6, del decreto legge 30 agosto 1993, n. 331, convertito, con modificazioni, dalla legge 29 ottobre 1993, n. 427, ovvero la loro incompleta, inesatta o irregolare compilazione sono punite con la sanzione da euro 500 a euro 1.000 ([12]) per ciascuno di essi, ridotta alla metà in caso di presentazione nel termine di trenta giorni dalla richiesta inviata dagli uffici abilitati a riceverla o incaricati del loro controllo. La sanzione non si applica se i dati mancanti o inesatti vengono integrati o corretti anche a seguito di richiesta.

4 *bis*. L'omessa, incompleta o infedele comunicazione delle minusvalenze e delle differenze negative di ammontare superiore a 50.000 euro di cui all'articolo 5 *quinquies* del decreto legge 30 settembre 2005, n. 203, convertito, con modificazioni, dalla legge 2 dicembre 2005, n. 248, nonché delle minusvalenze di ammontare complessivo superiore a cinque milioni di euro, derivanti da cessioni di partecipazioni che costituiscono immobilizzazioni finanziarie di cui all'articolo 1 del decreto legge 24 settembre 2002 n. 209, convertito, con modificazioni, dalla legge 22 novembre 2002, n. 265, è punita con la sanzione amministrativa del 10 per cento delle minusvalenze la cui comunicazione è omessa, incompleta o infedele, con un minimo di 500 euro ed un massimo di 50.000 euro ([13]).

5. L'omessa installazione degli apparecchi per l'emissione dello scontrino fiscale previsti dall'articolo 1 della legge 26 gennaio 1983, n. 18, è punita con la sanzione amministrativa da euro 1.000 a euro 4.000 ([14]). La sanzione di cui al periodo precedente si applica anche all'omessa installazione degli strumenti di cui all'articolo 2, comma 4, del decreto legislativo 5 agosto 2015, n. 127, salve le procedure alternative adottate con i provvedimenti di attuazione di cui al medesimo comma ([15]).

5 *bis*. Salvo che il fatto costituisca reato, a chiunque manomette o comunque altera gli strumenti di cui all'articolo 2, comma 4, del decreto legi-

slativo 5 agosto 2015, n. 127, o fa uso di essi allorché siano stati manomessi o alterati o consente che altri ne faccia uso al fine di eludere le disposizioni di cui al comma 1 del citato articolo si applica la sanzione amministrativa pecuniaria da euro 3.000 a euro 12.000 ([16]).

[6. Al destinatario dello scontrino fiscale e della ricevuta fiscale che, a richiesta degli organi accertatori, nel luogo della prestazione o nelle sue adiacenze, non esibisce il documento o lo esibisce con indicazione di un corrispettivo inferiore a quello reale si applica la sanzione amministrativa da € 51 ad € 1.032] ([17]).

7. In caso di violazione delle prescrizioni di cui all'articolo 53, comma 3, del decreto legge 30 agosto 1993, n. 331, convertito, con modificazioni, dalla legge 29 ottobre 1993, n. 427, si applica la sanzione da euro 250 a euro 2.000 ([18]).

7 *bis*. Quando la garanzia di cui all'articolo 38 *bis* del decreto del Presidente della Repubblica 26 ottobre 1972, n. 633, è presentata dalle società controllate o dall'ente o società controllante, di cui all'articolo 73, terzo comma, del medesimo decreto, con un ritardo non superiore a novanta giorni dalla scadenza del termine di presentazione della dichiarazione, si applica la sanzione amministrativa da euro 1.000 a euro 4.000 ([19]).

7 *ter*. Nei casi in cui il contribuente non presenti l'interpello previsto dall'articolo 11, comma 2, della legge 27 luglio 2000, n. 212, recante lo Statuto dei diritti del contribuente, si applica la sanzione prevista dall'articolo 8, comma 3 *quinquies*. La sanzione è raddoppiata nelle ipotesi in cui l'amministrazione finanziaria disconosca la disapplicazione delle norme aventi ad oggetto deduzioni, detrazioni, crediti d'imposta o altre posizioni soggettive del soggetto passivo ([19]).

([1]) *Le parole: «da lire cinquecentomila a lire quattro milioni» sono state così sostituite dalle seguenti: «da euro 250 a euro 2.000», dall'art. 15, comma 1, lett.* m), *n.* 1), *del D.L.vo 24 settembre 2015, n. 158, a decorrere dal 1° gennaio 2016.*

([2]) *Le parole: «prescritta dalla legge tributaria» sono state inserite dall'art. 1, comma 1, lett.* d), *del D.L.vo 5 giugno 1998, n. 203, con effetto dal 1° aprile 1998.*

([3]) *Le parole: «anche se non» sono state inserite dall'art. 1, comma 1, lett.* d), *del D.L.vo 30 marzo 2000, n. 99, a decorrere dal 1° aprile 1998.*

([4]) *Si veda l'art. 37, commi 29 e 30, del D.L. 4 luglio 2006, n. 223, convertito, con modificazioni, nella L. 4 agosto 2006, n. 248, di cui si riporta il testo:*

«29. Fuori dai casi previsti all'articolo 11, comma 1, lettere a) *e* b), *del decreto legislativo 18 dicembre 1997, n. 471, sono punite con la sanzione amministrativa pecuniaria da 258 euro a 2.065 euro la mancata restituzione dei questionari inviati nell'esercizio dei poteri di cui all'articolo 2, comma 4, del decreto legislativo 19 marzo 2001, n. 68, o la loro restituzione con risposte incomplete o non veritiere, nonché l'inottemperanza all'invito a comparire fatto sulla base dei medesimi poteri.*

«30. Per la constatazione e l'irrogazione della sanzione di cui al comma 29 si applicano le disposizioni di cui alla legge 24 novembre 1981, n. 689».

(5) *A norma dell'art. 1* ter *del D.L. 16 ottobre 2017, n. 148, convertito, con modificazioni, nella L. 4 dicembre 2017, n. 172, le sanzioni di cui ai commi 1 e 2* bis *del presente articolo, per l'errata trasmissione dei dati delle fatture emesse e ricevute, prevista dall'articolo 1, comma 3, del decreto legislativo 5 agosto 2015, n. 127, e dall'articolo 21 del decreto legge 31 maggio 2010, n. 78, convertito, con modificazioni, dalla legge 30 luglio 2010, n. 122, non si applicano relativamente alle comunicazioni effettuate per il primo semestre 2017, a condizione che i dati esatti siano trasmessi entro il 28 febbraio 2018.*

(6) *Le parole: «gravemente punita» sono state così sostituite dalla seguente: «grave», dall'art. 15, comma 1, lett.* m)*, n. 2), del D.L.vo 24 settembre 2015, n. 158, a decorrere dal 1° gennaio 2016.*

(7) *Questo comma è stato aggiunto dall'art. 4, comma 3, del D.L. 22 ottobre 2016, n. 193, convertito, con modificazioni, nella L. 1° dicembre 2016, n. 225, a decorrere dal 1° gennaio 2017.*

(8) *Questo periodo è stato inserito dall'art. 1, comma 1104, della L. 30 dicembre 2020, n. 178, a decorrere dal 1° gennaio 2021.*

(9) *Questo comma è stato aggiunto dall'art. 1, comma 915, della L. 27 dicembre 2017, n. 205.*

A norma dell'art. 1, comma 917, della L. 27 dicembre 2017, n. 205, fermo restando quanto previsto al predetto comma 916, della L. n. 205/2017, tali disposizioni si applicano alle fatture emesse a partire dal 1º luglio 2018 relative a:

a*) cessioni di benzina o di gasolio destinati ad essere utilizzati come carburanti per motori;*

b*) prestazioni rese da soggetti subappaltatori e subcontraenti della filiera delle imprese nel quadro di un contratto di appalto di lavori, servizi o forniture stipulato con un'amministrazione pubblica. Ai fini della presente lettera, per filiera delle imprese si intende l'insieme dei soggetti, destinatari della normativa di cui all'articolo 3 della legge 13 agosto 2010, n. 136, che intervengono a qualunque titolo nel ciclo di realizzazione del contratto, anche con noli e forniture di beni e prestazioni di servizi, ivi compresi quelli di natura intellettuale, qualunque sia l'importo dei relativi contratti o dei subcontratti. Le fatture elettroniche emesse ai sensi della presente lettera riportano gli stessi codici CUP e CIG di cui all'articolo 25, comma 2, del decreto legge 24 aprile 2014, n. 66, convertito, con modificazioni, dalla legge 23 giugno 2014, n. 89, riportati nelle fatture emesse dall'impresa capofila nei confronti dell'amministrazione pubblica.*

(10) *Questo comma è stato inserito dall'art. 1, comma 1111, lett.* a)*, della L. 30 dicembre 2020, n. 178, a decorrere dal 1° gennaio 2021.*

(11) *Questo comma è stato abrogato dall'art. 54, comma 6, della L. 23 dicembre 1999, n. 488. Le disposizioni del citato comma 6, operano anche per le revoche già disposte per le quali al 1° gennaio 2000 non sono stati ancora adottati i relativi provvedimenti sanzionatori.*

(12) *Le parole: «lire un milione a lire due milioni» sono state così sostituite dalle seguenti: «euro 500 a euro 1.000», dall'art. 15, comma 1, lett.* m)*, n. 3), del D.L.vo 24 settembre 2015, n. 158, a decorrere dal 1° gennaio 2016.*

([13]) *Questo comma è stato inserito dall'art. 11, comma 1, del D.L. 2 marzo 2012, n. 16, convertito, con modificazioni, nella L. 26 aprile 2012, n. 44.*

([14]) *Le parole: «lire due milioni a lire otto milioni» sono state così sostituite dalle seguenti: «euro 1.000 a euro 4.000», dall'art. 15, comma 1, lett.* m), *n.* 4), *del D.L.vo 24 settembre 2015, n. 158, a decorrere dal 1° gennaio 2016.*

([15]) *Questo periodo è stato aggiunto dall'art. 1, comma 1111, lett.* b), *della L. 30 dicembre 2020, n. 178, a decorrere dal 1° gennaio 2021.*

([16]) *Questo comma è stato aggiunto dall'art. 1, comma 1111, lett.* c), *della L. 30 dicembre 2020, n. 178, a decorrere dal 1° gennaio 2021.*

([17]) *Questo comma è stato abrogato dall'art. 33, comma 10, del D.L. 30 settembre 2003, n. 269, convertito, con modificazioni, nella L. 24 novembre 2003, n. 326.*

([18]) *Le parole: «da lire cinquecentomila a lire quattro milioni» sono state così sostituite dalle seguenti: «da euro 250 a euro 2.000», dall'art. 15, comma 1, lett.* m), *n.* 5), *del D.L.vo 24 settembre 2015, n. 158, a decorrere dal 1° gennaio 2016.*

([19]) *Questo comma è stato aggiunto dall'art. 15, comma 1, lett.* m), *n.* 6), *del D.L.vo 24 settembre 2015, n. 158, a decorrere dal 1° gennaio 2016.*

12. Sanzioni accessorie in materia di imposte dirette ed imposta sul valore aggiunto. – 1. Quando è irrogata una sanzione amministrativa superiore ad euro 50.000 ([1]) e la sanzione edittale prevista per la più grave delle violazioni accertate non è inferiore nel minimo ad euro 40.000 ([2]) e nel massimo ad euro 80.000 ([3]), si applica, secondo i casi, una delle sanzioni accessorie previste nel decreto legislativo recante i principi generali per le sanzioni amministrative in materia tributaria, per un periodo da uno a tre mesi. La durata delle sanzioni accessorie può essere elevata fino a sei mesi, se la sanzione irrogata è superiore ad euro 100.000 ([4]) e la sanzione edittale prevista per la più grave violazione non è inferiore nel minimo ad euro 80.000 ([3]).

2. Qualora siano state contestate ai sensi dell'articolo 16 del decreto legislativo 18 dicembre 1997, n. 472, nel corso di un quinquennio, quattro ([5]) distinte violazioni dell'obbligo di emettere la ricevuta fiscale o lo scontrino fiscale compiute in giorni diversi, ([6]) anche se non sono state irrogate sanzioni accessorie in applicazione delle disposizioni del citato decreto legislativo n. 472 del 1997, è disposta la sospensione della licenza o dell'autorizzazione all'esercizio dell'attività ovvero dell'esercizio dell'attività medesima per un periodo da tre giorni ad un mese. In deroga all'articolo 19, comma 7, del medesimo decreto legislativo n. 472 del 1997, il provvedimento di sospensione è immediatamente esecutivo. Se l'importo complessivo dei corrispettivi oggetto di contestazione eccede la somma di euro 50.000 la sospensione è disposta per un periodo da un mese a sei mesi ([7]). Le sanzioni di cui ai periodi precedenti si applicano anche nelle ipotesi di cui all'articolo 2, commi 1, 1 *bis* e 2, del decreto legislativo 5 agosto 2015, n. 127, se le violazioni consisto-

no nella mancata o non tempestiva memorizzazione o trasmissione, ovvero nella memorizzazione o trasmissione con dati incompleti o non veritieri ([8]).

2 *bis*. La sospensione di cui al comma 2 è disposta dalla direzione regionale dell'Agenzia delle entrate competente per territorio in relazione al domicilio fiscale del contribuente. Gli atti di sospensione devono essere notificati, a pena di decadenza, entro sei mesi da quando è stata contestata la quarta ([9]) violazione ([10]).

2 *ter*. L'esecuzione e la verifica dell'effettivo adempimento delle sospensioni di cui al comma 2 è effettuata dall'Agenzia delle entrate, ovvero dalla Guardia di finanza, ai sensi dell'articolo 63 del decreto del Presidente della Repubblica 26 ottobre 1972, n. 633 ([10]).

2 *quater*. L'esecuzione della sospensione di cui al comma 2 è assicurata con il sigillo dell'organo procedente e con le sottoscrizioni del personale incaricato [ovvero con altro mezzo idoneo a indicare il vincolo imposto a fini fiscali] ([10]) ([11]).

2 *quinquies*. La sospensione di cui al comma 2 è disposta anche nei confronti dei soggetti esercenti i posti e apparati pubblici di telecomunicazione, e nei confronti dei rivenditori agli utenti finali dei mezzi tecnici di cui all'articolo 74, primo comma, lettera *d*), del decreto del Presidente della Repubblica 26 ottobre 1972, n. 633, ai quali, nel corso di dodici mesi, siano state contestate tre distinte violazioni dell'obbligo di regolarizzazione dell'operazione di acquisto di mezzi tecnici ai sensi del comma 9 *ter* dell'articolo 6 ([12]).

2 *sexies*. Qualora siano state contestate a carico di soggetti iscritti in albi ovvero ad ordini professionali, nel corso di un quinquennio, quattro distinte violazioni dell'obbligo di emettere il documento certificativo dei corrispettivi compiute in giorni diversi, è disposta in ogni caso la sanzione accessoria della sospensione dell'iscrizione all'albo o all'ordine per un periodo da tre giorni ad un mese. In caso di recidiva, la sospensione è disposta per un periodo da quindici giorni a sei mesi. In deroga all'articolo 19, comma 7, del decreto legislativo 18 dicembre 1997, n. 472, il provvedimento di sospensione è immediatamente esecutivo. Gli atti di sospensione sono comunicati all'ordine professionale ovvero al soggetto competente alla tenuta dell'albo affinché ne sia data pubblicazione sul relativo sito internet. Si applicano le disposizioni dei commi 2 *bis* e 2 *ter* ([13]).

2 *septies*. Nel caso in cui le violazioni di cui al comma 2 *sexies* siano commesse nell'esercizio in forma associata di attività professionale, la sanzione accessoria di cui al medesimo comma è disposta nei confronti di tutti gli associati ([13]).

3. Se è accertata l'omessa installazione degli apparecchi misuratori previsti dall'articolo 1 della legge 26 gennaio 1983, n. 18, è disposta la sospensio-

ne della licenza o dell'autorizzazione all'esercizio dell'attività nei locali ad essa destinati per un periodo da quindici giorni a due mesi. In caso di recidiva, la sospensione è disposta da due a sei mesi. Le sanzioni di cui ai periodi precedenti si applicano anche all'omessa installazione ovvero alla manomissione o alterazione degli strumenti di cui all'articolo 2, comma 4, del decreto legislativo 5 agosto 2015, n. 127, salve le procedure alternative adottate con i provvedimenti di attuazione di cui al medesimo comma ([14]).

4. In caso di recidiva nelle violazioni previste dall'articolo 10, l'autore delle medesime è interdetto dalle cariche di amministratore della banca, società o ente per un periodo da tre a sei mesi.

([1]) *Le parole: «lire cento milioni» sono state così sostituite dalle seguenti: «euro 50.000», dall'art. 15, comma 1, lett.* n), *del D.L.vo 24 settembre 2015, n. 158, a decorrere dal 1° gennaio 2016.*

([2]) *Le parole: «ottanta milioni» sono state così sostituite dalle seguenti: «euro 40.000», dall'art. 15, comma 1, lett.* n), *del D.L.vo 24 settembre 2015, n. 158, a decorrere dal 1° gennaio 2016.*

([3]) *Le parole: «centosessanta milioni di lire» sono state così sostituite dalle seguenti: «euro 80.000», dall'art. 15, comma 1, lett.* n), *del D.L.vo 24 settembre 2015, n. 158, a decorrere dal 1° gennaio 2016.*

([4]) *Le parole: «lire duecento milioni» sono state così sostituite dalle seguenti: «euro 100.000», dall'art. 15, comma 1, lett.* n), *del D.L.vo 24 settembre 2015, n. 158, a decorrere dal 1° gennaio 2016.*

([5]) *La parola: «tre» è stata così sostituita dalla attuale: «quattro» dall'art. 1, comma 269, della L. 24 dicembre 2007, n. 244.*

([6]) *Le parole: «compiute in giorni diversi,» sono state inserite dall'art. 1, comma 269, della L. 24 dicembre 2007, n. 244.*

([7]) *Questo comma è stato così sostituito dall'art. 1, comma 8, del D.L. 3 ottobre 2006, n. 262, convertito, con modificazioni, nella L. 24 novembre 2006, n. 286.*

([8]) *Questo periodo è stato aggiunto dall'art. 1, comma 1112, della L. 30 dicembre 2020, n. 178, a decorrere dal 1° gennaio 2021.*

([9]) *La parola: «terza» è stata così sostituita dalla parola: «quarta» dall'art. 37* ter, *comma 1, del D.L. 31 dicembre 2007, n. 248, convertito, con modificazioni, nella L. 28 febbraio 2008, n. 31.*

([10]) *Questo comma è stato inserito dall'art. 1, comma 8* bis, *del D.L. 3 ottobre 2006, n. 262, convertito, con modificazioni, nella L. 24 novembre 2006, n. 286.*

([11]) *Le parole fra parentesi quadrate sono state soppresse dall'art. 1, comma 118, della L. 24 dicembre 2007, n. 244.*

([12]) *Questo comma è stato inserito dall'art. 1, comma 159, lett.* b), *della L. 24 dicembre 2007, n. 244.*

([13]) *Questo comma è stato inserito dall'art. 2, comma 5, del D.L. 13 agosto 2011, n. 138, convertito, con modificazioni, nella L. 14 settembre 2011, n. 148.*

([14]) *Questo periodo è stato aggiunto dall'art. 1, comma 1113, della L. 30 dicembre 2020, n. 178, a decorrere dal 1° gennaio 2021.*

Titolo II
Sanzioni in materia di riscossione

13. (1) **Ritardati od omessi versamenti diretti e altre violazioni in materia di compensazione.** – 1. Chi non esegue, in tutto o in parte, alle prescritte scadenze, i versamenti in acconto, i versamenti periodici, il versamento di conguaglio o a saldo dell'imposta risultante dalla dichiarazione, detratto in questi casi l'ammontare dei versamenti periodici e in acconto, ancorché non effettuati, è soggetto a sanzione amministrativa pari al trenta per cento di ogni importo non versato, anche quando, in seguito alla correzione di errori materiali o di calcolo rilevati in sede di controllo della dichiarazione annuale, risulti una maggiore imposta o una minore eccedenza detraibile. Per i versamenti effettuati con un ritardo non superiore a novanta giorni, la sanzione di cui al primo periodo è ridotta alla metà. Salva l'applicazione dell'articolo 13 del decreto legislativo 18 dicembre 1997, n. 472, per i versamenti effettuati con un ritardo non superiore a quindici giorni, la sanzione di cui al secondo periodo è ulteriormente ridotta a un importo pari a un quindicesimo per ciascun giorno di ritardo.

2. La sanzione di cui al comma 1 si applica nei casi di liquidazione della maggior imposta ai sensi degli articoli 36 *bis* e 36 *ter* del decreto del Presidente della Repubblica 29 settembre 1973, n. 600, e ai sensi dell'articolo 54 *bis* del decreto del Presidente della Repubblica 26 ottobre 1972, n. 633.

3. Fuori dei casi di tributi iscritti a ruolo, la sanzione prevista al comma 1 si applica altresì in ogni ipotesi di mancato pagamento di un tributo o di una sua frazione nel termine previsto.

4. Nel caso di utilizzo di un'eccedenza o di un credito d'imposta esistenti in misura superiore a quella spettante o in violazione delle modalità di utilizzo previste dalle leggi vigenti si applica, salva l'applicazione di disposizioni speciali, la sanzione pari al trenta per cento del credito utilizzato.

5. Nel caso di utilizzo in compensazione di crediti inesistenti per il pagamento delle somme dovute è applicata la sanzione dal cento al duecento per cento della misura dei crediti stessi. Per le sanzioni previste nel presente comma, in nessun caso si applica la definizione agevolata prevista dagli articoli 16, comma 3, e 17, comma 2, del decreto legislativo 18 dicembre 1997, n. 472. Si intende inesistente il credito in relazione al quale manca, in tutto o in parte, il presupposto costitutivo e la cui inesistenza non sia riscontrabile mediante controlli di cui agli articoli 36 *bis* e 36 *ter* del decreto del Presidente della Repubblica 29 settembre 1973, n. 600, e all'articolo 54 *bis* del decreto del Presidente della Repubblica 26 ottobre 1972, n. 633.

6. Fuori dall'ipotesi di cui all'articolo 11, comma 7 *bis*, sull'ammontare delle eccedenze di credito risultanti dalla dichiarazione annuale dell'ente o

società controllante ovvero delle società controllate, compensate in tutto o in parte con somme che avrebbero dovuto essere versate dalle altre società controllate o dall'ente o società controllante, di cui all'articolo 73, terzo comma, del decreto del Presidente della Repubblica 26 ottobre 1972, n. 633, si applica la sanzione di cui al comma 1 quando la garanzia di cui all'articolo 38 *bis* del medesimo decreto è presentata oltre il termine di novanta giorni dalla scadenza del termine di presentazione della dichiarazione annuale.

7. Le sanzioni previste nel presente articolo non si applicano quando i versamenti sono stati tempestivamente eseguiti ad ufficio o concessionario diverso da quello competente.

(¹) *Questo articolo è stato così sostituito dall'art. 15, comma 1, lett.* o), *del D.L.vo 24 settembre 2015, n. 158, a decorrere dal 1° gennaio 2016.*

Si riporta il testo previgente:

«Art. 13. (Ritardati od omessi versamenti diretti). *1. Chi non esegue, in tutto o in parte, alle prescritte scadenze, i versamenti in acconto, i versamenti periodici, il versamento di conguaglio o a saldo dell'imposta risultante dalla dichiarazione, detratto in questi casi l'ammontare dei versamenti periodici e in acconto, ancorché non effettuati, è soggetto a sanzione amministrativa pari al trenta per cento di ogni importo non versato, anche quando, in seguito alla correzione di errori materiali o di calcolo rilevati in sede di controllo della dichiarazione annuale, risulti una maggiore imposta o una minore eccedenza detraibile. Per i versamenti effettuati con un ritardo non superiore a quindici giorni, la sanzione di cui al primo periodo, oltre a quanto previsto dal comma 1 dell'articolo 13 del decreto legislativo 18 dicembre 1997, n. 472, è ulteriormente ridotta ad un importo pari ad un quindicesimo per ciascun giorno di ritardo. Identica sanzione si applica nei casi di liquidazione della maggior imposta ai sensi degli articoli 36* bis *e 36* ter *del decreto del Presidente della Repubblica 29 settembre 1973, n. 600, e ai sensi dell'articolo 54* bis *del decreto del Presidente della Repubblica 26 ottobre 1972, n. 633.*

2. Fuori dei casi di tributi iscritti a ruolo, la sanzione prevista al comma 1 si applica altresì in ogni ipotesi di mancato pagamento di un tributo o di una sua frazione nel termine previsto.

3. Le sanzioni previste nel presente articolo non si applicano quando i versamenti sono stati tempestivamente eseguiti ad ufficio o concessionario diverso da quello competente.».

14. Violazioni dell'obbligo di esecuzione di ritenute alla fonte. – 1. Chi non esegue, in tutto o in parte, le ritenute alla fonte è soggetto alla sanzione amministrativa pari al venti per cento dell'ammontare non trattenuto [, salva l'applicazione delle disposizioni dell'articolo 13 per il caso di omesso versamento] (¹).

(¹) *Le parole tra parentesi quadrate sono state soppresse dall'art. 15, comma 1, lett.* p), *del D.L.vo 24 settembre 2015, n. 158, a decorrere dal 1° gennaio 2016.*

15. Incompletezza dei documenti di versamento. – 1. Nei casi in cui i documenti utilizzati per i versamenti diretti non contengono gli elementi necessari per l'identificazione del soggetto che li esegue e per l'imputazione della somma versata, si applica la sanzione amministrativa da euro 100 a euro 500 (1).

2. Il concessionario per la riscossione è tenuto a comunicare l'infrazione all'ufficio o all'ente impositore.

2 *bis*. Per l'omessa presentazione del modello di versamento contenente i dati relativi alla eseguita compensazione, si applica la sanzione di euro 100, ridotta a euro 50 se il ritardo non è superiore a cinque giorni lavorativi (2).

2 *ter*. Nel caso di mancata esecuzione delle deleghe di pagamento per effetto dell'attività di controllo di cui all'articolo 37, comma 49 *ter*, del decreto legge 4 luglio 2006, n. 223, convertito, con modificazioni, dalla legge 4 agosto 2006, n. 248, si applica una sanzione pari al 5 per cento dell'importo, per importi fino a 5.000 euro, e pari a 250 euro, per importi superiori a 5.000 euro, per ciascuna delega non eseguita. Non si applica l'articolo 12 del decreto legislativo 18 dicembre 1997, n. 472 (3).

(1) *Le parole: «lire duecentomila a lire un milione» sono state così sostituite dalle seguenti: «euro 100 a euro 500», dall'art. 15, comma 1, lett.* q*), n. 1), del D.L.vo 24 settembre 2015, n. 158, a decorrere dal 1° gennaio 2016.*

(2) *Questo comma è stato aggiunto dall'art. 15, comma 1, lett.* q*), n. 2), del D.L.vo 24 settembre 2015, n. 158, a decorrere dal 1° gennaio 2016.*

(3) *Questo comma è stato aggiunto dall'art. 3, comma 6, del D.L. 26 ottobre 2019, n. 124, convertito, con modificazioni, nella L. 19 dicembre 2019, n. 157. A norma dell'art. 3, comma 8, del medesimo decreto, tali disposizioni si applicano alle deleghe di pagamento presentate a partire dal mese di marzo 2020.*

Titolo III
Disposizioni comuni

16. Abrogazione di norme. – 1. (*Omissis*).

17. Entrata in vigore. – 1. Il presente decreto legislativo entra in vigore il 1° aprile 1998.

3.

D.L.vo 10 marzo 2000, n. 74. Nuova disciplina dei reati in materia di imposte sui redditi e sul valore aggiunto, a norma dell'articolo 9 della legge 25 giugno 1999, n. 205 (*Gazzetta Ufficiale* Serie gen. - n. 76 del 31 marzo 2000).

(*Estratto*)

Titolo I
Definizioni

1. Definizioni. – 1. Ai fini del presente decreto legislativo:

a) per «fatture o altri documenti per operazioni inesistenti» si intendono le fatture o gli altri documenti aventi rilievo probatorio analogo in base alle norme tributarie, emessi a fronte di operazioni non realmente effettuate in tutto o in parte o che indicano i corrispettivi o l'imposta sul valore aggiunto in misura superiore a quella reale, ovvero che riferiscono l'operazione a soggetti diversi da quelli effettivi;

b) per «elementi attivi o passivi» si intendono le componenti, espresse in cifra, che concorrono, in senso positivo o negativo, alla determinazione del reddito o delle basi imponibili rilevanti ai fini dell'applicazione delle imposte sui redditi o sul valore aggiunto e le componenti che incidono sulla determinazione dell'imposta dovuta (1);

c) per «dichiarazioni» si intendono anche le dichiarazioni presentate in qualità di amministratore, liquidatore o rappresentante di società, enti o persone fisiche o di sostituto d'imposta, nei casi previsti dalla legge (2);

d) il «fine di evadere le imposte» e il «fine di consentire a terzi l'evasione» si intendono comprensivi, rispettivamente, anche del fine di conseguire un indebito rimborso o il riconoscimento di un inesistente credito d'imposta, e del fine di consentirli a terzi;

e) riguardo ai fatti commessi da chi agisce in qualità di amministratore, liquidatore o rappresentante di società, enti o persone fisiche, il «fine di evadere le imposte» ed il «fine di sottrarsi al pagamento» si intendono riferiti alla società, all'ente o alla persona fisica per conto della quale si agisce;

f) per «imposta evasa» si intende la differenza tra l'imposta effettivamente dovuta e quella indicata nella dichiarazione, ovvero l'intera imposta dovuta nel caso di omessa dichiarazione, al netto delle somme versate dal contribuente o da terzi a titolo di acconto, di ritenuta o comunque in pagamento di detta imposta prima della presentazione della dichiarazione o della scadenza del relativo termine; non si considera imposta evasa quella teorica e non effettivamente dovuta collegata a una rettifica in diminuzione di perdite dell'esercizio o di perdite pregresse spettanti e utilizzabili; ([3])

g) le soglie di punibilità riferite all'imposta evasa si intendono estese anche all'ammontare dell'indebito rimborso richiesto o dell'inesistente credito di imposta esposto nella dichiarazione;

g bis) per "operazioni simulate oggettivamente o soggettivamente" si intendono le operazioni apparenti, diverse da quelle disciplinate dall'articolo 10 *bis* della legge 27 luglio 2000, n. 212, poste in essere con la volontà di non realizzarle in tutto o in parte ovvero le operazioni riferite a soggetti fittiziamente interposti ([4]);

g ter) per "mezzi fraudolenti" si intendono condotte artificiose attive nonché quelle omissive realizzate in violazione di uno specifico obbligo giuridico, che determinano una falsa rappresentazione della realtà ([4]).

([1]) *Le parole: «e le componenti che incidono sulla determinazione dell'imposta dovuta» sono state aggiunte dall'art. 1, comma 1, lett.* a), *del D.L.vo 24 settembre 2015, n. 158.*

([2]) *Le parole: «o di sostituto d'imposta, nei casi previsti dalla legge» sono state aggiunte dall'art. 1, comma 1, lett.* b), *del D.L.vo 24 settembre 2015, n. 158.*

([3]) *Le parole: «non si considera imposta evasa quella teorica e non effettivamente dovuta collegata a una rettifica in diminuzione di perdite dell'esercizio o di perdite pregresse spettanti e utilizzabili;» sono state aggiunte dall'art. 1, comma 1, lett.* c), *del D.L.vo 24 settembre 2015, n. 158.*

([4]) *Questa lettera è stata aggiunta dall'art. 1, comma 1, lett.* d), *del D.L.vo 24 settembre 2015, n. 158.*

Titolo II
Delitti

Capo I
Delitti in materia di dichiarazione

2. ([1]) **Dichiarazione fraudolenta mediante uso di fatture o altri documenti per operazioni inesistenti.** – 1. È punito con la reclusione da quattro a otto ([2]) anni chiunque, al fine di evadere le imposte sui redditi o sul valore aggiunto, avvalendosi di fatture o altri documenti per operazioni inesistenti, *indica in una delle* dichiarazioni [annuali] ([3]) relative a dette imposte elementi passivi fittizi.

2. Il fatto si considera commesso avvalendosi di fatture o altri documenti per operazioni inesistenti quando tali fatture o documenti sono registrati nelle scritture contabili obbligatorie, o sono detenuti a fine di prova nei confronti dell'amministrazione finanziaria.

2 *bis*. Se l'ammontare degli elementi passivi fittizi è inferiore a euro centomila, si applica la reclusione da un anno e sei mesi a sei anni ([4]).

[3. Se l'ammontare degli elementi passivi fittizi è inferiore a € 154.937,07, si applica la reclusione da sei mesi a due anni] ([5]).

([1]) *A norma dell'art. 1, comma 143, della L. 24 dicembre 2007, n. 244, nei casi previsti da questo articolo si osservano in quanto applicabili, le disposizioni di cui all'art. 322* ter *c.p. L'art. 1, comma 143, della L. n. 244/2007 è stato poi abrogato dall'art. 14, comma 1, lett.* b)*, del D.L.vo 24 settembre 2015, n. 158, che ha inserito in sua sostituzione l'attuale art. 12* bis *di questo provvedimento.*

([2]) *Le parole: «un anno e sei mesi a sei» sono state così sostituite dalle seguenti: «quattro a otto» dall'art. 39, comma 1, lett.* a)*, del D.L. 26 ottobre 2019, n. 124, convertito, con modificazioni, nella L. 19 dicembre 2019, n. 157.*

([3]) *La parola tra parentesi quadrate è stata soppressa dall'art. 2 del D.L.vo 24 settembre 2015, n. 158.*

([4]) *Questo comma è stato aggiunto dall'art. 39, comma 1, lett.* b)*, del D.L. 26 ottobre 2019, n. 124, convertito, con modificazioni, nella L. 19 dicembre 2019, n. 157.*

([5]) *Questo comma è stato abrogato dall'art. 2, comma 36* vicies semel *lett.* a)*, del D.L. 13 agosto 2011, n. 138, convertito, con modificazioni, nella L. 14 settembre 2011, n. 148. Tali disposizioni si applicano ai fatti successivi alla data di entrata in vigore della legge di conversione del D.L. n. 138/2011.*

3. ([1]) **Dichiarazione fraudolenta mediante altri artifici.** – 1. Fuori dai casi previsti dall'articolo 2, è punito con la reclusione da tre a otto ([2]) anni chiunque, al fine di evadere le imposte sui redditi o sul valore aggiunto, compiendo operazioni simulate oggettivamente o soggettivamente ovvero avvalendosi di documenti falsi o di altri mezzi fraudolenti idonei ad ostacolare l'accertamento e ad indurre in errore l'amministrazione finanziaria, indica in una delle dichiarazioni relative a dette imposte elementi attivi per un ammontare inferiore a quello effettivo od elementi passivi fittizi o crediti e ritenute fittizi, quando, congiuntamente:

a) l'imposta evasa è superiore, con riferimento a taluna delle singole imposte, a euro trentamila;

b) l'ammontare complessivo degli elementi attivi sottratti all'imposizione, anche mediante indicazione di elementi passivi fittizi, è superiore al cinque per cento dell'ammontare complessivo degli elementi attivi indicati in dichiarazione, o comunque, è superiore a euro un milione cinquecentomila, ovvero qualora l'ammontare complessivo dei crediti e delle ritenute fittizie in diminuzione dell'imposta, è superiore al cinque per cento dell'ammontare dell'imposta medesima o comunque a euro trentamila.

2. Il fatto si considera commesso avvalendosi di documenti falsi quando tali documenti sono registrati nelle scritture contabili obbligatorie o sono detenuti a fini di prova nei confronti dell'amministrazione finanziaria.

3. Ai fini dell'applicazione della disposizione del comma 1, non costituiscono mezzi fraudolenti la mera violazione degli obblighi di fatturazione e di annotazione degli elementi attivi nelle scritture contabili o la sola indicazione nelle fatture o nelle annotazioni di elementi attivi inferiori a quelli reali.

(1) *Questo articolo è stato così sostituito dall'art. 3 del D.L.vo 24 settembre 2015, n. 158.*

(2) *Le parole: «un anno e sei mesi a sei» sono state così sostituite dalle seguenti: «tre a otto» dall'art. 39, comma 1, lett. c), del D.L. 26 ottobre 2019, n. 124, convertito, con modificazioni, nella L. 19 dicembre 2019, n. 157.*

4. (1) **Dichiarazione infedele.** – 1. Fuori dei casi previsti dagli articoli 2 e 3, è punito con la reclusione da due anni a quattro anni e sei mesi (2) chiunque, al fine di evadere le imposte sui redditi o sul valore aggiunto, indica in una delle dichiarazioni annuali relative a dette imposte elementi attivi per un ammontare inferiore a quello effettivo od elementi passivi inesistenti (3), quando, congiuntamente:

a) l'imposta evasa è superiore, con riferimento a taluna delle singole imposte, a euro centomila (4);

b) l'ammontare complessivo degli elementi attivi sottratti all'imposizione, anche mediante indicazione di elementi passivi inesistenti (3), è superiore al dieci per cento dell'ammontare complessivo degli elementi attivi indicati in dichiarazione, o, comunque, è superiore a euro due (5) milioni (6).

1 *bis*. Ai fini dell'applicazione della disposizione del comma 1, non si tiene conto della non corretta classificazione, della valutazione di elementi attivi o passivi oggettivamente esistenti, rispetto ai quali i criteri concretamente applicati sono stati comunque indicati nel bilancio ovvero in altra documentazione rilevante ai fini fiscali, della violazione dei criteri di determinazione dell'esercizio di competenza, della non inerenza, della non deducibilità di elementi passivi reali (7).

1 *ter*. Fuori dei casi di cui al comma 1 *bis*, non danno luogo a fatti punibili le valutazioni che complessivamente (8) considerate, differiscono in misura inferiore al 10 per cento da quelle corrette. Degli importi compresi in tale percentuale non si tiene conto nella verifica del superamento delle soglie di punibilità previste dal comma 1, lettere *a*) e *b*) (7).

(1) *A norma dell'art. 1, comma 143, della L. 24 dicembre 2007, n. 244, nei casi previsti da questo articolo si osservano in quanto applicabili, le disposizioni di cui all'art. 322* ter *c.p. L'art. 1, comma 143, della L. n. 244/2007 è stato poi abrogato dall'art. 14, comma*

1, lett. b)*, del D.L.vo 24 settembre 2015, n. 158, che ha inserito in sua sostituzione l'attuale art. 12* bis *di questo provvedimento.*

(2) *Le parole: «uno a tre anni» sono state così sostituite dalle seguenti: «due anni a quattro anni e sei mesi» dall'art. 39, comma 1, lett.* d)*, del D.L. 26 ottobre 2019, n. 124, convertito, con modificazioni, nella L. 19 dicembre 2019, n. 157.*

(3) *La parola: «fittizi» è stata così sostituita dall'attuale: «inesistenti» dall'art. 4, comma 1, lett.* d)*, del D.L.vo 24 settembre 2015, n. 158.*

(4) *La parola: «centocinquantamila» è stata, da ultimo, così sostituita dalla seguente: «centomila» dall'art. 39, comma 1, lett.* e)*, del D.L. 26 ottobre 2019, n. 124, convertito, con modificazioni, nella L. 19 dicembre 2019, n. 157.*

(5) *la parola: «tre» è stata così sostituita dalla seguente: «due» dall'art. 39, comma 1, lett.* f)*, del D.L. 26 ottobre 2019, n. 124, convertito, con modificazioni, nella L. 19 dicembre 2019, n. 157.*

(6) *Le parole: «euro due milioni» sono state così sostituite dalle seguenti: «euro tre milioni», dall'art. 4, comma 1, lett.* b)*, del D.L.vo 24 settembre 2015, n. 158.*

(7) *Questo comma è stato aggiunto dall'art. 4, comma 1, lett.* c)*, del D.L.vo 24 settembre 2015, n. 158.*

(8) *La parola: «singolarmente» è stata così sostituita dalla seguente: «complessivamente» dall'art. 39, comma 1, lett.* g)*, del D.L. 26 ottobre 2019, n. 124, convertito, con modificazioni, nella L. 19 dicembre 2019, n. 157.*

5. (1) (2) **Omessa dichiarazione.** – 1. È punito con la reclusione da due a cinque anni (3) chiunque al fine di evadere le imposte sui redditi o sul valore aggiunto, non presenta, essendovi obbligato, una delle dichiarazioni relative a dette imposte, quando l'imposta evasa è superiore, con riferimento a taluna delle singole imposte ad euro cinquantamila (4).

1 *bis*. È punito con la reclusione da due a cinque anni (5) chiunque non presenta, essendovi obbligato, la dichiarazione di sostituto d'imposta, quando l'ammontare delle ritenute non versate è superiore ad euro cinquantamila (4).

2. Ai fini della disposizione prevista dai commi 1 e 1 *bis* (6) non si considera omessa la dichiarazione presentata entro novanta giorni dalla scadenza del termine o non sottoscritta o non redatta su uno stampato conforme al modello prescritto.

(1) *A norma dell'art. 1, comma 143, della L. 24 dicembre 2007, n. 244, nei casi previsti da questo articolo si osservano in quanto applicabili, le disposizioni di cui all'art. 322* ter *c.p. L'art. 1, comma 143, della L. n. 244/2007 è stato poi abrogato dall'art. 14, comma 1, lett.* b)*, del D.L.vo 24 settembre 2015, n. 158, che ha inserito in sua sostituzione l'attuale art. 12* bis *di questo provvedimento.*

(2) *A norma dell'art. 1* bis, comma 7*, del D.L. 24 aprile 2017, n. 50, convertito, con modificazioni, nella L. 21 giugno 2017, n. 96, il reato previsto da questo articolo, non è punibile se i debiti tributari della stabile organizzazione nel territorio dello Stato, relativi ai periodi d'imposta per i quali sono scaduti i termini di presentazione delle dichiarazioni,*

comprese sanzioni amministrative e interessi, sono estinti nei termini di cui al comma 6 dell'articolo 1 bis *del medesimo provvedimento.*

(3) *Le parole: «un anno e sei mesi a quattro anni» sono state così sostituite dalle seguenti: «due a cinque anni» dall'art. 39, comma 1, lett.* h)*, del D.L. 26 ottobre 2019, n. 124, convertito, con modificazioni, nella L. 19 dicembre 2019, n. 157.*

(4) *L'originario comma 1 è stato così sostituito dagli attuali commi 1 e 1* bis *dall'art. 5, comma 1, lett.* a)*, del D.L.vo 24 settembre 2015, n. 158.*

(5) *Le parole: «un anno e sei mesi a quattro anni» sono state così sostituite dalle seguenti: «due a cinque anni» dall'art. 39, comma 1, lett.* i)*, del D.L. 26 ottobre 2019, n. 124, convertito, con modificazioni, nella L. 19 dicembre 2019, n. 157.*

(6) *Le parole: «dal comma 1» sono state così sostituite dalle seguenti: «dai commi 1 e 1* bis*», dall'art. 5, comma 1, lett.* b)*, del D.L.vo 24 settembre 2015, n. 158.*

6. Tentativo. – 1. I delitti previsti dagli articoli 2, 3 e 4 non sono comunque punibili a titolo di tentativo.

1 *bis*. Salvo che il fatto integri il reato previsto dall'articolo 8, la disposizione di cui al comma 1 non si applica quando gli atti diretti a commettere i delitti di cui agli articoli 2, 3 e 4 sono compiuti anche nel territorio di altro Stato membro dell'Unione europea, al fine di evadere l'imposta sul valore aggiunto per un valore complessivo non inferiore a dieci milioni di euro (1).

(1) *Questo comma è stato aggiunto dall'art. 2, comma 1, del D.L.vo 14 luglio 2020, n. 75.*

7. (1) [**Rilevazioni nelle scritture contabili e nel bilancio.** – 1. Non danno luogo a fatti punibili a norma degli articoli 3 e 4 le rilevazioni nelle scritture contabili e nel bilancio eseguite in violazione dei criteri di determinazione dell'esercizio di competenza ma sulla base di metodi costanti di impostazione contabile, nonché le rilevazioni e le valutazioni estimative rispetto alle quali i criteri concretamente applicati sono stati comunque indicati nel bilancio.

2. In ogni caso, non danno luogo a fatti punibili a norma degli articoli 3 e 4 le valutazioni estimative che, singolarmente considerate, differiscono in misura inferiore al dieci per cento da quelle corrette. Degli importi compresi in tale percentuale non si tiene conto nella verifica del superamento delle soglie di punibilità previste nel comma 1, lettere *a*) e *b*), dei medesimi articoli].

(1) *Questo articolo è stato abrogato dall'art. 14, comma 1, lett.* a)*, del D.L.vo 24 settembre 2015, n. 158.*

Capo II
Delitti in materia di documenti e pagamento di imposte

8. (1) **Emissione di fatture o altri documenti per operazioni inesistenti.** – 1. È punito con la reclusione da quattro a otto (2) anni chiunque, al fine di consentire a terzi l'evasione delle imposte sui redditi o sul valore aggiunto, emette o rilascia fatture o altri documenti per operazioni inesistenti.

2. Ai fini dell'applicazione della disposizione prevista dal comma 1, l'emissione o il rilascio di più fatture o documenti per operazioni inesistenti nel corso del medesimo periodo di imposta si considera come un solo reato.

2 *bis*. Se l'importo non rispondente al vero indicato nelle fatture o nei documenti, per periodo d'imposta, è inferiore a euro centomila, si applica la reclusione da un anno e sei mesi a sei anni (3).

[3. Se l'importo non rispondente al vero indicato nelle fatture o nei documenti è inferiore a € 154.937,07 per periodo di imposta, si applica la reclusione da sei mesi a due anni] (4).

(1) *A norma dell'art. 1, comma 143, della L. 24 dicembre 2007, n. 244, nei casi previsti da questo articolo si osservano in quanto applicabili, le disposizioni di cui all'art. 322* ter *c.p. L'art. 1, comma 143, della L. n. 244/2007 è stato poi abrogato dall'art. 14, comma 1, lett.* b)*, del D.L.vo 24 settembre 2015, n. 158, che ha inserito in sua sostituzione l'attuale art. 12* bis *di questo provvedimento.*

(2) *Le parole: «un anno e sei mesi a sei» sono state così sostituite dalle seguenti: «quattro a otto» dall'art. 39, comma 1, lett.* l)*, del D.L. 26 ottobre 2019, n. 124, convertito, con modificazioni, nella L. 19 dicembre 2019, n. 157.*

(3) *Questo comma è stato aggiunto dall'art. 39, comma 1, lett.* m)*, del D.L. 26 ottobre 2019, n. 124, convertito, con modificazioni, nella L. 19 dicembre 2019, n. 157.*

(4) *Questo comma è stato abrogato dall'art. 2, comma 36* vicies semel*, lett.* g)*, del D.L. 13 agosto 2011, n. 138, convertito, con modificazioni, nella L. 14 settembre 2011, n. 148. Tali disposizioni si applicano ai fatti successivi alla data di entrata in vigore della legge di conversione del D.L. n. 138/2011.*

9. Concorso di persone nei casi di emissione o utilizzazione di fatture o altri documenti per operazioni inesistenti. – 1. In deroga all'articolo 110 del codice penale:

a) l'emittente di fatture o altri documenti per operazioni inesistenti e chi concorre con il medesimo non è punibile a titolo di concorso nel reato previsto dall'articolo 2;

b) chi si avvale di fatture o altri documenti per operazioni inesistenti e chi concorre con il medesimo non è punibile a titolo di concorso nel reato previsto dall'articolo 8.

10. Occultamento o distruzione di documenti contabili. – 1. Salvo che il fatto costituisca più grave reato, è punito con la reclusione da tre a sette ([1]) anni chiunque, al fine di evadere le imposte sui redditi o sul valore aggiunto, ovvero di consentire l'evasione a terzi, occulta o distrugge in tutto o in parte le scritture contabili o i documenti di cui è obbligatoria la conservazione, in modo da non consentire la ricostruzione dei redditi o del volume di affari.

([1]) *Le parole: «da sei mesi a cinque anni» sono state così sostituite dalle seguenti: «da un anno e sei mesi a sei anni», dall'art. 6 del D.L.vo 24 settembre 2015, n. 158.*

Da ultimo le parole: «un anno e sei mesi a sei» sono state così sostituite dalle seguenti: «tre a sette» dall'art. 39, comma 1, lett. n)*, del D.L. 26 ottobre 2019, n. 124, convertito, con modificazioni, nella L. 19 dicembre 2019, n. 157.*

10 *bis*. ([1]) ([2]) **Omesso versamento di ritenute dovute o** ([3]) **certificate.** – 1. È punito con la reclusione da sei mesi a due anni chiunque non versa entro il termine previsto per la presentazione della dichiarazione annuale di sostituto di imposta ritenute dovute sulla base della stessa dichiarazione o ([4]) risultanti dalla certificazione rilasciata ai sostituiti, per un ammontare superiore a centocinquantamila ([5]) euro per ciascun periodo d'imposta.

([1]) *Questo articolo è stato inserito dall'art. 1, comma 414, della L. 30 dicembre 2004, n. 311.*

([2]) *A norma dell'art. 1, comma 143, della L. 24 dicembre 2007, n. 244, nei casi previsti da questo articolo si osservano in quanto applicabili, le disposizioni di cui all'art. 322* ter *c.p.*

([3]) *Le parole: «dovute o» sono state inserite dall'art. 7, comma 1, lett.* a)*, del D.L.vo 24 settembre 2015, n. 158.*

([4]) *Le parole: «dovute sulla base della stessa dichiarazione o» sono state inserite dall'art. 7, comma 1, lett.* b)*, del D.L.vo 24 settembre 2015, n. 158.*

([5]) *La parola: «cinquantamila» è stata così sostituita dall'attuale: «centocinquantamila», dall'art. 7, comma 1, lett.* b)*, del D.L.vo 24 settembre 2015, n. 158.*

10 *ter*. ([1]) **Omesso versamento di IVA.** – 1. È punito con la reclusione da sei mesi a due anni chiunque non versa, entro il termine per il versamento dell'acconto relativo al periodo d'imposta successivo, l'imposta sul valore aggiunto dovuta in base alla dichiarazione annuale, per un ammontare superiore a euro duecentocinquantamila per ciascun periodo d'imposta.

([1]) *Questo articolo, inserito dall'art. 35, comma 7, del D.L. 4 luglio 2006, n. 223, convertito, con modificazioni, nella L. 4 agosto 2006, n. 248, è stato, da ultimo, così sostituito dall'art. 8 del D.L.vo 24 settembre 2015, n. 158.*

10 *quater*. ([1]) **Indebita compensazione.** – 1. È punito con la reclusione da sei mesi a due anni chiunque non versa le somme dovute, utilizzando in compensazione, ai sensi dell'articolo 17 del decreto legislativo 9 luglio 1997,

n. 241, crediti non spettanti, per un importo annuo superiore a cinquantamila euro.

2. È punito con la reclusione da un anno e sei mesi a sei anni chiunque non versa le somme dovute, utilizzando in compensazione, ai sensi dell'articolo 17 del decreto legislativo 9 luglio 1997, n. 241, crediti inesistenti per un importo annuo superiore ai cinquantamila euro.

(¹) *Questo articolo, inserito dall'art. 35, comma 7, del D.L. 4 luglio 2006, n. 223, convertito, con modificazioni, nella L. 4 agosto 2006, n. 248, è stato, da ultimo, così sostituito dall'art. 9 del D.Lvo 24 settembre 2015, n. 158.*

11. (¹) (²) **Sottrazione fraudolenta al pagamento di imposte.** – 1. È punito con la reclusione da sei mesi a quattro anni chiunque, al fine di sottrarsi al pagamento di imposte sui redditi o sul valore aggiunto ovvero di interessi o sanzioni amministrative relativi a dette imposte di ammontare complessivo superiore ad euro cinquantamila, aliena simulatamente o compie altri atti fraudolenti sui propri o su altrui beni idonei a rendere in tutto o in parte inefficace la procedura di riscossione coattiva. Se l'ammontare delle imposte, sanzioni ed interessi è superiore ad euro duecentomila si applica la reclusione da un anno a sei anni.

2. È punito con la reclusione da sei mesi a quattro anni chiunque, al fine di ottenere per sé o per altri un pagamento parziale dei tributi e relativi accessori, indica nella documentazione presentata ai fini della procedura di transazione fiscale elementi attivi per un ammontare inferiore a quello effettivo od elementi passivi fittizi per un ammontare complessivo superiore ad euro cinquantamila. Se l'ammontare di cui al periodo precedente è superiore ad euro duecentomila si applica la reclusione da un anno a sei anni.

(¹) *A norma dell'art. 1, comma 143, della L. 24 dicembre 2007, n. 244, nei casi previsti da questo articolo si osservano in quanto applicabili, le disposizioni di cui all'art. 322* ter *c.p.*

(²) *Questo articolo è stato così sostituito dall'art. 29, comma 4, del D.L. 31 maggio 2010, n. 78, convertito, con modificazioni, nella L. 30 luglio 2010, n. 122.*

Titolo III
Disposizioni comuni

12. Pene accessorie. – 1. La condanna per taluno dei delitti previsti dal presente decreto importa:

a) l'interdizione dagli uffici direttivi delle persone giuridiche e delle imprese per un periodo non inferiore a sei mesi e non superiore a tre anni;

b) l'incapacità di contrattare con la pubblica amministrazione per un periodo non inferiore a un anno e non superiore a tre anni;

c) l'interdizione dalle funzioni di rappresentanza e assistenza in materia tributaria per un periodo non inferiore a un anno e non superiore a cinque anni;

d) l'interdizione perpetua dall'ufficio di componente di commissione tributaria;

e) la pubblicazione della sentenza a norma dell'articolo 36 del codice penale.

2. La condanna per taluno dei delitti previsti dagli articoli 2, 3 e 8 importa altresì l'interdizione dai pubblici uffici per un periodo non inferiore a un anno e non superiore a tre anni, salvo che ricorrano le circostanze previste dagli articoli 2, comma 3, e 8, comma 3.

2 *bis*. Per i delitti previsti dagli articoli da 2 a 10 del presente decreto l'istituto della sospensione condizionale della pena di cui all'articolo 163 del codice penale non trova applicazione nei casi in cui ricorrano congiuntamente le seguenti condizioni:

a) l'ammontare dell'imposta evasa sia superiore al 30 per cento del volume d'affari;

b) l'ammontare dell'imposta evasa sia superiore a tre milioni di euro ([1]).

([1]) *Questo comma è stato aggiunto dall'art. 2, comma 36* vicies semel, *lett.* h), *del D.L. 13 agosto 2011, n. 138, convertito, con modificazioni, nella L. 14 settembre 2011, n. 148. Tali disposizioni si applicano ai fatti successivi alla data di entrata in vigore della legge di conversione del D.L. n. 138/2011.*

12 *bis*. ([1]) **Confisca.** – 1. Nel caso di condanna o di applicazione della pena su richiesta delle parti a norma dell'articolo 444 del codice di procedura penale per uno dei delitti previsti dal presente decreto, è sempre ordinata la confisca dei beni che ne costituiscono il profitto o il prezzo, salvo che appartengano a persona estranea al reato, ovvero, quando essa non è possibile, la confisca di beni, di cui il reo ha la disponibilità, per un valore corrispondente a tale prezzo o profitto.

2. La confisca non opera per la parte che il contribuente si impegna a versare all'erario anche in presenza di sequestro. Nel caso di mancato versamento la confisca è sempre disposta.

([1]) *Questo articolo è stato inserito dall'art. 10 del D.L.vo 24 settembre 2015, n. 158.*

12 *ter*. ([1]) Casi particolari di confisca. – 1. Nei casi di condanna o di applicazione della pena su richiesta a norma dell'articolo 444 del codice di procedura penale per i delitti di seguito indicati, si applica l'articolo 240 *bis* del codice penale quando:

a) l'ammontare degli elementi passivi fittizi è superiore a euro duecentomila nel caso del delitto previsto dall'articolo 2;

b) l'imposta evasa è superiore a euro centomila nel caso del delitto previsto dall'articolo 3;

c) l'importo non rispondente al vero indicato nelle fatture o nei documenti è superiore a euro duecentomila nel caso del delitto previsto dall'articolo 8;

d) l'ammontare delle imposte, delle sanzioni e degli interessi è superiore ad euro centomila nel caso del delitto previsto dall'articolo 11, comma 1;

e) l'ammontare degli elementi attivi inferiori a quelli effettivi o degli elementi passivi fittizi è superiore a euro duecentomila nel caso del delitto previsto dall'articolo 11, comma 2.

([1]) *Questo articolo è stato inserito dall'art. 39, comma 1, lett.* q), *del D.L. 26 ottobre 2019, n. 124, convertito, con modificazioni, nella L. 19 dicembre 2019, n. 157.*

A norma dell'art. 39, comma 1 bis, *del medesimo provvedimento, tali disposizioni si applicano esclusivamente alle condotte poste in essere successivamente alla data di entrata in vigore della legge di conversione del presente decreto (25 dicembre 2019).*

13. ([1]) Causa di non punibilità. Pagamento del debito tributario. – 1. I reati di cui agli articoli 10 *bis*, 10 *ter* e 10 *quater*, comma 1, non sono punibili se, prima della dichiarazione di apertura del dibattimento di primo grado, i debiti tributari, comprese sanzioni amministrative e interessi, sono stati estinti mediante integrale pagamento degli importi dovuti, anche a seguito delle speciali procedure conciliative e di adesione all'accertamento previste dalle norme tributarie, nonché del ravvedimento operoso.

2. I reati di cui agli articoli 2, 3, ([2]) 4 e 5 non sono punibili se i debiti tributari, comprese sanzioni e interessi, sono stati estinti mediante integrale pagamento degli importi dovuti, a seguito del ravvedimento operoso o della presentazione della dichiarazione omessa entro il termine di presentazione della dichiarazione relativa al periodo d'imposta successivo, sempreché il ravvedimento o la presentazione siano intervenuti prima che l'autore del

reato abbia avuto formale conoscenza di accessi, ispezioni, verifiche o dell'inizio di qualunque attività di accertamento amministrativo o di procedimenti penali.

3. Qualora, prima della dichiarazione di apertura del dibattimento di primo grado, il debito tributario sia in fase di estinzione mediante rateizzazione, anche ai fini dell'applicabilità dell'articolo 13 *bis*, è dato un termine di tre mesi per il pagamento del debito residuo. In tal caso la prescrizione è sospesa. Il Giudice ha facoltà di prorogare tale termine una sola volta per non oltre tre mesi, qualora lo ritenga necessario, ferma restando la sospensione della prescrizione.

(1) *Questo articolo è stato così sostituito dall'art. 11 del D.L.vo 24 settembre 2015, n. 158.*

(2) *Le parole: «2, 3,» sono state inserite dall'art. 39, comma 1, lett.* q *bis), del D.L. 26 ottobre 2019, n. 124, convertito, con modificazioni, nella L. 19 dicembre 2019, n. 157.*

13 *bis*. (1) Circostanze del reato. – 1. Fuori dai casi di non punibilità, le pene per i delitti di cui al presente decreto sono diminuite fino alla metà e non si applicano le pene accessorie indicate nell'articolo 12 se, prima della dichiarazione di apertura del dibattimento di primo grado, i debiti tributari, comprese sanzioni amministrative e interessi, sono stati estinti mediante integrale pagamento degli importi dovuti, anche a seguito delle speciali procedure conciliative e di adesione all'accertamento previste dalle norme tributarie.

2. Per i delitti di cui al presente decreto l'applicazione della pena ai sensi dell'articolo 444 del codice di procedura penale può essere chiesta dalle parti solo quando ricorra la circostanza di cui al comma 1, nonché il ravvedimento operoso, fatte salve le ipotesi di cui all'articolo 13, commi 1 e 2.

3. Le pene stabilite per i delitti di cui al titolo II sono aumentate della metà se il reato è commesso dal concorrente nell'esercizio dell'attività di consulenza fiscale svolta da un professionista o da un intermediario finanziario o bancario attraverso l'elaborazione o la commercializzazione di modelli di evasione fiscale.

(1) *Questo articolo è stato inserito dall'art. 12 del D.L.vo 24 settembre 2015, n. 158.*

14. Circostanza attenuante. Riparazione dell'offesa nel caso di estinzione per prescrizione del debito tributario. – 1. Se i debiti indicati nell'articolo 13 risultano estinti per prescrizione o per decadenza, l'imputato di taluno dei delitti previsti dal presente decreto può chiedere di essere ammesso a pagare, prima della dichiarazione di apertura del dibattimento di primo grado, una somma, da lui indicata, a titolo di equa riparazione dell'offesa recata all'interesse pubblico tutelato dalla norma violata.

2. La somma, commisurata alla gravità dell'offesa, non può essere comunque inferiore a quella risultante dal ragguaglio a norma dell'articolo 135 del codice penale della pena minima prevista per il delitto contestato.

3. Il giudice, sentito il pubblico ministero, se ritiene congrua la somma, fissa con ordinanza un termine non superiore a dieci giorni per il pagamento.

4. Se il pagamento è eseguito nel termine, la pena è diminuita fino alla metà e non si applicano le pene accessorie indicate nell'articolo 12. Si osserva la disposizione prevista dal comma 3 dell'articolo 13.

5. Nel caso di assoluzione o di proscioglimento la somma pagata è restituita.

15. Violazioni dipendenti da interpretazione delle norme tributarie. – 1. Al di fuori dei casi in cui la punibilità è esclusa a norma dell'articolo 47, terzo comma, del codice penale, non danno luogo a fatti punibili ai sensi del presente decreto le violazioni di norme tributarie dipendenti da obiettive condizioni di incertezza sulla loro portata e sul loro ambito di applicazione.

16. (1) [**Adeguamento al parere del Comitato per l'applicazione delle norme antielusive.** – 1. Non dà luogo a fatto punibile a norma del presente decreto la condotta di chi, avvalendosi della procedura stabilita dall'articolo 21, commi 9 e 10, della legge 30 dicembre 1991, n. 413, si è uniformato ai pareri del Ministero delle finanze o del Comitato consultivo per l'applicazione delle norme antielusive previsti dalle medesime disposizioni, ovvero ha compiuto le operazioni esposte nell'istanza sulla quale si è formato il silenzio-assenso].

(1) *Questo articolo è stato abrogato dall'art. 14, comma 1, lett.* a), *del D.L.vo 24 settembre 2015, n. 158.*

17. Interruzione della prescrizione. – 1. Il corso della prescrizione per i delitti previsti dal presente decreto è interrotto, oltre che dagli atti indicati nell'articolo 160 del codice penale, dal verbale di constatazione o dall'atto di accertamento delle relative violazioni.

1 *bis*. I termini di prescrizione per i delitti previsti dagli articoli da 2 a 10 del presente decreto sono elevati di un terzo (1).

(1) *Questo comma è stato aggiunto dall'art. 2, comma 36* vicies semel, *lett.* l), *del D.L. 13 agosto 2011, n. 138, convertito, con modificazioni, nella L. 14 settembre 2011, n. 148. Tali disposizioni si applicano ai fatti successivi alla data di entrata in vigore della legge di conversione del D.L. n. 138/2011.*

18. Competenza per territorio. – 1. Salvo quanto previsto dai commi 2 e 3, se la competenza per territorio per i delitti previsti dal presente decreto non può essere determinata a norma dell'articolo 8 del codice di procedura penale, è competente il giudice del luogo di accertamento del reato.

2. Per i delitti previsti dal capo I del titolo II il reato si considera consumato nel luogo in cui il contribuente ha il domicilio fiscale. Se il domicilio fiscale è all'estero è competente il giudice del luogo di accertamento del reato.

3. Nel caso previsto dal comma 2 dell'articolo 8, se le fatture o gli altri documenti per operazioni inesistenti sono stati emessi o rilasciati in luoghi rientranti in diversi circondari, è competente il giudice di uno di tali luoghi in cui ha sede l'ufficio del pubblico ministero che ha provveduto per primo a iscrivere la notizia di reato nel registro previsto dall'articolo 335 del codice di procedura penale.

18 *bis*. (1) **Custodia giudiziale dei beni sequestrati.** – 1. I beni sequestrati nell'ambito dei procedimenti penali relativi ai delitti previsti dal presente decreto e a ogni altro delitto tributario, diversi dal denaro e dalle disponibilità finanziarie, possono essere affidati dall'autorità giudiziaria in custodia giudiziale, agli organi dell'amministrazione finanziaria che ne facciano richiesta per le proprie esigenze operative.

2. Restano ferme le disposizioni dell'articolo 61, comma 23, del decreto legge 25 giugno 2008, n. 112, convertito, con modificazioni, dalla legge 6 agosto 2008, n. 133, e dell'articolo 2 del decreto legge 16 settembre 2008, n. 143, convertito, con modificazioni, dalla legge 13 novembre 2008, n. 181.

(1) *Questo articolo è stato inserito dall'art. 13 del D.L.vo 24 settembre 2015, n. 158.*

Titolo IV
Rapporti con il sistema sanzionatorio amministrativo e fra procedimenti

19. Principio di specialità. – 1. Quando uno stesso fatto è punito da una delle disposizioni del titolo II e da una disposizione che prevede una sanzione amministrativa, si applica la disposizione speciale.

2. Permane, in ogni caso, la responsabilità per la sanzione amministrativa dei soggetti indicati nell'articolo 11, comma 1, del decreto legislativo 18 dicembre 1997, n. 472, che non siano persone fisiche concorrenti nel reato.

20. Rapporti tra procedimento penale e processo tributario. – 1. Il procedimento amministrativo di accertamento e il processo tributario non possono essere sospesi per la pendenza del procedimento penale avente a oggetto i medesimi fatti o fatti dal cui accertamento comunque dipende la relativa definizione.

21. Sanzioni amministrative per le violazioni ritenute penalmente rilevanti. – 1. L'ufficio competente irroga comunque le sanzioni amministrative relative alle violazioni tributarie fatte oggetto di notizia di reato.

2. Tali sanzioni non sono eseguibili nei confronti dei soggetti diversi da quelli indicati dall'articolo 19, comma 2, salvo che il procedimento penale sia definito con provvedimento di archiviazione o sentenza irrevocabile di assoluzione o di proscioglimento con formula che esclude la rilevanza penale del fatto. In quest'ultimo caso, i termini per la riscossione decorrono dalla data in cui il provvedimento di archiviazione o la sentenza sono comunicati all'ufficio competente; alla comunicazione provvede la cancelleria del giudice che li ha emessi.

3. Nei casi di irrogazione di un'unica sanzione amministrativa per più violazioni tributarie in concorso o continuazione fra loro, a norma dell'articolo 12 del decreto legislativo 18 dicembre 1997, n. 472, alcune delle quali soltanto penalmente rilevanti, la disposizione del comma 2 del presente articolo opera solo per la parte della sanzione eccedente quella che sarebbe stata applicabile in relazione alle violazioni non penalmente rilevanti.

Titolo V
Disposizioni di coordinamento, transitorie e finali

22. Modalità di documentazione dell'avvenuta estinzione dei debiti tributari. – 1. Con decreto del Ministero delle finanze, emanato entro sessanta giorni dalla data di entrata in vigore del presente decreto e pubblicato nella *Gazzetta Ufficiale* della Repubblica, sono stabilite le modalità di documentazione dell'avvenuta estinzione dei debiti tributari indicati nell'articolo 13 e di versamento delle somme indicate nell'articolo 14, comma 3.

4.

D.L. 30 settembre 2003, n. 269. Disposizioni urgenti per favorire lo sviluppo e per la correzione dell'andamento dei conti pubblici (Suppl. ord. alla *Gazzetta Ufficiale* Serie gen. - n. 229 del 2 ottobre 2003), convertito, con modificazioni, nella L. 24 novembre 2003, n. **326** (Suppl. ord. alla *Gazzetta Ufficiale* Serie gen. - n. 274 del 25 novembre 2003) ed *avviso di rettifica* in *Gazzetta Ufficiale* Serie gen. - n. 234 dell'8 ottobre 2003.

(*Estratto*)

Titolo I
Disposizioni
per favorire lo sviluppo

Capo III
Made in Italy,
competitività, sviluppo

7. Riferibilità esclusiva alla persona giuridica delle sanzioni amministrative tributarie. – 1. Le sanzioni amministrative relative al rapporto fiscale proprio di società o enti con personalità giuridica sono esclusivamente a carico della persona giuridica.

2. Le disposizioni del comma 1 si applicano alle violazioni non ancora contestate o per le quali la sanzione non sia stata irrogata alla data di entrata in vigore del presente decreto.

3. Nei casi di cui al presente articolo le disposizioni del decreto legislativo 18 dicembre 1997, n. 472, si applicano in quanto compatibili.

5.

D.L. 1 luglio 2009, n. 78. Provvedimenti anticrisi, nonché proroga di termini (*Gazzetta Ufficiale* Serie gen. - n. 150 dell'1 luglio 2009), convertito, con modificazioni, nella L. 3 agosto 2009, n. **102** (Suppl. ord. alla *Gazzetta Ufficiale* Serie gen. - n. 179 del 4 agosto 2009) ed *errata corrige* in *Gazzetta Ufficiale* Serie gen. - n. 209 del 9 settembre 2009.

(*Estratto*)

12. Contrasto ai paradisi fiscali. – 1. Le norme del presente articolo danno attuazione alle intese raggiunte tra gli Stati aderenti alla Organizzazione per la cooperazione e lo sviluppo economico in materia di emersione di attività economiche e finanziarie detenute in Paesi aventi regimi fiscali privilegiati, allo scopo di migliorare l'attuale insoddisfacente livello di trasparenza fiscale e di scambio di informazioni, nonché di incrementare la cooperazione amministrativa tra Stati.

2. In deroga ad ogni vigente disposizione di legge, gli investimenti e le attività di natura finanziaria detenute negli Stati o territori a regime fiscale privilegiato di cui al decreto del Ministro delle finanze 4 maggio 1999, pubblicato nella *Gazzetta Ufficiale* della Repubblica italiana del 10 maggio 1999, n. 107, e al decreto del Ministro dell'economia e delle finanze 21 novembre 2001, pubblicato nella *Gazzetta Ufficiale* della Repubblica italiana del 23 novembre 2001, n. 273, senza tener conto delle limitazioni ivi previste, in violazione degli obblighi di dichiarazione di cui ai commi 1, 2 e 3 dell'articolo 4 del decreto legge 28 giugno 1990, n. 167, convertito dalla legge 4 agosto 1990, n. 227, ai soli fini fiscali si presumono costituite, salva la prova contraria, mediante redditi sottratti a tassazione. In tale caso, le sanzioni previste dall'articolo 1 del decreto legislativo 18 dicembre 1997, n. 471, sono raddoppiate.

2 *bis*. Per l'accertamento basato sulla presunzione di cui al comma 2, i termini di cui all'articolo 43, primo e secondo comma, del decreto del Presidente della Repubblica 29 settembre 1973, n. 600, e successive modificazioni, e all'articolo 57, primo e secondo comma, del decreto del Presidente della Repubblica 26 ottobre 1972, n. 633, e successive modificazioni, sono raddoppiati ([1]).

2 *ter*. Per le violazioni di cui ai commi 1, 2 e 3 dell'articolo 4 del decreto legge 28 giugno 1990, n. 167, convertito, con modificazioni, dalla legge 4 agosto 1990, n. 227, e successive modificazioni, riferite agli investimenti e alle attività di natura finanziaria di cui al comma 2, i termini di cui all'articolo 20 del decreto legislativo 18 dicembre 1997, n. 472, sono raddoppiati ([1]).

3. Al fine di garantire la massima efficacia all'azione di controllo ai fini fiscali per la prevenzione e repressione dei fenomeni di illecito trasferimento e detenzione di attività economiche e finanziarie all'estero, l'Agenzia delle entrate istituisce, in coordinamento con la Guardia di finanza e nei limiti dei propri stanziamenti di bilancio, una unità speciale per il contrasto della evasione ed elusione internazionale, per l'acquisizione di informazioni utili alla individuazione dei predetti fenomeni illeciti ed il rafforzamento della cooperazione internazionale.

3 *bis*. Per le attività connesse alle finalità di cui al comma 3 da svolgere all'estero, l'Agenzia delle entrate si avvale del personale del Corpo della guardia di finanza di cui all'articolo 4 del decreto legislativo 19 marzo 2001, n. 68, secondo modalità stabilite d'intesa con il Comando generale della guardia di finanza.

3 *ter*. In relazione alle concrete esigenze operative, la quota del contingente previsto dall'articolo 168 del decreto del Presidente della Repubblica 5 gennaio 1967, n. 18, e successive modificazioni, riservata al personale del Corpo della guardia di finanza di cui all'articolo 4, comma 3, del decreto legislativo 19 marzo 2001, n. 68, può essere aumentata con decreto del Ministro dell'economia e delle finanze, di concerto con il Ministro degli affari esteri, nei limiti degli ordinari stanziamenti di bilancio.

(¹) *Questo comma è stato inserito dall'art. 1, comma 3, del D.L. 30 dicembre 2009, n. 194, convertito, con modificazioni, nella L. 26 febbraio 2010, n. 25.*

26. Entrata in vigore. – 1. Il presente decreto entra in vigore il giorno stesso della sua pubblicazione nella *Gazzetta Ufficiale* della Repubblica italiana e sarà presentato alle Camere per la conversione in legge.

1.

Trattato 25 marzo 1957. Trattato sul funzionamento dell'Unione Europea, sottoscritto a Roma il 25 marzo 1957, ratificato con L. 14 ottobre 1957, n. 1203 (Suppl. ord. alla *Gazzetta Ufficiale* n. 317 del 23 dicembre 1957) Versione consolidata (1) (2) (3).

(1) *Epigrafe così modificata dall'art. 2, n. 1 del Trattato di Lisbona 13 dicembre 2007.*

(2) *Ai sensi dell'art. 2, n. 2) del Trattato di Lisbona del 13 dicembre 2007 i termini «la Comunità» o «la Comunità europea» sono sostituiti da «l'Unione», i termini «delle Comunità europee» o «della CEE» sono sostituiti da «dell'Unione europea» e l'aggettivo «comunitario», comunque declinato è sostituito da «dell'Unione».*

(3) *Questa versione è entrata in vigore dal 1° dicembre 2009.*

(*Estratto*)

(*Versione consolidata 2012*)

Parte Prima
Principi

1. 1. Il presente trattato organizza il funzionamento dell'Unione e determina i settori, la delimitazione e le modalità d'esercizio delle sue competenze.

2. Il presente trattato e il trattato sull'Unione europea costituiscono i trattati su cui è fondata l'Unione. I due trattati, che hanno lo stesso valore giuridico, sono denominati «i trattati».

Titolo I
Categorie e settori di competenza dell'Unione

2. 1. Quando i trattati attribuiscono all'Unione una competenza esclusiva in un determinato settore, solo l'Unione può legiferare e adottare atti giuridicamente vincolanti. Gli Stati membri possono farlo autonomamente solo se autorizzati dall'Unione oppure per dare attuazione agli atti dell'Unione.

2. Quando i trattati attribuiscono all'Unione una competenza concorrente con quella degli Stati membri in un determinato settore, l'Unione e gli Stati membri possono legiferare e adottare atti giuridicamente vincolanti in tale settore. Gli Stati membri esercitano la loro competenza nella misura in cui l'Unione non ha esercitato la propria. Gli Stati membri esercitano nuovamente la loro competenza nella misura in cui l'Unione ha deciso di cessare di esercitare la propria.

3. Gli Stati membri coordinano le loro politiche economiche e occupazionali secondo le modalità previste dal presente trattato, la definizione delle quali è di competenza dell'Unione.

4. L'Unione ha competenza, conformemente alle disposizioni del trattato sull'Unione europea, per definire e attuare una politica estera e di sicurezza comune, compresa la definizione progressiva di una politica di difesa comune.

5. In taluni settori e alle condizioni previste dai trattati, l'Unione ha competenza per svolgere azioni intese a sostenere, coordinare o completare l'azione degli Stati membri, senza tuttavia sostituirsi alla loro competenza in tali settori.

Gli atti giuridicamente vincolanti dell'Unione adottati in base a disposizioni dei trattati relative a tali settori non possono comportare un'armonizzazione delle disposizioni legislative e regolamentari degli Stati membri.

6. La portata e le modalità d'esercizio delle competenze dell'Unione sono determinate dalle disposizioni dei trattati relative a ciascun settore.

3. 1. L'Unione ha competenza esclusiva nei seguenti settori:

a) unione doganale;

b) definizione delle regole di concorrenza necessarie al funzionamento del mercato interno;

c) politica monetaria per gli Stati membri la cui moneta è l'euro;

d) conservazione delle risorse biologiche del mare nel quadro della politica comune della pesca;

e) politica commerciale comune.

2. L'Unione ha inoltre competenza esclusiva per la conclusione di accordi internazionali allorché tale conclusione è prevista in un atto legislativo dell'Unione o è necessaria per consentirle di esercitare le sue competenze a livello interno o nella misura in cui può incidere su norme comuni o modificarne la portata.

4. 1. L'Unione ha competenza concorrente con quella degli Stati membri quando i trattati le attribuiscono una competenza che non rientra nei settori di cui agli articoli 3 e 6.

2. L'Unione ha una competenza concorrente con quella degli Stati membri nei principali seguenti settori:

a) mercato interno,

b) politica sociale, per quanto riguarda gli aspetti definiti nel presente trattato,

c) coesione economica, sociale e territoriale,

d) agricoltura e pesca, tranne la conservazione delle risorse biologiche del mare,

e) ambiente,

f) protezione dei consumatori,

g) trasporti,

h) reti transeuropee,

i) energia,

j) spazio di libertà, sicurezza e giustizia,

k) problemi comuni di sicurezza in materia di sanità pubblica, per quanto riguarda gli aspetti definiti nel presente trattato.

3. Nei settori della ricerca, dello sviluppo tecnologico e dello spazio, l'Unione ha competenza per condurre azioni, in particolare la definizione e l'attuazione di programmi, senza che l'esercizio di tale competenza possa avere per effetto di impedire agli Stati membri di esercitare la loro.

4. Nei settori della cooperazione allo sviluppo e dell'aiuto umanitario, l'Unione ha competenza per condurre azioni e una politica comune, senza che l'esercizio di tale competenza possa avere per effetto di impedire agli Stati membri di esercitare la loro.

5. 1. Gli Stati membri coordinano le loro politiche economiche nell'ambito dell'Unione. A tal fine il Consiglio adotta delle misure, in particolare gli indirizzi di massima per dette politiche.

Agli Stati membri la cui moneta è l'euro si applicano disposizioni specifiche.

2. L'Unione prende misure per assicurare il coordinamento delle politiche occupazionali degli Stati membri, in particolare definendo gli orientamenti per dette politiche.

3. L'Unione può prendere iniziative per assicurare il coordinamento delle politiche sociali degli Stati membri.

6. L'Unione ha competenza per svolgere azioni intese a sostenere, coordinare o completare l'azione degli Stati membri. I settori di tali azioni, nella loro finalità europea, sono i seguenti:

a) tutela e miglioramento della salute umana,

b) industria,
c) cultura,
d) turismo,
e) istruzione, formazione professionale, gioventù e sport,
f) protezione civile,
g) cooperazione amministrativa.

Titolo II
Disposizioni
di applicazione generale

7. L'Unione assicura la coerenza tra le sue varie politiche e azioni, tenendo conto dell'insieme dei suoi obiettivi e conformandosi al principio di attribuzione delle competenze.

8. ex articolo 3, paragrafo 2, del TCE. – Nelle sue azioni l'Unione mira ad eliminare le ineguaglianze, nonché a promuovere la parità, tra uomini e donne.

Parte Terza
Politiche dell'unione e azioni interne

Titolo I
Mercato interno

26. ex articolo 14 del TCE. – 1. L'Unione adotta le misure destinate all'instaurazione o al funzionamento del mercato interno, conformemente alle disposizioni pertinenti dei trattati.

2. Il mercato interno comporta uno spazio senza frontiere interne, nel quale è assicurata la libera circolazione delle merci, delle persone, dei servizi e dei capitali secondo le disposizioni dei trattati.

3. Il Consiglio, su proposta della Commissione, definisce gli orientamenti e le condizioni necessari per garantire un progresso equilibrato nell'insieme dei settori considerati.

27. ex articolo 15 del TCE. – Nella formulazione delle proprie proposte intese a realizzare gli obiettivi dell'articolo 26, la Commissione tiene conto dell'ampiezza dello sforzo che dovrà essere sopportato, per l'instaurazione del mercato interno, da talune economie che presentano differenze di sviluppo e può proporre le disposizioni appropriate.

Se queste disposizioni assumono la forma di deroghe, esse debbono avere un carattere temporaneo ed arrecare meno perturbazioni possibili al funzionamento del mercato interno.

Titolo II
Libera circolazione delle merci

28. ex articolo 23 del TCE. – 1. L'Unione comprende un'unione doganale che si estende al complesso degli scambi di merci e comporta il divieto, fra gli Stati membri, dei dazi doganali all'importazione e all'esportazione e di qualsiasi tassa di effetto equivalente, come pure l'adozione di una tariffa doganale comune nei loro rapporti con i paesi terzi.

2. Le disposizioni dell'articolo 30 e del capo 32 del presente titolo si applicano ai prodotti originari degli Stati membri e ai prodotti provenienti da paesi terzi che si trovano in libera pratica negli Stati membri.

29. ex articolo 24 del TCE. – Sono considerati in libera pratica in uno Stato membro i prodotti provenienti da paesi terzi per i quali siano state adempiute in tale Stato le formalità di importazione e riscossi i dazi doganali e le tasse di effetto equivalente esigibili e che non abbiano beneficiato di un ristorno totale o parziale di tali dazi e tasse.

Capo 1
Unione doganale

30. ex articolo 25 del TCE. – I dazi doganali all'importazione o all'esportazione o le tasse di effetto equivalente sono vietati tra gli Stati membri. Tale divieto si applica anche ai dazi doganali di carattere fiscale.

31. ex articolo 26 del TCE. – I dazi della tariffa doganale comune sono stabiliti dal Consiglio su proposta della Commissione.

32. ex articolo 27 del TCE. – Nell'adempimento dei compiti che le sono affidati ai sensi del presente capo, la Commissione s'ispira:

a) alla necessità di promuovere gli scambi commerciali fra gli Stati membri e i paesi terzi;

b) all'evoluzione delle condizioni di concorrenza all'interno dell'Unione, nella misura in cui tale evoluzione avrà per effetto di accrescere la capacità di concorrenza delle imprese;

c) alla necessità di approvvigionamento dell'Unione in materie prime e prodotti semilavorati, pur vigilando a che non vengano falsate fra gli Stati membri le condizioni di concorrenza sui prodotti finiti;

d) alla necessità di evitare gravi turbamenti nella vita economica degli Stati membri e di assicurare uno sviluppo razionale della produzione e una espansione del consumo nell'Unione.

Capo 2
Cooperazione doganale

33. ex articolo 135 del TCE. – Nel quadro del campo di applicazione dei trattati, il Parlamento europeo e il Consiglio, deliberando secondo la procedura legislativa ordinaria, adottano misure per rafforzare la cooperazione doganale tra gli Stati membri e tra questi ultimi e la Commissione.

Capo 3
Divieto delle restrizioni quantitative
tra gli Stati membri

34. ex articolo 28 del TCE. – Sono vietate fra gli Stati membri le restrizioni quantitative all'importazione nonché qualsiasi misura di effetto equivalente.

35. ex articolo 29 del TCE. – Sono vietate fra gli Stati membri le restrizioni quantitative all'esportazione e qualsiasi misura di effetto equivalente.

36. ex articolo 30 del TCE. – Le disposizioni degli articoli 34 e 35 lasciano impregiudicati i divieti o restrizioni all'importazione, all'esportazione e al transito giustificati da motivi di moralità pubblica, di ordine pubblico, di pubblica sicurezza, di tutela della salute e della vita delle persone e degli animali o di preservazione dei vegetali, di protezione del patrimonio artistico, storico o archeologico nazionale, o di tutela della proprietà industriale e commerciale. Tuttavia, tali divieti o restrizioni non devono costituire un mezzo di discriminazione arbitraria, né una restrizione dissimulata al commercio tra gli Stati membri.

37. ex articolo 31 del TCE. – 1. Gli Stati membri procedono a un riordinamento dei monopoli nazionali che presentano un carattere commerciale, in modo che venga esclusa qualsiasi discriminazione fra i cittadini degli Stati membri per quanto riguarda le condizioni relative all'approvvigionamento e agli sbocchi.

Le disposizioni del presente articolo si applicano a qualsiasi organismo per mezzo del quale uno Stato membro, *de jure* o *de facto*, controlla, dirige o influenza sensibilmente, direttamente o indirettamente, le importazioni o le esportazioni fra gli Stati membri. Tali disposizioni si applicano altresì ai monopoli di Stato delegati.

2. Gli Stati membri si astengono da qualsiasi nuova misura contraria ai principi enunciati nel paragrafo 1 o tale da limitare la portata degli articoli relativi al divieto dei dazi doganali e delle restrizioni quantitative fra gli Stati membri.

3. Nel caso di un monopolio a carattere commerciale che comporti una regolamentazione destinata ad agevolare lo smercio o la valorizzazione di prodotti agricoli, è opportuno assicurare, nell'applicazione delle norme del presente articolo, garanzie equivalenti per l'occupazione e il tenore di vita dei produttori interessati.

Titolo IV
Libera circolazione delle persone,
dei servizi e dei capitali

Capo 2
Il diritto di stabilimento

49. ex articolo 43 del TCE. – Nel quadro delle disposizioni che seguono, le restrizioni alla libertà di stabilimento dei cittadini di uno Stato membro nel territorio di un altro Stato membro vengono vietate. Tale divieto si estende altresì alle restrizioni relative all'apertura di agenzie, succursali o filiali, da parte dei cittadini di uno Stato membro stabiliti sul territorio di un altro Stato membro.

La libertà di stabilimento importa l'accesso alle attività autonome e al loro esercizio, nonché la costituzione e la gestione di imprese e in particolare di società ai sensi dell'articolo 54, secondo comma, alle condizioni definite dalla legislazione del paese di stabilimento nei confronti dei propri cittadini, fatte salve le disposizioni del capo relativo ai capitali.

50. ex articolo 44 del TCE. – 1. Per realizzare la libertà di stabilimento in una determinata attività, il Parlamento europeo e il Consiglio deliberano mediante direttive secondo la procedura legislativa ordinaria, previa consultazione del Comitato economico e sociale.

2. Il Parlamento europeo, il Consiglio e la Commissione esercitano le funzioni loro attribuite in virtù delle disposizioni che precedono, in particolare:

a) trattando, in generale, con precedenza le attività per le quali la libertà di stabilimento costituisce un contributo particolarmente utile all'incremento della produzione e degli scambi;

b) assicurando una stretta collaborazione tra le amministrazioni nazionali competenti al fine di conoscere le situazioni particolari all'interno dell'Unione delle diverse attività interessate;

c) sopprimendo quelle procedure e pratiche amministrative contemplate dalla legislazione interna ovvero da accordi precedentemente conclusi tra gli Stati membri, il cui mantenimento sarebbe di ostacolo alla libertà di stabilimento;

d) vigilando a che i lavoratori dipendenti di uno degli Stati membri, occupati nel territorio di un altro Stato membro, possano quivi rimanere per intraprendere un'attività autonoma, quando soddisfino alle condizioni che sarebbero loro richieste se entrassero in quello Stato nel momento in cui desiderano accedere all'attività di cui trattasi;

e) rendendo possibile l'acquisto e lo sfruttamento di proprietà fondiarie situate nel territorio di uno Stato membro da parte di un cittadino di un altro Stato membro, sempre che non siano lesi i principi stabiliti dall'articolo 39, paragrafo 2;

f) applicando la graduale soppressione delle restrizioni relative alla libertà di stabilimento in ogni ramo di attività considerato, da una parte alle condizioni per l'apertura di agenzie, succursali o filiali sul territorio di uno Stato membro e dall'altra alle condizioni di ammissione del personale della sede principale negli organi di gestione o di controllo di queste ultime;

g) coordinando, nella necessaria misura e al fine di renderle equivalenti, le garanzie che sono richieste, negli Stati membri, alle società a mente dell'articolo 54, secondo comma per proteggere gli interessi tanto dei soci come dei terzi;

h) accertandosi che le condizioni di stabilimento non vengano alterate mediante aiuti concessi dagli Stati membri.

51. ex articolo 45 del TCE. – Sono escluse dall'applicazione delle disposizioni del presente capo, per quanto riguarda lo Stato membro interessato, le attività che in tale Stato partecipino, sia pure occasionalmente, all'esercizio dei pubblici poteri.

Il Parlamento europeo e il Consiglio, deliberando secondo la procedura legislativa ordinaria, possono escludere talune attività dall'applicazione delle disposizioni del presente capo.

52. ex articolo 46 del TCE. – 1. Le prescrizioni del presente capo e le misure adottate in virtù di queste ultime lasciano impregiudicata l'applicabilità delle disposizioni legislative, regolamentari e amministrative che prevedano un regime particolare per i cittadini stranieri e che siano giustificate da motivi di ordine pubblico, di pubblica sicurezza e di sanità pubblica.

2. Il Parlamento europeo e il Consiglio, deliberando secondo la procedura legislativa ordinaria, stabiliscono direttive per il coordinamento delle suddette disposizioni.

53. ex articolo 47 del TCE. – 1. Al fine di agevolare l'accesso alle attività autonome e l'esercizio di queste, il Parlamento europeo e il Consiglio, deliberando secondo la procedura legislativa ordinaria, stabiliscono direttive intese al reciproco riconoscimento dei diplomi, certificati ed altri titoli e al coordinamento delle disposizioni legislative, regolamentari e amministrative degli Stati membri relative all'accesso alle attività autonome e all'esercizio di queste.

2. Per quanto riguarda le professioni mediche, paramediche e farmaceutiche, la graduale soppressione delle restrizioni è subordinata al coordinamento delle condizioni richieste per il loro esercizio nei singoli Stati membri.

54. ex articolo 48 del TCE. – Le società costituite conformemente alla legislazione di uno Stato membro e aventi la sede sociale, l'amministrazione centrale o il centro di attività principale all'interno dell'Unione, sono equiparate, ai fini dell'applicazione delle disposizioni del presente capo, alle persone fisiche aventi la cittadinanza degli Stati membri.

Per società si intendono le società di diritto civile o di diritto commerciale, ivi comprese le società cooperative, e le altre persone giuridiche contemplate dal diritto pubblico o privato, ad eccezione delle società che non si prefiggono scopi di lucro.

55. ex articolo 294 del TCE. – Fatta salva l'applicazione delle altre disposizioni dei trattati, gli Stati membri applicano la disciplina nazionale nei confronti della partecipazione finanziaria dei cittadini degli altri Stati membri al capitale delle società a mente dell'articolo 54.

Capo 3
I servizi

56. ex articolo 49 del TCE. – Nel quadro delle disposizioni seguenti, le restrizioni alla libera prestazione dei servizi all'interno dell'Unione sono vietate nei confronti dei cittadini degli Stati membri stabiliti in uno Stato membro che non sia quello del destinatario della prestazione.

Il Parlamento europeo e il Consiglio, deliberando secondo la procedura legislativa ordinaria, possono estendere il beneficio delle disposizioni del presente capo ai prestatori di servizi, cittadini di un paese terzo e stabiliti all'interno dell'Unione.

57. ex articolo 50 del TCE. – Ai sensi dei trattati, sono considerate come servizi le prestazioni fornite normalmente dietro retribuzione, in quanto non siano regolate dalle disposizioni relative alla libera circolazione delle merci, dei capitali e delle persone.

I servizi comprendono in particolare:
a) attività di carattere industriale;
b) attività di carattere commerciale;
c) attività artigiane;
d) attività delle libere professioni.

Senza pregiudizio delle disposizioni del capo relativo al diritto di stabilimento, il prestatore può, per l'esecuzione della sua prestazione, esercitare, a titolo temporaneo, la sua attività nello Stato membro ove la prestazione è fornita, alle stesse condizioni imposte da tale Stato ai propri cittadini.

58. ex articolo 51 del TCE. – 1. La libera circolazione dei servizi, in materia di trasporti, è regolata dalle disposizioni del titolo relativo ai trasporti.

2. La liberalizzazione dei servizi delle banche e delle assicurazioni che sono vincolati a movimenti di capitale deve essere attuata in armonia con la liberalizzazione della circolazione dei capitali.

59. ex articolo 52 del TCE. – 1. Per realizzare la liberalizzazione di un determinato servizio, il Parlamento europeo e il Consiglio, deliberando secondo la procedura legislativa ordinaria e previa consultazione del Comitato economico e sociale, stabiliscono direttive.

2. Nelle direttive di cui al paragrafo 1 sono in generale considerati con priorità i servizi che intervengono in modo diretto nei costi di produzione, ovvero la cui liberalizzazione contribuisce a facilitare gli scambi di merci.

60. ex articolo 53 del TCE. – Gli Stati membri si sforzano di procedere alla liberalizzazione dei servizi in misura superiore a quella obbligatoria in virtù delle direttive stabilite in applicazione dell'articolo 59, paragrafo 1, quando ciò sia loro consentito dalla situazione economica generale e dalla situazione del settore interessato.

La Commissione rivolge a tal fine raccomandazioni agli Stati membri interessati.

61. ex articolo 54 del TCE. – Fino a quando non saranno soppresse le restrizioni alla libera prestazione dei servizi, ciascuno degli Stati membri le applica senza distinzione di nazionalità o di residenza a tutti i prestatori di servizi *contemplati dall'articolo 56, primo* comma.

62. ex articolo 55 del TCE. – Le disposizioni degli articoli da 51 a 54 inclusi sono applicabili alla materia regolata dal presente capo.

Capo 4
Capitali e pagamenti

63. ex articolo 56 del TCE. – 1. Nell'ambito delle disposizioni previste dal presente capo sono vietate tutte le restrizioni ai movimenti di capitali tra Stati membri, nonché tra Stati membri e paesi terzi.

2. Nell'ambito delle disposizioni previste dal presente capo sono vietate tutte le restrizioni sui pagamenti tra Stati membri, nonché tra Stati membri e paesi terzi.

64. ex articolo 57 del TCE. – 1. Le disposizioni di cui all'articolo 63 lasciano impregiudicata l'applicazione ai paesi terzi di qualunque restrizione in vigore alla data del 31 dicembre 1993 in virtù delle legislazioni nazionali o della legislazione dell'Unione per quanto concerne i movimenti di capitali provenienti da paesi terzi o ad essi diretti, che implichino investimenti diretti, inclusi gli investimenti in proprietà immobiliari, lo stabilimento, la prestazione di servizi finanziari o l'ammissione di valori mobiliari nei mercati finanziari. In conformità con le restrizioni esistenti in base alla normativa nazionale in Bulgaria, Estonia ed Ungheria, la pertinente data è il 31 dicembre 1999. In conformità con le restrizioni esistenti in base al diritto nazionale in Croazia, la pertinente data è il 31 dicembre 2002.

2. Nell'ambito degli sforzi volti a conseguire, nella maggior misura possibile e senza pregiudicare gli altri capi dei trattati, l'obiettivo della libera circolazione di capitali tra Stati membri e paesi terzi, il Parlamento europeo e il Consiglio, deliberando secondo la procedura legislativa ordinaria, adottano le misure concernenti i movimenti di capitali provenienti da paesi terzi o ad essi diretti, in relazione a investimenti diretti, inclusi gli investimenti in proprietà immobiliari, lo stabilimento, la prestazione di servizi finanziari o l'ammissione di valori mobiliari nei mercati finanziari.

3. In deroga al paragrafo 2, solo il Consiglio, deliberando secondo una procedura legislativa speciale, all'unanimità e previa consultazione del Parlamento europeo, può adottare misure che comportino un regresso del diritto dell'Unione per quanto riguarda la liberalizzazione dei movimenti di capitali diretti in paesi terzi o provenienti da essi.

65. ex articolo 58 del TCE. – 1. Le disposizioni dell'articolo 63 non pregiudicano il diritto degli Stati membri:

a) di applicare le pertinenti disposizioni della loro legislazione tributaria in cui si opera una distinzione tra i contribuenti che non si trovano nella medesima situazione per quanto riguarda il loro luogo di residenza o il luogo di collocamento del loro capitale;

b) di prendere tutte le misure necessarie per impedire le violazioni della legislazione e delle regolamentazioni nazionali, in particolare nel settore fiscale e in quello della vigilanza prudenziale sulle istituzioni finanziarie, o di stabilire procedure per la dichiarazione dei movimenti di capitali a scopo di informazione amministrativa o statistica, o di adottare misure giustificate da motivi di ordine pubblico o di pubblica sicurezza.

2. Le disposizioni del presente capo non pregiudicano l'applicabilità di restrizioni in materia di diritto di stabilimento compatibili con i trattati.

3. Le misure e le procedure di cui ai paragrafi 1 e 2 non devono costituire un mezzo di discriminazione arbitraria, né una restrizione dissimulata al libero movimento dei capitali e dei pagamenti di cui all'articolo 63.

4. In assenza di misure in applicazione dell'articolo 64, paragrafo 3, la Commissione o, in mancanza di una decisione della Commissione entro un periodo di tre mesi dalla richiesta dello Stato membro interessato, il Consiglio può adottare una decisione che conferma che le misure fiscali restrittive adottate da uno Stato membro riguardo ad uno o più paesi terzi devono essere considerate compatibili con i trattati nella misura in cui sono giustificate da uno degli obiettivi dell'Unione e compatibili con il buon funzionamento del mercato interno. Il Consiglio delibera all'unanimità su richiesta di uno Stato membro.

66. ex articolo 59 del TCE. – Qualora, in circostanze eccezionali, i movimenti di capitali provenienti da paesi terzi o ad essi diretti causino o minaccino di causare difficoltà gravi per il funzionamento dell'Unione economica e monetaria, il Consiglio, su proposta della Commissione e previa consultazione della Banca centrale europea, può prendere nei confronti di paesi terzi, e se strettamente necessarie, misure di salvaguardia di durata limitata, per un periodo non superiore a sei mesi.

Titolo VII
Norme comuni sulla concorrenza, sulla fiscalità e sul ravvicinamento delle legislazioni

Capo 2
Disposizioni fiscali

110. ex articolo 90 del TCE. – Nessuno Stato membro applica direttamente o indirettamente ai prodotti degli altri Stati membri imposizioni interne, di qualsivoglia natura, superiori a quelle applicate direttamente o indirettamente ai prodotti nazionali similari.

Inoltre, nessuno Stato membro applica ai prodotti degli altri Stati membri imposizioni interne intese a proteggere indirettamente altre produzioni.

111. ex articolo 91 del TCE. – I prodotti esportati nel territorio di uno degli Stati membri non possono beneficiare di alcun ristorno di imposizioni interne che sia superiore alle imposizioni ad essi applicate direttamente o indirettamente.

112. ex articolo 92 del TCE. – Per quanto riguarda le imposizioni diverse dalle imposte sulla cifra d'affari, dalle imposte di consumo e dalle altre imposte indirette, si possono operare esoneri e rimborsi all'esportazione negli altri Stati membri e introdurre tasse di compensazione applicabili alle importazioni provenienti dagli Stati membri, soltanto qualora le misure progettate siano state preventivamente approvate per un periodo limitato dal Consiglio, su proposta della Commissione.

113. ex articolo 93 del TCE. – Il Consiglio, deliberando all'unanimità secondo una procedura legislativa speciale e previa consultazione del Parlamento europeo e del Comitato economico e sociale, adotta le disposizioni che riguardano l'armonizzazione delle legislazioni relative alle imposte sulla cifra d'affari, alle imposte di consumo ed altre imposte indirette, nella misura in cui detta armonizzazione sia necessaria per assicurare l'instaurazione ed il funzionamento del mercato interno ed evitare le distorsioni di concorrenza.

Parte Sesta
Disposizioni istituzionali e finanziarie

Titolo I
Disposizioni istituzionali

Capo 1
Le istituzioni

Sezione 5
La Corte di giustizia dell'Unione europea

251. ex articolo 221 del TCE. – La Corte di giustizia si riunisce in sezioni o in grande sezione, conformemente alle regole previste a tal fine dallo statuto della Corte di giustizia dell'Unione europea.

Ove ciò sia previsto dallo statuto, la Corte di giustizia può riunirsi anche in seduta plenaria.

252. ex articolo 222 del TCE. – La Corte di giustizia è assistita da otto avvocati generali. Ove ciò sia richiesto dalla Corte di giustizia, il Consiglio, deliberando all'unanimità, può aumentare il numero degli avvocati generali.

L'avvocato generale ha l'ufficio di presentare pubblicamente, con assoluta imparzialità e in piena indipendenza, conclusioni motivate sulle cause che, conformemente allo statuto della Corte di giustizia dell'Unione europea, richiedono il suo intervento.

253. ex articolo 223 del TCE. – I giudici e gli avvocati generali della Corte di giustizia, scelti tra personalità che offrano tutte le garanzie di indipendenza e che riuniscano le condizioni richieste per l'esercizio, nei rispettivi paesi, delle più alte funzioni giurisdizionali, ovvero che siano giureconsulti di notoria competenza, sono nominati di comune accordo per sei anni dai governi degli Stati membri, previa consultazione del comitato di cui all'articolo 255.

Ogni tre anni si procede a un rinnovo parziale dei giudici e degli avvocati generali, alle condizioni previste dallo statuto della Corte di giustizia dell'Unione europea.

I giudici designano tra loro, per tre anni, il presidente della Corte di giustizia. Il suo mandato è rinnovabile.

I giudici e gli avvocati generali uscenti possono essere nuovamente nominati.

La Corte di giustizia nomina il proprio cancelliere, di cui fissa lo statuto.

La Corte di giustizia stabilisce il proprio regolamento di procedura. Tale regolamento è sottoposto all'approvazione del Consiglio.

254. ex articolo 224 del TCE. – Il numero dei giudici del Tribunale è stabilito dallo statuto della Corte di giustizia dell'Unione europea. Lo statuto può prevedere che il Tribunale sia assistito da avvocati generali.

I membri del Tribunale sono scelti tra persone che offrano tutte le garanzie di indipendenza e possiedano la capacità per l'esercizio di alte funzioni giurisdizionali. Essi sono nominati di comune accordo per sei anni dai governi degli Stati membri, previa consultazione del comitato di cui all'articolo 255. Ogni tre anni si procede a un rinnovo parziale. I membri uscenti possono essere nuovamente nominati.

I giudici designano tra loro, per tre anni, il presidente del Tribunale. Il suo mandato è rinnovabile.

Il Tribunale nomina il proprio cancelliere, di cui fissa lo statuto.

Il Tribunale stabilisce il proprio regolamento di procedura di concerto con la Corte di giustizia. Tale regolamento è sottoposto all'approvazione del Consiglio.

Salvo quanto diversamente disposto dallo statuto della Corte di giustizia dell'Unione europea, le disposizioni dei trattati relative alla Corte di giustizia sono applicabili al Tribunale.

255. È istituito un comitato con l'incarico di fornire un parere sull'adeguatezza dei candidati all'esercizio delle funzioni di giudice e di avvocato generale della Corte di giustizia e del Tribunale, prima che i governi degli Stati membri procedano alle nomine in conformità degli articoli 253 e 224.

Il comitato è composto da sette personalità scelte tra ex membri della Corte di giustizia e del Tribunale, membri dei massimi organi giurisdizionali nazionali e giuristi di notoria competenza, uno dei quali è proposto dal Parlamento europeo. Il Consiglio adotta una decisione che stabilisce le regole di funzionamento di detto comitato e una decisione che ne designa i membri. Esso delibera su iniziativa del presidente della Corte di giustizia.

256. ex articolo 225 del TCE. – 1. Il Tribunale è competente a conoscere in primo grado dei ricorsi di cui agli articoli 263, 265, 268, 270 e 272, ad eccezione di quelli attribuiti a un tribunale specializzato istituito in applicazione dell'articolo 257 e di quelli che lo statuto riserva alla Corte di giustizia. Lo statuto può prevedere che il Tribunale sia competente per altre categorie di ricorsi.

Le decisioni emesse dal Tribunale ai sensi del presente paragrafo possono essere oggetto di impugnazione dinanzi alla Corte di giustizia per i soli motivi di diritto e alle condizioni ed entro i limiti previsti dallo statuto.

2. Il Tribunale è competente a conoscere dei ricorsi proposti contro le decisioni dei tribunali specializzati.

Le decisioni emesse dal Tribunale ai sensi del presente paragrafo possono eccezionalmente essere oggetto di riesame da parte della Corte di giustizia, alle condizioni ed entro i limiti previsti dallo statuto, ove sussistano gravi rischi che l'unità o la coerenza del diritto dell'Unione siano compromesse.

3. Il Tribunale è competente a conoscere delle questioni pregiudiziali, sottoposte ai sensi dell'articolo 267, in materie specifiche determinate dallo statuto.

Il Tribunale, ove ritenga che la causa richieda una decisione di principio che potrebbe compromettere l'unità o la coerenza del diritto dell'Unione, può rinviare la causa dinanzi alla Corte di giustizia affinché si pronunci.

Le decisioni emesse dal Tribunale su questioni pregiudiziali possono eccezionalmente essere oggetto di riesame da parte della Corte di giustizia, alle condizioni ed entro i limiti previsti dallo statuto, ove sussistano gravi rischi che l'unità o la coerenza del diritto dell'Unione siano compromesse.

2.

D.L. 28 giugno 1990, n. 167. **Rilevazione a fini fiscali di taluni trasferimenti da e per l'estero di denaro, titoli e valori** (*Gazzetta Ufficiale* Serie gen. - n. 151 del 30 giugno 1990), convertito, con modificazioni, nella L. 4 agosto 1990, n. **227** (*Gazzetta Ufficiale* Serie gen. - n. 186 del 10 agosto 1990) (1).

(1) *Il secondo comma dell'articolo unico di questa legge stabilisce testualmente*: «*Restano validi gli atti ed i provvedimenti adottati e sono fatti salvi gli effetti prodotti ed i rapporti giuridici sorti sulla base del D.L. 27 aprile 1990, n. 91*».

(*Estratto*)

1. (1) **Trasferimenti attraverso intermediari bancari e finanziari e altri operatori** (2)**.** – 1. Gli intermediari bancari e finanziari di cui all'articolo 3, comma 2, gli altri operatori finanziari di cui all'articolo 3, comma 3, lettere *a*) e *d*), e gli operatori non finanziari di cui all'articolo 3, comma 5, lettera *i*), del decreto legislativo 21 novembre 2007, n. 231, e successive modificazioni, che intervengono, anche attraverso movimentazione di conti, nei trasferimenti da o verso l'estero di mezzi di pagamento di cui all'articolo 1, comma 2, lettera *s*), del medesimo decreto sono tenuti a trasmettere all'Agenzia delle entrate i dati di cui all'articolo 31, comma 2, del menzionato decreto, relativi alle predette operazioni, effettuate anche in valuta virtuale, di importo pari o superiore a 15.000 euro, indipendentemente dal fatto che si tratti di un'operazione unica o di più operazioni che appaiano collegate per realizzare un'operazione frazionata e limitatamente alle operazioni eseguite per conto o a favore di persone fisiche, enti non commerciali e di società semplici e associazioni equiparate ai sensi dell'articolo 5 del testo unico delle imposte sui redditi, di cui al decreto del Presidente della Repubblica 22 dicembre 1986, n. 917 (3).

2. I dati relativi ai trasferimenti e alle movimentazioni oggetto di rilevazione ai sensi del comma 1 sono trasmessi all'Agenzia delle entrate con modalità e termini stabiliti con provvedimento del direttore dell'Agenzia delle entrate, anche a disposizione della Guardia di finanza con procedure informatiche. Con il medesimo provvedimento, la trasmissione può essere limitata per specifiche categorie di operazioni o causali.

(1) *Questo articolo è stato così sostituito dall'art. 9, comma 1, lett.* a), *della L. 6 agosto 2013, n. 97.*

(2) *La precedente rubrica*: «Trasferimenti attraverso intermediari» *è stata così sostituita dall'attuale dall'art. 8, comma 7, lett.* b), *del D.L.vo 25 maggio 2017, n. 90.*

(3) *Questo comma è stato così sostituito dall'art. 8, comma 7, lett.* a), *del D.L.vo 25 maggio 2017, n. 90.*

2. (1) **Trasferimenti attraverso non residenti.** – 1. Al fine di garantire la massima efficacia all'azione di controllo ai fini fiscali per la prevenzione e la repressione dei fenomeni di illecito trasferimento e detenzione di attività economiche e finanziarie all'estero, l'unità speciale costituita ai sensi dell'articolo 12, comma 3, del decreto legge 1° luglio 2009, n. 78, convertito, con modificazioni, dalla legge 3 agosto 2009, n. 102, e i reparti speciali della Guardia di finanza, di cui all'articolo 6, comma 2, del regolamento di cui al decreto del Presidente della Repubblica 29 gennaio 1999, n. 34, possono richiedere, in deroga ad ogni vigente disposizione di legge, previa autorizzazione, rispettivamente, del direttore centrale accertamento dell'Agenzia delle entrate ovvero del Comandante generale della Guardia di finanza o autorità dallo stesso delegata:

a) agli intermediari bancari e finanziari di cui all'articolo 3, comma 2, agli altri operatori finanziari di cui all'articolo 3, comma 3, lettere *a*) e *d*), e agli operatori non finanziari di cui all'articolo 3, comma 5, lettera *i*), del decreto legislativo 21 novembre 2007, n. 231, e successive modificazioni, di fornire evidenza, entro i limiti di carattere oggettivo stabiliti dall'articolo 1, comma 1, del presente decreto, delle operazioni intercorse con l'estero anche per masse di contribuenti e con riferimento ad uno specifico periodo temporale (2);

b) ai soggetti di cui all'articolo 3, commi 2, 3, 4, 5 e 6, del decreto legislativo 21 novembre 2007, n. 231, e successive modificazioni, con riferimento a specifiche operazioni con l'estero o rapporti ad esse collegate, l'identità dei titolari effettivi rilevata in applicazione dei criteri di cui all'articolo 1, comma 2, lettera pp), e all'articolo 20 del medesimo decreto (3).

2. Con provvedimento congiunto del direttore dell'Agenzia delle entrate e del Comandante generale della Guardia di finanza sono stabiliti le modalità e i termini relativi alle richieste di cui al comma 1, lettere *a*) e *b*), al fine di assicurare il necessario coordinamento e di evitare duplicazioni.

(1) *Questo articolo è stato così sostituito dall'art. 9, comma 1, lett.* b), *della L. 6 agosto 2013, n. 97.*

(2) *Questa lettera è stata così sostituita dall'art. 8, comma 7, lett.* c), *del D.L.vo 25 maggio 2017, n. 90.*

(3) *Questa lettera è stata così sostituita dall'art. 8, comma 7, lett.* d), *del D.L.vo 25 maggio 2017, n. 90.*

4. (1) (2) **Dichiarazione annuale per gli investimenti e le attività.** – 1. Le persone fisiche, gli enti non commerciali e le società semplici ed equiparate ai sensi dell'articolo 5 del testo unico delle imposte sui redditi, di cui al decreto del Presidente della Repubblica 22 dicembre 1986, n. 917, residenti in Italia che, nel periodo d'imposta, detengono investimenti all'estero ovvero attività estere di natura finanziaria, suscettibili di produrre redditi imponibili in Italia, devono indicarli nella dichiarazione annuale dei redditi. Sono altresì tenuti agli obblighi di dichiarazione i soggetti indicati nel precedente periodo che, pur non essendo possessori diretti degli investimenti esteri e delle attività estere di natura finanziaria, siano titolari effettivi dell'investimento secondo quanto previsto dall'articolo 1, comma 2, lettera *pp*), e dall'articolo 20 del decreto legislativo 21 novembre 2007, n. 231, e successive modificazioni (3).

[2. I redditi derivanti dagli investimenti esteri e dalle attività di natura finanziaria sono in ogni caso assoggettati a ritenuta o ad imposta sostitutiva delle imposte sui redditi, secondo le norme vigenti, dagli intermediari residenti, di cui all'articolo 1, comma 1, ai quali gli investimenti e le attività sono affidate in gestione, custodia o amministrazione o nei casi in cui intervengano nella riscossione dei relativi flussi finanziari e dei redditi. La ritenuta trova altresì applicazione, con l'aliquota del 20 per cento e a titolo d'acconto, per i redditi di capitale indicati nell'articolo 44, comma 1, lettera *a*), del testo unico delle imposte sui redditi, di cui al decreto del Presidente della Repubblica 22 dicembre 1986, n. 917, derivanti da mutui, depositi e conti correnti, diversi da quelli bancari, nonché per i redditi di capitale indicati nel comma 1, lettere *c*), *d*) ed *h*), del citato articolo 44. Per i redditi diversi indicati nell'articolo 67 del medesimo testo unico, derivanti dagli investimenti esteri e dalle attività finanziarie di cui al primo periodo, che concorrono a formare il reddito complessivo del percipiente, gli intermediari residenti applicano una ritenuta a titolo d'acconto nella misura del 20 per cento sulla parte imponibile dei redditi corrisposti per il loro tramite. Nel caso in cui gli intermediari intervengano nella riscossione dei predetti redditi di capitale e redditi diversi, il contribuente è tenuto a fornire i dati utili ai fini della determinazione della base imponibile. In mancanza di tali informazioni la ritenuta o l'imposta sostitutiva è applicata sull'intero importo del flusso messo in pagamento] ([4]).

3. Gli obblighi di indicazione nella dichiarazione dei redditi previsti nel comma 1 non sussistono per le attività finanziarie e patrimoniali affidate in gestione o in amministrazione agli intermediari residenti e per i contratti comunque conclusi attraverso il loro intervento, qualora i flussi finanziari e i redditi derivanti da tali attività e contratti siano stati assoggettati a ritenuta o imposta sostitutiva dagli intermediari stessi. Gli obblighi di indicazione nella dichiarazione dei redditi previsti nel comma 1 non sussistono altresì per i depositi e conti correnti bancari costituiti all'estero il cui valore massimo complessivo raggiunto nel corso del periodo d'imposta non sia superiore a 15.000 euro ([5]) ([6]). Gli obblighi di indicazione nella dichiarazione dei redditi previsti nel comma 1 non sussistono altresì per gli immobili situati all'estero per i quali non siano intervenute variazioni nel corso del periodo d'imposta, fatti salvi i versamenti relativi all'imposta sul valore degli immobili situati all'estero, di cui al decreto legge 6 dicembre 2011, n. 201, convertito, con modificazioni, dalla legge 22 dicembre 2011, n. 214 ([7]).

4. Con provvedimento del direttore dell'Agenzia delle entrate, è stabilito il contenuto della dichiarazione annuale prevista dal comma 1 nonché, annualmente, il controvalore in euro degli importi in valuta da dichiarare.

([1]) *Questo articolo è stato così sostituito dall'art. 9, comma 1, lett.* c), *della L. 6 agosto 2013, n. 97.*

([2]) *A norma dell'art. 38, comma 13, del D.L. 31 maggio 2010, n. 78, convertito, con modificazioni, nella L. 30 luglio 2010, n. 122, gli obblighi dichiarativi previsti dall'articolo 4 del decreto legge 28 giugno 1990, n. 167, convertito, con modificazioni, dalla legge 4 agosto 1990, n. 227, non si applicano:*

a) *alle persone fisiche che prestano lavoro all'estero per lo Stato italiano, per una sua suddivisione politica o amministrativa o per un suo ente locale e le persone fisiche che lavorano all'estero presso organizzazioni internazionali cui aderisce l'Italia la cui residenza fiscale in Italia sia determinata, in deroga agli ordinari criteri previsti dal Testo Unico delle imposte sui redditi, in base ad accordi internazionali ratificati. Tale esonero si applica limitatamente al periodo di tempo in cui l'attività lavorativa è svolta all'estero;*

b) *ai soggetti residenti in Italia che prestano la propria attività lavorativa in via continuativa all'estero in zone di frontiera ed in altri Paesi limitrofi con riferimento agli investimenti e alle attività estere di natura finanziaria detenute nel Paese in cui svolgono la propria attività lavorativa.*

([3]) *Le parole: «siano titolari effettivi dell'investimento secondo quanto previsto dall'articolo 1, comma 2, lettera* u), *e dall'allegato tecnico del decreto legislativo 21 novem-*

bre 2007, n. 231.» sono state così sostituite dalle seguenti: «siano titolari effettivi dell'investimento secondo quanto previsto dall'articolo 1, comma 2, lettera pp)*, e dall'articolo 20 del decreto legislativo 21 novembre 2007, n. 231, e successive modificazioni.», dall'art. 8, comma 7, lett.* e)*, del D.L.vo 25 maggio 2017, n. 90.*

(4) *Questo comma è stato abrogato dall'art. 4, comma 2, del D.L. 24 aprile 2014, n. 66, convertito, con modificazioni, nella L. 23 giugno 2014, n. 89.*

(5) *Le parole: «10.000 euro» sono state così sostituite dalle attuali: «15.000 euro» dall'art. 2 della L. 15 dicembre 2014, n. 186.*

(6) *Questo periodo è stato aggiunto dall'art. 2, comma 4* bis*, del D.L. 28 gennaio 2014, n. 4, convertito, con modificazioni, nella L. 28 marzo 2014, n. 50.*

(7) *Questo periodo è stato aggiunto dall'art. 7* quater*, comma 23, del D.L. 22 ottobre 2016, n. 193, convertito, con modificazioni, nella L. 1 dicembre 2016, n. 225.*

5. (1) **Sanzioni.** – 1. Per la violazione degli obblighi di trasmissione all'Agenzia delle entrate previsti dall'articolo 1, posti a carico degli intermediari, si applica la sanzione amministrativa pecuniaria dal 10 al 25 per cento dell'importo dell'operazione non segnalata.

2. La violazione dell'obbligo di dichiarazione previsto nell'articolo 4, comma 1, è punita con la sanzione amministrativa pecuniaria dal 3 al 15 per cento dell'ammontare degli importi non dichiarati. La violazione di cui al periodo precedente relativa alla detenzione di investimenti all'estero ovvero di attività estere di natura finanziaria negli Stati o territori a regime fiscale privilegiato di cui al decreto del Ministro delle finanze 4 maggio 1999, pubblicato nella *Gazzetta Ufficiale* n. 107 del 10 maggio 1999, e al decreto del Ministro dell'economia e delle finanze 21 novembre 2001, pubblicato nella *Gazzetta Ufficiale* n. 273 del 23 novembre 2001, è punita con la sanzione amministrativa pecuniaria dal 6 al 30 per cento dell'ammontare degli importi non dichiarati. Nel caso in cui la dichiarazione prevista dall'articolo 4, comma 1, sia presentata entro novanta giorni dal termine, si applica la sanzione di euro 258.

(1) *Questo articolo è stato, da ultimo, così sostituito dall'art. 9, comma 1, lett.* d)*, della L. 6 agosto 2013, n. 97.*

5 *bis*. (1) [1. (*Omissis*)].

(1) *Questo articolo, inserito dall'art. 22 della L. 6 febbraio 1996, n. 52, è stato abrogato dall'art. 11, comma 1, lett.* d)*, del D.L.vo 21 novembre 1997, n. 461, a decorrere dal 1° luglio 1998.*

5 *ter*. [**Accertamento delle violazioni e sequestro.** – (*Omissis*) (1)].

(1) *Questo articolo è stato abrogato dall'art. 13, comma 1, lett.* a)*, del D.L.vo 19 novembre 2008, n. 195, a decorrere dal 1° gennaio 2009.*

5 *quater*. (1) **Collaborazione volontaria.** – 1. L'autore della violazione degli obblighi di dichiarazione di cui all'articolo 4, comma 1, commessa fino al 30 settembre 2014, può avvalersi della procedura di collaborazione volontaria di cui al presente articolo per l'emersione delle attività finanziarie e patrimoniali costituite o detenute fuori del territorio dello Stato, per la definizione delle sanzioni per le eventuali violazioni di tali obblighi e per la definizione dell'accertamento mediante adesione ai contenuti dell'invito al contraddittorio di cui alla lettera *b*) per le violazioni in materia di imposte sui redditi e relative addizionali, di imposte sostitutive, di imposta regionale sulle attività produttive e di imposta sul valore aggiunto, nonché per le eventuali violazioni relative alla dichiarazione dei sostituti d'imposta. A tal fine deve:

a) indicare spontaneamente all'Amministrazione finanziaria, mediante la presentazione di apposita richiesta, tutti gli investimenti e tutte le attività di natura finanziaria costituiti o detenuti all'estero, anche indirettamente o per interposta persona, fornendo i relativi documenti e le informazioni per la determinazione dei redditi che servirono per costituirli o acquistarli, nonché dei redditi che derivano dalla loro dismissione o utilizzazione a qualunque titolo, unitamente ai documenti e alle informazioni per la determinazione degli eventuali maggiori imponibili agli effetti delle imposte sui redditi e relative addizionali, delle imposte sostitutive, dell'imposta regionale sulle attività produttive, dei contributi previdenziali, dell'imposta sul valore aggiunto e delle ritenute, non connessi con le attività costituite o detenute all'estero, relativamente a tutti i periodi d'imposta per i quali, alla data di presentazione della richiesta, non sono scaduti i termini per l'accertamento o la contestazione della violazione degli obblighi di dichiarazione di cui all'articolo 4, comma 1;

b) versare le somme dovute in base all'invito di cui all'articolo 5, comma 1, del decreto legislativo 19 giugno 1997, n. 218, e successive modificazioni, entro il quindicesimo giorno antecedente la data fissata per la comparizione e secondo le ulteriori modalità indicate nel comma 1 *bis* del medesimo articolo per l'adesione ai contenuti dell'invito, ovvero le somme dovute in base all'accertamento con adesione entro venti giorni dalla redazione dell'atto, oltre alle somme dovute in base all'atto di contestazione o al provvedimento di irrogazione delle sanzioni per la violazione degli obblighi di dichiarazione di cui all'articolo 4, comma 1, del presente decreto entro il termine per la proposizione del ricorso, ai sensi dell'articolo 16 del decreto legislativo 18 dicembre 1997, n. 472, e successive modificazioni, senza avvalersi della compensazione prevista dall'articolo 17 del decreto legislativo 9 luglio 1997, n. 241, e successive modificazioni. Il versamento può essere eseguito in unica soluzione ovvero essere ripartito, su richiesta dell'autore della violazione, in tre rate mensili di pari importo. Il pagamento della prima rata deve essere effettuato nei termini e con le modalità di cui alla presente lettera. Il mancato pagamento di una delle rate comporta il venir meno degli effetti della procedura.

2. La collaborazione volontaria non è ammessa se la richiesta è presentata dopo che l'autore della violazione degli obblighi di dichiarazione di cui all'articolo 4, comma 1, abbia avuto formale conoscenza di accessi, ispezioni, verifiche o dell'inizio di qualunque attività di accertamento amministrativo o di procedimenti penali, per violazione di norme tributarie, relativi all'ambito oggettivo di applicazione della procedura di collaborazione volontaria indicato al comma 1 del presente articolo. La preclusione opera anche nelle ipotesi in cui la formale conoscenza delle circostanze di cui al primo periodo è stata acquisita da soggetti solidalmente obbligati in via tributaria o da soggetti concorrenti nel reato. La richiesta di accesso alla collaborazione volontaria rimane irrevocabile e non può essere presentata più di una volta, anche indirettamente o per interposta persona (2).

3. Entro trenta giorni dalla data di esecuzione dei versamenti indicati al comma 1, lettera *b*), l'Agenzia delle entrate comunica all'autorità giudiziaria competente la conclusione della procedura di collaborazione volontaria, per l'utilizzo dell'informazione ai fini di quanto stabilito all'articolo 5 *quinquies*, comma 1, lettere *a*) e *b*).

4. Ai soli fini della procedura di collaborazione volontaria, per la determinazione dei periodi d'imposta per i quali non sono scaduti i termini di accertamento e i termini di cui all'articolo 20 del decreto legislativo 18 dicembre 1997, n. 472, e successive modificazioni (3), non si applica il raddoppio dei termini di cui all'articolo 12, commi 2 *bis* e 2 *ter* (4), del decreto legge 1° luglio 2009, n. 78, convertito, con modificazioni, dalla legge 3 agosto 2009, n. 102, qualora ricorrano congiuntamente le condizioni previste dall'articolo 5 *quinquies*, commi 4, primo periodo, lettera *c*), 5 e 7 del presente decreto.

5. La procedura di collaborazione volontaria può essere attivata fino al 30 novembre 2015. L'integrazione dell'istanza, i documenti e le informazioni di cui al comma 1, lettera *a*), possono essere presentati entro il 30 dicembre 2015. In deroga all'articolo 31 del decreto del Presidente della Repubblica 29 settembre 1973, n. 600, e all'articolo 40 del decreto del Presidente della Repubblica 26 ottobre 1972, n. 633, la competenza alla gestione delle istanze presentate, per la prima volta, a decorrere dal 10 novembre 2015 e all'emissione dei relativi atti, compresi quelli di accertamento e di contestazione delle violazioni, per tutte le annualità oggetto della procedura di collaborazione volontaria, è attribuita all'articolazione dell'Agenzia delle entrate in-

dividuata con provvedimento del direttore dell'Agenzia medesima, da emanare entro la data di entrata in vigore della presente disposizione. Per gli atti di cui al periodo precedente, impugnabili ai sensi del decreto legislativo 31 dicembre 1992, n. 546, si applicano le disposizioni in materia di competenza per territorio di cui all'articolo 4, comma 1, e in materia di legittimazione processuale dinanzi alle commissioni tributarie di cui all'articolo 10, comma 1, dello stesso decreto legislativo n. 546 del 1992, e successive modificazioni, previste per le articolazioni dell'Agenzia delle entrate ivi indicate. Al fine di assicurare la trattazione unitaria delle istanze e la data certa per la conclusione dell'intero procedimento i termini di decadenza per l'accertamento di cui all'articolo 43 del decreto del Presidente della Repubblica 29 settembre 1973, n. 600, e all'articolo 57 del decreto del Presidente della Repubblica 26 ottobre 1972, n. 633, nonché i termini di decadenza per la notifica dell'atto di contestazione ai sensi dell'articolo 20 del decreto legislativo 18 dicembre 1997, n. 472, che scadono a decorrere dal 31 dicembre 2015, limitatamente agli imponibili, alle imposte, alle ritenute, ai contributi, alle sanzioni e agli interessi relativi alla procedura di collaborazione volontaria e per tutte le annualità e le violazioni oggetto della procedura stessa, sono fissati, anche in deroga a quelli ordinari, al 31 dicembre 2016 ([5]).

6. Per i residenti nel comune di Campione d'Italia, già esonerati dalla compilazione del modulo RW in relazione alle disponibilità detenute presso istituti elvetici derivanti da redditi di lavoro, da trattamenti pensionistici nonché da altre attività lavorative svolte direttamente in Svizzera da soggetti residenti nel suddetto comune, il direttore dell'Agenzia delle entrate adotta, con proprio provvedimento, entro novanta giorni dalla data di entrata in vigore della presente disposizione, specifiche disposizioni relative agli imponibili riferibili alle attività costituite o detenute in Svizzera in considerazione della particolare collocazione geografica del comune medesimo.

([1]) *Questo articolo è stato inserito dall'art. 1, comma 1, della L. 15 dicembre 2014, n. 186.*

([2]) *Questo periodo è stato così sostituito dall'art. 2, comma 1, lett.* a), *n. 1), del D.L. 30 settembre 2015, n. 153, convertito, con modificazioni, nella L. 20 novembre 2015, n. 187.*

([3]) *Le parole*: «*e i termini di cui all'articolo 20 del decreto legislativo 18 dicembre 1997, n. 472, e successive modificazioni*» *sono state inserite dall'art. 10, comma 12* quaterdecies, *del D.L. 31 dicembre 2014, n. 192, convertito, con modificazioni, nella L. 27 febbraio 2015, n. 11.*

([4]) *Le parole*: «*comma 2* bis» *sono state così sostituite dalle seguenti*: «*commi 2* bis *e 2* ter», *dall'art. 10, comma 12* quaterdecies, *del D.L. 31 dicembre 2014, n. 192, convertito, con modificazioni, nella L. 27 febbraio 2015, n. 11.*

([5]) *Questo comma è stato così sostituito dall'art. 2, comma 1, lett.* a), *n. 2), del D.L. 30 settembre 2015, n. 153, convertito, con modificazioni, nella L. 20 novembre 2015, n. 187.*

5 *quinquies*. (1) **Effetti della procedura di collaborazione volontaria. –** 1. Nei confronti di colui che presta la collaborazione volontaria ai sensi dell'articolo 5 *quater*:

a) è esclusa la punibilità per i delitti di cui agli articoli 2, 3, 4, 5, 10 *bis* e 10 *ter* del decreto legislativo 10 marzo 2000, n. 74, e successive modificazioni;

b) è altresì esclusa la punibilità delle condotte previste dagli articoli 648 *bis* e 648 *ter* del codice penale, commesse in relazione ai delitti di cui alla lettera *a*) del presente comma (2);

b bis) si applicano le disposizioni in materia di prevenzione del riciclaggio e di finanziamento del terrorismo di cui al decreto legislativo 21 novembre 2007, n. 231, ad eccezione di quanto previsto dall'articolo 58, comma 6, del medesimo decreto (3).

2. Le disposizioni del comma 1 si applicano limitatamente alle condotte relative agli imponibili, alle imposte e alle ritenute oggetto della collaborazione volontaria (2).

3. Limitatamente alle attività oggetto di collaborazione volontaria, le condotte previste dall'articolo 648 *ter*.1 del codice penale non sono punibili se commesse in relazione ai delitti di cui al comma 1, lettera *a*), del presente articolo sino alla data del 30 novembre 2015 (4), entro la quale può essere attivata la procedura di collaborazione volontaria, o sino alla data del 30 dicembre 2015 in presenza di integrazione dell'istanza o di presentazione dei documenti e delle informazioni di cui all'articolo 5 *quater*, comma 1, lettera *a*) (5).

4. Le sanzioni di cui all'articolo 5, comma 2, del presente decreto sono determinate, ai sensi dell'articolo 7, comma 4, del decreto legislativo 18 dicembre 1997, n. 472, in misura pari alla metà del minimo edittale:

a) se le attività vengono trasferite in Italia o in Stati membri dell'Unione europea o in Stati aderenti all'Accordo sullo Spazio economico europeo che consentono un effettivo scambio di informazioni con l'Italia, inclusi nella lista di cui al decreto del Ministro delle finanze 4 settembre 1996, e successive modificazioni, pubblicato nella *Gazzetta Ufficiale* n. 220 del 19 settembre 1996; ovvero

b) se le attività trasferite in Italia o nei predetti Stati erano o sono ivi detenute; ovvero

c) se l'autore delle violazioni di cui all'articolo 5 *quater*, comma 1, fermo restando l'obbligo di eseguire gli adempimenti ivi previsti, rilascia all'intermediario finanziario estero presso cui le attività sono detenute l'autorizzazione a trasmettere alle autorità finanziarie italiane richiedenti tutti i dati concernenti le attività oggetto di collaborazione volontaria e allega copia di tale autorizzazione, controfirmata dall'intermediario finanziario estero, alla richiesta di collaborazione volontaria. Nei casi diversi da quelli di cui al primo periodo, la sanzione è determinata nella misura del minimo edittale, ridotto di un quarto. Nei confronti del contribuente che si avvale della procedura di collaborazione volontaria, la misura minima delle sanzioni per le violazioni in materia di imposte sui redditi e relative addizionali, di imposte sostitutive, di imposta regionale sulle attività produttive, di imposta sul valore aggiunto e di ritenute è fissata al minimo edittale, ridotto di un quarto.

5. Nei casi di cui alle lettere *a*), *b*) e *c*) del primo periodo del comma 4, qualora l'autore della violazione trasferisca, successivamente alla presentazione della richiesta, le attività oggetto di collaborazione volontaria presso un altro intermediario localizzato fuori dell'Italia o di uno degli Stati di cui alla citata lettera *a*), l'autore della violazione è obbligato a rilasciare, entro trenta giorni dalla data del trasferimento delle attività, l'autorizzazione di cui alla lettera *c*) del primo periodo del comma 4 all'intermediario presso cui le attività sono state trasferite e a trasmettere, entro sessanta giorni dalla data del trasferimento delle attività, tale autorizzazione alle autorità finanziarie italiane, pena l'applicazione di una sanzione pari alla metà della sanzione prevista dal primo periodo del comma 4.

6. Il procedimento di irrogazione delle sanzioni per la violazione degli obblighi di dichiarazione di cui all'articolo 4, comma 1, del presente decreto è definito ai sensi dell'articolo 16 del decreto legislativo 18 dicembre 1997, n. 472, e successive modificazioni. Il confronto previsto all'articolo 16, comma 3, del decreto legislativo n. 472 del 1997, e successive modificazioni, è operato tra il terzo della sanzione indicata nell'atto e il terzo della somma dei minimi edittali previsti per le violazioni più gravi o, se più favorevole, il terzo della somma delle sanzioni più gravi determinate ai sensi del comma 4, primo e secondo periodo, del presente articolo.

7. Ai soli fini della procedura di collaborazione volontaria, la misura della sanzione minima prevista per le violazioni dell'obbligo di dichiarazione di cui all'articolo 4, comma 1, indicata nell'articolo 5, comma 2, secondo periodo, nei casi di detenzione di investimenti all'estero ovvero di attività estere di natura finanziaria negli Stati o territori a regime fiscale privilegiato di cui al decreto del Ministro dell'economia e delle finanze 4 maggio 1999, pubblicato nella *Gazzetta Ufficiale* n. 107 del 10 maggio 1999, e al decreto del Ministro dell'economia e delle finanze 21 novembre 2001, pubblicato nella *Gazzetta Ufficiale* n. 273 del 23 novembre 2001, è fissata al 3 per cento dell'ammontare degli importi non dichiarati se le attività oggetto della collaborazione volontaria erano o sono detenute in Stati che stipulino con l'Italia, entro sessanta giorni dalla data di entrata in vigore della presente disposizione, accordi che consentano un effettivo scambio di informazioni ai sensi

dell'articolo 26 del modello di Convenzione contro le doppie imposizioni predisposto dall'Organizzazione per la cooperazione e lo sviluppo economico, anche su elementi riconducibili al periodo intercorrente tra la data della stipulazione e quella di entrata in vigore dell'accordo. Al ricorrere della condizione di cui al primo periodo non si applica il raddoppio delle sanzioni di cui all'articolo 12, comma 2, secondo periodo, del decreto legge 1° luglio 2009, n. 78, convertito, con modificazioni, dalla legge 3 agosto 2009, n. 102.

8. Su istanza del contribuente, da formulare nella richiesta di cui all'articolo 5 *quater*, comma 1, lettera *a*), l'ufficio, in luogo della determinazione analitica dei rendimenti, calcola gli stessi applicando la misura percentuale del 5 per cento al valore complessivo della loro consistenza alla fine dell'anno e determina l'ammontare corrispondente all'imposta da versare utilizzando l'aliquota del 27 per cento. Tale istanza può essere presentata solo nei casi in cui la media delle consistenze di tali attività finanziarie risultanti al termine di ciascun periodo d'imposta oggetto della collaborazione volontaria non ecceda il valore di 2 milioni di euro.

9. Ai soli fini della procedura di collaborazione volontaria, la disponibilità delle attività finanziarie e patrimoniali oggetto di emersione si considera, salva prova contraria, ripartita, per ciascun periodo d'imposta, in quote eguali tra tutti coloro che al termine degli stessi ne avevano la disponibilità.

10. Se il contribuente destinatario dell'invito di cui all'articolo 5, comma 1, del decreto legislativo 19 giugno 1997, n. 218, e successive modificazioni, o che abbia sottoscritto l'accertamento con adesione e destinatario dell'atto di contestazione non versa le somme dovute nei termini previsti dall'articolo 5 *quater*, comma 1, lettera *b*), la procedura di collaborazione volontaria non si perfeziona e non si producono gli effetti di cui ai commi 1, 4, 6 e 7 del presente articolo. L'Agenzia delle entrate notifica, anche in deroga ai termini di cui all'articolo 43 del decreto del Presidente della Repubblica 29 settembre 1973, n. 600, e successive modificazioni, all'articolo 57 del decreto del Presidente della Repubblica 26 ottobre 1972, n. 633, e successive modificazioni, e all'articolo 20, comma 1, del decreto legislativo 18 dicembre 1997, n. 472, e successive modificazioni, un avviso di accertamento e un nuovo atto di contestazione con la rideterminazione della sanzione entro il 31 dicembre dell'anno successivo a quello di notificazione dell'invito di cui al predetto articolo 5, comma 1, del decreto legislativo n. 218 del 1997, e successive modificazioni, o a quello di redazione dell'atto di adesione o di notificazione dell'atto di contestazione.

(¹) *Questo articolo è stato inserito dall'art. 1, comma 1, della L. 15 dicembre 2014, n. 186.*

(²) *A norma dell'art. 2, comma 4, del D.L.vo 5 agosto 2015, n. 128, ai fini della causa di non punibilità di cui ai commi 1 e 2 di questo articolo, si considerano oggetto della procedura di collaborazione volontaria anche gli imponibili, le imposte e le ritenute correlati alle attività dichiarate nell'ambito di tale procedura per i quali è scaduto il termine per l'accertamento.*

([3]) *Questa lettera è stata inserita dall'art. 2, comma 1, lett.* b), *n. 1), del D.L. 30 settembre 2015, n. 153, convertito, con modificazioni, nella L. 20 novembre 2015, n. 187.*

([4]) *Le parole: «30 settembre 2015» sono state così sostituite dalle attuali: «30 novembre 2015» dall'art. 2, comma 1, lett.* b), *n. 2), del D.L. 30 settembre 2015, n. 153, convertito, con modificazioni, nella L. 20 novembre 2015, n. 187.*

([5]) *Le parole: «, o sino alla data del 30 dicembre 2015 in presenza di integrazione dell'istanza o di presentazione dei documenti e delle informazioni di cui all'articolo 5* quater, *comma 1, lettera* a)» *sono state aggiunte dall'art. 2, comma 1, lett.* b), *n. 2), del D.L. 30 settembre 2015, n. 153, convertito, con modificazioni, nella L. 20 novembre 2015, n. 187.*

5 *sexies.* ([1]) **Ulteriori disposizioni in materia di collaborazione volontaria.** – 1. Le modalità di presentazione dell'istanza di collaborazione volontaria e di pagamento dei relativi debiti tributari, nonché ogni altra modalità applicativa della relativa procedura, sono disciplinate con provvedimento del direttore dell'Agenzia delle entrate da emanare entro trenta giorni dalla data di entrata in vigore della presente disposizione. L'Agenzia delle entrate e gli altri organi dell'Amministrazione finanziaria concordano condizioni e modalità per lo scambio dei dati relativi alle procedure avviate e concluse.

([1]) *Questo articolo è stato inserito dall'art. 1, comma 1, della L. 15 dicembre 2014, n. 186.*

5 *septies.* ([1]) **Esibizione di atti falsi e comunicazione di dati non rispondenti al vero.** – 1. L'autore della violazione di cui all'articolo 4, comma 1, che, nell'ambito della procedura di collaborazione volontaria di cui all'articolo 5 *quater*, esibisce o trasmette atti o documenti falsi, in tutto o in parte, ovvero fornisce dati e notizie non rispondenti al vero è punito con la reclusione da un anno e sei mesi a sei anni.

2. L'autore della violazione di cui all'articolo 4, comma 1, deve rilasciare al professionista che lo assiste nell'ambito della procedura di collaborazione volontaria una dichiarazione sostitutiva di atto di notorietà con la quale attesta che gli atti o documenti consegnati per l'espletamento dell'incarico non sono falsi e che i dati e notizie forniti sono rispondenti al vero.

([1]) *Questo articolo è stato inserito dall'art. 1, comma 1, della L. 15 dicembre 2014, n. 186.*

5 *octies.* ([1]) ([2]) ([3]) **Riapertura dei termini della collaborazione volontaria.** – 1. Dalla data di entrata in vigore del presente articolo sino al 31 luglio 2017 è possibile avvalersi della procedura di collaborazione volontaria di cui agli articoli da 5 *quater* a 5 *septies* a condizione che il soggetto che presenta l'istanza non l'abbia già presentata in precedenza, anche per interposta persona, e ferme restando le cause ostative previste dall'articolo 5 *quater*, comma 2. Resta impregiudicata la facoltà di presentare l'istanza se, in precedenza, è stata già presentata, entro il 30 novembre 2015, ai soli fini di cui all'articolo 1, commi da 2 a 5, della legge 15 dicembre 2014, n. 186. L'integrazione dell'istanza, i documenti e le informazioni di cui all'articolo 5 *quater*, comma 1, lettera *a*), possono essere presentati entro il 30 settembre 2017. Alle istanze presentate secondo le modalità stabilite con provvedimento del direttore dell'Agenzia delle entrate, si applicano gli articoli da 5 *quater* a 5 *septies* del presente decreto, l'articolo 1, commi da 2 a 5 della legge 15 dicembre 2014, n. 186, e successive modificazioni, e l'articolo 2, comma 2, lettere *b*) e *b bis*) del decreto legge 30 settembre 2015, n. 153, convertito, con modificazioni, dalla legge 20 novembre 2015, n. 187, in quanto compatibili e con le seguenti modificazioni:

a) le violazioni sanabili sono quelle commesse fino al 30 settembre 2016;

a bis) se alla formazione del reddito complessivo concorrono redditi prodotti all'estero di cui all'articolo 6, comma 1, lettere *c*) e *d*), del testo unico delle imposte sui redditi, di cui al decreto del Presidente della Repubblica 22 dicembre 1986, n. 917, non si applica l'articolo 165, comma 8, del medesimo testo unico ([4]);

b) anche in deroga all'articolo 3, comma 1, della legge 27 luglio 2000, n. 212, e successive modificazioni, i termini di cui all'articolo 43 del decreto del Presidente della Repubblica 29 settembre 1973, n. 600, e successive modificazioni, all'articolo 57 del decreto del Presidente della Repubblica 26 ottobre 1972, n. 633, e successive modificazioni, e all'articolo 20, comma 1, del decreto legislativo 18 dicembre 1997, n. 472, e successive modificazioni, che scadono a decorrere dal 1° gennaio 2015, sono fissati al 31 dicembre 2018 per le sole attività oggetto di collaborazione volontaria ai sensi del presente articolo, limitatamente agli imponibili, alle imposte, alle ritenute, ai contributi, alle sanzioni e agli interessi relativi alla procedura di collaborazione volontaria e per tutte le annualità e le violazioni oggetto della procedura stessa, e al 30 giugno 2017 per le istanze presentate per la prima volta ai sensi dell'articolo 5 *quater*, comma 5; non si applica l'ultimo periodo del comma 5 del predetto articolo 5 *quater*;

c) per le sole attività oggetto di collaborazione volontaria ai sensi del presente articolo, nonché per le imposte di cui all'articolo 19, commi 13 e 18, del decreto legge 6 dicembre 2011, n. 201, convertito, con modificazioni, dalla legge 22 dicembre 2011, n. 214 ([5]), gli interessati sono esonerati dalla presentazione delle dichiarazioni di cui all'articolo 4 del presente decreto per il 2016 e per la frazione del periodo d'imposta antecedente la data di presentazione dell'istanza, nonché, per quelle suscettibili di generare redditi soggetti a ritenuta alla fonte a titolo d'imposta o ad imposta sostitutiva delle imposte sui redditi, e per i redditi derivanti dall'investimento in azioni o quote di fondi comuni di investimento non conformi alla direttiva 2009/65/CE del Parlamento europeo e del Consiglio, del 13 luglio 2009, per i quali è versata l'IRPEF con l'aliquota massima oltre alla addizionale regionale e comunale, dalla indicazione dei redditi nella relativa dichiarazione, a condizione che le stesse informazioni siano analiticamente illustrate nella relazione di accompagnamento; in tal caso provvedono spontaneamente al versamento in unica soluzione, entro il 30 settembre 2017, di quanto dovuto a titolo di imposte, interessi e, ove applicabili, sanzioni ridotte corrispondenti alle misure stabilite dall'articolo 13 del decreto legislativo 18 dicembre 1997, n. 472, e successive modificazioni, per il 2016 e per la frazione del periodo d'imposta antecedente la data di presentazione dell'istanza;

d) limitatamente alle attività oggetto di collaborazione volontaria di cui al presente articolo, le condotte previste dall'articolo 648 *ter*.1 del codice penale non sono punibili se commesse in relazione ai delitti previsti dal presente decreto all'articolo 5 *quinquies*, comma 1, lettera *a*), sino alla data del versamento della prima o unica rata, secondo quanto previsto alle lettere *e*) e *f*);

e) gli autori delle violazioni possono provvedere spontaneamente al versamento in unica soluzione di quanto dovuto a titolo di imposte, ritenute, contributi, interessi e sanzioni in base all'istanza, entro il 30 settembre 2017, senza avvalersi della compensazione prevista dall'articolo 17 del decreto legislativo 9 luglio 1997, n. 241, e successive modificazioni; il versamento può essere ripartito in tre rate mensili di pari importo ed in tal caso il pagamento della prima rata deve essere effettuato entro il 30 settembre 2017. Il versamento delle somme dovute nei termini e con le modalità di cui al periodo precedente comporta i medesimi effetti degli articoli 5 *quater* e 5 *quinquies* del presente decreto anche per l'ammontare delle sanzioni da versare per le violazioni dell'obbligo di dichiarazione di cui all'articolo 4, comma 1 e per le violazioni in materia di imposte sui redditi e relative addizionali, imposte sostitutive, imposta regionale sulle attività produttive, imposta sul valore degli immobili all'estero, imposta sul valore delle attività finanziarie all'estero e imposta sul valore aggiunto, anche in deroga all'articolo 3 del decreto legislativo 18 dicembre 1997, n. 472. Ai fini della determinazione delle sanzioni dovute, si applicano le disposizioni dell'articolo 12, commi 1 e 5, del decreto legislativo 18 dicembre 1997, n. 472, per le violazioni di cui all'articolo 4, comma 1, del presente decreto e le disposizioni dell'articolo 12, comma 8, del medesimo decreto legislativo, per le violazioni in materia di imposte, nonché le riduzioni delle misure sanzionatorie previste dall'articolo 5, comma 1 *bis*, del decreto legislativo 19 giugno 1997, n. 218, nel testo vigente alla data del 30 dicembre 2014, e dall'articolo 16, comma 3, del decreto legislativo n. 472 del 1997. Gli effetti di cui agli articoli 5 *quater* e 5 *quinquies* del presente decreto decorrono dal momento del versamento di quanto dovuto in unica soluzione o della terza rata; in tali casi l'Agenzia delle entrate comunica l'avvenuto perfezionamento della procedura di collaborazione volontaria con le modalità di notifica tramite posta elettronica certificata previste nell'articolo 1, comma 133, della legge 28 dicembre 2015, n. 208;

f) se gli autori delle violazioni non provvedono spontaneamente al versamento delle somme dovute entro il termine di cui alla lettera *e*) o qualora il versamento delle somme dovute risulti insufficiente, l'Agenzia, ai soli fini della procedura di collaborazione volontaria di cui al presente articolo e limitatamente agli imponibili, alle imposte, alle ritenute, ai contributi, alle sanzioni e agli interessi relativi alla procedura e per tutte le annualità e le violazioni oggetto della stessa, può applicare, fino al 31 dicembre 2018, le disposizioni di cui all'articolo 5, commi da 1 *bis* a 1 *quinquies* del decreto legislativo 19 giugno 1997, n. 218, nel testo vigente alla data del 30 dicembre 2014 e l'autore della violazione può versare le somme dovute in base all'invito di cui all'articolo 5, comma 1, del decreto legislativo 19 giugno 1997, n. 218, e successive modificazioni, entro il quindicesimo giorno antecedente la data fissata per la comparizione, secondo le ulteriori modalità indicate nel comma 1 *bis* del medesimo articolo per l'adesione ai contenuti dell'invito, ovvero le somme dovute in base all'accertamento con adesione entro venti giorni dalla redazione dell'atto, oltre alle somme dovute in base all'atto di contestazione o al provvedimento di irrogazione delle sanzioni per la violazione degli obblighi di dichiarazione di cui all'articolo 4, comma 1, del presente decreto entro il termine per la proposizione del ricorso, ai sensi dell'articolo 16 del decreto legislativo 18 dicembre 1997, n. 472, e successive modificazioni, senza avvalersi della compensazione prevista dall'articolo 17 del decreto legislativo 9 luglio 1997, n. 241, e successive modificazioni. Il mancato pagamento di una delle rate comporta il venir meno degli effetti della procedura. Ai soli fini della procedura di collaborazione volontaria di cui al presente articolo, per tutti gli atti che per legge devono essere notificati al contribuente si applicano, in deroga ad ogni altra disposizione di legge, le modalità di notifica tramite posta elettronica certificata previste nell'articolo 1, comma 133, della legge 28 dicembre 2015, n. 208. Con esclusivo riguardo alla notifica tramite posta elettronica certificata effettuata ai sensi del periodo precedente, è esclusa la ripetizione delle spese di notifica prevista dall'articolo 4, secondo comma, della legge 10 maggio 1976, n. 249, e successive modificazioni;

g) nelle ipotesi di cui alla lettera *f*) (6) del presente comma:

1) se gli autori delle violazioni non provvedono spontaneamente al versamento delle somme dovute entro il termine del 30 settembre 2017, in deroga

all'articolo 5 *quinquies*, comma 4, le sanzioni di cui all'articolo 5, comma 2, sono determinate in misura pari al 60 per cento del minimo edittale qualora ricorrano le ipotesi previste dalle lettere *a*), *b*) o *c*) del citato comma 4 dell'articolo 5 *quinquies* e sono determinate in misura pari all'85 per cento del minimo edittale negli altri casi; la medesima misura dell'85 per cento del minimo edittale si applica anche alle violazioni in materia di imposte sui redditi e relative addizionali, di imposte sostitutive, di imposta regionale sulle attività produttive, di imposta sul valore degli immobili all'estero, di imposta sul valore delle attività finanziarie all'estero, di imposta sul valore aggiunto e di ritenute;

2) se gli autori delle violazioni provvedono spontaneamente al versamento delle somme dovute in misura insufficiente:

1.1) per una frazione superiore al 10 per cento delle somme da versare se tali somme sono afferenti ai soli redditi soggetti a ritenuta alla fonte a titolo d'imposta o ad imposta sostitutiva delle imposte sui redditi e alle sanzioni, incluse quelle sulle attività suscettibili di generare tali redditi, o

1.2) per una frazione superiore al 30 per cento delle somme da versare negli altri casi, fermo restando il versamento effettuato, l'Agenzia, secondo le procedure previste dalla lettera *f*) del presente comma, provvede al recupero delle somme ancora dovute, calcolate ai sensi della lettera *e*) ([7]), maggiorando le somme da versare del 10 per cento. L'importo delle somme da versare, calcolato a seguito della maggiorazione di cui al periodo precedente, compreso quanto già versato, non può essere comunque superiore a quello determinato ai sensi del numero 1) della presente lettera ([8]);

3) se gli autori delle violazioni provvedono spontaneamente al versamento delle somme dovute in misura insufficiente:

1.1) per una frazione inferiore o uguale al 10 per cento delle somme da versare se tali somme sono afferenti ai soli redditi soggetti a ritenuta alla fonte a titolo d'imposta o ad imposta sostitutiva delle imposte sui redditi e alle sanzioni, incluse quelle sulle attività suscettibili di generare tali redditi, o

1.2) per una frazione inferiore o uguale al 30 per cento delle somme da versare negli altri casi, fermo restando il versamento effettuato, l'Agenzia, secondo le procedure previste dalla lettera *f*) del presente comma, provvede al recupero delle somme ancora dovute, calcolate ai sensi della lettera *e*) ([9]), maggiorando le somme da versare del 3 per cento. L'importo delle somme da versare, calcolato a seguito della maggiorazione di cui al periodo precedente, compreso quanto già versato, non può essere comunque superiore a quello determinato ai sensi del numero 1) della presente lettera ([10]);

4) se gli autori delle violazioni provvedono spontaneamente al versamento delle somme dovute in misura superiore alle somme da versare, l'eccedenza può essere richiesta a rimborso o utilizzata in compensazione;

h) la misura della sanzione minima fissata dall'articolo 5 *quinquies*, comma 7, prevista per le violazioni dell'obbligo di dichiarazione di cui all'articolo 4, comma 1, indicata nell'articolo 5, comma 2, secondo periodo, nei casi di detenzione di investimenti all'estero ovvero di attività estere di natura finanziaria negli Stati o territori a regime fiscale privilegiato di cui al decreto del Ministro dell'economia e delle finanze 4 maggio 1999, pubblicato nella *Gazzetta Ufficiale* n. 107 del 10 maggio 1999, e al decreto del Ministro dell'economia e delle finanze 21 novembre 2001, pubblicato nella *Gazzetta Ufficiale* n. 273 del 23 novembre 2001, opera altresì se è entrato in vigore prima del presente articolo un accordo che consente un effettivo scambio di informazioni ai sensi dell'articolo 26 del modello di convenzione contro le doppie imposizioni predisposto dall'Organizzazione per la cooperazione e lo sviluppo economico (OCSE), ovvero se è entrato in vigore prima del presente articolo un accordo conforme al modello di accordo per lo scambio di informazioni elaborato nel 2002 dall'OCSE e denominato Tax Information Exchange Agreement (TIEA);

i) chiunque fraudolentemente si avvale della procedura di cui agli articoli da 5 *quater* a 5 *septies* al fine di far emergere attività finanziarie e patrimoniali o denaro contante, provenienti da reati diversi da quelli di cui all'articolo 5 *quinquies*, comma 1, lettera *a*), è punito con la medesima sanzione prevista per il reato di cui all'articolo 5 *septies*. Resta ferma l'applicabilità degli articoli 648 *bis*, 648 *ter*, 648 *ter*.1 del codice penale e dell'articolo 12 *quinquies* del decreto legge 8 giugno 1992, n. 306, convertito, con modificazioni, dalla legge 7 agosto 1992, n. 356, e successive modificazioni.

2. Al ricorrere della condizione di cui al comma 1, lettera *h*), non si applica il raddoppio delle sanzioni di cui all'articolo 12, comma 2, secondo periodo, del decreto legge 1° luglio 2009, n. 78, convertito, con modificazioni, dalla legge 3 agosto 2009, n. 102 e, se ricorrono congiuntamente anche le condizioni previste dall'articolo 5 *quinquies*, commi 4 e 5, del presente decreto, non opera il raddoppio dei termini di cui all'articolo 12, commi 2 *bis* e 2 *ter*, del decreto legge 1° luglio 2009, n. 78, convertito, con modificazioni, dalla legge 3 agosto 2009, n. 102.

3. Possono avvalersi della procedura di collaborazione volontaria prevista dalle disposizioni di cui ai commi 1 e 2 per sanare le violazioni degli obblighi di dichiarazione ai fini delle imposte sui redditi e relative addizionali, delle imposte sostitutive delle imposte sui redditi, dell'imposta regionale sulle attività produttive e dell'imposta sul valore aggiunto, nonché le violazioni relative alla dichiarazione dei sostituti d'imposta, commesse sino al 30 settembre 2016, anche contribuenti diversi da quelli indicati nell'articolo 4, comma 1, del presente decreto e i contribuenti destinatari degli obblighi dichiarativi ivi previsti che vi abbiano adempiuto correttamente. Si applicano le disposi-

zioni di cui all'articolo 1, commi da 2 a 5, della citata legge n. 186 del 2014. Resta impregiudicata la facoltà di presentare l'istanza se, in precedenza, è stata già presentata, entro il 30 novembre 2015, ai soli fini di cui agli articoli da 5 *quater* a 5 *septies* del presente decreto. Se la collaborazione volontaria ha ad oggetto contanti o valori al portatore, si presume, salva prova contraria, che essi siano derivati da redditi conseguiti, in quote costanti, a seguito di violazione degli obblighi di dichiarazione ai fini delle imposte sui redditi e relative addizionali, delle imposte sostitutive delle imposte sui redditi, dell'imposta regionale sulle attività produttive e dell'imposta sul valore aggiunto, nonché di violazioni relative alla dichiarazione dei sostituti di imposta, commesse nell'anno 2015 e nei quattro periodi d'imposta precedenti, e i contribuenti:

a) rilasciano unitamente alla presentazione dell'istanza una dichiarazione in cui attestano che l'origine di tali valori non deriva da condotte costituenti reati diversi da quelli previsti dall'articolo 5 quinquies, comma 1, lettere *a*) e *b*);

b) provvedono, entro la data di presentazione della relazione e dei documenti allegati, all'apertura e all'inventario in presenza di un notaio, che ne accerti il contenuto all'interno di un apposito verbale, di eventuali cassette di sicurezza nelle quali i valori oggetto di collaborazione volontaria sono custoditi;

c) provvedono, entro la data di presentazione della relazione e dei documenti allegati, al versamento dei contanti e al deposito dei valori al portatore presso intermediari finanziari, a ciò abilitati, in un rapporto vincolato fino alla conclusione della procedura. Per i professionisti e intermediari che assistono i contribuenti nell'ambito della procedura di collaborazione volontaria, restano fermi gli obblighi prescritti per finalità di prevenzione del riciclaggio e di finanziamento del terrorismo di cui al decreto legislativo 21 novembre 2007, n. 231 e successive modificazioni. A tal fine, in occasione degli adempimenti previsti per l'adeguata verifica della clientela, i contribuenti dichiarano modalità e circostanze di acquisizione dei contanti e valori al portatore oggetto della procedura.

(1) *Questo articolo è stato inserito dall'art. 7, comma 1, del D.L. 22 ottobre 2016, n. 193, convertito, con modificazioni, nella L. 1 dicembre 2016, n. 225.*

(2) *Si veda l'art. 7, comma 2, del D.L. 22 ottobre 2016, n. 193, convertito, con modificazioni, nella L. 1 dicembre 2016, n. 225, che si riporta:*

«2. Il provvedimento di cui all'articolo 5 octies *del decreto legge 28 giugno 1990, n. 167, convertito, con modificazioni, dalla legge 4 agosto 1990, n. 227, introdotto dal comma 1 del presente articolo, è adottato entro trenta giorni dalla data di entrata in vigore della legge di conversione del presente decreto. Per i contribuenti che si sono avvalsi delle disposizioni di cui agli articoli da 5* quater *a 5* septies *del decreto legge n. 167 del*

1990, convertito, con modificazioni, dalla legge n. 227 del 1990, introdotti dall'articolo 1, comma 1, della legge 15 dicembre 2014, n. 186, non si applicano le sanzioni in caso di omissione degli adempimenti previsti dall'articolo 4, comma 1, del medesimo decreto legge n. 167 del 1990, convertito, con modificazioni, dalla legge n. 227 del 1990, per i periodi d'imposta successivi a quelli per i quali si sono perfezionati gli adempimenti connessi alle disposizioni di cui alla citata legge n. 186 del 2014, a condizione che gli adempimenti medesimi siano eseguiti entro sessanta giorni dalla data di entrata in vigore della legge di conversione del presente decreto».

(3) *A norma dell'art. 1, comma 1, del D.P.C.M. 28 luglio 2017, il termine del 31 luglio 2017, entro il quale è possibile avvalersi della riapertura della procedura di collaborazione volontaria disposta da questo articolo è prorogato al 30 settembre 2017.*

(4) *Questa lettera è stata inserita dall'art. 1* ter, *comma 1, lett.* a), *del D.L. 24 aprile 2017, n. 50, convertito, con modificazioni, nella L. 21 giugno 2017, n. 96.*

A norma dell'art. 1 ter, *comma 2, del D.L. 24 aprile 2017, n. 50, convertito, con modificazioni, nella L. 21 giugno 2017, n. 96, tale disposizione si applica anche agli atti emanati ai sensi dell'articolo 5* quater, *comma 1, lettera* b), *del decreto legge 28 giugno 1990, n. 167, convertito, con modificazioni, dalla legge 4 agosto 1990, n. 227, non ancora definiti alla data di entrata in vigore della disposizione medesima. In ogni caso non si fa luogo al rimborso delle imposte già pagate.*

(5) *Le parole: «, nonché per le imposte di cui all'articolo 19, commi 13 e 18, del decreto legge 6 dicembre 2011, n. 201, convertito, con modificazioni, dalla legge 22 dicembre 2011, n. 214» sono state inserite dall'art. 1* ter, *comma 1, lett.* b), *del D.L. 24 aprile 2017, n. 50, convertito, con modificazioni, nella L. 21 giugno 2017, n. 96.*

(6) *Le parole: "alla lettera* e)*" sono state così sostituite dalle seguenti: "alla lettera* f)*" dall'art. 1* ter, *comma 1, lett.* c), *n. 1), del D.L. 24 aprile 2017, n. 50, convertito, con modificazioni, nella L. 21 giugno 2017, n. 96.*

(7) *Le parole: "del numero 1) della presente lettera" sono state così sostituite dalle seguenti: "della lettera* e)*" dall'art. 1* ter, *comma 1, lett.* c), *n. 2), del D.L. 24 aprile 2017, n. 50, convertito, con modificazioni, nella L. 21 giugno 2017, n. 96.*

(8) *Le parole: «. L'importo delle somme da versare, calcolato a seguito della maggiorazione di cui al periodo precedente, compreso quanto già versato, non può essere comunque superiore a quello determinato ai sensi del numero 1) della presente lettera» sono state aggiunte dall'art. 1* ter, *comma 1, lett.* c), *n. 2), del D.L. 24 aprile 2017, n. 50, convertito, con modificazioni, nella L. 21 giugno 2017, n. 96.*

(9) *Le parole: "del numero 1) della presente lettera" sono state così sostituite dalle seguenti: "della lettera* e)*" dall'art. 1* ter, *comma 1, lett.* c), *n. 3), del D.L. 24 aprile 2017, n. 50, convertito, con modificazioni, nella L. 21 giugno 2017, n. 96.*

(10) *Le parole: «. L'importo delle somme da versare, calcolato a seguito della maggiorazione di cui al periodo precedente, compreso quanto già versato, non può essere comunque superiore a quello determinato ai sensi del numero 1) della presente lettera» sono state aggiunte dall'art. 1* ter, *comma 1, lett.* c), *n. 3), del D.L. 24 aprile 2017, n. 50, convertito, con modificazioni, nella L. 21 giugno 2017, n. 96.*

6. (1) **Tassazione presuntiva.** – 1. Per i soggetti di cui all'articolo 4, comma 1, gli investimenti esteri e le attività estere di natura finanziaria, trasferiti o costituiti all'estero, senza che ne risultino dichiarati i redditi effettivi, si presumono, salvo prova contraria, fruttiferi in misura pari al tasso ufficiale di riferimento vigente in Italia nel relativo periodo d'imposta, a meno che, in sede di dichiarazione dei redditi, venga specificato che si tratta di redditi la cui percezione avviene in un successivo periodo d'imposta, o sia indicato che determinate attività non possono essere produttive di redditi. La prova delle predette condizioni deve essere fornita dal contribuente entro sessanta giorni dal ricevimento della espressa richiesta notificatagli dall'ufficio delle imposte.

(1) *Questo articolo è stato, da ultimo, così sostituito dall'art. 9, comma 1, lett.* e), *della L. 6 agosto 2013, n. 97.*

7. Criteri e modalità di applicazione. – 1. Con provvedimento del direttore dell'Agenzia delle entrate, sono stabilite particolari modalità per l'adempimento degli obblighi, nonché per la trasmissione delle evidenze di cui ai commi 1 e 2 dell'articolo 1 e degli altri dati e notizie di cui al presente decreto. Con gli stessi provvedimenti tali obblighi ed adempimenti possono essere limitati per specifiche categorie o causali e possono esserne variati gli importi (1).

1 *bis*. L'amministrazione finanziaria procede, anche sulla base di criteri selettivi adottati per i controlli annuali, a verifiche nei confronti delle persone fisiche, degli enti non commerciali e delle società semplici e associazioni equiparate ai sensi dell'art. 5 del testo unico delle imposte sui redditi, approvato con decreto del Presidente della Repubblica 22 dicembre 1986, n. 917 (2).

1 *ter*. Per l'inosservanza degli obblighi stabiliti dai decreti emanati ai sensi del comma 1, del presente articolo, si applicano le sanzioni di cui all'articolo 13, comma 8, del decreto del Presidente della Repubblica 29 settembre 1973, n. 605 (3).

(1) *Questo comma è stato così da ultimo sostituito dall'art. 6, comma 5, del D.L. 24 dicembre 2002, n. 282, convertito, con modificazioni, nella L. 21 febbraio 2003, n. 27.*

(2) *Questo comma è stato così sostituito dall'art. 11, comma 1, lett.* f), *del D.L.vo 21 novembre 1997, n. 461, a decorrere dal 1°luglio 1998.*

(3) *Questo comma, aggiunto dall'art. 10, comma 3, del D.L. 13 maggio 1991, n. 151, convertito, con modificazioni, nella L. 12 luglio 1991, n. 202, è stato così sostituito dall'art. 11, comma 1, lett.* f), *del D.L.vo 21 novembre 1997, n. 461, a decorrere dal 1° luglio 1998.*

8. (1) [**Tassazione dei redditi di capitali prodotti all'estero.** – 1. (*Omissis*)].

(1) *Questo articolo è stato abrogato dall'art. 16, comma 1, lett.* f), *del D.L.vo 21 novembre 1997, n. 461, a decorrere dal 1° luglio 1998.*

9. Entrata in vigore. – 1. Il presente decreto entra in vigore il giorno stesso della sua pubblicazione nella *Gazzetta Ufficiale* della Repubblica italiana e sarà presentato alle Camere per la conversione in legge.

3.

D.M. 4 settembre 1996. Elenco degli Stati con i quali è attuabile lo scambio di informazioni ai sensi delle convenzioni per evitare le doppie imposizioni sul reddito in vigore con la Repubblica italiana (*Gazzetta Ufficiale* Serie gen. - n. 220 del 19 settembre 1996).

1. (1) 1. Ai fini dell'applicazione delle disposizioni indicate nell'art. 6, comma 1, del decreto legislativo 1° aprile 1996, n. 239, gli Stati e territori con i quali è attuabile lo scambio di informazioni sono i seguenti:

Albania;
Alderney;
Algeria;
Andorra;
Anguilla;
Arabia Saudita;
Argentina;
Armenia;
Aruba;
Australia;
Austria;
Azerbaijan;
Bangladesh;
Barbados;
Belgio;
Belize;
Bermuda;
Bielorussia;
Bosnia Erzegovina;
Brasile;
Bulgaria;
Camerun;
Canada;
Cile;
Cina;
Cipro;
Colombia;
Congo (Repubblica del Congo);
Corea del Sud;
Costa d'Avorio;
Costa Rica;

Croazia;
Curacao;
Danimarca;
Ecuador;
Egitto;
Emirati Arabi Uniti;
Estonia;
Etiopia;
Federazione Russa;
Filippine;
Finlandia;
Francia;
Georgia;
Germania;
Ghana;
Giappone;
Gibilterra;
Giordania;
Grecia;
Groenlandia;
Guernsey;
Herm;
Hong Kong;
India;
Indonesia;
Irlanda;
Islanda;
Isola di Man;
Isole Cayman;
Isole Cook;
Isole Faroe;
Isole Turks e Caicos;
Isole Vergini Britanniche;
Israele;
Jersey;
Kazakistan;
Kirghizistan;
Kuwait;
Lettonia;
Libano;

Liechtenstein;
Lituania;
Lussemburgo;
Macedonia;
Malaysia;
Malta;
Marocco;
Mauritius;
Messico;
Moldova;
Monaco;
Montenegro;
Montserrat;
Mozambico;
Nauru;
Nigeria;
Niue;
Norvegia;
Nuova Zelanda;
Oman;
Paesi Bassi;
Pakistan;
Polonia;
Portogallo;
Qatar;
Regno Unito;
Repubblica Ceca;
Repubblica Slovacca;
Romania;
Saint Kitts e Nevis;
Saint Vincent e Grenadine;
Samoa;
San Marino;
Santa Sede;
Senegal;
Serbia;
Seychelles;
Singapore;
Sint Maarten;
Siria;

Slovenia;
Spagna;
Sri Lanka;
Stati Uniti d'America;
Sud Africa;
Svezia;
Svizzera;
Tagikistan;
Taiwan;
Tanzania;
Thailandia;
Trinitad e Tobago;
Tunisia;
Turchia;
Turkmenistan;
Ucraina;
Uganda;
Ungheria;
Uruguay;
Uzbekistan;
Venezuela;
Vietnam;
Zambia.

(1) *Questo articolo, sostituito dall'art. 1, comma 1, lett.* a), *del D.M. 9 agosto 2016, è stato, da ultimo, così sostituito dall'art. 1 del D.M. 23 marzo 2017.*

1 *bis.* (1) 1. Con decreto da emanare ai sensi dell'art. 11, comma 5, del decreto legislativo 1° aprile 1996, n. 239, sono eliminati dall'elenco degli Stati e territori di cui all'art. 1 gli Stati ed i territori con i quali, in ragione di reiterate violazioni dell'obbligo di cooperazione amministrativa tra Autorità competenti, non risulti assicurata nella prassi operativa l'adeguatezza dello scambio di informazioni, ai sensi di uno strumento giuridico bilaterale o multilaterale in vigore con la Repubblica italiana.

(1) *Questo articolo è stato aggiunto dall'art. 1, comma 1, lett.* b), *del D.M. 9 agosto 2016.*

4.

D.M. 4 maggio 1999. Individuazione di Stati e territori aventi un regime fiscale privilegiato (*Gazzetta Ufficiale* Serie gen. - n. 107 del 10 maggio 1999).

1. Si considerano fiscalmente privilegiati, ai fini dell'applicazione dell'art. 2, comma 2 *bis* del testo unico delle imposte sui redditi, approvato con decreto del Presidente della Repubblica 22 dicembre 1986, n. 917, i seguenti Stati e territori:

Alderney (Aurigny);
Andorra (Principat d'Andorra);
Anguilla;
Antigua e Barbuda (Antigua and Barbuda);
Antille Olandesi (Nederlandse Antillen);
Aruba;
Bahama (Bahamas);
Bahrein (Dawlat al-Bahrain);
Barbados;
Belize;
Bermuda;
Brunei (Negara Brunei Darussalam);
[Cipro (Kypros)] (1);
Costa Rica (Repùblica de Costa Rica);
Dominica;
Emirati Arabi Uniti (Al-Imarat al-'Arabiya al Muttahida);
Ecuador (Repùplica del Ecuador);
Filippine (Pilipinas);
Gibilterra (Dominion of Gibraltar);
Gibuti (Djibouti);
Grenada;
Guernsey (Bailiwick of Guernsey);
Hong Kong (Xianggang);
Isola di Man (Isle of Man);
Isole Cayman (The Cayman Islands);
Isole Cook;
Isole Marshall (Republic of the Marshall Islands);
Isole Vergini Britanniche (British Virgin Islands);
Jersey;
Libano (Al-Jumhuriya al Lubnaniya);
Liberia (Republic of Liberia);
Liechtenstein (Furstentum Liechtenstein);

Macao (Macau);
Malaysia (Persekutuan Tanah Malaysia);
Maldive (Divehi);
[Malta (Republic of Malta)] (1);
Maurizio (Republic of Mauritius);
Monserrat;
Nauru (Republic of Nauru);
Niue;
Oman (Saltanat 'Oman);
Panama (Republica de Panamà);
Polinesia Francese (Polynésie Françcaise);
Monaco (Principautè de Monaco);
[San Marino (Repubblica di San Marino)] (2);
Sark (Sercq);
Seicelle (Republic of Seychelles);
Singapore (Republic of Singapore);
Saint Kitts e Nevis (Federation of Saint Kitts and Nevis);
Saint Lucia;
Saint Vincent e Grenadine (Saint Vincent and the Grenadines);
Svizzera (Confederazione Svizzera);
Taiwan (Chunghua MinKuo);
Tonga (Pulèanga Tonga);
Turks e Caicos (The Turks and Caicos Islands);
Tuvalu (The Tuvalu Islands);
Uruguay (Republica Oriental del Uruguay);
Vanuatu (Republic of Vanuatu);
Samoa (Indipendent State of Samoa).

(1) *Stato eliminato dall'elenco dall'art. 2, comma 1, del D.M. 27 luglio 2010* (G.U. *Serie gen. - n. 180 del 4 agosto 2010*).

(2) *Questo Stato è stato eliminato dall'art. 1 del D.M. 12 febbraio 2014* (G.U. *Serie gen. - n. 45 del 24 febbraio 2014*).

5.

D.M. 21 novembre 2001. Individuazione degli Stati o territori a regime fiscale privilegiato di cui all'art. 127 *bis*, comma 4, del testo unico delle imposte sui redditi (cd. «black list») (1) (*Gazzetta Ufficiale* Serie gen. - n. 273 del 23 novembre 2001).

(1) *A norma dell'art. 1 del D.L.vo 12 dicembre 2003, n. 344, entrato in vigore il 1° gennaio 2004, il Testo unico delle imposte dirette emanato con D.P.R. 22 dicembre 1986, n. 917, è stato riformulato e rinumerato. Pertanto quando leggi, regolamenti, decreti, od altre norme o provvedimenti, fanno riferimento a disposizioni contenute in articoli del Testo unico delle imposte sui redditi, di cui al decreto del Presidente della Repubblica 22 dicembre 1986, n. 917, vigenti alla data di entrata in vigore del D.L.vo n. 344/2003, il riferimento, salvo che tali disposizioni non risultino abrogate per effetto della entrata in vigore del medesimo decreto, si intende alle corrispondenti disposizioni contenute negli articoli che recano la numerazione disposta con il citato D.L.vo n. 344/2003.*

1. 1. Ai fini dell'applicazione dell'art. 127 *bis* del testo unico delle imposte sui redditi, approvato con decreto del Presidente della Repubblica 22 dicembre 1986, n. 917, si considerano Stati e territori aventi un regime fiscale privilegiato:

Alderney (Isole del Canale), Andorra, Anguilla, Antille Olandesi, Aruba, Bahamas, Barbados, Barbuda, Belize, Bermuda, Brunei, [Cipro] (1), [Filippine] (2), Gibilterra, Gibuti (ex Afar e Issas), Grenada, Guatemala, Guernsey (Isole del Canale), Herm (Isole del Canale), Hong Kong, Isola di Man, Isole Cayman, Isole Cook, Isole Marshall, Isole Turks e Caicos, Isole Vergini britanniche, Isole Vergini statunitensi, Jersey (Isole del Canale), Kiribati (ex Isole Gilbert), Libano, Liberia, Liechtenstein, Macao, Maldive, [Malesia] (2), Montserrat, Nauru, Niue, Nuova Caledonia, Oman, Polinesia francese, Saint Kitts e Nevis, Salomone, Samoa, Saint Lucia, Saint Vincent e Grenadine, Sant'Elena, Sark (Isole del Canale), Seychelles, [Singapore] (2), Tonga, Tuvalu (ex Isole Ellice), Vanuatu.

(1) *Eliminato dall'art. 2, comma 2, del D.M. 27 luglio 2010* (G.U. *Serie gen. n. - 180 del 4 agosto 2010*).

(2) *Termine soppresso dall'art. 1, comma 1, del D.M. 30 marzo 2015* (G.U. *Serie gen. - n. 107 dell'11 maggio 2015*).

2. 1. Sono altresì inclusi tra gli Stati e i territori di cui all'art. 1:

1) Bahrein, con esclusione delle società che svolgono attività di esplorazione, estrazione e raffinazione nel settore petrolifero;

2) Emirati Arabi Uniti, con esclusione delle società operanti nei settori petrolifero e petrolchimico assoggettate ad imposta;

[3) Kuwait, con esclusione delle società con partecipazione straniera superiore al 47% se soggette ad imposizione con le aliquote previste dall'*A*-

miri Decree n. 3 del 1955 o superiore al 45% se soggette ad imposizione con le aliquote previste dalla locale legge n. 23 del 1961, sempre che tali società non usufruiscano dei regimi agevolati previsti dalle locali leggi n. 12 del 1998 e n. 8 del 2001] (1);

4) Monaco, con esclusione delle società che realizzano almeno il 25% del fatturato fuori dal Principato.

(1) *Questo numero è stato soppresso dall'art. 1, comma 1, del D.M. 27 dicembre 2002* (G.U. *Serie gen. - n. 10 del 14 gennaio 2003*).

3. (1) [1. Le disposizioni indicate nell'art. 1 si applicano ai seguenti Stati e territori limitatamente ai soggetti e alle attività per ciascuno di essi indicate:

1) Angola, con riferimento alle società petrolifere che hanno ottenuto l'esenzione dall'*Oil Income Tax*, alle società che godono di esenzioni o riduzioni d'imposta in settori fondamentali dell'economia angolana e per gli investimenti previsti dal *Foreign Investment Code*;

2) Antigua, con riferimento alle *international business companies*, esercenti le loro attività al di fuori del territorio di Antigua, quali quelle di cui all'*International Business Corporation Act*, n. 28 del 1982 e successive modifiche e integrazioni, nonché con riferimento alle società che producono prodotti autorizzati, quali quelli di cui alla locale legge n. 18 del 1975 e successive modifiche e integrazioni;

[3) Corea del Sud, con riferimento alle società che godono delle agevolazioni previste dalla *tax Incentives Limitation Law*] (2);

4) Costarica, con riferimento alle società i cui proventi affluiscono da fonti estere, nonché con riferimento alle società esercenti attività ad alta tecnologia;

5) Dominica, con riferimento alle international companies esercenti l'attività all'estero;

6) Ecuador, con riferimento alle società operanti nelle *Free Trade Zones* che beneficiano dell'esenzione dalle imposte sui redditi;

7) Giamaica, con riferimento alle società di produzione per l'esportazione che usufruiscono dei benefici fiscali dell'*Export Industry Encourage Act* e alle società localizzate nei territori individuati dal *Jamaica Export Free Zone Act*;

8) Kenia, con riferimento alle società insediate nelle *Export Processing Zones*;

[9) Lussemburgo, con riferimento alle società *holding* di cui alla locale legge del 31 luglio 1929] (3);

[10) Malta, con riferimento alle società i cui proventi affluiscono da fonti estere, quali quelle di cui al *Malta Financial Services Centre Act*, alle società di cui al *Malta Merchant Shipping Act* e alle società di cui al *Malta Freeport Act*] (2);

11) Mauritius, con riferimento alle società «certificate» che si occupano di servizi all'*export*, espansione industriale, gestione turistica, costruzioni industriali e cliniche e che sono soggette a *Corporate Tax* in misura ridotta, alle *Off-shore Companies* e alle *International Companies*;

12) Portorico, con riferimento alle società esercenti attività bancarie ed alle società previste dal *Puerto Rico Tax Incentives Act* del 1988 o dal *Puerto Rico Tourist Development Act* del 1993;

13) Panama, con riferimento alle società i cui proventi affluiscono da fonti estere, secondo la legislazione di Panama, alle società situate nella *Colon Free Zone* e alle società operanti nelle *Export Processing Zones*;

14) Svizzera, con riferimento alle società non soggette alle imposte cantonali e municipali, quali le società *holding*, ausiliarie e «di domicilio»;

15) Uruguay, con riferimento alle società esercenti attività bancarie e alle *holding* che esercitano esclusivamente attività *off-shore*.

2. Le disposizioni del comma 1 si applicano, altresì, ai soggetti ed alle attività insediati negli Stati di cui al medesimo comma che usufruiscono di regimi fiscali agevolati sostanzialmente analoghi a quelli ivi indicati, in virtù di accordi o provvedimenti dell'amministrazione finanziaria dei medesimi Stati].

(1) *Questo articolo è stato abrogato dall'art. 1, comma 2, del D.M. 30 marzo 2015* (G.U. *Serie gen. - n. 107 dell'11 maggio 2015*).

(2) *Questo numero è stato soppresso dall'art. 2, comma 3, del D.M. 27 luglio 2010.*

(3) *Questo numero è stato soppresso dall'art. 1 del D.M. 16 dicembre 2014.*

6.

D.M. 21 novembre 2001, n. 429. Regolamento recante disposizioni in materia di tassazione dei redditi di imprese estere partecipate in attuazione dell'articolo 127 *bis*, comma 8, del testo unico delle imposte sui redditi, approvato con decreto del Presidente della Repubblica 22 dicembre 1986, n. 917, e successive modificazioni (*Gazzetta Ufficiale* Serie gen. - n. 288 del 12 dicembre 2001).

1. Presupposti di applicazione delle disposizioni concernenti l'imputazione dei redditi di imprese estere partecipate. – 1. I redditi conseguiti da imprese, società o enti, residenti o localizzati in Stati o territori con regime fiscale privilegiato, controllati, direttamente o indirettamente, anche tramite società fiduciarie o per interposta persona, da persone fisiche o da soggetti di cui agli articoli 5 e 87, comma 1, lettere *a*), *b*) e *c*), del testo unico delle imposte sui redditi, approvato con decreto del Presidente della Repubblica 22 dicembre 1986, n. 917, anche non titolari di reddito d'impresa, residenti in Italia, sono imputati ai soggetti partecipanti residenti, a norma dell'articolo 127 *bis* del citato testo unico delle imposte sui redditi e delle disposizioni del presente decreto. Se il soggetto controllato non residente opera in detti Stati o territori per il tramite di stabili organizzazioni, tali disposizioni si applicano con riferimento ai redditi ad esse riferibili.

2. Si considerano residenti o localizzati in Stati o territori con regime fiscale privilegiato, così come individuati dai decreti del Ministro dell'economia e delle finanze emanati ai sensi dell'articolo 127 *bis*, comma 4, del testo unico delle imposte sui redditi, approvato con decreto del Presidente della Repubblica 22 dicembre 1986, n. 917, le imprese, le società o gli enti ammessi comunque a fruire di tale regime.

3. Ai fini della verifica della sussistenza del controllo di cui al comma 1, si applicano, anche nei confronti dei soggetti diversi dalle società commerciali, i criteri indicati nell'articolo 2359, primo e secondo comma, del codice civile e rileva la situazione esistente alla data di chiusura dell'esercizio o periodo di gestione del soggetto estero controllato. Ai medesimi fini, per le persone fisiche si tiene conto anche dei voti spettanti ai familiari di cui all'articolo 5, comma 5, del testo unico delle imposte sui redditi, approvato con decreto del Presidente della Repubblica 22 dicembre 1986, n. 917.

2. Determinazione dei redditi. – 1. Per la determinazione dei redditi di cui all'articolo 1 si applicano le disposizioni del titolo I, capo VI, concernenti la determinazione del reddito d'impresa, ad eccezione di quelle degli articoli 54, comma 4, e 67, comma 3, nonché le disposizioni del titolo IV, contenente disposizioni comuni, applicabili ai fini della determinazione del predetto reddito e quelle degli articoli 96, 96 *bis*, 103, 103 *bis* del testo unico delle imposte sui redditi, approvato con decreto del Presidente della Repubblica 22 dicembre 1986, n. 917. Se risulta una perdita, questa è computata in diminuzione dei redditi dell'impresa, società o ente, ai sensi dell'articolo 102 del testo unico delle imposte sui redditi.

2. I valori risultanti dal bilancio relativo all'esercizio o periodo di gestione anteriore a quello da cui si applicano le disposizioni del presente regolamento sono riconosciuti ai fini delle imposte sui redditi a condizione che siano conformi a quelli derivanti dall'applicazione dei criteri contabili adottati nei precedenti esercizi o ne venga attestata la congruità da uno o più soggetti che siano in possesso dei requisiti previsti dall'articolo 11 del decreto legislativo 27 gennaio 1992, n. 88. Gli ammortamenti e i fondi per rischi ed oneri risultanti dal predetto bilancio si considerano dedotti anche se diversi da quelli ammessi dal testo unico delle imposte sui redditi, approvato con decreto del Presidente della Repubblica 22 dicembre 1986, n. 917, ovvero se eccedenti i limiti di deducibilità ivi previsti.

3. Imputazione e tassazione dei redditi. – 1. I redditi determinati ai sensi dell'articolo 2, convertiti secondo il cambio del giorno di chiusura dell'esercizio o periodo di gestione dell'impresa, società o ente non residente, sono imputati al soggetto residente che esercita il controllo, anche ai sensi dell'articolo 2359, primo comma, n. 3), del codice civile, in proporzione alla sua quota di partecipazione agli utili diretta o indiretta; tuttavia, in caso di partecipazione indiretta per il tramite di soggetti residenti o di stabili organizzazioni nel territorio dello Stato di soggetti non residenti, i redditi sono ad essi imputati in proporzione alle rispettive quote di partecipazione.

2. I redditi imputati ai sensi del comma 1 sono assoggettati a tassazione separata, da ciascun partecipante, nel periodo d'imposta in corso alla data di chiusura dell'esercizio o periodo di gestione dell'impresa, società o ente non residente, con l'aliquota media di tassazione del reddito complessivo netto e comunque non inferiore al 27 per cento.

3. Dall'imposta determinata ai sensi del comma 2 sono ammesse in detrazione le imposte sui redditi pagate all'estero a titolo definitivo dall'impresa, società o ente non residente.

4. Gli utili distribuiti dall'impresa, società o ente non residente non concorrono a formare il reddito complessivo del soggetto partecipante per la quota corrispondente all'ammontare dei redditi assoggettati a tassazione separata ai sensi del comma 2. In caso di partecipazione agli utili per il tramite di soggetti non residenti, le disposizioni del precedente periodo si ap-

plicano agli utili distribuiti dal soggetto non residente direttamente partecipato; a questi effetti, detti utili si presumono prioritariamente formati con quelli conseguiti dall'impresa, società o ente residente o localizzato nello Stato o territorio con regime fiscale privilegiato che risultino precedentemente posti in distribuzione. Le imposte pagate all'estero a titolo definitivo dal soggetto partecipante, riferibili agli utili che non concorrono alla formazione del reddito ai sensi dei precedenti periodi, costituiscono credito d'imposta nei limiti delle imposte complessivamente applicate a titolo di tassazione separata, ridotte delle somme ammesse in detrazione ai sensi del comma 3.

5. Il costo delle partecipazioni nell'impresa, società o ente non residente è aumentato dei redditi imputati ai sensi del comma 1, e diminuito, fino a concorrenza di tali redditi, degli utili distribuiti.

6. In caso di controllo esercitato da un soggetto non titolare di reddito di impresa i compensi ad esso spettanti a qualsiasi titolo concorrono a formare il reddito complessivo nel periodo d'imposta in corso alla data di chiusura dell'esercizio o periodo di gestione dell'impresa, società o ente non residente.

7. Per i comportamenti posti in essere allo scopo del frazionamento del controllo o della perdita temporanea dello stesso ovvero della riduzione dei redditi imputabili, si applicano le disposizioni degli articoli 37, terzo comma, e 37 *bis* del decreto del Presidente della Repubblica 29 settembre 1973, n. 600.

4. Dichiarazione e scritture contabili. – 1. Il soggetto controllante residente deve dichiarare i redditi dell'impresa, società o ente non residente in apposito prospetto allegato alla propria dichiarazione dei redditi, agli effetti delle imposte sui redditi dovute dai partecipanti.

2. Ai fini dell'applicazione dell'articolo 2, il bilancio ovvero altro documento riepilogativo della contabilità di esercizio redatti secondo le norme dello Stato o territorio in cui risiede o è localizzata l'impresa, la società o l'ente non residente costituisce parte integrante del prospetto di cui al comma 1.

3. Le disposizioni dei commi precedenti non si applicano se il soggetto che esercita il controllo ai sensi dell'articolo 2359, primo comma, n. 3), del codice civile o i soggetti da esso partecipati non possiedono partecipazioni agli utili.

4. Su richiesta dell'Amministrazione finanziaria, il soggetto controllante deve fornire, entro trenta giorni, idonea documentazione dei costi di acquisizione dei beni relativi all'attività esercitata nonché delle componenti reddituali rilevanti ai fini della determinazione dei redditi o delle perdite, compresi i compensi di cui all'articolo 3, comma 6.

5. In caso di controllo esercitato da un soggetto non titolare di reddito di impresa interamente tramite una società o un ente residente, le disposizioni del presente articolo si applicano a quest'ultimo soggetto.

5. Interpello. – 1. Ai fini del comma 5 dell'articolo 127 *bis* del testo unico delle imposte sui redditi, approvato con decreto del Presidente della Repubblica 22 dicembre 1986, n. 917, l'interpello, corredato degli elementi necessari ai fini della disapplicazione della norma di cui al citato articolo 127 *bis*, comma 4, del testo unico delle imposte sui redditi, approvato con decreto del Presidente della Repubblica n. 917 del 1986 è rivolto alla Agenzia delle entrate – Direzione centrale per la normativa e il contenzioso, per il tramite della Direzione regionale per le entrate competente per territorio.

2. La risposta è resa con atto espresso, entro centoventi giorni, ovvero per le imprese già operanti nei Paesi di cui al citato articolo 127 *bis*, comma 4, del testo unico delle imposte sui redditi, approvato con decreto del Presidente della Repubblica n. 917 del 1986 entro centottanta giorni, decorrenti dalla data di consegna o di ricezione dell'istanza di interpello da parte dell'ufficio. Decorso il termine senza un atto espresso, la risposta si intende comunque resa positivamente nel senso della non applicazione delle disposizioni di cui all'articolo 127 *bis*, comma 1, del testo unico delle imposte sui redditi, approvato con decreto del Presidente della Repubblica 22 dicembre 1986, n. 917, al caso che forma oggetto dell'interpello.

3. Ai fini della risposta positiva rileva in particolare, nei riguardi del soggetto controllante autore dell'interpello, il fatto che l'impresa, la società o l'ente non residente svolge effettivamente un'attività commerciale, ai sensi dell'articolo 2195 del codice civile, come sua principale attività nello Stato o nel territorio con regime fiscale privilegiato nel quale ha sede, con una struttura organizzativa idonea allo svolgimento della citata attività oppure alla sua autonoma preparazione e conclusione, ovvero il fatto che i redditi conseguiti da tali soggetti sono prodotti in misura non inferiore al 75 per cento in altri Stati o territori diversi da quelli di cui all'articolo 127 *bis*, comma 4, del testo unico delle imposte sui redditi, approvato con decreto del Presidente della Repubblica 22 dicembre 1986, n. 917, ed ivi sottoposti integralmente a tassazione ordinaria. Ai fini della medesima risposta positiva, nel caso di cui all'articolo 1, comma 1, ultimo periodo, del presente regolamento, rileva anche il fatto che i redditi della stabile organizzazione risultano sottoposti integralmente a tassazione ordinaria nello Stato o territorio in cui ha sede l'impresa, la società o l'ente partecipato.

4. Fermo quanto disposto dai commi 1, 2 e 3 del presente articolo, si applica il decreto del Ministro delle finanze 26 aprile 2001, n. 209, recante

regolamento concernente l'esercizio dell'interpello e l'obbligo di risposta da parte dell'Amministrazione finanziaria.

6. Decorrenza. – 1. Le disposizioni del presente regolamento si applicano a decorrere dal periodo d'imposta che inizia successivamente alla data di pubblicazione nella *Gazzetta Ufficiale* dei decreti di cui all'articolo 127 *bis*, comma 4, del testo unico delle imposte sui redditi, approvato con decreto del Presidente della Repubblica 22 dicembre 1986, n. 917, con riferimento ai redditi conseguiti dall'impresa, società o ente non residente dall'esercizio o periodo di gestione che inizia successivamente alla stessa data.

7. Entrata in vigore. – 1. Il presente regolamento entra in vigore il giorno successivo a quello della sua pubblicazione nella *Gazzetta Ufficiale* della Repubblica italiana.

7.

D.M. 23 gennaio 2002. Indeducibilità delle spese e degli altri componenti negativi derivanti da operazioni intercorse con imprese domiciliate in Stati o territori aventi regime fiscale privilegiato (*Gazzetta Ufficiale* Serie gen. - n. 29 del 4 febbraio 2002).

1. ([1]) **Stati e territori aventi un regime fiscale privilegiato. –** 1. Ai fini dell'applicazione dell'articolo 110, commi 10 e 12 *bis*, del testo unico delle imposte sui redditi, approvato con decreto del Presidente della Repubblica 22 dicembre 1986, n. 917, si considerano Stati o territori aventi regime fiscale privilegiato:

Andorra, Bahamas, Barbados, Barbuda, Brunei, Gibuti (ex Afar e Issas), Grenada, Guatemala, [Hong Kong] ([2]), Isole Cook, Isole Marshall, Isole Vergini statunitensi, Kiribati (ex Isole Gilbert), Libano, Liberia, Liechtenstein, Macao, Maldive, Nauru, Niue, Nuova Caledonia, Oman, Polinesia francese, Saint Kitts e Nevis, Salomone, Samoa, Saint Lucia, Saint Vincent e Grenadine, Sant'Elena, Sark (Isole del Canale), Seychelles, Tonga, Tuvalu (ex Isole Ellice), Vanuatu.

([1]) *Questo articolo è stato così sostituito dall'art. 1, comma 1, lett.* a), *del D.M. 27 aprile 2015* (G.U. *Serie gen. - n. 107 dell'11 maggio 2015*).

([2]) *Questo territorio è stato soppresso dall'art. 1, comma 1, del D.M. 18 novembre 2015* (G.U. *Serie gen. - n. 279 del 30 novembre 2015*).

2. 1. Sono altresì inclusi tra gli Stati e i territori di cui all'art. 1:

1) Bahrein, con esclusione delle società che svolgono attività di esplorazione, estrazione e raffinazione nel settore petrolifero;

[2) Emirati Arabi Uniti, con esclusione delle società operanti nei settori petrolifero e petrolchimico assoggettate ad imposta] ([1]);

[3) Kuwait, con esclusione delle società con partecipazione straniera superiore al 47% se soggette ad imposizione con le aliquote previste dall'Amiri Decree n. 3 del 1955 o superiore al 45% se soggette ad imposizione con le aliquote previste dalla locale legge n. 23 del 1961, sempre che tali società non usufruiscano dei regimi agevolati previsti dalle locali leggi n. 12 del 1998 e n. 8 del 2001] ([2]);

4) Monaco, con esclusione delle società che realizzano almeno il 25% del fatturato fuori dal Principato;

[4 *bis*) Singapore, con esclusione della Banca Centrale e degli organismi che gestiscono anche le riserve ufficiali dello Sato] ([3]).

([1]) *Questo numero è stato soppresso dall'art. 1, comma 1, lett.* b), *del D.M. 27 aprile 2015* (G.U. *Serie gen. - n. 107 dell'11 maggio 2015*).

([2]) *Questo numero è stato soppresso dall'art. 1 del D.M. 27 dicembre 2002* (G.U. *Serie gen. - n. 10 del 14 gennaio 2003*).

([3]) *Questo numero, aggiunto dall'art. 1, comma 1, lett.* b), *del D.M. 22 marzo 2002* (G.U. *Serie gen. n. 78 del 3 aprile 2002*), *è stato poi soppresso dall'art. 1, comma 1, lett.* b), *del D.M. 27 aprile 2015* (G.U. *Serie gen. n. 107 dell'11 maggio 2015*).

3. 1. Le disposizioni indicate nell'art. 1 si applicano ai seguenti Stati e territori limitatamente ai soggetti e alle attività per ciascuno di essi indicate:

1) Angola, con riferimento alle società petrolifere che hanno ottenuto l'esenzione dall'*Oil Income Tax*, alle società che godono di esenzioni o riduzioni d'imposta in settori fondamentali dell'economia angolana e per gli investimenti previsti dal *Foreign Investment Code*;

2) Antigua, con riferimento alle *international buniness companies*, esercenti le loro attività al di fuori del territorio di Antigua, quali quelle di cui all'*International Business Corporation Act*, n. 28 del 1982 e successive modifiche e integrazioni, nonché con riferimento alle società che producono prodotti autorizzati, quali quelli di cui alla locale legge n. 18 del 1975, e successive modifiche e integrazioni;

[3) Corea del Sud con riferimento alle società che godono delle agevolazioni previste dalla tax Incentives Limitation Law] ([1]);

[4) Costarica, con riferimento alle società i cui proventi affluiscono da fonti estere, nonché con riferimento alle società esercenti attività ad alta tecnologia] ([2]);

5) Dominica, con riferimento alle *international companies* esercenti l'attività all'estero;

6) Ecuador, con riferimento alle società operanti nelle *Free Trade Zones* che beneficiano dell'esenzione dalle imposte sui redditi;

7) Giamaica, con riferimento alle società di produzione per l'esportazione che usufruiscono dei benefici fiscali dell'*Export Industry Encourage Act* e alle società localizzate nei territori individuati dal *Jamaica Export Free Zone Act*;

8) Kenia, con riferimento alle società insediate nelle *Export Processing Zones*;

[9) Malta, con riferimento alle società i cui proventi affluiscono da fonti estere, quali quelle di cui al Malta Financial Services Centre Act, alle società di cui al Malta Merchant Shipping Act e alle società di cui al Malta Freeport Act] ([1]);

[10) Mauritius, con riferimento alle società «certificate» che si occupano di servizi all'export, espansione industriale, gestione turistica, costruzioni industriali e cliniche e che sono soggette a Corporate Tax in misura ridotta, alle Off-shore Companies e alle International Companies] ([2]);

11) Panama, con riferimento alle società i cui proventi affluiscono da fonti estere, secondo la legislazione di Panama, alle società situate nella *Colon Free Zone* e alle società operanti nelle *Export Processing Zone*;

12) Portorico, con riferimento alle società esercenti attività bancarie ed alle società previste dal *Puerto Rico Tax Incentives Act* del 1988 o dal *Puerto Rico Tourist Development Act* del 1993;

13) Svizzera, con riferimento alle società non soggette alle imposte cantonali e municipali, quali le società *holding*, ausiliarie e «di domicilio»;

14) Uruguay, con riferimento alle società esercenti attività bancarie e alle *holding* che esercitano esclusivamente attività *off-shore*.

2. Le disposizioni del comma 1 si applicano, altresì, ai soggetti ed alle attività insediati negli Stati di cui al medesimo comma che usufruiscono di regimi fiscali agevolati sostanzialmente analoghi a quelli ivi indicati, in virtù di accordi o provvedimenti dell'Amministrazione finanziaria dei medesimi Stati.

([1]) *Questo numero è stato soppresso dall'art. 2, comma 5, del D.M. 27 luglio 2010.*

([2]) *Questo numero è stato soppresso dall'art. 1, comma 1, lett.* c), *del D.M. 27 aprile 2015* (G.U. *Serie gen. n. 107 dell'11 maggio 2015*).

8.

D.L. 30 settembre 2003, n. 269. Disposizioni urgenti per favorire lo sviluppo e per la correzione dell'andamento dei conti pubblici (Suppl. ord. alla *Gazzetta Ufficiale* Serie gen. - n. 229 del 2 ottobre 2003), convertito, con modificazioni, nella L. 24 novembre 2003, n. **326** (Suppl. ord. alla *Gazzetta Ufficiale* Serie gen. - n. 274 del 25 novembre 2003) ed *avviso di rettifica* in *Gazzetta Ufficiale* Serie gen. - n. 234 dell'8 ottobre 2003.

(*Estratto*)

Titolo I
Disposizioni
per favorire lo sviluppo

Capo III
Made in Italy,
competitività, sviluppo

8. ([1]) [**Ruling internazionale.** – 1. Le imprese con attività internazionale hanno accesso ad una procedura di *ruling* di standard internazionale, con principale riferimento al regime dei prezzi di trasferimento, degli interessi, dei dividendi, delle *royalties* e alla valutazione preventiva della sussistenza o meno dei requisiti che configurano una stabile organizzazione situata nel territorio dello Stato, tenuti presenti i criteri previsti dall'articolo 162 del decreto del Presidente della Repubblica 22 dicembre 1986, n. 917, nonché dalle vigenti Convenzioni contro le doppie imposizioni stipulate all'Italia.

2. La procedura si conclude con la stipulazione di un accordo, tra il competente ufficio dell'Agenzia delle entrate e il contribuente, e vincola per il periodo d'imposta nel corso del quale l'accordo è stipulato e per i quattro periodi d'imposta successivi, salvo che intervengano mutamenti nelle circostanze di fatto o di diritto rilevanti al fine delle predette metodologie e risultanti dall'accordo sottoscritto dai contribuenti.

3. In base alla normativa comunitaria, l'amministrazione finanziaria invia copia dell'accordo all'autorità fiscale competente degli Stati di residenza o di stabilimento delle imprese con i quali i contribuenti pongono in essere le relative operazioni.

4. Per i periodi d'imposta di cui al comma 2, l'Amministrazione finanziaria esercita i poteri di cui agli articoli 32 e seguenti del decreto del Presidente della Repubblica 29 settembre 1973, n. 600, soltanto in relazione a questioni diverse da quelle oggetto dell'accordo.

5. La richiesta di *ruling* è presentata al competente ufficio [, di Milano o di Roma,] (2) della Agenzia delle entrate, secondo quanto stabilito con provvedimento del direttore della medesima Agenzia.

6. Le disposizioni del presente articolo si applicano a decorrere dal periodo d'imposta successivo a quello in corso alla data di entrata in vigore del presente decreto.

7. Agli oneri derivanti dal presente articolo, ammontanti a 5 milioni di euro a decorrere dal 2004, si provvede a valere sulle maggiori entrate derivanti dal presente decreto].

(1) *Questo articolo è stato abrogato dall'art. 1, comma 1, del D.L.vo 14 settembre 2015, n. 147. A norma dell'art. 1, comma 3, del medesimo provvedimento, tale disposizione si applica a decorrere dalla data fissata dal provvedimento del Direttore dell'Agenzia delle entrate di cui all'articolo 31 ter, comma 6, del decreto del Presidente della Repubblica 29 settembre 1973, n. 600, da emanarsi, in sostituzione del provvedimento del 23 luglio 2004, entro novanta giorni dalla data di entrata in vigore del suddetto decreto legislativo.*

(2) *Le parole tra parentesi quadrate sono state soppresse dall'art. 7, comma 1, lett. c), del D.L. 23 dicembre 2013, n. 145, convertito, con modificazioni, nella L. 21 febbraio 2014, n. 9.*

9.

D.M. 7 agosto 2006, n. 268. Regolamento recante disposizioni applicative in materia di tassazione dei redditi di imprese estere collegate in attuazione dell'articolo 168, comma 4, del testo unico delle imposte sui redditi, approvato con decreto del Presidente della Repubblica 22 dicembre 1986, n. 917 (*Gazzetta Ufficiale* Serie gen. - n. 245 del 20 ottobre 2006).

1. Presupposti di applicazione delle disposizioni concernenti l'imputazione dei redditi di imprese estere collegate. – 1. I redditi conseguiti da imprese, società o enti, residenti o localizzati in Stati o territori con regime fiscale privilegiato, sono imputati alle persone fisiche o ai soggetti di cui agli articoli 5 e 73, comma 1, lettere *a*), *b*) e *c*) del testo unico delle imposte sui redditi, approvato con decreto del Presidente della Repubblica 22 dicembre 1986, n. 917, anche non titolari di reddito d'impresa, residenti in Italia, che detengano, direttamente o indirettamente, anche tramite società fiduciarie o per interposta persona, una partecipazione agli utili di dette imprese, società o enti, non inferiore al 20 per cento ovvero al 10 per cento in caso di società i cui titoli sono negoziati in mercati regolamentati. Si tiene conto della eventuale demoltiplicazione prodotta dalla catena partecipativa.

2. Non si applicano le disposizioni del comma 1 per le partecipazioni in soggetti non residenti negli Stati o territori a fiscalità privilegiata che operano in tali Stati o territori per il tramite di stabili organizzazioni.

3. Si considerano residenti o localizzati in territori con regime fiscale privilegiato, così come individuati dal decreto del Ministro dell'economia e delle finanze 21 novembre 2001, pubblicato nella *Gazzetta Ufficiale* n. 273 del 23 novembre 2001, le imprese, le società e gli enti ammessi comunque a fruire di tale regime.

4. Ai fini della verifica delle percentuali di partecipazioni agli utili, per le persone fisiche si tiene conto anche di quelle spettanti ai familiari di cui all'articolo 5, comma 5 del citato testo unico.

2. Determinazione dei redditi. – 1. Il reddito dei soggetti non residenti, da imputare in misura percentuale ai soggetti partecipanti residenti, è costituito dall'utile risultante dal bilancio redatto dal soggetto non residente anche in assenza di un obbligo di legge, al lordo delle imposte sul reddito, ovvero, se maggiore, dal reddito risultante dalla somma dei componenti positivi presuntivamente ritraibili dagli elementi dell'attivo patrimoniale del soggetto non residente.

2. La determinazione in via presuntiva dei componenti positivi si ottiene applicando al valore degli elementi dell'attivo di seguito indicati, anche se detenuti in locazione finanziaria, i corrispondenti coefficienti di redditività:

a) beni di cui all'articolo 85, comma 1, lettera *c*), *d*) ed *e*) del citato testo unico, anche se classificati nelle immobilizzazioni finanziarie: 1 per cento;

b) crediti: 1 per cento;

c) immobilizzazioni costituite da beni immobili e beni di cui articolo 8 *bis*, comma 1, lettera *a*) del decreto del Presidente della Repubblica 26 ottobre 1972, n. 633, e successive modificazioni: 4 per cento;

d) altre immobilizzazioni: 15 per cento.

3. Ai fini dell'applicazione dei commi 1 e 2, l'utile lordo di bilancio e la congruità dei valori degli elementi dell'attivo, devono essere attestati da uno o più soggetti iscritti nel registro dei revisori contabili istituito ai sensi del decreto legislativo 27 gennaio 1992, n. 88.

3. Imputazione e tassazione dei redditi. – 1. I redditi determinati ai sensi dell'articolo 2, convertiti secondo il cambio del giorno di chiusura dell'esercizio o periodo di gestione dell'impresa, società o ente non residente, sono assoggettati a tassazione separata dai soggetti partecipanti residenti, nel periodo d'imposta in corso alla data di chiusura dell'esercizio o periodo di gestione dell'impresa, società o ente non residente, con l'aliquota media di tassazione del reddito complessivo netto, comunque non inferiore al 27 per cento.

2. Dall'imposta determinata ai sensi del comma 1, sono ammesse in detrazione, ai sensi dell'articolo 165 del citato testo unico delle imposte sui

redditi, le imposte sui redditi pagate all'estero a titolo definitivo dal soggetto non residente, in misura corrispondente alla quota di partecipazione agli utili del soggetto residente.

3. Gli utili distribuiti dal soggetto non residente non concorrono a formare il reddito complessivo del soggetto partecipante residente per la quota corrispondente all'ammontare dei redditi assoggettati a tassazione separata ai sensi del comma 1. In caso di partecipazione all'utile per il tramite di soggetti non residenti, le disposizioni del precedente periodo si applicano agli utili distribuiti dal soggetto non residente direttamente partecipato; a questi effetti, detti utili si presumono prioritariamente formati con quelli conseguiti dall'impresa, società o ente, localizzato nello stato o territorio con regime fiscale privilegiato che risultino precedentemente posti in distribuzione. Le imposte pagate all'estero a titolo definitivo dal soggetto partecipante riferibili agli utili che non concorrono alla formazione del reddito ai sensi dei precedenti periodi, costituiscono credito d'imposta nei limiti delle imposte complessivamente applicate a titolo di tassazione separata ridotte delle somme ammesse in detrazione ai sensi del comma 2.

4. Il costo della partecipazione nell'impresa, società o ente non residente è aumentato dei redditi imputati ai sensi dell'articolo 1 e diminuito, fino a concorrenza di tali redditi, degli utili distribuiti.

4. Obblighi dichiarativi. – 1. Il soggetto partecipante residente deve dichiarare i redditi dell'impresa, società o ente non residente, in apposito prospetto della propria dichiarazione dei redditi, fornendo l'indicazione di tutti gli elementi richiesti per la determinazione del reddito.

5. Interpello. – 1. I soggetti partecipanti residenti possono ottenere la disapplicazione della disciplina dell'articolo 168 del citato testo unico delle imposte sui redditi, producendo istanza d'interpello volta a dimostrare la sussistenza dei requisiti di cui alle lettere *a*) e *b*) del comma 5 dell'articolo 167. Ai fini della risposta positiva da parte dell'amministrazione finanziaria rileva, in particolare, la circostanza che l'impresa, la società o l'ente non residente svolge effettivamente un'attività commerciale, ai sensi dell'articolo *2195 del codice civile*, come sua principale attività nello Stato o nel territorio con regime fiscale privilegiato nel quale ha sede, con una struttura organizzativa idonea allo svolgimento della citata attività oppure alla sua autonoma preparazione e conclusione, ovvero la circostanza che i redditi conseguiti dal soggetto non residente sono prodotti in misura non inferiore al 75 per cento in altri Stati o territori diversi da quelli di cui al citato decreto del Ministro dell'economia e delle finanze 21 novembre 2001, ed ivi sottoposti integralmente a tassazione ordinaria.

2. All'esercizio dell'interpello di cui al comma 1 si applicano le disposizioni dell'articolo 5 del decreto del Ministro dell'economia e delle finanze 21 novembre 2001, n. 429.

6. Rinvio. – 1. Per tutto quanto non espressamente disciplinato negli articoli precedenti, si applicano, in quanto compatibili, le disposizioni contenute nel regolamento in materia di tassazione dei redditi delle imprese estere controllate di cui al decreto del Ministro dell'economia e delle finanze 21 novembre 2001, n. 429.

7. Entrata in vigore. – 1. Il presente regolamento entra in vigore il giorno successivo a quello della sua pubblicazione nella *Gazzetta Ufficiale* delle Repubblica italiana. Le disposizioni in esso contenute hanno effetto per il periodo di imposta in corso a tale data.

10.

D.L. 31 maggio 2010, n. 78. Misure urgenti in materia di stabilizzazione finanziaria e di competitività economica (Suppl. ord. alla *Gazzetta Ufficiale* Serie gen. - n. 125 del 31 maggio 2010), convertito, con modificazioni, nella L. 30 luglio 2010, n. **122** (Suppl. ord. alla *Gazzetta Ufficiale* Serie gen. - n. 176 del 30 luglio 2010).

(*Estratto*)

Titolo III

Sviluppo ed infrastrutture

41. (1) **Regime fiscale di attrazione europea.** – 1. Alle imprese residenti in uno Stato membro dell'Unione Europea diverso dall'Italia che intraprendono in Italia nuove attività economiche, comprese quelle di direzione e coordinamento, (2) nonché ai loro dipendenti e collaboratori, per un periodo di tre anni, si può applicare, in alternativa alla normativa tributaria statale italiana, la normativa tributaria vigente in uno degli Stati membri dell'Unione Europea. A tal fine, i citati soggetti interpellano l'Amministrazione finanziaria secondo la procedura di cui all'articolo 8 del decreto legge 30 settembre 2003, n. 269 convertito, con modificazioni, dalla legge 24 novembre 2003, n. 326. La normativa dello Stato membro prescelta dall'interpellante che trova applicazione è quella vigente nel primo giorno del periodo di imposta nel corso del quale è presentata l'istanza di interpello (3).

1 *bis*. Le attività economiche di cui al comma l non devono risultare già avviate in Italia prima della data di entrata in vigore del presente decreto e devono essere effettivamente svolte nel territorio dello Stato.

2. Con decreto di natura non regolamentare del Ministero dell'economia e delle finanze sono stabilite le disposizioni attuative del presente articolo.

(1) *A norma dell'art. 1, comma 583, della L. 27 dicembre 2013, n. 147, a partire dall'anno d'imposta 2014, sono abrogati le agevolazioni fiscali e i crediti di imposta, con la conseguente cancellazione dei relativi stanziamenti iscritti in bilancio, di cui a questo articolo.*

(2) *Le parole: «comprese quelle di direzione e coordinamento,» sono state inserite dall'art. 8, comma 2, del D.L. 13 maggio 2011, n. 70, convertito, con modificazioni, nella L. 12 luglio 2011, n. 106.*

(3) *Questo periodo è stato aggiunto dall'art. 8, comma 2, del D.L. 13 maggio 2011, n. 70, convertito, con modificazioni, nella L. 12 luglio 2011, n. 106.*

56. Entrata in vigore. – 1. Il presente decreto entra in vigore il giorno stesso della sua pubblicazione nella *Gazzetta Ufficiale* della Repubblica italiana e sarà presentato alle Camere per la conversione in legge.

11.

Mod. OECD 22 luglio 2010. Model Tax Convention on Income and on Capital.

(*Estratto*)

Convention between (State A) and (State B)
with respect to taxes on income and on capital

PREAMBLE TO THE CONVENTION

CHAPTER I
SCOPE OF THE CONVENTION

1. Persons covered. – This Convention shall apply to persons who are residents of one or both of the Contracting States.

2. Taxes covered. – 1. This Convention shall apply to taxes on income and on capital imposed on behalf of a Contracting State or of its political subdivisions or local authorities, irrespective of the manner in which they are levied.

2. There shall be regarded as taxes on income and on capital all taxes imposed on total income, on total capital, or on elements of income or of capital, including taxes on gains from the alienation of movable or immovable property, taxes on the total amounts of wages or salaries paid by enterprises, as well as taxes on capital appreciation.

3. The existing taxes to which the Convention shall apply are in particular:

a) (in State A):..............

b) (in State B):..............

4. The Convention shall apply also to any identical or substantially similar taxes that are imposed after the date of signature of the Convention in addition to, or in place of, the existing taxes. The competent authorities of the Contracting States shall notify each other of any significant changes that have been made in their taxation laws.

CHAPTER II
DEFINITIONS

3. General definitions. – 1. For the purposes of this Convention, unless the context otherwise requires:

a) the term «person» includes an individual, a company and any other body of persons;

b) the term «company» means any body corporate or any entity that is treated as a body corporate for tax purposes;

c) the term «enterprise» applies to the carrying on of any business;

d) the terms «enterprise of a Contracting State» and «enterprise of the other Contracting State» mean respectively an enterprise carried on by a resident of a Contracting State and an enterprise carried on by a resident of the other Contracting State;

e) the term «international traffic» means any transport by a ship or aircraft operated by an enterprise that has its place of effective management in a Contracting State, except when the ship or aircraft is operated solely between places in the other Contracting State;

f) the term «competent authority» means:

(*i*) (in State A):..............

(*ii*) (in State B):..............

g) the term «national», in relation to a Contracting State, means:

(*i*) any individual possessing the nationality or citizenship of that Contracting State; and

(*ii*) any legal person, partnership or association deriving its status as such from the laws in force in that Contracting State;

h) the term «business» includes the performance of professional services and of other activities of an independent character.

2. As regards the application of the Convention at any time by a Contracting State, any term not defined therein shall, unless the context other-

wise requires, have the meaning that it has at that time under the law of that State for the purposes of the taxes to which the Convention applies, any meaning under the applicable tax laws of that State prevailing over a meaning given to the term under other laws of that State.

4. Resident. – 1. For the purposes of this Convention, the term «resident of a Contracting State» means any person who, under the laws of that State, is liable to tax therein by reason of his domicile, residence, place of management or any other criterion of a similar nature, and also includes that State and any political subdivision or local authority thereof. This term, however, does not include any person who is liable to tax in that State in respect only of income from sources in that State or capital situated therein.

2. Where by reason of the provisions of paragraph 1 an individual is a resident of both Contracting States, then his status shall be determined as follows:

a) he shall be deemed to be a resident only of the State in which he has a permanent home available to him; if he has a permanent home available to him in both States, he shall be deemed to be a resident only of the State with which his personal and economic relations are closer (centre of vital interests);

b) if the State in which he has his centre of vital interests cannot be determined, or if he has not a permanent home available to him in either State, he shall be deemed to be a resident only of the State in which he has an habitual abode;

c) if he has an habitual abode in both States or in neither of them, he shall be deemed to be a resident only of the State of which he is a national;

d) if he is a national of both States or of neither of them, the competent authorities of the Contracting States shall settle the question by mutual agreement.

3. Where by reason of the provisions of paragraph 1 a person other than an individual is a resident of both Contracting States, then it shall be deemed to be a resident only of the State in which its place of effective management is situated.

5. *Permanent* establishment. – 1. For the purposes of this Convention, the term «permanent establishment» means a fixed place of business through which the business of an enterprise is wholly or partly carried on.

2. The term «permanent establishment» includes especially:

a) a place of management;

b) a branch;

c) an office;
d) a factory;
e) a workshop, and
f) a mine, an oil or gas well, a quarry or any other place of extraction of natural resources.

3. A building site or construction or installation project constitutes a permanent establishment only if it lasts more than twelve months.

4. Notwithstanding the preceding provisions of this Article, the term «permanent establishment» shall be deemed not to include:

a) the use of facilities solely for the purpose of storage, display or delivery of goods or merchandise belonging to the enterprise;

b) the maintenance of a stock of goods or merchandise belonging to the enterprise solely for the purpose of storage, display or delivery;

c) the maintenance of a stock of goods or merchandise belonging to the enterprise solely for the purpose of processing by another enterprise;

d) the maintenance of a fixed place of business solely for the purpose of purchasing goods or merchandise or of collecting information, for the enterprise;

e) the maintenance of a fixed place of business solely for the purpose of carrying on, for the enterprise, any other activity of a preparatory or auxiliary character;

f) the maintenance of a fixed place of business solely for any combination of activities mentioned in subparagraphs *a*) to *e*), provided that the overall activity of the fixed place of business resulting from this combination is of a preparatory or auxiliary character.

5. Notwithstanding the provisions of paragraphs 1 and 2, where a person – other than an agent of an independent status to whom paragraph 6 applies – is acting on behalf of an enterprise and has, and habitually exercises, in a Contracting State an authority to conclude contracts in the name of the enterprise, that enterprise shall be deemed to have a permanent establishment in that State in respect of any activities which that person undertakes for the enterprise, unless the activities of such person are limited to those mentioned in paragraph 4 which, if exercised through a fixed place of business, would not make this fixed place of business a permanent establishment under the provisions of that paragraph.

6. An enterprise shall not be deemed to have a permanent establishment in a Contracting State merely because it carries on business in that State through a broker, general commission agent or any other agent of an independent status, provided that such persons are acting in the ordinary course of their business.

7. The fact that a company which is a resident of a Contracting State controls or is controlled by a company which is a resident of the other Contracting State, or which carries on business in that other State (whether through a permanent establishment or otherwise), shall not of itself constitute either company a permanent establishment of the other.

CHAPTER III
TAXATION OF INCOME

6. Income from immovable property. – 1. Income derived by a resident of a Contracting State from immovable property (including income from agriculture or forestry) situated in the other Contracting State may be taxed in that other State.

2. The term «immovable property» shall have the meaning which it has under the law of the Contracting State in which the property in question is situated. The term shall in any case include property accessory to immovable property, livestock and equipment used in agriculture and forestry, rights to which the provisions of general law respecting landed property apply, usufruct of immovable property and rights to variable or fixed payments as consideration for the working of, or the right to work, mineral deposits, sources and other natural resources; ships, boats and aircraft shall not be regarded as immovable property.

3. The provisions of paragraph 1 shall apply to income derived from the direct use, letting, or use in any other form of immovable property.

4. The provisions of paragraphs 1 and 3 shall also apply to the income from immovable property of an enterprise.

7. Business profits. – 1. Profits of an enterprise of a Contracting State shall be taxable only in that State unless the enterprise carries on business in the other Contracting State through a permanent establishment situated therein. If the enterprise carries on business as aforesaid, the profits that are attributable to the permanent establishment in accordance with the provisions of paragraph 2 may be taxed in that other State.

2. For the purposes of this Article and Article [23 A] [23B], the profits that are attributable in each Contracting State to the permanent establishment referred to in paragraph 1 are the profits it might be expected to make, in particular in its dealings with other parts of the enterprise, if it were a separate and independent enterprise engaged in the same or similar activities under the same or similar conditions, taking into account the functions performed, assets used and risks assumed by the enterprise through the permanent establishment and through the other parts of the enterprise.

3. Where, in accordance with paragraph 2, a Contracting State adjusts the profits that are attributable to a permanent establishment of an enterprise of one of the Contracting States and taxes accordingly profits of the enterprise that have been charged to tax in the other State, the other State shall, to the extent necessary to eliminate double taxation on these profits, make an appropriate adjustment to the amount of the tax charged on those profits. In determining such adjustment, the competent authorities of the Contracting States shall if necessary consult each other.

4. Where profits include items of income which are dealt with separately in other Articles of this Convention, then the provisions of those Articles shall not be affected by the provisions of this Article.

8. Shipping, inland waterways transport and air transport. – 1. Profits from the operation of ships or aircraft in international traffic shall be taxable only in the Contracting State in which the place of effective management of the enterprise is situated.

2. Profits from the operation of boats engaged in inland waterways transport shall be taxable only in the Contracting State in which the place of effective management of the enterprise is situated.

3. If the place of effective management of a shipping enterprise or of an inland waterways transport enterprise is aboard a ship or boat, then it shall be deemed to be situated in the Contracting State in which the home harbour of the ship or boat is situated, or, if there is no such home harbour, in the Contracting State of which the operator of the ship or boat is a resident.

4. The provisions of paragraph 1 shall also apply to profits from the participation in a pool, a joint business or an international operating agency.

9. Associated enterprises. – 1. Where

a) an enterprise of a Contracting State participates directly or indirectly in the management, control or capital of an enterprise of the other Contracting State, or

b) the same persons participate directly or indirectly in the management, control or capital of an enterprise of a Contracting State and an enterprise of the other Contracting State,

and in either case conditions are made or imposed between the two enterprises in their commercial or financial relations which differ from those which would be made between independent enterprises, then any profits which would, but for those conditions, have accrued to one of the enterprises, but, by reason of those conditions, have not so accrued, may be included in the profits of that enterprise and taxed accordingly.

2. Where a Contracting State includes in the profits of an enterprise of that State – and taxes accordingly – profits on which an enterprise of the other Contracting State has been charged to tax in that other State and the profits so included are profits which would have accrued to the enterprise of the first-mentioned State if the conditions made between the two enterprises had been those which would have been made between independent enterprises, then that other State shall make an appropriate adjustment to the amount of the tax charged therein on those profits. In determining such adjustment, due regard shall be had to the other provisions of this Convention and the competent authorities of the Contracting States shall if necessary consult each other.

10. Dividends. – 1. Dividends paid by a company which is a resident of a Contracting State to a resident of the other Contracting State may be taxed in that other State.

2. However, such dividends may also be taxed in the Contracting State of which the company paying the dividends is a resident and according to the laws of that State, but if the beneficial owner of the dividends is a resident of the other Contracting State, the tax so charged shall not exceed:

a) 5 per cent of the gross amount of the dividends if the beneficial owner is a company (other than a partnership) which holds directly at least 25 per cent of the capital of the company paying the dividends;

b) 15 per cent of the gross amount of the dividends in all other cases.

The competent authorities of the Contracting States shall by mutual agreement settle the mode of application of these limitations.This paragraph shall not affect the taxation of the company in respect of the profits out of which the dividends are paid.

3. The term «dividends» as used in this Article means income from shares, «jouissance» shares or «jouissance» rights, mining shares, founders' shares or other rights, not being debt-claims, participating in profits, as well as income from other corporate rights which is subjected to the same taxation treatment as income from shares by the laws of the State of which the company making the distribution is a resident.

4. The provisions of paragraphs 1 and 2 shall not apply if the beneficial owner of the dividends, being a resident of a Contracting State, carries on business in the other Contracting State of which the company paying the dividends is a resident through a permanent establishment situated therein and the holding in respect of which the dividends are paid is effectively

connected with such permanent establishment. In such case the provisions of Article 7 shall apply.

5. Where a company which is a resident of a Contracting State derives profits or income from the other Contracting State, that other State may not impose any tax on the dividends paid by the company, except insofar as such dividends are paid to a resident of that other State or insofar as the holding in respect of which the dividends are paid is effectively connected with a permanent establishment situated in that other State, nor subject the company's undistributed profits to a tax on the company's undistributed profits, even if the dividends paid or the undistributed profits consist wholly or partly of profits or income arising in such other State.

11. Interest. – 1. Interest arising in a Contracting State and paid to a resident of the other Contracting State may be taxed in that other State.

2. However, such interest may also be taxed in the Contracting State in which it arises and according to the laws of that State, but if the beneficial owner of the interest is a resident of the other Contracting State, the tax so charged shall not exceed 10 per cent of the gross amount of the interest. The competent authorities of the Contracting States shall by mutual agreement settle the mode of application of this limitation.

3. The term «interest» as used in this Article means income from debt-claims of every kind, whether or not secured by mortgage and whether or not carrying a right to participate in the debtor's profits, and in particular, income from government securities and income from bonds or debentures, including premiums and prizes attaching to such securities, bonds or debentures. Penalty charges for late payment shall not be regarded as interest for the purpose of this Article.

4. The provisions of paragraphs 1 and 2 shall not apply if the beneficial owner of the interest, being a resident of a Contracting State, carries on business in the other Contracting State in which the interest arises through a permanent establishment situated therein and the debt-claim in respect of which the interest is paid is effectively connected with such permanent establishment. In such case the provisions of Article 7 shall apply.

5. Interest shall be deemed to arise in a Contracting State when the payer is a resident of that State. Where, however, the person paying the interest, whether he is a resident of a Contracting State or not, has in a Contracting State a permanent establishment in connection with which the indebtedness on which the interest is paid was incurred, and such interest is borne by such permanent establishment, then such interest shall be deemed to arise in the State in which the permanent establishment is situated.

6. Where, by reason of a special relationship between the payer and the beneficial owner or between both of them and some other person, the amount of the interest, having regard to the debt-claim for which it is paid, exceeds the amount which would have been agreed upon by the payer and the beneficial owner in the absence of such relationship, the provisions of this Article shall apply only to the last-mentioned amount. In such case, the excess part of the payments shall remain taxable according to the laws of each Contracting State, due regard being had to the other provisions of this Convention.

12. Royalties. – 1. Royalties arising in a Contracting State and beneficially owned by a resident of the other Contracting State shall be taxable only in that other State.

2. The term «royalties» as used in this Article means payments of any kind received as a consideration for the use of, or the right to use, any copyright of literary, artistic or scientific work including cinematograph films, any patent, trade mark, design or model, plan, secret formula or process, or for information concerning industrial, commercial or scientific experience.

3. The provisions of paragraph 1 shall not apply if the beneficial owner of the royalties, being a resident of a Contracting State, carries on business in the other Contracting State in which the royalties arise through a permanent establishment situated therein and the right or property in respect of which the royalties are paid is effectively connected with such permanent establishment. In such case the provisions of Article 7 shall apply.

4. Where, by reason of a special relationship between the payer and the beneficial owner or between both of them and some other person, the amount of the royalties, having regard to the use, right or information for which they are paid, exceeds the amount which would have been agreed upon by the payer and the beneficial owner in the absence of such relationship, the provisions of this Article shall apply only to the last-mentioned amount. In such case, the excess part of the payments shall remain taxable according to the laws of each Contracting State, due regard being had to the other provisions of this Convention.

13. Capital gains. – 1. Gains derived by a resident of a Contracting State from the alienation of immovable property referred to in Article 6 and situated in the other Contracting State may be taxed in that other State.

2. Gains from the alienation of movable property forming part of the business property of a permanent establishment which an enterprise of a Contracting State has in the other Contracting State, including such gains

from the alienation of such a permanent establishment (alone or with the whole enterprise), may be taxed in that other State.

3. Gains from the alienation of ships or aircraft operated in international traffic, boats engaged in inland waterways transport or movable property pertaining to the operation of such ships, aircraft or boats, shall be taxable only in the Contracting State in which the place of effective management of the enterprise is situated.

4. Gains derived by a resident of a Contracting State from the alienation of shares deriving more than 50 per cent of their value directly or indirectly from immovable property situated in the other Contracting State may be taxed in that other State.

5. Gains from the alienation of any property, other than that referred to in paragraphs 1, 2, 3 and 4, shall be taxable only in the Contracting State of which the alienator is a resident.

14. [Independent personal services. – (*Deleted*)].

15. Income from employment. – 1. Subject to the provisions of Articles 16, 18 and 19, salaries, wages and other similar remuneration derived by a resident of a Contracting State in respect of an employment shall be taxable only in that State unless the employment is exercised in the other Contracting State. If the employment is so exercised, such remuneration as is derived therefrom may be taxed in that other State.

2. Notwithstanding the provisions of paragraph 1, remuneration derived by a resident of a Contracting State in respect of an employment exercised in the other Contracting State shall be taxable only in the first-mentioned State if:

a) the recipient is present in the other State for a period or periods not exceeding in the aggregate 183 days in any twelve month period commencing or ending in the fiscal year concerned, and

b) the remuneration is paid by, or on behalf of, an employer who is not a resident of the other State, and

c) the remuneration is not borne by a permanent establishment which the employer has in the other State.

3. Notwithstanding the preceding provisions of this Article, remuneration derived in respect of an employment exercised aboard a ship or aircraft operated in international traffic, or aboard a boat engaged in inland waterways transport, may be taxed in the Contracting State in which the place of effective management of the enterprise is situated.

16. Directors' fees. – Directors' fees and other similar payments derived by a resident of a Contracting State in his capacity as a member of the board of directors of a company which is a resident of the other Contracting State may be taxed in that other State.

17. Artistes and sportsmen. – 1. Notwithstanding the provisions of Articles 7 and 15, income derived by a resident of a Contracting State as an entertainer, such as a theatre, motion picture, radio or television artiste, or a musician, or as a sportsman, from his personal activities as such exercised in the other Contracting State, may be taxed in that other State.

2. Where income in respect of personal activities exercised by an entertainer or a sportsman in his capacity as such accrues not to the entertainer or sportsman himself but to another person, that income may, notwithstanding the provisions of Articles 7 and 15, be taxed in the Contracting State in which the activities of the entertainer or sportsman are exercised.

18. Pensions. – Subject to the provisions of paragraph 2 of Article 19, pensions and other similar remuneration paid to a resident of a Contracting State in consideration of past employment shall be taxable only in that State.

19. Government service. – 1. *a*) Salaries, wages and other similar remuneration paid by a Contracting State or a political subdivision or a local authority thereof to an individual in respect of services rendered to that State or subdivision or authority shall be taxable only in that State.

b) However, such salaries, wages and other similar remuneration shall be taxable only in the other Contracting State if the services are rendered in that State and the individual is a resident of that State who:

(*i*) is a national of that State; or

(*ii*) did not become a resident of that State solely for the purpose of rendering the services.

2. *a*) Notwithstanding the provisions of paragraph 1, pensions and other similar remuneration paid by, or out of funds created by, a Contracting State or a political subdivision or a local authority thereof to an individual in respect of services rendered to that State or subdivision or authority shall be *taxable only in that State.*

b) However, such pensions and other similar remuneration shall be taxable only in the other Contracting State if the individual is a resident of, and a national of, that State.

3. The provisions of Articles 15, 16, 17, and 18 shall apply to salaries, wages, pensions, and other similar remuneration in respect of services rendered

in connection with a business carried on by a Contracting State or a political subdivision or a local authority thereof.

20. Students. – Payments which a student or business apprentice who is or was immediately before visiting a Contracting State a resident of the other Contracting State and who is present in the first-mentioned State solely for the purpose of his education or training receives for the purpose of his maintenance, education or training shall not be taxed in that State, provided that such payments arise from sources outside that State.

21. Other income. – 1. Items of income of a resident of a Contracting State, wherever arising, not dealt with in the foregoing Articles of this Convention shall be taxable only in that State.

2. The provisions of paragraph 1 shall not apply to income, other than income from immovable property as defined in paragraph 2 of Article 6, if the recipient of such income, being a resident of a Contracting State, carries on business in the other Contracting State through a permanent establishment situated therein and the right or property in respect of which the income is paid is effectively connected with such permanent establishment. In such case the provisions of Article 7 shall apply.

CHAPTER IV
TAXATION OF CAPITAL

22. Capital. – 1. Capital represented by immovable property referred to in Article 6, owned by a resident of a Contracting State and situated in the other Contracting State, may be taxed in that other State.

2. Capital represented by movable property forming part of the business property of a permanent establishment which an enterprise of a Contracting State has in the other Contracting State may be taxed in that other State.

3. Capital represented by ships and aircraft operated in international traffic and by boats engaged in inland waterways transport, and by movable property pertaining to the operation of such ships, aircraft and boats, shall be taxable only in the Contracting State in which the place of effective management of the enterprise is situated.

4. All other elements of capital of a resident of a Contracting State shall be taxable only in that State.

CHAPTER V
METHODS FOR ELIMINATION OF DOUBLE TAXATION

23 *A*. Exemption method. – 1. Where a resident of a Contracting State derives income or owns capital which, in accordance with the provisions of this Convention, may be taxed in the other Contracting State, the first-mentioned State shall, subject to the provisions of paragraphs 2 and 3, exempt such income or capital from tax.

2. Where a resident of a Contracting State derives items of income which, in accordance with the provisions of Articles 10 and 11, may be taxed in the other Contracting State, the first-mentioned State shall allow as a deduction from the tax on the income of that resident an amount equal to the tax paid in that other State. Such deduction shall not, however, exceed that part of the tax, as computed before the deduction is given, which is attributable to such items of income derived from that other State.

3. Where in accordance with any provision of the Convention income derived or capital owned by a resident of a Contracting State is exempt from tax in that State, such State may nevertheless, in calculating the amount of tax on the remaining income or capital of such resident, take into account the exempted income or capital.

4. The provisions of paragraph 1 shall not apply to income derived or capital owned by a resident of a Contracting State where the other Contracting State applies the provisions of this Convention to exempt such income or capital from tax or applies the provisions of paragraph 2 of Article 10 or 11 to such income.

23 *B*. Credit method. – 1. Where a resident of a Contracting State derives income or owns capital which, in accordance with the provisions of this Convention, may be taxed in the other Contracting State, the first-mentioned State shall allow:

a) as a deduction from the tax on the income of that resident, an amount equal to the income tax paid in that other State;

b) as a deduction from the tax on the capital of that resident, an amount equal to the capital tax paid in that other State.

Such deduction in either case shall not, however, exceed that part of the income tax or capital tax, as computed before the deduction is given, which is attributable, as the case may be, to the income or the capital which may be taxed in that other State.

2. Where in accordance with any provision of the Convention income derived or capital owned by a resident of a Contracting State is exempt from tax in that State, such State may nevertheless, in calculating the amount of tax on the remaining income or capital of such resident, take into account the exempted income or capital.

Chapter VI
SPECIAL PROVISIONS

24. Non-discrimination. – 1. Nationals of a Contracting State shall not be subjected in the other Contracting State to any taxation or any requirement connected therewith, which is other or more burdensome than the taxation and connected requirements to which nationals of that other State in the same circumstances, in particular with respect to residence, are or may be subjected. This provision shall, notwithstanding the provisions of Article 1, also apply to persons who are not residents of one or both of the Contracting States.

2. Stateless persons who are residents of a Contracting State shall not be subjected in either Contracting State to any taxation or any requirement connected therewith, which is other or more burdensome than the taxation and connected requirements to which nationals of the State concerned in the same circumstances, in particular with respect to residence, are or may be subjected.

3. The taxation on a permanent establishment which an enterprise of a Contracting State has in the other Contracting State shall not be less favourably levied in that other State than the taxation levied on enterprises of that other State carrying on the same activities. This provision shall not be construed as obliging a Contracting State to grant to residents of the other Contracting State any personal allowances, reliefs and reductions for taxation purposes on account of civil status or family responsibilities which it grants to its own residents.

4. Except where the provisions of paragraph 1 of Article 9, paragraph 6 of Article 11, or paragraph 4 of Article 12, apply, interest, royalties and other disbursements paid by an enterprise of a Contracting State to a resident of the other Contracting State shall, for the purpose of determining the taxable profits of such enterprise, be deductible under the same conditions as if they had been paid to a resident of the first-mentioned State. Similarly, any debts of an enterprise of a Contracting State to a resident of the other Contracting State shall, for the purpose of determining the taxable capital of such enterprise, be deductible under the same conditions as if they had been contracted to a resident of the first-mentioned State.

5. Enterprises of a Contracting State, the capital of which is wholly or partly owned or controlled, directly or indirectly, by one or more residents of the other Contracting State, shall not be subjected in the first-mentioned State to any taxation or any requirement connected therewith which is other or more burdensome than the taxation and connected requirements to which other similar enterprises of the first- mentioned State are or may be subjected.

6. The provisions of this Article shall, notwithstanding the provisions of Article 2, apply to taxes of every kind and description.

25. Mutual agreement procedure. – 1. Where a person considers that the actions of one or both of the Contracting States result or will result for him in taxation not in accordance with the provisions of this Convention, he may, irrespective of the remedies provided by the domestic law of those States, present his case to the competent authority of the Contracting State of which he is a resident or, if his case comes under paragraph 1 of Article 24, to that of the Contracting State of which he is a national. The case must be presented within three years from the first notification of the action resulting in taxation not in accordance with the provisions of the Convention.

2. The competent authority shall endeavour, if the objection appears to it to be justified and if it is not itself able to arrive at a satisfactory solution, to resolve the case by mutual agreement with the competent authority of the other Contracting State, with a view to the avoidance of taxation which is not in accordance with the Convention. Any agreement reached shall be implemented notwithstanding any time limits in the domestic law of the Contracting States.

3. The competent authorities of the Contracting States shall endeavour to resolve by mutual agreement any difficulties or doubts arising as to the interpretation or application of the Convention. They may also consult together for the elimination of double taxation in cases not provided for in the Convention.

4. The competent authorities of the Contracting States may communicate with each other directly, including through a joint commission consisting of themselves or their representatives, for the purpose of reaching an agreement in the sense of the preceding paragraphs.

5. Where,

a) under paragraph 1, a person has presented a case to the competent authority of a Contracting State on the basis that the actions of one or both of the Contracting States have resulted for that person in taxation not in accordance with the provisions of this Convention, and *b*) the competent authorities are unable to reach an agreement to resolve that case pursuant to paragraph 2 within two years from the presentation of the case to the competent authority of the other Contracting State,

any unresolved issues arising from the case shall be submitted to arbitration if the person so requests. These unresolved issues shall not, however, be submitted to arbitration if a decision on these issues has already been rendered by a court or administrative tribunal of either State. Unless a person directly affected by the case does not accept the mutual agreement that implements the arbitration decision, that decision shall be binding on both Contracting States and shall be implemented notwithstanding any time limits in the domestic laws of these States. The competent authorities of the Contracting States shall by mutual agreement settle the mode of application of this paragraph.

26. Exchange of information. – 1. The competent authorities of the Contracting States shall exchange such information as is foreseeably relevant for carrying out the provisions of this Convention or to the administration or enforcement of the domestic laws concerning taxes of every kind and description imposed on behalf of the Contracting States, or of their political subdivisions or local authorities, insofar as the taxation thereunder is not contrary to the Convention. The exchange of information is not restricted by Articles 1 and 2.

2. Any information received under paragraph 1 by a Contracting State shall be treated as secret in the same manner as information obtained under the domestic laws of that State and shall be disclosed only to persons or authorities (including courts and administrative bodies) concerned with the assessment or collection of, the enforcement or prosecution in respect of, the determination of appeals in relation to the taxes referred to in paragraph 1, or the oversight of the above. Such persons or authorities shall use the information only for such purposes. They may disclose the information in public court proceedings or in judicial decisions.

3. In no case shall the provisions of paragraphs 1 and 2 be construed so as to impose on a Contracting State the obligation:

a) to carry out administrative measures at variance with the laws and administrative practice of that or of the other Contracting State;

b) to supply information which is not obtainable under the laws or in the normal course of the administration of that or of the other Contracting State;

c) to supply information which would disclose any trade, business, industrial, commercial or professional secret or trade process, or information the disclosure of which would be contrary to public policy (*ordrepublic*).

4. If information is requested by a Contracting State in accordance with this Article, the other Contracting State shall use its information gathering measures to obtain the requested information, even though that other State may not need such information for its own tax purposes. The obligation contained in the preceding sentence is subject to the limitations of paragraph 3 but in no case shall such limitations be construed to permit a Contracting State to decline to supply information solely because it has no domestic interest in such information.

5. In no case shall the provisions of paragraph 3 be construed to permit a Contracting State to decline to supply information solely because the information is held by a bank, other financial institution, nominee or person acting in an agency or a fiduciary capacity or because it relates to ownership interests in a person.

27. Assistance in the collection of taxes. – 1. The Contracting States shall lend assistance to each other in the collection of revenue claims. This assistance is not restricted by Articles 1 and 2. The competent authorities of the Contracting States may by mutual agreement settle the mode of application of this Article.

2. The term «revenue claim» as used in this Article means an amount owed in respect of taxes of every kind and description imposed on behalf of the Contracting States, or of their political subdivisions or local authorities, insofar as the taxation thereunder is not contrary to this Convention or any other instrument to which the Contracting States are parties, as well as interest, administrative penalties and costs of collection or conservancy related to such amount.

3. When a revenue claim of a Contracting State is enforceable under the laws of that State and is owed by a person who, at that time, cannot, under the laws of that State, prevent its collection, that revenue claim shall, at the request of the competent authority of that State, be accepted for purposes of collection by the competent authority of the other Contracting State. That revenue claim shall be collected by that other State in accordance with the provisions of its laws applicable to the enforcement and collection of its own taxes as if the revenue claim were a revenue claim of that other State.

4. When a revenue claim of a Contracting State is a claim in respect of which that State may, under its law, take measures of conservancy with a view to ensure its collection, that revenue claim shall, at the request of the

competent authority of that State, be accepted for purposes of taking measures of conservancy by the competent authority of the other Contracting State. That other State shall take measures of conservancy in respect of that revenue claim in accordance with the provisions of its laws as if the revenue claim were a revenue claim of that other State even if, at the time when such measures are applied, the revenue claim is not enforceable in the first- mentioned State or is owed by a person who has a right to prevent its collection.

5. Notwithstanding the provisions of paragraphs 3 and 4, a revenue claim accepted by a Contracting State for purposes of paragraph 3 or 4 shall not, in that State, be subject to the time limits or accorded any priority applicable to a revenue claim under the laws of that State by reason of its nature as such. In addition, a revenue claim accepted by a Contracting State for the purposes of paragraph 3 or 4 shall not, in that State, have any priority applicable to that revenue claim under the laws of the other Contracting State.

6. Proceedings with respect to the existence, validity or the amount of a revenue claim of a Contracting State shall not be brought before the courts or administrative bodies of the other Contracting State.

7. Where, at any time after a request has been made by a Contracting State under paragraph 3 or 4 and before the other Contracting State has collected and remitted the relevant revenue claim to the first-mentioned State, the relevant revenue claim ceases to be

a) in the case of a request under paragraph 3, a revenue claim of the first-mentioned State that is enforceable under the laws of that State and is owed by a person who, at that time, cannot, under the laws of that State, prevent its collection, or

b) in the case of a request under paragraph 4, a revenue claim of the first- mentioned State in respect of which that State may, under its laws, take measures of conservancy with a view to ensure its collection

the competent authority of the first-mentioned State shall promptly notify the competent authority of the other State of that fact and, at the option of the other State, the first-mentioned State shall either suspend or withdraw its request.

8. In no case shall the provisions of this Article be construed so as to impose on a Contracting State the obligation:

a) to carry out administrative measures at variance with the laws and administrative practice of that or of the other Contracting State;

b) to carry out measures which would be contrary to public policy (*ordrepublic*);

c) to provide assistance if the other Contracting State has not pursued all reasonable measures of collection or conservancy, as the case may be, available under its laws or administrative practice;

d) to provide assistance in those cases where the administrative burden for that State is clearly disproportionate to the benefit to be derived by the other Contracting State.

28. Members of diplomatic missions and consular posts. – Nothing in this Convention shall affect the fiscal privileges of members of diplomatic missions or consular posts under the general rules of international law or under the provisions of special agreements.

29. Territorial extension (1). – 1. This Convention may be extended, either in its entirety or with any necessary modifications [to any part of the territory of (State A) or of (State B) which is specifically excluded from the application of the Convention or], to any State or territory for whose international relations (State A) or (State B) is responsible, which imposes taxes substantially similar in character to those to which the Convention applies. Any such extension shall take effect from such date and subject to such modifications and conditions, including conditions as to termination, as may be specified and agreed between the Contracting States in notes to be exchanged through diplomatic channels or in any other manner in accordance with their constitutional procedures.

2. Unless otherwise agreed by both Contracting States, the termination of the Convention by one of them under Article 30 shall also terminate, in the manner provided for in that Article, the application of the Convention [to any part of the territory of (State A) or of (State B) or] to any State or territory to which it has been extended under this Article.

(1) *The words between brackets are of relevance when, by special provision, a part of the territory of a Contracting State is excluded from the application of the Convention.*

Chapter VII
FINAL PROVISIONS

30. Entry into force. – 1. This Convention shall be ratified and the instruments of ratification shall be exchanged at . . . as soon as possible.

2. The Convention shall enter into force upon the exchange of instruments of ratification and its provisions shall have effect:

a) (in State A): . . . .

b) (in State B): . . . .

31. Termination. – This Convention shall remain in force until terminated by a Contracting State. Either Contracting State may terminate the Convention, through diplomatic channels, by giving notice of termination at least six months before the end of any calendar year after the year . . . In such event, the Convention shall cease to have effect:

a) (in State A): . . . .

b) (in State B): . . . .

1.

D.L.vo 4 dicembre 1997, n. 460. Riordino della disciplina tributaria degli enti non commerciali e delle organizzazioni non lucrative di utilità sociale (Suppl. ord. alla *Gazzetta Ufficiale* Serie gen. - n. 1 del 2 gennaio 1998).

(*Estratto*)

Sezione I

Modifiche alla disciplina
degli enti non commerciali
in materia di imposte sul reddito
e di imposta sul valore aggiunto

2. Occasionali raccolte pubbliche di fondi e contributi per lo svolgimento convenzionato di attività. – 1. (*Omissis*).

2. Le attività indicate nell'articolo 108, comma 2 *bis*, lettera *a*), del testo unico delle imposte sui redditi, approvato con decreto del Presidente della Repubblica 22 dicembre 1986, n. 917, come modificato dal comma 1, fermo restando il regime di esclusione dall'imposta sul valore aggiunto, sono esenti da ogni altro tributo.

3. Con decreto del Ministro delle finanze, da emanarsi ai sensi dell'articolo 17, comma 3, della legge 23 agosto 1988, n. 400, possono essere stabiliti condizioni e limiti affinché l'esercizio delle attività di cui all'articolo 108, comma 2 *bis*, lettera *a*), del testo unico delle imposte sui redditi, approvato con decreto del Presidente della Repubblica 22 dicembre 1986, n. 917, possa considerarsi occasionale.

5. Enti di tipo associativo. – 1. - 2. (*Omissis*).

3. Entro il 18 dicembre 1998, le associazioni già costituite prima del 1° gennaio 1998 (1) predispongono o adeguano il proprio statuto, ai sensi dell'articolo 111, comma 4 *quinquies*, del testo unico delle imposte sui redditi, approvato con decreto del Presidente della Repubblica 22 dicembre 1986, n.

917, come modificato dal comma 1, lettera *b*), ed ai sensi dell'articolo 4, settimo comma, del decreto del Presidente della Repubblica 26 ottobre 1972, n. 633, come modificato dal comma 2, lettera *b*).

4. Per le associazioni politiche, sindacali e di categoria, il termine di cui al comma 3 è di dodici mesi dalla data di entrata in vigore del presente decreto.

(¹) *Le originarie parole: «Entro sei mesi alla data di entrata in vigore del presente decreto, le associazioni costituite prima della predetta data,» sono state così sostituite dalle attuali, da: «Entro il 18 dicembre 1998» a: «1° gennaio 1998» dall'art. 5, comma 1, lett.* a), *del D.L.vo 19 novembre 1998, n. 422.*

9. Agevolazioni temporanee per il trasferimento di beni patrimoniali. – 1. Il trasferimento a titolo gratuito di aziende o beni a favore di enti non commerciali, con atto sottoposto a registrazione entro il 30 settembre 1999 (¹), non dà luogo, ai fini delle imposte sui redditi, a realizzo o distribuzione di plusvalenze, ricavi e minusvalenze, compreso il valore di avviamento, non costituisce presupposto per la tassazione di sopravvenienze attive nei confronti dell'ente cessionario, né è soggetto ad alcuna imposta sui trasferimenti, a condizione che l'ente dichiari nell'atto che intende utilizzare direttamente i beni per lo svolgimento della propria attività (²). Qualora il trasferimento abbia a oggetto l'unica azienda dell'imprenditore cedente, questi ha l'obbligo di affrancare le riserve o fondi in sospensione d'imposta eventualmente costituiti in precedenza previo pagamento di un'imposta sostitutiva dell'imposta sul reddito delle persone fisiche ovvero dell'imposta sul reddito delle persone giuridiche, dell'imposta locale sui redditi e dell'imposta sul valore aggiunto pari al 25 per cento, secondo le modalità determinate con decreto del Ministro delle finanze. Per i saldi attivi di rivalutazione costituiti ai sensi delle leggi 29 dicembre 1990, n. 408, e 30 dicembre 1991, n. 413, recanti disposizioni tributarie per la rivalutazione dei beni, lo smobilizzo di riserve e di fondi e per la rivalutazione obbligatoria dei beni immobili delle imprese, l'imposta sostitutiva è stabilita con l'aliquota del 10 per cento e non spetta il credito d'imposta previsto dall'articolo 4, comma 5, della predetta legge n. 408 del 1990 e dall'articolo 26, comma 5, della predetta legge n. 413 del 1991; le riserve e i fondi indicati nelle lettere *b*) e *c*) del comma 7 dell'articolo 105 del testo unico delle imposte sui redditi, approvato con decreto del Presidente della Repubblica 22 dicembre 1986, n. 917, sono assoggettati ad imposta sostitutiva della maggiorazione di conguaglio con l'aliquota, rispettivamente, del 5 per cento e del 10 per cento.

2. L'ente non commerciale che alla data di entrata in vigore del presente decreto utilizzi beni immobili strumentali di cui al primo periodo del comma 2 dell'articolo 40 del testo unico delle imposte sui redditi, approvato con

decreto del Presidente della Repubblica 22 dicembre 1986, n. 917, può, entro il 30 settembre 1998, optare per l'esclusione dei beni stessi dal patrimonio dell'impresa, mediante il pagamento di una somma a titolo di imposta sostitutiva dell'imposta sul reddito delle persone giuridiche, dell'imposta locale sui redditi e dell'imposta sul valore aggiunto, nella misura del 5 per cento del valore dell'immobile medesimo, determinato con i criteri di cui all'articolo 52, comma 4, del testo unico delle disposizioni concernenti l'imposta di registro, approvato con decreto del Presidente della Repubblica 26 aprile 1986, n. 131, nel caso in cui gli stessi provengano dal patrimonio personale, e del 10 per cento nel caso di acquisto in regime di impresa. Per bene proveniente dal patrimonio si intende il bene di proprietà dell'ente stesso non acquistato nell'esercizio di impresa indipendentemente dall'anno di acquisizione e dal periodo di tempo intercorso tra l'acquisto e l'utilizzazione nell'impresa (3).

3. Con decreto del Ministro delle finanze, da pubblicare nella *Gazzetta Ufficiale* entro sessanta giorni dalla data di entrata in vigore del presente decreto, sono stabilite le modalità di presentazione della dichiarazione di opzione e di versamento delle imposte sostitutive previste ai commi 1 e 2 (3).

(1) *Le parole: «31 marzo 1999», sono state così sostituite dalle attuali dall'art. 1, del D.L.vo 21 luglio 1999, n. 259, a decorrere dal 1° gennaio 1999.*

(2) *Questo periodo è stato così modificato dall'art. 5, comma 1, lett.* b), *del D.L.vo 19 novembre 1998, n. 422.*

(3) *Si veda il D.M. 12 maggio 1998* (G.U. *Serie gen. - n. 129 del 5 luglio 1998*).

Sezione II
Disposizioni riguardanti le organizzazioni non lucrative di utilità sociale

10. (1) (2) (3) [**Organizzazioni non lucrative di utilità sociale.** – 1. Sono organizzazioni non lucrative di utilità sociale (ONLUS) le associazioni, i comitati, le fondazioni, le società cooperative e gli altri enti di carattere privato, con o senza personalità giuridica, i cui statuti o atti costitutivi, redatti nella forma dell'atto pubblico o della scrittura privata autenticata o registrata, prevedono espressamente:

a) lo svolgimento di attività in uno o più dei seguenti settori:

1) assistenza sociale e socio-sanitaria;

2) assistenza sanitaria;

3) beneficenza;

4) istruzione;

5) formazione;

6) sport dilettantistico;

7) tutela, promozione e valorizzazione delle cose d'interesse artistico e storico di cui alla legge 1° giugno 1939, n. 1089, ivi comprese le biblioteche e i beni di cui al decreto del Presidente della Repubblica 30 settembre 1963, n. 1409;

8) tutela e valorizzazione della natura e dell'ambiente, con esclusione dell'attività, esercitata abitualmente, di raccolta e riciclaggio dei rifiuti urbani, speciali e pericolosi di cui all'articolo 7 del decreto legislativo 5 febbraio 1997, n. 22;

9) promozione della cultura e dell'arte;

10) tutela dei diritti civili;

11) ricerca scientifica di particolare interesse sociale svolta direttamente da fondazioni ovvero da esse affidata ad università, enti di ricerca ed altre fondazioni che la svolgono direttamente, in ambiti e secondo modalità da definire con apposito regolamento governativo emanato ai sensi dell'articolo 17 della legge 23 agosto 1988, n. 400 ([4]);

11 *bis*) cooperazione allo sviluppo e solidarietà internazionale ([5]) ([6]);

b) l'esclusivo perseguimento di finalità di solidarietà sociale;

c) il divieto di svolgere attività diverse da quelle menzionate alla lettera *a*) ad eccezione di quelle ad esse direttamente connesse;

d) il divieto di distribuire, anche in modo indiretto, utili e avanzi di gestione nonché fondi, riserve o capitale durante la vita dell'organizzazione, a meno che la destinazione o la distribuzione non siano imposte per legge o siano effettuate a favore di altre ONLUS che per legge, statuto o regolamento fanno parte della medesima ed unitaria struttura;

e) l'obbligo di impiegare gli utili o gli avanzi di gestione per la realizzazione delle attività istituzionali e di quelle ad esse direttamente connesse;

f) l'obbligo di devolvere il patrimonio dell'organizzazione, in caso di suo scioglimento per qualunque causa, ad altre organizzazioni non lucrative di utilità sociale o a fini di pubblica utilità, sentito l'organismo di controllo di cui all'articolo 3, comma 190, della legge 23 dicembre 1996, n. 662, salvo diversa destinazione imposta dalla legge;

g) l'obbligo di redigere il bilancio o rendiconto annuale;

h) disciplina uniforme del rapporto associativo e delle modalità associative volte a garantire l'effettività del rapporto medesimo, escludendo espressamente la temporaneità della partecipazione alla vita associativa e prevedendo per gli associati o partecipanti maggiori d'età il diritto di voto per l'approvazione e le modificazioni dello statuto e dei regolamenti e per la nomina degli organi direttivi dell'associazione;

i) l'uso, nella denominazione ed in qualsivoglia segno distintivo o comunicazione rivolta al pubblico, della locuzione «organizzazione non lucrativa di utilità sociale» o dell'acronimo «ONLUS» ([7]).

2. Si intende che vengono perseguite finalità di solidarietà sociale quando le cessioni di beni e le prestazioni di servizi relative alle attività statutarie nei settori dell'assistenza sanitaria, dell'istruzione, della formazione, dello sport dilettantistico, della promozione della cultura e dell'arte e della tutela dei diritti civili non sono rese nei confronti di soci, associati o partecipanti, nonché degli altri soggetti indicati alla lettera *a*) del comma 6, ma dirette ad arrecare benefici a:

a) persone svantaggiate in ragione di condizioni fisiche, psichiche, economiche, sociali o familiari;

b) componenti collettività estere, limitatamente agli aiuti umanitari.

2 *bis*. Si considera attività di beneficenza, ai sensi del comma 1, lettera *a*), numero 3), anche la concessione di erogazioni gratuite in denaro con utilizzo di somme provenienti dalla gestione patrimoniale o da donazioni appositamente raccolte, a favore di enti senza scopo di lucro che operano prevalentemente nei settori di cui al medesimo comma 1, lettera *a*), per la realizzazione diretta di progetti di utilità sociale ([8]).

3. Le finalità di solidarietà sociale s'intendono realizzate anche quando tra i beneficiari delle attività statutarie dell'organizzazione vi siano i propri soci, associati o partecipanti o gli altri soggetti indicati alla lettera *a*) del comma 6, se costoro si trovano nelle condizioni di svantaggio di cui alla lettera *a*) del comma 2.

4. A prescindere dalle condizioni previste ai commi 2 e 3, si considerano comunque inerenti a finalità di solidarietà sociale le attività statutarie istituzionali svolte nei settori della assistenza sociale e socio-sanitaria, della beneficenza, della tutela, promozione e valorizzazione delle cose d'interesse artistico e storico di cui alla legge 1° giugno 1939, n. 1089, ivi comprese le biblioteche e i beni di cui al decreto del Presidente della Repubblica 30 settembre 1963, n. 1409, della tutela e valorizzazione della natura e dell'ambiente con esclusione dell'attività, esercitata abitualmente, di raccolta e riciclaggio dei rifiuti urbani, speciali e pericolosi di cui all'articolo 7 del decreto legislativo 5 febbraio 1997, n. 22, della ricerca scientifica di particolare interesse sociale svolta direttamente da fondazioni, ovvero da esse affidate ad università, enti di ricerca ed altre fondazioni che la svolgono direttamente ([9]) in ambiti e secondo modalità da definire con apposito regolamento governativo emanato ai sensi dell'articolo 17 della legge 23 agosto 1988, n. 400, nonché le attività di promozione della cultura e dell'arte per le quali sono riconosciuti apporti economici da parte dell'amministrazione centrale dello Stato.

5. Si considerano direttamente connesse a quelle istituzionali le attività statutarie di assistenza sanitaria, istruzione, formazione, sport dilettantistico,

promozione della cultura e dell'arte e tutela dei diritti civili, di cui ai numeri 2), 4), 5), 6), 9) e 10) del comma 1, lettera *a*), svolte in assenza delle condizioni previste ai commi 2 e 3, nonché le attività accessorie per natura a quelle statutarie istituzionali, in quanto integrative delle stesse. L'esercizio delle attività connesse è consentito a condizione che, in ciascun esercizio e nell'ambito di ciascuno dei settori elencati alla lettera *a*) del comma 1, le stesse non siano prevalenti rispetto a quelle istituzionali e che i relativi proventi non superino il 66 per cento delle spese complessive dell'organizzazione.

6. Si considerano in ogni caso distribuzione indiretta di utili o di avanzi di gestione:

a) le cessioni di beni e le prestazioni di servizi a soci, associati o partecipanti, ai fondatori, ai componenti gli organi amministrativi e di controllo, a coloro che a qualsiasi titolo operino per l'organizzazione o ne facciano parte, ai soggetti che effettuano erogazioni liberali a favore dell'organizzazione, ai loro parenti entro il terzo grado ed ai loro affini entro il secondo grado, nonché alle società da questi direttamente o indirettamente controllate o collegate, effettuate a condizioni più favorevoli in ragione della loro qualità. Sono fatti salvi, nel caso delle attività svolte nei settori di cui ai numeri 7) e 8) della lettera *a*) del comma 1, i vantaggi accordati a soci, associati o partecipanti ed ai soggetti che effettuano erogazioni liberali, ed ai loro familiari, aventi significato puramente onorifico e valore economico modico;

b) l'acquisto di beni o servizi per corrispettivi che, senza valide ragioni economiche, siano superiori al loro valore normale;

c) la corresponsione ai componenti gli organi amministrativi e di controllo di emolumenti individuali annui superiori al compenso massimo previsto dal decreto del Presidente della Repubblica 10 ottobre 1994, n. 645, e dal decreto legge 21 giugno 1995, n. 239, convertito dalla legge 3 agosto 1995, n. 336, e successive modificazioni e integrazioni, per il presidente del collegio sindacale delle società per azioni;

d) la corresponsione a soggetti diversi dalle banche e dagli intermediari finanziari autorizzati, di interessi passivi, in dipendenza di prestiti di ogni specie, superiori di 4 punti al tasso ufficiale di sconto;

e) la corresponsione ai lavoratori dipendenti di salari o stipendi superiori del 20 per cento rispetto a quelli previsti dai contratti collettivi di lavoro per le medesime qualifiche.

7. Le disposizioni di cui alla lettera *h*) del comma 1 non si applicano alle fondazioni, e quelle di cui alle lettere *h*) ed *i*) del medesimo comma 1 non si applicano agli enti riconosciuti dalle confessioni religiose con le quali lo Stato ha stipulato patti, accordi o intese.

8. Sono in ogni caso considerati ONLUS, nel rispetto della loro struttura e delle loro finalità, gli organismi di volontariato di cui alla legge 11 agosto 1991, n. 266, iscritti nei registri istituiti dalle regioni e dalle province autonome di Trento e di Bolzano, le organizzazioni non governative riconosciute idonee ai sensi della legge 26 febbraio 1987, n. 49, e le cooperative sociali di cui alla legge 8 novembre 1991, n. 381, nonché i consorzi di cui all'articolo 8 della predetta legge n. 381 del 1991 che abbiano la base sociale formata per il cento per cento da cooperative sociali ([10]). Sono fatte salve le previsioni di maggior favore relative agli organismi di volontariato, alle organizzazioni non governative e alle cooperative sociali di cui, rispettivamente, alle citate leggi n. 266 del 1991, n. 49 del 1987 e n. 381 del 1991 ([11]) ([7]).

9. Gli enti ecclesiastici delle confessioni religiose con le quali lo Stato ha stipulato patti, accordi o intese e le associazioni di promozione sociale ricomprese tra gli enti di cui all'articolo 3, comma 6, lettera *e*), della legge 25 agosto 1991, n. 287, le cui finalità assistenziali siano riconosciute dal Ministero dell'interno, sono considerati ONLUS limitatamente all'esercizio delle attività elencate alla lettera *a*) del comma 1; fatta eccezione per la prescrizione di cui alla lettera *c*) del comma 1, agli stessi enti e associazioni si applicano le disposizioni anche agevolative del presente decreto, a condizione che per tali attività siano tenute separatamente le scritture contabili previste all'articolo 20 *bis* del decreto del Presidente della Repubblica 29 settembre 1973, n. 600, introdotto dall'articolo 25, comma 1 ([7]).

10. Non si considerano in ogni caso ONLUS gli enti pubblici, le società commerciali diverse da quelle cooperative, gli enti conferenti di cui alla legge 30 luglio 1990, n. 218, i partiti e i movimenti politici, le organizzazioni sindacali, le associazioni di datori di lavoro e le associazioni di categoria].

([1]) *Questo articolo è stato abrogato dall'art. 102, comma 2, lett.* a), *del D.L.vo 3 luglio 2017, n. 117. A norma dell'art. 104, comma 2, del medesimo provvedimento, tali disposizioni si applicano agli enti iscritti nel Registro unico nazionale del Terzo settore a decorrere dal periodo di imposta successivo all'autorizzazione della Commissione europea di cui all'articolo 101, comma 10, e, comunque, non prima del periodo di imposta successivo di operatività del predetto Registro.*

([2]) *Ai sensi dell'art. 1 della L. 25 giugno 2003, n. 155, le organizzazioni riconosciute come organizzazioni non lucrative di utilità sociale ai sensi dell'articolo 10 del decreto legislativo 4 dicembre 1997, n. 460, e successive modificazioni, che effettuano, a fini di beneficenza, distribuzione gratuita agli indigenti di prodotti alimentari, sono equiparati, nei limiti del servizio prestato, ai consumatori finali, ai fini del corretto stato di conservazione, trasporto, deposito e utilizzo degli alimenti.*

([3]) *A norma dell'art. 1, comma 49, della L. 4 agosto 2017, n. 124, le erogazioni liberali destinate alle organizzazioni senza scopo di lucro di natura privata di cui a questo articolo, possono essere effettuate tramite credito telefonico.*

A norma dell'art. 1, comma 50, della medesima L. n. 124/2017, con decreto del Ministro dello sviluppo economico, da adottare entro sessanta giorni dalla data di entrata in vigore della predetta legge, di concerto con il Ministro dell'economia e delle finanze, sentiti il Ministro del lavoro e delle politiche sociali, l'Autorità per le garanzie nelle comunicazioni e la Banca d'Italia, sono disciplinati le modalità e i requisiti di accesso e fruizione del servizio di cui al citato comma 49.

A norma dell'art. 1, comma 52, della stessa legge, le erogazioni liberali di cui al comma 49 non sono deducibili né detraibili ai fini delle imposte sui redditi.

(4) *Si veda il D.P.R. 20 marzo 2003, n. 135.*

(5) *A norma dell'art. 1, comma 49, della L. 4 agosto 2017, n. 124, le erogazioni liberali destinate alle associazioni e fondazioni riconosciute che operano nei settori di cui a questa lettera, possono essere effettuate tramite credito telefonico.*

A norma dell'art. 1, comma 50, della medesima L. n. 124/2017, con decreto del Ministro dello sviluppo economico, da adottare entro sessanta giorni dalla data di entrata in vigore della predetta legge, di concerto con il Ministro dell'economia e delle finanze, sentiti il Ministro del lavoro e delle politiche sociali, l'Autorità per le garanzie nelle comunicazioni e la Banca d'Italia, sono disciplinati le modalità e i requisiti di accesso e fruizione del servizio di cui al citato comma 49.

A norma dell'art. 1, comma 52, della stessa legge, le erogazioni liberali di cui al comma 49 non sono deducibili né detraibili ai fini delle imposte sui redditi.

(6) *Questo numero è stato aggiunto dall'art. 31, comma 4, della L. 11 agosto 2014, n. 125.*

(7) *Si veda l'art. 1, comma 1, del D.M. 3 febbraio 2021 (G.U. Serie gen. - n. 39 del 16 febbraio 2021).*

(8) *Questo comma è stato inserito dall'art. 30, comma 4, del D.L. 29 novembre 2008, n. 185, convertito, con modificazioni, nella L. 28 gennaio 2009, n. 2.*

(9) *Le parole da: «ovvero da esse» a: «svolgono direttamente» sono state inserite dall'art. 5, comma 1, lett. c), del D.L.vo 19 novembre 1998, n. 422.*

(10) *Le parole da: «nonché i consorzi» a: «da cooperative sociali» sono state aggiunte dall'art. 5, comma 1, lett. c), del D.L.vo 19 novembre 1998, n. 422.*

(11) *A norma dell'art. 30, comma 5, del D.L. 29 novembre 2008, n. 185, convertito, con modificazioni, nella L. 28 gennaio 2009, n. 2, tale disposizione si applica alle associazioni e alle altre organizzazioni di volontariato di cui alla legge 11 agosto 1991, n. 266 che non svolgono attività commerciali diverse da quelle marginali individuate con decreto del Ministro delle finanze 25 maggio 1995, pubblicato nella* Gazzetta Ufficiale *n. 134 del 10 giugno 1995.*

11. (1) [**Anagrafe delle ONLUS e decadenza dalle agevolazioni.** – 1. È istituita presso il Ministero delle finanze l'anagrafe unica delle ONLUS. Fatte salve le disposizioni contemplate nel regolamento di attuazione dell'articolo 8 della legge 29 dicembre 1993, n. 580, in materia di istituzione del registro delle imprese, approvato con il decreto del Presidente della Repubblica 7 dicembre 1995, n. 581, i soggetti che intraprendono l'esercizio delle attività previste all'articolo 10, ne danno comunicazione entro trenta giorni alla direzione regionale delle entrate del Ministero delle finanze nel cui ambito territoriale si trova il loro domicilio fiscale, in conformità ad apposito modello approvato con decreto del Ministro delle finanze. La predetta comunicazione è effettuata entro trenta giorni dalla data di entrata in vigore del presente decreto da parte dei soggetti che, alla predetta data, già svolgono le attività previste all'articolo 10. Alla medesima direzione deve essere altresì comunicata ogni successiva modifica che comporti la perdita della qualifica di ONLUS.

2. L'effettuazione delle comunicazioni di cui al comma 1 è condizione necessaria per beneficiare delle agevolazioni previste dal presente decreto.

3. Con uno o più decreti del Ministro delle finanze da emanarsi, entro sei mesi dalla data di entrata in vigore del presente decreto, ai sensi dell'articolo 17, comma 3, della legge 23 agosto 1988, n. 400, sono stabilite le modalità di esercizio del controllo relativo alla sussistenza dei requisiti formali per l'uso della denominazione di ONLUS, nonché i casi di decadenza totale o parziale dalle agevolazioni previste dal presente decreto e ogni altra disposizione necessaria per l'attuazione dello stesso] ([2]).

([1]) *Questo articolo è stato abrogato dall'art. 102, comma 2, lett.* a), *del D.L.vo 3 luglio 2017, n. 117. A norma dell'art. 104, comma 2, del medesimo provvedimento, tali disposizioni si applicano agli enti iscritti nel Registro unico nazionale del Terzo settore a decorrere dal periodo di imposta successivo all'autorizzazione della Commissione europea di cui all'articolo 101, comma 10, e, comunque, non prima del periodo di imposta successivo di operatività del predetto Registro.*

([2]) *Si veda il D.M. 18 luglio 2003, n. 266.*

13. ([1]) **Erogazioni liberali.** – 1. (*Omissis*).

2. Le derrate alimentari e i prodotti farmaceutici, nonché altri prodotti, da individuare con decreto del Ministro dell'economia e delle finanze, destinati a fini di solidarietà sociale senza scopo di lucro alla cui produzione o al cui scambio è diretta l'attività dell'impresa, che, in alternativa alla usuale eliminazione dal circuito commerciale, vengono ceduti gratuitamente agli enti pubblici, alle ONLUS e agli enti privati costituiti per il perseguimento, senza scopo di lucro, di finalità civiche e solidaristiche e che, in attuazione del principio di sussidiarietà e in coerenza con i rispettivi statuti o atti costitutivi, promuovono e realizzano attività d'interesse generale anche mediante la produzione e lo scambio di beni e servizi di utilità sociale nonché attraverso forme di mutualità, non si considerano destinati a finalità estranee all'esercizio dell'impresa ai sensi dell'articolo 53, comma 2, del testo unico delle imposte sui redditi, approvato con il decreto del Presidente della Repubblica 22 dicembre 1986, n. 917. Le disposizioni del presente comma si applicano a

condizione che per ogni singola cessione sia predisposto un documento di trasporto progressivamente numerato ovvero un documento equipollente, contenente l'indicazione della data, degli estremi identificativi del cedente, del cessionario e dell'eventuale incaricato del trasporto, nonché della qualità, della quantità o del peso dei beni ceduti ([2]).

3. I beni non di lusso alla cui produzione o al cui scambio è diretta l'attività dell'impresa, diversi da quelli di cui al comma 2, che presentino imperfezioni, alterazioni, danni o vizi che pur non modificandone l'idoneità di utilizzo non ne consentono la commercializzazione o la vendita, rendendone necessaria l'esclusione dal mercato o la distruzione, qualora siano ceduti gratuitamente alle ONLUS, per un importo corrispondente al costo specifico sostenuto per la produzione o l'acquisto complessivamente non superiore al 5 per cento del reddito d'impresa dichiarato, non si considerano destinati a finalità estranee all'esercizio dell'impresa ai sensi dell'articolo 85, comma 2, del testo unico delle imposte dei redditi, di cui al decreto del Presidente della Repubblica 22 dicembre 1986, n. 917. I predetti beni si considerano distrutti agli effetti dell'imposta sul valore aggiunto ([2]).

4. Le disposizioni dei commi 2 e 3 si applicano a condizione che il soggetto beneficiario effettui un'apposita dichiarazione trimestrale di utilizzo dei beni ceduti, da conservare agli atti dell'impresa cedente, con l'indicazione degli estremi dei documenti di trasporto o di documenti equipollenti corrispondenti ad ogni cessione, e in cui attesti il proprio impegno a utilizzare direttamente i beni ricevuti in conformità alle finalità istituzionali, e che, a pena di decadenza dai benefici fiscali previsti dal presente decreto, ne realizzi l'effettivo utilizzo diretto a fini di solidarietà sociale senza scopo di lucro ([2]).

[5. La deducibilità dal reddito imponibile delle erogazioni liberali a favore di organizzazioni non governative di cui alla legge 26 febbraio 1987, n. 49, prevista dall'articolo 10, comma 1, lettera *g*), del testo unico delle imposte sui redditi, approvato con decreto del Presidente della Repubblica 22 dicembre 1986, n. 917, è consentita a condizione che per le medesime erogazioni il soggetto erogante non usufruisca delle detrazioni d'imposta di cui all'articolo 13 *bis*, comma 1, lettera *i bis*), del medesimo testo unico].

[6. La deducibilità del reddito imponibile delle erogazioni liberali previste all'articolo 65, comma 2, lettere *a*) e *b*), del testo unico delle imposte sui redditi, approvato con decreto del Presidente della Repubblica 22 dicembre 1986, n. 917, è consentita a condizione che per le medesime erogazioni liberali il soggetto erogante non usufruisca delle deduzioni previste dalla lettera *c sexies*) del medesimo articolo 65, comma 2].

[7. La deducibilità dal reddito imponibile delle erogazioni liberali previste all'articolo 114, comma 2 *bis*, lettere *a*) e *b*), del testo unico delle imposte sui redditi, approvato con decreto del Presidente della Repubblica 22 dicembre 1986, n. 917, è consentita a condizione che per le medesime erogazioni liberali il soggetto erogante non usufruisca delle detrazioni d'imposta previste dal comma 1 *bis*, del medesimo articolo 114].

(1) *Questo articolo è stato abrogato, ad eccezione dei commi 2, 3 e 4, dall'art. 102, comma 2, lett.* a), *del D.L.vo 3 luglio 2017, n. 117.*
A norma dell'art. 104, comma 2, del medesimo provvedimento, tali disposizioni si applicano agli enti iscritti nel Registro unico nazionale del Terzo settore a decorrere dal periodo di imposta successivo all'autorizzazione della Commissione europea di cui all'articolo 101, comma 10, e, comunque, non prima del periodo di imposta successivo di operatività del predetto Registro.

(2) *Questo comma è stato abrogato dall'art. 18* bis, *comma 1, lett.* b), *della L. 19 agosto 2016, n. 166, come aggiunto dall'art. 1, comma 208, lett.* h), *della L. 27 dicembre 2017, n. 205, a decorrere dal 1° gennaio 2018.*

15. (1) [**Certificazione dei corrispettivi ai fini dell'imposta sul valore aggiunto.** – 1. Fermi restando gli obblighi previsti dal titolo secondo del decreto del Presidente della Repubblica 26 ottobre 1972, n. 633, le ONLUS, limitatamente alle operazioni riconducibili alle attività istituzionali, non sono soggette all'obbligo di certificazione dei corrispettivi mediante ricevuta o scontrino fiscale].

(1) *Questo articolo è stato abrogato dall'art. 102, comma 2, lett.* a), *del D.L.vo 3 luglio 2017, n. 117. A norma dell'art. 104, comma 2, del medesimo provvedimento, tali disposizioni si applicano agli enti iscritti nel Registro unico nazionale del Terzo settore a decorrere dal periodo di imposta successivo all'autorizzazione della Commissione europea di cui all'articolo 101, comma 10, e, comunque, non prima del periodo di imposta successivo di operatività del predetto Registro.*

16. (1) [**Disposizioni in materia di ritenute alla fonte.** – 1. Sui contributi corrisposti alle ONLUS dagli enti pubblici non si applica la ritenuta di cui all'articolo 28, secondo comma, del decreto del Presidente della Repubblica 29 settembre 1973, n. 600.

2. Sui redditi di capitale di cui all'articolo 41 del testo unico delle imposte sui redditi, approvato con decreto del Presidente della Repubblica 22 dicembre 1986, n. 917, corrisposti alle ONLUS, le ritenute alla fonte sono effettuate a titolo di imposta e non si applica l'articolo 5, comma 1, del decreto legislativo 1° aprile 1996, n. 239, recante modificazioni al regime fiscale degli interessi, premi e altri frutti delle obbligazioni e titoli similari, pubblici e privati].

(1) *Questo articolo è stato abrogato dall'art. 102, comma 2, lett.* a), *del D.L.vo 3 luglio 2017, n. 117. A norma dell'art. 104, comma 2, del medesimo provvedimento, tali disposizioni si applicano agli enti iscritti nel Registro unico nazionale del Terzo settore a decorrere dal periodo di imposta successivo all'autorizzazione della Commissione europea di cui*

all'articolo 101, comma 10, e, comunque, non prima del periodo di imposta successivo di operatività del predetto Registro.

20. ([1]) [**Esenzioni dall'imposta sull'incremento di valore degli immobili e dalla relativa imposta sostitutiva.** – 1. (*Omissis*).

2. L'imposta sostitutiva di quella comunale sull'incremento di valore degli immobili di cui all'articolo 11, comma 3, del decreto legge 28 marzo 1997, n. 79, convertito, con modificazioni, dalla legge 28 maggio 1997, n. 140, non è dovuta dalle organizzazioni non lucrative di utilità sociale].

([1]) *Questo articolo è stato abrogato dall'art. 102, comma 2, lett.* a), *del D.L.vo 3 luglio 2017, n. 117. A norma dell'art. 104, comma 2, del medesimo provvedimento, tali disposizioni si applicano agli enti iscritti nel Registro unico nazionale del Terzo settore a decorrere dal periodo di imposta successivo all'autorizzazione della Commissione europea di cui all'articolo 101, comma 10, e, comunque, non prima del periodo di imposta successivo di operatività del predetto Registro.*

21. ([1]) ([2]) [**Esenzioni in materia di tributi locali.** – 1. I comuni, le province, le regioni e le province autonome di Trento e di Bolzano possono deliberare nei confronti delle ONLUS la riduzione o l'esenzione dal pagamento dei tributi di loro pertinenza e dai connessi adempimenti].

([1]) *Si veda l'art. 1, comma 299, della L. 23 dicembre 2005, n. 266 che si riporta*: «*Le regioni che si sono avvalse della facoltà di cui all'articolo 21 del decreto legislativo 4 dicembre 1997, n. 460, possono estendere il regime agevolato, deliberato nei confronti delle organizzazioni non lucrative di utilità sociale, in materia di riduzione o esenzione dell'imposta di cui al decreto legislativo 15 dicembre 1997, n. 446, anche alle Aziende pubbliche di servizi alla persona* (*ASP*)».

([2]) *Questo articolo è stato abrogato dall'art. 102, comma 2, lett.* a), *del D.L.vo 3 luglio 2017, n. 117. A norma dell'art. 104, comma 2, del medesimo provvedimento, tali disposizioni si applicano agli enti iscritti nel Registro unico nazionale del Terzo settore a decorrere dal periodo di imposta successivo all'autorizzazione della Commissione europea di cui all'articolo 101, comma 10, e, comunque, non prima del periodo di imposta successivo di operatività del predetto Registro.*

23. ([1]) [**Esenzioni dall'imposta sugli spettacoli.** – 1. L'imposta sugli spettacoli non è dovuta per le attività spettacolistiche indicate nella tariffa allegata al decreto del Presidente della Repubblica 26 ottobre 1972, n. 640, svolte occasionalmente dalle ONLUS nonché dagli enti associativi di cui all'art. 111, comma 3, del testo unico delle imposte sui redditi, approvato con decreto del Presidente della Repubblica 22 dicembre 1986, n. 917, come modificato dall'articolo 5, comma 1, lettera *a*), in concomitanza di celebrazioni, ricorrenze o campagne di sensibilizzazione.

2. L'esenzione spetta a condizione che dell'attività richiamata al comma 1 sia data comunicazione, prima dell'inizio di ciascuna manifestazione, all'ufficio accertatore territorialmente competente. Con decreto del Ministro delle finanze, da emanarsi ai sensi dell'articolo 17, comma 3, della legge 23 agosto 1988, n. 400, potranno essere stabiliti condizioni e limiti affinché l'esercizio delle attività di cui al comma 1 possa considerarsi occasionale].

(1) *Questo articolo è stato abrogato dall'art. 102, comma 2, lett.* a), *del D.L.vo 3 luglio 2017, n. 117. A norma dell'art. 104, comma 2, del medesimo provvedimento, tali disposizioni si applicano agli enti iscritti nel Registro unico nazionale del Terzo settore a decorrere dal periodo di imposta successivo all'autorizzazione della Commissione europea di cui all'articolo 101, comma 10, e, comunque, non prima del periodo di imposta successivo di operatività del predetto Registro.*

25. (1) [**Disposizioni in materia di scritture contabili e obblighi formali delle organizzazioni non lucrative di utilità sociale.. –** 1. (*Omissis*).

2. Ai soggetti di cui all'articolo 10, comma 9, le disposizioni del comma 1 si applicano limitatamente alle attività richiamate allo stesso articolo 10, comma 1, lettera *a*)].

(1) *Questo articolo è stato abrogato dall'art. 102, comma 2, lett.* a), *del D.L.vo 3 luglio 2017, n. 117. A norma dell'art. 104, comma 2, del medesimo provvedimento, tali disposizioni si applicano agli enti iscritti nel Registro unico nazionale del Terzo settore a decorrere dal periodo di imposta successivo all'autorizzazione della Commissione europea di cui all'articolo 101, comma 10, e, comunque, non prima del periodo di imposta successivo di operatività del predetto Registro.*

26. (1) [**Norma di rinvio. –** 1. Alle ONLUS si applicano, ove compatibili, le disposizioni relative agli enti non commerciali e, in particolare, le norme di cui gli articoli 2 e 9 del presente decreto].

(1) *Questo articolo è stato abrogato dall'art. 102, comma 2, lett.* a), *del D.L.vo 3 luglio 2017, n. 117. A norma dell'art. 104, comma 2, del medesimo provvedimento, tali disposizioni si applicano agli enti iscritti nel Registro unico nazionale del Terzo settore a decorrere dal periodo di imposta successivo all'autorizzazione della Commissione europea di cui all'articolo 101, comma 10, e, comunque, non prima del periodo di imposta successivo di operatività del predetto Registro.*

27. (1) [**Abuso della denominazione di organizzazione non lucrativa di utilità sociale. –** 1. L'uso nella denominazione e in qualsivoglia segno distintivo o comunicazione rivolta al pubblico delle parole «organizzazione non lucrativa di utilità sociale», ovvero di altre parole o locuzioni, anche in lingua straniera, idonee a trarre in inganno è vietato a soggetti diversi dalle ONLUS].

(1) *Questo articolo è stato abrogato dall'art. 102, comma 2, lett.* a), *del D.L.vo 3 luglio 2017, n. 117. A norma dell'art. 104, comma 2, del medesimo provvedimento, tali disposizio-*

ni si applicano agli enti iscritti nel Registro unico nazionale del Terzo settore a decorrere dal periodo di imposta successivo all'autorizzazione della Commissione europea di cui all'articolo 101, comma 10, e, comunque, non prima del periodo di imposta successivo di operatività del predetto Registro.

28. ([1]) [**Sanzioni e responsabilità dei rappresentanti legali e degli amministratori.** – 1. Indipendentemente da ogni altra sanzione prevista dalle leggi tributarie:

a) i rappresentanti legali e i membri degli organi amministrativi delle ONLUS, che si avvalgono dei benefici di cui al presente decreto in assenza dei requisiti di cui all'articolo 10, ovvero violano le disposizioni statutarie di cui alle lettere *c*) e *d*) del comma 1 del medesimo articolo sono puniti con la sanzione amministrativa da € 1.032 a € 6.197;

b) i soggetti di cui alla lettera *a*) sono puniti con la sanzione amministrativa da € 103 a € 1.032 qualora omettono di inviare le comunicazioni previste all'articolo 11, comma 1;

c) chiunque contravviene al disposto dell'articolo 27, è punito con la sanzione amministrativa da € 309 a € 3.098.

2. Le sanzioni previste dal comma 1 sono irrogate, ai sensi dell'articolo 54, primo e secondo comma, del decreto del Presidente della Repubblica 29 settembre 1973, n. 600, dall'ufficio delle entrate nel cui ambito territoriale si trova il domicilio fiscale della ONLUS.

3. I rappresentanti legali ed i membri degli organi amministrativi delle organizzazioni che hanno indebitamente fruito dei benefici previsti dal presente decreto legislativo, conseguendo o consentendo a terzi indebiti risparmi d'imposta, sono obbligati in solido con il soggetto passivo o con il soggetto inadempiente delle imposte dovute, delle relative sanzioni e degli interessi maturati].

([1]) *Questo articolo è stato abrogato dall'art. 102, comma 2, lett.* a), *del D.L.vo 3 luglio 2017, n. 117. A norma dell'art. 104, comma 2, del medesimo provvedimento, tali disposizioni si applicano agli enti iscritti nel Registro unico nazionale del Terzo settore a decorrere dal periodo di imposta successivo all'autorizzazione della Commissione europea di cui all'articolo 101, comma 10, e, comunque, non prima del periodo di imposta successivo di operatività del predetto Registro.*

29. ([1]) [**Titoli di solidarietà.** – 1. Per l'emissione di titoli da denominarsi «di solidarietà» è riconosciuta come costo fiscalmente deducibile dal reddito d'imposta la differenza tra il tasso effettivamente praticato ed il tasso di riferimento determinato con decreto del Ministro del tesoro, di concerto con il Ministro delle finanze, purché i fondi raccolti, oggetto di gestione separata, siano destinati a finanziamento delle ONLUS.

2. Con lo stesso decreto di cui al comma 1 sono stabiliti i soggetti abilitati all'emissione dei predetti titoli, le condizioni, i limiti, compresi quelli massimi relativi ai tassi effettivamente praticati e ogni altra disposizione necessaria per l'attuazione del presente articolo].

(¹) *Questo articolo è stato abrogato dall'art. 102, comma 2, lett.* a), *del D.L.vo 3 luglio 2017, n. 117. A norma dell'art. 104, comma 2, del medesimo provvedimento, tali disposizioni si applicano agli enti iscritti nel Registro unico nazionale del Terzo settore a decorrere dal periodo di imposta successivo all'autorizzazione della Commissione europea di cui all'articolo 101, comma 10, e, comunque, non prima del periodo di imposta successivo di operatività del predetto Registro.*

2.

L. 27 dicembre 2002, n. 289. Disposizioni per la formazione del bilancio annuale e pluriennale dello Stato (legge finanziaria 2003) (Suppl. ord. alla *Gazzetta Ufficiale* Serie gen. - n. 305 del 31 dicembre 2002).

(*Estratto*)

Titolo II
Disposizioni in materia
di entrata

Capo II
Disposizioni
in materia di concordato

6. Concordato preventivo. – 1. È istituito il concordato triennale preventivo. Al concordato possono accedere i contribuenti titolari di reddito di impresa e di lavoro autonomo soggetti all'imposta sul reddito delle persone fisiche, nonché all'imposta regionale sulle attività produttive che hanno realizzato, nel periodo di imposta che immediatamente precede quello in corso alla data della definizione del concordato, ricavi o compensi non superiori a cinque milioni di euro. Il concordato ha per oggetto la definizione per tre anni della base imponibile delle imposte di cui al periodo precedente. Gli eventuali maggiori imponibili, rispetto a quelli oggetto del concordato, non sono soggetti ad imposta e quest'ultima non è ridotta per gli imponibili eventualmente minori.

2. Con regolamento del Ministro dell'economia e delle finanze, da adottare ai sensi dell'articolo 17, comma 3, della legge 23 agosto 1988, n. 400, sono individuate le singole categorie di contribuenti nei cui riguardi progressivamente si applicano le disposizioni di cui al comma 1, a decorrere dalle date stabilite con il medesimo regolamento, e sono emanate le relative norme di attuazione.

7. ([1]) ([2]) ([3]) **Definizione automatica di redditi di impresa e di lavoro autonomo per gli anni pregressi mediante autoliquidazione.** – 1. I soggetti titolari di reddito di impresa e gli esercenti arti e professioni, nonché i soggetti di cui all'articolo 5 del testo unico delle imposte sui redditi, di cui al decreto del Presidente della Repubblica 22 dicembre 1986, n. 917, e successive modificazioni, possono effettuare la definizione automatica dei redditi di impresa, di lavoro autonomo e di quelli imputati ai sensi del predetto articolo 5, relativi ad annualità per le quali le dichiarazioni sono state presentate entro il 31 ottobre 2002, secondo le disposizioni del presente articolo. La definizione automatica, relativamente a uno o più periodi d'imposta, ha effetto ai fini delle imposte sui redditi e relative addizionali, dell'imposta sul valore aggiunto e dell'imposta regionale sulle attività produttive e si perfeziona con il versamento, mediante autoliquidazione, dei tributi derivanti dai maggiori ricavi o compensi determinati sulla base dei criteri e delle metodologie stabiliti con il decreto di cui al comma 14, tenendo conto, in alternativa:

a) dell'ammontare dei ricavi o compensi determinabili sulla base degli studi di settore di cui all'articolo 62 *bis* del decreto legge 30 agosto 1993, n. 331, convertito, con modificazioni, dalla legge 29 ottobre 1993, n. 427, e successive modificazioni, per i contribuenti cui si applicano in ciascun periodo d'imposta i predetti studi;

b) dell'ammontare dei ricavi o compensi determinabili sulla base dei parametri di cui all'articolo 3, commi da 181 a 189, della legge 28 dicembre 1995, n. 549, e successive modificazioni, per i contribuenti cui si applicano in ciascun periodo d'imposta i predetti parametri;

c) della distribuzione, per categorie economiche raggruppate in classi omogenee sulla base dei processi produttivi, dei contribuenti per fasce di ricavi o di compensi di importo non superiore a 5.164.569 euro annui e di redditività risultanti dalle dichiarazioni, qualora non siano determinabili i ricavi o compensi con le modalità di cui alle lettere *a*) e *b*).

2. La definizione automatica può altresì essere effettuata, con riferimento alle medesime annualità di cui al comma 1, dagli imprenditori agricoli titolari esclusivamente di reddito agrario ai sensi dell'articolo 29 del testo unico delle imposte sui redditi, di cui al citato decreto del Presidente della Repubblica n. 917 del 1986, e successive modificazioni, nonché dalle imprese di allevamento di cui all'articolo 78 del medesimo testo unico, e successive modificazioni, ed ha effetto ai fini dell'imposta sul valore aggiunto e dell'imposta regionale sulle attività produttive. La definizione automatica da parte dei soggetti di cui al periodo precedente avviene mediante pagamento degli importi determinati, per ciascuna annualità, sulla base di una specifica me-

todologia di calcolo, approvata con il decreto di cui al comma 14, che tiene conto del volume di affari dichiarato ai fini dell'imposta sul valore aggiunto.

3. La definizione automatica di cui ai commi 1 e 2 è esclusa per i soggetti:

a) che hanno omesso di presentare la dichiarazione, ovvero non hanno indicato nella medesima reddito di impresa o di lavoro autonomo, ovvero il reddito agrario di cui all'articolo 29 del citato testo unico delle imposte sui redditi, di cui al decreto del Presidente della Repubblica n. 917 del 1986;

b) che hanno dichiarato ricavi o compensi di importo annuo superiore a 5.164.569 euro;

c) ai quali, alla data di entrata in vigore della presente legge, è stato notificato processo verbale di constatazione con esito positivo, ovvero avviso di accertamento ai fini delle imposte sui redditi, dell'imposta sul valore aggiunto ovvero dell'imposta regionale sulle attività produttive, nonché invito al contraddittorio di cui all'articolo 5 del decreto legislativo 19 giugno 1997, n. 218, relativamente ai quali non è stata perfezionata la definizione ai sensi degli articoli 15 e 16 ([4]);

d) nei cui riguardi è stata esercitata l'azione penale per i reati previsti dal decreto legislativo 10 marzo 2000, n. 74, della quale il contribuente ha avuto formale conoscenza entro la data di definizione automatica ([5]).

4. In caso di avvisi di accertamento parziale di cui all'articolo 41 *bis* del decreto del Presidente della Repubblica 29 settembre 1973, n. 600, e successive modificazioni, relativi a redditi oggetto della definizione automatica, ovvero di avvisi di accertamento di cui all'articolo 54, quinto e sesto comma, del decreto del Presidente della Repubblica 26 ottobre 1972, n. 633, e successive modificazioni, divenuti definitivi alla data di entrata in vigore della presente legge, la definizione è ammessa a condizione che il contribuente versi, entro la prima data di pagamento degli importi per la definizione, le somme derivanti dall'accertamento parziale, con esclusione delle sanzioni e degli interessi. Non si fa luogo a rimborso di quanto già pagato. Per i periodi di imposta per i quali sono divenuti definitivi avvisi di accertamento diversi da quelli di cui ai citati articoli 41 *bis* del decreto del Presidente della Repubblica n. 600 del 1973 e 54, quinto comma del decreto del Presidente della Repubblica n. 633 del 1972, il contribuente ha comunque la facoltà di avvalersi delle disposizioni del presente articolo, fermi restando gli effetti dei suddetti atti ([6]).

5. Per il periodo di imposta 1997, i soggetti di cui al comma 1 possono effettuare la definizione automatica con il versamento entro il 20 giugno 2003 esclusivamente di una somma pari a 300 euro. Per i periodi di imposta successivi, la definizione automatica si perfeziona con il versamento entro il 20 giugno 2003 delle somme determinate secondo la metodologia di calcolo

di cui al comma 1 applicabile al contribuente. Gli importi calcolati a titolo di maggiore ricavo o compenso non possono essere inferiori a 600 euro per le persone fisiche e a 1.500 euro per gli altri soggetti. Sulle relative maggiori imposte non sono dovuti gli interessi e le sanzioni. Le maggiori imposte complessivamente dovute a titolo di definizione automatica sono ridotte nella misura del 50 per cento per la parte eccedente l'importo di 5.000 euro per le persone fisiche e l'importo di 10.000 euro per gli altri soggetti. Gli importi dovuti a titolo di maggiore imposta sono aumentati di una somma pari a 300 euro per ciascuna annualità oggetto di definizione aumentati a 600 euro per i soggetti cui si applicano gli studi di settore di cui all'articolo 62 *bis* del decreto legge 30 agosto 1993, n. 331, convertito, con modificazioni, dalla legge 29 ottobre 1993, n. 427, e successive modificazioni, e nei confronti dei quali sono riscontrabili anomalie negli indici di coerenza economica ([7]), escluso il 1997. La somma di cui al periodo precedente non è dovuta dai soggetti di cui al comma 2. Qualora gli importi da versare complessivamente per la definizione automatica eccedano, per le persone fisiche, la somma di 3.000 euro ([8]) e, per gli altri soggetti, la somma di 6.000 euro ([8]), gli importi eccedenti possono essere versati in due rate, di pari importo, entro il 30 novembre 2003 ed entro il 20 giugno 2004 ([9]), maggiorati degli interessi legali a decorrere dal 21 giugno 2003. L'omesso versamento nei termini indicati nel periodo precedente non determina l'inefficacia della definizione automatica; per il recupero delle somme non corrisposte alle predette scadenze si applicano le disposizioni dell'articolo 14 del decreto del Presidente della Repubblica 29 settembre 1973, n. 602, e successive modificazioni, e sono altresì dovuti una sanzione amministrativa pari al 30 per cento delle somme non versate, ridotta alla metà in caso di versamento eseguito entro i trenta giorni successivi alle rispettive scadenze, e gli interessi legali.

6. I soggetti che hanno dichiarato ricavi e compensi di ammontare non inferiore a quelli determinabili sulla base degli studi di settore di cui all'articolo 62 *bis* del decreto legge 30 agosto 1993, n. 331, convertito, con modificazioni, dalla legge 29 ottobre 1993, n. 427, e successive modificazioni, e nei confronti dei quali non sono riscontrabili anomalie negli indici di coerenza economica, nonché i soggetti che hanno dichiarato ricavi e compensi di ammontare non inferiore a quelli determinabili sulla base dei parametri di cui all'articolo 3, commi da 181 a 189, della legge 28 dicembre 1995, n. 549, e successive modificazioni, possono effettuare la definizione automatica di cui al comma 1 con il versamento di una somma pari a 300 euro per ciascuna annualità. I soggetti che hanno dichiarato ricavi e compensi di ammontare non inferiore a quelli determinabili sulla base degli studi di settore di cui all'articolo 62 *bis* del citato decreto legge n. 331 del 1993, e nei confronti dei

quali sono riscontrabili anomalie negli indici di coerenza economica, possono effettuare la definizione automatica con il versamento di una somma pari a 600 euro per ciascuna annualità ([10]).

7. La definizione automatica non si perfeziona se essa si fonda su dati non corrispondenti a quelli contenuti nella dichiarazione originariamente presentata, ovvero se la stessa viene effettuata dai soggetti che versano nelle ipotesi di cui al comma 3 del presente articolo; non si fa luogo al rimborso degli importi versati che, in ogni caso, valgono quali acconti sugli importi che risulteranno eventualmente dovuti in base agli accertamenti definitivi.

8. La definizione automatica dei redditi d'impresa o di lavoro autonomo esclude la rilevanza a qualsiasi effetto delle eventuali perdite risultanti dalla dichiarazione. è pertanto escluso e, comunque, inefficace il riporto a nuovo delle predette perdite. Se il riporto delle perdite di impresa riguarda periodi d'imposta per i quali la definizione automatica non è intervenuta, il recupero della differenza di imposta dovuta comporta l'applicazione delle sanzioni nella misura di un ottavo del minimo, senza applicazione di interessi.

9. La definizione automatica ai fini del calcolo dei contributi previdenziali, rileva nella misura del 60 per cento per la parte eccedente il minimale reddituale ovvero per la parte eccedente il dichiarato se superiore al minimale stesso, e non sono dovuti interessi e sanzioni.

10. Le società o associazioni di cui all'articolo 5 del testo unico delle imposte sui redditi, di cui al citato decreto del Presidente della Repubblica n. 917 del 1986, nonché i titolari dell'azienda coniugale non gestita in forma societaria o dell'impresa familiare, che hanno effettuato la definizione automatica secondo le modalità del presente articolo, comunicano alle persone fisiche titolari dei redditi prodotti in forma associata l'avvenuta definizione, entro il 20 luglio 2003. La definizione automatica da parte delle persone fisiche titolari dei redditi prodotti in forma associata si perfeziona con il versamento delle somme dovute entro il 16 settembre 2003, secondo le disposizioni del presente articolo, esclusa la somma di 300 euro prevista dal comma 5, sesto periodo ([11]); gli interessi di cui al comma 5, ottavo periodo, decorrono dal 17 settembre 2003. La definizione effettuata dai soggetti indicati dal primo periodo del presente comma costituisce titolo per l'accertamento ai sensi dell'articolo 41 *bis* del decreto del Presidente della Repubblica 29 settembre 1973, n. 600, e successive modificazioni, nei confronti delle persone fisiche che non hanno definito i redditi prodotti in forma associata. Per il periodo di imposta 1997, la definizione automatica effettuata dalle società o associazioni nonché dai titolari dell'azienda coniugale non gestita in forma societaria o dell'impresa familiare rende definitivi anche i redditi prodotti in forma associata. La disposizione di cui al periodo precedente si applica,

altresì, per gli altri periodi d'imposta definiti a norma del comma 6 dai predetti soggetti che abbiano dichiarato ricavi e compensi di ammontare non inferiore a quelli determinabili sulla base degli studi di settore di cui all'articolo 62 *bis* del decreto legge 30 agosto 1993, n. 331, convertito, con modificazioni, dalla legge 29 ottobre 1993, n. 427, e successive modificazioni, [e nei confronti dei quali non siano riscontrabili anomalie negli indici di coerenza economica,] ([12]) nonché qualora abbiano dichiarato ricavi e compensi di ammontare non inferiore a quelli determinabili sulla base dei parametri di cui all'articolo 3, commi da 181 a 189, della legge 28 dicembre 1995, n. 549, e successive modificazioni.

11. La definizione automatica inibisce, a decorrere dalla data del primo versamento e con riferimento a qualsiasi organo inquirente, salve le disposizioni del codice penale e del codice di procedura penale, limitatamente all'attività di impresa e di lavoro autonomo, l'esercizio dei poteri di cui agli articoli 32, 33, 38, 39 e 40 del decreto del Presidente della Repubblica 29 settembre 1973, n. 600, e successive modificazioni, e agli articoli 51, 52, 54 e 55 del decreto del Presidente della Repubblica 26 ottobre 1972, n. 633, e successive modificazioni, ed esclude l'applicabilità delle presunzioni di cessioni e di acquisto, previste dal regolamento di cui al decreto del Presidente della Repubblica 10 novembre 1997, n. 441. L'inibizione dell'esercizio dei poteri e l'esclusione dell'applicabilità delle presunzioni previsti dal periodo precedente sono opponibili dal contribuente mediante esibizione degli attestati di versamento e dell'atto di definizione in suo possesso.

12. La definizione automatica non è revocabile né soggetta a impugnazione e non è integrabile o modificabile da parte del competente ufficio dell'Agenzia delle entrate, e non rileva ai fini penali ed extratributari, fatto salvo quanto previsto dal comma 9.

13. La definizione automatica, limitatamente a ciascuna annualità, rende definitiva la liquidazione delle imposte risultanti dalla dichiarazione con riferimento alla spettanza di deduzioni e agevolazioni indicate dal contribuente o all'applicabilità di esclusioni. Sono fatti salvi gli effetti della liquidazione delle imposte e del controllo formale in base rispettivamente all'articolo 36 *bis* ed all'articolo 36 *ter* del decreto del Presidente della Repubblica 29 settembre 1973, n. 600, e successive modificazioni, nonché gli effetti derivanti dal controllo delle dichiarazioni IVA ai sensi dell'articolo 54 *bis* del decreto del Presidente della Repubblica 26 ottobre 1972, n. 633; le variazioni dei dati dichiarati non rilevano ai fini del calcolo delle maggiori imposte dovute ai sensi del presente articolo. La definizione automatica non modifica l'importo degli eventuali rimborsi e crediti derivanti dalle dichiarazioni presentate ai fini delle imposte sui redditi e delle relative addizio-

nali, dell'imposta sul valore aggiunto, nonché dell'imposta regionale sulle attività produttive.

14. Con decreto di natura non regolamentare del Ministro dell'economia e delle finanze, tenuto anche conto delle informazioni dell'Anagrafe tributaria, sono definite le classi omogenee delle categorie economiche, le metodologie di calcolo per la individuazione degli importi previsti al comma 1 [, tenuto conto degli indici di coerenza economica,] ([13]) nonché i criteri per la determinazione delle relative maggiori imposte, mediante l'applicazione delle ordinarie aliquote vigenti in ciascun periodo di imposta ([14]).

15. Con provvedimento del direttore dell'Agenzia delle entrate sono definite le modalità tecniche per l'utilizzo esclusivo del sistema telematico per la presentazione delle comunicazioni delle definizioni da parte dei contribuenti, da effettuare comunque entro il 31 luglio 2003, ovvero entro il 31 ottobre 2003 per i soggetti di cui al comma 10, secondo periodo ([15]), e le modalità di versamento, secondo quanto previsto dall'articolo 17 del decreto legislativo 9 luglio 1997, n. 241, e successive modificazioni, esclusa in ogni caso la compensazione ivi prevista.

15 *bis*. (*Omissis*).

16. I contribuenti che hanno presentato successivamente al 30 settembre 2002 una dichiarazione integrativa ai sensi dell'articolo 2, comma 8 *bis*, del regolamento di cui al decreto del Presidente della Repubblica 22 luglio 1998, n. 322, possono avvalersi delle disposizioni di cui al presente articolo sulla base delle dichiarazioni originarie presentate. L'esercizio della facoltà di cui al periodo precedente costituisce rinuncia agli effetti favorevoli delle dichiarazioni integrative presentate.

([1]) *Per la rideterminazione dei termini connessi ai nuovi termini delle definizioni agevolate degli adempimenti tributari, in attuazione dell'art. 1, comma 2, quarto periodo, del D.L. 24 giugno 2003, n. 143, convertito, con modificazioni, nella L. 1° agosto 2003, n. 212, si vedano il D.M. 3 settembre 2003 e il D.M. 16 gennaio 2004.*

([2]) *Si veda l'art. 2, comma 44, della L. 24 dicembre 2003, n. 350.*

([3]) *A norma dell'art. 37, comma 44, del D.L. 4 luglio 2006, n. 223, convertito, con modificazioni, nella L. 4 agosto 2006, n. 248, la notifica delle cartelle di pagamento conseguenti alle iscrizioni a ruolo previste da questo articolo è eseguita, a pena di decadenza, entro il 31 dicembre 2008.*

([4]) *Le parole da: «relativamente ai quali ...» fino alla fine della lettera sono state inserite dall'art. 5* bis*, comma 1, lett.* a*), n. 1), punto 1.1), del D.L. 24 dicembre 2002, n. 282, convertito, con modificazioni, nella L. 21 febbraio 2003, n. 27.*

([5]) *Questa lettera è stata così sostituita dall'art. 5* bis*, comma 1, lett.* a*), n. 1), punto 1.2), del D.L. 24 dicembre 2002, n. 282, convertito, con modificazioni, nella L. 21 febbraio 2003, n. 27.*

([6]) *Le parole da: «la definizione ...» fino alla fine del comma sono state così sostituite dalle attuali da: «divenuti definitivi ...» fino alla fine del comma dall'art. 5* bis*, comma 1, lett.* a)*, n. 2), del D.L. 24 dicembre 2002, n. 282, convertito, con modificazioni, nella L. 21 febbraio 2003, n. 27.*

([7]) *Le parole da: «aumentati a 600 euro...» fino a: «anomalie negli indici di coerenza economica» sono state inserite dall'art. 5* bis*, comma 1, lett.* a)*, n. 3), del D.L. 24 dicembre 2002, n. 282, convertito, con modificazioni, nella L. 21 febbraio 2003, n. 27.*

([8]) *Le parole: «2.000 euro» e: «5.000 euro» sono state rispettivamente sostituite dalle attuali: «3.000 euro» e: «6.000 euro» dall'art. 5* bis*, comma 1, lett.* a)*, n. 3), del D.L. 24 dicembre 2002, n. 282, convertito, con modificazioni, nella L. 21 febbraio 2003, n. 27.*

([9]) *Le parole: «20 giugno 2004 ed entro il 20 giugno 2005» sono state così sostituite dalle attuali dall'art. 5* bis*, comma 1, lett.* a)*, n. 3), del D.L. 24 dicembre 2002, n. 282, convertito, con modificazioni, nella L. 21 febbraio 2003, n. 27.*

([10]) *L'ultimo periodo di questo comma è stato aggiunto dall'art. 5* bis*, comma 1, lett.* a)*, n. 4), del D.L. 24 dicembre 2002, n. 282, convertito, con modificazioni, nella L. 21 febbraio 2003, n. 27.*

([11]) *Le parole da: «, esclusa la somma di 300 euro ...» fino a: «... sesto periodo» sono state inserite dall'art. 5* bis*, comma 1, lett.* a)*, n. 5), del D.L. 24 dicembre 2002, n. 282, convertito, con modificazioni, nella L. 21 febbraio 2003, n. 27.*

([12]) *Le parole poste fra parentesi quadrate sono state soppresse dall'art. 5* bis*, comma 1, lett.* a)*, n. 5), del D.L. 24 dicembre 2002, n. 282, convertito, con modificazioni, nella L. 21 febbraio 2003, n. 27.*

([13]) *Le parole poste fra parentesi quadrate sono state soppresse dall'art. 5* bis*, comma 1, lett.* a)*, n. 6), del D.L. 24 dicembre 2002, n. 282, convertito, con modificazioni, nella L. 21 febbraio 2003, n. 27.*

([14]) *Si veda il D.M. 28 febbraio 2003.*

([15]) *Le parole da: «, ovvero entro il 31 ottobre 2003 ...» fino a: «... secondo periodo» sono state inserite dall'art. 5* bis*, comma 1, lett.* a)*, n. 7), del D.L. 24 dicembre 2002, n. 282, convertito, con modificazioni, nella L. 21 febbraio 2003, n. 27.*

8. ([1]) ([2]) **Integrazione degli imponibili per gli anni pregressi.** – 1. Le dichiarazioni relative ai periodi d'imposta per i quali i termini per la loro presentazione sono scaduti entro il 31 ottobre 2002, possono essere integrate secondo le disposizioni del presente articolo. L'integrazione può avere effetto ai fini delle imposte sui redditi e relative addizionali, delle imposte sostitutive, dell'imposta sul patrimonio netto delle imprese, dell'imposta sul valore aggiunto, dell'imposta regionale sulle attività produttive, del contributo straordinario per l'Europa, di cui all'articolo 3, commi 194 e seguenti, della legge 23 dicembre 1996, n. 662, ([3]) dei contributi previdenziali e di quelli al Servizio sanitario nazionale. I soggetti indicati nel titolo III del decreto del Presidente della Repubblica 29 settembre 1973, n. 600, obbligati ad operare ritenute alla fonte, possono integrare, secondo le disposizioni del presente articolo, le ritenute relative ai periodi di imposta di cui al presente comma.

[2. I versamenti delle imposte di cui all'articolo 4, comma 1, lettera *b*), numero 2), del decreto legislativo 23 dicembre 1998, n. 504, e all'articolo 8, commi 1 e 2, del decreto legge 28 dicembre 2001, n. 452, convertito, con modificazioni, dalla legge 27 febbraio 2002, n. 16, relativamente ai quali il termine è scaduto entro il 31 ottobre 2002 e, alla data di entrata in vigore della presente legge, non sono stati notificati avvisi di accertamento, possono essere definiti, su richiesta dei contribuenti, mediante la presentazione di dichiarazione integrativa. La definizione avviene con il pagamento di un importo pari al 20 per cento delle imposte non versate. Le controversie, sulle quali non sia ancora intervenuto accertamento definitivo o pronunzia non più impugnabile, possono essere definite con il pagamento di un importo pari al 30 per cento del dovuto o della maggiorazione accertata dagli uffici alla data di entrata in vigore della presente legge].

3. L'integrazione si perfeziona con il pagamento dei maggiori importi dovuti entro il 16 aprile 2003 ([4]), mediante l'applicazione delle disposizioni vigenti in ciascun periodo di imposta relative ai tributi indicati nel comma 1 nonché dell'intero ammontare delle ritenute e contributi, sulla base di una dichiarazione integrativa da presentare, entro la medesima data, in luogo di quella omessa ovvero per rettificare in aumento la dichiarazione già presentata. Agli effetti dell'imposta sul valore aggiunto per l'omessa osservanza degli obblighi di cui agli articoli 17, terzo e quinto comma, e 34, comma 6, primo periodo, del decreto del Presidente della Repubblica 26 ottobre 1972, n. 633, e all'articolo 47, comma 1, del decreto legge 30 agosto 1993, n. 331, convertito, con modificazioni, dalla legge 29 ottobre 1993, n. 427, l'integrazione deve operarsi esclusivamente con riferimento all'imposta che non avrebbe potuto essere computata in detrazione; la disposizione opera a condizione che il contribuente si avvalga della definizione di cui all'articolo 9 *bis* ([5]). Nella dichiarazione integrativa devono essere indicati, a pena di nullità, maggiori importi dovuti almeno pari a 300 euro per ciascun periodo di imposta ([5]). La predetta dichiarazione integrativa è presentata in via telematica direttamente ovvero avvalendosi degli intermediari abilitati indicati dall'articolo 3 del regolamento di cui al decreto del Presidente della Repubblica 22 luglio 1998, n. 322, e successive modificazioni [, salvo che per i periodi d'imposta 1996 e 1997, per i quali la dichiarazione è presentata su supporto cartaceo] ([6]). Qualora gli importi da versare [per ciascun periodo di imposta] ([7]) eccedano, per le persone fisiche, la somma di 3.000 euro ([8]) e, per gli altri soggetti, la somma di 6.000 euro ([8]), gli importi eccedenti possono essere versati in due rate, di pari importo, entro il 30 novembre 2003 ed il 20 giugno 2004 ([9]), maggiorati degli interessi legali a decorrere dal 17 aprile 2003 ([10]). L'omesso versamento delle predette eccedenze entro le date

indicate non determina l'inefficacia della integrazione; per il recupero delle somme non corrisposte a tali scadenze si applicano le disposizioni dell'articolo 14 del decreto del Presidente della Repubblica 29 settembre 1973, n. 602, e successive modificazioni, e sono altresì dovuti una sanzione amministrativa di ammontare pari al 30 per cento delle somme non versate, ridotta alla metà in caso di versamento eseguito entro i trenta giorni successivi alla scadenza medesima, e gli interessi legali. La dichiarazione integrativa non costituisce titolo per il rimborso di ritenute, acconti e crediti d'imposta precedentemente non dichiarati, né per il riconoscimento di esenzioni o agevolazioni non richieste in precedenza, ovvero di detrazioni d'imposta diverse da quelle originariamente dichiarate; la differenza tra l'importo dell'eventuale maggior credito risultante dalla dichiarazione originaria e quello del minor credito spettante in base alla dichiarazione integrativa, è versata secondo le modalità previste dal presente articolo. È in ogni caso preclusa la deducibilità delle maggiori imposte e contributi versati. Per le ritenute indicate nelle dichiarazioni integrative non può essere esercitata la rivalsa sui percettori delle somme o dei valori non assoggettati a ritenuta. I versamenti delle somme dovute ai sensi del presente comma sono effettuati secondo le modalità previste dall'articolo 17 del decreto legislativo 9 luglio 1997, n. 241, e successive modificazioni, esclusa la compensazione ivi prevista.

4. In alternativa alle modalità di dichiarazione e versamento di cui al comma 3, i soggetti di cui al comma 1, ad eccezione di quelli che hanno omesso la presentazione delle dichiarazioni relative a tutti i periodi d'imposta di cui al medesimo comma, possono presentare la dichiarazione integrativa in forma riservata ai soggetti convenzionati di cui all'articolo 19 del decreto legislativo 9 luglio 1997, n. 241. Questi ultimi rilasciano agli interessati copia della dichiarazione integrativa riservata, versano, entro il 24 aprile 2003 ([11]), le maggiori somme dovute secondo le disposizioni contenute nel capo III del predetto decreto legislativo n. 241 del 1997, esclusa la compensazione di cui all'articolo 17 dello stesso decreto legislativo, e comunicano all'Agenzia delle entrate l'ammontare complessivo delle medesime somme senza indicazione dei nominativi dei soggetti che hanno presentato la dichiarazione integrativa riservata. È esclusa la rateazione di cui al comma 3. Gli istituti previdenziali non comunicano all'amministrazione finanziaria i dati indicati nella dichiarazione riservata di cui vengono a conoscenza ([12]).

5. Per i redditi e gli imponibili conseguiti all'estero con qualunque modalità, anche tramite soggetti non residenti o loro strutture interposte, è dovuta un'imposta sostitutiva di quelle indicate al comma 1, pari al 6 per cento ([13]). Per la dichiarazione e il versamento della predetta imposta sostitutiva si applicano le disposizioni dei commi 3 e 4.

6. Salvo quanto stabilito al comma 7, il perfezionamento della procedura prevista dal presente articolo comporta per ciascuna annualità oggetto di integrazione ai sensi dei commi 3 e 4 e limitatamente ai maggiori imponibili o alla maggiore imposta sul valore aggiunto risultanti dalle dichiarazioni integrative aumentati del 100 per cento, ovvero alle maggiori ritenute aumentate del 50 per cento ([14]):

a) la preclusione, nei confronti del dichiarante e dei soggetti coobbligati, di ogni accertamento tributario e contributivo;

b) l'estinzione delle sanzioni amministrative tributarie e previdenziali, ivi comprese quelle accessorie, nonché, ove siano stati integrati i redditi di cui al comma 5, e ove ricorra la ipotesi di cui all'articolo 14, comma 4, delle sanzioni previste dalle disposizioni sul monitoraggio fiscale di cui al decreto legge 28 giugno 1990, n. 167, convertito, con modificazioni, dalla legge 4 agosto 1990, n. 227;

c) l'esclusione ad ogni effetto della punibilità per i reati tributari di cui agli articoli 2, 3, 4, 5 e 10 del decreto legislativo 10 marzo 2000, n. 74, nonché per i reati previsti dagli articoli 482, 483, 484, 485, 489, 490, 491 *bis* e 492 del codice penale, nonché degli articoli 2621, 2622 e 2623 del codice civile, quando tali reati sono stati commessi per eseguire od occultare i predetti reati tributari, ovvero per conseguire il profitto e siano riferiti alla stessa pendenza o situazione tributaria. L'esclusione di cui alla predetta lettera non si applica in caso di esercizio dell'azione penale della quale il contribuente ha avuto formale conoscenza entro la data di presentazione della dichiarazione integrativa ([15]) ([16]);

[*d*) l'esclusione ad ogni effetto della punibilità per i reati previsti dagli articoli 482, 483, 484, 485, 489, 490, 491 *bis* e 492 del codice penale, nonché dagli articoli 2621, 2622 e 2623 del codice civile, quando tali reati siano stati commessi per eseguire od occultare i reati di cui alla lettera *c*), ovvero per conseguirne il profitto e siano riferiti alla stessa pendenza o situazione tributaria. L'esclusione di cui alla presente lettera non si applica ai procedimenti in corso] ([17]).

6 *bis*. In caso di accertamento relativo ad annualità oggetto di integrazione, le maggiori imposte e le maggiori ritenute dovute sono comunque limitate all'eccedenza rispetto alle maggiori imposte corrispondenti agli imponibili integrati, all'eccedenza rispetto all'imposta sul valore aggiunto e all'eccedenza rispetto alle ritenute aumentate ai sensi del comma 6 ([18]).

7. Per i redditi di cui al comma 5 non opera l'aumento del 100 per cento previsto dal comma 6 e gli effetti di cui alla lettera *c*) ([19]) del medesimo comma operano a condizione che, ricorrendo la ipotesi di cui all'articolo 14,

comma 4, si provveda alla regolarizzazione contabile delle attività detenute all'estero secondo le modalità ivi previste.

8. Gli effetti di cui ai commi 6 e 7 si estendono anche nei confronti dei soggetti diversi dal dichiarante se considerati possessori effettivi dei maggiori imponibili.

9. In caso di accesso, ispezione o verifica, ovvero di altra attività di controllo fiscale, il soggetto che ha presentato la dichiarazione riservata di cui al comma 4 può opporre agli organi competenti gli effetti preclusivi, estintivi e di esclusione della punibilità di cui ai commi 6 e 7 con invito a controllare la congruità delle somme di cui ai commi 3 e 5, in relazione all'ammontare dei maggiori redditi e imponibili nonché delle ritenute e dei contributi indicati nella dichiarazione integrativa.

10. Le disposizioni del presente articolo non si applicano qualora:

a) alla data di entrata in vigore della presente legge, sia stato notificato processo verbale di constatazione con esito positivo, ovvero di accertamento ai fini delle imposte sui redditi, dell'imposta sul valore aggiunto ovvero dell'imposta regionale sulle attività produttive, nonché invito al contraddittorio di cui all'articolo 5 del decreto legislativo 19 giugno 1997, n. 218, relativamente ai quali non è stata perfezionata la definizione ai sensi degli articoli 15 e 16, in caso di avvisi di accertamento di cui all'articolo 41 *bis* del decreto del Presidente della Repubblica 29 settembre 1973, n. 600 e successive modificazioni, relativamente ai redditi oggetto di integrazione ovvero di cui all'art. 54, quinto comma, del decreto del Presidente della Repubblica 26 ottobre 1972, n. 633, e successive modificazioni, divenuti definitivi alla data di entrata in vigore della presente legge, la definizione è ammessa a condizione che il contribuente versi, entro la prima data di pagamento degli importi per l'integrazione, le somme derivanti dall'accertamento parziale, con l'esclusione delle sanzioni e degli interessi. Non si fà luogo al rimborso di quanto già pagato. Per i periodi di imposta per i quali sono divenuti definitivi avvisi di accertamento diversi da quelli di cui ai citati articoli 41 *bis* del decreto del Presidente della Repubblica n. 600, del 1973, e 54, quinto comma, del decreto del Presidente della Repubblica n. 633 del 1972, il contribuente ha comunque la facoltà di avvalersi delle disposizioni del presente articolo, fermi restando gli effetti dei suddetti atti ([20]);

b) è stata esercitata l'azione penale per gli illeciti di cui alla lettera *c*) del comma 6, della quale il contribuente ha avuto la formale conoscenza entro la data di presentazione della dichiarazione integrativa ([21]).

11. Le società o associazioni di cui all'articolo 5 del testo unico delle imposte sui redditi, di cui al decreto del Presidente della Repubblica 22 dicembre 1986, n. 917, e successive modificazioni, nonché i titolari dell'azienda

coniugale non gestita in forma societaria e dell'impresa familiare, che hanno presentato la dichiarazione integrativa secondo le modalità del presente articolo, comunicano, entro il 16 maggio 2003 ([22]), alle persone fisiche titolari dei redditi prodotti in forma associata l'avvenuta presentazione della relativa dichiarazione. La integrazione da parte delle persone fisiche titolari dei redditi prodotti in forma associata si perfeziona presentando, entro il 16 settembre 2003 ([22]), la dichiarazione integrativa di cui al comma 3 e versando contestualmente le imposte e i relativi contributi secondo le modalità di cui al medesimo comma 3. La presentazione della dichiarazione integrativa da parte dei soggetti di cui al primo periodo del presente comma costituisce titolo per l'accertamento, ai sensi dell'articolo 41 *bis* del decreto del Presidente della Repubblica 29 settembre 1973, n. 600, e successive modificazioni, nei confronti dei soggetti che non hanno integrato i redditi prodotti in forma associata.

12. La conoscenza dell'intervenuta integrazione dei redditi e degli imponibili ai sensi del presente articolo non genera obbligo o facoltà della segnalazione di cui all'articolo 331 del codice di procedura penale. L'integrazione effettuata ai sensi del presente articolo non costituisce notizia di reato.

13. Con provvedimento del direttore dell'Agenzia delle entrate, da pubblicare nella *Gazzetta Ufficiale* della Repubblica italiana, sono definite le modalità applicative del presente articolo.

([1]) *Per la rideterminazione dei termini connessi ai nuovi termini delle definizioni agevolate degli adempimenti tributari, in attuazione dell'art. 1, comma 2, quarto periodo, del D.L. 24 giugno 2003, n. 143, convertito, con modificazioni, nella L. 1° agosto 2003, n. 212, si vedano il D.M. 3 settembre 2003 e il D.M. 16 gennaio 2004.*

([2]) *Si veda l'art. 2, comma 44, della L. 24 dicembre 2003, n. 350.*

([3]) *Le parole da: «del contributo straordinario per l'Europa ...» fino a: «... n. 662» sono state inserite dall'art. 5* bis*, comma 1, lett.* b)*, n. 1), del D.L. 24 dicembre 2002, n. 282, convertito, con modificazioni, nella L. 21 febbraio 2003, n. 27.*

([4]) *Le parole: «16 marzo 2003» sono state così sostituite dalle attuali dall'art. 5* bis*, comma 1, lett.* b)*, n. 2), punto 2.1), del D.L. 24 dicembre 2002, n. 282, convertito, con modificazioni, nella L. 21 febbraio 2003, n. 27.*

([5]) *Questo periodo è stato inserito dall'art. 5* bis*, comma 1, lett.* b)*, n. 2), punto 2.2), del D.L. 24 dicembre 2002, n. 282, convertito, con modificazioni, nella L. 21 febbraio 2003, n. 27.*

([6]) *Le parole fra parentesi quadrate sono state soppresse dall'art. 5* bis*, comma 1, lett.* b)*, n. 2), punto 2.3), del D.L. 24 dicembre 2002, n. 282, convertito, con modificazioni, nella L. 21 febbraio 2003, n. 27.*

([7]) *Le parole fra parentesi quadrate sono state soppresse dall'art. 5* bis*, comma 1, lett.* b)*, n. 2), punto 2.4), del D.L. 24 dicembre 2002, n. 282, convertito, con modificazioni, nella L. 21 febbraio 2003, n. 27.*

([8]) *Le parole: «2.000 euro» e: «5.000 euro» sono state rispettivamente sostituite dalle attuali: «3.000 euro» e: «6.000 euro» dall'art.* 5 bis*, comma 1, lett.* b)*, n. 2), punto 2.4), del D.L. 24 dicembre 2002, n. 282, convertito, con modificazioni, nella L. 21 febbraio 2003, n. 27.*

([9]) *Le parole: «16 marzo 2004 ed il 16 marzo 2005» sono state così sostituite dalle attuali: «30 novembre 2003 ed il 20 giugno 2004» dall'art.* 5 bis*, comma 1, lett.* b)*, n. 2), punto 2.4), del D.L. 24 dicembre 2002, n. 282, convertito, con modificazioni, nella L. 21 febbraio 2003, n. 27.*

([10]) *Le parole: «17 marzo 2003» sono state così sostituite dalle attuali dall'art.* 5 bis*, comma 1, lett.* b)*, n. 2), punto 2.4), del D.L. 24 dicembre 2002, n. 282, convertito, con modificazioni, nella L. 21 febbraio 2003, n. 27.*

([11]) *Le parole: «21 marzo 2003» sono state così sostituite dalle attuali dall'art.* 5 bis*, comma 1, lett.* b)*, n. 3), del D.L. 24 dicembre 2002, n. 282, convertito, con modificazioni, nella L. 21 febbraio 2003, n. 27.*

([12]) *Questo periodo è stato aggiunto dall'art.* 5 bis*, comma 1, lett.* b)*, n. 3), del D.L. 24 dicembre 2002, n. 282, convertito, con modificazioni, nella L. 21 febbraio 2003, n. 27.*

([13]) *Le parole: «13 per cento» sono state così sostituite dalle attuali dall'art.* 5 bis*, comma 1, lett.* b)*, n. 4), del D.L. 24 dicembre 2002, n. 282, convertito, con modificazioni, nella L. 21 febbraio 2003, n. 27.*

([14]) *L'alinea è stato così sostituito dall'art.* 5 bis*, comma 1, lett.* b)*, n. 5), punto 5.1), del D.L. 24 dicembre 2002, n. 282, convertito, con modificazioni, nella L. 21 febbraio 2003, n. 27.*

([15]) *Questa lettera è stata così sostituita dall'art.* 5 bis*, comma 1, lett.* b)*, n. 5), punto 5.2), del D.L. 24 dicembre 2002, n. 282, convertito, con modificazioni, nella L. 21 febbraio 2003, n. 27.*

([16]) *A norma dell'art. 1, comma 2* septies*, del D.L. 24 giugno 2003, n. 143, convertito, con modificazioni, nella L. 1° agosto 2003, n. 212, le disposizioni di cui a questa lettera si intendono nel senso che la esclusione della punibilità opera nei confronti di tutti coloro che hanno commesso o concorso a commettere i reati ivi indicati anche quando le procedure di sanatoria, alle quali è riferibile l'effetto di esclusione della punibilità, riguardano contribuenti diversi dalle persone fisiche e da questi sono perfezionate.*

([17]) *Questa lettera è stata abrogata dall'art.* 5 bis*, comma 1, lett.* b)*, n. 5), punto 5.3), del D.L. 24 dicembre 2002, n. 282, convertito, con modificazioni, nella L. 21 febbraio 2003, n. 27.*

([18]) *Questo comma è stato inserito dall'art.* 5 bis*, comma 1, lett.* b)*, n. 6), del D.L. 24 dicembre 2002, n. 282, convertito, con modificazioni, nella L. 21 febbraio 2003, n. 27.*

([19]) *Le parole: «alle lettere* c) *e* d)*» sono state così sostituite dalle attuali: «alla lettera* c)*» dall'art.* 5 bis*, comma 1, lett.* b)*, n. 7), del D.L. 24 dicembre 2002, n. 282, convertito, con modificazioni, nella L. 21 febbraio 2003, n. 27.*

([20]) *Questa lettera è stata così sostituita dall'art.* 5 bis*, comma 1, lett.* b)*, n. 8), punto 8.1), del D.L. 24 dicembre 2002, n. 282, convertito, con modificazioni, nella L. 21 febbraio 2003, n. 27.*

([21]) *Questa lettera è stata così sostituita dall'art.* 5 bis*, comma 1, lett.* b)*, n. 8), punto 8.2), del D.L. 24 dicembre 2002, n. 282, convertito, con modificazioni, nella L. 21 febbraio 2003, n. 27.*

([22]) *Le parole: «16 aprile 2003» e: «20 giugno 2003» sono state così rispettivamente sostituite dalle attuali: «16 maggio 2003» e: «16 settembre 2003» dall'art. 5* bis, *comma 1, lett.* b), *n. 9), del D.L. 24 dicembre 2002, n. 282, convertito, con modificazioni, nella L. 21 febbraio 2003, n. 27.*

9. ([1]) ([2]) ([3]) ([4]) **Definizione automatica per gli anni pregressi.** – 1. I contribuenti, al fine di beneficiare delle disposizioni di cui al presente articolo, presentano una dichiarazione con le modalità previste dai commi 3 e 4 dell'articolo 8, concernente, a pena di nullità, tutti i periodi d'imposta per i quali i termini per la presentazione delle relative dichiarazioni sono scaduti entro il 31 ottobre 2002, chiedendo la definizione automatica per tutte le imposte di cui al comma 2, lettera *a*), nonché, anche separatamente, per l'imposta sul valore aggiunto ([5]). Non possono essere oggetto di definizione automatica i redditi soggetti a tassazione separata, nonché i redditi di cui al comma 5 dell'articolo 8, ferma restando, per i predetti redditi, la possibilità di avvalersi della dichiarazione integrativa di cui al medesimo articolo 8, secondo le modalità ivi indicate.

2. La definizione automatica si perfeziona con il versamento per ciascun periodo d'imposta:

a) ai fini delle imposte sui redditi e relative addizionali, delle imposte sostitutive, dell'imposta regionale sulle attività produttive, del contributo straordinario per l'Europa di cui all'art. 3, commi 194 e seguenti, della legge 23 dicembre 1996, n. 662, ([6]) nonché dell'imposta sul patrimonio netto delle imprese, fermi restando i versamenti minimi di cui ai commi 3 e 4, di un importo pari all'8 per cento ([7]) delle imposte lorde e delle imposte sostitutive risultanti dalla dichiarazione originariamente presentata; se ciascuna imposta lorda o sostitutiva è risultata di ammontare superiore a 10.000 euro, la percentuale applicabile all'eccedenza è pari al 6 per cento ([7]), mentre se è risultata di ammontare superiore a 20.000 euro, la percentuale applicabile a quest'ultima eccedenza è pari al 4 per cento ([7]);

b) ai fini dell'imposta sul valore aggiunto, fermi restando i versamenti minimi di cui al comma 6, di un importo pari alla somma del 2 per cento dell'imposta relativa alle cessioni di beni e alle prestazioni di servizi effettuate dal contribuente per le quali l'imposta è divenuta esigibile nel periodo d'imposta, e del 2 per cento dell'imposta detratta nel medesimo periodo ([8]); se l'imposta esigibile ovvero l'imposta detratta ([9]) superano gli importi di 200.000 euro, le percentuali applicabili a ciascuna eccedenza sono pari all'1,5 per cento, e se i predetti importi di imposta superano 300.000 euro le percentuali applicabili a ciascuna eccedenza sono pari all'1 per cento; le somme da versare complessivamente ai sensi della presente lettera sono ridotte nella misura dell'80 per cento per la parte eccedente l'importo di 11.600.000 euro ([10]).

3. Il versamento delle maggiori imposte calcolate in base al comma 2, lettera *a*), deve comunque essere, per ciascun periodo d'imposta, almeno pari:

a) a 100 euro, per le persone fisiche e le società semplici titolari di redditi diversi da quelli d'impresa e da quelli derivanti dall'esercizio di arti e professioni;

b) ai seguenti importi, per le persone titolari di reddito d'impresa, per gli esercenti arti e professioni, per le società e le associazioni di cui all'articolo 5 del testo unico delle imposte sui redditi, di cui al decreto del Presidente della Repubblica 22 dicembre 1986, n. 917, e successive modificazioni, nonché per i soggetti di cui all'articolo 87 del medesimo testo unico:

1) 400 euro, se l'ammontare dei ricavi e dei compensi non è superiore a 50.000 euro;

2) 500 euro, se l'ammontare dei ricavi e dei compensi non è superiore a 180.000 euro;

3) 600 euro, se l'ammontare dei ricavi e dei compensi è superiore a 180.000 euro ([11]).

3 *bis*. I soggetti che hanno dichiarato ricavi e compensi di ammontare non inferiore a quelli determinabili sulla base degli studi di settore di cui all'articolo 62 *bis* del decreto legge 30 agosto 1993, n. 331, convertito, con modificazioni, dalla legge 29 ottobre 1993, n. 427, e successive modificazioni, e nei confronti dei quali non sono riscontrabili anomalie negli indici di coerenza economica, nonché i soggetti che hanno dichiarato ricavi e compensi di ammontare non inferiore a quelli determinabili sulla base dei parametri di cui all'art. 3, commi da 181 a 189, della legge 28 dicembre 1995, n. 549, e successive modificazioni, possono effettuare la definizione automatica ai fini di tutte le imposte di cui al comma 2 del presente articolo con il versamento di una somma pari a 500 euro per ciascuna annualità. I soggetti che hanno dichiarato ricavi e compensi di ammontare non inferiore a quelli determinabili sulla base degli studi di settore di cui al citato articolo 62 *bis* del decreto legge n. 331 del 1993, e nei confronti dei quali sono riscontrabili anomalie negli indici di coerenza economica, possono effettuare la definizione automatica con il versamento di una somma pari a 700 euro per ciascuna annualità ([12]).

4. Ai fini della definizione automatica, le persone fisiche titolari dei redditi prodotti in forma associata ai sensi dell'articolo 5 del testo unico delle imposte sui redditi, di cui al decreto del Presidente della Repubblica 22 dicembre 1986, n. 917, e successive modificazioni, il titolare e i collaboratori dell'impresa familiare nonché il titolare e il coniuge dell'azienda coniuga-

le non gestita in forma societaria, indicano nella dichiarazione integrativa, per ciascun periodo d'imposta, l'ammontare dell'importo minimo da versare determinato, con le modalità indicate nel comma 3, lettera *b*), in ragione della propria quota di partecipazione. In nessun caso tale importo può risultare di ammontare inferiore a 200 euro.

5. In presenza di importi minimi di cui ai commi 3 e 4 deve essere versato quello di ammontare maggiore.

6. Il versamento delle maggiori imposte calcolate in base al comma 2, lettera *b*), deve comunque essere, in ciascun periodo d'imposta almeno pari a:

a) 500 euro, se l'ammontare del volume d'affari non è superiore a 50.000 euro;

b) 600 euro, se l'ammontare del volume d'affari non è superiore a 180.000 euro;

c) 700 euro, se l'ammontare del volume d'affari è superiore a 180.000 euro ([13]).

7. Ai fini della definizione automatica è esclusa la rilevanza a qualsiasi effetto delle eventuali perdite risultanti dalle dichiarazioni originarie fatta eccezione di quelle determinate dall'applicazione delle disposizioni di cui all'art. 4 della legge 18 ottobre 2001, n. 383 ([14]). Il riporto a nuovo delle predette perdite è consentito con il versamento di una somma pari al 10 per cento delle perdite stesse fino ad un importo di 250.000.000 di euro, nonché di una somma pari al 5 per cento delle perdite eccedenti il predetto importo ([15]) ([16]). Per la definizione automatica dei periodi d'imposta chiusi in perdita o in pareggio è versato un importo almeno pari a quello minimo di cui al comma 3, lettera *b*), per ciascuno dei periodi stessi.

8. Nel caso di omessa presentazione delle dichiarazioni relative ai tributi di cui al comma 1, è dovuto, per ciascuna di esse e per ciascuna annualità, un importo pari a 1.500 euro per le persone fisiche, elevato a 3.000 euro per le società e le associazioni di cui all'articolo 5 del testo unico delle imposte sui redditi, di cui al decreto del Presidente della Repubblica 22 dicembre 1986, n. 917, e successive modificazioni, e per i soggetti di cui all'articolo 87 del medesimo testo unico.

9. La definizione automatica, limitatamente a ciascuna annualità, rende definitiva la liquidazione delle imposte risultanti dalla dichiarazione con riferimento alla spettanza di deduzioni e agevolazioni indicate dal contribuente o all'applicabilità di esclusioni. Sono fatti salvi gli effetti della liquidazione delle imposte e del controllo formale in base rispettivamente all'articolo 36 *bis* ed all'articolo 36 *ter* del decreto del Presidente della Repubblica 29 settembre 1973, n. 600, e successive modificazioni, nonché gli

effetti derivanti dal controllo delle dichiarazioni IVA ai sensi dell'articolo 54 *bis* del decreto del Presidente della Repubblica 26 ottobre 1972, n. 633, e successive modificazioni; le variazioni dei dati dichiarati non rilevano ai fini del calcolo delle maggiori imposte dovute ai sensi del presente articolo. La definizione automatica non modifica l'importo degli eventuali rimborsi e crediti derivanti dalle dichiarazioni presentate ai fini delle imposte sui redditi e relative addizionali, dell'imposta sul valore aggiunto, nonché dell'imposta regionale sulle attività produttive. La dichiarazione integrativa non costituisce titolo per il rimborso di ritenute, acconti e crediti d'imposta precedentemente non dichiarati, né per il riconoscimento di esenzioni o agevolazioni non richieste in precedenza, ovvero di detrazioni d'imposta diverse da quelle originariamente dichiarate.

10. Il perfezionamento della procedura prevista dal presente articolo comporta:

a) la preclusione, nei confronti del dichiarante e dei soggetti coobbligati, di ogni accertamento tributario;

b) l'estinzione delle sanzioni amministrative tributarie, ivi comprese quelle accessorie;

c) l'esclusione della punibilità per i reati tributari di cui agli articoli 2, 3, 4, 5 e 10 del decreto legislativo 10 marzo 2000, n. 74, nonché per i reati previsti dagli articoli 482, 483, 484, 485, 489, 490, 491 *bis* e 492 del codice penale, nonché dagli articoli 2621, 2622 e 2623 del codice civile, quando tali reati siano stati commessi per eseguire od occultare i predetti reati tributari, ovvero per conseguirne il profitto e siano riferiti alla stessa pendenza o situazione tributaria; i predetti effetti, limitatamente ai reati previsti dal codice penale e dal codice civile, operano ([17]) a condizione che, ricorrendo le ipotesi di cui all'articolo 14, comma 5, della presente legge si provveda alla regolarizzazione contabile delle attività ([18]), anche detenute all'estero, secondo le modalità ivi previste [, ferma restando la decadenza dal beneficio in caso di parziale regolarizzazione delle attività medesime] ([19]). L'esclusione di cui alla presente lettera non si applica in caso di esercizio dell'azione penale della quale il contribuente ha avuto formale conoscenza entro la data di presentazione della dichiarazione per la definizione automatica ([20]).

11. Restano ferme, ad ogni effetto, le disposizioni sul monitoraggio fiscale di cui al decreto legge 28 giugno 1990, n. 167, convertito, con modificazioni, dalla legge 4 agosto 1990, n. 227, salvo che, ricorrendo le ipotesi di cui all'articolo 14, comma 5, della presente legge si provveda alla regolarizzazione contabile di tutte le attività detenute all'estero secondo le modalità ivi previste, ferma restando la decadenza dal beneficio in caso di parziale regolarizzazione delle attività medesime.

12. Qualora gli importi da versare ai sensi del presente articolo [, per ciascun periodo di imposta,] ([21]) eccedano complessivamente, per le persone fisiche, la somma di 3.000 euro ([22]) e, per gli altri soggetti, la somma di 6.000 euro ([22]), gli importi eccedenti possono essere versati in due rate, di pari importo, entro il 30 novembre 2003 ed il 20 giugno 2004 ([23]), maggiorati degli interessi legali a decorrere dal 17 aprile 2003 ([24]). L'omesso versamento delle predette eccedenze entro le date indicate non determina l'inefficacia della integrazione; per il recupero delle somme non corrisposte a tali scadenze si applicano le disposizioni dell'articolo 14 del decreto del Presidente della Repubblica 29 settembre 1973, n. 602, e successive modificazioni, e sono altresì dovuti una sanzione amministrativa pari al 30 per cento delle somme non versate, ridotta alla metà in caso di versamento eseguito entro i trenta giorni successivi alla scadenza medesima, e gli interessi legali.

13. In caso di accesso, ispezione o verifica, ovvero di altra attività di controllo fiscale, il soggetto che ha presentato la dichiarazione riservata può opporre agli organi competenti gli effetti preclusivi, estintivi e di esclusione della punibilità di cui al comma 10, con invito a controllare la congruità delle somme versate ai fini della definizione e indicate nella medesima dichiarazione.

14. Le disposizioni del presente articolo non si applicano qualora:

a) alla data di entrata in vigore della presente legge, sia stato notificato processo verbale di constatazione con esito positivo, ovvero avviso di accertamento ai fini delle imposte sui redditi, dell'imposta sul valore aggiunto ovvero dell'imposta regionale sulle attività produttive, nonché invito al contraddittorio di cui all'articolo 5 del decreto legislativo 19 giugno 1997, n. 218, relativamente ai quali non è stata perfezionata la definizione ai sensi degli articoli 15 e 16 della presente legge; in caso di avvisi di accertamento parziale di cui all'articolo 41 *bis* del decreto del Presidente della Repubblica 29 settembre 1973, n. 600, e successive modificazioni, ovvero di avvisi di accertamento di cui all'articolo 54, quinto comma, del decreto del Presidente della Repubblica 26 ottobre 1972, n. 633, e successive modificazioni, divenuti definitivi alla data di entrata in vigore della presente legge, la definizione è ammessa a condizione che il contribuente versi, entro la prima data di pagamento degli importi per la definizione, le somme derivanti dall'accertamento parziale, con esecuzione delle sanzioni e degli interessi. Non si fa luogo al rimborso di quanto già pagato. Per i periodi d'imposta per i quali sono divenuti definitivi avvisi di accertamento diversi da quelli di cui ai citati articoli 41 *bis* del decreto del Presidente della Repubblica n. 600 del 1973 e 54, quinto comma, del decreto del Presidente della Repubblica n. 633 del 1972, il contribuente ha comunque la facoltà di avvalersi delle disposizioni del presente articolo, fermi restando gli effetti dei suddetti atti ([25]);

b) è stata esercitata l'azione penale per gli illeciti di cui alla lettera *c*) del comma 10, della quale il contribuente ha avuto formale conoscenza entro la data di presentazione della dichiarazione per la definizione automatica ([26]);

c) il contribuente abbia omesso la presentazione di tutte le dichiarazioni relative a tutti i tributi di cui al comma 2 e per tutti i periodi d'imposta di cui al comma 1.

15. Le preclusioni di cui alle lettere *a*) e *b*) del comma 14 si applicano con esclusivo riferimento ai periodi d'imposta ai quali si riferiscono gli atti e i procedimenti ivi indicati. La definizione automatica non si perfeziona se essa si fonda su dati non corrispondenti a quelli contenuti nella dichiarazione originariamente presentata, ovvero se la stessa viene effettuata dai soggetti che versano nelle ipotesi di cui al comma 14 del presente articolo; non si fa luogo al rimborso degli importi versati che, in ogni caso, valgono quali acconti sugli importi che risulteranno eventualmente dovuti in base agli accertamenti definitivi.

16. I contribuenti che hanno presentato successivamente al 30 settembre 2002 una dichiarazione integrativa ai sensi dell'articolo 2, comma 8 *bis*, del regolamento di cui al decreto del Presidente della Repubblica 22 luglio 1998, n. 322, e successive modificazioni, possono avvalersi delle disposizioni di cui al presente articolo sulla base delle dichiarazioni originarie presentate. L'esercizio della facoltà di cui al periodo precedente costituisce rinuncia agli effetti favorevoli delle dichiarazioni integrative presentate.

17. I soggetti colpiti dal sisma del 13 e 16 dicembre 1990, che ha interessato le province di Catania, Ragusa e Siracusa, individuati ai sensi dell'articolo 3 dell'ordinanza del Ministro per il coordinamento della protezione civile del 21 dicembre 1990, pubblicata nella *Gazzetta Ufficiale* n. 299 del 24 dicembre 1990, destinatari dei provvedimenti agevolativi in materia di versamento delle somme dovute a titolo di tributi e contributi, possono definire in maniera automatica la propria posizione relativa agli anni 1990, 1991 e 1992. La definizione si perfeziona versando, entro il 31 dicembre 2007 ([27]), l'intero ammontare dovuto per ciascun tributo a titolo di capitale, al netto dei versamenti già eseguiti a titolo di capitale ed interessi, diminuito al 10 per cento; il perfezionamento della definizione comporta gli effetti di cui al comma 10. Qualora gli importi da versare complessivamente ai sensi del presente comma eccedano la somma di 5.000 euro, gli importi eccedenti possono essere versati in un massimo di otto rate semestrali con l'applicazione degli interessi legali a decorrere dal 17 aprile 2003 ([28]). L'omesso versamento delle predette eccedenze entro le scadenze delle rate semestrali

non determina l'inefficacia della definizione automatica; per il recupero delle somme non corrisposte si applicano le disposizioni dell'articolo 14 del decreto del Presidente della Repubblica 29 settembre 1973, n. 602, e successive modificazioni, e sono altresì dovuti una sanzione amministrativa pari al 30 per cento delle somme non versate, ridotta alla metà in caso di versamento eseguito entro i trenta giorni successivi alla scadenza medesima, e gli interessi legali.

18. Con provvedimento del direttore dell'Agenzia delle entrate, da pubblicare nella *Gazzetta Ufficiale* della Repubblica italiana, sono definite le modalità applicative del presente articolo.

([1]) *A norma dell'art. 1 del D.L. 24 giugno 2003, n. 143, convertito, con modificazioni, nella L. 1° agosto 2003, n. 212, i contribuenti che, nel periodo tra il 17 aprile 2003 e la data di entrata in vigore del presente decreto, hanno effettuato i versamenti utili per la definizione degli adempimenti e degli obblighi tributari di cui a questo articolo, possono inoltrare in via telematica all'Agenzia delle entrate, fino al 30 giugno 2003, le relative dichiarazioni.*

([2]) *Per la rideterminazione dei termini connessi ai nuovi termini delle definizioni agevolate degli adempimenti tributari, in attuazione dell'art. 1, comma 2, quarto periodo, del D.L. 24 giugno 2003, n. 143, convertito, con modificazioni, nella L. 1° agosto 2003, n. 212, si vedano il D.M. 3 settembre 2003 e il D.M. 16 gennaio 2004.*

([3]) *Si veda l'art. 2, comma 44, della L. 24 dicembre 2003, n. 350.*

([4]) *A norma dell'art. 37, comma 44, del D.L. 4 luglio 2006, n. 223, convertito, con modificazioni, nella L. 4 agosto 2006, n. 248, la notifica delle cartelle di pagamento conseguenti alle iscrizioni a ruolo previste da questo articolo è eseguita, a pena di decadenza, entro il 31 dicembre 2008.*

([5]) *Le parole da: «chiedendo ...» fino alla fine del periodo sono state così sostituite dalle attuali da: «concernente, a pena di nullità ...» fino a: «... imposta sul valore aggiunto» dall'art. 5* bis*, comma 1, lett. c), n. 1), del D.L. 24 dicembre 2002, n. 282, convertito, con modificazioni, nella L. 21 febbraio 2003, n. 27.*

([6]) *Le parole da: «del contributo straordinario ...» fino a: «... n. 662» sono state inserite dall'art. 5* bis*, comma 1, lett. c), n. 2), punto 2.1), del D.L. 24 dicembre 2002, n. 282, convertito, con modificazioni, nella L. 21 febbraio 2003, n. 27.*

([7]) *Le parole: «al 18 per cento»; «16 per cento»; «13 per cento» sono state così rispettivamente sostituite dalle attuali: «all'8 per cento»; «6 per cento» e «4 per cento» dall'art. 5* bis*, comma 1, lett. c), n. 2), punto 2.1), del D.L. 24 dicembre 2002, n. 282, convertito, con modificazioni, nella L. 21 febbraio 2003, n. 27.*

([8]) *Le parole da: «ai fini dell'imposta sul valore aggiunto ...» fino a: «... medesimo periodo» sono state così sostituite dalle attuali da: «ai fini dell'imposta sul valore aggiunto ...» fino a: «... medesimo periodo» dall'art. 5* bis*, comma 1, lett. c), n. 2), punto 2.2), del D.L. 24 dicembre 2002, n. 282, convertito, con modificazioni, nella L. 21 febbraio 2003, n. 27.*

([9]) *Le parole: «se l'imposta relativa alle operazioni imponibili ovvero l'imposta detraibile» sono state così sostituite dalle attuali: «se l'imposta esigibile ovvero l'imposta detratta» dall'art. 5* bis*, comma 1, lett.* c)*, n. 2), punto 2.2), del D.L. 24 dicembre 2002, n. 282, convertito, con modificazioni, nella L. 21 febbraio 2003, n. 27.*

([10]) *Le parole da: «; le somme da versare ...» fino alla fine della lettera sono state aggiunte dall'art. 1, comma 2* ter*, lett.* a)*, del D.L. 24 giugno 2003, n. 143, convertito, con modificazioni, nella L. 1° agosto 2003, n. 212.*

([11]) *Questo comma è stato così sostituito dall'art. 5* bis*, comma 1, lett.* c)*, n. 3), del D.L. 24 dicembre 2002, n. 282, convertito, con modificazioni, nella L. 21 febbraio 2003, n. 27.*

([12]) *Questo comma è stato inserito dall'art. 5* bis*, comma 1, lett.* c)*, n. 4), del D.L. 24 dicembre 2002, n. 282, convertito, con modificazioni, nella L. 21 febbraio 2003, n. 27.*

([13]) *Questo comma è stato così sostituito dall'art. 5* bis*, comma 1, lett.* c)*, n. 5), del D.L. 24 dicembre 2002, n. 282, convertito, con modificazioni, nella L. 21 febbraio 2003, n. 27.*

([14]) *Le parole da: «fatta eccezione ...» a: «... n. 383» sono state aggiunte dall'art. 5* bis*, comma 1, lett.* c)*, n. 6), del D.L. 24 dicembre 2002, n. 282, convertito, con modificazioni, nella L. 21 febbraio 2003, n. 27.*

([15]) *Questo periodo è stato così sostituito dall'art. 5* bis*, comma 1, lett.* c)*, n. 6), del D.L. 24 dicembre 2002, n. 282, convertito, con modificazioni, nella L. 21 febbraio 2003, n. 27.*

([16]) *Le parole da: «; fino ad un importo di ...» fino alla fine del periodo sono state aggiunte dall'art. 1, comma 2* ter*, lett.* b)*, del D.L. 24 giugno 2003, n. 143, convertito, con modificazioni, nella L. 1° agosto 2003, n. 212.*

([17]) *Le parole: «i predetti effetti operano» sono state così sostituite dalle attuali da: «i predetti effetti, ...» fino a: «... operano» dall'art. 5* bis*, comma 1, lett.* c)*, n. 7), del D.L. 24 dicembre 2002, n. 282, convertito, con modificazioni, nella L. 21 febbraio 2003, n. 27.*

([18]) *Le parole: «di tutte le attività» sono state così sostituite dalle attuali dall'art. 5* bis*, comma 1, lett.* c)*, n. 7), del D.L. 24 dicembre 2002, n. 282, convertito, con modificazioni, nella L. 21 febbraio 2003, n. 27.*

([19]) *Le parole fra parentesi quadrate sono state soppresse dall'art. 5* bis*, comma 1, lett.* c)*, n. 7), del D.L. 24 dicembre 2002, n. 282, convertito, con modificazioni, nella L. 21 febbraio 2003, n. 27.*

([20]) *L'ultimo periodo di questo comma è stato così sostituito dall'art. 5* bis*, comma 1, lett.* c)*, n. 7), del D.L. 24 dicembre 2002, n. 282, convertito, con modificazioni, nella L. 21 febbraio 2003, n. 27.*

([21]) *Le parole fra parentesi quadrate sono state soppresse dall'art. 5* bis*, comma 1, lett.* c)*, n. 8), del D.L. 24 dicembre 2002, n. 282, convertito, con modificazioni, nella L. 21 febbraio 2003, n. 27.*

([22]) *Le parole: «2.000 euro» e: «5.000 euro» sono state così rispettivamente sostituite dalle attuali: «3.000 euro» e: «6.000 euro» dall'art. 5* bis*, comma 1, lett.* c)*, n. 8), del D.L. 24 dicembre 2002, n. 282, convertito, con modificazioni, nella L. 21 febbraio 2003, n. 27.*

([23]) *Le parole: «16 marzo 2004 ed il 16 marzo 2005»* sono state così sostituite *dalle attuali: «30 novembre 2003 ed il 20 giugno 2004» dall'art. 5* bis*, comma 1, lett.* c)*, n. 8), del D.L. 24 dicembre 2002, n. 282, convertito, con modificazioni, nella L. 21 febbraio 2003, n. 27.*

([24]) *Le parole: «17 marzo 2003» sono state così sostituite dalle attuali dall'art. 5* bis*, comma 1, lett.* c)*, n. 8), del D.L. 24 dicembre 2002, n. 282, convertito, con modificazioni, nella L. 21 febbraio 2003, n. 27.*

([25]) *Questa lettera è stata così sostituita dall'art. 5* bis, *comma 1, lett.* c), *n. 9), punto 9.1), del D.L. 24 dicembre 2002, n. 282, convertito, con modificazioni, nella L. 21 febbraio 2003, n. 27.*

([26]) *Questa lettera è stata così sostituita dall'art. 5* bis, *comma 1, lett.* c), *n. 9), punto 9.2), del D.L. 24 dicembre 2002, n. 282, convertito, con modificazioni, nella L. 21 febbraio 2003, n. 27.*

([27]) *Le originarie parole: «16 marzo 2003» sono state dapprima sostituite dalle parole: «16 aprile 2003» dall'art. 5* bis, *comma 1, lett.* c), *n. 10), del D.L. 24 dicembre 2002, n. 282, convertito, con modificazioni, nella L. 21 febbraio 2003, n. 27. Successivamente questo termine è stato differito al 21 dicembre 2007 dall'art. 3* quater, *comma 2, del D.L. 28 dicembre 2006, n. 300, convertito, con modificazioni, nella L. 26 febbraio 2007, n. 17. A norma dello stesso articolo, la definizione si perfeziona versando, entro il 31 dicembre 2007, l'intero ammontare dovuto per ciascun tributo a titolo di capitale, al netto dei versamenti già eseguiti a titolo di capitale ed interessi, diminuito al 30 per cento.*

([28]) *Le parole: «17 marzo 2003» sono state così sostituite dalle attuali dall'art. 5* bis, *comma 1, lett.* c), *n. 10), del D.L. 24 dicembre 2002, n. 282, convertito, con modificazioni, nella L. 21 febbraio 2003, n. 27.*

9 *bis*. ([1]) ([2]) ([3]) **Definizione dei ritardati od omessi versamenti.** – 1. Le sanzioni previste dall'articolo 13 del decreto legislativo 18 dicembre 1997, n. 471, non si applicano ai contribuenti e ai sostituti d'imposta che alla data del 16 aprile 2003 provvedono ai pagamenti delle imposte o delle ritenute risultanti dalle dichiarazioni annuali presentate entro il 31 ottobre 2003, per le quali il termine di versamento è scaduto anteriormente a tale data. Se gli importi da versare per ciascun periodo di imposta eccedono, per le persone fisiche, la somma di 3.000 euro e, per gli altri soggetti, la somma di 6.000 euro, gli importi eccedenti, maggiorati degli interessi legali a decorrere dal 17 aprile 2003, possono essere versati in tre rate, di pari importo, entro il 30 novembre 2003, il 30 giugno 2004 e il 30 novembre 2004.

2. Se le imposte e le ritenute non versate e le relative sanzioni sono state iscritte in ruoli già emessi, le sanzioni di cui al comma 1 non sono dovute limitatamente alle rate non ancora scadute alla data del 16 aprile 2003, a condizione che le imposte e le ritenute non versate iscritte a ruolo siano state pagate o vengano pagate alle relative scadenze del ruolo; le sanzioni di cui al comma 1 non sono dovute anche relativamente alla rate scadute alla predetta data se i soggetti interessati dimostrano che il versamento non è stato eseguito per fatto doloso di terzi denunciato, anteriormente alla data del 31 dicembre 2002, all'autorità giudiziaria.

3. Per avvalersi delle disposizioni dei commi 1 e 2 i soggetti interessati sono tenuti a presentare una dichiarazione integrativa, in via telematica, direttamente ovvero avvalendosi degli intermediari abilitati indicati dall'articolo 3 del regolamento di cui al decreto del Presidente della Repubblica

22 luglio 1998, n. 322, indicato in apposito prospetto le imposte o le ritenute dovute per ciascun periodo di imposta e i dati del versamento effettuato, nonché gli estremi della cartella di pagamento nei casi di cui al comma 2.

4. Sulla base della dichiarazione di cui al comma 3, gli uffici provvedono allo sgravio delle sanzioni indicate al comma 1 iscritte a ruolo, o al loro annullamento se ne è stato intimato il pagamento con ingiunzione, non ancora versate alla data del 16 aprile 2003, sempre che il mancato pagamento non dipenda da morosità, ovvero al rimborso di quelle pagate a partire dalla data medesima; il rimborso compete altresì per le somme a tale titolo pagate anteriormente, se i soggetti interessati dimostrano che il versamento non è stato eseguito tempestivamente per fatto doloso di terzi denunciato, anteriormente alla data del 31 dicembre 2002 all'autorità giudiziaria. Restano fermi gli interessi iscritti in ruolo; le somme da versare, diverse da quelle iscritte a ruolo, devono essere maggiorate, a titolo di interessi del 3 per cento annuo.

([1]) *Questo articolo è stato inserito dall'art. 5* bis*, comma 1, lett.* d)*, del D.L. 24 dicembre 2002, n. 282, convertito, con modificazioni, nella L. 21 febbraio 2003, n. 27.*

([2]) *Per la rideterminazione dei termini connessi ai nuovi termini delle definizioni agevolate degli adempimenti tributari, in attuazione dell'art. 1, comma 2, quarto periodo, del D.L. 24 giugno 2003, n. 143, convertito, con modificazioni, nella L. 1° agosto 2003, n. 212, si vedano il D.M. 3 settembre 2003 e il D.M. 16 gennaio 2004.*

([3]) *Si veda l'art. 2, comma 45, della L. 24 dicembre 2003, n. 350.*

10. Proroga di termini. – 1. Per i contribuenti che non si avvalgono delle disposizioni recate dagli articoli da 7 a 9 della presente legge, in deroga alle disposizioni dell'articolo 3, comma 3, della legge 27 luglio 2000, n. 212 ([1]) i termini di cui all'articolo 43 del decreto del Presidente della Repubblica 29 settembre 1973, n. 600, e successive modificazioni, e all'articolo 57 del decreto del Presidente della Repubblica 26 ottobre 1972, n. 633, e successive modificazioni, sono prorogati di due anni ([2]).

([1]) *Le parole: «, in deroga alle disposizioni dell'articolo 3, comma 3, della legge 27 luglio 2000, n. 212» sono state inserite dall'art. 5* bis*, comma 1, lett.* e)*, del D.L. 24 dicembre 2002, n. 282, convertito, con modificazioni, nella L. 21 febbraio 2003, n. 27.*

([2]) *Le parole: «un anno» sono state sostituite dalle attuali: «due anni» dall'art. 5* bis*, comma 1, lett.* e)*, del D.L. 24 dicembre 2002, n. 282, convertito, con modificazioni, nella L. 21 febbraio 2003, n. 27.*

11. Definizione agevolata ai fini delle imposte di registro, ipotecaria, catastale, sulle successioni e donazioni e sull'incremento di valore degli immobili. Proroga di termini ([1]) ([2]) ([3]). – 1. Ai fini delle imposte di registro, ipotecaria, catastale, sulle successioni e donazioni e sull'incremento di valore degli immobili, per gli atti pubblici formati, le scritture private autenticate e le scritture private registrate entro la data del 30 novembre 2002 nonché per le denunce e le dichiarazioni presentate entro la medesima data, i valori dichiarati per i beni ovvero gli incrementi di valore assoggettabili a procedimento di valutazione sono definiti, ad istanza dei contribuenti da presentare entro il 16 aprile 2003 ([4]), con l'aumento del 25 per cento, a condizione che non sia stato notificato avviso di rettifica o liquidazione della maggiore imposta alla data di entrata in vigore della presente legge. Per gli stessi tributi, qualora l'istanza non sia stata presentata, o ai sensi del comma 3 sia priva di effetti, in deroga all'articolo 3, comma 3, della legge 27 luglio 2000, n. 212, i termini per la rettifica e la liquidazione della maggiore imposta sono prorogati di due anni ([5]) ([6]).

1 *bis*. Le violazioni relative all'applicazione, con agevolazioni tributarie, delle imposte su atti, scritture, denunce e dichiarazioni di cui al comma 1, possono essere definite con il pagamento delle maggiori imposte a condizione che il contribuente provveda a presentare entro il 16 aprile 2003 istanza con contestuale dichiarazione di non volere beneficiare dell'agevolazione precedentemente richiesta. La disposizione non si applica qualora, alla data di entrata in vigore della presente legge, sia stato notificato avviso di rettifica e liquidazione delle maggiori imposte ([7]) ([6]).

2. Alla liquidazione dei tributi provvede il competente ufficio dell'Agenzia delle entrate, tenuto conto di quanto corrisposto in via principale, con esclusione di sanzioni e interessi.

3. Qualora non venga eseguito il pagamento dell'imposta entro sessanta giorni dalla notificazione dell'avviso di liquidazione, la domanda di definizione è priva di effetti.

4. Se alla data di entrata in vigore della presente legge sono decorsi i termini per la registrazione ovvero per la presentazione delle denunce o dichiarazioni, ovvero per l'esecuzione dei versamenti annuali di cui al comma 3 dell'articolo 17 del testo unico delle disposizioni concernenti l'imposta di registro, di cui al decreto del Presidente della Repubblica 26 aprile 1986, n. 131, non sono dovuti sanzioni e interessi qualora si provveda al pagamento dei tributi e all'adempimento delle formalità omesse entro il 16 aprile 2003 ([8]).

([1]) *L'originaria rubrica*: «Definizione agevolata ai fini delle imposte di registro, ipotecaria, catastale, sulle successioni e donazioni e sull'incremento di valore degli immobili» *è stata così sostituita dall'attuale dall'art.* 5 bis, *comma 1, lett.* f), *n. 1), del D.L. 24 dicembre 2002, n. 282, convertito, con modificazioni, nella L. 21 febbraio 2003, n. 27.*

([2]) *Per la rideterminazione dei termini connessi ai nuovi termini delle definizioni agevolate degli adempimenti tributari, in attuazione dell'art. 1, comma 2, quarto periodo, del D.L. 24 giugno 2003, n. 143, convertito, con modificazioni, nella L. 1° agosto 2003, n. 212, si vedano il D.M. 3 settembre 2003 e il D.M. 16 gennaio 2004.*

([3]) *Si veda l'art. 2, comma 46, della L. 24 dicembre 2003, n. 350.*

([4]) *Le parole: «16 marzo 2003» sono state così sostituite dalle attuali: «16 aprile 2003» dall'art. 5* bis, *comma 1, lett.* f), *n. 2), del D.L. 24 dicembre 2002, n. 282, convertito, con modificazioni, nella L. 21 febbraio 2003, n. 27.*

([5]) *Le parole da: «a condizione che non sia stato precedentemente ...» fino a: «... maggiore imposta» sono state così sostituite dalle attuali dall'art. 5* bis, *comma 1, lett.* f), *n. 2), del D.L. 24 dicembre 2002, n. 282, convertito, con modificazioni, nella L. 21 febbraio 2003, n. 27.*

([6]) *A norma dell'art. 1, comma 2* bis, *del D.L. 24 giugno 2003, n. 143, convertito, con modificazioni, nella L. 1° agosto 2003, n. 212, il termine per la presentazione delle istanze previste da questo comma è fissato al 16 ottobre 2003.*

([7]) *Questo comma è stato inserito dall'art. 5* bis, *comma 1, lett.* f), *n. 3), del D.L. 24 dicembre 2002, n. 282, convertito, con modificazioni, nella L. 21 febbraio 2003, n. 27.*

([8]) *Questo comma è stato così sostituito dall'art. 5* bis, *comma 1, lett.* f), *n. 4), del D.L. 24 dicembre 2002, n. 282, convertito, con modificazioni, nella L. 21 febbraio 2003, n. 27.*

12. ([1]) **Definizione dei carichi di ruolo pregressi.** – 1. Relativamente ai carichi inclusi in ruoli emessi da uffici statali e affidati ai concessionari del servizio nazionale della riscossione fino al 31 dicembre 2000 ([2]), i debitori possono estinguere il debito senza corrispondere gli interessi di mora e con il pagamento:

a) di una somma pari al 25 per cento dell'importo iscritto a ruolo;

b) delle somme dovute al concessionario a titolo di rimborso per le spese sostenute per le procedure esecutive eventualmente effettuate dallo stesso.

2. Nei sessanta giorni successivi alla data di entrata in vigore della presente disposizione, relativamente ai ruoli affidati tra il 1 gennaio 1997 e il 31 dicembre 2000, i concessionari informano i debitori di cui al comma 1 che, entro il 16 aprile 2003, possono sottoscrivere apposito atto con il quale dichiarano di avvalersi della facoltà attribuita dal citato comma 1, versando contestualmente almeno l'80 per cento delle somme di cui al medesimo comma 1 ([3]). Il residuo importo è versato entro il 16 aprile 2004. Sulle somme riscosse, ai concessionari spetta un aggio pari al 4 per cento ([4]).

2 *bis*. Restano comunque dovute per intero le somme relative ai dazi costituenti risorse proprie dell'Unione europea ([5]).

2 *ter*. Relativamente ai carichi inclusi in ruoli emessi da uffici statali e affidati ai concessionari del servizio nazionale della riscossione dal 1° gennaio 2001 al 30 giugno 2001, i debitori possono estinguere il debito sottoscrivendo, entro il 16 aprile 2004 ([6]), l'atto di cui al comma 2 e versando contestualmente almeno l'80 per cento delle somme di cui al comma 1, sulla base di apposita comunicazione che i concessionari inviano ai debitori entro il 16 marzo 2004 ([6]). Resta fermo quanto previsto dal comma 2, secondo e terzo periodo ([7]).

3. Con provvedimento del direttore dell'Agenzia delle entrate è approvato il modello dell'atto di cui al comma 2 e sono stabilite le modalità di versamento delle somme pagate dai debitori, di riversamento in tesoreria da parte dei concessionari, di rendicontazione delle somme riscosse, di invio dei relativi flussi informativi e di definizione dei rapporti contabili connessi all'operazione.

(1) *Per la rideterminazione dei termini connessi ai nuovi termini delle definizioni agevolate degli adempimenti tributari, in attuazione dell'art. 1, comma 2, quarto periodo, del D.L. 24 giugno 2003, n. 143, convertito, con modificazioni, nella L. 1° agosto 2003, n. 212, si vedano il D.M. 3 settembre 2003 e il D.M. 16 gennaio 2004.*

(2) *Le parole: «30 giugno 1999» sono state così sostituite dalle attuali: «31 dicembre 2000» dall'art. 5* bis, *comma 1, lett.* g), *n. 1), del D.L. 24 dicembre 2002, n. 282, convertito, con modificazioni, nella L. 21 febbraio 2003, n. 27.*

(3) *A norma dell'art. 1, comma 2* bis, *del D.L. 24 giugno 2003, n. 143, convertito, con modificazioni, nella L. 1° agosto 2003, n. 212, il termine per la sottoscrizione dell'atto e per il contestuale versamento previsto da questo periodo è stato fissato al 16 ottobre 2003.*

(4) *Questo comma è stato così sostituito dall'art. 5* bis, *comma 1, lett.* g), *n. 2), del D.L. 24 dicembre 2002, n. 282, convertito, con modificazioni, nella L. 21 febbraio 2003, n. 27.*

(5) *Questo comma è stato inserito dall'art. 5* bis, *comma 1, lett.* g), *n. 3), del D.L. 24 dicembre 2002, n. 282, convertito, con modificazioni, nella L. 21 febbraio 2003, n. 27.*

(6) *Le originarie parole: «16 ottobre 2003» e «16 settembre 2003» sono state rispettivamente sostituite dalle attuali: «16 marzo 2004» e «16 febbraio 2004» dall'art. 34, comma 2, del D.L. 30 settembre 2003, n. 269, convertito, con modificazioni, nella L. 24 novembre 2003, n. 326 e poi di nuovo così sostituite dalle attuali: «16 aprile 2004» e «16 marzo 2004» dall'art. 23* decies, *comma 2, del D.L. 24 dicembre 2003, n. 355, convertito, con modificazioni, nella L. 27 febbraio 2004, n. 47.*

(7) *Questo comma è stato inserito dall'art. 1, comma 2* ter, *lett.* c), *del D.L. 24 giugno 2003, n. 143, convertito, con modificazioni, nella L. 1° agosto 2003, n. 212.*

13. (1) **Definizione dei tributi locali.** – 1. Con riferimento ai tributi propri, le regioni, le province e i comuni possono stabilire, con le forme previste dalla legislazione vigente per l'adozione dei propri atti destinati a disciplinare i tributi stessi, la riduzione dell'ammontare delle imposte e tasse loro dovute, nonché l'esclusione o la riduzione dei relativi interessi e sanzioni, per le ipotesi in cui, entro un termine appositamente fissato da ciascun ente, non inferiore a sessanta giorni dalla data di pubblicazione dell'atto, i contribuenti adempiano ad obblighi tributari precedentemente in tutto o in parte non adempiuti.

2. Le medesime agevolazioni di cui al comma 1 possono essere previste anche per i casi in cui siano già in corso procedure di accertamento o procedimenti contenziosi in sede giurisdizionale. In tali casi, oltre agli eventuali altri effetti previsti dalla regione o dall'ente locale in relazione ai propri procedimenti amministrativi, la richiesta del contribuente di avvalersi delle

predette agevolazioni comporta la sospensione, su istanza di parte, del procedimento giurisdizionale, in qualunque stato e grado questo sia eventualmente pendente, sino al termine stabilito dalla regione o dall'ente locale, mentre il completo adempimento degli obblighi tributari, secondo quanto stabilito dalla regione o dall'ente locale, determina l'estinzione del giudizio.

3. Ai fini delle disposizioni del presente articolo, si intendono tributi propri delle regioni, delle province e dei comuni i tributi la cui titolarità giuridica ed il cui gettito siano integralmente attribuiti ai predetti enti, con esclusione delle compartecipazioni ed addizionali a tributi erariali, nonché delle mere attribuzioni ad enti territoriali del gettito, totale o parziale, di tributi erariali.

4. Per le regioni a statuto speciale e per le province autonome di Trento e di Bolzano l'attuazione delle disposizioni del presente articolo avviene in conformità e compatibilmente con le forme e condizioni di speciale autonomia previste dai rispettivi statuti.

(1) *Per la rideterminazione dei termini connessi ai nuovi termini delle definizioni agevolate degli adempimenti tributari, in attuazione dell'art. 1, comma 2, quarto periodo, del D.L. 24 giugno 2003, n. 143, convertito, con modificazioni, nella L. 1° agosto 2003, n. 212, si vedano il D.M. 3 settembre 2003 e il D.M. 16 gennaio 2004.*

14. (1) (2) (3) **Regolarizzazione delle scritture contabili.** – 1. Le società di capitali e gli enti equiparati, le società in nome collettivo e in accomandita semplice e quelle ad esse equiparate, nonché le persone fisiche e gli enti non commerciali, relativamente ai redditi d'impresa posseduti, che si avvalgono delle disposizioni di cui all'articolo 8, possono specificare in apposito prospetto i nuovi elementi attivi e passivi o le variazioni di elementi attivi e passivi, da cui derivano gli imponibili, i maggiori imponibili o le minori perdite indicati nelle dichiarazioni stesse; con riguardo ai predetti imponibili, maggiori imponibili o minori perdite non si applicano le disposizioni del comma 4 dell'articolo 75 del testo unico delle imposte sui redditi, di cui al decreto del Presidente della Repubblica 22 dicembre 1986, n. 917, e successive modificazioni, e del terzo comma dell'articolo 61 del decreto del Presidente della Repubblica 29 settembre 1973, n. 600, e successive modificazioni. Il predetto prospetto è conservato per il periodo previsto dall'articolo 43, primo comma, del decreto del Presidente della Repubblica 29 settembre 1973, n. 600, e successive modificazioni, e deve essere esibito o trasmesso su richiesta dell'ufficio competente.

2. Sulla base delle quantità e valori evidenziati ai sensi del comma 1, i soggetti ivi indicati possono procedere ad ogni effetto alla regolarizzazione delle scritture contabili apportando le conseguenti variazioni nell'inventa-

rio, nel rendiconto ovvero nel bilancio chiuso al 31 dicembre 2002, ovvero in quelli del periodo di imposta in corso a tale data nonché negli altri libri e registri relativi ai medesimi periodi previsti dalle vigenti disposizioni ([4]). Le quantità e i valori così evidenziati si considerano riconosciuti ai fini delle imposte sui redditi e dell'imposta regionale sulle attività produttive relative ai periodi di imposta successivi, con esclusione dei periodi d'imposta per i quali non è stata presentata la dichiarazione integrativa ai sensi dell'articolo 8, salvo che non siano oggetto di accertamento o rettifica d'ufficio.

3. I soggetti indicati nel comma 1 possono altresì procedere, nei medesimi documenti di cui al comma 2, alla eliminazione delle attività o delle passività fittizie, inesistenti o indicate per valori superiori a quelli effettivi. Dette variazioni non comportano emergenza di componenti positivi o negativi ai fini della determinazione del reddito d'impresa né la deducibilità di quote di ammortamento o accantonamento corrispondenti alla riduzione dei relativi fondi.

4. I soggetti indicati al comma 1, che si sono avvalsi delle disposizioni di cui al comma 5 ([5]) dell'articolo 8, possono procedere, nel rispetto dei principi civilistici di redazione del bilancio, alla regolarizzazione contabile, ai sensi dei commi da 1 a 3, delle attività detenute all'estero alla data del 31 dicembre 2001, con le modalità anche dichiarative di cui ai commi 3 e 4 del medesimo articolo 8. Dette attività si considerano riconosciute ai fini delle imposte sui redditi e dell'imposta regionale sulle attività produttive a decorrere dal terzo periodo di imposta successivo a quello chiuso o in corso al 31 dicembre 2002.

5. I soggetti di cui al comma 1 che si sono avvalsi delle disposizioni di cui all'articolo 9 possono procedere alla regolarizzazione delle scritture contabili di cui al comma 3 con gli effetti ivi previsti, nonché, nel rispetto dei principi civilistici di redazione del bilancio, alle iscrizioni nell'inventario, nel rendiconto o nel bilancio chiuso al 31 dicembre 2002, ovvero in quelli del periodo di imposta in corso a tale data nonché negli altri libri e registri relativi ai medesimi periodi previsti dalle vigenti disposizioni ([6]), di attività in precedenza omesse o parzialmente omesse ([7]); in tal caso, sui valori o maggiori valori dei beni iscritti è dovuta, entro il 16 aprile 2003, ([8]) un'imposta sostitutiva del 6 per cento ([9]) dei predetti valori. L'imposta sostitutiva di cui al periodo precedente è dovuta anche con riferimento alle attività detenute all'estero alla data del 31 dicembre 2001 che siano oggetto di regolarizzazione contabile ai sensi del periodo precedente. In tale ultima ipotesi si applicano le modalità dichiarative di cui ai commi 3 e 4 dell'articolo 8. L'imposta sostitutiva del 6 per cento ([9]) non è dovuta se i soggetti si sono avvalsi anche della facoltà prevista dal comma 5 dell'articolo 8. I maggiori valori iscritti

ai sensi del presente comma si considerano riconosciuti ai fini delle imposte sui redditi e dell'imposta regionale sulle attività produttive a decorrere dal terzo periodo di imposta successivo a quello chiuso o in corso al 31 dicembre 2002, a condizione che i soggetti si siano avvalsi delle disposizioni di cui all'articolo 9 relativamente alle imposte sui redditi ([10]). L'imposta sostitutiva è indeducibile ai fini delle imposte sui redditi e dell'imposta regionale sulle attività produttive.

6. Nel caso di cessione a titolo oneroso, di assegnazione ai soci o di destinazione a finalità estranee all'esercizio dell'impresa ovvero al consumo personale e familiare dell'imprenditore delle attività regolarizzate e assoggettate ad imposta sostitutiva nella misura del 6 per cento, in data anteriore a quella di inizio del terzo periodo di imposta successivo a quello chiuso o in corso al 31 dicembre 2002, al soggetto che ha effettuato la regolarizzazione, è attribuito un credito d'imposta, ai fini dell'imposta sul reddito delle persone fisiche o dell'imposta sul reddito delle persone giuridiche, pari all'ammontare dell'imposta sostitutiva pagata ([11]).

([1]) *Per la rideterminazione dei termini connessi ai nuovi termini delle definizioni agevolate degli adempimenti tributari, in attuazione dell'art. 1, comma 2, quarto periodo, del D.L. 24 giugno 2003, n. 143, convertito, con modificazioni, nella L. 1° agosto 2003, n. 212, si vedano il D.M. 3 settembre 2003 e il D.M. 16 gennaio 2004.*

([2]) *Si veda l'art. 2, comma 47, della L. 24 dicembre 2003, n. 350.*

([3]) *A norma dell'art. 37, comma 44, del D.L. 4 luglio 2006, n. 223, convertito, con modificazioni, nella L. 4 agosto 2006, n. 248, la notifica delle cartelle di pagamento conseguenti alle iscrizioni a ruolo previste da questo articolo è eseguita, a pena di decadenza, entro il 31 dicembre 2008.*

([4]) *Le parole da: «nonché negli altri libri ...» fino a: «... dalle vigenti disposizioni» sono state aggiunte dall'art. 5* bis, *comma 1, lett.* h), *n. 1), del D.L. 24 dicembre 2002, n. 282, convertito, con modificazioni, nella L. 21 febbraio 2003, n. 27.*

([5]) *Le parole: «comma 4» sono state così sostituite dalle attuali: «comma 5» dall'art.* 5 bis, *comma 1, lett.* h), *n. 2), del D.L. 24 dicembre 2002, n. 282, convertito, con modificazioni, nella L. 21 febbraio 2003, n. 27.*

([6]) *Le parole da: «nonché negli altri libri ...» fino a: «... vigenti disposizioni» sono state inserite dall'art. 5* bis, *comma 1, lett.* h), *n. 3), del D.L. 24 dicembre 2002, n. 282, convertito, con modificazioni, nella L. 21 febbraio 2003, n. 27.*

([7]) *Le parole: «di attività in precedenza omesse» sono state così sostituite dalle attuali: «di attività in precedenza omesse o parzialmente omesse» dall'art. 1, comma* 2 duodecies, *del D.L. 24 giugno 2003, n. 143, convertito, con modificazioni, nella L. 1° agosto 2003, n. 212.*

([8]) *Le parole: «, entro il 16 aprile 2003,» sono state inserite dall'art.* 5 bis, *comma 1, lett.* h), *n. 3), del D.L. 24 dicembre 2002, n. 282, convertito, con modificazioni, nella L. 21 febbraio 2003, n. 27.*

([9]) *Le parole: «13 per cento» sono state così sostituite dalle attuali: «6 per cento» dall'art.* 5 bis*, comma 1, lett.* h)*, n. 3), del D.L. 24 dicembre 2002, n. 282, convertito, con modificazioni, nella L. 21 febbraio 2003, n. 27.*

([10]) *Le parole da: «, a condizione che i soggetti ...» fino a: «... imposte sui redditi» sono state aggiunte dall'art.* 5 bis*, comma 1, lett.* h)*, n. 3), del D.L. 24 dicembre 2002, n. 282, convertito, con modificazioni, nella L. 21 febbraio 2003, n. 27.*

([11]) *Questo comma è stato così sostituito dall'art.* 5 bis*, comma 1, lett.* h)*, n. 3), del D.L. 24 dicembre 2002, n. 282, convertito, con modificazioni, nella L. 21 febbraio 2003, n. 27.*

15. ([1]) ([2]) ([3]) **Definizione degli accertamenti, degli atti di contestazione, degli avvisi di irrogazione delle sanzioni, degli inviti al contraddittorio e dei processi verbali di constatazione** ([4]). **–** 1. Gli avvisi di accertamento per i quali alla data di entrata in vigore della presente legge non sono ancora spirati i termini per la proposizione del ricorso, gli inviti al contraddittorio di cui agli articoli 5 e 11 del decreto legislativo 19 giugno 1997, n. 218, per i quali, alla data di entrata in vigore della presente legge, non è ancora intervenuta la definizione, nonché i processi verbali di constatazione relativamente ai quali, alla data di entrata in vigore della presente legge, non è stato notificato avviso di accertamento ovvero ricevuto invito al contraddittorio, possono essere definiti secondo le modalità previste dal presente articolo, senza applicazione di interessi, indennità di mora ([5]) e sanzioni salvo quanto previsto dal comma 4, lettera *b bis*) ([6]). La definizione non è ammessa per i soggetti nei cui confronti è stata esercitata l'azione penale per i reati previsti dal decreto legislativo 10 marzo 2000, n. 74, di cui il contribuente ha avuto formale conoscenza entro la data di perfezionamento della definizione ([7]).

2. La definizione degli avvisi di accertamento e degli inviti al contraddittorio di cui al comma 1, si perfeziona mediante il pagamento, entro il 16 aprile 2003 ([8]), degli importi che risultano dovuti per effetto dell'applicazione delle percentuali di seguito indicate, con riferimento a ciascuno scaglione:

a) 30 per cento delle maggiori imposte, ritenute e contributi ([9]) complessivamente accertati ovvero indicati negli inviti al contraddittorio, non superiori a 15.000 euro;

b) 32 per cento delle maggiori imposte, ritenute e contributi ([9]) complessivamente accertati ovvero indicati negli inviti al contraddittorio, superiori a 15.000 euro ma non superiori a 50.000 euro;

c) 35 per cento delle maggiori imposte, ritenute e contributi ([9]) complessivamente accertati ovvero indicati negli inviti al contraddittorio, superiori a 50.000 euro.

3. La definizione di cui al comma 2 è altresì ammessa nelle ipotesi di rettifiche relative a perdite dichiarate, qualora dagli atti di cui al medesimo comma 2 emergano imposte o contributi dovuti. In tal caso la sola perdita

risultante dall'atto è riportabile nell'esercizio successivo nei limiti previsti dalla legge.

3 *bis*. Gli atti di contestazione e gli avvisi di irrogazione delle sanzioni per i quali alla data di entrata in vigore della presente legge non sono ancora spirati i termini per la proposizione del ricorso possono essere definiti mediante il pagamento del 10 per cento dell'importo contestato o irrogato a titolo di sanzione ([10]).

4. La definizione dei processi verbali di constatazione di cui al comma 1 si perfeziona mediante il pagamento, entro il 16 aprile 2003 ([11]), di un importo calcolato:

a) per le imposte sui redditi, relative addizionali ed imposte sostitutive, applicando l'aliquota del 18 per cento ([12]) alla somma dei maggiori componenti positivi e minori componenti negativi complessivamente risultanti dal verbale medesimo;

b) per l'imposta regionale sulle attività produttive, l'imposta sul valore aggiunto e le altre imposte indirette, riducendo del 50 per cento la maggiore imposta dovuta sulla base dei rilievi formulati nel ([13]) verbale stesso;

b bis) per le violazioni per le quali non risulta applicabile la procedura di irrogazione immediata prevista dall'articolo 17 del decreto legislativo 18 dicembre 1997, n. 472, e successive modificazioni, riducendo del 90 per cento le sanzioni minime applicabili ([14]);

b ter) per le violazioni concernenti l'omessa effettuazione di ritenute e il conseguente omesso veramente [*rectius*: versamento] da parte del sostituito d'imposta, riducendo del 65 per cento l'ammontare delle maggiori ritenute omesse risultante dal verbale stesso ([14]).

4 *bis*. Non sono definibili, in base alle disposizioni del presente articolo, le violazioni di cui all'articolo 3, comma 3, del decreto legge 22 febbraio 2002, n. 12, convertito, con modificazioni, dalla legge 23 aprile 2002, n. 19 ([15]).

4 *ter*. Restano comunque dovute per intero le somme relative ai dazi costituenti risorse proprie dell'Unione europea ([15]).

5. I pagamenti delle somme dovute ai sensi del presente articolo sono effettuati entro il 16 aprile 2003, secondo le ordinarie modalità previste per il versamento diretto dei relativi tributi, esclusa in ogni caso la compensazione prevista dall'articolo 17 del decreto legislativo 9 luglio 1997, n. 241, e successive modificazioni ([16]). Qualora gli importi da versare complessivamente per la definizione eccedano, per le persone fisiche, la somma di 3.000 euro ([17]) e, per gli altri soggetti, la somma di 6.000 euro ([17]), gli importi eccedenti possono essere versati in due rate, di pari importo, entro il 30 novembre 2003 ed il 20 giugno 2004 ([18]), maggiorati degli interessi legali a decorrere dal 17 aprile 2003 ([19]). L'omesso versamento delle predette eccedenze entro le date indi-

cate non determina l'inefficacia della definizione; per il recupero delle somme non corrisposte a tali scadenze si applicano le disposizioni dell'articolo 14 del decreto del Presidente della Repubblica 29 settembre 1973, n. 602, e successive modificazioni, e sono altresì dovuti una sanzione amministrativa pari al 30 per cento delle somme non versate, ridotta alla metà in caso di versamento eseguito entro i trenta giorni successivi alla scadenza medesima, e gli interessi legali. Entro dieci giorni dal versamento dell'intero importo o di quello della prima rata il contribuente fa pervenire all'ufficio competente la quietanza dell'avvenuto pagamento unitamente ad un prospetto esplicativo delle modalità di calcolo seguite.

6. La definizione non si perfeziona se essa si fonda su dati non corrispondenti a quelli contenuti negli atti indicati al comma 1, ovvero se la stessa viene effettuata dai soggetti che versano nelle ipotesi di cui all'ultimo periodo del medesimo comma; non si fa luogo al rimborso degli importi versati che, in ogni caso, valgono quali acconti sugli importi che risulteranno eventualmente dovuti in base agli accertamenti definitivi.

7. Il perfezionamento della definizione comporta l'esclusione, ad ogni effetto, della punibilità per i reati tributari di cui agli articoli 2, 3, 4, 5 e 10 del decreto legislativo 10 marzo 2000, n. 74, nonché per i reati previsti dagli articoli 482, 483, 484, 485, 489, 490, 491 *bis* e 492 del codice penale, nonché dagli articoli 2621, 2622 e 2623 del codice civile, quando tali reati siano stati commessi per eseguire od occultare i citati reati tributari, ovvero per conseguirne il profitto e siano riferiti alla stessa pendenza o situazione tributaria. È altresì esclusa, per le definizioni perfezionate, l'applicazione delle sanzioni accessorie di cui all'art. 12 del decreto legislativo 18 dicembre 1997, n. 471, e all'art. 21 del decreto legislativo 18 dicembre 1997, n. 472 ([20]). L'esclusione di cui al presente comma non si applica in caso di esercizio dell'azione penale della quale il contribuente ha avuto formale conoscenza entro la data di perfezionamento della definizione ([20]) ([21]).

8. Dalla data di entrata in vigore della presente legge e fino al 18 aprile 2003 ([22]) restano sospesi i termini per la proposizione del ricorso avverso gli avvisi di accertamento di cui al comma 1 gli atti di cui al comma 3 *bis* ([23]), nonché quelli per il perfezionamento della definizione di cui al citato decreto legislativo n. 218 del 1997, relativamente agli inviti al contraddittorio di cui al medesimo comma 1.

([1]) *A norma dell'art. 5* ter, *comma 2, del D.L. 24 dicembre 2002, n. 282, convertito, con modificazioni, nella L. 21 febbraio 2003, n. 27, si intendono esclusi dall'ambito di applicazione di questo articolo gli avvisi di accertamento e ogni altro atto di imposizione o, comunque di pretesa di pagamento relativi alle imposte di cui all'articolo 4, comma 1, lettera* b), *numero 2), del decreto legislativo 23 dicembre 1998, n. 504, e all'articolo 8, commi 1 e 2, del decreto legge 28 dicembre 2001, n. 452, convertito, con modificazioni, dalla legge 27 febbraio 2002, n. 16.*

(2) *Per la rideterminazione dei termini connessi ai nuovi termini delle definizioni agevolate degli adempimenti tributari, in attuazione dell'art. 1, comma 2, quarto periodo, del D.L. 24 giugno 2003, n. 143, convertito, con modificazioni, nella L. 1° agosto 2003, n. 212, si vedano il D.M. 3 settembre 2003 e il D.M. 16 gennaio 2004.*

(3) *Si veda l'art. 2, comma 48, della L. 24 dicembre 2003, n. 350.*

(4) *L'originaria rubrica*: «Definizione degli accertamenti, degli inviti al contraddittorio e dei processi verbali di constatazione» *è stata così sostituita dall'attuale dall'art. 5* bis*, comma 1, lett.* i*, n. 1), del D.L. 24 dicembre 2002, n. 282, convertito, con modificazioni, nella L. 21 febbraio 2003, n. 27.*

(5) *Le parole*: «*, indennità di mora*» *sono state inserite dall'art. 5* bis*, comma 1, lett.* i*), n. 2), del D.L. 24 dicembre 2002, n. 282, convertito, con modificazioni, nella L. 21 febbraio 2003, n. 27.*

(6) *Le parole*: «*salvo quanto previsto dal comma 4, lettera* b bis*)*» *sono state aggiunte dall'art. 5* bis*, comma 1, lett.* i*), n. 2), del D.L. 24 dicembre 2002, n. 282, convertito, con modificazioni, nella L. 21 febbraio 2003, n. 27.*

(7) *Questo periodo è stato così sostituito dall'art. 5* bis*, comma 1, lett.* i*), n. 2), del D.L. 24 dicembre 2002, n. 282, convertito, con modificazioni, nella L. 21 febbraio 2003, n. 27.*

(8) *Le parole*: «*16 marzo 2003*» *sono state così sostituite dall'art. 5* bis*, comma 1, lett.* i*), n. 3), del D.L. 24 dicembre 2002, n. 282, convertito, con modificazioni, nella L. 21 febbraio 2003, n. 27.*

(9) *Le parole*: «*maggiori imposte e contributi*» *sono state così sostituite dalle attuali dall'art. 5* bis*, comma 1, lett.* i*), n. 3), del D.L. 24 dicembre 2002, n. 282, convertito, con modificazioni, nella L. 21 febbraio 2003, n. 27.*

(10) *Questo comma è stato inserito dall'art. 5* bis*, comma 1, lett.* i*), n. 4), del D.L. 24 dicembre 2002, n. 282, convertito, con modificazioni, nella L. 21 febbraio 2003, n. 27.*

(11) *Le parole*: «*16 marzo 2003*» *sono state così sostituite dalle attuali dall'art. 5* bis*, comma 1, lett.* i*), n. 5), punto 5.1), del D.L. 24 dicembre 2002, n. 282, convertito, con modificazioni, nella L. 21 febbraio 2003, n. 27.*

(12) *Le parole*: «*20 per cento*» *sono state così sostituite dalle attuali dall'art. 5* bis*, comma 1, lett.* i*), n. 5), punto 5.2), del D.L. 24 dicembre 2002, n. 282, convertito, con modificazioni, nella L. 21 febbraio 2003, n. 27.*

(13) *Le parole*: «*l'aliquota applicabile alle operazioni risultanti dal*» *sono state così sostituite dalle attuali da*: «*la maggiore imposta dovuta ...*» *fino a*: «*... rilievi formulati nel*» *dall'art. 5* bis*, comma 1, lett.* i*), n. 5), punto 5.3), del D.L. 24 dicembre 2002, n. 282, convertito, con modificazioni, nella L. 21 febbraio 2003, n. 27.*

(14) *Questa lettera è stata aggiunta dall'art. 5* bis*, comma 1, lett.* i*), n. 5), punto 5.4), del D.L. 24 dicembre 2002, n. 282, convertito, con modificazioni, nella L. 21 febbraio 2003, n. 27.*

(15) *Questo comma è stato inserito dall'art. 5* bis*, comma 1, lett.* i*), n. 6), del D.L. 24 dicembre 2002, n. 282, convertito, con modificazioni, nella L. 21 febbraio 2003, n. 27.*

(16) *Le parole da*: «*16 marzo 2003 ...*» *fino a*: «*... ivi prevista*» *sono state così sostituite dalle attuali da*: «*16 aprile 2003 ...*» *fino a*: «*... e successive modificazioni*» *dall'art. 5* bis*,*

comma 1, lett. i), *n. 7), punto 7.1), del D.L. 24 dicembre 2002, n. 282, convertito, con modificazioni, nella L. 21 febbraio 2003, n. 27.*

(17) *Le parole: «2.000 euro» e: «5.000 euro» sono state così rispettivamente sostituite dalle attuali: «3.000 euro» e: «6.000 euro» dall'art. 5* bis, *comma 1, lett.* i), *n. 7), punto 7.2), del D.L. 24 dicembre 2002, n. 282, convertito, con modificazioni, nella L. 21 febbraio 2003, n. 27.*

(18) *Le parole: «16 marzo 2004 ed entro il 16 marzo 2005» sono state così sostituite dalle attuali dall'art. 5* bis, *comma 1, lett.* i), *n. 7), punto 7.2), del D.L. 24 dicembre 2002, n. 282, convertito, con modificazioni, nella L. 21 febbraio 2003, n. 27.*

(19) *Le parole: «17 marzo 2003» sono state così sostituite dalle attuali dall'art. 5* bis, *comma 1, lett.* i), *n. 7), punto 7.2), del D.L. 24 dicembre 2002, n. 282, convertito, con modificazioni, nella L. 21 febbraio 2003, n. 27.*

(20) *L'ultimo periodo di questo comma è stato così sostituito dagli attuali ultimi due periodi dall'art. 5* bis, *comma 1, lett.* i), *n. 8), del D.L. 24 dicembre 2002, n. 282, convertito, con modificazioni, nella L. 21 febbraio 2003, n. 27.*

(21) *A norma dell'art. 1, comma 2* septies, *del D.L. 24 giugno 2003, n. 143, convertito, con modificazioni, nella L. 1° agosto 2003, n. 212, le disposizioni di cui a questo comma si intendono nel senso che la esclusione della punibilità opera nei confronti di tutti coloro che hanno commesso o concorso a commettere i reati ivi indicati anche quando le procedure di sanatoria, alle quali è riferibile l'effetto di esclusione della punibilità, riguardano contribuenti diversi dalle persone fisiche e da questi sono perfezionate.*

(22) *Le parole: «18 marzo 2003» sono state così sostituite dalle attuali dall'art. 5* bis, *comma 1, lett.* i), *n. 9), del D.L. 24 dicembre 2002, n. 282, convertito, con modificazioni, nella L. 21 febbraio 2003, n. 27.*

(23) *Le parole: «gli atti di cui al comma 3* bis*» sono state inserite dall'art. 5* bis, *comma 1, lett.* i), *n. 9), del D.L. 24 dicembre 2002, n. 282, convertito, con modificazioni, nella L. 21 febbraio 2003, n. 27.*

16. (1) (2) (3) **Chiusura delle liti fiscali pendenti.** – 1. Le liti fiscali pendenti, ai sensi del comma 3, dinanzi alle commissioni tributarie o al giudice ordinario in ogni grado del giudizio e anche a seguito di rinvio possono essere definite, a domanda del soggetto che ha proposto l'atto introduttivo del giudizio, con il pagamento delle seguenti somme:

a) se il valore della lite è di importo fino a 2.000 euro: 150 euro;

b) se il valore della lite è di importo superiore a 2.000 euro:

1) il 10 per cento del valore della lite, in caso di soccombenza dell'amministrazione finanziaria dello Stato nell'ultima o unica pronuncia giurisdizionale non cautelare resa, sul merito ovvero sull'ammissibilità dell'atto introduttivo del giudizio, dalla data di presentazione della domanda di definizione della lite;

2) il 50 per cento del valore della lite, in caso di soccombenza del contribuente nell'ultima o unica pronuncia giurisdizionale non cautelare resa,

sul merito ovvero sull'ammissibilità dell'atto introduttivo del giudizio, alla predetta data;

3) il 30 per cento del valore della lite nel caso in cui, alla medesima data, la lite penda ancora nel primo grado di giudizio e non sia stata già resa alcuna pronuncia giurisdizionale non cautelare sul merito ovvero sull'ammissibilità dell'atto introduttivo del giudizio ([4]).

2. Le somme dovute ai sensi del comma 1 sono versate entro il 16 aprile 2003 ([5]), secondo le ordinarie modalità previste per il versamento diretto dei tributi cui la lite si riferisce, esclusa in ogni caso la compensazione prevista dall'articolo 17 del decreto legislativo 9 luglio 1997, n. 241, e successive modificazioni. Dette somme possono essere versate anche ratealmente in un massimo di sei rate trimestrali di pari importo o in un massimo di dodici rate trimestrali se le somme dovute superano 50.000 euro. L'importo della prima rata è versato entro il termine indicato nel primo periodo. Gli interessi legali sono calcolati dal 17 aprile 2003 ([5]) sull'importo delle rate successive. L'omesso versamento delle rate successive alla prima entro le date indicate non determina l'inefficacia della definizione; per il recupero delle somme non corrisposte a tali scadenze si applicano le disposizioni dell'articolo 14 del decreto del Presidente della Repubblica 29 settembre 1973, n. 602, e successive modificazioni, e sono altresì dovuti una sanzione amministrativa pari al 30 per cento delle somme non versate, ridotta alla metà in caso di versamento eseguito entro i trenta giorni successivi alla scadenza medesima, e gli interessi legali.

3. Ai fini del presente articolo si intende:

a) per lite pendente, quella in cui è parte dell'amministrazione finanziaria dello Stato ([6]) avente ad oggetto avvisi di accertamento, provvedimenti di irrogazione delle sanzioni e ogni altro atto di imposizione, per i quali alla data di entrata in vigore della presente legge, è stato proposto l'atto introduttivo del giudizio, nonché quella per la quale l'atto introduttivo sia stato dichiarato inammissibile con pronuncia non passata in giudicato. Si intende, comunque, pendente la lite per la quale, alla data del 29 settembre 2002, non sia intervenuta sentenza passata in giudicato;

b) per lite autonoma, quella relativa a ciascuno degli atti indicati alla lettera *a*) e comunque quella relativa all'imposta sull'incremento del valore degli immobili;

c) per valore della lite, da assumere a base del calcolo per la definizione, l'importo dell'imposta che ha formato oggetto di contestazione in primo grado, al netto degli interessi delle indennità di mora ([7]) e delle eventuali sanzioni collegate al tributo, anche se irrogate con separato provvedimento; in caso di liti relative alla irrogazione di sanzioni non collegate al tributo, delle stesse si tiene conto ai fini del valore della lite; il valore della lite è determinato con riferimento a ciascun atto introduttivo del giudizio, indipendentemente dal numero di soggetti interessati e dai tributi in esso indicati.

4. Per ciascuna lite pendente è effettuato, entro il termine di cui al comma 2, un separato versamento, se dovuto ai sensi del presente articolo ([8]) ed è presentata, entro il 21 aprile 2003 ([9]), una distinta domanda di definizione in carta libera, secondo le modalità stabilite con provvedimento del direttore del competente ufficio dell'amministrazione finanziaria dello Stato parte nel giudizio ([10]).

5. Dalle somme dovute ai sensi del presente articolo si scomputano quelle già versate prima della presentazione della domanda di definizione, per effetto delle disposizioni vigenti in materia di riscossione in pendenza di lite. Fuori dai casi di soccombenza dell'amministrazione finanziaria dello Stato previsti al comma 1, lettera *b*), la definizione non dà comunque luogo alla restituzione delle somme già versate ancorché eccedenti rispetto a quanto dovuto per il perfezionamento della definizione stessa. Restano comunque dovute per intero le somme relative ai dazi costituenti risorse proprie dell'Unione europea ([11]).

6. Le liti fiscali che possono essere definite ai sensi del presente articolo sono sospese fino al 1° giugno 2004 ([12]), salvo che il contribuente non presenti istanza di trattazione ([13]); qualora sia stata già fissata la trattazione della lite nel suddetto periodo, i giudizi sono sospesi a richiesta del contribuente che dichiari di volersi avvalere delle disposizioni del presente articolo. Per le liti fiscali che possono essere definite ai sensi del presente articolo sono altresì sospesi, sino al 1° giugno 2004 ([12]), salvo che il contribuente non presenti istanza di trattazione ([13]), i termini per la proposizione di ricorsi, appelli controdeduzioni, ricorsi per cassazione, controricorsi e ricorsi in riassunzione, compresi i termini per la costituzione in giudizio ([14]).

[7. Per le liti di cui al comma 6 sono altresì sospesi fino al 17 marzo 2003 i termini per impugnare le sentenze delle commissioni tributarie nonché quelle dei tribunali e delle corti di appello] ([15]).

8. Gli uffici competenti ([16]) trasmettono alle commissioni tributarie, ai tribunali e alle corti di appello nonché alla Corte di cassazione ([17]), entro il 15 giugno 2004 ([18]), un elenco delle liti pendenti per le quali è stata presentata domanda di definizione. Tali liti sono sospese fino al 31 dicembre 2004 ovvero al 30 aprile 2006 per le liti definite con il pagamento in un massimo di dodici rate trimestrali ([19]). L'estinzione del giudizio viene dichiarata a seguito di comunicazione degli uffici di cui al comma 1 attestante la regolarità della domanda di definizione ed il pagamento integrale di quanto dovuto. La predetta comunicazione deve essere depositata nella segreteria della

commissione o nella cancelleria degli uffici giudiziari entro il 31 dicembre 2004 ovvero il 30 aprile 2006 per le liti definite con il pagamento in un massimo di dodici rate trimestrali ([19]). Entro la stessa data l'eventuale diniego della definizione, oltre ad essere comunicato alla segreteria della commissione o alla cancelleria degli uffici giudiziari, viene notificato, con le modalità di cui all'articolo 60 del decreto del Presidente della Repubblica 29 settembre 1973, n. 600, all'interessato, il quale entro sessanta giorni lo può impugnare dinanzi all'organo giurisdizionale presso il quale pende la lite. Nel caso in cui la definizione della lite è richiesta in pendenza del termine per impugnare, la sentenza può essere impugnata unitamente al diniego della definizione entro sessanta giorni dalla sua notifica.

9. In caso di pagamento in misura inferiore a quella dovuta, qualora sia riconosciuta la scusabilità dell'errore, è consentita la regolarizzazione del pagamento medesimo entro trenta giorni dalla data di ricevimento della relativa comunicazione dell'ufficio.

9 *bis*. Per l'estinzione dei giudizi pendenti innanzi alla Commissione tributaria centrale all'esito della definizione della lite trova applicazione l'articolo 27, primo comma, secondo e terzo periodo, del decreto del Presidente della Repubblica 26 ottobre 1972, n. 636; il Presidente della Commissione o il Presidente della sezione alla quale è stato assegnato il ricorso può delegare un membro della Commissione a dichiarare cessata la materia del contendere, mediante emissione di ordinanze di estinzione; il termine per comunicare la data dell'udienza alle parti e per il reclamo avverso tali ordinanze è di trenta giorni ([20]).

10. La definizione di cui al comma 1 effettuata da parte di uno dei coobbligati esplica efficacia a favore degli altri, inclusi quelli per i quali la lite non sia più pendente, fatte salve le disposizioni del comma 5 ([21]).

([1]) *Per la rideterminazione dei termini connessi ai nuovi termini delle definizioni agevolate degli adempimenti tributari, in attuazione dell'art. 1, comma 2, quarto periodo, del D.L. 24 giugno 2003, n. 143, convertito, con modificazioni, nella L. 1° agosto 2003, n. 212, si vedano il D.M. 3 settembre 2003 e il D.M. 16 gennaio 2004.*

([2]) *Si veda l'art. 2, comma 49, della L. 24 dicembre 2003, n. 350.*

([3]) *A norma dell'art. 37, comma 44, del D.L. 4 luglio 2006, n. 223, convertito, con modificazioni, nella L. 4 agosto 2006, n. 248, la notifica delle cartelle di pagamento conseguenti alle iscrizioni a ruolo previste da questo articolo è eseguita, a pena di decadenza, entro il 31 dicembre 2008.*

([4]) *Questo comma è stato così sostituito dall'art. 5* bis*, comma 1, lett.* l)*, n. 1), del D.L. 24 dicembre 2002, n. 282, convertito, con modificazioni, nella L. 21 febbraio 2003, n. 27.*

([5]) *Le parole: «16 marzo 2003» e: «17 marzo 2003» sono state così rispettivamente sostituite dalle attuali: «16 aprile 2003» e: «17 aprile 2003» dall'art. 5* bis*, comma 1, lett.*

l), n. 2), del D.L. 24 dicembre 2002, n. 282, convertito, con modificazioni, nella L. 21 febbraio 2003, n. 27.

(6) *Le parole: «in cui è parte dell'amministrazione finanziaria dello Stato» sono state inserite dall'art. 5* bis, *comma 1, lett. l), n. 3), punto 3.1), del D.L. 24 dicembre 2002, n. 282, convertito, con modificazioni, nella L. 21 febbraio 2003, n. 27.*

(7) *Le parole: «delle indennità di mora» sono state inserite dall'art. 5* bis, *comma 1, lett. l), n. 3), punto 3.2), del D.L. 24 dicembre 2002, n. 282, convertito, con modificazioni, nella L. 21 febbraio 2003, n. 27.*

(8) *Le parole: «, se dovuto ai sensi del presente articolo» sono state inserite dall'art. 5* bis, *comma 1, lett. l), n. 4), del D.L. 24 dicembre 2002, n. 282, convertito, con modificazioni, nella L. 21 febbraio 2003, n. 27.*

(9) *Le parole: «21 marzo 2003» sono state così sostituite dalle attuali dall'art. 5* bis, *comma 1, lett. l), n. 4), del D.L. 24 dicembre 2002, n. 282, convertito, con modificazioni, nella L. 21 febbraio 2003, n. 27.*

(10) *Si veda la Determinazione dell'Agenzia delle dogane 4 marzo 2003* (G.U. *Serie gen. - n. 57 del 10 marzo 2003*).

(11) *Questo comma è stato così sostituito dall'art. 5* bis, *comma 1, lett. l), n. 5), del D.L. 24 dicembre 2002, n. 282, convertito, con modificazioni, nella L. 21 febbraio 2003, n. 27.*

(12) *Le parole: «30 giugno 2003» erano state sostituite dalle parole: «30 novembre 2003» dall'art. 1 del D.L. 24 giugno 2003, n. 143, convertito, con modificazioni, nella L. 1° agosto 2003, n. 212 e di nuovo così sostituite nelle attuali: «30 aprile 2004» dall'art. 34, comma 3, del D.L. 30 settembre 2003, n. 269, convertito, con modificazioni, in L. 24 novembre 2003, n. 326. L'art. 23* decies, *comma 3, del D.L. 24 dicembre 2003, n. 355, convertito, con modificazioni, nella L. 27 febbraio 2004, n. 47, le ha di nuovo sostituite nelle attuali: «1 giugno 2004».*

(13) *Le parole: «, salvo che il contribuente non presenti istanza di trattazione» sono state inserite dall'art. 2, comma 12, lett.* b), *della L. 24 dicembre 2003, n. 350.*

(14) *Questo periodo è stato aggiunto dall'art. 5* bis, *comma 1, lett. l), n. 6), del D.L. 24 dicembre 2002, n. 282, convertito, con modificazioni, nella L. 21 febbraio 2003, n. 27.*

(15) *Questo comma è stato abrogato dall'art. 5* bis, *comma 1, lett. l), n. 7), del D.L. 24 dicembre 2002, n. 282, convertito, con modificazioni, nella L. 21 febbraio 2003, n. 27.*

(16) *Le parole: «di cui al comma 1» sono state sostituite dall'attuale: «competenti» dall'art. 5* bis, *comma 1, lett. l), n. 8), del D.L. 24 dicembre 2002, n. 282, convertito, con modificazioni, nella L. 21 febbraio 2003, n. 27.*

(17) *Le parole: «nonché alla Corte di cassazione» sono state inserite dall'art. 5* bis, *comma 1, lett. l), n. 8), del D.L. 24 dicembre 2002, n. 282, convertito, con modificazioni, nella L. 21 febbraio 2003, n. 27.*

(18) *Le parole: «30 giugno 2003» erano state sostituite dalle seguenti: «31 ottobre 2003» dall'art. 5* bis, *comma 1, lett. l), n. 8), del D.L. 24 dicembre 2002, n. 282, convertito, con modificazioni, nella L. 21 febbraio 2003, n. 27. Successivamente l'art. 1, comma 1, del D.L. 24 giugno 2003, n. 143, convertito, con modificazioni, nella L. 1° agosto 2003, n. 212, ha sostituito le parole: «31 ottobre 2003» nelle parole: «1° marzo 2004». L'art. 34, comma 3, del D.L. 30 settembre 2003, n. 269, convertito, con modificazioni, nella L. 24 novembre 2003, n. 326, ha sostituito le parole: «1° marzo 2004» con le parole: «16 maggio 2004». L'art. 23* decies, *comma 3, del D.L. 24 dicembre 2003, n. 355, convertito, con*

modificazioni, nella L. 27 febbraio 2004, n. 47, ha sostituito le parole: «16 maggio 2004» con le attuali: «15 giugno 2004».

([19]) *Le parole: «31 luglio 2004» sono state così sostituite dalle attuali da: «31 dicembre 2004 ...» fino a: «... rate trimestrali» dall'art. 1, comma 1, del D.L. 24 giugno 2003, n. 143, convertito, con modificazioni, nella L. 1° agosto 2003, n. 212.*

([20]) *Questo comma è stato inserito dall'art. 5* bis, *comma 1, lett.* l), *n. 9), del D.L. 24 dicembre 2002, n. 282, convertito, con modificazioni, nella L. 21 febbraio 2003, n. 27.*

([21]) *Le parole: «fatta salva la disposizione dell'ultimo periodo del comma 5» sono state così sostituite dalle attuali dall'art. 5* bis, *comma 1, lett.* l), *n. 10), del D.L. 24 dicembre 2002, n. 282, convertito, con modificazioni, nella L. 21 febbraio 2003, n. 27.*

16 *bis*. ([1]) **Potenziamento delle procedure di riscossione coattiva in caso di omesso versamento delle somme dovute a seguito delle definizioni agevolate. –** 1. Con riferimento ai debiti iscritti a ruolo ai sensi degli articoli 7, comma 5, 8, comma 3, 9, comma 12, 15, comma 5, e 16, comma 2, della presente legge:

a) il limite di importo di cui all'articolo 76, comma 1, del decreto del Presidente della Repubblica 29 settembre 1973, n. 602, è ridotto a cinquemila euro;

b) non si applicano le disposizioni di cui all'articolo 77, comma 2, dello stesso decreto del Presidente della Repubblica n. 602 del 1973;

c) l'agente della riscossione, una volta decorso inutilmente il termine di sessanta giorni dalla notificazione della cartella di pagamento, procede ai sensi dell'articolo 35, comma 25, del decreto legge 4 luglio 2006, n. 223, convertito, con modificazioni, dalla legge 4 agosto 2006, n. 248.

1 *bis*. Le disposizioni del comma 1 del presente articolo si applicano anche alle definizioni effettuate ai sensi dell'articolo 9 *bis*.

([1]) *Questo articolo è stato inserito dall'art. 32, comma 7, del D.L. 29 novembre 2008, n. 185, convertito, con modificazioni, nella L. 28 gennaio 2009, n. 2.*

17. Regolarizzazione di inadempienze di natura fiscale. – 1. Le violazioni relative al canone previsto dal regio decreto legge 21 febbraio 1938, n. 246, convertito dalla legge 4 giugno 1938, n. 880, e successive modificazioni, nonché alla tassa di concessione governativa prevista, da ultimo, dall'articolo 17 della tariffa annessa al decreto del Ministro delle finanze 28 dicembre 1995, pubblicato nella *Gazzetta Ufficiale* n. 30 del 30 dicembre 1995, e successive modificazioni, commesse fino al 31 dicembre 2002, possono essere definite, entro il 16 aprile 2003 ([1]), anche nelle ipotesi in cui vi sia un procedimento amministrativo o giurisdizionale in corso, con il versamento di una somma pari a 10 euro per ogni annualità dovuta. Il versamento è effettuato con le modalità di cui all'articolo 17 del decreto legislativo 9 luglio 1997, n. 241, e successive modificazioni, esclusa in ogni caso la compensazione ivi prevista. Non si fa comunque luogo a restituzione di quanto già versato.

2. Le violazioni ripetute e continuate delle norme in materia di affissioni e pubblicità commesse fino al 30 novembre 2002 mediante affissioni di manifesti politici possono essere sanate in qualunque ordine e grado di giudizio nonché in sede di riscossione delle somme eventualmente iscritte a titolo sanzionatorio, mediante il versamento, a carico del committente responsabile, di un'imposta pari, per il complesso delle violazioni commesse e ripetute a 750 euro per anno e per provincia. Tale versamento deve essere effettuato a favore della tesoreria del comune competente o della provincia qualora le violazioni siano state compiute in più di un comune della stessa provincia; in tal caso la provincia provvede al ristoro dei comuni interessati. La sanatoria di cui al presente comma non dà luogo ad alcun diritto al rimborso di somme eventualmente già riscosse a titolo di sanzioni per le predette violazioni. Il termine per il versamento è fissato, a pena di decadenza dal beneficio di cui al presente comma, al 31 marzo 2003. Non si applicano le disposizioni dell'articolo 15, commi 2 e 3, della legge 10 dicembre 1993, n. 515.

(¹) *Le parole: «16 marzo 2003» sono state così sostituite dalle attuali dall'art. 5* bis*, comma 1, lett.* m)*, del D.L. 24 dicembre 2002, n. 282, convertito, con modificazioni, nella L. 21 febbraio 2003, n. 27.*

3.

D.L. 4 luglio 2006, n. 223. Disposizioni urgenti per il rilancio economico e sociale, per il contenimento e la razionalizzazione della spesa pubblica, nonché interventi in materia di entrate e di contrasto all'evasione fiscale (*Gazzetta Ufficiale* Serie gen. - n. 153 del 4 luglio 2006), convertito, con modificazioni, nella L. 4 agosto 2006, n. **248** (Suppl. ord. alla *Gazzetta Ufficiale* Serie gen. - n. 186 dell'11 agosto 2006).

(*Estratto*)

Titolo III

Misure in materia di contrasto
all'evasione ed elusione fiscale,
di recupero della base imponibile,
di potenziamento dei poteri di controllo
dell'amministrazione finanziaria,
di semplificazione
degli adempimenti tributari
e in materia di giochi

35. Misure di contrasto dell'evasione e dell'elusione fiscale. – 1. - 6 *bis*. (*Omissis*).

6 *ter*. Per i soggetti subappaltatori ai quali si applica l'articolo 17, sesto comma, del decreto del Presidente della Repubblica 26 ottobre 1972, n. 633, resta ferma la possibilità di effettuare la compensazione infrannuale ai sensi dell'articolo 8, comma 3, del regolamento di cui al decreto del Presidente della Repubblica 14 ottobre 1999, n. 542, e successive modificazioni. Qualora il volume di affari registrato dai predetti soggetti nell'anno precedente sia costituito per almeno l'80 per cento da prestazioni rese in esecuzione di contratti di subappalto, il limite di cui all'articolo 34, comma 1, della legge 23 dicembre 2000, n. 388, è elevato a 1.000.000 di euro.

7. - 8. (*Omissis*).

9. In sede di prima applicazione delle disposizioni di cui al comma 8, in relazione al mutato regime disposto dall'articolo 10, primo comma, numeri 8) e 8 *bis*), del decreto del Presidente della Repubblica 26 ottobre 1972, n. 633, non si effettua la rettifica della detrazione dell'imposta prevista dall'articolo 19 *bis*2 del citato decreto n. 633 del 1972, limitatamente ai fabbricati diversi da quelli strumentali che per le loro caratteristiche non sono suscettibili di diversa utilizzazione senza radicali trasformazioni, posseduti alla data del 4 luglio 2006, e, per le imprese costruttrici degli stessi e per le imprese

che vi hanno eseguito, anche tramite imprese appaltatrici, gli interventi di cui all'articolo 31, primo comma, lettere *c*), *d*) ed *e*), della legge 5 agosto 1978, n. 457, limitatamente ai fabbricati o porzioni di fabbricato per i quali il termine dei quattro anni dalla data di ultimazione della costruzione o dell'intervento scade entro la predetta data. Per i beni immobili strumentali che per le loro caratteristiche non sono suscettibili di diversa utilizzazione senza radicali trasformazioni, la predetta rettifica della detrazione dell'imposta si effettua esclusivamente se nel primo atto stipulato successivamente alla data di entrata in vigore della legge di conversione del presente decreto non viene esercitata l'opzione per la imposizione prevista dall'articolo 10, primo comma, numeri 8) e 8 *ter*), del decreto del Presidente della Repubblica 26 ottobre 1972, n. 633.

10. - 10 *bis*. (*Omissis*).

10 *ter*. Per le volture catastali e le trascrizioni relative alle cessioni di beni immobili strumentali di cui all'articolo 10, primo comma, numero 8 *ter*), del decreto del Presidente della Repubblica 26 ottobre 1972, n. 633, anche se assoggettati all'imposta sul valore aggiunto, di cui siano parte fondi immobiliari chiusi disciplinati dall'articolo 37 del testo unico delle disposizioni in materia di intermediazione finanziaria, di cui al D.L.vo 24 febbraio 1998,n. 58, e successive modificazioni, e dall'articolo 14 *bis* della legge 25 gennaio 1994, n. 86, e successive modificazioni, le aliquote delle imposte ipotecaria e catastale, come modificate dal comma 10 *bis* del presente articolo, sono ridotte della metà (1) (2).

10 *ter*.1. Alle cessioni, effettuate dalle banche e dagli intermediari finanziari autorizzati di cui all'articolo 106 del testo unico delle leggi in materia bancaria e creditizia, di cui al decreto legislativo 1° settembre 1993, n. 385, e successive modificazioni, nel caso di esercizio, da parte dell'utilizzatore, dell'opzione di acquisto dell'immobile concesso in locazione finanziaria, ovvero nel caso di immobile riveniente da contratti di locazione finanziaria risolti per inadempienza dell'utilizzatore, le imposte di registro, ipotecaria e catastale sono dovute in misura fissa (3).

10 *quater*. Le disposizioni in materia di imposte indirette previste per la locazione di fabbricati si applicano, se meno favorevoli, anche per l'affitto di aziende il cui valore complessivo sia costituito, per più del 50 per cento, dal valore normale di fabbricati, determinato ai sensi dell'articolo 14 del decreto del Presidente della Repubblica 26 ottobre 1972, n. 633.

10 *quinquies*. Ai fini dell'applicazione delle imposte proporzionali di cui all'articolo 5 della Tariffa, parte prima, del testo unico delle disposizioni concernenti l'imposta di registro di cui al decreto del Presidente della Repubblica 26 aprile 1986, n. 131, e successive modificazioni, per i contratti

di locazione o di affitto assoggettati ad imposta sul valore aggiunto, sulla base delle disposizioni vigenti fino alla data di entrata in vigore del presente decreto ed in corso di esecuzione alla medesima data, le parti devono presentare per la registrazione una apposita dichiarazione, nella quale può essere esercitata, ove la locazione abbia ad oggetto beni immobili strumentali di cui all'articolo 5, comma 1, lettera *a bis*) della Tariffa, parte prima, del predetto decreto n. 131 del 1986, l'opzione per la imposizione prevista dall'articolo 10, primo comma, numero 8), del decreto del Presidente della Repubblica 26 ottobre 1972, n. 633, con effetto dal 4 luglio 2006. Con provvedimento del direttore dell'Agenzia delle entrate, da emanare entro il 15 settembre 2006, sono stabiliti le modalità e i termini degli adempimenti e del versamento dell'imposta.

10 *sexies*. (*Omissis*) (4).

11. Al fine di contrastare gli abusi delle disposizioni fiscali disciplinanti il settore dei veicoli, con provvedimento del Direttore dell'Agenzia delle entrate, sentito il Dipartimento per i trasporti terrestri del Ministero dei trasporti, sono individuati i veicoli che, a prescindere dalla categoria di omologazione, risultano da adattamenti che non ne impediscono l'utilizzo per il trasporto privato di persone. I suddetti veicoli devono essere assoggettati al regime proprio degli autoveicoli di cui al comma 1, lettera *b*), dell'articolo 164 del testo unico delle imposte sui redditi, di cui al decreto del Presidente della Repubblica 22 dicembre 1986, n. 917, ai fini delle imposte dirette, e al comma 1, lettera *c*), dell'articolo 19 *bis*1 del decreto del Presidente della Repubblica n. 633 del 1972, ai fini dell'imposta sul valore aggiunto.

12. - 21. (*Omissis*).

22. All'atto della cessione dell'immobile, anche se assoggettata ad IVA, le parti hanno l'obbligo di rendere apposita dichiarazione sostitutiva di atto di notorietà recante l'indicazione analitica delle modalità di pagamento del corrispettivo. Con le medesime modalità, ciascuna delle parti ha l'obbligo di dichiarare:

a) se si è avvalsa di un mediatore e, nell'ipotesi affermativa, di fornire i dati identificativi del titolare, se persona fisica, o la denominazione, la ragione sociale ed i dati identificativi del legale rappresentante, se soggetto diverso da persona fisica, ovvero del mediatore non legale rappresentante che ha operato per la stessa società;

b) il codice fiscale o la partita IVA;

c) il numero di iscrizione al ruolo degli agenti di affari in mediazione e della camera di commercio, industria, artigianato e agricoltura di riferimento per il titolare ovvero per il legale rappresentante o mediatore che ha operato per la stessa società;

d) l'ammontare della spesa sostenuta per tale attività e le analitiche modalità di pagamento della stessa ([5]).

22.1. In caso di assenza dell'iscrizione al ruolo di agenti di affari in mediazione ai sensi della legge 3 febbraio 1989, n. 39, e successive modificazioni, il notaio è obbligato ad effettuare specifica segnalazione all'Agenzia delle entrate di competenza. In caso di omessa, incompleta o mendace indicazione dei dati di cui al comma 22, si applica la sanzione amministrativa da 500 euro a 10.000 euro e, ai fini dell'imposta di registro, i beni trasferiti sono assoggettati a rettifica di valore ai sensi dell'articolo 52, comma 1, del testo unico delle disposizioni concernenti l'imposta di registro, di cui al decreto del Presidente della Repubblica 26 aprile 1986, n. 131, e successive modificazioni ([5]).

22 *bis*. (*Omissis*).

23. I commi 21 e 22 si applicano agli atti pubblici formati ed alle scritture private autenticate a decorrere dal secondo giorno successivo alla pubblicazione nella *Gazzetta Ufficiale* del presente decreto.

23 *bis*. Per i trasferimenti immobiliari soggetti ad IVA finanziati mediante mutui fondiari o finanziamenti bancari, ai fini delle disposizioni di cui all'articolo 54 del decreto del Presidente della Repubblica 26 ottobre 1972, n. 633, terzo comma, ultimo periodo, il valore normale non può essere inferiore all'ammontare del mutuo o finanziamento erogato.

23 *ter*. - 24. (*Omissis*).

25. I dipendenti della Riscossione s.p.a. o delle società dalla stessa partecipate ai sensi dell'articolo 3, comma 7, del decreto legge 30 settembre 2005, n. 203, convertito, con modificazioni, dalla legge 2 dicembre 2005, n. 248, di seguito denominate «agenti della riscossione», ai soli fini della riscossione mediante ruolo e previa autorizzazione rilasciata dai direttori generali degli agenti della riscossione, possono utilizzare i dati di cui l'Agenzia delle entrate dispone ai sensi dell'articolo 7, comma 6, del decreto del Presidente della Repubblica 29 settembre 1973, n. 605.

25 *bis*. In caso di morosità nel pagamento di importi da riscuotere mediante ruolo complessivamente superiori a venticinquemila euro, gli agenti della riscossione, previa autorizzazione del direttore generale ed al fine di acquisire copia di tutta la documentazione utile all'individuazione dell'importo dei crediti di cui i debitori morosi sono titolari nei confronti di soggetti terzi, possono esercitare le facoltà ed i poteri previsti dagli articoli 33 del decreto del Presidente della Repubblica 29 settembre 1973, n. 600, e 52 del decreto del Presidente della Repubblica 26 ottobre 1972, n. 633 ([6]).

26. Ai medesimi fini previsti dal comma 25, gli agenti della riscossione possono altresì accedere a tutti i restanti dati rilevanti, presentando apposita

richiesta, anche in via telematica, ai soggetti pubblici o privati che li detengono, con facoltà di prendere visione e di estrarre copia degli atti riguardanti i predetti dati, nonché di ottenere, in carta libera, le relative certificazioni.

26 *ter*. Ai fini di cui all'articolo 1, commi 426 e 426 *bis*, della legge 30 dicembre 2004, n. 311, sono considerati efficaci i versamenti effettuati, a titolo di prima e seconda rata, entro il 10 luglio 2006, se comprensivi degli interessi legali, calcolati dalla data di scadenza della rata a quella del pagamento.

26 *quater*. Le disposizioni contenute nell'articolo 1, commi 426 e 426 *bis*, della legge 30 dicembre 2004, n. 311, si interpretano nel senso che la sanatoria ivi prevista non produce effetti sulle responsabilità amministrative delle società concessionarie del servizio nazionale della riscossione o dei commissari governativi provvisoriamente delegati alla riscossione relative:

a) ai provvedimenti sanzionatori e di diniego del diritto al rimborso o al discarico per inesigibilità per i quali, alla data del 30 giugno 2005, non era pendente un ricorso amministrativo o giurisdizionale;

b) alle irregolarità consistenti in falsità di atti redatti dai dipendenti, se definitivamente dichiarata in sede penale prima della data del 1° gennaio 2005, con esclusione degli atti redatti dai dipendenti già soggetti alla specifica sorveglianza di cui all'articolo 100, comma 1, del decreto del Presidente della Repubblica 28 gennaio 1988, n. 43 (7).

26 *quinquies*. - 27. (*Omissis*).

[28. In caso di appalto di opere o di servizi, l'appaltatore risponde in solido con il subappaltatore, nei limiti dell'ammontare del corrispettivo dovuto, del versamento all'erario delle ritenute fiscali sui redditi di lavoro dipendente dovute dal subappaltatore all'erario in relazione alle prestazioni effettuate nell'ambito del rapporto di subappalto. La responsabilità solidale viene meno se l'appaltatore verifica, acquisendo la documentazione prima del versamento del corrispettivo, che gli adempimenti di cui al periodo precedente, scaduti alla data del versamento, sono stati correttamente eseguiti dal subappaltatore. L'attestazione dell'avvenuto adempimento degli obblighi di cui al primo periodo può essere rilasciata anche attraverso un'asseverazione dei soggetti di cui all'articolo 35, comma 1, del decreto legislativo 9 luglio 1997, n. 241, e dell'articolo 3, comma 3, lettera *a*), del regolamento di cui al decreto del Presidente della Repubblica 22 luglio 1998, n. 322. L'appaltatore può sospendere il pagamento del corrispettivo fino all'esibizione della predetta documentazione da parte del subappaltatore. Gli atti che devono essere notificati entro un termine di decadenza al subappaltatore sono notificati entro lo stesso termine anche al responsabile in solido] (8) (9).

[28 *bis*. Il committente provvede al pagamento del corrispettivo dovuto all'appaltatore previa esibizione da parte di quest'ultimo della documentazione attestante che gli adempimenti di cui al comma 28, scaduti alla data del pagamento del corrispettivo, sono stati correttamente eseguiti dall'appaltatore e dagli eventuali subappaltatori. Il committente può sospendere il pagamento del corrispettivo fino all'esibizione della predetta documentazione da parte dell'appaltatore. L'inosservanza delle modalità di pagamento previste a carico del committente è punita con la sanzione amministrativa pecuniaria da euro 5.000 a euro 200.000 se gli adempimenti di cui al comma 28 non sono stati correttamente eseguiti dall'appaltatore e dal subappaltatore. Ai fini della predetta sanzione si applicano le disposizioni previste per la violazione commessa dall'appaltatore] ([8]).

[28 *ter*. Le disposizioni di cui ai commi 28 e 28 *bis* si applicano in relazione ai contratti di appalto e subappalto di opere, forniture e servizi conclusi da soggetti che stipulano i predetti contratti nell'ambito di attività rilevanti ai fini dell'imposta sul valore aggiunto e, in ogni caso, dai soggetti di cui agli articoli 73 e 74 del testo unico delle imposte sui redditi, di cui al decreto del Presidente della Repubblica 22 dicembre 1986, n. 917, e successive modificazioni. Sono escluse dall'applicazione delle predette disposizioni le stazioni appaltanti di cui all'articolo 3, comma 33, del codice dei contratti pubblici relativi a lavori, servizi e forniture, di cui al decreto legislativo 12 aprile 2006, n. 163] ([8]).

29. - 34. (*Omissis*).

35. L'Agenzia delle dogane, nelle attività di prevenzione e contrasto delle violazioni tributarie connesse alla dichiarazione fraudolenta del valore in dogana e degli altri elementi che determinano l'accertamento doganale ai sensi del decreto legislativo 8 novembre 1990, n. 374, ha facoltà di procedere, con le modalità previste dall'articolo 51 del decreto del Presidente della Repubblica 26 ottobre 1972, n. 633, all'acquisizione dei dati e dei documenti relativi ai costi di trasporto, assicurazione, nolo e di ogni altro elemento di costo che forma il valore dichiarato per l'importazione, l'esportazione, l'introduzione in deposito doganale o IVA ed il transito. Per le finalità di cui al presente comma, la richiesta di informazioni e di documenti può essere rivolta dall'Agenzia delle dogane, agli importatori, agli esportatori, alle società di servizi aeroportuali, alle compagnie di navigazione, alle società e alle persone fisiche esercenti le attività di movimentazione, deposito, trasporto e rappresentanza in dogana delle merci. La raccolta e l'elaborazione dei dati per le finalità di cui al presente comma è considerata di rilevante interesse pubblico ai sensi dell'articolo 53 del codice in materia di protezione dei dati personali, di cui al decreto legislativo 30 giugno 2003, n. 196. In caso di inottemperanza agli inviti a comparire ed alle richieste di informazioni di cui al presente comma, l'Agenzia delle dogane procede all'applicazione della san-

zione amministrativa pecuniaria da un minimo di 5.000 euro ad un massimo di 10.000 euro, oltre alle misure di sospensione e revoca delle autorizzazioni e delle facoltà concesse agli operatori inadempienti.

35 *bis*. Al fine di contrastare l'evasione e l'elusione fiscale, le società di calcio professionistiche sono obbligate a inviare per via telematica all'Agenzia delle entrate copia dei contratti di acquisizione delle prestazioni professionali degli atleti professionisti, nonché dei contratti riguardanti i compensi per tali prestazioni e dei contratti di sponsorizzazione stipulati dagli atleti medesimi in relazione ai quali la società percepisce somme per il diritto di sfruttamento dell'immagine ([10]). Il Ministro dell'economia e delle finanze è delegato ad acquisire analoghe informazioni dalle Federazioni calcistiche estere per le operazioni effettuate da società sportive professionistiche residenti in Italia anche indirettamente con analoghe società estere. Con provvedimento del Direttore dell'Agenzia delle entrate sono stabiliti il contenuto, le modalità ed i termini delle trasmissioni telematiche ([11]).

35 *ter*. È prorogata per l'anno 2006, nella misura e alle condizioni ivi previste, l'agevolazione tributaria in materia di recupero del patrimonio edilizio relativa alle prestazioni di cui all'articolo 7, comma 1, lettera *b*), della legge 23 dicembre 1999, n. 488, fatturate dal 1° ottobre 2006.

35 *quater*. (*Omissis*).

([1]) *Questo comma è stato così sostituito dall'art. 1, comma 15, lett.* c), *n. 1, della L. 13 dicembre 2010, n. 220.*

([2]) *A norma dell'art. 9, comma 1, del D.L.vo 4 marzo 2014, n. 44, le disposizioni fiscali applicabili ai fondi comuni di investimento immobiliare contenute nel presente comma si intendono riferite anche alle società di investimento a capitale fisso (SICAF) che investono in beni immobili nelle misure indicate dalle disposizioni civilistiche.*

([3]) *Questo comma è stato inserito dall'art. 1, comma 15, lett.* c), *n. 2, della L. 13 dicembre 2010, n. 220.*

([4]) *Questo comma è stato abrogato dall'art. 1, comma 15, lett.* c), *n. 3, della L. 13 dicembre 2010, n. 220.*

([5]) *L'originario comma 22 è stato così sostituito dagli attuali commi 22 e 22.1, dall'art. 1, comma 48, della L. 27 dicembre 2006, n. 296. A norma dell'art. 1, comma 49, della medesima legge, le disposizioni del comma 22 nel testo vigente prima della data di entrata in vigore della presente legge, trovano applicazione con riferimento ai pagamenti effettuati a decorrere dal 4 luglio 2006.*

([6]) *Questo comma è stato inserito dall'art. 2, comma 7, del D.L. 3 ottobre 2006, n. 262, convertito, con modificazioni, nella L. 24 novembre 2006, n. 286.*

([7]) *Le parole: «prima della data di entrata in vigore della stessa legge n. 311 del 2004» sono state così sostituite dalle parole da: «prima della data del 1° gennaio 2005 ...» fino alla fine della lettera, dall'art. 41, comma 1, del D.L. 31 dicembre 2007, n. 248, convertito, con modificazioni, nella L. 28 febbraio 2008, n. 31.*

([8]) *Il precedente comma 28 è stato così, da ultimo, sostituito dagli attuali commi 28 - 28* ter*, dall'art. 13* ter*, del D.L. 22 giugno 2012, n. 83, convertito, con modificazioni, nella L. 7 agosto 2012, n. 134. I commi da 28 a 28* ter *sono stati abrogati dall'art. 28, comma 1, del D.L.vo 21 novembre 2014, n. 175.*

([9]) *Si veda il D.M. 25 febbraio 2008, n. 74, recante regolamento di attuazione dei commi da 28 a 33 di questo articolo.*

([10]) *Le parole da: «e dei contratti di sponsorizzazione ...» fino alla fine del periodo sono state aggiunte dall'art. 1, comma 7, lett.* a)*, del D.L. 3 ottobre 2006, n. 262, convertito, con modificazioni, nella L. 24 novembre 2006, n. 286.*

([11]) *Questo periodo è stato aggiunto dall'art. 1, comma 7, lett.* b)*, del D.L. 3 ottobre 2006, n. 262, convertito, con modificazioni, nella L. 24 novembre 2006, n. 286.*

36. Recupero di base imponibile. – 1. (*Omissis*).

2. Ai fini dell'applicazione del decreto del Presidente della Repubblica 26 ottobre 1972, n. 633, del testo unico delle disposizioni concernenti l'imposta di registro, di cui al decreto del Presidente della Repubblica 26 aprile 1986, n. 131, del testo unico delle imposte sui redditi, di cui al decreto del Presidente della Repubblica 22 dicembre 1986, n. 917, e del decreto legislativo 30 dicembre 1992, n. 504, un'area è da considerare fabbricabile se utilizzabile a scopo edificatorio in base allo strumento urbanistico generale adottato dal comune, indipendentemente dall'approvazione della regione e dall'adozione di strumenti attuativi del medesimo.

3. - 6 *ter*. (*Omissis*).

7. Ai fini del calcolo delle quote di ammortamento deducibili il costo complessivo dei fabbricati strumentali è assunto al netto del costo delle aree occupate dalla costruzione e di quelle che ne costituiscono pertinenza. Il costo da attribuire alle predette aree, ove non autonomamente acquistate in precedenza, è quantificato in misura pari al maggior valore tra quello esposto in bilancio nell'anno di acquisto e quello corrispondente al 20 per cento e, per i fabbricati industriali, al 30 per cento del costo complessivo stesso. Per fabbricati industriali si intendono quelli destinati alla produzione o trasformazione di beni.

7 *bis*. Le disposizioni del comma 7 si applicano, con riguardo alla quota capitale dei canoni, anche ai fabbricati strumentali in locazione finanziaria. Per la determinazione dell'acconto dovuto ai sensi del comma 34 non si tiene conto della disposizione del periodo precedente.

8. In deroga all'articolo 3, comma 1, della legge 27 luglio 2000, n. 212, recante disposizioni in materia di statuto dei diritti del contribuente, le norme di cui ai precedenti commi 7 e 7 *bis* applicano a decorrere dal periodo d'imposta in corso alla data di entrata in vigore del presente decreto anche per le quote di ammortamento e i canoni di leasing relativi ai fabbricati acquistati

o acquisiti a partire da periodi d'imposta precedenti. In tal caso, ai fini della individuazione del maggior valore indicato al comma 7, si tiene conto del valore delle aree esposto nell'ultimo bilancio approvato prima della entrata in vigore della presente disposizione e del valore risultante applicando le percentuali di cui al comma 7 al costo complessivo del fabbricato, risultante dal medesimo bilancio, assunto al netto dei costi incrementativi capitalizzati e delle rivalutazioni effettuate. Per ciascun fabbricato il residuo valore ammortizzabile è pari alla quota di costo riferibile allo stesso al netto delle quote di ammortamento dedotte nei periodi d'imposta precedenti calcolate sul costo complessivo.

9. - 12. (*Omissis*).

13. Le disposizioni della lettera a) del comma 12 si applicano alle perdite relative ai primi tre periodi d'imposta formatesi a decorrere dal periodo d'imposta in corso alla data di entrata in vigore del presente decreto. Per le perdite relative ai primi tre periodi d'imposta formatesi in periodi anteriori alla predetta data resta ferma l'applicazione dell'articolo 37 *bis* del decreto del Presidente della Repubblica 29 settembre 1973, n. 600.

14. - 31. (*Omissis*).

32. Nei periodi di imposta in cui i termini di versamento di contributi deducibili dal reddito o che non concorrono a formarlo sono sospesi in conseguenza di calamità pubbliche, resta ferma la deducibilità degli stessi, se prevista da disposizioni di legge; detti contributi non sono ulteriormente dedotti o esclusi dal reddito nel periodo di imposta in cui sono versati. In via transitoria detti contributi sono dedotti o esclusi dal reddito nei periodi di imposta in cui sono versati solo se la deduzione o esclusione dal reddito non è stata già effettuata nei periodi di imposta, antecedenti a quello di entrata in vigore della presente norma, in cui il versamento degli stessi è stato sospeso in conseguenza di calamità pubbliche.

33. (*Omissis*).

34. In deroga all'articolo 3 della legge 27 luglio 2000, n. 212, nella determinazione dell'acconto dovuto dai soggetti di cui all'articolo 73 del testo unico delle imposte sui redditi, di cui al decreto del Presidente della Repubblica 22 dicembre 1986, n. 917, e successive modificazioni, ai fini dell'imposta sul reddito delle società e dell'imposta regionale sulle attività produttive per il periodo di imposta in corso alla data di entrata in vigore del presente decreto, si assume, quale imposta del periodo precedente, quella che si sarebbe determinata applicando le disposizioni del presente decreto; eventuali conguagli sono versati insieme alla seconda ovvero unica rata dell'acconto.

34 *bis*. In deroga all'articolo 3 della legge 27 luglio 2000, n. 212, la disposizione di cui al comma 4 dell'articolo 14 della legge 24 dicembre 1993,

n. 537, si interpreta nel senso che i proventi illeciti ivi indicati, qualora non siano classificabili nelle categorie di reddito di cui all'articolo 6, comma 1, del testo unico delle imposte sui redditi, di cui al decreto del Presidente della Repubblica 22 dicembre 1986, n. 917, sono comunque considerati come redditi diversi.

37. Disposizioni in tema di accertamento, semplificazione e altre misure di carattere finanziario. – 1. - 2. (*Omissis*).

3. Relativamente al primo periodo d'imposta per il quale il termine di presentazione della dichiarazione scade successivamente alla data di entrata in vigore del presente decreto, l'adeguamento alle risultanze degli studi di settore, ai sensi dell'articolo 2 del regolamento di cui al decreto del Presidente della Repubblica 31 maggio 1999, n. 195, può essere effettuato entro il predetto termine, alle condizioni e con le modalità ivi previste.

4. (*Omissis*).

5. Con provvedimento del Direttore dell'Agenzia delle entrate, da emanare ai sensi dell'articolo 7, undicesimo comma, del decreto del Presidente della Repubblica 29 settembre 1973, n. 605, sono definite le specifiche tecniche, le modalità ed i termini per la comunicazione delle informazioni di cui al sesto comma dell'articolo 7 del decreto del Presidente della Repubblica 29 settembre 1973, n. 605 ([1]), relative ai rapporti posti in essere a decorrere dal 1° gennaio 2005, ancorché cessati, nonché per l'aggiornamento periodico delle medesime informazioni.

6. - 8. (*Omissis*).

9. Per il periodo d'imposta in corso alla data di entrata in vigore del presente decreto l'elenco dei soggetti nei cui confronti sono state emesse fatture comprende i soli titolari di partita IVA ([2]).

10. - 19. (*Omissis*).

20. L'Agenzia delle entrate e la Guardia di finanza programmano specifici controlli mirati, relativi ai contribuenti ai quali è attribuito il numero di partita IVA, anche in data antecedente a quella di decorrenza della disposizione di cui al comma 18.

21. In attuazione delle disposizioni di cui all'articolo 50 del decreto legislativo 7 marzo 2005, n. 82, come modificato dal decreto legislativo 4 aprile 2006, n. 159, ed al fine di ridurre gli adempimenti dei contribuenti, le camere di commercio, industria, artigianato ed agricoltura comunicano all'anagrafe tributaria, senza oneri per lo Stato, in formato elettronico elaborabile, i dati e le notizie contenuti nelle domande di iscrizione, variazione e cancellazione, di cui alla lettera *f)* del primo comma dell'articolo 6 del decreto del

Presidente della Repubblica 29 settembre 1973, n. 605, anche se relative a singole unità locali, nonché i dati dei bilanci di esercizio depositati.

21 *bis*. (*Omissis*).

22. Fino alla realizzazione delle modalità tecniche di deposito degli atti in formato elettronico elaborabile, le camere di commercio, industria, artigianato ed agricoltura forniranno le informazioni di cui al comma 21, senza oneri per lo Stato, nel formato elettronico disponibile.

22. Fino alla realizzazione delle modalità tecniche di deposito degli atti in formato elettronico elaborabile, le camere di commercio, industria, artigianato ed agricoltura forniranno le informazioni di cui al comma 21, senza oneri per lo Stato, nel formato elettronico disponibile.

23. Con decreto interdirigenziale dell'Agenzia delle entrate e del Ministero dello sviluppo economico sono stabiliti i termini e le modalità delle trasmissioni nonché le specifiche tecniche del formato dei dati. La prima trasmissione è effettuata entro il 31 ottobre 2006.

24. - 28. (*Omissis*).

29. Fuori dai casi previsti all'articolo 11, comma 1, lettere *a)* e *b)*, del decreto legislativo 18 dicembre 1997, n. 471, sono punite con la sanzione amministrativa pecuniaria da 258 euro a 2065 euro la mancata restituzione dei questionari inviati nell'esercizio dei poteri di cui all'articolo 2, comma 4, del decreto legislativo 19 marzo 2001, n. 68, o la loro restituzione con risposte incomplete o non veritiere, nonché l'inottemperanza all'invito a comparire fatto sulla base dei medesimi poteri.

30. Per la constatazione e l'irrogazione della sanzione di cui al comma 29 si applicano le disposizioni di cui alla legge 24 novembre 1981, n. 689.

31. - 42. (*Omissis*).

43. Per gli emolumenti arretrati per prestazioni di lavoro dipendente di cui all'articolo 17, comma 1, lettera *b)*, del testo unico delle imposte sui redditi, di cui al decreto del Presidente della Repubblica 22 dicembre 1986, n. 917, corrisposti a decorrere dal 1 gennaio 2004, per le indennità di fine rapporto, per le altre indennità e somme e per le indennità equipollenti di cui all'articolo 19 del medesimo decreto, corrisposte a decorrere dal 1 gennaio 2003, nonché per le prestazioni pensionistiche di cui all'articolo 20 del medesimo decreto, corrisposte a decorrere dal 1 gennaio 2003, non si procede all'iscrizione a ruolo ed alla comunicazione di cui all'articolo 1, comma 412, della legge 30 dicembre 2004, n. 311, né all'effettuazione di rimborsi, se l'imposta rispettivamente a debito o a credito è inferiore a 100 euro. La disposizione del periodo precedente si applica anche ai redditi di cui all'articolo 17, comma 1, lettere *c*) e *c bis*), del citato testo unico delle imposte sui redditi,

di cui al decreto del Presidente delle Repubblica 22 dicembre 1986, n. 917, e successive modificazioni, corrisposti a decorrere dal 1° gennaio 2004 ([3]) ([4]).

44. La notifica delle cartelle di pagamento conseguenti alle iscrizioni a ruolo previste dagli articoli 7, 8, 9, 14, 15 e 16 della legge 27 dicembre 2002, n. 289, e successive modificazioni, è eseguita, a pena di decadenza, entro il 31 dicembre 2008. Entro il medesimo termine è eseguita la notifica delle cartelle di pagamento relativa alle dichiarazioni di cui all'articolo 36, comma 2, lettere *a*) e *b*) del decreto legislativo 26 febbraio 1999, n. 46, nei confronti dei contribuenti che hanno presentato dichiarazioni o effettuato versamenti ai sensi dell'articolo 9 *bis* della citata legge n. 289 del 2002.

45. - 48. (*Omissis*).

49. A partire dal 1° ottobre 2006, i soggetti titolari di partita IVA sono tenuti ad utilizzare, anche tramite intermediari, modalità di pagamento telematiche delle imposte, dei contributi e dei premi di cui all'articolo 17, comma 2, del decreto legislativo 9 luglio 1997, n. 241, e delle entrate spettanti agli enti ed alle casse previdenziali di cui all'articolo 28, comma 1, dello stesso decreto legislativo n. 241 del 1997.

49 *bis*. I soggetti [di cui al comma 49] ([5]), che intendono effettuare la compensazione prevista dall'articolo 17 del decreto legislativo 9 luglio 1997, n. 241, del credito annuale o relativo a periodi inferiori all'anno dell'imposta sul valore aggiunto ovvero dei crediti relativi alle imposte sui redditi e alle relative addizionali, [alle ritenute alla fonte,] ([5]) alle imposte sostitutive delle imposte sul reddito, all'imposta regionale sulle attività produttive, ovvero dei crediti maturati in qualità di sostituto d'imposta ([6]) e dei crediti d'imposta da indicare nel quadro RU della dichiarazione dei redditi ([7]) sono tenuti ad utilizzare esclusivamente i servizi telematici messi a disposizione dall'Agenzia delle entrate secondo modalità tecniche definite con provvedimento del direttore della medesima Agenzia delle entrate entro sessanta giorni dalla data di entrata in vigore del presente comma ([8]).

49 *ter*. L'Agenzia delle entrate può sospendere, fino a trenta giorni, l'esecuzione delle deleghe di pagamento di cui agli articoli 17 e seguenti del decreto legislativo 9 luglio 1997, n. 241, contenenti compensazioni che presentano profili di rischio, al fine del controllo dell'utilizzo del credito. Se all'esito del controllo il credito risulta correttamente utilizzato, ovvero decorsi trenta giorni dalla data di presentazione della delega di pagamento, la delega è eseguita e le compensazioni e i versamenti in essa contenuti sono considerati effettuati alla data stessa della loro effettuazione; diversamente la delega di pagamento non è eseguita e i versamenti e le compensazioni si considerano non effettuati. In tal caso la struttura di gestione dei versamenti unificati di cui all'articolo 22 del decreto legislativo 9 luglio 1997, n. 241, non

contabilizza i versamenti e le compensazioni indicate nella delega di pagamento e non effettua le relative regolazioni contabili. Con provvedimento del direttore dell'Agenzia delle entrate sono stabiliti i criteri e le modalità di attuazione del presente comma. All'attuazione delle disposizioni del presente comma si provvede con le risorse umane, strumentali e finanziarie disponibili a legislazione vigente, senza nuovi o maggiori oneri per la finanza pubblica ([9]).

49 *quater*. Qualora in esito all'attività di controllo di cui al comma 49 *ter* i crediti indicati nelle deleghe di pagamento presentate ai sensi degli articoli 17 e seguenti del decreto legislativo 9 luglio 1997, n. 241, si rivelino in tutto o in parte non utilizzabili in compensazione, l'Agenzia delle entrate comunica telematicamente la mancata esecuzione della delega di pagamento al soggetto che ha trasmesso la delega stessa, entro il termine indicato al medesimo comma 49 *ter*. Con comunicazione da inviare al contribuente è applicata la sanzione di cui all'articolo 15, comma 2 *ter* del decreto legislativo 18 dicembre 1997, n. 471. Qualora a seguito della comunicazione il contribuente, entro i trenta giorni successivi al ricevimento della stessa, rilevi eventuali elementi non considerati o valutati erroneamente, può fornire i chiarimenti necessari all'Agenzia delle entrate. L'iscrizione a ruolo a titolo definitivo della sanzione di cui all'articolo 15, comma 2 *ter* del decreto legislativo n. 471 del 1997, non è eseguita se il contribuente provvede a pagare la somma dovuta, con le modalità indicate nell'articolo 19 del decreto legislativo 9 luglio 1997, n. 241, entro trenta giorni dal ricevimento della comunicazione. L'agente della riscossione notifica la cartella di pagamento al debitore iscritto a ruolo entro il 31 dicembre del terzo anno successivo a quello di presentazione della delega di pagamento. Le disposizioni di attuazione del presente comma sono definite con provvedimento adottato dal direttore dell'Agenzia delle entrate ([10]).

50. Gli interessi previsti per il rimborso di tributi non producono in nessun caso interessi ai sensi dell'articolo 1283 del codice civile.

51. - 52. (*Omissis*).

53. A decorrere dall'anno 2007, è soppresso l'obbligo di presentazione della dichiarazione ai fini dell'imposta comunale sugli immobili (ICI), di cui all'articolo 10, comma 4, del decreto legislativo 30 dicembre 1992, n. 504, ovvero della comunicazione prevista dall'articolo 59, comma 1, lettera *l*), n. 1), del decreto legislativo 15 dicembre 1997, n. 446. Restano fermi gli adempimenti attualmente previsti in materia di riduzione dell'imposta. Fino alla data di effettiva operatività del sistema di circolazione e fruizione dei dati catastali, da accertare con provvedimento del direttore dell'Agenzia del territorio, rimane in vigore l'obbligo di presentazione della dichiarazione ai fini

dell'ICI, di cui all'articolo 10, comma 4, del decreto legislativo 30 dicembre 1992, n. 504, ovvero della comunicazione prevista dall'articolo 59, comma 1, lettera *l*), n. 1, del decreto legislativo 15 dicembre 1997, n. 446. Resta fermo l'obbligo di presentazione della dichiarazione nei casi in cui gli elementi rilevanti ai fini dell'imposta dipendano da atti per i quali non sono applicabili le procedure telematiche previste dall'articolo 3 *bis* del decreto legislativo 18 dicembre 1997, n. 463, concernente la disciplina del modello unico informatico ([11]).

54. In attuazione delle disposizioni di cui all'articolo 59, comma 7 *bis*, del decreto legislativo 7 marzo 2005, n. 82, come modificato dal decreto legislativo 4 aprile 2006, n. 159, la circolazione e la fruizione della base dei dati catastali gestita dall'Agenzia del territorio deve essere assicurata entro il 31 dicembre 2006. Relativamente alle regioni, alle province e ai comuni i costi a loro carico per la circolazione e fruizione della base dei dati catastali sono unicamente quelli di connessione.

55. L'imposta comunale sugli immobili può essere liquidata in sede di dichiarazione ai fini delle imposte sui redditi e può essere versata con le modalità del Capo III del decreto legislativo 9 luglio 1997, n. 241. Con provvedimento del Direttore dell'Agenzia delle entrate, da emanare entro centoventi giorni dalla data di entrata in vigore del presente decreto, sentita la conferenza Stato-città ed autonomie locali, sono definiti i termini e le modalità per l'attuazione delle disposizioni contenute nel presente comma.

56. - 57. (*Omissis*).

([1]) *Le parole: «al comma 4» sono state così sostituite dalle parole: «al sesto comma dell'articolo 7 del decreto del Presidente della Repubblica 29 settembre 1973, n. 605» dall'art. 63, comma 5, del D.L.vo 21 novembre 2007, n. 231.*

Tale sostituzione di parole è stata confermata dall'art. 72, comma 5, del D.L.vo 21 novembre 2007, n. 231, così come inserito dalla sostituzione del Capo III del Titolo V del medesimo provvedimento ad opera dell'art. 5, comma 3, del D.L.vo 25 maggio 2017, n. 90.

([2]) *A norma dell'art. 1, comma 270, della L. 24 dicembre 2007, n. 244, si considerano valide le trasmissioni degli elenchi dei clienti e fornitori di cui a questo comma effettuate entro il termine del 15 novembre 2007.*

([3]) *Questo comma è stato così sostituito dall'art. 39, comma 8* ter, *del D.L. 1 ottobre 2007, n. 159, convertito, con modificazioni, nella L. 29 novembre 2007, n. 222.*

([4]) *L'ultimo periodo di questo comma è stato aggiunto dall'art. 1, comma 272, della L. 24 dicembre 2007, n. 244.*

([5]) *Le parole fra parentesi quadrate sono state soppresse dall'art. 3, comma 2, lett.* a), *del D.L. 26 ottobre 2019, n. 124, convertito, con modificazioni, nella L. 19 dicembre 2019, n. 157. A norma dell'art. 3, comma 3, del medesimo decreto, tali disposizioni si applicano con riferimento ai crediti maturati a decorrere dal periodo d'imposta in corso al 31 dicembre 2019.*

([6]) *Le parole: «, ovvero dei crediti maturati in qualità di sostituto d'imposta» sono state inserite dall'art. 3, comma 2, lett.* b), *del D.L. 26 ottobre 2019, n. 124, convertito, con modificazioni, nella L. 19 dicembre 2019, n. 157. A norma dell'art. 3, comma 3, del medesimo decreto, tali disposizioni si applicano con riferimento ai crediti maturati a decorrere dal periodo d'imposta in corso al 31 dicembre 2019.*

([7]) *Le parole: "per importi superiori a 5.000 euro annui," sono state così sostituite dalle seguenti: "ovvero dei crediti relativi alle imposte sui redditi e alle relative addizionali, alle ritenute alla fonte, alle imposte sostitutive delle imposte sul reddito, all'imposta regionale sulle attività produttive e dei crediti d'imposta da indicare nel quadro RU della dichiarazione dei redditi" dall'art. 3, comma 3, del D.L. 24 aprile 2017, n. 50, convertito, con modificazioni, nella L. 21 giugno 2017, n. 96.*

([8]) *Questo comma è stato inserito dall'art. 10, comma 1, lett.* a), *n. 6), del D.L. 1 luglio 2009, n. 78, convertito, con modificazioni, nella L. 3 agosto 2009, n. 102.*

([9]) *Questo comma è stato inserito dall'art. 1, comma 990, della L. 27 dicembre 2017, n. 205, a decorrere dal 1° gennaio 2018.*

([10]) *Questo comma è stato inserito dall'art. 3, comma 5, del D.L. 26 ottobre 2019, n. 124, convertito, con modificazioni, nella L. 19 dicembre 2019, n. 157. A norma dell'art. 3, comma 8, del medesimo decreto tali disposizioni si applicano alle deleghe di pagamento presentate a partire dal mese di marzo 2020.*

([11]) *L'ultimo periodo di questo comma è stato aggiunto dall'art. 1, comma 174, della L. 27 dicembre 2006, n. 296.*

Titolo IV
Disposizioni finali

40 *bis*. Norma transitoria. – 1. Gli atti ed i contratti, pubblici e privati, emanati, stipulati o comunque posti in essere nello stesso giorno della pubblicazione del presente decreto nella *Gazzetta Ufficiale* in applicazione ed osservanza della disciplina normativa previgente non costituiscono in nessun caso ipotesi di violazione della disciplina recata dal decreto stesso. In tali casi, le disposizioni del decreto si considerano entrate in vigore il giorno successivo a quello di pubblicazione nella *Gazzetta Ufficiale*.

41. Entrata in vigore. – 1. Il presente decreto entra in vigore il giorno stesso della sua pubblicazione nella *Gazzetta Ufficiale* della Repubblica italiana e sarà presentato alle Camere per la conversione in legge.

4.

D.L. 3 ottobre 2006, n. 262. Disposizioni urgenti in materia tributaria e finanziaria (*Gazzetta Ufficiale* Serie gen. - n. 230 del 3 ottobre 2006), convertito, con modificazioni, nella L. 24 novembre 2006, n. **286** (Suppl. ord. alla *Gazzetta Ufficiale* Serie gen. - n. 277 del 28 novembre 2006) [1].

[1] *Ad eccezione degli articoli 1, 2 e 48, tutti gli articoli del presente decreto legge sono stati soppressi dalla legge di conversione n. 286/2006.*

(*Estratto*)

Capo I

Soppresso dalla legge di conversione

2. 1. - 46. (*Omissis*).

47. È istituita l'imposta sulle successioni e donazioni sui trasferimenti di beni e diritti per causa di morte, per donazione o a titolo gratuito e sulla costituzione di vincoli di destinazione, secondo le disposizioni del testo unico delle disposizioni concernenti l'imposta sulle successioni e donazioni, di cui al decreto legislativo 31 ottobre 1990, n. 346, nel testo vigente alla data del 24 ottobre 2001, fatto salvo quanto previsto dai commi da 48 a 54.

48. I trasferimenti di beni e diritti per causa di morte sono soggetti all'imposta di cui al comma 47 con le seguenti aliquote sul valore complessivo netto dei beni:

a) devoluti a favore del coniuge e dei parenti in linea retta sul valore complessivo netto eccedente, per ciascun beneficiario, 1.000.000 di euro: 4 per cento;

a bis) devoluti a favore dei fratelli e delle sorelle sul valore complessivo netto eccedente, per ciascun beneficiario, 100.000 euro: 6 per cento [1];

b) devoluti a favore degli altri parenti fino al quarto grado e degli affini in linea retta, nonché degli affini in linea collaterale fino al terzo grado: 6 per cento;

c) devoluti a favore di altri soggetti: 8 per cento.

49. Per le donazioni e gli atti di trasferimento a titolo gratuito di beni e diritti e la costituzione di vincoli di destinazione di beni l'imposta è determinata dall'applicazione delle seguenti aliquote al valore globale dei beni e dei diritti al netto degli oneri da cui è gravato il beneficiario diversi da quelli indicati dall'articolo 58, comma 1, del citato testo unico di cui al decreto legislativo 31 ottobre 1990, n. 346, ovvero, se la donazione è fatta congiuntamente a favore di più soggetti o se in uno stesso atto sono compresi più atti

di disposizione a favore di soggetti diversi, al valore delle quote dei beni o diritti attribuiti:

a) a favore del coniuge e dei parenti in linea retta sul valore complessivo netto eccedente, per ciascun beneficiario, 1.000.000 di euro: 4 per cento;

a bis) a favore dei fratelli e delle sorelle sul valore complessivo netto eccedente, per ciascun beneficiario, 100.000 euro: 6 per cento (2);

b) a favore degli altri parenti fino al quarto grado e degli affini in linea retta, nonché degli affini in linea collaterale fino al terzo grado: 6 per cento;

c) a favore di altri soggetti: 8 per cento.

49 *bis*. Se il beneficiario dei trasferimenti di cui ai commi 48 e 49 è una persona portatrice di handicap riconosciuto grave ai sensi della legge 5 febbraio 1992, n. 104, l'imposta si applica esclusivamente sulla parte del valore della quota o del legato che supera l'ammontare di 1.500.000 euro (3).

50. Per quanto non disposto dai commi da 47 a 49 e da 51 a 54 si applicano, in quanto compatibili, le disposizioni previste dal citato testo unico di cui al decreto legislativo 31 ottobre 1990, n. 346, nel testo vigente alla data del 24 ottobre 2001.

51. Con cadenza quadriennale, con decreto del Ministro dell'economia e delle finanze si procede all'aggiornamento degli importi esenti dall'imposta tenendo conto dell'indice del costo della vita.

52. Sono abrogate le seguenti disposizioni:

a) articolo 7, commi da 1 a 2 *quater*, del testo unico di cui al decreto legislativo 31 ottobre 1990, n. 346, e successive modificazioni;

b) articolo 12, commi 1 *bis* e 1 *ter*, del testo unico di cui al decreto legislativo 31 ottobre 1990, n. 346;

c) articolo 56, commi da 1 a 3, del testo unico di cui al decreto legislativo 31 ottobre 1990, n. 346, e successive modificazioni;

d) articolo 13 della legge 18 ottobre 2001, n. 383.

53. Le disposizioni dei commi da 47 a 52 hanno effetto per gli atti pubblici formati, per gli atti a titolo gratuito fatti, per le scritture private autenticate e per le scritture private non autenticate presentate per la registrazione dalla data di entrata in vigore della legge di conversione del presente decreto, nonché per le successioni apertesi dal 3 ottobre 2006. Le stesse decorrenze valgono per le imposte ipotecaria e catastale concernenti gli atti e le dichiarazioni relativi alle successioni di cui al periodo precedente.

54. Quota parte delle maggiori entrate derivanti dai commi da 47 a 52, per un importo pari a 10 milioni di euro per l'anno 2007, 41 milioni di euro per l'anno 2008 e 50 milioni di euro per l'anno 2009, è destinata ad un fondo per finanziare interventi volti ad elevare il livello di sicurezza nei trasporti

pubblici locali e il loro sviluppo, da istituire con la legge finanziaria per il 2007.

55. - 181. (*Omissis*).

(1) *Questa lettera è stata inserita dall'art. 1, comma 77, lett.* a), *della L. 27 dicembre 2006, n. 296.*

(2) *Questa lettera è stata inserita dall'art. 1, comma 77, lett.* b), *della L. 27 dicembre 2006, n. 296.*

(3) *Questo comma è stato inserito dall'art. 1, comma 77, lett.* c), *della L. 27 dicembre 2006, n. 296.*

5.

D.L. 6 dicembre 2011, n. 201. Disposizioni urgenti per la crescita, l'equità e il consolidamento dei conti pubblici (Suppl. ord. alla *Gazzetta Ufficiale* Serie gen. - n. 284 del 6 dicembre 2011), convertito, con modificazioni, nella L. 22 dicembre 2011, n. **214** (Suppl. ord. alla *Gazzetta Ufficiale* Serie gen. - n. 300 del 27 dicembre 2011) e comunicato di rettifica in *Gazzetta Ufficiale* Serie gen. - n. 10 del 13 gennaio 2012.

(*Estratto*)

Titolo III

Consolidamento dei conti pubblici

Capo II

Disposizioni in materia di maggiori entrate

16. Disposizioni per la tassazione di auto di lusso, imbarcazioni ed aerei. – 1. (*Omissis*)

[2. Dal 1° maggio di ogni anno le unità da diporto sono soggette al pagamento di una tassa annuale nelle misure di seguito indicate:

[*a*) euro 800 per le unità con scafo di lunghezza da 10,01 metri a 12 metri] (1);

[*b*) euro 1.160 per le unità con scafo di lunghezza da 12,01 metri a 14 metri] (1);

c) euro 870 per le unità con scafo di lunghezza da 14,01 a 17 metri (2);

d) euro 1.300 per le unità con scafo di lunghezza da 17,01 a 20 metri (2);

e) euro 4.400 per le unità con scafo di lunghezza da 20,01 a 24 metri;

f) euro 7.800 per le unità con scafo di lunghezza da 24,01 a 34 metri;

g) euro 12.500 per le unità con scafo di lunghezza da 34,01 a 44 metri;

h) euro 16.000 per le unità con scafo di lunghezza da 44,01 a 54 metri;

i) euro 21.500 per le unità con scafo di lunghezza da 54,01 a 64 metri;

l) euro 25.000 per le unità con scafo di lunghezza superiore a 64 metri] (3) (4).

3. La tassa è ridotta alla metà per le unità con scafo di lunghezza fino a 12 metri, utilizzate esclusivamente dai proprietari residenti, come propri ordinari mezzi di locomozione, nei comuni ubicati nelle isole minori e nella Laguna di Venezia, nonché per le unità di cui al comma 2 a vela con motore ausiliario il cui rapporto fra superficie velica e potenza del motore espresso in Kw non sia inferiore a 0.5 (5).

4. La tassa non si applica alle unità di proprietà o in uso allo Stato e ad altri enti pubblici, a quelle obbligatorie di salvataggio, ai battelli di servizio, purché questi rechino l'indicazione dell'unità da diporto al cui servizio sono posti, e alle unità in uso dei soggetti di cui all'articolo 3 della legge 5 febbraio 1992, n. 104, affetti da patologie che richiedono l'utilizzo permanente delle medesime (6) [, nonché alle unità di cui al comma 2 che si trovino in un'area di rimessaggio e per i giorni di effettiva permanenza in rimessaggio] (7).

5. Sono esenti dalla tassa di cui al comma 2 le unità da diporto possedute ed utilizzate da enti ed associazioni di volontariato esclusivamente ai fini di assistenza sanitaria e pronto soccorso.

5 *bis*. La tassa di cui al comma 2 non è dovuta per le unità nuove con targa di prova, nella disponibilità a qualsiasi titolo del cantiere costruttore, manutentore o del distributore, ovvero per quelle usate ritirate dai medesimi cantieri o distributori con mandato di vendita e in attesa del perfezionamento dell'atto, ovvero per le unità che siano rinvenienti da contratti di locazione finanziaria risolti per inadempienza dell'utilizzatore. Allo scopo di sviluppare la nautica da diporto, la tassa non si applica alle unità di cui ai commi 2 e 3 per il primo anno dalla prima immatricolazione (8).

6. Ai fini dell'applicazione delle disposizioni di cui ai commi 2 e 3 la lunghezza è misurata secondo le norme armonizzate EN/ISO/DIS 8666 per la misurazione dei natanti e delle imbarcazioni da diporto.

7. Sono tenuti al pagamento della tassa di cui al comma 2 i proprietari, gli usufruttuari, gli acquirenti con patto di riservato dominio o gli utilizzatori a titolo di locazione anche finanziaria per la durata della stessa, residenti nel territorio dello Stato, nonché le stabili organizzazioni in Italia dei soggetti non residenti, che posseggano, o ai quali sia attribuibile il possesso di unità da diporto. La tassa non si applica ai soggetti non residenti e non aventi stabili organizzazioni in Italia che posseggano unità da diporto, sempre che il loro possesso non sia attribuibile a soggetti residenti in Italia, nonché alle unità bene strumentale di aziende di locazione e noleggio (9). Con provvedimento del Direttore dell'Agenzia delle entrate sono stabilite le modalità ed i termini di pagamento della tassa, di comunicazione dei dati identificativi

dell'unità da diporto e delle informazioni necessarie all'attività di controllo. I pagamenti sono eseguiti anche con moneta elettronica senza oneri a carico del bilancio dello Stato. Il gettito della tassa di cui al comma 2 affluisce all'entrata del bilancio dello Stato.

8. [La ricevuta di pagamento, anche elettronica, della tassa di cui al comma 2 è esibita dal comandante dell'unità da diporto all'Agenzia delle dogane ovvero all'impianto di distribuzione di carburante, per l'annotazione nei registri di carico-scarico ed i controlli a posteriori, al fine di ottenere l'uso agevolato del carburante per lo stazionamento o la navigazione] ([10]).

9. Le Capitanerie di porto, le forze preposte alla tutela della sicurezza e alla vigilanza in mare, nonché le altre forze preposte alla pubblica sicurezza o gli altri organi di polizia giudiziaria e tributaria vigilano sul corretto assolvimento degli obblighi derivanti dalle disposizioni di cui ai commi da 2 a 7 ([11]) del presente articolo ed elevano, in caso di violazione, apposito processo verbale di constatazione che trasmettono alla direzione provinciale dell'Agenzia della entrate competente per territorio, in relazione al luogo della commissione della violazione, per l'accertamento della stessa. Per l'accertamento, la riscossione e il contenzioso si applicano le disposizioni in materia di imposte sui redditi; per l'irrogazione delle sanzioni si applicano le disposizioni di cui al decreto legislativo 18 dicembre 1997, n. 472, esclusa la definizione ivi prevista. Le violazioni possono essere definite entro sessanta giorni dalla elevazione del processo verbale di constatazione mediante il pagamento dell'imposta e della sanzione minima ridotta al cinquanta per cento. Le controversie concernenti l'imposta di cui al comma 2 sono devolute alla giurisdizione delle commissioni tributarie ai sensi del decreto legislativo 31 dicembre 1992, n. 546.

10. Per l'omesso, ritardato o parziale versamento dell'imposta di cui al comma 2 si applica una sanzione amministrativa tributaria dal 200 al 300 per cento dell'importo non versato, oltre all'importo della tassa dovuta.

10 *bis*. È istituita l'imposta erariale sui voli dei passeggeri di aerotaxi. L'imposta è applicata anche sui voli taxi effettuati tramite elicottero. L'imposta è a carico del passeggero ed è versata dal vettore. L'imposta, dovuta per ciascun passeggero e all'effettuazione di ciascuna tratta, è fissata in misura pari a:

a) euro 10 in caso di tragitto non superiore a 100 chilometri;

b) euro 100 in caso di tragitto superiore a 100 chilometri e non superiore a 1.500 chilometri;

c) euro 200 in caso di tragitto superiore a 1.500 chilometri ([12]).

11. È istituita l'imposta erariale sugli aeromobili privati, di cui all'articolo 744 del codice della navigazione, immatricolati nel registro aeronautico

nazionale, tenuto dall'Ente nazionale per l'aviazione civile (ENAC), nelle seguenti misure annuali:

a) aeroplani con peso massimo al decollo:

1) fino a 1.000 kg: euro 0,75 al kg;

2) fino a 2.000 kg: euro 1,25 al kg;

3) fino a 4.000 kg: euro 4,00 al kg;

4) fino a 6.000 kg: euro 5,00 al kg;

5) fino a 8.000 kg: euro 6,65 al kg;

6) fino a 10.000 kg: euro 7,10 al kg;

7) oltre 10.000 kg: euro 7,60 al kg ([13]);

b) elicotteri: l'imposta dovuta è pari a quella stabilita per gli aeroplani di corrispondente peso maggiorata del 50 per cento;

c) alianti, motoalianti e aerostati: euro 450 ([14]) ([15]).

12. L'imposta è dovuta da chi risulta dai pubblici registri essere proprietario, usufruttuario, acquirente con patto di riservato dominio, ovvero utilizzatore a titolo di locazione finanziaria dell'aeromobile, ed è corrisposta all'atto della richiesta di rilascio o di rinnovo del certificato di revisione della aeronavigabilità in relazione all'intero periodo di validità del certificato stesso. Nel caso in cui il certificato abbia validità inferiore ad un anno l'imposta è dovuta nella misura di un dodicesimo degli importi di cui al comma 11 per ciascun mese di validità.

13. Per gli aeromobili con certificato di revisione della aeronavigabilità in corso di validità alla data di entrata in vigore del presente decreto l'imposta è versata, entro novanta giorni da tale data, in misura pari a un dodicesimo degli importi stabiliti nel comma 11 per ciascun mese da quello in corso alla predetta data sino al mese in cui scade la validità del predetto certificato. Entro lo stesso termine deve essere pagata l'imposta relativa agli aeromobili per i quali il rilascio o il rinnovo del certificato di revisione della aeronavigabilità avviene nel periodo compreso fra la data di entrata in vigore del presente decreto ed il 31 gennaio 2012.

14. Sono esenti dall'imposta sugli aeromobili di cui ai commi da 11 a 13:

a) gli aeromobili di Stato e quelli ad essi equiparati;

b) gli aeromobili di proprietà o in esercenza dei licenziatari dei servizi di linea e non di linea, nonché del lavoro aereo, di cui alla parte seconda, libro primo, titolo VI, capi I, II e III, del codice della navigazione;

c) gli aeromobili di proprietà o in esercenza delle organizzazioni registrate (OR) o delle scuole di addestramento (FTO) e dei centri di addestramento per le abilitazioni (TRTO);

d) gli aeromobili di proprietà o in esercenza all'Aero club d'Italia, agli Aero club locali e all'Associazione nazionale paracadutisti d'Italia;

e) gli aeromobili immatricolati a nome dei costruttori e in attesa di vendita;

f) gli aeromobili esclusivamente destinati all'elisoccorso o all'aviosoccorso;

g) gli aeromobili storici, tali intendendosi quelli che sono stati immatricolati per la prima volta in registri nazionali o esteri, civili o militari, da oltre quaranta anni;

h) gli aeromobili di costruzione amatoriale;

i) gli apparecchi per il volo da diporto o sportivo di cui alla legge 25 marzo 1985, n. 106 ([16]).

14 *bis*. L'imposta di cui al comma 11 si applica anche agli aeromobili non immatricolati nel Registro aeronautico nazionale tenuto dall'ENAC, la cui permanenza nel territorio italiano si protragga per una durata anche non continuativa superiore a sei mesi nell'arco di dodici mesi. L'imposta è dovuta a partire dal mese in cui il limite di sei mesi è superato. Superato tale limite, se la sosta nel territorio italiano si protrae per un periodo inferiore all'anno, l'imposta è pari a un dodicesimo degli importi stabiliti nel comma 11 per ciascun mese fino a quello di partenza dal territorio dello Stato. L'imposta deve essere corrisposta prima che il velivolo rientri nel territorio estero. Sono esenti dall'imposta gli aeromobili di Stati esteri, ivi compresi quelli militari, oltre a quelli indicati nel comma 14 ([17]).

15. Con provvedimento del Direttore dell'Agenzia delle entrate da emanare entro sessanta giorni dall'entrata in vigore della predetta disposizione, sono previsti modalità e termini di attuazione delle disposizioni di cui ai commi 10 *bis* e 11 ([18]).

15 *bis*. In caso di omesso o insufficiente pagamento delle imposte di cui ai commi 10 *bis* e 11 si applicano le disposizioni del decreto legislativo 18 dicembre 1997, n. 471, e del decreto legislativo 18 dicembre 1997, n. 472 ([18]).

15 *ter*. L'addizionale di cui al comma 1 è ridotta dopo cinque, dieci e quindici anni dalla data di costruzione del veicolo, rispettivamente, al 60, al 30 e al 15 per cento e non è più dovuta decorsi venti anni dalla data di costruzione. La tassa di cui ai commi 2 e 3 è ridotta dopo cinque, dieci e quindici anni dalla data di costruzione dell'unità da diporto, rispettivamente, del 15, del 30 e del 45 per cento. I predetti periodi decorrono dal 1° gennaio dell'anno successivo a quello di costruzione. Con decreto del direttore generale dell'Amministrazione autonoma dei monopoli di Stato è rideterminata l'aliquota di accisa del tabacco da fumo in misura tale da conseguire un maggior gettito pari all'onere derivante dal presente comma.

([1]) *Questa lettera è stata abrogata dall'art. 23, comma 2, del D.L. 21 giugno 2013, n. 69, convertito, con modificazioni, nella L. 9 agosto 2013, n. 98.*

([2]) *Questa lettera è stata così sostituita dall'art. 23, comma 2, del D.L. 21 giugno 2013, n. 69, convertito, con modificazioni, nella L. 9 agosto 2013, n. 98.*

([3]) *Questo comma è stato così sostituito dall'art. 60* bis*, comma 1, lett.* a*), del D.L. 24 gennaio 2012, n. 1, convertito, con modificazioni, nella L. 24 marzo 2012, n. 27.*

([4]) *Questo comma è stato abrogato dall'art. 1, comma 366, della L. 28 dicembre 2015, n. 208.*

([5]) *Le parole: "il cui rapporto fra superficie velica e potenza del motore espresso in Kw non sia inferiore a 0.5" sono state aggiunte dall'art. 60* bis*, comma 1, lett.* b*), del D.L. 24 gennaio 2012, n. 1, convertito, con modificazioni, nella L. 24 marzo 2012, n. 27.*

([6]) *Le parole: «, e alle unità in uso dei soggetti di cui all'articolo 3 della legge 5 febbraio 1992, n. 104, affetti da patologie che richiedono l'utilizzo permanente delle medesime» sono state aggiunte dall'art. 3, comma 16* quinquies*, del D.L. 2 marzo 2012, n. 16, convertito, con modificazioni, nella L. 26 aprile 2012, n. 44.*

([7]) *Le parole: «, nonché alle unità di cui al comma 2 che si trovino in un'area di rimessaggio e per i giorni di effettiva permanenza in rimessaggio» sono state soppresse dall'art. 60* bis*, comma 1, lett.* c*), del D.L. 24 gennaio 2012, n. 1, convertito, con modificazioni, nella L. 24 marzo 2012, n. 27.*

([8]) *Le parole: «, ovvero per le unità che siano rinvenienti da contratti di locazione finanziaria risolti per inadempienza dell'utilizzatore. Allo scopo di sviluppare la nautica da diporto, la tassa non si applica alle unità di cui ai commi 2 e 3 per il primo anno dalla prima immatricolazione» sono state aggiunte dall'art. 60* bis*, comma 1, lett.* d*), del D.L. 24 gennaio 2012, n. 1, convertito, con modificazioni, nella L. 24 marzo 2012, n. 27.*

([9]) *La parola: «finanziaria» è sostituita dalle seguenti: «anche finanziaria per la durata della stessa, residenti nel territorio dello Stato, nonché le stabili organizzazioni in Italia dei soggetti non residenti, che posseggano, o ai quali sia attribuibile il possesso di unità da diporto. La tassa non si applica ai soggetti non residenti e non aventi stabili organizzazioni in Italia che posseggano unità da diporto, sempre che il loro possesso non sia attribuibile a soggetti residenti in Italia, nonché alle unità bene strumentale di aziende di locazione e noleggio» dall'art. 60* bis*, comma 1, lett.* e*), del D.L. 24 gennaio 2012, n. 1, convertito, con modificazioni, nella L. 24 marzo 2012, n. 27.*

([10]) *Questo comma è stato abrogato dall'art. 60* bis*, comma 1, lett.* f*), del D.L. 24 gennaio 2012, n. 1, convertito, con modificazioni, nella L. 24 marzo 2012, n. 27.*

([11]) *Le parole «da 2 a 8» sono state sostituite dalle attuali «da 2 a 7», dall'art. 60* bis*, comma 1, lett.* g*), del D.L. 24 gennaio 2012, n. 1, convertito, con modificazioni, nella L. 24 marzo 2012, n. 27.*

([12]) *Questo comma, inserito dall'art. 3* sexies*, comma 1, lett.* a*), del D.L. 2 marzo 2012, n. 16, convertito, con modificazioni, nella L. 26 aprile 2012, n. 44, è stato così sostituito dall'art. 67, comma 5* quater*, lett.* a*), del D.L. 22 giugno 2012, n. 83, convertito, con modificazioni, nella L. 7 agosto 2012, n. 134.*

([13]) *Questo numero è stato così sostituito dall'art. 67, comma 5* quater*, lett.* b*), del D.L. 22 giugno 2012, n. 83, convertito, con modificazioni, nella L. 7 agosto 2012, n. 134.*

([14]) *Questo comma è stato così sostituito dall'art. 3* sexies*, comma 1, lett.* b*), del D.L. 2 marzo 2012, n. 16, convertito, con modificazioni, nella L. 26 aprile 2012, n. 44, a decorrere dal 6 dicembre 2011.*

([15]) *A norma dell'art. 3* sexies*, comma 2, del D.L. 2 marzo 2012, n. 16, convertito, con modificazioni, nella L. 26 aprile 2012, n. 44, l'ammontare dell'imposta di cui a questo comma 11, versata in applicazione delle disposizioni previgenti in eccedenza rispetto alla misura stabilita dal medesimo D.L. n. 16/2012, è computato a credito del contribuente all'atto del successivo rinnovo del certificato di revisione dell'aeronavigabilità; non si procede all'applicazione di sanzioni e interessi per i versamenti dell'imposta di cui a questo comma, effettuati in applicazione delle disposizioni previgenti in misura inferiore rispetto a quella stabilita dal medesimo decreto legge, se l'eccedenza è versata entro novanta giorni dalla data di entrata in vigore della legge di conversione del D.L. n. 16/2012.*

([16]) *Questo comma è stato così sostituito dall'art. 3* sexies*, comma 1, lett.* c)*, del D.L. 2 marzo 2012, n. 16, convertito, con modificazioni, nella L. 26 aprile 2012, n. 44, a decorrere dal 6 dicembre 2011.*

([17]) *Questo comma è stato da ultimo così sostituito dall'art. 8 della L. 6 agosto 2013, n. 97.*

([18]) *Questo comma è stato così sostituito dall'art. 3* sexies*, comma 1, lett.* c)*, del D.L. 2 marzo 2012, n. 16, convertito, con modificazioni, nella L. 26 aprile 2012, n. 44.*

6.

D.L.vo 4 marzo 2014, n. 29. Attuazione della direttiva 2011/16/UE relativa alla cooperazione amministrativa nel settore fiscale e che abroga la direttiva 77/799/CEE (*Gazzetta Ufficiale* Serie gen. - n. 63 del 17 marzo 2014).

1. Oggetto ed ambito di applicazione. – 1. Il presente decreto stabilisce le norme e le procedure relative allo scambio, con le altre autorità competenti degli Stati Membri dell'Unione europea, delle informazioni prevedibilmente rilevanti per l'amministrazione interessata e per l'applicazione delle leggi nazionali degli Stati membri, relative alle imposte di cui al comma 3.

2. Il presente decreto fa salva l'applicazione delle norme di assistenza giudiziaria in materia penale e non pregiudica gli obblighi dello Stato membro ad una cooperazione amministrativa più ampia risultante da accordi bilaterali e multilaterali.

3. Le disposizioni del presente decreto si applicano alle imposte di qualsiasi tipo riscosse da o per conto dell'amministrazione finanziaria e delle ripartizioni territoriali, comprese le autorità locali.

4. Le disposizioni del presente decreto si applicano alle imposte di cui al comma 3 riscosse all'interno del territorio in cui si applicano i trattati in forza dell'articolo 52 del Trattato sull'Unione europea.

5. Le disposizioni del presente decreto non si applicano:

a) ai contributi previdenziali obbligatori dovuti ad uno Stato membro o ad una ripartizione dello stesso o ad organismi di previdenza sociale di diritto pubblico;

b) all'imposta sul valore aggiunto, ai dazi doganali o alle accise;

c) ai diritti, quali quelli per certificati e altri documenti rilasciati da autorità pubbliche;

d) alle tasse di natura contrattuale, quale corrispettivo per pubblici servizi.

2. Definizioni. – 1. Ai fini del presente decreto si intende per:

a) autorità competente: l'autorità designata dallo Stato membro oppure, ove agisca, per delega, l'ufficio centrale di collegamento;

b) ufficio centrale di collegamento: l'ufficio che è stato designato quale responsabile principale dei contatti con gli altri Stati membri nel settore della cooperazione amministrativa;

c) servizio di collegamento: qualsiasi ufficio diverso dall'ufficio centrale di collegamento che è stato designato per procedere a scambi diretti di informazioni a norma del presente decreto;

d) funzionario competente: qualsiasi funzionario che è stato autorizzato a scambiare direttamente informazioni a norma del presente decreto;

e) autorità richiedente: l'ufficio centrale di collegamento o un servizio di collegamento che formula una richiesta di assistenza a nome dell'autorità competente;

f) autorità interpellata: l'ufficio centrale di collegamento o un servizio di collegamento che riceve una richiesta di assistenza a nome dell'autorità competente;

g) indagine amministrativa: tutti i controlli, le verifiche e gli interventi eseguiti dagli Stati membri nell'esercizio delle loro funzioni allo scopo di assicurare la corretta applicazione della normativa fiscale;

h) persona:

1) una persona fisica;

2) una persona giuridica o dove la normativa vigente lo preveda, un'associazione di persone alla quale è riconosciuta la capacità di compiere atti giuridici, ma che è priva di personalità giuridica;

3) qualsiasi altro istituto giuridico di qualunque natura e forma, dotato o meno di personalità giuridica, che possiede o gestisce beni che, compreso il reddito da essi derivato, sono soggetti a una delle imposte di cui all'articolo 1, comma 3, del presente decreto.

h bis) ruling preventivo transfrontaliero:

1) gli accordi preventivi, diversi da quelli indicati nella lettera h *ter*), stipulati ai sensi dell'articolo 31 *ter*, comma 1, del decreto del Presidente della Repubblica 29 settembre 1973, n. 600;

2) gli accordi preventivi connessi all'utilizzo dei beni immateriali stipulati ai sensi dell'articolo 1, commi da 37 a 45, della legge 23 dicembre 2014, n. 190, aventi ad oggetto una operazione transfrontaliera;

3) i pareri resi su istanze di interpello presentate ai sensi dell'articolo 11, comma 1, lettere *a*) e *c*), della legge 27 luglio del 2000, n. 212, aventi ad oggetto l'interpretazione o l'applicazione di norme, anche di origine convenzionale, concernenti il trattamento fiscale di una operazione transfrontaliera;

4) i pareri resi su istanze di interpello presentate ai sensi dell'articolo 6, comma 2, del decreto legislativo 5 agosto 2015, n. 128, aventi ad oggetto l'interpretazione o l'applicazione di norme, anche di origine convenzionale, concernenti il trattamento fiscale di una operazione transfrontaliera;

5) i pareri resi su istanze di interpello, presentate ai sensi dell'articolo 2 del decreto legislativo 14 settembre 2015, n. 147, aventi ad oggetto l'interpretazione o l'applicazione di norme, anche di origine convenzionale, concernenti il trattamento fiscale di una operazione transfrontaliera;

6) ogni altro accordo o parere reso su istanze di interpello con effetti simili alle categorie elencate ai numeri da 1 a 5, presentate ai sensi di una

normativa emanata in data successiva all'entrata in vigore del presente decreto ([1]);

h ter) accordo preventivo sui prezzi di trasferimento: gli accordi per la preventiva definizione in contraddittorio dei metodi di calcolo del valore normale delle operazioni di cui all'articolo 110, comma 7, del testo unico delle imposte sui redditi approvato con decreto del Presidente della Repubblica 22 dicembre 1986, n. 917, e gli accordi per l'applicazione ad un caso concreto di norme, anche di origine convenzionale, concernenti l'attribuzione di utili e perdite alla stabile organizzazione in un altro Stato di un'impresa o un ente residente ovvero alla stabile organizzazione in Italia di un soggetto non residente, stipulati ai sensi dell'articolo 31 *ter*, comma 1, lettere *a*) e *b*), del decreto del Presidente della Repubblica 29 settembre 1973, n. 600 ([1]);

h quater) operazione transfrontaliera: un'operazione o una serie di operazioni in cui, alternativamente:

1) non tutte le parti coinvolte nell'operazione o nella serie di operazioni risiedono, a fini fiscali, in Italia;

2) una o più delle parti coinvolte nell'operazione o nella serie di operazioni è simultaneamente residente a fini fiscali in Italia e in una o più giurisdizioni;

3) una delle parti coinvolte nell'operazione o nella serie di operazioni svolge la propria attività in un'altra giurisdizione tramite una stabile organizzazione e l'operazione o la serie di operazioni fa parte dell'attività o costituisce il complesso delle attività della stabile organizzazione. Un'operazione transfrontaliera o una serie di operazioni transfrontaliere comprendono anche le transazioni poste in essere da una persona giuridica rispetto alle attività che tale persona esercita in un altro Stato membro tramite una stabile organizzazione;

4) che ha un impatto transfrontaliero ([1]);

h quinquies) registro centrale sicuro: registro centrale istituito dalla Commissione europea relativo alla cooperazione amministrativa nel settore fiscale in cui le informazioni comunicate ai sensi dell'articolo 8 *bis*, paragrafi 1 e 2, della direttiva 2011/16/UE sono registrate ai fini dello scambio automatico ([1]);

i) con mezzi elettronici: mediante attrezzature elettroniche di trattamento (compresa la compressione digitale) e di memorizzazione di dati e utilizzando fili, radio, mezzi ottici o altri mezzi elettromagnetici;

l) rete CCN: la piattaforma comune basata sulla rete comune di comunicazione (CCN) e sull'interfaccia comune di sistema (CSI), sviluppata dall'Unione europea per assicurare tutte le trasmissioni con mezzi elettronici tra l'autorità richiedente di uno Stato membro e l'autorità interpellata di un altro Stato membro nel settore della fiscalità.

(1) *Questa lettera è stata inserita dall'art. 1, comma 1, del D.L.vo 15 marzo 2017, n. 32, a decorrere dal 1° gennaio 2017.*

3. Organizzazione. – 1. L'autorità competente per il territorio nazionale è il Direttore Generale delle Finanze.

2. Il Direttore Generale delle Finanze, con apposito provvedimento, designa l'ufficio centrale di collegamento e i servizi di collegamento ai fini dell'attività di cooperazione amministrativa a norma del presente decreto.

3. I servizi di collegamento, ciascuno secondo le competenze stabilite con il provvedimento di cui al comma 2, forniscono all'autorità richiedente dell'altro Stato membro tutti gli elementi utili per lo scambio di informazioni e la cooperazione amministrativa. A tal fine utilizzano i dati e le notizie acquisiti ai sensi del decreto del Presidente della Repubblica 29 settembre 1973, n. 605, e hanno accesso ai dati e alle informazioni sulla titolarità effettiva di persone giuridiche e trust, contenuti in apposita sezione del Registro delle imprese, di cui all'articolo 21 del decreto legislativo 21 novembre 2007, n. 231, con le modalità di cui al comma 2, lettera *d*), e al comma 4, lettera *c*), del medesimo articolo. Si avvalgono, ai fini dell'espletamento delle indagini amministrative concernenti le persone interessate dai controlli, dei poteri previsti dal Titolo IV del decreto del Presidente della Repubblica 29 settembre 1973, n. 600 (1).

3 *bis*. Ai fini dell'espletamento delle indagini amministrative di cui al comma 3, nell'ambito dell'esercizio dei poteri previsti dal Titolo IV del decreto del Presidente della Repubblica 29 settembre 1973, n. 600, agli uffici dell'Agenzia delle entrate e del Corpo della Guardia di finanza è consentito l'accesso ai documenti, ai dati e alle informazioni acquisiti in assolvimento dell'obbligo di adeguata verifica della clientela ai sensi dell'articolo 18 del decreto legislativo 21 novembre 2007, n. 231, con le modalità di cui all'articolo 19 del predetto decreto legislativo, e conservati ai sensi dell'articolo 31 con le modalità di cui all'articolo 32 del medesimo decreto legislativo (2).

3 *ter*. Nel caso in cui i documenti, i dati e le informazioni di cui al comma 3 *bis* siano nella disponibilità dei soggetti di cui all'articolo 3 del decreto legislativo 21 novembre 2007, n. 231, diversi da quelli previsti dall'articolo 4 della legge 18 giugno 2015, n. 95, l'Agenzia delle entrate si avvale della Guardia di finanza; a tal fine l'Agenzia delle entrate e la Guardia di finanza stipulano apposita convenzione per la definizione dei termini e delle modalità di esecuzione, nonché dei livelli dei servizi (2) (3).

3 *quater*. L'accesso ai documenti, ai dati e alle informazioni di cui al comma 3 *bis* è altresì consentito nello svolgimento dei controlli finalizzati alla verifica del corretto adempimento delle procedure di adeguata verifica ai fini fiscali, previste in attuazione della legge 18 giugno 2015, n. 95 ([2]).

4. Il servizio di collegamento presso il Dipartimento delle Finanze è competente allo scambio di informazioni in materia di tributi locali nel rispetto delle norme che disciplinano i singoli tributi.

5. Spetta all'ufficio centrale di collegamento tenere aggiornato l'elenco dei servizi di collegamento e renderlo accessibile agli uffici centrali di collegamento degli altri Stati membri interessati e alla Commissione europea.

6. Quando un servizio di collegamento riceve una richiesta di cooperazione che rende necessaria un'azione che esula dalla competenza attribuitagli in conformità alla normativa o alla prassi, trasmette la richiesta all'ufficio centrale di collegamento e ne informa l'autorità richiedente. In tale caso i termini di cui all'articolo 11, comma 1, lettera *b*), del presente decreto, iniziano a decorrere il giorno successivo a quello in cui la richiesta di cooperazione è trasmessa all'ufficio centrale di collegamento.

7. L'ufficio centrale di collegamento e i servizi di collegamento indicati al comma 2 sono ricompresi nell'ambito degli uffici già esistenti presso il Dipartimento delle finanze, le Agenzie fiscali e la Guardia di Finanza.

([1]) *Questo periodo è stato così sostituito dall'art. 1, comma 1, del D.L.vo 18 maggio 2018, n. 60.*

([2]) *Questo comma è stato inserito dall'art. 1, comma 2, del D.L.vo 18 maggio 2018, n. 60.*

([3]) *A norma dell'art. 1, comma 3, del D.L.vo 18 maggio 2018, n. 60, la convenzione di cui a questo comma è stipulata tra l'Agenzia delle entrate e la Guardia di finanza, entro trenta giorni dalla data di pubblicazione del presente decreto.*

4. Scambio di informazioni su richiesta. – 1. I servizi di collegamento, ciascuno secondo le competenze previste dall'articolo 3, comma 2, forniscono all'autorità richiedente dell'altro Stato membro tutte le informazioni utili di cui sono in possesso o che ottengono a seguito di un'indagine amministrativa.

2. Le richieste di informazioni da rivolgere agli altri Stati membri sono presentate dai servizi di collegamento secondo le competenze previste dall'articolo 3, comma 2.

3. L'autorità interpellata provvede alla raccolta delle informazioni richieste o allo svolgimento dell'indagine amministrativa richiesta procedendo come se agisse per proprio conto o su richiesta di un'altra autorità interna.

5. Scambio automatico obbligatorio di informazioni. – 1. I servizi di collegamento, individuati ai sensi dell'articolo 3, comma 2, del presente decreto, comunicano agli altri Stati membri, mediante scambio automatico, le informazioni disponibili sui periodi d'imposta dal 1° gennaio 2014 riguardanti i residenti di altri Stati membri e le altre informazioni di cui all'articolo 8 della direttiva 2011/16/UE.

1 *bis*. I servizi di collegamento di cui al comma 1 scambiano direttamente con gli altri Stati membri le informazioni relative ai ruling preventivi transfrontalieri e agli accordi preventivi sui prezzi di trasferimento di cui all'articolo 2, comma 1, lettere h *bis*) e h *ter*) nel rispetto dei termini e delle modalità indicati all'articolo 8 *bis* della direttiva 2011/16/UE ([1]).

1 *ter*. In conformità all'articolo 4, il servizio di collegamento può inviare e richiedere informazioni supplementari, compreso il testo integrale del ruling preventivo transfrontaliero o dell'accordo preventivo sui prezzi di trasferimento ([1]).

1 *quater*. Il comma 1 *bis* non si applica qualora un ruling preventivo transfrontaliero riguardi esclusivamente la situazione fiscale di una o più persone fisiche ([1]).

1 *quinquies*. Gli accordi preventivi bilaterali o multilaterali sui prezzi di trasferimento conclusi con paesi terzi sono esclusi dall'ambito di applicazione dello scambio automatico di informazioni nel caso in cui l'accordo fiscale internazionale, in virtù del quale è stato negoziato l'accordo preventivo sui prezzi di trasferimento, non ne consente la divulgazione a terzi. Tali accordi preventivi bilaterali o multilaterali sui prezzi di trasferimento sono oggetto di scambio di informazioni ai sensi dell'articolo 9 della direttiva 2011/16/UE, qualora l'accordo fiscale internazionale, in virtù del quale è stato negoziato l'accordo preventivo sui prezzi di trasferimento, ne consente la divulgazione e l'autorità competente del Paese terzo autorizza la divulgazione delle informazioni. Nel caso in cui gli accordi bilaterali o multilaterali sui prezzi di trasferimento sono esclusi dallo scambio automatico di informazioni a norma del primo periodo, sono scambiate, ai sensi dell'articolo 8 *bis*, paragrafi 1 e 2, della direttiva 2011/16/UE, le informazioni di cui al paragrafo 6 del medesimo articolo alle quali si fa riferimento nella richiesta che ha portato all'emanazione di detto accordo bilaterale o multilaterale sui prezzi di trasferimento ([1]).

1 *sexies*. Le informazioni che devono essere comunicate ai sensi del comma 1 *bis* sono trasmesse al registro centrale di cui alla lettera h *quinquies*) del comma 1 dell'articolo 2 ([1]).

([1]) *Questo comma è stato aggiunto dall'art. 1, comma 2, del D.L.vo 15 marzo 2017, n. 32, a decorrere dal 1° gennaio 2017.*

6. Scambio spontaneo di informazioni. – 1. I servizi di collegamento individuati ai sensi dell'articolo 3, comma 2, del presente decreto, comunicano le informazioni di cui all'articolo 1, comma 1, agli altri Stati membri, nei casi di cui all'articolo 9 della direttiva 2011/16/UE.

7. Richieste di notifica amministrativa. – 1. Qualora si verifichino i presupposti di cui all'articolo 13, comma 4, della direttiva 2011/16/UE, su domanda dell'autorità richiedente dell'altro Stato membro, i servizi di collegamento, secondo le competenze previste dall'articolo 3, comma 2, del presente decreto, e in base alle norme di legge in vigore, notificano, anche avvalendosi delle proprie strutture territoriali, al destinatario tutti gli atti e le decisioni delle autorità amministrative prodotti dallo Stato membro in cui ha sede l'Autorità richiedente, concernenti l'applicazione nel suo territorio delle leggi nazionali degli Stati membri, relative alle imposte di cui al comma 3 dell'articolo 1 del presente decreto.

2. I servizi di collegamento informano tempestivamente l'autorità richiedente circa il seguito dato alla domanda di notifica e comunicano la data di notifica del documento al destinatario.

3. Il servizio di collegamento di cui all'articolo 3, comma 4, del presente decreto, per le notifiche pervenute dall'autorità richiedente dell'altro Stato membro si avvale degli agenti della riscossione del Gruppo Equitalia S.p.a., che eseguono l'attività di notifica secondo le disposizioni dell'articolo 26 del decreto del Presidente della Repubblica 29 settembre 1973, n. 602.

4. Per le spese di notifica di cui al comma 3 si applicano le previsioni di cui all'articolo 17, comma 7 *ter*, del decreto legislativo 13 aprile 1999, n. 112. L'attività degli agenti della riscossione è remunerata con un compenso, a carico dell'erario, pari a 12,81 euro per ciascuna notifica effettuata. Tale importo può essere aggiornato con decreto del Ministro dell'economia e delle finanze. Gli importi relativi a ciascun anno sono corrisposti entro il mese di gennaio dell'anno successivo a quello di espletamento delle notifiche. Con provvedimento del Direttore generale delle finanze sono stabilite le modalità procedurali per l'affidamento all'agente della riscossione territorialmente competente dell'attività di notifica, nonché per la rendicontazione di tale attività da parte dello stesso agente.

8. Riscontro. – 1. Quando l'autorità competente fornisce le informazioni a norma degli articoli 4 e 6 del presente decreto, può chiedere all'autorità competente dello Stato membro che ha ricevuto le informazioni di inviare un riscontro in merito. Laddove è richiesto un riscontro, l'autorità competente che ha ricevuto le informazioni lo invia, fatte salve le norme sulla riservatezza in materia fiscale e la protezione dei dati applicabili nel suo Stato membro, all'autorità competente che ha trasmesso le informazioni prima possibile e, comunque, entro tre mesi dal momento in cui sono noti i risultati dell'uso delle informazioni richieste.

2. L'autorità competente invia una volta all'anno agli altri Stati membri interessati un riscontro dello scambio automatico di informazioni di cui all'articolo 5 del presente decreto, in conformità alle modalità pratiche convenute bilateralmente.

9. Disposizioni varie. – 1. Le richieste di assistenza di cui al presente decreto e qualsiasi altra comunicazione, sono inviate per via elettronica, per quanto possibile, utilizzando i formulari ed i formati elettronici tipo adottati dalla Commissione europea.

2. Le disposizioni di cui al comma 1 non si applicano per le informazioni e la documentazione ottenute tramite la presenza negli Uffici dell'Amministrazione finanziaria nazionale di funzionari autorizzati dell'altro Stato membro.

3. I funzionari, autorizzati dallo Stato membro richiedente, presenti negli uffici in cui esercita le rispettive funzioni l'autorità interpellata e durante le indagini amministrative devono essere in grado di produrre, in qualsiasi momento, un mandato scritto in cui siano indicate la loro identità e la loro qualifica ufficiale.

4. Il Dipartimento delle finanze comunica annualmente alla Commissione europea tutte le informazioni pertinenti necessarie per valutare l'efficacia della cooperazione amministrativa, nella lotta all'evasione e all'elusione fiscale.

10. Utilizzo delle informazioni. – 1. Le informazioni e i documenti scambiati ai sensi del presente decreto possono essere trasmessi ad un altro Stato membro o ad un Paese terzo nell'osservanza dei limiti ed alle condizioni di cui ai Capi IV, condizioni che disciplinano la cooperazione amministrativa, e VI, relazioni con i Paesi terzi, della direttiva 2011/16/UE.

11. Modifiche normative. – 1. Al decreto del Presidente della Repubblica 29 settembre 1973, n. 600, sono apportate le seguenti modificazioni: (*Omissis*).

2. I servizi di collegamento non hanno l'obbligo di effettuare indagini o di comunicare informazioni, qualora condurre tali indagini o raccogliere le informazioni richieste per fini propri non sia consentito dall'ordinamento.

12. Disposizioni finanziarie. – 1. Dall'attuazione delle disposizioni del presente decreto non devono derivare nuovi o maggiori oneri a carico della finanza pubblica e le amministrazioni interessate provvedono all'attuazione dello stesso con le risorse umane, strumentali e finanziarie disponibili a legislazione vigente.

7.

L. 15 dicembre 2014, n. 186. Disposizioni in materia di emersione e rientro di capitali detenuti all'estero nonché per il potenziamento della lotta all'evasione fiscale. Disposizioni in materia di autoriciclaggio (*Gazzetta Ufficiale* Serie gen. - n. 292 del 17 dicembre 2014).

(*Estratto*)

1. Misure per l'emersione e il rientro di capitali detenuti all'estero nonché per il potenziamento della lotta all'evasione fiscale. – 1. (*Omissis*)

2. Possono avvalersi della procedura di collaborazione volontaria prevista dalle disposizioni di cui al comma 1 per sanare le violazioni degli obblighi di dichiarazione ai fini delle imposte sui redditi e relative addizionali, delle imposte sostitutive delle imposte sui redditi, dell'imposta regionale sulle attività produttive e dell'imposta sul valore aggiunto, nonché le violazioni relative alla dichiarazione dei sostituti d'imposta, commesse fino al 30 settembre 2014, anche contribuenti diversi da quelli indicati nell'articolo 4, comma 1, del decreto legge 28 giugno 1990, n. 167, convertito, con modificazioni, dalla legge 4 agosto 1990, n. 227, e successive modificazioni, e i contribuenti destinatari degli obblighi dichiarativi ivi previsti che vi abbiano adempiuto correttamente.

3. Ai fini di cui al comma 2, i contribuenti devono:

a) presentare, con le modalità previste dal provvedimento del direttore dell'Agenzia delle entrate di cui all'articolo 5 *sexies* del decreto legge 28 giugno 1990, n. 167, convertito, con modificazioni, dalla legge 4 agosto 1990, n. 227, introdotto dal comma 1 del presente articolo, apposita richiesta di accesso alla procedura di collaborazione volontaria, fornendo spontaneamente all'Amministrazione finanziaria i documenti e le informazioni per la determinazione dei maggiori imponibili agli effetti delle imposte sui redditi e relative addizionali, delle imposte sostitutive delle imposte sui redditi, dell'imposta regionale sulle attività produttive, dei contributi previdenziali, dell'imposta sul valore aggiunto e delle ritenute, relativamente a tutti i periodi d'imposta per i quali, alla data di presentazione della richiesta, non sono scaduti i termini per l'accertamento di cui all'articolo 43 del decreto del Presidente della Repubblica 29 settembre 1973, n. 600, e successive modificazioni, e all'articolo 57 del decreto del Presidente della Repubblica 26 ottobre 1972, n. 633, e successive modificazioni;

b) effettuare il versamento delle somme dovute in base all'invito di cui all'articolo 5, comma 1, del decreto legislativo 19 giugno 1997, n. 218, e successive modificazioni, ovvero le somme dovute in base all'accertamento con adesione di cui al medesimo decreto, secondo le modalità ed entro i termini indicati nell'articolo 5 *quater*, comma 1, lettera *b*), del decreto legge 28 giugno 1990, n. 167, convertito, con modificazioni, dalla legge 4 agosto 1990, n. 227, introdotto dal comma 1 del presente articolo.

4. Alla procedura di collaborazione volontaria di cui al comma 2 si applicano, oltre a quanto stabilito al comma 3, le seguenti disposizioni introdotte dal comma 1 del presente articolo:

a) l'articolo 5 *quater*, commi 2, 3 e 5, del decreto legge 28 giugno 1990, n. 167, convertito, con modificazioni, dalla legge 4 agosto 1990, n. 227;

b) l'articolo 5 *quinquies*, commi 1, 2, 3, 4, terzo periodo, e 10, del decreto legge 28 giugno 1990, n. 167, convertito, con modificazioni, dalla legge 4 agosto 1990, n. 227, in materia di effetti della procedura di collaborazione volontaria;

c) l'articolo 5 *sexies* del decreto legge 28 giugno 1990, n. 167, convertito, con modificazioni, dalla legge 4 agosto 1990, n. 227;

d) l'articolo 5 *septies* del decreto legge 28 giugno 1990, n. 167, convertito, con modificazioni, dalla legge 4 agosto 1990, n. 227, applicabile al contribuente che, nell'ambito della procedura di collaborazione volontaria, esibisce o trasmette atti o documenti falsi, in tutto o in parte, ovvero fornisce dati e notizie non rispondenti al vero.

5. L'esclusione della punibilità e la diminuzione della pena previste dall'articolo 5 *quinquies*, comma 1, del decreto legge 28 giugno 1990, n. 167, convertito, con modificazioni, dalla legge 4 agosto 1990, n. 227, introdotto dal comma 1 del presente articolo, operano nei confronti di tutti coloro che hanno commesso o concorso a commettere i delitti ivi indicati.

6. (*Omissis*)

7. Le entrate derivanti dall'attuazione delle disposizioni di cui agli articoli da 5 *quater* a 5 *septies* del decreto legge 28 giugno 1990, n. 167, convertito, con modificazioni, dalla legge 4 agosto 1990, n. 227, introdotti dal comma 1, nonché quelle derivanti dall'attuazione dei commi 2, 3 e 4 del presente articolo, affluiscono ad apposito capitolo dell'entrata del bilancio dello Stato, per essere destinate, anche mediante riassegnazione:

a) al pagamento dei debiti commerciali scaduti in conto capitale, anche prevedendo l'esclusione dai vincoli del patto di stabilità interno;

b) all'esclusione dai medesimi vincoli delle risorse assegnate a titolo di cofinanziamento nazionale dei programmi dell'Unione europea e di quelle derivanti dal riparto del Fondo per lo sviluppo e la coesione;

c) agli investimenti pubblici;

d) al Fondo per la riduzione della pressione fiscale, di cui all'articolo 1, comma 431, della legge 27 dicembre 2013, n. 147, e successive modificazioni (1).

8. Con decreti del Presidente del Consiglio dei ministri sono stabiliti i criteri e le modalità per la ripartizione delle entrate di cui al comma 7 tra le finalità ivi indicate, nonché per l'attribuzione delle somme affluite all'entrata del bilancio dello Stato, di cui al medesimo comma 7, per ciascuna finalizzazione.

9. Per le esigenze operative connesse allo svolgimento delle attività necessarie all'applicazione della disciplina di cui al comma 1 sull'emersione e sul rientro dei capitali detenuti all'estero, e comunque al fine di potenziare l'azione di prevenzione e contrasto dell'evasione e dell'elusione fiscale, assicurando l'incremento delle entrate tributarie e il miglioramento della qualità dei servizi:

a) l'Agenzia delle entrate, in aggiunta alle assunzioni già autorizzate o consentite dalla normativa vigente, può procedere, per gli anni 2014, 2015 e 2016, all'assunzione a tempo indeterminato di funzionari di terza area funzionale, fascia retributiva F1, e di assistenti di seconda area funzionale, fascia retributiva F3, assicurando la priorità agli idonei che sono inseriti in graduatorie finali ancora vigenti a seguito di concorsi per assunzioni a tempo indeterminato, nel limite di un contingente corrispondente a una spesa non superiore a 4,5 milioni di euro per l'anno 2014, a 24 milioni di euro per l'anno 2015, a 41,5 milioni di euro per l'anno 2016 e a 55 milioni di euro a decorrere dall'anno 2017;

b) la disposizione di cui all'articolo 1, comma 346, lettera *e*), della legge 24 dicembre 2007, n. 244, continua ad applicarsi, nei limiti delle risorse disponibili a legislazione vigente, e può essere utilizzata anche per il passaggio del personale tra le sezioni del ruolo del personale non dirigenziale dell'Agenzia delle dogane e dei monopoli. L'Agenzia delle dogane e dei monopoli definisce i criteri per il passaggio del personale da una sezione all'altra, in ragione del progressivo completamento dei processi di riorganizzazione connessi all'incorporazione di cui all'articolo 23 *quater* del decreto legge 6 luglio 2012, n. 95, convertito, con modificazioni, dalla legge 7 agosto 2012, n. 135, e successive modificazioni. Ai dipendenti che transitano presso la sezione «dogane» si applica esclusivamente il trattamento giuridico ed economico previsto dal contratto collettivo nazionale di lavoro per il personale già appartenente all'Agenzia delle dogane. Ai dipendenti che transitano dalla sezione «*ASSI*» *alla* sezione «monopoli» si applica esclusivamente il trattamento giuridico ed economico previsto per il personale già appartenente all'Amministrazione autonoma dei monopoli di Stato.

(¹) *La Corte costituzionale, con sentenza n. 66 del 5 aprile 2016, ha dichiarato l'illegittimità costituzionale di questo comma nella parte in cui si applica alla Regione autonoma Valle d'Aosta/Vallée d'Aoste.*

8.

L. 23 dicembre 2014, n. 190. Disposizioni per la formazione del bilancio annuale e pluriennale dello Stato (legge di stabilità 2015) (Suppl. ord. alla *Gazzetta Ufficiale* Serie gen. - n. 300 del 29 dicembre 2014).

1. 1. - 709. (*Omissis*).

710. Le associazioni sportive e relative sezioni non aventi scopo di lucro, affiliate alle federazioni sportive nazionali o agli enti nazionali di promozione sportiva riconosciuti ai sensi delle leggi vigenti, che svolgono attività sportive dilettantistiche, che siano decadute, entro il 31 ottobre 2014, dal beneficio della rateazione delle somme dovute in base alle comunicazioni emesse a seguito dell'attività di liquidazione e di controllo formale di cui agli articoli 36 *bis* e 36 *ter* del decreto del Presidente della Repubblica 29 settembre 1973, n. 600, e successive modificazioni, e 54 *bis* del decreto del Presidente della Repubblica 26 ottobre 1972, n. 633, e successive modificazioni, agli avvisi di accertamento ai fini dell'imposta sul reddito delle società, dell'imposta regionale sulle attività produttive e dell'imposta sul valore aggiunto, agli accertamenti con adesione, mediazioni e conciliazioni giudiziali, ai fini dei medesimi tributi, possono chiedere, entro sei mesi dalla data di entrata in vigore della presente legge, un nuovo piano di rateazione delle somme dovute alle condizioni previste dalle specifiche leggi vigenti.

711. - 735. (*Omissis*).

9.

D.L.vo 5 agosto 2015, n. 127. Trasmissione telematica delle operazioni IVA e di controllo delle cessioni di beni effettuate attraverso distributori automatici, in attuazione dell'articolo 9, comma 1, lettere *d*) e *g*), della legge 11 marzo 2014, n. 23 (*Gazzetta Ufficiale* Serie gen. - n. 190 del 18 agosto 2015) ([1]).

([1]) *A norma dell'art. 1, comma 916, della L. 27 dicembre 2017, n. 205, le disposizioni di cui ai commi da 909 a 928 della predetta legge si applicano alle fatture emesse a partire dal 1° gennaio 2019.*

A norma dell'art. 1, comma 917, della L. 27 dicembre 2017, n. 205, fermo restando quanto previsto al predetto comma 916, della L. n. 205/2017, tali disposizioni si applicano alle fatture emesse a partire dal 1° luglio 2018 relative a:

a*) cessioni di benzina o di gasolio destinati ad essere utilizzati come carburanti per motori;*

b*) prestazioni rese da soggetti subappaltatori e subcontraenti della filiera delle imprese nel quadro di un contratto di appalto di lavori, servizi o forniture stipulato con un'amministrazione pubblica. Ai fini della presente lettera, per filiera delle imprese si intende l'insieme dei soggetti, destinatari della normativa di cui all'articolo 3 della legge 13 agosto 2010, n. 136, che intervengono a qualunque titolo nel ciclo di realizzazione del contratto, anche con noli e forniture di beni e prestazioni di servizi, ivi compresi quelli di natura intellettuale, qualunque sia l'importo dei relativi contratti o dei subcontratti. Le fatture elettroniche emesse ai sensi della presente lettera riportano gli stessi codici CUP e CIG di cui all'articolo 25, comma 2, del decreto legge 24 aprile 2014, n. 66, convertito, con modificazioni, dalla legge 23 giugno 2014, n. 89, riportati nelle fatture emesse dall'impresa capofila nei confronti dell'amministrazione pubblica.*

1. Fatturazione elettronica e trasmissione telematica delle fatture o dei relativi dati. – 1. A decorrere dal 1° luglio 2016, l'Agenzia delle entrate mette a disposizione dei contribuenti, gratuitamente, un servizio per la generazione, la trasmissione e la conservazione delle fatture elettroniche. [Per specifiche categorie di soggetti passivi dell'imposta sul valore aggiunto, individuate con decreto del Ministro dell'economia e delle finanze, sentite le associazioni di categoria nell'ambito di forum nazionali sulla fatturazione elettronica istituiti in base alla decisione della Commissione europea COM (2010) 8467, *viene messo a disposizione*, anche con riferimento alle fatture elettroniche emesse nei confronti di soggetti diversi da quelli di cui all'articolo 1, comma 209, della legge 24 dicembre 2007, n. 244, il servizio gratuito di generazione, trasmissione e conservazione previsto dall'articolo 4, comma 2, del decreto del Ministro dell'economia e delle finanze, di concerto con il Ministro per la pubblica amministrazione e la semplificazione, 3 aprile 2013, n. 55] ([1]).

2. A decorrere dal 1° gennaio 2017, il Ministero dell'economia e delle finanze mette a disposizione dei soggetti passivi dell'imposta sul valore aggiunto il Sistema di Interscambio di cui all'articolo 1, commi 211 e 212, della legge 24 dicembre 2007, n. 244, gestito dall'Agenzia delle entrate anche per l'acquisizione dei dati fiscalmente rilevanti (2), ai fini della trasmissione e della ricezione delle fatture elettroniche, e di eventuali variazioni delle stesse, relative a operazioni che intercorrono tra soggetti residenti o stabiliti (3) nel territorio dello Stato, secondo il formato della fattura elettronica di cui all'allegato A del decreto del Ministro dell'economia e delle finanze, di concerto con il Ministro per la pubblica amministrazione e la semplificazione, 3 aprile 2013, n. 55. A decorrere dalla data di cui al periodo precedente, l'Agenzia delle entrate mette a disposizione del contribuente, mediante l'utilizzo di reti telematiche e anche in formato strutturato, le informazioni acquisite.

3. Al fine di razionalizzare il procedimento di fatturazione e registrazione, per le cessioni di beni e le prestazioni di servizi effettuate tra soggetti residenti o stabiliti (4) nel territorio dello Stato, e per le relative variazioni, sono emesse esclusivamente fatture elettroniche utilizzando il Sistema di Interscambio e secondo il formato di cui al comma 2. Gli operatori economici possono avvalersi, attraverso accordi tra le parti, di intermediari per la trasmissione delle fatture elettroniche al Sistema di Interscambio, ferme restando le responsabilità del soggetto che effettua la cessione del bene o la prestazione del servizio. Con il medesimo decreto ministeriale di cui al comma 2 potranno essere individuati ulteriori formati della fattura elettronica basati su standard o norme riconosciuti nell'ambito dell'Unione europea. Le fatture elettroniche emesse nei confronti dei consumatori finali sono rese disponibili, su richiesta, (5) a questi ultimi dai servizi telematici dell'Agenzia delle entrate; una copia della fattura elettronica ovvero in formato analogico sarà messa a disposizione direttamente da chi emette la fattura. È comunque facoltà dei consumatori rinunciare alla copia elettronica o in formato analogico della fattura. Sono esonerati dalle predette disposizionii soggetti passivi che rientrano nel cosiddetto "regime di vantaggio" di cui all'articolo 27, commi 1 e 2, del decreto legge 6 luglio 2011, n. 98, convertito, con modificazioni, dalla legge 15 luglio 2011, n. 111, e quelli che applicano il regime forfettario di cui all'articolo 1, commi da 54 a 89, della legge 23 dicembre 2014, n. 190. Sono altresì esonerati dalle predette disposizioni i soggetti passivi che hanno esercitato l'opzione di cui agli articoli 1 e 2 della legge 16 dicembre 1991, n. 398, e che nel periodo d'imposta precedente hanno conseguito dall'esercizio di attività commerciali proventi per un importo non superiore a euro 65.000; tali soggetti, se nel periodo d'imposta precedente hanno con-

seguito dall'esercizio di attività commerciali proventi per un importo superiore a euro 65.000, assicurano che la fattura sia emessa per loro conto dal cessionario o committente soggetto passivo d'imposta ([6]) ([7]) ([8]).

3 *bis*. I soggetti passivi di cui al comma 3 trasmettono telematicamente all'Agenzia delle entrate i dati relativi alle operazioni di cessione di beni e di prestazione di servizi effettuate e ricevute verso e da soggetti non stabiliti nel territorio dello Stato, salvo quelle per le quali è stata emessa una bolletta doganale e quelle per le quali siano state emesse o ricevute fatture elettroniche secondo le modalità indicate nel comma 3. La trasmissione telematica è effettuata trimestralmente entro la fine del mese successivo al trimestre di riferimento ([9]) ([10]) ([11]) ([12]). Con riferimento alle operazioni effettuate a partire dal 1° luglio 2022 ([13]), i dati di cui al primo periodo sono trasmessi telematicamente utilizzando il Sistema di interscambio secondo il formato di cui al comma 2 ([14]). Con riferimento alle medesime operazioni:

a) la trasmissione telematica dei dati relativi alle operazioni svolte nei confronti di soggetti non stabiliti nel territorio dello Stato è effettuata entro i termini di emissione delle fatture o dei documenti che ne certificano i corrispettivi;

b) la trasmissione telematica dei dati relativi alle operazioni ricevute da soggetti non stabiliti nel territorio dello Stato è effettuata entro il quindicesimo giorno del mese successivo a quello di ricevimento del documento comprovante l'operazione o di effettuazione dell'operazione ([14]).

3 *ter*. I soggetti obbligati alla comunicazione dei dati delle fatture emesse e ricevute ai sensi del comma 3 del presente articolo sono esonerati dall'obbligo di annotazione in apposito registro, di cui agli articoli 23 e 25 del decreto del Presidente della Repubblica 26 ottobre 1972, n. 633 ([15]).

[4. Con provvedimento del Direttore dell'Agenzia delle entrate, sentite le associazioni di categoria nell'ambito di forum nazionali sulla fatturazione elettronica istituiti in base alla decisione della Commissione europea COM (2010) 8467, sono definite le regole e soluzioni tecniche e i termini per la trasmissione telematica, in formato strutturato, di cui al comma 3, secondo principi di semplificazione, di economicità e di minimo aggravio per i contribuenti, nonché le modalità di messa a disposizione delle informazioni di cui al comma 2] ([16]).

5. Con decreto del Ministro dell'economia e delle finanze, da emanarsi entro sei mesi dalla data di entrata in vigore del presente decreto, sono stabilite nuove modalità semplificate di controlli a distanza degli elementi acquisiti dall'Agenzia delle entrate ai sensi dei commi 3 e 3 *bis* ([17]), basate sul riscontro tra i dati comunicati dai soggetti passivi dell'imposta sul valore aggiunto e le transazioni effettuate, tali da ridurre gli adempimenti di tali

soggetti, non ostacolare il normale svolgimento dell'attività economica degli stessi ed escludere la duplicazione di attività conoscitiva.

5 *bis*. I file delle fatture elettroniche acquisiti ai sensi del comma 3 sono memorizzati fino al 31 dicembre dell'ottavo anno successivo a quello di presentazione della dichiarazione di riferimento ovvero fino alla definizione di eventuali giudizi, al fine di essere utilizzati:

a) dalla Guardia di finanza nell'assolvimento delle funzioni di polizia economica e finanziaria di cui all'articolo 2, comma 2, del decreto legislativo 19 marzo 2001, n. 68;

b) dall'Agenzia delle entrate e dalla Guardia di Finanza per le attività di analisi del rischio e di controllo a fini fiscali ([18]).

5 *ter*. Ai fini di cui al comma 5 *bis*, la Guardia di Finanza e l'Agenzia delle entrate, sentito il Garante per la protezione dei dati personali, adottano idonee misure di garanzia a tutela dei diritti e delle libertà degli interessati, attraverso la previsione di apposite misure di sicurezza, anche di carattere organizzativo, in conformità con le disposizioni del regolamento (UE) 2016/679 del Parlamento Europeo e del Consiglio del 27 aprile 2016 e del decreto legislativo 30 giugno 2003, n. 196 ([18]).

5 *quater*. Per la fatturazione elettronica e per la memorizzazione, conservazione e consultazione delle fatture elettroniche relative alle cessioni di beni e alle prestazioni di servizi destinate agli organismi di cui agli articoli 4, 6 e 7 della legge 3 agosto 2007, n. 124, resta fermo quanto previsto ai sensi dell'articolo 29 della medesima legge ([18]).

6. In caso di emissione di fattura, tra soggetti residenti o stabiliti nel territorio dello Stato, con modalità diverse da quelle previste dal comma 3, la fattura si intende non emessa e si applicano le sanzioni previste dall'articolo 6 del decreto legislativo 18 dicembre 1997, n. 471. Il cessionario e il committente, per non incorrere nella sanzione di cui all'articolo 6, comma 8, del decreto legislativo 18 dicembre 1997, n. 471, devono adempiere agli obblighi documentali ivi previsti mediante il Sistema di Interscambio. Per il primo semestre del periodo d'imposta 2019 le sanzioni di cui ai periodi precedenti:

a) non si applicano se la fattura è emessa con le modalità di cui al comma 3 entro il termine di effettuazione della liquidazione periodica dell'imposta sul valore aggiunto ai sensi dell'articolo 1, comma 1, del decreto del Presidente della Repubblica 23 marzo 1998, n. 100;

b) si applicano con riduzione dell'80 per cento a condizione che la fattura elettronica sia emessa entro il termine di effettuazione della liquidazione dell'imposta sul valore aggiunto del periodo successivo ([19]).

Per i contribuenti che effettuano la liquidazione periodica dell'imposta sul valore aggiunto con cadenza mensile le disposizioni di cui al periodo precedente si applicano fino al 30 settembre 2019 ([19]). In caso di omissione della trasmissione di cui al comma 3 *bis* ovvero di trasmissione di dati incompleti o inesatti, si applica la sanzione di cui all'articolo 11, comma 2 *quater*, del decreto legislativo 18 dicembre 1997, n. 471 ([20]).

6 *bis*. Gli obblighi di conservazione previsti dall'articolo 3 del decreto del Ministro dell'economia e delle finanze 17 giugno 2014, pubblicato nella *Gazzetta Ufficiale* n. 146 del 26 giugno 2014, si intendono soddisfatti per tutte le fatture elettroniche nonché per tutti i documenti informatici trasmessi attraverso il Sistema di Interscambio di cui all'articolo 1, comma 211, della legge 24 dicembre 2007, n. 244, e memorizzati dall'Agenzia delle entrate. I tempi e le modalità di applicazione della presente disposizione, anche in relazione agli obblighi contenuti nell'articolo 5 del citato decreto ministeriale 17 giugno 2014, sono stabiliti con apposito provvedimento del direttore dell'Agenzia delle entrate. Per il servizio di conservazione gratuito delle fatture elettroniche di cui al presente articolo, reso disponibile agli operatori IVA dall'Agenzia delle entrate, il partner tecnologico Sogei S.p.a. non può avvalersi di soggetti terzi ([21]). Con provvedimento del direttore dell'Agenzia delle dogane e dei monopoli sono altresì stabilite le modalità di conservazione degli scontrini delle giocate dei giochi pubblici autorizzati, secondo criteri di semplificazione e attenuazione degli oneri di gestione per gli operatori interessati e per l'amministrazione, anche con il ricorso ad adeguati strumenti tecnologici, ferme restando le esigenze di controllo dell'amministrazione finanziaria ([22]).

6 *ter*. Con provvedimento del direttore dell'Agenzia delle entrate sono emanate le ulteriori disposizioni necessarie per l'attuazione del presente articolo ([22]).

6 *quater*. Al fine di preservare i servizi di pubblica utilità, con provvedimento del direttore dell'Agenzia delle entrate sono definite le regole tecniche per l'emissione delle fatture elettroniche tramite il Sistema di interscambio da parte dei soggetti passivi dell'IVA che offrono i servizi disciplinati dai regolamenti di cui ai decreti del Ministro delle finanze 24 ottobre 2000, n. 366, e 24 ottobre 2000, n. 370, nei confronti dei soggetti persone fisiche che non operano nell'ambito di attività d'impresa, arte e professione. Le predette regole tecniche valgono esclusivamente per le fatture elettroniche emesse nei confronti dei consumatori finali con i quali sono stati stipulati contratti prima del 1° gennaio 2005 e dei quali non è stato possibile identificare il codice fiscale anche a seguito dell'utilizzo dei servizi di verifica offerti dall'Agenzia delle entrate ([23]).

([1]) *Questo periodo è stato soppresso dall'art. 1, comma 909, lett.* a)*, n. 1), della L. 27 dicembre 2017, n. 205, a decorrere dal 1° gennaio 2018. A norma dell'art. 1, comma*

916, della L. 27 dicembre 2017, n. 205, tali disposizioni si applicano alle fatture emesse a partire dal 1° gennaio 2019. Si veda inoltre l'art. 1, comma 917, della medesima legge.

([2]) *Le parole: «anche per l'acquisizione dei dati fiscalmente rilevanti» sono state inserite dall'art. 1, comma 909, lett.* a), *n. 2), della L. 27 dicembre 2017, n. 205, a decorrere dal 1° gennaio 2018. A norma dell'art. 1, comma 916, della L. 27 dicembre 2017, n. 205, tali disposizioni si applicano alle fatture emesse a partire dal 1° gennaio 2019. Si veda inoltre l'art. 1, comma 917, della medesima legge.*

([3]) *Le parole: «o stabiliti» sono state inserite dall'art. 1, comma 909, lett.* a), *n. 2), della L. 27 dicembre 2017, n. 205, a decorrere dal 1° gennaio 2018. A norma dell'art. 1, comma 916, della L. 27 dicembre 2017, n. 205, tali disposizioni si applicano alle fatture emesse a partire dal 1° gennaio 2019. Si veda inoltre l'art. 1, comma 917, della medesima legge.*

([4]) *Le parole: «, stabiliti o identificati» sono state così sostituite dalle attuali: «o stabiliti» dall'art. 15, comma 1, del D.L. 23 ottobre 2018, n. 119, convertito, con modificazioni, nella L. 17 dicembre 2018, n. 136.*

([5]) *Le parole: «, su richiesta,» sono state inserite dall'art. 1, comma 354, della L. 30 dicembre 2018, n. 145, a decorrere dal 1° gennaio 2019.*

([6]) *Questo periodo è stato aggiunto dall'art. 10, comma 01, del D.L. 23 ottobre 2018, n. 119, convertito, con modificazioni, nella L. 17 dicembre 2018, n. 136. A norma dell'art. 10, comma 02, del medesimo decreto, gli obblighi di fatturazione e registrazione relativi a contratti di sponsorizzazione e pubblicità in capo a soggetti di cui agli articoli 1 e 2 della L. 16 dicembre 1991, n. 398, nei confronti di soggetti passivi stabiliti nel territorio dello Stato, sono adempiuti dai cessionari.*

([7]) *Questo comma è stato così sostituito dall'art. 1, comma 909, lett.* a), *n. 3), della L. 27 dicembre 2017, n. 205, a decorrere dal 1° gennaio 2018. A norma dell'art. 1, comma 916, della L. 27 dicembre 2017, n. 205, tali disposizioni si applicano alle fatture emesse a partire dal 1° gennaio 2019. Si veda inoltre l'art. 1, comma 917, della medesima legge.*

([8]) *A norma dell'art. 10* bis *del D.L. 23 ottobre 2018, n. 119, convertito, con modificazioni, nella L. 17 dicembre 2018, n. 136, per il periodo d'imposta 2019, i soggetti tenuti all'invio dei dati al Sistema tessera sanitaria, ai fini dell'elaborazione della dichiarazione dei redditi precompilata, ai sensi dell'articolo 3, commi 3 e 4, del decreto legislativo 21 novembre 2014, n. 175, e dei relativi decreti del Ministro dell'economia e delle finanze, sono esonerati dall'obbligo di fatturazione elettronica di cui a questo comma, con riferimento alle fatture i cui dati sono inviati al Sistema tessera sanitaria.*

([9]) *Questo periodo è stato così sostituito dall'art. 16, comma 1* bis, *del D.L. 26 ottobre 2019, n. 124, convertito, con modificazioni, nella L. 19 dicembre 2019, n. 157.*

([10]) *Questo comma è stato inserito dall'art. 1, comma 909, lett.* a), *n. 4), della L. 27 dicembre 2017, n. 205, a decorrere dal 1° gennaio 2018. A norma dell'art. 1, comma 916, della L. 27 dicembre 2017, n. 205, tali disposizioni si applicano alle fatture emesse a partire dal 1° gennaio 2019. Si veda inoltre l'art. 1, comma 917, della medesima legge.*

([11]) *A norma dell'art. 1, comma 2, del D.P.C.M. 27 febbraio 2019* (G.U. *Serie gen. - n. 54 del 5 marzo 2019), i dati di cui a questo comma, relativi alle operazioni dei mesi di gennaio e febbraio 2019 sono trasmessi all'Agenzia delle entrate entro il 30 aprile 2019.*

([12]) *A norma dell'art. 3, comma 2, del D.P.C.M. 27 febbraio 2019* (G.U. *Serie gen. - n. 54 del 5 marzo 2019), i soggetti passivi che facilitano tramite l'uso di un'interfaccia elettronica le vendite a distanza di telefoni cellulari, console da gioco, tablet PC e laptop, trasmettono all'Agenzia delle entrate i dati di cui a questo comma, relativi alle operazioni dei mesi di marzo e aprile 2019 entro il 31 maggio 2019.*

(13) *Le parole: «1° gennaio 2022» sono state così sostituite dalle attuali: «1° luglio 2022» dall'art. 5, comma 14* ter*, del D.L. 21 ottobre 2021, n. 146, convertito, con modificazioni, nella L. 17 dicembre 2021, n. 215.*

(14) *Questo periodo è stato aggiunto dall'art. 1, comma 1103, della L. 30 dicembre 2020, n. 178, a decorrere dal 1° gennaio 2021.*

(15) *Questo comma è stato inserito dall'art. 11, comma 2* bis*, del D.L. 12 luglio 2018, n. 87, convertito, con modificazioni, nella L. 9 agosto 2018, n. 96.*

(16) *Questo comma è stato abrogato dall'art. 1, comma 909, lett.* a*), n. 5), della L. 27 dicembre 2017, n. 205, a decorrere dal 1° gennaio 2018. A norma dell'art. 1, comma 916, della L. 27 dicembre 2017, n. 205, tali disposizioni si applicano alle fatture emesse a partire dal 1º gennaio 2019. Si veda inoltre l'art. 1, comma 917, della medesima legge.*

(17) *Le parole: «del comma 3» sono state così sostituite dalle seguenti: «dei commi 3 e 3 bis» dall'art. 1, comma 909, lett.* a*), n. 6), della L. 27 dicembre 2017, n. 205, a decorrere dal 1° gennaio 2018. A norma dell'art. 1, comma 916, della L. 27 dicembre 2017, n. 205, tali disposizioni si applicano alle fatture emesse a partire dal 1º gennaio 2019. Si veda inoltre l'art. 1, comma 917, della medesima legge.*

(18) *Questo comma è stato aggiunto dall'art. 14 del D.L. 26 ottobre 2019, n. 124, convertito, con modificazioni, nella L. 19 dicembre 2019, n. 157.*

(19) *Questo periodo è stato inserito dall'art. 10, comma 1, del D.L. 23 ottobre 2018, n. 119, convertito, con modificazioni, nella L. 17 dicembre 2018, n. 136.*

(20) *Questo comma è stato così sostituito dall'art. 1, comma 909, lett.* a*), n. 7), della L. 27 dicembre 2017, n. 205, a decorrere dal 1° gennaio 2018. A norma dell'art. 1, comma 916, della L. 27 dicembre 2017, n. 205, tali disposizioni si applicano alle fatture emesse a partire dal 1º gennaio 2019. Si veda inoltre l'art. 1, comma 917, della medesima legge.*

(21) *Questo periodo è stato inserito dall'art. 10, comma 1* bis*, del D.L. 23 ottobre 2018, n. 119, convertito, con modificazioni, nella L. 17 dicembre 2018, n. 136.*

(22) *Questo comma è stato aggiunto dall'art. 1, comma 909, lett.* a*), n. 8), della L. 27 dicembre 2017, n. 205, a decorrere dal 1° gennaio 2018. A norma dell'art. 1, comma 916, della L. 27 dicembre 2017, n. 205, tali disposizioni si applicano alle fatture emesse a partire dal 1º gennaio 2019. Si veda inoltre l'art. 1, comma 917, della medesima legge. Si veda inoltre l'art. 1, comma 917, della medesima legge.*

(23) *Questo comma è stato aggiunto dall'art. 10* ter *del D.L. 23 ottobre 2018, n. 119, convertito, con modificazioni, nella L. 17 dicembre 2018, n. 136.*

2. Trasmissione telematica dei dati dei corrispettivi. – 1. A decorrere dal 1° gennaio 2020 i soggetti che effettuano le operazioni di cui all'articolo 22 del decreto del Presidente della Repubblica 26 ottobre 1972, n. 633, memorizzano elettronicamente e trasmettono telematicamente all'Agenzia delle entrate i dati relativi ai corrispettivi giornalieri. La memorizzazione elettronica e la connessa trasmissione dei dati dei corrispettivi sostituiscono gli obblighi di registrazione di cui all'articolo 24, primo comma, del suddetto decreto n. 633 del 1972. Le disposizioni di cui ai periodi precedenti si applicano a decorrere dal 1° luglio 2019 ai soggetti con un volume d'affari superiore ad euro 400.000. Per il periodo d'imposta 2019 restano valide le opzioni per la memorizzazione elettronica e la trasmissione telematica dei dati dei corrispettivi esercitate entro il 31 dicembre 2018. Con decreto del Ministro dell'economia e delle finanze, possono essere previsti specifici esoneri dagli adempimenti di cui al presente comma in ragione della tipologia di attività esercitata ([1]) ([2]).

1 *bis*. A decorrere dal 1° luglio 2018, la memorizzazione elettronica e la trasmissione telematica dei dati dei corrispettivi di cui al comma 1 sono obbligatorie con riferimento alle cessioni di benzina o di gasolio destinati ad essere utilizzati come carburanti per motori. Con provvedimento del direttore dell'Agenzia delle entrate, d'intesa con il direttore dell'Agenzia delle dogane e dei monopoli, sentito il Ministero dello sviluppo economico, sono definiti, anche al fine di semplificare gli adempimenti amministrativi dei contribuenti, le informazioni da trasmettere, le regole tecniche, i termini per la trasmissione telematica e le modalità con cui garantire la sicurezza e l'inalterabilità dei dati. Con il medesimo provvedimento possono essere definiti modalità e termini graduali per l'adempimento dell'obbligo di memorizzazione elettronica e trasmissione telematica dei dati dei corrispettivi, anche in considerazione del grado di automazione degli impianti di distribuzione di carburanti ([3]).

2. A decorrere dal 1° aprile 2017, la memorizzazione elettronica e la trasmissione telematica dei dati dei corrispettivi di cui al comma 1 sono obbligatorie per i soggetti passivi che effettuano cessioni di beni o prestazioni di servizi tramite distributori automatici. Al fine dell'assolvimento dell'obbligo di cui al precedente periodo, nel provvedimento del direttore dell'Agenzia delle entrate di cui al comma 4, sono indicate soluzioni che consentano di non incidere sull'attuale funzionamento degli apparecchi distributori e garantiscano, nel rispetto dei normali tempi di obsolescenza e rinnovo degli stessi, la sicurezza e l'inalterabilità dei dati dei corrispettivi acquisiti dagli operatori. Con provvedimento del direttore dell'Agenzia delle entrate possono essere stabiliti termini differiti, rispetto al 1° aprile 2017, di entrata in vigore dell'obbligo di memorizzazione elettronica e trasmissione telematica dei dati dei corrispettivi, in relazione alle specifiche variabili tecniche di peculiari distributori automatici ([4]).

3. La memorizzazione elettronica e la trasmissione telematica di cui al comma 1 sono effettuate mediante strumenti tecnologici che garantiscano l'inalterabilità e la sicurezza dei dati, compresi quelli che consentono i pagamenti con carta di debito e di credito.

4. Con provvedimento del Direttore dell'Agenzia delle entrate, sentite le associazioni di categoria nell'ambito di forum nazionali sulla fatturazione

elettronica istituiti in base alla decisione della Commissione europea COM (2010) 8467, sono definite le informazioni da trasmettere, le regole tecniche, i termini per la trasmissione telematica e le caratteristiche tecniche degli strumenti di cui al comma 3. Con lo stesso provvedimento sono approvati i relativi modelli e ogni altra disposizione necessaria per l'attuazione delle disposizioni di cui ai commi 1 e 2.

5. La memorizzazione elettronica e la trasmissione telematica di cui ai commi 1 e 2 sostituiscono la modalità di assolvimento dell'obbligo di certificazione fiscale dei corrispettivi di cui all'articolo 12, comma 1, della legge 30 dicembre 1991, n. 413, e al decreto del Presidente della Repubblica 21 dicembre 1996, n. 696. Resta comunque fermo l'obbligo di emissione della fattura su richiesta del cliente. Con decreto del Ministro dell'economia e delle finanze, di concerto con il Ministro dello sviluppo economico possono essere individuate tipologie di documentazione idonee a rappresentare, anche ai fini commerciali, le operazioni. La memorizzazione elettronica di cui ai commi 1 e 2 e, a richiesta del cliente, la consegna dei documenti di cui ai periodi precedenti, è effettuata non oltre il momento dell'ultimazione dell'operazione ([5]).

5 *bis*. A decorrere dal 1° luglio ([6]) 2022 ([7]), i soggetti che effettuano le operazioni di cui all'articolo 22 del decreto del Presidente della Repubblica 26 ottobre 1972, n. 633, che adottano sistemi evoluti di incasso, attraverso carte di debito e di credito e altre forme di pagamento elettronico, dei corrispettivi delle cessioni di beni e delle prestazioni di servizi di cui agli articoli 2 e 3 del citato decreto del Presidente della Repubblica n. 633 del 1972, che consentono la memorizzazione, l'inalterabilità e la sicurezza dei dati, possono assolvere mediante tali sistemi all'obbligo di memorizzazione elettronica e di trasmissione telematica all'Agenzia delle entrate dei dati relativi ai corrispettivi giornalieri, di cui ai commi 1 e 2 del presente articolo. Con provvedimento del direttore dell'Agenzia delle entrate sono definiti le informazioni da trasmettere, le regole tecniche, i termini per la trasmissione telematica e le caratteristiche tecniche dei sistemi evoluti di incasso di cui al presente comma, idonei per l'assolvimento degli obblighi di memorizzazione e trasmissione dei dati ([8]).

[6. Ai soggetti che effettuano ([9]) la memorizzazione elettronica e la trasmissione telematica ai sensi del comma 1 e ai soggetti di cui al comma 2 si applicano, in caso di mancata memorizzazione o di omissione della trasmissione, ovvero nel caso di memorizzazione o trasmissione con dati incompleti o non veritieri, le sanzioni previste dagli articoli 6, comma 3, e 12, comma 2, del decreto legislativo 18 dicembre 1997, n. 471] ([10]).

6 *bis*. Al fine di contrastare l'evasione fiscale mediante l'incentivazione e la semplificazione delle operazioni telematiche, all'articolo 39, secondo comma, lettera *a*), alinea, del decreto del Presidente della Repubblica 26 ottobre 1972, n. 642, dopo le parole: "nell'anno" sono inserite le seguenti: "ovvero riscossi, dal 1° gennaio 2017, con modalità telematiche, di cui all'articolo 3, comma 1, lettera *a*)". Agli oneri derivanti dall'attuazione delle disposizioni di cui al presente comma, pari a 4 milioni di euro annui a decorrere dall'anno 2017, si fa fronte mediante corrispondente riduzione della dotazione finanziaria del Fondo di cui all'articolo 10, comma 5, del decreto legge 29 novembre 2004, n. 282, convertito, con modificazioni, dalla legge 27 dicembre 2004, n. 307. Il Ministro dell'economia e delle finanze è autorizzato ad apportare, con propri decreti, le occorrenti variazioni di bilancio ([11]).

6 *ter*. I dati relativi ai corrispettivi giornalieri di cui al comma 1 sono trasmessi telematicamente all'Agenzia delle entrate entro dodici giorni dall'effettuazione dell'operazione, determinata ai sensi dell'articolo 6 del decreto del Presidente della Repubblica 26 ottobre 1972, n. 633. Restano fermi gli obblighi di memorizzazione giornaliera dei dati relativi ai corrispettivi nonché i termini di effettuazione delle liquidazioni periodiche dell'imposta sul valore aggiunto ai sensi dell'articolo 1, comma 1, del regolamento di cui al decreto del Presidente della Repubblica 23 marzo 1998, n. 100. Nel primo semestre di vigenza dell'obbligo di cui al comma 1, decorrente dal 1° luglio 2019 per i soggetti con volume di affari superiore a euro 400.000 e fino al 1° gennaio 2021 per gli altri soggetti, le sanzioni previste dagli articoli 6, comma 2 *bis*, 11, commi 2 quinquies, 5 e 5 *bis*, e 12, commi 2 e 3, del decreto legislativo 18 dicembre 1997, n. 471, ([12]) non si applicano in caso di trasmissione telematica dei dati relativi ai corrispettivi giornalieri entro il mese successivo a quello di effettuazione dell'operazione, fermi restando i termini di liquidazione dell'imposta sul valore aggiunto ([13]) ([14]).

6 *quater*. I soggetti tenuti all'invio dei dati al Sistema tessera sanitaria, ai fini dell'elaborazione della dichiarazione dei redditi precompilata, ai sensi dell'articolo 3, commi 3 e 4, del decreto legislativo 21 novembre 2014, n. 175, e dei relativi decreti del Ministro dell'economia e delle finanze, possono adempiere all'obbligo di cui al comma 1 mediante la memorizzazione elettronica e la trasmissione telematica dei dati, relativi a tutti i corrispettivi giornalieri, al Sistema tessera sanitaria. A decorrere dal 1 gennaio 2023 ([15]), i soggetti di cui al primo periodo adempiono all'obbligo di cui al comma 1 esclusivamente mediante la memorizzazione elettronica e la trasmissione telematica dei dati relativi a tutti i corrispettivi giornalieri al Sistema tessera sanitaria, attraverso gli strumenti di cui al comma 3 ([16]). I dati fiscali trasmessi al Sistema tessera sanitaria possono essere utilizzati solo dalle pubbliche amministrazioni per

l'applicazione delle disposizioni in materia tributaria e doganale, ovvero in forma aggregata per il monitoraggio della spesa sanitaria pubblica e privata complessiva. Con decreto del Ministro dell'economia e delle finanze, di concerto con i Ministri della salute e per la pubblica amministrazione, sentito il Garante per la protezione dei dati personali, sono definiti, nel rispetto dei princìpi in materia di protezione dei dati personali, anche con riferimento agli obblighi di cui agli articoli 9 e 32 del regolamento (UE) 2016/679 del Parlamento europeo e del Consiglio, del 27 aprile 2016, i termini e gli ambiti di utilizzo dei predetti dati e i relativi limiti, anche temporali, nonché, ai sensi dell'articolo 2 *sexies* del codice di cui al decreto legislativo 30 giugno 2003, n. 196, i tipi di dati che possono essere trattati, le operazioni eseguibili, le misure appropriate e specifiche per tutelare i diritti e le libertà dell'interessato ([13]).

6 *quinquies*. Negli anni 2019 e 2020 per l'acquisto o l'adattamento degli strumenti mediante i quali effettuare la memorizzazione e la trasmissione di cui al comma 1, al soggetto è concesso un contributo complessivamente pari al 50 per cento della spesa sostenuta, per un massimo di euro 250 in caso di acquisto e di euro 50 in caso di adattamento, per ogni strumento. Al medesimo soggetto il contributo è concesso sotto forma di credito d'imposta di pari importo, da utilizzare in compensazione ai sensi dell'articolo 17 del decreto legislativo 9 luglio 1997, n. 241 ([17]). Al credito d'imposta di cui al presente comma non si applicano i limiti di cui all'articolo 1, comma 53, della legge 24 dicembre 2007, n. 244, e di cui all'articolo 34 della legge 23 dicembre 2000, n. 388, e il suo utilizzo è consentito a decorrere dalla prima liquidazione periodica dell'imposta sul valore aggiunto successiva al mese in cui è stata registrata la fattura relativa all'acquisto o all'adattamento degli strumenti mediante i quali effettuare la memorizzazione e la trasmissione di cui al comma 1 ed è stato pagato, con modalità tracciabile, il relativo corrispettivo ([18]). Con provvedimento del direttore dell'Agenzia delle entrate, da emanare entro trenta giorni dal 1° gennaio 2019 ([19]), sono definiti le modalità attuative, comprese le modalità per usufruire del credito d'imposta, il regime dei controlli nonché ogni altra disposizione necessaria per il monitoraggio dell'agevolazione e per il rispetto del limite di spesa previsto. Il limite di spesa previsto è pari a euro 36,3 milioni per l'anno 2019 e pari ad euro 195,5 milioni per l'anno 2020 ([13]).

([1]) *Questo comma è stato così sostituito dall'art. 17, comma 1, lett.* a)*, del D.L. 23 ottobre 2018, n. 119, convertito, con modificazioni, nella L. 17 dicembre 2018, n. 136.*

([2]) *A norma dell'art. 32, comma 4, del D.L. 26 ottobre 2019, n. 124, convertito, con modificazioni, nella L. 19 dicembre 2019, n. 157, per le prestazioni didattiche, finalizzate al conseguimento della patente, le autoscuole, tenute alla memorizzazione elettronica e trasmissione telematica dei dati dei corrispettivi giornalieri ai sensi di questo comma, possono, fino al 30 giugno 2020, documentare i corrispettivi mediante il rilascio del-*

la ricevuta fiscale di cui all'articolo 8 della legge 10 maggio 1976, n. 249, ovvero dello scontrino fiscale di cui alla legge 26 gennaio 1983, n. 18, con l'osservanza delle relative discipline, a decorrere dal 1° gennaio 2020.

(3) *Questo comma è stato inserito dall'art. 1, comma 909, lett.* b*), della L. 27 dicembre 2017, n. 205, a decorrere dal 1° gennaio 2018. A norma dell'art. 1, comma 916, della L. 27 dicembre 2017, n. 205, tali disposizioni si applicano alle fatture emesse a partire dal 1° gennaio 2019. Si veda inoltre l'art. 1, comma 917, della medesima legge.*

(4) *Questo comma è stato così sostituito dall'art. 4, comma 6, lett.* a), *del D.L. 22 ottobre 2016, n. 193, convertito, con modificazioni, nella L. 1° dicembre 2016, n. 225.*

(5) *Questo periodo è stato aggiunto dall'art. 1, comma 1109, lett.* a*), della L. 30 dicembre 2020, n. 178, a decorrere dal 1° gennaio 2021.*

(6) *La parola: «gennaio» è stat così sostituita dalla seguente: «luglio» dall'art. 1, comma 1109, lett.* b*), della L. 30 dicembre 2020, n. 178, a decorrere dal 1° gennaio 2021.*

(7) *Le parole: «1° luglio 2021» sono state così sostituite dalle attuali: «1 luglio 2022» dall'art. 5, comma 12* bis, *del D.L. 21 ottobre 2021, n. 146, convertito, con modificazioni, nella L. 17 dicembre 2021, n. 215.*

(8) *Questo comma è stato aggiunto dall'art. 21, comma 1* bis, *del D.L. 26 ottobre 2019, n. 124, convertito, con modificazioni, nella L. 19 dicembre 2019, n. 157.*

(9) *Le parole: «optano per» sono state così sostituite dalla attuale: «effettuano» dall'art. 17, comma 1, lett.* b), *del D.L. 23 ottobre 2018, n. 119, convertito, con modificazioni, nella L. 17 dicembre 2018, n. 136.*

(10) *Questo comma è stato abrogato dall'art. 1, comma 1109, lett.* c*), della L. 30 dicembre 2020, n. 178, a decorrere dal 1° gennaio 2021.*

(11) *Questo comma è stato aggiunto dall'art. 4, comma 6, lett.* a bis), *del D.L. 22 ottobre 2016, n. 193, convertito, con modificazioni, nella L. 1° dicembre 2016, n. 225.*

(12) *Le parole: «dal comma 6» sono state così sostituite dalle seguenti: «dagli articoli 6, comma 2* bis, *11, commi 2* quinquies, *5 e 5* bis, *e 12, commi 2 e 3, del decreto legislativo 18 dicembre 1997, n. 471,» dall'art. 1, comma 1109, lett.* d*), della L. 30 dicembre 2020, n. 178, a decorrere dal 1° gennaio 2021.*

(13) *Questo comma, aggiunto dall'art. 17, comma 1, lett.* c), *del D.L. 23 ottobre 2018, n. 119, convertito, con modificazioni, nella L. 17 dicembre 2018, n. 136, così come modificato dall'art. 1, comma 54, della L. 30 dicembre 2018, n. 145, è stato poi così sostituito dall'art. 12* quinquies, *comma 1, del D.L. 30 aprile 2019, n. 34, convertito, con modificazioni, nella L. 28 giugno 2019, n. 58, a decorrere dal 30 giugno 2019.*

(14) *Questo periodo è stato così sostituito dall'art. 140, comma 1, del D.L. 19 maggio 2020, n. 34, convertito, con modificazioni, nella L. 17 luglio 2020, n. 77.*

(15) *Le parole: «1° gennaio 2022» sono state, da ultimo, così sostituite dalle attuali: «1 gennaio 2023» dall'art. 5, comma 12* ter, *del D.L. 21 ottobre 2021, n. 146, convertito, con modificazioni, nella L. 17 dicembre 2021, n. 215.*

(16) *Questo periodo è stato aggiunto dall'art. 15, comma 2, del D.L. 26 ottobre 2019, n. 124, convertito, con modificazioni, nella L. 19 dicembre 2019, n. 157.*

(17) *Questo periodo è stato così sostituito dall'art. 1, comma 55, lett.* a*), della L. 30 dicembre 2018, n. 145, a decorrere dal 1° gennaio 2019.*

(18) *Le parole: «, e il suo utilizzo è consentito a decorrere dalla prima liquidazione periodica dell'imposta sul valore aggiunto successiva al mese in cui è stata registrata la*

fattura relativa all'acquisto o all'adattamento degli strumenti mediante i quali effettuare la memorizzazione e la trasmissione di cui al comma 1 ed è stato pagato, con modalità tracciabile, il relativo corrispettivo» sono state aggiunte dall'art. 1, comma 55, lett. b)*, della L. 30 dicembre 2018, n. 145, a decorrere dal 1° gennaio 2019.*

(19) *Le parole: «dalla data di entrata in vigore della presente disposizione» sono state così sostituite dalle seguenti: «dal 1° gennaio 2019», dall'art. 1, comma 55, lett.* c)*, della L. 30 dicembre 2018, n. 145, a decorrere dal 1° gennaio 2019.*

3. (1) **Incentivi per la tracciabilità dei pagamenti.** – 1. Il termine di decadenza di cui all'articolo 57, primo comma, del decreto del Presidente della Repubblica 26 ottobre 1972, n. 633, e il termine di decadenza di cui all'articolo 43, primo comma, del decreto del Presidente della Repubblica 29 settembre 1973, n. 600, sono ridotti di due anni. La riduzione si applica solo per i soggetti passivi di cui all'articolo 1 che garantiscono, nei modi stabiliti con decreto del Ministro dell'economia e delle finanze, la tracciabilità dei pagamenti ricevuti ed effettuati relativi ad operazioni di ammontare superiore a euro 500. [La riduzione non si applica, in ogni caso, ai soggetti che effettuano anche operazioni di cui all'articolo 22 del decreto del Presidente della Repubblica 26 ottobre 1972, n. 633, salvo che abbiano esercitato l'opzione di cui all'articolo 2, comma 1, del presente decreto] (2).

(1) *Questo articolo è stato così sostituito dall'art. 1, comma 909, lett.* c)*, della L. 27 dicembre 2017, n. 205, a decorrere dal 1° gennaio 2018. A norma dell'art. 1, comma 916, della L. 27 dicembre 2017, n. 205, tali disposizioni si applicano alle fatture emesse a partire dal 1° gennaio 2019. Si veda inoltre l'art. 1, comma 917, della medesima legge.*

(2) *Questo periodo è stato abrogato dall'art. 17, comma 2, lett.* a)*, del D.L. 23 ottobre 2018, n. 119, convertito, con modificazioni, nella L. 17 dicembre 2018, n. 136, a decorrere dal 1° gennaio 2020.*

4. (1) (2) **Semplificazioni amministrative e contabili.** – 1. A partire dalle operazioni IVA effettuate dal 1° luglio 2021 (3), in via sperimentale, nell'ambito di un programma di assistenza on line basato sui dati delle operazioni acquisiti con le fatture elettroniche e con le comunicazioni delle operazioni transfrontaliere nonché sui dati dei corrispettivi acquisiti telematicamente e sugli ulteriori dati fiscali presenti nel sistema dell'Anagrafe tributaria (4), l'Agenzia delle entrate mette a disposizione di tutti i soggetti passivi dell'IVA residenti e stabiliti in Italia, in apposita area riservata del sito internet dell'Agenzia stessa, le bozze dei seguenti documenti:

a) registri di cui agli articoli 23 e 25 del decreto del Presidente della Repubblica 26 ottobre 1972, n. 633;

b) liquidazione periodica dell'IVA;

[*c*) dichiarazione annuale dell'IVA] (5) (6).

1.1. A partire dalle operazioni IVA effettuate dal 1° gennaio 2022, in via sperimentale, oltre alle bozze dei documenti di cui al comma 1, lettere *a*) e *b*), l'Agenzia delle entrate mette a disposizione anche la bozza della dichiarazione annuale dell'IVA ([7]).

[1 *bis*. A partire dalle operazioni IVA 2021, oltre alle bozze dei documenti di cui al comma 1, lettere *a*) e *b*), l'Agenzia delle entrate mette a disposizione anche la bozza della dichiarazione annuale dell'IVA] ([8]) ([9]).

2. Per i soggetti passivi dell'IVA che, anche per il tramite di intermediari di cui all'articolo 3, comma 3, del regolamento di cui al decreto del Presidente della Repubblica 22 luglio 1998, n. 322, in possesso della delega per l'utilizzo dei servizi di fatturazione elettronica, ([10]) convalidano, nel caso in cui le informazioni proposte dall'Agenzia delle entrate siano complete, ovvero integrano nel dettaglio i dati proposti nelle bozze dei documenti di cui al comma 1, lettera *a*), viene meno l'obbligo di tenuta dei registri di cui agli articoli 23 e 25 del decreto del Presidente della Repubblica 26 ottobre 1972, n. 633, fatta salva la tenuta del registro di cui all'articolo 18, comma 2, del decreto del Presidente della Repubblica 29 settembre 1973, n. 600. L'obbligo di tenuta dei registri ai fini dell'IVA permane per i soggetti che optano per la tenuta dei registri secondo le modalità di cui all'articolo 18, comma 5, del decreto del Presidente della Repubblica 29 settembre 1973, n. 600.

3. Con provvedimento del direttore dell'Agenzia delle entrate sono emanate le disposizioni necessarie per l'attuazione del presente articolo.

3 *bis*. L'Agenzia delle entrate mette a disposizione dei contribuenti residenti o stabiliti una piattaforma telematica dedicata alla compensazione di crediti e debiti derivanti da transazioni commerciali tra i suddetti soggetti, ad esclusione delle amministrazioni pubbliche individuate ai sensi dell'articolo 1, comma 2, della legge 31 dicembre 2009, n. 196, e risultanti da fatture elettroniche emesse ai sensi dell'articolo 1. La compensazione effettuata mediante piattaforma telematica produce i medesimi effetti dell'estinzione dell'obbligazione ai sensi della sezione III del capo IV del titolo I del libro quarto del codice civile, fino a concorrenza dello stesso valore e a condizione che per nessuna delle parti aderenti siano in corso procedure concorsuali o di ristrutturazione del debito omologate, ovvero piani attestati di risanamento iscritti presso il registro delle imprese. Nei confronti del debito originario insoluto si applicano comunque le disposizioni di cui al decreto legislativo 9 ottobre 2002, n. 231, in materia di ritardi di pagamento nelle transazioni commerciali ([11]).

([1]) *Questo articolo è stato, da ultimo, così sostituito dall'art. 15, comma 1* bis, *del D.L. 23 ottobre 2018, n. 119, convertito, con modificazioni, nella L. 17 dicembre 2018, n. 136.*

([2]) *A norma dell'art. 17, comma 2, del D.L. 23 ottobre 2018, n. 119, convertito, con modificazioni, nella L. 17 dicembre 2018, n. 136, a decorrere dal 1° gennaio 2020, a questo articolo sono apportate le seguenti modificazioni:*

«A decorrere dal 1° gennaio 2020:

a) l'articolo 3, comma 1, ultimo periodo, del decreto legislativo 5 agosto 2015, n. 127 è abrogato;

b) all'articolo 4, del decreto legislativo 5 agosto 2015, n. 127, sono apportate le seguenti modificazioni:

1. al comma 1, le parole «compresi coloro che hanno esercitato l'opzione di cui all'articolo 2, comma 1,» sono soppresse;

2. al comma 2, dopo le parole «n. 633» sono aggiunte le seguenti: «, fatta salva la tenuta del registro di cui all'articolo 18, comma 2, del decreto del Presidente della Repubblica 29 settembre 1973, n. 600. L'obbligo di tenuta dei registri ai fini dell'imposta sul valore aggiunto permane per i soggetti che optano per la tenuta dei registri secondo le modalità di cui all'articolo 18, comma 5 del decreto del Presidente della Repubblica 29 settembre 1973, n. 600.».

([3]) *Le parole: «1° gennaio 2021» sono state così sostituite dalle seguenti: «1° luglio 2021» dall'art. 1, comma 10, lett.* a), *n. 1, del D.L. 22 marzo 2021, n. 41, convertito, con modificazioni, nella L. 21 maggio 2021, n. 69.*

([4]) *Le parole: «e sugli ulteriori dati fiscali presenti nel sistema dell'Anagrafe tributaria» sono state inserite dall'art. 1, comma 1106, lett.* a), *della L. 30 dicembre 2020, n. 178, a decorrere dal 1° gennaio 2021.*

([5]) *Questo comma è stato così sostituito dall'art. 142, comma 1, lett.* a), *del D.L. 19 maggio 2020, n. 34, convertito, con modificazioni, nella L. 17 luglio 2020, n. 77.*

([6]) *Questa lettera è stata soppressa dall'art. 1, comma 10, lett.* a), *n. 2, del D.L. 22 marzo 2021, n. 41, convertito, con modificazioni, nella L. 21 maggio 2021, n. 69.*

([7]) *Questo comma è stato aggiunto dall'art. 1, comma 10, lett.* b), *del D.L. 22 marzo 2021, n. 41, convertito, con modificazioni, nella L. 21 maggio 2021, n. 69.*

([8]) *L'originario comma 1 è stato così sostituito dagli attuali commi 1 e 1* bis *dall'art. 16, comma 1, del D.L. 26 ottobre 2019, n. 124, convertito, con modificazioni, nella L. 19 dicembre 2019, n. 157.*

([9]) *Questo comma è stato abrogato dall'art. 142, comma 1, lett.* b), *del D.L. 19 maggio 2020, n. 34, convertito, con modificazioni, nella L. 17 luglio 2020, n. 77.*

([10]) *Le parole: «in possesso della delega per l'utilizzo dei servizi di fatturazione elettronica,» sono state inserite dall'art. 1, comma 1106, lett.* b), *della L. 30 dicembre 2020, n. 178, a decorrere dal 1° gennaio 2021.*

([11]) *Questo comma è stato aggiunto dall'art. 1, comma 227, della L. 30 dicembre 2020, n. 178, a decorrere dal 1° gennaio 2021.*

5. ([1]) [**Cessazione degli effetti premiali.** – 1. Fatte salve le sanzioni di cui agli articoli 1, comma 6 e 2, comma 6, in caso di omissione della trasmissione telematica all'Agenzia delle entrate dei dati delle fatture, emesse e ricevute e delle relative variazioni e dei dati dei corrispettivi ovvero di trasmissione con dati incompleti o inesatti, vengono meno gli effetti previsti dagli articoli

3 e 4, comma 1, salvo che il contribuente trasmetta correttamente e telematicamente i predetti dati entro un termine da individuarsi con i provvedimenti di cui agli articoli 1, comma 4, e 2, comma 4].

(1) *Questo articolo è stato abrogato dall'art. 1, comma 909, lett.* e), *della L. 27 dicembre 2017, n. 205, a decorrere dal 1° gennaio 2018. A norma dell'art. 1, comma 916, della L. 27 dicembre 2017, n. 205, tali disposizioni si applicano alle fatture emesse a partire dal 1° gennaio 2019. Si veda inoltre l'art. 1, comma 917, della medesima legge.*

6. Disposizione finanziaria. – 1. Agli oneri derivanti dall'articolo 1, commi 1 e 2, pari a 9,34 milioni di euro per l'anno 2016, a 18,00 milioni di euro per l'anno 2017 e a 20,40 milioni di euro a decorrere dall'anno 2018, si provvede mediante corrispondente riduzione della dotazione del fondo di cui all'articolo 16, comma 1, ultimo periodo, della legge 11 marzo 2014, n. 23. Il Ministro dell'economia e delle finanze è autorizzato ad apportare, con propri decreti, le occorrenti variazioni di bilancio.

7. Abrogazioni. – 1. A decorrere dal 1° gennaio 2017 sono abrogati i commi da 429 a 432 dell'articolo 1, della legge 30 dicembre 2004, n. 311. Per le imprese che operano nel settore della grande distribuzione l'opzione di cui all'articolo 1, commi da 429 a 432, della legge 30 dicembre 2004, n. 311, già esercitata entro il 31 dicembre 2016, resta valida fino al 31 dicembre 2018 (1) (2).

(1) *Le parole: «resta valida fino al 31 dicembre 2017» sono state così sostituite dalle seguenti: «resta valida fino al 31 dicembre 2018» dall'art. 1, comma 909, lett.* f), *della L. 27 dicembre 2017, n. 205, a decorrere dal 1° gennaio 2018. A norma dell'art. 1, comma 916, della L. 27 dicembre 2017, n. 205, tali disposizioni si applicano alle fatture emesse a partire dal 1° gennaio 2019. Si veda inoltre l'art. 1, comma 917, della medesima legge.*

(2) *Questo periodo è stato aggiunto dall'art. 4, comma 6, lett.* b), *del D.L. 22 ottobre 2016, n. 193, convertito, con modificazioni, nella L. 1° dicembre 2016, n. 225.*

10.

D.L.vo 5 agosto 2015, n. 128. Disposizioni sulla certezza del diritto nei rapporti tra fisco e contribuente, in attuazione degli articoli 5, 6 e 8, comma 2, della legge 11 marzo 2014, n. 23 (*Gazzetta Ufficiale* Serie gen. - n. 190 del 18 agosto 2015).

Titolo I

Abuso del diritto o elusione fiscale

1. Modificazioni allo Statuto dei diritti del contribuente. – 1. - 2. (*Omissis*)

3. Le norme tributarie che, allo scopo di contrastare comportamenti elusivi, limitano deduzioni, detrazioni, crediti d'imposta o altre posizioni soggettive altrimenti ammesse dall'ordinamento tributario, possono essere disapplicate qualora il contribuente dimostri che nella particolare fattispecie tali effetti elusivi non possono verificarsi. A tal fine il contribuente interpella l'amministrazione ai sensi dell'articolo 11, comma 2, della legge 27 luglio 2000, n. 212, recante lo Statuto dei diritti del contribuente. Resta ferma la possibilità del contribuente di fornire la dimostrazione di cui al primo periodo anche ai fini dell'accertamento in sede amministrativa e contenziosa (1).

4. - 5. (*Omissis*)

(1) *Questo comma è stato così sostituito dall'art. 7, comma 14, del D.L.vo 24 settembre 2015, n. 156. A norma dell'art. 12, comma 1, le disposizioni del predetto decreto entrano in vigore a decorrere dal 1° gennaio 2016.*

Titolo II

Disposizioni in materia di raddoppio dei termini per l'accertamento

2. Modifiche alla disciplina del raddoppio dei termini per l'accertamento. – 1. - 3. (*Omissis*).

4. Ai fini della causa di non punibilità di cui all'articolo 5 *quinquies*, commi 1 e 2, del decreto legge 26 giugno 1990, n. 167, convertito, con modificazioni, dalla legge 4 agosto 1990, n. 227, si considerano oggetto della procedura di collaborazione volontaria anche gli imponibili, le imposte e le ritenute correlati alle attività dichiarate nell'ambito di tale procedura per i quali è scaduto *il* termine per l'accertamento.

Titolo III
Regime dell'adempimento collaborativo

3. ([1]) **Finalità e oggetto.** – 1. Al fine di promuovere l'adozione di forme di comunicazione e di cooperazione rafforzate basate sul reciproco affidamento tra Amministrazione finanziaria e contribuenti, nonché di favorire nel comune interesse la prevenzione e la risoluzione delle controversie in materia fiscale, è istituito il regime di adempimento collaborativo fra l'Agenzia delle entrate e i contribuenti dotati di un sistema di rilevazione, misurazione, gestione e controllo del rischio fiscale, inteso quale rischio di operare in violazione di norme di natura tributaria ovvero in contrasto con i principi o con le finalità dell'ordinamento tributario ([2]).

2. L'adesione al regime è subordinata al possesso dei requisiti di cui all'articolo 4, comporta l'assunzione dei doveri di cui all'articolo 5 e produce gli effetti di cui all'articolo 6.

([1]) *A norma dell'art. 1 del D.M. 30 dicembre 2016* (G.U. *Serie gen. - n. 10 del 13 gennaio 2017*), *il termine finale della fase di applicazione del regime di adempimento collaborativo disciplinato da questo articolo è fissato al 31 dicembre 2019.*

([2]) *A norma dell'art. 1 del D.M. 30 marzo 2020, per gli anni 2020 e 2021, i contribuenti che conseguono un volume di affari o di ricavi non inferiore a cinque miliardi di euro sono ammessi al regime dell'adempimento collaborativo di cui agli articoli da 3 a 7 di questo provvedimento.*

4. ([1]) **Requisiti.** – 1. Il contribuente che aderisce al regime deve essere dotato, nel rispetto della sua autonomia di scelta delle soluzioni organizzative più adeguate per il perseguimento dei relativi obiettivi, di un efficace sistema di rilevazione, misurazione, gestione e controllo del rischio fiscale, inserito nel contesto del sistema di governo aziendale e di controllo interno. Fermo il fedele e tempestivo adempimento degli obblighi tributari, il sistema deve assicurare:

a) una chiara attribuzione di ruoli e responsabilità ai diversi settori dell'organizzazione dei contribuenti in relazione ai rischi fiscali;

b) efficaci procedure di rilevazione, misurazione, gestione e controllo dei rischi fiscali il cui rispetto sia garantito a tutti i livelli aziendali;

c) efficaci procedure per rimediare ad eventuali carenze riscontrate nel suo funzionamento e attivare le necessarie azioni correttive.

2. Il sistema di rilevazione, misurazione, gestione e controllo del rischio fiscale prevede, con cadenza almeno annuale, l'invio di una relazione agli organi di gestione per l'esame e le valutazioni conseguenti. La relazione illustra, per gli adempimenti tributari, le verifiche effettuate e i risultati emer-

si, le misure adottate per rimediare a eventuali carenze rilevate, nonché le attività pianificate.

(¹) *A norma dell'art. 1 del D.M. 30 dicembre 2016* (G.U. *Serie gen. - n. 10 del 13 gennaio 2017), il termine finale della fase di applicazione del regime di adempimento collaborativo disciplinato da questo articolo è fissato al 31 dicembre 2019.*

5. (¹) **Doveri.** – 1. Il regime comporta per l'Agenzia delle entrate i seguenti impegni:

a) valutazione trasparente, oggettiva e rispettosa dei principi di ragionevolezza e di proporzionalità del sistema di controllo adottato, con eventuale proposta degli interventi ritenuti necessari ai fini dell'ammissione e della permanenza nel regime e per il conseguimento delle finalità di cui all'articolo 3, comma 1;

b) pubblicazione periodica sul proprio sito istituzionale dell'elenco aggiornato delle operazioni, strutture e schemi ritenuti di pianificazione fiscale aggressiva;

c) promozione di relazioni con i contribuenti improntate a principi di trasparenza, collaborazione e correttezza nell'intento di favorire un contesto fiscale di certezza;

d) realizzazione di specifiche semplificazioni degli adempimenti tributari, in conseguenza degli elementi informativi forniti dal contribuente nell'ambito del regime;

e) esame preventivo delle situazioni suscettibili di generare rischi fiscali significativi e risposta alle richieste dei contribuenti nel più breve tempo possibile;

f) debita considerazione degli esiti dell'esame e della valutazione effettuate dagli organi di gestione, sulla base della relazione di cui all'articolo 4, comma 2, delle risultanze delle attività dei soggetti incaricati, presso ciascun contribuente, della revisione contabile, nonché di quella dei loro collegi sindacali e dei pareri degli organismi di vigilanza.

2. Il regime comporta per i contribuenti i seguenti impegni:

a) istituzione e mantenimento del sistema di rilevazione, misurazione, gestione e controllo del rischio fiscale, per garantire il conseguimento delle finalità di cui all'articolo 3, comma 1, nonché attuazione delle modifiche del sistema adottato eventualmente ritenute necessarie dalla Agenzia delle entrate;

b) comportamento collaborativo e trasparente, mediante comunicazione tempestiva ed esauriente all'Agenzia delle entrate dei rischi di natura fiscale e, in particolare, delle operazioni che possono rientrare nella pianificazione fiscale aggressiva;

c) risposta alle richieste della Agenzia delle entrate nel più breve tempo possibile;

d) promozione di una cultura aziendale improntata a principi di onestà, correttezza e rispetto della normativa tributaria, assicurandone la completezza e l'affidabilità, nonché la conoscibilità a tutti i livelli aziendali.

(1) *A norma dell'art. 1 del D.M. 30 dicembre 2016* (G.U. *Serie gen. - n. 10 del 13 gennaio 2017*), *il termine finale della fase di applicazione del regime di adempimento collaborativo disciplinato da questo articolo è fissato al 31 dicembre 2019.*

6. (1) (2) **Effetti.** – 1. L'adesione al regime comporta la possibilità per i contribuenti di pervenire con l'Agenzia delle entrate a una comune valutazione delle situazioni suscettibili di generare rischi fiscali prima della presentazione delle dichiarazioni fiscali, attraverso forme di interlocuzione costante e preventiva su elementi di fatto, inclusa la possibilità dell'anticipazione del controllo.

2. L'adesione al regime comporta altresì per i contribuenti una procedura abbreviata di interpello preventivo in merito all'applicazione delle disposizioni tributarie a casi concreti, in relazione ai quali l'interpellante ravvisa rischi fiscali. L'Agenzia delle entrate, entro quindici giorni dal ricevimento, verifica e conferma l'idoneità della domanda presentata, nonché la sufficienza e l'adeguatezza della documentazione prodotta con la domanda. Il termine per la risposta all'interpello è in ogni caso di quarantacinque giorni, decorrenti dal ricevimento della domanda ovvero della documentazione integrativa richiesta, anche se l'Agenzia delle entrate effettua accessi alle sedi dei contribuenti, definendone con loro i tempi, per assumervi elementi informativi utili per la risposta. I contribuenti comunicano all'Agenzia il comportamento effettivamente tenuto, se difforme da quello oggetto della risposta da essa fornita. Con decreto del Ministro dell'economia e delle finanze, da emanare entro trenta giorni dall'entrata in vigore del presente decreto, sono disciplinati i termini e le modalità applicative del presente articolo in relazione alla procedura abbreviata di interpello preventivo.

3. Per i rischi di natura fiscale comunicati in modo tempestivo ed esauriente all'Agenzia delle entrate ai sensi dell'articolo 5, comma 2, lettera *b*), prima della presentazione delle dichiarazioni fiscali, se l'Agenzia non condivide la posizione dell'impresa, le sanzioni amministrative applicabili sono ridotte della metà e comunque non possono essere applicate in misura superiore al minimo edittale. La loro riscossione è in ogni caso sospesa fino alla definitività dell'accertamento.

4. In caso di denuncia per reati fiscali, l'Agenzia delle entrate comunica alla Procura della Repubblica se il contribuente abbia aderito al regime di

adempimento collaborativo, fornendo, se richiesta, ogni utile informazione in ordine al controllo del rischio fiscale e all'attribuzione di ruoli e responsabilità previsti dal sistema adottato.

5. Il contribuente che aderisce al regime è inserito nel relativo elenco pubblicato sul sito istituzionale dell'Agenzia delle entrate.

6. I contribuenti che aderiscono al regime non sono tenuti a prestare garanzia per il pagamento dei rimborsi delle imposte, sia dirette sia indirette.

(1) *A norma dell'art. 1 del D.M. 30 dicembre 2016* (G.U. *Serie gen. - n. 10 del 13 gennaio 2017*), *il termine finale della fase di applicazione del regime di adempimento collaborativo disciplinato da questo articolo è fissato al 31 dicembre 2019.*

(2) *A norma dell'art. 67, comma 1, del D.L. 17 marzo 2020, n. 18, convertito, con modificazioni, nella L. 24 aprile 2020, n. 27, sono sospesi dall'8 marzo al 31 maggio 2020 i termini relativi alle attività di liquidazione, di controllo, di accertamento, di riscossione e di contenzioso, da parte degli uffici degli enti impositori. Sono, altresì, sospesi, i termini per fornire risposta alle istanze di interpello, ivi comprese quelle da rendere a seguito della presentazione della documentazione integrativa, di cui a questo articolo.*

7. (1) (2) **Competenze e procedure.** – 1. L'Agenzia delle entrate è competente in via esclusiva per i controlli e le attività relativi al regime di adempimento collaborativo, nei riguardi dei contribuenti ammessi al regime.

2. I contribuenti che nel rispetto del presente decreto adottano un sistema di rilevazione, misurazione, gestione e controllo del rischio fiscale e che intendono aderire al regime di adempimento collaborativo, inoltrano domanda in via telematica utilizzando il modello reso disponibile sul sito istituzionale della Agenzia delle entrate. L'Agenzia, verificata la sussistenza dei requisiti di cui all'articolo 4, nonché al comma 4, comunica ai contribuenti l'ammissione al regime entro i successivi centoventi giorni. Il regime si applica al periodo d'imposta nel corso del quale la richiesta di adesione è trasmessa all'Agenzia. Lo stesso si intende tacitamente rinnovato qualora non sia espressamente comunicata dal contribuente la volontà di non permanere nel regime di adempimento collaborativo (3).

3. L'Agenzia delle entrate, con provvedimento motivato, può dichiarare l'esclusione dei contribuenti dal regime, per la perdita dei requisiti di cui all'articolo 4 o al comma 4, ovvero per l'inosservanza degli impegni di cui all'articolo 5, comma 2.

4. In fase di prima applicazione: *a*) il regime è riservato ai contribuenti di maggiori dimensioni, che conseguono un volume di affari o di ricavi non inferiore a dieci miliardi di euro e, comunque, ai contribuenti che abbiano presentato istanza di adesione al Progetto Pilota sul Regime di Adempimento Collaborativo di cui all'invito pubblico del 25 giugno 2013, pubblicato sul sito ufficiale dell'Agenzia delle entrate, dotati di un sistema di controllo inter-

no per la gestione del rischio fiscale e che conseguono un volume di affari o di ricavi non inferiore a un miliardo di euro; *b*) la competenza per le attività di cui al comma 1 è attribuita alla Direzione Centrale Accertamento dell'Agenzia delle entrate. Con decreto del Ministro dell'economia e delle finanze sono stabiliti i criteri in base ai quali possono essere, progressivamente, individuati gli ulteriori contribuenti ammissibili al regime, che conseguono un volume di affari o di ricavi non inferiore a quello di cento milioni di euro o appartenenti a gruppi di imprese. Entro il 31 dicembre 2016, con decreto del Ministro dell'economia e delle finanze è fissato il termine finale della fase di prima applicazione del regime. Il Ministero dell'economia e delle finanze trasmette annualmente alle Commissioni parlamentari competenti una relazione sullo stato dell'attuazione del regime di adempimento collaborativo. La prima relazione è trasmessa entro il 31 luglio 2017.

5. Con uno o più provvedimenti del Direttore dell'Agenzia delle entrate sono disciplinate le modalità di applicazione del regime di adempimento collaborativo.

(1) *A norma dell'art. 1 del D.M. 30 dicembre 2016* (G.U. *Serie gen. - n. 10 del 13 gennaio 2017), il termine finale della fase di applicazione del regime di adempimento collaborativo disciplinato da questo articolo è fissato al 31 dicembre 2019.*

(2) *A norma dell'art. 1 del D.M. 30 marzo 2020, per gli anni 2020 e 2021, i contribuenti che conseguono un volume di affari o di ricavi non inferiore a cinque miliardi di euro sono ammessi al regime dell'adempimento collaborativo di cui agli articoli da 3 a 7 di questo provvedimento.*

(3) *A norma dell'art. 67, comma 1, del D.L. 17 marzo 2020, n. 18, convertito, con modificazioni, nella L. 24 aprile 2020, n. 27, sono sospesi dall'8 marzo al 31 maggio 2020 i termini previsto di cui a questo comma.*

Titolo IV
Disposizioni finanziarie

8. Clausola di invarianza oneri. – 1. All'attuazione delle disposizioni del presente decreto le Amministrazioni interessate provvedono con le risorse umane, strumentali e finanziarie disponibili a legislazione vigente e, comunque, senza nuovi o maggiori oneri per la finanza pubblica.

11.

D.L.vo 14 settembre 2015, n. 147. Disposizioni recanti misure per la crescita e l'internazionalizzazione delle imprese (*Gazzetta Ufficiale* Serie gen. - n. 220 del 22 settembre 2015).

(*Estratto*)

2. ([1]) **Interpello sui nuovi investimenti.** – 1. Le imprese che intendono effettuare investimenti nel territorio dello Stato di ammontare non inferiore a venti milioni di euro ([2]) e che abbiano ricadute occupazionali significative in relazione all'attività in cui avviene l'investimento e durature possono presentare all'Agenzia delle entrate un'istanza di interpello in merito al trattamento fiscale del loro piano di investimento e delle eventuali operazioni straordinarie che si ipotizzano per la sua realizzazione, ivi inclusa, ove necessaria, la valutazione circa l'esistenza o meno di un'azienda. Possono formare oggetto dell'istanza anche la valutazione preventiva circa l'eventuale assenza di abuso del diritto fiscale o di elusione, la sussistenza delle condizioni per la disapplicazione di disposizioni antielusive e l'accesso ad eventuali regimi o istituti previsti dall'ordinamento tributario. Con riferimento ai tributi non di competenza dell'Agenzia delle entrate, quest'ultima provvede ad inoltrare la richiesta dell'investitore agli enti di competenza che rendono autonomamente la risposta.

2. La risposta scritta e motivata dell'Agenzia delle entrate è resa entro centoventi giorni, prorogabili, nel caso sia necessario acquisire ulteriori informazioni, di ulteriori novanta giorni decorrenti dalla data di acquisizione di dette informazioni ed è basata sul piano di investimento e su tutti gli ulteriori elementi informativi forniti dall'investitore, anche su richiesta dell'Agenzia delle entrate, a seguito di interlocuzioni con la parte interessata. Ove necessario, l'Agenzia delle entrate può accedere, previa intesa con il contribuente, presso le sedi di svolgimento dell'attività dell'impresa, in tempi concordati, allo scopo di prendere diretta cognizione di elementi informativi utili ai fini istruttori. Qualora la risposta non pervenga al contribuente entro i predetti termini, si intende che l'Amministrazione finanziaria concordi con l'interpretazione o il comportamento prospettato dal richiedente.

3. Il contenuto della risposta, anche se desunta ai sensi del terzo periodo del comma 2, vincola l'Amministrazione finanziaria e resta valido finché restano invariate le circostanze di fatto e di diritto sulla base delle quali è stata resa o desunta la risposta, con conseguente nullità di ogni atto di qualsiasi genere, anche di carattere impositivo o sanzionatorio, emanato dall'Amministrazione finanziaria in difformità a detto contenuto. Il contribuente che

dà esecuzione alla risposta, a prescindere dall'ammontare del suo volume d'affari o dei suoi ricavi, può accedere all'istituto dell'adempimento collaborativo al ricorrere degli altri requisiti previsti.

4. L'Agenzia delle entrate può verificare l'assenza di mutamenti nelle circostanze di fatto o di diritto rilevanti ai fini del rilascio della risposta e la corretta applicazione delle indicazioni date nella stessa mediante l'utilizzo degli ordinari poteri istruttori. Resta fermo l'esercizio degli ordinari poteri di controllo dell'Amministrazione finanziaria esclusivamente in relazione a questioni diverse da quelle oggetto del parere.

5. L'Agenzia delle entrate pubblica annualmente la sintesi delle posizioni interpretative rese ai sensi del presente articolo che possano avere generale interesse.

6. Con decreto del Ministro dell'economia e delle finanze, da emanarsi entro sessanta giorni dalla data di entrata in vigore del presente decreto, sono individuate le modalità applicative dell'interpello previsto dal presente articolo. Con provvedimento del Direttore dell'Agenzia delle entrate, da emanarsi entro dieci giorni dalla data di entrata in vigore del predetto decreto del Ministro dell'economia e delle finanze, è individuato l'ufficio competente al rilascio della risposta ed alla verifica della corretta applicazione della stessa.

7. Le disposizioni del presente articolo si applicano a decorrere dalla data di emanazione del provvedimento del Direttore dell'Agenzia delle entrate di cui al comma 6.

(¹) *A norma dell'art. 67, comma 1, del D.L. 17 marzo 2020, n. 18, convertito, con modificazioni, nella L. 24 aprile 2020, n. 27, sono sospesi dall'8 marzo al 31 maggio 2020 i termini relativi alle attività di liquidazione, di controllo, di accertamento, di riscossione e di contenzioso, da parte degli uffici degli enti impositori. Sono, altresì, sospesi, i termini per fornire risposta alle istanze di interpello, ivi comprese quelle da rendere a seguito della presentazione della documentazione integrativa, di cui a questo articolo.*

(²) *Le parole: «di ammontare non inferiore a trenta milioni di euro» sono state così sostituite dalle attuali: «di ammontare non inferiore a venti milioni di euro» dall'art. 01, comma 1, del D.L. 23 ottobre 2018, n. 119, convertito, con modificazioni, nella L. 17 dicembre 2018, n. 136. A norma dell'art. 01, comma 2, del medesimo provvedimento, tale disposizione si applica alle istanze di interpello presentate a decorrere dal 1° gennaio 2019.*

16. Regime speciale per lavoratori impatriati. – 1. I redditi di lavoro dipendente, i redditi assimilati a quelli di lavoro dipendente e i redditi di lavoro autonomo prodotti in Italia da lavoratori che trasferiscono la residenza nel territorio dello Stato ai sensi dell'articolo 2 del decreto del Presidente della Repubblica 22 dicembre 1986, n. 917, concorrono alla formazione del reddito complessivo limitatamente al 30 per cento del loro ammontare al ricorrere delle seguenti condizioni:

a) i lavoratori non sono stati residenti in Italia nei due periodi d'imposta precedenti il predetto trasferimento e si impegnano a risiedere in Italia per almeno due anni;

b) l'attività lavorativa è prestata prevalentemente nel territorio italiano ([1]) ([2]).

1 *bis*. Il regime di cui al comma 1 si applica anche ai redditi d'impresa prodotti dai soggetti identificati dal comma 1 o dal comma 2 che avviano un'attività d'impresa in Italia, a partire dal periodo d'imposta successivo a quello in corso al 31 dicembre 2019 ([3]) ([2]).

2. Il criterio di determinazione del reddito di cui al comma 1 si applica anche ai soggetti di cui all'articolo 2, comma 1, della legge 30 dicembre 2010, n. 238, le cui categorie vengono individuate tenendo conto delle specifiche esperienze e qualificazioni scientifiche e professionali con il decreto del Ministro dell'economia e delle finanze di cui al comma 3. Il criterio di determinazione del reddito di cui al comma 1 si applica anche ai cittadini di Stati diversi da quelli appartenenti all'Unione europea, con i quali sia in vigore una convenzione per evitare le doppie imposizioni in materia di imposte sul reddito ovvero un accordo sullo scambio di informazioni in materia fiscale, in possesso di un diploma di laurea, che hanno svolto continuativamente un'attività di lavoro dipendente, di lavoro autonomo o di impresa fuori dall'Italia negli ultimi ventiquattro mesi ovvero che hanno svolto continuativamente un'attività di studio fuori dall'Italia negli ultimi ventiquattro mesi o più, conseguendo un diploma di laurea o una specializzazione *post lauream* ([4]).

3. Le disposizioni del presente articolo si applicano a decorrere dal periodo di imposta in cui è avvenuto il trasferimento della residenza nel territorio dello Stato ai sensi dell'articolo 2 del testo unico delle imposte sui redditi, approvato con decreto del Presidente della Repubblica 22 dicembre 1986, n. 917, e per i quattro periodi successivi. Con decreto del Ministro dell'economia e delle finanze, da emanarsi entro novanta giorni dalla data di entrata in vigore del presente decreto, sono adottate le disposizioni di attuazione del presente articolo anche relativamente alle disposizioni di coordinamento con le altre norme agevolative vigenti in materia, nonché relativamente alle cause di decadenza dal beneficio.

3 *bis*. Le disposizioni del presente articolo si applicano per ulteriori cinque periodi di imposta ai lavoratori con almeno un figlio minorenne o a carico, anche in affido preadottivo. Le disposizioni del presente articolo si applicano per ulteriori cinque periodi di imposta anche nel caso in cui i lavoratori diventino proprietari di almeno un'unità immobiliare di tipo residenziale in Italia,

successivamente al trasferimento in Italia o nei dodici mesi precedenti al trasferimento; l'unità immobiliare può essere acquistata direttamente dal lavoratore oppure dal coniuge, dal convivente o dai figli, anche in comproprietà. In entrambi i casi, i redditi di cui al comma 1, negli ulteriori cinque periodi di imposta, concorrono alla formazione del reddito complessivo limitatamente al 50 per cento del loro ammontare. Per i lavoratori che abbiano almeno tre figli minorenni o a carico, anche in affido preadottivo, i redditi di cui al comma 1, negli ulteriori cinque periodi di imposta, concorrono alla formazione del reddito complessivo limitatamente al 10 per cento del loro ammontare ([5]) ([2]).

4. Il comma 12 *octies* dell'articolo 10 del decreto legge 31 dicembre 2014, n. 192, convertito, con modificazioni, dalla legge 27 febbraio 2015, n. 11, è abrogato. I soggetti di cui all'articolo 2, comma 1, della legge 30 dicembre 2010, n. 238, che si sono trasferiti in Italia entro il 31 dicembre 2015 applicano, per il periodo d'imposta in corso al 31 dicembre 2016 e per quello successivo, le disposizioni di cui alla medesima legge nei limiti e alle condizioni ivi indicati; in alternativa possono optare, con le modalità definite con provvedimento del direttore dell'Agenzia delle entrate da emanare entro tre mesi dalla data di entrata in vigore della presente disposizione, per il regime agevolativo di cui al presente articolo ([6]) ([7]) ([8]) ([9]) ([10]).

5. All'articolo 2, comma 1, lettere *a*) e *b*), della legge 30 dicembre 2010, n. 238, le parole: «nati dopo il 1° gennaio 1969» sono abrogate.

5 *bis*. La percentuale di cui al comma 1 è ridotta al 10 per cento per i soggetti che trasferiscono la residenza in una delle seguenti regioni: Abruzzo, Molise, Campania, Puglia, Basilicata, Calabria, Sardegna, Sicilia ([11]) ([2]).

5 *ter*. I cittadini italiani non iscritti all'Anagrafe degli italiani residenti all'estero (AIRE) rientrati in Italia a decorrere dal periodo d'imposta successivo a quello in corso al 31 dicembre 2019 possono accedere ai benefici fiscali di cui al presente articolo purché abbiano avuto la residenza in un altro Stato ai sensi di una convenzione contro le doppie imposizioni sui redditi per il periodo di cui al comma 1, lettera a). Con riferimento ai periodi d'imposta per i quali siano stati notificati atti impositivi ancora impugnabili ovvero oggetto di controversie pendenti in ogni stato e grado del giudizio nonché per i periodi d'imposta per i quali non sono decorsi i termini di cui all'articolo 43 del decreto del Presidente della Repubblica 29 settembre 1973, n. 600, ai cittadini italiani non iscritti all'AIRE rientrati in Italia entro il 31 dicembre 2019 spettano i benefici fiscali di cui al presente articolo nel testo vigente al 31 dicembre 2018, purché abbiano avuto la residenza in un altro Stato ai sensi di una convenzione contro le doppie imposizioni sui redditi per il periodo di cui al comma 1, lettera a). Non si fa luogo, in ogni caso, al rimborso delle imposte versate in adempimento spontaneo ([11]) ([2]).

5 *quater*. Per i rapporti di lavoro sportivo ([12]), ferme restando le condizioni di cui al presente articolo, i redditi di cui al comma 1 concorrono alla formazione del reddito complessivo limitatamente al 50 per cento del loro ammontare. Ai rapporti di cui al primo periodo non si applicano le disposizioni dei commi 3 *bis*, quarto periodo, e 5 *bis* ([11]) ([2]).

5 *quinquies*. Per i rapporti di cui al comma 5 *quater*, l'esercizio dell'opzione per il regime agevolato ivi previsto comporta il versamento di un contributo pari allo 0,5 per cento della base imponibile. Le entrate derivanti dal contributo di cui al primo periodo sono versate a un apposito capitolo dell'entrata del bilancio dello Stato per essere riassegnate a un apposito capitolo, da istituire nello stato di previsione del Ministero dell'economia e delle finanze per il successivo trasferimento al bilancio autonomo della Presidenza del Consiglio dei ministri, per il potenziamento dei settori giovanili. Con decreto del Presidente del Consiglio dei ministri, su proposta dell'autorità di Governo delegata per lo sport e di concerto con il Ministro dell'economia e delle finanze, sono definiti i criteri e le modalità di attuazione del presente comma, definiti con il decreto del Ministro dell'economia e delle finanze di cui al comma 3 ([11]) ([2]) ([13]).

([1]) *Questo comma è stato così sostituito dall'art. 5, comma 1, lett.* a), *del D.L. 30 aprile 2019, n. 34, convertito, con modificazioni, nella L. 28 giugno 2019, n. 58, a decorrere dal 30 giugno 2019.*

A norma dell'art. 5, comma 2, del medesimo decreto, così come sostituito dall'art. 13 ter, *comma 1, del D.L. 26 ottobre 2019, n. 124, convertito, con modificazioni, nella L. 19 dicembre 2019, n. 157, tali disposizioni si applicano, a partire dal periodo d'imposta in corso, ai soggetti che a decorrere dal 30 aprile 2019 trasferiscono la residenza in Italia ai sensi dell'articolo 2 del testo unico delle imposte sui redditi, di cui al decreto del Presidente della Repubblica 22 dicembre 1986, n. 917, e risultano beneficiari del regime previsto dall'articolo 16 del decreto legislativo 14 settembre 2015, n. 147.*

([2]) *Si veda, altresì, l'art. 5, comma 2* bis *- 2* quater, *del D.L. 30 aprile 2019, n. 34, convertito, con modificazioni, nella L. 28 giugno 2019, n. 58, così come modificato dall'art. 1, comma 50, della L. 30 dicembre 2020, n. 178, di cui si riporta il testo:*

«2 bis. *I soggetti, diversi da quelli indicati nel comma 2, che siano stati iscritti all'Anagrafe degli italiani residenti all'estero o che siano cittadini di Stati membri dell'Unione europea, che hanno già trasferito la residenza prima dell'anno 2020 e che alla data del 31 dicembre 2019 risultano beneficiari del regime previsto dall'articolo 16 del decreto legislativo 14 settembre 2015, n. 147, possono optare per l'applicazione delle disposizioni di cui al comma 1, lettera* c), *del presente articolo, previo versamento di:*

a) *un importo pari al 10 per cento dei redditi di lavoro dipendente e di lavoro autonomo prodotti in Italia oggetto dell'agevolazione di cui all'articolo 16 del decreto legislativo 14 settembre 2015, n. 147, relativi al periodo d'imposta precedente a quello di esercizio dell'opzione, se il soggetto al momento dell'esercizio dell'opzione ha almeno un figlio minorenne, anche in affido preadottivo, o è diventato proprietario di almeno un'unità immobiliare di tipo residenziale in Italia, successivamente al trasferimento in Italia o nei dodici mesi precedenti al trasferimento, ovvero ne diviene proprietario entro diciotto mesi dalla data di esercizio dell'opzione di cui al presente comma, pena la restituzione del beneficio addizionale fruito senza l'applicazione di sanzioni. L'unità immobiliare può essere acquistata direttamente dal lavoratore oppure dal coniuge, dal convivente o dai figli, anche in comproprietà;*

b) *un importo pari al 5 per cento dei redditi di lavoro dipendente e di lavoro autonomo prodotti in Italia oggetto dell'agevolazione di cui all'articolo 16 del decreto legislativo 14 settembre 2015, n. 147, relativi al periodo d'imposta precedente a quello di esercizio dell'opzione, se il soggetto al momento dell'esercizio dell'opzione ha almeno tre figli minorenni, anche in affido preadottivo, e diventa o è diventato proprietario di almeno un'unità immobiliare di tipo residenziale in Italia, successivamente al trasferimento in Italia o nei dodici mesi precedenti al trasferimento, ovvero ne diviene proprietario entro diciotto mesi dalla data di esercizio dell'opzione di cui al presente comma, pena la restituzione del beneficio addizionale fruito senza l'applicazione di sanzioni. L'unità immobiliare può essere acquistata direttamente dal lavoratore oppure dal coniuge, dal convivente o dai figli, anche in comproprietà.*

2 ter. *Le modalità di esercizio dell'opzione di cui al comma 2 bis sono definite con provvedimento dell'Agenzia delle entrate, da emanare entro sessanta giorni dalla data di entrata in vigore della presente disposizione.*

2 quater. *Le disposizioni dei commi 2* bis *e 2* ter *non si applicano ai rapporti di cui alla legge 23 marzo 1981, n. 91».*

(3) *Questo comma è stato così sostituito dall'art. 5, comma 1, lett.* b)*, del D.L. 30 aprile 2019, n. 34, convertito, con modificazioni, nella L. 28 giugno 2019, n. 58, a decorrere dal 30 giugno 2019.*

A norma dell'art. 5, comma 2, del medesimo decreto, così come sostituito dall'art. 13 ter*, comma 1, del D.L. 26 ottobre 2019, n. 124, convertito, con modificazioni, nella L. 19 dicembre 2019, n. 157, tali disposizioni si applicano, a partire dal periodo d'imposta in corso, ai soggetti che a decorrere dal 30 aprile 2019 trasferiscono la residenza in Italia ai sensi dell'articolo 2 del testo unico delle imposte sui redditi, di cui al decreto del Presidente della Repubblica 22 dicembre 1986, n. 917, e risultano beneficiari del regime previsto dall'articolo 16 del decreto legislativo 14 settembre 2015, n. 147.*

(4) *Questo periodo è stato aggiunto dall'art. 1, comma 150, lett.* c)*, della L. 11 dicembre 2016, n. 232, a decorrere dal periodo d'imposta in corso al 1° gennaio 2017.*

A norma dell'art. 1, comma 159, del medesimo provvedimento, tali disposizioni si applicano per la prima volta con riferimento alle dichiarazioni dei redditi relative al periodo d'imposta in corso alla data di entrata in vigore della presente legge.

(5) *Questo comma è stato inserito dall'art. 5, comma 1, lett.* c)*, del D.L. 30 aprile 2019, n. 34, convertito, con modificazioni, nella L. 28 giugno 2019, n. 58, a decorrere dal 30 giugno 2019.*

A norma dell'art. 5, comma 2, del medesimo decreto, così come sostituito dall'art. 13 ter*, comma 1, del D.L. 26 ottobre 2019, n. 124, convertito, con modificazioni, nella L. 19 dicembre 2019, n. 157, tali disposizioni si applicano, a partire dal periodo d'imposta in corso, ai soggetti che a decorrere dal 30 aprile 2019 trasferiscono la residenza in Italia ai sensi dell'articolo 2 del testo unico delle imposte sui redditi, di cui al decreto del Presidente della Repubblica 22 dicembre 1986, n. 917, e risultano beneficiari del regime previsto dall'articolo 16 del decreto legislativo 14 settembre 2015, n. 147.*

([6]) *Questo periodo è stato aggiunto dall'art. 1, comma 259, della L. 28 dicembre 2015, n. 208.*

([7]) *A norma dell'art. 1, comma 151, della L. 11 dicembre 2016, n. 232, le disposizioni di cui all'art. 1, comma 150, lett.* a)*, n.* 2)*, del medesimo provvedimento, si applicano, per i periodi d'imposta dal 2017 al 2020, anche ai soggetti che nel medesimo anno 2016 hanno esercitato l'opzione ai sensi del presente comma.*

A norma dell'art. 1, comma 159, del medesimo provvedimento, tali disposizioni si applicano per la prima volta con riferimento alle dichiarazioni dei redditi relative al periodo d'imposta in corso alla data di entrata in vigore della presente legge.

([8]) *A norma dell'art. 3, comma 3* novies*, del D.L. 30 dicembre 2016, n. 244, convertito, con modificazioni, nella L. 27 febbraio 2017, n. 19, il termine per l'esercizio dell'opzione di cui a questo comma è prorogato al 30 aprile 2017, per i lavoratori dipendenti che non l'hanno già esercitata, secondo le modalità attuative individuate con provvedimento del direttore dell'Agenzia delle entrate da emanare entro trenta giorni dalla data di entrata in vigore della legge di conversione del presente decreto.*

([9]) *A norma dell'art. 4, comma 7* bis*, del D.L. 24 aprile 2017, n. 50, convertito, con modificazioni, nella L. 21 giugno 2017, n. 96, questo comma si interpreta nel senso che i soggetti che hanno optato, ai del presente comma, per il regime agevolativo previsto per i lavoratori impatriati dal comma 1 del medesimo articolo, decadono dal beneficio fiscale laddove la residenza in Italia non sia mantenuta per almeno due anni. In tal caso, si provvede al recupero dei benefici già fruiti, con applicazione delle relative sanzioni e interessi.*

([10]) *A norma dell'art. 8* bis*, comma 1, del D.L. 16 ottobre 2017, n. 148, convertito, con modificazioni, nella L. 4 dicembre 2017, n. 172, in deroga alle disposizioni di cui a questo periodo, l'opzione esercitata ai sensi del medesimo comma produce effetti per il quadriennio 2017-2020. Per il periodo d'imposta 2016 restano applicabili le disposizioni di cui alla legge 30 dicembre 2010, n. 238.*

([11]) *Questo comma è stato aggiunto dall'art. 5, comma 1, lett.* d)*, del D.L. 30 aprile 2019, n. 34, convertito, con modificazioni, nella L. 28 giugno 2019, n. 58, a decorrere dal 30 giugno 2019.*

A norma dell'art. 5, comma 2, del medesimo decreto, così come sostituito dall'art. 13 ter*, comma 1, del D.L. 26 ottobre 2019, n. 124, convertito, con modificazioni, nella L. 19 dicembre 2019, n. 157, tali disposizioni si applicano, a partire dal periodo d'imposta in corso, ai soggetti che a decorrere dal 30 aprile 2019 trasferiscono la residenza in Italia ai sensi dell'articolo 2 del testo unico delle imposte sui redditi, di cui al decreto del Presidente della Repubblica 22 dicembre 1986, n. 917, e risultano beneficiari del regime previsto dall'articolo 16 del decreto legislativo 14 settembre 2015, n. 147.*

([12]) *Le parole: «Per i rapporti di cui alla legge 23 marzo 1981, n. 91» sono state così sostituite dalle attuali: «Per i rapporti di lavoro sportivo» dall'art. 51, comma 3, del D.L.vo 28 febbraio 2021, n. 36.*

A norma dell'art. 51, comma 1, del medesimo decreto, così come da ultimo sostituito dall'art. 10, comma 13 quater*, lett.* a)*, del D.L. 25 maggio 2021, n. 73, convertito, con modificazioni, nella L. 23 luglio 2021, n. 106, tali disposizioni si applicano a decorrere dal 1° gennaio 2023.*

([13]) *Si veda il D.P.C.M. 26 gennaio 2021.*

12.

D.L.vo 24 settembre 2015, n. 157. Misure per la revisione della disciplina dell'organizzazione delle agenzie fiscali, in attuazione dell'articolo 9, comma 1, lettera *h*), della legge 11 marzo 2014, n. 23 (Suppl. ord. alla *Gazzetta Ufficiale* Serie gen. - n. 233 del 7 ottobre 2015).

1. Disposizioni in materia di riorganizzazione delle agenzie fiscali. – 1. Le agenzie fiscali procedono alla riorganizzazione delle proprie strutture in funzione del contenimento delle spese di funzionamento ai sensi dell'articolo 23 *quater* del decreto legge 6 luglio 2012, n. 95, convertito, con modificazioni, dalla legge 7 agosto 2012, n. 135, e del riassetto dei servizi di assistenza, consulenza e controllo con l'obiettivo di facilitare gli adempimenti tributari anche grazie all'impiego di nuove e più avanzate forme di comunicazione con il contribuente, contribuendo a una maggiore competitività delle imprese italiane e favorendo l'attrattività degli investimenti in Italia per le imprese estere che intendono operare nel territorio nazionale. Nei programmi di riorganizzazione le agenzie, nell'ambito dello svolgimento delle funzioni loro assegnate, perseguono, inoltre, la riduzione della invasività dei controlli e dei connessi adempimenti secondo il principio del controllo amministrativo unico, sviluppando ulteriormente tecniche di analisi dei rischi. Le agenzie orientano, in funzione degli obiettivi istituzionali e della missione prioritaria di facilitare e promuovere l'assolvimento degli obblighi tributari, i programmi di formazione e sviluppo del personale, nonché i criteri di determinazione dei compensi incentivanti, nel quadro della revisione del sistema delle convenzioni fra Ministro dell'economia e delle finanze e agenzie fiscali di cui all'articolo 59, comma 2, del decreto legislativo 30 luglio 1999, n. 300.

2. Al fine di potenziare l'efficienza dell'azione amministrativa e favorire l'emersione delle basi imponibili, le convenzioni stipulate ai sensi del citato articolo 59, comma 2, stabiliscono per le agenzie fiscali specifici obiettivi di incremento del livello di adempimento spontaneo degli obblighi tributari, del livello di efficacia dell'azione di prevenzione e contrasto dell'evasione fiscale, delle frodi e degli illeciti tributari, anche mediante l'attuazione delle disposizioni dell'articolo 1, commi 634, 635 e 636, della legge 23 dicembre 2014, n. 190, e dei nuovi istituti introdotti in attuazione della legge 11 marzo 2014, n. 23.

3. Per la misurazione degli obiettivi di cui al comma 2, le convenzioni di cui al comma 1 definiscono, per ciascuna agenzia fiscale:

a) indicatori della produttività, qualità e tempestività dell'attività svolta nelle aree di operatività;

b) indicatori della complessiva efficacia e efficienza gestionale.

4. Gli indicatori di cui al comma 3 sono definiti in base ai seguenti criteri generali:

a) rispetto dei principi di cui alla legge 27 luglio 2000, n. 212, anche con riguardo alla richiesta di documentazione già in possesso dell'amministrazione finanziaria;

b) preponderanza di peso degli indicatori espressione delle attività volte a facilitare gli adempimenti tributari, a contribuire a una maggiore competitività delle imprese italiane e a favorire l'attrattività degli investimenti in Italia per le imprese estere che intendono operare nel territorio nazionale, nonché delle attività di prevenzione e contrasto all'evasione e all'elusione fiscale, di erogazione dei servizi al contribuente e di tempestiva esecuzione dei provvedimenti di rimborso e di sgravio;

c) tempestività delle direttive adottate a seguito di mutamenti legislativi e della giurisprudenza di legittimità che possano incidere sui rapporti pendenti ai fini dell'autotutela, acquiescenza a sentenze, adesioni, mediazioni e conciliazioni giudiziali.

5. Le convenzioni di cui al comma 1 definiscono i criteri per la redazione della mappa dei rischi operativi e per la definizione degli indicatori di rischio di non conformità di ciascuna agenzia fiscale.

6. Le disposizioni del presente decreto relative alle convenzioni di cui al comma 1 si applicano a decorrere dal 1° gennaio 2016.

7. All'esito positivo delle verifiche effettuate dal Ministero dell'economia e delle finanze – Dipartimento delle finanze, finalizzate ad accertare il maggior gettito incassato con riferimento all'ultimo anno consuntivato connesso al raggiungimento degli obiettivi fissati nelle convenzioni di cui al comma 1, sulla base di strumenti di monitoraggio e di riscontro del suddetto maggior gettito derivante dall'attività volta a promuovere l'adempimento spontaneo degli obblighi fiscali e dell'attività di controllo fiscale, ivi compreso, ove disponibile e in relazione ai dati pertinenti, il rapporto di cui all'articolo 3, comma 1, lettera *f*), della legge 11 marzo 2014, n. 23, nonché in base all'accertamento dei risparmi di spesa conseguenti a controlli che abbiano determinato il disconoscimento in via definitiva di richieste di rimborsi o di crediti d'imposta, gli stanziamenti iscritti nei pertinenti capitoli dello stato di previsione del Ministero dell'economia e delle finanze sono integrati con apposito provvedimento in corso di gestione per la quota incentivante di cui all'articolo 59, comma 4, lettera *c*), del decreto legislativo 30 luglio 1999, n. 300, nel rispetto del vincolo di neutralità finanziaria relativamente al previgente sistema. In forza di tale vincolo, per l'attività svolta a decorrere dall'anno 2016 l'ammontare della predetta quota non può superare la media degli importi assegnati nel triennio precedente a ciascuna agenzia in appli-

cazione del citato articolo 59, comma 4, lettera *c*), del decreto legislativo n. 300 del 1999 e dell'articolo 12, commi 1 e 2, del decreto legge 28 marzo 1997, n. 79, convertito, con modificazioni, dalla legge 28 maggio 1997, n. 140, come sostituito dall'articolo 3, comma 165, della legge 24 dicembre 2003, n. 350, e successive modificazioni. In relazione al vincolo di neutralità finanziaria relativamente al previgente sistema e subordinatamente alla realizzazione degli strumenti di monitoraggio e riscontro di cui al primo periodo cessano di avere applicazione per le agenzie fiscali, con riferimento all'attività svolta a decorrere dal 1° gennaio 2016, le disposizioni di cui all'articolo 12 del decreto legge n. 79 del 1997 riguardanti l'assegnazione di risorse per il potenziamento dell'amministrazione economica e finanziaria e per la corresponsione di compensi al personale dipendente. Resta fermo quanto previsto dal citato articolo 12 per la quota di risorse rivenienti dall'attività delle agenzie fiscali destinata al fondo di assistenza per i finanzieri, al fondo di previdenza per il personale del Ministero dell'economia e delle finanze, al potenziamento ed alla copertura di oneri indifferibili dell'Amministrazione economico-finanziaria e del Corpo della Guardia di Finanza nonché quanto previsto dal medesimo articolo in relazione all'incentivazione del personale del Ministero dell'economia e delle finanze cui continua a provvedersi annualmente con decreto ministeriale. Con il medesimo decreto ministeriale può essere altresì stabilita un'ulteriore quota, eccedente i vigenti limiti di spesa, di ammontare non superiore a 15 milioni di euro annui, da destinare al fondo di cui alla legge 20 ottobre 1960, n. 1265 ([1]). Fermo restando quanto previsto dall'articolo 5, commi da 11 a 11 *quinquies*, del decreto legge n. 95 del 2012, convertito, con modificazioni, dalla legge n. 135 del 2012, nelle more dei rinnovi contrattuali previsti dall'articolo 6 del decreto legislativo 1° agosto 2011, n. 141, i sistemi di misurazione e valutazione della performance individuale adottati dalle agenzie fiscali e i criteri selettivi da esse stabiliti per l'attribuzione del trattamento accessorio collegato alla performance del personale dipendente sono verificati nel quadro delle convenzioni di cui al comma 1.

8. Ai fini del contenimento dei costi, le agenzie fiscali riducono di non meno del 10 per cento il rapporto tra personale dirigenziale di livello non generale e personale non dirigente previsto dall'articolo 23 *quinquies*, comma 1, lettera *a*), numero 2), del decreto legge 6 luglio 2012, n. 95, convertito, con modificazioni, dalla legge 7 agosto 2012, n. 135, in modo da diminuire ulteriormente le posizioni dirigenziali rispetto a quanto previsto dalla medesima disposizione.

9. Le agenzie provvedono a una riduzione complessiva di almeno il 10 per cento delle posizioni dirigenziali di livello generale, computata con ri-

ferimento alla dotazione organica cumulativa delle agenzie stesse relativa a tali posizioni.

10. A seguito dell'applicazione delle disposizioni di cui ai commi 8 e 9, i fondi per il trattamento accessorio del personale dirigente di prima e seconda fascia sono corrispondentemente ridotti in proporzione ai posti dirigenziali effettivamente soppressi.

11. In coerenza con il processo d'integrazione operativa tra le attività dell'Agenzia delle entrate e quelle dell'incorporata Agenzia del territorio cessano di avere effetto le limitazioni per specifiche materie introdotte dall'articolo 23 *quater*, comma 7, del decreto legge 6 luglio 2012, n. 95, convertito, con modificazioni, dalla legge 7 agosto 2012, n. 135, con riguardo allo svolgimento delle funzioni dei vicedirettori, fermo restando il contingente complessivo ivi previsto.

(¹) *Questo periodo è stato inserito dall'art. 1, comma 999, della L. 30 dicembre 2020, n. 178, a decorrere dal 1° gennaio 2021.*

13.

L. 28 dicembre 2015, n. 208. Disposizioni per la formazione del bilancio annuale e pluriennale dello Stato (legge di stabilità 2016) (Suppl. ord. alla *Gazzetta Ufficiale* Serie gen. - n. 302 del 30 dicembre 2015).

1. 1. - 74. (*Omissis*).

75. Le giovani coppie costituenti un nucleo familiare composto da coniugi o da conviventi more uxorio che abbiano costituito nucleo da almeno tre anni, in cui almeno uno dei due componenti non abbia superato i trentacinque anni, acquirenti di unità immobiliare da adibire ad abitazione principale, beneficiano di una detrazione dall'imposta lorda, fino a concorrenza del suo ammontare, per le spese documentate sostenute per l'acquisto di mobili ad arredo della medesima unità abitativa. La detrazione di cui al presente comma, da ripartire tra gli aventi diritto in dieci quote annuali di pari importo, spetta nella misura del 50 per cento delle spese sostenute dal 1° gennaio 2016 al 31 dicembre 2016 ed è calcolata su un ammontare complessivo non superiore a 16.000 euro. Il beneficio di cui al presente comma non è cumulabile con quello di cui alla lettera *c*) del comma 74.

76. - 97. (*Omissis*).

98. Alle imprese che effettuano l'acquisizione dei beni strumentali nuovi indicati nel comma 99, destinati a strutture produttive ubicate nelle zone assistite delle regioni Campania, Puglia, Basilicata, Calabria, della Regione siciliana e delle regioni Sardegna e Molise, ammissibili alle deroghe previste dall'articolo 107, paragrafo 3, lettera *a*), del Trattato sul funzionamento

dell'Unione europea, e nelle zone assistite della regione Abruzzo, ammissibili alle deroghe previste dall'articolo 107, paragrafo 3, lettera *c*), del Trattato sul funzionamento dell'Unione europea, come individuate dalla Carta degli aiuti a finalità regionale 2022-2027, fino al 31 dicembre 2022, è attribuito un credito d'imposta nella misura massima consentita dalla Carta degli aiuti a finalità regionale 2014-2020 C(2014) 6424 *final* del 16 settembre 2014, come modificata dalla decisione C(2016) 5938 *final* del 23 settembre 2016 ([1]). Alle imprese attive nel settore della produzione primaria di prodotti agricoli, nel settore della pesca e dell'acquacoltura, disciplinato dal regolamento (UE) n. 1379/2013 del Parlamento europeo e del Consiglio, dell'11 dicembre 2013, e nel settore della trasformazione e della commercializzazione di prodotti agricoli, della pesca e dell'acquacoltura, che effettuano l'acquisizione di beni strumentali nuovi, gli aiuti sono concessi nei limiti e alle condizioni previsti dalla normativa europea in materia di aiuti di Stato nei settori agricolo, forestale e delle zone rurali e ittico ([2]).

99. - 120. (*Omissis*).

121. L'imprenditore individuale che alla data del 31 ottobre 2015 possiede beni immobili strumentali di cui all'articolo 43, comma 2, del testo unico delle imposte sui redditi, di cui al decreto del Presidente della Repubblica 22 dicembre 1986, n. 917, può, entro il 31 maggio 2016, optare per l'esclusione dei beni stessi dal patrimonio dell'impresa, con effetto dal periodo di imposta in corso alla data del 1° gennaio 2016, mediante il pagamento di una imposta sostitutiva dell'imposta sul reddito delle persone fisiche e dell'imposta regionale sulle attività produttive nella misura dell'8 per cento della differenza tra il valore normale di tali beni ed il relativo valore fiscalmente riconosciuto. Si applicano, in quanto compatibili, le disposizioni dei commi da 115 a 120 ([3]).

122. - 999. (*Omissis*).

([1]) *Le parole: «Alle imprese che effettuano l'acquisizione dei beni strumentali nuovi indicati nel comma 99, destinati a strutture produttive ubicate nelle zone assistite delle regioni Campania, Puglia, Basilicata, Calabria, Sicilia e Sardegna, ammissibili alle deroghe previste dall'articolo 107, paragrafo 3, lettera* a)*, del Trattato sul funzionamento dell'Unione europea, e nelle zone assistite delle regioni Molise e Abruzzo, ammissibili alle deroghe previste dall'articolo 107, paragrafo 3, lettera c), del Trattato sul funzionamento dell'Unione europea, come individuate dalla Carta degli aiuti a finalità regionale 2014-2020 C(2014) 6424 final del 16 settembre 2014, come modificata dalla decisione C(2016) 5938 final del 23 settembre 2016, fino al 31 dicembre 2022 è attribuito un credito d'imposta nella misura massima consentita dalla citata Carta» sono state così sostituite dalle attuali: «Alle imprese che effettuano l'acquisizione dei beni strumentali nuovi indicati nel comma 99, destinati a strutture produttive ubicate nelle zone assistite delle regioni Campania, Puglia, Basilicata, Calabria, della Regione siciliana e delle regioni*

Sardegna e Molise, ammissibili alle deroghe previste dall'articolo 107, paragrafo 3, lettera a), del Trattato sul funzionamento dell'Unione europea, e nelle zone assistite della regione Abruzzo, ammissibili alle deroghe previste dall'articolo 107, paragrafo 3, lettera c), del Trattato sul funzionamento dell'Unione europea, come individuate dalla Carta degli aiuti a finalità regionale 2022-2027, fino al 31 dicembre 2022, è attribuito un credito d'imposta nella misura massima consentita dalla Carta degli aiuti a finalità regionale 2014-2020 C(2014) 6424 final del 16 settembre 2014, come modificata dalla decisione C(2016) 5938 final del 23 settembre 2016» dall'art. 1, comma 175, della L. 30 dicembre 2021, n. 234, a decorrere dal 1° gennaio 2022.

(2) *Questo comma è stato così sostituito dall'art. 7* quater, *comma 1, del D.L. 29 dicembre 2016, n. 243, convertito, con modificazioni, nella L. 27 febbraio 2017, n. 18, a decorrere dal 1° marzo 2017.*

(3) *A norma dell'art. 1, comma 66, della L. 30 dicembre 2018, n. 145, le disposizioni di cui al presente comma si applicano anche alle esclusioni dal patrimonio dell'impresa dei beni ivi indicati, posseduti alla data del 31 ottobre 2018, poste in essere dal 1° gennaio 2019 al 31 maggio 2019. I versamenti rateali dell'imposta sostitutiva sono effettuati, rispettivamente, entro il 30 novembre 2019 e il 16 giugno 2020. Per i soggetti che si avvalgono delle disposizioni del presente comma, gli effetti dell'estromissione decorrono dal 1° gennaio 2019.*

A norma dell'art. 1, comma 690, della L. 27 dicembre 2019, n. 160, le disposizioni di cui al presente comma si applicano anche alle esclusioni dal patrimonio dell'impresa dei beni ivi indicati, posseduti alla data del 31 ottobre 2019, poste in essere dal 1° gennaio 2020 al 31 maggio 2020. I versamenti rateali dell'imposta sostitutiva sono effettuati, rispettivamente, entro il 30 novembre 2020 e il 30 giugno 2021. Per i soggetti che si avvalgono delle disposizioni del presente comma, gli effetti del l'estromissione decorrono dal 1° gennaio 2020.

14.

D.M. 4 agosto 2016. Attuazione degli articoli 1, comma 5, 3, comma 1, lettera *d*), e 4, comma 3, del decreto legislativo 5 agosto 2015, n. 127, in materia di trasmissione telematica delle operazioni IVA (*Gazzetta Ufficiale* Serie gen. - n. 208 del 6 settembre 2016).

Capo I

Attuazione dell'art. 1, comma 5, del decreto legislativo

1. Controlli a distanza. – 1. L'Agenzia delle entrate utilizza i dati delle fatture, emesse e ricevute, e delle relative variazioni, acquisiti anche mediante il Sistema di Interscambio di cui all'art. 1, commi 211 e 212, della legge 24 dicembre 2007, n. 244, per effettuare controlli incrociati con i dati contenuti in altre banche dati conservate dalla stessa Agenzia o da altre amministrazioni pubbliche, al fine di favorire l'emersione spontanea delle basi imponibili ai sensi dei commi 634 e seguenti dell'art. 1 della legge 23 dicembre 2014, n. 190.

2. In ossequio a quanto previsto dall'art. 6 della legge 27 luglio 2000, n. 212, l'Agenzia delle entrate provvede ad informare il contribuente, in via telematica, degli esiti dei controlli di cui al comma 1 ove rilevanti nei suoi confronti.

3. L'effettuazione dei controlli a distanza di cui al presente articolo non fa venir meno i poteri, in capo agli organi dell'Amministrazione finanziaria, di cui agli articoli 51 e 52 del decreto del Presidente della Repubblica 26 ottobre 1972, n. 633, e di cui agli articoli 32 e 33 del decreto del Presidente della Repubblica 29 settembre 1973, n. 600, e di cui agli articoli 11 e 15, comma 6, del decreto legislativo 8 novembre 1990, n. 374.

2. Coordinamento dei controlli. – 1. Allo scopo di coordinare i controlli da parte dell'Amministrazione finanziaria ed escludere la duplicazione dell'attività conoscitiva, anche in considerazione di quanto previsto dall'art. 6, comma 4, della legge 27 luglio 2000, n. 212, le informazioni trasmesse all'Agenzia delle entrate ai sensi dell'art. 1, comma 3, del decreto legislativo sono messe a disposizione della Guardia di finanza.

Capo II

Attuazione dell'art. 3, comma 1, lettera *d*), del decreto legislativo

3. Modalità di effettuazione dei pagamenti. – 1. Per fruire della riduzione dei termini di decadenza di cui all'art. 3, comma 1, lettera *d*), del decreto legislativo, i soggetti passivi, che esercitano le opzioni di cui all'art. 1, comma

3, e all'art. 2, comma 1, del decreto legislativo stesso, effettuano e ricevono tutti i loro pagamenti mediante bonifico bancario o postale, carta di debito o carta di credito, ovvero assegno bancario, circolare o postale recante la clausola di non trasferibilità.

2. In deroga a quanto stabilito al comma 1, i soggetti passivi ivi citati possono effettuare e ricevere in contanti i pagamenti di ammontare non superiore all'importo determinato all'art. 2, comma 1, del decreto del Ministro dello sviluppo economico, di concerto con il Ministro dell'economia e delle finanze, del 24 gennaio 2014, pubblicato nella *Gazzetta Ufficiale* della Repubblica italiana n. 21 del 27 gennaio 2014.

3. La riduzione dei termini di decadenza di cui all'art. 57, primo comma, del decreto del Presidente della Repubblica 26 ottobre 1972, n. 633, e di cui all'art. 43, primo comma, del decreto del Presidente della Repubblica 29 settembre 1973, n. 600, richiamati dall'art. 3, comma 1, lettera *d*), del decreto legislativo, si applica soltanto in relazione ai redditi d'impresa o di lavoro autonomo dichiarati dai soggetti passivi.

4. Comunicazione. – 1. I contribuenti comunicano, con riguardo a ciascun periodo d'imposta, l'esistenza dei presupposti per la riduzione dei termini di decadenza di cui all'art. 3, comma 1, lettera *d*), del decreto legislativo nella relativa dichiarazione annuale ai fini delle imposte sui redditi. La modalità di comunicazione è definita con il provvedimento del direttore dell'Agenzia delle entrate con cui sono approvati i modelli dichiarativi e le relative istruzioni. La mancata comunicazione comporta l'inefficacia della riduzione dei termini di accertamento.

2. La riduzione dei termini di decadenza non si applica, con riferimento a ciascun periodo d'imposta, ai contribuenti che hanno effettuato o ricevuto anche un solo pagamento mediante strumenti diversi da quelli indicati nell'art. 3.

Capo III
Attuazione dell'art. 4, comma 3, del decreto legislativo

5. Soggetti ammessi al programma di assistenza. – 1. L'Agenzia delle entrate realizza il programma di assistenza di cui all'art. 4, comma 1, del decreto legislativo nei confronti delle seguenti categorie di soggetti passivi:

a) gli esercenti arti e professioni;

b) le imprese ammesse al regime di contabilità semplificata di cui all'art. 18 del decreto n. 600 del 1973;

c) limitatamente all'anno di inizio dell'attività e ai due anni successivi, le imprese che superano i limiti di ricavi indicati al citato art. 18 del decreto n. 600 del 1973.

6. Efficacia. – 1. Le disposizioni del presente decreto hanno effetto dal 1° gennaio 2017.

15.

L. 27 dicembre 2017, n. 205. Bilancio di previsione dello Stato per l'anno finanziario 2018 e bilancio pluriennale per il triennio 2018-2020 (Suppl. ord. alla *Gazzetta Ufficiale* Serie gen. - n. 302 del 29 dicembre 2017) ed avviso di rettifica in *Gazzetta Ufficiale* Serie gen. - n. 13 del 17 gennaio 2018, ed avviso di rettifica in *Gazzetta Ufficiale* Serie gen. - n. 21 del 26 gennaio 2018.

(*Estratto*)

Parte I

Sezione I

Misure quantitative per la realizzazione degli obiettivi programmatici

1. 1. - 318. (*Omissis*).

319. A decorrere dall'anno 2018, agli esercenti di attività commerciali che operano nel settore della vendita al dettaglio di libri in esercizi specializzati con codice Ateco principale 47.61 o 47.79.1 è riconosciuto, nel limite di spesa di 4 milioni di euro per l'anno 2018 e di 5 milioni di euro annui a decorrere dall'anno 2019, un credito d'imposta parametrato agli importi pagati a titolo di IMU, TASI e TARI con riferimento ai locali dove si svolge la medesima attività di vendita di libri al dettaglio, nonché alle eventuali spese di locazione o ad altre spese individuate con il decreto di cui al comma 321, anche in relazione all'assenza di librerie nel territorio comunale. Il credito d'imposta di cui al presente comma è stabilito nella misura massima di 20.000 euro per gli esercenti di librerie che non risultano ricomprese in gruppi editoriali dagli stessi direttamente gestite e di 10.000 euro per gli altri esercenti.

320. Gli esercizi di cui al comma 319 possono accedere al credito d'imposta nel rispetto dei limiti di cui al regolamento (UE) n. 1407/2013 della Commissione, del 18 dicembre 2013, relativo all'applicazione degli articoli 107 e 108 del Trattato sul funzionamento dell'Unione europea agli aiuti «de

minimis». Il credito d'imposta non concorre alla formazione del reddito ai fini delle imposte sui redditi e del valore della produzione ai fini dell'imposta regionale sulle attività produttive, non rileva ai fini del rapporto di cui agli articoli 61 e 109, comma 5, del testo unico delle imposte sui redditi, di cui al decreto del Presidente della Repubblica 22 dicembre 1986, n. 917, ed è utilizzabile esclusivamente in compensazione ai sensi dell'articolo 17 del decreto legislativo 9 luglio 1997, n. 241, presentando il modello F24 esclusivamente attraverso i servizi telematici messi a disposizione dall'Agenzia delle entrate, pena lo scarto dell'operazione di versamento, secondo modalità e termini definiti con provvedimento del direttore della medesima Agenzia.

321. Con decreto del Ministro dei beni e delle attività culturali e del turismo, di concerto con il Ministro dell'economia e delle finanze, da adottare entro sessanta giorni dalla data di entrata in vigore della presente legge, sono stabilite le disposizioni applicative dei commi 319 e 320, anche con riferimento al monitoraggio ed al rispetto dei limiti di spesa ivi previsti.

322. - 944. (*Omissis*).

945. Il soggetto che intende avvalersi, per lo stoccaggio di prodotti energetici, di un deposito fiscale o del deposito di un destinatario registrato di cui rispettivamente agli articoli 23 e 8 del testo unico di cui al decreto legislativo 26 ottobre 1995, n. 504, dei quali non sia il titolare, è preventivamente autorizzato dall'Agenzia delle dogane e dei monopoli all'esercizio di tale attività, previa presentazione di apposita istanza. L'autorizzazione di cui al presente comma ha validità biennale e ai soggetti autorizzati è attribuito un codice identificativo.

946. - 955. (*Omissis*).

956. Ferma restando l'applicazione delle pene previste per le violazioni che costituiscono reato, per le infrazioni alle disposizioni di cui ai commi da 945 a 959 si applica la sanzione amministrativa del pagamento di una somma da 1.000 euro a 10.000 euro. Il depositario autorizzato o il destinatario registrato che consente lo stoccaggio ovvero procede all'estrazione di prodotti energetici di depositanti privi dell'autorizzazione di cui al comma 945 ovvero che non abbiano effettuato la comunicazione di cui al comma 946 ovvero la cui autorizzazione o comunicazione non sia più efficace al momento dello stoccaggio o dell'estrazione dei prodotti energetici, è responsabile solidale per il pagamento dell'IVA afferente ai medesimi prodotti.

957. (*Omissis*).

958. Con determinazione del direttore dell'Agenzia delle dogane e dei monopoli, da adottare entro sessanta giorni dalla data di entrata in vigore della presente legge, sono stabiliti i dati obbligatori da indicare nel documento di accompagnamento previsto dall'articolo 12, comma 1, del testo

unico di cui al decreto legislativo 26 ottobre 1995, n. 504, per la circolazione dei prodotti assoggettati ad accisa, a modifica delle disposizioni in materia contenute nel regolamento di cui al decreto del Ministro delle finanze 25 marzo 1996, n. 210, nonché gli ulteriori dati da trasmettere in forma telematica relativi alle contabilità dei depositari autorizzati e dei destinatari registrati, inclusi quelli atti ad individuare i soggetti di cui ai commi 945 e 946 per conto dei quali i prodotti medesimi sono stati estratti e i destinatari finali dei prodotti stessi.

959. - 1181. (*Omissis*).

16.

D.L. 23 ottobre 2018, n. 119. Disposizioni urgenti in materia fiscale e finanziaria (*Gazzetta Ufficiale* Serie gen. - n. 247 del 23 ottobre 2018), convertito, con modificazioni, nella L. 17 dicembre 2018, n. **136** (*Gazzetta Ufficiale* Serie gen. - n. 293 del 18 dicembre 2018).

(*Estratto*)

Titolo I
Disposizioni in materia fiscale

Capo I
Disposizioni in materia di pacificazione fiscale

1. Definizione agevolata dei processi verbali di constatazione. – 1. Il contribuente può definire il contenuto integrale dei processi verbali di constatazione redatti ai sensi dell'articolo 24 della legge 7 gennaio 1929, n. 4, consegnati entro la data di entrata in vigore del presente decreto, presentando la relativa dichiarazione per regolarizzare le violazioni constatate nel verbale in materia di imposte sui redditi e relative addizionali, contributi previdenziali e ritenute, imposte sostitutive, imposta regionale sulle attività produttive, imposta sul valore degli immobili all'estero, imposta sul valore delle attività finanziarie all'estero e imposta sul valore aggiunto. È possibile definire solo i verbali per i quali, alla predetta data, non è stato ancora notificato un avviso di accertamento o ricevuto un invito al contraddittorio di cui all'articolo 5, comma 1, del decreto legislativo 19 giugno 1997, n. 218.

2. Le dichiarazioni di cui al comma 1 devono essere presentate entro il 31 maggio 2019 con le modalità stabilite da un provvedimento del direttore dell'Agenzia delle entrate, per i periodi di imposta per i quali non sono scaduti i termini di cui all'articolo 43 del decreto del Presidente della Repubblica 29 settembre 1973, n. 600 e all'articolo 57 del decreto del Presidente della

Repubblica 26 ottobre 1972, n. 633, anche tenuto conto del raddoppio dei termini di cui all'articolo 12, commi 2 *bis* e 2 *ter*, del decreto legge 1° luglio 2009, n. 78, convertito, con modificazioni, dalla legge 3 agosto 2009, n. 102.

3. Ai fini della presente definizione agevolata nella dichiarazione di cui al comma 1 non possono essere utilizzate, a scomputo dei maggiori imponibili dichiarati, le perdite di cui agli articoli 8 e 84 del decreto del Presidente della Repubblica 22 dicembre 1986, n. 917.

4. In caso di processo verbale di constatazione consegnato a soggetti in regime di trasparenza di cui agli articoli 5, 115 e 116 del decreto del Presidente della Repubblica 22 dicembre 1986, n. 917, la dichiarazione di cui al comma 1 può essere presentata anche dai soggetti partecipanti, ai quali si applicano le disposizioni del presente articolo per regolarizzare le imposte dovute sui maggiori redditi di partecipazione ad essi imputabili.

5. Le imposte autoliquidate nelle dichiarazioni presentate, relative a tutte le violazioni constatate per ciascun periodo d'imposta, devono essere versate, senza applicazione delle sanzioni irrogabili ai sensi dell'articolo 17, comma 1, del decreto legislativo 18 dicembre 1997, n. 472 e degli interessi, entro il 31 maggio 2019.

6. Limitatamente ai debiti relativi alle risorse proprie tradizionali previste dall'articolo 2, paragrafo 1, lettera *a*), della decisione 2014/335/UE, Euratom del Consiglio, del 26 maggio 2014, il debitore è tenuto a corrispondere, in aggiunta alle somme di cui al comma 5, a decorrere dal 1° maggio 2016, gli interessi di mora previsti dall'articolo 114, paragrafo 1, del regolamento (UE) n. 952/2013 del Parlamento europeo e del Consiglio del 9 ottobre 2013, fatto salvo quanto previsto ai paragrafi 3 e 4 dello stesso articolo 114.

7. La definizione di cui al comma 1 si perfeziona con la presentazione della dichiarazione ed il versamento in unica soluzione o della prima rata entro i termini di cui ai commi 2 e 5. Si applicano le disposizioni previste dall'articolo 8, commi 3 e 4, del decreto legislativo 19 giugno 1997, n. 218, con un massimo di venti rate trimestrali di pari importo. Le rate successive alla prima devono essere versate entro l'ultimo giorno di ciascun trimestre. Sull'importo delle rate successive alla prima sono dovuti gli interessi legali calcolati dal giorno successivo al termine per il versamento della prima rata. È esclusa la compensazione prevista dall'articolo 17 del decreto legislativo 9 luglio 1997, n. 241.

8. In caso di mancato perfezionamento non si producono gli effetti del presente articolo e il competente ufficio procede alla notifica degli atti relativi alle violazioni constatate.

9. In deroga all'articolo 3, comma 1, della legge 27 luglio 2000, n. 212, con riferimento ai periodi di imposta fino al 31 dicembre 2015, oggetto dei

processi verbali di constatazione di cui al comma 1, i termini di cui all'articolo 43 del decreto del Presidente della Repubblica 29 settembre 1973, n. 600, all'articolo 57 del decreto del Presidente della Repubblica 26 ottobre 1972, n. 633 e all'articolo 20, comma 1, del decreto legislativo 18 dicembre 1997, n. 472, sono prorogati di due anni.

10. Con uno o più provvedimenti del direttore dell'Agenzia delle entrate, di concerto con il direttore dell'Agenzia delle dogane e dei monopoli, sono emanate le ulteriori disposizioni necessarie per l'attuazione del presente articolo.

2. Definizione agevolata degli atti del procedimento di accertamento. – 1. Gli avvisi di accertamento, gli avvisi di rettifica e di liquidazione, gli atti di recupero notificati entro la data di entrata in vigore del presente decreto, non impugnati e ancora impugnabili alla stessa data, possono essere definiti con il pagamento delle somme complessivamente dovute per le sole imposte, senza le sanzioni, gli interessi e gli eventuali accessori, entro trenta giorni dalla predetta data o, se più ampio, entro il termine di cui all'articolo 15, comma 1, del decreto legislativo 19 giugno 1997, n. 218, che residua dopo la data di entrata in vigore del presente decreto.

2. Le somme contenute negli inviti al contraddittorio di cui agli articoli 5, comma 1, lettera *c*), e 11, comma 1, lettera b *bis*), del decreto legislativo 19 giugno 1997, n. 218, notificati entro la data di entrata in vigore del presente decreto, possono essere definiti con il pagamento delle somme complessivamente dovute per le sole imposte, senza le sanzioni, gli interessi e gli eventuali accessori, entro trenta giorni dalla predetta data.

2 *bis*. All'articolo 17, ottavo comma, del decreto del Presidente della Repubblica 26 ottobre 1972, n. 633, le parole: "31 dicembre 2018" sono sostituite dalle seguenti: "30 giugno 2022".

3. Gli accertamenti con adesione di cui agli articoli 2 e 3 del decreto legislativo 19 giugno 1997, n. 218, sottoscritti entro la data di entrata in vigore del presente decreto possono essere perfezionati ai sensi dell'articolo 9 del medesimo decreto legislativo, con il pagamento, entro il termine di cui all'articolo 8, comma 1, del citato decreto, decorrente dalla predetta data, delle sole imposte, senza le sanzioni, gli interessi e gli eventuali accessori.

4. La definizione di cui a commi 1, 2, 3 si perfeziona con il versamento delle somme in unica soluzione o della prima rata entro i termini di cui ai citati commi. Si applicano le disposizioni previste dall'articolo 8, commi 2, 3, 4 del decreto legislativo 19 giugno 1997, n. 218, con un massimo di venti rate trimestrali di pari importo. È esclusa la compensazione prevista dall'articolo 17 del decreto legislativo 9 luglio 1997, n. 241. In caso di mancato perfezio-

namento non si producono gli effetti del presente articolo e il competente ufficio prosegue le ordinarie attività relative a ciascuno dei procedimenti di cui ai commi 1, 2 e 3.

5. Limitatamente ai debiti relativi alle risorse proprie tradizionali previste dall'articolo 2, paragrafo 1, lettera *a*), della decisione 2014/335/UE, Euratom del Consiglio, del 26 maggio 2014, il debitore è tenuto a corrispondere, in aggiunta alle somme di cui ai commi 1, 2 e 3, a decorrere dal 1° maggio 2016 gli interessi di mora previsti dall'articolo 114, paragrafo 1, del regolamento (UE) n. 952/2013 del Parlamento europeo e del Consiglio del 9 ottobre 2013, fatto salvo quanto previsto ai paragrafi 3 e 4 dello stesso articolo 114.

6. Sono esclusi dalla definizione gli atti emessi nell'ambito della procedura di collaborazione volontaria di cui all'articolo 5 *quater* del decreto legge 28 giugno 1990, n. 167, convertito, con modificazioni, dalla legge 4 agosto 1990, n. 227.

7. La definizione perfezionata dal coobbligato giova in favore degli altri.

8. Con uno o più provvedimenti del direttore dell'Agenzia delle entrate, di concerto con il direttore dell'Agenzia delle dogane e dei monopoli, sono adottate le ulteriori disposizioni necessarie per l'attuazione del presente articolo.

3. Definizione agevolata dei carichi affidati all'agente della riscossione. – 1. I debiti, diversi da quelli di cui all'articolo 5 risultanti dai singoli carichi affidati agli agenti della riscossione dal 1° gennaio 2000 al 31 dicembre 2017, possono essere estinti, senza corrispondere le sanzioni comprese in tali carichi, gli interessi di mora di cui all'articolo 30, comma 1, del decreto del Presidente della Repubblica 29 settembre 1973, n. 602, ovvero le sanzioni e le somme aggiuntive di cui all'articolo 27, comma 1, del decreto legislativo 26 febbraio 1999, n. 46, versando integralmente le somme:

a) affidate all'agente della riscossione a titolo di capitale e interessi;

b) maturate a favore dell'agente della riscossione, ai sensi dell'articolo 17 del decreto legislativo 13 aprile 1999, n. 112, a titolo di aggio sulle somme di cui alla lettera *a*) e di rimborso delle spese per le procedure esecutive e di notifica della cartella di pagamento ([1]).

2. Il pagamento delle somme di cui al comma 1 è effettuato:

a) in unica soluzione, entro il 31 luglio 2019 ([2]);

b) nel numero massimo di diciotto rate consecutive, la prima e la seconda delle quali, ciascuna di importo pari al 10 per cento delle somme complessivamente dovute ai fini della definizione, scadenti rispettivamente il 31 luglio e il 30 novembre 2019; le restanti, di pari ammontare, scadenti il 28 febbraio, il 31 maggio, il 31 luglio e il 30 novembre di ciascun anno a decorrere dal 2020 ([2]).

3. In caso di pagamento rateale ai sensi del comma 1, sono dovuti, a decorrere dal 1° agosto 2019, gli interessi al tasso del 2 per cento annuo e non si applicano le disposizioni dell'articolo 19 del decreto del Presidente della Repubblica 29 settembre 1973, n. 602.

4. L'agente della riscossione fornisce ai debitori i dati necessari a individuare i carichi definibili presso i propri sportelli e in apposita area del proprio sito internet.

5. Il debitore manifesta all'agente della riscossione la sua volontà di procedere alla definizione di cui al comma 1 rendendo, entro il 30 aprile 2019, apposita dichiarazione, con le modalità e in conformità alla modulistica che lo stesso agente pubblica sul proprio sito internet nel termine massimo di venti giorni dalla data di entrata in vigore del presente decreto; in tale dichiarazione il debitore sceglie altresì il numero di rate nel quale intende effettuare il pagamento, entro il limite massimo previsto dal comma 1.

6. Nella dichiarazione di cui al comma 5 il debitore indica l'eventuale pendenza di giudizi aventi ad oggetto i carichi in essa ricompresi e assume l'impegno a rinunciare agli stessi giudizi, che, dietro presentazione di copia della dichiarazione e nelle more del pagamento delle somme dovute, sono sospesi dal giudice. L'estinzione del giudizio è subordinata all'effettivo perfezionamento della definizione e alla produzione, nello stesso giudizio, della documentazione attestante i pagamenti effettuati; in caso contrario, il giudice revoca la sospensione su istanza di una delle parti.

7. Entro il 30 aprile 2019 il debitore può integrare, con le modalità previste dal comma 5, la dichiarazione presentata anteriormente a tale data.

8. Ai fini della determinazione dell'ammontare delle somme da versare ai sensi del comma 1, lettere a) e b), si tiene conto esclusivamente degli importi già versati a titolo di capitale e interessi compresi nei carichi affidati, nonché, ai sensi dell'articolo 17 del decreto legislativo 13 aprile 1999, n. 112, di aggio e di rimborso delle spese per le procedure esecutive e di notifica della cartella di pagamento. Il debitore, se, per effetto di precedenti pagamenti parziali, ha già integralmente corrisposto quanto dovuto ai sensi del comma 1, per beneficiare degli effetti della definizione deve comunque manifestare la sua volontà di aderirvi con le modalità previste dal comma 5.

9. Le somme relative ai debiti definibili, versate a qualsiasi titolo, anche anteriormente alla definizione, restano definitivamente acquisite e non sono rimborsabili.

10. A seguito della presentazione della dichiarazione, relativamente ai carichi definibili che ne costituiscono oggetto:

a) sono sospesi i termini di prescrizione e decadenza;

b) sono sospesi, fino alla scadenza della prima o unica rata delle somme dovute a titolo di definizione, gli obblighi di pagamento derivanti da precedenti dilazioni in essere alla data di presentazione;

c) non possono essere iscritti nuovi fermi amministrativi e ipoteche, fatti salvi quelli già iscritti alla data di presentazione;

d) non possono essere avviate nuove procedure esecutive;

e) non possono essere proseguite le procedure esecutive precedentemente avviate, salvo che non si sia tenuto il primo incanto con esito positivo;

f) il debitore non è considerato inadempiente ai fini di cui agli articoli 28 *ter* e 48 *bis* del decreto del Presidente della Repubblica 29 settembre 1973, n. 602;

f bis) si applica la disposizione di cui all'articolo 54 del decreto legge 24 aprile 2017, n. 50, convertito, con modificazioni, dalla legge 21 giugno 2017, n. 96, ai fini del rilascio del documento unico di regolarità contributiva (DURC), di cui al decreto del Ministro del lavoro e delle politiche sociali 30 gennaio 2015, pubblicato nella *Gazzetta Ufficiale* n. 125 del 1° giugno 2015.

11. Entro il 30 giugno 2019, l'agente della riscossione comunica ai debitori che hanno presentato la dichiarazione di cui al comma 5 l'ammontare complessivo delle somme dovute ai fini della definizione, nonché quello delle singole rate, e il giorno e il mese di scadenza di ciascuna di esse.

12. Il pagamento delle somme dovute per la definizione può essere effettuato:

a) mediante domiciliazione sul conto corrente eventualmente indicato dal debitore nella dichiarazione resa ai sensi del comma 5;

b) mediante bollettini precompilati, che l'agente della riscossione è tenuto ad allegare alla comunicazione di cui al comma 11, se il debitore non ha richiesto di eseguire il versamento con le modalità previste dalla lettera *a*) del presente comma;

c) presso gli sportelli dell'agente della riscossione. In tal caso, si applicano le disposizioni di cui all'articolo 12, comma 7 *bis*, del decreto legge 23 dicembre 2013, n. 145, convertito, con modificazioni, dalla legge 21 febbraio 2014, n. 9, con le modalità previste dal decreto del Ministro dell'economia e delle finanze 24 settembre 2014, pubblicato nella *Gazzetta Ufficiale* n. 236 del 10 ottobre 2014, con riferimento a tutti i carichi definiti.

13. Limitatamente ai debiti definibili per i quali è stata presentata la dichiarazione di cui al comma 5:

a) alla data del 31 luglio 2019 le dilazioni sospese ai sensi del comma 10, lettera b), sono automaticamente revocate e non possono essere accordate nuove dilazioni ai sensi dell'articolo 19 del decreto del Presidente della Repubblica 29 settembre 1973, n. 602;

b) il pagamento della prima o unica rata delle somme dovute a titolo di definizione determina l'estinzione delle procedure esecutive precedentemente avviate, salvo che non si sia tenuto il primo incanto con esito positivo.

14. In caso di mancato ovvero di insufficiente o tardivo versamento dell'unica rata ovvero di una di quelle in cui è stato dilazionato il pagamento delle somme di cui al comma 2, la definizione non produce effetti e riprendono a decorrere i termini di prescrizione e decadenza per il recupero dei carichi oggetto di dichiarazione. In tal caso, relativamente ai debiti per i quali la definizione non ha prodotto effetti:

a) i versamenti effettuati sono acquisiti a titolo di acconto dell'importo complessivamente dovuto a seguito dell'affidamento del carico e non determinano l'estinzione del debito residuo, di cui l'agente della riscossione prosegue l'attività di recupero;

b) il pagamento non può essere rateizzato ai sensi dell'articolo 19 del decreto del Presidente della Repubblica 29 settembre 1973, n. 602.

14 *bis*. Nei casi di tardivo versamento delle relative rate non superiore a cinque giorni, l'effetto di inefficacia della definizione, previsto dal comma 14, non si produce e non sono dovuti interessi.

15. Possono essere ricompresi nella definizione agevolata di cui al comma 1 anche i debiti risultanti dai carichi affidati agli agenti della riscossione che rientrano nei procedimenti instaurati a seguito di istanza presentata dai debitori ai sensi del capo II, sezione prima, della legge 27 gennaio 2012, n. 3, con la possibilità di effettuare il pagamento del debito, anche falcidiato, con le modalità e nei tempi eventualmente previsti nel decreto di omologazione dell'accordo o del piano del consumatore.

16. Sono esclusi dalla definizione di cui al comma 1 i debiti risultanti dai carichi affidati agli agenti della riscossione recanti:

a) le somme dovute a titolo di recupero di aiuti di Stato ai sensi dell'articolo 16 del regolamento (UE) 2015/1589 del Consiglio, del 13 luglio 2015;

b) i crediti derivanti da pronunce di condanna della Corte dei conti;

c) le multe, le ammende e le sanzioni pecuniarie dovute a seguito di provvedimenti e sentenze penali di condanna;

d) le sanzioni diverse da quelle irrogate per violazioni tributarie o per violazione degli obblighi relativi ai contributi e ai premi dovuti agli enti previdenziali.

17. Per le sanzioni amministrative per violazioni del codice della strada, di cui al decreto legislativo 30 aprile 1992, n. 285, le disposizioni del presente articolo si applicano limitatamente agli interessi, compresi quelli di cui all'articolo 27, sesto comma, della legge 24 novembre 1981, n. 689.

18. Alle somme occorrenti per aderire alla definizione di cui al comma 1, che sono oggetto di procedura concorsuale, nonché in tutte le procedure di composizione negoziale della crisi d'impresa previste dal regio decreto 16 marzo 1942, n. 267, si applica la disciplina dei crediti prededucibili di cui agli articoli 111 e 111 *bis* del regio decreto 16 marzo 1942, n. 267.

19. A seguito del pagamento delle somme di cui ai commi 1, 21, 22 e 24, l'agente della riscossione è automaticamente discaricato dell'importo residuo. Al fine di consentire agli enti creditori di eliminare dalle proprie scritture patrimoniali i crediti corrispondenti alle quote discaricate, lo stesso agente della riscossione trasmette, anche in via telematica, a ciascun ente interessato, entro il 31 dicembre 2024, l'elenco dei debitori che si sono avvalsi delle disposizioni di cui al presente articolo e dei codici tributo per i quali è stato effettuato il versamento. All'articolo 6, comma 12, del decreto legge 22 ottobre 2016, n. 193, convertito, con modificazioni, dalla legge 1° dicembre 2016, n. 225, le parole «30 giugno 2020» sono sostituite dalle seguenti: «31 dicembre 2024».

20. All'articolo 1, comma 684, della legge 23 dicembre 2014, n. 190, il primo periodo è sostituito dal seguente:

«Le comunicazioni di inesigibilità relative alle quote affidate agli agenti della riscossione dal 1° gennaio 2000 al 31 dicembre 2017, anche da soggetti creditori che hanno cessato o cessano di avvalersi delle società del Gruppo Equitalia ovvero dell'Agenzia delle entrate-Riscossione, sono presentate, per i ruoli consegnati negli anni 2016 e 2017, entro il 31 dicembre 2026 e, per quelli consegnati fino al 31 dicembre 2015, per singole annualità di consegna partendo dalla più recente, entro il 31 dicembre di ciascun anno successivo al 2026.».

21. Fatto salvo quanto previsto dall'articolo 4, l'integrale pagamento, entro il termine differito al 7 dicembre 2018, delle residue somme dovute ai sensi dell'articolo 1, commi 6 e 8, lettera *b*), numero 2), del decreto legge 16 ottobre 2017, n. 148, convertito, con modificazioni, dalla legge 4 dicembre 2017, n. 172, in scadenza nei mesi di luglio, settembre e ottobre 2018, determina, per i debitori che vi provvedono, il differimento automatico del versamento delle restanti somme, che è effettuato in dieci rate consecutive di pari importo, con scadenza il 31 luglio e il 30 novembre di ciascun anno a decorrere dal 2019, sulle quali sono dovuti, dal 1° agosto 2019, gli interessi al tasso dello 0,3 per cento annuo. A tal fine, entro il 30 giugno 2019, senza alcun adempimento a carico dei debitori interessati, l'agente della riscossione invia a questi ultimi apposita comunicazione, unitamente ai bollettini precompilati per il pagamento delle somme dovute alle nuove scadenze, anche tenendo conto di quelle stralciate ai sensi dell'articolo 4. Si applicano le disposizioni di cui al comma 12, lettera *c*); si applicano altresì, a seguito del

pagamento della prima delle predette rate differite, le disposizioni di cui al comma 13, lettera *b*) (3).

22. Resta salva la facoltà, per il debitore, di effettuare, entro il 31 luglio 2019, in unica soluzione, il pagamento delle rate differite ai sensi del comma 21 (3).

23. Fatto salvo quanto previsto dall'articolo 4, i debiti relativi ai carichi per i quali non è stato effettuato l'integrale pagamento, entro il 7 dicembre 2018, delle somme da versare nello stesso termine in conformità alle previsioni del comma 21 possono essere definiti secondo le disposizioni del presente articolo versando le somme di cui al comma 1 in unica soluzione entro il 31 luglio 2019, ovvero, in deroga al comma 2, lettera b), nel numero massimo di dieci rate consecutive, ciascuna di pari importo, scadenti la prima il 31 luglio 2019, la seconda il 30 novembre 2019 e le restanti il 28 febbraio, il 31 maggio, il 31 luglio e il 30 novembre degli anni 2020 e 2021 (4) (3).

24. Relativamente ai debiti risultanti dai singoli carichi affidati agli agenti della riscossione dal 1° gennaio 2000 al 30 settembre 2017, i soggetti di cui all'articolo 6, comma 13 *ter*, del decreto legge 22 ottobre 2016, n. 193, convertito, con modificazioni, dalla legge 1° dicembre 2016, n. 225, effettuano il pagamento delle residue somme dovute ai fini delle definizioni agevolate previste dallo stesso articolo 6 del decreto legge n. 193 del 2016 e dall'articolo 1, comma 4, del decreto legge 16 ottobre 2017, n. 148, convertito, con modificazioni, dalla legge 4 dicembre 2017, n. 172, in dieci rate consecutive di pari importo, con scadenza il 31 luglio e il 30 novembre di ciascun anno a decorrere dal 2019, sulle quali sono dovuti, dal 1° agosto 2019, gli interessi al tasso dello 0,3 per cento annuo. A tal fine, entro il 30 giugno 2019, senza alcun adempimento a carico dei debitori interessati, l'agente della riscossione invia a questi ultimi apposita comunicazione, unitamente ai bollettini precompilati per il pagamento delle somme dovute alle nuove scadenze. Si applicano le disposizioni di cui al comma 12, lettera *c*); si applicano altresì, a seguito del pagamento della prima delle predette rate, le disposizioni di cui al comma 13, lettera *b*). Resta salva la facoltà, per il debitore, di effettuare il pagamento di tali rate in unica soluzione entro il 31 luglio 2019 (3).

24 *bis*. Le disposizioni del comma 14 *bis* si applicano anche nel caso di tardivo versamento, non superiore a cinque giorni, delle rate differite ai sensi dei commi 21 e 24, in scadenza a decorrere dal 31 luglio 2019.

25. Possono essere definiti, secondo le disposizioni del presente articolo, anche i debiti relativi ai carichi già oggetto di precedenti dichiarazioni rese ai sensi:

a) dell'articolo 6, comma 2, del decreto legge 22 ottobre 2016, n. 193, convertito, con modificazioni, dalla legge 1° dicembre 2016, n. 225, per le quali il debitore non ha perfezionato la definizione con l'integrale, tempestivo pagamento delle somme dovute a tal fine;

b) dell'articolo 1, comma 5, del decreto legge 16 ottobre 2017, n. 148, convertito, con modificazioni, dalla legge 4 dicembre 2017, n. 172, per le quali il debitore non ha provveduto all'integrale, tempestivo pagamento delle somme dovute in conformità al comma 8, lettera *b*), numero 1), dello stesso articolo 1 del decreto legge n. 148 del 2017.

(¹) *Si veda l'art. 68, comma 3, del D.L. 17 marzo 2020, n. 18, convertito, con modificazioni, nella L. 24 aprile 2020, n. 27, come, da ultimo, sostituito dall'art. 1* sexies *del D.L. 25 maggio 2021, n. 73, convertito, con modificazioni, nella L. 23 luglio 2021, n. 106, che si riporta:*

«3. Il versamento delle rate da corrispondere nell'anno 2020 e di quelle da corrispondere il 28 febbraio, il 31 marzo, il 31 maggio e il 31 luglio 2021 ai fini delle definizioni agevolate di cui agli articoli 3 e 5 del decreto legge 23 ottobre 2018, n. 119, convertito, con modificazioni, dalla legge 17 dicembre 2018, n. 136, all'articolo 16 bis *del decreto legge 30 aprile 2019, n. 34, convertito, con modificazioni, dalla legge 28 giugno 2019, n. 58, e all'articolo 1, commi 190 e 193, della legge 30 dicembre 2018, n. 145, è considerato tempestivo e non determina l'inefficacia delle stesse definizioni se effettuato integralmente, con applicazione delle disposizioni dell'articolo 3, comma 14* bis*, del citato decreto legge n. 119 del 2018:*

a) *entro il 31 luglio 2021, relativamente alle rate in scadenza il 28 febbraio 2020 e il 31 marzo 2020;*

b) *entro il 31 agosto 2021, relativamente alla rata in scadenza il 31 maggio 2020;*

c) *entro il 30 settembre 2021, relativamente alla rata in scadenza il 31 luglio 2020;*

d) *entro il 31 ottobre 2021, relativamente alla rata in scadenza il 30 novembre 2020;*

e) *entro il 30 novembre 2021, relativamente alle rate in scadenza il 28 febbraio, il 31 marzo, il 31 maggio e il 31 luglio 2021».*

(²) *A norma dell'art. 37, comma 1, del D.L. 26 ottobre 2019, n. 124, convertito, con modificazioni, nella L. 19 dicembre 2019, n. 157, la scadenza di pagamento del 31 luglio 2019 prevista da questa lettera è fissata al 30 novembre 2019.*

(³) *A norma dell'art. 37, comma 1, del D.L. 26 ottobre 2019, n. 124, convertito, con modificazioni, nella L. 19 dicembre 2019, n. 157, la scadenza di pagamento del 31 luglio 2019 prevista da questo comma è fissata al 30 novembre 2019.*

(⁴) *Le parole da: «non possono» fino a: «improcedibile» sono state così sostituite dalle attuali: «possono essere definiti secondo le disposizioni del presente articolo versando le somme di cui al comma 1 in unica soluzione entro il 31 luglio 2019, ovvero, in deroga al comma 2, lettera* b)*, nel numero massimo di dieci rate consecutive, ciascuna di pari importo, scadenti la prima il 31 luglio 2019, la seconda il 30 novembre 2019 e le restanti il 28 febbraio, il 31 maggio, il 31 luglio e il 30 novembre degli anni 2020 e 2021» dall'art. 1* bis*, comma 1, lett.* a)*, del D.L. 14 dicembre 2018, n. 135, convertito, con modificazioni, nella L. 11 febbraio 2019, n. 12.*

4. Stralcio dei debiti fino a mille euro affidati agli agenti della riscossione dal 2000 al 2010. – 1. I debiti di importo residuo, alla data di entrata in vigore del presente decreto, fino a mille euro, comprensivo di capitale, interessi per ritardata iscrizione a ruolo e sanzioni, risultanti dai singoli carichi affidati agli agenti della riscossione dal 1° gennaio 2000 al 31 dicembre 2010, ancorché riferiti alle cartelle per le quali è già intervenuta la richiesta di cui all'articolo 3, sono automaticamente annullati. L'annullamento è effettuato alla data del 31 dicembre 2018 per consentire il regolare svolgimento dei necessari adempimenti tecnici e contabili. Ai fini del conseguente discarico, senza oneri amministrativi a carico dell'ente creditore, e dell'eliminazione dalle relative scritture patrimoniali, l'agente della riscossione trasmette agli enti interessati l'elenco delle quote annullate su supporto magnetico, ovvero in via telematica, in conformità alle specifiche tecniche di cui all'allegato 1 del decreto direttoriale del Ministero dell'economia e delle finanze del 15 giugno 2015, pubblicato nella *Gazzetta Ufficiale* n. 142 del 22 giugno 2015. Si applicano le disposizioni di cui all'articolo 1, comma 529, della legge 24 dicembre 2012, n. 228. Gli enti creditori, sulla base dell'elenco trasmesso dall'agente della riscossione, adeguano le proprie scritture contabili entro la data del 31 dicembre 2019, tenendo conto degli eventuali effetti negativi già nel corso della gestione e vincolando allo scopo le eventuali risorse disponibili alla data della comunicazione ([1]).

2. Con riferimento ai debiti di cui al comma 1:

a) le somme versate anteriormente alla data di entrata in vigore del presente decreto restano definitivamente acquisite;

b) le somme versate dalla data di entrata in vigore del presente decreto sono imputate alle rate da corrispondersi per altri debiti eventualmente inclusi nella definizione agevolata anteriormente al versamento, ovvero, in mancanza, a debiti scaduti o in scadenza e, in assenza anche di questi ultimi, sono rimborsate, ai sensi dell'articolo 22, commi 1 *bis*, 1 *ter* e 1 *quater*, del decreto legislativo 13 aprile 1999, n. 112. A tal fine, l'agente della riscossione presenta all'ente creditore richiesta di restituzione delle somme eventualmente riscosse dalla data di entrata in vigore del presente decreto e fino al 31 dicembre 2018, riversate ai sensi dello stesso articolo 22 del decreto legislativo n. 112 del 1999. In caso di mancata erogazione nel termine di novanta giorni dalla richiesta, l'agente della riscossione è autorizzato a compensare il relativo importo con le somme da riversare.

3. Per il rimborso delle spese per le procedure esecutive poste in essere in relazione alle quote annullate ai sensi del comma 1, concernenti i carichi erariali e, limitatamente alle spese maturate negli anni 2000-2013, quelli dei

comuni, l'agente della riscossione presenta, entro il 31 dicembre 2019, sulla base dei crediti risultanti dal proprio bilancio al 31 dicembre 2018, e fatte salve le anticipazioni eventualmente ottenute, apposita richiesta al Ministero dell'economia e delle finanze. Il rimborso è effettuato, a decorrere dal 30 giugno 2020, in venti rate annuali, con onere a carico del bilancio dello Stato. Per i restanti carichi tale richiesta è presentata al singolo ente creditore, che provvede direttamente al rimborso, fatte salve anche in questo caso le anticipazioni eventualmente ottenute, con oneri a proprio carico e con le modalità e nei termini previsti dal secondo periodo.

4. Le disposizioni del presente articolo non si applicano ai debiti relativi ai carichi di cui all'articolo 3, comma 16, lettere *a*), *b*) e *c*), nonché alle risorse proprie tradizionali previste dall'articolo 2, paragrafo 1, lettera *a*), delle decisioni 2007/436/CE, Euratom del Consiglio, del 7 giugno 2007, e 2014/335/UE, Euratom del Consiglio, del 26 maggio 2014, e all'imposta sul valore aggiunto riscossa all'importazione.

(¹) *Questo periodo è stato aggiunto dall'art. 16* quater *del D.L. 30 aprile 2019, n. 34, convertito, con modificazioni, nella L. 28 giugno 2019, n. 58, a decorrere dal 30 giugno 2019.*

5. Definizione agevolata dei carichi affidati all'agente della riscossione a titolo di risorse proprie dell'Unione europea. – 1. I debiti relativi ai carichi affidati agli agenti della riscossione dal 1° gennaio 2000 al 31 dicembre 2017 a titolo di risorse proprie tradizionali previste dall'articolo 2, paragrafo 1, lettera *a*), delle decisioni 2007/436/CE, Euratom del Consiglio, del 7 giugno 2007, e 2014/335/UE, Euratom del Consiglio, del 26 maggio 2014, e di imposta sul valore aggiunto riscossa all'importazione possono essere estinti con le modalità, alle condizioni e nei termini di cui all'articolo 3, con le seguenti deroghe:

a) limitatamente ai debiti relativi alle risorse proprie tradizionali previste dall'articolo 2, paragrafo 1, lettera *a*), della decisione 2014/335/UE, Euratom del Consiglio, del 26 maggio 2014, il debitore è tenuto a corrispondere, in aggiunta alle somme di cui all'articolo 3, comma 1, lettere *a*) e *b*):

1) a decorrere dal 1° maggio 2016 e fino al 31 luglio 2019, gli interessi di mora previsti dall'articolo 114, paragrafo 1, del regolamento (UE) n. 952/2013 del Parlamento europeo e del Consiglio del 9 ottobre 2013, fatto salvo quanto previsto ai paragrafi 3 e 4 dello stesso articolo 114;

2) dal 1° agosto 2019, gli interessi al tasso del 2 per cento annuo;

b) entro il 31 maggio 2019 l'agente della riscossione trasmette, anche in via telematica, l'elenco dei singoli carichi compresi nelle dichiarazioni di adesione alla definizione all'Agenzia delle dogane e dei monopoli, che, determinato l'importo degli interessi di mora di cui alla lettera *a*), numero 1), lo comunica al medesimo agente, entro il 15 giugno 2019, con le stesse modalità;

c) entro il 31 luglio 2019 l'agente della riscossione comunica ai debitori che hanno presentato la dichiarazione l'ammontare complessivo delle somme dovute ai fini della definizione, nonché quello delle singole rate, e il giorno e il mese di scadenza di ciascuna di esse;

d) il pagamento dell'unica o della prima rata delle somme dovute a titolo di definizione scade il 30 settembre 2019; la seconda rata scade il 30 novembre 2019 e le restanti rate il 28 febbraio, il 31 maggio ([1]) il 31 luglio e il 30 novembre di ciascun anno successivo ([2]);

e) limitatamente ai debiti relativi alle risorse proprie tradizionali previste dall'articolo 2, paragrafo 1, lettera *a*), della decisione 2014/335/UE, Euratom del Consiglio, del 26 maggio 2014, non si applicano le disposizioni di cui all'articolo 3, comma 12, lettera *c*), relative al pagamento mediante compensazione;

f) l'Agenzia delle dogane e dei monopoli, al fine di poter correttamente valutare lo stato dei crediti inerenti alle somme di competenza del bilancio della UE, trasmette, anche in via telematica, alle scadenze determinate in base all'articolo 13 del regolamento (UE, Euratom) n. 609/2014 del Consiglio, del 26 maggio 2014, specifica richiesta all'agente della riscossione, che, entro sessanta giorni, provvede a comunicare, con le stesse modalità, se i debitori che hanno aderito alla definizione hanno effettuato il pagamento delle rate previste e, in caso positivo, a fornire l'elenco dei codici tributo per i quali è stato effettuato il versamento.

([1]) *Le parole: «il 28 febbraio, il 31 maggio» sono state inserite dall'art. 1* bis, *comma 1, lett.* b), *del D.L. 14 dicembre 2018, n. 135, convertito, con modificazioni, nella L. 11 febbraio 2019, n. 12.*

([2]) *Si veda l'art. 68, comma 3, del D.L. 17 marzo 2020, n. 18, convertito, con modificazioni, nella L. 24 aprile 2020, n. 27, come, da ultimo, sostituito dall'art. 1* sexies *del D.L. 25 maggio 2021, n. 73, convertito, con modificazioni, nella L. 23 luglio 2021, n. 106, che si riporta:*

«3. Il versamento delle rate da corrispondere nell'anno 2020 e di quelle da corrispondere il 28 febbraio, il 31 marzo, il 31 maggio e il 31 luglio 2021 ai fini delle definizioni agevolate di cui agli articoli 3 e 5 del decreto legge 23 ottobre 2018, n. 119, convertito, con modificazioni, dalla legge 17 dicembre 2018, n. 136, all'articolo 16 bis *del decreto legge 30 aprile 2019, n. 34, convertito, con modificazioni, dalla legge 28 giugno 2019, n. 58, e all'articolo 1, commi 190 e 193, della legge 30 dicembre 2018, n. 145, è considerato tempestivo e non determina l'inefficacia delle stesse definizioni se effettuato integralmente, con applicazione delle disposizioni dell'articolo 3, comma 14* bis, *del citato decreto legge n. 119 del 2018:*

a) *entro il 31 luglio 2021, relativamente alle rate in scadenza il 28 febbraio 2020 e il 31 marzo 2020;*

b) *entro il 31 agosto 2021, relativamente alla rata in scadenza il 31 maggio 2020;*

c) *entro il 30 settembre 2021, relativamente alla rata in scadenza il 31 luglio 2020;*
d) *entro il 31 ottobre 2021, relativamente alla rata in scadenza il 30 novembre 2020;*
e) *entro il 30 novembre 2021, relativamente alle rate in scadenza il 28 febbraio, il 31 marzo, il 31 maggio e il 31 luglio 2021».*

6. Definizione agevolata delle controversie tributarie. – 1. Le controversie attribuite alla giurisdizione tributaria in cui è parte l'Agenzia delle entrate, aventi ad oggetto atti impositivi, pendenti in ogni stato e grado del giudizio, compreso quello in Cassazione e anche a seguito di rinvio, possono essere definite, a domanda del soggetto che ha proposto l'atto introduttivo del giudizio o di chi vi è subentrato o ne ha la legittimazione, con il pagamento di un importo pari al valore della controversia. Il valore della controversia è stabilito ai sensi del comma 2 dell'articolo 12 del decreto legislativo 31 dicembre 1992, n. 546.

1 *bis*. In caso di ricorso pendente iscritto nel primo grado, la controversia può essere definita con il pagamento del 90 per cento del valore della controversia.

2. In deroga a quanto previsto dal comma 1, in caso di soccombenza dell'Agenzia delle entrate nell'ultima o unica pronuncia giurisdizionale non cautelare depositata alla data di entrata in vigore del presente decreto, le controversie possono essere definite con il pagamento:

a) del 40 per cento del valore della controversia in caso di soccombenza nella pronuncia di primo grado;

b) del 15 per cento del valore della controversia in caso di soccombenza nella pronuncia di secondo grado.

2 *bis*. In caso di accoglimento parziale del ricorso o comunque di soccombenza ripartita tra il contribuente e l'Agenzia delle entrate, l'importo del tributo al netto degli interessi e delle eventuali sanzioni è dovuto per intero relativamente alla parte di atto confermata dalla pronuncia giurisdizionale e in misura ridotta, secondo le disposizioni di cui al comma 2, per la parte di atto annullata.

2 *ter*. Le controversie tributarie pendenti innanzi alla Corte di cassazione, alla data di entrata in vigore della legge di conversione del presente decreto, per le quali l'Agenzia delle entrate risulti soccombente in tutti i precedenti gradi di giudizio, possono essere definite con il pagamento di un importo pari al 5 per cento del valore della controversia.

3. Le controversie relative esclusivamente alle sanzioni non collegate al tributo possono essere definite con il pagamento del quindici per cento del valore della controversia in caso di soccombenza dell'Agenzia delle entrate nell'ultima o unica pronuncia giurisdizionale non cautelare, sul merito o sull'ammissibilità dell'atto introduttivo del giudizio, depositata alla data

di entrata in vigore del presente decreto, e con il pagamento del quaranta per cento negli altri casi. In caso di controversia relativa esclusivamente alle sanzioni collegate ai tributi cui si riferiscono, per la definizione non è dovuto alcun importo relativo alle sanzioni qualora il rapporto relativo ai tributi sia stato definito anche con modalità diverse dalla presente definizione.

4. Il presente articolo si applica alle controversie in cui il ricorso in primo grado è stato notificato alla controparte entro la data di entrata in vigore del presente decreto e per le quali alla data della presentazione della domanda di cui al comma 1 il processo non si sia concluso con pronuncia definitiva.

5. Sono escluse dalla definizione le controversie concernenti anche solo in parte:

a) le risorse proprie tradizionali previste dall'articolo 2, paragrafo 1, lettera *a*), delle decisioni 2007/436/CE, Euratom del Consiglio, del 7 giugno 2007, e 2014/335/UE, Euratom del Consiglio, del 26 maggio 2014, e l'imposta sul valore aggiunto riscossa all'importazione;

b) le somme dovute a titolo di recupero di aiuti di Stato ai sensi dell'articolo 16 del regolamento (UE) 2015/1589 del Consiglio, del 13 luglio 2015.

6. La definizione si perfeziona con la presentazione della domanda di cui al comma 8 e con il pagamento degli importi dovuti ai sensi del presente articolo o della prima rata entro il 31 maggio 2019; nel caso in cui gli importi dovuti superano mille euro è ammesso il pagamento rateale, con applicazione delle disposizioni dell'articolo 8 del decreto legislativo 19 giugno 1997, n. 218, in un massimo di venti rate trimestrali. Il termine di pagamento delle rate successive alla prima scade il 31 agosto, 30 novembre, 28 febbraio e 31 maggio di ciascun anno a partire dal 2019. Sulle rate successive alla prima, si applicano gli interessi legali calcolati dal 1° giugno 2019 alla data del versamento. È esclusa la compensazione prevista dall'articolo 17 del decreto legislativo 9 luglio 1997, n. 241.Qualora non ci siano importi da versare, la definizione si perfeziona con la sola presentazione della domanda.

7. Nel caso in cui le somme interessate dalle controversie definibili a norma del presente articolo sono oggetto di definizione agevolata dei carichi affidati all'agente della riscossione ai sensi dell'articolo 1, comma 4, del decreto legge 16 ottobre 2017, n. 148, convertito, con modificazioni, dalla legge 4 dicembre 2017, n. 172, il perfezionamento della definizione della controversia è in ogni caso subordinato al versamento entro il 7 dicembre 2018 delle somme di cui al comma 21 dell'articolo 3 del presente decreto.

8. Entro il 31 maggio 2019, per ciascuna controversia autonoma è presentata una distinta domanda di definizione esente dall'imposta di bollo ed effettuato un distinto versamento. Per controversia autonoma si intende quella relativa a ciascun atto impugnato.

9. Dagli importi dovuti ai sensi del presente articolo si scomputano quelli già versati a qualsiasi titolo in pendenza di giudizio. La definizione non dà comunque luogo alla restituzione delle somme già versate ancorché eccedenti rispetto a quanto dovuto per la definizione. Gli effetti della definizione perfezionata prevalgono su quelli delle eventuali pronunce giurisdizionali non passate in giudicato anteriormente alla data di entrata in vigore del presente decreto.

10. Le controversie definibili non sono sospese, salvo che il contribuente faccia apposita richiesta al giudice, dichiarando di volersi avvalere delle disposizioni del presente articolo. In tal caso il processo è sospeso fino al 10 giugno 2019. Se entro tale data il contribuente deposita presso l'organo giurisdizionale innanzi al quale pende la controversia copia della domanda di definizione e del versamento degli importi dovuti o della prima rata, il processo resta sospeso fino al 31 dicembre 2020.

11. Per le controversie definibili sono sospesi per nove mesi i termini di impugnazione, anche incidentale, delle pronunce giurisdizionali e di riassunzione, nonché per la proposizione del controricorso in Cassazione che scadono tra la data di entrata in vigore del presente decreto e il 31 luglio 2019.

12. L'eventuale diniego della definizione va notificato entro il 31 luglio 2020 con le modalità previste per la notificazione degli atti processuali. Il diniego è impugnabile entro sessanta giorni dinanzi all'organo giurisdizionale presso il quale pende la controversia. Nel caso in cui la definizione della controversia è richiesta in pendenza del termine per impugnare, la pronuncia giurisdizionale può essere impugnata dal contribuente unitamente al diniego della definizione entro sessanta giorni dalla notifica di quest'ultimo ovvero dalla controparte nel medesimo termine.

13. In mancanza di istanza di trattazione presentata entro il 31 dicembre 2020 dalla parte interessata, il processo è dichiarato estinto, con decreto del Presidente. L'impugnazione della pronuncia giurisdizionale e del diniego, qualora la controversia risulti non definibile, valgono anche come istanza di trattazione. Le spese del processo estinto restano a carico della parte che le ha anticipate.

14. La definizione perfezionata dal coobbligato giova in favore degli altri, inclusi quelli per i quali la controversia non sia più pendente, fatte salve le disposizioni del secondo periodo del comma 8.

15. Con uno o più provvedimenti del direttore dell'Agenzia delle entrate sono stabilite le modalità di attuazione del presente articolo.

16. Ciascun ente territoriale può stabilire, entro il 31 marzo 2019, con le forme previste dalla legislazione vigente per l'adozione dei propri atti, l'applicazione delle disposizioni di cui al presente articolo alle controversie

attribuite alla giurisdizione tributaria in cui è parte il medesimo ente o un suo ente strumentale.

7. Regolarizzazione con versamento volontario di periodi d'imposta precedenti. – 1. (*Soppresso dalla legge di conversione*).

2. Le società e le associazioni sportive dilettantistiche che alla data del 31 dicembre 2017 risultavano iscritte nel registro del CONI possono avvalersi:

a) della definizione agevolata degli atti del procedimento di accertamento prevista dall'articolo 2, versando un importo pari al 50 per cento delle maggiori imposte accertate, fatta eccezione per l'imposta sul valore aggiunto, dovuta per intero, ed al 5 per cento delle sanzioni irrogate e degli interessi dovuti;

b) della definizione agevolata delle liti pendenti dinanzi alle commissioni tributarie di cui all'articolo 6 con il versamento del:

1) 40 per cento del valore della lite e del 5 per cento delle sanzioni e degli interessi accertati nel caso in cui, alla data di entrata in vigore del presente decreto, questa penda ancora nel primo grado di giudizio;

2) 10 per cento del valore della lite e del 5 per cento delle sanzioni e degli interessi accertati, in caso di soccombenza in giudizio dell'amministrazione finanziaria nell'ultima o unica pronuncia giurisdizionale resa e non ancora definitiva alla data di entrata in vigore del presente decreto;

3) 50 per cento del valore della lite e del 10 per cento delle sanzioni e interessi accertati in caso di soccombenza in giudizio della società o associazione sportiva nell'ultima o unica pronuncia giurisdizionale resa e non ancora definitiva alla data di entrata in vigore del presente decreto.

3. La definizione agevolata di cui al presente articolo è preclusa se l'ammontare delle sole imposte accertate o in contestazione, relativamente a ciascun periodo d'imposta, per il quale è stato emesso avviso d'accertamento o è pendente reclamo o ricorso, è superiore ad euro 30 mila per ciascuna imposta, IRES o IRAP, accertata o contestata. In tal caso resta ferma la possibilità di avvalersi delle definizioni agevolate degli atti di accertamento e delle liti pendenti di cui agli articoli 2 e 6 con le regole ivi previste.

8. Definizione agevolata delle imposte di consumo dovute ai sensi dell'articolo 62 *quater*, commi 1 e 1 *bis*, del decreto legislativo 26 ottobre 1995, n. 504. – 1. È ammessa la definizione agevolata dei debiti tributari, per i quali non sia ancora intervenuta sentenza passata in giudicato, maturati fino al 31 dicembre 2018 a titolo di imposta di consumo, ai sensi dell'articolo 62 *quater*, commi 1 e 1 *bis*, del decreto legislativo 26 ottobre 1995, n. 504, con il versamento, da parte del soggetto obbligato, di un importo pari al 5 per cento degli importi dovuti, con le modalità stabilite nel presente articolo. Non sono dovuti gli interessi e le sanzioni.

2. Ai fini della definizione di cui al comma 1, il soggetto obbligato manifesta all'Agenzia delle dogane e dei monopoli la volontà di avvalersene, facendo pervenire all'Agenzia stessa, entro il 30 aprile 2019, apposita dichiarazione con le modalità e in conformità alla modulistica che l'Agenzia medesima pubblica sul proprio sito internet istituzionale entro il 28 febbraio 2019. Ove la data di pubblicazione delle modalità e della modulistica da parte dell'Agenzia stessa sia successiva al 28 febbraio 2019, la dichiarazione deve pervenire all'Agenzia entro sessanta giorni dalla suddetta data di pubblicazione. I termini indicati per la presentazione della dichiarazione sono perentori.

3. Nella dichiarazione deve essere indicato l'ammontare dell'imposta dovuta ai sensi dell'articolo 62 *quater*, commi 1 e 1 *bis*, del decreto legislativo 26 ottobre 1995, n. 504. Qualora il soggetto obbligato non abbia ottemperato, in tutto o in parte, agli adempimenti di cui all'articolo 6, comma 7, del decreto del Ministro dell'economia e delle finanze 29 dicembre 2014, pubblicato nella *Gazzetta Ufficiale* n. 302 del 31 dicembre 2014, la dichiarazione stessa deve essere corredata dei prospetti riepilogativi previsti dal medesimo articolo 6. Il soggetto obbligato deve altresì dichiarare che i dati indicati nei prospetti riepilogativi sono conformi a quelli risultanti dalla documentazione contabile tenuta dal soggetto obbligato stesso.

4. La presentazione della dichiarazione sospende per novanta giorni i termini per l'impugnazione dei provvedimenti impositivi e degli atti di riscossione delle imposte di consumo di cui al comma 1 nonché delle sentenze pronunciate su tali atti. Nel caso in cui i provvedimenti impositivi e gli atti di riscossione siano stati oggetto di impugnazione innanzi alla giurisdizione tributaria il processo è sospeso a domanda della parte diversa dall'Amministrazione finanziaria, fino al perfezionamento della definizione di cui al comma 1.

5. La definizione di cui al comma 1 si perfeziona con il pagamento, entro sessanta giorni dalla comunicazione, dell'intero importo comunicato dall'Agenzia delle dogane e dei monopoli ai sensi del comma 6, ovvero della prima rata, in caso di pagamento rateale.

6. Entro centoventi giorni dalla ricezione della dichiarazione di cui al comma 2, l'Agenzia delle dogane e dei monopoli comunica al soggetto obbligato l'ammontare complessivo delle somme dovute ai fini della definizione agevolata di cui al comma 1.

7. L'ammontare complessivo delle somme dovute comunicato dall'Agenzia delle dogane e dei monopoli, ovvero della prima rata in caso di paga-

mento rateale, è versato dal soggetto obbligato entro sessanta giorni dalla data della comunicazione dell'Agenzia stessa.

8. Nella dichiarazione, il soggetto obbligato può esprimere la volontà di effettuare il pagamento, in forma rateale mensile, delle somme dovute, per un massimo di centoventi rate mensili, previa prestazione di una garanzia, ai sensi dell'articolo 1 della legge 10 giugno 1982, n. 348, a copertura di sei mensilità. Il mancato pagamento di sei rate, anche non consecutive, determina la decadenza dal beneficio del pagamento rateale con obbligo di versamento delle somme residue entro sessanta giorni dalla scadenza dell'ultima rata non pagata.

9. La definizione agevolata perde di efficacia, qualora l'Agenzia delle dogane e dei monopoli, entro il termine di prescrizione delle imposte di cui al comma 1, accerti la non veridicità dei dati comunicati con la dichiarazione di cui al comma 2.

9. Irregolarità formali. – 1. Le irregolarità, le infrazioni e le inosservanze di obblighi o adempimenti, di natura formale, che non rilevano sulla determinazione della base imponibile ai fini delle imposte sui redditi, dell'IVA e dell'IRAP e sul pagamento dei tributi, commesse fino al 24 ottobre 2018, possono essere regolarizzate mediante il versamento di una somma pari ad euro 200 per ciascun periodo d'imposta cui si riferiscono le violazioni.

2. Il versamento della somma di cui al comma 1 è eseguito in due rate di pari importo entro il 31 maggio 2019 e il 2 marzo 2020.

3. La regolarizzazione si perfeziona con il pagamento delle somme dovute ai sensi del comma 2 e con la rimozione delle irregolarità od omissioni.

4. Sono esclusi dalla regolarizzazione gli atti di contestazione o irrogazione delle sanzioni emessi nell'ambito della procedura di collaborazione volontaria di cui all'articolo 5 quater del decreto legge 28 giugno 1990, n. 167, convertito, con modificazioni, dalla legge 4 agosto 1990, n. 227.

5. La procedura non può essere esperita dai contribuenti per l'emersione di attività finanziarie e patrimoniali costituite o detenute fuori dal territorio dello Stato.

6. In deroga all'articolo 3, comma 1, della legge 27 luglio 2000, n. 212, con riferimento alle violazioni commesse fino al 31 dicembre 2015, oggetto del processo verbale di constatazione, i termini di cui all'articolo 20, comma 1, del decreto legislativo 18 dicembre 1997, n. 472, sono prorogati di due anni.

7. Sono escluse dalla regolarizzazione le violazioni di cui al comma 1 già contestate in atti divenuti definitivi alla data di entrata in vigore della legge di conversione del presente decreto.

8. Con provvedimento del direttore dell'Agenzia delle entrate sono disciplinate le modalità di attuazione del presente articolo.

9. Il Fondo per interventi strutturali di politica economica, di cui all'articolo 10, comma 5, del decreto legge 29 novembre 2004, n. 282, convertito, con modificazioni, dalla legge 27 dicembre 2004, n. 307, è incrementato di 101,67 milioni di euro per l'anno 2020.

10. Una quota del Fondo di cui al comma 9, pari a 40 milioni di euro per l'anno 2020, è destinata ad incrementare, per la medesima annualità, l'autorizzazione di spesa di cui al comma 1091 dell'articolo 1 della legge 27 dicembre 2017, n. 205.

11. Agli oneri derivanti dal presente articolo si provvede, quanto a 101,67 milioni di euro per l'anno 2020, mediante corrispondente utilizzo di quota parte delle maggiori entrate derivanti dai commi da 1 a 8 e, quanto a 130 milioni di euro per l'anno 2021, mediante corrispondente riduzione del Fondo di cui all'articolo 1, comma 200, della legge 23 dicembre 2014, n. 190.

12. Sono erogati in via prioritaria i rimborsi relativi a versamenti risultati eccedenti rispetto alle relative imposte dovute, richiesti entro i primi sei mesi solari di ciascun anno dai soggetti autorizzati dall'Agenzia delle dogane e dei monopoli all'adozione del sistema informatizzato di controllo di cui all'articolo 1 del regolamento di cui al decreto del Ministro dell'economia e delle finanze 29 ottobre 2009, n. 169, titolari della licenza di esercizio, non sospesa o revocata, di cui all'articolo 23, comma 2, del testo unico di cui al decreto legislativo 26 ottobre 1995, n. 504, rilasciata per la gestione di un deposito fiscale avente un parco serbatoi di stoccaggio di capacità non inferiore ai valori stabiliti dal comma 3 del medesimo articolo 23. Le disposizioni di cui al presente comma si applicano per i rimborsi erogabili a decorrere dalla data di entrata in vigore della legge di conversione del presente decreto, e comunque entro il limite complessivo di 10 milioni di euro annui per ciascun soggetto.

9 *bis*. Disposizioni in materia di sanzioni per assegni senza clausola di trasferibilità. – 1. All'articolo 63 del decreto legislativo 21 novembre 2007, n. 231, dopo il comma 1 è inserito il seguente: "1 *bis*. Fermo quanto previsto dal comma 1, per le violazioni di cui all'articolo 49, comma 5, relative a importi inferiori a 30.000 euro, l'entità della sanzione minima è pari al 10 per cento dell'importo trasferito in violazione della predetta disposizione. La disposizione di cui al presente comma si applica qualora ricorrano le circostanze di minore gravità della violazione, accertate ai sensi dell'articolo 67".

2. La disposizione di cui al comma 1 si applica anche ai procedimenti amministrativi in corso alla data di entrata in vigore del presente decreto.

17.

L. 30 dicembre 2018, n. 145. Bilancio di previsione dello Stato per l'anno finanziario 2019 e bilancio pluriennale per il triennio 2019-2021 (Suppl. ord. alla *Gazzetta Ufficiale* Serie gen. - n. 302 del 31 dicembre 2018).

(*Estratto*)

Parte I

Sezione I

Misure quantitative per la realizzazione degli obiettivi programmatici

1. Risultati differenziali. Norme in materia di entrata e di spesa e altre disposizioni. Fondi speciali. – 1. - 227. (*Omissis*).

228. Per i due periodi d'imposta successivi a quello in corso al 31 dicembre 2018, alle micro e piccole imprese, come definite dalla raccomandazione 2003/361/CE della Commissione, del 6 maggio 2003, è attribuito un contributo a fondo perduto, nella forma di voucher, per l'acquisto di prestazioni consulenziali di natura specialistica finalizzate a sostenere i processi di trasformazione tecnologica e digitale attraverso le tecnologie abilitanti previste dal Piano nazionale impresa 4.0 e di ammodernamento degli assetti gestionali e organizzativi dell'impresa, compreso l'accesso ai mercati finanziari e dei capitali. Il contributo è riconosciuto in relazione a ciascun periodo d'imposta in misura pari al 50 per cento dei costi sostenuti ed entro il limite massimo di 40.000 euro. Alle medie imprese, come definite dalla citata raccomandazione 2003/361/CE, il contributo di cui al primo periodo è riconosciuto in relazione a ciascun periodo d'imposta in misura pari al 30 per cento dei costi sostenuti ed entro il limite massimo di 25.000 euro. In caso di adesione a un contratto di rete ai sensi dell'articolo 3, commi 4 *ter* e seguenti, del decreto legge 10 febbraio 2009, n. 5, convertito, con modificazioni, dalla legge 9 aprile 2009, n. 33, avente nel programma comune lo sviluppo di processi innovativi in materia di trasformazione tecnologica e digitale attraverso le tecnologie abilitanti previste dal Piano nazionale impresa 4.0 e di organizzazione, pianificazione e gestione delle attività, compreso l'accesso ai mercati finanziari e dei capitali, il contributo è riconosciuto alla rete in misura pari al 50 per cento dei costi sostenuti ed entro il limite massimo complessivo di 80.000 euro. I contributi di cui al presente comma sono subordinati alla sottoscrizione di un contratto di servizio di consulenza tra le imprese o le reti beneficiarie e le società di consulenza o i manager qualificati iscritti in un elenco istituito con apposito decreto del Ministro dello sviluppo econo-

mico, da adottare entro novanta giorni dalla data di entrata in vigore della presente legge. Con lo stesso decreto sono stabiliti i requisiti necessari per l'iscrizione nell'elenco delle società di consulenza e dei manager qualificati, nonché i criteri, le modalità e gli adempimenti formali per l'erogazione dei contributi e per l'eventuale riserva di una quota delle risorse da destinare prioritariamente alle micro e piccole imprese e alle reti d'impresa.

229. (*Omissis*).

230. I contributi di cui al comma 228 sono erogati in conformità al regolamento (UE) n. 1407/2013 della Commissione, del 18 dicembre 2013, relativo all'applicazione degli articoli 107 e 108 del Trattato sul funzionamento dell'Unione europea agli aiuti «*de minimis*».

231. Per le finalità di cui al comma 228 è istituito nello stato di previsione del Ministero dello sviluppo economico un fondo con una dotazione pari a 25 milioni di euro per ciascuno degli anni 2019, 2020 e 2021.

232. - 1143. (*Omissis*).

18.

D.L. 30 aprile 2019, n. 34. Misure urgenti di crescita economica e per la risoluzione di specifiche situazioni di crisi (*Gazzetta Ufficiale* Serie gen. - n. 100 del 30 aprile 2019), convertito, con modificazioni, nella L. 28 giugno 2019, n. **58** (Suppl. ord. alla *Gazzetta Ufficiale* Serie gen. - n. 151 del 29 giugno 2019).

(*Estratto*)

Capo I

Misure fiscali per la crescita economica

13. Vendita di beni tramite piattaforme digitali. – 1. Il soggetto passivo che facilita, tramite l'uso di un'interfaccia elettronica quale un mercato virtuale, una piattaforma, un portale o mezzi analoghi, le vendite a distanza di beni importati o le vendite a distanza di beni all'interno dell'Unione europea è tenuto a trasmettere entro il mese successivo a ciascun trimestre, secondo termini e modalità stabiliti con provvedimento del direttore dell'Agenzia delle entrate, per ciascun fornitore i seguenti dati:

a) la denominazione o i dati anagrafici completi, la residenza o il domicilio, il codice identificativo fiscale ove esistente, l'indirizzo di posta elettronica;

b) il numero totale delle unità vendute in Italia;

c) a scelta del soggetto passivo, per le unità vendute in Italia l'ammontare totale dei prezzi di vendita o il prezzo medio di vendita.

2. *Soppresso dalla legge di conversione*

3. Il soggetto passivo di cui al comma 1 è considerato debitore d'imposta per le vendite a distanza per le quali non ha trasmesso, o ha trasmesso in modo incompleto, i dati di cui al comma 1, presenti sulla piattaforma, se non dimostra che l'imposta è stata assolta dal fornitore.

4. Le disposizioni di cui all'articolo 11 *bis*, commi da 11 a 15, del decreto legge 14 dicembre 2018, n. 135, convertito, con modificazioni, dalla legge 11 febbraio 2019, n. 12, acquistano efficacia a decorrere dal 1° luglio 2021 (1). Il soggetto passivo che ha facilitato tramite l'uso di un'interfaccia elettronica, quale un mercato virtuale, una piattaforma, un portale o mezzi analoghi, le vendite a distanza di cui all'articolo 11 *bis*, commi da 11 a 15, del decreto legge 14 dicembre 2018, n. 135, convertito, con modificazioni, dalla legge 11 febbraio 2019, n. 12, nel periodo compreso tra il 13 febbraio 2019 e la data di entrata in vigore del presente decreto, invia i dati relativi a dette operazioni secondo termini e modalità determinati con il provvedimento dell'Agenzia delle entrate di cui al comma 1.

5. Le disposizioni dei commi 1, 2 e 3 si applicano fino al 30 giugno 2021 (2).

(1) *Le parole: «a decorrere dal 1° gennaio 2021» sono state così sostituite dalle seguenti: «a decorrere dal 1° luglio 2021» dall'art. 3, comma 3, lett.* a)*, del D.L. 31 dicembre 2020, n. 183, convertito, con modificazioni, nella L. 26 febbraio 2021, n. 21.*

(2) *Le parole: «fino al 31 dicembre 2020» sono state così sostituite dalle seguenti: «fino al 30 giugno 2021» dall'art. 3, comma 3, lett.* b)*, del D.L. 31 dicembre 2020, n. 183, convertito, con modificazioni, nella L. 26 febbraio 2021, n. 21.*

19.

D.L. 17 marzo 2020, n. 18. Misure di potenziamento del Servizio sanitario nazionale e di sostegno economico per famiglie, lavoratori e imprese connesse all'emergenza epidemiologica da COVID-19 (*Gazzetta Ufficiale* Serie gen. - n. 70 del 17 marzo 2020), convertito, con modificazioni, nella L. 24 aprile 2020, n. **27** (*Gazzetta Ufficiale* Serie gen. - n. 110 del 29 aprile 2020) ed *avviso di rettifica* in *Gazzetta Ufficiale* Serie gen. - n. 71 del 18 marzo 2020.

(*Estratto*)

Titolo IV

Misure fiscali a sostegno
della liquidità delle famiglie e delle imprese

65. Credito d'imposta per botteghe e negozi. – 1. Al fine di contenere gli effetti negativi derivanti dalle misure di prevenzione e contenimento connesse all'emergenza epidemiologica da COVID-19, ai soggetti esercenti attività d'impresa è riconosciuto, per l'anno 2020, un credito d'imposta nella misura del 60 per cento dell'ammontare del canone di locazione, relativo al mese di marzo 2020, di immobili rientranti nella categoria catastale C/1.

2. Il credito d'imposta non si applica alle attività di cui agli allegati 1 e 2 del decreto del Presidente del Consiglio dei ministri 11 marzo 2020 ed è utilizzabile, esclusivamente, in compensazione ai sensi dell'articolo 17 del decreto legislativo 9 luglio 1997, n. 241.

2 *bis*. Il credito d'imposta di cui al comma 1 non concorre alla formazione del reddito ai fini delle imposte sui redditi e del valore della produzione ai fini dell'imposta regionale sulle attività produttive e non rileva ai fini del rapporto di cui agli articoli 61 e 109, comma 5, del testo unico delle imposte sui redditi, di cui al decreto del Presidente della Repubblica 22 dicembre 1986, n. 917.

2 *ter*. Al fine di accelerare l'erogazione delle risorse attribuite dalla legge 27 dicembre 2019, n. 160, per la riduzione del disagio abitativo, il riparto tra le regioni della disponibilità complessiva assegnata per l'anno 2020 al Fondo nazionale per il sostegno all'accesso alle abitazioni in locazione, di cui all'articolo 11 della legge 9 dicembre 1998, n. 431, pari a complessivi 60 milioni di euro, e il riparto dell'annualità 2020 del Fondo destinato agli inquilini morosi incolpevoli istituito dall'articolo 6, comma 5, del decreto-legge 31 agosto 2013, n. 102, convertito, con modificazioni, dalla legge 28 ottobre 2013, n. 124, attribuita dall'articolo 1, comma 2, del decreto legge 28 marzo 2014, n.

47, convertito, con modificazioni, dalla legge 23 maggio 2014, n. 80, e pari a 9,5 milioni di euro, sono effettuati entro dieci giorni dalla data di entrata in vigore della legge di conversione del presente decreto, in deroga alle procedure ordinarie di determinazione dei coefficienti regionali e adottando gli stessi coefficienti già utilizzati per i riparti relativi all'annualità 2019.

2 *quater*. Nel termine di trenta giorni dalla data di entrata in vigore della legge di conversione del presente decreto, le regioni attribuiscono ai comuni le risorse assegnate, anche in applicazione dell'articolo 1, comma 21, della legge 27 dicembre 2017, n. 205, con procedura di urgenza, anche secondo le quote a rendiconto o programmate nelle annualità pregresse, nonché per l'eventuale scorrimento delle graduatorie vigenti del Fondo nazionale di cui all'articolo 11 della legge 9 dicembre 1998, n. 431. I comuni utilizzano i fondi anche ricorrendo all'unificazione dei titoli, capitoli e articoli delle rispettive voci di bilancio ai fini dell'ordinazione e pagamento della spesa

3. Agli oneri derivanti dal presente articolo si provvede ai sensi dell'articolo 126.

Titolo V
Ulteriori disposizioni

83. Nuove misure urgenti per contrastare l'emergenza epidemiologica da COVID-19 e contenerne gli effetti in materia di giustizia civile, penale, tributaria e militare. – 1. Dal 9 marzo 2020 al 15 aprile 2020 le udienze dei procedimenti civili e penali pendenti presso tutti gli uffici giudiziari sono rinviate d'ufficio a data successiva al 15 aprile 2020 [1].

2. Dal 9 marzo 2020 al 15 aprile 2020 è sospeso il decorso dei termini per il compimento di qualsiasi atto dei procedimenti civili e penali. Si intendono pertanto sospesi, per la stessa durata, i termini stabiliti per la fase delle indagini preliminari, per l'adozione di provvedimenti giudiziari e per il deposito della loro motivazione, per la proposizione degli atti introduttivi del giudizio e dei procedimenti esecutivi, per le impugnazioni e, in genere, tutti i termini procedurali. Ove il decorso del termine abbia inizio durante il periodo di sospensione, l'inizio stesso è differito alla fine di detto periodo. Quando il termine è computato a ritroso e ricade in tutto o in parte nel periodo di sospensione, è differita l'udienza o l'attività da cui decorre il termine in modo da consentirne il rispetto. Si intendono altresì sospesi, per la stessa durata indicata nel primo periodo, i termini per la notifica del ricorso in primo grado innanzi alle Commissioni tributarie e il termine di cui all'articolo 17 bis, comma 2 del decreto legislativo 31 dicembre 1992 n. 546 [1]. Per il periodo

compreso tra il 9 marzo 2020 e l'11 maggio 2020 si considera sospeso il decorso del termine di cui all'articolo 124 del codice penale (2) (3).

3. Le disposizioni di cui ai commi 1 e 2 non operano nei seguenti casi:

a) cause di competenza del tribunale per i minorenni relative alle dichiarazioni di adottabilità e ai minori allontanati dalla famiglia quando dal ritardo può derivare un grave pregiudizio e, in genere, procedimenti in cui è urgente e indifferibile la tutela di diritti fondamentali della persona; cause relative ai diritti delle persone minorenni, al diritto all'assegno di mantenimento, agli alimenti e all'assegno divorzile (4) o ad obbligazioni alimentari derivanti da rapporti di famiglia, di parentela, di matrimonio o di affinità, nei soli casi in cui vi sia pregiudizio per la tutela di bisogni essenziali procedimenti cautelari aventi ad oggetto la tutela di diritti fondamentali della persona; procedimenti per l'adozione di provvedimenti in materia di tutela, di amministrazione di sostegno, di interdizione e di inabilitazione nei soli casi in cui viene dedotta una motivata situazione di indifferibilità incompatibile anche con l'adozione di provvedimenti provvisori e sempre che l'esame diretto della persona del beneficiario, dell'interdicendo e dell'inabilitando non risulti incompatibile con le sue condizioni di età e salute; procedimenti di cui all'articolo 35 della legge 23 dicembre 1978, n. 833; procedimenti di cui all'articolo 12 della legge 22 maggio 1978, n. 194; procedimenti per l'adozione di ordini di protezione contro gli abusi familiari; procedimenti di convalida dell'espulsione, allontanamento e trattenimento di cittadini di paesi terzi e dell'Unione europea; procedimenti di cui agli articoli 283, 351 e 373 del codice di procedura civile, procedimenti elettorali di cui agli articoli 22, 23 e 24 del decreto legislativo 1° settembre 2011, n. 150 e, in genere, tutti i procedimenti la cui ritardata trattazione può produrre grave pregiudizio alle parti (5), In quest'ultimo caso, la dichiarazione di urgenza è fatta dal capo dell'ufficio giudiziario o dal suo delegato in calce alla citazione o al ricorso, con decreto non impugnabile e, per le cause già iniziate, con provvedimento del giudice istruttore o del presidente del collegio, egualmente non impugnabile;

b) procedimenti di convalida dell'arresto o del fermo, o dell'ordine di allontanamento immediato dalla casa familiare procedimenti nei quali nel periodo di sospensione o nei sei mesi successivi scadono i termini di cui all'articolo 304, comma 6, del codice di procedura penale (6), procedimenti per la consegna di un imputato o di un condannato all'estero ai sensi della legge 22 aprile 2005, n. 69, procedimenti di estradizione per l'estero di cui al capo I del titolo II del libro XI del codice di procedura penale, procedimenti in cui sono applicate misure di sicurezza detentive o è pendente la richiesta di applicazione di misure di sicurezza detentive e, quando i detenuti, gli imputati, i proposti o i loro difensori espressamente richiedono che si proceda, altresì i seguenti:

1) procedimenti a carico di persone detenute, salvo i casi di sospensione cautelativa delle misure alternative, ai sensi dell'articolo 51 *ter* della legge 26 luglio 1975, n. 354;

2) procedimenti in cui sono applicate misure cautelari o di sicurezza;

3) procedimenti per l'applicazione di misure di prevenzione o nei quali sono disposte misure di prevenzione;

c) procedimenti che presentano carattere di urgenza, per la necessità di assumere prove indifferibili, nei casi di cui all'articolo 392 del codice di procedura penale. La dichiarazione di urgenza è fatta dal giudice o dal presidente del collegio, su richiesta di parte, con provvedimento motivato e non impugnabile.

3 *bis*. La richiesta che si proceda da parte di detenuti, imputati o proposti a norma del comma 3, lettera *b*), alinea, per i procedimenti pendenti dinanzi alla Corte di cassazione, può essere avanzata solo a mezzo del difensore che li rappresenta dinanzi alla Corte. Nei procedimenti pendenti dinanzi alla Corte di cassazione e pervenuti alla cancelleria della Corte nel periodo dal 9 marzo al 30 giugno 2020 il decorso del termine di prescrizione è sospeso sino alla data dell'udienza fissata per la trattazione e, in ogni caso, non oltre il 31 dicembre 2020.

4. Nei procedimenti penali in cui opera la sospensione dei termini ai sensi del comma 2 sono altresì sospesi, per lo stesso periodo, il corso della prescrizione e i termini di cui agli articoli 303 e 308 del codice di procedura penale.

5. Nel periodo di sospensione dei termini e limitatamente all'attività giudiziaria non sospesa, i capi degli uffici giudiziari possono adottare le misure di cui al comma 7, lettere da *a*) a *f*) e *h*).

6. Per contrastare l'emergenza epidemiologica da COVID-19 e contenerne gli effetti negativi sullo svolgimento dell'attività giudiziaria, per il periodo compreso tra il 12 maggio ([7]) e il 30 giugno 2020 ([8]) i capi degli uffici giudiziari, sentiti l'autorità sanitaria regionale, per il tramite del Presidente della Giunta della Regione, e il Consiglio dell'ordine degli avvocati, adottano le misure organizzative, anche relative alla trattazione degli affari giudiziari, necessarie per consentire il rispetto delle indicazioni igienico-sanitarie fornite dal Ministero della salute, anche d'intesa con le Regioni, dal Dipartimento della funzione pubblica della Presidenza del Consiglio dei ministri, dal Ministero della giustizia e delle prescrizioni adottate in materia con decreti del Presidente del Consiglio dei ministri, al fine di evitare assembramenti all'interno dell'ufficio giudiziario e contatti ravvicinati tra le persone.

Per gli uffici diversi dalla Corte suprema di cassazione e dalla Procura generale presso la Corte di cassazione, le misure sono adottate d'intesa con il Presidente della Corte d'appello e con il Procuratore generale della Repubblica presso la Corte d'appello dei rispettivi distretti ([9]).

7. Per assicurare le finalità di cui al comma 6, i capi degli uffici giudiziari possono adottare le seguenti misure:

a) la limitazione dell'accesso del pubblico agli uffici giudiziari, garantendo comunque l'accesso alle persone che debbono svolgervi attività urgenti;

b) la limitazione, sentito il dirigente amministrativo, dell'orario di apertura al pubblico degli uffici anche in deroga a quanto disposto dall'articolo 162 della legge 23 ottobre 1960, n. 1196 ovvero, in via residuale e solo per gli uffici che non erogano servizi urgenti, la chiusura al pubblico;

c) la regolamentazione dell'accesso ai servizi, previa prenotazione, anche tramite mezzi di comunicazione telefonica o telematica, curando che la convocazione degli utenti sia scaglionata per orari fissi, nonché l'adozione di ogni misura ritenuta necessaria per evitare forme di assembramento;

d) l'adozione di linee guida vincolanti per la fissazione e la trattazione delle udienze;

e) la celebrazione a porte chiuse, ai sensi dell'articolo 472, comma 3, del codice di procedura penale, di tutte le udienze penali pubbliche o di singole udienze e, ai sensi dell'articolo 128 del codice di procedura civile, delle udienze civili pubbliche;

f) la previsione dello svolgimento delle udienze civili che non richiedono la presenza di soggetti diversi dai difensori, dalle parti e dagli ausiliari del giudice, anche se finalizzate all'assunzione di informazioni presso la pubblica amministrazione, mediante collegamenti da remoto individuati e regolati con provvedimento del Direttore generale dei sistemi informativi e automatizzati del Ministero della giustizia. Lo svolgimento dell'udienza deve in ogni caso avvenire con modalità idonee a salvaguardare il contraddittorio e l'effettiva partecipazione delle parti; il luogo posto nell'ufficio giudiziario da cui il magistrato si collega con gli avvocati, le parti ed il personale addetto è considerato aula d'udienza a tutti gli effetti di legge ([10]). Prima dell'udienza il giudice fa comunicare ai procuratori delle parti e al pubblico ministero, se è prevista la sua partecipazione, giorno, ora e modalità di collegamento. All'udienza il giudice dà atto a verbale delle modalità con cui si accerta dell'identità dei soggetti partecipanti e, ove trattasi di parti, della loro libera volontà. Di tutte le ulteriori operazioni è dato atto nel processo verbale;

g) la previsione del rinvio delle udienze a data successiva al 30 giugno 2020 nei procedimenti civili e penali, con le eccezioni indicate al comma 3;

h) lo svolgimento delle udienze civili che non richiedono la presenza di soggetti diversi dai difensori delle parti mediante lo scambio e il deposito in telematico di note scritte contenenti le sole istanze e conclusioni, e la successiva adozione fuori udienza del provvedimento del giudice.

h bis) lo svolgimento dell'attività degli ausiliari del giudice con collegamenti da remoto tali da salvaguardare il contraddittorio e l'effettiva partecipazione delle parti

7 *bis*. Fermo quanto disposto per gli incontri tra genitori e figli in spazio neutro, ovvero alla presenza di operatori del servizio socio-assistenziale, disposti con provvedimento giudiziale fino al 31 maggio 2020, dopo tale data è ripristinata la continuità degli incontri protetti tra genitori e figli già autorizzata dal tribunale per i minorenni per tutti i servizi residenziali, non residenziali e semiresidenziali per i minorenni, nonché negli spazi neutri, favorendo le condizioni che consentono le misure di distanziamento sociale. La sospensione degli incontri, nel caso in cui non sia possibile assicurare i collegamenti da remoto, può protrarsi esclusivamente in caso di taluno dei delitti di cui alla legge 19 luglio 2019, n. 69 ([11]).

8. Per il periodo di efficacia dei provvedimenti di cui al comma 7 che precludano la presentazione della domanda giudiziale è sospesa la decorrenza dei termini di prescrizione e decadenza dei diritti che possono essere esercitati esclusivamente mediante il compimento delle attività precluse dai provvedimenti medesimi.

9. Nei procedimenti penali il corso della prescrizione e i termini di cui agli articoli 303, 308, 309, comma 9, 311, commi 5 e 5 bis, e 324, comma 7, del codice di procedura penale e agli articoli 24, comma 2, e 27, comma 6, del decreto legislativo 6 settembre 2011, n. 159 rimangono sospesi per il tempo in cui il procedimento è rinviato ai sensi del comma 7, lettera g), e, in ogni caso, non oltre il 30 giugno 2020 ([12]).

10. Ai fini del computo di cui all'articolo 2 della legge 24 marzo 2001, n. 89, nei procedimenti rinviati a norma del presente articolo non si tiene conto del periodo compreso tra l'8 marzo e il 30 giugno 2020.

11. Dal 9 marzo 2020 al 30 giugno 2020, negli uffici che hanno la disponibilità del servizio di deposito telematico anche gli atti e documenti di cui all'articolo 16 bis, comma 1 bis, del decreto legge 18 ottobre 2012, n. 179, convertito, con modificazioni, dalla legge 17 dicembre 2012, n. 221, sono depositati esclusivamente con le modalità previste dal comma 1 del medesimo articolo. Gli obblighi di pagamento del contributo unificato di cui all'articolo 14 del decreto del Presidente della Repubblica 30 maggio 2002, n. 115, nonché l'anticipazione forfettaria di cui all'articolo 30 del medesimo decreto, connessi al deposito degli atti con le modalità previste dal periodo pre-

cedente, sono assolti con sistemi telematici di pagamento anche tramite la piattaforma tecnologica di cui all'articolo 5, comma 2, del decreto legislativo 7 marzo 2005, n. 82.

11.1. Dal 9 marzo 2020 al 31 luglio 2020, nei procedimenti civili, contenziosi o di volontaria giurisdizione innanzi al tribunale e alla corte di appello, il deposito degli atti del magistrato ha luogo esclusivamente con modalità telematiche, nel rispetto della normativa anche regolamentare concernente la sottoscrizione, la trasmissione e la ricezione dei documenti informatici. È comunque consentito il deposito degli atti di cui al periodo precedente con modalità non telematiche quando i sistemi informatici del dominio giustizia non sono funzionanti ([13]).

11 *bis*. Nei procedimenti civili innanzi alla Corte di cassazione, sino al 30 giugno 2020, il deposito degli atti e dei documenti da parte degli avvocati può avvenire in modalità telematica nel rispetto della normativa anche regolamentare concernente la sottoscrizione, la trasmissione e la ricezione dei documenti informatici. L'attivazione del servizio è preceduta da un provvedimento del direttore generale dei sistemi informativi e automatizzati del Ministero della giustizia che accerta l'installazione e l'idoneità delle attrezzature informatiche, unitamente alla funzionalità dei servizi di comunicazione dei documenti informatici. Gli obblighi di pagamento del contributo unificato di cui all'articolo 14 del testo unico di cui al decreto del Presidente della Repubblica 30 maggio 2002, n. 115, nonché l'anticipazione forfettaria di cui all'articolo 30 del medesimo decreto, connessi al deposito telematico degli atti di costituzione in giudizio presso la Corte di cassazione, sono assolti con sistemi telematici di pagamento anche tramite la piattaforma tecnologica di cui all'articolo 5, comma 2, del codice di cui al decreto legislativo 7 marzo 2005, n. 82

12. Ferma l'applicazione dell'articolo 472, comma 3, del codice di procedura penale, dal 9 marzo 2020 al 30 giugno 2020, la partecipazione a qualsiasi udienza delle persone detenute, internate o in stato di custodia cautelare è assicurata, ove possibile, mediante videoconferenze o con collegamenti da remoto individuati e regolati con provvedimento del Direttore generale dei sistemi informativi e automatizzati del Ministero della giustizia, applicate, in quanto compatibili, le disposizioni di cui ai commi 3, 4 e 5 dell'articolo 146 *bis* delle norme di attuazione, di coordinamento e transitorie del codice di procedura penale, di cui al decreto legislativo 28 luglio 1989, n. 271.

12 *bis*. Fermo quanto previsto dal comma 12, dal 9 marzo 2020 al 30 giugno 2020 le udienze penali che non richiedono la partecipazione di soggetti diversi dal pubblico ministero, dalle parti private e dai rispettivi difensori, dagli ausiliari del giudice, da ufficiali o agenti di polizia giudiziaria, da inter-

preti, consulenti o periti possono essere tenute mediante collegamenti da remoto individuati e regolati con provvedimento del direttore generale dei sistemi informativi e automatizzati del Ministero della giustizia. Lo svolgimento dell'udienza avviene con modalità idonee a salvaguardare il contraddittorio e l'effettiva partecipazione delle parti. Prima dell'udienza il giudice fa comunicare ai difensori delle parti, al pubblico ministero e agli altri soggetti di cui è prevista la partecipazione giorno, ora e modalità del collegamento. I difensori attestano l'identità dei soggetti assistiti, i quali, se liberi o sottoposti a misure cautelari diverse dalla custodia in carcere, partecipano all'udienza solo dalla medesima postazione da cui si collega il difensore. In caso di custodia dell'arrestato o del fermato in uno dei luoghi indicati dall'articolo 284, comma 1, del codice di procedura penale, la persona arrestata o fermata e il difensore possono partecipare all'udienza di convalida da remoto anche dal più vicino ufficio della polizia giudiziaria attrezzato per la videoconferenza, quando disponibile. In tal caso, l'identità della persona arrestata o formata è accertata dall'ufficiale di polizia giudiziaria presente. L'ausiliario del giudice partecipa all'udienza dall'ufficio giudiziario e dà atto nel verbale d'udienza delle modalità di collegamento da remoto utilizzate, delle modalità con cui si accerta l'identità dei soggetti partecipanti e di tutte le ulteriori operazioni, nonché dell'impossibilità dei soggetti non presenti fisicamente di sottoscrivere il verbale, ai sensi dell'articolo 137, comma 2, del codice di procedura penale, o di vistarlo, ai sensi dell'articolo 483, comma 1, del codice di procedura penale. Fermo quanto previsto dal comma 12, le disposizioni di cui al presente comma non si applicano, salvo che le parti vi acconsentano, alle udienze di discussione finale, in pubblica udienza o in camera di consiglio e a quelle nelle quali devono essere esaminati testimoni, parti, consulenti o periti ([14]).

12 *ter*. A decorrere dalla data di entrata in vigore della legge di conversione del presente decreto e sino al 30 giugno 2020, per la decisione sui ricorsi proposti per la trattazione a norma degli articoli 127 e 614 del codice di procedura penale la Corte di cassazione procede in Camera di consiglio senza l'intervento del procuratore generale e dei difensori delle altre parti, salvo che una delle parti private o il procuratore generale faccia richiesta di discussione orale ([15]). Entro il quindicesimo giorno precedente l'udienza, il procuratore generale formula le sue richieste con atto spedito alla cancelleria della Corte a mezzo di posta elettronica certificata. La cancelleria provvede immediatamente a inviare, con lo stesso mezzo, l'atto contenente le richieste ai difensori delle altre parti che, entro il quinto giorno antecedente l'udienza, possono presentare con atto scritto, inviato alla cancelleria della corte a mezzo di posta elettronica certificata, le conclusioni. Alla delibera-

zione si procede anche con le modalità di cui al comma 12-quinquies; non si applica l'articolo 615, comma 3, del codice di procedura penale e il dispositivo è comunicato alle parti. La richiesta di discussione orale è formulata per iscritto dal procuratore generale o ([16]) dal difensore [del ricorrente] ([17]) abilitato a norma dell'articolo 613 del codice di procedura penale entro il termine perentorio di venticinque giorni liberi prima dell'udienza e presentata, a mezzo di posta elettronica certificata, alla cancelleria. Le udienze fissate in data anteriore al venticinquesimo giorno successivo alla data di entrata in vigore della legge di conversione del presente decreto sono rinviate in modo da consentire il rispetto del termine previsto per la richiesta di discussione orale. Se la richiesta è formulata dal difensore del ricorrente, i termini di prescrizione e di custodia cautelare sono sospesi per il tempo in cui il procedimento è rinviato.

12 *quater*. Dal 9 marzo 2020 al 30 giugno 2020, nel corso delle indagini preliminari il pubblico ministero e il giudice possono avvalersi di collegamenti da remoto, individuati e regolati con provvedimento del direttore generale dei sistemi informativi e automatizzati del Ministero della giustizia, per compiere atti che richiedono la partecipazione della persona sottoposta alle indagini, della persona offesa, del difensore, di consulenti, di esperti o di altre persone, nei casi in cui la presenza fisica di costoro non può essere assicurata senza mettere a rischio le esigenze di contenimento della diffusione del virus COVID-19. La partecipazione delle persone detenute, internate o in stato di custodia cautelare è assicurata con le modalità di cui al comma 12. Le persone chiamate a partecipare all'atto sono tempestivamente invitate a presentarsi presso il più vicino ufficio di polizia giudiziaria, che abbia in dotazione strumenti idonei ad assicurare il collegamento da remoto. Presso tale ufficio le persone partecipano al compimento dell'atto in presenza di un ufficiale o agente di polizia giudiziaria, che procede alla loro identificazione. Il compimento dell'atto avviene con modalità idonee a salvaguardarne, ove necessario, la segretezza e ad assicurare la possibilità per la persona sottoposta alle indagini di consultarsi riservatamente con il proprio difensore. Il difensore partecipa da remoto mediante collegamento dallo studio legale, salvo che decida di essere presente nel luogo ove si trova il suo assistito. Il pubblico ufficiale che redige il verbale dà atto nello stesso delle modalità di collegamento da remoto utilizzate, delle modalità con cui si accerta l'identità dei soggetti partecipanti e di tutte le ulteriori operazioni, nonché dell'impossibilità dei soggetti non presenti fisicamente di sottoscrivere il verbale, ai sensi dell'articolo 137, comma 2, del codice di procedura penale.

12 *quater* 1. Sino al 31 luglio 2020, con uno o più decreti del Ministro della giustizia non aventi natura regolamentare, presso ciascun ufficio del

pubblico ministero che ne faccia richiesta a norma del terzo periodo, è autorizzato il deposito con modalità telematica di memorie, documenti, richieste e istanze indicate dall'articolo 415 *bis*, comma 3, del codice di procedura penale, secondo le disposizioni stabilite con provvedimento del Direttore generale dei sistemi informativi e automatizzati del Ministero della giustizia, anche in deroga alle previsioni del decreto emanato ai sensi dell'articolo 4, comma 1, del decreto legge 29 dicembre 2009, n. 193, convertito, con modificazioni, dalla legge 22 febbraio 2010, n. 24. Il deposito degli atti si intende eseguito al momento del rilascio della ricevuta di accettazione da parte dei sistemi ministeriali, secondo le modalità stabilite dal provvedimento direttoriale di cui al primo periodo. I decreti di cui al primo periodo sono adottati su richiesta degli uffici del pubblico ministero, previo accertamento da parte del Direttore generale dei sistemi informativi e automatizzati del Ministero della giustizia della funzionalità dei servizi di comunicazione dei documenti informatici ([18]).

12 *quater* 2. Sino al 31 luglio 2020, con uno o più decreti del Ministro della giustizia non aventi natura regolamentare, presso ciascun ufficio del pubblico ministero che ne faccia richiesta a norma del terzo periodo, gli ufficiali e agenti di polizia giudiziaria sono autorizzati a comunicare agli uffici del pubblico ministero atti e documenti in modalità telematica, secondo le disposizioni stabilite con provvedimento del Direttore generale dei sistemi informativi e automatizzati del Ministero della giustizia, anche in deroga alle previsioni del decreto emanato ai sensi dell'articolo 4, comma 1, del decreto legge 29 dicembre 2009, n. 193, convertito, con modificazioni, dalla legge 22 febbraio 2010, n. 24. La comunicazione di cui al periodo che precede si intende eseguita al momento del rilascio della ricevuta di accettazione da parte dei sistemi ministeriali, secondo le modalità stabilite dal provvedimento direttoriale di cui al periodo che precede. I decreti di cui al primo periodo sono adottati su richiesta degli uffici del pubblico ministero, previo accertamento da parte del Direttore generale dei sistemi informativi e automatizzati del Ministero della giustizia della funzionalità dei servizi di comunicazione dei documenti informatici ([18]).

12 *quinquies*. Dal 9 marzo 2020 al 30 giugno 2020, nei procedimenti civili e penali non sospesi, le deliberazioni collegiali in camera dì consiglio possono essere assunte mediante collegamenti da remoto individuati e regolati con provvedimento del direttore generale dei sistemi informativi e automatizzati del Ministero della giustizia. Il luogo da cui si collegano i magistrati è considerato Camera di consiglio a tutti gli effetti di legge. Nei procedimenti penali, dopo la deliberazione, il presidente del collegio o il componente del collegio da lui delegato sottoscrive il dispositivo della sentenza o l'ordinan-

za e il provvedimento è depositato in cancelleria ai fini dell'inserimento nel fascicolo il prima possibile e, in ogni caso, immediatamente dopo la cessazione dell'emergenza sanitaria. Nei procedimenti penali, le disposizioni di cui al presente comma non si applicano alle deliberazioni conseguenti alle udienze di discussione finale, in pubblica udienza o in camera di consiglio, svolte senza il ricorso a collegamento da remoto ([19]).

13. Le comunicazioni e le notificazioni relative agli avvisi e ai provvedimenti adottati nei procedimenti penali ai sensi del presente articolo, nonché dell'articolo 10 del decreto legge 2 marzo 2020, n. 9, sono effettuate attraverso il Sistema di notificazioni e comunicazioni telematiche penali ai sensi dell'articolo 16 del decreto legge 18 ottobre 2012, n. 179, convertito, con modificazioni, dalla legge 17 dicembre 2012, n. 221, o attraverso sistemi telematici individuati e regolati con provvedimento del Direttore generale dei sistemi informativi e automatizzati del Ministero della giustizia.

14. Le comunicazioni e le notificazioni degli avvisi e dei provvedimenti indicati al comma 13 agli imputati e alle altre parti sono eseguite mediante invio all'indirizzo di posta elettronica certificata di sistema del difensore di fiducia, ferme restando le notifiche che per legge si effettuano presso il difensore d'ufficio.

15. Tutti gli uffici giudiziari sono autorizzati all'utilizzo del Sistema di notificazioni e comunicazioni telematiche penali per le comunicazioni e le notificazioni di avvisi e provvedimenti indicati ai commi 13 e 14, senza necessità di ulteriore verifica o accertamento di cui all'articolo 16, comma 10, del decreto legge 18 ottobre 2012, n. 179, convertito, con modificazioni, dalla legge 17 dicembre 2012, n. 221.

16. Negli istituti penitenziari e negli istituti penali per minorenni, a decorrere dal 9 marzo 2020 e sino alla data del 22 marzo 2020, i colloqui con i congiunti o con altre persone cui hanno diritto i condannati, gli internati e gli imputati a norma degli articoli 18 della legge 26 luglio 1975, n. 354, 37 del decreto del Presidente della Repubblica 30 giugno 2000, n. 230, e 19 del decreto legislativo 2 ottobre 2018, n. 121, sono svolti a distanza, mediante, ove possibile, apparecchiature e collegamenti di cui dispone l'amministrazione penitenziaria e minorile o mediante corrispondenza telefonica, che può essere autorizzata oltre i limiti di cui all'articolo 39, comma 2, del predetto decreto del Presidente della Repubblica n. 230 del 2000 e all'articolo 19, comma 1, del decreto legislativo n. 121 del 2018.

17. Tenuto conto delle evidenze rappresentate dall'autorità sanitaria, la magistratura di sorveglianza può sospendere, nel periodo compreso tra il 9 marzo 2020 ed il 31 maggio 2020, la concessione dei permessi premio di cui all'articolo 30 ter della legge 26 luglio 1975, n. 354, e del regime di semili-

bertà ai sensi dell'articolo 48 della medesima legge e del decreto legislativo 2 ottobre 2018, n. 121.

18. Le sessioni delle Corti di assise e delle Corti di assise di appello di cui all'articolo 7 della legge 10 aprile 1951, n. 287, in corso alla data di entrata in vigore del presente decreto, sono prorogate fino alla data del 30 giugno 2020.

19. In deroga al disposto dell'articolo 1, comma 1, del decreto legislativo 28 febbraio 2008, n. 35, per l'anno 2020 le elezioni per il rinnovo dei componenti del consiglio giudiziario e del consiglio direttivo della Corte di cassazione si svolgono la prima domenica e il lunedì successivo del mese di ottobre.

20. Dal 9 marzo 2020 al 11 maggio 2020 ([20]) sono altresì sospesi i termini per lo svolgimento di qualunque attività nei procedimenti di mediazione ai sensi del decreto legislativo 4 marzo 2010, n. 28, nei procedimenti di negoziazione assistita ai sensi del decreto legge 12 settembre 2014, n. 132, convertito, con modificazioni, dalla legge 10 novembre 2014, n. 162, nonché in tutti i procedimenti di risoluzione stragiudiziale delle controversie regolati dalle disposizioni vigenti, quando i predetti procedimenti siano stati introdotti o risultino già pendenti a far data dal 9 marzo fino al 11 maggio 2020 ([20]). Sono conseguentemente sospesi i termini di durata massima dei medesimi procedimenti.

20 *bis*. Nel periodo dal 9 marzo al 30 giugno 2020, gli incontri di mediazione in ogni caso possono svolgersi in via telematica con il preventivo consenso di tutte le parti coinvolte nel procedimento. Anche successivamente a tale periodo gli incontri potranno essere svolti, con il preventivo consenso di tutte le parti coinvolte nel procedimento, in via telematica, ai sensi dell'articolo 3, comma 4, del decreto legislativo 4 marzo 2010, n. 28, mediante sistemi di videoconferenza. In caso di procedura telematica l'avvocato, che sottoscrive con firma digitale, può dichiarare autografa la sottoscrizione del proprio cliente collegato da remoto ed apposta in calce al verbale ed all'accordo di conciliazione. Il verbale relativo al procedimento di mediazione svoltosi in modalità telematica è sottoscritto dal mediatore e dagli avvocati delle parti con firma digitale ai fini dell'esecutività dell'accordo prevista dall'articolo 12 del decreto legislativo 4 marzo 2010, n. 28. Il mediatore, apposta la propria sottoscrizione digitale, trasmette tramite posta elettronica certificata agli avvocati delle parti l'accordo così formato ([21]). In tali casi l'istanza di notificazione dell'accordo di mediazione può essere trasmessa all'ufficiale giudiziario mediante l'invio di un messaggio di posta elettronica certificata ([21]). L'ufficiale giudiziario estrae dall'allegato del messaggio di posta elettronica ricevuto le copie analogiche necessarie ed esegue la notificazione

ai sensi degli articoli 137 e seguenti del codice di procedura civile, mediante consegna di copia analogica dell'atto da lui dichiarata conforme all'originale ai sensi dell'articolo 23, comma 1, del codice dell'amministrazione digitale, di cui al decreto legislativo 7 marzo 2005, n. 82 ([21]).

[20 *ter*. Fino alla cessazione delle misure di distanziamento previste dalla legislazione emergenziale in materia di prevenzione del contagio da COVID-19, nei procedimenti civili la sottoscrizione della procura alle liti può essere apposta dalla parte anche su un documento analogico trasmesso al difensore, anche in copia informatica per immagine, unitamente a copia di un documento di identità in corso di validità, anche a mezzo di strumenti di comunicazione elettronica. In tal caso, l'avvocato certifica l'autografia mediante la sola apposizione della propria firma digitale sulla copia informatica della procura. La procura si considera apposta in calce, ai sensi dell'articolo 83 del codice di procedura civile, se è congiunta all'atto cui si riferisce mediante gli strumenti informatici individuati con decreto del Ministero della giustizia] ([22]).

21. Le disposizioni del presente articolo, in quanto compatibili, si applicano altresì ai procedimenti relativi alle giurisdizioni speciali non contemplate dal presente decreto legge, agli arbitrati rituali, alle commissioni tributarie e alla magistratura militare.

([1]) *A norma dell'art. 36, comma 1, del D.L. 8 aprile 2020, n. 23, convertito, con modificazioni, nella L. 6 giugno 2020, n. 40, il termine del 15 aprile 2020 previsto da questo comma è prorogato all'11 maggio 2020.*

Le disposizioni del presente articolo si applicano, in quanto compatibili, ai procedimenti di cui ai commi 20 e 21, di questo stesso articolo.

A norma dell'art. 36, comma 2, del del D.L. 8 aprile 2020, n. 23, convertito, con modificazioni, nella L. 6 giugno 2020, n. 40, la disposizione di cui al predetto comma 1, non si applica ai procedimenti penali in cui i termini di cui all'articolo 304 del codice di procedura penale scadono nei sei mesi successivi all'11 maggio 2020.

A norma dell'art. 36, comma 4, del del D.L. 8 aprile 2020, n. 23, convertito, con modificazioni, nella L. 6 giugno 2020, n. 40, la proroga del termine di cui al comma 1, primo periodo, si applica altresì a tutte le funzioni e attività della Corte dei conti, come elencate nell'articolo 85 di questo stesso decreto.

([2]) *Questo periodo è stato aggiunto dall'art. 221, comma 1, del D.L. 19 maggio 2020, n. 34, convertito, con modificazioni, nella L. 17 luglio 2020, n. 77.*

([3]) *A norma dell'art. 158 del D.L. 19 maggio 2020, n. 34, convertito, con modificazioni, nella L. 17 luglio 2020, n. 77, la sospensione dei termini processuali prevista da questo comma, si intende cumulabile in ogni caso con la sospensione del termine di impugnazione prevista dalla procedura di accertamento con adesione.*

([4]) *Le parole: «cause relative ad alimenti» sono state così sostituite dalle attuali: «cause relative ai diritti delle persone minorenni, al diritto all'assegno di mantenimento, agli alimenti e all'assegno divorzile» dall'art. 3, comma 1, lett.* a), *n. 1), del D.L. 30 aprile 2020, n. 28, convertito, con modificazioni, nella L. 25 giugno 2020, n. 70.*

([5]) *Le parole: «procedimenti di cui agli articoli 283, 351 e 373 del codice di procedura civile e, in genere, tutti i procedimenti la cui ritardata trattazione può produrre grave pregiudizio alle parti; procedimenti elettorali di cui agli articoli 22, 23 e 24 del decreto legislativo 1° settembre 2011, n. 150» sono state così sostituite dalle attuali: «procedimenti di cui agli articoli 283, 351 e 373 del codice di procedura civile, procedimenti elettorali di cui agli articoli 22, 23 e 24 del decreto legislativo 1° settembre 2011, n. 150 e, in genere, tutti i procedimenti la cui ritardata trattazione può produrre grave pregiudizio alle parti» dall'art. 3, comma 1, lett.* a), *n. 1), del D.L. 30 aprile 2020, n. 28, convertito, con modificazioni, nella L. 25 giugno 2020, n. 70.*

([6]) *Le parole: «procedimenti nei quali nel periodo di sospensione scadono i termini di cui all'articolo 304 del codice di procedura penale» sono state così sostituite dalle attuali: «procedimenti nei quali nel periodo di sospensione o nei sei mesi successivi scadono i termini di cui all'articolo 304, comma 6, del codice di procedura penale» dall'art. 3, comma 1, lett.* a), *n. 2), del D.L. 30 aprile 2020, n. 28, convertito, con modificazioni, nella L. 25 giugno 2020, n. 70.*

([7]) *Le parole: «16 aprile» sono state così sostituite dalle attuali: «12 maggio» dall'art. 3, comma 1, lett.* b), *del D.L. 30 aprile 2020, n. 28, convertito, con modificazioni, nella L. 25 giugno 2020, n. 70.*

([8]) *Le parole: «31 luglio 2020» sono state così sostituite dalle attuali: «30 giugno 2020» dall'art. 3, comma 1, lett.* b bis), *del D.L. 30 aprile 2020, n. 28, convertito, con modificazioni, nella L. 25 giugno 2020, n. 70.*

([9]) *A norma dell'art. 36, comma 1, del D.L. 8 aprile 2020, n. 23, convertito, con modificazioni, nella L. 6 giugno 2020, n. 40, il termine del 15 aprile 2020 previsto da questo comma è prorogato all'11 maggio 2020.*

Conseguentemente il termine iniziale del periodo previsto da questo comma è fissato al 12 maggio 2020.

Le disposizioni del presente articolo si applicano, in quanto compatibili, ai procedimenti di cui ai commi 20 e 21, di questo stesso articolo.

([10]) *Le parole: «; il luogo posto nell'ufficio giudiziario da cui il magistrato si collega con gli avvocati, le parti ed il personale addetto è considerato aula d'udienza a tutti gli effetti di legge» sono state aggiunte dall'art. 3, comma 1, lett.* c), *del D.L. 30 aprile 2020, n. 28, convertito, con modificazioni, nella L. 25 giugno 2020, n. 70.*

([11]) *Questo comma è stato così sostituito dall'art. 3, comma 1, lett. c* bis*), del D.L. 30 aprile 2020, n. 28, convertito, con modificazioni, nella L. 25 giugno 2020, n. 70.*

([12]) *La Corte costituzionale, con sentenza n. 140 del 6 luglio 2021, ha dichiarato l'illegittimità costituzionale di questo comma, nella parte in cui prevede la sospensione del corso della prescrizione per il tempo in cui i procedimenti penali sono rinviati ai sensi del precedente comma 7, lettera* g), *e in ogni caso, non oltre il 30 giugno 2020.*

([13]) *Questo comma è stato inserito dall'art. 3, comma 1, lett. c* ter*), del D.L. 30 aprile 2020, n. 28, convertito, con modificazioni, nella L. 25 giugno 2020, n. 70.*

([14]) *Questo periodo è stato aggiunto dall'art. 3, comma 1, lett.* d), *del D.L. 30 aprile 2020, n. 28, convertito, con modificazioni, nella L. 25 giugno 2020, n. 70.*

([15]) *Le parole: «salvo che la parte ricorrente faccia richiesta di discussione orale» sono state così sostituite dalle attuali: «salvo che una delle parti private o il procuratore generale faccia richiesta di discussione orale» dall'art. 3, comma 1, lett.* e), *n. 1), del D.L. 30 aprile 2020, n. 28, convertito, con modificazioni, nella L. 25 giugno 2020, n. 70.*

([16]) *Le parole: «dal procuratore generale o» sono state inserite dall'art. 3, comma 1, lett.* e), *n. 2), del D.L. 30 aprile 2020, n. 28, convertito, con modificazioni, nella L. 25 giugno 2020, n. 70.*

([17]) *Le parole tra parentesi quadrate sono state soppresse dall'art. 3, comma 1, lett.* e), *n. 2), del D.L. 30 aprile 2020, n. 28, convertito, con modificazioni, nella L. 25 giugno 2020, n. 70.*

([18]) *Questo comma è stato aggiunto dall'art. 3, comma 1, lett.* f), *del D.L. 30 aprile 2020, n. 28, convertito, con modificazioni, nella L. 25 giugno 2020, n. 70.*

([19]) *Questo periodo è stato aggiunto dall'art. 3, comma 1, lett.* g), *del D.L. 30 aprile 2020, n. 28, convertito, con modificazioni, nella L. 25 giugno 2020, n. 70.*

([20]) *Le parole: «15 aprile 2020» sono state così sostituite dalle attuali: «11 maggio 2020» dall'art. 3, comma 1, lett.* h), *del D.L. 30 aprile 2020, n. 28, convertito, con modificazioni, nella L. 25 giugno 2020, n. 70.*

([21]) *Questo periodo è stato aggiunto dall'art. 3, comma 1, lett.* h bis), *del D.L. 30 aprile 2020, n. 28, convertito, con modificazioni, nella L. 25 giugno 2020, n. 70.*

([22]) *Questo comma è stato abrogato dall'art.* 66 bis, *comma 12, del D.L. 31 maggio 2021, n. 77, convertito, con modificazioni, nella L. 29 luglio 2021, n. 108.*

20.

D.L. 8 aprile 2020, n. 23. Misure urgenti in materia di accesso al credito e di adempimenti fiscali per le imprese, di poteri speciali nei settori strategici, nonché interventi in materia di salute e lavoro, di proroga di termini amministrativi e processuali (*Gazzetta Ufficiale* Serie gen. - n. 94 dell'8 aprile 2020) ed *avviso di rettifica* in *Gazzetta Ufficiale* Serie gen. - n. 95 del 9 aprile 2020, convertito, con modificazioni, nella L. 6 giugno 2020, n. **40** (*Gazzetta Ufficiale* Serie gen. - n. 143 del 6 giugno 2020).

(*Estratto*)

Capo V
Disposizioni in materia
di termini processuali e procedimentali

36. Termini processuali in materia di giustizia civile, penale, amministrativa, contabile, tributaria e militare. – 1. Il termine del 15 aprile 2020 previsto dall'art. 83, commi 1 e 2, del decreto legge 17 marzo 2020, n. 18 è prorogato all'11 maggio 2020. Conseguentemente il termine iniziale del periodo previsto dal comma 6 del predetto articolo è fissato al 12 maggio 2020. Le disposizioni del presente articolo si applicano, in quanto compatibili, ai procedimenti di cui ai commi 20 e 21 dell'articolo 83 del decreto legge n. 18 del 2020.

2. La disposizione di cui al comma 1 non si applica ai procedimenti penali in cui i termini di cui all'articolo 304 del codice di procedura penale scadono nei sei mesi successivi all'11 maggio 2020.

3. Nei giudizi disciplinati dal codice del processo amministrativo, di cui all'allegato 1 al decreto legislativo 2 luglio 2010, n. 104, sono, ulteriormente sospesi, dal 16 aprile al 3 maggio 2020 inclusi, esclusivamente i termini per la notificazione dei ricorsi, fermo restando quanto previsto dall'articolo 54, comma 3, dello stesso codice.

4. La proroga del termine di cui al comma 1, primo periodo, si applica altresì a tutte le funzioni e attività della Corte dei conti, come elencate nell'articolo 85 del decreto legge 17 marzo 2020, n. 18. Conseguentemente il termine iniziale del periodo previsto dal comma 5 del predetto articolo 85 è fissato al 12 maggio 2020.

21.

D.L. 19 maggio 2020, n. 34. Misure urgenti in materia di salute, sostegno al lavoro e all'economia, nonché di politiche sociali connesse all'emergenza epidemiologica da COVID-19 (Suppl. ord. alla *Gazzetta Ufficiale* Serie gen. - n. 128 del 19 maggio 2020) ed *avviso di rettifica* in *Gazzetta Ufficiale* Serie gen. - n. 129 del 20 maggio 2020, convertito, con modificazioni, nella L. 17 luglio 2020, n. **77** (*Gazzetta Ufficiale* Serie gen. - n. 180 del 18 luglio 2020) ed *avviso di rettifica* in *Gazzetta Ufficiale* Serie gen. - n. 262 del 22 ottobre 2020, ed *errata corrige* in *Gazzetta Ufficiale* Serie gen. - n. 262 del 22 ottobre 2020.

(*Estratto*)

Titolo II

Sostegno alle imprese e all'economia

Capo I

Misure di sostegno

28. ([1]) ([2]) ([3]) **Credito d'imposta per i canoni di locazione degli immobili a uso non abitativo e affitto d'azienda. –** 1. Al fine di contenere gli effetti negativi derivanti dalle misure di prevenzione e contenimento connesse all'emergenza epidemiologica da COVID-19, ai soggetti esercenti attività d'impresa, arte o professione, con ricavi o compensi non superiori a 5 milioni di euro nel periodo d'imposta precedente a quello in corso alla data di entrata in vigore del presente decreto, spetta un credito d'imposta nella misura del 60 per cento dell'ammontare mensile del canone di locazione, di leasing o di concessione di immobili ad uso non abitativo destinati allo svolgimento dell'attività industriale, commerciale, artigianale, agricola, di interesse turistico o all'esercizio abituale e professionale dell'attività di lavoro autonomo ([4]).

2. Il credito d'imposta di cui al comma 1, in caso di contratti di servizi a prestazioni complesse o di affitto d'azienda, comprensivi di almeno un immobile a uso non abitativo destinato allo svolgimento dell'attività industriale, commerciale, artigianale, agricola, di interesse turistico o all'esercizio abituale e professionale dell'attività di lavoro autonomo, spetta nella misura del 30 per cento dei relativi canoni. Per le strutture turistico-ricettive, il credito d'imposta relativo all'affitto d'azienda è determinato nella misura del 50 per cento ([5]). Qualora in relazione alla medesima struttura turistico-ricettiva siano stipulati due contratti distinti, uno relativo alla locazione dell'immobile e uno relativo all'affitto d'azienda, il credito d'imposta spetta per entrambi i contratti ([5]).

3. Il credito di imposta di cui ai commi 1 e 2 spetta alle strutture alberghiere, termali ([6]) e agrituristiche, alle agenzie di viaggio e turismo e ai tour operator indipendentemente dal volume di ricavi e compensi registrato nel periodo d'imposta precedente.

3 *bis*. Alle imprese esercenti attività di commercio al dettaglio, con ricavi o compensi superiori a 5 milioni di euro nel periodo d'imposta precedente a quello in corso alla data di entrata in vigore del presente decreto, il credito d'imposta di cui ai commi 1 e 2 spetta, rispettivamente, nelle misure del 20 per cento e del 10 per cento.

4. Il credito d'imposta di cui al comma 1 spetta anche agli enti non commerciali, compresi gli enti del terzo settore e gli enti religiosi civilmente riconosciuti, in relazione al canone di locazione, di leasing o di concessione di immobili ad uso non abitativo destinati allo svolgimento dell'attività istituzionale.

5. Il credito d'imposta di cui ai commi 1, 2, 3, 3 *bis* e 4 è commisurato all'importo versato nel periodo d'imposta 2020 con riferimento a ciascuno dei mesi di marzo, aprile, maggio e giugno ([7]) e per le strutture turistico ricettive con attività solo stagionale con riferimento a ciascuno dei mesi di aprile, maggio, giugno e luglio ([8]). Ai soggetti locatari esercenti attività economica, il credito d'imposta spetta a condizione che abbiano subito una diminuzione del fatturato o dei corrispettivi nel mese di riferimento di almeno il cinquanta per cento rispetto allo stesso mese del periodo d'imposta precedente. Il credito d'imposta spetta anche in assenza dei requisiti di cui al periodo precedente ai soggetti che hanno iniziato l'attività a partire dal 1° gennaio 2019 nonché ai soggetti che, a far data dall'insorgenza dell'evento calamitoso, hanno il domicilio fiscale o la sede operativa nel territorio di comuni colpiti dai predetti eventi i cui stati di emergenza erano ancora in atto alla data di dichiarazione dello stato di emergenza da COVID-19. Per le imprese turistico-ricettive, le agenzie di viaggio e i tour operator ([9]), il credito d'imposta spetta fino al 31 luglio 2021, a condizione che abbiano subito una diminuzione del fatturato o dei corrispettivi nel mese di riferimento dell'anno 2021 di almeno il 50 per cento rispetto allo stesso mese dell'anno 2019 ([10]) ([11]) ([12]).

5 *bis*. In caso di locazione, il conduttore può cedere il credito d'imposta al locatore, previa sua accettazione, in luogo del pagamento della corrispondente parte del canone.

6. Il credito d'imposta di cui ai commi precedenti è utilizzabile nella dichiarazione dei redditi relativa al periodo d'imposta di sostenimento della spesa ovvero in compensazione, ai sensi dell'articolo 17 del decreto legislativo 9 luglio 1997, n. 241, successivamente all'avvenuto pagamento dei canoni.

Il credito d'imposta non concorre alla formazione del reddito ai fini delle imposte sui redditi e del valore della produzione ai fini dell'imposta regionale sulle attività produttive e non rileva ai fini del rapporto di cui agli articoli 61 e 109, comma 5, del testo unico delle imposte sui redditi di cui al decreto del Presidente della Repubblica 22 dicembre 1986, n. 917, salvo quanto previsto al comma 5 *bis* del presente articolo.

7. Al credito d'imposta di cui al presente articolo non si applicano i limiti di cui all'articolo 1, comma 53, della legge 24 dicembre 2007, n. 244, e di cui all'articolo 34 della legge 23 dicembre 2000, n. 388.

8. Il credito d'imposta di cui al presente articolo non è cumulabile con il credito d'imposta di cui all'articolo 65 del decreto legge 17 marzo 2020, n. 18, convertito, con modificazioni, dalla legge 24 aprile 2020, n. 27, in relazione alle medesime spese sostenute (4).

9. Le disposizioni del presente articolo si applicano nel rispetto dei limiti e delle condizioni previsti dalla Comunicazione della Commissione europea del 19 marzo 2020 C(2020) 1863 final "Quadro temporaneo per le misure di aiuto di Stato a sostegno dell'economia nell'attuale emergenza del COVID-19", e successive modifiche.

10. Agli oneri derivanti dal presente articolo, valutati in 1.499 milioni di euro per l'anno 2020, si provvede ai sensi dell'articolo 265.

(1) *A norma dell'art. 8, comma 1, del D.L. 28 ottobre 2020, n. 137, convertito, con modificazioni, nella L. 18 dicembre 2020, n. 176, per le imprese operanti nei settori di cui ai codici ATECO riportati nell'allegato 1 del medesimo decreto, indipendentemente dal volume di ricavi e compensi registrato nel periodo d'imposta precedente, il credito d'imposta per i canoni di locazione degli immobili a uso non abitativo e affitto d'azienda di cui a questo articolo, spetta altresì con riferimento a ciascuno dei mesi di ottobre, novembre e dicembre.*

(2) *A norma dell'art. 1, comma 13, lett.* b), *del D.L. 22 marzo 2021, n. 41, convertito, con modificazioni, nella L. 21 maggio 2021, n. 69, le disposizioni del medesimo comma e dei commi da 14 a 17 si applicano alle misure di agevolazione contenute nelle seguenti disposizioni, per le quali rilevano le condizioni e i limiti previsti dalle Sezioni 3.1 «Aiuti di importo limitato» e 3.12 «Aiuti sotto forma di sostegno a costi fissi non coperti» della Comunicazione della Commissione europea del 19 marzo 2020 C(2020) 1863 final «Quadro temporaneo per le misure di aiuto di Stato a sostegno dell'economia nell'attuale emergenza del COVID-19», e successive modificazioni di cui a questo articolo.*

(3) *Si veda l'art. 4, commi 2, 2* bis *e 3, del D.L. 25 maggio 2021, n. 73,* convertito, con *modificazioni, nella L. 23 luglio 2021, n. 106, di cui si riporta il testo:*

«2. Ai soggetti esercenti attività d'impresa, arte o professione, con ricavi o compensi non superiori a 15 milioni di euro nel secondo periodo d'imposta antecedente a quello di entrata in vigore del presente decreto, nonché agli enti non commerciali, compresi gli enti del terzo settore e gli enti religiosi civilmente riconosciuti, il credito d'imposta di cui ai commi 1, 2 e 4 dell'articolo 28 del decreto legge 19 maggio 2020, n. 34, convertito,

con modificazioni, dalla legge 17 luglio 2020, n. 77, spetta in relazione ai canoni versati con riferimento a ciascuno dei mesi da gennaio 2021 a maggio 2021. Ai soggetti locatari esercenti attività economica, il credito d'imposta spetta a condizione che l'ammontare medio mensile del fatturato e dei corrispettivi del periodo compreso tra il 1° aprile 2020 e il 31 marzo 2021 sia inferiore almeno del 30 per cento rispetto all'ammontare medio mensile del fatturato e dei corrispettivi del periodo compreso tra il 1° aprile 2019 e il 31 marzo 2020. Il credito d'imposta spetta anche in assenza dei requisiti di cui al periodo precedente ai soggetti che hanno iniziato l'attività a partire dal 1° gennaio 2019.

2 bis. *Il credito d'imposta di cui ai commi 1 e 2 dell'articolo 28 del decreto legge 19 maggio 2020, n. 34, convertito, con modificazioni, dalla legge 17 luglio 2020, n. 77, spetta anche alle imprese esercenti attività di commercio al dettaglio, con ricavi superiori a 15 milioni di euro nel secondo periodo d'imposta antecedente a quello di entrata in vigore del presente decreto, in relazione ai canoni versati con riferimento a ciascuno dei mesi da gennaio 2021 a maggio 2021, a condizione che l'ammontare medio mensile del fatturato e dei corrispettivi del periodo compreso tra il 1° aprile 2020 e il 31 marzo 2021 sia inferiore almeno del 30 per cento rispetto all'ammontare medio mensile del fatturato e dei corrispettivi del periodo compreso tra il 1° aprile 2019 e il 31 marzo 2020. Il credito d'imposta spetta, anche in assenza dei requisiti di cui al periodo precedente, ai soggetti che hanno iniziato l'attività a partire dal 1° gennaio 2019. Alle imprese di cui al presente comma il credito d'imposta spetta, rispettivamente, nelle misure del 40 per cento e del 20 per cento.*

3. Le disposizioni del presente articolo si applicano nel rispetto dei limiti e delle condizioni previsti dalla Comunicazione della Commissione europea del 19 marzo 2020 C(2020) 1863 final "Quadro temporaneo per le misure di aiuto di Stato a sostegno dell'economia nell'attuale emergenza del COVID-19", e successive modifiche.».

(4) *Si veda la Risp. 2 novembre 2020, n. 509.*

(5) *Questo periodo è stato aggiunto dall'art. 77, comma 1, lett.* 0a*), del D.L. 14 agosto 2020, n. 104, convertito, con modificazioni, nella L. 13 ottobre 2020, n. 126.*

(6) *La parola: ", termali" è stata inserita dall'art. 77, comma 1, lett.* a*), del D.L. 14 agosto 2020, n. 104, convertito, con modificazioni, nella L. 13 ottobre 2020, n. 126.*

(7) *Le parole: «e maggio» sono state così sostituite dalle seguenti: «, maggio e giugno» dall'art. 77, comma 1, lett.* b*), del D.L. 14 agosto 2020, n. 104, convertito, con modificazioni, nella L. 13 ottobre 2020, n. 126.*

(8) *Le parole: «e giugno» sono state così sostituite dalle seguenti: «, giugno e luglio» dall'art. 77, comma 1, lett.* b*), del D.L. 14 agosto 2020, n. 104, convertito, con modificazioni, nella L. 13 ottobre 2020, n. 126.*

(9) *Le parole: «, le agenzie di viaggio e i tour operator» sono state inserite dall'art. 1, comma 602, della L. 30 dicembre 2020, n. 178, a decorrere dal 1° gennaio 2021.*

(10) *Le parole: «31 dicembre 2020» sono state così da ultimo, sostituite dalle seguenti: «31 luglio 2021» dall'art. 4, comma 1, del D.L. 25 maggio 2021, n. 73, convertito, con modificazioni, nella L. 23 luglio 2021, n. 106. A norma dell'art. 4, comma 3, del medesimo provvedimento, tali disposizioni si applicano nel rispetto dei limiti e delle condizioni previsti dalla Comunicazione della Commissione europea del 19 marzo 2020 C(2020) 1863 final "Quadro temporaneo per le misure di aiuto di Stato a sostegno dell'economia nell'attuale emergenza del COVID-19", e successive modifiche.*

[11] *Questo periodo è stato aggiunto dall'art. 77, comma 1, lett.* b bis*), del D.L. 14 agosto 2020, n. 104, convertito, con modificazioni, nella L. 13 ottobre 2020, n. 126.*

[12] *Le parole: «, a condizione che abbiano subito una diminuzione del fatturato o dei corrispettivi nel mese di riferimento dell'anno 2021 di almeno il 50 per cento rispetto allo stesso mese dell'anno 2019» sono state aggiunte dall'art. 2* bis*, comma 1, del D.L. 18 dicembre 2020, n. 172, convertito, con modificazioni, nella L. 29 gennaio 2021, n. 6.*

22.

D.L. 22 marzo 2021, n. 41. Misure urgenti in materia di sostegno alle imprese e agli operatori economici, di lavoro, salute e servizi territoriali, connesse all'emergenza da COVID-19 (*Gazzetta Ufficiale* Serie gen. - n. 70 del 22 marzo 2021), convertito, con modificazioni, nella L. 21 maggio 2021, n. **69** (Suppl. ord. alla *Gazzetta Ufficiale* Serie gen. - n. 120 del 21 maggio 2021).

(*Estratto*)

Titolo V
Altre disposizioni urgenti

36 *bis*. Sostegno alla cultura. – 1. Al fine di sostenere le attività teatrali e gli spettacoli dal vivo, alle imprese che svolgono le suddette attività e che abbiano subito nell'anno 2020 una riduzione del fatturato di almeno il 20 per cento rispetto all'anno 2019 è riconosciuto un credito d'imposta del 90 per cento, quale contributo straordinario.

2. Il credito d'imposta di cui al comma 1 spetta per le spese sostenute nell'anno 2020 per la realizzazione delle attività di cui allo stesso comma 1, anche se alle stesse si è proceduto attraverso l'utilizzo di sistemi digitali per la trasmissione di opere dal vivo, quali rappresentazioni teatrali, concerti, balletti.

3. Il credito d'imposta è concesso anche qualora le imprese abbiano beneficiato in via ordinaria di altri finanziamenti previsti a carico del Fondo unico per lo spettacolo.

4. Con provvedimento del direttore dell'Agenzia delle entrate, da adottare entro trenta giorni dalla data di entrata in vigore della legge di conversione del presente decreto, sono stabiliti i criteri e le modalità di applicazione e di fruizione del credito d'imposta, al fine del rispetto del limite di spesa di cui al comma 6.

5. Il credito d'imposta è utilizzabile [nella dichiarazione dei redditi relativa al periodo d'imposta nel quale è stata sostenuta la spesa ovvero] [1] in compensazione, ai sensi dell'articolo 17 del decreto legislativo 9 luglio 1997,

n. 241. Non si applicano i limiti di cui all'articolo 1, comma 53, della legge 24 dicembre 2007, n. 244, e di cui all'articolo 34 della legge 23 dicembre 2000, n. 388. Il credito d'imposta non concorre alla formazione del reddito ai fini delle imposte sui redditi e del valore della produzione ai fini dell'imposta regionale sulle attività produttive e non rileva ai fini del rapporto di cui agli articoli 61 e 109, comma 5, del testo unico delle imposte sui redditi, di cui al decreto del Presidente della Repubblica 22 dicembre 1986, n. 917.

6. Il credito d'imposta di cui al presente articolo è autorizzato nel limite complessivo di 10 milioni di euro per l'anno 2021. All'onere di cui al primo periodo si provvede mediante corrispondente riduzione dell'autorizzazione di spesa di cui all'articolo 34, comma 6, del decreto legge 28 ottobre 2020, n. 137, convertito, con modificazioni, dalla legge 18 dicembre 2020, n. 176.

7. Le disposizioni del presente articolo si applicano nel rispetto dei limiti e delle condizioni previsti dalla comunicazione della Commissione europea C (2020) 1863 final del 19 marzo 2020, recante "Quadro temporaneo per le misure di aiuto di Stato a sostegno dell'economia nell'attuale emergenza del COVID-19", e successive modificazioni.

(¹) *Le parole tra parentesi quadrate sono state soppresse dall'art. 5, comma 5, del D.L. 21 ottobre 2021, n. 146, convertito, con modificazioni, nella L. 17 dicembre 2021, n. 215.*

23.

D.L. 25 maggio 2021, n. 73. Misure urgenti connesse all'emergenza da COVID-19, per le imprese, il lavoro, i giovani, la salute e i servizi territoriali (*Gazzetta Ufficiale* Serie gen. - n. 123 del 25 maggio 2021), convertito, con modificazioni, nella L. 23 luglio 2021, n. **106** (Suppl. ord. alla *Gazzetta Ufficiale* Serie gen. - n. 176 del 24 luglio 2021) ([1]).

([1]) A norma dell'art. 1, comma 643, della L. 30 dicembre 2021, n. 234, sono abrogate tutte le disposizioni di cui a questo decreto incompatibili con le disposizioni dei commi da 637 a 644 della predetta L. n. 234/2021.

(*Estratto*)

Titolo VI

Giovani, scuola e ricerca

64. Misure in favore dell'acquisto della casa di abitazione ed in materia di prevenzione e contrasto al disagio giovanile. – 1. - 5. (*Omissis*).

6. Gli atti traslativi a titolo oneroso della proprietà di "prime case" di abitazione, ad eccezione di quelle di categoria catastale A1, A8 e A9, come definite dalla nota II *bis* all'articolo 1, della tariffa, parte prima, allegata al testo unico delle disposizioni concernenti l'imposta di registro, approvato con decreto del Presidente della Repubblica 26 aprile 1986, n. 131, e gli atti traslativi o costitutivi della nuda proprietà, dell'usufrutto, dell'uso e dell'abitazione relativi alle stesse sono esenti dall'imposta di registro e dalle imposte ipotecaria e catastale se stipulati a favore di soggetti che non hanno ancora compiuto trentasei anni di età nell'anno in cui l'atto è rogitato e che hanno un valore dell'indicatore della situazione economica equivalente, stabilito ai sensi del regolamento di cui al decreto del Presidente del Consiglio dei ministri 5 dicembre 2013, n. 159, non superiore a 40.000 euro annui.

7. Per gli atti di cui al comma 6, relativi a cessioni soggette all'imposta sul valore aggiunto, è attribuito agli acquirenti che non hanno ancora compiuto trentasei anni di età nell'anno in cui l'atto è stipulato un credito d'imposta di ammontare pari all'imposta sul valore aggiunto corrisposta in relazione all'acquisto. Il credito d'imposta può essere portato in diminuzione dalle imposte di registro, ipotecaria, catastale, sulle successioni e donazioni dovute sugli atti e sulle denunce presentati dopo la data di acquisizione del credito, ovvero può essere utilizzato in diminuzione delle imposte sui redditi delle persone fisiche dovute in base alla dichiarazione da presentare successivamente alla data dell'acquisto; può altresì essere utilizzato in compensazione

ai sensi del decreto legislativo 9 luglio 1997, n. 241. Il credito d'imposta in ogni caso non dà luogo a rimborsi.

8. I finanziamenti erogati per l'acquisto, la costruzione e la ristrutturazione di immobili ad uso abitativo per i quali ricorrono le condizioni e i requisiti di cui al comma 6 e sempreché la sussistenza degli stessi risulti da dichiarazione della parte mutuataria resa nell'atto di finanziamento o allegata al medesimo sono esenti dall'imposta sostitutiva delle imposte di registro, di bollo, ipotecarie e catastali e delle tasse sulle concessioni governative, prevista in ragione dello 0,25 % dall'articolo 18 del decreto del Presidente della Repubblica 29 settembre 1973, n. 601.

9. Le disposizioni di cui ai commi 6, 7 e 8 si applicano agli atti stipulati nel periodo compreso tra la data di entrata in vigore del presente decreto e il 31 dicembre 2022 (1).

10. In caso di insussistenza delle condizioni e dei requisiti per beneficiare delle agevolazioni di cui ai commi 6, 7, 8 e 9 o di decadenza da dette agevolazioni, per il recupero delle imposte dovute e per la determinazione delle sanzioni e degli interessi si applicano le relative disposizioni previste dalla nota II *bis* all'articolo 1, della tariffa, parte prima, allegata al testo unico delle disposizioni concernenti l'imposta di registro, approvato con decreto del Presidente della Repubblica 26 aprile 1986, n. 131 e dall'articolo 20 del decreto del Presidente della Repubblica 29 settembre 1973, n. 601.

11. - 14. (*Omissis*).

(1) *Le parole: «il 30 giugno 2022» sono state così sostituite dalle attuali: «il 31 dicembre 2022» dall'art. 1, comma 151, lett.* b), *della L. 30 dicembre 2021, n. 234, a decorrere dal 1° gennaio 2022.*

24.

D.L. 21 ottobre 2021, n. 146. Misure urgenti in materia economica e fiscale, a tutela del lavoro e per esigenze indifferibili (*Gazzetta Ufficiale* Serie gen. - n. 252 del 21 ottobre 2021), convertito, con modificazioni nella L. 17 dicembre 2021, n. **215** *Gazzetta Ufficiale* Serie gen. - n. 301 del 20 dicembre 2021).

(*Estratto*)

Capo I

Misure urgenti in materia fiscale

5. Disposizioni urgenti in materia fiscale. – 1. - 6 *bis*. (*Omissis*).

7. I soggetti che alla data di entrata in vigore del presente decreto hanno utilizzato in compensazione il credito d'imposta per investimenti in attività di ricerca e sviluppo di cui all'articolo 3 del decreto legge 23 dicembre 2013, n. 145, convertito, con modificazioni, dalla legge 21 febbraio 2014, n. 9, maturato a decorrere dal periodo d'imposta successivo a quello in corso al 31 dicembre 2014 e fino al periodo d'imposta in corso al 31 dicembre 2019, possono effettuare il riversamento dell'importo del credito utilizzato, senza applicazione di sanzioni e interessi, alle condizioni e nei termini previsti nei commi seguenti.

8. La procedura di riversamento spontaneo di cui al comma 7 è riservata ai soggetti che nei periodi d'imposta indicati al medesimo comma 7 abbiano realmente svolto, sostenendo le relative spese, attività in tutto o in parte non qualificabili come attività di ricerca e sviluppo ammissibili nell'accezione rilevante ai fini del credito d'imposta. Possono accedere alla procedura anche i soggetti che, in relazione al periodo d'imposta successivo a quello in corso al 31 dicembre 2016, hanno applicato il comma 1 *bis* dell'articolo 3 del citato decreto legge n. 145 del 2013, in maniera non conforme a quanto dettato dalla diposizione d'interpretazione autentica recata dall'articolo 1, comma 72, della legge 30 dicembre 2018, n. 145. La procedura di riversamento spontaneo può essere utilizzata anche dai soggetti che abbiano commesso errori nella quantificazione o nell'individuazione delle spese ammissibili in violazione dei principi di pertinenza e congruità nonché nella determinazione della media storica di riferimento. L'accesso alla procedura è in ogni caso escluso nei casi in cui il credito d'imposta utilizzato in compensazione sia il risultato di condotte fraudolente, di fattispecie oggettivamente o soggettivamente simulate, di false rappresentazioni della realtà basate sull'utilizzo di documenti falsi o di fatture che documentano operazioni inesistenti,

nonché nelle ipotesi in cui manchi la documentazione idonea a dimostrare il sostenimento delle spese ammissibili al credito d'imposta. I soggetti di cui al comma 7 decadono dalla procedura e le somme già versate si considerano acquisite a titolo di acconto sugli importi dovuti nel caso in cui gli Uffici, nell'esercizio dei poteri di cui agli articoli 31 e seguenti del decreto del Presidente della Repubblica 29 settembre 1973, n. 600, dopo la comunicazione di cui al comma 9 del presente articolo, accertino condotte fraudolente.

9. I soggetti che intendono avvalersi della procedura di riversamento spontaneo del credito d'imposta di cui al comma 7 devono inviare apposita richiesta all'Agenzia delle entrate entro il 30 settembre 2022, specificando il periodo o i periodi d'imposta di maturazione del credito d'imposta per cui è presentata la richiesta, gli importi del credito oggetto di riversamento spontaneo e tutti gli altri dati ed elementi richiesti in relazione alle attività e alle spese ammissibili. Il contenuto e le modalità di trasmissione del modello di comunicazione per la richiesta di applicazione della procedura sono definiti con provvedimento del direttore dell'Agenzia delle entrate da adottare entro il 31 maggio 2022.

10. L'importo del credito utilizzato in compensazione indicato nella comunicazione inviata all'Agenzia delle entrate deve essere riversato entro il 16 dicembre 2022. Il versamento può essere effettuato in tre rate di pari importo, di cui la prima da corrispondere entro il 16 dicembre 2022 e le successive entro il 16 dicembre 2023 e il 16 dicembre 2024. In caso di pagamento rateale sono dovuti, a decorrere dal 17 dicembre 2022, gli interessi calcolati al tasso legale. Il riversamento degli importi dovuti è effettuato senza avvalersi della compensazione di cui all'articolo 17 del decreto legislativo 9 luglio 1997, n. 241.

11. La procedura prevista dai commi da 7 a 10 si perfeziona con l'integrale versamento di quanto dovuto ai sensi dei medesimi commi. In caso di riversamento rateale, il mancato pagamento di una delle rate entro la scadenza prevista comporta il mancato perfezionamento della procedura, l'iscrizione a ruolo dei residui importi dovuti, nonché l'applicazione di una sanzione pari al 30 per cento degli stessi e degli interessi nella misura prevista dall'articolo 20 del decreto del Presidente della Repubblica 29 settembre 1973, n. 602, con decorrenza dalla data del 17 dicembre 2022. In esito al corretto perfezionamento della procedura di riversamento è esclusa la punibilità per il delitto di cui all'articolo 10 *quater* del decreto legislativo 10 marzo 2000, n. 74.

12. La procedura di cui ai commi da 7 a 10 non può essere utilizzata per il riversamento dei crediti il cui utilizzo in compensazione sia già stato accertato con un atto di recupero crediti, ovvero con altri provvedimenti im-

positivi, divenuti definitivi alla data di entrata in vigore del presente decreto. Nel caso in cui l'utilizzo del credito d'imposta sia già stato constatato con un atto istruttorio, ovvero accertato con un atto di recupero crediti, ovvero con un provvedimento impositivo, non ancora divenuti definitivi alla data di entrata in vigore del presente decreto, il riversamento deve obbligatoriamente riguardare l'intero importo del credito oggetto di recupero, accertamento o constatazione, senza applicazione di sanzioni e interessi e senza possibilità di applicare la rateazione di cui al comma 10.

12 *bis*. - 15 *septies*. (*Omissis*).

1.

D.L. 27 gennaio 2022, n. 4. Misure urgenti in materia di sostegno alle imprese e agli operatori economici, di lavoro, salute e servizi territoriali, connesse all'emergenza da COVID-19, nonché per il contenimento degli effetti degli aumenti dei prezzi nel settore elettrico (*Gazzetta Ufficiale* Serie gen. - n. 21 del 27 gennaio 2022).

(*Estratto*)

Titolo IV
Altre misure urgenti

19. Misure urgenti per la scuola, l'università e la famiglia. – 1.- 5. (*Omissis*).

6. All'articolo 12 del testo unico delle imposte sui redditi approvato con decreto del Presidente della Repubblica 22 dicembre 1986, n. 917, sono apportate le seguenti modificazioni:

a) al comma 1, lettera d), primo periodo, dopo le parole «provvedimenti dell'autorità giudiziaria» sono inserite le seguenti: «, esclusi in ogni caso i figli, ancorché per i medesimi non spetti la detrazione ai sensi della lettera c)»;

b) dopo il comma 4 *bis* è inserito il seguente:

«4 *ter*. Ai fini delle disposizioni fiscali che fanno riferimento alle persone indicate nel presente articolo, anche richiamando le condizioni ivi previste, i figli per i quali non spetta la detrazione ai sensi della lettera c) del comma 1 sono considerati al pari dei figli per i quali spetta tale detrazione.».

INDICE CRONOLOGICO

INDICE CRONOLOGICO

1940

1947

1957

1969

1972

1973

1992

1993

1994

1996

1997

1998

2006

2007

2008

2012

2013

2014

2015

2016

2018

2019

2020

2021

Finito di stampare nel mese di febbraio 2022

"La Tipografica Varese" s.r.l., Varese (VA)